Hier finden Sie die Formulare (ohne Anmerkungen) zum Download:

https://ch.beck.de/beckform_it-recht_a6

So funktioniert das Herunterladen:

- Rufen Sie bitte die oben genannte Internetseite in Ihrem Browser auf. Bitte beachten Sie hierbei die Groß- und Kleinschreibung!
- Geben Sie bitte im entsprechenden Feld diesen persönlichen Freischaltcode ein:

DAB0-1A37-32CE

- Speichern Sie die Datei(en) auf Ihrer Festplatte.

Eine Weiterverbreitung der heruntergeladenen Daten ist nicht gestattet und würde einen strafbewehrten Verstoß gegen das Urheberrechtsgesetz darstellen.

Bei Fragen stehen wir Ihnen gern zur Verfügung.
Sie erreichen uns per E-Mail unter hotline@beck.de.

Beck'sches Formularbuch
IT-Recht

Beck'sches Formularbuch IT-Recht

Herausgegeben von

Dr. Wolfgang Weitnauer, M.C.L.
Rechtsanwalt in
München und

Tilman Mueller-Stöfen, LL.M.
Rechtsanwalt in Hamburg

Bearbeitet von:

Dr. Astrid Auer-Reinsdorff, Rechtsanwältin und Fachanwältin für Informationstechnologierecht in Berlin und Lissabon; *Dr. Caroline Cichon, LL.M.*, Richterin am Landgericht in München; *Prof. Dr. Frank Hammel*, Rechtsanwalt und Fachanwalt für gewerblichen Rechtsschutz in Berlin; *Dr. Christiane Hoffbauer*, Rechtsanwältin in Düsseldorf; *Dr. Joachim Huber*, Rechtsanwalt und Fachanwalt für Arbeitsrecht in München; *Prof. Dr. Ralf Imhof*, Of Counsel in Hamburg, Professor an der Brunswick European Law School; *Dr. Jana Jentzsch*, Rechtsanwältin in Hamburg; *Dr. Ulla Kelp, LL.M.*, Rechtsanwältin, Fachanwältin für Informationstechnologierecht und für gewerblichen Rechtsschutz in Düsseldorf; *Dr. Patrick J. Missling, LL.M.*, Rechtsanwalt in München; *Jochen Morsbach*, Rechtsanwalt in Mannheim; *Tilman Mueller-Stöfen, LL.M.*, Rechtsanwalt in Hamburg; *Dr. Alexander Raif*, Rechtsanwalt und Fachanwalt für Arbeitsrecht in Berlin; *Prof. Dr. Hans-Eric Rasmussen-Bonne, LL.M.*, Attorney-at-Law (New York), Rechtsanwalt in Berlin, Honorarprofessor an der TU Dresden sowie der Universität Leipzig; *Dr. Einar Recknagel*, Rechtsanwalt und Fachanwalt für Bank- und Kapitalmarktrecht in Hamburg; *Dr. Sven Schilf*, Rechtsanwalt in Berlin; *Dr. Barbara Sommer*, Rechtsanwältin in Mannheim; *Prof. Dr. Fabian Stancke*, Professor an der Brunswick European Law School; *Alexander Tribess*, Rechtsanwalt, Fachanwalt für Gewerblichen Rechtsschutz und Informationstechnologierecht in Hamburg; *Dr. Felix Wittern*, Rechtsanwalt und Fachanwalt für Informationstechnologierecht in Hamburg.

6., aktualisierte und überarbeitete Auflage 2025

C.H.BECK

Zitiervorschläge:
BeckFormB IT-R/Bearbeiter Form. A.1 (Formularzitat)
BeckFormB IT-R/Bearbeiter Form. A.1 Anm. 1 (Anmerkungszitat)

beck.de

ISBN 978 3 406 80274 4

Wilhelmstraße 9, 80801 München
Druck und Bindung: Westermann Druck Zwickau GmbH
Crimmitschauer Straße 43, 08058 Zwickau

Satz: Reemers Publishing Services GmbH, Krefeld
Umschlag: Druckerei C.H.Beck, Nördlingen

myclimate
shape our future

chbeck.de/nachhaltig

Gedruckt auf säurefreiem, alterungsbeständigem Papier
(hergestellt aus chlorfrei gebleichtem Zellstoff)

Vorwort zur 6. Auflage

Seit Erscheinen der 5. Auflage vor 4 Jahren hat das IT- und Datenschutzrecht tiefgreifende regulatorische Neuerungen auf europäischer und nationaler Ebene erfahren. Auf Verträge, die ab dem 1. Januar 2022 abgeschlossen wurden, sind die in Umsetzung der Digitale-Inhalte-Richtlinie ergänzten §§ 327 ff. BGB anzuwenden. Zeitgleich hat der Gesetzgeber mit Umsetzung der Warenkauf-Richtlinie Sonderregelungen für Waren mit digitalen Elementen in das BGB eingeführt. Für digitale Dienste gelten nunmehr der Digital Markets Act und Digital Services Act, flankiert durch das am 14. Mai 2024 in Kraft getretene Digitale Dienste-Gesetz (DDG). Hieraus ergeben sich weitreichende Auswirkungen auf digitale Plattformen und Diensteanbieter. Fragen der Datennutzung sowie des Datenzugangs und – austauschs sind in dem seit dem 24. September 2023 geltenden Data Governance Act und dem ab dem 12. September 2025 anzuwendenden Data Act reguliert. Das Telekommunikation-Telemedien-Datenschutzgesetz (TTDG) ersetzte mit einigen Anpassungen die Regelungen des Telekommunikationsgesetzes und des Telemediengesetzes über Datenschutz und den Schutz der Privatsphäre. Das am 1. Dezember 2021 in Kraft getretene Gesetz wurde im Mai 2024 in Anlehnung an die Terminologie des Digital Services Act in Telekommunikation-Digitale-Dienste-Datenschutz-Gesetz (TDDDG) umbenannt. Aus dem IT-Sicherheitsgesetz 2.0 (in Kraft seit dem 1. Dezember 2021) ergeben sich zahlreiche Änderungen des Gesetzes über das Bundesamt für Sicherheit in der Informationstechnik (BSIG). Umfangreiche weitere Änderungen, einschließlich einer erheblichen Ausweitung des Kreises der Normadressaten, stehen mit der bis zum 17. Oktober 2024 zu erfolgenden Umsetzung der NIS-2-Richtlinie bevor (IT-Sicherheitsgesetz 3.0). Der Finanzsektor wird sich zudem auf den ab dem 17. Januar 01.2025 anzuwendenden Digital Operational Resilience Act (DORA) einstellen müssen. Nicht zuletzt haben Anbieter und Betreiber sowie Händler und Importeure von KI-Systemen für die Einhaltung der im Wesentlichen ab dem 2. August 2026, teilweise schon ab dem 2. Februar 2025 geltenden KI-Verordnung zu sorgen.

Die damit keineswegs vollständig skizzierten legislativen Entwicklungen im IT-Recht und zahlreiche das IT-Vertragsrecht betreffende neue Entscheidungen der Gerichte sind in die 6. Auflage des Formularbuchs eingegangen. Wie erstmals schon in der Vorauflage ist den Formularen ein Abschnitt zur Inhaltskontrolle Allgemeiner Geschäftsbedingungen mit Fokus auf typische Klauseln in IT-Verträgen vorangestellt. Er lässt sich für sämtliche Formulare nutzbar machen. Angesichts der zentralen Bedeutung von Datenwirtschaft und künstlicher Intelligenz haben wir hierfür einen eigenen Abschnitt hinzugefügt, welcher die Formulare aus diesem Bereich zusammenfasst.

Die rasante Entwicklung auf den Digitalmärkten und IT-rechtliche Neuerungen schaffen Bedarf für neue Vertragsformulare. Dazu gehören in dieser Auflage beispielsweise in dem neuen Kapitel „Verbraucherverträge" Verträge über den Verkauf und die Miete von Software an Verbraucher nach Maßgabe der §§ 327 ff. BGB. Vertragliche Aspekte des Einsatzes künstlicher Intelligenz sind in dem neuen Formular eines Vertrages über die Nutzung generativer KI sowie in weiteren Formularen berücksichtigt. Das Formularbuch enthält nun weitestgehend die Vertragsformulare in sowohl deutscher als auch englischer Sprache.

Vorwort zur 6. Auflage

Die Neuauflage wäre ohne den hohen Einsatz und die tiefgreifende Expertise der Autoren nicht möglich gewesen. Ihnen gebührt unser herzlichster Dank. Dies gilt in gleicher Weise für das Lektorat des Beck-Verlags, nämlich Frau Sabine Renz und Frau Monika Hirt, die den Entstehungsprozess dieser Neuauflage vorbildlich gesteuert und unterstützt haben.

München/Hamburg, im September 2024 Wolfgang Weitnauer
Tilman Mueller-Stöfen

Inhaltsübersicht

Inhaltsverzeichnis

A. Die Inhaltskontrolle Allgemeiner Geschäftsbedingungen

B. Hardwareverträge

C. Softwareverträge

Überlassung auf Dauer

Überlassung auf Zeit

Vertrieb

Pflege und Hinterlegung

Cloud Computing

Technologietransfervereinbarung

H. Domainverträge (DENIC)

DENIC-Anträge

Überlassung von Domain-Namen

I. Websiteverträge

Herstellung einer Website

Pflege einer Website

Impressum

J. Erwerb von Nutzungsrechten/Content-Einkauf

Bild

Musik/Hörbuch

Rich-Media

Text

Software

K. Werbe- und Vermarktungsverträge

L. Fernabsatz von Waren und Dienstleistungen

M. Electronic Banking und Online Banking

N. Arbeitsrecht

Abkürzungsverzeichnis

aA	andere(r) Ansicht/Auffassung
ABl.	Amtsblatt
Abs.	Absatz
abw.	abweichend
ACTS	Advanced Communication Technologies
ADR	Alternative Dispute Resolution, Alternative Streitbeilegungsmethoden
AEUV	Vertrag über die Arbeitsweise der Europäischen Union vom 9.5.2008
aE	am Ende
aF	alte Fassung
AG	Amtsgericht, Aktiengesellschaft
AGB	Allgemeine Geschäftsbedingungen
AktG	Aktiengesetz
allg.	allgemein
Alt.	Alternative
aM	andere(r) Meinung
amtl.	amtlich
Anh.	Anhang
Anl.	Anlage
Anm.	Anmerkung(en)
AO	Abgabenordnung
ArbG	Arbeitsgericht
Art.	Artikel
ASP	Application Service Providing
AT	Allgemeiner Teil
Aufl.	Auflage
ausf.	ausführlich
Ausg.	Ausgabe
BAFin	Bundesanstalt für Finanzdienstleistungsaufsicht
BAG	Bundesarbeitsgericht
BAGE	Entscheidungen des Bundesarbeitsgerichts
BW, bawü	Baden-Württemberg, baden-württembergisch
Bay., bay.	bayern, bayrisch
BayOBlG	Bayerisches Oberstes Landesgericht
BB	Der Betriebs-Berater (Zeitschrift)
Bd., Bde.	Band, Bände
BDSG	Bundesdatenschutzgesetz
Bearb.	Bearbeiter
BeckOGK	beck-online.GROSSKOMMENTAR
BeckOK	Beck'scher Online-Kommentar
Beil.	Beilage
ber.	berichtigt
bes.	besonders
Beschl.	Beschluss
betr.	betreffend
BetrVG	Betriebsverfassungsgesetz
BfD	Bundesbeauftragter für den Datenschutz

BFH	Bundesfinanzhof
BGB	Bürgerliches Gesetzbuch
BGBl. I (II, III)	Bundesgesetzblatt Teil I (II, III)
BGH	Bundesgerichtshof
BGH LM	Nachschlagewerk des Bundesgerichtshofs, Lindenmaier/ Möhring ua (Hrsg.)
BGHZ	Entscheidungen des Bundesgerichtshofs in Zivilsachen
BITKOM	Bundesverband Informationswirtschaft, Telekommunikation und neue Medien eV
Bl.	Blatt
BMWi	Bundesministerium für Wirtschaft und Energie
BR	Bundesrat
BSG	Bundessozialgericht
BT	Besonderer Teil, British Telecom
BT-Drs.	Bundestags-Drucksache
Buchst.	Buchstabe
BVerfG	Bundesverfassungsgericht
BVerwG	Bundesverwaltungsgericht
BW, bw	Baden-Württemberg, baden-württembergisch
bzw.	beziehungsweise
ca.	circa
CD	Compact Disk
CD-ROM	Compact Disc-Read Only Memory
CI	Common Interface
CISG	Übereinkommen der Vereinten Nationen über Verträge über den internationalen Warenkauf
CPU	Central Processing Unit
CR	Computer und Recht (Zeitschrift)
c't	Magazin für Computertechnik (Zeitschrift)
DAV	Deutscher Anwaltsverein
DB	Der Betrieb (Zeitschrift)
DDG	Digitale-Dienste-Gesetz
DENIC	Deutsches Network Information Center e. G.
DES	Data Encryption Standard
dh	das heißt
DIN	Deutsches Institut für Normung
DÖV	Die öffentliche Verwaltung (Zeitschrift)
DPMA	Deutsches patent- und Markenamt
DS-GVO	Datenschutz-Grundverordnung (VO (EU) 2016/679)
DSA	Digital Services Act (VO (EU) 2022/2065)
DuD	Datenschutz und Datensicherheit (Zeitschrift)
DVD	Digital Versatile Disk; Deutsche Vereinigung für den Datenschutz
E	Entwurf
EDV	Elektronische Datenverarbeitung
EFTA	Europeen Free Trade Association
EG	Europäische Gemeinschaft(en)
EGBGB	Einführungsgesetz zum Bürgerlichen Gesetzbuch
Einf., einf.	Einführung, einführend
Einl.	Einleitung
E-Mail	Electronic Mail
endg.	endgültig

Entsch.	Entscheidung
entspr.	entsprechend
EP	Europäisches Parlament
erg.	ergänzt
Ergbd.	Ergänzungsband
Erl.	Erlass, Erläuterung
EStG	Einkommensteuergesetz
et al.	und andere
etc	et cetera
EU	Europäische Union
EuG	Europäisches Gericht Erster Instanz
EuGH	Gerichtshof der Europäischen Gemeinschaften
EuGVVO	Europäisches Gerichtsstands- und Vollstreckungsübereinkommen (früher EuGVÜ)
EuGVÜ	Europäisches Übereinkommen über die gerichtliche Zuständigkeit und die Vollstreckung gerichtlicher Entscheidungen in Zivil- und Handelssachen (nunmehr EuGVVO)
EuR	Europarecht (Zeitschrift)
EuZW	Europäische Zeitschrift für Wirtschaftsrecht (Zeitschrift)
e. V.	eingetragener Verein
evtl.	eventuell
EWR	Europäischer Wirtschaftsraum
f., ff.	folgende Seite bzw. Seiten
FS	Festschrift
FÜV	Fernmeldeüberwachungs-Verordnung
Fn.	Fußnote
G	Gesetz
GD	Generaldirektion
gem.	gemäß
GEMA	Gesellschaft für musikalische Aufführungsrechte und mechanische Vervielfältigungsrechte
GewO	Gewerbeordnung
GG	Grundgesetz
ggf.	gegebenenfalls
GI	Gesellschaft für Informatik
GmbHG	Gesetz betreffend die Gesellschaft mit beschränkter Haftung
grdl.	grundlegend
grds.	grundsätzlich
GRUR	Gewerblicher Rechtsschutz und Urheberrecht (Zeitschrift)
GRUR-Int	Gewerblicher Rechtsschutz und Urheberrecht, International (Zeitschrift)
GRUR-Prax	Gewerblicher Rechtsschutz und Urheberrecht, Praxis im Immaterialgüter- und Wettbewerbsrecht (Zeitschrift)
GS	Gesetzessammlung, Gedächtnisschrift
GVO	Gruppenfreistellungsverordnung
GWB	Gesetz gegen Wettbewerbsbeschränkungen (Kartellgesetz)
hL	herrschende Lehre
hM	herrschende Meinung
Hrsg.	Herausgeber
Hs.	Halbsatz
HTML	Hypertext Markup Language

HTTP	Hypertext Transport Protocol
IC	Interconnection
ICANN	Internet Corporation for Assigned Names and Numbers
ICC	International Chamber of Commerce
idF	in der Fassung
idR	in der Regel
iE	im Einzelnen
insbes.	insbesondere
IP	Internet Protocol; Intellectual property
iRd	im Rahmen des/der
iRv	im Rahmen von
iS	im Sinne
iSd	im Sinne des/der
iSv	im Sinne von
IST	Information Society Technology
IT	Informationstechnik
It	Informationstechnik, Zeitschrift
iÜ	im Übrigen
Iur	Information und Recht (Zeitschrift)
IV	Informationsverarbeitung
iVm	in Verbindung mit
iwS	im weiteren Sinne
JA	Juristische Arbeitsblätter (Zeitschrift)
JR	Juristische Rundschau (Zeitschrift)
jur.	juristisch
JURA	Juristische Ausbildung (Zeitschrift)
JuS	Juristische Schulung (Zeitschrift)
JW	Juristische Wochenschrift (Zeitschrift)
JZ	Juristenzeitung (Zeitschrift)
Kap.	Kapitel, Kapital
KB	Kilo-Byte
KG	Kammergericht, Kommanditgesellschaft
krit.	kritisch
KUG	Gesetz betreffend das Urheberrecht an Werken der bildenden Künste und der Photographie (Kunsturhebergesetz)
K&R	Kommunikation und Recht (Zeitschrift)
LG	Landgericht
Lit./lit.	Literatur/litera
Ls.	Leitsatz
MarkenG	Markengesetz
MB	Mega-Byte
MDR	Monatsschrift des Deutschen Rechts (Zeitschrift)
Mio.	Million
MMR	MultiMedia und Recht (Zeitschrift)
MP	Media Perspektiven (Zeitschrift)
MR	Medien und Recht (Zeitschrift)
Mrd.	Milliarde(n)
mwN	mit weiteren Nachweisen
MWSt.	Mehrwertsteuer

NE .... Netzebene
nF .... neue Fassung
NJW .... Neue Juristische Wochenschrift, Zeitschrift
NJW-CoR .... NJW-Computerreport, Zeitschrift
NJW-RR .... NJW-Rechtsprechungsreport, Zeitschrift
Nr. .... Nummer(n)
nv .... nicht veröffentlicht
NVwZ .... Neue Zeitschrift für Verwaltungsrecht (Zeitschrift)
NZA .... Neue Zeitschrift für Arbeits- und Sozialrecht (Zeitschrift)

o. .... Oben, oder
o.g. .... oben genannte(r, s)
OLG .... Oberlandesgericht
OWiG .... Gesetz über Ordnungswidrigkeiten

PAngV .... Preisangabenverordnung
PatG .... Patentgesetz
PC .... Personal Computer
PIN .... Persönliche Identifikationsnummer
PDF .... Portable Document Format

RAM .... Random Access Memory
RDV .... Recht der Datenverarbeitung (Zeitschrift)
RegE .... Regierungsentwurf
RL .... Richtlinien
Rn. .... Randnummer
ROM .... Read Only Memory
Rom I-VO .... Verordnung (EG) Nr. 593/2008 des Europäischen Parlaments und des Rates vom 17.6.2008 über das auf vertragliche Schuldverhältnisse anzuwendende Recht (Rom I)
Rom II-VO .... Verordnung (EG) Nr. 864/2007 über das auf außervertragliche Schuldverhältnisse anzuwendende Recht (Rom II)
Rspr. .... Rechtsprechung
RStV .... Rundfunkstaatsvertrag

S. .... Seite(n), Satz
s. .... siehe
SET .... Secure Electronic Transaction
Slg. .... Sammlung der Rechtsprechung des Europäischen Gerichtshofes und des Gerichts Erster Instanz
s. oben .... siehe oben
sog. .... sogenannt
SSL .... Secure Sockets Layer
StGB .... Strafgesetzbuch
StPO .... Strafprozessordnung
str. .... streitig, strittig
stRspr .... ständige Rechtsprechung
s. unten .... siehe unten

TA .... Technikfolgenabschätzung, Technische Anleitung
TAN .... Transaktionsnummer
TC .... Technical Committee
TDDDG .... Telekommunikation-Digitale-Dienste-Datenschutz-Gesetz
TDDSG .... Teledienstedatenschutzgesetz
TDG .... Teledienstegesetz

teilw.	teilweise
TK	Telekommunikation
TKG	Telekommunikationsgesetz
TT-GVO	Technologietransfer-Verordnung (VO (EU) Nr. 316/2014)
Urt.	Urteil
u.a.	und andere, unter anderem
uÄ	und Ähnliches
UMV	Unionsmarken-Verordnung (VO (EU) 2017/1001)
UNCITRAL	United Nation Commission on International Trade Law
UNIDROIT	Institute international pour l'unification du droit privé
UrhG	Gesetz über Urheberrechte und verwandte Schutzrechte (Urheberrechtsgesetz)
URL	Uniform Resource Locator
usw	und so weiter
uU	unter Umständen
UWG	Gesetz gegen den unlauteren Wettbewerb
v.	Vom, von
v.a.	vor allem
VA	Verwaltungsakt
Var.	Variante
Vertikal-GVO	Verordnung (EU) 2022/720 über die Anwendung von Artikel 101 Absatz 3 des Vertrags über die Arbeitsweise der Europäischen Union auf Gruppen von vertikalen Vereinbarungen und abgestimmten Verhaltensweisen
VG	Verwaltungsgericht, Verwertungsgesellschaft
vgl.	vergleiche
VG Wort	Verwertungsgesellschaft Wort, vereinigt mit der Verwertungsgesellschaft Wissenschaft
VO	Verordnung
Vorb.	Vorbemerkung
VoIP	Voice over Internet Protocol
VR	Verwaltungsrundschau (Zeitschrift), Virtual Reality
VuR	Verbraucher und Recht (Zeitschrift)
WIPO	World Intellectual Property Organization (Weltorganisation für geistiges Eigentum)
WM	Wertpapier-Mitteilungen. Zeitschrift für Wirtschafts- und Bankecht (Zeitschrift)
WpHG	Wertpapierhandelsgesetz
www	World Wide Web
z.	zum, zur
zB	zum Beispiel
ZD	Zeitschrift für Datenschutz
Ziff.	Ziffer
ZIP	Zeitschrift für Wirtschaftsrecht (Zeitschrift)
ZPO	Zivilprozessordnung
ZRP	Zeitschrift für Rechtspolitik
zT	zum Teil
zgl.	zugleich
ZUM	Zeitschrift für Urheber- und Medienrecht (Zeitschrift), früher: Film und Recht

Literaturverzeichnis

Assion	Assion, TTDSG, Kommentar, 1. Aufl. 2022
Auer-Reinsdorff/Conrad IT- und DatenschutzR-HdB	Auer-Reinsdorff/Conrad, Handbuch IT- und Datenschutzrecht, Handbuch, 3. Aufl. 2019
Auernhammer	Auernhammer, DSGVO/BDSG – Datenschutz-Grundverordnung/Bundesdatenschutzgesetz und Nebengesetze, Kommentar, 8. Aufl. 2023
Baumgartner/Ewald Apps	Baumgartner/Ewald, Apps und Recht, Monografie, 2. Aufl. 2015
Bechtold/Bosch	Bechtold/Bosch, GWB, Kommentar, 10. Aufl. 2021
Bechtold/Bosch/Brinker	Bechtold/Bosch/Brinker, EU-Kartellrecht, Kommentar, 4. Aufl. 2023
BeckOGK	Gsell/Krüger/Lorenz/Reymann, beck-online.GROSSKOMMENTAR, Kommentar, Band BGB, 44. Aufl. 2022
Benkard PatG	Benkard, Patentgesetz, Kommentar, 12. Aufl. 2023
Bisges UrheberR-HdB	Bisges, Handbuch Urheberrecht, Handbuch, 2. Aufl. 2022
Borges/Meents Cloud Computing	Borges/Meents, Cloud Computing, Handbuch, 1. Aufl. 2016
Bräutigam IT-Outsourcing und Cloud-Computing	Bräutigam, IT-Outsourcing und Cloud-Computing, Monografie, 4. Aufl. 2019
Brückner Online-Banking ..	Brückner, Online-Banking – Sphärenhaftung, Rechtsscheinhaftung, Verschuldenshaftung, Monografie, 1. Aufl. 2002
Chibanguza/Kuß/Steege KI-HdB	Chibanguza/Kuß/Steege, Künstliche Intelligenz, Handbuch, 1. Aufl. 2022
Cichon Internet-Verträge ..	Cichon, Internet-Verträge, Handbuch, 2. Aufl. 2004
Dreier/Schulze	Dreier/Schulze, Urheberrechtsgesetz, Kommentar, 7. Aufl. 2022
Ebenroth/Boujong	Ebenroth/Boujong, Handelsgesetzbuch, Kommentar, Band 1, 2, 5. Aufl. 2024
Ehmann/Selmayr	Ehmann/Selmayr, Datenschutz-Grundverordnung, Kommentar, 3. Aufl. 2024
Ellenberger/Bunte BankR-HdB	Ellenberger/Bunte, Bankrechts-Handbuch, Handbuch, 6. Aufl. 2022
Erbs/Kohlhaas	Erbs/Kohlhaas, Strafrechtliche Nebengesetze, Kommentar, 250. Aufl. 2024
ErfK	Müller-Glöge/Preis/Gallner/Schmidt, Erfurter Kommentar zum Arbeitsrecht, Kommentar, 24. Aufl. 2024
Fischer/Schulte-Mattler	Fischer/Schulte-Mattler, KWG, CRR-VO, Kommentar, 6. Aufl. 2023
Geppert/Schütz	Geppert/Schütz, Beck'scher TKG-Kommentar, Kommentar, 5. Aufl. 2023
Gola/Heckmann	Gola/Heckmann, DS-GVO – BDSG, Kommentar, 3. Aufl. 2022

Graf v. Westphalen/Thüsing/Pamp VertrR/AGB-Klauselwerke	Graf von Westphalen/Thüsing/Pamp, Vertragsrecht und AGB-Klauselwerke, Kommentar, 49. Aufl. 2023
Grüneberg	Grüneberg, Bürgerliches Gesetzbuch, Kommentar, 83. Aufl. 2024
Harte-Bavendamm/Henning-Bodewig	Harte-Bavendamm/Henning-Bodewig, UWG, Kommentar, 5. Aufl. 2021
Härting InternetR	Härting, Internetrecht, Handbuch, 7. Aufl. 2022
Hauschka/Moosmayer/Lösler Corporate Compliance	Hauschka/Moosmayer/Lösler, Corporate Compliance, Handbuch, 3. Aufl. 2016
HK-BGB	Schulze/Dörner/Ebert/Fries/Friesen/Himmen/Hoeren/Kemper/Saenger/Scheuch/Schreiber/Schulte-Nölke/Staudinger/Wiese, Bürgerliches Gesetzbuch, Kommentar, 12. Aufl. 2024
Hoeren/Sieber/Holznagel MMR-HdB	Hoeren/Sieber/Holznagel, Handbuch Multimedia-Recht, Handbuch, 60. Aufl. 2023
Hopt	Hopt, Handelsgesetzbuch, Kommentar, 43. Aufl. 2024
Jaeger/Metzger Open Source Software	Jaeger/Metzger, Open Source Software, Monografie, 5. Aufl. 2020
Jauernig	Jauernig, Bürgerliches Gesetzbuch, Kommentar, 19. Aufl. 2023
Jonetzki Rechtsrahmen innovativer Zahlungssysteme	Jonetzki, Rechtsrahmen innovativer Zahlungssysteme für das Internet, Monografie, 1. Aufl. 2010
jurisPK-InternetR	Heckmann, juris PraxisKommentar Internetrecht, Kommentar, 7. Aufl. 2021
Köhler/Bornkamm/Feddersen	Köhler/Bornkamm/Feddersen, UWG, Kommentar, 42. Aufl. 2024
Köhler/Fetzer InternetR	Köhler/Fetzer, Recht des Internets, Handbuch, 8. Aufl. 2016
Kollewe/Keukert E-Commerce-HdB	Kollewe/Keukert, Praxiswissen E-Commerce, Handbuch, 2. Aufl. 2016
Kramer IT-ArbR	Kramer, IT-Arbeitsrecht, Handbuch, 3. Aufl. 2023
Kühling/Buchner	Kühling/Buchner, DS-GVO BDSG, Kommentar, 4. Aufl. 2024
Küstner/Thume VertriebsR-HdB II	Küstner/Thume, Handbuch des gesamten Vertriebsrechts Band 2: Der Ausgleichsanspruch des Handelsvertreters (Warenvertreter, Versicherungs- und Bausparkassenvertreter), Handbuch, 9. Aufl. 2014
Küttner Personalbuch 2024	Küttner, Personalbuch 2024, Lexikon, 31. Aufl. 2024
Landmann/Rohmer GewO	Landmann/Rohmer, Gewerbeordnung, Kommentar, 92. Aufl. 2023

Langenbucher AktKapMarktR .... Langenbucher, Aktien- und Kapitalmarktrecht, Lehrbuch, 5. Aufl. 2022
Langenbucher/Bliesener/Spindler .... Langenbucher/Bliesener/Spindler, Bankrechts-Kommentar, Kommentar, 3. Aufl. 2020
Leupold/Wiebe/Glossner IT-R .... Leupold/Wiebe/Glossner, IT-Recht, Handbuch, 4. Aufl. 2021
Loewenheim UrhR-HdB ... Loewenheim, Handbuch des Urheberrechts, Handbuch, 3. Aufl. 2021
Marly SoftwareR-HdB ..... Marly, Praxishandbuch Softwarerecht, Handbuch, 7. Aufl. 2018
Martinek/Semler/Flohr VertriebsR-HdB .... Martinek/Semler/Flohr, Handbuch des Vertriebsrechts, Handbuch, 4. Aufl. 2016
Möhring/Nicolini .... Möhring/Nicolini, Urheberrechtsgesetz: UrhG, Kommentar, 4. Aufl. 2018
Moos Datenschutz .... Moos, Datenschutz und Datennutzung, Formularbuch, 3. Aufl. 2021
MüKoBGB .... Säcker/Rixecker/Oetker/Limperg, Münchener Kommentar zum Bürgerlichen Gesetzbuch, Kommentar, Band 1, 2, 3, 4/2, 5, 6, 7, 8, 9, 10, 11, 12, 9. Aufl. 2021
MüKoHGB .... Drescher/Fleischer/K. Schmidt, Münchener Kommentar zum Handelsgesetzbuch, Kommentar, Band 1, 2, 4, 5, 6, 7, 5. Aufl. 2021
MüKoUWG .... Heermann/Schlingloff, Münchener Kommentar zum Lauterbarkeitsrecht, Kommentar, Band 1, 2, 3. Aufl. 2019
MüKoWeHbR .... Bien/Meier-Beck/Montag/Säcker, Münchener Kommentar zum Wettbewerbsrecht, Kommentar, Band 1/1, 1/2, 2, 3, 4, 5, 4. Aufl. 2022
MüKoZPO .... Krüger/Rauscher, Münchener Kommentar zur ZPO, Kommentar, Band 1, 2, 3, 6. Aufl. 2020
NK-DatenschutzR .... Simitis/Hornung/Spiecker gem. Döhmann, Datenschutzrecht, Kommentar, 2. Aufl. 2024
Ohly/Sosnitza .... Ohly/Sosnitza, Gesetz gegen den unlauteren Wettbewerb, Kommentar, 8. Aufl. 2023
Preis ArbeitsV-HdB .... Preis, Der Arbeitsvertrag, Handbuch, 6. Aufl. 2020
Recknagel Internet-Banking .... Recknagel, Vertrag und Haftung beim Internet-Banking, Monografie, 1. Aufl. 2005
Redeker IT-R .... Redeker, IT-Recht, Handbuch, 8. Aufl. 2023
Richardi BetrVG .... Richardi, Betriebsverfassungsgesetz, Kommentar, 17. Aufl. 2022
Säcker/Körber TKG .... Säcker/Körber, TKG – TTDSG, Kommentar, 4. Aufl. 2023
Schack UrhR/Urh-VertragsR .... Schack, Urheber- und Urhebervertragsrecht, Lehrbuch, 10. Aufl. 2021
Schmitt/Herrmann Vertragsklauseln .... Schmitt/Herrmann, Vertragsklauseln im Wirtschaftsrecht, Monografie, 1. Aufl. 2018
Schneider EDV-Recht-HdB .... Schneider, Handbuch EDV-Recht, Handbuch, 5. Aufl. 2017
Schricker/Loewenheim ...... Schricker/Loewenheim, Urheberrecht, Kommentar, 6. Aufl. 2020

Schultze/Wauschkuhn/ Spenner/Dau/Kübler Vertragshändlervertrag	Schultze/Wauschkuhn/Spenner/Dau/Kübler, Der Vertragshändlervertrag, Monografie, 5. Aufl. 2015
Solmecke/Kocatepe Online-Marketing-R	Solmecke/Kocatepe, Recht im Online-Marketing, Handbuch, 2. Aufl. 2018
Solmecke/Taeger/ Feldmann	Solmecke/Taeger/Feldmann, Mobile Apps, Handbuch, 1. Aufl. 2013
Spindler/Schuster	Spindler/Schuster, Recht der elektronischen Medien, Kommentar, 4. Aufl. 2019
Spindler/Wiebe Internet-Auktionen	Spindler/Wiebe, Internet-Auktionen und Elektronische Marktplätze, Handbuch, 2. Aufl. 2005
Sydow/Marsch DS-GVO/ BDSG	Sydow/Marsch, DS-GVO – BDSG, Kommentar, 3. Aufl. 2022
Taeger/Gabel	Taeger/Gabel, DSGVO – BDSG – TTDSG, Kommentar, 4. Aufl. 2022
Taeger/Pohle ComputerR-HdB	Taeger/Pohle, Computerrechts-Handbuch, Handbuch, 38. Aufl. 2023
Ulmer/Brandner/Hensen ..	Ulmer/Brandner/Hensen, AGB-Recht, Kommentar, 13. Aufl. 2022
von dem Bussche/Voigt Konzerndatenschutz	von dem Bussche/Voigt, Konzerndatenschutz, Handbuch, 2. Aufl. 2019
Wandtke/Bullinger	Wandtke/Bullinger, Urheberrecht, Kommentar, 6. Aufl. 2022
Wedde Datenschutz-HdB ..	Wedde, Handbuch Datenschutz und Mitbestimmung, Handbuch, 2. Aufl. 2019
Wolf/Lindacher/Pfeiffer	Wolf/Lindacher/Pfeiffer, AGB-Recht, Kommentar, 7. Aufl. 2020
Zöller	Zöller, ZPO, Kommentar, 35. Aufl. 2024

Verzeichnis der Bearbeiter

Dr. Astrid Auer-Reinsdorff AUER BUSINESS LAW & IT-LAW Berlin und Lissabon (Portugal)	B.1.–B.3; B.5.
Dr. Caroline Cichon, LL. M. LANDGERICHT MÜNCHEN I	F.4.; I.1.; I.2.; J.
Prof. Dr. Frank Hammel WEITNAUER Berlin	H.
Dr. Christiane Hoffbauer orka Partnerschaft mbB Düsseldorf	K.2.–K.5.
Dr. Joachim Huber KANZLEI DR. HUBER & DR. OLSEN München	N.1.; N.2.
Prof. Dr. Ralf Imhof SCHULZ NOACK BÄRWINKEL BRUNSWICK EUROPEAN LAW SCHOOL Hamburg und Wolfenbüttel	A.; B.4.; C.1.–C.5.; C.7.; C.8.; C.11.–13.; D.2.; D.3.; D.7.; E.1-E.5.; F.2.; F.3.; N.7.
Dr. Jana Jentzsch MARAIT Hamburg	D.1.
Dr. Ulla Kelp, LL. M. orka Partnerschaft mbB Düsseldorf	K.2.–K.5.
Dr. Patrick J. Missling, LL. M. München	C.9.; D.4.; G.1.–G.3.; N.3.
Jochen Morsbach WEITNAUER Mannheim	F.5.
Tilman Mueller-Stöfen, LL. M. NUCLEUS PARTNERS Hamburg	C.6.; C.10.; K.1.

Dr. Alexander Raif GREENGATE PARTNERS Berlin	N.4.–N.6.
Prof. Dr. Hans-Eric Rasmussen-Bonne, LL. M. WEITNAUER Berlin	L.3.; L.4.
Dr. Einar Recknagel SCHULZ NOACK BÄRWINKEL Hamburg	M.2.
Dr. Sven Schilf GREENGATE PARTNERS Berlin	D.5.; D.6.
Dr. Barbara Sommer Mannheim	F.5.; I.3.; L.1.; L.2.
Alexander Tribess GREENGATE PARTNERS Hamburg	F.1.; G.4.
Dr. Felix Wittern FIELDFISHER Hamburg	M.1.; M.3.

A. Die Inhaltskontrolle Allgemeiner Geschäftsbedingungen

I. Grundlagen der AGB-Kontrolle

Die Beschränkung der Vertragsfreiheit durch die §§ 305 ff. BGB besteht bereits seit Jahrzehnten und wird regelmäßig zum Anlass genommen, um Kritik am Gesetzgeber zu üben und auf eine Änderung der AGB-Kontrolle jedenfalls für Verträge zwischen Unternehmen zu drängen (dazu Ulmer/Brandner/Hensen/Fuchs Vorb. zur Inhaltskontrolle Rn. 25a ff.; Heydn BB 2021, 1420).

Doch obwohl die Thematik schon seit langer Zeit bekannt ist, wird die AGB-Kontrolle in der Vertragspraxis häufig ignoriert (vgl. Leuschner NJW 2016, 1222). Bei Unternehmen, die Verträge mit allgemeinen Geschäftsbedingungen schließen, aber auch bei Vertragsjuristen besteht weithin Unklarheit darüber, wann kontrollfähige Klauseln vorliegen und wie leicht die Rechtsprechung zu einer Bewertung einer Klausel als unangemessen und damit unwirksam kommt. In der Folge wirken viele Vertragsbedingungen nicht in der beabsichtigten Weise, bis hin zur Unwirksamkeit der Klauseln, ohne dass das den Vertragsparteien ausreichend bewusst ist.

Auch für die Vertragsmuster des vorliegenden Werkes gilt die AGB-Kontrolle umfassend. Selbst wenn ein Formular dieses Werkes vom Nutzer nur einmal verwendet wird, stellen die hier vorgeschlagenen Regelungen AGB dar (dazu BGH BeckRS 2005, 8272). Daher sollen in der gebotenen Kürze einige der wesentlichen Aspekte der AGB-Kontrolle dargestellt werden (weiterführend Stoffels, AGB-Recht, 4. Aufl. 2021; Schmitt/Herrmann, Vertragsklauseln im Wirtschaftsrecht, 2019; Leuschner, AGB-Recht im unternehmerischen Rechtsverkehr, 2021).

Zur **Einbeziehung von AGB** (MüKoBGB/Fornasier § 305 Rn. 56 ff.) sei an dieser Stelle nur auf das **Problem kollidierender AGB** hingewiesen: Ein Angebot wird unter Bezugnahme nur auf die eigenen AGB gemacht und vom anderen Teil unter Hinweis nur auf dessen AGB angenommen. In einem solchen Fall richtet sich der Inhalt des konkludent durch den Leistungsaustausch geschlossenen Vertrages nach den Geschäftsbedingungen beider Parteien, soweit diese übereinstimmen, und im Übrigen nach dem Gesetz (OLG Düsseldorf BeckRS 2016, 2839; BGH NJW 1991, 1604 (1606)). Dieses Ergebnis kann durch die Verwendung von durch beide Vertragspartner zu unterzeichnende Formularverträge vermieden werden, wie sie regelmäßig in diesem Formularbuch vorgeschlagen werden. Alternativ kann der Vertragsschluss elektronisch erfolgen, indem dem Vertragspartner nur die Möglichkeit eröffnet wird, einem auf einem Server hinterlegten Vertrag zuzustimmen, ohne dabei auf die eigenen AGB Bezug nehmen zu können. Die **Kontrolle** von AGB, die **gegenüber Verbrauchern** verwendet werden, ist nicht Gegenstand dieser Abhandlung, da die weitaus meisten Formulare für den Gebrauch im unternehmerischen Verkehr vorgesehen sind.

1. Anlass und Zweck der AGB-Kontrolle

Die Einschränkung der Vertragsfreiheit rechtfertigt die herrschende Meinung damit, den Vertragspartner vor unangemessenen Ergebnissen einseitig in Anspruch genommener Vertragsgestaltungsmacht des Verwenders zu schützen (BeckOK BGB/H. Schmidt § 307 Rn. 1 mwN; BGH NJW 2017, 2986 Rn. 64; NJW 1978, 945 (947)). Sinn und Zweck der Inhaltskontrolle von AGB bestehen dementsprechend in der Korrektur eines Zustands, der dadurch entstanden ist, dass der Vertragspartner mit dem Verwender der Klauseln keine zureichenden Vertragsverhandlungen mit dem Ziel der Abänderung der AGB geführt hat (BGH NJW 2005, 422 (424)).

Die Inhaltskontrolle soll ein **Abweichen** des Vertrages **von der** auf einen gegenseitigen Interessenausgleich gerichteten dispositiven **gesetzlichen Leitlinie** zulasten des Vertragspartners verhindern (BGH NJW 2017, 2986 Rn. 67). Ein Vertrag begünstigt allerdings regelmäßig denjenigen, der ihn gestaltet hat, und benachteiligt in der Folge den Vertragspartner. Dazu zeigt § 307 Abs. 1 BGB, dass Verträge den Vertragspartner durchaus benachteiligen dürfen. Die Grenze ist jedoch die unangemessene Benachteiligung. Eine **unangemessene Benachteiligung** liegt dann vor, wenn der Verwender der Klausel missbräuchlich eigene Interessen auf Kosten des Vertragspartners durchzusetzen versucht, ohne die Interessen des Vertragspartners von vornherein hinreichend zu berücksichtigen (BGH NJW 2014, 2180 Rn. 13). Die Vertragsgestaltung wird durch die Rechtsprechungspraxis jedoch über die Maßen erschwert, weil die Gerichte dazu neigen, nahezu jede relevante Abweichung von wesentlichen Grundgedanken des Gesetzes als Benachteiligung des Vertragspartners zu verstehen. Für die Praxis folgt hieraus das unerfreuliche Ergebnis, dass die meisten Vertragsklauseln, die zu einer rechtlichen Besserstellung des Verwenders führen, zugleich mit dem Makel der Unangemessenheit und damit der Unwirksamkeit belastet sind. Selbst der rechtlich beratene Vertragspartner kann sich auf die Inhaltskontrolle berufen. Die Regeln der Inhaltskontrolle gelten unabhängig von der Schutzbedürftigkeit (Ulmer/Brandner/Hensen/Ulmer/Schäfer BGB § 310 Rn. 4; BGH NJW 2017, 2986 Rn. 63 ff.).

2. Vorliegen von AGB

Nach § 305 Abs. 1 S. 1 BGB sind AGB alle für eine Vielzahl von Verträgen vorformulierten Vertragsbedingungen, die eine Vertragspartei (Verwender) der anderen Vertragspartei bei Abschluss eines Vertrags stellt. Vorformuliert sind Vertragsbedingungen, wenn sie für eine mehrfache Verwendung schriftlich aufgezeichnet oder in sonstiger Weise fixiert sind. Die Vorformulierung setzt voraus, dass die Vertragsbestimmungen nicht nur für den konkreten Vertragsschluss entworfen, sondern als Grundlage oder Rahmen für gleichartige Rechtsverhältnisse aufgestellt sind. Dazu genügt die beabsichtigte dreimalige Verwendung (BGH NJW 2019, 2997 Rn. 31). Nicht erforderlich ist, dass der Verwender selbst die Vertragsbedingungen vorformuliert hat (MüKoBGB/Fornasier § 305 Rn. 14).

Ein **Umformulieren** hilft gegen die Einordnung als AGB nicht, soweit der Regelungsgehalt erhalten bleibt (BGH NJW 1998, 2600 (2601)). Hinzu kommt, dass bereits der erste **Anschein für das Vorliegen von AGB** spricht, wenn sie weitgehend allgemein und abstrakt gehalten sind (BGH NJW 2015, 1952 Rn. 30, MüKoBGB/Fornasier § 305 Rn. 51).

Nicht haltbar ist die verbreitete Auffassung, dass bei Bedingungen, die als Grundlage für einen Vertrag der anderen Vertragspartei übersandt wurden, bereits im Ansatz keine AGB vorliegen, weil der Empfänger die Möglichkeit der Einflussnahme hat und daher die für AGB charakteristische Einseitigkeit der Auferlegung nicht gegeben sei (so aber Kaufhold, „Echte" und „unechte" AGB in der Klauselkontrolle, BB 2012, 1235 (1237)). Nach der ständigen Rechtsprechung des BGH liegen AGB solange vor, wie der Verwender den gesetzesfremden Kerngehalt seiner AGB nicht inhaltlich ernsthaft zur Disposition stellt und dem Verhandlungspartner Gestaltungsfreiheit zur Wahrung eigener Interessen einräumt mit zumindest der realen Möglichkeit, die inhaltliche Ausgestaltung der Vertragsbedingungen zu beeinflussen, wozu er sich deutlich und ernsthaft zur gewünschten Änderung einzelner Klauseln bereit erklären muss (vgl. BGH NJW 2013, 856 Rn. 10 – bring or pay).

Keine kontrollfähigen **AGB** liegen jedoch vor, **soweit der Vertrag die Hauptleistungspflichten regelt.** Das gilt auch, wenn der Verwender ein Formular verwendet, das diesbezüglich eine Lücke aufweist, die bei Vertragsschluss vom Verwender gefüllt werden muss. Auch in diesem Fall liegt eine kontrollfreie Bestimmung der Hauptleistungspflicht vor, wenn ohne das Füllen der Lücke mangels Bestimmtheit oder Bestimmbarkeit des wesentlichen Vertragsinhalts ein wirksamer Vertrag nicht mehr angenommen werden kann und der Verwender diese Lücke individuell und nicht für eine Vielzahl von Fällen füllt (so zur Festlegung einer Baukostenobergrenze BGH NJW 2019, 2997 Rn. 32).

Nach § 305 Abs. 1 S. 3 BGB liegen **keine allgemeinen Geschäftsbedingungen** vor, **soweit** die Vertragsbedingungen zwischen den Vertragsparteien **im Einzelnen ausgehandelt** sind. Um den Nachteilen der AGB-Kontrolle zu entgehen, neigen Vertragsjuristen oft leichtfertig dazu, Klauseln den Charakter einer **Individualvereinbarung** iSd § 305 Abs. 1 S. 3 BGB beizumessen. Dabei werden aber die strengen Anforderungen der Rechtsprechung an ein Aushandeln verkannt.

Zunächst spricht der erste **Anschein für AGB**, wenn sie weitgehend allgemein und abstrakt gehalten sind (BGH NJW 2015, 1952 Rn. 30). Der Weg von dieser Vermutung zum Beweis eines Aushandelns, das den höchstrichterlichen Anforderungen entspricht, ist weit.

Aushandeln bedeutet nach der Rechtsprechung mehr als Verhandeln und **erfordert die** – vom Verwender zu beweisende – **Bereitschaft, die Klauseln in ihrem gesetzesfremden Kern tatsächlich zu ändern**. Die Anforderungen an ein Aushandeln sind dabei gegenüber Unternehmen genauso hoch wie gegenüber Verbrauchern. Das Gesetz behandelt alle Fälle des Aushandelns gleich (Ulmer/Brandner/Hensen/Ulmer/Habersack BGB § 305 Rn. 83). Der Verwender muss sich deutlich und ernsthaft zur gewünschten Änderung einzelner Klauseln bereit erklären. Die Bitte an den Vertragspartner, Anmerkungen oder Änderungswünsche mitzuteilen, genügt hierzu grundsätzlich nicht (BGH NJW 2016, 1230 Rn. 30 zur vorgelagerten Frage des Stellens der AGB). Der BGH erwartet, dass sich eine solche **Bereitschaft** auch **in erkennbaren Änderungen** des vorformulierten Textes **niederschlägt**. Allenfalls unter besonderen Umständen kann ein Vertrag nach Auffassung des BGH auch dann als Ergebnis eines „Aushandelns" gewertet werden, wenn es schließlich nach gründlicher Erörterung bei dem gestellten Entwurf verbleibt (BGH NJW 2013, 856 Rn. 10; NJW 2000, 1110 (1111)). Die **allgemein geäußerte Bereitschaft**, belastende Klauseln abzuändern, **genügt** jedenfalls **nicht** (BGH NJW 2015, 3025 Rn. 23). Angesichts dieser strengen Haltung des BGH steht der Verwender vor dem Risiko, dass trotz einer ernsthaften Bereitschaft zur Änderung der Bedingungen ein Aushandeln nicht vorliegt, wenn der Vertragspartner den Vorschlag ohne Weiteres akzeptiert (vgl. Ulmer/Brandner/Hensen/Habersack BGB § 305 Rn. 50).

Hinzu kommt, dass nach § 305 Abs. 1 S. 3 BGB eine Individualvereinbarung nur vorliegt, soweit die Vertragsbedingungen **im Einzelnen ausgehandelt** sind. Klauseln, bei denen der Verwender keine Bereitschaft zur Änderung hatte, werden im Normalfall auch dann nicht zu Individualklauseln, wenn sich der Verwender im Gegenzug bei anderen Klauseln entgegenkommend zeigt. Der BGH erteilt solchen **Paketlösungen** grundsätzlich eine Absage. Es sei nicht gerechtfertigt, eine vom Verwender gestellte, konkret nicht verhandelte und unverändert in den Vertrag übernommene Vertragsbedingung als ausgehandelt anzusehen. Das Aushandeln muss sich nach dem Gesetzeswortlaut jeweils auf bestimmte Vertragsbedingungen beziehen („im Einzelnen") und führt nur in diesem Umfang („soweit") zur Nichtanwendung der §§ 305 ff. BGB (BGH NJW 2019, 2080; NJW 2003, 1805 (1808); aA MüKoBGB/Fornasier § 305 Rn. 43). Es kann aber auch hier Fallgestaltungen geben, die eine **Ausnahme** im Sinne einer Paketlösung rechtfertigen (BGH NJW 2013, 2027 Rn. 20).

Da das Aushandeln die Bereitschaft erfordert, den gesetzesfremden Kerngehalt zur Disposition zu stellen, liegt **keine Individualvereinbarung** vor, wenn sich die Bereitschaft nur auf einen Teil der Klausel bezieht, so dass die Regelung **im Ergebnis lediglich abgeschwächt** wird (BGH NJW 2013, 1431 Rn. 30; NZBau 2016, 213 Rn. 26 – bring or pay II). Andererseits ist es nicht notwendig, dass der Verwender eine Klausel „von

Grund auf" zur Disposition stellt; ausreichend ist, dass der andere Teil auf die Modalitäten des gesetzesfremden Kerns Einfluss nehmen kann (BGH NJW 2013, 2027 Rn. 20).

Die Bedeutung dieser Rechtsprechung zeigt sich an folgendem Beispiel: Die Klausel „Die Gesamthaftung des Auftragnehmers ist beschränkt auf insgesamt 2,5 Mio EUR. Der Auftragnehmer haftet unter keinen Umständen für entgangenen Gewinn." ist wegen der Haftungsbeschränkung unwirksam. Würde sich der Verwender in Verhandlungen lediglich bereit erklären, hinsichtlich der Summe der Haftungsbeschränkung, nicht aber hinsichtlich der Haftung für Folgeschäden abzuändern, läge kein Aushandeln vor, weil der gesetzesfremde Kerngehalt der Klausel erhalten bliebe. Der in den §§ 249 ff. BGB bestimmte Haftungsumfang sieht eine Trennung zwischen mittel- und unmittelbaren Schäden und deren Umfang nicht vor, womit es sich um eine einzige gesetzliche Regelung handelt, die der Verwender in ihrem gesetzesfremden Kern nur in einem Aspekt abändern und damit im Sinne der BGH-Rechtsprechung nur abschwächen wollte.

Die Regeln über das Aushandeln gelten auch, wenn der Vertrag durch rechtliche Berater verhandelt wurde. Allein das **Hinzuziehen eines Rechtsberaters** führt nicht dazu, dass jede Klausel als ausgehandelt gelten kann (vgl. LAG Hamm BeckRS 2011, 77471).

Für ein Aushandeln lässt es der BGH nicht genügen, wenn der Vertragspartner zwar die **Wahl zwischen verschiedenen Varianten einer Klausel**, damit jedoch keine ausreichende Möglichkeit zur angemessenen Gestaltung seiner Rechtssituation hat. Gleiches gilt für den Fall, dass der Vertragspartner eine vom Verwender bewusst gelassene Lücke ausfüllen soll, soweit keine freie Gestaltungsmöglichkeit besteht (BGH NJW 1996, 1676).

Der **Nachweis des Aushandelns** obliegt demjenigen, der sich darauf beruft. Das ist regelmäßig der Verwender (MüKoBGB/Fornasier § 305 Rn. 51). Die Anforderungen der Rechtsprechung sind dabei sehr hoch, so dass insbesondere darauf geachtet werden sollte, nachzuweisen, dass und wie der Vertragspartner des Verwenders eine tatsächliche Möglichkeit hatte, Einfluss auf die Klausel zu nehmen (vgl. BGH NJW 2003, 1805 (1807); NJW-RR 2005, 1040 (1041); NJW 1992, 2759). Dementsprechend sollte vor allem der Verwender seine Bereitschaft, die Klauseln zur Disposition zu stellen, dokumentieren. Hilfreich ist dabei nicht nur der Nachweis des Unterschiedes zwischen Ausgangsdokument und vereinbartem Text. Sinnvoll ist es auch, die an der Verhandlung beteiligten Personen Aktennotizen zu den Verhandlungsbedingungen und -erfolgen anfertigen zu lassen, um sie in einem späteren Verfahren als Gedächtnisstütze für eine Zeugenaussage nutzen zu können (vgl. MüKoBGB/Fornasier § 305 Rn. 54).

3. Änderung von AGB

Gesetzesänderungen und Gerichtsentscheidungen zur Inhaltskontrolle machen es erforderlich, AGB anzupassen. Dazu ist eine Vertragsänderung erforderlich, die der Zustimmung des Vertragspartners bedarf. Bisher wurde die **Zustimmung** aufgrund einer AGB-Klausel oft **fingiert**. Die dem Vertragspartner mitgeteilten neuen AGB sollten gelten, wenn er nicht innerhalb einer definierten Frist widerspricht. Dieses Verfahren hat der BGH jedenfalls für Hauptleistungen und im Verhältnis zu Verbrauchern als unangemessene Benachteiligung gewertet (BGH NJW 2021, 2273). Es ist umstritten, ob und wie weit die Grundsätze des Urteils auch auf den **unternehmerischen Verkehr** Anwendung finden (dazu Casper WM 2022, 2353 und 2405; BeckOK BGB/H. Schmidt § 307 Rn. 112.1). Sollte das der Fall sein, scheidet eine fingierte Zustimmung aus. Das Einholen eines ausdrücklichen Einverständnisses mit der AGB-Änderung ist jedoch zumindest aufwändig. Die bloße Fortsetzung der Geschäftsbeziehung in Kenntnis des Änderungswunsches dürfte nicht, auch nicht aufgrund einer AGB-Klausel, als stillschweigende Zustimmung gewertet werden können (BeckOK BGB/H. Schmidt § 306a Rn. 4.1). Bei ständigen Geschäftsbeziehungen können die aktuellen AGB allerdings – anders als bei Dauerschuldverhältnissen – bei jedem neuen Auftrag vereinbart werden.

4. Auslegung von Vertragsklauseln

Der Verwender ist gesetzlich gehalten, auf die Verständlichkeit seiner Bedingungen zu achten. Unklare und damit nicht verständliche Klauseln gehen zu Lasten des Verwenders, wie § 307 Abs. 1 S. 2 BGB zeigt. Ergibt eine **Auslegung** der zu kontrollierenden Klausel kein eindeutiges Ergebnis, ist der Bewertung die für den Verwender ungünstigste Auslegungsvariante zugrunde zu legen. **Zweifel** bei der Auslegung gehen gemäß § 305c Abs. 2 BGB **zu Lasten des Verwenders**. Der BGH legt allgemeine Geschäftsbedingungen nach ihrem objektiven Inhalt und typischen Sinn einheitlich so aus, wie sie von verständigen und redlichen Vertragspartnern unter Abwägung der Interessen der regelmäßig beteiligten Verkehrskreise verstanden werden, wobei die **Verständnismöglichkeiten des durchschnittlichen Vertragspartners** zugrunde zu legen sind. Hierbei bleiben allerdings solche Verständnismöglichkeiten unberücksichtigt, die zwar theoretisch denkbar, praktisch aber **fernliegend** sind und für die an solchen Geschäften typischerweise Beteiligten nicht ernsthaft in Betracht kommen. Haben die Parteien der Klausel übereinstimmend eine gemeinsame Bedeutung beigelegt, gilt diese (BGH NJW-RR 2019, 1202 Rn. 20; NJW 2011, 1801 Rn. 29).

Nach ständiger Rechtsprechung führt die Anwendung des § 305c Abs. 2 BGB dazu, dass bei einer mehrdeutigen Klausel von den möglichen Auslegungen diejenige zugrunde zu legen ist, die zur Unwirksamkeit der Klausel führt. Denn damit ist die **scheinbar kundenfeindlichste** Auslegung im Ergebnis regelmäßig die dem Kunden günstigste, weil infolge der Unwirksamkeit regelmäßig die gesetzliche Regelung zum Tragen kommt (BGH NJW 2009, 2051 Rn. 11). Erweist sich die Klausel in jeder relevanten Auslegung als wirksam, ist jedoch die **kundenfreundlichste Variante** zu wählen (BGH NJW 2008, 2172 Rn. 19).

5. Geltungserhaltende Reduktion

Als Ausdruck des Verbots der geltungserhaltenden Reduktion werden unwirksame Klauseln von den Gerichten nicht so ausgelegt, dass sie gerade noch AGB-rechtlich wirksam sind. Der Verwender trägt das Risiko, die Klausel so zu gestalten, dass sie wirksam ist. Anderenfalls würde es dem Zweck des Gesetzes zuwiderlaufen, den Vertragspartner des Verwenders vor unbilligen Klauseln zu schützen und auf einen den beiderseitigen Interessen gerecht werdenden Inhalt von AGB hinzuwirken, wenn zugelassen würde, dass der Verwender bei der Aufstellung seiner Konditionen über die Grenze des Zulässigen hinausgehen dürfte, ohne mehr befürchten zu müssen, als dass das Gericht die Benachteiligung seines Vertragspartners auf ein gerade noch zulässiges Maß zurückführen wird (BGH NJW 1992, 575 (576)).

Dagegen helfen auch **salvatorische Klauseln** nicht. Gegenüber § 139 BGB ist die Regelung des § 306 Abs. 1 BGB speziell. Dementsprechend bewirken Klauseln mit Einschränkungen wie „… soweit gesetzlich wirksam …“ nicht, dass die Bestimmung durch die Gerichte entsprechend – geltungserhaltend – ausgelegt wird. Der Zusatz „soweit das gesetzlich zulässig ist“ beseitigt die Unwirksamkeitsfolge der gegen die gesetzlichen Regelungen über allgemeine Geschäftsbedingungen verstoßenden Klauseln nicht (BGH NJW-RR 2015, 738 Rn. 17). Im Übrigen ist die Regelung intransparent, weil selbst im unternehmerischen Rechtsverkehr nicht erwartet werden kann, dass der Vertragspartner in der Lage ist, das gesetzlich noch Zulässige zu erkennen (BayObLG MDR 2022, 86).

II. Besonderheiten im unternehmerischen Verkehr

Für die Vertragsgestaltung mittels allgemeiner Geschäftsbedingungen ohne die Beteiligung von Verbrauchern, also für den unternehmerischen Verkehr, sind insbesondere die §§ 310 Abs. 1 sowie 305 Abs. 2 BGB zu beachten.

Zwar finden die §§ 308 und 309 BGB zunächst keine unmittelbare Anwendung, sie behalten aber eine Bedeutung, weil die mit ihnen vom Gesetzgeber zum Ausdruck gebrachten Bewertungen einer Klausel als unangemessen im Rahmen der Inhaltskontrolle nach § 307 BGB zu berücksichtigen sind. Für die Rechtsprechung haben die Regelungen der §§ 308 und 309 BGB eine hohe Indizwirkung bei der Unangemessenheitskontrolle (BGH NJW 2014, 3722 Rn. 32; NJW 2007, 3774 Rn. 12).

1. Die drohende Unwirksamkeit von AGB in der Vertragsgestaltung

Die Inhaltskontrolle bedeutet für den Verwender eine hohe Hürde für die Gestaltung von Verträgen. Der Vertragsjurist steht regelmäßig vor dem Problem, dass sich die Interessen seines Auftraggebers durch AGB nicht wirksam abbilden lassen. Eine wirksame, individualvertragliche Regelung ist jedoch im Tagesgeschäft oft nicht möglich.

Da aber die rechtlichen Grenzen der Vertragsgestaltung durch AGB in der erforderlichen Tiefe erstaunlicherweise nur in sehr beschränktem Maße bekannt sind, kann sich der Vertragsgestalter die normative Kraft des Faktischen zunutze machen. Viele Klauseln, beispielsweise zur Haftungsbeschränkung, sind weitverbreitet und werden wegen ihrer Üblichkeit als wirksam angesehen. Solange der Vertragspartner die Unwirksamkeit von Klauseln nicht in Betracht zieht und sich an das Vereinbarte hält, stellt die Inhaltskontrolle keinen Nachteil für den Verwender dar. Selbst wenn die Unwirksamkeit später thematisiert werden sollte, ist es in vielen Fällen nicht voraussehbar, wie Instanzgerichte im Einzelfall entscheiden würden. Der BGH stellt bei der Inhaltskontrolle nach § 307 BGB immer wieder auf den Einzelfall ab, wenn auch der Kontrollmaßstab regelmäßig streng ist.

Diese Prognoseunsicherheit kann als Spielraum für Vergleichsgespräche genutzt werden, so dass der Verwender die Aussicht hat, mit einem Vergleich am Ende besser zu stehen als im Falle eines Verzichts auf die womöglich oder sicher unwirksame Klausel. Kurz gesagt muss der Verwender nicht Recht haben, er muss nur Recht bekommen.

Checkliste

Die **Überlegung** bei der Gestaltung von Verträgen mittels AGB kann daher so aussehen:

- ❒ Bedingt die Gesetzeslage zur Durchsetzung der Interessen des Verwenders eine abweichende vertragliche Regelung? Erst mit einer abweichenden Regelung wird der Anwendungsbereich der Inhaltskontrolle eröffnet (§ 307 Abs. 3 S. 1 BGB).
- ❒ Benachteiligt die beabsichtigte AGB-Klausel den Vertragspartner – möglicherweise – unangemessen?
  - ❒ Falls ja, gibt es eine wirksame alternative Regelung, die, auch wenn sie hinter dem Gewünschten zurückbleibt, angesichts des Risikos der Unwirksamkeit besser erscheint?
  - ❒ Sollte es keine wirksame, den Interessen hinreichend gerecht werdende Regelung geben, ist zu prüfen, **ob das Risiko einer unwirksamen Klausel getragen werden soll.**
  - ❒ Wenn dies verneint wird, muss eine individuelle Regelung angestrebt werden.
  - ❒ Ist auch dies nicht möglich, ist bei einem nicht zu tragenden Unwirksamkeitsrisiko zu überlegen, von dem Vertragsschluss Abstand zu nehmen.

Für den Vertragspartner des Verwenders stellt sich dagegen häufig die **Frage, ob über** eine **Abänderung von AGB** mit dem Verwender gesprochen, also **verhandelt werden soll.** Sofern die relevante Klausel der Inhaltskontrolle nicht standhält, ist eine Abänderung aus

Sicht des Vertragspartners rechtlich nicht veranlasst. Statt der unwirksamen Klausel gilt die für den Vertragspartner regelmäßig günstigere gesetzliche Regelung. Unwirksame AGB können damit aus rechtlicher Sicht unbesehen vereinbart werden.

Ist jedoch die Unwirksamkeit der Klausel nicht hinreichend sicher zu prognostizieren, spricht dies für ein Verhandeln über den Klauselinhalt. Die dabei bestehende **Gefahr** ist, dass das Verhandeln **zu einem Aushandeln führt**, ohne dass der Vertragspartner seine Interessen vollständig durchsetzen konnte. Dann ist die Klausel nicht mehr angreifbar. Im Ergebnis muss der Vertragspartner abwägen, ob die mögliche Unwirksamkeit oder die seine Interessen möglicherweise nicht vollständig berücksichtigende wirksame Klausel die bessere Variante darstellt. Hinzu kommt, dass ein alleiniges Abstellen auf die rechtliche Bewertung der Klausel die potentielle Belastung der Geschäftsbeziehung bei späterer Geltendmachung der Unwirksamkeit außer Acht lässt.

2. Klauselgestaltung

Entscheidet sich der Verwender für eine Klausel, die nach § 307 BGB inhaltlich angreifbar ist, sollte versucht werden, die Folgen einer Unwirksamkeit zu begrenzen. Ein Ansatz dabei ist, die **Regelung nicht zu komplex werden zu lassen**, sondern sie in kleinere Einheiten, dh Sätze, zu gliedern. Denn wenn die Aussicht besteht, dass nur einzelne Bestandteile der Regelung unwirksam sind, können die übrigen gem. § 306 Abs. 1 BGB wirksam bleiben.

Allerdings bleibt ein Teil einer Regelung nicht allein deswegen wirksam, weil er in einem gesonderten Satz behandelt wird. Die Rechtsprechung betrachtet stets das Gesamtgefüge der Regelung, insbesondere mit Hilfe des so genannten **Blue-Pencil-Test**. Mit Hilfe dieses Tests soll festgestellt werden, inwieweit unwirksame und wirksame Teile einer Regelung trennbar sind, die Unwirksamkeit einer Teil-Regelung also nicht auf die Wirksamkeit einer anderen Teil-Regelung durchschlägt. Die inhaltliche Trennbarkeit einer Klausel und damit ihre Zerlegung in einen inhaltlich zulässigen und einen inhaltlich unzulässigen Teil ist immer dann gegeben, wenn der unwirksame Teil der Klausel gestrichen werden kann, ohne dass der Sinn des anderen Teils darunter leidet. Wenn allerdings durch den Wegfall eines unwirksamen Regelungsteils das Gesamtgefüge des Vertrags nicht mehr sinnvoll ist, ergreift die Unwirksamkeit der Teilklausel die Gesamtklausel (BGH NJW 2014, 141 Rn. 14).

Bei der Klauselgestaltung ist auch darauf zu achten, dass für den Verwender selbst nachteilige Regelungen nicht der Inhaltskontrolle unterliegen. An ihnen muss sich der Verwender festhalten lassen (BGH NJW 1987, 837 (838)). Es kommt immer wieder vor, dass versehentlich **für den Verwender nachteilige Regelungen** getroffen werden, indem beispielsweise die Beachtung des Standes der Technik versprochen wird, obwohl nach der Rechtsprechung nur die Einhaltung der anerkannten Regeln der Technik geschuldet ist (vgl. Seibel NJW 2013, 3000) oder Verzugszinssätze fehlerhaft benannt werden.

Vertragsklauseln müssen dem **Transparenzgebot** entsprechen, dh klar und verständlich sein. Das folgt aus § 307 Abs. 1 S. 2 sowie § 305c Abs. 2 BGB. Das Transparenzgebot schließt das **Bestimmtheitsgebot** ein und verlangt, dass die tatbestandlichen Voraussetzungen und Rechtsfolgen so genau beschrieben werden müssen, dass für den Verwender keine ungerechtfertigten Beurteilungsspielräume entstehen (BGH NJW 2004, 1738). Bereits die Klauselfassung muss der Gefahr vorbeugen, dass der Vertragspartner von der Durchsetzung bestehender Rechte abgehalten wird. Durch eine Klausel, die die Rechtslage unzutreffend oder missverständlich darstellt und auf diese Weise dem Verwender die Möglichkeit eröffnet, begründete Ansprüche unter Hinweis auf die Klauselgestaltung abzuwehren, wird der Vertragspartner unangemessen benachteiligt (BGH NJW-RR 2005, 1496 (1500)).

3. Beratungspflichten

Es kommt nicht selten vor, dass Unternehmen Vertragswerke einsetzen, ohne dass ihre rechtlichen Berater sie auf die Besonderheiten der AGB-Kontrolle und deren Auswirkungen auf die einzelnen Klauseln hingewiesen haben. In der Folge gehen sie von der Wirksamkeit der Vertragsbedingungen aus.

Nach ständiger Rechtsprechung des BGH ist es die **Pflicht** des Rechtsanwalts, seinen **Auftraggeber umfassend und erschöpfend zu beraten** (BGH NJW 1997, 2168 (2169)). Dazu hat der Anwalt über die möglichen rechtlichen und auch wirtschaftlichen Risiken aufzuklären, damit der Auftraggeber eine sachgerechte Entscheidung treffen kann (BGH NJW 1993, 1320 (1322)). Soweit der Mandant nicht eindeutig zu erkennen gibt, dass er des Rates nur in einer bestimmten Richtung bedarf, ist der Rechtsanwalt grundsätzlich zur allgemeinen, umfassenden und möglichst erschöpfenden Beratung des Auftraggebers verpflichtet. Unkundige muss er über die Folgen ihrer Erklärungen belehren und vor Irrtümern bewahren. In den Grenzen des Mandats hat er dem Mandanten diejenigen Schritte anzuraten, die zu dem erstrebten Ziel zu führen geeignet sind, und Nachteile für den Auftraggeber zu verhindern, soweit solche voraussehbar und vermeidbar sind. Dazu hat er dem Auftraggeber den **sichersten und gefahrlosesten Weg vorzuschlagen** (BGH NJW 2023, 2195 Rn. 10 ff.) Er hat von mehreren möglichen Maßnahmen, die den erstrebten Erfolg zu erreichen geeignet sind, diejenige zu wählen, die am sichersten ist (BGH NJW 2010, 73 (74); NJW 1974, 1865 (1866)). Bei zweifelhaften Fallkonstellationen muss der Anwalt immer auch bedenken, dass bei streitiger Durchsetzung der Ansprüche die zur Entscheidung berufenen Gerichte eine für den Mandanten ungünstige Rechtsauffassung vertreten könnten (BGH NJW 1993, 2797 (2798); OLG Hamm BeckRS 2015, 16895).

Im Grundsatz hat der Rechtsanwalt von der **Beratungsbedürftigkeit** des Mandanten auszugehen. Dies gilt selbst gegenüber rechtlich vorgebildeten und wirtschaftlich erfahrenen Mandanten. Nur wenn der Mandant bereits über die Vor- und Nachteile im Bilde und deshalb in der Lage ist, eine eigenverantwortliche und sachgerechte Entscheidung über den Vergleich zu treffen, bedarf es keiner (zusätzlichen) Beratung (BGH NJW 2023, 2195 Rn. 15 f.).

Diese strengen Anforderungen werden bei der Erstellung von AGB oft missachtet. Weil es nicht möglich ist, Verträge zu gestalten, deren Klauseln insgesamt der AGB-Kontrolle Stand halten, ist es im Rahmen der anwaltlichen Berufspflichten unabdingbar, den Mandanten entsprechend zu unterrichten. Es ist die Gefahr der Unwirksamkeit von Klauseln aufzuzeigen sowie die Folge der Unwirksamkeit und etwaige alternative Gestaltungsmöglichkeiten, um dem Mandanten die Entscheidung über die Gestaltung seiner Rechtslage zu ermöglichen (Preis ArbeitsV-HdB/Preis A. Methodische Fragen der Vertragsgestaltung).

Die Berufspflichten gelten nicht zwingend für angestellte Berater gegenüber ihren Arbeitgebern (zu Syndikusanwälten vgl. Kremer/Voet van Vormizeele AG 2011, 245 ff.). Aus der vergleichbaren Situation von Arbeitgeber und Mandant ergeben sich aber vergleichbare arbeitsrechtliche Sorgfaltspflichten des angestellten Beraters.

4. Flucht aus dem AGB-Recht

Die Geltung der AGB-Kontrolle kann nicht durch eine Vereinbarung ausgeschlossen werden (BGH NJW 2014, 1725 Rn. 30). Denkbar ist aber die **Wahl einer ausländischen Rechtsordnung**, die nicht die Nachteile des deutschen AGB-Rechts mit sich bringt. Das ist dann möglich, wenn ein Auslandsbezug besteht. Ohne einen solchen Bezug steht dem Abbedingen des AGB-Rechts durch die Wahl einer anderen Rechtsordnung jedoch Art. 3 Abs. 3 Rom-I VO entgegen. Denn das AGB-Recht gehört zu den zwingenden Rechtsvorschriften, von denen bei einem reinen Inlandsbezug nicht abgewichen werden kann (MüKoBGB/Martiny Rom I-VO Art. 3 Rn. 88; Ulmer/Brandner/Hensen/Schmidt BGB Anh. zu § 305 Internationaler Geschäftsverkehr Rn. 2a).

Umstritten ist, ob durch eine **Schiedsabrede** im Rahmen des § 1051 Abs. 1 ZPO zwar deutsches Recht, jedoch ohne eine AGB-Kontrolle als anwendbar vereinbart werden kann (dafür Pfeiffer NJW 2012, 1169; BeckOK ZPO/Wilske/Markert § 1051 Rn. 6; kritisch MüKoZPO/Münch § 1051 Rn. 14 Fn. 34).

III. Ausgewählte Regelungsbereiche

Nachfolgend werden einige ausgewählte, für die Vertragsgestaltung im IT-Bereich wichtige Aspekte unter AGB-rechtlichen Aspekten behandelt.

1. Vereinbarung des Vertragstyps

Häufig stellt sich die Frage, welchem benannten Vertragstyp des BGB eine Vereinbarung zuzuordnen ist. Das ist zum einen erforderlich, um etwaige Regelungslücken im Vertrag durch die entsprechenden gesetzlichen Bestimmungen zu füllen. Zum anderen ist der Vertragstyp maßgeblich für die Inhaltskontrolle, um ein Abweichen von der gesetzlichen Leitlinie feststellen zu können. Hinzu kommt der Wunsch des Gläubigers, einen Vertrag mit einer Nacherfüllungsverpflichtung abzuschließen, während der Schuldner regelmäßig ein gegenläufiges Interesse hat und typischerweise den Dienstvertrag oder ein vergleichbares Rechtsverhältnis ohne Gewährleistungspflichten bevorzugt. In vielen Fällen fehlt auch eine gefestigte Rechtsprechung, anhand deren der Vertragsjurist die gerade mit Blick auf die AGB-Kontrolle wichtige Zuordnung zu einem Vertragstyp ausrichten kann. Zu denken ist hier insbesondere an die Softwareerstellung und die Anwendung des § 650 BGB bei Werklieferungsverträgen oder die Zuordnung des agilen Projektmanagements zum Dienst- oder Werkvertragsrecht.

Erleichterung brächte hier die Zulässigkeit der **Wahl des Vertragstyps**. Dies ist **in AGB** jedoch **nicht möglich**. Maßgeblich für die Zuordnung zu einem Typus ist der beiderseitige Parteiwille, wie er aus dem Inhalt der Verträge, aus ihrem Zweck und ihrer wirtschaftlichen Bedeutung sowie aus der Interessenlage der Vertragsparteien zum Ausdruck kommt (BGH NJW 2016, 1572 Rn. 27). Klauseln wie „Die Beteiligten sind sich darüber einig, dass dieser Vertrag kein Werkvertrag ist, so dass die §§ 631 ff. BGB keine Anwendung finden und dass dieser Vertrag ein Kaufvertrag ist.“ dienen daher allenfalls zur Ermittlung des Willens des Verwenders. Nach Ansicht des BGH kann in AGB keinesfalls eine Änderung des sich aus dem vereinbarten Leistungsaustausch ergebenden Vertragstyps vorgenommen werden (BGH NJW 1979, 2207 (2209); OLG Karlsruhe (Senat Freiburg) NJW 1985, 2035; BeckOK BGB/Voit § 650 Rn. 24 f.).

Der Vertragstyp wird nicht vom Inhalt der AGB bestimmt. Die Zulässigkeit und Wirksamkeit der von einer Seite einseitig aufgestellten Vertragsbestimmungen hängt vielmehr von dem nach den Erklärungen der Beteiligten geschlossenen Vertragstyp ab (BGH NJW 1997, 2043 (2045)). Ob im Rahmen einer **Individualvereinbarung** die Wahl eines Vertragstyps möglich ist, der nach den Maßstäben des Gesetzes nicht zu den auszutauschenden Leistungen passt, hat der BGH in seiner Entscheidung aus dem Jahr 1979 ausdrücklich offengelassen.

2. Leistungsbeschreibungen

Leistungsbeschreibungen können AGB sein, so dass sie im unternehmerischen Verkehr insbesondere den Anforderungen der §§ 305c und 307 Abs. 3 S. 2 BGB standhalten müssen. Sie sind aber **kontrollfrei, soweit** sie Art und Umfang der vertraglichen Hauptleistungspflicht und den dafür zu zahlenden Preis unmittelbar regeln, denn deren Festlegung ist grundsätzlich Sache der Vertragsparteien (BGH NJW 1991, 1953). Im Übrigen unterliegen Leistungsbeschreibungen aber dann der Inhaltskontrolle, wenn sie das Hauptleistungsversprechen abweichend vom Gesetz oder der nach Treu und Glauben und nach der Verkehrssitte geschuldeten Leistung einschränken, ausgestalten oder modifizieren (BGH NJW 2008, 360 Rn. 18).

Häufig ist es schwierig zu entscheiden, ob eine Leistungsverpflichtung nur einschränkend beschrieben oder vielmehr eine unbeschränkte Leistungsverpflichtung eingeschränkt wird und dann als **Haftungsbeschränkung** wirkt. Das kann insbesondere bei **Verfügbarkeitsregelungen** der Fall sein. Nach Ansicht des BGH genügt es, dass die Klausel nach ihrem Sinn und Zweck den Eindruck eines Haftungsausschlusses erweckt, ein ausdrücklicher Haftungsausschluss wird nicht vorausgesetzt (vgl. BGH NJW 2001, 751 (752); s. aber auch BGH NJW 2018, 534; Auer-Reinsdorff/Conrad IT- und DatenschutzR-HdB/Roth-Neuschild § 13 Rn. 202 ff.).

3. Nutzungsrechte

Vereinbarungen über die Übertragung urheberrechtlich geschützter Positionen **gehören** für den BGH **zur kontrollfreien Leistungsbestimmung.** Sie bestimmen den Umfang der vertraglichen Hauptleistungspflicht (BGH NJW 2022, 2614 Rn. 42; GRUR 2014, 556 Rn. 12) und unterliegen nicht der Inhaltskontrolle der §§ 307 ff. BGB (kritisch dazu Wandtke/Bullinger/Wandtke UrhG Vorb. §§ 31 ff. Rn. 116 ff.). Das Interesse des Urhebers, eine angemessene Vergütung zu erhalten, wird durch die §§ 32 ff. UrhG angemessen geschützt (BGH GRUR 2012, 1031 Rn. 21). Für die Beschreibung der zu erbringenden Leistungen gilt jedoch das **Transparenzgebot** aus § 307 Abs. 3 S. 2 iVm Abs. 1 S. 2 BGB. Der Verwender ist gehalten, Rechte und Pflichten seines Vertragspartners in allgemeinen Geschäftsbedingungen klar, einfach und präzise darzustellen. Die tatbestandlichen Voraussetzungen und Rechtsfolgen sind so genau zu beschreiben, dass für den Verwender keine ungerechtfertigten Beurteilungsspielräume entstehen (BGH GRUR 2012, 1031 Rn. 34).

4. Mängelhaftung

Das gesetzliche Leitmodell der Mängelhaftung wird durch § 309 Nr. 8b BGB gegen vertragliche Änderungen zulasten des Nacherfüllungsgläubigers weitgehend abgesichert. Die Klauselkontrolle wirkt über § 310 Abs. 1 S. 2 BGB auch in den unternehmerischen Verkehr hinein (Stoffels AGB-R Rn. 956). Geschützt wird nur der Käufer einer **neu** hergestellten Sache oder der Besteller von Werkleistungen. Bereits **genutzte Software** dürfte vom Anwendungsbereich ausgeschlossen sein, auch wenn Software keinen aus der Nutzung folgenden, unerkannten Defekten unterliegt, für die der Veräußerer bei gebrauchten Sachen nicht verantwortlich gemacht werden soll. Entscheidend ist, dass der Verkäufer gebrauchter Software in der Regel keinen Regressanspruch gegen Lieferanten hat. Ein **Ausschluss von Mängelrechten** soll im unternehmerischen Verkehr zulässig sein, wenn er nicht vollständig erfolgt und das **Äquivalenzinteresse** des Käufers oder Bestellers gewahrt bleibt (Leuschner AGB-Recht/Bach Teil 3 Gewährleistungsklauseln Rn. 37). Die detaillierten Regelungen des § 309 Nr. 7 und Nr. 8b stehen einem weitgehenden Ausschluss am Ende jedoch entgegen. Inwieweit Einschränkungen der Mängelrechte im unternehmerischen Verkehr zulässig sind, ist Gegenstand einer breiten Diskussion in der Literatur (Übersicht bei Leuschner AGB-Recht/Bach Teil 3 Gewährleistungsklauseln), eine belastbare Rechtsprechung hierzu fehlt.

Zunächst ist zu beachten, dass der Schuldner weitgehend für schuldhafte Pflichtverletzungen einstehen muss. Eine effektive Beschränkung der Schadensersatzpflicht ist nicht möglich (dazu sogleich). Da Schadensersatzansprüche aber nur greifen, wenn der Schuldner die Pflichtverletzung zu vertreten hat, muss dem Gläubiger jedenfalls bei fehlendem Vertretenmüssen ein Anspruch auf Nacherfüllung oder der Rücktritt verbleiben. Umstritten ist hier aber schon, ob der Anspruch auf **Nacherfüllung** und das Recht zum **Rücktritt** überhaupt ausgeschlossen werden können (dagegen Ulmer/Brandner/Hensen/Christensen § 309 Nr. 8 Klauselverbote ohne Wertungsmöglichkeit – Sonstige Haftungsausschlüsse bei Pflichtverletzung Rn. 46; differenzierend Leuschner AGB-Recht/Bach Teil 3 Gewährleistungsklauseln Rn. 43 und 59). Da der Gläubiger nicht rechtlos gestellt werden darf, ergibt ein Ausschluss des oft weniger schwerwiegenden Nacherfüllungsanspruchs bei Beibehalten anderer, einschneidender Rechtsbehelfe für den Schuldner wenig Sinn. Der Ausschluss des Minderungsrechts soll zulässig sein, wenn der Rücktritt auch wegen unerheblicher Mängel offen steht (Leuschner AGB-Recht/Bach Teil 3 Gewährleistungsklauseln Rn. 97), was bei immateriellen IT-Leistungen jedoch regelmäßig ebenfalls nicht im Interesse des Schuldners sein dürfte. Die Verjährungsfrist der Nacherfüllungsansprüche aus § 438 Abs. 1 Nr. 3 BGB und § 634 Abs. 1 Nr. 1 BGB kann auf ein Jahr verkürzt werden (Ulmer/Brandner/Hensen/Christensen § 309 Nr. 8 Klauselverbote ohne Wertungsmöglichkeit – Sonstige Haftungsausschlüsse bei Pflichtverletzung Rn. 106). Da eine Verkürzung der Verjährungsfrist für Schadensersatzansprüche aus der fehlgeschlagenen Nacherfüllung nicht zulässig ist (dazu unten Ziff. 5), muss eine Regelung deutlich zwischen der Verjährung des Nacherfüllungsanspruchs und der des damit zusammenhängenden Schadensersatzanspruchs unterscheiden.

Wegen der nur sehr eingeschränkten Möglichkeit zur Abwandlung der Mängelhaftung ist für die Vertragsgestaltung ein besonderes Augenmerk auf die Bestimmung der Beschaffenheit der Kaufsache oder des Werkes zu legen. Insbesondere sind **nicht geschuldete Beschaffenheiten** zu definieren, um gar nicht erst in die Mängelhaftung zu geraten.

Bei **Mietverträgen** kann auch im unternehmerischen Verkehr die **Minderung** nicht vollständig ausgeschlossen werden, zulässig ist aber, die vom Gesetz vorgesehene automatische Herabsetzung der Miete auszuschließen und den Mieter stattdessen, ohne dies explizit in die Klausel aufnehmen zu müssen, auf einen Bereicherungsanspruch gegen den Vermieter zu verweisen (BGH BeckRS 2008, 11172 Rn. 20; OLG Düsseldorf NJW-RR 2023, 25 Rn. 24). Ausgeschlossen werden kann die **verschuldensunabhängige Haftung** aus § 536a Abs. 1 Fall 1 BGB (BGH NJW-RR 1991, 74).

5. Haftungsbeschränkung

Eine **effektive Beschränkung der Haftung** ist in AGB **nicht möglich.** Bei entgeltlichen Leistungen muss im Rahmen allgemeiner Geschäftsbedingungen grundsätzlich auf den Schaden gehaftet werden, der vertragstypisch und vorhersehbar ist.

Haftungsbeschränkungen dürfen **Körper- und Gesundheitsschäden** (§ 309 Nr. 7a BGB) sowie sonstige **Schäden bei grobem Verschulden** (§ 309 Nr. 7b BGB) nicht ausschließen (BGH NJW-RR 2015, 738; NJW 2007, 759 Rn. 10). Dies gilt gemäß § 307 Abs. 1, Abs. 2 Nr. 2 BGB regelmäßig **auch im Verhältnis zwischen Unternehmen** (BGH NJW 2007, 3774 Rn. 13 ff.).

Die Haftung für **leicht fahrlässig verursachte Schäden** kann nicht beschränkt werden, wenn Gegenstand der Pflichtverletzung eine **vertragswesentliche Pflicht** ist. Nach der ständigen Rechtsprechung des BGH darf eine formularmäßige Freizeichnung von der Haftung für einfache Fahrlässigkeit nicht zur Aushöhlung von vertragswesentlichen Rechtspositionen des Vertragspartners führen. Das wäre beispielsweise der Fall, wenn sie ihm solche Rechte wegnimmt oder einschränkt, die ihm der Vertrag gemäß dem Gedanken des § 307 Abs. 2 Nr. 2 BGB nach seinem Inhalt und Zweck gerade zu gewähren hat. Ferner darf die Haftungsbeschränkung nicht dazu führen, dass der Verwender von Verpflichtungen befreit wird, deren Erfüllung die ordnungsgemäße

Durchführung des Vertrags überhaupt erst ermöglicht und auf deren Einhaltung der Vertragspartner regelmäßig vertraut und vertrauen darf (BGH NJW-RR 2005, 1496 (1505)). Dazu gehört immer auch jeder **Folgeschaden**, wie zB der entgangene Gewinn. Eine Trennung zwischen unmittel- und mittelbaren Schäden kennt das Gesetz nicht (BGH NJW-RR 2001, 342 (343); MüKoBGB/Oetker § 249 Rn. 99).

Unwirksam ist auch eine **summenmäßige Beschränkung der Haftung** im Falle der Verletzung einer vertragswesentlichen Pflicht, wenn der Höchstbetrag die vertragstypischen, vorhersehbaren Schäden nicht abdeckt (BGH NJW 1993, 335 (336); MüKoBGB/Grundmann § 276 Rn. 184). Wird der vertragstypische, vorhersehbare Schaden dagegen abgedeckt, wirkt die Regelung kaum haftungsbeschränkend.

Eine Haftungsbeschränkung kann auch in einer **Verkürzung der Verjährungsfrist** für Schadensersatzansprüche liegen (BGH NJW 2013, 2584; NZG 2016, 32). Einen Verstoß gegen § 309 Nr. 7 BGB stellt beispielsweise die Klausel „Die Verjährungsfrist für gesetzliche Mängelansprüche beträgt ein Jahr." dar. Das gilt auch im Verhältnis zu Unternehmen, da die Wertung des § 309 Nr. 7 BGB auch im unternehmerischen Verkehr zu beachten ist (BGH NJW 2014, 211). Ein Problem des Verwenders von AGB ist, dass der Vertragspartner sich später auch dann auf die Unwirksamkeit von Klauseln berufen kann, wenn er sie in Kenntnis ihrer Unwirksamkeit akzeptiert hat. Ihm bleibt zum Erreichen einer wirksamen Haftungsbeschränkung nur der steinige Weg zu einer Individualvereinbarung. Praktisch schwierig umzusetzen, rechtlich aber wirksam wäre es, dem Vertragspartner die AGB ohne Haftungsklausel zuzusenden und ihn zu bitten, eine ihm passende Haftungsregelung zu entwerfen. Da diese Klausel nicht vom Verwender gestellt wird, kann sich der Vertragspartner nicht auf die Inhaltskontrolle berufen. Sollte die Klausel dem Verwender der AGB nicht genügen, ist jedenfalls der Einstieg in Verhandlungen eröffnet, an deren Ende eine wirksame Regelung steht. Ist die Haftungsbeschränkung für den Verwender essenziell, lässt sich aber keine Einigung oder gleichwertige Absicherung erreichen, sollte von dem Vertragsschluss Abstand genommen werden.

6. Garantien und Freistellungen

Immaterialgüterrechte können nicht gutgläubig erworben werden. Erwerbern droht daher, nicht nur die vereinbarte Nutzungsbefugnis nicht zu erhalten, sondern unter Umständen sogar den Ansprüchen Dritter wegen einer unbefugten Nutzung ausgesetzt zu sein.

Sekundäransprüche gegen den Vertragspartner helfen dem Erwerber nur bedingt. Schadensersatzansprüche setzen ein Verschulden voraus, das seitens des Veräußerers, der nicht selbst Urheber oder Hersteller der Software ist, regelmäßig nicht gegeben ist. Viele Verträge sehen zur Kompensation des Risikos eine Garantie oder die Freistellung von Ansprüchen Dritter vor.

Bei der **Garantie** steht der Garantiegeber regelmäßig dafür ein, dass der vertragsgemäße Zustand erreicht wird. Bei einem **Freistellungsanspruch** hat der Schuldner die Vermögensnachteile zu tragen, die dem Nutzer des urheberrechtlich geschützten Guts durch die Geltendmachung von Rechten Dritter entstehen. Eine Garantie geht damit regelmäßig über einen Freistellungsanspruch hinaus.

Dabei werden in AGB die Grenzen zwischen verschuldensunabhängigem Aufwendungs- und verschuldensabhängigem Schadensersatz oft nicht beachtet. Terminologisch sind Aufwendungen alle zweckbestimmten freiwilligen Vermögensopfer im Interesse eines anderen, während Schäden unfreiwillige Vermögensopfer darstellen (BGH NJW 1960, 1568; MüKoBGB/Schäfer § 670 Rn. 18 f.). In den Klauseln zu Garantien und Freistellungen geht es in den hier einschlägigen Fällen um unfreiwillige Vermögensopfer und damit um Schadens-, nicht aber um Aufwendungsersatz. Stellen die Klauseln dabei nicht auf ein Vertretenmüssen ab, liegt eine Abweichung von der gesetzlichen Leitlinie vor. Zudem gelten die Garantie-

und Freistellungsansprüche oft **zeitlich unbeschränkt** und gehen damit über die Verjährungsfristen für Gewährleistungsansprüche hinaus (vgl. zum Verjährungslauf beim gesetzlichen Befreiungsanspruch aus § 257 BGB BGH NJW 2018, 1873). Sie stellen dann den Verwender besser, als er bei Bestehen eines Nacherfüllungsanspruchs stünde. Insgesamt begegnen solche Klauseln erheblichen AGB-rechtlichen Bedenken.

a) **Garantien.** Nach ständiger Rechtsprechung des BGH ist es ein auch im unternehmerischen Verkehr gültiger wesentlicher Grundgedanke der gesetzlichen Regelung iSv § 307 II Nr. 1 BGB, dass eine Verpflichtung zum Schadensersatz regelmäßig nur bei schuldhaftem Verhalten besteht. Eine **verschuldensunabhängige Haftung** kann in allgemeinen Geschäftsbedingungen **nur ausnahmsweise wirksam** vereinbart werden. Das ist der Fall, wenn sie durch höhere Interessen des Verwenders gerechtfertigt oder durch Gewährung rechtlicher Vorteile ausgeglichen wird (BGH NJW 2021, 1458 Rn. 28). Verschuldensunabhängige Rechtegarantien werden oft damit begründet, dass Rechtsmängel anders als Sachmängel für den Erwerber nur schwer erkennbar seien, ihre Feststellung sich umso schwieriger und aufwändiger gestalte, je öfter über einen Gegenstand in der Rechtekette verfügt werde, und dass dem Veräußerer typischerweise mehr über Herkunft und Vorgeschichte des Erwerbsgegenstands bekannt sei als dem Erwerber. Diese Risikoverteilung ist allerdings gesetzesimmanent. Eine generell verschuldensunabhängige Rechtsmängelhaftung kann hierdurch nicht gerechtfertigt werden. Der BGH kompensiert solche Defizite dadurch, dass hohe Anforderungen an die Sorgfaltspflicht des Schuldners gestellt werden (BGH NJW 2006, 47 Rn. 33; Ulmer/Brandner/Hensen/Ernst Kap. 49 Urheberrechtsverträge, Verlagsverträge Rn. 35 f.; Loewenheim UrhR-HdB/Loewenheim/J. B. Nordemann/Ohly § 68 Rn. 7 mit dem Vorschlag, in den AGB eine verschuldensunabhängige Vertrauensschadenhaftung vorzusehen; für die Wirksamkeit von Garantien OLG Hamburg GRUR-RR 2011, 293 (302), Grohmann GRUR-Prax 2019, 27 (28)).

b) **Freistellungen.** Bedenklich sind auch Freistellungsverpflichtungen (vgl. zur Rechtslage bei Unternehmenskäufen Hilgard BB 2016, 1218) infolge lediglich behaupteter Rechtsverletzungen (OLG Hamburg GRUR-RR 2011, 293 (302)). Die verschuldensunabhängige Pflicht, Vermögensnachteile des Nutzers oder Verwerters in jedem Fall zu ersetzen, dürfte unwirksam sein (Redeker IT-R/Heymann/Lensdorf Software-Pflege Rn. 134; Ulmer/Brandner/Hensen/Ernst Urheberrechtsverträge, Verlagsverträge Rn. 35 f.).

7. Geheimhaltungsvereinbarungen

In vielen Verträgen, vor allem Projektverträgen, finden sich Geheimhaltungsvereinbarungen, die jedoch einerseits zu unbestimmt gehalten sind, um erkennen zu lassen, was geheim zu halten ist. Andererseits sind die einbezogenen Informationen oft nicht so bedeutend, dass sie geheimhaltungswürdig sind. Das kann zur **Intransparenz** der Klausel und zu einer unangemessenen Benachteiligung des Vertragspartners (vgl. zu Arbeitsverhältnissen Preis ArbeitsV-HdB/Rolfs V 20 Verschwiegenheitspflicht Rn. 26; zum Gesellschaftsrecht OLG Stuttgart BeckRS 2013, 4352; AG Düsseldorf NZG 2011, 229) führen. Zur Vermeidung einer unangemessenen Benachteiligung sollten Ausnahmen von der Geheimhaltung vorgesehen werden (vgl. Schmitt/Herrmann Vertragsklauseln § 23 Rn. 15 f.).

Bisher wurde oft an den gesetzlichen Begriff des Betriebs- oder Geschäftsgeheimnisses in § 17 UWG aF angeknüpft. Da nach § 2 Nr. 1 lit. b GeschGehG nunmehr ein Geschäftsgeheimnis vorliegt, wenn die Information Gegenstand von den Umständen nach angemessenen Geheimhaltungsmaßnahmen ist, muss dies bei der Gestaltung berücksichtigt werden, um den vertraglichen Schutz auch gesetzlich abzusichern.

8. Abnahme

Bei Werkverträgen ist der Unternehmer vorleistungspflichtig, sein Entgeltanspruch wird erst mit der Abnahme durch den Besteller fällig. Auch dann erst beginnt die Verjährung zu laufen und wird die Beweislast für die Mangelhaftigkeit des Werks dem Besteller auferlegt (Jauernig/Mansel BGB § 640 Rn. 1). Dem Interesse des Unternehmers an der Abnahme steht in der Praxis oft die mangelnde Bereitschaft des Bestellers entgegen, die Abnahme zu erklären. Versuchen des Unternehmers, dieses Defizit durch vertragliche Gestaltung auszugleichen, stehen AGB-rechtliche Hürden entgegen. Werkverträge sehen zwar regelmäßig die Fiktion der Abnahme vor, dies aber unabhängig davon, ob der Besteller überhaupt verpflichtet ist, das Werk abzunehmen oder der Fiktion begegnen kann, mit der Folge, dass auch völlig unbrauchbare Leistungen der fingierten Abnahme unterfallen können (s. auch Leuschner AGB-Recht/Wilhelm Teil 3 Abnahmeklauseln Rn. 10). Die gesetzliche Fiktion des § 640 Abs. 2 BGB hilft dem Unternehmer nicht. Sie kann vom Besteller leicht durch die Nennung eines tatsächlich nicht bestehenden und auch unwesentlichen Mangels vermieden werden (HK-BGB/Alexander Scheuch § 640 Rn. 10).

Gerade in IT-Projekten mit abschnittsweise zu erbringenden Leistungen wäre aus Unternehmersicht eine **Teilabnahme** hilfreich. Bedenken begegnen Teilabnahmeregelungen dann, wenn das Teilwerk für sich nicht sinnvoll beurteilt werden kann (BeckOK BGB/Voit § 640 Rn. 26), insbesondere erst mit den anderen Teilen ein nach dem Vertrag vom Besteller zu bewertendes Ganzes ergibt (aA Leuschner AGB-Recht/Wilhelm Teil 3 Abnahmeklauseln Rn. 13). Der BGH stellt an die Vereinbarung von Teilabnahmen bereits außerhalb von AGB hohe Anforderungen, die in AGB kaum zu erfüllen sein dürften (vgl. BGH NJW 2019, 2169 Rn. 31). Auch aus § 650s BGB ergibt sich nichts anderes, weil hier nur die Interessen des Architekten oder Ingenieurs geschützt werden, für seine Leistungen nicht deutlich länger Mängelansprüchen ausgesetzt zu sein als die ausführenden Unternehmer (BeckOK BGB/Voit § 650s Rn. 1). Zulässig ist aber die **Vereinbarung eines förmlichen Abnahmeverfahrens** (Leuschner AGB-Recht/Wilhelm Teil 3 Abnahmeklauseln Rn. 12).

9. Vorausleistungen

Vorausleistungen sind in Verträgen regelmäßig Gegenstand von Vereinbarungen und in der Praxis auch üblich. Das widerspricht zwar dem gesetzlichen Modell der Zug-um-Zug-Leistung bei Austauschverträgen, der Leistungsaustausch lässt sich tatsächlich aber auch kaum anders abbilden.

Dennoch begegnen Vorausleistungspflichten erheblichen AGB-rechtlichen Bedenken, wenn sie vom gesetzlichen Standard der in §§ 273 und 320 BGB enthaltenen Wertung abweichen. Dabei hat § 309 Nr. 2 BGB für den unternehmerischen Verkehr allerdings keine Indizwirkung (BeckOK BGB/Becker § 309 Nr. 2 Rn. 17).

Maßgeblich für eine Bewertung ist, ob im Falle der Vereinbarung einer gesetzlich nicht vorgesehenen Vorleistungsverpflichtung eine unangemessene Benachteiligung des Vertragspartners von vornherein ausgeschlossen ist. Eine in AGB festgelegte Vorleistungspflicht benachteiligt dann unangemessen, wenn mit ihr nicht lediglich sichergestellt werden soll, dass der Unternehmer sein Entgelt erhält, ehe er unwiederbringlich geleistet und jedes Druckmittel verloren hat (BGH NJW-RR 2003, 834 (836)).

Der **Kaufvertrag** ist nicht durch eine Vorleistungspflicht einer Vertragspartei geprägt. Das Gesetz geht gemäß § 320 BGB von einem Zug-um-Zug-Geschäft aus, das in der Praxis jedoch regelmäßig nicht zu realisieren ist. Typischerweise leistet der Verkäufer vor, ohne dass dies vereinbart wurde.

Beim **Werkvertrag** ist der Unternehmer von Gesetzes wegen vorleistungspflichtig. Sein Werklohnanspruch wird erst nach der Abnahme durch den Besteller fällig. Dieser Regelung in § 641 Abs. 1 S. 1 BGB kommt Leitbildfunktion zu. Die Regelung ist Ausdruck eines formularmäßig nicht abänderbaren Gerechtigkeitsgebots. Der Besteller soll grundsätzlich erst zur Zahlung verpflichtet sein, wenn das Werk vollständig hergestellt ist. Anderes gilt nur dann, wenn die Leitbildabweichung sachlich gerechtfertigt ist und der gesetzliche Schutzzweck auf andere Weise sichergestellt wird (BGH NJW 2013, 1431 Rn. 24 ff.).

Eine **Vorauszahlungspflicht** ist **dann zulässig,** wenn sie auch die Interessen des Bestellers berücksichtigt, das mit dem Zurückbehaltungsrecht des § 320 BGB verbundene Druckmittel nicht vollständig aus der Hand zu geben. Für die Gestaltung und Anbindung eines Internet-Auftritts in Form eines Werkvertrages mit einer Laufzeit von drei Jahren hat der BGH eine Vorauszahlungspflicht der monatlich berechneten Vergütung für ein Jahr als angemessen angesehen, weil der Dienstleister die wesentliche Leistung der Erstellung des Auftritts bereits zu Vertragsbeginn erbracht hat (BGH NJW 2010, 1449 Rn. 28). Umgekehrt dürfte eine Vorauszahlungsverpflichtung bei Dauerschuldverhältnissen für ein Jahr dementsprechend unangemessen benachteiligen, sofern die Vergütung allein für die noch zu erbringenden Leistungen zu entrichten ist.

10. Preisanpassungen

Gerade Dauerschuldverhältnisse sehen oft ein einseitiges Preisanpassungsrecht des Verwenders vor. Ein solches Recht kann zwar auf § 315 BGB gestützt werden, ist angesichts der von der Rechtsprechung gesetzten hohen Hürden in AGB jedoch regelmäßig unwirksam. Grund hierfür ist, dass die Rechtsprechung zwar ein **schutzwürdiges Interesse des Schuldners** anerkennt, den ursprünglich als gleichwertig vereinbarten Austausch von Leistungen auch während der gesamten Vertragslaufzeit gleichwertig aufrecht zu erhalten. Die verwendeten Preisanpassungsklauseln halten jedoch den strengen Anforderungen der Rechtsprechung meistens nicht stand. So hat der Sachleistungsschuldner nur ein schutzwürdiges Interesse, ihn treffende Kostensteigerungen an seinen Kunden weiter zu geben. Unangemessen ist eine Klausel aber, wenn sie bewirken würde, dass die Preiserhöhung nicht nur die gestiegenen Aufwände kompensiert, sondern auch zu einer Gewinnsteigerung führt (BGH NJW 2008, 2172 Rn. 18). Zudem müssen solche Klauseln auch dem Transparenzgebot standhalten. Dazu ist erforderlich, dass der Kunde bei Vertragsschluss grundsätzlich erkennen und später im Falle einer Erhöhung auch nachvollziehen kann, in welchem Umfang ihm Kostensteigerungen auferlegt werden (zu den Anforderungen im unternehmerischen Verkehr BGH NJW 2014, 2708 Rn. 32 ff.; allgemein zu den Anforderungen gegenüber Verbrauchern, BeckOK BGB/Becker § 309 Nr. 1 Rn. 16 ff.). Auch das **Einräumen eines Kündigungsrechts** beseitigt die Unwirksamkeit nur in Ausnahmefällen, etwa dann, wenn dem Schuldner die Erfüllung der Anforderungen an die Klauselgestaltung aufgrund der Umstände des Einzelfalls nicht möglich ist (BGH NJW 2017, 325 Rn. 22). Eine unwirksame Klausel wird jedenfalls nicht dadurch wirksam, dass der vertragstreue Vertragspartner das Recht erhält, seine Rechte durch Kündigung aufzugeben. In der Praxis ist es daher kaum möglich, wirksame Preisanpassungsklauseln zu gestalten. Problematisch ist dies für den Verwender typischerweise aber nur im Massengeschäft mit Verbrauchern, wenn sich eine Vielzahl von Kunden weigert, die geforderten Preise zu zahlen. Im unternehmerischen Verkehr werden Preiserhöhungen nicht deswegen akzeptiert, weil sie wirksam sind, sondern weil die Transaktionskosten für den Wechsel zu einem anderen Anbieter höher sind als die gestiegenen Entgelte.

11. Vertragsstrafe

Das gesetzliche Leitmodell der Vertragsstrafe hat in den §§ 339 ff. BGB die schuldhafte Verletzung einer Pflicht zur Grundlage. **Verschuldensunabhängige Vertragsstrafen** sind damit auch im unternehmerischen Geschäftsverkehr regelmäßig **unwirksam**. Das gilt nur dann nicht, wenn gewichtige Umstände vorliegen, die die verschuldensunabhängige Haftung des Vertragsstrafenschuldners durch sachliche, die Unwirksamkeitsvermutung des § 307 Abs. 2 Nr. 1 BGB ausräumende Gründe rechtfertigen (BGH NJW 1985, 57). Hinzu kommt, dass die Höhe der Vertragsstrafe im Verhältnis zum Gewicht der Pflichtverletzung stehen muss. Ist die **Vertragsstrafe** in unangemessener Weise **zu hoch** bemessen, ist sie auch im unternehmerischen Verkehr nach § 307 Abs. 1 S. 1 BGB unwirksam (BGH NJW 2017, 3145 mAnm Wais).

Eine **Herabsetzung** nach § 343 BGB kommt dann nicht mehr in Betracht, weil die Norm eine wirksame Vereinbarung voraussetzt. Hieran ändert in der Folge auch § 348 HGB nichts, der für Kaufleute die Herabsetzung nach § 343 BGB ausschließt (BGH NJW 1983, 385 (388)). Der im Immaterialgüter- und Wettbewerbsrecht verbreitete „neue Hamburger Brauch", die Bemessung der Vertragsstrafe dem Vertragsstrafengläubiger zu überlassen und dem Gläubiger die gerichtliche Überprüfung der Angemessenheit zu ermöglichen (vgl. BGH GRUR 2014, 595 Rn. 21), kann dem Problem der angemessenen Bestimmung der Höhe auch in anderen Bereichen entgegenwirken. Der uneingeschränkte **Verzicht auf die Einrede des Fortsetzungszusammenhangs** ist in AGB grundsätzlich unwirksam (BGH NJW 1993, 721).

12. Kündigung von Dauerschuldverhältnissen

Problematisch in AGB sind Klauseln, die eine vom Gesetz nicht vorgesehene Möglichkeit zur Lösung vom Vertrag regeln, insbesondere einen wichtigen Grund zur Kündigung definieren. Verbreitet ist das Anknüpfen der Kündigung aus wichtigem Grund an die **Insolvenz** des Vertragspartners des Verwenders. Das ist grundsätzlich deswegen kritisch, weil hierdurch die Befugnisse des Insolvenzverwalters, über die Fortführung von Verträgen zu entscheiden, beeinträchtigt werden. Für Dauerschuldverhältnisse hat der BGH dies an einer Umgehung des § 103 InsO festgemacht (BGH NJW 2013, 1159 Rn. 13), auch wenn es sich um einen Werkvertrag in Gestalt eines Dauerschuldverhältnisses handelt (BGH NJW 2023, 603 Rn. 31). **Wirksam** kann eine Lösungsklausel dagegen sein, **wenn** für die vorwiegend insolvenzbedingte Kündigung bei objektiver Betrachtung ex ante zum Zeitpunkt des Vertragsabschlusses auf der Grundlage der wechselseitigen Interessen der Parteien **berechtigte Gründe bestehen**. Dabei spricht der BGH dem Geldleistungsgläubiger ein rein insolvenzbedingtes Kündigungsrecht ab (BGH NJW 2023, 603 Rn. 31; dazu Becker NZI 2023, 690). Bei Bauverträgen ist eine Regelung zugunsten des Auftraggebers zulässig, weil das Werkvertragsrecht in § 648 BGB ein jederzeitiges Lösungsrecht vorsieht (BGH NJW 2016, 1945, kritisch dazu Kapellmann/Messerschmidt/Lederer VOB/B § 8 Rn. 77–82). Das dürfte wegen der Vergleichbarkeit der Interessen auf IT-Projekte übertragbar sein. Zu beachten ist aber das Risko des Bestellers, dass eine Kündigung aufgrund einer unwirksamen Klausel als freie Kündigung nach § 648 BGB ausgelegt wird mit der Folge der gesetzlich vorgesehenen Kostentragungslast (s. OLG Dresden ZIP 2023, 2102 (2103)).

13. Schriftformklauseln

Die meisten Verträge enthalten Schriftformklauseln, die sich entweder auf die Änderung des Vertrages oder die Abgabe von Erklärungen beziehen. Für die Vertragsänderung gilt, dass die Klauseln wegen § 305b BGB keine Wirkung erzielen. Denn die nicht formgerechte Einigung geht als Individualvereinbarung der Regelung in den AGB vor. Sie enthält konkludent die Aufhebung des Schriftformzwangs und führt so zu einer wirksamen formfreien Einigung (BGH NJW 2017, 1017 Rn. 19).

Für **einseitige Erklärungen** wie insbesondere Kündigungen ist strittig, ob § 309 Nr. 13 BGB eine Indizwirkung für die Inhaltskontrolle von AGB im unternehmerischen Verkehr hat. Überwiegend wird dies verneint, womit zumindest das Erfordernis der Schriftform wirksam vereinbart werden kann (vgl. MüKoBGB/Wurmnest § 309 Nr. 13 Rn. 11).

14. Höhere Gewalt

Verträge enthalten regelmäßig Regelungen zu Höherer Gewalt. Sie definieren den Begriff der Höheren Gewalt und/oder legen fest, welche Folgen an das Vorliegen von Höherer Gewalt geknüpft werden (hierzu Weick ZEuP 2014, 281). Höhere Gewalt Klauseln haben ihren Ursprung in ausländischen Rechtsordnungen, in denen verschuldensunabhängig für Pflichtverletzungen gehaftet wird (Weick ZEuP 2014, 281 (289 ff.)). In Verträgen, die deutschem Recht unterliegen, sind solche Klauseln grundsätzlich überflüssig. Allenfalls bei termingebundenen Leistungen kann eine Hilfe zur Neubestimmung der durch Höhere Gewalt beeinträchtigten Leistungserbringung sinnvoll sein. Alle betroffenen Rechte werden im Übrigen durch das Gesetz erfasst und sind in AGB kaum abweichend zu regeln. In jedem Fall sind Regelungen AGB-rechtlich problematisch, wenn sie dazu führen, die Verantwortlichkeit des Verwenders zu beschränken oder die des Vertragspartners zu erweitern. Regelmäßig geraten Klauseln zu Höherer Gewalt in Konflikt mit den gesetzlichen Bestimmungen zur Unmöglichkeit nach § 275 BGB einschließlich aller Regelungen von Leistungserschwernissen, zu den Zurechnungsvorschriften der §§ 276 f., §§ 293 ff. BGB sowie § 313 BGB und zu weiteren Haftungsvoraussetzungen und -folgen der §§ 280 ff. und 249 ff. BGB (vgl. Graf v. Westphalen/Thüsing/Pamp VertrR/AGB-Klauselwerke/Thüsing Höhere Gewalt Rn. 1 ff.).

B. Hardwareverträge

1. Hardwarekauf Rahmenvertrag

Kaufvertrag

zwischen

. . . . .

– nachfolgend „Lieferant“ genannt –

und

. . . . .

– nachfolgend „Kunde“ genannt –

Präambel

Der Lieferant ist Hersteller von Komplett-Personalcomputern (PC) in verschiedenen Ausführungen und mit unterschiedlichen Leistungsparametern (iF: Hardware). Die Hardware umfasst als Komplett-PC Peripheriegeräte sowie Betriebssystem- und Treibersoftware. Der Kunde ist ein Anwendungsunternehmen,[1] welches für die Komplettausstattung plug & play seiner Büroarbeitsplätze – on-site, Homeoffice und mobil – Hardware beim Lieferanten unter dieser Rahmenvereinbarung[2] beziehen wird.

§ 1 Vertragsgegenstand

(1) Der Kunde kauft beim Lieferanten Hardware wie in *Anlage 1* – Bestellkontingente: a) Bestellumfang Erstabnahme, b) Spezifikation Hardware auf Abruf mit Mindestabnahmemenge sowie c) Spezifikation Hardware auf Abruf näher bezeichnet.[3] Einzelheiten zum Kaufvertragsgegenstand im Rahmen der Erstabnahme regelt die *Anlage 1a)*. Für den Abruf der Hardware nach den Bestellkontingenten ent-

Purchase contract

between

. . . . .

– hereinafter referred to as „Supplier“ –

and

. . . . .

– hereinafter referred to as „Customer“ –

Preamble

The Supplier is a manufacturer of complete personal computers (PC) in various designs and with different performance parameters (hereinafter referred to as: „hardware“). As a complete PC, the hardware includes peripheral devices as well as operating system and driver software. The Customer is a company,[1] which will purchase hardware from the Supplier under this framework agreement for the complete plug & play equipment of its office workstations – on-site, home office and mobile[2] – under this framework agreement.

§ 1 Subject matter of the contract

(1) The Customer shall purchase Hardware from the Supplier as described in *Appendix 1* – Order Quotas: a) Scope of initial order, b) Specification hardware on call with Minimum purchase quantity and c) Specification hardware on call.[3] Details on the subject matter of the purchase contract within the scope of the initial oder are agreed on in *Appendix 1a)*. For call-offs of the hardware in accordance with

sprechend der *Anlagen 1b) und c)* ergeben sich Lieferdetails und Abrufmengen aus dem Abrufschein gem. dem Muster in *Anlage* 2 – Musterbestellschein.

the order quotas in accordance with *Appendix 1b) and c)*, delivery details and call-off quantities shall be derived from the call-off slip in accordance with the speicem in *Appendix* 2 – Order Form.

(2) Vom Hardwarelieferumfang ist jeweils eine Kurzanleitung über Aufstellung und Installation der Hardware in Papierform (*Anlage 3* – Musterkurzanleitung) sowie Benutzerhandbücher in elektronischer Form für die verschiedenen Bestanteile des Komplett-PC umfasst. Die Bereitstellung des Benutzerhandbuchs und etwaiger weiterer Dokumentationen kann über ein Downloadportal erfolgen. Dem Kunden ist es gestattet, eine beliebige Anzahl von Vervielfältigungen im Rahmen seiner Unternehmenstätigkeit anzufertigen und in Textform oder als Ausdruck den Nutzern bereit zu stellen.[4]

(2) The scope of delivery of the hardware shall include a quick reference guide for the set-up and installation the hardware in paper form (*Appendix 3* – sample quick reference guide) as well as user manuals in electronic form for the various components of the complete PC. The user manual and any other documentation may be made available via a download portal. The Customer is entitled to make any number of copies within the scope of its business activities and to make them available to users in text form or as a printout.[4]

(3) Die Hardware wird mit der Betriebssystemsoftware und Standardtreibern gem. *Anlage 4* – Betriebssystemsoftware und Standardtreiber – vorinstalliert ausgeliefert. Der Lieferant sichert zu, hinreichende Nutzungsrechte an der jeweiligen Betriebssystemsoftware sowie an den Standardtreibern erworben zu haben, um dem Kunden einfache, nicht übertragbare, zeitlich und räumlich unbeschränkte Nutzungsrechte hieran in Verbindung mit der ausgelieferten Hardware zur Nutzung an den Betriebsstätten des Kunden in Deutschland („on-site"), also die Standorte gemäß *Anlage 6*, an den Homeoffice-Arbeitsplätzen dessen Mitarbeitern sowie im mobilen Einsatz insbesondere für die Vertriebsmitarbeiter und leitenden Angestellten für die weltweite Nutzung einzuräumen.[5]

(3) The hardware is to be delivered with pre-installed operating system software and standard drivers in accordance with *Appendix 4* – Operating system software and standard drivers. The Supplier warrants that it has acquired sufficient rights of use to the respective operating system software and standard drivers to grant the Customer simple, non-transferable, temporally and geographically unlimited rights of use thereto in connection with the delivered hardware for use at the Customer's business premises in Germany („on-site"), meaning the locations in accordance with *Appendix 6*, at the home office workstations of its employees and for mobile use, in particular for sales staff and executives for worldwide use.[5]

(4) Der Lieferant hält für den Kunden in einem online abrufbaren geschützten Verzeichnis eine Inventarliste vor, welche mindestens Angaben zur Spezifikation der jeweils ausgelieferten Hardware, Zeitpunkt der Ablieferung und ggf. der Rücknahme oder Abschluss der Nacherfüllung wegen Mängeln, Garantiedaten, Lizenzdaten einschließlich Pflegevereinbarung sowie Zugehörigkeit zu den Bestellkontingenten nach *Anlagen 1a) bis c)* umfasst wie in

(4) The Supplier shall maintain an inventory list for the Customer in a protected directory which is accessible online, containing at least information on the specification of the hardware delivered in each case, the time of delivery and, if applicable, the return or completion of subsequent fulfilment due to defects, warranty data, licence data including maintenance agreement and the allocation to the order quotas in accordance with *Appendix 1a)*

Anlage 5 dargestellt. Diese Inventarliste muss die Möglichkeit des Exportes in ein gängiges Anwendungsformat für Tabellenkalkulation und Import in eine Enterprise Resource Planning (ERP)- oder andere Inventarverwaltungssoftware vorsehen.[6]

(5) Aufstellen, Installation, Einweisung, Schulung, Pflege der Betriebssystemsoftware und der Standardtreiber sowie Wartung und Instandsetzung der Hardware sind nicht Gegenstand dieser Vereinbarung. Der Lieferant bietet diese Leistungen auf Anforderung des Kunden mit gesonderter Vereinbarung an.[7] Ebenso kann mit gesonderter Vereinbarung die Rücknahme nach Nutzungsende zur nachhaltigen Entsorgung einschließlich DSGVO-konformer Datenlöschung gesondert beauftragt werden, soweit nicht eine gesetzliche Pflicht zur Rücknahme besteht.

(6) Änderungen an den Spezifikationen können sich aus geänderten Anforderungen des Kunden oder aber geänderten Produktstandards ergeben. Jede Partei kann die Anpassung der Spezifikationen binnen angemessener Frist verlangen. Der jeweils anderen Vertragspartei ist eine angemessene und ausreichende Frist zur Prüfung des Änderungsverlangens zu gewähren. Erhebt die jeweils andere Partei auch nicht binnen einer weiteren angemessenen Nachfrist begründete Einwände gegen das Änderungsverlangen so sind die Änderungen zu sonst unveränderten Konditionen vereinbart und werden Vertragsbestandteil.[8] Regelmäßig zu Beginn des dritten Quartals der Kalenderjahres überprüfen die Parteien die Spezifikationen und legen geänderte Spezifikationen je nach Bedarf für das nächste Kalenderjahr fest, sofern nicht bereits nach Sätzen 1 bis 3 eine Anpassung erfolgt ist.

§ 2 Lieferung, Gefahrübergang

(1) Die Lieferung der Hardware erfolgt auf Gefahr und Kosten des Lieferanten an die Standorte des Kunden gemäß *Anlage 6*. Der Warenbegleitschein hat die Angaben gem. *Anlage 7* – Muster Warenbegleit-

to c) as shown in *Appendix 5*. This inventory list shall allow for export to a common spreadsheet and import into an enterprise resource planning (ERP) or other inventory management software.[6]

(5) Setup, installation, instruction, training, maintenance of the operating system software and standard drivers as well as maintenance and repair of the hardware are not covered by this agreement. The Supplier shall provide these services at the Customer's request by means of separate agreement.[7] Likewise, the return after the end of use for sustainable disposal including data deletion in accordance with the requirements of the GDPR may be ordered separately by means of a separate agreement, unless the Supplier is legally obliged to take back the equipment.

(6) Changes to the specifications may result from changes in Customer requirements or product standards. Either party may request changes to the specifications within a reasonable period of time. The other party shall be given a reasonable and sufficient period of time to consider the request for change. If the other party does not raise any justified objection to the request of change within a further reasonable period of time, the amendments are deemed to have been agreed under otherwise unchanged terms and conditions and shall become part of the contract.[8] The parties shall regularly review the specifications at the beginning of the third quarter of the calendar year and if necessary determine amended specifications for the next calendar year as required, unless an adjustment has already been made in accordance with sentences 1 to 3.

§ 2 Delivery, transfer of risk

(1) The hardware shall be delivered to the Customer's premises at the Supplier's risk and expense in accordance with *Appendix 6*. The bill of lading shall contain the information specified in *Appendix 7* –

schein zu umfassen. Die Liefergegenstände sind seitens des Lieferanten gegen Beschädigungen und Verlust auf dem Transport zu versichern.[9]

(2) An andere Anschriften als die in *Anlage 6* genannten Standorte, erfolgt eine Lieferung nur dann, wenn im Abrufschein der abweichende Lieferort bereits angegeben ist. Der Kunde hat in diesem Fall die Kosten des Transportes und der Transportversicherung dem Lieferanten zu erstatten. Die Gefahr geht mit Übergabe an den Spediteur über.[10]

(3) Der Lieferant stellt auf Anforderung des Kunden an dessen Standorten Hardware in einem Vor-Ort-Kleinlager zum Abruf zur Verfügung. Die Gefahr an diesen Liefergegenständen geht mit dortiger Ablieferung und nicht erst mit Abruf aus dem Kleinlager über. Die Prüf- und Rügefristen beginnen abweichend hiervon erst mit dem Abruf von Hardware aus dem Bestand. Sollte binnen sechs Monaten jeweils ab Einlagerung/Ablieferung kein Abruf erfolgt sein, holt der Lieferant auf Anforderung des Kunden auf seine Kosten und seine Gefahr den eingelagerten Bestand ab, andernfalls gelten die Liefergegenstände als abgerufen. Eine Rücknahme erfolgt nur in äußerlich unbeschädigter und ungeöffneter Originalverpackung.[11]

(4) Ab Abruf beim Lieferanten erfolgt die Lieferung binnen der jeweils in den *Anlagen 1b) und 1c)* vereinbarten Lieferfristen aus den jeweiligen mindestens verfügbaren Liefermengen. Überschreitet der einzelne Abruf bzw. überschreiten mehrere Abrufe innerhalb von sieben Arbeitstagen die Mindestverfügbarkeitsmengen, gibt der Lieferant an, wann er die fehlenden Liefergegenstände nachliefern kann, oder bietet ggf. gegen Aufpreis oder Preisreduzierung innerhalb der Lieferfristen lieferbare vergleichbare Hardware alternativ an, wobei Preisabweichungen sich aus Abweichungen zu den vereinbarten Spezifikationen begründen.

(5) Überschreitet der Lieferant die vereinbarten Lieferfristen bei Lieferungen aus

Sample consignment note. The delivery items shall be insured by the Supplier against damage and loss in transit.[9]

(2) Deliveries will only be made to addresses other than those specified in *Appendix 6* if the different place of delivery is already specified in the call-off slip. In this case, the Customer shall reimburse the Supplier for the costs of transport and transport insurance. The risk shall pass to the Customer when the goods are handed over to the carrier.[10]

(3) At the Customer's request, the Supplier shall make hardware available for call-off at the Customer's locations in a small onsite warehouse. The risk of loss or of damage to these delivery items shall pass upon delivery there and not only upon removal from the small warehouse. Notwithstanding the foregoing, the inspection and complaint periods shall not commence until the hardware has been removed from stock of the small warehouse. If no call-off has taken place within six months of storage/delivery, the Supplier shall collect the stored stock at the Customer's request, at its expense and risk, otherwise the delivery items shall be deemed to have been called off. The hardware shall only be taken back in undamaged and unopened original packaging.,[11]

(4) From the time of call-off from the Supplier, delivery shall be made within the delivery periods agreed in each case in *Appendixes 1b) and 1c)* from the respective available minimum delivery quantities. If the individual call-off or several call-offs within seven working days exceed the minimum availability quantities, the Supplier shall state when it can deliver the missing delivery items or, if necessary, alternatively offer comparable hardware that can be delivered within the delivery periods against a surcharge or price reduction, whereby price deviations are based on deviations from the agreed specifications.

(5) If the Supplier exceeds the agreed delivery dates for deliveries from the minimum

den mindestens verfügbaren Liefermengen um mehr als einen Tag, so ist für jeden Tag der Überschreitung der Lieferfrist eine Vertragsstrafe in Höhe von 2 % des Nettowarenwertes zu leisten, maximal aber 10 %. Der Kunde kann mit Ablauf des zweiten Tages der Überschreitung der Lieferfrist Ersatzbeschaffung veranlassen und die Annahme der verspäteten Lieferung verweigern. Der Lieferant hat dem Kunden den angemessenen Mehraufwand der Ersatzbeschaffung auf Nachweis zu erstatten.[12]

available delivery quantities by more than one day, a contractual penalty of 2 % of the net value of the goods shall be payable for each day by which the delivery date is exceeded, up to a maximum of 10 %. At the end of the second day of exceeding the delivery period, the Customer may arrange for replacement procurement and refuse to accept the delayed delivery. The Supplier shall reimburse the Customer for the reasonable additional expenses incurred in procuring a replacement on presentation of proof.[12]

§ 3 Pflichten des Kunden

(1) Der Kunde ist verpflichtet, zum Abruf von Liefergegenständen das Online-Bestellportal des Lieferanten zu verwenden bzw. den Abruf über die Schnittstellen des Einkaufs-/Procurement-Portals des Kunden mit dem Lieferantensystem wie vereinbart durchzuführen. Verzögerungen oder Falschlieferungen, die sich durch unvollständige oder unrichtige Angaben in den Abrufformularen ergeben, berechtigen den Kunden nicht zur Ersatzbeschaffung nach § 2 (5).

(2) Der Kunde hat dafür Sorge zu tragen, dass montags bis freitags in der Zeit von 8:00 bis 18:00 Uhr Warenannahmebereitschaft besteht. Der Kunde hat ferner die Transport-/Umverpackungen unverzüglich auf äußerlich sichtbare Beschädigungen zu untersuchen und diese gegenüber dem Frachtführer zu rügen und ggf. die Annahme zu verweigern sowie den Lieferanten unverzüglich zu unterrichten.

(3) Der Kunde wird die Liefergegenstände jeweils unverzüglich auch i.S.d. § 2 Absatz 3 – auspacken, aufstellen und in die Systemumgebung wie nach Spezifikation vereinbart einbauen, um die Funktionsfähigkeit zu testen. Hierbei festgestellte Mängel sind unverzüglich zu rügen auch soweit sie die Kurzanleitung iSd § 1 (2) und weitere vereinbarte Zertifikate, Dokumentationen des Komplett-PC betreffen. Macht der Kunde keine Mängel geltend, so gelten die Liefergegenstände als bei Abliefe-

§ 3 Obligations of the Customer

(1) The Customer shall be obliged to use the Supplier's online ordering portal for call-offs or to carry out the call-off via the interfaces of the Customer's purchasing/procurement portal with the Supplier's system as agreed. Delays or incorrect deliveries due to incomplete or incorrect information in the call-off forms shall not entitle the Customer to a replacement procurement in pursuant to § 2 (5).

(2) The Customer shall ensure that the goods are ready for acceptance from Monday to Friday between 8:00 and 18:00 hours. Furthermore, the Customer must immediately inspect the transport/outer packaging for externally visible damage and report this to the carrier and, if necessary, refuse acceptance and inform the Supplier immediately.

(3) The Customer shall immediately unpack, set up and install the delivered hardware in the agreed system environment in accordance with the specification without delay, also in the sense of § 2 (3), in order to test its functionality. Defects discovered during this process must be reported immediately, even if they affect the quick reference guide as defined in § 1 (2) and other agreed certificates and documentation of the complete PC. If the Customer does not assert any defects, the delivery items shall

rung mangelfrei, soweit der später geltend gemachte Mangel bei Durchführung der vereinbarten Untersuchung bei Ablieferung durch eine Funktionsprüfung erkennbar gewesen wäre.[13]

be deemed free of defects at the time of delivery, provided that the defect asserted later would have been recognisable by a functional test if the agreed itest had been carried out at the time of delivery.[13]

§ 4 Vergütung, Eigentumsvorbehalt, Verzug

§ 4 Remuneration, retention of title, default

(1) Die Vergütung ergibt sich aus der Preisliste *Anlage 7*.

(1) The remuneration is based on the price list in *Appendix 7*.

(2) Die Parteien vereinbaren, jeweils im März des Folgejahres anhand der abgenommenen Liefergegenstände die Preise und ggf. Rabattstaffeln zu verhandeln. Die Partei, welche eine Anpassung der Preise wünscht, hat zu Preisanpassungsgesprächen aufzufordern, andernfalls gelten die Preise unverändert fort. Dies gilt auch hinsichtlich der Vereinbarungen zur abgeänderten Liefergegenständen.

(2) The parties agree to negotiate the prices and, if applicable, the discount scales in March of the following year on the basis of the called-off delivery items. The party wishing to adjust the prices must request price adjustment talks, otherwise the prices shall remain unchanged. This also applies with regard to agreements on modified delivery items.

(3) Die Vergütung ist jeweils binnen 14 Kalendertagen ab Zugang der prüffähigen Rechnung zur Zahlung fällig. Die Rechnungsstellung erfolgt jeweils zum 14. und 28. des Monats über die zurückliegenden Lieferungen. Die Rechnungsstellung erfolgt elektronisch an die E-mail-Adresse der Buchhaltung des Kunden bzw. über das Procurement- oder Lieferantenmanagementsystem.

(3) Payment shall be due within 14 calendar days of receipt of the verifiable invoice. Invoices for past deliveries shall be issued on the 14th and 28th of each month for past deliveries. Invoices shall be sent electronically to the e-mail address of the Customer's accounting department or via the procurement or Supplier management system.

(4) Gerät der Kunde mit der Zahlung der Vergütung in Verzug, so ist ab dem ersten Tag des Verzuges die offene Forderung mit 9 Prozentpunkten über dem Basiszinssatz zu verzinsen. Gerät der Kunde mit mehr als zwei Halbmonatsabrechnungen in Verzug, kann der Lieferant die Lieferung weiterer Liefergegenstände davon abhängig machen, dass der Kunde den Bestand im Vor-Ort-Kleinlager und/oder jeweils die neu abgerufenen Liefergegenstände im Voraus bezahlt.

(4) If the Customer is in arreas of the payment of the remuneration, interest at a rate of 9 percent above the base interest rate shall be charged on the outstanding amount from the first day of arreas. If the Customer is in arrears with more than two half-monthly invoices, the Supplier may make the delivery of further delivery items dependent on the Customer paying in advance for the stock in the small on-site warehouse and/or the newly called delivery items.

(5) Der Lieferant behält sich das Eigentum an den Liefergegenständen bis zur vollständigen Bezahlung vor.[14]

(5) The Supplier retains title to the delivery items until payment has been made in full.[14]

(6) Aufrechnung und Zurückbehaltungsrechte sind ausgeschlossen, es sei denn die

(6) Offsetting and rights of retention are excluded unless the underlying counter-

zugrunde liegende Gegenforderung ist anerkannt oder rechtskräftig festgestellt.

§ 5 Mängelhaftung

(1) Der Auswahl der Liefergegenstände gem. *Anlage 1a)* und der Spezifikationen gemäß *Anlagen 1b) und c)* liegen die Anforderungen zugrunde, welche der Kunde durch einen Dritten für seine Unternehmung und seine Anwendungszwecke – *Anlage 8* Anforderungen – ermittelt hat. Der Lieferant leistet Gewähr dafür, dass die Liefergegenstände mit den festgelegten Spezifikationen geeignet sind, die Anforderungen und Verwendungszwecke nach *Anlage 8* des Kunden zu erfüllen. Der Lieferant leistet weiter Gewähr dafür, dass die Liefergegenstände den üblichen Verwendungszweck erfüllen. Die Liefergegenstände sind fabrikneu und originalverpackt und enthalten – ohne gesonderte Vereinbarung – keine überarbeiteten Komponenten zB aus Retouren mangelhafter Liefergegenstände.,[15]

(2) Der Lieferant gewährleistet, dass er Inhaber der erforderlichen Rechte ist, dem Kunden die Liefergegenstände einschließlich vorinstallierter Systemsoftware und Standardtreibern zur vertragsgemäßen Nutzung zu überlassen. Wird der Kunde wegen der Verletzung Rechter Dritte in Anspruch genommen, so hat der Lieferant den Kunden mit Auskünften und Unterlagen bei der Abwehr zu unterstützen, ggf. erforderliche Erklärungen gegenüber dem Dritten abzugeben sowie dem Kunden die Kosten der erforderlichen Rechtsberatung und Vertretung nach Angemessenheit zu erstatten.[16]

(3) Mängelhaftungsansprüche bestehen nicht, soweit der Lieferant nachweist, dass Veränderungen an der Hardware durch den Kunden oder der Einsatz der Liefergegenstände in einer anderen als der vereinbarten technischen Umgebung oder die nicht nur vorübergehende Nichteinhaltung der sonstigen Anforderungen an den Aufstellungsort der Hardware, zB Raumtem-

claim is recognised or has been established by a court of competent jurisdiction.

§ 5 Liability for defects

(1) The selection of the delivery items in accordance of *Appendix 1a)* and the specifications pursuant to *Appendix 1b) and c)* shall be based on the Customer's requirements, the intended use determined for the Customer by a third party – *Appendix 8* Requirements. The Supplier warrants that the delivery items with the defined specifications are suitable to meet Customer's requirements for the intended uses according to *Appendix 8*. The Supplier further warrants that the delivery items meet the usual and customary requirements for use. The delivery items are brand new and in their original packaging and do not contain any refurbished components, e.g. from returns of defective delivery items, unless otherwise agreed.[15]

(2) The Supplier warrants that it holds the necessary rights to provide the Customer with the delivery items, including pre-installed system software and standard drivers, for use in accordance with the contract. If claims are asserted against the Customer due to the infringement of third party rights, the Supplier shall support the Customer in its defence by providing information and documents, make any necessary declarations to the third party and reimburse the Customer for the costs of the necessary legal advice and representation to a reasonable extent.[16]

(3) Claims based on defects shall not exist if the Supplier proves that the defect has been caused by changes made by the Customer to the hardware or by the use of the delivery items in an environment other than the agreed technical environment or by the non-temporarily non-compliance with the other requirements for the installation location of the hardware, e.g. room

peratur, Belüftung etc ursächlich für den aufgetretenen Mangel sind.[17]

(4) Ansprüche wegen Mängelhaftung verjähren binnen eines Jahres nach Ablieferung beim Kunden oder Abruf aus dem Vor-Ort-Kleinlager.

(5) Mängel sind mittels des hierfür seitens des Lieferanten bereit gestellten Ticketsystems in Textform zu melden. Bei Nichtverfügbarkeit des Ticketsystems erfolgt die Meldung von Mängeln mittels des Störungsmeldungsformulars *Anlage* 9 in Textform. Der Lieferant wird eingehende Mängelmeldungen jeweils binnen angemessener Frist bearbeiten, es sei denn die Parteien haben mit gesonderter Wartungs- und/oder Pflegevereinbarung Service Level vereinbart. Verzögerungen, welche sich durch Lücken und Ungenauigkeiten in der Fehlerbeschreibung ergeben, führen nicht zum Verzug mit der Mängelbeseitigung. Der Kunde ist für die Sicherung der Daten und Programme vor Beginn der Mangelbeseitigungsarbeiten verantwortlich. Bei Datenverlust hat der Lieferant nur den Aufwand zu tragen, der dadurch entsteht, dass die zerstörten Daten aus einer letzten Datensicherung sowie der Programmstand wiederhergestellt werden müssen.[18]

(6) Der Kunde hat dem Lieferanten mindestens zweimal unter angemessener Fristsetzung Gelegenheit zu geben, den Mangel zu analysieren und zu beheben. Der Lieferant hat dabei die Wahl, ob er in einem ersten Schritt eine telefonische oder Fehlerbehebung per Fernwartung versucht. Die Parteien schließen für die Fernwartung eine gesonderte Auftragsverarbeitungsvereinbarung nach der Datenschutzgrundverordnung (DSGVO) und ergänzender Regelungen des Bundesdatenschutzgesetzes (BDSG) ab.

(7) Der Kunde hat dem Lieferanten während der Geschäftszeiten und nach vorheriger Absprache auch außerhalb der Geschäftszeiten Zugang zu den Geschäftsräumlichkeiten vor Ort nach seinen Sicherheits- und Zutrittsregelungen zum Zwecke der Mangelbeseitigung zu ermöglichen. Der Lieferant hat ferner die

temperature, ventilation, etc. are the cause of the defect that has occurred.[17]

(4) Claims based on liability for defects shall become statute-barred within one year of delivery to the Customer or call-off from the small on-site warehouse.

(5) Defects shall be notified in text form using the ticket system provided by the Supplier for this purpose. If the ticket system is not available, defects shall be reported in text form using the defect report form in *Appendix 9*. The Supplier shall process incoming defect reports within a reasonable period of time, unless the parties have agreed service levels in a separate maintenance and/or care agreement. Delays due to omissions and inaccuracies in the defect description shall not result in the Supplier being liable for any delay in rectifying the defect. The Customer shall be responsible for backing up the data and programmes prior of commencing the remidial work. In the event of data loss, the Supplier shall only be liable for the costs of restoring the destroyed data from the most recent data backup and restorin of the saved software status.[18]

(6) The Customer must give the Supplier the opportunity to analyse and rectify the defect at least twice, setting a reasonable deadline. The Supplier may, at ist descrition, first attempt to remedy the defect by telephone or by remote maintenance as a first step. The parties shall conclude a separate order processing agreement for remote maintenance in accordance with the General Data Protection Regulation (GDPR) and the supplementary provisions of the Federal Data Protection Act (BDSG).

(7) The Customer shall grant the Supplier access to its business premises during business hours and, by prior arrangement, also outside business hours in accordance with the Customer's security and access regulations for the purpose of remedying the defect. In addition, the Supplier may, at its descrition, remedy

Wahl, ob er den Mangel durch Nachbesserung oder Austausch des entsprechenden Liefergegenstandes beseitigt.[19]

the defect by repair or replacement of the effected delivery item.[19]

§ 6 Haftung

§ 6 Liability

(1) Der Lieferant haftet unbeschränkt, soweit die Schadensursache auf Vorsatz oder grober Fahrlässigkeit beruht. Ferner haftet der Lieferant für die leicht fahrlässige Verletzung von wesentlichen Vertragspflichten, deren Verletzung das Erreichen des Vertragszwecks gefährdet, oder für die Vernachlässigung von Vertragspflichten, deren Erfüllung die ordnungsgemäße Durchführung des Vertrages überhaupt erst ermöglicht und auf deren Einhaltung der Kunde regelmäßig vertrauen darf. In diesem Fall haftet der Lieferant jedoch nur für den vorhersehbaren, vertragstypischen Schaden. Die Vertragsparteien gehen bei Vertragsschluss davon aus, dass dieser vertragstypische Schaden sich auf maximal das Dreifache des jeweiligen Warenwertes beläuft, wobei sich Schadenersatz für Datenverlust auf den Aufwand nach § 5 Abs. 5 beschränkt. Der Lieferant haftet nicht für die leicht fahrlässige Verletzung anderer als der in den vorstehenden Sätzen genannten Pflichten.

(1) The Supplier shall be liable without limitation insofar as the cause of the damage is due to intent or gross negligence. The Supplier shall also be liable for the slightly negligent breach of material contractual obligations, the breach of which jeopardises the achievement of the purpose of the contract, or for the breach of contractual obligations, the fulfilment of which is essential for the proper performance of the contract and on the observance of which the Customer may regularly rely. In this case, however, the Supplier shall only be liable for the foreseeable damage typical for the contract. Upon conclusion of the contract, the contracting parties shall assume that this typical contractual damage shall amount to a maximum of three times the value of the respective goods, whereby compensation for loss of data shall be limited to the expenses pursuant to § 5 (5). The Supplier shall not be liable for the slightly negligent breaches of obligations other than those referred to in the preceding sentences.

(2) Die vorstehenden Haftungsbeschränkungen gelten nicht bei Verletzung von Leben, Körper und Gesundheit, für einen Mangel nach Übernahme einer Garantie für die Beschaffenheit und/oder Haltbarkeit der Liefergegenstände und bei arglistig verschwiegenen Mängeln.

(2) The above limitations of liability shall not apply in the event of injury to life, limb or health, in the event of a defect following the assumption of a guarantee for the quality and/or durability of the delivery items, or in the event of fraudulently concealed defects.

(3) Die Haftung nach dem Produkthaftungsgesetz sowie nach der DSGVO bleiben unberührt.

(3) Liability in accordance with the General Product Liability Act and the GDPR shall remain unaffected.

(4) Etwaige Ansprüche aus Herstellergarantien – soweit der Lieferant nicht selbst Hersteller ist – bleiben unberührt. Der Lieferant ist nicht zur Geltendmachung von Garantieansprüchen gegenüber dem Hersteller verpflichtet, soweit ihn keine eigene Verpflichtung hierzu aus einer gesonderten Garantie- und/oder Wartungsvereinbarung trifft.

(4) Claims arising from manufacturer's warranties shall remain unaffected insofar as the Supplier is not itself the manufacturer. The Supplier shall not be obliged to assert warranty claims against the manufacturer unless it is itself obliged to do so under a separate warranty and/or maintenance agreement.

(5) Soweit die Haftung des Lieferanten ausgeschlossen oder beschränkt ist, gilt dies auch für die persönliche Haftung von Arbeitnehmern, Vertretern und Erfüllungsgehilfen.

(5) Insofar as the liability of the Supplier is excluded or limited, this shall also apply to the personal liability of employees, representatives and vicarious agents.

§ 7 Schlussbestimmungen

(1) Für den Fall, dass eine der Bestimmungen des Vertrages unwirksam oder nichtig ist oder wird, so gelten die weiteren Bestimmungen fort. Die unwirksame oder nichtige Bestimmung wird durch eine Regelung ersetzt, welche dem wirtschaftlich von den Parteien Gewollten am nächsten kommt und dabei die berechtigten Interessen beider Vertragsparteien angemessen berücksichtigt. Entsprechendes gilt für Regelungslücken.

(2) Die Parteien vereinbaren, bei allen Meinungsverschiedenheiten aus oder im Zusammenhang mit diesem Vertrag, Vertragserweiterungen oder -ergänzungen, die sie nicht untereinander klären können, die Schlichtungsstelle der Deutschen Gesellschaft für Recht und Informatik eV (DGRI) unter der auf der Webseite der DGRI eV unter http://www.dgri.de/ angegebenen Adresse der Schlichtungsstelle anzurufen, um den Streit nach deren Schlichtungsordnung in der zum Zeitpunkt der Einleitung des Schlichtungsverfahrens gültigen Fassung ganz oder teilweise, vorläufig oder endgültig zu erledigen. Die Verjährung für alle Ansprüche aus dem schlichtungsgegenständlichen Lebenssachverhalt ist ab dem Schlichtungsantrag bis zum Ende des Schlichtungsverfahrens gehemmt. § 203 BGB gilt entsprechend. Die Parteien stellen klar, dass das vorherige Einleiten eines Schlichtungsverfahrens keine Prozessvoraussetzung ist, gleich ob es sich um ein Verfahren in der Hauptsache oder des einstweiligen Rechtsschutzes handelt.[20]

(3) Nebenabreden zu diesem Vertrag bestehen nicht. Änderungen und Ergänzungen dieses Vertrages bedürfen zumindest der Textform.

§ 7 Final provisions

(1) In the event that one of the provisions of the agreement is or becomes invalid or void, the other provisions shall remain in full force and effect. The invalid or void provision shall be replaced by a provision that comes closest to the economic intention of the parties and takes reasonable account of the legitimate interests of both contracting parties. The same applies to omissions.

(2) The parties agree that in the event of any disagreement arising from or in connection with this agreement, any amendments or supplements thereto, which they are unable to resolve between themselves, they shall refer the dispute to the arbitration court of the German Association for Law and Informatics (DGRI) at the address of the arbitration board indicated on the DGRI website at http://www.dgri.de/ for settlement in whole or in part, provisionally or definitively, in accordance with the arbitration rules in the version valid at the time the arbitration proceedings are commenced. The statue of limitation for all claims arising from the subject matter of the arbitration shall be suspended from the time of the request for arbitration until the end of the arbitration proceedings. § 203 BGB shall apply mutatis mutantis. The parties make it clear that the prior initiation of conciliation proceedings is not a prerequisite the initiation of legal proceedings, regardless of whether these are main proceedings or proceedings for interim relief.[20]

(3) There are no subsidiary agreements to this contract. Amendments and supplements to this contract must be made at least in text form.

(4) Es gilt deutsches Recht unter Ausschluss des UN-Kaufrechts. Die Vertragssprache ist Deutsch,.[21]

(5) Gerichtsstand für alle Streitigkeiten aus und im Zusammenhang mit dieser Vereinbarung ist der Sitz der Hauptniederlassung des Kunden.[22]

(4) German law shall apply to the exclusion of the UN Convention on Contracts for the International Sale of Goods. The language of the contract is German.[21]

(5) The place of jurisdiction for all disputes arising out of or in connection with this agreement shall be the place where the Customer has its principal place of business.[22]

§ 8 Anlagenverzeichnis

Anlage 1a): Bestellumfang Erstabnahme
Anlage 1b): Spezifikation Hardware auf Abruf mit Mindestabnahmemenge
Anlage 1c): Spezifikation Hardware auf Abruf
Anlage 2: Bestell-/Abrufschein (Muster)
Anlage 3: Kurzanleitung (Muster)
Anlage 4: Betriebssystemsoftware und Standardtreiber
Anlage 5: Inventarliste (Muster)
Anlage 6: Standorte des Kunden
Anlage 7: Preisliste
Anlage 8: Anforderungen, Verwendungszwecke
Anlage 9: Störungsmeldeformular (Muster)

§ 8 List of Appendixes

Appendix 1a): Scope of initial order
Appendix 1b): Hardware specifications on call with minimum purchase quantity
Appendix 1c): Hardware specifications on call without minimum purchase quantity
Appendix 2: Order/call-off slip (sample)
Appendix 3: Quick reference guide (sample)
Appendix 4: Operating system software and standard drivers
Appendix 5: Inventory list (sample)
Appendix 6: Locations of the Customer
Appendix 7: Price list
Appendix 8: Requirements, intended use
Appendix 9: Fault report form (sample)

. . . .

(Ort, Datum) (Ort, Datum)

. . . .

– Kunde – – Lieferant –

. . . .

(Place, date) (Place, date)

. . . .

– Customer – – Supplier –

Anmerkungen

1. Das Muster geht davon aus, dass zwischen dem Lieferanten und dem Kunden ein Know How Gefälle besteht, dh der Lieferant ist spezialisierter Hersteller und der Kunde ist ein reines Anwendungsunternehmen im Unterschied zu einem Unternehmen, das Hardware beschafft, um diese ergänzt, aufgearbeitet oÄ weiter B2B oder B2C zu veräußern, zu vermieten bzw. in derselben Branche tätig ist. Die Feststellung des jeweiligen Know Hows im Hinblick auf den Kaufgegenstand, hier der Hardware, kann im Rahmen des Sachmangelbegriffs eine Rolle spielen. Aus Sicht des Lieferanten ist bereits in der Präambel darauf zu achten, dass keine werbeartigen Aussagen zu seiner Leistungsfähigkeit und zu den Produkten gemacht werden, um nicht unnötig dann berechtigte Annahmen des Kunden in der Präambel festzuschreiben, welche im Rahmen der Feststellung eines Sachmangels maßgeblich werden können. Aus Sicht des Kunden ist dieser bestrebt in der Präambel, Einsatzzwecke und andere Beschaffenheitsangaben generell und losgelöst von detaillierten Anforderungen zu beschreiben, um die vertraglich vorausgesetzte Verwendungsabsicht zum Bestandteil des Vertrages zu machen.

2. Hier wird beispielhaft ein Rahmenvertrag mit einer gewissen Mindestvertragslaufzeit vorgestellt, welcher den Kunden zum Erwerb weiterer Hardware berechtigt, ggf. hierzu auch mit Mindestabnahmemengen verpflichtet. Zugleich macht aber auch der Lieferant eine Aussage zu seiner Lieferfähigkeit. Beim Abschluss eines Rahmenvertrages sind etwaige kartellrechtliche Besonderheiten zu berücksichtigen (vgl. Auer-Reinsdorff/Conrad IT- und DatenschutzR-HdB/Conrad § 39 Kartellrechtliche Bezüge sowie Auer-Reinsdorff/Conrad IT- und DatenschutzR-HdB/Wiesemann/Kast § 24 Vertrieb von Software). Im Anwendungsbereich des Vergaberechts sind dieselben Standards einzuhalten, wie in einer Einzelbeauftragung. Auch eine spätere Ausweitung der Bezugsberechtigten eines Rahmenvertrages ist im Anwendungsbereich des Vergaberechts nicht gestattet (vgl. Auer-Reinsdorff/Conrad IT- und DatenschutzR-HdB/Bischof § 40 Rn. 128 ff.; Portz BWGZ 2016, 52).

3. Der Rahmenvertrag sieht verschiedene Lieferverpflichtungen vor: erstens den festen Bestellumfang der Erstlieferung, zweitens eine Spezifikation, zu welcher eine Mindestabnahmeverpflichtung bezogen auf einen bestimmten Zeitabschnitt zum Beispiel jährlich vorgesehen ist und drittens eine Spezifikation, zu der keine Mindestabnahmeverpflichtung besteht. Bei den drei verschiedenen Bezugsverpflichtungen ergeben sich ggf. unterschiedliche Lieferzeiten sowie Preis- und Rabattstaffeln. Hier sieht § 4 (2) vor, dass die Parteien beispielhaft jährlich die Preise und Rabatte verhandeln. Die Rabattierung kann sich aber auch zB als ein Nachlass in Höhe eines festen Prozentsatzes auf die Listenpreise ergeben. § 1 (6) sieht vor, dass die Parteien die weitere Gültigkeit der vereinbaren Spezifikationen jährlich prüfen und ggf. anpassen. Preisanpassungen können nach § 4 (2) in diesem Rahmen verlangt werden. Der Lieferant wird bestrebt sein, eine Preisanpassungsklausel in den Vertrag einzubringen, welche eine jährliche prozentuale Preissteigerung vorsieht oder eine Preissteigerin in Abhängigkeit von einer Indexierung.

4. Teil der Lieferverpflichtung ist die Bereitstellung einer Dokumentation (vgl. BGH NJW 1993, 461; NJW-RR 1997, 690; Auer-Reinsdorff/Conrad IT- und DatenschutzR-HdB/Stadler/Kast § 15 Rn. 44–46 zur Rechtslage bis zum 31.12.2021). Die Parteien sollten nach § 434 Abs. 2 Nr. 3 BGB möglichst konkret vereinbaren, welchen Inhalt diese Dokumentation und Aufstell- und Bedienanleitungen haben. Für den Lieferanten gilt mit der hier getroffenen Vereinbarung als Ablieferung erst die Bereitstellung der Hardware inklusive der Dokumentation. Wird keine gesonderte Vereinbarung zum Leistungsbestandteil Installations-/Aufstellanleitung bzw. zum Handbuch getroffen, kann es sich um eine mangelhafte Lieferung handeln nach § 434 Abs. 3 Nr. 3 BGB bei entsprechender Bemusterung oder Nr. 4, soweit der Kunde diese erwarten kann, iVm § 434 Abs. 4 Nr. 2 BGB hinsichtlich der Geeignetheit der Anleitungen. Hierzu sind die Prüf- und Rügepflichten nach § 377 HGB zu beachten. Rechtsprechung zum Anwendungsbereich des § 434 Abs. 2 BGB aF im Bereich der Hardware liegt schon nicht vor, auch fehlt neuere Rechtsprechung zu Art und Weise sowie Umfang von mitzuliefernden Handbüchern. Wegen der aktuell eingetretenen Branchenüblichkeit der Mitlieferung von Kurzanleitungen, anwendungsgesteuerten Installationsroutinen und der Abrufbarkeit von weiterführenden Informationen und Handbüchern über die Herstellerwebsite ist die alte BGH-Rechtsprechung zur Funktion von Handbüchern überholt (BGH CR 1990, 189). Für den Kunden ist es vorteilhaft, eine klare Regelung hierzu getroffen zu haben, um seine Mitarbeiter zuverlässig mit den erforderlichen Detailinformationen ausstatten zu können.

Wegen des ggf. gegebenen urheberrechtlichen Schutzes der Inhalte der Dokumentationen und Anleitungen sollte aufgenommen sein, dass der Kunde diese beliebig oft ggf. auch in beliebigen Formaten bzw. Nutzungsarten intern vervielfältigen und bereitstellen darf.

Soweit die Liefergegenstände noch der Installation von Software durch den Kunden bedürfen, ist durch die Verwendung des Begriffs der Installation in § 475b Abs. 6 BGB neben dem Begriff der Montage, klargestellt, dass § 434 Abs. 4 BGB auf Installationsanleitungen und die Installation an sich keine Anwendung findet (vgl. zum Mangelbegriff nach § 434 Abs. 2 BGB, Auer-Reinsdorff MMR 2023, 6 ff.).

5. Aus den Lizenzbedingungen kann sich zum Beispiel die Anforderung ergeben, den Umfang der Nutzungsrechtseinräumung insbesondere hinsichtlich des räumlichen Nutzungsumfangs abweichend zu regeln. Auch in zeitlicher Hinsicht kann die Nutzungsrechtseinräumung je nach Lizenzmodell abhängig sein von der Aufrechterhaltung einer Pflegevereinbarung (Software Assurance) mit dem Lieferanten oder dem Softwarehersteller. Hier sollte der Kunde prüfen, inwiefern die Beendigung der Zusammenarbeit mit dem Lieferanten dazu führt, dass er Rechte nacherwerben oder der Lieferant Rechte übertragen müsste. Der Lieferant hätte bei der Zusicherung unbefristeter Rechtseinräumung zwar dem Kunden den Nachlizenzierungsaufwand zu erstatten, der Kunde hat dies aber zunächst zu verauslagen, um hinreichend lizenzierte Software auf der Hardware vorhalten und nutzen zu können. Der Kunde hat generell zu prüfen, ob er bei einer beabsichtigten Weiterveräußerung der Hardware als gebrauchte Hardware die Software löschen müsste und/oder Lizenzen für den Käufer nacherwerben könnte (vgl. OLG Frankfurt MMR 2010, 621; FormBib-V SchuldR Teil 1 § 2 Rn. 278–294; Auer-Reinsdorff/Conrad IT- und DatenschutzR-HdB/Stadler/Kast § 15 Rn. 41; Hunzinger/Kubach CR 2016, 213; Taeger/Pohle ComputerR-HdB/Heydn 32.13 Vermarktung von Gebrauchtsoftware Rn. 119–120; FormBib-V SchuldR/Kröger Teil 1 § 2 Rn. 294).

6. Ein solches Inventarverzeichnis erleichtert dem Kunden die Verwaltung seines Bestandes und des steuerlichen Anlagevermögens. Zudem sind Laufzeiten für Garantien nach § 443 BGB sowie der Ablauf der Gewährleistungsfristen übersichtlich zu verwalten.

7. Leistungen zur Herstellung der Betriebsbereitschaft sind hier nicht Gegenstand der vertraglichen Verpflichtung, um den kaufvertraglichen Charakter eindeutig zu wahren. Die zeitgleiche Vereinbarung solcher Leistungen kann je nach Gestaltung zur Annahme iSd § 650 BGB eines kaufähnlichen oder werkvertraglich zu typisierenden Leistungsumfangs führen (vgl. BGH BeckRS 1995, 31061296). Zur Gestaltung → Form. B.4.

8. Der Kunde hat ggf. ein Interesse daran, in seinem Unternehmen bzw. an seinen Standorten Hardware mit identischen Spezifikationen vorzuhalten, um den Wartungs- und Anpassungsaufwand durch Standardisierung gering zu halten und die Austauschbarkeit von Arbeitsplätzen sicher zu stellen. Über eine längere Laufzeit wird der Lieferant weder dieselben Hardwaretypen noch überhaupt Hardware mit identischer Spezifikation vorhalten oder liefern können. Es sollte eine Regelung gefunden werden, wie sich die Parteien über Änderungen der Spezifikation verständigen, welche sich entweder daraus ergeben können, dass die Lieferfähigkeit des Lieferanten enden wird oder der Kunde veränderte Anforderungen für den Einsatz in seinem Unternehmen feststellt.

9. Üblicherweise wird der Lieferant wegen des gesetzlichen Gefahrübergangs bei Übergabe an den Spediteur hier bei abweichender Einigung zum Gefahrübergang nicht die Kosten der Versicherung übernehmen wollen bzw. dies wird sich im Preis niederschlagen. Bei Gefahrübergang bei Übergabe an den Spediteur hat der Kunde keine Vertragsbeziehung zum Spediteur, dh wird zB schon mit beschädigter Versandverpackung angeliefert, weist der Kunde die Entgegennahme zurück, kann aber selbst nur bei Abtretung von Ansprüchen seitens des Lieferanten an den Kunden Ansprüche gegenüber dem Spediteur aus dem Transportvertrag geltend machen. Auch gegen Einwände des Spediteurs, die Verpackung sei nicht entsprechend der Lieferbedingungen und ungeeignet gewesen, kann sich der Lieferant besser verteidigen als der Kunde, der weder verpackt hat, noch bei Ablehnung im Besitz der Verpackung ist. Entsprechendes gilt für eine Transportversicherung, weshalb die Übernahme von Versicherungsbeiträgen durch den Kunden bei Abschluss der Versicherung durch den Lieferanten ggf. für die Abwicklung von Transportschäden oder -verlusten beim Lieferanten aus einer Hand vorteilhaft ist.

10. Nach diesem Muster trägt der Lieferant abweichend von der gesetzlichen Regelung des § 447 BGB nach § 2 (1) die Gefahr der Verschlechterung oder des Untergangs bis zur Ablieferung beim Kunden. Hier ist vereinbart, dass dies nur an die definierten Standorte des Kunden gelten soll. Fordert der Kunde die Lieferung an andere Orte an, so hat er die Gefahr zu tragen, wobei hier aber vereinbart ist, dass der Lieferant auf Kosten des Kunden für die hinreichende Versicherung zu sorgen hat. Bei Transportschäden ist weiterhin zu beachten, dass der Lieferant für eine ordnungsgemäße Transportverpackung zu sorgen hat. Andernfalls bleibt er auch bei Gefahrübergang bei Übergabe an den Spediteur aus positiver Vertragsverletzung schadensersatzpflichtig.

11. Das Muster sieht vor, dass der Lieferant zur sofortigen Bereitstellung neuer Geräte an den Standorten des Kunden ein Kleinlager vor Ort einrichtet. Da die Geräte dort ja bereits abgeliefert sind, sollte der Vertrag eine Regelung enthalten, wann die Gefahr übergeht, wann die Prüf- und Rügefristen nach § 377 HGB laufen und wann und wie ggf. nicht abgeforderte Geräte zurückzugeben sind, um dem Lieferanten die anderweitige Verwertung als neu mit unbeschädigter Originalverpackung zu ermöglichen.

12. Hier verpflichtet sich der Kunde zum Beispiel zur Abnahme von Mindestmengen nach *Anlage 1b)*, weshalb der Lieferant ihm kurze Lieferfristen zu gewähren hat. Dem Kunden steht umgehend die Möglichkeit zu, sich anderweitig Ersatz zu beschaffen, wenn der Lieferant die jeweils vereinbarten Lieferfristen überschreitet. Der Kunde wird dann von der Abnahmeverpflichtung und der Vergütungspflicht frei. Der Lieferant hat dem Kunden den Aufwand und die Differenz zum Mehrpreis zu erstatten. Soweit der Lieferant selbst von Vorlieferungen abhängt, wird er flexiblere Liefertermine und ggf. keine oder eine angepasste Vertragsstrafenregelung verhandeln.

13. Diese Regelung formuliert die Prüf- und Rügepflichten nach § 377 HGB aus, um den Kunden auf den Umfang der Prüfpflichten sowie an unterbliebene Mängelrügen anknüpfende Rechtsfolgen hinzuweisen. In anderen Konstellationen können anders als im hier formulierten Muster Lieferant und Hersteller zwei verschiedene Unternehmen sein. In diesen Fällen ist der Lieferant selbst Kunde des Herstellers, wobei aber ggf. die Lieferung direkt vom Hersteller an den Kunden erfolgt. Hier ist es wichtig, dass der Lieferant klarstellt, dass der Kunde für ihn die Prüf- und Rügepflichten mit wahrnimmt, um dem Lieferanten die Möglichkeit zu eröffnen, seine Rechte gegenüber dem Hersteller oder auch Spediteur geltend zu machen. Die fehlende Mangelrüge iSd § 377 HGB führt nach der hier gewählten Formulierung abweichend von der gesetzlichen Regelung zu einer Vermutung, dass die Hardware bei Ablieferung mangelfrei war, soweit der Mangel erkennbar war. Eine solche Vermutung könnte vom Kunden widerlegt werden, wenn ihm der Beweis gelingt, dass der später auftretende Fehler bereits bei Ablieferung gegeben war und er seine Prüfpflichten diesbezüglich nicht verletzt hat. Zu den Bedingungen der Genehmigung von mangelhafter Ware durch nicht rechtzeitige und ordnungsgemäße Rüge nach § 377 HGB bei direkter Anwendbarkeit und keinen vertraglichen Abweichungen durch AGB vgl. OLG Bremen NJW-RR 2023, 1201.

14. Der hier formulierte Eigentumsvorbehalt ist nur ein einfacher Eigentumsvorbehalt. Denkbar sind die Ergänzung der Regelung als verlängerter Eigentumsvorbehalt sowie die Klarstellung, auf welche Zahlungsverpflichtungen sich der jeweilige Eigentumsvorbehalt bezieht. Der Eigentumsvorbehalt kann erlöschen bei Erfüllung der aus der jeweiligen

Lieferung folgenden Zahlungsverpflichtungen bzw. aller bis dahin offenen oder sich aus dem Kontokorrentverhältnis fortschreiben.

15. Diese Regelung definiert den Sachmangel des § 434 BGB näher hinsichtlich der subjektiven Anforderungen nach § 434 Abs. 2 BGB aus. Außerdem ist klargestellt, dass der Lieferant weder vorvertraglich noch im Rahmen einer gesonderten Beratungsvereinbarung den Kunden bei der Anforderungsfeststellung beraten hat. Für den Lieferanten bestehen bei der Beratung erhebliche Risiken, wenn der Kunde die Anforderungen nicht hinreichend ermittelt hat, aber vereinbart wird, dass die empfohlene Hardware der vertraglich vereinbarten und der üblichen Verwendungsabsicht und -art entspricht (vgl. Auer-Reinsdorff/Conrad IT- und DatenschutzR-HdB/Stadler/Kast § 15 Rn. 14 ff.) und in den Vertrag tatsächlich Vereinbarungen zur vertraglichen vorausgesetzten Verwendung aufgenommen sind. Macht der Lieferant ein Angebot auf die ihm seitens des Kunden angegebenen Anforderungen, die dann nicht in den Vertrag aufgenommen werden, so läuft der Kunde Gefahr, keine Mängelhaftungsansprüche durchsetzen zu können, da die Lieferung dem bestellten Vertragsinhalt entspricht, aber unerkannt nicht seinen Anforderungen. Wegen der prinzipiellen Sperrwirkung des Sachmängelrechts gegenüber Ansprüchen aus dem vorvertraglichen Schuldverhältnis, kann der Kunde bei einer so zustande gekommenen Hardwarespezifikation nur ganz ausnahmsweise bei arglistiger Täuschung seitens des Lieferanten bei der Angebotsabgabe auf den Schadensersatzanspruch zurückgreifen.

Der Hinweis auf „fabrikneu" und frei von generalüberholten Teilen und Liefergegenständen trägt dem Umstand Rechnung, dass es inzwischen branchenüblich geworden sein kann, dass „refurbished" und „equivalent to new" hergestellte Teile und Hardwarekomponenten als neu geliefert werden, aber wegen § 434 Abs. 3 Nr. 2 BGB kein Mangel vorliegt. Zum Wettbewerbsrecht ist zur Orientierung auch entschieden, dass besonders gegenüber dem Verbraucher sehr deutlich zu machen ist, wenn es sich nicht um fabrikneue Hardware handelt (vgl. BGH NJW 1999, 2190; LG München I NJW-RR 2019, 360 und siehe hierzu Kur GRUR Int. 2021, 228 ff.

16. Der Kunde wird ein Interesse daran haben, dass der Lieferant über die bloße Gewährleistung hinaus zusichert, hinreichende Nutzungsrechte an der jeweiligen Betriebssystemsoftware sowie an den Standardtreibern erworben zu haben, um dem Kunden einfache, nicht übertragbare, zeitlich und räumlich unbeschränkte Nutzungsrechte hieran in Verbindung mit der ausgelieferten Hardware einzuräumen. In § 1 Abs. 3 letzter Satz ist eine solche Zusicherung formuliert.

17. Zugunsten des Kunden ist hier vorgesehen, dass der Lieferant im Rahmen der Geltendmachung von Mängelansprüchen die Beweislast trägt, dass Änderungen der Hardware gegenüber der abgelieferten Hardware ursächlich für den Mangel sind. Dies umfasst auch die Beweislast für den Grad der Ursächlichkeit. Oftmals wird der Lieferant diese Beweislast auf den Kunden in dem Sinne abwälzen, dass der Kunde zu beweisen hat, dass Änderungen wie auch zum Beispiel das Öffnen des Gehäuses und das damit verbundene Brechen des Herstellersiegels nicht ursächlich waren für den Mangel. Interessengerecht ist ggf. eine Regelung, welche dem Kunden die Kosten des Mehraufwandes auferlegt, die bei Änderungen seitens des Kunden an den Geräten zur Feststellung des Mangels und seiner Ursachen entstehen. Die mangelhafte Dokumentation von Mängelbeseitigungen im Wege der Ersatzvornahme kann ebenfalls zur Beweislastumkehr zu Lasten des Kunden führen (vgl. BGH NJW 2009, 360).

18. Die alte Rechtsprechung (OLG Hamm CR 2000, 289; OLG Karlsruhe NJW 1996, 200; OLG Köln CR 1996, 407 = NJW-RR 1997, 558; CR 1994, 532 = NJW-RR 1994, 1262), wonach jedenfalls bei einem offensichtlichen KnowHow-Gefälle der Lieferant vor Beginn der Mangelbeseitigungsarbeiten nach pVV dafür Sorge tragen musste, dass der Kunde eine hinreichende Datensicherung vorgenommen hat, ist mit dem fortschreitenden Verständnis für die Back-Up-Pflichten auch im Rahmen der Umsetzung der IT-Sicherheitsanforderungen nach DSGVO nicht mehr heranziehbar, da es sich grundlegend um eng anzunehmende Ausnahmefälle der Haftung des EDV-Wartungsunternehmens handelte (BGH NJW 1996, 2924, „Datensicherung ist eine allgemein bekannte Selbstverständlichkeit" (vgl. OLG Karlsruhe CR 1996, 348 f.), wobei es um die fehlerhafte Übertragung der kundenseitigen Sicherheitsroutine durch den EDV-Unternehmer ging; OLG Hamm MMR 2004, 487 = K&R 2004, 543 = CR 2004, 654; ähnlich LG Stuttgart CR 2002, 487 sowie zum Umfang einer etwaigen Schadensersatzpflicht bei Datenverlust, BGH NJW 2009, 1066.

19. Die Ausübung des Wahlrechts führt zunächst einmal dazu, dass der Kunde bei Nacherfüllung mittels Ersatzlieferung Aufwand mit Installation, Rückspielen der Datensicherung und der Programme hat. Hier bleibt abzuwarten, inwieweit Kunden die Regelung des § 439 Abs. 3 BGB für sich nutzbar machen können im Zusammenhang mit der Installation und Integration sowie dem Aufstellen von wie hier Komplett-PC. Der Kunde hat dann Anspruch auf Ersatz des mit der Mängelbeseitigung verbundenen Aufwands, wenn die mangelhafte Sache mit erheblichem Aufwand eingebaut wurde. Mit der parallelen Verwendung der Begriffe Montage, Installation und Integration in den verbraucherrechtlichen Regelungen ist eher davon auszugehen, dass die Begriffe „Einbauen" und „Einbringen" des § 439 Abs. 3 BGB sich nicht auf Softwareinstallationen bezieht, aber Anschließen an Peripheriegeräte und Einbauen in Serverschränke, Arbeitspulte oÄ umfasst sind.

20. Die Formulierung in § 7 Abs. 2 letzter Satz entspricht dem Formulierungsvorschlag der DGRI-Schlichtungsstelle. Die Parteien können aber auch vereinbaren, dass vor Einleitung des Hauptverfahrens ein DGRI-Schlichtungsverfahren als Prozessvoraussetzung durchzuführen ist. Zum DGRI-Schlichtungsverfahren und dessen Beendigungsmöglichkeiten siehe Auer-Reinsdorff/Conrad IT- und DatenschutzR-HdB/Lapp § 44 Rn. 140 ff.

21. In internationalen Lieferbeziehungen beziehen die Parteien ggf. die von der Internationalen Handelskammer (ICC) herausgegebenen Incoterms (International Commercial Terms) zur Beschreibung der Rechte und Pflichten des Lieferanten bzw. des Kunden bei der Lieferung mit ein, https://www.incoterms2020.de/wp-content/uploads/2020/01/Incoterms_U%CC%88bersichtsblatt_Neuerungen.pdf. Im Internationalen Beschaffungsprozess ergeben sich weitere Anforderungen, welche das Muster nicht in ihrer Breite darstellen kann wie z. B. aus dem Lieferkettengesetz, zur ESG-Compliance, zum Refurbishing und Recycling von Hardware und aus der EU-BatterieVO (VO (EU) 2023/1542 vom 12. Juli 2023 über Batterien und Altbatterien, zur Änderung der Richtlinie 2008/98/EG und der Verordnung (EU) 2019/1020 und zur Aufhebung der Richtlinie 2006/66/EG etc.

22. Auch für den Lieferanten kann ein Gerichtsstand am Ort des Kunden vorteilhaft sein, wenn im Rahmen der Schlichtung und/oder des Klageverfahrens eine Beweisaufnahme vor Ort stattfinden soll. Eine divergierende Gerichtsstandsvereinbarung für ein selbstständiges Beweissicherungsverfahren und für die Hauptsache ist nicht zulässig, vgl. Auer-Reinsdorff/Conrad IT- und DatenschutzR-HdB/Müller § 46 Rn. 120 ff. Beachte im grenzüberschreitenden Vertrag Art. 25 EuGVVO, vgl. Auer-Reinsdorff/Conrad IT- und DatenschutzR-HdB/Müller § 45 Rn. 259. Für internationale Verträge ist mit der Etablierung der englischsprachigen Commercial Courts an den Landgerichten auch darüber zu verhandeln, ob ggf. Englisch die maßgebliche Vertragssprache sein soll und schon bei Vertragsschluss die Zuständigkeit einer englischsprachigen Kammer für Handelssachen gewählt wird.

2. Hardwaremiete

Mietvertrag

zwischen

. . . . .

– nachfolgend „Vermieter" genannt –

und

. . . . .

– nachfolgend „Mieter" genannt –

Vertragsnummer:[1] . . . .

Präambel

Der Vermieter bietet verschiedene Modelle der Miete von Hardwarekomponenten im Bereich der Telefon- und EDV-Systeme und von EDV-Arbeitsplätzen an. Der Mieter ist ein Anwendungsunternehmen, welches für die Ausstattung eines neuen Standortes IT- und TK-Hardware einschließlich der jeweiligen Betriebssystem- und Standardanwendungssoftware anmietet.[2]

§ 1 Vertragsgegenstand

(1) Der Vermieter überlässt dem Mieter ausschließlich neue, den Originalherstellerangaben entsprechende Hardware einschließlich Betriebssystemsoftware (iF: „Mietsache")[3] wie in *Anlage 1* beschrieben bis zur Beendigung dieses Mietvertrages.

(2) Die Hardware wird jeweils einschließlich einer Kurzbedienungsanleitung zur Anleitung beim Aufstellen und Anschließen[4] (Muster *Anlage* 2) in Papierform in Deutsch, Englisch und Französisch bereitgestellt. Für die Dauer dieses Mietvertrages verpflichtet sich der Vermieter zur Auf-

Lease agreement

between

. . . . .

– hereinafter referred to as „Lessor" –

and

. . . . .

– hereinafter referred to as „Lessee" –

Contract number:[1] . . . . .

Preamble

The Lessor offers various models for the leaseal of hardware components in the area of telephone and IT systems and IT workstations. The Lessee is company that intends to lease IT and telecommunications hardware, including the relevant operating system and standard application software, to equip a new location.[2]

§ 1 Subject matter of the contract

(1) The Lessor shall provide the Lessee exclusively with new hardware, including operating system software (hereinafter: „lease item"), which complies with the original manufacturer's specifications[3] as described in *Appendix 1* until the end of the lease agreement.

(2) The hardware shall be supplied together with a short instruction and operating manual for installation and connection[4] (sample *Appendix 2*) in paper form in German, English and French. For the duration of this lease agreement, the Lessor undertakes to maintain the help portal at

rechterhaltung des Hilfeportals unter der URL www. . . . . .com, auf welchem die Nutzer weitergehende Informationen zur Bedienung und zu Fehlerquellen sowie in Form von FAQ-Listen Unterstützung bei Fehlern und Anwendungsfragen erhalten.

§ 2 Bereitstellung

(1) Die Mietsachen werden vorinstalliert mit der Betriebssystemsoftware, Standardtreibern und der Anwendungssoftware gemäß *Anlage 3* Betriebssystemsoftware und Standardtreiber bereitgestellt.[5]

(2) Die Lieferung der Mietsachen erfolgt auf Gefahr und Kosten des Vermieters an den Standort des Mieters gemäß *Anlage 4* Arbeitsplätze am Aufstellort.[6]

(3) Der Mieter hat dem Vermieter gem. *Anlage 5* Zeitplan der Anlieferung und Bereitstellung im betriebsbereiten Zustand Zugang zu den Räumlichkeiten am Aufstellort und den Arbeitsplätzen zu gewähren. Der Mieter hat die räumlichen und technischen Voraussetzungen für die Installation gem. *Anlage 6* Installationsvoraussetzungen jeweils rechtzeitig herzustellen. Der Vermieter hat bei Zutritt zu den Räumlichkeiten die Sicherheits- und Zutrittsrichtlinien[7] des Mieters sowie etwaige diesbezügliche Weisungen im Einzelfall zu befolgen.

(4) Der Vermieter hat seine Erfüllungsgehilfen auf die Geheimhaltung von Informationen über die Räumlichkeiten, Lage, Aufstellorte und Arbeitsplätze zu verpflichten und auf Anforderung die entsprechenden Geheimhaltungsvereinbarungen nachzuweisen. Ferner hat der Vermieter seine Erfüllungsgehilfen nach den Art. 5, 24, 29, 32 und 39 Abs. 1 lit. a DSGVO auf das Datengeheimnis zu verpflichten und dies auf Anforderung nachzuweisen.

the URL www. . . . . .com, where users can obtain further information on operation and sources of error as well as support in the form of FAQ lists in the event of errors and application questions.

§ 2 Provision

(1) The lease items shall be delivered preinstalled with the operating system software, standard drivers and the application software in accordance with *Appendix 3* Operating system software and standard drivers.[5]

(2) Delivery of the lease items shall be at the risk and expense of the Lessor to the location of the Lessee in accordance with *Appendix 4* Workstations at the installation site.[6]

(3) The Lessee shall grant the Lessor access to the premises at the installation site and the workstations in accordance with *Appendix 5* Schedule of delivery and provision in operational condition. The Lessee shall determine the spatial and technical requirements for the installation in good time in accordance with *Appendix 6* Installation Requirements. When entering the site of the Lessee's business, the Lessor shall comply with the Lessee's safety and access guidelines[7] of the Lessee and any instructions given in individual cases.

(4) The Lessor shall oblige its vicarious agents to maintain secrecy with regard to information concerning the premises, location, assembly sites and workplaces and, upon request, to provide evidence of the relevant confidentiality agreements. Furthermore, the Lessor shall oblige its vicarious agents to maintain data secrecy in accordance with Art. 5, 24, 29, 32 and 39 para. 1 lit. a GDPR and provide evidence of this upon request.

§ 3 Installation, Betriebsbereitschaft

(1) Der Vermieter stellt die Mietsachen an den Arbeitsplätzen des Aufstellortes auf und schließt diese an das Strom- und Datennetz an.

(2) Der Vermieter stellt die Betriebsbereitschaft der Mietsachen einschließlich der System- und der Anwendungssoftware her und richtet die Benutzer nach dem Rechteregime und den Servervorgaben des Mieters *Anlage 7* soweit die Informationen seitens des Mieters bei der Bereitstellung vorliegen individuell ein.

(3) Einweisung und Schulung sind seitens des Vermieters nicht geschuldet.[8]

(4) Der Vermieter zeigt die Betriebsbereitschaft der einzelnen Arbeitsplätze am Aufstellort nach dem Zeitplan *Anlage 5* an und übergibt pro Arbeitsplatz eine Konfigurations- und Installationsdokumentation in Textform an den seitens des Mieters benannten Ansprechpartner. Der Mieter prüft die generelle Betriebsbereitschaft und Vollständigkeit der Installation und Konfiguration und bestätigt die betriebsbereite Bereitstellung.[9]

§ 4 Nutzungsrechtseinräumung

(1) Der Vermieter sichert zu, hinreichende Nutzungsrechte an der jeweiligen Betriebssystemsoftware sowie an den Standardtreibern und der Anwendungssoftware erworben zu haben, um dem Mieter einfache, nicht übertragbare, zeitlich und räumlich auf die Dauer des Mietvertrages beschränkte Nutzungsrechte hieran in Verbindung mit der jeweiligen Mietsache einzuräumen.

(2) Der Mieter verpflichtet sich zur Einhaltung der Nutzungs- und Lizenzbedingungen des Herstellers der Betriebssystemsoftware und der Anwendungssoftware wie sie *Anlage 8* dieses Vertrages sind.[10] Insbesondere ist es dem Mieter nicht gestattet, die Seriennummern der Lizenzen der mit den Mietsachen zur Nutzung bereit gestell-

§ 3 Installation, operational readiness

(1) The Lessor shall set up the lease items at the workstations at the installation site and connect them to the power and data network.

(2) The Lessor shall ensure the lease items are ready for operation, including the system and application software, and shall individually set up the individual user accounts in accordance with the rights regime and the server specifications of the Lessee, *Appendix 7*, insofar as the information is available from the Lessee at the time of setup.

(3) The Lessor does not owe any instruction or training.[8]

(4) The Lessor shall indicate the operational readiness of the individual workstations at the installation site in accordance with the schedule in *Appendix 5* and hand over the configuration and installation documentation in text form for each workstation to the contact person named by the Lessee. The Lessee shall check the general operational readiness and completeness of the installation and configuration and confirm operational readiness of the workstations.[9]

§ 4 Granting of rights of use

(1) The Lessor warrants that it has acquired sufficient rights of use to the relevant operating system software, standard drivers and application software to grant the Lessee simple, non-transferable rights of use in connection with the relevant lease item, limited in time and space to the term of the Lease Contract.

(2) The Lessee undertakes to comply with the terms of use and license conditions of the manufacturer of the operating system software and the application software as set out in *Appendix 8* to this contract.[10] In particular, the Lessee is not permitted to use the serial numbers of the licenses of the software provided for use with the

ten Software zur Aktivierung von Software in Verbindung mit anderer Hardware zu nutzen und eigene Sicherungskopien anzufertigen. Der Vermieter stellt dem Mieter Sicherungskopien der bereitgestellten Software jeweils gesondert und als Image für die vereinbarte Standardkonfiguration einmal anfänglich und bei jeder Konfigurationsänderung als Image zur Verfügung.[11]

lease items to activate software in connection with other hardware or to make its own backup copies. The Lessor shall provide the Lessee with backup copies of the software provided separately and as an image for the agreed standard configuration once initially and as an image each time the configuration is changed as agreed.[11]

§ 5 Mietzins, Verzug

(1) Der vom Mieter monatlich zu zahlende Mietzins für die Mietsachen ergibt sich aus *Anlage 9* und umfasst die Überlassung der Mietsachen für die Mietzeit sowie deren Instandsetzung und Instandhaltung sowie Verbrauchsmaterialien soweit sich dies aus *Anlage 1* ergibt.[12]

(2) Der Mietzins ist jeweils zum 5. Werktag eines Monats im Voraus fällig, bankspesenfrei zu zahlen und versteht sich zuzüglich der jeweils geltenden gesetzlichen Mehrwertsteuer.

(3) Die Verpflichtung zur Zahlung des Mietzinses beginnt im Monat nach Abschluss der betriebsbereiten Bereitstellung aller Mietsachen. Hat der Vermieter eine (teilweise) nicht rechtzeitige betriebsbereite Bereitstellung gem. Zeitplan *Anlage 5* nicht zu vertreten, schuldet der Mieter den Mietzins ab dem nach *Anlage 5* geplanten Datum des Abschlusses der betriebsbereiten Bereitstellung der Mietsachen.[13]

(4) Dem Vermieter ist die folgende UStID . . . . . zugeteilt bzw. er wird beim Finanzamt . . . . . [Ort] unter der . . . . . . [Umsatzsteuernummer] geführt.

(5) Der Vermieter stellt dem Mieter auf Anforderung monatliche Mietzinsrechnungen aus. Der Mieter ist mit der elektronischen Rechnungsstellung einverstanden.

(6) Der Mietzins ist für die Dauer von drei Jahren ab dem Monat der ersten Fälligkeit fest vereinbart. Die Parteien gehen derzeit davon aus, dass die durchschnittliche Le-

§ 5 Lease, default

(1) The monthly lease to be paid by the Lessee for the lease items is set out in *Appendix 9* and includes the provision of the lease items during the lease period as well as their repair and maintenance and consumables insofar as this is set out in *Appendix 1.*[12]

(2) The lease is due in advance on the 5th working day of each month, is payable free of bank charges and is subject to the applicable statutory VAT.

(3) The obligation to pay the lease shall commence in the month following the completion of the operational set-up of all lease items. If the Lessor is not responsible for a (partial) failure to provide the lease items ready for operation on time in accordance with the schedule in *Appendix 5*, the Lessee shall owe the lease from the date scheduled in *Appendix 5* for the completion of the provision of the lease items ready for operation.[13]

(4) The Lessor shall be provided with the following VAT ID . . . . . or it is allocated at the tax office . . . . [Place] under the . . . . . [VAT number].

(5) The Lessor shall issue on request of the Lessee monthly lease invoices. The Lessee agrees to electronic invoicing.

(6) The lease is fixed for a period of three years from the month in which it first becomes due. The parties currently assume that the average service life of the

bensdauer der Mietsachen drei Jahre beträgt. Die Parteien werden zu Beginn des dritten Mietjahres die Verhandlungen über den Abschluss eines Anschlussmietvertrages über neue Hardware beginnen und/oder eine Preis- und Konditionenanpassung für die weitere Überlassung der gebrauchten Hardware vereinbaren.[14]

lease items is three years. At the beginning of the third year of lease, the parties shall enter into negotiations on the conclusion of a follow-up lease agreement for new hardware and/or an adjustment on price and condition for the further lease of the used hardware.[14]

(7) Gerät der Mieter mit der Zahlung des Mietzinses in Verzug, so ist ab dem ersten Tag des Verzuges die offene Mietzinsforderung mit 9 Prozentpunkten über dem Basiszinssatz zu verzinsen. Gerät der Mieter mit einer Monatsmiete mehr als einen Monat in Verzug, kann der Vermieter die vierteljährliche Vorauszahlung des vereinbarten Mietzinses verlangen. Gerät der Mieter mit mehr als drei Monatsmieten in Verzug, kann der Vermieter dem Mieter unter Androhung der fristlosen Kündigung eine letzte Nachfrist von zwei weiteren Wochen setzen und bei Nichtzahlung des rückständigen Mietzinses nachfolgend den Mietvertrag fristlos kündigen.[15] Die fristlose Kündigung wird mit einer Frist von 14 Tagen nach Zugang wirksam, um dem Mieter die Möglichkeit der Abwendung der Vertragsbeendigung durch Zahlung der rückständigen Mietzinsen zu eröffnen.

(7) If the Lessee is in arrears with the payment of the hire charge, the outstanding hire charge shall bear interest at 9 percentage points above the base rate from the first day of arrears. If the Lessee is in arrears with one month's lease for more than a month, the Lessor may demand a quarterly advance payment of the agreed lease. If the Lessee is in arrears with more than three months' lease, the Lessor may set the Lessee a final grace period of two further weeks under threat of termination without notice and subsequently terminate the lease agreement without notice in the event of non-payment of the lease in arrears.[15] The termination without notice shall take effect 14 days after receipt in order to give the Lessee the opportunity to avoid termination of the agreement by payment of the lease in arrears.

(8) Aufrechnung und Zurückbehaltungsrechte sind ausgeschlossen, es sei denn die zugrunde liegende Gegenforderung ist anerkannt oder rechtskräftig festgestellt.[16]

(8) Set-off and rights of retention are excluded, unless the underlying counterclaim is acknowledged or has been established by a court of law.[16]

§ 6 Pflichten des Mieters

§ 6 Obligations of the Lessee

(1) Der Mieter hat die Mietsachen mit der Sorgfalt eines ordentlichen Kaufmannes, die er in eigenen Dingen anzuwenden pflegt, zu behandeln. Der Mieter hat für die hinreichende Einweisung und Schulung oder auf andere Art und Weise dafür zu sorgen, dass seine Erfüllungsgehilfen die Mietsachen dem üblichen Einsatz entsprechend einsetzen und bedienen.

(1) The Lessee shall handle the lease items with the care of a prudent businessman, which he would use in his own affairs. The Lessee shall provide sufficient instruction and training or otherwise ensure that its vicarious agents use and operate the lease items in accordance with normal usage.

(2) Der Vermieter kennzeichnet die Mietsachen durch zumutbare Etikettierung als sein Eigentum. Weder diese Kennzeichnung noch Herstellerhinweise, Seriennummern,

(2) The Lessor shall identify the lease items as its property by means of appropriate labelling. Neither this labelling nor manufacturer's instructions, serial num-

Siegel, Softwarelizenzhinweise etc dürfen vom Mieter ohne vorherige Zustimmung des Vermieters entfernt oder verändert werden.[17]

bers, seals, software license notices etc. may be removed or altered by the Lessee without the prior consent of the Lessor.[17]

(3) Der Mieter hat dem Vermieter zum Zwecke von Instandsetzungs- und Instandhaltungsarbeiten sowie Pflegeleistungen, welche am Aufstellort zu erfolgen haben, nach Maßgabe seiner Sicherheits- und Zutrittsrichtlinien Zugriff auf die Mietsachen zu gewähren.

(3) The Lessee shall grant the Lessor access to the lease items for the purpose of repair and maintenance work as well as care services, which must be carried out at the installation site, in accordance with the Lessor's safety and access guidelines.

(4) Der Mieter hat Mängel sowie Beschädigungen der Mietsachen unverzüglich dem Vermieter mittels des elektronischen Ticket-Systems oder über die Servicehotline anzuzeigen.

(4) The Lessee shall immediately notify the Lessor of any defects or damage to the lease items using the electronic ticket system or via the service hotline.

(5) Der Mieter verpflichtet sich, die Mietsachen angemessen gegen Beschädigungen, Zerstörung und Entwendung zu versichern und den Abschluss sowie den Bestand der Elektronikversicherung[18] auf Anforderung dem Vermieter nachzuweisen, soweit er nicht die kostenpflichtige Zusatzoption Versicherung durch den Vermieter gewählt hat.

(5) The Lessee undertakes to insure the lease items adequately against damage, destruction and theft and to provide evidence of the conclusion and existence of the electronics insurance[18] upon request by the Lessor, unless the Lessee has selected the additional insurance option through the Lessor, which is subject to a charge.

(6) Der Mieter ist verpflichtet, eine Änderung des Aufstellortes nur mit vorheriger Zustimmung des Vermieters durchzuführen und ggf. gegenüber der Versicherung anzuzeigen. Bei bloßen Veränderungen der Lage der Arbeitsplätze am Aufstellort hat der Mieter diese nur in der Konfigurations- und Installationsdokumentation der Mietsachen fortzuschreiben.

(6) The Lessee may only change the place of installation location with the prior consent of the Lessor and, if necessary, to notify the insurance company. In the case of mere changes to the location of the workstations at the installation site, the Lessee shall only update this in the configuration and installation documentation for the lease items.

§ 7 Aufrechterhaltung der Gebrauchstauglichkeit

§ 7 Maintenance of fitness for use

(1) Der Vermieter hat die Mietsachen über die gesamte Dauer der Mietzeit in dem zum vertraglich vereinbarten Gebrauch geeigneten Zustand zu erhalten. Er hat zu diesem Zweck die erforderlichen Instandhaltungs- und Instandsetzungsmaßnahmen selbst oder durch von ihm beauftragte Dritte durchführen zu lassen. Der Vermieter teilt dem Mieter die zeitlichen Intervalle für routinemäßige Durchsichten der Mietsachen mit und kündigt diese jeweils recht-

(1) The Lessor shall maintain the lease items in a condition suitable for the contractually agreed use for the entire duration of the lease period. To fulfill this obligation, he shall carry out the necessary maintenance and repair measures himself or have them carried out by third parties authorized by him. The Lessor shall inform the Lessee of the intervals for routine inspections of the lease items and shall announce each inspection in good time. The Lessor shall

zeitig gesondert an. Der Vermieter hat auf die Belange des Mieters im Hinblick auf einen möglichst ungestörten Betriebsablauf Rücksicht zu nehmen. Geplante Wartungsarbeiten an den Mietsachen sollen regelmäßig am Wochentag in der Zeit von [hh:mm] bis [hh:mm] stattfinden.[19]

(2) Der Vermieter hält ein elektronisches Ticket-System bereit, über welches der Mieter Störungen oder Beeinträchtigungen der Gebrauchstauglichkeit („Mängel") der Mietsachen melden kann. Parallel betreibt der Vermieter eine Servicehotline. Der Vermieter wird eingehende Mängelmeldungen jeweils binnen angemessener Frist bearbeiten, es sei denn die Parteien haben mit gesonderter Wartungsvereinbarung Service Level[20] vereinbart. Verzögerungen, welche sich durch Lücken und Ungenauigkeiten in der Fehlerbeschreibung ergeben, hat der Vermieter nicht zu vertreten.

(3) Die Beseitigung von Mängeln erfolgt regelmäßig durch Nachbesserung, also Unterstützung bei der Mängelumgehung oder Reparatur am Aufstellort. Der Vermieter hat dabei die Wahl, ob er in einem ersten Schritt eine telefonische oder Fehlerbehebung per Fernwartung versucht. Die Parteien schließen für die Fernwartung eine gesonderte Auftragsverarbeitungsvereinbarung[21] ab. Schlägt die Nachbesserung auch am Aufstellort zum Beispiel durch den Austausch einzelner Komponenten der betreffenden Mietsache fehl, kann der Vermieter die Mietsache zum Zwecke der Nacherfüllung in sein Servicecenter verbringen.

(4) Der Vermieter ist jeweils zur Wiederherstellung der vertraglich vereinbarten Gebrauchstauglichkeit binnen angemessener Frist verpflichtet. Schlägt die Nachbesserung fehl oder wäre sie für den Vermieter unwirtschaftlich, so kann er vom Mieter Zustimmung zur Bereitstellung einer neuen Mietsache gleicher Art, Güte, Konfiguration und individueller Einstellung verlangen. Der Vermieter ist in diesem Fall verpflichtet, den Mieter bei der Übernahme der Daten ohne Zusatzvergütung zu unterstützen.[22]

(5) Der Mieter hat dafür Sorge zu tragen, dass eine angemessene Back-up Routine

take into account the interests of the Lessee with regard to ensuring that operations are as undisturbed as possible by the inspection. Planned maintenance work on the lease items shall take place on regular workdays in the period from [hh:mm] to [hh:mm].[19]

(2) The Lessor shall provide an electronic ticket system by means of which the Lessee can report faults or impairments to the usability („defects") of the lease items. At the same time, the Lessor shall operate a service hotline. The Lessor shall process incoming defect reports within a reasonable period of time, unless the parties have agreed service levels in a separate maintenance agreement.[20] The Lessor shall not be responsible for delays resulting from gaps and inaccuracies in the description of the defect.

(3) Defects shall be regularly rectified by means of rework, i.e. assistance with workarounds or repair on site. The Lessor shall have the option to first attempt to rectify the defect by telephone or by remote maintenance. The parties shall conclude a separate data processing agreement (DPA) for remote maintenance.[21] If the rework also fails on site, for example by replacing individual components of the respective lease item, the Lessor may bring the lease item to its service center for the purpose of remedy.

(4) The Lessor is obliged to restore the contractually agreed usability within a reasonable period of time. If the rework fails or would be uneconomical for the Lessor, the Lessor may demand that the Lessee agrees to the provision of a new lease item of the same type, quality, configuration and customized settings. In this case, the Lessor is obliged to support the Lessee in migrating the data without additional remuneration.[22]

(5) The Lessee shall ensure that an appropriate back-up routine is set up and that a

eingerichtet ist und eine Datensicherung vor Beginn der Wartungs- oder Nachbesserungsarbeiten erfolgt. Bei Datenverlust im Rahmen der Wartungs- oder Nachbesserungsarbeiten hat der Vermieter nur den Aufwand zu tragen, der dadurch entsteht, dass er aus einer Datensicherung die zerstörten Daten und durch das Einspielen eines Images des Liefergegenstandes den gesicherten Programmstand wiederherstellt.[23] Verbringt der Vermieter die Mietsache zum Zwecke der Reparatur in sein Servicecenter, hat er zuvor mit dem Mieter abzustimmen, ob die auf der Hardware gespeicherten Daten vor Wegnahme der Hardware am Aufstellort gelöscht werden und/oder inwieweit diese durch Verschlüsselung geschützt sind.

(6) Der Vermieter schreibt die Installations- und Konfigurationsdokumentation zu den Mietsachen jeweils fort. Der Mieter hat den Mehraufwand[24] zu tragen, welcher dadurch entsteht, dass er Änderungen an der Mietsache entweder nicht dokumentiert oder vorgenommen hat, ohne dass diese generell oder im Wege der Ersatzvornahme dem Mieter gestattet waren oder im Einzelfall mit Zustimmung des Vermieters umgesetzt wurden, oder aber dass die Mietsache ohne vorherige Zustimmung an einen anderen Aufstellort verbracht wurde.

(7) Wenn der Vermieter die Einschränkung der Gebrauchstauglichkeit auch nicht auf eine zweite angemessene Fristsetzung hin beseitigt, ist der Mieter nach seiner Wahl zur Beseitigung des Mangels oder zur außerordentlichen Kündigung des Mietvertrages in Bezug auf die mangelhafte Mietsache berechtigt.[25] Zur Kündigung des gesamten Mietvertrages ist der Mieter nur dann berechtigt, wenn eine wesentliche Anzahl der Mietsachen nicht zum vertraglich vereinbarten Gebrauch bereit steht.

(8) Dem Mieter stehen die gesetzlichen Ansprüche wegen Mangelhaftigkeit der Mietsache/n mit der Maßgabe der vorstehenden Vereinbarungen zu.

data backup is carried out before commencement of the maintenance or repair work. In the event of data loss during the maintenance or repair work, the Lessor shall only bear the costs incurred for restoring the destroyed data from the most recent data backup and by importing an image of the delivery item software set-up for restoring the backed-up status.[23] If the Lessor brings the lease item to its service center for the purpose of repair, it must first agree with the Lessee whether the data stored on the hardware will be deleted before the hardware is removed from the installation site and/or to what extent it will be protected by encryption.

(6) The Lessor shall update the installation and configuration documentation for the lease items. The Lessee shall bear any additional costs[24] incurred as a result of either not documenting or making changes to the lease item without the Lessee being permitted to do so in general or by way of substitute performance or in individual cases with the consent of the Lessor, or because the lease item was moved to a different installation location without prior consent.

(7) If the Lessor does not remedy the restriction of usability even after a second reasonable deadline has been set, the Lessee shall be entitled, at its discretion, to remedy the defect or to terminate the lease agreement for good cause with regard to the defective lease items.[25] The Lessee is only entitled to terminate the entire lease agreement if a significant number of the lease items are not available for the contractually agreed use.

(8) The Lessee shall be entitled to statutory claims due to defects of the lease item(s) in accordance with the above conditions.

§ 8 Haftung

(1) Der Vermieter haftet unbeschränkt, soweit die Schadensursache auf Vorsatz oder grober Fahrlässigkeit beruht. Ferner haftet der Vermieter für die leicht fahrlässige Verletzung von wesentlichen Pflichten, deren Verletzung die Erreichung des Vertragszwecks gefährdet, oder für die Verletzung von Pflichten, deren Erfüllung die ordnungsgemäße Durchführung des Vertrages überhaupt erst ermöglicht und auf deren Einhaltung der Mieter regelmäßig vertrauen darf. In diesem Fall haftet der Vermieter jedoch nur für den vorhersehbaren, vertragstypischen Schaden. Die Vertragsparteien gehen bei Vertragsschluss davon aus, dass sich dieser vertragstypische Schaden auf maximal xx,xx EUR beläuft. Der Vermieter haftet nicht für die leicht fahrlässige Verletzung anderer als der in den vorstehenden Sätzen genannten Pflichten.

(2) Die vorstehenden Haftungsbeschränkungen gelten nicht bei Verletzung von Leben, Körper und Gesundheit, für einen Mangel nach Übernahme einer Garantie für die Beschaffenheit der Mietsachen und bei arglistig verschwiegenen Mängeln.

(3) Die Haftung nach dem Produkthaftungsgesetz und der Datenschutzgrundverordnung bleiben unberührt.

(4) Soweit die Haftung des Vermieters ausgeschlossen oder beschränkt ist, gilt dies auch für die persönliche Haftung von Arbeitnehmern, Vertretern und Erfüllungsgehilfen.

(5) Die Parteien weisen wechselseitig auf Anforderung nach, angemessene Betriebshaftpflicht- und Cyber Security Versicherungen abgeschlossen zu haben.

§ 9 Dauer und Beendigung

(1) Das Mietverhältnis beginnt mit Unterzeichnung dieses Vertrages und hat eine Mindestvertragslaufzeit von 36 Monaten, wobei diese sich ab dem Monat nach Abschluss der Bereitstellung iSd § 2 berechnet.

§ 8 Liability

(1) The Lessor shall be liable without limitation insofar as the cause of the damage is based on intent or gross negligence. Furthermore, the Lessor shall be liable for the slightly negligent breach of material obligations, the breach of which jeopardises the achievement of the purpose of the contract, or for the breach of obligations, the fulfilment of which is essential for the proper performance of the contract and on the observance of which the Lessee may regularly rely. In this case, however, the Lessor shall only be liable for the foreseeable damage typical of the contract. Upon conclusion of the contract, the contracting parties assume that this typical contractual damage amounts to a maximum of xx.xx EUR. The Lessor shall not be liable for breaches of obligations other than those referred to in the preceding sentences due to slight negligence.

(2) The above limitations of liability shall not apply in the event of injury to life, limb or health, or of a defect following the assumption of a guarantee for the quality of the lease items and in the event of fraudulently concealed defects.

(3) Liability under the General Product Liability Act and the General Data Protection Regulation shall remain unaffected.

(4) Insofar as the liability of the Lessor is excluded or limited, this shall also apply to the personal liability of employees, representatives and vicarious agents.

(5) Upon request, the parties shall provide each other with evidence that they have taken out appropriate public liability and cyber security insurance.

§ 9 Duration and termination

(1) The lease period shall commence with the signing of this contract and shall have a minimum contractual term of 36 months, calculated from the month following the completion of the provision as

Danach verlängert sich das Mietverhältnis jeweils um ein Jahr, wenn es nicht gekündigt wurde.

(2) Das Mietverhältnis kann von jeder Partei mit einer Frist von sechs Monaten erstmals zum Ablauf der Mindestvertragslaufzeit und nachfolgend zum Ende des jeweiligen Vertragsjahres gekündigt werden. Das Recht zur außerordentlichen Kündigung aus wichtigem Grund bleibt unberührt.

(3) Kündigungen sind nur in Schriftform wirksam. Die Kündigung vorab in Textform wahrt die Kündigungsfrist.[26]

defined in § 2. Thereafter, the lease agreement shall be extended by one year at a time if it has not been terminated.

(2) The lease agreement may be terminated by either party by giving six months' notice to the end of the minimum contractual term and thereafter to the end of each contract year. The right to extraordinary termination for good cause remains unaffected.

(3) Cancellations mast be made in writing. Cancellation in text form in advance is sufficient to comply with the notice period.[26]

§ 10 Rückgabe

(1) Nach Ende der Mietzeit hat der Mieter dem Vermieter die Mietsachen einschließlich der Handbücher sowie bereit gestellter Anschlusskabel und sonstigem Zubehör entsprechend der Bereitstellungsdokumentation zurückzugeben.

(2) Der Mieter hat binnen angemessener Frist, regelmäßig einen Monat nach Mietvertragsende, von eigenen Dateien oder eigener bzw. selbst bereitgestellter Software auf den Mietsachen Sicherheitskopien zu fertigen.[27]

(3) Der Mieter schuldet die Rückgabe am Aufstellort nach Sicherung gemäß Abs. 2. Der Vermieter hat die Mietsachen auf seine Kosten und seine Gefahr an den Arbeitsplätzen am Aufstellort abzubauen (einschließlich des Löschens von Dateien und Programmen des Mieters) einzupacken und abzutransportieren.

(4) Die Parteien fertigen vor dem Abbau der Mietsachen jeweils eine Zustandsdokumentation, welche etwaige Beschädigungen, übermäßige Abnutzung oder andere Besonderheiten festhält. Die Dokumentation umfasst die Abbildung der Mietsachen.

(5) Dem Mieter wird zum Ende des Mietvertrages die Option eingeräumt, die überlassene Hardware gegen Zahlung eines angemessenen Kaufpreises für die gebrauchte

§ 10 Return

(1) At the end of the lease period, the Lessee shall return the lease items to the Lessor, including the manuals and the connection cables and other accessories provided, in accordance with the documentation provided.

(2) The Lessee shall make backup copies of its own files or its own or self-provided software on the lease items within a reasonable period of time, regularly one month after the end of the lease agreement.[27]

(3) The Lessee shall return the lease items at the installation site after securing them in accordance with para. 2. The Lessor shall dismantle the lease items at the workstations at the installation site (including the deletion of the Lessee's files and software) at its own expense and risk and pack and collect lease items.

(4) Before dismantling the lease items, the parties shall each prepare a documentation of the conditions of the lease items, noting any damage, excessive wear and tear or other particularities after use. The documentation shall include images of the lease items.

(5) At the end of the lease agreement, the Lessee shall be granted the option to purchase the provided hardware against payment of an appropriate purchase price for

Hardware zu erwerben. Der Mieter hat den Wunsch auf Ausübung der Option zugleich mit der Kündigung oder unverzüglich nach Zugang der Kündigung seitens des Vermieters gegenüber dem Vermieter bekannt zu geben. Der Vermieter hat binnen eines Monats dem Mieter ein Kaufpreisangebot zu unterbreiten, welches dieser binnen zwei Monaten ab Zugang annehmen kann.

the used hardware. The Lessee shall notify the Lessor of its intention to exercise the option at the same time as it gives notice of termination or immediately upon receipt of notice of termination by the Lessor. The Lessor shall submit a purchase price offer to the Lessee within one month, which the Lessee may accept within two months.

§ 11 Schlussbestimmungen

(1) Für den Fall, dass eine der Bestimmungen des Vertrages unwirksam oder nichtig ist oder wird, so gelten die weiteren Bestimmungen fort. Die unwirksame oder nichtige Bestimmung wird durch eine Regelung ersetzt, welche dem wirtschaftlich von den Parteien Gewolltem am nächsten kommt und dabei die berechtigten Interessen beider Vertragsparteien angemessen berücksichtigt. Entsprechendes gilt für Regelungslücken.

(2) Die Parteien vereinbaren, bei allen Meinungsverschiedenheiten aus oder im Zusammenhang mit diesem Vertrag, Vertragserweiterungen oder -ergänzungen, die sie nicht untereinander klären können, die Schlichtungsstelle der Deutschen Gesellschaft für Recht und Informatik eV (DGRI) unter der auf der Webseite der DGRI eV unter http://www.dgri.de/ angegebenen Adresse der Schlichtungsstelle anzurufen, um den Streit nach deren Schlichtungsordnung in der zum Zeitpunkt der Einleitung des Schlichtungsverfahrens gültigen Fassung ganz oder teilweise, vorläufig oder endgültig zu erledigen. Die Verjährung für alle Ansprüche aus dem schlichtungsgegenständlichen Lebenssachverhalt ist ab dem Schlichtungsantrag bis zum Ende des Schlichtungsverfahrens gehemmt. § 203 BGB gilt entsprechend. Die Parteien stellen klar, dass das vorherige Einleiten eines Schlichtungsverfahrens keine Prozessvoraussetzung ist, gleich ob es sich um ein Verfahren in der Hauptsache oder des einstweiligen Rechtsschutzes handelt.

§ 11 Final provisions

(1) In the event that one of the provisions of the agreement is or becomes invalid or void, the other provisions shall remain in full force and effect. The invalid or void provision shall be replaced by a provision that comes as close as possible to the commercial intentions of the parties and takes reasonable account of the legitimate interests of both contracting parties. The same applies to omissions.

(2) The parties agree that in the event of any disagreement arising from or in connection with this agreement, any amendments or supplements thereto, which they are unable to resolve between themselves, they shall call upon the Arbitration Court of the German Association for Law and Informatics (DGRI) at the address of the arbitration board given on the DGRI website at http://www.dgri.de/ in order to settle the dispute in whole or in part, provisionally or finally, in accordance with its arbitration rules in the version in force at the time the arbitration proceedings are initiated. The statute of limitations for all claims arising from the subject matter of the arbitration shall be suspended from the request for arbitration until the end of the arbitration proceedings. § Section 203 BGB shall apply mutatis mutandis. The parties make it clear that the prior initiation of conciliation proceedings is not a prerequisite the initiation of legal proceedings, regardless of whether the proceedings are on the merits or interim legal relief.

(3) Nebenabreden zu diesem Vertrag bestehen nicht. Änderungen und Ergänzungen dieses Vertrages bedürfen der Textform.

(4) Gerichtsstand für alle Streitigkeiten aus und im Zusammenhang mit dieser Vereinbarung ist der Sitz der Hauptniederlassung des Mieters.[28]

§ 12 Anlagenverzeichnis

***Anlage 1*: Mietschein/e**
***Anlage 2*: Kurzbedienungsanleitung (Muster)**
***Anlage 3*: Betriebssystemsoftware und Standardtreiber**
***Anlage 4*: Aufstellort**
***Anlage 5*: Zeitplan**
***Anlage 6*: Installationsvoraussetzungen**
***Anlage 7*: Nutzerprofile**
***Anlage 8*: Lizenzbestimmungen**
***Anlage 9*: Mietzins**

. . . .

(Ort, Datum) (Ort, Datum)

. . . .

– Mieter – – Vermieter –

(3) There are no subsidiary agreements to this contract. Amendments and additions to this agreement must be made in writing.

(4) The place of jurisdiction for all disputes arising from and in connection with this agreement shall be the registered office of the Lessee's head office.[28]

§ 12 List of Appendixes

***Enclosure 1*: Lease licence(s)**
***Appendix 2*: Brief operating instructions (sample)**
***Appendix 3*: Operating system software and standard drivers**
***Appendix 4*: Installation site**
***Appendix 5*: Timetable**
***Appendix 6*: Installation requirements**
***Appendix 7*: User profiles**
***Appendix 8*: Licence conditions**
***Appendix 9*: Lease payable**

. . . .

(Place, date) (Place, date)

. . . .

– Lessee – – Lessor –

Anmerkungen

1. Das Muster sieht hier eine **Vertragsnummer** vor, um bei den monatlich wiederkehrenden Mietzinszahlungen eine eindeutige Zuordnung der geleisteten Zahlungen im Rahmen des Vorsteuerabzugs darzustellen. Der Mietvertrag dient als Rechnung, sofern er mindestens neben den Angaben zum Vermieter, eine Vertragsnummer, die Umsatzsteuerangaben (s. § 5 (4)), das Datum des Vertragsschlusses sowie den Mietzins (s. *Anlage* 9) als Nettobetrag mit dem Hinweis auf den gesetzlichen Steuersatz und bezogen auf den jeweiligen Rechnungszeitraum ausweist. Das Muster sieht zu § 5 (5) vor, dass der Mieter vom Vermieter auch monatlich Rechnungslegung verlangen kann.

2. Das Muster geht von einem Mietvertrag über eine **Vielzahl von Mietsachen** (Telekommunikations- und/oder IT-Hardware) einschließlich Betriebssystem-, Standardsoftware und Standardtreibern aus. Die Überlassung der Software auf Dauer wird in diesem Muster nicht weiter thematisiert. Insofern sei verwiesen auf → Form. C.4. Selbstverständlich ist es aktuell häufig der Fall, dass die Hardware als Thin Client zum Einsatz kommt und die Anwendungsprogramme über ein Cloud-/Remotebetriebssystem vom Mieter bzw. in dessen Auftrag von einem Dritten betrieben werden. Ferner werden hier keine Details eines möglichen Service Level Agreements dargestellt, sondern es wird im Wesentlichen auf das gesetzliche (Mängel-)Haftungsregime zurückgegriffen. Insofern kann zur Bereitstellung einer Service Level Vereinbarung auf → Form. E.5. zurückgegriffen werden oder das Muster eines Hardwarewartungsvertrages → Form. B.4.

3. Die einzelnen Mietsachen lassen sich besser in einer **Anlage zum Vertrag** auflisten und beschreiben. Die Anlage zur Beschreibung der Mietsachen wird oftmals als Mietschein bezeichnet. Der Hinweis auf die Zur-Verfügung-Stellung der Mietsachen als neue, den Originalherstellerangaben entsprechende Hardware stellt klar, dass weder individuell für den Mieter zusammengestellte Hardware, noch die Bereitstellung von Hardware mit aufgearbeiteten Gebrauchtteilen Gegenstand des Mietvertrages sind. Der Mieter kann bei neuer Originalhardware erwarten, dass keine Hardware als equivalent to new, also nur neuwertig, bereitgestellt wird (vgl. BGH NJW 1995, 3124; OLG Düsseldorf NJW 1993, 3142). Das Inventarverzeichnis zum Mietvertrag wird meist nicht mehr als Anlage zum Vertrag, sondern digital über ein Portal zur Einsicht und zum Abruf bereitgestellt.

4. Für die gebrauchstaugliche Bereitstellung von Hardwarekomponenten bedarf es regelmäßig der Bereitstellung mindestens einer Kurzaufstell-, -installations- und -bedienungsanleitung (vgl. BGH NJW 1989, 3222; 2000, 1415). Es ist ratsam, die Art sowie den Umfang der Basisinformationen zur Hardware im Vertrag zu beschreiben. Im vorliegenden Muster ist die ausdrückliche Erwähnung besonders geboten, da der Vermieter hier nach §§ 2 und 3 die Bereitstellung, Installation und Herbeiführung der Betriebsbereitschaft schuldet und der Mieter die Grundinformationen bei ordentlicher Erfüllung seitens des Vermieters zur erfolgreichen Inbetriebnahme an sich selbst nicht benötigt, nur bei Standortveränderungen am Aufstellort.

5. Der Hardwaremietvertrag sollte genaue Regelungen dazu umfassen, wo, wie und ggf. wann die Hardware bereitgestellt wird und wer für die Installation, also den technischen Anschluss, sowie die Herbeiführung der Betriebsbereitschaft verantwortlich ist (Auer-Reinsdorff/Conrad IT- und DatenschutzR-HdB/Stadler/Kast § 15 Rn. 67). Der Vermieter hat ein Interesse an der baldigen Herstellung der Betriebsbereitschaft, da die Pflicht zur Mietzinszahlung bei Mietverträgen regelmäßig erst mit Herbeiführung der Betriebsbereitschaft beginnt. Die Betriebsbereitschaft definiert zum Beispiel BVB-IT Miete als die uneingeschränkte Einsatzfähigkeit der Geräte oder Anlagen (vgl. http://www.cio.bund.de/DE/IT-Beschaffung/EVB-IT-und-BVB/Noch_geltende_BVB/noch_geltende_bvb_node.html). Wie in diesem Muster kann zur reinen Bereitstellung auch die Installation von Standardsoftware sowie die nutzerindividuelle Konfiguration hinzukommen, um die Betriebsbereitschaft herbeizuführen. Insofern kann der EVB-IT Systemlieferungsvertrag (vgl. https://www.cio.bund.de/Web/DE/IT-Beschaffung/EVB-IT-und-BVB/Aktuelle_EVB-IT/aktuelle_evb_it_node.html) beispielhaft für einen umfassenden Begriff der Betriebsbereitschaft angeführt werden. Hier sind das Aufstellen, die Installation, das Customizing und die Integration der Systemkomponenten an sich als auch die Beistellungen wie Strom- und Netzinfrastruktur, Kühlung und Belüftung geschuldet.

6. Die Festlegung des oder der Aufstellorte als die Orte, an denen die Hardware aufzustellen, zu installieren und im weiteren Verlauf zu warten ist, ist aus mehreren Gründen relevant. Erstens ist damit klargestellt, an welchem Ort die Ablieferung mit Gefahrübergang erfolgt. Zweitens setzt die Kalkulation des Vermieters im Rahmen der Instandhaltungs-, Instandsetzungs- und sonstigen Serviceleistungen auf die Erreichbarkeit und die Entfernung zu seinen Servicecentern auf. Die Entfernung beeinflusst drittens die Reaktionszeiten, welche der Vermieter im Rahmen etwaiger Service Level zusagen kann. Ist auch mobile Hardware Gegenstand der Mietvereinbarung, sind entsprechend angepasste Regelungen aufzunehmen. Entsprechend sollte ein Ort der Ablieferung und der Feststellung der Betriebsbereitschaft (s. §§ 2 (2), 3 (4)) vereinbart werden. Darüber hinaus werden die Orte bestimmt, an welchen der Mieter die mobilen Geräte zu Wartungszwecken abliefern kann, ferner ob der Vermieter die mobilen Geräte auf seine Gefahr und seine Kosten am Sitz des Mieters abholt oder dort wartet und wieder betriebsbereit bereitstellt.

7. Der Mieter hat den Mitarbeitern oder Erfüllungsgehilfen Zugang und Zutritt zum Aufstellort und den Arbeitsplätzen zu gewähren, wenn Gegenstand des Mietvertrages auch die Installation und betriebsbereite Bereitstellung sowie Wartung und Instandsetzung vor Ort ist. Da der Vermieter gelegentlich durch die Herstellung des betriebsbereiten Zustandes Kenntnis von Betriebsgeheimnissen und/oder datenschutzrechtlich geschützten Daten erlangen kann, kann der Mieter vom Vermieter die Einhaltung seiner Sicherheits- und Zutrittsrichtlinien verlangen. Im Zweifel hat der Vermieter im Hinblick auf das Interesse des Mieters an Geheimhaltung und Gewährleistung der Betriebssicherheit Weisungen des Mieters zu befolgen. Dies führt im Einzelfall zum Annahmeverzug des Mieters.

8. Gegenstand des Mietvertrages kann auch die Einweisung und Schulung der Mitarbeiter sein. Je nach Ausgestaltung der Vereinbarung kann die erfolgte Einweisung und Schulung Voraussetzung für die Annahme der erfolgreichen Herstellung der Betriebsbereitschaft sein. Das Muster sieht vor, dass Einweisung und Schulung nicht geschuldet sind. Konsequenz ist, dass der Mieter nach § 6 (1) selbst für die Einweisung oder Schulung oder auf anderer Art und Weise dafür Sorge zu tragen hat, dass seine Mitarbeiter und Erfüllungsgehilfen hinreichende Bedienerkenntnisse haben, die Mietsachen bestimmungsgemäß bzw. entsprechend der vertraglich vereinbarten Nutzung einzusetzen und sorgfältig zu nutzen. In Fällen der Beschädigung der Mietsachen über die übliche Abnutzung durch die vereinbarte Nutzung hinaus hat sich der Mieter bei Schäden durch nicht sachgerechte Bedienung, falsche Einsatzbedingungen etc dahingehend zu entlasten, dass diese trotz hinreichender Einweisung bzw. aufgrund unzutreffender Angaben seitens des Herstellers eingetreten sind. Soll Schulung geschuldet sein, ist anzuraten die Art, den Umfang sowie die Themen der Schulung ggf. nach Abteilungen oder Nutzergruppen des Mieters differenziert auszugestalten. Ferner sollte im Rahmen des Zeitplanes der Aufwand für die Einweisung und Schulung berücksichtigt werden.

9. Besonders bei Mietverträgen mit einer Vielzahl von Hardwarekomponenten sollte in einer elektronisch geführten Inventarliste mit Änderungsdokumentation der Bestand, dessen Konfigurationen und Aufstellorte geführt werden. Dies erleichtert erstens das Auffinden im Servicefall vor Ort sowie die Fehlersuche. Für den Vermieter bietet dies zweitens den Vorteil, Abweichungen von der vereinbarten Konfiguration und/oder Änderungen, welche nach den vertraglichen Vereinbarungen entweder generell nicht vom Mieter durchgeführt werden oder aber nur mit vorheriger Zustimmung, festzustellen. Für den Vermieter bedeuten Änderungen hinsichtlich des Aufstellortes und/oder der Installation sowie Konfiguration insbesondere bei der Wartung und Serviceleistung ggf. Mehraufwand (vgl. § 7 (2), (6), § 6 (6)).

10. Dieses Muster stellt keine Detailregelungen für die Überlassung von Software auf Zeit dar, → Form. C.4. Hier ist lediglich der pauschal gehaltene Hinweis aufgenommen, dass der Mieter die Lizenzbedingungen des Herstellers einzuhalten hat. Dies soll insoweit gelten, als der Vermieter nicht ohnehin nach § 4 (1) zuzusichern hat, dass er Inhaber hinreichender Nutzungsrechte ist, um dem Mieter für die Dauer des Mietvertrages einfache Nutzungsrechte jeweils in Verbindung mit den Mietsachen einzuräumen. Die Lizenzbedingungen wären als Allgemeine Geschäfts-/Nutzungsbedingungen zu betrachten. Der Mietvertrag hat klarzustellen, ob der Vermieter neben der Wartung der Hardware auch die Pflege der Software schuldet oder ob er diese nur zusammen mit der Hardware bereitstellt und der Mieter auf den Abschluss einer Pflegevereinbarung entweder mit dem Vermieter oder aber mit dem Hersteller verwiesen ist. Zur Herstellung von verbesserter Transparenz kann es geboten sein, einzelne wesentliche Bestimmungen des Lizenzvertrages im Mietvertrag auszuführen.

11. Im Sinne der Risikovorsorge und der möglichst weitgehenden Absicherung vor Situationen der Nichtverfügbarkeit oder Beeinträchtigung der Hard- und Software sollte der Mieter auf die Bereitstellung einer Sicherungskopie sowie ggf. eines Images der Installation und Konfiguration bestehen. Der Mieter hat deren Verwendungsmöglichkeit zu prüfen. Der Vermieter sollte überdies verpflichtet sein, im Rahmen der Fortschreibung der Dokumentation erforderlichenfalls aktualisierte Sicherungskopien und Images bereit zu stellen. Auf dieser Basis ist es dem Mieter ggf. auch erleichtert möglich, im Wege der Ersatzvornahme iSv § 5 (7) neue Hardware-Komponenten zu beschaffen, einzubauen und nach Aufspielen und Einrichten der Software in Betrieb zu nehmen. Ferner sollte wie bei einem gesonderten Softwareüberlassungsvertrag geprüft werden, ob für die bereit gestellte Lösung Software-Escrow-Vereinbarungen erforderlich und getroffen sind → Form. C.8. (vgl. IT Grundschutzhandbuch, Bundesamt für Sicherheit in der Informationstechnik, www.bsi.bund.de).

12. Die Vereinbarungen zum Mietzins im Vertrag müssen die jeweilige Periode enthalten, für welche der Mietzins, welcher mittels einer Anlage dargestellt werden kann, zu entrichten ist. Die Darstellung der für die einzelnen Mietsachen zu entrichtenden Mietzinsen in einer Anlage erleichtert die administrative Handhabung bei Erweiterung oder Teilkündigung der Mietsachen. Ferner sollte hier klargestellt sein, welche Leistungsteile der Mietzins abdeckt. Hauptleistungspflicht des Mietvertrages über Sachen ist auch deren Instandhaltung und Instandsetzung zur Aufrechterhaltung der vereinbarten Gebrauchstauglichkeit für die Dauer der Mietzeit ohne gesonderten vergütungspflichtigen Wartungsvertrag. Davon zu unterscheiden ist die Qualität der hierzu angebotenen Serviceleistungen, welche über die mietvertraglichen Verpflichtungen hinausgehen und zum Beispiel in Form von Service Level Vereinbarungen zu Reaktions-, Beseitigungs-, Service- und Hotlinezeiten sowie zum Vorhalten von Ersatzteilen oder Austauschgeräten sowie Zusatzleistungen getroffen werden.

13. Der Mietvertrag kommt meist vor der Bereitstellung der Mietsache zustande, weshalb klarzustellen ist, ab wann die Vergütungspflicht beginnt. Dies ist im Muster derart vereinbart, dass der Mietzins insgesamt erst zu entrichten ist, wenn alle Mietsachen, so wie sie dem initialen Mietvertragsumfang entsprechen, bereitgestellt sind. Dies ist zB bei Mietrahmenverträgen, unter denen über die Vertragsdauer weitere Mietsachen hinzukommen, anders dahingehend zu regeln, dass die Mietzinszahlungen jeweils nach Bereitstellung beginnen und ggf. an die verbleibende Mindestvertragslaufzeit des Rahmenvertrages anzupassen sind. Auch bei einer sukzessiven Bereitstellung der Mietsachen kann nach Teilbereitstellungen die Mietzinszahlungspflicht teilweise beginnen. Dies hat zum Vertragsende je nach Situation den Vorteil, dass die Ablöse der auslaufenden Mietsachen ebenso sukzessive bei versetzen Endzeitpunkten der Mietverträge erfolgen oder eben den Nachteil, dass die gesamte Ablöse zum ersten Zeitpunkt des Auslaufens eines Teils der Mietverträge bereits anderweitig zu beauftragen und zu bezahlen sein kann. Wichtig ist, die Art und Weise der Feststellung des Zeitpunkts des Beginns der Mietzinszahlungsverpflichtung klar zu regeln. Hier ist die Regelung derart gestaltet, dass es auf die Bestätigung der Betriebsbereitschaft seitens des Mieters nach § 3 (4) nicht ankommt, die Vergütungspflicht aber spätestens mit Vorliegen dieser Bestätigung beginnt. Ist der Mieter in Annahmeverzug geraten, ist der Mietzins bereits ab diesem Zeitpunkt zu entrichten.

14. Da die Hardware Grundlage der Betriebsfähigkeit des Mieters ist, sollte der Mietvertrag eine Mindestvertragslaufzeit haben, welche in etwa der erwarteten Lebensdauer der Mietsachen entspricht. Eine wesentlich längere Mietvertragsdauer würde ggf. dazu führen, dass der Mieter mit veralteter und damit anfälliger Hardware arbeitet. Der Vermieter wird typischerweise Hardware(-komponenten) nur dann völlig austauschen, wenn andernfalls das Abdecken des Wartungsumfanges nicht mehr wirtschaftlich sinnvoll ist. Der Austausch der Hardware bedeutet für den Mieter ebenso internen Aufwand durch das Erfordernis der Datenübertragung etc. Unabhängig davon, ob der Mietvertrag dazu eine Regelung enthält, sollte der Mieter rechtzeitig vor Auslaufen der Mietvereinbarung mit Dritten und/oder dem Vermieter in Verhandlungen über einen Neuabschluss eines Mietvertrages über neue Mietsachen treten. Der Mieter hat dabei die Vorlauf-, Roll-out-Zeiten sowie Ferien- und Jahresabschlusszeiten zu berücksichtigen, welche zum Betriebsrisiko werden können. Je nach Kritikalität der Hardware sollte in den Vertrag wie bei einem Vertrag über Outsourcing eine Regelung zum Exit Management aufgenommen werden, welche den Mieter erforderlichenfalls zur längeren Nutzung der Hardware berechtigt (vgl. Auer-Reinsdorff/Conrad IT- und DatenschutzR-HdB/Thalhofer § 19 Rn. 158 ff.). Der Vermieter wird bei verlängerter Bereitstellung von Mietsachen, welche bereits die für die steuerliche Abschreibung maßgebliche Lebensdauer überschritten haben, trotz des ggf. aus dem Mietzins direkt zufließenden höheren Gewinns wegen des erhöhten Ausfallrisikos ein Interesse haben, die Mietsachen zügig auszutauschen.

15. Die Regelung bei Zahlungsverzug ist hier so ausgestaltet, dass sie für den Mieter mehrere Stufen der Warnung umfasst. Damit wird dem Interesse des Mieters an durchgängiger Verfügbarkeit der Hardware Rechnung getragen. Dem Vermieter ist zugleich die Möglichkeit eingeräumt, sich durch das Verlangen der weitergehenden Vorauszahlung mehr Zahlungssicherheit zu verschaffen. Als Variante kann der Mietvertrag auch wie bei einem Wohnungsraummietvertrag eine Verpflichtung zur Leistung einer Mietsicherheit vorsehen. Die hiesige Regelung sieht als Auffanglösung vor, bei bereits ausgesprochener fristloser Kündigung den Bestand des Mietvertrags und damit die Nutzung der Hardware für den Mieter durch Zahlung binnen einer Nachfrist nach Zugang der Kündigung sicher zu stellen.

16. Diese Regelung bedeutet für den Mieter, dass er wegen Minderungsansprüchen weder aufrechnen, noch Zurückbehaltungsrechte geltend machen kann. Die Regelung kann durchaus im Interesse des Mieters ergänzt werden um zB folgende weitere Öffnung „. . .. . oder die geltend gemachten Ansprüche beruhen auf der Einschränkung der geschuldeten Gebrauchsüberlassung oder der Mangelhaftigkeit der seitens des Vermieters geschuldeten Serviceleistungen.“. Zugleich stellt die hier gefundene Formulierung klar, dass der Mieter bei Ausspruch der fristlosen Kündigung deren Wirksamwerden durch Zahlung des rückständigen Mietzinses abwenden kann.

17. Mit der Kennzeichnung ist im Falle der Insolvenz des Mieters und bei Vollstreckungsmaßnahmen gegen diesen erkennbar, dass die Hardware nicht im Eigentum des Mieters steht. Das Muster enthält keinen Vorschlag, wie der Mieter für den Fall der Insolvenz des Vermieters abgesichert werden kann (Auer-Reinsdorff/Conrad IT- und DatenschutzR-HdB/Stadler/Kast § 15 Rn. 66). Dies kann ggf. durch die Ergänzung um ein Vorkaufsrecht oder die Ausgestaltung des Vertrages in einen Miet-/Kaufvertrag erfolgen. Die Verpflichtung, Kennzeichnungen der Hardware unverändert zu belassen, ist hier so ausgestaltet, dass die Gestaltung für den Mieter zumutbar sein muss. Der Mieter kann Siegel oder Etikettierungen nur im Rahmen der Ersatzvornahme nach § 7 (7) erforderlichenfalls brechen oder entfernen.

18. Die Parteien sollten sich ggf. über Umfang, Art und Leistungsinhalte der Versicherung abstimmen und klären, dass deren Leistungen im Rahmen zum Beispiel der Überlassung zur Reparatur in den Servicecentern nahtlos greifen. Die Regelung stellt mindestens klar, dass der Mieter für die Versicherung am Aufstellort verantwortlich ist, bei mobiler Hardware ist zusätzlich der Außeneinsatz abzusichern. Im Interesse des Vermieters und zur vereinfachten Abwicklung bei Veränderungen im Bestand, wird die Versicherung meistens über den Vermieter mit angeboten.

19. Das Muster sieht nur Basisregelungen für Arbeiten im Zusammenhang mit der Aufrechterhaltung der Gebrauchstauglichkeit vor. Üblicherweise werden Details hierzu in einem gesonderten Service Level Agreement vereinbart. Die Regelungen müssen einen praktikablen Weg finden, dass der Vermieter die Servicearbeiten durchführen kann, aber zugleich keine unzumutbaren Einschränkungen des Einsatzes der Hardware beim Mieter eintreten → Form. B.4.

20. Der Vermieter schuldet die Abarbeitung von Mangelmeldungen ohne weitere Vereinbarung in Relation zur Schwere der Beeinträchtigung in jeweils angemessener Zeitspanne kostenlos als Hauptleistungspflicht des Mietvertrages. Für Servicezusagen in festen Zeit- und Reaktions- sowie Beseitigungsvorgaben kann der Vermieter ein gesondertes Service-/Wartungsentgelt verlangen, ohne dass dies dem gesetzlichen Leitbild des Mietvertrages zuwiderliefe. Das Service Level Agreement kann neben den Servicedetails auch Pönalen, also Vertragsstrafen bzw. feste Minderungssätze, vorsehen, wenn der Vermieter die Servicezusagen nicht einhält → Form. B.4.

21. Auch nach der DSGVO erfordert die Vereinbarung über Fernwartung eine Auftragsverarbeitungsvereinbarung nach Art. 28 DSGVO, wenn über den Remote-Zugriff die Verarbeitung von personenbezogenen Daten nicht ausgeschlossen ist (vgl. Auer-Reinsdorff/Conrad IT- und DatenschutzR-HdB/Conrad/Schneider § 14 Rn. 127 ff.).

22. Untypisch für den Mietvertrag ist an sich die Bereitstellung einer anderen Sache, welche die Mietsache ersetzt. Es empfiehlt sich eine Regelung aufzunehmen, in welchen Fällen der Vermieter bei Mangelhaftigkeit der Mietsache als Mangelbeseitigung eine der Mietsache entsprechende Sache zum Gebrauch bereitstellen kann. Für den Mieter bedeutet der Austausch der Sache, dass Daten und Einstellungen zu sichern und zu übertragen sind. Diesen Aufwand hat der Vermieter auf Basis der Schadensersatzansprüche des Mieters nach § 536c iVm § 536a Abs. 1 BGB mitzutragen, wenn ihm die Mangelbeseitigung in Form der Bereitstellung eines Ersatzgerätes ermöglicht wird.

23. In vielen Fällen kann bei Mietverträgen der vorliegenden Art nicht unbedingt von einem Know How Gefälle zwischen Vermieter und Mieter ausgegangen werden, welches den Vermieter zum Hinweis auf Datensicherungsanforderungen verpflichten würde. Eine Klarstellung, dass der Vermieter hierfür im Rahmen der Servicearbeiten keine Sorge zu tragen hat, sollte dennoch vorsorglich erfolgen. Dies eröffnet auch die Möglichkeit im Rahmen des Service Level Agreement abweichende Regelung aufzunehmen und die Prüfung der Datensicherung vor Beginn der Servicearbeiten als Teil der kostenpflichtigen Dienstleistungen zu definieren. Ein völliger Ausschluss der Haftung bei Datenverlust ist nicht interessengerecht. Der Vermieter hat bei Verlust der Daten im Rahmen der Wartung und der Services den Aufwand zu tragen, welcher dadurch entsteht, dass die Daten aus der vorhandenen Datensicherung rückgespielt werden. Ist die Datensicherung nicht vorhanden und hatte der Vermieter keine diesbezüglichen Pflichten zur Herstellung des Back-ups oder Prüfung vor Beginn der Servicearbeiten, soll der Vermieter den Aufwand zu ersetzen haben, welcher entstanden wäre, wenn die Datensicherung vorhanden gewesen wäre. Praktisch bedeutet dies, dass die letzte dann vorhandene Datensicherung einzuspielen ist, der Mieter aber den Aufwand selbst zu tragen hat, welcher dadurch entsteht, dass er nicht hinreichend vor dem Serviceeingriff erneut gesichert hat und Daten neu zu erstellen bzw. zu rekonstruieren hat.

24. Der Vermieter stellt hier bei betriebsbereiter Bereitstellung der Mietsachen eine Erstdokumentation zur Verfügung, welche über die Dauer des Mietvertrages von beiden Seiten mit Änderungsdokumentation gepflegt werden sollte. In der Praxis finden sich oftmals Regelungen, wonach der Mieter Mängelansprüche gänzlich verlieren soll, wenn er ohne Zustimmung der Vermieters Änderungen vorgenommen hat. Dies ist nicht interessengerecht, da zum Beispiel die Änderung des Aufstellungsortes üblicherweise keinen Einfluss auf die Art des Mangels hat, sondern nur auf den Aufwand, welchen der Vermieter zu betreiben hat, den Service durchzuführen. Die hier vorgeschlagene Regelung legt dem Mieter die Kostentragung für Mehraufwand auf, welcher dadurch entsteht, dass er Änderungen entweder nicht dokumentiert oder aber ohne Zustimmung des Vermieters durchgeführt hat. Für den Vermieter kann auch Mehraufwand allein dadurch entstehen, dass er festzustellen hat, dass der gerügte Mangel auf eine Änderung seitens des Mieters zurückzuführen ist.

25. Für den Mieter ist die fristlose Kündigung des Mietvertrages oftmals keine adäquate Lösung, da er auf die Hardware nicht verzichten kann. Das Muster sieht daher vor, dass der Mieter zwischen fristloser Kündigung und Ersatzvornahme wählen kann. Die Regelung könnte ergänzt werden durch das Exit Management, welches im Rahmen der geschuldeten Rückgabe zum Vertragsende für den Mieter eine Zeitspanne vorsieht, in welcher der Mieter die Geräte über das eigentliche Vertragsende hinaus weiter nutzen kann bis zur Ablösung durch neue, anderweitig beschaffte Geräte. Der Vermieter sollte im Sinne seiner Schadensminimierungspflicht ohnehin bei einer fristlosen Kündigung des Mieters eine solche übergangsweise Nutzung dulden. Die Parteien können auch eine weitere Regelung aufnehmen, welche den Vermieter zur Abtretung seiner Ansprüche gegen den Hersteller der Geräte einschließlich etwaiger selbstständiger Haltbarkeits- und/oder Beschaffenheitsgarantien nach § 443 BGB verpflichtet.

26. Für die Kündigung bleibt weiterhin die Schriftform die angemessene Form. Der Hinweis, dass der Versand der Kündigung vorab per Fax die Frist wahrt, wenn denn die schriftliche Kündigung alsbald nachgesandt wird, dient der Klarstellung, ist aber wegen § 308 Nr. 13b BGB nicht mehr erforderlich.

27. Zum Mietzeitende hat der Mieter im eigenen Interesse sicher zu stellen, dass er die Daten für sich und das Überspielen auf neue Geräte hinreichend (oft) gesichert hat. Ferner sind die technischen Maßnahmen zu ergreifen, dass die Daten des Mieters von den Geräten gelöscht sind. Dies ergibt sich einmal aus der Rückgabepflicht dem Vermieter gegenüber, ist aber auch aus Gründen des Datenschutzes und der Geheimhaltung nötig. Zum Mietvertragsende kann auch eine Option vorgesehen werden, dass der Mieter die Hardware im Wege des Kaufvertrages erwirbt. Oder es kann der Mietvertrag von Anfang an als Mietkauf (vgl. Auer-Reinsdorff/Conrad IT- und DatenschutzR-HdB/Stadler/Kast § 15 Rn. 65) ausgestaltet sein. Hierbei ist darauf zu achten, dass die Hardware beim Mietkäufer korrekt in dessen Anlagebestand buchhalterisch aufgenommen wird (vgl. Bunjes/Leonard UStG § 3 Rn. 76–81). Der Vermieter und Verkäufer wird die Überlassung auf Dauer mit Übergang des Eigentums jeweils unter Ausschluss weitergehender Gewährleistungspflichten für die gebrauchte Hardware regeln. Ferner ist bei der Vertragsgestaltung darauf zu achten, dass die mitgelieferten Softwarelizenzen mit übertragen werden dürfen.

28. Die Zuständigkeit des Gerichts folgt hier nach den inhaltlichen vertraglichen Vereinbarungen dem Erfüllungsort. Die angemietete Hardware ist sowohl beim Mieter anzuliefern, aufzustellen und dort im Rahmen der Rückgabeverpflichtung zum Vertragsende von Vermieter abzubauen (vgl. für einen grenzüberschreitenden Fall OLG Brandenburg NJW-Spezial 2008, 237 für einen Leasing-Kran).

3. Hardwareleasing

Leasingvertrag

zwischen

. . . . .

– nachfolgend „Leasinggeber/LG" –

und

. . .

– nachfolgend „Leasingnehmer/LN" –

Vertragsnummer:[1] . . . .

Präambel

Der LG bietet das Leasing von EDV-Hardwarekomponenten an. Der LN ist ein Anwendungsunternehmen, welches für die Neuausstattung seines Hauptstandortes von LG beschaffte und bereitgestellte Hardware einsetzen wird.

§ 1 Vertragsgegenstand

(1) Der LG überlässt dem LN ausschließlich neue den Originalherstellerangaben entsprechende Hardware (iF: „Leasinggegenstände") wie in *Anlage 1* beschrieben für die Dauer der Leasingzeit. Die Leasinggegenstände kauft der LG entsprechend der Auswahl[2] des LN bei dem Lieferanten/Hersteller H nach deutschem Handelskaufrecht.[3]

(2) Die Hardware wird jeweils einschließlich der vom Hersteller und/oder L mitzuliefernden Kurzbedienungsanleitung[4] (Muster *Anlage* 2) in Papierform in Deutsch, Englisch und Französisch bereitgestellt. Daneben unterhält L derzeit ein Hilfeportal unter der url . . . . . , auf

Leasing contract

between

. . . . .

– hereinafter referred to as „Lessor/LG" –

and

. . .

– hereinafter referred to as „Lessee/LN" –

Contract number:[1] . . . . .

Preamble

The LG offers the leasing of IT hardware components. The LN is an application company that will use hardware procured and provided by LG to re-equip its main site.

§ 1 Subject matter of the contract

(1) For the duration of the leasing period, the Lessor shall provide the Lessee exclusively with new hardware in accordance with the original manufacturer's specifications[2] (hereinafter referred to as „Leased Items") as described in *Appendix 1*. The Lessor shall acquire the Leased Items from the supplier/manufacturer „H" in accordance with the German Commercial Code.[3]

(2) The hardware shall be provided together with the operating instructions[4] to be supplied by the manufacturer and/or LG (sample *Appendix* 2) in paper form in German, English and French. In addition, LG currently maintains a help portal at the url . . . . . on which the users receive

welchem die Nutzer weitergehende Informationen zur Bedienung und Fehlerquellen sowie in Form von FAQ-Listen Unterstützung bei Fehlern, Fehlfunktionen und Bedienerfragen erhalten. Der LG ist nicht verpflichtet, mit H die Bereitstellung des Hilfeportals für die gesamte Leasingzeit zu vereinbaren. Es handelt sich ausschließlich um eine Hilfestellung für die Nutzer der vertragsgegenständlichen Hardware nach den Nutzungsbedingungen des H.[5]

(3) Der LN hat die Option, die Leasinggegenstände zum Ende der Leasingzeit zu Eigentum zu erwerben. Die Option ist mit einer Frist von sechs Monaten zum Ende der jeweiligen Vertragslaufzeit auszuüben. Einzelheiten und insbesondere der Berechnungsweg des zum Ende der Leasingzeit festzustellenden Kaufpreises ergeben sich aus Anl. 3.[6]

§ 2 Bereitstellung

(1) Die Leasinggegenstände werden vorinstalliert mit der Betriebssystemsoftware und den Standardtreibern bereitgestellt. Die Lieferung der Leasinggegenstände erfolgt auf Gefahr und Kosten des LG an den Standort des LN.[7]

(2) Die Anlieferung erfolgt am . . . . . [tt.mm.jjjj].[8]

§ 3 Übernahme, Installation, Betriebsbereitschaft

(1) Der LN ist verpflichtet, die Leasinggegenstände bei Anlieferung seitens des H zum vereinbarten Lieferzeitpunkt abzunehmen und bei Beschädigungen an den Verpackungen oder anderen offensichtlichen Fehlern die Annahme (teilweise) zu verweigern. Dem H gegenüber hat der LN die Vollständigkeit ggf. mit Vorbehalten bei der Annahme zu quittieren.

(2) Der LN hat ferner die Leasinggegenstände entsprechend der kaufmännischen Prüf- und Rügepflichten nach § 377 HGB zu untersuchen und etwaige Mängel ge-

further information on operation and sources of error as well as support in the form of FAQ lists in the event of errors, malfunctions and user questions. The LG is not obliged to agree with H the provision of the help portal for the entire leasing period. It is exclusively a support service for the users of the contractual hardware in accordance with the terms of use of H.[5]

(3) The Lessee has the option to acquire ownership of the leased items at the end of the lease term. The option is to be exercised with a six months notice to the end of the respective contract period. Details and in particular the method of calculating the purchase price to be determined at the end of the leasing period are set out in Appendix 3.[6]

§ 2 Provision

(1) The leased items shall be provided with the operating system software and the standard drivers pre-installed. The leased items shall be delivered to the Lessee's location at the risk and expense of the Lessor.[7]

(2) The delivery shall take place on . . . . . . [dd.mm.yyyy].[8]

§ 3 Acceptance, installation, operational readiness

(1) The Lessee shall be obliged to accept the leased items upon delivery by the Lessor at the agreed delivery time and to refuse acceptance (in part) in the event of damage to the packaging or other obvious defects. Upon acceptance, the Lessee shall confirm to the Lessor that the goods are complete, if necessary with reservations.

(2) In addition, the Lessee shall inspect the leased items in accordance with the commercial inspection and complaint obligations pursuant to Section 377 of the Ger-

genüber dem H zu rügen. Der LN hat den LG unverzüglich über etwaig festgestellte Mängel zu unterrichten. Der LN hat ferner unverzüglich den Übernahmeschein ggf. unter Mangelanzeige an den H zu senden sowie dem LG als Zweitschrift zur Verfügung zu stellen.

(3) Aufstellen, Installation, Einweisen und Schulungen sind seitens des LG nicht geschuldet.

(4) Der LN prüft unverzüglich die Betriebsbereitschaft und bestätigt diese gegenüber dem LG.[9]

§ 4 Nutzungsrechteinräumung

(1) Der LG hat sich seitens des H zusichern lassen, mit der Hardware hinreichende Nutzungsrechte an der jeweiligen Betriebssystemsoftware verbunden zu haben, um dem LN einfache, nicht übertragbare, zeitlich und räumlich auf die Dauer des Leasingvertrages beschränkte Nutzungsrechte hieran in Verbindung mit dem jeweiligen Leasinggegenstand einzuräumen.[10]

(2) Der LN verpflichtet sich zur Einhaltung der Nutzungs- und Lizenzbedingungen des Herstellers der Betriebssystemsoftware wie sie *Anlage 4* dieses Vertrages sind und von H gestellt sind.[11] Insbesondere ist es dem LN nicht gestattet, die Seriennummern der Lizenzen der mit den Leasinggegenständen zur Nutzung bereit gestellten Software zur Aktivierung von Software in Verbindung mit anderer Hardware zu nutzen und eigene Sicherungskopien anzufertigen.

§ 5 Gebrauchstauglichkeit der Leasinggegenstände

(1) Der LN trägt ab rügeloser Annahme der abgelieferten Leasinggegenstände die Gefahr des zufälligen Untergangs, Verlusts oder der Beschädigung der Leasinggegenstände.

man Commercial Code and notify the Lessor of any defects. The Lessee shall immediately notify the Lessor of any defects found. In addition, the Lessee shall immediately send the acceptance certificate to the manufacturer, if necessary with a notice of defects, and send a copy to the Lessor.

(3) Setup, installation, instruction and training are not owed by the Lessor.

(4) The Lessee shall immediately check that the equipment is ready for use and confirm this to the Lessor.[9]

§ 4 Granting of rights of use

(1) The Lessor has obtained an assurance from the manufacturer that it has associated sufficient rights of use to the relevant operating system software with the hardware to grant the Lessee simple, non-transferable rights of use to this software in connection with the relevant Leased Items, limited in time and space to the duration of the leasing contract.[10]

(2) The Lessee undertakes to comply with the terms and conditions of use and licence of the manufacturer of the operating system software as set out in *Appendix 4* to this contract and as provided by the manufacturer.[11] In particular, the Lessee is not permitted to use the serial numbers of the licences of the software provided for use with the Leased Items to activate software in connection with other hardware and to make its own backup copies.

§ 5 Serviceability of the leased items

(1) The Lessee shall bear the risk of accidental destruction, loss or damage to the leased items from the time of acceptance of the Leased Items delivered without complaint on defects.

(2) Der LN ist zum Abschluss einer angemessenen Elektronikversicherung verpflichtet und hat dies auf Anforderung des LG nachzuweisen. Der LG kann die Abtretung der Ansprüche im Versicherungsfall verlangen, sofern er entweder aus der Versicherungsleistung dem LN gleichwertige Leasinggegenstände zum Ersatz bereitstellt oder aber den LN aus der Zahlungsverpflichtung aus dem Leasingvertrag ab dem Zeitpunkt des Verlustes oder im Umfang der im Rahmen der Versicherungsleistungen ersatzfähigen Beschädigung des Leasinggegenstandes entlässt.

The Lessee is obliged to take out an appropriate electronics insurance and to provide proof of this at the Lessor's request. In the event of an insured event, the Lessor may demand the assignment of the claims, provided that he either provides the Lessee with equivalent Leased Items for replacement from the insurance benefit or releases the Lessee from the payment obligation under the leasing contract from the time of the loss or to the extent of the damage to the Lease Items that is eligible for compensation under the insurance benefit.

(3) Der LG stellt dem LN zur Kennzeichnung der Leasinggegenstände als sein Eigentum zumutbare Etikettierungen zur Verfügung. Der LN hat die Etikettierungen anzubringen und zu dokumentieren. Weder diese Kennzeichnung noch Herstellerhinweise, Seriennummern, Siegel, Softwarelizenzhinweise etc dürfen vom LN ohne vorherige Zustimmung des LG entfernt oder verändert werden.

(3) The Lessor shall provide the Lessee with appropriate labels to identify the leased items as its property. The Lessee shall affix and document the marking. Neither this labelling nor manufacturer's instructions, serial numbers, seals, software licence notices etc. may be removed or altered by the Lessee without the prior consent of the Lessor.

(4) Der LN hat selbst und auf eigene Kosten Maßnahmen der Instandsetzung und Instandhaltung zu beauftragen und auf Aufforderung dem LG nachzuweisen. Der LN hat dem LG unverzüglich anzuzeigen, sofern ein Leasinggegenstand zerstört oder abhandengekommen oder seine Funktionsfähigkeit nur mit unverhältnismäßigem Aufwand wieder herstellbar ist.

(4) The Lessee shall arrange for repair and maintenance work to be carried out at his own expense and shall provide evidence of this to the Lessor on request. The Lessee shall notify the Lessor without delay if a Leased Item is destroyed or lost or if its functionality can only be restored at disproportionate expense and effort.

(5) Der LG tritt dem LN die ihm aus dem Kaufvertrag gegenüber dem H gewährten Mängelhaftungsansprüche[12] ab Ablieferung unwiderruflich ab. Die Vereinbarungen des LG mit dem H zu Mängelhaftungsansprüchen sowie deren Geltendmachung bei dem H ergeben sich aus *Anlage 5*. Der LG weist dem LN nach, dass er den H über die Abtretung der Mängelhaftungsansprüche in der Form des Kaufvertragsschlusses unter Bezugnahme auf den Ablieferungszeitpunkt informiert hat.

(5) The Lessor irrevocably assigns to the Lessee the warranty claims[12] against the manufacturer granted to the Lessor under the purchase contract. The Lessors's agreements with the manufacturer regarding liability claims for defects and their assertion against the manufacturer are set out in *Appendix 5*. The Lessor must prove to the Lessee that he has informed the manufacturer about the assignment of the liability claims for defects in the form of the conclusion of the purchase contract with reference to the time of delivery.

(6) Der LN hat gegenüber dem LG keine Ansprüche aus Mängelhaftung und/oder auf Aufrechterhaltung der Gebrauchstauglichkeit der Leasinggegenstände mit

(6) The Lessee shall have no claims against the Lessor arising from liability for defects and/or for maintaining the usability of the leased items when the

Wirksamwerden der Abtretung der Ansprüche gegenüber dem H nach Abs. 5. Der LN hat Mängel gegenüber dem H anzuzeigen und den LG jeweils unverzüglich zu informieren.

(7) Der LN kann ein Zurückbehaltungsrecht hinsichtlich der Leasingraten geltend machen, wenn sich der H trotz zweifacher angemessener Fristsetzung weigert, nachzubessern. Bevor der LN Klage auf Nachbesserung oder Minderung erhebt oder den Rücktritt wegen Mangelhaftigkeit gegenüber dem H erklärt, hat er dem LG Gelegenheit zu geben, binnen angemessener Frist mit dem H eine Einigung über die gerügten Mängel und deren Beseitigung zu erzielen. Teilt der LG dem LN das Scheitern dieses Einigungsversuches mit, so hat der LN entweder unverzüglich Klage gegenüber dem H wegen der gerügten Mängel zu erheben oder die etwaig zurückbehaltenen Leasingbeträge unverzüglich nachzuentrichten.

assignment of the claims against the Lessee pursuant to para. 5 becomes effective. The Lessee shall report any defect to the Lessee and inform the Lessor without delay.

(7) The Lessee may assert a right of retention in respect of the leasing instalments if the manufacturer refuses to remedy the defect despite having been granted two reasonable periods of grace. Before the Lessee files a claim for rectification or reduction or declares withdrawel due to defects to the maufacturer, he must give the Lessor the opportunity to come to an agreement with the Lessee within a reasonable period of time on the defects complained about and their rectification. If the Lessor notifies the Lessee of the failure of this attempt to reach an agreement, the Lessee shall either immediately take legal action against the manufacturer for the defects complained about or immediately pay any leasing amounts withheld.

§ 6 Leasingraten, Verzug

(1) Die vom LN zu zahlenden Leasingraten ergeben sich aus *Anlage 6.*

(2) Die Verpflichtung zur Zahlung der Leasingraten beginnt mit der Übernahme. Übermittelt der LN den Übernahmeschein nicht oder nicht unverzüglich gem. § 3 Abs. 2, gilt als Zeitpunkt der Übernahme und damit Beginn der Zahlungsverpflichtung der Zeitpunkt der Ablieferung der Leasinggegenstände.

(3) Die Leasingrate ist jeweils zum 5. Werktag eines Monats im Voraus fällig und bankspesenfrei zu zahlen. Die Leasingraten verstehen sich zuzüglich der jeweils geltenden gesetzlichen Mehrwertsteuer.

(4) Der LG hat die UStID Nummer bzw. wird beim Finanzamt . . . . . [Ort] unter der . . . . [Umsatzsteuernummer] geführt.

(5) Der LG stellt dem LN auf Anforderung monatliche Leasingrechnungen aus. Der LN ist mit der elektronischen Rechnungslegung einverstanden.

§ 6 Lease instalments, default

(1) The leasing instalments to be paid by the Lessee are set out in *Appendix 6.*

(2) The obligation to pay the leasing instalments shall commence with the taking over. If the Lessee does not submit the takeover certificate or does not submit it immediately in accordance with § 3 (2), the time of takeover and thus the start of the payment obligation shall be the time of delivery of the leased items.

(3) The leasing instalments are due in advance on the 5th working day of each month and are payable free of bank charges. The leasing instalments are subject to VAT at the applicable rate.

(4) The Lessor has the VAT ID number or is registered with the tax office . . . . . [place] under the . . . . . [VAT number].

(5) The Lessor will issue monthly leasing invoices to the Lessee upon request. The Lessee agrees to electronic invoicing.

(6) Die Leasingraten sind für die Dauer von vier Jahren ab dem Monat der ersten Fälligkeit fest vereinbart.

(7) Gerät der LN mit der Zahlung der Leasingraten in Verzug, so ist ab dem ersten Tag des Verzuges die zur Zahlung offene Leasingrate mit 9 Prozentpunkten über dem Basiszinssatz zu verzinsen. Gerät der LN mit mehr als einer Leasingrate in Verzug, kann der LG neben der Zahlung der fälligen Leasingraten Vorauszahlung der Leasingraten jeweils für drei Monate verlangen. Gerät der LN mit dieser Vorauszahlung in Verzug, kann der LG dem LN eine letzte Nachfrist von zwei Wochen setzen und den Leasingvertrag bei Nichtzahlung der rückständigen Leasingraten sowie der überfälligen Vorauszahlungen binnen dieser Frist fristlos kündigen.

(8) Die Aufrechnung ist ausgeschlossen, es sei denn die zugrunde liegende Gegenforderung ist anerkannt oder rechtkräftig festgestellt. Hat der LN zu Unrecht nach § 5 Abs. 7 die Leasingraten (teilweise) zurückbehalten, so hat er diese nach Rechtskraft der Entscheidung zzgl. Zinsen in Höhe von 9 Prozentpunkten über dem Basiszinssatz ab Zugang der Mitteilung des LG, dass außergerichtliche Einigungsversuche mit H gescheitert sind, nachzuentrichten.

§ 7 Haftung

(1) Der LG haftet unbeschränkt, soweit die Schadensursache auf Vorsatz oder grober Fahrlässigkeit beruht. Ferner haftet der LG für die leicht fahrlässige Verletzung von wesentlichen Vertragspflichten, deren Verletzung das Erreichen des Vertragszwecks gefährdet, oder für die Verletzung von Pflichten, deren Erfüllung die ordnungsgemäße Durchführung des Vertrages überhaupt erst ermöglicht und auf deren Einhaltung der LG regelmäßig vertrauen darf. In diesem Fall haftet der LG jedoch nur für den vorhersehbaren, vertragstypischen Schaden. Die Vertragsparteien gehen bei Vertragsschluss davon aus, dass dieser ver-

(6) The leasing instalments are fixed for a period of four years from the month in which they are first due.

(7) If the Lessee is in arreas with the payment of the leasing instalments, interest at a rate of 9 percentage points above the base interest rate shall be charged on the outstanding leasing instalment from the first day of arreas. If the Lessee is in arrears with more than one leasing instalment, the Lessor may in addition to the payments due, ask for advance payment of the leasing instalments for three months. If the Lessee defaults on this advance payment, the Lessor may set the Lessee a final grace period of two weeks and terminate the leasing contract without notice if the outstanding leasing instalments and the overdue advance payments are not paid within this period.

(8) Offsetting is excluded unless the underlying counterclaim has been recognised or legally established. If the Lessee has wrongly withheld (part of) the leasing instalments in accordance with § 5 (7), he shall pay these in arrears after the decision has become final and absolut plus interest at a rate of 9 percentage points above the base interest rate from receipt of the notification from the Lessor that out-of-court settlement attempts with the manufacturer have failed.

§ 7 Liability

(1) The Lessor shall be liable without limitation insofar as the cause of the damage is based on intent or gross negligence. In addision, the Lessor shall be liable for the slightly negligent breach of material contractual obligations, the breach of which jeopardises the achievement of the purpose of the contract, or for the breach of obligations, the fulfilment of which makes the proper execution of the contract possible in the first place and on the observance of which the Lessor may regularly rely. In this case, however, the Lessor shall only be liable for the foreseeable damage typical for the contract. Upon conclusion of the

tragstypische Schaden sich auf max . . . . . . EUR beläuft. Der LG haftet nicht für die leicht fahrlässige Verletzung anderer als der in den vorstehenden Sätzen genannten Pflichten.

contract, the contracting parties assume that this typical contractual damage is limited to a maximum of . . . . . EUR. The Lessor shall not be liable for the slightly negligent breach of obligations other than those mentioned in the preceding sentences.

(2) Die vorstehenden Haftungsbeschränkungen gelten nicht bei Verletzung von Leben, Körper und Gesundheit, für einen Mangel nach Übernahme einer Garantie für die Beschaffenheit oder Haltbarkeit der Leasinggegenstände und bei arglistig verschwiegenen Mängeln.

(2) The foregoing limitations of liability shall not apply in the event of injury to life, limb or health, or of a defect following the assumption of a guarantee for the quality or durability of the leased items, orin the event of fraudulently concealed defects.

(3) Die Haftung nach dem Produkthaftungsgesetz oder etwaige Garantien des H bleiben unberührt.

(3) Liability under the General Product Liability Act or any guarantees given by the manufacturer shall remain unaffected.

(4) Soweit die Haftung des LGs ausgeschlossen oder beschränkt ist, gilt dies auch für die persönliche Haftung von Arbeitnehmern, Vertretern und Erfüllungsgehilfen.

(4) Insofar as the liability of the Lessor is excluded or limited, this shall also apply to the personal liability of employees, representatives and vicarious agents.

§ 8 Dauer und Beendigung

§ 8 Duration and termination

(1) Der Leasingvertrag beginnt mit Unterzeichnung dieses Vertrages und hat eine feste Laufzeit von 48 Monaten, wobei diese sich ab dem Zeitpunkt der Übernahme oder Ablieferung nach § 3 Abs. 2 berechnet.

(1) The leasing contract shall commence upon the signing of this contract and shall have a fixed term of 48 months, whereby this is calculated from the date of taking over or delivery in accordance with § 3 para. 2.

(2) Der Leasingvertrag kann von keiner Partei vor Ende der festen Vertragsdauer ordentlich gekündigt werden. Das Recht zur außerordentlichen Kündigung aus wichtigem Grund bleibt unberührt.

(2) The leasing contract may not be terminated by either party before the end of the fixed contract term. The right to extraordinary termination for good cause remains unaffected.

§ 9 Rückgabe/Übertragung

§ 9 Return/transfer

(1) Zum Ende der Leasingzeit hat der LN dem LG die Leasinggegenstände einschließlich der Handbücher sowie bereit gestellter Anschlusskabel und sonstigem Zubehör entsprechend der Bereitstellungsdokumentation zurückzugeben.

(1) At the end of the leasing period, the Lessee shall return the leased items to the Lessor, including the manuals, connection cables and other accessories provided, in accordance with the provision documentation.

(2) Der LN hat rechtzeitig vor Vertragsende, von eigenen gespeicherten Dateien oder installierter Software auf den Leasinggegenständen Sicherheitskopien zu fer-

(2) The Lessee must make back-up copies of its own stored files or software installed on the leased items in good time before the end of the contract and must clean the

tigen und die Leasinggegenstände von eigenen Daten und Programmen vor der Rückgabe zu bereinigen. Der LN schuldet die Rückgabe am Aufstellort.

(3) Die LN fertigt vor dem Abbau der Leasinggegenstände jeweils eine Zustandsdokumentation, welche etwaige Beschädigungen, übermäßige Abnutzung oder andere Besonderheiten festhält. Die Dokumentation umfasst die Abbildung der Leasinggegenstände.

leased items of its own data and programmes before returning them. The Lessee is obliged to return the leased items to the place of installation.

(3) Prior to dismantling the leased items, the LH shall prepare documentation of the condition, noting any damage, excessive wear and tear or other special features. The documentation shall include photographs of the leased items.

§ 10 Schlussbestimmungen

(1) Für den Fall, dass eine der Bestimmungen des Vertrages unwirksam oder nichtig ist oder wird, so gelten die weiteren Bestimmungen fort. Die unwirksame oder nichtige Bestimmung wird durch eine Regelung ersetze, welche dem wirtschaftlich von den Parteien gewollten am nächsten kommt und dabei die berechtigten Interessen beider Vertragsparteien angemessen berücksichtigt. Entsprechendes gilt für Regelungslücken.

(2) Die Parteien vereinbaren, bei allen Meinungsverschiedenheiten aus oder im Zusammenhang mit diesem Vertrag, Vertragserweiterungen oder -ergänzungen, die sie nicht untereinander klären können, die Schlichtungsstelle der Deutschen Gesellschaft für Recht und Informatik eV (DGRI) unter der auf der Webseite der DGRI eV unter http://www.dgri.de/angegebenen Adresse der Schlichtungsstelle anzurufen, um den Streit nach deren Schlichtungsordnung in der zum Zeitpunkt der Einleitung des Schlichtungsverfahrens gültigen Fassung ganz oder teilweise, vorläufig oder endgültig zu erledigen. Die Verjährung für alle Ansprüche aus dem schlichtungsgegenständlichen Lebenssachverhalt ist ab dem Schlichtungsantrag bis zum Ende des Schlichtungsverfahrens gehemmt. § 203 BGB gilt entsprechend. Die Parteien stellen klar, dass das vorherige Einleiten eines Schlichtungsverfahrens keine Prozessvoraussetzung ist, gleich ob es sich um ein Verfahren in der Haupt-

§ 10 Final provisions

(1) If one of the provisions of the contract is or becomes invalid or void, the other provisions shall remain in force. The invalid or void provision shall be replaced by a provision that comes as close as possible to the economic intentions of the parties and takes appropriate account of the reasonable interests of both contracting parties. The same applies to omissions.

(2) The parties agree that in the event of any disputes arising out of or in connection with this contract, any amendments or supplements thereto, which they are unable to settle between themselves by mutual agreement, they shall refer the dispute to the Arbitration Court of the German Association for Law and Informatics (DGRI) at the address of the arbitration board on the DGRI website at http://www.dgri.de/ for settlement the dispute in whole or in part, provisionally or definitively, in accordance with its arbitration rules in the version in force at the time the arbitration proceedings commenced. The statute of limitations for all claims arising from the subject of matter to arbitration shall be suspended from the time of the request for arbitration until the end of the arbitration proceedings. Section 203 BGB shall apply mutatis mutandis. The parties make it clear that the prior initiation of conciliation proceedings is not a prerequisite for the commencement of proceedings,

sache oder des einstweiligen Rechtsschutzes handelt.

(3) Gerichtsstand für alle Streitigkeiten aus und im Zusammenhang mit dieser Vereinbarung ist der Sitz der Hauptniederlassung des LN.

irrespective of whether the proceedings are on the merits or for interim relief.

(3) The place of jurisdiction for all disputes arising from and in connection with this agreement shall be the registered office of the principal place of business of the Lessee.

§ 11 Vertragsbestandteile und Anlagenverzeichnis

Bestandteil dieses Vertrages sind die nachfolgend bezeichneten Anlagen. Bei Widersprüchen zwischen diesem Vertrag und seinen weiteren Anlagen mit dem Bestellschein beim Hersteller sowie etwaig einbezogenen Allgemeine Verkaufsbedingungen des Herstellers haben die Bedingungen dieses Leasingvertrages vor den Einzelheiten des Bestellscheins sowie den Allgemeinen Verkaufsbedingungen des Herstellers Vorrang. Etwaigen Einkaufs- und sonstigen Bedingungen des LN zur Beschaffung wird widersprochen, auch wenn deren Einbeziehung beim Abschluss des Leasingvertrages nicht ausdrücklich zurückgewiesen wurde.

Anlage 1: Liste der Leasinggegenstände
Anlage 2: Kurzbedienungsanleitung (Muster)
Anlage 3: Restwertberechnung
Anlage 4: Betriebssystemsoftware und Standardtreiber
Anlage 5: Mängelhaftungsvereinbarungen mit dem Lieferanten
Anlage 6: Leasingraten

§ 11 Contractual components and list of Appendixes

The following Appendixes form an integral part of this contract. In the event of any inconsistency between this contract and its Appendixes with the order form with the supplier/manufacturer and any general terms and conditions of sale of the supplier/ manufacturer included, the terms of this leasing contract shall take precedence over the details of the order form and the general terms and conditions of sale of the supplier/ manufacturer. Any terms and conditions of purchase and other terms and conditions of the Lessee relating to procurement are hereby rejected, even if their inclusion was not expressly rejected when the leasing contract was concluded.

Appendix 1: List of leased items
Appendix 2: Brief operating instructions (sample)
Appendix 3: Residual value calculation
Appendix 4: Operating system software and standard drivers
Appendix 5: Warranty agreements with the supplier
Note 6: Leasing instalments

. . . . .	. . . . .	. . . . .	. . . . .
(Ort, Datum)	(Ort, Datum)	(Place, date)	(Place, date)
. . . . .	. . . . .	. . . . .	. . . . .
Leasingnehmer	Leasinggeber	Lessee	Lessor

Anmerkungen

1. Das Muster sieht hier wie das Muster des Mietvertrages → Form. B.2. zu Ziff. I. eine Vertragsnummer vor, → Form. B.2. Anm. 1. Die Vertragsnummer dient darüber hinaus immer der eindeutigen Zuordnung der Leasinggegenstände, was zur Darstellung der Eigentumsverhältnisse und der steuerlichen Nachvollziehbarkeit erforderlich ist (vgl. Adolph/Richter IRZ 2016, 57).

2. Das Muster geht davon aus, dass der Leasinggeber die vertraglichen Details mit dem Lieferanten verhandelt, der Leasingnehmer also beim Leasinggeber seinen Bedarf angibt. Oftmals ist die Vorgehensweise aber so, dass der Leasingnehmer bei einem Lieferanten seiner Wahl die benötigten Komponenten auswählt, die vertraglichen Regelungen verhandelt und der Leasinggeber das Angebot des Lieferanten annimmt. Die Situation kann auch so sein, dass der Leasingnehmer bereits einen Kaufvertrag mit dem Lieferanten über die späteren Leasinggegenstände geschlossen hat und sich dann zum Leasing entschließt. In einem solchen Fall muss der Vertrag um eine Regelung ergänzt werden, mit welcher der Leasinggeber den Eintritt in die Rechte und Pflichten aus dem zugrunde liegenden Beschaffungsvertrag erklärt, was zuvor mit dem Lieferanten abzustimmen ist.

Sofern der Leasinggeber nicht selbst Anbieter und Lieferant der Leasinggegenstände ist, stellt sich die Frage, welche Ansprüche der Leasingnehmer im Falle der (vorvertraglichen) Verletzung der Beratungspflichten des Lieferanten hat. In diesen Fällen hat der Lieferant den späteren Leasingnehmer bei der Auswahl der Komponenten beraten. Eine falsche Beratung führt ggf. aber trotzdem nicht dazu, dass die Leasinggegenstände mangelhaft sind, da sie der vereinbarten und üblichen Beschaffenheit entsprechen und sich für die gewöhnliche und nach dem Vertrag vorausgesetzte Verwendung eignen. Im Interesse des Leasingnehmers ist es bei enger Zusammenarbeit des Leasinggebers und des Lieferanten, dass im Vertrag das Zustandekommen aufgrund der Empfehlung und Beratung des Lieferanten sowie die beabsichtigte Verwendung und Leistungsanforderungen hervorgehoben werden (vgl. Auer-Reinsdorff/Conrad IT- und DatenschutzR-HdB/Stadler § 15 Rn. 105; OLG Hamburg NJW-RR 1988, 438).

3. Die Klarstellung, dass der zugrundeliegende Beschaffungsvertrag nach deutschem Recht ggf. ohne das UN-Kaufrecht abgeschlossen ist, ist zu empfehlen, wenn sonst nahe liegt, dass der Lieferant eine Rechtswahl in fremdes Recht treffen würde. Dem Leasingnehmer stehen typischerweise beim Leasingvertrag mit dem Leasinggeber, welcher nicht selbst Lieferant betreffender Komponenten ist, nur abgetretene Ansprüche auf Mängelhaftung aus dem Beschaffungsvertrag (Kauf-, kaufähnlichem Vertrag oder Werkvertrag, vgl. zur Abtretung der werkvertraglichen Ansprüche BGH MittBayNot 1986, 17) zu. Umfang und Ausgestaltung dieser Ansprüche ergeben sich aus den Bedingungen des Beschaffungsvertrages einschließlich einer ggf. vorliegenden Rechtswahl und Verweisung auf ggf. fremdes Recht.

4. Für die gebrauchstaugliche Bereitstellung von Hardwarekomponenten bedarf es regelmäßig der Bereitstellung mindestens einer Kurzaufstell-, -installations- und -bedienungsanleitung. Es ist ratsam, die Art sowie den Umfang der Basisinformationen zur Hardware im Vertrag zu beschreiben. Dies erfolgt hier typischerweise durch den Verweis auf die seitens des Lieferanten bzw. des Herstellers standardmäßig bereit gestellten Unterlagen, Informationen und Hilfestellungen.

5. Der Leasinggeber nach diesem Muster ist nicht selbst Lieferant oder Hersteller der Hardware, daher verweist das Muster zu Details über die Leasinggegenstände sowie

Support auf die Informationen des Lieferanten. Will der Leasingnehmer von den hier beschriebenen Online-Hilfen Gebrauch machen, hat er sich dort zu registrieren und die weiteren Nutzungsbedingungen zu akzeptieren. Dies führt hier aber nicht zu einer Einschränkung der Mängelhaftungsansprüche an sich oder die Festlegung der Art und Weise ihrer Geltendmachung. Der Leasinggeber hat nach § 5 Abs. 5 seine Mängelhaftungsansprüche gegenüber dem Lieferanten an den Leasingnehmer abgetreten. Umfang und weitere Bedingungen ergeben sich abschließend aus der *Anlage 5*, auf welche § 5 Abs. 5 verweist (vgl. zum leasingtypischen Dreiecksverhältnis, BGH NJW 2010, 2798).

6. Das Muster eröffnet dem Leasingnehmer die Möglichkeit, die Leasinggegenstände über das Ende der Leasingzeit hinaus zu nutzen. Je nach Art der Leasinggegenstände und deren Einsatz wird der Restwert sich auch auf null belaufen. Die Ausübung der Option bietet für den Leasinggeber den Vorteil, sich Kosten der Rücknahme und angemessenen Entsorgung einschließlich der Datenlöschung sparen zu können.

7. Der Leasinggeber hat darauf zu achten, dass er eine korrespondierende Gefahrübergangsregelung mit dem Lieferanten vereinbart.

8. Das Muster sieht vor, dass die Leasinggegenstände an einem bestimmten Datum zu liefern sind. Dies kann selbstverständlich auch als sukzessive Bereitstellung vereinbart sein. Für diesen Fall ist die Laufzeitregelung des § 8 anzupassen.

9. Das leasingtypische Dreiecksverhältnis (vgl. Reiner/Kaune WM 2002, 2314 ff.) bedingt, dass einmal der Leasingnehmer Rechte aus dem Kaufvertrag gegenüber dem Lieferanten aus abgetretenem Recht geltend machen kann. Zugleich hat der Leasinggeber aber ein Interesse daran, seine Pflichten aus dem Beschaffungsvertrag an den Leasingnehmer weiterzugeben. Bei dem zugrundeliegenden Beschaffungsvertrag handelt es sich um einen Handelskauf, weshalb die Prüf- und Rügepflichten nach § 377 HGB wahr zu nehmen sind. Die Liefergegenstände werden regelmäßig beim Leasingnehmer direkt abgeliefert. Typischerweise übernimmt daher der Leasingnehmer die Prüfung und ggf. Rüge oder auch Zurückweisung wegen offensichtlicher Beschädigungen bereits der Verpackungen und die Anzeige von Transportschäden.

Der Leasinggeber schuldet nach § 5 des Musters anders als im Mietrecht nicht die Aufrechterhaltung der Gebrauchstauglichkeit für die Vertragslaufzeit. Mit der unwiderruflichen Abtretung der Mängelhaftungsansprüche aus dem Beschaffungsvertrag an den Mieter, wird der Leasinggeber aus der mietvertraglichen Mängelhaftung entlassen. Mit der Übermittlung des Übernahmescheins beginnt nach § 7 Abs. 1 die Leasingzeit und damit die Verpflichtung zur Zahlung des Leasingzinses.

Die Verpflichtung des Leasingnehmers zur Bestätigung der Betriebsbereitschaft bedingt, dass dieser die Leasinggegenstände unverzüglich betriebsbereit aufstellt und installiert und nicht offensichtliche Mängel zeitnah festgestellt und gegenüber dem Lieferanten angezeigt werden können.

10. Dieses Muster stellt keine Detailregelungen für die Überlassung von Software auf Zeit dar, → Form. C.4. Der Leasinggeber leitet hier Nutzungsrechte an der Betriebssystemsoftware vom Lieferanten ab. Hierbei ist darauf zu achten, dass die Nutzungsrechtseinräumung seitens des Lieferanten auch die Weiterübertragung im unternehmerischen Verkehr umfasst. Die Bereitstellung der Betriebssystemsoftware kann auch durch den Leasingnehmer selbst, den Lieferanten direkt an den Leasingnehmer oder einen Dritten erfolgen.

11. Im Sinne der Risikovorsorge und der möglichst weitgehenden Absicherung vor Situationen der Nichtverfügbarkeit oder Beeinträchtigung der Hard- und Software sollte der Leasingnehmer auf der Bereitstellung einer Sicherungskopie sowie ggf. eines Images der Installation und Konfiguration bestehen. Der Leasingnehmer hat deren Verwendungsmöglichkeit sowie das Erfordernis einer Escrow-Vereinbarung zu prüfen.

12. Dies ist die Leasing-typische Abtretungskonstruktion (vgl. Auer-Reinsdorff/Conrad IT- und DatenschutzR-HdB/Stadler § 15 Rn. 96; Dauner-Lieb/Heidel/Ring/Dauner-Lieb/Langen/Reinking BGB Anh. § 535/580a), wonach der Leasinggeber nur dann von den vertragstypisch gegebenen Verpflichtungen zur Aufrechterhaltung der Gebrauchstauglichkeit frei wird, wenn die vorbehaltlose, unmittelbare und unbedingte Abtretung der Mängelhaftungsansprüche gegenüber dem Lieferanten erfolgt. Die Musterformulierung sieht deshalb vor, dass die Abtretung auf den Zeitpunkt der Ablieferung erfolgt, um die Anforderung der Unmittelbarkeit zu erfüllen. Dem Leasingnehmer stehen bereits alle Rechte zu, welche sich auch im Rahmen der (teilweisen) Zurückweisung einer Ablieferung ergeben.

Das Muster sieht vor, dass der Leasingnehmer von der Verpflichtung die Leasingraten zu zahlen frei wird, wenn der Lieferant Mängelansprüche anerkennt. Für den Fall der Ablehnung der geltend gemachten Mängelansprüche seitens des Lieferanten hat sich der Leasinggeber verpflichtet, bei dem Lieferanten nochmals eine einvernehmliche Lösung zu versuchen. Eine solche Regelung kann aufgenommen werden und ist am ehesten dann zielführend, wenn Leasinggeber und Lieferant laufend zusammenarbeiten und daher das Finanzierungsleasing auf Vermittlung des Lieferanten zustande kam. Scheitern außergerichtliche Einigungsversuche zu den Mängelansprüchen, hat der Leasingnehmer seine weiteren Rechte aus den abgetretenen Rechten wahrzunehmen und ggf. gerichtlich zu verfolgen. Hier enthalten Leasingverträge meist eine Regelung dahingehend, dass der Leasingnehmer von der Zahlung der Leasingraten im Falle des Rücktritts frei wird, sobald die Rückabwicklung gerichtlich geltend gemacht wird. In diesem Fall ist der Leasingnehmer seitens des Leasinggebers ermächtigt, die Rückzahlungsansprüche zu dessen Gunsten geltend zu machen. Der Ausgleich des Leasingaufschlags erfolgt im Innenverhältnis zwischen Leasingnehmer und Leasinggeber. Die Verjährung des Anspruchs des Leasinggebers auf Zahlung der weiteren Leasingraten ist für die Dauer des Rückabwicklungsprozesses gehemmt (BGH NJW 2016, 397).

4. Hardware-Wartung – Hardware Maintenance

Hardwarewartungsvertrag[1]	**Hardware Maintenance Agreement**[1]
Zwischen	**Between**
.....	.....
– nachfolgend „Auftragnehmer“ genannt – und	**– hereinafter referred to as „Contractor“ – and**
.....	.....
– nachfolgend „Auftraggeber“ genannt – wird folgender Vertrag zur Wartung von Hardware geschlossen:	**– hereinafter referred to as „Customer“ – the following Agreement for the maintenance of hardware is concluded:**

§ 1 Begriffsbestimmungen

Die in diesem Vertrag verwendeten Begriffe haben folgende Bedeutung:[2]

ANLAGE ist – insgesamt oder in Teilen – die Einheit auf die sich die nach diesem Vertrag zu erbringenden Leistungen beziehen.

INSTANDHALTUNG ist die Kombination aller technischen und verwaltenden Maßnahmen in Bezug auf die Anlage gemäß den Leistungsversprechen des Auftragnehmers nach diesem Vertrag.

INSPEKTION meint die Feststellung und Beurteilung des Istzustandes einer Maschine/Anlage einschließlich der Bestimmung der Ursachen der Abnutzung und dem Ableiten der notwendigen Konsequenzen für eine künftige Nutzung.

WARTUNG erfasst Maßnahmen, um den Abbau des Abnutzungsvorrats der Anlage zu verzögern („vorbeugende Wartung"), insbesondere durch Einstellungen (zB Justieren) oder durch Austausch von Filtern, Dichtungen und Schmierstoffen, Reinigen etc.

INSTANDSETZUNG ist jede Maßnahme zur Rückführung einer Anlage in den vereinbarten Zustand, insbesondere durch Austausch von Teilen einschließlich Verschleißteilen.

VEREINBARTER ZUSTAND ist die Soll-Funktionalität der Anlage gemäß dem *Anhang* 1.

MANGEL ist das Ergebnis jeder erfolgsbezogenen Leistung des Auftragnehmers, die von dem nach diesem Vertrag Geschuldeten zum Nachteil des Auftraggebers abweicht.

STÖRUNG ist der Zustand der Anlage, der unabhängig von den Gründen die Nutzung der vorhandenen Funktionen der Anlage verhindert, beeinträchtigt oder gefährdet.

VERBRAUCHSMATERIALIEN sind dadurch gekennzeichnet, dass ihr Fehlen die Funktionsfähigkeit der Anlage an sich

§ 1 Definitions of terms

The terms used in this Agreement shall have the following meanings:[2]

APPARATUS means – in whole or in part – the entity to which the Services to be provided under this Agreement relate.

SERVICING is the combination of all technical and administrative measures relating to the installation in accordance with the Contractor's performance commitments under this Agreement.

INSPECTION means the determination and assessment of the actual condition of the apparatus including the determination of the causes of wear and tear and the derivation of the necessary consequences for future use.

MAINTENANCE records measures to delay the reduction of the wear stock of the apparatus („preventive maintenance"), in particular by adjustments (e.g. adjustment) or by replacement of filters, seals and lubricants, cleaning, etc.

REPAIR is any measure taken to return a apparatus to the agreed condition, in particular by replacing parts including wearing parts.

AGREED CONDITION is the nominal functionality of the apparatus according to the *appendix* 1.

DEFECT is the result of any success-related performance by the Contractor which deviates from that owed under this Agreement to the detriment of the Customer.

FAULT is the condition of the apparatus which, irrespective of the reasons, prevents, impairs or endangers the use of the existing functions of the apparatus.

CONSUMABLES are characterised by the fact that their absence does not in itself eliminate the functionality of the appara-

nicht entfallen lässt (zB durch die Anlage zu verarbeitende Materialien).

VERSCHLEISSTEILE sind Materialien, die bestimmungsgemäß zum periodischen Austausch vorgesehen sind, insbesondere . . . .

BETRIEBSZEITEN sind arbeitstäglich (Montag – Freitag unter Ausnahme gesetzlicher Feiertage am Sitz des Auftragnehmers [und/oder des Auftraggebers], einschließlich . . . . . .) zwischen 8:00 Uhr und 18:00 Uhr

§ 2 Vertragsgegenstand

(1) Gegenstand dieses Vertrages ist die Instandhaltung der von den Parteien in dem *Anhang 1* näher bezeichneten Anlage durch den Auftragnehmer.

(2) Die Einzelheiten der Leistungsverpflichtungen ergeben sich vorrangig aus den Anhängen. Soweit danach nichts anderes vereinbart ist, gelten die nachfolgenden Bestimmungen.[3]

(3) Ziel der Instandhaltung ist die Aufrechterhaltung des vereinbarten Zustands der Anlage. Eine Verantwortlichkeit für ein bestimmtes Betriebsergebnis oder eine bestimmte Verfügbarkeit der Anlage übernimmt der Auftragnehmer nicht.

(4) Der Auftragnehmer erbringt die Leistungen nach den anerkannten Regeln der Technik unter Berücksichtigung der ihm bekannten Richtlinien des Herstellers der Anlage. Vereinbaren die Parteien eine bestimmte Ausführungsart der Leistungen, insbesondere durch Bezugnahme auf technische Richtlinien (zB DIN, EN, VDI, VDMA uÄ), bestimmen diese Leistungsbeschreibungen im Verhältnis der Parteien zueinander insoweit die anerkannten Regeln der Technik. Dementsprechend ist der Auftragnehmer nicht verpflichtet, den Auftraggeber über Abweichungen der Vereinbarungen von den anerkannten Regeln der Technik hinzuweisen.[4]

(5) Dieser Vertrag entbindet den Auftraggeber nicht von Kontrollen und Maßnah-

tus (e.g. materials to be processed by the apparatus).

WEAR PARTS are materials intended for periodic replacement, in particular . . . .

OPERATING HOURS are working days (Monday – Friday, with the exception of public holidays, at the registered office of the Contractor [and/or the Principal], including . . . .) between 8:00 o'clock and 18:00 o'clock

§ 2 Subject

(1) The object of this contract is the maintenance by the Contractor of the apparatus specified by the parties in the *Annex 1*.

(2) The details of the performance obligations shall be derived primarily from the Annexes. Unless otherwise agreed, the following provisions shall apply.[3]

(3) The aim of maintenance is to maintain the Agreed Condition of the apparatus. The Contractor does not assume any responsibility for a certain operating result or a certain availability of the apparatus.

(4) The Contractor shall perform the services in accordance with the accepted technical standards, taking into account the guidelines of the manufacturer of the apparatus known to him. If the parties agree on a specific type of performance of the services, in particular by reference to technical guidelines (e.g. DIN, EN, VDI, VDMA, etc), these service descriptions shall determine the accepted technical standards in the relationship between the parties. Accordingly, the Contractor shall not be obliged to notify the Customer of any deviations of the agreements from accepted technical standards.[4]

(5) This contract shall not release the contracting party from the controls and mea-

men, die Gesetze oder andere Vorschriften ihm auferlegen, es sei denn, dies ist ausdrücklich unter Bezugnahme auf das betreffende Gesetz und andere Vorschriften zum Gegenstand der vom Auftragnehmer zu erbringenden Leistungen gemacht worden.

sures imposed on it by law or other regulations, unless this has been expressly made with reference to the relevant law and other regulations the subject of the services to be rendered by the Contractor.

§ 3 Hotline

(1) Der Auftragnehmer wird den Auftraggeber telefonisch oder auf anderen Fernkommunikationswegen hinsichtlich der Anwendung der Anlage sowie bei deren Störungen unterstützen.[5]

(2) Die Hotline steht dem Auftraggeber während der Betriebszeiten zur Verfügung. Während dieser Zeit wird der Auftragnehmer auch vom Auftraggeber per E-Mail eingehende Störungsmeldungen und Anfragen beantworten. In Einzelfällen können die Parteien eine Erbringung von Leistungen der Störungsbehandlung außerhalb dieser Zeiten gegen gesonderte Vergütung vereinbaren.

(3) Störungen der Anlage wird der Auftraggeber möglichst detailliert unter Beschreibung der Symptome, der Einsatzbedingungen, vorausgegangener Anweisungen an die Anlage sowie etwaiger relevanter Drittmaschinen oder -anlagen schildern. Der Auftraggeber soll sich dazu des vom Auftragnehmer bereitgestellten Ticketsystems (*Anhang 3*) bedienen. Jede Meldung hat unverzüglich nach Entdeckung der Störung zu erfolgen.

§ 3 Hotline

(1) The Contractor shall support the Customer by telephone or by other means of remote communication with regard to the application of the system as well as in the event of its malfunctions.[5]

(2) The hotline is available to the Customer during operating hours. During this period, the Contractor shall also reply to incoming fault reports and enquiries by e-mail from the Customer. In individual cases, the parties may agree on the provision of fault handling services outside these times against separate remuneration.

(3) The Customer shall describe faults in the apparatus in as much detail as possible, describing the symptoms, operating conditions, previous instructions to the apparatus and any relevant third-party machines or apparatuss. For this purpose, the Customer shall use the ticket system provided by the Contractor (*Appendix 3*). Each report must be made without culpable delay after discovery of the malfunction.

§ 4 Inspektion

Die Inspektionsleistungen werden nach Wahl des Auftragnehmers durchgeführt. Der Auftragnehmer kann insoweit bestimmen, wann und auf welche Weise er die Inspektion durchführt, wenn nicht in dem *Anhang 2* etwas anderes vereinbart wurde. Ohne anderweitige Vereinbarung dürfen Inspektionen nur innerhalb der Betriebszeiten des Auftraggebers durchgeführt werden und sind mit einer Frist von . . . . . anzukündigen.

§ 4 Inspection

The inspection services shall be carried out at the Contractor's discretion. In this respect, the Contractor may determine when and in what manner it will carry out the inspection, unless otherwise agreed in the *Annex 2*. Unless otherwise agreed, inspections may be carried out only during the operating hours of the contracting party and shall be carried out within a period of . . . . . to announce.

§ 5 Wartung

(1) Die Wartungsleistungen sind insbesondere im *Anhang* 2 spezifiziert und richten sich im Übrigen nach den Vereinbarungen dieses Vertrages. Sie werden durch den Auftragnehmer in eigener Verantwortung durchgeführt. Der Auftragnehmer kann insoweit bestimmen, wann und auf welche Weise er die Wartung durchführt, wenn nicht in dem *Anhang* 2 etwas anderes vereinbart wurde. Ohne anderweitige Vereinbarung dürfen Wartungen nur innerhalb der Betriebszeiten durchgeführt werden und sind mit einer Frist von . . . . . anzukündigen.

(2) Voraussetzung für das Erbringen der Wartungsleistungen ist, dass der Auftraggeber die Anlage in einem den vereinbarten, bei Fehlen einer Vereinbarung hilfsweise in dem den anerkannten Regeln entsprechenden, gewarteten Zustand einsetzt, es sei denn dies wäre für den Auftraggeber nicht zumutbar, etwa weil der Auftragnehmer die dafür nach diesem Vertrag geschuldeten Leistungen nicht erbracht hat. Ist der Auftraggeber wegen Unzumutbarkeit nicht verpflichtet, die Anlage in einem gewarteten Zustand einzusetzen, ohne dass dies dem Auftragnehmer zuzurechnen ist, ruhen die Verpflichtungen des Auftragnehmers zur Wartung. Aufgrund gesonderter Vereinbarung kann der Auftragnehmer die Verpflichtung übernehmen, den anerkannten Regeln entsprechenden gewarteten Zustand herzustellen.[6]

(3) Die Wartung umfasst auch die kostenpflichtige Beseitigung kleinerer Schäden der Anlage (sog. kleine Instandsetzung), soweit dies ohne wesentlichen Zeit- und Materialaufwand möglich ist, dh bei einem Wartungs- und Instandsetzungstermin nicht mehr als . . . . Stunden und . . . . EUR Materialkosten.

§ 5 Maintenance

(1) The maintenance services are specified in particular in the *Appendix 2* and are otherwise governed by the agreements of this contract. They are carried out by the Contractor on its own responsibility. In this respect, the Contractor can determine when and in what manner it carries out the maintenance, unless otherwise agreed in the *appendix* 2. Maintenance may only be carried out within the operating hours and must be carried out within a period of . . . . . to announce, unless otherwise agreed.

(2) The prerequisite for the provision of the maintenance services is that the customer uses the system in a maintained condition in accordance with the agreed regulations or, in the absence of an agreement, alternatively in accordance with the accepted standards, unless this would not be reasonable for the Customer, for example because the Contractor has not performed the services owed for this under this contract. If the Customer is not obliged due to unreasonableness to use the apparatus in a serviced condition without this being attributable to the Contractor, the Contractor's obligations for maintenance shall be suspended. On the basis of a separate agreement, the Contractor may assume the obligation to restore the goods to a maintained condition in accordance with the recognised rules.[6]

(3) Maintenance shall also include the cost-based repair of minor damage to the apparatus (so-called minor repairs), insofar as this is possible without significant expenditure of time and materials, i.e. no more than . . . . hours and . . . . EUR material costs.

§ 6 Instandsetzung/Störungsbeseitigung

(1) Der Auftragnehmer erklärt sich zu Instandsetzungsleistungen bereit und wird auf der Grundlage einer Vereinbarung gem. Absatz 2 die erforderlichen Leistungen erbringen. Ziel der Instandsetzung ist die Herstellung oder der Erhalt des vereinbarten Zustands.[7]

(2) Die Leistungen zur Instandsetzung bedürfen einer gesonderten Vereinbarung, für die, wenn nichts anderes vereinbart wird, die Bestimmungen dieser Bedingungen gelten. Mit einer Störungsmeldung gibt der Auftraggeber einen Antrag auf Abschluss eines Instandsetzungsvertrages ab, sofern sich aus Absatz 9 nichts anderes ergibt. Der Auftragnehmer nimmt diesen Antrag an, sofern er nicht unverzüglich nach Zugang des Antrags widerspricht. Der Widerspruch ist dem Auftraggeber per Mail, telefonisch oder auf einem vergleichbaren Weg zu erklären.[8]

(3) Steht bei der Instandsetzung die Überlassung einer oder mehrerer Sachen (Ersatzteile, Verbrauchsmaterialien etc) im Vordergrund, so dass die zu erbringenden Dienste dahinter zurückstehen und nur eine Nebenleistung darstellen, gilt Kaufrecht mit den in diesen Bedingungen geregelten Modifikationen.[9] Die Nacherfüllung richtet sich auch bei Kaufverträgen nach § 20, mit der Maßgabe, dass der Auftragnehmer die Art der Nacherfüllung bestimmen kann. Eine Abnahme findet dann nicht statt.

(4) Störungen werden wie folgt klassifiziert:

§ 6 Repair/Fault Rectification

(1) The Contractor agrees to provide repair services and will provide the necessary services on the basis of an agreement pursuant to paragraph 2. The aim of the repair is to produce or maintain the agreed condition.[7]

(2) Repair services require a separate agreement, to which, unless otherwise agreed, the provisions of these conditions apply. With a contractual fault report, the Customer submits an application for the conclusion of a repair contract, unless otherwise stipulated in paragraph 9. The Contractor accepts this application unless it objects immediately after receipt of the application. The objection shall be declared to the Customer by e-mail, by telephone or by a comparable means.[8]

(3) If the repair work focuses on the provision of one or more items (spare parts, consumables, etc), so that the services to be provided are less important and only represent an ancillary service, the law of sale shall apply with the modifications regulated in these terms and conditions.[9] Cure shall also be governed by § 20 in the case of purchase contracts, with the proviso that the Contractor may determine the type of cure. Acceptance shall then not take place.

(4) Faults shall be classified as follows:

Priorität	I.
Klassifizierung	dringend; der Betriebsablauf ist unterbrochen
Beschreibung	die Anlage ist nicht lauffähig, es kommt zu . . . . . (möglichst genaue Beschreibung)
Reaktionszeit (R)	R = 60 Min.
Entstörungszeit (E)	E = 360 Min.
Priorität	II.
Klassifizierung	hoch; der Betriebsablauf ist beeinträchtigt
Beschreibung	Die Funktionsweise der Anlage ist beeinträchtigt oder es kommt zu Fehlfunktionen, insbesondere: (möglichst genaue Beschreibung)
Reaktionszeit (R)	R = 360 Min.
Entstörungszeit (E)	E = 720 Min.
Priorität	III.
Klassifizierung	niedrig; der Betriebsablauf ist nicht beeinträchtigt
Beschreibung	Ein Arbeiten mit der Maschine/Anlage ist möglich, wenn auch nicht durchgängig innerhalb der Soll-Funktionalität; Fehlfunktionen können umgangen werden (Beispiele)
Reaktionszeit (R)	R = 1 Tag
Entstörungszeit (E)	E = 4 Tage

Priority	I.
Classification	Urgent; operation is interrupted
Description	the apparatus is not executable, it comes to . . . (description as exact as possible)
Reaction time (R)	R = 60 min.
Interference suppression time (E)	E = 360 min.
Priority	II.
Classification	high; the operational sequence is impaired
Description	The functioning of the system is impaired or malfunctions occur, in particular: (description as exact as possible)
Reaction time (R)	R = 360 min.
Interference suppression time (E)	E = 720 min.
Priority	III.
Classification	low; the operational sequence is not impaired
Description	It is possible to work with the machine/apparatus, even if not continuously within the nominal functionality; malfunctions can be bypassed (examples).
Reaction time (R)	R = 1 day
Interference suppression time (E)	E = 4 days

(5) Störungen sind vom Auftraggeber unter Angabe der nach seiner Einschätzung gegebenen Priorität über die Hotline (§ 3) zu melden. Erreicht die Störung eine höhere Prioritätsstufe, so hat der Auftraggeber dies dem Auftragnehmer unverzüglich mitzuteilen. Der Lauf der jeweiligen Reaktionszeit berechnet sich während der Betriebszeiten vom Zugang der Störungsmeldung des Auftraggebers beim Auftragnehmer an. Die Pflichten des Auftragnehmers bestimmen sich nach den Angaben der Priorität des Auftraggebers in der Störungsmeldung, es sei denn, die objektiv gegebene Prioritätsstufe ist niedriger als die gemeldete.

(6) Kommt eine Einigung über eine Instandsetzung zustande, erbringt der Auftragnehmer die zur Instandsetzung erforderlichen Leistungen nach seiner Wahl. Der Auftragnehmer kann auftretende Störungen unter Berücksichtigung der Priorisierung insbesondere durch eine der folgenden Maßnahmen beseitigen:

a) Vorübergehende Bereitstellung einer alternativen Anlage,

b) Störungsbeseitigung über einen Remote-Zugriff (s. hierzu *Anhang* 4) auf die Anlage des Auftraggebers,

c) Vorschlag an den Auftraggeber zur vorübergehenden Umgehung der Störung,

d) Für den Fall, dass die vorbezeichneten Maßnahmen nicht möglich oder nicht Erfolg versprechend sind, durch Störungsbeseitigung an der Anlage direkt. Muss die Anlage zur Instandsetzung an einen anderen Ort verbracht werden, hat der Auftraggeber aufgrund gesonderter Vereinbarung die Kosten zu tragen, sofern er die Instandsetzung aus diesem Grund nicht ablehnt.

(7) Der Auftragnehmer wird eine der vorstehenden Maßnahmen spätestens innerhalb der festgelegten Reaktionszeiten Maßnahmen einleiten. Die Arbeiten zur Störungsbeseitigung erfolgen im Rahmen der Möglichkeiten des Auftragnehmers unter Beachtung seiner vertraglichen Pflichten. Eine Garantie zur Beseitigung der Stö-

(5) Faults are to be reported by the client via the hotline (§ 3), stating the priority given in its opinion. If the fault reaches a higher priority level, the Customer shall inform the Contractor without culpable delay. The duration of the respective reaction time is calculated during the operating hours from the time of receipt of the fault report of the Customer by the Contractor. The obligations of the Contractor are determined by the information on the priority of the Customer in the fault report, unless the objectively given priority level is lower than the reported one.

(6) If an agreement on repair is reached, the Contractor shall provide the services required for repair at its discretion. The Contractor may remedy any disruptions which occur, taking into account prioritisation, in particular by one of the following measures:

a) Temporary provision of an alternative apparatus,

b) Troubleshooting via remote access (see *appendix* 4) to the Customer's system,

c) Proposal to the Customer for temporary circumvention of the disturbance,

d) In the event that the aforementioned measures are not possible or do not promise success, by troubleshooting the system directly. If the system has to be moved to another location for repair, the Customer shall bear the costs separately agreed unless it refuses the repair for this reason.

(7) The Contractor shall initiate one of the above measures within the specified response times at the latest. The work to eliminate the fault shall be carried out within the scope of the Contractor's possibilities in compliance with its contractual obligations. The Contractor does not guarantee the elimination of the fault, but it shall endeavour to eliminate

rung übernimmt der Auftragnehmer nicht, er wird sich aber bemühen, die Störung innerhalb der vereinbarten Entstörungszeit zu beheben. Sobald für den Auftragnehmer erkennbar ist, dass die Entstörungszeit nicht eigehalten werden kann, wird er dies dem Auftraggeber mitteilen.

the fault within the agreed elimination time. It shall inform the customer as soon as it becomes apparent to the contractor that the fault clearance time cannot be complied with.

(8) Bei Störungen der Priorität III kann die Behebung im Falle einer Umgehungsmöglichkeit durch den Auftragnehmer auch auf den nächstgeeigneten Zeitpunkt verschoben werden, zu dem der Auftragnehmer gemäß seiner Planung Instandhaltungsleistungen vornehmen wird, mit denen die Störung beseitigt werden kann.

(8) In the event of priority III malfunctions, the remedy may be postponed by the Contractor to the next suitable point in time if the Contractor is able to circumvent the malfunction, at which time the Contractor will carry out maintenance services in accordance with its planning with which the malfunction can be remedied.

(9) Wünscht der Auftraggeber vor der Ausführung der Instandsetzung einen Kostenvoranschlag, so hat er dies dem Auftragnehmer spätestens mit dem Instandsetzungsauftrag mitzuteilen. Ein Instandsetzungsvertrag kommt dann erst zustande, wenn der Auftraggeber das mit einem Kostenvorschlag versehene Angebot des Auftragnehmers annimmt oder sich die Parteien anderweitig einigen. Wenn nicht anders vereinbart, ist ein Kostenvoranschlag unverbindlich. Der Kostenvoranschlag ist zu vergüten. Ist bei Ausführung der Arbeiten erkennbar, dass der Kostenvoranschlag um mehr als 10 % überschritten wird, hat der Auftragnehmer dies anzuzeigen und darf die Leistungen – außer in dringenden Fällen – nur nach Zustimmung durch den Auftraggeber ausführen.

(9) If the client wishes to receive a cost estimate before the repair work is carried out, it must inform the Contractor of this at the latest with the repair order. A repair contract shall only be concluded if the Customer accepts the Contractor's offer, which includes a cost estimate, or if the parties agree otherwise. Unless otherwise agreed, a cost estimate is not binding. The cost estimate shall be remunerated. If, during the execution of the work, it becomes apparent that the cost estimate will be exceeded by more than 10 %, the Contractor shall notify this and may only execute the work – except in urgent cases – after the Customer has given its consent.

§ 7 Austausch von Teilen

Es dürfen nur neue Originalersatzteile oder gleichwertige Teile verwendet werden. Ausgebaute Teile werden Eigentum des Auftragnehmers; ihr Wert ist auf das Entgelt anzurechnen.[10]

(Variante:

Es dürfen neben Originalersatzteilen auch gleichwertige andere Teile verwendet werden. Ausgebaute Teile werden, soweit nicht anders vereinbart, bei Mit-

§ 7 Exchange of Parts

Only new original spare parts or equivalent parts may be used. Removed parts shall become the property of the Contractor; their value shall be set off against the remuneration.[10]

(Variante:

In addition to original spare parts, equivalent other parts may also be used. Unless otherwise agreed, dismantled parts shall become the property of the contractor if

nahme durch den Auftragnehmer ohne Gegenleistung dessen Eigentum, wenn der Auftraggeber zuvor nicht widerspricht. Der Auftragnehmer ist zur Mitnahme und Entsorgung von ausgebauten Teilen, entnommenen Ölen, Fetten, Chemikalien, Filtern, Verbrauchsmaterialien oder ähnlichem ohne gesonderte Vereinbarung nicht verpflichtet.)

§ 8 Remote-Zugriff/Monitoring

(1) Der Auftraggeber gewährt dem Auftragnehmer nach Maßgabe der Festlegungen in dem *Anhang 4* die telekommunikative Anbindung an die Anlage. In dem Anhang werden insbesondere die technischen Angaben zu den Zugangsvoraussetzungen, Datenformaten und -protokollen und Sicherheitsanforderungen festgelegt.[11]

(2) Die Parteien werden einen Übergabepunkt vereinbaren, bis zu dem der Auftraggeber die Zuständigkeit für die Gewährleistung der Kommunikationsmöglichkeit hat. Jenseits dieses Übergabepunktes hat keine Partei für die erfolgreiche Übermittlung von Daten einzustehen.

(3) Der Remote-Zugriff kann neben dem Monitoring auch zur Beseitigung von Störungen und Mängeln verwendet werden. Sollte eine Störungs- oder Mangelbeseitigung per Remote-Zugriff nicht möglich sein, weil dieser Zugriff durch den Auftraggeber nicht hergestellt war, und als Folge ein Vorort-Einsatz erforderlich werden, so berechnet der Auftragnehmer die dafür angefallen Kosten gem. § 18 nach Aufwand.

(4) Für die Einhaltung der datenschutzrechtlichen Bestimmungen zur Zulässigkeit der Fernwartung bei Beauftragung und Durchführung der Leistungen ist der Auftraggeber verantwortlich. Ist zur Erfüllung der vertraglichen Pflichten die Verarbeitung personenbezogener Daten erforderlich, erfolgt diese Verarbeitung im Auftrag des Auftraggebers. Der Auf-

they are taken away by the contractor without consideration, unless the Customer objects beforehand. The Contractor is not obliged to take along and dispose of dismantled parts, removed oils, greases, chemicals, filters, consumables or similar without a separate agreement.)

§ 8 Remote Access/Monitoring

(1) The Customer shall grant the Contractor the telecommunications connection to the apparatus in accordance with the provisions of the *Appendix 4*. The Annex lays down, in particular, the technical specifications concerning access requirements, data formats and protocols and security requirements.[11]

(2) The parties shall agree on a handover point up to which the contracting party shall be responsible for ensuring the possibility of communication. Beyond this transfer point, no party shall be liable for the successful transfer of data.

(3) In addition to monitoring, remote access can also be used to eliminate faults and defects. Should it not be possible to remedy a fault or defect by remote access because this access was not provided by the Customer, and as a result an on-site deployment becomes necessary, the Contractor shall charge the costs incurred for this according to § 18 on a time and material basis.

(4) The Customer is responsible for compliance with the data protection regulations on the permissibility of remote maintenance when commissioning and performing the services. If the processing of personal data is necessary to fulfil the contractual obligations, this processing is carried out on behalf of the client. In the event of a corresponding requirement, the client will conclude a con-

traggeber wird bei einem entsprechenden Erfordernis einen Auftragsverarbeitungsvertrag gem. Art. 28 Abs. 3 DS-GVO mit dem Auftragnehmer schließen.

tract for processing in accordance with Art. 28 Para. 3 GDPR with the Contractor.

§ 9 Transport und Versicherung

§ 9 Transport and Insurance

(1) Wenn nicht anders schriftlich vereinbart, wird ein auf Wunsch des Auftraggebers durchgeführter An- und Abtransport der Anlage oder Teilen davon – einschließlich einer etwaigen Verpackung und Verladung – auf Kosten des Auftraggebers durchgeführt. Der Auftraggeber trägt die Gefahr des vom Auftragnehmer nicht verschuldeten Untergangs und der Beschädigung der Anlage.

(1) Unless otherwise agreed in writing, the delivery and removal of the apparatus – including any packaging and loading – carried out at the request of the Customer shall be done at the expense of the Customer. The Customer shall bear the risk of loss for which the Contractor is not responsible and of damage to the equipment.

(2) Auf Wunsch des Auftraggebers und auf dessen Kosten wird der Transport nach Möglichkeit gegen die versicherbaren Transportgefahren, zB Diebstahl, Bruch, Feuer, versichert.

(2) At the request of the Customer and at its expense, the transport shall be insured against insurable transport risks, e.g. theft, breakage, fire, as far as possible.

(3) Während der Instandsetzung beim Auftragnehmer besteht kein Versicherungsschutz. Der Auftraggeber hat nach seiner Wahl für Feuer-, Leitungswasser-, Sturm- und Maschinenbruchversicherung zu sorgen.

(3) No insurance cover shall exist during the repair work at the Contractor's premises. The Customer shall, at its option, arrange for fire, tap water, storm and machine breakage insurance.

§ 10 Wartungsbuch

§ 10 Maintenance Book

Der Auftragnehmer dokumentiert jede Leistung in einem Wartungsbuch. Dort werden jeweils Art, Gegenstand, Beginn und Dauer aller Instandhaltungsarbeiten, der Materialverbrauch (Austauschteile, Hilfsmittel und -stoffe etc), Änderungen der Anlage/Maschine sowie evtl. Vorkommnisse erfasst. Bei Instandsetzungsarbeiten werden außerdem die genauen Zeitpunkte der Störungsmeldungen und der Wiederherstellung der Betriebsbereitschaft angegeben und die aufgetretenen Störungen und Störungsursachen beschrieben. Das Wartungsbuch kann elektronisch geführt werden. Dem Auftraggeber ist auf Verlangen eine Kopie zur Verfügung zu stellen.[12]

The Contractor shall document each service in a maintenance book. There, the type, object, start and duration of all maintenance work, material consumption (replacement parts, aids and materials, etc), changes to the apparatus/machine and any incidents are recorded. During repair work, the exact times of the fault reports and the restoration of operational readiness are also specified and the faults that have occurred and their causes are described. The maintenance book can be kept electronically. A copy shall be made available to the Customer upon request.[12]

§ 11 Nicht geschuldete Leistungen

(1) Nach diesem Vertrag besteht ohne zusätzliche Vereinbarung kein Anspruch auf folgende Leistungen: . . . . .[13]

(2) Die Aufzählung ist nicht abschließend. Aus der fehlenden Nennung von Leistungen kann nicht geschlossen werden, dass diese Leistungen Gegenstand der vertraglichen Pflichten des Auftragnehmers sind.

§ 11 Services not owed

(1) According to this contract there is no entitlement to the following services without an additional agreement: . . . . .[13]

(2) The list is not exhaustive. It cannot be inferred from the lack of naming of services that these services are the subject of the Contractor's contractual obligations.

§ 12 Mitwirkungsleistungen und -pflichten des Auftraggebers[14]

(1) Voraussetzung für die Erbringung der Leistungen nach diesem Vertrag ist, dass der Auftraggeber die Anlage nicht ohne Absprache mit dem Auftragnehmer an einem andern als dem bei Abschluss dieses Vertrages maßgeblichen Ort verbringt, sie nicht wesentlich verändert und nicht unter anderen Einsatzbedingungen betreibt.

(2) Der Auftraggeber wird den Auftragnehmer in jeder Hinsicht bei der Erfüllung der Leistungen nach diesem Vertrag unterstützen. Insbesondere wird der Auftraggeber im Interesse einer effizienten Mängelbeseitigung und -behandlung unverzüglich nach Vertragsschluss zwei verantwortliche Mitarbeiter sowie entsprechende Stellvertreter mit vertieften Kenntnissen bezüglich der instand zu haltenden Anlage als Ansprechpartner für den Auftragnehmer einsetzen und dem Auftragnehmer benennen.

(3) Diese Mitarbeiter bündeln und koordinieren Meldungen und Anfragen seitens des Auftraggebers. Sie werden vor einer Weitergabe die Meldungen und Anfragen zunächst aufgrund ihrer eigenen Sachkunde prüfen, ob und wie sie die Störung eigenständig behandeln können. Können sie die auftretende Störung nicht beseitigen, leiten sie die Meldungen und Anfragen über die Hotline an den Auftragnehmer weiter. Andere Mitarbeiter des Auftraggebers sind zu Meldungen und Anfragen an den Auftragnehmer nicht berechtigt. Die benannten Mitarbeiter unterstützen den Auftragnehmer auch wäh-

§ 12 Cooperation and Obligations of the Customer[14]

(1) A prerequisite for the provision of the services under this contract is that the Customer does not move the system to a location other than the relevant location at the time of the conclusion of this contract without consultation with the Contractor, does not substantially change it and does not operate it under different operating conditions.

(2) The Customer shall support the Contractor in all respects in the performance of the services under this Agreement. In particular, in the interest of efficient removal and treatment of defects, the Customer shall appoint two responsible employees and appropriate deputies with in-depth knowledge of the system to be maintained as contact persons for the Contractor without culpable delay after conclusion of the contract and shall name them to the Contractor.

(3) These employees bundle and coordinate reports and inquiries from the Customer. Before passing them on, they will first check the messages and inquiries on the basis of their own expertise whether and how they can handle the malfunction independently. If they are unable to rectify the fault, they shall forward the reports and enquiries to the Contractor via the hotline. Other employees of the Customer are not entitled to report or make enquiries to the Contractor. The designated employees also support the Contractor during the fault and defect removal work, for example by taking the apparatus out of operation, providing electricity, water

rend der Störungs- und Mangelbeseitigungsarbeiten beispielsweise durch das Außerbetriebnehmen der Anlage, das Bereitstellen von Strom-, Wasser- und Abwasseranschlüsse etc.

and waste water connections, etc. The employees also support the Contractor during the fault and defect removal work.

(4) Der Auftraggeber wird bei dem Betrieb der Anlage die Betriebsanleitung des Herstellers und dessen Empfehlungen beachten. Auffälligkeiten an der Anlage wird der Auftraggeber unaufgefordert dem Auftragnehmer mitteilen.

(4) When operating the apparatus, the Customer shall observe the manufacturer's operating instructions and recommendations. The Customer shall inform the Contractor of any anomalies in the system without being requested to do so.

(5) Im Einzelnen erbringt der Auftraggeber bei Bedarf folgende Mitwirkungsleistungen:[15]

- Zurverfügungstellung von benötigten Unterlagen und Informationen (z.B. Dokumentation des Systems, der Systemkonfiguration, Servicehandbücher, Gebäudebeschreibungen und -grundrisse, Informationen über das Nutzungsverhalten);
- Die zur Leistungserbringung durch den Auftragnehmer erforderliche Bereitstellung von Strom einschließlich der benötigten Anschlüsse, von Heizung, allgemeiner Beleuchtung und Klimatisierung sowie von Lüftung und Wasser;
- Herstellung der erforderlichen Betriebszustände, inklusive der Freischaltung der 230V-Einspeisung der Anlage, falls dies zur Erbringung der Leistungen erforderlich ist. Falls dies nicht vom Auftraggeber übernommen wird, hat der Auftragnehmer die Befugnis, das Freischalten der Anlage am Schutzgerät in der Elektro-Verteilung vorzunehmen und gegen Wiedereinschalten zu sichern;
- Zugang zur Steuerung, einschließlich der Software der Anlage;
- Zurverfügungstellung von Hilfsgeräten, z.B. Leitern, Gerüste und Hebezeuge, soweit vorhanden, mit erforderlichem Bedienungspersonal;
- .....

(5) In detail, the Customer shall provide the following cooperation services if required:[15]

- Provision of required documents and information (e.g. documentation of the system, system configuration, service manuals, building descriptions and floor plans, information on usage behaviour);
- The supply of electricity, including the necessary connections, of heating, general lighting and air conditioning, as well as ventilation and water, required for the provision of services by the Contractor;
- The establishment of the required operating conditions, including the activation of the 230V power supply to the facility, if this is necessary for the provision of the services. If this is not undertaken by the Customer, the Contractor shall have the authority to carry out the disconnection of the system at the protective device in the electrical distribution system and to secure it against reconnection;
- Access to the control system, including the software of the installation;
- Provision of auxiliary equipment, e.g. ladders, scaffolding and lifting gear, if available, with the necessary operating personnel;
- .....

(6) Der Auftraggeber übernimmt es als eigene Pflicht (nachfolgend spezifizieren), ...

(6) The contracting entity shall assume it as its own obligation (hereinafter specify) ....

(7) Der Auftraggeber wird den Auftragnehmer rechtzeitig über alle spezifisch aus seinem Risikobereich stammenden Gefahren unterrichten, mit denen die Arbeitnehmer des Auftragnehmers bei der Durchführung der geschuldeten Leistungen im Unternehmen des Auftraggebers in Kontakt kommen.

(8) Mitwirkungsleistungen erbringt der Auftraggeber auf eigene Kosten.

(7) The Customer shall inform the Contractor in good time of all hazards specifically stemming from the Customer's area of risk with which the Contractor's employees come into contact during the performance of the owed services in the Customer's company.

(8) The Customer shall provide cooperation services at its own expense.

§ 13 Untersuchungs- und Rügepflicht[16]

(1) Der Auftraggeber wird die Leistungen des Auftragnehmers einschließlich der etwaig geänderten oder ergänzten Dokumentation unverzüglich nach Überlassung untersuchen, insbesondere im Hinblick auf deren Vollständigkeit sowie grundlegende Funktions- und Betriebsfähigkeit.

(2) Mängel, die hierbei festgestellt werden, müssen dem Auftragnehmer unverzüglich schriftlich mitgeteilt werden. Die Mangelrüge hat eine möglichst detaillierte und konkrete Beschreibung der Mängel zu enthalten.

(3) Mängel, die im Rahmen der beschriebenen ordnungsgemäßen Untersuchung nicht feststellbar waren, müssen wiederum unverzüglich nach Entdeckung schriftlich mitgeteilt werden. Auch diese Mängelrüge muss eine möglichst detaillierte und konkrete Beschreibung der Mängel enthalten.

(4) Unterlässt der Auftraggeber die unverzügliche Mängelrüge, so ist er von der Geltendmachung von Nacherfüllungsansprüchen ausgeschlossen. Schadensersatz kann der Auftraggeber in diesen Fällen nur insoweit verlangen, wie der Schaden nicht auf der verspäteten Rüge beruht.

§ 13 Obligation to Examine and Give Notice of Defects[16]

(1) The Customer shall examine the services of the Contractor including any amended or supplemented documentation without culpable delay after they have been provided, in particular with regard to their completeness as well as their basic functionality and operability.

(2) The Contractor must be notified without culpable delay in writing of any defects that are discovered. The notice of defects must contain as detailed and concrete a description of the defects as possible.

(3) Defects which could not be detected within the scope of the described proper inspection must again be reported in writing without culpable delay after discovery. This notice of defects must also contain as detailed and concrete a description of the defects as possible.

(4) If the Customer fails to notify defects without delay, it shall be excluded from asserting claims for cure. In such cases, the Customer may only claim damages to the extent that the damage is not due to the delayed complaint.

§ 14 Abnahme

(1) Die Leistungen des Auftragnehmers sind nach ihrer Vollendung vom Auftraggeber abzunehmen. Hierzu soll grund-

§ 14 Acceptance

(1) The Contractor's services shall be accepted by the Customer after their completion. In principle, the form provided by the Con-

sätzlich das vom Auftragnehmer bereitgestellte Formular – *Anhang 5* – Verwendung finden. Der Auftraggeber trägt dafür Sorge, dass das Abnahmeprotokoll nur von Mitarbeitern unterzeichnet wird, die dazu bevollmächtigt sind.

tractor – *Appendix 5* – shall be used for this purpose. The client shall ensure that the acceptance report is signed only by employees who are authorised to do so.

(2) Ergeben sich die Leistungszeiten nicht aus dem Inspektions- und Wartungsplan, wird der Auftragnehmer die Vollendung der Leistung dem Auftraggeber anzeigen.

(2) If the performance times do not result from the inspection and maintenance plan, the Contractor shall notify the Customer of the completion of the performance.

(3) Wegen unwesentlicher Mängel darf der Auftraggeber die Abnahme nicht verweigern.

(3) The Customer may not refuse acceptance due to insignificant defects.

(4) Erfolgt keine ausdrückliche oder durch schlüssiges Handeln zum Ausdruck gebrachte Abnahme oder Verweigerung der Abnahme und hat der Auftraggeber die Leistung oder einen Teil der Leistung in Benutzung genommen, so gilt die Abnahme nach Ablauf von 14 Tagen nach Beginn der Benutzung als erfolgt, wenn nichts anderes vereinbart ist.[17]

(4) If there is no acceptance or refusal of acceptance expressed explicitly or by conclusive action and if the Customer has put the service or part of the service into use, acceptance shall be deemed to have taken place 14 days after the start of use, unless otherwise agreed.[17]

§ 15 Termine

§ 15 Schedule

(1) Verbindliche Termine zur Leistungserbringung müssen schriftlich vereinbart und als verbindlich bezeichnet werden.[18]

(1) Binding dates for the provision of services must be agreed in writing and designated as binding.[18]

(2) Leistungsverzögerungen aufgrund höherer Gewalt (zB Streik, Aussperrung, behördliche Anordnungen, allgemeine Störungen der Telekommunikation, Pandemien, Störungen von Lieferketten usw) und Umständen im Verantwortungsbereich des Auftraggebers (zB nicht rechtzeitige Erbringung von Mitwirkungsleistungen, Verzögerungen durch dem Auftraggeber zuzurechnende Dritte etc) hat der Auftragnehmer nicht zu vertreten und berechtigen ihn, das Erbringen der betroffenen Leistungen um die Dauer der Behinderung zzgl. einer angemessenen Anlaufzeit hinauszuschieben. Der Auftragnehmer wird dem Auftraggeber Leistungsverzögerungen aufgrund höherer Gewalt anzeigen.

(2) Delays in performance due to force majeure (e.g. strikes, lock-outs, official orders, general disruptions to telecommunications, etc) and circumstances within the sphere of responsibility of the Customer (e. g. delayed provision of cooperation services, delays by third parties attributable to the Customer, etc) shall not be the responsibility of the Contractor and shall entitle the Contractor to postpone the provision of the affected services for the duration of the hindrance plus a reasonable start-up period. The Contractor shall notify the Customer of any delays in performance due to force majeure.

§ 16 Schutzrechte[19]

(1) Der Auftraggeber prüft anhand der ihm verfügbaren Informationen (Herstellerinformationen, Bedienungsanleitungen etc), ob Schutzrechte an der Anlage (Patente, Gebrauchs- und Geschmacksmuster uÄ) und etwaige damit verbundene Beschränkungen der Tätigkeit an der Anlage (zB Auswechseln von Verschleißteilen, Verbrauchsmaterialien uÄ) bestehen. Gibt es aus Sicht des Auftraggebers Anhaltspunkte für solche Schutzrechte oder Beschränkungen, wird er hierüber den Auftragnehmer informieren.

(2) Wird der Auftragnehmer von Dritten wegen einer Schutzrechtsverletzung infolge der Erfüllung seiner Pflichten aus diesem Vertrag in Anspruch genommen und konnte der Auftragnehmer diese Inanspruchnahme durch im Verhältnis zum Auftraggeber zumutbare Maßnahmen nicht vermeiden, stellt ihn der Auftraggeber von dieser Inanspruchnahme frei. Die Art und Weise der Freistellung bestimmt der Auftraggeber und Berücksichtigung der berechtigten Interessen des Auftragnehmers.

§ 16 Industrial Property Rights[19]

(1) On the basis of the information available (manufacturer's information, operating instructions, etc), the Customer checks whether industrial property rights exist in the apparatus (patents, utility models, designs, etc) and any associated restrictions on the activity of the apparatus (e.g. replacement of wearing parts, consumables, etc). If, in the opinion of the Customer, there are indications of such industrial property rights or restrictions, the Customer shall inform the Contractor thereof.

(2) If claims are asserted against the Contractor by third parties due to an infringement of property rights as a result of the fulfilment of its obligations under this contract and if the Contractor could not avoid this assertion through reasonable measures in relation to the Customer, the Customer shall indemnify it from this assertion. The manner of indemnification shall be determined by the Customer and the legitimate interests of the Contractor shall be taken into account.

§ 17 Eigentumsvorbehalt und Pfandrecht[20]

(1) Die vom Auftragnehmer an den Auftraggeber gelieferten Sachen (Ersatzteile, Austauschteile, Filter, Zubehör uÄ) bleiben bis zur vollständigen Bezahlung aller Forderungen aus diesem Vertrag Eigentum des Auftragnehmers.

(2) Auftragnehmer und Auftraggeber vereinbaren, dass dem Auftragnehmer an dem Auftraggeber gehörenden und zur Instandsetzung oder Wartung in seinen Besitz gelangenden Sachen ein Pfandrecht zusteht. Das Pfandrecht kann auch wegen Forderungen aus früher durchgeführten Arbeiten, Ersatzteillieferungen und sonstigen Leistungen geltend gemacht werden, soweit sie mit der Anlage in Zusammenhang stehen. Für sonstige Ansprüche aus der Geschäftsverbindung gilt das Pfandrecht nur, soweit diese unbestritten oder rechtskräftig sind.

§ 17 Reservation of Title and Lien[20]

(1) The items delivered by the Contractor to the client (spare parts, replacement parts, filters, accessories, etc) remain the property of the Contractor until all claims arising from this contract have been paid in full.

(2) Contractor and Customer agree that Contractor shall have a lien on items belonging to Customer and coming into its possession for repair or maintenance. The right of lien may also be asserted in respect of claims arising from work carried out earlier, deliveries of spare parts and other services, insofar as they are connected with the apparatus. The lien shall only apply to other claims arising from the business relationship insofar as these are undisputed or legally binding.

§ 18 Vergütung

(1) Das Entgelt bestimmt sich nach den Festlegungen in dem *Anhang* 6 und ergänzend nach den folgenden Bestimmungen.

(2) Soweit nicht anders vereinbart, werden die Leistungen für Hotline, Inspektion und Wartung pauschal abgerechnet. Die Entgeltpauschale ist jährlich im Voraus spätestens jeweils bis zum 3. Werktag eines Kalenderjahres zu entrichten. Bei unterjährigem Vertragsbeginn besteht die Zahlungspflicht zeitanteilig.

(3) Leistungen zur Instandsetzung werden stets nach Aufwand abgerechnet. Ebenfalls vom Auftraggeber nach Aufwand zu vergüten sind Leistungen zur Inspektion und Wartung, soweit sie auf einem nicht ordnungsgemäßen Gebrauch, insbesondere der Nichtbeachtung von Betriebsanleitungen und -hinweisen des Herstellers und Auftragnehmers, oder der nicht unverzüglichen Meldung von Störungen beruhen. Eine Pflicht, Störungen zu melden, wird hierdurch nicht begründet.

(4) Ersatzteile, Verschleißteile und Materialien wie Schmierstoffe, Filter, Reinigungsmittel etc werden nach Aufwand gesondert in Rechnung gestellt.

(5) Der Auftraggeber trägt gegen Nachweis sämtliche Auslagen wie Reise- und Übernachtungskosten, Spesen und im Rahmen der Vertragsdurchführung anfallende Entgeltforderungen Dritter. Reise- und Wegezeiten sind zu vergüten. Fahrtkosten werden zu . . . . Euro je gefahrenem Kilometer abgerechnet. Ist die Anfahrt von mehreren Standorten möglich, wählt der Auftraggeber die zur Erfüllung des Vertrages zweckmäßigste Anfahrt, gegebenenfalls auch vom am weitesten entfernten Standort. Für im Rahmen der Nacherfüllung anfallende Aufwendungen erfolgt keine Berechnung.

(6) Für die Abrechnung nach Aufwand gilt die im Zeitpunkt der Vereinbarung der Leistungserbringung jeweils gültige Preisliste des Auftragnehmers.

§ 18 Remuneration

(1) The remuneration shall be determined in accordance with the provisions of the *Appendix* 6 and additionally in accordance with the following provisions.

(2) Unless otherwise agreed, the services for hotline, inspection and maintenance shall be invoiced at a flat rate. The flat-rate fee is to be paid annually in advance, at the latest by the 3rd working day of each calendar year. If the contract commences during the year, the obligation to pay shall apply pro rata temporis.

(3) Repair services shall always be invoiced on a time and material basis. The Customer shall also pay for inspection and maintenance services on a time and material basis if they are based on improper use, in particular non-observance of operating instructions and instructions of the manufacturer and Contractor, or failure to report malfunctions immediately. This does not constitute an obligation to report malfunctions.

(4) Spare parts, wearing parts and materials such as lubricants, filters, cleaning agents etc shall be invoiced separately on a time and material basis.

(5) The Customer shall bear all expenses such as travel and accommodation costs, expenses and third-party remuneration claims arising in connection with the execution of the contract against proof. Travel and travel times are to be paid. Travel expenses will become . . . . Euro per kilometre driven. If it is possible to travel from more than one location, the Customer shall choose the most appropriate route for the fulfilment of the contract, if necessary also from the most distant location. There shall be no invoicing for expenses incurred within the scope of cure.

(6) The price list of the Contractor valid at the time of the agreement on the provision of the service shall apply to invoicing on a time and material basis.

(7) Leistungen des Auftragnehmers sind im Übrigen auch ohne Vereinbarung einer Vergütung stets zu vergüten, soweit nicht ausnahmsweise ausdrücklich die unentgeltliche Leistungserbringung vereinbart wurde. Haben die Parteien keine Vereinbarung über die Vergütung einer Leistung getroffen, deren Erbringung der Auftraggeber danach nur gegen eine Vergütung erwarten durfte, so hat der Auftraggeber die für diese Leistung übliche Vergütung zu entrichten. Im Zweifel gelten die vom Auftragnehmer in diesem Vertrag, hilfsweise die in seinen allgemeinen Preislisten ausgewiesenen Vergütungssätze als üblich.

(7) Services rendered by the Contractor shall otherwise always be remunerated even without an agreement on remuneration, unless the provision of services free of charge was expressly agreed as an exception. If the parties have not reached an agreement on the remuneration of a service, the performance of which the client could only expect in return for remuneration, the client shall pay the usual remuneration for this service. In case of doubt, the remuneration rates stated by the Contractor in this contract, or alternatively in its general price lists, shall be deemed customary.

(8) Der Auftragnehmer kann die Entgelte nach billigem Ermessen (§ 315 BGB) ändern und wird den Auftraggeber über solche Änderungen jeweils innerhalb angemessener Frist vor deren Wirksamwerden unterrichten. Eine Erhöhung ist nur bis zu einem Vomhundertsatz von 3 % je Kalenderjahr möglich, frühestens jedoch mit Wirkung zum Ablauf des ersten vollständigen Kalenderjahres der Vertragslaufzeit.

(8) The Contractor may change the fees at its reasonable discretion (§ 315 BGB) and shall notify the Customer of such changes within a reasonable period before they become effective. An increase is only possible up to a percentage of 3 % per calendar year, but at the earliest with effect from the end of the first full calendar year of the contract period.

(9) Mängel beseitigt der Auftragnehmer unentgeltlich. Soweit eine vom Auftraggeber gemeldete Störung auf einem nach § 20 zu beseitigenden Mangel beruht, besteht keine Kostentragungspflicht des Auftraggebers für die im Rahmen der Entstörung erbrachte Mängelbeseitigung.

(9) The Contractor shall remedy defects free of charge. If a fault reported by the Customer is based on a fault to be rectified in accordance with § 20, the Customer shall not be obliged to bear any costs for the rectification of the fault within the scope of the rectification.

(10) Zahlungen sind, soweit nicht anders vereinbart, unverzüglich nach Zugang der Rechnung zu leisten. Alle vertraglich vereinbarten Vergütungen verstehen sich zzgl. der gesetzlichen Umsatzsteuer.

(10) Unless otherwise agreed, payments shall be made without culpable delay upon receipt of the invoice. All contractually agreed remunerations are exclusive of the statutory value-added tax.

§ 19 Fristsetzungen/Notfallplanung/Rücktritt

§ 19 Deadlines/Emergency planning/Rescission

(1) Hat der Auftraggeber dem Auftragnehmer zur Erfüllung einer Pflicht eine Frist gesetzt, so hat sich der Auftraggeber auf Wunsch des Auftragnehmers nach Ablauf der Frist unverzüglich dazu zu erklären, ob die Frist seiner Ansicht nach

(1) If the Customer has set the Contractor a deadline for the fulfilment of an obligation, the Customer shall, at the request of the Contractor, declare without culpable delay after expiry of the deadline whether the deadline has expired unsuccessfully in its

erfolglos verstrichen ist und ferner dazu, welche Rechte er infolge der Fristversäumnis gegenüber dem Auftragnehmer geltend machen wird, soweit dies nicht schon geschehen ist.

opinion and what rights it will assert against the Contractor as a result of the failure to comply with the deadline, insofar as this has not already been done.

(2) Zur Begrenzung von Nachteilen übernimmt es der Auftraggeber, eine Planung für den Fall vorzuhalten, dass die Anlage nicht bestimmungsgemäß eingesetzt werden (Business Continuity Planning) und nach Eintritt eines solchen Falles wieder in Betrieb genommen werden kann (Desaster Recovery Planning). Der Auftragnehmer wird den Auftraggeber auf dessen Wunsch gegen gesondertes Entgelt bei der Erstellung entsprechender Pläne unterstützen.[21]

(2) In order to limit disadvantages, the Customer shall undertake to provide planning in the event that the apparatus is not used as intended (Business Continuity Planning) and can be put back into operation after such a case has occurred (Disaster Recovery Planning). The Contractor shall, at the request of the Customer, support the Customer in the preparation of corresponding plans for a separate fee.[21]

(3) Wegen Pflichtverletzungen, die der Auftragnehmer nicht zu vertreten hat und die nicht in einem Mangel der Kaufsache oder des Werkes bestehen, kann sich der Auftraggeber nicht vom Vertrag lösen. Nach Beginn des Leistungsaustauschs ist der Rücktritt vom Vertrag ausgeschlossen. An die Stelle des Rücktrittsrechts tritt das Recht zur Kündigung aus wichtigem Grund.

(3) The Customer may not withdraw from the contract due to breaches of duty for which the Contractor is not responsible and which do not consist of a defect in the object of sale or the work. After the start of the exchange of services, withdrawal from the contract is excluded. The right of rescission shall be replaced by the right of termination for good cause.

§ 20 Nacherfüllung

(1) Für die nach diesem Vertrag übernommenen Leistungen steht der Auftragnehmer im Rahmen der gesetzlichen Nacherfüllungsverpflichtung wie folgt ein.

(2) Die Nacherfüllung erfolgt unentgeltlich. Leistungsort für die Nacherfüllung ist der Sitz des Auftragnehmers, es sei denn, die Erbringung der Nacherfüllungsleistung am Sitz des Auftragnehmers ist unmöglich oder erfordert einen Aufwand, insbesondere hinsichtlich der Transportkosten, der in einem groben Missverhältnis zu dem Interesse des Auftraggebers an der Nacherfüllung steht. Hilfsweise ist der Leistungsort für die Nacherfüllung der Ort, an dem sich die Anlage bei Vornahme der Leistung, auf die sich die Nacherfüllung bezieht, befand.

§ 20 Cure

(1) The Contractor shall be responsible for the services assumed under this contract within the scope of the statutory obligation to Cure as follows.

(2) Cure shall be free of charge. The place of performance for cure shall be the registered office of the Contractor, unless the provision of the cure at the registered office of the Contractor is impossible or requires expenditure, in particular with regard to transport costs, which is grossly disproportionate to the interest of the Customer in the cure. Alternatively, the place of performance for cure shall be the place where the apparatus was located when the performance to which the cure relates was performed.

(3) Nacherfüllungsansprüche (§ 439 BGB) verjähren innerhalb von 12 Monaten.[22] An die Stelle des Rücktritts tritt bei den Leistungen, die Dauerschuldcharakter haben, die fristlose Kündigung.

(3) Claims for cure shall become statute-barred after twelve months.[22] In the case of services which are of a permanent nature, cancellation without notice shall take the place of withdrawal.

(4) Der Auftraggeber wird vor der Geltendmachung von Nacherfüllungsansprüchen mit der im Verkehr erforderlichen Sorgfalt prüfen, ob ein der Nacherfüllung unterliegender Mangel gegeben ist. Sofern ein behaupteter Mangel nicht der Verpflichtung zur Nacherfüllung unterfällt (Scheinmangel), kann der Auftragnehmer den Auftraggeber mit den für Verifizierung und Fehlerbehebung erbrachten Leistungen des Auftragnehmers zu den jeweils gültigen Vergütungssätzen des Auftragnehmers zuzüglich der im angemessenen Umfang angefallenen Auslagen und sonstigen Aufwände belasten, es sei denn, der Auftraggeber hätte den Scheinmangel auch bei Anstrengung der im Verkehr erforderlichen Sorgfalt nicht erkennen können.

(4) Before asserting claims for cure, the Customer shall examine with due care whether a defect subject to cure exists. If an alleged defect is not subject to the obligation to cure (apparent defect), the Contractor may charge the Customer for the services provided by the Contractor for verification and troubleshooting at the Contractor's current rates of remuneration plus any expenses incurred, unless the Customer could not have identified the apparent defect even with the exercise of due diligence.

(5) Schadensersatz wird nur für unmittelbare Mängelschäden an der Anlage oder Maschine selbst geleistet. Mangelfolgeschäden an Sachen außerhalb der Anlage oder Maschine sind von der Haftung ausgenommen. Die Schadensersatzhaftung im Übrigen richtet sich nach § 21.

(5) Compensation shall only be paid for direct defect damage to the system or machine itself. Consequential damage to objects outside the apparatus or machine caused by a defect is excluded from liability. The liability for damages in other respects shall be governed by § 21.

§ 21 Haftung[23]

(1) Der Auftragnehmer haftet verschuldensabhängig nur bei Vorsatz, grober Fahrlässigkeit sowie der fahrlässigen Verletzung wesentlicher Vertragspflichten, deren Erfüllung die ordnungsgemäße Durchführung des Vertrags überhaupt erst ermöglicht und auf deren Einhaltung der Vertragspartner regelmäßig vertrauen darf, sowie bei Schäden aus der Verletzung des Lebens, des Körpers oder der Gesundheit. Im Übrigen ist die Haftung des Auftragnehmers je Schadensfall begrenzt auf . . . . . EUR, insgesamt auf . . . . . EUR.

§ 21 Liability[23]

(1) The Contractor shall only be liable, depending on fault, in the event of intent, gross negligence and negligent breach of material contractual obligations, the fulfilment of which is a prerequisite for the proper performance of the contract and the observance of which the Contractual Partner may regularly rely on, as well as in the event of damage resulting from injury to life, limb or health. In all other respects, the liability of the Contractor shall be limited to . . . . EUR, in total to . . . . EUR.

(2) Die Haftung für Verzug ist zudem begrenzt auf 10 % des vereinbarten Entgelts. Bei Dauerschuldverhältnissen ist Maßstab die Vergütung für ein Vertragsjahr.

(3) Die vorstehenden Regelungen gelten auch zugunsten der gesetzlichen Vertreter, Mitarbeiter und Erfüllungsgehilfen des Auftragnehmers.

(2) The liability for delay is also limited to 10 % of the agreed remuneration. In the case of continuing obligations, the amount is the remuneration for one contract year.

(3) The above provisions shall also apply in favour of the Contractor's legal representatives, employees and vicarious agents.

§ 22 Geheimhaltung

(1) Die Parteien verpflichten sich, über alle ihnen im Rahmen der Vorbereitung, Durchführung und Erfüllung dieses Vertrages zur Kenntnis gelangten vertraulichen Vorgänge, insbesondere Geschäfts- oder Betriebsgeheimnisse des anderen Vertragsteils Stillschweigen zu bewahren und diese weder weiterzugeben noch auf sonstige Art zu verwerten.

(2) Diese Geheimhaltungsverpflichtung bleibt auch nach Beendigung dieses Vertrages bestehen.

§ 22 Confidentiality

(1) The parties undertake to maintain secrecy about all confidential processes, in particular business or trade secrets of the other party to the contract, which come to their knowledge in the course of the preparation, execution and performance of this contract and not to pass them on or otherwise exploit them.

(2) This confidentiality obligation shall remain in force even after termination of this contract.

§ 23 Änderung der Vertragsbedingungen[24]

(1) Der Auftragnehmer ist berechtigt, diese Vertragsbedingungen wie folgt zu ändern oder zu ergänzen. Er wird dem Auftraggeber die Änderungen oder Ergänzungen spätestens sechs Wochen vor ihrem Wirksamwerden schriftlich ankündigen. Ist der Auftraggeber mit den Änderungen oder Ergänzungen der Vertragsbedingungen nicht einverstanden, so kann er mit einer Frist von einer Woche zum Zeitpunkt des beabsichtigten Wirksamwerdens der Änderungen oder Ergänzungen widersprechen. Der Widerspruch bedarf der Schriftform. Widerspricht der Auftraggeber nicht, so gelten die Änderungen oder Ergänzungen der Vertragsbedingungen als von ihm genehmigt. Der Auftragnehmer wird den Auftraggeber mit der Mitteilung der Änderungen oder Ergänzungen der Vertragsbedingungen auf die vorgesehene Bedeutung seines Verhaltens besonders hinweisen.

§ 23 Change of Conditions[24]

(1) The Contractor is entitled to amend or supplement these contractual conditions as follows. It shall notify the client of the changes or additions in writing no later than six weeks before they come into effect. If the client does not agree with the changes or amendments to the contractual conditions, it can object with a period of one week from the date on which the changes or amendments are intended to take effect. The objection must be made in writing. If the Customer does not object, the amendments or supplements to the contractual conditions shall be deemed to have been approved by him. The Contractor shall inform the Customer of the intended significance of its conduct by notifying it of any changes or amendments to the terms and conditions of the contract.

(2) Ändern sich gesetzliche oder sonstwie Auftraggeber und Auftragnehmer bindende Vorschriften, die keine Wirksamkeitshindernisse sind, so ist dies ohne Auswirkung auf die Leistungspflichten der Parteien. Eine Vertragsanpassung kann nicht verlangt werden; sie obliegt der freien Entscheidung der Vertragsparteien.

(2) If statutory or otherwise binding regulations which are not obstacles to effectiveness change, this shall have no effect on the performance obligations of the parties. An adjustment of the contract cannot be demanded; it is the free decision of the contracting parties.

§ 24 Vertragsdauer, Kündigung

(1) Soweit nicht anders geregelt, läuft dieser Vertrag auf . . . . . Monate fest und kann danach von beiden Parteien mit einer Frist von sechs Monaten zum Ende eines jeden Kalenderjahres schriftlich gekündigt werden.[25]

(2) Das jederzeitige Kündigungsrecht des Auftraggebers aus § 648 BGB wird ausgeschlossen. Unberührt bleibt das Recht beider Parteien zur Kündigung des Vertrages aus wichtigem Grund.

§ 24 Duration of Contract/Termination

(1) Unless otherwise agreed, this contract shall expire . . . . . months and may thereafter be terminated by either party by giving six months' written notice to the end of each calendar year.[25]

(2) The Customer's right to terminate the contract at any time under § 648 BGB is excluded. The right of both parties to terminate the contract for good cause remains unaffected.

§ 25 Schlussbestimmungen

(1) Allgemeine Geschäftsbedingungen des Auftraggebers finden auf die nach diesem Vertrag auszutauschenden Leistungen keine Anwendung. Dies gilt auch dann, wenn solchen Bedingungen nicht ausdrücklich widersprochen wird.

(2) Der Auftraggeber kann gegenüber den Vergütungsansprüchen des Auftragnehmers nach diesem Vertrag nur mit rechtskräftig festgestellten oder vom Auftragnehmer anerkannten Forderungen aufrechnen. Die Geltendmachung von Zurückbehaltungsrechten an der geschuldeten Vergütung ist ebenfalls nur auf der Grundlage von rechtskräftig festgestellten oder vom Auftragnehmer anerkannten Forderungen zulässig, die zudem auf demselben Vertragsverhältnis beruhen müssen.

(3) Jegliche Änderungen und Ergänzungen dieses Vertrages bedürfen der Schriftform. Dies gilt auch für die Aufhebung dieser Schriftformklausel.

§ 25 Final provisions

(1) General terms and conditions of the Customer shall not apply to the services to be exchanged under this contract. This shall also apply if such conditions are not expressly contradicted.

(2) The Customer may only offset the remuneration claims of the Contractor under this contract against claims which have been determined to be final and absolute or which have been recognised by the Contractor. The assertion of rights of retention to the remuneration owed shall likewise only be permissible on the basis of claims which have become res judicata or which have been recognised by the Contractor and which must also be based on the same contractual relationship.

(3) Any amendments and supplements to this contract must be made in writing. This shall also apply to the revocation of this written form clause.

(4) Sollten einzelne Regelungen dieses Vertrages unwirksam sein oder werden, so berührt dies nicht die Wirksamkeit der verbleibenden Bestimmungen. Die Parteien verpflichten sich, anstelle der unwirksamen Regelung eine wirksame Bestimmung zu vereinbaren, die dem wirtschaftlichen Zweck der unwirksamen Regelung am nächsten kommt. Entsprechendes gilt für den Fall einer Regelungslücke.

(4) Should individual provisions of this contract be or become invalid, this shall not affect the validity of the remaining provisions. The parties undertake to replace the invalid provision with a valid provision that comes as close as possible to the economic purpose of the invalid provision. The same applies in the event of a regulatory gap.

(5) Soweit nicht anders vereinbart, ist Erfüllungsort und ausschließlicher Gerichtsstand der Sitz des Auftragnehmers. Es gilt das Recht der Bundesrepublik Deutschland unter Ausschluss des UN-Kaufrechts.

(5) Unless otherwise agreed, the place of performance and exclusive place of jurisdiction shall be the Contractor's registered office. The law of the Federal Republic of Germany shall apply to the exclusion of the UN Convention on Contracts for the International Sale of Goods.

(6) Die Vertragsparteien haben den Vertrag in einer deutschen und einer englischsprachigen Fassung geschlossen. Für die rechtlichen Wirkungen zwischen den Parteien ist allein die deutsche Fassung maßgeblich.[26]

(6) The contracting parties have concluded the contract in a German and an English version. Only the German version is decisive for the legal effects between the parties.[26]

Anhänge:
1: Beschreibung Anlage
2: Inspektions- und Wartungsplan
3: Ticketsystem
4: Remote-Zugriff
5: Abnahmeprotokoll
6: Vergütung

Attachments:
1: Description of Apparatus
2: Inspection and Maintenance Plan
3: Ticket System
4: Remote Access
5: Acceptance Report
6: Remuneration

Datum/Unterschrift

Date/Signature

Anmerkungen

1. Sachverhalt. Hardwarewartung spielt in der Informationstechnik eine bedeutende Rolle, wenn auch die Hardware in der IT weniger anfällig für Verschleiß ist als dies bei Maschinen in der industriellen Fertigung der Fall ist. Von besonderer Bedeutung ist sie beim Betrieb von Rechenzentren. Hier sind als periphere Teile des Systems insbesondere die Wartung von Kühlsystemen, der Brandschutz und die Zugangskontrolle von Bedeutung.

Das Formular behandelt nur die Wartung von Hardware-Komponenten, nicht aber den Betrieb beispielsweise eines Rechenzentrums insgesamt. Es ist nicht auf eine bestimmte Hardware-Komponente ausgerichtet und muss daher entsprechend an die technischen Bedürfnisse angepasst werden. Von der **Software-Pflege** (→ Form. C.7.) unterscheidet sich die Hardware-Wartung vor allem dadurch, dass Hardware der Abnutzung (Verschleiß) unterliegt. Daher kommt der bei der Software naturgemäß fehlenden vorbeugenden Wartung zum Erhalt der Nutzungsmöglichkeit bei Hardware eine besondere

Bedeutung zu. Ebenso wie bei der Software-Pflege liegt auch bei der Hardware-Wartung regelmäßig ein Dauerschuldverhältnis zugrunde. Gehört die Fehlerbeseitigung zu den Hauptleistungspflichten, stellt sich die Frage nach dem Verhältnis dieser Hauptleistungspflicht zur Nacherfüllungspflicht (→ Form. C.7 Anm. 29).

Das Formular ist moderat auftragnehmerfreundlich, kann aber leicht an die Interessen der Auftraggeber angepasst werden.

2. Begrifflichkeiten. In der IT – wie generell im Technikbereich – werden viele Begriffe verwendet, die keinen eindeutigen Inhalt haben. Daher empfiehlt es sich, diese Begriffe für den jeweiligen Vertrag zu definieren. Das beginnt bereits mit der Frage, ob der Vertrag selbst als Wartungs- oder Instandhaltungsvertrag bezeichnet werden soll. Die DIN 31051 definiert die Instandhaltung als Oberbegriff für die Inspektion, Wartung, Instandsetzung und Verbesserung. In der Praxis werden diese Leistungen aber häufig unter dem Begriff der Wartung zusammengefasst. Da die DIN 31051, wie alle DIN-Regelwerke, urheberrechtlich geschützt ist (LG Hamburg GRUR-RS 2015, 13218 Rn. 34; Schricker/Loewenheim/Loewenheim/Leistner UrhG § 2 Rn. 127), ist eine vollständige Übernahme ohne Lizenzierung nicht zulässig. Einzelne Definitionen sind aber nicht geschützt und dürfen daher in einem angemessenen Rahmen verwendet werden. Wird, wie häufig, die Wartungsleistung gegen eine pauschale Vergütung erbracht, ist insbesondere darauf zu achten, dass die Materialien, die von der Pauschale erfasst werden, hinreichend bestimmt sind und diejenigen, die nicht erfasst werden sollen, vom Leistungsumfang ausgeschlossen werden können.

3. Leistungsbeschreibung. Bei allen Verträgen ist die Leistungsbeschreibung ein wesentlicher Grundpfeiler der Qualität des Vertrages. Die Leistungsbeschreibung gibt das Soll vor und ist damit Maßstab für die ordnungsgemäße Erfüllung der vom Auftragnehmer übernommenen Pflichten. In der Praxis finden sich leider sehr häufig nur unzureichende Beschreibungen der zu erbringenden Leistung. Soweit möglich, sollte daher auf technische Normen zurückgegriffen werden, die konkretere Ausführungen zu der zu erbringenden Leistung enthalten. Unbrauchbar sind insoweit Verweise auf Normen wie DIN 31051 oder DIN 27000, die keine Leistungen, sondern Begriffe oder Prozesse beschreiben. Unzureichend ist auch eine Leistungsbeschreibung, die keine Parameter nennt, die eine Kontrolle ermöglichen, wie etwa „Spannungsfall prüfen".

Wenn in der Leistungsbeschreibung auf **technische Richtlinien** Bezug genommen wird, müssen diese Richtlinien dem Vertragspartner übergeben werden, sofern er sie nicht bereits kennt oder kennen muss. Da die Richtlinien regelmäßig urheberrechtlich geschützt sind (→ Anm. 2), sind sie nicht frei verfügbar, sondern müssen erworben werden. Der Verweis in AGB auf solche geschützten technischen Richtlinien ist mE eine **unangemessene Benachteiligung** des Vertragspartners, wenn dieser sich den Vertragsinhalt nicht einfach erschließen kann, sondern erst durch den Zukauf von Informationen.

4. Anerkannte Regeln der Technik. Die Rechtsprechung geht bei Leistungsverpflichtungen regelmäßig davon aus, dass der Unternehmer jedenfalls stillschweigend verspricht, die Leistungen nach den anerkannten Regeln der Technik zu erbringen (dazu Sass NZBau 2014, 137). Das sind die Regeln, die sich nach der Meinung der Mehrheit der maßgeblichen Fachleute in der Praxis bewährt haben (vgl. OLG Hamm NJW-RR 1998, 668 (669); Seibel NJW 2013, 3000) und deren Beachtung dementsprechend zu üblichen Standards führt (BGH NJW 1998, 2814 (2815)). Technische Richtlinien wie **DIN-**, VDE-, VDI- und ähnliche Regelwerke stellen **keine verbindlichen Vorgaben** für die Regeln oder den Stand der Technik dar, sondern versuchen als privatrechtliche Empfehlungen diese wiederzugeben (BGH NJW 2007, 2983 Rn. 32). Hält sich der Unternehmer an diese Richtlinien, wird **widerleglich vermutet**, dass sein Werk den anerkannten Regeln bzw. dem Stand der Technik entspricht (BGH NJW 2013, 2271 Rn. 25). Will ein

Unternehmer **von den anerkannten Regeln der Technik abweichen**, darf der Auftraggeber über den Hinweis auf das Regelwerk hinaus eine entsprechende Aufklärung erwarten, die ihm mit aller Klarheit verdeutlicht, dass die Mindestanforderungen der technischen Norm nicht mehr den anerkannten Regeln der Technik entsprechen (BGH NJW 2009, 2439 Rn. 15). In der Praxis stellt sich das Problem, dass der Unternehmer häufig nicht weiß, welches die anerkannten Regeln der Technik sind, zumal technische Richtlinien insoweit nicht maßgeblich sind. Das Formular versucht dies durch die Vereinbarung zu lösen, dass im Verhältnis der Parteien zueinander die in Bezug genommenen technischen Regelwerke die anerkannten Regeln der Technik wiedergeben. Das läuft allerdings der Intention der Rechtsprechung zuwider, den Kunden über für ihn nachteilige Abweichungen von den anerkannten Regeln zu informieren, und dürfte daher AGB-rechtlich bedenklich sein.

5. Hotline. Zum Einsatz von KI → Form. C.7 Anm. 19.

6. Wartungsfähiger Zustand. Die vorbeugenden, dem Verschleiß entgegenwirkenden Wartungsleistungen werden nach diesem Formular gegen eine Entgeltpauschale erbracht. Die Kalkulation basiert dabei regelmäßig auf der Annahme, dass alle vorgesehenen Wartungsleistungen durchgeführt werden. Ist es nicht der Fall, kann die Folgewartung unter Umständen mit einem unerwarteten Mehraufwand verbunden werden. Dementsprechend hat der Kunde die Obliegenheit, die Anlage in einem wartungsfähigen Zustand zu halten.

7. Instandsetzung. Bei der Instandsetzung geht es um die **Wiederherstellung der Soll-Funktionalität.** Da die Aufwände hierfür im Voraus nicht pauschal kalkulierbar sind, erfolgt die Abrechnung nach Aufwand und bedarf einer gesonderten Beauftragung. Um eine zeitnahe Leistung des Auftragnehmers zu erreichen, sind Reaktionszeiten vorgesehen. Das Einhalten der **Reaktionszeiten** sagt jedoch nichts darüber aus, wie lange die Störungsbeseitigung dauert. Instandsetzungsleistungen sind eine Hauptleistungspflicht nach dem Vertrag und führen bei einer pflichtwidrigen Umsetzung zu entsprechenden Nacherfüllungsansprüchen. Die Regelung in Ziff. 6 ähnelt der in → Form. E.5. Auf die Anmerkungen dort sei verwiesen → Form. E.5 Anm. 17.

8. Vertragsschluss. Bei Instandsetzungsarbeiten steht der Auftraggeber nicht selten vor einem Dilemma. Einerseits soll die Störung möglichst schnell beseitigt werden. Andererseits sollen die Kosten im Blick bleiben. Das Formular gibt dem Auftraggeber daher die Möglichkeit, statt einer Auftragserteilung zunächst einen Kostenvoranschlag zu erbitten, um einen Überblick über die Kosten zu erhalten. Gibt der Auftraggeber ein Angebot zum Abschluss eines Vertrages über die Instandsetzung ab und will der Auftragnehmer keine Vereinbarung treffen, muss er dem Angebot des Auftraggebers unverzüglich widersprechen. Tut er das nicht, kommt ein Vertrag mit dem Inhalt des Angebots zustande.

9. Kaufrecht. Die nach dem Formular zu erbringenden Leistungen können typischerweise dienst- oder werkvertraglicher Art sein. Die Praxis behandelt Wartungsverträge als **Werkverträge.** Das ist aber dann fraglich, wenn die Überlassung einer Sache auf Dauer im Vordergrund steht. Wird beispielsweise bei einem Kühlaggregat (nur) der Kompressor getauscht, kann der Wert der Sache den Wert der Dienstleistung zum Austausch weit überwiegen. Es wäre dann gut begründbar, Kaufrecht auf diese Leistung anzuwenden. Denn wenn sich ein Unternehmer zur Lieferung und Montage einer Sache verpflichtet, kommt es nach der Rechtsprechung des Bundesgerichtshofs für die **Einordnung als Werk- oder Kaufvertrag** mit Montageverpflichtung darauf an, auf welcher der beiden Leistungen bei der gebotenen Gesamtbetrachtung der **Schwerpunkt** liegt. Je mehr die mit dem Warenumsatz verbundene Übertragung von Eigentum und Besitz der zu montierenden Sache auf den Vertragspartner im Vordergrund steht und je weniger dessen individuelle Anforderungen und die geschuldete Montage- und Bauleistung das Gesamtbild des

Vertragsverhältnisses prägen, desto eher ist die Annahme eines Kaufvertrags mit Montageverpflichtung geboten. Liegt der Schwerpunkt dagegen auf der Montage- und Bauleistung, etwa auf Einbau und Einpassung einer Sache, und dem damit verbundenen individuellen Erfolg, liegt ein Werkvertrag vor (BGH ZfBR 2018 Rn. 19, 775; NJW-RR 2004, 850). Das Formular trägt dem Rechnung, indem auch die mögliche kaufrechtliche Einordnung geregelt wird.

10. Teiletausch. Generell müssen keine **Originalersatzteile** verwendet werden, solange das verbaute Teil die geschuldete Qualität hat (vgl. OLG Celle NJW 2013, 2203 (2205). Erleidet der Auftraggeber durch die Verwendung an sich geeigneter Teile allerdings einen Nachteil, weil zB der Hersteller eine Garantie auf die Anlage an die Verwendung von ihm gelabelter Teile knüpft, kann die Verwendung anderer Teile eine Pflichtverletzung darstellen (OLG Brandenburg BeckRS 2011, 16977). Der Auftragnehmer darf die der Anlage entnommenen Teile selbstverständlich nur mitnehmen, wenn der Auftraggeber hiermit einverstanden ist. Soll der Auftragnehmer die Teile nicht geschenkt erhalten, ist allerdings eine Vergütung zu vereinbaren. Die Leistung des Auftraggebers ist dann **umsatzsteuerpflichtig**, er selbst ist Verkäufer. Kann der Wert des ausgetauschten Alt-Teils pauschaliert werden, vereinfacht das die Kalkulation. Darf der Unternehmer die Teile unentgeltlich mitnehmen, dürfte eine auf die Zukunft gerichtete **Schenkung** vorliegen, die nach § 518 Abs. 1 BGB beurkundungspflichtig wäre.

11. Remote-Zugriff. Häufig kann der Auftragnehmer auf die Maschinen und Anlagen über ein Kommunikationsnetz zugreifen. Aus Auftraggebersicht stellen sich dann vor allem Sicherheitsfragen, aber auch Fragen des Datenschutzes und der Mitbestimmung. Werden die Anlagen von Mitarbeitern bedient und diese Bedienung protokolliert, liegen personenbezogene Daten vor und die Protokollierung erlaubt eine Überwachung, die der **Mitbestimmung** nach § 87 Nr. 6 BetrVG unterliegt. Die Datenschutzbehörden des Bundes und der Länder (Datenschutzkonferenz – DSK) vertreten in ihrem Kurzpapier Nr. 13 auf S. 3 die Auffassung, dass in solchen Fällen eine **Auftragsverarbeitung** vorliegt. Daher ist bei einem Zugriff auf personenbezogene Daten oder nur der Möglichkeit hierzu ein Vertrag zur Auftragsverarbeitung nach Art. 28 Abs. 3 S. 1 DS-GVO zu schließen.

12. Dokumentation. Die unzureichende Dokumentation der erbrachten Leistungen kann eine Pflichtverletzung darstellen (OLG Düsseldorf BeckRS 2016, 116662). Die Art und Weise der Dokumentation sollte daher möglichst präzise geregelt werden. Die vom Auftraggeber bestätigte Dokumentation kann insbesondere beim Nachweis der vertragsgemäßen Erbringung der Leistungen hilfreich sein.

13. Nicht geschuldete Leistungen. Bei der Vereinbarung einer pauschalen Vergütung stellt es ein Kalkulationsrisiko für den Auftragnehmer dar, wenn die zu erbringenden Leistungen nicht eindeutig definiert sind. Möglicherweise bestehen Erwartungen des Kunden, die der Auftragnehmer zu der pauschalierten Vergütung nicht berücksichtigen will. Daher empfiehlt es sich, mit solchen Erwartungen verbundene Leistungen aus der vertraglichen Leistungspflicht auszuschließen.

14. Mitwirkungsleistungen. Eine Kehrseite zu den in § 11 behandelten ausgeschlossenen Leistungen stellen die Mitwirkungsleistungen des Auftraggebers dar. Die Leistungen, die der Auftragnehmer zu der vereinbarten Pauschale nicht erbringen will oder kann, können ihm als Mitwirkungsleistungen auferlegt werden. Das betrifft beispielsweise das Reinigen der Maschine vor einer Wartungsleistung oder das Spannungsfreischalten einer Anlage, das nur durch entsprechend befähigte Personen erfolgen darf. Da Mitwirkungsleistungen rechtlich Obliegenheiten sind und aus ihrer Nichtbeachtung keine Schadensersatzansprüche resultieren, sollte im Einzelfall überlegt werden, diese Leistungen zu eigenen Pflichten des Kunden zu machen. Aus Kundensicht spielt die Beachtung der unternehmensinternen Sicherheitsanforderungen durch Fremddienstleister eine große Rolle. In **Einkaufsbedingungen** kann hierzu als Mitwirkungsleistungen des Auftragnehmers vereinbart werden:

Der Auftragnehmer verpflichtet sich, dafür zu sorgen, dass die Hausordnung und die Sicherheitsbestimmungen des Auftraggebers durch seine Mitarbeiter eingehalten werden. Der Auftraggeber wird seine Mitarbeiter darauf hinweisen, dass sie sich beim Betreten und Verlassen des Geländes des Auftraggebers den üblichen Kontrollen zu unterwerfen haben.

15. Beispiele. Die genannten Mitwirkungsleistungen sind Beispiele, die auf den konkreten Fall angepasst werden müssen. Es ist AGB-rechtlich darauf zu achten, dass dem Auftraggeber keine Leistungen auferlegt werden, die über eine Mitwirkung hinausgehen und letztlich eine Übernahme der typischen Leistungspflichten des Auftragnehmers darstellen. Müsste der Kunde Geräte wie zB Hebezeuge erst noch aufwändig beschaffen, stellt dies ein Indiz für die Unangemessenheit der Regelung dar.

16. Untersuchungs- und Rügepflichten. Das Gesetz sieht für den Auftraggeber in einem Werkvertrag keine Untersuchungs- und Rügeobliegenheiten vor. Dementsprechend ist das verbreitete Auferlegen entsprechender Pflichten gesetzesfremd und AGB-rechtlich bedenklich.

17. Abnahmefiktion. Die im Rahmen des Vertrags erbrachten Leistungen des Auftragnehmers unterliegen dem Werkvertragsrecht. Damit ist die Abnahme Voraussetzung für die Fälligkeit der Vergütung dieser Leistungen. Nicht selten verweigern Auftraggeber die Abnahme, obwohl sie gesetzlich dazu verpflichtet sind. Für den Auftragnehmer besteht dann kaum eine Möglichkeit, die Vergütung ohne ein gerichtliches Verfahren zu erlangen. Die in § 14 Abs. 4 verwendete Abnahmefiktion ist AGB-rechtlich **unwirksam**, weil sie die Abnahme unabhängig von der Qualität der Leistung, dh auch bei Vorliegen wesentlicher Mängel, eintreten lässt. Die für ab 2018 geschlossene Verträge geltende Vorschrift des § 640 Abs. 2 S. 1 BGB bringt dem Unternehmer keine Erleichterung, weil der Kunde der Fiktion mit der Meldung eines einfachen Mangels begegnen kann. Der Mangel muss nur aus Sicht des Kunden bestehen und braucht auch nicht wesentlich zu sein (vgl. BeckOK BGB/Voit § 640 Rn. 35).

18. Termine. → Form. C.3 Anm. 16.

19. Schutzrechte. Anlagen können ganz oder hinsichtlich einzelner Teile insbesondere **patentrechtlich geschützt** sein. Damit stellt sich die Frage, ob Wartungs- und Instandsetzungsleistungen Dritter einen Eingriff in die geschützte Position des Patentrechtsinhabers darstellen. In dem Austausch eines Verschleißteils, das während der zu erwartenden Lebensdauer einer Maschine ersetzt wird, liegt regelmäßig keine patentrechtlich relevante Neuherstellung. Im Einzelfall kann dies aber anders sein (BGH GRUR 2004, 758 – Flügelradzähler; 2007, 769 – Pipettensystem). Der Dienstleister, der damit rechnen muss, an einer patentgeschützten Anlage zu arbeiten, sollte sich entsprechend vom Auftraggeber instruieren lassen.

20. Eigentumsvorbehalt/Pfandrecht. Bei dem Einbau von Ersatzteilen in die Anlage ist mit dem Verlust des Eigentums nach § 947 Abs. 2 BGB zu rechnen. Die Vereinbarung eines Pfandrechts nach Abs. 2 wirkt nur, wenn die Sache in den Besitz des Auftragnehmers gerät.

21. Notfallplanung. Der Ausfall der IT bedeutet für jedes Unternehmen ein großes Risiko. In vielen Fällen ist ein Unternehmen bereits nach 2–3 Tagen ohne IT von der Insolvenz bedroht. Das bedeutet auf der anderen Seite für den Auftragnehmer ein hohes Schadensersatzrisiko, wenn der IT-Ausfall auf eine von ihm zu vertretende Pflichtverletzung zurückzuführen ist. Es ist im Interesse beider Vertragsparteien für den möglichen Ausfall der IT Vorsorge zu treffen. In der Praxis wird diese nachvollziehbare Idee jedoch viel zu wenig gelebt, obwohl es organisationsrechtlich zu den Pflichten der Geschäftsleitung gehört, Risiken vorzubeugen (dazu Hauschka/Moosmayer/Lösler Corporate Compliance/Schmidl § 28 Rn. 46 ff.).

22. Nacherfüllung. Aus der nicht vertragsgemäßen Durchführung der werkvertraglichen Leistungen stehen dem Auftraggeber Nacherfüllungsansprüche zu. Im unternehmerischen Verkehr ist es aus § 309 Nr. 8b ff. BGB ersichtlich zulässig, die Verjährung bestimmter Nacherfüllungsansprüche auf ein Jahr zu verkürzen. Davon wird in diesem Formular Gebrauch gemacht. Die von den Nacherfüllungsansprüchen zu trennenden Schadensersatzansprüche dürfen allerdings in AGB nicht verkürzt werden. Zur Verjährung von Schadensersatzansprüchen bei einer Kündigung des Auftraggebers aus wichtigem Grund s. BGH NJW 2020, 605 Rn. 28.

23. Haftung. → Vorb. A.III.5.

24. Änderung Vertragsbedingungen. → Vorb. A.I.3.

25. Kündigung. Das freie Kündigungsrecht des Bestellers ist in AGB grundsätzlich nicht ausschließbar → Form. C.3 Anm. 27. Bei Werkverträgen in der Gestalt von Dauerschuldverhältnissen, wie dem hier vorliegenden Wartungsvertrag oder Software-Pflegeverträgen, ist ein Ausschluss jedoch möglich → Form. C.7 Anm. 36.

26. Vertragssprache. → Form. F.3 Anm. 36.

5. Hardware Entwicklung und Produktion

Hardwareentwicklungs- und Produktionsvertrag	Hardware development and production contract
zwischen	**between**
. . . .	. . . .
– nachfolgend „Produzent“ genannt –	**– hereinafter referred to as „Producer“ –**
und	**and**
. . . .	. . . .
– nachfolgend „Anbieter“ genannt –	**– hereinafter referred to as „Supplier“ –**
Präambel	**Preamble**
Der Anbieter hat Bedarf an der Entwicklung und Produktion in seinem Auftrag von Hardware für den Einsatz in den Bereichen/Branchen „. . . .“(„Produkt“), wobei Abnehmer Großhändler sind, welche an Verbraucher vertreiben. Der Anbieter hat eine Produktidee und hieraus einen Prototyp entworfen. Der Entwicklungsname soll	**The Supplier has a need for the development and production on its behalf of hardware for use in the areas/industries „. . . . . .“ („Product“), whereby the customers are wholesalers who sell to consumers. The Supplier has a product idea and has designed a prototype from this. The development name should be**

„. . . . . .“ lauten. Der Produzent ist spezialisiert auf die Herstellung von Hardware mit den benötigten Komponenten. Der Produzent soll zunächst auf Basis des Prototyps im Auftrag des Anbieters ein marktreifes Produkt entwickeln und nachfolgend für den Absatz in Serie produzieren. Die Parteien haben vor Abschluss dieser Vereinbarung bereits eine Vertraulichkeitsvereinbarung[1] zum Schutz des wechselseitigen Know-How abgeschlossen. Diese Vertraulichkeitsvereinbarung gilt für den nachfolgenden Hardwareentwicklungs- und Produktionsvertrag weiter und umfasst zugunsten des Anbieters auch ein Wettbewerbsverbot, an welches der Produzent weiter gebunden bleibt.

„. . . . . .“. The Producer is a specialised manufacturer of hardware with the necessary components. The Producer shall initially develop a market-ready product on the basis of the prototype on behalf of the Supplier and subsequently produce it in series for sale. Prior to the conclusion of this agreement, the parties have already concluded a confidentiality agreement[1] to protect each other's knowhow. This confidentiality agreement shall continue to apply to the subsequent hardware development and production contract and also includes a non-competition clause in favour of the Supplier, to which the Producer shall remain bound.

§ 1 Vertragsgegenstand

(1) Der Anbieter überlässt dem Produzenten zur Bemusterung und Weiterentwicklung den Prototyp, Entwürfe, Konzepte sowie die Informationen zur Produktidee. Zunächst werden die Parteien im Rahmen eines agilen Vorgehens der Hardwareentwicklung den Prototyp zu einem marktfähigen Produkt entwickeln. Die Marktfähigkeit umfasst dabei die Berücksichtigung alle gesetzlichen und regulatorischen Anforderungen für die Bereitstellung von Produkten der angesprochenen Branche. Der Produzent unterstützt den Anbieter sowohl bei der Entwicklung der Hardware sowie bei allen Prozessen zur Erlangung erforderlicher Zertifizierungen und Zulassungen sowie der Etablierung eines Qualitätsmanagementsystems für die nachfolgende Herstellung in Serie zum Vertrieb über Großhändler an Endverbraucher sowie des Kundenservices in der Lieferkette.

(2) Die Anbieterin ist allein zur Auswertung der Arbeitsergebnisse nach Absatz (1) berechtigt.

(3) Nach Abschluss der Entwicklungsleistungen nach Absatz (1) werden die Parteien nähere Vereinbarungen zur Produktion im Auftrag des Anbieters durch den Produzenten verhandeln. Sollten die Verhandlungen scheitern und nicht zum Abschluss einer Produktionsvereinbarung führen, ist der

§ 1 Subject matter of the contract

(1) The Provider shall provide the Producer with the prototype, drafts, concepts and information on the product idea for sampling and further development. Initially, the parties will develop the prototype into a marketable product as part of an agile hardware development process. Marketability includes the consideration of all legal and regulatory requirements for the provision of products for the industry in question. The Producer shall support the Supplier in the development of the hardware and in all processes for obtaining the necessary certifications and authorisations as well as in establishing a quality management system for subsequent series production for distribution via wholesalers to end-consumers and customer service in the supply chain.

(2) The Provider is solely authorised to exploit the work results in accordance with paragraph (1).

(3) After completion of the development services in accordance with paragraph (1), the parties shall negotiate more detailed agreements on production on behalf of the Supplier by the Producer. Should the negotiations fail and not lead to the conclusion of a production

Anbieter frei in seiner Entscheidung, die Arbeitsergebnisse nach Absatz (1) auf Basis des ausschließlichen Verwertungsrechts nach Absatz (2) anderweitig selbst oder durch Dritte zu produzieren und abzusetzen.

§ 2 Projektzusammenarbeit

(1) Die Parteien vereinbaren bei der Entwicklung der marktfähigen Hardware agil zusammen zu arbeiten. Agiles Projektvorgehen bedeutet dabei für die Parteien folgende Vorgehensweise, welche nach einem initialen Kick-Off Workshop in einem Ablaufplan mit Terminplanung festgehalten (*Anlage 1* – Story und Terminplan)[2] und bei Bedarf von den Parteien bei Hinzukommen neuer Anforderungen oder Wegfall überholter Anforderungen jeweils aktualisiert wird:

- Aufteilen des Gesamtproduktes Hardware und Prozesse gemäß den Entwürfen, Konzepten und des Prototyps und den Anforderungen des Anbieters aus der Produktidee an mechanische oder funktionale Komponenten;
- Feststellen der geltenden gesetzlichen und regulatorischen Anforderungen für die Zielbranche sowie daraus folgende Zertifizierungs- und Zulassungsanforderungen;
- Produktion von Zwischenergebnissen in den vereinbarten Sprints wie z.B.:
  - Zeichnungen und (virtuelle) Modelle,
  - 3D-gedruckte Produktteile oder vergleichbare Fremdkomponenten zum Test, zur Beschleunigung der Entwicklung und ggf. Reduzierung der Produktionskosten mit Fremdkomponenteneinsatz;
  - Simulationen;
  - Nutzertests intern und mit Testpersonen;
  - Belastungstests und Produktsicherheitstests.

agreement, the Supplier shall be free to decide to produce and sell the work results in accordance with paragraph (1) elsewhere itself or through third parties on the basis of the exclusive exploitation rights in accordance with paragraph (2).

§ 2 Project co-operation

(1) The parties agree to work together in an agile manner in the development of marketable hardware. The parties understand an agile project approach as follows as a process, which, after an initial kick-off workshop, is set out in a schedule with deadlines (*Appendix 1* – Story and Schedule)[2] and updated by the parties as required when new requirements are added or obsolete requirements are cancelled:

- Break down the overall product hardware and processes into mechanical or functional components in accordance with the designs, concepts and prototype along the requirements of the supplier from the product idea;
- Determining the applicable legal and regulatory requirements for the target industry and the resulting certification and authorisation requirements;
- Production of interim results in the agreed sprints, e.g:
  - Drawings and (virtual) models,
  - 3D-printed product parts or comparable third-party components for testing, to accelerate development and, if necessary, reduce production costs with the use of third-party components;
  - Simulations;
  - User tests internally and with test persons;
  - Stress tests and product safety tests.

- Feedback nach den Sprints, um diese Zwischenergebnisse nach jedem Zyklus zu bewerten und ggfs. zu optimieren.
- Der Product Owner legt Schritte fest, nach denen z.B. neue Funktionalitäten in das Produkt integriert werden. Um den Überblick über den Fortschritt der Produktentwicklung zu behalten, wird ein Burndown-Chart (*Anlage 2* Muster Burndown-Chart) eingesetzt.

Die Rolle des Product Owners übernimmt der Projektleiter des Produzenten. Die weiteren Rollenzuweisungen werden in der *Anlage 3* Ansprechpartner als Teilergebnis des Kick-Off-Workshop besetzt.[3] Die Parteien benennen jeweils für die Rollen Vertreter und bei Veränderungen im Projektteam werden jeweils umgehend neue Ansprechpartner benannt.

(2) Der Produzent verpflichtet sich alle Zwischenergebnisse, ggf. auch verworfene Entwicklungszwischenschritte, Testversionen und Testdaten sowie Testergebnisse, Qualitätsanforderungen und -prüfungen sowie Produktteile in allen Probeversionen detailliert und für das Projektteam nachvollziehbar zu dokumentieren. Die Dokumentation muss so gestaltet sein, dass fachlich qualifizierte Personen die einzelnen Entwicklungsschritte, einschließlich nicht weiter verfolgter Entwicklungsideen und Testversionen nachvollziehen und erforderlichenfalls nachentwickeln oder weiterentwickeln sowie im Falle von Rezertifizierungen und anderweitigen Zulassungen als Einzelprodukt oder im Zusammenspiel mit anderer Hard- und Software auch für andere Anwendungszwecke und Branchen dauerhaft abrufen, vervielfältigen, bearbeiten und nutzbar machen können.[4]

(3) Soweit im Herstellungsprozess Tools unter Einsatz von Künstlicher Intelligenz verwandt werden, sind diese mit allen anderen Entwicklungswerkzeugen einschließlich der eingesetzten Prompts, Trainingsdaten und Datenquellen zu dokumentieren.[5]

(4) Für die Hardware sind ferner alle Details der verwandten Materialien sowie die

- Feedback after the sprints in order to evaluate and, if necessary, optimise these interim results after each cycle/iteration.
- The product owner defines steps according to which, for example, new functionalities are integrated into the product. A burndown chart (*Appendix 2* Sample burndown chart) is used to keep track of the progress of product development.

The role of product owner is assumed by the producer's project manager. The other roles are assigned[3] in *Appendix 3* Contact persons as a partial result of the kick-off workshop. The parties shall each appoint representatives for each role and new contact persons shall be appointed immediately in the event of changes to the project team.

(2) The Producer undertakes to document all interim results, including any rejected interim development steps, test versions and test data as well as test results, quality requirements and tests as well as product parts in all trial versions in detail and in a manner that is comprehensible to the project team. The documentation must be designed in such a way that technically qualified persons can understand the individual development steps, including development ideas and test versions that are not pursued further, and, if necessary, redevelop or further develop them and, in the case of recertifications and other approvals, permanently retrieve, reproduce, edit and make them usable as a single product or in combination with other hardware and software for other applications and industries.[4]

(3) If tools using artificial intelligence are used in the manufacturing process, these must be documented with all other development tools, including the prompts, training data and data sources used.[5]

(4) For the hardware, all details of the materials used as well as the material and

Material- und Oberflächenbehandlung sowie etwaiger Einsatz-, Pflege- und Reinigungsbedingungen zu dokumentieren.[6]

surface treatment and any conditions of use, care and cleaning must also be documented.[6]

§ 3 Tests, Installation, Fertigstellung und Abnahme sowie Marktreife

§ 3 Tests, installation, completion, acceptance and market readiness

(1) Im Verlauf des Projektes legen die Parteien die Testfälle und Einsatzbereiche des Produktes fest. Nach Festlegung der Zielgruppen, stellt der Produzent die maßgeblichen Anforderungen an das Produkt und die Produktsicherheit zum Erreichen der Marktreife für die benannten Absatzmärkte fest.

(1) In the course of the project, the parties shall determine the test cases and areas of application of the product. Once the target groups have been defined, the Producer determines the relevant requirements for the product and product safety in order to achieve market readiness for the designated sales markets.

(2) Auf Basis der Anforderungen nach Absatz 1 plant der Produzent die Herstellung, die Tests und die erforderlichen Zertifizierungsmaßnahmen je nach Anforderungen als Selbsterklärung oder durch die geeigneten Stellen.

(2) On the basis of the requirements under paragraph 1, the manufacturer shall plan the manufacture, the tests and the necessary certification measures as a self-declaration or by the appropriate bodies, depending on the requirements.

(3) Bestandteile der Entwicklung sind die Hardware, Software ggf. auf Basis von Open Source Software, die Algorithmen für die Funktionen und alle Dokumentationen, die Gebrauchsanleitung sowie erforderlichenfalls Wirksamkeitsstudien und Audits für Zertifizierungen und Zulassungen einschließlich der Antragstellung und Durchführung der Verfahren im Namen des Anbieters. Das Design und der Test der späteren Originalverpackung ist ebenfalls Bestandteil der Produktentwicklung. Die Parteien legen ferner mindestens fünf weitere Sprachen fest, in welchen neben Deutsch und Englisch die Gebrauchsinformationen bereit gestellt werden.

(3) Components of the development are the hardware, software, if suitable based on open source software, the algorithms for the functions and all documentation, the instructions for use and, if necessary, effectiveness studies and audits for certifications and authorisations, including the application and implementation of the procedures on behalf of the Supplier. The design and testing of the subsequent original packaging is also part of the product development. The parties shall also specify at least five other languages in which the instructions for use are to be provided in addition to German and English.

(4) Entscheidet der Anbieter die Entwicklung des Produktes vor Erreichen der Marktreife abzubrechen, so hat dies die Wirkung der Kündigung nach § 648 BGB, es sei denn die weiteren Voraussetzungen des § 648a BGB liegen vor und der Anbieter bezieht sich auf wichtige Gründe beim Ausspruch der Kündigung.

(4) If the Supplier decides to discontinue the development of the product before it is ready for the market, this shall have the effect of termination in accordance with § 648 BGB, unless the further requirements of § 648a BGB are met and the supplier refers to such reasons when giving notice of termination.

(5) Die Abnahme des Produktes mit Produktreife zum Abschluss eines Produktionsvertrages bildet den Abschluss der Entwick-

(5) The acceptance of the product with product maturity for the conclusion of a production contract constitutes the con-

lungsvereinbarung. Endet der Vertrag durch Kündigung vor Abnahme, so hat der Produzent dem Anbieter alle (Teil-)Arbeitsergebnisse einschließlich Dokumentation nach § 2 Absätze 2 bis 2 zu übergeben und zur Nutzung zu überlassen.

clusion of the development agreement. If the contract ends due to termination before acceptance, the Producer shall hand over all (partial) work results, including documentation in accordance with § 2 (2) to (2), to the Supplier and make them available for use.

(6) Der Produzent weist den Anbieter in die Anwendung und Einsatzbedingungen des Produktes vor Abnahme des Produktes zur Serienproduktion ein. Der Produzent stellt die Informationen für die Gebrauchsanwendung und FAQ Listen zur Verfügung und kennzeichnet die Produkte entsprechend. Die Angaben sind so auszugestalten, dass sie sich zur Übernahme in den Kundenservice eignen.

(6) The Producer shall instruct the Supplier in the application and conditions of use of the Product prior to acceptance of the Product for series production. The Producer shall provide the information for use and FAQ lists and shall label the Products accordingly. The information shall be designed in such a way that it is suitable for transfer to customer service.

(7) Der Anbieter entscheidet über die Kennzeichen, unter denen er die Hardware in den Verkehr bringen will und Marken sowie Domains und ggf. Social Media Account Namen sind ausschließlich auf den Anbieter als Inhaber anzumelden bzw. zu registrieren.

(7) The Supplier shall decide on the labelling under which it wishes to market the hardware and on trademarks as well as domains and, if applicable, social media account names shall be applied for or registered exclusively in the name of the Supplier as the owner.

§ 4 Nutzungsrechtseinräumung, Rechtedokumentation

§ 4 Granting of rights of use, rights documentation

(1) Der Produzent sichert zu, hinreichende Nutzungsrechte an den Entwicklungsgrundlagen und -ergebnissen zu haben, um die vertragsgegenständlichen Entwicklungsleistungen durchzuführen und das Produkt zu produzieren.

(1) The Producer warrants that it has sufficient rights of use of the basis of development and results in order to carry out the contractual development services and produce the Product.

(2) Soweit die Parteien übereinkommen, Open Source Software einzusetzen, stellt der Produzent sicher, dass das Produkt derart erstellt und vertrieben werden kann, dass alle Lizenzen beachtet sind. Der Produzent stellt die Informationen zu den OSS Komponenten jeweils so bereit, dass die Bezugsquellen und Lizenzinformationen für die Produktlebensdauer abrufbar sind. Vervielfältigungen des Quellcodes der OSS Komponenten übergibt der Produzent jeweils ebenfalls an den Anbieter.[7]

(2) Insofar as the parties agree to use open source software, the Producer shall ensure that the Product can be created and distributed in such a way that all licences are observed. The Producer shall provide the information on the OSS components in such a way that the sources of supply and licence information can be retrieved for the lifecycle of the Product. The Producer shall also provide the Supplier with copies of the source code of the OSS components.[7]

(3) Soweit Fremdkomponenten in Abstimmung der Parteien Bestandteil oder Zubehör der Hardware werden, gelten alle Do-

(3) Insofar as third-party components become part of or accessories to the hardware by agreement between the par-

kumentations- und Archivierungspflichten nach § 3 (3) und § 4 (1) entsprechend.

(4) Der Produzent legt alle Schnittstellen offen sowie die Informationen, welche benötigt werden, Fehlerbehebungen an der eingesetzten Software vorzunehmen, Sicherheitslücken zu schließen und Updates und Upgrades einzuspielen.

(5) Der Produzent übernimmt Anforderungen aus den Nutzungs- und Lizenzbedingungen in die Gebrauchsanweisung soweit diese von den Nutzern/Kunden einzuhalten sind bzw. stellt die Informationen zu Drittlizenzen und Nutzungsbedingungen über ein Online-Portal jeweils aktuell abrufbar bereit, auf welches die Gebrauchsanleitung hinweist. Der Produzent hält das Online-Portal so lange aufrecht bzw. übergibt dem Anbieter nach seiner Wahl die Daten wie diese Informationen nach den rechtlichen Anforderungen bereit gehalten werden müssen.

§ 5 Vergütung, Kostenschätzung, Iterationen, Vorauszahlungen

(1) Soweit die Parteien nichts Abweichendes vereinbaren, gelten die Stunden- und Tagessätze nach *Anlage 4*. Soweit Reisezeiten anfallen, werden diese mit einem Viertel der Arbeitszeit vergütet. Die zwischen den Parteien vereinbarten Reisekostensätze ergeben sich aus *Anlage 4*.[8]

(2) Der Produzent gibt eine Kostenschätzung für die Kosten der Produktentwicklung bis zur Marktreife ab. Da die Parteien agil zusammenarbeiten, umfasst jede Iteration die in *Anlage 4* festgelegte Anzahl an Aufwand nach Tagessätzen. Die Parteien legen regelmäßig im Projektplan die Anzahl der Iterationen fest. Der Produzent gibt daneben eine Kostenschätzung für die Kosten der Hinzuziehung Dritter insbesondere in Akkreditierungs- und Zertifizierungsverfahren ab. Der Produzent berichtet regelmäßig über den Projektverlauf und informiert unverzüglich, sofern die Kostenschätzung voraussichtlich um mehr als

ties, all documentation and archiving obligations pursuant to § 3 (3) and § 4 (1) shall apply accordingly.

(4) The Producer shall disclose all interfaces as well as the information required to rectify errors in the software used, close security gaps and install updates and upgrades.

(5) The Producer shall incorporate requirements from the terms of use and licence conditions into the instructions for use insofar as these are to be complied with by the users/customers or shall provide up-to-date information on third-party licences and terms of use via an online portal to which the instructions for use refer. The Producer shall maintain the online portal or at the Suppliers discretion provide the Supplier with the data for as long as this information must be kept available in accordance with the legal requirements.

§ 5 Remuneration, cost estimates, iterations, advance payments

(1) Unless the parties agree otherwise, the hourly and daily rates in *Appendix 4* shall apply. If travelling time is incurred, this shall be remunerated at one quarter of the working time. The travelling expense rates agreed between the parties are set out in *Appendix 4*.[8]

(2) The Producer shall provide a cost estimate for the costs of product development up to market maturity. As the parties work together in an agile manner, each iteration shall comprise the number of days specified in *Annex 4* according to daily rates. The parties regularly specify the number of iterations in the project plan. The Producer shall also provide a cost estimate for the costs of involved third parties, particularly in accreditation and certification procedures. The Producer shall report regularly on the progress of the project and inform the Supplier immediately if the cost estimate is

10 % überschritten wird. Die Parteien vereinbaren schon jetzt, dass der Tagessatz um 10 % reduziert wird, wenn die Kostenschätzung trotz gleichbleibenden Anforderungen um mehr als 10 % überschritten wird. Unterschreitet der Produzent die Kostenschätzung, zahlt der Anbieter einen Bonus in Höhe von 25 % der nicht verbrauchten Zeitaufwände.[9]

(3) Alle Preise und Kostenschätzungen verstehen sich zuzüglich der gesetzlichen Mehrwertsteuer.

(4) Die Zahlung der Vergütung nach Abschluss der einzelnen Iterationen ersetzt weder die Abnahme noch schließen diese Zahlungen nachfolgende Änderungen, Anpassungen und Mehraufwand für die Entwicklungsstufen aus. Über die Zahlungen auf den Aufwand pro Iteration hinaus hat der Produzent keinen Anspruch auf weitere Abschlagszahlungen.[10] Für Aufwand hinzugezogener Dritter kann der Produzent angemessene Vorauszahlungen verlangen, welche die Beträge nicht übersteigen dürfen, die der Produzent selbst an die Dritten als Vorschuss- oder Abschlagszahlungen zu leisten hat. Der Anbieter kann einen Nachweis der Drittaufwände beim Produzenten anfordern. Endet der Vertrag vor Erreichen der Produktreife und Abnahme überlässt der Produzent dem Anbieter die erzielten Zwischenergebnisse, Dokumentationen und Materialien.

(5) Die Aufrechnung und das Zurückbehaltungsrecht sind wechselseitig ausgeschlossen, es sei denn die betreffenden Forderungen sind anerkannt und/oder rechtskräftig festgestellt.

§ 6 Mitwirkung des Anbieters

(1) Der Anbieter hat entsprechend des Projektplanes mitzuwirken, indem Testdaten, Tester und Mitglieder des Projektteams für die Abstimmungs- und Prüftermine in der agilen Zusammenarbeit regelmäßig auch zur Freigabe der erzielten Zwischenergebnisse zur Verfügung stehen.

likely to be exceeded by more than 10 %. The parties already agree that the daily rate will be reduced by 10 % if the cost estimate is exceeded by more than 10 % despite the requirements remaining the same. If the Producer falls short of the cost estimate, the Supplier shall pay a bonus amounting to 25 % of the unused time expenditure.[9]

(3) All prices and cost estimates are subject to statutory value added tax.

(4) Payment of the remuneration after completion of the individual iterations does not replace acceptance, nor do these payments exclude subsequent changes, adjustments and additional work for the development stages. The Producer shall not be entitled to any further instalment payments[10] over and above the payments for the expenditure per iteration. The Producer may demand reasonable advance payments for the expenses of third parties involved, which may not exceed the amounts that the Producer itself has to pay to the third parties as advance or instalment payments. The Supplier may request proof of the third-party expenses from the Producer. If the contract ends before the product reaches maturity and acceptance, the Producer shall hand over the interim results, documentation and materials to the Supplier.

(5) Offsetting and the right of retention are mutually excluded, unless the relevant claims have been recognised and/or legally established.

§ 6 Co-operation of the supplier

(1) The Supplier shall co-operate in accordance with the project plan by making test data, testers and members of the project team regularly available for the coordination and test dates in the agile collaboration, also for the release of the interim results achieved.

(2) Der Anbieter hat ferner sein Branchen Know-How und soweit erforderlich wissenschaftliche Forschungsprojekte zum Anwendungsgebiet als Sponsor sowie die Markteinführung nach Produktreife zu planen, zu betreiben und zu unterstützen.[11]

(3) Soweit der Anbieter Beistellungen zu erbringen hat, unterrichtet er den Produzenten jeweils rechtzeitig über die Verfügbarkeit und Geeignetheit.

(4) Der Anbieter nutzt das vom Produzenten bereit gehaltene Ticket- und Kollaboration-System. Der Anbieter beschreibt Fehler, Verbesserungsvorschläge oder Änderungswünsche jeweils möglichst so genau, dass eine fachkundige Person diese umsetzen kann. Soweit es um Fehler geht, soll die Fehlerbeschreibung derart detailliert sein, dass das Auftreten des Fehlers genau nachvollzogen werden kann.

§ 7 Wartung, Pflege

(1) Während der Entwicklung des Produktes umfasst die Leistungspflicht des Produzenten auch die Wartung und Pflege der Entwicklungsteilleistungen.

(2) Die Parteien schließen nach Erreichen der Produktreife eine Wartungs-, Pflege- und Supportvereinbarung zusammen mit dem Vertrag über die Serienproduktion. Der 1st Level- Support wird regelmäßig von den Kunden des Anbieters durchgeführt, wobei diese auf den 2nd Level-Support des Anbieters oder Produzenten und diese erforderlichenfalls auf den 3rd Level-Support der Anbieter für Drittlösungen und Fremdkomponenten zurückgreifen können.

§ 8 Haftung

(1) Der Produzent haftet unbeschränkt, soweit die Schadensursache auf Vorsatz oder grober Fahrlässigkeit beruht. Ferner haftet der Produzent für die leicht fahrlässige Verletzung von wesentlichen Pflichten, deren Verletzung die Erreichung des Vertrags-

(2) The Supplier must also plan, operate and support by its industry expertise and, where necessary, scientific research projects in the field of application as a sponsor, as well as the market launch once the product is ready.[11]

(3) If the Supplier has to provide materials, it shall inform the Producer of their availability and suitability in good time.

(4) The Suplier uses the ticket and collaboration system provided by the Producer. The Supplier shall describe errors, suggestions for improvement or change requests as precisely as possible so that a competent person can implement them. As far as errors are concerned, the error description should be as detailed as the occurrence of the error can be traced exactly.

§ 7 Maintenance, care

(1) During the development of the product, the Producer's obligation to perform also includes the maintenance and care of the partial developed product.

(2) Once the Product has reached marketabiliy, the parties shall conclude a maintenance, care and support agreement together with the contract for series production. The 1st level support is regularly carried out by the Supplier's customers, whereby they can fall back on the 2nd level support offered by the Provider or Producer and, if necessary, on the 3rd level support of the provider for third-party solutions and third-party components.

§ 8 Liability

(1) The Producer shall be liable without limitation insofar as the cause of the damage is based on intent or gross negligence. Furthermore, the Producer shall be liable for the slightly negligent breach of material obligations, the breach of

zwecks gefährdet, oder für die Verletzung von Pflichten, deren Erfüllung die ordnungsgemäße Durchführung des Vertrages überhaupt erst ermöglicht und auf deren Einhaltung der Anbieter regelmäßig vertrauen darf. In diesem Fall haftet der Produzent jedoch nur für den vorhersehbaren, vertragstypischen Schaden. Die Vertragsparteien gehen bei Vertragsschluss davon aus, dass sich dieser vertragstypische Schaden auf maximal xx,xx EUR beläuft. Der Produzent haftet nicht für die leicht fahrlässige Verletzung anderer als der in den vorstehenden Sätzen genannten Pflichten.

(2) Die vorstehenden Haftungsbeschränkungen gelten nicht bei Verletzung von Leben, Körper und Gesundheit, für einen Mangel nach Übernahme einer Garantie für die Beschaffenheit der marktreifen Produkte und bei arglistig verschwiegenen Mängeln.

(3) Die Haftung nach dem Produkthaftungsgesetz und der Datenschutzgrundverordnung bleiben unberührt.

(4) Soweit die Haftung des Produzenten ausgeschlossen oder beschränkt ist, gilt dies auch für die persönliche Haftung von Arbeitnehmern, Vertretern und Erfüllungsgehilfen.

(5) Die Parteien weisen wechselseitig auf Anforderung nach, angemessene Betriebshaftpflicht- und Cyber Security Versicherungen abgeschlossen zu haben.

§ 9 Dauer und Beendigung

(1) Die Zusammenarbeit beginnt mit Unterzeichnung dieses Vertrages und ist unbefristet.

(2) Der Anbieter kann den Vertrag jederzeit in der Entwicklungszusammenarbeit ordentlich kündigen. Soweit die Parteien die Abnahme einer Mindestanzahl an Iterationen vereinbart haben, gelten für die nicht vollendeten Iterationen die Regelungen der §§ 648 und 648a BGB. Das Recht zur au-

which jeopardises the achievement of the purpose of the contract, or for the breach of obligations, the fulfilment of which is essential for the proper performance of the contract and on the observance of which the Supplier may regularly rely. In this case, however, the Producer shall only be liable for the foreseeable damage typical of the contract. Upon conclusion of the contract, the contracting parties assume that this typical contractual damage shall amount to a maximum of xx.xx EUR. The Producer shall not be liable for the slightly negligent breach of obligations other than those specified in the above sentences.

(2) The above limitations of liability shall not apply in the event of injury to life, limb or health, for a defect following the assumption of a guarantee for the quality of the marketable products and in the event of fraudulently concealed defects.

(3) Liability under the Product Liability Act and the General Data Protection Regulation shall remain unaffected.

(4) Insofar as the liability of the Producer is excluded or limited, this also applies to the personal liability of employees, representatives and vicarious agents.

(5) Upon request, the parties shall mutually prove that they have taken out appropriate public liability and cyber security insurance.

§ 9 Duration and termination

(1) The co-operation begins with the signing of this contract and is unlimited in time.

(2) The Supplier may terminate the contract at any time with due notice. If the parties have agreed to accept a minimum number of iterations, the provisions of Sections 648 and 648a BGB shall apply to the incomplete iterations. The right to extraordinary termination for good

ßerordentlichen Kündigung aus wichtigem Grund bleibt für beide Parteien unberührt.

cause shall remain unaffected for both parties.

(3) Mit Abschluss der Entwicklungsphase und Beginn der Serienproduktion vereinbaren die Parteien in *Anlage 5* Einzelheiten zu Mindestabnahmen und Kündigungsfristen.

(3) Upon completion of the development phase and commencement of series production, the parties shall agree details of minimum production quantities and contract periods as well as termination deadlines in *Appendix 5*.

(3) Kündigungen sind nur in Schriftform wirksam. Die Kündigung vorab in Textform wahrt die Kündigungsfrist.

(3) Terminations shall only be effective in writing. Termination in text form in advance shall comply with the notice period.

§ 10 Produktion

§ 10 Production

(1) Mit der Herbeiführung der Marktreife entscheidet der Anbieter über Art, Umfang und Zeitpunkt des Produktlaunches. Der Produzent weist den Anbieter darauf hin, sollten die erteilten Zulassungen und Zertifizierungen daran gebunden sein, dass die Markteinführung binnen einer bestimmten Frist erfolgen muss.

(1) The Supplier shall decide on the type, scope and time of the product launch when the Product is ready for the market. The Producer shall inform the Supplier if the authorisations and certifications granted are linked to the fact that the market launch must take place within a certain period of time.

(2) Der Produzent unterbreitet mit der Vorlage zur Abnahme des marktreifen Produktes ein Angebot über Serienproduktion mit/ohne Mindestabnahmen und Staffelrabatten einschließlich der Meilensteine zu Beginn der Serienproduktion und den Zeitpunkt der ersten Abrufbarkeit der Produkte. Der Produzent unterbreitet ferner ein Angebot zu Wartung und Pflege der Produkte einschließlich entsprechender Produkthaft- und sonstiger erforderlicher Versicherungen sowie ein optionales Angebot zur Übernahme des Kundenservices.

(2) With the submission for acceptance of the market-ready product, the Producer shall submit an offer for series production with/without minimum production quantities and graduated discounts, including the milestones for the start of series production and the time at which the products can first be called off. The Producer shall also submit an offer for the maintenance and care of the products, including corresponding product liability and other necessary insurance, as well as an optional offer to take over customer service.

(3) Die Angebote umfassen jeweils auch Angebote zu Mindestvertragslaufzeiten und Kündigungsfristen sowie Angaben dazu, wann der Produzent Anpassungen erwartet, die über die Bereitstellung von Softwareaktualisierungen und Ergänzungen der Produktverpackung und der beiliegenden Gebrauchsinformationen hinaus gehen.

(3) The offers shall also include offers on minimum contract terms and termination periods as well as information on when the Producer expects adjustments that go beyond the provision of software updates and additions to the product packaging and the enclosed instructions for use.

(4) Da es sich beim Produkt um ein Endverbraucherprodukt handelt, sind bei Entwicklung, Herstellung sowie Wartung,

(4) As the Product is a consumer product, the special requirements for goods with digital elements in accordance with

Pflege und Kundenservice die besonderen Anforderungen an Waren mit digitalen Elementen nach §§ 475a ff, BGB zu beachten einschließlich des Rückgriffs in der Lieferkette.[12]

Sections 475a et seq. of the German Civil Code (BGB), including recourse in the supply chain, must be observed during development, manufacture, maintenance, care and customer service.[12]

§ 11 Schlussbestimmungen

§ 11 Final provisions

(1) Für den Fall, dass eine der Bestimmungen des Vertrages unwirksam oder nichtig ist oder wird, so gelten die weiteren Bestimmungen fort. Die unwirksame oder nichtige Bestimmung wird durch eine Regelung ersetzt, welche dem wirtschaftlich von den Parteien Gewolltem am nächsten kommt und dabei die berechtigten Interessen beider Vertragsparteien angemessen berücksichtigt. Entsprechendes gilt für Regelungslücken.

(1) In the event that one of the provisions of the contract is or becomes invalid or void, the other provisions shall continue to apply. The invalid or void provision shall be replaced by a provision that comes as close as possible to the economic intentions of the parties and takes appropriate account of the legitimate interests of both contracting parties. The same applies to loopholes.

(2) Die Parteien vereinbaren, bei allen Meinungsverschiedenheiten aus oder im Zusammenhang mit diesem Vertrag, Vertragserweiterungen oder -ergänzungen, die sie nicht untereinander klären können, die Schlichtungsstelle der Deutschen Gesellschaft für Recht und Informatik eV (DGRI) unter der auf der Webseite der DGRI eV unter http://www.dgri.de/ angegebenen Adresse der Schlichtungsstelle anzurufen, um den Streit nach deren Schlichtungsordnung in der zum Zeitpunkt der Einleitung des Schlichtungsverfahrens gültigen Fassung ganz oder teilweise, vorläufig oder endgültig zu erledigen. Die Verjährung für alle Ansprüche aus dem schlichtungsgegenständlichen Lebenssachverhalt ist ab dem Schlichtungsantrag bis zum Ende des Schlichtungsverfahrens gehemmt. § 203 BGB gilt entsprechend. Die Parteien stellen klar, dass das vorherige Einleiten eines Schlichtungsverfahrens keine Prozessvoraussetzung ist, gleich ob es sich um ein Verfahren in der Hauptsache oder des einstweiligen Rechtsschutzes handelt.

(2) The parties agree that in the event of any differences of opinion arising from or in connection with this contract, extensions or additions to the contract which they are unable to resolve between themselves, they shall contact the arbitration centre of the German Association for Law and Informatics (DGRI) at the address of the arbitration centre given on the DGRI website at http://www.dgri.de/ in order to settle the dispute in accordance with its arbitration rules in the version valid at the time the arbitration proceedings are initiated, in whole or in part, provisionally or finally. The statute of limitations for all claims arising from the matter subject to arbitration shall be suspended from the request for arbitration until the end of the arbitration proceedings. § Section 203 BGB shall apply accordingly. The parties clarify that the prior initiation of arbitration proceedings is not a prerequisite for litigation, regardless of whether it concerns proceedings on the merits or interim legal protection.

(3) Nebenabreden zu diesem Vertrag bestehen nicht. Änderungen und Ergänzungen dieses Vertrages bedürfen der Textform.

(3) There are no ancillary agreements to this contract. Amendments and supplements to this contract must be made in writing.

(4) Gerichtsstand für alle Streitigkeiten aus und im Zusammenhang mit dieser Vereinbarung ist der Sitz der Hauptniederlassung des Produzenten.

(4) The place of jurisdiction for all disputes arising from and in connection with this agreement is the registered office of the main branch of the Producer.

§ 12 Anlagenverzeichnis

§ 12 List of annexes

Anlage 1: Story und Terminplan

Anlage 2: Muster Burndown-Chart

Anlage 3: Betriebssystemsoftware und Standardtreiber

Anlage 4: Aufstellort

Anlage 5: Zeitplan

Optional:

Appendix 1: Story and Schedule

Appendix 2: Sample burndown chart

Appendix 3: Contact persons

Appendix 4: Prices, hourly and daily rates, iterations, travel expanses

Appendix 5: Minimum production quantities

optionally:

§ 13 Vertraulichkeit

(1) Jede Partei wird alle nach dieser Vereinbarung ausgetauschten vertraulichen Informationen und Materialien über die jeweils andere Partei, die Produkte und Entwicklungen (im Folgenden „Informationen") mit strengster Vertraulichkeit behandeln und vor dem Zugriff Dritter schützen.

(2) Die Informationen dürfen innerhalb des Unternehmens einer Partei nur der Geschäftsleitung und solchen Mitarbeitern, die notwendig in die Zusammenarbeit eingebunden sind, sowie solchen Beratern einer Partei, die beruflich zur Verschwiegenheit verpflichtet sind, offenbart werden. Voraussetzung für die Zulässigkeit der Offenbarung gegenüber solchen Mitarbeitern ist, dass die Parteien diese jeweils auf die Vertraulichkeit verpflichtet haben und dies der jeweils anderen Partei auf Aufforderung nachweisen.

(3) Die Verpflichtung einer Partei, die Informationen vertraulich zu behandeln, wird durch die ergebnislose Beendigung der Zusammenarbeit und die Rückgabe bzw. Vernichtung schriftlicher oder digitaler Informationen nicht berührt.

§ 13 Confidentiality

(1) Each party shall treat all information and samples as well as all materials exchanged within this Agreement and the collaboration about the other party, the products and the developments (hereinafter: „information") with the strictest confidentiality and protect it from access by the third parties.

(2) The information may only be disclosed within the company of a party to the management and such employees who are necessarily involved in the collaboration as well as such consultants of a party who are professionally bound to secrecy. A prerequisite for the admissibility of the disclosure to such employees and consultants is that they have committed themselves to one of the parties to observe this confidentiality agreement also with protective effect in favor of the other party.

(3) The obligation of a party to treat the information as confidential shall not be affected by the termination of the collaboration without result and the return or destruction of written information.

(Ort, Datum) (Ort, Datum) (place, date) (place, date)

. . . .

– Mieter – – Vermieter – – Producer – – Supplier –

Anmerkungen

1. Siehe Muster in Koreng/Lachenmann DatenschutzR-FormHdB/Schwiering/Jaenichen/Lachenmann Form. G.IV.1. oder Muster D.8 (Geheimhaltungsvereinbarung – NDA).

2. Die Anforderungen sowie der Verlauf der Entwicklung hängen stark von der Zielbranche und der Art des zu entwickelnden Produktes ab. Die einschlägigen regulatorischen Rahmenbedingungen können hier nicht vorgestellt werden. Allerdings ergeben sich mit der Ausrichtung des Produktes als Endkundenprodukt in jedem Fall die Anforderungen an Waren mit digitalen Elementen. Da auch Künstliche Intelligenz zum Einsatz kommen kann, hat eine Einordnung der hier eingesetzten KI nach der KI VO zu erfolgen. Ist der Anwendungsbereich der KI VO eröffnet, ist nach den dortigen Risikoklassen zu klassifizieren und das Zertifizierungs- und Zulassungsverfahren zu betreiben. Als Hardware bedarf das Produkt zudem der CE-Zertifizierung und CE-Kennzeichnung. Da sich um Verlauf des Entwicklungsprojektes neue Anforderungen oder neue Anwendungswünsche ergeben können, ist das Projekt als agiles Entwicklungsprojekt konzipiert, um Richtungsentscheidungen jeweils nah an der Entwicklung und zeitnah treffen zu können. Die Liste der Maßnahmen binnen der Iterationen ist beispielhaft und gibt Anhaltspunkte, wie in einem agilen Hardwareprojekt neben dem damit verbundenen ggf. agilen Softwareentwicklungsprojekt Teilergebnisse jeweils veranschaulicht werden können.

3. Wie in einem agilen Softwareprojekt sind die Rollen und jeweils Vertreter festzulegen (vgl. Weidenbach-Koschnike/Herzer, Anwendungsfall: Agiles Projektmanagement – Entwicklungskosten selbst erstellter Software jenseits des Wasserfallmodells, BC 2024, 110 ff.). → Form. D.2.

4. Das Muster sieht eine umfassende Dokumentationspflicht und Herausgabepflicht auch hinsichtlich aller Zwischenergebnisse vor. Dies soll den Anbieter bei Abbruch der Zusammenarbeit in der Entwicklungsphase oder bei Erreichen der Marktreife aber Entscheidung zur Serienproduktion mit einem anderen Produzenten in die Lage versetzen, die Produkte nach den Spezifikationen herstellen und vertreiben sowie allfälligen Nachweispflichten nachkommen und später das Produkt abwandeln oder weiterentwickeln zu können. Die Dokumentation sollte Teil der Teambesprechungen nach jeder Iteration werden, damit wichtige Details erfasst und erforderlichenfalls dokumentiert und archiviert werden.

5. Diese Dokumentationspflicht greift die Transparenzanforderungen der KI VO auf sowie die Nachvollziehbarkeit zu den Datenquellen und der Tauglichkeit der Trainingsdaten. Trainingsdaten müssen hinreichend repräsentativ sein und den datenschutzrechtlichen Anforderungen Genüge tun. Diese Pflichten und die nach § 2 Absatz 2 des Musters werden auch erforderlich, um die kommenden Anforderungen der geänderten Produkthaftungsrichtlinie und der KI-Haftungsrichtlinie nachkommen zu können (vgl. Zech, Haftung für Trainingsdaten Künstlicher Intelligenz, NJW 2022, 502 ff.; Reusch, KI und Software im Kontext Produkthaftung und Produktsicherheit RDi 2023, 152 ff.; Bomhard/Siglmüller, Europäische KI-Haftungsrichtlinie, RDi 2022, 509 ff.; Baumann, Generative KI und Urheberrecht – Urheber und Anwender im Spannungsfeld, NJW 2023, 3673 ff.; Rohrßen, Die EU-Produkhaftung-RL 2024 „Der final compromise text", ZfPC 2024, 2 ff.).

6. Die Hardware hat die Anforderungen an die Produktsicherheit zu erfüllen und je nach Einsatzbereichen sind verschiedene Anforderungen zu erfüllen, um das Produkt mit dem CE-Kennzeichen versehen und auf den Markt bringen zu können. (vgl. Lenz Produkthaftung § 8 Rn. 66–71; BeckOK UWG/Rehart/Ruhl/Isele § 5 Rn. 754–756, Werbung mit CE-Kennzeichen; Hoeren/Sieber/Holznagel MMR-HdB/Nusser Teil 31 Wearables Rn. 57, 58, Pflicht zur CE-Kennzeichnung).

7. Die Grundsätze der OSS-Compliance sind gleichermaßen zu beachten wie die Besonderheiten bei der Programmierung auf Basis von OSS-KI-Modellen (vgl. Siglmüller/Gassner, Softwareentwicklung durch Open-Source-trainierte KI – Schutz und Haftung, RDi 2023, 124 ff.).

8. Das Muster enthält einen Hinweis darauf, dass es sinnvoll ist, für Reisezeiten der Projektbeteiligten des Produzenten Regelungen aufzunehmen. Auch wenn Projektsitzungen vor Ort nicht mehr der Regelfall sind, so sollte eine Vereinbarung getroffen sein, wie Reisezeiten und Reisekosten zu vergüten sind. Das Muster schlägt ein Viertel des vereinbaren Stundensatzes vor. Denkbar ist selbstverständlich von nicht vergütet bis voll vergütet jede Vereinbarung.

9. Es ist eine Kostenschätzung vereinbart, die auf einer Anzahl von geschätzten Iterationen zum Erreichen der Produktreife nach den Vorgaben und Ideen bei Auftragserteilung basiert. Ändern sich die Anforderungen, Zielgruppen und das Produkt grundlegend, wird der Produzent im Rahmen des agilen Vorgehens, angepasste Kostenschätzungen abgeben. Hier ist ein Anreiz vorgesehen, dass der Produzent die Schätzung unterschreitet und die Konsequenz der Vergütungsreduzierung bei Überschreitung der Kostenschätzung um mehr als 10 % für den darüber hinaus gehenden Aufwand.

10. Das Muster stellt klar, dass die Zahlungen nach festem Aufwand pro Iteration das Recht auf Abschlagsforderungen seitens des Produzenten nach § 632a BGB abdecken. Auch ist klargestellt, dass die Vergütung der Iterationsschritte an sich keine (Teil-) Abnahme bedeutet, auch nicht konkludent. Zugleich bedeutet die Beendigung des Vertrages vor Erreichen der Produkt- und Marktreife, welche die abzunehmende Leistung darstellen, regelmäßig, dass der Produzent dem Anbieter alle Teilergebnisse einschließlich Dokumentationen überlässt und die für die abgeschlossenen Iterationen gezahlten Vergütungen beim Produzenten verbleiben.

11. Der Anbieter ist der später als Hersteller nach Außen in Erscheinung tretende Vertragspartner, weshalb unterstützende Studien, Markforschungsstudien und wissenschaftliche Forschung mit der Unterstützung des Anbieters zur Vorbereitung des Markteintritts durchgeführt werden sollten.

12. *Anlage 2*:

A. Definition des Burndown Charts:

In einem Burndown Chart werden alle anstehenden Arbeiten dargestellt. Die vertikale Achse repräsentiert das Backlog und die horizontale Achse gibt die Zeit an. Die noch zu erledigenden Arbeiten können durch Story Points, ideale Tage, Team-Tage oder andere Metriken dargestellt werden.

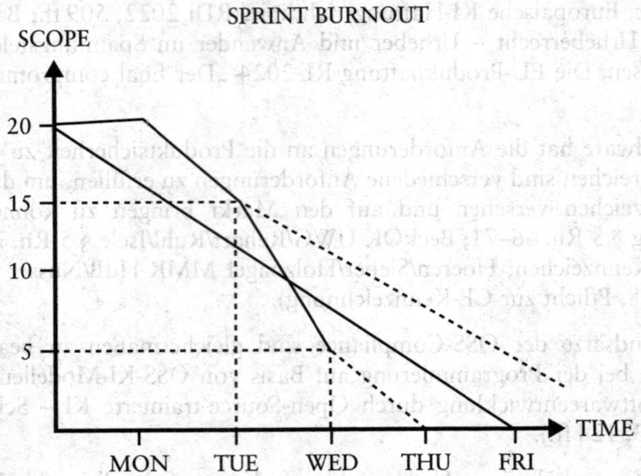

B. Synonyme des Burndown Charts:
Release Burndown Chart, Iteration Burndown Chart
C. Nutzung des Burndown Charts:
Ein Burndown Chart wird von agilen Teams genutzt, um die gesamte noch zu erledigende Arbeit eines Projekts zu überwachen und vorhersagen zu können, wann alle Arbeiten abgeschlossen sein werden.
D. Vorteile des Burndown Charts:

- Das Team wird gewarnt, wenn etwas nicht nach Plan läuft.
- Die Auswirkungen von Entscheidungen werden aufgezeigt.

Der Fortschritt wird kommuniziert und man kann abschätzen, wann die Arbeiten erledigt sein werden.

C. Softwareverträge

Überlassung auf Dauer

1. Kauf von Standard-Software – Software Purchase

Kaufvertrag

zwischen

. . . . .

– nachfolgend „Verkäuferin" genannt –

und

. . . . .

– nachfolgend „Käuferin" genannt –

§ 1 Vertragsgegenstand[1]

Gegenstand des Vertrages ist die dauerhafte Überlassung der Software . . . . . einschließlich einer Dokumentation.

§ 2 Kaufgegenstand,[2] **Übergabe der Software und Installation**

(1) Die Käuferin erhält folgende Gegenstände:

- Die Software auf einem Datenträger (DVD) sofern nicht vereinbart ist, dass die Käuferin die Software im Wege des Downloads von einem Server der Verkäuferin bezieht,
- ein digitalisiertes Berechtigungszertifikat mit Lizenzschlüssel[3] und
- eine Installationsanleitung sowie eine Online-Hilfe, die es erlaubt, Erläuterungen zu den Funktionalitäten während des Betriebs der Software abzurufen und auszudrucken.[4]

(2) Die Gefahr des zufälligen Untergangs, Verlustes oder der Veränderung der Software geht im Falle des Downloads mit Übertragung der Software aus dem Netzwerk der Verkäuferin in das öffentliche Kommunikationsnetz auf die Käuferin über.

Software Purchase Contract

between

. . . . .

– hereinafter referred to as „Seller" –

and

. . . . .

– hereinafter referred to as „Buyer" –

§ 1 Subject[1]

(1) Subject of the contract is the sale of the Software . . . . . including documentation.

§ 2 Object of Purchase,[2] **Delivery of the Software and Installation**

(1) The Buyer receives the following:

- The Software on a data carrier (DVD) unless it is agreed that the Buyer obtains the Software by way of download from a server of the Seller,
- a digitised authorisation certificate with licence key,[3] and
- installation instructions and online help, which allows explanations of the functionalities during operation of the Software to be called up and printed out.[4]

(2) The risk of accidental destruction, loss or modification of the Software shall in case of a download pass to the Buyer at the transfer of the Software from the Seller's network into the public communication network.

(3) Die Installation der Software erfolgt durch die Käuferin.[5]

(4) Eine Schulung zur Nutzung der Software kann von der Käuferin gegen eine gesonderte Vergütung beauftragt werden.[6]

(3) The Software will be installed by the Buyer.[5]

(4) Training in the use of the Software can be agreed with the Seller in consideration of a separate fee.[6]

§ 3 Vergütung

Der Kaufpreis beträgt . . . . . zzgl. Umsatzsteuer.

§ 3 Remuneration

The purchase price is . . . . . plus value added tax.

§ 4 Beschaffenheit der Software[7]

(1) Funktionalität und technische Einsatzbedingungen der Software richten sich in erster Linie nach der Beschreibung in der Benutzerdokumentation, die auf der Web-Seite der Verkäuferin eingesehen werden kann, und ergänzend nach den folgenden Bestimmungen. Die Funktionalität der Software setzt voraus, dass sie in einer geeigneten technischen Umgebung abläuft.

(2) Außerhalb der Benutzerdokumentation sind technische Daten, Spezifikationen und Leistungsangaben in öffentlichen Äußerungen, insbesondere in Werbemitteln keine Beschaffenheitsangaben.

(3) Soweit die Beschaffenheitsvereinbarung nach Abs. 1 eine Funktionalität nicht nennt und auch nicht einschränkt oder ausschließt, eignet sich die Software für die gewöhnliche Verwendung, die bei Software der gleichen Art üblich ist und die die Käuferin nach der Art der Software erwarten kann.

(4) Zur Nutzung der Software ist eine zeitweise Anbindung der Software an das Internet erforderlich, wie in der Benutzerdokumentation beschrieben. Die Software wird zur Überprüfung der Berechtigung der Nutzung Daten an die Verkäuferin übertragen. Fehlt eine Berechtigung zur Nutzung, gibt die Software einen entsprechenden Hinweis aus. Eine Nutzung der Software ist in diesem Fall nicht möglich.[8]

§ 4 Specifications of the Software[7]

(1) Functionality and technical conditions of use of the Software are primarily based on the description in the user documentation, which can be viewed on the website of the Seller, and additionally on the following provisions. The functionality of the Software requires that it runs on a suitable technical platform.

(2) Beyond the user documentation, technical data, specifications and performance data in public statements, in particular in advertising media, are not statements of quality.

(3) Insofar as the quality agreement pursuant to para. 1 does not specify a functionality and does not restrict or exclude it, the Software is suitable for the usual use which is customary for Software of the same type and which the Buyer can expect according to the type of Software.

(4) In order to use the Software, a temporary connection of the Software to the Internet is required, as described in the user documentation. The Software will transfer data to the Seller to verify the authorization of use. If there is no authorization for use, the Software will display a corresponding message. In this case use of the Software is not possible.[8]

§ 5 Nutzungsrechte[9]

(1) Die Käuferin ist für das Gebiet der Bundesrepublik Deutschland dauerhaft berechtigt, die Software zur Nutzung auf einem Rechner zurzeit nach Maßgabe der folgenden Bestimmungen zu vervielfältigen. Die Berechtigung gilt unabhängig davon, ob es sich bei dem Rechner um ein physisches oder virtuelles Gerät handelt. Sie kann diese Befugnisse auch durch ihre Organe und Mitarbeiter sowie solche Personen, deren sie sich zur Erfüllung ihrer Pflichten bedient, ausüben lassen, nicht jedoch durch andere Personen.

(2) Zu den gestatteten Vervielfältigungshandlungen gehören die Installation auf einen Datenträger des Rechners und die im Übrigen zum Ablaufenlassen der Software auf dem Rechner erforderlichen Vervielfältigungen.

(3) Der Lizenzschlüssel dient dem erleichterten Nachweis der Berechtigung der Käuferin. Sein Besitz oder seine Verwendung allein gewähren kein Recht zur Nutzung der Software. Ein solches Recht folgt nur aus einer Vereinbarung mit der Verkäuferin oder einer gesetzlichen Regelung.[10]

(4) Die eingeräumten Berechtigungen gelten nur für eine gewerbliche Nutzung. Eine private Nutzung ist unzulässig.[11]

(5) Die Rechteeinräumung erfolgt aufschiebend bedingt auf den Zeitpunkt der vollständigen Zahlung der Vergütung gem. § 3. Bis zur vollständigen Zahlung der Vergütung duldet die Verkäuferin der Software deren Nutzung in der vorbeschriebenen Weise. Die Duldung ist widerruflich, wenn die Käuferin in Verzug mit der Zahlung des Kaufpreises gerät.[12]

(6) Die Rechteeinräumung erfolgt zudem auflösend bedingt auf den Zeitpunkt der Installation einer ablauffähigen Version der Software im Rahmen der Nacherfüllung mit der Folge, dass die Käuferin die nach diesem Vertrag eingeräumten Nutzungsrechte an der ursprünglichen Software verliert. Eine Regelung zur Nutzung der überlassenen Software infolge der Zur-

§ 5 Licence[9]

(1) For the territory of the Federal Republic of Germany, the Buyer is permanently entitled to reproduce the Software for use on one computer at a time in accordance with the following provisions. The authorization is granted regardless of whether the computer is a physical device or a virtual machine. It may also have these powers exercised by its bodies and employees and by persons whom it uses to carry out its duties, but not by other persons.

(2) Permitted acts of duplication include installation on a data carrier of the computer and the copies otherwise required to run the software on the computer.

(3) The licence key serves as a facilitated proof of the Buyer's entitlement. Its sole possession or use does not grant any right to use the Software. Such a right is solely based on an agreement with the Seller or on a legal regulation.[10]

(4) The authorisations granted shall apply only to commercial use. Private use is not permitted.[11]

(5) The granting of rights is subject to the condition precedent of the date of complete payment of the remuneration according to § 3. Until complete payment of the remuneration, the Seller of the Software tolerates its use in the manner described above. The toleration is revocable if the Buyer is in default with the payment of the purchase price.[12]

(6) The granting of rights is also subject to a condition subsequent to the date of installation of an executable version of the Software in the context of cure, with the consequence that the Buyer loses the rights of use granted under this contract to the original Software. An arrangement for the use of a Software version which has been provided to the Buyer prior to the pro-

verfügungstellung neuer Versionen aufgrund eines Pflegevertrages wird in dem Pflegevertrag getroffen.[13]

(7) Die Käuferin ist nicht berechtigt, die Software als Serversoftware zur Nutzung durch mehrere einzusetzen und/oder sie öffentlich zugänglich zu machen.

(8) Die Käuferin kann die erstmalig installierte Software nur nutzen, wenn sie die Software binnen 30 Tagen nach der Installation über das Internet aktiviert und dabei ein Benutzerkonto einrichtet. Das Benutzerkonto ist an die Person der Käuferin gebunden und kann ohne Zustimmung der Verkäuferin nicht übertragen werden.[14]

(9) Die Käuferin ist nicht berechtigt, die vorhandenen Schutzmechanismen der Software gegen eine unberechtigte Nutzung zu entfernen oder zu umgehen, es sei denn, die Käuferin ist hierzu aufgrund eines eigenen Rechts zur Mangelbeseitigung berechtigt.

(10) Die Käuferin darf nach § 69d Abs. 2 UrhG eine Sicherungskopie erstellen. Die Kopie ist als solche zu kennzeichnen. Hat die Käuferin die Software in Erfüllung dieses Vertrages auf einem Datenträger erhalten, tritt die Sicherungskopie an die Stelle des Datenträgers, wenn dieser nicht mehr nutzbar ist. Hat die Käuferin die Software in Erfüllung dieses Vertrages im Wege des Downloads erhalten, tritt die Sicherungskopie an die Stelle eines Original-Datenträgers, wenn die Käuferin die Sicherungskopie berechtigt weitergibt und alle heruntergeladenen Softwarebestandteile unumkehrbar gelöscht hat.[15]

(11) Die in diesem § 5 enthaltenen urheberrechtlichen Regelungen binden die Parteien auch schuldrechtlich.[16]

§ 6 Weitergabe der Software

(1) Die Käuferin darf die Software an Dritte weitergeben.[17] Dabei hat sie jedoch zu beachten, dass die Nutzung der Software nur möglich ist, wenn der Erwerber ein Online-Konto bei der Verkäuferin eingerichtet hat, das ihn zur Nutzung der

vision of new versions on the basis of a maintenance contract is made in the maintenance contract.[13]

(7) Die Käuferin ist nicht berechtigt, die Software als Serversoftware zur Nutzung durch mehrere einzusetzen und/oder sie öffentlich zugänglich zu machen.

(8) The Buyer must activate the Software via the Internet within 30 days of installation and set up a user account in the process. The user account is bound to the person of the Buyer and cannot be transferred without the consent of the Seller.[14]

(9) The Buyer shall not be entitled to remove or circumvent the existing protective mechanisms of the Software against unauthorised use, unless the Buyer is entitled to do so on the basis of its own right to remedy defects.

(10) The Buyer may backup the Software in accordance with § 69d (2) UrhG (German Copyright Act). The copy must be marked as such. If the Buyer has received the Software on a data carrier in fulfilment of this contract, the backup copy shall take the place of the data carrier if it is no longer usable. If the Buyer has received the Software by way of download in fulfilment of this contract, the backup copy shall take the place of an original data carrier if the Buyer passes on the backup copy in an authorised manner and has irreversibly deleted all downloaded Software components.[15]

(11) The copyright regulations contained in this § 5 also bind the parties in terms of the law of obligations.[16]

§ 6 Handover

(1) The Buyer may pass on the Software to third parties.[17] However, it must note that the use of the Software is only possible if the Buyer has set up an online account with the Seller which entitles it to use the Software. The Seller is not obliged to set

Software berechtigt. Die Verkäuferin ist aufgrund dieses Vertrages nicht verpflichtet, ein solches Konto einzurichten.

(2) Die Käuferin ist nicht berechtigt, das für sie eingerichtete Online-Konto ohne Zustimmung der Verkäuferin an Dritte zu übertragen. Die Käuferin ist auch nicht berechtigt, ihr Online-Konto Dritten zur Nutzung zur Verfügung zu stellen.

up such an account on the basis of this contract.

(2) The Buyer is not entitled to transfer the online account set up for him/her to third parties without the Seller's consent. The Buyer is also not entitled to make its online account available for use by third parties.

§ 7 Eigentumsvorbehalt

(1) Die Verkäuferin behält sich das Eigentum an allen der Käuferin überlassenen körperlichen Gegenständen (Datenträger uÄ) bis zum Eingang aller Zahlungen aus dem Kaufvertrag vor.[18]

(2) Ist die Käuferin mit der Zahlung des Kaufpreises in Verzug, ist die Verkäuferin berechtigt, die verkauften Sachen zurückzunehmen, solange der Zahlungsverzug anhält und die Verzug begründende Nichtleistung nicht unverhältnismäßig gering ist. In der Zurücknahme liegt keine Erklärung des Rücktritts vom Vertrag.[19]

§ 7 Retention of Title

(1) The Seller reserves the right of ownership of all physical objects (data carriers etc) provided to the Buyer until receipt of all payments arising from the purchase contract.[18]

(2) In the event of default of payment of the purchase price, the Seller shall be entitled to take back the sold goods as long as the default of payment continues and the non-performance justifying the default is not disproportionately low. The taking back of the goods does not constitute a declaration of rescission from the contract.[19]

§ 8 Schutzrechtsverletzungen

(1) Die Verkäuferin stellt die Käuferin für das Inland auf eigene Kosten von allen Ansprüchen Dritter aus von der Verkäuferin zu vertretenden Schutzrechtsverletzungen frei.[20] Die Käuferin wird die Verkäuferin unverzüglich über die geltend gemachten Ansprüche Dritter informieren.

(2) Im Falle von Schutzrechtsverletzungen darf die Verkäuferin – unbeschadet etwaiger Schadensersatzansprüche der Käuferin – nach eigener Wahl und auf eigene Kosten hinsichtlich der betroffenen Leistung

- nach vorheriger Absprache mit der Käuferin Änderungen an der Software vornehmen, insbesondere sie durch eine neuere Version ersetzen, so dass bei Wahrung der Interessen der Käuferin eine Schutzrechtsverletzung nicht mehr vorliegt oder

§ 8 Infringements of Rights

(1) The Seller shall indemnify the Buyer for the domestic market at its own expense against all claims of third parties arising from infringements of rights for which the Seller is responsible.[20] The Buyer shall inform the Seller without culpable delay of any claims asserted by third parties.

(2) In the event of infringements of rights, the Seller may – without prejudice to any claims for damages by the Buyer – at its own discretion and at its own expense with regard to the performance concerned

- after prior consultation with the Buyer, make changes to the Software, in particular replace it with a newer version, so that, while safeguarding the interests of the Buyer, an infringement of rights no longer exists or

- für die Käuferin die erforderlichen Nutzungsrechte erwerben.

- acquire the necessary rights of use for the Buyer.

§ 9 Nacherfüllung

(1) Die Verkäuferin hat gemäß den gesetzlichen Regelungen nachzuerfüllen, soweit im Folgenden nichts anderes bestimmt ist.

(2) Die Art der Nacherfüllung bestimmt die Verkäuferin.[21]

(3) Die Verkäuferin kann die Nacherfüllung auch durch Remote-Services gemäß § 10 durchführen.

(4) Nacherfüllungsansprüche verjähren in zwölf Monaten.[22]

(5) Die Durchsetzung von Mängelhaftungsansprüchen ist davon abhängig, dass Mängel innerhalb von einer Woche nach ihrem erstmaligen Erkennen schriftlich gemeldet werden.[23]

(6) Wählt die Verkäuferin zur Beseitigung eines Mangels die Lieferung einer mangelfreien Software, kann die Verkäuferin auch eine neuere Softwareversion zur Verfügung stellen, die zumindest alle von der Verkäuferin geschuldeten Beschaffenheiten aufweist und die Käuferin hinsichtlich der Nutzung der Software gegenüber der nach diesem Vertrag geschuldeten Beschaffenheit nicht beeinträchtigt. An dieser neuen Version erlangt die Käuferin die Nutzungsrechte nach § 5 aufschiebend bedingt auf den Zeitpunkt der Installation für den operativen Betrieb. Sie verliert diese Nutzungsrechte auflösend bedingt im Falle der Installation einer weiteren Neulieferung nach Satz 1.[24] Wird die Software im Wege der Nacherfüllung nur teilweise geändert, erfassen die für die gesamte Software ursprünglich bestehenden Rechte auch die geänderten Teile.

(7) Die Käuferin wird die Verkäuferin bei der Mangelfeststellung und -beseitigung unterstützen und unverzüglich Einsicht in die Unterlagen gewähren, aus denen sich die näheren Umstände des Auftretens des Mangels ergeben.

§ 9 Cure

(1) The Seller must meet its obligations of cure in accordance with the statutory regulations, unless otherwise specified below.

(2) The type of cure is determined by the Seller.[21]

(3) The Seller may also carry out cure by remote services in accordance with § 10.

(4) Claims for cure shall become statute-barred within 12 months.[22]

(5) The assertion of claims for liability for defects is dependent on defects being reported in writing within one week of their first detection.[23]

(6) If the Seller chooses to remedy a defect by supplying defect-free Software, the Seller may also provide a newer Software version which at least has all the specifications owed by the Seller and which does not impair the Buyer with regard to the use of the Software compared with the specifications owed under this contract. The Buyer acquires the rights of use for this new version in accordance with § 5 subject to the condition precedent of the date of installation for operational purposes. It shall lose these rights of use with resolutory condition in the event of the installation of a further new delivery in accordance with sentence 1.[24] If the Software is only partially modified by cure, the rights originally existing for the entire Software also cover the modified parts.

(7) The Buyer shall support the Seller in the determination and remedying of defects and shall without culpable delay grant access to the documents from which the detailed circumstances of the occurrence of the defect can be seen.

(8) Die Untersuchungs- und Rügeobliegenheit nach §§ 377 und 381 HGB besteht mit der Maßgabe, dass sich die Untersuchungsobliegenheit der Käuferin auf Mängel, die mit der Sorgfalt eines ordentlichen Kaufmanns erkennbar sind. Die Rügeobliegenheit für später entdeckte Mängel bleibt unberührt. Unbeschadet der Untersuchungsobliegenheit gilt die Rüge (Mängelanzeige) jedenfalls dann als unverzüglich und rechtzeitig, wenn sie bei offensichtlichen Mängeln innerhalb von drei Arbeitstagen ab Erhalt bzw. Entdeckung abgesendet wird.

(10) Die Käuferin wird vor der Geltendmachung von Nacherfüllungsansprüchen mit der im Verkehr erforderlichen Sorgfalt prüfen, ob ein der Nacherfüllung unterliegender Mangel gegeben ist. Sofern ein behaupteter Mangel nicht der Verpflichtung zur Nacherfüllung unterfällt (Scheinmangel), kann die Verkäuferin die Käuferin mit den für Verifizierung und Fehlerbehebung erbrachten Leistungen zu den jeweils gültigen Vergütungssätzen der Verkäuferin zuzüglich der erforderlichen Aufwände belasten, es sei denn, die Käuferin hätte den Scheinmangel auch bei Anstrengung der im Verkehr erforderlichen Sorgfalt nicht erkennen können.[25]

(11) Im Wege der Nacherfüllung ersetzte installierte Software hat die Käuferin unumkehrbar zu deinstallieren und etwaige Datenträger hierzu an die Verkäuferin zurückzugeben.

(12) Im Falle eines Rücktritts hat die Käuferin alle zur Erfüllung dieses Kaufvertrages von der Verkäuferin erhaltenen Gegenstände zurückzugeben. Zusätzlich ist die Software unverzüglich dauerhaft zu deinstallieren. Die Deinstallationspflicht erfasst alle auf der Grundlage dieses Vertrages überlassene Software (einschließlich Software, die im Rahmen der Nacherfüllung, beispielsweise durch Updates oder eine weitere Version, überlassen wurde).

(13) Die Erfüllung einer Pflicht zur Deinstallation der Software nach Abs. 11 oder 12 hat die Käuferin schriftlich, dh eigenhändig durch Namensunterschrift (§ 126 BGB), zu bestätigen.

(8) The obligation to inspect and give notice of defects in accordance with §§ 377 and 381 HGB (German Commercial Code) shall apply, provided that the Buyer's obligation to inspect is limited to defects that are detectable with the due care of a prudent businessman. The obligation to give notice of defects discovered later remains unaffected. Irrespective of the obligation to inspect, the complaint (notification of defects) shall in any case be deemed to be without culpable delay and timely if it is sent within three working days of receipt or discovery in the case of obvious defects.

(10) Before asserting claims for cure, the Buyer shall examine with the care required whether a defect subject to cure exists. Insofar as an alleged defect is not subject to the obligation of cure (apparent defect), the Seller may charge the Buyer for the services provided for verification and rectification of defects at the Seller's remuneration rates plus the necessary expenses, unless the Buyer could not have recognised the apparent defect even if it had exercised the care required.[25]

(11) Installed Software replaced by way of cure shall be irreversibly deleted by the Buyer and any data carriers containing the replaced software shall be returned to the Seller.

(12) In the event of rescission, the Buyer shall return all items received from the Seller under this purchase contract. In addition, the Software must be permanently uninstalled without culpable delay. The obligation to uninstall covers all Software provided on the basis of this contract (including Software provided as part of cure, for example through updates or another version).

(13) The fulfilment of an obligation to uninstall the software according to para. 11 or 12 must be confirmed by the Buyer in writing, i.e. by personal signature (§ 126 BGB).

(14) Erfüllungsort für die Nacherfüllung ist der Sitz der Verkäuferin.[26]

§ 10 Remote Service

(1) Die Verkäuferin kann Mängel durch Updates beseitigen, wenn sich die Käuferin hiermit einverstanden erklärt und die technischen Voraussetzungen dazu nach Maßgabe der Anlage „Remote-Service" schafft.

(2) Die Parteien werden einen Übergabepunkt vereinbaren, bis zu dem die Käuferin innerbetrieblich die Kommunikation für die Updates zu gewährleisten hat. Jenseits dieses Übergabepunktes hat keine Partei für die erfolgreiche Übermittlung von Daten einzustehen.[27]

(3) Sollte eine Mangelbeseitigung per Update nicht möglich sein, weil eine Verbindung durch die Käuferin entgegen ihrem Einverständnis nicht hergestellt war, und als Folge ein Vorort-Einsatz durchgeführt werden, hat die Käuferin die erforderlichen Mehraufwände zu tragen.

§ 11 Allgemeine Haftung[28]

(1) Die Verkäuferin haftet für Vorsatz und grobe Fahrlässigkeit. Für leichte Fahrlässigkeit haftet sie nur bei Verletzung einer wesentlichen Vertragspflicht (Kardinalpflicht), deren Erfüllung die ordnungsgemäße Durchführung des Vertrags überhaupt erst ermöglicht und auf deren Einhaltung die Käuferin regelmäßig vertrauen darf, sowie bei Schäden aus der Verletzung des Lebens, des Körpers oder der Gesundheit.

(2) Die Haftung ist im Falle leichter Fahrlässigkeit summenmäßig beschränkt auf die Höhe des vorhersehbaren Schadens, mit dessen Entstehung typischerweise gerechnet werden muss; maximal ist diese Haftung jedoch beschränkt auf . . . . . EUR pro Schadensfall und insgesamt auf . . . . . EUR.[29]

(3) Für den Verlust von Daten haftet die Verkäuferin insoweit nicht, als der Schaden darauf beruht, dass es die Käuferin unterlas-

(14) The place of performance for cure is the registered office of the Seller.[26]

§ 10 Remote Service

(1) The Seller may eliminate defects by means of updates if the Buyer agrees to this and creates the technical prerequisites for this in accordance with the „Remote Service" attachment.

(2) The parties shall agree on a transfer point up to which the Buyer must ensure internal communication for the updates. Beyond this point, neither party is responsible for the successful transfer of data.[27]

(3) If it is not possible to eliminate the defect by update because a connection was not established by the Buyer, and as a result an on-site deployment is necessary, the Buyer must bear the additional costs incurred.

§ 11 General Liability[28]

(1) The Seller is liable for intent and gross negligence. It shall only be liable for slight negligence in the event of a breach of an essential contractual obligation, the fulfilment of which is essential for the proper performance of the contract and on which the Buyer may regularly rely on, as well as in the event of damages resulting from injury to life, body or health.

(2) In case of slight negligence, the Seller's liability is limited to the amount of the foreseeable damage that can typically be expected to occur; however, the Seller's liability is limited to a maximum of . . . . . EUR per claim, and the Seller's maximum aggregate liability under this contract shall not exceed . . . . . EUR.[29]

(3) The Seller shall not be liable for the loss of data insofar as the damage is due to the Buyer's failure to carry out data ba-

sen hat, Datensicherungen durchzuführen und so dazu beizutragen, dass verlorengegangene Daten mit vertretbarem Aufwand wiederhergestellt werden können.

ckups and thus to contribute to the fact that lost data can be restored with reasonable effort.

(4) Die vorstehenden Regelungen gelten auch zugunsten der Organe und Erfüllungsgehilfen der Verkäuferin.

(4) The above provisions shall also apply in favour of the Seller's organs and vicarious agents.

§ 12 Schlussbestimmungen

§ 12 Concluding Provisions

(1) Weitere Geschäftsbedingungen der Parteien finden auf diesen Vertrag keine Anwendung. Dies gilt auch dann, wenn solchen Bedingungen nicht ausdrücklich widersprochen wird.

(1) Further terms and conditions of the parties shall not apply to this contract. This also applies if such conditions are not expressly contradicted.

(2) Sollten einzelne Bestimmungen dieses Vertrages ganz oder teilweise unwirksam sein oder werden, wird die Wirksamkeit der übrigen Bestimmungen hierdurch nicht berührt. Die Parteien vereinbaren bereits jetzt für diesen Fall, dass die ungültige Bestimmung durch eine wirksame Bestimmung ersetzt wird, die dem wirtschaftlichen Zweck der ungültigen Bestimmung möglichst nahekommt. Entsprechendes gilt für etwaige Lücken der Vereinbarung.[30]

(2) Should individual provisions of this contract be or become invalid in whole or in part, the validity of the remaining provisions shall not be affected thereby. The parties hereby agree that the invalid provision shall be replaced by a valid provision which comes as close as possible to the economic purpose of the invalid provision. The same applies to any gaps in the contract.[30]

(3) Die Parteien werden im Falle einer sich aus diesem Vertrag ergebenden Streitigkeit vor Durchführung eines Gerichtsverfahrens (Klage) eine Schlichtung gemäß der Schlichtungsordnung der Hamburger Schlichtungsstelle für IT-Streitigkeiten in der zum Zeitpunkt der Einleitung eines Schlichtungsverfahrens gültigen Fassung durchführen. Das Schlichtungsverfahren soll dazu dienen, den Streit ganz oder teilweise, vorläufig oder endgültig beizulegen. Kommt eine Einigung vor der Schlichtungsstelle nicht zustande, ist der Rechtsweg zu den ordentlichen Gerichten eröffnet.[31]

(3) In the event of a dispute arising from this contract, the parties shall, prior to conducting legal proceedings (legal action), conduct mediation in accordance with the mediation rules of the Hamburg Mediation Office for IT Disputes in the version valid at the time of initiating mediation proceedings. The conciliation procedure is intended to settle the dispute in whole or in part, provisionally or definitively. If no agreement can be reached before the conciliation body, legal recourse is open to the ordinary courts.[31]

(4) Die Abtretung von Forderungen, die nicht Geldforderungen sind, ist nur mit vorheriger schriftlicher Zustimmung der anderen Vertragspartei zulässig. Die Zustimmung darf nicht unbillig verweigert werden.

(4) The assignment of claims other than monetary claims shall only be permitted upon prior written consent of the other Party. Consent shall not be unreasonably withheld.

(5) Ein Zurückbehaltungsrecht kann nur wegen Gegenansprüchen aus dem jeweiligen Vertragsverhältnis geltend gemacht werden.

(5) A right of retention can only be asserted due to counterclaims from the respective contractual relationship.

(6) Die Vertragsparteien können nur mit Forderungen aufrechnen, die rechtskräftig festgestellt oder unbestritten sind.

(7) Nebenabreden zu diesem Vertrag bestehen nicht. Änderungen und Ergänzungen dieses Vertrages bedürfen der Schriftform. Auf dieses Formerfordernis kann nur durch schriftliche Vereinbarung verzichtet werden.

(8) Es gilt das Recht der Bundesrepublik Deutschland unter Ausschluss des UN-Kaufrechts.[32]

(9) Ausschließlicher Gerichtsstand für alle Rechtsstreitigkeiten aus oder im Zusammenhang mit diesem Vertrag ist der Sitz der Verkäuferin. Die Verkäuferin ist aber auch berechtigt, am allgemeinen Gerichtsstand des Kunden zu klagen

(10) Die Vertragsparteien haben den Vertrag in einer deutschen und einer englischsprachigen Fassung geschlossen. Für die rechtlichen Wirkungen zwischen den Parteien ist allein die deutsche Fassung maßgeblich.[33]

Anlage „Remote-Service"

Datum/Unterschrift

(6) The parties may only set off claims which have been legally established or are undisputed.

(7) No subsidiary agreements to this contract exist. Changes and additions to this contract must be made in writing. This formal requirement can only be waived by written agreement.

(8) The law of the Federal Republic of Germany shall apply, excluding the UN Convention on Contracts for the International Sale of Goods.[32]

(9) Exclusive place of jurisdiction for all legal disputes arising from or in connection with this contract is the registered office of the Seller. However, the Seller is also entitled to take legal action at the general place of jurisdiction of the Buyer.

(10) The parties have concluded the contract in a German and an English version. Only the German version is decisive for the legal effects between the parties.[33]

Annex „Remote Service"

Date/Signature

Anmerkungen

1. Sachverhalt. Das Formular ist aus der Sicht des Verkäufers als typischem Verwender von Überlassungsverträgen in dessen Interesse gestaltet. Es behandelt die Überlassung von Standard-Software an Unternehmen. Für die Überlassung an Verbraucher → Form. C.11. Wie stets bei Vertragsbedingungen, die für eine Vielzahl von Fällen vorformuliert sind, ist auch hier zu berücksichtigen, dass die meisten Klauseln, die den Verwender vom Gesetz abweichend besserstellen, mit der Sanktion des § 307 Abs. 1 BGB belegt sind.

2. Kaufgegenstand. Die Überlassung von Standard-Software auf Dauer ist nach weit überwiegender Ansicht dem Kaufrecht zuzuordnen. Der Streit, ob Software eine Sache ist, ist überholt. Nach § 453 BGB ist das Leistungsstörungsrecht für die Überlassung von Sachen, Rechten oder sonstigen Gegenständen im Grundsatz gleich. Dementsprechend kann für die Vertragspraxis dahingestellt bleiben, was bei dem Erwerb von Software den eigentlichen Gegenstand des Kaufs darstellt. Für die schuldrechtliche Behandlung der Überlassung von Standard-Software auf Dauer sind die kaufrechtlichen Regeln auch angemessen. Der Kauf ist durch die Überlassung des Kaufgegenstandes auf Dauer gekennzeichnet. Nach dem BGH stellt die Überlassung von Software auf der Grundlage eines auf bestimmte Zeit abgeschlossenen Vertrages jedenfalls urheberrechtlich eine Veräußerung iSd § 69c Nr. 3 UrhG dar, wenn die Laufzeit des Vertrages der Funktionsdauer der Software entspricht (BGH NJW 2015, 3576 Rn. 37 – Green IT). Daraus dürfte aber nicht abzuleiten sein, dass die letztlich befristete Überlassung im Rahmen eines Kaufvertrages erfolgt (s. dazu auch → Form. C.4 Anm. 9).

3. Lizenzschlüssel. Die rechtliche Bedeutung eines Lizenzschlüssels bzw. Product Key ist unklar. Richtigerweise stellen solche Schlüssel **keine Lizenzen** dar, die zur Nutzung eines Computerprogramms berechtigen. Vielmehr wird der Key nur als ein – einem Fahrzeugschlüssel vergleichbares – technisches Mittel angesehen, um das erworbene Computerprogramm zu aktivieren und dauerhaft in Betrieb zu nehmen (OLG München MMR 2017, 838 Rn. 81 ff. – Product Key; OLG Frankfurt a. M. MMR 2017, 263 Rn. 22; Bisges UrheberR-HdB/Imhof Kap. 5 Rn. 324). Zweifelhaft ist die Ansicht des BGH, dass die Weitergabe des Schlüssels bereits ein Akt der Verbreitung der Software nach § 69c Nr. 3 UrhG ist, weil sich das Recht zum Weiterverbreiten einer Kopie eines Computerprogramms auch auf die Bekanntgabe des zum Herunterladen des Programms erforderlichen Produktschlüssels erstreckt (BGH NJW 2015, 3576 Rn. 39). Lizenzschlüssel sollen es dem Nutzer erleichtern, seine Berechtigung nachzuweisen und sind insofern **Beweiszeichen** (vgl. MüKoZPO/Schreiber § 415 Rn. 6). **Strafrechtlich** ist zu beachten, dass der BGH die Übermittlung von Lizenzschlüsseln ohne Einwilligung des Rechtsinhabers und sonstige Berechtigung als Verbreitung iSv § 69c Nr. 3 UrhG ansieht mit der Folge einer drohenden Strafbarkeit nach § 106 Abs. 1 UrhG (BGH MMR 2019, 444 Rn. 22).

4. Dokumentation. Nach vorherrschender Ansicht gehört die Überlassung einer Benutzerdokumentation zu den Hauptleistungspflichten des Verkäufers (BGH NJW 1993, 461 (462)). Wird die Benutzerdokumentation überhaupt nicht geliefert, liegt wegen § 434 Abs. 3 BGB eine mangelhafte Leistung vor (Marly SoftwareR-HdB Rn. 666; MüKoBGB/Westermann § 434 Rn. 80). Das Formular sieht eine Online-Hilfe als vereinbarte Beschaffenheit vor. Das dürfte angesichts der Üblichkeit bei der Auslieferung von Software auch den objektiven Anforderungen aus § 434 Abs. 3 BGB genügen. Problematisch ist die Zurverfügungstellung einer Dokumentation in englischer Sprache. Wie stets kommt es aber auf den Einzelfall an, insbesondere, an welche Zielgruppe sich die Software richtet und ob sie zB selbsterklärend ist. Für Software-Entwickler kommt eine Anleitung in englischer Sprache eher in Betracht als für Verbraucher. Neben der Benutzeranleitung ist eine **Installationsanleitung** erforderlich, sofern sich die Software nicht ohne weiteres selbst installiert. Ob das Fehlen einer Installationsanleitung nach § 434 Abs. 2 S. 2 BGB nicht zur Mangelhaftigkeit führt, wenn dem Anwender die Installation auch ohne Anleitung gelingt, ist zweifelhaft, da die Software ja durchaus auch noch erneut oder auf anderen Rechnern installiert werden können soll und sich dann wiederum die Frage der Installation stellt (Auer-Reinsdorff/Conrad IT- und DatenschutzR-HdB/Schneider/Conrad § 10 Rn. 65).

5. Installation. Bei dem Erwerb von Standardsoftware ist die Installation als Nebenleistung regelmäßig nicht geschuldet (Leupold/Wiebe/Glossner IT-R/von dem Bussche/Schelinski Teil 2.6 Rn. 7). Die Klausel stellt dies klar.

6. Schulung. Auch die Schulung ist vom Verkäufer nicht geschuldet und muss separat vereinbart werden. In der Praxis bietet der Verkäufer gelegentlich eine Schulung an und unterlässt dafür die Erstellung einer ausreichenden Benutzerdokumentation. Dadurch wird die Software aber für den Käufer nicht dauerhaft nutzbar, weil Mitarbeiter wechseln können und die Schulungsinhalte mit der Zeit in Vergessenheit geraten.

7. Beschaffenheit. Die Software muss bei Gefahrübergang so beschaffen sein, dass sie nach § 434 BGB mangelfrei ist. In Abhängigkeit von dem Funktionsumfang der Software bedarf dies einer uU umfangreichen Beschreibung. Oft wird auf die Benutzerdokumentation Bezug genommen, was AGB-rechtlich aber nur dann wirksam ist, wenn die Benutzerdokumentation dem Erwerber bei Vertragsschluss zugänglich ist. Im Formular wird die Kenntnisnahmemöglichkeit über einen Zugriff auf die Dokumentation über das Internet sichergestellt. Nach § 434 Abs. 1 BGB ist die Software mangelfrei, wenn sie den subjektiven und den objektiven Anforderungen entspricht. In Abs. 3 wird den Parteien gestattet, von den objektiven Anforderungen durch Vereinbarung abzuweichen. Damit ist es theoretisch möglich, allein auf die subjektiven Anforderungen abzustellen (Schreier/Michels RDi 2022, 381 (382)). Eine Grenze der Beschaffenheitsvereinbarung in AGB dürfte jedoch die **Funktionstauglichkeit zum üblichen Gebrauch** sein. Ein Ausschluss von Funktionalitäten, die der Nutzer erwarten darf, wird, wie im Werkvertragsrecht (vgl. BGH NJW 2013, 1226 Rn. 15), nur bei ausdrücklichem Hinweis zulässig sein. Die Beschaffenheitsvereinbarung kann daher, jedenfalls in AGB, nie abschließend sein. Ergänzend wird deswegen in dem Formular auf die nach dem Vertrag vorausgesetzte Verwendung und im Weiteren auf die übliche Beschaffenheit abgestellt.

8. Nutzungssperre. Viele Anbieter implementieren in ihre Software eine Nutzungssperre, um einer unbefugten Vervielfältigung der Software entgegenzuwirken. Soweit diese Nutzungssperre auch bei dem berechtigten Nutzer wirkt, liegt darin ein Mangel der Software (Leupold/Wiebe/Glossner IT-R/von dem Bussche/Schelinski Teil 2.6 Rn. 27). Das Formular legt den Fall zu Grunde, dass zur Nutzung der Software eine Anbindung an ein **Online-Konto** erforderlich ist und diese Anbindung zur Prüfung der Berechtigung verwendet wird. Das steht in Übereinstimmung mit der Rechtsprechung des BGH (BGH MMR 2010, 771 – Half Life 2).

9. Nutzungsrechte. Die urheberrechtlichen Beziehungen zwischen Rechtsinhaber und Software-Anwender sind noch in vielen Bereichen ungeklärt. Die Vertragspraxis ist oft von dem Gedanken geprägt, dass zur Benutzung von Software stets eine Lizenz erforderlich ist. Dabei wird unter Lizenz ein Dauerrechtsverhältnis verstanden, dessen Aufrechterhaltung erforderlich ist, um dem Anwender die Berechtigung zur Nutzung der Software zu vermitteln. Getrieben wird das Hervorheben der Lizenzierung durch die Sorge der Softwarehersteller, sie könnten durch einen Kaufvertrag Rechtspositionen endgültig aufgeben. Dementsprechend häufig ist in Softwareüberlassungsverträgen die unzutreffende Klausel zu finden „Die Software wird lizenziert, nicht verkauft."

Für die Überlassung von Standardsoftware zur Nutzung auf einem Rechner durch einen Anwender zurzeit ist es richtigerweise so, dass es keiner urheberrechtlichen Vereinbarung zwischen Rechtsinhaber und Softwareanwender bedarf. Dies folgt aus § 69d Abs. 1 UrhG, der in Zusammenhang mit dem Erschöpfungsgrundsatz die Nutzung von Software ähnlich dem allgemeinen **Grundsatz des urheberrechtsfreien Werkgenusses** bei auf Dauer in den Geschäftsverkehr gebrachten Vervielfältigungsstücken auch dann gestattet, wenn zwischen Anwender und Rechtsinhaber keinerlei urhebervertragsrechtliche Beziehungen bestehen (BGH GRUR 2015, 772 Rn. 60 – UsedSoft III; Wandtke/Bullinger/Grützmacher UrhG § 69d Rn. 30; Bisges UrheberR-HdB/Imhof Kap. 5 Rn. 352 ff.). Dieser Werkgenuss kann dem Anwender bei dem Erwerb der Software auch nicht durch entgegenstehende Vereinbarungen genommen werden. Insofern enthält § 69d Abs. 1 UrhG einen vertraglich nicht abdingbaren zwingenden Kern, der Verwendungshandlungen betrifft, die für die vertragsgemäße Verwendung des Programms unerlässlich sind (BGH NJW 2003, 2014 (2016) – CPU Klausel). Vertragsrechtlich wäre danach eine Nutzungsgestattung für den Einsatz auf einem Rechner zurzeit nicht erforderlich. Im Übrigen würde ohne ausdrückliche Regelung der Nutzungsarten die Übertragungszweckregel des § 31 Abs. 5 UrhG greifen, soweit es um die Rechtsbeziehungen zwischen Rechtsinhaber und Nutzer geht.

Oft werden die Nutzungsrechte in Überlassungsverträgen in einer Weise eingeräumt, die mit urheberrechtlicher Wirkung nicht zulässig ist, weil Nutzungsrechte nicht beliebig aufspaltbar sind (Bisges UrheberR-HdB/Imhof Kap. 5 Rn. 333). Ziel solcher Vereinbarungen ist oft, dem Nutzer mehr oder minder weitreichende Grenzen der Nutzung zu ziehen, indem die Nutzungsrechte möglichst eng definiert werden. Da wenig Rechtsprechung zu dieser Thematik vorliegt, sind in diesem Bereich noch viele Fragen ungeklärt (zu den Anforderungen an die Gestaltung einer Nutzungsrechtevereinbarung → Form. C.3 Anm. 30). Zur Absicherung gegen eine urheberrechtliche Unwirksamkeit der Rechteklausel empfiehlt sich die Vereinbarung der zusätzlichen schuldrechtlichen Wirkung der Nutzungsbeschränkungen → Anm. 16. **Zentral** für die Beschränkung der Nutzung **ist das Vervielfältigungsrecht**. Jede Nutzung einer Software geht mit einer Vervielfältigung einher. Dementsprechend müssen zur Gestattung der Nutzung immer auch die Vervielfältigungs-Nutzungsarten genannt werden (Details bei Bisges UrheberR-HdB/Imhof Kap. 5 Rn. 201 ff.). Der erfolgversprechendste Ansatz zur Beschränkung der Nutzerrechte ist daher die Definition der allein zulässigen Vervielfältigungshandlungen.

Die nachfolgenden Nutzungsbeschränkungen sind häufig anzutreffen:

- **OEM-Klauseln** knüpfen an das Verbreitungsrecht an. Sie sind jedoch nach dem erstmaligen Inverkehrbringen aufgrund der Erschöpfung des Verbreitungsrechts nicht durchsetzbar, weil unabhängig davon, ob eine eigene Nutzungsart „OEM-Vertrieb" überhaupt anzuerkennen ist, die Erschöpfungswirkung umfassend ist und auch diese Nutzungsart erfasst (BGH NJW 2000, 3571 (3573)).
- Beschränkungen des Vertriebs von **Updates**, weil auch hier der Erschöpfungsgrundsatz entgegensteht (OLG München NJW 1998, 1649).
- **Field of Use-Klauseln**, Branchenbeschränkungen (anders dazu BGHGRUR 2015, 772 Rn. 58 – Used Soft III) oder ähnliche Klauseln sind bei der (auch unentgeltlichen) Überlassung auf Dauer nicht wirksam, weil solche Nutzungsformen nicht technisch und wirtschaftlich eigenständig und damit klar abgrenzbar sind (kritisch auch Wandtke/Bullinger/Grützmacher UrhG § 69d Rn. 46). Sie scheiden zur Begründung eines Nutzungsrechts aus. Das gilt gleichermaßen für Studierenden- oder Lehrenden- wie für Sharewareversionen. Sofern die Überlassung unentgeltlich oder nur gegen eine Aufwandsentschädigung erfolgt, liegt bei einer schuldrechtlichen Bindung des Erwerbers keine unangemessene Benachteiligung gemäß § 307 BGB vor. Der Anbieter kann bei unentgeltlich überlassener Software dann zwar urheberrechtlich die Verbreitung wegen § 69d Nr. 3 UrhG nicht verbieten. Der Erwerber verletzt aber die schuldrechtlich wirkende Verpflichtung, die Software nicht weiterzugeben, und macht sich dementsprechend schadensersatzpflichtig.
- **Demo- und Testversionen** sollen eine eigenständige Nutzungsart darstellen können (so KG ZUM 2000, 1089; Leupold/Wiebe/Glossner IT-R/Wiebe Teil 2.1 Rn. 71). Aber auch hier ist die technische Eigenständigkeit fraglich, wenn sich die Software funktional nicht von der vertriebenen Software unterscheidet. Unterscheidet sie sich, ist eine gesonderte rechtliche Behandlung möglich. Zulässig ist jedenfalls eine zeitlich beschränkte Überlassung im Wege der Leihe, bei der nach Ablauf der Befristung die Nutzungsbefugnis entfällt.
- **CPU-Klauseln**, dh die Beschränkung der Verwendung der Software auf einem oder mehreren bestimmten Rechnern (BGH NJW 2003, 2014 – CPU-Klausel).
- **Konzernlizenzen** dergestalt, dass alle zu einem Konzern gehörigen oder anderweitig verbundenen Unternehmen berechtigt sind, die Software einzusetzen. Fraglich ist allerdings schon, ob mit der Verbreitung der Software an ein konzernzugehöriges Unternehmen nicht Erschöpfung nach § 69c Nr. 3 UrhG eintritt mit der Folge, dass die Software frei weitergegeben werden kann und der Erwerber nach § 69d Abs. 1 UrhG auch ohne Lizenz zur Nutzung berechtigt ist (dazu Bisges UrheberR-HdB/Imhof Kap. 5 Rn. 350 ff.). Besteht diese Gefahr nicht, sollte genau definiert werden, welche Unternehmen zum Konzern gehören. Das kann enumerativ oder über die Definition in den §§ 15 ff. AktG erfolgen. Im letzten Fall ist an ein Wachstum des Konzerns durch Akquisitionen und Fusionen zu denken (Grützmacher ITRB 2004, 204).

- Beschränkungen auf die **private oder nicht-kommerzielle Nutzung** sind nach Auffassung des BGH zulässig (BGH GRUR 2017, 266 Rn. 46 – World of Warcraft I; aA Marly SoftwareR-HdB Rn. 886; s. auch Wandtke/Bullinger/Grützmacher UrhG § 69a Rn. 66).
- Auch die urheberrechtliche Relevanz der Nutzung von Software im **Netzwerkbetrieb** ist noch weitgehend ungeklärt (einen Überblick über gängige Modelle gibt Hoppen CR 2007, 129 (132 f.)). Hier stellt sich die Frage, ob der bestimmungsgemäße Gebrauch der Software nach § 69d Abs. 1 UrhG das Einräumen von Nutzungsrechten für den Netzwerkbetrieb entbehrlich macht, wenn die Software bei ihrem erstmaligen Inverkehrbringen für diesen Netzwerkbetrieb bestimmt war. Problematisch dabei ist, wie dies bestimmt wird (hierzu BGH GRUR 2015, 772 Rn. 62). War die Software nicht für den Netzwerkbetrieb bestimmt, so ist jedenfalls eine Gestattung dann erforderlich, wenn die Software vom Server auf den Client kopiert wird, weil dann eine urheberrechtsrelevante Vervielfältigung nach § 69c Nr. 1 UrhG erfolgt. Gleiches gilt, wenn ohne Vervielfältigung eine öffentliche Wiedergabe nach § 69c Nr. 4 UrhG gegeben ist. Ist auch das nicht der Fall, weil etwa die Mitarbeiter in einem Unternehmen nicht zur Öffentlichkeit zählen, wäre eine Erlaubnis des Rechtsinhabers zum Netzwerkbetrieb nur unter der Annahme eines entsprechenden unbenannten Nutzungsrechts erforderlich. Ein solches unbenanntes Verwertungsrecht für den Netzwerkbetrieb wird zum Teil abgelehnt (Dreier/Schulze/Dreier UrhG § 69c Rn. 35). Richtigerweise bedarf die Nutzung von Software in Netzwerken aber auch dann der Zustimmung des Rechtsinhabers, wenn keine der in § 69c UrhG genannten Nutzungsarten betroffen ist. Es handelt sich insoweit um ein unbenanntes Verwertungsrecht (Bisges UrheberR-HdB/Imhof Kap. 5 Rn. 234; Wandtke/Bullinger/Grützmacher UrhG § 69d Rn. 10: eigene Nutzungsart).
- Die Beschränkung auf benannte Nutzer („**Named User**") ist im Gegensatz zu einer so genannten floating licence für mehrere Nutzer („concurrent user") urheberrechtlich unwirksam, da keine eigenständige Nutzungsart gegeben ist (Bisges UrheberR-HdB/Imhof Kap. 5 Rn. 339; Grützmacher CR 2011, 697 (698); aA Scholz CR 2019, 417 Rn. 23).
- Zulässig ist dagegen, soweit keine entgegenstehende Erschöpfung eintritt, die Beschränkung auf die **Nutzung in bestimmten Ländern**, nicht jedoch auf Gebiete innerhalb eines Landes.

Der häufig anzutreffende Versuch, Nutzungsbedingungen direkt zwischen dem Softwarehersteller und dem Anwender im Zusammenhang mit der Installation von Software (**EULA** = End User Licence Agreement) durchzusetzen, ist regelmäßig unwirksam, wenn der Nutzer nicht den Willen zum Abschluss des Vertrages hat. Der Erwerber der Software gibt mit der Installation bei einem entgegenstehenden Willen keine bindende, auf Abschluss einer Lizenzvereinbarung gerichtete Willenserklärung ab, selbst wenn er durch Anklicken eines Feldes scheinbar sein Einverständnis mit dem Vertrag erklärt (Bisges UrheberR-HdB/Imhof Kap. 5 Rn. 301).

Eine allgemeine **Grenze** für (zulässige) Nutzungsbeschränkungen zieht § 69d Abs. 1 UrhG. Der BGH hält eine beim Ersterwerb begründete Nutzungsbeschränkung gegenüber dem Zweiterwerber für nicht wirksam, wenn dadurch die **Verkehrsfähigkeit** des Computerprogramms beeinträchtigt wird (BGH GRUR 2015, 772 Rn. 62 – UsedSoft III).

Für den Fall der Überlassung weiterer Software zu Beseitigung von Mängeln sieht das Formular eine auflösende Rechtseinräumung vor. Bei Standardsoftware haften Mängel jeder gleichen Softwareversion an. Eine individuelle Nacherfüllung wird dann ersetzt durch das Überlassen von Patches oder auch vollständigen Softwareversionen, die den Mangel nicht mehr aufweisen. Damit der Nutzer nicht berechtigt ist, die ersetzte und die neue Version zu nutzen, räumt das Formular ihm die Rechte auflösend bedingt nur für die jüngste Version ein.

10. → Anm. 3.

11. Private Nutzung. Die Lizenzierung zur nur privaten oder gewerblichen Nutzung ist nach Ansicht des BGH zulässig (BGH GRUR 2017, 266 Rn. 46 – World of Warcraft I; zu Recht kritisch Wandtke/Bullinger/Grützmacher UrhG § 69a Rn. 66). In der Praxis üblich ist die Lizenzierung nur für den privaten Gebrauch, etwa bei kostenloser oder preisreduzierter Software. Eine Lizenz für den einen oder anderen Gebrauch kann zu Problemen führen, wenn der Nutzer mit beiden Nutzungsarten in Kontakt kommt, etwa bei den Konzepten zur Nutzung von Hardware durch Mitarbeiter „Bring your own device" oder umgekehrt Corporate Owned, Personally Enabled (COPE). Kann die Software sowohl privat als auch gewerblich genutzt werden, finden bei einer privaten Nutzung die §§ 327 ff., 453 Abs. 1 S. 2 BGB Anwendung. Um die **Anwendung des Verbraucherrechts** zu verhindern, wird in dem Formular die private Nutzung mit urheberrechtlicher Wirkung ausgeschlossen.

12. Aufschiebende Rechteeinräumung. Ein Eigentumsvorbehalt im eigentlichen Sinne zur Sicherung der Kaufpreisforderung des Verkäufers scheidet bei Software aus. Als Ersatz für den Eigentumsvorbehalt kommt das aufschiebend bedingte Übertragen der Nutzungsrechte bis zur vollständigen Kaufpreiszahlung in Betracht. Das Nichteinräumen von Nutzungsrechten kann jedoch keine Wirkung gegenüber dem Nutzer erzeugen, wenn § 69d Abs. 1 UrhG Anwendung findet, da der Rechtsinhaber dem Anwender die einfache Nutzung der Software nicht untersagen kann, wenn dadurch in den zwingenden Kern der Benutzerbefugnisse eingegriffen wird. Damit hat diese Klausel regelmäßig lediglich Appellfunktion.

13. Auflösende Bedingung. Erhält der Käufer im Wege der Nacherfüllung eine vollständige, neue Software-Version, müssen die Nutzungsrechte für die zuerst überlassene Version entfallen, damit keine Berechtigung an beiden Versionen besteht. Die Nutzungsrechte bestehen nur an dem konkreten Werk, nicht am Gegenstand der Erfüllung der Verkäuferpflichten.

14. Benutzerkonto. → Anm. 8 Das Interesse der Rechteinhaber, einen Zweitmarkt für Software zu verhindern, lässt sich urheberrechtlich nur schwer umsetzen. Die Erschöpfung des Verbreitungsrechts gem. § 69c Nr. 3 UrhG entzieht dem Rechteinhaber die Befugnis, über die Weitergabe der von ihm in den Verkehr gebrachten Software zu entscheiden, § 69d Abs. 1 gewährt dem Erwerber die Nutzung der Software entgegen § 34 Abs. 1 UrhG (für die Nichtanwendung des § 34 UrhG bei einfachen Rechten zu einer Standardsoftware Schricker/Loewenheim/Ohly UrhG § 34 Rn. 19). Der BGH hat in seiner Entscheidung „Half-Life 2" (BGH MMR 2010, 771) eine Möglichkeit zur Nutzungsbeschränkung aufgezeigt, von der auch in diesem Formular Gebrauch gemacht wird. Ist das Programm nur mit einem online zu unterhaltenden Benutzerkonto verwendbar, so verstößt eine solche Vereinbarung jedenfalls aus AGB-rechtlicher Sicht nicht gegen den Grundsatz der Erschöpfung des Verbreitungsrechts. Das Urheberrecht vermittelt keinen Anspruch auf eine Nutzungsmöglichkeit. Ist die Software nicht so nutzbar, wie der Nutzer dies erwarten durfte, kann er nur schuldrechtlich gegen den Überlassenden vorgehen. Nur ausnahmsweise kommt eine deliktische Haftung des Rechtsinhabers in Betracht (BGH 15.9.1999NJW-RR 2000, 393 – Programmsperre). Der Verkäufer muss darauf achten, diese Beschaffenheit der Software wirksam mit dem Käufer zu vereinbaren (vgl. auch Leupold/Wiebe/Glossner IT-R/von dem Bussche/Schelinski Teil 2.6 Rn. 8). Dem Einwand, die Klausel sei nach § 305c Abs. 1 BGB überraschend, kann durch einen deutlich gestalteten Hinweis, etwa bei Vertragsschluss, Rechnung getragen werden.

15. Sicherungskopie. Nach § 69d Abs. 2 UrhG darf der berechtigte Nutzer eine Sicherungskopie erstellen. Ob das Gesetz damit die Anzahl der Kopien festlegen will, ist umstritten (Dreier/Schulze/Dreier UrhG § 69d Rn. 17). Das Formular gestattet dem Nutzer nur eine einzige Kopie, was bei einer häufigen Sicherung von Datenbeständen durchaus problematisch ist, wenn diese Sicherungen als Vervielfältigung iSd § 69c Nr. 1 UrhG gelten. Welche Befugnisse sich an die erstellte Kopie knüpfen, ist weitgehend unklar. Richtig dürfte sein, dass die Kopie das Original ersetzen soll, um die Nutzung nicht von dessen Besitz und Lesbarkeit abhängig zu machen (anders EuGH MMR 2017, 19).

16. Schuldrechtliche Bindung. Aufgrund der zurzeit noch bestehenden vielen offenen Fragen im Urhebervertragsrecht für Software kann der Klauselverwender nicht davon ausgehen, dass die von ihm beabsichtigte urheberrechtliche Nutzungsregelung in vollem Umfang Wirksamkeit entfaltet. Um Auslegungsproblemen vorzubeugen, stellt das Formular klar, dass jedenfalls eine schuldrechtliche Bindung der Parteien bestehen soll. Hierbei bleibt jedoch zu bedenken, inwieweit eine schuldrechtliche Bindung angesichts eines Abweichens von der gesetzlichen Leitlinie des Urheberrechts der Inhaltskontrolle nach § 307 BGB standhält. Zur weiteren Absicherung ist daher ein Aushandeln der Klausel zu empfehlen. Die schuldrechtliche Bindung hat den Nachteil, dass sie nicht gegenüber Dritten wirkt.

17. Weitergabe. Die Verbreitung von Software, die im Wege der Veräußerung in Verkehr gebracht wurde, kann der Rechtsinhaber nicht verhindern. Die Erschöpfung des Verbreitungsrechts erfasst auch die Leihe, nicht jedoch die Vermietung der Software und auch nicht die übertragenen Nutzungsrechte (Schricker/Loewenheim/Spindler UrhG § 69c Rn. 40). Der Rechtsinhaber, der die rechtliche Kontrolle über die Weitergabe der Software behalten will, muss diese vermieten. Dass die Software weitergegeben werden darf, bedeutet nicht, dass der Erwerber sie auch nutzen darf, wie § 34 Abs. 1 UrhG zeigt. Der Nutzer benötigt jedenfalls das Recht zur Vervielfältigung, das ihm nur dann durch Rechtsgeschäft übertragen werden kann, wenn der Rechtsinhaber damit einverstanden ist. Der Übergang von Nutzungsrechten im Zuge einer Unternehmensveräußerung nach § 34 Abs. 3 UrhG kann durch Vereinbarung ausgeschlossen werden (Wandtke/Bullinger/Wandtke UrhG § 34 Rn. 42). Soweit der Nutzer wegen § 69d Abs. 1 UrhG jedoch keine Nutzungsrechte vom Rechtsinhaber benötigt, läuft § 34 Abs. 1 UrhG leer (Dreier/Schulze/Dreier UrhG § 69d Rn. 2). Da nach dem Formular die Software nur genutzt werden kann, wenn der Nutzer ein Online-Konto hat, helfen dem Zweit-Erwerber der Software weder die Erschöpfung des Verbreitungsrechts noch die Gestattung der Nutzung durch § 69d Abs. 1 UrhG. Das Online-Konto stellt eine effektive Nutzungssperre dar.

18. Eigentumsvorbehalt. Ein Eigentumsvorbehalt ist nur an eigentumsfähigen Sachen möglich. Software wird zwar verbreitet als Sache im kaufrechtlichen Sinne angesehen, unterfällt aber nicht dem Eigentumsbegriff des § 903 BGB. Ein Eigentumsvorbehalt an Software ist daher nicht möglich. Hinsichtlich der Datenträger kann das Eigentum dagegen vorbehalten werden (OLG Düsseldorf NJW-RR 1999, 851 (852)) mit der Folge, dass bei Nichterfüllung der Zahlungspflichten der Datenträger zurückgefordert werden kann. Konsequenterweise muss dann auch die Berechtigung zur Nutzung der Software aus § 69d Abs. 1 UrhG entfallen. Wurden dagegen Nutzungsrechte eingeräumt, wirkt sich die Rücknahme der Datenträger allein hierauf nicht aus.

19. Rücknahme ohne Rücktritt. Diese Regelung ist § 455 BGB vor der Schuldrechtsreform nachgebildet und ändert § 449 Abs. 2 BGB zugunsten des Verkäufers. Wird eine solche Klausel gegenüber Verbrauchern verwendet, ist sie unwirksam (BGH NJW-RR 2008, 818 (821)). Aber auch gegenüber Unternehmen dürfte in einer solchen Regelung eine unangemessene Benachteiligung des Käufers begründet sein, weil das Ziel der Rücknahme ist, den Einsatz der Software beim Käufer zu unterbinden, was diesen hart treffen würde. Der Verkäufer ist über die Rücktrittsregeln ausreichend geschützt (BGH NJW-RR 2008, 818 (822)).

20. Freistellung. Gewerbliche Käufer erwarten in Kaufverträgen eine Freistellung von Ansprüchen, die Dritte aufgrund einer bestehenden oder vermeintlichen Urheberrechtsposition geltend machen. Dazu finden sich in der Praxis häufig verschuldensunabhängige Freistellungsklauseln, selbst in AGB der Verkäufer (s. auch für Lizenzverträge im Allgemeinen Castendyk ZUM 2007, 169 (175)). Für eine solche **Garantiehaftung** besteht aber kein Anlass. Schutzrechtsverletzungen sind seit der Schuldrechtsreform als Mängel des Kaufgegenstandes zu behandeln. Der Verkäufer haftet für Rechte Dritter, die diese dem Käufer entgegenhalten können nach den §§ 437 ff. BGB. Die hier verwendete Formulierung beschränkt die Haftung auf vom Verkäufer zu vertretende Umstände (zu Freistellungen und Garantien in AGB → Vorb. A.III.6). Die vielfach in Einkaufsbedingungen anzutreffende Garantie des Verkäufers für die Freiheit von Rechtsmängeln geht zu Lasten des Verkäufers über die gesetzliche Leitlinie hinaus und führt zur Unwirksamkeit nach § 307 Abs. 2 BGB (BGH NJW 2006, 47 Rn. 28). Unwirksam dürfte die Beschränkung der Haftung auf Schutzrechtsverletzungen im Inland sein, weil das Gesetz eine solche Beschränkung nicht vorsieht, sondern allenfalls über die Tatbestandsvoraussetzungen (Verschulden, erheblicher Mangel) und das Verbreitungsrecht steuert. Da aber die Haftung für Schutzrechtsverletzungen auch im EWR-Ausland nicht genau beurteilt werden kann, ist dies zumindest der Versuch, eine Regelung zu treffen, die vom Vertragspartner möglicherweise als wirksam akzeptiert wird. Bei grenzüberschreitenden Verträgen stellt Art. 42 des UN-Kaufrechtsabkommens den Verkäufer besser als das nationale Recht, weswegen dann überlegt werden soll, das **UN-Kaufrecht** nicht auszuschließen.

21. Nacherfüllung. Nach § 439 Abs. 1 BGB kann der Käufer wählen, welche Art der Nacherfüllung er verlangt. Im unternehmerischen Verkehr sollte es zulässig sein, die Wahl dem Verkäufer zuzuweisen (Grüneberg/Weidenkaff BGB § 439 Rn. 3). Bei der Überlassung von Software wäre ein Wahlrecht des Kunden nicht sinnvoll, wenn der Verkäufer lediglich Händler und urheberrechtlich und technisch nicht in der Lage ist, die Software zu ändern und damit Nachbesserungsleistungen vorzunehmen.

22. Verjährungsverkürzung. Die Verjährungsfrist für Nacherfüllungsansprüche darf im unternehmerischen Verkehr grundsätzlich auf 12 Monate begrenzt werden (OLG Köln BeckRS 2016, 117761 für die Verkürzung der regelmäßigen Verjährungsfrist aus § 634a Abs. 1 Nr. 3 BGB). Soll die Verjährungsfrist **wirksam verkürzt** werden, ist zu beachten, dass die Verkürzung die Haftung des Verkäufers entgegen § 307 Abs. 2 und §§ 309 Nr. 7, 310 Abs. 1 S. 2 BGB nicht beschränken darf (BGH NJW 2007, 674 Rn. 21; MüKoBGB/Grothe § 202 Rn. 10). Man wird hier allerdings differenzieren müssen zwischen der Verjährung des Nacherfüllungsanspruchs und der Verjährung des Schadensersatzanspruchs aus § 280 BGB wegen einer Schlecht- oder Nichterfüllung der Nacherfüllungsansprüche. Die Verjährung der Schadensersatzansprüche soll bei der hier gewählten Gestaltung unberührt bleiben. Bei der Regelung der Verjährung von Schadensersatzansprüchen ist § 202 BGB zu beachten.

23. Fristgebundene Mängelmeldung. Diese Klausel hält einer AGB-Kontrolle nicht stand, wäre aber in Individualverträgen mE wirksam. Bereits von Gesetzes wegen greift § 377 HGB bei einem Verkauf an Unternehmer.

24. Nutzungsrechte bei Nacherfüllung. Die Beseitigung von Mängeln bedeutet regelmäßig auch eine Änderung der Software. Damit der Käufer die Software nach der Mängelbeseitigung im gleichen Umfang wie zuvor nutzen kann, räumt ihm der Verkäufer die dazu erforderlichen Rechte ein. Zur Vermeidung der Über-Lizenzierung ist die Rechteübertragung auflösend bedingt (→ Anm. 9 aE).

25. Scheinmangel. Diese Regelung greift die Ansicht des BGH auf, wonach die fahrlässige Inanspruchnahme von nicht geschuldeten Nacherfüllungsleistungen den Käufer zum Ersatz des dem Verkäufer hieraus entstandenen Schadens verpflichtet (BGH NJW 2008, 1147 (1148); BeckOK BGB/Faust § 439 Rn. 13). Die Klausel konkretisiert den Ersatzanspruch auf die für die Leistung entfallende übliche Vergütung. AGB-rechtlich ist zu beachten, dass der Einsatz eigener Leute nicht immer einen auszugleichenden Vermögensnachteil darstellt und der Käufer insofern unangemessen benachteiligt werden kann.

26. Erfüllungsort bei Nacherfüllung. Für die Nacherfüllung bei Verbrauchsgüterkaufverträgen hat der BGH entschieden, dass der Erfüllungsort bei Fehlen einer vertraglichen Regelung nach § 269 Abs. 1 BGB jeweils im Einzelfall bestimmt werden muss (BGH NJW 2011, 2278 Rn. 29). Ob dies auch für den Kaufvertrag zwischen Unternehmen gilt, wo bisher auf den Ort abgestellt wurde, an dem sich die Sache bestimmungsgemäß befindet, ist offen. Dementsprechend ist auch unklar, wie der BGH eine Vereinbarung über den Erfüllungsort unter AGB-rechtlichen Gesichtspunkten bewerten würde. Das Formular sieht vor, dass Erfüllungsort regelmäßig der Sitz des Verkäufers ist, soweit die berechtigten Interessen des Käufers nicht etwas anderes verlangen.

27. Gefahrtragung. Zur Gefahrtragung → Form. F.3 Anm. 16.

28. Haftungsbeschränkung. Eine effektive Beschränkung der Haftung in AGB ist nicht möglich (→ Vorb. A.III.5).

29. Summenmäßige Beschränkung. In AGB sind relevante Haftungserleichterungen auch über eine summenmäßige Beschränkung nicht zu erreichen. Der Schuldner muss stets auf den vertragstypischen Schaden haften. Atypische Schäden sind selten. Auch die hier vorgenommene Haftungsbeschränkung hielte einer Klauselkontrolle nicht stand.

30. Salvatorische Klausel. Salvatorische Klauseln zielen darauf, die Regelung des § 139 BGB zu verdrängen, wonach Verträge im Zweifel insgesamt nichtig sind, wenn auch nur ein Teil des Vertrages unwirksam ist. In AGB sind solche Regelungen wegen § 306 Abs. 1 BGB jedoch unnötig und, wenn sie über die gesetzliche Regelung in § 306 Abs. 2 BGB hinausgehen, auch unwirksam (MüKoBGB/Fornasier § 306 Rn. 44). Salvatorische Klauseln wirken daher nur als Individualvereinbarung oder für Individualvereinbarungen.

31. Schlichtung. Auch wenn die Neigung von Vertragspartnern, im Streitfall die Hilfe einer Schlichtungsstelle in Anspruch zu nehmen, gering ist, sollte mit Blick auf die Unwägbarkeiten eines Verfahrens vor den ordentlichen Gerichten eine solche Möglichkeit stets in Betracht gezogen werden. Alternativ zu der Einschaltung einer Schlichtungsstelle wäre auch ein den Streit endgültig beilegendes Schiedsverfahren denkbar. Neben der hier genannten Schlichtungsstelle wäre die DGRI eine weitere Anlaufstelle (www.dgri.de).

32. UN-Kaufrecht. UN-Kaufrecht ist nur auf die Lieferung von Waren anwendbar, nach hM zählt dazu aber auch die Überlassung von Software auf Dauer, jedenfalls dann, wenn die Überlassung körperlich, dh auf einem Datenträger erfolgt (MüKoBGB/Huber CISG Art. 1 Rn. 19 ff.).

33. Vertragssprache. → Form. F.3 Anm. 36.

2. Anpassung von Standardsoftware – Software Customization

Software-Anpassungsvertrag

zwischen

. . . .

– nachfolgend „Auftraggeber“ genannt –
und

. . . .

– nachfolgend „Auftragnehmer“ genannt –

§ 1 Vertragsgegenstand[1]

Gegenstand des Vertrages ist die Anpassung der vom Auftraggeber mit separatem Vertrag vom . . . . . erworbenen ERP-Software . . . . (nachfolgend kurz „Software“ genannt) an die Bedürfnisse des Auftraggebers, die im Zusammenwirken mit ihm ermittelt werden.

§ 2 Leistungen

(1) Der Auftragnehmer wird im Rahmen dieses Vertrages folgende Leistungen[2] erbringen:

- **Bestimmen des Einsatzzieles der Software (Leistungsabschnitt 1).**
- **Feststellen des Anpassungsbedarfs der Software/und oder der betrieblichen Abläufe zum Erreichen des Einsatzzieles und Erstellen eines Pflichtenhefts (Leistungsabschnitt 2),[3]**
- **Anpassung der Software (Leistungsabschnitt 3).[4]**
- **Implementierung der Software in die IT-Umgebung des Auftraggebers und Konfiguration (Leistungsabschnitt 4).**
- **Parametrisierung der Software (Leistungsabschnitt 5).**
- **Testen der Software (Leistungsabschnitt 6).**
- **die Einweisung in die Software und die Schulung für ausgewählte Nutzer (Leistungsabschnitt 7).**

Software Customization Agreement

between

. . . .

– hereinafter referred to as „Customer“ –
and

. . . .

– hereinafter referred to as „Contractor“ –

§ 1 Subject[1]

Subject of the contract is the adaptation of the ERP software, acquired by the Customer on . . . . (hereinafter referred to as „Software“), by the Contractor to the Customer's needs determined in cooperation with the latter.

§ 2 Services

(1) The Contractor shall provide the following services[2] within the framework of this contract:

- **Determining the operational objective of the Software (Section 1),**
- **determination of the need to adapt the Software and/or operational processes in order to achieve the operational objective and preparation of a requirements specification (Section 2),[3]**
- **adaptation of the Software (Section 3)[4]**
- **implementation of the Software in the Customer's IT environment, and its configuration (Section 4)**
- **parameterization of the Software (Section 5)**
- **Testing of the Software (Section 6)**
- **The briefing to the Software and the training for selected users (Section 7).**

(2) Jeder Leistungsabschnitt stellt eine Teilleistung dar.

(3) Der Auftragnehmer wird den Auftraggeber im Rahmen der zu erbringenden Leistungen beraten, wie das Einsatzziel unter Berücksichtigung des vereinbarten Budgets erreicht werden kann. Dabei hat die Anpassung der Software an die bestehenden und gegebenenfalls modifizierten Betriebsabläufe Vorrang. Sollte das Einsatzziel der Software statt durch Anpassung der Software auch durch eine Änderung der Betriebsabläufe erreichbar sein, so besteht die Obliegenheit des Auftraggebers, die Betriebsabläufe in seinem Unternehmen im Rahmen des Zumutbaren anzupassen. Der Auftraggeber wird auch das vom Software-Hersteller entwickelte Referenzmodell in Betracht ziehen. Erfolgt diese Anpassung nicht, stellt die Nichterfüllung der in Absatz 1 beschriebenen Leistungen insoweit keine Verletzung der Pflichten des Auftragnehmers dar.[5]

(4) Alle Leistungen des Auftragnehmers sind so zu dokumentieren, dass der Auftraggeber in der Lage ist, Art und Umfang der Leistungen und deren Auswirkungen auf den Einsatz der Software nachzuvollziehen.

(5) Für die zu erbringenden Leistungen gilt die als Anlage „Zeitplan" diesem Vertrag angehängte Darstellung der Abfolge der Leistungen.

§ 3 Abnahmen

(1) Die in § 2 genannten Leistungen werden abschnittsweise erbracht und abgenommen. Nach Fertigstellung der für den einzelnen Abschnitt beschriebenen Leistungen teilt der Auftragnehmer dies dem Auftraggeber mit, der dann prüft, ob die Leistung im Wesentlichen vertragsgemäß erbracht wurde.

(2) Wurden die Leistungen im Wesentlichen vertragsgemäß erbracht, hat der Auftraggeber die Teilleistungen abzunehmen.[6]

(2) Each section represents a partial service.

(3) Within the scope of the services to be rendered, the Contractor shall advise the Customer on how the operational objective can be achieved taking into account the agreed budget. The adaptation of the Software to the existing and possibly modified operating procedures has priority. If, instead of adapting the Software, the intended use of the Software can also be achieved by changing the operating procedures, the Customer may, without obligation, take into account adapting the operating procedures in its company. The Customer will also consider the reference model developed by the Software manufacturer. If this adjustment does not take place, the non-fulfilment of the services described in paragraph 1 does not represent a violation of the obligations of the Contractor in this respect.[5]

(4) All services of the Contractor shall be documented in such a way that the Customer is in a position to understand the type and scope of the services and their effects on the use of the Software.

(5) For all services, the schedule annexed to this contract shall be binding.

§ 3 Acceptances

(1) The services listed in § 2 are provided and accepted in sections. After completion of the services described for the relevant section, the Contractor shall inform the Customer accordingly. The Customer will check whether the services have essentially been performed in accordance with the contract.

(2) If the services have essentially been rendered in accordance with the contract, the Customer shall accept the partial services.[6]

(3) Erachtet der Auftraggeber die Leistungen nicht als im Wesentlichen vertragsgemäß, so hat er seine Beanstandungen dem Auftragnehmer unverzüglich mitzuteilen.

(3) If the Customer does not consider the services to be essentially in accordance with the contract, it must notify the Contractor of its objections without undue delay.

(4) Beanstandet der Auftraggeber Leistungen fristgemäß, wird der Auftragnehmer hierzu unverzüglich Stellung nehmen. Die Parteien werden dann versuchen, eine Einigung über das weitere Vorgehen herbeizuführen.

(4) If the Customer objects to the services in due time, the Contractor will comment on this without undue delay. The parties will then try to reach an agreement on how to proceed.

(5) Nach Durchführung des Leistungsabschnitts 7 erfolgt die Gesamtabnahme, die nicht wegen Mängeln verweigert werden darf, die schon während der Teilabnahme zu erkennen waren.

(5) After the performance of Section 7, final acceptance of all services shall take place, which may not be refused due to defects which were already apparent during the partial acceptance.

§ 4 Zusammenarbeit

§ 4 Cooperation

(1) Die Parteien arbeiten vertrauensvoll zusammen. Erkennt eine Vertragspartei, dass Angaben und Anforderungen, gleich ob eigene oder solche der anderen Vertragspartei, fehlerhaft, unvollständig, nicht eindeutig oder nicht durchführbar sind, hat sie dies und die ihr erkennbaren Folgen der anderen Partei unverzüglich mitzuteilen. Die Parteien werden dann nach einer interessengerechten Lösung suchen und anstreben, diese, gegebenenfalls nach den Bestimmungen über Leistungsänderungen, zu erreichen.

(1) The parties shall cooperate in a spirit of trust. If a party becomes aware that information and requirements, whether provided by itself or by the other party, are erroneous, incomplete, ambiguous or impracticable, it shall notify the other party thereof without undue delay and of the consequences which it has identified. The parties will then seek an interest-based solution and seek to achieve it, where appropriate in accordance with the provisions on change requests.

(2) Der Auftraggeber unterstützt den Auftragnehmer bei der Erfüllung seiner vertraglich geschuldeten Leistungen. Dazu gehört insbesondere das rechtzeitige Zurverfügungstellen von Informationen, von fachkundigen Mitarbeitern, von Kommunikationsmitteln und -anschlüssen sowie von Hard- und Software und das Zugänglichmachen von Räumlichkeiten, soweit dies erforderlich ist. Der Auftraggeber wird den Auftragnehmer hinsichtlich zu beachtender Umstände bei Arbeiten des Auftragnehmers in den Räumlichkeiten und an den technischen Einrichtungen des Auftraggebers eingehend instruieren. Mitwirkungshandlungen nimmt der Auftraggeber auf seine Kosten vor.

(2) The Customer shall support the Contractor. This includes, in particular, the timely provision of information, expert staff, means of communication and connections as well as hardware and Software, and the accessibility of premises, insofar as this is necessary. The Customer shall instruct the Contractor in detail with regard to the circumstances to be taken into account during work by the Contractor on the premises and at the technical facilities of the Customer. The Customer shall cooperate at its own expense.

(3) Der Auftraggeber wird des Weiteren zur Aufrechterhaltung seines Geschäfts-

(3) Furthermore, the Customer shall take reasonable precautions to maintain its

betriebs angemessene Vorkehrungen für den Fall treffen, dass die vom Auftragnehmer zu erbringenden Leistungen kurzfristig nicht zur Verfügung stehen.[7]

business operations in the event that the services to be provided by the Contractor and which are significant for the Customer's operations are not available at short notice.[7]

(4) Der Auftraggeber übernimmt es als eigenständige Pflicht, folgende Mitwirkungsleistungen zu erbringen: . . . .[8]

(4) The Customer assumes the obligation to provide the following supporting services: . . . . .[8]

§ 5 Projektleitung

§ 5 Project management

(1) Die Projektleitung und -verantwortung liegen beim Auftragnehmer.[9]
(2) Die Vertragsparteien nennen einander Ansprechpartner und deren Stellvertreter, die die Erfüllung der vertraglichen Pflichten für die sie benennende Vertragspartei verantwortlich und sachverständig leiten.

(1) Project management and project responsibility shall lie with the Contractor.[9]
(2) The parties shall designate to each other contact persons and their alternates who shall be responsible and competent for directing the performance of the contractual obligations of the party designating them.

(3) Der Ansprechpartner des Auftragnehmers ist Leiter des Projektes und demgemäß für alle während des Projektes auftretenden Fragen sowie für das Einfordern und die Entgegennahme aller vom Auftraggeber geschuldeten Informationen und sonstigen Mitwirkungshandlungen zuständig. Der Projektleiter hat dem Auftraggeber stets und unverzüglich alle das Projekt betreffenden Informationen zu erteilen und Entscheidungen zu treffen. Der Projektleiter kontrolliert regelmäßig die Einhaltung des Zeitrahmens und des Inhalts des Projektauftrages sowie die Qualität der geleisteten Arbeit.

(3) The Contractor's contact person is the project manager and is therefore responsible for all questions arising during the project as well as for requesting and receiving all information owed by the Customer. He/she is as well responsible for other cooperative actions. The project manager must always and without undue delay provide the Customer with all information relating to the project and make decisions. The project manager regularly monitors compliance with the time frame and content of the project order as well as the quality of the work performed.

(4) Veränderungen in den benannten Personen haben die Parteien sich jeweils unverzüglich mitzuteilen. Bis zum Zugang einer solchen Mitteilung gelten die zuvor benannten Ansprechpartner und/oder deren Stellvertreter als berechtigt, im Rahmen ihrer bisherigen Vertretungsmacht Erklärungen abzugeben und entgegenzunehmen.
(5) Die Ansprechpartner verständigen sich in regelmäßigen Abständen über Fortschritte und Hindernisse bei der Vertragsdurchführung, um gegebenenfalls lenkend in die Durchführung des Vertrages eingreifen zu können.

(4) The parties shall inform each other of any changes in the named persons without undue delay. Until receipt of such notification, the aforementioned contact persons and/or their deputies shall be deemed entitled to make and receive declarations within the scope of their previous power of representation.
(5) The contact persons shall agree at regular intervals on progress and obstacles in the implementation of the contract in order to be able to intervene in the implementation of the contract in a steering capacity if necessary.

(6) Als Eskalationsgremium wird ein Lenkungsausschuss aus verantwortlichen Mitgliedern des Auftraggebers sowie aus Mitgliedern der Geschäftsleitung des Auftragnehmers gebildet, der regelmäßig einmal monatlich zusammentritt und von den Ansprechpartnern über den Projektstand informiert wird. Zusätzlich ist der Lenkungsausschuss vom Auftragnehmer oder dem Auftraggeber unverzüglich einzuberufen, wenn die Einhaltung des Zeitrahmens und des Inhalts des Projektauftrages in nicht nur unerheblicher Weise gefährdet ist oder wenn über die Erweiterung des Projektauftrages um Zusatzfunktionen zu entscheiden ist und die Entscheidungen zusätzliche Zeit und Ressourcen erfordern. Der Lenkungsausschuss tritt bei Anrufung baldmöglich zusammen und hat seine Entscheidungen innerhalb der Sitzung zu treffen.

(7) Vereinbarte Änderungen der Leistungen sind vom Projektleiter zu dokumentieren und vom Auftraggeber zu bestätigen. Die Dokumentation soll schriftlich erfolgen.

§ 6 Termine

(1) Termine zur Leistungserbringung dürfen auf Seiten des Auftragnehmers nur durch den Ansprechpartner oder die Geschäftsführung zugesagt werden.[10]

(2) Termine sind schriftlich festzulegen. Von dieser Verpflichtung kann nur bei Wahrung der Schriftform abgewichen werden.[11]

(3) Der Auftragnehmer wird dem Auftraggeber Leistungsverzögerungen anzeigen. Leistungsverzögerungen aufgrund höherer Gewalt (zB Streik, Aussperrung, behördliche Anordnungen, allgemeine Störungen der Telekommunikation usw) und Umständen im Verantwortungsbereich des Auftraggebers (zB nicht rechtzeitige Erbringung von Mitwirkungsleistungen, Verzögerungen durch dem Auftraggeber zuzurechnende Dritte etc) hat der Auftragnehmer nicht zu vertreten und berechtigen den Auftragnehmer, das Erbringen der betroffenen Leistungen um

(6) As an escalation committee, a steering committee shall be established. It shall include responsible members of the Customer as well as members of the Contractor's management, which shall meet regularly once a month and be informed about the project status by the contact persons. In addition, the steering committee shall be convened without culpable delay by the Contractor or the Customer if compliance with the time frame and content of the project order is significantly jeopardised or if a decision has to be taken on the extension of the project order and the decisions require additional time and resources. The steering committee shall meet as soon as possible upon request and shall take its decisions within the meeting.

(7) Agreed changes to the services must be documented by the project manager and confirmed by the Customer. The documentation shall be in writing.

§ 6 Dates

(1) Deadlines for the provision of services on the part of the Contractor may only be confirmed by the contact person or the management.[10]

(2) Dates are to be fixed in writing, except if the parties agree otherwise in written form.[11]

(3) The Contractor shall notify the Customer of any delays in performance. The Contractor shall not be responsible for delays in performance due to force majeure (e.g. strike, lockout, official orders, general disturbances of telecommunications, etc) and circumstances within the sphere of the Customer (e.g. delayed provision of cooperation services, delays by third parties attributable to the Customer, etc). Such delays entitle the Contractor to postpone the provision of the services con-

die Dauer der Behinderung zzgl. einer angemessenen Anlaufzeit hinauszuschieben.

cerned for the duration of the disability plus a reasonable start-up period.

§ 7 Leistungsänderungen[12]

§ 7 Change Management[12]

(1) Will der Auftraggeber den vertraglich bestimmten Umfang der vom Auftragnehmer zu erbringenden Leistungen ändern, so wird er diesen Änderungswunsch schriftlich gegenüber dem Auftragnehmer äußern. Das weitere Verfahren richtet sich nach den nachfolgenden Bestimmungen. Bei Änderungswünschen, die rasch geprüft und voraussichtlich innerhalb von 8 Arbeitsstunden umgesetzt werden können, kann der Auftragnehmer von dem Verfahren nach den Abs. 2–5 absehen und die Leistungen direkt ausführen. Der Auftraggeber ist berechtigt, seinen Änderungswunsch jederzeit zurückzuziehen; das eingeleitete Änderungsverfahren endet dann.

(1) If the Customer wishes to change the contractually specified scope of the services to be rendered by the Contractor, it shall express this change request in writing to the Contractor. The further procedure is governed by the following provisions. In the case of change requests which can be quickly checked and probably implemented within 8 working hours, the Contractor may waive the procedure according to paragraphs 2 through 5 and carry out the services directly. The Customer is entitled to withdraw its request for change at any time; the initiated change procedure then ends.

(2) Der Auftragnehmer prüft, welche Auswirkungen die gewünschte Änderung insbesondere hinsichtlich Vergütung, Mehraufwänden und Terminen haben wird. Erkennt der Auftragnehmer, dass aktuell zu erbringende Leistungen aufgrund der Prüfung nicht oder nur verzögert ausgeführt werden sollten, so teilt er dies dem Auftraggeber mit und weist ihn darauf hin, dass der Änderungswunsch weiterhin nur geprüft werden kann, wenn die betroffenen Leistungen um zunächst unbestimmte Zeit verschoben werden. Erklärt der Auftraggeber sein Einverständnis mit dieser Verschiebung, führt der Auftragnehmer die Prüfung des Änderungswunsches durch.

(2) The Contractor shall examine what effects the desired change will have, in particular with regard to remuneration and deadlines. If the Contractor realises that services currently to be rendered cannot be performed or can only be performed with delay due to the inspection, it shall inform the Customer accordingly and point out that the request for change can only continue to be inspected if the services concerned are initially postponed indefinitely. If the Customer declares its agreement to this postponement, the Contractor shall carry out an examination of the change request.

(3) Nach Prüfung des Änderungswunsches wird der Auftragnehmer dem Auftraggeber die Auswirkungen des Änderungswunsches auf die getroffenen Vereinbarungen darlegen. Die Darlegung enthält entweder einen detaillierten Vorschlag für die Umsetzung des Änderungswunsches oder Angaben dazu, warum der Änderungswunsch nicht umsetzbar ist.

(3) After examination of the change request, the Contractor shall explain to the Customer the effects of the change request on the agreements made. The statement shall contain either a detailed proposal for the implementation of the change request or information as to why the change request cannot be implemented.

(4) Die Vertragsparteien werden sich über den Inhalt eines Vorschlags für die Umsetzung des Änderungswunsches unverzüglich

(4) Both parties shall without culpable delay try to accord on the proposal for the change and attach the result of a suc-

abstimmen und das Ergebnis einer erfolgreichen Abstimmung dem Text der Vereinbarung, auf die sich die Änderung bezieht, als Nachtragsvereinbarung beifügen.

(5) Kommt eine Einigung nicht zustande oder endet das Änderungsverfahren aus einem anderen Grund, so verbleibt es beim ursprünglichen Leistungsumfang. Gleiches gilt für den Fall, dass der Auftraggeber mit einer Verschiebung der Leistungen zur weiteren Durchführung der Prüfung nach Abs. 2 nicht einverstanden ist.

(6) Die von dem Änderungsverfahren betroffenen Termine werden unter Berücksichtigung der Dauer der Prüfung, der Dauer der Abstimmung über den Änderungsvorschlag und gegebenenfalls der Dauer der auszuführenden Änderungswünsche zuzüglich einer angemessenen Anlauffrist soweit erforderlich verschoben. Der Auftragnehmer wird dem Auftraggeber die neuen Termine mitteilen.

(7) Der Auftraggeber hat die durch das Änderungsverlangen entstehenden Aufwände zu tragen. Hierzu zählen insbesondere die Prüfung des Änderungswunsches, das Erstellen eines Änderungsvorschlags und etwaige Stillstandszeiten. Die Aufwände werden für den Fall, dass zwischen den Parteien eine Vereinbarung über Tagessätze getroffen wurde, nach diesen, im Übrigen nach der üblichen Vergütung des Auftragnehmers berechnet.

(8) Der Auftragnehmer ist berechtigt, die nach dem Vertrag zu erbringenden Leistungen zu ändern oder von ihnen abzuweichen, wenn die Änderung oder Abweichung unter Berücksichtigung der Interessen des Auftragnehmers für den Auftraggeber zumutbar ist.[13]

cessful agreement on a change as a supplementary agreement to the text of the agreement to which the amendment relates.

(5) If no agreement can be reached or if the amendment procedure ends for another reason, the original scope of services shall be retained. The same shall apply in the event that the Customer does not agree to a postponement of the services for the further performance of the examination according to paragraph 2.

(6) The dates affected by the change procedure shall be postponed as far as necessary, taking into account the duration of the examination, the duration of the agreement on the change proposal and, if applicable, the duration of the change requests to be carried out plus an appropriate startup period. The Contractor shall inform the Customer about the new dates.

(7) The Customer shall bear the costs arising from the request for change. In particular, such costs may include checking the change request, preparing a change proposal and any downtimes. In the event that an agreement on daily rates has been reached between the parties, the expenses shall be calculated in accordance with these rates, otherwise in accordance with the usual remuneration of the Contractor.

(8) The Contractor shall be entitled to change, or deviate from, the services to be rendered under the contract if the change or deviation is reasonable for the Customer taking into account the interests of the Contractor.[13]

§ 8 Übergabe

Der Auftragnehmer übergibt dem Auftraggeber die Ergebnisse der einzelnen Leistungsabschnitte. Das beinhaltet insbesondere die erbrachten Anpassungsleistungen einschließlich Benutzerdokumentation und falls erforderlich Installationsanleitung, die

§ 8 Handover

The Contractor shall hand over the results of the individual performance stages to the Customer. This includes in particular the adaptation services including user documentation and, if necessary, installation instructions, the parameterization data

Daten der Parametrisierung und die Schulungsunterlagen auf einem geeigneten Datenträger.[14]

and the training documents on a suitable data carrier.[14]

§ 9 Vergütung[15]

(1) Für die Vergütung der vom Auftraggeber zu erbringenden Leistungen gilt die in der Anlage „Vergütung" vorgesehene Regelung. Soweit dort nichts anderes geregelt ist, erfolgt die Leistungserbringung nach Aufwand zu den in der Anlage „Vergütung" genannten Vergütungssätzen. Vom Auftragnehmer erstellte Kostenvoranschläge oder Budgetplanungen sind unverbindlich. Werden Leistungen zu Festpreisen zugesagt, berechtigen Aufwandsmehrungen und -minderungen keine Partei, eine Anpassung zu verlangen.

(2) Von den zur Wahl stehenden Möglichkeiten, die Leistungen nach § 2 zu erbringen hat der Auftragnehmer die kostengünstigere Möglichkeit zu wählen. Die in § 2 Abs. 2 beschriebene Vorgehensweise ist dabei stets zu beachten.

(3) Die nach der Anlage „Vergütung" für die einzelnen Leistungsabschnitte zu zahlenden Vergütungen werden als Teilleistungen erbracht.

(4) Der Auftraggeber trägt gegen Nachweis sämtliche Auslagen wie Reise- und Übernachtungskosten, Spesen und im Rahmen der Vertragsdurchführung anfallende Entgeltforderungen Dritter. Reisezeiten sind zu vergüten.

(5) Zahlungen sind 14 Tage nach Zugang der Rechnung zu leisten. Alle vertraglich vereinbarten Vergütungen verstehen sich zzgl. der gesetzlichen Umsatzsteuer.

§ 9 Remuneration[15]

(1) For the remuneration of the services to be rendered by the Contractor, the regulation provided for in the Appendix „Remuneration" shall apply. Unless otherwise agreed, services shall be rendered on a time and material basis at the rates specified in the Appendix. If services are promised at fixed prices, increases and reductions in expenses do not entitle either party to demand an adjustment. Cost estimates or budget plans prepared by the Contractor are non-binding.

(2) Of the options available to the Contractor to perform the services in accordance with § 2, the Contractor shall choose the more cost-effective option. The procedure described in § 2 para 2 must always be followed.

(3) The remuneration to be paid for the individual performance stages in accordance with the „Remuneration" Annex shall be provided as partial payments.

(4) The Customer shall bear, subject to proof by the Contractor, all expenses such as travel and accommodation costs and expenses for payments to third parties arising in connection with the performance of the contract. Travel times shall be remunerated.

(5) Payments shall be made 14 days after receipt of the invoice. All contractually agreed remunerations are exclusive of the statutory value-added tax.

§ 10 Nutzungsrechte

(1) Der Auftragnehmer räumt dem Auftraggeber an den nach diesem Vertrag überlassenen, von ihm oder in seinem Auftrag erstellten Software-Anpassungsleistungen die Nutzungsrechte ein, die er dem

§ 10 Licence

(1) The Contractor shall grant the Customer the rights of use to the adapted Software provided in accordance with this contract, created by it or on its behalf, in the same range it has granted the rights to

Auftraggeber auch nach dem Softwareüberlassungsvertrag eingeräumt hat.[16]

(2) Der Auftraggeber ist berechtigt, die vorstehenden Rechte an den Anpassungsleistungen ohne weitere Zustimmung durch den Auftragnehmer ganz oder teilweise auf Dritte zu übertragen.

(3) Ein Anspruch auf Übergabe des der überlassenen angepassten Software zugrundeliegenden Quellcodes ergibt sich aus der vorstehenden Rechteeinräumung nicht. Die Herausgabe von Quellcode ist in einer eigenständigen Vereinbarung zu regeln.[17]

(4) Die Übertragung der Nutzungsrechte erfolgt erst in dem Zeitpunkt der vollständigen Vergütungszahlung durch den Auftraggeber. Bis zur vollständigen Vergütungszahlung duldet der Auftragnehmer die Nutzung der Anpassungsleistungen durch den Auftraggeber widerruflich.[18] Der Auftragnehmer kann den Einsatz solcher Anpassungsleistungen, mit deren Vergütungszahlung sich der Auftraggeber in Verzug befindet, für die Dauer des Verzuges widerrufen.

§ 11 Schutzrechtsverletzungen[19]

(1) Der Auftragnehmer stellt sicher, dass er für die Arbeiten an der Software über die erforderlichen Berechtigungen verfügt. Er stellt den Auftraggeber auf eigene Kosten von allen berechtigten Ansprüchen Dritter frei.

(2) Im Falle von Schutzrechtsverletzungen darf der Auftragnehmer – unbeschadet etwaiger Schadensersatzansprüche des Auftraggebers – nach eigener Wahl und auf eigene Kosten hinsichtlich der betroffenen Leistung

- nach vorheriger Absprache mit dem Auftraggeber Änderungen vornehmen, die gewährleisten, dass eine Schutzrechtsverletzung nicht mehr vorliegt oder
- für den Auftraggeber die erforderlichen Nutzungsrechte erwerben.

the Customer in accordance with the Software licensing contract.[16]

(2) The Customer shall be entitled to transfer the aforementioned rights regarding the adaptation services in whole or in part to third parties without the Contractor's further consent.

(3) A claim to transfer of the source code underlying the adapted Software provided does not arise from the above granting of rights. The handover of source code shall be subject to a separate agreement.[17]

(4) The transfer of the rights of use shall only take place at the time of full payment of the remuneration by the Customer.[18] The Contractor may revoke the use of such adapted Software, the payment of which the Customer is in default with, for the duration of the default.

§ 11 Infringement of Rights[19]

(1) The Contractor shall ensure that it has the necessary authorizations for the adaptation of the Software. It shall indemnify the Customer at its own expense against all justified claims of third parties.

(2) In the event of infringements of intellectual property rights, the Contractor may – without prejudice to any Customer claims for damages Customer- at its own discretion and expense with regard to the performance concerned

- after prior consultation with the Customer, make changes which guarantee that an infringement of property rights no longer exists, or
- acquire the necessary rights of use for the Customer.

§ 12 Rügeobliegenheit[20]

(1) Der Auftraggeber hat die Anpassungsleistungen einschließlich der Dokumentation unverzüglich nach der Ablieferung durch den Auftragnehmer, soweit dies nach ordnungsmäßigem Geschäftsgange tunlich ist, zu untersuchen und, wenn sich ein Mangel zeigt, dem Auftragnehmer unverzüglich Anzeige zu machen.

(2) Unterlässt der Auftraggeber die Anzeige, so gelten die Anpassungsleistungen einschließlich der Dokumentation als genehmigt, es sei denn, dass es sich um einen Mangel handelt, der bei der Untersuchung nicht erkennbar war.

(3) Zeigt sich später ein solcher Mangel, so muss die Anzeige unverzüglich nach der Entdeckung gemacht werden; anderenfalls gelten die Anpassungsleistungen einschließlich der Dokumentation auch in Ansehung dieses Mangels als genehmigt.

(4) Zur Erhaltung der Rechte des Auftraggebers genügt die rechtzeitige Absendung der Anzeige.

(5) Hat der Auftragnehmer den Mangel arglistig verschwiegen, so kann er sich auf die vorstehenden Vorschriften nicht berufen.

§ 13 Leistungsstörungen

(1) Der Auftraggeber kann wegen einer nicht in einem Mangel einer Kaufsache oder eines Werks bestehenden Pflichtverletzung nur zurücktreten, wenn der Auftragnehmer diese Pflichtverletzung zu vertreten hat.[21]

(2) Tritt der Auftraggeber wegen der Verletzung einer Pflicht, die sich auf eine abgrenzbare Leistung bezieht, die von anderen zu erbringenden Leistungen unter Berücksichtigung der berechtigten Interessen des Auftraggebers unabhängig erbracht werden kann, zurück, so werden die anderen Leistungen von diesem Rücktritt nicht erfasst.[22]

(3) Wird der Vertrag über die Überlassung der anzupassenden Software rück-

§ 12 Obligation to Give Notice of Defects[20]

(1) The Customer shall inspect the adaptation services including the documentation without undue delay after delivery by the Contractor, insofar as this is feasible in the ordinary course of business, and, if a defect becomes apparent, shall notify the Contractor without undue delay.

(2) If the Customer fails to report the defect, the adaptation services including the documentation shall be deemed to have been approved, unless the defect was not identifiable during the inspection.

(3) If such a defect becomes apparent later, the notification must be made without undue delay after discovery; otherwise, the adaptation services including the documentation shall be deemed to have been approved even with regard to this defect.

(4) The timely dispatch of the notification shall suffice to preserve the rights of the Customer.

(5) If the Contractor has fraudulently concealed the defect, it may not invoke the above provisions.

§ 13 Default in Performance

(1) The Customer may only withdraw from the contract due to a breach of duty which does not exist in a defect of a purchased item or a work if the Contractor acted culpably.[21]

(2) If the Customer withdraws due to the violation of an obligation relating to a delimitable service which can be rendered independently of other services, taking into account the legitimate interests of the Customer, the other services shall not be affected by this withdrawal.[22]

(3) If the contract for the transfer of the Software to be adapted is reversed, this

abgewickelt, endet auch dieser Vertrag. Hat der Auftragnehmer die Rückabwicklung nicht zu vertreten, kann er die vereinbarte Vergütung auch für die noch nicht oder nicht vollständig erbrachten Leistungsabschnitte verlangen. Er muss sich jedoch dasjenige anrechnen lassen, was er infolge der vorzeitigen Beendigung des Vertrages an Aufwendungen erspart oder durch anderweitige Verwendung seiner Arbeitskraft erwirbt oder zu erwerben böswillig unterlässt.[23]

contract also ends. If the Contractor is not responsible for the reversal, it may demand the agreed remuneration for the service sections not yet rendered or not rendered in full. However, it must allow himself to be credited for the expenses saved as a result of the premature termination of the contract or which it acquires or maliciously refrains from acquiring as a result of the other use of its labour.[23]

§ 14 Nacherfüllung

(1) Die Leistungen haben die nach dem Pflichtenheft geschuldete Beschaffenheit.

(2) Nacherfüllungsansprüche verjähren in zwölf Monaten.[24] Die Verjährung beginnt mit der Gesamtabnahme oder deren endgültiger Verweigerung.

(3) Die Durchsetzung von Nacherfüllungsansprüchen ist davon abhängig, dass Mängel innerhalb von zwei Wochen nach ihrem erstmaligen Erkennen schriftlich gemeldet werden und reproduzierbar sind.[25]

(4) Der Auftragnehmer kann die Nacherfüllung verweigern, solange der Auftraggeber die für die Anpassungsleistungen geschuldete Vergütung noch nicht vollständig gezahlt hat und der Auftraggeber kein berechtigtes Interesse am Zurückbehalt der rückständigen Vergütung hat.

(5) Der Auftragnehmer haftet nicht in den Fällen, in denen der Auftraggeber Änderungen an der vom Auftragnehmer erbrachten Leistungen vorgenommen hat, es sei denn, dass diese Änderungen ohne Einfluss auf die Entstehung des Mangels waren.

(6) Der Auftraggeber wird den Auftragnehmer bei der Mangelfeststellung und -beseitigung unterstützen und unverzüglich Einsicht in die Unterlagen gewähren, aus denen sich die näheren Umstände des Auftretens des Mangels ergeben.

(7) Sofern ein behaupteter Mangel nach entsprechender Untersuchung nicht einer Mängelhaftungsverpflichtung des Auftrag-

§ 14 Cure

(1) The services have the quality according to the specifications.

(2) Warranty claims expire in twelve months.[24] The statute of limitations begins with final and full acceptance or with final and definite refusal of the services.

(3) The enforcement of claims for liability for defects requires that defects are reported in writing within two weeks of their first recognition and are reproducible.[25]

(4) The Contractor may refuse cure as long as the Customer has not yet paid in full the remuneration owed for the adjustment services and the Customer has no justified interest in retaining the remuneration in arrears.

(5) The Contractor shall not be liable in cases in which the Customer has made changes to the services provided by the Contractor, unless these changes had no influence on the occurrence of the defect.

(6) The Customer shall support the Contractor in determining and remedying the defect and shall grant, without undue delay, access to the documents from which the detailed circumstances of the occurrence of the defect arise.

(7) Insofar as an alleged defect cannot be attributed to a liability obligation for defects on the part of the Contractor after

nehmers zuzuordnen ist und der Auftraggeber dies hätte erkennen können, kann der Auftraggeber mit den für Verifizierung und Fehlerbehebung entstandenen Aufwendungen des Auftragnehmers zu den jeweils gültigen Vergütungssätzen belastet werden.[26]

appropriate examination and the Customer could have been aware thereof, the Customer may be charged with the expenses incurred by the Contractor for verification and troubleshooting at the applicable rates of remuneration.[26]

§ 15 Haftung[27]

§ 15 Liability[27]

(1) Der Auftragnehmer haftet für Vorsatz und grobe Fahrlässigkeit. Für leichte Fahrlässigkeit haftet der Auftragnehmer nur bei Verletzung einer wesentlichen Vertragspflicht, deren Erfüllung die ordnungsgemäße Durchführung des Vertrags überhaupt erst ermöglicht und auf deren Einhaltung der Vertragspartner regelmäßig vertrauen darf sowie bei Schäden aus der Verletzung des Lebens, des Körpers oder der Gesundheit.

(1) The Contractor is liable for intent and gross negligence. In the event of slight negligence, the Contractor shall only be liable in the event of a breach of a material contractual obligation, the fulfilment of which is essential for the proper performance of the contract and the observance of which the Customer may regularly rely on, as well as in the event of damage resulting from injury to life, limb or health.

(2) Bei der Erstellung und Pflege von Software schuldet der Auftragnehmer die branchenübliche Sorgfalt. Bei der Feststellung, ob den Auftragnehmer ein Verschulden trifft, ist zu berücksichtigen, dass Software technisch nicht fehlerfrei erstellt werden kann.

(2) The Contractor shall owe the care customary in the Software industry. In determining whether and to what extent the Contractor is at fault, it must be taken into account that software cannot be created without technical defects.

(3) Die Haftung ist im Falle leichter Fahrlässigkeit summenmäßig beschränkt auf die Höhe des vorhersehbaren Schadens, mit dessen Entstehung typischerweise gerechnet werden muss; maximal ist diese Haftung jedoch beschränkt auf . . . . . EUR pro Schadensfall und insgesamt auf . . . . . EUR aus dem Vertragsverhältnis.

(3) In the event of slight negligence, the Contractor's liability shall be limited in sum to the amount of the foreseeable damage, the occurrence of which must typically be expected; however, the Contractor's liability shall be limited to a maximum of . . . . . EUR per claim, and the Contractor's maximum aggregate liability under this contract shall not exceed . . . . . EUR.

(4) Für den Verlust von Daten und/oder Programmen haftet der Auftragnehmer insoweit nicht, als der Schaden darauf beruht, dass es der Auftraggeber unterlassen hat, Datensicherungen durchzuführen und dadurch sicherzustellen, dass verlorengegangene Daten mit vertretbarem Aufwand wiederhergestellt werden können.

(4) The Contractor shall not be liable for the loss of data and/or programs insofar as the damage is due to the fact that the Customer has failed to carry out data backups and thereby ensure that lost data can be restored with reasonable effort.

(5) Die vorstehenden Regelungen gelten auch zugunsten der Erfüllungsgehilfen des Auftragnehmers.

(5) The above provisions shall also apply in favour of the Contractor's organs and vicarious agents.

§ 16 Abwerbungsverbot[28]

Der Auftraggeber verpflichtet sich, während der Dauer der Zusammenarbeit der Parteien und für einen Zeitraum von einem Jahr danach keine Mitarbeiter vom Auftragnehmer abzuwerben oder ohne Zustimmung des Auftragnehmers anzustellen. Für jeden Fall der schuldhaften Zuwiderhandlung verpflichtet sich der Auftraggeber, eine vom Auftragnehmer der Höhe nach festzusetzende und im Streitfall vom zuständigen Gericht zu überprüfende Vertragsstrafe zu zahlen.

§ 16 No-Poach Agreement[28]

During the period of cooperation between the parties and for a period of one year thereafter, the Customer undertakes not to entice any employees away from the Contractor or to employ them without the Contractor's consent. For each case of culpable infringement, the Customer undertakes to pay a contractual penalty to be determined by the Contractor and, in the event of a dispute, to be reviewed by the competent court.

§ 17 Geheimhaltung,[29] Presseerklärung

(1) Die der anderen Vertragspartei übergebenen Unterlagen, mitgeteilten Kenntnisse und Erfahrungen dürfen ausschließlich für die Zwecke dieses Vertrages verwendet und Dritten nicht zugänglich gemacht werden, sofern sie nicht ihrer Bestimmung nach Dritten zugänglich gemacht werden sollen oder dem Dritten bereits bekannt sind. Dritte sind nicht die zur Durchführung des Vertragsverhältnisses hinzugezogenen Hilfspersonen wie Freie Mitarbeiter, Subunternehmer etc[29]

(2) Darüber hinaus vereinbaren die Vertragsparteien, Vertraulichkeit über den Inhalt dieses Vertrages und über die bei dessen Abwicklung gewonnenen Erkenntnisse zu wahren.

(3) Die Geheimhaltungsverpflichtung gilt auch über die Beendigung des Vertragsverhältnisses hinaus.

(4) Wenn eine Vertragspartei dies verlangt, sind die von ihr übergebenen Unterlagen wie Strategiepapiere, Briefingdokumente etc nach Beendigung des Vertragsverhältnisses an sie herauszugeben, soweit die andere Vertragspartei kein berechtigtes Interesse an diesen Unterlagen geltend machen kann.

(5) Presseerklärungen, Auskünfte etc, in denen eine Vertragspartei auf die andere Bezug nimmt, sind nur nach vorheriger schriftlicher Abstimmung zulässig.

§ 17 Confidentiality,[29] press release

(1) The documents, knowledge and experience provided to the other party may only be used for the purposes of this contract and may not be made available to third parties unless they are intended to be made available to third parties or are already known to the third party. Third parties are not auxiliary persons such as freelancers, subcontractors, etc which a party engages to perform the contract.[29]

(2) In addition, the parties agree to maintain confidentiality regarding the content of this contract and the knowledge gained during its execution.

(3) The obligation to maintain secrecy shall also apply beyond the termination of the contractual relationship.

(4) Upon either party's request, the documents such as strategy papers, briefing documents etc handed over by it shall be returned to it after termination of the contractual relationship, insofar as the other party cannot assert a justified interest in these documents.

(5) Press releases, information etc in which one party refers to the other are only permissible after prior written agreement.

§ 18 Schlichtung[30]

Die Parteien verpflichten sich, im Falle einer sich aus diesem Vertrag ergebenden Streitigkeit vor Durchführung eines streitigen Verfahrens (Klage) eine Schlichtung gemäß der Schlichtungsordnung der Hamburger Schlichtungsstelle für IT-Streitigkeiten in der zum Zeitpunkt der Einleitung eines Schlichtungsverfahrens gültigen Fassung durchzuführen. Das Schlichtungsverfahren soll dazu dienen, den Streit ganz oder teilweise, vorläufig oder endgültig beizulegen.[28]

§ 18 Arbitration[30]

In the event of a dispute arising out of this contract, the parties undertake, before any contentious proceedings (legal action) are conducted, to conduct conciliation proceedings in accordance with the Hamburg Conciliation Body's Rules for IT Disputes in the version valid at the time when conciliation proceedings are initiated. The purpose of the conciliation procedure shall be to settle the dispute in whole or in part, provisionally or finally.[28]

§ 19 Abtretung, Zurückbehaltungsrecht und Aufrechnung

(1) Die Abtretung von Forderungen, die nicht Geldforderungen sind, ist nur mit vorheriger schriftlicher Zustimmung der anderen Vertragspartei zulässig. Die Zustimmung darf nicht unbillig verweigert werden.

(2) Ein Zurückbehaltungsrecht kann nur wegen Gegenansprüchen aus dem jeweiligen Vertragsverhältnis geltend gemacht werden.

(3) Die Vertragsparteien können nur mit Forderungen aufrechnen, die rechtskräftig festgestellt oder unbestritten sind.

(4) Der Auftragnehmer darf den Auftraggeber auf seiner Web-Site oder in anderen Medien als Referenzauftraggeber nennen. Der Auftragnehmer darf ferner die erbrachten Leistungen zu Demonstrationszwecken öffentlich wiedergeben oder auf sie hinweisen, es sei denn, der Auftraggeber kann ein entgegenstehendes berechtigtes Interesse geltend machen.

§ 19 Assignment, right of retention and set-off

(1) The assignment of claims which are not monetary claims is only permissible upon prior written consent of the other party. Such consent shall not be unreasonably withheld.

(2) A right of retention can only be asserted due to counterclaims from the respective contractual relationship.

(3) The parties may only offset claims that have been legally established or are undisputed.

(4) The Contractor may name the Customer as reference client on its website or in other media. Furthermore, the Contractor may publicly reproduce or refer to the services rendered for demonstration purposes, unless the Customer can assert a conflicting justified interest.

§ 20 Schlussbestimmungen

(1) Allgemeine Geschäftsbedingungen der Parteien im Übrigen finden für diesen Vertrag keine Anwendung. Dies gilt auch dann, wenn solchen Bedingungen nicht ausdrücklich widersprochen wird.

(2) Alle Änderungen und Ergänzungen vertraglicher Vereinbarungen müssen zu Nach-

§ 20 Final Provisions

(1) General terms and conditions of the parties shall not apply to this contract. This shall also apply if such conditions are not expressly contradicted.

(2) All changes and amendments to agreements must be recorded in writing for

weiszwecken schriftlich niedergelegt werden. Kündigungen haben schriftlich zu erfolgen. Meldungen, die schriftlich zu erfolgen haben, können auch per E-Mail erfolgen.

verification purposes. Notices of termination must be given in writing. Reports that have to be made in writing may also be provided by email.

(3) Sollten einzelne Bestimmungen der Parteivereinbarungen ganz oder teilweise unwirksam sein oder werden, wird die Wirksamkeit der übrigen Bestimmungen hierdurch nicht berührt. Die Parteien verpflichten sich für diesen Fall, die ungültige Bestimmung durch eine wirksame Bestimmung zu ersetzen, die dem wirtschaftlichen Zweck der ungültigen Bestimmung möglichst nahe kommt. Entsprechendes gilt für etwaige Lücken der Vereinbarungen.

(3) Should individual provisions of the agreements be or become invalid in whole or in part, this shall not affect the validity of the remaining provisions. In this case, the parties undertake to replace the invalid provision with a valid provision that comes as close as possible to the economic purpose of the invalid provision. The same applies to any gaps in the agreements.

(4) Es gilt das Recht der Bundesrepublik Deutschland unter Ausschluss des UN-Kaufrechts.[31]

(4) The law of the Federal Republic of Germany shall apply to the exclusion of the UN Convention on Contracts for the International Sale of Goods.[31]

(5) Ausschließlicher Gerichtsstand für alle Rechtsstreitigkeiten aus oder im Zusammenhang mit diesem Vertrag ist . . . . . Der Auftragnehmer ist aber auch berechtigt, am allgemeinen Gerichtsstand des Auftraggebers zu klagen.

(5) The exclusive place of jurisdiction for all disputes arising out of or in connection with this contract shall be . . . . . However, the Contractor is also entitled to sue at the general place of jurisdiction of the Customer.

(6) Die Vertragsparteien haben den Vertrag in einer deutschen und einer englischsprachigen Fassung geschlossen. Für die rechtlichen Wirkungen zwischen den Parteien ist allein die deutsche Fassung maßgeblich.[32]

(6) The parties have concluded the contract in a German and an English version. Only the German version is decisive for the legal effects between the parties.[32]

. . . . .

(Datum/Unterschrift)

Anlagen:

Anlage „Zeitplan"

Anlage „Vergütung"

(Date/Signature)

Appendices:

Appendix „Schedule"

Appendix „Remuneration"

Anmerkungen

1. Softwareanpassung. Es liegt in der Natur der Sache, dass Standardsoftware die Bedürfnisse der Anwender nur in begrenztem Umfang befriedigen kann. Erfüllt eine Standardsoftware nicht alle Anforderungen des Anwenders, so kann dieses Defizit durch eine individuelle Anpassung der Software im Wege der Änderungs- und Ergänzungsprogrammierung beseitigt werden. Es kann etwa die Erweiterung oder Modifikation der Software-Funktionen vom Auftraggeber gewünscht sein, aber auch die Herstellung von Schnittstellen zu anderen Programmen. Dem Formular liegt der **Sachverhalt** zugrunde, dass der Kunde eine gekaufte Software an seine Bedürfnisse anpassen und installieren lässt. Anwendbar ist das Formular selbstverständlich auch auf individuell erstellte Software, die nachträglich angepasst werden soll.

Die Arbeiten zur Anpassung der Software können entweder bei der Überlassung der Software oder, wie hier, separat vereinbart werden. Werden die Anpassungsleistungen von dem gleichen Unternehmen erbracht, das auch die anzupassende Software überlässt, stellt sich die **Frage, ob** die Leistungen **Nebenleistungen** zum Überlassungsvertrag sind, die an der vertragstypologischen Einordnung des Rechtsverhältnisses nichts ändern, oder ob sie ein derartiges Gewicht haben, dass das Vertragsverhältnis insgesamt wegen der Erfolgsbezogenheit der Anpassungsleistungen werkvertraglich zu werten ist (Redeker IT-R Rn. 516; für die Anwendung von Werkvertragsrecht auf die Überlassung und Anpassung OLG Hamm NJW-RR 2014, 878; OLG Köln NJW 1988, 2477. Das LG Landshut hat eine bloße Nebenpflicht ohne prägenden Charakter angenommen: LG Landshut CR 2004, 19). Das Formular behandelt die hier relevante Anpassung von Standard-Software als **Werkvertrag** (s. dazu auch BGH NJW 2010, 2200 Rn. 14 und die Anm von Bartsch CR 2010, 777). Das wirft zwar anders als bei der Software-Erstellung keine Fragen zur Anwendung des Kaufrechts über § 650 BGB auf, da hier keine Sache geliefert wird. Die damit eng zusammenhängende Frage ist jedoch, ob es sich bei der Anpassung um Leistungen an einer Sache handelt mit der Folge der zweijährigen Verjährungsfrist aus § 634a Abs. 1 Nr. 1 BGB (OLG Hamm NJW-RR 2014, 878 für die Lieferung und Anpassung eines IT-Systems) oder ob über Nr. 3 der Vorschrift die regelmäßige Verjährungsfrist Anwendung findet. Sieht man den Grund für die Unterscheidung zwischen Nr. 1 und Nr. 3 in der schwerer zu erkennenden Mangelhaftigkeit (MüKoBGB/Busche § 634a Rn. 32), ist dieser Umstand bei Software nicht gegeben. Softwaremängel zeigen sich in relativ kurzer Zeit und die Frage, ob sie schon bei der Abnahme vorlagen, ist ebenfalls schnell zu klären.

Neben der Veränderung von (in der Regel) Standard-Software zur Anpassung an die Bedürfnisse des Nutzers findet sich auch die bloße Einstellung der Software (**Parametrisierung**). Beides, Änderung der Software und Parametrisierung, wird auch als „Customizing" bezeichnet. Wie stets bei Begrifflichkeiten hängt die rechtliche Würdigung hiervon nicht ab. Die Parametrisierung ist auf die Herbeiführung eines Erfolges gerichtet und somit ebenfalls werkvertraglich einzuordnen.

Auch wenn über die Anpassung der Software ein separates Vertragswerk erstellt wird, bildet der Anpassungsvertrag regelmäßig eine rechtliche Einheit mit dem Überlassungsvertrag, wenn beide Verträge in einem zeitlichen Zusammenhang geschlossen werden mit der Folge, dass bei Beendigung bzw. Rückabwicklung des Überlassungsvertrages dies auch Wirkungen auf den – dann sinnlos gewordenen – Anpassungsvertrag hat.

Das Formular folgt im Wesentlichen dem zur Erstellung von Software, so dass bei Gelegenheit auf die Anmerkungen dort verwiesen wird. Verwender ist der Auftragnehmer.

2. Leistungsabschnitte. Wie bei dem Vertrag zur Erstellung von Software (→ Form. C.3.) wird auch hier die Leistung in Abschnitten erbracht, um über die abschnittsweise Kontrolle der Leistungen eine bessere Steuerung des Anpassungs-Projekts zu erreichen.

3. Beratungsleistungen. Die Leistungsphasen 1 und 2 betreffen Beratungsleistungen, die für sich genommen reinen Dienstleistungscharakter haben dürften, im Gesamtgefüge aber die werkvertragliche Prägung des Vertrages nur dann beeinflussen können, wenn sie ein entsprechendes Gewicht haben.

4. Erfolgsbezogene Leistungen. Die Leistungsabschnitte 3–5 prägen den Vertrag und führen wegen ihrer Erfolgsbezogenheit zur werkvertraglichen Einordnung.

5. Anpassung von Geschäftsprozessen. Die Anpassung von Standardsoftware ist nur dann wirtschaftlich, wenn der Aufwand wesentlich hinter der Erstellung von Individualsoftware zurückbleibt. Bildet die Standardsoftware Geschäftsprozesse ab oder ist sie in solche eingebunden, kann es zu einem Konflikt zwischen den Vorstellungen des

Softwareanbieters über die Umsetzung der Geschäftsprozesse kommen, die die Software behandelt, und der tatsächlichen Organisation dieser Prozesse im Unternehmen des Anwenders. Unter Umständen ist es dann günstiger, Geschäftsprozesse des Anwenders dem Ideal der Standardsoftware anzupassen. Das Formular trägt dem Rechnung und gibt dem Auftraggeber als Obliegenheit auf, diese Anpassung seiner Geschäftsprozesse an die Software vorzunehmen. Eine Pflicht hierzu besteht zwar nicht, dem Auftragnehmer kann bei einer Nichtbefolgung dieser Obliegenheit dann jedoch nicht der Vorwurf der Nichterfüllung seiner vertraglichen Pflichten gemacht werden.

6. Teilabnahmen. Teilabnahmen sind aus § 641 Abs. 1 S. 2 BGB ersichtlich zulässig. Dazu müssen aber verselbständigte Leistungen vorliegen. In AGB können Teilabnahmen nicht vereinbart werden, wenn eine einheitliche Leistung geschuldet ist (BeckOK BGB/Voit § 640 Rn. 26 und → Vorb. A.III.8). Soweit das Problem im Lauf der Verjährungsfrist liegt, löst das Formular dies dadurch, dass die Verjährung an die Gesamtabnahme anknüpft. Damit haben die Teilabnahmen nicht die im Gesetz für die Abnahme vorgesehene Wirkung. Die hier geregelten Teilabnahmen sollen jedenfalls wie technische Abnahmen wirken, die zu der für die Abnahme nach § 640 BGB geltenden Beweislastverteilung führen (MüKoBGB/Busche § 640 Rn. 23). Auch sollen sie insbesondere die Fälligkeit der Vergütung auslösen. Das ist allerdings unter dem Gesichtspunkt der Vorleistungspflicht des Unternehmers AGB-rechtlich problematisch.

7. Notfallplanung. → Form. C.3 Anm. 14.

8. Mitwirkungspflichten. → Form. C.3 Anm. 13.

9. Projektleitung. → Form. C.3 Anm. 12.

10. Termine. → Form. C.3 Anm. 16.

11. Schriftform. → Form. C.3 Anm. 16.

12. Change Management. → Form. C.3 Anm. 20.

13. Leistungsänderungsrecht des Auftragnehmers. Diese Klausel gibt den Wortlaut des § 308 Nr. 4 BGB wieder, ist aber nach der Rechtsprechung zu unbestimmt, um ein Änderungsrecht AGB-konform auszugestalten. Voraussetzung für die Wirksamkeit, jedenfalls im Verkehr mit Verbrauchern, ist, dass für die Änderung ein triftiger Grund vorliegt und die Klausel die triftigen Gründe für das einseitige Leistungsbestimmungsrecht nennt, so dass für den anderen Vertragsteil zumindest ein gewisses Maß an Kalkulierbarkeit der möglichen Leistungsänderungen besteht (BGH NJW-RR 2008, 134 (135) mwN).

14. Übergabe. Die Übergabe der Software wird in der Praxis oft versäumt, zum Teil deswegen, weil nur die Integration der Anpassungsleistungen in die Standardsoftware zu der gewünschten Lauffähigkeit führt und der Auftraggeber mit dem die Standardsoftware bloß ergänzenden Code nichts anfangen kann. Der Nachteil ist jedoch, dass der Kunde unter Umständen keine **Sicherungskopie** hat und diese bei einer installierten Software ohne Hilfe auch nicht leicht erstellen kann.

15. Vergütungsteilleistungen. Nach der hier verfolgten Konzeption der Teilabnahmen soll die Teilleistung Erfüllungswirkung haben, soweit sich aus der Gesamtschau nichts anderes ergibt. Das ist aber AGB-rechtlich angreifbar (→ Anm. 6). Stattdessen können aber auch **Abschlagszahlungen** vereinbart werden:

Die nach der Anlage „Vergütung" für die einzelnen Leistungsabschnitte zu zahlenden Vergütungen werden als Abschlagszahlungen erbracht. Der Auftraggeber rechnet über die erbrachten Leistungen nach der Gesamtabnahme vollständig ab.

16. Nutzungsrechteabgleich. Der Auftragnehmer muss gewährleisten, dass der Auftraggeber mit der umgearbeiteten Software genauso verfahren kann wie mit dem Ausgangsprodukt, der von ihm erworbenen Standardsoftware. Dazu muss er dem Auftraggeber die diesem an der Standardsoftware zustehenden Rechte auch für die Bearbeitungen einräumen und wegen § 23 UrhG auch die Zustimmung erteilen dürfen, die Software ebenso zu verwerten (vgl. Schricker/Loewenheim/Loewenheim/Spindler UrhG § 69c Rn. 20).

Der Auftragnehmer als Hersteller der Software sollte über die für die Anpassungen seiner Software nötigen Rechte verfügen. In der Praxis ist das häufig aber nicht der Fall, weil die Software unter Mitwirkung freier Mitarbeiter erstellt wurde und in den Verträgen keine Rechteklauseln vereinbart wurden, die den Anforderungen von § 31 Abs. 5 UrhG entsprechen (s. auch Karger CR 2001, 357 (366)).

Hat der Auftragnehmer die Software nicht überlassen, ist auf die Rechtevereinbarung besonderes Augenmerk zu legen. Eine bloße Übernahme der „Lizenzbedingungen" reicht oft nicht, weil solche Regelungen nicht den strengen Anforderungen des Urheber- und AGB-Rechts genügen.

17. Quellcode. Hat der Auftraggeber für die Software den Quellcode oder zumindest ein Bearbeitungsrecht erhalten, ist die Übergabe des Quellcodes für die individuellen Anpassungen angezeigt.

18. Aufschiebend bedingte Nutzungsrechtsübertragung. → Form. C.3 Anm. 44.

19. Schutzrechtsverletzungen. → Form. C.1. Anm. 20

20. Rügeobliegenheit. Zur Rügeobliegenheit bei Werkverträgen → Form. C.3 Anm. 46.

21. Beschränkung des Rücktrittsrechts. Nach § 323 BGB genügt für die Berechtigung zum Rücktritt eine nicht nur unbedeutende Pflichtverletzung, ein Verschulden ist nicht gefordert. Hier wird das Rücktrittsrecht an ein Verschulden geknüpft und damit zulasten des Auftraggebers beschränkt. Das ist nach § 309 Nr. 8 lit. a BGB bei Mängeln nicht – auch nicht im unternehmerischen Verkehr (MüKoBGB/Wurmnest § 309 Nr. 8 Rn. 12) – zulässig, im Übrigen dagegen schon (Ulmer/Brandner/Hensen/Christensen BGB § 309 Rn. 10).

22. Teilrücktritt. Der Rücktritt erfasst den gesamten Vertrag, wenn nicht ein Teilrücktritt nach § 323 Abs. 5 S. 1 BGB gegeben ist. Ein Rücktritt vom gesamten Vertrag ist möglich, wenn der Gläubiger an einem Teilrücktritt kein Interesse hat. Hier wird geregelt, dass ein Gesamtrücktritt ausscheidet, wenn die übrigen Teile der Gesamtleistung noch erbracht werden können (vgl. MüKoBGB/Ernst § 323 Rn. 207 zur Zulässigkeit bei übereinstimmendem Parteiwillen).

23. Rechtliche Einheit. Hat der die Anpassungen vornehmende Unternehmer auch die Standardsoftware überlassen, würde sich die Einheit des Rechtsgeschäfts regelmäßig schon nach allgemeinen Erwägungen ergeben. Auch bei personenverschiedenen Vertragspartnern ist eine solche Rechtseinheit nicht ausgeschlossen (Grüneberg/Ellenberger BGB § 139 Rn. 5).

24. Verjährung. Hier wird die bereits in → Anm. 1 angesprochene Frage relevant, ob die Anpassung der Software auf einen Erfolg gerichtet ist, der in der Änderung einer Sache besteht. Dann käme § 634a Abs. 1 Nr. 1 BGB zur Anwendung, der aus § 309 Nr. 8 lit. b ff. BGB ersichtlich auch in AGB disponibel ist. Da die regelmäßige Verjährungsfrist vor allem dann gelten soll, wenn Mängel nicht bald erkannt werden können, dies aber bei Software nicht der Fall ist, ist der Anwendung von § 634a Abs. 1 Nr. 1 BGB der Vorzug zu geben (OLG Hamm NJW-RR 2014, 878). Stellt man auf die regelmäßige Verjährungsfrist ab, kann mit dem OLG Köln auf Basis der gleichen

Argumentation eine Verkürzung der Verjährung auf ein Jahr gerechtfertigt werden (OLG Köln BeckRS 2016, 117761 Rn. 8).

25. Geltendmachung von Mängeln. Diese Klausel benachteiligt den Auftraggeber in AGB unangemessen.

26. Aufwandsersatz bei Scheinmängeln. Vgl. BGH NJW 2008, 1147 (1148).

27. Haftung. Eine wirksame Beschränkung der Haftung in AGB ist nicht möglich (→ Vorb. A.III.5).

28. Abwerbeverbot. Die Klausel verstößt grundsätzlich gegen die Wertung des § 75f HGB und ist daher auch hinsichtlich der Vertragsstrafe rechtlich nicht durchsetzbar. Nicht nur Einstellungsverbote, sondern auch Vereinbarungen zwischen Unternehmern, sich nicht gegenseitig Arbeitskräfte abzuwerben, stellen gerichtlich nicht durchsetzbare Sperrabreden im Sinne von § 75f HGB dar. Derartige Abwerbeverbote fallen jedoch dann nicht in den Anwendungsbereich des § 75f HGB, wenn sie nur Nebenbestimmungen der Vereinbarung sind und einem besonderen Vertrauensverhältnis der Parteien oder einer besonderen Schutzbedürftigkeit einer der beiden Seiten Rechnung tragen (BGH NJW 2014, 3442). Das dürfte bei einer bloßen Softwareanpassung nicht der Fall sein.

29. Geheimhaltung. Zu empfehlen ist der Abschluss einer differenzierten Geheimhaltungsvereinbarung → Form. D.7.

30. Schlichtung. → Form. C.1 Anm. 31.

31. UN-Kaufrecht. → Form. C.1 Anm. 32.

32. Vertragssprache. → Form. F.3 Anm. 36.

3. Erstellung von Individual-Software – Software Development

Software-Erstellungsvertrag[1]	**Software Development Agreement**[1]
zwischen	**between**
. . . . .	. . . . .
– nachfolgend „Auftraggeber" genannt –	**– hereinafter referred to as „Customer" –**
und	**and**
. . . . .	. . . . .
– nachfolgend „Auftragnehmer" genannt –	**– hereinafter referred to as „Contractor" –**
Präambel[2]	**Preamble**[2]
Der Auftraggeber ist eine ausschließlich in Deutschland tätige Wohnungsverwaltungsgesellschaft, die zur Verwaltung der von ihr vermieteten Wohnungen eine auf ihre Anforderungen zugeschnittene Software benötigt. Wesentlich soll dabei neben der Erfüllung der Anforderungen an die Woh-	**The Customer is a housing management company operating exclusively in Germany, which requires software tailored to its demands for the management of the flats it rents out. In addition to meeting the demands of housing management, the software should be easy to use in a Client-**

nungsverwaltung eine einfache Bedienbarkeit der Software und deren Nutzung in einer Client-Server-Umgebung im Rahmen eines vom Auftraggeber betriebenen Software-as-a-Service-Modells sein.
Der Auftragnehmer ist ein Softwarehaus, das in der Erstellung von Software für Wohnungsverwaltungsunternehmen langjährige Erfahrungen hat und wegen seiner Expertise vom Auftraggeber mit der Erstellung der Software beauftragt wird.
Vor Abschluss dieses Vertrages fand bereits ein Workshop zur groben Konzeption der zu erstellenden Software und der Durchführung der Zusammenarbeit statt. Die Ergebnisse des Workshops sind in einer Anlage, die eine wesentliche Grundlage dieses Vertrages bildet, festgehalten (Anlage „Workshop").
Dies vorausgeschickt vereinbaren die Parteien folgendes:

server environment within the framework of a software-as-a-service model operated by the Customer.
The Contractor is a software house that has many years of experience in the creation of software for housing management companies and is commissioned by the Customer to create the software because of its expertise.
Prior to the conclusion of this contract, a workshop on the rough conception of the software to be created and the implementation of the cooperation had already taken place. The results of the workshop are recorded in an annex which forms an essential basis of this contract (annex „Workshop").
Having said this, the Parties agree on the following:

§ 1 Vertragsgegenstand[3]

Gegenstand des Vertrages ist die entgeltliche Erstellung von Software durch den Auftragnehmer zur dauerhaften Überlassung an den Auftraggeber auf der Grundlage eines Pflichtenhefts, das der Auftragnehmer ebenfalls noch erstellen wird, einschließlich der dazu erforderlichen Beratungsleistungen.

§ 1 Subject of Contract[3]

The subject of the contract is the development of software by the Contractor against payment on the basis of a specification to be drafted by the Contractor, including the necessary consulting services.

§ 2 Leistungen

(1) Die Parteien vereinbaren eine abschnittsweise Erbringung von Leistungen mit der Maßgabe, dass die Verpflichtung zur Leistungserbringung nach jedem abgeschlossenen Leistungsabschnitt enden kann.[4]

(2) Der Auftragnehmer wird im Rahmen dieses Vertrages abschnittsweise folgende Leistungen erbringen

- das Erarbeiten und Dokumentieren eines Konzepts zur Beschreibung der Möglichkeiten zur Realisierung der Software auf der Grundlage der Anforderungen des Auftraggebers (Leistungsabschnitt 1),[5]

§ 2 Services

(1) The parties agree on the sectional provision of services with the proviso that the obligation to provide services may end after each completed section.[4]

(2) Within the framework of this contract, the Contractor shall perform the following services in sections

- the development and documentation of a concept to evaluate the prospects for the realization of the software on the basis of the Customer's demands (Section 1),[5]

- das Fertigen eines Pflichtenhefts als detaillierte Arbeitsgrundlage zur Erstellung der Software auf der Grundlage der Ergebnisse des Leistungsabschnitts 1 (Leistungsabschnitt 2),[6]
- die Erstellung der Software und die Erstellung der Dokumentation, bestehend aus der für die Bearbeitung durch Dritte erforderlichen Dokumentation des Quellcodes, soweit dieser nicht selbsterklärend ist, der Entwicklerdokumentation, der Systemdokumentation, der Datendokumentation, der Benutzerdokumentation sowie der Dokumentation zur Installation der Software (Leistungsabschnitt 3),[7]
- die Installation der Software einschließlich der vereinbarten Parametrisierung (Leistungsabschnitt 4)[8] sowie
- die Einweisung in die Software und die Schulung für ausgewählte Nutzer (Leistungsabschnitt 5).[9]

(3) Nach der Fertigstellung eines Leistungsabschnitts wird der Auftragnehmer den Auftraggeber hierüber informieren und ihm die Leistungsergebnisse zur Prüfung und Freigabe zugänglich machen. Die Verpflichtung zur Erbringung der Leistungen des folgenden Leistungsabschnitts ist davon abhängig, dass die Durchführung des nächsten ausstehenden Leistungsabschnitts freigegeben wird, keine Kündigung nach § 648 BGB noch aus wichtigem Grund erfolgt und auch der in § 8 Abs. 1 vorgesehene Beendigungsgrund nicht eingreift.[10]

(4) Insbesondere während der Leistungsabschnitte 1, 2, 4 und 5 wird der Auftraggeber den Auftragnehmer nach Maßgabe von § 4 unterstützen.[11]

§ 3 Projektleitung

(1) Die Projektleitung und -verantwortung liegen beim Auftragnehmer.[12]

(2) Die Vertragsparteien nennen einander Ansprechpartner und deren Stellvertreter, die die Erfüllung der vertraglichen Pflichten für die sie benennende Vertragspartei verantwortlich und sachverständig leiten.

- the preparation of a specification as a detailed working basis for the creation of the software (Section 2),[6]
- the creation of the software and the creation of the documentation, consisting of the documentation of the source code required for processing by third parties, insofar as the source code is not self-explanatory, the developer documentation, the system documentation, the data documentation, the user documentation as well as the documentation for the installation of the software (Section 3),[7]
- the installation of the software including the agreed parameterization (Section 4) as well as[8]
- the briefing to the software and the training for selected users (Section 5)[9]

(3) After completion of a section, the Contractor shall inform the Customer thereof and make the performance results available to it for review and approval. The obligation to provide the services of the following service section is dependent on the release of the execution of the next outstanding service section, additionally that no termination occurs, neither according to § 648 BGB, nor for important reason, and the contract does not terminate according to § 8 Abs. 1.[10]

(4) In particular during the performance sections 1, 2, 4 and 5, the Customer shall support the Contractor in accordance with § 4.[11]

§ 3 Project Management

(1) Project management and responsibility shall lie with the Contractor.[12]

(2) The Parties shall designate to each other contact persons and their alternates who shall be responsible and competent for directing the performance of the contractual obligations of the Party designating them.

(3) Der Ansprechpartner des Auftragnehmers ist Leiter des Projektes und demgemäß für alle während des Projektes auftretenden Fragen sowie für das Einfordern und die Entgegennahme aller vom Auftraggeber geschuldeten Informationen und sonstigen Mitwirkungshandlungen zuständig. Der Projektleiter hat dem Auftraggeber stets und unverzüglich alle das Projekt betreffenden Informationen zu erteilen und Entscheidungen zu treffen. Der Projektleiter kontrolliert regelmäßig die Einhaltung des Zeitrahmens und des Inhalts des Projektauftrages sowie die Qualität der geleisteten Arbeit.

(4) Veränderungen in den benannten Personen haben die Parteien sich jeweils unverzüglich mitzuteilen. Bis zum Zugang einer solchen Mitteilung gelten die zuvor benannten Ansprechpartner und/oder deren Stellvertreter als berechtigt, im Rahmen ihrer bisherigen Vertretungsmacht Erklärungen abzugeben und entgegenzunehmen.

(5) Die Ansprechpartner verständigen sich in regelmäßigen Abständen über Fortschritte und Hindernisse bei der Vertragsdurchführung, um gegebenenfalls lenkend in die Durchführung des Vertrages eingreifen zu können.

(6) Als Eskalationsgremium wird ein Lenkungsausschuss aus verantwortlichen Mitgliedern des Auftraggebers sowie aus Mitgliedern der Geschäftsleitung des Auftragnehmers gebildet, der regelmäßig einmal monatlich zusammentritt und von den Ansprechpartnern über den Projektstand informiert wird. Zusätzlich ist der Lenkungsausschuss vom Auftragnehmer oder dem Auftraggeber unverzüglich einzuberufen, wenn die Einhaltung des Zeitrahmens oder des Inhalts des Projektauftrages in nicht nur unerheblicher Weise gefährdet ist. Der Lenkungsausschuss tritt bei Anrufung baldmöglich zusammen und soll seine Entscheidungen innerhalb der Sitzung treffen. Die Entscheidungsfindung kann nur einvernehmlich erfolgen. Erfolgt kein Einvernehmen, kann der Auftraggeber seine gesetzlichen Rechte zur Beendigung des Vertrages geltend machen, der Auftrag-

(3) The Contractor's contact person is the project manager and therefore is responsible for all questions arising during the project as well as for requesting and receiving all information owed by the Customer and other supporting actions. The project manager must always and without culpable delay provide the Customer with all information relating to the project and be able to make decisions. The project manager regularly monitors compliance with the time frame and content of the project order as well as the quality of the work performed.

(4) The parties shall inform each other without culpable delay of any changes in the named persons. Until receipt of such notification, the aforementioned contact persons and/or their deputies shall be deemed entitled to make and receive declarations within the scope of their previous power of representation.

(5) The contact persons shall meet at regular intervals to review progress and obstacles in the implementation of the contract in order to be able to intervene in the implementation of the contract in a steering capacity if necessary.

(6) As an escalation committee, a steering committee shall be established. It shall include responsible members of the Customer as well as members of the Contractor's management, which shall meet regularly once a month and be informed about the project status by the contact persons. In addition, the steering committee shall be convened without culpable delay by the Contractor or the Customer if compliance with the time frame or content of the project order is significantly jeopardised. The steering committee shall meet as soon as possible upon request and shall take its decisions within the meeting. The decision can only be made by mutual agreement. If no agreement is reached, the Customer may assert its statutory rights to terminate the contract, and the Contractor may propose a change to the contract with

nehmer eine Änderung des Vertrages mit den in § 8 geregelten Bedingungen auch für den aktuellen Leistungsabschnitt vorschlagen.

(7) Vereinbarte Änderungen der Leistungen sind vom Projektleiter zu dokumentieren und vom Auftraggeber schriftlich zu bestätigen.

§ 4 Zusammenarbeit

(1) Die Parteien arbeiten vertrauensvoll zusammen. Erkennt eine Vertragspartei, dass Angaben und Anforderungen, gleich ob eigene oder solche der anderen Vertragspartei, fehlerhaft, unvollständig, nicht eindeutig oder nicht durchführbar sind, hat sie dies und die ihr erkennbaren Folgen der anderen Partei unverzüglich mitzuteilen. Die Parteien werden dann auf der Grundlage der im Vertrag vorgesehenen Änderungsmöglichkeiten nach einer interessengerechten Lösung suchen.

(2) Der Auftraggeber übernimmt es als eigenständige Pflicht, die in der Anlage „Mitwirkungspflichten" spezifizierten Mitwirkungsleistungen zu erbringen: . . . .[13]

(3) Der Auftraggeber unterstützt den Auftragnehmer bei der Erfüllung seiner vertraglich geschuldeten Leistungen. Dazu gehört insbesondere das rechtzeitige Zurverfügungstellen von Informationen, von Echt- oder Test-Daten, von fachkundigen Mitarbeitern, von Kommunikationsmitteln und -anschlüssen sowie von benötigter Hard- und Software und das Zugänglichmachen von Räumlichkeiten, soweit dies zur Unterstützung erforderlich und rechtlich zulässig ist. Der Auftraggeber wird den Auftragnehmer hinsichtlich zu beachtender Umstände bei Arbeiten des Auftragnehmers in den Räumlichkeiten und an den technischen Einrichtungen des Auftraggebers eingehend instruieren. Mitwirkungshandlungen nimmt der Auftraggeber auf seine Kosten vor.

(3) Der Auftraggeber wird des Weiteren zur Aufrechterhaltung seines Geschäftsbetriebs angemessene Vorkehrungen für den Fall treffen, dass die vom Auftragnehmer zu

the conditions regulated in § 8, also for the current performance section.

(7) Agreed changes to the services must be documented by the project manager and confirmed in writing by the Customer.

§ 4 Cooperation

(1) The parties shall cooperate in a spirit of trust. If a party becomes aware that information and requirements, whether provided by itself or by the other party, are erroneous, incomplete, ambiguous or impracticable, it shall without culpable delay notify the other Party thereof and of the consequences which it has identified. The parties will then seek a solution that is in line with their interests on the basis of the amendment options provided for in the contract.

(2) The Customer assumes as an obligation to provide the cooperation services specified in the annex „Cooperation Obligations": . . .[13]

(3) The Customer shall support the Contractor. This includes, in particular, the timely provision of information, live and test data, expert staff, means of communication and connections as well as required hardware and software, and the accessibility of premises, insofar as this is necessary and legally permissible. The Customer shall instruct the Contractor in detail with regard to the circumstances to be taken into account during work by the Contractor on the premises and at the technical facilities of the Customer. The Customer shall cooperate at Customer's own expense.

(3) Furthermore, the Customer shall take reasonable precautions to maintain its business operations in the event that the services to be provided by the Contractor

erbringenden und für den Betriebsablauf beim Auftraggeber bedeutenden Leistungen kurzfristig nicht zur Verfügung stehen.[14]

and which are significant for the Customer's operations are not available at short notice.[14]

§ 5 Zeitplan

§ 5 Schedule

(1) Für die zu erbringenden Leistungen gilt die als Anlage „Zeitplan" diesem Vertrag angehängte Darstellung der Abfolge der zu erbringenden Leistungen.[15]

(1) The schedule in Appendix 1 shows the sequence of services.[15]

(2) Termine zur Leistungserbringung können im Übrigen auf Seiten des Auftragnehmers nur durch den Ansprechpartner oder die Geschäftsführung zugesagt werden.[16] Termine sind schriftlich festzulegen. Von dieser Verpflichtung kann nur bei Wahrung der Schriftform abgewichen werden.

(2) Only the contact person or the management can agree on dates for the provision of services on the part of the Contractor.[16] Dates are to be fixed in writing, except if the parties agree otherwise in written form.

(3) Der Auftragnehmer wird dem Auftraggeber Leistungsverzögerungen anzeigen. Leistungsverzögerungen aufgrund höherer Gewalt (zB Streik, Aussperrung, behördliche Anordnungen, allgemeine Störungen der Telekommunikation usw) und Umständen im Einflussbereich des Auftraggebers (zB nicht rechtzeitige Erbringung von Mitwirkungsleistungen, Verzögerungen durch dem Auftraggeber zuzurechnende Dritte etc) hat der Auftragnehmer nicht zu vertreten. Sie berechtigen ihn, das Erbringen der betroffenen Leistungen, um die Dauer der Behinderung zzgl. einer angemessenen Anlaufzeit hinauszuschieben.

(3) The Contractor shall notify the Customer of any delays in performance. The Contractor shall not be responsible for delays in performance due to force majeure (e.g. strike, lockout, official orders, general disturbances of telecommunications, etc) and circumstances within the sphere of the Customer (e.g. delayed provision of cooperation services, delays by third parties attributable to the Customer, etc). Such delays entitle the Contractor to postpone the provision of the services concerned for the duration of the disability plus a reasonable start-up period.

§ 6 Freigaben

§ 6 Approval

(1) Die Freigabe erfolgt durch den Auftraggeber. Die Freigabe ist erforderlich, um die vertragsgemäße Durchführung eines Leistungsabschnitts zu bestätigen. Zugleich kann mit der Freigabe das Einverständnis mit der Durchführung des nachfolgenden Leistungsabschnitts erklärt werden. Erklärt der Auftraggeber dieses Einverständnis nicht, endet der Vertrag.[17]

The release shall be effected by the Customer. The release is necessary to confirm that a service section has been carried out in accordance with the contract. At the same time, the approval can be used to declare consent with the execution of the subsequent service section. If the Customer does not declare this consent, the contract shall end.[17]

(2) Nach der Meldung der Fertigstellung der auf einen Abschnitt bezogenen Leistungen und deren Zugänglichmachen erfolgt eine unverzügliche Prüfung durch den Auf-

(2) After notification of the completion of the services related to a section and making them accessible, the Customer shall immediately check whether the services

traggeber, ob die Leistungen im Wesentlichen vertragsgemäß erbracht wurden. Wurden die Leistungen im Wesentlichen vertragsgemäß erbracht, hat der Auftraggeber die Leistungen unverzüglich freizugeben.[18] Die Prüfung auf Vertragsgemäßheit kann auf Wunsch des Auftragnehmers mit einem Test gemäß § 9 verbunden werden. Die Parteien sind an die Ergebnisse des Tests hinsichtlich der Freigabe gebunden.

(3) Erachtet der Auftraggeber die erbrachten Leistungen nicht als im Wesentlichen vertragsgemäß, so hat er seine Beanstandungen dem Auftragnehmer unverzüglich, spätestens aber binnen zwei Wochen nach Zugänglichmachen der Leistungen mitzuteilen.[19] Erhebt der Auftraggeber innerhalb der zwei Wochen keine Beanstandungen, gilt die Freigabe als stillschweigend erteilt. Der Auftragnehmer wird den Auftraggeber mit der Meldung der Fertigstellung auf diese Bedeutung seines Verhaltens besonders hinweisen.

(4) Beanstandet der Auftraggeber Leistungen fristgemäß, wird der Auftragnehmer hierzu unverzüglich gegenüber dem Auftraggeber Stellung nehmen. Die Parteien werden dann versuchen, eine Einigung über das weitere Vorgehen herbeizuführen. Der Auftragnehmer ist nur verpflichtet weiterhin tätig zu werden, wenn die Einigung binnen einer weiteren Frist von zwei Wochen erzielt wird. Scheitert ein Einvernehmen, wird der Vertrag beendet, es sei denn, der Auftraggeber erklärt sich unverzüglich mit der Fortführung unter Vorbehalt der ihm wegen der Beanstandungen zustehenden Rechte einverstanden.

§ 7 Änderungswünsche des Auftraggebers[20]

(1) Will der Auftraggeber den vertraglich bestimmten Umfang der vom Auftragnehmer zu erbringenden Leistungen ändern, so wird er diesen Änderungswunsch schriftlich gegenüber dem Auftragnehmer äußern. Das weitere Verfahren richtet sich nach den nachfolgenden Bestimmungen. Bei Ände-

have essentially been rendered in accordance with the contract. If the services have essentially been rendered in accordance with the contract, the Customer must approve the services without culpable delay.[18] At the request of the Contractor, this test may be combined with a test according to § 9. The parties are bound by the results of the test with regard to the approval.

(3) If the Customer does not consider the services rendered to be essentially in accordance with the contract, Customer must notify the Contractor of Customer's objections without culpable delay, but at the latest within two weeks after the services have been made available.[19] If the Customer in the case described before does not raise any objections within such two weeks period, the approval shall be deemed tacitly granted. The Contractor shall specifically draw the attention of the Customer to such legal effect when notifying the Customer of completion.

(4) If the Customer objects to services in due time, the Contractor will without culpable delay respond thereto to the Customer. The parties will then try to reach an agreement on how to proceed. The Contractor shall only be obliged to continue to work if an agreement is reached within a further period of two weeks. If an agreement fails, the contract will be terminated, unless the Customer declares without culpable delay, while safeguarding the rights arising from Customer's objections, Customer's consent to the continuation of the contract.

§ 7 Change Requests of Customer[20]

(1) If the Customer wishes to change the contractually specified scope of the services to be rendered by the Contractor, the Customer shall express this change request in writing to the Contractor. The further procedure is governed by the following provisions. In the case of change

rungswünschen, die rasch geprüft und voraussichtlich innerhalb von 8 Arbeitsstunden umgesetzt werden können, kann der Auftragnehmer von dem Verfahren nach den Abs. 2–5 absehen und die Leistungen direkt ausführen. Der Auftraggeber ist berechtigt, seinen Änderungswunsch jederzeit bis zum Beginn der Umsetzung durch den Auftragnehmer gemäß der Regelung in dem vorstehenden Satz oder einer Einigung nach Abs. 4 zurückzuziehen; das eingeleitete Änderungsverfahren endet dann.

(2) Der Auftragnehmer prüft, welche Auswirkungen die gewünschte Änderung insbesondere hinsichtlich Vergütung und Terminen haben wird. Erkennt der Auftragnehmer, dass aktuell zu erbringende Leistungen aufgrund der Prüfung nicht oder nur verzögert ausgeführt werden können, so teilt er dies dem Auftraggeber mit und weist ihn darauf hin, dass der Änderungswunsch weiterhin nur geprüft werden kann, wenn die betroffenen Leistungen um zunächst unbestimmte Zeit verschoben werden. Erklärt der Auftraggeber sein Einverständnis mit dieser Verschiebung, führt der Auftragnehmer die Prüfung des Änderungswunsches durch.

(3) Nach Prüfung des Änderungswunsches wird der Auftragnehmer dem Auftraggeber die Auswirkungen des Änderungswunsches auf die getroffenen Vereinbarungen darlegen. Die Darlegung enthält entweder einen detaillierten Vorschlag für die Umsetzung des Änderungswunsches oder Angaben dazu, warum der Änderungswunsch nicht umsetzbar ist.

(4) Die Vertragsparteien werden sich über den Inhalt eines Vorschlags für die Umsetzung des Änderungswunsches unverzüglich abstimmen und das Ergebnis einer erfolgreichen Abstimmung diesem Vertrag als Nachtragsvereinbarung beifügen.

(5) Kommt eine Einigung nicht zustande oder endet das Änderungsverfahren aus einem anderen Grund, so verbleibt es beim ursprünglichen Leistungsumfang. Gleiches gilt für den Fall, dass der Auftraggeber mit einer Verschiebung der Leistun-

requests which can be quickly checked and probably implemented within 8 working hours, the Contractor may waive the procedure according to paragraphs 2 through 5 and carry out the services directly. The Customer shall be entitled to withdraw its change request at any time up to the start of implementation by the Contractor in accordance with the provision in the preceding sentence or an agreement in accordance with para. 4; the initiated change procedure shall then end.

(2) The Contractor shall examine what effects the desired change will have, in particular with regard to remuneration and deadlines. If the Contractor realises that services currently to be rendered cannot be performed or can only be performed with delay due to the inspection, the Contractor shall inform the Customer accordingly and point out to it that the request for change can only continue to be inspected if the services concerned are initially postponed indefinitely. If the Customer declares Customer's agreement to this postponement, the Contractor shall carry out an examination of the change request.

(3) After examination of the change request, the Contractor shall explain to the Customer the effects of the change request on the agreements made. The statement shall contain either a detailed proposal for the implementation of the change request or information as to why the change request cannot be implemented.

(4) Both parties shall without culpable delay try to accord on the proposal for the change and attach the result of a successful agreement on a change as a supplementary agreement to the text of the agreement.

(5) If no agreement can be reached or if the amendment procedure ends for another reason, the original scope of services shall be retained. The same shall apply in the event that the Customer does not agree to a postponement of the services for the

gen zur weiteren Durchführung der Prüfung nach Absatz 2 nicht einverstanden ist.

(6) Die von dem vereinbarten Änderungsverfahren betroffenen Termine werden unter Berücksichtigung der Dauer der Prüfung, der Dauer der Abstimmung über den Änderungsvorschlag und gegebenenfalls der Dauer der auszuführenden Änderungswünsche zuzüglich einer angemessenen Anlauffrist soweit erforderlich verschoben. Der Auftragnehmer wird dem Auftraggeber die neuen Termine mitteilen. Details hierzu sollen die Vertragsparteien in die dokumentierte Abstimmung nach Abs. 4 aufnehmen.

(7) Der Auftraggeber hat die durch das Änderungsverlangen entstehenden Aufwände zu tragen. Das gilt auch, wenn die Parteien sich nicht auf eine Änderung einigen. Zu den Aufwänden zählen insbesondere die Prüfung des Änderungswunsches, das Erstellen eines Änderungsvorschlags und etwaige Stillstandszeiten. Die Aufwände werden für den Fall, dass zwischen den Parteien eine Vereinbarung über Tagessätze getroffen wurde, nach diesen, im Übrigen nach der üblichen Vergütung des Auftragnehmers berechnet.

§ 8 Änderungsvorschläge des Auftragnehmers[21]

(1) Der Auftragnehmer kann dem Auftraggeber für nachfolgende Leistungsabschnitte einen Vorschlag zur Änderung der Leistungen, des Zeitplans und der bisher vereinbarten Vergütung unterbreiten. Soweit nichts anderes vereinbart wird, ist der Auftragnehmer nur verpflichtet weiterhin tätig zu werden, wenn über diesen Vorschlag binnen einer Frist von zwei Wochen nach Unterbreitung des Vorschlags Einvernehmen erzielt wird. Scheitert ein Einvernehmen und zieht der Auftragnehmer seinen Änderungsvorschlag nicht gemäß Abs. 2 zurück, wird der Vertrag beendet.

(2) Ist der Auftraggeber mit dem Änderungsvorschlag nicht einverstanden, kann der Auftragnehmer die Beendigung des Vertra-

further performance of the examination according to paragraph 2.

(6) The dates affected by the agreed change procedure shall be postponed as far as necessary, taking into account the duration of the examination, the duration of the agreement on the change proposal and, if applicable, the duration of the change requests to be carried out plus an appropriate start-up period. The Contractor shall inform the Customer about the new dates. The contracting parties shall include details of this in the documented agreement in accordance with paragraph 4.

(7) The Customer shall bear the costs arising from the request for change. This also applies if the parties do not agree on a change. The expenses include in particular the examination of the change request, the preparation of a change proposal and any downtimes. In the event that an agreement on daily rates has been reached between the parties, the expenses shall be calculated in accordance with these rates, otherwise in accordance with the usual remuneration of the Contractor.

§ 8 Proposed Changes by Contractor[21]

(1) The Contractor may submit to the Customer a proposal to change the services, the time schedule and the previously agreed remuneration for subsequent sections. Unless otherwise agreed, the Contractor shall only be obliged to continue to act if agreement is reached on this proposal within a period of two weeks after submission of the proposal. If an agreement fails and the Contractor does not withdraw the amendment proposal according to paragraph 2, the contract will be terminated.

(2) If the Customer does not agree with the proposed change, the Contractor can prevent the termination of the contract if the

ges verhindern, indem er dem Auftraggeber unverzüglich, spätestens aber drei Arbeitstage nach Ablauf der in Absatz 1 genannten oder anderweitig vereinbarten Frist mitteilt, dass er die Leistungen auf der bisherigen Vertragsgrundlage erbringen wird. Etwaige Leistungstermine verlängern sich um den vom Auftragnehmer nach diesem Absatz in Anspruch genommenen Zeitraum.

Contractor informs the Customer without culpable delay, but at the latest three working days after expiry of the deadline stated in paragraph 1 or otherwise agreed, that the Contractor will render the services on the basis of the previous contract. Any performance dates shall be extended by the period claimed by the Contractor in accordance with this paragraph.

§ 9 Test

(1) Auf Wunsch des Auftragnehmers übernimmt es der Auftraggeber als selbständige Pflicht, bei der Überprüfung der vom Auftragnehmer erbrachten Leistungen auf ihre Vertragsgemäßheit unentgeltlich mitzuwirken (Test).[22]

(2) Der Auftragnehmer wird mit dem Auftraggeber rechtzeitig vor der Durchführung des Tests das Testverfahren, den Ort, die Zeit sowie die bei dem Test vom Auftraggeber zu erbringenden Mitwirkungshandlungen abstimmen.[23]

(3) Im Rahmen des Tests wird ein schriftliches Testprotokoll erstellt, in dem der Ort, die Zeit, die technischen Umstände des Tests, das Testergebnis sowie die Teilnehmer an dem Test festgehalten werden. Der Auftraggeber wird die Leistungen auf ihre Vertragsgemäßheit prüfen und für ihn erkennbare nachteilige Abweichungen von der vertraglich vereinbarten Beschaffenheit in das Protokoll aufnehmen lassen.

(4) Gibt der Auftraggeber von ihm im Rahmen des Tests erkannte oder infolge grober Fahrlässigkeit nicht erkannte nachteilige Abweichungen der Leistungen von der vereinbarten Beschaffenheit nicht zu Protokoll, so gelten die Leistungen hinsichtlich dieser nicht gemeldeten Abweichungen als vertragsgemäß erbracht.[24] Für den Fall, dass der Auftraggeber seiner Pflicht zur Teilnahme an dem Test nicht oder nicht vollständig nachkommt, gelten die Leistungen als vertragsgemäß erbracht, soweit keine Abweichungen vorliegen, die bei einer pflichtgemäßen Teilnahme erkennbar gewesen wären.[25] Das gilt nicht, wenn der

§ 9 Test

(1) At the Contractor's request, the Customer shall assume the independent obligation to cooperate free of charge in checking the contractual conformity of the services provided by the Contractor („test“).[22]

(2) The Contractor shall agree with the Customer on the test procedure, the location, the time as well as the cooperation to be provided by the Customer for the test-well before the test is carried out.[23]

(3) Within the framework of the test, a written test protocol shall be drawn up in which the location, time, technical circumstances of the test, the test result and the participants in the test are recorded. The Customer shall check the services for conformity with the contract and have any recognisable disadvantageous deviations from the contractually agreed quality recorded in the minutes.

(4) If the Customer does not record any disadvantageous deviations of the services from the agreed quality which the Customer recognises in the course of the test or which the Customer fails to recognise due to gross negligence, the services shall be deemed to have been rendered in accordance with the contract with regard to these unreported deviations.[24] In the event that the Customer does not or not completely fulfil the obligation to participate in the test, the services shall be deemed to have been rendered in accordance with the contract, provided that there are no deviations that would have been recognisable if the

Auftraggeber aus ihm nicht zurechenbaren Umständen an der Teilnahme gehindert war. Der Auftragnehmer wird den Auftraggeber mit der Mitteilung nach Abs. 1 auf diese Bedeutung seines Verhaltens hinweisen. Soweit der Auftragnehmer Beschaffenheitsabweichungen arglistig verschwiegen hat, kann er sich auf die Regelungen dieses Absatzes nicht berufen.

(5) Eine etwaig bestehende weitere Obliegenheit des Auftraggebers, auf erkannte Mängel hinzuweisen, bleibt unberührt.

§ 10 Übergabe

(1) Der Auftragnehmer übergibt dem Auftraggeber die Ergebnisse der abgeschlossenen Leistungsabschnitte unverzüglich nach der Freigabe durch den Auftraggeber.

(2) Die erstellte Software wird vom Auftragnehmer nach Freigabe des Leistungsabschnitts 3 auf dem dort vereinbarten IT-System lauffähig installiert und parametrisiert.

(3) Mit der Installation der Software übergibt der Auftragnehmer dem Auftraggeber auch den dokumentierten Quellcode.

§ 11 Vergütung

(1) Für die Vergütung der vom Auftragnehmer zu erbringenden Leistungen gilt die in der Anlage „Vergütung" vorgesehene Regelung. Soweit dort nichts anderes geregelt ist, erfolgt die Leistungserbringung nach Aufwand zu den in der Anlage genannten Vergütungssätzen. Werden Leistungen zu Festpreisen zugesagt, berechtigen Aufwandsmehrungen und -minderungen keine Partei, eine Anpassung zu verlangen. Vom Auftragnehmer erstellte Kostenvoranschläge oder Budgetplanungen sind unverbindlich.[26]

(2) Endet das Vertragsverhältnis aus anderen Gründen als durch Kündigung nach § 648 BGB, besteht kein Anspruch auf die

Customer had participated in the test in accordance with Customer's obligations.[25] This shall not apply if the Customer was prevented from participating due to circumstances not attributable to it. The Contractor shall inform the Customer of such legal effect by means of the notification pursuant to paragraph 1. If the Contractor has fraudulently concealed deviations in quality, the Contractor may not invoke the provisions of this paragraph.

(5) Any further existing obligation of the Customer to notify the Contractor of recognised defects shall remain unaffected.

§ 10 Handover

(1) The Contractor shall hand over the results of the completed performance sections to the Customer immediately after approval by the Customer.

(2) The created software shall be installed and parameterized by the Contractor after approval of Section 3 on the IT system agreed in an executable form.

(3) Together with the installation of the software, the Contractor shall also hand over the documented source code to the Customer.

§ 11 Remuneration

(1) For the remuneration of the services to be rendered by the Contractor, the regulation provided for in the Appendix „Remuneration" shall apply. Unless otherwise agreed, services shall be rendered on a time and material basis at the rates specified in the Appendix. If services are promised at fixed prices, increases and reductions in expenses do not entitle either party to demand an adjustment. Cost estimates or budget plans prepared by the Contractor are non-binding.[26]

(2) If the contractual relationship ends for reasons other than termination in accordance with § 648 BGB, there is no entitle-

Vergütung für vereinbarte Leistungen in nachfolgenden Leistungsabschnitten. Schadensersatzansprüche bleiben hiervon unberührt.[27]

(3) Der Auftraggeber trägt gegen Nachweis sämtliche Auslagen wie Reise- und Übernachtungskosten, Spesen und im Rahmen der Vertragsdurchführung anfallende Entgeltforderungen Dritter. Reisezeiten sind zu vergüten.

(4) Haben die Parteien keine Vereinbarung über die Vergütung einer Leistung des Auftragnehmers getroffen, deren Erbringung der Auftraggeber den Umständen nach nur gegen eine Vergütung erwarten durfte, so hat der Auftraggeber die für diese Leistung übliche Vergütung zu entrichten. Im Zweifel gelten die vom Auftragnehmer für seine Leistungen verlangten Vergütungssätze als üblich.[28]

(5) Die einen Leistungsabschnitt betreffende Vergütung ist, wenn nichts anderes in den Anlagen vereinbart wurde, mit Freigabe eines Leistungsabschnitts zur Zahlung fällig.[29] Zahlungen sind 14 Tage nach Zugang der Rechnung zu leisten. Alle vertraglich vereinbarten Vergütungen verstehen sich zzgl. der gesetzlichen Umsatzsteuer.

§ 12 Nutzungsrechte[30]

(1) Der Auftragnehmer räumt dem Auftraggeber an allen vom Auftragnehmer aufgrund dieses Vertrages erbrachten Leistungen, insbesondere an Software und Dokumentation, umfassende, räumlich, zeitlich und inhaltlich unbeschränkte, unwiderrufliche[31] und frei übertragbare ausschließliche Nutzungsrechte nach den folgenden Bestimmungen ein. Die Einräumung von Rechten gilt sowohl für den erstellten Quellcode, für Schnittstellen sowie für jedwede Form von daraus abgeleiteter oder anderweitig erstellter Software, insbesondere im Object Code, in allen ihren Ausdrucksformen, gleich, ob die Software selbständig ablauffähig ist oder nicht, einschließlich des Entwurfsmaterials, für etwaige schutzfähige Benutzeroberflä-

ment to remuneration for agreed services in subsequent sections. Claims for damages remain unaffected by this.[27]

(3) The Customer shall bear, subject to proof by the Contractor, all expenses such as travel and accommodation costs, and expenses for payments to third parties remuneration claims arising in connection with the performance of the contract. Travel times shall be remunerated.

(4) If the parties have not reached an agreement on the remuneration of a service of the Contractor, the performance of which the Customer could only expect under the circumstances against remuneration, the Customer shall pay the remuneration customary for this service. In case of doubt, the remuneration rates demanded by the Contractor for the services shall be deemed customary.[28]

(5) Unless otherwise agreed in the Appendices, the remuneration relating to a section shall be due for payment upon approval of the section.[29] Payments are to be made 14 days after receipt of the invoice. All contractually agreed remunerations are exclusive of the statutory value-added tax.

§ 12 Licence[30]

(1) The Contractor grants the Customer complete, irrevocable[31] and freely transferable exclusive rights of use, unlimited in terms of space, time and content, in accordance with the following provisions, to all services provided by the Contractor on the basis of this contract, in particular to software and documentation. The granting of rights shall apply to the source code created and to interfaces as well as to any form of software derived therefrom or otherwise created, especially as Object Code, in all its forms of expression, irrespective of whether the software is independently executable or not, including the design material, for any protectable user interfaces, graphics, videos, animations,

chen, in der Software enthaltene oder mit ihr verbundene Grafiken, Videos, Animationen, virtuelle Gegenstände, Texte, Audiosequenzen, Ein- und Ausgabemasken und Ähnliches. Das umfasst insbesondere

- das Recht zur zahlenmäßig unbeschränkten dauerhaften oder vorübergehenden Vervielfältigung, ganz oder teilweise, mit jedem Mittel und in jeder Form, beispielsweise zur dauerhaften und/oder flüchtigen Speicherung auf elektrischen, elektromagnetischen und optischen Speichermedien, wie jeder Art von Festplatten, SSD, RAM, Blu-Ray Discs, DVD, CD, Speicherkarten, USB-Sticks etc. sowie über alle Kommunikationswege, insbesondere im Rahmen des Cloud-Computings und des Angebots an die Öffentlichkeit, einschließlich des Downloads und zur Datenkompression. Die Vervielfältigungshandlungen umfassen auch die ein- und mehrmalige Sicherung der erbrachten Leistungen unabhängig von der verwendeten Technik, sei es im Wege einer vollständigen oder inkrementellen Sicherung, durch Snapshots oder der Verschlüsselung, einschließlich deren Wiederherstellung;[32]
- das Recht zur umfassenden Umarbeitung (Übersetzung, Bearbeitung und Arrangement) der Leistungen, zur Fehlerbeseitigung, zur Erweiterung der Funktionalitäten, einschließlich aller textlichen und audiovisuellen Ausdrucksformen wie Benutzerdokumentationen, Erklärvideos etc., auch zur Anpassung von Software an geänderte Einsatzbedingungen, beispielsweise für neue oder weiterentwickelte Betriebssysteme, zum Einsatz in mobilen Endgeräten wie Tablets und Smartphones, zur Datenkompression, zur Übertragung in eine andere Programmiersprache, zum Erstellen von Schnittstellen sowie zur Verbindung der Leistungen des Entwicklers mit Leistungen anderer, zum Übersetzen von Texten in eine andere Sprache, zum Entfernen von Leistungen, ganz oder in Teilen, und zur Verwertung des Ergebnisses dieser Umarbeitungen in jeglicher Form entspre-

virtual objects, texts, audio sequences, input and output masks and the like contained in the software or connected with it. This includes, in particular,

- the right to copy, in whole or in part, without limitation in number, permanently or temporarily, by any means and in any form, for example for permanent and/or transient storage on electrical, electromagnetic, optical storage media, such as any type of hard disk, SSD, RAM, blu-ray discs, DVD, CD, memory cards, USB sticks, etc., as well as by any means of communication, in particular in the context of cloud computing and offering to the public, including downloading and for data compression. The acts of reproduction shall also include the single and multiple back-ups of the services provided, irrespective of the technology used, whether by way of a complete or incremental back-up, by snapshots or encryption, including their restoration;[32]
- the right to complete reworking (translation, editing and arrangement) of the services, to correct errors, to expand functionalities, including all textual and audiovisual forms of expression such as user documentation, explanatory videos, etc., also for the adaptation of software to changed conditions of use, for example for new or further developed operating systems, for use in mobile end devices such as tablets and smartphones, for data compression, for transfer to another programming language, for the creation of interfaces as well as for the connection of the Contractor's Services with services of others, for the translation of texts into another language, for the removal of Services, in whole or in part, and for the exploitation of the result of these reworkings in any form in accordance with the powers specified in this Agreement;[33]

chend den in dieser Vereinbarung genannten Befugnissen;[33]

- das Recht zur Verbreitung der Leistungen und von Vervielfältigungsstücken hiervon in jeder Form und mit jedem Mittel, einschließlich des Rechts zur Vermietung, zum Leasing und zur Leihe, gleich, ob die Verbreitung in körperlicher oder unkörperlicher Form erfolgt, insbesondere zur Übertragung der Software und der damit verbundenen Leistungen über drahtgebundene und drahtlose Netze (z.B. zum Download, in Client-Server-Umgebungen oder im Wege des Application-Service-Providing bzw. als Software as a Service u.Ä. sowie insbesondere über das Internet, unternehmenseigene oder andere Netze);[34]

- das Recht zur drahtgebundenen oder drahtlosen öffentlichen Wiedergabe einschließlich der öffentlichen Zugänglichmachung in der Weise, dass die Leistungen Mitgliedern der Öffentlichkeit von Orten und zu Zeiten ihrer Wahl zugänglich ist, insbesondere als Angebot zur Fernübertragung (Downloads),[35]

- das Recht, die Leistungen sonst wie nicht-öffentlich zugänglich zu machen, z.B. durch den Einsatz in Netzwerken, ohne dass eine Verbreitung erfolgt oder diese öffentlich ist (etwa in Client-Server Umgebungen, beim Application Service Providing u.Ä.);[36]

- das Recht, die Nutzung der Leistungen in jeder zulässigen Weise zu beschränken, sei es für die private oder kommerzielle Nutzung, die Nutzung in Unternehmen, in Unternehmensverbünden (insbesondere Konzernen), in Branchen, zusammen mit bestimmter oder bestimmbarer Hardware (z.B. als OEM-Software, gebunden an eine CPU oder Ähnliches), nutzerbezogen („Named User"/„Concurrend User") als Open Source Software, als Testversion u.Ä. sowie räumlich beschränkt auf Staatsgebiete oder Teile davon, zeitlich befristet und unbefristet mit einer beliebigen Kündigungsfrist sowie aufschiebend und auflösend bedingt.[37]

- the right to distribute the services and copies thereof in any form and by any means, including the right to rent, lease and loan, whether such distribution is in tangible or intangible form, in particular to transmit the software and the related Services over wired and wireless networks (e.g. for download, in client-server environments or by way of application service providing or as software as a service and the like, and in particular over the Internet, proprietary or other networks);[34]

- the right of communication to the public by wire or wireless means, including making available to the public in such a way that the performances are accessible to members of the public from places and at times of their choice, in particular as an offer for remote transmission (downloads),[35]

- the right to otherwise make the services available non-publicly, e.g. by using them in networks without distribution or without making them public (such as in client-server environments, application service providing, etc.);[36]

- the right to restrict the use of the Services in any permissible manner, whether for private or commercial use, use in companies, in groups of companies (e.g. corporate groups), in industries, together with certain or determinable hardware (e.g. as OEM software, tied to a CPU or similar), user-related („Named User"/„Concurrent User") as open source software, as test version, etc., as well as spatially limited to national territories or parts thereof, limited in time and unlimited in time with any period of notice as well as subject to conditions precedent and dissolution.[37]

(2) Der Auftraggeber ist berechtigt, die Software einschließlich der damit verbundenen Leistungen in jeder Hard- und Softwareumgebung einzusetzen, insbesondere in Einzel- oder Mehrplatzrechnern, Servern sowie Virtual Machines und unabhängig von der Anzahl der CPU-Kerne, in mobilen Geräten wie Laptops, Tablets, Smartphones etc., im Rahmen einer Nutzung zu Virtual oder Augmented Reality-Darstellungen etc.

(3) Der Auftragnehmer überträgt dem Auftraggeber in Ansehung seiner Leistungen zusätzlich Rechte an allen im Zeitpunkt des Vertragsschlusses unbekannten Nutzungsarten. Die Rechteeinräumung erfolgt auflösend bedingt auf den Zeitpunkt des Widerrufs durch den oder die Urheber der betroffenen Leistung. Der Auftragnehmer wird dem Auftraggeber alle an der Erstellung der Software und der Dokumentationen sowie sonstiger absehbar schutzwürdiger Leistungen nach diesem Vertrag beteiligten Personen, die als Urheber oder Miturheber in Betracht kommen unter Mitteilung der Wohnanschrift benennen. Die Angaben zur Anschrift sind zukünftig nach den Möglichkeiten des Auftragnehmers zu aktualisieren. Widerruft eine dieser Personen die Rechteeinräumung, wird der Auftragnehmer den Auftraggeber hierüber unverzüglich informieren.[38]

(Variante:

(3) Der Auftragnehmer überträgt dem Auftraggeber in Ansehung seiner Leistungen zusätzlich Rechte an allen im Zeitpunkt des Vertragsschlusses unbekannten Nutzungsarten. Der Auftragnehmer hat dafür Sorge getragen, dass dem Urheber ein Recht zum Widerruf dieser Rechtseinräumung nicht zusteht.)

(4) Für etwaig von der Rechteeinräumung nach dieser Vereinbarung nicht erfasste Nutzungsarten räumt der Auftragnehmer eine Option zum Erwerb dieser Rechte zu angemessenen Bedingungen ein und stellt die Ausübbarkeit der Option sicher. Die Bedingungen der Optionsausübung sind vom Auftraggeber nach billigem Ermessen (§ 315 Abs. 3 BGB) zu bestimmen und im

(2) The Customer is entitled to use the software including the associated services in any hardware and software environment, in particular in single or multi-user computers, servers as well as virtual machines and regardless of the number of CPU cores, in mobile devices such as laptops, tablets, smartphones, etc., within the scope of a use for virtual or augmented reality representations, etc.

(3) In consideration of the services, the Contractor shall transfer to the Customer additional rights to all types of use unknown at the time of conclusion of the Contract. The granting of rights shall be conditional on the date of revocation by the author(s) of the performance concerned. The Contractor shall name to the Customer all persons involved in the creation of the software and the documentation as well as other foreseeable services worthy of protection under this contract who come into consideration as authors or co-authors, providing their residential address. The address details are to be updated in the future according to the contractor's possibilities. If one of these persons revokes the granting of rights, the Contractor shall inform the Customer thereof without delay.[38]

(Variante:

(3) In consideration of the services, the Contractor shall additionally transfer to the Customer rights to all types of use unknown at the time of the conclusion of the contract. The contractor has ensured that the author is not entitled to revoke this grant of rights.)

(4) For any types of use not covered by the granting of rights under this Agreement, the Contractor shall grant an option to acquire these rights on reasonable terms and shall ensure that the option can be exercised. The conditions for exercising the option are to be determined by the Customer at Customer's reasonable discretion (§ 315 Abs. 3 BGB) and, in the event of a dispute,

Streitfall vom zuständigen Landgericht zu überprüfen.[39]

(5) Die vorstehende Rechteeinräumung nach den Abs. 1 bis 4 gilt nicht für die in der Anlage „Standardsoftware" aufgeführten Softwarebestandteile. Die dem Auftraggeber an diesen Softwareteilen zustehenden Rechte ergeben sich aus der vorgenannten Anlage.[40]

(6) Die eingeräumten Rechte gelten nur zur Nutzung im Konzern (§ 18 AktG) des Auftraggebers.[41]

(7) Der Auftragnehmer sichert dem Auftraggeber unter Ausnahme der in der Anlage „Standardsoftware" aufgeführten, nicht vom Auftragnehmer erstellten Software einschließlich Dokumentation den Bestand der eingeräumten Rechte zu. Er sichert des Weiteren zu, dass an dieser Software nebst Benutzerdokumentation keine weiteren Schutzrechte bestehen, die der vorstehend beschriebenen Nutzungsmöglichkeit entgegenstehen.[42]

(8) Der Auftragnehmer ist verpflichtet, dem Auftraggeber den der überlassenen Software zugrundeliegenden Quellcode zu übergeben. Das gilt nicht für die in der Anlage „Standardsoftware" bezeichnete Software.[43]

(9) Die Übertragung der Nutzungsrechte erfolgt für die in Absatz 1 genannten Werke nach deren Übergabe an den Auftraggeber und erst in dem Zeitpunkt der vollständigen Vergütungszahlung für die das Werk betreffenden Leistungsabschnitte durch den Auftraggeber. Bis zur vollständigen Vergütungszahlung duldet der Auftragnehmer die Nutzung der Software durch den Auftraggeber widerruflich.[44] Der Auftragnehmer kann den Einsatz solcher Software, mit deren Vergütungszahlung sich der Auftraggeber in Verzug befindet, für die Dauer des Verzuges widerrufen. Für die in der Anlage „Standardsoftware" genannte Software, die nicht vom Auftragnehmer erstellt wurde, gelten die dort genannten Regeln für die Rechteübertragung.

(10) Die vorstehenden Regelungen binden die Parteien auch schuldrechtlich, insbesondere für den Fall, dass keine urheberrecht-

are to be reviewed by the competent regional court.[39]

(5) The aforementioned granting of rights pursuant to paragraphs 1 to 4 shall not apply to the software components listed in the annex „Standard Software". The rights to which the Customer is entitled in respect of these software components are set out in the aforementioned Annex.[40]

(6) The rights granted are only valid for use within the group (§ 18 AktG) of the Customer.[41]

(7) The Contractor assures the Customer of the existence of the rights granted, with the exception of the software and documentation not created by the Contractor and listed in the Appendix „Standard Software". Furthermore, the user warrants that this software and the user documentation are free from third parties' intellectual property rights that would conflict with the above-mentioned possibilities of use.[42]

(8) The Contractor is obliged to hand over the source code underlying the software to the Customer. This does not apply to the software described in the Appendix „Standard Software".[43]

(9) The transfer of the rights of use for the works mentioned in paragraph 1 takes place after their creation and transfer to the Customer and only at the time of full payment of the remuneration for the service sections relating to the work by the Customer. The Contractor shall tolerate the use of the software by the Customer revocably until full payment of the remuneration has been made.[44] The Contractor may revoke the use of such software for which the Customer is in default of payment for the duration of the default. For the software named in the Appendix „Standard Software", which was not created by the Contractor, the rules for the transfer of rights set forth in such Appendix shall apply.

(10) The above provisions also bind the parties under the law of obligations, in particular in the event that no copyright

liche Position geschaffen oder in der vorbenannten Weise übertragen werden kann.

position can be created or transferred in the aforementioned manner.

§ 13 Schutzrechtsverletzungen[45]

§ 13 Infringement of Rights[45]

(1) Der Auftragnehmer stellt auf eigene Kosten den Auftraggeber für das Inland von allen Ansprüchen Dritter aus vom Auftragnehmer zu vertretenden Schutzrechtsverletzungen frei. Der Auftraggeber wird den Auftragnehmer unverzüglich über die geltend gemachten Ansprüche Dritter informieren. Informiert der Auftraggeber den Auftragnehmer nicht unverzüglich über die geltend gemachten Ansprüche, erlischt der Freistellungsanspruch.

(1) The Contractor shall indemnify the Customer at its own expense against all domestic claims of third parties arising from infringements of intellectual property rights for which the Contractor is responsible. The Customer shall inform the Contractor without culpable delay of any claims asserted by third parties. If the Customer does not inform the Contractor without culpable delay of the claims asserted, the claim for indemnification shall lapse.

(2) Im Falle von Schutzrechtsverletzungen darf der Auftragnehmer – unbeschadet etwaiger Schadenersatzansprüche des Auftraggebers – nach eigener Wahl und auf eigene Kosten hinsichtlich der betroffenen Leistung

- nach vorheriger Absprache mit dem Auftraggeber Änderungen vornehmen, die gewährleisten, dass eine Schutzrechtsverletzung nicht mehr vorliegt oder
- für den Auftraggeber die erforderlichen Nutzungsrechte erwerben.

(2) In the event of infringements of rights, the Contractor may – without prejudice to any claims for damages by the Customer – at Customer's own discretion and expense with regard to the performance concerned

- after prior consultation with the Customer, make changes which guarantee that an infringement of rights no longer exists, or
- acquire the necessary rights of use for the Customer.

§ 14 Rügeobliegenheit[46]

§ 14 Obligation to Give Notice of Defects[46]

(1) Der Auftraggeber hat die Software einschließlich der Dokumentation, soweit kein Test gemäß § 9 durchgeführt wurde, unverzüglich nach der Übergabe durch den Auftragnehmer, soweit dies nach ordnungsmäßigem Geschäftsgange tunlich ist, zu untersuchen und, wenn sich ein Mangel zeigt, dem Auftragnehmer unverzüglich Anzeige zu machen.

(1) The Customer shall examine the software including the documentation, as far as no test is carried out in accordance with § 9, without culpable delay after delivery by the Contractor, if this is feasible in the ordinary course of business, and, if a defect becomes apparent, notify the Contractor without culpable delay.

(2) Unterlässt der Auftraggeber die Anzeige, so gilt die Software einschließlich der Dokumentation als genehmigt, es sei denn, dass es sich um einen Mangel handelt, der bei der Untersuchung nicht erkennbar war.

(2) If the Customer fails to report the defect, the software including the documentation shall be deemed to have been approved, unless the defect was not identifiable during the inspection.

(3) Zeigt sich, unabhängig von einem Test gemäß § 9, später ein solcher Mangel, so

(3) If, independent of a test according to § 9, such a defect is discovered later, the

muss die Anzeige unverzüglich nach der Entdeckung gemacht werden; anderenfalls gilt die Software einschließlich der Dokumentation auch in Ansehung dieses Mangels als genehmigt.

(4) Zur Erhaltung der Rechte des Auftraggebers genügt die rechtzeitige Absendung der Anzeige.

(5) Hat der Auftragnehmer den Mangel arglistig verschwiegen, so kann er sich auf die vorstehenden Vorschriften nicht berufen.

§ 15 Rücktritt[47]

(1) Der Auftraggeber kann wegen einer nicht in einem Mangel einer Kaufsache oder eines Werks bestehenden Pflichtverletzung nur zurücktreten, wenn der Auftragnehmer diese Pflichtverletzung zu vertreten hat.

(2) Tritt der Auftraggeber wegen der Verletzung einer Pflicht, die sich auf eine abgrenzbare Leistung bezieht, die von anderen zu erbringenden Leistungen unter Berücksichtigung der berechtigten Interessen des Auftraggebers unabhängig erbracht werden kann, zurück, so werden die anderen Leistungen von diesem Rücktritt nicht erfasst.

§ 16 Nacherfüllung

(1) Die Software und die Benutzerdokumentation haben die nach dem Pflichtenheft geschuldete Beschaffenheit. Das Pflichtenheft beschreibt die Funktionalität der Software abschließend. In der Benutzerdokumentation nicht genannte Funktionalitäten sind nicht geschuldet.[48]

(2) Nacherfüllungsansprüche verjähren in zwölf Monaten.[49]

(Variante:

Nacherfüllungsansprüche verjähren in der regelmäßigen Verjährungsfrist.)

(3) Die Durchsetzung von Mängelhaftungsansprüchen ist davon abhängig, dass Män-

notification must be made without culpable delay after the discovery; otherwise the software including the documentation is also considered approved in view of this defect.

(4) The timely dispatch of the notification shall suffice to preserve the rights of the Customer.

(5) If the Contractor has fraudulently concealed the defect, the Contractor may not invoke the above provisions.

§ 15 Withdrawal

(1) The Customer may only withdraw from the contract due to a breach of duty which does not exist in a defect of a purchased item or a work if the Contractor is responsible for this breach of duty.

(2) If the Customer withdraws due to the violation of an obligation relating to a delimitable service which can be rendered independently of other services to be rendered, taking into account the legitimate interests of the Customer, the other services shall not be covered by this withdrawal.

§ 16 Cure

(1) The software and the user documentation shall have the properties owed in accordance with the specifications. The functional specification finally describes the functionality of the software.[48] The Contractor does not owe specifications which are not mentioned in the user documentation.

(2) Claims for cure shall become statute-barred after twelve months.[49]

(Variante:

Claims for Cure shall become time-barred within the regular limitation period.)

(3) The enforcement of claims for cure requires that defects are reported in wri-

gel innerhalb von zwei Wochen nach ihrem erstmaligen Erkennen schriftlich gemeldet werden[50] und reproduzierbar sind.[51]

(4) Solange der Auftraggeber die nach diesem Vertrag fällige Vergütung noch nicht vollständig gezahlt hat und er kein berechtigtes Interesse am Zurückbehalt der rückständigen Vergütung hat, ist der Auftragnehmer berechtigt, die Nacherfüllung zu verweigern.

(5) Der Auftragnehmer haftet nicht in den Fällen, in denen der Auftraggeber Änderungen an der vom Auftragnehmer erbrachten Leistung vorgenommen hat, es sei denn, dass diese Änderungen ohne Einfluss auf die Entstehung des Mangels waren.

(6) Der Auftraggeber wird den Auftragnehmer bei der Mangelfeststellung und -beseitigung unterstützen und unverzüglich Einsicht in die Unterlagen gewähren, aus denen sich die näheren Umstände des Auftretens des Mangels ergeben.

(7) Der Auftraggeber wird vor der Geltendmachung von Nacherfüllungsansprüchen mit der gebotenen Sorgfalt prüfen, ob ein der Nacherfüllung unterliegender Mangel gegeben ist. Sofern ein behaupteter Mangel nicht der Verpflichtung zur Nacherfüllung unterfällt (Scheinmangel), kann der Auftraggeber mit den für Verifizierung und Fehlerbehebung erbrachten Leistungen des Auftragnehmers zu den jeweils gültigen Vergütungssätzen des Auftragnehmers zuzüglich der angefallenen Auslagen belastet werden, es sei denn, der Auftraggeber hätte den Scheinmangel auch bei Anstrengung der gebotenen Sorgfalt nicht erkennen können.[52]

(8) Erfüllungsort für die Nacherfüllung ist der Sitz des Auftragnehmers.[53] Die Nacherfüllung kann durch telekommunikative Übermittlung von Software erfolgen, es sei denn, die telekommunikative Übermittlung ist dem Auftraggeber, beispielsweise aus Gründen der IT-Sicherheit, nicht zuzumuten.

ting within two weeks of their first recognition[50] and are reproducible.[51]

(4) As long as the Customer has not yet paid the remuneration due under this contract in full and the Customer has no justified interest in retaining the remuneration in arrears, the Contractor shall be entitled to refuse cure.

(5) The Contractor shall not be liable in cases in which the Customer has made changes to the work performed by the Contractor, unless these changes had no influence on the occurrence of the defect.

(6) The Customer shall support the Contractor in determining and remedying the defect and shall grant without culpable delay access to the documents from which the detailed circumstances of the occurrence of the defect arise.

(7) Before asserting claims for cure, the Customer shall examine with due care whether a defect subject to cure exists. Insofar as an alleged defect is not subject to the obligation to cure (pseudo defect), the Customer may be charged with the services provided by the Contractor for verification and fault rectification at the Contractor's respectively valid remuneration rates plus the incurred expenses, unless the Customer could not have identified the pseudo defect even with the exercise of due care.[52]

(8) The place of performance for cure shall be the Contractor's registered office.[53] Cure may be effected by the telecommunication transmission of software, unless the telecommunication transmission cannot be reasonably expected of the Customer, for example for reasons of IT security.

§ 17 Kein Vertrieb an Verbraucher[54]

(1) Der Auftraggeber darf die Software nicht an Verbraucher vertreiben.

(Variante:

Der Auftraggeber darf die Software einem Verbraucher erst dann zur Bereitstellung anbieten, wenn er aufgrund dieses Vertrages mit einer Übergabe der Software dergestalt rechnen kann, dass eine Bereitstellung an den Verbraucher gemäß der Vereinbarung des Auftraggebers mit dem Verbraucher den Umständen nach vertragsgemäß zu erwarten ist. Schaltet der Auftraggeber zur Überlassung der Software an einen Verbraucher Absatzmittler ein, so hat er ihnen die gleiche Verpflichtung aufzuerlegen.[55])

(2) Der Auftragnehmer ist aus diesem Vertrag nicht verpflichtet, die Software zu aktualisieren.

(Ergänzung:

Ein Aufwendungsersatzanspruch des Auftraggebers gegen den Auftragnehmer wegen der Inanspruchnahme des Auftraggebers auf Aktualisierung der Software durch einen Verbraucher ist ausgeschlossen, wenn der Auftraggeber den Anspruch des Verbrauchers durch eine wirksame vertragliche Regelung hätte vermeiden können. Gleiches gilt für den Fall, dass der Auftraggeber von einem Unternehmen, an das er die Software zum Vertrieb weiterveräußert hat, auf Aufwendungsersatz wegen der Nichtaktualisierung in Anspruch genommen wird.[56])

(Variante:

(3) Der Auftraggeber darf die Software weder unmittelbar noch mittelbar an Verbraucher vermieten oder verleasen.[57])

(Variante:

(4) Wird die Software durch den Auftraggeber unmittelbar oder mittelbar an Verbraucher überlassen, ist er verpflichtet,

§ 17 No Distribution to Consumers[54]

The Customer must not distribute the software to consumers.

(Variation:

The Customer may only offer the software for supply to a consumer if the Customer can expect the software to be handed over on the basis of this contract in such a way that supply to the consumer can be expected under the circumstances in accordance with the Customer's agreement with the consumer. If the Customer uses intermediaries to transfer the software to a consumer, the Customer shall impose the same obligation on them.)

(2) The Contractor is not obliged under this contract to update the software.

(Supplement:

A claim for reimbursement of expenses by the Customer against the Contractor due to a claim of a consumer against the Customer for updating the software is excluded if the Customer could have avoided the consumer's claim by an effective contractual provision. The same shall apply in the event that a claim for reimbursement of expenses is made against the Customer on the grounds of the non-updating by a company to which the Customer has resold the software for distribution.[56])

(Variation:

(3) The Customer may not rent or lease the software directly or indirectly to consumers.[57])

(Variation:

(4) If the Customer provides the software directly or indirectly to consumers, the Customer shall be obliged to inform the

den Auftragnehmer über die Geltendmachung von Ansprüchen der Verbraucher auf Bereitstellung und Nacherfüllung und dabei insbesondere auf Aktualisierung der Software zu informieren. Entsprechendes gilt, wenn Absatzmittler wegen solcher Ansprüche von Verbrauchern Rückgriffsrechte gegen den Auftraggeber geltend machen. Der Auftragnehmer wird den Auftraggeber dann bei einer Abwehr der Ansprüche unterstützen, soweit der Auftraggeber nach den vorstehenden Regelungen einen Rückgriffsanspruch gegen den Auftragnehmer hat. Im Übrigen stellt der Auftragnehmer eine Unterstützung aufgrund einer gesondert zu treffenden Vereinbarung in Aussicht.[58])

Contractor about the assertion of consumer claims for supply and Cure and in particular for updating the software. The same shall apply if sales intermediaries assert rights of recourse against the Customer due to such claims by consumers. The Contractor shall then support the Customer in defending the claims insofar as the Customer has a right of recourse against the Contractor in accordance with the above provisions. For all other cases, the Contractor holds out the prospect of support on the basis of a separate agreement to be concluded.[58])

§ 18 Allgemeine Haftung[59]

(1) Der Auftragnehmer haftet für Vorsatz und grobe Fahrlässigkeit. Für leichte Fahrlässigkeit haftet der Auftragnehmer nur bei Verletzung einer wesentlichen Vertragspflicht, deren Erfüllung die ordnungsgemäße Durchführung des Vertrags überhaupt erst ermöglicht und auf deren Einhaltung der Vertragspartner regelmäßig vertrauen darf sowie bei Schäden aus der Verletzung des Lebens, des Körpers oder der Gesundheit.

(2) Bei der Erstellung der Software schuldet der Auftragnehmer die branchenübliche Sorgfalt. Bei der Feststellung, ob den Auftragnehmer ein Verschulden trifft, ist zu berücksichtigen, dass Software technisch nicht fehlerfrei erstellt werden kann.[60]

(3) Die Haftung ist im Falle leichter Fahrlässigkeit summenmäßig beschränkt auf die Höhe des vorhersehbaren Schadens, mit dessen Entstehung typischerweise gerechnet werden muss; maximal ist diese Haftung jedoch beschränkt auf . . . . EUR pro Schadensfall und insgesamt auf . . . . EUR.

(4) Für den Verlust von Daten und/oder Programmen haftet der Auftragnehmer in-

§ 18 General Liability[59]

(1) The Contractor is liable for intent and gross negligence. In the event of slight negligence, the Contractor shall only be liable in the event of a breach of a material contractual obligation, the fulfilment of which is essential for the proper performance of the contract and the observance of which the Customer may regularly rely on, as well as in the event of damage resulting from injury to life, limb or health.

(2) When creating the software, the Contractor owes the care customary in the software industry. When determining whether the Contractor is at fault, it must be taken into account that software cannot be created without technical errors.[60]

(3) In the event of slight negligence, the Contractor's liability shall be limited in sum to the amount of the foreseeable damage, the occurrence of which must typically be expected; however, this liability shall be limited to a maximum of . . . . EUR per claim, and the Contractor's maximum aggregate liability under this contract shall not exceed . . . . EUR.

(4) The Contractor shall not be liable for the loss of data and/or programs insofar

soweit nicht, als der Schaden darauf beruht, dass es der Auftraggeber unterlassen hat, Datensicherungen durchzuführen und dadurch sicherzustellen, dass verlorengegangene Daten mit vertretbarem Aufwand wiederhergestellt werden können.

as the damage is due to the fact that the Customer has failed to carry out data backups and thereby ensure that lost data can be restored with reasonable effort.

(5) Die vorstehenden Regelungen gelten auch zugunsten der Organe, Mitarbeiter und Erfüllungsgehilfen des Auftragnehmers.

(5) The above provisions shall also apply in favour of the Contractor's organs, employees and vicarious agents.

§ 19 Abwerbungsverbot[61]

§ 19 No-Poach Agreement[61]

Der Auftraggeber verpflichtet sich, während der Dauer der Zusammenarbeit der Parteien und für einen Zeitraum von einem Jahr danach keine Mitarbeiter vom Auftragnehmer abzuwerben oder ohne Zustimmung des Auftragnehmers anzustellen. Für jeden Fall der schuldhaften Zuwiderhandlung verpflichtet sich der Auftraggeber, eine vom Auftragnehmer der Höhe nach festzusetzende und im Streitfall vom zuständigen Gericht zu überprüfende Vertragsstrafe zu zahlen.

During the period of cooperation between the parties and for a period of one year thereafter, the Customer undertakes not to entice any employees away from the Contractor or to employ them without the Contractor's consent. For each case of culpable infringement, the Customer undertakes to pay a contractual penalty to be determined by the Contractor and, in the event of a dispute, to be reviewed by the competent court.

§ 20 Geheimhaltung, Mitteilungen[62]

§ 20 Confidentiality, Communications[62]

(1) Die der anderen Vertragspartei übergebenen Unterlagen, mitgeteilten Kenntnisse und Erfahrungen dürfen ausschließlich für die Zwecke dieses Vertrages verwendet und Dritten nicht zugänglich gemacht werden, sofern sie nicht ihrer Bestimmung nach Dritten zugänglich gemacht werden sollen oder dem Dritten bereits bekannt sind. Dritte sind nicht die zur Durchführung des Vertragsverhältnisses hinzugezogenen Hilfspersonen wie Freie Mitarbeiter, Subunternehmer etc.

(1) The documents, knowledge and experience provided to the other party may only be used for the purposes of this contract and may not be made available to third parties unless they are intended to be made available to third parties or are already known to the third party. Third parties are not auxiliary persons such as freelancers, subcontractors, etc which a party engages to perform the contract.

(2) Darüber hinaus vereinbaren die Vertragsparteien, Vertraulichkeit über den Inhalt dieses Vertrages und über die bei dessen Abwicklung gewonnenen Erkenntnisse zu wahren.

(2) In addition, the parties agree to maintain confidentiality regarding the content of this contract and the knowledge gained during its execution.

(3) Die Geheimhaltungsverpflichtung gilt auch über die Beendigung des Vertragsverhältnisses hinaus. Den eingeschalteten

(3) The obligation to maintain secrecy shall also apply beyond the termination of the contractual relationship. A correspon-

Hilfspersonen ist eine entsprechende Geheimhaltungspflicht aufzuerlegen.

ding obligation of secrecy is to be imposed on the auxiliary staff involved.

(4) Wenn eine Vertragspartei dies verlangt, sind die von ihr übergebenen Unterlagen wie Strategiepapiere, Briefingdokumente etc nach Beendigung des Vertragsverhältnisses an sie herauszugeben, soweit die andere Vertragspartei kein berechtigtes Interesse an diesen Unterlagen geltend machen kann.

(4) Upon either party's request, the documents such as strategy papers, briefing documents etc handed over by it shall be returned to such party after termination of the contractual relationship, insofar as the other party cannot assert a justified interest in these documents.

(5) Presseerklärungen, Auskünfte etc, in denen eine Vertragspartei auf die andere Bezug nimmt, sind nur nach vorheriger schriftlicher Abstimmung zulässig.

(5) Press releases, information etc in which one party refers to the other are only permissible after prior written agreement.

(6) Der Auftragnehmer darf den Auftraggeber auf seiner Web-Site oder in anderen Medien als Referenzauftraggeber nennen. Der Auftragnehmer darf ferner die erbrachten und vom Auftraggeber im Rahmen seines Geschäftsbetriebs allgemein angebotenen Leistungen zu Demonstrationszwecken öffentlich wiedergeben oder auf sie hinweisen, es sei denn, der Auftraggeber kann ein entgegenstehendes berechtigtes Interesse geltend machen.

(6) The Contractor may name the Customer as reference on Customer's website or in other media. Furthermore, the Contractor may publicly reproduce or refer to the services provided and generally offered by the Customer within the framework of its business operations for demonstration purposes, unless the Customer can assert a conflicting justified interest.

§ 21 Schlichtung

Die Parteien verpflichten sich, im Falle einer sich aus diesem Vertrag ergebenden Streitigkeit vor Durchführung eines streitigen Verfahrens (Klage) eine Schlichtung gemäß der Schlichtungsordnung der Hamburger Schlichtungsstelle für IT-Streitigkeiten in der zum Zeitpunkt der Einleitung eines Schlichtungsverfahrens gültigen Fassung durchzuführen. Das Schlichtungsverfahren soll dazu dienen, den Streit ganz oder teilweise, vorläufig oder endgültig beizulegen.[63]

§ 21 Arbitration

In the event of a dispute arising out of this contract, the parties undertake, before any contentious proceedings (legal action) are conducted, to conduct conciliation proceedings in accordance with the Hamburg Conciliation Body's Rules for IT Disputes in the version valid at the time when conciliation proceedings are initiated. The purpose of the conciliation procedure shall be to settle the dispute in whole or in part, provisionally or finally.[63]

§ 22 Abtretung, Zurückbehaltungsrecht und Aufrechnung

(1) Die Abtretung von Forderungen, die nicht Geldforderungen sind, ist nur mit vorheriger schriftlicher Zustimmung der ande-

§ 22 Assignment, right of retention and set-off

(1) The assignment of claims which are not monetary claims is only permissible upon prior written consent of the other

ren Vertragspartei zulässig. Die Zustimmung darf nicht unbillig verweigert werden.

party. Such consent shall not be unreasonably withheld.

(2) Ein Zurückbehaltungsrecht kann nur wegen Gegenansprüchen aus dem jeweiligen Vertragsverhältnis geltend gemacht werden.

(2) A right of retention can only be asserted due to counterclaims from the respective contractual relationship.

(3) Die Vertragsparteien können nur mit Forderungen aufrechnen, die rechtskräftig festgestellt oder unbestritten sind.

(3) The parties may only offset claims that have been legally established or are undisputed.

§ 23 Schlussbestimmungen

§ 23 Final Provisions

(1) Allgemeine Geschäftsbedingungen der Parteien im Übrigen finden für diesen Vertrag keine Anwendung. Dies gilt auch dann, wenn solchen Bedingungen nicht ausdrücklich widersprochen wird.

(1) General terms and conditions of the parties shall not apply to this contract. This shall also apply if such conditions are not expressly contradicted.

(2) Alle Änderungen und Ergänzungen vertraglicher Vereinbarungen müssen zu Nachweiszwecken schriftlich niedergelegt werden. Kündigungen haben schriftlich zu erfolgen. Meldungen, die schriftlich zu erfolgen haben, können auch per E-Mail erfolgen. Maßgeblich für die Wahrung der in diesem Vertrag genannten Fristen ist der Zugang der Erklärung, soweit nicht ausdrücklich etwas anderes bestimmt ist. Ist nach diesem Vertrag Schriftform vorgesehen, so bedeutet dies die papiergebundene Dokumentation der Erklärungen. Der Schluss der Erklärungen muss dann durch die Unterschrift eines Berechtigten angezeigt werden. Elektronische Nachrichten wahren die Schriftform nicht.

(2) All amendments and supplements to agreements must be recorded in writing for verification purposes. Notices of termination must be given in writing. Reports that have to be made in writing may also be provided by email. The date of receipt of the declaration shall be decisive for compliance with the deadlines specified in this contract, unless expressly agreed otherwise. If this contract provides for written form, this means paper-based documentation of the declarations, which is concluded by the signature of an entitled party. Electronic messages do not respect the written form.

(3) Sollten einzelne Bestimmungen der Parteivereinbarungen ganz oder teilweise unwirksam sein oder werden, wird die Wirksamkeit der übrigen Bestimmungen hierdurch nicht berührt. Die Parteien verpflichten sich für diesen Fall, die ungültige Bestimmung durch eine wirksame Bestimmung zu ersetzen, die dem wirtschaftlichen Zweck der ungültigen Bestimmung möglichst nahe kommt. Entsprechendes gilt für etwaige Lücken der Vereinbarungen.

(3) Should individual provisions of the agreements be or become invalid in whole or in part, this shall not affect the validity of the remaining provisions. In this case, the parties undertake to replace the invalid provision with a valid provision that comes as close as possible to the economic purpose of the invalid provision. The same applies to any gaps in the agreements.

(4) Es gilt das Recht der Bundesrepublik Deutschland unter Ausschluss des UN-Kaufrechts.[64]

(4) The law of the Federal Republic of Germany shall apply. The UN Convention on Contracts for the International Sale of Goods shall not apply.[64]

(5) Ausschließlicher Gerichtsstand für alle Rechtsstreitigkeiten aus oder im Zusammenhang mit diesem Vertrag ist . . . . . Der Auftragnehmer ist aber auch berechtigt, am allgemeinen Gerichtsstand des Auftraggebers zu klagen.

(6) Die Vertragsparteien haben den Vertrag in einer deutschen und einer englischsprachigen Fassung geschlossen. Für die rechtlichen Wirkungen zwischen den Parteien ist allein die deutsche Fassung maßgeblich.[65]

Anlagen:
Anlage „Workshop“
Anlage „Mitwirkungspflichten“
Anlage „Zeitplan“
Anlage „Vergütung“
Anlage „Standardsoftware“

Datum/Unterschriften

(5) The exclusive place of jurisdiction for all disputes arising out of or in connection with this contract shall be . . . . . However, the Contractor is also entitled to sue at the general place of jurisdiction of the Customer.

(6) The parties have concluded the contract in a German and an English version. Only the German version shall be decisive for the legal effects between the parties.[65]

Appendices:
Appendix „Workshop“
Appendix „Cooperation obligations“
Appendix „Schedule“
Appendix „Remuneration“
Appendix „Standard Software“

Date/Signatures

Anmerkungen

1. Softwareerstellung. Zur vertragstypologischen Einordnung → Anm. 3. Die Erstellung von Software im Kundenauftrag kann als Projekt auf verschiedene Weisen erfolgen. Verbreitet ist immer noch das klassische **Wasserfall-Modell**, das einen linearen Projektverlauf erfordert und eine entsprechende Planung voraussetzt. Dieses Formular folgt dem Modell. Anders als in vielen Praxisfällen geht das Formular von einer **Vergütung nach Aufwand** und nicht von einem Pauschalpreis für alle erforderlichen Leistungen aus, womit das Kostenrisiko dem Softwarehaus zugewiesen würde. Die Erstellung ist hier zum Ausgleich von Kunden- und Auftragnehmerinteressen abschnittsweise geregelt. Nach jedem Abschnitt kann die Zusammenarbeit beendet werden. Auftraggeber scheuen regelmäßig eine Vergütung nach Aufwand und bestehen auf einer **Pauschalvergütung.** Das Formular lässt sich durch wenige Änderungen hierauf anpassen (→ Anm. 2). Weitere alternative Vertragsgestaltungen enthalten die Formulare → Form. D.2 (**Agiles Projektmanagement**) und → Form. D.3 (**Budgetorientiertes Wasserfall-Modell**).

Das **Konzept des Formulars** ist die Vereinbarung von Leistungsabschnitten, die separat vergütet werden und an deren Ende ein Leistungsergebnis steht, auf dem für die nachfolgenden Schritte aufgebaut werden kann. Ein Leistungsabschnitt soll grundsätzlich verbindlich durchgeführt, für nachfolgende Abschnitte kann die Zusammenarbeit beendet werden.

2. Präambel. Die Präambel dient der Vermittlung von Hintergrundinformationen, um die vertraglichen Regelungen besser verstehen und entsprechend auslegen zu können. Sie ist nicht zwingend erforderlich, wenn der Vertragstext die Interessen der Vertragsparteien ausreichend wiedergibt. In der Praxis wird die Präambel gerne als Marketinginstrument eingesetzt, um herauszustellen, welche Reputation des jeweiligen Vertragspartners dazu geführt hat, dass der Vertrag geschlossen wurde. Hier ist Zurückhaltung geboten, weil auch diese Angaben zur Auslegung des Vertrages herangezogen werden können. Stellt sich ein Vertragspartner als besonders leistungsfähig dar, muss er sich dies beispielsweise bei der Frage, welche Sorgfalt er bei der Erfüllung seiner vertraglichen Pflichten anwenden muss, entgegenhalten lassen.

3. Vertragsgegenstand. Gegenstand dieses Vertrages ist die Erstellung von Software sowie der dazugehörigen Dokumentation. Die Erstellung von Software wird überwiegend als **werkvertragliches Rechtsverhältnis** eingeordnet. Das Softwarehaus als Auftragnehmer verpflichtet sich, einen Erfolg, die Erstellung einer Software mit bestimmten Funktionen, herbeizuführen. Eines der zentralen Probleme der Würdigung der Rechtsbeziehungen zwischen Auftraggeber und Auftragnehmer ist, ob es sich bei dem geschlossenen Werkvertrag um einen **Werklieferungsvertrag** handelt mit der Folge, dass nach § 650 BGB auf das Vertragsverhältnis **Kaufrecht** mit den in der Vorschrift genannten Modifikationen Anwendung findet. Die Frage ist anhand des Gesetzes und der zugrundeliegenden Materialien nicht sicher zu beantworten (ausführlich Marly SoftwareR-HdB Rn. 677 ff.; s. auch Auer-Reinsdorff/Conrad IT- und DatenschutzR-HdB/Conrad/Schneider § 11 Rn. 15 ff.). Der BGH hat mit Blick auf die Softwareentwicklung bisher keine Stellung genommen. Zwar hat der 7. Zivilsenat in einer baurechtlichen Frage die Anwendung des § 650 BGB auch bei Werklieferungsverträgen mit planerischen Vorleistungen bejaht. Er hat dabei die Wertungswidersprüche erkannt, die in dem Verweis auf das Kaufrecht liegen. Die Anwendung von Kaufrecht auf im Kern erfolgsbezogene Verträge sei nach Auffassung des Senats vom Gesetzgeber in der Meinung akzeptiert worden, Kauf- und Werkvertragsrecht unterschieden sich nicht wesentlich. Auch wenn dies anders gesehen werden könne, ändere dies nach Ansicht des Senats aber nichts an der Entscheidung des Gesetzgebers (BGH MMR 2010 Rn. 16 ff.). Dagegen hat aber der der 3. Zivilrechtssenat für einen „Internet-System-Vertrag" ausgeführt, die Programmierung einer Web-Seite dürfte im Regelfall als Werkvertrag, unter Umständen aber auch als Werklieferungsvertrag angesehen werden (BGH MMR 2010, 398 Rn. 21; für Werkvertrag, aber erkennbar ohne Auseinandersetzung mit der Problematik OLG München MMR 2010, 649 (650); LG Hamburg BeckRS 2014, 05481; sowie in zweiter Instanz OLG Hamburg NJOZ 2014, 525). Da es sich hier um ein Obiter Dictum des BGH-Senates handelt, ist die Streitfrage höchstrichterlich weiterhin ungeklärt, wenn auch für den 3. Senat eine Präferenz zum Werkvertrag zu erkennen sein mag (vgl. Fritzemeyer NJW 2011, 2918 (2920)).

Im Ergebnis muss es Aufgabe des Gesetzes sein, die **Interessen der Vertragsparteien** zum Ausgleich zu bringen, was für die Softwareerstellung zur Folge hat, dass Softwareerstellungsverträge keine Werklieferungsverträge sein können. Denn das **Kaufrecht** als statisches Austauschverhältnis wird den dynamischen Prozessen bei der Erstellung von Software nicht gerecht; es hält keine adäquaten Regelungen hierzu bereit. Für die **Vertragsgestaltung** besteht das Problem darin, einen Vertragstyp zugrundezulegen, der vom erkennenden Gericht nicht als zutreffend angesehen wird. Dann würden in AGB die Regelungen, die untypisch sind, nach § 307 Abs. 2 Nr. 1 BGB unwirksam sein (zu den Unterschieden zwischen den auf Werklieferungsverträge und Werkverträge anwendbaren Vorschriften s. Marly SoftwareR-HdB Rn. 681). Solange daher nicht geklärt ist, unter welchen Umständen ein Werklieferungsvertrag vorliegt, ist es Aufgabe des Vertragsgestalters, dieses **Dilemma** zu **lösen**. Der Vertrag ist so zu gestalten, dass er auch bei einer kaufrechtlichen Einordnung die Vorteile des Werkvertragsrechts so weit wie möglich gewährt. Das kann bei Individualverträgen, die Software-Erstellungsverträge häufig sein werden, gut gelingen. Zwar kann der Vertragstyp nicht durch Parteivereinbarung bestimmt werden (BGH NJW 1979, 2207 (2209)). Zulässig ist aber die Modifikation kaufrechtlicher Regelungen mit dem Ziel einer **Annäherung an das Werkvertragsrecht**. Eine solche Modifikation wird **auch in AGB** als möglich erachtet (MüKoBGB/Busche § 650 Rn. 4; BeckOK BGB/Voit § 650 Rn. 25). Individuell erstellte Software wird typischerweise eine nicht vertretbare Sache iSv § 650 Abs. 1 S. 3 BGB sein, weswegen die

§§ 642, 643, 645, 648 und 649 BGB schon kraft Gesetzes gelten. Darüber hinaus ist es interessengerecht, **Tests** vorzusehen und sie mit abnahmegleichen Folgen zu verbinden (§ 9). Aus Sicht des Auftraggebers wäre die Vereinbarung eines **Selbstvornahmerechts** attraktiv. Das dürfte im Rahmen eines kaufrechtlich zu bewertenden Softwareerstellungsvertrags jedoch auch im unternehmerischen Verkehr nicht zulässig sein (BGH NJW 2005, 1348 (1349)). Bei der **Verjährung** gibt es relevante Unterschiede. Der Verweis aus § 650 Abs. 1 BGB ins Kaufrecht hängt an der Einordnung von Software als Sache. Wäre Software keine Sache, bliebe es bei der regelmäßigen Verjährungsfrist nach § 643a Abs. 1 Nr. 3 BGB. Der Besteller hat ein Interesse, diese lange Verjährungsfrist auf den Vertrag zu übertragen, der bei kaufrechtlicher Einordnung nur eine zweijährige, stichtagsbezogene Frist vorsieht. AGB-rechtlich besteht das Risiko für ihn allein darin, auf die gesetzliche Frist des Kaufrechts zurückzufallen.

Die Einordnung des Vertrages als Werkvertrag kann es unterstützen, wenn die **planerischen Leistungen** bei der Erstellung der Software hervorgehoben werden, weil dann die Sachqualität der Software zurücktreten kann (Auer-Reinsdorff/Conrad IT- und DatenschutzR-HdB/Conrad/Schneider § 11 Rn. 20).

Dieses Formular versucht auf dieser Grundlage die Gratwanderung, den für die Softwareerstellung ungünstigen **Fall eines Werklieferungsvertrages** anzunehmen, bei der Vertragsgestaltung jedoch die Regelungen am Typus des Werkvertrages auszurichten und hierzu Regelungen aufzunehmen, die bei kaufrechtlicher Betrachtung ohne Berücksichtigung im Vertrag nicht zur Anwendung kämen. Da der Ersteller der Software bei diesem Formular der Verwender ist, ist der Bereich, in dem bei einer kaufrechtlichen Betrachtung über § 650 S. 3 BGB eine unangemessene Benachteiligung des Auftraggebers vorliegen könnte, gering.

Eine Absage ist der Vorstellung zu erteilen, die klassische Wasserfallmethode **dienstvertraglich** zu regeln. Es gibt keinerlei Urteile, die ein solches Ziel in einem komplexeren Softwareprojekt aussichtsreich erscheinen lassen. Auch spricht die Interessenlage dagegen. Der Auftraggeber überlässt dem fachkundigen Auftragnehmer die weitgehend selbständige Erstellung der Software und erwartet zu Recht dessen Einstehenmüssen für Mängel (Redeker IT-R Rn. 522). Allenfalls im Rahmen eines agilen Projektmanagements, das eine maßgebliche Einflussmöglichkeit des Auftraggebers ermöglicht, die von diesem auch wahrgenommen wird, ist eine dienstvertragliche Einordnung denkbar (→ Form. D.2 Anm. 2).

4. Leistungsabschnitte. Die von dem Auftragnehmer zu erbringenden Leistungen werden hier, wie üblich, in Abschnitte unterteilt. Die Leistungserbringung erfolgt sukzessive (**Wasserfall-Methode**). Das ist vor allem für die Fortschrittskontrolle im Projekt hilfreich, da bei einem Abweichen vom Plan rechtzeitig gegengesteuert werden kann. In der Praxis der Software-Entwicklung verdrängen aber zunehmend andere Methoden das Wasserfall-Modell, beispielsweise das agile Projektmanagement → Form. D.2. Für den Projekterfolg aus rechtlicher Sicht zu beachten ist, dass vertragliche Vorgaben in der Entwicklungs-Praxis oft nicht beachtet werden. Es ist Aufgabe des Projektleiters, hier gegenzusteuern, um Nachteile zu vermeiden

Anders als in der Praxis üblich sieht das Formular vor, dass die **Zusammenarbeit** nach Abschluss eines Leistungsabschnitts aus verschiedenen Gründen **beendet** werden kann. In der Praxis erfolgt die Beauftragung häufig für alle Leistungsabschnitte bis zur Installation der Software unter Vereinbarung eines Festpreises. Hintergrund ist oft die Sorge des Auftraggebers, das ihm zur Verfügung stehende Budget anders nicht einhalten zu können. Auch wenn diese Sorge durchaus berechtigt ist, ist der **Festpreisauftrag** bei der Erstellung von Software im Ansatz verfehlt. Dies liegt an der dynamischen Natur von Projekten, deren Abläufe bei Vertragsschluss in der Regel nicht hinreichend prognostiziert werden können. Feste Vergütungen können letztlich dazu führen, dass der Auftragnehmer für die zu erbringenden Leistungen nicht ausreichend entgolten wird, was zu Nachverhandlungen, wesentlich häufiger aber zu Einbußen bei der Leistung führt, um das Projekt aus Sicht des Auftragnehmers nicht defizitär enden zu lassen. Wenn das Projekt sorgfältig aufgesetzt wird, zahlt der Auftraggeber nur das, was der Auftragnehmer verdient.

Für die **vertragstypologische Einordnung** des Vertragsverhältnisses folgt aus der leistungsabschnittsbezogenen Verpflichtung nichts Besonderes. Zwar wäre der erste Abschnitt der Erstellung eines Konzepts durchaus den dienstvertraglichen Regelungen zu unterwerfen. Aber auch hier steht letztlich ein Erfolg, nämlich das Konzept für eine den Interessen des Auftraggebers entsprechende Software, im Mittelpunkt. Angesichts der Neigung der Gerichte, Leistungen bei der Softwareerstellung werkvertraglich zu qualifizieren, sollte, gerade in AGB, aus Gründen der Vorsicht durchgängig von einer werkvertraglichen Einordnung ausgegangen werden (vgl. auch LG Köln CR 2003, 724).

Alternative: Um der gängigen kundenzentrierten, aber für den Auftragnehmer nicht interessengerechten Praxis Rechnung zu tragen und eine durchgehend verbindliche Erbringung aller Leistungsabschnitte zu einem festen Preis zu vereinbaren, kann das Formular leicht abgeändert (oder die Variante in → Form. D.3 benutzt) werden.

Die Regelungen in § 2 Abs. 1 und Abs. 3 S. 2 entfallen. In § 6 Abs. 4 sind nur die ersten beiden Sätze beizubehalten.

§ 8 kann so gefasst werden:

Der Auftragnehmer ist berechtigt, die versprochene Leistung zu ändern oder von ihr abzuweichen, wenn dies unter Berücksichtigung seiner Interessen dem Auftraggeber zumutbar ist.

Diese Regelung lehnt sich an § 308 Nr. 4 BGB an, ist allerdings inhaltlich zu unbestimmt, um einer Inhaltskontrolle standzuhalten. Der Hinweis auf den fehlenden Vergütungsanspruch bei vorzeitiger Beendigung in § 11 Abs. 2 ist zu streichen. Nach Abschluss des Leistungsabschnitts 4 sollte ein End-Test/eine End-Abnahme durchgeführt werden. Bei Bedarf ist die in § 11 Abs. 5 vorgesehene abschnittsweise Vergütung anzupassen.

5. Konzeption. Das Konzept an sich stellt eine Beratungsleistung dar, die noch nicht notwendig werkvertraglich zu werten ist, in der Praxis aber häufig so bewertet werden dürfte (so zB LG Köln CR 2003, 724 zu einem Sicherheitskonzept). Werden die nach diesem Vertrag vorgesehenen Leistungen insgesamt erbracht, ist der Anteil des Konzepts im Verhältnis zu den übrigen nach diesem Vertrag zu erbringenden Leistungen jedoch so gering, dass auch eine dienstvertragliche Einordnung an der Gesamtwürdigung des Vertrages als einem Werkvertrag nichts ändern würde. Der Grundlagen und Inhalt der Konzeption sind im Einzelfall festzulegen. Die in der Präambel angesprochenen Erkenntnisse aus dem Workshop müssen in das Formular einbezogen werden:

Formulierungsvorschlag:

wobei die Ergebnisse des Workshops (Anlage „Workshop“) zu berücksichtigen sind,

6. Pflichtenheft. Der Begriff des Pflichtenheftes wird oft mit unterschiedlicher Bedeutung verwendet. Nach der DIN 69901–5 ist das Pflichtenheft ein vom Auftragnehmer erarbeitetes Realisierungsvorhaben auf der Basis des vom Auftraggeber vorgegebenen Lastenheftes. In der Praxis wird aber das Pflichtenheft häufig in dem vorgenannten Sinne eines Lastenheftes verstanden, als – wie in der DIN 699901-5 beschrieben – vom Auftraggeber festgelegte Gesamtheit der Forderungen an die Lieferungen und Leistungen eines Auftragnehmers. Im Eigentlichen geht es um die Frage, wer festlegen muss, welche Aufgaben bei der Softwareerstellung zu erledigen sind (Schneider/v. Westphalen Software/Schneider Kap. C Rn. 29 ff. und 261 ff.). Grundsätzlich ist es **Aufgabe des Auftraggebers**, das Pflichtenheft zu liefern, weil sich darin seine fachlichen Anforderungen wiederfinden (Redeker IT-R Rn. 316). Da die Auftraggeber die Erstellung des Pflichtenhefts häufig als Aufgabe des Softwarehauses sehen, jedenfalls nicht willens oder in der Lage sind, das Pflichtenheft selbst zu erstellen, übertragen sie diese Aufgabe gerne dem Auftragnehmer, der sie häufig ebenso gerne annimmt, ohne dabei allerdings eine klare Vorstellung über die Anforderungen eines Pflichtenhefts aus Kundensicht zu haben. Zu knappe, gelegentlich sogar nur dreiseitige Pflichtenhefte sind dann als Ergebnis nichts Ungewöhnliches. Ist das Pflichtenheft lückenhaft, schuldet der Auftragnehmer eine Softwarelösung, die unter Berücksichtigung des vertraglichen Zwecks dem „Stand der Technik" (richtiger ist wohl, auf die anerkannten Regeln der Technik abzustellen) bei einem mittleren Ausführungsstandard entspricht (BGH NJW-RR 2004, 782 (783); NJW-RR 1992, 556 (557); OLG Düsseldorf NJW-RR 1998, 345). Das hilft den Beteiligten aber nur bedingt, weil die Entscheidung über die Anforderungen an die Software dann einem Dritten, dem vom Gericht bestellten Sachverständigen, überlassen wird, dessen Einschätzung zu den Anforderungen an das Pflichtenheft kaum zu prognostizieren ist. Auf die Vollständigkeit und Richtigkeit des Pflichtenhefts sollte daher ein **Hauptaugenmerk** gerichtet sein. Übersehen wird bei der Ausgestaltung eines Pflichtenprogramms für die Softwareerstellung oft, dass nicht nur zu beschreiben ist, was der Auftragnehmer tun bzw. was die Software können soll, sondern auch, was nicht geschuldet ist. Diese Abgrenzung ist wichtig dafür, bei dem Auftraggeber keine unausgesprochenen Erwartungen aufrecht zu erhalten, die später, nach der Realisierung der Software, enttäuscht werden und zum Streit darüber führen, ob die Leistung vertragsgemäß war. Der BGH hat die Berechtigung unausgesprochener Erwartungen durch seine Rechtsprechung zur **Funktionstauglichkeit eines Werkes** zusätzlich zu den getroffenen Abreden befeuert (→ Anm. 48). Die Erstellung eines Pflichtenheftes ist vertragstypologisch dem **Werkvertragsrecht** zuzuordnen (Redeker IT-R Rn. 316).

7. Dokumentationen. Wie gerade gezeigt, sind die Anforderungen an das zu erstellende Werk grundsätzlich vom Auftraggeber zu definieren. Damit kommt er fachlich aber schnell an Grenzen, das gilt auch für die Frage, welche Dokumentationen geschuldet sind. Leicht erkennbar ist noch die Bedeutung einer Anwendungsdokumentation, insbesondere des Benutzerhandbuchs (beispielhafte Mängel einer Benutzerdokumentation bei Marly SoftwareR-HdB Rn. 1533 ff.). Will der Auftraggeber für die Weiterentwicklung der Software nicht auf den Auftragnehmer und dessen Know-how angewiesen sein, benötigt er zudem eine Systemdokumentation, die ihn oder von ihm beauftragte Dritte in die Lage versetzt, die Software weiterzuentwickeln (dazu Redeker IT-R Rn. 330).

8. Installation. Auch ohne ausdrückliche Vereinbarung kann die Installation der individuell erstellten Software eine sich aus dem Vertragszweck ergebende Nebenpflicht des Auftragnehmers sein (Redeker IT-R Rn. 567; anders wohl BGH NJW 2000, 1415 (1417), allerdings für den Kauf von Standardsoftware). Die Parametrisierung der Software, die die Einstellung der Software im Rahmen der vom Hersteller vorgegebenen Möglichkeiten beinhaltet, kann ebenfalls als Nebenleistung geschuldet sein, wenn der Auftraggeber für den Auftragnehmer erkennbar nicht in der Lage ist, die Software zu installieren (s. auch OLG München MMR 2023, 211 Rn. 9). Wie stets, sollte im Zweifel eine entsprechende Pflicht in den Vertrag aufgenommen werden.

9. Einweisung und Schulung. Ob die Einweisung und Schulung auch ohne gesonderte Vereinbarung zu den vertraglichen Nebenpflichten des Softwareherstellers gehören, ist eine Frage der Auslegung im Einzelfall (auch hierzu BGH NJW 2000, 1415 (1417)). Das Formular sieht diese Leistungen als Bestandteil des Vertrages vor.

10. Fortführung der Leistungen. Das Formular sieht eine abschnittsweise Leistungserbringung vor. Nach § 2 Abs. 1 kann die Leistungserbringung nach jedem Abschnitt von jeder Partei beendet werden. Das geschieht auf die Weise, dass mit der Freigabe der erbrachten Leistungen gemäß § 6 der nachfolgende Leistungsabschnitt nicht freigegeben wird.

11. Unterstützungsleistungen. Ohne die Mitwirkung des Auftraggebers ist der Auftragnehmer nicht in der Lage, eine den Bedürfnissen des Auftraggebers entsprechende Software zu entwickeln. Dementsprechend hat diese Klausel lediglich klarstellenden Charakter. Sie zeigt auch, dass bei der Erstellung des Pflichtenhefts die Unterstützung des Auftraggebers regelmäßig nicht erforderlich ist. Sollte das im konkreten Fall anders sein, kann die Klausel sich auf alle Leistungsabschnitte beziehen.

12. Projektleitung. Die Durchführung des Vertrages kann nur dann gelingen, wenn die Erbringung der Leistungen fachgerecht und entsprechend den Vereinbarungen geleitet wird. Diese Aufgabe trifft regelmäßig den Projektleiter. Projektleiter kann ein externer Berater sein, der Projektsteuerungsaufgaben übernimmt, oder ein Mitarbeiter des Auftraggebers oder Auftragnehmers. Typischerweise wird das Projekt durch den Auftragnehmer geleitet, der über die größere Sachkenntnis hierfür verfügt. Möglich ist aber auch, dass jede Vertragspartei einen Projektleiter benennt. In diesem Fall fehlt es an der einheitlichen Leitung. Das Formular weist die Projektleitung dem Auftragnehmer zu. Für ihn ergibt sich hierdurch im Rahmen des Werkvertrages keine zusätzliche Belastung, da ihm bereits aus der Natur des Vertrages heraus obliegt, den Erfolg nach seinem fachkundigen Dafürhalten herbeizuführen (Zum Projektmanagement s. Schneider/v. Westphalen Software/Schneider Kap. C.).

13. Mitwirkungspflichten. Der Auftraggeber hat bei der Durchführung des Werkvertrages regelmäßig Mitwirkungsleistungen als **Obliegenheiten** auszuführen. Eine Obliegenheit führt zu keinem Leistungsanspruch des Auftragnehmers und kann in der Folge auch keine Schadensersatzpflicht des Auftraggebers auslösen. Muss der Auftragnehmer befürchten, dass er bei mangelnder Mitwirkung des Auftraggebers einen Vermögensnachteil erleidet, etwa indem er Mitarbeiter nicht anderweitig einsetzen und so Gewinn erzielen kann, sollte er die relevanten Mitwirkungsleistungen als echte, durchsetzbare Pflichten des Auftraggebers ausgestalten. Eine nicht nur pauschale, sondern die Mitwirkungsleistungen einzeln aufzählende Regelung kann auch in Allgemeinen Geschäftsbedingungen eine wirksame Verpflichtung des Auftraggebers begründen (Schneider/v. Westphalen Software/Redeker Kap. D Rn. 228 f.). Die Bestimmung kann § 2 Abs. 4 konkretisieren.

14. Business Continuity Planning. Die Zusammenarbeit der Parteien bei der Erstellung von Individualsoftware bedeutet für den Auftraggeber das Risiko, ob die Software zur vereinbarten Zeit und in der vereinbarten Qualität zur Verfügung gestellt wird. Kommt es zu Leistungsstörungen, so kann dies erhebliche Auswirkungen auf den Betriebsablauf und in der Folge auch Vermögenseinbußen für den Auftraggeber haben. Es ist daher im Interesse beider Vertragsparteien, diese Risiken zu minimieren. Ein oftmals wenig beachteter Weg hierzu ist, eine Notfallplanung zu erstellen, um den Betriebsablauf ungemindert oder jedenfalls mit geringerer Beeinträchtigung als ohne die Notfallplanung aufrechterhalten zu können. Für den Auftragnehmer bedeutet dies die Aussicht, bei einer von ihm nicht zu vertretenden Leistungsstörung einen gegenüber dem nicht geminderten Risiko reduzierten Schadensersatz leisten zu müssen. Auch wenn der bloße Hinweis hierauf in AGB kaum eine Pflicht des Auftraggebers zur Notfallplanung begründen kann, kann er doch Anlass für die Parteien sein, diese – für die Geschäftsleitung schon organisationsrechtlich begründete – Obliegenheit (dazu Nolte/Becker BB 2008, 23 (24)) detaillierter auszugestalten und unter Umständen auch in eine eigene Pflicht des Auftraggebers zu wandeln.

15. Zeitplan. Die Einhaltung von Terminen ist aus Auftraggebersicht wesentlich für den Erfolg des Projekts. Da bei der Erstellung von Software oftmals ein erheblicher Zeitdruck herrscht und die Softwarehersteller ihre Möglichkeiten, die zeitlichen Erwartungen des Auftraggebers zu erfüllen, überschätzen, leiden viele Projekte daran, dass die bei Vertragsschluss bei dem Auftraggeber vorhandenen Erwartungen zum Zeitpunkt der Fertigstellung der Software nicht erfüllt werden können. Eine sorgfältige Projektplanung hat daher auch die Ausarbeitung eines detaillierten Zeitplans zu beinhalten, um Streit über die termingerechte Erfüllung der Leistungspflichten zu vermeiden.

Ohne Zeitplan ist die Leistung nach § 271 BGB sofort fällig. Da bei einem Werkvertrag das Werk regelmäßig erst noch zu erstellen ist, ist die Erstellungsfrist bei der Frage der Fälligkeit zu berücksichtigen. Nach der Rechtsprechung des BGH hat der Unternehmer im Zweifel nach Vertragsschluss mit der Herstellung alsbald zu beginnen und sie in angemessener Zeit zügig zu Ende zu führen, wobei die für die Herstellung notwendige Zeit in Rechnung zu stellen ist. Darlegungs- und beweispflichtig dafür, dass die Leistung nicht schon verlangt werden kann, ist der Schuldner, hier also der Softwarehersteller (BGH NJW-RR 2004, 209 (210)).

16. Termine. Das Nichteinhalten von Terminen ist in Projekten ein häufiger Ansatz für den Auftraggeber, aus dem Vertrag auszusteigen. Gerade aus Auftragnehmersicht ist es daher wichtig zu verhindern, dass Termine vereinbart werden, ohne dass dies mit der Projektplanung abgestimmt ist. In der Praxis geschieht es jedoch häufig, dass **Termine auf Zuruf** unter Umgehung der Projektleitung vereinbart werden. Wenn Mitarbeiter der Fachabteilungen ohne Kenntnis der Projektverantwortlichen Terminzusagen machen, sind diese zwar nur wirksam, wenn der jeweilige Mitarbeiter auch über eine ausreichende Vertretungsbefugnis verfügt. Oft greifen aber die Grundsätze der Anscheins- oder Duldungsvollmacht, so dass letztlich auch unbefugt gemachte Zusagen dem jeweiligen Vertragspartner zuzurechnen sind. Dieser Gefahr kann man in AGB kaum begegnen, weil die Terminzusagen als Individualabreden nach § 305b BGB den Allgemeinen Geschäftsbedingungen vorgehen. Allerdings sollte die hier vorgeschlagene Klausel für die Frage, ob überhaupt ein entsprechender Rechtsschein vorliegt, Berücksichtigung finden. Die im Weiteren vorgesehene Verpflichtung, Termine schriftlich festzulegen und hiervon nur schriftlich abweichen zu können, ist bei Vorliegen einer Individualabrede regelmäßig unwirksam, wenn die Schriftformklausel nicht selbst eine Individualvereinbarung nach § 305 Abs. 1 S. 3 BGB darstellt (BeckOK BGB/H. Schmidt § 305b Rn. 19).

17. Inhalt der Freigabe. Die Freigabe entspricht funktional der Abnahme im Werkvertrag und ist vom Auftraggeber zu erklären, wenn der Auftragnehmer die Leistungen vertragsgemäß erbracht hat. Ob dies der Fall ist, kann aufgrund eines Tests nach § 9 festgestellt werden. Wie bei der Abnahme auch, ist die Freigabe eine Pflicht des Auftraggebers bei vertragsgemäßer Leistung des Auftragnehmers. Eine weitere Funktion der Freigabeerklärung ist die Zustimmung des Auftraggebers zur Fortführung des Vertrages im nächsten Leistungsabschnitt. In § 2 Abs. 1 ist vorgesehen, dass die Verpflichtung zur Leistungserbringung nach jedem abgeschlossenen Leistungsabschnitt enden kann. Dadurch soll beiden Parteien die Möglichkeit gegeben werden, aus dem Vertrag auszusteigen, wenn die Fortführung der Zusammenarbeit nicht mehr interessengerecht ist. Das Formular setzt dies so um, dass der Auftraggeber ausdrücklich die Fortführung erklären muss. Alternativ wäre auch eine Kündigungsmöglichkeit denkbar, sodass der Auftraggeber sich nur dann zur Fortführung des Vertrages erklären muss, wenn er ihn beenden möchte.

18. Freigabe. Wie dargelegt, verfolgt das Formular den Ansatz, eine interessengerechte Regelung auch für den Fall zu treffen, dass ein Gericht die Softwareerstellung als

Werklieferungsvertrag einordnet und letztlich Kaufrecht Anwendung findet (→ Anm. 3). In diesem Fall sind Abnahmeregelungen eine wesentliche Abweichung von der gesetzlichen Leitlinie und damit nach § 307 Abs. 2 Nr. BGB unwirksam. Eine moderate Annäherung des Kaufrechts an das Werkvertragsrecht muss aber bei Projektleistungen möglich sein (MüKoBGB/Busche § 650 Rn. 4; BeckOK BGB/Voit § 650 Rn. 25). Die in dem Formular enthaltene Freigaberegelung ist eine solche Annäherung. In einem kaufvertraglichen Umfeld soll die Freigabe die Erklärung des Auftraggebers sein, dass das Projekt fortgeführt werden kann. Werkvertraglich kann diese Freigabe einer (Teil-)Abnahme gem. § 640 BGB entsprechen, wenn sie sich auf verselbständigte Leistungen bezieht. Oft wird statt des Begriffs der Freigabe auch von Meilensteinen oder Milestones gesprochen. Eine **Teilabnahme** kann in AGB nur unter engen Voraussetzungen vereinbart werden. Zulässig ist dies, wenn die anzunehmenden Teilleistungen vom Auftraggeber selbständig verwertet werden können (BeckOK BGB/Voit § 640 Rn. 26). Auch wenn man die in diesem Formular vorgesehenen Leistungsabschnitte nicht als eigenständige Leistungen ansieht, sondern als Teile eines Gesamtprojekts, rechtfertigt sich in diesem Zusammenhang eine Teilabnahme mit Blick auf die eigenständige Verwertbarkeit der einzelnen Abschnitte. Zur Absicherung hinsichtlich der Vertragsgemäßheit der Leistungen sollte der Auftragnehmer bemüht sein, die Freigabe mit einem Test nach § 9 des Vertrages zu verbinden. Das Test-Prozedere umschreibt ein Abnahmeverfahren, wie es in Werkverträgen üblich ist.

19. Freigabeverweigerung. Die Freigabe durch den Auftraggeber verpflichtet den Auftragnehmer, die für den nachfolgenden Leistungsabschnitt vorgesehenen Leistungen zu erbringen, sofern sich aus dem Vertrag und dem Gesetz im Übrigen nichts anderes ergibt. Wie (wohl auch) die Abnahme (MüKoBGB/Busche § 640 Rn. 4) ist auch die Freigabe nach diesem Vertrag eine Willenserklärung bzw. geschäftsähnliche Handlung. Gibt der Auftraggeber sie nicht ab, wird sie in Abs. 3 fingiert. Soweit es sich bei den Freigaben um (Teil-)Abnahmen handelt, sind die für Abnahmefiktionen in AGB bestehenden Grenzen zu beachten. Angesichts der Regelung des § 640 Abs. 2 S. 1 BGB sind Fiktionen, die dem Kunden keine Möglichkeit zur Intervention lassen, unwirksam.

Erfolgt keine Freigabe, ist die Fortführung des Leistungsaustauschs zunächst nicht sinnvoll, weil der Auftragnehmer auf der Grundlage einer vom Auftraggeber als nicht vertragsgemäß angesehenen Leistung weiterarbeiten würde und dadurch auch die Folgeleistung vom Auftraggeber als nicht vertragsgemäß beanstandet werden könnte. Die Parteien sollen daher ein Einvernehmen erzielen. Gelingt dies nicht, soll der Vertrag enden, wenn nicht der Auftraggeber die Freigabe unter Vorbehalt erklärt. Der Auftragnehmer ist gut beraten, die Beanstandungen des Auftraggebers ernst zu nehmen und zu prüfen. Anderenfalls droht ein Scheitern des Projekts mit für den Auftragnehmer als der strengen BGB-Haftung unterworfenem Schuldner regelmäßig gravierenden Folgen.

20. Leistungsänderungen durch den Auftraggeber. Ein einseitiges Leistungsbestimmungsrecht des Auftraggebers besteht nach dem Werkvertragsrecht nicht, vielmehr ist der Unternehmer frei darin zu entscheiden, wie er den versprochenen Erfolg herbeiführen will (BeckOK BGB/Voit § 631 Rn. 4). Daran ändert auch § 650b BGB nichts, der eine Sonderregelung für Bauleistungen enthält und die allgemeinen Werkvertragsregeln unberührt lässt (BeckOK BGB/Voit § 650b Rn. 1; Grüneberg/Retzlaff BGB § 650b Rn. 1). Selbstverständlich ist auch der Unternehmer nicht in der Lage, die von ihm versprochenen Leistungen im Ergebnis abzuändern. Aufgrund der Komplexität der Erstellung von Individualsoftware ist jedoch bei jedem Projekt das Bedürfnis nach einer Änderung der vertraglich bestimmten Leistungen gegeben. Damit die an der Änderung interessierte

Partei nicht doch über das unbestimmte Rechtsinstitut von Treu und Glauben prozessual eine Verpflichtung des Vertragspartners zur Änderung seiner Leistungen durchsetzen kann, sehen die Verträge regelmäßig Bestimmungen zur Leistungsänderung vor. Die Regelungen zur Vertragsänderung (**Change-Management**) leiden in der Praxis jedoch darunter, dass sie letztlich von einem Einvernehmen der Parteien abhängig sind, sollen sie nicht an der Inhaltskontrolle nach § 307 BGB scheitern oder für eine der Vertragsparteien schlichtweg inakzeptabel sein. Für Änderungswünsche des Auftragnehmers ist die Regelung in § 8 des Formulars vorgesehen.

21. Leistungsänderungen durch den Auftragnehmer. Das Konzept des Vertrages beruht auf einer abschnittsweisen Leistungserbringung, bei der keine Partei verpflichtet ist, für zukünftige Abschnitte Leistungen zu erbringen. Insofern unterscheidet es sich von klassischen Projektverträgen nach der Wasserfall-Methode, bei denen die Verpflichtung zur Erstellung der Software bereits mit Vertragsschluss festgeschrieben wird. Um neu gewonnene Erkenntnisse in das Projekt einfließen zu lassen und insbesondere auch das Kostenrisiko des Auftragnehmers zu begrenzen, regelt der Vertrag in diesem Sinne, dass der Auftragnehmer eine Änderung des bereits vorgesehenen Leistungsinhalts vorschlagen kann und dann, wenn der Auftraggeber diesem Vorschlag nicht zustimmt, der Vertrag endet. Diese Regelung ist für den Auftragnehmer erkennbar vorteilhaft, weil er es so in der Hand hat, durch entsprechende Ausgestaltung eines Angebotes für den weiteren Leistungsabschnitt eine Fortführung des Vertrages zu verhindern. Das gilt aber nur für noch nicht begonnene Leistungsabschnitte, um dem Auftraggeber nicht das Ergebnis der bereits laufenden Leistungserbringung zu entziehen. Eine Änderung der Arbeiten im bereits begonnenen Leistungsabschnitt ist nur einvernehmlich möglich. Der Auftraggeber wird interessiert sein, diese Befugnis des Auftragnehmers aus dem Vertrag zu nehmen. Dann würde die Fortführung der Leistungen sich in erster Linie nach den Bestimmungen in § 4 richten, subsidiär bleibt die Möglichkeit, ein Change-Management nach § 7 für beide Parteien auszugestalten. Dem Auftragnehmer ist es nach Abs. 2 möglich, bei einer fehlenden Zustimmung des Auftraggebers statt der Beendigung des Vertrages das Festhalten an dem ursprünglich vereinbarten Leistungsinhalt zu wählen.

22. Test. In § 9 wird das Verfahren zur Überprüfung der Vertragsgemäßheit der Leistungen geregelt. Der Test kann die Freigabe durch den Auftraggeber (→ Anm. 18) begleiten und von diesem initiiert werden, aber auch auf Wunsch des Auftragnehmers erfolgen. Die Durchführung eines Tests vor Inbetriebnahme der Software dient beiden Parteien. Sie können prüfen, ob die Software den Vereinbarungen entspricht, und dadurch die mit dem operativen Einsatz verbundenen Risiken minimieren. Wichtig ist, ein möglichst praxisgerechtes Testszenario zu entwickeln. Das ist bei Vertragsschluss nur selten möglich und wird in der Folge dann oftmals vergessen (s. auch Müller-Hengstenberg/Kirn CR 2008, 755). Das Verfahren heißt in diesem Formular „Test“ und nicht „Abnahme“, um keinen **Anhaltspunkt** für die Zuordnung des Vertrags zu einem **Vertragstyp** (→ Anm. 3) zu liefern. Würde das erkennende Gericht gegen die hM den Softwareerstellungsvertrag als Werklieferungsvertrag einordnen, wäre ein Verfahren zur Abnahme erkennbar untypisch, womit der Regelung die Unwirksamkeit durch die Inhaltskontrolle nach § 307 Abs. 2 Nr. 1 BGB drohte. Als Testverfahren können die Bestimmungen jedoch auch Gegenstand eines Kaufvertrages sein. Im Ergebnis soll der Test die gleiche Wirkung haben wie ein Abnahmeverfahren, nämlich die **Vertragsgemäßheit** der Software zu **dokumentieren**. Ist eine Vertragspartei daran interessiert, die Regelung als Anhaltspunkt zugunsten des Werkvertrages zu nutzen, ist es stimmig, das Verfahren als Abnahmeverfahren zu bezeichnen. Es kann dann klassisch an einer **Kategorisierung der Mängel** nach wesentlichen, abnahmehindernden und unwesentlichen Mängeln ausgerichtet werden (dazu Auer-Reinsdorff/Conrad, IT- und DatenschutzrechtR-HdB/Conrad/Schneider § 11 Rn. 75 ff.). Zu beachten ist dabei allerdings, dass es um die Frage der Abnahmepflicht geht, nicht um die Mängelbeseitigung im Rahmen der Nacherfüllung. Im ersteren Fall kann die Beseitigung der Mängel durch die Erfüllung der Hauptleistungspflicht mit **Reaktionszeiten** versehen werden. Im letzteren Fall wäre das in AGB des Auftraggebers wegen eines Verstoßes gegen die gesetzliche Bestimmung, dass Mängel (zwar, aber auch nur) in angemessener Frist beseitigt werden müssen, unwirksam. Das Verfahren zur Überprüfung der Vertragsgemäßheit wird ergänzt durch die **Erklärung** dazu. Sie ist in § 4 des Formulars behandelt.

23. Testverfahren. Ein großes Praxisproblem ist, dass in Projektverträgen regelmäßig ein Test- oder Abnahmeverfahren vorgesehen ist, dessen Ausgestaltung aber den Parteien nach Abschluss des Vertrages überlassen wird. Oft kommt es dann nicht mehr zu einer solchen Festlegung. Zu Beginn des Vertrages fehlen noch die Kenntnisse über die Kriterien für die Abnahme der erst noch zu erstellenden Software, nach Vertragsbeginn führt oft der Zeitdruck dazu, dass ein solches Verfahren nicht mehr vereinbart wird. Wegen der abschnittsbezogenen Leistungserbringung in diesem Formular muss ein solches Testverfahren für jeden Leistungsabschnitt gefunden werden. Das ist einerseits leichter, weil nur überschaubare Leistungsabschnitte betroffen sind. Andererseits erhöht sich die Zahl der festzulegenden Testverfahren deutlich. Es ist Aufgabe des Projektleiters, und auch im Interesse beider Parteien, auf die Definition eines solchen Verfahrens zu achten.

24. Fiktive Erklärung. Dem Auftraggeber wird mit der Regelung in § 9 auf Wunsch des Auftragnehmers die Pflicht auferlegt, an einem Testverfahren teilzunehmen. Moniert er erkennbare Mängel nicht, wird sein Einverständnis fingiert, die Leistung sei vertragsgemäß. Das gilt auch dann, wenn der Auftraggeber überhaupt Mängel gerügt hat. In AGB ist eine solche Fiktion grundsätzlich unwirksam. Das Gesetz sieht in dem vergleichbaren Fall einer Abnahme in § 640 Abs. 2 S. 1 BGB zwar eine Fiktion nach fruchtloser Fristsetzung vor. Voraussetzung ist allerdings, dass der Kunde keinen Mangel meldet, wobei überwiegend angenommen wird, dass der Mangel weder bestehen noch wesentlich sein muss (HK-BGB/Scheuch § 640 Rn. 10). Das ist der gesetzliche Maßstab. Wenn nun infolge der Fiktion eine Abnahme ohne eine Interventionsmöglichkeit des Kunden möglich wäre, wäre die Klausel auch im unternehmerischen Verkehr unwirksam. Um den AGB-rechtlichen Bedenken Rechnung zu tragen, könnte die Klausel so formuliert werden:

Formulierungsvorschlag:

Gibt der Auftraggeber im Rahmen des Tests keinerlei von ihm erkannte oder infolge grober Fahrlässigkeit nicht erkannte nachteilige Abweichungen der Leistungen von der vereinbarten Beschaffenheit zu Protokoll, so gelten die Leistungen hinsichtlich dieser nicht gemeldeten Abweichungen als vertragsgemäß erbracht.

Damit besteht indes immer noch ein Unterschied zu § 640 Abs. 2 S. 1 BGB, bei dem der vom Besteller anzugebende Mangel tatsächlich nicht bestehen muss (MüKoBGB/Busche § 640 Rn. 30). Die Erklärungsfiktion erfasst in keiner Variante nicht erkennbare Mängel.

25. Nichtteilnahme. Die in Abs. 4 behandelte fiktive Erklärung des Auftraggebers, die Software sei vertragsgemäß, begegnet wegen ihrer großen Reichweite nicht nur AGB-rechtlichen Bedenken mit Blick auf §§ 307 Abs. 2 Nr. 2 und 308 Nr. 5 BGB. Es ist in Projekten auch kaum vorstellbar, dass der hier geregelte Fall eintritt und der Auftraggeber an einem Test nicht teilnimmt, obwohl er dies könnte.

26. Vergütung. Die Vergütungsregelung in diesem Formular soll dem Interesse des Auftraggebers nach Kalkulationssicherheit Rechnung tragen, ohne dem Auftragnehmer zu viel Risiko zuzumuten. Dem Vertrag liegt in der Anlage „Vergütung" ein Kostenplan zugrunde, der vom Auftragnehmer angepasst werden kann. Da die Leistungen abschnittsweise erbracht werden, sollte die Vergütung an den Leistungsabschnitten ausgerichtet werden. Ergibt sich für den Auftraggeber, dass die Kosten inakzeptabel sind, kann er den Vertrag beenden und braucht nach Abs. 2 keine weiteren Zahlungen zu leisten.

27. Freie Kündigung. Nach § 648 BGB ist der Auftraggeber jederzeit befugt, das Vertragsverhältnis zu kündigen. Das Kündigungsrecht dürfte in AGB auch im unternehmerischen Verkehr nicht ausgeschlossen werden können (MüKoBGB/Busche § 648 Rn. 6; Grüneberg/Retzlaff BGB § 648 Rn. 11). Allerdings ist das Interesse des Auftragnehmers, im Rahmen eines Softwareerstellungsvertrages die freie Kündigung des Auftraggebers auszuschließen, regelmäßig nicht gegeben. Der Auftraggeber muss bei einer Kündigung die restliche Vergütung zahlen, eine Anrechnung ersparter Aufwendungen ist dagegen nicht relevant, weil die Aufwände des Softwarehauses im weit überwiegenden Anteil in Personalkosten bestehen, die nur ausnahmsweise angerechnet werden müssen (BGH NJW 2000, 653). Das kann der Fall sein, wenn die Mitarbeiter anderweitig ertragbringend beschäftigt werden konnten (BGH NJW-RR 2023, 937 Rn. 41). Der Ausschluss der Restvergütung des Auftraggebers ist in AGB ebenfalls nicht möglich (BGH NJW 2007, 3423 Rn. 18). In diesem Formular hat der Ausschluss nur eine klarstellende Funktion, weil der Vertrag darauf basiert, dass nur abschnittsweise geleistet und abgerechnet wird. Damit hat der Auftragnehmer schon keinen alle Leistungsabschnitte umfassenden Vergütungsanspruch.

28. Vergütung ohne ausdrückliche Abrede. Diese Regelung gibt die Bestimmungen der § 632 BGB und § 354 HGB wieder und hat Bedeutung vor allem dann, wenn der Vertrag dem Kaufrecht zugeordnet wird. Für das Kaufrecht fehlt eine entsprechende Bestimmung, § 354 HGB ist nicht anwendbar.

29. Fälligkeit. Die Einordnung des Vertrages zum Kauf- oder Werkvertragsrecht hat insbesondere Auswirkungen auf die Fälligkeit der Vergütung. Bei einem Werkvertrag löst die Abnahme nach § 641 BGB die Fälligkeit aus, beim Kaufvertrag schon die Übergabe des Kaufgegenstandes. Diese Fälligkeitsregelungen lassen sich in AGB grundsätzlich auch nicht abweichend gestalten. Das Formular sieht eine abschnittsweise Zahlung vor. Das halte ich für gerechtfertigt, wenn der Vertrag nicht von Beginn an auf die vollständige Leistungserbringung über alle Leistungsabschnitte gerichtet ist. Der Besteller wird auch nicht unangemessen benachteiligt, weil er nach jedem Leistungsabschnitt eine Gegenleistung zu der von ihm zu entrichtenden Vergütung erhält. Sollte die Klausel AGB-rechtlich beanstandet werden, kann sich der Auftragnehmer auf § 632a Abs. 1 BGB stützen und Abschlagszahlungen verlangen.

Bei Abänderung des Formulars mit der Folge einer Beauftragung für alle Leistungsabschnitte ohne die vorzeitige Möglichkeit zur Beendigung stellen Freigaben als **Teilabnahmen** eine Abweichung von der gesetzlichen Leitlinie dar, die AGB-rechtlich zu einer unangemessenen Benachteiligung des Auftraggebers führt. Hier sollten in der Anlage „Vergütung" Individualvereinbarungen zu den Fälligkeiten getroffen werden.

30. Nutzungsrechte. Der Auftraggeber als Nutzer und insbesondere Verwerter der Software ist regelmäßig daran interessiert, umfassende Nutzungsrechte an der Software zu erhalten. In der Vertragspraxis halten sich hartnäckig „Catch all"-Klauseln wie zB „Der Softwarehersteller überträgt dem Auftraggeber das räumlich, zeitlich und inhaltlich unbeschränkte Nutzungsrecht". Solche Klauseln erzielen nicht den gewünschten Effekt.

Nach der Rechtsprechung des BGH müssen die **Nutzungsarten** vielmehr ausdrücklich **einzeln bezeichnet** werden (Fromm/Nordemann/J.B. Nordemann UrhG § 31 Rn. 10; Bisges UrheberR-HdB/Imhof Kap. 5 Rn. 333 ff.). Anderenfalls erhält der Vertragspartner nach § 31 Abs. 5 UrhG nur die Rechte, die nach dem Zweck des Vertrages erforderlich sind (BGH NJW 1995, 3252 (3253) – Pauschale Rechtseinräumung). Wichtig dabei ist zu beachten, dass die Nutzungsarten nicht den Verwertungsrechten entsprechen. Es genügt nicht, auf die „Vervielfältigung" abzustellen. Die Art der Vervielfältigung, für die ein Nutzungsrecht erworben werden soll, ist zu nennen: Vervielfältigung zum Download, für Studierende, im Konzern etc. Solche Nutzungsarten können aber nur dann Grundlage eines Nutzungsrechts sein, wenn sie klar **abgrenzbar, wirtschaftlich-technisch als einheitlich und selbständig erscheinen** (BGH GRUR 1992, 310 (311) – Taschenbuch-Lizenz). Für den Auftraggeber empfiehlt sich daher die minutiöse Aufzählung jeder erdenklichen Nutzungsart. Das Formular versucht hier möglichst viele Beispiele zu nennen. Im Anwendungsfall muss darüber hinaus beispielsweise an die Vervielfältigung in Firmware, etwa im Automobil-Bereich, in Smart-Watches, in Sensoren uvm gedacht werden. Letztlich muss immer im Vordergrund stehen, dass der Auftraggeber sich jedenfalls Nutzungsrechte an den Nutzungsarten sichert, die er zur Verwertung und Nutzung der Software konkret benötigt. Fehlen am Ende doch Nutzungsarten, kann sich der Auftraggeber auf den **Übertragungszweckgedanken** des § 31 Abs. 5 UrhG nur stützen, wenn er nachweisen kann, dass er nach dem Vertragszweck die Software auf gerade diese Art und Weise zu nutzen berechtigt sein soll. Unter diesem Gesichtspunkt sollte die Nennung der Nutzungsarten nicht abschließend formuliert sein. Der Auftraggeber trägt dann aber die **Spezifizierungslast** (BGH GRUR 2013, 1213 Rn. 32 – SUMO), dass ihm entsprechende Rechte zustehen.

Relevant wird hier auch, ob Nutzungsrechteklauseln der **Inhaltskontrolle** nach § 307 BGB unterliegen. Der BGH verneint dies, weil die Übertragung von Rechten den Leistungsgegenstand betrifft, der kontrollfrei ist, und § 31 Abs. 5 UrhG auch keine Leitbildfunktion habe (dazu BGH GRUR 2012, 1031 Rn. 18 – Honorarbedingungen Freie Journalisten; GRUR 2022, 1158 Rn. 41 – Dr. Stefan Frank); ergänzend → Form. C.1. Anm. 9.

Der Auftragnehmer hat den Grundsatz zu beachten, dass er nicht mehr Rechte übertragen kann, als er selbst hat. Er muss daher sorgfältig darauf achten, von den Urhebern die zur Verwertung benötigten Nutzungsrechte zu erhalten (→ Form. N.7). Regelmäßig wirken die Urheber auf der Grundlage verschiedener rechtlicher Vereinbarungen an der Softwareerstellung mit. Die **Miturheberschaft** führt dabei zu besonderen Problemen, wenn die Urheber keine gleichlaufenden Rechte einräumen (dazu und zu Lösungsmöglichkeiten Bisges UrheberR-HdB/Imhof Kap. 5 Rn. 315 ff.).

Schließlich muss beachtet werden, dass sich die Rechteeinräumung regelmäßig auf verschiedene **Werkarten** bezieht. Software besteht nicht nur aus Code, sondern uU auch aus multimedialen Elementen wie Erklärvideos, Textdokumentationen, Grafiken uVm. Die Besonderheiten dieser Werkarten sind zu berücksichtigen (s. dazu auch → Form. N.7).

31. **Unwiderruflichkeit.** Ein Klassiker in Rechtevereinbarungen ist der Ausschluss des Widerrufs der eingeräumten Rechte. Rechtlich begründet ist das nicht und hier nur wegen der damit verbundenen Fehlvorstellungen aufgenommen. Ein Widerrufsrecht steht nach dem UrhG nur dem Urheber selbst aus § 31a UrhG zu. Im Übrigen sieht das Gesetz keine Widerruflichkeit vor. Daneben stehen (wiederum nur) dem Urheber Rückrufsrechte aus §§ 41 und 42 UrhG zu, die im Voraus schon nicht ausgeschlossen werden können. Auch steht das Recht aus § 41 UrhG dem an der Softwareentwicklung Beteiligten nach § 69a Abs. 5 UrhG nicht zu. Wenn mit dem Widerruf die Kündigung einer Lizenz gemeint ist, sollte auf das nur bei Dauerschuldverhältnissen bestehende Kündigungsrecht abgestellt werden, wobei auch hier das Recht zur Kündigung aus wichtigem Grund nicht vollständig ausgeschlossen werden kann.

32. Vervielfältigung. Um Software zu nutzen, bedarf es einer Vervielfältigung. Für die Steuerung der Nutzung von Software ist das Vervielfältigungsrecht daher das zentrale Element. Soll die Nutzung auf bestimmte Personengruppen, den Konzern, eine Branche oder Ähnliches beschränkt werden, setzt dies am Vervielfältigungsrecht an. Wer sich als Auftraggeber umfassende Verwertungsrechte sichern möchte, muss daher auf eine genaue Beschreibung der Vervielfältigungsarten achten (Bisges UrheberR-HdB/Imhof Kap. 5 Rn. 201 ff.).

33. Umarbeitung. Der Auftraggeber von Individualsoftware wird regelmäßig sicherstellen, dass er die Software notfalls auch ohne die Hilfe des Auftragnehmers weiter entwickeln kann. Dazu benötigt er umfassende Rechte zur Umarbeitung. Auch hier sind die verschiedenen Werkarten zu berücksichtigen, insbesondere ist zwischen dem Quellcode und dem Objektcode zu unterscheiden. Die Übersetzung des Quellcodes im Objektcode ist eine Umarbeitung, die zwar regelmäßig zum Vertragszweck gehört, aber aus Gründen der Rechtssicherheit mit aufgeführt werden sollte.

34. Verbreitung. Das Verbreitungsrecht ist unter verschiedenen Gesichtspunkten für die Verwertung von Software relevant. Will der Auftraggeber die Software vervielfältigen und weitergeben, benötigt er hierfür ein Verbreitungsrecht. Im Einzelnen sind sehr viele Aspekte der Verbreitung umstritten. Das betrifft insbesondere die Abgrenzung der Verbreitung nach § 69c Nr. 3 UrhG von der öffentlichen Wiedergabe nach § 69c Nr. 4 UrhG mit Blick auf die Erschöpfung des Verbreitungsrechts (dazu Dreier/Schulze/Dreier UrhG § 69c Rn. 24b).

35. Öffentliche Wiedergabe. Dem Formular liegt der Fall zu Grunde, dass der Auftraggeber die Software im Wege des Software as a Service-Modells nutzen möchte. Auch wenn dies nur betriebsintern erfolgt, benötigt er als Verwerter das Recht zur öffentlichen Wiedergabe einschließlich der öffentlichen Zugänglichmachung.

36. Nicht-öffentlicher Netzwerkbetrieb. Es ist umstritten, ob die Nutzung von Software in Netzwerken, soweit sie nicht unter § 69c Nr. 4 UrhG fällt, eine zustimmungspflichtige Handlung darstellt (dafür Bisges UrheberR-HdB/Imhof Kap. 5 Rn. 234 mwN, dagegen Wandtke/Bullinger/Grützmacher UrhG § 69c Rn. 95 f.).

37. Nutzungsbeschränkung. Das Urhebervertragsrecht basiert aus § 15 UrhG ersichtlich auf dem Prinzip, dass alles verboten ist, was vom Rechtsinhaber (oder kraft Gesetzes) nicht erlaubt wurde. Insofern bedarf es einer Befugnis zur Beschränkung der Nutzung nicht. Die Klausel dient damit nur der Klarstellung und hat allein schuldrechtliche Wirkung.

38. Unbekannte Nutzungsarten. Der Fortschritt in der Digitalisierung kann dazu führen, dass neue Nutzungsarten entstehen, die bei Vertragsschluss noch nicht erkennbar waren. Für diese Fälle gestattet § 31a UrhG die Einräumung von Nutzungsrechten an diesen Nutzungsarten. Das Formular setzt diese Möglichkeit um. Jedoch ist zu beachten, dass die Einräumung durch den Urheber widerruflich ist. Die Rechteeinräumung an den Auftraggeber erfolgt daher auflösend bedingt auf den Fall, dass ein Urheber von seinem Widerrufsrecht Gebrauch macht (Wandtke/Bullinger/Wandtke UrhG § 31a Rn. 82). Auf das Widerrufsrecht kann nach Absatz 4 der Norm im Voraus nicht verzichtet werden. Der Auftraggeber als Verwerter muss daher, genauso wie jeder andere in der Rechtekette, mit einem Widerruf rechnen. Es sollte deswegen daran gedacht werden, dem Auftraggeber die Namen der Urheber bekannt zu geben, damit er nach § 31a Absatz 1 Satz 4 UrhG die Urheber über die beabsichtigte Aufnahme der neuen Art der Werknutzung unterrichten und so die Frist für die Ausübung des Widerrufsrechts in Gang setzen kann. Das ist datenschutzrechtlich zulässig, denn die Weitergabe von Namen und Anschrift dient auch den Interessen des Urhebers, eine Vergütung für die unbekannte Nutzungsart zu erhalten bzw. von seinem Widerrufsrecht Gebrauch machen zu können.

Die Variante verpflichtet den Auftragnehmer dafür Sorge zu tragen, dass dem Urheber ein Recht zum Widerruf nicht zusteht. Das ist aber nur unter den Voraussetzungen von § 31a Abs. 2 UrhG praktisch möglich.

39. Option. → Form. J.1 Anm. 19.

40. Ausgenommene Softwarebestandteile. Regelmäßig enthält auch im Auftrag erstellte Software Teile, die noch anderweitig verwendet werden sollen. Oft wird auch **Open-Source-Software** mitüberlassen, um den Programmieraufwand und damit die Kosten gering zu halten. An diesen Bestandteilen kann oder will der Auftragnehmer dem Auftraggeber keine derart umfangreichen Rechte einräumen wie an der individuell erstellten Software. Damit eine differenzierte Rechteeinräumung wirksam ist, müssen die Softwarebestandteile bestimmbar bezeichnet werden. Eine Regelung, wonach lediglich „an der Standardsoftware" besondere Rechte eingeräumt werden, ohne die Standardsoftware bestimmbar zu beschreiben, leistet dies nicht. Das Formular sieht für diese Softwarebestandteile eine eigene Anlage vor.

Aus der in der Praxis der Erstellung jedenfalls komplexerer Software verbreiteten Überlassung von **Open-Source-Software** (OSS) ergibt sich eine Reihe von rechtlichen Problemen, die nicht zufriedenstellend gelöst werden können. Zum einen stellt sich für den Auftragnehmer die Frage, ob er überhaupt den Auftraggeber in die Lage versetzen kann, die versprochenen oder auch nur benötigten Rechte zu erhalten. Das kann etwa daran scheitern, dass der vorgebliche Lizenzgeber gar keine Verfügungsbefugnis hat oder die Lizenzvereinbarung nach deutschem Recht defizitär ist, etwa unter AGB-rechtlichen Gesichtspunkten (mit Recht kritisch Marly SoftwareR-HdB Rn. 935 ff.). Im Ergebnis könnte dies die Mängelhaftung des Auftragnehmers auslösen, weil Miturheber Unterlassungsansprüche geltend machen. Die Haftung des Softwareerstellers kann auch nicht dadurch vermieden werden, dass die OSS aus dem Vertrag herausgenommen und es dem Auftraggeber überlassen wird, die Rechte daran zu erwerben. Eine solche Regelung wäre intransparent, weil der Auftraggeber als Laie die Bedeutung dieser Bestimmung nicht überblicken kann und im Rahmen eines Werkvertrages erwarten darf, ein auch rechtlich mangelfreies Werk zu erhalten (s. auch Witzel ITRB 2016, 235).

Zum anderen besteht die Gefahr, dass bei dem Einbinden von Open-Source-Software der **„Copy-Left-Effekt"** bestimmter Lizenzwerke greift und der Auftragnehmer seine gesamte Software unter das Regelwerk der Open-Source-Lizenzen stellen muss, will er nicht Gefahr laufen, die Berechtigung zur Verwendung der Open-Source-Komponenten zu verlieren (dazu Jaeger/Metzger Open Source Software Rn. 5 f. und 25 ff.).

Andererseits ist das Risiko für den Auftraggeber überschaubar. **Schadensersatzansprüche** drohen regelmäßig nicht, weil sie nach § 8 Abs. 2 S. 3 UrhG eine Leistung an alle Miturheber erfordern und schon die Bestimmung aller Miturheber oft kaum möglich ist (dazu Imhof, CR 2020, 709 Rn. 16). Unterlassungsansprüche können abgewehrt werden, indem der Nutzer der Software die Lizenzbedingungen akzeptiert, die eine Nutzung oft in weitem Umfang ermöglichen. Lediglich der Copy-Left-Effekt kann den Interessen des Nutzers entgegenstehen. Schließlich ist § 69d Abs. 1 UrhG zu beachten, der eine bestimmungsgemäße Nutzung auch ohne Lizenzvereinbarung ermöglicht.

41. Konzernklausel. Diese Konzern-Klausel ist zwar eine weit verbreitete Regelung, urheberrechtlich aber wohl unwirksam, wenn sie eine Nutzungsart bezeichnen soll. Denn die Nutzung im Konzern ist keine technisch und wirtschaftlich eigenständige und damit klar abgrenzbare Nutzungsform (zur Wirksamkeit einer lediglich schuldrechtlichen Bindung OLG Düsseldorf CR 2006, 656). In der Folge kann hieran kein abspaltbares Nutzungsrecht begründet werden. Auch steht die Erschöpfung des Verbreitungsrechts einem Weitergabeverbot entgegen (s. auch → Form. C.1 Anm. 9). Allerdings kann die Erstverbreitung entsprechend gesteuert werden. Es ist an künftige Erweiterungen des Konzerns durch Akquisitionen und Fusionen zu denken (Grützmacher ITRB 2004, 204).

42. Zusicherung. Da Nutzungsrechte nicht gutgläubig erworben werden können, finden sich in Verträgen zur Rechteeinräumung regelmäßig Garantien des Verfügenden zugunsten des Erwerbers hinsichtlich des Bestands der Rechte. Diese Garantien sind AGB-rechtlich problematisch (dazu → Vorb. A.III.6). Die hier verwendete Zusicherung hat daher nur klarstellende Funktion und führt dem Auftragnehmer lediglich dessen Pflicht vor Augen, sich die Rechte mit der erforderlichen Sorgfalt zu verschaffen. Würde im Formular die Zusicherung **durch eine Garantie ersetzt,** würde sich im Falle der AGB-Rechtswidrigkeit die Verpflichtung zur sorgfältigen Beschaffung der weiterzugeben Rechte aus den allgemeinen Vertragspflichten ergeben.

43. Quellcode. Die Erstellung der Software umfasst ohne Vereinbarung nicht in jedem Fall auch die Verpflichtung zur Übergabe des Quellcodes. Dieses Formular schließt die Überlassung des Quellcodes in die Pflichten des Auftragnehmers ein. Fehlt eine ausdrückliche Bestimmung, ist nach den Umständen des Einzelfalls zu beurteilen, ob der Auftragnehmer, der sich zur Erstellung eines Datenverarbeitungsprogramms verpflichtet hat, dem Auftraggeber auch den Quellcode des Programms überlassen muss. Neben der Höhe des vereinbarten Werklohns kann dabei insbesondere dem Umstand Bedeutung zukommen, ob das Programm zur Vermarktung durch den Besteller erstellt wird und dieser zur Wartung und Fortentwicklung des Programms des Zugriffs auf den Quellcode bedarf (BGH NJW-RR 2004, 782). Der Ausschluss der Übergabe des Quellcodes wäre danach problematisch, wenn – wie hier nach § 12 Abs. 1 2. Aufzählungspunkt – dem Auftraggeber das Recht zur Änderung der Software eingeräumt würde. Denn die Änderung ist ihm nur möglich, wenn er den Quellcode hat. Das Formular sieht dementsprechend die Herausgabeverpflichtung des Auftragnehmers vor. Der Zeitpunkt der Herausgabe ist in § 10 Abs. 3 geregelt.

44. Aufschiebend bedingte Nutzungsrechtseinräumung. Der Rechtsinhaber kann die Nutzung der Software durch den Anwender nach § 29 Abs. 2 UrhG auch lediglich dulden. Soweit der Anwender dann nicht durch § 69d Abs. 1 UrhG geschützt ist, kann der Rechtsinhaber aus § 97 UrhG gegen den unberechtigten Nutzer vorgehen.

45. Schutzrechtsverletzungen. → Form. C.1 Anm. 20.

46. Rüge. Eine Rügeobliegenheit besteht nach §§ 377, 381 Abs. 2 HGB für den Auftraggeber nur, wenn es sich um einen **Werklieferungsvertrag** handelte. Findet Werkvertragsrecht Anwendung, hat der Auftraggeber Mängel im Rahmen des § 640 Abs. 2 BGB zu rügen. Im Rahmen eines Werkvertrages wäre die hier geregelte Rügeobliegenheit nach § 307 Abs. 2 Nr. 1 BGB AGB-rechtlich angreifbar.

47. Rücktritt. → Form. C.2 Anm. 22.

48. Funktionstauglichkeit. Ein **Werk** ist nach Ansicht des BGH nur dann vertragsgerecht, wenn der Auftragnehmer im Rahmen der getroffenen Vereinbarungen ein funktionstaugliches und zweckentsprechendes Werk geschaffen hat, selbst wenn eine bestimmte Ausführungsart vereinbart wurde (BGH NJW-RR 2000, 465 (466)). Der vertraglich geschuldete Erfolg bestimmt sich nicht allein nach der zu seiner Erreichung vereinbarten Leistung oder Ausführungsart, sondern auch danach, welche Funktion das Werk nach dem Willen der Parteien erfüllen soll (BGH NJW 2008, 511 Rn. 15).

Für die Praxis liegt das Problem darin, dass die Frage der Funktionstauglichkeit in der Regel Auslegungssache ist, weil die Parteien zwar die Beschaffenheit vereinbaren, zur „Funktionstauglichkeit" jedoch nichts sagen. Die Funktionstauglichkeit ist damit eine Allzweckwaffe, mit der sich Regelungen zur Leistungspflicht des Auftragnehmers aushebeln lassen. Die in § 16 Abs. 1 S. 2 des Formulars enthaltene Regelung kann hieran nichts ändern, weil sie der AGB-Kontrolle unterliegt und mit dem Argument mangelnder Transparenz angegriffen werden kann. Letztlich bleibt dem Auftragnehmer angesichts der strengen – aber zunächst nur baurechtlichen – Rechtsprechung nur, die (berechtigten) Erwartungen des Auftraggebers zu bestimmen und ihn darauf hinzuweisen, inwieweit diese Erwartungen durch seine – des Auftragnehmers – Leistungen erfüllt werden können (kritisch zu dem Konstrukt der Funktionstauglichkeit Markus NZBau 2010, 604). Für den **Kaufvertrag**, auf dessen Regelungen § 650 Abs. 1 BGB für den Werklieferungsvertrag verweist, gilt über § 434 Abs. 3 BGB Ähnliches. Ob die objektiven Anforderungen in AGB pauschal ausgeschlossen werden können, indem lediglich das positiv Vereinbarte gelten soll, ist fraglich. Das gilt vor allem dann, wenn mit der vereinbarten Beschaffenheit die Funktionstauglichkeit nicht erreicht werden kann (BeckOK BGB/Faust § 434 Rn. 11).

49. **Verjährung.** Die Klausel erfasst die Verjährung der Nacherfüllungsansprüche unter zwei Gesichtspunkten. Zum einen im unternehmerischen Verkehr ohne Beteiligung eines Verbrauchers und zum anderen für den Vertrieb an einen Verbraucher, für den das Gesetz eine Beschränkung der Verjährungsverkürzung vorsieht. Beim Auffinden der maßgeblichen gesetzlichen Verjährungsregelung zeigt sich die Problematik der Zuordnung des Erstellungsvertrages zum Kauf- oder Werkvertragsrecht deutlich. Die **Verkürzung** der Verjährung von Nacherfüllungsansprüchen in AGB auf 1 Jahr wird im Kauf- und Werkvertragsrecht wegen § 309 Nr. 8b ff. BGB als unproblematisch angesehen (Prütting/Wegen/Weinreich/Wagner BGB § 438 Rn. 11). Sieht man Software dagegen nicht als Sache an, gilt § 634a Abs. 1 Nr. 3 BGB mit der Folge einer mindestens dreijährigen, wegen § 199 Abs. 1 BGB regelmäßig aber wesentlich länger wirkenden Verjährungsfrist. Eine Verkürzung dieser Frist auf ein Jahr ab dem Zeitpunkt der Übergabe/Abnahme dürfte einer Inhaltskontrolle kaum standhalten (vgl. hierzu Grüneberg/Ellenberger BGB § 202 Rn. 15). Damit besteht das Risiko einer unangemessenen Benachteiligung. Die Klausel-**Variante**, die auf die regelmäßige Verjährung abstellt, würde bei einer kaufvertraglichen Einordnung des Softwareerstellungsvertrags zu einer unangemessenen Verlängerung führen. Da die lange Frist nur **für den Auftraggeber** interessant ist und nur von ihm in seinen AGB verwendet werden dürfte, besteht für ihn allein das Risiko, dass stattdessen die Zweijahresfrist des § 438 Abs. 1 Nr. 3 BGB bzw. bei Annahme der Sachqualität von Software unter Verneinung eines Werklieferungsvertrages des § 634a Abs. 1 Nr. 1 BGB gilt.

Gibt der Auftraggeber die Erstellung einer Software in Auftrag, die – auch – an **Verbraucher** vertrieben werden soll, sind die Beschränkungen aus § 327u BGB, hinsichtlich der Nacherfüllung von § 327u Abs 1 S. 2 BGB, zu beachten. Die Einschränkungen aus § 478 BGB, der zB für Firmware relevant ist, finden wegen § 445c BGB keine Anwendung. Für die Verjährung der Nacherfüllungsansprüche des Auftraggebers führt § 327u Abs. 2 BGB zu einer fallweise deutlich längeren Verjährungsfrist als die im Formular vorgeschlagene Frist von einem Jahr.

50. **Ausschlussfrist.** Eine Rügeobliegenheit besteht nach §§ 377, 381 Abs. 2 HGB für den Auftraggeber nur, wenn es sich um einen Werklieferungsvertrag handelt. Findet Werkvertragsrecht Anwendung, schließt die Klausel den Auftraggeber in AGB-Recht widriger Weise von der Geltendmachung von Mängeln nach zwei Wochen aus und unterläuft so die Verjährungsregeln.

51. Beweislastverteilung. Auch diese durchaus übliche Klausel ist AGB-rechtlich bedenklich, weil die Beweislast in AGB nicht zum Nachteil des Vertragspartners verteilt werden kann. Das Risiko einer verweigerten Mängelbeseitigung trägt in vollem Umfang der für den Mangel verantwortliche Auftragnehmer (BGH NJW 2010, 3649 Rn. 23).

52. Scheinmangel. Vgl. BGH NJW 2008, 1147 (1148).

53. Erfüllungsort. → Form. C.1 Anm. 26.

54. Rückgriff bei Verbraucherverträgen. Der Softwarehersteller muss im Blick haben, dass die Software vom Verwerter unter Umständen auch an Verbraucher vertrieben werden kann. Software ist ein digitales Produkt nach § 327 Abs. 1 BGB (→ Form. C.11 Anm. 1), für das verbraucherschützende Sonderregelungen gelten, die sich auch in der Vertriebskette auswirken. Wegen des Rückgriffsrechts aus § 327u BGB drohen dem Hersteller Leistungspflichten, die er nicht vollständig kalkulieren und die er wegen § 327u Abs. 4 BGB vertraglich auch nicht ausschließen kann. Er kann sich nur sicher **gegen** einen **Rückgriff** schützen, **wenn** er dem Auftraggeber den **Vertrieb** der Software **an Verbraucher untersagt,** wie dies das Formular im Standard vorsieht. Das kann urheberrechtlich auch durch eine entsprechende Gestaltung der Nutzungsrechte nur zur gewerblichen Nutzung untermauert werden (→ Form. C.1 Anm. 11). Soll dagegen der Vertrieb auch an Verbraucher nicht kategorisch ausgeschlossen werden, kann sich der Auftragnehmer aus § 327u BGB **Aufwendungsersatzansprüchen** ausgesetzt sehen, wenn der Unternehmer, der die Software einem Verbraucher überlässt, diesem gegenüber aber seinen Pflichten nicht nachkommt. Das gilt nach § 327u Abs. 6 BGB auch dann, wenn der Auftraggeber Absatzmittler eingeschaltet hat und diese Aufwände des Vertragspartners des Verbrauchers weiterreichen. Der Auftragnehmer ist den Rückgriffsansprüchen auch ausgesetzt, wenn der Vertrieb der Software an Verbraucher nach dem Erstellungsvertrag unzulässig ist. Die Nichtbeachtung dieser Vertriebsbeschränkung würde zugunsten des Auftragnehmers jedoch Schadensersatzansprüche auslösen, die den Aufwendungsersatz kompensieren.

Alternativ regelt das Formular in **Klauselvarianten** die Möglichkeit, die Software an Verbraucher zu vertreiben, dabei aber das Risiko eines Rückgriffs durch Verpflichtungen des Auftraggebers, keine haftungsbegründenden Sachverhalte zu schaffen, weitestgehend zu minimieren.

55. Alternativer Vertrieb an Verbraucher. Die Variante soll das Rückgriffsrisiko im Falle eines Vertriebs der Software an einen Verbraucher minimieren. Der Auftraggeber hat nach § 327u Abs. 1 S. 1 BGB einen Aufwendungsersatzanspruch, wenn er aufgrund einer vom Auftragnehmer verursachten **unterbliebenen Bereitstellung** der Software an den Verbraucher Aufwände hatte. Das Formular legt daher dem Auftraggeber auf, sich gegenüber dem Verbraucher nur dann zur Bereitstellung zu verpflichten, wenn er die Software vom Auftragnehmer auch sicher erhalten wird. Diese Verpflichtung muss der Auftraggeber an seine Absatzmittler weitergeben.

56. Eingeschränkte Aktualisierung gegenüber Verbrauchern. Diese Klauselvariante kann verwendet werden, wenn mit einem Vertrieb der Software an Verbraucher zu rechnen ist, um das Regressrisiko aus § 327u BGB zu minimieren (→ Anm. 54). Aus § 327f BGB ist der Unternehmer gegenüber dem Verbraucher zur Aktualisierung der überlassenen Software verpflichtet. Diese Verpflichtung kann nach § 327h BGB ausgeschlossen werden (→ Form. C.11 Anm. 10). Hat der Verbraucher allerdings einen Aktualisierungsanspruch, kann der in Anspruch genommene Unternehmer die in diesem Zusammenhang entstehenden Aufwände an seinen Lieferanten nach § 327u Abs. 1 S. 2 BGB weitergeben. Hat sich der Vertriebspartner gegenüber dem Unternehmen nicht zur Aktualisierung verpflichtet, erfasst der Aufwendungsersatzanspruch nur die objektiv erforderlichen Aktualisierungen nach § 327e Abs. 3 S. 1 Nr. 5 BGB (BeckOK BGB/Wendland § 327u Rn. 8). Eine Befreiung des Vertriebspartners von diesem Aufwendungsersatzanspruch ist wegen § 327u Abs. 4 BGB nicht möglich. Der Auftragnehmer der Softwareerstellung kann somit nur wählen, ob er eine Verpflichtung zur Aktualisierung eingeht, was typischerweise im Rahmen eines Pflegevertrages geschieht, oder, wie in der Klausel hier vorgeschlagen, seine Einstandspflicht ausschließt, wenn der Auftraggeber nicht von der Möglichkeit aus § 327h BGB zum Ausschluss der Aktualisierungspflicht gegenüber dem Verbraucher Gebrauch macht. Diese Regelung ist AGB-rechtlich bedenklich, weil der Ausschluss nach § 327h BGB nicht rechtssicher zu erreichen ist (→ Form. C.11 Anm. 7) und so den Auftraggeber damit belastet, eine Lösung zu finden, die allein dem Auftragnehmer nützt. Auch kartellrechtlich kann eine unzulässige Vertragsbindung des Auftraggebers gegenüber dessen Absatzmittlern vorliegen, wenn auch die Interessen des Softwareherstellers gute Gründe für einen solchen Eingriff in die Vertragsfreiheit bieten.

57. Dauerschuldverhältnisse. Der Klauselvorschlag gilt ebenfalls für den Fall einer möglichen Überlassung der Software durch den Auftraggeber an Verbraucher. Die Aktualisierungspflicht aus § 327f BGB erfasst auch die vom Gesetz so bezeichnete dauerhafte Bereitstellung der Software, was nach der herkömmlichen Terminologie als Überlassung auf Zeit bezeichnet würde. Auch hier kann die Aktualisierungspflicht nach § 327h BGB ausgeschlossen werden (→ Form. C.12 Anm. 11 und → Form. C.11 Anm. 7). Das ist gegenüber der Aktualisierungspflicht bei Kaufverträgen vor allem wegen der langen Fristen zur Geltendmachung seitens des Verbrauchers bedeutend (→ Form. C.12 Anm. 16). Das Formular sieht daher ein Verbot der befristeten Überlassung der Software vor. Auch dieses **Verbot kann urheberrechtlich abgesichert werden,** indem der Auftraggeber bei einem Vertrieb auf Datenträgern kein Nutzungsrecht zur Vermietung nach § 69c Nr. 3 UrhG erhält und beim unkörperlichen Vertrieb kein Recht zur öffentlichen Zugänglichmachung (wobei viele Details sehr umstritten sind, vgl. Fromm/Nordemann/Czychowski UrhG § 69c Rn. 27 ff.).

58. Informationspflichten. Da viele Aspekte der Verbraucherverträge über digitale Produkte noch unklar sind, sieht das Formular als weitere Ergänzung der Regelungen für den Fall der Überlassung der Software an einen Verbraucher eine Pflicht des Auftraggebers vor, den Auftragnehmer über die Geltendmachung von relevanten Rechten durch Verbraucher, die die Software nutzen, zu informieren. Dadurch soll er sich so frühzeitig wie möglich mit der Thematik auseinandersetzen und gegebenenfalls Maßnahmen der Aufwandsminimierung einleiten können.

59. Allgemeine Haftung. → Vorb. A.III.5.

60. Fehlerfreie Software. In vielen Verträgen findet sich der Hinweis, dass Software nicht fehlerfrei sein kann. So richtig dies technisch gesehen ist, so wenig ergibt sich daraus die von den Verwendern dieser Klausel beabsichtigte Rechtsfolge einer Haftungserleichterung. Für die Mängelhaftung kommt es zunächst nicht darauf an, ob sich ein Fehler vermeiden ließ, sondern, dass die vereinbarte oder vorausgesetzte Beschaffenheit nicht gegeben ist. Auch wenn dem Verkäufer der Fehler nicht zuzurechnen ist, stehen dem Käufer neben dem Nacherfüllungsanspruch die verschuldensunabhängigen Mängelhaftungsrechte der Minderung und – bei nicht nur unbedeutenden Mängeln – des Rücktritts zu. Ob er den Mangel zu vertreten hat, richtet sich nach der getroffenen Vereinbarung oder dem Inhalt des Schuldverhältnisses. Im Allgemeinen ergeben sich aus dem Schuldverhältnis selbst nur ausnahmsweise Haftungsbeschränkungen (Grüneberg/Grüneberg BGB § 276 Rn. 45). Es muss aber schon bei der Bestimmung der Sorgfaltsanforderungen auf die aus der Komplexität von Software folgenden Schwierigkeiten, fehlerfrei zu programmieren, Rücksicht genommen werden. Dies versucht die Klausel umzusetzen.

61. Abwerbeverbot. Für Abwerbeverbote gilt die Sperrwirkung der § 75f HGB, sie sind damit ohne Wirkung. Allerdings fallen sie nicht in den Anwendungsbereich der § 75f HGB, wenn sie nur Nebenbestimmungen der Vereinbarung sind und einem besonderen Vertrauensverhältnis der Parteien oder einer besonderen Schutzbedürftigkeit einer der beiden Seiten Rechnung tragen (BGH NZA 2015, 111). Das dürfte im Verhältnis der Parteien eines Softwareerstellungsvertrages regelmäßig nicht der Fall sein (Schneider EDV-Recht-HdB/Schneider M. Rn. 645).

62. Geheimhaltung. Zur Geheimhaltung vgl. Roth ITRB 2011, 115. Zu empfehlen ist der Abschluss einer differenzierten Geheimhaltungsvereinbarung → Form. D.7.

63. Außergerichtliche Streitbeilegung. Auseinandersetzungen über die ordnungsgemäße Durchführung von Softwareprojekten vor Gericht zu führen, ist mit Risiken verbunden, die in der typischerweise langen Verfahrensdauer und den Defiziten der Kenntnis der softwarespezifischen Aspekte der Projektdurchführung liegen. Eine Lösung kann eine außergerichtliche Streitbeilegung bieten. Hier wird dem Verfahren vor den ordentlichen Gerichten eine unverbindliche **Schlichtung** vorgeschaltet. Denkbar ist auch, ein **Schiedsverfahren** vorzusehen, das den Streit anstelle eines staatlichen Gerichtes entscheidet. Dazu bedarf es einer entsprechenden Vereinbarung im Vertrag → Form. D.6.

64. UN-Kaufrecht. Dem UN-Kaufrecht unterfallen grundsätzlich auch die Werklieferungsverträge nach § 650 BGB (MüKoBGB/Huber CISG Art. 3 Rn. 4). Verneint man einen Werklieferungsvertrag und damit die Anwendbarkeit von Kaufrecht, findet das UN-Kaufrechtsabkommen bereits keine Anwendung, so dass es eines Ausschlusses nicht bedürfte.

65. Vertragssprache. → Form. F.3 Anm. 36.

Überlassung auf Zeit

4. Mietvertrag über Software – Software Rental Agreement

Software-Mietvertrag

zwischen

. . . . .

– nachfolgend „Vermieter" genannt –

und

. . . . .

– nachfolgend „Mieter" genannt –

§ 1 Vertragsgegenstand

(1) Gegenstand des Vertrages ist die entgeltliche Überlassung des Computerprogramms . . . . . einschließlich Dokumen-

Software Rental Agreement

between

. . . . .

– hereinafter referred to as „Lessor" –

and

. . . . .

– hereinafter referred to as „Lessee" –

§ 1 Subject

(1) The subject of the contract is the provision of the computer program against payment . . . . . including documentati-

tation, nachfolgend kurz als Software bezeichnet, auf beschränkte Zeit.[1]

(2) Als Dokumentation liefert der Vermieter eine Installationsanleitung und eine Online-Hilfe, die es erlaubt, Erläuterungen zu den Funktionalitäten während des Betriebs der Software abzurufen und auszudrucken.[2]

(3) Die Installation der Software ist von dem Vermieter nicht geschuldet.

§ 2 Übergabe und Installation[3]

(1) Die Software wird dem Mieter auf einem Datenträger bereitgestellt, sofern nicht vereinbart ist, dass der Mieter die Software im Wege des Downloads von einem Server des Vermieters bezieht.

(2) Die Installation der Software erfolgt durch den Mieter.

(3) Eine Schulung zur Nutzung der Software kann von dem Mieter gegen eine gesonderte Vergütung beauftragt werden.

§ 3 Vergütung

(1) Der Mieter zahlt für die Überlassung der Software eine monatliche Grundmiete in Höhe von . . . . . EUR. Wird die Software nicht für einen vollen Kalendermonat überlassen, berechnet sich die Miete zeitanteilig.[4]

(2) Zusätzlich zu der Grundmiete zahlt der Mieter eine transaktionsabhängige Miete nach folgender Staffel:

Transaktionen je Kalendermonat	Transaktions-Gruppe	Kosten je Transaktion
bis einschließlich 10.000	I	0,10 EUR
von 10.001 bis einschließlich 50.000	II	0,08 EUR
ab 50.001	III	0,07 EUR

on, hereinafter referred to as software, for a limited period of time.[1]

(2) As documentation, the Lessor shall provide installation instructions and online help which allow explanations of the functionalities during operation of the software to be called up and printed out.[2]

(3) The installation of the software is not owed by the Lessor.

§ 2 Delivery and Installation[3]

(1) The software shall be provided to the Lessee on a data carrier unless it is agreed that the Lessee obtains the software by way of download from a server of the Lessor.

(2) The software shall be installed by the Lessee.

(3) A training course on the use of the software can be ordered by the Lessee for a separate fee.

§ 3 Remuneration

(1) The Lessee pays a monthly basic rent for the transfer of the software in the amount of . . . . . EUR. If the software is not provided for a full calendar month, the rent is calculated pro rata temporis.[4]

(2) In addition to the basic rent, the Lessee shall pay a transaction-dependent rent according to the following scale:

Transactions per Calendar Month	Transaction Group	Cost per Transaction
up to and including 10.000	I	0,10 EUR
from 10.001 up to and including 50.000	II	0,08 EUR
from 50.001	III	0,07 EUR

Die Gesamtkosten errechnen sich aus der Addition der für die jeweilige Transaktionsgruppe angefallenen Kosten zuzüglich der Grundmiete nach Absatz 1. Die Transaktionen werden von der Software monatsweise protokolliert und zur Authentifizierung elektronisch signiert. Die Protokolldatei einschließlich Signatur ist spätestens zum Ende eines jeden Monats an den Vermieter zu übermitteln, sofern keine Anbindung an ein Kommunikationsnetz gegeben ist, über das die Übermittlung automatisch abgewickelt werden kann.

The total costs are calculated by adding the costs incurred for the respective transaction group plus the basic rent according to paragraph 1. The transactions are logged by the software on a monthly basis and electronically signed for authentication. The log file including signature must be transmitted to the Lessor at the latest by the end of each month, unless there is a connection to a communication network via which the transmission can be handled automatically.

(3) Der Vermieter kann die Grundmiete und die Kosten je Transaktion nach billigem Ermessen (§ 315 Abs. 3 BGB) durch Mitteilung an den Mieter mit Zugang spätestens sechs Wochen vor Ablauf eines Vertragsjahres mit Wirkung für die folgenden Vertragsjahre anpassen.

(3) The Lessor may adjust the basic rent and the costs per transaction at its reasonable discretion (§ 315 para 3 BGB) by notifying the Lessee with upon six weeks notice as of receipt before the end of a contractual year with effect for the following contractual years.

(4) Alle Entgelte verstehen sich zzgl. der gesetzlichen Umsatzsteuer.

(4) All fees are exclusive of statutory value-added tax.

(5) Die Abrechnung der Miete erfolgt monatlich. Zur Abrechnung weist die Software zu Beginn eines jeden Kalendermonats die für den vorangegangenen Monat angefallenen Transaktionen je Gruppe aus. Der Mieter wird hieraus die jeweils zu entrichtende Miete berechnen und diese dem Vermieter bis spätestens zum 15. eines Monats zahlen.

(5) The rent shall be invoiced monthly. For billing purposes, at the beginning of each calendar month, the software shows the transactions per group for the previous month. Based on the number of transactions, the Lessee will calculate the rent to be paid and pay the amount due to the Lessor by the 15th of a month at the latest.

§ 4 Updates

(1) Der Vermieter wird während der Laufzeit des Mietvertrages Aktualisierungen, die für den Erhalt der Vertragsmäßigkeit der Software erforderlich sind, bereitstellen und den Mieter über diese Aktualisierungen und deren Bereitstellung informieren.

(2) Über das zur Aufrechterhaltung der Vertragsmäßigkeit der Software erforderliche Maß hinausgehende Änderungen der Software darf der Vermieter im Zuge der Bereitstellung einer neuen Softwareversion vornehmen. Das betrifft die Fälle . . . . . Die neu bereitgestellte Software tritt an die Stelle der ursprünglich bereitgestellten Software und wird zugleich mit der für die neue

§ 4 Updates

(1) The Lessor shall provide updates required to maintain the contractual conformity of the Software during the term of the Lease and shall inform the Lessee of such updates and their supply.

(2) The Lessor may make changes to the software that go beyond what is necessary to maintain the contractual conformity of the software in the course of the supply of a new software version. This concerns the cases . . . . . The newly provided software replaces the software originally provided and, together with the user documentation provided by the Lessor for the

Softwareversion vom Vermieter bereitgestellten Benutzerdokumentation mit der Installation durch den Mieter Gegenstand dieses Vertrages. Die Anforderungen an die Software richten sich dementsprechend nach § 8.

(3) Die Bereitstellung von Aktualisierungen und Änderungen erfolgt unentgeltlich über einen Server des Vermieters. Die Installation der Aktualisierungen und Änderungen erfolgt über die Software durch den Mieter.

new software version, becomes the subject matter of this agreement upon installation by the Lessee. The requirements for the software shall be determined accordingly in accordance with § 8.

(3) The supply of updates and changes shall be made free of charge via a server of the Lessor. The installation of updates and changes shall be carried out via the software by the Lessee.

§ 5 Rechteeinräumung/Nutzungssperre

Der Mieter ist für die Laufzeit des Vertrages[9] berechtigt, die Software zur Nutzung durch eine Person auf einem Rechner zur Zeit zu vervielfältigen. Zu den nur für das Gebiet der Bundesrepublik Deutschland gestatteten Vervielfältigungshandlungen gehören die Installation auf einem Datenträger des Rechners und die im Übrigen zum Ablaufenlassen der Software auf dem Rechner erforderlichen Vervielfältigungen.[5]

(2) Der Einsatz der überlassenen Software ist nur auf dem Rechner zulässig, auf dem die Software erstmalig installiert und freigeschaltet wurde. Eine erneute Installation der Software, gleich aus welchem Grund, auch auf dem Ursprungsrechner, erfordert eine Freischaltung durch die Vermieterin. ERFOLGT KEINE FREISCHALTUNG, IST DIE NUTZUNG DER SOFTWARE AB DEM 21. TAG DER INSTALLATION GESPERRT.[6]

(3) Der Mieter darf die Software an Dritte weder veräußern, noch verschenken oder verleihen, noch weitervermieten und verleasen oder anderweitig verwerten. Eine Nutzung der Software zum privaten Gebrauch ist ausgeschlossen.[7]

(4) Der Mieter ist nicht berechtigt, die vorhandenen Schutzmechanismen des Programms gegen eine unberechtigte Nutzung zu entfernen oder zu umgehen, es sei denn dies ist erforderlich, um die störungsfreie Programmnutzung zu erreichen.

§ 5 Granting of Rights/Blocking of Use

(1) For the duration of the contract,[9] the Lessee is entitled to reproduce the Software for use on one computer. The acts of copying permitted only for the territory of the Federal Republic of Germany include the installation on a data carrier of the computer and the copies otherwise required to run the software on the computer.[5]

(2) The use of the provided software is only permitted on the computer on which the software was first installed and activated. A renewed installation of the software, for whatever reason, also on the original computer, requires an activation by the Lessor. IF THERE IS NO ACTIVATION, THE USE OF THE SOFTWARE IS BLOCKED FROM THE 21ST DAY OF INSTALLATION.[6]

(3) The Lessee may not sell, give away or lend the software to third parties, nor sublet or lease it or otherwise exploit it. Any use of the Software for private purposes is excluded.[7]

(4) The Lessee is not entitled to remove or circumvent the existing protective mechanisms of the program against unauthorized use, unless this is necessary to achieve trouble-free program use.

§ 6 Schutzrechtsverletzungen[8]

(1) Der Vermieter stellt den Mieter auf eigene Kosten von allen Ansprüchen Dritter aus vom Vermieter zu vertretenden Schutzrechtsverletzungen frei. Der Mieter wird den Vermieter unverzüglich über die geltend gemachten Ansprüche Dritter informieren. Informiert er den Vermieter nicht unverzüglich über die geltend gemachten Ansprüche, erlischt dieser Freistellungsanspruch.

(2) Im Falle von Schutzrechtsverletzungen darf der Vermieter – unbeschadet etwaiger Schadensersatzansprüche des Mieters – nach eigener Wahl und auf eigene Kosten hinsichtlich der betroffenen Leistung

a) nach vorheriger Absprache mit dem Mieter Änderungen vornehmen, die unter Wahrung von dessen Interessen gewährleisten, dass eine Schutzrechtsverletzung nicht mehr vorliegt oder
b) für den Mieter die erforderlichen Nutzungsrechte erwerben.

§ 7 Laufzeit/Rückgabe

(1) Die Überlassung der Software erfolgt zunächst für eine feste Laufzeit von 36 Monaten. Danach kann der Vertrag mit einer Frist von 6 Monaten zum Ende eines Kalenderjahres schriftlich gekündigt werden.[9]
(2) Die Kündigung aus wichtigem Grund bleibt unberührt.

(3) Nach Beendigung des Vertrages hat der Mieter die vom Vermieter erhaltenen Datenträger und erstellten Sicherungskopien herauszugeben oder zu vernichten, die Software zu deinstallieren und etwaig verbleibende erkennbare Softwarereste aus dem IT-System zu löschen. Auf Wunsch des Vermieters hat der Mieter die Erfüllung der vorgenannten Pflichten schriftlich zu bestätigen.

§ 6 Infringements[8]

(1) The Lessor shall indemnify the Lessee at its own expense against all claims by third parties arising from infringements of intellectual property rights for which the Lessor is responsible. The Lessee shall inform the Lessor without culpable delay of any claims asserted by third parties. If it does not inform the Lessor without culpable delay about the asserted claims, this claim for exemption expires.

(2) In the event of infringements of property rights, the Lessor may – without prejudice to any claims for damages by the Lessee – at its own discretion and expense with regard to the service concerned

a) after prior consultation with the Lessee, make changes which, while safeguarding the Lessee's interests, ensure that an infringement of property rights no longer exists, or
b) acquire the necessary rights of use for the Lessee.

§ 7 Duration/Returns

(1) The software is initially provided for a fixed term of 36 months. Thereafter, the contract can be terminated in writing with a notice period of 6 months to the end of a calendar year.[9]
(2) Termination for good cause shall remain unaffected.

(3) After termination of the contract, the Lessee must return or destroy the data carriers and backup copies received from the Lessor, uninstall the software and delete any remaining recognizable software remnants from the IT system. At the request of the Lessor, the Lessee must confirm in writing that the aforementioned obligations have been fulfilled.

§ 8 Sach- und Rechtsmängelhaftung

(1) Technische Daten, Spezifikationen und Leistungsangaben in öffentlichen Äußerungen, insbesondere in Werbemitteln sind keine Beschaffenheitsangaben. Die Funktionalität der Software richtet sich zunächst nach der Beschreibung in der Benutzerdokumentation und den ergänzend hierzu getroffenen Vereinbarungen. Im Übrigen muss sich die Software für die nach diesem Vertrag vorausgesetzte Verwendung eignen und ansonsten eine Beschaffenheit aufweisen, die bei Software der gleichen Art üblich ist.[10]

(2) Der Vermieter wird die Software in einem zum vertragsgemäßen Gebrauch geeigneten Zustand überlassen und erhalten. Die Pflicht zur Erhaltung beinhaltet nicht die Anpassung der Software an veränderte Einsatzbedingungen und technische und funktionale Entwicklungen, wie Veränderungen der IT-Umgebung, insbesondere Änderung der Hardware oder des Betriebssystems, Anpassung an den Funktionsumfang konkurrierender Produkte oder Herstellung der Kompatibilität zu neuen Datenformaten.[11]

(3) Die verschuldensunabhängige Schadensersatzhaftung für Mängel, die bereits bei Vertragsschluss vorhanden waren, ist ausgeschlossen.[12]

(4) Der Mieter wird den Vermieter bei der Mangelfeststellung und -beseitigung unterstützen und unverzüglich Einsicht in die Unterlagen gewähren, aus denen sich die näheren Umstände des Auftretens des Mangels ergeben.

§ 9 Haftung im Übrigen[13]

(1) Der Vermieter haftet für Vorsatz und grobe Fahrlässigkeit. Für leichte Fahrlässigkeit haftet er nur bei Verletzung einer wesentlichen Vertragspflicht (Kardinalpflicht), deren Erfüllung die ordnungsgemäße Durchführung des Vertrags überhaupt erst ermöglicht und auf deren Einhaltung der Mieter regelmäßig ver-

§ 8 Material and Legal Defects

(1) Technical data, specifications and performance specifications in public statements, in particular in advertising material, shall not be deemed to be quality specifications. The functionality of the software is initially based on the description in the user documentation and the supplementary agreements made. Otherwise, the software must be suitable for the use presumed under this contract and must otherwise have a quality that is usual for software of the same type.[10]

(2) The Lessor shall provide and maintain the software in a condition suitable for contractual use. The obligation to maintain does not include the adaptation of the software to changed operating conditions and technical and functional developments, such as changes to the IT environment, in particular changes to the hardware or operating system, adaptation to the functional scope of competing products or the creation of compatibility with new data formats.[11]

(3) The strict liability for damages for defects which already existed at the time of conclusion of the contract is excluded.[12]

(4) The Lessee shall support the Lessor in determining and remedying the defect and shall grant without culpable delay access to the documents from which the detailed circumstances of the occurrence of the defect arise.

§ 9 General Liability[13]

(1) The Lessor is liable for intent and gross negligence. In the event of slight negligence, the Lessee shall only be liable for breach of a material contractual obligation (cardinal obligation), the fulfilment of which is essential for the proper performance of the contract and on the observance of which the Lessee may regularly

trauen darf, sowie bei Schäden aus der Verletzung des Lebens, des Körpers oder der Gesundheit.

(2) Der Vermieter schuldet die branchenübliche Sorgfalt. Bei der Feststellung, ob den Vermieter ein Verschulden trifft, ist zu berücksichtigen, dass Software technisch nicht fehlerfrei erstellt werden kann.

(3) Die Haftung ist im Falle leichter Fahrlässigkeit summenmäßig beschränkt auf die Höhe des vorhersehbaren Schadens, mit dessen Entstehung typischerweise gerechnet werden muss; maximal ist diese Haftung jedoch beschränkt auf . . . . EUR pro Schadensfall und insgesamt auf . . . . . EUR aus dem Vertragsverhältnis.

(4) Für den Verlust von Daten und/oder Programmen haftet der Vermieter insoweit nicht, als der Schaden darauf beruht, dass es der Mieter unterlassen hat, Datensicherungen durchzuführen und dadurch sicherzustellen, dass verlorengegangene Daten mit vertretbarem Aufwand wiederhergestellt werden können.

(5) Die vorstehenden Regelungen gelten auch zugunsten der Erfüllungsgehilfen des Vermieters.

§ 10 Änderung der Vertragsbedingungen

(1) Änderungen dieser Vertragsbedingungen werden dem Mieter spätestens zwei Monate vor dem vorgeschlagenen Zeitpunkt ihres Wirksamwerdens über die Aktualisierungsfunktion der Software angeboten. Der Vermieter kann zugleich mit dem Angebot eine auf die Annahme des Angebots durch den Mieter auflösend bedingte ordentliche Kündigung des Mietvertrages aussprechen. Der Mieter kann die Änderungen über die Aktualisierungsfunktion annehmen.[14]

(2) Nimmt der Mieter die Änderungen nicht an, bleibt es bei dem ursprünglich Vereinbarten. Der Mieter kann bis zum Vertragsende über die Aktualisierungsfunk-

rely, as well as for damage resulting from injury to life, limb or health.

(2) The Lessor owes the care customary in the software industry. When determining whether the Lessor is at fault, it must be taken into account that software cannot be created without technical errors.

(3) In the event of slight negligence, the Lessor's liability shall be limited in sum to the amount of the foreseeable damage, the occurrence of which must typically be expected; however, the Lessor's liability shall be limited to a maximum of . . . . EUR per claim, and the Lessor's maximum aggregate liability under this contract shall not exceed . . . . . EUR.

(4) The Lessor is not liable for the loss of data and/or programs insofar as the damage is due to the fact that the Lessee has failed to perform data backups and thereby ensure that lost data can be restored with reasonable effort.

(5) The above provisions shall also apply in favour of the Lessor's vicarious agents.

§ 10 Change of the Terms of Contract

(1) Changes to these contractual terms and conditions shall be offered to the Lessee via the update function of the software no later than two months before their proposed effective date. At the same time as the offer, the Lesser may give notice of termination of the lease subject to the resolutive condition of Lessee's acceptance of the offer. The Lessee may accept the changes via the update function.[14]

(2) If the Lessee does not accept the changes, the original agreement shall remain in force. The Lessee may conclude a contract on the currently applicable terms

tion jederzeit einen Vertrag zu den aktuell geltenden Bedingungen abschließen.[15]

and conditions via the update function at any time until the end of the contract.[15]

§ 11 Schlussbestimmungen

(1) Sollten einzelne Bestimmungen dieses Vertrages ganz oder teilweise unwirksam sein oder werden, wird die Wirksamkeit der übrigen Bestimmungen hierdurch nicht berührt. Die Parteien vereinbaren bereits jetzt für diesen Fall, dass die ungültige Bestimmung durch eine wirksame Bestimmung ersetzt wird, die dem wirtschaftlichen Zweck der ungültigen Bestimmung möglichst nahekommt. Entsprechendes gilt für etwaige Lücken der Vereinbarung.

(2) Die Parteien werden im Falle einer sich aus diesem Vertrag ergebenden Streitigkeit vor Durchführung eines Gerichtsverfahrens (Klage) eine Schlichtung gemäß der Schlichtungsordnung der Hamburger Schlichtungsstelle für IT-Streitigkeiten in der zum Zeitpunkt der Einleitung eines Schlichtungsverfahrens gültigen Fassung durchführen. Das Schlichtungsverfahren soll dazu dienen, den Streit ganz oder teilweise, vorläufig oder endgültig beizulegen. Kommt eine Einigung vor der Schlichtungsstelle nicht zustande, ist der Rechtsweg zu den ordentlichen Gerichten eröffnet.

(3) Die Abtretung von Forderungen, die nicht Geldforderungen sind, ist nur mit vorheriger schriftlicher Zustimmung der anderen Vertragspartei zulässig. Die Zustimmung darf nicht unbillig verweigert werden.

(4) Ein Zurückbehaltungsrecht kann nur wegen Gegenansprüchen aus dem jeweiligen Vertragsverhältnis geltend gemacht werden.

(5) Die Vertragsparteien können nur mit Forderungen aufrechnen, die rechtskräftig festgestellt oder unbestritten sind.

(6) Nebenabreden zu diesem Vertrag bestehen nicht. Allgemeine Geschäftsbedingungen der Parteien im Übrigen finden für diesen Vertrag keine Anwendung. Dies gilt auch dann, wenn solchen Bedingungen

§ 11 Final Provisions

(1) Should individual provisions of this contract be or become invalid in whole or in part, this shall not affect the validity of the remaining provisions. The parties hereby agree that the invalid provision shall be replaced by a valid provision which comes as close as possible to the economic purpose of the invalid provision. The same applies to any gaps in the agreement.

(2) In the event of a dispute arising out of this contract, the parties shall, prior to conducting court proceedings (legal action), conduct arbitration in accordance with the Hamburg Arbitration Board's Rules of Conciliation for IT Disputes in the version valid at the time when arbitration proceedings are initiated. The purpose of the conciliation procedure shall be to settle the dispute in whole or in part, provisionally or finally. If an agreement cannot be reached before the conciliation body, legal recourse to the ordinary courts is opened.

(3) The assignment of claims which are not monetary claims is only permissible upon prior written consent of the other party. Such consent shall not be unreasonably withheld.

(4) A right of retention can only be asserted due to counterclaims from the respective contractual relationship.

(5) The contracting parties may only offset claims that have been legally established or are undisputed.

(6) There are no subsidiary agreements to this contract. General terms and conditions of the parties shall not apply to this contract. This shall also apply if such conditions are not expressly contradicted.

nicht ausdrücklich widersprochen wird. Änderungen und Ergänzungen dieses Vertrages bedürfen der Schriftform. Auf dieses Formerfordernis kann nur durch schriftliche Vereinbarung verzichtet werden.

(7) Es gilt das Recht der Bundesrepublik Deutschland.

(8) Ausschließlicher Gerichtsstand für alle Rechtsstreitigkeiten aus oder im Zusammenhang mit diesem Vertrag ist der Sitz des Vermieters. Der Vermieter ist aber auch berechtigt, am allgemeinen Gerichtsstand des Mieters zu klagen

(9) Die Vertragsparteien haben den Vertrag in einer deutschen und einer englischsprachigen Fassung geschlossen. Für die rechtlichen Wirkungen zwischen den Parteien ist allein die deutsche Fassung maßgeblich.[16]

Amendments and supplements to this contract must be made in writing. This formal requirement can only be waived by written agreement.

(7) The laws of the Federal Republic of Germany shall apply.

(8) The exclusive place of jurisdiction for all legal disputes arising from or in connection with this contract is the registered office of the Lessor. However, the Lessor is also entitled to sue at the general place of jurisdiction of the Lessee.

(9) The parties have concluded the contract in a German and an English version. Only the German version is decisive for the legal effects between the parties.[16]

Anmerkungen

1. Rechtsnatur der Überlassung auf Zeit. Software ist ein digitales Produkt iSd § 548a BGB, so dass die Vorschriften des Mietrechts entsprechend anzuwenden sind. Der BGH hatte die zeitweise Überlassung von Software bereits zuvor dem Mietrecht zugeordnet (BGH MMR 2007, 243 (244)). Gelegentlich wird der Vertrag zur Überlassung von Software auf Zeit auch als **Lizenzvertrag** bezeichnet. Das ist insofern ungenau, als das BGB den Begriff der Lizenz nicht kennt. Wohl wird er dagegen in neueren urheberrechtlichen Vorschriften verwendet. Letztlich ist abseits der Begrifflichkeiten wichtig, dass das urheberrechtliche und das schuldrechtliche Verhältnis zwischen Vermieter und Mieter unterschieden werden. Aus dem urheberrechtlichen Begriff der Lizenz ist für das Schuldrecht unmittelbar nichts zu gewinnen.

Das Formular sieht den Einsatz der Software auf der Hardware des Mieters vor. Andere Mietmodelle ermöglichen die Nutzung von Software, die auf der Hardware des Vermieters läuft, wobei die Begriffe nicht eindeutig belegt sind. Das gilt etwa für das **Application Service Providing** (→ Form. E.4), das davon kaum zu trennende **„Software as Service"** (SaaS) und auch das begrifflich unscharfe **„Cloud Computing"** → Form. C.9.

2. Benutzerdokumentation. Das Fehlen einer Benutzerdokumentation und einer Installationsanleitung würde wie bei der Überlassung auf Dauer einen Mangel darstellen.

3. Installation. Auch hier ist zu prüfen, ob der Mieter dazu ohne Weiteres in der Lage ist. Wenn nicht, sollte dies in die Anforderungen an die Lauffähigkeit der Software aufgenommen und dem Mieter leicht erkennbar mitgeteilt werden.

4. Vergütung. Das Formular sieht eine nutzungsabhängige Vergütung vor. Die Intensität der Nutzung bestimmt die Miete. Das Amortisationsinteresse des Vermieters bedingt eine nutzungsunabhängige Grundmiete, die auch dann zu zahlen ist, wenn keine Nutzung erfolgt. Anderenfalls hätte es der Mieter in der Hand, sich durch Nichtnutzung seiner vertraglichen Hauptleistungspflicht zu entziehen, ohne den Vertrag kündigen zu müssen oder zu können.

Besondere Regeln zur Anpassung der Miete enthält das BGB für Sachen, die keine Räume oder Grundstücke sind, nicht. Es gelten daher die allgemeinen Grundsätze zur **Preisanpassung**, wonach eine Mieterhöhung vereinbart werden muss, dies aber auch schon vorab geschehen kann. Wie stets in Allgemeinen Geschäftsbedingungen sind die strengen Anforderungen der Rechtsprechung an die Transparenz der Erhöhungsklausel und die Wahrung der Leistungsäquivalenz zu beachten → Vorb. A.III.10. Die hier vorgeschlagene Klausel hält diesen Anforderungen nicht stand. Unbedenklich wäre eine **Staffelung der Miete** unter genauer Angabe der Erhöhungsschritte, was jedoch in der Praxis kaum vorkommt. Letztlich hat der Vermieter bei der Softwaremiete aber die Möglichkeit, Preiserhöhungen im Verhandlungswege durchzusetzen und bei einem Scheitern der Verhandlungen den Vertrag – notfalls – zu kündigen.

5. Nutzungsrechte. Der Vermieter von Software muss anders als derjenige, der Software auf Dauer überlässt, nicht damit rechnen, dass der Nutzer die Software auf rechtmäßige Weise weitergibt. Eine Erschöpfung des Verbreitungsrechts findet bei der mietweisen Überlassung von Software nicht statt. Dementsprechend brauchen keine Weitergabevorbehalte vereinbart werden. Die hier enthaltenen Regelungen sind nur deklaratorisch.

Auch bei der Überlassung von Software auf Zeit bedarf der Mieter zum Ablaufenlassen der Software auf einem Rechner im Rahmen der Mindestnutzung keiner besonderen Gestattung. Wegen § 69d Abs. 1 UrhG reicht es, wenn er berechtigter Nutzer ist, wobei die Berechtigung nicht aus einer urheberrechtlichen Gestattung zur Nutzung folgen muss, weil sonst die Regelung leerlaufen würde (zum Kreis der Berechtigten vgl. Schricker/Loewenheim/Loewenheim/Spindler UrhG § 69d Rn. 4 f.). Erst nach Ablauf der Mietdauer entfällt das Nutzungsrecht des Mieters.

6. CPU-Klausel. Zwar ist die Weitergabe von Software rechtlich nicht zulässig, da sie aber faktisch möglich ist, kann auch der Vermieter von Software bestrebt sein, eine Weitergabesperre einzurichten. Geschieht dies durch eine so genannte CPU-Bindung, ist die Vereinbarung einer solchen Sperre jedenfalls AGB-rechtlich nicht zu beanstanden. Die Bindung an einen bestimmten Rechner kann über die Identifikation von dessen CPU erfolgen. CPU haben regelmäßig Identifikationsnummern, die sie individualisierbar machen mit der Folge, dass das Programm erkennen kann, wenn es in einem System mit einer anderen CPU läuft. Das ist zum einen für die Kontrolle der Weitergabe der Software sinnvoll und zum anderen dann, wenn die Miete nach der Nutzungsintensität berechnet wird. Eine leistungsfähigere CPU soll dann eine höhere Vergütung auslösen. Der BGH hält zwar die urheberrechtliche Wirksamkeit der Bindung an eine CPU für fraglich, sieht aber jedenfalls eine schuldrechtliche Abrede mit diesem Inhalt als AGB-rechtlich wirksam an (BGH NJW 2003, 2014 (2016) – CPU-Klausel). Der deutlich gestaltete Hinweis auf die Programmsperre soll dem Anwender den Einwand nehmen, die Klausel sei überraschend oder die Frist, nach der die Sperre eintritt, sei unangemessen kurz.

Denkbar ist auch, die Rechte bei einer rechtswidrigen Nutzung der Software entfallen zu lassen. Ob eine solche **auflösende Bedingung** wirksam ist, ist allerdings umstritten. In einem die GPL-Version 2 betreffenden Fall hat das LG München folgende Regelung für wirksam gehalten: „Jeder anderweitige Versuch der Vervielfältigung, Modifizierung, Weiterlizenzierung und Verbreitung ist nichtig und beendet automatisch Ihre Rechte unter dieser Lizenz" (LG München I GRUR-RR 2004, 350 (351)). Zu beachten ist aber, dass diese Regelung im Anwendungsbereich des § 69d UrhG keine Wirkungen entfalten kann. Betroffen könnten dann nur Nutzungsarten sein, die über den abredefesten zwingenden Kern von Nutzungsbefugnissen hinausgehen. Aus Gründen der Transparenz sollte dies in den Nutzungsbedingungen deutlich gemacht werden.

7. Ausschluss privater Gebrauch. Für den Fall, dass die Software sowohl gewerblich als auch privat genutzt werden kann, empfiehlt sich für den Vermieter eine Einschränkung auf den gewerblichen Bereich, um die Anwendbarkeit der §§ 327 ff., 578b BGB auszuschließen.

8. Schutzrechtsverletzungen. → Form. C.1 Anm. 20.

9. Feste Laufzeit. Wird der Vertrag über eine feste Laufzeit ohne eine Verlängerungsoption abgeschlossen und entspricht die Laufzeit der **Funktionsdauer** der Software, gilt dies nach Auffassung des BGH urheberrechtlich als Veräußerung iSd § 69c Nr. 3 UrhG (BGH NJW 2015, 3576 Rn. 37 – Green IT). In der Folge liegt urheberrechtlich keine Miete vor und der Nutzer ist berechtigt, die Software wegen der eingetretenen Erschöpfung des Verbreitungsrechts weiterzugeben. Ob eine feste Laufzeit unter diesen Bedingungen auch schuldrechtlich nicht als Miete, sondern als Kauf anzusehen ist, hat der BGH nicht entschieden. Hinsichtlich der Mängelhaftung kommt es dann aber zu erheblichen Abweichungen. Eine Zuweisung zum – auch urheberrechtlichen – Mietrecht des BGB ist jedenfalls dann gegeben, wenn die Laufzeit unbestimmt ist und der Vermieter alternativ zu einer festen Laufzeit von seinem Kündigungsrecht Gebrauch macht.

10. Beschaffenheitsvereinbarung. Zwar gibt es im Mietrecht keine dem § 434 Abs. 3 S. 1 lit. b BGB entsprechende Regelung, einem Vertrauensschutz des Mieters gegenüber solchen Bekanntmachungen soll hier aber entgegengewirkt werden.

11. Gewährleistung. Der Mietvertrag ist dadurch gekennzeichnet, dass der Vermieter während der Vertragslaufzeit verpflichtet ist, die Mietsache in einem gebrauchstauglichen Zustand zu erhalten. Für Software beinhaltet das insbesondere die Pflicht, die üblicherweise im Rahmen von **Pflegeverträgen** entgeltlich erbrachten Leistungen zur Mängelbeseitigung und unter Umständen auch zur Anpassung an geänderte Umstände aufgrund des Mietvertrages unentgeltlich zu erbringen. Der Abschluss eines die Mängelbeseitigung beinhaltenden Pflegevertrages in rechtlicher Einheit mit dem Mietvertrag führt zu den bekannten AGB-rechtlichen Problemen → Form. C.7 Anm. 3, weil die Einheit der Verträge dem hier maßgeblichen Leitbild des Mietvertrages widerspricht. Bietet der Pflegevertrag dagegen lediglich Leistungen an, die vom Vermieter von Gesetzes wegen nicht geschuldet sind, so kommt es zu keiner unangemessenen Benachteiligung aufgrund der Rechtseinheit beider Verträge. Soll der Pflegevertrag darüberhinausgehen und lässt sich eine eindeutige Abgrenzung zwischen der Mängelhaftung nach dem Mietvertrag und den entgeltlichen Leistungen aus dem Pflegevertrag nicht treffen, wird in der Praxis der Mietvertrag um die Pflegeleistungen erweitert und die Software zu einem Entgelt vermietet, das der Summe aus dem ursprünglich beabsichtigten Pflegevertrag und der Miete entspricht. Es liegt dann keine rechtliche Einheit, sondern von Anfang an nur ein Vertrag vor. AGB-rechtlich dürfte das nicht zu beanstanden sein.

Der zweite Satz der Klausel soll klarstellen, dass eine **Weiterentwicklung** der Software nicht geschuldet ist. Inwieweit diese Leistung von der gesetzlichen Erhaltungspflicht umfasst ist, ist fraglich, der Zusatz soll insoweit für Klarheit sorgen. Dem Interesse an einer Weiterentwicklung der Software und der Aufrechterhaltung der Gebrauchstauglichkeit kann durch den parallelen Abschluss eines Pflegevertrages Rechnung getragen werden.

Ob und in welchem Umfang eine **Beschränkung der Pflichten** des Vermieters zum Erhalt der Gebrauchstauglichkeit von Software AGB-rechtlich zulässig ist, ist nicht klar. Rechtsprechung hierzu fehlt.

12. Anfängliche verschuldensunabhängige Haftung. Die verschuldensunabhängige Haftung für anfängliche Mängel kann auch in AGB ausgeschlossen werden (BGH NJW-RR 1991, 74; aA für Kardinalpflichten OLG Frankfurt a. M. BeckRS 2021, 43481 Rn. 90).

13. Haftung. Eine effektive Beschränkung der Haftung in AGB ist nicht möglich → Vorb. A.III.5.

14. Änderungen. → Vorb. A.I.3 und → Form. C.12 Anm. 21.

15. Vertragserneuerung. → Form. C.12 Anm. 22.

16. Vertragssprache. → Form. F.3 Anm. 36.

5. Software-Leasing-Vertrag – Software Lease Agreement

Software-Leasing-Vertrag[1]

Die . . . . (Firma, Sitz, Vertretungsverhältnisse),
– nachfolgend „Leasingnehmer" genannt – beabsichtigt, Software und deren Dokumentation – nachfolgend Leasinggegenstand genannt – auf beschränkte Zeit zu nutzen und dies durch den Leasinggeber finanzieren zu lassen. Dazu beantragt der Leasingnehmer bei
. . . . . (Firma, Sitz, Vertretungsverhältnisse)
– nachfolgend „Leasinggeber" genannt – den Abschluss eines Leasingvertrages zu den folgenden Bedingungen unter Einschluss der Allgemeinen Leasingbedingungen (ALB).
Gegenstand des Leasing, (ggf. in der Anlage Leasinggegenstand zu präzisieren):

Leasinggegenstand	1.	2.	3.
Lieferant			
Voraussichtl. Lieferdatum			
Standort			
Netto-Anschaffungspreis			

Kosten des Leasing:

Der Netto-Gesamtanschaffungspreis beträgt . . . . . EUR. Hierauf wird der Leasingnehmer eine Leasingsonderrate von . . . . . Euro netto leisten. Die Netto-Leasingraten berechnen sich somit auf der Grundlage eines Betrages von . . . . . EUR.

Der Vertrag wird für eine Laufzeit von . . . . . Monaten abgeschlossen und

Software Lease Agreement[1]

The . . . . . (company name, registered office, agency relationships),
– hereinafter referred to as „the Lessee" – intends to use software and its documentation – hereinafter referred to as the leased object – for a limited period of time and to have such use financed by the Lessor. For such purpose, the Lessee requests
. . . . . (company name, registered office, representation)
– hereinafter referred to as „the Lessor" – to conclude a leasing contract under the following conditions, including the General Lease Conditions (GLC).
The object of the lease (as may be specified in exhibit „Leased Object"):

Leasing Object	1.	2.	3.
Supplier			
Anticipated Delivery Date			
Location			
Net Purchase Price			

Costs of leasing:

The total net purchase price is . . . . . EUR. The Lessee then pays a special leasing instalment of . . . . . Euro net. The net lease payments are therefore calculated on the basis of an amount of . . . . . EUR.

The contract shall be concluded for a period of . . . . . months and may be

kann während dieser Zeit nur aus wichtigem Grund gekündigt werden. Für den Leasinggegenstand beträgt die maßgebliche AfA-Dauer . . . . Monate.

Die voraussichtliche laufende monatliche Netto-Leasingrate beträgt vorbehaltlich einer Änderung nach § 6 ALB . . . . . EUR. Die Vertragsdauer berechnet sich ab dem Zeitpunkt der Übernahme des Leasinggegenstandes gemäß § 5 ALB.

Der Leasingnehmer wird den Leasinggeber mit der anliegenden Einzugsermächtigung widerruflich ermächtigen, die fälligen Leasingraten per Lastschrift einzuziehen.

Der Leasinggeber wird die im Rahmen der Begründung und gegebenenfalls Durchführung des Vertrages anfallenden Daten, die auch personenbezogen sein können gemäß den in der Anlage Datenschutzhinweise beschriebenen Verfahren verwenden. Der Leasinggeber wird die Daten insbesondere an die . . . . . Financial Services AG und/oder an andere Kreditinstitute zu Refinanzierungszwecken übermitteln, wenn dies zur Begründung, Durchführung oder Beendigung des Leasingvertrages erforderlich ist.

Anlagen:
Leasinggegenstand
Einziehungsermächtigung → Form. L.2
Nutzungsrechte
Datenschutzhinweise

(Ergänzung:

Auszug Mängelrechte aus Überlassungsvertrag)

Datum/Unterschrift

terminated during this period for good cause only. The relevant depreciation period for the leased object is . . . . months.

Subject to an amendment of the leasing rate in accordance with § 6 GLC, the anticipated current monthly net leasing instalment amounts to . . . . . EUR. The duration of the contract is calculated as of the date on which the leased object is taken over in accordance with § 5 GLC.

The Lessee shall revocably authorise the Lessor with the attached direct debit authorisation to collect the due leasing instalments by direct debit.

The Lessor will use the data, which may also be personal data, obtained in the course of the establishment and, where appropriate, the performance of the contract, in accordance with the procedures described in the data protection notice annexed hereto. The Lessor will in particular forward the data to . . . . Financial Services AG and/or to other credit institutions for refinancing purposes if this is necessary for the establishment, implementation or termination of the leasing contract.

Appendices:
Leased Object
Direct Debit Mandate
Licence
Privacy Policy

(Ergänzung:

Excerpt of rights to defects from the transfer contract)

Date/Signature

Allgemeine Leasingbedingungen (ALB)

§ 1 Vertragsschluss und -beginn

(1) Der Leasingnehmer ist an sein Angebot auf Abschluss eines Leasingvertrages mit dem Leasinggeber einen Monat ab Absen-

General Lease Conditions (GLC)

§ 1 Conclusion and Commencement of the Contract

(1) The Lessee shall be bound by its offer to conclude a leasing contract with the Lessor for one month from the date of

dung gebunden.[2] Mit Zugang der Annahmeerklärung kommt der Vertrag zustande.

(2) Vertragsbeginn ist der Zeitpunkt der Übernahme des Leasinggegenstandes durch den Leasingnehmer gem. § 5.

dispatch.[2] The contract is concluded upon receipt of the declaration of acceptance.

(2) The commencement of the contract is the time at which the leased object is taken over by the Lessee in accordance with § 5.

§ 2 Leasinggegenstand

(1) Der Leasinggeber überlässt dem Leasingnehmer entgeltlich die im Leasingvertrag als Leasinggegenstand näher bezeichnete Software einschließlich Dokumentation auf beschränkte Zeit.

(2) Die Installation der Software ist von dem Leasinggeber nicht geschuldet und erfolgt auf Gefahr und Kosten des Leasingnehmers.

§ 2 Leased Object

(1) The Lessor shall provide the Lessee with the software, including documentation, specified in the leasing contract as the leased object for a limited period of time against payment.

(2) The installation of the software is not owed by the Lessor and is carried out at the risk and expense of the Lessee.

§ 3 Objektauswahl

(1) Die Auswahl des Leasinggegenstandes und des Lieferanten obliegt allein dem Leasingnehmer. Der Leasingnehmer handelt die Vertragsbedingungen über den Erwerb, die Lieferung und sonstige Leistungen selbständig mit dem Lieferanten aus und beauftragt den Leasinggeber, den Vertrag (nachfolgend auch Überlassungsvertrag genannt) zu den ausgehandelten Bedingungen, die er dem Leasinggeber umfassend mitteilt, im eigenen Namen und für eigene Rechnung abzuschließen. Von dem Vertrag, den Anlagen und den dazu geltenden Bedingungen wird der Leasingnehmer eine Kopie für seine Unterlagen anfertigen. Der Leasingnehmer wird den Leasinggeber über etwaige Nebenabreden zu dem Vertrag mit dem Lieferanten oder über einseitige Zusagen, Ratschläge oder Auskünfte des Lieferanten umfassend informieren.

(2) Der Leasingnehmer ist nicht berechtigt, den Leasinggeber gegenüber dem Lieferanten zu vertreten. Die Funktionalität des Leasinggegenstandes und dessen Eignung für die Zwecke des Leasingnehmers sind ebenso wie sonstige Leistungen des Lieferanten nicht Gegenstand dieses Ver-

§ 3 Object Selection

(1) The selection of the leased object and the supplier is the sole responsibility of the Lessee. The Lessee negotiates the contractual terms and conditions for the purchase, delivery and other services independently with the supplier and instructs the Lessor to conclude the contract (hereinafter also referred to as the transfer agreement) in its own name and for its own account under the negotiated terms and conditions, of which it informs the Lessor comprehensively. The Lessee shall make a copy of the contract, the appendices and the conditions applicable thereto for its own records. The Lessee shall inform the Lessor comprehensively of any ancillary agreements to the contract with the supplier or of unilateral commitments, advice or information provided by the supplier.

(2) The Lessee is not entitled to represent the Lessor vis-à-vis the supplier. The functionality of the leased object and its suitability for the purposes of the Lessee as well as other services of the supplier are not subject matter of this contract.[3] Nor is

trages.[3] Ebenso wenig ist der Lieferant berechtigt, den Leasinggeber gegenüber dem Leasingnehmer zu vertreten.

(3) Sofern der Leasingnehmer bereits einen Vertrag mit dem Lieferanten geschlossen hat, bevollmächtigt er den Leasinggeber, namens des Leasingnehmers mit dem Lieferanten eine Vereinbarung zu treffen, kraft deren entweder der Leasinggeber an Stelle des Leasingnehmers in den Vertrag mit dem Lieferanten eintritt oder der Vertrag zwischen Leasingnehmer und Lieferant aufgehoben und zwischen Lieferanten und Leasinggeber zu gleichen Bedingungen neu abgeschlossen wird. Der Leasingnehmer wird hierzu den Leasinggeber vorab entsprechend der Regelung in Abs. 1 über die Umstände des Vertragsschlusses und über den Vertragsinhalt informieren. Ein Anspruch des Leasingnehmers auf Eintritt des Leasinggebers in den Vertrag mit dem Lieferanten besteht nicht. Erklärt sich der Lieferant mit einem Parteiwechsel nicht einverstanden, wird der Leasinggeber das Angebot des Leasingnehmers nicht annehmen und ihm auf Wunsch einen Vorschlag zu einem Sale-and-Lease-back-Verfahren unterbreiten.[4]

(4) Für den Fall, dass der Leasingnehmer bereits einen Vertrag mit dem Lieferanten geschlossen hat, in den der Leasinggeber eintritt, überträgt er an den Leasinggeber aufschiebend bedingt auf den Zeitpunkt des Eintritts des Leasinggebers in einen zwischen dem Lieferanten und dem Leasingnehmer über den Leasinggegenstand geschlossenen Vertrag alle ihm an dem Leasinggegenstand zustehenden Rechte (Nutzungsrechte, Eigentum, Anwartschaftsrecht uÄ).[5] Der Leasinggeber nimmt diese Übertragung an. Ist zur Rechtsübertragung die Zustimmung Dritter erforderlich, wird der Leasingnehmer den Leasinggeber hierauf hinweisen und versuchen, die Zustimmung des Dritten einzuholen. Verweigert der Dritte die Zustimmung, wird der Leasingnehmer dies dem Leasinggeber mitteilen. Scheitert die Rechteübertragung, ist der Leasinggeber nach seiner Wahl berechtigt, von diesem Vertrag zurückzutreten

the supplier entitled to represent the Lessor vis-à-vis the Lessee.

(3) Where the Lessee has already concluded a contract with the supplier, it shall authorise the Lessor, on behalf of the Lessee, to conclude an agreement with the supplier under which either the Lessor enters into the contract with the supplier in place of the Lessee or the contract between the Lessee and the supplier is cancelled and a new contract is concluded between the supplier and the Lessor on the same terms. The Lessee shall inform the Lessor in advance about the circumstances of the conclusion of the contract and the contents of the contract in accordance with the provision in paragraph 1. The Lessee is not entitled to the Lessor's entry into the contract with the supplier. If the supplier does not agree with a change of party, the Lessor will not accept the Lessee's offer and, if requested, will submit a proposal for a sale and leaseback procedure.[4]

(4) In the event that the Lessee has already concluded a contract with the supplier which shall be assigned to the Lessor, the Lessee shall transfer to the Lessor all its rights (licence rights, ownership, expectant rights, etc) to the leased object (rights of use, ownership, right to property, etc), subject to the condition precedent that the Lessor enters into a contract concluded between the supplier and the Lessee on the leased object.[5] The Lessor accepts this transfer. If the consent of a third party is required for the transfer of rights, the Lessee shall inform the Lessor accordingly and attempt to obtain the consent of the third party. If the third party refuses the consent, the Lessee will inform the Lessor accordingly. If the transfer of rights fails, the Lessor is entitled, at its option, to withdraw from this contract or to be placed by the Lessee as if the third party had agreed. Claims of the Lessor in other respects shall not be affected thereby.

oder vom Leasingnehmer so gestellt zu werden, wie wenn der Dritte zugestimmt hätte. Ansprüche des Leasinggebers im Übrigen werden hierdurch nicht berührt.

(5) Ferner wird der Leasingnehmer für den Fall, dass er bereits einen Vertrag mit dem Lieferanten geschlossen hat, in den der Leasinggeber eintritt, etwaige erforderliche Bestellungen veranlassen. Bereits erbrachte Anzahlungen oder andere Erfüllungsleistungen des Leasingnehmers wirken insoweit zugunsten des Leasinggebers.

(5) Furthermore, if the Lessee has already concluded a contract with the supplier which the Lessor enters into, the Lessee shall arrange for any necessary orders to be placed. Advance payments already made by the Lessee or other performance rendered by the Lessee thus act to the benefit of the Lessor.

§ 4 Gefahrtragung

(1) Der Leasingnehmer trägt die Gefahr des zufälligen Untergangs des Leasinggegenstandes.[6] Der Leasinggeber tritt dem Leasingnehmer die ihm gegen den Lieferanten und Dritte zustehenden Ansprüche im Zusammenhang mit der Lieferung an den Leasingnehmer ab. Der Leasingnehmer nimmt die Abtretung an. Ansprüche des Leasingnehmers gegen den Leasinggeber wegen der Nicht- oder Schlechtlieferung sind ausgeschlossen.

(2) Geht der Leasinggegenstand aufgrund eines nicht vom Leasinggeber zu vertretenden Umstands unter, kommt er abhanden, wird gebrauchsuntauglich oder verschlechtert sich in sonstiger Weise, bleibt der Leasingnehmer zur Entrichtung der vereinbarten Entgelte verpflichtet. Der Leasingnehmer wird den Leasinggeber unverzüglich über den Eintritt der vorgenannten Umstände schriftlich unterrichten.

§ 4 Risk Assumption

(1) The Lessee shall bear the risk of accidental loss of the leased object.[6] The Lessor assigns to the Lessee the claims to which it is entitled against the supplier and third parties in connection with the delivery to the Lessee. The Lessee accepts the assignment. Claims of the Lessee against the Lessor due to non-delivery or defective delivery are excluded.

(2) If the leased object is lost or destroyed due to circumstances for which the Lessor is not responsible, if it becomes unsuitable for use or deteriorates in any other way, the Lessee remains obliged to pay the agreed fees. The Lessee shall without culpable delay inform the Lessor in writing of any occurrence of the aforementioned circumstances.

§ 5 Übernahme des Leasinggegenstandes

(1) Der Leasingnehmer wird den Leasinggegenstand nach der Installation der Software mit der gebotenen Sorgfalt auf Mängelfreiheit und Funktionstüchtigkeit untersuchen. Ergeben sich hierbei keine Beanstandungen, wird der Leasingnehmer dem Leasinggeber die Installation der Software und deren Betriebsbereitschaft schriftlich bestätigen (Übernahmebestätigung). Mit Zugang der Erklärung wird

§ 5 Delivery of the Leased Object

(1) After the installation of the software, the Lessee shall examine the leased object with due care for freedom from defects and for functionality. If there are no objections, the Lessee shall confirm the installation of the software and its operational readiness to the Lessor in writing (acceptance confirmation). Upon receipt of the declaration, the Lessor shall make payment to the supplier of any fee which

der Leasinggeber eine etwaige, von der Erklärung der Betriebsbereitschaft abhängige Zahlung an den Lieferanten leisten.[7]

is due for payment on the grounds of such declaration.[7]

(2) Soweit die vom Lieferanten zu erbringende Leistung nach § 640 BGB abzunehmen ist, tritt an die Stelle der Untersuchung nach Abs. 1 die Abnahme. Der Leasingnehmer erklärt nach sorgfältiger Prüfung und Feststellung des Vorliegens der Abnahmevoraussetzungen die Abnahme in Vertretung des Leasinggebers. Liegen die Abnahmevoraussetzungen nicht vor, verweigert der Leasingnehmer namens des Leasinggebers die Abnahme. Die Erklärungen zur Abnahme oder Nichtabnahme sind dem Leasinggeber unverzüglich zur Kenntnis zu bringen.

(2) If the service to be rendered by the supplier is to be accepted according to § 640 BGB (German Civil Code), the acceptance shall take the place of the examination according to paragraph 1. The Lessee declares acceptance on behalf of the Lessor after careful examination and determination of the existence of the conditions for acceptance. If the conditions for acceptance are not met, the Lessee refuses acceptance on behalf of the Lessor. The Lessor must be informed without culpable delay of any declarations of acceptance or non-acceptance.

(3) Der Leasingnehmer wird die Untersuchungen nach den vorstehenden Absätzen auch dann durchführen, wenn der Lieferant Nacherfüllungsleistungen erbringt, sei es, dass er die Software oder deren Einsatzbedingungen ändert (Nachbesserung) oder die Software neu installiert (Neulieferung).

(3) The Lessee shall also carry out the investigations in accordance with the above paragraphs if the Supplier provides cure services, whether by modifying the software or its conditions of use or by reinstalling the software.

(4) Mit Bestätigung der Übernahme nach Abs. 1, der die Abnahme nach Abs. 2 entspricht, vermittelt der Leasingnehmer dem Leasinggeber den Besitz an dem Leasinggegenstand.[8]

(4) By confirming acceptance according to paragraph 1, which corresponds to the acceptance according to paragraph 2, the Lessee shall procure the transfer of ownership of the leased object to the Lessor.[8]

§ 6 Vergütung

§ 6 Remuneration

(1) Die von dem Leasingnehmer zu entrichtende Leasingrate bestimmt sich nach dem Gesamtanschaffungspreis im Zeitpunkt des Vertragsbeginns. Ändert sich der in dem Angebot des Leasingnehmers ausgewiesene Gesamtanschaffungspreis bis zur Übernahmebestätigung oder später, so ändern sich die vom Leasingnehmer zu entrichtenden Leasingraten entsprechend.[9]

(1) The leasing instalment to be paid by the Lessee shall be calculated based on the total purchase price at the time of commencement of the contract. If the total purchase price stated in the Lessee's offer changes by the time of confirmation of acceptance or later, the leasing instalments to be paid by the Lessee shall change accordingly.[9]

(2) Die Kalkulation der im Angebot ausgewiesenen Leasingraten basiert auf den Refinanzierungsbedingungen im Zeitpunkt der Erstellung des Angebots. Ändern sich diese Refinanzierungsbedingungen bis zum Zeitpunkt des Vertragsbeginns, ist der Leasinggeber berechtigt und auf Verlangen des

(2) The calculation of the leasing instalments shown in the offer is based on the refinancing conditions at the time of the preparation of the offer. If these refinancing conditions change by the time the contract commences, the Lessor is entitled and, at the Lessee's request, obliged

Leasingnehmers verpflichtet, die Leasingraten entsprechend anzupassen.[10]

to adjust the leasing instalments accordingly.[10]

(3) Eine Anpassung der Leasingraten ist auch dann zulässig und erforderlich, wenn sich nach Vertragsschluss die für den Leasingvertrag maßgeblichen abgabenrechtlichen Vorschriften oder die Praxis der Finanzverwaltung zur Behandlung von Leasinggeschäften mit Auswirkungen auf das Vertragsverhältnis ändern.[11]

(3) An adjustment of the leasing instalments is also permissible and necessary if, after conclusion of the contract, the tax regulations applicable to the leasing contract, or the practice of the tax authorities for the treatment of leasing transactions relevant to the contractual relationship, change.[11]

(4) Über die Höhe seiner Zahlungsverpflichtungen erhält der Leasingnehmer mit Vertragsbeginn ein Abrechnungsschreiben. Die nach diesem Vertrag zu leistenden laufenden Entgelte hat der Leasingnehmer jeweils zum Ersten eines Kalendermonats im Voraus zu zahlen. Die erste Rate ist zum Vertragsbeginn zur Zahlung fällig. Ist eine Leasingsonderzahlung vereinbart, so erhöht diese die erste Leasingrate.

(4) The Lessee shall receive a letter of account for the amount of its payment obligations at the start of the contract. The Lessee shall pay the current fees payable under this Agreement in advance on the first day of each calendar month. The first instalment is due for payment at the start of the contract. If a special leasing payment has been agreed, this increases the first leasing instalment.

(5) Der Leasingnehmer trägt alle Kosten, Gebühren, Beiträge, Steuern und sonstigen Abgaben, die im Zusammenhang mit der Überlassung und Nutzung des Leasinggegenstandes bei Abschluss des Vertrages oder während dessen Durchführung anfallen.

(5) The Lessee shall bear all costs, fees, contributions, taxes and other charges incurred in connection with the transfer and use of the leased object at the time of conclusion of the contract or during its execution.

(6) Alle Entgelte sind Netto-Entgelte und verstehen sich zzgl. der gesetzlichen Umsatzsteuer.

(6) All fees are net fees and do not include the statutory value-added tax.

(7) Erfolgt eine Rückabwicklung dieses Vertrages nach § 9 Abs. 9, erhält der Leasingnehmer die von ihm geleisteten Leasingraten und eine etwaige Sonderzahlung zurück. Der zurückzuerstattende Betrag vermindert sich um einen Nutzungsausgleich für die Gebrauchsüberlassung.

(7) If this contract is reversed in accordance with § 9 Para. 9, the Lessee shall receive back the leasing instalments paid by it and any special payment. The amount to be refunded shall be reduced by a compensation for use.

§ 7 Rechteeinräumung

§ 7 Grant of Rights

(1) Der Leasingnehmer hat zur Nutzung der Software während der Laufzeit dieses Vertrages das einfache Recht, die Software auf einem Rechner bestimmungsgemäß ablaufen zu lassen. Abweichende Regelungen sind in der Anlage „Nutzungsrechte" festgehalten.[12]

(1) For the use of the Software during the term of this contract, the Lessee shall have the simple right to run the software on a computer as designated. Deviating regulations are set out in the „Licence" appendix.[12]

(2) Der Leasingnehmer darf die Software an Dritte weder veräußern, noch verschenken oder verleihen, noch weitervermieten.

(3) Der Leasingnehmer ist nicht berechtigt, die vorhandenen Schutzmechanismen des Programms gegen eine unberechtigte Nutzung zu entfernen oder zu umgehen, es sei denn dies ist erforderlich, um die störungsfreie Programmnutzung zu erreichen. Urheber- und markenrechtliche Kennzeichen dürfen nicht verändert oder entfernt werden. Bei Erstellen einer Sicherheitskopie hat der Leasingnehmer dafür Sorge zu tragen, dass die vom Softwarehersteller angebrachten Kennzeichnungen soweit möglich auch auf der Kopie angebracht werden.

(2) The Lessee may neither sell, give away or lend the software to third parties nor sublet it.

(3) The Lessee is not entitled to remove or circumvent the existing protective mechanisms of the program against unauthorized use, unless this is necessary to achieve trouble-free program use. Copyright and trademarks may not be changed or removed. When making a backup copy, the Lessee shall ensure that the markings affixed by the software manufacturer are also affixed to the copy as far as possible.

§ 8 Pflege des Leasinggegenstandes

(1) Der Leasingnehmer hat die Software auf seine Kosten in einem mangelfreien und gebrauchstauglichen Zustand zu erhalten. Um dies zu erreichen wird er für die Dauer dieses Leasingvertrages einen Pflegevertrag mit einem geeigneten Unternehmen abschließen, das insbesondere berechtigt und in der Lage ist, den Leasinggegenstand zu ändern.[13]

(2) Weitere Änderungen an dem Leasinggegenstand, auch einen Wechsel des Einsatzortes, wird der Leasingnehmer nur in Abstimmung mit dem Leasinggeber vornehmen. Änderungen zur Mängelbeseitigung sind dem Leasingnehmer auch ohne Abstimmung mit dem Leasinggeber gestattet.[14]

§ 8 Maintenance of the Leased Object

(1) The Lessee shall maintain the Software in a defect-free and usable condition at its own expense. In order to achieve this, it will conclude, for the term of this leasing agreement, a maintenance agreement with a suitable company, which in particular is entitled and in a position to amend the leased object.[13]

(2) The Lessee will only make further changes to the leased object, including a change of location, in agreement with the Lessor. The Lessee shall be permitted to make changes to remedy defects without consulting the Lessor.[14]

§ 9 Sach- und Rechtsmängelhaftung

(1) Ansprüche gegen den Leasinggeber wegen Sach- und Rechtsmängeln nach Lieferung des Leasinggegenstandes sind ausgeschlossen.[15] Ausgeschlossen sind auch die Haftung aus Nebenpflichtverletzungen des Lieferanten (Aufklärungs-, Beratungs-, Hinweis und sonstige Rücksichtnahmepflichten) und ferner die verschuldensunabhängige Schadensersatzhaftung für Mängel, die bereits bei Vertragsschluss vorhanden waren.[16]

§ 9 Liability for Defects

(1) Claims against the Lessor for material defects and defects of title after delivery of the leased goods are excluded.[15] Also excluded are liability claims arising from the Supplier's breach of ancillary obligations (clarification, consultation, notification and other duties of consideration), and strict liability for damages for defects which already existed at the time the contract was concluded.[16]

(2) Zum Ausgleich für den Ausschluss der Mängelhaftung gegenüber dem Leasinggeber tritt der Leasinggeber dem Leasingnehmer alle Rechte aufgrund der nicht mangelfreien Erfüllung der Lieferantenpflichten gegen den Lieferanten aus dem über den Leasinggegenstandes geschlossenen Vertrag einschließlich Rechten aus Nebenpflichtverletzungen ab und ermächtigt den Leasingnehmer, diese Rechte im eigenen Namen geltend zu machen. Der Leasingnehmer nimmt die Abtretung an.

(3) Nicht zu den abgetretenen Rechten gehören Ansprüche, die aus der Geltendmachung von Gestaltungsrechten (Minderung und Rücktritt) folgen.[17] Dazu gehören beispielsweise Ansprüche auf Rückgewähr von Leistungen bei Rückabwicklung des Vertrages mit dem Lieferanten und die Rückgewähr von Überzahlungen infolge einer Minderung. Ansprüche auf Ersatz von Schäden, die der Leasinggeber erlitten hat, werden ebenfalls nicht abgetreten.

(4) Der Leasingnehmer wird alle abgetretenen Rechte nur im eigenen Namen und auf eigene Kosten geltend machen oder ausüben. Über die Geltendmachung und Durchsetzung der Rechte wird der Leasingnehmer den Leasinggeber unterrichten und unterrichtet halten.

(5) Der Leasingnehmer hat dafür Sorge zu tragen, dass bei einer Nacherfüllung durch den Lieferanten die Rechtsposition des Leasinggebers hinsichtlich des Leasinggegenstandes nicht verschlechtert wird. Dazu wird der Leasingnehmer veranlassen, dass Eigentum und Rechte an im Rahmen der Nacherfüllung gelieferten Gegenständen von dem Lieferanten auf den Leasinggeber übertragen werden. Die Übergabe von Sachen wird ersetzt durch die Lieferung der Sachen an den Leasingnehmer und die Vermittlung des Besitzes seitens des Leasingnehmers an den Leasinggeber. Nutzungsrechte sind ebenfalls vom Lieferanten an den Leasinggeber zu übertragen. Etwaige von dem Lieferanten an den Leasingnehmer bereits übertragene Rechtspositionen werden entsprechend § 3

(2) To compensate for the exclusion of liability for defects vis-à-vis the Lessor, the Lessor assigns to the Lessee all rights arising from the non-defect-free performance of the Supplier's obligations against the Supplier under the contract concluded for the leased object, including rights arising from breaches of ancillary obligations, and authorises the Lessee to assert these rights in its own name. The Lessee accepts the assignment.

(3) The assigned rights do not include claims resulting from the assertion of rights to alter the legal relationship (reduction of purchase price and withdrawal).[17] Such claims include, for example, claims for the return of services in the event of a reversal of the contract with the supplier and the return of overpayments as a result of a reduction of purchase price. Claims for damages suffered by the Lessor shall also not be assigned.

(4) The Lessee shall assert or exercise all assigned rights only in its own name and at its own expense. The Lessee shall inform and keep informed the Lessor of the assertion and enforcement of the rights.

(5) The Lessee shall ensure that the legal position of the Lessor with regard to the leased object is not impaired in the event of cure by the supplier. To this end, the Lessee shall arrange for the ownership of and rights to items delivered because of Cure to be transferred from the Supplier to the Lessor. The delivery of the goods is replaced by the delivery of the goods to the Lessee and the mediation of the possession by the Lessee to the Lessor. Licence rights must also be transferred from the supplier to the Lessor. Any legal positions transferred by the Supplier to the Lessee shall in accordance with § 3 paragraph 4 be transferred to the Lessor upon acquisition by the Lessee.[18]

Abs. 4 mit Erwerb durch den Leasingnehmer auf den Leasinggeber übertragen.[18]

(6) Zu den dem Leasingnehmer zustehenden, nach den vorstehenden Bestimmungen an ihn abgetretenen, Rechten wegen der Mangelhaftigkeit des Leasinggegenstandes gehören das Recht,

- Nacherfüllung zu verlangen,
- von dem Überlassungsvertrag zurückzutreten oder das für die Überlassung vereinbarte Entgelt zu mindern,
- Schadenersatz oder Ersatz vergeblicher Aufwendungen zu verlangen.

(Ergänzung:

Die dem Leasingnehmer aus dem Überlassungsvertrag zustehenden Rechte wegen Mängeln ergeben sich aus dem Überlassungsvertrag selbst und den hierzu geltenden gesetzlichen Vorschriften. Der Überlassungsvertrag ist hinsichtlich der Mängelrechte im Anhang auszugsweise wiedergegeben.[19])

Der Leasingnehmer ist zur unverzüglichen Rüge von Mängeln und zur unverzüglichen Geltendmachung der ihm zustehenden Nacherfüllungsansprüche berechtigt und verpflichtet. Im Falle des Rücktritts und der Kaufpreisminderung ist der Leasingnehmer verpflichtet zu veranlassen, dass Zahlungen des Lieferanten direkt an den Leasinggeber erfolgen. Ein Verzicht auf Ansprüche bedarf der Zustimmung des Leasinggebers.

(7) Wird dieser Vertrag durch Kündigung beendet, tritt der Leasingnehmer die zuvor an ihn abgetretenen Rechte zurück an den Leasinggeber ab. Dieser nimmt die Abtretung an.

(8) Der Leasingnehmer wird den Leasinggeber über alle Maßnahmen der Nacherfüllung detailliert unterrichten und unterrichtet halten. Anzugeben sind dabei insbesondere Art des Mangels und Zeitpunkt seines Auftretens, Zeitpunkt der Information des Lieferanten, Reaktion des Lieferanten und die Angabe, ob der Mangel aus Sicht des Leasingnehmers beseitigt wurde. Ersetzt der Lieferant im Zuge der ordnungsgemäßen Nacherfüllung den

(6) The rights to which the Lessee is entitled and which have been assigned to Lessee in accordance with the above provisions on account of the defectiveness of the Leasehold Item shall include the right to

- demand supplementary performance,
- withdraw from the lease agreement or reduce the remuneration agreed for the lease,
- demand compensation for damages or reimbursement of futile expenses.

(Ergänzung:

The rights to which the Lessee is entitled under the transfer agreement due to defects result from the transfer agreement itself and the applicable statutory provisions. Excerpts from the transfer agreement are reproduced in the appendix with regard to the rights in respect of defects.[19])

The Lessee shall be entitled and obliged to give notice of defects without delay and to assert the claims for subsequent performance to which it is entitled without delay. In the event of withdrawal and reduction of the purchase price, the Lessee shall be obliged to arrange for payments by the Supplier to be made directly to the Lessor. Any waiver of claims requires the consent of the Lessor.

(7) If this contract is terminated by notice of cancellation, the Lessee assigns the rights previously assigned to it back to the Lessor. The Lessor accepts the assignment.

(8) The Lessee shall inform, and keep the Lessor fully informed, of all cure measures. Such information shall include, in particular, the nature of the defect and the date at which the defect occured, the date when the supplier was informed, the reaction of the supplier and information as to whether the defect was remedied from the point of view of the Lessee. If, in the course of Cure, the supplier replaces the leased goods with another good, the latter

Leasinggegenstand durch einen anderen Gegenstand, tritt dieser an die Stelle des zuvor überlassenen Leasinggegenstands.

shall take the place of the leased good previously provided.

(9) Tritt der Leasingnehmer wirksam von dem zwischen Leasinggeber und Lieferanten geschlossenen Vertrag zurück, wird auch dieser Leasingvertrag nach den Regelungen der §§ 346 ff. BGB rückabgewickelt. Wirksam ist der Rücktritt gegenüber dem Lieferanten, wenn der Lieferant zur Rückabwicklung bereit ist oder hierzu rechtskräftig verurteilt wird.[20]

(9) If the Lessee effectively withdraws from the contract concluded between the Lessor and the supplier, this leasing contract shall also be reversed in accordance with the provisions of §§ 346 ff. BGB. Withdrawal from the contract with the supplier shall be effective if the supplier is prepared to rescind the contract or has been compelled to do so by a court of law.[20]

(10) Lehnt der Lieferant einen vom Leasingnehmer geltend gemachten Anspruch auf Nacherfüllung, die Minderung des Kaufpreises oder die Rückabwicklung des Kaufvertrags ab, ist der Leasingnehmer zur Zurückbehaltung der nach dem Zeitpunkt der Ablehnung fälligen Leasingraten berechtigt, sofern er innerhalb von sechs Wochen nach der Ablehnung Klage erhebt. Bei nicht fristgerechter Klageerhebung greift das Zurückbehaltungsrecht ab dem Tag der Klageerhebung. Bei Erfolglosigkeit des Klagebegehrens entfällt das Zurückbehaltungsrecht rückwirkend.[21]

(10) If the Supplier rejects a claim asserted by the Lessee for cure, reduction of the purchase price or rescission of the purchase contract, the Lessee shall be entitled to withhold the leasing instalments due after the time of rejection, provided it files an action within six weeks of the rejection. If an action is not brought within the period prescribed, the right of retention shall apply from the date on which the action was brought. If the claim is unsuccessful, the right of retention shall lapse retroactively.[21]

§ 10 Haftung des Leasinggebers im Übrigen

§ 10 Liability of the Lessor in all other Respects

(1) Der Leasinggeber haftet für Vorsatz und grobe Fahrlässigkeit. Für leichte Fahrlässigkeit haftet er nur bei Verletzung einer wesentlichen Vertragspflicht (Kardinalpflicht), deren Erfüllung die ordnungsgemäße Durchführung des Vertrags überhaupt erst ermöglicht und auf deren Einhaltung der Leasingnehmer regelmäßig vertrauen darf, sowie bei Schäden aus der Verletzung des Lebens, des Körpers oder der Gesundheit.[22]

(1) The Lessor is liable for intent and gross negligence. In the event of slight negligence, the Lessee shall only be liable for breach of a material contractual obligation (cardinal obligation), the fulfilment of which is essential to the proper performance of the contract and the observance of which the Lessee may regularly rely on, as well as for damages resulting from injury to life, limb or health.[22]

(2) Die Haftung ist im Falle leichter Fahrlässigkeit summenmäßig beschränkt auf die Höhe des vorhersehbaren Schadens, mit dessen Entstehung typischerweise gerechnet werden muss; maximal ist diese Haftung jedoch beschränkt auf 350.000,– EUR aus dem Vertragsverhältnis.

(2) In the event of slight negligence, the Lessor's liability shall be limited in sum to the amount of the foreseeable damage, the occurrence of which must typically be expected; however, the Lessor's maximum aggregate liability under this contract shall not exceed 350,000 EUR.

(3) Für den Verlust von Daten und/oder Programmen haftet der Leasinggeber insoweit nicht, als der Schaden darauf beruht, dass es der Leasingnehmer unterlassen hat, Datensicherungen durchzuführen und dadurch sicherzustellen, dass verlorengegangene Daten oder Programme mit vertretbarem Aufwand wiederhergestellt werden können.

(4) Die vorstehenden Regelungen gelten auch zugunsten der Erfüllungsgehilfen des Leasinggebers.

§ 11 Versicherung

(1) Der Leasingnehmer versichert den Leasinggegenstand während der gesamten Vertragsdauer auf seine Kosten gegen Risiken des Untergangs, Verlustes, Einbruchs, Diebstahls, Feuers sowie gegen alle sonstigen vergleichbaren Risiken. Der Versicherungsschutz soll mindestens eine Elektronikversicherung umfassen.[23]

(2) Die Versicherung des Leasinggegenstands muss mindestens zu dem Wert erfolgen, der dem vom Leasinggeber an den Lieferanten gezahlten Kaufpreis entspricht. Die Versicherung ist anzupassen, wenn der Wert des Leasinggegenstands durch Maßnahmen nach § 9 gesteigert wird. Der Leasingnehmer hat dem Leasinggeber die Versicherung vor Überlassung des Leasinggegenstands und auch später auf Anfordern des Leasinggebers nachzuweisen.

(3) Der Leasingnehmer tritt alle Rechte aus der Versicherung des Leasinggegenstands gegen die in Abs. 1 genannten Risiken und eventuelle Rechte gegen Schädiger des Leasinggegenstands und deren Versicherer an den Leasinggeber zur Sicherung der Forderungen aus diesem Leasingvertrag ab. Der Leasinggeber nimmt die Abtretung an.

(4) Unabhängig von der Abtretung ist der Leasingnehmer ermächtigt und verpflichtet, die abgetretenen Ansprüche gegen den oder die Versicherer und Schädiger auf eigene Kosten geltend zu machen und den Schadensfall abzuwickeln. Dabei hat der

(3) The Lessor shall not be liable for the loss of data and/or programs insofar as the damage is due to the fact that the Lessee has failed to perform data backups and thereby ensure that lost data or programs can be restored with reasonable effort.

(4) The above provisions shall also apply in favour of the Lessor's vicarious agents.

§ 11 Insurance

(1) The Lessee shall insure the leased object during the entire term of the contract at its own expense against risks of loss, destruction, burglary, theft, fire and all other comparable risks. The insurance cover shall include at least one electronics insurance.[23]

(2) The insurance of the leased object shall be at least equal to the value of the purchase price paid by the Lessor to the supplier. The insurance shall be adjusted if the value of the leased object is increased by measures in accordance with § 9. The Lessee must provide the Lessor with proof of insurance prior to the transfer of the leased object and also later at the request of the Lessor.

(3) The Lessee assigns to the Lessor all rights arising from the insurance of the leased object against the risks specified in paragraph 1 and any rights arising from the insurance of the leased object against the parties damaging the leased object and their insurers in order to secure the claims arising from this leasing contract. The Lessor accepts the assignment.

(4) Irrespective of the assignment, the Lessee is authorised and obliged to assert the assigned claims against the insurer(s) and injuring parties at its own expense and to settle the claim. In any case, the Lessee must demand payment to the Lessor. The

Leasingnehmer in jedem Fall Zahlung an den Leasinggeber zu verlangen. Der Leasinggeber ist über die Einzelheiten des Schadensfalls und dessen Abwicklung zu unterrichten und unterrichtet zu halten.

Lessor shall be informed and kept informed of the details of the claim and of its settlement.

(5) Leisten Versicherer an den Leasinggeber, so werden diese Leistungen zur Wiederherstellung des Leasinggegenstands verwendet oder auf die Zahlungspflicht des Leasingnehmers angerechnet.

(5) Where insurers make payments to the Lessor, those payments shall be used to restore the leased object or shall be credited against the Lessee's obligation to pay.

§ 12 Laufzeit, Beendigung aus wichtigem Grund

§ 12 Duration, Termination for Good Cause

(1) Der Vertrag ist während der Laufzeit nur aus wichtigem Grund kündbar.

(1) The contract may only be terminated during its term for good cause.

(2) Für den Leasinggeber ist ein wichtiger Grund insbesondere dann gegeben, wenn der Leasingnehmer[24]

- mit einem Betrag von mindestens zwei Leasingraten oder einer anderen vereinbarten Zahlung in Verzug ist,
- seine vertraglichen Pflichten in erheblichem Umfang verletzt und der Leasinggeber ihn bereits zur Erfüllung der Pflichten abgemahnt hat;
- falsche Angaben über seine Vermögensverhältnisse gemacht hat und hierdurch die wirtschaftlichen Interessen des Leasinggebers erheblich beeinträchtigt werden, das Recht zur Anfechtung wegen arglistiger Täuschung bleibt hierdurch unberührt,
- bei einem erheblichen Wertverlust bestellter Sicherheiten nicht kurzfristig für angemessene Ergänzung oder Ersetzung sorgen kann,
- eine geschuldete Sicherheit nicht erbringt,
- seinen Sitz in das EU-Ausland verlegt oder
- in eine Situation gerät, die es wahrscheinlich macht, dass der Leasingnehmer seinen vertraglichen Pflichten regelmäßig nicht mehr nachkommen kann,

oder wenn die Gesellschafter des Leasingnehmers die Liquidation des Betriebs beschließen.

(2) For the Lessor, an important reason is given in particular if the Lessee[24]

- is in default with an amount of at least two leasing instalments or another agreed payment,
- has violated its contractual obligations to a considerable extent and the Lessor has already warned it to fulfil its obligations;
- has made false statements about its financial circumstances and the economic interests of the Lessor are thereby considerably impaired, the right to challenge due to fraudulent misrepresentation remains unaffected,
- in the event of a substantial loss in value of collateral given, cannot ensure appropriate supplementation or replacement in the short term,
- does not provide a security owed,
- has moved its headquarters to another EU country, or
- is in a situation that makes it probable that the Lessee will no longer be able to meet its contractual obligations on a regular basis or

if the shareholders of the Lessee decide to liquidate the company.

(3) Im Falle einer vom Leasingnehmer zu vertretenden Kündigung aus wichtigem

(3) In the event of termination for good cause for which the Lessee is responsible,

Grund ist der Leasinggeber so zustellen, wie er ohne die Kündigung bei ordnungsgemäßem Ablauf des Vertrages wirtschaftlich stehen würde. Dies umfasst auch den Ersatz der Leasingraten, die bei Fortführung des Vertrages noch angefallen wären zuzüglich einer anfallenden Vorfälligkeitsentschädigung. Grundlage für die Berechnung eines vom Leasinggeber zu ersetzenden Schadens ist die Vollamortisationspflicht des Leasingnehmers.[25]

the Lessor shall be restored in the state in which it would have been economically if the contract had properly expired. This also includes the reimbursement of lease payments that would have been due if the agreement had been continued, plus a prepayment penalty. The Lessee's obligation to pay full amortisation is the basis for calculating the loss to be compensated by the Lessor.[25]

(4) Von den nach Abs. 3 berechneten Beträgen sind eine angemessene Zinsgutschrift sowie ein eventueller Verwertungserlös für den Leasinggegenstand, verringert um die angefallenen Kosten der Verwertung abzuziehen.

(4) From the amounts calculated according to paragraph 3 an appropriate interest credit as well as a possible utilization proceeds for the leasing object are to be deducted, reduced by the accrued costs of the utilization.

(5) Das Kündigungsrecht der Erben nach § 580 BGB wegen Rechtsnachfolge ist ausgeschlossen.

(5) The right of the heirs to terminate the contract in accordance with § 580 BGB due to legal succession is excluded.

§ 13 Rückgabe

§ 13 Return

(1) Nach Beendigung des Vertrages hat der Leasingnehmer die vom Leasinggeber erhaltenen Datenträger, einschließlich der nach § 8 herauszugebenden Erweiterungen (Patches, Updates etc) und erstellten Sicherungskopien an den Leasinggeber oder einen von diesem benannten Dritten herauszugeben, die Software zu deinstallieren und etwaig verbleibende erkennbare Softwarereste aus dem IT-System zu löschen. Auf Wunsch des Leasinggebers hat der Leasingnehmer die Erfüllung der vorgenannten Pflichten schriftlich zu bestätigen. Der Erwerb des Leasinggegenstands durch den Leasingnehmer ist ausgeschlossen.

(1) After termination of the contract, the Lessee must return to the Lessor or a third party named by the Lessor the data carriers received from the Lessor, including the extensions (patches, updates, etc) to be returned in accordance with § 8 and backup copies made, uninstall the software and delete any recognizable remaining software from the IT system. At the Lessor's request, the Lessee must confirm in writing that the aforementioned obligations have been fulfilled. The acquisition of the leased asset by the lessee is excluded.

(2) Wurde der Leasinggegenstand aufgrund des vom Leasingnehmer nach § 8 geschlossenen Pflegevertrages funktional erweitert (Upgrades, Release- oder Versionswechsel), ist der Leasingnehmer berechtigt, diese Erweiterungen bei der Rückgabe zurückzuhalten, sofern dies technisch und rechtlich möglich ist, ohne die Funktionalität der Software in dem Umfang zu beeinträchtigen, in dem sie zum Zeitpunkt der Über-

(2) If the leased object is functionally extended (upgrades, release or version changes), the Lessee is entitled to retain these extensions on return, provided this is technically and legally possible, without impairing the scope of functionality of the software as it was at the time of delivery and unless otherwise agreed with the Lessor.

nahme war und sofern nicht etwas anderes mit dem Leasinggeber vereinbart wurde.

(3) Macht der Leasingnehmer von dem Recht zum Zurückbehalt von Erweiterungen keinen Gebrauch, so gehen die insoweit erfassten Erweiterungen und die hieran dem Leasingnehmer zustehenden Rechte ohne Anspruch auf Entschädigung in die Rechtszuständigkeit des Leasinggebers entsprechend der Regelung in § 3 Abs. 4 über. Die Übertragung erfolgt unbedingt.

(4) Ist die Rückgabe nur in dem Zustand möglich, in dem sich die Software bei Fälligkeit der Rückgabepflicht befindet, hat der Leasinggeber dem Leasingnehmer den Mehrwert zu entschädigen, der ihm über den kalkulierten Restwert hinaus durch die Rückgabe zufließt. Ein Mehrwert, der sich aus einer für den Leasingnehmer unentgeltlichen Nacherfüllung ergibt, bleibt außer Betracht.

(5) Die Feststellung des Mehrwertes erfolgt in der Weise, dass sich die Parteien zunächst versuchen, auf einen dem Mehrwert entsprechenden Betrag zu einigen. Scheitert eine Einigung, wird der Wert durch einen öffentlich bestellten und vereidigten Sachverständigen oder einen sonstigen unabhängigen Sachverständigen auf Veranlassung des Leasinggebers ermittelt. Der Leasingnehmer hat der Auswahl des Sachverständigen oder des Sachverständigenunternehmens zuzustimmen und darf die Zustimmung nur aus wichtigem Grund verweigern. Die Kosten für die sachverständige Feststellung des Mehrwertes trägt der Leasingnehmer. Der Rechtsweg wird durch diese Art der Bestimmung des Mehrwertes nicht ausgeschlossen.

(6) Der Leasingnehmer hat die eventuell anfallenden Verwertungskosten und die bis zur Verwertung angefallenen Kosten zu tragen. Kommt der Leasingnehmer der Rückgabepflicht nicht nach, hat er für die Dauer der Vorenthaltung als Entschädigung die vereinbarte Leasingrate zu zahlen. Für diese Zeit gelten die Pflichten des Leasingnehmers aus diesem Vertrag fort, ohne dass hierdurch ein neues Vertragsverhältnis begründet würde. Etwaig anfallende Li-

(3) If the Lessee does not exercise such right, the extensions and the rights to which the Lessee is entitled shall be transferred to the legal competence of the Lessor in accordance with the provision in § 3 paragraph 4 without any claim to compensation. Such transfer shall not be subject to any condition.

(4) If it is only possible to return the software in the condition in which the software is in when the return of the software is due, the Lessor must compensate the Lessee for the added value which accrues to it through the return in excess of the calculated residual value. An added value resulting from cure free of charge for the Lessee is not taken into consideration.

(5) The determination of the added value is carried out in such a way that the parties first try to agree on an amount corresponding to the added value. If an agreement fails, the value is determined by a publicly appointed and sworn expert or another independent expert at the instigation of the Lessor. The Lessee must agree to the selection of the expert or expert company and may only refuse to give its consent for good cause. The costs for the expert determination of the added value shall be borne by the Lessee. Legal recourse is not excluded by this method of determining the added value.

(6) The Lessee shall bear any costs incurred in connection with the commercialisation and the costs incurred up to the commercialisation. If the Lessee does not comply with the return obligation, it must pay the agreed leasing instalment as compensation for the duration of the withholding. For this period, the Lessee's obligations under this contract shall continue to apply without this establishing a new contractual relationship. Any licence costs in-

zenzkosten, die Dritte gegenüber dem Leasinggeber wegen der Nichtrückgabe geltend machen, sind vom Leasingnehmer zu tragen, soweit sie nicht mit den Entschädigungsleistungen abgegolten sind.

curred which third parties claim from the Lessor for non-return shall be borne by the Lessee, unless they are covered by the compensation payments.

(7) Befindet sich der Leasinggegenstand am Vertragsende nicht in einem Zustand, für den der Leasingnehmer aufgrund der ihm zustehenden und durchsetzbaren Rechte gegenüber dem Lieferanten oder infolge der Vorteile aus dem nach § 8 abzuschließenden Pflegevertrag hätte sorgen können, hat der Leasingnehmer dem Leasinggeber den hieraus folgenden Minderwert zu ersetzen.

(7) If the Leasehold Item is not in a condition at the end of the contract that the Lessee was able to enforce against the supplier on the basis of the rights to which it is entitled or as a result of the benefits from the maintenance contract to be concluded in accordance with § 8, the Lessee shall compensate the Lessor for the resulting reduced value.

§ 14 Offenlegung

Der Leasinggeber kann von dem Leasingnehmer während der Vertragslaufzeit jederzeit die Offenlegung seiner Vermögensverhältnisse verlangen. Gleiches gilt für die Vorlage der Jahresabschlüsse, Handels- und Steuerbilanzen, etwaiger Zwischenabschlüsse und Vermögensstatus sowie Konzernabschlüsse.[26]

§ 14 Disclosure

The Lessor may require the Lessee to disclose its assets at any time during the term of the contract. The same applies to the presentation of annual financial statements, commercial and tax balance sheets, any interim financial statements and asset status as well as consolidated financial statements.[26]

§ 15 Schlussbestimmungen

(1) Allgemeine Geschäftsbedingungen der Parteien im Übrigen finden für diesen Vertrag keine Anwendung. Dies gilt auch dann, wenn solchen Bedingungen nicht ausdrücklich widersprochen wird.

(2) Sollten einzelne Bestimmungen dieses Vertrages ganz oder teilweise unwirksam sein oder werden, wird die Wirksamkeit der übrigen Bestimmungen hierdurch nicht berührt. Die Parteien vereinbaren bereits jetzt für diesen Fall, dass die ungültige Bestimmung durch eine wirksame Bestimmung ersetzt wird, die dem wirtschaftlichen Zweck der ungültigen Bestimmung möglichst nahe kommt. Entsprechendes gilt für etwaige Lücken der Vereinbarung.

(3) Die Parteien werden im Falle einer sich aus diesem Vertrag ergebenden Streitigkeit vor Durchführung eines Gerichtsverfahrens (Klage) eine Schlichtung gemäß der Schlich-

§ 15 Final Provisions

(1) General terms and conditions of the other parties shall not apply to this contract. This shall also apply if such conditions are not expressly contradicted.

(2) Should individual provisions of this contract be or become invalid in whole or in part, this shall not affect the validity of the remaining provisions. The parties hereby agree that the invalid provision shall be replaced by a valid provision which comes as close as possible to the economic purpose of the invalid provision. The same applies to any gaps in the agreement.

(3) In the event of a dispute arising out of this contract, the parties shall, prior to conducting court proceedings (legal action), conduct arbitration in accordance

tungsordnung der Hamburger Schlichtungsstelle für IT-Streitigkeiten in der zum Zeitpunkt der Einleitung eines Schlichtungsverfahrens gültigen Fassung durchführen. Das Schlichtungsverfahren soll dazu dienen, den Streit ganz oder teilweise, vorläufig oder endgültig beizulegen. Kommt eine Einigung vor der Schlichtungsstelle nicht zustande, ist der Rechtsweg zu den ordentlichen Gerichten eröffnet.

with the Hamburg Arbitration Board's Rules of Conciliation for IT Disputes in the version valid at the time when arbitration proceedings are initiated. The purpose of the conciliation procedure shall be to settle the dispute in whole or in part, provisionally or finally. If an agreement cannot be reached before the conciliation body, legal recourse to the ordinary courts is opened.

(4) Die Abtretung von Forderungen gegen den Leasinggeber, die nicht Geldforderungen sind, ist nur mit dessen vorheriger schriftlicher Zustimmung zulässig. Die Zustimmung darf nicht unbillig verweigert werden.

(4) The assignment of claims against the Lessor which are not monetary claims shall be permissible upon prior written consent of the Lessor only. Such consent shall not be unreasonably withheld.

(5) Die Vertragsparteien können nur mit Forderungen aufrechnen, die rechtskräftig festgestellt oder unbestritten sind.

(5) The parties may only offset claims that have been legally established or are undisputed.

(6) Nebenabreden zu diesem Vertrag bestehen nicht. Änderungen und Ergänzungen dieses Vertrages bedürfen der Schriftform. Auf dieses Formerfordernis kann nur durch schriftliche Vereinbarung verzichtet werden.

(6) There are no subsidiary agreements to this contract. Amendments and supplements to this contract must be made in writing. This formal requirement can only be waived by written agreement.

(7) Es gilt das Recht der Bundesrepublik Deutschland unter Ausschluss des UN-Kaufrechts.[27,]

(7) The law of the Federal Republic of Germany shall apply to the exclusion of the UN Convention on Contracts for the International Sale of Goods.[27]

(8) Ausschließlicher Gerichtsstand für alle Rechtsstreitigkeiten aus oder im Zusammenhang mit diesem Vertrag ist der Sitz des Leasinggebers. Der Leasinggeber ist aber auch berechtigt, am allgemeinen Gerichtsstand des Leasingnehmers zu klagen.

(8) The exclusive place of jurisdiction for all legal disputes arising from or in connection with this agreement shall be the domicile of the Lessor. However, the Lessor is also entitled to sue at the Lessee's general place of jurisdiction.

(9) Die Vertragsparteien haben den Vertrag in einer deutschen und einer englischsprachigen Fassung geschlossen. Für die rechtlichen Wirkungen zwischen den Parteien ist allein die deutsche Fassung maßgeblich.[28]

(9) The parties have concluded the contract in a German and an English version. Only the German version is decisive for the legal effects between the parties.[28]

Anmerkungen

1. **Rechtsnatur des Leasing.** Der Leasingvertrag ist prinzipiell ein **Mietvertrag** mit der Besonderheit, dass der Leasinggeber als **Vermieter nicht gewährleistungspflichtig** ist. Beim Leasing erhält der Leasingnehmer das Leasinggut auf Zeit vom Leasinggeber überlassen. Das Leasinggut sucht sich der Leasingnehmer regelmäßig bei einem Dritten, dem Lieferanten, aus. Der Lieferant schließt in der Folge einen Vertrag mit dem Leasinggeber, der das Leasinggut dann durch den Lieferanten an den Leasingnehmer überlässt. Möglich ist auch, dass der Leasingnehmer zuerst den Beschaffungsvertrag mit dem Lieferanten schließt und dann den Leasinggeber bittet, das Geschäft im Rahmen des Leasing zu finanzieren.

Zwischen dem Lieferanten und dem Leasinggeber bestehen regelmäßig kaufrechtliche Beziehungen, während zwischen dem Leasinggeber und dem Leasingnehmer ein Dauerschuldverhältnis vorliegt, das im Eigentlichen ein Mietverhältnis ist und entsprechend überwiegend mietrechtlich behandelt wird (BGH NJW 2009, 575 Rn. 31). Der Leasinggeber übernimmt keine Gewährleistungspflichten. Der Leasingnehmer hat somit keinerlei Ansprüche auf Erhalt oder Wiederherstellung der Gebrauchstauglichkeit des Leasinggutes. Rechtfertigung für die Haftungsfreizeichnung ist die besondere Situation des Leasinggebers, der weder die für die Auswahl des Leasinggutes maßgebenden Bedürfnisse des Leasingnehmers noch die Voraussetzungen für eine vertragsgemäße Leistung des Lieferanten kennt und deshalb das Vorliegen eines Mangels schlechter beurteilen kann als der Leasingnehmer und der Lieferant. Da § 309 Nr. 8b BGB auf Miet- und damit auch Leasingverträge keine Anwendung findet, ist ein solcher Ausschluss AGB-rechtlich an § 307 BGB zu messen.

Voraussetzung für die wirksame Freizeichnung von der mietrechtlichen Gewährleistung in AGB ist, dass der Leasingnehmer nicht völlig rechtlos gestellt wird, sondern **Sachmängelansprüche aus dem Beschaffungsvertrag** unmittelbar gegenüber dem Lieferanten der Leasingsache geltend machen kann (BGH NJW 1977, 848). Dabei ist den Interessen des Leasingnehmers nur dann ausreichend Rechnung getragen, wenn ihm die dem Leasinggeber gegen den Lieferanten zustehenden Gewährleistungsrechte unbedingt und vorbehaltlos übertragen werden. Diese vom BGH zum Leasing seit dessen Verbreitung in den siebziger Jahren entwickelten Grundsätze gelten auch nach 2002 unter dem neuen Schuldrecht (BGH NJW 2010, 2798 Rn. 24; Redeker IT-R Rn. 619).

Fehlt die für das Leasing typische Dreiecksbeziehung zwischen Leasingnehmer, Leasinggeber und Lieferant, ist die Privilegierung des Leasinggebers nicht gerechtfertigt und es bleibt bei den Gewährleistungsregeln des Mietrechts (MüKoBGB/Koch Finanzierungsleasing Rn. 122). Dies kommt insbesondere dann vor, wenn der Hersteller selbst Leasinggeber ist oder das Leasinggut vom Leasingnehmer erwirbt (Sale-and-lease-back-Verfahren). Das **Herstellerleasing** wird zur Wahrung des Haftungsprivilegs daher regelmäßig über eine vom Hersteller eigens gegründete Leasinggesellschaft oder mithilfe einer auf die Durchführung von Leasinggeschäften spezialisierten Gesellschaft durchgeführt. Zu beachten ist, dass Verträge, die einer Kreditgewährung gleichkommen, nach § 1 Abs. 1a S. 2 Nr. 10 KWG als **Finanzdienstleistungen** behandelt werden und besonderen Anforderungen unterliegen, insbesondere der Aufsicht durch die BaFin. Die BaFin nimmt das so genannte Operating Leasing aus dem Anwendungsbereich der Vorschrift aus (Merkblatt – Hinweise zum Tatbestand des Finanzierungsleasings, Stand Mai 2021). Das betrifft den Hersteller des Leasingguts, der seine Produkte ohne Einschaltung einer rechtlich selbständigen Leasinggesellschaft vertreibt (direktes Leasing). Ein solches Hersteller- bzw. Operating Leasing wird jedoch steuerrechtlich anders als das verbreitete Finanzierungsleasing behandelt.

Das Leasing kommt in verschiedenen Modifikationen vor, wobei das **Finanzierungsleasing** am verbreitetsten ist. Werden die Vorgaben der Finanzverwaltung, insbesondere die Leasingerlasse, beachtet, kann der Leasingnehmer die Leasingraten als sofort wirksame Betriebsausgaben geltend machen, der Leasinggeber hat die Anlage in der Bilanz zu aktivieren und abzuschreiben (hierzu MüKoBGB/Koch/Harnos Finanzierungsleasing (Anh. § 515) Rn. 23 ff.). Maßgebliches Kennzeichen dieser so genannten Finanzierungsleasingverträge ist die Amortisation der Aufwände für die Beschaffung des Leasinggutes beim Leasinggeber. Nicht als Finanzierungsleasing gilt das **Operating Leasing**, bei dem keine Amortisation der Kosten erfolgt. Steuer- und zivilrechtlich handelt es sich um eine typische Miete. Gegenstand eines Leasingvertrages kann auch das Erbringen von Dienstleistungen durch den Lieferanten sein. Diese können vom Leasinggeber mitfinanziert werden. Finanziert der Leasinggeber ein **Softwareprojekt**, stellen sich für die Vertragsgestaltung vor allem Fragen hinsichtlich der Vorsorge des Leasinggebers vor einem Scheitern des Projekts, sofern der Leasinggeber bereits Zahlungen an den Lieferanten geleistet hat (hierzu BGH NJW 2009, 575, mAnm Koch LMK 2009, 273510).

Für das Leasing von **Software** ergeben sich Besonderheiten insofern, dass der Leasinggeber darauf achten muss, über das **Vermietrecht** nach § 69c Nr. 3 UrhG für die zeitweise Überlassung der Software an den Leasingnehmer zu verfügen. Auch kann die Verwertung der Software nach Beendigung des Leasingvertrages problematisch sein, wenn es dem Leasinggeber gem. § 34 Abs. 1 UrhG nicht gestattet ist, die Software einem Dritten auf Dauer zu überlassen.

Das Formular behandelt ein klassisches Finanzierungsleasing, bei dem die Leasingraten die Aufwendungen des Leasinggebers voll amortisieren sollen. Die Laufzeit ist fest, so dass eine ordentliche Kündigung ausgeschlossen ist. Zur Prüfung der steuerrechtlichen Grundlagen sind die gewöhnliche Abschreibungsdauer und die Kalkulationsgrundlagen für die Amortisation anzugeben. Vertragspartner des Leasinggebers ist ein Unternehmen. Ein Leasing durch Verbraucher ist im IT-Bereich unüblich. Verwender des Formulars ist der Leasinggeber.

2. Bindung an Angebot. Vor dem Abschluss des Leasingvertrages wird der Leasinggeber regelmäßig die Refinanzierung prüfen und deren Konditionen in die Kalkulation der Leasingraten einfließen lassen. Zudem ist die Kreditwürdigkeit des Leasingnehmers zu überprüfen. Um die hierfür erforderliche Zeit zu haben, wird der Leasingnehmer entsprechend lange an sein Angebot auf Abschluss des Leasingvertrages gebunden. Nach diesem Formular kommt der Vertrag mit Zugang der Annahmeerklärung zu Stande. Möglich ist aber auch, den Vertragsschluss etwas vorzuverlegen und auf den Zugang der Annahmeerklärung gemäß § 151 BGB zu verzichten (so BGH NJW 2004, 2962 (2963) zu einem mietrechtlichen Fall).

3. Lieferant als Erfüllungsgehilfe. Die hM sieht den im Rahmen des Abschlusses des Leasingvertrages tätig werdenden Lieferanten regelmäßig als Verhandlungs- bzw. Erfüllungsgehilfen des Leasinggebers an (MüKoBGB/Koch/Harnos Finanzierungsleasing (Anh. § 515) Rn. 99). Insofern muss sich der Leasinggeber eine Pflichtverletzung des Lieferanten entgegenhalten lassen (vgl. BGH NJW 1985, 2258). Dies gilt aber nur für Pflichtverletzungen im Rahmen der Abwicklung des Leasinggeschäfts, nicht dagegen für solche Pflichtverletzungen, die bei Gelegenheit der Durchführung des Leasinggeschäfts begangen werden (BGH NJW-RR 2014, 622 Rn. 18 ff.). Zudem muss der Lieferant mit Wissen und Wollen des Leasinggebers beteiligt sein. Ist der Leasinggeber bei Anbahnung des Kaufvertrags nicht in Erscheinung getreten, so ist ihm das Verhalten des Lieferanten nicht zurechenbar (BGH NJW 2011, 2877). Ein Ausschluss der Haftung für die Pflichtverletzungen des Lieferanten ist in AGB nicht möglich (BGH NJW 1985, 2258). Die Klausel versucht daher den Leasingnehmer in die Pflicht zu nehmen und gibt ihm auf, den Leasinggeber darüber aufzuklären, welche Zusagen, Ratschläge oder Hinweise der Lieferant bei Abschluss des Vertrages oder in dessen Vorfeld gemacht oder gegeben hat. Verletzt er diese Pflicht, kann dies einen Schadensersatzanspruch des Leasinggebers gegen den Leasingnehmer begründen.

4. Parteieintritt. Es kommt vor, dass der Leasingnehmer das Leasinggut bereits erworben hat und erst anschließend die Finanzierung der Beschaffung über einen Leasingvertrag anstrebt. Für diesen Fall sieht das Formular vor, dass der Leasinggeber an Stelle des Leasingnehmers in den Beschaffungsvertrag mit dem Lieferanten eintritt. Bei einem zweiseitigen Vertrag über den Parteieintritt des Lieferanten ist dessen Zustimmung erforderlich. Nach dem Formular erhält der Leasingnehmer die Vollmacht, einen dreiseitigen Vertrag über den Parteiwechsel zwischen ihm selbst, dem Lieferanten und dem Leasinggeber, den der Leasingnehmer vertritt, zu schließen. Sollte der Lieferant ausnahmsweise hiermit nicht einverstanden sein, bleibt nur, dass der Leasingnehmer das Leasinggut auf den Leasinggeber überträgt und dieser es dann dem Leasingnehmer im Rahmen des Leasingvertrages zur Nutzung überlässt. Bei dieser **Sale-and-lease-back-**Konstruktion ist zu beachten, dass der Leasinggeber sich nicht von der mietrechtlichen Haftung freizeichnen kann. Zudem ist zu regeln, dass der Leasingnehmer aus der Übertragung des Leasinggutes an den Leasinggeber nicht haftet. Der Leasingnehmer kann sich gegen das Nichtzustandekommen des Leasingvertrages absichern, indem er den Vertrag mit dem Lieferanten unter die aufschiebende Bedingung des Leasingvertragsschlusses stellt (MüKoBGB/Koch/Harnos Finanzierungsleasing (Anh. § 515) Rn. 54). Für das Software-Leasing von besonderer Bedeutung ist die Regelung der **Nutzungsrechtsübertragung.** Tritt der Leasinggeber in den zwischen Leasingnehmer und Lieferanten (zB Softwarehersteller) bereits geschlossenen Vertrag ein, muss sichergestellt werden, dass der Leasinggeber, jedenfalls bei Vertragsbeendigung, die dem Leasingnehmer bereits eingeräumten Nutzungsrechte erhalten kann. Zu weiteren Rechten → Anm. 5.

5. Rechteübertragung. Für den Fall, dass der Leasingnehmer den Beschaffungsvertrag mit dem Lieferanten bereits geschlossen hat, ist es denkbar, dass der Leasingnehmer schon Rechtspositionen erlangt hat, die unabhängig von dem schuldrechtlichen Beschaffungsvertrag auf den Leasinggeber übertragen werden müssen. Der Leasinggeber hat darauf zu achten, dass Anwartschafts- und Eigentumsrechte nicht mit Rechten Dritter, zB dem Pfandrecht des Vermieters, belastet sind.

6. Gefahrtragung. Typisch für die Gestaltung von Leasingverträgen ist, dass nicht nur der Leasinggeber aus der mietrechtlichen Gewährleistung entlassen ist, sondern der Leasingnehmer darüber hinaus auch, wie im Kaufrecht, die Gefahr des zufälligen Untergangs des Leasinggutes ab Empfangnahme trägt (BGH NJW 1977, 195 (196); OLG Koblenz MMR 2015, 512 Rn. 22). Sollten aus dem Umstand, der die Gefahr zulasten des Leasingnehmers realisiert, Ersatzansprüche des Leasinggebers resultieren, werden diese durch die Klausel auf den Leasingnehmer übertragen. Der Leasingnehmer ist wegen der übernommenen Gefahr weiterhin zur Entrichtung der Leasingraten verpflichtet. Eine unangemessene Benachteiligung liegt hierin nicht, da sich der Leasingnehmer gegen den Verlust des Leasingguts versichern kann (MüKoBGB/Koch Finanzierungsleasing (Anh. § 515) Rn. 119) und nach diesem Formular auch muss. Da Software ohne größere Materialkosten ersetzt werden kann, ist es aber durchaus denkbar, dass der Lieferant – gerade als Hersteller – die Software noch einmal liefert, auch wenn er hierzu nicht verpflichtet ist.

7. Übernahmebestätigung. Mit der Übernahmebestätigung erklärt der Leasingnehmer gegenüber dem Leasinggeber, dass der Lieferant ordnungsgemäß geliefert hat und die Leasingsache dem Leasingnehmer zur Nutzung zur Verfügung steht (s. auch Marly SoftwareR-HdB Rn. 771 ff.). Die Übernahmebestätigung ist eine Quittung iSd § 368 BGB. Sie bürdet dem Leasingnehmer die Beweislast für die von ihm behauptete Unrichtigkeit der Erklärung auf (BGH NJW-RR 1988, 176). Die Übernahmebestätigung löst für den Leasingnehmer nach den üblichen Vertragsgestaltungen insbesondere die Pflicht zur Entrichtung der Leasingraten aus. Da sie eine Erklärung gegenüber dem Leasinggeber ist, folgt aus ihr unmittelbar nichts für das Rechtsverhältnis zum Lieferanten (BGH NJW-RR 1990, 1462 (1465)); zu angeblichen mittelbaren Wirkungen vgl. OLG Brandenburg CR 2008, 763 (765)). Jedenfalls ist sie dann nicht als Annahmeerklärung gegenüber dem Lieferanten auszulegen, wenn zum Zeitpunkt der Übernahmeerklärung das Werk nicht bzw. nicht vollständig funktionstüchtig ist. Dann hat die Übernahmeerklärung des Bestellers allein den Zweck, die körperliche Übergabe der Software im einwandfreien Zustand zu dokumentieren (BGH MMR 2014, 591 Rn. 22).

Inhalt einer Übernahmebestätigung könnte sein:

- Angaben zu Leasinggeber und -nehmer
- Angaben zum Lieferanten, Datum des Vertragsschlusses, ggf. Vertragsnummer oÄ und Datum der Lieferung (bzw., wenn vereinbart, Datum der Installation)
- Angaben zum Leasinggut, Vollständigkeit der Lieferung, ggf. Seriennummer oÄ.
- Bei reinen Werkverträgen (zu Werklieferungsverträgen bei der Softwareerstellung → Form. C.3 Anm. 3) die Abnahmeerklärung namens des Leasinggebers
- Hinweis an den Leasingnehmer, dass die Unterzeichnung erst nach tatsächlicher Übernahme des Leasingguts erfolgen darf
- Hinweis, dass die Erklärung von einem vertretungsberechtigten Mitarbeiter unterzeichnet werden muss (entbehrlich, wenn keine Willenserklärungen abzugeben sind)
- Erklärung des Leasingnehmers, dass keine Nebenabreden mit dem Lieferanten getroffen wurden

8. Besitzmittlungsverhältnis. Sofern der Leasingnehmer Eigentumsrechte oder Anwartschaftsrechte auf den Leasinggeber übertragen muss, ist hierzu mangels Übergabe die Begründung eines Besitzmittlungsverhältnisses gemäß § 930 BGB erforderlich.

9. Änderung des Anschaffungspreises. Die Änderung des Anschaffungspreises ist AGB-rechtlich zulässig, weil der Beschaffungsvorgang vom Leasingnehmer ausgelöst wird (MüKoBGB/Koch Finanzierungsleasing (Anhang § 515) Rn. 62). Ob dies allerdings noch nach der Übernahmebestätigung („oder später") gilt, ist fraglich. Die Unwirksamkeit dürfte aber nur die Klauselbestandteile „oder später" erfassen.

10. Refinanzierungskonditionen. Ändern sich die Konditionen der Refinanzierung, ist es im Interesse des Leasinggebers, etwaige Verschlechterungen der Konditionen an den Leasingnehmer weiterzugeben. Dies ist AGB-rechtlich dann wirksam, wenn die Konditionen für den Leasingnehmer transparent sind, so dass er die Veränderungen nachvollziehen kann (MüKoBGB/Koch Finanzierungsleasing (Anhang § 515) Rn. 62) und ihm auch die Möglichkeit eingeräumt wird, an einer Verbesserung der Konditionen zu partizipieren.

11. Steuerliche Änderungen. In die Kalkulation der Leasingraten hat der Leasinggeber die steuerlichen Vorgaben zur Aktivierung und Abschreibung des Leasinggutes einbezogen. Ändern sich diese Vorgaben, soll dies auch Auswirkungen auf die vom Leasingnehmer zu entrichtenden Leasingraten haben. Ob die Unsicherheit der Beständigkeit steuerlicher Regelungen auf den Leasingnehmer verlagert werden kann, ist durchaus fraglich. Die Klausel dürfte auch im unternehmerischen Verkehr nach § 307 Abs. 2 BGB unangemessen sein.

12. Rechteeinräumung. Für die Einräumung von Nutzungsrechten ist das Verhältnis zwischen Leasinggeber und Rechtsinhaber sowie zwischen Leasinggeber und Leasingnehmer zu unterscheiden. Beim Leasing gilt nichts anderes als bei der **Vermietung** von Software auch. Das Leasing ist urheberrechtlich die entgeltliche Überlassung der Software auf Zeit und entspricht damit der Miete (Bisges UrheberR-HdB/Imhof Kap. 5 Rn. 229). Der Leasinggeber bedarf daher der zur Vermietung erforderlichen Rechte (aA Schuster/Grützmacher/Vander IT-Recht BGB vor §§ 535 ff. Rn. 93 f. für das Finanzierungsleasing, da dabei der Urheber hinsichtlich des Verbreitungsrechts nicht schutzwürdig sei. Das vermengt aber die schuldrechtliche Vereinbarung des Leasinggebers mit dem Leasingnehmer mit dem Erwerb der Rechte des Leasinggebers vom Rechtsinhaber). Ist dies nicht oder nicht wirksam vereinbart, kann nach § 31 Abs. 5 UrhG von einer Einräumung ausgegangen werden, wenn dem Rechtsinhaber bekannt ist, dass die Software verleast werden soll (OLG Hamm

NJW-RR 2013, 1136 (1138); Wandtke/Bullinger/Grützmacher UrhG § 69a Rn. 75). Das Formular geht von dem einfachen Fall aus, dass die Software auf einem Rechner beim Leasingnehmer ablaufen soll. Dementsprechend bedarf es im Verhältnis zwischen Leasinggeber und -nehmer keiner besonderen Einräumung von Nutzungsrechten. Diese folgen bereits kraft Gesetzes aus § 69d Abs. 1 UrhG → Form. C.1 Anm. 9.

Anders wäre dies, wenn die Nutzung im Rahmen einer Mehrplatzlizenz in einem Netzwerk erfolgen soll, dann wäre eine Netzwerklizenz erforderlich, oder die Überlassung öffentlich iSd § 69c Nr. 4 UrhG erfolgt. Der Leasinggeber müsste berechtigt sein, entsprechende Netzwerkberechtigungen an den Leasingnehmer weiterzugeben oder im letztgenannten Fall selbst berechtigt sein, die Software öffentlich zugänglich zu machen. Für alle Fälle der zusätzlichen Rechteeinräumung sind individuelle Regeln in der Anlage „Nutzungsrechte" zu treffen.

13. Pflege. Da der Leasinggeber kraft Gesetzes nicht verpflichtet ist, die Gebrauchstauglichkeit des Leasinggutes zu erhalten, andererseits die Software auf lange Sicht ohne Pflegemaßnahmen veraltet, wird der Leasingnehmer vertraglich verpflichtet, die Software auf eigene Kosten pflegen zu lassen. Ob das AGB-rechtlich zulässig ist, ist fraglich, wenn die Software für die Dauer des Leasingvertrages voraussichtlich auch ohne Pflegevertrag nutzbar bleibt. Zudem kann die **Verpflichtung**, einen Pflegevertrag abzuschließen, **intransparent** sein (vgl. OLG Düsseldorf NJOZ 2012, 1871). Andererseits entspricht es dem Interesse des Leasingnehmers, zur Kompensation der fehlenden Gewährleistungsrechte einen Dienstleister zu haben, der Mängel der Software beseitigt und die Software gebrauchstauglich hält. Zudem ist es typischerweise so, dass die Pflegeleistungen – allein schon aus urheberrechtlichen Gründen – oft nur vom Hersteller selbst erbracht werden. Das Interesse des Leasinggebers, den Leasingnehmer zum Abschluss eines Pflegevertrages zu verpflichten, liegt darin, dass der Leasinggeber bei Beendigung des Leasingvertrages eine auf dem aktuellen Stand befindliche Software zurückerhalten möchte, um sie bestmöglich verwerten zu können (für AGB-rechtliche Zulässigkeit MüKoBGB/Koch/Harnos Finanzierungsleasing (Anhang § 515) Rn. 129). Auch hier ist aber zu bedenken, ob darin nicht eine unangemessene Benachteiligung des Leasingnehmers liegt, der über die von ihm zu tragenden Kosten des Pflegevertrages zu einer Vermögensmehrung beim Leasinggeber beiträgt. Um dem Rechnung zu tragen, sieht das Formular in § 13 Abs. 2 vor, dass der Leasingnehmer ein Recht zum Zurückhalten von im Rahmen des Pflegevertrages eingespielten Updates etc hat. In der Praxis dürfte es aber nicht möglich sein, die ursprünglich überlassene Software und die infolge des Pflegevertrages eingespielten Änderungen und Erweiterungen voneinander abzugrenzen. Dann soll der Leasingnehmer zumindest eine Kompensation für den Mehrwert erhalten, den er dem Leasinggeber verschafft. Es empfiehlt sich, hierzu möglichst detaillierte Regelungen zu treffen und dabei auch die Bestimmungen des Pflegevertrages heranzuziehen, etwa zu prüfen, ob der Pflegevertrag stets den Einsatz der aktuellen Softwareversion voraussetzt (Graf v. Westphalen LeasingV/Gennen Kap. P Rn. 156 f.).

Der Leasinggeber erhält am Ende die von ihm überlassene Software mit den Erweiterungen des Pflegevertrages zurück. Bei Beendigung des Leasingvertrages ist daher dafür Sorge zu tragen, dass der Leasinggeber nicht nur die Software auf den entsprechenden Datenträgern zurückerhält, sondern auch die zur Nutzung der Software erforderlichen Rechte erhält. Sofern der Leasingnehmer als Gläubiger der Pflegeleistungen – wie regelmäßig – nicht berechtigt ist, die **Nutzungsrechte** an den durch den Pflegevertrag bedingten Änderungen der Software gem. § 34 Abs. 1 UrhG weiter zu übertragen, kann auf § 69d Abs. 1 UrhG abgestellt werden (BGH GRUR 2014, 264 Rn. 62).

14. Änderungsverbot. Auch wenn dies technisch regelmäßig nicht möglich sein dürfte, sollte deutlich gemacht werden, dass der Leasingnehmer Änderungen an der Software nur vornehmen darf, wenn dies der Mangelbeseitigung dient. Anderenfalls drohen infolge der Bearbeitung der Software Rechte Dritter die Verwertung der Software nach Ende der Leasingdauer zu gefährden.

15. Mängelhaftung. Kennzeichen des Leasingvertrages bei Einschaltung eines Lieferanten ist der Ausschluss der Mängelhaftung seitens des Leasinggebers. Die Rechtsprechung hat dies damit begründet, dass der Leasingnehmer eine größere Nähe zum Beschaffungsvertrag hat und es dem Leasinggeber nicht zuzumuten ist, für den vom Leasingnehmer ausgewählten Lieferanten und das ebenfalls vom Leasingnehmer ausgewählte Leasinggut die Mängelhaftung zu übernehmen. Im Gegenzug muss der Leasinggeber jedoch die ihm aus dem Beschaffungsvertrag gegenüber dem Lieferanten zustehenden Mängelrechte vollständig und vorbehaltslos abtreten (vgl. OLG Koblenz MMR 2015, 512 Rn. 22).

16. Haftung für Lieferanten. Der Lieferant ist Erfüllungsgehilfe des Leasinggebers hinsichtlich der Überlassung der Leasingsache. Pflichtverletzungen des Lieferanten muss sich der Leasinggeber grundsätzlich entgegenhalten lassen → Anm. 3. Der Ausschluss der Haftung für vom Lieferanten als Erfüllungsgehilfen zu vertretende Pflichtverletzungen ist nach § 309 Nr. 7 lit. b BGB iVm §§ 307 Abs. 2, 310 Abs. 1 S. 2 BGB auch im unternehmerischen Verkehr unwirksam (BGH NJW 1985, 2258). Die verschuldensunabhängige Haftung des Vermieters für anfängliche Mängel kann dagegen auch in AGB ausgeschlossen werden (BGH NJW-RR 1991, 74).

17. Abgrenzung zu sonstigen Rechten. Der Leasingnehmer muss zum Ausgleich für die fehlende Mängelhaftung des Leasinggebers die dem Leasinggeber gegenüber dem Lieferanten zustehenden Mängelhaftungsansprüche erhalten. Das sind die Ansprüche auf Nacherfüllung einschließlich der bei Nichterfüllung ihm zustehenden Gestaltungsrechte (vgl. zur Zulässigkeit MüKoBGB/Koch/Harnos Finanzierungsleasing (Anhang § 515) Rn. 145 ff.). Die aus der Geltendmachung der Gestaltungsrechte folgenden Ansprüche, insbesondere auf Rückgewähr der vom Leasinggeber an den Lieferanten erbrachten Leistungen, werden nach der Klausel nicht übertragen. Gleiches gilt für Ansprüche auf Ersatz von Schäden, die der Leasinggeber erlitten hat. Ist die Abtretung unzureichend, folgt daraus eine unangemessene Benachteiligung des Leasingnehmers mit der weit reichenden Folge der Unwirksamkeit der Gewährleistungsbeschränkung des Leasinggebers (MüKoBGB/Koch/Harnos Finanzierungsleasing (Anhang § 515) Rn. 172).

18. Rechteübertragung. Eine Übertragung von Nutzungsrechten bedarf nach § 34 Abs. 1 UrhG der Zustimmung des Rechtsinhabers. Soweit nur die bestimmungsgemäße Nutzung im Raum steht, ist der Erwerber nach § 69d Abs. 1 UrhG auch ohne rechtsgeschäftliche Berechtigung zur Nutzung der Software befugt. Sollte es auf die Übertragung nach § 34 Abs. 1 UrhG ankommen, ist eine Vereinbarung mit dem Rechtsinhaber erforderlich.

19. Rechte aus Überlassungsvertrag. Statt der Gewährleistungsrechte aus dem Mietvertrag erhält der Leasingnehmer die Rechte des Leasinggebers als Käufer aus dem Überlassungsvertrag. Da diese Rechte vom Inhalt des Kaufvertrages und der dazu geltenden gesetzlichen Bestimmungen, einschließlich einer Angemessenheitskontrolle nach § 307 BGB, abhängen, kann es aus Transparenzgründen sinnvoll sein, dem Leasingvertrag einen entsprechenden Auszug aus dem Überlassungsvertrag beizulegen.

20. Rücktritt. Erklärt der Leasingnehmer wirksam den Rücktritt vom Beschaffungsvertrag, so entfällt die Geschäftsgrundlage für den Leasingvertrag (BGH NJW 2010, 2798 Rn. 24). Nach der Schuldrechtsreform eröffnet § 313 Abs. 3 BGB nun den Rücktritt oder bei Dauerschuldverhältnissen die Kündigung. Es ist streitig, welche Rechtsfolge für den Leasingvertrag angemessen ist. Das Formular folgt der Ansicht, dass die Kündigung nicht interessengerecht ist und verweist auf die §§ 346 ff. BGB. (s. auch MüKoBGB/Koch/Harnos Finanzierungsleasing (Anhang § 515) Rn. 154 ff.).

21. Zurückbehaltungsrecht. Akzeptiert der Lieferant den Rücktritt des Leasingnehmers nicht, stellt sich die Frage, welche Wirkungen dies für den Leasingvertrag hat. Auch hierbei ist der Leasingnehmer nicht ohne weiteres berechtigt, die ihm vermeintlich zustehenden, aber vom Lieferanten nicht anerkannten Rechte im Wege eines Leistungsverweigerungsrechts dem Leasinggeber entgegenzuhalten. Üblich und zulässig ist es, dass der Leasinggeber sich die Verweigerung des Lieferanten erst dann entgegenhalten lassen muss, wenn der Leasingnehmer gegen den Lieferanten Klage zur Geltendmachung seiner Rechte erhebt (BGH NJW 2010, 2798 Rn. 24 ff.).

22. Haftung. Der Leasinggeber unterliegt bei der Beschränkung seiner Haftung für andere Pflichtverletzungen als solche, die die Mangelhaftigkeit des Leasingguts begründen, den allgemeinen Haftungsregeln, die wegen der AGB-rechtlichen Beschränkungen nur durch Individualvereinbarung wirksam modifiziert werden können. Eine wirksame Beschränkung der Haftung in AGB ist nicht möglich → Vorb. A.III.5.

23. Versicherung. Die herrschende Ansicht anerkennt das Interesse des Leasinggebers, den Leasingnehmer zu verpflichten, das Leasinggut gegen die Risiken des Untergangs Verlustes oder sonstiger Gefahren zu versichern (BGH NJW 2008, 989 (991)). Entweder wird der Leasinggeber unmittelbar Begünstigter aus dem Versicherungsverhältnis oder der Leasingnehmer wird, wie hier, verpflichtet, die ihm aus dem Versicherungsverhältnis entstehenden Kompensationsansprüche an den Leasinggeber abzutreten.

24. Wichtiger Grund. Dauerschuldverhältnisse wie der Leasingvertrag können durch ordentliche Kündigung ohne Begründung oder bei Vorliegen eines wichtigen Grundes auch außerordentlich beendet werden. Da das Verhältnis nach diesem Formular auf bestimmte Zeit läuft, ist es nur aus wichtigem Grund kündbar. In Abs. 2 hat der Leasinggeber wichtige Gründe definiert. Fraglich ist allerdings, ob ein wichtiger Grund vertraglich bestimmt werden kann oder sich allein im Einzelfall aufgrund der Umstände ergibt → Vorb. A.III.12.

25. Schadensersatz. Der Umstand, der den Leasinggeber berechtigt, den Vertrag aus wichtigem Grund zu kündigen, ist allein noch nicht ausreichend, um ihm einen Schadensersatzanspruch gegen den Leasingnehmer zu vermitteln. Dies ist nur dann möglich, wenn der wichtige Grund vom Leasingnehmer zu vertreten ist. Insofern enthält die Regelung in Abs. 3 lediglich eine Klarstellung.

26. Offenlegung. Der Leasingnehmer hat seine Vermögensverhältnisse dem Leasinggeber offen zulegen, damit dieser gegebenenfalls Maßnahmen zur Sicherung seiner Forderungen aus dem Leasingvertrag gegen den Leasingnehmer einleiten kann.

27. UN-Kaufrecht. Ob das UN-Kaufrecht auf Leasingverhältnisse überhaupt anwendbar ist, ist streitig (vgl. MüKoBGB/Huber CISG Art. 1 Rn. 12).

28. Vertragssprache. → Form. F.3 Anm. 36.

Vertrieb

6. Vertragshändlervertrag Software – Software Reseller Agreement

Zwischen

. . . . .

– nachstehend „Hersteller“ genannt –

und

. . . . .

– nachstehend „Vertragshändler“ genannt –

wird folgender Vertrag geschlossen:

§ 1 Vertragsgegenstand[1]

(1) Die Parteien beabsichtigen, die in Anlage 1 genannten Softwareprogramme des Herstellers und zukünftige Versionen dieser Softwareprogramme (nachstehend „Vertragsprodukte“ genannt) in dem in Anlage 2 bestimmten Gebiet (nachstehend „Vertragsgebiet“ genannt) über den Vertragshändler an Endkunden zu vermarkten und zu vertreiben. Der Vertragshändler wird Endkunden bei der Installation und Anwendung der Vertragsprodukte nach Maßgabe dieses Vertrags unterstützen.[2]

(2) Neue Versionen der Softwareprogramme, die die Vertragsprodukte verbessern oder erweitern, werden mit ihrer Freigabe durch den Hersteller Vertragsprodukte im Sinne dieses Vertrags. Der Hersteller wird diese neuen Versionen in der Regel als Update oder Upgrade kennzeichnen.[3] Darüber hinaus gehende Änderungen, Ergänzungen und Einschränkungen des Bestands der Vertragsprodukte, insbesondere die Aufnahme neuer Vertragsprodukte, die mit den bereits vorhandenen Vertragsprodukten im Zusammenhang stehen, sowie die Abkündigung einzelner Vertragsprodukte, sind dem Hersteller im Rahmen seiner allgemeinen Produktpolitik erlaubt. Soweit dem Her-

Between

. . . . .

– hereinafter referred to as „Manufacturer“–

and

. . . . .

– hereinafter referred to as „Reseller“ –

the following agreement (hereinafter referred to as „Agreement“) is concluded:

§ 1 Subject Matter of Agreement[1]

(1) The Parties intend to market and sell the Manufacturer's software programs specified in Annex 1 hereto and future versions of these software programs (hereinafter referred to as „Contractual Products“) in the territory specified in Annex 2 hereto (hereinafter referred to as „Contractual Territory“) through the Reseller to end users. The Reseller shall provide end users with support for installation and use of the Contractual Products in accordance with this Agreement.[2]

(2) New versions of the software programs that enhance or supplement the Contractual Products shall become Contractual Products within the meaning of this Agreement upon their release. As a rule the Manufacturer shall label these new versions as updates or upgrades.[3] Within the framework of its general product policy, the Manufacturer is allowed to make additional changes, supplements or restrictions to the inventory of Contractual Products, especially to include new Contractual Products that relate to already existing Contractual Products as well as to discontinue individual Contractual Products. To the extent it is reasonable for the Manufacturer to do so, it

steller zumutbar, wird er dem Vertragshändler die Abkündigung eines Vertragsprodukts 3 Monate vor Wirksamwerden der Änderung schriftlich mitteilen.[4] Bestellungen, die der Hersteller bereits angenommen hat, bleiben von einer Änderung des Bestands der Vertragsprodukte unberührt.

shall notify the Reseller of the discontinuation of a contractual product in writing 3 months before the change takes effect.[4] Orders that the Manufacturer has already accepted shall remain unaffected by any change in inventory of the Contractual Products.

§ 2 Autorisierung

(1) Der Hersteller gewährt dem Vertragshändler das nicht-ausschließliche Recht, die Vertragsprodukte im Vertragsgebiet[5] durch Überlassung gegen Entgelt an Endkunden zu vertreiben.[6] Gegenstand der Überlassung sind die Nutzungsrechte an den Vertragsprodukten, die der Hersteller dem Endkunden nach Maßgabe seiner Lizenzbestimmungen einräumt.[7] Der Hersteller behält sich vor, die Vertragsprodukte direkt und über weitere Vertriebsmittler, einschließlich andere Vertragshändler, Handelsvertreter, OEM-Partner, Systemintegratoren und Online-Vertrieb, an Endkunden im Vertragsgebiet zu vertreiben.[8] Soweit durch Direktverkäufe des Herstellers an Kunden im Vertragsgebiet der Absatz des Vertragshändlers im Einzelfall beeinträchtigt wird, kann der Vertragshändler vom Hersteller einen angemessenen Ausgleich verlangen. Ausgenommen von der Ausgleichszahlung ist der Direktvertrieb des Herstellers an Kunden, welche dem Hersteller durch Vertrag ausschließlich vorbehalten sind.

(Alternative (Alleinvertriebsrecht):

Der Hersteller gewährt dem Vertragshändler das ausschließliche Recht, die Vertragsprodukte im Vertragsgebiet durch Überlassung gegen Entgelt an Endkunden zu vertreiben. Gegenstand der Überlassung sind die Nutzungsrechte an den Vertragsprodukten, die der Hersteller dem Endkunden nach Maßgabe seiner Lizenzbestimmungen einräumt. Der Hersteller wird die Vertragsprodukte nicht direkt im Vertragsgebiet vertreiben und keinem weiteren Vertragshändler oder sonstigen Vertriebsmittler im Vertragsgebiet das

§ 2 Authorization

(1) The Manufacturer grants the Reseller a non-exclusive right to distribute the Contractual Products to end users in the Contractual Territory[5] through supplying Contractual Products for use by end users in consideration of a fee.[6] Object of the supply are the rights of use to the Contractual Products that the Manufacturer grants to the end user in accordance with its licensing provisions.[7] The Manufacturer reserves the right to distribute the Contractual Products to end users in the Contractual Territory directly and via other channel partners, including other resellers, sales agents, OEM partners, system integrators and online sales.[8] If the Manufacturer's direct sales to customers in the Contractual Territory compromises the Reseller's sales in an individual case, the Reseller may demand appropriate compensation from the Manufacturer. However, no compensation shall become due for the Manufacturer's direct distribution to customers which, by contract, are exclusively reserved to the Manufacturer.

(Alternative version (sole right of distribution):

The Manufacturer grants the Reseller the exclusive right to distribute the Contractual Products to end users in the Contractual Territory through supplying Contractual Products for use by end users in consideration of a fee. Object of the supply are the rights to use the Contractual Products, which the Manufacturer grants the end user in accordance with its licensing provisions. The Manufacturer shall not sell the Contractual Products directly in the Contractual Territory and shall not grant the right to distribute the Con-

Recht einräumen, die Vertragsprodukte zu vertreiben.[9])

(2) Der Vertragshändler ist berechtigt, sich als autorisierter Vertragshändler des Herstellers zu bezeichnen und das in Anlage 3 abgebildete Logo zu verwenden.

§ 3 Pflichten des Vertragshändlers

(1) Der Vertragshändler wird den Absatz der Vertragsprodukte im Vertragsgebiet durch Verkauf an Neukunden und Intensivierung des Geschäfts mit bestehenden Kunden nachhaltig fördern. Ein Verkauf im Sinne dieses Vertrages umfasst den Vertrieb von Vertragsprodukten, die dazu bestimmt sind, dem Endkunden entweder dauerhaft gegen ein Einmalentgelt oder auf Zeit überlassen zu werden.[10]

(2) Der Vertragshändler wird die Vertragsprodukte im Vertragsgebiet intensiv bewerben, einschließlich der Werbung in Fachzeitschriften sowie auf seiner Website. Soweit in diesem Vertrag nicht anders bestimmt, wird der Vertragshändler die Werbematerialien auf eigene Kosten herstellen. Eine Werbung für Vertragsprodukte, die den Gestaltungsrichtlinien des Herstellers widerspricht, bedarf der vorherigen schriftlichen Zustimmung des Herstellers.

(3) Der Vertragshändler wird im Vertragsgebiet ständig vorführbereite Demo-Installationen der Vertragsprodukte in ansprechender Präsentation unterhalten. Die Demo-Versionen bleiben im Eigentum des Herstellers. Stellt der Hersteller den Vertrieb eines Vertragsprodukts gemäß § 1 (2) dieses Vertrags ein, wird der Vertragshändler die betreffende Demo-Version unverzüglich an den Hersteller herausgeben.

(4) Der Vertragshändler wird Mitarbeiter beschäftigen, die darin geschult sind, die Vertragsprodukte zu vermarkten, vorzuführen und zu vertreiben sowie Endanwender bei der Installation, Pflege und Anwendung der Vertragsprodukte zu unterstützen.

(5) Der Vertragshändler wird jährlich einen Geschäftsplan erstellen und umsetzen. Der Geschäftsplan ist mit dem Hersteller

tractual Products to any other reseller or other channel partner in the Contractual Territory.[9])

(2) The Reseller is entitled to identify itself as a Manufacturer authorized Reseller and to use the logo illustrated in Annex 3 hereto.

§ 3 Reseller Obligations

(1) The Reseller shall sustainably promote sales of the Contractual Products in the Contractual Territory through sales to new customers and by intensifying business with existing customers. A sale within the meaning of this Agreement shall include distribution of Contractual Products which are intended to be provided either as a perpetual license in consideration of a one-time fee or as a license limited in time.[10]

(2) The Reseller shall intensively advertise the Contractual Products in the Contractual Territory, including advertisements in trade journals as well as on its website. Unless set forth otherwise in this Agreement, the Reseller shall produce advertising material at its own expense. Any advertising for the Contractual Products that conflicts with the Manufacturer's design guidelines shall require the Manufacturer's prior written consent.

(3) The Reseller shall consistently maintain demo installations in the Contractual Territory that are ready for demonstration in an attractive presentation. The demo versions shall remain the property of the Manufacturer. Should the Manufacturer discontinue the sale of a contractual product pursuant to § 1 (2) of this Agreement, the Reseller shall return without undue delay the demo version concerned to the Manufacturer.

(4) The Reseller shall hire employees that are skilled in marketing, demonstrating and selling the Contractual Products and support end users with installation, maintenance and use of the Contractual Products.

(5) The Reseller shall prepare and implement an annual business plan. The business plan must be coordinated with the

abzustimmen und enthält insbesondere einen Marketingplan und die zwischen dem Hersteller und dem Vertragshändler vereinbarten vierteljährlichen und jährlichen Zielvorgaben für den Einkauf von Vertragsprodukten (Mindestabnahme). Der Vertragshändler wird dem Hersteller einen vollständigen Entwurf des Geschäftsplans spätestens 2 Monate vor Ablauf eines Vertragsjahres für das folgende Vertragsjahr übermitteln. Die Parteien werden sich bis zum Ablauf des Vertragsjahres über etwaige Änderungen oder Ergänzungen des Geschäftsplans für das folgende Vertragsjahr abstimmen. Der bis zum Ablauf des ersten Vertragsjahres geltende Geschäftsplan hängt diesem Vertrag als Anlage 4 an.

(6) Der Vertragshändler wird, die in dem Geschäftsplan festgelegten vierteljährlichen und jährlichen Zielvorgaben erfüllen.[11]

(7) Der Vertragshändler wird auf Anfrage von Endanwendern im Vertragsgebiet die Vertragsprodukte bei diesen installieren. Soweit für das Vertragsprodukt vorgesehen und vom Endanwender gewünscht, schließt die Installation die Konfigurierung und Parametrisierung der Vertragsprodukte ein. Der Vertragshändler wird den Endanwendern im Vertragsgebiet darüber hinaus eine Einweisung in die Nutzung der Vertragsprodukte anbieten.

(8) Der Vertragshändler wird die Vertragsprodukte unverändert mit sämtlichen vom Hersteller gelieferten Dokumentationen, Kennzeichnungen, einschließlich Hinweisen auf geistiges Eigentum und Seriennummern, und für den Endanwender vorgesehenen Materialien, insbesondere Lizenzvereinbarungen, an seine Kunden liefern.

(9) Der Vertragshändler wird dem Hersteller innerhalb von fünf Werktagen nach Ablauf eines Kalendermonats über seine Marketing- und Vertriebstätigkeiten im vorangegangenen Kalendermonat schriftlich berichten. Der Bericht informiert für den Berichtsmonat über die vom Vertragshändler durchgeführten Marketing-Maßnahmen und die von ihm getätigten Verkäufe oder Rücknahmen von Vertragsprodukten unter

Manufacturer and shall in particular include a marketing plan and the quarterly and annual purchasing targets for Contractual Products (minimum quantities) agreed upon between the Manufacturer and the Reseller. The Reseller shall provide the Manufacturer with a complete draft of the business plan for the following contractual year no later than 2 months before the end of a contractual year. Prior to the end of the contractual year, the parties shall agree on any changes or supplements to the business plan for the following year. The business plan applicable until the end of the first contractual year is attached to this Agreement as Annex 4.

(6) The Reseller shall meet the quarterly and annual targets stipulated in the business plan.[11]

(7) At the request of end users in the Contractual Territory, the Reseller shall install the Contractual Products for these end users. To the extent provided for the Contractual Product and requested by the end user, installation shall include the configuration and parametrization of the Contractual Products. In addition, the Reseller shall offer to end users in the Contractual Territory training on how to use the Contractual Products.

(8) The Reseller shall deliver the Contractual Products to its customers without modification and with all the packaging, documentation, labelling supplied by the Manufacturer, including notices relating to intellectual property rights and serial numbers, and materials intended for the end user, in particular license agreements.

(9) Within five business days after the end of a calendar month, the Reseller shall provide to the Manufacturer a written report on its marketing and sales activities carried out in the preceding calendar month. The report shall provide information for such month on the marketing measures implemented by the Reseller and the sales made by the Reseller or returns of Contractual Products, indicating the buy-

Angabe von Namen und Anschriften der Käufer sowie Seriennummern der verkauften oder zurückgegebenen Vertragsprodukte.[12] Der Bericht enthält darüber hinaus Informationen über Besonderheiten beim technischen Support, die von Endanwendern im Zusammenhang mit den Vertragsprodukten geäußerten Wünsche und Anforderungen zu Funktionen und sonstigen Eigenschaften der Vertragsprodukte sowie die Marktlage im Vertragsgebiet, einschließlich der wesentlichen Aktivitäten der Wettbewerber des Herstellers.

(10) Während der Laufzeit des Vertrags sind der Hersteller und seine Bevollmächtigten unter Einhaltung einer Ankündigungsfrist von zehn Werktagen berechtigt, die den Verkauf der Vertragsprodukte betreffenden Geschäftsunterlagen zu prüfen und Kopien davon anzufertigen. Die Prüfung erfolgt in den Geschäftsräumen des Vertragshändlers zu dessen üblichen Geschäftszeiten. Soweit sie ergibt, dass der Vertragshändler Pflichten aus diesem Vertrag schuldhaft verletzt hat, gehen die Kosten der Prüfung zu Lasten des Vertragshändlers. Andernfalls tragen der Hersteller und der Vertragshändler ihre Kosten jeweils selbst.

(11) Der Vertragshändler wird die Lizenzbedingungen der Vertragsprodukte, die ihm vom Hersteller zu Zwecken der Demonstration, Evaluierung oder des Eigenbedarfs zur Verfügung gestellt werden, einhalten. Der zum Zeitpunkt der Unterzeichnung dieses Vertrags geltende Standard-Lizenzvertrag des Herstellers hängt als Anlage 5 diesem Vertrag an. Treffen dieser Vertrag und der Lizenzvertrag unterschiedliche Regelungen zu einem gleichen Regelungsgegenstand, geht die Regelung dieses Vertrags vor.

(12) Der Vertragshändler wird vor Abschluss eines Kaufvertrags über ein Vertragsprodukt dem Erwerber den jeweils geltenden Lizenzvertrag des Herstellers zur Kenntnis geben und deutlich auf dessen Geltung hinweisen.[13]

(13) Der Vertragshändler wird einen etwaigen Kopierschutz der Vertragsprodukte nicht beseitigen oder umgehen und

ers' names and addresses as well as serial numbers of the Contractual Products sold or returned.[12] The report shall also include information on special features or events concerning technical support, wishes expressed by end users in connection with the Contractual Products and requests regarding functions and other features of the Contractual Products, as well as the market situation in the Contractual Territory, including material activities of the Manufacturer's competitors.

(10) For the duration of the Agreement the Manufacturer and its authorized agents are entitled, subject to a period of notice of ten business days, to examine the business documents concerning the sales of the Contractual Products and to make copies thereof. The examination shall take place at the Reseller's business premises during its regular business hours. Should it arise that the Reseller has culpably violated duties arising from this Agreement, the Reseller shall bear the costs of the examination. Otherwise, the Manufacturer and the Reseller shall each bear their own costs.

(11) The Reseller shall comply with the licensing terms and conditions of the Contractual Products that the Manufacturer has made available to the Reseller for purposes of demonstration, evaluation or the Reseller's own use. The Manufacturer's standard license agreement that applies at the time this Agreement is signed is attached to this Agreement as Annex 5. Should this Agreement and the license agreement stipulate different provisions regarding the same subject matter, this provision of this Agreement shall prevail.

(12) Prior to concluding a contract of sale for a Contractual Product, the Reseller shall make available to the purchaser the then applicable Manufacturer license agreement and shall clearly state that it applies.[13]

(13) The Reseller shall not remove or circumvent any copy protection of the Contractual Products and shall not aid or abet

zu einer solchen Tat auch nicht Anstiftung oder Beihilfe leisten.[14] Hiervon ausgenommen ist eine Vervielfältigung, wenn und soweit sie unerlässlich ist, um die erforderlichen Informationen zur Herstellung der Interoperabilität des Vertragsprodukts mit anderen Computerprogrammen zu erhalten, sofern nicht die zur Herstellung der Interoperabilität erforderlichen Informationen dem Vertragshändler oder Endanwender ohne weiteres zugänglich gemacht worden sind.

in taking any such action.[14] This shall not apply if such action is indispensable in order to obtain information necessary to achieve interoperability of the Contractual Product with an independently created computer program, unless the information required for creating the interoperability has been made readily accessible to the Reseller or the end user.

(14) Der Vertragshändler wird die Vertragsprodukte nicht unter Verstoß gegen die Produktpolitik des Herstellers zu Updates, Upgrades, Crossgrades, Studentenversionen, Schulversionen, Händlerversionen, Testversionen, Mehrplatzversionen, OEM-Versionen, Softwarepaketen („Bundles") oder eine vergleichbare Produktpolitik vertreiben.[15] Der Vertragshändler ist verpflichtet, sich vor dem Verkauf eines Vertragsprodukts darüber zu vergewissern, ob der Käufer zum Erwerb und zur Nutzung der betreffenden Version nach Maßgabe des Lizenzvertrags des Herstellers und dessen Produktpolitik berechtigt ist.

(14) The Reseller shall not sell the Contractual Products contrary to the Manufacturer's product policy relating to updates, upgrades, crossgrades, student versions, education versions, test versions, multi-user versions, OEM versions, software packages („bundles") or any comparable product policy.[15] Prior to selling a Contractual Product, the Reseller is obligated to ensure that the buyer is entitled to purchase and use the version is question in accordance with the Manufacturer's license agreement and its product policy.

(15) Der Vertragshändler wird den Hersteller bei Maßnahmen gegen eine Verletzung von Rechten an den Vertragsprodukten angemessen unterstützen.

(15) The Reseller shall provide the Manufacturer with appropriate support in the event of measures against a violation of rights to the Contractual Product.

(16) Der Vertragshändler wird die auf den Vertrieb, die Vermarktung und die Unterstützung der Vertragsprodukte anwendbaren gesetzlichen Vorschriften einhalten. Er wird insbesondere nicht gegen Kartellrecht verstoßen und alle erforderlichen Maßnahmen ergreifen, um Korruption sowie Verstöße gegen die Regeln des lauteren Wettbewerbs zu vermeiden.

(16) The Reseller shall comply with the statutory provisions applicable to the sale, marketing and support of Contractual Products. In particular it shall not violate antitrust laws and shall take all necessary measures to avoid corruption and violations against the rules of fair competition.

§ 4 Pflichten des Herstellers

(1) Der Hersteller wird vom Vertragshändler bestellte Vertragsprodukte vorbehaltlich seiner Liefermöglichkeiten an den Vertragshändler liefern.[16] Der Hersteller ist zur Lieferung eines Vertragsprodukts nicht verpflichtet, soweit Dritte an dem Vertragsprodukt Rechte geltend gemacht haben, Vorlieferanten Lieferungen, die die

§ 4 Manufacturer Obligations

(1) The Manufacturer shall supply the Contractual Products ordered by the Reseller to the Reseller subject to the Contractual Products' availability.[16] The Manufacturer is not obligated to deliver a Contractual Product if third parties have asserted rights to the Contractual Product, preliminary suppliers have discontinued or

Lieferung des Vertragsprodukts voraussetzen, eingestellt oder beschränkt haben, das Vertragsprodukt zum Zeitpunkt des Zugangs der Bestellung aus dem Bestand der Vertragsprodukte gem. § 1 (2) dieses Vertrags entfernt wurde oder unter Berücksichtigung der Interessen des Vertragshändlers ein anderer sachlicher Grund zur Ablehnung einer Bestellung oder Lieferung vorliegt.

restricted deliveries that preceded the delivery of the Contractual Product, the Contractual Product has been removed from the inventory of Contractual Products pursuant to § 1 (2) of this Agreement at the time the order was received or there is, taking into account the Reseller's interests, another objective reason to refuse an order or delivery.

(2) Der Hersteller wird dem Vertragshändler Demo-Versionen der Vertragsprodukte, Produktbeschreibungen, Informationen über Verkaufsstrategien sowie Werbematerialien, Gestaltungsrichtlinien und sonstige Informationen und Unterlagen zur Verfügung stellen, die der Vertragshändler benötigt, um die Vertragsprodukte ordnungsgemäß vermarkten, vertreiben und warten zu können. Sämtliche Unterlagen verbleiben im Eigentum des Herstellers, soweit sie nicht mit Zustimmung des Herstellers an Dritte weitergegeben werden.

(2) The Manufacturer shall provide the Reseller with demo versions of the Contractual Products, product descriptions, information on sales strategies as well as advertising material, design guidelines and other information and documents that the Reseller requires in order to be able to adequately market, distribute and maintain the Contractual Products. All documents shall remain the property of the Manufacturer unless it is passed on to third parties with the Manufacturer's consent.

(3) Der Hersteller wird regelmäßig Schulungen anbieten, in denen Mitarbeiter des Vertragshändlers in der Anwendung, dem Verkauf und der Wartung der Vertragsprodukte unterrichtet werden. Der Hersteller ist in der Gestaltung der Schulungen frei. Er kann nach eigener Wahl Schulungen in Schulungsräumen veranstalten oder Online-Schulungen durchführen. Der Vertragshändler trägt die Reisekosten seiner Mitarbeiter.

(3) The Manufacturer shall offer training at regular intervals in which the Reseller's employees will be instructed in the application, sale and maintenance of the Contractual Products. The Manufacturer is free to structure the trainings at its discretion. At its option it may hold training sessions in classrooms or conduct online-training. The Reseller shall bear the travel costs of its employees.

(Zusätzlich bei geschlossenem selektiven Vertriebssystem:

(4) Der Hersteller wird die Vertragsprodukte im Vertragsgebiet nicht an Distributoren und Händler verkaufen, die er nicht zum Vertrieb der Vertragsprodukte im Vertragsgebiet zugelassen hat.[17])

(Additional text for a closed selective distribution system:

(4) The Manufacturer shall not sell the Contractual Products in the Contractual Territory to distributors or resellers that it has not authorized to distribute the Contractual Products in the Contractual Territory.[17]

§ 5 Vertriebsbeschränkungen[18]

(1) Der Vertragshändler wird die Vertragsprodukte ausschließlich vom Hersteller beziehen.[19]

§ 5 Restrictions on Distribution[18]

(1) The Reseller shall procure the Contractual Products exclusively from the Manufacturer.[19]

(Alternativ (bei geschlossenem selektiven Vertriebssystem):

Der Vertragshändler wird die Vertragsprodukte ausschließlich vom Hersteller oder von Distributoren oder Händlern beziehen, die der Hersteller zum Vertrieb der Vertragsprodukte zugelassen hat.[20]*)*

(2) Der Vertragshändler wird die Vertragsprodukte nicht aktiv an Distributoren oder Händler vertreiben.[21]

(Alternativ (bei geschlossenem selektiven Vertriebssystem):

Der Vertragshändler wird die Vertragsprodukte nicht an Distributoren und Händler vertreiben, die der Hersteller nicht zum Vertrieb der Vertragsprodukte zugelassen hat.[22]*)*

(Alternative 1:

(3) Liegt das Vertragsgebiet (ganz oder teilweise) im Gebiet der EU oder des EWR oder ist eine Gebiets- oder Kundenkreisbeschränkung aus anderem Grund geeignet, den Handel zwischen Mitgliedsstaaten zu beeinträchtigen:

Der Vertragshändler ist berechtigt, die Vertragsprodukte im Vertragsgebiet sowie im Gebiet der Europäischen Union und der anderen Vertragsstaaten des Abkommens über den Europäischen Wirtschaftsraum (nachfolgend „EWR") nach Maßgabe dieses Vertrags zu verkaufen. Hiervon ausgenommen ist der aktive Verkauf in Gebiete oder an Kundengruppen, die der Hersteller sich selbst vorbehalten oder höchstens . . . . . [fünf] Alleinvertriebshändlern exklusiv zugewiesen hat.[23]*Diese Gebiete und Kundengruppen sind in Anlage 6 genannt. Dem Vertragshändler ist der aktive Verkauf der Vertragsprodukte in diese Gebiete und an diese Kundengruppen untersagt. Darüber hinaus wird der Vertragshändler die Vertragsprodukte nicht außerhalb des EWR verkaufen; das Recht des Vertragshändlers zum Verkauf in von dem Vertrags-*

(Alternative text (for a „closed" selective distribution system):

The Reseller shall procure the Contractual Products exclusively from the Manufacturer or from distributors or dealers, which the Manufacturer has authorized to sell the Contractual Products.[20]*)*

(2) The Reseller shall not actively sell the Contractual Products to distributors or dealers.[21]

(Alternative text (for a „closed" selective distribution system):

The Reseller shall not actively sell the Contractual Products to distributors or dealers that the Manufacturer has not authorized to sell the Contractual Products.[22]*)*

(Alternative text 1:

(3) If the Contractual Territory is located (completely or partially) within the territory of the EU or the EEA or a territorial or customer restriction is for some other reason likely to restrict trade between member states:

The Reseller is entitled to sell the Contractual Products in the Contractual Territory as well as in the territory of the European Union and the other member states of the Agreement on the European Economic Area (hereinafter „EEA") in accordance with this Agreement. Excluded herefrom are active sales into territories or to customer groups that the Manufacturer has reserved for itself or has allocated exclusively to a maximum of . . . . . [five] other exclusive distributors.[23]*These territories and customer groups are listed in Annex 6 hereto. The Reseller is prohibited from actively selling the Contractual Products into these territories and to these customer groups. Moreover, the Reseller shall not sell the Contractual Products outside of the EEA; the Reseller's right to sell into territories covered by the Contractual Territory out-*

gebiet umfasste Gebiete außerhalb des EWR bleibt hiervon unberührt.)

(Alternative 2:

(3) Liegt das Vertragsgebiet im Gebiet außerhalb der EU und des EWR und ist eine Gebiets – oder Kundenkreisbeschränkung auch nicht aus anderem Grund geeignet, den Handel zwischen Mitgliedsstaaten zu beeinträchtigen:

Der Vertragshändler wird die Vertragsprodukte nicht außerhalb des Vertragsgebiets verkaufen. Darüber hinaus ist dem Vertragshändler der Vertrieb an Kundengruppen untersagt, die der Hersteller sich selbst vorbehalten oder einem oder mehreren Alleinvertriebshändlern exklusiv zugewiesen hat. Diese Kundengruppen sind in Anlage 6 genannt)

(Alternative 1:

(4) Liegt das Vertragsgebiet (ganz oder teilweise) im Gebiet der EU oder des EWR oder ist ein Wettbewerbsverbot aus einem anderen Grund geeignet, den Handel zwischen Mitgliedsstaaten zu beeinträchtigen:

Der Vertragshändler wird bis zur Beendigung dieses Vertrags, jedoch nicht länger als 5 Jahre ab Vertragsbeginn, keine Produkte, die mit den Vertragsprodukten im Wettbewerb stehen, herstellen, beziehen oder verkaufen.[24]*Die Parteien werden frühestens 6 Monate vor Ablauf der Fünfjahresfrist über eine Verlängerung dieses Wettbewerbsverbots um bis zu 5 weitere Jahre verhandeln.)*

(Alternative 2:

(4) Liegt das Vertragsgebiet im Gebiet außerhalb der EU und des EWR und ist ein Wettbewerbsverbot auch nicht aus anderem Grund geeignet, den Handel zwischen Mitgliedsstaaten zu beeinträchtigen: Der Vertragshändler wird bis zur Beendigung dieses Vertrags keine Produkte, die mit den Vertragsprodukten im

side of the EEA shall remain unaffected herefrom.)

(Alternative text 2:

(3) If the Contractual Territory is located in a territory outside of the EU and the EEA and a territorial or customer restriction is not likely for any reason to restrict trade between member states:

The Reseller shall not sell the Contractual Products outside of the Contractual Territory. In addition, the Reseller is prohibited from selling to customer groups that the Manufacturer has reserved for itself or allocated to one or more exclusive distributors. These customer groups are listed in Annex 6 hereto.)

(Alternative text 1:

(4) If the Contractual Territory is located (completely or partially) within the territory of the EU or the EEA or a restraint on competition is for some other reason likely to restrict trade between member states:

Until expiration or termination of this Agreement, however no longer than 5 years as of the Agreement's effective date, the Reseller shall not manufacture, procure or sell any products that compete with the Contractual Products.[24]*At the earliest 6 months prior to expiration of the five-year term, the parties shall negotiate an extension of this non-competition clause for a period of up to an additional 5 years term.)*

(Alternative text 2:

(4) If the Contractual Territory is located outside the EU or the EEA and a restraint on competition is not likely for any other reason to restrict trade between member states: Until expiration or termination of this Agreement the Reseller shall not manufacture, procure or sell any products

Wettbewerb stehen, herstellen, beziehen oder verkaufen.)

§ 6 Aufträge und Auftragsabwicklung

(1) Bestellungen des Vertragshändlers erfolgen schriftlich oder in elektronischer Form an die vom Hersteller angegebene Adresse. Ein Vertrag über den Kauf der Vertragsprodukte (nachstehend „Einzelvertrag" genannt) kommt mit schriftlicher Bestätigung des Auftrags durch den Hersteller, spätestens mit Lieferung der in der Bestellung genannten Vertragsprodukte zustande.

(2) Jeder Einzelvertrag unterliegt den Bedingungen dieses Vertrags. Entgegenstehende oder zusätzliche Vertragsbedingungen einer Partei gelten nur, wenn die andere Partei deren Geltung schriftlich zustimmt.

§ 7 Lieferbedingungen; Lizenzschlüssel

(1) Der Hersteller liefert die Vertragsprodukte entweder auf einem Datenträger oder stellt die Vertragsprodukte zum Download auf einem vom Hersteller benannten Server zur Verfügung.

(2) Bei Lieferung eines Datenträgers liefert der Hersteller die Vertragsprodukte FCA . . . . . (Incoterms 2020).[25]

(3) Werden Vertragsprodukte durch Download geliefert, trägt der Vertragshändler die Telekommunikations-, Provider- und sonstigen Kosten, die durch den Internetzugriff entstehen. Beim Download geht die Gefahr mit dem Übergang des letzten zu den Dateien der Software gehörenden Datenpakets über den Data Port des Servers des Herstellers auf den Vertragshändler über. Soweit für die Einfuhr in das Vertragsgebiet erforderlich, wird der Vertragshändler auf eigene Kosten eine Einfuhrgenehmigung oder andere behördliche Genehmigung beschaffen und alle Zollformalitäten erledigen.

(4) Die Nutzung der Vertragsprodukte kann die Vergabe eines an die Hardwarekonstellation des Anwenders gebundenen Lizenzschlüssels voraussetzen.[26] Ein Lizenzschlüssel wird von dem Hersteller ver-

that compete with the Contractual Products.)

§ 6 Orders and Order Processing

(1) The Reseller's orders shall be submitted in writing or electronically to the address given by the Manufacturer. An agreement on the purchase of Contractual Products comes into effect by the Manufacturer's written confirmation of the Reseller's order, but no later than upon delivery of the Contractual Products designated in the order.

(2) Every Individual Contract is subject to the terms and conditions of this Agreement. Conflicting or additional contractual terms and conditions of one party may only apply if the other party consents to the application thereof in writing.

§ 7 Delivery Terms; License Key

(1) The Manufacturer shall either deliver the Contractual Products on a data carrier or make the Contractual Products available for download on a server designated by the Manufacturer.

(2) If delivered on a data carrier, the Manufacturer shall deliver the Contractual Products FCA . . . . . (Incoterms 2020).[25]

(3) If Contractual Products are delivered via download, the Reseller shall bear the telecommunication costs, provider costs and other costs incurred through Internet access. When downloading, the risk passes to the Reseller when the last data packet belonging to the software files is transferred via the data port of the Manufacturer's server. If required for import into the Contractual Territory, the Reseller shall obtain an import license or other official authorization at its own expense and take care of all formalities relating to customs.

(4) Use of the Contractual Products may require the issuance of a license key linked to the user's hardware environment.[26] Such license key shall be issued by the Manufacturer. The Reseller shall point

geben. Der Vertragshändler wird seine Kunden vor Verkauf des Vertragsprodukts hierauf hinweisen.

this out to the customer prior to purchase of the Contractual Product.

§ 8 Preise und Rabatte

(1) Der Hersteller verkauft die Vertragsprodukte zu seinen zum Zeitpunkt des Zustandekommens des Einzelvertrags geltenden Listenpreisen. Die im Zeitpunkt des Abschlusses des vorliegenden Vertrags geltenden Listenpreise des Herstellers ergeben sich aus der als Anlage 7 angehängten Preisliste. Der Hersteller ist berechtigt, die Listenpreise im Rahmen seiner allgemeinen Preispolitik zu ändern. Er wird eine geänderte Preisliste dem Vertragshändler spätestens 2 Wochen vor deren Inkrafttreten zur Verfügung stellen. Eine Preiserhöhung gilt nicht für Bestellungen des Vertragshändlers, die vor Inkrafttreten einer geänderten Preisliste beim Hersteller eingegangen sind.[27]

(2) Der Vertragshändler erhält die in Anlage 8 bestimmten Preisnachlässe nach Maßgabe der darin aufgeführten Bedingungen.[28]

(3) Die Listenpreise des Herstellers verstehen sich ohne Umsatzsteuer.

(4) Kaufpreiszahlungen erfolgen innerhalb von 30 Tagen ab Rechnungseingang.

(5) Befindet sich der Vertragshändler mit einer Zahlung für ein Vertragsprodukt in Verzug, ist der Hersteller berechtigt, bis zum Eingang der Zahlung noch ausstehende Lieferungen nur gegen Vorauszahlung zu erbringen und die Vergabe eines Lizenzschlüssels für die Vertragsprodukte, mit deren Zahlung der Vertragshändler in Verzug ist, zurückzuhalten.[29] Die Geltendmachung weiterer Rechte aufgrund Zahlungsverzugs bleibt hiervon unberührt.

§ 8 Prices and Discounts

(1) The Manufacturer shall sell the Contractual Products at its list prices which are applicable when the respective Individual Contract comes into effect. The Manufacturer's list prices applicable at the effective date of this Agreement are set forth in the price list attached as Annex 7 hereto. The Manufacturer is entitled to modify the list prices within the framework of its general pricing policy; it shall provide the Reseller with an amended price list no later than 2 weeks before said prices take effect. A price increase shall not apply to orders placed by the Reseller that the Manufacturer received before an amended price list takes effect.[27]

(2) Subject to the terms and conditions set forth in Annex 8 hereto, the Reseller shall be eligible for the discounts specified therein.[28]

(3) The Manufacturer's list prices do not include value added tax.

(4) Payment of the purchase price shall be made within 30 days after receipt of invoice.

(5) If the Reseller is in default with payment for a Contractual Product, the Manufacturer is entitled to make outstanding deliveries only against payment in advance and to withhold issuing a license key for the Contractual Products for the payment of which the Reseller is in default.[29] The assertion of further rights due to default of payment shall remain unaffected herefrom.

§ 9 Wartung

(1) Wartungsverträge über die Vertragsprodukte werden zwischen dem Hersteller und dem Endkunden geschlossen. Der Vertragshändler vermittelt die zum jeweiligen Zeitpunkt geltenden Wartungsverträge zwischen dem Hersteller und An-

§ 9 Maintenance

(1) Maintenance contracts on the Contractual Products shall be concluded between the Manufacturer and the end user. The Reseller shall facilitate the conclusion of the then applicable maintenance contracts between the Manufacturer and the

wendern der Vertragsprodukte im Vertragsgebiet.[30] Der im Zeitpunkt des Abschlusses dieses Vertrags geltende Wartungsvertrag hängt als Anlage 9 an.

(2) Der Vertragshändler leistet für den Hersteller First Level Support.[31] Hierzu tritt der Vertragshändler als erster Ansprechpartner des Endkunden auf und erbringt möglichst selbständig folgende Leistungen:

a) Telefonsupport und Websupport während der im Wartungsvertrag bestimmten Support-Zeiten;
b) Priorisierung der Supportanfragen gemäß Klassifizierung im Wartungsvertrag;
c) Bearbeitung von Supportanfragen innerhalb der im Wartungsvertrag bestimmten Reaktionszeiten oder, soweit der Vertragshändler zur Bearbeitung der Supportanfragen trotz ordnungsgemäßer Qualifikation nicht in der Lage ist, Weiterleitung der Supportanfrage an den Hersteller (Second Level Support);
d) Auslieferung von Weiterentwicklungen und sonstigen Lösungen (Updates, Patches, Workarounds etc), die der Hersteller dem Endkunden gemäß Wartungsvertrag zur Verfügung stellt.

Der Hersteller leistet Second Level Support. Hierzu erbringt der Hersteller folgende Leistungen:

a) Zugang zu einer Wissensdatenbank des Herstellers;
b) Telefonische Supporthotline und Websupport zu den üblichen Geschäftszeiten des Herstellers;
c) Lieferung von Updates, Patches oder Workarounds, die der Hersteller nach eigenem Ermessen zur Lösung eines Softwarefehlers entwickelt und zur Auslieferung an Endkunden freigegeben hat.

(3) Bei Abschluss bzw. Verlängerung eines Wartungsvertrags wird der Vertragshändler, die vom Endkunden zu leistenden Wartungsgebühren abzüglich etwaiger

users of Contractual Products in the Contractual Territory.[30] The maintenance contract applicable at the effective date of this Agreement is attached as Annex 9 hereto.

(2) The Reseller shall provide first level support for the Manufacturer.[31] To this end the Reseller shall act as the end user's first contact and shall independently provide the following services:

a) Telephone and web support during the support times specified in the maintenance contract;
b) Prioritization of support inquiries according to the priority levels set forth in the maintenance contract;
c) Processing of support inquiries within the response times specified in the maintenance contract or, if the Reseller is not in the position to process the support inquiries despite being properly qualified, forwarding of the support request to the Manufacturer (second level support);
d) Delivery of enhancements and other solutions (updates, patches, workarounds, etc) that the Manufacturer provides to the end user in accordance with the maintenance contract.

The Manufacturer provides second level support. To this end the Manufacturer shall provide the following services:

a) Access to a knowledge database of the Manufacturer;
b) Telephone support hotline and web support during the Manufacturer's regular business hours;
c) Delivery of updates, patches or workarounds which the Manufacturer has, at its sole discretion, developed to solve software bugs and released for delivery to end users.

(3) Upon conclusion or extension of a maintenance contract the Reseller shall collect the maintenance fees in its own name for the Manufacturer's account to

vom Hersteller oder Vertragshändler dem Endkunden eingeräumten Rabatte für Rechnung des Herstellers, im eigenen Namen einziehen.[32] Die Höhe der Wartungsgebühren ergibt sich aus der bei Abschluss des Wartungsvertrags bzw. am ersten Tag der Verlängerung des Wartungsvertrags geltenden Preisliste des Herstellers. Die im Zeitpunkt des Abschlusses dieses Vertragshändlervertrags geltende Preisliste hängt diesem Vertrag als Anlage 7 an. Der Hersteller ist berechtigt, die Wartungsgebühren im Rahmen seiner allgemeinen Preispolitik zu ändern.

(4) Der Vertragshändler wird den Eingang von Wartungsgebühren dem Hersteller unter Angabe des Endkunden, des Wartungsvertrags und der Höhe des eingegangenen Betrags unverzüglich mitteilen und innerhalb von 30 Tagen ab Zahlungseingang den eingegangenen Betrag abzüglich der auf diesen Betrag anfallenden Provision und Vergütung für die Leistung von First Level Support an den Hersteller zahlen. Die Provision und Vergütung des Vertragshändlers ergeben sich aus Anlage 10 dieses Vertrags. Bei der Berechnung der von dem Vertragshändler an den Hersteller zu entrichtenden Zahlung bleibt ein etwaiger Preisnachlass, den der Vertragshändler dem Endkunden selbst einräumt, unberücksichtigt.

§ 10 Sach- und Rechtsmängel[33]

Für Mängel bei Vertragsprodukten, die dazu bestimmt sind, dem Anwender dauerhaft gegen ein Einmalentgelt überlassen zu werden, gelten für die Mängelhaftung des Herstellers die folgenden Bestimmungen.

(1) Offensichtliche Mängel sind dem Hersteller unverzüglich, spätestens aber binnen 14 Tagen nach Empfang der Vertragsprodukte schriftlich anzuzeigen.[34] Versteckte Mängel sind dem Hersteller unverzüglich, spätestens aber binnen 10 Tagen nach Entdeckung des Mangels schriftlich anzuzeigen.

(2) Bei Mängeln kann der Hersteller zunächst nacherfüllen.[35] Die Nacherfüllung erfolgt nach Wahl des Herstellers durch

be paid by the end user less any discounts the Manufacturer or Reseller have granted to the end user.[32] The amount of maintenance fees is set forth in the Manufacturer's price list applicable on the effective date of the maintenance contract or, respectively, on the effective date of the extension of the maintenance contract. The price list in effect at the effective date of this Agreement is attached to this Agreement as Annex 7. The Manufacturer is entitled to change the maintenance fee within the framework of its general pricing policy.

(4) The Reseller shall notify the Manufacturer without undue delay of any receipt of maintenance fees, indicating the end user, the maintenance contract and the amount received, and shall pay the received sum within 30 days as of receipt of payment less the commission charged on this amount and remuneration for providing first level support to the Manufacturer. The Reseller's commission and remuneration are specified in Annex 10 of this Agreement. Any discount the Reseller itself has given to the end user is not taken into account when calculating the Reseller's payment to the Manufacturer.

§ 10 Defects in rem and Title[33]

For defects of Contractual Products which are intended for perpetual use by end users in consideration of a one-time fee, the following provisions apply to the Manufacturer's warranty obligations.

(1) Obvious defects must be reported without undue delay to the Manufacturer in writing no later than 14 days after receipt of the Contractual Products.[34] Hidden defects must be reported to the Manufacturer in writing without undue delay, but no later than 10 days after the defect has been detected.

(2) In the event of defects the Manufacturer may initially provide subsequent performance.[35] Subsequent performance is carried

die Beseitigung des Mangels oder die Lieferung eines mangelfreien Produkts. Als Nacherfüllung gilt auch eine Lieferung von Updates oder Upgrades, die den Mangel nicht enthalten, oder eines Patches, der den Mangel beseitigt.

out at the Manufacturer's discretion by removal of the defect or delivery of a defect-free product. A delivery of updates or upgrades that do not contain the defect, or of a patch that removes the defect may also be considered as subsequent performance.

(3) Schlägt die Nacherfüllung fehl, kann der Vertragshändler nach seiner Wahl den Kaufpreis mindern oder, soweit nicht der Mangel die vertragsgemäße Nutzung des Vertragsprodukts nur unerheblich beeinträchtigt, vom Vertrag über das mangelhafte Vertragsprodukt zurücktreten.[36] Von einem Fehlschlagen der Nachbesserung ist erst auszugehen, wenn der Vertragshändler dem Hersteller hinreichende Gelegenheit zur Nachbesserung innerhalb einer angemessenen Frist eingeräumt hat, ohne dass der geschuldete Erfolg erzielt wurde. Die Bereitstellung einer provisorischen Lösung, die den Mangel umgeht (Workaround), ist bei Bemessung der Frist zu berücksichtigen.

(3) Should subsequent performance fail, the Reseller may at its discretion reduce the purchase price or, unless the defect only negligibly affects the contractual use of the contractual product, may withdraw from the Agreement relating to the defective contractual product.[36] It may not be assumed that subsequent performance has failed until the Reseller has given the Manufacturer sufficient opportunity to provide subsequent performance within an appropriate term without having achieved the result owed. The provision of a provisional solution that circumvents the defect (workaround) must be taken into consideration when setting the time limit.

(4) Der Hersteller haftet nicht, soweit die Nutzung der Vertragsprodukte aufgrund unsachgemäßer Installation, Bedienung oder Wartung beeinträchtigt ist. Insbesondere ausgeschlossen ist eine Haftung für Beeinträchtigungen, die darauf zurückzuführen sind, dass die Vertragsprodukte unter Anwendungsbedingungen genutzt werden, die nicht der Hard- und Softwareumgebung entsprechen, die in der dem Produkt beiliegenden Dokumentation oder durch andere Mitteilungen des Herstellers spezifiziert sind.[37]

(4) The Manufacturer shall not be held liable if use of the Contractual Products is impaired due to improper installation, service or maintenance. In particular, any liability shall be excluded for impairments caused by using the Contractual Products under conditions of use that do not correspond to the hardware and software environment, which are specified in the documentation enclosed with the product or specified by other Manufacturer notices.[37]

(5) Mängelansprüche für Vertragsprodukte verjähren in 12 Monaten ab Ablieferung des Vertragsprodukts. Hiervon ausgenommen sind Schadensersatzansprüche sowie Mängelansprüche bei arglistigem Verschweigen eines Mangels.[38]

(5) Claims for defects for Contractual Products shall be statute barred after 12 months as of delivery of the Contractual Products. This does not apply to claims for damages and claims for defects in the case of fraudulent concealment of a defect.[38]

(6) Schadensersatzansprüche wegen Mängeln stehen dem Vertragshändler nur zu, soweit die Haftung des Herstellers nicht gemäß § 12 dieses Vertrags ausgeschlossen oder beschränkt ist.

(6) The Reseller is only entitled to assert claims for damages due to defects if the Manufacturer's liability is not excluded or limited pursuant to § 12 of this Agreement.

(Zusätzlich (Falls die Vertragsprodukte für Verbraucher bestimmt sind):

(7) Soweit der Endkunde ein Vertragsprodukt zu einem Zweck kauft, der weder seiner gewerblichen noch seiner selbstständigen beruflichen Tätigkeit zugerechnet werden kann, ist der Vertragshändler berechtigt, den Hersteller gemäß der gesetzlichen Regelung im Wege des Lieferantenregresses (§ 327u BGB) in Anspruch zu nehmen. Liegt ein berechtigter Fall des Lieferantenregresses vor, gelten die in diesem Vertrag enthaltenen Einschränkungen der Mängelhaftung nicht.)[39]

(Additional text (if the Contractual Products are intended for consumers):

(7) If the end user purchases a Contractual Product for a purpose that cannot be attributed to its commercial or independent professional activity, the Reseller is entitled to assert claims against the Manufacturer by way of recourse against the supplier (Sec. 327u BGB, [German Civil Code]). If there is a justified case of recourse against the supplier, the limitations of liability for defects set forth in this Agreement shall not apply.)[39]

§ 11 Verletzung von Schutzrechten Dritter[40]

Erfährt der Vertragshändler von der Behauptung eines Dritten, dass die Nutzung eines Vertragsprodukts Schutzrechte dieses oder eines anderen Dritten verletzt, wird er den Hersteller hiervon unverzüglich informieren. Der Hersteller wird, soweit möglich, auf seine Kosten die Verteidigung gegen Ansprüche, die aufgrund der behaupteten Schutzrechtsverletzung geltend gemacht werden, übernehmen und etwaige Verhandlungen über die Beilegung des Rechtsstreits führen. Der Vertragshändler wird den Hersteller dabei, soweit zumutbar und für die Verteidigung und Vergleichsgespräche förderlich, unterstützen. Die Rechtsmängelhaftung des Herstellers bleibt hiervon unberührt.

§ 11 Infringement of Third Party Intellectual Property Rights[40]

Should the Reseller learn from a third party claim that use of the Contractual Products infringes its intellectual property rights or of another third party, it shall inform the Manufacturer thereof without undue delay. To the extent possible, the Manufacturer shall, at its expense, assume the defense against claims asserted on the basis of the alleged intellectual property right infringement and shall conduct any negotiations relating to resolving the legal dispute. The Reseller shall support the Manufacturer in such proceedings, to the extent it is reasonable and appropriate to facilitate the defense and settlement discussions. This shall not affect the Manufacturer's liability for defects in title.

§ 12 Haftung[41]

(1) Mit Ausnahme der Haftung nach dem Produkthaftungsgesetz und aufgrund einer Verletzung des Lebens, des Körpers oder der Gesundheit ist die Haftung des Herstellers wie folgt beschränkt oder ausgeschlossen.

(2) Bei Fahrlässigkeit beschränkt sich die Haftung des Herstellers auf den Ersatz des typischen vorhersehbaren Schadens. Bei einfacher Fahrlässigkeit haftet der Hersteller jedoch nur, wenn er eine Pflicht verletzt hat, deren Erfüllung eine ordnungsgemäße

§ 12 Liability[41]

(1) With the exception of liability according to Product Liability Law and due to death, physical injury or harm to health, the Manufacturer's liability is limited or excluded as follows.

(2) In the event of negligence, the Manufacturer's liability is limited to reimbursement of typically foreseeable damages. However, in case of slight negligence the Manufacturer shall only be held liable if it has breached a duty, the fulfilment of

Durchführung des Vertrags, insbesondere einen unter Berücksichtigung der Interessen beider Parteien wirtschaftlich angemessenen Vertrieb der Vertragsprodukte im Vertragsgebiet, überhaupt erst ermöglicht und auf deren Einhaltung der Vertragshändler vertrauen darf.

which is necessary to adequately perform this Agreement, in particular, if taking account of both parties' interests, a duty the fulfilment of which is necessary to allow an economically appropriate distribution of the Contractual Products in the Contractual Territory and on the fulfilment of which the Reseller may rely.

§ 13 Vertraulichkeit; Herausgabe oder Vernichtung von Unterlagen

§ 13 Confidentiality; Return or Destruction of Documents

(1) Jede Vertragspartei wird Informationen und Unterlagen, die sie von der anderen Vertragspartei im Zusammenhang mit der Durchführung dieses Vertrags erhält, vertraulich behandeln. Innerhalb des eigenen Unternehmens dürfen Informationen und Unterlagen der anderen Partei nur dem Personal zur Kenntnis gebracht oder zugänglich gemacht werden, welches die Informationen und Unterlagen zur Erfüllung dieses Vertrags oder eines auf Grundlage dieses Vertrags abgeschlossenen Einzelvertrags benötigt und selbst vertraglich zur Vertraulichkeit verpflichtet wurde. Jede Vertragspartei wird Informationen oder Unterlagen der anderen Vertragspartei ohne deren vorherige schriftliche Zustimmung nicht an Dritte weitergeben. Liegt eine solche Zustimmung vor, ist der Dritte vor Weitergabe schriftlich zur Vertraulichkeit entsprechend der Bestimmungen dieses § 13 zu verpflichten.

(1) Each contractual party shall hold confidential all information and documents it receives from the other contractual party in connection with the performance of this Agreement. Internally, information and documents of the other party may only be disclosed or made accessible to staff members who need to know this information and require the documents to perform this Agreement or an Individual Contract concluded on the basis of this Agreement and who have themselves been contractually obligated to maintain confidentiality. Neither contractual party shall pass on information or documents of the other contractual party to third parties without such other contractual party's prior written consent. If such consent has been granted, the third party must be obligated in writing to maintain confidentiality in accordance with the provisions of this § 13.

(2) Ausgenommen von der Verpflichtung zur Vertraulichkeit gem. vorstehend Absatz 1 sind Informationen oder Unterlagen, die allgemein bekannt sind.

(2) Information and documents that are part of the public domain are excluded from the obligation to maintain confidentiality according to foregoing paragraph 1.

(3) Jede Vertragspartei ist verpflichtet, jederzeit auf Verlangen der anderen Vertragspartei deren Unterlagen, die sie in Zusammenhang mit der Durchführung dieses Vertrags erhalten hat, herauszugeben, oder die Vernichtung dieser Unterlagen nachzuweisen.

(3) Each contractual party shall return the documents of the other contractual party that it has received in connection with the performance of this Agreement at any time at the latter's request, or to prove that such documents have been destroyed.

§ 14 Vertragslaufzeit; Vertragsbeendigung

§ 14 Contractual period; Termination of Agreement

(1) Dieser Vertrag tritt am . . . . . in Kraft und läuft bis zum . . . . . Er verlängert sich jeweils um ein Jahr, wenn er nicht mit einer Kündigungsfrist von drei Monaten

(1) This Agreement enters into full force and effect on . . . . . and shall remain in force until . . . . . It shall be automatically renewed for successive periods of one

zum Ende der Vertragslaufzeit gekündigt wird.[42]

(2) Das Recht zur außerordentlichen Kündigung aus wichtigem Grund bleibt unberührt.[43] Ein wichtiger Grund zur außerordentlichen Kündigung liegt für eine Vertragspartei insbesondere vor, wenn

a) die andere Vertragspartei eine Pflicht in erheblichem Umfang schuldhaft verletzt und diese Verletzung nicht innerhalb einer von der kündigenden Vertragspartei gesetzten angemessenen Frist abstellt; oder
b) die andere Vertragspartei zahlungsunfähig ist.

Der Hersteller ist darüber hinaus berechtigt, den Vertrag aus wichtigem Grund zu kündigen, wenn

a) ein Insolvenzverfahren über das Vermögen des Vertragshändlers eröffnet wird oder
b) eine Mehrheitsbeteiligung oder ein wesentlicher Teil der die Vermarktung und den Vertrieb der Vertragsprodukte betreffenden Vermögensgegenstände des Vertragshändlers an einen Wettbewerber des Herstellers übertragen werden.

(3) Eine Kündigung und eine einer Kündigung vorausgehende Fristsetzung bedürfen der Schriftform.

(4) Ab Zugang einer Kündigung ist der Hersteller zur Annahme von Bestellungen nur insoweit verpflichtet, als der Vertragshändler den Abschluss eines Vertrags über das Vertragsprodukt mit einem Kunden des Vertragshändlers nachweist und der Vertragshändlervertrag bei Eingang der Bestellung noch nicht beendet ist.[44]

(5) Einzelverträge zwischen dem Hersteller und dem Vertragshändler bleiben von einer Kündigung und Beendigung dieses Vertrags unberührt.

(6) Bei Beendigung des Vertrags wird der Vertragshändler die Demo-Versionen der Vertragsprodukte, Marketingmaterialien des Herstellers und sonstige vom Herstel-

year each, unless terminated by either party upon three months notice prior to the expiration of this Agreement.[42]

(2) The right to an extraordinary termination for good cause shall remain unaffected.[43] Good cause for an extraordinary termination is given for a contractual party in particular if

a) the other contractual party has culpably violated a duty to a significant degree and does not cure such violation within an appropriate term set by the terminating contractual party; or
b) the other contractual party is unable to pay.

Furthermore, the Manufacturer is entitled to terminate the Agreement for good cause if

a) insolvency proceedings have been opened with respect to the Reseller's assets or
b) a majority holding or a significant part of the Reseller's assets relating to the marketing and sale of Contractual Products have been transferred to a competitor of the Manufacturer.

(3) Notice of termination and the setting of a notice period preceding any notice of termination must be made in writing.

(4) As per receipt of a notice of termination the Manufacturer is only obligated to accept orders to the extent that the Reseller proves the conclusion of a purchase agreement for the Contractual Products with a customer of the Reseller and this Agreement has not yet expired or terminated at the time the order is received.[44]

(5) Individual Contracts between the Manufacturer and the Reseller shall remain unaffected by any notice of termination and termination or expiration of this Agreement.

(6) Upon termination or expiration of the Agreement the Reseller shall return to the Manufacturer the demo versions of the Contractual Products, the Manufacturer's

ler im Zusammenhang mit der Durchführung des Vertrags überlassene Materialien und Unterlagen an den Hersteller zurückgeben. Soweit sich Kopien der Materialien und Unterlagen auf Datenverarbeitungsanlagen des Vertragshändlers, einschließlich der in seinem Auftrag betriebenen Datenverarbeitungsanlagen, befinden, wird der Vertragshändler diese Materialien und Unterlagen löschen oder löschen lassen und dem Hersteller die Löschung schriftlich bestätigen.

(7) Bei Beendigung des Vertrags erlischt das Recht des Vertragshändlers, sich als Vertragshändler des Herstellers zu bezeichnen und das in Anlage 3 abgebildete Logo zu verwenden.

(8) Der Hersteller ist ab Zugang der Kündigung berechtigt, First Level Support unter Ausschluss des Vertragshändlers selbst zu erbringen oder einem Dritten zu übertragen. Die Parteien werden die Kunden des Vertragshändlers über die Änderungen im First Level Support gemeinsam informieren.[45]

(9) Der Vertragshändler hat keinen Anspruch auf eine nachvertragliche Vergütung für Verträge mit Dritten, die nach Beendigung des Vertrags zustande kommen.[46]

(10) Ausgleichsansprüche des Vertragshändlers analog § 89b HGB aufgrund des Verkaufs von Vertragsprodukten sind ausgeschlossen, soweit das Vertragsgebiet außerhalb des Gebiets der Europäischen Union und des Europäischen Wirtschaftsraums liegt.[47]

§ 15 Allgemeines

(1) Dieser Vertrag, einschließlich seiner Anlagen, beinhaltet sämtliche Vereinbarungen der Parteien zum Vertragsgegenstand. Änderungen und Ergänzungen dieses Vertrags bedürfen der Schriftform; dies gilt auch für eine Aufhebung des Schriftformerfordernisses.

(2) Sollten Teile dieses Vertrags ganz oder teilweise unwirksam sein oder werden, so berührt dies die Wirksamkeit der übrigen Regelungen nicht. Die Parteien verpflich-

marketing materials and any other materials and documents provided by the Manufacturer in connection with the performance of the Agreement. If there are copies of the materials and documents on the Reseller's data processing systems, including the data processing systems operated on his behalf, the Reseller shall delete these materials and documents or have them deleted, and shall confirm the deletion in writing to the Manufacturer.

(7) Upon expiration or termination of the Agreement the Reseller's right to identify itself as the Manufacturer's authorized reseller and to use the logo illustrated in Annex 3 hereto shall expire.

(8) As of receipt of the notice of termination the Manufacturer is entitled to provide first level support itself under exclusion of the Reseller or transfer performance of such support to a third party. The parties shall jointly inform the Reseller's customers on the changes in first level support.[45]

(9) The Reseller does not have any claim to a post-contractual remuneration for contracts with third parties that enter into effect after expiration or termination of the Agreement.[46]

(10) The Reseller's claims for compensation analogous to Sec. 89b HGB [German Commercial Code] on the basis of the sale of Contractual Products is excluded, if the Contractual Territory is located outside the territory of the European Union and the European Economic Area.[47]

§ 15 General provisions

(1) This Agreement, including its annexes, contains all agreements between the parties relating to the object of the Agreement. Amendments and supplements to this Agreement must be made in writing; this also applies for a waiver of the written form requirement.

(2) Should portions of this Agreement be or become invalid in part or in their entirety, this shall not affect the validity of the remaining provisions. The Parties rather

ten sich vielmehr, die unwirksame Regelung durch eine wirksame Regelung zu ersetzen, die dem wirtschaftlich Gewollten am nächsten kommt.

shall undertake to replace the invalid provision with a valid provision that comes closest to the desired economic intent.

(3) Dieser Vertrag wurde auf Deutsch und Englisch abgefasst. Bei Abweichungen zwischen der deutschen und der englischen Version gilt die deutsche Version.

(3) This Agreement had been drafted in both, German and English. In the event of any discrepancy between the German and the English language version, the German language version shall prevail.

(4) Es gilt deutsches Recht, mit Ausnahme von dessen Regelungen über das anzuwendende Recht, die zur Anwendung einer anderen Rechtsordnung führen würden.[48] Die Geltung des CISG („UN-Kaufrecht") wird ausgeschlossen. Gerichtsstand für alle Streitigkeiten aus diesem Vertrag ist der Sitz des Herstellers. Der Hersteller ist jedoch berechtigt, an jedem anderen gesetzlichen Gerichtsstand zu klagen.

(4) This Agreement is construed in accordance with and governed by German law, with the exception of its provisions on the applicable law which would lead to the application of another law.[48] The application of CISG („UN Sales Convention") is excluded. The Manufacturer's registered place of business shall be the place of jurisdiction for all disputes arising from this Agreement. However, the Manufacturer is entitled to file a suit at any other legal place of jurisdiction.

. . . . .

(Ort, Datum)

. . .

– Hersteller –

– Vertragshändler –

. . . . .

(Place, Date)

. . .

– Manufacturer –

– Reseller –

Anlagen:

Anlage 1 Vertragsprodukte

Anlage 2 Vertragsgebiet

Anlage 3 Logo

Anlage 4 Geschäftsplan

Anlage 5 Lizenzvertrag

Anlage 6 Gebiets- und Kundenkreisbeschränkungen

Anlage 7 Preisliste

Anlage 8 Boni und Rabatte

Anlage 9 Wartungsvertrag

Anlage 10 Provision und Vergütung (Wartung)

Annexes:

Annex 1 Contractual Products

Annex 2 Contractual Territory

Annex 3 Logo

Annex 4 Business Plan

Annex 5 Licensing Agreement

Annex 6 Territorial and Customer Group Restrictions

Annex 7 Price List

Annex 8 Discounts and Rebates

Annex 9 Maintenance Contract

Annex 10 Commission and Remuneration (Maintenance)

Anmerkungen

1. Sachverhalt. Als Vertragshändlervertrag gilt nach ständiger Rechtsprechung ein auf Dauer gerichteter Rahmenvertrag eigener Art, durch den sich der Vertragshändler verpflichtet, Waren des Herstellers oder Lieferanten im eigenen Namen und auf eigene Rechnung zu vertreiben, und durch den der Vertragshändler in die Verkaufsorganisation des Herstellers bzw. Lieferanten eingegliedert wird (BGH NJW 1971, 29; NJW-RR 2003, 98). Der Formularvertrag regelt den einstufigen Vertrieb proprietärer Software über einen Vertragshändler an Endkunden in einem definierten Vertragsgebiet. Das Formular geht von einem nicht-ausschließlichen Vertrieb des Vertragshändlers in einem freien Vertriebssystem aus und bietet alternativ Klauseln an, die sich bei Einräumung eines Alleinvertriebsrechts oder für ein geschlossenes selektives Vertriebssystem verwenden lassen.

Softwarehersteller mit internationalen Vertriebsaktivitäten in Europa sind meist bemüht, in mehreren Staaten ein flächendeckend einheitliches Vertriebssystem mit möglichst einem Standardvertriebsvertrag einzurichten. Eine national ausgerichtete Vertriebspolitik ist im vertriebsrechtlich hochgradig harmonisierten EWR nur beschränkt möglich und erschwert zudem das Vertriebsmanagement. Dennoch steht es dem Hersteller offen, auch in unterschiedlichen Gebieten des EWR unterschiedliche Vertriebssysteme zu betreiben, zB in einem Gebiet ein Alleinvertriebssystem und in einem anderen ein selektives Vertriebssystem. Notwendige Beschränkungen der Händler des einen Vertriebssystems zum Schutze des jeweils anderen Vertriebssystems sind in der Vertikal-GVO ausdrücklich von den Kernbeschränkungen ausgenommen (Art. 4 Abs. 1 lit. b ii, lit. c i Nr. 1 und lit. d i, ii Vertikal-GVO).

Das Formular regelt den einheitlichen Vertrieb der Produkte des Herstellers über Vertragshändler in Deutschland und im europäischen Ausland.

Weiter wird vorausgesetzt, dass der Anwendungsbereich der Vertikal-GVO auf wettbewerbsrechtliche Beschränkungen des Vertragshändlers eröffnet ist, insbesondere die Marktanteilsschwellen aus Art. 3 Vertikal-GVO nicht überschritten werden (zu den Marktanteilsschwellen der Vertikal-GVO s. Schultze/Pautke/Wagener Vertikal-GVO Rn. 523 ff. sowie Bechtold/Bosch/Brinker Vertikal-GVO Art. 3 Rn. 1 ff.; → Anm. 18).

Das Formular geht von einem Vertrieb von Software aus, die lokal in der eigenen IT-Infrastruktur des Endkunden oder dem von ihm beauftragten Rechenzentrum betrieben wird („On-Premise“). Dabei wird die Software dem Kunden in der Regel zum Download zur Verfügung gestellt oder auf einem Datenträger überlassen. Erfasst ist auch der Fall, dass der Vertragshändler die Software für den Endkunden in seinem Rechenzentrum oder dem eines von ihm beauftragten Providers betreibt. Im Unterschied dazu erhält der Erwerber von „Services“ wie Software as a Service (SaaS), Infrastructure as a Service (IaaS) und Platform as a Service (PaaS) allein einen browserbasierten Zugriff auf die Software, die in der Regel auf den Servern des Herstellers oder der von diesem eingesetzten Cloud-Computing-Anbieter gehostet wird. Aus der unterschiedlichen Nutzung ergeben sich unterschiedliche Schwerpunkte im Vertragshändlervertrag. Insbesondere spielt beim Vertrieb von Services die Einhaltung der Produktpolitik des Herstellers in Hinblick auf unterschiedliche Lizenzmodelle für zB Updates, Upgrades oder OEM-Versionen der Software keine oder eine nur untergeordnete Rolle, da der Hersteller im Service-Modell das Nutzungsverhalten des Anwenders bereits technisch wirksam reguliert. Dagegen stellen sich für Hersteller und Vertragshändler im Service-Modell verstärkt Herausforderungen bei der IT-Sicherheit und im Datenschutz, da sie mit Bereitstellung einer in der Cloud gehosteten Softwarelösung umfangreiche IT-sicherheits- und datenschutzrechtliche Pflichten übernehmen, welche dem Lizenznehmer einer On-Premise-Lösung weitgehend selbst auferlegt sind.

Die AGB-rechtliche Wirksamkeit formularvertraglicher Klauseln in Vertragshändlerverträgen ist Gegenstand einer Vielzahl höchstrichterlicher Urteile (BGH NJW 1984, 1182 – Ford; NJW 1985, 623 – Opel; NJW-RR 1988, 1077 – Peugeot; NJW 1994, 1060 – Daihatsu; NJW 2000, 515 – Kawasaki; WRP 2004, 1378 – Citroën; NJW-RR 2005, 1496 – Honda). Bei Abwägung der beiderseitigen Belange stehen typischerweise die unternehmerische Entscheidungsfreiheit und ein daraus abgeleitetes Dispositionsinteresse des Herstellers dem Gewinnerwartungs- und Investitionsschutz des Händlers gegenüber. Besondere Beachtung findet dabei die sich aus der engen Bindung des Vertragshändlers an den Vertrieb der vertragsgegenständlichen Produkte ergebende Treuepflicht des Herstellers (zur Treuepflicht s. Ulmer, Der Vertragshändler, 1969, S. 411 ff., 431 ff.; Schultze/Wauschkuhn/Spenner/Dau/KüblerVertragshändlervertrag/Dau Rn. 225 ff.).

Ein wesentlicher Schwerpunkt der AGB-rechtlichen Inhaltskontrolle von Vertragshändlerverträgen liegt in der Beurteilung von Änderungsvorbehalten, die sich ein Hersteller im Interesse einer Flexibilität seiner Geschäftspolitik einräumen lässt. Nach ständiger Rechtsprechung sind formularmäßige Änderungsvorbehalte nur wirksam, wenn sie durch schwerwiegende Gründe gerechtfertigt sind, Voraussetzungen und Umfang der Änderungsrechte tatbestandlich hinreichend konkretisiert sind und die Änderungsgründe in ihren Voraussetzungen und Folgen die Interessen des anderen Teils angemessen berücksichtigen (BGH NJW 1994, 1060 (1063) – Daihatsu; NJW 2000, 515 (521) – Kawasaki; NJW-RR 2005, 1496 (1501) – Honda; NJW 2017, 1301 (1303 ff.)).

2. Vertrieb und Kundendienstleistungen. Die Tätigkeiten eines Vertragshändlers lassen sich grob einteilen in einerseits Vertriebs- und Marketingmaßnahmen und andererseits Leistungen im Zusammenhang mit der Einrichtung (insbesondere Installation, Systemintegration sowie kundenspezifische Anpassungen), Pflege und Anwendung der Vertragssoftware. Der Erwerb und laufende Betrieb vieler Softwareprogramme sind beratungsintensiv. Softwarehersteller verfügen regelmäßig nicht über genügend Ressourcen, um lokale Kundendienstleistungen ohne Unterstützung von Vertriebsmittlern erbringen zu können. Bei der Vertragsgestaltung sollte daher besonderes Augenmerk auf die über die übliche Absatzförderung hinaus gehenden Mehrwertdienste („Value Added Services") gerichtet werden.

3. Neue Versionen. Die Version einer Software kann den Inhalt der erlaubten Nutzung allgemein umschreiben (kommerzielle Version, Demo-Version, Studentenversion, Händlerversion etc) und ein bestimmtes Entwicklungsstadium einer Software mit allen dazugehörigen Komponenten bezeichnen. Als Updates gelten gemeinhin neue Versionen, in denen lediglich Fehler der Vorgängerversionen beseitigt werden, und die häufig für einen Inhaber der Vorgängerversion ohne zusätzliche Vergütung oder gegen ein nur geringes Entgelt erhältlich sind. Upgrades sind in der Regel deutlich veränderte und um zusätzliche Funktionen ergänzte Versionen, die auch für den Inhaber einer Vorgängerversion nur zu einem vollen oder jedenfalls erheblichen Preis erworben werden können. In der Praxis werden die Begriffe jedoch nicht stets entsprechend verstanden. Eine abweichende Terminologie des Herstellers sollte im Vertrag erläutert und verwendet werden.

4. Änderung der Vertragsprodukte. Der Hersteller hat ein berechtigtes Interesse an einer flexiblen Produktpolitik. Eine Bestimmung, die dem Hersteller das Recht zur einseitigen Änderung des Bestands der Vertragsprodukte einräumt, hält einer AGB-rechtlichen Inhaltskontrolle grundsätzlich stand, wenn sie unter dem Vorbehalt einer Änderung im Rahmen der allgemeinen Produktpolitik des Herstellers steht (BGHZ 93, 29 (49 ff.) = NJW 1985, 623 (627 f.) – Opel; Schultze/Wauschkuhn/Spenner/Dau Vertragshändlervertrag/Kübler/Spenner Rn. 126 ff.). Bindende Bestellungen des Vertragshändlers müssen jedoch auch bei zwischenzeitlicher Abkündigung der bestellten Vertragsprodukte ausgeführt werden. Andernfalls würde dem Vertragshändler gegenüber seinen Kunden eine nicht zumutbare Deckungslücke drohen (BGHZ 93, 29 (49) = NJW 1985, 623 (627) – Opel).

Ein Hersteller ist grundsätzlich nicht verpflichtet, seinen Vertragshändler vorab innerhalb bestimmter Frist von Änderungen im Produktbestand zu informieren (BGHZ 93, 29 (51 f.) = NJW 1985, 623 (628) – Opel; Schultze/Wauschkuhn/Spenner/Dau Vertragshändlervertrag/Kübler/Spenner Rn. 136). Beim Vertrieb von Softwareprogrammen besteht jedoch ein gewichtiges Interesse des Vertragshändlers an seiner frühzeitigen Benachrichtigung über Änderungen des Produktportfolios. So kann die Herausnahme eines Softwareprogramms aus dem Bestand der Vertragsprodukte die Wartung des abgekündigten Programms sowie dessen Kompatibilität mit neueren Hard- und Softwarekomponenten erheblich erschweren oder einschränken. Dem steht regelmäßig kein hinreichend schutzwürdiges Interesse des Herstellers gegenüber. Insbesondere verfängt nicht das im KFZ-Vertrieb geltende Argument, dass dem Hersteller das Risiko eines Rückgangs im Verkauf eines auslaufenden Modells nicht zumutbar ist (so begründet in BGHZ 93, 29 (51) = NJW 1985, 623 (628) – Opel). Soweit ein Softwarehersteller ablaufende Produkte überhaupt in nennenswertem Umfang vorproduziert, wären seine Verluste infolge nutzlos aufgewandter Produktionskosten dennoch vergleichsweise gering. Der Gefahr von Gewinneinbußen kann der Hersteller durch das Versprechen entgegentreten, dem Vertragshändler bzw. Endkunden die Nachfolgeversion in Form eines Updates, Upgrades oder Crossgrades bei deren Erscheinen kostenfrei oder gegen einen angemessenen Aufpreis zu liefern. In Ausnahmefällen, so etwa, wenn eine Inanspruchnahme durch Dritte aufgrund behaupteter Schutzrechtsverletzungen durch den Vertrieb des Produkts konkret droht, ist dem Hersteller eine Ankündigungsfrist dagegen nicht zuzumuten.

Unberührt von einer Änderung oder Abkündigung eines Produktes bleibt die Aktualisierungspflicht nach § 327f BGB, welche den Vertragshändler bei einem Verkauf des Softwareprogramms an einen Verbraucher trifft. Kann der Vertragshändler dieser Pflicht nicht nachkommen, weil der Hersteller die dem Verbraucher geschuldeten Aktualisierungen nicht bereitgestellt hat, kann er den Hersteller gemäß § 327u Abs. 1 S. 2 BGB in Regress nehmen. Im Falle des mehrstufigen Vertriebs bestehen Regressansprüche entlang der gesamten Vertriebskette (§ 327u Abs. 6 BGB). Die Aktualisierungspflicht kann nicht zu Lasten des Verbrauchers, der Regressanspruch nicht zu Lasten des anspruchsberechtigten Unternehmers im Voraus abbedungen werden (§§ 327s Abs. 1, 327u Abs. 4 BGB).

5. Marktverantwortungsgebiet. Die Beschränkung auf ein Vertragsgebiet definiert ein geographisch begrenztes Marktverantwortungsgebiet, auf das der Vertragshändler seine Vertriebs- und Marketingtätigkeiten konzentriert. Eine strikte Gebietsbeschränkung ergibt sich hieraus nicht (zu Gebietsbeschränkungen → Anm. 23).

Ein einseitiger Vorbehalt des Herstellers, das Vertragsgebiet während der Vertragslaufzeit zu ändern, insbesondere das Marktverantwortungsgebiet zu verkleinern, ist aufgrund der damit einhergehenden Beeinträchtigung der Erwerbsmöglichkeiten des Vertragshändlers nur in engen Grenzen zulässig (zum Vorbehalt einer Änderung des Vertragsgebiets in einem Vertragshändlervertrag mit dem einzigen Händler eines Vertragsgebiets ohne Gebietsschutz s. BGHZ 89, 206 = NJW 1984, 1182 – Ford; für einen Alleinvertriebsvertrag s. BGHZ 142, 358 (364 ff.) = NJW 2000, 515 (516) – Kawasaki).

6. Softwareüberlassung. Der Formularvertrag regelt die beim Vertrieb von Standardsoftware typische Überlassung der Softwareprogramme gegen Entgelt. Die Softwareüberlassung kann dauerhaft oder zeitlich befristet sein. Eine dauerhafte Softwareüberlassung gegen Einmalentgelt wird überwiegend als Kaufvertrag oder zumindest kaufähnlicher Vertrag, eine Softwareüberlassung auf Zeit gegen regelmäßig wiederkehrende Zahlungen dagegen als Miet- oder Leasingvertrag qualifiziert (BGHZ 102, 135 (139 ff.) = NJW 1988, 406 (407 f.); BGH NJW 2007, 2394; zum Streitstand der vertragstypologischen Einordnung von Softwareüberlassungsverträgen s. Marly SoftwareR-HdB Rn. 690 ff.). In der kaufmännischen Praxis wird diese Unterscheidung in der Regel nicht terminologisch nachvollzogen. Ein Vertragshändler „verkauft" dauerhaft überlassene Lizenzen ebenso wie zeitlich befristete Lizenzen und „Services". Um nicht die Lesbarkeit des Vertrags zu beeinträchtigen, umfasst der Begriff „Verkauf" demnach ungeachtet der juristischen Einordung als Miet- oder Leasingvertrag auch den Vertrieb von zeitlich befristeten Lizenzen. Dies ist in § 3 (1) des Vertrags klargestellt.

7. Nutzungsrechte als Gegenstand der Überlassung. Zur Überlassung urheberrechtlich geschützter Software an den Anwender bedarf es der Einräumung der für die Benutzung des Programms erforderlichen Nutzungsrechte.

Softwarehersteller sind meist darum bemüht, Nutzungsrechte des Endanwenders im Einzelnen zu definieren und zur Durchsetzung von Nutzungsbeschränkungen eine vertragliche Bindung zum Endanwender herzustellen. Zu diesem Zweck werden Softwarelizenzverträge des Herstellers an Endanwender geliefert oder auf andere Weise zugänglich gemacht (→ Anm. 13). Meist bleibt jedoch fraglich, ob der Lizenzvertrag wirksam zustande kommt (zur Einbeziehung von Lizenzbedingungen des Softwareherstellers s. Martinek/Semler/Flohr VertriebsR-HdB/Chrocziel § 48 Rn. 24 ff.; → Anm. 13).

Der Hersteller gibt jedoch ungeachtet des Zustandekommens seines Softwarelizenzvertrags die bestimmungsgemäße Benutzung der Softwareprogramme, wie etwa die Benutzung als entweder Einzelplatz- oder Netzwerkversion, maßgeblich vor. Aus Handlungen, die zu einer derartigen Benutzung erforderlich sind, ergibt sich ein zwingender Kern von Mindestrechten des Anwenders (§ 69d Abs. 1 UrhG; s. BGH NJW 2014, 777 Rn. 32 – UsedSoft II; Schricker/Loewenheim/Loewenheim/Spindler UrhG § 69d Rn. 7 ff.; Marly SoftwareR-HdB Rn. 246; Grützmacher CR 2011, 485). Dagegen sind darüber hinaus gehende Nutzungshandlungen grundsätzlich nur mit Zustimmung des Rechteinhabers erlaubt (§ 69c UrhG), wenn auch vertragliche Beschränkungen einer vom Berechtigten eingeräumten Nutzung an urheberrechtlichen Grenzen (so §§ 69d Abs. 2 und 3, 69e UrhG), AGB-Recht, kartellrechtlichen Normen (so insbesondere die Missbrauchstatbestände des Art. 102 AEUV bzw. der §§ 19 ff. GWB) sowie am Erschöpfungsgrundsatz (§§ 17 Abs. 2, 69c Nr. 3 S. 2 UrhG; s. hierzu BGH GRUR 2015, 772 Rn. 62 – UsedSoft III) zu messen sind (vgl. Dreier/Schulze/Dreier UrhG § 69c Rn. 30 ff.).

8. Nicht-ausschließliches Vertriebsrecht. Die Einräumung eines nicht-ausschließlichen Vertriebsrechts erlaubt dem Hersteller grundsätzlich, im Vertragsgebiet weitere Vertriebsmittler zuzulassen und die Vertragsprodukte auch selbst direkt an Endkunden zu vertreiben.

Ist der Vertragshändler weitgehend in die Vertriebsorganisation des Herstellers eingegliedert und von dessen Weisungen und Entscheidungen abhängig – so häufig bei Zuweisung eines Marktverantwortungsgebiets – folgert die Rechtsprechung aus der Treuepflicht des Herstellers, dass diesem ein paralleler Direktverkauf nur gegen einen angemessenen Ausgleich erlaubt ist (BGHZ 124, 351 (353 ff.) = NJW 1994, 1060 (1061) – Daihatsu; BGHZ 164, 11 (15 ff.) = NJW-RR 2005, 1496 (1498) – Honda; OLG Düsseldorf BeckRS 2013, 13370). Der Hersteller schuldet jedoch keinen Ausgleich für Direktverkäufe an Kunden, die er sich selbst vorbehalten hat (vgl. § 5 (3) des Formularvertrags). Denn aus Geschäften mit diesen Kunden darf der Vertragshändler von vornherein keinen Gewinn erwarten.

Dagegen lässt der BGH einen vertraglichen Vorbehalt, weitere Vertriebsmittler im Marktverantwortungsgebiet des Vertragshändlers einzusetzen, auch ohne Vereinbarung eines Ausgleichs gelten, soweit nach dem Gesamtinhalt des Vertrags davon auszugehen ist, dass das Vertriebsmodell des Herstellers gerade nicht vorsieht, dem Händler ein alleiniges Betätigungsfeld zu überlassen (BGH NJW-RR 1988, 1077 (1080) – Peugeot).

Der Vertragshändler ist insoweit durch allgemeine vertrags- und kartellrechtliche Grenzen (§ 242 BGB, §§ 19 ff. GWB, Art. 102 AEUV) hinreichend geschützt (BGHZ 93, 29 (52 ff.) = NJW 1985, 623 (628 f.) – Opel).

9. Alleinvertriebsrecht. Ein Alleinvertriebsrecht des Vertragshändlers sollte ausdrücklich geregelt werden. Fehlt es an einer solchen Parteivereinbarung, ist anzunehmen, dass dem Vertragshändler ein nicht-ausschließliches Vertriebsrecht zusteht (BGHZ 124, 351 (354) = NJW 1994, 1060 (1061) – Daihatsu). Im Anwendungsbereich der Vertikal-GVO kann der Hersteller ein Gebiet oder eine Kundengruppe bis zu fünf Händlern exklusiv zuweisen (Art. 1 Abs. 1 lit. h, 4 lit. b i, Art. 4 lit. c i Nr. 1 und Art. 4 lit. d i Vertikal-GVO). Die Gebiete oder Kundengruppen, die exklusiv zugewiesen werden, sind im Vertrag klar festzulegen. Dabei lassen sich die Zuweisung eines exklusiven Gebiets und einer exklusiv zugewiesenen Kundengruppe miteinander verknüpfen, indem zB der Hersteller dem Händler einen Alleinvertrieb an eine bestimmte Kundengruppe in einem bestimmten Gebiet einräumt (Vertikal-Leitlinien Tz. 221). Darüber hinaus sollte geregelt werden, ob der Vertragshändler die Vertragsprodukte nur unter Ausschluss weiterer Vertriebsmittler oder auch unter Ausschluss des Herstellers vertreiben darf. Wird das Alleinvertriebsrecht nicht näher definiert, ist davon auszugehen, dass dem Hersteller ein paralleler Direktvertrieb untersagt ist (vgl. BGH NJW-RR 1993, 678 (681 f.); Schultze/Wauschkuhn/Spenner/Dau Vertragshändlervertrag/Kübler/Spenner Rn. 89 ff.).

10. → Anm. 6.

11. Mindestabnahme. Die Festsetzung von Mindestabsatzmengen und Bezugspflichten lassen sich in formularmäßigen Vertragshändlerverträgen AGB-rechtlich wirksam vereinbaren (BGH GRUR 2005, 62 = WRP 2004, 1378 (1383) – Citroën).

Im Anwendungsbereich der Vertikal-GVO begründen Mindestabnahmepflichten ein Wettbewerbsverbot, wenn sie den Anbieter veranlassen, mehr als 80 % seines Bedarfs – berechnet gem. Art. 1 Abs. 1 lit. f Vertikal-GVO – auf dem relevanten Markt bei dem Hersteller zu decken. Ergibt sich ein solches Wettbewerbsverbot, sind Mindestabnahmepflichten nur gruppenfreigestellt, wenn sie auf maximal 5 Jahre befristet werden (Art. 5 Abs. 1 lit. a Vertikal-GVO; vgl. Vertikal-Leitlinien Tz. 298 ff.; Schultze/Pautke/Wagener Vertikal-GVO Rn. 190, 214 ff.; → Anm. 24). Die im Formularvertrag geregelte Mindestabnahmepflicht wäre freigestellt, da § 3 (5) des Vertrags ihre jährliche Neufestsetzung vorsieht.

12. Informationen über Endanwender. Auch beim indirekten Softwarevertrieb ist eine detaillierte Kenntnis des Herstellers von der Identität des Endanwenders und der vom jeweiligen Endanwender verwendeten Programme (Seriennummern) üblich und meist von erheblicher praktischer Bedeutung. Die Daten dienen dem Hersteller etwa zur Verfolgung von Schutzrechtsverletzungen, zur Durchsetzung seiner Lizenzpolitik (Vergabe von Codes für Produktaktivierungen oder Prüfung der Bezugsberechtigung für bestimmte Versionen, so zB für Studentenversionen oder Updates bzw. Upgrades) oder zur unmittelbaren Unterstützung des Endanwenders im Rahmen von Softwarewartung und Support. Mit der Verpflichtung zur Überlassung von Kundendaten ist für den Hersteller allerdings der erhebliche Nachteil verbunden, dass damit eine wesentliche Voraussetzung für eine analoge Anwendung des § 89b HGB bei Vertragsende erfüllt wird (→ Anm. 47).

13. Lizenzvertrag. Um den Endanwender durch einen Softwarelizenzvertrag direkt an sich zu binden, verwenden Hersteller von Standardsoftware neben den zunehmend weniger verbreiteten „Shrinkwrap"-Verträgen meist sogenannte „Clickwrap-" bzw. „Enter" oder „Return"-Verträge, bei denen der Kunde im Verlauf der Softwareinstallation oder beim Zugriff auf eine vom Lieferanten oder einem Dritten gehostete Software die Lizenzbedingungen des Herstellers durch Betätigen der „Enter-" bzw. „Returntaste" anerkennen soll (zu den Erscheinungsformen der Herstellerlizenzverträge für Standardsoftware s. Marly SoftwareR-HdB Rn. 987 ff.). Bedenken gegen ein Zustandekommen solcher Verträge ergeben sich aus der Frage, ob sie aufgrund Rechtsgeschäfts bzw. – in Verträgen mit Verbrauchern – nach § 305 Abs. 2 BGB wirksam einbezogen sind (Marly SoftwareR-HdB Rn. 991 ff.; → Anm. 7). Gibt der Vertragshändler dem Endanwender vor Abschluss des zwischen ihnen verhandelten Vertrags den jeweils geltenden Lizenzvertrag des Herstellers zur Kenntnis und weist ihn dabei deutlich auf dessen Geltung hin, werden die Voraussetzungen für eine Einbeziehung geschaffen (vgl. Marly SoftwareR-HdB Rn. 1006, der bei schriftlichem Hinweis zu einer gesonderten, nur auf diesen Hinweis bezogenen Unterschrift des Anwenders rät).

14. Kopierschutz. Kopierschutzmechanismen, wie eine softwareseitige Programmsperre oder ein Hardwarelock („Dongle"), sind gegen ihre unerlaubte Beseitigung oder Umgehung urheberrechtlich geschützt (§ 69f Abs. 2 UrhG) und demnach jedenfalls insoweit zulässig, als sie dem urheberrechtlichen Schutz der Software dienen (Grützmacher ITRB 2015, 120 (121 ff.)). Eine nach § 69e UrhG berechtigte Dekompilierung kann hierdurch jedoch nicht eingeschränkt oder ausgeschlossen werden. Dagegen darf eine Programmsperre trotz § 69d Abs. 2 UrhG ohne Zustimmung des Rechteinhabers nicht zur Herstellung einer Sicherungskopie beseitigt oder umgangen werden (Schricker/Loewenheim/Spindler UrhG § 69 f. Rn. 12; Marly SoftwareR-HdB Rn. 1584; aA Kreutzer CR 2006, 804 (808)).

15. Lizenz- und Produktpolitik. Standardsoftware wird üblicherweise in unterschiedlichen Versionen, für die der Hersteller jeweils eigene Nutzungsbeschränkungen und Preise bestimmt, angeboten. Dem daraus folgendem Interesse des Herstellers an einer dinglichen Wirkung von Nutzungsbeschränkungen in Bezug auf ein mit seiner Zustimmung in Verkehr gebrachtes Vervielfältigungsstück gegenüber nachfolgenden Vertriebsstufen sowie Endanwendern steht die zum Schutz der Verkehrsfähigkeit geltende Erschöpfung des Verbreitungsrechts (§§ 17 Abs. 2, 69c Nr. 3 S. 2 UrhG) entgegen. Eine dinglich wirkende Begrenzung des Verbreitungsrechts an Softwareprogrammen setzt voraus, dass die abgespaltene Absatzform eine übliche, technisch und wirtschaftlich eigenständige und damit klar abgrenzbare Nutzungsform darstellt. Eine einer dinglichen Beschränkung des Verbreitungsrechts entsprechende dinglich wirkende Beschränkung der Erschöpfung lehnt der BGH jedoch ab (BGHZ 145, 7 (10 ff.) = GRUR 2001, 153 (154) – OEM Version; s. hierzu Marly SoftwareR-HdB Rn. 1074 ff.; kritisch Wandtke/Bullinger/Grützmacher UrhG § 69c Rn. 129). Ob sich der Softwarevertrieb überhaupt dinglich wirksam auf einen OEM-Vertrieb begrenzen lässt, konnte der BGH in der Entscheidung OEM Version daher ausdrücklich offen lassen (BGHZ 145, 7 (13 f.) = GRUR 2001, 153 (154) – OEM Version; entsprechend, wenn auch nicht ausdrücklich, für Ausbildungsversionen BGH GRUR 2015, 772 – UsedSoft III).

Die dingliche Wirkung von Update- und Upgradeklauseln ist ebenso fraglich (bejahend OLG Frankfurt a. M. NJW-CoR 2000, 368 = CR 2000, 581; verneinend LG München I NJW-RR 1998, 1592 = CR 1998, 141; OLG München NJW 1998, 1649 = CR 1998, 265 mkritAnm Erben/Zahrnt; Schricker/Loewenheim/Spindler UrhG § 69c Rn. 30; Marly SoftwareR-HdB Rn. 1077).

Die Wirkungen der Erschöpfung treten nach der Rechtsprechung auch ein, wenn die Software zur zeitlich unbegrenzten Nutzung mit Zustimmung des Rechtsinhabers nicht auf einem Datenträger, sondern per Download geliefert wird, vorausgesetzt, der Rechtsinhaber hatte die Möglichkeit, beim Erstverkauf der Kopie eine angemessene Vergütung zu erzielen. Die Berechtigung des Nacherwerbers, die Software zu nutzen, soll nach der Rechtsprechung zudem voraussetzen, dass der Veräußerer keine Kopie des Programms zurückbehält (EuGH NJW 2012, 2565; BGH NJW 2014, 777 – UsedSoft II). Unter entsprechenden Bedingungen nimmt die Rechtsprechung eine Erschöpfung beim Vertrieb durch Bekanntgabe eines zum Herunterladen des Programms erforderlichen Produktschlüssels an (BGH NJW 2015, 3576 – Green-IT).

Der BGH folgert aus einer Erschöpfung auch die Möglichkeit der Aufspaltung von Volumenlizenzen bei der Verbreitung an einen Nacherwerber, nicht dagegen die Aufspaltung einer Netzwerklizenz in mehrere Lizenzen (BGH GRUR 2015, 772 Rn. 44 f. – UsedSoft III).

Dem Hersteller bleibt es jedoch im Rahmen des kartell- und AGB-rechtlich Zulässigen unbenommen, den Vertragshändler vertraglich zu binden und ihn zu verpflichten, bestimmte Nutzungsbeschränkungen an dessen Käufer weiterzugeben (BGHZ 145, 7 (15) = GRUR 2001, 153 (155) – OEM Version).

16. Lieferpflicht des Herstellers. Abgesehen von kartellrechtlichen Grenzen (Art. 102 AEUV, §§ 19 ff. GWB) kann ein Hersteller die Belieferung des Vertragshändlers grundsätzlich unter den Vorbehalt der Liefermöglichkeit stellen (BGHZ 124, 351 (357 ff.) = NJW 1994, 1060 (1062) – Daihatsu). Er darf Bestellungen und Lieferungen dagegen nicht willkürlich oder unter Missachtung der berechtigten Belange des Vertragshändlers ablehnen (Küstner/Thume VertriebsR-HdB II/Thume Kap. 5 Rn. 1 ff.). Die Anforderungen an eine Lieferverweigerung sind dabei umso höher, je stärker der Händler auf den Bezug der Produkte angewiesen ist, um einen angemessenen Gewinn zu erzielen und seine Vertragspflichten zu erfüllen (zur Lieferpflicht des Herstellers bei Mindestabnahmepflicht und Alleinbezugsverpflichtung des Vertragshändlers s. BGH BGHZ 58, 60 = NJW 1972, 477).

17. Lieferbeschränkung des Herstellers im selektiven Vertriebssystem. Die kartellrechtliche Freistellung eines geschlossenen selektiven Vertriebssystems setzt die Verpflichtung des Herstellers voraus, im Systemgebiet ausschließlich an Händler zu verkaufen, die die Selektionskriterien erfüllen (s. Definition selektiver Vertriebssysteme in Art. 1 Abs. 1 lit. g Vertikal-GVO und Art. 1 Abs. 1 lit. o TT-GVO; Schultze/Pautke/Wagener Vertikal-GVO Rn. 241 ff.; Küstner/Thume VertriebsR-HdB II/Thume Kap. 4 Rn. 35).

18. Anwendung der Vertikal-GVO. Einem Vertragshändler auferlegte Vertikalbeschränkungen sind, soweit sie eine spürbare Wettbewerbsbeschränkung bezwecken oder bewirken und geeignet sind, den Handel zwischen Mitgliedsstaaten zu beeinträchtigen, nach Art. 101 Abs. 1 AEUV verboten. Auf Vereinbarungen, die gemäß einer Gruppenfreistellungsverordnung der Kommission freigestellt sind, findet das Verbot jedoch keine Anwendung. Dem liegt die Annahme zugrunde, dass gruppenfreigestellte Vereinbarungen die Voraussetzungen des Art. 101 Abs. 3 AEUV erfüllen (Schultze/Pautke/Wagener Vertikal-GVO Rn. 22). Die Freistellung von Wettbewerbsbeschränkungen in vertikalen Vereinbarungen wird in der Vertikal-GVO geregelt. Die Verordnung ist am 1.6.2022 in Kraft getreten und ersetzt die Verordnung (EU) Nr. 330/2010.

Die Vertikal-GVO ist insbesondere auch auf den Vertrieb von Software anwendbar (Art. 2 Abs. 3 Vertikal-GVO; Vertikal-Leitlinien Tz. 31 ff.). In der TT-GVO ist dagegen klargestellt, dass sie auf den Softwarevertrieb unabhängig vom technischen Vertriebsverfahren keine Anwendung findet. Dem Softwarevertrieb fehlt die für eine Technologietransfer-Vereinbarung im Sinne der TT-GVO vorausgesetzte Produktionsbezogenheit (Art. 1 Abs. 1 lit. c TT-GVO; TT-Leitlinien Tz. 62; Vertikal-Leitlinien Tz. 82).

Der räumliche Anwendungsbereich der Vertikal-GVO schließt die EFTA-Staaten Norwegen, Island und Liechtenstein ein. Art. 53 und 54 des EWR-Abkommens (ABl. 1994 L 1, 3) entsprechen inhaltlich den Art. 101 und 102 AEUV. Die Vertikal-GVO ist mit wenigen Anpassungen in das EWR-Abkommen aufgenommen worden (Annex XIV B 2 EWR-Abkommen). Die Bestimmungen der Verordnung gelten in Norwegen, Island und Liechtenstein demnach unmittelbar. In der Schweiz lehnt sich die Vertikalbekanntmachung der Wettbewerbskommission (Bekanntmachung über die wettbewerbliche Behandlung vertikaler Abreden, Beschl. der Wettbewerbskommission v. 12.12.2022, BBl. 2022, 3231) eng an die Vertikal-GVO an. Es bleibt dennoch im Einzelfall nach Schweizer Recht zu prüfen, inwieweit eine vertikale Beschränkung für die Schweiz vereinbart werden kann. Entsprechend sind auch vertikale Beschränkungen in sonstigen Vertragsgebieten außerhalb des EWR nach nationalem Recht zu beurteilen.

Vertikalbeschränkungen unterliegen im Anwendungsbereich des deutschen Kartellrechts dem Verbot des § 1 GWB. Ihre Freistellung vom Kartellverbot regelt § 2 GWB. Die europäischen Gruppenfreistellungsverordnungen finden über die dynamische Verweisung in § 2 Abs. 2 GWB auch auf Vereinbarungen mit rein nationaler Auswirkung Anwendung. Sie gelten auch dann, wenn es an einer Eignung zur Beeinträchtigung des zwischenstaatlichen Handels fehlt (§ 2 Abs. 2 S. 2 GWB).

19. Direktbezugsverpflichtung. Eine Verpflichtung des Vertragshändlers, die konkreten Vertragsprodukte ausschließlich vom Hersteller, also nicht von dessen Vertriebsmittlern oder sonstigen Dritten zu beziehen, ist gemäß Art. 2 Abs. 1 Vertikal-GVO grundsätzlich freigestellt (vgl. Schultze/Pautke/Wagener Vertikal-GVO Rn. 195).

20. Bezugsverpflichtung im selektiven Vertriebssystem. Bezugsbindungen an den Hersteller wirken sich als Beschränkung von Querlieferungen aus. Im geschlossenen selektivem Vertriebssystem begründen sie daher eine Kernbeschränkung nach Art. 4 lit. c) ii Vertikal-GVO (vgl. BGH GRUR 2005, 62 = WRP 2004, 1378 (1382) – Citroën).

21. Verbot von Quer- und Rücklieferungen. Dem Vertragshändlervertrag liegt ein einstufiges Vertriebsmodell im Vertragsgebiet zu Grunde. Das Verbot des aktiven Verkaufs an Händler der gleichen Vertriebsstufe (Querlieferungen) bzw. an Händler einer höheren Vertriebsstufe (zB an Großhändler außerhalb des Vertragsgebiets, Rücklieferungen) ist als Ausnahme zur verbotenen Kundenkreisbeschränkung mit Ausnahme von Lieferungen zwischen Mitgliedern eines selektiven Vertriebssystems zulässig, soweit der Hersteller den Vertrieb an Vertriebsmittler bis zu fünf anderen Abnehmern oder sich selbst vorbehält (Art. 4 lit. b i, lit. c i Nr. 1 und lit d i Vertikal-GVO.).

22. Lieferbeschränkung des Vertragshändlers im selektiven Vertriebssystem. Die einem Händler auferlegte Beschränkung des aktiven und passiven Vertriebs an Händler außerhalb des Systems ist für ein selektives Vertriebssystem konstitutiv (vgl. Definition „selektive Vertriebssysteme“ in Art. 1 Abs. 1 lit. g Vertikal-GVO). Die Beschränkung ist, soweit ein geschlossener selektiver Vertriebsvertrag im Einzelfall überhaupt von Art. 101 Abs. 1 AEUV erfasst ist (hierzu EuGH BeckRS 2004, 72718 – Metro; Vertikal-Leitlinien Tz. 146 ff; Schultze/Pautke/Wagener Vertikal-GVO Rn. 237 f.), daher freigestellt (Art. 4 lit. c i Nr. 2. Vertikal-GVO). Lieferungen an andere Mitglieder desselben Vertriebssystems können dagegen grundsätzlich nicht untersagt werden (Art. 4 lit. c ii Vertikal-GVO; vgl. aber Vertikal-Leitlinien Tz. 183 zur möglichen Freistellung der Beschränkung von Großhändlerverkäufen an Einzelhändler in andere Gebiete nach Art. 101 Abs. 3 AEUV).

23. Gebiets- und Kundenkreisbeschränkungen. Im räumlichen Anwendungsbereich von Art. 101 AEUV und Art. 53 EWR-Abkommen sind Verträge, die Gebiets- und Kundenkreisbeschränkungen enthalten, nicht durch die Vertikal-GVO freigestellt. Hiervon ausgenommen sind Verträge, die eine Beschränkung des aktiven Verkaufs in Gebiete oder an Kundengruppen vorsehen, die der Anbieter sich selbst vorbehalten oder bis zu fünf anderen Abnehmern zugewiesen hat (Art. 4 lit. b i, lit. c i Nr. 1 und lit. d i Vertikal-GVO; zum Alleinvertriebsrecht → Anm. 9). Anders als nach der Vorgängerversion der Vertikal-GVO ist es dem Hersteller nun auch erlaubt, den Händler zu verpflichten, Beschränkungen des aktiven Verkaufs in ein exklusiv zugewiesenes Gebiet bzw. an eine exklusiv zugewiesene Kundengruppe an dessen Direktkunden weiterzugeben. Zur Unterscheidung zwischen aktivem und passivem Verkauf s. Art. 1 Abs. 1 lit. l und m Vertikal-GVO sowie Vertikal-Leitlinien Tz. 211 ff.

Die im Formular vorgeschlagene Alternative bestimmt Gebiets- und Kundenkreisbeschränkungen außerhalb des räumlichen Anwendungsbereichs von Art. 101 AEUV und Art. 53 EWR-Abkommen. Ob die Klausel mit dem Kartellrecht des jeweiligen Vertragsgebiets vereinbar ist, bleibt im Einzelfall zu prüfen.

24. Wettbewerbsverbot. Im Anwendungsbereich der Vertikal-GVO lassen sich Wettbewerbsverbote für eine Dauer von mehr als 5 Jahren grundsätzlich nicht vereinbaren (Art. 5 Abs. 1 lit. a Vertikal-GVO mit Ausnahmeregelung in Art. 5 Abs. 2 Vertikal-GVO). Nachvertragliche Wettbewerbsverbote sind grundsätzlich verboten (Art. 5 Abs. 1 lit. b Vertikal-GVO mit Ausnahmeregelung in Art. 5 Abs. 3 Vertikal-GVO).

Die im Formular vorgeschlagene Alternative nennt beispielhaft ein Wettbewerbsverbot außerhalb des räumlichen Anwendungsbereichs von Art. 101 AEUV und Art. 53 EWR-Abkommen. Ob die Klausel mit dem Kartellrecht des jeweiligen Vertragsgebiets vereinbar ist, bleibt im Einzelfall zu prüfen.

25. Lieferbedingungen. Die mit der Softwarelieferung verbundenen Pflichten, Kosten und Gefahren lassen sich beim Vertrieb der Software auf Datenträgern durch eine Klausel der Incoterms 2020 bestimmen (vgl. Hopt Incoterms Einl. Rn. 10; Piltz IHR 2011, 1 (3)). Dagegen passen die Incoterms 2020 nicht für die Lieferung durch Softwaredownload. Incoterms unterliegen der AGB-Kontrolle (Hopt Incoterms Einl. Rn. 14 f.). Für die im Formularvertrag gewählte Lieferbedingung FCA Incoterms 2020 ist der Lieferort genau zu bezeichnen, da dort die Gefahr auf den Vertragshändler übergeht.

26. Produktaktivierung. Zum Schutz gegen ihre unrechtmäßige Nutzung lässt sich Standardsoftware häufig nur mit einer vom Hersteller kontrollierten Aktivierung installieren. Hierzu ermittelt der Hersteller aus der Kennung des jeweiligen Softwareprogramms sowie einer Kennung der Hardware des Anwenders einen individuellen Code. So lässt sich Software technisch nur in der berechneten Hardwarekonstellation des Anwenders nutzen. Die Vergabe des Codes knüpfen einige Hersteller an eine Registrierung des Anwenders.

Die Zulässigkeit derartiger Aktivierungs- und Registrierungspflichten ist insbesondere unter urheber- und AGB-rechtlichen Gesichtspunkten umstritten (s. Marly SoftwareR-HdB Rn. 1730 ff.). Die Rechtsprechung hält derartige Schutzmechanismen für zulässig, auch wenn die damit verbundenen Nutzungsbeschränkungen des Zweiterwerbers der betreffenden Software die mit der urheberrechtlichen Erschöpfung beabsichtigte Verkehrsfähigkeit der erworbenen Kopie faktisch einschränken (EuGH NJW 2012, 2565 Rn. 79 – UsedSoft; BGH NJW 2010, 2661 Rn. 21 f. = CR 2010, 565 mAnm Menz/Neubauer – Half-Life 2).

Die Verpflichtung des Vertragshändlers, den Endkunden auf die Aktivierungspflicht hinzuweisen, soll einen Sachmangel infolge der Aktivierungspflicht ausschließen (zur Frage, inwieweit eine Produktaktivierung einen Sachmangel der Software darstellt, vgl. Marly SoftwareR-HdB Rn. 1752 ff.; Grützmacher ITRB 2015, 141 (142 f.)).

27. Preisänderung. Die Listenpreise des Herstellers unterstehen weitgehend seiner unternehmerischen Dispositionsfreiheit. Da sich Preisänderungen unmittelbar auf die Handelsspanne des Händlers auswirken, darf eine Preiserhöhung jedoch nicht willkürlich erfolgen. Nach Abschluss eines einzelnen Kaufvertrags ist ein einseitiges Preisänderungsrecht des Herstellers nur in engen Grenzen zulässig (BGHZ 164, 11 (25 ff.) = NJW-RR 2005, 1496 (1500 f.) – Honda; OLG Frankfurt BeckRS 2023, 2022).

28. Preisnachlässe. Die Marge des Vertragshändlers ergibt sich wesentlich aus dem ihm gewährten Preisnachlass. Softwarehersteller unterscheiden üblicherweise zwischen

Preisnachlässen, die ohne weitere Voraussetzung den Einkaufspreis mindern (Rabatte) und solchen, die bestimmte Leistungen oder Erfolge des Vertragshändlers voraussetzen. Dies können beispielsweise Erfolgsprämien für das Erreichen bestimmter Ziele (zB Umsatzbonus) oder Nachlässe sein, die der Hersteller als Werbekostenzuschuss nach Durchführung und zur Unterstützung einer vorab abgesprochenen Marketingmaßnahme des Vertragshändlers leistet.

Preisnachlässe, die als Äquivalent für die Erfüllung einer Vertragspflicht des Vertragshändlers gewährt werden, gelten als Hauptleistungsversprechen des Herstellers. Sie können daher nicht unangemessenen Bedingungen unterstellt werden. Insbesondere darf die Versagung des Preisnachlasses aufgrund Nichteintritts der Bedingung zum Gewicht des Vertragsverstoßes und seinen Folgen nicht außer Verhältnis stehen (BGHZ 124, 351 = NJW 1994, 1060 (1064) – Daihatsu). Dagegen lassen sich die Voraussetzungen für die Gewährung von Preisnachlässen, welche nicht die Erfüllung einer Vertragspflicht des Vertragshändlers abgelten, grundsätzlich frei bestimmen (BGHZ 124, 351 (364 ff.) = NJW 1994, 1060 (1064 f.) – Daihatsu). Nach Auffassung des BGH spricht für das Vorliegen eines solchen Preisnachlasses eine Vertragsklausel, die diesen ausdrücklich als zusätzliche und freiwillige Leistung kennzeichnet (BGHZ 142, 358 (380) = NJW 2000, 515 (520 f.) – Kawasaki; kritisch Schultze/Wauschkuhn/Spenner/Dau Vertragshändlervertrag/Kübler/Dau Rn. 372).

Preisnachlässe für händlertypische Leistungen, die von einem Handelsvertreter üblicherweise nicht erbracht werden, bleiben bei der Berechnung des Ausgleichsanspruchs eines Vertragshändlers unberücksichtigt (Hopt/Hopt HGB § 84 Rn. 12). Je nach Gestaltung der Preisnachlässe kann es daher sinnvoll sein, im Vertragshändlervertrag derartige händlerspezifische Preisnachlässe separat zu nennen.

29. Sicherung der Kaufpreiszahlung. Eigentumsvorbehalte und andere Sicherungsklauseln ergeben bei Einräumung einfacher Nutzungsrechte an Softwareprogrammen wenig Sinn (vgl. Redeker ITRB 2005, 70). Dagegen begründet eine Klausel, die es dem Hersteller erlaubt, den zur Installation der Software erforderlichen Lizenzschlüssel bis zur vollständigen Kaufpreiszahlung zurückzuhalten, ein effektives Sicherungsmittel. Deren AGB-rechtliche Wirksamkeit ist allerdings fraglich, soweit sie – wie vorliegend – auch im Fall des Verzugs mit nur geringen Beträgen gelten soll (vgl. zur Sperre im Telekommunikationsbereich § 45k Abs. 2 S. 1 TKG, der eine Schwelle von 75 EUR vorsieht).

30. Wartungsvertrag. Den Anwendern von Softwareprogrammen werden regelmäßig Wartungsverträge angeboten. Die in diesen Verträgen bestimmte Hauptleistung des Herstellers bzw. Vertriebsmittlers wird in der Praxis unterschiedlich bezeichnet, so wahlweise als Softwarewartung, Softwarepflege, Maintenance, Support oder Subscription.

Für die Softwarewartung haben sich unterschiedliche Vertragskonstellationen herausgebildet:

- Teilweise bestehen Wartungsverträge zwischen den Vertragspartnern in der Lieferkette. In einem einstufigen Vertriebsmodell würde danach der Hersteller mit dem Vertragshändler und dieser mit dem Endkunden jeweils einen Wartungsvertrag abschließen. Dabei sollten die Wartungsverträge inhaltlich kongruent sein. Andernfalls kann dem Vertragshändler bei Leistungsstörungen ein Rückgriff in der Lieferkette abgeschnitten sein. Die Gefahr von Deckungslücken zu Lasten des Vertragshändlers ergibt sich besonders im internationalen Rechtsverkehr, wenn der Wartungsvertrag zwischen Hersteller und Vertragshändler einer anderen Rechtsordnung unterliegt als derjenige zwischen Vertragshändler und Endkunden.
- Ein weiteres, in der Praxis verbreitetes und hier zugrunde gelegtes Modell sieht einen selbständigen Wartungsvertrag zwischen Hersteller und Endkunden vor, der von den Vertriebspartnern des Herstellers entlang der Vertriebskette vermittelt wird. Mit

dieser Gestaltung vermeidet der Vertragshändler das Risiko einer Deckungslücke. Für den Hersteller ergibt sich der Vorteil einer engeren Kundenbindung. Zudem kann der Hersteller nach Beendigung des Vertragshändlervertrags die Fortführung der Softwarewartung sicherstellen, ohne dass der Wartungsvertrag des Kunden übertragen werden müsste.

Der Hersteller muss bei dieser Gestaltung allerdings in Kauf nehmen, dass § 89b HGB für die vom Vertragshändler vermittelten Wartungsverträge unmittelbar anwendbar ist. Bestehen dagegen direkte Wartungsverträge in der Lieferkette, kommt lediglich ein Ausgleichsanspruch des Vertragshändlers infolge des Vertriebs der Vertragsprodukte nach § 89b HGB analog in Betracht (→ Anm. 47). Inwieweit jedoch der Hersteller damit besser stehen würde, ist im Hinblick auf die Rechtsprechung des BGH, wonach – mit Wartungsverträgen vergleichbar – zu erwartende Reparaturaufträge ausgleichspflichtige Folgeaufträge darstellen (BGH NJW 2011, 1143 (1144) Rn. 14 mAnm Möller), fraglich.

31. First und Second Level Support. Die vorgeschlagene Regelung sieht vor, dass der Vertragshändler First Level Support als Beauftragter (Subunternehmer) des Herstellers übernimmt. Soweit die Wartung die Beseitigung von Mängeln zum Gegenstand hat, erfüllt der Vertragshändler bis Ablauf der Verjährung der Mängelansprüche seines Kunden neben seinen Pflichten als Beauftragter des Herstellers in der Regel auch seine Pflicht zur Nacherfüllung aus §§ 437 Nr. 1, 439 BGB (zur Kollision von Wartung und Mängelhaftung s. Marly SoftwareR-HdB Rn. 1050 ff. → Form. C.7 Anm. 3).

First-Level-Support dient insbesondere als Anlaufstelle für alle eingehenden Anfragen aufgrund des Wartungsvertrags. Der Vertragshändler erfasst und bearbeitet die Anfragen möglichst selbstständig. Dabei wird er durch Second Level Support des Herstellers unterstützt.

32. Wartungsgebühren und Vergütung. Das Vertragsformular regelt die Einziehung der Wartungsgebühren durch den Vertragshändler. Das Delkredererisiko trägt der Hersteller. Der Vertragshändler erhält für die Vermittlung des Vertrags eine Provision und für die Leistung von First Level Support eine Vergütung. Provision und Vergütung berechnen sich jeweils als bestimmter Prozentsatz der in der Preisliste festgelegten Wartungsgebühren. Der Vertragshändler leitet die eingegangenen Wartungsgebühren nach Kürzung um die vereinbarten Prozentsätze an den Hersteller weiter.

Der Vertragshändler unterliegt – mit Ausnahme eines nach Art. 4 lit. a Vertikal-GVO von der Kernbeschränkung ausgenommenen Höchstpreises, der sich aus den vom Hersteller festgesetzten Wartungsgebühren abzgl. eines von diesem dem Endkunden eingeräumten Rabatts ergibt – keiner Preisbindung. Der Vertragshändler kann dem Endkunden einen eigenen Preisnachlass gewähren, der jedoch seine Provision entsprechend mindert (s. § 9 (4) S. 3 Formularvertrag). Eine Preisbindung wäre in Bezug auf die vom Vertragshändler zu vermittelnden Wartungsverträge dem Anwendungsbereich des Art. 101 Abs. 1 AEUV generell entzogen, wenn der Vertragshändler insoweit keine oder nur unbedeutende geschäftliche Risiken tragen würde (s. hierzu EuGH Slg. 2006, I-11987 Rn. 43 ff. = BeckRS 2006, 70968 – CEPSA; Vertikal-Leitlinien Tz. 29 ff.; Bechtold/Bosch/Brinker AEUV Art. 101 Rn. 60 ff.; Schultze/Pautke/Wagener Vertikal-GVO Rn. 296 ff.). Vorliegend würde eine vollständige Bindung des Vertragshändlers an vom Hersteller festgesetzte Wartungsgebühren wohl von Art. 101 Abs. 1 AEUV erfasst sein und demnach eine Kernbeschränkung nach Art. 4 lit. a Vertikal-GVO begründen (vgl. die Kriterien der Vertikal-Leitlinien in Tz. 29 ff., insbesondere Beispiele 33f, g und h). Für die Anwendbarkeit des § 1 GWB gelten die gleichen Grundsätze (zum Verhältnis zwischen Art. 101 AEUV und § 1 GWB s. Bechtold/Bosch GWB § 1 Rn. 4).

33. Mängelhaftung. § 10 regelt eine kaufrechtliche Mängelhaftung. Gilt die mietvertragliche Mängelhaftung, so regelmäßig bei der Vergabe zeitlich befristeter Lizenzen (→ Anm. 6), wäre die Klausel anzupassen. Zur Beschränkung der Mängelhaftung in AGB → Vorb. A.III.4.

34. Mängelrüge. Beim beiderseitigen Handelsgeschäft über den Verkauf von Standardsoftware gelten die in § 377 HGB geregelten Untersuchungs- und Rügepflichten. Standardsoftware ist im Sinne von § 377 Abs. 1 HGB abgeliefert, wenn sie in einer ihre Untersuchung ermöglichenden Weise in den Machtbereich des Käufers gelangt ist. Dagegen beginnt die Ablieferung nicht erst mit Installation oder Einweisung des Personals, es sei denn, der Verkäufer hat derartige Zusatzleistungen vertraglich übernommen (BGHZ 143, 307 (310 ff.) = NJW 2000, 1415 (1416 f.)).

Die Untersuchungsfrist des § 377 Abs. 1 HGB ist je nach Umfang und Komplexität der Untersuchung zu bemessen (Hopt/Leyens HGB § 377 Rn. 23). Von einer angemessenen Untersuchungsfrist kann in AGB allenfalls geringfügig abgewichen werden (vgl. BGHZ 115, 324 (326 f.) = NJW 1992, 575 (576 f.); MüKoHGB/Grunewald § 377 Rn. 126 ff.). Die hier vorgeschlagene Frist von 14 Tagen dürfte für zahlreiche Standardsoftwareprogramme ausreichen, kann jedoch im Einzelfall auch unzulässig kurz sein.

Die Vereinbarung der Schriftform ist dagegen unproblematisch (vgl. MüKoHGB/Grunewald § 377 Rn. 128).

35. Nacherfüllung. Das Wahlrecht des Käufers zwischen Nachlieferung und Nachbesserung (§ 439 Abs. 1 BGB) kann abbedungen werden (Grüneberg/Grüneberg BGB § 309 Rn. 68).

Ein Patch ist eine Softwarekomponente, die im ablauffähigen Softwareprogramm zur Korrektur einer oder mehrerer fehlerhafter Funktionen des Programms installiert wird. Der Begriff wird jedoch – wie auch die Begriffe Updates und Upgrades (→ Anm. 3) – nicht stets einheitlich verwandt. Die AGB-rechtliche Zulässigkeit einer Bestimmung, wonach Upgrades, Updates oder Patches in jedem Fall eine Nacherfüllung darstellen, ist daher fraglich (Redeker IT-R Rn. 583 ff.).

36. Fehlschlagen der Nacherfüllung. In AGB lässt sich die Entbehrlichkeit der Fristsetzung (§§ 440, 281 Abs. 2, 323 Abs. 2 BGB) abbedingen und eine Fristsetzung zur Nacherfüllung als Voraussetzung für Rücktritt und Schadensersatz wirksam vereinbaren (Grüneberg/Weidenkaff BGB § 440 Rn. 4).

Ein Workaround kann Nacherfüllung sein, wenn er die vertragsgemäße Nutzung der Software nicht einschränkt. In der Regel bietet der Workaround jedoch nur die Umgehung eines Fehlers durch zusätzliche Befehle. Damit ist der Mangel nicht vollständig beseitigt. Dem Käufer steht jedoch eine Übergangslösung zur Verfügung, die eine Verlängerung der Nachbesserungsfrist rechtfertigt.

37. Ausschluss der Mängelhaftung. In AGB lässt sich die Haftung für einen bestimmten Mängelbereich (zB unerhebliche Mängel) nicht ausschließen. Wirksam ist dagegen ein Ausschluss der Haftung für Beeinträchtigungen aufgrund falscher Anwendung des Produkts (BGH NJW 1993, 657 (658)).

38. Verjährungsfrist. In Verträgen zwischen Unternehmen kann die Verjährungsfrist aus § 438 Abs. 1 Nr. 3 BGB auf 1 Jahr verkürzt werden (Grüneberg/Grüneberg BGB § 309 Rn. 84).

Von der Verkürzung der Verjährungsfrist auszunehmen sind Schadensersatzansprüche (BGH BeckRS 2022, 10458; NJW 2013, 2584; 2014, 211). Aus § 202 BGB folgt, dass auch die Verjährung für Ansprüche aufgrund arglistig verschwiegener Mängel nicht verkürzt werden kann (BGH NJW 2010, 858 (859)).

39. **Lieferantenregress.** Sind die Vertragsprodukte zum Weiterverkauf an Verbraucher iSd § 13 BGB vorgesehen, gelten die Bestimmungen über den Lieferantenregress. Da Software ein digitales Produkt iSd § 327 BGB darstellt (vgl. Erwägungsgrund 19 S. 2 Digitale-Inhalte-RL sowie Begr. RegE, BT-Drs. 19/27653, 39), ergibt sich der Regressanspruch des Vertragshändlers aus §§ 327t, 327u BGB. Die §§ 445a, 445b, 478 BGB gelten für digitale Produkte dagegen nicht (§ 445c BGB). Der Lieferantenregress lässt sich nicht im Voraus zum Nachteil des Händlers abbedingen (§ 327u Abs. 4 BGB.).

40. **Schutzrechte Dritter.** Die Bedingungen zur Mängelhaftung (§ 10) gelten für Sach- und Rechtsmängel gleichermaßen. § 11 regelt zusätzlich die Mitwirkung des Herstellers bei einer Verteidigung gegen Ansprüche, die gegen den Vertragshändler aufgrund (bestehender oder vermeintlicher) gewerblicher Schutzrechte oder Urheberrechte Dritter an einem Vertragsprodukt geltend gemacht werden.

41. **Haftung.** Für formularmäßige Haftungsbegrenzungen in Softwarevertriebsverträgen gelten keine Besonderheiten. Ein Ausschluss der Haftung für Vorsatz ist unzulässig (§ 276 Abs. 3 BGB). Die Verbote des § 309 Nr. 7 BGB gelten weitgehend auch im Unternehmerverkehr (BGHZ 174, 1 (4) = NJW 2007, 3774 (3775)). Eine Haftungsfreizeichnung ist im Übrigen an § 307 BGB zu messen. Bei Verträgen zwischen Unternehmen tendiert die Rechtsprechung dazu, eine Begrenzung der Haftung für Fahrlässigkeit auf typische bei Geschäften der fraglichen Art entstehende Schäden zu gestatten (BGH NJW-RR 2006, 267 (269); Grüneberg/Grüneberg BGB § 309 Rn. 56) und einen Haftungsausschluss bei einer leicht fahrlässigen Verletzung nicht wesentlicher Vertragspflichten zuzulassen, soweit die Freizeichnungsklausel derartige Vertragspflichten hinreichend transparent beschreibt (BGHZ 164, 11 (35 ff.) = NJW-RR 2005, 1496 (1505) – Honda).

Gilt die mietvertragliche Mängelhaftung, so regelmäßig bei der Vergabe zeitlich befristeter Lizenzen(→ Anm. 6), lässt sich zusätzlich die verschuldensunabhängige Schadensersatzhaftung für bei Abschluss eines Vertrags bereits vorhandene Mängel ausschließen (zur Abdingbarkeit der verschuldensunabhängigen Schadensersatzhaftung aus § 536a Abs. 1 BGB in AGB s. BGH BeckRS 2002, 6473 = NJW 2002, 3232 (3233)). Zur Haftungsbeschränkung in AGB → Vorb. A.III.4.

42. **Vertragsdauer.** Verträge, die jeweils auf bestimmte Dauer abgeschlossen und dann, ohne erneut ausgehandelt zu sein, mit gleichlautendem Inhalt jeweils für einen bestimmten weiteren Zeitraum verlängert werden, bilden Kettenverträge, die gemeinsam einen auf unbestimmte Zeit eingegangenen Vertrag ergeben (BGH NJW-RR 2002, 1554 (1555 f.); 2003, 98; OLG Schleswig BeckRS 2013, 12655).

Mangels gesetzlicher Bestimmungen über Fristen einer ordentlichen Kündigung von Vertragshändlerverträgen orientiert sich die Rechtsprechung an den Kündigungsfristen für Handelsvertreterverträge aus § 89 Abs. 1 HGB (BGH NJW-RR 2003, 98; BGHZ 181, 346 (352) = NJW 2009, 3646 (3647)). Für die AGB-rechtliche Inhaltskontrolle von Kündigungsfristen in Vertragshändlerverträgen bietet § 89 Abs. 1 HGB jedoch nur wenig verlässliche Anhaltspunkte. Vielmehr ist unter besonderer Berücksichtigung des Interesses des Vertragshändlers an einer Amortisation seiner Investitionen in den Vertrieb der Vertragsprodukte jeweils im Einzelfall zu bestimmen, ob eine Kündigungsfrist den Vertragshändler unangemessen benachteiligt. Ihm ist dabei eine angemessene Auslauf- und Umstellungsfrist einzuräumen. Je weitreichender ein Vertragshändler in das Vertriebssystem des Herstellers unter Ausschluss oder Beschränkung des Vertriebs von Wettbewerbsprodukten integriert ist, desto länger ist die Kündigungsfrist zu bemessen (vgl. Martinek/Semler/Flohr VertriebsR-HdB/Flohr § 26 Rn. 26 ff.). Die vorliegend bestimmte Kündigungsfrist von drei Monaten ist kurz und könnte im Einzelfall der AGB-rechtlichen Inhaltskontrolle nicht standhalten. Eine unzulässige Kündigung lässt sich regelmäßig in eine Kündigung zum nächstmöglichen Zeitpunkt umdeuten (§ 140 BGB).

43. Außerordentliche Kündigung. Ein Vertragshändlervertrag kann von jeder Partei in analoger Anwendung des § 89a HGB aus wichtigem Grund ohne Einhaltung einer Kündigungsfrist gekündigt werden (BGH NJW 2011, 3361). In AGB lassen sich Kündigungsgründe vereinbaren, soweit sie derart erheblich sind, dass sie das Vertrauensverhältnis zwischen den Parteien grundlegend beschädigen können. Dennoch beurteilt sich die Wirksamkeit einer Kündigung aus einem solchen Kündigungsgrund im Einzelfall unter Berücksichtigung der durch die vertragliche Kündigungsklausel von den Parteien getroffenen Wertung danach, ob der geltend gemachte Vorfall so schwerwiegend ist, dass dem Kündigenden die Fortsetzung des Vertrags nicht weiter zugemutet werden kann (BGH NJW 2011, 608 = BB 2011, 528 mAnm Ayad).

Wird das Insolvenzverfahren über das Vermögen des Herstellers eröffnet, erlischt der Vertragshändlervertrag automatisch nach § 116 InsO. Im Falle der Insolvenz des Vertragshändlers greift § 116 InsO dagegen nicht. Der Formularvertrag räumt dem Hersteller für diesen Fall ausdrücklich ein außerordentliches Kündigungsrecht ein.

44. Bestellungen nach Kündigung. Der Vertragshändler muss nach Kündigung die Vertragsprodukte bis Vertragsende wie vertraglich vorgesehen vertreiben können. Die hier verwendete Klausel trägt den gegenüberstehenden Belangen angemessen Rechnung, soweit nicht – wie beim isolierten Vertrieb von Software kaum noch praxisrelevant – der Vertragshändler auf ein Warenlager angewiesen ist. Ist der Vertragshändler auf ein Warenlager angewiesen, lässt sich eine Beschränkung des Umfangs der Lagerbestände auf ein notwendiges Maß vereinbaren (vgl. Schultze/Wauschkuhn/Spenner/Dau Vertragshändlervertrag/Kübler/Wauschkuhn Rn. 669 f.).

45. Wartungsvertrag. Bei Beendigung eines softwarespezifischen Vertragshändlervertrags möchte regelmäßig der Vertragshändler von seinen Wartungspflichten entbunden werden und der Hersteller die Wartung selbst übernehmen oder einem Dritten übertragen. Mit dem hier vorgeschlagenen Wartungsmodell (s. § 9 Formularvertrag) kann der First Level Support durch den Hersteller oder einen vom Hersteller beauftragten Dritten ohne Weiteres übernommen werden (→ Anm. 30). Besteht dagegen ein Wartungsvertrag zwischen Vertragshändler und Endkunden, lässt sich eine Regelung in den Vertragshändlervertrag aufnehmen, wonach sich die Parteien um die Zustimmung des Wartungskunden zu einer Vertragsübernahme bemühen werden.

46. Nachvertraglicher Vergütungsanspruch. Es wird vertreten, dass ein Vertragshändler unter bestimmten Voraussetzungen berechtigt ist, nachvertragliche Vergütungsansprüche analog § 87 Abs. 3 HGB geltend zu machen (str., vgl. Martinek/Semler/Flohr VertriebsR-HdB/van der Moolen § 28 Rn. 1 ff.; Küstner/Thume VertriebsR-HdB II/Thume Kap. 8 Rn. 27). Die Formularbestimmung schließt einen nachvertraglichen Vergütungsanspruch vorsorglich aus.

47. Ausgleichsanspruch. § 89b HGB findet auf die Vermittlung von Wartungsverträgen gem. § 9 des Formularvertrags unmittelbar Anwendung (→ Anm. 30). Für den Verkauf der Vertragsprodukte kommt dagegen nur eine analoge Anwendung des § 89b HGB in Betracht. Die Rechtsprechung gewährt einem Vertragshändler einen Ausgleichsanspruch analog § 89b HGB, wenn

- das Rechtsverhältnis zwischen ihm und dem Unternehmer so ausgestaltet ist, dass es sich nicht in einer bloßen Verkäufer-Käufer-Beziehung erschöpft, sondern der Vertragshändler so in die Absatzorganisation des Herstellers oder Lieferanten eingegliedert war, dass er wirtschaftlich in erheblichem Umfang einem Handelsvertreter vergleichbare Aufgaben zu erfüllen hatte,
- und der Vertragshändler vertraglich verpflichtet ist, dem Hersteller oder Lieferanten seine Kundendaten zu übertragen, so dass sich dieser bei Vertragsende die Vorteile des

Kundenstamms sofort und ohne Weiteres nutzbar machen kann (BGH NJW-RR 2007, 1327 (1328); NJW 2011, 848; 2015, 1300; die von der Vorinstanz festgestellte analoge Anwendung des § 89b HGB bei Beendigung eines Distributorvertrags, der den Vertrieb von Softwareprodukten zum Gegenstand hatte, bestätigend BGH NJW-RR 2009, 824 = CR 2009, 83 (84)).

In zahlreichen Softwarevertriebssystemen übernehmen Vertragshändler über die allgemeine Vertriebsförderungspflicht hinaus weitgehende Pflichten im Zusammenhang mit der Vermarktung der Software und Unterstützung der Anwender. Daraus ergibt sich üblicherweise seine dem Handelsvertreter entsprechende Einbindung in die Absatzorganisation des Herstellers, die sich auch vorliegend aus mehreren Bestimmungen des Formularvertrags ableiten lässt. Hierzu gehören die Zuweisung eines Marktverantwortungsgebiets, die Werbung nach Gestaltungsrichtlinien des Herstellers, die Schulung von Mitarbeitern, Mindestabnahmepflichten, Vorführung, Installation und Support, weitgehende Berichtspflichten sowie das Wettbewerbsverbot.

Eine analoge Anwendung des § 89b HGB auf Vertragshändlerverträge über Softwareprodukte kann dennoch vermieden werden, indem der Vertragshändler zur Überlassung von Kundendaten nicht verpflichtet wird. Dabei ist zu beachten, dass die Rechtsprechung nur geringe Anforderungen an das Kriterium der Überlassung von Kundendaten stellt (s. dazu Schultze/Wauschkuhn/Spenner/Dau Vertragshändlervertrag/Kübler/Wauschkuhn Rn. 788 ff.). Eine Pflicht zu einer solchen Überlassung ergibt sich in Softwarevertriebsverträgen häufig unmittelbar aus Berichtspflichten (so im Formularvertrag § 3 (5)). Sie kann sich auch daraus ergeben, dass der Vertragshändler Lizenz- oder Wartungsverträge, in denen die Endkunden benannt sind, an den Vertragshändler übersenden oder eine Softwareaktivierung unter Angabe von Kundendaten bzw. eine Registrierung der Lizenznehmer unterstützen muss. Ein Ausgleichsanspruch steht dem Vertragshändler aber dann nicht zu, wenn der Hersteller oder Lieferant nach den vertraglichen Vereinbarungen verpflichtet ist, die ihm vom Vertragshändler überlassenen Kundendaten bei Beendigung des Vertrags zu sperren, ihre Nutzung einzustellen und auf Verlangen des Vertragshändlers zu löschen (BGH NJW 2015, 1300).

Sind die Analogievoraussetzungen erfüllt, ist der Ausgleichsanspruch des Vertragshändlers in entsprechender Anwendung des § 89b Abs. 4 S. 1 HGB zwingendes Recht (BGH NJW 1985, 3076 (3077); GWR 2016, 164 = ZIP 2016, 1169).

Ist der Handelsvertreter bzw. Vertragshändler allein in Vertriebsgebieten außerhalb des EWR tätig, lässt sich der Ausgleichsanspruch jedoch ausschließen (§ 92c Abs. 1 HGB). Dies gilt auch dann, wenn das Recht am Ort der Niederlassung des Vertriebsmittlers einen Ausgleichsanspruch zwingend vorsieht (OLG München NJW-RR 2003, 471). Umstritten ist, ob sich der Ausgleichsanspruch für die Tätigkeit außerhalb des EWR ausschließen lässt, wenn der Handelsvertreter bzw. Vertragshändler gemäß Vertrag auch innerhalb des EWR tätig wird. Der Formularvertrag geht in § 14 (10) von der Zulässigkeit einer derartigen Differenzierung aus. Wollen die Parteien eine möglichst sichere Regelung treffen, könnten sie nach Art. 3 Abs. 1 S. 3 Rom I-VO eine aufgesplittete Rechtswahl treffen oder insgesamt unterschiedliche Verträge vereinbaren (s. Müller NJW 1998, 17; MüKoHGB/Grunewald § 92c Rn. 12; Hopt/Hopt HGB § 92c Rn. 6). Dagegen gilt das Ausschlussverbot bei einem dem deutschen Recht unterliegenden Vertragshändlervertrag auch für die Tätigkeit des Vertragshändlers in Vertragsgebieten des EU- oder EWR-Auslands (BGH GWR 2016, 164 = ZIP 2016, 1169).

48. Rechtswahl. Die Parteien können das anwendbare Recht grundsätzlich frei wählen (Art. 3 Rom I-VO). Ohne Rechtswahl ist das Recht anzuwenden, in dem der Vertragshändler seinen gewöhnlichen Aufenthalt hat (Art. 4f) Rom I-VO; zur Rechtswahl in Vertriebsverträgen s. Martinek/Semler/Flohr VertriebsR-HdB/Lakkis § 57).

Pflege und Hinterlegung

7. Software-Pflegevertrag – Software Maintenance Agreement

Software-Pflegevertrag[1]

zwischen

. . . . . ,

– nachfolgend „Auftraggeber“ genannt –

und

. . . . . ,

– nachfolgend „Auftragnehmer“ genannt –

Präambel

Die Parteien haben am . . . . . einen Vertrag über die dauerhafte Überlassung (Kaufvertrag) der Software . . . . . durch den Auftragnehmer an den Auftraggeber geschlossen (nachfolgend „Überlassungsvertrag“).

Die Software ist ein Change-Management-System, das den Anwender bei der Aufnahme, Bündelung, Bearbeitung und dem Workflow-Management von Änderungsanforderungen an IT-Systeme oder auch an fachliche Systeme unterstützt. Einzelheiten zum Leistungsumfang der Software ergeben sich aus der diesem Vertrag als Anlage 1 anliegenden Beschreibung.

Damit die Software möglichst fehlerfrei betrieben werden kann und auch Anpassungen an die betrieblichen Bedürfnisse des Auftraggebers erfolgen, schließen die Parteien den nachfolgenden Pflegevertrag:

§ 1 Begriffe[2]

Die in diesem Vertrag verwendeten Begriffe haben die folgenden Bedeutungen:

- **Software ist das vom Auftragnehmer dem Auftraggeber auf der Grundlage des Überlassungsvertrags dauerhaft überlas-**

Software Maintenance Agreement[1]

between

. . . . . ,

– hereinafter referred to as „Customer“ –

and

. . . . . ,

– hereinafter referred to as „Contractor“ –

Preamble

The parties concluded on . . . . . a contract for the permanent right to use (purchase agreement) of the Software . . . . . as granted by Contractor to Customer (hereinafter „License Agreement“).

The Software is a change management system that supports the user in the recording, bundling, processing and workflow management of change requests for IT systems or for other systems. Details on the scope of performance of the Software can be found in the description attached to this contract as Appendix 1.

To ensure that the software can be operated as error-free as possible and that adaptations can also be made to the operational requirements of the Customer, the parties conclude the following maintenance agreement:

§ 1 Terms[2]

The terms used in this contract have the following meanings:

- **Software is the computer program permanently provided by the Contractor to the Customer on the basis of the License** sene Computerprogramm, in dem in Anlage 1 beschriebenen Umfang. Der Begriff Software umfasst auch die durch Softwareanpassungen aufgrund dieses Vertrages geänderte beim Auftraggeber eingesetzte Software.

- Softwareanpassungen sind auf die Software bezogene Leistungen nach §§ 3 und 4, soweit sie nicht nach § 6 ausgeschlossen sind. Sie können auch die Überlassung einer neueren Version der Software umfassen, die eine Neuinstallation erforderlich macht.
- Ein Fehler liegt vor, wenn die Software in der für sie vertraglich vorgesehenen Systemumgebung und bei bestimmungsgemäßer Anwendung den nach den zwischen den Parteien getroffenen Vereinbarungen nicht entspricht, insbesondere die geschuldete Funktionalität nicht aufweist und sich dies mehr als nur unwesentlich auswirkt.
- Leistung ist jede nach diesem Vertrag vom Auftragnehmer gegen Entgelt geschuldete Handlung, insbesondere die Fehlerbeseitigung nach § 3, die Weiterentwicklung der Software nach § 4, die Dokumentation der Änderungen der Software und die Anpassung der Benutzer- und Systemdokumentation an die geänderte Software sowie die Erbringung von Hotline-Diensten gemäß § 5.
- Ein Mangel bezieht sich auf eine Leistung. Er liegt in Übereinstimmung mit den gesetzlichen Bestimmungen vor, wenn eine nach diesem Pflegevertrag erbrachte Leistung den subjektiven und den objektiven Anforderungen nicht entspricht und sich nicht bestimmungsgemäß installieren lässt.
- Nacherfüllung meint die nach diesem Vertrag unentgeltlich zu erbringende Beseitigung von Mängeln. Die Beseitigung kann auch durch Überlassung einer geänderten Softwareversion erfolgen.

Agreement, to the extent described in Appendix 1. The term Software also includes the Software used by the customer that has been modified by Software Adaptations according to this Agreement.

- Software Adaptations are Services related to the Software according to §§ 3 and 4 unless they are excluded under § 6. They may also include the delivery of a new version of the Software which may require a new installation.
- An Error shall be deemed to exist if the Software, in the system environment contractually intended for it and when used as intended, does not comply with the agreements made between the parties, in particular does not have the functionality owed, and this has more than an insignificant effect.
- Service shall be any action owed by the Contractor against payment according to this contract, in particular the elimination of errors according to § 3, the further development of the software according to § 4, the documentation of the changes to the software and the adaptation of the user and system documentation to the changed software as well as the provision of hotline services according to § 5.
- A Defect relates to a service. It exists in accordance with the statutory provisions if a service provided under this maintenance contract does not meet the subjective and the objective requirements and cannot be installed as intended.
- Cure means the removal of Defects free of charge under this contract. The removal can also be carried out by providing a modified Software version.

§ 2 Vertragsgegenstand

(1) Gegenstand dieses Vertrages ist die Pflege der Software durch den Auftragnehmer. Der Auftragnehmer erbringt außerhalb seiner Verpflichtungen zur Beseitigung von Mängeln[3] folgende Leistungen:
- die Beseitigung von Fehlern (§ 3),
- die Weiterentwicklung der Software und der Benutzerdokumentation nebst
- Dokumentation der Änderungen der Software und der Anpassung der Benutzer- und Systemdokumentation an die geänderte Software (§ 4) sowie
- das Vorhalten einer Hotline (§ 5).

(2) Der Auftragnehmer erbringt die vorgenannten Leistungen ab Vertragsschluss, jedoch nicht vor dem Zeitpunkt, zu dem der Auftraggeber den operativen Einsatz der Software gemeldet hat.

§ 2 Subject of the Contract

(1) The subject of this contract is the maintenance of the Software by the Contractor. The Contractor shall provide the following Services in addition to its obligations to remedy Defects[3] under the License Agreement:
- the correction of Errors (§ 3),
- the continuous development of the Software and user documentation
- as well as documenting the changes to the software and adapting the user and system documentation to the changed software (§ 4) and
- the provision of a hotline (§ 5).

(2) The Contractor shall perform the aforementioned Services as of the date the contract is concluded, but not before the date at which the Customer has reported the operational use of the Software.

§ 3 Fehlerbeseitigung

(1) Ziel der Fehlerbeseitigung[4] ist die Herstellung der in dem Überlassungsvertrag vereinbarten und durch Nachträge fortgeschriebenen Funktionalität der Software und der Dokumentation aufgrund des nachfolgend beschriebenen Verfahrens.

(2) Ein zu einem Fehler zugleich bestehender Anspruch des Auftraggebers gegen den Auftragnehmer auf Nacherfüllung wegen eines Mangels bleibt von den Bestimmungen dieses § 3 unberührt. Der Auftraggeber kann zu einem Mangel immer auch die Rechte geltend machen, die ihm zu einem Fehler zustehen.[5]

(3) Der Auftragnehmer wird vom Auftraggeber mitgeteilte Fehler an der Software und der Dokumentation schnellstmöglich nach Maßgabe der nachfolgenden Bestimmungen beseitigen.[6] Angemessen ist die Frist, innerhalb der der Auftragnehmer unter Berücksichtigung seiner Auftragslage und der Verfügbarkeit geeigneter Mitarbeiter ohne schuldhaftes Zögern die gemeldeten Fehler analysieren und beseitigen kann.

§ 3 Error Correction

(1) The aim of the Error correction[4] is the production of the functionality of the Software and the documentation agreed in the License Agreement and updated by supplements based on the procedure described below.

(2) A claim of the Customer against the Contractor for Cure of a Defect which exists at the same time as an Error shall remain unaffected by the provisions of this § 3. The Customer may always also claim with respect to a Defect the rights to which it is entitled in relation to an Error.[5]

(3) The Contractor shall remedy any Errors in the Software and the documentation notified by the Customer as soon as possible in accordance with the following provisions.[6] A reasonable period of time is a period within which the Contractor may analyse and eliminate the reported Errors without undue delay, taking into account its order situation and the availability of suitable employees.

(4) Die Art und Weise der Fehlerbeseitigung erfolgt nach Wahl des Auftragnehmers und regelmäßig durch Überlassung von Softwareanpassungen, die die Software ändern und/oder ergänzen inklusive der Überlassung einer Dokumentation[7] der geänderten und/oder ergänzten Funktionen in einer vom Auftragnehmer zu wählenden Form, die auch im Wege einer Online-Hilfe erfolgen kann.

(4) The manner of Error correction shall be at the discretion of the Contractor. Error correction shall regularly be provided through the provision of Software Adaptations which changes and/or supplements the Software described in Appendix 1, including the provision of documentation[7] of the changed and/or supplemented functions in a form to be determined by the Contractor, which may include online help.

(5) Der Auftragnehmer erbringt die Leistungen zur Fehlerbeseitigung im Rahmen der branchenüblichen Sorgfalt. Eine Garantie zur Beseitigung der Fehler überhaupt oder innerhalb einer bestimmten Zeit übernimmt der Auftragnehmer nicht.[8]

(5) The Contractor shall perform the Services for the elimination of Errors within the scope of the care customary in the industry. The Contractor does not give any guarantee for the elimination of the Errors at all or within a certain period of time.[8]

(6) Fehler sind vom Auftraggeber unter Angabe der nach seiner Einschätzung gegebenen Priorität über das vom Auftragnehmer eingerichtete Ticket-System zu melden. Erreicht der Fehler eine höhere Prioritätsstufe, so hat der Auftraggeber dies dem Auftragnehmer unverzüglich mitzuteilen. Die Fehlermeldung soll neben der Einschätzung der Priorität folgende Informationen (falls vom System nicht abgefragt) beinhalten:

- Kunde,
- in welchem Modul trat der Fehler auf,
- die Arbeitsschritte, im Zuge derer der Fehler aufgetreten ist bzw. die den Fehler verursacht haben,
- die Beschreibung des Fehlers mittels Screenshots, Protokollen oder ähnlicher Hinweise,
- Tag und Uhrzeit der Fehlerfeststellung sowie
- Angabe zur Reproduzierbarkeit (Ja/Nein).

(6) Errors are to be reported by the Customer, stating the priority given in its opinion, via the ticket system set up by the Contractor (Appendix 2). If the Error reaches a higher priority level, the Customer must inform the Contractor without undue delay. The Error message should contain the following information (if not requested by the system) in addition to the priority assessment:

- Customer,
- in which module the Error occurred,
- the steps in which the Error occurred or which caused the Error,
- the description of the Error by means of screenshots, protocols or similar notes,
- day and time of the Error detection, and
- information on reproducibility (Yes/No).

(7) Die Fehlersymptome werden wie folgt klassifiziert:[9]

Priorität	I.
Klassifizierung	dringend; der Betriebsablauf ist unterbrochen.

(7) The Error symptoms are classified as follows:[9]

Priority	I.
Classification	Urgent; operation is interrupted.

Beschreibung	**die Anwendung ist nicht lauffähig, es kommt zu Programmabstürzen, das Drucken und Auswählen und/ oder die Übergabe von Daten kann nicht gestartet werden. Daten werden nicht oder nicht richtig und vollständig gespeichert oder gelesen.**
Reaktionszeit (R)	**R = 60 min**

Description	**The application is not executable, program crashes occur, printing and selecting and/or transferring data cannot be started. Data is not stored or read at all or not correctly and completely.**
Reaction time (R)	**R = 60 min**

Priorität	**II.**
Klassifizierung	**hoch; der Betriebsablauf ist beeinträchtigt.**
Beschreibung	**Die Funktionsweise der Anwendung ist beeinträchtigt oder es kommt zu Fehlfunktionen, insbesondere: Meldungen sind unverständlich oder stehen nicht im richtigen Kontext zur aufgerufenen Funktion, Funktionalitäten zeigen nicht die zu erwartenden Ergebnisse. Das Antwortzeitverhalten verhindert eine übliche Nutzung der Software.**
Reaktionszeit (R)	**R = 360 min**

Priority	**II.**
Classification	**high; the operational sequence is is impaired.**
Description	**The functioning of the application is impaired, or malfunctions occur, in particular: Messages are incomprehensible or are not in the correct context for the called function. Functionalities do not show the results to be expected. The response time behaviour prevents normal use of the Software.**
Reaction time (R)	**R = 360 min**

Priorität	III.
Klassifizierung	niedrig; der Betriebsablauf ist nicht beeinträchtigt.
Beschreibung	Ein Arbeiten mit der Software ist möglich, wenn auch nicht durchgängig innerhalb der vereinbarten Parameter. Bedienerfreundlichkeit ist verbesserungsbedürftig. Fehlfunktionen können umgangen werden.
Reaktionszeit (R)	R = 2 Tage

Priority	III.
Classification	low; the operational sequence is not impaired.
Description	Working with the Software is possible, even if not consistently within the agreed parameters. User friendliness needs improvement. Malfunctions can be bypassed.
Reaction time (R)	R = 2 days

Priorität	IV.
Klassifizierung	niedrig; der Betriebsablauf ist nicht beeinträchtigt.
Beschreibung	Ein Arbeiten mit der Software ist möglich, aber die Dokumentation ist fehlerhaft.
Reaktionszeit (R)	R = 2 Tage, frühestens aber nach Erledigung etwaiger Fehler der Priorität I und II.

Priority	IV.
Classification	low; the operational sequence is not impaired.
Description	Working with the Software is possible, but the documentation is defective.
Reaction time (R)	R = 2 days, but at the earliest after any Priority I and II errors have been dealt with.

(8) Der Auftragnehmer wird dem Auftraggeber auf dessen Wunsch nach Meldung eines Fehlers eine unverbindliche Einschätzung zu der für die Fehlerbeseitigung voraussichtlich benötigten Zeit geben.

(9) Die Reaktionszeit läuft vom Eingang der Fehlermeldung beim Auftragnehmer an. Maßgeblich für den Eingang ist die Angabe im Ticket-System. Die Reaktionszeit läuft während der Betriebszeiten des Auftragnehmers von 8:00 Uhr bis 18:00 Uhr und ist gewahrt, wenn der Auftragnehmer innerhalb des Laufes der Reaktionszeit Maßnahmen zur Fehlerbehebung einleitet.[10]

(8) At the request of the Customer, the Contractor shall, upon notification of the Error, provide the Customer with a nonbinding estimate of the expected time required to remedy the Error.

(9) The response time shall commence upon receipt of the Customer's Error report as documented in the ticket system. The response time is running during the Contractor's operating hours from 8:00 a.m. to 6:00 p.m. and shall be deemed to have been observed if the Contractor initiates troubleshooting measures within the course of the response time.[10]

(10) Der Auftragnehmer ist berechtigt, jedoch nicht verpflichtet, Fehler auch außerhalb seiner Geschäftszeiten zu beheben; dies jedoch nur, wenn der Auftraggeber hierzu seine Mitwirkung in ausreichendem Umfang zusichert und die für diese Leistungen anfallenden Zusatzentgelte trägt.

(10) The Contractor shall be entitled, but not obliged, to remedy Errors also beyond its business hours, provided that the Customer assures its cooperation to a sufficient extent and bears the additional fees incurred for these Services.

(11) Der Auftragnehmer kann auftretende Fehler unter Berücksichtigung der vorgenommenen Priorisierung nach eigener Wahl durch folgende Maßnahmen beseitigen:

- Bereitstellung von Softwareanpassungen („Patches"),[11]
- Fehlerbeseitigung über einen Remote-Zugriff (gemäß Anlage 3) auf die Systeme des Auftraggebers, durch den die Software selbst oder ihre Einstellungen geändert werden kann,[12]
- Vorschlag an den Auftraggeber zur Umgehung der Fehler oder zur Fehlerbeseitigung,[13]
- für den Fall, dass die vorbezeichneten Maßnahmen nicht möglich oder nicht Erfolg versprechend sind, durch Fehlerbeseitigung vor Ort.

(11) The Contractor may remedy any Errors which occur, by taking into account the priorisation, by means of the following measures as determined at the Contractor's sole discretion:

- Provision of Software Adaptations („patches"),[11]
- Error correction via remote access (according to Appendix 3) to the Customer's systems, through which the Software itself or its settings can be changed,[12]
- Proposal to the Customer to bypass the Errors or to eliminate them,[13]
- in the event that the aforementioned measures are not possible or do not promise success, by troubleshooting on site.

(12) Bei Fehlern der Priorität III kann die Behebung durch Zurverfügungstellung einer Softwareanpassung auf den nächst geeigneten Zeitpunkt verschoben werden, zu dem der Auftragnehmer gemäß seiner Planung andere Erweiterungen und/oder Änderungen zur Verfügung stellen wird. Liegt dieser Zeitpunkt voraussichtlich mehr als drei Monate in der Zukunft, wird der Auftragnehmer dem Auftraggeber dies mitteilen.[14]

(12) In the case of Priority III Errors, the remedy can be postponed to the next suitable point in time by making a Software Adaptation available, at which the Contractor will make other extensions and/or changes available according to its planning. If this date is expected to be more than three months in the future, the Contractor shall inform the Customer accordingly.[14]

(13) Die Pflichten des Auftragnehmers bestimmen sich nach der objektiv gegebenen Prioritätsstufe. Eine Pflichtverletzung des Auftragnehmers ist bei Nichteinhaltung der Reaktionszeit nur dann gegeben, wenn der Auftraggeber die Priorität objektiv zutreffend angegeben hat.[15]

(13) The obligations of the Contractor are determined by the objectively given priority level. A breach of duty on the part of the Contractor in the event of non-compliance with the response time is only given if the Customer has objectively correctly specified the priority.[15]

§ 4 Weiterentwicklungen

§ 4 Software Developments

(1) Der Auftraggeber ist bestrebt, die Software ständig weiterzuentwickeln. Die Wei-

(1) The Customer shall endeavour to continuously develop the Software. The develop-

terentwicklung der Software kann zu einer Erweiterung und/oder Änderung der Software führen mit der Folge, dass neue Funktionalitäten zur Verfügung stehen, bestehende Funktionalitäten im Ablauf und/ oder der Benutzerführung optimiert oder die Datenverwaltung an den üblichen Stand angepasst wird.[16]

ment of the Software may lead to an extension and/or modification of the Software with the result that new functionalities are available, existing functionalities are amended with respect to their processing and/or user guidance, or the data management is adapted to the state of the art.[16]

(2) Weiterentwicklungen der Software wird der Auftragnehmer dem Auftraggeber in Abhängigkeit vom Umfang der Weiterentwicklung zum Teil ohne weitere Zahlungsverpflichtungen zur Verfügung stellen. Auf eine bestimmte Weiterentwicklung besteht kein Anspruch.

(2) The Contractor shall make developments of the Software available to the Customer in part without further payment obligations, depending on the scope of the development. There is no claim to a certain development.

(3) Wünscht der Auftraggeber eine bestimmte Weiterentwicklung der Software, bietet der Auftragnehmer an, hierüber eine gesonderte Vereinbarung zu treffen. Eine Verpflichtung zum Abschluss einer solchen Vereinbarung besteht nicht.

(3) If the Customer wishes a specific further development of the software, the Contractor offers to conclude a separate agreement on this. There is no obligation to such an agreement.

(4) Der Auftragnehmer wird jede Änderung der Software dokumentieren und die Benutzerdokumentation an die geänderte Software anpassen. Art und Weise der Dokumentation ergeben sich aus dem Überlassungsvertrag.

(4) The Contractor shall document every change to the software and adapt the user documentation to the changed software. The type and manner of documentation results from the License Agreement.

§ 5 Hotline/Remote Services

(1) Der Auftragnehmer wird den Auftraggeber telefonisch oder auf anderen Fernkommunikationswegen hinsichtlich der Anwendung der Software sowie bei Fehlern der Software beraten und unterstützen.[17]

(2) Die Hotline steht dem Auftraggeber arbeitstäglich (Montag – Freitag unter Ausnahme gesetzlicher Feiertage am Sitz des Auftragnehmers) zwischen 8:00 Uhr und 18:00 Uhr zur Verfügung. Während dieser Zeit wird der Auftragnehmer auch vom Auftraggeber per E-Mail eingehende Fehlermeldungen und Anfragen beantworten. In Einzelfällen können die Parteien auch eine Erbringung von Leistungen zur Fehlerbehandlung außerhalb dieser Zeiten gegen gesonderte Vergütung vereinbaren.

§ 5 Hotline/Remote Services

(1) The Contractor shall advise and support the Customer by telephone or other means of remote communication with regard to the use of the Software and in the event of Errors.[17]

(2) The hotline is available to the Customer on working days (Monday – Friday with the exception of public holidays at the registered office of the Contractor) between 8:00 am and 6:00 pm. During this time the Contractor will also answer incoming Error reports and inquiries from the Customer via email. In individual cases, the parties may also agree to the provision of Error handling services outside these times against separate remuneration.

(3) Im Rahmen der Hotline kann der Auftragnehmer bei Mitwirkung des Auftraggebers eine Fernverbindung zu einem Computer, auf dem die Software läuft, herstellen und den Zustand der Software und des Computers analysieren, soweit dies zur Problembehandlung sinnvoll ist.[18]

(4) Der Auftragnehmer wird im Rahmen der Hotline auch Chatbots einsetzen. Ein Chatbot ist eine Software, die natürliche Sprachverarbeitung nutzt, um Anfragen des Auftraggebers zu verstehen und Antworten zu geben. Auf den Einsatz von Chatbots wird der Nutzer der Hotline vorab hingewiesen.[19]

§ 6 Nicht geschuldete Leistungen[20]

(1) Nach diesem Pflegevertrag besteht, vorbehaltlich abweichender Vereinbarungen im Einzelfall, kein Anspruch auf folgende Leistungen:

- Die Anpassung der Software an Stände, die bei anderen Nutzern im Einsatz sind oder vom Auftragnehmer vertrieben werden.
- Die Anpassung der Software an eine geänderte Hard- oder Softwareumgebung einschließlich der Anpassung an veränderte Betriebssysteme.
- Die Anpassung der Software an gesetzliche oder sonst wie hoheitliche Anforderungen.
- Die Beseitigung von Fehlern aus dem Risikobereich des Auftraggebers, insbesondere Fehler, die verursacht wurden durch Verseuchung von Softwarekomponenten mit Computerviren, Verwendung ungeeigneter Datenträger, anomale, nicht dem vertraglich Vereinbarten entsprechende Betriebsbedingungen, fehlerhafte Hardware, Ausfall der Stromversorgung oder datenführender Leitungen, Fehler aufgrund mangelnder Informationssicherheit, ungeeigneter Umweltbedingungen am Ort des Softwarebetriebs oder höherer Gewalt.
- Die Behebung von Fehlern, die aus Anpassungen der Software oder von Teilen hiervon (insbes. Reports, Kennzahlen,

(3) Within the scope of the hotline, the Contractor may, with the Customer's co-operation, establish a remote connection to a computer on which the Software is running and analyse the condition of the Software and the computer, insofar as this is useful for troubleshooting.[18]

(4) The Contractor may also use chatbots in the context of the Hotline. A chatbot is a software that uses natural language processing to understand queries from the Customer and provide answers. The use of chatbots shall be pointed out to the user of the hotline in advance.[19]

§ 6 Excluded Services[20]

(1) Subject to deviating agreements in individual cases Services owed under this contract do not include:

- The adaptation of the Software to versions used by other users or distributed by the Contractor.
- Adaptation of the Software to a changed hardware or Software environment, including Adaptation to changed operating systems.
- The Adaptation of the Software to statutory or other sovereign requirements.
- The elimination of Errors arising from the Customer's area of risk, in particular Errors caused by improper operation or modification of the Software, by contamination of Software components with computer viruses, use of unsuitable data carriers, abnormal operating conditions not in accordance with the contractually agreed operating conditions, faulty hardware, failure of the power supply or data-carrying lines, Errors due to lack of information security, unsuitable environmental conditions at the location of the Software operation or force majeure.
- The elimination of Errors resulting from adaptations of the Software or parts thereof (in particular reports, key figu-

Validierungen) durch den Auftraggeber oder auf seine Veranlassung durch Dritte entstanden sind.

- Die Installation der im Rahmen dieses Vertrages gelieferten Software und von Softwareanpassungen, soweit nicht anders angegeben.
- Die über die geschuldete Fehlerbeseitigung hinausgehende Beratung.
- Die Einweisung und Schulung der Software-Anwender.

(2) Die Aufzählung in Abs. 1 ist nicht abschließend. Aus der fehlenden Nennung von Leistungen kann nicht geschlossen werden, dass diese Leistungen Gegenstand der vertraglichen Pflichten des Auftragnehmers sind. Die Rechte des Auftraggebers aufgrund der nach diesem Vertrag vom Auftragnehmer geschuldeten Haftung für Leistungsstörungen bleiben unberührt.

(3) Der Auftragnehmer erklärt sich bereit, Leistungen, die nach diesem Vertrag nicht geschuldet sind, auf der Grundlage einer separaten Vereinbarung zu erbringen.

§ 7 Mitwirkungsleistungen des Auftraggebers

(1) Voraussetzung für die Erbringung der Pflegeleistungen nach diesem Vertrag, insbesondere für die Fehlerbeseitigung und -behandlung sowie die Anwendungsunterstützung durch den Auftragnehmer ist, dass der Auftraggeber die Software auf dem aktuellen Stand in der für die Software vorgesehenen Systemumgebung einsetzt.[21] Auf dem aktuellen Stand ist die Software, wenn alle nach diesem Vertrag gelieferten Softwareanpassungen installiert wurden oder eine vom Auftragnehmer als gleichwertig anzusehende Softwareversion eingesetzt wird. Eine Obliegenheit zum Einsatz des aktuellen Softwarestandes besteht nicht, wenn dies für den Auftraggeber nicht zumutbar ist, beispielsweise weil die jeweils neueste Softwareversion fehlerhaft ist und dadurch der Betriebsablauf beim Auftraggeber beeinträchtigt wird. Der Auftraggeber hat den Auftragnehmer über die nach seiner Ansicht bestehende Unzumutbarkeit unter Angabe

res, validations) by the Customer or at its instigation by third parties.

- The installation of the Software supplied under this Contract and of Software adaptations, unless otherwise specified.
- Advice that goes beyond the fault rectification owed.
- The instruction and training of Software users.

(2) The list in Para 1 is not exhaustive. It cannot be inferred from the lack of naming of services that these services are the subject of the Contractor's contractual obligations. The rights of the Customer on the basis of the Contractor's liability under this contract for performance disruptions shall remain unaffected.

(3) The Contractor agrees to render services which are not owed under this contract on the basis of a separate agreement.

§ 7 Cooperation of the Customer

(1) The prerequisite for the provision of Services under this contract, in particular for the elimination and handling of Errors as well as application support by the Contractor, is that the Customer uses the Software at the latest status in the system environment intended for the Software.[21] The Software is a current version if all Software Adaptations supplied under this contract have been installed or if a Software version which the Contractor regards as equivalent is used. There is no obligation to use the current Software version if the Customer cannot be reasonably expected to use such version, for example because the latest Software version is faulty and its use impairs the Customer's operations. The Customer shall without culpable delay inform the Contractor should such event occur in its opinion, and thereby state the reasons which cause the event. If the Customer is not obliged to

der Gründe unverzüglich schriftlich zu unterrichten. Ist der Auftraggeber nicht verpflichtet, den aktuellen Stand der Software einzusetzen, ruhen die Verpflichtungen des Auftragnehmers aus § 3 und § 4. Gleichzeitig ruht die Verpflichtung des Auftraggebers zur Entrichtung der Pflegepauschale zeitanteilig. Stellt der Auftragnehmer einen Zustand her, nach dem es dem Auftraggeber zumutbar ist den neuesten Stand der Software einzusetzen und holt er die ausgesetzten Leistungen nach, hat auch der Auftraggeber die Vergütung nachzuentrichten.

use the current version of the Software, the Contractor's obligations under § 3 and § 4 shall be suspended. At the same time, the Customer's obligation to pay the maintenance fee shall be suspended pro rata temporis. If the Contractor provides a condition for reasonable use of the latest version of the Software and if it makes up for the suspended Services, the Customer must also pay the remuneration in arrears.

(2) Weitere Voraussetzung für die Erbringung der Pflegeleistungen ist, dass der Auftraggeber die Software nicht ohne Absprache mit dem Auftragnehmer an einem anderen als dem bei Abschluss dieses Pflegevertrages maßgeblichen Ort und nicht in einer anderen als der zulässigen Systemumgebung mit der Folge betreibt, dass die Leistungserbringung nach diesem Vertrag beeinträchtigt werden könnte.

(2) A further prerequisite for the provision of the maintenance services is that the Customer does not, without consultation with the Contractor, operate the software at a location other than the location relevant at the time of the conclusion of this maintenance agreement and not in a system environment other than the permissible system environment with the consequence that the provision of services under this agreement could be impaired.

(3) Der Auftraggeber wird den Auftragnehmer in jeder Hinsicht bei der Erfüllung der Pflegeleistungen nach diesem Vertrag unterstützen. Insbesondere wird der Auftraggeber im Interesse einer effizienten Fehlerbeseitigung und -behandlung unverzüglich nach Vertragsschluss zwei verantwortliche Mitarbeiter (sog. Key-User) sowie entsprechende Stellvertreter mit vertieften Kenntnissen (Administratorenkenntnissen) bezüglich der zu pflegenden Software als Ansprechpartner für den Auftragnehmer einsetzen und dem Auftragnehmer benennen.[22]

(3) The Customer shall support the Contractor in all respects in the performance of the Services under this contract. In particular, in the interest of efficient troubleshooting and Error handling, the Customer shall without culpable delay after conclusion of this contract appoint, and notify the Contractor of, two responsible employees (so-called key users) as well as appropriate deputies with in-depth knowledge (administrator knowledge) of the Software to be maintained as contact persons for the Contractor.[22]

(4) Die Key-User bündeln und koordinieren Meldungen und Anfragen seitens des Auftraggebers. Sie werden vor einer Weitergabe die Meldungen und Anfragen zunächst aufgrund ihrer eigenen Sachkunde prüfen, wie sie den betroffenen Nutzern weiterhelfen können. Können sie die auftretenden Probleme nicht lösen, leiten sie die Meldungen und Anfragen über die Hotline an den Auftragnehmer weiter. Sie sind berechtigt, dem Auftragnehmer Aufträge auch zur Erbringung von nach diesem Ver-

(4) The key users bundle and coordinate reports and inquiries from the Customer. Before passing them on, they will first check the reports and enquiries on the basis of their own expertise as to how they can help the users concerned. If they cannot solve the problems that arise, they forward the reports and inquiries to the Contractor via the hotline. The key users shall also be entitled to place orders with the Contractor for the provision of Services not owed under this contract. Other

trag nicht geschuldeten Leistungen zu erteilen. Andere Mitarbeiter des Auftraggebers sind zu Meldungen und Anfragen an den Auftragnehmer nicht berechtigt.[23]

employees of the Customer are not entitled to report or make enquiries to the Contractor.[23]

(5) Die Key-User unterstützen den Auftragnehmer auch während der Fehlerbeseitigungsarbeiten beispielsweise durch die Übermittlung von Testfällen und/oder Testdaten, das Bereitstellen von Fehlerprotokollen, Screen-Shots etc.

(5) The key users shall also support the Contractor during the Error correction work, for example by transmitting test cases and/or test data, providing Error logs, screen shots, etc.

(6) Soweit der Auftragnehmer verpflichtet ist, Leistungen zu erbringen, zu deren Durchführung er im Wege der Datenfernübertragung auf das IT-System des Auftraggebers zugreifen muss, hat der Auftraggeber den entsprechenden Zugriff auf die Software über ein Kommunikationsnetz (zB Internet) zu ermöglichen.[24] Sollte eine Fehlerbeseitigung per Datenfernübertragung nicht möglich sein, weil dieser Zugriff nicht sichergestellt war, und als Folge ein Vorort-Einsatz erforderlich werden, so berechnet der Auftragnehmer diesen gemäß der jeweils aktuellen Preisliste zuzüglich Fahrtkosten und sonstige Spesen. Der Zugriff per Datenfernübertragung erfolgt gemäß den Festlegungen in Anlage 3 über eine gegen den unbefugten Zugriff Dritter geschützte Verbindung.

(6) Insofar as the Contractor is obliged to provide Services for the performance of which it must access the Customer's IT system by means of remote data transmission, the Customer shall enable the corresponding access to the Software via a communication network (e.g. internet).[24] Should it not be possible to rectify the Error by remote data transmission because this access was not ensured, and as a result on-site deployment becomes necessary, the Contractor shall charge such onsite deployment according to the Contractor's current price list plus travel costs and other expenses. The access by remote data transmission takes place according to the definitions in Appendix 3 over a connection protected against the unauthorized access of third parties.

§ 8 Zurverfügungstellung der Leistungen

§ 8 Provision of the Services

(1) Die Zurverfügungstellung der Leistungen nach §§ 3 und 4 erfolgt grundsätzlich per Download und automatischer Installation. Der Auftraggeber wird bei der Nutzung der Software über die Abrufbarkeit der Leistungen, deren Bedeutung und Umfang informiert und kann dann die Übertragung der Daten zur Installation freigeben.

(1) The provision of the services according to §§ 3 and 4 shall in principle take place by download and automatic installation. When using the software, the Customer shall be informed about the retrievability of the services, their significance and scope and may then authorise the transfer of the data for installation.

(2) In Ausnahmefällen, etwa, wenn der Umfang der Daten zu groß oder eine Installation per Online-Übermittlung nicht möglich ist, kann der Auftragnehmer dem Auftraggeber die Leistungen auch auf einem Datenträger zur Verfügung stellen. Die auf dem Datenträger enthaltenen Leistungen, insbesondere die geänderte Software, können mit der ebenfalls übermittel-

(2) In exceptional cases, for example if the volume of data is too large or installation via online transmission is not possible, the contractor may provide the services to the Customer on a data carrier. The services contained on the data carrier, in particular the modified software, can be installed by the Customer itself with the installation instructions also provided. Should this

ten Installationsanleitung vom Auftraggeber selbst installiert werden. Sollte das vom Auftraggeber nicht zu leisten sein, wird der Auftragnehmer ihn bei der Installation unterstützen.

(3) Die Zurverfügungstellung des der Software zugrundliegenden Quellcodes ist nicht geschuldet.

not be possible for the Customer, the Contractor shall assist the Customer in installing.

(3) The provision of the source code underlying the Software is not owed.

§ 9 Untersuchungs- und Rügepflicht[25]

(1) Der Auftraggeber wird die Leistungen einschließlich der etwaig geänderten oder ergänzten Dokumentation unverzüglich nach Überlassung untersuchen, insbesondere im Hinblick auf die Vollständigkeit sowie Funktionsfähigkeit grundlegender Programmfunktionen.

(2) Mängel, die hierbei festgestellt werden, müssen dem Auftragnehmer unverzüglich schriftlich mitgeteilt werden. Die Mangelrüge hat eine möglichst detaillierte und konkrete Beschreibung der Mängel zu enthalten.

(3) Mängel, die im Rahmen der beschriebenen ordnungsgemäßen Untersuchung nicht feststellbar waren, müssen wiederum unverzüglich nach Entdeckung schriftlich mitgeteilt werden. Auch diese Mängelrüge muss eine möglichst detaillierte und konkrete Beschreibung der Mängel enthalten.

§ 9 Obligation to Examine and Give Notice of Defects[25]

(1) The Customer shall examine the Services, including any modified or supplemented documentation, without culpable delay after transfer, in particular with regard to the completeness and functionality of basic program functions.

(2) The Contractor must be notified without culpable delay in writing of any Defects that are discovered. The notice of Defects must contain a description of the Defects as detailed and specified as possible.

(3) Defects which could not be detected within the scope of the described proper inspection must be reported in writing without culpable delay after discovery. This notice of Defects must also contain a description of the Defects as detailed and specified as possible.

§ 10 Vergütung

(1) Die Pflegepauschale für die Pflegeleistungen gemäß §§ 3–5 beträgt pro Kalenderjahr 18 % vom Nettokaufpreis der bei Abschluss dieses Pflegevertrages überlassenen Software zuzüglich der jeweils gültigen gesetzlichen Umsatzsteuer. Dies gilt unabhängig davon, ob und wie oft Pflegeleistungen nach den §§ 3–5 in Anspruch genommen werden.[26]

(2) Installiert der Auftraggeber eine ihm nach diesem Vertrag überlassene erweiterte Version der Software, wird der Nettokaufpreis dieser Version Berechnungsgrundlage der Pflegepauschale. Mit Bereitstellung die-

§ 10 Remuneration

(1) The maintenance fee for the maintenance services pursuant to §§ 3–5 amounts to 18 % per calendar year of the net purchase price of the software provided at the time of conclusion of this maintenance agreement plus the statutory value added tax applicable at the time. This applies regardless of whether and how often Services are used in accordance with §§ 3 through 5.[26]

(2) If the Customer installs an extended version of the software provided to it in accordance with this contract, the net purchase price of this version shall be the basis for calculating the maintenance flat

ser Version wird der Kunde auf die aus der Installation folgende Anpassung der Pauschale hingewiesen.

(3) Die Pflegepauschale wird jährlich im Voraus entrichtet. Im ersten Jahr wird die Pauschale zeitanteilig für den Zeitraum von dem in § 2 Abs. 2 bezeichneten Zeitpunkt bis zum Ende des Kalenderjahres berechnet.[27]

(4) Der Auftraggeber wird die auf der Grundlage dieses Vertrages zu zahlenden Entgelte nach billigem Ermessen der Entwicklung der Kosten anpassen, die für die Preisberechnung maßgeblich sind. Eine Preiserhöhung kommt in Betracht und eine Preisermäßigung ist vorzunehmen, wenn sich zB die Kosten für die Beschaffung von Hard- und Software sowie Energie, die Nutzung von Kommunikationsnetzen oder die Lohnkosten erhöhen oder absenken oder sonstige Änderungen der wirtschaftlichen oder rechtlichen Rahmenbedingungen zu einer veränderten Kostensituation führen. Steigerungen bei einer Kostenart, zB den Lohnkosten, dürfen nur in dem Umfang für eine Preiserhöhung herangezogen werden, in dem kein Ausgleich durch etwaig rückläufige Kosten in anderen Bereichen, etwa bei den Kosten für Hard- und Software, erfolgt. Bei Kostensenkungen, zB der Hardwarekosten, sind vom Auftragnehmer die Preise zu ermäßigen, soweit diese Kostensenkungen nicht durch Steigerungen in anderen Bereichen ganz oder teilweise ausgeglichen werden. Der Auftragnehmer wird bei der Ausübung seines billigen Ermessens die jeweiligen Zeitpunkte einer Preisänderung so wählen, dass Kostensenkungen nicht nach für den Auftraggeber ungünstigeren Maßstäben Rechnung getragen werden als Kostenerhöhungen, also Kostensenkungen mindestens in gleichem Umfang preiswirksam werden wie Kostenerhöhungen. Der Auftragnehmer wird den Auftraggeber über Entgeltänderungen spätestens sechs Wochen vor Inkrafttreten der Änderungen in Textform informieren.[28]

rate. Upon provision of this version, the Customer shall be informed of the adjustment of the flat rate resulting from the installation.

(3) The fee shall be paid annually in advance. In the first year, the fee shall be calculated pro rata temporis for the period from the date referred to in § 2 par. 2 until the end of the calendar year.[27]

(4) The Customer shall adjust the fees payable on the basis of this contract at its reasonable discretion to the development of the costs which are decisive for the price calculation. A price increase can be considered, and a price reduction must be made, if, for example, the costs for the procurement of hardware, Software and energy, the use of communication networks or wage costs increase or decrease, or if other changes in the economic or legal framework lead to a changed cost situation. Increases in one type of cost, e. g. wage costs, may only be taken into account for a price increase to the extent that they are not offset by any reduction in costs in other areas, such as hardware and Software costs. In the event of cost reductions, e. g. reduction of hardware costs, the Contractor shall reduce the prices unless these cost reductions are fully or partially offset by increases in other areas. In exercising its reasonable discretion, the Contractor shall select the respective dates of a price change in such a way that cost reductions are not taken into account according to more unfavourable standards for the Customer than cost increases, i.e. cost reductions become price effective at least to the same extent as cost increases. The Contractor shall inform the Customer of any changes in charges in writing no later than six weeks before the changes come into effect.[28]

§ 11 Nacherfüllung

(1) Der Auftragnehmer hat gemäß den gesetzlichen Regelungen nachzuerfüllen, soweit in diesem Vertrag nichts anderes bestimmt ist.[29]

(2) Überlässt der Auftragnehmer dem Auftraggeber im Rahmen der Fehlerbeseitigung nach § 3 oder der Weiterentwicklung nach § 4 Softwareanpassungen, so hat der Auftraggeber hinsichtlich der Softwareanteile, die zu einer Änderung und Ergänzung der bisher eingesetzten Software führen, die Rechte auf Nacherfüllung nach diesem § 11. Soweit die überlassene Softwareanpassung identisch mit der bereits eingesetzten Software ist, bleibt es für die bereits vorhandenen Softwareteile bei den zuvor bestehenden Rechten und dem dazu bestehenden Verjährungslauf.[30]

(3) Im Falle der vom Auftragnehmer zu vertretenden Verletzung von Schutzrechten Dritter durch die von ihm im Rahmen dieses Vertrages bereitgestellten Leistungen kann der Auftragnehmer nach eigener Wahl entweder auf seine Kosten ein für die vertraglich vereinbarte Nutzung ausreichendes Nutzungsrecht zugunsten des Auftraggebers erwerben oder die betreffende Leistung ohne oder nur mit für den Auftraggeber zumutbaren Auswirkungen auf deren Funktionen so ändern oder neu erbringen, dass keine Schutzrechte Dritter mehr verletzt werden. Für die Geltendmachung von Schadensersatzansprüchen gilt § 12 dieses Vertrages.

(4) Hat der Auftraggeber im Rahmen dieses Vertrages überlassene Softwareanpassungen gemäß ihrer Art und ihrem Verwendungszweck in einer Weise installiert, dass sie Teil eines IT-Systems geworden sind, aus dem die Softwareanpassungen im Falle ihrer Mangelhaftigkeit nicht ohne Weiteres entfernt werden kann, schuldet der Auftragnehmer im Rahmen der Nacherfüllung nicht das Entfernen der Softwareanpassungen aus diesem IT-System.[31] Ebenso wenig schuldet er hierfür Aufwendungsersatz, wenn er die Fehlerbeseitigung kurzfristig durch ein Update durchführen

§ 11 Cure

(1) The Contractor shall perform in accordance with the statutory provisions, unless otherwise provided in this contract.[29]

(2) If the Contractor provides the Customer with Software Adaptations within the scope of Error correction according to § 3 or development according to § 4, the Customer shall have the rights according to this § 11 with regard to those parts of the Software that lead to a change and supplementation of the Software previously used. As far as the Software provided is identical to the Software already in use, the existing rights and statutes of limitation for the existing Software parts shall remain in effect.[30]

(3) In the event of an infringement of third-party property rights for which the Contractor is responsible by the services provided under this contract, the Contractor may, at its own discretion, either acquire at its own expense a right of use in favour of the Customer sufficient for the contractually agreed use or modify or provide the service in question without or only with an impact on its functions that is reasonable for the Customer in such a way that third-party property rights are no longer infringed. Section 12 of this contract shall apply to the assertion of claims for damages.

(4) If the Customer has installed Software Adaptations provided within the scope of this contract in accordance with their type and intended use in such a way that they have become part of an IT system from which the Software Adaptations cannot easily be removed in the event of its defectiveness, the Contractor shall not be obliged to remove the Software Adaptations from this system within the scope of Cure.[31] Neither does it owe reimbursement of expenses in such event if it is able to correct the Error at short notice by means of an update and this is reasonably

kann und dies dem Auftraggeber zuzumuten ist. Die Haftung des Auftragnehmers auf Schadensersatz im Rahmen dieses Vertrages bleibt unberührt.

(5) Nacherfüllungsansprüche verjähren innerhalb von 12 Monaten.[32]

acceptable for the Customer. The Contractor's liability for damages within the scope of this contract shall remain unaffected.

(5) Claims for Cure shall become statute-barred within 12 months.[32]

§ 12 Allgemeine Haftung[33]

(1) Der Auftragnehmer haftet verschuldensabhängig nur bei Vorsatz, grober Fahrlässigkeit sowie der fahrlässigen Verletzung wesentlicher Vertragspflichten, deren Erfüllung die ordnungsgemäße Durchführung des Vertrags überhaupt erst ermöglicht und auf deren Einhaltung der Vertragspartner regelmäßig vertrauen darf. Im Falle einfacher Fahrlässigkeit ist die Haftung des Auftragnehmers je Schadensfall begrenzt auf den vorhersehbaren, vertragstypischen Schaden, maximal jedoch auf denjenigen Betrag, der nach diesem Vertrag pro Vertragsjahr als Pflegepauschale zu bezahlen ist.

(2) Für den Verlust von Daten oder Programmen haftet der Auftragnehmer insoweit nicht, als der Schaden darauf beruht, dass der Auftraggeber es unterlassen hat, regelmäßige Datensicherungen durchzuführen und dadurch sicherzustellen, dass verlorengegangene Daten oder Programme mit vertretbarem Aufwand wiederhergestellt werden können.

(3) Soweit der Auftragnehmer dem Auftraggeber im Rahmen dieses Vertrages Hard- oder Software auf Zeit überlässt, ist eine verschuldensunabhängige Haftung für Mängel, die bereits bei Vertragsschluss vorhanden waren, ausgeschlossen.

(4) Die vorstehenden Regelungen gelten auch zugunsten der gesetzlichen Vertreter, Mitarbeiter und Erfüllungsgehilfen des Auftragnehmers.

§ 12 General Liability[33]

(1) The Contractor shall only be liable for fault in the event of intent, gross negligence and negligent breach of essential contractual obligations, the fulfilment of which is essential for the proper execution of the contract and the compliance with which the Customer may regularly rely on. In the event of simple negligence, the liability of the Contractor per case of damage shall be limited to the foreseeable, contract-typical damage, however, to a maximum of the amount to be paid per contract year as flat rate under this contract.

(2) The Contractor shall not be liable for the loss of data or programs insofar as the damage is due to the fact that the Customer has failed to carry out regular data backups and thereby ensure that lost data or programs can be restored with reasonable effort.

(3) Insofar as the Contractor makes hardware or Software available to the Customer for a limited period within the framework of this contract, any liability regardless of fault for Defects that were already present at the time of conclusion of the contract shall be excluded.

(4) The above provisions shall also apply for the benefit of the Contractor's organs, employees and vicarious agents.

§ 13 Nutzungsrechte

(1) Stellt der Auftragnehmer dem Auftraggeber nach diesem Vertrag Softwareanpas-

§ 13 Licence

(1) If the Contractor makes Software Adaptations available to the Customer on

sungen auf Dauer zur Verfügung, ungeachtet, ob dies entgeltlich oder unentgeltlich, im Rahmen der Nacherfüllung oder aus Kulanz erfolgt, räumt er dem Auftraggeber hieran Nutzungsrechte in dem Umfang ein, wie sie nach dem Überlassungsvertrag von ihm eingeräumt wurden.[34]

a permanent basis in accordance with this contract, irrespective of whether this is done against payment or free of charge, as part of Cure or as a gesture of goodwill, the Contractor shall grant the Customer rights of use to these Software Adaptations to the extent that they were granted by the Contractor according to the License Agreement.[34]

(2) Für selbstständig lauffähige Softwareanpassungen erhält der Auftraggeber die Rechte nach Absatz 1 auflösend bedingt auf den Zeitpunkt der Überlassung weiterer Softwarestände. Mit der Überlassung jeder weiteren lauffähigen Softwareanpassung im Rahmen dieses Pflegevertrages erlöschen die Rechte an der zuvor überlassenen Version. Bis zu der Installation der überlassenen Softwareanpassung duldet der Auftragnehmer die Nutzung der Vorversion in dem in Absatz 1 beschriebenen Umfang.

(2) For independently executable Software Adaptations, the Customer receives the rights according to paragraph 1 conditional on the time of the transfer of further Software versions. With the provision of any further executable Software within the scope of this contract, the rights to the previously provided version expire. Until the installation of the provided Software Adaptations, the Contractor tolerates the use of the previous version to the extent described in paragraph 1.

(3) Der Auftraggeber darf durch Leistungen nach diesem Vertrag überzählig gewordene Software und Softwareanpassungen nicht weiter benutzen und ist verpflichtet, sie dauerhaft zu deinstallieren, diese Deinstallation schriftlich zu bestätigen und etwaig hierzu vorhandene Original-Datenträger einschließlich Sicherungskopien an den Auftraggeber zurückzugeben.

(3) The Customer may not continue to use Software and Software Adaptations that has become surplus due to Services under this contract, and is obliged to permanently uninstall it, to confirm this uninstallation in writing and to return to the Customer all related original data carriers including backup copies (if any).

§ 14 Geheimhaltung und Datenschutz

§ 14 Confidentiality and Data Protection

(1) Die Parteien verpflichten sich, über alle ihnen im Rahmen der Vorbereitung, Durchführung und Erfüllung dieses Vertrages zur Kenntnis gelangten vertraulichen Vorgänge, insbesondere Geschäfts- oder Betriebsgeheimnisse des anderen Vertragsteils Stillschweigen zu bewahren und diese weder weiterzugeben noch auf sonstige Art zu verwerten. Dies gilt gegenüber jeglichen unbefugten Dritten, dh auch gegenüber unbefugten Mitarbeitern sowohl eigenen wie denen des Vertragspartners, sofern die Weitergabe von Informationen nicht zur ordnungsgemäßen Erfüllung der vertraglichen Verpflichtungen des Auftragnehmers erforderlich ist. In Zweifelsfällen ist die betroffene Vertragspartei ver-

(1) Either party undertakes to maintain secrecy about all confidential processes, in particular business or trade secrets of the other party, which come to its knowledge in the course of the preparation, execution and performance of this contract and not to pass them on or otherwise exploit them. This applies to disclosures by the receiving party to any unauthorised third parties, i.e. also to unauthorised employees of the receiving party as well as of the disclosing party, insofar as the disclosure of information is not necessary for the proper fulfilment of the Contractor's contractual obligations. In case of doubt, the receiving party is obliged to obtain the disclosing party's consent prior to such disclosure.

pflichtet, vor einer solchen Weitergabe die Zustimmung des Vertragspartners einzuholen. Diese Geheimhaltungsverpflichtung bleibt auch nach Beendigung dieses Vertrages bestehen.

This confidentiality obligation shall remain in force even after termination of this contract.

(2) Für die Einhaltung der datenschutzrechtlichen Bestimmungen bei Zugriffen des Auftragnehmers auf das IT-System des Auftraggebers ist der Auftraggeber verantwortlich. Er wird dem Auftragnehmer mitteilen, wenn dieser im Zuge der Leistungserbringung Zugang zu personenbezogenen Daten erhält und mit ihm die erforderlichen Vereinbarungen treffen.[35]

(2) The Customer shall be responsible for compliance with the provisions of data protection law when the Contractor accesses the Customer's IT system. It shall inform the Contractor if the Contractor gains access to personal data in the course of the performance of the Service and shall enter into the necessary agreements with him.[35]

§ 15 Vertragsdauer, Kündigung

§ 15 Duration of contract, Termination

(1) Dieser Software-Pflegevertrag wird auf unbestimmte Zeit geschlossen und kann von beiden Parteien mit einer Frist von sechs Monaten zum Ende eines jeden Kalenderjahres schriftlich gekündigt werden.

(1) This contract is concluded for an indefinite period and can be terminated in writing by either party with a notice period of six months to the end of each calendar year.

(2) Das jederzeitige Kündigungsrecht des Auftraggebers aus § 648 BGB wird ausgeschlossen.[36] Unberührt bleibt das Recht beider Parteien zur Kündigung des Vertrages aus wichtigem Grund.

(2) The Customer's right to terminate the contract at any time under § 648 BGB is excluded.[36] The right of both parties to terminate the contract for good cause remains unaffected.

(3) Eine Rückabwicklung, Aufhebung oder ähnliche Umgestaltung des Überlassungsvertrages lässt den Bestand dieses Vertrages zunächst unberührt.[37] In einem solchen Fall endet der Vertrag zu dem nächstmöglichen Zeitpunkt, zu dem sich die Partei, die die Erklärung zur Beendigung des Überlassungsvertrages abgegeben hat, durch ordentliche Kündigung von dem Vertrag lösen könnte. Für die von dem Beendigungszeitpunkt an verbleibende Laufzeit dieses Pflegevertrages schuldet der Auftraggeber eine pauschal um 60 % geminderte Pflegepauschale, soweit keine Pflegeleistungen mehr erbracht werden können. Das Recht zur Kündigung aus wichtigem Grund bleibt unberührt. Die Beendigung des Überlassungsvertrages gilt nicht schon allein als wichtiger Grund.

(3) A reversal, cancellation or similar redesign (termination) of the License Agreement does not affect this contract.[37] In such a case, the contract shall end at the earliest possible date on which the party who made the declaration of termination of the License Agreement could withdraw from the contract by ordinary termination. For the remaining term of this contract from the time of termination, the Customer owes the flat-rate fee reduced by 60 %, insofar as no more Services can be provided. The right to termination for good cause remains unaffected. The termination of the License Agreement is not considered to be an important reason for termination with cause.

§ 16 Änderung der Vertragsbedingungen

(1) Änderungen dieser Vertragsbedingungen werden dem Auftraggeber spätestens zwei Monate vor dem vorgeschlagenen Zeitpunkt ihres Wirksamwerdens über die Aktualisierungsfunktion der Software angeboten. Der Auftragnehmer kann zugleich mit dem Angebot eine auf die Annahme des Angebots durch den Mieter auflösend bedingte ordentliche Kündigung des Pflegevertrages aussprechen. Der Auftraggeber kann die Änderungen über die Aktualisierungsfunktion annehmen.[38]

(2) Nimmt der Auftraggeber die Änderungen nicht an, bleibt es bei dem ursprünglich Vereinbarten. Der Auftraggeber kann bis zum Vertragsende über die Aktualisierungsfunktion jederzeit einen Vertrag zu den aktuell geltenden Bedingungen abschließen.[39]

§ 17 Schlussbestimmungen

(1) Allgemeine Geschäftsbedingungen der Parteien im Übrigen finden auf diesen Vertrag keine Anwendung. Dies gilt auch dann, wenn solchen Bedingungen nicht ausdrücklich widersprochen wird.

(2) Der Auftraggeber kann gegenüber den Vergütungsansprüchen des Auftragnehmers nach diesem Vertrag nur mit rechtskräftig festgestellten oder von dem Auftragnehmer anerkannten Forderungen aufrechnen. Hat der Auftragnehmer einen fälligen Zahlungsanspruch aus dem Überlassungsvertrag, kann er die aus diesem Pflegevertrag geschuldeten Leistungen verweigern, bis die Zahlung erfolgt. Das gilt nicht, sofern sich aus diesem Pflegevertrag etwas anderes ergibt.

(3) Die Parteien werden im Falle einer sich aus diesem Vertrag ergebenden Streitigkeit vor Durchführung eines Gerichtsverfahrens (Klage) eine Schlichtung gemäß der Schlichtungsordnung der Hamburger Schlichtungsstelle für IT-Streitigkeiten in der zum Zeitpunkt der Einleitung eines Schlichtungsverfahrens gültigen Fassung durchführen. Das Schlichtungsverfahren soll dazu

§ 16 Change of the Terms of Contract

(1) Changes to these contractual terms and conditions shall be offered to the Customer via the update function of the software no later than two months before their proposed effective date. At the same time as the offer, the Contractor may give notice of termination of the lease subject to the resolutive condition of Customer's acceptance of the offer. The Customer may accept the changes via the update function.[38]

(2) If the Customer does not accept the changes, the original agreement shall remain in force. The Customer may conclude a contract on the currently applicable terms and conditions via the update function at any time until the end of the contract.[39]

§ 17 Final provisions

(1) General terms and conditions of the parties shall not apply to this contract. This shall also apply if such conditions are not expressly contradicted.

(2) The Customer may only set off against the remuneration claims of the Contractor under this contract claims which have been determined to be final and absolute or which have been recognised by the Contractor. If the Contractor has a due payment claim arising from the License Agreement, it may, unless provided otherwise in this contract, refuse the Services owed under this contract until payment is made.

(3) In the event of a dispute arising out of this contract, the parties shall, prior to conducting court proceedings (legal action), conduct arbitration in accordance with the Hamburg Arbitration Board's Rules of Conciliation for IT Disputes in the version valid at the time when arbitration proceedings are initiated. The purpose of the conciliation procedure shall

dienen, den Streit ganz oder teilweise, vorläufig oder endgültig beizulegen. Kommt eine Einigung vor der Schlichtungsstelle nicht zustande, ist der Rechtsweg zu den ordentlichen Gerichten eröffnet.

be to settle the dispute in whole or in part, provisionally or finally. If an agreement cannot be reached before the conciliation body, legal recourse to the ordinary courts is opened.

(4) Jegliche Änderungen und Ergänzungen dieses Vertrages bedürfen der Schriftform. Dies gilt auch für die Aufhebung dieser Schriftformklausel.

(4) Any changes and additions to this contract must be made in writing. This shall also apply to the revocation of this written form clause.

(5) Sollten einzelne Regelungen dieses Vertrages unwirksam sein oder werden, so berührt dies nicht die Wirksamkeit der verbleibenden Bestimmungen. Die Parteien verpflichten sich, anstelle der unwirksamen Regelung eine wirksame Bestimmung zu vereinbaren, die dem wirtschaftlichen Zweck der unwirksamen Regelung am nächsten kommt.

(5) Should individual provisions of this contract be or become invalid, this shall not affect the validity of the remaining provisions. The parties undertake to replace the invalid provision with a valid provision that comes as close as possible to the economic purpose of the invalid provision.

(6) Erfüllungsort für alle Leistungen des Auftragnehmers aus diesem Vertrag ist dessen Sitz, sei denn, die Erfüllung hat aus der Natur der Sache heraus an einem anderen Ort zu erfolgen. Ausschließlicher Gerichtsstand ist der Sitz des Auftragnehmers.[40]

(6) The place of performance for all Services rendered by the Contractor under this contract shall be the Contractor's registered office, unless performance is to be effected at a different location due to the nature of the respective Service. The exclusive place of jurisdiction shall be the Contractor's registered office.[40]

(7) Es gilt das Recht der Bundesrepublik Deutschland unter Ausschluss des UN-Kaufrechts.[41] Bei einer mehrsprachigen Version dieses Vertrages ist für die rechtlichen Wirkungen allein der deutsche Text maßgeblich.[42]

(7) The law of the Federal Republic of Germany shall apply, excluding the UN Convention on Contracts for the International Sale of Goods.[41] In the case of a multilingual version of this contract, only the German text is decisive for the legal effects.[42]

Anlagen:

Anlage 1 Software
Anlage 2 Ticket-System
Anlage 3 Remote-Zugriff

Appendix 1: Software
Appendix 2: Ticket System
Appendix 3: Remote access

Datum/Unterschrift

Date/Signature

Anmerkungen

1. Interessenlage. Das Interesse des Softwareanwenders an einer möglichst langfristigen Nutzung der Software bedingt eine fortlaufende Anpassung der Software an die aktuellen Einsatzanforderungen. Daneben besteht ein Bedürfnis des Anwenders, Funktionsdefizite, die durch technischen oder rechtlichen Wandel entstehen oder erst nach Ablauf der Verjährungsfrist für die Mängelrechte aus dem Kaufvertrag erkannt werden, zu beseitigen und auch die Sicherheit der Software den sich rasch verändernden Standards anzupassen. Dem wird durch den Abschluss eines Pflegevertrages Rechnung getragen, der regelmäßig zeitgleich mit dem Überlassungsvertrag vereinbart wird. Bei der Überlassung von Standardsoftware erfolgt die Pflegeleistung häufig nicht individuell, sondern gegenüber allen Nutzern gleichartig, insbesondere durch wiederholte Aktualisierung der Software.

In der Praxis hat sich keine einheitliche Erscheinungsform des Pflegevertrages herausgebildet. Es werden meist Leistungen in unterschiedlicher Zusammenstellung angeboten (Marly SoftwareR-HdB Rn. 1040). Dazu gehören je nach Ausgestaltung die Beseitigung von Fehlern, die selbständige Weiterentwicklung der Software durch den Anbieter wie auch im Auftrag des Kunden sowie eine Hotline. Einige Verträge enthalten kein bestimmtes oder auch nur bestimmbares Pflichtenprogramm des Auftragnehmers, sondern haben mehr prospektiven Charakter und verlieren sich im Ungefähren. Der Auftragnehmer stellt in solchen Verträgen Leistungen in Aussicht und bietet an, aufgrund einer noch abzuschließenden Vereinbarung – möglicherweise – tätig zu werden. Dieses Muster enthält demgegenüber eine recht weit gehende Verpflichtung des Auftragnehmers zur Mängelbeseitigung und kommt damit den Interessen des Auftraggebers entgegen. **Verwender** dieses Formulars ist der Auftragnehmer, der zugleich auch Anbieter der zu pflegenden Software ist. Das Formular kann – bei Entfernen der Bezüge zum Überlassungsvertrag – ebenso für **Drittanbieter** („Third Party Maintenance") verwendet werden, sofern sie dem Hersteller der Software vergleichbar rechtlich und technisch in der Lage sind, die Software zu ändern. Wegen dieser Hürden kommen solche Fallgestaltungen jedoch für die Pflege von Software praktisch kaum vor und haben eher Bedeutung bei der Anwendungsunterstützung („User Help Desk" oÄ).

Vertragstypologisch ist der Vertrag ein **gemischt-typischer Vertrag mit Schwerpunkt im Kaufrecht** (Marly SoftwareR-HdB Rn. 1043; aA BGH MMR 2010, 398 Rn. 23), weil der Dienstleister, jedenfalls bei Standardsoftware, überwiegend Updates bzw. Patches liefern und deswegen ein **Werklieferungsvertrag** nach § 650 BGB gegeben sein wird. Wegen der weitgehend gleichlaufenden Leistungsstörungsregeln im Kauf- und Werkvertragsrecht würde aber auch eine andere Einordnung in der Praxis zu keinen Unterschieden führen. Bei einem **Werkvertrag** müsste die Abnahme berücksichtigt werden, sofern man nicht annimmt, eine Abnahme sei nicht möglich und erfolge nach § 646 BGB mit Fertigstellung des Werkes.

2. Begriffe. Die Definition der Begriffe verfolgt in erster Linie das Ziel, die Ansprüche des Auftraggebers aus Überlassungsvertrag von denen aus dem Pflegevertrag besser abgrenzen zu können, um einer AGB-rechtlich problematischen Vermischung vorzubeugen.

3. Kollision mit Mängelhaftung. Der Pflegevertrag verpflichtet den Auftragnehmer typischerweise zur **entgeltlichen Beseitigung** von Softwarefehlern. Oft unterliegen diese Fehler aber auch einer **unentgeltlichen Nacherfüllungsverpflichtung** des Auftragnehmers aus – jedenfalls – dem Überlassungsvertrag. Dazu wird vorgebracht, dass es AGB-rechtlich zum einen **unangemessen** ist, den Auftraggeber über den Pflegevertrag für etwas **zahlen zu lassen**, was er aus dem Überlassungsvertrag zugleich kostenlos verlangen kann. Zum anderen ist es AGB-rechtlich nicht möglich, die Nacherfüllungspflicht aus dem Überlassungsvertrag zur Vermeidung dieses Konflikts auszuschließen. In der Literatur wird dieser Konflikt auf das Verhältnis zwischen dem Softwarekaufvertrag (oder auch -werkvertrag) und dem Pflegevertrag verengt. Er besteht aber innerhalb des Pflegevertrages, weil die entgeltlichen Pflegeleistungen zur Fehlerbeseitigung selbst mangelhaft sein können und damit einen unentgeltlichen Nacherfüllungsanspruch auslösen, aber zugleich nach dem Pflegevertrag ein – entgeltlicher – Hauptleistungsanspruch auf Beseitigung dieser Fehler besteht. Auch in diesen Fällen würde der Kunde für etwas bezahlen, was er aus anderem Rechtsgrund unentgeltlich verlangen könnte. Die in der Literatur zur

Lösung angebotenen Gestaltungen sind rechtlich nicht belastbar (s. zur Problematik Auer-Reinsdorff/Conrad IT- und DatenschutzR-HdB/Conrad/Schneider § 14 Rn. 40 ff.; Schneider CR 2011, 626; Redeker IT-R Rn. 687 ff.). Zunächst beziehen sie sich nur auf die Mängelhaftung aus dem Überlassungsvertrag. Die hierzu vorgetragenen Ansätze zur Verkürzung der Gewährleistungsfristen, der Herabsetzung der Vergütung für einen bestimmten Zeitraum und anderes mehr reduzieren den Problembereich, lösen das Problem aber nicht. Den Konflikt mit dem Gewährleistungsregime des Pflegevertrages erkennen und behandeln sie überhaupt nicht. Die Problematik ist auch nicht lösbar, weil sie daraus resultiert, dass für eine Leistung ein Entgelt verlangt wird, die unter bestimmten Aspekten auch unentgeltlich verlangt werden kann.

Das Formular löst den Konflikt so, dass der Kunde alle Rechte behält, sowohl die auf entgeltliche Fehlerbeseitigung wie auch die auf unentgeltliche Mängelbeseitigung.

Hierin liegt **keine unangemessene Benachteiligung** des Auftraggebers. Der Kunde zahlt für die Fehlerbeseitigung im Rahmen der vereinbarten Service Level. Für die aus der Gewährleistungsverpflichtung folgende Nacherfüllung zahlt er nicht. Jedenfalls kann dies nicht damit begründet werden, dass er nach § 3 des Vertrages auch die Beseitigung von Fehlern verlangen kann, die gewährleistungsrechtlich zugleich auch Mängel sein können. Denn dadurch wird der Kunde wegen der Pflegepauschale monetär nicht belastet. In Pflegeverträgen werden durchweg Vergütungspauschalen von jährlich circa 15 bis 22 %, bezogen auf die Kosten des Softwareerwerbs, vereinbart. Diese Vergütung ist marktüblich und gerade unabhängig vom Umfang der Pflegeleistungen. Ob und wie viele unentgeltlich und entgeltlich zu beseitigende Defizite, gleich, ob als Mangel oder als Fehler definiert, während der Laufzeit des Vertrages auftreten, hat keinerlei Auswirkungen auf das Entgelt. In der Folge kann die Entgeltlichkeit der nach dem Pflegevertrag zu erbringenden Mängelbeseitigungsleistungen kein Maßstab für die Unangemessenheit sein.

4. Fehlerbeseitigung. Das Formular verwendet den Begriff des Fehlers für die vertragliche, entgeltliche **Hauptleistungspflicht** im Unterschied zum Begriff des Mangels, der einen unentgeltlichen Nacherfüllungsanspruch auslöst. Gelegentlich wird in Verträgen statt Fehler in dem hier verwendeten Sinne auch der Begriff der Störung verwendet. Da die Beseitigung von Fehlern in Pflegeverträgen eine entgeltliche Hauptleistungspflicht des Auftragnehmers ist, deren Inhalt gesetzlich nicht geregelt ist, unterliegt die Definition des Leistungsinhalts den Vertragsparteien. Bei Unvollständigkeit der Leistungsbeschreibung kann gerade nicht auf den gesetzlichen Mangelbegriff der §§ 434 oder 633 BGB zurückgegriffen werden. In dem Formular verpflichtet sich der Auftragnehmer zur Beseitigung von Fehlern, die die nach den vertraglichen Vereinbarungen geschuldete Funktionalität der Software beeinträchtigen, im Rahmen der definierten Service Level. Diese Verweisung auf die Vereinbarung ist nur sinnvoll, wenn die Funktionalität dokumentiert ist. Anderenfalls muss die Definition im Pflegevertrag erfolgen. Abweichend von der gesetzlichen Mängelhaftung hat der Anwender hier keinen Anspruch auf Fehlerbeseitigung, wenn sich der Fehler nur unwesentlich auswirkt.

5. Mindestrechte. Die Kollision von Nacherfüllungs- und Hauptleistungspflicht (→ Anm. 3) ist das (theoretische) Damoklesschwert der Pflegeverträge. In Abs. 2 wird der Konflikt entschärft, indem klargestellt wird, dass dem Auftraggeber neben den Ansprüchen aus § 3 immer auch die Ansprüche auf Nacherfüllung verbleiben. Darüber hinaus werden die Rechte aus der Nacherfüllung sogar erweitert. Auch für den seltenen Fall, dass ein Mangel nicht zugleich auch einen Fehler darstellt, stehen dem Auftraggeber die Ansprüche aus § 3 zu. Der Kunde hat insoweit die Wahl, welche Rechte er verfolgt.

6. Pflichtenprogramm. Der von dem Fehler betroffene Auftraggeber erwartet eine Lösung des Problems und nicht nur ein Bemühen darum. Insoweit ist Schneider zuzustimmen, dass SLA aus Kundensicht am interessantesten sind, wenn eine **Wiederherstel-**

lungszeit versprochen wird (Schneider CR 2017, 708 (710)). Das kann der Auftragnehmer aber redlicherweise meistens nicht. Er kann aus der Meldung des Auftraggebers weder die Komplexität der zu beseitigenden Fehler abschätzen, noch zusagen, den noch nicht analysierten Mangel innerhalb einer vorab definierten Frist zu beseitigen. Das Formular sieht eine **Verpflichtung zur Fehlerbeseitigung** vor. Die Verpflichtung stellt ein Haftungsrisiko dar.

7. Benutzerdokumentation. Für die Änderung der Software durch Pflegeleistungen gilt nichts anderes als für die ursprüngliche Überlassung von Software. Der Anwender muss in die Lage versetzt werden, die Software nutzen zu können. Dazu benötigt er eine Benutzerdokumentation.

8. Keine Garantiehaftung. Eine Garantiehaftung kann nur durch Vereinbarung entstehen. Um etwaigen unausgesprochenen Erwartungen des Auftraggebers entgegenzutreten, wird hier klargestellt, dass eine Garantiehaftung nicht übernommen wird und der Auftragnehmer insbesondere auch nicht für eine bestimmte Verfügbarkeit der Software einsteht.

9. Fehlerklassifizierung. Es ist üblich, die Fehler zu klassifizieren, um insbesondere die Reaktionsgeschwindigkeit auf Fehlermeldungen situationsbezogen abstimmen zu können. Je schwerwiegender der Fehler ist, desto schneller soll der Auftraggeber eine Reaktion seines Vertragspartners erwarten dürfen. Oft werden die Fehlerklassen nur unzureichend definiert. Um Streit über die Erfüllung der vertraglichen Pflichten zu vermeiden sollten die ein Eingreifen auslösenden Umstände möglichst genau umschrieben werden, gegebenenfalls in einer Anlage und mit Beispielen.

10. Reaktion. Die Klausel legt dem Auftragnehmer keine übermäßigen Pflichten zur Wahrung der Reaktionszeit auf. Die Maßnahmen zur Beseitigung der Fehler müssen eingeleitet sein, was bereits dann der Fall ist, wenn mit der Fehleranalyse begonnen wird. Das wird für den Auftraggeber regelmäßig schwer zu überprüfen sein. Ein prüfbarer Vor-Ort-Einsatz dagegen ist bei Software häufig nicht erforderlich und würde lediglich Zusatzkosten auslösen. Je nach Art der zu pflegenden Software kann aus Auftraggebersicht allerdings eine überprüfbare Leistung verlangt werden, wie etwa das Auslesen eines Fehlerprotokolls oder sonstige Ferndiagnose. Die vorzunehmenden Handlungen und die Folgen bei Nichterfüllung können im Einzelnen weiter beschrieben werden. Für die Entgegennahme einer Meldung könnte vereinbart werden, dass zB 75 % aller Anrufe innerhalb von max. 60 Sek. innerhalb der Betriebszeiten entgegengenommen werden. Im Ergebnis erhalten die Parteien dann ein mehr oder minder komplexes Service-Level-Agreement (dazu auch Schreibauer/Taraschka CR 2003, 557).

11. Patches. Liegt der Fehler in der Programmierung begründet, muss die Software geändert werden, was regelmäßig durch das Einspielen neuer Softwareteile („Patches") geschieht. Die Installation der Patches obliegt nach diesem Muster dem Auftraggeber. Erfordert die Installation Maßnahmen, die von dem Anwender nicht ohne weiteres erwartet werden können, muss eine Installationsanleitung mitgeliefert werden. Je nach Art der zu pflegenden Software empfiehlt es sich, die Patches zuvor in eine Testumgebung einzuspielen und anhand von Testfällen auf ihre Geeignetheit für den operativen Betrieb zu prüfen. Allerdings verzögert sich dadurch die Mängelbehebung, was wiederum Eingang in die Bestimmung der Service-Levels finden muss.

12. Fernzugriff. Der Fernzugriff auf das IT-System hat unter Berücksichtigung der Sicherheitsinteressen des Anwenders zu erfolgen. Es sollte aus der Sicht des Anwenders insbesondere sichergestellt werden, dass der Zugriff des Auftragnehmers von einer eindeutigen Identifikation abhängig gemacht wird, um bei nachfolgenden Problemen die

Verantwortlichkeit klären zu können. Die Details sind im Anhang zu klären. In manchen Unternehmen ist aus Sicherheitsgründen ein Fernzugriff nicht gestattet. Für diese Fälle ist das Formular anzupassen, insbesondere sind dann die Reaktionszeiten auf die Möglichkeiten einer fehlenden Online-Datenübermittlung abzustimmen. Kann im Rahmen des Fernzugriffs auf personenbezogene Daten zugegriffen werden, ist eine Vereinbarung zur Auftragsverarbeitung nach Art. 28 DS-GVO zu treffen (Auer-Reinsdorff/Conrad IT- und DatenschutzR-HdB/Conrad/Schneider § 14 Rn. 127 ff.).

13. Umgehung. Im Bereich der Mängelhaftung wäre die Umgehung eines Mangels keine Mängelbeseitigung, bei der Beseitigung von Fehlern als Hauptleistungspflicht spricht rechtlich nichts gegen eine solche Regelung. Der Auftraggeber sollte prüfen, ob er diese in Pflegeverträgen verbreitete Klausel akzeptiert. Häufig wird die Regelung auch so gefasst, dass die Fehlerumgehung nur eine vorübergehende Abhilfe darstellt, bis der Mangel durch eine Änderung der Software oder von sonstigen Einstellungen behoben wird.

14. Gelegentliche Fehlerbehebung. Nicht drängende Fehler werden üblicherweise bei Gelegenheit der Überlassung einer Funktionserweiterung oÄ beseitigt. Um dem Transparenzgebot Rechnung zu tragen, sieht die Klausel vor, dass dann, wenn der Auftragnehmer diesen Zeitpunkt für die kommenden drei Monate nicht absehen kann, er den Auftraggeber hierauf hinweist.

15. Klassifizierung und Pflichtverletzung. Nach diesem Formular gibt der Auftraggeber die Priorität vor. Es ist damit zu rechnen, dass der Auftraggeber einen Fehler eher als schwerwiegender einschätzen wird als dies tatsächlich der Fall ist. Um dem entgegenzuwirken, knüpft das Formular die Pflichtverletzung an die Einhaltung aus der objektiv gegebenen Störung folgenden Reaktionszeit. Die Beweislast liegt dafür beim Auftraggeber.

16. Weiterentwicklung. Eine konkrete Zusage zu einer bestimmten Weiterentwicklung der Software kann der Auftragnehmer bei einem unbefristet laufenden Pflegevertrag nicht machen. Daher wird die Weiterentwicklung nur in Aussicht gestellt, was keine ausreichende Grundlage für den Auftraggeber ist, eine konkrete Weiterentwicklung zu verlangen. Oft findet sich in kundenseitigen Verträgen die Verpflichtung des Auftragnehmers, die Software auf dem „**Stand der Technik**" zu halten. Abgesehen davon, dass dies ein Begriff ist, der auf rein technische Aspekte abstellt (und nicht „State of the Art" bedeutet), ist er inhaltlich unscharf und für die Softwarepflege nicht brauchbar. Technisch verstanden fordert er ein weit **überdurchschnittliches Niveau** (vgl. BVerfG NJW 1979, 359 (362) – Kalkar; Jarass BImSchG § 3 Rn. 115), was in Einkaufsbedingungen eine unangemessene Benachteiligung des Auftragnehmers darstellen dürfte. Dem Auftragnehmer ist nicht zu raten, den Begriff zu verwenden und sich entsprechend streng zu binden. Es ist jedenfalls äußerst fraglich, den Stand der Technik mit den Anforderungen an eine gewöhnliche Verwendungseignung gleichzusetzen (so MüKoBGB/Busche § 633 Rn. 37 unter Verweis auf BGH NJW-RR 1992, 556 (557). Es wäre – wenn überhaupt – auf die anerkannten Regeln der Technik abzustellen. Besser ist es, sich an den gesetzlichen Begriffen, etwa aus § 434 Abs. 3 Nr. 1 und 2 BGB zu orientieren.

Es ist eine Frage der Kalkulation, ob der Auftragnehmer die weiterentwickelte Software („Update", „Upgrade", „Release" oder gar „Version") unentgeltlich im Rahmen des Pflegevertrages oder nur gegen eine zusätzliche Vergütung überlässt. Überlässt der Auftragnehmer eine weiterentwickelte Variante der Software, folgt daraus eine Mängelhaftung für die gesamte Software (hierzu Schneider CR 2011, 626 (631) und → Anm. 30). In dem Formular bietet der Auftragnehmer die Weiterentwicklung der Software nach Wünschen des Auftraggebers unverbindlich an. Der Nachteil daraus ist, dass der Auftragnehmer dann einen Softwarestand erzeugt, der von dem abweicht, was die anderen Kunden einsetzen. Die weitere Pflege dieser modifizierten Software kann dann aufwändiger werden, wenn die Erweiterungswünsche nicht einfach über Programmierschnittstellen (API) angebunden werden können.

17. Hotline. Die im Rahmen der Hotline angebotenen Leistungen sind überwiegend dienstvertraglicher Natur, können im Einzelfall aber auch die Übernahme einer Erfolgspflicht rechtfertigen mit der Folge, dass dann Werkvertragsrecht gilt.

18. Remote Service. Verbreitet gewähren Kunden dem Dienstleister Zugriff auf die Einzelplatzrechner ihrer Mitarbeiter, falls dort Probleme bei der Nutzung der Software auftreten. Der Dienstleister kann dabei in die Lage versetzt werden, den Rechner des Mitarbeiters zu steuern, jedenfalls aber den Status des Rechners zu erkennen. Die damit verbundenen Sicherheitsrisiken sowie daten- und geheimnisschutzrechtlichen Anforderungen sollten in der Anlage „Remote Service" behandelt werden.

19. Chatbots. Die Verarbeitung von Sprache durch künstlich intelligente Software ist inzwischen auf einem Niveau, die eine Kommunikation der Software mit Menschen nicht nur durch Texteingabe ermöglicht, sondern auch akustisch. Für den Nutzer der Hotline kann dann nicht mehr erkennbar sein, dass er nicht mit einem Menschen kommuniziert. Werden diese Fähigkeiten im Rahmen der Hotline genutzt, hat der Verwender der KI vor allem datenschutzrechtliche Vorgaben zu beachten. Chatbots sind Telemedien, für die neben der DS-GVO auch das TTDSG zu beachten ist. Nach Art. 50 Abs. 1 KI-VO (VO (EU) 2024/1689) muss den Nutzern mitgeteilt werden, dass sie es mit einem KI-System zu tun haben, es sei denn, dies ist aufgrund der Umstände und des Kontexts der Nutzung offensichtlich.

20. Ausgeschlossene Leistungen. Da die im Rahmen des Pflegevertrages zu erbringenden Leistungen in manchen Teilen schwer bestimmbar sind, empfiehlt es sich, eine Bestimmtheit jedenfalls insoweit herbeizuführen, dass die Leistungen aufgeführt werden, die nach dem Vertrag nicht geschuldet sind.

21. Einsatz des neuesten Software-Standes. Unter AGB-rechtlichen Gesichtspunkten ist die unbedingte Verpflichtung zum Einsatz der jeweils neuesten Version unangemessen, weil der Auftraggeber so gezwungen würde, auch mangelhafte oder teure neue Versionen einzusetzen, um die Pflegeleistungen zu erhalten (Auer-Reinsdorff/Conrad IT- und DatenschutzR-HdB/Conrad/Schneider § 14 Rn. 169 ff.). Auf der anderen Seite hat der Softwareanbieter das Interesse, die Arbeitsbelastung dadurch gering zu halten, dass er seine Pflegeleistungen auf einen ihm im Wesentlichen bekannten Stand der Software bei den Anwendern ausrichtet. Die hierdurch eintretenden Kostenvorteile kann er an seine Kunden weitergeben. Das gilt vor allem für die Pflege von Standardsoftware, hat aber auch für Individualsoftware Bedeutung, wenn es der Kunde unterlassen hat, neuere Softwarestände einzuspielen. Am Ende geht es darum, den Auftraggeber davor zu bewahren, zur Zahlung verpflichtet zu sein, ohne eine Gegenleistung zu erhalten, weil er die von ihm geforderte Mitwirkungsleistung (neueste Software) nicht erbringt. Dass dem Nutzer eine Aktualisierung zur Vermeidung von Nachteilen zugemutet werden kann, zeigt § 327f Abs. 2 BGB. Das muss erst recht im unternehmerischen Verkehr gelten.

Das Formular sieht zur Wahrung der Angemessenheit der Bestimmung vor, dass der Auftraggeber den neuesten Softwarestand nicht einzusetzen braucht, wenn ihm dies nicht zumutbar ist. Um ihn nicht weiter zu benachteiligen, ordnet der Vertrag in der Folge das Ruhen der Pflege- und Entgeltverpflichtung an mit der Maßgabe, dass die Leistungen nachzuholen sind, wobei der Auftragnehmer grundsätzlich vorleistungspflichtig ist.

22. Key-User. Es ist sinnvoll, die Kommunikation zwischen den Vertragsparteien so zu kanalisieren, dass Meldungen über Fehler nur durch – möglichst – fachkundige Mitarbeiter vorgenommen werden. Denn oftmals liegt kein funktionaler Fehler der

Software, sondern schlicht eine Fehlbedienung vor. Solche Fehler können durch das regelmäßig beim Anwender vorhandene Wissen erfahrener Mitarbeiter leicht ohne Unterstützung des Auftragnehmers beseitigt werden. Diese Form der Problemlösung zunächst durch erfahrene Mitarbeiter des Kunden selbst wird zum Teil auch als **First Level Support** bezeichnet, wobei die Begrifflichkeiten im IT-Bereich schillernd sind und daher zurückhaltend verwendet werden sollten.

23. **Vollmacht.** In der Praxis wird kaum darauf geachtet, ob derjenige, der einen Auftrag erteilt, auch die dafür erforderliche Vertretungsmacht hat. Greifen die Grundsätze über die Rechtsscheinvollmachten nicht, bleibt die Erklärung des Mitarbeiters ohne Wirkung für oder gegen den scheinbar Vertretenen. Dass die Key-User die dem Auftragnehmer zustehenden Rechte aus dem Vertrag wahrnehmen können, ergibt sich bereits aus den vertraglichen Regelungen selbst. Darüber hinaus kann es aber erforderlich sein, auch Zusatzleistungen zu vereinbaren, die durch die Pflegepauschale nicht gedeckt sind. Zur Erteilung dieser Zusatzaufträge sollen die Key-User nach der Klausel auch ermächtigt sein. AGB-rechtlich werden regelmäßig nur Vollmachtserteilungen behandelt, die der Verwender sich oder Dritten zu Lasten des Vertragspartners einräumen lässt (vgl. Ulmer/Brandner/Hensen/Schmidt Vollmachtsklauseln Teil 2 Abschn. 60 (Vollmachtklauseln) Rn. 1). Hier geht es aber um den Fall, dass der Vertragspartner seinen Mitarbeitern eine (Außen-)Vollmacht erteilt, damit sie ihre arbeitsrechtlichen Pflichten wahrnehmen können. Das sollte AGB-rechtlich zulässig sein, zumal bei einer fehlenden Vollmacht zwar eine Inanspruchnahme des Mitarbeiters nach § 179 BGB in Frage kommt, der Mitarbeiter aber – Vorsatz ausgenommen – einen arbeitsrechtlichen Freistellungsanspruch gegen seinen Arbeitgeber geltend machen kann. Letztlich trifft das Handeln des Key-Users somit in den typischen Fällen stets den Auftraggeber.

24. **Fernzugriff.** Viele Fehler lassen sich im Wege der Datenfernübertragung analysieren und auch beseitigen. Das hat den Vorteil, dass der Aufwand geringgehalten werden kann, weil die Service-Mitarbeiter des Auftragnehmers nicht jedes Mal am Ort des Einsatzes der Software erscheinen müssen. Für den Auftraggeber stellt der Zugriff auf sein IT-System allerdings ein Sicherheitsrisiko dar, dem ein entsprechendes Haftungsrisiko seitens des Auftragnehmers entspricht. Der Auftraggeber sollte daher prüfen, ob er dieses Risiko eingehen will oder überhaupt darf (s. auch Schultze-Melling CR 2005, 73). Die Details eines Fernzugriffs müssen in der Anlage geregelt werden.

25. **Rüge.** Bei Kauf- und Werklieferungsverträgen trifft den Kunden, der Unternehmer ist, die Rügeobliegenheit der §§ 377, 381 Abs. 2 HGB hinsichtlich der überlassenen Software. → Form. F.3 Anm. 14.

26. **Kostenpauschale.** In der Praxis ist eine pauschale Vereinbarung der Pflegekosten (rechtsterminologisch fehlerhaft „Gebühr" genannt) in Höhe von ca. 15 bis 21 % üblich. Dieser Prozentsatz findet erstaunlicherweise durchgängig unabhängig von den vereinbarten Leistungen Verwendung. Oft wird versucht, den Maßstab für die Berechnung der Pflegepauschale ebenfalls anzupassen. Dies etwa dann, wenn Erweiterungen der Software zu einem erhöhten Nutzwert führen. Dann sollen „Updates", „Upgrades" oder ähnliches den Bezugswert für die Pauschale erhöhen. In solchen Fällen ist auf eine ausreichend transparente Regelung zu achten, um Streit darüber zu vermeiden, nach welcher Bezugsgröße die Pflegepauschale zu berechnen ist.

27. **Vorauszahlungspflicht.** Die Pflicht zur Vorauszahlung der Pflegekosten für den Zeitraum eines Jahres ist in Pflegeverträgen verbreitet. Das ist zwar AGB-rechtlich bedenklich, weil hierdurch von der Regelung des § 641 BGB abgewichen wird und dem Auftraggeber im Übrigen das Zurückbehaltungsrecht verkürzt wird. Die praktischen Konsequenzen sind wegen des Dauerschuldcharakters der Softwarepflege aber gering.

Die Zahlung der Kosten im Voraus ist auch weithin akzeptiert. Der Auftragnehmer muss aber beachten, dass er bei einer Nichtleistung der Vorauszahlung kein Leistungsverweigerungsrecht hat, weil er nach der gesetzlichen Regelung grundsätzlich vorleistungspflichtig ist (BGH MMR 2010, 398 Rn. 11 – Internet-System-Vertrag).

28. Preisanpassung. Im Zuge der neueren Rechtsprechung des BGH zur Wirksamkeit von Preisanpassungsklauseln in AGB ist die Angemessenheit vieler verbreiteter Klauseln fraglich. Auch wenn unter Transparenzgesichtspunkten der Gedanke, dass Preisanpassungsklauseln für den Vertragspartner des Verwenders nachvollziehbar sein müssen, richtig ist und die Klauseln nicht dem Interesse der Gewinnoptimierung dienen sollen, ist doch die Einhaltung dieser Vorgaben praktisch kaum möglich. Die hier verwendete Klausel entspricht einer vom BGH für angemessen erachteten (BGH NJW 2016, 936), ist aber in der Praxis sperrig umzusetzen. In der Praxis sind Preisanpassungsklauseln rechtlich nur bei Massengeschäften im Verbraucherverkehr relevant. Im Unternehmerbereich lösen sich etwaige Konflikte kaufmännisch. Es könnte daher einfacher, wenn auch AGB-rechtlich unwirksam, formuliert werden:

Der Auftragnehmer kann die Entgeltpauschale nach billigem Ermessen (§ 315 BGB) ändern und wird den Auftraggeber über solche Änderungen jeweils innerhalb angemessener Frist vor deren Wirksamwerden unterrichten.

29. Nacherfüllung. Für Softwarepflegeverträge wurde die Problematik, ob während der Laufzeit eines Vertrages zur Pflege von Software überhaupt Nacherfüllungsansprüche bestehen können, solange bereits die Hauptleistungspflicht des Auftragnehmers dauerhaft auf die Herstellung des geschuldeten Erfolgs gerichtet ist, erstmalig von Bartsch aufgeworfen (Bartsch NJW 2002, 1526 (1529); ihm folgend LG Bonn CR 2004, 414; s. auch → Anm. 3). Da sich die Voraussetzungen und Rechtsfolgen von Erfüllungs- und Nacherfüllungsansprüchen unterscheiden, ist die Annahme einer Verdrängung nicht begründet. Die Verantwortlichkeit des Auftragnehmers richtet sich nach dem Leistungsstörungsrecht für Mängel.

30. Keine Kettengewährleistung. Fraglich ist, welche Auswirkungen das Überlassen neuer Softwarestände auf die Verjährung der bereits in der bisherigen Software-Version enthaltenen Mängel hat. Im Zweifel beginnt die Verjährung gem. § 438 Abs. 2 BGB für alle vorhandenen Mängel neu zu laufen. Dieses Problem der **Kettengewährleistung** (dazu Klas/Kleesiek NJOZ 2010, 2148; MüKoBGB/Westermann § 438 Rn. 41) ist bisher nicht zufriedenstellend zu lösen. Es erscheint mir aber unangemessen, die Verjährung für alle Mängel neu beginnen zu lassen, wenn die Software nur teilweise erneuert ist und das zu zahlende Entgelt hinter den Kosten für einen Neuerwerb zurückbleibt. Andererseits darf der Erwerber bei neuen Funktionalitäten und damit möglicherweise neuen Mängeln auch nicht hinter den gesetzlichen Schutz zurückfallen. Die vertraglichen Mängelhaftungsregeln sehen daher eine Beschränkung vor, die den Auftraggeber nicht unangemessen benachteiligen sollte. Neue Mängel verjähren in der vereinbarten Frist, für schon vorhandene Mängel läuft die bisherige Frist weiter. Der Kunde muss den Mangel beweisen, womit feststeht, dass er bei Überlassung der neueren Software-Version vorhanden war. Die Beweislast, dass der Mangel schon in der früheren Version vorhanden war, liegt beim Auftragnehmer, der sich auf Verjährung beruft.

31. Einbaufälle. Auf seit dem 1.1.2018 geschlossene Verträge findet § 439 Abs. 3 BGB Anwendung. Die Vorschrift behandelt die so genannten Einbaufälle aus dem Bereich des Sachkaufs. Die Vorschrift gilt aber beim Kauf von Software (BeckOK BGB/Faust § 439 Rn. 91). Dass der Verkäufer bei einer Installation einer fehlerhaften Software nicht deren Deinstallation schuldet, entspricht der gesetzlichen Regelung, die dem Käufer lediglich einen Aufwendungsersatzanspruch gewährt (BeckOK BGB/Faust § 439 Rn. 113). Insoweit ist die Klausel lediglich deklaratorisch. Ein Ersatz des im Gesetz vorgesehenen Aufwendungsersatzanspruchs durch die Wiederherstellung des Rechts zur zweiten Andienung dürfte AGB-rechtlich unwirksam sein. Erforderlich sind Aufwendungen zur Deinstallation aber nur, wenn der Auftragnehmer nicht kurzfristig Abhilfe durch das Aufspielen eines neuen Patches schaffen kann. Da dies im Rahmen des Vertrages zur Fehlerbeseitigung von ihm geschuldet ist, sollte sich diese Primärpflicht gegenüber dem Verbot der Nacherfüllung durch Ausschluss des Rechts zur zweiten Andienung durchsetzen. Eine unangemessene Benachteiligung dürfte somit nicht gegeben sein.

32. Verjährung. → Form. C.1 Anm. 22. Zur Verjährung von Schadensersatzansprüchen bei einer Kündigung des Auftraggebers aus wichtigem Grund s. BGH NJW 2020, 605 Rn. 28.

33. Haftungsbeschränkung. Eine effektive Beschränkung der Haftung in AGB ist nicht möglich (vgl. → Vorb. A.III.5; Marly SoftwareR-HdB Rn. 1860).

34. Nutzungsrechte. Um den Auftraggeber urheberrechtlich nicht schlechter zu stellen, müssen ihm an der durch die Pflegeleistungen veränderten Software die gleichen urheberrechtlichen Befugnisse eingeräumt werden, wie er sie an der Ausgangssoftware hatte. Wird die Pflege durch ein von dem Rechtsinhaber verschiedenes Unternehmen erbracht, sollte der Auftragnehmer zusichern, dass er über die erforderlichen Befugnisse verfügt.

Häufig erhält der Nutzer im Rahmen der Pflege vollständige Softwareversionen. Es muss dann geregelt werden, dass er neben der neuen Version nicht auch noch die alte benutzen kann. Daher erhält der Auftraggeber nur auflösend bedingte Nutzungsrechte (dazu Bisges UrheberR-HdB/Imhof Kap. 5 Rn. 210) und verpflichtet sich, die ersetzte Software zu deinstallieren und nicht mehr zu benutzen.

35. Datenschutz. Verarbeitet die Software personenbezogene Daten, hat zunächst der Auftraggeber als Verantwortlicher für die Beachtung der datenschutzrechtlichen Anforderungen zu sorgen. Für eine datenschutzrechtliche Relevanz der Softwarepflege genügt, dass die Kenntnisnahmemöglichkeit der Daten durch den Dienstleister nicht ausgeschlossen ist, sie muss nicht unbedingt Gegenstand der Leistungspflichten sein. Die Datenschutzbehörden des Bundes und der Länder (Datenschutzkonferenz – DSK) vertreten in ihrem Kurzpapier Nr. 13 auf S. 3 die Auffassung, dass in solchen Fällen eine **Auftragsverarbeitung** vorliegt und ein entsprechender Vertrag nach Art. 28 Abs. 3 S. 1 DS-GVO zu schließen ist.

36. Ausschluss § 648 BGB. Es ist umstritten, ob das freie Kündigungsrecht des Bestellers aus § 648 BGB in Werkverträgen, die Dauerschuldverhältnisse sind, ausgeschlossen werden kann (für regelmäßig unzulässig hält den Ausschluss BGH NJW 2011, 915 Rn. 12 ff.; dafür MüKoBGB/Busche § 648 Rn. 4).

37. Ausschluss der Rückabwicklung mit Überlassungsvertrag. Werden Überlassungs- und Pflegevertrag zugleich zwischen den gleichen Parteien abgeschlossen, liegt regelmäßig eine rechtliche Einheit dieser Verträge vor, so dass sie auch ihr rechtliches Schicksal bei einer Rückabwicklung eines Vertrages teilen. Der Pflegevertrag wird nur wegen des Überlassungsvertrages abgeschlossen, so dass – jedenfalls hinsichtlich der Aufrechterhaltung des Pflegevertrages – beide Verträge miteinander stehen und fallen (vgl. zu diesem Kriterium Grüneberg/Ellenberger BGB § 139 Rn. 5 mwN). Da maßgeblich der Einheitlichkeitswille der Parteien ist (vgl. BGH NJW 1990, 3011 (3012)), stellt das Formular klar, dass dieser Einheitlichkeitswille nicht gegeben sein soll. Das ist AGB-rechtlich zwar problematisch, da es auf die Umstände des Einzelfalls und die Auslegung des von den Parteien beim Vertragsschluss Gewollten ankommt, aber in diese Auslegung ist auch die hier verwendete Klausel einzubeziehen. Der Auftragnehmer will sich die aus dem Pflegevertrag zu beziehende Vergütung auch dann erhalten, wenn der Überlassungsvertrag beendet wird. Da er sich durch den Wegfall des Leistungsgegenstandes Aufwendungen erspart, ist dies anzurechnen, was in Form einer Pauschalierung erfolgt. In AGB kann auch die Regelung des § 648 BGB übernommen werden, was im Einzelfall zwar einen höheren Aufwand bedeutet (mit dem nach den Grundsätzen zu § 648 BGB der Auftraggeber zunächst belastet ist), aber die Problematik der Angemessenheit der Regelung reduziert. Darauf, ob der Auftragnehmer die Rückabwicklung des Überlassungsvertrages zu vertreten hat, sollte es für die Klauselgestaltung nicht ankommen, weil dieser Aspekt über einen etwaigen Schadensersatzanspruch des Auftraggebers aus dem Überlassungsvertrag kompensiert wird. Die zu entrichtende Pflegepauschale wäre dann – ganz oder teilweise – ein Schadensposten, der der Entgeltzahlungspflicht entgegengehalten werden könnte.

38. **Änderung der AGB.** → Vorb. A.I.3.

39. **Vertragserneuerung.** → Form. C.12 Anm. 22.

40. **Erfüllungsort.** → Form. C.1. Anm. 26.

41. **UN-Kaufrecht.** → Form. C.1. Anm. 32.

42. **Vertragssprache.** → Form. F.3 Anm. 36.

8. Quell-Code-Hinterlegung – Software Escrow

Quell-Code-Hinterlegung	Software Escrow
Vertrag zwischen	**Agreement between**
. . . . .	. . . .
– nachfolgend „Auftraggeber“ genannt –,	**– hereinafter referred to as „Customer“, –**
. . . . .	. . . .
– nachfolgend „Auftragnehmer“ genannt –	**– hereinafter referred to as „Contractor“ –**
und	**and**
. . . . .	. . . . .
– nachfolgend „Treuhänder“ genannt –	**– hereinafter referred to as „Trustee“ –**
Präambel	**Preamble**
Auftraggeber und Auftragnehmer haben einen Vertrag zur Überlassung der Software XY und hierzu einen Pflegevertrag geschlossen. Mit der nachfolgend geregelten Hinterlegung des Quellcodes soll dem Interesse des Auftraggebers Rechnung getragen werden, die aus dem Quellcode abgeleitete Software in den in diesem Vertrag bezeichneten Fällen auch ohne die Mitwirkung des	**Customer and Contractor have concluded a license agreement for the provision of the software XY and a maintenance contract related thereto. The deposit of the source code stipulated below is intended to take account of the Customer's interest in being able to modify the software derived from the source code on the basis of this code in the cases specified in this**

Auftragnehmers aus dem Pflegevertrag anhand des Quellcodes ändern zu können. Zugleich soll das Interesse des Auftragnehmers an der Geheimhaltung des Quellcodes berücksichtigt werden, so dass eine endgültige Verwendung des Quellcodes nur dann erfolgen soll, wenn der Auftragnehmer nicht mehr in der Lage ist, den Pflegevertrag störungsfrei zu erfüllen.

Zum Ausgleich dieser Interessen sind Auftraggeber und Auftragnehmer nach Maßgabe dieses Vertrages übereingekommen, den Quellcode der Software einschließlich Zubehör und Dokumentation in verschlüsselter Form dem Auftraggeber zu übergeben, ihm die Rechte hieran zu übertragen und den Schlüssel hierzu an einen Treuhänder auszuhändigen mit der Auflage, nur unter den in diesem Vertrag bestimmten Umständen den Schlüssel an den Auftraggeber herauszugeben. Die Parteien sehen eine Herausgabe der Hinterlegungsgegenstände ohne weitere Vergütung nach Ablauf von zehn Jahren nach Beginn des Softwarepflegevertrages als angemessen an.[1]

contract, even without the Contractor's involvement as provided in the maintenance contract. At the same time, the Contractor's interest in the secrecy of the source code shall be taken into account, so that the source code may only be used definitively if the Contractor is no longer in a position to fulfil the maintenance contract without interruption.

In order to balance these interests, the Customer and the Contractor have agreed in accordance with this Agreement to hand over the source code of the Software including accessories and documentation to the Customer in encrypted form, to transfer the rights thereto to the Customer and to hand over the key to a Trustee upon the condition that the key is only handed over to the Customer under the circumstances specified in this Agreement. The Parties consider a transfer of the deposited items without further remuneration after the expiry of ten years after the commencement of the software maintenance agreement to be appropriate.[1]

§ 1 Hinterlegung

(1) Der Auftragnehmer übergibt dem Auftraggeber die nachfolgend beschriebenen Gegenstände (nachfolgend „Hinterlegungsgegenstände" genannt) auf einer Blu-Ray-Disc oder einem anderen üblichen und geeigneten Datenträger:[2]

a) den verschlüsselten Quellcode der zu überlassenden Software, einschließlich der Schnittstellen sowie die für die Nutzung des Quellcodes erforderliche Dokumentation der Software,
b) die genaue schriftliche Bezeichnung aller Software-Tools, die für die Bearbeitung des Quellcodes (Entwicklungsumgebung) und seine Übertragung in eine maschinenlesbare Form (Objectcode) erforderlich sind. Soweit diese Tools im Zeitpunkt der Hinterlegung nicht von dritten Anbietern erworben werden können, hinterlegt der Auftragnehmer auch die Tools selbst nebst Benutzeranleitung,[3]

§ 1 Deposit

(1) The Contractor shall hand over to the Customer the items described below (hereinafter referred to as „Deposited Items") on a blu-ray disc or another customary and suitable data carrier:[2]

a) the encrypted source code of the software to be provided, including the interfaces and the documentation of the software required for the use of the source code,
b) the exact written description of all software tools required for the alteration of the source code (development environment) and its transfer into a machine-readable form (object code). If these tools cannot be purchased from third parties at the time of deposit, the Contractor shall also deposit the tools themselves together with the user manual,[3]

c) die verschlüsselten Namen und Anschriften der an der Entwicklung des Quellcodes beteiligten Entwickler,[4]
d) ein Programm zur Entschlüsselung der Inhalte oder die Bezeichnung des Programms zum Erwerb durch den Auftraggeber.

(2) Der Quellcode ist vom Auftragnehmer so zu dokumentieren, dass ein fachkundiger Dritter in der Lage ist, den Quellcode in der gewöhnlichen Zeit zu ändern, um die Software wie gewünscht anzupassen.[5]

(3) Die Hinterlegungsgegenstände sind in den Formaten . . . . . zu hinterlegen. Der Datenträger ist dem Auftraggeber mit der zu überlassenden Software, falls dies aus technischen Gründen noch nicht möglich ist jedenfalls unverzüglich danach, zu übergeben.

(4) Der Auftragnehmer wird die Hinterlegungsgegenstände nach jeder Änderung des Quellcodes unverzüglich erneuern. Bei unwesentlichen Änderungen ist es ausreichend, wenn die Hinterlegung einmal jährlich erfolgt, sofern der Auftragnehmer dem Auftraggeber die Änderungen schriftlich benennt.[6]

(5) Der Auftraggeber wird die Hinterlegungsgegenstände mit der in eigenen Angelegenheiten üblichen Sorgfalt aufbewahren.[7] Sollten die Hinterlegungsgegenstände aus dem Besitz des Auftraggebers geraten, wird er den Auftragnehmer hierüber unverzüglich informieren. In diesem Fall kann der Auftraggeber vom Auftragnehmer gegen Entrichtung der für die Leistungen des Auftragnehmers üblichen Vergütung die erneute Überlassung der Hinterlegungsgegenstände nach Maßgabe dieses Vertrages verlangen.[8] Im Übrigen wird der Auftraggeber gegenüber den weiteren Parteien die ihm obliegenden Mitwirkungshandlungen vornehmen, damit sie ihren aus diesem Vertrag folgenden Pflichten nachkommen können.

(6) Der Auftraggeber ist berechtigt und verpflichtet, die erhaltenen verschlüsselten Gegenstände vor dem Zugriff Dritter geschützt zu verwahren. Von diesen verwahrten Gegenständen darf der Auftraggeber nur jeweils einen der gleichen Art (Quell-

c) the encrypted names and addresses of the developers involved in the development of the source code, and[4]
d) a program for decoding the content or the name of the program for purchase by the Customer.

(2) The Contractor shall document the source code in such a way that an expert third party is able to modify the source code in usual time in order to adapt the software as desired.[5]

(3) The objects deposited shall be in the formats . . . . . The data carrier is to be handed over to the Customer with the software to be provided, or, if this is not yet possible for technical reasons, in any case without culpable delay thereafter.

(4) The Contractor shall renew the deposited items without undue delay after each change to the source code. In the case of insignificant changes, it is sufficient if the deposit is made once a year, provided that the Contractor notifies the Customer of the changes in writing.[6]

(5) The Customer shall keep the deposited objects with the care it customarily exercises in its own affairs.[7] In the event that the objects deposited are not in the possession of the Customer anymore, the Customer shall inform the Contractor thereof without undue delay. In this case, the Customer may demand from the Contractor the renewed handover of the objects deposited in accordance with this contract against payment of the usual remuneration of the Contractor for such services.[8] In all other respects, the Customer shall cooperate with the other parties in order to enable them to fulfil their obligations under this contract.

(6) The Customer shall be entitled and obliged to keep the received encrypted items protected from access by third parties. Of these stored items, the Customer may only keep one of the same type (source code, documentation, etc.) at a

code, Dokumentation etc.) über einen Zeitraum von vier Jahren hinaus aufbewahren. Alle anderen Gegenstände sind nach Ablauf dieses Zeitraums unumkehrbar zu löschen oder zurückzugeben. Andere Verpflichtungen zur Löschung oder Rückgabe bleiben durch diese Regelung unberührt.[9]

(7) Der Auftraggeber darf die hinterlegten Gegenstände nicht an Dritte weitergeben.

§ 2 Verschlüsselung

(1) Zur Wahrung der Vertraulichkeit erfolgt das Speichern der Daten nach Wahl des Auftragnehmers verschlüsselt.[10] Die verschlüsselten Daten lassen sich mit Hilfe des in § 1 Abs. 1 lit. d genannten Programms unter Verwendung des dazugehörigen Schlüssels entschlüsseln.

(2) Den Schlüssel wird der Auftragnehmer an den Treuhänder[11] zur Verwahrung übergeben.

(3) Der Auftraggeber hat gegen den Auftragnehmer keinen Anspruch auf Übergabe des Schlüssels. Vorsorglich heben Auftraggeber und Auftragnehmer alle Herausgabeansprüche, gleich aus welchem Rechtsgrund, auf. Gegen den Treuhänder besteht ein Anspruch des Auftraggebers nur in den in diesem Vertrag genannten Fällen.

(4) Der Auftragnehmer ist jederzeit berechtigt, auf seine Kosten die Neuverschlüsselung der Hinterlegungsgegenstände mit der Begründung zu verlangen, dass die Sicherheit der Verschlüsselung nicht dem Stand der Technik entspricht.[12] Bei jeder neuen Verschlüsselung hat der Auftragnehmer dem Treuhänder den zugehörigen Schlüssel zu übergeben; der Treuhänder bestätigt den Erhalt des Schlüssels gegenüber dem Auftraggeber.

§ 3 Rechteübertragung

(1) Mit jeder Übergabe der in § 1 bezeichneten Hinterlegungsgegenstände geht das Eigentum hieran an den Auftraggeber über.[13]

time for a period exceeding four years. All other items shall be irreversibly deleted or returned after the expiry of this period. Other obligations to delete or return remain unaffected by this provision.[9]

(7) The Customer may not forward the deposited items to third parties.

§ 2 Encryption

(1) To ensure confidentiality, the data shall be stored in encrypted form at the discretion of the Contractor.[10] The encrypted data can be decrypted with the help of the program named in § 1 paragraph 1 lit. d using the corresponding key.

(2) The Contractor shall hand over the key to the Trustee[11] for safekeeping.

(3) The Customer has no claim against the Contractor for the handing over of the key. As a precautionary measure, the Customer and Contractor cancel all claims for restitution, regardless of the legal reasons. The claim against the Trustee exists in favour of the Customer only in the cases specified in this contract.

(4) The Contractor shall be entitled at any time to demand the re-encryption of the deposited objects at its expense on the grounds that the security of the encryption does not correspond to the state of the art.[12] For each re-encryption, the Contractor shall hand over the corresponding key to the Trustee; the Trustee shall confirm receipt of the key to the Customer.

§ 3 Transfer of Rights

(1) With every handing over of the deposit objects described in § 1, the ownership of them passes to the Customer.[13]

(2) Zugleich überträgt der Auftragnehmer dem Auftraggeber das einfache, nicht übertragbare und nicht-ausschließliche Recht, den übergebenen Quellcode nebst Dokumentation und die weiteren hinterlegten und urheberrechtlich geschützten Hinterlegungsgegenstände nach Maßgabe dieses Vertrages zu nutzen. Das umfasst das Recht,

a) den Quellcode in den ablauffähigen Objectcode zu übersetzen, zu bearbeiten, zu arrangieren und sonst wie umzuarbeiten, insbesondere über Änderungen des Quellcodes Fehler der Software zu beseitigen und die Software weiterzuentwickeln, Schnittstellen herzustellen und die Software an geänderte Systemumgebungen anzupassen,[14]
b) den Quellcode und die Ergebnisse der Umarbeitung zu vervielfältigen[14] sowie
c) den aus dem Quellcode abgeleiteten Objectcode umzuarbeiten.

(3) Die Rechte zur Verbreitung und zur öffentlichen Wiedergabe stehen dem Auftraggeber an dem Quellcode nicht zu. Einzelheiten zur Rechteübertragung können in der Anlage „Nutzungsrechte" geregelt werden.[15]

(4) Soweit der Quellcode durch den Auftraggeber oder in dessen Auftrag nicht so geändert wurde, dass daran eigene Rechte entstanden sind, ist die Nutzung der aus dem Quellcode abgeleiteten Software nur in dem Umfang zulässig, wie er im Überlassungsvertrag und ergänzend im Pflegevertrag beschrieben ist.[16]

(5) Der Auftraggeber ist vorbehaltlich einer abweichenden Vereinbarung nicht berechtigt, ohne Zustimmung des Auftragnehmers die nach diesem Vertrag eingeräumten Rechte weiter zu übertragen. Die Übertragung bedarf auch dann der Zustimmung des Auftragnehmers, wenn die Übertragung im Rahmen der Gesamtveräußerung des Unternehmens oder der Veräußerung von Teilen des Unternehmens des Auftraggebers geschieht.[17]

(2) The Contractor shall at the same time also grant to the Customer the simple, non-transferable and non-exclusive right to use the source code handed over together with the documentation and the other objects deposited and protected by copyright law in accordance with this Agreement. That includes the right,

a) to translate the source code into the executable object code, to change it, to arrange it and otherwise to modify it, in particular to eliminate errors in the software by changing the source code and to further develop the software, to create interfaces and to adapt the software to changed system environments,[14]
b) to reproduce the source code and the modifications thereof,[14] and
c) to modify the object code derived from the source code.

(3) The Customer shall not be entitled to the rights of distribution and communication to the public of the source code. Details on the granting of rights can be found in the annex „Licence".[15]

(4) Insofar as the source code has not been modified by the Customer or on its behalf in such a way that own rights have arisen, the use of the software derived from the source code is only permissible to the extent described in the license agreement and, in addition, in the maintenance agreement.[16]

(5) The Customer is subject to a deviating agreement not entitled to transfer the rights granted by this agreement without the consent of the Contractor. The transfer shall also require the consent of the Contractor if the transfer takes place by the complete sale of the company or the sale of parts of the company of the Customer.[17]

§ 4 Aufgaben des Treuhänders

(1) Der Treuhänder übernimmt die Verwahrung des ihm nach § 2 Abs. 2 übergebenen Schlüssels. Er ist nur verpflichtet, den Schlüssel an den Auftraggeber auf dessen Verlangen in den nachfolgenden genannten Fällen herauszugeben. Weitergehende Pflichten, insbesondere zur Überprüfung der übergebenen Gegenstände auf deren Vertragsgemäßheit, der Beratung oder Information, auch zur Tauglichkeit des Verschlüsselungsverfahrens oder der Möglichkeit zur Entschlüsselung überhaupt bestehen nicht, soweit sie nicht in diesem Vertrag ausdrücklich benannt sind.

(2) Der Treuhänder hat den Schlüssel in den nachfolgenden Fällen an den Auftraggeber zu übergeben:[18]

a) Seit Abschluss des Pflegevertrages sind 10 Jahre vergangen,[19]
b) der Auftragnehmer hat den Pflegevertrag ordentlich gekündigt oder der Insolvenzverwalter hat nach Eröffnung des Insolvenzverfahrens über das Vermögen des Auftragnehmers die Erfüllung des Pflegevertrages abgelehnt,[20]
c) der Auftraggeber hat den Pflegevertrag aus wichtigem Grund gekündigt,[21]
d) die Gesellschaft des Auftragnehmers wird liquidiert. Maßgebend ist der Liquidationsbeschluss,[22]
e) der Auftragnehmer hat dem Herausgabeverlangen des Auftraggebers schriftlich zugestimmt.

(3) Der Auftragnehmer weist den Treuhänder unwiderruflich an, den Schlüssel in den in Absatz 2 genannten Fällen herauszugeben.

(4) Kommt der Schlüssel dem Treuhänder abhanden, so kann er nach schriftlicher Versicherung, dass ihm der Verbleib des Schlüssels unbekannt ist, nach Wahl des Auftragnehmers die Übergabe eines Duplikats oder die Hinterlegung unter Verwendung eines neuen Schlüssels und dessen Übergabe verlangen. Die Kosten hierfür trägt der Treuhänder. Trifft ihn an dem Verlust kein Verschulden, hat ihn der Auftraggeber von diesen Kosten freizustellen.

§ 4 Tasks of the Trustee

(1) The Trustee is in charge of the safekeeping of the key handed over to it according to § 2 paragraph 2. It is only obliged to hand over the key to the Customer at the Customer's request in the following cases. Unless provided otherwise in this contract, there are no further obligations, in particular no obligation to check the objects handed over for compliance with the contract, to give advice or provide information, including advice or information regarding the suitability of the encryption method or the possibility of decryption.

(2) The Trustee shall hand over the key to the Customer in the following cases:[18]

a) 10 years have passed since the conclusion of the maintenance contract,[19]
b) the Contractor has terminated the maintenance contract without cause or the insolvency administrator has refused performance of the maintenance contract after opening insolvency proceedings against the assets of the Contractor,[20]
c) the Customer has terminated the maintenance contract for good cause,[21]
d) the Contractor's company is liquidated. The liquidation decision shall be decisive, and/or[22]
e) the Contractor has agreed in writing to the Customer's request for handover.

(3) The Contractor irrevocably instructs the Trustee to hand over the key in the cases mentioned in paragraph 2.

(4) If the Trustee loses the key, it may, after giving written assurance that it does not know the whereabouts of the key, demand, at the discretion of the Contractor, the handing over of a duplicate, or of a deposit using a new key together with such key. The Trustee shall bear the costs of such action. If it is not responsible for the loss, the Customer must reimburse it with these costs.

(5) Ein Anspruch des Auftragnehmers auf Rückgabe des Schlüssels ist ausgeschlossen. Der Auftragnehmer verzichtet daher auf jeglichen Rückgewähranspruch, unabhängig von seiner Rechtsnatur. Der Treuhänder nimmt diesen Verzicht an.

(6) Der Treuhänder ist gegenüber keiner Vertragspartei weisungsgebunden.

(7) Der Auftraggeber ist berechtigt, auf seine Kosten die Vertragsgemäßheit der übergebenen Hinterlegungsgegenstände vor ihrer Verschlüsselung durch einen zur Verschwiegenheit verpflichteten Sachverständigen überprüfen zu lassen. Der Sachverständige hat seine Verschwiegenheitsverpflichtung auch dem Auftragnehmer gegenüber zu bestätigen.[23]

(8) Der Treuhänder wirkt bei der Überprüfung der Hinterlegungsgegenstände organisatorisch mit. Er hat den Auftragnehmer hinzuzuziehen, der ohne Anspruch auf ein Entgelt alle erforderlichen und zumutbaren Anstrengungen unternimmt, um die Arbeit des Sachverständigen zu unterstützen. Der Sachverständige berichtet allein dem Treuhänder. Der Treuhänder darf dem Auftraggeber lediglich das Ergebnis der Untersuchungen des Sachverständigen mitteilen. An der Untersuchung selbst darf der Auftraggeber nicht, auch nicht mittelbar durch Dritte, teilnehmen. Den Auftrag an den Sachverständigen erteilt der Treuhänder als Vertreter des Auftraggebers, der dementsprechend auch die Kosten der Untersuchung durch den Sachverständigen und die der Mitwirkung durch den Treuhänder bis zu einem Höchstbetrag von . . . . . trägt.

(9) Entfällt die Pflicht zur Herausgabe des Schlüssels, vernichtet der Treuhänder den ihm übergebenen Schlüssel. Die Vernichtung hat er gegenüber den anderen Parteien schriftlich zu bestätigen. Des Weiteren hat er zu versichern, dass von ihm oder mit seiner Kenntnis keine Kopien des Schlüssels gefertigt wurden.

(5) A claim of the Contractor for return of the key is excluded. The Contractor therefore waives any claim for restitution, irrespective of its legal nature. The Trustee accepts this waiver.

(6) The Trustee shall not be bound by instructions of any contracting party.

(7) The Customer shall be entitled at its expense to have the contractual conformity of the deposited objects handed over checked by an expert bound to secrecy prior to their encryption. The expert must also confirm its obligation to secrecy to the Contractor.[23]

(8) The Trustee shall participate organisationally in the examination of the objects deposited. It shall involve the Contractor, who shall make all necessary and reasonable efforts to support the work of the expert without claiming remuneration. The expert shall report solely to the Trustee. The Trustee may only inform the Customer of the results of the expert's investigations. The Customer may not participate in the investigation itself, not even indirectly through third parties. The Trustee shall commission the expert as representative of the Customer, who shall accordingly also bear the costs of the examination by the expert and of the participation of the Trustee up to a maximum amount of . . . . .

(9) If the obligation to hand over the key ceases, the Trustee shall destroy the key handed over to him. It shall confirm the destruction in writing to the other parties. Furthermore, it must confirm that no copies of the key have been made by it or with its knowledge.

§ 5 Kosten

(1) Das Entgelt für die erstmalige Einräumung der in § 3 genannten Rechte ist in der Vergütung für die zu überlassende Software enthalten. Weitere Rechtsübertragungen aufgrund von Pflegeleistungen sind durch die Entgelte für diese Leistungen abgegolten.

(2) Die Kosten des Treuhänders trägt der Auftraggeber. Der Treuhänder erhält für seine Tätigkeit eine Vergütung in Höhe von . . . . . jährlich, gegebenenfalls zeitanteilig, bis zur Beendigung dieses Vertrages.

§ 6 Haftung

(1) Der Treuhänder haftet im Falle einer nicht vorsätzlichen Verletzung seiner vertraglichen Pflichten der Höhe nach beschränkt auf einen Betrag von . . . . . EUR.

(2) Der Auftragnehmer steht gegenüber dem Auftraggeber dafür ein, dass er berechtigt ist, die Hinterlegungsgegenstände gemäß dem in diesem Vertrag beschriebenen Verfahren an ihn zu übergeben und dass der Auftraggeber zur vertragsgemäßen Nutzung der Gegenstände berechtigt ist.

(3) Im Übrigen haften die Vertragsparteien einander für leichte Fahrlässigkeit nur bei der Verletzung einer wesentlichen Vertragspflicht, deren Erfüllung die ordnungsgemäße Durchführung des Vertrages überhaupt erst ermöglicht und auf deren Einhaltung jede Partei regelmäßig vertrauen darf, sowie bei Schäden aus der Verletzung des Lebens, des Körpers oder der Gesundheit.

§ 7 Geheimhaltung[24]

(1) Die vom Auftragnehmer übergebenen Unterlagen und mitgeteilten Informationen, insbesondere der Quellcode und dessen Dokumentation, dürfen ausschließlich für die Zwecke dieses Vertrages verwendet

§ 5 Costs

(1) The remuneration for the initial granting of the rights specified in § 3 is included in the remuneration for the software to be provided. Further grantings of rights due to maintenance services are covered by the fees for these services.

(2) The costs of the Trustee shall be borne by the Customer. The Trustee shall be remunerated for its activities to the amount of . . . . . annually, or pro rata temporis as the case may be, until the termination of this Agreement.

§ 6 Liability

(1) In the event of a non-intentional breach of its contractual-obligations, the Trustee's liability shall not exceed . . . . . EUR.

(2) The Contractor represents and warrants to the Customer that it is entitled to deliver the Deposited Property to the Customer in accordance with the procedure described in this Agreement and that the Customer is entitled to use the Property in accordance with the Agreement.

(3) In other respects the contracting parties shall be liable to each other for slight negligence only in the event of a breach of an essential contractual obligation, the fulfilment of which is essential for the proper performance of the contract, and on which each party may regularly rely on, as well as in the event of damages resulting from injury to life, body or health.

§ 7 Confidentiality[24]

(1) The documents and information provided by the Contractor, in particular the source code and its documentation, may only be used for the purposes of this contract and may not be made accessible to

und Dritten nicht zugänglich gemacht werden, sofern sie nicht ihrer Bestimmung nach Dritten zugänglich gemacht werden sollen oder dem Dritten bereits bekannt sind. Dritte sind nicht die zur Durchführung des Vertragsverhältnisses hinzugezogenen Hilfspersonen wie Freie Mitarbeiter, Subunternehmer etc.

third parties unless they are intended to be made accessible to third parties or are already known to the third party. Third parties are not auxiliary persons such as freelancers, subcontractors, etc involved to carry out the contractual relationship.

(2) Darüber hinaus vereinbaren die Vertragsparteien, Vertraulichkeit über den Inhalt dieses Vertrages und über die bei dessen Abwicklung gewonnenen Erkenntnisse zu wahren.

(2) In addition, the contracting parties agree to maintain confidentiality regarding the content of this contract and the knowledge gained during its execution.

(3) Die Geheimhaltungsverpflichtung gilt auch über die Beendigung des Vertragsverhältnisses hinaus. Den eingeschalteten Hilfspersonen ist eine diesem § 7 entsprechende Geheimhaltungspflicht aufzuerlegen.

(3) The obligation to maintain secrecy shall also apply beyond the termination of the contractual relationship. A duty of confidentiality in accordance with this § 7 is to be imposed on the auxiliary persons involved.

§ 8 Vertragsstrafe[25]

§ 8 Contractual penalty[25]

(1) Stellt sich heraus, dass der Auftragnehmer die nach § 1 zu übergebenden Daten nicht vereinbarungsgemäß übergeben hat oder die Daten nicht wie vereinbart zu entschlüsseln sind und hat der Auftragnehmer dies zu vertreten, so hat der Auftragnehmer dem Auftraggeber eine nach billigem Ermessen (§ 315 Abs. 3 BGB) vom Auftraggeber festzusetzende und im Streitfall vom zuständigen Gericht zu überprüfende Vertragsstrafe zu zahlen.

(1) If it turns out that the Contractor has not handed over the data to be handed over according to § 1 as agreed or the data cannot be decrypted as agreed and if the Contractor is responsible for such event, the Contractor shall pay the Customer a contractual penalty to be determined by the Customer according to its equitable discretion (§ 315 Abs. 3 BGB) and to be reviewed by the competent court in the event of a dispute.

(2) Entschlüsselt der Auftraggeber die Hinterlegungsgegenstände schuldhaft anders als durch Einsatz des Abrede gemäß erhaltenen Schlüssels, verwirkt er gegenüber dem Auftragnehmer eine vom Auftragnehmer im Einzelfall nach billigem Ermessen (§ 315 Abs. 3 BGB) festzusetzende und auf Antrag vom Auftraggeber gerichtlich zu überprüfende Vertragsstrafe. Ebenso verwirkt der Auftraggeber die vorgenannte Vertragsstrafe, wenn er schuldhaft unberechtigt die Herausgabe des Schlüssels nach § 4 erwirkt. Das Gleiche gilt für den Fall, dass der Auftraggeber schuldhaft seine ihm nach diesem Vertrag zustehenden urheberrechtlichen Nutzungsbefugnisse über-

(2) If the Customer culpably decodes the deposited objects in a way other than by using the key received as agreed, it forfeits a contractual penalty to be determined by the Contractor case-by-case at its equitable discretion (§ 315 Abs. 3 BGB) and to be reviewed by a court upon the Customer's request. The Customer shall also forfeit the aforementioned contractual penalty if it culpably and unjustifiably enforce the handover of the key in accordance with § 4. The same shall apply in the event that the Customer culpably exceeds its rights of use to which it is entitled under this contract as well as in the event

schreitet sowie für den Fall, dass er die bei ihm hinterlegten Gegenstände unbefugt an Dritte weitergibt.

(3) Verletzt der Auftraggeber oder eine von ihm hinzugezogene Hilfsperson schuldhaft eine der Geheimhaltungspflichten nach § 7 dieses Vertrages, verwirkt er gegenüber dem Auftragnehmer eine vom Auftragnehmer im Einzelfall nach billigem Ermessen (§ 315 Abs. 3 BGB) festzusetzende und auf Antrag vom Auftraggeber gerichtlich zu überprüfende Vertragsstrafe.

(4) Die Vertragsstrafe ist auf einen etwaigen Schadensersatzanspruch aus der ihr zugrunde liegenden Pflichtverletzung anzurechnen.

§ 9 Beendigung des Vertrages

(1) Dieser Vertrag gilt befristet auf einen Zeitraum von zehn Jahren, gerechnet vom Zeitpunkt des Abschlusses des Pflegevertrages. Der Auftraggeber ist jedoch berechtigt, diesen Vertrag jederzeit ordentlich unter Verzicht auf die ihm nach diesem Vertrag gegenüber den übrigen Parteien eingeräumten Rechte zu kündigen. Der Auftragnehmer nimmt den Verzicht schon jetzt an.

(2) Wird über das Vermögen einer Vertragspartei das Insolvenzverfahren eröffnet, so berühren Handlungen des Insolvenzverwalters für den Gemeinschuldner den Bestand des Vertrages im Verhältnis der beiden übrigen Vertragsparteien zueinander nicht.[27]

§ 10 Schlichtung

Die Parteien verpflichten sich, im Falle einer sich aus diesem Vertrag ergebenden Streitigkeit vor Durchführung eines streitigen Verfahrens (Klage) eine Schlichtung gemäß der Schlichtungsordnung der Hamburger Schlichtungsstelle für IT-Streitigkeiten in der zum Zeitpunkt der Einleitung eines Schlichtungsverfahrens gültigen Fassung durchzuführen. Das Schlichtungsver-

that it forwards the items deposited with it to third parties without authorisation.

(3) If the Customer or an auxiliary person involved by it culpably violates one of the secrecy obligations according to § 7 of this contract, it forfeits towards the Contractor a contractual penalty to be determined by the Contractor case-by-case according to equitable discretion (§ 315 Abs. 3 BGB) and to be reviewed by a court on the Customer's request.

(4) Any contractual penalty shall be set off against any damages resulting from the same breach of duty.

§ 9 Termination of the Contract

(1) This contract is valid for a limited period of ten years as of the date of conclusion of the maintenance contract. However, the Customer shall be entitled to terminate this contract at any time by ordinary notice, subject to waiving the rights granted to it under this contract vis-à-vis the other parties. The Contractor accepts the waiver already now.

(2) If insolvency proceedings are opened against the assets of one of the contracting parties, acts of the insolvency administrator on behalf of the bankrupt shall not affect the existence of the contract in relation to the other two contracting parties.[27]

§ 10 Arbitration

In the event of a dispute arising out of this contract, the parties undertake to conduct conciliation proceedings in accordance with the Hamburg Conciliation Body's Rules for IT Disputes in the version valid at the time when conciliation proceedings are initiated before any contentious proceedings (legal action) are conducted. The purpose of the conciliation procedure fahren soll dazu dienen, den Streit ganz oder teilweise, vorläufig oder endgültig beizulegen.

shall be to settle the dispute in whole or in part, provisionally or finally.

§ 11 Abtretungsausschluss

Die Abtretung von Forderungen aus diesem Vertrag ist, unter Ausnahme von Geldforderungen, ausgeschlossen.

§ 11 Exclusion of Assignment

The assignment of claims arising from this contract is excluded, with the exception of monetary claims.

§ 12 Salvatorische Klausel

(1) Sollten einzelne Bestimmungen der Parteivereinbarungen ganz oder teilweise unwirksam sein oder werden, wird die Wirksamkeit der übrigen Bestimmungen hierdurch nicht berührt. Die Parteien verpflichten sich für diesen Fall, die ungültige Bestimmung durch eine wirksame Bestimmung ersetzen, die dem wirtschaftlichen Zweck der ungültigen Bestimmung möglichst nahekommt. Entsprechendes gilt für etwaige Lücken der Vereinbarungen.

(2) Sollte insbesondere die Rechteeinräumung an den Auftraggeber als nicht wirksam angesehen werden, so vereinbaren die Parteien, dass die Rechte auf den Treuhänder übertragen sind, mit der Maßgabe, dass dieser die Rechte schon jetzt auf den Auftraggeber überträgt, sofern die Voraussetzungen gegeben sind, unter denen er nach diesem Vertrag den Schlüssel an den Auftraggeber herauszugeben hat. Der Auftraggeber nimmt diese Rechteeinräumung an.

§ 12 Severability Clause

(1) Should individual provisions of the agreements between the parties be or become invalid in whole or in part, this shall not affect the validity of the remaining provisions. In this case, the parties undertake to replace the invalid provision with a valid provision that comes as close as possible to the economic purpose of the invalid provision. The same applies to any gaps in the agreements.

(2) If, in particular, the granting of rights to the Customer is not considered effective, the parties agree that the rights are transferred to the Trustee with the proviso that the Trustee already now transfers the rights to the Customer, provided that the conditions are given under which it has to hand over the key to the Customer according to this contract. The Customer accepts this granting of rights.

§ 13 Gerichtsstand

Der Gerichtsstand ist der Sitz des Treuhänders.[26]

§ 13 Place of Jurisdiction

The place of jurisdiction shall be the registered office of the Trustee.[26]

§ 14 Schlussbestimmungen

(1) Alle Änderungen und Ergänzungen vertraglicher Vereinbarungen müssen zu Nachweiszwecken schriftlich niedergelegt werden. Kündigungen haben schriftlich zu erfolgen.

§ 14 Final Provisions

(1) All changes and amendments to agreements must be recorded in writing for verification purposes. Notices of termination must be given in writing.

(2) Die von einem oder für einen Vertragspartner wirksam gegenüber einem anderen Vertragspartner geltend gemachten Leistungsverweigerungsrechte lassen die Ansprüche und Verpflichtungen des dritten Vertragspartners unberührt.[27]

(2) The rights to refuse performance validly asserted by or on behalf of one contracting party against another contracting party shall not affect the claims and obligations of the third contracting party.[27]

(3) Es gilt das Recht der Bundesrepublik Deutschland unter Ausschluss des UN-Kaufrechts.

(3) The law of the Federal Republic of Germany shall apply to the exclusion of the UN Convention on Contracts for the International Sale of Goods.

(4) Bei einer mehrsprachigen Version dieses Vertrages ist für die rechtlichen Wirkungen allein der deutsche Text maßgeblich.[28]

(4) In the case of a multilingual version of this contract, only the German text shall be authoritative for the legal effects.[28]

Anlage:
Nutzungsrechte
Datum/Unterschrift

Appendix:
Licence Agreement
Date/Signature

Anmerkungen

1. Interessenlage. Ist der Erwerb von Software mit hohen Investitionen verbunden, sind die Erwerber daran interessiert, die Software möglichst langfristig einsetzen zu können. Das setzt voraus, dass der Software-Anbieter bereit und in der Lage ist, die Software zukünftig zu pflegen, sie insbesondere an veränderte Umstände anzupassen. Der Software-Anwender ist insoweit vom Anbieter abhängig. Ein Ausweichen auf andere ist aus technischen und rechtlichen Gründen nicht möglich. Zur Änderung der Software werden nicht nur der Quellcode, sondern auch die Befugnis zu dessen Bearbeitung gemäß § 69c Nr. 2 UrhG benötigt. Da der Quellcode jedoch das in der Software steckende Know-how offenbart, sind Softwarehersteller regelmäßig nicht bereit, den Quellcode ohne erhebliche Gegenleistung anderen zugänglich zu machen. Diesen Interessenkonflikt versucht man durch eine Vereinbarung zu lösen, die die Herausgabe des Quellcodes in definierten Fällen regelt, in denen der Softwarehersteller kein schutzwürdiges Interesse an dem Zurückhalten des Quellcodes mehr hat.

In der Praxis gibt es verschiedene Möglichkeiten, die bedingte Herausgabe des Quellcodes zu regeln. Neben der Hinterlegung des Quellcodes bei Dritten, insbesondere hierauf spezialisierten **Escrow Agents,** wird die Hinterlegung beim Software-Anwender praktiziert. Die Praxis der Hinterlegungsvereinbarungen offenbart eine Reihe von Defiziten, die ihren Grund auch in der fraglichen Wirkung solcher Hinterlegungen haben dürften. Häufig wird im Überlassungsvertrag zwar die Hinterlegung vereinbart. Eine detaillierte Regelung, was von wem wann und wie zu hinterlegen ist, fehlt. Auch sind die Herausgabefälle oft von Wertungen abhängig, etwa, wenn auf eine Kündigung aus wichtigem Grund abgestellt wird.

Das Formular will den Softwarenutzer dagegen **absichern,** dass der Softwareanbieter den geschlossenen **Pflegevertrag nicht erfüllt.** Dazu regelt es die **Hinterlegung beim Anwender.** Dem Geheimhaltungsinteresse des Software-Herstellers wird dadurch Rechnung getragen, dass geheim zu haltende Informationen, insbesondere der **Quellcode, verschlüsselt** werden und der Schlüssel einem Treuhänder mit der Maßgabe übergeben wird, ihn dem Anwender nur in den definierten Fällen zur Verfügung zu stellen. Der Vertrag ist dreiseitig ausgestaltet. Die Vertragspartner sind der Softwareanbieter, der Softwareanwender und der Treuhänder. Verwender der Bedingungen ist der Auftragnehmer, was für die AGB-Kontrolle im Verhältnis zwischen Softwareanwender und Treuhänder von Bedeutung ist. Das Formular sieht vor, dass die verschlüsselten Hinterlegungsgegenstände und die Nutzungsrechte direkt an den Softwarenutzer übertragen werden.

Die **Alternative** der Hinterlegung bei einem hierauf spezialisierten Unternehmen (**Escrow Agent**) lässt sich durch Abwandlung der Vertragsformulars leicht erreichen, indem nicht der Auftraggeber die Hinterlegungsgegenstände erhält, sondern der Escrow Agent als Treuhänder. Er kann dann zugleich die Nutzungsrechte treuhänderisch übertragen erhalten, und zwar mit der Befugnis nach § 34 Abs. 1 UrhG, sie an den Auftraggeber weiter zu übertragen. Die **aufschiebend bedingte Übertragung** der Rechte schon bei Vertragsschluss ist möglich, sollte aber aus Gründen der Insolvenzfestigkeit nur im Verhältnis zwischen Treuhänder und Softwarenutzer erfolgen (s. unten). Bedingungseintritt ist dann mit Vorliegen eines der in § 4 Abs. 2 genannten Herausgabegründe gegeben. Um die Bedingung nicht an § 119 InsO scheitern zu lassen, sind die Vorgaben des BGH hierzu zu beachten (BGH NJW 2006, 915).

Gerade für den Fall der **Insolvenz** des Softwarehauses möchte der Nutzer die Sicherheit haben, die Software weiterhin einsetzen zu können. Die viel diskutierte Insolvenzfestigkeit ist allerdings mangels veröffentlichter Entscheidungen hinsichtlich ihrer praktischen **Relevanz** nicht bestimmbar (dazu Leupold/Wiebe/Glossner IT-R/Peters Teil 12 Rn. 63). Das Insolvenzrecht kann der Umsetzung solcher Konstruktionen entgegenstehen, wenn sie insbesondere den Schutz der Gläubiger des Insolvenzschuldners beeinträchtigen. Problematisch ist regelmäßig, dass der Herausgabegläubiger dem Softwarehaus **kein angemessenes Entgelt** für den Quellcode nebst Nutzungsrechten zahlt und insoweit die Interessen der Insolvenzgläubiger beeinträchtigt werden. Dieser Umstand lässt sich rechtlich nicht wegregeln. Die komplexen und im Einzelnen sehr umstrittenen insolvenzrechtlichen Aspekte der Hinterlegung werden nachfolgend kurz dargestellt, um das Konzept des Formulars deutlich zu machen.

Für den Softwarenutzer ist in der Insolvenz des Softwarehauses zunächst die **Fortführung des Softwarepflegevertrages** gefährdet. Der Insolvenzverwalter hat die Möglichkeit, nach § 103 InsO die Erfüllung zu verweigern. Dadurch entfällt der Vertrag nicht. Die gegenseitigen Leistungsansprüche sind nur nicht mehr durchsetzbar (BeckOK InsR/Berberich InsO § 103 Rn. 73). Zwar kann der Gläubiger dann Schadensersatz statt der Leistung verlangen, dies aber nur als Insolvenzgläubiger (BeckOK InsR/Berberich InsO § 103 Rn. 79). Durch die Wahl der Nichterfüllung wird nach dem Formular der Anspruch auf **Herausgabe des Schlüssels** ausgelöst. Unklar ist, ob der Verwalter die Herausgabe des Schlüssels und damit die Nutzung des Quellcodes nach § 103 InsO verhindern kann. Allerdings wäre § 103 InsO hier nicht anwendbar, wenn der Schlüssel keinen **Bezug zur Insolvenzmasse** hätte. Das kann mit guten Gründen vertreten werden, weil der Softwarehersteller nach der vertraglichen Konstruktion keinen Rückgewähranspruch gegen den Treuhänder hat. Der durch den Schlüssel repräsentierte Vermögenswert ist aus dem Vermögen des Insolvenzschuldners ausgeschieden (Vossius-Köbel, Die Quellcode-Hinterlegung in der Insolvenz, S. 116 f.; Kast/Schneider/Siegel K&R 2006 446 (451); aA Gottwald/Haas InsR-HdB/Adolphsen § 40 Rn. 79). Alle Regelungen im Formular zugunsten der monetären Interessen des Softwareanbieters sind mit Blick auf die unbeeinträchtigte Durchführung des Pflegevertrages zu verstehen und nicht als Ausdruck der Zugehörigkeit der Hinterlegungsgegenstände zum Vermögen des – späteren – Insolvenzschuldners.

Folgt man der Ansicht, dass der Schlüssel noch zur Insolvenzmasse gehört, kann der Insolvenzverwalter die Herausgabe des Schlüssels über § 103 InsO verhindern, auch wenn die Verpflichtung des Treuhänders nur gegenüber dem Softwarenutzer besteht. Die Treuhandkonstruktion kann das Vermögen nicht dem Schutz zugunsten der Insolvenzgläubiger entziehen. Da es keine Klärung dieses Aspekts durch die Rechtsprechung gibt, behandeln die § 9 Abs. 2 und § 14 Abs. 2 dieses Thema zugunsten des Software-nutzers, stehen aber unter dem Vorbehalt des § 119 InsO. Die Wahl der Nichterfüllung führt zu keinem bereicherungsrechtlichen Rückgabeanspruch (BGH NJW-RR 2007, 1273 Rn. 15). In der Folge kann der Insolvenzverwalter über § 103 InsO allenfalls erreichen, dass der Schlüssel nicht herausgegeben werden muss.

Gefährlicher für den Softwarenutzer ist demgegenüber die **insolvenzrechtliche Anfechtung** wegen einer Gläubigerbenachteiligung im Falle der Herausgabe des Schlüssels und damit letztlich des Quellcodes (hierzu Grützmacher CR 2006, 289; s. auch OLG Düsseldorf ZIP 2019, 2491). Auch hier gilt das Vorgesagte. Die Anfechtung setzt voraus, dass der Schlüssel überhaupt zur Insolvenzmasse gehört. Dem im Zusammenhang mit der Behandlung der Insolvenzfestigkeit oft zitierten Urteil des BGH (NJW 2006, 915) zu einer aufschiebend bedingten Verfügung kann nicht entnommen werden, ob die Übertragung des Quellcodes für den Fall der Insolvenz auch einer Anfechtung standhält (insoweit kritisch auch Schneider/v. Westphalen Software/Schneider Teil L Rn. 155; Marly SoftwareR-HdB Rn. 1790 f.). Eine erfolgreiche Anfechtung der Leistung des Treuhänders, in den Fällen der Hinterlegung in der Regel nach §§ 133, 134 InsO, setzt eine objektive **Gläubigerbenachteiligung** nach § 129 InsO voraus. Die Befriedigung der Insolvenzgläubiger muss sich schlechter als ohne die entsprechende Rechtshandlung gestalten. Diskutiert wird, ob eine mögliche Benachteiligung darin zu sehen ist, dass der Preis, zu dem der Insolvenzverwalter die Rechte an der Software veräußern könnte, sinken würde (Nachweise bei Grützmacher CR 2006, 289 (294)). Das wäre aber nur bei einer umfassenden, insbesondere ausschließlichen Rechteeinräumung denkbar. Nach dem Formular erhält der Gläubiger lediglich einfache Rechte am Quellcode. Zudem erhält der Softwarenutzer kein Recht, den bearbeiteten Quellcode zu verbreiten. Bedeutend ist die **Anfechtung** nach § 134 InsO **bei Unentgeltlichkeit** der Leistung. An wen das Softwarehaus leistet, Treuhänder oder Softwarenutzer, ist dabei irrelevant. Der einfache Weg, den Softwarenutzer für die hinterlegten Gegenstände ein Entgelt zahlen zu lassen, dürfte dessen Interessen nicht gerecht werden. Allerdings spricht die in § 4 Abs. 2 lit. a des Formulars vorgesehene befristete Herausgabe nach Ablauf von zehn Jahren (→ Anm. 17) zumindest für eine sukzessive Vergütung des Werts der Hinterlegungsgegenstände durch die im Laufe der Frist geleistete Pflegegebühr. Das macht auch die Präambel deutlich. Der Nachteil dieser Regelung ist, dass sie als Beleg dafür genommen werden kann, dass der Schlüssel doch einen Bezug zur Insolvenzmasse hat. Sieht man den Schlüssel und damit den Quellcode als zum Vermögen des Softwareanbieters gehörig, kann die Klausel helfen. Im anderen Fall sollte sie gestrichen werden. **Ausgeschlossen** ist die Anfechtung jedenfalls, wenn seit der Bewirkung der Schenkung vier Jahre bis zur Eröffnung des Insolvenzverfahrens vergangen sind. Für den hinterlegten Quellcode und die übertragenen Nutzungsrechte sollte daher der Zeitpunkt der Leistung klar zuordenbar sein. Zu beachten ist auch, dass Herausgabeschuldner des Schlüssels der Treuhänder ist, der den Schlüssel vom Softwarehaus erhalten hat. Sind seit der Übergabe an den Treuhänder mehr als vier Jahre vergangen, kann der Insolvenzverwalter die Herausgabe an den Softwarenutzer nicht mehr nach § 134 InsO anfechten.

Für die Praxis ist maßgeblich, dass sich der Insolvenzverwalter im Insolvenzverfahren von den für die Insolvenzgläubiger erzielbaren wirtschaftlichen Vorteile leiten lässt. Er hat an der Rückgabe des Quellcodes selbst kein Interesse, wohl aber daran, die Rechtsunsicherheit des Nutzers, ob er den Quellcode einsetzen kann, dazu zu verwenden, sie im Rahmen einer entgeltlichen Vereinbarung zu beseitigen. Die **Rechtsunsicherheit** besteht aber auch zulasten des Insolvenzverwalters. Je mehr Argumentationsmöglichkeiten der Vertrag zugunsten der Insolvenzfestigkeit bietet, desto besser sind die Aussichten des Nutzers im Streitfall auf eine interessengerechte Einigung mit dem Verwalter.

2. Hinterlegungsgegenstände. Ein zentrales Element der Hinterlegungsvereinbarung ist die möglichst **genaue Bezeichnung** der zu hinterlegenden Gegenstände. Die Aufzählung im Formular ist exemplarisch. Wie stets ist auf den konkreten Fall abzustellen und zu prüfen, was der Begünstigte benötigt, um den Quellcode selbst oder durch andere bearbeiten zu lassen und aus der Bearbeitung die ablauffähige Software zu entwickeln (s. auch Auer-Reinsdorff/Conrad IT- und DatenschutzR-HdB/Auer-Reinsdorff/Kast/Dressler § 38 Rn. 128 ff.).

3. Entwicklungstools. Der Quellcode allein ist für den Softwareanwender regelmäßig ohne Wert. Neben der Erläuterung des Quellcodes im Rahmen einer Dokumentation muss gewährleistet werden, dass der Quellcode auch bearbeitet und schließlich in die ablauffähige Form (Objektcode) übersetzt werden kann. Das Formular geht davon aus, dass der Anwender die erforderlichen Software-Tools am Markt erwirbt und nur falls dies nicht möglich sein sollte, vom Auftragnehmer erhält. Welche Gegenstände der Auftraggeber für die Bearbeitung des Quellcodes benötigt, ist stets eine Frage des Einzelfalls und daher individuell zu regeln.

4. Entwickler. Zwar kann der Nutzer, wenn er den Quellcode besitzt, Dienstleister mit der Änderung des Codes beauftragen. Wegen dessen Komplexität ist für Entwickler, die mit der Programmstruktur und Programmierweise nicht vertraut sind, jedoch eine langwierige und damit kostenträchtige Einarbeitung erforderlich. Der Auftraggeber kann diese Kosten sparen, wenn er die schon ursprünglich mit der Programmierung der Software befassten Entwickler beauftragen kann. In der Praxis dürfte dies nicht schwierig sein, wenn der Auftragnehmer in ein Insolvenzverfahren gerät, weil dann dessen Beschäftigte bereitwillig neue Aufträge annehmen werden. Etwaige Abwerbe- und Beschäftigungsverbote sind regelmäßig unwirksam → Form. C.2 Anm. 28. Um die Entwickler notfalls direkt ansprechen zu können, kann vereinbart werden, deren Namen zugleich mit der Übergabe des Schlüssels und damit des Zugangs zum Quellcode herauszugeben. Eine solche Vereinbarung ist allerdings nicht nur praktisch schwer gegen den Auftragnehmer durchzusetzen (Meyer RNotZ 2011, 385 (387)). Es können auch datenschutzrechtliche Gründe dagegenstehen, weswegen die Einwilligung der Betroffenen eingeholt werden sollte.

5. Dokumentation. Für den Softwareanwender ist es wichtig, dass er dann, wenn er den Quellcode selber ändern möchte, das ohne größeren zusätzlichen Zeitaufwand und weitere Kosten umsetzen kann. Inwieweit dies realisierbar ist, hängt von der Dokumentation des Quellcodes ab. Da die Dokumentation des Quellcodes häufig eine Schwachstelle in der Leistungserbringung des Softwareanbieters darstellt, sollte der Softwareanwender schon im Vorfeld der Zusammenarbeit die Dokumentation durch einen zur Verschwiegenheit verpflichteten Sachverständigen stichprobenartig prüfen lassen. Alle rechtliche Absicherung nützt letztlich nichts, wenn sich die Ansprüche gegen den Softwareanbieter auf geeignete Dokumentation uÄ mangels Leistungsfähigkeit, zB infolge dessen Insolvenz, nicht durchsetzen lassen.

6. Erneute Hinterlegung. Die Hinterlegung des Quellcodes hat für den Softwareanwender nur dann einen Nutzen, wenn der hinterlegte Quellcode der vom Anwender eingesetzten Software entspricht. Um die Kosten niedrig zu halten, sieht das Formular vor, dass nicht schon bei jeder, auch nur unwesentlichen Änderung eine neue Hinterlegung des Quellcodes erfolgt. Im Einzelfall kann aber auch dies ratsam sein.

7. Sorgfältige Verwahrung. Der Verlust der Hinterlegungsgegenstände kann zu einer erheblichen wirtschaftlichen Einbuße des Softwareanbieters führen, wenn ein Dritter in den Besitz der Hinterlegungsgegenstände gelangt und diese entschlüsseln kann. Das Formular legt daher dem Auftraggeber die Pflicht auf, die ihm übergebenen Hinterlegungsgegenstände zu verwahren. Die Haftung wird ihm dadurch erleichtert, dass er nur für die Sorgfalt in eigenen Angelegenheiten einzustehen hat. Diese Haftungsbeschränkung zu Lasten des Verwenders ist AGB-rechtlich wirksam.

8. Kosten bei Verlust. Um einen Streit über die Üblichkeit der Vergütung zu vermeiden, sollte der Softwareanbieter die ihm voraussichtlich entstehenden Kosten benennen.

9. Vierjahresfrist. Diese Regelung greift die gewöhnlichen Anfechtungsfristen im Falle einer Insolvenz des Auftragnehmers auf und soll es dem Auftraggeber ermöglichen, jedenfalls ältere Softwarestände insolvenzfest zu erwerben (s. auch → Anm. 1). Der Auftraggeber darf eine Version der Hinterlegungsgegenstände länger als vier Jahre verwahren, auch wenn er vom Auftragnehmer bereits jüngere Versionen erhalten hat. Dadurch soll die Gefahr beschränkt werden, dass der Softwarenutzer die erhaltenen Gegenstände später entschlüsselt weitergibt. Urheberrechtlich wäre das zulässig, weil sich das Verbreitungsrecht erschöpft hat. Ob der Erwerber den Quellcode nutzen dürfte, ist fraglich, da § 69d Abs. 1 UrhG wohl nur für ablauffähige Software gilt. Das in dem Quellcode steckende Know-how würde jedoch offengelegt.

10. Verschlüsselung. Die Wahl des Verschlüsselungsverfahrens ist eine Obliegenheit des Softwareanbieters. Für dieses Formular ist es ohne Bedeutung, ob der Anbieter ein am Markt verfügbares Verschlüsselungsverfahren verwendet oder eine eigene Anwendung nutzt.

11. Treuhänder. Die Einschaltung eines Treuhänders sollte beim Auftragnehmer eine größere Akzeptanz finden als die Übergabe des Schlüssels in einem versiegelten Umschlag oder ähnlichem Behälter an den Auftraggeber. Der Treuhänder wird hier im Rahmen einer fremdnützigen Treuhand sowohl für den Auftragnehmer wie den Auftraggeber tätig (s. auch Grützmacher CR 2006, 289 (295)).

12. Austausch bei Neuverschlüsselung. Durch die fortschreitende Leistungsfähigkeit der Computer wird jedes Verschlüsselungsverfahren mit der Zeit angreifbarer. Zur Sicherung seines Geheimhaltungsinteresses muss es dem Auftragnehmer gestattet sein, ein besseres als das bisher eingesetzte Verschlüsselungsverfahren zu verwenden. Möglich ist eine Neuverschlüsselung oder eine Überverschlüsselung des bereits verschlüsselten Quellcodes. In jedem Fall muss ein neuer Schlüssel erzeugt werden. Dabei besteht insolvenzrechtlich die Gefahr, dass die Vierjahresfrist des § 134 InsO von neuem läuft (→ Anm. 1). Daher ist eine restriktivere Regelung aus Sicht des Auftraggebers interessengerechter. Damit der Auftragnehmer die Möglichkeit zum Austausch der hinterlegten Hinterlegungsgegenstände nicht dazu nutzt, den Quellcode zurückzunehmen, ohne ihn erneut zu hinterlegen, wird dem Auftraggeber die Möglichkeit gegeben, den neu hinterlegten Code zu verifizieren.

13. Eigentumsübertragung. Das Konzept dieses Formulars ist, dem Auftraggeber alle Rechte an dem Quellcode zu übertragen und ihn damit zum Vollrechtsinhaber zu machen. Neben den in dem nachfolgenden Absatz geregelten Nutzungsrechten gehört hierzu auch das Eigentumsrecht an den ihm übergebenen Sachen.

14. Umarbeitungs- und Vervielfältigungsrecht. Der Quellcode ist nach § 69a UrhG geschützt (Dreier/Schulze/Dreier UrhG § 69a Rn. 19; Bisges UrheberR-HdB/Imhof Kap. 5 Rn. 110). Der Quellcode nützt dem Auftraggeber nur dann, wenn er berechtigt ist, ihn zu ändern und gegebenenfalls in den ablauffähigen Objektcode zu übersetzen. Dazu benötigt er das Recht zur Umarbeitung nach § 69c Nr. 2 UrhG. Unter Umständen ist es auch erforderlich, mehrere Entwickler an dem Quellcode arbeiten zu lassen. Dann muss der Quellcode insgesamt oder in Teilen vervielfältigt werden. Dementsprechend ist dem Auftraggeber ein Vervielfältigungsrecht einzuräumen. Zu beachten ist auch, dass nicht nur die Änderung des Quellcodes eine urheberrechtlich relevante Handlung ist, sondern in der Folge auch die Änderung des Objektcodes. Auch wenn Letzteres aus Ersterem zwingend folgt und daher bereits nach § 31 Abs. 5 UrhG bei entsprechender Berechtigung zur Quellcode-Bearbeitung gestattet sein sollte, sieht das Formular hierfür eine ausdrückliche Rechtseinräumung vor.

15. Verbreitungsrecht. Das Interesse des Softwareanbieters an der Geheimhaltung des Quellcodes kann dieser urheberrechtlich nicht dadurch schützen, dass er dem Anwender das Verbreitungsrecht vorenthält. Nach § 69d Nr. 3 UrhG erschöpft sich dieses Recht mit dem erstmaligen Inverkehrbringen. Das ist hier die Übergabe des Quellcodes an den Auftraggeber. Jedenfalls ist der Auftraggeber nicht befugt, die Nutzungsrechte weiterzugeben

16. Bearbeiterrechte. Aus der Einräumung des Rechts zur Bearbeitung des Quellcodes folgt noch keine Befugnis zur Nutzung der abgeleiteten Software. Zwar stehen dem Bearbeiter nach § 69c Nr. 2 S. 2 UrhG die Rechte an der Bearbeitung zu. Die Rechte an der im Übrigen unbearbeiteten Software bleiben aber unberührt, wenn nichts anderes vereinbart wird (Bisges UrheberR-HdB/Imhof Kap. 5 Rn. 208). Das Softwarehaus kann dem Auftraggeber umfassende Rechte einräumen (Beispiel in § 17 von → Form. D.2). In diesem Formular erhält der Auftraggeber die Rechte, die ihm bisher schon an der Software zustanden.

17. Weitergabe von Rechten. Nach § 34 Abs. 1 S. 1 UrhG bedarf die Weiterübertragung von Nutzungsrechten der Zustimmung des Rechtsinhabers. Eine Ausnahme sieht das Gesetz in Abs. 3 vor. Da die Bestimmungen nach § 34 Abs. 5 S. 2 UrhG dispositiv sind, kann die Ausnahme durch Vereinbarung ausgeschlossen werden (Fromm/Nordemann/J.B. Nordemann UrhG § 34 Rn. 38a). Das Formular macht hiervon Gebrauch. Der Auftraggeber kann somit infolge der Erschöpfung des Verbreitungsrechts zwar den Quellcode weitergeben, der Erwerber erlangt aber keine Rechte hieran. Auf § 69d Abs. 1 UrhG kann sich der Erwerber nicht stützen, da die Regelung den urheberrechtsfreien Werkgenuss an der ablauffähigen Software (Bisges UrheberR-HdB/Imhof Kap. 5 Rn. 352), nicht aber die Bearbeitungsrechte am Quellcode sichern soll. Das Recht zur Fehlerberichtigung bezieht sich ebenfalls nur auf den Objekt-Code, nicht aber auf den Quellcode.

18. Übergabepflicht des Treuhänders. Die Regelung über die Herausgabe des verwendungsfähigen Quellcodes ist ein wesentlicher Kern einer jeden Hinterlegungsvereinbarung. Für die Handhabbarkeit des Vertrages muss darauf geachtet werden, die Fälle so zu definieren, dass der Nachweis der Voraussetzungen möglichst leicht gelingt und zur Glaubhaftmachung im Rahmen des einstweiligen Rechtsschutzes oder als Beweismittel in einem Hauptsacheverfahren taugt. Es entspricht nicht dem Interesse des Auftraggebers als Gläubiger des Herausgabeanspruchs Kriterien zu wählen, die einer Bewertung bedürfen. Das Abstellen auf Pflichtverletzungen ist daher nicht geeignet. Auch das in § 4 Abs. 2 lit. c verwendete Kriterium der Kündigung aus wichtigem Grund gewährleistet nicht die gewünschte Klarheit. Es sollte gegebenenfalls modifiziert oder gestrichen werden → Anm. 20. Das Formular löst den Interessenkonflikt in § 8 Abs. 2 auf der Folgenseite, indem der Auftraggeber bei einer von ihm schuldhaft unberechtigt bewirkten Herausgabe eine Vertragsstrafe verwirkt.

19. Herausgabegrund zeitlich begrenzte Geheimhaltung. Die Übertragung der Rechte an dem Quellcode soll als Vollrechtsübertragung und endgültig erfolgen. Dazu ist es erforderlich, dass der Auftraggeber in überschaubarer Zeit auf den Quellcode zugreifen kann. Das Formular sieht hierfür eine Befristung vor, nach deren Ablauf jedenfalls der Zugriff auf den Quellcode ermöglicht wird. Anderenfalls wäre die Rechtsübertragung an den Auftraggeber praktisch nur bedingt und damit insolvenzrechtlich fragwürdig. Dementsprechend endet der Vertrag nach § 9 auch nach 10 Jahren. Die Frist ist auf den Einzelfall anzupassen. Wenn es die Interessen des Auftragnehmers erfordern, kann die unbedingte Übertragung des Quellcodes auch aus dem Formular ausgenommen werden. Die Entscheidung des BGH zur Insolvenzfestigkeit aufschiebend bedingter Rechtsübertragungen (BGH NJW 2006, 915) lässt diese Variante für den Auftraggeber nicht zwingend nachteilig erscheinen (s. auch zur Insolvenzsituation → Anm. 1).

20. Herausgabegrund Beendigung Pflegevertrag durch Auftragnehmer. Für den Auftragnehmer könnte diese Regelung eine AGB-rechtlich problematische Erschwernis der ordentlichen Kündigung darstellen. Mit der Beendigung des Pflegevertrages verliert er den Quellcode an den Auftraggeber. Dieser Effekt ist für den Auftraggeber dementsprechend vorteilhaft, weil er den Auftragnehmer mit Blick auf die Pflege an den Auftraggeber bindet. AGB-rechtlich ist das aber dennoch nicht unangemessen, weil der Fortbestand des Pflegevertrages regelmäßig im wirtschaftlichen Interesse des Auftragnehmers liegt und der Softwarenutzer mit einer nicht gepflegten Software dauerhaft nicht wird arbeiten können. Der Kündigung durch den Auftragnehmer ist die Wahl der Nichterfüllung durch den Insolvenzverwalter gleichgestellt. Eine Beeinträchtigung des Wahlrechts des Verwalters liegt aus eben diesen Gründen hierin nicht (dazu auch → Anm. 1). Damit ist die Regelung auch nicht nach § 119 InsO unwirksam (s. auch BGH NJW 2023, 603).

21. Herausgabegrund Kündigung durch Auftraggeber aus wichtigem Grund. Der BGH hat als Wirksamkeitsvoraussetzung für die insolvenzfeste aufschiebend bedingte Übertragung von Nutzungsrechten angesehen, dass die Bedingung nicht an den Eintritt eines Insolvenzgrundes geknüpft ist (BGH NJW 2006, 915 Rn. 26; s. auch BGH NJW 2023, 603). Hier wird an die Beendigung des Pflegevertrages aus wichtigem Grund angeknüpft. Der Pflegevertrag ist daher so zu gestalten, dass die Eröffnung des Insolvenzverfahrens über das Vermögen des Auftragnehmers keinen Fall der Kündigung aus wichtigem Grund darstellt (was auch AGB-rechtlich problematisch wäre → Vorb. A. III.12). Damit wird den Anforderungen des BGH entsprochen. Es steht dem Auftraggeber frei, den Pflegevertrag trotz der Eröffnung des Insolvenzverfahrens nicht zu kündigen, etwa weil eine positive Fortbestehensprognose gegeben ist. Das Abstellen auf die Kündigung aus wichtigem Grund ist jedoch aus einem anderen Grund **problematisch.** Denn die bloße Erklärung der Kündigung reicht nicht aus, um die Herausgabe des Quellcodes auszulösen. Es muss zudem ein wichtiger Grund vorliegen, was rechtlich fraglich sein kann. Aus Sicht des Auftragnehmers kann das Formular zur **Absicherung** um die Verpflichtung zur Leistung von Sicherheit in bestimmter Höhe ergänzt werden. Stellt sich später durch rechtskräftiges Urteil heraus, dass die Kündigung unberechtigt war, ist die Sicherheit an den Auftragnehmer zu leisten. Sollte die Fortführung des Hinterlegungsvertrages wegen eines Fehlverhaltens des Auftragnehmers für den Auftraggeber nicht zumutbar sein, steht ihm das Recht zur Kündigung aus wichtigem Grund zu und in der Folge ist es sinnvoll, ihm dann den Zugriff auf den Quellcode zu ermöglichen.

22. Herausgabegrund Liquidation. Die Liquidation der Gesellschaft des Auftragnehmers kann entweder aufgrund eines Gesellschafterbeschlusses oder infolge der Nichteröffnung des Insolvenzverfahrens mangels Masse erfolgen. Im zuletzt genannten Fall wird die Gesellschaft in der Praxis regelmäßig unmittelbar aus dem Handelsregister gelöscht. Zwar bedeutet die Liquidation nicht zwingend, dass die Gesellschaft die eingegangenen Verpflichtungen nicht mehr erfüllen kann. Regelmäßig dürfte es jedoch an der Motivation der Verpflichteten fehlen, insbesondere den Pflegevertrag weiter zu erfüllen. Dies ist Anlass genug, dem Auftraggeber die Möglichkeit zu eröffnen, auf den Quellcode zuzugreifen.

23. Überprüfung. Die Hinterlegung des Quellcodes ist nur dann sinnvoll, wenn sie vereinbarungsgemäß erfolgt. Aufgrund des Geheimhaltungsinteresses des Softwareanbieters muss eine direkte Einsichtnahme des Auftraggebers vor dem Zeitpunkt, zu dem er den dauernden Zugriff auf den Quellcode erhalten soll, ausgeschlossen sein. Andererseits muss es dem Auftraggeber ermöglicht werden, die Vertragsgemäßheit der Hinterlegung zu kontrollieren. Hierzu dient die Einschaltung eines zur Verschwiegenheit verpflichteten Sachverständigen. Da die Kosten des Sachverständigen durch den Auftraggeber zu tragen sind, soll der Vertrag zur Durchführung der Kontrolle direkt zwischen den beiden geschlossen werden. Im Einzelfall sollten ihm weitere Pflichten zur Prüfung des Vertrages und Regelung der Organisationsabläufe auferlegt werden. Die Verpflichtung zur Verschwiegenheit ist regelmäßig vertraglich abzusichern. Dazu kann auf das Formular zur Gestaltung einer Geheimhaltungsvereinbarung zurückgegriffen werden → Form. D.7.

24. Geheimhaltung. Der Auftragnehmer übergibt den Quellcode dem Auftraggeber nur zur Verwendung im Rahmen des Vertrages. Mit einer Weitergabe oder Bekanntgabe des Quellcodes an Dritte, die nicht zur Pflege der Software eingesetzt sind, würde der Auftraggeber seine Befugnisse überschreiten und ist insoweit auch nicht schutzbedürftig. Dementsprechend enthält die Klausel eine Geheimhaltungsvereinbarung, die durch eine Vertragsstraferegelung in § 8 Abs. 3 abgesichert ist. Daneben kann die Strafvorschrift des § 23 GeschGehG erfüllt sein. Zwar stehen dem Auftraggeber die Rechte an den Hinterlegungsgegenständen zu, es handelt sich aber ohne das Vorliegen eines Herausgabegrundes immer noch um ein Betriebsgeheimnis des Auftragnehmers. Für eine detaillierte Regelung empfiehlt sich der Abschluss einer gesonderten Geheimhaltungsvereinbarung → Form. D.7.

25. Vertragsstrafe. Der Quellcode stellt regelmäßig Know-how von hohem Wert für den Softwarehersteller dar und soll nicht an Dritte gelangen. Die Hinterlegungsvereinbarung steht im Widerspruch zu diesem Interesse. Wie stets bei geheim zu haltenden Informationen, die an Unbefugte gelangen, sind die rechtlichen Möglichkeiten zur Kompensation eines erfolgten Know-how-Verlustes unzureichend. Entscheidend für die Sicherung des Know-hows ist daher, Unbefugte davon abzuhalten, die Geheimnisse weiterzugeben. Das kann über die im Geschäftsgeheimnisgesetz vorgesehenen strafrechtlichen Sanktionen geschehen, die auch gegenüber Dritten wirken → Form. D.8 Anm. 1. Gegenüber dem Vertragspartner ist regelmäßig die Vertragsstrafe das geeignete Mittel, die Einhaltung von Verpflichtungen zu sichern. Zu den Anforderungen an wirksame Vertragsstraferegelungen → Vorb. A.III.11.

26. Gerichtsstand. Für den Fall einer gerichtlichen Auseinandersetzung soll der Treuhänder nicht damit belastet werden, zu einem anderen Gericht als dem für seinen Geschäftssitz zuständigen zu reisen. Überdies dürfte es sich empfehlen, dass der Treuhänder seinen Sitz in einer räumlichen Nähe zu den hinterlegten Gegenständen hat, so dass die Gerichtsstandsklausel zu keinen Nachteilen für die übrigen Beteiligten führen dürfte.

27. Leistungsverweigerungsrechte. Bei diesem dreiseitigen Vertrag soll insbesondere für den Insolvenzfall klargestellt werden, dass die Wahl der Nichterfüllung nach § 103 InsO durch den Insolvenzverwalter keine Auswirkungen auf die dritte Vertragspartei hat. Zu den Folgen etwaiger insolvenzrechtlicher Beendigungsgründe sieht § 9 Abs. 2 daher vor, dass der Vertrag im Verhältnis der übrigen Parteien zueinander bestehen bleiben soll. Damit soll erreicht werden, dass der Auftraggeber seinen Herausgabeanspruch gegen den Treuhänder behält.

28. Vertragssprache. → Form. F.3 Anm. 36.

Cloud Computing

9. Software as a Service – Vertrag über Cloud Computing

Zwischen

. . . .

– nachstehend „Provider" genannt –

und

. . . .

– nachstehend „Kunde" genannt –

wird folgender Vertrag[1] geschlossen:

§ 1 Vertragsgegenstand[2]

(1) Der Provider erbringt für den Kunden SaaS-Dienstleistungen über das Medium Internet im Bereich betriebswirtschaftlicher Software.

(2) Vertragsgegenstand ist die

a) Überlassung der Software *„good access"* (nachfolgend als „SOFTWARE" bezeichnet) des Providers zur Nutzung über das Internet und

b) Einräumung von Speicherplatz auf den Servern des Providers.

(3) Dem Provider ist es gestattet, bei der Einräumung von Speicherplatz Nachunternehmer einzubeziehen. Der Einsatz von Nachunternehmern entbindet den Provider nicht von seiner alleinigen Verpflichtung gegenüber dem Kunden zur vollständigen Vertragserfüllung.

§ 2 Softwareüberlassung[3]

(1) Der Provider stellt dem Kunden für die Dauer dieses Vertrages die SOFTWARE in der jeweils aktuellen Version über das Internet entgeltlich zur Verfügung. Zu diesem Zweck richtet der Provider die SOFTWARE

Between

. . . .

– hereinafter referred to as „Provider" –

and

. . . .

– hereinafter referred to as the „Customer" –

the following agreement (hereinafter referred to as „Agreement")[1] is concluded:

§ 1 Subject[2]

(1) The Provider provides SaaS services for the Customer via the medium of the Internet in the area of business software.

(2) The subject matter of the agreement is the

a) Provision of the Provider's *„good access"* software (hereinafter referred to as „SOFTWARE") for use via the Internet and

c) Granting of storage space on the Provider's servers.

(3) The Provider is permitted to involve subcontractors when granting storage space. The use of subcontractors does not release the Provider from its sole obligation to the Customer to fully perform the Agreement.

§ 2 Software License[3]

(1) The Provider shall make the SOFTWARE available to the Customer in the respective current version via the Internet against payment during the term of this Agreement. For this purpose, the Provider shall set up the SOFTWARE on a

auf einem Server ein, der über das Internet für den Kunden erreichbar ist.

server that is accessible to the Customer via the Internet.

(2) Der jeweils aktuelle Funktionsumfang der SOFTWARE ergibt sich aus ihrer aktuellen Leistungsbeschreibung auf der Web-Site des Providers unter www.xyz.com.

(2) The respective current functional scope of the SOFTWARE results from its current service description on the Provider's website at www.xyz.com

(3) Der Provider beseitigt nach Maßgabe der technischen Möglichkeiten unverzüglich sämtliche Softwarefehler. Ein Fehler liegt dann vor, wenn die SOFTWARE die in der Leistungsbeschreibung angegebenen Funktionen nicht erfüllt, fehlerhafte Ergebnisse liefert oder in anderer Weise nicht funktionsgerecht arbeitet, so dass die Nutzung der SOFTWARE unmöglich oder eingeschränkt ist.

(3) The Provider shall immediately eliminate all software errors according as reasonably possible. An error shall be deemed to exist if the SOFTWARE does not fulfill the functions specified in the service description, delivers faulty results or does not function properly in any other way, so that the use of the SOFTWARE is impossible or limited.

(4) Der Provider entwickelt die SOFTWARE laufend weiter und wird diese durch laufende Updates und Upgrades verbessern.

(4) The Provider shall continuously develop the SOFTWARE and shall improve it by continuous updates and upgrades.

§ 3 Nutzungsrechte an der SOFTWARE[4]

§ 3 Rights of Use to the SOFTWARE[4]

(1) Der Provider räumt dem Kunden das nicht ausschließliche und nicht übertragbare Recht ein, die in diesem Vertrag bezeichnete SOFTWARE während der Dauer des Vertrages im Rahmen der SaaS-Dienste bestimmungsgemäß zu nutzen.

(1) The Provider grants the Customer the non-exclusive and non-transferable right to use the SOFTWARE designated in this Agreement during the term of the Agreement within the scope of the SaaS services in accordance with its intended use.

(2) Der Kunde darf die SOFTWARE nur bearbeiten, soweit dies durch die bestimmungsgemäße Benutzung der SOFTWARE laut jeweils aktueller Leistungsbeschreibung abgedeckt ist.

(2) The Customer may process the SOFTWARE only to the extent that this is covered by the intended use of the SOFTWARE according to the respective current service description.

(3) Der Kunde darf die SOFTWARE nur vervielfältigen, soweit dies durch die bestimmungsgemäße Benutzung der SOFTWARE laut jeweils aktueller Leistungsbeschreibung abgedeckt ist. Zur notwendigen Vervielfältigung zählt das Laden der SOFTWARE in den Arbeitsspeicher auf dem Server des Providers, nicht jedoch die auch nur vorübergehende Installation oder das Speichern der SOFTWARE auf Datenträgern (wie etwa Festplatten oÄ) der vom Kunden eingesetzten Hardware.

(3) The Customer may only copy the SOFTWARE as far as this is covered by the intended use of the SOFTWARE according to the respective current service description. Necessary duplication includes loading the SOFTWARE into the RAM on the Provider's server, but not the even temporary installation or storage of the SOFTWARE on data carriers (such as hard disks or the like) of the hardware used by the Customer.

(4) Der Kunde ist nicht berechtigt, die SOFTWARE Dritten entgeltlich oder unentgeltlich zur Nutzung zur Verfügung zu stellen. Eine Weitervermietung der SOFT-

(4) The Customer is not entitled to make the SOFTWARE available to third parties for use against payment or free of

WARE wird dem Kunden somit ausdrücklich nicht gestattet.

charge. Thus, the Customer is explicitly not allowed to sublet the SOFTWARE.

§ 4 Einräumung von Speicherplatz[5]

(1) Der Provider überlässt dem Kunden einen definierten Speicherplatz auf einem Server zur Speicherung seiner Daten. Der Kunde kann auf diesem Server Inhalte bis zu einem Umfang von . . . . . MB gemäß der technischen Spezifikation, die in Anlage 1 zu diesem Vertrag festgehalten ist, ablegen. Sofern der Speicherplatz zur Speicherung der Daten nicht mehr ausreichen sollte, wird der Provider den Kunden hiervon verständigen. Der Kunde kann entsprechende Kontingente nachbestellen vorbehaltlich Verfügbarkeit beim Provider.

(2) Der Provider trägt dafür Sorge, dass die gespeicherten Daten über das Internet abrufbar sind.

(3) Der Kunde ist nicht berechtigt, diesen Speicherplatz einem Dritten teilweise oder vollständig, entgeltlich oder unentgeltlich zur Nutzung zu überlassen.

(4) Der Kunde verpflichtet sich, keine Inhalte auf dem Speicherplatz zu speichern, deren Bereitstellung, Veröffentlichung oder Nutzung gegen geltendes Recht oder Vereinbarungen mit Dritten verstößt.

(5) Der Provider ist verpflichtet, geeignete Vorkehrungen gegen Datenverlust und zur Verhinderung unbefugten Zugriffs Dritter auf die Daten des Kunden zu treffen. Zu diesem Zweck wird der Provider tägliche Backups vornehmen, die Daten des Kunden auf Viren überprüfen sowie nach dem Stand der Technik Firewalls installieren.[6]

(6) Der Kunde bleibt in jedem Fall Alleinberechtigter an den Daten und kann daher jederzeit die Herausgabe einzelner oder sämtlicher Daten verlangen.

(7) Mit Beendigung des Vertragsverhältnisses wird der Provider dem Kunden unverzüglich sämtliche Daten, die auf dem ihm zugewiesenen Speicherplatz abgelegt sind, herausgeben.

§ 4 Granting of Storage Space[5]

(1) The Provider shall provide the Customer with a defined storage space on a server for the storage of its data. The Customer may store content on this server up to an amount of . . . . . MB in accordance with the technical specifications set forth in Annex 1 to this Agreement. If the storage space for storing the data is no longer sufficient, the Provider shall notify the Customer thereof. The Customer may reorder corresponding contingents subject to availability at the Provider.

(2) The Provider shall ensure that the stored data can be accessed via the Internet.

(3) The Customer shall not be entitled to transfer this storage space to a third party for use, in part or in full, against payment or free of charge.

(4) The Customer undertakes not to store any content on the storage space whose provision, publication or use violates applicable law or agreements with third parties.

(5) The Provider is obliged to take appropriate precautions against data loss and to prevent unauthorized access to the Customer's data by third parties. For this purpose, the Provider shall make daily backups, check the Customer's data for viruses and install firewalls according to industry standard.[6]

(6) The Customer shall in any case remain the sole owner of the data and may therefore at any time demand the release of individual or all data.

(7) Upon termination of the contractual relationship, the Provider shall immediately return to the Customer all data stored on the storage space allocated to it.

(8) Die Herausgabe der Daten erfolgt nach Wahl des Kunden entweder durch Übergabe von Datenträgern oder durch Übersendung über ein Datennetz. Der Kunde hat keinen Anspruch darauf, auch die zur Verwendung der Daten geeignete Software zu erhalten.

(9) Dem Provider stehen hinsichtlich der Daten des Kunden weder ein Zurückbehaltungsrecht noch das gesetzliche Vermieterpfandrecht (§ 562 BGB) zu.

(8) The data shall be released at the Customer's discretion either by handing over data carriers or by transmission via a data network. The Customer shall not be entitled to also receive the software suitable for the use of the data.

(9) The Provider has neither a right of retention nor the statutory landlord's lien (Sec. 562 BGB [German Civil Code]) with regard to the Customer's data.

§ 5 Support

(1) Der Umfang des Supports ergibt sich aus Anlage 2 zu diesem Vertrag.

(2) Der Provider wird Anfragen des Kunden zur Anwendung der vertragsgegenständlichen SOFTWARE und der weiteren SaaS-Dienste innerhalb der auf der Web-Site www.xyz.com veröffentlichten Geschäftszeiten nach Maßgabe der Support Policy des Providers, wie aus Anlage 2 ersichtlich, nach Eingang der jeweiligen Frage telefonisch oder in Textform beantworten.

§ 5 Support

(1) The scope of support shall be as set out in Annex 2 to this Agreement.

(2) The Provider shall answer inquiries of the Customer regarding the use of the contractual SOFTWARE and the further SaaS services within the business hours published on the website www.xyz.com in accordance with the Provider's Support Policy, as shown in Annex 2, after receipt of the respective question by telephone or in text form.

§ 6 Unterbrechung/Beeinträchtigung der Erreichbarkeit[7]

(1) Anpassungen, Änderungen und Ergänzungen der vertragsgegenständlichen SaaS-Dienste sowie Maßnahmen, die der Feststellung und Behebung von Funktionsstörungen dienen, werden nur dann zu einer vorübergehenden Unterbrechung oder Beeinträchtigung der Erreichbarkeit führen, wenn dies aus technischen Gründen zwingend notwendig ist.

(2) Die Überwachung der Grundfunktionen der SaaS-Dienste erfolgt täglich. Die Wartung der SaaS-Dienste ist grundsätzlich von Montag bis Freitag 09:00 – 18:00 Uhr gewährleistet. Bei schweren Fehlern – die Nutzung der SaaS-Dienste ist nicht mehr möglich bzw. ernstlich eingeschränkt – erfolgt die Wartung binnen 3 Stunden ab Kenntnis oder Information durch den Kunden. Der Provider wird den Kunden von den Wartungsarbeiten umgehend verständigen und

§ 6 Interruption/Impairment of Accessibility[7]

(1) Adjustments, changes and additions to the SaaS services that are the subject of the Agreement, as well as measures that serve to determine and remedy malfunctions, will only lead to a temporary interruption or impairment of accessibility if this is absolutely necessary for technical reasons.

(2) Monitoring of the basic functions of the SaaS services shall be carried out on a daily basis. The maintenance of the SaaS services is basically guaranteed from Monday to Friday 09:00 – 18:00. In case of serious errors – the use of the SaaS services is no longer possible or seriously limited – the maintenance is carried out within 3 hours from the time of knowledge or notification by the Customer. The Provider shall notify the Cus-

den technischen Bedingungen entsprechend in der möglichst kürzesten Zeit durchführen.

Sofern die Fehlerbehebung nicht innerhalb von 12 Stunden möglich sein sollte, wird der Provider den Kunden davon binnen 24 Stunden unter Angabe von Gründen sowie des Zeitraums, der für die Fehlerbeseitigung voraussichtlich zu veranschlagen ist, per E-Mail verständigen.

(3) Die Verfügbarkeit der jeweils vereinbarten Dienste nach § 1 (2) dieses Vertrags beträgt 98,5 % im Jahresdurchschnitt einschließlich Wartungsarbeiten, jedoch darf die Verfügbarkeit nicht länger als zwei Kalendertage in Folge beeinträchtigt oder unterbrochen sein.

§ 7 Pflichten des Kunden

(1) Der Kunde verpflichtet sich, auf dem zur Verfügung gestellten Speicherplatz keine rechtswidrigen, die Gesetze, behördlichen Auflagen oder Rechte Dritter verletzenden Inhalte abzulegen.[8]

(2) Der Kunde ist verpflichtet, den unbefugten Zugriff Dritter auf die geschützten Bereiche der SOFTWARE durch geeignete Vorkehrungen zu verhindern. Zu diesem Zwecke wird der Kunde, soweit erforderlich, seine Mitarbeiter auf die Einhaltung des Urheberrechts hinweisen.

(3) Unbeschadet der Verpflichtung des Providers zur Datensicherung ist der Kunde selbst für die Eingabe und Pflege seiner zur Nutzung der SaaS-Dienste erforderlichen Daten und Informationen verantwortlich.

(4) Der Kunde ist verpflichtet, seine Daten und Informationen vor der Eingabe auf Viren oder sonstige schädliche Komponenten zu prüfen und hierzu dem Stand der Technik entsprechende Virenschutzprogramme einzusetzen.

(5) Der Kunde wird für den Zugriff auf die Nutzung der SaaS-Dienste selbst eine „User ID" und ein Passwort generieren, die zur weiteren Nutzung der SaaS-Dienste erforderlich

tomer of the maintenance work immediately and perform it in the shortest possible time according to the technical conditions.

If it is not possible to eliminate the error within 12 hours, the Provider will notify the Customer by e-mail within 24 hours, stating the reasons and the estimated time for the elimination of the error.

(3) The availability of the respective agreed services pursuant to § 1 (2) of this Agreement shall be 98.5 % on an annual average including maintenance work, however, the availability shall not be impaired or interrupted for more than two consecutive calendar days.

§ 7 Obligations of the Customer

(1) The Customer undertakes not to store on the storage space provided any unlawful content that violates the law, official requirements or the rights of third parties.[8]

(2) The Customer is obliged to prevent unauthorized access of third parties to the protected areas of the SOFTWARE by taking appropriate precautions. For this purpose, the Customer shall, to the extent necessary, instruct its employees to comply with copyright law.

(3) Without prejudice to the Provider's obligation to back up data, the Customer itself is responsible for entering and maintaining its data and information required to use the SaaS services.

(4) The Customer is obliged to check his data and information for viruses or other harmful components before entering them and to use industry standard virus protection programs for this purpose.

(5) The Customer shall generate a „User ID" and password itself for accessing the use of the SaaS services, which are required for further use of the SaaS services.

sind. Der Kunde ist verpflichtet, „User ID" und Passwort geheim zu halten und Dritten gegenüber nicht zugänglich zu machen.[9]

The Customer is obliged to keep the „User ID" and password secret and not to make them accessible to third parties.[9]

(6) Die von dem Kunden auf dem für ihn bestimmten Speicherplatz abgelegten Inhalte können urheber- und datenschutzrechtlich geschützt sein. Der Kunde räumt dem Provider hiermit das Recht ein, die auf dem Server abgelegten Inhalte dem Kunden bei dessen Abfragen über das Internet zugänglich machen zu dürfen und, insbesondere sie hierzu zu vervielfältigen und zu übermitteln sowie zum Zwecke der Datensicherung vervielfältigen zu können.

(6) The contents stored by the Customer on the storage space intended for him may be protected by copyright and data protection laws. The Customer hereby grants the Provider the right to make the content stored on the server accessible to the Customer during the Customer's queries via the Internet and, in particular, to reproduce and transmit it for this purpose and to be able to reproduce it for the purpose of data backup.

§ 8 Vergütung[10]

§ 8 Remuneration[10]

(1) Der Kunde verpflichtet sich, dem Provider für die Überlassung der SOFTWARE und die Einräumung des Speicherplatzes das vereinbarte monatliche Entgelt zzgl. gesetzlicher MwSt. zu bezahlen. Sofern nicht anders vereinbart, richtet sich die Vergütung nach der im Zeitpunkt des Vertragsschlusses gültigen Preisliste des Providers.

(1) The Customer undertakes to pay the Provider the agreed monthly fee plus statutory VAT for the provision of the SOFTWARE and the granting of the storage space. Unless otherwise agreed, the remuneration is based on the fee rates of the Provider valid at the time of the conclusion of the Agreement.

(2) Einwendungen gegen die Abrechnung der vom Provider erbrachten Leistungen hat der Kunde innerhalb einer Frist von acht Wochen nach Zugang der Rechnung schriftlich bei der auf der Rechnung angegebenen Stelle zu erheben. Nach Ablauf der vorgenannten Frist gilt die Abrechnung als vom Kunden genehmigt. Der Provider wird den Kunden mit Übersendung der Rechnung auf die Bedeutung seines Verhaltens besonders hinweisen.

(2) Objections to the billing of the services provided by the Provider must be raised by the Customer in writing to the office indicated on the invoice within a period of eight weeks after receipt of the invoice. After the expiry of the aforementioned period, the invoice shall be deemed approved by the Customer. The Provider shall specifically draw the Customer's attention to the significance of his conduct when sending the invoice.

§ 9 Mängelhaftung/Haftung[11]

§ 9 Liability for Defects/Liability[11]

(1) Der Provider garantiert die Funktions- und die Betriebsbereitschaft der SaaS-Dienste nach den Bestimmungen dieses Vertrages.

(1) The Provider guarantees the functional and operational readiness of the SaaS services in accordance with the provisions of this Agreement.

(2) Für den Fall, dass Leistungen des Providers von unberechtigten Dritten unter Verwendung der Zugangsdaten des Kunden in Anspruch genommen werden, haftet der Kunde für dadurch anfallende Entgelte im

(2) In the event that the Provider's services are used by unauthorized third parties using the Customer's access data, the Customer shall be liable for any charges incurred as a result within the scope of

Rahmen der zivilrechtlichen Haftung bis zum Eingang des Kundenauftrages zur Änderung der Zugangsdaten oder der Meldung des Verlusts oder Diebstahls, sofern den Kunden am Zugriff des unberechtigten Dritten ein Verschulden trifft.

(3) Der Provider ist zur sofortigen Sperre des Speicherplatzes berechtigt, wenn der begründete Verdacht besteht, dass die gespeicherten Daten rechtswidrig sind und/oder Rechte Dritter verletzen. Ein begründeter Verdacht für eine Rechtswidrigkeit und/oder eine Rechtsverletzung liegt insbesondere dann vor, wenn Gerichte, Behörden und/oder sonstige Dritte den Provider davon in Kenntnis setzen. Der Provider hat den Kunden von der Sperre und dem Grund hierfür unverzüglich zu verständigen. Die Sperre ist aufzuheben, sobald der Verdacht entkräftet ist.

(4) Schadensersatzansprüche gegen den Provider sind unabhängig vom Rechtsgrund ausgeschlossen, es sei denn, der Provider, seine gesetzlichen Vertreter oder Erfüllungsgehilfen haben vorsätzlich oder grob fahrlässig gehandelt. Für leichte Fahrlässigkeit haftet der Provider nur, wenn eine der vertragswesentlichen Pflichten durch den Provider, seine gesetzlichen Vertreter oder leitende Angestellte oder Erfüllungsgehilfen verletzt wurde. Der Provider haftet dabei nur für vorhersehbare Schäden, mit deren Entstehung typischerweise gerechnet werden muss. Vertragswesentliche Pflichten sind solche Pflichten, die die Grundlage des Vertrags bilden, die entscheidend für den Abschluss des Vertrags waren und auf deren Erfüllung der Kunde vertrauen darf.

(5) Für den Verlust von Daten haftet der Provider insoweit nicht, als der Schaden darauf beruht, dass es der Kunde unterlassen hat, Datensicherungen durchzuführen und dadurch sicherzustellen, dass verloren gegangene Daten mit vertretbarem Aufwand wiederhergestellt werden können.

(6) Der Provider haftet unbeschränkt für vorsätzlich oder fahrlässig verursachte Schäden aus der Verletzung des Lebens, des Körpers oder der Gesundheit durch den Provider, seine gesetzlichen Vertreter oder Erfüllungsgehilfen.

liability under civil law until receipt of the Customer's order to change the access data or notification of the loss or theft, provided that the Customer is at fault for the access of the unauthorized third party.

(3) The Provider is entitled to immediately block the storage space if there is reasonable reason to assume that the stored data is illegal and/or infringes the rights of third parties. A reasonable assumption for an illegality and/or a violation of rights exists in particular, if courts, authorities and/or other third parties inform the Provider thereof. The Provider shall notify the Customer of the block and the reason for it without delay. The block is to be lifted as soon as the assumption is invalidated.

(4) Claims for damages against the Provider are excluded, regardless of the legal grounds, unless the Provider, its legal representatives or vicarious agents have acted with intent or gross negligence. The Provider is only liable for ordinary negligence if one of the essential contractual obligations was violated by the Provider, its legal representatives or executives or vicarious agents. The Provider is only liable for foreseeable damages, which can typically be expected to occur. Material contractual obligations are those obligations which form the basis of the contract, which were decisive for the conclusion of the contract and on the fulfillment of which the Customer may rely.

(5) The Provider shall not be liable for the loss of data insofar as the damage is due to the fact that the Customer failed to perform data backups and thereby ensure that lost data can be restored with reasonable effort.

(6) The Provider shall be liable without limitation for damages caused intentionally or negligently by the Provider, its legal representatives or vicarious agents resulting from injury to life, body or health.

§ 10 Laufzeit und Kündigung[12]

(1) Der Vertrag wird auf unbestimmte Zeit geschlossen. Das Vertragsverhältnis beginnt mit der Anmeldung und Registrierung durch den Kunden und kann von beiden Parteien nach Ablauf eines Jahres jederzeit schriftlich mit einer Frist von 30 Tagen zum Ende eines Monats beendet werden.

(2) Unberührt bleibt das Recht jeder Vertragspartei, den Vertrag aus wichtigem Grunde fristlos zu kündigen. Zur fristlosen Kündigung ist der Provider insbesondere berechtigt, wenn der Kunde fällige Zahlungen trotz Mahnung und Nachfristsetzung nicht leistet oder die vertraglichen Bestimmungen über die Nutzung der SaaS-Dienste verletzt. Eine fristlose Kündigung setzt in jedem Falle voraus, dass der andere Teil schriftlich abgemahnt und aufgefordert wird, den vermeintlichen Grund zur fristlosen Kündigung in angemessener Zeit zu beseitigen.

(3) Mit Vertragsende erlöschen die Nutzungsrechte des Kunden an der SOFTWARE.

(4) Die Pflichten des Kunden gemäß den §§ 10 und 11 (3) dieses Vertrages bleiben von der Beendigung des Vertrages unberührt.

§ 10 Term and Termination[12]

(1) The Agreement is concluded for an indefinite period. The contractual relationship begins with the application and registration by the Customer and can be terminated by either party at any time after one year in writing with a notice period of 30 days to the end of a month.

(2) The right of each party to terminate the Agreement without notice for good cause remains unaffected. The Provider shall be entitled to terminate without notice in particular if the Customer fails to make due payments despite a reminder and the setting of a grace period or if the Customer violates the contractual provisions regarding the use of the SaaS services. Termination without notice requires in any case that the other party is warned in writing and requested to eliminate the alleged reason for termination without notice within a reasonable period of time.

(3) The Customer's rights to use the SOFTWARE expire at the end of the Agreement.

(4) The Customer's obligations pursuant to §§ 10 and 11 (3) of this Agreement shall remain unaffected by the termination of the Agreement.

§ 11 Datenschutz/Geheimhaltung[13]

(1) Der Kunde wird bei der Nutzung der SOFTWARE die anwendbaren datenschutzrechtlichen Bestimmungen einhalten. Der Provider ist insoweit nicht Verantwortlicher iSd Art. 4 Nr. 7 DS-GVO.

(2) Die Vertragsparteien sind sich einig, dass separat in einem Vertrag zur Auftragsverarbeitung insbesondere Gegenstand und Dauer der Verarbeitung, Art und Zweck der Verarbeitung, die Art der personenbezogenen Daten, die Kategorien betroffener Personen und die im Rahmen der Auftragsverarbeitung bestehenden Pflichten und Rechte des Kunden festgelegt werden.

§ 11 Data Protection/Confidentiality[13]

(1) The Customer shall comply with the applicable data protection regulations when using the SOFTWARE. In this respect, the Provider is not the controller as defined in Art. 4 No. 7 GDPR.

(2) The Parties agree that they will specify in a separate contract for processor, in particular, the subject and duration of the processing, the nature and purpose of the processing, the type of personal data, the categories of data subjects and the obligations and rights of the Customer existing in the context of the processor.

(3) Der Provider verpflichtet sich, über alle ihm im Rahmen der Vorbereitung, Durchführung und Erfüllung dieses Vertrages zur Kenntnis gelangten vertraulichen Vorgänge, insbesondere Geschäfts- oder Betriebsgeheimnisse des Kunden, strengstes Stillschweigen zu bewahren und diese weder weiterzugeben noch auf sonstige Art zu verwerten. Dies gilt gegenüber jeglichen unbefugten Dritten, dh auch gegenüber unbefugten Mitarbeitern sowohl des Providers als auch des Kunden, sofern die Weitergabe von Informationen nicht zur ordnungsgemäßen Erfüllung der vertraglichen Verpflichtungen des Providers erforderlich ist. In Zweifelsfällen wird sich der Provider vom Kunden vor einer solchen Weitergabe eine Zustimmung erteilen lassen.

(3) The Provider undertakes to maintain strictest secrecy about all confidential processes, in particular business or trade secrets of the Customer, which come to its knowledge in the course of the preparation, execution and fulfillment of this Agreement, and to neither pass them on nor use them in any other way. This applies to any unauthorized third parties, i.e. also to unauthorized employees of both the Provider and the Customer, unless the disclosure of information is necessary for the proper fulfillment of the Provider's contractual obligations. In cases of doubt, the Provider shall obtain consent from the Customer prior to such disclosure.

(4) Der Provider verpflichtet sich, mit allen von ihm im Zusammenhang mit der Vorbereitung, Durchführung und Erfüllung dieses Vertrages eingesetzten Mitarbeitern und Nachunternehmern eine mit vorstehendem Abs. 3 inhaltsgleiche Regelung zu vereinbaren.

(4) The Provider undertakes to agree with all employees and subcontractors used by it in connection with the preparation, execution and fulfillment of this Agreement on a provision identical in content to the above paragraph 3.

§ 12 Anwendbares Recht, Gerichtsstand[14]

§ 12 Applicable Law, Place of Jurisdiction[14]

(1) Auf vorliegenden Vertrag findet deutsches Recht unter Ausschluss des UN-Kaufrechts Anwendung.

(1) This Agreement shall be governed by German law to the exclusion of the UN Convention on Contracts for the International Sale of Goods.

(2) Für Streitigkeiten aus diesem Vertrag ist ausschließlicher Gerichtsstand . . .

(2) The exclusive place of jurisdiction for disputes arising from this Agreement shall be . . .

§ 13 Sonstiges[15]

§ 13 Miscellaneous[15]

(1) Mündliche Nebenabreden sind nicht getroffen. Änderungen, Ergänzungen und Zusätze dieses Vertrages haben nur Gültigkeit, wenn sie zwischen den Vertragsparteien schriftlich vereinbart werden. Dies gilt auch für die Abänderung dieser Vertragsbestimmung.

(1) No oral ancillary agreements have been made. Any amendments, supplements and additions to this Agreement shall only be valid if they are agreed in writing between the parties. This shall also apply to the amendment of this provision.

(2) Sollte eine Bestimmung dieses Vertrages unwirksam sein oder werden, so berührt

(2) Should any provision of this Agreement be or become invalid, this shall not

dies die Wirksamkeit des Vertrages im Übrigen nicht. Die unwirksame Bestimmung gilt als durch eine wirksame Regelung ersetzt, die dem wirtschaftlichen Zweck der unwirksamen Bestimmung am nächsten kommt. Entsprechendes gilt im Fall einer Vertragslücke.

(3) Anlagen, auf die in diesem Vertrag Bezug genommen wird, sind Vertragsbestandteil.

(4) Die Vertragsparteien haben den Vertrag in einer deutschen und englischsprachigen Fassung geschlossen. Für die rechtlichen Wirkungen zwischen den Vertragsparteien ist allein der deutsche Text maßgeblich.

. . . .

(Ort, Datum)   (Ort, Datum)

. . . .

– Provider –   – Kunde –

affect the validity of the remainder of the Agreement. The invalid provision shall be deemed to be replaced by a valid provision that comes as close as possible to the economic purpose of the invalid provision. The same shall apply in the event of a gap in the Agreement.

(3) Annexes referred to in this Agreement shall form an integral part of the Agreement.

(4) The parties have concluded the Agreement in a German and English version. Only the German text shall be decisive for the legal effects between the parties.

. . . .

(place, date)   (place, date)

. . . .

– Provider –   – Customer –

Anmerkungen

1. Sachverhalt. Das Vertragsformular behandelt die Fallgestaltung, dass auf den Rechnern eines Providers dem Kunden zum einen Speicherplatz bereitgestellt und zum anderen eine Softwareanwendung (im Beispielsfall eine betriebswirtschaftliche Software, fiktiv „*good access*" genannt) zur Nutzung angeboten wird, die der Kunde über seinen Internet-Browser aufrufen kann. Das Angebot richtet sich im vorliegenden Fall nicht an Verbraucher, sondern an gewerbliche Kunden, die Teile ihrer IT-Infrastruktur auslagern wollen.

2. Vertragsgegenstand. Der Sachverhalt betrifft daher das sog. **Cloud Computing** (auch **„Rechnerwolke"**). Eine exakte Definition des Begriffs Cloud Computing gibt es nicht. Allgemein umschreibt es den Ansatz, abstrahierte IT-Infrastrukturen (zB Rechenkapazität, Datenspeicher, Netzwerkkapazitäten oder auch fertige Software) dynamisch an den Bedarf des Nutzers oder dessen Kunden angepasst über ein Netzwerk (zB Internet) zur Verfügung zu stellen (für eine ausführliche Darstellung siehe Schulz/Rosenkranz ITRB 2009, 232 ff.; Pohle/Amann CR 2009, 273 ff.; Schuster/Reichl CR 2010, 38 ff.). Es bezeichnet somit eine Verlagerung von Infrastruktur und Anwendungen in die „Wolke" Internet (Fickert, Inside The Cloud. Neue Herausforderungen für das Informationsrecht. Tagungsband Herbstakademie 2009, 420). Die Anwendungen und Daten befinden sich nicht mehr auf dem lokalen Rechner oder im jeweiligen Firmenrechenzentrum, sondern in der Wolke (engl. ‚cloud'). Der Anbieter des Cloud Computing hält die Anwendungen und Daten **zum Abruf bereit**, speichert sie aber nicht auf einem bestimmten Rechner, sondern verschiebt sie in Teilen oder als Ganzes je nach Auslastung der Gesamtheit seiner Server von einem Server auf den anderen. Dieses Verschieben geschieht zum Teil in kürzesten Zeiträumen. Vom Cloud Computing ist das IT-Outsourcing zu unterscheiden, das die Auslagerung von IT-Infrastruktur, Anwendungen oder Geschäftsprozessen an einen externen Dienstleister betrifft. Eine Sonderform des IT-Outsourcings stellt das sog.

Application Service Providing (ASP) (→ Form. E.4) dar, wonach ein Dienstleister eine Anwendung über Netzwerkinfrastruktur anbietet. Dadurch wird im Unterschied zu SaaS als Form der Cloud-Lösung idR eine kundenspezifischere Ausrichtung ermöglicht. Allerdings werden die Begriffe nicht einheitlich bzw. unscharf verwendet, so dass ASP auch als Anwendungsfall von Cloud betrachtet wird (vgl. auch Intveen ITRB 2017, 243). Cloud Computing ist technisch, wirtschaftlich und politisch nicht mehr wegdenkbar. Insbesondere die Einhaltung des Datenschutzes stellt die Beteiligten vor erhebliche Herausforderungen (zum Aspekt des Datenschutzes → Anm. 13). Auf EU-Ebene hat die **Art. 29-Datenschutzgruppe** in ihrer Stellungnahme 05/2012 zum Cloud Computing vom 1.7.2012 Empfehlungen zur Nutzung von Cloud Computing erteilt (01037/12/DE, WP196). Auf Bundesebene haben die Arbeitskreise Technik und Medien, der Konferenz der Datenschutzbeauftragten des Bundes und der Länder sowie der Arbeitsgruppe Internationaler Datenverkehr des Düsseldorfer Kreises am 9.10.2014 eine **„Orientierungshilfe – Cloud Computing"** publiziert (als PDF herunterladbar auf der Website des Bundesbeauftragten für Datenschutz www.bfdi.bund.de). Cloud Computing kommt in verschiedenen Ausprägungen und Modellen zum Einsatz, die sich zum Teil überschneiden. Von praktischer Bedeutung sind insbesondere die folgenden Servicemodelle (vgl. Boehm ZEuP 2016, 358 (363), Schuster/Reichl CR 2010, 38 (39); Niemann/Paul K&R 2009, 444 (445)):

- **SaaS** – Software as a Service – Der Provider bietet Nutzungszugang von Software-Sammlungen und Anwendungsprogrammen, die auf seiner Infrastruktur laufen. SaaS wird daher auch als software on demand (‚Software bei Bedarf') bezeichnet. Die entsprechenden Programme kann der Nutzer über seinen Internet-Browser aufrufen.
- **PaaS** – Platform as a Service – Rechnerwolken bieten Nutzungszugang von Programmierungs- oder Laufzeitumgebungen mit flexiblen, dynamisch anpassbaren Rechen- und Datenkapazitäten. Der Nutzer entwickelt seine eigenen Software-Anwendungen oder lässt diese hier ausführen, und zwar innerhalb einer Softwareumgebung, die vom Provider bereitgestellt und unterhalten wird.
- **IaaS** – Infrastructure as a Service – Der Nutzer erhält Zugang zu virtualisierten Computerhardware Ressourcen, wie Rechnern, Netzwerken und Speichern. Der Nutzer gestaltet sich frei seine eigenen virtuellen Computer-Cluster und ist folglich für die Auswahl, die Installation, den Betrieb und das Funktionieren ihrer Software selbst verantwortlich.
- **CaaS** – Communication as a Service – Der Anbieter ermöglicht umfassende (Unternehmens-)Kommunikation, wie etwa durch E-Mails, Internettelefonie (VoIP), Instant Messaging, Audio- und Video-Conferencing. Pointiert formuliert: Die TK-Anlage wird in die Cloud ausgelagert.

Die **Vorteile** des Einsatzes von Cloud Computing liegen in den geringeren Kosten für die eigene lokale Infrastruktur und der Möglichkeit, auf professionelle und dem Stand der Technik entsprechende IT-Infrastruktur des Providers zugreifen zu können, ohne diese selbst aufbauen oder betreiben zu müssen (Karger/Sarre, Inside the Cloud. Neue Herausforderungen für das Informationsrecht. Tagungsband Herbstakademie 2009, 428). Ferner können Anbindungen und Datendienste skaliert werden, was aufgrund der Entkoppelung von Nutzungs- und Infrastrukturbeschränkungen möglich ist. Anstatt ausreichend Kapazität vorzuhalten, um die Belastungsspitzen bedienen zu können, lässt sich mit Hilfe der Cloud-Dienste die genutzte Kapazität kurzfristig und variabel an den tatsächlichen Bedarf ausrichten. Insoweit haben insbesondere Internetfirmen wie Amazon und Google vor einigen Jahren angefangen, Cloud Computing zu eigenen Zwecken anzuwenden, weil sie aufgrund der schnell wachsenden Nutzerbasis entsprechend wachsende Systeme vorhalten müssen, die auch zu Spitzenlastzeiten (für Anbieter wie Amazon wäre dies zB das Weihnachtsgeschäft oder während zeitlich befristeten Sonderverkaufsaktionen) ausreichende Kapazität bereitstellen können. Inzwischen haben Amazon und Google das

Geschäftsmodell Cloud Computing erkannt und gehören selbst neben Microsoft, Alibaba, Huawei, Apple, IBM, Hewlett-Packard, Salesforce, Oracle und SAP zu den führenden Anbietern von Cloud-Dienstleistungen.

In rechtlicher Hinsicht ist zwischen „Private Cloud" und „Public Cloud" zu unterscheiden. Kennzeichnend für die **Private Cloud** ist, dass die Server eines Unternehmens standortübergreifend virtualisiert und miteinander vernetzt sind, so dass externe Dritte hierauf nicht zugreifen können. Die Daten bleiben daher in der unternehmensspezifischen Wolke und das Unternehmen behält vollständig Kontrolle über die Private Cloud (Niemann/Paul K&R 2009, 444 (445)).

Die **Public Cloud** wird hingegen von externen Dritten gegen Vergütung genutzt, die im Gegenzug auf die von dem Cloud Provider angebotene IT-Infrastruktur zurückgreifen können. Themen wie Datenschutz und IT-Sicherheit stellen sich eher bei der Public Cloud.

Von **Hybrid Cloud** wird gesprochen, wenn Private und Public Cloud miteinander kombiniert werden, dh wenn ein Unternehmen eine Private Cloud betreibt und zusätzlich zur Absicherung oder für Belastungsspitzen eine Public Cloud in Anspruch nimmt.

Das vorliegende Vertragsformular bezieht sich auf eine Public Cloud, in dessen Rahmen der Provider dem Kunden SaaS-Dienste (Software) und Speicherkapazität zur Verfügung stellt. Die **vertragstypologische Einordnung** von Cloud Computing hängt mangels eines einheitlich Vertragsleitbilds von den jeweils im **konkreten Einzelfall** vereinbarten Leistungen ab. Bei Cloud Computing handelt es sich in der Regel um einen typengemischten Vertrag (ausführlich Borges/Meents Cloud Computing/Meents § 4 Rn. 41 ff.; Boehm ZEuP 2016, 358 (366); Malatidis ITRB 2017, 109 (110)). Im Vordergrund steht die zeitweise Überlassung von Software- und Hardware-Ressourcen gegen Entgelt, weshalb im allgemeinen Mietvertragsrecht anwendbar ist (Schulz/Rosenkranz ITRB 2009, 232 (233); Pohle/Amann CR 2009, 273 (275)). Allerdings ist denkbar, Cloud Computing im Einzelfall als Werkvertrag zu qualifizieren unter dem Aspekt, dass es dem Nutzer in erster Linie um die Erreichbarkeit der Software und des Speicherplatzes auf den Servern des Providers geht und die Speicherung lediglich technische Voraussetzung hierzu ist (vgl. BGH NJW 2010, 1449 (1451) Obiter dictum und OLG Düsseldorf CR 2003, 581 jeweils hinsichtlich eines Hosting-Vertrags). Im Rahmen von Cloud Computing kommen regelmäßig weitere Leistungen hinzu, wie etwa Datensicherung, Kundendienst, Support, Backups, etc, so dass je nach Ausgestaltung auch Dienstvertragsrecht einschlägig sein kann (Schulz/Rosenkranz ITRB 2009, 232 (234); Pohle/Amann CR 2009, 273 (275)). Die mietweise Bereitstellung von Standardsoftware auf dem Server des Anbieters (SaaS) wurde bisher schon als besitzlose Sachmiete gem. § 535 Abs. 1 BGB eingeordnet (BGH NJW 2007, 2394). Der neu geschaffene § 548a BGB stellt nunmehr klarstellend fest, dass die Vorschriften über die Miete von Sachen auf die Miete digitaler Produkte entsprechend anzuwenden sind. Der Gesetzgeber zielt mit Blick auf die angestrebte Entwicklungsoffenheit der Begriffe „digitale Inhalte" und „digitale Dienstleistungen" (§ 327 BGB) auch für sämtliche von diesen Begriffen erfassten Fälle auf eine einheitliche Anwendbarkeit des Mietvertragsrechts ab (Begr. RegE, BT-Drs. 19/27653, 84), weshalb abzuwarten bleibt, wie die vorgenannten Begriffe durch Schrifttum und Rspr. konkretisiert werden.

Sofern man in der Lage ist, eigene Cloud Computing Verträge stellen oder mit auszuhandeln zu können, bietet sich zur Orientierung an, die sog. Ergänzenden Vertragsbedingungen für die Beschaffung von IT-Leistungen Cloud (**EVB-IT Cloud**) heranzuziehen. Die EVB-IT Cloud wurden am 1.3.2022 vom Bundesministerium des Innern und für Heimat als Vertragsmuster bereitgestellt und kommen insbesondere in der Beschaffungspraxis der öffentlichen Verwaltung zur Anwendung (vgl. Koch MMR 2022, 440).

Um der wachsenden Bedeutung von Daten Rechnung zu tragen, hat der Rat der Europäischen Union am 27.11.2023 die „Verordnung über harmonisierte Vorschriften für einen fairen Datenzugang und eine faire Datennutzung" (kurz: **Data Act**) verabschiedet. Der Data Act schreibt einen Rechtsrahmen für **„Rechte an Daten"** fest, unabhängig davon, ob diese personenbezogen sind oder nicht. Dadurch soll eine europäischen Datenökonomie geschaffen werden, in der die verschiedenen Akteure (zB Gerätehersteller, -betreiber und die Anbieter von Cloud-Diensten) untereinander Daten austauschen können. Der DA soll zudem Dateninhaber verpflichten, Endnutzern und von ihnen eingeschalteten Dritten den Zugang zu maschinengenerierten Daten zu ermöglichen. Gegenüber der DS-GVO wird der DA nachrangig sein. Das Datengesetz wird somit die datenschutzrechtlichen Regelungen weder modifizieren noch schafft es eine eigene Rechtsgrundlage für die Verarbeitung von personenbezogenen Daten. Nach der Verkündung im Amtsblatt der EU am 22.12.2023 ist der Data Act am 11.1.2024 in Kraft getreten und wird nach einer grundsätzlichen Übergangsfrist von 20 Monaten ab dem 12.9.2025 in der EU direkt anwendbares Recht werden.

3. Softwareüberlassung und Aktualisierung. Sowohl für den Provider als auch für den Kunden ist es von wirtschaftlichem Vorteil, wenn der Provider seine Software vielen Kunden anbieten kann. Es liegt auf der Hand, dass der Preis der Software umso günstiger angeboten werden kann, je größer die Zahl der Kunden ist, die diese in Anspruch nehmen. Für den Cloud-Anbieter bedeutet das, dass er seine Leistung „Software" möglichst einheitlich anbieten muss. Um unterschiedliche Softwareversionen zu vermeiden und gleichzeitig dem Kunden die jeweils aktuelle Version der Software zur Verfügung zu stellen, sehen die Bestimmungen im Vertragsformular die Möglichkeit und zugleich die Verpflichtung des Providers vor, die zu überlassende Software zu aktualisieren.

4. Nutzungsrechte an der Software. Computerprogramme sind als „Sprachwerke" gemäß §§ 2 Nr. 1, 69a Abs. 1 UrhG urheberrechtlich geschützt. Software genießt urheberrechtlichen Schutz, wenn es ein individuelles Werk darstellt, das das Ergebnis einer eigenen geistigen Schöpfung ihres Urhebers ist. Bei der Beurteilung, ob diese Schutzfähigkeitsvoraussetzungen vorliegen, sind weitere Kriterien, insbesondere solche qualitativer oder ästhetischer Art, nicht anzuwenden (§ 69a Abs. 3 UrhG). Ein Minimum an Individualität ist ausreichend, was hinsichtlich der vertraglich vereinbarten Software angenommen wird.

Vor dem Hintergrund der urheberrechtlichen **Zweckübertragungslehre** gemäß § 31 Abs. 5 UrhG (der BGH spricht sprachlich präziser vom **„Übertragungszweckgedanken"** (BGH GRUR 2010, 1004 (1007) – Autobahnmaut)) ist der Umfang der eingeräumten Nutzungsrechte im Zweifel eng auszulegen. Es empfiehlt sich deshalb, eine ausdrückliche und möglichst umfassende Regelung der Nutzungsrechtseinräumung, damit spätere Meinungsverschiedenheiten über Inhalt und Umfang der Nutzungsrechte vermieden werden. Allerdings wird im Zusammenhang von Cloud Computing vertreten, dass anders als bei der Softwaremiete keine urheberrechtlich relevante Gebrauchsüberlassung erfolgt, weil dem Nutzer lediglich der **Zugang zu den Funktionen der Software** gewährt wird, was keine Vervielfältigungshandlung im Sinne von § 69c Nr. 1 UrhG darstellen soll (Söbbing ITRB 2023, 75 (78 f.); Bierekoven ITRB 2010, 42 (43); Schuster/Reichl CR 2010, 38 (41)). Jedenfalls ist im Verhältnis zwischen Provider und dem Hersteller der Software festzuhalten, dass der Cloud-Anbieter die Software auf seinem Server installiert und sodann seinen Kunden zugänglich macht. Dieser Vorgang stellt eine urheberrechtliche Vervielfältigungshandlung und ein öffentliches Zugänglichmachen nach § 19a UrhG in Bezug auf die Software dar (Pohle/Amann CR 2009, 273 (276); Wandtke/Bullinger/Bullinger UrhG § 19a Rn. 10, 12 und 23).

In logischer Denkkonsequenz ist es für den Cloud Provider, sofern er dem Kunden keine eigene Software-Anwendung anbietet, sondern diese von Dritten bezieht, wichtig sicherzustellen, dass er selbst über die erforderlichen Nutzungs- und Verwertungsrechte an der betroffenen Software verfügt. Im Rahmen von entsprechenden „Back-to-Back-Vereinbarungen“ wird sich der Provider insbesondere das Vervielfältigungsrecht (§ 69c Nr. 1 UrhG) und das Recht der öffentlichen Zugänglichmachung (§ 19a UrhG) einzuräumen haben. Sollte der Cloud-Anbieter zudem die Software an die individuellen Wünsche seiner Kunden anpassen und diese damit ändern, ist auch das Bearbeitungsrecht nach § 69c Nr. 2 UrhG miteinzuschließen (Niemann/Paul K&R 2009, 444 (448)).

5. Einräumung von Speicherplatz. Die Leistungspflicht des Cloud-Anbieters umfasst zweierlei: Zum einen stellt der Provider dem Kunden Speicherplatz auf einem Server zur Verfügung, damit der Kunde dort Inhalte ablegen kann. Zum anderen hat der Provider diese Inhalte derart an das Internet anzubinden, dass der Kunde sie abrufen kann. Der Inhalt der auf dem Server abgelegten Daten richtet sich nach dessen technischen Eigenschaften. Diese sind in der technischen Spezifikation geregelt. Wie im Vertragsformular ist diese regelmäßig in einer separaten Anlage zum Vertrag enthalten.

6. Datensicherheit. Der Provider übernimmt die Pflicht, den Serverinhalt regelmäßig zu sichern. Es ist sinnvoll festzulegen, in welchen regelmäßigen Abständen die Datensicherung geschuldet ist. Ebenso sollte dem Anbieter auferlegt werden, geeignete Vorkehrungen gegen Datenverlust und unbefugten Zugriff durch Dritte zu treffen. Diese Maßnahmen liegen letztlich auch im Interesse des Providers, weil der Aspekt der Datensicherheit ein wichtiges Element seines Geschäftsmodells ausmacht. Die weitere erfolgreiche Verbreitung von Cloud Computing wird uU davon abhängen, ob die Cloud Provider den von den Nutzern erwarteten Standard in Bezug auf die Datensicherheit erfüllen können (zum Aspekt des Datenschutzes → Anm. 13). Hierzu gehören etwa ausreichende Zugangs- und Zugriffsabsicherungen sowie die Einrichtung von geeigneten **Firewalls**, die abhängig vom Schutzbedarf vom einfachen Paketfilter bis zur Application Layer Firewall/Gateway reichen können, einschließlich deren ständige Überwachung, die Implementierung von Schutzmaßnahmen gegen Hackerangriffe oder sonstige Eindringversuche (**Intrusion-Detection-Systeme** bzw. **Intrusion-Prevention-Systeme**) und die vollständige Dokumentation von sonstigen sicherheitsrelevanten Vorfällen (vgl. Völker/Schnatz/Breyer MMR 2022, 427 (431); Borges/Meents Cloud Computing/Cahsor/Sorge § 10 Rn. 21, 59 ff.; Kath/Kuß/Maiworm CR 2016, 98 ff.).

In diesem Zusammenhang stellt sich für den Kunden die Frage, ob er sensible Daten, insbesondere, wenn diese das wertvolle Know-How des Unternehmens beinhalten, überhaupt einer Cloud-Anwendung anvertrauen darf. Das „Gesetz zur Kontrolle und Transparenz im Unternehmensbereich“ (KonTraG) aus dem Jahr 1998 verpflichtet Vorstände von Aktiengesellschaften und die Geschäftsführer großer Kapitalgesellschaften zur Einrichtung einer IT-Sicherheitsarchitektur. § 91 Abs. 2 AktG trägt dem Vorstand einer Aktiengesellschaft auf, geeignete Maßnahmen zu treffen, insbesondere ein **Überwachungssystem einzurichten**, damit den Fortbestand der Gesellschaft gefährdende Entwicklungen früh erkannt werden. Hieraus lässt sich durchaus folgern, dass Unternehmen sensible Daten, selbst wenn es sich dabei nicht um personenbezogene Daten handelt (zum Aspekt des Datenschutzes → Anm. 13), nur dann in eine Cloud ablegen darf, wenn geeignete Technologien angewendet werden, die den Schutz der Daten vor dem unberechtigten Zugriff durch Dritte gewährleisten. Es ist daher angezeigt, sich über die technischen Vorkehrungen hinsichtlich der Datensicherheit beim Provider zu erkundigen und diese verbindlich zu vereinbaren. Gleichzeitig ist bei der **Auswahl des Providers** die erforderliche Sorgfalt anzuwenden, insbesondere wenn der Cloud Daten sensibler Natur anvertraut werden sollen, sofern sich man überhaupt entschieden hat, diese Daten einer Cloud-Anwendung zu unterwerfen.

Je nach Inhalt der Daten ist auch an die Anforderungen an **Buchhaltung und Buchführungspflichten** zu denken. Bücher und sonstige Aufzeichnungen sind nach § 146

Abs. 2 S. 1 AO im Inland zu führen und aufzubewahren. Davon kann die zuständige Finanzbehörde auf Antrag des Steuerpflichtigen gemäß § 146 Abs. 2a AO dahingehend eine Abweichung bewilligen, dass elektronische Bücher und sonstige erforderliche elektronische Aufzeichnungen in einem Mitgliedstaat der EU geführt und aufbewahrt werden. Weitergehende Erleichterungen, also zB eine Aufbewahrung in einer Cloud außerhalb der EU, können die Finanzbehörden nach § 148 AO bewilligen. Sofern eine solche Erlaubnis der Behörde vorliegt, ist die Führung und Aufbewahrung elektronischer Bücher mit entsprechender Bewilligung nur im Rahmen einer Cloud in der EU möglich (Niemann/Paul K&R 2009, 444 (451)).

Angesichts des Umstands, dass mit der Sicherung der Daten insbesondere datenschutzrechtliche und urheberrechtliche Belange Dritter berührt werden können, enthält das Vertragsformular in § 7 Abs. 6 eine entsprechende Rechteklausel zugunsten des Providers. Auf diese Weise ist sichergestellt, dass der Provider berechtigt ist, die erforderlichen Vervielfältigungshandlungen vorzunehmen, zB im Hinblick auf die Datensicherung.

7. Unterbrechung/Beeinträchtigung der Erreichbarkeit. Für den Kunden ist die Verfügbarkeit der vereinbarten Dienste (hier Software und Speicherplatz) von zentraler Bedeutung. Allerdings ist eine ununterbrochene Verfügbarkeit der Dienste aufgrund der technischen Rahmenbedingungen nicht möglich. Wartungsarbeiten und nicht zu vermeidende technische Defekte führen zu Unterbrechungen der Leistungserbringung des Providers. Üblicherweise wird die Verfügbarkeit der Dienste mit einem Prozentsatz angegeben. Hierdurch wird die Leistungspflicht des Cloud-Anbieters definiert, der im Falle der unvermeidbaren Leistungsstörungen keinen Ansprüchen des Kunden ausgesetzt ist, solange er die vereinbarte Verfügbarkeitsquote einhält. Dem Kunden stehen dann trotz Störung der Leistungserbringung keine Nichtleistungs- oder Mängelhaftungsansprüche zu.

Die **Definition der Verfügbarkeit** sollte klar und verständlich sein. Ferner ist festzuhalten, an welchem Maßstab sich die Verfügbarkeit ausrichtet, also ob der Bezugszeitraum ein Tag, ein Monat oder ein Jahr ist. So macht es einen Unterschied, ob eine Verfügbarkeit von 98,5 % beispielsweise auf ein Monat oder, wie hier im Vertragsformular, auf ein Jahr bezogen ist. Es empfiehlt sich auch, dass zusätzlich geregelt wird, wie lange eine Unterbrechung maximal dauern darf („**Maximum Downtime**"). Da Wartungsarbeiten regelmäßig zur Unterbrechung oder Beeinträchtigung der Dienste führen können, ist klarzustellen, dass bei der Angabe der Verfügbarkeitsquote eine eventuelle Unterbrechung durch Wartungsarbeiten mitberücksichtigt ist. Ferner ist denkbar, dass dem Provider für den Fall, dass er gegen die Verfügbarkeitsregelung verstößt, eine Vertragsstrafe oder ein pauschalierter Schadenersatz auferlegt wird. Abgesehen davon, dass dadurch der Provider nachhaltig zur Erfüllung seiner Leistungspflicht angehalten werden soll, befreit eine solche Regelung den Kunden davor, den oftmals schwierigen Nachweis über den durch die Beeinträchtigung oder Unterbrechung der Dienste entstandenen Schaden zu führen. Schließlich ist in diesem Zusammenhang anzumerken, dass Cloud-Anbieter zum Teil mit einer Verfügbarkeitsgröße von 100 % werben, obwohl dies bereits technisch nicht einzuhalten ist. In diesen Fällen wird die Vertragsstrafe bzw. der pauschalierte Schadenersatz vom Provider bereits einkalkuliert und entsprechend im Angebot eingepreist.

8. Zulässigkeit der Inhalte. Sofern sich die Aufgabe des Cloud Providers nicht nur darauf beschränkt, dem Kunden eine „externe Festplatte" zur Verfügung zu stellen, richtet sich seine Verantwortlichkeit nach den Art. 4 ff. DSA iVm § 7 Abs. 1 DDG, die auch nach Inkrafttreten der DS-GVO anwendbar sind. Danach ist er nicht verpflichtet, die Zulässigkeit der von seinen Kunden auf dem Speicherplatz abgelegten Inhalte zu überprüfen (Art. 8 DSA iVm § 7 Abs. 1 DDG).

Für den Host-Provider gilt die Haftungsprivilegierung nach Art. 6 DSA iVm § 7 Abs. 1 DDG: Sofern dieser keine Kenntnis von der rechtswidrigen Tätigkeit oder dem rechtswidrigen Inhalt hat oder sie zügig nach Kenntnis oder Bewusstseinserlangung sperrt oder entfernt, scheidet eine Verantwortlichkeit für das Speichern fremder Informationen aus. Die überwiegende Zahl der Entscheidungen zur Verantwortlichkeit von Diensteanbietern betreffen Host-Provider. Die frühere ständige Rechtsprechung des BGH, wonach § 10 TMG als weitgehend ähnliche Vorgängerregelung des Art. 6 DSA nicht auf Unterlassungsansprüche anzuwenden sei, sondern nur auf strafrechtliche Verantwortlichkeit und Schadensersatzhaftung (BGH CR 2011, 259), ist inzwischen aufgegeben worden (BGH BGHZ 191, 19). Zuvor hatte der EuGH klargestellt, dass das Haftungsprivileg gem. Art. 12–15 RL 2000/31/EG den Host-Provider unterschiedslos von jeder Verantwortlichkeit freistelle (EuGH GRUR 2011, 1025 – L'Oréal/eBay; aA allerdings noch der für das Delikts- und Äußerungsrecht zuständigen VI. Zivilsenat (BGH NJW 2012, 148)). Hinsichtlich der Haftung für fremde Inhalte gelten die **Grundsätze der allgemeinen Störerhaftung**, die aus § 1004 BGB hergeleitet werden. Danach setzt die Haftung des Störers die Verletzung ihm obliegenden Prüfungspflichten voraus. Diese entstehen aber in der Regel erst, wenn der Provider auf den Rechtsverstoß hingewiesen wird (BGH NJW 2012, 148; BGH GRUR 2011, 1038). Eine Haftung für Host-Provider scheidet aus, wenn die Störung binnen angemessener Frist nach Inkenntnissetzung beseitigt wird. Die Rechtsprechung geht davon aus, dass es dem Host-Provider grundsätzlich nicht zuzumuten ist, jedes Angebot vor der Veröffentlichung auf eine etwaige Rechtsverletzung zu untersuchen, weshalb eine Verantwortlichkeit des Portalbetreibers vor Erlangung der Kenntnis von der Rechtsverletzung ausgeschlossen ist (BGH GRUR 2019, 947 Rn. 23; 2018, 1044 Rn. 25 f.; 2013, 1229 Rn. 36 – Kinderhochstühle im Internet II; GRUR 2011, 1038 Rn. 21 – Stiftparfüm; GRUR 2012, 751 Rn. 19 – RSS-Feeds; ebenso EuGH GRUR 2012, 265 Rn. 47 ff. – Scarlet/SABAM; 2012, 382 Rn. 33 – Netlog/SABAM). Wenn der Host-Provider auf eine klare Rechtsverletzung hingewiesen worden ist, muss er nicht nur das konkrete Angebot sperren, sondern auch Vorsorge dafür treffen, dass es möglichst nicht zu weiteren derartigen Schutzrechtverletzungen kommt (BGH GRUR 2004, 860 (864) – Internet-Versteigerung I; 2007, 708 Rn. 45 – Internetversteigerung II; 2008, 702 Rn. 51 – Internet-Versteigerung III; 2011, 1038 Rn. 21 – Stiftparfüm). Eine allgemeine Überwachungspflicht für Internet-Provider besteht daher nicht (BGH GRUR 2013, 1229 Rn. 36 – Kinderhochstühle im Internet II; 2013, 370 Rn. 28 – Alone in the Dark; 2011, 1038 Rn. 39 – Stiftparfüm). Die Entscheidung über die Haftung des Host-Providers hängt im Einzelfall davon ab, ob und in welchem Umfang dem Provider technisch eine Vorabkontrolle der Inhalte möglich ist, die automatisiert sein müsste, weil eine manuelle Kontrolle angesichts der Vielzahl der Informationen in der Regel nicht zumutbar wäre (BGH GRUR 2011, 152 Rn. 38 – Kinderhochstühle im Internet I; 2013, 1229 Rn. 47 – Kinderhochstühle im Internet II). Inzwischen hat der EuGH jedenfalls klargestellt, dass Betreiber sozialer Netzwerke nicht verpflichtet sind, Filter zu integrieren zur Verfolgung von Urheberrechtsverstößen im Rahmen von Uploads ihrer Nutzer (EuGH GRUR 2012, 382 Rn. 46 – Netlog/SABAM). Das Gericht hat seine Entscheidung ua damit begründet, dass die Kontrollmaßnahmen dem Provider wirtschaftlich nicht zuzumuten sind und dass einem solchen Filtereinsatz datenschutzrechtliche Bedenken entgegenstehen. Für eigene Inhalte haftet der Host-Provider neben § 7 TMG auch nach den allgemeinen zivilrechtlichen Vorschriften, also gem. §§ 823 ff., 276 BGB. Dies gilt auch für fremde Inhalte, wenn sie vom Provider bzw. seinen Mitarbeitern selbst veröffentlicht wurden (BGH NJW 2014, 552).

Der am 16.11.2022 in Kraft getretene und ab 17.2.2024 vollständig anwendbare **Data Services Act (DSA)** setzt das bisher geltende Konzept des Melde- und Abhilfeverfahrens (sog. „notice and takedown") weitgehend fort. Insbesondere müssen Diensteanbieter die Rechtmäßigkeit der Inhalte nicht proaktiv überprüfen, dh es gibt insoweit keine allgemeine Verpflichtung zur Überwachung oder aktiven Nachforschung (vgl. Art. 8 DSA). Mitteilungen müssen hinreichend präzise und substanziiert sein, um den Provider in zumutbarer Weise in die Lage zu versetzen, den rechtswidrigen Inhalt zu identifizieren, zu beurteilen und Maßnahmen in die Wege zu leiten (Art. 16 Abs. 2 DSA; so auch schon EuGH MMR 2021, 705 Rn. 116 – YouTube und Cynado). Vor dem Hintergrund, dass sich erhebliche Unterschiede in den Mitgliedstaaten hinsichtlich der Anforderungen an Benachrichtigungen gezeigt haben, konkretisieren Art. 16 und 17 DSA die Pflichten für ein Beschwerdesystem nur für Host-Provider. Neu hinzugekommen ist die Klarstellung (zT etwas irreführend als „Good Samaritan"-Klausel bezeichnet), dass freiwillig auf Eigeninitiative veranlasste Untersuchungen oder andere Maßnahmen, die auf die Einhaltung von Rechtsvorschriften abzielen, die Haftungsprivilegien nicht ausschließen (Art. 7 DSA). Zu beachten ist im Übrigen, dass sich Host-Provider, die den Abschluss von Verträgen zwischen Unternehmern und Verbrauchern (B2C Verträge) ermöglichen, nicht auf die Haftungsprivilegien im Zusammenhang mit Verbraucherschutzrecht berufen können, wenn die Gestaltung der Online-Plattform den Verbraucher zu der Annahme verleitet, dass die Informationen, das Produkt oder die Dienstleistung, die Gegenstand der Transaktion sind, entweder vom Diensteanbieter selbst oder von einem Unternehmer, der unter seiner Kontrolle handelt, bereitgestellt werden (Art. 6 Abs. 3 DSA).

9. Zugang des Kunden. Der Provider hat dafür zu sorgen, dass der Kunde Zugang zu den abgelegten Inhalten und zu der Software erhält. Um die erforderliche Datensicherheit sicherzustellen, ist vorgesehen, dass der Kunde die entsprechenden Zugangcodes („User-ID" und Passwort) selbst generiert. Bereits im eigenen Interesse hat der Kunde diese Zugangcodes geheim zu halten und Dritten gegenüber nicht zugänglich zu machen. Alternativ besteht auch die Möglichkeit, ein automatisiertes Identitätsmanagements per Single-Sign-On zu vereinbaren, um eine direkte Einbindung des Cloud-Nutzers in die Cloud Services ohne zusätzliche Passwörter zu gewährleisten (Borges/Meents Cloud Computing/Meents § 4 Rn. 212). Aus Sicht des Cloud-Anbieters wird zudem vermieden, dass dritte Unternehmen die Software nicht ohne sein Wissen und ohne zusätzliche Vergütung nutzen.

10. Vergütung. In der Regel erfolgt die Vergütung nutzungsabhängig, dh bei IaaS und PaaS (→ Anm. 2) anhand des genutzten Speichervolumens und bei SaaS für die Nutzung der jeweiligen Software, gegebenenfalls, wie im vorliegenden Beispielsfall, in Kombination mit der Nutzung von Speicherplatz (vgl. Bierekoven ITRB 2010, 42 (43)).

11. a) **Mängelhaftung.** Im Zusammenhang mit der Mängelhaftung ist darauf abzustellen, dass der Cloud-Anbieter insbesondere folgende Leistungen erbringt, nämlich das Zurverfügungstellen von Speicherplatz und Software sowie das Anbinden des Servers an einen Übergabepunkt zum Internet. Es ist daher ua Miet- bzw. Werkvertragsrecht einschlägig (→ Anm. 2). Es handelt sich daher um einen typengemischten Vertrag, bei dem sich die Mängelhaftung danach bestimmt, welche der zu erbringenden Leistungen mangelbehaftet ist (vgl. Grüneberg/Grüneberg BGB Überbl. v. § 311 Rn. 24 ff.).

b) **Haftung.** Ein Ausschluss der Haftung für Vorsatz ist nach § 276 Abs. 3 BGB nicht zulässig. In Allgemeinen Geschäftsbedingungen kann die Haftung für grobe Fahrlässigkeit gem. § 309 Ziff. 7 lit. b BGB, der über §§ 310 Abs. 1, 307 BGB auch bei Verträgen zwischen Unternehmen anwendbar ist, nicht wirksam ausgeschlossen werden (zu den Grenzen der Haftungsbeschränkung in AGB → Vorb. A.III.4). Nach allgemeiner Auffassung gilt das Verbot der Freizeichnung für grobes Verschulden der gesetzlichen Vertreter und leitenden sowie einfachen Angestellten (Grüneberg/Grüneberg BGB § 309 Rn. 55). Nach ständiger Rechtsprechung des BGH darf die Haftung für vertragswesentliche Pflichten gem. § 307 Abs. 2 Nr. 2 BGB auch für einfache Fahrlässigkeit nicht ausgeschlossen werden. Zu beachten ist ferner, dass in Allgemeinen Geschäftsbedingungen Haftungserleichterungen über eine summenmäßige Beschränkung nicht wirksam sind. Im Verkehr zwischen Unternehmen ist jedoch eine Haftungsbeschränkung auf den vertragstypischen, vorhersehbaren Schaden zulässig (BGH NJW-RR 2006, 267 (269); Grüneberg/Grüneberg BGB § 309 Rn. 56). Im Hinblick auf das Transparenzgebot des § 307 Abs. 1 S. 2 BGB sollte der Begriff der vertragswesentlichen Pflichten im Vertragstext konkretisiert werden (vgl. BGH NJW-RR 2005, 1496 (1505) – Honda; BGH NJW 2013, 291; Grüneberg/Grüneberg BGB § 309 Rn. 54).

Nach § 307 Abs. 2 Nr. 2 BGB ist der vollständige Ausschluss der Haftung für einen Datenverlust nicht zulässig. Allerdings gilt dies nicht für den Ausschluss von Exzessrisiken, wie etwa einem Datenverlust, der durch eine verkehrsübliche Datensicherung hätte vermieden werden können (vgl. BGH NJW 1996, 2924 (2926). Folglich kann die Haftung für einen Schaden ausgeschlossen werden, der über den Wiederherstellungsaufwand bei ordnungsgemäßer und regelmäßiger Datensicherung hinausgeht.

12. **Laufzeit/Kündigung.** Es finden sich unterschiedliche Laufzeitenregelungen. Diese hängen von Inhalt und Umfang der vereinbarten Cloud-Dienste ab. Die Vertragsdauer unterliegt der Privatautonomie der Parteien. Der Vertrag kann eine feste Mindestlaufzeit haben oder auf unbestimmte Dauer geschlossen werden. Im vorliegenden Beispielsfall ist der Vertrag auf unbestimmte Zeit geschlossen und kann von beiden Parteien nach Ablauf eines Jahres jederzeit schriftlich mit einer Frist von 30 Tagen zum Ende eines Monats beendet werden. Es ist nicht außer Betracht zu lassen, dass der Kunde die Kostenersparnisse des Cloud Computing letztlich durch eine gesteigerte **Abhängigkeit** erkauft. Dies gilt insbesondere dann, wenn der Kunde seine IT-Infrastruktur vollständig zugunsten der Cloud-Anwendung aufgibt. Es empfiehlt sich daher dafür Sorge zu tragen, dass ein Wechsel des Anbieters ohne technische Probleme möglich bleibt. Anderenfalls läuft der Kunde Gefahr, im Hinblick auf etwaig hohe Wechselkosten oder wegen eines erheblichen technischen Aufwands beim Wechsel faktisch an den Provider gebunden zu bleiben, also unabhängig von den vereinbarten Kündigungsbestimmungen. Es empfiehlt sich daher, ein entsprechendes sog. **Exit Management** zu vereinbaren, das ggf. auch eine zeitlich befristete Fortsetzung der Leistungen des Cloud-Anbieters über das Vertragsende hinaus vorsehen kann, um dem Kunden einen reibungslosen Übergang zu einem anderen Provider zu ermöglichen (Borges/Meents Cloud Computing/Meents § 4 Rn. 228 f.).

Das Recht zur fristlosen Kündigung aus wichtigem Grund kann nach deutschem Recht vertraglich nicht ausgeschlossen werden.

13. **Datenschutz/Geheimhaltung.** Zu den bedeutsamsten Rechtsfragen, die sich im Bereich des Cloud Computing stellen, gehören die Anwendbarkeit des Datenschutzrechts und die Einhaltung der Datenschutzbestimmungen. Art. 24 und 29 DS-GVO verlangen idR eine unternehmensinterne Datenschutz-Policy, soweit personenbezogene oder -beziehbare Daten involviert sind. In der Datenschutz-Policy sollte bestimmt sein, dass die Durchführung des Vorhabens Cloud Computing die Zustimmung des internen oder externen Datenschutzbeauftragten erfordert. Andernfalls besteht für das beauftragende Unternehmen Gefahr, sich dem Vorwurf eines strukturellen Organisationsverschuldens auszusetzen. Wenn personenbezogene Daten Gegenstand des Cloud Computing Vertrags sind, dh wenn der Provider personenbezogene Daten verarbeitet iSd Art. 4 Ziff. 2 DS-GVO, ist insbesondere das charakteristische Element des Cloud Computing zu beachten, nämlich die potentiell weltweite Datenverarbeitung. Die Herausforderung liegt zudem in den Techniken der IT-Cloud begründet, die dadurch gekennzeichnet sind, dass auf der Auftragnehmerseite idR nicht ein, sondern mehrere Unternehmen stehen, selbst wenn der Auftraggeber nur mit einem Anbieter einen Vertrag schließt (sog. **Grid-Computing**). Mehrere Anbieter bilden einen Ressourcen-Pool an Rechenkapazität und sind damit in der Lage, verhältnismäßig preisgünstige

Cloud-Angebote zu gestalten. Wird eine KI-Software in der Cloud betrieben, ist ferner regelmäßig zu prüfen, ob eine unzulässige automatisierte Einzelentscheidung ohne menschliche Mitwirkung nach Art. 22 DS-GVO getroffen wird, wie zB bei einer automatischen Vorauswahl in einem Einstellungsprozess. Art. 22 DS-GVO soll verhindern, dass eine natürliche Person zum Objekt einer rein automatisierten Entscheidung wird (Paal/Pauly/Martini DS-GVO Art. 22 Rn. 1).

Falls keinerlei personenbezogene Daten (dh auch keine Protokolldaten/Logdaten von Nutzern) in der Cloud verarbeitet werden, ist das EU-Datenschutzrecht nicht anwendbar. In der Praxis dürfte das allerdings nur in den seltensten Fällen zutreffen. Sofern die Daten in der Cloud derart anonymisiert sind, dass die betroffene Person nicht oder nicht mehr identifiziert werden kann (sog. echte Anonymisierung), findet die DS-GVO ebenfalls keine Anwendung (Ehmann/Selmayr/Klabunde DS-GVO Art. 4 Rn. 20). Was das anwendbare Datenschutzrecht betrifft, so unterliegt ein Unternehmen, das in einem Drittstaat belegen ist und das datenschutzrechtlich relevante Handlungen vornimmt oder durch einen Auftragsverarbeiter vornehmen lässt, den Datenschutzbestimmungen der DS-GVO, wenn die Datenverarbeitung durch eine Niederlassung in der Union erfolgt (vgl. Art. 3 Abs. 1 DS-GVO). Es ist daher nicht maßgeblich, an welchem Ort die Datenverarbeitung tatsächlich stattfindet. Die Anknüpfung an den Ort der Niederlassung (**Marktortprinzip**) trägt der bei Cloud-Diensten innewohnenden Schwierigkeit Rechnung, den genauen Ort der Datenverarbeitung zu lokalisieren. Überdies finden nach Art. 3 Abs. 2 DS-GVO die Vorgaben des europäischen Datenschutzrechts erstmals auch auf solche Verantwortliche oder Auftragsverarbeiter Anwendung, die nicht in der Union niedergelassen sind, aber betroffenen Personen in der Union Waren oder Dienstleistungen anbieten (lit. a) oder deren Verhalten beobachten (lit. b).

Findet die DS-GVO Anwendung, ist zu prüfen, ob eine nach Art. 28 DS-GVO iVm Art. 4 Ziff. 8 DS-GVO zulässige Auftragsverarbeitung vorliegt (siehe hierzu auch den Vertrag zur Auftragsverarbeitung → Form. G.3). Ein wichtiger Aspekt ist, dass der Auftragsverarbeiter keine Entscheidungsfreiheit bezüglich der Zwecke der Verarbeitung haben darf. Soweit der Cloud Anbieter jedoch eine solche Entscheidungsfreiheit haben sollte, ist er als Verantwortlicher iSd Art. 4 Ziff. 7 DS-GVO oder gemeinsam Verantwortlicher iSd Art. 26 DS-GVO zu beurteilen, und eine Auftragsverarbeitung scheidet aus (vgl. EuGH NJW 2018, 2537 – Facebook-Fanpages). Diensteanbieter, die sich – wie bei bestimmten Modellen des Cloud Computing der Fall – weitreichende Gestaltungsmöglichkeiten vorbehalten, würden sich als Verantwortlicher iSd Art. 4 Ziff. 7 DS-GVO mit den hierdurch einhergehenden weitergehenden Verpflichtungen nach den Bestimmungen der DS-GVO konfrontiert sehen.

Tatsächlich sind die gesetzlichen Anforderungen der Auftragsverarbeitung nicht für Cloud Computing zugeschnitten, weshalb sich in der Praxis uU Schwierigkeiten ergeben, etwa dahingehend, ob und wie der Auftraggeber die nach Art. 28 Abs. 3 S. 2 lit. h DS-GVO erforderlichen **Kontrollpflichten** darstellen kann. Die Einhaltung der Vorgaben des DS-GVO sind durch Auftragnehmer vor Vertragsschluss und auch während der Leistungsdauer regelmäßig zu kontrollieren und diese Kontrollen sind zu dokumentieren. Angesichts der Natur der IT-Cloud Dienste lassen sich zB Inspektionen beim Dienstanbieter vor Ort kaum umsetzen. Vor-Ort-Audits sind allerdings nach der DS-GVO auch nicht zwingend vorgesehen. Es genügt, dass sich der Verantwortliche die Möglichkeit von solchen Vor-Ort-Kontrollen vorbehält (Gola/Heckmann/Klug DS-GVO Art. 28 Rn. 11). Der Auftragnehmer kann sich auch auf die Expertise Dritter verlassen, was insbesondere dann von Bedeutung ist, wenn das Rechenzentrum werthaltige und aussagekräftige datenschutzspezifische **Zertifizierungen** oder Audits vorweisen kann, wobei diese nur ein Indiz für einen geeigneten Auftragsverarbeiter sind (vgl. Art. 28 Abs. 5 DS-GVO). Art. 42 DS-GVO regelt Inhalt und Voraussetzungen von datenschutzrechtlichen Zertifizierungen. Zertifizierungen wie ISO 27018, 27017 und Trusted Cloud Datenschutzprofil (TCDP) gehören in der Cloud Branche zu den einschlägigen Standards (zu weiteren Einzelheiten siehe Auer-Reinsdorff/Conrad IT- und DatenschutzR-HdB/Conrad/Licht/Strittmatter § 22 Rn. 198 ff.). Generell kommt es überdies darauf an, den datenschutzrechtlichen Anforderungen durch sorgfältig gefasste vertragliche Regelungen gerecht zu werden (vgl. Auer-Reinsdorff/Conrad IT- und DatenschutzR-HdB/Conrad/Licht/Strittmatter § 22 Rn. 211 ff. mwN). Gem. Art. 32 Abs. 1 DS-GVO haben Verantwortlicher (Cloud-Anwender) und Auftragsverarbeiter (Cloud-Anbieter) geeignete technische und organisatorische Maßnahmen zu treffen, um ein dem Risiko **angemessenes Schutzniveau** zu gewährleisten. Diese sind zu dokumentieren (s. auch Art. 5 Abs. 2 DS-GVO). Als Orientierungshilfe kann ua der vom Bundesamts für Sicherheit in der Informationstechnik (BSI) veröffentlichte „Anforderungskatalog Cloud Computing (C5)" herangezogen werden, in welchem Kriterien zur Beurteilung der Informationssicherheit von Cloud-Diensten zusammengestellt werden (abrufbar unter https://www.bsi.bund.de/dok/13368652). In Zusammenarbeit zwischen der Cloud Select Industry Group und den europäischen Datenschutzbehörden wurde im April 2019 ein aktualisierter Entwurf des EU Cloud Code of Conduct (Version 2.2) den Aufsichtsbehörden zur Prüfung vorgelegt (abrufbar unter https://eucoc.cloud/en/contact/request-the-eu-cloud-code-of-conduct.html). Der EU Cloud Code of Conduct (EU Cloud CoC) gilt als Verhaltensregel iSv Art. 40 DS-GVO und ist nur auf B2B-Cloud-Dienste anwendbar, bei welchen der Cloud-Anbieter als Auftragsverarbeiter handelt. Der EU Cloud CoC soll die Lücke zwischen DS-GVO und vorhandenen Zertifizierungen überbrücken (Auer-Reinsdorff/Conrad IT- und DatenschutzR-HdB/Conrad/Licht/Strittmatter § 22 Rn. 186 ff. mwN).

Für Cloud-Provider, die außerhalb der EU oder des EWR ansässig sind, oder bei denen Datenverarbeitungsvorgänge innerhalb einer weltweiten Cloud erfolgen, sind – vorausgesetzt die Verarbeitung entspricht den allgemeinen Anforderungen nach Art. 5 ff. DS-GVO – die Vorschriften der Art. 44 ff. DS-GVO über die Übermittlung von personenbezogenen Daten an Drittstaaten zu beachten. Nach Art. 44 S. 1 Hs. 1 DS-GVO sind Datentransfers in Drittländer grundsätzlich unzulässig, sofern nicht ein Angemessenheitsbeschluss der Kommission gem. Art. 45 DS-GVO vorliegt, geeignete Garantien iSd Art. 46 DS-GVO vorgesehen sind oder ein Ausnahmetatbestand des Art. 49 DS-GVO einschlägig ist. Als Garantien zur Gewährleistung eines angemessenen Datenschutzniveaus kommen in der Praxis idR EU-Standarddatenschutzklauseln nach Art. 46 Abs. 2 lit. c DS-GVO und verbindliche interne Datenschutzvorschriften gem. Art. 47 DS-GVO iVm Art. 46 Abs. 2 lit. b DS-GVO in Betracht. Die Anwendung von verbindlichen Unternehmensregelungen (**Binding Corporate Rules**, kurz „BCR") kommt insbesondere bei Datentransfers innerhalb einer Unternehmensgruppe, also etwa einem multinationalen Konzern, zum Tragen. Zwar haben BCR den Vorteil, dass sie inhaltlich individuell ausgestaltet werden können und somit flexibler sind als die Vorgaben der EU-Standardvertragsklauseln. Allerdings kann in den meisten Cloud Computing Sachverhalten nicht auf die BCR zurückgegriffen werden, da sich die Datenverarbeitung selten auf eine Unternehmensgruppe beschränkt.

Daher ist zu prüfen, ob die Verwendung von **Standardvertragsklauseln der EU-Kommission** (Standardvertragsklauseln für die Übermittlung personenbezogener Daten an Auftragsverarbeiter in Drittländern, idF v. 4.6.2021) ein angemessenes datenschutzrechtliches Niveau gewährleisten kann.

In der Praxis ist vor allem die Datenübermittlung in die USA von Bedeutung, wo allerdings grundsätzlich kein angemessenes Datenschutzniveau anzunehmen ist. Nachdem der EuGH mit Urteil vom 6.10.2015 das „Safe Harbor"-Abkommen zwischen der EU und den USA (EuGH RIW 2015, 736 – Schrems) und später mit Urteil vom 16.7.2020 auch das **EU-US Privacy Shield-Abkommen** (EuGH NJW 2020, 2613 – Schrems II) für unwirksam erklärt hat, besteht für Übermittlungen personenbezogener Daten aus Europa an Unternehmen in den USA eine erhebliche Rechtsunsicherheit. Am

10.7.2023 hat die EU-Kommission gem. Art. 45 Abs. 3 DS-GVO einen neuen **Angemessenheitsbeschluss** für Datenübermittlungen in die USA gefasst, mit dem sie feststellt, dass die USA ein angemessenes Schutzniveau für die Datenverarbeitung bieten (Kommission Beschl. v. 10.7.2023 – C (2023) 4745 final) und damit das **EU/US Data Privacy Framework (DPF)** anerkannt (abrufbar unter https://commission.europa.eu/system/files/2023-07/Adequacy%20decision%20EU-US%20Data%20Privacy%20Framework_en.pdf). Gem. Art. 13 Abs. 1 lit. f bzw. Art. 14 Abs. 1 lit. f DS-GVO muss der Verantwortliche unter anderem darüber informieren, ob er die Absicht hat, Daten in ein Drittland zu übermitteln. Dabei ist auch auf die Existenz eines Angemessenheitsbeschlusses für das entsprechende Land hinzuweisen.

Sofern keine Auftragsverarbeitung vorliegt, ist eine Offenlegung von personenbezogenen Daten gegenüber dem Cloud-Anbieter anzunehmen. Diese ist aber nur mit **Einwilligung** der betroffenen Personen oder **gesetzlicher Erlaubnis** zulässig. Angesichts des Umstands, dass Art. 28 DS-GVO eine Spezialvorschrift für die Auslagerung an Dienstleister ist, wäre im Rahmen der Interessenabwägung nach Art. 6 Abs. 1 lit. f DS-GVO ein strenger Maßstab anzulegen, so dass die Abwägung bei Sicherheitsrisiken eher zu Lasten des Auftraggebers ausfallen dürfte. Im Allgemeinen kann angenommen werden, dass eine Auslagerung an einen Cloud Dienstleister nur dann im Sinne von Art. 6 Abs. 1 lit. f DS-GVO gerechtfertigt sein kann, wenn der Dienstleister in ähnlicher Weise vertraglich verpflichtet wird und wenn ähnliche Datenschutz-Compliance Vorkehrungen getroffen sind, wie dies im Rahmen von Art. 28 DS-GVO vorgesehen ist. Bei besonderen Kategorien personenbezogener Daten, wie etwa Gesundheitsdaten, sind die restriktiven Zulässigkeitsvoraussetzungen der Datenverarbeitung nach Art. 9 DS-GVO zu beachten, Art. 6 Abs. 1 lit. f DS-GVO findet insoweit keine Anwendung.

14. Anwendbares Recht. Das Wesen des Cloud Computing kann kollisionsrechtliche Fragen aufwerfen, weil die Leistungserbringung des Cloud Providers unabhängig von einem konkreten Standort ist. Die Parteien können gemäß Art. 3 Abs. 1 Rom I-VO das anwendbare Vertragsrecht wählen. Sofern die Parteien eines Cloud Computing Vertrags insoweit keine Vereinbarung getroffen haben, richtet sich das anwendbare Recht nach dem Sitz des Cloud Providers, weil dieser die relevante vertragscharakteristische Leistung erbringt (Art. 4 Abs. 2 Rom I-VO, vgl. Nordmeier MMR 2010, 151 (152)). Für die Ermittlung des auf den Cloud-Anbieter anwendbaren Datenschutzrechts ist allerdings zunächst die Vorfrage zu beantworten, ob der Cloud-Anbieter im Rahmen einer Auftragsverarbeitung tätig ist, wobei sich diese Vorfrage nach dem Recht richtet, das auf die Datenverarbeitung des Auftraggebers, dh des Cloud-Nutzers, anwendbar ist. Sofern diese dem europäischen Datenschutzrecht unterliegt, ist zu prüfen, ob eine wirksame Auftragsverarbeitung nach der DS-GVO vorliegt (zur Auftragsverarbeitung → Form. G.3). Ist dies der Fall, unterliegt auch die Auftragsverarbeitung der DS-GVO, und zwar unabhängig davon, in welchem Staat der Cloud-Anbieter seinen Sitz oder seine Niederlassung hat. Liegt hingegen keine (wirksame) Auftragsverarbeitung vor, dann ist der Cloud-Anbieter Verantwortlicher und das maßgebliche Recht beim Cloud-Anbieter ist nach Art. 3 DS-GVO zu ermitteln.

In Bezug auf **deliktische Ansprüche**, also wenn etwa in der Cloud gespeicherte Daten beschädigt oder zerstört werden, können die Parteien, sofern sie beide Unternehmer sind, nach Art. 14 Abs. 1 S. 1 lit. b Rom II-VO das anwendbare Deliktsrecht im Rahmen einer frei ausgehandelten Vereinbarung durch Rechtswahl bestimmen. Ohne eine (wirksame) Rechtswahl ergibt sich das anwendbare Recht im Ausgangspunkt nach dem Recht des Erfolgsortes, also des Orts, an dem der Schaden eingetreten ist (Art. 4 Abs. 1 Rom II-VO). Beim Cloud Computing werden die Daten häufig grenzüberschreitend und auf verschiedene Länder verteilt gespeichert. Der Provider speichert die Daten nicht auf einem bestimmten Rechner, sondern verschiebt sie in Teilen oder als Ganzes je nach Auslastung seiner Gesamtkapazitäten von einem Server auf einen anderen. Ein Erfolgsort lässt sich somit nicht immer klar bestimmen. Auch erscheint es aus Sicht des Geschädigten zufällig, an welchem Standort sich die Daten im Zeitpunkt des Schadenseintritts gerade befinden. Es wird daher vertreten, über die Ausweichklausel des Art. 4 Abs. 3 S. 1 Rom II-VO akzessorisch dasjenige Recht anzuwenden, welchem die vertragliche Beziehung der Parteien unterliegt, was dazu führt, dass sich – sofern keine Rechtswahl nach Art. 3 Abs. 1 Rom I-VO getroffen wurde – das anwendbare Recht gem. Art. 4 Abs. 2 Rom I-VO nach dem Sitz des Cloud-Providers richtet (Nordmeier MMR 2010, 151 (155 f.); aA Nägele/Jacobs ZUM 2010, 281 (283), die sich für eine konsequente Anwendung der Rechte aller Serverstandorte aussprechen). Zum Teil wird auch befürwortet, auf denjenigen Ort als Schadensort abzustellen, an dem die Daten üblicherweise verwendet werden, und an dem es dementsprechend durch die deliktische Handlung zu einem Schaden kommt (Spindler/Schuster/Bach Rom II Art. 4 Rn. 14).

15. Schriftformklausel und maßgebliche Sprachversion. Zu beachten ist, dass trotz Schriftformerfordernisses jederzeit durch eine ausdrückliche mündliche Vereinbarung vom Vertrag abgewichen werden kann (vgl. Grüneberg/Ellenberger BGB § 125 Rn. 19). Für Allgemeine Geschäftsbedingungen folgt dies bereits aus § 305b BGB. Etwas anderes soll sich auch dann nicht ergeben, wenn – wie im vorliegenden Formularvertrag vorgesehen – die Abänderung der Schriftformklausel selbst der Schriftform bedarf (vgl. BGH NJW 1986, 3131 (3132)).

Da es bei einer Übersetzung des Vertragstextes zum Verlust des Bedeutungsinhalts kommen kann, empfiehlt es sich, eine Sprachversion als maßgeblich zu vereinbaren. Dies wird in der Regel diejenige sein, die auch die Sprache des anwendbaren Rechts ist.

Technologietransfervereinbarung

10. Softwareübertragungsvereinbarung – Software Transfer Agreement (Native Mobile Apps)

Zwischen	**The following agreement (hereinafter referred to as „Agreement") is concluded by and between**
. . . . .	. . . . .
– nachstehend „Verkäufer" genannt –	**– hereinafter referred to as the „Seller" –**
und	**and**
. . . . .	. . . . .
– nachstehend „Käufer" genannt –	**– hereinafter referred to as the „Buyer" –:**
wird folgender Vertrag geschlossen:	

§ 1 Vertragsgegenstand[1, 2]

(1) Der Verkäufer verkauft nach Maßgabe der folgenden Bestimmungen an den Käufer die

- in Anlage 1 genannten Apps zur Anwendung auf den in Anlage 1 benannten Plattformen, Geräten und Betriebssystemen (nachfolgend insgesamt „Apps" genannt),
- in Anlage 2 aufgeführten Websites (nachfolgend „Websites" genannt),
- in Anlage 2 aufgeführten Softwareprogramme und Inhalte der mit den Apps und Websites verbundenen Backend Server (nachfolgend „Backend" genannt),
- in Anlage 2 aufgeführten gewerblichen Schutzrechte, Domains, Benutzerkonten (Accounts) und Kundendaten sowie das zu den Apps, den Websites und dem Backend gehörende Know-how.

Die vorgenannten Vermögensgegenstände werden nachfolgend insgesamt „Verkaufte Vermögensgegenstände" genannt.

Die zu den Verkauften Vermögensgegenständen gehörenden Softwareprogramme, insbesondere die Apps sowie die zu den Websites und zum Backend gehörenden Softwareprogramme (nachfolgend insgesamt „Software" oder, einzeln und insgesamt, auch „Softwareprogramme" genannt) umfassen deren Quellcode und kompilierte ausführbare Versionen sowie die dazu gehörigen Mediendateien, einschließlich der Benutzeroberflächen.

(2) Die Parteien sind sich einig, dass die Rechte an den Verkauften Vermögensgegenständen soweit wie möglich vom Verkäufer an den Käufer übertragen werden sollen. Die Übertragung der Rechte erfolgt mit Wirkung zum . . . . ., 00:00 Uhr (nachfolgend „Vollzugstag" genannt) und soll den Käufer in die Lage versetzen, wie bisher der Verkäufer die Software weiterzuentwickeln und zu pflegen sowie die Apps zu vermarkten und zu vertreiben.

§ 1 Subject Matter of the Agreement[1, 2]

(1) Subject to the terms and conditions set forth in this Agreement, the Seller sells to the Buyer the

- applications specified in Appendix 1 hereto for use on the platforms, devices and operating systems described in Appendix 1 hereto (hereinafter referred to collectively as „Apps"),
- websites listed in Appendix 2 hereto (hereinafter referred to as „Websites"),
- software programs and contents of the back-end server affiliated with the Apps and Websites, as specified in Appendix 2 hereto, (hereinafter referred to as the „Backend"),
- intellectual property rights, domains, user accounts and customer data listed in Appendix 2, as well as the know-how pertaining to the Apps, Websites and Backend.

The aforementioned assets are hereinafter referred to collectively as the „Sold Assets".

The software programs pertaining to the Sold Assets, in particular the Apps as well as the software programs pertaining to the Websites and the Backend (hereinafter referred to collectively as „Software" or, individually and collectively, also referred to as „Software Program(s)") comprise their source code and compiled executable versions as well as the associated media files, including user interfaces.

(2) The Parties agree that the rights to the Sold Assets should be transferred from the Seller to the Buyer to the most possible extent. The transfer of the rights shall be effective as of . . . . ., 00:00 o'clock (hereinafter referred to as the „Closing Date") and shall place the Buyer in the position previously held by the Seller to further develop and maintain the Software and to market and distribute the Apps.

(3) Der Käufer übernimmt zum Vollzugstag nach Maßgabe der folgenden Bestimmungen die in Anlage 3 aufgeführten Verträge.

(4) Der Verkäufer wird den Käufer bei der Integration der Apps in den Geschäftsbetrieb des Käufers nach Maßgabe der folgenden Bestimmungen unterstützen.

§ 2 Rechtseinräumung[3]

(1) Der Verkäufer überträgt an den Käufer mit Wirkung zum Vollzugstag alle übertragungsfähigen Inhaberrechte und Nutzungsrechte an den Verkauften Vermögensgegenständen (nachfolgend insgesamt „Schutzrechte" genannt).

(2) Auf Verlangen des Käufers wird der Verkäufer den Käufer bei der Anmeldung und Eintragung von Schutzrechten sowie bei der Umschreibung von Anmeldungen oder Eintragungen dieser Schutzrechte unterstützen, soweit eine solche Unterstützung für eine Anmeldung und Eintragung von Schutzrechten im Namen des Käufers erforderlich oder geeignet ist. Wenn und soweit die Verkauften Vermögensgegenstände bestehende Schutzrechtsanmeldungen und -eintragungen umfassen, wirkt der Verkäufer bei der Anfertigung der für eine Umschreibung erforderlichen Urkunden mit.

(3) Wenn und soweit die Inhaberrechte an der Software oder anderen Werken, die an den Käufer übertragen werden sollen, nicht als solche übertragbar sind (insbesondere im Fall von Urheberrechten), räumt der Verkäufer dem Käufer an diesen Werken mit Wirkung zum Vollzugstag jeweils ein – vorbehaltlich nachstehend Abs. 5 – ausschließliches, unwiderrufliches und inhaltlich, zeitlich und örtlich unbeschränktes Nutzungsrecht für alle Nutzungsarten ein. Zu den Nutzungsrechten an der Software gehören insbesondere das unwiderrufliche und inhaltlich, zeitlich sowie örtlich unbeschränkte Recht, die Software – ganz oder teilweise, dauerhaft oder vorübergehend – zu beliebigen (eigenen oder fremden) Zwecken auf sämtliche Arten zu nutzen und zu verwerten, insbeson-

(3) The Buyer assumes the contracts listed in Appendix 3 hereto as of the Closing Date pursuant to the following provisions.

(4) The Seller shall, pursuant to the following provisions, support the Buyer with integrating the Apps into the Buyer's business operations.

§ 2 Granting of Rights[3]

(1) Effective as of the Closing Date, the Seller transfers to the Buyer all transferable ownership rights and usage rights to the Sold Assets (hereinafter referred to collectively as „Property Rights").

(2) At the request of the Buyer, the Seller shall support the Buyer with respect to the application and registration of Property Rights, and to the transfer of applications and registrations of these Property Rights, if such support is necessary or suitable for an application and registration of Property Rights in the Buyer's name. If and to the extent the Sold Assets include existing Property Right applications and registrations, the Seller shall assist with the preparation of documents necessary for a transfer.

(3) If and to the extent the ownership rights to the Software or other works, which should be transferred to the Buyer, are not transferable (as in particular in the case of copyrights), in each case the Seller grants to the Buyer, subject to subsection 5 below and effective as of the Closing Date, an exclusive and irrevocable usage right to such works. Such right shall be granted for all types of use, and be unrestricted with respect to scope of use, time or territory. The usage rights to the Software include in particular the irrevocable right, unrestricted with respect to scope of use, time or territory, to use and exploit the Software – in whole or in part, permanently or temporarily – for any (own or external) purposes in any and all manners, in particular to copy the Software

dere sie mit jedem Mittel und in jeder Form zu vervielfältigen durch Laden, Anzeigen, Ablaufen lassen, Übertragen oder Speichern zum Zwecke der Ausführung und der Verarbeitung darin enthaltener Datenbestände, sowie die Software zu verbreiten, vorzuführen und als Service oder in anderer Form zugänglich zu machen. Umfasst ist auch das Recht, die Werke zu ändern, zu übersetzen, zu bearbeiten oder auf andere Weise umzuarbeiten, weiterzuentwickeln und zu pflegen und die hierdurch geschaffenen Ergebnisse in der gleichen Weise zu nutzen und zu verwerten. Die Rechtseinräumung gemäß dieses Abs. 3 bezieht sich auf alle bekannten Nutzungsarten sowie alle Nutzungsarten, die gegenwärtig noch unbekannt sind, wobei die gesetzlich insoweit unverzichtbaren Rechte hiervon unberührt bleiben.[4, 5]

(4) Der Käufer ist ohne gesonderte Zustimmung in jedem Einzelfall befugt, die vorgenannten Rechte ganz oder teilweise, dauerhaft oder vorübergehend, auf Dritte zu übertragen oder Dritten Nutzungsrechte einzuräumen.

(5) Der Verkäufer räumt dem Käufer abweichend von den vorstehenden Abs. 1–4 an den in Anlage 2 unter Verweis auf diese Abs. 5 ausdrücklich gekennzeichneten Verkauften Vermögensgegenständen ein nichtausschließliches, übertragbares, unwiderrufliches und inhaltlich, zeitlich und örtlich unbeschränktes Nutzungsrecht für alle Nutzungsarten ein. § 2 Abs. 3 S. 2 und 4 gelten entsprechend.

(6) Der Käufer nimmt die Rechtseinräumungen gem. den Abs. 1–5 an.

§ 3 Übergabe der Software; Dokumentationen[6]

(1) Der Verkäufer übergibt dem Käufer die Software, indem er dem Käufer zum Vollzugstag die Software mit aktuellen Entwicklerdokumentationen sowie einer Versionsverwaltung (einschließlich Protokollierung der Versionshistorie) auf einem dem Käufer

using any medium and in any form through loading, displaying, running, transferring or saving for purposes of execution and the processing of any data sets contained therein, as well as to distribute or demonstrate the Software or to make it available as a service or in other form. Such rights include the right to change, translate, process or otherwise adapt, further develop and maintain the works, and to use and exploit the results created thereby in an equal manner. The granting of rights pursuant to this subsection 3 relates to all known types of use and all types of use that are currently still unknown, whereby the statutorily non-assignable rights remain unaffected hereby.[4, 5]

(4) The Buyer is authorized, without separate approval in each specific instance, to transfer the aforementioned rights to third parties, or to grant usage rights to third parties, in whole or in part, permanently or temporarily.

(5) As an exception to subsections 1–4 above, the Seller grants to the Buyer a non-exclusive, transferable, irrevocable usage right, unrestricted with respect to scope of use, time or territory to the Sold Assets expressly designated in Appendix 2 with reference to this subsection 5. § 2 subsection 3 sentences 2 and 4 apply correspondingly.

(6) The Buyer accepts the grants of rights in accordance with subsections 1 through 5 above.

§ 3 Delivery of the Software; Documentation[6]

(1) The Seller transfers the Software to the Buyer, in that the Seller provides the Software to the Buyer as of the Closing Date together with a current developer documentation and a version management (including a record of the version history) on

zugänglichen Repository zum Download zur Verfügung stellt. Der Verkäufer wird dem Käufer die hierzu erforderlichen Zugangsdaten, insbesondere Benutzerkennwort und Passwort, zur Verfügung stellen.[6]

(2) Der Quellcode der Softwareprogramme muss so beschrieben und dokumentiert sein, dass ein geübter Programmierer mit zumutbarem Aufwand in der Lage ist, den Quellcode zu verstehen, zu bearbeiten und weiterzuentwickeln und eine ausführbare Version der bearbeiteten und weiterentwickelten Softwareprogramme zur Anwendung sämtlicher Funktionen des Backends, der Websites und der Apps auf allen Plattformen, Geräten und Betriebssystemen zu erstellen, mit denen die jeweiligen Softwareprogramme nach diesem Vertrag kompatibel sind.[7]

(3) Der Verkäufer ist für einen Zeitraum von [2] Jahren ab dem Vollzugstag berechtigt, eine Kopie des an den Käufer übertragenen Quellcodes der Software zu nutzen, um (i) den Käufer gem. § 10 Abs. 2, 3 bei der Integration der Apps in den eigenen Geschäftsbetrieb zu unterstützen und (ii) im Fall von Mängelansprüchen aus Kaufverträgen über die Apps Nachbesserung leisten zu können. Darüber hinaus ist dem Verkäufer jede Nutzung des Quellcodes untersagt. Nach Ablauf von [2] Jahren ab dem Vollzugstag wird der Verkäufer den in seinem Besitz stehenden Quellcode unverzüglich löschen und dem Käufer die Löschung schriftlich bestätigen.

§ 4 Eintritt in Verträge[8]

(1) Der Käufer tritt am Vollzugstag im Wege der Vertragsübernahme in alle in Anlage 3 aufgeführten Verträge (nachfolgend „App-Bezogene Verträge") ein.

(2) Ab Abschluss dieses Vertrags darf der Verkäufer die App-Bezogenen Verträge nur mit Zustimmung des Käufers kündigen, einvernehmlich beenden oder inhaltlich ändern.

(3) Soweit die Zustimmung eines Vertragspartners zur Vertragsübernahme bei Un-

a repository accessible to the Buyer for download. The Seller shall provide the Buyer with all access data required, in particular with a user ID and password.[6]

(2) The source code of the Software Programs must be described and documented such that an experienced programmer is able to understand, process and further develop the source code with reasonable effort, and to create an executable version of the processed and further developed Software Programs for the use of all functions of the Backend, Websites and Apps on all platforms, devices and operating systems with which the respective Software Programs are compatible pursuant to this Agreement.[7]

(3) For a period of [two (2)] years as of the Closing Date, the Seller is authorized to use a copy of the source code of the Software transferred to the Buyer in order to (i) support the Buyer with the integration of Apps into its own business operations pursuant to § 10 subsections 2 and 3, and (ii) be able to remedy deficiencies in the event of claims for defects arising from purchase contracts for the Apps. Beyond that, the Seller is prohibited from any use of the source code. After the expiration of [two (2) years] as of the Closing Date, the Seller shall delete the source code in its possession without undue delay and confirm the deletion to the Buyer.

§ 4 Assignment of Contracts[8]

(1) On the Closing Date the Buyer enters into all contracts listed in Appendix 3 hereto (hereinafter „App-related Contracts") by way of assignment of contracts.

(2) As of the conclusion of this Agreement the Seller may only terminate, mutually terminate or amend the App-related Contracts with the approval of the Buyer.

(3) If the approval of a contracting party regarding the transfer of contract is la-

terzeichnung dieses Vertrags nicht vorliegt, werden sich die Vertragsparteien unverzüglich nach Unterzeichnung dieses Vertrags um diese Zustimmung nach besten Kräften bemühen. Die Parteien werden hierzu alle für die Übertragung notwendigen Handlungen vornehmen und sämtliche für die Übertragung notwendigen Erklärungen gegenüber dem Vertragspartner oder Dritten abgeben.

(4) Sofern und solange eine Vertragsübernahme nicht eingetreten ist, werden sich die Vertragsparteien im Innenverhältnis so verhalten und behandeln lassen, als ob der Eintritt in die Vertragsverhältnisse zum Vollzugstag wirksam vollzogen worden wäre. In diesem Fall bleibt der Verkäufer im Außenverhältnis Partei des betreffenden Vertragsverhältnisses. Er wird im Innenverhältnis jedoch ausschließlich für Rechnung und auf Weisung des Käufers tätig.

(5) Der Verkäufer tritt bereits jetzt mit Wirkung zum Vollzugstag sämtliche Rechte aus den App-Bezogenen Verträgen, die dem Käufer gemäß § 4 Abs. 1 zustehen, an den Käufer ab. Der Käufer nimmt die Abtretung hiermit an. Mit Wirkung zum Vollzugstag wird der Käufer den Verkäufer von allen Verbindlichkeiten und vertraglichen Verpflichtungen aus den App-Bezogenen Verträgen freistellen.

§ 5 Übertragung der Anbieterkonten[9]

(1) Der Verkäufer überträgt an den Käufer zum Vollzugstag die für den Verkäufer registrierten Anbieterkonten der Apps auf entsprechende Anbieterkonten des Käufers. Die hiervon betroffenen Ausgangskonten des Verkäufers und die Zielkonten des Käufers sind in Anlage 4 genannt. Um die Übertragung zu vollziehen, werden die Vertragsparteien sämtliche Maßnahmen treffen, die nach den Richtlinien der Plattformbetreiber für die Übertragung der Anbieterkonten erforderlich sind. Jede Vertragspartei trägt die ihr vom Plattformbetreiber auferlegten Gebühren selbst.

cking upon the signing of this Agreement, the contracting parties shall exercise their best efforts to obtain such approval without undue delay after the signing of this Agreement. To that end, the parties shall take all actions necessary for the transfer and submit all declarations necessary for the transfer vis-à-vis the contracting party or third parties.

(4) If and as long as an assignment of contracts has not occurred, the contracting parties shall act and behave in relation inter se as if the entry into the contractual relationships had been effectively completed as of the Closing Date. In that event, the Seller remains a party to the contractual relationship in question with respect to third parties. However, internally the Seller shall act solely on behalf of and according to the instructions of the Buyer.

(5) The Seller herewith assigns to the Buyer all rights arising from the App-related Contracts to which the Buyer is entitled pursuant to § 4 subsection 1, effective as of the Closing Date. The Buyer herewith accepts such assignment. Effective as of the Closing Date, the Buyer releases the Seller from all liabilities and contractual obligations arising from the App-related Contracts.

§ 5 Transfer of Provider Accounts[9]

(1) The Seller transfers to the Buyer as of the Closing Date the provider accounts of the Apps registered for the Seller to the respective provider accounts of the Buyer. The Seller's source accounts affected hereby, and the Buyer's target accounts, are specified in Appendix 4 hereto. The contracting parties shall take all actions necessary for transferring the provider accounts in accordance with the guidelines of the platform operators in order to complete the transfer. Each contracting party shall bear the fees imposed on it by the platform operator itself.

(2) Mit Wirkung vom Vollzugstag bis zur vollständigen Übertragung der Anbieterkonten ist der Verkäufer bei Verkäufen der Apps von den Ausgangskonten im Innenverhältnis für Rechnung und auf Weisung des Käufers tätig. § 4 Abs. 5 gilt entsprechend. Zahlungen, die der Verkäufer seit dem Vollzugstag aus Verkäufen der Apps erhält, wird der Verkäufer unverzüglich an den Käufer weiterleiten.

(2) Effective as of the Closing Date until the complete transfer of the provider accounts, in relation inter se the Seller acts on behalf of and on the instructions of the Buyer with respect to sales of the Apps from the source accounts. § 4 subsection 5 applies correspondingly. The Seller shall without undue delay transfer to Buyer all payments which Seller receives from sales of the Apps as of the Closing Date.

§ 6 Übertragung von Benutzerkonten[10]

(1) Zur Übertragung der in Anlage 2 aufgeführten Benutzerkonten übermittelt der Verkäufer dem Käufer am Vollzugstag sämtliche dazu gehörigen Zugangsdaten.

(2) Soweit die Übertragung eines Benutzerkontos nur mit Zustimmung des Plattform-Betreibers möglich ist, werden sich die Vertragsparteien unverzüglich nach Unterzeichnung dieses Vertrags um diese Zustimmung nach besten Kräften bemühen.

(3) Um die Übertragung zu vollziehen, werden die Vertragsparteien sämtliche Maßnahmen treffen, die nach den Richtlinien der Plattformbetreiber für die Übertragung von Benutzerkonten erforderlich sind. Jede Vertragspartei trägt die ihr vom Plattformbetreiber auferlegten Gebühren selbst.

(4) Soweit eine Übertragung eines Benutzerkontos nicht möglich oder aus anderem Grund nicht vollzogen worden ist, wird der Verkäufer auf Verlangen des Käufers die Inhalte des Benutzerkontos auf einem ausschließlich dem Käufer vorbehaltenen Serverplatz zum Download durch den Käufer zur Verfügung stellen. Bestehen an einzelnen Inhalten Rechte Dritter, ist der Verkäufer hierzu nur dann und insoweit verpflichtet, als er damit die Rechte Dritter nicht verletzt. Das Herausgabeverlangen des Käufers ist gegenüber dem Verkäufer schriftlich innerhalb eines Jahres ab dem Vollzugstag zu erklären. Der Verkäufer wird dem Käufer die Zugangsdaten für den Download

§ 6 Transfer of User Accounts[10]

(1) For the transfer of the user accounts listed in Appendix 2, the Seller shall convey to Buyer all of the associated access data on the Closing Date.

(2) If the transfer of a user account is possible only with the approval of the platform operator, the contracting parties shall use their best efforts to obtain this approval immediately after the signing of this Agreement.

(3) The contracting parties shall take all measures necessary for transferring user accounts pursuant to the platform operator's guidelines in order to complete the transfer. Each contracting party shall bear any fees imposed on it by the platform operator itself.

(4) If a transfer of a user account is not possible or has not been completed for other reasons, at the request of the Buyer, the Seller shall make the contents of the user account available for download by the Seller on a server space reserved exclusively for the Buyer. In the event that third parties own certain content, such obligation only applies, if, and to the extent that, Seller's making available of content does not infringe upon third party rights. The Buyer's request for surrender request must be made in writing within one year as of the Closing Date. The Seller shall provide the access data to the Buyer in writing and maintain the

schriftlich mitteilen und die Inhalte für [4 Wochen] ab Eingang der Mitteilung beim Käufer zum Download bereithalten.

content for four [(4) weeks] as of the Buyer's receipt of the report.

§ 7 Übertragung von Websites und Backend

(1) Die Übertragung der zu den Websites und dem Backend gehörenden Software bestimmt sich nach vorstehendem § 3. Darüber hinaus wird der Verkäufer dem Käufer am Vollzugstag die sonstigen Bestandteile der Websites und des Backends, insbesondere HTML-Quelltext und sämtliche Inhalte, auf einem vom Verkäufer benannten Repository zum Download zugänglich machen. Der Verkäufer wird dem Käufer die hierzu erforderlichen Zugangsdaten, insbesondere Benutzerkennwort und Passwort, zur Verfügung stellen.

(2) Der Verkäufer wird dem Käufer darüber hinaus am Vollzugstag die für den Zugang zur Website und zum Backend erforderlichen Daten, insbesondere Benutzerkennwort und Passwort, zur Verfügung stellen. Der Verkäufer wird nach dem Vollzugstag auf die Website und das Backend nicht zugreifen, soweit nicht der Käufer dem Zugriff zustimmt. Zugriffe des Verkäufers, die für eine Erfüllung von Pflichten des Verkäufers zur Unterstützung des Käufers bei der Integration der Apps in dessen Geschäftsbetrieb gem. nachstehend § 10 Abs. 2, 3 erforderlich sind, gelten als zulässig.

§ 7 Transfer of Websites and Backend

(1) The transfer of the Software pertaining to the Websites and Backend is governed by § 3 above. In addition, on the Closing Date the Seller shall make available the other components of the Websites and the Backend, in particular HTML source code and all content for download on a repository designated by the Seller. The Seller shall provide the Buyer with the access data required, in particular, user ID and password.

(2) In addition, the Seller shall provide the Buyer with the data necessary for accessing the Website and the Backend, in particular user ID and password, on the Closing Date. As of the Closing Date the Seller shall not access the Website or the Backend unless the Buyer approves such access. Access by the Seller which is required for meeting the Seller's obligations with respect to supporting the Buyer with integrating the Apps into its business operations pursuant to § 10 subsections 2, 3 below, is considered permitted.

§ 8 Informationen und Dokumente[11]

(1) Der Verkäufer übermittelt dem Käufer zum Vollzugstag die zu den Verkauften Vermögensgegenständen gehörenden Unterlagen und Informationen, die dem Käufer eine möglichst reibungslose Weiterentwicklung und Pflege der Software sowie Fortführung der Vermarktung und des Vertriebs der Apps ermöglichen, insbesondere die folgenden:

- Entwurfsmaterialien, einschließlich Pflichtenheft, Flussdiagramme, Ablaufdia-

§ 8 Information and Documents[11]

(1) On the Closing Date, the Seller shall provide to the Buyer the documentation and information pertaining to the Sold Assets, which enable the Buyer to further develop and maintain the Software, and to continue the marketing and sale of the Apps as smoothly as possible. Such documentation and information shall, in particular, include:

- Draft materials, including functional specifications, flowcharts, process diagramme und Architekturbeschreibungen der Software;

- Anmelde- und Eintragungsurkunden der verkauften Schutzrechte und Domains sowie die wesentliche Korrespondenz und Verträge mit Behörden und Dritten, die diese Schutzrechte und Domains betreffen;
- Listen der Käufer (Kunden des Stores) der Apps sowie Markt- und Kundeninformationen, insbesondere Dokumente und Informationen zu Marktforschung und Kundenanalysen („Customer Intelligence") sowie Kundenbewertungen und -feedback, einschließlich der Geltendmachung von Gewährleistungsansprüchen;
- Bilddateien aller die Apps kennzeichnenden Marken und Logos.

(2) Gelangt der Verkäufer erst nach dem Vollzugstag in den Besitz von in vorstehend § 8 Abs. 1 bezeichneten Unterlagen oder Informationen, wird er diese unverzüglich an den Käufer herausgeben.

§ 9 Kaufpreiszahlung[12]

Für die Übertragung der Verkauften Vermögensgegenstände und die sonstigen von dem Verkäufer nach diesem Vertrag zu erbringenden Leistungen zahlt der Käufer an den Verkäufer einen Betrag von . . . . . EUR zuzüglich gesetzlicher Umsatzsteuer (Festpreis). Einen Teilbetrag des Festpreises von . . . . . EUR zuzüglich Umsatzsteuer zahlt der Käufer am Vollzugstag. Der restliche Teilbetrag von . . . . . EUR zuzüglich Umsatzsteuer ist [6 Monate] nach dem Vollzugstag zur Zahlung fällig. Der Käufer wird die Zahlungen per elektronischer Überweisung an das folgende Konto des Verkäufers leisten: . . . . .

§ 10 Verpflichtungen des Verkäufers

(1) Der Verkäufer wird ab Unterzeichnung dieses Vertrags (nachfolgend „Unterzeichnungsstichtag" genannt) mit der Sorgfalt

grams and architecture descriptions of the Software;

- Application and registration certificates for the Property Rights and domains sold, as well as all material correspondence and contracts with governmental authorities and third parties related to these Property Rights and domains;
- Lists of all purchasers (store customers) of the Apps and market and customer data, in particular, documents and information on market research and customer analysis (customer intelligence) and customer ratings and feedback, including the assertion of warranty claims;
- Image files of all trademarks and logos characterizing the Apps.

(2) If the Seller comes into possession of documents or information described in § 8 subsection 1 above only after the Closing Date, the Seller shall turn such documents or information over to the Buyer without delay.

§ 9 Payment of Purchase Price[12]

The Buyer shall pay to the Seller an amount of . . . . . EUR plus statutory value added tax (fixed price) for the transfer of the Sold Assets and the other services to be provided by the Seller pursuant to this Agreement. The Buyer shall pay a partial amount of the fixed price of . . . . . EUR plus value added tax on the Closing Date. The remaining amount of . . . . . EUR plus value added tax is due and payable [six (6) months] after the Closing Date. The Buyer shall make payment by electronic bank transfer to the following account of the Seller: . . . . .

§ 10 Seller's Obligations

(1) As of the signing of this Agreement (hereinafter referred to as the „Signing Date"), the Seller shall maintain the Soft-

eines ordentlichen Geschäftsmanns und im Einklang mit bisheriger Übung die Software pflegen sowie die Apps vermarkten und vertreiben.

(2) Der Verkäufer wird unmittelbar nach dem Vollzugstag für Mitarbeiter des Käufers einen [fünftägigen] Workshop geben. Der Workshop wird im Betrieb des Käufers stattfinden. Ziel des Workshops ist es, den Käufer in die Lage zu versetzen, die Software eigenständig weiterzuentwickeln und zu pflegen sowie die Apps eigenständig zu vermarkten und zu vertreiben. Der Workshop schließt eine Beschreibung des Codes der Software durch Entwickler des Verkäufers und einen gemeinsamen Code-review ein.[13]

(3) Der Verkäufer wird dem Käufer für [6 Monate] ab dem Vollzugstag für Supportanfragen zur Entwicklung und Anwendung der Software zu den üblichen Geschäftszeiten zur Verfügung stehen. In der Regel soll deren Anzahl [5] Supportanfragen in der Woche nicht übersteigen.

§ 11 Garantien[14]

Der Verkäufer garantiert dem Käufer in Form eines selbständigen Garantieversprechens gemäß § 311 Abs. 1 BGB nach Maßgabe der in diesem Vertrag bestimmten Beschränkungen, insbesondere den in § 12 festgelegten Rechtsfolgen, dass die nachfolgend gemachten Aussagen zum Unterzeichnungsstichtag und, soweit nicht nachfolgend anders bestimmt, zum Vollzugstag, vollständig und richtig sind. Der Verkäufer und der Käufer sind sich darüber einig, dass die aufgeführten Garantien keine Beschaffenheitsgarantien im Sinne der §§ 443, 444 BGB darstellen.

(1) Dem Verkäufer steht an den Apps das unwiderrufliche, ausschließliche, übertragbare, inhaltlich, zeitlich und örtlich unbeschränkte Nutzungsrecht für alle Nutzungsarten mit dem Recht zur beliebigen Veränderung zu.[15]

ware as well as market and distribute the Apps with the diligence of a prudent businessman and in keeping with previous practice.

(2) Immediately after the Closing Date, the Seller shall provide to the Buyer's employees a [five-day] workshop. The workshop shall take place at the Buyer's business premises. The goal of the workshop is to place the Buyer in a position to further develop and maintain the Software independently and to market and distribute the Apps independently. The workshop shall include a description of the Software code by the Seller's developers and a joint code review.[13]

(3) For [six (6) months] as of the Closing Date, the Seller shall be available during normal business hours for support questions regarding the development and application of the Software. As a rule, the number of support questions should not exceed [five (5)] per week.

§ 11 Warranties[14]

The Seller warrants to the Buyer in the form of an independent indemnity contract pursuant to section 311 paragraph 1 German Civil Code (Bürgerliches Gesetzbuch, „BGB") in accordance with the restrictions specified in this Agreement, in particular the conditions set forth in § 12, that the following statements are complete and accurate as of the Signing Date and, unless provided otherwise hereinafter, as of the Closing Date. The Seller and the Buyer agree that the warranties provided do not represent any guarantee of a quality within the meaning of sections 443, 444 BGB.

(1) The Seller has the irrevocable, exclusive, transferable usage right to the Apps, unrestricted with respect to scope of use, time or territory for all types of use, including the right to make any changes.[15]

(2) Der Verkäufer ist Inhaber aller übertragungsfähigen Inhaberrechte der zu den Verkauften Vermögensgegenständen gehörenden Schutzrechte, insbesondere der in Anlage 2 aufgeführten Inhaberrechte an Schutzrechtsregistrierungen und -anmeldungen sowie Werktitel und sonstigen geschäftlichen Bezeichnungen.[15]

(2) The Seller is the owner of all transferable ownership rights of the Property Rights pertaining to the Sold Assets, in particular the ownership rights to Property Rights registrations and applications listed in Appendix 2 as well as work titles and other business names.[15]

(3) Der Verkäufer hat zu den Verkauften Vermögensgegenständen gehörende Diensterfindungen seiner aktuellen und ehemaligen Arbeitnehmer unbeschränkt in Anspruch genommen.[15]

(3) The Seller has made an unrestricted claim to the inventions of its current and former employees pertaining to the Sold Assets.[15]

(4) Soweit in Anlage 11.4 nicht anders offengelegt, steht dem Verkäufer das unwiderrufliche, ausschließliche, übertragbare sowie inhaltlich, zeitlich und örtlich unbeschränkte Nutzungsrecht für alle Nutzungsarten mit dem Recht zur beliebigen Veränderung an (i) den Inhalten, HTML Quelltexten und Software-Quellcodes der Websites und des Backends sowie (ii) den Inhalten von Benutzerkonten zu.[15]

(4) Unless otherwise disclosed in Appendix 11.4 hereto, the Seller has the irrevocable, exclusive, transferable usage right, unrestricted with respect to substance, time or territory for all types of use, including the right to make any changes, to (i) the contents, HTML source texts and software source codes of the Websites and the Backend and (ii) the contents of user accounts.[15]

(5) Der Verkäufer ist berechtigt, an den Käufer sämtliche von den Verkauften Vermögensgegenständen umfassten Informationen, Inhalte und Materialien ohne Verletzung einer gesetzlichen oder vertraglichen Pflicht gegenüber Dritten zu übermitteln.[15]

(5) The Seller is authorized to convey to the Buyer all of the information, content and materials included in the Sold Assets without breaching a statutory or contractual duty vis-à-vis third parties.[15]

(6) Mit Ausnahme der in Anlage 11.6 beschriebenen Lizenzen und Sachverhalte und der nicht übertragbaren Urheberpersönlichkeitsrechte bestehen keine Rechte Dritter an den Verkauften Vermögensgegenständen.

(6) With the exception of the licenses and facts described in Appendix 11.6 hereto, and of non-transferable moral rights, there are no third-party rights to the Sold Assets.

(7) Die Ausübung der zu den Verkauften Vermögensgegenständen gehörenden Schutzrechte verstößt nicht gegen Rechte Dritter. Mit Ausnahme der in Anlage 11.7 beschriebenen Sachverhalte sind zum Unterzeichnungsstichtag keine derartigen Verstöße geltend gemacht oder behauptet worden und sind nach Kenntnis des Verkäufers am Unterzeichnungsstichtag auch keine derartigen Verstöße zu erwarten.

(7) The exercise of the Property Rights pertaining to the Sold Assets does not violate third-party rights. With the exception of the matters described in Appendix 11.7 hereto, as of the Signing Date no such violations have been asserted or alleged, and to the best knowledge of the Seller as of the Signing Date, no such violations are to be expected.

(8) Die Verkauften Vermögensgegenstände umfassen sämtliche Immaterialgüterrechte, deren Ausübung für die Weiterentwick-

(8) The Sold Assets comprise all intangible property rights the exercise of which is required for the further development and

lung und Pflege der Software sowie die Fortführung der Vermarktung und des Vertriebs der Apps erforderlich sind. Der Käufer wird mit der Übertragung der Verkauften Vermögensgegenstände und Übernahme der in Anlage 3 aufgeführten Verträge in die Lage versetzt, wie bisher der Verkäufer, die Software weiterzuentwickeln und zu pflegen sowie die Apps zu vermarkten und zu vertreiben.

(9) Anlage 11.9 nennt alle Softwareentwickler, die Teile der Software mit Ausnahme der in Anlage 11.10 aufgeführten Softwareprogramme Dritter programmiert haben.[16]

(10) Anlage 11.10 nennt sämtliche Softwareprogramme, die in der Software enthalten sind und nicht von dem Verkäufer, seinen Arbeitnehmern oder seinen Dienstleistern entwickelt wurden.

(11) Anlage 11.11 nennt alle Assemblierer, Kompilierer, Interpretierer, Linker und sonstige Programme, die der Verkäufer zur Umwandlung des Quellcodes der Software in ausführbare Versionen verwendet.

(12) Mit Ausnahme der in Anlage 11.12 genannten Softwareprogramme enthält die Software keine Softwareprogramme, die unter einem Lizenzvertrag stehen, der von der Open Source Initiative (OSI) als Open Source Lizenz anerkannt wird, oder der, ohne von der OSI als Open Source Lizenz anerkannt zu sein, für eine Verbreitung des Softwareprogramms zur Bedingung macht, dass der Quellcode (einschließlich seiner Bearbeitungen) des Softwareprogramms offen gelegt wird.[17]

(13) Mit Ausnahme der in Anlage 11.13 beschriebenen Sachverhalte wurde der Quellcode der Software und das mit der Entwicklung, der Vermarktung und dem Vertrieb der Software verbundene Know-how keinem Dritten ganz oder teilweise offen gelegt, zugänglich gemacht oder übergeben und keinem Dritten ein Recht zur Nutzung dieses Quellcodes und Know-how oder Teilen davon eingeräumt.

(14) Der Verkäufer hat bei der Entwicklung der Software stets die zur Geheimhaltung der

maintenance of the Software as well as for the continuation of the marketing and distribution of the Apps. Upon transfer of the Sold Assets and assumption of the contracts listed in Appendix 3 hereto, the Buyer will be placed in the Seller's previous position to further develop and maintain the Software and to market and distribute the Apps.

(9) Appendix 11.9 hereto identifies all software developers who have programmed parts of the Software with the exception of the third-party software programs listed in Appendix 11.10 hereto.[16]

(10) Appendix 11.10 hereto identifies all Software Programs that are contained within the Software and that were not developed by the Seller, its employees or its service providers.

(11) Appendix 11.11 hereto identifies all assemblers, compilers, interpreters, linkers and other programs used by the Seller to convert the source code of the Software into executable versions.

(12) With the exception of the Software Programs specified in Appendix 11.12 hereto, the Software does not contain any Software Programs that are under a license recognized by the Open Source Initiative (OSI) as an open source license, or under a license agreement not recognized by the OSI as an open source license that requires that the source code (including its derivative) of the Software Program be disclosed as a condition for distributing the Software Program.[17]

(13) With the exception of the circumstances described in Appendix 11.13 hereto, neither the source code of the Software nor the know-how related to the development, marketing and distribution of the Software has been disclosed, made accessible, or transferred, in whole or in part, and no third party has been granted a right to the use of this source code or know-how or parts thereof.

(14) When developing the Software, the Seller has taken and implemented all secu-

Softwareentwicklung industrieüblichen Sicherheitsmaßnahmen getroffen und umgesetzt, insbesondere den Zugang zur Entwicklerplattform durch ausreichende Passwörter gesichert und die an der Entwicklung beteiligten Arbeitnehmer und Dienstleister in schriftlichen Vereinbarungen zur strengen Geheimhaltung verpflichtet.

(15) Der Verkäufer wird auch nach dem Unterzeichnungsstichtag und Vollzugstag den Quellcode der Software, das mit der Software verbundene Know-how und sämtliche sonstige Betriebs- und Geschäftsgeheimnisse zu den Verkauften Vermögensgegenständen sowie zu der Entwicklung der Software und der Vermarktung und dem Vertrieb der Apps streng geheim halten.

(16) Der Quellcode der Software ist im Quellcode so beschrieben und dokumentiert, dass ein geübter Programmierer mit zumutbarem Aufwand in der Lage ist, den Quellcode zu verstehen, zu bearbeiten und weiterzuentwickeln und eine ausführbare Version des bearbeiteten und weiterentwickelten Programms zur Anwendung sämtlicher Funktionen des Backends, der Website und der Apps auf allen Plattformen, Geräten und Betriebssystemen zu erstellen, mit denen die betreffenden Softwareprogramme nach diesem Vertrag kompatibel sind.

(17) Die Software ist frei von Mängeln. Die Softwareprogramme erfüllen die in Anlage 1 sowie die in den Entwurfsmaterialien, Benutzerdokumentation und sonstigen Dokumentationen, Unterlagen und Verlautbarungen des Verkäufers beschriebenen Funktionen und lassen sich auf allen für die betreffenden Softwareprogramme in Anlage 1 und 2 aufgeführten Plattformen, Geräten und Betriebssystemen entsprechend anwenden.[18]

(18) Die Verkauften Vermögensgegenstände sind unter Einhaltung der geltenden Datenschutzgesetze, insbesondere der DS-GVO und der jeweils anwendbaren nationalen Datenschutzgesetze, entwickelt und vertrieben worden. Bei der Entwicklung der Software sind insbesondere die Grundsätze von Privacy by Design und Privacy by Default (Art. 25 DS-GVO) berücksichtigt

rity measures standard to the industry to ensure the confidentiality of the software development, in particular, secured access to the developer platform through adequate passwords, and put the employees and service providers involved in the development under strict confidentiality obligations in writing.

(15) The Seller will also maintain strict confidentiality after the Signing Date and Closing Date with respect to the source code of the Software, the know-how related to the Software, and all other business and trade secrets about the Sold Assets as well as about the development of the Software and the marketing and distribution of the Apps.

(16) The source code of the Software is described and documented in the source code such that an experienced programmer is able, with reasonable effort, to understand, process and further develop the source code, and to create an executable version of the processed and further developed program for the use of all functions of the Backend, the Websites and the Apps on all platforms, devices and operating systems with which the Software Programs in question are compatible pursuant to this Agreement.

(17) The Software is free from defects. The Software Programs fulfill the functions described in Appendix 1 as well as those described in the preparatory design materials, user documentation and other documentation, supporting documents and pronouncements of the Seller and can be used accordingly on all platforms, devices and operating systems listed for the respective Software Programs in Appendices 1 and 2 hereto.[18]

(18) The Sold Assets have been developed and distributed in compliance with the applicable data protection laws, including the GDPR and any applicable national data protection laws. In particular, the principles of Privacy by Design und Privacy by Default (Art. 25 GDPR) have been taken account of and complied with in the development of the Software. All technical

und eingehalten worden. Alle technischen und organisatorischen Maßnahmen sind umgesetzt und regelmäßig evaluiert worden, um den gesetzlichen Anforderungen zur Herstellung und fortwährenden Einhaltung der in Art. 5 Abs. 1 aufgeführten Grundsätze für die Verarbeitung personenbezogener Daten zu genügen. Der Verkäufer hat die entsprechenden Aufzeichnungen geführt, um den damit verbundenen Rechenschaftspflichten nachkommen zu können, Art. 5 Abs. 2 DS-GVO.

and organizational measures have been implemented and regularly evaluated to meet the legal requirements for establishing and maintaining adherence to the principles set forth in Art. 5 (1) GDPR with respect to processing of personal data. The Seller has kept respective records in order to meet any related accountability obligations, Art. 5 (2) GDPR.

(19) Die Entwicklung der Software ist nicht ganz oder teilweise mit öffentlichen Fördermitteln finanziert worden.[19]

(19) The development of the Software was not financed in whole or in part through governmental financial funding.[19]

(20) Sämtliche bis zum Vollzugstag fällig gewordenen Amtsgebühren der Anmeldungen und Eintragungen der Schutzrechte, einschließlich aller bis zum Vollzugstag fällig gewordener Verlängerungsgebühren, sind ausgeglichen.

(20) All official fees for applications and registrations of Property Rights payable up to the Closing Date, including all extension fees becoming due prior to the Closing Date, have been settled.

(21) Mit Ausnahme der in Anlage 11.21 genannten Verfahren sind keine gerichtlichen oder behördlichen Verfahren anhängig, die Verkaufte Vermögensgegenstände betreffen.

(21) With the exception of the proceedings identified in Appendix 11.21 herein, there are no judicial or official proceedings pending that concern the Sold Assets.

(22) Kein Plattformbetreiber hat je einen Widerruf der Zulassung oder eine Deaktivierung der Apps angedroht oder die Zulassung einer App in Frage gestellt. Die Laufzeit der Verträge mit den Plattformbetreibern beträgt noch mindestens 2 Monate ab Vollzugstag. Dem Verkäufer sind keine Umstände bekannt, die einer Verlängerung der Verträge bei Entrichtung der üblichen Verlängerungsgebühr entgegenstehen könnten.[20]

(22) No platform operator has threatened to revoke the approval of, or to deactivate, the Apps, or question the approval of an App. The terms of the contracts with the platform operators will expire no earlier than after two (2) months as of the Closing Date. The Seller is not aware of any circumstances that could preclude an extension of the contracts upon payment of the standard extension fee.[20]

(23) Der Verkäufer hat seine Pflichten aus den in Anlage 3 aufgeführten Verträgen erfüllt und stets alle Nutzungsbedingungen und Lizenzbedingungen der Anbieterkonten der Apps sowie der in Anlage 2 aufgeführten Benutzerkonten eingehalten.

(23) The Seller has met its obligations arising from the contracts listed in Appendix 3 hereto and has always adhered to all conditions of use and license terms and conditions of the provider accounts of the Apps as well as of the user accounts listed in Appendix 2 hereto.

(24) Die Inhalte und die Nutzung der in Anlage 2 aufgeführten Websites und Benutzerkonten verstoßen nicht gegen Rechte Dritter.

(24) The content and the use of the Websites and user accounts listed in Appendix 2 hereto do not violate third-party rights.

§ 12 Rechtsfolgen von Garantieverletzungen[21]

(1) Ist eine der vorstehend unter § 11 gewährten Garantien ganz oder teilweise unzutreffend, unvollständig oder unrichtig, hat der Verkäufer den Käufer so zu stellen, wie er stünde, wenn die Garantie richtig gewesen oder die Verhaltenspflicht eingehalten worden wäre (Naturalrestitution). Ist eine Naturalrestitution nicht möglich oder hat der Verkäufer die Naturalrestitution nicht innerhalb angemessener Frist nach schriftlicher Benachrichtigung über die Verletzung des Garantieversprechens durch den Käufer geleistet, kann der Käufer Schadensersatz in Geld verlangen. Dies gilt unabhängig von einem Verschulden des Verkäufers. § 280 Abs. 1 S. 2 BGB findet keine Anwendung.

(2) §§ 249–254 BGB finden Anwendung, soweit in diesem Vertrag nicht ausdrücklich anders bestimmt.

(3) Die Haftung des Verkäufers besteht ungeachtet einer Kenntnis oder eines Kennenmüssens auf Seiten des Käufers. § 442 BGB und § 377 HGB finden keine Anwendung.

(4) Dieser § 12 regelt die Rechte des Käufers wegen einer Verletzung der in § 11 genannten Garantien abschließend.

§ 12 Legal Remedies in case of Breaches of Warranty[21]

(1) If one of the above warranties granted under § 11 is inapplicable, incomplete, or incorrect, in whole or in part, the Seller shall place the Buyer in the position the Buyer would have had if the warranty had been correct or the required conduct had been adhered to (restitution in kind). If a restitution in kind is not possible or the Seller has not made the restitution in kind within a reasonable term following written notification of the breach of the warranty by the Buyer, the Buyer may demand monetary damages. Such remedy shall apply irrespective of the fault of the Seller. Section 280 paragraph 1 sentence 2 BGB shall not apply.

(2) Sections 249 through 254 BGB apply unless expressly provided otherwise in this Agreement.

(3) The Seller shall be liable regardless of the Buyer's knowledge and regardless of whether the Buyer should have known. Section 442 BGB and section 377 German Commercial Code (Handelsgesetzbuch, „HGB") shall not apply.

(4) This § 12 conclusively governs the rights of the Buyer due to a breach of the warranties set forth in § 11.

§ 13 Wettbewerbsverbot[22]

Der Verkäufer verpflichtet sich, für einen Zeitraum von [3 Jahren] ab Vollzugstag keine Anwendungssoftware, Mobile Apps, Web Apps oder andere Softwareprogramme zu entwickeln, zu vermarkten oder zu vertreiben, die mit den Apps im Wettbewerb stehen, und dies auch für die mit dem Verkäufer verbundenen Unternehmen sicherzustellen.

§ 13 Non Competition[22]

For a period of [three (3) years] as of the Closing Date, the Seller shall not, and shall procure that companies affiliated with the Seller do not, market or distribute any application software, mobile apps, web apps or other software programs that compete with the Apps.

§ 14 Verschiedenes

(1) Dieser Vertrag, einschließlich seiner Anlagen, beinhaltet sämtliche Vereinbarungen der Parteien zum Vertragsgegenstand. Änderungen und Ergänzungen dieses Vertrags bedürfen der Schriftform; dies gilt auch für eine Aufhebung des Schriftformerfordernisses.

(2) Sollten Teile dieses Vertrags ganz oder teilweise unwirksam sein oder werden, so berührt dies die Wirksamkeit der übrigen Regelungen nicht. Die Parteien verpflichten sich vielmehr, die unwirksame Regelung durch eine solche zu ersetzen, die dem wirtschaftlich Gewollten am nächsten kommt.

(3) Dieser Vertrag wurde auf Deutsch und Englisch abgefasst. Bei Abweichungen zwischen der deutschen und der englischen Version gilt die deutsche Version.

(4) Es gilt deutsches Recht, mit Ausnahme von dessen Regelungen über die Rechtswahl, die zur Anwendung einer anderen Rechtsordnung führen würden. Die Geltung des CISG („UN-Kaufrecht") wird ausgeschlossen. Gerichtsstand für alle Streitigkeiten aus diesem Vertrag ist der Sitz des Käufers. Der Käufer ist jedoch berechtigt, an jedem anderen gesetzlichen Gerichtsstand zu klagen.

. . .

(Unterschriften der Beteiligten)

Anlagen:

Anlage 1 Produktbeschreibung

Anlage 2 Verkaufte Vermögensgegenstände

Anlage 3 App-Bezogene Verträge

Anlage 4 Anbieterkonten

Anlage 11.4 Rechte an Websites und Social Media Konten

Anlage 11.6 Rechte Dritter

Anlage 11.7 Verstöße gegen Rechte Dritter

Anlage 11.9 Softwareentwickler

§ 14 Miscellaneous

(1) This Agreement, including its annexes, contains all agreements between the parties relating to the object of the Agreement. Amendments and supplements to this Agreement must be made in writing; this also applies for a waiver of the written form requirement.

(2) Should portions of this Agreement be or become invalid in part or in their entirety, the validity of the remaining provisions shall not be affected. The parties shall rather undertake to replace the invalid provision with such a provision that comes closest to the desired economic intent.

(3) This Agreement had been drafted in both, German and English. In the event of any discrepancy between the German and the English language version, the German language version shall prevail.

(4) This Agreement is construed in accordance with and governed by German law, with the exception of its provisions on the applicable law which would lead to the application of another law. The application of CISG („UN Sales Convention") is excluded. The Buyer's registered place of business shall be the place of jurisdiction for all disputes arising from this Agreement. However, the Buyer is entitled to file a suit at any other legal place of jurisdiction.

. . .

(Signatures of the parties)

Appendices:

Appendix 1 Product Description

Appendix 2 Sold Assets

Appendix 3 App-related Contracts

Appendix 4 Provider Accounts

Appendix 11.4 Rights to Websites and Social Media Accounts

Appendix 11.6 Third-party Rights

Appendix 11.7 Violations of Third-party Rights

Appendix 11.9 Software Developers

Anlage 11.10 Drittsoftware	**Appendix 11.10 Third-party Software**
Anlage 11.11 Programme zur Codeumwandlung	**Appendix 11.11 Programs for Code Conversion**
Anlage 11.12 Open Source Software	**Appendix 11.12 Open Source Software**
Anlage 11.13 Dritte mit Kenntnis des Quellcodes	**Appendix 11.13 Third Parties with Knowledge of the Source Code**
Anlage 11.21 Anhängige Verfahren	**Appendix 11.21 Pending Proceedings**

Anmerkungen

1. Sachverhalt. Gegenstand des Vertrags ist der Verkauf und die vollständige Übertragung proprietärer Softwareprogramme, hier am Beispiel von nativen Mobile Apps, die bereits bei Vertragsschluss vom Verkäufer vermarktet und vertrieben werden. Der Käufer soll in den Stand versetzt werden, die Software nach ihrer Übertragung wie zuvor der Verkäufer weiterzuentwickeln, zu pflegen, zu vermarkten und zu vertreiben. Hierzu bedarf es neben der Übertragung der Rechte an der Software regelmäßig der Übertragung weiterer Schutzrechte und Immaterialgüter sowie der Übernahme von Verträgen.

Das Formular geht davon aus, dass die Mobile Apps mit Websites, Social Media Sites und Benutzerkonten des Verkäufers verlinkt sind, die Inhalte zu den Apps enthalten und von dem Verkäufer für die Entwicklung und Softwarepflege oder zu Marketing- und Vertriebszwecken genutzt werden.

Die Anwendung mobiler Apps ist oft erst durch eine Verbindung der Apps zu einem Backend-Server möglich, auf dem Funktionalitäten der Apps und die mit den Apps abgerufenen Daten gehostet sind. Die Softwareprogramme und Inhalte auf den Backend-Servern können deutlich umfangreicher als die der Apps selbst sein und mithin den wesentlichen Teil einer App-Anwendung ausmachen. Dieser Vertrag geht daher auch von einem Kauf der auf dem Backend-Server gehosteten Software und Inhalte aus.

Vertragstypologisch begründet der Verkauf von Schutzrechten und Immaterialgütern nach herrschender Ansicht einen Rechtskauf bzw. einen Kauf sonstiger Gegenstände gem. § 453 Abs. 1 BGB (Grüneberg/Weidenkaff BGB § 453 Rn. 3 ff.; zu Fragen der Vertragstypologie beim Verkauf immaterieller Güter s. Haberstumpf NJOZ 2015, 793).

Das Formular regelt keinen Unternehmenskauf. Es wird insbesondere vorausgesetzt, dass Entwicklung, Vermarktung und Vertrieb der verkauften Apps keinen Betrieb oder Betriebsteil iSd § 613a BGB, kein Handelsgeschäft iSd §§ 22 ff. HGB und kein Unternehmen oder Betrieb iSd § 75 AO bilden.

Dennoch weist der vorliegende Sachverhalt insoweit erhebliche Parallelen zu einem Kauf eines mit Schutzrechten ausgestatteten Unternehmens im Sinne eines Asset Deals auf, als dieser ebenso – wenn auch nicht allein – den Kauf einer Gesamtheit von Rechten zum Gegenstand hat. Eine weitere Gemeinsamkeit besteht darin, dass die Vertragsparteien in beiden Fällen idR beabsichtigen, den Käufer in die Stellung des Schutzrechtsinhabers vollständig eintreten zu lassen. Diese Zielsetzung markiert einen grundlegenden Unterschied zu einem Lizenzvertrag, der dadurch gekennzeichnet ist, dass der Lizenzgeber das Immaterialgut nicht aufgibt (zum Begriff des Lizenzvertrags Marly SoftwareR-HdB Rn. 697).

Vor dem Kauf sollte eine Due Diligence, insbesondere eine sorgfältige Prüfung des Bestands, der Belastung und der Übertragbarkeit der zu erwerbenden Schutzrechte durchgeführt werden (zur immaterialgüterrechtlichen Due Diligence s. Hettler/Stratz/Hörtnagl Unternehmenskauf/Hug/Gaugenrieder § 7 Rn. 7 ff.).

2. Kaufgegenstand. Gem. § 1 Abs. 1 werden die Apps mit den dazugehörigen Schutzrechten und Immaterialgütern verkauft. Die verkauften Vermögensgegenstände sind in den Anlagen umfassend und genau zu bezeichnen. Dabei ist auf eine genaue Bezeichnung und Abgrenzung der zu den Apps gehörenden Linkbibliotheken zu achten. Linkbibliotheken sind häufig Open Source Software oder proprietäre Software Dritter, an denen der Verkäufer Rechte nur beschränkt oder bedingt übertragen kann. Selbst entwickelte Linkbibliotheken wird der Verkäufer dann nicht an den Käufer übertragen wollen, wenn er sie auch für andere Entwicklungen nutzt.

Zur Beschreibung der Apps sowie der auf dem Backend-Server und, wenn hiervon separat, auch Website-Server gehosteten Software gehört eine Systemdokumentation, die insbesondere Code und Funktionen der Software sowie die mit den Softwareprogrammen verarbeiteten Daten und erzeugten Ergebnisse beschreibt. Da native Apps für bestimmte geschlossene Zielplattformen programmiert werden (hierzu Baumgartner/Ewald Apps/Ewald Rn. 13 ff.), sind auch die einzelnen Plattform-Versionen zu benennen. Ebenso sollte klargestellt werden, auf welchen Geräten (neben Smartphones ggf. Desktop-PCs, Laptops, Tablets, Smartwatches etc) die Apps verwendet werden können. Dabei ist auf eine genaue Bezeichnung der Versionsnummern von Betriebssystemen bzw. Programmierschnittstellen und Geräten zu achten, mit denen die Apps zum Zeitpunkt des Vollzugstags kompatibel sind.

Zu den Rechten an der Software können neben den urheberrechtlichen Nutzungsrechten im Einzelfall auch Patentrechte gehören. Patentgeschützte Apps sind jedoch selten, da Computerprogramme als solche nach deutschem Recht nicht patentfähig sind (§ 1 Abs. 3 Nr. 3 PatG; entsprechend auch Art. 52 Abs. 2c EPÜ). Löst das Programm ein technisches Problem mit technischen Mitteln, kommt ein Patentschutz jedoch in Betracht (s. Auer-Reinsdorff/Conrad IT- und DatenschutzR-HdB/Witte/Auer-Reinsdorff/Baldus § 5 Rn. 90 ff.; Marly SoftwareR-HdB Rn. 412 ff.).

Zu den Apps gehören in der Regel Kennzeichenrechte. Für eine im geschäftlichen Verkehr benutzte Bezeichnung einer App kommt neben einem Markenschutz nach § 4 MarkG in der Regel der Schutz als Werktitel iSd § 5 Abs. 3 MarkG in Frage. Die Rechtsprechung lässt einen Titelschutz für im geschäftlichen Verkehr benutzte Bezeichnungen von Mobile Apps ausdrücklich zu. Voraussetzung für den Titelschutz ist die Unterscheidungskraft der Bezeichnung (BGH BeckRS 2016, 12491).

Wesentlich ist die Übertragung der Anbieterkonten, die der Verkäufer bei den Plattformbetreibern hält (→ Anm. 9). Weiter in Betracht kommen die Übertragung der mit der App verlinkten Websites und Social Media Accounts sowie die Übertragung weiterer Benutzerkonten (→ Anm. 10).

Darüber hinaus sind mit Apps regelmäßig Immaterialgüter verknüpft, die keine Rechte darstellen und dennoch Kaufgegenstand sein können. So zB das mit Entwicklung, Pflege, Vermarktung und Vertrieb der Apps verbundene Know-how sowie nicht geschützte Inhalte oder Kundenlisten (zu Immaterialgütern als Kaufgegenstand s. MüKoBGB/Westermann § 433 Rn. 14 f.; Haberstumpf NJOZ 2015, 793).

Zu § 1 Abs. 3 → Anm. 8.

Zu § 1 Abs. 4 → Anm. 13.

3. Rechtseinräumung. § 2 regelt eine möglichst weitgehende Übertragung von Inhaber- und Nutzungsrechten an den verkauften Vermögensgegenständen. Neben den Rechten an der Software gehören dazu gewerbliche Schutzrechte (zB Marken oder Patente) und sonstige urheberrechtliche Nutzungsrechte an Inhalten (zB auf dem Backend-Server und dem Website-Server abgelegte Mediendateien sowie Inhalte aus Social Media Accounts).

Das Bestehen und der Umfang der Rechte, die Rechtsinhaberschaft, die Übertragbarkeit der Rechte sowie die Anforderungen an die Übertragung bestimmen sich dabei nach dem Recht des Landes, für dessen Gebiet Schutz beansprucht wird (Schutzlandprinzip). Die durch Auslegung des Übertragungsvertrags zu klärende Reichweite der übertragenen Rechte beurteilt sich dagegen nach dem Vertragsstatut (für die Übertragung urheberrechtlicher Nutzungsrechte s. BGH NJW 2015, 1690 (1691, 1693 Rn. 24, 41); Schricker/Loewenheim/Katzenberger/Metzger UrhG Vorb. §§ 120 ff. Rn. 150 ff.).

4. Einräumung urheberrechtlicher Nutzungsrechte. Nach deutschem Recht sind Urheberrechte grundsätzlich nicht übertragbar (§ 29 Abs. 1 UrhG). § 2 Abs. 3 regelt daher die umfassende Übertragung aller urheberrechtlichen Nutzungsrechte an den zu den Vermögensgegenständen gehörenden urheberrechtlich geschützten Werken, insbesondere den Apps. Ob auch eine Website in ihrer Gesamtheit oder nur einzelne Elemente der Website Urheberrechtsschutz genießen können, hat die Rechtsprechung bislang offengelassen (OLG Hamburg CR 2023, 677 mAnm Kreutz) und ist umstritten (s. Auer-Reinsdorff/Conrad IT- und DatenschutzR-HdB/Schöttle § 25 Rn. 9 ff.; Wiebe/Kreutz CR 2022, 383; speziell zur Schutzfähigkeit des HTML-Quellcodes s. Nebel/Stiemerling CR 2016, 61 (66 f.)).

Bei pauschaler Einräumung sämtlicher Nutzungsrechte wird der Umfang der Rechtseinräumung auf die Nutzungsarten und -rechte zurückgeführt, die dem zugrunde gelegten Vertragszweck entsprechen. Diese aus der Zweckübertragungslehre bzw. § 31 Abs. 5 UrhG abgeleitete Rechtsprechung gilt auch bei eindeutigem Vertragswortlaut (BGHZ 131, 8 = NJW 1995, 3252 (3253)). Ob sich durch eine – kaum praktikable – vollständige Aufzählung aller Nutzungsarten und -rechte die Anwendung des § 31 Abs. 5 UrhG vermeiden lässt, ist fraglich (s. Wandtke/Bullinger/Wandtke UrhG § 31 Rn. 41 ff.). Der von den Parteien beabsichtigte Vertragszweck sollte daher im Vertragswortlaut deutlich zum Ausdruck kommen (s. § 1 Abs. 2).

Unter Abs. 5 fallen die Nutzungsrechte, die der Verkäufer nicht ausschließlich einräumen kann oder möchte. Dies können bspw. Rechte an Linkbibliotheken (→ Anm. 2) oder an urheberrechtlich geschützten Inhalten Dritter aus Social Media Konten sein.

5. Unbekannte Nutzungsarten. Bei der Einräumung von Rechten an unbekannten Nutzungsarten verbleibt dem Urheber das Recht auf Widerruf gem. § 31a Abs. 1 S. 3 UrhG.

6. Übergabe der Software. Für die Übergabe der Software ist im Formular der Download aus einem Repository bestimmt. Der Käufer wird regelmäßig an der Übergabe des gesamten zur Software gehörenden Repository einschließlich vollständiger Versionshistorie interessiert sein. Dagegen stehen etwaige im Einzelfall zu prüfende datenschutzrechtliche Grenzen in Hinblick auf darin enthaltene personenbezogene Daten der an der Entwicklung beteiligten Programmierer sowie das Interesse des Verkäufers, sein im Repository hinterlegtes Know-how zu schützen.

7. Dokumentation. Für die Weiterentwicklung der Software und deren Pflege ist eine genaue Kenntnis des Käufers vom Quellcode unabdingbar. Der Käufer wird sich im Regelfall bereits in der Due Diligence ein Bild vom Code und seiner Dokumentation machen, woraus sich weitere Materialien und Unterlagen ergeben können, die der Verkäufer zu übergeben hat (s. § 8).

Eine reine Benutzerdokumentation existiert für Mobile Apps meist nicht, da diese in der Regel auf eine intuitive Benutzerführung ohne Dokumentation ausgelegt sind. Soweit dennoch eine Benutzerdokumentation vorliegt, sollte auch diese übertragen werden.

8. Überleitung von Verträgen. Der Käufer der Apps wird idR daran interessiert sein, von dem Verkäufer die Verträge zu übernehmen, die erforderlich sind, um eine möglichst reibungslose Fortführung des mit den Apps verbundenen Geschäfts zu ermöglichen. Dazu können Verträge mit Technologieanbietern (zB Plattformanbieter für Programmierwerkzeuge, Shop-Analyse oder Kundensupport) und – bei Übertragung einer Website – mit Host-Providern und Domain-Providern gehören. Bei einem Verkauf von Domains übernimmt der Käufer die Verträge mit den Registrierungsstellen. Zum Verkauf einer bei der DENIC registrierten Domain → Form. F.5.

Eine Vertragsübernahme bedarf der Zustimmung des Vertragspartners (zur Vertragsübernahme s. Grüneberg/Grüneberg BGB § 398 Rn. 41 ff.).

Die zu übernehmenden Verträge müssen mindestens bestimmbar sein. Das Formular geht davon aus, dass Arbeitsverhältnisse nicht vertraglich übernommen werden und zudem die Voraussetzungen für einen Übergang von Arbeitsverhältnissen nach § 613a BGB nicht vorliegen (→ Anm. 1).

Das Formular sieht keine Übertragung von Verträgen mit Plattformbetreibern oder Anwendern vor. Die Verträge mit den Plattformbetreibern wird der Käufer im Regelfall bereits eingegangen sein oder mit der Übertragung der Anbieterkonten (s. § 5) eingehen (zu den Vertragsbeziehungen zwischen Plattformbetreibern und Anbietern s. Baumgartner/Ewald Apps/Ewald Rn. 93 ff.). Ob Anwender der Apps Verträge mit den Betreibern oder den Anbietern eingehen, ist wegen der intransparenten Vertragsstrukturen und -bedingungen der Plattformen fraglich, wenn auch eine Auslegung des objektiven Empfängerhorizonts ein Vertragsverhältnis zwischen Anwender und Plattformbetreiber nahe legt (s. dazu. Baumgartner/Ewald Apps/Ewald Rn. 41 ff.; Marly SoftwareR-HdB Rn. 1168 ff.; Auer-Reinsdorff/Conrad IT- und DatenschutzR-HdB/Kremer § 28 Rn. 15 ff.).

Ungeachtet dessen kann der Verkäufer an einer Übernahme seiner Pflichten aus Mängelhaftung (gleich ob gegenüber Plattformbetreiber oder Anwender) insbesondere dann interessiert sein, wenn ihm nach Vollzug der Quellcode nicht mehr zur Verfügung steht und er daher Nachbesserungsverlangen seines Vertragspartners nicht mehr ohne Unterstützung des Käufers nachkommen kann. Vorliegend wird dem Verkäufer die Nutzung des Quellcodes zu Zwecken der Nachbesserung erlaubt (s. § 3 Abs. 3).

Für den Käufer ist zu beachten, dass er mit Vertragsübernahme auch Pflichten übernimmt, die dem Zeitraum vor Vollzug zuzuordnen sind. Gegen dieses Risiko schützt die Verkäufergarantie aus § 11 Abs. 2.

9. Übertragung von Anbieterkonten. Anbieterkonten ermöglichen dem Kontoinhaber die Veröffentlichung und den Vertrieb der Apps. In der Terminologie der Plattformbetreiber werden sie teilweise als Entwicklerkonto bezeichnet (so bei Google Play), ohne dass der Anbieter zwingend auch Entwickler der Apps ist. Die Anbieterkonten sind webbasierte Tools, mit denen Apps für den Verkauf eingereicht und verwaltet werden können. Sie sammeln aus Vertriebssicht maßgebliche Daten und Inhalte, einschließlich Nutzerdaten, Downloadstatistiken sowie Bewertungen und Rezensionen. Die Übernahme der Anbieterkonten ist daher für den Käufer gerade bei gut eingeführten Apps von entscheidender Bedeutung.

Die Plattformbetreiber ermöglichen den Anbietern die Übertragung der Anbieterkonten an Dritte und versprechen, dass mit den Apps alle Daten und Inhalte der Konten übertragen werden (s. zB für iOS Apps https://help.apple.com/app-store-connect/#/deved688524f/, zuletzt abgerufen am 31.7.2024, für Android-Apps auf Google Play https://support.google.com/googleplay/android-developer/answer/6230247?hl=de, zuletzt abgerufen am 31.7.2021). Darauf verlassen sollten sich die Vertragsparteien jedoch nicht. Es ist ratsam, sich bei den betroffenen Plattformbetreibern vorab zu vergewissern, ob sämtliche Daten und Inhalte der Konten tatsächlich übertragen werden. Zur Übertragung von Kundendaten (→ Anm. 11). Soweit sich eine Übertragung aller kritischen Daten de facto nicht durchsetzen lässt, könnten sich die Parteien mit einer treuhänderischen Verwaltung des Kontos durch den Verkäufer behelfen.

Die Übertragung von Anbieterkonten dauert im Regelfall einige Tage. Währenddessen ist das Anbieterkonto zwar gesperrt, Kunden der Plattform können die Apps jedoch auch in dieser Zeit erwerben. Gem. § 5 Abs. 2 verkauft daher der Verkäufer die Apps bis zur vollständigen Übertragung auf Rechnung des Käufers.

10. Übertragung sonstiger Benutzerkonten. Für die Entwicklung und Vermarktung von Apps unterhält der Anbieter meist verschiedene Benutzerkonten, insbesondere auf Plattformen von Technologieanbietern (→ Anm. 8) sowie Social Media Plattformen. Eine Übertragung von Benutzerkonten (Accounts) sozialer Netzwerke lassen die Betreiber jedoch regelmäßig nicht zu. Die Nutzungsbedingungen untersagen meist die Weitergabe von Zugangsdaten und Übertragung des Accounts (so zB Ziff. 3.1 der Nutzungsbedingungen von Facebook, abrufbar unter: https://de-de.facebook.com/legal/terms?locale=de_DE, zuletzt abgerufen am 31.7.2024). Ist eine Übertragung nicht möglich, bliebe den Vertragsparteien die treuhänderische Verwaltung des Accounts durch den Verkäufer oder Neueinrichtung des Accounts durch den Käufer nach dessen Aufgabe durch den Verkäufer. In jedem Fall ist sicherzustellen, dass dem Käufer die Rechte an den Inhalten übertragen werden und bei der Übertragung Datenschutzrechte Dritter gewahrt bleiben. Als Erlaubnistatbestand für die Übermittlung personenbezogener Daten, die in sozialen Netzwerken allgemein zugänglich sind, kommt insbesondere Art. 6 Abs. 1 lit. f DS-GVO in Betracht (vgl. zur Übertragung von Kundendaten im Asset Deal → Anm. 11); zur Verarbeitung von personenbezogenen Daten durch Social-Media-Dienste s. EuGH GRUR 2023, 1131 – Facebook Ireland; Füllsack/Kirschke-Biller GRUR-Prax 2023, 441).

11. Übertragung von Informationen und Dokumenten. Entwurfsmaterialien wie ein vollständiges Pflichtenheft oder Ablaufdiagramme der Software liegen häufig nicht oder nur eingeschränkt vor. Im Einzelfall wird aber der Käufer interessiert sein, ein Ablaufdiagramm oder vergleichbares Dokument zu erhalten. Dies ließe sich vom Verkäufer je nach Absprache auch anlässlich des Kaufs erstellen.

Die Daten der Anwender werden in der Regel mit der Übertragung des Anbieterkontos übermittelt (→ Anm. 9). Die datenschutzrechtliche Zulässigkeit einer Übertragung von Kundendaten bemisst sich in der Regel an Art. 6 Abs. 1 lit. f DS-GVO (zur Zulässigkeit einer vergleichbaren Übermittlung von Kundendaten beim Asset Deal s. den Beschluss der Konferenz der unabhängigen Datenschutzaufsichtsbehörden des Bundes und der Länder vom 24.5.2019 abrufbar unter https://www.datenschutzkonferenz-online.de/media/dskb/20190524_dskb_asset_deal.pdf (zuletzt abgerufen am 31.7.2024) sowie Haupt/Komanek NZG 2022, 344).

12. Kaufpreiszahlung. Ein fester Kaufpreis bietet sich an, wenn der Verkäufer mit den Apps dauerhaft stabile Erträge erwirtschaftet hat und keine außergewöhnlichen Unsicherheiten für das zukünftige Geschäft zu erwarten sind. Alternativ lässt sich der Kaufpreis ganz oder teilweise variabel bestimmen (Earn-Out), etwa durch eine Regelung, die dem Verkäufer statt eines festen Kaufpreises für einen bestimmten Zeitraum einen Anteil an den vom Käufer mit dem Vertrieb der Apps erzielten Nettoverkaufserlösen gewährt.

Aus steuerlichen Gründen ist eine Aufteilung des Kaufpreises auf die einzelnen Vermögensgegenstände zu erwägen. Es ist häufig im Interesse des Erwerbers, den Kaufpreis kurzfristig abzuschreiben. Eine von den Vertragsparteien vereinbarte Kaufpreisallokation wird von den Finanzbehörden idR eher akzeptiert als eine solche, die vom Käufer einseitig vorgenommen wird. Planmäßig abschreiben lässt sich insbesondere der den Apps zugewiesene Kaufpreis (zur Einordnung von Software als immaterielles Wirtschaftsgut des Anlagevermögens s. BFH NJW 2011, 3679). Zu den abschreibungsfähigen immateriellen Wirtschaftsgütern können zudem gewerbliche Schutzrechte, der Kundenstamm und ein Wettbewerbsverbot zählen. Zur Frage der Aktivierung von Kosten der Implementierung und Schulung als Anschaffungskosten iSd § 255 Abs. 1 HGB s. Ziff. 6.2 der IDW Stellungnahme zur Rechnungslegung: Bilanzierung entgeltlich erworbener Software beim Anwender (IDW RS HFA 11 nF (Stand 18.12.2017)).

Das Formular geht davon aus, dass der Verkauf der Vermögensgegenstände keine Geschäftsveräußerung iSd § 1 Abs. 1 lit. a UStG begründet und daher nicht umsatzsteuerbefreit ist.

13. Integration. Der Käufer wird im Regelfall die Unterstützung des Verkäufers benötigen, um sich das zur Fortführung der Entwicklung der Software sowie des Marketings und des Vertriebs der Apps erforderliche Wissen anzueignen. Gegenstand, Umfang und Konditionen einer solchen Unterstützung sind in hohem Maße einzelfallabhängig. Gerade im Falle komplexer Anwendungen kann auch der separate Abschluss eines IT-Servicevertrags ratsam sein.

14. Haftungsregime. Die im Formular bestimmte Haftung des Verkäufers entspricht dem typischen Haftungsregime eines Unternehmenskaufvertrags. Die Garantien sind als selbständige Garantieversprechen iSd § 311 Abs. 1 BGB ausgestaltet.

Die Garantien sind käuferfreundlich formuliert. Der Verkäufer wird angesichts der aus den Garantien folgenden verschuldensunabhängigen Haftung daran interessiert sein, die Garantien zu beschränken, so bspw. durch zeitliche Einschränkungen und sog. Qualifier, die den Garantiefall an eine Kenntnis des Verkäufers, ein Wesentlichkeitsmerkmal oder andere Kriterien knüpfen (s. zur Garantiehaftung beim Unternehmenskaufvertrag Hettler/Stratz/Hörtnagl Unternehmenskauf/Lips § 3 Rn. 207 ff.).

15. Title-Garantien. § 11 Abs. 1–7 regeln die sog. Title-Garantien, wobei zwischen Rechten an den Apps (Abs. 1), Inhaberrechten und Erfindungen (Abs. 2, 3) und Rechten an dem Backend, Websites und Social Media Konten (Abs. 4) differenziert wird. In der Anlage 11.4 sind insbesondere Immaterialgüter, die keine Rechte darstellen (zB urheberrechtlich nicht geschützte Inhalte), von der Garantie auszunehmen. Diese Immaterialgüter sind von Abs. 5 erfasst.

16. Softwareentwickler. § 11 Abs. 9 soll den Verkäufer gegen eine unerwartete Inanspruchnahme durch bei Vertragsschluss nicht bekannte und in der Due Diligence nicht berücksichtigte Softwareentwickler (oder seiner Lizenznehmer) schützen.

17. Open Source Software. Insbesondere aufgrund des der Open Source Software eigenen Copyleft-Effekts, sollte der Käufer schon bei der Due Diligence ein besonderes Augenmerk auf die Verwendung von Open Source Software legen (zum Copyleft-Effekt s. Marly SoftwareR-HdB Rn. 928; die von der OSI anerkannten Open Source Lizenzen finden sich unter: https://opensource.org/licenses, zuletzt abgerufen am 31.7.2024).

18. Mängel. Einen Ansatzpunkt für die Bestimmung eines Mangels gibt die Produktbeschreibung in Anlage 1. Es liegt insbesondere im Interesse des Käufers, dass darin die Leistungsmerkmale der Apps im Einzelnen aufgeführt werden. Beim Kauf von Software wird der Verkäufer typischerweise bestimmte Mängel von der Garantieerklärung ausnehmen wollen. Anknüpfen ließe sich dabei an den Begriff der Unerheblichkeit iSd § 323 Abs. 5 S. 2 BGB, wonach bei kauf- und werkvertraglicher Mängelhaftung der Rücktritt (§§ 437 Nr. 2, 634 Nr. 3 BGB) im Falle unerheblicher Mängel ausgeschlossen ist. In der Praxis lassen sich unerhebliche Mängel eines Softwareprogramms allerdings nur schwer abgrenzen. Eine Spezifizierung unerheblicher Mängel wäre bei entsprechender Einschränkung der Garantie daher ratsam. Dabei ist auf Verkäuferseite das der selbständigen Garantie immanente Risiko einer verschuldensunabhängigen Haftung zu bedenken. Der

Käufer muss dagegen berücksichtigen, dass mit der Garantiehaftung für Mängel idR die gesetzliche Mängelhaftung ausgeschlossen wird und demnach von der Garantiehaftung ausgenommene Mängel keiner Mängelhaftung unterliegen (s. § 12 Abs. 4).

19. Fördermittel. Der Käufer sollte sorgsam darauf achten, dass Rechte an der Software nicht infolge einer öffentlichen Förderung der App-Entwicklung beschränkt sind. So sichert etwa Ziff. 3.4.2 der Nebenbestimmungen für Zuwendungen auf Kostenbasis des Bundesministeriums für Bildung und Forschung an Unternehmen der gewerblichen Wirtschaft für Forschungs- und Entwicklungsvorhaben (NKBF 2017) dem Zuwendungsgeber in Fällen eines besonderen öffentlichen Interesses ein nicht ausschließliches, übertragbares Nutzungsrecht an den Ergebnissen und den urheberrechtlich geschützten Teilen der Ergebnisse.

20. Rückruf. § 11 Abs. 22 soll den Käufer gegen das Risiko schützen, dass Plattformbetreiber die Zulassung der Apps widerrufen oder die Apps im Store deaktivieren. Die Plattformbetreiber behalten sich derartige Maßnahmen nach eigenem Ermessen vor (s. zB Ziffer 8.3 Google Play – Vereinbarung für Entwickler, Stand 5.2.2024, abrufbar unter: https://play.google.com/intl/ALL_de/about/developer-distribution-agreement.html, zuletzt abgerufen am 31.7.2024) und üben sie auch aus. Der Käufer hat auch darauf zu achten, dass zur Aufrechterhaltung der Anbieterkonten erforderliche Verlängerungsgebühren entrichtet wurden.

21. Rechtsfolgen von Garantieverletzungen. Die Vereinbarung von Haftungsbeschränkungen bildet ein Gegengewicht zur selbständigen Garantiehaftung des Verkäufers. Da die Garantien als selbständige Garantien, nicht dagegen als Beschaffenheitsgarantien ausgestaltet sind (s. § 11), steht § 444 BGB einer Haftungsbeschränkung und abschließenden vertraglichen Regelung der Rechtsfolgen bei Garantieverletzungen nicht entgegen. Die Rechtsfolgenklausel ist käuferfreundlich. Aus Sicht des Verkäufers wären zusätzliche Haftungsbeschränkungen zu erwägen, so zB eine engere Definition des Schadensbegriffs, die Verkürzung der gesetzlichen Verjährung, Freigrenzen und Freibeträge sowie Haftungshöchstsummen (s. hierzu Hettler/Stratz/Hörtnagl Unternehmenskauf/Lips§ 3 Rn. 232 ff.).

22. Wettbewerbsverbot. Die Zulässigkeit von Wettbewerbsverboten ist aufgrund deren grundsätzlich wettbewerbsbeschränkender Natur an den kartellrechtlichen Grenzen des Art. 101 AEUV bzw. § 1 GWB zu messen. Tatbestandsausnahmen zu Art. 101 Abs. 1 AEUV werden von Gerichten und der Kommission anerkannt, wenn sie für die Durchführung einer kartellrechtlich unbedenklichen Hauptvereinbarung funktionsnotwendig sind (Bechthold/Bosch/Brinker AEUV Art. 101 Rn. 128). Im Zusammenhang mit Unternehmenskaufverträgen sieht die Kommission daher im Grundsatz Wettbewerbsverbote zu Lasten des Verkäufers von bis zu 3 Jahren als gerechtfertigt an (Bekanntmachung der Kommission über die Einschränkungen des Wettbewerbs, die mit der Durchführung von Unternehmenszusammenschlüssen unmittelbar verbunden und für diese notwendig sind, 2005/C 56/03 Tz. 20). Im Falle des Verkaufs eines auf dem Markt befindlichen Softwareprogramms mit allen dazugehörigen Rechten und Know-how kann sich eine entsprechende Notwendigkeit für ein Wettbewerbsverbot ergeben.

Verbraucherverträge

11. Verbrauchervertrag Softwarekauf – Customer Software Purchase Agreement

Kaufvertrag

zwischen

. . . . .

– nachfolgend „Verkäufer" genannt –

und

. . . . .

– nachfolgend „Käufer" genannt –

§ 1 Vertragsgegenstand

Gegenstand des Vertrages ist der Kauf der Software . . . . .[1]

§ 2 Kaufgegenstand, Bereitstellung

(1) Der Käufer erhält folgende Gegenstände:

- Die Software auf einem Datenträger (DVD), sofern nicht vereinbart ist, dass der Käufer die Software im Wege des Download von einem Server des Verkäufers bezieht,
- ein digitalisiertes Berechtigungszertifikat mit Lizenzschlüssel[2] und
- eine Installationsanleitung[3] sowie eine Online-Hilfe, die es erlaubt, Erläuterungen zu den Funktionalitäten während des Betriebs der Software abzurufen.

(2) Die Bereitstellung der Software erfolgt bei einer Überlassung auf einem Datenträger durch Versand. Im Falle des Downloads erfolgt die Bereitstellung über einen Server des Verkäufers.[4]

(3) Die Installation der Software erfolgt durch den Käufer.

Purchase Agreement

between

. . . . .

– hereinafter referred to as „Seller" –

and

. . . . .

– hereinafter referred to as „Buyer" –

§ 1 Subject of the contract

The subject of the contract is the purchase of the software . . . . .[1]

§ 2 Purchase Object, Supply

(1) The Buyer shall receive the following items:

- The software on a data carrier (DVD) unless it is agreed that the Buyer obtains the software by way of download from a server of the Seller,
- a digitised authorisation certificate with licence key[2] and
- an installation manual[3] as well as an online help which provides explanations of the functionalities to be called up during the operation of the software.

(2) In the event that the software is provided on a data carrier, it shall be supplied by dispatch. In the case of a download, the supply shall take place via a server of the Seller.[4]

(3) The Buyer installs the software.

§ 3 Vergütung

(1) Der Kaufpreis beträgt .....

(2) Er ist vom Käufer bei Vertragsschluss durch Verwendung einer der angebotenen Zahlungsmethoden zu errichten.[5]

§ 4 Beschaffenheit der Software

(1) Die Beschaffenheit der Software, insbesondere die Funktionalität und die technischen Einsatzbedingungen, richten sich nach der Beschreibung in der Benutzerdokumentation,[6] die auf der Web-Seite des Verkäufers eingesehen werden kann, und ergänzend nach den folgenden Bestimmungen.

(2) Die Beschaffenheitsvereinbarung nach Abs. 1 ist abschließend. Daraus, dass die Benutzerdokumentation eine Beschaffenheit nicht nennt oder sie ausschließt, kann nicht auf die Mangelhaftigkeit der Software geschlossen werden.[7]

(3) Außerhalb der Benutzerdokumentation sind technische Daten, Spezifikationen und Leistungsangaben in öffentlichen Äußerungen, insbesondere in Werbemitteln keine Beschaffenheitsangaben.[8]

(4) Es stellt keine Beschaffenheit der Software dar, nach dem Zeitpunkt der Bereitstellung auch unter neuen Versionen des Betriebssystems einsatzfähig zu sein und danach anfallenden Sicherheitsanforderungen oder rechtlichen Anforderungen zu entsprechen.

(5) Die Beschaffenheiten der gekauften Software können von denen einer Testversion oder der Darstellung der Software auf der Web-Seite des Verkäufers abweichen.[9]

§ 4 Aktualisierungen[10]

(1) Während der Gewährleistungsfrist stellt der Verkäufer dem Käufer Aktualisierungen zum Erhalt der Vertragsmäßigkeit der Software sowie Sicherheitsaktua-

§ 3 Remuneration

(1) The purchase price shall be .....

(2) It is to be paid by the buyer upon conclusion of the contract by using one of the offered payment methods.[5]

§ 4 Nature of the Software

(1) The quality of the software, in particular the functionality and the technical conditions of use, shall be governed by the description in the user documentation,[6] which can be viewed on the Seller's website, and additionally by the following provisions.

(2) The agreement on the nature of the software pursuant to para. 1 is conclusive. The fact that the user documentation does not specify a quality or excludes it does not imply that the software is defective.[7]

(3) Outside of the user documentation, technical data, specifications, and performance information in public statements, in particular in advertising material, are not a description of the software's specification and quality.[8]

(4) It does not constitute a specification and quality of the software to be operational under new versions of the operating system after the time of supply, to comply with security requirements arising thereafter, or to comply with legal requirements.

(5) The specification or quality of the purchased software may differ from those of a test version or the presentation of the software on the Seller's website.[9]

§ 4 Actualisations[10]

(1) During the warranty period, the Seller shall provide the Buyer with actualisations for maintaining the contractual conformity of the software as well as security updates.

lisierungen zur Verfügung. Der Anspruch auf Aktualisierungen der Software ist nicht abtretbar.

(Variante:

(1) Der Verkäufer stellt dem Käufer keinerlei Aktualisierungen zum Erhalt der Vertragsmäßigkeit der Software und auch keine Sicherheitsaktualisierungen zur Verfügung.)

(Variante:

(1) Während der Gewährleistungsfrist stellt der Verkäufer dem Käufer Aktualisierungen zum Erhalt der Vertragsmäßigkeit der Software und Sicherheitsaktualisierungen für ein Jahr nach Bereitstellung der Software zur Verfügung.)

(2) Ohne eine Verpflichtung hierzu stellt der Verkäufer dem Käufer nach eigenem Ermessen unentgeltlich Updates zur Verfügung, die die Funktionalität der Software erweitern können.[11]

(3) Die Installation der Aktualisierungen und Updates erfolgt durch den Käufer. Der Verkäufer wird mit der Bereitstellung der Aktualisierung den Käufer über deren Inhalt informieren.[12]

§ 5 Nutzungsrechte

(1) Der Käufer ist für das Gebiet der Bundesrepublik Deutschland dauerhaft berechtigt, die Software zur Nutzung auf einem Rechner und durch eine Person zur Zeit nach Maßgabe der folgenden Bestimmungen zu vervielfältigen. Die Berechtigung gilt unabhängig davon, ob es sich bei dem Rechner um ein physisches oder virtuelles System handelt.[13]

(2) Der Lizenzschlüssel dient dem erleichterten Nachweis der Berechtigung des Käufers. Sein Besitz oder seine Verwendung allein gewähren kein Recht zur Nutzung der Software. Ein solches Recht folgt nur aus einer Vereinbarung mit dem Rechtsinhaber oder einer gesetzlichen Regelung.[14]

The claim to updates of the software is not assignable.

(Variation:

(1) The Seller shall not provide the Buyer with any actualisations to maintain the contractual conformity of the software, nor with any security updates.)

(Variation:

(1) During the warranty period, the Seller shall provide the Buyer with actualisations to maintain the contractual conformity of the software and security updates for one year after the supply of the software.)

(2) Without any obligation to do so, the Seller shall provide the Buyer, at its own discretion and free of charge, with updates that may extend the functionality of the software.[11]

(3) The installation of the actualisations and updates shall be carried out by the Buyer. The Seller shall inform the Buyer of the content of the update when it is supplied.[12]

§ 5 Rights of Use

(1) The Buyer is permanently entitled for the territory of the Federal Republic of Germany to reproduce the software for use on one computer and by one person at a time in accordance with the following provisions. The authorisation shall apply irrespective of whether the computer is a physical or virtual system.[13]

(2) The licence key serves to facilitate proof of the purchaser's entitlement. Its possession or use alone does not grant any right to use the software. Such a right only follows from an agreement with the right holder or a statutory regulation.[14]

(3) Die Nutzung der Software ist nur zu privaten Zwecken gestattet. Die Berechtigung zur Nutzung ist nicht übertragbar.[15]

(4) Der Käufer kann die erstmalig installierte Software nur nutzen, wenn er die Software binnen 30 Tagen nach der Installation über das Internet aktiviert.

(5) Der Käufer ist nicht berechtigt, die vorhandenen Schutzmechanismen der Software gegen eine unberechtigte Nutzung zu entfernen oder zu umgehen, es sei denn, dies erfolgt zur Beseitigung von Mängeln nach einer ergebnislosen Aufforderung des Verkäufers hierzu. Soweit der Verkäufer nicht zur unentgeltlichen Mängelbeseitigung verpflichtet ist, hat der Käufer ihm ein angemessenes Entgelt für die Mängelbeseitigung zu zahlen.[16]

§ 6 Mängelhaftung

(1) Der Verkäufer hat gemäß den gesetzlichen Regelungen Nacherfüllung zu leisten, soweit im Folgenden nichts anderes bestimmt ist.[17]

(2) Die Art der Nacherfüllung bestimmt der Verkäufer.[18]

(3) Die Nacherfüllung kann entsprechend der Art der Bereitstellung nach § 2 durch Zurverfügungstellung der mangelfreien Software auf einem Datenträger oder als Download erfolgen. Erfolgt die Nacherfüllung durch eine Änderung der installierten Software (Patches), geschieht dies allein per Download.

(4) Wählt der Verkäufer die Lieferung der gesamten Software, kann er auch eine neuere Softwareversion zur Verfügung stellen, die zumindest alle nach diesem Vertrag geschuldeten Beschaffenheiten aufweist und den Käufer hinsichtlich der Nutzung der Software gegenüber der geschuldeten Beschaffenheit nicht beeinträchtigt. An dieser neuen Version erlangt der Käufer die Nutzungsrechte nach § 5 aufschiebend bedingt auf den Zeitpunkt der Installation für den Betrieb. Er verliert diese Nutzungsrechte auflösend bedingt

(3) The use of the software is only permitted for private purposes. The right to use the software is not transferable.[15]

(4) The Buyer may only use the software after first installation if the Buyer activates the software via the Internet within 30 days after installation.

(5) The Buyer shall not be entitled to remove or circumvent the existing protective mechanisms of the software against unauthorised use, unless this is done in order to remedy defects after a fruitless request by the Seller to do so. Insofar as the Seller is not obliged to cure the defect free of charge, the Buyer shall pay the Seller a reasonable fee for the cure of the defect.[16]

§ 6 Cure

(1) The Seller shall provide cure in accordance with the statutory provisions, unless otherwise stipulated below.[17]

(2) The type of subsequent performance shall be determined by the Seller.[18]

(3) The supplementary performance can be effected in accordance with the type of supply pursuant to § 2 by making the defect-free software available on a data carrier or as a download. If cure is effected by modifying the installed software (patches), this shall be effected solely by download.

(4) If the Seller chooses to deliver the entire software, he may also provide a newer software version which at least has all the qualities owed under this contract and does not impair the Buyer with regard to the use of the software compared to the quality owed. The Buyer shall acquire the rights of use to this new version in accordance with § 5 subject to the condition precedent of the time of installation for use. He shall lose these rights of use subject to the resolutive condition of installation of a further new delivery in accordance with sentence

im Falle der Installation einer weiteren Neulieferung nach Satz 1. Wird die Software im Wege der Nacherfüllung nur teilweise geändert, erfassen die für die gesamte Software ursprünglich bestehenden Rechte auch die geänderten Teile.[19]

(5) Im Wege der Nacherfüllung ersetzte installierte Software hat der Käufer unumkehrbar zu deinstallieren und etwaige Datenträger hierzu zu vernichten.

(6) Im Falle einer Vertragsbeendigung hat der Käufer alle zur Erfüllung dieses Kaufvertrages erhaltenen Gegenstände zurückzugeben. Zusätzlich ist die Software unverzüglich dauerhaft zu deinstallieren. Die Deinstallationspflicht erfasst alle auf der Grundlage dieses Vertrages überlassene Software (einschließlich Software, die im Rahmen der Nacherfüllung, beispielsweise durch Updates oder eine weitere Version, überlassen wurde).[20]

1. If the software is only partially modified by way of cure, the rights originally existing for the entire software shall also cover the modified parts.[19]

(5) The Buyer shall irreversibly uninstall any installed software replaced by way of cure and destroy any data carriers containing such software.

(6) In the event of termination of the contract, the Buyer shall return all items received for the performance of this purchase contract. In addition, the software must be permanently uninstalled without delay. The obligation to uninstall covers all software provided on the basis of this contract (including software provided as part of cure, for example through updates or a further version).[20]

§ 7 Allgemeine Haftung[21]

(1) Der Verkäufer haftet für Vorsatz und grobe Fahrlässigkeit. Für leichte Fahrlässigkeit haftet er nur bei Verletzung einer wesentlichen Vertragspflicht (Kardinalpflicht), deren Erfüllung die ordnungsgemäße Durchführung des Vertrags überhaupt erst ermöglicht und auf deren Einhaltung der Käufer regelmäßig vertrauen darf, sowie bei Schäden aus der Verletzung des Lebens, des Körpers oder der Gesundheit.

(2) Die Haftung ist im Falle leichter Fahrlässigkeit summenmäßig beschränkt auf die Höhe des vorhersehbaren Schadens, mit dessen Entstehung typischerweise gerechnet werden muss.

(3) Für den Verlust von Daten haftet der Verkäufer insoweit nicht, als der Schaden darauf beruht, dass es der Käufer unterlassen hat, Datensicherungen durchzuführen und so dazu beizutragen, dass verlorengegangene Daten mit vertretbarem Aufwand wiederhergestellt werden können.

§ 7 Liability[21]

(1) The Seller shall be liable for intent and gross negligence. He shall only be liable for slight negligence in the event of a breach of an essential contractual obligation (cardinal obligation), the fulfilment of which is a prerequisite for the proper performance of the contract and on the observation of which the Buyer may regularly rely, as well as in the event of damage resulting from injury to life, body or health.

(2) In the event of slight negligence, liability shall be limited to the amount of the foreseeable damage that can typically be expected to occur.

(3) The Seller shall not be liable for the loss of data insofar as the damage is due to the Buyer's failure to carry out data backups and thus to help ensure that lost data can be restored with reasonable effort.

§ 8 Online-Beilegung von Streitigkeiten[22]

(1) Unter der Internet-Adresse http://ec.europa.eu/consumers/odr/ stellt die Europäische Kommission eine Plattform zur Online-Streitbeilegung bereit. Unsere E-Mail-Adresse, an die der Käufer seine Nachricht zu einer Beschwerde senden kann lautet: ...... Die Adresse dient allein zur Verwendung im Zusammenhang mit der Plattform zur Online-Streitbeilegung.

(2) Der Verkäufer nimmt nicht an einem freiwilligen Streitbeilegungsverfahren der Verbraucherschlichtungsstellen teil. Eine Verpflichtung zur Teilnahme besteht nicht.

§ 9 Sprachversion[23]

Die Vertragsparteien haben den Vertrag in einer deutschen und einer englischsprachigen Fassung geschlossen. Für die rechtlichen Wirkungen zwischen den Parteien ist allein die deutsche Fassung maßgeblich.

§ 8 Online dispute resolution[22]

(1) The European Commission provides a platform for the online settlement of disputes at the Internet address http://ec.europa.eu/consumers/odr/. Our e-mail address to which the Buyer can send his message about a complaint is: ... The address is solely for use in connection with the online dispute resolution platform.

(2) The Seller does not participate in any voluntary dispute resolution procedure of the consumer arbitration boards. There is no obligation to take part.

§ 9 Language

The contracting parties have concluded the contract in a German and an English version. The German version alone shall be decisive for the legal effects between the parties.

Anmerkungen

1. Softwarekauf. Die §§ 327 ff. BGB enthalten infolge der Umsetzung der DID-Richtlinie Sonderregelungen zu **digitalen Produkten.** Dadurch werden die Bestimmungen einiger Vertragstypen des Besonderen Teils des BGB modifiziert, wenn ein Unternehmer entsprechende Leistungen an einen Verbraucher erbringt (**Verbrauchervertrag**). Für den Softwarekauf bedeutet dies, dass zwar grundsätzlich Kaufrecht Anwendung findet, aufgrund der §§ 453 Abs. 1 S. 2 und 3, 475a BGB aber einige Regelungen des Kaufrechts durch Vorschriften der §§ 327 ff. BGB ersetzt werden.

Das Formular folgt der hM und behandelt **Software** als **sonstigen Gegenstand** und nicht als Sache (Redeker IT-Recht Rn. 279; BeckOK BGB/Faust § 453 Rn. 24). Es zeigt an den Beispielen des Kaufs von Software auf einem **Datenträger** nach §§ 475a Abs. 1 und § 453 Abs. 1 S. 2 BGB und des Erwerbs der Software per **Download**, der allein unter § 453 Abs. 1 S. 2 BGB fällt, die wesentlichen Regelungsgegenstände eines solchen Verbrauchervertrags auf.

Nicht behandelt wird der Verkauf von **Software zusammen mit einer Sache**, wenn die Sache ihre Funktion ohne die Software nicht erfüllen kann (PKW, Wechselrichter einer PV-Anlage, Computer etc, vom Gesetz definiert als **Waren mit digitalen Elementen**). Für diese Fälle gelten nach §§ 327a Abs. 3 S. 1 und 475b Abs. 1 die Regelungen in §§ 475b Abs. 2–6, 475c und e sowie die §§ 475d und 476, 477 BGB als auf alle Verbrauchsgüterverträge anwendbare Regelungen (HK-BGB/Saenger § 475b Rn. 1). In den wesentlichen Punkten sind die gesetzlichen Wertungen zwar gleich, unabhängig davon, ob ein digitales Produkt oder eine Ware mit digitalen Elementen verkauft wird. In Details gibt es jedoch Abweichungen, die bei einer Übernahme einzelner Klauseln aus diesem Formular zu beachten sind. So gehören zu den bei digitalen Produkten geschuldeten Aktualisierungen nach § 327f Abs. 1 S. 2 BGB auch Sicherheitsaktualisierungen, während diese bei Waren mit digitalen Elementen in § 475b Abs. 4 BGB nicht ausdrücklich erwähnt werden.

Aufgrund seines verbraucherschützenden Ansatzes sind die Bestimmungen zu Verbraucherverträgen über digitale Produkte nur in einem sehr schmalen Bereich durch Vereinbarung abänderbar. Bei der Vertragsgestaltung ist daneben, wie immer, die AGB-Kontrolle zu beachten.

Rechtliche Herausforderungen ergeben sich bei der **Mängelhaftung** im Bereich der objektiven Anforderungen, bei denen zwar nach § 327h BGB **vom Gesetz abweichende Vereinbarungen** möglich sind. Unklar ist indes zurzeit noch, unter welchen Voraussetzungen eine solche Abweichung zulässig ist → Anm. 6. Für den Unternehmer ergeben sich aus den bestehenden Unsicherheiten entsprechende **Rechtsrisiken.** Allerdings ist gerade beim alleinigen Vertrieb von Software an Verbraucher die Frage, inwieweit der einzelne Verbraucher die ihm zustehenden Rechte auf Nacherfüllung durchsetzen wird. Auch Schadensersatzansprüche dürfte der Unternehmer kaum zu befürchten haben, zumal er als Verkäufer die Pflichtverletzung regelmäßig nicht zu vertreten hat, wenn er nicht selbst Hersteller der Software ist. Die meisten Verbraucher dürften im Falle der Mangelhaftigkeit eine Beendigung des Vertrages wählen. Wie bei allen AGB, die gegenüber Verbrauchern verwendet werden, ist aber an die Berechtigung nach §§ 1 und 3 UKlaG zu denken, die bei benachteiligenden Bestimmungen schnell zu einer **Abmahnung** und nachfolgenden **Klageverfahren** führen kann.

Die Überlassung der Software erfolgt nach diesem Formular ohne weitere Beschränkungen. Möglich wäre eine Anbindung der Software an einen Online-Account. Dazu enthält → Form. C.1 Anm. 17 Hinweise. Auf die verbraucherschützenden Vorschriften im Fernabsatz geht das Formular nicht ein, die **Informationspflichten** aus §§ 327f Abs. 1 S. 1 und 327k Abs. 4 BGB sind zu beachten.

2. Lizenzschlüssel. Dazu → Form. C.1 Anm. 3.

3. Installation. Der Verkäufer ist nicht verpflichtet, die Installation der Software auf dem Rechner des Käufers vorzunehmen. Aus § 327e Abs. 3 S. 1 Nr. 4 iVm Abs. 4 BGB ergibt sich jedoch die Verpflichtung des Unternehmers, dem Verbraucher eine Anleitung zur Installation der Software zur Verfügung zu stellen (MüKoBGB/Metzger § 327e Rn. 72).

4. Bereitstellung. Die Bereitstellung ist ein neuer Begriff des Gesetzes und wird in § 327b BGB behandelt. Sie definiert in Abweichung von § 271 BGB, dass der Verbraucher die Bereitstellung unverzüglich nach Vertragsschluss verlangen kann. Die Bereitstellung erfordert ferner, dass sich der Verbraucher die Software als digitalen Inhalt herunterladen oder über einen geeigneten Zugang verschaffen kann, sofern der Verbraucher nicht selbst den Weg der Bereitstellung vorgegeben hat. Nach Erwgr. 41 der DID-Richtlinie sollen die digitalen Inhalte die Sphäre des Verbrauchers erreicht haben und keine weiteren Handlungen seitens des Unternehmers erforderlich sein, damit der Verbraucher die Inhalte vertragsgemäß nutzen kann. Im Ergebnis führt das zu einer Bringschuld des Verkäufers (Staudinger/Artz Neues KaufR über dig. Produkte/Artz Kap. 3 Rn. 346; eine Holschuld annehmend MüKoBGB/Metzger § 327b Rn. 8). Als **Ausnahme** für die Leistungszeit gilt § 271 BGB bei **Software,** die **auf** einem **Datenträger** überlassen wird (§ 474a Abs. 1 BGB und § 327 Abs. 5 BGB).

5. Vorleistungspflicht. Die Klausel legt dem Käufer eine Vorleistungspflicht auf. Die Wirksamkeit dieser Regelung wird nicht an § 309 Nr. 2a BGB, sondern an § 307 Abs. 2 BGB gemessen (Wolf/Lindacher/Pfeifffer/Dammann BGB § 309 Nr. 2 Rn 11; MüKoBGB/Wurmnest § 309 Abs. 2 Rn. 11). Danach ist die Vereinbarung einer Vorleistungspflicht des Verbrauchers zulässig, wenn der Unternehmer hierfür sachliche Gründe anführen kann (Wolf/Lindacher/Pfeifffer/Dammann 5. Teil Rn. V506 ff.). Bei der Überlassung von

Software besteht der sachliche Grund darin, dass der Verkäufer bei Nichtzahlung vom Vertrag zurücktreten kann, aber mit der Unsicherheit belastet ist, dass der Käufer die Software bereits installiert oder anderweitig kopiert hat.

6. Subjektive Anforderungen. Wie § 434 BGB unterscheidet auch § 327e BGB nach drei Kriterien für die Mangelfreiheit. Das Produkt muss den subjektiven Anforderungen, den objektiven Anforderungen und den Anforderungen an die Integration entsprechen. Die subjektiven Kriterien gemäß § 327e Abs. 2 BGB können im Rahmen der AGB-rechtlichen Inhaltskontrolle bei Beachtung der Anforderungen an die Transparenz der Beschaffenheitsbeschreibung frei vereinbart werden. Zudem darf sich aus einer, auch nur konkludent getroffenen, Vereinbarung über die nach dem Vertrag vorausgesetzte Verwendung der Software kein Widerspruch zu der ausdrücklich vereinbarten Funktionalität ergeben (MüKoBGB/Metzger § 327e Rn. 17). Hier wird auf die Beschreibung der Funktionalität im Benutzerhandbuch Bezug genommen. Damit der Verbraucher die Beschreibung auch vor Vertragsschluss zur Kenntnis nehmen kann, ist das Benutzerhandbuch über das Internet abrufbar.

7. Objektive Anforderungen. Das digitale Produkt ist nur dann nach § 327e BGB mangelfrei, wenn es neben den subjektiven auch den objektiven Anforderungen entspricht. Die Klausel definiert die Benutzerdokumentation als abschließende Beschreibung. Damit werden zunächst die subjektiven Anforderungen bestimmt. Die Software muss aber auch den objektiven Anforderungen entsprechen. Anders als bei § 434 Abs. 3 BGB ist bei digitalen Produkten **keine einfache Modifikation** der objektiven Anforderungen **möglich**. Eine Korrektur dieser Anforderungen kann nur über § 327h BGB erfolgen. In § 327e Abs. 3 S. 1 BGB werden sechs Anforderungen genannt, von denen nur die letzte zur freien Disposition der Parteien steht. Von den übrigen objektiven Anforderungen kann nach § 327h BGB abgewichen werden, wenn der Verbraucher **vor Abgabe seiner Vertragserklärung** (dazu MüKoBGB/Metzger § 327h Rn. 3) eigens von der Abweichung in Kenntnis gesetzt wurde. Diese Abweichung muss im Vertrag **ausdrücklich und gesondert** vereinbart werden, die Aufnahme einer Regelung nur in den Vertragstext genügt nicht. Erforderlich ist, die Abweichung bereits in der Gestaltung der Vertragsunterlagen so hervorzuheben, dass sie der Verbraucher bewusst in seine Kaufentscheidung einbeziehen kann. Für die Vertragsgestaltung ist daher als ein Element der Modifikation der objektiven Anforderungen zu beachten, dass die Modifikation **formal** gesondert vor Vertragsschluss vereinbart wird. Ähnlich wie bei der Parallelvorschrift des § 476 Abs. 1 S. 2 BGB (Prütting/Wegen/Weinreich/Wagner BGB § 476 Rn. 8b) dürfte auch hier zu diskutieren sein, ob die Vereinbarung einer bestimmten **Form** entsprechen muss. **Inhaltlich** verlangt § 327h BGB eine **detaillierte Regelung.** Es entspricht der hM, dass eine pauschale Vereinbarung, bestimmte Merkmale liegen nicht vor, nicht ausreicht, da das Gesetz die Angabe bestimmter Merkmale verlangt, hinsichtlich derer von den objektiven Anforderungen abgewichen wird (BeckOK BGB/Wendland § 327h Rn. 7; entsprechend schon zur Abweichung von Baustandards BGH NJW 2013, 1226 Rn. 15; OLG Saarbrücken NZBau 2021, 180 Rn. 116). Eine Regelung, die Software würde nicht den nach Abs. 3 Nr. 2 geschuldeten Sicherheitsanforderungen entsprechen, wäre ungeeignet. Unklar ist jedoch, wie eine ausreichende Vereinbarung aussehen muss (s. auch Schreier/Michels RDi 2022, 381). Auf Basis der Gesetzesbegründung wird gefordert, dass neben der Nennung des bestimmten Merkmals, das nicht geschuldet sein soll, auch die Beschreibung der vom Verbraucher nach den objektiven Anforderungen zu erwartenden Beschaffenheit genannt werden muss. (Schneider/Streitz CR 2022, 141 (143); Redeker IT-Recht Rn. 758). Das dürfte allerdings für den Verkäufer auf eine unmögliche Leistung hinauslaufen. Auch wenn die Anforderungen als objektive bezeichnet werden, sind sie doch Rechtsbegriffe, die der Auslegung unterliegen. Der Verkäufer müsste also prognostizieren können, wie ein Gericht den Begriff der Funktionalität in § 327e Abs. 3 S. 1 Nr. 2 BGB auslegt, die bei digitalen Produkten derselben Art üblich ist und die der Verbraucher unter Berücksichtigung der Art des digitalen Produkts erwarten kann. Das wird der Verkäufer so nicht leisten können. Insofern muss es genügen, dass der Verkäufer aufzeigt, was die Software kann bzw. nicht kann, damit der Käufer entscheiden kann, ob ihm das genügt (ebenso Schreier/Michel RDi 2022, 381 (383); so wohl auch zur Parallelvorschrift § 476 Abs. 2 S. 2 BGB Grüneberg/Weidenkaff BGB § 476 Rn. 6: Es genügt, dass dem Verbraucher bewusst wird, dass die Beschaffenheit abweichen kann.).

Folgt man der hM, ist die Anforderung des § 327h nach einer ausdrücklichen und gesonderten Vereinbarung nur so zu erfüllen, dass jedes abweichende **Merkmal einzeln genannt** und vom Verbraucher ausdrücklich **und** einzeln **akzeptiert** wird (MüKoBGB/Metzger § 327h Rn. 6; HK-BGB/Schulze § 327h Rn. 5). Der Verkäufer, der nicht sicher ist, ob und inwieweit sein Produkt vom Gewöhnlichen, Üblichen und Erwartbaren abweicht, kann nicht nur keine Rechtssicherheit erlangen, er muss den Käufer zudem mit einer langen Liste von Einzelvereinbarungen verschrecken (oder überfordern: MüKoBGB/Metzger § 327h Rn. 6). Eine entsprechende, zu konkretisierende, Alternativregelung enthält § 3 Abs. 3 in → Form. C.12.

8. Äußerungen in der Vertriebskette. Nach dem Vorstehenden (→ Anm. 7) genügt dieser pauschale Ausschluss nicht den Anforderungen, die von der hM an eine abweichende Vereinbarung nach § 327h BGB gestellt werden. Der Verkäufer muss die Äußerungen nennen und korrigieren.

9. Testversion/Voranzeige. Nach § 327e Abs. 3 S. 1 Nr. 3 BGB gehört es zur Beschaffenheit eines Produkts, dass es einer Testversion oder Voranzeige entspricht. Gemäß § 327h BGB ist eine abweichende Vereinbarung möglich, allerding ist auch diese Regelung unwirksam, weil die hM wohl so zu verstehen ist, dass die Testversion/Voranzeige genau bezeichnet werden muss, von der die verkaufte Software abweicht (→ Anm. 7).

10. Aktualisierungen. Der Verkäufer ist zum einen zur Aktualisierung verpflichtet, soweit er dies **vertraglich zugesagt** hat. Erfolgt die versprochene Aktualisierung nicht, ist das Produkt nach § 327e Abs. 2 S. 1 Nr. 3 BGB mangelhaft. Zum anderen ist der Verkäufer aus § 327f Abs. 1 BGB verpflichtet, dem Verbraucher während des maßgeblichen Zeitraums Aktualisierungen, die für den Erhalt der Vertragsmäßigkeit des digitalen Produkts erforderlich sind, bereitzustellen. Die unterlassene Bereitstellung dieser Aktualisierungen wird in § 327e Abs. 3 S. 1 Nr. 5 BGB als **Fehlen einer objektiven Anforderung** geführt.

Von der **Pflicht** zu Aktualisierungen nach § 327f Abs. 1 BGB kann sich der Verkäufer gem. § 327h BGB durch eine Vereinbarung mit dem Käufer **befreien.** Die Klausel sieht einen vollständigen Ausschluss von Aktualisierungen als alternative Gestaltung vor. Auch hier muss die Vereinbarung ausdrücklich und gesondert geschehen (→ Anm. 7). Nicht unbedingt auf einem gesonderten Formular, aber jedenfalls getrennt von den AGB hat der Käufer dem Ausschluss der Aktualisierungspflicht zuzustimmen (HK-BGB/Reiner Schulze § 327h Rn. 6).

Wird die Pflicht zur Aktualisierung aus § 327f Abs. 1 BGB nicht vollständig abbedungen, hat der Verkäufer nach Abs. 1 S. 3 Nr. 2 der Norm die Aktualisierungen über einen **Zeitraum** durchzuführen, der dem entspricht, den der Verbraucher aufgrund der Art und des Zwecks der Software und unter Berücksichtigung der Umstände und der Art des Vertrags erwarten kann. Es ist allerdings möglich, auch den Zeitraum abzuändern. Die Klausel enthält hierzu ein alternatives Beispiel.

Zu beachten ist für die Durchsetzbarkeit der Mängelrechte des Verbrauchers die Regelung zur **Verjährung** in § 327j Abs. 3 BGB, nach der Ansprüche nicht vor Ablauf von zwölf Monaten nach dem Ende des für die Aktualisierung maßgeblichen Zeitraums verjähren. Für die Klauselvariante ohne zeitliche Begrenzung hängt dies von dem Zeitraum ab, den der Verbraucher erwarten kann, bei der Begrenzung der Aktualisierungspflicht auf 1 Jahr beträgt die Verjährungsfrist 2 Jahre, jeweils uU verlängert durch die weitere Hemmung nach Abs. 4. Auch wenn die Vorschrift das nicht ausdrücklich benennt, bezieht sich die Ablaufhemmung wohl allein auf die Aktualisierung nach § 327f BGB und nicht auf die rechtsgeschäftlich begründete iSv § 327e Abs. 2 S. 1 Nr. 3 BGB.

Der Verkäufer muss für den Fall, dass er die Pflicht zur Aktualisierung nicht ausschließen will oder – vielleicht aus Gründen des Wettbewerbs – nicht kann, Vorsorge treffen, dass er zur Aktualisierung in der Lage ist. Ist er selbst nicht der Hersteller der Software, muss er sich vertraglich **gegenüber** seinen **Lieferanten absichern.** In der Praxis werden die Leistungsbeziehungen oft getrennt, indem der Hersteller direkt Aktualisierungen zur Verfügung stellt. Geschieht dies nicht völlig unabhängig vom Kaufvertrag, sondern (auch) zu dessen Erfüllung, wird der Hersteller als **Erfüllungsgehilfe** des Verkäufers tätig mit der Folge, dass eine Pflichtverletzung des Herstellers als eigene Pflichtverletzung des Verkäufers gilt. Gegenüber dem Lieferanten muss der Verkäufer auch hierbei auf eine Rückgriffsmöglichkeit achten. Die Klausel sieht ein **Abtretungsverbot** des Anspruchs auf Aktualisierung vor. Relevant kann dies werden, wenn der Verbraucher die Software weiterveräußert. Denn verpflichtet ist der Unternehmer aus § 327f BGB nur gegenüber seinem Vertragspartner, nicht aber gegenüber jedem, der die Software nachfolgend erwirbt. Das gilt unabhängig davon, ob der Zweiterwerber ein Verbraucher oder ein Unternehmer ist. Ob der Verbraucher den Anspruch aus § 327f BGB überhaupt abtreten kann, ist fraglich (dazu Gesmann-Nuissl/Kanert BB 2022, 1603 (1608)). Jedenfalls für einen Ausschluss der Abtretbarkeit an einen Unternehmer nach § 399 Fall 1 BGB spricht, dass der den veräußernden Unternehmer belastende Verbraucherschutz nicht anderen, weniger schutzwürdigen Unternehmern zukommen soll. Es ist mit dem Gesetzeszweck auch nicht vereinbar, einen Handel mit Aktualisierungsansprüchen zu eröffnen, die losgelöst vom Vertrag übertragen werden könnten. Urheberrechtlich kann die Möglichkeit der Abtretung nicht beschränkt werden. Zwar könnte der Unternehmer dem Zweiterwerber die Nutzungsrechte an der Aktualisierung nicht einräumen. Das dürfte aber eine Verletzung der Nacherfüllungspflicht aus § 327e Abs. 3 S. 1 Nr. 5 BGB darstellen. Zudem könnte sich der Zweiterwerber auf § 69d Abs. 1 UrhG berufen. Das Formular schließt die Abtretbarkeit umfassend aus. Das ist AGB-rechtlich bedenklich, wenn man auch Zweiterwerber, die Verbraucher sind, in den Schutzbereich des § 327f BGB einbezieht.

11. Updates. Neben der einer Mängelhaftung unterliegenden Aktualisierungspflicht kann der Verkäufer freiwillig und unentgeltlich die Zurverfügungstellung von Aktualisierungen, hier zur Unterscheidung Updates genannt, anbieten. Ungeklärt ist bei unentgeltlichen Leistungen, wie sich die Rechtsbeziehung zum Vertragspartner darstellt. Ob überhaupt eine Unentgeltlichkeit vorliegt, kann zweifelhaft sein, wenn sich ergibt, dass die Leistungen bereits in den Kaufpreis einkalkuliert sind. Erfolgt die Überlassung der Updates tatsächlich unentgeltlich, etwa als Kundenbindungsmaßnahme, unterfällt sie nicht dem Kaufrecht. Die Freiwilligkeit der Leistung mag auf einen fehlenden Rechtsbindungswillen hindeuten. Als reines Gefälligkeitsverhältnis kann die Update-Leistung hier allerdings nicht gesehen werden (zu den Abgrenzungskriterien Faust NJW-Beil. 2016, 29 (31); BGH NJW 1956, 1313; NJW-RR 2017, 1479 Rn. 24 f.). Der Käufer darf zu Recht erwarten, dass der Anbieter in irgendeiner Weise für schuldhafte Pflichtverletzungen haftet. Daher ist die Annahme einer **Schenkung** interessengerecht. Der Unternehmer haftet dann immerhin privilegiert nach §§ 521, 523 und 524 BGB. Die §§ 327 ff. BGB sind nicht anwendbar, weil § 516a Abs. 1 S. 1 BGB nur bei der Bereitstellung personenbezogener Daten, die nicht nur zur Durchführung des Schuldverhältnisses erforderlich sind, anwendbar ist. Im Übrigen würden die §§ 327 ff. BGB auch nur gelten, wenn der Verbraucher gem. § 327 Abs. 1 S. 1 BGB einen Preis an den Unternehmer zahlt. Die **Produkthaftung** bleibt in jedem Fall unberührt.

12. Unterlassene Aktualisierung. Der Verkäufer haftet nach § 327f Abs. 2 BGB nicht für Nachteile aus einer unterlassenen Aktualisierung, sofern er den Käufer über die Verfügbarkeit der Aktualisierung und die Folgen einer unterlassenen Installation informiert hat und die Tatsache, dass der Verbraucher die Aktualisierung nicht oder unsachgemäß installiert hat, nicht auf eine dem Verbraucher bereitgestellte mangelhafte Installationsanleitung zurückzuführen ist.

13. Nutzungsrechte. Die Regelung zu den Nutzungsrechten ist hier nur deklaratorisch, um dem Nutzer die Grenzen seiner Berechtigung deutlich machen. Nach § 69d Abs. 1 UrhG benötigt der Nutzer zum bestimmungsgemäßen Gebrauch der Software nicht die Zustimmung des Rechtsinhabers (dazu Bisges UrheberR-HdB/Imhof Kap. 5 Rn. 350 ff.). Die Praxis, eine Nutzungsrechtevereinbarung direkt zwischen dem Softwarehersteller und dem Nutzer im Rahmen eines End User Licence Agreements (**EULA**) zu begründen, begegnet vielfältigen rechtlichen Bedenken (Bisges UrheberR-HdB/Imhof Kap. 5 Rn. 301; Auer-Reinsdorff/Conrad IT und DatenschutzR-HdB/Kremer § 28 Rn. 18).

14. Lizenzschlüssel. → Form. C.1 Anm. 3.

15. Private Nutzung. Die Nutzungsbefugnis kann mit dinglicher Wirkung auf den privaten Gebrauch beschränkt werden (BGH GRUR 2017, 266 Rn. 46 – World of Warcraft). Nach § 34 Abs. 1 S. 1 UrhG können Nutzungsrechte nur mit Zustimmung des Rechtsinhabers übertragen werden. Regelmäßig erschöpft sich das Verbreitungsrecht, so dass eine Weitergabe zwar zulässig ist. Der Veräußerer kann dem Erwerber aber mangels Berechtigung nach § 34 UrhG keine Rechte zur Nutzung übertragen. Allerdings kann sich der Erwerber für die Nutzung einer nur auf einem Rechner ablaufenden Software auf § 69d Abs. 1 UrhG stützen (Redeker IT-Recht Rn. 68; Bisges UrheberR-HdB/Imhof Kap. 5 Rn. 356).

16. Recht zur Mängelbeseitigung. Der Nutzer hat aus § 69d Abs. 1 UrhG ein nicht abdingbares Recht, Fehler selbst zu beseitigen (Redeker IT-Recht Rn. 70). Das Recht kann jedoch so eingeschränkt werden, dass es der Käufer erst ausüben kann, wenn er zuvor vergeblich den Verkäufer zur Beseitigung aufgefordert hat (Dreier/Schulze/Dreier UrhG § 69d Rn. 12). Ohne den Quellcode und entsprechende Programmierkenntnisse wird er den Mangel indes nicht beseitigen können. Für Verbraucherverträge dürfte diese Regelung daher nur in Ausnahmefällen praktische Relevanz haben.

17. Nacherfüllungsanspruch. Der Verbraucher ist nach § 327l BGB berechtigt, bei einem Produkt- oder Rechtsmangel die Beseitigung des Mangels zu verlangen. Die Regelung Abs. 1 S. 2 entspricht der in § 475 Abs. 5 BGB.

18. Bestimmungsrecht des Verkäufers. Anders als nach § 439 Abs. 1 BGB steht dem Käufer bei digitalen Produkten kein Wahlrecht hinsichtlich der Art der Nacherfüllung zu. Wie diese erfolgt, entscheidet der Verkäufer (Grüneberg/Grüneberg BGB § 327l Rn. 3). Insofern ist die Klausel rechtlich rein deklaratorisch. Der Verkäufer, der nicht selbst Hersteller ist, wird bei der Überlassung von Standardsoftware nur die Art der Nacherfüllung möglich sein, die ihm sein Lieferant oder ggf. eine Vereinbarung mit dem Hersteller selbst gewährt.

19. Mehrere Softwareversionen. Für den Fall der Überlassung weiterer Software zur Beseitigung von Mängeln sieht das Formular eine auflösende Rechtseinräumung vor. Bei Standardsoftware haften Mängel jeder gleichen Softwareversion an. Die Nacherfüllung erfolgt durch das Überlassen von Patches oder auch vollständigen Softwareversionen, die den Mangel nicht mehr aufweisen. Damit der Nutzer bei der Überlassung vollständiger Versionen nicht berechtigt ist, die ersetzte und die neue Version zu nutzen, räumt das Formular ihm die Rechte auflösend bedingt nur für die jüngste Version ein.

20. **Vertragsbeendigung.** Das neue Verbrauchervertragsrecht verwendet statt des Begriffs des Rücktritts den der Vertragsbeendigung. Die Regelung hat mit Blick auf Software allerdings Lücken. Nach § 327o Abs. 5 muss der Verbraucher dem Verkäufer den Datenträger zurücksenden und darf die Software nach § 327p Abs. 1 BGB nicht mehr nutzen. Für heruntergeladene Software gilt nur das Nutzungsverbot. Eine Pflicht zur Löschung ist in keinem Fall vorgesehen. Zur Absicherung der Interessen des Verkäufers enthält das Formular eine Löschpflicht, die auch AGB-rechtlich wirksam sein sollte. Zwar verbietet § 327p Abs. 1 BGB dem Verbraucher auch, die Software an Dritte weiterzugeben. Das wirkt aber nicht urheberrechtlich, so dass der dritte – zu einer bestimmungsgemäßen Benutzung berechtigte – Erwerber nach § 69d Abs. 1 die Software installieren und nutzen darf mit der Folge, dass der Unternehmer nur einen Schadensersatzanspruch gegen den Käufer geltend machen kann.

21. **Haftung.** Zu den Schwierigkeiten einer effizienten Haftungsbeschränkung → Vorb. A.III.5. Die dort für den unternehmerischen Verkehr aufgeführten Beschränkungen gelten erst recht für Verbraucherverträge.

22. **Streitbeilegungsverfahren.** Wird die Software vom Verkäufer online abgesetzt, hat er die Vorgabe aus Art. 14 der OS-VO beachten. Verkäufer müssen danach Verbraucher über die Existenz der OS-Plattform und die Möglichkeit, diese für die Beilegung ihrer Streitigkeiten zu nutzen, hinweisen. Das kann auch in AGB geschehen. Zudem müssen sie einen Link zu der OS-Plattform angeben (dazu Greger/Unberath/Steffek/Steffek VO über Online-Streitbeilegung in Verbraucherangelegenheiten Art. 14 Rn 1 ff.).
Daneben muss ein Unternehmer nach § 36 Abs. 2 Nr. 2 VSBG in seinen AGB angeben, ob er verpflichtet ist, an Streitbeilegungsverfahren vor einer Verbraucherschlichtungsstelle teilzunehmen. Falls er nicht verpflichtet ist, ob er freiwillig teilnimmt oder nicht bereit ist, teilzunehmen. Das Formular sieht die Nichtteilnahme des nicht verpflichteten Verkäufers vor (zu Details s. → Form. L.1 Anm. 21).

23. **Vertragssprache.** → Form. F.3 Anm. 36.

12. Verbrauchervertrag Miete von Standard-Software – Consumer Software Rental Agreement

Software-Mietvertrag	Software Rental Agreement
zwischen	between
. . . .	. . . .
– nachfolgend „Vermieter" genannt –	– hereinafter referred to as „Lessor" –
und	and
. . . .	. . . .
– nachfolgend „Mieter" genannt –	– hereinafter referred to as „Lessee" –
§ 1 Vertragsgegenstand[1]	**§ 1 Subject**[1]
(1) Gegenstand des Vertrages ist die entgeltliche Überlassung der Software . . . . einschließlich Dokumentation während des Bereitstellungszeitraums.	(1) Subject of the contract is the transfer of the software against payment . . . . including documentation during the provision period.

(2) Als Dokumentation liefert der Vermieter eine Installationsanleitung und eine Online-Hilfe, die es erlaubt, Erläuterungen zu den Funktionalitäten während des Betriebs der Software abzurufen und auszudrucken.

(2) As documentation, the lessor shall provide an installation manual and an online help which allows explanations of the functionalities to be called up and printed out during the operation of the software.

§ 2 Bereitstellung

§ 2 Supply

(1) Die Software wird dem Mieter auf einem Datenträger bereitgestellt, sofern nicht vereinbart ist, dass der Mieter die Software im Wege des Download von einem Server des Vermieters bezieht.[2]

(1) The software shall be provided to the Lessee on a data carrier unless it is agreed that the Lessee obtains the software by way of download from a server of the Lessor.[2]

(2) Zu der Software erhält der Mieter ein digitalisiertes Berechtigungszertifikat mit Lizenzschlüssel.[3]

(2) The Lessee shall receive a digitised authorisation certificate with a licence key for the software.[3]

(3) Die Installation der Software erfolgt durch den Mieter.

(3) The installation of the software shall be carried out by the Lessee.

(4) Eine Schulung zur Nutzung der Software steht dem Mieter als Video-Tutorial auf der Web-Seite des Vermieters zur Verfügung.

(4) Training on the use of the software is available to the Lessee as a video tutorial on the Lessor's website.

§ 3 Anforderungen an die Software

§ 3 Requirements to the Software

(1) Der Vermieter wird die Software während des Bereitstellungszeitraums in einem vertragsgemäßen Zustand überlassen und erhalten. Die Software muss den subjektiven und den objektiven Anforderungen entsprechen (Vertragsmäßigkeit).[4]

(2) Die subjektiven Anforderungen an die Software richten sich zunächst nach der Beschreibung in der Benutzerdokumentation und etwaigen ergänzend hierzu getroffenen Vereinbarungen. Die Benutzerdokumentation steht zum Download auf der Webseite des Vermieters bereit.[5]

(3) Abweichungen von den objektiven Anforderungen werden zwischen den Vertragsparteien ausdrücklich und gesondert vereinbart. Technische Daten, Spezifikationen und Leistungsangaben in öffentlichen Äußerungen, insbesondere in Werbemitteln des Vermieters oder des Herstellers der Software definieren keine Anforderungen an die Software. Der Mieter wird vor Ab-

(1) The Lessor shall provide and maintain the software in a contractually compliant condition during the provision period. The software must comply with the subjective and objective requirements (contractual conformity).[4]

(2) The subjective requirements for the software are initially based on the description in the user documentation and any supplementary agreements made in this regard. The user documentation is available for download on the Lessor's website.[5]

(3) Deviations from the objective requirements shall be expressly and separately agreed between the contracting parties. Technical data, specifications and performance data in public statements, in particular in advertising material of the Lessor or the manufacturer of the software do not define requirements for the software. The Lessee shall be informed of any features of

gabe seiner Erklärung zum Abschluss des Mietvertrages davon in Kenntnis gesetzt, welche Merkmale der Software von den objektiven Anforderungen abweichen.[6]

(4) Die Pflicht zur Erhaltung beinhaltet nicht die Anpassung der Software an veränderte Einsatzbedingungen und technische und funktionale Entwicklungen, wie Veränderungen der IT-Umgebung, insbesondere Änderung der Hardware oder des Betriebssystems, Anpassung an den Funktionsumfang konkurrierender Produkte oder Herstellung der Kompatibilität zu neuen Datenformaten.[7]

the software that deviate from the objective requirements before submitting his declaration to conclude the lease.[6]

(4) The obligation to maintain does not include the adaptation of the software to changed conditions of use and technical and functional developments, such as changes to the IT environment, in particular changes to the hardware or the operating system, adaptation to the functional scope of competing products or establishing compatibility with new data formats.[7]

§ 4 Miete

(1) Der Mieter zahlt für die Überlassung der Software eine monatliche Miete in Höhe von . . . . . EUR. Wird die Software nicht für einen vollen Kalendermonat überlassen, berechnet sich die Miete zeitanteilig.

(2) Die Abrechnung der Miete erfolgt monatlich. Der Mieter wird die Miete bis spätestens zum 15. eines Monats zahlen.[8]

§ 4 Rent

(1) The Lessee shall pay a monthly rent for the provision of the Software in the amount of . . . . . EUR. If the software is not provided for a full calendar month, the rent shall be calculated pro rata temporis.

(2) The rent shall be invoiced monthly. The Lessee shall pay the rent by the 15th of the month at the latest.[8]

§ 5 Rechteeinräumung/Nutzungssperre

(1) Der Mieter ist für die Laufzeit des Vertrages berechtigt, die Software zur Nutzung durch eine Person auf einem Rechner zur Zeit zu vervielfältigen. Zu den nur für das Gebiet der Bundesrepublik Deutschland gestatteten Vervielfältigungshandlungen gehören die Installation auf einem Datenträger des Rechners und die im Übrigen zum Ablaufenlassen der Software auf dem Rechner erforderlichen Vervielfältigungen.[9]

(2) Der Einsatz der überlassenen Software ist nur auf dem Rechner zulässig, auf dem die Software erstmalig installiert und freigeschaltet wurde. Eine erneute Installation der Software, gleich aus welchem Grund, auch auf dem Ursprungsrechner, erfordert eine Freischaltung durch den Vermieter. Erfolgt keine Freischaltung, ist die Nutzung der Software ab dem 21. Tag der Installation gesperrt.[10]

§ 5 Granting of Rights/Blocking of Use

(1) For the term of the contract, the Lessee is entitled to copy the software for use by one person on one computer at a time. The acts of copying permitted only for the territory of the Federal Republic of Germany include the installation on a data carrier of the computer and the copies otherwise required to run the software on the computer.[9]

(2) The use of the provided software is only permitted on the computer on which the software was first installed and activated. A renewed installation of the software, for whatever reason, also on the original computer, requires activation by the lessor. If no activation takes place, the use of the software is blocked from the 21st day of installation.[10]

(3) Der Mieter darf die Software an Dritte weder veräußern, noch verschenken oder verleihen, noch weitervermieten und verleasen.

(3) The Lessee may not sell, give away or lend the software to third parties, nor may he sublet or lease it.

(4) Der Mieter ist nicht berechtigt, die vorhandenen Schutzmechanismen der Software gegen eine unberechtigte Nutzung zu entfernen oder zu umgehen, es sei denn dies ist erforderlich, um die störungsfreie Nutzung zu erreichen.

(4) The Lessee is not entitled to remove or circumvent the existing protective mechanisms of the software against unauthorised use, unless this is necessary to achieve trouble-free use.

§ 6 Aktualisierungen und Änderungen

§ 6 Actualisations and Amendments

(1) Der Vermieter wird während der Laufzeit des Mietvertrages Aktualisierungen, die für den Erhalt der Vertragsmäßigkeit der Software erforderlich sind, bereitstellen und den Mieter über diese Aktualisierungen und deren Bereitstellung informieren.[11]

(1) The Lessor shall provide updates required to maintain the contractual conformity of the Software during the term of the Lease and shall inform the Lessee of such updates and their supply.[11]

(2) Über das zur Aufrechterhaltung der Vertragsmäßigkeit der Software erforderliche Maß hinausgehende Änderungen der Software darf der Vermieter im Zuge der Bereitstellung einer neuen Softwareversion vornehmen. Das betrifft die Fälle . . . . . . Die neu bereitgestellte Software tritt an die Stelle der ursprünglich bereitgestellten Software und wird zugleich mit der für die neue Softwareversion vom Vermieter bereitgestellten Benutzerdokumentation mit der Installation durch den Mieter Gegenstand dieses Vertrages. Die Anforderungen an die Software richten sich dementsprechend nach § 3.[12]

(2) The Lessor may make changes to the software that go beyond what is necessary to maintain the contractual conformity of the software in the course of the supply of a new software version. This concerns the cases . . . . . The newly provided software replaces the software originally provided and, together with the user documentation provided by the Lessor for the new software version, becomes the subject matter of this agreement upon installation by the Lessee. The requirements for the software shall be determined accordingly in accordance with § 3.[12]

(3) Eine Änderung der Software, die die Zugriffsmöglichkeit des Mieters darauf oder deren Nutzbarkeit beeinträchtigt, wird der Vermieter nur vornehmen, wenn er den Mieter hierüber informiert. Informationen über Aktualisierungen und Änderungen wird der Vermieter dem Mieter rechtzeitig auf einem dauerhaften Datenträger zur Verfügung stellen.[13]

(3) The Lessor shall only make a change to the software that affects the Lessee's ability to access it or its usability if he informs the Lessee of this change. The Lessor shall provide the Lessee with information on updates and changes in good time on a permanent data carrier.[13]

(4) Beeinträchtigt eine Änderung der Software gemäß Absatz 2 die Zugriffsmöglichkeit oder die Nutzbarkeit, kann der Mieter den Vertrag innerhalb von 30 Tagen unentgeltlich beenden. Die Frist beginnt mit dem Zugang der Information über die Än-

(4) If a change to the software pursuant to paragraph 2 impairs the accessibility or usability, the Lessee may terminate the contract free of charge within 30 days. The period shall commence upon receipt of the information about the change in

derung nach Absatz 3 zu laufen. Erfolgt die Änderung nach dem Zugang der Information, so tritt an die Stelle des Zeitpunkts des Zugangs der Information der Zeitpunkt der Änderung. Eine Kündigung nach Satz 1 ist ausgeschlossen, wenn die Beeinträchtigung der Zugriffsmöglichkeit oder der Nutzbarkeit nur unerheblich ist.

(5) Die Bereitstellung von Aktualisierungen und Änderungen erfolgt unentgeltlich über einen Server des Vermieters. Die Installation der Aktualisierungen und Änderungen erfolgt über die Software durch den Mieter.

accordance with paragraph 3. If the change takes place after receipt of the information, the time of the change shall take the place of the time of receipt of the information. Termination in accordance with sentence 1 shall be excluded if the impairment of the accessibility or usability is only insignificant.

(5) The supply of updates and changes shall be made free of charge via a server of the Lessor. The installation of updates and changes shall be carried out via the software by the Lessee.

§ 7 Bereitstellungszeitraum/Rückgabe

(1) Der Zeitraum der Bereitstellung umfasst die Zeit von der Bereitstellung der Software bis zur Vertragsbeendigung.

(2) Der Vertrag kann durch Kündigung beendet werden. Für die ordentliche Kündigung gilt eine Frist von 1 Monat zum Ende eines Kalenderquartals. Die Kündigung aus wichtigem Grund bleibt unberührt.[14]

(3) Nach Beendigung des Vertrages hat der Mieter die vom Vermieter erhaltenen Datenträger und erstellten Sicherungskopien zu vernichten sowie die Software zu deinstallieren.

(4) Im Falle der Änderung der Software nach § 6 gelten die Bestimmungen in § 7 Absatz 3 für die nach der Änderung, gleich in welcher Form, etwaig noch vorhandene Vorgängerversion.

(Ergänzung:

(5) Der Vermieter wird dem Mieter die Inhalte, die nicht personenbezogene Daten sind und die der Mieter bei der Nutzung der Software bereitgestellt oder erstellt hat, nach der Vertragsbeendigung zum Download bereitstellen, soweit der Mieter die Inhalte nicht bereits hat. Das gilt nicht für Inhalte, die außerhalb des Kontextes der Software keinen Nutzen haben, ausschließlich mit der Nutzung der Software durch den Mieter zusam-

§ 7 Provision Period/Return

(1) The period of supply shall include the time from the first supply of the software until the termination of the contract.

(2) The contract may be terminated by notice. A notice period of 1 month to the end of a calendar quarter shall apply for ordinary termination. Termination for good cause remains unaffected.[14]

(3) After termination of the contract, the Lessee shall destroy the data carriers and backup copies created by the Lessor and uninstall the software.

(4) In the event of a change to the software in accordance with § 6, the provisions of § 7 paragraf 3 shall apply to any previous version that may still exist after the change, regardless of the form.

(Supplement:

(5) The Lessor shall make the content which is not personal data and which the Lessee has provided or created when using the software available to the Lessee for download after termination of the contract, insofar as the Lessee does not already have the content. This does not apply to content that has no use outside the context of the software, is exclusively related to the Lessee's use of the software and has been aggregated by the lessor

menhängen und vom Vermieter mit anderen Daten aggregiert wurden und nicht oder nur mit unverhältnismäßigem Aufwand disaggregiert werden können. Die Bereitstellung der Inhalte erfolgt unentgeltlich, innerhalb einer angemessenen Frist und in einem gängigen und maschinenlesbaren Format.[15]*)*

with other data and cannot be disaggregated or can only be disaggregated with disproportionate effort. The supply of the contents shall be free of charge, within a reasonable period of time and in a common and machine-readable format.[15]*)*

§ 8 Softwaremängel

§ 8 Software Defects

(1) Zeigt sich im Laufe der Mietzeit, dass die Software nicht vertragsgemäß ist, so hat der Mieter dies dem Vermieter unverzüglich anzuzeigen.[16]

(1) If it becomes apparent in the course of the rental period that the software is not in conformity with the contract, the Lessee shall notify the Lessor thereof without delay.[16]

(2) Der Vermieter wird die Vertragsmäßigkeit der Software durch Aktualisierungen gewährleisten, es sei denn, dies ist für den Vermieter nur mit unverhältnismäßigen Kosten möglich.[17]

(2) The Lessor shall ensure the contractual conformity of the software by means of updates, unless this is only possible for the Lessor at disproportionate cost.[17]

(3) Der Mieter wird den Vermieter bei der Herstellung der Vertragsmäßigkeit unterstützen. Insbesondere muss der Mieter dem Vermieter gestatten, zur Feststellung des Fehlens einer Anforderung ein technisches Mittel einzusetzen, das für den Mieter bei der Fehlersuche den geringsten Eingriff darstellt.[18]

(3) The Lessee shall assist the lessor in establishing contractual conformity. In particular, the Lessee shall allow the Lessor to use a technical tool to determine the absence of a requirement which is the least intrusive for the Lessee in finding the fault.[18]

§ 9 Schadensersatzhaftung

§ 9 Liability for damages

(1) Der Vermieter haftet bei Pflichtverletzungen aus dem Vertrag für Vorsatz und grobe Fahrlässigkeit. Für leichte Fahrlässigkeit haftet er nur bei Verletzung einer wesentlichen Vertragspflicht (Kardinalpflicht), deren Erfüllung die ordnungsgemäße Durchführung des Vertrags überhaupt erst ermöglicht und auf deren Einhaltung der Mieter regelmäßig vertrauen darf, sowie bei Schäden aus der Verletzung des Lebens, des Körpers oder der Gesundheit.[19]

(1) The Lessor shall be liable for breaches of duty arising from the contract in cases of intent and gross negligence. He shall only be liable for slight negligence in the event of a breach of an essential contractual obligation (cardinal obligation), the fulfilment of which is a prerequisite for the proper performance of the contract and on the observation of which the lessee may regularly rely, as well as in the event of damage resulting from injury to life, body or health.[19]

(2) Die Produkthaftung bleibt unberührt.[20]

(2) Product liability remains unaffected.[20]

(3) Für den Verlust von Daten und/oder Programmen haftet der Vermieter insoweit nicht, als der Schaden darauf beruht, dass es

(3) The Lessor shall not be liable for the loss of data and/or programmes insofar as the damage is due to the fact that the

der Mieter unterlassen hat, Datensicherungen durchzuführen und dadurch sicherzustellen, dass verlorengegangene Daten mit vertretbarem Aufwand wiederhergestellt werden können.

Lessee has failed to carry out data backups and thereby ensure that lost data can be restored with reasonable effort.

§ 10 Änderung der Vertragsbedingungen

(1) Änderungen dieser Vertragsbedingungen werden dem Mieter spätestens zwei Monate vor dem vorgeschlagenen Zeitpunkt ihres Wirksamwerdens über die Aktualisierungsfunktion der Software angeboten. Der Vermieter kann zugleich mit dem Angebot eine auf die Annahme des Angebots durch den Mieter auflösend bedingte ordentliche Kündigung des Mietvertrages aussprechen. Der Mieter kann die Änderungen über die Aktualisierungsfunktion annehmen.[21]

(2) Nimmt der Mieter die Änderungen nicht an, bleibt es bei dem ursprünglich Vereinbarten. Der Mieter kann bis zum Vertragsende über die Aktualisierungsfunktion jederzeit einen Vertrag zu den aktuell geltenden Bedingungen abschließen.[22]

§ 10 Change of the Terms of Contract

(1) Changes to these contractual terms and conditions shall be offered to the Lessee via the update function of the software no later than two months before their proposed effective date. At the same time as the offer, the Lessor may give notice of termination of the lease subject to the Lessee's acceptance of the offer. The Lessee may accept the changes via the update function.[21]

(2) If the Lessee does not accept the changes, the original agreement shall remain in force. The Lessee may conclude a contract on the currently applicable terms and conditions via the update function at any time until the end of the contract.[22]

§ 11 Online-Beilegung von Streitigkeiten[23]

(1) Unter der Internet-Adresse http://ec.europa.eu/consumers/odr/ stellt die Europäische Kommission eine Plattform zur Online-Streitbeilegung bereit. Unsere E-Mail-Adresse, an die der Kunde seine Nachricht zu einer Beschwerde senden kann lautet: . . . . . Die Adresse dient allein zur Verwendung im Zusammenhang mit der Plattform zur Online-Streitbeilegung.

(2) Der Vermieter nimmt nicht an einem freiwilligen Streitbeilegungsverfahren der Verbraucherschlichtungsstellen teil. Eine Verpflichtung zur Teilnahme besteht nicht.

§ 11 Online dispute resolution[23]

(1) The European Commission provides a platform for the online settlement of disputes at the Internet address http://ec.europa.eu/consumers/odr/. Our e-mail address to which the customer can send his message about a complaint is: . . . . . The address is solely for use in connection with the online dispute resolution platform.

(2) The Lessor does not participate in any voluntary dispute resolution procedure of the consumer arbitration boards. There is no obligation to take part.

§ 12 Vertragssprache

Die Vertragsparteien haben den Vertrag in einer deutschen und einer englischsprachi-

§ 12 Language

The parties have concluded the contract in a German and an English version. Only

gen Fassung geschlossen. Für die rechtlichen Wirkungen zwischen den Parteien ist allein die deutsche Fassung maßgeblich.[24]

the German version is decisive for the legal effects between the parties.[24]

Datum/Unterschrift

Date/Signature

Anmerkungen

1. Softwaremiete. Auch für die Miete hat der Gesetzgeber eine Anpassung der Vorschriften an digitale Produkte vorgenommen. Nach § 548a BGB gelten die Vorschriften über die Miete von Sachen entsprechend für die Miete digitaler Produkte nach § 327 Abs. 1 BGB. Ist Vermieter ein Unternehmer und Mieter ein **Verbraucher,** erklärt § 578b BGB die Vorschriften über die **Gewährleistung des Mietrechts** für **nicht anwendbar** und verweist auf die §§ 327 ff. BGB. In der Folge wird das Gewährleistungsrecht der Miete grundlegend geändert und den bereits aus dem Verbrauchsgüterkauf bekannten Regelungen angepasst. Durch den Verweis auf den Verbrauchervertrag über digitale Produkte gilt nunmehr ein im Wesentlichen gleiches **Leistungsstörungsrecht unabhängig vom Vertragstyp** für Mängel. Im Gegensatz zur bisher üblichen **Terminologie** spricht das Gesetz bei der Überlassung auf Zeit von einer dauerhaften Bereitstellung. Bisher wurde im IT-Recht mit der Miete die Überlassung von Software auf Zeit und mit dem Kauf die Überlassung auf Dauer verbunden.

Statt der Erhaltungspflicht des Vermieters als Hauptleistung aus § 535 Abs. 1 S. 2 BGB hat der Mieter nun einen **Nacherfüllungsanspruch** aus § 327l BGB. Dieser Anspruch **kann** auf die Vertragsmäßigkeit der Software im Zeitpunkt der erstmaligen Bereitstellung **beschränkt werden** (→ Anm. 3). Zudem ist hervorzuheben, dass ein Mangel der Mietsache nicht mehr wie in § 536 Abs. 1 S. 1 BGB kraft Gesetzes zu einer **Minderung** der Miete führt, sondern der Mieter die Minderung erklären muss. Für den Vermieter entfällt die **verschuldensunabhängige Haftung** aus § 536a Abs. 1 BGB.

Das Formular behandelt die mietweise Überlassung von Software an einen Verbraucher. Es führt bewusst wesentliche gesetzliche Vorschriften auf, um die Besonderheiten des Verbraucherrechts deutlich zu machen. Nicht behandelt sind die Regelungen zur Überlassung personenbezogener Informationen durch den Mieter an den Vermieter.

Durch eine einfache **Modifikation** kann das Formular auch für die Nutzung der Software im Rahmen des **Cloud Computing** bzw. **Software as a Service** verwendet werden (→ Anm. 2).

Wird Software zusammen mit einer Sache als Produkt iSd Art. 2 Nr. 5 und 6 Datenverordnung (VO (EU) 2023/2854) überlassen, muss der Vermieter mit Anwendbarkeit der Datenverordnung prüfen, ob er auch dessen Vorgaben zu beachten hat. Dazu gehören insbesondere Art. 3 Abs. 2 und Art 5 Datenverordnung (VO (EU) 2023/2854).

2. Bereitstellung. Zur Bereitstellung → Form. C.10 Anm. 4. Der Mietvertrag kann auch so abgewandelt werden, dass dem Mieter die Software nicht zur Installation auf seinem Rechner überlassen wird, sondern er sie auf dem Server des Vermieters nutzt. Es handelt sich dann um eine Form des **Cloud Computing** bzw. **Software as a Service** (SaaS → Form. C.9). Zu regeln sind dann die Zugriffsmodalitäten auf die Software (dafür entfällt die Bereitstellung der Software auf dem Rechner des Mieters nach § 2), die Speicherung von Daten, die mit der Software verarbeitet werden, die Datensicherung und das Verbot, die Zugangsdaten weiterzugeben (Beispiele in → Form. E.4, §§ 4, 5, 7 und 8). Eine Rechteeinräumung ist bei Software, die ausschließlich auf dem Server des Vermieters abläuft, nicht erforderlich (Söbbing ITRB 2023, 75; Marly SoftwareR-HdB Rn. 1098; aA Grützmacher CR 2015, 779 (780)), so dass § 5 entfallen kann (→ Anm. 9).

Dafür sollte eine Berechtigung zur Sperrung des Zugriffs aufgenommen werden (→ Form. E.1 § 3). Aktualisierungen und Änderungen nach § 6 des Formulars werden idR durch den Vermieter auf dem Server vorgenommen, § 6 Abs. 5 S. 2 muss dann entsprechend angepasst werden.

3. Lizenzschlüssel. → Form. C.1 Anm. 3.

4. Vertragsmäßigkeit. Der Vermieter ist nach § 327d BGB verpflichtet, die Software vertragsgemäß zur Verfügung zu stellen. Dazu müssen die subjektiven (→ Form. C.11 Anm. 6) und die objektiven Anforderungen (→ Form. C.11 Anm. 7) erfüllt sein. Eine Integration nach § 327e Abs. 4 BGB durch den Vermieter muss vereinbart werden, um eine Anforderung an die Vertragsmäßigkeit zu bilden (Prütting/Wegen/Weinreich/Stürner BGB § 327e Rn. 18). Muss, wie in diesem Formular, der Mieter selbst die Integration/Installation in die Hard- und Softwareumgebung vornehmen, liegt ein Mangel nur bei einer fehlenden oder fehlerhaften Anleitung vor und auch nur dann, wenn der Mieter die Installation nicht dennoch bewerkstelligt hat. Im Unterschied zur Verpflichtung des Vermieters aus § 535 Abs. 1 S. 2 **kann die Erhaltungspflicht** bei digitalen Produkten **ausgeschlossen werden.** Zwar bestimmt § 327f BGB, dass der Vermieter Aktualisierungen vorzunehmen hat, die für den Erhalt der Vertragsmäßigkeit der Software erforderlich sind. Jedoch kann von dieser Verpflichtung nach § 327h BGB abgewichen werden. Die Hürden dazu sind allerdings hoch (→ Form. C.11 Anm. 7). Für das Dauerschuldverhältnis Miete kommt hinzu, dass die Vertragsmäßigkeit auch durch Veränderungen außerhalb der Software beeinträchtigt werden kann, die bei Vertragsschluss noch gar nicht absehbar waren. Dazu gehört insbesondere die nach § 327e Abs. 3 Nr. 2 BGB geschuldete objektive Anforderung der Kompatibilität.

5. Subjektive Anforderungen. → Form. C.11 Anm. 6.

6. Objektive Anforderungen. → Form. C.11 Anm. 7.

7. Abweichungen. Die Anforderungen des § 327h Abs. 1 BGB an die Abweichung von den objektiven Anforderungen sind streng. Die hier aufgeführten Beispiele dürften ihnen nicht genügen. Soweit möglich, sind die Abweichungen detailliert unter Angabe des Solls und des demgegenüber nur geschuldeten Ist zu beschreiben (→ Form. C.11 Anm. 7).

8. Fälligkeit der Miete. Die §§ 327 ff. enthalten keine Regelungen zur Fälligkeit einer Gegenleistung. Sie ergibt sich für die Miete digitaler Produkte aus §§ 579 Abs. 1 S. 1, 548a BGB. Die Vorverlegung der Fälligkeit ist auch in AGB zulässig (Grüneberg/Weidenkaff BGB § 579 Rn. 3).

9. Nutzungsrechte. Der Mieter, der Software auf einem eigenen Rechner betreibt, benötigt die gleichen Nutzungsrechte wie deren Käufer (dazu → Form. C.11 Anm. 13). Die Rechtsposition des Mieters ist jedoch befristet. Beim **Cloud Computing** ist umstritten, ob der Nutzer eine urheberrechtliche Berechtigung benötigt. Die hM sieht richtigerweise keine relevante Nutzungshandlung beim Mieter, wenn keine Softwarebestandteile an ihn übertragen, die Software also lediglich auf dem Server des Vermieters abläuft, und nur Informationen zur Darstellung der Benutzeroberfläche übermittelt werden (Fromm/Nordemann/Czychowski UrhG § 69c Rn. 76a; Bisges UrheberR-HdB/Imhof Kap. 5 Rn. 331 f.). Andererseits ist es aus Gründen der **Rechtssicherheit** zu überlegen, dem Mieter Vervielfältigungsrechte zu gewähren. Auch der Mieter darf sich auf § 69d Abs. 1 UrhG berufen, wenn er der zur Nutzung des Vervielfältigungsstücks Berechtigte ist (Auer-Reinsdorff/Conrad IT- und DatenschutzR-HdB/Roth-Neuschild § 13 Rn. 114 ff.). Ist der Vermieter nicht in der Lage, dem Mieter die zum vertragsgemäßen Gebrauch erforderlichen Rechte zu verschaffen, liegt ein Rechtsmangel nach § 327g BGB vor. Die Möglichkeiten des Rechtsinhabers, gegen den Mieter aus § 97 UrhG vorzugehen, werden allerdings durch §§ 44a und 69d Abs. 1 UrhG stark limitiert (MüKoBGB/Metzger § 327g Rn. 10), sofern im letzteren Fall der Mieter die Software nicht unter Verstoß gegen das Verbreitungsrecht erhalten hat.

10. Nutzungssperre. → Form. C.4 Anm. 6.

11. Vereinbarte Aktualisierungen. Hier werden die subjektiven Anforderungen hinsichtlich der Aktualisierungen nach § 327e Abs. 2 Nr. 3 BGB definiert. Damit wird die Situation des Mieters nach dem Verbraucherrecht der digitalen Produkte dem allgemeinen Mietrechts angeglichen. Dort hat der Mieter nach § 535 Abs. 1 S. 2 BGB während der Mietdauer den Hauptleistungsanspruch auf Mangelbeseitigung. Will der Vermieter keine Pflicht zur Erhaltung der Vertragsmäßigkeit übernehmen, ist Absatz 1 zu streichen. Zusätzlich müssen aber noch die objektiven Anforderungen an die Aktualisierung nach § 327e Abs. 3 S. 1 Nr. 5 BGB aufgehoben werden. Das ist zwar über § 327h Abs. 1 BGB möglich, jedoch nur mit idR erheblichem Aufwand (→ Form. C.11 Anm. 7).

12. Änderungen. Die von den Aktualisierungen (→ Anm. 11) zu unterscheidenden Änderungen (dazu Möllnitz MMR 2021, 116) dienen nicht dem Interesse des Nutzers an der Erhaltung der Vertragsmäßigkeit, sondern dem Interesse des Vermieters, die Software möglichst effektiv zu verwerten. Dazu gibt ihm das Gesetz in § 327r BGB die Befugnis, auf der Grundlage einer vertraglichen Vereinbarung und bei Vorliegen mindestens eines triftigen Grundes, dem Nutzer eine geänderte Software bereitzustellen. Ein solcher Grund kann die Vereinheitlichung der bei den Nutzern vorhandenen Softwareversionen zur einfacheren Pflege der Software sein (MüKoBGB/Metzger § 327r Rn. 1). Im Vertrag sind die triftigen Gründe explizit zu nennen, eine abstrakte Umschreibung genügt nicht (Möllnitz MMR 2021, 116 (118 f.). Nach § 327r Abs. 2 BGB **darf** die Änderung die Zugriffsmöglichkeit des Mieters und die Nutzbarkeit der Software nachteilig ändern und damit den Mieter **beeinträchtigen.** Die Beeinträchtigung ist aber nur zulässig, wenn der Mieter **vorab informiert** wird (→ Anm. 13). Zum Ausgleich für eine **erhebliche Beeinträchtigung** erhält der Mieter ein Kündigungsrecht in § 327r Abs. 3 BGB, das hier in Abs. 4 enthalten ist.

Im Gesetz nicht ausdrücklich geregelt ist, welche Folgen die Änderung für die Vertragsbeziehungen hat. Schwierig ist die Behandlung der ursprünglich vereinbarten **subjektiven** sowie der – gegebenenfalls auch vertraglich modifizierten – objektiven **Anforderungen.** Der Vermieter ist aufgrund einer vertraglichen Abrede befugt, die Software für den Mieter nachteilig zu ändern. Soweit die Änderung nachteilig für den Mieter ist, dürfen zur Vermeidung eines Widerspruchs die für die **Vorgängerversion** maßgeblichen Anforderungen keine weitere Geltung mehr beanspruchen (so wohl auch Möllnitz MMR 2021, 116 (121); aA MüKoBGB/Metzger § 327r Rn. 10; BeckOK BGB/Wendland § 327r Rn. 41). Die Änderung modifiziert daher den Vertragsinhalt hinsichtlich der Anforderungen aus § 327e Abs. 2 und 3 BGB. Das Formular sieht dementsprechend vor, dass die geänderte Software Vertragsgegenstand wird mit der Folge, dass der Mieter keinen Anspruch mehr hat, die vorherige Softwareversion zu nutzen. Aktualisierungen beziehen sich nur noch auf die geänderte Version. Andererseits ist zu berücksichtigen, dass nicht allein die Befugnis des Vermieters, die Software nach § 327r BGB auch nachteilig ändern zu dürfen, dazu führen kann, dass der Mieter jede Funktionsbeeinträchtigung akzeptieren muss. Die Regelung in § 327r BGB gibt kein Recht zur Bereitstellung mangelhafter Software. Die Schwierigkeiten, den Maßstab für die Vertragsgemäßheit der geänderten Software zu finden, können durch eine **Änderungskündigung** vermieden werden. Der Vermieter beendet den Mietvertrag und bietet dem Mieter die geänderte Software auf einer neuen vertraglichen Basis an.

Der Vermieter, der nicht selbst **Hersteller der Software** und in der Folge regelmäßig nicht in die Update- und Upgrade-Prozesse eingebunden ist, muss im Verhältnis zu seinen

Lieferanten dafür sorgen, dass ihm gegenüber dem Mieter keine Nachteile aus dem Verhalten des Softwareherstellers erwachsen.

13. Informationen. Das Gesetz verpflichtet den Vermieter sowohl bei Aktualisierungen (§ 327f Abs. 1 S. 1 BGB) als auch bei Änderungen (§ 327r Abs. 1 Nr. 3 BGB), den Mieter zu informieren und nennt für Änderungen auch Zeitpunkte. Die Klausel gibt diese Regelungen wieder.

14. Kündigungsfrist. Eine Regelung zur Kündigungsfrist enthalten die §§ 327 ff. BGB nicht. Die kurze Frist des § 580a Abs. 3 Nr. 2 BGB ist kein gesetzliches Leitbild und kann daher in AGB auch großzügig abgeändert werden (BeckOK BGB/Herrmann § 580a Rn. 26).

15. Übermittlung von Inhalten. Der Vermieter muss dem Mieter nach Beendigung des Mietverhältnisses nach Maßgabe des § 327p BGB bestimmte Inhalte zur Verfügung stellen. Ob der Mieter solche Inhalte dem Vermieter überhaupt zur Verfügung stellt, hängt von den Nutzungsbedingungen der Software ab. Relevant ist diese Vermieterpflicht regelmäßig im Rahmen des **Cloud Computing**, bei dem der Mieter die von der Software verarbeiteten Daten auf dem Server des Vermieters speichert. Das Formular gibt nur die gesetzliche Regelung wieder.

16. Anzeigepflicht. Die Klausel ist § 536c Abs. 1 BGB nachgebildet, der durch § 578b Abs. 1 S. 1 Nr. 1 BGB von der Anwendung auf Verbraucherverträge über Software ausgenommen wird. Die §§ 327 ff. BGB enthalten keine Verpflichtung zur Meldung von Mängeln. Im Gegenteil wird der Vermieter durch § 327j Abs. 2 BGB damit belastet, Nacherfüllung auch für Mängel zu leisten, die unter Umständen bereits von der Bereitstellung der Software an vorhanden waren. So ist es beispielsweise denkbar, dass der Mieter nach langer Zeit wegen eines Mangels mindert, den der Vermieter mangels Kenntnis nicht beseitigen konnte. Die Minderungsregelung in § 327n Abs. 2 S. 2 BGB sieht vor, dass die Minderung den Zeitraum der Mangelhaftigkeit erfasst, auch wenn der Mangel schon seit langem besteht. Die Nichtbeanstandung des Mangels über einen langen Zeitraum beeinträchtigt die Rechte des Mieters nicht. Hinzu kommt die Beweislastumkehr nach § 327k Abs. 2 (→ Anm. 18), wonach bei der Miete für den gesamten Zeitraum der Bereitstellung die Vermutung der Mangelhaftigkeit besteht, gleich, wann der Mangel vom Mieter gemeldet wird.

Zur Kompensation sieht das Formular deswegen eine **Anzeigepflicht** des Mieters vor. Daraus, dass § 536c BGB durch § § 578b Abs. 1 S. 1 Nr. 1 BGB für nicht anwendbar erklärt wird, folgt kein gesetzliches Verbot, den Regelungsinhalt vertraglich zu vereinbaren, da hierdurch die Bestimmungen der §§ 327 ff. BGB nicht berührt werden. Die Vereinbarung unterliegt der Angemessenheitskontrolle nach § 307 Abs. 2 BGB. Eine unangemessene Benachteiligung ist nicht zu erkennen. Zeigt der Mieter den Mangel nicht an, ist das eine Pflichtverletzung, die Schadensersatzansprüche des Vermieters aus § 280 Abs. 1 BGB iVm dem Mietverhältnis auslösen kann. Der Schaden besteht dann in der Minderung des Entgelts, die nicht angefallen wäre, wenn der Vermieter die Möglichkeit zur Mangelbeseitigung erhalten hätte. Der Vermieter ist jedoch mit dem Nachweis belastet, dass der Mieter schon längere Zeit von dem Mangel wusste.

17. Verweigerung der Nacherfüllung. Die Nacherfüllung ist gem. § 327l Abs. 2 BGB bei unverhältnismäßigen Kosten ausgeschlossen. Die Leistungsverweigerungsrechte aus § 275 Abs. 2 und 3 BGB stehen dem Vermieter nach § 327l Abs. 2 BGB nicht zu. Er kann die Nacherfüllung aber nach § 320 BGB verweigern, wenn der Mieter die Miete unberechtigt nicht zahlt.

18. Beweislastumkehr. Für Vermieter problematisch kann die Beweislastumkehr in § 327k Abs. 2 BGB werden. Meldet der Mieter einen Mangel, wird vermutet, dass der

Mangel bereits den gesamten Bereitstellungszeitraum über bestand. Das kann insbesondere im Falle der Minderung zu erheblichen Einbußen des Vermieters führen. Gegen diese Vermutung hilft dem Vermieter die Regelung in § 8 Abs. 1 des Formulars nicht, weil der Vermieter für Gegenrechte aus einer Verletzung der Anzeigepflicht des Mieters nachweisen können muss, dass der Mieter den Mangel schon früher hätte melden können. Damit bleibt dem Vermieter nur die Widerlegung der Vermutung unter Einsatz entsprechender Beweismittel, was regelmäßig eine Untersuchung der Software und ihrer Einsatzumgebung bedingt. Der Mieter muss dem Vermieter nach § 327k Abs. 3 Nr. 2 BGB die Gelegenheit zur Untersuchung geben, jedoch beschränkt auf ein technisches Mittel, das für den Verbraucher den geringsten Eingriff darstellt. Dieses Maß kann der Vermieter aber nur vorab bestimmen, wenn ihm die Mangelursache bekannt ist oder sie sich zumindest aufdrängt. In allen anderen Fällen, zB Inkompatibilitäten mit anderer Hard- oder Software, ist der Vermieter auf Mutmaßungen angewiesen und läuft Gefahr, nicht das mildeste Mittel anzuwenden. Nach § 327k Abs. 4 BGB ist die Widerlegung der Vermutung zudem daran gebunden, dass der Vermieter den Mieter über die technischen Anforderungen der Software und die Obliegenheit des Mieters zur Mitwirkung bei der Fehlersuche informiert.

19. Haftungsbeschränkung. In noch geringerem Ausmaß als im unternehmerischen Verkehr (→ Vorb. A.III.5) ist in AGB die Beschränkung der Haftung gegenüber Verbrauchern möglich. Zwar ist der Schadensersatzanspruch des Verbrauchers gegen den Vermieter nicht schon verbraucherrechtlich nicht einschränkbar, vielmehr verweist § 476 Abs. 3 BGB auf die AGB-Kontrolle. Jedoch führt jede effektive Beschränkung der Haftung gegenüber dem Verbraucher regelmäßig zu deren Unangemessenheit (vgl. Wolf/Lindacher/Pfeiffer/Dammann BGB § 309 Nr. 7 Rn. 108 ff.).

20. Produkthaftung. Der Produkthaftung unterliegen grundsätzlich nur die Hersteller und Importeure. Ob Software ein Produkt nach dem ProdHaftG ist, ist umstritten, richtigerweise aber zu bejahen. Die geplante Novellierung der Produkthaftungsrichtlinie sieht die Einbeziehung von Software ausdrücklich vor (dazu Spindler CR 2022, 689 (690)).

21. Änderung der AGB. Seit dem Urteil des BGH zu der Inhaltskontrolle der Änderungsklausel der Banken-AGB (BGH NJW 2021, 2273) herrscht Unsicherheit, ob überhaupt, und wenn ja wie, in AGB ein Verfahren zur Änderung der Vertragsbedingungen geregelt werden kann, bei dem der Verbraucher der Änderung nicht ausdrücklich zuzustimmen braucht (→ Vorb. A.I.3). Die hier vorgeschlagene Klausel verlangt eine ausdrückliche Zustimmung, die im Rahmen der Nutzung der Software abgegeben werden kann. Vorsorglich erklärt der Vermieter auflösend bedingt auf den Fall der Zustimmung des Verbrauchers zu den Änderungen die Kündigung des Vertrages. Obwohl die Kündigung als einseitige Willenserklärung grundsätzlich bedingungsfeindlich ist, besteht eine Ausnahme für den hier gegebenen Fall, dass der Erklärungsempfänger es in der Hand hat, die Bedingung eintreten zu lassen (MüKoBGB/Westermann § 158 Rn. 30). Der Vermieter spart so Zeit und muss nicht abwarten, ob der Mieter dem Änderungsangebot zustimmt, und erst im Anschluss daran kündigen.

22. Vertragsverlängerung. Da die Kündigungserklärung wirksam bleibt, wenn der Mieter die geänderten Bedingungen nicht annimmt, würde der Vertrag mit Ablauf der Kündigungsfrist enden. Dem Mieter wird durch die Klausel bis zur Vertragsbeendigung die Möglichkeit eröffnet, das Vertragsverhältnis zu den geänderten Bedingungen fortzusetzen.

23. Streitbeilegungsverfahren. → Form. C.11 Anm. 22.

24. Vertragssprache. → Form. F.3 Anm. 36.

13. Unentgeltliche Überlassung von Software mit Updates

Nutzungsvereinbarung

zwischen

. . .

– nachfolgend Anbieter –

und

. . .

– nachfolgend Nutzer –

§ 1 Software[1]

(1) Der Anbieter überlässt dem Nutzer die Software . . . . . zur Nutzung.

(2) Der Nutzer erhält die Software auf einem Datenträger (DVD) sofern nicht vereinbart ist, dass er die Software im Wege des Download von einem Server des Anbieters bezieht. Zudem erhält der Nutzer ein digitalisiertes Berechtigungszertifikat mit Lizenzschlüssel und eine Installationsanleitung sowie eine Online-Hilfe, die es erlaubt, Erläuterungen zu den Funktionalitäten während des Betriebs der Software abzurufen.

(3) Die Beschaffenheit der Software, insbesondere die Funktionalität und die technischen Einsatzbedingungen, richten sich nach der Beschreibung in der Benutzerdokumentation, die auf der Web-Seite des Verkäufers eingesehen werden kann, und ergänzend nach den folgenden Bestimmungen.[2]

(4) Die Überlassung erfolgt unentgeltlich. Der Nutzer ist nicht verpflichtet, die Software zurückzugeben.

§ 2 Updates

(1) Ohne eine Verpflichtung hierzu stellt der Verkäufer dem Nutzer nach eigenem Ermessen unentgeltlich Updates zur Verfügung, die die Funktionalität der Software modifizieren können.[3]

User Agreement

between

. . .

– hereinafter referred to as „Licensor“ –

and

. . .

– hereinafter referred to as the „User“ –

§ 1 Software[1]

(1) The Licensor shall provide the User with the software . . . . for use.

(2) The User shall receive the software on a data carrier (DVD) unless it is agreed that the User obtains the software by way of download from a server. Additionally shall the User receive a digitised authorisation certificate with licence key and an installation manual as well as an online help which provides explanations of the functionalities to be called up during the operation of the software.

(3) The quality of the software, in particular the functionality and the technical conditions of use, shall be governed by the description in the user documentation, which can be viewed on the Licensor's website, and additionally by the following provisions.

(4) The software is provided free of charge. The user is not obliged to return the software.

§ 2 Updates

(1) Without any obligation to do so, the Licensor shall provide the User, at its own discretion and free of charge, with updates that may extend the functionality of the Software

(2) Die Installation der Updates erfolgt durch den Nutzer. Der Anbieter wird mit der Bereitstellung der Updates dem Nutzer Gelegenheit geben, sich über deren Inhalt zu informieren.[4]

(3) The installation of the updates shall be carried out by the User. The Licensor shall inform the User of the content of the update when it is supplied.

§ 3 Nutzungsrechte

§ Rights of Use

(1) Der Nutzer ist für das Gebiet der Bundesrepublik Deutschland berechtigt, die Software zur Nutzung auf einem Rechner und durch eine Person zur Zeit nach Maßgabe der folgenden Bestimmungen zu vervielfältigen. Die Berechtigung gilt unabhängig davon, ob es sich bei dem Rechner um ein physisches oder virtuelles System handelt.[5]

(1) The User is permanently entitled for the territory of the Federal Republic of Germany to reproduce the software for use on one computer and by one person at a time in accordance with the following provisions. The authorisation shall apply irrespective of whether the computer is a physical or virtual system.

(2) Der Lizenzschlüssel dient dem erleichterten Nachweis der Berechtigung des Nutzers. Sein Besitz oder seine Verwendung allein gewähren kein Recht zur Nutzung der Software. Ein solches Recht folgt nur aus einer Vereinbarung mit dem Rechtsinhaber oder einer gesetzlichen Regelung.[6]

(2) The licence key serves to facilitate proof of the purchaser's entitlement. Its possession or use alone does not grant any right to use the software. Such a right only follows from an agreement with the right holder or a statutory regulation.

(3) Die Nutzung der Software ist nur zu privaten Zwecken gestattet. Die Berechtigung zur Nutzung ist nicht übertragbar.[7]

(3) The use of the software is only permitted for private purposes. The right to use the software is not transferable.

(4) Der Nutzer kann die erstmalig installierte Software nur nutzen, wenn er die Software binnen 30 Tagen nach der Installation über das Internet aktiviert.

(4) The User must activate the software via the Internet within 30 days after installation.

(5) Der Nutzer ist nicht berechtigt, die vorhandenen Schutzmechanismen der Software gegen eine unberechtigte Nutzung zu entfernen oder zu umgehen, es sei denn, dies erfolgt zur Beseitigung von Mängeln nach einer ergebnislosen Aufforderung des Anbieters hierzu. Der Nutzer hat ihm ein angemessenes Entgelt für die Mängelbeseitigung zu zahlen.

(5) The User must not remove or circumvent the existing protective mechanisms of the software against unauthorised use unless this is done to remedy defects after a fruitless request towards the Licensor to do so. The User shall pay the Licensor a reasonable fee for the cure of the defect.

(6) Der Nutzer ist nicht berechtigt, die Software zu vervielfältigen. Ausgenommen hiervon ist die Vervielfältigung zur Installation auf einem Rechner sowie der bestimmungsgemäße Gebrauch der installierten Software gemäß Absatz 1 und die Erstellung einer Sicherungskopie.

(6) The User is not entitled to copy the software. Exceptions to this are the copying for installation on a computer as well as the intended use of the installed software in accordance with paragraph 1 and the creation of a backup copy.

(7) Sicherungskopien auf externen Datenträgern sind als solche zu kennzeichnen.

(7) Backup copies on external data carriers shall be marked as such.

§ 4 Weitergabe der Software

(1) Der Nutzer ist berechtigt, die Software unentgeltlich weiterzugeben. Die Weitergabe der Sicherungskopie ist nicht gestattet.[8]

(2) Nach Weitergabe der Software hat der Nutzer die Software zu deinstallieren und eine etwaig vorhandene Sicherungskopie unbrauchbar zu machen.

§ 4 Forwarding of the Software

(1) The User is entitled to forward the software free of charge. The forwarding of the backup copy is not permitted.

(2) After forwarding the software, the User shall uninstall the software and render any existing backup copy unusable.

§ 5 Mängelbeseitigung und Haftung

(1) Der Anbieter ist nicht verpflichtet, Mängel der Software zu beseitigen. Erfolgt eine Mängelbeseitigung mit einem Update, erfolgt dies ohne Anerkennung einer Rechtspflicht hierzu.[9]

(2) Im Übrigen haftet der Anbieter für Schäden nach den für die unentgeltliche Überlassung von Software und Updates geltenden gesetzlichen Bestimmungen.[10]

§ 5 Cure and Liability

(1) The Licensor is not obliged to remedy defects in the software. If a defect is remedied with an update, this shall be done without recognition of a legal obligation to do so.

(2) Moreover, the Licensor shall be liable for damages in accordance with the statutory provisions applicable to the free of charge supply of software and updates.[10]

§ 6 Online-Beilegung von Streitigkeiten

Der Anbieter nimmt nicht an einem freiwilligen Streitbeilegungsverfahren der Verbraucherschlichtungsstellen teil. Eine Verpflichtung zur Teilnahme besteht nicht.[11]

§ 6 Online dispute resolution

The Licensor does not participate in any voluntary dispute resolution procedure of the consumer arbitration boards. There is no obligation to take part.[11]

§ 7 Sprachversion

Die Vertragsparteien haben den Vertrag in einer deutschen und einer englischsprachigen Fassung geschlossen. Für die rechtlichen Wirkungen zwischen den Parteien ist allein die deutsche Fassung maßgeblich.[12]

§ 7 Language

The contracting parties have concluded the contract in a German and an English version. The German version alone shall be decisive for the legal effects between the parties.

Anmerkungen

1. Unentgeltliche Softwareüberlassung. Softwareanbieter überlassen Software aus den verschiedensten Gründen unentgeltlich. Beispiele sind Testversionen, Add-Ons für beim Nutzer bereits vorhandene Software, Virenscanner und vor allem Open Source Software. Das Formular behandelt die unentgeltliche Überlassung von Software durch einen

Unternehmer an einen Verbraucher. Umstritten ist, welchem Vertragstyp diese Überlassung zuzuordnen ist. Für das Vorliegen einer Schenkung nach den §§ 516 ff. BGB verlangt die hM eine Entreicherung des Schenkers (BeckOK BGB/Gehrlein § 516 Rn. 4; Prütting/Wegen/Weinreich/Stürner BGB § 516 Rn. 7). An einer Entreicherung soll es bei der Zuwendung von Software fehlen, da der Schenker keinen Vermögensverlust erleidet (Sester CR 2000, 797 (799); Koch CR 2000, 333 (335)). Dann würde die Anwendung eines benannten Vertragstypen des BGB ausscheiden und es müsste auf eine weitere Art der unbenannten Zuwendung zurückgegriffen werden. Richtigerweise ist aber auch die unentgeltliche Überlassung von Software als Schenkung zu betrachten (Taeger/Pohle ComputerR-HdB/Ammann 32.2 Rn. 112 ff.; Jaeger/Metzger Open Source Software Rn. 281). Die von der herrschenden Meinung geforderte Entreicherung dient mehr der Abgrenzung zur Leihe und zu § 517 BGB, als dass sie ein notwendiges Element der Schenkung bildet. Der Streit dürfte sich durch die Einfügung des § 516a BGB im Zuge der Umsetzung der DID- Richtlinie erledigt haben. Danach bleibt bei der Überlassung digitaler Produkte das Schenkungsrecht bis auf die §§ 523 und 524 BGB anwendbar.

Zweifel an der Unentgeltlichkeit können jedoch bestehen, wenn bei der Nutzung der Software Werbung eingespielt wird, der Nutzer dem Anbieter personenbezogene Daten überlassen muss oder gemeinsam mit der Software eine andere Leistung des Anbieters bezieht, für die der Nutzer ein Entgelt zu entrichten hat (Beispiele bei LG München CR 2015, 738 und OLG Hamburg CR 1999, 555).

Überlässt der Nutzer dem Anbieter personenbezogene Daten in einem Umfang, der über das für die Durchführung des Angebots erforderliche Maß hinausgeht, werden nach § 516a Abs. 1 S. 1 BGB (nur) die schenkungsrechtlichen Regelungen zur Haftung für Rechts- und Sachmängel durch die §§ 327 ff. BGB verdrängt. In der Folge wird der Anbieter in vollem Umfang gewährleistungspflichtig. Das gilt aber nur, wenn das Ausmaß der überlassenen Daten nicht als Gegenleistung zu werten ist (dazu Prütting/Wegen/Weinreich/Stürner BGB § 516 Rn. 12) mit der Folge, dass dann ein Tausch vorläge, bei dem über §§ 480, 453 Abs. 1 S. 2 BGB Kaufrecht und in der Folge auch die verbraucherrechtlichen Regelungen der §§ 327 ff. BGB Anwendung finden.

Dieses Formular behandelt den Fall, dass der Nutzer keine Gegenleistung erbringt und damit allein das Schenkungsrecht ohne den Verweis in § 516a BGB Anwendung findet (zu den §§ 327 ff. BGB → Form. C.11).

2. Beschaffenheitsvereinbarung. Der Schenker unterliegt keiner Mängelhaftung in dem Sinne, dass er zur Nacherfüllung verpflichtet wäre. Nur wenn er arglistig einen Fehler verschweigt, muss er nach § 524 Abs. 1 BGB Schadensersatz leisten. Insofern ist es sinnvoll, eine Beschaffenheitsvereinbarung zu treffen, um das Pflichtprogramm des Schenkers zu präzisieren. Das Schenkungsrecht verwendet den Begriff des Fehlers, während durch die Schuldrechtsmodernisierung der Begriff des Mangels eingeführt wurde. Deswegen ist umstritten, ob für die Schenkung rechtlich auf den Mangelbegriff des § 434 BGB zurückgegriffen werden kann (dazu MüKoBGB/Koch § 524 Rn. 2). Auch hier zeigt § 516a BGB, dass dies richtig ist, denn jedenfalls der Sachmangelbegriff in § 327e BGB entspricht weitgehend dem des § 434 BGB.

3. Updates. Die Klausel schließt eine Verpflichtung zur Bereitstellung von Updates aus. Das bedeutet jedoch nicht, dass der Anbieter für aus den Updates resultierende Schäden nicht haftet (dazu → Form. C.11 Anm. 11).

4. Aufklärung über Erweiterungen. Zur Vermeidung einer Haftung sollte der Anbieter den Nutzer über mögliche Nachteile des Aufspielens von Updates informieren. Das könnte beispielsweise Inkompatibilitäten mit anderer Software oder den Bedarf zusätzlicher Sicherheitsmaßnahmen betreffen.

5. Nutzungsrechte. → Form. C.11 Anm. 13. Die Verbreitung der Software kann zunächst auf bestimmte Zielgruppen beschränkt werden, zB Bildungseinrichtungen. Die Erschöpfung des Verbreitungsrechts steht einer Weitergabe durch den Erstwerber aber nicht entgegen, weil die Erschöpfungswirkung unabhängig von der Beschränkung bei der Erstverbreitung umfassend eintritt. Erwerber dieser Software können ohne Zustimmung durch den Rechtsinhaber nach § 69d Abs. 1 UrhG zur Nutzung berechtigt sein, selbst wenn sie nicht zum Kreis derer gehören, an die die Erstverbreitung erfolgt (BGH GRUR 2015, 772 Rn. 62 – UsedSoft III).

6. Lizenzschlüssel. → Form. C.1 Anm. 3.

7. Private Nutzung. → Form. C.11 Anm. 15.

8. Weitergabe. Urheberrechtlich erschöpft sich das Verbreitungsrecht mit der Folge, dass der Rechtsinhaber kein Verbotsrecht gegen eine Weitergabe der Software mehr hat. Ein Interesse, dem Nutzer den **Weiterverkauf** der Software zu verbieten, kann dann gegeben sein, wenn der Anbieter die Software nicht generell kostenlos vertreibt. Das in der Klausel enthaltene, nur schuldrechtlich wirkende Verbot begegnet jedenfalls Verbrauchern gegenüber AGB-rechtlichen Bedenken. Das Wettbewerbsinteresse des Unternehmers kann nicht durch Vereinbarungen mit Verbrauchern, die gerade keine Wirtschaftsakteure sind, abgesichert werden (aA Leupold/Wiebe/Glossner IT-R/v.d. Bussche/Schelinski Teil 2.6 Rn. 94). Die **Sicherungskopie** darf nach Ansicht des EuGH auch dann nicht weitergegeben werden, wenn der Originaldatenträger nicht mehr nutzbar ist (EuGH GRUR 2016, 1271 Rn. 43, dazu kritisch Bisges UrheberR-HdB/Imhof Kap. 5 Rn. 363).

9. Keine Nacherfüllung. Die fehlende Nacherfüllungspflicht ist Kern der gesetzlichen Regelung der Schenkung. Damit ist die Klausel lediglich deklatorisch. Der Schenker haftet für Sach- und Rechtsmängel allein auf Schadensersatz (→ Anm. 10). Wie gezeigt, ist die Abgrenzung zum Tausch oder Kauf nicht einfach, insbesondere wenn als Gegenleistung personenbezogene Daten überlassen werden. Dann kann sogar eine Schenkung über § 516a Abs. 1 BGB zu einer Nacherfüllungspflicht im Rahmen des § 327l BGB führen (Prütting/Wegen/Weinreich/Stürner BGB § 516a Rn. 2).

10. Schadensersatzhaftung. Der Schenker wird in seiner Haftung in den §§ 521 ff. BGB privilegiert. Allerdings ist eine Haftung wegen der **Verletzung** vorvertraglicher oder vertraglicher **Schutzpflichten** möglich, wobei umstritten ist, in welchen Fällen die Privilegierung des § 521 BGB anwendbar ist (dazu MüKoBGB/Koch § 521 Rn. 4). Einer weitergehenden Haftungsbeschränkung in AGB dürfte § 307 Abs. 2 Nr. 1 BGB entgegenstehen (Leupold/Wiebe/Glossner IT-T/v.d. Bussche/Schelinski Teil 2.6 Rn. 95). **Deliktsrechtlich** ist eine Haftung nach § 823 Abs. 1 BGB denkbar, wenn die Software beispielsweise zur Unbenutzbarkeit des Rechners oder von Daten führt (Imhof/Wahl WpK-Mitt 1998, 136; MüKoBGB/Wagner § 823 Rn. 246). Der Verschuldensmaßstab ist auch hier an § 521 BGB orientiert (MüKoBGB/Koch § 521 Rn. 6). Von einem Unternehmer unentgeltlich überlassene Software unterliegt der **Produkthaftung.** Ein Ausschluss ist nach § 1 Abs. 2 Nr. 3 ProdHaftG nur gegeben, wenn die in der Vorschrift genannten Voraussetzungen kumulativ gegeben sind (Prütting/Wegen/Weinreich/Schaub ProdHaftG § 1 Rn. 15).

11. Streitbeilegungsverfahren. Nach § 36 VSBG muss der Unternehmer auch bei unentgeltlichen Leistungen mitteilen, ob er an einem Streitbeilegungsverfahren teilnimmt. Nach § 4 Abs. 1 VSBG sind die Verbraucherschlichtungsstellen für alle Verträge zwischen einem Unternehmer und einem Verbraucher nach § 310 Abs. 3 BGB zuständig. Die Anforderungen aus Art. 14 OS-VO wenden sich dagegen nur an Verkäufer (dazu → Form. C.11 Anm. 22).

12. Sprachversion. → Form. F.3 Anm. 36.

D. IT-Projekte, Forschung und Entwicklung

1. IT-Dienstleistungsvertrag

IT-Dienstleistungsvertrag[1]

Präambel

Der Auftraggeber beabsichtigt, bestimmte Dienstleistungen durch den Auftragnehmer erbringen zu lassen. Diese Dienstleistungen sind in Anlage 1 dargestellt und näher beschrieben.[2] Werkvertragliche Leistungen sind nicht Gegenstand dieses Vertrages.[3]

Die Parteien sind sich darüber einig, dass mit der Bereitstellung der Dienstleistungen grundsätzlich die nachfolgend benannten Ziele realisiert werden sollen, soweit diese Ziele auf die im Einzelfall vertragsgegenständlichen Dienstleistungen angewendet werden können:[4]

. . . .

Die vorbenannten Ziele entsprechen den derzeitigen Planungen der Parteien und können sich im Laufe der Zeit ändern. Weitere Ziele können sich im Rahmen der Zusammenarbeit in Abstimmung der Parteien ergeben, die sodann nach Maßgabe dieses Vertrages aufzunehmen und zu berücksichtigen sind.

§ 1 Gegenstand und Laufzeit des Vertrages

(1) Gegenstand des Vertrages ist die Erbringung von spezifischen IT-Dienstleistungen, die in Anlage 1 näher beschrieben werden. Die Anlage 1 ist Bestandteil dieses Vertrages und kann nur einvernehmlich zwischen den Parteien unter Wahrung des in § 17 definierten Schriftformerfordernisses geändert werden.

IT Services Agreement[1]

Preamble

The Customer intends to have certain Services provided by the Contractor. These Services are shown and described in more detail in Annex 1.[2] Services under a contract for work are not the subject of this Agreement.[3]

The Parties agree that the provision of the Services shall in principle realize the objectives specified below, to the extent that these objectives can be applied to the Services that are the subject matter of this Agreement in the individual case:[4]

. . . .

The aforementioned objectives correspond to the current plans of the parties and may change over time. Further objectives may arise in the course of the cooperation in agreement between the parties, which shall then be included and taken into account in accordance with the provisions of this Agreement.

§ 1 Subject Matter and Term of the Agreement

(1) The subject matter of the Agreement is the provision of specific IT services, which are described in more detail in Annex 1. Annex 1 is an integral part of this Agreement and may only be amended by mutual agreement between the Parties in compliance with the written form requirement defined in § 17.

(2) Der Vertrag gilt ab . . . . . und für unbestimmte Zeit. Details zur Kündigung regelt § 8.

(2) The Agreement is valid from . . . . . and for an indefinite period. Details on termination are governed by § 8.

§ 2 Leistungserbringung

§ 2 Service Provision

(1) Die Leistungserbringung erfolgt grundsätzlich am Sitz des Auftragnehmers; die vertragsgegenständlichen Leistungen werden dem Auftraggeber in elektronischer Form zur Verfügung gestellt. Die Parteien können abweichend in der Anlage 1 vereinbaren, dass der Auftragnehmer die Leistungen am Sitz des Auftraggebers zu erbringen hat.

(1) The services shall generally be provided at the Contractor's registered office; the contractual services shall be made available to the Customer in electronic form. In deviation from this, the parties may agree in Annex 1 that the Contractor shall provide the services at the Customer's registered office.

(2) Der Auftragnehmer schuldet eine sorgfältige Leistungserbringung, die dem zum Zeitpunkt der Leistungserbringung jeweils aktuellen Stand der Technik auf dem Gebiet der Beauftragung gemäß Anlage 1 entspricht. Die Leistung ist in deutscher Sprache zu erbringen, soweit nichts anderes vereinbart ist.

(2) The Contractor shall provide the Services with due care and diligence in accordance with the current state of the art in the field of the assignment at the time the Services are provided in accordance with Annex 1. The Service shall be provided in German language unless otherwise agreed.

(3) Falls der Auftragnehmer die Dienstleistungen nach diesem Vertrag ganz oder teilweise aufgrund von unterlassenen oder nicht rechtzeitig erbrachten Mitwirkungsleistungen oder sonstigen von dem Auftraggeber zu verantwortenden Hindernissen nicht erbringen kann, wird dem Auftraggeber der von dem Auftragnehmer für die entsprechenden Leistungen benötigte zeitliche Aufwand berechnet.

(3) If the Contractor is unable to provide the services under this Agreement in whole or in part due to full failure to cooperate or failure to cooperate in a timely manner or other problems on the part of the Customer, the Customer shall be charged for the time required by the Contractor for the corresponding Services.

(4) Der Auftraggeber trägt das Risiko dafür, ob die vertragsgegenständlichen Dienstleistungen den Anforderungen und Bedürfnissen des Auftraggebers entsprechen.[5] Im Zweifelsfall sollte der Auftraggeber sich rechtzeitig von dem Auftragnehmer oder externen Experten beraten lassen.

(4) The Customer shall bear the risk as to whether the contractual services meet the requirements and needs of the Customer. In case of doubt, the Customer should seek timely advice from the Contractor or external experts.

(5) Alle Termine in Bezug auf die Erbringung der Dienstleistungen gelten als Schätzungen und sind nicht wesentlicher Vertragsbestandteil und nicht verbindlich, es sei denn, der Auftraggeber und der Auftragnehmer haben im Rahmen der Anlage 1 ausdrücklich schriftlich vereinbart, dass sie verbindlich sind.[6]

(5) All dates relating to the performance of the Services shall be deemed to be estimates and shall not form an integral part of the Agreement and shall not be binding unless the Customer and the Contractor have expressly agreed in writing within the scope of Annex 1 that they shall be binding.[6]

(6) Erbringt der Auftragnehmer die vertragsgegenständlichen Dienstleistungen nicht oder nicht ordnungsgemäß oder begeht er eine sonstige Pflichtverletzung, so hat der Auftraggeber dies gegenüber dem Auftragnehmer stets schriftlich zu rügen und dem Auftragnehmer eine Nachfrist einzuräumen, innerhalb derer der Auftragnehmer Gelegenheit zur ordnungsgemäßen Erfüllung der Dienstleistungen oder dazu gegeben wird, in sonstiger Weise Abhilfe zu schaffen.

(6) If the Contractor does not perform the contractual Services or does not perform them properly or if it commits any other breach of duty, the Customer shall always notify the Contractor thereof in writing and grant the Contractor a grace period within which the Contractor shall be given the opportunity to perform the services properly or to remedy the situation in any other way.

§ 3 Rechte an Geistigem Eigentum

§ 3 Intellectual Property Rights

(1) Alle Rechte an etwaigen vom Auftragnehmer erbrachten Ergebnissen[7] der Dienstleistungen, soweit diese im Einzelfall schutzfähig sind, insbesondere das Urheberrecht an erstellten Empfehlungen oder im Zusammenhang mit der Leistungserbringung erstellten Materialien, etwaige Rechte an Erfindungen sowie technische Schutzrechte, stehen im Verhältnis zum Auftraggeber ausschließlich dem Auftragnehmer zu, auch soweit die Dienstleistungen durch fachliche Vorgaben oder Mitarbeit des Auftraggebers erbracht werden.

(2) Sofern nicht anderweitig schriftlich vereinbart, erhält der Auftraggeber mit vollständiger Zahlung der vereinbarten Vergütung ein nicht ausschließliches, unbefristetes, räumlich unbeschränktes Nutzungsrecht an schutzfähigen Ergebnissen, die der Auftragnehmer dem Auftraggeber schuldet, zur internen bestimmungsgemäßen Nutzung für die Zwecke des Vertrages und nicht darüber hinaus. Das Nutzungsrecht ist nicht unterlizenzierbar und darf nicht an Dritte[8] übertragen oder veräußert werden; es umfasst das Recht, die Ergebnisse der Leistungen dauerhaft oder temporär zu speichern, zu laden, anzeigen, sowie ablaufen zu lassen sowie ansonsten bestimmungsgemäß zu nutzen. Ebenso umfasst ist das Recht, die Ergebnisse abzuändern, zu übersetzen oder sonst zu bearbeiten.[9] Der Anspruch des Auftragnehmers auf Erhalt einer angemessenen Vergütung ist mit der Entrichtung der ver-

(1) All rights to any results[7] of the services provided by the Contractor, insofar as these are protectable in the individual case, in particular the copyright to recommendations prepared or materials prepared in connection with the provision of services, any rights to inventions as well as technical property rights – shall be the exclusive property of the Contractor in relation to the Customer, even insofar as the services are provided as a result of professional specifications or cooperation of the Customer.

(2) Unless otherwise agreed in writing, upon full payment of the agreed remuneration, the Customer shall receive a non-exclusive, unlimited, spatially unrestricted right of use for internal usage as intended for the purposes of the Agreement and not beyond. The right of use cannot be sublicensed and may not be transferred or sold to third parties;[8] it includes the right to permanently or temporarily store, load, display and run the results of the services. Also included is the right to modify, translate or otherwise process the results.[9] The Contractor's entitlement to receive reasonable remuneration shall be satisfied by payment of the agreed remuneration pursuant to § 7; there shall be no additional entitlement to remuneration for the granting of the rights of use to the Customer.[10]

einbarten Vergütung gemäß § 7 abgegolten; es besteht kein zusätzlicher Vergütungsanspruch für die Einräumung der Nutzungsrechte an den Auftraggeber.[10]

(3) Der Auftraggeber ist berechtigt, notwendige Sicherungskopien von elektronisch übermittelten Leistungsergebnissen zu erstellen. Jede Sicherungskopie ist als solche zu kennzeichnen. Der Auftragnehmer ist als Urheber zu benennen.

(4) Ideen und Anregungen des Auftraggebers zu den vertragsgegenständlichen Dienstleistungen während oder nach ihrer Erbringung („Feedback"), begründen keine Miturheberschaft oder sonstige Schutzrechte des Auftraggebers, sondern sind im Rahmen des Vertragsverhältnisses entgeltlose, nicht schutzfähige Ideen. Soweit Feedback eigenständig urheberrechtsfähig ist, räumt der Auftraggeber dem Auftragnehmer an diesem ein nicht-ausschließliches, zeitlich und räumlich unbegrenztes, übertragbares sowie unterlizenzierbares Nutzungsrecht für den Zweck der geschäftlichen Nutzung sowie der Optimierung seines Angebotes ein. Dieses beinhaltet insbesondere die Rechte der Vervielfältigung, Verbreitung, öffentliche Wiedergabe und öffentliche Zugänglichmachung in allen bekannten Nutzungsarten einschließlich des Rechts zur Nutzung im Rahmen der (Weiter-) Entwicklung der vertragsgegenständlichen Dienstleistungen und der Nutzung der hierbei entstehenden Ergebnisse in vorgenanntem Umfang. Ein etwaiger Anspruch auf Zahlung einer angemessenen Vergütung ist mit der Einräumung der Nutzungsrechte abgegolten.[10]

(3) The Customer shall be entitled to create necessary backup copies of electronically transmitted performance results. Each backup copy shall be marked as such. The Contractor shall be named as the author.

(4) Ideas and suggestions of the Customer regarding the contractual services during or after their performance („Feedback") shall not constitute co-authorship or other intellectual property rights of the Customer, but are ideas without consideration and not protectable within the framework of the contractual relationship. Insofar as Feedback is independently copyrightable, the Customer shall grant the Contractor a non-exclusive, transferable and sublicensable right of use, unlimited in time and space, for the purpose of business use and optimization of its offer. This includes in particular the duplication, dissemination, public reproduction and making available to the public in all known forms of use, including the right to use in the context of the (further) development of the services that are the subject matter of the Agreement and the use of the results arising in this context to the aforementioned extent. Any claim for payment of an appropriate remuneration shall be settled with the granting of the rights of use.[10]

§ 4 Schutzrechte Dritter[11]

(1) Macht ein Dritter dem Auftraggeber gegenüber eigene Ansprüche wegen der Verletzung von Schutzrechten, welche unmittelbar aus der Leistung des Auftragnehmers resultieren, geltend und beeinträchtigt oder verhindert dies die Nutzung der erbrachten Leistungen, so ist der Auftraggeber dazu verpflichtet, diese Geltend-

§ 4 Third-Party IP Rights[11]

(1) If a third party asserts its own claims against the Customer due to the infringement of intellectual property rights resulting directly from the Contractor's performance and if this impairs or prevents the use of the services provided, the Customer shall be obliged to notify the Contractor of this assertion in writing without delay.

machung unverzüglich schriftlich dem Auftragnehmer anzuzeigen.

(2) Unter der Voraussetzung der unverzüglichen schriftlichen Anzeige durch den Auftraggeber gemäß § 4 Abs. 1 und unter der Voraussetzung, dass sich der geltend gemachte Anspruch unmittelbar auf Leistungen des Auftragnehmers bezieht, die der Auftraggeber nicht bearbeitet oder sonstwie verändert hat, verpflichtet sich der Auftragnehmer, die Rechtsverteidigung gegen die geltend gemachten Ansprüche Dritter auf eigene Kosten zu übernehmen und dem Auftraggeber etwaige Aufwendungen zu erstatten, die diesem aufgrund eines rechtskräftigen Urteils entstehen. Dies setzt voraus, dass der Auftraggeber ohne Einverständnis des Auftragnehmers kein gerichtliches Verfahren mit dem Dritten führt und auch keine Ansprüche anerkennt, sondern stattdessen dem Auftragnehmer die alleinige Verteidigung gegen die erhobenen Ansprüche überlässt. Soweit dies rechtlich oder tatsächlich nicht möglich ist, hat der Auftraggeber dem Auftragnehmer die Kontrolle über das Verfahren einzuräumen und im Übrigen ausschließlich im Einvernehmen mit dem Auftragnehmer zu handeln.
Der Auftraggeber ist zur Unterstützung des Auftragnehmers bei der Verteidigung in angemessenem Umfang verpflichtet.

(3) Der Auftragnehmer ist berechtigt, dem Auftraggeber eine Ersatzleistung zur Verfügung zu stellen, die der von Dritten beanstandeten Leistung in Umfang und Qualität entspricht und die der Auftraggeber annehmen wird, es sei denn, dies ist im Einzelfall nicht zumutbar. Nimmt der Auftraggeber die Ersatzleistung an, bestehen keine weiteren Ansprüche des Auftraggebers gegen den Auftragnehmer mit Ausnahme der in diesem § 4 ausdrücklich festgelegten Ansprüche.

§ 5 Mitwirkung des Auftraggebers[12]

(1) Der Auftraggeber verpflichtet sich dazu, dem Auftragnehmer rechtzeitig alle

(2) Provided that the Customer notifies the Contractor immediately in writing in accordance with § 4 (1) and provided that the asserted claim relates directly to services of the Contractor which the Customer has not processed or otherwise modified, the Contractor undertakes to assume the legal defense against the asserted claims of third parties at its own expense and to reimburse the Customer for any expenses incurred by the latter on the basis of a final judgment. This presupposes that the Customer does not conduct any legal proceedings with the third party without the consent of the Contractor and also does not acknowledge any claims, but instead leaves the sole defense against the claims raised to the Contractor. Insofar as this is not legally or factually possible, the Customer shall grant the Contractor control over the proceedings and otherwise act exclusively in agreement with the Contractor.
The Customer is obliged to support the Contractor in the defense to a reasonable extent.

(3) The Contractor shall be entitled to provide the Customer with a substitute performance which corresponds in scope and quality to the performance complained of by third parties and which the Customer will accept, unless this is unreasonable in the individual case. If the Customer accepts the substitute performance, the Customer shall have no further claims against the Contractor with the exception of the claims expressly stipulated in this § 4.

§ 5 Cooperation of the Customer[12]

(1) The Customer undertakes to provide the Contractor in a timely manner with all

erforderlichen Informationen und Unterlagen aus seinem Verantwortungsbereich zur Verfügung zu stellen, die der Auftragnehmer unter Berücksichtigung der Art und des Umfangs der zu erbringenden Dienstleistungen erwarten darf. Soweit für die Erbringung der Dienstleistungen erforderlich oder zweckmäßig, wird der Auftraggeber den Mitarbeitern des Auftragnehmers rechtzeitig Zugang zu seinen Räumlichkeiten gewähren, inklusive der vorhandenen informationstechnischen Infrastruktur, und sämtliche relevanten Dokumentationen zeitnah überreichen.

(2) Die ordnungsgemäße Durchführung regelmäßiger Datensicherungen liegt in der Verantwortung des Auftraggebers. Der Auftragnehmer ist zur Sicherung von Auftraggeberdaten nur verpflichtet, wenn dies ausdrücklich in Anlage 1 festgelegt ist.

. . . .

§ 6 Personal und Unterauftragnehmer

(1) OPTIONAL:[13] Zwischen den Parteien besteht Einigkeit darüber, dass durch den Abschluss dieses Vertrages zwischen ihnen kein Arbeitsverhältnis begründet wird. Der Auftragnehmer ist weder in den Betrieb des Auftraggebers eingegliedert, noch unterliegt er einem umfassenden Direktions- und Weisungsrecht des Auftraggebers (zB im Hinblick auf Zeit, Dauer, Ort, Art und Weise der Leistungserbringung). Die Zeit, Dauer, Ort, Art und Weise der Leistungserbringung vereinbaren die Parteien im Einzelnen einvernehmlich. Dem Auftraggeber steht jedoch ein fachliches Weisungsrecht hinsichtlich der geschuldeten Dienstleistungen zu.

(2) Soweit im Rahmen der Leistungsbeschreibung (Anlage 1) nicht anders geregelt, bedient sich der Auftragnehmer für die Erbringung der Dienstleistungen seiner eigenen Betriebsmittel. Seitens des Auftraggebers werden keine Mitarbeiter, Betriebsmittel oder sonstige Ressourcen zur Verfügung gestellt.

necessary information and documents from its area of responsibility which the Contractor may expect, taking into account the nature and scope of the services to be provided. To the extent necessary or expedient for the performance of the services, the Customer shall grant the Contractor's employees timely access to its premises, including the existing information technology infrastructure, and hand over all relevant documentation in a timely manner.

(2) The proper performance of regular data backups shall be the responsibility of the Customer. The Contractor shall only be obliged to back up Customer Data if this is expressly stipulated in Annex 1.

. . . .

§ 6 Personnel and SubContractors

(1) OPTIONAL:[13] The Parties agree that the conclusion of this Agreement does not establish an employment relationship between them. The Contractor shall neither be integrated into the Customer's business nor shall he be subject to a comprehensive right of direction and instruction of the Customer (e.g. with regard to time, duration, place, manner of performance). The time, duration, place, manner of performance shall be mutually agreed upon by the contracting parties in detail. However, the Customer shall be entitled to a professional right of instruction with regard to the services owed.

(2) Unless otherwise provided for in the specifications (Annex 1), the Contractor shall use its own resources for the provision of the Services. The Customer shall not provide any employees, equipment or other resources.

(3) Der Einsatz von Unterauftragnehmern ist dem Auftragnehmer nur nach vorhergehender schriftlicher Zustimmung des Auftraggebers gestattet. Der Auftraggeber wird die Zustimmung erteilen, wenn im konkreten Fall keine berechtigten Interessen des Auftraggebers, insbesondere fachlicher, datenschutzrechtlicher oder wettbewerblicher Natur, entgegenstehen. Der Auftragnehmer hat Unterauftragnehmer in ihrem jeweiligen Leistungsbereich auf die Bestimmungen dieses Vertrages zu verpflichten. Dies ist dem Auftraggeber auf Anforderung nachzuweisen. Der Auftragnehmer haftet für das Verschulden seiner Unterauftragnehmer wie für eigenes Verschulden.

§ 7 Vergütung[14]

(1) Vergütung nach Aufwand: Der Auftragnehmer erbringt die geschuldeten Dienstleistungen zu einer Vergütung von . . . . . EUR pro (Arbeitstag)/(Stunde).
Bei Arbeitstagen, die nicht auf einen Werktag entfallen, beträgt die Vergütung . . . . . EUR pro (Arbeitstag)/(Stunde).
Ein regulärer Arbeitstag umfasst 8 Arbeitsstunden. Arbeitstage, welche nicht vollständig erbracht werden, werden anteilig und stundenbasiert abgerechnet.

(2) Optional: Die Parteien vereinbaren ein monatliches Höchstkontingent[15] an abrufbaren Arbeitstagen/Stunden in Höhe von . . . . . Tagen/Stunden.
Optional: Die Parteien vereinbaren ein monatliches Mindestkontingent[16] an abrufbaren Arbeitstagen/Stunden in Höhe von . . . . Tagen/Stunden.

(3) Sofern diesem IT-Dienstleistungsvertrag Aufwandsschätzungen zugrunde lagen, verpflichtet sich der Auftragnehmer, den Auftraggeber im Falle einer Unter- oder Überschreitung der Schätzung entsprechend zu unterrichten und die besonderen Gründe für die Abweichung darzulegen. Haben die Parteien ein monatliches Höchst- und/oder Mindestkontingent vereinbart, dürfen diese Kontingente nicht ohne ausdrückliche Zustimmung des Auf-

(3) The Contractor may only use subContractors with the prior written consent of the Customer. The Customer shall grant consent if in the specific case no legitimate interests of the Customer, in particular of a technical, data protection or competitive nature, are opposed. The Contractor shall oblige subContractors to comply with the provisions of this Agreement in their respective scope of services. This shall be proven to the Customer upon request. The Contractor shall be liable for the fault of its subContractors as for its own fault.

§ 7 Remuneration[14]

(1) Remuneration on a time and material basis: The Contractor shall provide the services owed at a remuneration of EUR . . . . . per (working day)/(hour).
For working days that do not fall on a working day, the remuneration is EUR . . . . . per (working day)/(hour).
A regular working day comprises 8 working hours. Working days which are not fully performed will be charged on a pro rata and hourly basis.

(2) Optional: The parties agree on a monthly maximum quota[15] of callable working days/hours in the amount of . . . . . days/hours.
Optional: The parties agree on a minimum monthly quota[16] of callable working days/hours in the amount of . . . . . days/hours.

(3) Insofar as this IT Service Agreement was based on cost estimates, the Contractor undertakes to inform the Customer accordingly in the event that the estimate is undercut or exceeded and to explain the specific reasons for the deviation. If the parties have agreed on a monthly maximum and/or minimum contingent, these contingents may not be exceeded (maximum contingent) or fallen

traggebers überschritten (Höchstkontingent) oder unterschritten (Mindestkontingent) werden.

(4) Reise-, Material- und Nebenkosten sind in den obenstehenden Vergütungssätzen enthalten und werden nicht gesondert vergütet.[17]

(5) Die oben genannten Preise verstehen sich zuzüglich der jeweils geltenden Umsatzsteuer.
Die erbrachten Dienstleistungen werden monatlich rückwirkend in Rechnung gestellt. Rechnungsbeträge sind binnen 30 Tagen ab Rechnungsstellung zur Zahlung fällig.

(6) Die Parteien vereinbaren die folgende Preisanpassungsregel:
Eine Erhöhung der Vergütung durch den Auftragnehmer darf nicht binnen der ersten 12 Monate der Vertragslaufzeit und zudem nicht innerhalb von 12 Monaten nach der letzten Erhöhung erfolgen. Im Übrigen kann der Auftragnehmer gegenüber dem Auftraggeber schriftlich und vorab mit einer Frist von 3 Monaten die Vergütungserhöhung in angemessener Höhe erklären. Die Erhöhung ist angemessen, wenn sie nicht mehr als 3 % der bisherigen Vergütung beträgt und nicht entgegen der für die Leistung relevanten Markttendenz geht.

§ 8 Laufzeit und Kündigung

(1) Soweit im Rahmen der Anlage 1 nicht anderweitig vereinbart, kann dieser Vertrag von jeder Partei mit einer Frist von einem Monat zum Ablauf eines Kalendermonats gekündigt werden. Die Kündigung bedarf der Schriftform. Eine Teilkündigung ist nicht zulässig.[18]

(2) Zudem kann der Vertrag von jeder Partei bei Vorliegen eines wichtigen Grundes[19] – ohne Einhaltung einer Kündigungsfrist – innerhalb einer angemessenen Zeit ab Kenntnis des Kündigungsgrundes gekündigt werden. Ein wichtiger Grund liegt vor, wenn Tatsachen gegeben sind, aufgrund derer dem Kündigenden

short of (minimum contingent) without the express consent of the Customer.

(4) Travel, material and incidental expenses are included in the above remuneration rates and shall not be remunerated separately.[17]

(5) The above prices are exclusive of the applicable value added tax.
The services rendered shall be invoiced monthly in arrears. Invoice amounts are due for payment within 30 days of invoicing.

(6) The Parties agree on the following price adjustment rule:
An increase of the remuneration by the Contractor may not take place within the first 12 months of the term of the Agreement and furthermore not within 12 months after the last increase. Otherwise, the Contractor may declare to the Customer in writing and in advance with a notice period of 3 months the increase in remuneration in an appropriate amount. The increase shall be reasonable if it does not exceed 3 % of the previous remuneration and does not go against the market trend relevant for the service.

§ 8 Term and Termination

(1) Unless otherwise agreed within the scope of Annex 1, this Agreement may be terminated by either party with one month's notice to the end of a calendar month. Partial termination is not permitted.[18]

(2) In addition, the Agreement may be terminated by either party for good cause[19] – without observing a notice period – within a reasonable period of time from knowledge of the reason for termination. Good cause shall be deemed to exist if facts exist on the basis of which the party giving notice of termination, taking into

unter Berücksichtigung aller Umstände des Einzelfalles und unter Abwägung der Interessen der Vertragspartner die Fortsetzung des Vertrages nicht mehr zugemutet werden kann. Besteht der wichtige Grund in der Verletzung einer vertraglichen Pflicht, ist die Kündigung erst nach erfolglosem Ablauf einer zur Abhilfe gesetzten Frist oder nach erfolgloser Abmahnung zulässig, soweit nicht gemäß § 314 iVm § 323 Abs. 2 BGB eine Fristsetzung entbehrlich ist.

account all circumstances of the individual case and weighing the interests of the contracting parties, can no longer reasonably be expected to continue the Agreement. If the good cause consists of the breach of a contractual obligation, the termination shall only be permissible after the unsuccessful expiry of a deadline set for remedial action or after an unsuccessful warning, unless a notice of termination has been given in accordance with § 314 in conjunction with § 323 (2) BGB of the German Civil Code (BGB).

(3) Im Falle der Kündigung hat der Auftragnehmer Anspruch auf Vergütung für die bis zum Wirksamwerden der Kündigung vertragsgemäß[20] erbrachten Leistungen.

(3) In the event of termination, the Contractor shall be entitled to remuneration for the services rendered on the basis of the Agreement[20] until the termination takes effect.

§ 9 Schlechtleistung

§ 9 Poor Performance

(1) Erbringt der Auftragnehmer eine Leistung unter diesem Vertrag nicht vertragsgemäß, so kann der Auftraggeber die vertragsgemäße Erbringung binnen angemessener Frist ohne Mehrkosten verlangen. Zudem kann der Auftraggeber den Ersatz des ihm entstandenen Verzögerungsschadens verlangen. Dieses Recht ist ausgeschlossen, wenn der Auftragnehmer die vertragswidrige Erfüllung nicht zu vertreten hat.

(1) If the Contractor does not provide a contractual service in accordance with the Agreement, the Customer may demand that the service be provided in accordance with the Agreement within a reasonable period of time without additional costs. In addition, the Customer may demand compensation for the damage caused by the delay. This right shall be excluded if the Contractor is not responsible for the nonconforming performance.

(2) Leistet der Auftragnehmer auch binnen der gesetzten Nacherfüllungsfrist nicht, so kann der Auftraggeber den Vertrag auf Basis von § 8 Abs. 2 entsprechend kündigen.
Darüber hinausgehende Ansprüche des Auftraggebers bleiben unberührt.

(2) If the Contractor also fails to perform within the set subsequent performance period, the Customer may terminate the Agreement in accordance with the statutory provisions.
Any further claims of the Customer shall remain unaffected.

§ 10 Haftung[21]

§ 10 Liability[21]

Die Parteien haften einander für Schäden nur nach Maßgabe der folgenden Bestimmungen:

The parties shall be liable to each other for damages only in accordance with the following provisions:

(1) Für Schäden, die auf einer vorsätzlichen oder grob fahrlässigen Pflichtverletzung beruhen, oder eine Verletzung des Lebens, des Körpers oder der Gesundheit darstellen, haften die Parteien unbeschränkt.

(1) For all damages without limitation, which are based on an intentional or grossly negligent breach of duty, or represent an injury to life, limb or health.

(2) Für Schäden, die auf einer leicht fahrlässigen Pflichtverletzung beruhen und die keine Verletzung des Lebens, des Körpers oder der Gesundheit darstellen, haften die Parteien einander nur bei Verletzung einer wesentlichen Vertragspflicht, deren Erfüllung die ordnungsgemäße Durchführung des Vertrags überhaupt erst ermöglicht und auf deren Einhaltung der Vertragspartner regelmäßig vertrauen darf. Die Haftung ist in diesem Fall beschränkt auf den vertragstypischen vorhersehbaren Schaden.

(2) For damages based on a slightly negligent breach of duty, limited to xx percent of the order value. The Agreement value shall be understood as the agreed annual remuneration (excluding taxes) of the contractual year in which the event causing the damage occurred.
Claims for damages under this provision include claims for reimbursement of expenses.

(3) Garantien oder zugesicherte Eigenschaften werden im Rahmen dieses Vertrages vom Auftragnehmer nicht abgegeben.

(3) Guarantees or warranted characteristics are not given by the Contractor within the scope of this Agreement.

(4) Die Haftung des Auftragnehmers für einen eventuellen Datenverlust oder eine eventuelle Beschädigung von Daten ist auf den Aufwand beschränkt, der bei ordnungsgemäßer Datensicherung des Auftraggebers erforderlich wäre, um die Daten aus dem gesicherten Datenmaterial wiederherzustellen.

(4) The Contractor's liability for any loss or damage of data shall be limited to the expenditure that would be required to restore the data from the backed-up data material if the Customer had properly backed up the data.

(5) Schadensersatzansprüche nach dieser Regelung schließen Aufwendungsersatzansprüche ein.

(5) Liability for lost profits and unrealized savings is excluded.

(6) Die vorstehenden Haftungsbeschränkungen gelten auch zugunsten von eventuell eingebundenen gesetzlichen Vertretern und Erfüllungsgehilfen des Auftragnehmers.

(6) The above limitations of liability shall also apply in favor of any legal representatives and vicarious agents of the Contractor who may be involved.

(7) Die Haftung nach dem Produkthaftungsgesetz bleibt unberührt.

(7) Liability under the Product Liability Act shall remain unaffected.

§ 11 Versicherung

§ 11 Insurance

Der Auftragnehmer ist verpflichtet, während der Laufzeit dieses Vertrages eine in Bezug auf Rahmen und Umfang marktübliche und ausreichende Haftpflichtversicherung zu unterhalten. Eine Versiche-

During the term of this Agreement, the Contractor shall be obliged to maintain sufficient liability insurance that is customary in the market in terms of scope and extent. The Customer may request confirrungsbestätigung kann der Auftraggeber jederzeit vom Auftragnehmer fordern. Bringt der Auftragnehmer diese nicht innerhalb von 15 Werktagen nach Aufforderung durch den Auftragnehmer bei, ist der Auftraggeber zur außerordentlichen Kündigung dieses Vertrages berechtigt. Darüber hinausgehende gesetzliche Ansprüche des Auftraggebers bleiben unberührt.

mation of insurance from the Contractor at any time. If the Contractor fails to provide such confirmation within 15 working days of being requested to do so by the Contractor, the Customer shall be entitled to terminate this Agreement for cause. Any further legal claims of the Customer shall remain unaffected.

§ 12 Höhere Gewalt

(1) Kann eine der Parteien ihre vertraglichen Verpflichtungen aufgrund eines Ereignisses Höherer Gewalt nicht, nicht vollständig oder nicht rechtzeitig erfüllen, oder ist dies absehbar, wird die betroffene Partei die andere Partei unverzüglich schriftlich über die Art des Ereignisses und die voraussichtlichen Auswirkungen auf ihre vertraglichen Pflichten, insbesondere auf die Leistungserbringung, informieren. Als Höhere Gewalt sind insbesondere folgende Umstände anzusehen: kriegerische oder feindliche Handlungen; Sabotage; Naturkatastrophen; Pandemien; Epidemien; unabhängig von den Parteien ausgelöster Strom-, Internet- oder Telekommunikationsausfall sowie unverschuldete Cyberattacken; nicht zu vertretende(s) Feuer, Explosion, Überschwemmung; länger als sechs Wochen anhaltender und nicht schuldhaft verursachter Arbeitskampf.

(2) Die von einem Ereignis Höherer Gewalt betroffene Partei ist von der Erfüllung ihrer vertraglichen Verpflichtungen befreit, solange das Ereignis Höherer Gewalt andauert. Dies gilt nicht, wenn die betroffene Partei ihrer Informationspflicht nicht nachgekommen ist. Der Auftraggeber ist in dem Umfang und für die Dauer, für den bzw. die der Auftragnehmer von seiner Leistungspflicht befreit ist, von seiner Vergütungspflicht befreit. Wenn und soweit der Auftraggeber aufgrund eines Ereignisses Höherer Gewalt an der Erfüllung einer Mitwirkung gehindert ist, ist der Annahmeverzug ausgeschlossen.

§ 12 Force Majeure

(1) If one of the parties is unable to fulfill its contractual obligations due to an event of force majeure, or is unable to fulfill them completely or in a timely manner, or if this is foreseeable, the affected party shall immediately inform the other party in writing of the nature of the event and the anticipated effects on its contractual obligations, in particular on the performance of services. The following circumstances in particular shall be regarded as force majeure: acts of war or hostilities; sabotage; natural disasters; pandemics; epidemics; power, internet or telecommunication failure triggered independently of the parties as well as cyberattacks for which the parties are not responsible; fire, explosion, flood for which the parties are not responsible; labor dispute lasting longer than six weeks and not culpably caused.

(2) The Party affected by a Force Majeure Event shall be released from the performance of its contractual obligations for as long as the Force Majeure Event continues. This shall not apply if the affected party has not complied with its duty to inform. The Customer shall be released from its obligation to pay remuneration to the extent and for the duration for which the Contractor is released from its obligation to perform. If and to the extent that the Principal is prevented from fulfilling a cooperation due to an event of force majeure, the default of acceptance shall be excluded. §§ §s 304, 615 sentence 1, 643 BGB shall not apply.

§§ 304, 615 S. 1, 643 BGB finden keine Anwendung.

(3) Die durch ein Ereignis Höherer Gewalt an der Erfüllung ihrer vertraglichen Verpflichtungen gehinderte Partei wird alle zumutbaren Anstrengungen unternehmen, um die Auswirkungen des Ereignisses Höherer Gewalt auf ihre vertraglichen Verpflichtungen, insbesondere die Erbringung der Leistungen, so weit wie möglich zu beschränken.

(3) The Party prevented from performing its contractual obligations by a Force Majeure Event shall make all reasonable efforts to limit the effects of the Force Majeure Event on its contractual obligations, in particular the performance of the Services, as far as possible.

(4) Sobald das Ereignis Höherer Gewalt beendet ist oder das Ende absehbar ist, wird die betroffene Partei die jeweils andere Partei informieren und ihre vertraglichen Verpflichtungen wieder erfüllen.

(4) As soon as the Force Majeure Event has ended or its end is foreseeable, the affected Party shall inform the other Party and resume performance of its contractual obligations.

§ 13 Vertraulichkeit

§ 13 Confidentiality

(1) Die Parteien verpflichten sich jeweils wechselseitig zur Vertraulichkeit. Diese Verpflichtung zur Vertraulichkeit betrifft sämtliche Informationen oder Sachverhalte bezogen auf die jeweilige Partei, die entweder ausdrücklich als vertraulich oder geheim gekennzeichnet sind, oder bei denen die jeweils empfangende Partei aufgrund der Umstände annehmen muss, dass die jeweils offenbarende Partei sie als vertraulich einstuft. Dies gilt insbesondere für Materialien, Hardware, Software, Modelle und Dokumente wie Berichte, Zeichnungen, Skizzen oder Muster sowie für E-Mails und sonstige (Text- oder mündliche) Nachrichten.[22]

(1) The parties mutually undertake to maintain confidentiality. This obligation to confidentiality shall apply to all information or facts relating to the respective party which are either expressly marked as confidential or secret or where the respective receiving party must assume on the basis of the circumstances that the respective disclosing party classifies them as confidential. This shall apply in particular to materials, hardware, software, models and documents such as reports, drawings, sketches or samples as well as to e-mails and other (text or oral) messages.[22]

(2) Die vertraulichen Informationen dürfen durch die jeweils empfangende Partei nur zur Durchführung dieses Vertrags genutzt werden. Eine darüberhinausgehende Nutzung durch die empfangende Partei, insbesondere zu gewerblichen Zwecken, ist ausgeschlossen, es sei denn, die offenbarende Partei hat hierzu schriftlich vorab eingewilligt. Das sogenannte Reverse Engineering von Geräten, Soft- oder Hardware, auf welche die Parteien im Rahmen des Vertrages Zugriff haben, also das Beobachten, Untersuchen und Rückbauen ist nicht gestattet.[23] Eine Offenlegung oder Zugäng-

(2) The Confidential Information may only be used by the respective Receiving Party for the performance of this Agreement. Any further use by the receiving party, in particular for commercial purposes, is excluded unless the disclosing party has given its prior written consent. The so-called reverse engineering of devices, software or hardware to which the contracting parties have access within the scope of the Agreement, i. e. the observation, examination and dismantling, is not permitted.[23] Disclosure or making available of Confidential Information to third

lichmachung Vertraulicher Informationen an Dritte ist ausdrücklich untersagt. Nicht als „Dritte" gelten die verbundenen Unternehmen der jeweils empfangenden Partei nach §§ 15 ff. AktG sowie vertraglich verbundene und ihrerseits zur Vertraulichkeit verpflichtete Dritte (z.B. Berater), die die jeweils empfangende Partei im Zusammenhang mit dem Vertrag hinzuzieht.

parties is expressly prohibited. Third parties shall not include the affiliated companies of the respective receiving party pursuant to §§ 15 et seq. AktG (German Stock Corporation Act) as well as contractually affiliated third parties (e.g. consultants) which the respective receiving party consults in connection with the Agreement and which are themselves obliged to maintain confidentiality.

(3) Die Verpflichtung zur Vertraulichkeit gilt nicht für Informationen, die öffentlich, bzw. allgemein bekannt sind oder in deren Veröffentlichung die jeweils offenbarende Partei zuvor schriftlich ausdrücklich eingewilligt hat. Weiterhin gilt die Pflicht nicht, wenn die jeweils empfangende Partei durch Gesetz oder durch behördliche Anordnung zur Offenlegung oder Herausgabe der Informationen verpflichtet ist oder wenn die vertraulichen Informationen der empfangenden Partei nachträglich von dritter Seite ohne Verstoß gegen einer Geheimhaltungsverpflichtung bekanntgegeben werden.

(3) The obligation of confidentiality shall not apply to information which is public or generally known or to the publication of which the respective disclosing party has expressly consented in writing in advance. Furthermore, the obligation shall not apply if the respective receiving party is obliged to disclose or hand over the information by law or by official order or if the confidential information is subsequently disclosed to the receiving party by a third party without a breach of a confidentiality obligation.

(4) Setzt der Auftragnehmer zur Erfüllung seiner Pflichten aus diesem Vertrag Unterauftragsnehmer ein, so hat er diese in entsprechendem Maße auf die Einhaltung der Vertraulichkeit zu verpflichten.[24]

(4) If the Contractor uses subContractors to fulfill its obligations under this Agreement, it shall oblige them to observe confidentiality to an appropriate extent.[24]

(5) Die gesetzlichen Geheimhaltungspflichten gemäß GeschGehG bleiben unberührt.

(5) The statutory duties of confidentiality pursuant to GeschGehG shall remain unaffected.

(6) Die Pflicht zur Vertraulichkeit hat über die Vertragsbeendigung hinaus 15 Jahre Bestand.

(6) The obligation of confidentiality shall survive the termination of the Agreement for 15 years.

§ 14 Datenschutz

(1) Beide Parteien beachten die anwendbaren Regeln des Datenschutzrechtes und verpflichten alle Personen, die mit der Vertragserfüllung unter diesem Vertrag betraut sind, jeweils entsprechend schriftlich auf das Datengeheimnis. Diese Verpflichtung ist spätestens vor der erstmaligen Aufnahme der Tätigkeit vorzunehmen und der jeweils anderen Partei auf Verlangen nachzuweisen.

§ 14 Data protection

(1) Both parties shall observe the applicable rules of data protection law and shall oblige all persons entrusted with the performance of the Agreement to observe data secrecy in writing. This obligation shall be made at the latest before the first commencement of the activity and evidence thereof shall be provided to the other party upon request.

(2) Soweit der Auftragnehmer für den Auftraggeber weisungsgebunden in der Rolle eines Auftragsverarbeiters von personenbezogenen Daten tätig wird, schließen die Parteien eine Vereinbarung zur Auftragsverarbeitung gemäß Art. 28 DSGVO.[25]

(2) Insofar as the Contractor acts for the Customer in the role of a processor of personal data bound by instructions, the Parties shall conclude a commissioned processing agreement in accordance with Article 28 GDPR.[25]

§ 15 Informationssicherheit

§ 15 Information Security

(1) Der Auftragnehmer ergreift technische und organisatorische Maßnahmen, die unter Berücksichtigung der Leistungsbeschreibung und der vom Auftragnehmer eingesetzten IT-Systeme zur Umsetzung eines angemessen hohen Niveaus an IT-Sicherheit gemäß dem jeweils aktuellen Stand der Technik erforderlich sind.

(2) Der Auftragnehmer stellt sicher, dass seine Leistungen weder die Verfügbarkeit, Integrität, Authentizität und Vertraulichkeit der IT-Infrastruktur oder ihrer Komponenten gefährden, noch den Vertraulichkeits- oder Sicherheitsinteressen des Auftraggebers zuwiderlaufen.

(3) Für den Fall, dass der Auftragnehmer feststellt oder Tatsachen die Annahme begründen, dass die Anforderungen dieses § 15 nicht eingehalten wurden und/oder Störungen der Verfügbarkeit, Integrität, Authentizität und Vertraulichkeit der relevanten IT-Systeme, Komponenten oder Prozesse, die für die Leistungen des Auftragnehmers maßgeblich sind, vorliegen, hat der Auftragnehmer den Auftraggeber unverzüglich und vollständig über Zeitpunkt, Art und Umfang des Vorfalls/der Vorfälle zu informieren. Die Meldung erfolgt an: . . . . . [Kontaktdaten] Diese Information muss Angaben zu der Störung sowie zu den technischen Rahmenbedingungen, insbesondere der vermuteten oder tatsächlichen Ursache, der betroffenen Informationstechnik sowie der Art der betroffenen Einrichtung oder Anlage enthalten. Der Auftragnehmer ist darüber hinaus verpflichtet, unverzüglich mitzuteilen, welche Maßnahmen getroffen wurden, um die Verletzung zu beheben und künftig zu verhindern.

(1) The Contractor shall take technical and organizational measures that are necessary to implement an appropriately high level of IT security in accordance with the current state of the art, taking into account the service description and the IT systems used by the Contractor.

(2) The Contractor shall ensure that its services neither jeopardize the availability, integrity, authenticity and confidentiality of the IT infrastructure or its components, nor conflict with the confidentiality or security interests of the Customer.

(3) In the event that the Contractor determines or facts justify the assumption that the requirements of this § 15 have not been complied with and/or there are disruptions to the availability, integrity, authenticity and confidentiality of the relevant IT systems, components or processes relevant to the services of the Contractor, the Contractor shall immediately and fully inform the Customer of the time, nature and scope of the incident(s). The notification shall be sent to: . . . . . [contact details] This information must include details of the disruption as well as the general technical conditions, in particular the suspected or actual cause, the information technology affected and the type of facility or system affected. In addition, the Contractor is obliged to inform immediately what measures have been taken to remedy the breach and prevent it in the future.

§ 16 Exportkontrollen

(1) Die Parteien verpflichten sich zur Einhaltung des anwendbaren Exportkontrollrechts, insbesondere der Bundesrepublik Deutschlands, der Europäischen Union und der Vereinigten Staaten von Amerika. Die Parteien sorgen jeweils für die Einhaltung der jeweils in ihrer Sphäre liegenden exportkontrollrechtlichen Pflichten, darunter das Einholen von Genehmigungen, sowie die Prüfung auf das Vorliegen etwaiger Beschränkungen bezüglich Ein- oder Ausfuhr, sowie Nutzung von Gütern. Auf Nachfrage des Auftragnehmers hat der Auftraggeber alle für das Einholen exportrechtlicher Genehmigungen erforderlichen Dokumente und Informationen herauszugeben.

(2) Beide Parteien haben jeweils das Recht auf außerordentliche Kündigung aus wichtigem Grund, wenn die zuständige Behörde für die Dienstleistung erforderliche Genehmigungen nicht binnen 6 Monaten erteilt oder wenn exportkontrollrechtliche Regelungen es einer Partei nicht erlauben, die vertragsgegenständlichen Leistungen vertragsgemäß zu erbringen.

§ 17 Schriftform

Änderungen und Ergänzungen dieses Vertrages sowie alle vertragsrelevanten Willenserklärungen und Erklärungen zur Ausübung von Gestaltungsrechten, insbesondere Kündigungen, Mahnungen, Hinweise oder Fristsetzungen bedürfen der Schriftform. Dies gilt auch für den Verzicht auf das Schriftformerfordernis. Das Schriftformerfordernis kann auch durch Briefwechsel oder durch folgende elektronische Formate erfüllt werden: Telefax, Email mit PDF Anhang, welcher eine eingescannte Unterschrift enthält oder folgende elektronische Verfahren, auf die sich die Parteien ausdrücklich verständigen:[26] . . . . . § 127 Abs. 2 und 3 BGB finden im Übrigen keine Anwendung.

§ 16 Export Control

(1) The Parties undertake to comply with the applicable export control law, in particular of the Federal Republic of Germany, the European Union and the United States of America. The Parties shall each ensure compliance with their respective export control obligations, including obtaining licenses and checking for the existence of any restrictions on the import or export and use of goods. Upon request of the Contractor, the Customer shall provide all documents and information required for obtaining export licenses.

(2) Both parties shall each have the right to extraordinary termination for good cause if the competent authority does not issue any licenses required for the service within 6 months or if export control regulations do not allow one party to provide the contractual Services in accordance with the Agreement.

§ 17 Written Form

Amendments and supplements to this IT Services Agreement as well as all declarations of intent relevant to the Agreement and declarations on the exercise of design rights, in particular notices of termination, reminders, notices or setting of deadlines, must be in writing. This shall also apply to any waiver of the written form requirement. The written form requirement can also be fulfilled by correspondence or by the following electronic formats: Fax, email with PDF attachment, which contains a scanned signature or the following electronic procedures on which the parties expressly agree:[26] . . . . . § 127 (2) and (3) BGB shall not apply in all other respects.

§ 18 Pflichten nach Vertragsende

Zum Zeitpunkt der Beendigung des Vertrages haben beide Parteien jeweils unverzüglich und unaufgefordert alle von der jeweils anderen Partei empfangenen Unterlagen, Hilfsmittel, Materialien oder Gegenstände herauszugeben, die der jeweiligen Partei nicht dauerhaft zur bestimmungsgemäßen Durchführung des Vertrages überlassen wurden. Dies gilt auch für alle Kopien. Die jeweils zur Herausgabe berechtige Partei kann anstelle der Herausgabe die sichere Löschung oder Vernichtung innerhalb von 14 Tagen nach Aufforderung im Ganzen oder in Teilen verlangen. Dies ist auf Verlangen und nach Wahl der jeweils zur Herausgabe berechtigten Partei durch eine entsprechende Erklärung oder auf andere Weise durch die jeweils verpflichtete Partei nachzuweisen. Gesetzliche Aufbewahrungspflichten bleiben hiervon unberührt.

§ 18 Duties after the End of the Agreement

At the time of termination of the Agreement, both contracting parties shall each immediately and without being requested to do so surrender all documents, aids, materials or objects received from the respective other party which were not permanently left to the respective party for the intended performance of the Agreement. This shall also apply to all copies. Instead of surrender, the respective party entitled to surrender may demand safe deletion or destruction in whole or in part within 14 days after request. This shall be proven by the respective obligated party upon request and at the option of the respective party entitled to surrender by a corresponding declaration or in another manner. Statutory storage obligations shall remain unaffected by this.

§ 19 Abtretung

Sowohl der Auftraggeber als auch der Auftragnehmer können diesen Vertrag ohne Zustimmung des jeweils anderen an ein verbundenes Unternehmen gemäß §§ 15 ff. AktG abtreten. Eine Abtretung an sonstige Dritte ist nur mit Zustimmung des jeweils anderen Vertragspartners zulässig.

§ 19 Assignment

Both the Customer and the Contractor may assign this IT Services Agreement to an affiliated company pursuant to §§ 15 et seq. AktG (German Stock Corporation Act). Assignment to third parties shall only be permitted with the consent of the respective other contracting party.

§ 20 Konfliktlösung[27] und Gerichtsstand

Die Parteien werden im Fall von Streitigkeiten zunächst eine einvernehmliche außergerichtliche Einigung anstreben und vor Anrufung eines Gerichts mindestens eine Verhandlung durchführen, bei der jeweils ein Vertreter der obersten Leitungsebene beider Parteien anwesend ist. Die Parteien vereinbaren im Rahmen der gesetzlichen Zulässigkeit . . . . .[28] als ausschließlichen Gerichtsstand.

§ 20 Conflict Resolution[27] and Place of Jurisdiction

In the event of a dispute, the parties shall first seek an amicable out-of-court settlement and, before resorting to court, shall hold at least one hearing at which a representative of the top management level of both parties shall be present.

To the extent permitted by law, the parties agree that . . . . .[28] shall be the exclusive place of jurisdiction.

§ 21 Anwendbares Recht

Es gilt das Recht der Bundesrepublik Deutschland unter Ausschluss der Normen, die in eine andere Rechtsordnung verweisen (Kollisionsrecht) und unter Ausschluss des Übereinkommens der Vereinten Nationen über Verträge über den internationalen Warenkauf (CISG).

§ 21 Applicable law

The law of the Federal Republic of Germany shall apply, to the exclusion of the norms that are applicable in another legal system (conflict of laws) and excluding the United Nations Convention on Contracts for the International Sale of Goods (CISG).

§ 22 Vollständige Vereinbarung

Dieser Vertrag stellt die vollständige Vereinbarung zwischen den Parteien für die Erbringung von IT-Dienstleistungen dar und ersetzt alle früheren Erklärungen, Gespräche und Dokumente im Hinblick auf den Vertragsgegenstand.

Allgemeine Geschäftsbedingungen der Parteien finden keine Anwendung, gleichgültig, wie diese bezeichnet sind. Insbesondere sind Bedingungen, die in Bestellungen des Auftraggebers enthalten oder referenziert sind, unwirksam, auch wenn der Auftragnehmer diese nicht zurückweist und auf Basis der Bestellung die vertragsgegenständlichen Leistungen ausführt.

§ 22 Entire Agreement

This IT Services Agreement constitutes the entire agreement between the Parties for the provision of IT Services and supersedes all prior representations, discussions and documents with respect to the subject matter of the Agreement.

General terms and conditions of the parties shall not apply, regardless of how they are designated. In particular, terms and conditions contained on orders of the Customer are invalid, even if the Contractor does not reject them and performs the contractual services on the basis of the order.

§ 23 Rangfolge[29]

Im Fall von Widersprüchen zwischen diesem Vertragstext und den Vertragsanlagen gelten diese in folgender Rangfolge:

1. Die Vereinbarung zur Auftragsverarbeitung

2. Die Leistungsbeschreibung – Anlage

(Variante:

3. Ggf. weitere individuell zwischen den Parteien vereinbarte Anlagen)

4. Dieser Vertragstext

§ 23 Order of Precedence[29]

In the event of any inconsistencies between this Agreement text and the Agreement annexes, the latter shall apply in the following order of precedence:

1. The Data Processing Agreement (DPA)

2. The Performance Specification – Annex 1

(Variation:

3. If applicable, further annexes individually agreed between the parties)

4. This Agreement text

Anmerkungen

1. Bei diesem Vertragsmuster handelt es sich um eine Vorlage ausschließlich für die Vereinbarung von Dienstleistungen. Der Auftragnehmer schuldet dementsprechend kein Ergebnis, sondern lediglich eine Tätigkeit. Sollten hingegen im Rahmen des IT-Dienstleistungsvertrages auch Werkleistungen vereinbart werden, wird auf die weiteren Vertragsmuster „Vertrag zur Anpassung von Standardsoftware" und „Erstellung von Individualsoftware" verwiesen. Es sind dann Regelungen mindestens zur Abnahme und zur Gewährleistung zu ergänzen. Des Weiteren sind unter anderem Regelungen zu Änderungsverlangen und ausführlichere Klauseln zu den Nutzungsrechten sinnvoll.

2. Gegenstand dieser Dienstleistungen können unter anderem sein:
– Allgemeine Beratungsleistungen
– Schulungen
– Hotline–Service
– Projektleitungsunterstützung
– Einführungsunterstützung
– Betreiberleistungen
– Benutzerunterstützungsleistungen
– Providerleistungen ohne Inhaltsverantwortlichkeit
– Unterstützung bei Planungsleistungen
– Unterstützung bei Softwareentwicklung
– Sonstige Dienstleistungen

Sollten weitere Leistungspflichten, wie die Erbringung von Leistungen innerhalb bestimmter Reaktionszeiten Bestandteil des Vertrages sein, so ist zu empfehlen, dies über die Anlage „Leistungsbeschreibung" oder eine separate Anlage mit einzubeziehen.

3. Bei der Erbringung von IT-Dienstleistungen wird man in vielen Fällen – gewollt oder ungewollt – aufgrund der Natur des jeweiligen Leistungsgegenstandes in einen werkvertraglichen Bereich „rutschen". So sind nach der Rechtsprechung beispielsweise Leistungen wie Wartung, Customizing, Implementierung grundsätzlich als Werkleistungen einzustufen (siehe hierzu zB BGH NJW 2010, 2200 Rn. 14; BGH NJW-RR 2014, 1204 Rn. 13). Solche Leistungen sind nicht Gegenstand dieses Musters.

4. Die Definition der Ziele in der Präambel liegt grundsätzlich eher im Interesse des Auftraggebers, der damit den Auftragnehmer über diese Ziele bei Vertragsschluss in Kenntnis setzt. Sollten die Ziele mit den Leistungen des Auftragnehmers erkennbar nicht erreichbar sein, dürfte den Auftragnehmer im Einzelfall bereits ein Verschulden bei Vertragsverhandlungen treffen, wenn er darauf nicht hinweist. Auch kann die Kenntnis der Pflichten dazu führen, dass sich der Sorgfaltsmaßstab, den der Auftragnehmer bei der Erbringung der Leistungen anzulegen hat, dadurch ggf. ändert. Gleichwohl kann es auch durchaus im Interesse beider Seiten im Sinne einer fairen und vertrauensvollen Zusammenarbeit sein, die Vertragsziele ausdrücklich festzuhalten.

5. Diese Risikoverteilung erscheint bei einem Dienstleistungsvertrag sachgerecht. Möchte der Auftraggeber das Risiko auf den Auftragnehmer verlagern, sollte er eher einen erfolgsabhängigen Werkvertrag schließen.

6. Der Verweis auf die Unverbindlichkeit von Fristen und Terminen liegt eher im Interesse des Auftragnehmers, wohingegen dem Auftraggeber in der Regel an einer Verbindlichkeit der Fristen gelegen ist. Es erscheint daher sachgerecht, den Parteien im

Rahmen der Leistungsbeschreibung die Möglichkeit zu geben, die Verbindlichkeit von Fristen ausdrücklich festzulegen.

7. Arbeitsergebnisse werden nicht nur im Rahmen von Werkleistungen, wie z.B. Softwareentwicklungen, produziert und an den Auftraggeber geliefert, sondern können genauso Gegenstand von Dienstverträgen sein. Zwar schuldet der Auftragnehmer im Rahmen eines Dienstvertrages kein Ergebnis, sondern eine Tätigkeit. Wird aber z.B. eine Beratung beauftragt, können Ergebnisse dieser Beratung zum Beispiel Präsentationen mit einer Zusammenfassung der Ergebnisse sein oder auch eine schriftliche Stellungnahme. Bei einem Vertrag über Hotline Service können Gesprächsnotizen oder Eintragungen in ein Ticket-System zu den Arbeitsergebnissen gehören.

8. Falls im Einzelfall das Nutzungsrecht nicht nur dem Auftraggeber, sondern auch z.B. seinen verbundenen Unternehmen nach §§ 15 ff. AktG eingeräumt werden soll, wäre die Klausel entsprechend anzupassen.

9. Das Recht, Arbeitsergebnisse zu bearbeiten, kann beispielsweise sinnvoll sein, wenn der Auftraggeber eine schriftlich durch den Auftragnehmer erstellte Präsentation bearbeiten möchte. Bei bestimmten Dienstleistungen kann es jedoch sinnvoller sein, dem Auftraggeber das Recht zur Bearbeitung nicht einzuräumen.

10. Gesetzliche Auslegungsregeln des Urheberrechts, insbesondere §§ 32 ff. UrhG, bleiben im Zweifel anwendbar und werden mit dieser Formulierung nicht gänzlich ausgeschlossen.

11. Unsicherheiten bezüglich der Schutzrechte Dritter gehen in der Regel zulasten des Auftraggebers. Das Risiko eines solchen Drittanspruchs ist in der Regel am Ehesten durch den Auftragnehmer und Leistenden abzusehen und zu beheben. Daher erweist sich ein Freistellungsanspruch in der Regel als sachgerechte und ausgewogene Ergänzung der gesetzlichen Ansprüche.

12. Die Mitwirkungspflichten des Auftraggebers sind hier allgemein gehalten. In der Leistungsbeschreibung (Anlage 1) können spezifische Mitwirkungspflichten des Auftraggebers ergänzt werden.

13. Dieser Absatz ist nur sinnvoll, wenn der Vertrag mit einer Einzelperson geschlossen wird, d.h. mit einem Freelancer oder einem eingetragenen Kaufmann. Soweit der Vertrag mit einer juristischen Person geschlossen wird, reichen die nachfolgenden Absätze.

14. Die Vergütung kann in der Regel entweder aufwandsbasiert oder als Pauschalpreis vereinbart werden. Bei wiederkehrenden oder schwer im Umfang abzuschätzenden Leistungen erweist sich idR die aufwandsbasierte Abrechnung als sinnvoller. Dies ist jedoch abhängig vom Parteiwillen und der jeweiligen Vertragssituation.

15. Die Vereinbarung eines monatlichen Höchstkontingents schützt den Auftraggeber vor unvorhersehbarem Aufwand und ermöglicht eine Kostenkontrolle. Der Auftragnehmer kann seine Kapazitätsplanung entsprechend ausrichten. Im Einzelfall kann zum Ausgleich zur Wahrung der Interessen des Auftragnehmers die gleichzeitige oder alternative Vereinbarung eines Mindestkontingents sinnvoll erscheinen.

16. Die Vereinbarung eines monatlichen Mindestkontingents gibt dem Auftragnehmer eine gewisse finanzielle Sicherheit. Der Auftragnehmer kann seine Kapazitätsplanung entsprechend ausrichten. Im Einzelfall kann zum Ausgleich zur Wahrung der Interessen des Auftraggebers die gleichzeitige oder alternative Vereinbarung eines Höchstkontingents sinnvoll erscheinen.

17. Selbstverständlich sind hier individuelle Regelungen möglich. Es empfiehlt sich bei abweichender Vergütung von Reise-, Material- und Nebenkosten die Auflistung der Preise in einer Anlage, bspw. der Leistungsbeschreibung zu erwähnen.

18. Falls verschiedene abgrenzbare Dienstleistungen Gegenstand des Vertrages sind, kann die Vereinbarung eines Rechts zur Teilkündigung durchaus sinnvoll erscheinen.

19. Die hier aufgeführte Regelung entspricht weitgehend dem § 314 Abs. 1 und 2 BGB, da dieser im Gegensatz zu § 626 BGB vorsieht, dass bei vertraglichen Pflichtverletzungen im Regelfall auch vor der fristlosen Kündigung aus wichtigem Grund eine Abmahnung mit Nachfristsetzung erfolgen soll. Dies erscheint im Rahmen einer vertraglichen Zusammenarbeit grundsätzlich sachgerecht. Ausnahmefälle, in denen eine vorherige Abmahnung unzumutbar erscheint, deckt die Regelung in ausreichendem Maße, wenngleich eher grundsätzlich, ab. Sollte dieser Punkt im konkreten Fall von besonderer Bedeutung sein, bietet sich die Möglichkeit, konkrete Gründe für eine außerordentliche fristlose Kündigung zu definieren und somit die hier integrierte Generalklausel einzuschränken.

20. Die Reduzierung auf „vertragsgemäß" erbrachte Leistungen soll ausschließen, dass dem Auftragnehmer die Vergütung zusteht, soweit er nicht vertragsgemäß leistet. Aus Auftragnehmersicht könnte es daher alternativ heißen „aufgrund des Vertrages erbrachte Leistungen", so dass der Vergütungsanspruch etwas weiter definiert wäre.

21. Laut Gesetz ist die Haftung grundsätzlich der Höhe nach unbegrenzt. Es bietet sich daher an, die Haftung deutlich zu begrenzen soweit dies zulässig und sachgerecht ist. Ausgeschlossen ist die Haftungsbegrenzung jedoch in den im Text genannten Fällen (Vorsatz, Personenschäden, Produkthaftung, in AGB idR auch bei grober Fahrlässigkeit). Die Höhe der prozentualen Begrenzung ist regelmäßig abhängig vom genauen Vertragsgegenstand. Hier sollte eine für die jeweilige Situation angemessene Höhe gewählt werden.

22. Das Geschäftsgeheimnisgesetz erfordert die möglichst genaue Umschreibung der geschützten Daten. Sogenannte „Catch All Klauseln" sind daher nicht ausreichend. So urteilte auch das LAG Düsseldorf im Jahr 2020 (LAG Düsseldorf MMR 2021, 181).

23. Das Geschäftsgeheimnisgesetz untersagt selbst nicht das Reverse Engineering. Bei Verträgen im Bereich Software sollte dies also explizit ausgeschlossen werden.

24. Bei der Nutzung von Subunternehmen sollte- ebenso wie beim Einsatz eigener Mitarbeiter auf eine dokumentierte Verpflichtung zur Vertraulichkeit geachtet werden. Die Verpflichtung muss dem Vertragspartner im Zweifel nachgewiesen werden können. Im Falle der Vertraulichkeit eigener Mitarbeiter bietet sich hier eine separate, neben der Vertraulichkeitsverpflichtung im Arbeitsvertrag bestehende, Verpflichtung an.

25. Es muss im Einzelfall genau geprüft werden, ob der Abschluss einer Vereinbarung zur Auftragsverarbeitung erforderlich ist. Liegt eine Situation der Auftragsverarbeitung vor, so ist der Abschluss der Vereinbarung zur Auftragsverarbeitung eine gesetzliche Pflicht.

26. Die ausdrückliche Verständigung der Parteien auf bestimmte elektronische Signaturverfahren trägt zur Erweiterung der Handlungsoptionen bei, um das vertragliche Schriftformerfordernis zu erfüllen. Die Parteien können sich beispielsweise auf Signaturverfahren der Anbieter DocuSign, Adobe, SAP oder vergleichbarer Anbieter verständigen.

27. Alternativ kann auch eine Schiedsverfahrensklausel in den Vertrag aufgenommen werden, siehe hierzu → Form. D.6.

28. Üblicherweise verständigen sich die Parteien auf den Sitz des Auftragnehmers oder den Sitz des Auftraggebers als Gerichtsstand.

29. Die Rangfolge der Geltung der Vertragsdokumente kann selbstverständlich abweichend zu diesem Vertragsmuster vereinbart werden. Falls die Parteien eine Vereinbarung zur Auftragsverarbeitung schließen, sind zahlreiche Regelungen dieser Vereinbarung nicht Ausfluss der Vertragsfreiheit, sondern folgen den zwingenden regulatorischen Vorgaben des Datenschutzrechts, insbesondere Art. 28 DS-GVO. Da zumindest die in Art. 28 DS-GVO geforderten Regelungsinhalte nicht dispositiv sind, sollten die Regelungen der Auftragsverarbeitung grundsätzlich Vorrang vor Regelungen haben, die die Parteien im Rahmen der Privatautonomie vereinbart haben. Hinsichtlich der Frage, ob der (Haupt)-Vertragstext des Dienstleistungsvertrages Vorrang vor der als Anlage 1 beizufügenden Leistungsbeschreibung haben sollte oder ob es umgekehrt sinnvoller ist, dürfen die Meinungen berechtigterweise auseinander gehen. Das Muster folgt dem Weg, die Leistungsbeschreibung als vorrangig einzustufen, da diese eine originäre Individualvereinbarung der Parteien darstellt und die Parteien hier gerade die Möglichkeit haben sollten, Abweichungen zum Muster-(Rahmen-)vertrag zu vereinbaren, um den Anforderungen einer konkreten Situation gerecht zu werden.

2. Agile Software-Entwicklung – Agile Software Development

Softwareentwicklungsvertrag	Software Development Agreement
zwischen	between
. . . . .	. . . . .
– nachfolgend „Auftraggeber" genannt –	– hereinafter referred to as „Customer" –
und	and
. . . . .	. . . . .
– nachfolgend „Auftragnehmer" genannt –	– hereinafter referred to as „Contractor" –
Präambel	**Preamble**
Die Leistungen des Auftragnehmers werden im Rahmen eines agilen Projektmanagements organisiert. Die Erstellung der Software ist dabei geprägt durch die Komplexität der Software und in der Folge durch eine geringe Planbarkeit der zu erbringenden Leistungen sowie des Fertigstellungstermins und der anfallenden Kosten. Ziel eines agilen Projektmanagements ist die Beherrschung der Komplexität der Softwareerstellung durch eine intensive	**The Contractor's services are organised within the framework of agile project management. The creation of software is characterised by the complexity of the software and, as a consequence, by the difficulty of planning the services to be provided, the completion date and the costs incurred. The aim of agile project management is to master the complexity of software development through intensive cooperation between the Customer**

Zusammenarbeit zwischen Auftraggeber und Auftragnehmer und eine weitgehende Selbstorganisation des Entwicklungsteams im Rahmen einer iterativen und inkrementellen Leistungserbringung. In einer Vielzahl überschaubarer Entwicklungsschritte wird im Projektverlauf in Abstimmung der Vertragsparteien die zu Projektbeginn nur grob definierte Software erstellt. Die Zusammenarbeit zwischen Auftraggeber und Auftragnehmer erfolgt für das hier geregelte Software-Projekt nach den im Folgenden näher definierten Scrum-Prinzipien auf der Grundlage des Manifesto for Agile Software Development.[1]

and the Contractor and extensive self-organisation of the Development Team within the framework of iterative and incremental service provision. In a number of manageable development steps, the software, which is only roughly defined at the beginning of the project, is created in the course of the project in agreement between the parties. For the software project governed herein, the cooperation between Customer and Contractor is carried out according to the Scrum principles defined in more detail below.[1]

§ 1 Vertragsgegenstand

Gegenstand des Vertrages ist die entgeltliche Erstellung von Software nebst Dokumentation durch den Auftragnehmer zur dauerhaften Überlassung an den Auftraggeber im Wege des agilen Projektmanagements.[2]

§ 1 Subject Matter

The subject matter of the contract is the creation of software and Documentation by the Contractor for permanent transfer to the Customer by way of agile project management.[2]

§ 2 Begriffe und Rollen

Diesem Vertrag liegen, in alphabetischer Reihenfolge, folgende Begrifflichkeiten zugrunde:[3]

a) An jedem Arbeitstag eines Sprints findet ein Daily Scrum statt, in dem das Entwicklungsteam den Fortschritt im Sprint begutachtet, Impediments identifiziert und die Teamarbeit bis zum nachfolgenden Daily Scrum eines Sprints organisiert. Ein Daily Scrum soll . . . . . Minuten dauern.

b) Die Definition of Done gibt das Verständnis des Scrum Teams wieder, unter welchen Voraussetzungen die mit einem Product Backlog Item verbundenen Anforderungen erfüllt sind.

c) Die Dokumentation umfasst insbesondere die für die Bearbeitung durch Dritte erforderliche Dokumentation des Quellcodes, die Systemdokumentation, die Benutzerdokumentation sowie

§ 2 Terms and Roles

This contract is based on the following terms, in alphabetical order:[3]

a) On each working day of a Sprint, a Daily Scrum takes place in which the Development Team reviews progress in the Sprint, identifies Impediments and organises teamwork until the subsequent Daily Scrum of a Sprint. A Daily Scrum should take . . . . . minutes.

b) The Definition of Done reflects the Scrum Team's understanding of the conditions under which the requirements associated with an entry in the Product Backlog Item are met.

c) The Documentation includes in particular the documentation of the source code required for processing by third parties, the system documentation, the die Dokumentation zur Installation der Software.[4]

d) Entwicklungsteam ist die Gesamtheit der zur Produkterstellung auf Auftragnehmerseite beteiligten Personen unter Ausnahme des Scrum Masters.

e) Epics sind Zusammenfassungen mehrerer User Stories in einer einheitlichen Beschreibung eines übergeordneten Funktionsbereichs der Software.

f) Ein Impediment ist ein Umstand, der der es dem Entwicklungsteam erschwert, seine Aufgaben zu erfüllen oder die Aufgabenerfüllung verhindert.

g) Der Product Backlog enthält die Liste der Product Backlog Items mit den Anforderungen an das zu erstellende Produkt.[5]

h) Das Product Backlog Item ist ein Teileintrag in das Product Backlog, das die Anforderungen an das Produkt spezifiziert.

i) Ein Product Increment ist das Ergebnis eines Sprints. Bezieht sich das Increment auch auf Software, soll es ablauffähige Software enthalten.[6]

j) Product Owner ist die vom Auftraggeber benannte Person, die die Interessen des Auftraggebers im Projekt wahrnimmt und für diesen bindende Erklärungen abgeben und entgegennehmen darf.[7]

k) Product Vision ist die anfängliche Umschreibung des Ziels, das mit dem Produkt erreicht werden soll und die dem Scrum-Team als Orientierung bei seiner Arbeit dient. Die Product Vision soll bei Abschluss dieses Vertrages vorliegen.[12]

l) Produkt ist die nach den Anforderungen des Auftraggebers erstellte Software einschließlich der Dokumentation.

m) Scrum Master ist die für den Scrum-Prozess verantwortliche Person, die es dem Entwicklungsteam im Rahmen der vertraglichen Regelungen durch Schaffung entsprechender Rahmenbedingungen ermöglicht, selbstorganisiert und

user documentation and the documentation for installing the software.[4]

d) Development Team is the entirety of the persons involved in the creation of the Product on the Contractor side, with the exception of the Scrum Master.

e) Epics are summaries of several user stories in a comprehensive description of a superordinate functional area of the software.

f) An Impediment is a circumstance that makes it difficult for the Development Team to perform its tasks or prevents task performance.

g) The Product Backlog contains the list of Product Backlog Items with the requirements for the Product.[5]

h) The Product Backlog Item is a partial entry in the Product Backlog that specifies the demands on the Product.

i) A Product Increment is the result of a Sprint. If the increment also refers to software, it should contain executable software.[6]

j) Product Owner is the person appointed by the Client to represent the Client's interests in the project and to make and receive binding declarations on its behalf.[7]

k) Product Vision is the initial description of the goal to be achieved with the Product and serves as orientation for the Scrum Team in their work. The Product Vision shall be provided at the time of the conclusion of this Agreement.[12]

l) The Product is the software created according to the Client's demands, including the Documentation.

m) Scrum Master is the person responsible for the scrum process, who enables the Development Team to work in a self-organized and effective way by creating the appropriate framework within the scope of the contractual effektiv zu arbeiten. Der Scrum Master wird vom Auftragnehmer gestellt.[8]

n) Das Scrum-Team besteht aus dem Entwicklungsteam, dem Scrum Master und dem Product Owner.

o) Sprint ist ein Zyklus, in dem das Produkt weiterentwickelt wird und an dessen Ende regelmäßig ein Product Increment steht. Ein Sprint soll nicht länger als vier Wochen dauern.[9]

p) Der Sprint Backlog beinhaltet die während eines Sprints gewonnen Erkenntnisse über die Art und Weise der Erledigung der für den Sprint ausgewählten Aufgaben.[9]

q) Im Sprint Planning Meeting legt der Product Owner mit Unterstützung des Entwicklungsteams fest, welche Product Backlog Items in das Sprint Backlog übernommen werden und welche Priorität ihnen zukommt.[9]

r) In der Sprint Retrospektive überprüfen Scrum Master, Entwicklungsteam und Product Owner die Zusammenarbeit und bestimmen Verbesserungsmöglichkeiten.[9]

s) Die Sprint Review dient der Vorstellung des aus einem Sprint resultierenden Product Increment gegenüber dem Product Owner und weiteren von ihm oder dem Scrum Master hierzu hinzugezogenen Beteiligten. Die Beteiligten geben Rückmeldungen zum Increment, die zu Änderungen im Sprint Backlog führen können.[9]

t) Ein Story Point ist eine Bewertung, die die Komplexität einer User Story im Verhältnis zu anderen User Stories auf der Grundlage einer Schätzung des Scrum Teams wiedergibt.

u) Tasks sind konkrete Einzelaufgaben zur Umsetzung einer User Story.

v) Themes sind eine Menge zusammengehörender User Stories.

x) Die User Story ist ein Product Backlog Item, das untechnische, beschreibende

regulations. The Scrum Master is appointed by the Contractor.[8]

n) The Scrum Team consists of the Development Team, the Scrum Master and the Product Owner.

o) Sprint is a cycle in which the Product is advanced and at the end of which there is regularly an Product Increment. A Sprint should not last longer than four weeks.[9]

p) The Sprint Backlog contains the knowledge gained during a Sprint about how to complete the tasks selected for the Sprint.[9]

q) In the Sprint Planning Meeting, the Product Owner, with the support of the Development Team, determines which Product Backlog Items will be included in the Sprint Backlog and what priority they will have.[9]

r) In the Sprint Retrospective, Scrum Master, Development Team and Product Owner review the collaboration and identify areas for improvement.[9]

s) The Sprint Review serves to present the Product Increment resulting from a Sprint to the Product Owner and other participants called in by it or the Scrum Master. The participants give feedback on the increment, which can lead to changes in the Sprint Backlog.[9]

t) A Story Point is a rating that reflects the complexity of a User Story in relation to other User Stories based on an estimate by the Scrum Team.

u) Tasks are concrete individual activities for the implementation of a User Story.

v) Themes are a set of related User Stories.

x) The User Story is a Product Backlog Item that contains non-technical, des-

Anforderungen an die Software aus der Sicht des Auftraggebers enthält.[10]

§ 3 Leistungen

Der Auftragnehmer wird im Rahmen dieses Vertrages folgende Leistungen erbringen:

(Variante:

a) die Unterstützung des Auftraggebers bei der Weiterentwicklung einer Product Vision,[11])

a) die Erstellung des Produkts,

b) die Installation der Software einschließlich der vereinbarten Parametrisierung sowie

c) die Einweisung in die Software und die Schulung für ausgewählte Nutzer.

§ 4 Grundlagen

Der Auftragnehmer wird folgende Anforderungen bei der Erstellung des Produkts beachten:[12]

a) Die Product Vision,[12]

b) User Stories, Epics und Themes,[13]

c) grundlegende Regeln der Tests (Anlage . . . . . .),

d) Konzerndatenschutzrichtlinie (Anlage . . . . . .),[14]

e) technische Konzern-Richtlinien zur Informationssicherheit (Anlage . . . . .),

f) Beschreibung der Entwicklungs-, Test- und Systemumgebung (Anlage . . . . . .)und die

g) Beschreibung der Schnittstellen, Protokolle und Formate (Anlage . . . . .)

§ 5 Zeitplan

(1) Die Parteien streben die Fertigstellung der Software zum . . . . . [Datum] an.[15]

criptive demands on the software from the Client's point of view.[10]

§ 3 Benefits

The Contractor shall provide the following services under this contract:

(Variante:

a) Supporting the Customer in the further development of a Product Vision,[11])

a) the creation of the Product,

b) the installation of the software including the agreed customizing and

c) the introduction to the software and training for selected users.

§ 4 Basic Principles

The Contractor will observe the following requirements when creating the software:[12]

a) The Product Vision,[12]

b) User Stories, Epics, Themes,[13]

c) basic Rules of Testing (Appendix . . . . . .),

d) Group Privacy Policy (Appendix . . . . . .),[14]

e) Group Technical Guidelines for Information Security (Appendix . . . . .),

f) Description of Development, Test and System Environment (Appendix . . . . . .) as well as the

g) Description of Interfaces, Protocols and Formats (Appendix . . . . . .),

§ 5 Timetable

(1) The parties shall endeavour to complete the software development on . . . . .

Ergibt sich im Laufe der Projektdurchführung gemäß den Regeln dieses Vertrages das Erfordernis einer späteren Fertigstellung, verschiebt sich der Termin entsprechend. Der Scrum Master wird den Product Owner rechtzeitig über erforderliche Terminverschiebungen informieren.

(2) Termine zur Leistungserbringung können auf Seiten des Auftragnehmers nur durch den Ansprechpartner oder die Geschäftsführung vereinbart werden. Termine sind schriftlich festzulegen. Von dieser Verpflichtung kann nur bei Wahrung der Schriftform abgewichen werden.[16]

(3) Leistungsverzögerungen aufgrund höherer Gewalt (zB Streik, Aussperrung, behördliche Anordnungen, allgemeine Störungen der Telekommunikation usw) und Umständen im Einflussbereich des Auftraggebers (zB nicht rechtzeitige Erbringung von Mitwirkungsleistungen,[17] Verzögerungen durch dem Auftraggeber zuzurechnende Dritte etc) hat der Auftragnehmer nicht zu vertreten und berechtigen ihn, das Erbringen der betroffenen Leistungen um die Dauer der Behinderung zzgl. einer angemessenen Anlaufzeit hinauszuschieben.

[Date].[15] If, in the course of the implementation of the project, the need for a later completion arises in accordance with the rules of this contract, the deadline shall be postponed accordingly. The Scrum Master will inform the Product Owner in time about necessary date shifts.

(2) Appointments for the performance of services can only be agreed on the part of the Contractor by the contact person or the management. Dates must be set out in writing. This obligation can only be deviated from if the written form is observed.[16]

(3) The Contractor shall not be responsible for delays in performance due to force majeure (e.g. strike, lockout, official orders, general disruption of telecommunications, etc) and circumstances within the Customer's sphere of influence (e.g. failure to provide cooperation services[17] on time, delays caused by third parties attributable to the Customer, etc) and shall be entitled to postpone the provision of the affected services for the duration of the hindrance plus a reasonable start-up period.

§ 6 Prozesse[18]

(1) Die Parteien sind bestrebt, bei der Erstellung der in der Product Vision (Anlage . . . . . .) in groben Zügen umrissenen Software die zwölf Prinzipien des Manifesto for Agile Software Development zu beachten. Bindungswirkung hat das Manifest jedoch nicht.

(2) Folgender Prozess ist bei der Vertragsdurchführung in Übereinstimmung mit den vertraglichen Festlegungen in der wiedergegebenen zeitlichen Abfolge zu berücksichtigen:

- Aus der Product Vision werden die Product Backlog Items, bestehend aus User Stories, Epics und Themes, entwickelt.
- Die Product Backlog Items werden in das Product Backlog aufgenommen, mit Story Points bewertet und priori-

§ 6 Processes[18]

(1) The Parties shall endeavour to observe the twelve principles of the Manifesto for Agile Software Development in the creation of the software roughly outlined in the Product Vision (Annex . . . . .). However, the Manifesto is not binding.

(2) The following process shall be considered in the execution of the contract in accordance with the contractual provisions in the chronological order shown:

- The Product Backlog Items, consisting of user stories, Epics and Themes, are developed from the Product Vision.
- Based on the Product Vision, the Backlog Items are included in the Product Backlog and prioritized. If the Product

siert. Werden die Product Backlog Items als zu groß erachtet, sollen sie aufgeteilt werden.

- Das Entwicklungsteam wird die Product Backlog Items in den Sprints abarbeiten.
  - Vor einem Sprint erfolgt das Sprint Planning Meeting, gefolgt von
  - dem Start des Sprints und der
  - Entwicklungsarbeit im Sprint.
- Während eines jeden Sprint finden Daily Scrums statt.
- Mit Abschluss eines Sprint wird ein Product Increment abgeliefert, soweit nicht anders vorgesehen.
- Daran schließt sich ein Sprint Review an.
- Nach Abschluss eines Sprints erfolgt die Entscheidung des Product Owner über die Freigabe.
- Sind noch nicht alle Product Backlog Items abgearbeitet, findet eine Sprint Retrospektive zur Evaluierung und Justierung der Zusammenarbeit im Scrum Team statt.
- Die vorstehenden Regeln gelten für alle Sprints, die zur Umsetzung der offenen Product Backlog Items vorgenommen werden.

(3) Die Arbeiten des Scrum Teams dürfen zu keinen Widersprüchen im Product Backlog führen. Im Zweifel sind Widersprüche durch eine Entscheidung des Product Owners aufzulösen, mangels einer Entscheidung des Product Owners gehen jüngere Einträge den älteren vor.

§ 7 Entwicklungsteam

(1) Die Mitglieder des Entwicklungsteams[19] arbeiten im Rahmen der vertraglichen Regeln selbstorganisiert.

(2) Das Entwicklungsteam kann für jeden Sprint neu zusammengesetzt werden. Die Entscheidung über die Zusammensetzung des Teams trifft das Team selbst, in Zwei-

Backlog items are deemed too large, they should be split up.

- The Development Team will work through the Backlog Items in Sprints.
  - A Sprint is preceded by a Sprint Planning Meeting, followed by
  - the start of the Sprint and the
  - development work within the Sprint.
- Daily Scrums take place during each Sprint.
- Upon completion of a Sprint a Product Increment is delivered unless otherwise agreed.
- This is followed by the Sprint Review.
- After completion of a Sprint, the Product Owner decides on the release.
- If not all Product Backlog Items have been processed, a Sprint Retrospective takes place to adjust the cooperation in the Scrum Team.
- The above rules apply to all Sprints undertaken to implement the open Product Backlog items.

(3) The work of the Scrum Team must not lead to contradictions in the Product Backlog. In case of doubt, contradictions must be resolved by a decision of the Product Owner In the absence of a decision by the Product Owner, more recent entries take precedence over older ones.

§ 7 Development Team

(1) The members of the Development Team[19] work in a self-organized manner within the contractual rules.

(2) The Development Team can be reassembled for each Sprint. The decision on the composition of the Team is made by

felsfällen liegt die Entscheidung beim Scrum Master.

§ 8 Product Owner

(1) Der Product Owner repräsentiert den Auftraggeber und erbringt für ihn die zur Projektdurchführung erforderlichen Mitwirkungshandlungen.[20] Der Product Owner muss dazu mit demr in diesem Vertrag beschriebenen agilen Projektmanagement nach dem Scrum-Framework vertraut sein.

- (2) Der Product Owner
- stellt die Product Vision zur Verfügung und entwickelt sie fort,
- erstellt und verwaltet das Product Backlog,
- prüft dabei die transparente Formulierung der Einträge im Product Backlog,
- fertigt die User Stories und
- bringt die Product Backlog Items in das Product Backlog ein,
- organisiert die Abstimmung des Scrum Teams über die Schätzung der Größe eines Product Backlog Items,
- wirkt bei der Bestimmung der Durchführung von Sprints, insbesondere der Aufnahme von Backlog Items und der Erstellung der Definitions of Done mit, ebenso wie
- bei der Organisation und Durchführung der Treffen des Scrum Teams und unterstützt die Arbeit des Scrum Masters.

(3) Bei der Bewältigung seiner Aufgaben kann sich der Product Owner durch Dritte unterstützen lassen. Der Product Owner kann insbesondere zu jedem Meeting, an dem er teilnahmeberechtigt ist, weitere Personen hinzuziehen.

(4) Der Product Owner nimmt nach Möglichkeit an den Meetings des Scrum-Teams teil. Ihm obliegt die aktive und regelmäßige Kontrolle der geleisteten Arbeit und die Kommunikation des Projektverlaufs gegenüber dem Auftraggeber.

the Team itself, in cases of doubt the decision lies with the Scrum Master

§ 8 Product Owner

(1) The Product Owner represents the Client and shall on behalf of the Client provide the necessary cooperation for the implementation of the project.[20] The Product Owner must be familiar with the agile project management described in this contract according to the Scrum framework.

(2) The Product Owner

- provides and develops the Product Vision,
- creates and manages the Product Backlog,
- checks the transparent formulation of the entries in the Product Backlog,
- produces the User Stories and
- brings the Product Backlog Items into the Product Backlog,
- organises the Scrum Team's vote on the estimate of the size of a Product Backlog Item,
- participates in determining the execution of Sprints, in particular in the inclusion of Backlog Items and the creation of the Definitions of Done, furthermore
- in organising and conducting the meetings of the Scrum Team and supports the work of the Scrum Master.

(3) The Product Owner may be supported by third parties in carrying out its or her tasks. In particular, the Product Owner may call in other persons to any meeting in which he or she is entitled to participate.

(4) The Product Owner takes part in the meetings of the Scrum Team whenever possible. It is responsible for actively and regularly monitoring the work done and communicating the progress of the project to the Client.

(5) Der Product Owner ist berechtigt, eine Änderung der Definition of Done anzuordnen und Sprints abzubrechen sowie Veränderungen der zu erbringenden Leistungen im Rahmen des vertraglich Zulässigen zu erwirken. Der Auftragnehmer hat den Product Owner unverzüglich auf Nachteile solcher Maßnahmen hinzuweisen.

(6) Gegenüber dem Entwicklungsteam und dem Scrum Master hat der Product Owner fachliche Weisungsrechte, jedoch keine arbeitsrechtlichen Weisungsbefugnisse.

§ 9 Scrum Master[21]

(1) Der Scrum Master ist für den Auftragnehmer für die Einhaltung des Scrum-Verfahrens verantwortlich; er organisiert den Entwicklungsprozess, um ein effizientes Arbeiten des Entwicklungsteams zu ermöglichen.

(2) Der Scrum Master organisiert und moderiert die Meetings des Entwicklungsteams.

(3) Zeigen sich Impediments, ist es Aufgabe des Scrum Masters, sie, gegebenenfalls in Abstimmung mit anderen Mitgliedern des Scrum Teams, auszuräumen oder, falls dies nicht möglich ist, abzuschwächen.

§ 10 Product Backlog[22]

(1) In das Product Backlog sind alle Anforderungen an die Software und die Dokumentation, wie insbesondere die User Stories und technische Funktionalitäten aufzunehmen. Das Product Backlog enthält die dokumentierten Ergebnisse der Sprints aus dem jeweiligen Sprint Backlog.

(2) Die mit der höchsten Priorität versehenen Einträge sind möglichst detailliert zu beschreiben. Gegebenenfalls sind sie in kleinere Einheiten aufzuteilen.

(3) Einträge im Product Backlog dürfen nur mit Zustimmung des Product Owner vorgenommen, entfernt oder geändert werden.

(5) The Product Owner is entitled to order a change in the Definition of Done and to cancel Sprints as well as to obtain changes in the deliverables within the scope of what is contractually permissible. The Contractor shall immediately inform the Product Owner of any disadvantages of such measures.

(6) The Product Owner has the right to issue technical instructions to the Development Team and the Scrum Master, but no powers of instruction under labour law.

§ 9 Scrum Master[21]

(1) The Scrum Master is responsible for observing the Scrum procedure for the Contractor; it organises the development process to enable the Development Team to work efficiently.

(2) The Scrum Master organizes and moderates the meetings of the Development Team.

(3) If Impediments appear, it is the Scrum Master's task to eliminate them, if necessary in consultation with other members of the Scrum Team, or to mitigate them if not possible.

§ 10 Product Backlog[22]

(1) All demands on the software and the Documentation, in particular the User Stories and technical functionalities, are to be included in the Product Backlog. The Product Backlog contains the documented results of the Sprints from the Sprint Backlog.

(2) The entries given the highest priority shall be described in as much detail as possible. If necessary, they shall be divided into smaller units.

(3) Entries in the Product Backlog may only be made, removed or changed with the consent of the Product Owner.

§ 11 Sprintablauf und Sprint Backlog

(1) Ein Sprint soll zu einem Product Increment führen. Vor Beginn eines Sprints findet ein Sprint Planning Meeting des Scrum-Teams und etwaig weiterer einzubeziehender Personen statt. Das Meeting soll gewährleisten, dass bis zum Ende des Sprints ein möglichst lauffähiges Product Increment fertiggestellt werden kann. Das Meeting soll nicht länger als einen Tag dauern.[23]

(2) In dem Sprint Planning Meeting werden vom Entwicklungsteam die in dem Product Backlog enthaltenen Einträge, die aufgrund ihrer Priorität oder anderen sachlichen Gründen insgesamt oder in Teilen in dem jeweiligen Sprint umgesetzt werden sollen, ausgewählt und die Definition of Done wird erarbeitet.

(3) Die im Sprint umzusetzenden Product Backlog Items werden im Sprint Planning Meeting weiter spezifiziert. Die Spezifizierung soll neben einer detaillierten Leistungsbeschreibung und Schätzung des Zeitaufwands unter Berücksichtigung der Story Points insbesondere auch Testszenarien enthalten.

(4) Während des Daily Scrum tauscht sich das Entwicklungsteam über den Stand der Arbeiten aus, zeigt etwaige Impediments auf und plant die während des Tages zu erbringenden Leistungen.

(5) Das Ergebnis des Sprint Planning Meeting soll sein:

- Die Beschreibung des Sprint-Ziels,
- die Priorisierung der umzusetzenden Product Backlog Items,
- etwaige Modifikationen dieser Items,
- Bestimmen der Tasks zur Umsetzung der Product Backlog Items,
- die dazugehörigen Testkriterien,
- die Größe und Zusammensetzung des Entwicklungsteams,
- die Auswirkungen des Sprints auf die Zeitplanung,

§ 11 Sprint and Sprint Backlog

(1) A Sprint should lead to a Product Increment. Before the start of a Sprint, a Sprint Planning Meeting of the Scrum Team and any other persons to be involved takes place. The meeting should ensure that a Product Increment that is as executable as possible can be completed by the end of the Sprint. The meeting should not last longer than one day.[23]

(2) In the Sprint Planning Meeting, the Development Team selects the entries contained in the Product Backlog that are to be implemented in whole or in part in the respective Sprint due to their priority or other objective reasons, and the Definition of Done is drawn up.

(3) The Product Backlog Items to be implemented in the Sprint are further specified in the Sprint Planning Meeting. In addition to a detailed service description and an estimate of the time required, the specification should also include Test Scenarios, taking into account the Story Points.

(4) During the Daily Scrum, the Development Team exchanges information about the status of the work, identifies any Impediments and plans the deliverables to be achieved during the day.

(5) The outcome of the Sprint Planning Meeting should be:

- The description of the Sprint's target,
- prioritisation of the Product Backlog Items to be implemented,
- any modifications to these items,
- determining the Tasks for implementing the Product Backlog Items,
- the associated test criteria,
- the size and composition of the Development Team,
- the impact of the Sprint on the schedule,

- die Aufnahme des Sprint-Ziels und der umzusetzenden Product Backlog Items sowie deren Tasks im Sprint Backlog und dessen Fortschreibung während des Sprints aufgrund der Daily Scrums.

(6) Nach dem Sprint Planning Meeting erstellt das Entwicklungsteam ein Task Board, das die für den Sprint priorisierten Tasks enthält, und ein Sprint-Burndown-Chart für einen Überblick über den Fortschritt der Durchführung des Sprints.[24]

(7) Der Sprint wird mit einem Sprint Review abgeschlossen. Der Product Owner wird Ergebnisse aus dem Sprint Review in das Product Backlog übernehmen, wenn das für die Erstellung des Produkts nützlich ist.

(8) Ist ein weiterer Sprint durchzuführen, wird mit dem Ende des vorangehenden Sprints eine Sprint Retrospektive durchgeführt. Ergeben sich aus der Sprint Retrospektive Anhaltspunkte für eine Verbesserung der Zusammenarbeit der Beteiligten, werden die Mitglieder des Scrum Teams sie im Rahmen ihrer Zuständigkeiten für die nächsten Sprints berücksichtigen.

(9) Jeder während des Sprints vorgesehene Eintrag in den Sprint Backlog ist von dem Product Owner freizugeben.[25]

(10) Nimmt der Product Owner nicht an dem Meeting teil, in dem ein Eintrag beschlossen wird, wird der Eintrag freigegeben, wenn der Product Owner dem Ergebnis des Meetings nicht unverzüglich nach Bekanntgabe an ihn widerspricht.

(11) Wird der Sprint Backlog nicht freigegeben, ist der Sprint nach Maßgabe der Entscheidung des Product Owners fortzusetzen oder zu wiederholen.

§ 12 Product Increment[26]

(1) Ein Product Increment wird im Rahmen eines Sprints erstellt. Das erstellte Product Increment muss der Definiton of Done entsprechen und soll, wenn es sich um Software handelt, technisch lauffähig

- recording the Sprint's goal and the Product Backlog Items to be implemented as well as their Tasks in the Sprint Backlog and updating it during the Sprint on the basis of the Daily Scrums.

(6) After the Sprint Planning Meeting, the Development Team creates a Task Board containing the Tasks prioritised for the Sprint and a Sprint Burndown Chart for an overview of the progress of the implementation of the Sprint.[24]

(7) The Sprint is concluded with a Sprint Review. The Product Owner will include results from the Sprint Review in the Product Backlog if this is useful for the creation of the Product.

(8) If another Sprint is to be conducted, a Sprint Retrospective is conducted at the end of the previous Sprint. If the Sprint Retrospective provides indications for improving the cooperation between the participants, the members of the Scrum Team will take them into account for the next Sprints within the scope of their responsibilities.

(9) Every entry in the Sprint Backlog planned during the Sprint must be approved by the Product Owner.[25]

(10) If the Product Owner does not participate in the meeting in which an entry is decided, the entry is released if the Product Owner does not object to the result of the meeting immediately after it has been announced to him.

(11) If the Sprint Backlog is not released, the Sprint shall be continued or repeated as decided by the Product Owner.

§ 12 Product Increment[26]

(1) A Product Increment is created within the framework of a Sprint. The created Product Increment must comply with the Definition of Done and should be technically executable if software is involved.

sein. Technische Lauffähigkeit meint die Umsetzung der an den Sprint gestellten Anforderungen; eine Nutzbarkeit durch einen Anwender ist damit nicht notwendigerweise verbunden.

Technical executability means the implementation of the demands placed on the Sprint; usability by a user is not necessarily associated therewith.

(2) Begleitender Teil eines Product Increments ist auch die dazu zu erstellende Dokumentation.

(2) An accompanying part of a Product Increment is also the Documentation to be created for it.

§ 13 Beschaffenheitsbeschreibung

§ 13 Features

Die im Product Backlog enthaltenen Eintragungen beschreiben das zu erstellende Produkt.[27]

The entries contained in the Product Backlog describe the Product to be created.[27]

§ 14 Freigabe[28]

§ 14 Release[28]

(1) Nach jedem Sprint erfolgt eine unverzügliche Prüfung der Ergebnisse des Sprints durch den Product Owner, ob die Product Increments nach dem derzeitigen Stand im Wesentlichen vertragsgemäß erbracht wurden. Diese Prüfung kann auf Wunsch des Product Owners mit einem Test gemäß § 15 verbunden werden. Wurden die Product Increments im Wesentlichen vertragsgemäß erstellt, hat der Product Owner die Leistungen unverzüglich freizugeben.

(1) After each Sprint, an immediate review of the results of the Sprint is conducted by the Product Owner to determine whether the Product Increments have been substantially performed in accordance with the contract based on the current status. At the request of the Product Owner, this test can be combined with a test according to § 15. If the Product Increments were essentially provided as agreed, the Product Owner must release the services without culpable delay.

(2) Erachtet der Product Owner die erstellten Product Increments nicht als im Wesentlichen vertragsgemäß, so hat er seine Beanstandungen dem Auftragnehmer unverzüglich mitzuteilen.

(2) If the Product Owner does not consider the Product Increments rendered to be essentially as agreed, it must notify the Contractor of its complaints without delay.

(3) Nur ein freigegebenes Product Increment kann Grundlage für die Erbringung weiterer, mit ihr verbundener oder von ihr abhängiger Leistungen sein, sofern der Product Owner nichts anderes entscheidet.

(3) Only a released Product Increment can be the basis for the provision of further services connected to it or dependent on it, unless the Product Owner decides otherwise.

§ 15 Test

§ 15 Test

(1) Jede der Parteien ist berechtigt, eine Überprüfung der im einzelnen Sprint erstellten Product Increments sowie des Produkts insgesamt auf ihre Vertragsgemäßheit

(1) Each of the Parties shall be entitled to request a review of the Product Increments created in the individual Sprint as well as of the Product as a whole with regard to

(Test) nach den folgenden Bestimmungen zu verlangen.[29]

(2) Die Parteien werden sich rechtzeitig vor der Durchführung des Tests über das Testverfahren, den Ort, die Zeit sowie die bei dem Test vom Auftraggeber zu erbringenden Mitwirkungshandlungen abstimmen.

(3) Im Rahmen des Tests wird ein schriftliches Testprotokoll erstellt, in dem der Ort, die Zeit, die technischen Umstände des Tests, das Testergebnis sowie die Teilnehmer an dem Test festgehalten werden. Der Product Owner wird im Rahmen des Tests die Leistungen auf ihre Vertragsgemäßheit nach dem jeweiligen Stand der Sprints prüfen und für ihn erkennbare nachteilige Abweichungen von der geschuldeten Beschaffenheit in das Test-Protokoll aufnehmen lassen.

(4) Gibt der Product Owner von ihm im Rahmen des Tests erkannte oder infolge grober Fahrlässigkeit nicht erkannte nachteilige Abweichungen der Leistungen von der vereinbarten Beschaffenheit nicht zu Protokoll, so gelten die Leistungen hinsichtlich dieser nicht gemeldeten Abweichungen als vertragsgemäß erbracht, soweit sie keine nachteiligen Auswirkungen auf andere nach dem Vertrag erbrachte oder zu erbringende Leistungen haben.

(5) Für den Fall, dass der Product Owner seiner Pflicht zur Teilnahme an dem Test nicht oder nicht vollständig nachkommt, gelten die Leistungen als vertragsgemäß erbracht, soweit keine Abweichungen vorliegen, die bei einer pflichtgemäßen Teilnahme erkennbar gewesen wären.[30] Der Auftragnehmer wird den Auftraggeber vor Beginn des Tests auf diese Bedeutung seines Verhaltens hinweisen. Soweit der Auftragnehmer Beschaffenheitsabweichungen arglistig verschwiegen hat, kann er sich auf die Regelungen dieses Absatzes nicht berufen.

(6) Eine etwaig bestehende weitere Obliegenheit des Auftraggebers, auf erkannte Mängel hinzuweisen, bleibt unberührt.

their conformity with the contract (test) according to the following provisions.[29]

(2) The parties will agree on the test procedure, the place, the time as well as the cooperation actions to be provided by the Client during the test in good time before the test is carried out.

(3) A written test protocol is drawn up as part of the test, in which the place, time, technical circumstances of the test, the test result and the participants in the test are recorded. In the course of the test, the Product Owner shall check the services for their conformity with the contract according to the respective status of Sprints and shall have any adverse deviations from the owed quality recognisable to it recorded in the test protocol.

(4) If the Product Owner does not record adverse deviations of the Services from the agreed quality which it has detected during the test or which it has not detected due to gross negligence, the Services shall be deemed to have been provided in accordance with the contract with regard to these unreported deviations, insofar as they do not have any adverse effects on other services rendered or to be rendered under the contract.

(5) In the event that the Product Owner does not fulfil its obligation to participate in the test or does not do so in full, the services shall be deemed to have been provided in accordance with the contract insofar as there are no deviations which would have been recognisable in the event of dutiful participation.[30] The Contractor shall draw the Customer's attention to this significance of its conduct before the start of the test. Insofar as the Contractor has fraudulently concealed deviations in quality, it may not invoke the provisions of this paragraph.

(6) Any further obligation of the Customer to point out to recognized defects remains unaffected.

(7) Nacherfüllung wegen der nicht vertragsgemäßen Leistung kann der Auftraggeber nicht schon hinsichtlich einzelner fertiggestellter Product Increments, sondern frühestens nach der Fertigstellung des Produkts und dessen Übergabe an den Auftraggeber verlangen.[31]

(7) The Customer may not demand Cure due to non-conforming performance with regard to individual completed Product Increments, but at the earliest after completion of the Product and its handover to the Client.[31]

§ 16 Übergabe

§ 16 Handover

(1) Der Auftragnehmer übergibt dem Auftraggeber die Product Increments nach jeder Freigabe. Das Produkt wird vorbehaltlich eines Tests nach § 15 nach Freigabe des letzten Product Increments übergeben.

(1) The Contractor shall hand over the Product Increments to the Customer after each release. Subject to a test in accordance with § 15, the Product shall be handed over after release of the last Product Increment.

(2) Die erstellte Software wird vom Auftragnehmer auf dem vereinbarten IT-System lauffähig installiert und parametrisiert.

(2) The software created shall be installed and parameterized by the Contractor on the agreed IT system so that it can run.

§ 17 Nutzungsrechte[32]

§ 17 License[32]

(1) Der Auftragnehmer räumt dem Auftraggeber an allen vom Auftragnehmer aufgrund dieses Vertrages erbrachten Leistungen, insbesondere an Software und Dokumentation, umfassende, räumlich, zeitlich und inhaltlich unbeschränkte, unwiderrufliche und frei übertragbare ausschließliche Nutzungsrechte nach den folgenden Bestimmungen ein. Die Einräumung von Rechten gilt sowohl für den erstellten Quellcode, für Schnittstellen sowie für jedwede Form von daraus abgeleiteter oder anderweitig erstellter Software, insbesondere im Object Code, in allen ihren Ausdrucksformen, gleich, ob die Software selbständig ablauffähig ist oder nicht, einschließlich des Entwurfsmaterials, für etwaige schutzfähige Benutzeroberflächen, in der Software enthaltene oder mit ihr verbundene Grafiken, Videos, Animationen, Gegenstände, Texte, Audiosequenzen, Ein- und Ausgabemasken und Ähnliches. Das umfasst insbesondere

a) das Recht zur zahlenmäßig unbeschränkten dauerhaften oder vorüber-

(1) The Contractor grants the Customer complete, irrevocable and freely transferable exclusive rights of use, unlimited in terms of space, time and content, in accordance with the following provisions, to all services provided by the Contractor on the basis of this contract, in particular to software and Documentation. The granting of rights shall apply to the source code created and to interfaces as well as to any form of software derived therefrom or otherwise created, especially as Object Code, in all its forms of expression, irrespective of whether the software is independently executable or not, including the design material, for any protectable user interfaces, graphics, videos, animations, objects, texts, audio sequences, input and output masks and the like contained in the software or connected with it. This includes in particular

a) the right to copy, in whole or in part, without limitation in number, per-gehenden Vervielfältigung, ganz oder teilweise, mit jedem Mittel und in jeder Form, beispielsweise zur dauerhaften und/oder flüchtigen Speicherung auf elektrischen, elektromagnetischen und optischen Speichermedien, wie jeder Art von Festplatten, SSD, RAM, blu-ray discs, DVD, CD, Speicherkarten, USB-Sticks etc. sowie über alle Kommunikationswege, insbesondere im Rahmen des Cloud-Computings und des Angebots an die Öffentlichkeit, einschließlich des Downloads und zur Datenkompression. Die Vervielfältigungshandlungen umfassen auch die ein- und mehrmalige Sicherung der erbrachten Leistungen unabhängig von der verwendeten Technik, sei es im Wege einer vollständigen oder inkrementellen Sicherung, durch Snapshots oder der Verschlüsselung, einschließlich deren Wiederherstellung;

b) das Recht zur umfassenden Umarbeitung (Übersetzung, Bearbeitung und Arrangement) der Leistungen, zur Fehlerbeseitigung, zur Erweiterung der Funktionalitäten, einschließlich aller textlichen und audiovisuellen Ausdrucksformen wie Benutzerdokumentationen, Erklärvideos etc., auch zur Anpassung von Software an geänderte Einsatzbedingungen, beispielsweise für neue oder weiterentwickelte Betriebssysteme, zum Einsatz in mobilen Endgeräten wie Tablets und Smartphones, zur Datenkompression, zur Übertragung in eine andere Programmiersprache, zum Erstellen von Schnittstellen sowie zur Verbindung der Leistungen des Entwicklers mit Leistungen anderer, zum Übersetzen von Texten in eine andere Sprache, zum Entfernen von Leistungen, ganz oder in Teilen, und zur Verwertung des Ergebnisses dieser Umarbeitungen in jeglicher Form entsprechend den in dieser Vereinbarung genannten Befugnissen;

c) das Recht zur Verbreitung der Leistungen und von Vervielfältigungsstücken hiervon in jeder Form und mit jedem Mittel, einschließlich des Rechts zur

manently or temporarily, by any means and in any form, for example for permanent and/or transient storage on electrical, electromagnetic, optical storage media, such as any type of hard disk, SSD, RAM, blu-ray discs, DVD, CD, memory cards, USB sticks, etc., as well as by any means of communication, in particular in the context of cloud computing and offering to the public, including downloading and for data compression. The acts of reproduction shall also include the single and multiple back-up of the services provided, irrespective of the technology used, whether by way of a complete or incremental back-up, by snapshots or encryption, including their restoration;

b) the right to complete reworking (translation, editing and arrangement) of the services, to correct errors, to expand functionalities, including all textual and audiovisual forms of expression such as user documentation, explanatory videos, etc., also for the adaptation of software to changed conditions of use, for example for new or further developed operating systems, for use in mobile end devices such as tablets and smartphones, for data compression, for transfer to another programming language, for the creation of interfaces as well as for the connection of the Contractor's Services with services of others, for the translation of texts into another language, for the removal of Services, in whole or in part, and for the exploitation of the result of these reworkings in any form in accordance with the powers specified in this Agreement;

c) the right to distribute the services and copies thereof in any form and by any means, including the right to rent, lease and loan, whether such distribution is

Vermietung, zum Leasing und zur Leihe, gleich, ob die Verbreitung in körperlicher oder unkörperlicher Form erfolgt, insbesondere zur Übertragung der Software und der damit verbundenen Leistungen über drahtgebundene und drahtlose Netze (z.B. zum Download, in Client-Server-Umgebungen oder im Wege des Application-Service-Providing bzw. als Software as a Service u.ä. sowie insbesondere über das Internet, unternehmenseigene oder andere Netze);

d) das Recht zur drahtgebundenen oder drahtlosen öffentlichen Wiedergabe einschließlich der öffentlichen Zugänglichmachung in der Weise, dass die Leistungen Mitgliedern der Öffentlichkeit von Orten und zu Zeiten ihrer Wahl zugänglich ist, insbesondere als Angebot zur Fernübertragung (Downloads);

e) das Recht, die Leistungen sonst wie nicht-öffentlich zugänglich zu machen, z.B. durch den Einsatz in Netzwerken, ohne dass eine Verbreitung erfolgt oder diese öffentlich ist (etwa in Client-Server Umgebungen, beim Application Service Providing u.ä.);

f) das Recht, die Nutzung der Leistungen in jeder zulässigen Weise zu beschränken, sei es für die private oder kommerzielle Nutzung, die Nutzung in Unternehmen, in Unternehmensverbünden (Konzernen), in Branchen, zusammen mit bestimmter oder bestimmbarer Hardware (z.B. als OEM-Software, gebunden an eine CPU oder Ähnliches), nutzerbezogen („Named User"/„Concurrent User") als Open Source Software, als Testversion u.ä. sowie räumlich beschränkt auf Staatsgebiete oder Teile davon, zeitlich befristet und unbefristet mit einer beliebigen Kündigungsfrist sowie aufschiebend und auflösend bedingt.

(2) Der Auftraggeber ist berechtigt, die Software einschließlich der damit verbundenen Leistungen in jeder Hard- und Softwareumgebung einzusetzen, insbesondere in Einzel- oder Mehrplatzrechnern, Servern sowie Virtual Machines und unab-

in tangible or intangible form, in particular to transmit the Software and the related Services over wired and wireless networks (e.g. for download, in client-server environments or by way of application service providing or as software as a service and the like, and in particular over the Internet, proprietary or other networks);

d) the right of communication to the public by wire or wireless means, including making available to the public in such a way that the performances are accessible to members of the public from places and at times of their choice, in particular as an offer for remote transmission (downloads);

e) the right to otherwise make the services available non-publicly, e.g., by using them in networks without distribution or without making them public (such as in client-server environments, application service providing, etc.);

f) the right to restrict the use of the Services in any permissible manner, whether for private or commercial use, use in companies, in corporate associations (groups), in industries, together with specific or determinable hardware (e.g. as OEM software, tied to a CPU or similar), user-related („Named User"/ „Concurrent User") as open source software, as a test version, etc., as well as spatially limited to national territories or parts thereof, limited in time and unlimited in time with any period of notice as well as subject to conditions precedent and dissolution.

(2) The Client is entitled to use the software including the associated services in any hardware and software environment, in particular in single or multi-user computers, servers as well as virtual machines and irrespective of the number of CPU

hängig von der Anzahl der CPU-Kerne, in mobilen Geräten wie Laptops, Tablets, Smartphones etc., im Rahmen einer Nutzung zu Virtual oder Augmented Reality-Darstellungen etc.

(3) Der Auftragnehmer überträgt dem Auftraggeber in Ansehung seiner Leistungen zusätzlich Rechte an allen im Zeitpunkt des Vertragsschlusses unbekannten Nutzungsarten. Der Auftragnehmer hat dafür Sorge getragen, dass dem Urheber ein Recht zum Widerruf dieser Rechtseinräumung nicht zusteht.

(4) Der Auftraggeber ist berechtigt, von den vorstehenden Rechten einfache Rechte abzuspalten und Dritten einzuräumen, alle dem Auftraggeber zustehenden Rechte ohne weitere Zustimmung durch den Auftragnehmer und den Urheber ganz oder teilweise, befristet oder unbefristet, bedingt oder unbedingt, auf Dritte zu übertragen, Dritten das Recht zur Weitergabe aller übertragbaren Rechte zu gewähren sowie Dritte von einem Erwerb von Rechten im Rahmen der Gesamtveräußerung eines Unternehmens oder der Veräußerung von Teilen eines Unternehmens nach § 34 Abs. 3 UrhG auszuschließen. Ferner ist der Auftraggeber berechtigt, auf alle ihm zustehenden Rechte im Einzelnen oder insgesamt einseitig zu verzichten. Die Verzichtserklärung bedarf zu ihrer Wirksamkeit nicht des Zugangs.

(5) Für etwaig von der Rechteeinräumung nach dieser Vereinbarung nicht erfasste Nutzungsarten räumt der Auftragnehmer dem Auftraggeber eine Option zum Erwerb dieser Rechte zu angemessenen Bedingungen ein und stellt die Ausübbarkeit der Option sicher. Die Bedingungen der Optionsausübung sind vom Auftraggeber nach billigem Ermessen (§ 315 Abs. 3 BGB) zu bestimmen und im Streitfall vom zuständigen Landgericht zu überprüfen.

(6) Die vorstehende Rechteeinräumung nach den Abs. 1 bis 4 gilt nicht für die in der Anlage „Standardsoftware“ aufgeführten Softwarebestandteile. Die dem Auftraggeber an diesen Softwareteilen zu-

cores, in mobile devices such as laptops, tablets, smartphones, etc., within the scope of a use for virtual or augmented reality representations, etc., in the context of a use for virtual or augmented reality representations.

(3) In consideration of its services, the Contractor shall additionally transfer to the Client rights to all types of use unknown at the time of the conclusion of the contract. The Contractor has ensured that the author is not entitled to revoke this grant of rights.

(4) The Client shall be entitled to split off simple rights from the aforementioned rights and to grant them to third parties, to transfer all rights to which the Client is entitled to third parties in whole or in part, for a limited or unlimited period, conditionally or unconditionally, without further consent by the Contractor and author, to grant third parties the right to forward all transferable rights and to exclude third parties from acquiring rights in the context of the overall sale of a company or the sale of parts of a company in accordance with Section 34 (3) UrhG. Furthermore, it shall be entitled to unilaterally waive all rights to which it is entitled, either individually or as a whole. The declaration of waiver does not need to be received in order to be effective.

(5) For any types of use not covered by the granting of rights under this Agreement, the Contractor shall grant the Client an option to acquire these rights on reasonable terms and conditions and shall ensure the exercisability of the option. The terms and conditions of the exercise of the option shall be determined by the Customer at its reasonable discretion (Section 315 (3) BGB) and shall be reviewed by the competent district court in the event of a dispute.

(6) The above granting of rights according to paragraphs 1 to 4 shall not apply to the software components listed in the Appendix „Standard Software". The rights to which the Client is entitled to these soft-

stehenden Rechte ergeben sich aus der vorgenannten Anlage.

(7) Der Auftragnehmer sichert dem Auftraggeber unter Ausnahme der in der Anlage „Standardsoftware" aufgeführten, nicht vom Auftragnehmer erstellten Software einschließlich Dokumentation den Bestand der eingeräumten Rechte zu. Er sichert des Weiteren zu, dass an der Software nebst Benutzerdokumentation keine weiteren Schutzrechte bestehen, die den vorstehend beschriebenen Nutzungsmöglichkeiten entgegenstehen.

(8) Der Auftragnehmer hat dem Auftraggeber den Quellcode herauszugeben, der der nach diesem Vertrag erstellten Software – unter Ausnahme der Standardsoftware – zugrunde liegt.

(9) Die Übertragung der Nutzungsrechte erfolgt für die in Abs. 1 genannten Werke nach deren Erstellung und Übergabe an den Auftraggeber und erst in dem Zeitpunkt der vollständigen Vergütungszahlung für die das Werk betreffenden Leistungsabschnitte durch den Auftraggeber. Bis zur vollständigen Vergütungszahlung duldet der Auftragnehmer die Nutzung der Software durch den Auftraggeber widerruflich. Der Auftragnehmer kann den Einsatz solcher Software, mit deren Vergütungszahlung sich der Auftraggeber in Verzug befindet, für die Dauer des Verzuges widerrufen. Für die in der Anlage „Standardsoftware" genannte Software, die nicht vom Auftragnehmer erstellt wurde, gelten die dort genannten Regeln zum Zeitpunkt der Rechteübertragung.

(10) Die vorstehenden Regelungen binden die Parteien hinsichtlich der urheberrechtlichen Wirkungen auch schuldrechtlich, insbesondere für den Fall, dass keine urheberrechtliche Position geschaffen oder in der beabsichtigten Weise übertragen werden kann.

ware parts are described in the aforementioned Appendix.

(7) With the exception of the software and Documentation not created by the Contractor and listed in the Appendix „Standard Software", the Contractor assures the Client of the existence of the rights granted. Furthermore, the Client assures that there are no other intellectual property rights to the software, including the user documentation, which would conflict with the above-mentioned possibilities of use.

(8) The Contractor shall hand over to the Customer the source code on which the software created under this contract – with the exception of the standard software – is based.

(9) The transfer of the rights of use for the works referred to in paragraph 1 shall take place after they have been created and handed over to the Customer and only at the time of the Customer's full payment of the remuneration for the performance sections relating to the work. Until full payment of the remuneration, the Contractor shall tolerate the use of the software by the Customer until revoked. The Contractor may revoke the use of such software, the payment of which the Customer is in arrears with, for the duration of the delay. For the software mentioned in the Appendix „Standard Software", which was not created by the Contractor, the terms described therein shall apply at the time of the transfer of rights.

(10) The above provisions shall also bind the parties under the law of obligations with regard to the copyright effects, in particular in the event that no copyright position can be created or transferred in the intended manner.

§ 18 Schutzrechtsverletzungen

(1) Der Auftragnehmer stellt auf eigene Kosten den Auftraggeber für das Inland

§ 18 Infringements

(1) The Contractor shall indemnify the Customer, with respect to Germany, at its

von allen Ansprüchen Dritter aus vom Auftragnehmer zu vertretenden Schutzrechtsverletzungen frei. Der Auftraggeber wird den Auftragnehmer unverzüglich über die geltend gemachten Ansprüche Dritter informieren. Informiert der Auftraggeber den Auftragnehmer nicht unverzüglich über die geltend gemachten Ansprüche, erlischt der Freistellungsanspruch.[33]

(2) Im Falle von Schutzrechtsverletzungen darf der Auftragnehmer – unbeschadet etwaiger Schadenersatzansprüche des Auftraggebers – nach eigener Wahl und auf eigene Kosten hinsichtlich der betroffenen Leistung

- nach vorheriger Absprache mit dem Auftraggeber Änderungen vornehmen, die gewährleisten, dass eine Schutzrechtsverletzung nicht mehr vorliegt oder
- für den Auftraggeber die erforderlichen Nutzungsrechte erwerben.

§ 19 Rügeobliegenheit[34]

(1) Der Auftraggeber hat die Software einschließlich der Dokumentation, sofern kein Test gemäß § 15 durchgeführt wird, unverzüglich nach der Ablieferung durch den Auftragnehmer, soweit dies nach ordnungsmäßigem Geschäftsgange tunlich ist, zu untersuchen und, wenn sich ein Mangel zeigt, dem Auftragnehmer unverzüglich Anzeige zu machen.

(2) Unterlässt der Auftraggeber die Anzeige, so gilt die Software einschließlich der Dokumentation als genehmigt, es sei denn, dass es sich um einen Mangel handelt, der bei der Untersuchung nicht erkennbar war.

(3) Zeigt sich, unabhängig von einem Test gemäß § 15, später ein solcher Mangel, so muss die Anzeige unverzüglich nach der Entdeckung gemacht werden; anderenfalls gilt die Software einschließlich der Dokumentation auch in Ansehung dieses Mangels als genehmigt.

own expense against all claims of third parties arising from infringements of intellectual property rights for which the Contractor is responsible. The Customer shall inform the Contractor without culpable delay of any claims asserted by third parties. If the Customer does not without culpable delay inform the Contractor about the claims asserted, the right to exemption expires.[33]

(2) In the event of infringements of intellectual property rights, the Contractor may – without prejudice to any claims for damages by the Customer – at its own discretion and at its own expense with regard to the performance concerned

- after prior consultation with the Customer, make changes that ensure that an infringement of property rights no longer exists or
- acquire the necessary rights of use for the Customer.

§ 19 Obligation to Give Notice of Defects[34]

(1) The Customer shall examine the software including the Documentation, unless a test is carried out in accordance with § 15, without culpable delay after delivery by the Contractor, insofar as this is feasible in the ordinary course of business, and, if a defect is found, shall notify the Contractor without culpable delay.

(2) If the Customer fails to notify the Contractor, the software including the Documentation shall be deemed to have been approved, unless the defect is one that was not identifiable during the inspection.

(3) If, irrespective of a test in accordance with § 15, such a defect appears later, notification must be made without culpable delay after discovery; otherwise the software, including the Documentation, shall be deemed to have been approved even in view of this defect.

(4) Zur Erhaltung der Rechte des Auftraggebers genügt die rechtzeitige Absendung der Anzeige.

(5) Hat der Auftragnehmer den Mangel arglistig verschwiegen, so kann er sich auf die vorstehenden Regelungen nicht berufen.

(4) The timely dispatch of the notification suffices to preserve the rights of the Customer.

(5) If the Contractor has fraudulently concealed the defect, it may not invoke the above provisions.

§ 20 Rücktritt/Kündigung

(1) Der Auftraggeber kann wegen einer nicht in einem Mangel einer Kaufsache oder eines Werks bestehenden Pflichtverletzung nur zurücktreten, wenn der Auftragnehmer diese Pflichtverletzung zu vertreten hat.

(Variante:

(1) Der Auftraggeber kann wegen einer Pflichtverletzung nur zurücktreten, wenn der Auftragnehmer diese Pflichtverletzung zu vertreten hat.[35]*)*

(2) Tritt der Auftraggeber wegen der Verletzung einer Pflicht, die sich auf eine abgrenzbare Leistung bezieht, die von anderen zu erbringenden Leistungen unter Berücksichtigung der berechtigten Interessen des Auftraggebers unabhängig erbracht werden kann, zurück, so werden die anderen Leistungen von diesem Rücktritt nicht erfasst.

§ 20 Withdrawal/Termination

(1) The Customer may only withdraw from the contract due to a breach of duty not consisting of a defect in a purchased item or work if the Contractor is responsible for this breach of duty.

(Variation:

(1) The Customer may only withdraw from the contract due to a breach of duty if the Contractor is responsible for this breach.[35]*)*

(2) If the Customer withdraws due to the breach of an obligation relating to a delimitable service which can be provided independently of other services to be provided, taking into account the legitimate interests of the Customer, the other services shall not be affected by this withdrawal.

§ 21 Sach- und Rechtsmängelhaftung[36]

(1) Das Produkt hat die nach dem Product Backlog vereinbarte Beschaffenheit, im Übrigen die für die gewöhnliche Verwendung geeignete, die bei Leistungen der gleichen Art üblich ist und die der Auftraggeber nach der Art der Leistung erwarten kann.[37]

(2) Nacherfüllungsansprüche verjähren in zwölf Monaten.[38]

(3) Die Durchsetzung von Nacherfüllungsansprüchen ist davon abhängig, dass Mängel innerhalb von zwei Wochen nach ihrem erstmaligen Erkennen schriftlich gemeldet werden und reproduzierbar sind.

§ 21 Cure[36]

(1) The Product shall have the quality agreed in accordance with the Product Backlog, and otherwise the quality suitable for normal use, which is usual for services of the same type and which the Customer can expect according to the type of service.[37]

(2) Claims for cure are subject to a limitation period of twelve months.[38]

(3) The enforcement of claims for cure requires that defects are reported in writing within two weeks of their initial detection and that they are reproducible.

(4) Solange der Auftraggeber die nach diesem Vertrag fällige Vergütung noch nicht vollständig gezahlt hat und er kein berechtigtes Interesse am Zurückbehalt der rückständigen Vergütung hat, ist der Auftragnehmer berechtigt, die Nacherfüllung zu verweigern.

(4) As long as the Customer has not yet paid the remuneration due under this contract in full and it has no justified interest in retaining the outstanding remuneration, the Contractor is entitled to refuse cure.

(5) Der Auftragnehmer haftet nicht in den Fällen, in denen der Auftraggeber Änderungen an den vom Auftragnehmer erbrachten Leistungen vorgenommen hat, es sei denn, dass diese Änderungen ohne Einfluss auf die Entstehung des Mangels waren.

(5) The Contractor shall not be liable in cases in which the Customer has made changes to the services provided by the Contractor, unless these changes had no influence on the origin of the defect.

(6) Der Auftraggeber wird den Auftragnehmer bei der Mangelfeststellung und -beseitigung unterstützen und unverzüglich Einsicht in die Unterlagen gewähren, aus denen sich die näheren Umstände des Auftretens des Mangels ergeben.

(6) The Customer shall support the Contractor in the determination and elimination of defects and shall without culpable delay grant access to the documents from which the detailed circumstances of the occurrence of the defect can be seen.

(7) Der Auftraggeber wird vor der Geltendmachung von Nacherfüllungsansprüchen mit der gebotenen Sorgfalt prüfen, ob ein der Nacherfüllung unterliegender Mangel gegeben ist. Sofern ein behaupteter Mangel nicht der Verpflichtung zur Nacherfüllung unterfällt (Scheinmangel), kann der Auftraggeber mit den für Verifizierung und Fehlerbehebung erbrachten Leistungen des Auftragnehmers zu den jeweils gültigen Vergütungssätzen des Auftragnehmers zuzüglich der angefallenen Auslagen belastet werden, es sei denn, der Auftraggeber hätte den Scheinmangel auch bei Anstrengung der gebotenen Sorgfalt nicht erkennen können.

(7) Before asserting claims for cure, the Customer shall examine with due diligence whether a defect subject to cure exists. If an alleged defect is not subject to the obligation of cure (pseudo defect), the Customer may be charged with the Contractor's services rendered for verification and error correction at the Contractor's currently valid remuneration rates plus expenses incurred, unless the Customer could not have recognized the pseudo defect even if it had exercised due care.

(8) Erfüllungsort für die Nacherfüllung ist der Sitz des Auftragnehmers. Die Nacherfüllung kann durch telekommunikative Übermittlung von Software und Dokumentation erfolgen, es sei denn, die telekommunikative Übermittlung ist dem Auftraggeber, beispielsweise aus Gründen der IT-Sicherheit, nicht zuzumuten.

(8) The place of performance for subsequent performance is the registered office of the Contractor. Cure may be effected by means of telecommunication transmission of software and Documentation, unless the Customer cannot reasonably be expected to accept telecommunication transmission, for example for reasons of IT security.

§ 22 Allgemeine Haftung[39]

(1) Der Auftragnehmer haftet für Vorsatz und grobe Fahrlässigkeit. Für leichte Fahrlässigkeit haftet der Auftragnehmer nur bei Verletzung einer wesentlichen Vertragspflicht, deren Erfüllung die ordnungsgemäße Durchführung des Vertrags überhaupt erst ermöglicht und auf deren Einhaltung der Vertragspartner regelmäßig vertrauen darf sowie bei Schäden aus der Verletzung des Lebens, des Körpers oder der Gesundheit. Die Haftung nach dem Produkthaftungsgesetz bleibt unberührt.

(2) Bei der Erstellung der Software schuldet der Auftragnehmer die branchenübliche Sorgfalt. Für die Feststellung, ob den Auftragnehmer ein Verschulden trifft, ist zu berücksichtigen, dass Software technisch nicht fehlerfrei erstellt werden kann.

(3) Die Haftung ist im Falle leichter Fahrlässigkeit summenmäßig beschränkt auf die Höhe des vorhersehbaren Schadens, mit dessen Entstehung typischerweise gerechnet werden muss; maximal ist diese Haftung jedoch beschränkt auf . . . . . . EUR pro Schadensfall und insgesamt auf . . . . . EUR.

(4) Für den Verlust von Daten und/oder Programmen haftet der Auftragnehmer insoweit nicht als der Schaden darauf beruht, dass es der Auftraggeber unterlassen hat, Datensicherungen durchzuführen und dadurch sicherzustellen, dass verlorengegangene Daten mit vertretbarem Aufwand wiederhergestellt werden können.

(5) Die vorstehenden Regelungen gelten auch zugunsten der Organe und Erfüllungsgehilfen des Auftragnehmers.

§ 22 General Liability[39]

(1) The Contractor is liable for intent and gross negligence. The Contractor shall only be liable for slight negligence in the event of a breach of a material contractual obligation, the fulfilment of which is essential for the proper performance of the contract and on the observance of which the Customer may regularly rely, as well as in the event of damage resulting from injury to life, body or health. Liability under the Product Liability Act remains unaffected.

(2) In the creation of the software, the Contractor shall owe the care customary in the industry. When determining whether the Contractor is at fault, it must be taken into account that software cannot be created without technical errors.

(3) In case of slight negligence, the Contractor's liability is limited to the amount of the foreseeable damage that can typically be expected to occur; however, this liability is limited to a maximum of . . . . . EUR per claim and the Contractor's maximum aggregate liability under this contract shall not exceed . . . . . EUR.

(4) The Contractor shall not be liable for the loss of data and/or programs insofar as the damage is due to the fact that the Customer has failed to carry out data backups and thereby ensure that lost data can be restored with reasonable effort.

(5) The above provisions shall also apply in favour of the organs and vicarious agents of the Contractor.

§ 23 Vergütung[40]

(1) Für die Vergütung der vom Auftraggeber zu erbringenden Leistungen gilt die in der Anlage „Vergütung" vorgesehene Regelung. Soweit dort nichts anderes geregelt ist, erfolgt die Leistungserbringung nach Aufwand zu den in der Anlage genannten Ver-

§ 23 Remuneration[40]

(1) The remuneration for the services to be provided by the Contractor shall be governed by the provisions set out in the Appendix „Remuneration". Unless otherwise stipulated therein, services shall be provided on a time and material basis at

gütungssätzen. Werden Leistungen zu Festpreisen zugesagt, berechtigen Aufwandsmehrungen und -minderungen keine Partei, eine Anpassung zu verlangen. Vom Auftragnehmer erstellte Kostenvoranschläge oder Budgetplanungen sind unverbindlich.

(Variante:

(1) Die Vergütung für die Erstellung des Produkts beträgt . . . . . Euro und basiert auf der kalkulatorischen Durchführung von . . . . . Sprints. Ein Sprint entspricht damit einem Vergütungsanteil von . . . . . Euro. Es werden so viele Sprints durchgeführt, wie zur Erstellung des Produkts erforderlich sind. Werden mehr oder weniger als die kalkulierten Sprints benötigt, verändert sich die Vergütung nach Maßgabe der folgenden Bestimmungen entsprechend:

- *Für jeden Sprint, mit dem die Anzahl der kalkulierten Sprints unterschritten wird, erhält der Auftragnehmer eine Bonuszahlung in Höhe von . . . . . % des auf den Sprint entfallenden Vergütungsanteils.*
- *Für jeden Sprint, durch den diese Anzahl überschritten wird, erhält der Auftragnehmer für die ersten . . . . . zusätzlichen Sprints eine Vergütung in Höhe von . . . . . % des auf einen Sprint entfallenden Vergütungsanteils und von . . . . . % für weitere . . . . . zusätzliche Sprints. Werden darüber hinaus Sprints zur Fertigstellung des Produkts erforderlich, werden diese nicht vergütet.*

Fügt der Auftraggeber nach der Erstellung der Product Vision ein oder mehrere Product Backlog Items hinzu, die zur Umsetzung der Product Vision nicht erforderlich sind, sind die daraus resultierenden Leistungen zusätzlich zu vergüten, wenn sich die Zahl der kalkulierten Sprints erhöht. Eine zusätzliche Vergütung fällt nicht an, wenn der Auftraggeber von der Umsetzung bereits vorhandener Product Backlog Items Abstand nimmt, die hinsichtlich des zu leistenden Aufwands den hinzuzufügenden Product Backlog Items entsprechen und zu keiner

the rates set out in the Appendix. If services are promised at fixed prices, increases and reductions in expenditure shall not entitle either party to demand an adjustment. Cost estimates or budget plans prepared by the Contractor are non-binding.

(Variation:

(1) The remuneration for the creation of the Product amounts to . . . . . Euro and is based on the imputed implementation of . . . . . Sprints. One Sprint thus corresponds to a remuneration share of . . . . . euros. As many Sprints shall be carried out as are required for the creation of the Product. If more or less than the calculated Sprints are required, the remuneration shall change accordingly in conformity with the following provisions:

- *For each Sprint that falls short of the number of calculated Sprints, the Contractor shall receive a bonus payment amounting to . . . . . % of the remuneration share attributable to the Sprint.*
- *For each Sprint by which this number is exceeded, the Contractor shall receive remuneration amounting to . . . . . % of the remuneration share attributable to a Sprint for the first . . . . . additional Sprints and . . . . . % for a further . . . . . additional Sprints. If any additional Sprints are required to complete the product, these will not be remunerated.*

If the Customer adds one or more Product Backlog Items after the creation of the Product Vision, which are not required for the implementation of the Product Vision, the resulting services shall be remunerated additionally if the imputed number of Sprints increases. No additional remuneration shall be due if the Customer refrains from implementing already existing Product Backlog Items that correspond to the Product Backlog Items to be added in terms of the effort to be expended and do not lead to an increase in the number of Sprints („Change for Free").)

Erhöhung der Anzahl der Sprints führen („Change for Free“).)

(2) Die einen Leistungsabschnitt betreffende Vergütung ist, wenn nichts anderes vereinbart wurde, mit Freigabe eines Leistungsabschnitts zur Zahlung fällig. Die geleisteten Zahlungen sind Abschlagszahlungen auf die Gesamtvergütung.

(3) Der Auftraggeber trägt gegen Nachweis sämtliche Auslagen wie Reise- und Übernachtungskosten, Spesen und im Rahmen der Vertragsdurchführung anfallende Entgeltforderungen Dritter, sofern diese nicht zu den Kosten eines Sprints gehören. Reisezeiten sind zu vergüten.

(4) Haben die Parteien keine Vereinbarung über die Vergütung einer Leistung des Auftragnehmers getroffen, deren Erbringung der Auftraggeber den Umständen nach nur gegen eine Vergütung erwarten durfte, so hat der Auftraggeber die für diese Leistung übliche Vergütung zu entrichten. Im Zweifel gelten die vom Auftragnehmer für seine Leistungen verlangten Vergütungssätze als üblich.

(5) Zahlungen sind 14 Tage nach Zugang der Rechnung zu leisten. Alle vertraglich vereinbarten Vergütungen verstehen sich zzgl. der gesetzlichen Umsatzsteuer.

(6) Endet das Vertragsverhältnis durch Kündigung, wird die Vergütung für die erbrachten Leistungen mit dem Wirksamwerden der Kündigung fällig. Es besteht in diesen Fällen jedoch kein Anspruch auf die Vergütung für ursprünglich vorgesehene Leistungen in nachfolgenden Leistungsabschnitten. Schadensersatzansprüche bleiben hiervon unberührt.[43]

§ 24 Abwerbungsverbot

Der Auftraggeber verpflichtet sich, während der Dauer der Zusammenarbeit der Parteien und für einen Zeitraum von einem Jahr danach keine Mitarbeiter vom Auftragnehmer abzuwerben oder ohne Zustimmung des Auftragnehmers anzu-

(2) Unless otherwise agreed, the remuneration for a service section is due for payment upon release of a service section. The payments made are advance payments on the total remuneration.

(3) The Customer shall bear against evidence all expenses such as travel and accommodation costs, out-of-pocket expenses and claims for remuneration from third parties arising in the course of the performance of the contract, insofar as these are not part of the costs of a Sprint. Travel times are to be remunerated.

(4) If the parties have not reached an agreement on the remuneration for a service of the Contractor, the performance of which the Customer could, according to the circumstances, only expect to be rendered against remuneration, the Customer shall pay the usual remuneration for such service. In case of doubt, the remuneration rates charged by the Contractor for its services shall be deemed customary.

(5) Payments shall be made 14 days after receipt of the invoice. All contractually agreed remuneration is subject to the statutory value added tax.

(6) If the contractual relationship ends by termination, the remuneration for the services rendered shall become due upon the termination taking effect. In these cases, however, there is no claim to remuneration for services originally planned in subsequent service sections. Claims for damages remain unaffected.[43]

§ 24 No-Poach Agreement

The Customer undertakes not to poach employees from the Contractor or to employ them without the Contractor's consent during the period of the parties' cooperation and for a period of one year thereafter. For each case of culpable infstellen. Für jeden Fall der schuldhaften Zuwiderhandlung verpflichtet sich der Auftraggeber, eine vom Auftragnehmer der Höhe nach festzusetzende und im Streitfall vom zuständigen Gericht zu überprüfende Vertragsstrafe zu zahlen.[41]

ringement, the Customer undertakes to pay a contractual penalty to be determined by the Contractor in terms of amount and, in the event of a dispute, to be reviewed by the competent court.[41]

§ 25 Geheimhaltung, Mitteilungen

§ 25 Secrecy, Communications

(1) Die der anderen Vertragspartei übergebenen Unterlagen sowie mitgeteilten Kenntnisse und Erfahrungen dürfen ausschließlich für die Zwecke dieses Vertrages verwendet und Dritten nicht zugänglich gemacht werden, sofern sie nicht ihrer Bestimmung nach Dritten zugänglich gemacht werden sollen oder dem Dritten bereits bekannt sind. Dritte sind nicht die zur Durchführung des Vertragsverhältnisses hinzugezogenen Hilfspersonen wie Freie Mitarbeiter, Subunternehmer etc.

(1) The documents, as well as communicated knowledge and experience, handed over by either party to the other party may only be used for the purposes of this contract and may not be made accessible to third parties, unless they are intended to be made accessible to third parties or are already known to the third party. Third parties are not the auxiliary persons involved in the performance of the contractual relationship such as freelancers, subcontractors etc.

(2) Darüber hinaus vereinbaren die Vertragsparteien, Vertraulichkeit über den Inhalt dieses Vertrages und über die bei dessen Abwicklung gewonnenen Erkenntnisse zu wahren.

(2) In addition, the parties agree to maintain confidentiality regarding the content of this contract and the knowledge gained during its performance.

(3) Jede Vertragspartei trifft angemessene Maßnahmen, um die geheim zu haltenden Informationen vor einer unbefugten Weitergabe an oder einen unbefugten Zugriff durch Dritte zu schützen.

(3) Each Party shall take reasonable measures to protect the information to be kept secret from unauthorised forwarding to or access by third parties.

(4) Die Geheimhaltungsverpflichtung gilt auch über die Beendigung des Vertragsverhältnisses hinaus. Den eingeschalteten Hilfspersonen ist eine entsprechende Geheimhaltungspflicht aufzuerlegen.[42]

(4) The obligation to maintain secrecy shall also apply beyond the termination of the contractual relationship. The auxiliary persons involved shall be subject to a corresponding obligation of secrecy.[42]

(5) Wenn eine Vertragspartei dies verlangt, sind die von ihr übergebenen Unterlagen wie Strategiepapiere, Briefingdokumente etc nach Beendigung des Vertragsverhältnisses an sie herauszugeben, soweit die andere Vertragspartei kein berechtigtes Interesse an diesen Unterlagen geltend machen kann.

(5) If a party so requests, the documents handed over by it, such as strategy papers, briefing documents etc, shall be returned to it after termination of the contractual relationship, unless the other party can claim a legitimate interest in these documents.

(6) Presseerklärungen, Auskünfte etc, in denen eine Vertragspartei auf die andere Bezug nimmt, sind nur nach vorheriger schriftlicher Abstimmung zulässig.

(6) Press releases, information, etc, in which one party refers to the other party shall only be permitted upon prior written agreement.

(7) Der Auftragnehmer darf den Auftraggeber auf seiner Web-Site oder in anderen Medien als Referenzauftraggeber nennen. Der Auftragnehmer darf ferner die erbrachten und vom Auftraggeber im Rahmen seines Geschäftsbetriebs allgemein angebotenen Leistungen zu Demonstrationszwecken öffentlich wiedergeben oder auf sie hinweisen, es sei denn, der Auftraggeber kann ein entgegenstehendes berechtigtes Interesse geltend machen.

(7) The Contractor may name the Customer on its website or in other media as a reference Customer. Furthermore, the Contractor may publicly reproduce or refer to the services rendered and generally offered by the Customer in the course of its business operations for demonstration purposes, unless the Customer can assert a justified interest to the contrary.

§ 26 Kündigung

Der Vertrag kann nach den gesetzlichen Bestimmungen durch eine freie Kündigung des Auftraggebers oder durch eine Kündigung aus wichtigem Grund durch jede Vertragspartei beendet werden.

(Variante:

Jede Partei kann den Vertrag bis zum Beginn des vierten Sprints mit sofortiger Wirkung beenden. Das Recht des Auftraggebers zur freien Kündigung nach § 648 BGB sowie beider Parteien zur Kündigung aus wichtigem Grund bleibt unberührt.)

§ 26 Termination

The contract may be terminated in accordance with the statutory provisions by the free termination of the Customer or by termination for cause by either party.

(Variation:

Either party may terminate the contract with immediate effect until the beginning of the fourth Sprint. The right of the Customer to terminate freely in accordance with § 648 of the German Civil Code (BGB) and of both parties to terminate for good cause shall remain unaffected.)

§ 27 Schlichtung

Die Parteien verpflichten sich, im Falle einer sich aus diesem Vertrag ergebenden Streitigkeit vor Durchführung eines streitigen Verfahrens (Klage) eine Schlichtung gemäß der Schlichtungsordnung der Hamburger Schlichtungsstelle für IT-Streitigkeiten in der zum Zeitpunkt der Einleitung eines Schlichtungsverfahrens gültigen Fassung durchzuführen. Das Schlichtungsverfahren soll dazu dienen, den Streit ganz oder teilweise, vorläufig oder endgültig beizulegen.

§ 27 Conciliation

In the event of a dispute arising from this contract, the parties undertake, prior to conducting any contentious proceedings (legal action), to conduct arbitration in accordance with the Hamburg Arbitration Board's arbitration rules for IT disputes in the version applicable at the time of initiating arbitration proceedings. The conciliation procedure is intended to settle the dispute in whole or in part, provisionally or definitively.

§ 28 Abtretung, Zurückbehaltungsrecht und Aufrechnung

(1) Die Abtretung von Forderungen, die nicht Geldforderungen sind, ist nur mit vor-

§ 28 Assignment, Right of Retention and Offsetting

(1) The assignment of claims which are not monetary claims is only permitted

heriger schriftlicher Zustimmung der anderen Vertragspartei zulässig. Die Zustimmung darf nicht unbillig verweigert werden.

(2) Ein Zurückbehaltungsrecht kann nur wegen Gegenansprüchen aus dem jeweiligen Vertragsverhältnis geltend gemacht werden.

(3) Die Vertragsparteien können nur mit Forderungen aufrechnen, die rechtskräftig festgestellt oder unbestritten sind.

§ 29 Schlussbestimmungen

(1) Allgemeine Geschäftsbedingungen der Parteien im Übrigen finden für diesen Vertrag keine Anwendung. Dies gilt auch dann, wenn solchen Bedingungen nicht ausdrücklich widersprochen wird.

(2) Alle Änderungen und Ergänzungen vertraglicher Vereinbarungen müssen zu Nachweiszwecken schriftlich niedergelegt werden. Kündigungen haben schriftlich zu erfolgen. Meldungen, die schriftlich zu erfolgen haben, können auch per E-Mail erfolgen. Maßgeblich für die Wahrung der in diesem Vertrag genannten Fristen ist der Zugang der Erklärung, soweit nicht ausdrücklich etwas anderes bestimmt ist.

(3) Ist nach diesem Vertrag Schriftform vorgesehen, so bedeutet dies papiergebundene Dokumentation der Erklärungen. Der Schluss der Erklärungen muss dann durch die Unterschrift eines Berechtigten angezeigt werden. Elektronische Nachrichten wahren die Schriftform nicht.

(4) Sollten einzelne Bestimmungen der Parteivereinbarungen ganz oder teilweise unwirksam sein oder werden, wird die Wirksamkeit der übrigen Bestimmungen hierdurch nicht berührt. Die Parteien verpflichten sich für diesen Fall, die ungültige Bestimmung durch eine wirksame Bestimmung zu ersetzen, die dem wirtschaftlichen Zweck der ungültigen Bestimmung möglichst nahe kommt. Entsprechendes gilt für etwaige Lücken der Vereinbarungen.

upon prior written consent of the other party. Such consent shall not be unreasonably withheld.

(2) A right of retention can only be asserted due to counterclaims from the respective contractual relationship.

(3) The parties may only set off claims that have been legally established or are undisputed.

§ 29 Final Provisions

(1) General terms and conditions of the parties other than the terms and conditions of this contract shall not apply. This also applies if such conditions are not expressly contradicted.

(2) All amendments and additions to agreements must be recorded in writing for verification purposes. Notices of termination must be made in writing. Notifications, which must be made in writing, may also be provided by email. Decisive for the observance of the deadlines stated in this contract is the receipt of the declaration, unless expressly stated otherwise.

(3) Where this contract provides for written form, this means paper-based documentation of declarations, which is concluded by the signature of an authorised person. Electronic messages do not meet written form.

(4) Should individual provisions of the agreements between the parties be or become invalid in whole or in part, the validity of the remaining provisions shall not be affected thereby. In this case, the parties undertake to replace the invalid provision with a valid provision that comes as close as possible to the economic purpose of the invalid provision. The same applies to any gaps in the agreements.

(5) Es gilt das Recht der Bundesrepublik Deutschland unter Ausschluss des UN-Kaufrechts.[44]

(5) The law of the Federal Republic of Germany shall apply, excluding the UN Convention on Contracts for the International Sale of Goods.[44]

(6) Ausschließlicher Gerichtsstand für alle Rechtsstreitigkeiten aus oder im Zusammenhang mit diesem Vertrag ist . . . . . Der Auftragnehmer ist aber auch berechtigt, am allgemeinen Gerichtsstand des Auftraggebers zu klagen.

(6) Exclusive jurisdiction for all legal disputes arising from or in connection with this contract is . . . . . However, the Contractor is also entitled to take legal action at the general place of jurisdiction of the Customer.

(7) Bei einer mehrsprachigen Version dieses Vertrages ist für die rechtlichen Wirkungen allein der deutsche Text maßgeblich.[45]

(7) In the case of a multilingual version of this contract, only the German text is decisive for the legal effects.[45]

Anlagen:
1. **(Anlagen mit Bezeichnungen gem. § 3)**
2. **Vergütung**
3. **Standardsoftware**

. . . . .

Datum/Unterschriften

Appendices:
1. **(Annexes designated according to § 3)**
2. **Remuneration**
3. **Standard Software**

. . . . .

Date/Signatures

Anmerkungen

1. Kennzeichen Agiler Projekte. Agiles Projektmanagement ist der Gegenentwurf zur überkommenen Wasserfallmethode. Es ist flexibel, dynamisch, aber rechtlich schwer vertraglich zu erfassen. Hauptgrund hierfür ist, dass agile Verfahren gerade darauf basieren, keine bereits bei Projektstart detailliert bestehenden Anforderungen (Lasten- oder gar Pflichtenheft) umzusetzen, sondern sich an das Ergebnis heranzutasten. Dem kommt entgegen, dass gerade bei Softwareprojekten zu Beginn kaum klar definiert werden kann, wie die Software am Ende aussehen soll. Das klassische **Wasserfallmodell** → Form. D.3, bei dem die Software in einem linearen Verfahren erstellt wird, ist mit den Vertragstypen des BGB gut abzubilden, funktioniert in der Praxis jedoch nur unter selten gegebenen Idealbedingungen. Eine **mildere Form der Wasserfallmethode** findet sich in →Form. C.3. Zu der Vertragstypologie der agilen Softwareentwicklung → Anm. 2.

Kennzeichen des **agilen Projektmanagements** ist ein **schrittweises Vorgehen** in einem formalen Rahmen („Framework"). Das soll helfen, die Komplexität des Projektes zu beherrschen, indem die im Projekt bisher erworbenen Erfahrungen in dem nächsten Schritt berücksichtigt und etwaige Probleme so kurzfristig erkannt und behoben werden können. Das bedingt, dass die in einem Arbeitsschritt („Sprint") zu erbringenden Leistungen einen überschaubaren Umfang haben. Die agile Softwareentwicklung eignet sich daher vor allem für kleinere bis mittlere Projekte. Dabei gibt es keine einheitliche Vorgehensweise. Vielmehr existieren viele Ausprägungen dieser Idee, wovon die verbreitetste unter der Bezeichnung „**Scrum**" bekannt ist. Eine überblicksartige Darstellung der Funktionsweise von „Scrum" findet sich bei Kremer/Buchalik DSRITB 2015, 789 sowie unter https://www.scrumguides.org/docs/scrumguide/v2017/2017-Scrum-Guide-German.pdf. Allerdings finden sich auch zu Scrum unterschiedliche Vorstellungen zum Projektmanagement. Das Formular orientiert sich an den gängigen Regelungen.

Für die Vertragsgestaltung ist es wichtig, das Projektverständnis der Softwareentwickler aufzunehmen, die maßgeblich für den Erfolg des Projekts sind. Anderenfalls regelt der Vertrag etwas, was die, die die Leistung zu erbringen haben, nicht leben wollen. Wegen der noch unklaren rechtlichen Einordnung des agilen Projektmanagements ist es zudem hilfreich, die Zusammenarbeit möglichst **detailliert** zu **regeln.** Selbstverständlichkeiten gibt es nicht und können daher auch nicht zugrundgelegt werden. Insbesondere sind die spezifischen Begriffe und Besonderheiten des Projektmanagements, etwa die Rollen der Beteiligten und deren Freiheiten, zu berücksichtigen. Scrum ist geprägt durch eine enge **Zusammenarbeit** zwischen Auftraggeber und Auftragnehmer. Der Auftraggeber wird durch den **Product Owner** vertreten, dessen Rolle im Projekt vertraglich definiert werden muss. Auf Auftragnehmerseite stehen das **Entwicklungsteam** und der **Scrum Master,** der das Team organisatorisch betreut. Der Auftraggeber soll zu Beginn des Projekts eine **Product Vision** vorlegen, die das Ziel grob umschreibt. Aufbauend darauf erstellt der Product Owner **User Stories,** die untechnisch die Anforderungen des Auftraggebers an die Software beschreiben. Die User Stories werden als **Product Backlog Items** Bestandteil des **Product Backlogs,** das die Anforderungen an die Software enthält und während des Projekts fortgeschrieben wird. Die Entwicklungsarbeit erfolgt im agilen Rahmenwerk Scrum in „**Sprints**", die eine definierte Zeit dauern. Die Software wird von Sprint zu Sprint wachsend – inkrementell – entwickelt. Mit dem letzten Sprint soll die Software so sein, wie sie der Auftraggeber erwartet. Details zum Projektmanagement sind dem Formular zu entnehmen (aus der umfangreichen Literatur sei ergänzend auf Wirdemann/Ritscher/Mainusch, SCRUM mit User Stories, und Zurheide, Herausforderungen bei einer Softwareentwicklung im Scrum-Verfahren, hingewiesen). Wegen der Vielzahl an Erscheinungsformen des agilen Projektmanagements und der Unschärfe der Begriffe kommt es für die Vertragsgestaltung stets auf den **Einzelfall** an. Das Formular versucht, die wesentlichen Rollen und Projektelemente anzusprechen. Nicht ausdrücklich behandelt wird das Thema **Velocity,** das die Kapazität des Teams umschreibt, Backlog Product Items abzuarbeiten. Dieser Parameter ist Gegenstand der Sprint Planung. Auch nicht behandelt wird ein **Release Planning,** das in der Praxis auch nicht zum Standard gehört, weil die schrittweise Entwicklung gerade die Planung des Ganzen entbehrlich machen soll. Das Formular behandelt die Entwicklung der Software mit nur einem Scrum Team. In komplexeren Projekten können auch **mehrere Entwicklungsteams** und dazugehörige Scrum Master eingesetzt werden. Lediglich die Rolle des Projekt Owners sollte zur Wahrung der einheitlichen Vertretung der Auftraggeberinteressen nur einmal vergeben werden, anderenfalls ist eine enge Abstimmung der Product Owners zu organisieren. Die zuletzt genannten Aspekte können in dem Formular leicht ergänzt werden. Letztlich soll der Vertrag eine Anleitung für die Umsetzung des Projektes sein. Das gelingt nur, wenn sich die Beteiligten darin wiederfinden. Anderenfalls gerät er zur Makulatur.

Der Vertrag enthält keine Regelungen zum **Change-Management,** weil es in der Natur agiler Projekte liegt, dass sie dynamisch umgesetzt werden und daher Änderungen jederzeit möglich sind. Eine Grenze dieser Anpassungsfähigkeit gibt jedoch häufig das vereinbarte Budget vor. Der Ausgleich zwischen der Änderung des Leistungsinhalts und der Veränderung der Kosten ist in jedem Software-Projekt ein Balanceakt, der kaum zufriedenstellend die Interessen beider Vertragsparteien berücksichtigen kann. Verbreitet ist die Idee eines „**Agilen Festpreises**", der Boni und Mali vorsehen und auch den „**Change for free**"-Gedanken aufnehmen kann (§ 23).

Die Komplexität der agilen Arbeitsweise, die Varianzen des Projektmanagements und die für den Auftraggeber oft ungewohnten Prozesse und Begriffe machen es ratsam, die Zusammenarbeit der Parteien so genau wie möglich zu regeln (Heydn MMR 2020, 284 (285)). Der Product Owner muss sich mit der agilen Arbeitsweise vertraut machen, um seine Mitwirkungsleistungen erbringen zu können. Das Formular berücksichtigt dies alles und ist so gestaltet, dass es dem Wunsch vieler Auftragnehmer nach einer **dienstvertrag-**

lichen Einordnung gerecht werden kann (→ Anm. 2). Da auftraggeberseitig der gegensätzliche Wunsch nach einem **Werkvertrag** besteht, sind für die werkvertragliche Gestaltung insbesondere die Eingriffsbefugnisse des Product Owners auf das erforderliche Maß zu begrenzen. Der Auftraggeber sollte darauf achten, dass der Auftragnehmer weitestgehend eigenverantwortlich tätig werden kann.

2. Vertragstyp. Die vertragsrechtliche Behandlung agiler Projekte ist noch in der Diskussion, die Rechtsprechung hat sich bisher nur in zwei Entscheidungen am Rande mit dem Thema befasst (LG Wiesbaden MMR 2017, 561; LG Düsseldorf MMR 2023, 310). Diskutiert wird, ob die agile Softwareentwicklung nach dem Scrum-Framework auch als Dienstvertrag typisiert werden kann. Für das **Dienstvertragsrecht** spricht, dass bei Vertragsschluss ein herbeizuführender Erfolg noch nicht definiert ist (Hengstler ITRB 2012, 113; wohl auch LG Düsseldorf MMR 2023, 310). Für das **Werkvertragsrecht** spricht dagegen, dass am Ende des Projekts eine lauffähige Software stehen soll, für deren Mangelfreiheit der Auftraggeber die entsprechenden Nacherfüllungsansprüche erwarten darf. Stellt man auf die Beherrschbarkeit des Risikos ab (vgl. BGH NJW 2002, 3323), am Ende des Projekts eine ablauffähige Software zu liefern, und berücksichtigt man dabei, dass der Auftraggeber kaum in der Lage ist, das Projekt fachlich zu leiten und so dem Auftragnehmer die Erfolgspflicht zu nehmen, muss auch die agile Softwareentwicklung werkvertraglich eingeordnet werden (vgl. Kühn/Ehlenz CR 2018, 143; Redeker IT-R Rn. 313; Zurheide, Herausforderungen bei einer Softwareentwicklung im Scrum-Verfahren, 156; s. auch LG Wiesbaden MMR 2017, 561). Ein Werkvertrag kann nicht damit verneint werden, dass bei Vertragsschluss noch nicht erkennbar ist, was der Auftragnehmer im Detail schuldet (BGH NJW-RR 1992, 556; 2004, 782 (783)). Die gelegentlich vertretene Ansicht, es liege ein **gesellschaftsvertragliches Verhältnis** vor, verkennt, dass es sich bei der Softwareerstellung um ein klassisches Leistungsaustauschverhältnis handelt, das bei einem Gesellschaftsvertrag fehlt (Windbichler/Beckmann GesR § 6 Rn. 81). Auch die Annahme einer **Mischform** aus Dienst- und Werkvertrag (so Frank CR 2011, 138) überzeugt nicht, weil der Schwerpunkt nicht auf dem Rahmen der Projektorganisation, sondern auf der Erstellung der Software liegt. Eine Auftrennung in einen dienstvertraglichen Rahmenvertrag und damit verbundene werkvertragliche Einzelverträge scheitert an der Einheitlichkeit des Rechtsgeschäfts (dazu BeckOK BGB/Wendtland § 139 Rn. 8). Da der Vertragstyp weder vereinbart werden kann (→ Vorb. A.III.1) noch mit Blick auf die AGB-Kontrolle offen gelassen werden sollte, sollte mit Blick auf die Entscheidungspraxis der Gerichte der Werkvertrag als Maßstab gewählt werden, sofern nicht die nachfolgenden Voraussetzungen geschaffen werden können. Die Frage nach der Einordnung als **Werklieferungsvertrag** stellt sich auch hier → Form. C.3 Anm. 3.

Eine **Einordung als Dienstvertrag** ist dann **denkbar**, wenn dem Auftragnehmer durch den Vertrag die Erfolgspflicht genommen wird. Das setzt voraus, dass der Auftraggeber bestimmen kann, was der Auftragnehmer zu tun hat und diese Befugnis auch wahrnimmt. Ein solches Weisungsrecht ist nicht zwingend jedem Dienstvertrag immanent und sollte daher vereinbart werden (vgl. Jauernig/Mansel BGB § 611 Rn. 8). Das Formular eröffnet die Möglichkeit, dies umzusetzen, indem es dem Product Owner als Vertreter des Auftraggebers weitgehende Entscheidungsbefugnisse einräumt. Allerdings kann dies mit dem Scrum-typischen Selbstverständnis der Softwareentwickler kollidieren, eigenverantwortlich und weisungsfrei zu arbeiten (→ Anm. 19). Das größte Hindernis ist, dass der Auftraggeber regelmäßig kein Interesse daran hat, Detailvorgaben zu machen. Zum einen fehlen ihm dazu oft die Kenntnisse, die er erst einkaufen müsste, zum anderen ist der Werkvertrag mit der Weisungsfreiheit des Auftragnehmers (MüKoBGB/Busche § 631 Rn. 67) und der damit verbundenen Erfolgspflicht aus Sicht des Auftraggebers interessengerechter.

Scrum-Projekte haben eine **Nähe zu Dauerschuldverhältnissen**, weil bei Vertragsschluss nicht klar ist, welche Bemühungen der Auftragnehmer schuldet. Er ist im Rahmen der Sprints immer wieder zu Leistungen verpflichtet, solange das Vertragsverhältnis besteht. Letztlich liegt es beim Kunden zu entscheiden, wann die Software seinen Vorstellungen genügt und wie viele Schritte dafür in dem Projekt gegangen werden sollen, bis die Zusammenarbeit beendet wird. Eine Grenze setzt allein die Budgetvorstellung des Kunden. Erkennen die Parteien, dass eine Zusammenarbeit nicht sinnvoll ist, sieht § 26 **Kündigungsmöglichkeiten** vor.

3. Definitionen. Wie stets, wenn in Verträgen Begriffe verwendet werden, deren Bedeutungsumfang unklar ist, empfiehlt sich die Definition dieser Begriffe. Das ist nicht nur sinnvoll für das gemeinsame Verständnis der Vertragsparteien, sondern auch für eine spätere Auslegung im Gerichtsverfahren. Die hier definierten Begriffe sind nur beispielhaft. Wegen der hohen Varianz der anzutreffenden Projektmethoden können weitere Begriffsdefinitionen sinnvoll sein. Auch mag das hier wiedergegebene Verständnis von Scrum je nach Vertragspartner anders ausfallen und bereits so eine andere Definition erforderlich machen.

4. Dokumentation. Die Prinzipien der Softwareentwicklung nach dem Scrum-Framework räumen der Erstellung der Software eine höhere Priorität als deren Dokumentation ein. Rechtlich gehört aber auch die Dokumentation zu den Hauptleistungspflichten (BGH NJW 2001, 1718 (1719)). Sie erschöpft sich auch nicht in der Benutzerdokumentation (Leupold/Wiebe/Glossner IT-R/v.d. Bussche/Schelinski Teil 2.6 Rn. 102 ff.). Der Auftragnehmer ist daher gut beraten, auch auf die Dokumentation ein Augenmerk zu legen.

5. Product Backlog. Dem Product Backlog kommt für dieses Formular eine herausgehobene Bedeutung zu. Anfänglich finden sich in ihm alle Anforderungen an das zu erstellende Produkt in Form von User Stories. Diese Anforderungen werden im Projektverlauf aufgrund der Erkenntnisse aus den Sprints fortgeschrieben, aufgehoben oder ergänzt. Rechtlich enthält das Product Backlog die **Beschaffenheitsvereinbarung**, an der die Vertragsgemäßheit des Produkts gemessen wird. Das Product Backlog wird detailliert in § 10 behandelt.

6. Product Increment. Siehe dazu die Regelung in § 12 und → Anm. 26.

7. Product Owner. Siehe dazu die Regelung in § 8 und → Anm. 20.

8. Scrum Master. Siehe dazu die Regelung in § 9 und → Anm. 21.

9. Sprint. Siehe dazu die Regelung in § 11 und → Anm. 23.

10. User Story. Regelmäßig werden in Scrum-Projekten **User-Stories** verwendet, die die Product Backlog-Items aus Nutzer-Sicht spezifizieren. Eine User Story kann beispielsweise sein: „Bei der Buchung eines Geschäftsvorfalls soll das Buchungsdatum voreingestellt das Tagesdatum sein. Das Datum soll im Rahmen der Grundsätze ordnungsgemäßer Buchführung verändert werden können." Wenn ein größerer Funktionsumfang beschrieben wird, wird statt User Story der Begriff „Epic" verwendet. Verschiedene User Stories können inhaltlich zusammengehören und dann ein „Themes" genanntes Bündel bilden.

11. Unterstützung des Auftraggebers. Diese Regelungsvariante spiegelt die Typik aus der Praxis wider, dass der Auftraggeber die Leistungsbeschreibung oft dankbar in die Hände des Auftragnehmers legt. Wenn der Auftragnehmer unbedingt vermeiden möchte, dass der Vertrag als **Werkvertrag** eingeordnet wird, sollte er diese Unterstützungsleistung nicht erbringen. Denn damit nimmt er dem Auftraggeber eine von ihm zu erbringende Leistung ab (Redeker IT-R Kap. B Rn. 316) und gibt sich selbst vor, was er zu tun hat. Das ist mit dem regelmäßig bestehenden Weisungsrecht des Gläubigers der Dienstleistung nach den Dienstvertragsregeln (dazu Erman/Edenfeld/Bieder BGB § 611 Rn. 6) nicht vereinbar.

12. Product Vision. Die Product Vision ist kein klassischer Bestandteil des Scrum-Rahmenwerks, sie wird aber in vielen Projekten verwendet, um eine kurze Umschreibung des Projektziels zu geben. Da gerade keine Spezifikation gewollt ist, wird der Umfang oft stark begrenzt, zum Teil auf eine Seite. Da die Vorgabe der zu erstellenden Leistung vom Auftraggeber gemacht werden muss, ist es auch seine Aufgabe, die Product Vision zu erstellen. Sie muss daher bereits bei Vertragsschluss vorliegen, um eine grobe Aufwandsschätzung zu ermöglichen.

13. Anforderungen an die Software. In den User Stories hält der Auftraggeber die Anforderungen an die zu erstellende Leistung in untechnischer Beschreibung fest (→ Anm. 10). Diese Aufgabe weist der Vertrag dem Product Owner als Vertreter des Auftraggebers zu (§ 8 des Formulars). Oft ist der Auftraggeber ohne fremde Hilfe aber nicht in der Lage, eine zureichende Beschreibung zu erstellen. Wälzt er diese Aufgabe auf den Auftragnehmer ab, vergrößert dies die Wahrscheinlichkeit, dass der Vertrag als Werkvertrag bewertet wird (→ Anm. 11).

14. Grundlagen. Das Kennzeichen des agilen Projektmanagements, dass anfänglich keine Spezifikation der Software vorhanden ist und auch nicht vor der eigentlichen Programmierung schon geschaffen werden soll, kann modifiziert werden durch das Abstellen auf grundlegende, in jedem Fall verbindliche Regelungen, wie etwa zum Datenschutz (zB Privacy by Default-Regeln), zur IT-Sicherheit, dem Abstellen auf technische Richtlinien etc.

15. Zeitplan. Die Festlegung eines Fertigstellungszeitpunktes widerspricht dem Verständnis des agilen Projektmanagements, das gerade darauf basiert, am Projektanfang keine Angaben zu Verlauf und Dauer machen zu können. Dennoch ist es überlegenswert, zumindest den Versuch zu wagen, die Dauer wenigstens mit fortschreitendem Projektverlauf präziser prognostizieren zu können. Gelegenheit zu einer Präzisierung des prognostizierten Verlaufs besteht in den Sprints, die über das Sprint Backlog Eingang in das Product Backlog und damit die Beschreibung der zu erbringenden Leistungen finden können.

16. Terminabsprachen. → Form. C.3 Anm. 16.

17. Mitwirkung des Auftraggebers. Das agile Projektmanagement lebt von der schrittweisen und inkrementellen Erstellung der Software. Ein anfänglicher Plan, welche Anforderungen die Software im Detail zu erfüllen hat und welche Schritte zur Umsetzung dieser Anforderungen nötig sind, existiert nicht. In der Folge muss der Auftraggeber während des gesamten Projekts mitwirken und insbesondere die Anforderungen präzisieren und wenn nötig korrigieren. Geschieht dies nicht, verletzt der Auftraggeber eine Obliegenheit und kann dem Auftragnehmer darauf beruhende Verzögerungen des Projekts nicht entgegenhalten.

18. Prozessbeschreibung. Da für Scrum kein streng definiertes Projekt-Management vorliegt, sollte das Verständnis insbesondere des Auftragnehmers vom Ablauf des Projektes dargelegt werden. Die Ausführungen in § 6 des Formulars stellen nur einen Anhalt dar. Wesentlich für die Vertragsgestaltung ist die möglichst konkrete Darlegung des Verständnisses des Auftragnehmers vom Projektablauf, um Fehlvorstellungen des Auftraggebers zu vermeiden. Strebt der Auftragnehmer einen Dienstvertrag an, sollte im Prozess herausgearbeitet werden, dass der Product Owner entsprechende Einflussmöglichkeiten hat und der Auftragnehmer nicht völlig eigenverantwortlich entscheiden kann, welche Ziele er verfolgt.

19. Entwicklungsteam. Ein Grundanliegen der Scrum-Methodik ist die Unabhängigkeit des Entwicklungsteams, das sich selbst organisieren soll und nur dem Scrum-Regelwerk verbunden ist. Keine Person einer Rolle soll einer Person einer anderen Rolle sagen dürfen, was sie zu tun hat. Gegenüber dem Entwicklungsteam wären somit sowohl der Scrum Master als auch der Product Owner nicht weisungsbefugt. Das wird in dem Vertragswerk so strikt nicht umgesetzt, weil zum einen der Auftragnehmer dem Team notfalls Weisungen geben muss, um seine Pflichten gegenüber dem Kunden hinsichtlich Qualität und Dauer zu erfüllen. Zum anderen ist gerade ein Weisungsrecht des Product Owners gegenüber dem Entwicklungsteam für eine Einordnung als Dienstvertrag hilfreich. Denn ein völlig eigenverantwortliches Arbeiten des Entwicklungsteams spricht mehr für einen Werkvertrag, bei dem der Unternehmer grundsätzlich weisungsfrei ist (MüKoBGB/Busche § 631 Rn. 67). Um im Extremfall eine Eingliederung einzelner Mitarbeiter in den Betrieb des Auftraggebers zu vermeiden, muss dieser allerdings darauf achten, die Ausübung des arbeitsrechtlichen Direktionsrechts beim Auftragnehmer zu belassen.

20. Product Owner. Im Scrum-Framework ist der Product Owner der Repräsentant des Auftraggebers (Heydn MMR 2020, 284 (285)). Die Befugnisse des Product Owners und seine Mitwirkung im Projekt sind entscheidende Stellschrauben für die Zuordnung des Vertrags zu einem Vertragstyp. Da typischerweise der Auftragnehmer an einem Dienstvertrag interessiert ist und auch er es ist, der den Vertrag vorlegt, sollte er überlegen, dem Product Owner weitgehende Einflussmöglichkeiten auf die zu erbringenden Leistungen und den Projektverlauf zu geben und diesen Einfluss auch einzufordern (s. auch → Anm. 3 am Ende). Das Formular setzt dies formal in § 8 um. Von herausgehobener Bedeutung sind dabei die Entwicklung der Product Vision (Erster Aufzählungspunkt in Abs. 2), die Einflussnahme auf die Einträge in das Product Backlog (Zweiter Aufzählungspunkt in Abs. 2) sowie auf die Definition of Done (Abs. 5) sowie die Steuerung der Sprints über ein fachliches Weisungsrecht (Abs. 6). Wichtig ist auch, dass der Product Owner mit der Scrum-Methodik vertraut ist, um seine Aufgaben im Projekt zu erkennen (Heydn MMR 2020, 284). Ohne die Mitwirkung des Auftraggebers ist eine seinen Interessen entsprechende Entwicklung der Software nicht möglich. Das Formular sieht an vielen Stellen entsprechende Regelungen zur Einbeziehung des Product Owners vor.

21. Scrum Master. Nach einem verbreiteten Verständnis ist der Scrum Master ein Moderator und Organisator (Kremer/Buchalik DSRITB 2015, 789 (794)), dessen Aufgabe vor allem darin besteht, dem Entwicklungsteam zu helfen, seiner Arbeit nachzugehen. Dazu muss er „Impediments" aus dem Weg räumen. Typischerweise wird der Scrum Master vom Auftragnehmer bestellt, zumal Impediments regelmäßig aus der Sphäre des Auftragnehmers stammen, wie etwa Urlaube, Krankheiten, Elternzeiten, fehlendes Know-how von Entwicklern etc.

22. Product Backlog. Das Product Backlog ist die zentrale Dokumentation der Anforderungen an die zu erstellenden Leistungen und des Fortschritts der Erfüllung der Anforderungen. Das Formular sieht vor, dass das Product Backlog vom Product Owner verwaltet wird (Abs. 3 und § 8 Abs. 2).

23. Sprints. In den Sprints wird die Leistung erbracht, die zum vertragsgemäßen Ergebnis führen soll. Der Ablauf von Sprints ist formalisiert und wird in dem Formular detailliert beschrieben. Daher ist darauf zu achten, dass das Vorgehen im konkreten Anwendungsfall mit dem hier beschriebenen Verfahren übereinstimmt. Nicht besonders behandelt ist die Bestimmung der **Velocity** einer Aufgabe. Mit der Velocity wird oft die Entwicklungsgeschwindigkeit des Entwicklungsteams angegeben. Die Einheit dazu ist der

Story Point, der die Komplexität eines Product Backlog Items wiedergibt. Die Summe der Story Points, die das Team während eines Sprints abarbeiten kann, gibt die Velocity des Teams wieder. Da die Team-Zusammensetzung variieren kann, ist die Velocity kein fester Wert. In dem Formular werden diese Parameter in den Absätzen 2 und 3 berücksichtigt, ohne dass der Begriff ausdrücklich genannt wird.

24. Task Board und Burndown Chart. Das Task Board zeigt die in dem Sprint umzusetzenden Aufgaben und gibt einen Überblick, woran das Entwicklungsteam gerade arbeitet und was schon erledigt wurde. Mit dem Burndown Chart zeigt das Team, welche Aufgaben in Relation zur verbleibenden Zeit verbleiben. Dadurch soll erreicht werden, dass die Aufgaben innerhalb der für den Sprint zur Verfügung stehenden Zeit abgearbeitet werden können.

25. Freigabe. Da dem Product Backlog eine maßgebliche Bedeutung für die Vertragsdurchführung zukommt (→ Anm. 22), erhält der Auftraggeber über den Product Owner die Entscheidungshoheit, welche Einträge vorgenommen werden.

26. Product Increment. Das Scrum-Projektmanagement ist dadurch gekennzeichnet, dass die Erstellung der Software in den Sprints iterativ und inkrementell erfolgt. Mit jedem Sprint kommt das Team dem Projektziel näher. Das Selbstverständnis von Scrum ist dabei, mit jedem Sprint ein lauffähiges Element der Software auszuliefern. Das muss nicht zwangsläufig so sein, auch ist nicht erforderlich, dass die im Sprint erstellte Software schon einen Nutzen für den Auftraggeber hat.

27. Leistungsbeschreibung. In Scrum ist eine Leistungsbeschreibung nicht vorgesehen. Die Software entsteht im iterativen Prozess. Für die Mängelhaftung fehlte es anfänglich an einem vereinbarten Soll und es wäre auf § 633 Abs. 2 S. 2 Nr. 2 BGB bzw. §§ 434 Abs. 3, 650 Abs. 1 BGB beim Werklieferungsvertrag abzustellen, wenn die Beschaffenheit nicht vereinbart ist. Um das zu vermeiden, werden die Backlog-Einträge als Soll genommen, auch wenn sie zu Beginn noch unspezifisch sind. Im Laufe des Projekts werden die Einträge aufgrund der Erkenntnisse aus den Sprints detaillierter (§ 11 Abs. 3 und 6).

28. Freigabe. Die Freigabe am Ende eines Sprints kann in Verbindung mit einem Test gem. § 15 als Teilabnahme ausgestaltet werden, was allerdings AGB-rechtlichen Bedenken begegnet (→ Vorb. A.III.8). Das Formular überlässt es der Entscheidung des Product Owner, ob ein Test, der nach den Regelungen des Vertrages abnahmeähnliche Wirkungen hat, durchgeführt wird. Abseits von Nacherfüllungsansprüchen, die unberührt bleiben, kann eine Beseitigung von Mängeln jedenfalls in einem späteren Sprint erfolgen.

29. Test. Bei der Erstellung von Software besteht bei Vorliegen eines Werkvertrags weiterhin die Unsicherheit, ob die Regelung des § 650 BGB greift und ein Werklieferungsvertrag (→ Form. C.3 Anm. 3) vorliegt, der im Wesentlichen nach kaufrechtlichen Bestimmungen zu behandeln ist. Sollte ein Werkvertrag vorliegen, besteht eine Abnahmepflicht bereits kraft Gesetzes. Für den Kaufvertrag ist eine Abnahme nicht vorgesehen. Die Vereinbarung eines Tests kann beide Vertragstypen verbinden und entweder als Umsetzung des gesetzlich sowieso Geschuldeten oder als für die Softwareerstellung sinnvolle Ergänzung der kaufrechtlichen Regelung betrachtet werden. Auch bei einem Dienstvertrag kann ein Test sinnvoll sein. Dann müssen aber alle Bezüge zu Mängeln und Nacherfüllungspflichten entfernt werden (→ Anm. 31).

30. Abnahmefiktion. In AGB ist eine Abnahmefiktion, die keine Rücksicht auf etwaige Mängel des Werks nimmt, grundsätzlich unwirksam. Das Gesetz sieht in § 640 Abs. 2 S. 1 BGB zwar eine Fiktion nach fruchtloser Fristsetzung vor. Der Auftraggeber kann diese Fiktion aber leicht verhindern. Die Klausel geht zugunsten des Auftragnehmers über die gesetzliche Regelung hinaus → Form. C.3 Anm. 24.

31. Teilabnahme und Nacherfüllung. Sollen die Tests zu einer Teilabnahme führen, müssen sie konsequenterweise auch Nacherfüllungsansprüche auslösen und damit insbesondere den Lauf der Verjährung in Gang setzen. Das kann problematisch sein, weil das Scrum-Prinzip gerade darauf beruht, die Software iterativ zu erstellen und nachfolgende Sprints die Möglichkeit bieten, im Rahmen der geschuldeten Hauptleistung Mängel zu beseitigen. Teilabnahmen begründen dabei auch die Gefahr des Rücktritts und Schadensersatzes bei Fehlschlagen der Nacherfüllung in angemessener Frist. Daher verschiebt Abs. 7 den Anspruch auf Nacherfüllung frühestens auf den Zeitpunkt der Übergabe an den Auftraggeber, was dem kaufrechtlich relevanten Zeitpunkt entspricht. Bei werkvertraglicher Betrachtung entstehen die Ansprüche erst mit der Abnahme. Soll der Vertrag **Dienstvertragscharakter** haben, ist jedenfalls dieser Absatz zu streichen.

32. Nutzungsrechte. Bei agilen Projekten gilt hinsichtlich der Nutzungsrechte grundsätzlich nichts anderes als bei klassischen Projekten → Form. C.3 Anm. 30. Es ist zwar denkbar, dass eine intensive Einbindung des Product Owners in die Entwicklung zu einer Miturheberschaft führen kann. Da aber die bloße Ideengebung zu keiner geschützten Leistung führt, dürfte eine relevante Schöpfungsleistung eher die Ausnahme sein. Für den Fall einer Miturheberschafft muss eine entsprechende Vereinbarung auch mit dem Product Owner und anderen Mitwirkenden getroffen werden, weil die Miturheber nach § 8 Abs. 2 UrhG nur insgesamt befugt sind, das Werk zu verwerten (dazu Bisges UrheberR-HdB/Imhof Kap. 5 Rn. 314 ff.). Wie immer ist ein Augenmerk auf die Einbindung von Open-Source-Software sowie eigene oder fremde Standardsoftware (dazu Abs. 6) zu richten.

33. Schutzrechtsverletzungen. → Form. C.1. Anm. 20.

34. Rüge. Unterliegt der Auftragnehmer einer Nacherfüllungspflicht, kann diese Regelung beibehalten werden (s. dazu auch → Form. C.3 Anm. 46). Soll der Vertrag **Dienstvertragscharakter** haben, ist § 19 zu streichen.

35. Rücktritt. Bei Bestehen von Nacherfüllungspflichten s. → Form. C.2 Anm. 23. Soll der Vertrag **Dienstvertragscharakter** haben, ist die Variante zu wählen.

36. Nacherfüllung und Dienstvertrag. Die Regelung in § 21 passt nicht für Dienstverträge. Soll der Vertrag als Dienstvertrag typisiert werden, ist die Regelung zu streichen.

37. Funktionstauglichkeit. → Form. C.3 Anm. 48.

38. Verjährungsfrist. → Form. C.3 Anm. 49.

39. Haftung. → Vorb. A.III.5.

40. Vergütung. Es entspricht dem Wesen des agilen Projektmanagements, dass ein Festpreis nicht sicher kalkuliert werden kann. Der Projektmanagementidee angemessen wäre daher eine aufwandsbezogene Vergütung. Versuche, eine angemessene, flexible Regelung zu finden, die auch die Interessen des Auftragnehmers berücksichtigt (Schirmbacher/Schätzle ITRB 2020, 16), stoßen in der Praxis auf den Widerstand der Auftraggeber, die Budgetsicherheit suchen. Das Formular lagert in Abs. 1 die Regelung der Vergütung in eine Anlage aus, in der die Parteien die für sie passende Regelung treffen können. Als **Variante** wird der Versuch unternommen, den oft zu lesenden Vorschlag eines **agilen Festpreises** zu realisieren.

Zunächst wird eine Bonus-/Malus-Regelung vorgeschlagen, die sich so auch in klassischen Projektverträgen finden lässt. Kommt der Auftragnehmer mit weniger Sprints als prognostiziert aus, erhält er einen Bonus, braucht er mehr, werden die Zusatzleistungen zunächst zwar vergütet, aber nur mit einem geminderten Entgelt je Sprint. Das Anknüpfen an Sprints empfiehlt sich, weil die Sprints regelmäßig die gleiche Dauer haben. Nach einer Höchstzahl an Sprints erhält der Auftragnehmer keine Vergütung mehr, ist aber weiterhin verpflichtet, die Software fertig zu stellen.

Der weitere Vorschlag zu einem kostenneutralen **Change-Management** folgt dem Prinzip **„Change for free"**. Diese Idee ist theoretisch brauchbar, vertraglich aber schwer interessengerecht zu formulieren. Der Auftraggeber soll Leistungsinhalte neu einführen dürfen, wenn er in gleichem Umfang andere aufgibt („Change for free"). Das Problem der Idee liegt in der Bestimmung der Gleichwertigkeit der auszutauschenden Leistungen. Oft wird mit Story Points gearbeitet (s. § 11 Abs. 3). Werden User Stories aus dem Product Backlog genommen, die 20 Story Points wert sind, können neue User Stories im gleichen Umfang eingefügt werden. Die Story Points sind aber nur eine Schätzung, die im Laufe des Projekts überprüft wird. Das Formular orientiert sich nicht an Story Points, sondern an der Zahl der Sprints. Wenn sie sich prognostisch nicht verändert, ist der Austausch aufkommensneutral.

41. Abwerbeverbot. → Form. C.3 Anm. 61.

42. Geheimhaltung. → Form. C.3 Anm. 62.

43. Kündigung. Alternativ zu den gesetzlichen Kündigungsrechten aus §§ 648 und 648a BGB sieht das Formular ergänzend ein freies Kündigungsrecht jeder Vertragspartei bis zum Beginn des vierten Sprints vor. Dadurch soll ein Vertragsausstieg ermöglicht werden, wenn einer Partei erkennbar wird, dass die Zusammenarbeit mit der anderen Partei nicht den Erwartungen gemäß möglich ist (s. auch Heydn MMR 2020, 284 (289)). Für die Vergütung gilt dann § 23 Abs. 6, der die Regelung in § 648 S. 2 BGB abbedingt. Das ist in den eigenen AGB des Auftragnehmers zulässig, in den AGB des Auftraggebers dagegen nicht (BeckOK BGB/Voit § 648 Rn. 26).

44. UN-Kaufrecht. → Form. C.3 Anm. 64.

45. Vertragssprache. → Form. F.3 Anm. 36.

3. Mobile App-Erstellung – Mobile App Development

Mobile App-Erstellungsvertrag	**Mobile App Development Agreement**
zwischen	**between**
. . . . .	. . . . .
– nachfolgend „Auftraggeber" genannt –	**– hereinafter referred to as „Customer" –**
und	**and**
.	.
– nachfolgend „Auftragnehmer" genannt –	**– hereinafter referred to as „Contractor" –**
§ 1 Vertragsgegenstand	**§ 1 Subject Matter**
Gegenstand des Vertrages ist die entgeltliche Erstellung einer Software für mobile Endgeräte (nachfolgend „App" genannt)	**The object of the contract is the development of a software for mobile devices (hereinafter referred to as „App") by the**

durch den Auftragnehmer zur dauerhaften Überlassung an den Auftraggeber.

Contractor for permanent provision to the Customer.

§ 2 Leistungen

(1) Der Auftragnehmer wird im Rahmen dieses Vertrages folgende Leistungen erbringen

- die Erstellung der App und
- die Erstellung der Benutzerdokumentation.

(2) Die App wird zum Einsatz in folgenden Betriebssystemumgebungen erstellt:

- Google Android ab der Version . . . . .
- Apple iOS ab der Version . . . . .
- XY Android . . . .

. . . . .

und jede bis zur Abnahme erschienene spätere Version. Die App wird plattformunabhängig erstellt.[1]

(3) Der Auftragnehmer beachtet bei der Erstellung der App die folgenden Anforderungen, die in der Anlage „Spezifikation“ genauer festgelegt sind und während der Vertragsdurchführung weiter fortgeschrieben werden können:

- Anforderungen des Betreibers der Plattformen Google Play Store, Apple iTunes AppStore, Microsoft Windows Store . . . . ., über die der Vertrieb der App erfolgt;[2]
- Automatisierte Fehlerberichte;[3]
- Abbilden der gesamten/gemäß Anlage Spezifikation eingeschränkten Funktionalität der unter der URL . . . . betriebenen Web-Seite des Auftraggebers;[4]
- Datenschutzhinweise für den Nutzer;[5]
- Gewährleistung der Datensicherheit unter Beachtung des Standes der Technik, so dass kein unerlaubter Zugriff auf die App möglich ist und diese gegen Verletzungen des Schutzes personenbezogener Daten und gegen Störungen, auch soweit sie durch äußere Angriffe bedingt sind, gesichert ist;[6]

§ 2 Services

(1) The Contractor shall provide the following services under this contract

- the development of the App and
- the creation of the user documentation.

(2) The App is developed for use in the following operating system environments:

- Google Android as of version . . . . .
- Apple iOS as of version . . . . .
- XY Android . . . .

. . . . .

and any later version released until acceptance. The App is developed platform independent.[1]

(3) When developing the App, the Contractor shall observe the following requirements, which are defined in more detail in the Appendix „Specification“ and may be further updated during the performance of the contract:

- Requirements of the operator of the platforms Google Play Store, Apple iTunes AppStore, Microsoft Windows Store . . . . . through which the App is distributed;[2]
- Automated error reporting;[3]
- Mapping of the complete/according to the Appendix „Specification“ limited functionality of the website operated by the Customer under the URL . . . .;[4]
- Privacy policy for the user;[5]
- Guarantee of data security in compliance with the state of the art, so that no unauthorized access to the App is possible and the App is secured against violations of the protection of personal data and against interferences, including violations and interferences caused by external attacks;[6]

- Nutzbarkeit der App mit den verbreiteten Geräten (Smartphones, Tablets, Wearables), insbesondere die in der Anlage „Spezifikation" genannten;
- Erstellung der Sprachversionen der App;
- Hinweise zur Nutzung der App;
- Beachtung gesetzlicher Vorgaben zu Medizinprodukten, Messstellen uä;[7]
- Impressum gemäß den gesetzlichen Anforderungen;
- Möglichkeit von In-App-Rechtsgeschäften, Zahlmöglichkeiten hierfür und Gestaltung der Hinweise für diese Geschäfte;[8]
- Die Übertragbarkeit der bei Nutzung der App durch den Nutzer gesammelten Daten auf Dritte.

(4) Der Auftragnehmer wird die Lizenzen beschaffen, die zur Einbindung anderer Apps oder von Funktionalitäten des Betriebssystems erforderlich sind.

(5) Die Einbindung von Open-Source-Software bedarf der vorherigen Zustimmung des Auftraggebers.

§ 3 Zeitplan

(1) Die Leistungen sind bis zum . . . . . abnahmebereit zu erbringen.

(2) Der Auftragnehmer wird dem Auftraggeber Leistungsverzögerungen anzeigen. Leistungsverzögerungen aufgrund höherer Gewalt (zB Streik, Aussperrung, behördliche Anordnungen, allgemeine Störungen der Telekommunikation usw) und Umständen im Einflussbereich des Auftraggebers (zB nicht rechtzeitige Erbringung von Mitwirkungsleistungen, Verzögerungen durch dem Auftraggeber zuzurechnende Dritte etc) hat der Auftragnehmer nicht zu vertreten und berechtigen ihn, das Erbringen der betroffenen Leistungen um die Dauer der Behinderung zzgl. einer angemessenen Anlaufzeit hinauszuschieben.

- Usability of the App with common devices (smartphones, tablets, wearables), especially those listed in the Appendix „Specification";
- Creation of the language versions of the App;
- Notes on using the App;
- Observance of legal requirements for medical devices, measuring points etc[7]
- Imprint according to legal provisions;
- Possibility of in-app legal transactions, payment options for these transactions and design of the notes for these transactions;[8]
- The transferability to third parties of the data collected by the User using the app.

(4) The Contractor shall procure the licenses required to integrate other apps or operating system functionalities.

(5) The integration of open source software requires the prior consent of the Customer.

§ 3 Timetable

(1) The services shall be delivered ready for acceptance by . . . . .

(2) The Contractor shall notify the Customer of any delays in performance. The Contractor shall not be responsible for delays in performance due to force majeure (e.g. strike, lockout, official orders, general disruption of telecommunications, etc) and circumstances within the Customer's sphere of influence (e.g. failure to provide cooperation services on time, delays caused by third parties attributable to the Customer, etc) and shall be entitled to postpone the provision of the affected services for the duration of the hindrance plus a reasonable start-up period.

§ 4 Zusammenarbeit

(1) Die Parteien arbeiten vertrauensvoll zusammen. Erkennt eine Vertragspartei, dass Angaben und Anforderungen, gleich ob eigene oder solche der anderen Vertragspartei, fehlerhaft, unvollständig, nicht eindeutig oder nicht durchführbar sind, hat sie dies und die ihr erkennbaren Folgen der anderen Partei unverzüglich mitzuteilen. Die Parteien werden dann nach einer interessengerechten Lösung suchen und anstreben, diese, gegebenenfalls nach den Bestimmungen über Leistungsänderungen, zu erreichen.

(2) Der Auftraggeber unterstützt den Auftragnehmer bei der Erfüllung seiner vertraglich geschuldeten Leistungen und erbringt alle zur Vertragsdurchführung erforderlichen Mitwirkungshandlungen unaufgefordert und auf eigene Kosten. Dazu gehört insbesondere die Vorgabe der zu beachtenden rechtlichen Anforderungen hinsichtlich der Information und Belehrung des Nutzers der App.

(3) Es wird ein Lenkungsausschuss aus verantwortlichen Mitgliedern des Auftraggebers und des Auftragnehmers gebildet. Der Lenkungsausschuss legt einen Turnus für seine Sitzungen fest, in denen der Auftragnehmer insbesondere über den Projektstand informiert. Der Lenkungsausschuss ist unverzüglich einzuberufen, wenn die Einhaltung des Zeitrahmens und des Inhalts des Projektauftrages in nicht nur unerheblicher Weise gefährdet ist oder wenn über die Erweiterung des Projektauftrages zu entscheiden ist und die Entscheidungen zusätzliche Zeit und Ressourcen erfordern. Der Lenkungsausschuss tritt bei Anrufung baldmöglichst zusammen und soll seine Entscheidungen innerhalb der Sitzung treffen.

§ 5 Änderungswünsche des Auftraggebers

(1) Will der Auftraggeber den vertraglich bestimmten Umfang der vom Auftragnehmer zu erbringenden Leistungen ändern,

§ 4 Cooperation

(1) The parties shall cooperate in a spirit of trust. If a party becomes aware that information and requirements, whether its own or those of the other party, are incorrect, incomplete, unclear or impracticable, it must without culpable delay inform the other party thereof and of the consequences which it has identified. The parties will then seek and endeavour to reach a solution in accordance with their interests, if necessary under the provisions on change requests.

(2) The Customer shall support the Contractor in the performance of its contractually owed services and shall provide all cooperation required for the performance of the contract without being asked and at its own expense. This includes, in particular, the specification of the legal requirements to be observed with regard to information and instruction of the user of the App.

(3) A steering committee shall be formed consisting of responsible members of the Customer and the Contractor. The steering committee shall determine the frequency of its meetings, at which the Contractor shall provide information, in particular on the progress of the project. The steering committee shall be convened without culpable delay if compliance with the time frame and content of the project mandate is at risk to a not inconsiderable extent, or if a decision has to be taken on the extension of the project mandate and the decisions require additional time and resources. The Steering Committee shall meet as soon as possible if called and shall take its decisions within the meeting.

§ 5 Change Requests of the Customer

(1) If the Customer wishes to change the contractually agreed scope of the services to be provided by the Contractor, it shall

so wird er diesen Änderungswunsch schriftlich gegenüber dem Auftragnehmer äußern. Das weitere Verfahren richtet sich nach den nachfolgenden Bestimmungen. Bei Änderungswünschen, die rasch geprüft und voraussichtlich innerhalb von X Arbeitsstunden umgesetzt werden können, kann der Auftragnehmer von dem Verfahren nach den Abs. 2–5 absehen und die Leistungen direkt ausführen. Der Auftraggeber ist berechtigt, seinen Änderungswunsch jederzeit zurückzuziehen; das eingeleitete Änderungsverfahren endet dann.

(2) Der Auftragnehmer prüft, welche Auswirkungen die gewünschte Änderung insbesondere hinsichtlich Vergütung und Terminen haben wird. Erkennt der Auftragnehmer, dass aktuell zu erbringende Leistungen aufgrund der Prüfung nicht oder nur verzögert ausgeführt werden können, so teilt er dies dem Auftraggeber mit und weist ihn darauf hin, dass der Änderungswunsch weiterhin nur geprüft werden kann, wenn die betroffenen Leistungen um zunächst unbestimmte Zeit verschoben werden. Erklärt der Auftraggeber sein Einverständnis mit dieser Verschiebung, führt der Auftragnehmer die Prüfung des Änderungswunsches durch.

(3) Nach Prüfung des Änderungswunsches wird der Auftragnehmer dem Auftraggeber die Auswirkungen des Änderungswunsches auf die getroffenen Vereinbarungen darlegen. Die Darlegung enthält entweder einen detaillierten Vorschlag für die Umsetzung des Änderungswunsches oder Angaben dazu, warum der Änderungswunsch nicht umsetzbar ist.

(4) Die Vertragsparteien werden sich über den Inhalt eines Vorschlags für die Umsetzung des Änderungswunsches unverzüglich abstimmen und das Ergebnis einer erfolgreichen Abstimmung dem Text der Vereinbarung, auf die sich die Änderung bezieht als Nachtragsvereinbarung beifügen.

(5) Kommt eine Einigung nicht zustande oder endet das Änderungsverfahren aus einem anderen Grund, so verbleibt es beim

notify the Contractor of this change request in writing. The further procedure is governed by the following provisions. In the case of requests for changes which can be quickly examined and probably implemented within . . . . . working hours, the Contractor may dispense with the procedure set forth in paragraphs 2 through 5 and immediately carry out the services. The Customer is entitled to withdraw its request for changes at any time; the initiated change procedure will then end.

(2) The Contractor shall examine what effects the desired change will have, particularly with regard to remuneration and deadlines. If the Contractor realises that services currently to be provided cannot be performed or can only be performed with delay due to the inspection, it shall inform the Customer thereof and point out to it that the request for change can only be examined if the services concerned are postponed for an initially indefinite period of time. If the Customer declares its agreement with this postponement, the Contractor will carry out the examination of the change request.

(3) After examining the request for change, the Contractor shall explain to the Customer the effects of the request for change on the agreements made. The statement shall contain either a detailed proposal for the implementation of the change request or information on why the change request cannot be implemented.

(4) The parties shall agree on the content of a proposal for an implementation of the requested change without culpable delay and shall attach the result of a successful agreement to the text of the agreement to which the change refers as a supplementary agreement.

(5) If no agreement can be reached or if the change request procedure ends for any other reason, the original scope of services

ursprünglichen Leistungsumfang. Gleiches gilt für den Fall, dass der Auftraggeber mit einer Verschiebung der Leistungen zur weiteren Durchführung der Prüfung nach Abs. 2 nicht einverstanden ist.

(6) Die von dem Änderungsverfahren betroffenen Termine werden vorbehaltlich einer abweichenden Einigung unter Berücksichtigung der Dauer der Prüfung, der Dauer der Abstimmung über den Änderungsvorschlag und gegebenenfalls der Dauer der auszuführenden Änderungswünsche zuzüglich einer angemessenen Anlauffrist soweit erforderlich verschoben. Der Auftragnehmer wird dem Auftraggeber die neuen Termine mitteilen.

(7) Der Auftraggeber hat die durch das Änderungsverlangen entstehenden Aufwände zu tragen. Hierzu zählen insbesondere die Prüfung des Änderungswunsches, das Erstellen eines Änderungsvorschlags und etwaige Stillstandszeiten. Die Aufwände werden für den Fall, dass zwischen den Parteien eine Vereinbarung über Tagessätze getroffen wurde, nach diesen, im Übrigen nach der üblichen Vergütung des Auftragnehmers berechnet.

§ 6 Abnahme

(1) Zur transparenten Durchführung der Abnahme wird der Auftragnehmer mit dem Auftraggeber rechtzeitig ein Abnahmeverfahren vereinbaren. In der Vereinbarung sollen die Parteien Regelungen zu den durchzuführenden Tests einschließlich der Testumgebung, dem Ort, der Zeit sowie die bei dem Test vom Auftraggeber zu erbringenden Mitwirkungshandlungen abstimmen.

(2) Im Rahmen der Abnahme wird ein schriftliches Abnahmeprotokoll erstellt, in dem der Ort, die Zeit, die technischen Umstände der Abnahmetests, die Testergebnisse sowie die Teilnehmer des Abnahmeverfahrens festgehalten werden. Der Auftraggeber wird die Leistungen des Auftragnehmers auf ihre Vertragsgemäßheit prüfen und für ihn erkennbare nach-

shall be retained. The same shall apply in the event that the Customer does not agree to a postponement of the services required for further performance of the test in accordance with paragraph 2.

(6) Unless otherwise agreed, the dates affected by the change request procedure shall be postponed to the extent necessary, taking into account the duration of the examination, the duration of the agreement on the change request and, if applicable, the duration of the implementation of the change request plus an appropriate start-up period. The Contractor shall inform the Customer of the new dates.

(7) The Customer shall bear the expenses arising from the change request. Such expenses include, in particular, the costs for examining the change request, the preparation of a change proposal and possible downtimes. In the event that the parties have agreed on daily rates, the expenses shall be calculated according to these rates, otherwise according to the Contractor's usual remuneration.

§ 6 Acceptance

(1) The Contractor and the Customer shall agree on an acceptance procedure in good time to ensure that the acceptance procedure is carried out transparently. In such agreement, the parties shall agree on the procedure and terms for the tests to be carried out, including the test environment, the place, the time and the cooperation to be provided by the Customer during the test.

(2) Within the scope of the acceptance, a written acceptance protocol shall be drawn up in which place, time, technical circumstances of the acceptance tests, the test results and the participants in the acceptance procedure shall be recorded. The Customer shall have the Contractor's services checked to ensure that they comply with the contract and shall have any

teilige Abweichungen von dem vertraglich Vereinbarten in das Protokoll aufnehmen lassen.

(3) Gibt der Auftraggeber von ihm im Rahmen der Abnahme erkannte oder infolge grober Fahrlässigkeit nicht erkannte nachteilige Abweichungen der Leistungen von dem Vereinbarten nicht zu Protokoll, so gelten die Leistungen hinsichtlich dieser nicht gemeldeten Abweichungen als vertragsgemäß erbracht. Für den Fall, dass der Auftraggeber seiner Pflicht zur Teilnahme an der Abnahme nicht oder nicht vollständig nachkommt, gelten die Leistungen als vertragsgemäß erbracht, soweit keine Abweichungen vorliegen, die bei einer pflichtgemäßen Teilnahme erkennbar gewesen wären. Der Auftragnehmer wird den Auftraggeber mit der Mitteilung der Abnahmefähigkeit der Leistungen auf diese Bedeutung seines Verhaltens hinweisen. Soweit der Auftragnehmer Beschaffenheitsabweichungen arglistig verschwiegen hat, kann er sich auf die Regelungen dieses Absatzes nicht berufen.[9]

(4) Eine etwaig bestehende weitere Obliegenheit des Auftraggebers, auf erkannte Mängel hinzuweisen, bleibt unberührt.

§ 7 Vergütung

(1) Für die Vergütung der vom Auftragnehmer zu erbringenden Leistungen gilt die in der Anlage „Vergütung“ vorgesehene Regelung. Soweit dort nichts anderes geregelt ist, erfolgt die Leistungserbringung nach Aufwand zu den in der Anlage genannten Vergütungssätzen. Werden Leistungen zu Festpreisen zugesagt, berechtigen Aufwandsmehrungen und -minderungen keine Partei, eine Anpassung zu verlangen. Vom Auftragnehmer erstellte Kostenvoranschläge oder Budgetplanungen sind unverbindlich.

(2) Der Auftraggeber trägt gegen Nachweis sämtliche Auslagen wie Reise- und Übernachtungskosten, Spesen und im Rahmen der Vertragsdurchführung anfal-

disadvantageous deviations from the contractually agreed upon, to the extent it should be able to identify them, recorded in the protocol.

(3) If the Customer fails to report any adverse deviations of the services from the agreed upon services which it has identified during acceptance or which it has not identified due to gross negligence, the services shall be deemed to have been performed in accordance with the contract with regard to these unreported deviations. In the event that the Customer does not or not fully comply with its obligation to participate in the acceptance procedure, the services shall be deemed to have been provided in accordance with the contract, provided that there are no deviations that would have been recognisable in the case of a dutiful participation. The Contractor shall draw the attention of the Customer to such significance of its conduct when notifying it that the services are ready for acceptance. Insofar as the Contractor has fraudulently concealed deviations in quality, it may not invoke the provisions of this paragraph.[9]

(4) Any further obligation of the Customer to point out recognised defects remains unaffected.

§ 7 Remuneration

(1) The remuneration for the services to be provided by the Contractor shall be governed by the provisions set out in the Appendix „Remuneration“. Unless otherwise stipulated therein, services shall be provided on a time and material basis at the rates set out in the Appendix. If services are promised at fixed prices, increases and reductions in expenditure shall not entitle either party to demand an adjustment. Cost estimates or budget plans prepared by the Contractor are non-binding.

(2) The Customer shall bear, subject to proof by the Contractor, all expenses such as travel and accommodation costs, and expenses for payments of third party

lende Entgeltforderungen Dritter. Reisezeiten sind zu vergüten.

(3) Alle vertraglich vereinbarten Vergütungen verstehen sich zzgl. der gesetzlichen Umsatzsteuer.

§ 8 Nutzungsrechte[10]

(1) Der Auftragnehmer räumt dem Auftraggeber an der nach diesem Vertrag vom Auftragnehmer erstellten App, einschließlich der vom Auftragnehmer erstellten Dokumentation, auch für alle zukünftigen Nutzungsarten, räumlich, zeitlich und inhaltlich unbeschränkte und übertragbare ausschließliche Nutzungsrechte ein. Der Mindestumfang der einzuräumenden Rechte bestimmt sich nach den Anforderungen der Store-Betreiber, über die die App vertrieben werden soll. Zu den einzuräumenden Rechten zählen insbesondere

a) das Recht zur dauerhaften oder vorübergehenden Vervielfältigung, ganz oder teilweise, mit jedem Mittel und in jeder Form, beispielsweise zur dauerhaften und/oder flüchtigen Speicherung auf elektrischen, elektromagnetischen, optischen Speichermedien, wie jeder Art von Festplatten, RAM, blu-ray discs, DVD, CD-ROM, Speicherkarten, in mobilen Endgeräten, Wearables, USB-Sticks etc sowie über alle Kommunikationswege, insbesondere im Rahmen des Cloud-Computings oder des Angebots an die Öffentlichkeit;

b) das Recht zur umfassenden Umarbeitung (Übersetzung, Bearbeitung und Arrangement) der Leistungen, auch zur Anpassung der App an geänderte Einsatzbedingungen, zum Erstellen von Schnittstellen sowie zur Weiterentwicklung der App und Verbindung der Leistungen des Auftragnehmers mit Leistungen anderer, zum Löschen der Leistungen und zur Verwertung des Ergebnisses dieser Umarbeitungen in jeglicher Form entsprechend den in dieser Vereinbarung genannten Befugnissen;

services arising in the context of the performance of the contract. Travel times are to be remunerated.

(3) All contractually agreed remuneration is subject to the statutory value added tax.

§ 8 Licence[10]

(1) The Contractor grants the Customer exclusive and transferable rights of use, unlimited in terms of territory, time and content, for the App created by the Contractor under this contract, including the documentation created by the Contractor, also for all future types of use. The minimum scope of the rights to be granted is determined by the requirements of the store operators through which the app is to be distributed. The rights to be granted include in particular

a) the right to permanent or temporary reproduction, in whole or in part, by any means and in any form, for example permanent and/or volatile storage on electrical, electromagnetic, optical storage media, such as any type of hard disk, RAM, Blu-ray discs, DVD, CD-ROM, memory cards, in mobile devices, Wearables, USB sticks, etc, and by any means of communication, in particular in the context of cloud computing or offering to the public;

b) the right to comprehensive modification (translation, editing and arrangement) of the services, also to adapt the App to changed conditions of use, to create interfaces as well as to further develop the App and combine the services of the Contractor with services of others, to delete the services and to use the result of these reworkings in any form according to the granting of rights set forth in this contract;

c) das Recht zur Verbreitung der App und von Vervielfältigungsstücken hiervon in jeder Form und mit jedem Mittel, einschließlich des Rechts zur Vermietung, zum Leasing und zur Leihe, gleich, ob die Verbreitung in körperlicher oder körperloser Form erfolgt, insbesondere zur Übertragung der App über drahtgebundene und drahtlose Netze (zB zum Download, insbesondere über Vertriebsplattformen von App-Anbietern, in Client-Server-Umgebungen oder im Wege des Application-Service-Providing bzw. als Software as a Service uÄ sowie über das Internet, unternehmenseigene Intranets oder andere Netze);

d) das Recht zur drahtgebundenen oder drahtlosen öffentlichen Wiedergabe einschließlich der öffentlichen Zugänglichmachung in der Weise, dass die App Mitgliedern der Öffentlichkeit von Orten und zu Zeiten ihrer Wahl zugänglich ist, insbesondere als Angebot zur Fernübertragung (Downloads);

e) das Recht, die App sonst wie zugänglich zu machen, zB durch den Einsatz in Netzwerken, ohne dass eine Verbreitung erfolgt oder diese öffentlich ist (etwa in Client-Server Umgebungen, beim Application Service Providing uÄ);

f) das Recht, die Nutzung der App in jeder zulässigen Weise zu beschränken, sei es für die private Nutzung, die nichtkommerzielle Nutzung, die Nutzung in Unternehmen, in Unternehmensverbünden (Konzernen), in Branchen, mit bestimmter oder bestimmbarer Hardware (zB als OEM-Software, gebunden an eine CPU oder Ähnliches), nutzerbezogen („Named User") als Open Source Software, als Testversion, als Vor-Version, Update, Upgrade uÄ.

(2) Der Auftraggeber ist berechtigt, die vorstehenden Rechte ohne weitere Zustimmung durch die Auftragnehmerin ganz oder teilweise, befristet oder unbefristet, bedingt oder unbedingt, auf Dritte zu übertragen oder einfache Rechte hier-

c) the right to distribute the App and copies thereof in any form and by any means, including the right to rent, lease and lend, whether the distribution is in physical or non-physical form, in particular to transmit the App via wired and wireless networks (e.g. for download, in particular via distribution platforms of App providers, in client-server environments or by way of application service providing or as software as a service etc as well as via the internet, the Customer's own intranets or other networks);

d) the right of wired or wireless communication to the public, including making available to the public in such a way that the App is accessible to members of the public from places and at times of their choice, in particular as an offer for remote transmission (downloads);

e) the right to make the App accessible in any other way, e.g. by using it in networks without the App being distributed or being available to the public (e.g. in client-server environments, application service providing, etc);

f) the right to restrict the use of the App in any permissible way, whether for private use, non-commercial use, use in companies, in corporate groups, in industries, with specific or specifiable hardware (e.g. as OEM software, tied to a CPU or similar), user-related („Named User"), as open source software, as a test version, as a pre-version, update, upgrade, etc.

(2) The Customer shall be entitled to transfer the above rights to third parties in whole or in part, limited or unlimited in time, conditionally or unconditionally, without the Contractor's further consent,

von abzuspalten und Dritten einzuräumen.

(3) Die vorstehende Einräumung von Rechten gilt sowohl für den erstellten oder umgearbeiteten Quellcode, Schnittstellen wie für jedwede Form von Software, gleich ob selbständig ablauffähig oder nicht, die dazugehörige Dokumentation und etwaige schutzfähige Benutzeroberflächen, Grafiken, Ein- und Ausgabemasken und Ähnliches.

(4) Für etwaig von der Rechteeinräumung nach dieser Vereinbarung nicht erfasste Nutzungsarten räumt der Auftragnehmer eine Option zum Erwerb dieser Rechte zu angemessenen Bedingungen ein und stellt die Ausübbarkeit der Option sicher. Die Bedingungen der Optionsausübung sind vom Auftraggeber nach billigem Ermessen (§ 315 Abs. 3 BGB) zu bestimmen und im Streitfall vom zuständigen Landgericht zu überprüfen.

(5) Die vorstehenden Regelungen binden die Parteien auch schuldrechtlich, insbesondere für den Fall, dass keine urheberrechtliche Position geschaffen oder in der vorbenannten Weise übertragen werden kann.

(6) Die vorstehende Rechteeinräumung nach den Abs. 1–3 gilt nicht für die in der Anlage „Standardsoftware" aufgeführten App-Bestandteile. Die dem Auftraggeber an diesen App-Teilen zustehenden Rechte ergeben sich aus der vorgenannten Anlage.

(7) Der Auftragnehmer hat nach Erfüllung der Zahlungsverpflichtungen durch den Auftraggeber diesem den der App zugrundeliegenden Quellcode zu übergeben.

(8) Bindet der Auftragnehmer von ihm beschaffte oder erstellte geschützte Werke wie Fotos, Grafiken, Sound, Texte, Videos, Fremdsoftware, auch Open Source Software, usw in die App ein, stellt er sicher, dass der Auftraggeber hieran die gleichen Rechte wie in den Abs. 1–3 beschrieben erhält. Ist das nicht möglich, wird der Auftragnehmer vor einer Einbindung die Zustimmung des Auftraggebers einholen.

or to split off simple rights therefrom and grant them to third parties.

(3) The above granting of rights applies to the developed or modified source code, interfaces as well as to any form of software, whether independently executable or not, the associated documentation and any protectable user interfaces, graphics, input and output masks and the like.

(4) For any types of use not covered by the granting of rights under this contract, the Contractor shall grant an option to acquire these rights on reasonable terms and conditions and shall ensure that the option can be exercised. The conditions for exercising the option are to be determined by the Customer at its own reasonable discretion (§ 315 para. 3 BGB) and in the event of a dispute are to be reviewed by the competent regional court.

(5) The above provisions shall also bind the parties under the law of obligations, in particular in the event that no copyright position can be created or transferred in the aforementioned manner.

(6) The above granting of rights according to paragraphs 1 through 3 does not apply to the App components listed in the Appendix „Standard Software". The rights to which the Customer is entitled with respect to such App components are set forth in the aforementioned Appendix.

(7) After the Customer has fulfilled its payment obligations, the Contractor shall hand over the source code on which the App is based to the Customer.

(8) If the Contractor integrates protected works procured or created by it such as photos, graphics, sound, texts, videos, third-party software, including open source software, etc into the App, it shall ensure that the Customer receives the same rights to these works as described in paragraphs 1 through 3. If this is not possible, the Contractor shall obtain the Customer's consent prior to integration.

§ 9 Schutzrechtsverletzungen

(1) Der Auftragnehmer stellt auf eigene Kosten den Auftraggeber von allen Ansprüchen Dritter aus vom Auftragnehmer zu vertretenden Schutzrechtsverletzungen einschließlich etwaiger Kosten der Rechtsverfolgung frei. Der Auftraggeber wird den Auftragnehmer unverzüglich über die geltend gemachten Ansprüche Dritter informieren. Informiert der Auftraggeber den Auftragnehmer nicht unverzüglich über die geltend gemachten Ansprüche, erlischt der Freistellungsanspruch.

(2) Im Falle von Schutzrechtsverletzungen darf der Auftragnehmer – unbeschadet etwaiger Schadenersatzansprüche des Auftraggebers – nach eigener Wahl und auf eigene Kosten hinsichtlich der betroffenen Leistung

- nach vorheriger Absprache mit dem Auftraggeber Änderungen vornehmen, die gewährleisten, dass eine Schutzrechtsverletzung nicht mehr vorliegt oder
- für den Auftraggeber die erforderlichen Nutzungsrechte erwerben.

§ 9 Infringements

(1) The Contractor shall indemnify the Customer at its own expense from all claims of third parties arising from infringements for which the Contractor is responsible, including any costs of legal action. The Customer shall inform the Contractor without culpable delay of any claims asserted by third parties. If the Customer does not without culpable delay inform the Contractor about the claims asserted, the right to be indemnified expires.

(2) In the event of infringements, the Contractor may – without prejudice to any claims for damages by the Customer – at its own discretion and at its own expense with regard to the performance concerned

- after prior consultation with the Customer, make changes that ensure that an infringement of property rights no longer exists or
- acquire the necessary rights of use for the Customer.

§ 10 Sach- und Rechtsmängelhaftung

(1) Nacherfüllungsansprüche verjähren in zwölf Monaten.[11]

(2) Die Durchsetzung von Mängelhaftungsansprüchen ist davon abhängig, dass Mängel innerhalb von zwei Wochen nach ihrem erstmaligen Erkennen schriftlich gemeldet werden und reproduzierbar sind.[12]

(3) Solange der Auftraggeber die nach diesem Vertrag fällige Vergütung noch nicht vollständig gezahlt hat und er kein berechtigtes Interesse am Zurückbehalt der rückständigen Vergütung hat, ist der Auftragnehmer berechtigt, die Nacherfüllung zu verweigern.

(4) Der Auftraggeber wird den Auftragnehmer bei der Mängelfeststellung und -beseitigung unterstützen und unverzüglich Einsicht in die Unterlagen gewähren,

§ 10 Cure

(1) Claims for cure shall become statute-barred within 12 months.[11]

(2) The enforcement of claims for liability for defects is dependent on defects being reported in writing within two weeks of their first detection and being reproducible.[12]

(3) As long as the Customer has not yet paid the remuneration due under this contract in full and it has no justified interest in retaining the outstanding remuneration, the Contractor is entitled to refuse cure.

(4) The Customer shall support the Contractor in the identification and rectification of defects and shall without culpable delay grant access to the documents from

aus denen sich die näheren Umstände des Auftretens des Mangels ergeben.

(5) Erfüllungsort für die Nacherfüllung ist der Sitz des Auftragnehmers. Die Nacherfüllung kann durch telekommunikative Übermittlung von Software erfolgen, es sei denn, die telekommunikative Übermittlung ist dem Auftraggeber, beispielsweise aus Gründen der IT-Sicherheit, nicht zuzumuten.

§ 11 Allgemeine Haftung

(1) Der Auftragnehmer haftet für Vorsatz und grobe Fahrlässigkeit. Für leichte Fahrlässigkeit haftet der Auftragnehmer nur bei Verletzung einer wesentlichen Vertragspflicht, deren Erfüllung die ordnungsgemäße Durchführung des Vertrags überhaupt erst ermöglicht und auf deren Einhaltung der Vertragspartner regelmäßig vertrauen darf sowie bei Schäden aus der Verletzung des Lebens, des Körpers oder der Gesundheit.[13]

(2) Bei der Erstellung der App schuldet der Auftragnehmer die branchenübliche Sorgfalt. Bei der Feststellung, ob den Auftragnehmer ein Verschulden trifft, ist zu berücksichtigen, dass Software technisch nicht fehlerfrei erstellt werden kann.

(3) Die Haftung ist im Falle leichter Fahrlässigkeit summenmäßig beschränkt auf die Höhe des vorhersehbaren Schadens, mit dessen Entstehung typischerweise gerechnet werden muss; maximal ist diese Haftung jedoch beschränkt auf . . . . . EUR pro Schadensfall und insgesamt auf . . . . . EUR.

(4) Für den Verlust von Daten und/oder Programmen haftet der Auftragnehmer insoweit nicht, als der Schaden darauf beruht, dass es der Auftraggeber unterlassen hat, Datensicherungen durchzuführen und dadurch sicherzustellen, dass verlorengegangene Daten mit vertretbarem Aufwand wiederhergestellt werden können.[14]

which the detailed circumstances of the occurrence of the defect can be seen.

(5) The place of performance for cure is the registered office of the Contractor. Cure can be effected by means of telecommunication transmission of software, unless the Customer cannot be reasonably expected to accept such telecommunication transmission, for example for reasons of IT security.

§ 11 General Liability

(1) The Contractor is liable for intent and gross negligence. The Contractor shall only be liable for slight negligence in the event of a breach of a material contractual obligation, the fulfilment of which is essential for the proper performance of the contract and on the observance of which the Customer may regularly rely, as well as in the event of damage resulting from injury to life, body or health.[13]

(2) When creating the App, the Contractor shall owe the care customary in the software industry. When determining whether the Contractor is at fault, it must be taken into account that software cannot be developed without technical errors.

(3) In case of slight negligence, the Contractor's liability is limited to the amount of the foreseeable damage that can typically be expected to occur; however, this liability is limited to a maximum of . . . . . EUR per claim, and the Contractor's maximum aggregate liability under this contract shall not exceed . . . . . EUR.

(4) The Contractor shall not be liable for the loss of data and/or programs to the extent that the damage is due to the fact that the Customer has failed to carry out data backups and thereby ensure that lost data can be restored with reasonable effort.[14]

(5) Die vorstehenden Regelungen gelten auch zugunsten der Erfüllungsgehilfen des Auftragnehmers.

(5) The above provisions shall also apply in favour of the Contractor's organs, employees and vicarious agents.

§ 12 Geheimhaltung, Mitteilungen

§ 12 Confidentiality, Communications

(1) Die der anderen Vertragspartei übergebenen Unterlagen, mitgeteilten Kenntnisse und Erfahrungen dürfen ausschließlich für die Zwecke dieses Vertrages verwendet und Dritten nicht zugänglich gemacht werden, sofern sie nicht ihrer Bestimmung nach Dritten zugänglich gemacht werden sollen oder dem Dritten bereits bekannt sind. Dritte sind nicht die zur Durchführung des Vertragsverhältnisses hinzugezogenen Hilfspersonen wie Freie Mitarbeiter, Subunternehmer etc.

(1) The documents, as well as communicated knowledge and experience handed over by either party to the other party may only be used for the purposes of this contract and may not be made accessible to third parties, unless they are intended to be made accessible to third parties or are already known to the third party. Third parties are not the auxiliary persons involved in the performance of the contractual relationship such as freelancers, subcontractors etc.

(2) Darüber hinaus vereinbaren die Vertragsparteien, Vertraulichkeit über den Inhalt dieses Vertrages und über die bei dessen Abwicklung gewonnenen Erkenntnisse zu wahren.

(2) In addition, the parties agree to maintain confidentiality regarding the content of this contract and the knowledge gained during its performance.

(3) Die Geheimhaltungsverpflichtung gilt auch über die Beendigung des Vertragsverhältnisses hinaus. Den eingeschalteten Hilfspersonen ist eine entsprechende Geheimhaltungspflicht aufzuerlegen.

(3) The obligation to maintain secrecy shall also apply beyond the termination of the contractual relationship. The auxiliary persons involved shall be subject to a corresponding obligation of secrecy.

(4) Wenn eine Vertragspartei dies verlangt, sind die von ihr übergebenen Unterlagen wie Strategiepapiere, Briefingdokumente etc nach Beendigung des Vertragsverhältnisses an sie herauszugeben, soweit die andere Vertragspartei kein berechtigtes Interesse an diesen Unterlagen geltend machen kann.

(4) If a party requests, the documents handed over by it, such as strategy papers, briefing documents etc, shall be returned to it after termination of the contractual relationship, unless the other party can claim a legitimate interest in these documents.

(5) Presseerklärungen, Auskünfte etc, in denen eine Vertragspartei auf die andere Bezug nimmt, sind nur nach vorheriger schriftlicher Abstimmung zulässig.

(5) Press releases, information, etc, in which one party refers to the other party shall only be permitted upon prior written agreement.

(6) Der Auftragnehmer darf den Auftraggeber auf seiner Website oder in anderen Medien als Referenzauftraggeber nennen. Der Auftragnehmer darf ferner die erbrachten Leistungen zu Demonstrationszwecken öffentlich wiedergeben oder auf sie hinweisen, es sei denn, der Auftraggeber kann ein entgegenstehendes berechtigtes Interesse geltend machen.

(6) The Contractor may name the Customer on its website or in other media as a reference customer. Furthermore, the Contractor may publicly reproduce the services rendered for demonstration purposes or refer to them, unless the Customer can assert a justified interest to the contrary.

§ 13 Abtretung, Zurückbehaltungsrecht und Aufrechnung

(1) Die Abtretung von Forderungen, die nicht Geldforderungen sind, ist nur mit vorheriger schriftlicher Zustimmung der anderen Vertragspartei zulässig. Die Zustimmung darf nicht unbillig verweigert werden.

(2) Ein Zurückbehaltungsrecht kann nur wegen Gegenansprüchen aus dem jeweiligen Vertragsverhältnis geltend gemacht werden.

(3) Die Vertragsparteien können nur mit Forderungen aufrechnen, die rechtskräftig festgestellt oder unbestritten sind.

§ 14 Schlussbestimmungen

(1) Allgemeine Geschäftsbedingungen der Parteien im Übrigen finden für diesen Vertrag keine Anwendung. Dies gilt auch dann, wenn solchen Bedingungen nicht ausdrücklich widersprochen wird.

(2) Alle Änderungen und Ergänzungen vertraglicher Vereinbarungen müssen zu Nachweiszwecken schriftlich niedergelegt werden. Kündigungen haben schriftlich zu erfolgen. Meldungen, die schriftlich zu erfolgen haben, können auch per E-Mail erfolgen. Maßgeblich für die Wahrung der in diesem Vertrag genannten Fristen ist der Zugang der Erklärung, soweit nicht ausdrücklich etwas anderes bestimmt ist.

(3) Ist nach diesem Vertrag Schriftform vorgesehen, so bedeutet dies papiergebundene Dokumentation der Erklärungen. Der Schluss der Erklärungen muss dann durch die Unterschrift eines Berechtigten angezeigt werden. Elektronische Nachrichten wahren die Schriftform nicht.

(4) Sollten einzelne Bestimmungen der Parteivereinbarungen ganz oder teilweise unwirksam sein oder werden, wird die Wirksamkeit der übrigen Bestimmungen hierdurch nicht berührt. Die Parteien verpflichten sich für diesen Fall, die ungültige Bestimmung durch eine wirksame Bestim-

§ 13 Assignment, Right of Retention and Offsetting

(1) The assignment of claims which are not monetary claims is only permitted upon prior written consent of the other party. Such consent shall not be unreasonably withheld.

(2) A right of retention can only be asserted due to counterclaims from the respective contractual relationship.

(3) The parties may only set off claims which have been legally established or are undisputed.

§ 14 Final Provisions

(1) General terms and conditions of the parties other than the terms and conditions of this contract shall not apply. This also applies if such conditions are not expressly contradicted.

(2) All amendments and additions to agreements must be recorded in writing for verification purposes. Notices of termination must be made in writing. Notifications, which must be made in writing, may also be provided by email. Decisive for the observance of the deadlines stated in this contract is the receipt of the declaration, unless expressly stated otherwise.

(3) Where this contract provides for written form, this means paper-based documentation of declarations, which is concluded by the signature of an authorised person. Electronic messages do not meet the written form.

(4) Should individual provisions of the agreements between the parties be or become invalid in whole or in part, the validity of the remaining provisions shall not be affected thereby. In this case, the parties undertake to replace the invalid provision with a valid provision that co-

mung zu ersetzen, die dem wirtschaftlichen Zweck der ungültigen Bestimmung möglichst nahe kommt. Entsprechendes gilt für etwaige Lücken der Vereinbarungen.

mes as close as possible to the economic purpose of the invalid provision. The same applies to any gaps in the contracts.

(5) Es gilt das Recht der Bundesrepublik Deutschland unter Ausschluss des UN-Kaufrechts.

(5) The law of the Federal Republic of Germany shall apply, excluding the UN Convention on Contracts for the International Sale of Goods.

(6) Ausschließlicher Gerichtsstand für alle Rechtsstreitigkeiten aus oder im Zusammenhang mit diesem Vertrag ist . . . . Der Auftragnehmer ist aber auch berechtigt, am allgemeinen Gerichtsstand des Auftraggebers zu klagen.

(6) Exclusive jurisdiction for all legal disputes arising from or in connection with this contract is . . . . . However, the Contractor is also entitled to take legal action at the general place of jurisdiction of the Customer.

(7) Die Vertragsparteien haben den Vertrag in einer deutschen und einer englischsprachigen Fassung geschlossen. Für die rechtlichen Wirkungen zwischen den Parteien ist allein die deutsche Fassung maßgeblich.[15]

(7) The parties have concluded the contract in a German and an English version. Only the German version is authoritative for the legal effects between the parties.[15]

Anlagen:
Anlage „Spezifikation“
Anlage „Vergütung“
Anlage „Standardsoftware“

Appendices:
Appendix „Specification“
Appendix „Remuneration“
Appendix „Standard Software“

Anmerkungen

1. Besonderheiten der App-Programmierung. Der Begriff App umschreibt vorwiegend Software, die auf mobilen Geräten wie Smartphones, Tablets, Wearables wie Smart Watches, aber auch Laptops läuft. Da es sich um Software handelt, gilt für die vertragsrechtliche Seite der Erstellung von Apps grundsätzlich nichts anderes als für die klassischen Erscheinungsformen der Software (zu den rechtlichen Aspekten grundlegend: Baumgartner/Ewald, Apps und Recht, 2. Aufl. 2015; Solmecke/Taeger/Feldmann, Mobile Apps, 2013; Auer-Reinsdorff/Conrad IT- und DatenschutzR-HdB/Kremer § 28 Rn. 2 ff.). Vertragstypologisch liegt auch hier ein **Werkvertrag** vor, möglicherweise in Form eines Werklieferungsvertrages → Form. C.3 Anm. 3. Mobile Apps sind wegen ihres vergleichsweise geringen Umfangs von einigen Megabyte funktional überschaubarer als Apps für Desktopsysteme, was grundsätzlich auch das Projektmanagement vereinfacht. Damit bieten sich neben der hier zugrunde gelegten klassischen **Wasserfallmethode** auch die modifizierte Variante zur Wasserfallmethode (→ Form. C.3.) sowie die Variante zum agilen Projektmanagement (→ Form. D.2) an.

Rechtlich wird die Erstellung von Apps vor allem dadurch beeinflusst, dass die Verbreitung regelmäßig über die **Plattformen** („Stores“) der Betriebssystemanbieter wie Google, Apple, Amazon, Huawei u. a. erfolgt. Der Plattformbetreiber vermittelt die Verträge zwischen Softwareanbieter und Nutzer, wofür er vom Anbieter eine Provision erhält. Auf die zwischen Anbieter und Store-Betreiber geschlossenen Verträge findet überwiegend **US-amerikanisches Recht** Anwendung, wohingegen der zwischen Anbieter und Nutzer geschlossene Vertrag anderen Rechtsordnungen unterliegen kann. Insbesondere bei Apps, die in der EU abgesetzt werden, sind die Anforderungen an **Verbraucherverträge** zu beachten. Art. 6 Rom I-VO verhindert die Wahl eines Vertragsregimes, das dem in der EU ansässigen Verbraucher den EU-Schutzstandard entzieht.

Der Verwerter der App hat nur einen geringen Einfluss auf die Modalitäten des Absatzes der App und steht grundsätzlich einer **weltweiten Kundschaft** gegenüber. Daraus folgt die Pflicht zur Beachtung weltweiter Schutzrechte, insbesondere im Bereich des Marken-, aber auch des Urheberrechts sowie der jeweiligen nationalen Datenschutzbestimmungen. Die Vertragsparteien müssen daher im eigenen Interesse jeweils sorgfältig darauf achten, Markennamen (vgl. Reinholz/Golznur CR 2016, 382) im zulässigen Kontext einzusetzen und auch Programmierleistungen Dritter (zB Open-Source-Software) nur zu verwenden, wenn dies in den Ländern, in denen die App abgesetzt wird, zulässig ist. Bei der Benennung der App ist daran zu denken, dass App-Bezeichnungen auch Titelschutz beanspruchen können und dementsprechend eine etwaige Kollision geprüft werden muss (dazu BGH GRUR 2016, 939).

Soll die App an einen unbestimmten Personenkreis vertrieben werden, erreicht der Anbieter über die Stores der Plattformbetreiber die meisten Nutzer. Unklar ist dabei das Verhältnis der Beteiligten. Der Anbieter (im Formular der Auftraggeber) hat keinen Einfluss auf die Vertragsbedingungen des Plattformbetreibers zum Nutzer. Ob überhaupt ein **Vertrag zwischen Nutzer und dem Anbieter der App** zustande kommt, ist unklar (Baumgartner/Ewald Apps/Ewald Rn. 119). Bei Anwendbarkeit deutschen Rechts hängt es vor allem von der Auslegung der Erklärungen ab, wer Vertragspartner wird (Taeger/Pohle ComputerR-HdB/Ewald Kap. 32.7 Rn. 46 ff.; s. auch BGH MMR 2005, 597 (598)). Eine Klarstellung durch eine nach dem Erwerb abgeschlossene Vereinbarung (End User Licence Agreement – EULA) ist regelmäßig nicht möglich und rechtlich zweifelhaft (Bisges UrheberR-HdB/Imhof Kap. 5 Rn. 301; Auer-Reinsdorff/Conrad IT- und DatenschutzR-HdB/Kremer § 28 Rn. 18). Kritisch wäre eine Konditionenbindung jedenfalls kartellrechtlich durch marktbeherrschende Unternehmen wie Google, Apple etc (s. auch Auer-Reinsdorff/Conrad IT- und DatenschutzR-HdB/Conrad § 39 Rn. 431 ff.). Die Vertragsbedingungen zwischen Plattformbetreiber und Anbieter sind – natürlich – zugunsten des Betreibers ausgestaltet (dazu Kremer CR 2011, 769 (772)).

Einfacher gestaltet es sich, wenn der Anbieter die App selbst vertreibt, was bei firmeninternen Anwendungen ein geeignetes Mittel ist, um insbesondere die zuvor geschilderten Rechtsfragen zu minimieren (Auer-Reinsdorff/Conrad IT- und DatenschutzR-HdB/Kremer § 68).

Im Vertrag zu behandeln sind auch die **Vorgaben der Plattformbetreiber** zu technischer Gestaltung, Inhalt und Funktionsweise der App (Baumgartner/Ewald Apps/Ewald Rn. 108 ff. und 132 ff.). Der Verwerter muss darauf achten, dass er die von ihm gegenüber dem Store-Betreiber zu erbringenden Pflichten und die Pflichten, die insbesondere gegenüber dem Nutzer, der Verbraucher ist, bestehen, erfüllen kann und dazu entsprechende Anforderungen in die Vereinbarung mit dem Softwareersteller aufnimmt. Dazu gehören in erster Linie die Gewährung der geforderten Nutzungsrechte, die Beachtung etwaiger Aktualisierungspflichten und vor allem verschiedenste Compliance-Anforderungen. Bei der Bereitstellung der Apps an Verbraucher ist schon bei der Beauftragung der Softwareerstellung daran zu denken, die Anforderungen der §§ 327 ff. BGB zu erfüllen (→ Form. C.11). Insbesondere die **Aktualisierungspflicht** aus § 327 f BGB erfordert den Abschluss eine Pflegevertrages mit angemessenen Reaktionszeiten. Bei der Gestaltung eines solchen Vertrages nach dem → Form. C.7 ist an die Besonderheit zu denken, dass die Pflege den Nutzern als Dritten zugutekommt. Der Pflegevertrag kann insofern um die Elemente Hotline und First Level Support (Key User) verschlankt werden. Die Vorgaben der Anbieter wechseln regelmäßig, so dass ein Pflegevertrag mit kurzen Reaktionszeiten sinnvoll ist (Kremer CR 2011, 769 (775)). Wichtig ist hierbei auch eine ständige Beobachtung von Fehlermeldungen der App und der Bewertung der App auf den Plattformen.

2. Vorgaben der Stores. Die Betriebssystem-Anbieter als Betreiber der Vertriebsplattformen machen regelmäßig Vorgaben zu den App-Eigenschaften, die die Anbieter beachten müssen, um ihre Apps über die Stores vertreiben zu können. Der Auftragnehmer als das fachkundige Unternehmen wird verpflichtet, die technischen Vorgaben zu beachten. Die **Verantwortung** für die rechtliche Zulässigkeit der Umsetzung, beispielsweise hinsichtlich der Preisgestaltung, Informationspflichten und Datenschutz dürfte jedoch **beim Auftraggeber** liegen und als Rechtsdienstleistung nicht auf den Auftragnehmer überwälzt werden.

3. Fehlerberichte. Die über Stores vertriebenen Apps werden von den Nutzern regelmäßig bewertet. Weist die App Mängel auf, wirkt sich dies schnell auf die Bewertung aus, so dass der Anbieter genauso schnell wie der Nutzer von zumindest technischen Fehlern Kenntnis erhalten sollte. Dazu enthalten viele Apps automatisierte Benachrichtigungen, die auch in Abhängigkeit von der datenschutzrechtlichen Bewertung oft nur mit vorheriger genereller oder im Einzelfall zu erteilender Zustimmung des Nutzers versandt werden.

4. Ersatz für Web-Auftritt. Viele Apps bilden häufig die Funktionen des Web-Auftritts des Anbieters nach, um so trotz bereits für mobile Geräte angepasster Web-Seiten eine auf das Endgerät optimierte Nutzung zu ermöglichen (zB Banken, Autovermieter, Shop-Betreiber etc). Beschränkt sich die Funktionalität der App hierauf, ist damit im Wesentlichen bereits der Maßstab für den vom Auftragnehmer herbeizuführenden Erfolg gelegt.

5. Datenschutz. Mit der App-Nutzung ist regelmäßig die Verwendung personenbezogener Daten durch den Anbieter verbunden. Findet die DS-GVO auf die Datenverarbeitung Anwendung, sind auch die Transparenzanforderungen der Art. 12 ff. zu beachten (Auer-Reinsdorff/Conrad IT- und DatenschutzR-HdB/Kremer § 28 Rn. 58). Regelmäßig findet eine Auftragsverarbeitung statt, bei der zu unterscheiden ist, ob die Daten auf Veranlassung des Nutzers in der Cloud des Anbieters des Betriebssystems (Android oder iOS) oder beim Anbieter der App gespeichert werden.

6. Technische Sicherheit. Anforderungen an die technische Sicherheit kommen von dritter Seite entweder vom Plattformbetreiber oder aus dem Datenschutz.

7. Bereichsspezifische Gesetze. Apps wirken in viele Bereiche hinein, die sondergesetzlich geregelt sind. Für die Gestaltung von Apps im Gesundheitsbereich ist die Medizinprodukte-VO zu beachten (Seeliger GuP 2022, 91). Nach dem Digitale-Versorgung-Gesetz – DVG – können Apps von Ärztinnen und Ärzten verschrieben werden. Im Bereich der Energiewirtschaft ist das Messstellenbetriebsgesetz für die Übertragung von Messwerten zu beachten. Sehr fraglich ist, ob dem Unternehmer aufgegeben werden kann, die rechtlichen Implikationen bei der Erstellung der App zu berücksichtigen. Abgesehen von der fachlichen Kompetenz hierzu dürfte dies als **Rechtsdienstleistung** zu werten sein. Richtigerweise muss daher der Auftraggeber die Vorgaben machen, wie die App rechtskonform zu gestalten ist.

8. In-App-Rechtsgeschäfte. Anbieter zunächst kostenfrei vertriebener Apps erzielen ihren Ertrag über In-App-Käufe oder ähnliche Rechtsgeschäfte (dazu Auer-Reinsdorff/Conrad IT- und DatenschutzR-HdB/Kremer § 28 Rn. 36 ff.). Die für solche Rechtsgeschäfte anwendbaren Vorschriften insbesondere zu Informationen und Belehrungen, wie beispielsweise den fernabsatzrechtlichen Vorgaben, sind dabei zu beachten. Auch hier ist der Auftraggeber für die Instruktion des Auftragnehmers hinsichtlich der rechtlichen Anforderungen verantwortlich.

9. Abnahmefiktion. → Form. C.3 Anm. 24.

10. Nutzungsrechte. Bei den Nutzungsrechten ist über das für herkömmliche Software Relevante hinaus an den möglicherweise weltweiten Einsatz der App zu denken. Dabei spielen nicht nur die rein urheberrechtlichen, sondern auch die jeweiligen rechtsgeschäftlichen Vorschriften eine Rolle. So kann – theoretisch – insbesondere der Einsatz von Open Source Software Probleme bereiten (dazu Bisges UrheberR-HdB/Imhof Kap. 5 Rn. 326; Kremer CR 2011, 769 (775)), weil die Auslegung der Open Source Lizenzen national unterschiedlich geprägt ist (vgl. auch Jaeger/Metzger Open Source Software Rn. 371 ff.). Wäre der Einsatz von Mobile Apps eine neue und damit früher **unbekannte Nutzungsart** (so Baumgartner/Ewald Apps/Baumgartner Rn. 410 und Solmecke/Taeger/Feldmann/Solmecke Kap. 6 Rn. 26), dürfte zB im Rahmen der App-Erstellung bereits vorhandene und zugunsten des Auftraggebers lizenzierte Software nach § 69c Nr. 2 UrhG ohne zusätzliche Rechtseinräumung nicht für den Einsatz als App umgearbeitet werden. Probleme können sich auch bei der Verwendung sonstiger geschützter Leistungen wie Grafiken, Texten oder Sounds ergeben. Überzeugender ist jedoch, in Apps keine neue Nutzungsart zu sehen. Denn eine nach der Verkehrsauffassung technisch und wirtschaftlich eigenständige und damit klar abgrenzbare Nutzungsform des Werkes (BGH GRUR 2001, 153 (154) – OEM-Software) ist gegenüber klassischer Software gerade nicht gegeben.

Der Anbieter muss auch auf die **Vorgaben der App-Store-Betreiber** zu den den Nutzern zu gewährenden Nutzungsrechten achten. Die von ihm an die Nutzer der App zu übertragenden Nutzungsrechte sind nach diesem Vertrag als Mindestrechte durch den Auftragnehmer einzuräumen.

11. Verjährung. → Form. C.3 Anm. 49.

12. Rügepflicht. Eine Rügeobliegenheit trifft den Auftraggeber gesetzlich nur bei Annahme eines Werklieferungsvertrages (→ Anm. 1) aus §§ 377, 381 Abs. 2 HGB. Wertete man das Vertragsverhältnis als reinen Werkvertrag, widerspräche diese Klausel der gesetzlichen Leitlinie und wäre AGB-rechtlich bedenklich. Aber auch in einem Werklieferungsvertrag begegnet die Klausel Bedenken, weil sie anders als das Gesetz eine – allerdings großzügig bemessene – starre Frist enthält.

13. Haftung. → Vorb. A.III.5.

14. Datensicherung. Es stellt eine Obliegenheit des Auftraggebers dar, seine Daten gegen Verlust zu sichern. Eine Verletzung dieser Obliegenheit kann nach § 254 Abs. 1 BGB zu einer Beschränkung des Ersatzanspruchs führen (OLG Karlsruhe NJW 1996, 200 (202); BGH NJW 2009, 1066: jeweils ca. 30 % Mitverschulden bei vollständigem Datenverlust bei Produktivsystemen).

15. Vertragssprache. → Form. F.3 Anm. 36.

4. Software OEM-Vertrag

Software OEM-Vertrag

zwischen . . . . .
– nachstehend „Lizenzgeber" genannt –
und . . . . .
– nachstehend „Lizenznehmer" genannt –
wird folgender Vertrag geschlossen:

§ 1 Vertragsgegenstand[1, 2]

(1) Gegenstand dieses Vertrags ist die Einräumung von Nutzungs- und Verwertungsrechten am Software-Produkt FileorganizerAssist (nachfolgend als „LIZENZ-SOFTWARE" bezeichnet) und Updates hiervon, soweit diese Einräumung für die gewerbliche Verwertung mittels Vertrieb und zur Programmpflege erforderlich ist. Ferner enthält dieser Vertrag die Details der Zusammenarbeit der Vertragsparteien in Zusammenhang mit dieser Verwertung.

(2) Der Lizenznehmer vertreibt die LIZENZ-SOFTWARE als Teil seiner eigenen Produkte, namentlich eines Notebooks . . . . . (Typenbezeichnung und Spezifikationen), Tablets . . . . . (Typenbezeichnung und Spezifikationen) und PC . . . . . (Typenbezeichnung und Spezifikationen)(nachfolgend insgesamt als „HARDWARE" bezeichnet), gegebenenfalls mit zugehöriger Systemsoftware, dergestalt, dass LIZENZ-SOFTWARE und HARDWARE nur zusammen vertrieben werden.

(3) Die LIZENZ-SOFTWARE verfügt über folgende Spezifikationen:

. . . . .

. . . . .

. . . . .

und wird wie folgt zusammen mit der HARDWARE verknüpft:

. . . . .

. . . . .

. . . . .

Software OEM Agreement

between . . . . .
– hereinafter referred to as „Licensor" –
and . . . . .
– hereinafter referred to as „Licensee" –
the following agreement (hereinafter referred to as „Agreement") is concluded:

§ 1 Subject[1, 2]

(1) The subject of this Agreement is the granting of rights of use and exploitation of the software product FileorganizerAssist (hereinafter referred to as „LICENSE SOFTWARE") and updates thereof, to the extent that such granting is necessary for commercial exploitation by means of distribution and for program maintenance. Furthermore, this Agreement contains the details of the cooperation of the parties in connection with this exploitation.

(2) Licensee distributes the LICENSE SOFTWARE as part of its own products, namely a notebook computer . . . . . (type designation and specifications), tablets . . . . . (type designation and specifications) and PC . . . . . (type designation and specifications)(hereinafter collectively referred to as „HARDWARE"), with associated system software, if any, such that LICENSE SOFTWARE and HARDWARE are distributed only together.

(3) The LICENSE SOFTWARE has the following specifications:

. . . . . .

. . . . . .

. . . . . .

and is linked together with the HARDWARE as follows:

. . . . . .

. . . . . .

. . . . . .

wobei den Kunden des Lizenznehmers jeweils eine Sicherungs-CD (Recovery-CD) mitgeliefert wird, wie näher in Anlage 1 beschrieben.
Die LIZENZ-SOFTWARE ist eine eigene Entwicklung des Lizenzgebers. Alle Rechte an dieser verbleiben beim Lizenzgeber, soweit dieser Vertrag nicht ausdrücklich etwas anderes bestimmt.
Hardware-Voraussetzungen für den Einsatz der LIZENZ-SOFTWARE sind:
- Prozessor: . . . . .
- Benötigtes RAM: . . . . .
- Systemsoftware: . . . . .
wie näher in Anlage 2 beschrieben.

(4) Der Lizenznehmer hat die LIZENZ-SOFTWARE vorgeführt erhalten. Hiernach ist der Lizenznehmer zum Schluss gekommen, dass für die LIZENZ-SOFTWARE ein Markt besteht und er die LIZENZ-SOFTWARE als Teil seiner eigenen HARDWARE erfolgreich vertreiben kann.

(5) Den Parteien ist bekannt, dass an der LIZENZ-SOFTWARE Schutzrechte, insbesondere Urheber- und Markenrechte sowie leistungs- und wettbewerbsrechtliche Schutzrechte bestehen bzw. bestehen können, die sowohl gegenüber dem Vertragspartner als auch gegenüber Dritten wirken. Die Parteien werden in jedem Fall die sich aus diesen Rechten ergebenden Verpflichtungen einhalten bzw. beachten.

§ 2 Einräumung von Lizenzrechten[3]

(1) Der Lizenznehmer ist berechtigt, die LIZENZ-SOFTWARE für eigene Rechnung in seine HARDWARE einzufügen und zusammen mit seiner HARDWARE in dem in Anlage 3 bestimmten Gebiet (nachfolgend als „Vertragsgebiet" bezeichnet) nach den Bestimmungen dieses Vertrags selbst oder mittels Händler zu vertreiben.

(2) Unabhängig davon, ob der Lizenznehmer die HARDWARE selbst oder mittels Händler vertreibt, hat er sicherzustellen, dass der Endkunde vor Abschluss des Kaufvertrags über die HARDWARE die jeweils

whereby a backup CD (Recovery CD) is supplied to each of the Licensee's customers, as described in more detail in Annex 1.
The LICENSE SOFTWARE is an own development of the Licensor. All rights to it remain with the Licensor, unless this Agreement expressly provides otherwise.
Hardware requirements for the use of the LICENSE SOFTWARE are:
- Processor: . . . . . .
- RAM required: . . . . .
- System software: . . . . . .
as further described in Annex 2.

(4) The Licensee has received a demonstration of the LICENSE SOFTWARE. Hereafter, Licensee has concluded that there is a market for the LICENSE SOFTWARE and that it can successfully distribute the LICENSE SOFTWARE as part of its own HARDWARE.

(5) The parties are aware that intellectual property rights, in particular copyrights and trademark rights as well as performance and competition rights, exist or may exist in respect of the LICENSE SOFTWARE which are effective both vis-à-vis the contractual partner and vis-à-vis third parties. The parties shall in any case comply with or observe the obligations arising from these rights.

§ 2 Granting of License Rights[3]

(1) The Licensee shall be entitled to incorporate the LICENSE SOFTWARE into its HARDWARE for its own account and to distribute it together with its HARDWARE in the territory specified in Annex 3 (hereinafter referred to as the „Contract Territory") in accordance with the provisions of this Agreement, either itself or through distributors.

(2) Irrespective of whether the Licensee distributes the HARDWARE itself or by means of a reseller, it shall ensure that the end customer is able to take note of the Licensor's applicable license terms

gültigen Lizenzbestimmungen des Lizenzgebers (End User License Agreement – kurz „EULA") zur Kenntnis nehmen kann und deutlich auf deren Geltung hingewiesen wird, um insbesondere zu gewährleisten, dass

(a) vom Kunden jede weitergehende Verwertung der LIZENZ-SOFTWARE nur mit vorheriger schriftlicher Zustimmung des Lizenzgebers durchgeführt wird;

(b) der Kunde die LIZENZ-SOFTWARE auf Hardware anderen Typs als der in § 1 Ziff. 2 bezeichneten HARDWARE nur aufgrund vorheriger schriftlicher Zustimmung des Lizenzgebers nutzen wird;

(c) der Kunde eine Programmkopie nur zu Sicherungszwecken erstellt;[4]

(d) der Kunde jede Form des Dekompilierens, Disassemblierens oder jede sonstige Form des Reverse-Engineerings unterlässt, soweit sie nach dem geltenden Urheberrecht zustimmungsabhängig ist; und[5]

(e) der Kunde Änderungen oder Erweiterungen oder sonstige Eingriffe in die LIZENZ-SOFTWARE unterlässt.

(3) Die zum Zeitpunkt der Unterzeichnung dieses Vertrags geltenden Bestimmungen des EULA sind in Anlage 4 enthalten.

(4) Der Lizenznehmer stellt den Lizenzgeber von sämtlichen Verlusten, Kosten, Auslagen oder Ansprüchen Dritter frei, soweit und sofern diese aufgrund eines Verstoßes des Lizenznehmers gegen die Bestimmung des § 2 Ziff. 2 entstehen.

(5) Dem Lizenznehmer wird das nichtausschließliche Recht eingeräumt, die LIZENZ-SOFTWARE unter Verwendung der Markenbezeichnung des Lizenzgebers für eigene Rechnung in seine HARDWARE einzufügen, mit anderen Programmen (insbesondere Systemsoftware) zu verbinden und im Vertragsgebiet selbst oder mittels Händler zu vertreiben sowie für diese vertragsgemäßen Zwecke zu vervielfältigen.

(6) Die LIZENZ-SOFTWARE darf vom Lizenznehmer auf anderer als der in § 1 Ziff. 2 bezeichneten HARDWARE nicht vertrieben und eingesetzt werden. Der Lizenznehmer

and conditions (End User License Agreement – „EULA") prior to the conclusion of the purchase agreement for the HARDWARE and that its validity is clearly indicated in order to ensure in particular that

(a) any further exploitation of the LICENSE SOFTWARE by the customer is only subject to the prior written consent of the Licensor;

(b) the customer may use the LICENSE SOFTWARE on hardware of a type other than the HARDWARE referred to in § 1 cif. 2 only subject to the prior written consent of the Licensor;

(c) the customer may create a program copy for backup purposes only;[4]

(d) the customer refrains from any form of decompiling, disassembling or any other form of reverse engineering to the extent that it is subject to consent under the applicable copyright law; and[5]

(e) the customer refrains from changes or extensions or other interventions in the LICENSE SOFTWARE.

(3) The provisions of the EULA in force at the time of signing of this Agreement are contained in Annex 4.

(4) The Licensee shall indemnify the Licensor against all losses, costs, expenses or claims of third parties to the extent and insofar as these arise due to a violation by the Licensee of the provision of § 2 cif. 2.

(5) The Licensee is granted the non-exclusive right to incorporate the LICENSE SOFTWARE into its HARDWARE for its own account using the Licensor's brand name, to combine it with other programs (in particular system software) and to distribute it in the Contractual Territory itself or through resellers, as well as to reproduce it for these contractual purposes.

(6) The LICENSE SOFTWARE may not be distributed and used by the Licensee on any HARDWARE other than the HARDWARE specified in § 1 cif. 2. The

hat vertraglich sicherzustellen, dass auch seine Kunden die entsprechende Bindung einhalten. Ebenso ist jede sonstige Weitergabe oder Übertragung mittels Datenfernübertragung außerhalb des Vertriebszwecks seitens des Lizenznehmers und außerhalb der Anwendung seitens des Kunden unzulässig.[6]

(7) Jedes Nutzungsrecht darf nur für ein Exemplar der LIZENZ-SOFWARE jeweils auf einem Exemplar der HARDWARE (mit Bezeichnung der Seriennummer) ausgeübt werden. Das Nutzungsrecht bezieht sich nur auf dasjenige HARDWARE-Exemplar, auf dem die LIZENZ-SOFTWARE entsprechend dem Nutzungsvertrag mit dem Endkunden installiert wurde.

(8) Das dem Lizenznehmer gemäß § 2 Ziff. 1 eingeräumte Lizenzrecht ist ein firmenbezogenes, nicht ausschließliches, räumlich auf das Vertragsgebiet begrenztes und zeitlich nicht begrenztes, nicht übertragbares Recht, das allein auf die LIZENZ-SOFTWARE im Sinne von § 2 Ziff. 1 bezogen ist. Alle Eigentumsrechte des Lizenzgebers und von dessen Lizenzgebern an der LIZENZ-SOFTWARE bleiben unberührt.[7]

(9) Der Lizenzgeber wird dem Lizenznehmer spätestens fünf Tage nach Unterzeichnung dieses Vertrags eine Master-CD-ROM der LIZENZ-SOFTWARE in Objektcode-Version übergeben. Die Master-CD-ROM bleibt Eigentum des Lizenzgebers.

(10) Ebenso erhält der Lizenznehmer von dem Lizenzgeber sog. Echtheitszertifikate („Certificate of Authenticity", nachfolgend als „CoA" bezeichnet). Die CoA sind vom Lizenznehmer sorgfältig aufzubewahren und vor Auslieferung eines jeden HARDWARE-Exemplars auf das entsprechende HARDWARE-Exemplar aufzubringen nach Maßgabe der in Anlage 5 enthaltenen Bestimmungen. Die Anzahl der dem Lizenznehmer übersandten CoA wird auf . . . . . Stück begrenzt („Grundstock"), wobei der Lizenznehmer nach Bedarf weitere CoA erhält, spätestens nachdem . . . . % des Grundstocks aufgebraucht ist. Näheres ist in Anlage 5 geregelt.[8]

Licensee shall contractually ensure that its customers also comply with the corresponding obligation. Likewise, any other distribution or transmission by means of remote data transmission outside the purpose of distribution on the part of the Licensee and outside the application on the part of the customer is not permitted.[6]

(7) Each right of use may only be exercised for one copy of the LICENSE SOFTWARE in each case on one copy of the HARDWARE (with designation of the serial number). The right of use relates only to the copy of the HARDWARE on which the LICENSE SOFTWARE has been installed in accordance with the license agreement with the end customer.

(8) The license right granted to the Licensee pursuant to § 2 cif. 1 is a company-related, non-exclusive, geographically limited to the Contractual Territory and not limited in time, non-transferable right, which relates solely to the LICENSE SOFTWARE as defined in § 2 cif. 1. All property rights of the Licensor and its licensors in the LICENSE SOFTWARE shall remain unaffected.[7]

(9) The Licensor shall provide the Licensee with a master CD-ROM of the LICENSE SOFTWARE in object code version no later than five days after signing this Agreement. The master CD-ROM remains the property of the Licensor.

(10) The Licensee shall also receive from the Licensor Certificates of Authenticity (hereinafter referred to as „CoA"). The CoA shall be carefully kept by the Licensee and shall be affixed to the corresponding HARDWARE copy prior to delivery of each HARDWARE copy in accordance with the provisions contained in Annex 5. The number of CoAs sent to Licensee shall be limited to . . . . . . („Basic Stock"), with the Licensee receiving further CoAs as required, at the latest after . . . . . % of the Basic Stock has been used up. Further details are set out in Annex 5.[8]

(11) Ferner übergibt der Lizenzgeber eine vollständige Benutzerdokumentation für die LIZENZ-SOFTWARE.

(11) Furthermore, the Licensor shall hand over a complete user documentation for the LICENSE SOFTWARE.

(12) Der Lizenznehmer ist berechtigt, die im Rahmen des Vertriebs erforderlichen Maßnahmen für Werbung und Marketing durchzuführen. Der Lizenznehmer wird den Markt für die HARDWARE mit der LIZENZ-SOFTWARE nach besten Kräften erschließen, bearbeiten und die dazu notwendige Organisation einschließlich qualifiziertem Vertriebspersonal und Schulung unterhalten. Der Lizenznehmer wird die LIZENZ-SOFTWARE nur unter der vereinbarten Produktbezeichnung FileorganizerAssist/. . . . . [Marke] vorstellen und vertreiben sowie ohne vorherige Zustimmung des Lizenzgebers keine über Produktbeschreibungen und Dokumentation hinausgehenden Beschaffenheitsgarantien abgeben. Die Teilnahme an einschlägigen Fachmessen gehört zu den vom Lizenznehmer durchzuführenden marktüblichen Werbemaßnahmen. Die Kosten hierfür trägt der Lizenznehmer.[9]

(12) The Licensee shall be entitled to carry out the advertising and marketing measures required within the scope of distribution. The Licensee shall develop and work the market for the HARDWARE with the LICENSE SOFTWARE to the best of its ability and maintain the necessary organization for this purpose, including qualified sales personnel and training. Licensee shall market the LICENSE SOFTWARE only under the agreed product name FileorganizerAssist/. . . . . [trademark] and shall not, without the prior consent of the Licensor, make any warranties as to the quality of the LICENSE SOFTWARE other than those set forth in the product description and documentation. Participation in relevant trade fairs is part of the customary advertising measures to be carried out by the Licensee. The costs for this shall be borne by the Licensee.[9]

(13) Das Kopieren der LIZENZ-SOFTWARE ist nur zu Vertriebszwecken gestattet. Das Erstellen von Kopien der LIZENZ-SOFTWARE außerhalb dieses Zwecks, etwa zur Eigennutzung, bedarf der ausdrücklichen vorherigen Zustimmung des Lizenzgebers und ist gesondert lizenzvergütungspflichtig. Das gilt auch für das etwaige Erstellen und Vertreiben von Rezensionsexemplaren. Diese Verpflichtung gilt auch für Tochterunternehmen, Beteiligungsfirmen, dritte Vertragsfirmen oder Mitarbeiter des Lizenznehmers.

(13) Copying of the LICENSE SOFTWARE is permitted for distribution purposes only. The creation of copies of the LICENSE SOFTWARE outside of this purpose, for example for personal use, requires the express prior consent of the Licensor and is subject to separate royalties. This also applies to the possible creation and distribution of review copies. This obligation also applies to subsidiaries, associated companies, third party contractors or employees of the licensee.

§ 3 Schutzrechte und Schutzrechtsverletzungen

§ 3 Intellectual Property Rights and Infringements of Intellectual Property Rights

(1) Der Lizenzgeber erklärt, dass er hinsichtlich aller Leistungsmerkmale der LIZENZ-SOFTWARE das alleinige Verfügungsrecht besitzt.

(1) The Licensor declares that it has the sole right of disposal with regard to all performance features of the LICENSE SOFTWARE.

(2) Der Lizenzgeber garantiert hiermit, dass die gegenständliche Software bereits veröffentlicht ist.[10]

(3) Der Lizenznehmer ist verpflichtet, auf allen von ihm erstellten Exemplaren der LIZENZ-SOFTWARE, den zugehörigen Unterlagen, Datenträgern, Dokumentation, Handbüchern, etc den Urheberrechtsvermerk, den Namen der LIZENZ-SOFTWARE sowie Markenbezeichnungen anzubringen, wie in Anlage 6 näher bestimmt.[11]

(4) Der Lizenznehmer ist berechtigt, für die Zwecke und die Dauer des Vertrags den Namen und das in Anlage 7 wiedergegebene Unternehmenskennzeichen des Lizenzgebers sowie für den Lizenzgeber eingetragene Marken, soweit und sofern sie in Anlage 7 enthalten sind, im Rahmen der Werbung gemäß den Vorgaben des Lizenzgebers zu verwenden.

(5) Für den Fall, dass dem Lizenzgeber bekannt werden sollte, dass an irgendwelchen Bestandteilen der LIZENZ-SOFTWARE Rechte Dritter bestehen, hat er den Lizenznehmer hierauf unverzüglich hinzuweisen.

§ 4 Vertriebs- und Kundenbetreuungsverpflichtung des Lizenznehmers, Pflegevertrag

(1) Der Lizenznehmer ist verpflichtet, das Lizenzrecht auszuüben. Er wird mit dem Vertrieb spätestens am . . . . beginnen. Kommt der Lizenznehmer dieser Verpflichtung nicht nach, ist der Lizenzgeber nach vorheriger Fristsetzung und Androhung berechtigt, den Vertrag fristlos zu kündigen oder Schadenersatz wegen Nichterfüllung zu verlangen.[12]

(2) Die Parteien sind sich einig, dass eine erfolgreiche Vermarktung der LIZENZ-SOFTWARE voraussetzt, dass der Kunde sowohl bei seiner Kaufentscheidung als auch in der Betriebsphase fachkundig betreut wird. Die Parteien werden daher durch geeignete Schulungsmaßnahmen – wie näher in Anlage 8 geregelt – sicherstellen, dass der Lizenznehmer fundierte Kenntnisse über die LIZENZ-SOFTWARE hat.[13]

(2) The Licensor hereby warrants that the subject software has already been published.[10]

(3) The Licensee is obligated to affix the copyright notice, the name of the LICENSE SOFTWARE and trademark designations on all copies of the LICENSE SOFTWARE created by it, the associated documents, data carriers, documentation, manuals, etc., as specified in more detail in Annex 6.[11]

(4) For the purposes and duration of the Agreement, the Licensee shall be entitled to use the name and the company logo of the Licensor reproduced in Annex 7 as well as trademarks registered for the Licensor, to the extent and insofar as they are included in Annex 7, in the context of advertising in accordance with the specifications of the Licensor.

(5) In the event that the Licensor becomes aware that third party rights exist to any components of the LICENSE SOFTWARE, it shall notify the Licensee thereof without undue delay.

§ 4 Licensee's Sales and Customer Care Obligations, Maintenance Agreement

(1) The Licensee shall exercise the license right. He shall commence distribution no later than . . . . . . If the Licensee fails to comply with this obligation, the Licensor shall be entitled, after having set a deadline and provided notice to do so, to terminate the Agreement without notice or to claim damages for non-performance.[12]

(2) The parties agree that successful marketing of the LICENSE SOFTWARE requires that the customer receives expert support both in his decision to purchase and in the operating phase. The parties shall therefore ensure through suitable training measures – as regulated in more detail in Annex 8 – that the Licensee has sound knowledge of the LICENSE SOFTWARE.[13]

(3) Der Lizenznehmer ist berechtigt und verpflichtet, auf Verlangen des Endkunden mitgeteilte Störungen oder Fehler bei dem Kunden oder am Sitz des Lizenznehmers zu beseitigen. Zu diesem Zweck wird der Lizenznehmer ausreichend qualifizierte Mitarbeiter an den Wochentagen Montag bis Freitag von 9:00 bis 18:00 Uhr abstellen (ausgenommen sind gesetzliche Feiertage am Standort des Lizenznehmers), damit Störungen und Fehler im Detail aufgenommen und analysiert werden können. Der Lizenznehmer wird dem Kunden spätestens innerhalb von 62 Stunden ab Mitteilungseingang einen Vorschlag zur Behebung des Störungs-/Fehlerzustandes unterbreiten.

(4) Im Falle von Störungen/Fehlern, die vom Lizenznehmer nicht beseitigt werden können, wird der Lizenzgeber dem Lizenznehmer im Rahmen des Möglichen angemessene Hilfestellung leisten. Übersteigt der Aufwand des Lizenzgebers hierbei . . . . Stunden, ist er berechtigt, für jeden darüberhinausgehenden Aufwand gegenüber dem Lizenznehmer zu einem Stundensatz von . . . . . EUR zzgl. MwSt. abzurechnen.

(5) Die Pflege der Masterkopie der LIZENZ-SOFTWARE wird vom Lizenzgeber auf Wunsch des Lizenznehmers auf Basis eines gesondert abzuschließenden Rahmenpflegevertrages übernommen.[14]

(6) Der Lizenznehmer ist berechtigt, seinen Kunden für die LIZENZ-SOFTWARE entsprechende Pflegeverträge auf Grundlage der beim Lizenzgeber üblichen Bedingungen und Preisen zu vermitteln. Der Lizenznehmer erhält für jede derartige Vermittlung eine Provision in Höhe von . . . . . % des Neupreises der Jahresvergütung der vereinbarten Programmpflege. Die aktuell gültigen Bestimmungen des Pflegevertrags ergeben sich aus Anlage 9.
Im Fall der Beendigung des Lizenzvertrags, sei es durch Ablauf oder Kündigung, ist der Lizenzgeber verpflichtet, für zu dem Zeitpunkt des Vertragsendes vorhandene Kunden während eines Zeitraumes von . . . . Jahren weiter Pflegeleistungen an der LI-

(3) The Licensee shall be entitled and obligated, at the request of the end customer, to eliminate any malfunctions or errors notified to it at the customer's premises or at the Licensee's registered office. For this purpose, the Licensee shall assign sufficiently qualified employees on weekdays Monday to Friday from 9:00 a.m. to 6:00 p.m. (excluding public holidays at the Licensee's location) so that faults and errors can be recorded and analyzed in detail. The Licensee shall submit to the customer a proposal for remedying the fault/error condition within 62 hours of receipt of the notification at the latest.

(4) In the event of malfunctions/errors which cannot be remedied by the Licensee, the Licensor shall provide the Licensee with reasonable assistance within the scope of what is possible. If the expenses of the Licensor exceed . . . . . hours, the Licensor shall be entitled to charge the Licensee an hourly rate of . . . . . EUR plus VAT for each hour of work in excess thereof.

(5) The maintenance of the master copy of the LICENSE SOFTWARE shall be assumed by the Licensor at the request of the Licensee on the basis of a framework maintenance agreement to be concluded separately.[14]

(6) The Licensee shall be entitled to procure for its customers corresponding maintenance contracts for the LICENSE SOFTWARE on the basis of the terms and prices customary with the Licensor. The Licensee shall receive a commission for each such brokerage in the amount of . . . . . . % of the new price of the annual remuneration for the agreed program maintenance. The currently valid provisions of the maintenance agreement are set forth in Annex 9.
In the event of termination of the License Agreement, whether by expiration or by notice of termination, the Licensor shall be obligated to pay a commission for existing customers at the time of termination of the Agreement for a period of

ZENZ-SOFTWARE vorzuhalten und regelmäßig zu erbringen.[15]

. . . . . . years and to provide regular maintenance services for the LICENSED SOFTWARE.[15]

§ 5 Lizenzgebühr, Abrechnung, Buchprüfung

§ 5 License Fee, Accounting, Audit

(1) Für die Rechtseinräumung nach diesem Vertrag erhält der Lizenzgeber eine nicht rückzahlbare, jedoch vollständig verrechenbare Vorauszahlung auf die laufenden Lizenzgebühren in Höhe von . . . . . EUR zzgl. MwSt.

(1) For the granting of rights under this Agreement, the Licensor shall receive a non-refundable but fully offsettable advance payment on the current license fees in the amount of . . . . . . EUR plus VAT.

(2) Der Lizenznehmer zahlt an den Lizenzgeber eine Lizenzgebühr in Höhe von . . . . . EUR zzgl. MwSt. pro Stück HARDWARE, die vom Lizenznehmer geliefert wird.[16]

(2) The Licensee shall pay to the Licensor a license fee in the amount of . . . . . . EUR plus VAT per piece of HARDWARE supplied by Licensee.[16]

(3) Der Lizenznehmer wird über die gelieferten Stückzahlen der HARDWARE zum Ende eines jeden Vierteljahres abrechnen und zu diesem Zwecke hierüber vierteljährlich berichten, wobei die Abnehmer nach den Sprachräumen aufzuschlüsseln sind, erstmals zum . . . . . Die laufenden Lizenzgebühren sind jeweils am . . . . . . zur Zahlung fällig. Zahlungen haben für den Lizenzgeber kostenfrei auf ein von ihm benanntes Konto zu erfolgen.[17]

(3) The Licensee shall account for the delivered quantities of the HARDWARE at the end of each quarter and, for this purpose, shall report thereon on a quarterly basis, breaking down the customers by language area, for the first time as of . . . . . . The license fees shall be payable on . . . . . . Payments shall be made free of charge to the Licensor to an account designated by the Licensor.[17]

(4) Auf Aufforderung wird der Lizenznehmer in geeigneter Weise gegenüber dem Lizenzgeber die maßgeblichen Abrechnungsdaten belegen. Der Lizenzgeber ist berechtigt, die Buchführung und Geschäftsunterlagen des Lizenznehmers zur Überprüfung der Lizenzabrechnung jederzeit durch einen zur Verschwiegenheit verpflichteten Angehörigen der steuerberatenden und wirtschaftsprüfenden Berufe (nachfolgend als „Buchprüfer“ bezeichnet) einsehen und prüfen zu lassen. Eine Liste aller geschlossenen Nutzungsverträge ist dem Buchprüfer vom Lizenznehmer vorzulegen. Hieraus müssen auch Namen und Anschrift der jeweiligen Kunden, die Lizenznummer, Bezeichnung und Seriennummer der HARDWARE sowie Installations- und Lieferdatum zu entnehmen sein. Festgestellte Abrechnungsfehler sind sofort nach Erhalt des Prüfberichts aus-

(4) Upon request, the Licensee shall provide the Licensor with appropriate evidence of the relevant accounting data. The Licensor shall be entitled to have the Licensee's accounting records and business documents inspected and audited at any time by a member of the tax consulting and auditing professions (hereinafter referred to as the „Auditor“), who shall be bound to secrecy, in order to verify the Licensee's accounting. A list of all concluded user agreements must be submitted to the Auditor by the Licensee. The list must also show the names and addresses of the respective customers, the license number, designation and serial number of the HARDWARE as well as the installation and delivery dates. Any accounting errors found must be corrected immediately upon receipt of the

zugleichen. Die Kosten der jeweiligen Buchprüfung trägt der Lizenzgeber, bei Aufdeckung von Unrichtigkeiten zu Lasten des Lizenzgebers von mehr als ..... EUR der Lizenznehmer. Für den Fall, dass der Lizenznehmer die Überprüfung durch den Lizenzgeber verweigert, ist dieser nach Fristsetzung und Androhung berechtigt, den Vertrag fristlos zu kündigen.[18]

audit report. The costs of the respective audit shall be borne by the Licensor, and in the event of the discovery of inaccuracies to the detriment of the Licensor of more than ..... EUR shall be borne by the Licensee. In the event that the Licensee refuses the audit by the Licensor, the Licensor shall be entitled to terminate the Agreement without notice after setting a deadline and warning.[18]

§ 6 Mängelhaftung[19]

(1) Der Lizenzgeber leistet dem Lizenznehmer Gewähr bezüglich auftretender und in dokumentierter, nachprüfbarer Form mitgeteilter Mängel, wenn und soweit die vertraglich vorausgesetzte oder gewöhnliche Verwendung beeinträchtigt wird. Der Lizenzgeber wird in diesem Fall nach eigener Wahl den Mangel kostenfrei beseitigen im Wege der Nachbesserung, Ersatzlieferung oder Ersatzleistung.

(2) Sollte die Beseitigung des Mangels in angemessener Frist nicht erfolgen können, ist der Lizenznehmer berechtigt, unter den gesetzlichen Voraussetzungen nach seiner Wahl vom Vertrag zurückzutreten oder zu mindern und Schadens- oder Aufwendungsersatz zu verlangen. Die Mangelbeseitigung kann auch durch Übergabe einer neuen Programmversion oder eines work-around erfolgen. Sofern der Mangel die Funktionalität nicht oder nur unerheblich beeinträchtigt, kann der Lizenzgeber unter Ausschluss weiterer Mängelansprüche den Mangel durch Lieferung einer neuen Version oder eines Updates im Rahmen seiner Versions- und Update-Planung beheben.

(3) Die in § 6 Ziff. 1 enthaltene Verpflichtung des Lizenzgebers entfällt, wenn und soweit der mitgeteilte Fehler auf Änderungen oder Ergänzungen der LIZENZ-SOFTWARE oder auf deren unsachgemäße Behandlung oder Installation seitens des Lizenznehmers und/oder dessen Kunden oder Dritter zurückzuführen ist.

(4) Mängelansprüche hinsichtlich der gegenständlichen Software verjähren in 12 Mona-

§ 6 Liability for Defects[19]

(1) The Licensor shall provide the Licensee with a warranty with respect to defects that occur and are communicated in a documented, verifiable form if and to the extent that the contractually assumed or customary use is impaired. In this case, the Licensor shall, at its own discretion, remedy the defect free of charge by way of repair, replacement delivery or substitute performance.

(2) If the defect cannot be remedied within a reasonable period of time, the Licensee shall be entitled to rescind the Agreement or to reduce the purchase price and to claim damages or reimbursement of expenses, at its option, subject to the statutory requirements. The defect may also be remedied by delivery of a new program version or a work-around. If the defect does not impair the functionality or does so only insignificantly, the Licensor may remedy the defect by delivering a new version or an update within the scope of its version and update planning, to the exclusion of any further claims for defects.

(3) The obligation of the Licensor contained in § 6 cif. 1 shall not apply if and to the extent that the notified defect is due to modifications or additions to the LICENSE SOFTWARE or to its improper handling or installation on the part of the Licensee and/or its customers or third parties.

(4) Claims for defects with regard to the software in question shall become statu-

ten ab Übergabe. Hiervon ausgenommen sind Schadenersatzansprüche sowie Mängelansprüche bei arglistigem Verschweigen eines Mangels.

te-barred 12 months after delivery. Excluded from this are claims for damages and claims for defects in the event of fraudulent concealment of a defect.

§ 7 Haftung[20]

§ 7 Liability[20]

(1) Mit Ausnahme der Haftung nach dem Produkthaftungsgesetz und aufgrund einer Verletzung des Lebens, des Körpers oder der Gesundheit ist die Haftung des Lizenzgebers beschränkt oder ausgeschlossen wie nachfolgend bestimmt.

(1) With the exception of liability under the Product Liability Act and due to death, physical injury or harm to health, the liability of the Licensor shall be limited or excluded as determined below.

(2) Die Haftung des Lizenzgebers ist bei Fahrlässigkeit auf den Ersatz des typischen vorhersehbaren Schadens beschränkt. Bei einfacher Fahrlässigkeit haftet der Lizenzgeber jedoch nur, wenn er eine Pflicht verletzt, deren Erfüllung eine ordnungsgemäße Durchführung des Vertrags, insbesondere einen unter Berücksichtigung der Interessen beider Parteien wirtschaftlich angemessenen Vertrieb der LIZENZ-SOFTWARE im Vertragsgebiet, überhaupt erst ermöglicht und auf deren Einhaltung der Lizenznehmer vertrauen darf.

(2) In the event of negligence, the liability of the Licensor shall be limited to the compensation of the typical foreseeable damage. In the event of ordinary negligence, however, the Licensor shall only be liable if it breaches an obligation the fulfillment of which is a prerequisite for the proper performance of the contract, in particular for a commercially reasonable distribution of the LICENSE SOFTWARE in the Contractual Territory, taking into account the interests of both parties, and on the fulfillment of which the Licensee may rely.

§ 8 Geheimhaltungsverpflichtung[21]

§ 8 Confidentiality Obligation[21]

(1) Die Parteien verpflichten sich, alle Informationen und Unterlagen, die sie von der anderen Partei im Zusammenhang mit der Durchführung dieses Vertrags erhalten, vertraulich zu behandeln und nur für vertraglich vereinbarte Zwecke zu verwenden. Informationen und Unterlagen der anderen Partei dürfen nur solchen Mitarbeitern zur Kenntnis gebracht oder zugänglich gemacht werden, welche die Informationen und Unterlagen zur Erfüllung des Vertrags benötigen und selbst vertraglich zur Vertraulichkeit verpflichtet wurden. Eine Weitergabe von Informationen und Unterlagen der anderen Partei an Dritte bedarf der vorherigen schriftlichen Zustimmung der anderen Partei.

(1) The parties undertake to treat all information and documents received from the other party in connection with the performance of this Agreement as confidential and to use them only for contractually agreed purposes. Information and documents of the other party may only be brought to the attention of or made accessible to those employees who require the information and documents for the performance of the contract and who themselves have been contractually obligated to maintain confidentiality. Any disclosure of information and documents of the other party to third parties shall require the prior written consent of the other party.

(2) Die Rechte und Pflichten nach § 8 Ziff. 1 werden von der Beendigung dieses Vertrags nicht berührt.

(2) The rights and obligations under § 8 cif. 1 shall not be affected by the termination of this Agreement.

(3) Die Verpflichtung zur Vertraulichkeit nach § 8 Ziff. 1 und 2 erstreckt sich nicht auf Informationen oder Unterlagen, die allgemein bekannt sind.

(3) The obligation to maintain confidentiality pursuant to § 8 cif. 1 and 2 shall not extend to information or documents which are generally known.

(4) Verletzt eine der Parteien ihre Verpflichtungen aus § 8, schuldet sie eine Vertragsstrafe in Höhe von . . . . . EUR, es sei denn, dass sie die Pflichtverletzung nicht zu vertreten hat.

(4) If one of the parties violates its obligations under § 8, it shall owe a contractual penalty in the amount of . . . . . EUR, unless it is not responsible for the breach of duty.

§ 9 Informationspflicht, Verteidigungspflicht[22]

§ 9 Duty to Inform, Duty to Defend[22]

(1) Die Parteien werden sich gegenseitig unverzüglich von jeder Behauptung über Verletzungen der Schutzrechte unterrichten. Sie werden ferner nach vorheriger Abstimmung alle Maßnahmen ergreifen, um eine Verletzung der Schutzrechte durch Dritte zu verhindern.

(1) The parties shall inform each other without delay of any allegation of infringement of the property rights. They shall also take all measures, after prior consultation, to prevent any infringement of the property rights by third parties.

(2) Der Lizenzgeber ist verpflichtet, bestehende Schutzrechte an der LIZENZ-SOFTWARE gegen Angriffe durch Dritte zu verteidigen.

(2) The Licensor is obligated to defend existing property rights to the LICENSE SOFTWARE against attacks by third parties.

(3) Der Lizenznehmer ist verpflichtet, bestehende Schutzrechte an der HARDWARE gegen Angriffe durch Dritte zu verteidigen.

(3) The Licensee is obliged to defend existing property rights to the HARDWARE against attacks by third parties.

§ 10 Vertragsdauer, Kündigung, Herausgabe oder Vernichtung von Unterlagen

§ 10 Term of Agreement, Termination, Release or Destruction of Documents

(1) Dieser Vertrag tritt am . . . . . in Kraft und gilt zunächst für die Dauer von . . . . . Wird er nicht mit einer Frist von sechs Monaten vor seinem Ablauf von einem Vertragsteil schriftlich gekündigt, so verlängert er sich jeweils um ein weiteres Jahr.

(1) This Agreement shall enter into force on . . . . . . and shall initially apply for a period of . . . . . . If it is not terminated in writing by one party with six months' notice before its expiry, it shall be renewed for a further year at a time.

(2) Unberührt bleibt das Recht jeder Partei, den Vertrag aus wichtigem Grunde fristlos zu kündigen. Zur fristlosen Kündigung ist der Lizenzgeber insbesondere berechtigt, wenn der Lizenznehmer fällige Zahlungen trotz Mahnung und Nachfristsetzung nicht leistet oder die vertraglichen Bestimmungen

(2) The right of each party to terminate the Agreement without notice for good cause remains unaffected. The Licensor shall be entitled to terminate the Agreement without notice in particular if the Licensee fails to make due payments despite a reminder and the setting of a grace

über die Nutzung der LIZENZ-SOFTWARE verletzt. Eine fristlose Kündigung setzt im Falle einer vertraglichen Pflichtverletzung voraus, dass der andere Teil schriftlich abgemahnt und aufgefordert wird, den vermeintlichen Grund zur fristlosen Kündigung in angemessener Zeit zu beseitigen.

period, or if the Licensee breaches the contractual provisions governing the use of the LICENSE SOFTWARE. In the event of a breach of contractual obligations, termination without notice shall require that the other party be warned in writing and requested to remedy the alleged cause for termination without notice within a reasonable period of time.

(3) Der Lizenzgeber ist ferner berechtigt, den Vertrag aus wichtigem Grund fristlos zu kündigen, wenn

- ein Insolvenzverfahren über das Vermögen des Lizenznehmers eröffnet wird, oder
- eine Mehrheitsbeteiligung des Lizenznehmers an einen Wettbewerber des Lizenzgebers übertragen wird.

(3) The Licensor shall also be entitled to terminate the Agreement without notice for good cause if

- insolvency proceedings are opened against the assets of the Licensee, or
- a majority shareholding of the Licensee is transferred to a competitor of the Licensor.

(4) Jede Kündigung bedarf der Schriftform.

(4) Any termination must be in writing.

(5) Der Lizenznehmer wird nach Ende des Vertrags dem Lizenzgeber sämtliche Unterlagen in Bezug auf die LIZENZ-SOFTWARE, insbesondere die Master-CD-ROM (§ 2 Ziff. 9) und nicht gebrauchte Echtheitszertifikate (§ 2 Ziff. 10) zurückgeben oder auf Verlangen vernichten und die Vernichtung dieser Unterlagen nachweisen und sämtliche Werbemaßnahmen für die LIZENZ-SOFTWARE sowie die Verwendung des Namens und der Marken des Lizenzgebers einstellen.

(5) After the end of the Agreement, the Licensee shall return to the Licensor all documents relating to the LICENSE SOFTWARE, in particular the master CD-ROM (§ 2 cif. 9) and unused CoAs (§ 2 cif. 10), or destroy them upon request and provide evidence of the destruction of these documents, and shall cease all advertising activities for the LICENSE SOFTWARE and the use of the Licensor's name and trademarks.

(6) Vom Tage der Vertragsbeendigung an ist es dem Lizenznehmer nicht mehr gestattet, Exemplare der LIZENZ-SOFTWARE zu vervielfältigen und/oder zu vertreiben. Laufende Verträge mit Dritten bleiben jedoch unberührt.

(6) From the date of termination of the Agreement, Licensee shall no longer be permitted to reproduce and/or distribute copies of the LICENSE SOFTWARE. However, current contracts with third parties shall remain unaffected.

§ 11 Anwendbares Recht, Erfüllungsort, Gerichtsstand

§ 11 Applicable Law, Place of Performance, Place of Jurisdiction

(1) Auf vorliegenden Vertrag findet deutsches Recht Anwendung unter Ausschluss des UN-Kaufrechts.[23]

(1) This Agreement shall be governed by German law to the exclusion of the UN Convention on Contracts for the International Sale of Goods.[23]

(2) Erfüllungsort ist der Sitz des Lizenzgebers, dh . . . .

(2) The place of performance shall be the registered office of the Licensor, i.e . . . . . .

(3) Für Streitigkeiten aus diesem Vertrag ist Gerichtsstand der Sitz des Lizenzgebers. Dieser ist jedoch berechtigt, an jedem anderen gesetzlichen Gerichtsstand zu klagen.

(3) The place of jurisdiction for disputes arising from this Agreement shall be the Licensor's registered office. However, the latter shall be entitled to bring an action at any other statutory place of jurisdiction.

§ 12 Sonstiges

§ 12 Miscellaneous

(1) Dieser Vertrag, einschließlich seiner Anlagen, beinhaltet sämtliche Vereinbarungen der Parteien zum Vertragsgegenstand. Änderungen, Ergänzungen und Zusätze dieses Vertrags haben nur Gültigkeit, wenn sie zwischen den Vertragsparteien schriftlich vereinbart werden. Dies gilt auch für die Abänderung dieser Vertragsbestimmung.

(1) This Agreement, including its annexes, contains all agreements of the parties on the subject matter of the Agreement. Amendments, supplements and additions to this Agreement shall only be valid if agreed in writing by the parties. This shall also apply to the amendment of this contractual provision.

(2) Keine Vertragspartei kann Rechte oder Pflichten aus diesem Vertrag ohne vorherige schriftliche Zustimmung an Dritte abtreten oder auf Dritte übertragen.

(2) No party may assign or transfer any rights or obligations under this Agreement to any third party without prior written consent.

(3) Sollte eine Bestimmung dieses Vertrags unwirksam sein oder werden, so berührt dies die Wirksamkeit des Vertrags im Übrigen nicht. Die unwirksame Bestimmung gilt als durch eine wirksame Regelung ersetzt, die dem wirtschaftlichen Zweck der unwirksamen Bestimmung am nächsten kommt. Entsprechendes gilt im Fall einer Vertragslücke.

(3) Should any provision of this Agreement be or become invalid, this shall not affect the validity of the rest of the Agreement. The invalid provision shall be deemed to be replaced by a valid provision that comes as close as possible to the economic purpose of the invalid provision. The same shall apply in the event of a loophole in the Agreement.

(4) Bei einer mehrsprachigen Version dieses Vertrages ist für die rechtlichen Wirkungen allein der deutsche Text maßgeblich.[24]

(4) In the case of a multilingual version of this Agreement, only the German text shall be decisive for the legal effects.[24]

. . . .

(Ort, Datum) (Ort, Datum)

. . . .

– Lizenzgeber – – Lizenznehmer –

. . . .

(Place, Date) (Place, Date)

. . . .

– Licensor – – Licensee –

Anlagen:
Anlage 1 LIZENZ-SOFTWARE und deren Verknüpfung mit der HARDWARE
Anlage 2 Hardware- und Systemvoraussetzungen
Anlage 3 Vertragsgebiet
Anlage 4 EULA (End User License Agreement)
Anlage 5 Echtheitszertifikat (CoA)

Annexes:
Annex 1 LICENSE SOFTWARE and its linkage to the HARDWARE.
Annex 2 Hardware and system requirements
Annex 3 Contractual Territory
Annex 4 EULA (End User License Agreement)
Annex 5 Certificate of Authenticity (CoA)

Anlage 6 Urheberrechtsvermerk, Logo, etc	**Annex 6 Copyright notice, logo, etc.**
Anlage 7 Unternehmenskennzeichen und Marken	**Annex 7 Company trademarks and brands**
Anlage 8 Schulungsmaßnahmen	**Annex 8 Training Measures**
Anlage 9 Softwarepflegevertrag	**Annex 9 Software Maintenance Agreement**

Anmerkungen

1. Sachverhalt. Das Vertragsformular behandelt die Lizenzierung von **OEM-Software.** OEM ist die Abkürzung für „Original Equipment Manufacturer". Charakteristisch für OEM-Software ist der Umstand, dass das sie nicht separat, sondern als integrierter Bestandteil einer anderen Software oder zusammen mit einer bestimmten Hardware in den Verkehr gebracht wird. Wird die OEM-Software – wie im vorliegenden Vertragsformular vorgesehen – zusammen mit der Hardware eines entsprechenden Herstellers vertrieben, spricht man vom **Bundling** (*to bundle* (Englisch): in Bündel zusammenbinden). Dabei wird die Hardware im Rahmen der Erstausstattung neuer Computer zusammen mit der Software ausgeliefert, die entweder bereits auf der Hardware aufgespielt ist oder auf einem Datenträger enthalten ist, der dem Kunden zur Installation der OEM-Software mitgeliefert wird. Dem Kunden wird ferner regelmäßig noch eine Sicherungs-CD (Recovery-CD) mitgeliefert, damit er bei Datenverlust die Software erneut installieren kann. Der Hardware-Hersteller erhält die Software zu einem günstigeren Preis als bei einem separaten Vertrieb derselben verlangt würde. Gleichzeitig verbleiben an der OEM-Version der Software die Kennzeichen ihres Herstellers (Firmenbezeichnung, Firmenlogo, etc). Von der OEM-Version bei Software ist der **OEM-Vertrieb bei Hardware** zu unterscheiden. Dort erlaubt der Hardware-Hersteller seinem Abnehmer, dem Zwischenhändler, die Hardware unter dem Zeichen bzw. der Marke des Abnehmers zu vertreiben (Auer-Reinsdorff/Conrad IT- und DatenschutzR-HdB/Wiesemann § 24 Rn. 18 ff.).

Das Vertragsformular regelt den Vertrieb von Software des Lizenzgebers durch einen Computerhardware-Hersteller (Lizenznehmer) oder dessen Vertriebspartner in Form des Bundling. Der Softwarehersteller (Lizenzgeber) wird dabei regelmäßig darauf achten, dass der Endkunde durch einen Softwarelizenzvertrag (End User License Agreement – kurz „EULA") direkt an ihn gebunden wird (→ Anm. 3). Maßgeblich für die Frage, nach welchem Vertragstyp des BGB sich das Kausalgeschäft der Nutzungseinräumung richtet, ist der **Vertragszweck.** Dabei soll bei Überlassung von Standardsoftware gegen Einmalentgelt Kaufrecht Anwendung finden, sofern die Software ohne wesentliche Einschränkung zur freien Verfügung überlassen wird (Auer-Reinsdorff/Conrad IT- und DatenschutzR-HdB/Kast § 12 Rn. 41 ff. mwN). Hier ist der Vertragszweck darauf gerichtet, den Kunden des Lizenznehmers bzw. seiner Vertriebspartner die Nutzung der Software auf Dauer zu ermöglichen, wobei die Besonderheit darin besteht, dass die Kunden die Software zusammen mit der Hardware erhalten. Da die Software für eine Vielzahl von Anwendern gedacht ist, handelt es sich im vorliegenden Fall um **Standardsoftware** und nicht um **Individualsoftware.** Letztere ist dadurch gekennzeichnet, dass sie gesondert für den Auftraggeber entwickelt wird, um spezielle Anwendungen zu ermöglichen. Die Masterkopie der Software wird zwar dem Lizenznehmer im konkreten Fall nur zeitlich befristet überlassen, allerdings mit dem Zweck, davon Vervielfältigungstücke anzufertigen, die zusammen mit der Hardware vertrieben werden. Die Software darf und soll daher – wie die Hardware – an Dritte (Kunden des Lizenznehmers bzw. seiner Vertriebspartner) zur Benutzung auf Dauer überlassen werden. Ferner ist die Vergütung im vorliegenden Beispielsfall nicht an eine zeitliche Begrenzung der Nutzung der Software gekoppelt, weshalb das Kriterium des Einmalentgelts bejaht werden kann. Auch wird die Software trotz Bundling ohne wesentliche Einschränkung zur freien Verfügung überlassen. Daher ist auf den Vertrag grundsätzlich Kaufrecht anzuwenden.

Angesichts des Umstands, dass der Lizenznehmer für den Vertrieb der Software des Lizenzgebers sorgt, kommt die entsprechende Anwendung des § 89b HGB (Ausgleichsanspruch des Handelsvertreters) in Betracht. Dies setzt allerdings voraus, dass der Vertriebsmittler (Lizenznehmer) so in die Absatzorganisation des Softwareherstellers eingegliedert ist, dass er wirtschaftlich in erheblichem Umfang die sonst einem Handelsvertreter zukommenden Aufgaben zu erfüllen hat und dem Softwarehersteller seine Kundendaten überlassen muss, so dass sich dieser bei Vertragsende die Vorteile des Kundenstamms sofort und ohne weiteres nutzbar machen kann (BGH NJW 2011, 848 Rn. 17; NJW 2015, 1300).

2. Vertragsgegenstand. Es empfiehlt sich, dem Lizenzvertrag einen Abschnitt voranzustellen, in dem kurz und prägnant der Sachverhalt, der dem Vertragsschluss zu Grunde liegt, festgehalten wird. Hierdurch können Schwierigkeiten bei der späteren Vertragsauslegung vermieden werden. Der Gegenstand des Vertrags sollte vollständig und eindeutig identifiziert werden. Im Formular ist vorgesehen, dass die technischen Spezifikationen der Software aufgeführt werden. Sofern diese einen größeren Umfang einnehmen, empfiehlt es sich aus Praktikabilitätsgründen, diese in einer Anlage zu dem Vertrag zusammenzufassen. Entsprechendes gilt für die technischen Voraussetzungen für den Einsatz der Software. Ferner ist festgehalten, dass die Software dem Lizenznehmer vorgeführt wurde und dass dieser von einem erfolgreichen Vertrieb der Software in Verbindung mit seinen Produkten überzeugt ist. Hierdurch sind spätere Einwände gegen die Marktfähigkeit der Software praktisch ausgeschlossen.

3. Einräumung von Lizenzrechten. Der Softwarehersteller, der seine Software dem Lizenznehmer zu einem günstigeren Preis überlässt, hat ein Interesse daran, dass seine Software nur zusammen mit der Hardware veräußert wird. Deshalb verbietet er dem Lizenznehmer, die Software auf anderer als der § 1 Ziff. 2 bezeichneten Hardware zu vertreiben und einzusetzen. Ferner wird er dazu verpflichtet, vertraglich sicherzustellen, dass auch seine Kunden die entsprechende Bindung einhalten. Computerprogramme (Software) sind als individuelle geistige Werkschöpfungen nach § 69a Abs. 3 UrhG urheberrechtlich geschützt. Angesichts der urheberrechtlichen **Zweckübertragungsregel** des § 31 Abs. 5 UrhG werden nur diejenigen Rechte übertragen, welche entweder vertraglich ausdrücklich bestimmt sind, nach dem Zweck des zugrunde liegenden Vertrags erforderlich sind oder deren Einräumung der Branchenübung entspricht. Der BGH spricht sprachlich präziser vom „**Übertragungszweckgedanken**" (BGH GRUR 2010, 1004 (1007) – Autobahnmaut). Nach § 69d Abs. 1 UrhG, der als Ausprägung des Zweckübertragungsgrundsatzes angesehen wird (vgl. Spindler/Schuster/Wiebe UrhG § 69d Rn. 4 mwN), bedarf es im Hinblick auf das Vervielfältigungsrecht (§ 69c Nr. 1 UrhG) und Bearbeitungsrecht (§ 69c Nr. 2 UrhG) für die zur Verwendung der Software notwendigen Nutzungshandlungen durch den Anwender keiner Zustimmung des Lizenzgebers. Nach § 69a Abs. 4 UrhG iVm § 31 Abs. 1 S. 2 UrhG kann der Urheber das Nutzungsrecht als einfaches oder ausschließliches Recht sowie räumlich, zeitlich oder inhaltlich beschränkt einräumen. Nutzungsbeschränkungen können mit urheberrechtlich-dinglicher Wirkung nur für solche Vertriebsformen wirksam abgesichert werden, die als eigenständige Nutzungsarten zu betrachten sind. Ob der beschränkte Vertrieb von OEM-Softwareversionen auf ein Bundling mit Hardware als eigenständige Nutzungsart anzusehen ist (bejahend OLG Frankfurt a. M. CR 2000, 581 (582); KG CR 1998, 137 (138); LG München CR 1998, 141 (142); ablehnend Schricker/Loewenheim/Loewenheim/Spindler UrhG § 69c Rn. 30), hat der BGH in der OEM-Entscheidung offen gelassen und stattdessen das Interesse der Allgemeinheit betont, Werkstücke verkehrsfähig zu halten (BGH NJW 2000, 3571 (3573) – OEM-Version). Im Hinblick auf den urheberrechtlichen **Erschöpfungsgrundsatz** ist nämlich zu berücksichtigen, dass wenn ein Werkstück einmal vom Urheber oder dem Berechtigten rechtmäßig im Gebiet der EU oder des EWR in Verkehr gebracht worden ist, sich das Verbreitungsrecht an diesem Werkstück erschöpft. Bereits mit der ersten Veräußerung durch ihn oder mit seiner Zustimmung erfolgten Veräußerung gibt der Rechtsinhaber die Herrschaft über das Vervielfältigungsstück auf. Folglich kann der Vertrieb vom Berechtigten nicht mehr kontrolliert werden, weil das Verbreitungsrecht erschöpft ist (BGH NJW 2000, 3571 (3573) – OEM-Version). Die Erschöpfung des Verbreitungsrechts tritt unabhängig davon ein, ob der Verkauf eine **körperliche** Kopie (materieller Datenträger wie zB CD-ROM oder DVD) oder eine **nichtkörperliche Kopie** (zB Herunterladen von einer Internetseite) des Computerprogramms betrifft, weil beide Veräußerungsformen wirtschaftlich gesehen vergleichbar sind (EuGH GRUR 2012, 904 Rn. 61 – UsedSoft/Oracle; BGH GRUR 2014, 264 Rn. 45 f. – UsedSoft II; GRUR 2015, 772 Rn. 33 – UsedSoft III).

Dem Urheber (Softwarehersteller) bleibt es unbenommen, wie im Formular vorgesehen, seinen Vertragspartner vertraglich zu binden und ihn zu verpflichten, die Verwendungsbeschränkungen an seine jeweiligen Kunden weiterzugeben. Im Ergebnis ist daher das sog. **Unbundling**, dh die Trennung von OEM-Software und Hardware, nur dann nicht möglich, wenn dies vertraglich zwischen den entsprechenden Parteien ausdrücklich und wirksam ausgeschlossen ist. Eine dingliche Wirkung gegenüber Dritten, die keine Vertragsparteien sind und somit keiner entsprechenden schuldrechtlichen Verpflichtung unterliegen, entfaltet das Unbundling-Verbot freilich nicht. Ferner sind gegebenenfalls kartellrechtliche Aspekte zu prüfen. Zur **kartellrechtlichen Zulässigkeit** von OEM-Klauseln siehe Auer-Reinsdorff/Conrad IT- und DatenschutzR-HdB/Conrad/Licht § 39 Rn. 416.

Im Hinblick darauf, dass die Rspr. die Hürden für den **Handel mit „gebrauchter“ Software** in den letzten Jahren kontinuierlich erleichtert hat, ist allgemein betrachtet zu erwarten, dass die Softwarehersteller zu ihrem eigenen Schutz vermehrt Lizenzmodelle in Gestalt zeitlich befristeter Lizenzen (*fixed term licenses*) anstatt zeitlich unbefristeter Lizenzen (*perpetual licenses*) anbieten. Während letztgenannte Lizenzformen als Softwareüberlassung auf Dauer regelmäßig dem Kaufrecht und als Veräußerung somit dem Erschöpfungstatbestand unterliegen (vgl. §§ 17 Abs. 2, 69c Nr. 3 S. 2 UrhG), richtet sich das Vertragsverhältnis bei einer Softwareüberlassung auf Zeit in der Regel nach Mietrecht, das ein Weitergabeverbot der Mietsache als zulässig erachtet und folglich auch in AGB wirksam vereinbart werden kann, da es der gesetzlichen Regelung des § 540 Abs. 1 S. 1 BGB entspricht. Vor diesem Hintergrund dürfte sich auch der bisherige Siegeszug des Cloud Computing, bei welchem die zeitweise Überlassung von Software- und Hardware-Ressourcen gegen Entgelt im Vordergrund steht und das somit idR dem Mietrecht unterliegt, erklären lassen, unabhängig von den Vorteilen seiner Technologie und seines Geschäftsmodells in der Praxis (zu den Aspekten des Cloud Computing → Form. H.7.).

4. Sicherungskopie. Der berechtigte Nutzer darf nach § 69d Abs. 2 UrhG eine Sicherungskopie erstellen. Dieses Recht kann gem. § 69g Abs. 2 UrhG vertraglich nicht abbedungen werden. Streitig ist, ob das Gesetz damit die Anzahl der Kopien festlegen will oder ob es mehr als eine Sicherungskopie zulässt. In der Praxis dürfte die Notwendigkeit einer einzigen Sicherungskopie ohnehin die Regel sein, allerdings lässt sich vertreten, dass die Vorschrift des § 69d Abs. 2 UrhG hinsichtlich der Anzahl der Sicherungskopie nicht als Zahlwort, sondern als unbestimmter Artikel verstanden werden kann mit der Folge, dass erforderlichenfalls mehr als eine Sicherungskopie zulässig ist (Spindler/Schuster/Wiebe UrhG § 69d Rn. 25). Der Formularvertrag sieht vor, dass der Kunde nur eine

Kopie anfertigen darf. Dies ist in jedem Fall ausreichend, zumal dem Nutzer hier bereits eine Sicherungs-CD (Recovery-CD) mitgeliefert wird.

5. Dekompilierungsrecht. Zu beachten ist, dass ein vollständiger Ausschluss des Dekompilierungsrechts nicht zulässig ist. Gem. § 69g Abs. 2 UrhG kann das Recht zur Dekompilierung in dem von § 69e UrhG beschriebenen Umfang vertraglich nicht wirksam eingeschränkt werden.

6. Bundling. Im Rahmen des kartell- und AGB-rechtlich Zulässigen kann der Softwarehersteller seinen Vertragspartner (Lizenznehmer) vertraglich binden und ihn verpflichten, bestimmte Nutzungsbeschränkungen an seine Kunden weiterzugeben (BGH NJW 2000, 3571 (3573) – OEM-Version). Der Lizenznehmer sollte dabei sorgfältig darauf achten, dass die Bedingungen des Lizenzvertrags eins-zu-eins an seine Kunden weitergegeben werden, um eine Kongruenz der Verträge sicherzustellen. Die vertragliche Nutzungsbeschränkung, wonach die Software nur auf der Hardware des Lizenznehmers vertrieben und eingesetzt werden darf, kann wohl im Rahmen einer Individualvereinbarung wirksam vereinbart werden. Allerdings dürfte die Beschränkung im Hinblick auf die Abweichung vom gesetzlichen Leitbild des § 69c Nr. 3 S. 2 UrhG (Erschöpfungsprinzip) in AGB unwirksam sein (vgl. § 307 Abs. 2 Nr. 1 BGB).

7. Einfache Lizenz. Im Unterschied zur quasi-dinglichen Rechtswirkung einer ausschließlichen Lizenz gewährt die einfache Lizenz lediglich eine schuldrechtlich wirkende Benutzungserlaubnis gegen den Lizenzgeber (Benkard PatG/Ullmann § 15 Rn. 99 f.). Da dem Lizenzgeber daran gelegen ist, seine Software auch mit Hilfe anderer Hardware-Hersteller zu vertreiben, räumt er dem Lizenznehmer eine einfache Lizenz und keine exklusive Lizenz ein.

8. Echtheitszertifikate. Ein **Echtheitszertifikat** (engl. *Certificate of Authenticity*) ist ein Siegel oder Aufkleber, das die Echtheit der Software des Lizenzgebers belegen soll. Software-Echtheitszertifikate enthalten regelmäßig das Firmenlogo (Marke) des Softwareherstellers und eine Lizenznummer, die beweisen sollen, dass es sich um ein Originalprogramm handelt. Soweit das Verbreitungsrecht des Urhebers erschöpft ist, ist konsequenterweise grundsätzlich auch das Recht des Markeninhabers erschöpft, seine Marke für seine Produkte zu benutzen (vgl. BGH GRUR 2014, 264 Rn. 50 – UsedSoft II; 2015, 772 Rn. 75 – UsedSoft III). Dies gilt dann nicht, wenn berechtigte Gründe vorliegen, die es rechtfertigen, dass sich der Markeninhaber dem weiteren Vertrieb nach § 24 Abs. 2 MarkenG bzw. Art. 15 Abs. 2 UMV widersetzt. Solche berechtigten Gründe hat der BGH hinsichtlich des Vertriebs von OEM-Softwareversionen des Softwareherstellers MICROSOFT angenommen, bei dem ein Gebrauchtsoftwarehändler ohne Zustimmung von MICROSOFT Sicherungs-CDs (Recovery-CDs), die zuvor im Rahmen eines Bundling-Lizenzvertriebsvertrags entstanden waren, mit Echtheitszertifikaten von MICROSOFT versah und in Verkehr brachte. Das Gericht argumentiert, dass eine Verbindung von Zertifikat und Datenträger, die nur dem Markeninhaber zustehe, den unzutreffenden Eindruck erwecke, die in der Verknüpfung zum Ausdruck kommende Herkunftsgarantie sei dem Softwarehersteller zuzurechnen. Im Ergebnis bejaht der BGH eine Markenrechtsverletzung und verbietet dem Softwarehändler den Vertrieb der Sicherungs-CDs, weil eine Erschöpfung des Markenrechts des Softwareherstellers nach § 24 Abs. 2 MarkenG nicht eingetreten sei (BGH GRUR 2012, 392 Rn. 19, 25 – Echtheitszertifikat).

9. Werbung und Marketing. Vor dem Hintergrund, dass die Vergütung des Lizenzgebers von der Anzahl der vertriebenen mit der Software gebundelten Hardware-Exemplaren abhängt (→ Anm. 16), hat der Lizenzgeber ein Interesse daran, dass der Lizenznehmer die erforderlichen Maßnahmen für Werbung und Marketing durchführt, wozu auch die Teilnahme an einschlägigen Fachmessen gehört. Da die Software mit den

Kennzeichen (Firmenbezeichnung, Firmenlogo, etc) des Lizenzgebers versehen ist, sieht der Formularvertrag auch die entsprechende Gestattung zugunsten des Lizenznehmers vor, Werbe- und Marketingmaßnahmen durchzuführen.

10. Veröffentlichung. Der Urheber hat nach § 12 Abs. 1 UrhG das alleinige Recht, darüber zu bestimmen, ob und wie sein Werk veröffentlicht wird. Ein Werk ist veröffentlicht, wenn es mit Zustimmung des Berechtigten der Öffentlichkeit zugänglich gemacht worden ist (§ 6 Abs. 1 UrhG). § 12 Abs. 1 UrhG betrifft nur das Erstveröffentlichungsrecht, unabhängig davon, in welcher Form die erste Zugänglichmachung des Werks vorgenommen wurde (Spindler/Schuster/Wiebe UrhG § 12 Rn. 2). Ist also ein Werk bereits veröffentlicht, so ist das Veröffentlichungsrecht verbraucht und steht einer Verwertung nicht entgegen. Im Vertragsformular erklärt der Lizenzgeber in Form einer Garantie, dass die Software bereits veröffentlicht ist, sodass der Lizenznehmer hierdurch ausreichend abgesichert ist.

11. Urheberrechtsvermerk. Der Schutz des Urheberrechts entsteht kraft Gesetzes und bedarf keines besonderen Anmeldeverfahrens. Das Urheberrecht entsteht, sobald das Werk, im vorliegenden Fall die Software, vorliegt. Ein Urheberrechtsvermerk oder Copyright-Hinweis © bedarf es hierzu nicht. Es empfiehlt sich aber dennoch, den Urheberrechtsvermerk anzubringen, weil er im Verkehr auf einen Schutzrechtsinhaber hinweist, weshalb mögliche Nachahmer von Verletzungshandlungen abgehalten werden können.

12. Ausübungspflicht. Im Interesse des Lizenzgebers, dessen Vergütung von der Anzahl der durch den Lizenznehmer vertriebenen Softwareexemplare abhängt (→ Anm. 16), sieht das Vertragsformular die Pflicht des Lizenznehmers vor, das Lizenzrecht auszuüben. Kommt der Lizenznehmer seiner Ausübungspflicht nicht nach, ist der Lizenzgeber berechtigt, den Vertrag zu kündigen oder Schadenersatz wegen Nichterfüllung zu verlangen. Hierfür muss er den Lizenznehmer zuvor in Verzug setzen und ihm eine angemessene Frist zur Nachholung der Leistung einräumen (§§ 323, 324 BGB und §§ 280, 281, 282, 283 BGB).

13. Schulung und Kundenbetreuung. Im vorliegenden Formularvertrag vereinbaren die Parteien, Schulungen für Mitarbeiter des Lizenznehmers durchzuführen, damit diese die Kunden fachkundig beraten und betreuen können. Eine solche fachgerechte Kundenbetreuung inklusive Kunden-Hotline liegt im Interesse des Lizenzgebers, weil dieser nach der Anzahl der ausgelieferten Software vergütet wird und die Software mit seinen Kennzeichen versehen ist.

14. Softwarepflegevertrag mit dem Lizenznehmer. Es ist üblich, im Rahmen von kaufrechtlich einzuordnenden Softwareüberlassungsverträgen einen Softwarepflegevertrag (auch als Wartungsvertrag, Maintenance oder Support bezeichnet) abzuschließen, damit der Lizenznehmer insbesondere nach Ablauf der Gewährleistungsfrist im Hinblick auf etwaige Softwaremängel abgesichert ist.

15. Vermittlung Softwarepflegevertrag mit dem Kunden. Die Softwarewartung, die regelmäßig den Kunden von Softwareprogrammen angeboten werden, kann entweder zwischen den Vertragsparteien innerhalb der Lieferkette oder, wie hier vorgesehen, zwischen Softwarehersteller und Endkunden unter Vermittlung des Lizenznehmers vereinbart werden. In dieser Konstellation ist der Softwarehersteller allerdings verpflichtet, dem Lizenznehmer eine übliche Vermittlungsprovision (vgl. § 87 HGB) sowie nach Ende des Vertrags gegebenenfalls einen Ausgleichsanspruch gem. § 89b HGB analog zu gewähren (vgl. Auer-Reinsdorff/Conrad IT- und DatenschutzR-HdB/Wiesemann § 24 Rn. 93 ff.).

16. Lizenzgebühr. Der Inhalt der Lizenzgebührklausel hängt von der gewählten Berechnungsart der Lizenzgebühr ab. Üblicherweise werden entweder Umsatzlizenz, Stücklizenz oder Pauschallizenz vereinbart. Hier handelt es sich um eine Stücklizenz. Die Vergütung des Lizenzgebers hängt somit von der Anzahl der vertriebenen mit der Software gebündelten Hardware-Exemplaren ab. Da der Lizenzgeber im Vorfeld regelmäßig erhebliche Entwicklungskosten für die Software tragen musste, erscheint es angemessen, bei Abschluss des Vertrags eine nicht rückzahlbare, jedoch verrechenbare Vorauszahlung auf die laufenden Lizenzgebühren zu verlangen.

17. Lizenzabrechnung und Zahlung. Die Zahlung der Lizenzgebühr durch den Lizenznehmer ist Hauptpflicht. Als korrespondierende Nebenpflicht trifft den Lizenznehmer die Pflicht, über die Lizenzgebühr abzurechnen. Hierdurch ist der Lizenzgeber in der Lage, die Zahlungen des Lizenznehmers inhaltlich zu überprüfen. Ferner sind der Abrechnungszeitraum und die Fälligkeit der Lizenzgebühr zu regeln. Je grösser die wirtschaftliche Bedeutung der Einnahmen aus Lizenzgebühren für den Lizenzgeber ist, desto kürzer wird der Abrechnungszeitraum ausfallen. Hält der Lizenznehmer die vertraglich vereinbarte Frist zur Zahlung der Lizenzgebühr nicht ein, kann der Lizenzgeber die gesetzlichen Verzugszinsen in Höhe von 9 Prozentpunkten p.a. über dem Basiszinssatz verlangen (§§ 286 Abs. 1, 288 Abs. 2 BGB), da vorliegend an dem Rechtsgeschäft kein Verbraucher beteiligt ist. Für den Fall, dass ein möglicher Zinsschaden erwartbar höher liegt als der gesetzliche Zinssatz, ist ein hiervon abweichender, erhöhter Zinssatz bei verspäteter Zahlung zu vereinbaren. Unabhängig davon hat der Lizenzgeber gegen den Lizenznehmer im Verzugsfall gem. § 288 Abs. 5 S. 1 BGB zusätzlich Anspruch auf Zahlung einer Pauschale iHv 40 EUR.

18. Buchprüfung. Der Umfang der Rechnungslegung hängt von der vertraglich vereinbarten Art der Lizenzvergütung (hier Stücklizenz) ab. Soweit nicht anders vereinbart, hat der Lizenzgeber die Kosten einer Buchprüfung zu tragen. Dies gilt auch dann, wenn Unregelmäßigkeiten zu Lasten des Lizenzgebers aufgedeckt werden (Groß, Der Lizenzvertrag, 12. Aufl. 2020, Rn. 144; aA Reimer, PatG, 3. Aufl. 1968, § 9 Rn. 56). Im Formular ist vorgesehen, dass die Kostentragungspflicht auf den Lizenznehmer übergeht, wenn die festgestellte Differenz zu Lasten des Lizenzgebers einen bestimmten Betrag übersteigt.

19. Mängelhaftung. Bei Abfassung von Gewährleistungsregelungen ist auf eine angemessene Risikoverteilung zu achten. Im vorliegenden Fall wird angenommen, dass der Lizenznehmer im Vorfeld des Vertragsschlusses eingehend die technische Leistungsfähigkeit einschließlich der Kompatibilität der Software des Lizenzgebers überprüft hat, weshalb die bei beiderseitigem Handelsgeschäft über den Vertrieb von Standardsoftware anwendbare Untersuchungs- und Rügepflicht gem. § 377 HGB seitens des Lizenznehmers innerhalb verhältnismäßig kurzer Frist auszuüben wäre.

Nach § 439 Abs. 1 BGB steht das Wahlrecht bezüglich der Art der Nacherfüllung grundsätzlich dem Käufer (Lizenznehmer) zu. Hiervon kann im Verkehr zwischen Unternehmern abgewichen werden, wie sich im Umkehrschluss aus § 475 Abs. 1 BGB ergibt.

Ob die Lieferung von Updates eine Nachbesserung oder eine Neulieferung darstellt, wird nicht einheitlich beantwortet. Es empfiehlt sich daher, die Lieferung von Updates ausdrücklich als Nachbesserung zuzulassen. Bei nicht schwerwiegenden Mängeln erscheint es angemessen, die Update-Planung des Softwareherstellers zu berücksichtigen, um zu verhindern, dass der Lizenznehmer vom Vertrag zurücktritt oder Minderung verlangt, wenn der Lizenzgeber innerhalb der Mängelbeseitigungsfrist mangels entsprechender Updates solche nicht zur Verfügung stellt.

In Allgemeinen Geschäftsbedingungen (ausführlich zur AGB-Inhaltskontrolle → Vorb. A) gegenüber Unternehmern ist eine Verkürzung der Verjährung auf maximal 12 Monate zulässig (§ 310 Abs. 1 BGB iVm § 309 Nr. 8 lit. b ff. BGB). Zu beachten ist, dass nach § 202 Abs. 1 BGB die Verjährung bei Vorsatz nicht im Voraus verkürzt werden kann. Auch Schadenersatzansprüche sind von einer Verjährungserleichterung auszunehmen, soweit deren Ausschluss und Begrenzung gegen § 307 Abs. 2 BGB und §§ 309 Nr. 7, 310 Abs. 1 S. 2 BGB verstößt (BGH NJW 2013, 2584; NZG 2016, 32; NJW 2014, 211).

20. Haftung. Ein Ausschluss der Haftung für Vorsatz ist nach § 276 Abs. 3 BGB nicht zulässig. In Allgemeinen Geschäftsbedingungen (ausführlich zur AGB-Inhaltskontrolle → Vorb. A) kann die Haftung für grobe Fahrlässigkeit gem. § 309 Ziff. 7 lit. b BGB, der über §§ 310 Abs. 1, 307 BGB auch bei Verträgen zwischen Unternehmern anwendbar ist, nicht wirksam ausgeschlossen werden. Nach ständiger Rechtsprechung des BGH darf die Haftung für vertragswesentliche Pflichten gem. § 307 Abs. 2 Nr. 2 BGB auch für einfache Fahrlässigkeit nicht ausgeschlossen werden. Zu beachten ist ferner, dass in Allgemeinen Geschäftsbedingungen Haftungserleichterungen über eine summenmäßige Beschränkung nicht wirksam sind. Im Verkehr zwischen Unternehmern ist jedoch eine Haftungsbeschränkung auf den vertragstypischen, vorhersehbaren Schaden zulässig (BGH NJW-RR 2006, 267 (269); Grüneberg/Grüneberg BGB § 309 Rn. 56). Im Hinblick auf das Transparenzgebot des § 307 Abs. 1 S. 2 BGB sollte der Begriff der vertragswesentlichen Pflichten im Vertragstext konkretisiert werden (vgl. BGH NJW-RR 2005, 1496 (1505) – Honda; BGH NJW 2013, 291; Grüneberg/Grüneberg BGB § 309 Rn. 54).

21. Geheimhaltung. Im Vertragsmuster verpflichten sich sowohl der Lizenzgeber als auch der Lizenznehmer, Informationen über den jeweils anderen Vertragspartner geheim zu halten. Dies erscheint angezeigt, weil es im Zusammenhang mit der Durchführung des Vertrags zum Austausch von Informationen in den Bereichen Technik, Herstellungs- und Vertriebsstrategie, Know-how, etc kommen kann. Der Geheimhaltungsverpflichtung gegenüber Dritten und deren Mitarbeitern sollte durch Vereinbarung einer Vertragsstrafe größerer Nachdruck verliehen werden. Denkbar ist auch, die Höhe der Vertragsstrafe einseitig durch den Gläubiger anhand der Umstände bestimmen zu lassen, die im Streitfall der gerichtlichen Überprüfung unterliegt (zu diesem „neuen Hamburger Brauch" Voigt/Herrmann/Grabenschröer BB 2019, 142 (145)). Nach dem Geschäftsgeheimnisschutzgesetz (GeschGehG), das am 26.4.2019 in Kraft getreten ist, können nur noch solche Informationen „Geschäftsgeheimnisse" und damit vom GeschGehG geschützt sein, die Gegenstände angemessener Geheimhaltungsmaßnahmen sind (§ 2 Nr. 1 lit. b GeschGehG). Der Schutz durch die Rechtsordnung soll demnach nur demjenigen zugutekommen, der geheime Informationen aktiv schützt (vgl. Leistner WRP 2021, 835 ff.). Unklar ist, welche Anforderungen in der Praxis an das Vorliegen von „angemessenen Geheimhaltungsmaßnahmen" iSv § 2 Nr. 1 lit. b GeschGehG zu stellen sind. Die hL geht von der Daumenregel aus: Je schutzbedürftiger eine Information ist, desto höher sind die Anforderungen an vom Geheimnisinhaber zu treffende Schutzmaßnahmen (vgl. etwa Apel/Walling DB 2019, 891 (894); Dann/Markgraf NJW 2019, 1774 (1775 ff.); Fuhlrott/Hiéramente DB 2019, 967 (970)). Nach anderer Auffassung gilt das Gegenteil, nämlich je schutzbedürftiger eine Information ist, desto geringere Anforderungen sind an die zu treffenden Schutzmaßnahmen zu stellen (Weigert NZA 2020, 209 (210 ff.)). Es bleibt abzuwarten, welchen Standpunkt die Rspr. einnehmen wird. Die von der hL vertretene Auffassung führt zu Wertungswidersprüchen, denn wichtige Informationen würden danach weitgehend schutzlos gestellt und eher belanglose Informationen wären intensiv geschützt. Das dürfte dem Sinn und

Zweck des Gesetzes widersprechen. Tatsächlich sollte eine objektive Betrachtungsweise Raum greifen, die alle Umstände des Einzelfalls berücksichtigt (vgl. OLG Düsseldorf GRUR-RS 2021, 17483 Rn. 38; OLG Stuttgart GRUR-RS 2020, 35613 Rn. 167). Maßstab sollte sein, was kaufmännisch und unternehmerisch sinnvoll ist, denn das Gesetz verlangt weder einen „optimalen Schutz" noch eine „extreme Sicherheit". Überzogene Anforderungen würden kleine und mittlere Unternehmen gegenüber finanzstarken Großunternehmen benachteiligen (zutreffend Köhler/Bornkamm/Feddersen/Alexander GeschGehG § 2 Rn. 52).

22. Informations- und Verteidigungspflicht. Eine Verletzung der mit der Software im Zusammenhang stehenden Schutzrechte durch Dritte kann sowohl für den Lizenzgeber als auch für den Lizenznehmer zu erheblichen Nachteilen führen. Eine Aufrechterhaltungs- und Verteidigungspflicht der Schutzrechte liegt somit im beiderseitigen Interesse. Entsprechendes gilt auch im Fall einer Verletzung von Schutzrechten hinsichtlich der Hardware des Lizenznehmers.

23. Anwendbares Recht. Die Parteien können gemäß Art. 3 Abs. 1 Rom I-VO (für Verträge, die vor dem Inkrafttreten der Rom I-VO am 17.12.2009 geschlossen wurden, finden Art. 27 ff. EGBGB Anwendung) das anwendbare Vertragsrecht grundsätzlich frei wählen. Sofern die Parteien insoweit keine Vereinbarung getroffen haben, richtet sich das anwendbare Recht nach dem Sitz des Lizenznehmers, weil dieser die relevante vertragscharakteristische Leistung erbringt (Art. 4 Abs. 2 Rom I-VO).

Das UN-Kaufrecht oder auf Englisch „United Nations Convention on Contracts for the International Sale of Goods" (CISG) ist auf die Lieferung von Waren (Kaufverträge einschließlich Werklieferungsverträge) anwendbar. Dazu zählt nach hM auch die dauerhafte Überlassung von Standardsoftware, unabhängig davon, ob die Software auf Datenträger oder online übermittelt wird (MüKoBGB/Westermann CISG Art. 1 Rn. 6). Hingegen fällt die zeitlich befristete Überlassung von Software nicht unter das CISG. Im vorliegenden Fall überlässt der Lizenzgeber die Masterkopie der Software dem Lizenznehmer zwar nur befristet, dieser soll aber davon Vervielfältigungstücke der Software zusammen auf seiner Hardware vertreiben. Es liegt daher ein Fall einer dauerhaften Überlassung von Standardsoftware vor, weshalb das UN-Kaufrecht anwendbar wäre, wenn es nicht ausgeschlossen werden würde, wobei dies freilich voraussetzen würde, dass der Anwendungsbereich des Art. 1 CISG überhaupt eröffnet ist, weil die Parteien ihre Niederlassung in verschiedenen Vertragsstaaten des UN-Übereinkommens haben.

24. Maßgebliche Sprachversion. Da es bei einer Übersetzung des Vertragstextes zum Verlust des Bedeutungsinhalts kommen kann, empfiehlt es sich, eine Sprachversion als maßgeblich zu vereinbaren. Dies wird in der Regel diejenige sein, die auch die Sprache des anwendbaren Rechts ist.

5. F & E Vertrag (Konsortialvertrag) – Research and Development Agreement

Forschungs- und Entwicklungsvertrag

zum Vorhaben „Automatisierte, betriebsstättenübergreifende Steuerung von Industrieprozessen über cloudbasierte Systeme“

zwischen

der . . . . . AG,
vertreten durch . . . . . ,
. . . . .

und
der
. . . . . GmbH
vertreten durch . . . . . ,
. . . . .

und
der Technischen Universität . . . . . ,
vertreten durch . . . . . ,
. . . . .

nachstehend insgesamt „VERTRAGSPARTNER“ genannt

Präambel

Die VERTRAGSPARTNER vereinbaren, im Rahmen des von dem Bundesministerium für Wirtschaft und Energie (BMWi) geförderten Verbundprojekts „automatisierte, betriebsstättenübergreifende Steuerung von Industrieprozessen über cyberphysische Systeme“ („VORHABEN“) nach Maßgabe dieses Vertrages zusammenzuarbeiten.[1, 2, 3]

§ 1 Definitionen

(1) „ARBEITSERGEBNISSE“[4] sind alle bei der Durchführung der Arbeiten nach diesem Vertrag entstandenen Ergebnisse, insbesondere Know-how,[5] Erfindungen, urheberrechtlich geschützte Ergebnisse, geschützte und nicht geschützte COMPUTERPROGRAMME sowie Dokumentatio-

Research and Development Agreement

Regarding the Project „automated and site spanning coordination of industrial procedures through cloud-based systems“

between

. . . . . AG,
represented by . . . . . ,
. . . . .

and
. . . . . GmbH,
represented by . . . . . ,

and
Technische Universität . . . . . ,
represented by . . . . . ,
. . . . .

hereinafter jointly referred to as the „PARTIES“

Recitals

The PARTIES hereby agree to cooperate according to the terms and conditions set forth herein with respect to the collaborative research project „automated and site spanning coordination of industrial procedures through cyber-physical systems“ („PROJECT“) funded by the Federal Ministry for Economic Affairs and Energy (BMWi).[1, 2, 3]

§ 1 Definitions

(1) „WORK RESULTS“[4] shall mean any and all results stemming from the works to be done according to this Agreement, including but not limited to know-how,[5] inventions, works protected by copyright, protected and non-protected COMPUTER PROGRAMS, as well as documentation,

nen, Berichte und Unterlagen, auch soweit sie von Dritten ausgeführt werden.

reports and documents, including those made by third parties.

(2) „AUSSERVERTRAGLICHE ERGEBNISSE“[6] sind alle außerhalb der Durchführung der Arbeiten nach diesem Vertrag entstandenen Ergebnisse, insbesondere Know-how, Erfindungen, SCHUTZRECHTE, Urheberrechte sowie geschützte und nicht geschützte COMPUTERPROGRAMME, soweit diese in das VORHABEN eingebracht wurden.

(2) „EXTRACONTRACTUAL WORK RESULTS“[6] shall mean any and all results arising outside the scope of the works to be done according to this Agreement, including but not limited to know-how, inventions, industrial PROPERTY RIGHTS, copyrights and protected and non-protected COMPUTER PROGRAMS, as far as they contributed to this PROJECT.

(3) „COMPUTERPROGRAMME“ umfassen alle logisch strukturierten Abfolgen von auf Computern ausführbaren Anweisungen sowie hergestellte Daten, die von den Anweisungen interpretiert werden können, und zwar sowohl im Quellcode wie auch im Objektcode, einschließlich aller diesbezüglichen Dokumentationen, insbesondere Entwürfen.

(3) „COMPUTER PROGRAMS“ shall mean all logically structured sequences of instructions to be executed by the instructions as well as data produced to be interpreted by the instructions, including the respective source code and object code and any and all respective documentation, in particular designs.

(4) „OPEN SOURCE SOFTWARE“ ist jede Software, die lizenzgebührenfrei lizenziert wird (dh die Forderung von Lizenzzahlungen für die Inanspruchnahme von Lizenzrechten ist verboten, wogegen die Übernahme der beim Lizenzgeber angefallenen Kosten erlaubt ist) und unter einer Lizenz oder anderen vertraglichen Regelung („OFFENE LIZENZBEDINGUNGEN“) steht, beispielsweise den unter dem folgenden Link – https://opensource.org/licenses/alphabetical – genannten, sofern diese als Bedingung für die Verbreitung solcher Software und/oder jeder anderen mit dieser verbundenen, von dieser abgeleiteten oder zusammen mit dieser vertriebenen Software („DERIVATIVE SOFTWARE“) zumindest eine der nachfolgenden Voraussetzungen enthält:

(4) „OPEN SOURCE SOFTWARE“ shall mean any and all software which is licensed without requiring payment of license fees (i.e. claims for the payment of license fees for the use of licensed rights is prohibited whereas it is allowed to pay the costs incurred on the side of the Licensor) and which is under a license or any other kind of contractual regulation („OPEN LICENSE TERMS“), e.g. those listed under the following link – https://opensource.org/licenses/alphabetical – provided that at least one of the following conditions for the distribution of such software and/or any other software connected with, derivated from, or distributed with this software („DERIVATIVE SOFTWARE“) is satisfied:

a) dass der Quellcode solcher Software und/oder jeder DERIVATIVEN SOFTWARE Dritten frei zugänglich gemacht wird und/oder

a) that the source code of such software and/or each DERIVATIVE SOFTWARE is made freely available to third parties; and/or

b) dass Daten, die im Rahmen diese PROJEKTS bereitgestellt werden frei zugänglich gemacht werden und/oder

b) that data to be generated in the context of this PROJECT are made freely available and/or

c) dass Dritten erlaubt wird, abgeleitete Erzeugnisse aus solcher Software und/oder

c) that third parties are allowed to create derivative works resulting from such soft-jeder DERIVATIVEN SOFTWARE zu erstellen.

(5) „SCHUTZFÄHIG“ bedeutet einem gewerblichen Schutzrecht zugänglich und/oder urheberrechtlich geschützt.

(6) „SCHUTZRECHTE“ sind Patente, Gebrauchsmuster und andere eintragungsfähige Schutzrechte, jeweils einschließlich der entsprechenden Anmeldungen. Die entsprechenden Anmeldungen sind jedoch nur dann vom Begriff der SCHUTZRECHTE umfasst, soweit die zugrunde liegenden Erfindungen nach dem jeweils geltenden Recht anmeldefähig sind. Der Begriff SCHUTZRECHTE umfasst nicht Urheberrechte oder andere Schutzrechte, die ohne Eintragung oder Registrierung entstehen und wirksam werden.

(7) „VERBUNDENE UNTERNEHMEN“ bezeichnet

a) Unternehmen, in denen ein VERTRAGSPARTNER direkt oder indirekt

i. über mehr als die Hälfte der Stimmrechte verfügt;

ii. mehr als die Hälfte der Mitglieder des Aufsichts- oder Leitungsorgans oder der zur gesetzlichen Vertretung berufenen Organe bestellen kann; oder

iii. das Recht hat, die Geschäfte des Unternehmens zu führen;

– im Folgenden „TOCHTERGESELLSCHAFTEN“ –

b) und solche Unternehmen, die auf einen VERTRAGSPARTNER direkt oder indirekt die vorstehend angeführte Einflussmöglichkeiten haben („MUTTERGESELLSCHAFT“) sowie deren TOCHTERGESELLSCHAFTEN, jedoch nur so lange, wie die vorgenannten Voraussetzungen erfüllt sind.

(8) „VERTRAULICHE INFORMATIONEN“ sind Informationen und Daten, gleich welcher Art und Verkörperung, insbesondere technischer und wirtschaftlicher Art, Absichten, Erfahrungen, Erkenntnisse,

ware and/or any and all DERVIATIVE SOFTWARE.

(5) „PROTECTABLE“ shall mean to be able to be the subject of an industrial property right and/or copyright protection.

(6) „INDUSTRIAL PROPERTY RIGHTS“ are patents, utility models and other registrable industrial property rights, including any and all applications with respect to such rights. However, these applications shall exclusively be deemed to be covered by the term INDUSTRIAL PROPERTY RIGHTS, as far as the underlying inventions qualify for the INDUSTRIAL PROPERTY RIGHT applied for under the applicable law. The term INDUSTRIAL PROPERTY RIGHT does not include copyrights or any other industrial property rights which come into existence and which are valid without any registration.

(7) „CONNECTED UNDERTAKINGS“ means

a) undertakings in which a PARTY directly or indirectly:

i. holds more than half the voting rights;

ii. has the power to appoint more than half of the members of the supervisory board, board of management or bodies legally representing the undertaking; or

iii. has the right to manage the undertaking's affairs;

– hereinafter „SUBSIDIARIES“ –

b) and such undertakings which have the above-mentioned possibilities of exercising influence on one PARTY directly or indirectly („PARENT COMPANY“) as well as their SUBSIDIARIES, but only as long as the above-mentioned conditions are fulfilled.

(8) „CONFIDENTIAL INFORMATION“ shall mean any and all information and data, regardless of its kind and embodiment, particularly technical and commercial information, intentions, experiences,

Konstruktionen und Unterlagen, die den VERTRAGSPARTNERN aufgrund der Zusammenarbeit gemäß diesem Vertrag bekannt werden.[7]

discoveries, constructions and documents, that are revealed to the PARTIES in connection with their cooperation under this Agreement.[7]

§ 2 Gegenstand der Zusammenarbeit

Der Gegenstand der Zusammenarbeit umfasst

(1) Definition und Festlegung von aufeinander abgestimmten Arbeitsprogrammen und Teilaufgaben, wie sie in der Beschreibung des VORHABENS festgelegt sind. Die Beschreibung des VORHABENS vom . . . . . ist Vertragsbestandteil;

(2) Durchführung der Zusammenarbeit im Rahmen des VORHABENS;

(3) Informationsaustausch im Rahmen der durch die VERTRAGSPARTNER einzeln oder gemeinsam durchzuführenden Teilaufgaben durch

a) Austausch von Zwischen- und Schlussberichten;

b) Durchsprache der ARBEITSERGEBNISSE wenigstens alle zwei Monate;

c) Abstimmung hinsichtlich der Aktualisierung von Arbeitsprogrammen und Teilaufgaben.

§ 2 Subject Matter of Cooperation

The subject matter of the cooperation includes

(1) Definition and determination of seamlessly synchronized working programs and partial tasks as provided for in the description of the PROJECT. The description of the PROJECT of . . . . . shall constitute an integral element of this Agreement;

(2) Performance of the cooperation with respect to the PROJECT;

(3) Exchange of information during the realization of partial tasks to be performed by the PARTIES either solely or jointly by

a) the exchange of interim and final reports;

b) discussion of the WORKING RESULTS at least every two months;

c) internal coordination of the actualization of working programs and partial tasks.

§ 3 Durchführung der Zusammenarbeit

(1) Jeder VERTRAGSPARTNER ist für die Durchführung und Abrechnung der von ihm im Rahmen des VORHABENS gegenüber dem BMWi übernommenen FuE-Aufgaben selbst verantwortlich und benennt hierfür einen Projektleiter (mit Adresse, Rufnummer, Telefax, E-Mail-Adresse), der für die Durchführung der übernommenen Aufgaben zuständig ist sowie mindestens einen Vertreter. Der Projektleiter ist verpflichtet, an den von dem KOORDINATOR zu organisierenden Besprechungen teilzunehmen. Die VERTRAGSPARTNER verpflichten sich, den Projektleiter mit der für die im Rahmen des ordnungsgemäßen Verlaufs des VORHABENS üblicherweise

§ 3 Realization of the Cooperation

(1) Each PARTY is solely responsible for the performance and the billing of the R&D-tasks assumed by it in connection with the PROJECT with respect to the Federal Ministry for Economic Affairs and Energy and will appoint a project manager (including address, phone number, fax and email) who shall be responsible for the performance of the tasks assumed and at least one substitute. The project manager shall participate in the meetings to be organized by the COORDINATOR. The PARTIES shall grant the project manager the necessary power of attorney authorizing him to take the decisions in the name and on behalf of the PARTY represented

zu treffenden Entscheidungen für und gegen den von ihm vertretenen VERTRAGSPARTNER erforderlichen Vollmacht auszustatten.[8]

by him in the ordinary course of the PROJECT.[8]

(2) Die Koordination der Zusammenarbeit im Rahmen des VORHABENS sowie die Abstimmung mit dem BMWi obliegt der . . . . . AG („KOORDINATOR"). Dazu gehören insbesondere die abgestimmte Ergebnisdarstellung und das einheitliche Berichtswesen gegenüber dem BMWi anstelle von Berichten einzelner VERTRAGSPARTNER; diese werden die entsprechenden Berichte dem KOORDINATOR jeweils rechtzeitig zur Verfügung stellen. Treten Abweichungen vom Arbeitsprogramm bei einem oder mehreren VERTRAGSPARTNERN auf, soll der KOORDINATOR die übrigen VERTRAGSPARTNER möglichst frühzeitig darauf aufmerksam machen und Maßnahmen zur Überwindung eingetretener Schwierigkeiten vorschlagen.

(2) The coordination of the cooperation within the scope of the PROJECT as well as the coordination with the Federal Ministry for Economic Affairs and Energy shall be performed by . . . . . AG („COORDINATOR"). The tasks assumed thereby include, but are not limited to, the coordinated presentation of results and the ensurance of a uniform reporting system with respect to the Federal Ministry for Economic Affairs and Energy instead of individual reports by each of the PARTIES; the latter will submit their respective reports timely to the COORDINATOR. In case of deviations with respect to the working program agreed upon, the COORDINATOR shall inform the other PARTIES as soon as possible thereof and suggest measures to overcome the occurred difficulties.

(3) Der KOORDINATOR bereitet die zur Durchführung des VORHABENS notwendigen Besprechungen aller VERTRAGSPARTNER vor, lädt hierzu mit einer Frist von zwei Wochen unter Beifügung der Tagesordnung ein, führt den Vorsitz bei den Arbeitssitzungen und ist für die Erstellung und den Versand der Sitzungsprotokolle verantwortlich.

(3) The COORDINATOR shall prepare the meetings of all PARTIES required to ensure the realization of the PROJECT, shall invite the PARTIES by giving two weeks written notice accompanied with the agenda, shall chair the meetings and shall be responsible for the preparation and the distribution of the meeting records.

(4) Der KOORDINATOR ist bei wesentlichen Fragestellungen berechtigt, die Anwesenheit von Vertretern der geschäftsführenden Organe der VERTRAGSPARTNER zu verlangen. Er ist darüber hinaus berechtigt, die Ladungsfrist in dringenden Fällen auf zwei Tage abzukürzen. Das Recht der VERTRAGSPARTNER, jederzeit unter Vorsitz des KOORDINATORS mit Zustimmung aller VERTRAGSPARTNER unter Verzicht auf Frist und Form eine Besprechung abzuhalten, bleibt unberührt.

(4) The COORDINATOR is entitled to require the participation of a member of each PARTY's management body in meetings concerning issues of essential importance for the PROJECT. The COORDINATOR is also entitled to invite the PARTIES by giving a two days written notice in case of urgent matters. The PARTIES' right to hold a meeting chaired by the COORDINATOR at any time by waiving, subject to each Party's consent, any and all formal requirements, remains unaffected.

(5) Der KOORDINATOR ist nicht berechtigt, rechtsverbindliche Erklärungen für die anderen VERTRAGSPARTNER abzugeben oder entgegenzunehmen oder Zahlungen an die anderen VERTRAGSPARTNER in Empfang zu nehmen.

(5) The COORDINATOR shall neither be entitled to act on behalf of the other PARTIES nor to accept payments in the name and on behalf of other PARTIES.

§ 4 Finanzierung

Jeder VERTRAGSPARTNER trägt die bei ihm im Rahmen der Projektdurchführung entstehenden Kosten (unter Verwendung der BMWi-Zuwendung) selbst.

§ 4 Financing

Each PARTY shall bear its own costs incurred by its participation in the PROJECT (by using the funds granted by the Federal Ministry for Economic Affairs and Energy).

§ 5 ARBEITSERGEBNISSE

(1) Inhaber der Rechte an den ARBEITSERGEBNISSEN ist der VERTRAGSPARTNER, der die jeweiligen ARBEITSERGEBNISSE erzielt hat. Der Inhaber ist zur freien Nutzung seiner ARBEITSERGEBNISSE berechtigt. Dies schließt das Recht mit ein, im eigenen Namen und auf eigene Kosten SCHUTZRECHTE anzumelden.[9]

(2) An Erfindungen sowie an darauf angemeldeten oder erteilten SCHUTZRECHTEN räumen sich die VERTRAGSPARTNER ein auf die Dauer und Zwecke des VORHABENS beschränktes, unentgeltliches, nicht ausschließliches Nutzungsrecht ein.[10]

(3) An schutzfähigen ARBEITSERGEBNISSEN (mit Ausnahme von Erfindungen sowie an darauf angemeldeten oder erteilten SCHUTZRECHTEN), insbesondere an urheberrechtlich geschützten ARBEITSERGEBNISSEN und an ARBEITSERGEBNISSEN, die COMPUTERPROGRAMME sind,[11] räumt jeder VERTRAGSPARTNER den anderen VERTRAGSPARTNERN ein ausschließlich auf die Dauer und Zwecke des Vorhabens beschränktes, unentgeltliches nicht-ausschließliches Recht ein, die ARBEITSERGEBNISSE zu nutzen und/oder nachzubilden.[12]

Bei urheberrechtlich geschützten ARBEITSERGEBNISSEN umfasst dieses Recht alle Nutzungsarten, insbesondere auch das Recht zur Bearbeitung und zur Umarbeitung und schließt Handlungen nach § 69c Nr. 1 und 2 UrhG ein.

§ 5 WORK RESULTS

(1) The PARTY being the originator of the WORK RESULTS achieved shall be the owner of the rights in and to such WORK RESULTS. The owner is entitled to use its WORK RESULTS without any limitation. This includes the owner's right to file for INDUSTRIAL PROPERTY in his own name and at his own costs.[9]

(2) With respect to inventions and any and all INDUSTRIAL PROPERTY RIGHTS, regardless if being applied for or already granted, the PARTIES hereby grant to each other a non-exclusive, royalty-free right of use which shall be limited by the duration and purpose of this PROJECT.[10]

(3) With respect to WORK RESULTS being eligible for legal protection (with exception of inventions and respective INDUSTRIAL PROPERTY RIGHTS being applied for or granted), in particular with respect to WORK RESULTS being protected by copyrights and WORK RESULTS which are COMPUTER PROGRAMS, each PARTY grants to the other PARTIES a non-exclusive, royalty-free right of use which shall be limited by the duration and purpose of this PROJECT. This right of use includes the using PARTY's right to use and/or to reproduce such WORK RESULT.[12]

In case of copyrighted WORK RESULTS the aforementioned right of use includes all types of use, in particular the right to adapt and to arrange, and includes the right to perform actions according to § 69c No. 1 and 2 UrhG (German Copyright Act).

Vorbehaltlich entgegenstehender zwingender gesetzlicher Normen des anwendbaren Rechts und anderslautender, gesondert zu treffender schriftlicher Vereinbarung zwischen den VERTRAGSPARTNERN umfassen die Nutzungsrechte an COMPUTERPROGRAMMEN gemäß diesem Vertrag keine Berechtigung a) zur Dekompilierung oder zum Reverse Engineering und b) zur Nutzung von Computerprogrammen im Quellcode.

Subject to any mandatory provisions of the applicable law and any written agreements to the contrary to be concluded between the PARTIES separately, the right of use granted with respect to COMPUTER PROGRAMS under this Agreement does not include a) the right to decompile or to reverse engineer; b) to use COMPUTER PROGRAMS in its source code.

(4) Mitgeteilte, nicht schutzfähige ARBEITSERGEBNISSE anderer VERTRAGSPARTNER darf jeder VERTRAGSPARTNER für die Dauer und Zwecke des VORHABENS und unter Beachtung der Geheimhaltungsbestimmungen nutzen.

(4) Non-protectable WORK RESULTS of other PARTIES which are communicated may be used by the other PARTIES during the term and for the purposes of this PROJECT provided that the confidentiality obligations hereunder are complied with.

§ 6 Gemeinsame Erfindungen als ARBEITSERGEBNISSE

§ 6 Joint inventions as WORK RESULTS

(1) An gemeinsamen Erfindungen, dh Erfindungen, an denen Mitarbeiter mehrerer VERTRAGSPARTNER beteiligt sind und bei denen die Erfindungsanteile nicht getrennt nach VERTRAGSPARTNERN zum Rechtsschutz angemeldet werden können, steht den beteiligten VERTRAGSPARTNERN das Recht auf das SCHUTZRECHT gemeinschaftlich[13, 14] zu. Soweit im Einzelfall nichts anderes schriftlich vereinbart ist, darf jeder der an der Erfindung beteiligten VERTRAGSPARTNER die gemeinsame Erfindung nutzen und nicht ausschließliche, nicht unterlizenzierbare Lizenzen an der Erfindung und an darauf erteilten SCHUTZRECHTEN an Dritte vergeben, ohne dass ein Ausgleich, insbesondere ein finanzieller Ausgleich, zwischen den betroffenen VERTRAGSPARTNERN stattfindet. Die Rechte der übrigen VERTRAGSPARTNER richten sich nach § 5 Abs. 2.

(1) In case of joint inventions, i.e. inventions which are made by employees of several PARTIES and which cannot be separated according to each PARTY's contribution to the invention, thereby enabling each PARTY to apply for legal protection of its own contribution to the invention, the contributing PARTIES shall jointly[13, 14] own the right to obtain an INDUSTRIAL PROPERTY RIGHT. Subject to any agreement to the contrary, each of the PARTIES having contributed to the joint invention is entitled to use the joint invention and to grant non-exclusive, nonsublicensable licenses with respect to the invention and any respective INDUSTRIAL PROPERTY RIGHT granted thereon to third parties without incurring any obligation to provide compensation, in particular financial compensation, to the other PARTIES. The rights of further PARTIES are determined by § 5 para. 2.

(2) Über die Bearbeitung von gemeinschaftlichen Erfindungen, insbesondere deren Anmeldung zum SCHUTZRECHT, werden sich die betroffenen VERTRAGSPARTNER von Fall zu Fall verständigen.

(2) The handling of joint inventions, including but not limited to, the application for INDUSTRIAL PROPERTY RIGHTS, shall be agreed upon between the PARTIES on a case to case basis.

(3) Ist nur einer der betroffenen VERTRAGSPARTNER an der Anmeldung oder Aufrechterhaltung eines SCHUTZRECHTS auf die gemeinsame Erfindung oder an der Anmeldung oder Aufrechterhaltung des SCHUTZRECHTS in bestimmten Ländern interessiert, so kann dieser VERTRAGSPARTNER die betreffende Anmeldung auf seinen Namen und seine Kosten unter Benennung der Erfinder vornehmen und aufrechterhalten. Die entstehenden SCHUTZRECHTE stehen in diesem Fall allein dem anmeldenden VERTRAGSPARTNER zu. Der nicht an der Anmeldung und Aufrechterhaltung des SCHUTZRECHTS interessierte VERTRAGSPARTNER behält ein Recht zur unentgeltlichen Nutzung der Gemeinschaftserfindung und des darauf angemeldeten oder erteilten SCHUTZRECHTS, er darf dieses Recht jedoch außerhalb des Rahmens von § 5 Abs. 2 nicht lizenzieren.

Verzichtet ein VERTRAGSPARTNER auf die prioritätsbegründende Anmeldung eines ihm gemäß § 6 Abs. 1 zustehenden Schutzrechtsanteils im In- und/oder Ausland, wird er seinen Anteil oder die Anmeldung darauf den anderen an der gemeinsamen Erfindung beteiligten VERTRAGSPARTNERN zur Übertragung auf diese zu marktüblichen Bedingungen anbieten; über die Einzelheiten der Übertragung werden die betroffenen VERTRAGSPARTNER eine gesonderte Vereinbarung treffen.

(4) Vorbehaltlich § 7 ist jeder VERTRAGSPARTNER berechtigt, die ihm nach diesem § 6 eingeräumten oder einzuräumenden Rechte an VERBUNDENE UNTERNEHMEN in dem ihm eingeräumten Umfang unter Auferlegung der Verpflichtungen über die Vertraulichkeit gegenüber Dritten solange unterzulizenzieren wie diese Unternehmen die Voraussetzungen eines VERBUNDENEN UNTERNEHMENS erfüllen. Des Weiteren ist der VERTRAGSPARTNER berechtigt, die genannten Rechte an Nachbaufirmen (Unternehmen, die auf der Grundlage einer Lizenz des VERTRAGSPARTNERS oder unter Benutzung von dessen Marken oder sonstigen Kennzeichen Produkte herstellen) unterzulizenzieren. Die-

(3) In case only one PARTY is interested in the application for or the maintenance of an INDUSTRIAL PROPERTY RIGHT based on the joint invention or in the application for or the maintenance of an INDUSTRIAL PROPERTY RIGHT with respect to certain countries, the concerned PARTY is entitled to file and to maintain the respective application in its own name and at its own costs stating the inventors. The resulting INDUSTRIAL PROPERTY RIGHTS shall be solely owned by the filing PARTY. The PARTY not being interested in the filing and the maintenance of the INDUSTRIAL PROPERTY RIGHT keeps the right to use the joint invention and any and all INDUSTRIAL PROPERTY RIGHTS granted thereon for free; however, it shall not license this right outside the scope of § 5 para. 2 of this Agreement.

If one PARTY waives its right to file an application for its part of an INDUSTRIAL PROPERTY RIGHT establishing priority according to § 6 para. 1 domestically and/or abroad, it shall offer the other PARTIES having contributed to the joint invention its contribution or the application based thereon for assignment according to arm's length conditions. Further details as to the assignment shall be dealt with in a separate agreement between the concerned PARTIES.

(4) Notwithstanding § 7, each of the PARTIES shall be entitled to sublicense the rights granted or to be granted to it under this § 6 to CONNECTED UNDERTAKINGS to the extent granted to it and by imposing the obligations of confidentiality applicable to it with respect to third parties as long as the requirement of a CONNECTED UNDERTAKING is satisfied. Furthermore, the PARTY is entitled to sublicense the aforementioned rights to companies manufacturing products based on a license granted by the PARTY or on its trademarks or further marks. This right includes the right to produce and to develop through third parties. However, the PARTY shall not be entitled to grant sub-

ses Recht schließt das Recht ein, bei Dritten fertigen und entwickeln zu lassen. Ausgenommen hiervon ist das Recht, Unterlizenzen mit dem Hauptzweck des Generierens von Lizenzeinnahmen zu vergeben und die ARBEITSERGEBNISSE sowie die darauf angemeldeten oder erteilten SCHUTZRECHTE zum Gegenstand von Patentlizenzaustauschverträgen zu machen.

licenses with the main purpose to incentivate license fees and to turn the WORK RESULTS and the INDUSTRIAL PROPERTY RIGHTS applied for or granted into the subject matter of cross licensing agreements.

§ 7 ARBEITSERGEBNISSE und Dritterwerber

Wenn ein VERTRAGSPARTNER einen Betriebsteil oder ein VERBUNDENES UNTERNEHMEN veräußert, verpflichten sich die anderen VERTRAGSPARTNER dem Erwerber des Betriebsteils oder dem veräußerten VERBUNDENEN UNTERNEHMEN auf deren schriftliches Verlangen hin an den ARBEITSERGEBNISSEN die Rechte in den in den § 5 Abs. 2 bis einschließlich § 5 Abs. 4 sowie § 6 dem jeweiligen VERTRAGSPARTNER eingeräumten Umfang zu angemessenen, nicht diskriminierenden finanziellen und sonstigen Konditionen einzuräumen.

§ 7 WORK RESULTS and Acquirer

If a PARTY sells a part of its business or a CONNECTED UNDERTAKING, the other PARTIES shall be obliged to grant to the acquirer of that part of the PARTY's business or the CONNECTED UNDERTAKING upon respective request in writing the rights according to and to the extent set forth in § 5 para. 2 to § 5 para. 4 and § 6 of this Agreement at reasonable, non-discriminating financial and other conditions.

§ 8 Vermarktung von ARBEITSERGEBNISSEN[14]

Für Zwecke außerhalb des VORHABENS, insbesondere zu Zwecken der Vermarktung der Ergebnisse des Verbundvorhabens nach dessen Abschluss, werden sich die VERTRAGSPARTNER, soweit nicht ein Fall des § 6 vorliegt, auf Verlangen gegenseitig an Erfindungen sowie an darauf angemeldeten oder erteilten SCHUTZRECHTEN ein nichtausschließliches, entgeltliches Nutzungsrecht einräumen, soweit dies für die Nutzung eigener ARBEITSERGEBNISSE unerlässlich ist.

Die räumliche und inhaltliche Reichweite des Nutzungsrechts gemäß Satz 1 ist zwischen den VERTRAGSPARTNERN zu vereinbaren. Gleiches gilt für die Höhe der Lizenzgebühren.

§ 8 Commercialization of WORK RESULTS[14]

For purposes outside the scope of the PROJECT, in particular for the purpose of the commercialization of the WORK RESULTS after its termination, the PARTIES shall grant to each other upon respective request of one of the other PARTIES, provided that § 6 does not apply, a non-exclusive, payable right of use on inventions and INDUSTRIAL PROPERTY RIGHTS applied for or granted as far as such right of use is indispensable for the use of its own WORK RESULTS.

The content and the territorial scope of the right of use according to sentence 1 has to be agreed upon between the PARTIES. The same applies to the royalties to be paid.

Bei der Bemessung der Höhe der Lizenzgebühren sind die Beiträge der betroffenen VERTRAGSPARTNER im VORHABEN, insbesondere deren Auswirkungen auf die Erfindung sowie eine evtl. Mitfinanzierung preismindernd zu berücksichtigen. Im Vergleich zu außenstehenden Dritten ist den VERTRAGSPARTNERN in jedem Fall ein signifikanter Abzug zu gewähren, der im Einzelfall auch zu einem Wegfall des Entgelts führen kann.

When determining the amount of royalties to be paid, the contributions of the concerned PARTIES to the PROJECT, in particular its effects on the invention and an eventual co-financing shall be taken into account as price-reducing factors compared to third parties not being part of this PROJECT. The arm's length principle shall in any case be applied as the basis for a significant reduction which might even lead to a complete waiver of royalties.

§ 9 AUSSERVERTRAGLICHE ERGEBNISSE[15]

(1) Die VERTRAGSPARTNER räumen sich, soweit sie hierzu berechtigt sind, an eingebrachten AUSSERVERTRAGLICHEN ERGEBNISSEN, die für die Durchführung des VORHABENS erforderlich sind, auf Wunsch ein auf die Dauer und die Zwecke des VORHABENS beschränktes unentgeltliches, nicht ausschließliches Nutzungsrecht ein. Für Zwecke außerhalb des VORHABENS oder über die Dauer des VORHABENS hinaus werden sich die VERTRAGSPARTNER Nutzungsrechte zu angemessenen, marktüblichen und im Nutzungsfall schriftlich zu vereinbarenden Bedingungen einräumen, soweit dies zur Nutzung eigener ARBEITSERGEBNISSE unerlässlich ist.

COMPUTERPROGRAMME werden in maschinenlesbarer Form überlassen.

(2) Jeder VERTRAGSPARTNER ist berechtigt, die ihm nach § 9 Abs. 1 eingeräumten oder einzuräumenden Rechte an VERBUNDENE UNTERNEHMEN (i) in dem ihm eingeräumten Umfang (ii) unter Auferlegung der Verpflichtungen über die Vertraulichkeit solange unterzulizenzieren (iii) wie diese Unternehmen die Voraussetzungen eines VERBUNDENEN UNTERNEHMENS erfüllen.

(3) Wenn ein VERTRAGSPARTNER einen Betriebsteil oder ein VERBUNDENES UNTERNEHMEN veräußert, verpflichten sich die anderen VERTRAGSPARTNER

§ 9 EXTRACONTRACTUAL WORK RESULTS[15]

(1) The PARTIES hereby grant to each other, as far as they are entitled to do so, with respect to EXTRACONTRACTUAL WORK RESULTS having been made part of the PROJECT and being necessary for the realization of the PROJECT, upon respective request a non-exclusive, royalty-free right of use, being limited by the purpose and the term of the PROJECT. For purposes outside the scope of this PROJECT or exceeding the term of this PROJECT, the PARTIES shall grant each other rights of use being subject to reasonable arm's length conditions to be agreed upon in writing provided that such right of use is indispensable for the requesting PARTY's use of its own WORK RESULTS.

COMPUTER PROGRAMS shall be made available in machine-readable form.

(2) Each PARTY is entitled to sublicense the rights granted or to be granted to it under § 9 para. 1 to CONNECTED UNDERTAKINGS provided that the sublicensing PARTY does (i) not exceed the limits of the rights to be sublicensed; (ii) that it passes on the obligations of confidentiality being applicable to the sublicensed right; and (iii) that the sublicensee fulfills the criteria of a CONNECTED UNDERTAKING.

(3) If a PARTY sells a part of its business or a CONNECTED UNDERTAKING, the other PARTIES shall be obliged to grant to the acquirer of that part of the business

dem Erwerber des Betriebsteils oder dem veräußerten VERBUNDENEN UNTERNEHMEN auf deren schriftliches Verlangen hin an den AUSSERVERTRAGLICHEN ERGEBNISSEN Rechte in den in den § 9 Abs. 1 und § 9 Abs. 2 festgelegten Umfang zu angemessenen, marktüblichen und nicht diskriminierenden finanziellen und sonstigen Konditionen einzuräumen.

or the CONNECTED UNDERTAKING upon respective request in writing the rights of use with respect to EXTRACONTRACTUAL WORK RESULTS to the extent set forth in § 9 para. 1 and § 9 para. 2 and in accordance with reasonable, non-discriminating financial and further conditions.

§ 10 OPEN SOURCE SOFTWARE

Jeder VERTRAGSPARTNER ist berechtigt, im Rahmen des VORHABENS OPEN SOURCE SOFTWARE einzusetzen, sofern

(1) zwischen ARBEITSERGEBNISSEN eines oder mehrerer VERTRAGSPARTNER die COMPUTERPROGRAMME sind, und der OPEN SOURCE SOFTWARE keine Verknüpfung derart geschaffen wird, dass die ARBEITSERGEBNISSE selbst zum Gegenstand der für OPEN SOURCE SOFTWARE gültigen Lizenzbedingungen werden und

(2) zumindest eine der nachfolgenden Voraussetzungen erfüllt ist:

a) Die OPEN SOURCE SOFTWARE wird weder direkt noch indirekt (zB durch Verlinkung) Teil der ARBEITSERGEBNISSE, und/oder

b) der Einsatz der OPEN SOURCE SOFTWARE ist bereits in der Beschreibung des VORHABENS aufgeführt, und/oder

c) alle VERTRAGSPARTNER haben dem Einsatz der OPEN SOURCE SOFTWARE schriftlich zugestimmt.

§ 10 OPEN SOURCE SOFTWARE

Each PARTY is entitled to apply OPEN SOURCE SOFTWARE for the realization of the PROJECT if

(1) WORK RESULTS which are COMPUTER PROGRAMS made by one or more PARTIES and the OPEN SOURCE SOFTWARE are not integrated in a manner leading to the applicability of the License terms covering the OPEN SOURCE SOFTWARE to a PARTY's WORK RESULTS and

(2) at least one of the following conditions is satisfied:

a) The OPEN SOURCE SOFTWARE does neither directly nor indirectly (e.g. through a link) become a part of the WORK RESULTS and/or

b) the use of OPEN SOURCE SOFTWARE is already mentioned in the description of the PROJECT; and/or

c) all PARTIES have previously consented to the use of OPEN SOURCE SOFTWARE in writing

§ 11 Unteraufträge

(1) Die Vergabe von Unteraufträgen durch einen VERTRAGSPARTNER ist nicht an die Zustimmung der anderen VERTRAGSPARTNER gebunden. Über die Vergabe von gesamtprojektbezogenen Unteraufträgen ist durch Konsortialbeschluss zu entscheiden. Dies gilt nicht für Unteraufträge für die gesamtprojektbezogenen Leistungen:

§ 11 Subcontracts

(1) Each PARTY may subcontract third Parties without the consent of any of the other PARTIES. Any subcontracting referring to the entire PROJECT requires a decision of the consortium with the exception of such subcontracts concerning the following services related to the entire PROJECT:

a) Serverinfrastruktur/Hosting,
b) Juristische Beratung,
c) Transfermaßnahmen, auf die sich die VERTRAGSPARTNER bereits vor Vertragsschluss geeinigt haben.

(2) Die Finanzierung solcher gesamtprojektbezogenen Unteraufträge wird in gesonderten Vereinbarungen geregelt.

(3) Die VERTRAGSPARTNER haben sicherzustellen, dass sie den anderen VERTRAGSPARTNERN die nach diesem Vertrag vereinbarten Rechte auch an den ARBEITSERGEBNISSEN und an verwendeten AUSSERVERTRAGLICHEN ERGEBNISSEN ihrer Auftragnehmer einräumen können. Zu den ARBEITSERGEBNISSEN der gesamtprojektbezogenen Unteraufträge ist allen VERTRAGSPARTNERN ein unentgeltlicher Zugang zu gewähren. Die Vorschriften über die Geheimhaltung nach § 12 dieses Vertrages bleiben unberührt.

a) Server infrastructure/hosting,
b) legal services;
c) Any and all measures of transfer agreed upon between the PARTIES before the conclusion of this Agreement.

(2) The financing of such subcontracts related to the entire PROJECT shall be agreed upon in separate agreements.

(3) The PARTIES shall ensure that they are able to grant the rights to be granted to the other PARTIES under this AGREEMENT to these other PARTIES also with respect to the WORK RESULTS and the EXTRA-CONTRACTUAL WORK RESULTS of their subcontractors. The WORK RESULTS resulting from subcontracts referring to the entire project shall be accessible for all PARTIES without any costs. The obligations of confidentiality according to § 12 of this Agreement remain unaffected.

§ 12 Geheimhaltung[16]

(1) Die VERTRAGSPARTNER verpflichten sich, die ARBEITSERGEBNISSE und AUSSERVERTRAGLICHE ERGEBNISSE der anderen VERTRAGSPARTNER sowie alle VERTRAULICHEN INFORMATIONEN Dritten gegenüber – für einen Zeitraum von fünf Jahren über die Dauer des Vertrages hinaus – vertraulich zu behandeln, Dritten nicht zugänglich zu machen und vor dem Zugriff Dritter zu schützen. Nicht als Dritte gelten VERBUNDENE UNTERNEHMEN, soweit diese zu einer entsprechenden Geheimhaltung verpflichtet sind.

(2) Diese Verpflichtung gilt nicht für VERTRAULICHE INFORMATIONEN, die (i) einem VERTRAGSPARTNER bereits vor ihrer Mitteilung im Rahmen dieses Vertrages bekannt waren, (ii) von ihm oder einem mit ihm VERBUNDENEN UNTERNEHMEN nachweislich unabhängig erarbeitet oder anderweitig rechtmäßig erlangt wurden (iii) oder die allgemein bekannt sind

§ 12 Confidentiality[16]

(1) The PARTIES shall keep confidential, not make accessible to and protect against the unauthorized access of third parties the WORK RESULTS and the EXTRACONTRACTUAL WORK RESULTS and any and all further CONFIDENTIAL INFORMATION during a period of five years following the term of this Agreement. CONNECTED UNDERTAKINGS shall not be treated as third parties as long as they are under a respective obligation of confidentiality.

(2) This obligation shall not apply to CONFIDENTIAL INFORMATION that (i) is already known to another PARTY before its communication under this Agreement, (ii) another PARTY or its CONNECTED UNDERTAKINGS can prove to be the result of independent research and development activities or any other lawful acquisition or (iii) which are already

oder ohne Verstoß gegen diesen Vertrag allgemein bekannt werden.

(3) Die VERTRAGSPARTNER werden in geeigneter Form dafür sorgen, dass auch die von ihnen bei der Durchführung dieses Vertrages hinzugezogenen Mitarbeiter, freien Mitarbeiter und Unterauftragnehmer die vorstehende Vertraulichkeit wahren.

(4) Unbeschadet der Regelungen dieses § 12 ist jeder VERTRAGSPARTNER berechtigt, VERTRAULICHE INFORMATIONEN eines anderen VERTRAGSPARTNERS Dritten insoweit zu offenbaren, als dass die Offenbarung für die Nutzung der dem empfangenden VERTRAGSPARTNER im Rahmen dieses Vertrags eingeräumten Rechte erforderlich ist, vorausgesetzt dass sich der empfangende Dritte schriftlich zu einer Geheimhaltung, die mindestens den Regelungen dieses § 12 entspricht, verpflichtet hat.

§ 13 Datenschutz[17]

(1) Die VERTRAGSPARTNER verpflichten sich, die jeweils einschlägigen datenschutzrechtlichen Bestimmungen zu befolgen und die im Rahmen des Projects etwaig erforderlich werdenden datenschutzrechtlichen Maßnahmen zu treffen.

(2) Insbesondere verpflichten sie sich

(i) während des VORHABENS ein datenschutzrechtliches Konzept zu erarbeiten;

(ii) im Rahmen des VORHABENS etwaig notwendig werdende datenschutzrechtliche Vereinbarungen abzuschließen;

(iii) einander die zur Erfüllung datenschutzrechtlicher Pflichten gegenüber dritten Betroffenen etwaig benötigten Informationen zur Verfügung zu stellen.

§ 14 Veröffentlichungen[18]

(1) Jeder VERTRAGSPARTNER bleibt berechtigt, seine ARBEITSERGEBNISSE zu veröffentlichen. Die VERTRAGSPARTNER werden beabsichtigte Veröffentlichun-

or become publicly known without any breach of this duty of confidentiality.

(3) The PARTIES shall take the necessary measures to ensure that its employees, freelancers and subcontractors involved in the implementation of this Agreement also comply with the aforementioned duty of confidentiality.

(4) Notwithstanding the obligations set forth by this § 12, each PARTY shall be entitled to reveal CONFIDENTIAL INFORMATION of another PARTY provided that the revelation is necessary to make use of the rights granted to the receiving PARTY under this Agreement; and that the receiving third party is under a duty of confidentiality corresponding at least to the obligations set forth in this § 12.

§ 13 Data Protection[17]

(1) The PARTIES undertake to comply with the relevant data protection provisions and to take any data protection measures that may become necessary within the scope of the Project.

(2) In particular they undertake

(i) to develop a data protection concept during the PROJECT;

(ii) to conclude any data protection agreements that may become necessary in the course of the PROJECT;

(iii) to provide each other with any information that may be required to fulfil data protection obligations vis-à-vis third parties.

§ 14 Publications[18]

(1) Each PARTY shall be entitled to publish its WORK RESULTS. The PARTIES shall submit works intended for publication to the other PARTIES during a period

gen für einen Zeitraum von 5 Jahren über die Dauer des Vertrages hinaus den anderen VERTRAGSPARTNERN vorher zur Wahrung berechtigter Interessen vorlegen.

of 5 years exceeding the term of this Agreement in order to allow the other PARTIES to preserve their reasonable interests.

(2) Veröffentlichungen wissenschaftlich-technischer Details auf dem Gebiet einer Erfindung werden die VERTRAGSPARTNER nicht vornehmen, sofern dies dem Erwirken eines SCHUTZRECHTS schädlich sein könnte.[19]

(2) The PARTIES shall refrain from publishing scientific-technical details within the scope of an invention provided that such publication can endanger the granting of an INDUSTRIAL PROPERTY RIGHT.[19]

(3) Veröffentlichungen über ARBEITSERGEBNISSE, die auf mehrere VERTRAGSPARTNER zurückzuführen sind oder Veröffentlichungen, die ARBEITSERGEBNISSE und VERTRAULICHE INFORMATIONEN anderer VERTRAGSPARTNER enthalten, können für einen Zeitraum von 5 Jahren über die Dauer des Vertrages hinaus nur nach Abstimmung und im gegenseitigen Einvernehmen vorgenommen werden. Die Zustimmung darf nicht unbillig verweigert werden. Sofern nicht innerhalb von 4 Wochen nach Vorlage der geplanten Veröffentlichung widersprochen wird, gilt die Zustimmung als erteilt.

(3) During a period of five years exceeding the term of this Agreement, publications relating to WORK RESULTS based on the contributions of several PARTIES or publications that contain CONFIDENTIAL INFORMATION of other PARTIES require the mutual information and consent of all concerned PARTIES. The consent shall not be withheld unreasonably. The required approval shall be deemed to be granted if no declaration to the contrary is made within four weeks following the presentation of the work to be published.

(4) Den VERTRAGSPARTNERN ist bekannt, dass im Rahmen des VORHABENS Dissertationen, Bachelor- und Masterarbeiten sowie sonstige Arbeiten zur Erlangung eines akademischen Grades erstellt werden. Die VERTRAGSPARTNER werden darauf hinwirken, dass diese Arbeiten nach Maßgabe der jeweiligen Prüfungsordnung abgeschlossen werden können. Die Regelungen dieses § 14 müssen jedoch eingehalten werden.

(4) The PARTIES are aware that doctoral, bachelor and master theses and other kinds of academic works to achieve an academic degree are to be prepared within the context of this PROJECT. The PARTIES shall take the necessary measures to ensure that these works can be finalized according to the applicable examination rules. However, the rules contained in this § 14 must be respected in any case.

(5) Die Vorschriften über die Geheimhaltung nach § 12 dieses Vertrags bleiben unberührt.

(5) The obligation of confidentiality according to § 12 remains unaffected.

§ 15 Mängelhaftung

§ 15 Liability for defects

(1) Die VERTRAGSPARTNER werden die ihnen gemäß diesem Vertrag obliegenden Verpflichtungen entsprechend dem aktuellen Stand ihrer wissenschaftlichen und technischen Kenntnisse und Erfahrungen mit der in ihren eigenen Angelegenheiten üblichen Sorgfalt erfüllen.

(1) The PARTIES shall perform the obligations assumed under this Agreement according to their actual state of their scientific and technical knowledge and experiences and in accordance with the degree of care applied by them in their own matters.

(2) Die Haftung der VERTRAGSPARTNER für Sach- und Rechtsmängel ist, sofern die VERTRAGSPARTNER die ihnen gemäß diesem Vertrag obliegenden Verpflichtungen entsprechend § 15 Abs. 1 erfüllen und soweit gesetzlich zulässig, ausgeschlossen.[20] Werden einem VERTRAGSPARTNER Rechte Dritter bekannt, die der Nutzung der ARBEITSERGEBNISSE und/oder AUSSERVERTRAGLICHER ERGEBNISSE entgegenstehen, wird der betreffende VERTRAGSPARTNER dies den übrigen VERTRAGSPARTNERN unverzüglich schriftlich mitteilen. Alle VERTRAGSPARTNER werden sich nach besten Kräften bemühen, die von ihnen nach diesem Vertrag übernommenen Aufgaben so zu erfüllen, dass Rechte Dritter nicht verletzt werden.

(2) The liability of each PARTY for defects in material and law is excluded as far as permitted by law and provided that the PARTIES comply with their obligations according to § 15 para. 1 of this Agreement.[20] If one PARTY becomes aware of third party rights preventing the use of WORK RESULTS and/or EXTRACONTRACTUAL WORK RESULTS, the respective PARTY shall inform the other PARTIES immediately in writing. Each of the PARTIES shall take any and all measures aimed to ensure that it can perform the obligations assumed by it under this Agreement without infringing the rights of third parties.

§ 16 Sonstige Haftung

(1) Die VERTRAGSPARTNER haften einander uneingeschränkt für Vorsatz und grobe Fahrlässigkeit.

(2) Die Haftung für leichte Fahrlässigkeit, ist, außer in Fällen (i) der Verletzung des Lebens, des Körpers oder der Gesundheit sowie (ii) bei Verletzung der Geheimhaltungsverpflichtungen gemäß § 12, und/oder der datenschutzrechtlichen Verpflichtungen gemäß § 13; und (iii) bei Verletzungen solcher Vertragspflichten, deren Erfüllung die ordnungsgemäße Durchführung des Vertrags überhaupt erst ermöglicht und auf deren Einhaltung der Vertragspartner regelmäßig vertrauen darf (wesentliche Vertragspflichten) ausgeschlossen.[21]

(3) Die Haftungsbeschränkungen gelten auch zugunsten der jeweiligen gesetzlichen Vertreter, Erfüllungsgehilfen und Verrichtungsgehilfen.

§ 16 Further Liability

(1) The PARTIES can entirely be held liable to one another for willful and grossly negligent behavior.

(2) Any and all liability resulting from slight negligence is excluded except in (i) cases of damages to life, body or health and (ii) in case of a breach of the confidentiality duty according to § 12 and/or data protection obligations according to sec. 13; and (iii) for violations of such contractual obligations, the fulfillment of which enables the proper realization of the contract from the outset and on the performance of which the contractual partner may regularly rely (essential contractual obligations).[21]

(3) The aforementioned limitations of liability also apply to the legal representatives, and performing and vicarious agents of the concerned PARTY.

§ 17 Kündigung

(1) Jeder VERTRAGSPARTNER ist berechtigt, diesen Vertrag mit sofortiger Wirkung zu kündigen, falls (i) seine Förderung erheblich verringert, eingestellt oder rückgängig

§ 17 Termination

(1) Each PARTY is entitled to terminate this Agreement with immediate effect in case (i) its financial support is reduced significantly, stopped or revoked, regardless

gemacht wird, gleich ob der VERTRAGSPARTNER die Reduzierung, Einstellung oder Rückgängigmachung verursacht hat oder ob diese vom Zuwendungsgeber veranlasst wird oder (ii) er seine Tätigkeiten auf einem Gebiet des VORHABENS einstellt. Die Kündigung hinsichtlich einzelner Arbeitspakete ist ausgeschlossen.

of whether the PARTY or the granting authority is responsible for the reduction, the stop or the revocation or (ii) whether the activities with respect to the PROJECT are shut down. The termination of partial tasks is not admissible.

Das Recht zur Kündigung aus wichtigem Grund bleibt unberührt.

The right to terminate this Agreement for cause remains unaffected.

(2) Mit Wirksamkeit der Kündigung enden im Verhältnis zwischen dem kündigenden VERTRAGSPARTNER einerseits und den übrigen VERTRAGSPARTNERN andererseits die Verpflichtungen zur Erbringung von Forschungs- und Entwicklungsarbeiten nach diesem Vertrag. Die übrigen Verpflichtungen und Rechte der VERTRAGSPARTNER beschränken sich auf die bis zum Wirksamwerden der Kündigung durchgeführten Forschungs- und Entwicklungsarbeiten (insbesondere auf die bis zur Kündigung entstandenen bzw. mitgeteilten ARBEITSERGEBNISSE). Die bis zu diesem Zeitpunkt entstandenen und eingeräumten Rechte der VERTRAGSPARTNER werden durch die Kündigung nicht berührt.

(2) Upon the valid termination of this Agreement, the mutual obligations between the PARTY having terminated the Agreement on the one side and the remaining PARTIES on the other side to perform research and development activities shall be deemed to have ceased. The remaining obligations and claims of the PARTIES are limited to the research and development activities performed until the effective date of the termination, in particular to the WORK RESULTS communicated until the termination. The rights incurred and granted to the other PARTIES until the effective date of the termination remain unaffected.

(3) Die übrigen VERTRAGSPARTNER setzen die Zusammenarbeit nach diesem Vertrag fort. Sie werden sich über eine gegebenenfalls notwendige Anpassung der Zuordnung von Arbeiten abstimmen.

(3) The remaining PARTIES shall continue their cooperation under this Agreement. They shall agree upon the eventually necessary modification of the allocation of tasks.

(4) Kündigungen erfolgen gegenüber allen VERTRAGSPARTNERN durch schriftliche Mitteilung in Form von eigenhändig unterzeichneten Erklärungen.

(4) Terminations have to be made with respect to all PARTIES by written and personally signed notice.

§ 18 Dispute Board

(1) Die VERTRAGSPARTNER vereinbaren hiermit die Einrichtung eines kombinierten Dispute Board[22] („Combined Dispute Board"; „CDB") gemäß den Regelungen der Internationalen Handelskammer („REGELN"), die hiermit zum Vertragsbestandteil gemacht werden. Das CDB besteht aus [drei][23] entsprechend den vorgenannten Regeln zu berufenden Mitgliedern [alternativ: in dieser Vereinbarung benannten].[24]

§ 18 Dispute Board

(1) The PARTIES hereby agree to establish a Combined Dispute Board[22] („CDB") in accordance with the Dispute Board Rules of the International Chamber of Commerce („RULES"), which are incorporated herein by reference. The CDB shall have [three][23] members appointed pursuant to the Rules [alternatively: appointed in this Agreement].[24]

(2) Alle Streitigkeiten aus oder im Zusammenhang mit der vorliegenden Vereinbarung sind zunächst dem CDB entsprechend den REGELN vorzulegen. Das CDB spricht hinsichtlich aller ihm vorgelegten Streitigkeiten eine Empfehlung aus, sofern nicht (i) die VERTRAGSPARTNER einvernehmlich eine Entscheidung verlangen oder (ii) es aufgrund des Antrages eines VERTRAGSPARTNERS entscheidet, eine Entscheidung zu erlassen.[26]

(Optional:

Das CDB hat jede Entscheidung der ICC zur Prüfung gemäß Art. 23 der REGELN vorzulegen.)[25]

(3) Kommt ein zur Befolgung einer Empfehlung oder Entscheidung gemäß den Regeln verpflichteter VERTRAGSPARTNER dieser nicht nach, können die übrigen VERTRAGSPARTNER die Nichtbefolgung zum Gegenstand eines Schiedsverfahrens gemäß § 19 machen, ohne zuvor erneut das CDB anrufen zu müssen.[27] Dem VERTRAGSPARTNER, der trotz einer entsprechenden Verpflichtung gemäß den REGELN einer Empfehlung oder Entscheidung nicht unverzüglich nachgekommen ist, ist es verwehrt, die den Gegenstand der Empfehlung oder Entscheidung bildenden Fragen zur Rechtfertigung ihrer Nichtbefolgung der Empfehlung oder Entscheidung anzuführen.

(4) Teilt ein VERTRAGSPARTNER (i) den anderen VERTRAGSPARTNERN und dem CDB schriftlich sein fehlendes Einverständnis mit einer Entscheidung des CDB gemäß den Regeln mit, oder (ii) erlässt das CDB die Empfehlung oder Entscheidung nicht binnen der in den Regeln vorgesehenen Fristen oder (iii) wird das CDB vor dem Erlass einer Empfehlung oder Entscheidung aufgelöst, ist die Streitigkeit durch ein Schiedsverfahren gemäß § 19 zu entscheiden.

(5) Das Recht eines jeden VERTRAGSPARTNERS zur jederzeitigen Inanspruchnahme vorläufigen und/oder sichernden Rechtsschutzes vor Gerichten und/oder Schiedsgerichten bzw. Eilschiedsrichtern, bleibt unberührt.[28]

(2) All disputes arising out of or in connection with the present Contract shall be submitted, in the first instance, to the CDB in accordance with the RULES. For any given dispute, the CDB shall issue a Recommendation, unless (i) the PARTIES agree that it shall render a decision or (ii) it decides to do so upon the request of a PARTY and in accordance with the RULES.[26]

(Optional:

The CDB shall submit each Decision to the ICC for review in accordance with Article 23 of the RULES.)[25]

(3) If any PARTY fails to comply with a Recommendation or a Decision, when required to do so pursuant to the RULES, the other PARTIES may refer the failure itself, without having to refer it to the CDB first, to arbitration in accordance with § 19.[27] A PARTY that has failed to comply with a Recommendation or a Decision, when required to do so pursuant to the Rules, shall not raise any issue as to the merits of the Recommendation or the Decision as a defence to its failure to comply without delay with the Recommendation or the Decision.

(4) If any PARTY (i) sends a written notice to the other PARTIES and the CDB expressing its dissatisfaction with a Recommendation or a Decision, as provided in the RULES, or (ii) if the CDB does not issue the Recommendation or the Decision within the time limit provided in the Rules, (iii) or if the CDB is disbanded pursuant to the Rules prior to issuing the Recommendation or the Decision, the dispute shall be finally settled by arbitration in accordance with § 19.

(5) Each PARTY's right to request provisional and/or protective measures from any court and/or arbitral tribunal, including emergency arbitrators remains unaffected.[28]

§ 19 Schiedsklausel[29]

. . . . .

§ 20 Sonstiges

**(1) Rechte und Pflichten aus diesem Vertrag dürfen ohne vorherige schriftliche Zustimmung der VERTRAGSPARTNER nicht auf Dritte übertragen werden.
Einer Zustimmung bedarf es nicht bei Übertragung dieses Vertrags**

a) auf ein VERBUNDENES UNTERNEHMEN;

b) auf einen Dritten im Rahmen einer Übertragung eines Betriebes oder Betriebsteils, der Arbeiten im Rahmen des VORHABENS durchführt oder in dessen Interesse diese Arbeiten durchgeführt werden.

(2) Änderungen und Ergänzungen dieses Vertrages bedürfen der Schriftform. Auf dieses Formerfordernis kann nur schriftlich verzichtet werden.[30]

(3) Der Vertrag tritt mit Unterzeichnung durch alle VERTRAGSPARTNER in Kraft. Die Laufzeit dieses Vertrages entspricht der Zeitdauer des VORHABENS. Die Bestimmungen der §§ 5, 6, 7, 8, 9, 12, 13, 14, 15, 16, 19 und 20 gelten auch nach Beendigung dieses Vertrags weiter.

(4) Die Pflichten der VERTRAGSPARTNER und die Rechte des Zuwendungsgebers aus Zuwendungsbescheiden des BMWi bleiben von diesem Vertrag unberührt.

(5) Dieser Vertrag ist auf Deutsch und Englisch abgefasst. Bei Abweichungen zwischen der deutschen und der englischen Version gilt die deutsche Version.

(6) Sollten Bestimmungen dieses Vertrages ganz oder teilweise unwirksam oder nicht durchführbar sein oder werden, so wird die Wirksamkeit der übrigen Bestimmungen hierdurch nicht berührt. Anstelle der unwirksamen oder undurchführbaren Bestimmung soll eine Regelung gelten, die, soweit

§ 19 Arbitration[29]

. . . . .

§ 20 General Provisions

**(1) The claims and obligations resulting from this Agreement shall not be assigned without the previous written approval of the other PARTIES.
No consent is required in case this Agreement is assigned**

a) to a CONNECTED UNDERTAKING;

b) to a third party in the course of a transfer of the business or a part of it which executes services within the scope of the PROJECT or in whose interest these services are carried out.

(2) Any and all amendments to this Agreement need to be made in writing. This form requirement may only be waived in writing.[30]

(3) This Agreement enters into force upon its signature by all PARTIES. The term of the Agreement shall correspond to the term of this PROJECT. The §§ 5, 6, 7, 8, 9, 12, 13, 14, 15, 16, 19 and 20 shall survive the expiration of this Agreement.

(4) The obligations of the PARTIES and the rights of the granting authority resulting from the grants issued by the Ministry of Economy and Energy remain unaffected.

(5) This Agreement has been drafted in both, German and English. In the event of an inconsistency between the German language version and the English language version, the German language version shall prevail.

(6) In case specific clauses of this Agreement are invalid, the validity of the remaining conditions shall remain unaffected. The invalid clause shall be deemed to be substituted by a valid clause which, as far as legally possible, corresponds to the underlying commercial intention of the PAR-

rechtlich möglich, dem am Nächsten kommt, was die VERTRAGSPARTNER gewollt haben oder nach dem Sinn und Zweck gewollt hätten, sofern sie bei Vertragsabschluss diesen Punkt bedacht hätten.[31]

TIES or which they would have had if they had been aware of the invalidity at the time of the conclusion of the Agreement.[31]

Anmerkungen

1. Sachverhalt. Diesem Vertrag liegt ein öffentlich gefördertes Forschungsvorhaben zugrunde, zu dessen Realisierung sich zwei privatwirtschaftliche Unternehmen und eine Hochschule zusammengefunden haben („Verbundprojekt"). Gegenstand der Forschung ist die cloud-basierte automatisierte Koordinierung industrieller Fertigungsprozesse mehrerer Betriebsstätten über das Internet. Aufgrund eines entsprechenden Antrages ist den beteiligten Vertragspartnern die begehrte Förderung gewährt worden. Hierdurch wird ein öffentlich-rechtlich geprägtes Rechtsverhältnis zwischen den einzelnen Antragstellern gegenüber dem Zuwendungsgeber (hier dem BMWi) begründet. Freilich wird die Koordinierung und Abwicklung des Fördervorhabens häufig einem sog. Projektträger übertragen. Dieses Rechtsverhältnis unterliegt den Bedingungen der Zuwendungsbescheide sowie weiteren Bestimmungen, die den Ablauf des Vorhabens und insbesondere die Verwendung der Fördermittel regeln (zB die Allgemeinen Nebenbestimmungen für Zuwendungen zur Projektförderung, ANBest-P). Dieser Vertrag regelt demgegenüber das Rechtsverhältnis der Antragsteller bzw. Zuwendungsempfänger untereinander und dient dazu, die Verteilung der im Rahmen des geförderten Vorhabens zu erbringenden Leistungen zu koordinieren und insbesondere dazu, die Inhaberschaft an den zu erzielenden Arbeitsergebnissen festzulegen.

2. Rechtsrahmen. Forschungs- und Entwicklungsverträge unterfallen, sofern es nicht primär um die Lizenzierung zur Ermöglichung der Herstellung von Vertragsprodukten geht, der seit dem 1.7.2023 geltenden VO (EU) Nr. 2023/1066 der Kommission v. 1.6.2023 über die Anwendung von Art. 101 Abs. 3 des Vertrags über die Arbeitsweise der Europäischen Union auf bestimmte Gruppen von Vereinbarungen über Forschung und Entwicklung (F&E GVO 2023/1066). Parallel dazu hat die Kommission neue Leitlinien zur Anwendbarkeit des Artikels 101 des Vertrags über die Arbeitsweise der Europäischen Union auf Vereinbarungen über horizontale Zusammenarbeit veröffentlicht, die auch Forschungs- und Entwicklungsvereinbarungen unter der F&E GVO 2023/1066 zum Gegenstand haben, Abl. EU C 259/1 v. 21.7.2023. Der Sache nach handelt es sich bei der F&E GVO 2023/1066 um eine sog. Gruppenfreistellungsverordnung, durch die bestimmte vertragsrechtliche Vereinbarungen von der Anwendung des Verbots gem. Art. 101 Abs. 1 AEUV ausgenommen werden, sofern bestimmte Voraussetzungen erfüllt sind. So darf insbesondere nicht gegen Kernbeschränkungen verstoßen werden. Beispiele hierfür sind in der genannten Verordnung die Beschränkung der Freiheit der Parteien, Forschung und Entwicklung außerhalb des die Vereinbarung betreffenden Bereichs zu betreiben sowie Vereinbarungen, die darauf abzielen, das Recht der Parteien zu beschränken, nach Abschluss des vertragsgegenständlichen Vorhabens in einem damit zusammenhängenden Bereich Forschung und Entwicklung zu betreiben, Art. 8 lit. a der VO (EU) 2023/1066. Zu den darüber hinaus zu erfüllenden Freistellungsvoraussetzungen gehört insbesondere die interne Gewährung freien Zugangs zu den Ergebnissen der gemeinsamen Forschungs- und Entwicklungstätigkeit der Vertragspartner, s. Art. 3 Abs. 2–5 der VO (EU) 2023/1066.

Keine Anwendung auf Vereinbarungen der vorliegenden Art findet die VO (EU) Nr. 316/2014 der Kommission v. 21.3.2014 über die Anwendung von Artikel 101 Abs. 3

des Vertrags über die Arbeitsweise der Europäischen Union auf Gruppen von Technologietransfer-Vereinbarungen (Technologie-GVO 316/2014). Diese bezieht sich auf Vertragsgestaltungen, in denen die Lizenzierung geistigen Eigentums mit dem Ziel im Vordergrund steht, einem anderen die Produktion des in dem geistigen Eigentum verkörperten Produkts zu ermöglichen. Dies gilt auch wenn für die Produktion weitere Forschung erforderlich ist (MüKoWettbR/Nagel TT-GVO (VO (EU) Nr. 316/2014) Einl. Rn. 91).

3. Allgemeine Geschäftsbedingungen/Inhaltskontrolle. Das vorliegende Muster gibt den typischen Inhalt einer Forschungs- und Entwicklungsvereinbarung zwischen mehreren Konsortialpartnern wieder. Die darin enthaltenen Bestimmungen können für eine Vielzahl von Verträgen gleicher Art genutzt werden und stellen daher Allgemeine Geschäftsbedingungen (AGB) im Sinne von § 305 Abs. 1 BGB dar. Da die Vertragsparteien typischerweise Unternehmer sowie juristische Personen öffentlichen Rechts sein werden, finden die der Inhaltskontrolle von AGB dienenden Vorschriften des § 305 Abs. 2 und 3, des § 308 Nr. 1, 2–8 und des § 309 BGB keine Anwendung, wohl aber § 307 BGB, in dessen Rahmen die Wertungen der §§ 308 und 309 BGB zu berücksichtigen sind.

Eine Möglichkeit, auch bei Inlandssachverhalten der vielgescholtenen Neigung der Rechtsprechung, die Bestimmungen der §§ 308, 309 BGB über § 307 BGB auch auf den Rechtsverkehr zwischen Unternehmen zu erstrecken, zu entgehen, besteht darin, im Rahmen einer Schiedsvereinbarung eine Rechtswahlvereinbarung gem. § 1051 Abs. 1 ZPO zu treffen. Zu den Einzelheiten → Form. D.6.

4. „Arbeitsergebnisse". Der Begriff „Arbeitsergebnisse" wie er hier verwandt wird, entspricht dem Gehalt des ebenfalls üblichen Begriffs „Foreground IP" (IP „Intellectual Property"). Er dient der Bezeichnung des auf Grundlage der Projektausführung zu erarbeitenden Know-hows und der ggf. entsprechenden Schutzrechte.

5. „Know-how". Die für Forschungs- und Entwicklungsvereinbarungen maßgebliche F&E GVO 2023/1066 definiert den Begriff „Know-how" in Art. 1 Abs. 1 Nr. 9 als „Gesamtheit praktischer Kenntnisse, die durch Erfahrungen und Erprobung gewonnen wurden und die a) „geheim", das heißt nicht allgemein bekannt und nicht leicht zugänglich sind, b) „wesentlich", das heißt für die Produktion der Vertragsprodukte oder die Anwendung der Vertragstechnologien von Bedeutung und nützlich sind, und c) „identifiziert", das heißt umfassend genug beschrieben sind, sodass überprüft werden kann, ob die Merkmale „geheim" und „wesentlich" erfüllt sind". Die danach zu erfüllenden Kriterien der Geheimhaltung, Wesentlichkeit und Identifizierbarkeit implizieren einen eingeschränkten Anwendungsbereich, so dass es ggf. ratsam ist, den Begriff gesondert zu definieren und dabei einen weiteren Anwendungsbereich festzulegen. Zu beachten ist auch die Definition des Geschäftsgeheimnisses in § 2 Nr. 1 GeschGehG.

Sollen demnach dem Know-how zuzurechnende Informationen als Geschäftsgeheimnisse gemäß dem GeschGehG geschützt sein, ist die Vereinbarung entsprechender Geheimhaltungspflichten als Teil „angemessener Geheimhaltungsmaßnahmen" im Sinne von § 2 Nr. 1 b) GeschGehG unbedingt erforderlich, s. → Anm. 16.

6. „Außervertragliche Ergebnisse". Der Begriff „Außervertragliche Ergebnisse" wie er hier verwandt wird, entspricht dem Gehalt des ebenfalls üblichen Begriffs „Background IP" (IP „Intellectual Property"). Er zielt auf bei Projektbeginn bestehendes Know-how und Schutzrechte ab.

7. „Vertrauliche Informationen". Es empfiehlt sich, an die Vertraulichkeit keine höheren Anforderungen, insbesondere nicht das Erfordernis einer Kennzeichnung bestimmten Materials als „vertraulich" zu stellen, um nicht die Interaktion unnötig zu erschweren und dem Risiko einer versehentlichen Freigabe an sich vertraulichen Materials durch unbeabsichtigtes Unterlassen der Kennzeichnung als „vertraulich" vorzubeugen.

8. Projektleiter. Die hier vorgeschlagene Regelung zielt auf einen mit rechtgeschäftlicher Vollmacht ausgestatteten Projektleiter ab, was der Abwicklung des Projekts gegenüber den anderen Vertragspartnern förderlich ist. Den jeweiligen Vollmachtgebern bleibt es unbenommen, die Vollmacht im Innenverhältnis zu beschränken.

9. Nichtangriffsklausel. In der Praxis finden sich im Zusammenhang mit Ausschlussklauseln der vorstehenden Art gleichzeitig sog. Nichtangriffsklauseln, durch die sich die Vertragspartner wechselseitig verpflichten, die zugunsten der jeweils anderen Vertragspartner bestehenden Schutzrechte nicht anzugreifen. Derartige Nichtangriffsklauseln galten unter früherem deutschen Recht als kartellrechtlich zulässig, gehören aber gemäß Art. 9 lit. a F&E GVO 2023/1066 zu den nicht freistellungsfähigen kartellrechtlichen Beschränkungen.

10. Arbeitsergebnisse – abgestufte Regelung. § 5 des vorliegenden Musters stellt zunächst klar, dass die Rechte am jeweiligen Arbeitsergebnis bei dem dafür verantwortlichen Vertragspartner liegen. Gleichzeitig räumen sich die Vertragspartner wechselseitig ein nicht ausschließliches, unentgeltliches Nutzungsrecht ein, um die Erreichung der Ziele des geförderten Vorhabens zu gewährleisten. Dabei wird zwischen Arbeitsergebnissen, die Gegenstand registrierbarer Schutzrechte (zB Patente) und solchen, die lediglich Gegenstand nicht registrierbarer Schutzrechte (zB Urheberrecht) sein können, unterschieden. Dies ist aus Gründen der Klarheit, insbesondere bei komplexen Vorhaben wie dem vorliegenden, zu empfehlen. Wichtig ist jedoch die Begrenzung eines solchen Nutzungsrechts auf die Dauer und die Zwecke des Vorhabens, um den unkontrollierten Abfluss und die Verwertung entsprechender Arbeitsergebnisse über das Vorhaben hinaus zu verhindern.

11. Trennung nach Arten von Schutzrechten. Registergebundene und nicht registergebundene Schutzrechte sollten zweckmäßigerweise unterschieden werden. Während registergebundene Schutzrechte erst mit ihrer Eintragung zur Entstehung gelangen und nicht zwingend an den Schöpfer gebunden sind, ist das beispielsweise für Computerprogramme relevante Urheberrecht als nicht registergebundenes Schutzrecht hinsichtlich seiner Entstehung und seines Bestandes an keinerlei Eintragung gebunden und kann vom Urheber nicht als solches übertragen werden. Stattdessen können nur Nutzungsrechte eingeräumt werden, § 29 UrhG. Dies hat weitreichende Auswirkungen auf die Vertragsgestaltung; zu den Einzelheiten s. Mohnkopf/Moser/Schilf, Wissensmanagement für Schutzrechte und ihre Bewertung, 2014, S. 103, 119.

12. Nutzung von Arbeitsergebnissen. Gemäß Art. 3 Abs. 2 F&E GVO 2023/1066 muss in Forschungs- und Entwicklungsvereinbarungen festgelegt werden, dass jeder Partei uneingeschränkter Zugang zu den Endergebnissen der gemeinsamen Forschung und Entwicklung gewährt wird.

13. Gemeinsame Erfindungen. Der Zugangsanspruch gemäß Art. 3 Abs. 2 F&E GVO 2023/1066 gilt auch für solche Arbeitsergebnisse, die Gegenstand von Rechten des geistigen Eigentums sind sowie für Know-how. Gemeinsame Erfindungen begründen nach deutschem Recht auf sachenrechtlicher Ebene Bruchteilgemeinschaften (MüKoBGB/Schmidt § 741 Rn. 59) und auf vertraglicher Ebene – sofern ein gemeinsamer

Zweck verfolgt wird – eine Gesellschaft bürgerlichen Rechts (MüKoBGB/Schmidt § 741 Rn. 62 f.). Ungeachtet der im Falle einer Bruchteilsgemeinschaft bestehenden Verfügungsbefugnis des einzelnen Berechtigten hinsichtlich seines Anteils an der Erfindung empfiehlt sich angesichts der sich im Übrigen aus dem Vorhandensein einer Bruchteilgemeinschaft ergebenden Einschränkung der Handlungsmöglichkeiten einzelner an der Erfindung Berechtigter dringend eine detaillierte Regelung der von einzelnen Berechtigten im Hinblick auf die Erfindung zulässigerweise allein zu treffenden Entscheidungen und Nutzungshandlungen.

14. Vermarktung von Arbeitsergebnissen. Für die Vermarktung von Arbeitsergebnissen, also den unmittelbar aus dem Vorhaben resultierenden Ergebnissen, wird ein Anspruch der Vertragspartner untereinander auf Einräumung eines nicht-ausschließlichen, entgeltlichen Nutzungsrechts festgeschrieben, sofern dies zur Nutzung eigener Ergebnisse der das Nutzungsrecht in Anspruch nehmenden Vertragspartner erforderlich ist. Hinsichtlich der Entgeltlichkeit ist zu beachten, dass diese aufgrund des im Idealfall wechselseitigen Austausches im Rahmen des Vorhabens und der damit sich einstellenden Synergieeffekte bei der Erzielung der Arbeitsergebnisse ganz entfallen können. Diese „Privilegierung" der Verbundpartner untereinander spiegelt die gemeinschaftlich zu erzielende Leistung wider und ist auch unter kartellrechtlichen Gesichtspunkten gemäß Art. 3 Abs. 4 F&E GVO 2023/1066 nicht nur zulässig, sondern vielmehr angenommener Regelfall. Gemäß der vorzitierten Vorschrift haben sich die Vertragspartner einer Forschungs- und Entwicklungsvereinbarung Zugang zu den Arbeitsergebnissen zu gewähren, können aber ein Entgelt verlangen, sofern dies nicht effektiv zur Zugangsvereitelung führt.

15. Vermarktung außervertraglicher Ergebnisse. Der hier verwendete Begriff des außervertraglichen Know-hows entspricht dem des vorhandenen Know-hows gemäß Art. 4 F&E GVO 2023/1066. Der wechselseitige Anspruch auf die Nutzungsgewährung zu vorhandenem Know-how ergibt sich aus Art. 4 Abs. 2 F&E GVO 2023/1066. Voraussetzung ist, dass die fremden außervertraglichen Arbeitsergebnisse zur Nutzung der eigenen Arbeitsergebnisse benötigt werden. Die Vereinbarung einer Vergütung ist auch insoweit zulässig. Vorliegend erscheint es angemessen, hierfür ein marktübliches Nutzungsentgelt zu verlangen.

16. Geheimhaltung. Die Pflicht zur Geheimhaltung gehört zu den Kernpflichten eines jeden Forschungs- und Entwicklungsvertrages, → Anm. 19; und ist wesentlicher Bestandteil der vom Geheimhaltenden zur Aufrechterhaltung der Geheimhaltung im Rahmen von § 2 Nr. 1a) GeschGehG zu leistenden Anstrengungen, wobei ergänzende organisatorische und technische Maßnahmen von Geschäftsgeheimnissen dringend anzuraten sind. S. ferner → Anm. 21.

17. Datenschutz. In allen IT-bezogenen Projekten ist dem Datenschutz besondere Aufmerksamkeit zu widmen. Selbst wenn der Hauptzweck des Vorhabens sich nicht auf personenbezogene Daten bezieht, ist immer auch die Möglichkeit der indirekten Erfassung personenbezogener Daten natürlicher Personen zu prüfen. Werden etwa bestimmte Arbeitsschritte händisch gesteuerter Anlagen automatisiert erfasst, lassen sich ggf. auch Rückschlüsse auf Verhaltensweisen des Bedieners ziehen, die als personenbezogene Daten der DS-GVO und dem BDSG unterfallen. Bei einem IT-bezogenen Projekt ist es deshalb ratsam, parallel zu der Entwicklungstätigkeit ein datenschutzrechtliches Konzept zu erarbeiten, das für alle Teilnehmer verbindlich festgeschrieben wird. Basierend auf diesem Konzept können die erforderlichen Verzeichnisse über Verarbeitungstätigkeiten gemäß Art. 30 DS-GVO erstellt, die Notwendigkeit des Abschlusses datenschutzrechtlicher Vereinbarungen (zB von Vereinbarungen über die gemeinsame datenschutzrechtliche Verantwortlichkeit gemäß Art. 26 DS-GVO oder Auftragsverarbeitungsvereinbarungen gemäß Art. 28 DS-GVO) ermittelt und die Notwendigkeit der Erfüllung von Informationspflichten gegenüber Dritten mitsamt den zwischen den Vertragsparteien hierfür mitzuteilenden Informationen gemäß Art. 13 DS-GVO identifiziert werden.

18. Veröffentlichungen. Die Befugnis, Veröffentlichungen im Hinblick auf das Vorhaben tätigen zu dürfen, ist insbesondere den an einem Verbundprojekt teilnehmenden Universitäten ein wichtiges Anliegen. Insofern muss ein Ausgleich zwischen berechtigten Geheimhaltungsinteressen der Beteiligten einerseits und dem Veröffentlichungsrecht der Universität erfolgen.

19. Schädliche Vorveröffentlichung. Die Veröffentlichung an sich patentfähiger Entwicklungen kann sich neuheitsschädlich auswirken und zur Nichterteilung eines Patents führen, s. § 3 Abs. 1 S. 2 PatG.

20. Gewährleistungsausschluss. Der völlige Ausschluss von Gewährleistungsansprüchen durch Allgemeine Geschäftsbedingungen ist auch im unternehmerischen Verkehr gemäß § 307 Abs. 1 BGB regelmäßig unzulässig. Zur Unwirksamkeit führt grundsätzlich auch die einschränkende Formulierung „soweit gesetzlich zulässig", die einen Verstoß gegen das Verständlichkeitsgebot darstellt (BGH NJW 2013, 1668). Bei dem vorliegenden Sachverhalt ist jedoch im Rahmen der bei Anwendung von § 307 Abs. 1 BGB gebotenen Berücksichtigung der „branchentypischen Interessen der Vertragschließenden" (s. BGH NJW 2014, 2708 Rn. 43) zu beachten, dass kein Leistungsaustausch im Sinne eines Kaufvertrages den Gegenstand des Vertrages bildet, sondern vielmehr die Erbringung und Zurverfügungstellung von Forschungs- und Entwicklungsleistungen geschuldet ist, denen stets das Risiko des Scheiterns innewohnt. Insofern kann argumentiert werden, dass die Annahme wechselseitiger Gewährleistungsansprüche zwischen den Parteien eines Forschungs- und Entwicklungsvertrages dem Grundgedanken eines solchen Vertrages widerspricht. Zum Ausschluss der AGB-Kontrolle: → Anm. 3 und → Form. D.6.

21. Weitere Haftungsbeschränkungen. Die Formulierung des § 15 Abs. 1 ergibt sich aus § 276 Abs. 3 BGB, § 277 BGB sowie § 309 Nr. 7 lit. b BGB, diejenige in § 15 Abs. 2, soweit auf die Verletzung von Leben, Körper Gesundheit Bezug genommen wird, aus § 309 Nr. 7 lit. a BGB. Bei der Bezugnahme auf den Bruch der Geheimhaltungspflicht und datenschutzrechtlicher Verpflichtungen handelt es sich der Sache nach um die konkrete Ausformulierung eines Falles der Verletzung von vertraglichen Kardinalpflichten, die im Übrigen unter (iii) geregelt werden.

22. „Dispute Boards". Bei der Einrichtung von Dispute Boards handelt es sich um eine zu den Alternativen Streitbeilegungsmethoden („ADR") gehörende Maßnahme, die vor allem bei Bauvorhaben verbreitet ist, sich aber auch für komplexe IT-Projekte eignet. Der Grundgedanke ist, dass ein projektbegleitendes Streitbeilegungsgremium geschaffen wird, dass – je nach Parteivereinbarung – entweder informell, durch Empfehlungen, zur Streitschlichtung beiträgt, oder aber zur verbindlichen Entscheidung befugt ist. Im ersten Fall spricht man von „Dispute Review Boards", im letztgenannten Fall von „Dispute Adjudication Boards". Eine solche Entscheidung stellt allerdings – anders als ein Schiedsspruch – keinen vollstreckbaren Titel dar. Der Vorteil derartiger Dispute Boards ist der, dass sich anbahnende Konflikte schnell und ohne das eigentliche Projekt zu verzögern, gelöst werden können. Bei dem vorliegenden Muster handelt es sich in der englischsprachigen Fassung um die sprachlich und inhaltlich an das übrige Vertragsmuster angepasste Musterklausel der Internationalen Handelskammer in Paris (ICC) mit der Besonderheit, dass das Dispute Board sowohl berechtigt ist, Empfehlungen auszusprechen, wie auch verbindliche Entscheidungen zu fällen, wenn die

Voraussetzungen hierfür erfüllt sind. Bei der deutschen Fassung handelt es sich um eine Übersetzung des Autors.

Für den Gebrauch der ICC Dispute Board Rules ist es nicht erforderlich, dass das Verfahren auch von dem International Centre for ADR der ICC administriert wird. Das Centre kann jedoch wichtige Unterstützungsleistungen erbringen, wie etwa die Benennung von Mitgliedern des Dispute Boards oder die Kontrolle einer Entscheidung des Dispute Boards.

Für den deutschsprachigen Raum hält die Deutsche Institution für Schiedsgerichtsbarkeit eV (DIS) eine „Verfahrensordnung für Adjudikation" bereit (www.disarb.org).

23. Mitglieder des „Dispute Boards". Die Parteien können die Anzahl und die Art der Benennung der Mitglieder des Dispute Boards vertraglich festlegen. Wird die Anzahl der Mitglieder nicht festgelegt, gilt ein Dispute Board mit drei Mitgliedern als vereinbart. Die Parteien bestimmen gemeinsam zwei Mitglieder, die dann das dritte Mitglied bestimmen (Art. 7 Abs. 4 ICC Dispute Board Rules). Schlägt die gemeinschaftliche Benennung fehl, werden die ersten beiden Mitglieder auf Antrag einer Partei von dem International Centre for ADR der ICC benannt werden.

Mit den Mitgliedern des CBD ist ein Vertrag über die Erbringung ihrer Tätigkeit zu schließen. Ein Muster findet sich in den ICC Dispute Board Rules („Model Dispute Board Member Agreement").

24. Bestellung der Mitglieder des „Dispute Boards". In der ICC Standardklausel lautet dieser Satz: „The CDB shall have [one/three/X] member[s] appointed in this Contract or appointed pursuant to the Rules". Da vorliegend in dem Vertrag keine Mitglieder benannt werden, wurde der Satz wie oben ersichtlich umformuliert.

25. Überprüfung durch die ICC. Die Parteien können bestimmen, dass die ICC die Entscheidung des CDB überprüfen soll. Hierfür fallen gesonderte Kosten an.

26. „Combined Dispute Board". Das hier verwandte Muster sieht ein kombiniertes „Dispute Board" vor, so dass das Dispute Board grundsätzlich Empfehlungen ausspricht, im Einzelfall aber auch verbindliche Entscheidungen treffen kann. Die Parteien können auch eine der beiden Varianten alleine verwenden. Dies muss anhand des Einzelfalles entschieden werden.

27. Verknüpfung mit Gerichtsstands-/Schiedsklausel. Jegliche Form vor- bzw. außergerichtlicher Streitbeilegung muss mit dem nachfolgenden Gerichts- oder Schiedsverfahren so verknüpft werden, dass jede Partei einfachen und schnellen Zugang zu einem dieser Verfahren erhält. Sind die Voraussetzungen für die Inanspruchnahme (schieds-) gerichtlicher Verfahren unklar geregelt, besteht die Gefahr, dass die Parteien in der vorgerichtlichen Streitbeilegung „gefangen" bleiben, da die Vereinbarung vor (-schieds-)gerichtlicher Streitbeilegungsmechanismen als Zulässigkeitsvoraussetzung eines nachfolgenden Schiedsverfahrens bzw. Gerichtsprozesses verstanden werden kann.

28. Einstweiliger Rechtsschutz. Die Ausführungen unter → Anm. 26 gelten sinngemäß auch für Maßnahmen des einstweiligen Rechtsschutzes. Diese Regelung zum einstweiligen Rechtsschutz/Eilschiedsrichter ist nicht Bestandteil des ICC Dispute Board – Musterklausel.

29. Schiedsklausel. → Form. D.6; wobei die dort verwendete Schiedsklausel nur insoweit Verwendung finden kann, wie die Zusammenarbeit unter dem vorliegenden Vertrag nicht als Begründung einer Gesellschaft (zB in Form einer GbR) qualifiziert werden kann. In einem solchen Fall hat der BGH besondere Anforderungen an die Wirksamkeit einer Schiedsklausel entwickelt, die vor allem die Stellung der am Streit nicht unmittelbar beteiligten Gesellschafter sichern soll. Diese Grundsätze gelten, wie der BGH jüngst klargestellt hat, auch für Personengesellschaften wie zB die GbR. Die Deutsche Institution für Schiedsgerichtsbarkeit (DIS eV) bietet für gesellschaftsrechtliche Streitigkeiten eine der Rechtsprechung des BGH entsprechende Musterschiedsklausel nebst Ergänzenden Regeln für gesellschaftsrechtliche Streitigkeiten (DIS-ERGeS) an. Verfahren auf Basis des vorliegenden Vertrages wären als Mehrparteienschiedsverfahren zu führen, die in einschlägigen Verfahrensordnungen, zB derjenigen der ICC (Art. 7 – 10 ICC-SchO 2021) adressiert werden, nicht jedoch in dem Schiedsverfahrensrecht der ZPO, §§ 1025 ff. ZPO. Die Wirksamkeit der eingangs genannten Klausel scheitert nicht notwendigerweise an den besonderen Anforderungen an eine Schiedsklausel für gesellschaftsrechtliche Streitigkeiten betreffend eine Kapitalgesellschaft (BGHZ 180, 221 – Schiedsfähigkeit II), selbst sofern die Zusammenarbeit gemäß diesem Vertrag als Begründung einer Gesellschaft (zB einer GbR) qualifiziert werden kann. Entscheidend für die Anwendung der vorzitierten Rechtsprechung des BGH ist vielmehr, ob eine Schiedsklage auch gegen die Gesellschaft zu richten wäre. Nur wenn dies der Fall ist, gilt die vorzitierte Rechtsprechung mit den besonderen Anforderungen an die Wirksamkeit einer Schiedsvereinbarung auch für gesellschaftsrechtliche Streitigkeiten im Hinblick auf eine Personengesellschaft (unklar BGH NJW-RR 2017, 876 – Schiedsfähigkeit III; klarstellend BGH SchiedsVZ 2022, 86 – Schiedsfähigkeit IV).

30. Schriftformklausel. Es handelt sich um eine sog. doppelte Schriftformklausel, die gemäß § 307 BGB als AGB im Regelfall unwirksam ist, von dem BGH aber „jedenfalls" im kaufmännischen Verkehr als Individualabrede für zulässig erachtet wird, BGH GRUR-Prax 2010, 128 – Der Name der Rose.

31. „Salvatorische Klausel". § 19 Abs. 5 vereint eine sog. Erhaltungsklausel mit einer sog. Ersetzungsklausel. Erstere stellt klar, dass eine unwirksame Klausel nicht die Nichtigkeit des gesamten Vertrages zur Folge hat; letztere zielt auf eine ergänzende Vertragsauslegung ab. Die Erhaltungsklausel führt allerdings nicht automatisch zur Aufrechterhaltung des Vertrages im Übrigen. Vielmehr muss das Gericht nach wie vor im Rahmen von § 139 BGB den hypothetischen Parteiwillen ermitteln und klären, ob auf dieser Grundlage die Fortsetzung des Vertrages gewollt war (Grüneberg/Ellenberger BGB § 139 Rn. 17, 14). Wirkung hat die Erhaltungsklausel aber insoweit, als sie der Partei die Darlegungs- und Beweislast aufbürdet, die sich auf die Gesamtnichtigkeit des Vertrages beruft (BGH NJW 2003, 347). Die Ersetzungsklausel knüpft an den mutmaßlichen Parteiwillen an, scheitert allerdings im Falle unwirksamer AGB an dem Verbot der geltungserhaltenden Reduktion (§ 306 BGB). Die vorstehenden Grundsätze finden auch im Falle kartell- und beihilferechtswidriger Regelungen Anwendung, führen jedoch nicht insbesondere dann nicht zur Aufrechterhaltung bzw. Ergänzung des Vertrages, wenn wesentliche Vertragsinhalte, insbesondere die essentialia negotii, von der Nichtigkeit betroffen sind (BGH GRUR-Int 2007, 93 – Kfz-Vertragshändler III; BGH ZfBR 2013, 592; s. speziell zur Nichtigkeitsfolge kartellrechtswidriger Vereinbarungen ausführlich MüKoWettbR/Bien AEUV Art. 101 Rn. 892 ff.).

6. Schiedsverfahrensabrede in IT-Projektverträgen – Arbitration Clause

Schiedsklausel[1, 2, 3]

(1) Alle Streitigkeiten, die sich aus oder im Zusammenhang mit dem vorliegenden Vertrag,[4] einschließlich solcher über sein Zustandekommen, seine Gültigkeit, seine Bindungswirkung, seine Auslegung, Erfüllung, Bruch oder Beendigung sowie außervertragliche Ansprüche,[5] ergeben, werden nach der Schiedsgerichtsordnung der Internationalen Handelskammer (ICC) von einem oder mehreren[6] gemäß dieser Ordnung ernannten Schiedsrichtern endgültig entschieden. Der Ort des Schiedsverfahrens ist Berlin, Deutschland[7] und die Sprache des Schiedsverfahrens ist Englisch.[8]

(2) Die Streitigkeiten sind auf Grundlage der UNIDROIT Principles of International Commercial Contracts (2016)[9] und im Übrigen, hinsichtlich solcher Fragen, die nicht zum Regelungsgegenstand der Principles gehören, auf Grundlage des Rechts der Bundesrepublik Deutschland zu entscheiden.[10]

(3) Unbeschadet der vorstehenden Schiedsvereinbarung und ohne die Befugnis des Schiedsgerichts zum Erlass von Maßnahmen des einstweiligen Rechtsschutzes, insbesondere zum Erlass von Unterlassungsverfügungen sowie von Maßnahmen zum Schutz des Eigentums und dem Erhalt verderblicher Waren zu beschränken, ist jede der Parteien berechtigt, den Erlass derartiger Maßnahmen bei jedem zuständigen Gericht zu beantragen.[11]

(4) Jede der Parteien verpflichtet sich für jeden Fall der Nichtbeachtung etwaiger von einem Eilschiedsrichter gemäß der Schiedsgerichtsordnung der Internationalen Handelskammer (ICC)[12] sowie dem vorstehenden Abs. 3 erlassenen Maßnah-

Arbitration[1, 2, 3]

(1) All disputes arising out of or in connection with the present contract,[4] including, without limitation, its formation, validity, binding effect, interpretation, performance, breach or termination, as well as non-contractual claims,[5] shall be finally settled under the Rules of Arbitration of the International Chamber of Commerce (ICC) by one or more[6] arbitrators appointed in accordance with the said Rules. The place of arbitration shall be Berlin, Germany,[7] and the language of arbitration shall be English.[8]

(2) The dispute shall be decided in accordance with the UNIDROIT Principles of International Commercial Contracts (2016)[9] and, with respect to issues not covered by such Principles, by the laws of the Federal Republic of Germany.[10]

(3) Notwithstanding the above arbitration clause, without limiting the competence of the Arbitral Tribunal to take interim measures, including, without limitation, injunctive relief and measures for the protection or conservation of property and disposition of perishable goods, each Party shall be entitled to request such interim measures from any court of competent jurisdiction.[11]

(4) Each Party shall be obliged to pay to the other Party 10,000.00 EUR[12] per occurrence as liquidated damages in case it does not comply with an order issued by an Emergency Arbitrator according to the Rules of Arbitration of the International

men zur Zahlung eines pauschalierten Schadensersatzes von jeweils 10.000,00 EUR sofern nicht die zur Zulassung verpflichtete Partei einen niedrigeren Schaden oder das Nichterstehen eines Schadens nachweist.[13] Das Recht der anderen Partei zur Geltendmachung weiterer Schäden bleibt unberührt.

(5) Soweit ein Schiedsverfahren von einer Partei gegen die andere im Zusammenhang mit dieser Vereinbarung oder einer der in diesem Vertrag geregelten Transaktionen eingeleitet wird, hat die – ganz oder teilweise – unterliegende Partei ihre eigenen Kosten sowie die angemessenen Kosten der anwaltlichen Vertretung und weiterer Kosten der obsiegenden Partei entsprechend dem Umfang ihres Unterliegens zu tragen.[14]

(6) Die Bestimmungen dieser Vorschrift gelten nach Kündigung oder Beendigung dieses Vertrages fort.

Chamber of Commerce (ICC) and para. 3 of this article unless the Party required to perform payment proves a lower damage or the absence of any damage.[13] The other Party's right to claim further damages remains unaffected.

(5) In the event that arbitration proceedings are commenced by one Party against the other Party in connection with this Agreement or the transactions contemplated hereunder, the Party which does not prevail, in whole or in part, in such proceedings shall bear, to the extent it has not prevailed, its own expenses and the reasonable attorneys' fees and other costs incurred by the prevailing Party in such proceedings.[14]

(6) The provisions of this section shall survive the termination or expiration of this Agreement.

Anmerkungen

1. Schiedsverfahren. Bei einem Schiedsverfahren handelt es sich um ein auf einer privatautonomen Vereinbarung basierendes gerichtsförmiges Verfahren mit dem Ziel der Herbeiführung einer vollstreckbaren Entscheidung (Schiedsspruch; zur Abgrenzung von Schlichtungsverfahren, insbesondere der Mediation: Schack, Internationales Zivilverfahrensrecht Rn. 1344 ff.). Die Verfahrensführung erfolgt nicht durch einen staatlich legitimierten Amtsträger, sondern durch Personen, die von den Parteien entsprechend der jeweils anwendbaren Verfahrensordnung bestimmt werden. Neben der Person des oder der Schiedsrichter können die Parteien auch den Ablauf des Schiedsverfahrens in den Grenzen des § 1042 ZPO bestimmen. Üblich ist jedoch die Bezugnahme auf eine von einer auf die Durchführung derartiger Verfahren spezialisierten Organisation zur Verfügung gestellten Verfahrensordnung wie der Internationalen Handelskammer in Paris (ICC), deren Musterklausel die Grundlage der hier dargestellten Regelung bildet (s. https://iccwbo.org/dispute-resolution/dispute-resolution-services/arbitration/rules-procedure/arbitration-clause/; zuletzt aufgerufen am 19.08.2024). Bei Nutzung der Musterklausel sollten die Parteien darüber nachdenken, ob die Anwendbarkeit der ergänzenden Verfahrensordnungen (a) zum beschleunigten Verfahren (Anhang VI der ICC-SchO 2021, Art. 30 Abs. 3 lit. b ICC-SchO idF ab 1.1.2021) und/oder (b) die Eilschiedsrichterordnung (Anhang VI der ICC-SchO 2021; Art. 29 Abs. 6 lit. b ICC-SchO idF ab 1.1.2021) ausgeschlossen werden sollen. Die Verfahrensordnung zum beschleunigten Verfahren gilt bei am oder nach dem 1.7.2017 und vor dem 1.1.2021 abgeschlossenen Schiedsvereinbarungen bis zu einem Streitwert von 2 Mio. USD, bei am oder nach dem 1.1.2021 abgeschlossenen Schiedsvereinbarungen bis zu einem Streitwert von 3 Mio. USD (Art. 30 Abs. 2 lit. a iVm Art. 1 Abs. 2 Anhang VI ICC-SchO 2021). Das beschleunigte Verfahren sieht u. a. die Zuständigkeit des Einzelschiedsrichters vor und erfordert keine Terms of Reference. Die Eilschiedsrichterordnung ermöglicht Entscheidungen im einstweiligen Rechtsschutz noch vor Konstituierung des vereinbarten Schiedsgerichts. Für Schiedsverfahren zu Fragen des geistigen Eigentums bietet die World Intellectual Property Organization (WIPO) ebenfalls eine eigene Schiedsverfahrensordnung mit entsprechenden Musterklauseln, deren ausführliche Bezeichnung der von der Schiedsvereinbarung erfassten Streitgegenstände Eingang in das vorliegende Muster gefunden hat (s. http://www.wipo.int/amc/en/clauses/arbitration/; zuletzt aufgerufen am 19.08.2024). Die danach geführten Verfahren werden von dem WIPO Arbitration and Mediation Center administriert.

Schiedsverfahren unterliegen nicht, wie Verfahren vor staatlichen Gerichten, dem Grundsatz der Öffentlichkeit und gelten als effizienter, da es keine Berufungs- oder Revisionsinstanz gibt. Darüber hinaus ist die Vollstreckbarkeit von Schiedssprüchen im Ausland häufig einfacher, da mit dem New Yorker UN-Übereinkommen über die Anerkennung und Vollstreckung ausländischer Schiedssprüche von 1958, das derzeit (August 2024) 172 Mitgliedstaaten aufweist, eine Pflicht der Mitgliedstaaten zur Anerkennung und Vollstreckung von Schiedssprüchen besteht, die nur in besonderen, eng umrissenen Ausnahmefällen versagt werden kann.

Für Streitigkeiten über IT/IP-bezogene Vereinbarungen empfiehlt sich der Abschluss von Schiedsvereinbarungen, da für Schiedsverfahren der vor staatlichen Gerichten geltende Grundsatz der Öffentlichkeit nicht gilt, sodass vertrauliche Inhalte im Schiedsverfahren besser geschützt werden können. Es empfiehlt sich dennoch, zusätzlich immer auch eine Geheimhaltungsvereinbarung zu treffen.

Die vorliegende Musterklausel besteht aus 6 Absätzen, die eine inhaltlich zusammengehörende Regelung darstellen, deren Bezeichnung aber vom Nutzer selbst entsprechend der im jeweiligen Vertrag gewählten Bezifferungsweise vorzunehmen ist.

2. Schiedsvereinbarung. Die Schiedsvereinbarung ist der Oberbegriff der ZPO für alle Vereinbarungen, aufgrund derer die Parteien die Zuständigkeit eines Schiedsgerichts vereinbaren, § 1029 ZPO. Bei Schiedsvereinbarungen, die Bestandteil eines Vertrages sind, spricht man von Schiedsklauseln, bei selbständigen, vom Hauptvertrag redaktionell getrennten Vereinbarungen von Schiedsabreden, § 1029 Abs. 2 ZPO. In rechtlicher Hinsicht ist die Schiedsvereinbarung von dem Vertrag, auf den sie sich bezieht, hinsichtlich des anwendbaren Rechts, des Zustandekommens und der Wirksamkeit sowie der Auslegung und Durchsetzung, getrennt zu betrachten (Trennungsprinzip). Ein unwirksamer Hauptvertrag beeinträchtigt deshalb nicht zwingend die in ihm enthaltene Schiedsklausel. Die Bestimmung des auf die Schiedsvereinbarung anwendbaren Rechts gestaltet sich schwierig, da eine ausdrückliche Kollisionsregel fehlt. § 1051 ZPO regelt das von dem Schiedsgericht in der Hauptsache anwendbare Recht und Art. 1 Abs. 1 lit. e der Rom I-VO schließt deren Anwendbarkeit auf Schiedsvereinbarungen aus. Einigkeit besteht darin, dass die Parteien auch insoweit eine Rechtswahl treffen können; dies entspricht Art. V Abs. 1 lit. a des New Yorker UN-Übereinkommens über die Anerkennung und Vollstreckung ausländischer Schiedssprüche von 1958 und § 1059 Abs. 2 Nr. 1 lit. a ZPO; s. auch BGH RdTW 2021, 61. Wollen die Parteien insoweit Rechtssicherheit schaffen, empfiehlt sich die Aufnahme einer eigenen Rechtswahlklausel nur für die Schiedsvereinbarung (zB: „Die Schiedsvereinbarung unterliegt dem Recht der Bundesrepublik Deutschland").

3. Schiedsvereinbarung – Form. Die für das deutsche Recht maßgeblichen Anforderungen an eine formwirksame Schiedsvereinbarung ergeben sich aus § 1031 ZPO. Danach muss die Schiedsvereinbarung entweder in einem von den Parteien unterzeichneten Dokument oder in zwischen ihnen gewechselten Schreiben, Fernkopien, Telegrammen oder anderen Formen der Nachrichtenübermittlung enthalten sein, die einen Nachweis der Vereinbarung sicherstellen (§ 1031 Abs. 1 ZPO). § 1031 Abs. 2 ZPO stellt klar, dass die Formvoraussetzungen des Absatz 1 auch erfüllt sind, wenn die Schiedsvereinbarung in einem von der einen Partei der anderen Partei oder von einem Dritten beiden Parteien übermittelten Dokument enthalten ist und der Inhalt des Dokuments im Falle eines nicht rechtzeitig erfolgten Widerspruchs nach der Verkehrssitte als Vertragsinhalt angesehen wird. § 1031 Abs. 3 ZPO regelt die Bezugnahme auf die in einem externen Dokument, beispielsweise Allgemeinen Geschäftsbedingungen, enthaltene Schiedsklausel. Danach begründet diese Bezugnahme eine Schiedsvereinbarung dann, wenn die Schiedsklausel durch die Bezugnahme zum Vertragsbestandteil gemacht wird. Der in § 1031 Abs. 3 ZPO enthaltene Nachsatz („[. . . . . .] wenn die Bezugnahme dergestalt ist, dass sie diese Klausel zu einem Bestandteil des Vertrages macht“) stellt klar, dass § 1031 Abs. 3 nicht selbst die materiellen Voraussetzungen der wirksamen Bezugnahme – der materiellen Einigung auf eine in einem externen Dokument enthaltene Schiedsvereinbarung – regelt. Dies ist eine Frage des auf die Schiedsvereinbarung anwendbaren Rechts. Zu dessen Bestimmung s. → Anm. 2; s. ferner BGH RdTW 2021, 61 zur Anwendbarkeit der entsprechenden Regelungen des UN-Kaufrechts (CISG). Für Schiedsvereinbarungen mit Verbrauchern gelten strengere Formvorschriften, s. § 1031 Abs. 5 ZPO. Ein etwaiger Formmangel ist durch rügelose Einlassung heilbar, § 1031 Abs. 6 ZPO.

Auf internationaler Ebene verlangt Art. II Abs. 2 New Yorker UN-Übereinkommen über die Anerkennung und Vollstreckung ausländischer Schiedssprüche von 1958 den Abschluss einer Schiedsvereinbarung durch eine wie folgt definierte schriftliche Vereinbarung: „Unter einer schriftlichen Vereinbarung ist eine Schiedsklausel in einem Vertrag oder eine Schiedsabrede zu verstehen, sofern der Vertrag oder die Schiedsabrede von den Parteien unterzeichnet oder in Briefen oder Telegrammen enthalten ist, die sie gewechselt haben“. Soweit das Recht der Mitgliedstaaten gegenüber Art. II Abs. 2 des New Yorker UN-Übereinkommens geringere Formerfordernisse aufstellt, geht das jeweilige nationale Recht Art. II Abs. 2 des New Yorker UN-Übereinkommens gemäß dessen Art. VII Abs. 1 vor.

Vorsicht ist geboten bei dem Abschluss von Schiedsvereinbarungen mit ausländischen Partnern, die nicht die Partei selbst bzw. deren gesetzliche Vertreter, sondern rechtsgeschäftliche Vertreter unterzeichnen. Einige Staaten sehen für derartige Fälle vor, dass es einer besonderen Vollmacht bedarf, deren Formerfordernisse uU diejenigen der eigentlichen Schiedsvereinbarung noch übersteigen. Beispiel hierfür ist § 1008 des österreichischen ABGB, dessen Anwendungsbereich von der österreichischen Rechtsprechung auch auf den Abschluss von Schiedsvereinbarungen erstreckt wird, so dass für den Abschluss einer formwirksamen Schiedsvereinbarung durch einen rechtsgeschäftlichen Vertreter auch die Vorlage einer hierfür erteilten, vom Vertretenen eigenhändig unterzeichneten Vollmacht verlangt wird. Für den unternehmerischen Bereich soll allerdings gemäß § 54 Abs. 1 des österreichischen UGB die Befugnis zum Abschluss einer Schiedsvereinbarung von der (nicht formgebundenen, s. OGH Wien 23.2.2016 – 4 Ob 185/15g, JusGuide 2016/17/14797) kaufmännischen Handlungsvollmacht erfasst sein. Zum Ganzen siehe Koller ecolex 2011, 878.

4. Schiedsvereinbarung – Schiedsfähigkeit. Zu den materiellen Wirksamkeitsvoraussetzungen einer Schiedsvereinbarung gehört, dass die Parteien zum einen nach dem auf sie anwendbaren Recht dazu befähigt sind, derartige Vereinbarungen abzuschließen (subjektive Schiedsfähigkeit) und zum anderen der Gegenstand der Auseinandersetzung zugleich Gegenstand eines Schiedsverfahrens sein kann (objektive Schiedsfähigkeit). Im deutschen Recht dürfen lediglich Streitigkeiten über Wohnraum (§ 1030 Abs. 2 ZPO) sowie individualvertragliche Arbeitsrechtsstreitigkeiten nicht vor Schiedsgerichten ausgetragen werden (fehlende objektive Schiedsfähigkeit). Gesellschaftsrechtliche Streitigkeiten sind grundsätzlich schiedsfähig, doch muss die darauf gerichtete Schiedsklausel jedenfalls dann in besonderer Weise ausgestaltet werden, wenn sie Kapitalgesellschaften betrifft (BGHZ 180, 221 – „Schiedsfähigkeit II“). Bei Personengesellschaften gelten die vom BGH für die Wirksamkeit von Schiedsvereinbarungen für gesellschaftsrechtliche Streitigkeiten entwickelten besonderen Anforderungen dann, wenn Klagen laut Satzung auch gegen die Gesellschaft zu richten sind (missverständlich BGH NJW-RR 2017, 876 – „Schiedsfähigkeit III“; klarstellend BGH SchiedsVZ 2022, 86 – „Schiedsfähigkeit IV“). Eine den besonderen Anforderungen des BGH für auf bestimmte gesellschaftsrechtliche Streitigkeiten im vorgenannten Sinne gemünzte Schiedsvereinbarungen entsprechende Musterklausel (DIS-Musterklausel für gesellschaftsrechtliche Streitigkeiten 09) hält die Deutsche Institution für Schiedsgerichtsbarkeit eV (DIS) auf ihrer Internetpräsenz unter www.disarb.org zum Abruf bereit. Im Übrigen sind alle vermögensrechtlichen Ansprüche schiedsfähig sowie nichtvermögensrechtliche Ansprüche, soweit darüber ein Vergleich geschlossen werden kann, § 1030 Abs. 1 ZPO. Hierzu werden auch Streitigkeiten über den Bestand eines Patents gezählt (Schack, Internationales Zivilverfahrensrecht Rn. 1414). Die subjektive Schiedsfähigkeit ist im 10. Buch der ZPO nicht geregelt. Abzustellen ist insoweit auf die Rechts- und Geschäftsfähigkeit. Das deutsche Recht ordnet in § 101 WphG die Unwirksamkeit von Schiedsvereinbarungen über künftige Rechtsstreitigkeiten aus Wertpapierdienstleistungen, Wertpapiernebendienstleistungen oder Finanztermingeschäften an, sofern nicht beide Vertragsteile Kaufleute oder juristische Personen des öffentlichen Rechts sind, BGHZ 184, 365.

5. Entscheidungsbefugnis. Der Umstand, dass Schiedsgerichte ihre Zuständigkeit von einer Parteivereinbarung ableiten, lässt es ratsam erscheinen, den Umfang und die Grenzen der dem Schiedsgericht eingeräumten Entscheidungsbefugnisse so exakt wie möglich zu umreißen, um eine spätere Aufhebung bzw. Versagung der Anerkennung und Vollstreckung des Schiedsspruchs zu vermeiden, § 1059 Abs. 2 Buchst. c ZPO und 1061 Abs. 1 ZPO in Verbindung mit Art. V Abs. 1 Buchst. c des New Yorker UN-Übereinkommens über die Anerkennung und Vollstreckung ausländischer Schiedssprüche von 1958. Gerade die Schiedsfähigkeit außervertraglicher Ansprüche kann fraglich sein, wenn sie nicht explizit aufgeführt werden, wie dies in der Standardschiedsklausel der Schiedsordnung der World Intellectual Property Organization geschehen ist, deren Aufzählung von Verfahrensgegenständen hier übernommen wurde. → Anm. 1.

6. Schiedsrichter, Verfahrensart. Wenn nicht anders vereinbart, bestimmt bei Anwendung der Schiedsgerichtsordnung der Internationalen Handelskammer (nachfolgend ICC-SchO) der ICC-Gerichtshof (International Court of Arbitration), ob das Verfahren als beschleunigtes Verfahren gemäß Art. 30 ICC-SchO von einem Einzelschiedsrichter oder ob es als reguläres Verfahren entweder von einem Einzelschiedsrichter oder aus einem aus drei Schiedsrichtern bestehenden Schiedsgericht geführt wird, Art. 12 Abs. 2 ICC-SchO. Die Durchführung als beschleunigtes Verfahren kommt insbesondere dann in Betracht, wenn der Streitwert des Verfahrens weniger als 2 Mio. USD bzw. weniger aus 3 Mio. USD im Falle von an oder nach den 1.1.2021 getroffenen Schiedsvereinbarungen beträgt. Die Werte ergeben sich aus Art. 1 Abs. 2 des Anhangs VI der ICC-SchO, der über Art. 30 Abs. 2 ICC-SchO für anwendbar erklärt wird. Wesentliche Merkmale des beschleunigten Verfahrens sind ua der Verzicht auf den in Art. 23 ICC-SchO geregelten Schiedsauftrag, die „Terms of Reference“, als verfahrensgestaltendes Dokument, die Beschränkung von Möglichkeiten der Geltendmachung neuer Ansprüche, Art. 3 Abs. 1 und 2 Anh. VI ICC-SchO, und die Verpflichtung des Schiedsgerichts zum Erlass des Schiedsspruchs innerhalb von sechs Monaten ab Durchführung der Fallmanagementkonferenz, Art. 4 Abs. 1 Anh. VI ICC-SchO. Weiterhin kann das Schiedsgericht nach eigenem Ermessen auf eine Straffung des Parteivortrages hinwirken und nach Aktenlage, ohne mündliche Verhandlung, entscheiden, Art. 3 Abs. 4 u. 5 Anh. VI ICC-SchO. Bei Streitwerten oberhalb der in

Art. 1 Abs. 2 Anh. VI ICC-SchO genannten Beträge von 2 Mio. USD bzw. 3 Mio. USD werden in aller Regel die regulären Verfahrensregeln der ICC-SchO zur Anwendung kommen. Auch in Fällen dieser Art kann ein Einzelschiedsrichter berufen werden, wobei maßgebliches Entscheidungskriterium in Abwesenheit einer Parteivereinbarung gemäß Art. 12 Abs. 2 ICC-SchO die „Bedeutung der Streitigkeit" ist.

7. Ort des Schiedsverfahrens. Der Ort des Schiedsverfahrens entscheidet aus deutscher Sicht über die Anwendbarkeit des deutschen staatlichen Schiedsverfahrensrechts auf das Schiedsverfahren, §§ 1043 Abs. 1, 1025 Abs. 1 ZPO. Deutschland folgt damit dem sog. Sitzstaatsprinzip. Das Recht des Sitzstaates entscheidet darüber, in welchem Umfang die Parteien das Schiedsverfahren privatautonom gestalten können. § 1042 Abs. 4 ZPO regelt das Verhältnis von staatlichem Recht, Parteivereinbarung und ggf. für anwendbar bestimmter Verfahrensordnung (etwa der ICC). Darüber hinaus regelt das staatliche Verfahrensrecht die Bedingungen für gerichtliche Unterstützungsmaßnahmen (§ 1050 ZPO) und insbesondere die Aufhebung von Schiedssprüchen, § 1059 ZPO.

8. Datenschutz. Auch für Schiedsverfahren und darauf abzielende Vorbereitungshandlungen gelten die Vorgaben der DS-GVO und des BDSG. Für die Parteien einer Schiedsvereinbarung ist schon im Vorfeld eines Schiedsverfahrens insbesondere die datenschutzrechtliche Informationspflicht gemäß Art. 13 DS-GVO zu beachten, wobei nicht über ein konkretes Schiedsverfahren, wohl aber über die generelle Möglichkeit der Nutzung personenbezogener Daten in einem solchen Verfahren gegenüber allen Arten möglicher Betroffener zu unterrichten ist. Ist das Verfahren einmal eingeleitet, trifft die Hauptlast der datenschutzrechtlichen Verantwortlichkeit das Schiedsgericht. Dieses hat frühestmöglich – entweder in dem Schiedsauftrag gemäß Art. 23 ICC-SchO oder aber in der ersten prozessleitenden Verfügung – die datenschutzrechtlich relevanten Informationen gemäß Art. 13 DS-GVO zu erteilen und die notwendigen Maßnahmen zu ergreifen. Hierzu kann, je nach Sachlage, insbesondere der Abschluss der geeigneten datenschutzrechtlichen Vereinbarungen gehören, etwa eines Auftragsverarbeitungsvertrages gemäß Art. 28 DS-GVO oder einer Vereinbarung zur gemeinsamen Verantwortlichkeit nach Art. 26 DS-GVO; ausführlich Fritz/Prantl/Leinwather/Hofer SchiedsVZ 2019, 301.

9. Anwendbare „Rechtsvorschriften". Für Schiedsgerichte mit Sitz in Deutschland richtet sich die Bestimmung des anwendbaren Rechts nach § 1051 ZPO (Folgerung aus dem Sitzstaatsprinzip; zum zwingenden Charakter des § 1051 ZPO gegenüber den in den von den Parteien bestimmten Verfahrensordnungen enthaltenen Kollisionsvorschriften (Schilf RIW 2013, 678 (682)). Vereinzelt wird eine Verdrängung des § 1051 ZPO durch das in europäischen Verordnungen, insbesondere der Rom I-VO und der Rom-II VO sowie Richtlinien, enthaltene Kollisionsrecht angenommen, überwiegend aber abgelehnt (gegen eine Bindung an die Rom-I und Rom-II VO ua Nueber SchiedsVZ 2014, 186 (189 f.); Schmidt-Ahrendts/Höttler SchiedsVZ 2011, 267 (269 f.) sowie Schilf RIW 2013, 678; dafür aber insbesondere Mankowski RIW 2011, 42; Mankowski RIW 2018, 1; Mankowski FS Schütze, 2015, 369 sowie McGuire SchiedsVZ 2011, 257 (262 f.)).

Weiterhin ist zu beachten, dass § 1051 ZPO seinem Anwendungsbereich nach nicht auf das Vertragsstatut beschränkt ist, also nicht allein das auf Verträge anwendbare Recht regelt (Kronke RIW 1998, 262; Zöller/Geimer ZPO § 1051 Rn. 2; Schilf RIW 2013, 678).

§ 1051 Abs. 1 ZPO erlaubt sowohl die Wahl staatlichen Rechts wie auch nichtstaatlicher Regelwerke, die mit dem Begriff „Rechtsvorschriften" erfasst werden. Vorbild war Art. 28 Abs. 1 S. 1 des UNCITRAL-Modellgesetzes für die internationale Handelsschiedsgerichtsbarkeit. Bei den UNIDROIT Principles for International Commercial Contracts 2016 handelt es sich um ein anerkanntes Beispiel für derartige „Rechtsvorschriften" im Sinne von § 1051 Abs. 1 ZPO. Es handelt sich um ein von dem Internationalen Institut für die Vereinheitlichung des Privatrechts in Rom (UNIDROIT) auf breiter rechtsvergleichender Grundlage und in Ansehung des Wiener Übereinkommens von 1980 über Verträge über den Internationalen Warenkauf für internationale Handelsverträge ausgearbeitetes Regelwerk, das allgemeine vertragsrechtliche Bestimmungen in der Art eines Allgemeinen Teils eines internationalen Schuldvertragsrechts enthält, so zB zum Zustandekommen, zur Wirksamkeit und zur Nichterfüllung eines Vertrages, aber auch zu dessen Nichterfüllung, Beendigung, Schadensersatz etc. Die Regelungen zeichnet aus, dass sie speziell auf internationale Transaktionen zugeschnitten sind und jeweils kurze Kommentierungen enthalten, die die einheitliche Auslegung und Anwendung sicherstellen sollen. Die Wahl solcher Regelwerke als anwendbares Recht, § 1051 Abs. 1 ZPO („Rechtsvorschriften"), führt zum Ausschluss der zwingenden Bestimmungen staatlichen Rechts. Diese Rechtswahlfreiheit wird man den Parteien auch dann zubilligen müssen, wenn sich die Schiedsvereinbarung auf eine rein inländische Transaktion bezieht, da § 1051 Abs. 3 ZPO es den Parteien sogar erlaubt, das Schiedsgericht nach Billigkeit entscheiden zu lassen, es also von jeglicher Rechtsbindung freizustellen. Die vereinzelt angenommene Geltung der Rom I-VO und die Rom II-VO für Schiedsgerichte (s. oben) ist abzulehnen, da der Europäische Gesetzgeber mit den genannten Verordnungen nicht beabsichtigte, auch für Schiedsverfahren geltende Kollisionsnormen zu schaffen. Auf diese Weise lässt sich insbesondere die Geltung der Bestimmungen des BGB über Allgemeine Geschäftsbedingungen und deren Inhaltskontrolle ausschließen (str., dafür: Pfeiffer NJW 2012, 1169 (1174); Ostendorf SchiedsVZ 2010, 234 (241 f.); ablehnend und für Anwendung von Art. 3 Abs. 3 Rom I-VO auf kollisionsrechtliche Rechtswahl bei Inlandssachverhalten im Rahmen von Schiedsverfahren: Zöller/Geimer ZPO § 1051 Rn. 3). Die Geltung des ordre public bleibt indes unberührt, wobei der Ausschluss der AGB-Bestimmungen allein keinen Verstoß gegen den ordre public begründet, Pfeiffer NJW 2012, 1169.

10. **Ergänzend anwendbares Recht.** Für den Fall, dass bestimmte Rechtsfragen von den UNIDROIT Principles nicht beantwortet werden, empfiehlt sich eine ergänzende Bezugnahme auf nationales Recht.

11. **Einstweiliger Rechtsschutz.** Nach deutschem Verständnis können die Parteien für die Beantragung vorläufiger und sichernder Maßnahmen sowohl staatliche Gerichte als auch das Schiedsgericht anrufen, § 1033 ZPO. Die Gefahr kollidierender Entscheidungen im vorläufigen Rechtsschutz staatlicher Gerichte und eines Schiedsgerichts in derselben Streitigkeit verhindert § 1041 Abs. 2 ZPO: Danach ist es Sache des staatlichen Gerichts, eine von einem Schiedsgericht erlassene Maßnahme des einstweiligen Rechtsschutzes zur Vollstreckung zuzulassen; wurde bereits ein entsprechender Antrag bei einem staatlichen Gericht gestellt, ist die Zulassung zu versagen. Derart großzügig sind nicht alle Staaten, weshalb sich die Aufnahme dieser Regelung über die konkurrierende Zuständigkeit staatlicher Gerichte und privater Schiedsgerichte in Sachen des einstweiligen Rechtsschutzes empfiehlt.

12. **Eilschiedsrichter.** Die Gewährung einstweiligen Rechtsschutzes durch Schiedsgerichte erweist sich uU dann als nachteilig, wenn das Schiedsgericht noch nicht konstituiert ist. Die für die Konstituierung benötigte Zeit wird unter Dringlichkeitsgesichtspunkten in Verfahren des einstweiligen Rechtsschutzes oft nicht vorhanden sein. Um dieses Manko auszugleichen, sieht die ICC-SchO vor, dass die Parteien schon vor Konstituierung des Schiedsgerichts die Gewährung vorläufigen Rechtsschutzes durch einen Eilschiedsrichter beantragen können, Art. 29 ICC-SchO. Dieser ist nicht mit dem noch zu konstituierenden Schiedsgericht personenidentisch. Seine Entscheidung bindet das spätere Schiedsgericht nicht und kann nachträglich vom Schiedsgericht abgeändert werden, Art. 29 Abs. 3 ICC-SchO. Die Parteien sind verpflichtet, sich an die Entscheidung des Eilschiedsrichters, die in Form eines Beschlusses ergeht, zu befolgen, Art. 29 Abs. 2

ICC-SchO. Die Beantragung einstweiligen Rechtsschutzes durch staatliche Gerichte, wie in Abs. 3 des vorliegenden Musters vorgesehen, gilt nicht als Verletzung der Schiedsvereinbarung oder als Verzicht darauf, Art. 29 Abs. 7 S. 1 ICC-SchO. Ausführliche Informationen zu dem Eilschiedsrichterverfahren finden sich in ICC (Hrsg.), ICC Commission Report on Emergency Arbitrator Proceedings, 2019, abrufbar unter: https://iccwbo.org/news-publications/arbitration-adr-rules-and-tools/emergency-arbitrator-proceedings-icc-arbitration-and-adr-commission-report/ (zuletzt abgerufen am 19.08.2024).

13. Schadensersatz. Der Vollzug von Eilschiedsrichterentscheidungen, die in Form von Beschlüssen ergehen, erfolgt nach wohl überwiegender Ansicht auf Grundlage von § 1041 ZPO jedenfalls hinsichtlich der von Schiedsgerichten mit Sitz im Inland erlassenen Maßnahmen. Wenngleich § 1041 ZPO das Eilschiedsrichterverfahren nicht erwähnt, widerspräche es dem Interesse der Parteien an einer vollstreckbaren Entscheidung, Maßnahmen des Eilschiedsrichters vom Anwendungsbereich des § 1041 ZPO auszuschließen. Bei Maßnahmen von Schiedsgerichten mit Sitz im Ausland ist die Anwendbarkeit von § 1041 ZPO umstritten (befürwortend: MüKoZPO/Adolphsen UNÜ Art. V Rn. 58; Horn SchiedsVZ 2016, 27 mwN; ablehnend ua Musielak/Voit ZPO § 1041 Rn. 6 sowie § 1061 Rn. 3); verneint man sie, kommt lediglich die Vollstreckung über § 1061 Abs. 1 in Verbindung mit den Bestimmungen des New Yorker UN-Übereinkommens über die Anerkennung und Vollstreckung ausländischer Schiedssprüche von 1958 in Betracht. Danach ist die Anerkennung und Vollstreckbarkeit von Eilschiedsrichterentscheidungen fraglich, wenn man zugleich die Verbindlichkeit der Entscheidung fordert (Musielak/Voit ZPO § 1061 Rn. 3), die der Eilschiedsrichterentscheidung jedoch wegen Art. 29 Abs. 3 ICC-SchO fehlt. Angesichts dieser Unsicherheiten kann es empfehlenswert sein, die Motivation zur Befolgung einer Eilschiedsrichterentscheidung dadurch zu erhöhen, dass für den Fall der Nichtbefolgung die Zahlung eines pauschalierten Schadensersatzes bzw. einer Vertragsstrafe vereinbart wird. Grundlage ist die Schiedsvereinbarung, die die Parteien zur Befolgung der Eilschiedsrichterentscheidung verpflichtet, Art. 29 Abs. 2 S. 2 ICC-SchO, so dass deren Nichtbefolgung einen Vertragsbruch darstellt und dem Grunde nach einen Schadensersatzanspruch begründet.

14. Siehe Art. 38 Abs. 4, 5 ICC-SchO zur Kostenverteilung.

7. Geheimhaltungsvereinbarung – Non Disclosure Agreement

Geheimhaltungsvereinbarung[1]	Non-Disclosure Agreement[1]
Zwischen	**Between**
. . . . .	. . . . .
– nachfolgend „A" genannt –	**– hereinafter referred to as „A" –**
und	**and**
. . . . .	. . . . .
– nachfolgend „B" genannt –	**– hereinafter referred to as „B" –**
Präambel	**Preamble**
A ist im Bereich der Elektromobilität tätig und betreibt ein Netz von Ladestationen.	**A is active in the field of electric mobility and operates a network of charging stati-**

B erbringt Dienstleistungen im Bereich der Informationsvermittlung und betreibt insbesondere die Plattform „Ladestationen-online“.

ons. B provides services in the field of information brokerage and operates in particular the platform „Charging Stations Online“.

A strebt zur besseren Ausnutzung seiner Ladestationen eine Zusammenarbeit mit B an, in deren Rahmen A B Informationen über die Belegung der Ladestationen und die verfügbare Ladekapazität mitteilt.

In order to make better use of its charging stations, A seeks cooperation with B and will provide B with information on the occupancy of the charging stations and the available charging capacity.

Vor Abschluss einer solchen Vereinbarung soll in einer Machbarkeitsstudie die Praxistauglichkeit des Informationsaustausches geprüft werden.

Before such an agreement is concluded, a feasibility study will examine the practical feasibility of the exchange of information.

Die im Rahmen dieser Machbarkeitsstudie ausgetauschten Informationen sollen nach Maßgabe dieser Vereinbarung als Geschäftsgeheimnisse der Geheimhaltung unterliegen.

The information exchanged in the course of this feasibility study shall be treated as trade secrets in accordance with this Agreement.

§ 1 Begriffe[2]

- Geschäftsgeheimnis ist jede von diesem Vertrag betroffene Information gemäß § 3.[3]
- Weitergabe meint die Übermittlung an einen anderen einschließlich des Abrufs, der Einsichtnahme oder einer sonstigen Erlangung der Information.
- Empfangende Partei ist die Partei, einschließlich ihrer Organe, die ein Geschäftsgeheimnis der begünstigten Partei erlangt.
- Begünstigte Partei ist die Partei, deren Geschäftsgeheimnis die empfangende Partei erlangt und die durch diese Vereinbarung vor einer unbefugten Nutzung des Geschäftsgeheimnisses geschützt werden soll.
- Der bestimmungsgemäße Gebrauch von Informationen, Produkten und Gegenständen richtet sich nach Inhalt und Zweck des Vertrages zur Durchführung der Machbarkeitsstudie und konkretisierend den Maßgaben der Anlage „Spezifizierung der Geheimhaltungsvereinbarung“.

§ 1 Definitions[2]

- A Trade Secret is any information covered by this Agreement.[3]
- Forwarding means the transmission to a third party including the retrieval, inspection or other kind of obtaining of the information.
- Receiving Party is the party, including its organs, which obtains a Trade Secret of the Beneficiary Party.
- The Beneficiary Party shall be the party whose Trade Secret the Receiving Party obtains and which is to be protected by this Agreement against unauthorised use of the Trade Secret.
- The intended use of information, products and objects is based on the content and purpose of the agreement for the performance of the feasibility study and, in particular, the provisions of the annex „Specification of the Non-Disclosure Agreement“.

- Eine zwingende Verpflichtung[4] meint Pflichten der empfangenden Partei zum Umgang mit Geschäftsgeheimnissen, bei denen die Partei keinen Einfluss auf die Begründung solcher Pflichten hat, insbesondere solche, die auf zwingendem Recht, gerichtlichen oder behördlichen Anordnungen beruhen und die nicht durch Rechtsgeschäft begründet wurden.
- Ein Geschehen wird dann einer Partei zugerechnet,[5] wenn sie in irgendeiner Weise willentlich und adäquat-kausal zur Verwirklichung des Geschehens beigetragen hat, sofern es ihr tatsächlich und rechtlich möglich und zumutbar war, die Vertragsverletzung zu verhindern, insbesondere wenn sie das Geschehen selbst oder durch ihre Organe oder Erfüllungsgehilfen verwirklicht hat (zurechenbares Verhalten). Ein Vertretenmüssen des Beitrages zur Verwirklichung des Geschehens ist für die Zurechnung nicht erforderlich.

- A Mandatory Obligation[4] means certain obligations of the Receiving Party on how to handle Trade Secrets, where the party has no influence on the establishment of such obligations, in particular those based on mandatory law, court or official orders, and which were not established by legal transaction.
- An event shall be attributable to a party[5] if the party has contributed in any way deliberately and adequately causally to the realisation of the event, provided that it was actually and legally possible and reasonable for the party to prevent the breach of contract, in particular if the party has caused the event itself or through its organs or vicarious agents (attributable event). Wilful intent or negligence is not required.

§ 2 Vertragsgegenstand

(1) Gegenstand dieses Vertrages ist die Regelung des Umgangs mit Informationen, die die Parteien als Geschäftsgeheimnisse betrachten und die sie im Rahmen der Zusammenarbeit zur Erstellung der Machbarkeitsstudie wechselseitig erlangen.

(2) Dieser Vertrag lässt die gesetzlichen Rechte der Parteien, insbesondere aus dem Gesetz zum Schutz von Geschäftsgeheimnissen, unberührt, soweit er nicht Sonderregelungen hierzu enthält.[6]

§ 2 Subject matter of the Agreement

(1) The subject matter of this Agreement is the regulation of the handling of information which the parties regard as Trade Secrets and which they mutually obtain in the course of cooperation for the preparation of the feasibility study.

(2) This Agreement shall not affect the statutory rights of the parties, in particular those arising from the law on the protection of Trade Secrets (GeschGehG), unless it contains special provisions in this regard.[6]

§ 3 Betroffene Informationen

(1) Von dieser Vereinbarung werden die nachfolgend bezeichneten bestimmten und bestimmbaren Informationen[7] als Geschäftsgeheimnisse erfasst, soweit sie nicht nach § 4 als Geschäftsgeheimnisse ausgeschlossen sind.

§ 3 Information concerned

(1) This Agreement covers the following specific and identifiable information[7] as Trade Secrets, unless they are excluded as Trade Secrets under Section 4.

(2) Bestimmte Informationen sind die in der Anlage „Spezifizierung der Geheimhaltungsvereinbarung" aufgeführten Informationen.

(3) Soweit nicht bereits bestimmte Informationen nach Abs. 2 vorliegen, handelt es sich um bestimmbare Informationen, wenn die begünstigte Partei die Information gegenüber der empfangenden Partei bei der Weitergabe an diese als vertraulich bezeichnet, hinsichtlich aller übrigen Informationen, wenn sie jeweils die Anforderungen nach § 2 Nr. 1 GeschGehG erfüllen.[8]

(2) Specific information is the information listed in the Annex 'Specification of the Non-Disclosure Agreement'.

(3) Where certain information is not covered by paragraph 2, it is identifiable information if the Beneficiary Party designates the information as confidential to the Receiving Party when passing it on to the latter, with regard to all other information, if they each meet the requirements pursuant to § 2 No. 1 GeschGehG.[8]

§ 4 Ausgeschlossene Informationen

(1) Nicht von dieser Vereinbarung erfasst werden die Informationen, die bei Vertragsschluss bereits insgesamt oder in der genauen Anordnung und Zusammensetzung ihrer Bestandteile den Personen in den Kreisen, die üblicherweise mit dieser Art von Informationen umgehen, allgemein bekannt oder ohne Weiteres zugänglich sind oder der empfangenden Partei bekannt waren oder ohne ein der empfangenden Partei zurechenbares Geschehen später im vorgenannten Sinne allgemein bekannt oder zugänglich geworden sind.[9]

(2) Ebenso wenig erfasst diese Vereinbarung Informationen, auf deren Geheimhaltung die begünstigte Partei verzichtet hat oder die die empfangende Partei unabhängig von der begünstigten Partei entdeckt oder geschaffen hat.

§ 4 Excluded information

(1) Not covered by this Agreement shall be information which at the time of conclusion of the Agreement is already generally known or readily accessible, either in its entirety or in the precise arrangement and composition of its components, to persons within the circles that normally deal with the kind of information in question, or which was known to the Receiving Party or later became generally known or accessible in the aforementioned sense without an event attributable to the Receiving Party.[9]

(2) Neither shall this Agreement cover information of which the confidentiality has been waived by the Beneficiary Party or which has been discovered or created by the Receiving Party independently of the Beneficiary Party.

§ 5 Maßnahmen zur Geheimhaltung/ Reverse Engineering

(1) Die begünstigte Partei hat technische Maßnahmen ergriffen, um eine nach diesem Vertrag unbefugte Weitergabe von Informationen zu verhindern oder zu erschweren sowie nachweisbar zu machen. Der empfangenden Partei ist es untersagt, diese Schutzmaßnahmen aufzuheben oder zu umgehen. Der empfangenden Partei ist

§ 5 Measures of Secrecy/Reverse Engineering

(1) The Beneficiary Party shall have taken technical measures to prevent or hinder unauthorised disclosure of information under this Agreement and to make such disclosure demonstrable. The Receiving Party shall be prohibited from removing or circumventing such protective measures. In particular, the Receiving Party shall

es insbesondere untersagt, Informationen durch einen nicht bestimmungsgemäßen Gebrauch wie Untersuchen oder Rückbauen eines von der begünstigten Partei vorübergehend oder dauerhaft überlassenen, nicht öffentlich verfügbaren Produktes oder Gegenstandes zu erlangen (Reverse Engineering).[10] Die Berechtigungen zum Reverse Engineering nach § 69d Abs. 3 UrhG und § 69e UrhG bleiben hiervon unberührt.

be prohibited from obtaining information through any improper use, such as the examination or dismantling of a product or object temporarily or permanently made available by the Beneficiary Party that is not publicly available (reverse engineering). The authorizations for reverse engineering according to § 69d Abs. 3 UrhG and § 69e UrhG remain unaffected.

(2) Soweit dies für die Verwendung der Informationen zum bestimmungsgemäßen Gebrauch erforderlich ist, wird die begünstigte der empfangenden Partei den Gebrauch ohne die Schutzmaßnahmen ermöglichen.

(2) To the extent necessary for the use of the information for its intended purpose, the Beneficiary Party shall enable the Receiving Party to use the information without the protective measures.

(3) Die empfangende Partei ist unbeschadet der Berechtigung zur Nutzung der Informationen verpflichtet, angemessene Maßnahmen iSd § 2 Nr. 1 lit. b GeschGehG zu ergreifen, um die von ihr erlangten Informationen gegen eine unbefugte Erlangung durch Dritte zu schützen, so dass ein unzulässiger Zugang möglichst verhindert oder zumindest erschwert wird und derjenige, der Zugang erlangt, weiß oder wissen muss, dass die Information geheim gehalten werden soll.[11] Sie hat insbesondere ihre Mitarbeiter[12] und Erfüllungsgehilfen, die Kenntnis der Informationen erlangen können, auf die Beachtung der Regeln dieser Vereinbarung zu verpflichten und dabei die gesetzlichen Grenzen einer solchen Verpflichtung, insbesondere nach dem Hinweisgeberschutzgesetz, zu beachten.[13] Sie hat ferner Mitarbeiter auf die Grenzen der Weitergabe von Informationen an die Arbeitnehmervertretung hinzuweisen.[14] Einzelheiten zu den zu ergreifenden Maßnahmen ergeben sich aus der Anlage „Spezifizierung der Geheimhaltungsvereinbarung".

(3) Without prejudice to the right to use the information, the Receiving Party shall be obliged to take reasonable measures within the meaning of § 2 No. 1 lit. b GeschGehG to protect the information obtained against unauthorised acquisition by third parties, so that unauthorised access is, as far as possible, prevented or at least made more difficult, and the party obtaining access knows or must know that the information must be kept secret.[11] In particular, it must oblige its employees[12] and vicarious agents who may gain knowledge of the information to observe the rules of this Agreement and in doing so to observe the legal limits of such an obligation, in particular under the Whistleblower Protection Act (Hinweisgeberschutzgesetz).[13] Furthermore it must in particular point out to employees the limits of passing on information to the employee representatives.[14] Details of the measures to be taken are set out in the annex „Specification of the Non-Disclosure Agreement".

(4) Auf Wunsch der begünstigten Partei erläutert die empfangende Partei die von ihr nach Absatz 3 ergriffenen Maßnahmen. Sollte die begünstigte Partei diese Maßnahmen für unzureichend halten,

4. At the request of the Beneficiary Party, the Receiving Party shall explain the measures it has taken pursuant to paragraph 3. If the Beneficiary Party considers these measures to be insufficient, the parties

stimmen sich die Parteien über weitere Maßnahmen ab.

(5) Der empfangenden Partei ist es untersagt, Informationen zu vervielfältigen, soweit dies zum bestimmungsgemäßen Gebrauch nicht erforderlich ist. Im Zweifel ist die Zustimmung der begünstigten Partei zu einer Vervielfältigung einzuholen.

shall consult with each other to improve these measures.

(5) The Receiving Party is prohibited from copying information unless this is necessary for the intended use. In case of doubt, the consent of the Beneficiary Party to reproduction must be obtained.

§ 6 Verwendung von Informationen

(1) Die von der jeweils anderen Partei erlangten Informationen dürfen nur vervielfältigt und sonst wie verwendet werden, soweit dies nach Maßgabe dieser Vereinbarung erforderlich[15] ist, insbesondere nur im Rahmen des bestimmungsgemäßen Gebrauchs[16] oder aufgrund einer zwingenden Verpflichtung. Unterliegen Informationen Beschränkungen, die über die in dieser Vereinbarung enthaltenen hinausgehen, etwa durch Urheber-, Geschmacksmuster- oder sonstige Schutzrechte, weist jede Partei die jeweils andere vor einer Weitergabe der Information hierauf und auf etwaige rechtsgeschäftliche Gestattungen zur Nutzung im Rahmen des bestimmungsgemäßen Gebrauchs hin.

(2) Die Informationen dürfen auf der Grundlage des Absatzes 1 von der empfangenden Partei nur weitergegeben werden

- an diejenigen, die die Informationen im Rahmen des bestimmungsgemäßen Gebrauchs benötigen, insbesondere an ihre Arbeitnehmer,
- an Berater, wenn diese hinsichtlich der weitergegebenen Informationen einer gesetzlichen Pflicht zur Verschwiegenheit unterliegen,
- wenn hierzu eine zwingende Verpflichtung besteht,
- an die Personen, deren sich die empfangende gegenüber der begünstigten Partei berechtigterweise zur Erfüllung ihrer Verbindlichkeit aus dem Vertrag zur Erstellung der Machbarkeitsstudie bedient oder

§ 6 Use of Information

(1) The information obtained from the other party may only be reproduced and otherwise used to the extent necessary in accordance with this agreement,[15] in particular only within the scope of the intended use[16] or on the basis of a mandatory obligation. If information is subject to restrictions that go beyond those contained in this Agreement, for example because of copyright, design patent rights or other property rights, each party shall inform the other prior to passing on the information. The other party must as well be informed of any legal permission for use within the scope of the intended use.

(2) The information may be disclosed by the Receiving Party on the basis of paragraph 1 only

- to those who need to know the information within the scope of its intended use, in particular to its employees,
- to consultants, if they are subject to a statutory duty of confidentiality with regard to the information disclosed,
- if there is a Mandatory Obligation to do so,
- to the persons whom the Receiving Party legitimately uses to fulfil its obligations to the Beneficiary Party under the contract to carry out the feasibility study, or

• wenn die begünstigte Partei in die Weitergabe eingewilligt hat.

(3) Die empfangende Partei trägt dafür Sorge, dass Informationen nicht aufgrund eines Dritten, insbesondere Gesellschaftern, zustehenden, abdingbaren Auskunftsrechts an diese weitergegeben werden.[17]

(4) Informationen dürfen nicht bereits deswegen weitergegeben werden, weil ihre Erlangung als Geschäftsgeheimnis nach § 3 Abs. 1 GeschGehG zulässig oder nach § 5 GeschGehG nicht verboten ist.[18]

(5) Besteht bei Abschluss dieses Vertrages eine zwingende Verpflichtung zur Weiterleitung von Informationen, weist die hiervon betroffene Partei die andere Partei unverzüglich auf die Grundlage und den Umfang dieser Verpflichtung hin, soweit dies noch nicht geschehen ist.

(6) Verlangt ein Auskunftsberechtigter die Übermittlung von Informationen von der empfangenden Partei wird sie die begünstigte Partei unverzüglich hierüber in Kenntnis setzen und mit der Übermittlung so lange warten, wie dies rechtlich zulässig ist, um der begünstigten Partei eine Prüfung der Rechtslage zu ermöglichen. Die empfangende Partei wird im Falle einer Weitergabe aufgrund einer zwingenden Verpflichtung den Empfänger auf die Qualität der Informationen als Geschäftsgeheimnis hinweisen, soweit dies den Interessen der begünstigten Partei nicht zuwiderläuft. Im Zweifel ist eine Abstimmung mit der begünstigten Partei vorzunehmen.

(7) Die empfangende Partei wird jede ihr im Übrigen bekannt gewordene Weitergabe von Informationen an Auskunftsberechtigte unter Angabe des Empfängers und der Umstände der Weitergabe, insbesondere der vom Empfänger angegebenen Berechtigung zur Informationserlangung melden.

(8) Erhält die empfangende Partei Kenntnis von einer unbefugten Weitergabe von Informationen, unterrichtet sie die begünstigte Partei unverzüglich hiervon. Dabei hat sie alle ihr bekannten Umstände der

• when the Beneficiary Party has consented to the disclosure.

(3) The Receiving Party shall ensure that information is not disclosed to third parties, in particular to shareholders, on the basis of a third party's right to information, which may be waived.[17]

(4) Information may not be disclosed only because its acquisition as a Trade Secret is permissible under Section 3 (1) GeschGehG or is not prohibited under Section 5 GeschGehG.[18]

(5) If at the time of the conclusion of this Agreement there is a Mandatory Obligation to disclose information, the party affected by this shall immediately inform the other party of the basis and scope of this obligation, insofar as this has not already been done.

(6) Where an authorised person requests the transmission of information from the Receiving Party, the Receiving Party shall inform the Beneficiary Party thereof without delay, and wait as long as legally permitted to allow the Beneficiary Party to verify the legal situation. In the event of disclosure by virtue of a Mandatory Obligation, the Receiving Party shall draw the attention of the recipient to the quality of the information as a Trade Secret, provided that this is not contrary to the interests of the Beneficiary Party. In case of doubt, the Receiving Party shall consult with the Beneficiary Party.

(7) The Receiving Party shall report any disclosure of information to persons entitled to information of which it otherwise becomes aware, stating the recipient and the circumstances of the disclosure, in particular the authorisation to obtain information as indicated by the recipient.

(8) If the Receiving Party becomes aware of any unauthorised disclosure of information, it shall immediately inform the Receiving Party. In doing so, the party shall state all circumstances of disclosure

Weitergabe zu nennen, soweit die begünstigte Partei berechtigter Weise hierüber Aufklärung erwarten darf.

(9) Informationen, die zur Durchführung der Machbarkeitsstudie nicht mehr benötigt werden, sind der begünstigten Partei unverzüglich in der Form, in der sie erlangt wurden, zurückzugeben. Bei Informationen in digitaler Form kann an die Stelle der Rückgabe die unumkehrbare Löschung treten. Die Rückgabepflicht besteht nicht, wenn die Informationen auf der Grundlage einer zwingenden Verpflichtung durch die empfangende Partei vorgehalten werden müssen.

of which it is aware, insofar as the Beneficiary Party may legitimately expect to be informed thereof.

(9) Information which is no longer required for the conduct of the feasibility study shall be returned without delay to the Beneficiary Party in the form in which it was obtained. In the case of information in digital form, irreversible deletion may take the place of return. The obligation to return the information does not apply if the information must be kept on the basis of a Mandatory Obligation on the part of the Receiving Party.

§ 7 Datenschutz

(1) Die begünstigte Partei stellt sicher, dass die Übermittlung jeglicher personenbezogener Informationen in Übereinstimmung mit den datenschutzrechtlichen Anforderungen erfolgt. Sie wird der empfangenden Partei insbesondere die Zwecke mitteilen, zu denen die personenbezogenen Informationen verarbeitet werden dürfen.[19]

(2) Ergibt sich aus der beabsichtigten Verwendung der Informationen eine gemeinsame Verantwortlichkeit der Parteien, werden sie vor der Übermittlung der Informationen eine Vereinbarung gemäß Art. 26 DS-GVO treffen.

(3) Für den Fall einer Verarbeitung der Informationen im Auftrag der anderen Partei schließen die Parteien vor einer Verarbeitung eine Vereinbarung gemäß Art. 28 Abs. 3 DS-GVO.

(4) Jede Partei unterstützt die jeweils andere Partei bei der Erfüllung der aus der Informationsweitergabe folgenden datenschutzrechtlichen Verpflichtungen im Rahmen ihrer Obliegenheiten zur Mitwirkung bei der Durchführung der Machbarkeitsstudie.

§ 7 Data Protection

(1) The Beneficiary Party shall ensure that the transfer of any personal information is carried out in accordance with the requirements of data protection law. In particular, the Beneficiary Party will inform the Receiving Party of the purposes for which the personal information may be processed.[19]

(2) If the intented use of the information results in a joint controllership of the parties, they shall conclude an Agreement in accordance with Article 26 GDPR before transmitting the information.

(3) In the event that the information is processed by one party on behalf of the other party, the parties shall conclude an Agreement in accordance with Article 28 (3) GDPR prior to processing.

(4) Within the scope of its obligations to cooperate in the performance of the feasibility study, each party shall support the other party in the fulfilment of the data protection obligations resulting from the disclosure of information.

§ 8 Dauer der Verpflichtungen

(1) Die Verpflichtungen aus diesem Vertrag bestehen solange und soweit fort, wie

§ 8 Duration

(1) The obligations under this Agreement shall continue to apply as long as and to

die ausgetauschten Informationen Geheimnisse sind.[20] Die Beendigung des Vertragsverhältnisses aus wichtigem Grund bleibt unberührt.

(2) Macht eine Partei Rechte wegen Offenbarung eines Geheimnisses, insbesondere wegen einer nach § 6 unbefugten Verwendung, geltend, bestehen die Pflichten aus § 9 und § 11 auch fort, wenn die Information kein Geheimnis mehr ist.

(3) Die Beendigung der Pflichten aus diesem Vertrag lässt die Verpflichtung zur Geheimhaltung aus einem anderen Rechtsgrund unberührt.

(4) Wählt im Falle der Eröffnung des Insolvenzverfahrens über das Vermögen einer Vertragspartei deren Insolvenzverwalter die Nichterfüllung dieses Vertrages nach § 103 InsO, entfällt die Verpflichtung zur Geheimhaltung für die andere Partei.[21]

§ 9 Unterstützung bei Rechtsverletzungen

(1) Erfolgt eine unbefugte Weitergabe von Informationen an einen Dritten, unterstützt die jeweils andere Partei die von der Weitergabe in ihren Interessen betroffene Partei bei der Verfolgung von deren Rechten in zumutbarem Umfang.[22] Dazu gehört insbesondere die unverzügliche Weitergabe aller notwendigen Angaben und die Gewährung aller notwendigen sonstigen Hilfestellungen. Die erforderlichen Kosten der Unterstützung trägt die unterstützte Partei, soweit dies nach den Umständen des Einzelfalls angemessen ist, insbesondere dann, wenn die unbefugte Weitergabe der empfangenden Partei nicht zurechenbar ist.

(2) Unterstützungspflichten gemäß Abs. 1 gelten entsprechend für die begünstigte Partei, sofern Dritte wegen an die empfangende Partei zulässig weitergegebenen Informationen Rechte gegen diese Partei geltend machen.

the extent that the information exchanged remains a secret.[20] The termination of the contractual relationship for good cause remains unaffected.

(2) If a party asserts rights due to disclosure of a secret, in particular due to unauthorised use in accordance with § 6, the obligations under § 9 and § 11 shall continue to apply even if the information is no longer a secret.

(3) The termination of the obligations arising from this Agreement shall not affect the obligation to maintain secrecy on any other legal basis.

(4) If, in the event of the opening of insolvency proceedings over the assets of a contracting party, its insolvency administrator elects not to perform this contract in accordance with section 103 InsO, the obligation to maintain confidentiality shall not apply to the other party.[21]

§ 9 Assistance in the Event of Legal Violations

(1) In the event of an unauthorised disclosure of information to a third party, the respective other party shall support the party affected by the disclosure in its interests to a reasonable extent in the pursuit of its rights.[22] This includes in particular the immediate disclosure of all information necessary to pursue such rights and the provision of all other necessary assistance. The necessary costs of the assistance shall be borne by the assisted party to the extent appropriate in the circumstances of the individual case, in particular where the unauthorised disclosure is not attributable to the Receiving Party.

(2) Support obligations corresponding to paragraph 1 apply to the Beneficiary Party if third parties assert rights against the Receiving Party due to information that has been permissibly passed on to the Receiving Party.

(3) Die Parteien werden sich bei einer gemeinsamen Beeinträchtigung durch die Weitergabe von Informationen an einen Dritten über das Vorgehen gegen den aus der unbefugten Weitergabe Verpflichteten abstimmen. Im Zweifel ist die begünstigte Partei bei der Durchsetzung von Rechten vorrangig berechtigt.

(4) Ist die unbefugte Weitergabe der empfangenden Partei zuzurechnen, ist sie verpflichtet, die ihr aus der unbefugten Weitergabe zustehenden Rechte der begünstigten Partei auf deren Anforderung zur Ausübung zu überlassen, insbesondere, sie ihr zu übertragen, soweit dies zulässig und erforderlich ist. Die Pflicht zur Übertragung gilt nicht, soweit die empfangende Partei selbst gegen den aus der unbefugten Weitergabe Verpflichteten zur Wahrung eigener Interessen vorgehen will.

(3) In the event of a joint impairment caused by the disclosure of information to a third party, the parties shall coordinate the action to be taken against the party obligated as a result of the unauthorised disclosure. In case of doubt, the Beneficiary Party shall have priority in the enforcement of rights.

(4) If the unauthorised disclosure is attributable to the Receiving Party, the Receiving Party shall entitle the Beneficiary Party at the latter's request to exercise the rights arising from the unauthorised disclosure. In particular, the Receiving Party has to assign the rights to the Beneficiary Party as far as this is permissible and necessary. Such obligation to assign shall not apply if the Receiving Party itself wishes to take action against the party obligated under the unauthorized transfer in order to protect its own interests.

§ 10 Hinweispflichten

(1) Das Bestehen einer Einwendung aus § 9 GeschGehG oder einer Einrede aus § 11 GeschGehG lässt die Durchsetzbarkeit der aus diesem Vertrag resultierenden Ansprüche der begünstigten Partei unberührt.[23]

(2) Die Verpflichtungen zur Geheimhaltung treffen die Parteien wechselseitig. Zur effizienten Wahrung der Geschäftsgeheimnisse ist die empfangende Partei durch diesen Vertrag verpflichtet, die begünstigte Partei darauf hinzuweisen,[24] wenn sie die nach dem Geschäftsgeheimnisgesetz vorgesehenen Rechtsfolgen im konkreten Fall für unverhältnismäßig hält, insbesondere angesichts

- des Wertes oder eines anderen spezifischen Merkmals des Geschäftsgeheimnisses,
- der getroffenen Geheimhaltungsmaßnahmen,
- der Folgen einer rechtswidrigen Nutzung oder Offenlegung des Geschäftsgeheimnisses,

§ 10 Obligation to Inform

(1) The existence of a right to object under § 9 GeschGehG or a defence under § 11 GeschGehG shall not affect the enforceability of the Beneficiary Party's claims resulting from this Agreement.[23]

(2) The parties shall be mutually bound by the confidentiality obligations. In order to ensure efficient protection of Trade Secrets, the Receiving Party is obliged by this Agreement to notify the Beneficiary Party[24] if it considers the legal consequences provided for under the Trade Secret Act (GeschGehG) to be disproportionate in the specific case, in particular in view of

- the value or other specific feature of the Trade Secret,
- the confidentiality measures taken,
- the consequences of unlawful use or disclosure of a Trade Secret,

- der berechtigten Interessen der begünstigten Partei und ihrer eigenen Interessen sowie der Auswirkungen, die die Erfüllung der Ansprüche für beide haben könnte,
- der berechtigten Interessen Dritter oder
- des öffentlichen Interesses.

(3) Die empfangende Partei ist durch diesen Vertrag ferner verpflichtet, die begünstigte Partei darauf hinzuweisen, wenn sie der Ansicht ist, dass ihr durch die Erfüllung der Ansprüche nach den §§ 6 oder 7 GeschGehG in Bezug auf die nach diesem Vertrag geheim zu haltenden Informationen im konkreten Fall ein unverhältnismäßig großer Nachteil entstehen würde, obwohl sie die Verletzung der Geheimhaltungspflichten weder vorsätzlich noch fahrlässig begangen hat.[25]

§ 11 Vertragsstrafe

(1) Verstößt eine Partei gegen eine oder mehrere der nachfolgend genannten Verpflichtungen und hat sie diesen Verstoß zu vertreten, verwirkt sie eine Vertragsstrafe, die von der anderen Partei im Einzelfall nach billigem Ermessen (§ 315 BGB) festzulegen und im Streitfall von dem örtlich zuständigen Landgericht zu überprüfen ist.[26]

(2) Eine Vertragsstrafe nach Abs. 1 ist verwirkt, wenn die empfangende Partei entgegen den Bestimmungen

- in § 5 technische Schutzmaßnahmen aufhebt oder umgeht und/oder
- in § 6 Abs. 1–4 Informationen weitergibt und/oder
- in § 10 Unterstützungsleistungen unterlässt.

(3) Eine gezahlte Vertragsstrafe ist auf Schadenersatzansprüche, die aus der gleichen Pflichtverletzung resultieren, anzurechnen. Die Vertragsstrafe stellt dabei den Mindestschaden dar.

- the legitimate interests of the Beneficiary Party and its own interests, and the consequences that the fulfilment of the claims could have for both,
- the legitimate interests of third parties, or
- public interest.

(3) The Receiving Party is also obliged by this Agreement to inform the Beneficiary Party if it is of the opinion that it would suffer a disproportionately great disadvantage in a specific case as a result of the fulfilment of the claims pursuant to §§ 6 or 7 GeschGehG with regard to the information to be kept secret under this Agreement, although it has not committed the breach of the confidentiality obligations either intentionally or negligently.[25]

§ 11 Contractual Penalty

(1) If one party violates one or more of the following obligations and is responsible for this violation, it shall incur a contractual penalty, which shall be determined by the other party in each individual case at its reasonable discretion (§ 315 BGB) and, in the event of a dispute, shall be reviewed by the locally competent regional court.[26]

(2) A contractual penalty pursuant to paragraph 1 shall be forfeited if the Receiving Party contrary to the provisions in

- § 5, cancels or circumvents technical protection measures and/or
- § 6 paragraphs 1 through 4 discloses information and/or
- in § 10 omits support services.

(3) A paid contractual penalty shall be set off against claims for damages resulting from the same breach of duty. The contractual penalty represents the minimum amount of damage.

§ 12 Sonstiges

(1) Andere als die in diesem Vertrag oder dem Vertrag zur Durchführung der Machbarkeitsstudie vorgesehene Regelungen, insbesondere allgemeine Geschäftsbedingungen finden keine Anwendung. Dies gilt auch dann, wenn solchen Regelungen nicht ausdrücklich widersprochen wird. Vereinbarungen in dem Vertrag zur Durchführung der Machbarkeitsstudie haben Vorrang gegenüber den Bestimmungen in diesem Vertrag.

(2) Jegliche Änderungen und Ergänzungen dieses Vertrages bedürfen der Schriftform. Dies gilt auch für die Aufhebung dieser Schriftformklausel.

(3) Sollten einzelne Regelungen dieses Vertrages unwirksam sein oder werden, so berührt dies nicht die Wirksamkeit der verbleibenden Bestimmungen. Die Parteien verpflichten sich, anstelle der unwirksamen Regelung eine wirksame Bestimmung zu vereinbaren, die dem wirtschaftlichen Zweck der unwirksamen Regelung am nächsten kommt. Entsprechendes gilt für den Fall einer Regelungslücke.

(4) Dieser Vertrag unterliegt deutschem Recht. Erfüllungsort ist . . . . . Der Gerichtsstand bestimmt sich für alle Klagen aus diesem Vertrag nach § 15 Abs. 1 und 2 GeschGehG.[27]

(5) Die Parteien haben den Vertrag in einer deutschen und einer englischsprachigen Fassung geschlossen. Für die rechtlichen Wirkungen zwischen den Parteien ist allein die deutsche Fassung maßgeblich.[28]

Anlage „Spezifizierung der Geheimhaltungsvereinbarung"

(Datum/Unterschriften)

§ 12 Miscellaneous

(1) Other provisions than those provided for in this Agreement or in the contract for carrying out the feasibility study, in particular general terms and conditions, shall not apply. This also applies if such regulations are not expressly contradicted. Agreements in the contract for the performance of the feasibility study take precedence over the provisions in this Agreement.

(2) Any amendments and additions to this Agreement must be made in writing. This also applies to the cancellation of this written form clause.

(3) Should individual provisions of this Agreement be or become invalid, this shall not affect the validity of the remaining provisions. The parties undertake to agree on a valid provision in place of the invalid provision, which comes closest to the economic purpose of the invalid provision. The same applies in the event of a gap.

(4) This Agreement is subject to German law. Place of performance is . . . . . The place of jurisdiction for all claims arising from this Agreement shall be determined in accordance with § 15 paragraphs 1 and 2 GeschGehG.[27]

(5) The parties have concluded the Agreement in a German and an English version. Only the German version shall be decisive for the legal effects between the parties.[28]

Annex „Specification of the Non-Disclosure Agreement

(Date/Signatures)

Anmerkungen

1. Allgemeines. Geheimhaltungsvereinbarungen sollen wertvolle Informationen dagegen schützen, dass sie vom Empfänger entgegen den Interessen des Inhabers des Geheimnisses verwendet werden. Sie sind relevant im Beschäftigungsverhältnis, wenn das Unternehmen sicherstellen möchte, dass wettbewerbsrelevante Informationen nicht an andere Unternehmen gelangen. Ebenso bei Unternehmenstransaktionen, F&E-Verträgen und zukünftig auch im Rahmen der Übertragung von Daten nach der Datenverordnung (zB nach Art. 4 Abs. 6 oder Art. 5 Abs. 9 Datenverordnung). Ohne eine Geheimhaltungsvereinbarung würde derjenige, der ein Geheimnis in Erfüllung einer schuldrechtlichen Verpflichtung bezieht, zwar regelmäßig aus der allgemeinen **Rücksichtnahmepflicht** gemäß § 241 Abs. 2 BGB verpflichtet sein, diese Information nicht weiterzugeben. Ein Verstoß würde bei Verschulden eine Schadensersatzverpflichtung auslösen. Das Abstellen allein auf diese Verpflichtung zur Verschwiegenheit ist jedoch für den Inhaber eines Geschäftsgeheimnisses nicht ausreichend, da zum einen Auslegungsfrage ist, welche Informationen von der Rücksichtnahmepflicht erfasst werden. Zum anderen entfaltet die **Schadensersatzverpflichtung** keine Abschreckungswirkung, da ein Vermögensschaden regelmäßig nicht nachzuweisen ist. Ist ein Geheimnis erst einmal öffentlich geworden, besteht keine Möglichkeit, dies umzukehren.

Der Abschluss einer effektiven Geheimhaltungsvereinbarung (oder Vertraulichkeitsvereinbarung bzw. NDA – Non Disclosure Agreement) ist daher trotz eines rechtlichen Basisschutzes dringend geboten. Bei der Gestaltung solcher Vereinbarungen (s. dazu McGuire WRP 2019, 679) ist zum einen darauf zu achten, dass den Geheimhaltungsinteressen Rechnung getragen wird. Zum anderen müssen die Grenzen solcher Vereinbarungen eingehalten werden, um eine Wirkungslosigkeit zu vermeiden. Zu den Grenzen zählt insbesondere die Inhaltskontrolle nach den §§ 307 ff. BGB. Ein **gesetzliches Leitbild** für Geheimhaltungsvereinbarungen, das als Maßstab für die Angemessenheitskontrolle herangezogen werden kann, gibt es nicht. Geheimhaltungsvereinbarungen gehören zu den nicht benannten Vertragstypen des BGB. Es gibt jedoch eine Wechselwirkung mit dem **Geschäftsgeheimnisschutzgesetz.** In dem Gesetz hat der Gesetzgeber seine Wertungen zum Ausdruck gebracht, unter welchen Voraussetzungen und in welchem Umfang Geschäftsgeheimnisse geschützt werden. Setzt sich eine Geheimhaltungsvereinbarung mit diesen Wertungen in Widerspruch, droht die Unwirksamkeit der jeweiligen Klausel nach § 307 BGB. Eine Ausweitung des Geheimnisschutzes bedeutet stets auch eine Einschränkung der Handlungsfreiheit des Vertragspartners und kann schnell als unangemessen bewertet werden.

Zu beachten ist bei der Gestaltung unter AGB-rechtlichen Aspekten vor allem die Bestimmbarkeit der **Informationen, die zu den Geschäftsgeheimnissen zählen** (dazu BVerwG NVwZ 2020, 715). Ferner muss hinreichend klar sein, **in welchem Umfang diese Informationen verwendet werden dürfen.** Schließlich hat der Vertrag in ausreichend bestimmter Weise zu regeln, welche **Folgen** sich **aus der Verletzung** der Befugnis zur Nutzung der Informationen ergeben. Es bedarf dazu einer detaillierten, den AGB-rechtlichen Anforderungen genügenden Vereinbarung. Die in Verträgen oft zu findende allgemeine Regelung, die Vertragsparteien verpflichten sich, alle ihnen im Zusammenhang mit der Verhandlung oder Durchführung dieses Vertrags bekannt werdenden Informationen vertraulich zu behandeln und Dritten nicht zugänglich machen (**Catch-All-Klausel**), genügt den Transparenzanforderungen aus § 307 BGB nicht. Es bleibt unklar, welche Informationen erfasst werden. Eine Catch-All-Klausel allein stellt zudem auch keine angemessene Geheimhaltungsmaßnahme nach § 2 Nr. 1 lit. b GeschGehG dar (ArbG Aachen BeckRS 2022, 1697; kritisch Holterhus K&R 2021, 45 (48), die eine Wirksamkeit bei beispielhaften Aufzählungen von Geheimnissen annimmt. Das übersieht aber, dass die Unsicherheit und Intransparenz im Übrigen bestehen bleibt.). Ein wirksamer Geheimnisschutz kann daher nur durch eine ausdifferenzierte Geheimhaltungsvereinbarung erreicht werden.

Ein wesentliches Ziel von Geheimhaltungsvereinbarungen ist, dass der Vertragspartner durch die im Vertrag festgelegten und die aus dem GeschGehG resultierenden Folgen davon abgehalten wird, die Information an Dritte weiterzugeben oder dazu beizutragen, dass dies geschieht. Gegen Dritte kann der Inhaber des Geheimnisses unter den Voraussetzungen des § 4 Abs. 3 GeschGehG vorgehen oder wenn durch den Dritten ein absolut geschütztes Recht des Geheimnisinhabers verletzt wird, etwa im Falle des Hacking (vgl. BGH NJW 2018, 2877).

Die nur schuldrechtlich wirkenden Vereinbarungen zur Geheimhaltung sollen nach diesem Formular durch die gesetzlichen Wirkungen des GeschGehG flankiert und mit Blick auf am Vertrag unbeteiligte Dritte sogar erweitert werden. Dabei ist die Vereinbarung hinsichtlich des Geschäftsgeheimnisschutzgesetzes so zu gestalten, dass der Inhaber des Geheimnisses den gesetzlichen Schutz im weitest möglichen Umfang in Anspruch nehmen kann. Es sind insbesondere die nach § 2 Nr. 1 lit. b GeschGehG erforderlichen Tatbestandsvoraussetzungen zu schaffen (dazu BeckOK GeschGehG/Fuhlrott § 2 Rn. 25 ff.). Nur wenn die Information **Gegenstand angemessener Geheimhaltungsmaßnahmen** ist, kann der Inhaber des Geschäftsgeheimnisses die im Gesetz vorgesehenen Rechtsfolgen für sich in Anspruch nehmen. Die Maßnahmen sind auf die tatsächlichen und rechtlichen Möglichkeiten des Informationsschutzes auszurichten. Dies ist entsprechend auch in der Geheimhaltungsvereinbarung zu regeln (§ 5 Abs. 3 mit → Anm. 11). Zu den tatsächlichen Maßnahmen gehören technische Zugangsbeschränkungen, Verschlüsselungen oder Kennzeichnungen von Informationen, zum Beispiel durch digitale Wasserzeichen, Vermerke wie „geheim" oder „vertraulich" oder etwa die Isolierung von Informationen auf Systemen, die an kein Kommunikationsnetz angebunden sind. Das Ziel dieser Maßnahmen muss sein, dem Empfänger die Verwertung der Information zu erschweren, ihm insbesondere überhaupt deutlich zu machen, dass die Informationen geheim sind (vgl. McGuire WRP 2019, 679 Rn. 22).

Typisch für Geheimhaltungsvereinbarungen ist die **wechselseitige Verpflichtung** der Vertragsparteien. Diese Konstellation liegt auch dem Formular zu Grunde. Vorteil einer wechselseitigen Verpflichtung ist, dass dem Vorwurf der unangemessenen Benachteiligung des Vertragspartners damit begegnet werden kann, dass dem Verwender die gleichen Pflichten auferlegt werden.

Geheimhaltungsvereinbarungen sind kein Selbstzweck, sondern begleiten in der Regel Vorhaben, zu deren Durchführung vertrauliche Informationen ausgetauscht werden müssen, wie etwa die Entwicklung individueller Software, der Erwerb von Unternehmen sowie die Planung und Durchführung sonstiger komplexer Projekte. In der Folge bestehen mindestens zwei **Vereinbarungen,** die inhaltlich **aufeinander abzustimmen** sind.

2. Begriffe. Wie bei jedem Vertrag ist ein gemeinsames Verständnis der Vertragsparteien von der Bedeutung der wesentlichen Begriffe erforderlich. Sind die verwendeten Begriffe nicht hinreichend klar, liegt die Inhaltsbestimmung in der Hand des Gerichts und es droht daher die Unwirksamkeit der Regelungen aufgrund einer Intransparenz nach § 307 BGB.

3. Geheimnis. Für die Definition des Geheimnisses ist zwischen der Wirkung nach dem GeschGehG und der schuldrechtlichen Wirkung aus der Geheimhaltungsvereinbarung zu unterscheiden. Die gesetzlichen Wirkungen knüpfen an den in § 2 Nr. 1 GeschGehG beschriebenen Geheimnisbegriff an. Die Vertragsparteien können diesen **Begriff nicht modifizieren,** weil die Folgen einer Verschaffung oder Offenbarung des Geheimnisses nicht nur die Vertragsparteien treffen können, sondern auch Dritte. Im Verhältnis zueinander sind die Parteien aber grundsätzlich frei darin festzulegen, was sie unter einem Geschäftsgeheimnis verstehen (zur Bestimmbarkeit → Anm. 7).

4. Zwingendes Recht. Bei Geheimhaltungsvereinbarungen ist besonderer Wert darauf zu legen, dass einer Vertragspartei keine Pflichten auferlegt werden, die sie deswegen nicht erfüllen kann, weil sie anderenfalls gegen zwingendes Recht verstoßen würde. Das betrifft insbesondere Auskunftspflichten gegenüber Behörden oder in Gerichtsverfahren sowie die Befugnis zur Offenlegung von Geheimnissen nach dem Hinweisgeberschutzgesetz (→ Anm. 13) oder aus § 5 GeschGehG. Pflichtenkollisionen können aber auch aus widerstreitenden schuldrechtlichen Verpflichtungen resultieren (→ Anm. 17). Ist dem Verwender ein solcher Konflikt erkennbar, kann das zur Unangemessenheit der den Vertragspartner belastenden Klausel führen. Denn der Verwender verleitet dann den Vertragspartner zum Vertragsbruch oder nimmt ihn zumindest in Kauf.

5. Zurechnung. Die Nichtbeachtung einer vertraglichen Pflicht löst nach dem Gesetz regelmäßig nur dann Haftungsfolgen in Form einer Schadensersatzpflicht aus, wenn die Pflichtverletzung vom Schuldner nach § 276 BGB zu vertreten ist. Das Abstellen auf das Vertretenmüssen beschränkt jedoch die Rechtsposition des Gläubigers zu sehr, sodass das Formular eine zu sanktionierende Pflichtverletzung bereits dann annimmt, wenn ein den Interessen des Inhabers des Geschäftsgeheimnisses entgegenstehendes Geschehen dem Schuldner zugerechnet werden kann. Die Definition des Begriffs der Zurechnung orientiert sich hier an der Rechtsprechung des BGH zur Zurechnung eines Verhaltens im Rahmen der Störerhaftung (vgl. BGH GRUR 2016, 268 Rn. 21 – Störerhaftung des Access-Providers). Die gewählte Formulierung lässt bei Verwirklichung ihrer Voraussetzungen regelmäßig auch ein Verschulden vermuten und stellt den Gläubiger damit nur unwesentlich besser als das Gesetz. Strenger, aber in AGB zu unbestimmt, könnte auch formuliert werden „Ein Geschehen wird dann einer Vertragspartei zugerechnet, wenn sie in irgendeiner Weise zur Verwirklichung des Geschehens beigetragen hat (zurechenbares Verhalten)".

6. Verhältnis zum GeschGehG. Zunächst wirken die Vereinbarungen nach allgemeinen Regeln nur zwischen den Vertragsparteien. Soweit die Informationen aber auch die Anforderungen nach dem GeschGehG, insbesondere des § 2 Nr. 1 GeschGehG, erfüllen, genießen sie zudem den im Gesetz vorgesehenen Schutz. Das ist zunächst hinsichtlich der Wirkungen gegenüber Dritten relevant, die sich die Geheimnisse unbefugt verschaffen oder an die sie unbefugt weitergegeben werden. Darüber hinaus ist von besonderer Bedeutung die strafrechtliche Sanktion nach § 23 Abs. 1 Nr. 3 GeschGehG. Der Verlust eines Geschäftsgeheimnisses kann durch zivilrechtliche Maßnahmen, insbesondere in Form der Beseitigung oder des Schadensersatzes, regelmäßig nicht kompensiert werden. Demgegenüber besitzt die mögliche **strafrechtliche Verfolgung** eine effektive abschreckende Wirkung. Für die Vertragsgestaltung ist darauf zu achten, dass die gesetzlichen Regelungen nur in Maßen modifiziert werden können. Insbesondere bei der Definition des Geschäftsgeheimnisses sind die Anforderungen des Gesetzes aus § 2 Nr. 1 GeschGehG zu beachten.

7. Bestimmbarkeit des Geheimnisses. Eine zentrale Gestaltungsanforderung an Geheimhaltungsvereinbarungen ist, die von der Vereinbarung erfassten Informationen hinreichend präzise zu beschreiben. Gelingt das nicht, droht die Unwirksamkeit der Vereinbarung, da der Empfänger von Informationen nicht klar erkennen kann, bei welchen Informationen er die vertraglich sanktionierten Geheimhaltungspflichten erfüllen muss. Eine Klausel, dass alles Geheime geheim zu halten ist, genügt nicht (LAG Düsseldorf GRUR-RS 2020, 23408 Rn. 80 und → Anm. 1). Am deutlichsten wird die Verpflichtung, wenn die Informationen detailliert beschrieben sind. Das soll bei diesem

Formular in der Anlage „Spezifizierung der Geheimhaltungsvereinbarung“ erfolgen. Da aber nicht alle geheim zu haltenden Informationen vorab bestimmt werden können, ist es erforderlich, die Informationen später entsprechend zu klassifizieren und ergänzend auf eine abstrakte Umschreibung, hier sinnvollerweise die des GeschGehG, zurückzugreifen (→ Anm. 8). Für die Praxis ist darauf zu achten, dass die Klassifizierung auch gelebt wird. Werden Informationen weitergegeben, die geheim gehalten werden sollen, aber nicht entsprechend gekennzeichnet werden, droht Streit über die Qualifizierung der Information als Geheimnis.

8. Differenzierung geheimer Informationen. Das Formular unterscheidet nach bereits bei Vertragsschluss bestimmten, geheim zu haltenden Informationen, nach erst im Laufe der Vertragsdauer bestimmbaren Informationen und nach Informationen, die nach dem GeschGehG geschützt sind. Dadurch soll ein Geheimnisschutz im weitest möglichen Umfang erreicht werden. Die bereits bestimmten Informationen sind schon bei Vertragsschluss identifizierbar und genügen insoweit dem Transparenzgebot in AGB. Die erst während der Laufzeit des Vertrages als geheim bezeichneten Informationen gehören in die Kategorie der bestimmbaren Informationen und werden durch ihre Benennung existent und in die Geheimhaltungsvereinbarung einbezogen. Zu den bestimmbaren Informationen gehören auch diejenigen, die die Anforderungen des § 2 Nr. 1 GeschGehG erfüllen. Sie sind zwar kraft Gesetzes geschützt, werden aber zusätzlich dem im Formular vereinbarten schuldrechtlichen Schutz unterstellt. Den Transparenzanforderungen sollte trotz fehlender Benennung Genüge getan sein, weil das, was nach dem Gesetz geschützt ist, hinreichend transparent ist und dementsprechend bei vertraglicher Inbezugnahme nicht als intransparent beanstandet werden kann.

9. Nicht geheime Informationen. Um eine unangemessene Benachteiligung zu vermeiden, dürfen nur solche Informationen von der Vereinbarung erfasst werden, an denen ein schutzwürdiges Interesse der Geheimhaltung besteht. Das ist nicht der Fall, wenn die Informationen bereits bei Vertragsschluss nicht mehr geheim sind. Die hier verwendete Umschreibung orientiert sich an § 2 Nr. 1 lit. a GeschGehG.

10. Maßnahmen des Begünstigten. Informationen werden nach dem Geschäftsgeheimnisschutzgesetz nur dann geschützt, wenn der Inhaber des Geschäftsgeheimnisses den Umständen nach angemessene, rechtliche und tatsächliche Geheimhaltungsmaßnahmen getroffen hat. Diese Maßnahmen müssen daher immer auf beiden Seiten umgesetzt werden, beim Begünstigten und beim Empfänger. Es ist denkbar, dass der Begünstigte neben anderen auch Informationen an den Empfänger gibt, die von diesem nicht verwendet werden sollen. Das ist dann ebenfalls zu regeln. Für Geheimnisse, die in Produkten oder Gegenständen enthalten sind, ist es nach § 3 GeschGehG grundsätzlich zulässig, diese Geheimnisse durch Beobachten, Untersuchen, Rückbauen oder Testen des Produkts oder Gegenstandes zu erlangen (dazu Leister GRUR-Prax 2019, 175). Eine Ausnahme besteht nach § 3 Abs. 1 Nr. 2b GeschGehG dann, wenn eine Pflicht zur Beschränkung der Erlangung des Geschäftsgeheimnisses besteht, wie es in dieser Klausel beispielhaft vorgeschlagen ist.

11. Maßnahmen des Empfängers. Nach § 2 Nr. 1 lit. b GeschGehG müssen die Geheimnisse Gegenstand von den Umständen nach angemessenen Geheimhaltungsmaßnahmen sein. Entsprechendes gilt für Informationen, die nur im Verhältnis der Parteien zueinander geschützt werden sollen, weil sie den Anforderungen des GeschGehG nicht oder jedenfalls nicht sicher entsprechen. Um einen möglichst weit reichenden Schutz zu erzielen, wird der Empfänger des Geheimnisses in dem Formular verpflichtet, selbst Maßnahmen zum Geheimnisschutz zu treffen. Welche Maßnahmen zu ergreifen sind, ist eine Frage des Einzelfalls. Dazu ist eine möglichst detaillierte Beschreibung der Maßnahmen in der **Anlage zum Vertrag** sinnvoll. Die Angemessenheit der Maßnahmen bestimmt sich anhand eines objektiven Maßstabs. Sie setzt keinen optimalen Schutz voraus, es ist **nicht erforderlich**, dass der Geheimnisinhaber die nach den Umständen **bestmöglichen und sichersten Maßnahmen** ergreift. Einen Anhaltspunkt für die Angemessenheit bilden die branchenüblichen Sicherheitsstandards (OLG Hamm MMR 2021, 506 Rn. 161). Zu berücksichtigen sind dabei die Art des Geschäftsgeheimnisses, die konkreten Umstände der Nutzung, der Wert des Geschäftsgeheimnisses und dessen Entwicklungskosten, die Natur der Informationen, die Bedeutung für das Unternehmen, die Größe des Unternehmens, die üblichen Geheimhaltungsmaßnahmen in dem Unternehmen, die Art der Kennzeichnung der Informationen und vereinbarte vertragliche Regelungen mit Arbeitnehmern und Geschäftspartnern (OLG Düsseldorf MMR 2022, 68 Rn. 38). Im Einzelfall steht aber auch eine fehlende oder unwirksame Geheimhaltungsvereinbarung einem Schutz nach dem GeschGehG nicht entgegen (OLG Schleswig GRUR-RR 2022, 404 Rn. 76 ff.).

12. Arbeitnehmer. Im Verhältnis zu Arbeitnehmern ist bei der Auferlegung von Geheimhaltungspflichten die besondere arbeitsrechtliche Situation zu berücksichtigen (vgl. Reinfeld Neues GeschGehG § 2 Rn. 78; Naber/Peukert/Seeger NZA 2019, 583). Arbeitnehmern darf durch eine solche Verpflichtung insbesondere das berufliche Fortkommen nicht unangemessen erschwert werden. Zu beachten ist außerdem, dass die strafrechtliche Sanktion aus § 23 Abs. 1 Nr. 3 GeschGehG nur im Zeitpunkt des Geheimnisverrats noch beschäftigte Mitarbeiter betrifft (Ohly/Sosnitza/Ohly GeschGehG § 23 Rn. 6). Geben bereits ausgeschiedene Mitarbeiter Geheimnisse weiter, greifen allein die zivilrechtlichen Sanktionen (vgl. dazu OLG Düsseldorf MMR 2022, 68 Rn. 70). Für die Vereinbarungen mit Arbeitnehmern ist in besonderem Maße auf die **AGB-Kontrolle** zu achten, insbesondere auf die Transparenz der Regelungen. Regelmäßig unwirksam sind so genannte Catch-All-Klausen (Fuhlrott/Fischer NZA 2022, 809 (812)).

13. Hinweisgeberschutzgesetz. Sind die Vertragsparteien, wie häufig, juristische Personen, setzt ein effektiver Geheimnisschutz eine Auferlegung der vertraglichen Pflichten gegenüber Mitarbeitern und sonstigen Dritten voraus, die mit den Geheimnissen in Kontakt kommen. Der Geheimnisinhaber verliert die mit den Sanktionen der unbefugten Offenlegung von Geheimnissen verbundene Abschreckungswirkung, wenn den genannten Personen keine wirksamen Geheimhaltungspflichten auferlegt werden. Die Unwirksamkeitsgründe sind im Wesentlichen die gleichen, die für dieses Formular erörtert werden (dazu insbesondere → Anm. 1 und → Anm. 14). Zusätzlich ist das Hinweisgeberschutzgesetz zu beachten. Das Gesetz gilt für Unternehmen unabhängig von deren Mitarbeiterzahl (Azinović/Wenk ArbRAktuell 2023, 400). Nach dessen § 6 Abs. 1 dürfen unter den dort genannten Voraussetzungen Geheimnisse nach § 2 Nr. 1 GeschGehG offengelegt werden. Gleiches gilt daneben nach § 6 Abs. 2 HinSchG für den vertraglich vereinbarten Geheimnisschutz. Entgegenstehende Vereinbarungen sind nach § 39 HinSchG unwirksam (BeckOK ArbR/Bruns HinSchG § 39 Rn. 1 ff.). Zu beachten ist, dass nach § 6 HinSchG nicht die Offenlegung von Geschäftsgeheimnissen generell zulässig ist, sondern nur von solchen, die in den Anwendungsbereich des Gesetzes fallen, wie ihn § 2 HinSchG normiert. In den Vereinbarungen mit den Dritten könnte dies wie folgt behandelt werden:

Formulierungsvorschlag:

Die Verpflichtung zur Geheimhaltung gilt unbeschadet der Befugnis zur Offenlegung nach dem Hinweisgeberschutzgesetz, insbesondere nach § 6 Abs. 1 und Abs. 2 HinSchG.

Die Mitarbeiter sollten möglichst genau über die Geheimhaltungsverpflichtung und deren Grenzen informiert werden, um dem Vorwurf der Intransparenz zu begegnen.

14. Interessenvertretung. Das Recht der Arbeitnehmer, sich an ihre Interessenvertretung, insbesondere Betriebs- und Personalrat, zu wenden, darf vertraglich nicht beeinträchtigt werden. Bei der Weitergabe von Geschäftsgeheimnissen sind Arbeitnehmer nach §§ 3 Abs. 1 Nr. 3 und Abs. 5 Nr. 3 GeschGehG privilegiert.

15. Need-to-know-Prinzip. Es ist eine Standardanforderung für Geheimhaltungsvereinbarungen, dass die geschützten Informationen möglichst wenig verbreitet werden und nur so weit, wie dies erforderlich ist. Dies wird durch die Beachtung des Need-to-know-Prinzips umgesetzt (OLG Stuttgart GRUR-RS 2020, 35613 Rn. 169). Die Informationen werden nur an die Personen weitergegeben oder ihnen zugänglich gemacht, die die Informationen benötigen und denen die Informationen nach dem Zweck der Geheimhaltungsvereinbarung zugänglich gemacht werden darf.

16. Bestimmungsgemäßer Gebrauch. Die Weitergabe eines Geheimnisses geschieht zur Verfolgung eines bestimmten Zweckes. Das Geheimnis darf nur zu diesem Zweck verwendet werden. Hier ist darauf zu achten, dass der Zweck hinreichend klar beschrieben wird und auch Rücksicht darauf genommen wird, dass es zwingende, insbesondere gesetzliche Pflichten des Empfängers gibt, mit den erlangten Informationen in einer den Interessen des Inhabers des Geheimnisses entgegenstehenden Weise umzugehen. Nach dem dem Formular zugrunde liegenden Sachverhalt bestimmt der Vertrag zur Durchführung der Machbarkeitsstudie den bestimmungsgemäßen Gebrauch. Ist ein solcher Verweis nicht möglich, ist der bestimmungsgemäße Gebrauch im NDA selbst zu definieren.

17. Pflichtenkollision. Beim Abschluss von Geheimhaltungsvereinbarungen besteht regelmäßig die Gefahr, dass sich der Verpflichtete in eine Pflichtenkollision begibt, weil er einerseits nach der Vereinbarung die Informationen vor einer Weitergabe zu schützen hat, andererseits aber aufgrund gesetzlicher oder vertraglicher Regelungen zur Weitergabe verpflichtet ist. Dieser Konflikt ist vertraglich zu lösen, um eine unangemessene Benachteiligung des Vertragspartners zu vermeiden. Ein klassischer Konflikt besteht beispielsweise hinsichtlich der Verpflichtung des Geschäftsführers einer GmbH, jedem Gesellschafter nach § 51a GmbHG Auskunft zu geben. Dieses Auskunftsrecht wird durch Geheimhaltungsvereinbarungen nicht eingeschränkt (dazu OLG München NZG 2008, 878 (879)). Insofern muss der Geschäftsführer darauf achten, dass die GmbH entweder im Rahmen der Geheimhaltungsvereinbarung die Erlaubnis erhält, die Informationen im Rahmen eines Auskunftsersuchens des Gesellschafters weiterzugeben, oder mit den Gesellschaftern vor Abschluss der Geheimhaltungsvereinbarung eine Regelung trifft, dass diese hinsichtlich der geschützten Informationen auf eine Auskunft verzichten. Ähnliches gilt für betrieblich Beauftrage (zum Datenschutzbeauftragten vgl. Gola DuD 2019, 569 (572)).

18. Erweiterung des Geheimnisschutzes. Das Geschäftsgeheimnisschutzgesetz sieht eine Schranke für die Geheimhaltung dann vor, wenn eine der in § 5 GeschGehG genannten Ausnahmen vorliegt. Da diese Ausnahmen die Meinungsfreiheit und das öffentliche Interesse betreffen, dürfte es in Verträgen nicht zulässig sein, eine von § 5 GeschGehG abweichende Regelung zu treffen. Die Regelung in dem Formular kann daher mit guten Gründen als unangemessene Benachteiligung des Vertragspartners angesehen werden, weil sie von wesentlichen Grundgedanken der gesetzlichen Regelung abweicht. Ob dies bei einer individualvertraglichen Regelung anders zu beurteilen wäre, ist fraglich (dazu Apel/Boom GRUR-Prax 2020, 225).

19. Datenschutz. Geheimzuhaltende Informationen können auch einen Personenbezug aufweisen und fallen dann in den Bereich des Datenschutzes. In der Folge darf insbesondere der Empfänger der Information diese nur verarbeiten, wenn eine datenschutzrechtliche Gestattung gegeben ist. Das betrifft bereits die Übermittlung der Information selbst, dann aber auch die Nutzung der Information im Rahmen der maßgeblichen Zwecke. Umstritten ist, inwieweit die Geheimhaltungsvereinbarung ein Recht gibt, das Informations- und Auskunftsrecht des Betroffenen gemäß § 29 und 32 BDSG zu beschränken (dazu Forgó/Helfrich/Schneider Betr. Datenschutz-HdB/Chr. Schröder Teil VI Kap. 4 Rn. 62 f.; LAG Baden-Württemberg NZA-RR 2019, 242 mAnm Fuhlrott).

20. Anwendungsdauer. Oft sehen Geheimhaltungsvereinbarungen eine zeitlich unbeschränkte Pflicht zur Wahrung des Geschäftsgeheimnisses vor. Das ist nur dann wirksam, wenn die betroffene Information auch unbeschränkt ein Geschäftsgeheimnis bleibt. Entfällt die Qualifikation als Geschäftsgeheimnis, müssen auch die für die Verwendung als Geheimnis vorgesehenen Bestimmungen, insbesondere die Sanktionen, entfallen. Die Anknüpfung der Verpflichtung aus dem Vertrag an die Bewertung einer Information als Geheimnis kann hinsichtlich der schuldrechtlichen Wirkungen als intransparent angegriffen werden. Soweit absehbar ist, dass die Vereinbarung nur einen begrenzten Zeitraum bestehen muss, sollte auf diesen Zeitraum abgestellt werden.

21. Insolvenz. Die Folgen der Insolvenz einer Vertragspartei für den Umgang mit Geschäftsgeheimnissen sind noch weitgehend ungeklärt (s. aber Schuster/Tobuschat GRUR-Prax 2019, 248; Wündisch/Nordemann ZdiW 2021, 403). Soweit Geheimnisse auch ohne die Geheimhaltungsvereinbarung durch das GeschGehG geschützt sind, ist auch der Insolvenzverwalter hieran gebunden. Beruht der Geheimnisschutz aber allein auf der Vereinbarung, sei es, dass Informationen geheim zu halten sind, die nach dem GeschGehG nicht oder nicht so geschützt sind, sei es, dass die Geheimhaltungsvereinbarung erst die nach dem GeschGehG erforderliche angemessene Maßnahme zur Schaffung eines Geheimnisses darstellt, entfällt dieser Schutz mit der Wahl des Verwalters, die Geheimhaltungsvereinbarung nach § 103 InsO nicht fortzuführen. Dann gilt für beide Seiten, dass die Geheimnisse nicht mehr geschützt werden müssen. Die Klausel hat insofern deklaratorischen Charakter und kann als Appell an den Insolvenzverwalter verstanden werden, nicht die Nichterfüllung zu wählen, um nicht auch die Geheimnisse des Insolvenzschuldners preiszugeben.

22. Rechte gegen Dritte. Wegen einer unzulässigen Weitergabe von Informationen kann der Inhaber des Geheimnisses aus dem Vertrag nur gegen den Vertragspartner vorgehen. Stehen dem Vertragspartner wegen einer Verletzung des Geheimnisschutzes Rechte gegen Dritte zu, ist es sinnvoll, es dem Inhaber des Geheimnisses zu ermöglichen, mit den seinem Vertragspartner zustehenden Ansprüchen gegen diese Dritten vorzugehen.

23. Einreden und Einwendungen. Das Geschäftsgeheimnisschutzgesetz enthält in § 9 und § 11 Schranken des Geheimnisschutzes. Es ist denkbar, dass diese Schranken über die Leitbildfunktion des Gesetzes auch auf Geheimhaltungsvereinbarungen wirken, die allgemeine Geschäftsbedingungen sind. In der Folge versucht diese Klausel, die Wirkung auf den Vertrag auszuschließen. Das allein dürfte aus den genannten AGB-rechtlichen Gründen unwirksam sein, weswegen Abs. 2 einen Ausgleich zur Wahrung der Angemessenheit sucht.

24. Unverhältnismäßigkeit. Die in → Anm. 18 aufgezeigte Problematik soll durch die Regelung in Abs. 2 dadurch entschärft werden, dass die jeweils andere Vertragspartei verpflichtet wird, das Eingreifen der Einwendung aus § 9 GeschGehG möglichst zu verhindern. Das ist offensichtlich zunächst gegen ihre eigenen Interessen. Aufgrund der wechselseitigen Verpflichtung werden jedoch beide Vertragspartner gleich belastet, was als Argument gegen eine unangemessene Benachteiligung vorgebracht werden kann.

25. Abfindung. Die Klausel greift die in → Anm. 24 geschilderte Idee für die Regelung in § 11 GeschGehG auf.

26. Vertragsstrafe. Ohne vertragliche Regelung würde eine Verletzung von Geheimhaltungspflichten im Verhältnis der Vertragsparteien zueinander allenfalls zur Beendigung des Vertrages oder zu Schadenersatzansprüchen führen. Da die Schadensberechnung nach der Differenzhypothese erfolgt und ein Schaden regelmäßig nicht nachweisbar ist, entfaltet eine Schadensersatzpflicht keine abschreckende Wirkung auf Seiten des Vertragspartners. Es ist daher ratsam, eine Vertragsstrafe vorzusehen. Dabei sind die AGB-rechtlichen Anforderungen zu beachten → Vorb. A.III.11. Soweit die vertragliche Pflichtverletzung eine Rechtsverletzung nach § 2 Nr. 3 GeschGehG darstellt, kann die Schadensberechnung auch nach § 10 Abs. 2 GeschGehG erfolgen.

27. Gerichtsstand. Die sachliche und örtliche Zuständigkeit bestimmt sich für Klagen aus dem Geschäftsgeheimnisschutzgesetz nach dessen § 15. Da es sich um einen ausschließlichen Gerichtsstand handelt, ist eine Prorogation nicht möglich. Anders ist dies für die vertraglichen Ansprüche (BeckOK GeschGehG/Gregor § 15 Rn. 2). Es erscheint jedoch nicht sinnvoll, unterschiedliche Gerichtsstände (beachte aber § 260 ZPO) zu begründen, weswegen hier der gesetzlichen Regelung gefolgt wird.

28. Maßgebliche Sprachversion. → Form. F.3 Anm. 36.

E. Providerverträge

Providerverträge

1. Access-Vertrag – Access-Agreement

LoRaWAN-Access-Vertrag

zwischen

. . .

– nachstehend „Provider“ genannt –
und

. . .

– nachstehend „Kunde“ genannt –
wird folgender Vertrag geschlossen:

Präambel[1]

Der Kunde betreibt Ladestationen für Autos mit elektrischem Antrieb. Um den Nutzern dieser Ladestationen einen Überblick über die Belegung der Stationen und die zur Verfügung stehende Ladekapazität zu geben, möchte der Kunde diese Daten an der Ladestation abfragen und zur Weiterverarbeitung an eine Cloud-Applikation übertragen.
Da die Ladestationen keinen eigenen Anschluss an ein geeignetes Kommunikationsnetz haben, will der Kunde das vom Provider betriebene Long Range Wide Area Network („LoRaWAN-Netz“), nutzen.

§ 1 Leistungen des Providers

(1) Der Provider unterstützt den Kunden beim Zugang zu dem vom Provider betriebenen LoRaWAN-Netz, mit dessen Hilfe der Kunde Daten zur Belegung und Auslastung von Ladestationen für Elektro-Autos übertragen kann.[2] Der Kunde kann im Rahmen der Kapazitäten des LoRaWAN-Netzes gemäß der Anlage „Technische Spezifikationen“ Ladesäulen an das Netz anschließen. Die technischen Einzelheiten

LoRaWAN Access Agreement

between

. . .

– hereinafter referred to as „Provider“ –
and

. . .

– hereinafter referred to as „Customer“ –
the following contract is concluded:

Preamble[1]

The Customer operates charging stations for cars with electric drive. In order to give the users of these charging stations an overview of the allocation of the stations and the available charging capacity, the Customer would like to retrieve this data at the charging station and transfer it to a cloud application for further processing.
Since the charging stations do not have their own connection to a suitable communication network, the Customer wants to use the Long Range Wide Area Network („LoRaWAN network“) operated by the Provider.

§ 1 Services of the Provider

(1) The Provider supports the Customer in accessing the LoRaWAN network operated by the Provider, with the help of which the Customer can transmit data on the occupancy and utilisation of charging stations for electric cars.[2] The Customer may connect charging points to the network within the scope of the capacities of the LoRaWAN network according to the annex „Technical Specifications“. The tech-

der Leistungen des Providers und deren Voraussetzungen ergeben sich aus den Technischen Spezifikationen, die Bestandteil dieses Vertrages sind.

(2) Die Leistungen des Providers beschränken sich allein auf die Vermittlung der von den Ladesäulen bereitgestellten Daten zu den vom Provider betriebenen Gateways, von wo aus die Daten über das Internet von der vom Kunden betriebenen Cloud-Applikation abgerufen werden können. Bei diesen Telekommunikationsdienstleistungen hängt die erreichbare Übertragungsrate von der Leistungsfähigkeit der eingesetzten Endgeräte, der verfügbaren Netztechnologie sowie den technischen und geographischen Gegebenheiten am Ort der Nutzung ab. Eine Einflussnahme auf den Datenverkehr außerhalb des eigenen Kommunikationsnetzes ist dem Provider nicht möglich. Eine erfolgreiche Weiterleitung von Informationen von oder zu der vom Kunden genutzten Cloud-Applikation ist insoweit nicht geschuldet.[3]

nical details of the Provider's services and their prerequisites result from the Technical Specifications, which are part of this contract.

(2) The services of the Provider are limited solely to the transfer of the data provided by the charging stations to the gateways operated by the Provider, from where the data can be retrieved via the Internet by the cloud application operated by the Customer. For these telecommunications services, the achievable transmission rate depends on the performance of the terminal equipment used, the available network technology and the technical and geographical conditions at the place of use. The Provider cannot influence data traffic outside its own communications network. A successful forwarding of information from or to the cloud application used by the Customer is not owed in this respect.[3]

§ 2 Verfügbarkeit[4]

(1) Der Provider erbringt die Leistungen nach § 1 mit einer Verfügbarkeit von 99,5 %. Die zeitliche Verfügbarkeit berechnet sich auf der Grundlage der im Vertragszeitraum auf den jeweiligen Kalendermonat entfallenden Zeit abzüglich der vereinbarten Wartungszeiten. Der Provider ist berechtigt, in der Zeit von 3:00–6:00 Uhr morgens für insgesamt fünf Stunden im Kalendermonat Wartungsarbeiten durchzuführen. Während der Wartungsarbeiten können die vorgenannten Leistungen nicht oder nur eingeschränkt zur Verfügung stehen.

(2) Die technische Verfügbarkeit bestimmt sich nach den Regelungen in der Anlage „Technische Spezifikationen".

(3) Der Provider ist berechtigt, die Leistungen zu beschränken oder ganz oder teilweise einzustellen, soweit dies aus rechtlichen Gründen, etwa aufgrund behördlicher Anordnung oder – ohne Be-

§ 2 Availability[4]

(1) The Provider renders the services according to § 1 with an availability of 99.5 %. The time availability is calculated on the basis of the time attributable to the respective calendar month during the contractual term less the agreed maintenance times. The Provider is entitled to carry out maintenance work in the time between 3:00–6:00 a.m. for a total of five hours per calendar month. During maintenance work, the aforementioned services may not be available or may only be available to a limited extent.

(2) The technical availability is determined by the terms set forth in the annex „Technical Specifications".

(3) The Provider is entitled to limit or completely or partially discontinue the services as far as this is necessary for legal reasons, for example due to official orders or – without justification of a legal obliga-

gründung einer Rechtspflicht hierzu – zur Vermeidung von Nachteilen für den Kunden erforderlich ist.

§ 3 Bereitstellung der Leistungen/Sperre

(1) Der Provider stellt die Leistungen dem Kunden ab Zugang der Zugangscodes entgeltlich zur Verfügung.[5]

(2) Für die Autorisierung der Inanspruchnahme der Leistungen erhält der Kunde eine Benutzerkennung und einen Schlüssel für die Kommunikationsverschlüsselung. Der Kunde trägt dafür Sorge, dass die Zugangsdaten Dritten nicht zugänglich werden.[6]

(3) Der Provider ist berechtigt, den Zugang zu den bereitgestellten Leistungen ganz oder teilweise zu sperren sowie alle erforderlichen Maßnahmen zu ergreifen, um eine missbräuchliche Nutzung der Provider-Leistungen zu verhindern, wenn der Kunde seine Pflichten gemäß § 3 Abs. 2 verletzt. Im Falle einer vom Kunden zu verantwortenden Sperre ist der Kunde weiterhin zur Zahlung der Entgelte verpflichtet. Das Recht zur Kündigung, auch aus wichtigem Grund, bleibt von der Sperre unberührt. Eine Entsperrung des jeweiligen Dienstes erfolgt zu den in der Preisliste genannten Entgelten.

(4) Der Provider ist ferner berechtigt, den Zugang zu den bereitgestellten Leistungen ganz oder teilweise vorübergehend zu unterbrechen, zu beschränken oder einzustellen, soweit dies aus Gründen der öffentlichen Sicherheit, aufgrund behördlicher oder gesetzlicher Vorgaben, der Sicherheit des Netzbetriebes, der Aufrechterhaltung der Netzintegrität, des Datenschutzes oder zur Vornahme betriebsbedingter oder technisch notwendiger Arbeiten erforderlich ist.

§ 4 Reseller-Ausschluss

Der Kunde darf die vom Provider zur Verfügung gestellten Leistungen Dritten nicht zur alleinigen oder gewerblichen Nutzung überlassen.[7]

tion to do so – to avoid disadvantages for the Customer.

§ 3 Provision of Services/Suspension

(1) The Provider offers the services against payment as of the date of receipt of the access codes.[5]

(2) For authorization of use of the services, the Customer receives a user ID and a key for communication encryption. The Customer shall ensure that this data is not accessible to third parties.[6]

(3) The Provider is entitled to suspend access to the services provided in whole or in part and to take all necessary measures, in order to prevent misuse of the Provider's services if the Customer violates its obligations according to § 3 paragraph 2. In the event of a suspension for which the Customer is responsible, the Customer is still obliged to pay the fees. The right to terminate the contract, including termination for good cause, remains unaffected by such suspension. An unblocking of the respective service is carried out at the fees stated in the price list.

(4) Furthermore, the Provider is entitled to temporarily interrupt, restrict or discontinue access to the services provided in whole or in part, insofar as this is necessary for reasons of public security, official or legal requirements, the security of network operations, the maintenance of network integrity, data protection, or to carry out operationally or technically necessary work.

§ 4 Exclusion of Resellers

The Customer may not make available the services rendered by the Provider to third parties for sole or commercial use.[7]

§ 5 Mitwirkungsleistungen des Kunden[8]

(1) Der Kunde übernimmt es, mit geeigneten Kommunikationsgeräten (Nodes, beispielsweise funkfähige Sensoren) die Voraussetzungen zu schaffen, Daten über das LoRaWAN-Netz zu übermitteln. Die Einzelheiten der erforderlichen Mitwirkungsleistungen des Kunden ergeben sich aus der Anlage „Technische Spezifikationen".

(2) Der Kunde verpflichtet sich, die Leistungen des Providers nicht missbräuchlich zu nutzen. Er wird insbesondere keine Inhalte übertragen oder zugänglich machen, die Kommunikationsgeräte oder die Netzinfrastruktur schädigen können. Er ist insbesondere verpflichtet,

- das LoRaWAN-Netz nicht zu stören, zu verändern oder zu beschädigen,
- keine Schadsoftware zu übertragen,
- die Leistungsgrenzen des LoRaWAN-Netzes zu beachten und das Netz nicht zu überlasten und
- die Leistung nicht ohne ausdrückliche schriftliche Vereinbarung mit dem Provider für andere als die vereinbarten Nutzungszwecke in Anspruch zu nehmen.

Der Kunde stellt den Provider im Falle eines schuldhaften Pflichtverstoßes von jeglicher Inanspruchnahme durch Dritte einschließlich der durch die Inanspruchnahme ausgelösten Kosten frei.

§ 6 Entgelte

(1) Der Kunde ist zur Zahlung der Rechnungsbeträge verpflichtet, die sich nach der aktuell gültigen Preisliste ergeben. Monatlich zu entrichtende Entgelte sind im Voraus, bei einer zeitanteiligen Nutzung entsprechend anteilig, zu entrichten. Der Kunde wird dem Provider ein SEPA-Lastschriftmandat erteilen. Der Provider informiert den Kunden spätestens 2 Tage vor der Abbuchung über die einzuziehende Beitragshöhe und den Zeitpunkt

§ 5 Cooperation[8]

(1) The Customer undertakes to create the prerequisites for transmitting data via the LoRaWAN network using suitable communication devices (nodes, e.g. radio-capable sensors). The details of the required cooperation services of the Customer are set out in the annex „Technical Specifications".

(2) The Customer undertakes not to misuse the services of the Provider. In particular, it will not transmit or make accessible any content that could damage communication devices or the network infrastructure. It is in particular obliged

- not to disrupt, alter or damage the LoRaWAN network,
- not to transmit any malware,
- to observe the performance limits of the LoRaWAN network and not to overload the network and
- not to use the services for purposes other than the agreed without express written agreement with the Provider.

In the event of a culpable breach of duty, the Customer shall indemnify the Provider from any claims by third parties, including the costs incurred by the claim.

§ 6 Remuneration

(1) The Customer is obliged to pay the invoice amounts according to the actual price list. Monthly fees are to be paid in advance, in the case of pro rata temporis use correspondingly pro rata. The Customer will issue a SEPA direct debit mandate to the Provider. The Provider informs the Customer at least 2 days before the debit about the amount of the fees to be collected and the time of collection. In the event that the Customer is responsible for

des Einzugs. Für den Fall, dass der Kunde Rücklastschriften zu vertreten hat, ist der Provider berechtigt, das hierzu in der aktuellen Preisliste ausgewiesene Bearbeitungsentgelt für die Verwaltung der Rücklastschrift zu erheben.

(2) Die Verpflichtung des Kunden zur Zahlung der Entgelte für Leistungen, die der Provider im Rahmen dieses Vertragsverhältnisses erbracht hat, besteht nicht, soweit der Kunde nachweist, dass ihm die Nutzung nicht zuzurechnen ist.[9]

(3) Kann der Kunde die Leistungen des Providers in einem Monat länger als acht zusammenhängende Stunden oder insgesamt länger als 24 Stunden nicht nutzen, ist der Kunde zur anteiligen Minderung des nutzungsunabhängigen monatlichen Entgelts berechtigt. Bei der Minderung ist das nutzungsabhängige Entgelt für den Monat in dem Verhältnis herabzusetzen, in welchem die geschuldete zu der tatsächlich gegebenen Verfügbarkeit steht.[10]

(4) Verbindungsnachweise kann der Kunde nicht verlangen.[11]

(5) Die Abrechnung der Leistungen wird dem Kunden jeweils im Online-Portal des Providers zum Abruf bereitgestellt. Alternativ hat der Kunde die Möglichkeit, sich die Abrechnungen kostenpflichtig in Papierform übersenden zu lassen. Der Kunde hat Einwendungen gegen die Abrechnung der vom Provider erbrachten Leistungen innerhalb von acht Wochen nach Zugang der Rechnung schriftlich bei der auf der Rechnung angegebenen Stelle zu erheben. Nach Ablauf der vorgenannten Frist gilt die Abrechnung als vom Kunden genehmigt. Der Provider wird den Kunden mit Übersendung der Rechnung auf die Bedeutung seines Verhaltens besonders hinweisen.[12]

(6) Der Provider wird die auf der Grundlage dieses Vertrages zu zahlenden Entgelte nach billigem Ermessen der Entwicklung der Kosten anpassen, die für die Preisberechnung maßgeblich sind.[13] Eine Preiserhöhung kommt in Betracht und

return debit notes, the Provider is entitled to charge the processing fee for the administration of the return debit note as shown in the current price list.

(2) The Customer is not obliged to pay the fees for services provided by the Provider within the scope of this contractual relationship, if the Customer proves that the use is not attributable to him.[9]

(3) If the Customer is unable to use the Provider's services for more than eight consecutive hours in one month or for more than 24 hours in total in one month, the Customer is entitled to a pro-rata reduction of the fixed monthly fee. In the case of a reduction, the fixed fee for the month is to be reduced in the ratio of the owed availability to the actually given availability.[10]

(4) The Customer may not demand an itemised list of connections.[11]

(5) The invoice for the services is made available to the Customer for retrieval in the online portal of the Provider. Alternatively, the Customer has the option of having the invoices sent to it in paper form at a charge. The Customer has to raise objections against the billing of the services rendered by the Provider within eight weeks after receipt of the invoice in writing to the office indicated on the invoice. After expiry of the aforementioned period, the invoice shall be deemed to have been approved by the Customer. When sending the invoice, the Provider will particularly point out to the Customer the effect of its conduct.[12]

(6) The Provider will adjust the fees to be paid on the basis of this contract at its reasonable discretion to the development of the costs that are decisive for the price calculation.[13] A price increase shall be considered, and a price reduction shall be

eine Preisermäßigung ist vorzunehmen, wenn sich zB die Kosten für die Beschaffung von Hard- und Software sowie Energie, die Nutzung von Kommunikationsnetzen oder die Lohnkosten erhöhen oder absenken oder sonstige Änderungen der wirtschaftlichen oder rechtlichen Rahmenbedingungen zu einer veränderten Kostensituation führen. Steigerungen bei einer Kostenart, zB den Lohnkosten, dürfen nur in dem Umfang für eine Preiserhöhung herangezogen werden, in dem kein Ausgleich durch etwaig rückläufige Kosten in anderen Bereichen, etwa bei den Kosten für Hard- und Software, erfolgt. Bei Kostensenkungen, zB der Hardwarekosten, sind vom Provider die Preise zu ermäßigen, soweit diese Kostensenkungen nicht durch Steigerungen in anderen Bereichen ganz oder teilweise ausgeglichen werden. Der Provider wird bei der Ausübung seines billigen Ermessens die jeweiligen Zeitpunkte einer Preisänderung so wählen, dass Kostensenkungen nicht nach für den Kunden ungünstigeren Maßstäben Rechnung getragen werden als Kostenerhöhungen, also Kostensenkungen mindestens in gleichem Umfang preiswirksam werden wie Kostenerhöhungen. Der Provider wird den Kunden über Entgeltänderungen spätestens sechs Wochen vor Inkrafttreten der Änderungen in Textform informieren. Ist der Kunde mit der Änderung der Preisliste nicht einverstanden, so kann er dieses Vertragsverhältnis außerordentlich zum Zeitpunkt des beabsichtigten Wirksamwerdens der Änderung der Entgelte kündigen. Kündigt der Kunde das Vertragsverhältnis zum Zeitpunkt des Wirksamwerdens der Entgeltänderung nicht, so gilt die Entgeltänderung als von ihm genehmigt. Der Provider wird den Kunden mit der Mitteilung der Entgeltänderung auf die vorgesehene Bedeutung seines Verhaltens besonders hinweisen.

made, if, for example, the costs for the procurement of hardware and software as well as energy, the costs for use of communication networks, or labour costs increase or decrease, or if other changes in the economic or legal framework conditions lead to a changed cost situation. Increases in one cost element, e.g. wage costs, may only be used to increase prices to the extent that they are not offset by any declining costs in other areas, such as the costs of hardware and software. In the event of cost reductions, e.g. hardware costs, the Provider shall reduce the prices, unless these cost reductions are fully or partially offset by increases in other areas. In exercising its reasonable discretion, the Provider shall select the respective points in time of a price change in such a way that cost reductions are not taken into account according to standards that are less favourable for the Customer than cost increases, i.e. cost reductions will have at least the same effect on prices as cost increases. The Provider shall inform the Customer about changes in charges in text form at least six weeks before the changes come into effect. If the Customer does not agree with the change of the price list, it may terminate this contract extraordinarily at the time of the intended coming into effect of the change of the fees. If the Customer does not terminate the contract at the time when the change in remuneration takes effect, the change in remuneration shall be deemed to have been approved by him. The Provider shall specifically draw the Customer's attention to the intended significance of its conduct when notifying the Customer of the change in charges.

(7) Die Erbringung der Leistungen durch den Provider ist daran gebunden, dass der Kunde seinen Zahlungsverpflichtungen rechtzeitig nachkommt. Kommt der Kunde für zwei aufeinanderfolgende Monate mit der Entrichtung eines nicht uner-

(7) The provision of services by the Provider is bound to the fact that the Customer fulfils its payment obligations in time. If the Customer is in default with the payment of a not inconsiderable part of the owed remuneration for two consecu-

heblichen Teils der geschuldeten Vergütung in Verzug, so kann der Provider das Vertragsverhältnis aus wichtigem Grund ohne Einhaltung einer Kündigungsfrist kündigen.[14]

tive months, the Provider may terminate the contractual relationship for good cause without observing a period of notice.[14]

§ 7 Hotline

(1) Der Provider stellt seinen Kunden zur Unterstützung in technischen Fragen eine Hotline zur Verfügung, die über E-Mail, Online-Chat oder Telefon zu erreichen ist. Die Kontaktdaten kann der Kunde der Anlage „Technische Spezifikationen“ oder der Web-Seite des Providers entnehmen.

(2) Die Hotline dient der Unterstützung des Kunden in allen mit der Inanspruchnahme der Leistung des Providers zusammenhängenden Angelegenheiten, insbesondere der Störungsmeldung.

(3) Kundenanfragen an die Hotline werden in der Reihenfolge ihres Einganges bearbeitet.

§ 7 Hotline

(1) The Provider provides its customers with a hotline for support in technical questions, which can be reached via email, online chat or telephone. The Customer can find the contact details in the „Technical Specifications“ appendix or on the Provider's website.

(2) The hotline serves to support the Customer in all matters related to the use of the Provider's services, in particular the reporting of errors.

(3) Customer inquiries to the hotline will be processed in the order in which they are received.

§ 8 Haftung[15]

(1) Die Haftung des Providers für Schäden aufgrund der Nutzung von Telekommunikationsdienstleistungen für die Öffentlichkeit richtet sich nach den Regelungen des Telekommunikationsgesetzes.

(2) Außerhalb des Anwendungsbereichs von Abs. 1 richtet sich die Haftung nach den folgenden Bestimmungen. Der Provider haftet für Vorsatz und grobe Fahrlässigkeit. Für leichte Fahrlässigkeit haftet der Provider nur bei Verletzung einer wesentlichen Vertragspflicht, deren Erfüllung die ordnungsgemäße Durchführung des Vertrags überhaupt erst ermöglicht und auf deren Einhaltung der Kunde regelmäßig vertrauen darf sowie bei Schäden aus der Verletzung des Lebens, des Körpers oder der Gesundheit. Der Provider haftet dabei nur für vorhersehbare Schäden, mit deren Entstehung typischerweise gerechnet werden muss. Die Haftung ist im Falle

§ 8 Liability[15]

(1) The liability of the Provider for damages resulting from the use of telecommunication services for the public is governed by the provisions of the Telecommunications Act (TKG).

(2) Outside the scope of application of paragraph 1, liability shall be governed by the following provisions. The Provider is liable for intent and gross negligence. The Provider is only liable for slight negligence in the event of violation of an essential contractual obligation, the fulfilment of which is essential for the proper execution of the contract and on the observance of which the Customer may regularly rely, as well as for damages resulting from injury to life, body, health. The Provider is only liable for foreseeable damages, the occurrence of which must typically be expected. In case of slight negligence, liability is limited to 25,000 EUR.

leichter Fahrlässigkeit der Höhe nach beschränkt auf 25.000,– EUR. Für den Verlust von Daten und/oder Programmen haftet der Provider insoweit nicht, als der Schaden darauf beruht, dass es der Kunde unterlassen hat, Datensicherungen durchzuführen und dadurch sicherzustellen, dass verloren gegangene Daten mit vertretbarem Aufwand wiederhergestellt werden können.

The Provider is not liable for the loss of data and/or programs to the extent that the damage is due to the fact that the Customer has failed to carry out data backups and thereby ensure that lost data can be restored with reasonable effort.

§ 9 Änderung der Vertragsbedingungen[16]

Soweit nicht bereits anderweitig speziell geregelt, ist der Provider berechtigt, diese Vertragsbedingungen wie folgt zu ändern oder zu ergänzen. Der Provider wird dem Kunden die Änderungen oder Ergänzungen spätestens sechs Wochen vor ihrem Wirksamwerden in Textform ankündigen. Ist der Kunde mit den Änderungen oder Ergänzungen der Vertragsbedingungen nicht einverstanden, so kann er den Änderungen mit einer Frist von einer Woche zum Zeitpunkt des beabsichtigten Wirksamwerdens der Änderungen oder Ergänzungen widersprechen. Der Widerspruch bedarf der Textform. Widerspricht der Kunde nicht, so gelten die Änderungen oder Ergänzungen der Vertragsbedingungen als von ihm genehmigt. Der Provider wird den Kunden mit der Mitteilung der Änderungen oder Ergänzungen der Vertragsbedingungen auf die vorgesehene Bedeutung seines Verhaltens besonders hinweisen.

§ 9 Change of the Contractual Conditions[16]

Unless explicitly set forth otherwise, the Provider is entitled to amend or supplement these contractual conditions as follows. The Provider shall notify the Customer of the changes or amendments in text form at least six weeks before they take effect. If the Customer does not agree with the amendments or additions to the contractual terms and conditions, ☒☒ may object to the amendments or additions no later than one week prior to the date of the intended entry into force of the amendments or additions. Such objection requires the text form. If the Customer does not object, the changes or amendments to the contractual terms and conditions shall be deemed to have been approved by him. The Provider shall specifically draw the Customer's attention to the intended significance of its conduct when notifying the Customer of the changes or amendments to the contractual conditions.

§ 10 Vertragslaufzeit

(1) Das Vertragsverhältnis ist zum Ablauf von 12 Monaten nach Vertragsschluss für jede Vertragspartei mit einer Frist von einem Monat erstmalig kündbar. Wird das Vertragsverhältnis nicht gekündigt, verlängert es sich jeweils um ein Jahr, wenn es nicht zum Ablauf der Verlängerungszeitraumes mit einer Frist von einem Monat gekündigt wird.[17]

§ 10 Termination

(1) This contract shall remain in effect for twelve months following the date of conclusion of this contract, and unless terminated upon one month notice prior to the end of such initial term, will be renewed automatically for additional, successive twelve months terms subject to the same renew and notice terms as provided for the initial term.[17]

(2) Die Kündigung durch den Kunden hat unter Angabe der Kundennummer zu erfolgen.

(3) Das Recht zur Kündigung aus wichtigem Grund bleibt unberührt.

(4) Jede Kündigung bedarf der Schriftform.[18]

(2) Termination by the Customer must be made by stating the Customer number.

(3) The right to terminate for good cause remains unaffected.

(4) Any termination must be in writing.[18]

§ 11 Datenschutz[19]

(1) Es gelten die Datenschutzhinweise, die diesen Bedingungen als Anlage beigefügt sind.

(2) Der Kunde stellt sicher, dass er bei der Nutzung des LoRaWAN-Netzes personenbezogene Daten nur dann verarbeitet, wenn er hierzu berechtigt ist. Lösen Dritte aufgrund gesetzlicher Rechte Leistungen des Providers aus, die dieser regelmäßig nur gegen Entgelt erbringt (Zurverfügungstellung und Übertragung von Daten etc), hat der Kunde diese Kosten gegenüber dem Provider zu tragen, soweit die Maßnahmen der Dritten durch den Kunden veranlasst wurden.[20]

(3) Falls Dritte aufgrund einer Handlung oder Unterlassung des Kunden gegen den Provider Ansprüche im Zusammenhang mit der Verarbeitung ihrer Daten geltend machen, stellt der Kunde den Provider von diesen Ansprüchen sowie den hiermit verbundenen angemessenen Kosten der Rechtsverteidigung frei, soweit die Verletzung nicht in den Verantwortungsbereich des Providers fällt. Der Provider wird den Kunden unverzüglich über die Geltendmachung solcher Ansprüche informieren und ihm Gelegenheit zur Abwehr des geltend gemachten Anspruchs einräumen. Der Provider wird den Kunden durch die Bereitstellung von Informationen bei der Abwehr des Anspruchs unterstützen.

§ 11 Data Protection[19]

(1) The data protection notices which are attached to these terms and conditions shall apply.

(2) The Customer shall ensure that when using the LoRaWAN network it only processes personal data if it is authorised to do so. If due to legal rights third parties trigger services of the Provider, which the Provider regularly provides only against payment (provision and transfer of data etc), the Customer has to bear these costs towards the Provider, as far as the measures of the third parties were initiated by the Customer.[20]

(3) If third parties assert claims against the Provider in connection with the processing of their data due to an act or omission of the Customer, the Customer shall indemnify the Provider from these claims as well as from the reasonable costs of legal defense associated therewith, insofar as the violation does not fall within the area of responsibility of the Provider. The Provider will inform the Customer immediately about the assertion of such claims and will give it the opportunity to defend the asserted claim. The Provider will support the Customer in defending the claim by providing information.

§ 12 Schlussbestimmungen

(1) Allgemeine Geschäftsbedingungen der Parteien im Übrigen finden für diesen Vertrag keine Anwendung. Dies gilt auch

§ 12 Concluding Provisions

(1) General terms and conditions of the parties other than the terms and conditions of this contract shall not apply. This

dann, wenn solchen Bedingungen nicht ausdrücklich widersprochen wird.

(2) Die Abtretung von Forderungen ist nur mit vorheriger schriftlicher Zustimmung der anderen Vertragspartei zulässig. Die Zustimmung darf nicht unbillig verweigert werden. Die Regelung des § 354a HGB bleibt hiervon unberührt.

(3) Ein Zurückbehaltungsrecht kann nur wegen Gegenansprüchen aus dem jeweiligen Vertragsverhältnis geltend gemacht werden.

(4) Überlässt der Provider dem Kunden Geräte wie Sensoren, Gateways oÄ zur Nutzung, die im Eigentum des Providers verbleiben, kann sich der Provider von einer Rücknahmepflicht durch Übertragung des Eigentums an den Kunden befreien. Der Kunde stimmt der Eigentumsübertragung unter der Bedingung einer entsprechenden Erklärung des Providers bereits jetzt zu. Die verschuldensunabhängige Haftung nach § 536a BGB ist für diese Überlassungsvorgänge ausgeschlossen.

(5) Die Vertragsparteien können nur mit Forderungen aufrechnen, die rechtskräftig festgestellt oder unbestritten sind.

(6) Alle Änderungen und Ergänzungen vertraglicher Vereinbarungen bedürfen der Schriftform, ebenso die Aufhebung des Schriftformerfordernisses, soweit dieser Vertrag nicht die Textform vorsieht.

(7) Sollten einzelne Bestimmungen der Parteivereinbarungen ganz oder teilweise unwirksam sein oder werden, wird die Wirksamkeit der übrigen Bestimmungen hierdurch nicht berührt. Die Parteien verpflichten sich für diesen Fall, die ungültige Bestimmung durch eine wirksame Bestimmung zu ersetzen, die dem wirtschaftlichen Zweck der ungültigen Bestimmung möglichst nahe kommt. Entsprechendes gilt für etwaige Lücken der Vereinbarungen.

(8) Es gilt das Recht der Bundesrepublik Deutschland.

(9) Gerichtsstand ist . . . .[21]

also applies if such conditions are not expressly contradicted.

(2) The assignment of claims is only permitted with the prior written consent of the other party to the contract. Consent shall not be unreasonably withheld. The statutory provision of § 354a HGB remains unaffected.

(3) A right of retention may only be asserted due to counterclaims based on the respective contractual relationship.

(4) If the Provider cedes to the Customer, for the Customer's use, devices such as sensors, gateways or similar, which remain the property of the Provider, the Provider may release himself from a take-back obligation by transferring the ownership to the Customer. The Customer agrees already now to the transfer of ownership under the condition of a corresponding declaration of the Provider. The strict liability in accordance with § 536a BGB is excluded for these lease events.

(5) The parties may only set off claims that have been legally established by a final court decision or are undisputed.

(6) All amendments and additions to agreements between the parties must be made in writing, as must the cancellation of the requirement for the written form, unless this contract provides for the text form.

(7) Should individual provisions of agreements between the parties be or become invalid in whole or in part, the validity of the remaining provisions shall not be affected thereby. In this case, the parties undertake to replace the invalid provision with a valid provision that comes as close as possible to the economic purpose of the invalid provision. The same applies to any gaps in the agreements.

(8) The law of the Federal Republic of Germany shall apply.

(9) Place of jurisdiction is . . . .[21]

(10) Die Vertragsparteien haben den Vertrag in einer deutschen und einer englischsprachigen Fassung geschlossen. Für die rechtlichen Wirkungen zwischen den Parteien ist allein die deutsche Fassung maßgeblich.[22]

(10) The parties have concluded the contract in a German and an English version. Only the German version is decisive for the legal effects between the parties.[22]

Anlagen
Technische Spezifikationen
Datenschutzhinweise

Annexes
Technical Specifications
Privacy Policy

Datum/Unterschrift

Date/Signature

Anmerkungen

1. Sachverhalt. Dieses Formular regelt den Zugang zu Kommunikationsnetzen. Das typische Kommunikationsnetz ist das Internet. Das Formular behandelt jedoch nicht den Zugang zum Internet, sondern zu einem **Funknetz**, einem sogenannten **Low Power Network** in Form eines Long Range Wide Area Networks (LoRaWAN). Während der Zugang zum Internet einen weltweiten Zugriff auf Inhalte ermöglicht, ist die Reichweite eines LoRaWAN auf das jeweilige Netz beschränkt. Eine Verbindung von LoRaWAN-Netzen untereinander ist möglich, aber nicht üblich. Verbreitet ist die Anbindung des LoRaWAN-Netzes an das Internet, insbesondere, um Daten an Server übertragen zu können, die eine Weiterverarbeitung ermöglichen. Wegen der hohen Reichweite kann mit einem solchen Netz ein Gebiet von mehreren Quadratkilometern abgedeckt werden. Ein wesentlicher Vorteil eines LoRaWAN-Netzes ist, dass mit einer geringen Sendeleistung gearbeitet wird, die einen Batteriebetrieb der Sender über mehrere Jahre ohne Batteriewechsel ermöglicht. Dafür steht jedoch nur eine eingeschränkte Bandbreite für die Datenübermittlung zur Verfügung. Einsatzszenarien für LoRaWAN-Netze sind die Kommunikation mit technischen Einrichtungen, wie das dem Formular zu Grunde liegende Beispiel der Anbindung von Ladestationen für Elektro-Autos zeigt. Über dieses Beispiel hinaus werden LoRaWAN-Netze dazu verwendet, um Parkräume zu bewirtschaften, Beleuchtungsanlagen zu schalten, Gebäudetechnik fernzusteuern oder auch in der industriellen Produktion Maschinen miteinander kommunizieren zu lassen („**Machine to Machine**" – M2M). LoRaWAN-Netze sind damit ein Element des Internet of Things (IoT).

Beim Betrieb eines LoRaWAN-Netzes sind die Anforderungen des Telekommunikationsrechts zu beachten. Der Betreiber eines solchen Netzes ist **Telekommunikationsdienstleister**. Bietet er die Dienste keiner geschlossenen Benutzergruppe an, erbringt er die Leistungen öffentlich und unterliegt der besonderen Regulierung durch das TKG. Insbesondere ist der Betreiber nach § 5 TKG verpflichtet, seine Tätigkeit der Bundesnetzagentur zu melden. Zu berücksichtigen ist allerdings, dass viele im TKG vorgesehene Regelungen für Betreiber öffentlicher Telekommunikationsnetze auf das private LoRaWAN nicht passen, weil das Gesetz andere Geschäftsmodelle im Fokus hat. Es bleibt abzuwarten, ob und inwieweit die Besonderheiten der Kommunikation über LoRaWAN-Netze eine abweichende Anwendung des TKG rechtfertigen.

Im Bereich der **Energiewirtschaft** gibt es bereits einige Anwendungsbeispiele für die Kommunikation über LoRaWAN-Netze, insbesondere zum Auslesen von Messwerten zu Energieverbräuchen. Für solche Fälle sind neben den Vorschriften des TKG (insbesondere § 7 TKG zur strukturellen Separierung) unter Umständen auch die Regelungen im Messstellenbetriebsgesetz (MsbG) zu beachten.

Das Formular kann auch zur Regelung des **Zugangs zum Internet** einschließlich der Nutzung von **E-Mail-Diensten** verwendet werden. Die dazu erforderlichen Anpassungen werden im Folgenden erwähnt. Verwender der Bedingungen ist der Provider. Das Vertragsmuster ist eher anbieterfreundlich ausgestaltet.

2. Access-Vertrag. Der Provider bietet dem Kunden an, Daten über das vom Provider betriebene LoRaWAN-Netz zu übertragen, insbesondere Messdaten abzufragen. Dazu muss der Kunde an den entsprechenden technischen Einrichtungen Sensoren zum Erfassen der Messdaten anbringen. Diese Sensoren („Nodes") müssen in der Lage sein, mit den Gateways des Netzes zu kommunizieren. Ist der Kunde **Messstellenbetreiber** nach dem Messstellenbetriebsgesetz (MsbG), hat er die in dem Gesetz genannten Voraussetzungen zu beachten. Werden, wie in dem hier zugrunde liegenden Sachverhalt, Daten einer Ladesäule für Elektro-Autos ausgelesen, ist das MsbG nur anwendbar, wenn es sich um Messwerte handelt. Messwerte sind nach § 2 S. 1 Nr. 14 MsbG „Angaben über vom Anschlussnutzer über einen bestimmten Zeitraum entnommene, erzeugte oder eingespeiste Energiemengen". Die Nutzung des LoRaWAN erfolgt nach dem Sachverhalt aber nur dazu, festzustellen, ob die Ladestation belegt ist und welche Ladekapazität genutzt werden kann. Das ist außerhalb des Anwendungsbereiches des MsbG. Der Kunde kann die an der Ladesäule anfallenden Informationen über das Funknetz und ein Gateway des Providers an die vom Kunden betriebene Cloud-Applikation übertragen, um sie dort zu verwerten.

Wird statt eines LoRaWAN-Zugangs der **Zugang zum Internet** einschließlich des Erbringens von **E-Mail-Leistungen** angeboten, kann folgende alternative Formulierung verwendet werden:

§ 1 Leistungen des Providers

(1) Der Provider unterstützt den Kunden beim Zugang zum Internet, um Informationen abrufen und weitergeben zu können, sowie zum Austausch von E-Mails. Dazu übernimmt er für den Kunden die Vermittlung von Daten aus und zu Teilnetzen des Internets über das von ihm betriebene Datennetz. Die technischen Einzelheiten der Leistungen des Providers und deren Voraussetzungen ergeben sich aus den Technischen Spezifikationen, die Bestandteil dieses Vertrages sind.

(2) Die Leistungen des Providers beschränken sich allein auf die Vermittlung der vom Kunden initiierten Datenkommunikation zwischen dem Anschluss des Kunden und dem Übergabepunkt des Providers an das Internet. Eine Einflussnahme auf den Datenverkehr außerhalb des eigenen Kommunikationsnetzes ist dem Provider nicht möglich. Eine erfolgreiche Weiterleitung von Informationen von oder zu dem vom Kunden angesprochenen Zielrechner ist insoweit nicht geschuldet.

Der Vertrag über den Netzzugang ist ein **Dienstvertrag**, weil der Provider nur die Bereithaltung des Anschlusses und das Bemühen um die Herstellung einer Verbindung zum jeweiligen Netz schuldet (BGH MMR 2010, 398 Rn. 18; Auer-Reinsdorff/Conrad IT- und DatenschutzR-HdB/Auer-Reinsdorff § 21 Rn. 25; einschränkend BGH MMR 2013, 398 Rn. 18). Bei der rechtlichen Gestaltung von Access-Verträgen ist zu berücksichtigen, ob die Kommunikation direkt zwischen Sender und Empfänger erfolgt oder über mehrere verbundene Netze unabhängiger Betreiber. So ist das Internet kein geschlossenes Kommunikationsnetz, das von einem Betreiber beherrscht wird, es stellt vielmehr einen Verbund von mehr oder minder leistungsfähigen Teilnetzen dar. Das ist relevant, weil der an der Datenübermittlung beteiligte Netzbetreiber technisch keinen Einfluss auf den Weg der Datenübertragung in anderen Netzen nehmen kann. In allen am Kommunikationsvorgang beteiligten Teilnetzen wird selbstständig entschieden, an welches weitere Teilnetz ein Datenpaket weitergeleitet wird. Eine Orientierung der Datenübermittlung insgesamt am kürzesten oder schnellsten Übertragungsweg erfolgt regelmäßig nicht.

Da die technischen Grundlagen dem Kunden häufig unbekannt sind, sollten vor allem in Hinblick auf § 307 Abs. 3 S. 2 BGB die **Leistungspflichten** des Providers **klar und verständlich** beschrieben werden (vgl. zum Transparenzgebot auch für Leistungsbeschreibungen Grüneberg/Grüneberg BGB § 307 Rn. 42 und 20 ff.). Es ist dabei darauf zu achten, die Leistungsbeschreibung nicht so abzufassen, dass der Provider Leistungsrisiken übernimmt, die seiner Steuerung entzogen sind. Das Vertragsmuster geht bei der Beschreibung der vom Provider zu erbringenden Leistungen daher nur auf den Bereich ein, auf den der Provider selbst Einfluss nehmen kann, weil er diesen Bereich beherrschen kann. Das ist hinsichtlich der Übermittlung von Daten das von dem Access-Provider betriebene Teilnetz. Andere Netzbetreiber können allerdings **Erfüllungsgehilfen** des Providers sein (OLG Düsseldorf MMR 2010, 265), so dass der Provider auch für deren Fehlverhalten gegenüber dem Kunden einstehen muss.

Weil die Qualität der Leistungserbringung bezüglich des eigenen Datennetzes insbesondere von der Leistungsfähigkeit der vom Provider eingesetzten technischen Komponenten abhängt, sollte zur Verdeutlichung der konkret bestehenden Leistungspflichten eine weiter detaillierte **Beschreibung des Leistungsvermögens**, beispielsweise hinsichtlich der **Verfügbarkeit** (→ Anm. 4), der **Bandbreite**, des **Datendurchsatzes**, der Paketgeschwindigkeit etc getroffen werden (vgl. Petri/Göckel CR 2002, 329 (333)). Diese technischen Einzelheiten werden für dieses Vertragsmuster vom Provider in der weiteren Leistungsbeschreibung, den „Technischen Spezifikationen“ dargestellt, die Vertragsbestandteil ist.

Sofern der Provider nicht lediglich Leistungen für einen abgegrenzten Benutzerkreis erbringt, sondern für beliebige natürliche oder juristische Personen, hat er insbesondere die gesetzlichen Rahmenbedingungen für Anbieter von **Telekommunikationsdienstleistungen für die Öffentlichkeit** zu beachten. Von erheblicher Bedeutung sind dabei die Kundenschutzvorschriften in den §§ 51 ff. TKG. Von diesen Vorschriften kann, soweit nicht im Gesetz ausdrücklich zugelassen, nicht zu Lasten des Kunden abgewichen werden. Zu beachten ist auch § 52 TKG, der wesentliche Informationspflichten enthält. Auf die Machine to Machine-Kommunikation finden diese Vorschriften aber überwiegend keine Anwendung.

Neben dem Telekommunikationsrecht finden auf die Leistungen des Providers auch das Gesetz über digitale Dienste (Digital Services Act – DSA) Anwendung, das ab 17.2.2024 für Anbieter von Vermittlungsdiensten gilt und durch das **Digitale Dienste Gesetz** (DDG), das viele Regelungen des TMG fortführen wird, konkretisiert werden wird. Die aus dem TMG bekannten Haftungsprivilegierungen bleiben im Wesentlichen im DSA erhalten. Der Access-Provider, der lediglich Daten übermittelt, haftet nach Art. 4 DSA nicht für die übermittelten Inhalte. Auch zählen **E-Mail-Dienste** nicht zu den Hosting-Diensten in Form der Bereitstellung von Onlineplattformen nach Art. 3 lit. i DSA, weil sie nur der interpersonellen, aber nicht der öffentlichen Kommunikation dienen (Erwgr. 14 DSA). Für den **Datenschutz** und das **Fernmeldegeheimnis** gelten die Bestimmungen des TTDSG (zukünftig Telekommunikation-Digitale-Dienste-Datenschutzgesetz – TDDDG).

Ergänzung E-Mail-Dienst. In der Praxis ist mit der Gewährung des Internetzugangs auch die Zurverfügungstellung einer oder mehrerer E-Mail-Adressen verbunden. Für LoRaWAN-Netze kommt die Übertragung von Mails wegen der geringen Bandbreite grundsätzlich nicht in Frage. Wird das Formular aber als Grundlage für einen Internet-Access verwendet, kann es um folgende Regelungen zum Mailing erweitert werden.

§ 2 E-Mail-Service

(1) Der Provider erbringt für den Kunden auf der Grundlage der Leistungen nach § 1 E-Mail-Dienste. Diese Dienste umfassen das Empfangen, Speichern und Übermitteln von an den Kunden gerichteten E-Mails, sowie das Empfangen, Speichern und Übermitteln von E-Mails, die der Kunde

an von ihm benannte Empfänger versenden möchte. Einzelheiten zum Leistungsumfang sind in den Technischen Spezifikationen geregelt.

(2) Die Pflichten des Providers hinsichtlich der Weiterleitung von E-Mails beschränken sich auf die Entgegennahme der vom Kunden zu übermittelnden E-Mails und, falls die Adresse des Empfängers nicht zum Kommunikationsnetz des Providers gehört, die Übergabe dieser Mails an das Internet an einem vom Provider bereitgehaltenen Übergabepunkt zum Internet. Entsprechend besteht die Leistung hinsichtlich der an den Kunden gerichteten E-Mails aus der Entgegennahme der E-Mails am Übergabepunkt des providereigenen Kommunikationsnetzes zum Internet und dem Bereithalten der empfangenen E-Mails zum Abruf durch den Kunden.

(3) Der maximale für den Kunden bereitgestellte Speicherplatz beträgt 2 Gigabyte (GB). Wird durch eine eingehende E-Mail dieser Speicherplatz überschritten, ist der Provider berechtigt, diese E-Mail zurückzuweisen. Der Kunde wird über diese Zurückweisung nicht unterrichtet.

(4) Der Provider kann die Annahme einer E-Mail zum Versand zurückweisen, wenn die E-Mail eine Größe von mehr als 10 Megabyte (MB) hat. Bei Mails, die an mehr als 500 Adressaten versandt werden sollen, ist zuvor die Freigabe durch den Provider einzuholen.

(5) Der Provider leitet sowohl ein-, als auch ausgehende E-Mails ohne Überprüfung auf Viren, so genannte Trojaner oder ähnliche Schadsoftware weiter.

(6) Die Verpflichtung des Providers zur Speicherung eingegangener E-Mails ist auf die Dauer des Vertragsverhältnisses begrenzt. VIER WOCHEN NACH BEENDIGUNG DES VERTRAGSVERHÄLTNISSES WIRD DER PROVIDER DIE FÜR DEN KUNDEN GESPEICHERTEN E-MAILS OHNE WEITERE MITTEILUNG LÖSCHEN.

Das Empfangen und Versenden von E-Mails ist einer der am häufigsten genutzten Internet-Dienste. Übernimmt der Provider die Datenübertragung, stellt die Leistung auch einen **Telekommunikationsdienst** nach § 3 Nr. 24 TKG dar (Redeker IT-Recht Rn. 1255).

In der Regel werden E-Mails nicht direkt an den Kunden weitergeleitet, sondern auf einem Mail-Server des Providers zum Abruf durch den Kunden bereitgehalten. Das Speichern der Mails beinhaltet die **Miete** eines entsprechenden Speicherplatzes. Ist der Kunde ein **Verbraucher**, ist § 578b iVm § 327 Abs. 2 S. 2 Nr. 1 BGB zu beachten (s. zur Miete digitaler Produkte auch → Form. C.12). Da auf diesem Mail-Server nicht unbegrenzt Speicherkapazität zur Verfügung steht, wird in der Klausel der maximal zur Verfügung stehende Speicherplatz definiert. Der Provider ist berechtigt, jedoch nicht verpflichtet, E-Mails, die diesen Speicherplatz über die vereinbarten 2 GB hinaus belegen würden, zurückzuweisen. Auf eine Benachrichtigung über die Zurückweisung hat der Kunde keinen Anspruch. Diese Benachrichtigung wäre auch schwer umzusetzen, da ja der Speicherplatz gerade nicht mehr ausreichend ist. Der Absender der Mail wird in solchen Fällen informiert, dass die Mail nicht angenommen werden konnte.

Zur Ressourcenschonung ist die Größe und Anzahl der zu versendenden E-Mails beschränkt. Es gehört nicht zu den Pflichten des Providers, ein- oder ausgehende E-Mails auf Viren, Trojaner oÄ zu überprüfen, da die Verseuchung der E-Mails zB mit Viren nicht aus dem Verantwortungsbereich des Providers stammt, der die E-Mails lediglich durchleitet. Zudem wäre es aus Gründen des Datenschutzes und des Fernmeldegeheimnisses problematisch, die Mails der Kunden ohne deren ausreichende Einwilligung zu scannen (Hoeren NJW 2004, 3513 (3516)). E-Mails stellen in der Regel personenbezogene Daten dar. Mit Beendigung des Vertragsverhältnisses erlischt das Recht des Providers, diese personenbezogenen Daten zu speichern. Dementsprechend weist die Klausel den Kunden darauf hin, dass die vorhandenen E-Mails nach Beendigung des Vertragsverhältnisses gelöscht werden. Um nicht überraschend iSd § 305c BGB zu sein, ist der Passus in Großbuchstaben gedruckt.

3. Datenverkehr in andere Netze. Diese Regelung dient der Klarstellung, dass dem Provider eine Einflussnahme auf den Datenverkehr außerhalb des eigenen Kommunikationsnetzes nicht möglich ist und dementsprechend ein Erfolg der Datenübermittlung nicht geschuldet wird.

4. Verfügbarkeit. Aufgrund der technischen Rahmenbedingungen kann der Provider die von ihm versprochenen Leistungen nicht ununterbrochen erbringen. Wartungsarbeiten und nicht zu vermeidende technische Defekte bedingen eine nicht immer steuerbare Unterbrechung der Leistungserbringung. Diese eingeschränkte Verfügbarkeit der Leistungen muss auch rechtlich abgebildet werden, um dem Kunden deutlich zu machen, welche Erwartungen er hinsichtlich der Leistungsfähigkeit des Providers berechtigterweise haben kann. Das Vertragsmuster folgt hierzu der verbreiteten Regelung, die vom Provider versprochene Verfügbarkeit in einem Prozentsatz anzugeben. Die Verfügbarkeit soll die Leistungspflicht des Providers definieren und im Rahmen einer Prognose sicherstellen, dass er auch bei Anwendung der üblichen Anstrengungen durch die unvermeidbaren Leistungsstörungen keinen Ansprüchen des Kunden ausgesetzt wird, solange er sich bei der Leistungserbringung nur im Rahmen der geschuldeten Verfügbarkeit hält. Verfügbarkeitsklauseln bewegen sich damit auf einem schmalen Grat zwischen inhaltlicher Beschreibung der geschuldeten Primärleistung und Beschränkung der dem Kunden zustehenden Leistungsstörungsansprüche (hierzu LG Karlsruhe CR 2007, 396; Rössel ITRB 2007, 106). Bei der Definition ist jedenfalls darauf zu achten, dass die Bestimmung klar und verständlich ist, weil anderenfalls ein Verstoß gegen das AGB-rechtliche **Transparenzgebot** vorliegen kann. Da die Verfügbarkeit prozentual angegeben ist, muss zugleich definiert werden, an welchem Maßstab sich die Verfügbarkeit ausrichtet. Selbst bei einer relativ hohen Verfügbarkeit von 98,5 % ergeben sich erhebliche Unterschiede je nachdem, ob der Bezugszeitraum ein Tag, ein Monat oder ein Jahr ist. In manchen Klauseln wird eine Verfügbarkeit festgelegt in der Annahme, dass Leistungshindernisse, die vom Provider nicht zu vertreten sind, die Verfügbarkeit nicht beeinträchtigen. Der Kunde würde in diesem Fall keine Verfügbarkeit von 98,5 % erhalten, sondern von 98,5 % abzüglich der nicht vom Provider zu vertretenden Leistungshindernisse. Eine solche Intention muss dem Kunden jedoch erkenntlich sein, um nicht als intransparent zu gelten (vgl. hierzu auch OLG Köln MMR 2000, 755 (757) als Vorinstanz zu BGH MMR 2001, 225).

5. Zugang der Zugangscodes. Hier wird klargestellt, dass eine Leistungsverpflichtung des Providers gegenüber dem Kunden erst ab Zugang der Zugangscodes besteht. Dies ist dann sinnvoll, wenn der Anbieter sich vor der Leistungserbringung noch von der Identität seines Vertragspartners überzeugen möchte, etwa wenn der Vertrag über das Internet angebahnt oder bereits geschlossen wird. Er hat dann die Möglichkeit, zuvor das Post-Ident-Verfahren zu nutzen.

6. Nachweis der Leistungsinanspruchnahme. Der Provider ist gegenüber seinem Kunden beweispflichtig dafür, dass der Kunde die von dem Provider in Rechnung gestellten Leistungen auch in Anspruch genommen hat bzw. in Anspruch nehmen konnte. Der Nachweis erfolgt über die Identifizierung des Nutzers anhand des Zugangscodes.

7. Resale. Nach § 70 TKG genießt der Provider gegenüber Endkunden ein Haftungsprivileg (→ Anm. 15). Dieses Haftungsprivileg gilt jedoch dann nicht, wenn der Kunde des Providers kein Endnutzer ist. Damit der Provider sein Haftungsrisiko steuern kann, sieht die Klausel vor, dass der Kunde nicht als Leistungsmittler auftreten darf.

8. Mitwirkungsleistungen. Um Störungen bei der Leistungserbringung zu minimieren, ist der Kunde verpflichtet, bestimmte Mitwirkungsleistungen zu erbringen. Diese Mitwirkungsleistungen beziehen sich in erster Linie auf die Verwendung geeigneter Hard- und Software. Die Klausel verweist daher auf die Technischen Spezifikationen. Daneben übernimmt es der Kunde, den Zugang nicht rechtswidrig zu nutzen. Der Access-Provider kann nach Art. 4 des DSA für die Durchleitung von Informationen nicht in die Haftung genommen werden. Zu einer allgemeinen Überwachung der Kunden-Aktivitäten ist der

Provider nach Art. 8 DSA nicht verpflichtet. Da die Auslegung des DSA eine Haftung in bestimmten Ausnahmefällen nicht ausschließen muss, sieht das Formular für den theoretischen Fall einer Mitursächlichkeit des Kunden für eine Inanspruchnahme des Providers einen Regress gegen den Kunden vor. Die Mitwirkungsleistung ist dazu in dem Formular als Pflicht ausgestaltet, um einen Schadensersatzanspruch überhaupt begründen zu können. Zudem ist eine vertragliche Kostenübernahme vorgesehen, die allerdings AGB-rechtlichen Bedenken hinsichtlich der Transparenz begegnen dürfte. Der Verwender sollte prüfen, ob ein bestimmter Kostenbeitrag eingefügt werden kann.

9. Nachweis der Befreiung von der Entgeltpflicht. Erbringt der Provider nach Übermittlung der richtigen Zugangsdaten Leistungen, so gilt der Beweis des ersten Anscheins, dass die Leistungen vom Kunden in Anspruch genommen wurden, da er allein über diese Zugangsdaten verfügen darf (→ Anm. 6). Korrespondierend hierzu trifft ihn die Vergütungspflicht für die vom Provider nach Übermittlung der Zugangsdaten erbrachten Leistungen.

10. Minderung. Der Access-Vertrag wird überwiegend dem Typus des Dienstvertrages zugeordnet (BGH MMR 2010, 398 Rn. 18; Auer-Reinsdorff/Conrad IT- und DatenschutzR-HdB/Auer-Reinsdorff § 21 Rn. 25; aA Spindler/Schuster/Schuster BGB § 307 Rn. 39–42). Der Kunde hat damit kein gesetzliches Minderungsrecht, da das Dienstvertragsrecht eine Gewährleistung nicht vorsieht. Gerade wegen der fehlenden Gewährleistung wird eine Zuordnung zum Werkvertragsrecht (Spindler/Schuster/Schuster BGB § 307 Rn. 42) oder, jedenfalls für das Leistungsstörungsrecht, zum Mietrecht (Redeker IT-R Rn. 1250) gefordert. Das Formular versucht hier eine Vermittlung zwischen den Vertragstypen und sieht eine Minderung nach einer gewissen Zeit vor. Nur wenn die angegebenen Zeiten überschritten werden, ist eine Minderung möglich. Das führt letztlich zu einer im Werkvertragsrecht nach § 638 Abs. 1 S. 2 BGB nicht vorgesehenen Erheblichkeit der Beeinträchtigung als Grundlage für eine Minderung. Das Mietrecht wiederum kennt in § 536 Abs. 1 S. 3 BGB eine Erheblichkeitsschwelle. Bei der Übernahme des Formulars können diese Zeiten individuell angepasst werden. Zu beachten ist allerdings, dass bei einer strikten Anwendung des Werk- oder Mietvertragsrechts auch im unternehmerischen Rechtsverkehr der Abweichung von der gesetzlichen Leitlinie der §§ 638 und 536 BGB enge Grenzen gesetzt sein dürften.

11. Einzelverbindungsnachweis. Nach § 65 TKG hat der Kunde generell einen Anspruch auf einen Einzelverbindungsnachweis gegen jeden Anbieter öffentlich zugänglicher Telekommunikationsdienste, um die Teilbeträge der Rechnung nachprüfen zu können. Ist mit dem Anbieter ein Pauschaltarif vereinbart, läuft diese Nachprüfung mangels solcher Teilbeträge ins Leere. Auf Pauschaltarife ist § 65 TKG daher allgemein nicht anwendbar (Geppert/Schütz/Ditscheid/Rudloff TKG § 65 Rn. 40).

12. Abrechnungen. Der Provider darf dem Kunden eine Online-Abrechnung zur Verfügung stellen, wenn alternativ die Möglichkeit der Übersendung in Papierform – auch in einem anderen Tarif – gegeben ist (BGH NJW 2009, 3227 Rn. 21). Nach § 67 Abs. 2 TKG muss der Vertragspartner mindestens acht Wochen ab Zugang der Rechnung Einwendungen geltend machen können.

13. Entgeltänderung. Änderungen des Vertragsinhalts haben sich an den §§ 305 ff. BGB zu orientieren. Im Zuge seiner Rechtsprechung zu Preisanpassungen, insbesondere bei Energieversorgern, hat der BGH Leitlinien für die Anpassung von Entgelten in AGB aufgestellt, die es dem Verwender schwer oder sogar unmöglich machen, eine Änderungsklausel zu gestalten, die der Inhaltskontrolle standhält (dazu → Vorb. A.III.10). Das Formular verwendet eine Klausel, die der BGH im Rahmen eines Strombezugsvertrages für wirksam erachtet hat (BGH NJW 2016, 936).

14. Kündigung wegen Zahlungsverzugs. Diese Bestimmung ist § 543 Abs. 2 Nr. 3a BGB nachempfunden. Wenn die Vergütung für die Inanspruchnahme der Providerleistungen nutzungsabhängig berechnet wird, kann für die Bestimmung des außerordentlichen Kündigungsrechts nicht auf einen bestimmten Betrag, sondern allein darauf abgestellt werden, dass das Entgelt in Höhe eines zumindest nicht unerheblichen Teils der geschuldeten Vergütung nicht gezahlt wurde. Erbringt der Provider seine Leistungen im Rahmen einer Flatrate, so kann auch vereinbart werden, dass die Kündigung dann möglich ist, wenn der Kunde in einem Zeitraum, der sich über mehr als zwei Termine erstreckt, mit der Entrichtung der Vergütung in Höhe eines Betrages in Verzug ist, der die Vergütung für zwei Monate erreicht (§ 543 Abs. 2 Nr. 3b BGB). Diese Regelungen sollten als gesetzliche Leitbilder für die Miete als typisches Dauerschuldverhältnis auch in anderen Dauerschuldverhältnissen einer AGB-Kontrolle standhalten.

15. Haftungsbeschränkung. Die Rechtsnatur des Access-Provider-Vertrags ist umstritten. Vieles spricht für eine differenzierte Betrachtung, die an den Datenverkehr anknüpft und zwischen dem Herrschaftsbereich des Providers und dem Datenverkehr in fremden Netzen unterscheidet. Dann könnte dem Provider für den von ihm beherrschten Bereich eine Erfolgspflicht auferlegt werden, womit in der Folge Werkvertragsrecht zur Anwendung käme (Spindler/Schuster/Schuster BGB § 307 Rn. 39 ff.). Der BGH folgt der hM und seiner Rechtsprechung zur Sprachtelefonie bei den Festnetz- und Mobilfunkverträgen und sieht den Access-Vertrag als **Dienstvertrag** an (BGH NJW 2005, 2076; ohne Festlegung in BGH MMR 2013, 398 Rn. 15). Das hat für den Provider den Vorteil, dass er keiner Mängelhaftung unterliegt (→ Anm. 10). Für die Erbringung seiner Leistungen gilt das allgemeine Leistungsstörungsrecht. Für daraus resultierende Haftungsfälle versucht die Klausel eine Privilegierung des Providers zu erreichen.

Die Haftungsklausel unterteilt sich in die Wiedergabe der Haftungsprivilegierung des Providers nach § 70 TKG und eine Haftungsbeschränkung für die von ihm im Übrigen verschuldeten Pflichtverletzungen, die nicht im Zusammenhang mit einer Telekommunikationsdienstleistung für die Öffentlichkeit stehen. Insoweit orientiert sie sich eng an den Vorgaben des AGB-Rechts.

Für Anbieter von Telekommunikationsleistungen für die Öffentlichkeit enthält § 70 TKG eine gesetzliche Haftungsprivilegierung für Vermögensschäden hinsichtlich der Haftung der Höhe nach. Erbringen sie ihre Leistungen dem Endnutzer gegenüber, so haften sie ihm nur auf 12.500,– EUR. Gegenüber der Gesamtheit der Geschädigten ist die Haftung auf zehn Millionen EUR je schadenverursachendes Ereignis beschränkt. Das Haftungsprivileg besteht kraft Gesetzes und braucht daher nicht vertraglich wiederholt zu werden (zur Vorgängervorschrift Spindler/Schuster/Sodtalbers TKG § 44a Rn. 7). Die Privilegierung entfällt gegenüber dem Endkunden dann, wenn der Schaden vorsätzlich verursacht wurde. Innerhalb seines Anwendungsbereiches enthält § 70 TKG eine abschließende Regelung und kann nach § 71 Abs. 1 TKG nicht zu Lasten des Kunden erweitert werden. Eine Individualvereinbarung ist nach § 70 S. 5 TKG nur mit Endkunden zulässig, die keine Verbraucher sind.

Da § 70 TKG nur Vermögensschäden erfasst und hinsichtlich seines Anwendungsbereiches auf Pflichtverletzungen aus der Erbringung von Telekommunikationsdienstleistungen für die Öffentlichkeit reduziert ist, muss zusätzlich eine Regelung für andere Pflichtverletzungen und für Nicht-Vermögensschäden getroffen werden. Eine solche Haftungsklausel hat jedoch klarzustellen, dass sie nicht für die von § 70 TKG erfassten Telekommunikationsleistungen gilt. Anderenfalls könnte in einer Allgemeingültigkeit beanspruchenden Haftungsklausel eine gegen § 71 TKG verstoßende unzulässige Haftungsbeschränkung gesehen werden, die die Klausel insgesamt unwirksam werden ließe und für den nicht von § 71 TKG erfassten Bereich zu einer unbeschränkten Haftung führen würde. Das Vertragsmuster enthält daher sowohl die Haftungsbegrenzung nach

§ 70 TKG als auch eine darüber hinausgehende Haftungsbeschränkung. Die Begrenzung der Haftung der Höhe nach ist – wie regelmäßig – AGB-rechtlich unwirksam, mangels wirksamer Alternative aber dann sinnvoll, wenn der Vertragspartner die Klausel für wirksam hält. Die weitere Haftungsprivilegierung des Access-Providers nach Art. 4 DSA hat für das Verhältnis zwischen Provider und Kunden keine Bedeutung. Sie regelt allein die Haftung des Access-Providers gegenüber Dritten.

16. Änderung von AGB. Die Änderung allgemeiner Geschäftsbedingungen richtet sich für Anbieter von Telekommunikationsdienstleistungen für die Öffentlichkeit allein nach § 305 BGB. Eine Ausnahme besteht nach § 305a Nr. 2b BGB für Call-by-Call-Verfahren, Mehrwert- oder Informationsdienste, die „in einem Mal" erbracht werden und eine vorherige Einbeziehung der AGB in zumutbarer Weise verhindern. Die Klausel enthält eine Fiktion, nach der der Kunde sich mit der Änderung der Bedingungen einverstanden erklärt, wenn er nicht rechtzeitig widersprochen hat. Ob eine solche Regelung im unternehmerischen Verkehr wirksam ist, ist fraglich → Vorb. A.I.3.

17. Laufzeit. Nach § 56 Abs. 1 S. 1 TKG darf bei Verträgen mit Verbrauchern die Höchstlaufzeit 24 Monate nicht überschreiten (s. auch § 309 Nr. 9 BGB), sofern der Dienst nicht nur nummernunabhängige interpersonelle Telekommunikationsdienste oder Übertragungsdienste für die Bereitstellung von Diensten der Maschine-Maschine-Kommunikation zum Gegenstand hat. Anbieter öffentlich zugänglicher TK-Dienste müssen Teilnehmern ermöglichen, den Vertrag für maximal 12 Monate abzuschließen.

18. Schriftform. In AGB ist die Vereinbarung der Schriftform für Kündigungen nach § 309 Nr. 13 BGB gegenüber Verbrauchern regelmäßig nicht zulässig, es muss die Wahrung der Textform genügen. Es spricht einiges dafür, die Entscheidung des BGH zur Unangemessenheit des Schriftformerfordernisses bei ausschließlich elektronischer Kommunikation zwischen den Vertragsparteien (BGH BeckRS 2016, 13946) auch auf den unternehmerischen Rechtsverkehr zu übertragen. Danach wäre die Klausel unwirksam, es würde die Textform genügen (Zur AGB-Gestaltung → Vorb. A.II.1).

19. Datenschutz. Für die Information des Kunden sind die Vorgaben des TTDSG zu beachten (→ Anm. 2). IP-Adressen stellen personenbezogene Daten dar. Die für den Aufbau der Verbindungen anfallenden Daten sind aber auch dann nicht sofort zu löschen, wenn die Abrechnung – wie üblich – über eine Pauschale erfolgt (EuGH ZD 2017, 24; BGH MMR 2011, 341).

20. Datenschutz. Die DS-GVO gewährt dem Betroffenen eine Reihe von Rechten, deren Ausübung mit Aufwand bei dem Verpflichteten verbunden ist. Das betrifft beispielsweise das Recht auf Auskunft nach Art. 15 und auf Datenübertragung nach Art. 20 DS-GVO. Anspruchsgegner ist zwar der Verantwortliche. Im Rahmen der Auftragsverarbeitung muss die Leistung aber uU vom Auftragsverarbeiter erbracht werden. Diesen Aufwand soll der Kunde dem Provider erstatten. Die Klausel stellt bewusst nicht auf den Betroffenen allein, sondern auf einen „Dritten" ab, um auch etwaige über die genannten Rechte des Betroffenen hinausgehenden Fälle zu erfassen.

21. Gerichtsstand. Gegenüber Verbrauchern ist im Hinblick auf § 38 ZPO und das Recht der Allgemeinen Geschäftsbedingungen eine von der gesetzlichen Regelung zum Nachteil des Verbrauchers abweichende Vereinbarung wirksam nicht möglich (vgl. Grüneberg/Grüneberg BGB § 307 Rn. 93).

22. Vertragssprache. → Form. F.3 Anm. 36.

Service-Providerverträge

2. Web-/GPU-Server-Hosting-Vertrag – Web-/GPU-Server-Hosting Agreement

Hosting-Vertrag[1]

zwischen

. . . .

– nachfolgend „Provider" genannt –
und

. . . .

– nachfolgend „Kunde" genannt –
wird folgender Vertrag geschlossen:

§ 1 Leistungen

(1) Der Provider erbringt Leistungen zum Speichern, Abrufen, Verwalten und Einsehen von Dateien über das Internet. Hierzu stellt der Provider dem Kunden Systemressourcen auf einem virtuellen Server zur Verfügung. Der Kunde kann auf diesem Server Inhalte bis zu einem Umfang von 5 TB gemäß dem Anhang „Technische Spezifikationen" ablegen und darauf zugreifen.[2]

(Variante:

(1) Der Provider stellt dem Kunden einen dedizierten GPU-Server sowie weitere Komponenten mit einer breitbandigen Anbindung an das Internet gemäß den Angaben in dem Anhang „Technische Spezifikationen" zur Nutzung während der Vertragsdauer zur Verfügung. Die Serverkonfiguration kann durch den Kunden entsprechend den Vorgaben in dem Anhang konfiguriert, insbesondere erweitert werden.[3])

(2) Die Leistungen geben dem Kunden die Möglichkeit, die Inhalte einer Web-Seite an das Internet anzubinden und/oder Dateien mit anderen zu teilen, indem der Kunde Dritten einen Zugriff auf die Dateien gewährt. Weiterhin kann der Kunde Dritten gestatten, Inhalte auf dem Spei-

Hosting Agreement[1]

between

. . . .

– hereinafter referred to as „Provider" –
and

. . . .

– hereinafter referred to as „Customer" –
the following contract is concluded:

§ 1 Services

(1) The Provider renders services for storing, retrieving, managing and viewing files via the internet. For this purpose, the Provider provides the Customer with system resources on a virtual server. The Customer can store and access content up to a volume of 5 TB on this server in accordance with the annex „Technical Specifications".[2]

(Variation:

(1) The Provider shall provide the Customer with a dedicated GPU-Server and other components with a broadband connection to the Internet in accordance with the information in the annex „Technical Specifications" for use during the term of the contract. The server configuration can be configured, in particular extended, by the customer in accordance with the specifications in the annex.[3])

(2) The services give the Customer the opportunity to connect the contents of a website to the internet and/or to share files with others by granting third parties access to the files. Furthermore, the Customer may allow third parties to store

cherplatz des Kunden abzulegen sowie Inhalte zu löschen.

(Variante:

(2) Dem Kunden wird der Server im Rahmen des GPU-Hostings ohne jegliche Software bereitgestellt. Der Kunde muss alle für die Verfolgung seiner Nutzungszwecke erforderlichen Leistungen zur Beschaffung, Installation, Konfiguration und Pflege der Software sowie die Zurverfügungstellung von und den Zugriff auf Daten selbständig und eigenverantwortlich vornehmen. Diese Handlungen sowie die Steuerung des Systems erfolgt allein über eine Datenverbindung, ein Zugriff auf das System vor Ort ist ausgeschlossen.[4])

(3) Die Leistungen des Providers bei der Übermittlung von Daten beschränken sich allein auf die Datenkommunikation zwischen dem vom Provider betriebenen Übergabepunkt des eigenen Datenkommunikationsnetzes an das Internet und dem für den Kunden bereitgestellten Server. Eine Einflussnahme auf den Datenverkehr außerhalb des eigenen Kommunikationsnetzes ist dem Provider nicht möglich. Eine erfolgreiche Weiterleitung von Informationen von oder zu dem die Inhalte abfragenden Rechner ist daher insoweit nicht geschuldet.

(4) Der Provider erbringt die vorgenannten Leistungen mit einer Gesamtverfügbarkeit von 99,8 %. Die Verfügbarkeit berechnet sich auf der Grundlage der im Vertragszeitraum auf den jeweiligen Kalendermonat entfallenden Zeit abzüglich der nachfolgend definierten Wartungszeiten. Der Provider ist berechtigt, dienstags und donnerstags in der Zeit von 3:00–6:00 Uhr morgens für insgesamt 10 Stunden im Kalendermonat Wartungsarbeiten durchzuführen. Während der Wartungsarbeiten stehen die vorgenannten Leistungen nicht zur Verfügung.[5]

(5) Entsprechend der Wahl des Kunden werden die Inhalte des von ihm in Anspruch genommenen Speicherplatzes vom Provider arbeitstäglich gesichert. Die Da-

content on the Customer's storage space and to delete content.

(Variation:

The server is provided to the Customer within the framework of GPU hosting without any software. The Customer must perform all services required for the pursuit of its purposes of use for the procurement, installation, configuration and maintenance of the software as well as the provision of and access to data independently and on its own responsibility. These actions as well as the control of the system shall be carried out solely via a data connection; on-site access to the system is excluded.[4])

(3) The services of the Provider in the transmission of data are limited solely to the data communication between the interconnection point operated by the Provider of its own data communication network to the internet and the server provided for the Customer. The Provider cannot influence data traffic outside its own communications network. A successful communication with computers outside the Provider's interconnection point is therefore not owed in this respect.

(4) The Provider grants the aforementioned services with a total availability of 99.8 %. Availability is calculated on the basis of the time allotted to the respective calendar month during the contractual term less the maintenance periods defined below. The Provider is entitled to carry out maintenance work on Tuesdays and Thursdays between 3:00–6:00 a.m. for a total of 10 hours per calendar month. The above services are not available during maintenance work.[5]

(5) In accordance with the Customer's choice, the contents of the storage space used by the Customer are backed up by the provider on each working day. The

tensicherung erfolgt rollierend in der Weise, dass die für einen Wochentag gesicherten Daten bei der für den nachfolgenden gleichen Wochentag erfolgenden Datensicherung überschrieben werden. Nach dem gleichen Prinzip erfolgt eine wöchentliche Datensicherung, bei der die Daten ebenfalls rollierend nach Ablauf von vier Wochen überschrieben werden.[6]

(6) Der Provider ist berechtigt, die zur Erbringung der Leistungen eingesetzte Hard- und Software anzupassen, um den vertragsgemäßen Betrieb der IT-Umgebung, auch im Verhältnis zu anderen Kunden, gewährleisten zu können. Ergeben sich aufgrund einer solchen Anpassung zusätzliche Anforderungen an die vom Kunden auf dem Server abgelegten Inhalte, um das Erbringen der Leistungen des Providers zu gewährleisten, so wird der Provider dem Kunden diese zusätzlichen Anforderungen mitteilen. Der Kunde wird unverzüglich nach Zugang der Mitteilung darüber entscheiden, ob die zusätzlichen Anforderungen erfüllt werden sollen und bis wann dies geschehen wird. Erklärt der Kunde nicht bis spätestens vier Wochen vor dem Umstellungszeitpunkt, dass er seine Inhalte rechtzeitig zur Umstellung, das heißt spätestens drei Werktage vor dem Umstellungszeitpunkt, an die zusätzlichen Anforderungen anpassen wird, hat der Provider das Recht, das Vertragsverhältnis mit Wirkung zum Umstellungszeitpunkt zu kündigen.[7]

(7) Der Provider stellt dem Kunden auf Wunsch eine statische IP-Adresse zur Verfügung, die während der Vertragsdauer unverändert bleibt, soweit dies aus technischen und rechtlichen Gründen möglich ist. Der Kunde wird unverzüglich über anstehende Änderungen informiert.

(8) Der Kunde hat über das in dem Anhang „Technische Spezifikationen" sowie individuell ergänzend Vereinbarte hinaus keinen Anspruch auf eine bestimmte technische Ausstattung. Insbesondere ist der Provider nicht verpflichtet, die bereitgestellte Technik an aktuelle Stände anzupassen.

data backup is carried out on a rolling basis in such a way that the data saved for one weekday is overwritten during the data backup for the following same weekday. A weekly data backup is performed according to the same principle, in that the data is also overwritten on a rolling basis after four weeks.[6]

(6) The Provider is entitled to adapt the hardware and software used to provide the services in order to be able to guarantee the operation of the IT environment in accordance with the contract, also in relation to other Customers. If, as a result of such an adaptation, additional requirements arise for the content stored by the Customer on the server in order to ensure the provision of the Provider's services, the Provider shall inform the Customer of these additional requirements. The Customer will decide without undue delay after receipt of the notification whether the Customer shall meet the additional requirements and by when this will be done. If the Customer does not declare at the latest four weeks before the changeover date that it will adapt its contents to the additional requirements in time for the changeover, i.e. at the latest three working days before the changeover date, the Provider has the right to terminate the contractual relationship with effect from the changeover date.[7]

(7) The Provider shall provide the Customer on its demand with a static IP address which shall remain unchanged during the term of the contract, insofar as this is possible for technical and legal reasons. The Customer shall be informed immediately of any pending changes.

(8) The Customer has no right to a specific technical equipment beyond what is agreed in the annex „Technical Specifications" as well as individually supplementary. In particular, the Provider is not obliged to adapt the technology provided to the state of the art.

(9) Über Störungen bei der Erbringung der Leistungen und andere Geschehnisse wird der Provider den Kunden unverzüglich über die Verwaltungsschnittstelle informieren.

(9) The Provider shall inform the Customer immediately of any disruptions in the provision of the services and other events via the management interface.

(10) Die Kosten für die Inanspruchnahme der individuell angepassten Leistungen durch den Kunden ergeben sich aus dem Anhang „Vergütung".

(10) The costs for the use of the customised services by the Customer result from the appendix „Remuneration".

§ 2 Mitwirkungsleistungen des Kunden

§ 2 Cooperation

(1) Der Kunde wird darauf achten, dass von ihm installierte Programme, Skripte oÄ den Betrieb der IT-Umgebung des Providers nicht gefährden. Sofern dem Kunden keine bestimmte Bandbreite zugeordnet wurde, nimmt er die gewährte Bandbreite nur im erforderlichen Umfang in Anspruch.

(1) The Customer shall ensure that any programmes, scripts or similar installed by him/her do not jeopardise the operation of the Provider's IT environment. Unless a specific bandwidth has been allocated to the Customer, the Customer shall only use the bandwidth granted to the extent necessary.

(2) Gefährden oder beeinträchtigen vom Kunden installierte Programme, Skripte, die Art und Weise der Nutzung des bereitgestellten Systems durch den Kunden oÄ die IT-Umgebung des Providers oder die Sicherheit und Integrität anderer auf den Servern des Providers abgelegter Daten, so kann der Provider diese Programme, Skripte etc deaktivieren oder deinstallieren. Falls die Beseitigung der Gefährdung oder Beeinträchtigung dies erfordert, ist der Provider auch berechtigt, die Anbindung der auf dem Server abgelegten Inhalte an das Internet zu unterbrechen. Der Provider wird den Kunden über diese Maßnahme unverzüglich informieren.

(2) If programs or scripts installed by the Customer, the way in which the Customer uses the system provided or the like endanger or impair the IT-environment of the Provider or the security and integrity of other systems or data stored on the servers of the Provider, the Provider may deactivate or uninstall these programs, scripts etc. If necessary, the Provider is also entitled to interrupt the connection of the contents stored on the server to the internet. The Provider will inform the Customer about this measure without undue delay.

(3) Nutzt der Kunde den bereitgestellten Server auch zum Versand von Mails, wird er keine Phishing- und Spam-Mails versenden. Der Provider überprüft die Beachtung dieser Verpflichtung mit automatisierten Verfahren. Diese Verfahren können den Versand von Mails um einige Sekunden verzögern. Der ausgehende Verkehr wird dabei nicht gefiltert. Ebenso wird keine Veränderung an den versendeten E-Mails vorgenommen. Daten aus den Mails werden nicht gespeichert. Soweit E-Mails vom Server des Kunden

(3) If the Customer also uses the provided server for sending mails, it will not send any phishing and spam mails. The Provider shall check compliance with this obligation using automated procedures. These procedures may delay the sending of mails by a few seconds. The outgoing traffic is not filtered. Likewise, no changes are made to the sent e-mails. Data from the e-mails are not stored. If e-mails are sent from the Customer's server that are identified as spam or phishing, the provider informs the Customer via the admi-

versendet werden, die als Spam oder Phishing identifiziert werden, informiert der Provider den Kunden über die Verwaltungsschnittstelle und per E-Mail und sperrt den SMTP-Port des Servers. Der Kunde kann die Freischaltung des SMTP-Ports über seine Verwaltungsschnittstelle beim Provider beantragen. Jede neue E-Mail, die als Spam identifiziert wird, führt zu einer erneuten Sperrung des SMTP-Ports. Ab der dritten Sperrung ist der Provider berechtigt, den Vertrag aus wichtigem Grund zu kündigen, es sei denn, der Versand der Mails ist dem Kunden nicht zuzurechnen.

nistrative interface and by e-mail and blocks the SMTP port of the server. The Customer may request the unblocking of the SMTP port via its management interface with the Provider. Each new e-mail that is identified as spam leads to a renewed blocking of the SMTP port. From the third blocking onwards, the Provider is entitled to terminate the contract for good cause unless the sending of the mails is not attributable to the customer.

(4) Für den Zugriff auf den für den Kunden bestimmten Server erhält der Kunde eine Benutzerkennung und ein veränderbares Passwort. Das Passwort muss eine Mindestlänge von acht Zeichen aufweisen und mindestens einen Buchstaben, eine Ziffer sowie ein Sonderzeichen enthalten. Der Kunde darf das Passwort nur an solche Personen weitergeben, die von ihm berechtigt wurden, auf die zur Verfügung gestellte Hard- und Software zuzugreifen und sie zu konfigurieren. Der Kunde ist verpflichtet, das Passwort zu ändern, wenn zu befürchten ist, dass das Passwort nicht berechtigten Dritten zugänglich geworden ist. Wird das Passwort dreimal in Folge unrichtig eingegeben, so wird der Zugriff auf den Speicherplatz zum Schutz vor Missbräuchen gesperrt. Der Kunde wird hierüber informiert. Er erhält dann vom Provider ein neues Passwort zugeteilt.[8]

(4) For access to the server, the Customer receives a user ID and a changeable password. The password must have a minimum length of 8 characters and contain at least one letter, one digit and one special character. The Customer may only pass on the password to such persons who have been authorised by it to access and configure the hardware and software provided. The Customer is obliged to change the password if it is to be feared that the password has become accessible to unauthorized third parties. If the password is entered incorrectly three times in a row, access to the memory space is blocked to prevent misuse. The Customer will be informed of this. It will then receive a new password from the Provider.[8]

(5) Der Kunde wird den Provider über alle Beeinträchtigungen der vereinbarten Dienste sowie über sonstige für die Vertragsdurchführung relevante Umstände über die Verwaltungsschnittstelle des zur Verfügung gestellten Systems informieren.

(5) The Customer shall inform the Provider of any impairments of the agreed services as well as of any other circumstances relevant for the performance of the contract via the management interface of the system provided.

§ 3 Rechte Dritter

§ 3 Third Party Rights

(1) Der Provider nimmt alle Handlungen hinsichtlich der vom Kunden auf den Server übermittelten Inhalte im Auftrag des Kunden und allein für diesen vor. Das

(1) Regarding the contents transmitted by the Customer to the server the Provider acts by order of the Customer and for the Customer alone. Such acts include the

umfasst neben der Speicherung der Inhalte und deren Anbindung an das Internet auch die Durchführung der Datensicherung. Etwaige aus diesen Handlungen folgende Verletzungen der Schutzrechte Dritter, insbesondere die Verletzung von Urheberrechten, fallen insoweit in den Verantwortungsbereich des Kunden, wie der Provider im Rahmen seiner vertraglichen Verpflichtungen und Berechtigungen gehandelt hat.[9]

storage of the contents and their connection to the internet as well as the execution of data backup. Any infringements of third party property rights resulting from these actions, in particular the infringement of copyrights, are the responsibility of the Customer to the extent that the Provider has acted within the scope of its contractual obligations and permissions.[9]

(2) Der Kunde verpflichtet sich, auf dem zur Verfügung gestellten Speicherplatz keine rechtswidrigen, die Gesetze, behördlichen Auflagen oder Rechte Dritter verletzenden Inhalte abzulegen.[10]

(2) The Customer undertakes not to place any illegal content that violates laws, official requirements or the rights of third parties on the storage space provided.[10]

(3) Im Falle eines unmittelbar drohenden oder eingetretenen Verstoßes gegen die vorstehenden Verpflichtungen sowie bei der Geltendmachung nicht offensichtlich unbegründeter Ansprüche Dritter gegen den Provider auf Unterlassen der vollständigen oder teilweisen Darbietung der auf dem Server abgelegten Inhalte über das Internet ist der Provider berechtigt, unter Berücksichtigung auch der berechtigten Interessen des Kunden, seine Leistungen, insbesondere die Anbindung der Inhalte an das Internet, ganz oder teilweise mit sofortiger Wirkung vorübergehend einzustellen. Der Provider wird den Kunden über diese Maßnahme unverzüglich informieren.[11]

(3) In the case of an imminent or actual breach of the above obligations as well as in the case of the assertion of not obviously unfounded claims of third parties against the Provider to omit the presentation of the contents in full or in part, the Provider is entitled to temporarily suspend the connection of these contents to the internet in whole or in part with immediate effect, taking into account also the legitimate interests of the Customer. The Provider will inform the Customer about this measure without undue delay.[11]

(4) Sollte der Provider durch Dritte wegen einer zumindest behaupteten Verletzung geschützter Positionen im Zusammenhang mit nach diesem Vertrag erbrachten Leistungen in Anspruch genommen werden, nimmt der Kunde die erforderlichen Handlungen vor, damit der Provider nicht mehr in Anspruch genommen wird. Weitergehende Rechte des Providers bleiben unberührt.

(4) Should the Provider be held liable by third parties due to an at least alleged violation of protected positions in connection with services provided under this contract, the Customer shall take the necessary actions to ensure that the Provider is no longer held liable. Further rights of the Provider remain unaffected.

§ 4 Reseller-Ausschluss

Der Kunde darf die vom Provider zur Verfügung gestellten Leistungen Dritten nicht zur gewerblichen Nutzung überlassen.[12]

§ 4 Exclusion of Resellers

The Customer may not make available the services provided by the Provider to third parties for commercial use.[12]

§ 5 Vergütung

(1) Die Vergütung der vom Provider erbrachten Leistungen richtet sich nach der im Zeitpunkt des Vertragsschlusses gültigen Preisliste, wie sie im Anhang „Vergütung" wiedergegeben ist.

(2) Der Kunde hat Einwendungen gegen die Abrechnung der vom Provider erbrachten Leistungen innerhalb von acht Wochen nach Zugang der Rechnung in Textform bei der auf der Rechnung angegebenen Stelle zu erheben. Nach Ablauf der vorgenannten Frist gilt die Abrechnung als vom Kunden genehmigt. Der Provider wird den Kunden mit Übersendung der Rechnung auf die Bedeutung seines Verhaltens besonders hinweisen.[13]

(3) Der Provider ist berechtigt, die seinen Leistungen zugrunde liegende Preisliste zu ändern. Der Provider wird den Kunden über Änderungen in der Preisliste spätestens sechs Wochen vor Inkrafttreten der Änderungen in Textform informieren. Ist der Kunde mit der Änderung der Preisliste nicht einverstanden, so kann er dieses Vertragsverhältnis außerordentlich zum Zeitpunkt des beabsichtigten Wirksamwerdens der Änderung der Preisliste kündigen. Die Kündigung bedarf der Textform. Kündigt der Kunde das Vertragsverhältnis zum Zeitpunkt des Wirksamwerdens der Preisänderung nicht, so gilt die Preisänderung als von ihm genehmigt. Der Provider wird den Kunden mit der Mitteilung der Preisänderung auf die vorgesehene Bedeutung seines Verhaltens besonders hinweisen.[14]

(4) Die Erbringung der Leistungen durch den Provider ist daran gebunden, dass der Kunde seinen Zahlungsverpflichtungen rechtzeitig nachkommt. Kommt der Kunde für zwei aufeinanderfolgende Monate mit der Entrichtung eines nicht unerheblichen Teils der geschuldeten Vergütung in Verzug, so kann der Provider das Vertragsverhältnis aus wichtigem Grund ohne Einhaltung einer Kündigungsfrist kündigen.

§ 5 Remuneration

(1) The remuneration for the services provided is based on the price list valid at the time of the conclusion of the contract as reproduced in the appendix „Remuneration".

(2) The Customer has to raise objections against the billing of the services provided within eight weeks after receipt of the invoice in written or electronic form. After expiry of the aforementioned period, the invoice shall be deemed to have been approved by the Customer. When sending the invoice, the Provider will particularly point out to the Customer the effect of its conduct.[13]

(3) The Provider is entitled to change the price list on which its services are based. The Provider shall inform the Customer about changes in the price list in text form at least six weeks before the changes come into effect. If the Customer does not agree with the change of the price list, it can terminate this contractual relationship extraordinarily at the time of the intended entry into force of the change of the price list. The notice of cancellation must be in text form. If the Customer does not terminate the contractual relationship at the time the price change takes effect, the price change shall be deemed to have been approved by the Customer. The Provider will specifically inform the Customer of the intended significance of its conduct when notifying the Customer of the price change.[14]

(4) The provision of services by the Provider is bound to the fact that the Customer fulfils its payment obligations in time. If the Customer is in default with the payment of a not inconsiderable part of the owed remuneration for two consecutive months, the Provider may terminate the contractual relationship for good cause without observing a period of notice.

§ 6 Vertragslaufzeit

(1) Dieser Vertrag läuft unbefristet und kann nach Ablauf eines Jahres jederzeit in Textform mit einer Frist von 30 Tagen zum Ende eines Kalenderquartals gekündigt werden.

(2) Die Kündigung aus wichtigem Grund bleibt unberührt.

(3) Nach Beendigung des Vertragsverhältnisses stellt der Provider dem Kunden die auf dem für den Kunden bestimmten Speicherplatz abgelegten Inhalte auf einem Datenträger oder per Datenfernübertragung für einen Zeitraum von vier Wochen zum Abruf zur Verfügung. Etwaige Zurückbehaltungsrechte des Providers bleiben unberührt.[15]

§ 7 Nacherfüllung

(1) Ist die vertragsgemäße Nutzung der Leistungen nach § 1 aufgehoben, so ist der Kunde für die Zeit, in der die Nutzung aufgehoben ist, von der Entrichtung des Entgelts für die beeinträchtigte Leistung befreit. Für die Zeit, während der die Tauglichkeit zum vertragsgemäßen Betrieb gemindert ist, hat der Kunde nur ein angemessen herabgesetztes Entgelt zu entrichten.[16]

(2) Mängel werden kostenlos beseitigt. Aufgetretene Mängel und Fehler sind dem Provider unmittelbar nach ihrer Feststellung in Textform nachvollziehbar mitzuteilen.

(3) Für Mängel, die bereits bei Überlassung des Speicherplatzes an den Kunden vorhanden waren, haftet der Provider nur, wenn er diese Mängel zu vertreten hat.[17]

§ 8 Haftung[18]

(1) Die Haftung des Providers für Schäden aufgrund der Nutzung von Telekommunikationsdienstleistungen für die Öffentlich-

§ 6 Term of Contract

(1) This contract shall be effective for an unlimited period of time and may after one year at any time be terminated at the end of a calendar quarter upon 30 days written or electronic notice.

(2) Termination for good cause remains unaffected.

(3) After termination of the contractual relationship, the Provider shall make the contents stored in the storage space designated for the Customer available to the Customer for retrieval on a data carrier or by remote data transmission for a period of four weeks. Any rights of retention of the Provider remain unaffected.[15]

§ 7 Cure

(1) If the contractual use of the services according to § 1 is suspended, the Customer is exempt from paying the fee for the impaired service for the period in which the use is suspended. For the time during which the suitability for operation in accordance with the contract is reduced, the Customer shall only pay an appropriately reduced fee.[16]

(2) Defects shall be remedied free of charge. Any defects and errors that occur must be reported to the Provider without undue delay after they have been detected, in written or electronic form and in a comprehensible manner.

(3) The Provider is only liable for defects that were already present when the storage space was handed over to the Customer if the Provider is responsible for these defects.[17]

§ 8 Liability

(1) The liability of the Provider for damages resulting from the use of telecommunication services for the public is governed

keit richtet sich nach den Regelungen des Telekommunikationsgesetzes.

(2) Außerhalb des Anwendungsbereichs von Abs. 1 richtet sich die Haftung nach den folgenden Bestimmungen. Der Provider haftet für Vorsatz und grobe Fahrlässigkeit. Für leichte Fahrlässigkeit haftet der Provider nur bei Verletzung einer wesentlichen Vertragspflicht, deren Erfüllung die ordnungsgemäße Durchführung des Vertrags überhaupt erst ermöglicht und auf deren Einhaltung der Kunde regelmäßig vertrauen darf sowie bei Schäden aus der Verletzung des Lebens, des Körpers oder der Gesundheit.

(3) Der Provider haftet dabei nur für vorhersehbare Schäden, mit deren Entstehung typischerweise gerechnet werden muss. Die Haftung ist im Falle leichter Fahrlässigkeit der Höhe nach beschränkt auf 25.000,– EUR. Für den Verlust von Daten und/oder Programmen haftet der Provider insoweit nicht, als der Schaden darauf beruht, dass es der Kunde unterlassen hat, Datensicherungen durchzuführen und dadurch sicherzustellen, dass verloren gegangene Daten mit vertretbarem Aufwand wiederhergestellt werden können.

§ 9 Änderung der Vertragsbedingungen[19]

Soweit nicht bereits anderweitig speziell geregelt, ist der Provider berechtigt, diese Vertragsbedingungen wie folgt zu ändern oder zu ergänzen. Der Provider wird dem Kunden die Änderungen oder Ergänzungen spätestens sechs Wochen vor ihrem Wirksamwerden in Textform ankündigen. Ist der Kunde mit den Änderungen oder Ergänzungen der Vertragsbedingungen nicht einverstanden, so kann er den Änderungen mit einer Frist von einer Woche zum Zeitpunkt des beabsichtigten Wirksamwerdens der Änderungen oder Ergänzungen widersprechen. Der Widerspruch bedarf der Textform. Widerspricht der Kunde nicht, so gelten die Änderungen oder Ergänzungen der Vertragsbedingungen als von ihm genehmigt. Der Provider wird den Kunden

by the provisions of the Telecommunications Act (TKG).[18]

(2) Outside the scope of application of paragraph 1, liability shall be governed by the following provisions. The Provider is liable for intent and gross negligence. The Provider is only liable for slight negligence in the event of violation of an essential contractual obligation, the fulfilment of which is essential for the proper execution of the contract and on the observance of which the Customer may regularly rely, as well as for damages resulting from injury to life, body or health.

(3) The Provider is only liable for foreseeable damages, the occurrence of which must typically be expected. In case of slight negligence, liability is limited to 25,000 EUR. The Provider is not liable for the loss of data and/or programs to the extent that the damage is due to the fact that the Customer has failed to carry out data backups and thereby ensure that lost data can be restored with reasonable effort.

§ 9 Change of the Contractual Conditions[19]

Unless explicitly set forth otherwise, the Provider is entitled to amend or supplement these contractual conditions as follows. The Provider shall notify the Customer of the changes in text form at least six weeks before they take effect. If the Customer does not agree with the changes to the contractual terms and conditions, it may object to the changes no later than one week prior to the date of the intended entry into force. Such objection requires the text form. If the Customer does not object, the changes shall be deemed to have been approved by him. Together with the notification of the changes or amendments to the contractual conditions the Provider will specifically point out the mit der Mitteilung der Änderungen oder Ergänzungen der Vertragsbedingungen auf die vorgesehene Bedeutung seines Verhaltens besonders hinweisen.

§ 10 Daten und Datenschutz

(1) Der Kunde hat das jederzeitige Recht, die von ihm im Rahmen des Vertrages beim Provider gespeicherten Daten in einem strukturierten, gängigen und maschinenlesbaren Format übermittelt zu erhalten. Der Kunde kann die Übermittlung aller Daten oder von ihm hinreichend beschriebener Einzeldaten verlangen. Der Kunde hat ferner auch das Recht, vom Provider die Übermittlung der Daten an Dritte zu verlangen. Erbringt der Provider eine dieser Leistungen, hat der Kunde das dafür in der jeweils aktuellen Preisliste vorgesehene Entgelt zu entrichten.

(2) Das Recht aus Absatz 1 kann nur ausgeübt werden, soweit die Übermittlung technisch zumutbar und rechtlich zulässig ist.

(3) Verarbeitet der Kunde im Rahmen dieses Vertragsverhältnisses personenbezogene Daten, so ist er für die Einhaltung der datenschutzrechtlichen Vorschriften verantwortlich. Der Provider wird die vom Kunden übermittelten Daten nur im Rahmen der Weisungen des Kunden verarbeiten. Sofern er der Ansicht ist, dass eine Weisung des Kunden gegen datenschutzrechtliche Vorschriften verstößt, wird er den Kunden hierauf unverzüglich hinweisen. Einzelheiten der Auftragsverarbeitung sind in einer gesonderten Vereinbarung zu regeln.[20]

(4) Der Provider bietet dem Kunden die verschlüsselte Übermittlung der Daten an. Die Umsetzung der Verschlüsselung ist im Anhang „Technische Spezifikationen" geregelt.

intended meaning of the Customer's conduct to the Customer.

§ 10 Data and Data Protection

(1) The Customer has the right at any time to receive the data stored by it within the scope of the contract with the Provider in a structured, common and machine-readable format. The Customer may demand the transmission of all data or individual data sufficiently described by him. Furthermore, the Customer also has the right to demand that the Provider transfers the data to third parties. If the Provider renders one of these services, the Customer shall pay the applicable fee as set forth in the current price list.

(2) The right under paragraph 1 may only be exercised to the extent that this is technically reasonable and legally permissible.

(3) If the Customer processes personal data within the scope of this contractual relationship, it is responsible for compliance with the data protection laws. The Provider will process the data transmitted by the Customer only within the scope of the Customer's instructions. If the Provider has the impression that an instruction from the Customer violates data protection laws, it will inform the Customer of this without undue delay. Details of processing on behalf of the Customer are to be set forth in a separate Data Processing Agreement.[20]

(4) The Provider offers the Customer the encrypted transmission of data. The implementation of the encryption is specified in the annex „Technical Specifications".

§ 11 Schlussbestimmungen

(1) Die Abtretung von Forderungen ist nur mit vorheriger schriftlicher Zustimmung der anderen Vertragspartei zulässig. Die Zustimmung darf nicht unbillig verweigert werden. Die Regelung des § 354a HGB bleibt hiervon unberührt.

(2) Ein Zurückbehaltungsrecht kann nur wegen Gegenansprüchen aus dem jeweiligen Vertragsverhältnis geltend gemacht werden.

(3) Die Vertragsparteien können nur mit Forderungen aufrechnen, die rechtskräftig festgestellt oder unbestritten sind.

(4) Abweichende Bedingungen des Kunden werden nicht anerkannt, es sei denn, der Provider stimmt ihrer Geltung zu. Alle Änderungen, Ergänzungen und Kündigungen vertraglicher Vereinbarungen bedürfen der Schriftform, ebenso die Aufhebung des Schriftformerfordernisses, soweit dieser Vertrag nicht die Textform vorsieht.

(5) Sollten einzelne Bestimmungen der Parteivereinbarungen ganz oder teilweise unwirksam sein oder werden, wird die Wirksamkeit der übrigen Bestimmungen hierdurch nicht berührt. Die Parteien verpflichten sich für diesen Fall, die ungültige Bestimmung durch eine wirksame Bestimmung zu ersetzen, die dem wirtschaftlichen Zweck der ungültigen Bestimmung möglichst nahe kommt. Entsprechendes gilt für etwaige Lücken der Vereinbarungen.

(6) Es gilt das Recht der Bundesrepublik Deutschland.

(7) Gerichtsstand ist . . . . .[21]

(8) Bei einer mehrsprachigen Version dieses Vertrages ist für die rechtlichen Wirkungen allein der deutsche Text maßgeblich.[22]

Anhang „Technische Spezifikationen"
Anhang „Vergütung"
Datum/Unterschrift

§ 11 Concluding Provisions

(1) The assignment of claims against the Provider shall only be subject to the Provider's prior written consent. Such consent shall not be unreasonably withheld. The statutory provision of § 354a HGB remains unaffected.

(2) A right of retention may only be asserted due to counterclaims based on respective contractual relationship.

(3) The parties may only set off claims that have been legally established by a final court decision or are undisputed.

(4) Deviating conditions of the Customer are not recognized, unless the Provider agrees to their application. All amendments, additions and terminations of contractual agreements must be made in written or electronic form, as must the cancellation of the written form requirement, unless this contract provides for text form.

(5) Should specific provisions be or become invalid in whole or in part, the validity of the remaining provisions shall not be affected thereby. In this case, the parties undertake to replace the invalid provision with a valid provision that comes as close as possible to the economic purpose of the invalid provision. The same applies to any gaps in the agreements.

(6) The law of the Federal Republic of Germany shall apply.

(7) Place of jurisdiction is . . . . .[21]

(8) In the case of a multilingual version of this contract, only the German text is decisive for the legal effects.[22]

Annex „Technical Specifications"
Annex „Remuneration"
Date/Signature

Anmerkungen

1. Sachverhalt. Verwender der Bedingungen ist der Provider, der Leistungen zur Zugänglichmachung von Inhalten des Kunden über das Internet erbringt. Software-Anwendungen können über den Server angebunden werden (zum Cloud Computing → Form. C.9), ebenso eine Datenbank. Die Vertragspartner sind Unternehmen. Bei der mietweisen Überlassung von digitalen Produkten an **Verbraucher** sind die Abweichungen in den §§ 327 ff. BGB iVm § 578b BGB zu beachten (s. dazu auch → Form. C.12). Der Hosting-Vertrag ist eher providerfreundlich.

2. Hosting. Unter den Begriff des Hostings können verschiedene Leistungen fallen. In diesem Formular wird vorrangig das klassische Anbieten von Inhalten zum Abruf über das Internet (**Web-Hosting**) behandelt. Daneben kann im Rahmen des Hostings aber auch Rechenkapazität zur Verfügung gestellt werden, um beispielsweise **KI-Modelle** ablaufen zu lassen und sie zu trainieren. Für die Überlassung von Kapazitäten zum Erstellen eines KI-Modells hält das Formular einige wenige Sonderregeln bereit → Anm. 3. Ein weiterer Anwendungsfall des Hostings ist das öffentliche Anbieten von Spielen über entsprechend leistungsfähige **Game-Server**. In allen Fällen sind die rechtlichen Grundlagen vergleichbar, lediglich die technischen Grundlagen variieren und sind in den technischen Spezifikationen anzupassen. Werden große Datenmengen übertragen, ist auch auf eine breitbandige Anbindung zu achten.

Technisch gliedert sich das Web-Hosting in zwei grundlegende Leistungen des Providers. Zum einen hat der Provider dem Kunden auf einem Server Speicherplatz zur Verfügung zu stellen, damit der Kunde die Inhalte, die er über das Internet zum Abruf bereithalten möchte, dort ablegen kann. Zum anderen hat der Provider diese Inhalte dann so an das Internet anzubinden, dass Nutzer eines Internet-Zugangs sie über das Internet abfragen können. Bei der Art der Inhalte sind verschiedene Fallgestaltungen denkbar, die sich nicht nur in ihren technischen Anforderungen unterscheiden, sondern auch Auswirkungen auf die Vertragsgestaltung haben können. Der Kunde kann lediglich eine Informationsseite über das Internet zugänglich machen wollen, wozu das Ablegen der Inhalte auf einem Server ausreichend ist. Der Kunde kann aber auch eine Anbindung seiner Web-Site an eine Datenbank wünschen, beispielsweise ein Warenwirtschaftssystem, um dem Besucher der Web-Site Auskunft über die Liefermöglichkeiten geben zu können. Die zum Warenwirtschaftssystem gehörende Datenbank kann dabei sowohl auf einem Datenbank-Server des Providers abgelegt sein als auch im IT-System des Kunden. Insbesondere im letzteren Fall sind dann weitere Regelungen zur Herstellung und Aufrechterhaltung der Datenverbindung zwischen dem Provider und dem Kunden hinsichtlich des Zugriffs auf die Kunden-Datenbank erforderlich. Es ist auch denkbar, dass der Kunde den Besuchern seiner Web-Site Software zur Nutzung zur Verfügung stellt. In diesem Fall hat der Provider einen Application-Server bereitzustellen, der die Software enthält und an den Web-Server angebunden ist. Während in dieser Konstellation das Verhältnis des Kunden zu den Nutzern der Software auf der Grundlage des ASP-Vertrages (→ Form. E.4) geregelt werden kann, haben Provider und Kunde keine Regelungen zur Nutzung der Software zu treffen, sondern vor allem die vom Provider zu erbringenden Service-Leistungen zu bestimmen. Hierzu kann das Vertragsmuster zum SLA (→ Form. E.5) herangezogen werden.

Beim Hosting von **Web-Sites** mit einem nur geringen Umfang erfolgt das Speichern typischerweise auf einem virtuellen Server. Hier erhält der Kunde aus Kostengründen meistens keinen eigenen physischen (dedizierten) Server zugewiesen, sondern muss sich den Speicherplatz mit anderen Kunden auf einem Server teilen. Bei größeren Web-Sites oder wenn dem Kunden daran gelegen ist, ausschließlichen Zugriff auf den Server zu haben, kann ihm auch ein dedizierter, ausschließlich für ihn bereitgestellter Server zur Verfügung gestellt werden. Eine entsprechende Klausel könnte dann lauten:

Der Provider erbringt Leistungen zur Zugänglichmachung von Inhalten über das Internet. Hierzu stellt der Provider dem Kunden Systemressourcen auf einem dedizierten, ausschließlich für den Kunden bereitgestellten Server zur Verfügung. Der Kunde kann auf diesem Server Inhalte bis zu einem Umfang von x TB gemäß dem Anhang „Technische Spezifikationen" ablegen.

Welche Inhalte auf dem Server abgelegt werden können, hängt von dessen technischen Eigenschaften ab. Die näheren Einzelheiten hierzu sind in der Technischen Spezifikation, die Vertragsbestandteil ist, geregelt.

Dem Hosting ähnlich ist das **Housing** → Form. E.3, bei dem der Provider dem Kunden nicht Speicherplatz zur Verfügung stellt, sondern der Kunde den Server als eigene Leistung beistellt und der Provider lediglich die Aufgabe hat, diesen Server unterzubringen und an das Internet anzuschließen. Sofern der Server nicht allein dazu dient, nur dem Kunden einen Zugriff zu ermöglichen (zB als Cloud-Speicher), benötigt der Kunde eine allgemein zugängliche Domain. Soweit die Inhalte nicht unter einer Sub-Domain des Providers angeboten werden, hat der Kunde eine Internet-Adresse zur Verfügung zu stellen.

3. GPU-Server-Hosting. Die Nutzung von KI-Modellen erfordert nicht nur große Speicherkapazitäten für Daten, sondern auch sehr leistungsstarke Prozessoren zu deren Verarbeitung im Rahmen des Trainings. Da dafür regelmäßig Grafikprozessoren (GPU) verwendet werden, spricht man insoweit vom GPU-Hosting oder **GPU-Server-Hosting.** Wegen der hohen Anschaffungskosten und der schnell drohenden Veraltung solcher Systeme ist es für Nutzer von KI-Modellen attraktiv, die Hardware zu mieten. Mit einer leichten Abwandlung lässt sich das Formular auch hierfür nutzen. Auf die erforderlichen **Abwandlungen** wird im Formular hingewiesen. Der Provider kann auch für das GPU-Hosting wie beim Web-Hosting **virtuelle Server** zur Verfügung stellen. Hier werden dem Kunden **dedizierte Server** angeboten, was hinsichtlich der Leistungsfähigkeit vorteilhafter ist. Nach dem Formular erhält der Kunde lediglich die Hardware überlassen, ohne jegliche Software. Je nach Bedarf des Kunden können Dateiserver und andere Komponenten dazugebucht werden. Das wird auch als Bare-Metal-Server-Hosting bezeichnet, eine Variante des Infrastructure as a Service-Modells.

Das Erstellen eines KI-Modells führt oft zu einem System, dessen Konfiguration und Inhalte **Geschäftsgeheimnisse** darstellen und dementsprechend geheimhaltungsbedürftig sind. In diesen Fällen ist der Abschluss einer separaten Geheimhaltungsvereinbarung zwischen Provider und Kunde sinnvoll → Form. D.7.

4. Zugriff auf das KI-Modell. Viel mehr noch als beim Web-Hosting ist der Kunde bei der Erstellung von KI-Modellen darauf angewiesen, umfassend auf das System zugreifen zu können, um es an die eigenen Bedürfnisse anpassen zu können. Das betrifft regelmäßig die gesamte Konfiguration des GPU-Servers. Während beim Web-Hosting die Software zur Erstellung der Web-Seite oft vorgegeben wird und vom Kunden nur mit Inhalten gefüllt werden muss, arbeitet der Nutzer von KI-Modellen regelmäßig mit eigener, wenn auch verbreiteter verfügbarer Software. Für das Training eines KI-Modells wird eine andere Leistung benötigt als für dessen späteren Inferenzbetrieb. Um den anfänglich nicht immer absehbaren Leistungsanforderungen begegnen zu können, sollten die Systeme flexibel skalierbar sein, was in der Vergütungsregelung entsprechend anpassbar abgebildet werden muss. Das Erstellen von KI-Modellen kann auch auf vorkonfigurierten Systemen angeboten werden, was gerade für Einsteiger in diesen Bereich interessant ist. Dann kann alternativ oder ergänzend auch auf das Formular zum Application Service Providing (ASP) zurückgegriffen werden → Form. E.4. Mit Blick auf die Stabilität und Verfügbarkeit des Systems kann aus Kundensicht ein **SLA** sinnvoll sein → Form. E.5.

5. Verfügbarkeit. Für die Verfügbarkeitsregelung gilt das Gleiche wie schon beim Access-Vertrag → Form. E.1 Anm. 4 (s. auch detailliert hierzu → Form. E.5 Anm. 6 ff.). Dass der Provider im Gegensatz zum Internet-Access im Wesentlichen zwei Leistungen erbringt, nämlich das Zurverfügungstellen von Speicherplatz und das Anbinden dieses Speicherplatzes an das Internet, ist für die Frage der Verfügbarkeit für den Kunden von untergeordnetem Interesse, da beide Leistungen kumulativ erbracht werden müssen, um den Leistungserfolg herbeizuführen. Daher definiert der Vertrag für die Leistungen des Providers eine Gesamtverfügbarkeit.

6. Datensicherung. Der Provider übernimmt auf Wunsch des Kunden als vertragliche Pflicht, die Serverinhalte regelmäßig zu sichern. Mit der Sicherung der Daten können insbesondere datenschutzrechtliche und urheberrechtliche Belange Dritter berührt werden. So stellt die Datensicherung in jedem Falle eine Vervielfältigung des Inhalts des Speicherplatzes dar. Der Mustervertrag geht davon aus, dass der Provider alle urheberrechtlich relevanten Handlungen für den Kunden als Berechtigten vornimmt. Damit entfällt die Notwendigkeit einer Rechteeinräumung zugunsten des Providers.

7. Hard- und Softwareanpassungen. Das Anbieten von Hosting-Leistungen durch Zurverfügungstellen von Speicherplatz auf virtuellen Servern ist ein Massengeschäft, das die gleichförmige Behandlung aller Kunden voraussetzt. Aufgrund der regelmäßigen Weiterentwicklung der Software, insbesondere der Serversoftware und Betriebssysteme, ist es für den Provider erforderlich, die Software und ggf. auch Hardware an technische Entwicklungen anzupassen. Diese Anpassung kann unter Umständen zur Folge haben, dass die vom Kunden auf dem Server abgelegten Inhalte mit den neuen Hard- und Softwarebedingungen nicht kompatibel sind. Der Provider wäre in diesem Fall vor die Wahl gestellt, die Anpassung nicht vorzunehmen, um die Inhalte des Kunden weiterhin an das Internet anbinden zu können oder den Vertrag mit dem Kunden zum nächsten ordentlichen Kündigungszeitpunkt zu kündigen, um dann die Anpassung ohne eine Verletzung seiner Leistungspflichten gegenüber dem Kunden vornehmen zu können. Bei der Zurverfügungstellung von Speicherplatz auf einem virtuellen Server gegenüber einer Vielzahl verschiedener Vertragsverhältnisse ist dieser Weg jedoch nicht praktikabel. Das Vertragsmuster sieht daher vor, dass der Provider seinen Kunden mitteilen kann, dass die weitere Anbindung der von ihnen auf dem Server abgelegten Inhalte an das Internet nach einer Änderung der Hard- und Softwareumgebung nur bei Erfüllen zusätzlicher Anforderungen möglich ist. Der Kunde hat dann bis spätestens vier Wochen vor dem vom Provider geplanten Umstellungszeitpunkt mitzuteilen, dass er seine Inhalte rechtzeitig zur Umstellung an die zusätzlichen Anforderungen anpassen wird. Erklärt er dies nicht, steht fest, dass der Provider gegenüber seinem Kunden die geschuldete Leistung nicht erbringen kann. Für diesen Fall gewährt ihm der Vertrag ein Sonderkündigungsrecht. Erklärt der Kunde zwar, die Umstellung vornehmen zu wollen, setzt er die Umstellung dann jedoch nicht um, so verletzt er damit eine Obliegenheit. Kann der Provider anschließend im Rahmen der geänderten Hard- und Softwarebedingungen die geschuldete Leistung aufgrund der unterbliebenen Mitwirkungspflicht des Kunden nicht erbringen, so hat er dies nicht zu vertreten.

8. Zugangscodes. Die Leistung des Providers gegenüber dem Kunden besteht darin, die von dem Kunden bereitgestellten Inhalte über das Internet zum Abruf zugänglich zu machen. Da der Kunde ein vehementes Interesse daran hat, dass die Inhalte nicht ohne seine Zustimmung geändert werden, obliegt dem Provider die Nebenpflicht, die auf dem Server abgelegten Inhalte vor einem Zugriff Dritter zu schützen.

Der Provider hat den Zugriffsschutz technisch so einzurichten, dass er nicht leicht zu überwinden ist. Um die Berechtigung eines Zugriffs festzustellen, sieht der Vertrag vor, dass der Kunde, der regelmäßig selbst oder durch eine von ihm beauftragte Webdesign-

Agentur per Datenfernübertragung über den Internet-Dienst FTP (File-Transfer-Protocol) auf den Speicherplatz zugreifen wird, sich durch die Angabe seiner Benutzerkennung und ein besonders definiertes Passwort autorisiert. Zwar hat der Zugangscode in diesem Fall nicht die Bedeutung, dem Provider den Nachweis der Inanspruchnahme seiner Leistungen durch den Kunden zu erleichtern. Die der entsprechenden Regelung im Access-Vertrag zugrunde liegende Wertung, dass die Eingabe der richtigen Benutzerkennung und des zutreffenden Passwortes den Anscheinsbeweis begründet, dass der Zugriff durch den Kunden erfolgte, gelten jedoch auch hier.

9. Zuordnung der Verantwortlichkeit. Der Provider kann von Dritten nur in Anspruch genommen werden, wenn er selbst rechtsverletzende Handlungen vornimmt oder als Störer für die Handlungen Dritter einstehen muss. Für die Haftung ist zwischen demjenigen zu unterscheiden, der die technische Plattform bereitstellt, und demjenigen, der die Inhalte über diese Plattform anbietet. Ersterer ist nach dem dem Formular zugrundeliegenden Sachverhalt der Provider, letzterer dessen Kunde. Eine Inanspruchnahme des Providers durch Dritte wegen von seinem Kunden angebotenen Inhalten ist bei einer willentlichen Beteiligung des Providers denkbar. Regelmäßig haftet aber allein der Kunde gegenüber Dritten. Dennoch regelt das Formular vorsorglich die interne Verantwortlichkeit zwischen den Vertragsparteien.

10. Rechte Dritter. Grundsätzlich haftet der Provider nicht für die vom Kunden angebotenen Inhalte → Anm. 9. Daran ändert auch das Gesetz über digitale Dienste (**Digital Services Act** – DSA) nichts, das ab 17. Februar 2024 von Anbietern von Vermittlungsdiensten beachtet werden muss. Nach Art. 3 lit. g iii DSA ist ein Hosting-Dienst ein Unterfall eines Vermittlungsdienstes, der dadurch gekennzeichnet ist, dass er von einem Nutzer bereitgestellte Informationen in dessen Auftrag speichert. Wiederum ein Unterfall von Hosting-Diensten sind Online-Plattformen, die von den Nutzern bereitgestellte Informationen zusätzlich zur Speicherung auch öffentlich verbreiten (Erwgr. 13 DSA). Zu den besonderen Anforderungen, die Hosting-Dienste erfüllen müssen: Gerdemann/Spindler GRUR 2023, 3 und Gerdemann/Spindler GRUR 2023, 115. Daneben sind von bestimmten größeren Hosting-Anbietern die urheberrechtlichen Sorgfaltsanforderungen des **UrhDaG** zu beachten. Eine Übersicht über die Änderung der BGH-Rechtsprechung zur Störerhaftung wegen Urheberrechtsverletzungen gibt Jan B. Nordemann ZUM 2022, 806. Das Formular sieht keine Regelung zu den einzuräumenden Nutzungsrechten vor, weil davon ausgegangen wird, dass der Kunde des Providers auf der Hosting-Plattform einen eigenen Dienst betreibt und entweder er oder sein Kunde der urheberrechtlich Handelnde ist.

11. Sperrung der Inhalte. Dem Provider obliegt keine Prüfungspflicht hinsichtlich der Zulässigkeit der von dem Kunden oder von dessen Kunden auf dem Speicherplatz abgelegten Inhalte. Der Provider soll sich jedoch nicht in eine Auseinandersetzung mit Dritten hineinziehen lassen müssen. Daher gibt die Klausel dem Provider das Recht, die Inhalte ganz oder teilweise mit sofortiger Wirkung, jedoch nicht endgültig, sondern nur vorübergehend bis zur Beseitigung der Störung, nicht mehr zum Abruf über das Internet bereithalten zu müssen. Der Provider soll auch nicht verpflichtet sein, den Eintritt eines Verstoßes abwarten zu müssen, sondern vielmehr berechtigt sein, auch präventiv tätig werden zu können, sofern ein Verstoß unmittelbar droht. Sofern die erhobenen Ansprüche nicht offensichtlich unbegründet sind, soll ihm ebenfalls gestattet sein, die Anbindung der Inhalte an das Internet einzustellen. Um diese weitgehenden Berechtigungen, die Inhalte des Kunden auch bereits bei der drohenden Gefahr einer Inanspruchnahme zu sperren, AGB-rechtskonform zu gestalten, legt die Klausel dem Provider Prüfungspflichten dahingehend auf, dass der Verstoß zumindest unmittelbar drohen muss und geltend gemachte Ansprüche nicht offensichtlich unbegründet sind. Zusätzlich hat er die Sperrung der Inhalte gegen die berechtigten Interessen seines Kunden abzuwägen.

12. Reseller-Ausschluss. → Form. E.1 Anm. 7.

13. Einwendungen. → Form. E.1 Anm. 9.

14. Preisänderungen. → Form. E.1 Anm. 13.

15. Datenübergabe. Bei Beendigung des Vertragsverhältnisses erhält der Kunde das Recht, die von ihm auf dem Server abgelegten Inhalte zurückzuerhalten. Der Provider kann hier je nach technischer Möglichkeit zwischen einer online-Übermittlung und einer Übergabe auf einem Datenträger wählen. Steht dem Provider ein Zurückbehaltungsrecht zu, wird dieses durch die Regelung nicht berührt.

16. Mängelhaftung. Bei der Mängelhaftung ist zu berücksichtigen, dass der Provider im Wesentlichen zwei Leistungen erbringt, nämlich das Zurverfügungstellen von Speicherplatz auf dem Server sowie das Anbinden des Servers an einen Übergabepunkt zum Internet. Hinsichtlich dieser letzten Leistung gilt das zum Access-Vertrag Gesagte entsprechend. Bezüglich des Zurverfügungstellens von Speicherplatz auf dem Server gilt, dass diese Leistungen dem Mietrecht zuzuordnen sind (BGH NJW 2007, 2394). Liegt der Schwerpunkt auf der Abrufbarkeit der Inhalte, liegt es nach Ansicht des BGH nahe, insgesamt einen Werkvertrag anzunehmen (so als obiter dictum BGH MMR 2010, 398 Rn. 20). Richtigerweise wird der Hostingvertrag aber durch das Mieten von Speicherplatz geprägt. Nach der Rechtsprechung des BGH zum Access-Providing läge auch kein Werk-, sondern ein Dienstvertrag vor (BGH MMR 2010, 398 Rn. 18). Der Kunde erhält als Mieter das Recht, den ihm zugewiesenen Speicherplatz zu nutzen. Soweit dem Kunden nicht ein dedizierter Server, sondern lediglich ein virtueller zur Verfügung gestellt wird, schadet es nicht, dass der Bereich der Daten, die vom Kunden belegt werden, auf der Festplatte des Servers nicht von vornherein bestimmbar ist. Ausschlaggebend ist allein, dass der Kunde den vertraglich geschuldeten Speicherplatz nutzen kann. Insofern handelt es sich um einen gemischten Vertrag, bei dem sich die Mängelhaftung danach bestimmt, welche der zu erbringenden Leistungen mangelbehaftet ist (vgl. Grüneberg/Grüneberg BGB Überbl. v. § 311 Rn. 21 ff.). In der Regel dürfte dies die Überlassung des Speicherplatzes betreffen, sodass Mietrecht zur Anwendung gelangt.

17. Ausschluss der verschuldensunabhängigen Mängelhaftung. Hinsichtlich der mietweise erfolgenden Überlassung des Speicherplatzes wird die nach § 536a Abs. 1 BGB verschuldensunabhängige Haftung des Providers für Mängel der Mietsache, die bereits zur Zeit der Überlassung an den Kunden vorlagen, ausgeschlossen (vgl. BGH NJW-RR 1991, 74; aA für Kardinalpflichten OLG Frankfurt a. M. BeckRS 2021, 43481 Rn. 90). Das ist für den Provider vor allem hinsichtlich der Mängel der zu überlassenden Software von Bedeutung, wenn es sich um Fremdsoftware handelt. Wird die Software nach Vertragsschluss geändert, zB durch Updates, so kommt hierfür wegen des eindeutigen Wortlautes des § 536a BGB nur eine verschuldensabhängige Haftung in Betracht.

18. Haftung. Die Haftungsklausel entspricht der des Access-Vertrages → Form. E.1 Anm. 15. Hinsichtlich der vom Provider erbrachten Leistung zur Datenübermittlung gilt die Haftungsprivilegierung durch § 70 TKG. Das OLG Hamburg hat die **Datensicherung** als **Nebenpflicht** eingeordnet, für die die Haftung bei leicht fahrlässiger Pflichtverletzung in AGB ausgeschlossen werden kann (OLG Hamburg NJW-RR 2018, 1175 Rn. 26).

19. Änderung der Vertragsbedingungen. → Form. E.1 Anm. 16.

20. Datenschutz. Die beim Hosting anfallenden Daten durch das Speichern auf dem Server oder den Zugriff von Nutzern auf die Web-Seite, sind regelmäßig auch personenbezogen (vgl. zum weiten Verständnis des Personenbezugs EuGH NJW 2016, 3579; BeckOK DatenschutzR/Schild DS-GVO Art. 4 Rn. 14 ff.). Der Provider verarbeitet diese Daten im Auftrag des Kunden, weswegen eine Auftragsverarbeitungsvereinbarung nach Art. 28 Abs. 3 DS-GVO zu schließen ist.

21. Gerichtsstand. → Form. E.1 Anm. 21.

22. Vertragssprache. → Form. F.3 Anm. 36

3. Housing-Vertrag – Housing Agreement

Housingvertrag[1]

zwischen

. . . .

– nachfolgend „Provider" genannt –

und

. . . .

– nachfolgend „Kunde" genannt –

wird folgender Vertrag geschlossen:

§ 1 Leistungen

(1) Der Provider stellt dem Kunden geeigneten Platz in einem Server-Rack zur Unterbringung eines Servers sowie weiterer geeigneter Geräte des Kunden (nachfolgend zusammenfassend als IT-System bezeichnet) zur Verfügung und unterstützt den Kunden bei dessen Installation.[2] Die Eignung von Geräten für die Verfolgung des Vertragszwecks ergibt sich aus der Anlage „Nutzungsbedingungen". Die Bestandteile des IT-Systems sind in der Anlage „IT-System" zu diesem Vertrag aufgeführt. Der Einbau und Anschluss von Geräten des Kunden erfolgt durch den Kunden in Begleitung des Providers. Auf der Grundlage einer gesonderten Vereinbarung bietet der Provider an, die Einbau- und Anschlussleistungen vollständig zu übernehmen.

(2) Ferner erbringt der Provider Leistungen zur Kühlung und zur Anbindung der auf Komponenten des IT-Systems abgelegten Inhalte an das Internet. Er übernimmt dazu die Anbindung der vom Kunden zur

Housing Agreement[1]

between

. . . .

– hereinafter referred to as „Provider" –

and

. . . .

– hereinafter referred to as „Customer" –

the following contract is concluded:

§ 1 Services

(1) The Provider shall provide the Customer with suitable space in a server rack to accommodate a server as well as other suitable equipment of the Customer (hereinafter collectively referred to as IT system) and support the Customer in its installation.[2] The suitability of equipment for pursuing the purpose of the contract is specified in the Annex „Terms of Use". The components of the IT system are listed in the Annex „IT System" to this Agreement. The installation and connection of the Customer's equipment is carried out by the Customer in the company of the Provider. On the basis of a separate agreement, the Provider offers to take over the installation and connection services in full.

(2) Furthermore, the Provider provides services for cooling and for connecting the contents stored on components of the IT system to the internet. For this purpose, it shall be responsible for connecting the

Verfügung zu stellenden Internet-Adresse an das IT-System.[3]

(3) Die Leistungen des Providers bei der Übermittlung von Daten beschränken sich allein auf die Datenkommunikation zwischen dem vom Provider betriebenen Übergabepunkt des eigenen Datenkommunikationsnetzes an das Internet und dem vom Kunden übergebenen IT-System. Eine Einflussnahme auf den Datenverkehr außerhalb des eigenen Kommunikationsnetzes ist dem Provider nicht möglich. Eine erfolgreiche Weiterleitung von Informationen von oder zu dem die Inhalte abfragenden Rechner ist daher insoweit nicht geschuldet.

(4) Der Provider erbringt die vorgenannten Leistungen zur Anbindung der auf dem IT-System abgelegten Inhalte an das Internet mit einer Verfügbarkeit von 99,5 %.[4] Die Verfügbarkeit berechnet sich auf der Grundlage der im Vertragszeitraum auf den jeweiligen Kalendermonat entfallenden Zeit abzüglich der Wartungszeiten. Der Provider ist berechtigt, dienstags und donnerstags in der Zeit von 3:00–6:00 Uhr morgens für insgesamt 10 Stunden im Kalendermonat Wartungsarbeiten durchzuführen. Während der Wartungsarbeiten stehen die vorgenannten Leistungen nicht zur Verfügung.

(5) Leistungen zum Betrieb und zur Wartung des IT-Systems übernimmt der Provider nicht. Der Provider stellt jedoch eine unterbrechungsfreie Stromversorgung zum Auffangen von Spannungsspitzen zur Verfügung. Details hierzu ergeben sich aus der Anlage „Nutzungsbedingungen".[5]

(6) Der Kunde und von ihm autorisierte Personen haben nach vorheriger Absprache mit dem Provider Zugang zu dem IT-System.[6]

(7) Der Provider übernimmt für den Kunden auf dessen Wunsch die Sicherung der Serverinhalte.[7] Die Inhalte werden vom Provider arbeitstäglich auf Sicherungsgeräte und -medien, die vom Kunden zur Verfügung zu stellen sind, gesichert. Die Datensicherung erfolgt rollierend in der

internet address to be provided by the Customer to the IT system.[3]

(3) The services of the Provider in connection with the transmission of data are limited solely to the data communication between the transfer point operated by the Provider of its own data communication network to the internet and the IT system handed over by the Customer. The Provider cannot influence data traffic outside its own communications network. A successful forwarding of information from or to the computer querying the contents is therefore not owed in this respect.

(4) The Provider grants the aforementioned services for connecting the contents stored on the IT system to the internet with an availability of 99.5 %.[4] Availability is calculated on the basis of the time attributable to the respective calendar month in the contractual term less the maintenance periods. The Provider is entitled to carry out maintenance work on Tuesdays and Thursdays between 3:00–6:00 a.m. for a total of 10 hours per calendar month. The above services are not available during maintenance work.

(5) The Provider does not assume any services for the operation and maintenance of the IT system. However, the Provider provides an uninterruptible power supply to absorb voltage peaks. Details are set forth in the Annex „Terms of Use".[5]

(6) The Customer and persons authorised by it have access to the IT system after prior consultation with the Provider.[6]

(7) The Provider does backup the server contents for the Customer on its request.[7] The contents are backed up by the Provider every working day on backup devices and media to be provided by the Customer. The data backup is carried out on a rolling basis in such a way that the data

Weise, dass die für einen Wochentag gesicherten Daten bei der für den nachfolgenden gleichen Wochentag erfolgenden Datensicherung überschrieben werden. Nach dem gleichen Prinzip erfolgt eine wöchentliche Datensicherung, bei der die Daten ebenfalls rollierend nach Ablauf von vier Wochen überschrieben werden. Der Provider unterstützt den Kunden oder Dritte auf Anforderung bei der Rücksicherung der Daten. Zur Durchführung der Sicherungen muss der Kunde dem Provider Zugriff auf sein IT-System gewähren.

saved for one weekday is overwritten during the data backup for the following same weekday. A weekly data backup is performed according to the same principle, in that the data is overwritten on a rolling basis after four weeks. The Provider supports the Customer or third parties on request in restoring the data. In order to perform the backups, the Customer must grant the Provider access to its IT system.

(8) Den Provider treffen keine Obhutspflichten.[8] Er wird dem Kunden aber unverzüglich anzeigen, wenn Umstände eingetreten sind oder einzutreten drohen, die eine Beschädigung des IT-Systems erwarten lassen.

(8) The Provider is not subject to any duties of care.[8] However, it shall notify the Customer immediately if circumstances have occurred or threaten to occur which indicate that the IT system might be damaged.

§ 2 Mitwirkungspflichten des Kunden

§ 2 Obligations to Cooperate

(1) Der Kunde wird keine Geräte unterbringen, die nicht gemäß der Spezifikationen in der Anlage „Nutzungsbedingungen" geeignet sind. Insbesondere wird der Kunde keine Geräte unterbringen, die – auch über die enthaltene Software – die Datensicherheit und den Datenfluss im Kommunikationsnetz des Providers nachteilig beeinträchtigen können.[9] Der Kunde ist zur pfleglichen Behandlung der Server-Racks verpflichtet. Er wird bei Arbeiten vor Ort hinreichend qualifiziertes Personal einsetzen und die mitgeteilten Nutzungsbedingungen beachten. Gefährden vom Kunden installierte Programme, Skripte oÄ den Betrieb des Kommunikationsnetzes des Providers oder die Sicherheit und Integrität anderer Geräte, so kann der Provider unter Berücksichtigung auch der berechtigten Interessen des Kunden die Anbindung des IT-Systems an das Kommunikationsnetz ganz oder teilweise mit sofortiger Wirkung vorübergehend einstellen.

(1) The Customer shall not accommodate any equipment that is not suitable in accordance with the specifications in the „Terms of Use" appendix. In particular, the Customer shall not accommodate any devices which – also via the software they contain – could adversely affect data security and data flow in the Provider's communication network.[9] The Customer is obliged to handle the server racks with care. It will employ sufficiently qualified personnel for work on site and observe the notified terms of use. If programs, scripts or other devices installed by the Customer endanger the operation of the Provider's communication network or the security and integrity of other devices, the Provider may temporarily suspend the connection of the IT system to the communication network in whole or in part with immediate effect, taking into account the Customer's legitimate interests.

(2) Der Kunde wird dafür Sorge tragen, dass die von ihm gewählte Internet-Adresse, unter der die Inhalte über das Internet abgefragt werden können, nicht Gesetze, behördliche Auflagen oder Rechte Dritter

(2) The Customer shall ensure that the internet address selected by him, at which the contents can be accessed via the internet, does not violate laws, official requirements or the rights of third parties. The

verletzt. Die von dem Kunden auf dem IT-System abgelegten Inhalte stellen für den Provider fremde Inhalte dar, zu denen er den Zugang zur Nutzung vermittelt. Der Kunde prüft in eigener Verantwortung die rechtliche Zulässigkeit des Zugänglichmachens dieser Inhalte über das Internet.[10]

contents stored by the Customer on the IT system represent external contents for the Provider, to which it provides access for use. The Customer assesses the legal admissibility of making these contents accessible via the internet on its own responsibility.[10]

(3) Der Kunde ist für die Beachtung der datenschutzrechtlichen Anforderungen bei der Nutzung der Leistungen des Providers verantwortlich. Verarbeitet der Kunde personenbezogene Daten, wird er mit dem Provider einen Vertrag zur Auftragsverarbeitung abschließen.[11]

(3) The Customer is responsible for observing the data protection requirements when using the services of the Provider. If the Customer processes personal data, it will conclude a contract with the Provider for commissioned data processing.[11]

(4) Im Falle der Geltendmachung nicht offensichtlich unbegründeter Ansprüche Dritter gegen den Provider auf Unterlassen der vollständigen oder teilweisen Anbindung der auf dem Server abgelegten Inhalte an das Internet ist der Provider berechtigt, unter Berücksichtigung auch der berechtigten Interessen des Kunden die Anbindung dieser Inhalte ganz oder teilweise mit sofortiger Wirkung vorübergehend einzustellen. Der Provider wird den Kunden über diese Maßnahme unverzüglich informieren.[12]

(4) In the event of the assertion of not obviously unfounded claims of third parties against the Provider to cease and desist the complete or partial connection of the contents stored on the server to the internet, the Provider is entitled, taking into account also the legitimate interests of the Customer, to temporarily suspend the connection of these contents completely or partially with immediate effect. The Provider will inform the Customer about this measure immediately.[12]

(5) Der Kunde stellt den Provider von jeglicher von ihm zu vertretenden Inanspruchnahme durch Dritte einschließlich der durch die Inanspruchnahme ausgelösten Kosten frei.

(5) The Customer indemnifies the Provider from all claims by third parties for which it is responsible, including the costs caused by the claim.

§ 3 Reseller-Ausschluss/ Zurücknahmerecht

§ 3 Exclusion of Resellers/Return Right

(1) Der Kunde darf den vom Provider zur Verfügung gestellten Raum zur Unterbringung des Servers Dritten nicht überlassen.[13]

(1) The Customer may not make available to third parties the space provided by the Provider for the accommodation of the server.[13]

(2) Der Kunde kann das übergebene IT-System jederzeit zurücknehmen.[14] Der Bestand des Vertragsverhältnisses wird hierdurch nicht berührt; die Entgeltzahlungspflicht des Kunden bleibt bis zur Beendigung des Vertragsverhältnisses bestehen. Ein Pfandrecht nach § 562 BGB und ein sonstiges Zurückbehaltungsrecht stehen dem Provider nicht zu.

(2) The Customer may take back the handed over IT system at any time.[14] The existence of the contractual relationship shall not be affected by this; the Customer's obligation to pay remuneration shall remain in force until the contractual relationship is terminated. The Provider is not entitled to a lien according to § 562 BGB or any other right of retention.

(3) Der Ausbau der Geräte erfolgt durch den Kunden in Begleitung des Providers. Auf Wunsch des Kunden übernimmt der Provider den Ausbau aufgrund einer gesonderten Vereinbarung.

(3) The removal of the devices is carried out by the Customer in the company of the Provider. At the request of the Customer, the Provider will take over the removal on the basis of a separate agreement.

§ 4 Vergütung

(1) Die Vergütung der vom Provider erbrachten Leistungen richtet sich nach der im Zeitpunkt des Vertragsschlusses gültigen Preisliste.

(2) Der Kunde hat Einwendungen gegen die Abrechnung der vom Provider erbrachten Leistungen innerhalb von acht Wochen nach Zugang der Rechnung schriftlich bei der auf der Rechnung angegebenen Stelle zu erheben. Nach Ablauf der vorgenannten Frist gilt die Abrechnung als vom Kunden genehmigt. Der Provider wird den Kunden mit Übersendung der Rechnung auf die Bedeutung seines Verhaltens besonders hinweisen.

(3) Der Provider ist berechtigt, die seinen Leistungen zugrunde liegende Preisliste zu ändern.[15] Der Provider wird den Kunden über Änderungen in der Preisliste spätestens sechs Wochen vor Inkrafttreten der Änderungen in Textform informieren. Ist der Kunde mit der Änderung der Preisliste nicht einverstanden, so kann er dieses Vertragsverhältnis außerordentlich zum Zeitpunkt des beabsichtigten Wirksamwerdens der Änderung der Preisliste kündigen. Die Kündigung bedarf der Textform. Kündigt der Kunde das Vertragsverhältnis zum Zeitpunkt des Wirksamwerdens der Preisänderung nicht, so gilt die Preisänderung als von ihm genehmigt. Der Provider wird den Kunden mit der Mitteilung der Preisänderung auf die vorgesehene Bedeutung seines Verhaltens besonders hinweisen.

(4) Die Erbringung der Leistungen durch den Provider ist daran gebunden, dass der Kunde seinen Zahlungsverpflichtungen rechtzeitig nachkommt. Kommt der Kunde für zwei aufeinanderfolgende Monate mit der Entrichtung eines nicht unerheblichen

§ 4 Remuneration

(1) The remuneration for the services provided by the Provider is based on the price list valid at the time of the conclusion of the contract.

(2) The Customer has to raise objections against the billing of the services provided by the Provider within eight weeks after receipt of the invoice in writing at the office indicated on the invoice. After expiry of the aforementioned period, the invoice shall be deemed to have been approved by the Customer. When sending the invoice the Provider will particularly point out to the Customer the effect of its conduct.

(3) The Provider is entitled to change the price list on which its services are based.[15] The Provider shall inform the Customer about changes in the price list in text form at least six weeks before the changes come into effect. If the Customer does not agree with the change of the price list, it may terminate this contractual relationship extraordinarily at the time of the intended entry into force of the change of the price list. The notice of termination must be in text form. If the Customer does not terminate the contractual relationship at the time the price change comes into effect, the price change shall be deemed to have been approved by the Customer. The Provider will specifically inform the Customer of the intended significance of its conduct when notifying the Customer of the price change.

(4) The provision of services by the Provider is bound to the fact that the Customer fulfils its payment obligations in time. If the Customer is in default with the payment of a not inconsiderable part of the owed remuneration for two consecu-

Teils der geschuldeten Vergütung in Verzug, so kann der Provider das Vertragsverhältnis aus wichtigem Grund ohne Einhaltung einer Kündigungsfrist kündigen.[16]

tive months, the Provider may terminate the contractual relationship for good cause without observing a period of notice.[16]

§ 5 Vertragslaufzeit

§ 5 Term of Contract

(1) Dieser Vertrag läuft unbefristet und kann nach Ablauf eines Jahres jederzeit schriftlich mit einer Frist von 30 Tagen zum Ende eines Kalenderquartals gekündigt werden.

(1) This contract shall be effective for an unlimited period of time and may after one year at any time be terminated at the end of a calendar quarter upon 30 days written notice.

(2) Die Kündigung aus wichtigem Grund bleibt unberührt.

(2) Termination for good cause remains unaffected.

(3) Nach Beendigung des Vertragsverhältnisses nimmt der Kunde die von ihm überlassenen Geräte unverzüglich zurück.[17]

(3) After termination of the contractual relationship, the Customer shall take back the devices provided by it without delay.[17]

§ 6 Mängelhaftung

§ 6 Liability for Defects

(1) Für Mängel, die bereits bei Vertragsschluss vorhanden waren, haftet der Provider nur, wenn er diese Mängel zu vertreten hat.[18]

(1) The Provider is only liable for defects that were already present when the contract was concluded if it is responsible for these defects.[18]

(2) Der Kunde hat dem Provider Mängel unverzüglich anzuzeigen.

(2) The Customer must notify the Provider immediately of any defects.

§ 7 Haftung

§ 7 General Liability

(1) Die Haftung des Providers für Schäden aufgrund der Nutzung von Telekommunikationsdienstleistungen für die Öffentlichkeit richtet sich nach den Regelungen des Telekommunikationsgesetzes.[19]

(1) The liability of the Provider for damages resulting from the use of telecommunication services for the public is governed by the provisions of the Telecommunications Act.[19]

(2) Außerhalb des Anwendungsbereichs von Abs. 1 richtet sich die Haftung nach den folgenden Bestimmungen. Der Provider haftet für Vorsatz und grobe Fahrlässigkeit. Für leichte Fahrlässigkeit haftet der Provider nur bei Verletzung einer wesentlichen Vertragspflicht, deren Erfüllung die ordnungsgemäße Durchführung des Vertrags überhaupt erst ermöglicht und auf deren Einhaltung der Kunde regelmäßig vertrauen darf, sowie bei Schäden aus der Verletzung des Lebens, des Körpers

(2) Outside the scope of application of paragraph 1, liability shall be governed by the following provisions. The Provider is liable for intent and gross negligence. The Provider is only liable for slight negligence in the event of a breach of an essential contractual obligation, the fulfilment of which is essential for the proper execution of the contract and on the observance of which the Customer may regularly rely, as well as for damages resulting from injury to life, body or health. The

oder der Gesundheit. Der Provider haftet dabei nur für vorhersehbare Schäden, mit deren Entstehung typischerweise gerechnet werden muss. Die Haftung ist im Falle leichter Fahrlässigkeit der Höhe nach beschränkt auf 25.000,– EUR. Für den Verlust von Daten und/oder Programmen haftet der Provider insoweit nicht, als der Schaden darauf beruht, dass es der Kunde unterlassen hat, Datensicherungen durchzuführen und dadurch sicherzustellen, dass verloren gegangene Daten mit vertretbarem Aufwand wiederhergestellt werden können.

Provider is only liable for foreseeable damages, the occurrence of which must typically be expected. In case of slight negligence, liability is limited to 25,000 EUR. The Provider is not liable for the loss of data and/or programs to the extent that the damage is due to the fact that the Customer has failed to carry out data backups and thereby ensure that lost data can be restored with reasonable effort.

§ 8 Änderung der Vertragsbedingungen

Soweit nicht bereits anderweitig speziell geregelt, ist der Provider berechtigt, diese Vertragsbedingungen zu ändern oder zu ergänzen. Der Provider wird dem Kunden die Änderungen oder Ergänzungen spätestens sechs Wochen vor ihrem Wirksamwerden in Textform ankündigen. Ist der Kunde mit den Änderungen oder Ergänzungen der Vertragsbedingungen nicht einverstanden, so kann er den Änderungen mit einer Frist von einer Woche zum Zeitpunkt des beabsichtigten Wirksamwerdens der Änderungen oder Ergänzungen widersprechen. Der Widerspruch bedarf der Textform. Widerspricht der Kunde nicht, so gelten die Änderungen oder Ergänzungen der Vertragsbedingungen als von ihm genehmigt. Der Provider wird den Kunden mit der Mitteilung der Änderungen oder Ergänzungen der Vertragsbedingungen auf die vorgesehene Bedeutung seines Verhaltens besonders hinweisen.[20]

§ 8 Amendment of the Contractual Conditions

Unless specifically set forth otherwise, the Provider is entitled to change or amend these contractual conditions. The Provider shall notify the Customer of the changes or amendments in text form at least six weeks before they take effect. If the Customer does not agree with the amendments or additions to the contractual terms and conditions, it may object to the amendments or additions no later than one week prior to the date of the intended entry into force of the amendments or additions. Such objection requires the text form. If the Customer does not object, the changes or amendments to the contractual terms and conditions shall be deemed to have been approved by him. The Provider shall specifically draw the Customer's attention to the intended significance of its conduct when notifying the Customer of the changes or amendments to the contractual conditions.[20]

§ 9 Schlussbestimmungen

(1) Die Abtretung von Forderungen ist nur mit vorheriger schriftlicher Zustimmung der anderen Vertragspartei zulässig. Die Zustimmung darf nicht unbillig verweigert werden. Die Regelung des § 354a HGB bleibt hiervon unberührt.

§ 9 Concluding Provisions

(1) The assignment of claims shall be subject to the prior written consent of the other party. Such consent shall not be unreasonably withheld. The statutory provision of § 354a HGB remains unaffected.

(2) Ein Zurückbehaltungsrecht kann nur wegen Gegenansprüchen aus dem jeweiligen Vertragsverhältnis geltend gemacht werden.

(3) Die Vertragsparteien können nur mit Forderungen aufrechnen, die rechtskräftig festgestellt oder unbestritten sind.

(4) Alle Änderungen, Ergänzungen und Kündigungen vertraglicher Vereinbarungen bedürfen der Schriftform, ebenso die Aufhebung des Schriftformerfordernisses, soweit dieser Vertrag nicht die Textform vorsieht.

(5) Sollten einzelne Bestimmungen der Parteivereinbarungen ganz oder teilweise unwirksam sein oder werden, wird die Wirksamkeit der übrigen Bestimmungen hierdurch nicht berührt. Die Parteien verpflichten sich für diesen Fall, die ungültige Bestimmung durch eine wirksame Bestimmung zu ersetzen, die dem wirtschaftlichen Zweck der ungültigen Bestimmung möglichst nahe kommt. Entsprechendes gilt für etwaige Lücken der Vereinbarungen.

(6) Es gilt das Recht der Bundesrepublik Deutschland. Bei einer mehrsprachigen Version dieses Vertrages ist für die rechtlichen Wirkungen allein der deutsche Text maßgeblich.

(7) Gerichtsstand ist . . . . . .

(8) Die Vertragsparteien haben den Vertrag in einer deutschen und einer englischsprachigen Fassung geschlossen. Für die rechtlichen Wirkungen zwischen den Parteien ist allein die deutsche Fassung maßgeblich.[21]

Anlagen:
Anlage 1: IT-System
Anlage 2: Nutzungsbedingungen
Datum/Unterschrift

(2) A right of retention can only be asserted due to counterclaims based on the respective contractual relationship.

(3) The parties may only set off claims which have been legally established by a final court decision or are undisputed.

(4) All amendments, additions and terminations of contractual agreements must be made in writing, as must the cancellation of the requirement for the written form, unless this contract provides for the text form.

(5) Should individual provisions of the agreements between the parties be or become invalid in whole or in part, the validity of the remaining provisions shall not be affected thereby. In this case, the parties undertake to replace the invalid provision with a valid provision that comes as close as possible to the economic purpose of the invalid provision. The same applies to any gaps in the agreements.

(6) The law of the Federal Republic of Germany shall apply.

(7) Place of jurisdiction is . . . . . .

(8) The parties have concluded the contract in a German and an English language version. Only the German version is authoritative for the legal effects between the parties.[21]

Annexes:
Annex 1: IT system
Annex 2: Terms of use
Date/Signature

Anmerkungen

1. Sachverhalt Housing. Der Provider stellt seinem Kunden, einer Internet-Agentur, Platz in einem Server-Rack zur Unterbringung von im Eigentum des Kunden stehenden Servern sowie der benötigten zusätzlichen Hardware (Firewall, Router oÄ) zur Verfügung und bindet den Server über sein Kommunikationsnetz an das Internet an. Leistungen zur Wartung und Pflege erbringt der Provider nicht. Der Provider ist Verwender der Bedingungen. Der Vertrag ist eher kundenfreundlich.

Das Housing ähnelt hinsichtlich der vom Provider zu erbringenden Leistungen dem **Hosting.** Der wesentliche Unterschied zwischen beiden Leistungen liegt darin, dass beim Housing der Kunde des Providers die an das Kommunikationsnetz des Providers anzuschließende Hardware stellt. Dies kann im einfachsten Fall ein Server sein, den der Kunde beim Provider unterbringt. Bei komplexeren Internet-Auftritten können weitere Server, beispielsweise Datenbank- oder Mailserver, sowie zusätzliche Hardware wie Firewalls oder Modems hinzukommen. Sinnvoll ist das Housing von Hardware bei einem Provider dann, wenn der Kunde über das technische Know-how verfügt, die Hardware selbst mit Inhalten zu bespielen und diese Inhalte selbstständig zu pflegen. Ein typischer Fall ist der dem Vertragsmuster zugrunde liegende Sachverhalt, dass eine Internet-Agentur ihren Kunden auch das Hosting der erstellten Web-Sites anbieten möchte, einerseits jedoch nicht über eine Anbindung an das Internet verfügt oder diese Anbindung nur von geringer Leistungsfähigkeit ist, andererseits aber den unmittelbaren Zugriff auf das Serversystem behalten möchte. Hier bietet es sich für sie an, lediglich die Anbindung an das Internet vom Provider einzukaufen und die Betreuung der Hardware vollständig selbst zu übernehmen. Aufgrund des bei der Internet-Agentur vorhandenen Know-hows ist die Agentur in der Lage, den außerhalb ihrer Räume beim Provider untergebrachten Server über eine Datenfernverbindung zu betreuen. Ihrem Kunden gegenüber kann sie dann selbst als Hosting-Provider auftreten

Vertragstypologisch ist das Housing wegen seines Schwerpunkts in der Überlassung von Aufstellmöglichkeiten für das IT-System des Kunden dem **Mietrecht** zuzuordnen. Die übrigen Leistungen der Anbindung an das Internet und eine etwaige Datensicherung oder sonstige – untergeordnete – Betreuung stehen dagegen zurück. (s. auch Roth/Haber ITRB 2007, 21; Hoeren/Sieber/Holznagel MMR-HdB/Redeker Teil 12 Rn. 261 ff.; Auer-Reinsdorff/Conrad IT- und DatenschutzR-HdB/Auer-Reinsdorff § 21 Rn. 38).

2. Überlassung von Platz in Server-Racks. Server und sonstige Hardware werden in der Regel in einem so genannten Server-Rack untergebracht. Der Housing-Provider übernimmt es, dem Kunden entsprechenden Platz in den bei ihm vorhandenen Server-Racks zur Verfügung zu stellen. Weil der Provider hinsichtlich der Unterbringung der Geräte lediglich ausreichenden Platz in den Server-Racks schuldet, kommt es nur darauf an, dass die vom Kunden dort unterzubringenden Geräte für diese Aufbewahrungsart geeignet sind. Eine Unterscheidung der Geräte nach ihrer Funktionalität oder gar Funktionsfähigkeit ist hinsichtlich der rechtlichen Ausgestaltung des Vertrages nicht erforderlich. Hierfür hat der Provider nicht einzustehen. Die Geräte werden daher im Rahmen des Vertrages zusammenfassend als IT-System bezeichnet. Da sich die Server-Racks in den Räumen des Providers befinden und an dessen Kommunikationsnetz angeschlossen werden sollen, bedarf der Kunde zur Installation des IT-Systems der Unterstützung des Providers. Die **Geräte** sollten in einer Anlage zu dem Vertrag möglichst **detailliert bezeichnet** werden, so dass eine Individualisierung vor allem hinsichtlich der **Rückgabe** nach Beendigung des Vertrages möglich ist.

3. Anbindung an das Internet. Neben der Überlassung von Platz in einem Server-Rack schuldet der Provider im Rahmen des Housing-Vertrages die Anbindung des IT-Systems an das Internet. Hierzu erbringt er die bereits im Hosting-Vertrag erläuterten Leistungen zur Datenübermittlung in dem von ihm betriebenen Kommunikationsnetz zwischen der Schnittstelle zum Internet und dem IT-System des Kunden; → Form. E.2 Anm. 2. Zu den telekommunikationsrechtlichen Aspekten → Form. E.1 Anm. 2.

4. Verfügbarkeit. → Form. E.1 Anm. 4 und → Form. E.5 Anm. 6ff.

5. Betrieb und Wartung. Der Housing-Provider schuldet typischerweise nur die Anbindung des IT-Systems an das Internet. Für den Betrieb und die Wartung des IT-Systems → Form. B.4 ist der Kunde verantwortlich. Er kann sich hierzu der Unterstützung Dritter bedienen oder den Provider mit bestimmten Wartungsaufgaben betrauen. Da nach dem Sachverhalt das IT-System von einer Internet-Agentur dem Provider zur Unterbringung übergeben wird und die Agentur über ausreichendes technisches Wissen verfügt, sieht der Vertrag vor, dass hinsichtlich Wartung und Betrieb keine Unterstützungsleistungen durch den Provider erbracht werden. Der Kunde kann über die Anbindung des IT-Systems an das Internet auf das System zugreifen und es selbstständig warten. Einer besonderen Regelung hierzu bedarf es nicht, sofern die entsprechenden Einstellungen bei der Installation des IT-Systems vorgenommen werden, da die Zugangscodes dem Kunden bekannt sind. Vielmehr ist es umgekehrt erforderlich, dem Provider gegebenenfalls eine Zugangsberechtigung einzuräumen, falls er zur Erbringung seiner Unterstützungsleistungen auf das IT-System zugreifen können muss. Treten Hardware-Probleme auf, die nicht im Wege der **Fernwartung** behoben werden können, ist dem Kunden die Möglichkeit eines direkten Zugriffs auf das IT-System zu gewähren → Anm. 6.

Der Provider wird ferner verpflichtet, für eine unterbrechungsfreie Stromversorgung (USV) zum Auffangen von Spannungsspitzen oder zum kontrollierten Herunterfahren des Systems bei einem Stromausfall zu sorgen. Die Stromversorgung entzieht sich dem Einflussbereich des Kunden, so dass er hier zur Vorsorge von der Unterstützung durch den Provider abhängig ist. Im Vertrag kann auch geregelt werden, dass im Falle eines Stromausfalles die unterbrechungsfreie Stromversorgung für einen zu definierenden Zeitraum den Ausfall überbrückt. Die Zeitspanne der Überbrückung sollte dabei so lang gewählt werden, dass entweder der Kunde selbst in der Lage ist, den Server ohne Datenverluste herunterzufahren, oder der Provider dies in seinem Auftrag erledigen kann. Details sind in der Anlage „Nutzungsbedingungen" zu regeln.

6. Zugang zum IT-System. Nach dem Vertragsmuster erbringt der Provider keinerlei Unterstützungsleistung hinsichtlich der Wartung und des Betriebs des IT-Systems. Da jedoch jedes System auch hinsichtlich der Hardware gewartet werden muss, muss der Kunde sicherstellen, Arbeiten vor Ort durchführen zu können. Der Vertrag sieht dazu vor, dass der Kunde selbst oder von ihm autorisierte Personen nach vorheriger Absprache mit dem Provider Zugang zu dem IT-System haben. In dem Vertrag könnte auch geregelt werden, dass genaue Zeiten für den jederzeitigen Zugang definiert werden und außerhalb dieser Zeiträume eine Absprache der Parteien erforderlich ist.

7. Datensicherung. Auch beim Housing ist der Kunde darauf angewiesen, dass die Serverinhalte gesichert werden. Die Datensicherung kann hier auf verschiedene Weise erfolgen. Zum einen kann die Datensicherung in den Räumen des Providers vorgenommen werden, wenn dort die geeigneten Geräte vorhanden sind, oder der Kunde nimmt eine so genannte inkrementelle Sicherung über die ihm zur Verfügung stehende Datenleitung vor. Bei der inkrementellen Sicherung werden nur die Änderungen gegenüber dem letzten Sicherungsstand gesichert, was die Menge der zu übertragenden Daten gegenüber einer Vollsicherung erheblich reduzieren kann. Nach dem Vertragsmuster hat der Kunde das Sicherungssystem – bestehend aus der Hardware und den Sicherungsmedien – selbst zur Verfügung zu stellen. Die Aufgabe des Providers besteht lediglich darin, zu den vereinbarten Zeiten die entsprechenden Sicherungsmedien einzulegen und den Sicherungsvorgang zu starten. Damit erfolgt die Sicherung durch den Kunden und nicht durch den Provider, der hierzu lediglich **Hilfsdienste** leistet. Entsprechendes gilt für den Fall der Rücksicherung der Daten.

8. Keine Obhutspflichten. Bei der Zurverfügungstellung von Server-Rack-Kapazitäten wird vom Provider nicht primär die Gebrauchsüberlassung der Räumlichkeit, sondern die Unterbringung des IT-Systems geschuldet. Diese Leistungen könnten daher zur Typisierung als Verwahrungs- und Lagervertrag nach §§ 688 ff. BGB bzw. §§ 467 ff. HGB führen (vgl. Grüneberg/Weidenkaff BGB Einf. vor § 535 Rn. 19). Dies könnte bedeuten, dass der Provider auch Obhutspflichten hinsichtlich des übergebenen IT-Systems übernimmt und damit im Vergleich zur bloßen Überlassung von Räumlichkeiten (wie etwa bei einem Schließfach oder einem Garagenstellplatz) verschärft haftet. Die Übernahme der Obhut über das IT-System zählt jedoch nicht zu den charakteristischen Hauptleistungspflichten des Providers. Seine Leistungspflichten beschränken sich vielmehr auf die Anbindung des IT-Systems an das Internet sowie die Zurverfügungstellung des Server-Racks (vgl. zur Abgrenzung auch Grüneberg/Sprau BGB § 688 Rn. 4). Dies stellt § 1 Abs. 8 klar. Der Provider übernimmt es nach dem Vertrag aber als Nebenpflicht, dem Kunden anzuzeigen, wenn Umstände eingetreten sind oder einzutreten drohen, die eine Beschädigung des IT-Systems erwarten lassen.

9. Schutzpflichten des Kunden. In § 2 Abs. 1 wird eine sich bereits im Übrigen aus dem Vertragszweck ergebende Nebenpflicht des Kunden niedergelegt, keine Geräte in dem Server-Rack unterzubringen, die die Datensicherheit und den Datenfluss im Kommunikationsnetz des Providers nachteilig beeinträchtigen können. Zusätzlich wird klargestellt, dass er bei Arbeiten in den Räumen des Providers qualifiziertes Personal einzusetzen hat und die vom Provider vorgegebenen Nutzungsbedingungen beachten muss.

10. Inhalteverantwortlichkeit. Die Haftung des Providers für die vom Kunden auf dem IT-System abgelegten Inhalte richtet sich nach Art. 4 DSA, da der Housing-Provider nicht wie beim Hosting fremde Inhalte speichert, sondern fremde Informationen in einem Kommunikationsnetz übermittelt. Er haftet für diese Inhalte nur dann, wenn er die Übermittlung veranlasst, den Adressaten der übermittelten Informationen auswählt und die übermittelten Informationen auswählt oder verändert.

11. Datenschutz. → Form. E.2 Anm. 20.

12. Sperre. → Form. E.2 Anm. 11.

13. Überlassung an Dritte. Es wird klargestellt, dass der Kunde keinen Anspruch auf Überlassung des ihm vom Provider zur Verfügung gestellten Platzes im Server-Rack an Dritte besitzt. Durch diese Regelung wird § 540 BGB abbedungen, so dass der Kunde bei einer Weigerung des Providers, den Server-Rack-Platz einem Dritten zu überlassen, das Vertragsverhältnis nicht kündigen kann. In AGB ist eine solche Regelung allerdings unwirksam → Form. E.4 Anm. 22.

14. Jederzeitiges Rücknahmerecht. Um dem Kunden die schnelle Zurücknahme der übergebenen Gegenstände zu ermöglichen, sieht § 3 Abs. 2 vor, dass der Kunde das IT-System jederzeit zurücknehmen kann, ohne dass hierdurch jedoch der Bestand des Vertragsverhältnisses berührt wird. Eine Beendigung des Vertragsverhältnisses bedarf der Kündigung nach § 5. Ein Vermieterpfandrecht oder sonstiges Zurückbehaltungsrecht steht dem Provider hinsichtlich des IT-Systems nicht zu. Diese Regelung kann für den Kunden dann bedeutend sein, wenn er gegenüber seinem Vertragspartner als Hosting-Provider verpflichtet ist, auf dem IT-System abgelegte Inhalte herauszugeben, und die Übernahme dieser Inhalte per Datenfernübertragung nicht möglich oder zu aufwändig ist.

15. Änderungen der Preisliste. → Form. E.1 Anm. 13.

16. Kündigung bei Zahlungsverzug. → Form. E.1 Anm. 14.

17. Rücknahmepflicht des Kunden. Nimmt der Kunde nach Beendigung des Vertragsverhältnisses das IT-System nicht unverzüglich zurück, so kann der Provider, wenn der

Kunde in Annahmeverzug ist, das System nach § 383 BGB versteigern lassen und den Erlös hinterlegen.

18. Ausschluss der verschuldensunabhängigen Haftung. Die Überlassung des Server-Rack-Platzes ist mietrechtlich zu werten. Insofern gelten die gleichen Vorschriften wie hinsichtlich der Überlassung von Speicherplatz beim Hosting-Vertrag, → Form. E.2 Anm. 17.

19. Haftung. Hinsichtlich der Anbindung des IT-Systems an das Internet erbringt der Provider Telekommunikationsdienstleistungen für die Öffentlichkeit. Es gilt das zu Anmerkung → Form. E.1 Anm. 15 Gesagte entsprechend.

20. Änderung der Vertragsbedingungen. → Form. E.1 Anm. 16.

21. Vertragssprache. → Form. F.3 Anm. 36.

4. ASP (Application-Service-Providing)-Vertrag – ASP Agreement

ASP-Vertrag[1]	ASP Agreement[1]
zwischen	**between**
. . . . .	. . . . .
– nachfolgend „Provider" genannt – und	**– hereinafter referred to as „Provider" – and**
. . . . .	. . . . .
– nachfolgend „Kunde" genannt – wird folgender Vertrag geschlossen:	**– hereinafter referred to as „Customer" – the following contract is concluded:**
§ 1 Vertragsgegenstand	**§ 1 Subject**
Gegenstand dieses Vertrages ist die Überlassung von Software (nachfolgend auch „Anwendungssoftware" genannt) durch den Provider zur Nutzung durch den Kunden über eine Datenfernverbindung. Für den Zugriff auf die Anwendungssoftware ist neben einer Internetverbindung die Installation einer Client-Software auf dem Rechner des Kunden erforderlich.[2]	**Subject of this contract is the provision of software (hereinafter also referred to as „Application Software") by the Provider for use by the Customer via a remote data connection. The installation of client software on the Customer's computer as well as an Internet connection, is required to access the Application Software.[2]**
(Variante:	***(Variation:***
Gegenstand dieses Vertrages ist die Überlassung von Software (nachfolgend auch „Anwendungssoftware" genannt) durch den Provider zur Nutzung durch den Kunden über eine Datenfernverbindung. Der Zugriff auf die Software erfolgt über einen mit dem Internet verbundenen Browser.[3])	***Subject of this contract is the provision of software (hereinafter also referred to as „Application Software") by the Provider for use by the Customer via a remote data connection. The software is accessed via a browser connected to the Internet.[3])***

§ 2 Anwendungssoftware

(1) Der Provider stellt dem Kunden die Nutzung der in der Anlage „ASP-Systemspezifikation" bezeichneten Client- und Anwendungssoftware in dem dort näher beschriebenen Funktionsumfang und unter den dort ebenfalls genannten Funktionsvoraussetzungen zur Verfügung. Die Anwendungssoftware wird von dem Provider an dem in der Anlage „ASP-Systemspezifikation" vereinbarten Übergabepunkt (Schnittstelle des vom Provider betriebenen Datennetzes zu anderen Netzen) zur Nutzung bereitgestellt. Die Anwendungssoftware verbleibt dabei auf dem Server des Providers. Vom Provider nicht geschuldet ist die Herstellung und Aufrechterhaltung der Datenverbindung zwischen dem IT-System des Kunden und dem vom Provider betriebenen Übergabepunkt.

(Variante:

(1) Der Provider stellt dem Kunden die Nutzung der in der Anlage „ASP-Systemspezifikation" bezeichneten Anwendungssoftware in dem dort näher beschriebenen Funktionsumfang und unter den dort ebenfalls genannten Funktionsvoraussetzungen zur Verfügung. Die Anwendungssoftware wird von dem Provider an dem in der Anlage „ASP-Systemspezifikation" vereinbarten Übergabepunkt (Schnittstelle des vom Provider betriebenen Datennetzes zu anderen Netzen) zur Nutzung bereitgestellt. Die Anwendungssoftware verbleibt dabei auf dem Server des Providers. Vom Provider nicht geschuldet ist die Herstellung und Aufrechterhaltung der Datenverbindung zwischen dem IT-System des Kunden und dem vom Provider betriebenen Übergabepunkt.[4])

(2) Außerhalb von Releasewechseln kann der Provider die Anwendungssoftware im Rahmen der technischen Möglichkeiten ändern und in der vom Hersteller jeweils aktuell angebotenen Version einsetzen, wenn die Änderung der Software unter Berücksichtigung der Interessen des Pro-

§ 2 Application Software

(1) The Provider shall make available to the Customer the use of the client software and Application Software described in the Annex „ASP System Specification" within the scope of functions described therein in more detail and subject to the functional prerequisites also specified therein. The Application Software shall be provided by the Provider for use by the Customer at the transfer point agreed in the Annex „ASP System Specification" (interface of the data network operated by the Provider to other networks). The Application Software remains on the Provider's server. The Provider does not owe the establishment and maintenance of the data connection between the Customer's IT system and the transfer point operated by the Provider.

(Variation:

(1) The Provider shall make available to the Customer the use of the Application Software described in the Annex „ASP System Specification" within the scope of functions described therein in more detail and subject to the functional prerequisites also specified therein. The Application Software shall be provided by the Provider for use by the Customer at the transfer point agreed in the Annex „ASP System Specification" (interface of the data network operated by the Provider to other networks). The Application Software remains on the Provider's server. The Provider does not owe the establishment and maintenance of the data connection between the Customer's IT system and the transfer point operated by the Provider.[4])

(2) Outside of release changes, the Provider may modify the Application Software within the scope of technical possibilities and operate it in the version currently offered by the manufacturer, if the modification of the software is reasonable for the Customer taking into ac-

viders für den Kunden zumutbar ist. Der Provider wird den Kunden auf eine Änderung der eingesetzten Software spätestens sechs Wochen vor dem Änderungszeitpunkt hinweisen. Ein Anspruch des Kunden auf den Einsatz einer neueren Version der in der Anlage „ASP-Systemspezifikation" genannten Software besteht jedoch nicht.[5]

count the Provider's interests. The Provider shall notify the Customer of a change to the software used no later than six weeks prior to the date of such change. However, the Customer has no claim to the use of a newer version of the software specified in the „ASP System Specification" Annex.[5]

(3) Auf Wunsch des Kunden übernimmt der Provider die Planung und Durchführung von Release-Wechseln. Diese Leistung muss im Einzelnen, auch hinsichtlich etwaig zu modifizierender Hardware und Datenbankerweiterungen sowie der Folgen für den Betrieb der Software und dessen Kosten, zwischen Kunde und Provider vereinbart werden. Die Durchführung eines Release-Wechsels erfolgt aufgrund einer gesondert zu treffenden Vereinbarung.

(3) At the request of the Customer, the Provider shall be in charge of the planning and implementation of release changes. This service must be agreed in detail between the Customer and the Provider, also with regard to any hardware and database extensions to be modified and the consequences for the operation of the software and its costs. A release upgrade is carried out on the basis of a separate agreement.

(4) Der Kunde darf von der in der Anlage „ASP-Systemspezifikation" genannten Anzahl von Arbeitsplätzen gleichzeitig auf die für ihn bereit gehaltene Anwendungssoftware zugreifen. Die Arbeitsplätze müssen die in der Anlage „ASP-Systemspezifikation" angegebenen technischen Mindestvoraussetzungen erfüllen. Die Anbindung der Arbeitsplätze des Kunden erfolgt über eine vom Kunden einzurichtende Datenverbindung gemäß den Angaben in der Anlage „ASP-Systemspezifikation".

(4) The Customer may simultaneously access the Application Software provided for it from the number of workstations specified in the Annex „ASP System Specification". The workstations must meet the minimum technical requirements set out in the Annex „ASP System Specification". The Customer's workstations are connected via a data connection to be set up by the Customer in accordance with the specifications in the „ASP System Specification" Annex.

(5) Die Anwendungssoftware wird dem Kunden nach dessen Wahl gemäß den Regelungen in der Anlage SLA zur Nutzung zur Verfügung gestellt.

(5) The Application Software shall be made available to the Customer for use at the Customer's option in accordance with the provisions in the SLA Appendix.

§ 3 Schulung und Hotline

§ 3 Training and Hotline

(1) Der Provider führt für den Kunden eine eintägige Schulung (9:00 bis 17:00 Uhr) zur Einführung in die Bedienung der Software durch und stellt eine ausreichende Anzahl von Handbüchern für die Benutzung der Software zur Verfügung. Führt eine Aktualisierung der Software nach Ansicht des Providers zu einem erneuten Schulungsbedarf, so wird der Pro-

(1) The Provider shall conduct a one-day training course (9:00 a.m. to 5:00 p.m.) for the Customer to introduce the Customer to the operation of the software and shall provide a sufficient number of manuals for the use of the software. If, in the Provider's opinion, updating the software leads to a need for further training, the Provider shall offer additional paid trai-

vider eine zusätzliche, die Neuerungen der Software behandelnde entgeltliche Schulung anbieten.[6]

(2) Der Provider stellt dem Kunden zur Unterstützung in technischen Fragen eine Hotline zur Verfügung, die über E-Mail oder Telefon zu erreichen ist. Die Hotline dient allein der Unterstützung des Kunden bei der Inanspruchnahme der nach diesem Vertrag geschuldeten Leistungen des Providers. Die Hotline wird auch anderen Kunden zur Verfügung gestellt. Kundenanfragen an die Hotline werden in der Reihenfolge ihres Einganges bearbeitet. Störungsmeldungen sind nicht an die Hotline, sondern gegenüber der in der Anlage „ASP-Systemspezifikation" genannten Störungsstelle abzugeben.[7]

§ 4 Datenspeicherung und -übernahme

(1) Der Kunde hat die Möglichkeit, auf dem für ihn vom Provider eingerichteten virtuellen Datenserver Daten abzulegen, auf die er im Zusammenhang mit der Nutzung der überlassenen Anwendungssoftware zugreifen kann. Der Provider schuldet lediglich die Zurverfügungstellung von Speicherplatz zur Nutzung durch den Kunden. Ihn treffen hinsichtlich der vom Kunden übermittelten und verarbeiteten Daten keine Verwahrungs- oder Obhutspflichten. Für die Beachtung der handels- und steuerrechtlichen Aufbewahrungsfristen ist der Kunde verantwortlich.[8]

(2) Der Umfang des dem Kunden zur Verfügung stehenden Speicherplatzes ist in der Anlage „ASP-Systemspezifikation" definiert.[9] Dort ist auch erläutert, wie die Verarbeitung der Daten erfolgt. Der Kunde kann die Daten im Rahmen einer Datenbankübernahme sowie im Rahmen der laufenden Nutzung der Anwendungssoftware auf dem Datenserver ablegen.[10]

(3) Im Falle der Übernahme der Daten aus einer Datenbank des Kunden hat der Kunde dem Provider die für die Übernahme erforderlichen Angaben zum Da-

ning covering the new features of the software.[6]

(2) The Provider shall provide the Customer with a hotline for technical support, which can be reached by email or telephone. The hotline serves solely to support the Customer in the use of the Provider's services owed under this contract. The hotline is also available to other customers. Customer enquiries to the hotline are processed in the order in which they are received. Fault reports shall not be submitted to the hotline but to the fault location specified in the Annex „ASP System Specification".[7]

§ 4 Data storage and transfer

(1) The Customer has the option of storing data on the virtual data server set up for it by the Provider, which it can access in connection with the use of the Application Software provided. The Provider only owes the provision of storage space for use by the Customer. It shall not be subject to any duties of custody or care with regard to the data transmitted and processed by the Customer. The Customer is responsible for compliance with the retention periods under commercial and tax law.[8]

(2) The extent of the storage space available to the Customer is defined in the Annex „ASP System Specification".[9] Such Annex also explains how the data is processed. The Customer may store the data on the data server as part of a database transfer and as part of the ongoing use of the Application Software.[10]

(3) In the case of the transfer of data from a database of the Customer, the Customer must at least four weeks prior to the intended transfer of such data provide to the

tenbankverwaltungssystem einschließlich etwaiger Testdaten in dem in der Anlage „ASP-Systemspezifikation“ dargelegten Umfang, gegebenenfalls nach gesonderter Absprache, mindestens vier Wochen vor der beabsichtigten Übernahme der Daten mitzuteilen. Die zu übernehmenden Daten sind dem Provider anschließend auf einem in der Anlage ebenfalls genannten Datenträger oder im Wege der Datenfernübertragung mindestens fünf Arbeitstage vor der beabsichtigten Nutzung der Daten zu überlassen.[11] Der Provider unterstützt den Kunden bei der Übernahme der Daten zu den hierfür in der bei Vertragsschluss gültigen Preisliste angegebenen Entgelten.[12]

Provider all information on the database management system, including any test data to the extent set out in the Annex „ASP System Specification“, which is required for the transfer of the data from a database of the Customer. If applicable, such transfer shall be subject to a separate agreement. The data to be transferred shall then be transferred to the Provider on a data carrier as also specified in the Annex or by means of remote data transmission at least five working days prior to the intended use of the data.[11] The Provider shall support the Customer in transferring the data at the rates stated in the price list valid at the time of conclusion of the contract.[12]

§ 5 Verarbeitung personenbezogener Daten

(1) Verarbeitet der Kunde im Rahmen dieses Vertragsverhältnisses personenbezogene Daten, so ist er für die Einhaltung der datenschutzrechtlichen Vorschriften verantwortlich. Der Provider wird die vom Kunden übermittelten Daten nur im Rahmen der Weisungen des Kunden verarbeiten. Sofern er der Ansicht ist, dass eine Weisung des Kunden gegen datenschutzrechtliche Vorschriften verstößt, wird er den Kunden hierauf unverzüglich hinweisen. Einzelheiten der Auftragsdatenverarbeitung sind in der Anlage „Auftragsverarbeitung“ behandelt.[13]

(2) Der Provider bietet dem Kunden die verschlüsselte Übermittlung der Daten an. Die Umsetzung der Verschlüsselung ist in der Anlage „ASP-Systemspezifikation“ geregelt.

§ 5 Processing of personal data

(1) If the Customer processes personal data within the scope of this contractual relationship, it is responsible for compliance with data protection laws. The Provider will process the data transmitted by the Customer only within the scope of the instructions of the Customer. If it is of the opinion that an instruction of the Customer violates data protection laws, it will inform the Customer thereof immediately. Details of commissioned data processing are dealt with in the Annex „Data Processing Agreement“.[13]

(2) The Provider offers the Customer encrypted data transmission. The implementation of encryption is described in the Annex „ASP System Specification“.

§ 6 Datenherausgabe

(1) Der Provider wird auf Anforderung des Kunden eine Kopie der von ihm auf dem ihm zugewiesenen Speicherplatz abgelegten Daten jederzeit, spätestens jedoch mit Beendigung des Vertragsverhältnisses unverzüglich herausgeben. Die Herausgabe der Daten erfolgt unter Berücksichti-

§ 6 Data Handover

(1) At the request of the Customer, the Provider shall immediately surrender a copy of the data stored by it for the Customer at any time, but at the latest upon termination of the contractual relationship. The data shall be handed over taking into account the wishes of the Customer

gung der Wünsche des Kunden auf einem in der Anlage „ASP-Systemspezifikation" genannten Datenträger oder per Datenfernübertragung in dem Datenformat, in dem die Daten auf dem Datenserver abgelegt sind, abweichend hiervon in einem zwischen Provider und Kunden vereinbarten Datenformat. Verlangt der Kunde die Herausgabe einer Kopie der Daten mehr als einmal in einem Kalenderquartal, so hat er hierfür die in der bei Vertragsschluss gültigen Preisliste festgehaltenen Entgelte zu zahlen.[14]

(2) Ein Zurückbehaltungsrecht sowie das gesetzliche Vermieterpfandrecht (§§ 562, 548a BGB) stehen dem Provider hinsichtlich der Daten des Kunden nicht zu.[15]

(3) Der Provider wird die bei ihm vorhandenen Kundendaten 14 Tage nach der im Zusammenhang mit der Vertragsbeendigung erfolgten Übergabe der Daten an den Kunden löschen, sofern der Kunde nicht innerhalb dieser Frist mitteilt, dass die ihm übergebenen Daten nicht lesbar oder nicht vollständig sind. Das Unterbleiben der Mitteilung gilt als Zustimmung zur Löschung der Daten. Der Provider wird den Kunden bei Übermittlung der Daten auf die Bedeutung seines Verhaltens besonders hinweisen. Daten, die im Rahmen einer Datensicherung gespeichert wurden, werden erst mit Wegfall der Sicherung gelöscht werden.[16]

§ 7 Datensicherung

Der Provider wird eine arbeitstägliche Sicherung der Daten des Kunden auf dem Datenserver durchführen. Die Datensicherung erfolgt rollierend in der Weise, dass die für einen Wochentag gesicherten Daten bei der für den nachfolgenden gleichen Wochentag erfolgenden Datensicherung überschrieben wird. Nach dem gleichen Prinzip erfolgt eine wöchentliche Datensicherung, bei der die Daten ebenfalls rollierend nach Ablauf von vier Wochen überschrieben werden. Die regelmäßigen Zeiten der Datensicherung werden dem Kunden mitgeteilt.[17]

on a data carrier specified in the „ASP System Specification" Annex or by remote data transmission in the data format in which the data is stored on the data server, unless the parties agree on another data format, in which case the data shall be handed over in such agreed data format. If the Customer requests the handover of a copy of the data more than once in a calendar quarter, it shall pay the fees specified in the price list valid at the time of conclusion of the contract.[14]

(2) The Provider shall not be entitled to a right of retention or the statutory lessor's lien (§§ 562, 548a BGB) with regard to the Customer's data.[15]

(3) The Provider will delete the existing Customer data 14 days after the transfer of the data to the Customer in connection with the termination of the contract, unless the Customer informs the Provider within this period that the data transferred to it are not readable or incomplete. Failure to provide this information shall be deemed as consent to the deletion of the data. When transmitting the data, the Provider shall specifically draw the Customer's attention to the meaning of its conduct. Data saved as part of a data backup will only be deleted when the backup is no longer needed.[16]

§ 7 Data Backup

The Provider will perform a daily backup of the Customer's data on the data server. The data backup is made on a rolling basis in such a way that the data saved for a weekday is overwritten during the data backup for the following weekday. According to the same principle, a weekly data backup takes place, in which the data is also overwritten on a rolling basis after four weeks. The Customer will be informed of the regular data backup times.[17]

§ 8 Zugriffsberechtigungen

Der Kunde erhält für jeden der von ihm in Anspruch genommenen Arbeitsplätze eine Zugriffsberechtigung, bestehend aus einem Benutzerkennwort und einem Passwort. Benutzerkennwort und Passwort dürfen vom Kunden nur den von ihm berechtigten Nutzern mitgeteilt werden und sind im Übrigen geheim zu halten. Die Zugriffsberechtigungen müssen gemäß den Bestimmungen der „ASP-Systemspezifikation" geändert werden.

§ 8 Access Rights

The Customer receives an access authorization for each of the workstations used by him, consisting of a user name and a password. User name and password may only be communicated by the Customer to users authorized by it and must otherwise be kept secret. Access permissions must be changed in accordance with the provisions of the ASP System Specification.

§ 9 Mitwirkungsleistungen des Kunden

(1) Der Kunde übernimmt es, eine Datenverbindung zwischen den von ihm zur Nutzung vorgesehenen Arbeitsplätzen und dem vom Provider definierten Datenübergabepunkt herzustellen. Der Provider ist berechtigt, den Datenübergabepunkt neu zu definieren, sofern dies erforderlich ist, um eine reibungslose Inanspruchnahme der Leistungen durch den Kunden zu ermöglichen. Der Kunde wird in diesem Fall eine Verbindung zu dem neu definierten Übergabepunkt herstellen.[18]

(2) Die vertragsgemäße Inanspruchnahme der Leistungen des Providers ist davon abhängig, dass die vom Kunden eingesetzte Hard- und Software, einschließlich Arbeitsplatzrechnern, Routern, Datenkommunikationsmitteln etc, den technischen Mindest-Anforderungen an die Nutzung der aktuell angebotenen Software-Version entsprechen und die vom Kunden zur Nutzung der Anwendungssoftware berechtigten Nutzer mit der Bedienung der Software vertraut sind. Der Kunde wird die ihm vom Provider überlassene Client-Software und nachfolgende Updates auf jedem Arbeitsplatzrechner installieren, von dem aus er berechtigterweise auf die Anwendungssoftware zugreifen will. Im Übrigen wird er zur Nutzung der Leistungen des Providers nur solche Hard- und Software einsetzen, die den in der Anlage „ASP-Systemspezifikation" genannten Mindest-Anforderungen ent-

§ 9 Cooperation

(1) The Customer undertakes to establish a data connection between the workstations intended by it for use and the data transfer point defined by the Provider. The Provider is entitled to redefine the data transfer point if this is necessary to enable the smooth use of the services by the Customer. In such case, the Customer will establish a connection to the newly defined transfer point.[18]

(2) The contractual use of the Provider's services is dependent on the hardware and software used by the Customer, including workstations, routers, data communication media, etc, meeting the minimum technical requirements for the use of the currently offered software version, and on the users authorized by the Customer to use the Application Software being familiar with the operation of the software. The Customer shall install the client software provided to it by the Provider and subsequent updates on each workstation computer from which it legitimately wants to access the Application Software. Other than that, it will only use hardware and software for the use of the Provider's services that meet the minimum requirements specified in the Annex „ASP System Specification". The Customer is responsible for configuring its IT system. The Provider offers to support the Provider

spricht. Die Konfiguration seines IT-Systems ist Aufgabe des Kunden. Der Provider bietet an, ihn hierbei aufgrund einer gesonderten Vereinbarung entgeltlich zu unterstützen.[19]

(3) Der Kunde erhält im Rahmen der Schulung durch den Provider einen Leitfaden für das Verhalten bei einem vollständigen Ausfall der vom Provider zu erbringenden Leistungen oder deren erheblicher, betriebsbehindernder Beeinträchtigung. Der Kunde hat sich mit den Angaben in dem Leitfaden vertraut zu machen und für seinen Betrieb einen Notfallplan unter Berücksichtigung der in dem Leitfaden enthaltenen Angaben zu erstellen. Sollten die Leistungen des Providers vollständig ausfallen oder nur in einer Weise erbracht werden können, die den Betrieb des Kunden wesentlich behindern, so wird der Kunde auf der Grundlage des Leitfadens und des Notfallplans umgehend Maßnahmen zur Aufrechterhaltung seines Betriebes ergreifen. Auf Wunsch des Kunden wird ihn der Provider im Rahmen einer gesonderten Beauftragung bei der Umsetzung von Maßnahmen, die über den Inhalt des Leitfadens und der Schulung hinausgehen, entgeltlich beraten.[20]

§ 10 Rechte

(1) Der Kunde räumt dem Provider das Recht ein, die vom Provider für den Kunden zu speichernden Daten vervielfältigen zu dürfen, soweit dies zur Erbringung der nach diesem Vertrag geschuldeten Leistungen erforderlich ist. Er ist auch berechtigt, die Daten in einem Ausfallrechenzentrum vorzuhalten. Zur Beseitigung von Störungen ist der Provider zudem berechtigt, Änderungen an der Struktur der Daten oder dem Datenformat vorzunehmen.[21]

(2) Der Kunde ist nicht berechtigt, Dritten die Inanspruchnahme der Leistungen des Providers zu gestatten. Dritter ist nicht, wer Erfüllungsgehilfe des Kunden ist und die Leistungen unentgeltlich in Anspruch nimmt, wie beispielsweise Angestellte des

against payment on the basis of a separate agreement.[19]

(3) Within the framework of the training given by the Provider, the Customer shall receive guidelines for conduct in the event of a complete failure of the services owed by the Provider, or the event of a significant impairment of such services which hinder the Customer's operations. The Customer must familiarise himself with the information in the guidelines and draw up an emergency plan for its company, taking into account the information contained in the guidelines. If the Provider's services fail completely or can only be provided in a manner that significantly impedes the Customer's operation, the Customer shall immediately take measures to maintain its operation on the basis of the guidelines and the contingency plan. At the Customer's request, the Provider will advise the Customer on the implementation of measures that go beyond the contents of the guidelines and the training for a fee within the scope of a separate order.[20]

§ 10 Rights

(1) The Customer grants the Provider the right to reproduce the data to be stored by the Provider for the Customer, as far as this is necessary for the provision of the services owed according to this contract. It is also entitled to store the data in a reserve data processing centre. The Provider is also entitled to make changes to the structure of the data or the data format in order to eliminate malfunctions.[21]

(2) The Customer is not entitled to allow third parties to use the services of the Provider. Third parties are not those who are vicarious agents of the Customer and use the services free of charge, such as employees of the Customer, freelancers

Kunden, Freie Mitarbeiter im Rahmen des Auftragsverhältnisses etc.[22]

(3) Der Kunde ist berechtigt, die vertrags- und gesetzmäßige Verarbeitung der von ihm an den Provider überlassenen Daten zu prüfen. Dieses Prüfrecht steht auch dem bei dem Kunden bestehenden Betriebsrat zu.[23] Vor einer Kontrolle durch den Betriebsrat hat der Provider den Kunden um Zustimmung zu bitten. Jede Kontrolle ist rechtzeitig, in der Regel vier Arbeitstage im Voraus anzukündigen.

§ 11 Vergütung[24]

(1) Der Kunde hat für die von ihm gewählten Service-Kategorien die sich aus der bei Vertragsschluss gültigen Preisliste des Providers ergebenden Entgelte zu zahlen.

(2) Der Provider wird die auf der Grundlage dieses Vertrages zu zahlenden Entgelte nach billigem Ermessen der Entwicklung der Kosten anpassen, die für die Preisberechnung maßgeblich sind. Eine Preiserhöhung kommt in Betracht und eine Preisermäßigung ist vorzunehmen, wenn sich zB die Kosten für die Beschaffung von Hard- und Software sowie Energie, die Nutzung von Kommunikationsnetzen oder die Lohnkosten erhöhen oder absenken oder sonstige Änderungen der wirtschaftlichen oder rechtlichen Rahmenbedingungen zu einer veränderten Kostensituation führen. Steigerungen bei einer Kostenart, zB den Lohnkosten, dürfen nur in dem Umfang für eine Preiserhöhung herangezogen werden, in dem kein Ausgleich durch etwaig rückläufige Kosten in anderen Bereichen, etwa bei den Kosten für Hard- und Software, erfolgt. Bei Kostensenkungen, zB der Hardwarekosten, sind vom Provider die Preise zu ermäßigen, soweit diese Kostensenkungen nicht durch Steigerungen in anderen Bereichen ganz oder teilweise ausgeglichen werden. Der Provider wird bei der Ausübung seines billigen Ermessens die jeweiligen Zeitpunkte einer Preisänderung so wählen, dass Kostensenkungen nicht nach

within the framework of the contractual relationship, etc.[22]

(3) The Customer is entitled to check the contractual and legal processing of the data provided by it to the Provider. This right of inspection is also granted to the Customer's works council.[23] Before the works council carries out an inspection, the Provider must ask the Customer for approval. Each inspection must be announced in good time, usually four working days in advance.

§ 11 Remuneration[24]

(1) The Customer must pay the fees resulting from the Provider's price list valid at the time of conclusion of the contract for the service categories selected by the Customer.

(2) The Provider shall adjust the fees to be paid on the basis of this Agreement at its reasonable discretion to the development of the costs that are relevant for the price calculation. A price increase can be considered and a price reduction must be made if, for example, the costs for the procurement of hardware, software and energy, the use of communication networks or wage costs increase or decrease or if other changes in the economic or legal framework lead to a changed cost situation. Increases in one type of cost, e.g. wage costs, may only be taken into account for a price increase to the extent that they are not offset by any reduction in costs in other areas, such as hardware and software costs. In the event of cost reductions, e.g. in hardware costs, the Provider shall reduce the prices unless these cost reductions are fully or partially offset by increases in other areas. In exercising its reasonable discretion, the Provider shall select the respective times of a price change in such a way that cost reductions are not taken into account according to less favourable standards for the Customer than cost increases, i.e. cost reductions become price effective at least to the same extent as cost increases. The Provider will inform

für den Kunden ungünstigeren Maßstäben Rechnung getragen werden als Kostenerhöhungen, also Kostensenkungen mindestens in gleichem Umfang preiswirksam werden wie Kostenerhöhungen. Der Provider wird den Kunden über Änderungen in der Preisliste spätestens sechs Wochen vor Inkrafttreten der Änderungen in Textform informieren.

the Customer about changes in the price list in text form at least six weeks before the changes take effect.

§ 12 Vertragslaufzeit

(1) Der Vertrag läuft zunächst fest für einen Zeitraum von drei Jahren, gerechnet vom Zeitpunkt der Vertragsunterzeichnung. Nach Ablauf dieser Frist läuft der Vertrag auf unbestimmte Zeit, wenn er nicht mit einer Frist von sechs Wochen zum Ablauf des fest vereinbarten Zeitraumes oder danach jeweils zum Kalenderquartalsende gekündigt wird.[25]

(2) Das Recht zur Kündigung aus wichtigem Grund bleibt unberührt.

(3) Jede Kündigung bedarf der Textform.

§ 12 Contract Term

(1) The contract shall initially be effective for a fixed period of three years from the date on which it is signed. After expiry of such initial term, the contract shall be effective for an indefinite period unless it is terminated upon six weeks notice at the end of the initial term or, thereafter, at the end of a calendar quarter.[25]

(2) The right to termination for good cause remains unaffected.

(3) Each termination notice requires the text form.

§ 13 Mängelhaftung

(1) Sind die vom Provider erbrachten Leistungen mangelhaft, weil ihre Tauglichkeit zum vertragsgemäßen Gebrauch nicht nur unerheblich aufgehoben ist, haftet der Provider gemäß den gesetzlichen Vorschriften für Sach- und Rechtsmängel. Die verschuldensunabhängige Schadensersatzhaftung für Mängel, die bereits bei Vertragsschluss vorhanden waren, ist ausgeschlossen.[26]

(2) Der Kunde hat dem Provider Mängel unverzüglich über das vom Provider eingerichtete Ticket-System zu melden.

§ 13 Liability for Defects

(1) If the services provided by the Provider are defective because their suitability forcontractual use is not only insignificantly suspended, the Provider shall be liable in accordance with the statutory provisions for material defects and defects of title. Strict liability for damages with respect to defects that were already present when the contract was concluded is excluded.[26]

(2) The Customer has to report defects to the Provider immediately via the ticket system set up by the Provider.

§ 14 Haftungsmaßstab und -begrenzung

(1) Der Provider haftet für Vorsatz und grobe Fahrlässigkeit nach den gesetzlichen Vorschriften. Für leichte Fahrlässigkeit haftet der Provider nur bei Verletzung einer

§ 14 Scope and limitation of liability

(1) The Provider is liable for intent and gross negligence in accordance with the statutory provisions. In case of slight negligence, the Provider shall only be liable

wesentlichen Vertragspflicht (Kardinalpflicht) sowie bei Schäden aus der Verletzung des Lebens, des Körpers oder der Gesundheit. Der Provider haftet dabei nur für vorhersehbare Schäden, mit deren Entstehung typischerweise gerechnet werden muss.

(2) Die Haftung ist im Falle leichter Fahrlässigkeit summenmäßig beschränkt auf . . . . . EUR.

§ 15 Änderung der Vertragsbedingungen

Soweit nicht bereits anderweitig speziell geregelt, ist der Provider berechtigt, diese Vertragsbedingungen wie folgt zu ändern oder zu ergänzen. Der Provider wird dem Kunden die Änderungen oder Ergänzungen spätestens sechs Wochen vor ihrem Wirksamwerden in Textform ankündigen. Ist der Kunde mit den Änderungen oder Ergänzungen der Vertragsbedingungen nicht einverstanden, so kann er den Änderungen mit einer Frist von einer Woche zum Zeitpunkt des beabsichtigten Wirksamwerdens der Änderungen oder Ergänzungen widersprechen. Der Widerspruch bedarf der Textform. Widerspricht der Kunde nicht, so gelten die Änderungen oder Ergänzungen der Vertragsbedingungen als von ihm genehmigt. Der Provider wird den Kunden mit der Mitteilung der Änderungen oder Ergänzungen der Vertragsbedingungen auf die vorgesehene Bedeutung seines Verhaltens besonders hinweisen.

§ 16 Schlussbestimmungen

(1) Allgemeine Geschäftsbedingungen der Parteien im Übrigen finden auf diesen Vertrag keine Anwendung. Dies gilt auch dann, wenn solchen Bedingungen nicht ausdrücklich widersprochen wird.

(2) Die Abtretung von Forderungen ist nur mit vorheriger schriftlicher Zustimmung der anderen Vertragspartei zulässig. Die Zustimmung darf nicht unbillig verweigert werden. Die Regelung des § 354a HGB bleibt hiervon unberührt.

in case of violation of an essential contractual obligation (cardinal obligation) as well as in case of damages resulting from injury to life, body or health. The Provider shall only be liable for foreseeable damages, the occurrence of which must typically be expected.

(2) In the event of slight negligence, liability shall be limited to the sum of . . . . . EUR.

§ 15 Amendment of Conditions

Unless specifically set forth otherwise, the Provider is entitled to amend or supplement these Terms and Conditions as follows. The Provider shall notify the Customer of the changes or amendments in text form no later than six weeks before they take effect. If the Customer does not agree with the changes or amendments to the contractual conditions, it may object to the changes no later than one week prior to the date on which the changes or amendments are intended to take effect. The objection must be in text form. If the Customer does not object, the amendments or supplements to the contractual conditions shall be deemed to have been approved by him. The Provider shall inform the Customer of the intended significance of its conduct by notifying it of any changes or amendments to the contractual conditions.

§ 16 Concluding Provisions

(1) General terms and conditions of the parties other than the terms and conditions of this contract shall not apply to this contract. This shall also apply if such conditions are not expressly contradicted.

(2) The assignment of claims is only permissible with the prior written consent of the other party. Such consent shall not be unreasonably withheld. The provision of § 354a HGB remains unaffected by this.

(3) Ein Zurückbehaltungsrecht kann nur wegen Gegenansprüchen aus dem jeweiligen Vertragsverhältnis geltend gemacht werden.

(4) Die Vertragsparteien können nur mit Forderungen aufrechnen, die rechtskräftig festgestellt oder unbestritten sind.

(5) Alle Änderungen, Ergänzungen und Kündigungen vertraglicher Vereinbarungen bedürfen der Schriftform, ebenso die Aufhebung des Schriftformerfordernisses, unsoweit dieser Vertrag nicht die Textform vorsieht.

(6) Die Parteien verpflichten sich, über den Inhalt dieser Vereinbarung und über deren Durchführung Stillschweigen zu bewahren.

(7) Sollten einzelne Bestimmungen der Parteivereinbarungen ganz oder teilweise unwirksam sein oder werden, wird die Wirksamkeit der übrigen Bestimmungen hierdurch nicht berührt. Die Parteien verpflichten sich für diesen Fall, die ungültige Bestimmung durch eine wirksame Bestimmung zu ersetzen, die dem wirtschaftlichen Zweck der ungültigen Bestimmung möglichst nahe kommt. Entsprechendes gilt für etwaige Lücken der Vereinbarungen.

(8) Es gilt das Recht der Bundesrepublik Deutschland.

(9) Die Vertragsparteien haben den Vertrag in einer deutschen und einer englischsprachigen Fassung geschlossen. Für die rechtlichen Wirkungen zwischen den Parteien ist allein die deutsche Fassung maßgeblich.[27]

Anlagen:
SLA
ASP-Systemspezifikation
Auftragsverarbeitung
Datum/Unterschrift

(3) A right of retention may only be asserted due to counterclaims based on the respective contractual relationship.

(4) The parties may only offset claims that have been legally established by a final court decision or are undisputed.

(5) All amendments, supplements and terminations of contractual agreements must be made in writing, as must the cancellation of the written form requirement, unless this contract provides for text form.

(6) The parties undertake to maintain secrecy regarding the content of this contract and its implementation.

(7) Should individual provisions of the agreements between the parties be or become invalid in whole or in part, this shall not affect the validity of the remaining provisions. In this case, the parties undertake to replace the invalid provision with a valid provision that comes as close as possible to the economic purpose of the invalid provision. The same applies to any gaps in the agreements.

(8) The law of the Federal Republic of Germany shall apply.

(9) The contracting parties have concluded the contract in a German and an English version. Only the German version is decisive for the legal effects between the parties.[27]

Appendices:
SLA
ASP System Specification
Data Processing Agreement
Date/Signature

Anmerkungen

1. Sachverhalt. Der Vertrag regelt formularmäßig die Nutzung der vom Provider angebotenen Software über eine Online-Verbindung, die der Kunde herzustellen hat. Für die Nutzung der Software erhält er eine Client-Software, die er auf den Arbeitsplatz-

Rechnern einsetzt, um die Software auf dem Server des Providers steuern zu können. Der Kunde verfügt über grundlegende IT-Kenntnisse. Verwender der Bedingungen ist der Provider. Der Vertrag ist eher Provider-freundlich ausgestaltet.

2. Inhalt des ASP. Das Application Service Providing zeichnet sich dadurch aus, dass der Anwender Software nutzt, die nicht vollständig auf seinen Rechnern abläuft, sondern sich auf dem Server des Anbieters befindet. Diese Art der Software-Nutzung wird auch als **Cloud-Computing** oder **Software-as-a-Service** (→ Form. G.5) bezeichnet (s. auch Intveen ITRB 2017, 243). Die Begriffe werden unscharf verwendet, so dass sie keine abgegrenzten Leistungsinhalte bezeichnen. Die zur Nutzung der Software erforderlichen Daten werden per Datenfernübertragung zwischen dem IT-System des Nutzers und dem des Anbieters ausgetauscht. Das Application Service Providing erscheint auf dieser funktionellen Grundlage in verschiedenen Ausprägungen. In seiner reinen Form läuft die vom Kunden zu nutzende Software allein auf dem Application-Server des Providers ab. Der Nutzer selbst verfügt nur über einen so genannten *Thin Client*. Der Arbeitsplatzrechner des Nutzers (Client) muss in dieser Konstellation lediglich die Steuerungsbefehle des Nutzers sowie die etwaig erforderlichen Daten entgegennehmen oder an den Provider weiterleiten. Um diese Kommunikation zwischen dem Server des Providers und dem Client des Anwenders durchführen zu können, reicht im einfachen Fall ein üblicher **Internet-Browser** aus.

Bei komplexeren Anwendungen ist diese Form der Darstellung jedoch wenig komfortabel, weil die Nutzung der vom ASP-Provider angebotenen Software immer durch den Internet-Browser vermittelt werden müsste und dessen funktionalen Beschränkungen unterliegt. Daher werden oft spezielle Terminal-Anwendungen angeboten, die auf dem Rechner des Kunden eine eigene, dort tatsächlich nicht vorhandene Softwareumgebung simulieren (Emulation). Dies kann so weit gehen, dass auf dem Kunden-Rechner ein Betriebssystem und dessen Anwendungssoftware emuliert werden, ohne dass der Kunde dies bei der Nutzung bemerkt.

Das **Vertragsmuster** geht von dieser Konstellation einer **Terminal-Emulation** aus. Es enthält aber auch alternative Regelungen, die eine **Web-basierte Nutzung** ermöglichen. Daneben existiert das Application Service Providing noch in der Form, dass vom Server des Providers bestimmte Programmteile an den Rechner des Nutzers übermittelt werden, um dort abzulaufen. Neben dem zusätzlichen technischen Aufwand, die Programmteile immer wieder zu übertragen und nach Abschluss der Nutzung zu löschen, ist bei dieser Variante des Application Service Providing zu beachten, dass durch die Übertragung von Teilen der Software in jedem Fall eine Vervielfältigung der Software-Bestandteile vorgenommen wird, so dass der Anbieter dann über entsprechende Nutzungsrechte verfügen muss.

Durch die Ergänzung des Mietrechts um die Bestimmung des § 548a BGB, nach der die Vorschriften über die Miete auch auf die **Miete digitaler Produkte** iSd § 327 Abs. 2 BGB entsprechend anwendbar sind, ist die bisherige hM bestätigt worden, dass ASP-Leistungen dem **Mietrecht** unterfallen (→ Anm. 26; BGH NJW 2007, 2394; MMR 2010, 398 Rn. 19; NJW-RR 1993, 178; MAH IT-R/von dem Bussche/Schelinski Teil 2.6 Rn. 161 ff.). Da der ASP-Vertrag indes kein im Gesetz vertypter Vertrag ist, ist auch hier für die Vertragsgestaltung von wesentlicher Bedeutung, die nach dem Vertrag zu erbringenden **Leistungen** möglichst **detailliert** zu **regeln**. Dies betrifft insbesondere die Pflichten des Providers. Hierbei ist zu berücksichtigen, dass der Provider die Leistungen in der Regel nie direkt gegenüber dem Kunden erbringt, sondern stets über eine Datenfernverbindung. In der Vertragsgestaltung muss darauf geachtet werden, dass dem Provider als Anbieter nur Pflichten in einem Bereich auferlegt werden, den er beherrschen kann. Der Vertrag sieht daher als primäre Leistungsverpflichtung des Providers vor, einen **Übergabepunkt** in dem von ihm betriebenen Datennetz zur Verfügung zu stellen, an dem der Kunde die an den

Provider gerichteten Informationen übergibt und an dem der Provider die von seinem Server an den Rechner des Kunden gerichteten Anweisungen und Inhalte zur Entgegennahme durch den Kunden bereithält. Da die Vorgänge außerhalb des vom Provider betriebenen Datennetzes, das heißt jenseits der von ihm eingerichteten Schnittstelle, von ihm nicht beherrscht werden können, stellt die Regelung klar, dass die Herstellung und Aufrechterhaltung der Datenverbindung zwischen dem IT-System des Kunden und dem vom Provider betriebenen Übergabepunkt von ihm nicht geschuldet ist.

Im Zusammenhang mit dem Application Service Providing wird häufig über die zur Leistungserbringung erforderlichen **urheberrechtlichen Befugnisse** diskutiert (s. dazu auch Söbbing ITRB 2015, 147). Diese Frage tritt im Verhältnis zwischen Provider und Kunde bei der diesem Vertragsmuster zugrunde liegenden Art der Leistungserbringung in den Hintergrund, da der Provider dem Kunden keine urheberrechtlich geschützten Teile der auf dem Server laufenden Anwendungssoftware überlässt. Dementsprechend benötigt der **Kunde** auch kein Recht zur Vervielfältigung der Software gegenüber dem berechtigten Schutzrechtsinhaber (vgl. Taeger/Pohle ComputerR-HdB/Czychowski/Siesmayer 20.4 Urheberrecht Rn. 146). Zwar geht mit der Nutzung von Software immer eine **Vervielfältigung** einher, die auch vom Nutzer veranlasst wird. Die Grundsätze der Zurechnung der Vervielfältigungshandlung zum Nutzer aus den Online-Rekorder-Entscheidungen des EuGH (EuGH GRUR 2023, 1284 Rn. 44 – IPTV) und des BGH (BGH GRUR 2024, 1105 Rn. 14 ff.; ZUM 2009, 765 Rn. 15 ff. – Save.TV) sind jedoch nicht übertragbar. Denn dort erstellte der Nutzer bewusst eine Kopie für sich zur Nutzung. Beim ASP ist die Vervielfältigung jedoch nur notwendige Voraussetzung, um die Ergebnisse der Software nutzen zu können. Eine bewusste, dem Nutzer zurechenbare Vervielfältigung erfolgt nicht (s. auch BGH GRUR 2020, 738 Rn. 34 f. sowie OLG Frankfurt a.M. GRUR-RS 2019, 44422 Rn. 38; aA Wandtke/Bullinger/Grützmacher UrhG § 69c Rn. 5). Da der Nutzer auch im Übrigen regelmäßig **keine urheberrechtlich relevanten Handlungen** vornimmt, müssen ihm im ASP-Vertrag für die bloße Nutzung der Software auf dem Server des Providers auch **keine Nutzungsrechte** eingeräumt werden (Söbbing ITRB 2023, 75; Marly SoftwareR-HdB Rn. 1098; aA Grützmacher CR 2015, 779 (780)).

Der **Provider** dagegen benötigt urheberrechtliche Gestattungen, um die Software im Wege des ASP anbieten zu können. Diskutiert wird, ob der Provider ein urheberrechtliches **Vermietrecht** (zu Recht verneinend Wandtke/Bullinger/Grützmacher UrhG § 69c Rn. 75 f.) oder das Recht zur unkörperlichen **öffentlichen Wiedergabe** benötigt (so Bettinger/Scheffelt CR 2001, 735). Soweit man der Auffassung folgt, dass das Vermietrecht der körperlichen Verwertung zuzuordnen ist und daher nur dann benötigt wird, wenn ein Vervielfältigungsstück überlassen wird, scheidet für diesen Vertrag dieses Erfordernis aus (Bisges UrheberR-HdB/Imhof Kap. 5 Rn. 227). Stellt der Provider die Software mehreren zur Nutzung zur Verfügung, die nach § 15 Abs. 3 UrhG zur **Öffentlichkeit** gehören, ist der Anwendungsbereich des § 69c Nr. 4 eröffnet (Dreier/Schulze/Dreier UrhG § 69c Rn. 28; aA Wandtke/Bullinger/Grützmacher UrhG § 69c Rn. 98). Für diese Fallgestaltung benötigt der Provider die entsprechende Befugnis. Ob die Mitarbeiter eines Unternehmens bereits zur Öffentlichkeit gehören, ist fraglich (dafür OLG München GRUR-RR 2009, 91). Fraglich ist auch, wer die Software in urheberrechtlich relevanter Weise nutzt, nur das Unternehmen oder auch die Mitarbeiter. Bejaht man Letzteres, dürfte regelmäßig eine öffentliche Wiedergabe im Rahmen des ASP vorliegen. Nur wenn man das ASP als **unbenannte Nutzungsart** (dafür Dietrich ZUM 2010, 567 (570)) einordnet, wäre eine Gestattung des Rechtsinhabers erforderlich. Hierfür besteht aber kein Bedürfnis, da der Rechtsinhaber über § 69c Nr. 4 UrhG ausreichend geschützt ist und Fälle, bei denen trotz mehrerer Nutzer keine Öffentlichkeit gegeben ist, kaum denkbar sind. Soll eine vom Kunden erworbene Software im Rechenzentrum des Providers nur für den Kunden ablaufen (was als **„Infrastructure as a Service"** bezeichnet werden kann), sind hierfür keine weiteren Rechteeinräumungen erforderlich, wenn der Kunde keine Rechte an der Software auf den Provider überträgt. Die Nutzungsbefugnis ist unabhängig vom Eigentum an der Hardware.

3. Browser-basierter Zugriff. Die Verbindung zur Anwendungssoftware auf dem Server des Providers kann statt über eine spezielle Client-Software auch über einen Browser erfolgen (auch als Web-basierter Zugang bezeichnet), wodurch die Installation der Client-Software entbehrlich wird und der Zugriff grundsätzlich von jedem Rechner aus erfolgen kann, der an das Internet angeschlossen ist. Vertragsrechtlich ändert sich hierdurch im Wesentlichen nichts, lediglich die Regelungen, die die Client-Software betreffen, entfallen.

4. Entfall der Client-Software. Die Variante erfasst den Zugriff auf die Anwendungssoftware über einen Browser → Anm. 3. Sie entspricht der Ausgangsregelung, lediglich der Bezug zur Client-Software entfällt.

5. Aktualisierung der Software. Der Application Service Providing-Vertrag entfaltet seinen wirtschaftlichen Nutzen für die Beteiligten insbesondere dadurch, dass der Provider eine Leistung vielen Nachfragern anbieten kann. Je mehr Kunden die gleiche Software nutzen, desto günstiger kann der Provider seine Leistungen anbieten. Dies bedingt auf Seiten des Providers, dass er die angebotene Leistung möglichst einheitlich erbringen muss. Daher ist das Vorhalten unterschiedlicher Software-Versionen für verschiedene Kunden zu vermeiden. Die Klausel sieht daher zu Gunsten des Providers die Möglichkeit vor und schließt die Verpflichtung hierzu ausdrücklich aus, die ursprünglich nach dem Vertrag zu überlassende Software zu aktualisieren. Diese Aktualisierung geht unter Umständen mit einer Änderung der Software einher, da neuere Versionen einer Software regelmäßig auch erweiterte oder veränderte Funktionsumfänge aufweisen. Es kommt dann zu einer Änderung der ursprünglich vereinbarten Leistung, die auch vertraglich abgebildet werden muss. In Allgemeinen Geschäftsbedingungen kann die Leistungsänderung entweder durch einen Änderungsvorbehalt nach § 308 Nr. 4 BGB oder durch die Fiktion einer Einigung nach § 308 Nr. 5 BGB erreicht werden. Die Klausel des Vertragsmusters wählt den Weg des Änderungsvorbehalts nach § 308 Nr. 4 BGB. Zwar ist der Provider hier damit belastet zu beweisen, dass die Änderung für den Kunden zumutbar ist (vgl. Grüneberg/Grüneberg BGB § 308 Rn. 25). Bei der Fiktion einer Einigung müsste er aber andererseits dem Kunden gemäß § 308 Nr. 5a BGB die Möglichkeit einräumen, eine ausdrückliche Erklärung abgeben zu können. Dann hätte der Kunde aber in jedem Fall die Möglichkeit, der Vertragsänderung zu widersprechen. Der Provider müsste in diesem Falle den Vertrag kündigen, was insbesondere während der fest vereinbarten Vertragslaufzeit nur als außerordentliche Kündigung möglich wäre. Es ist jedoch fraglich, ob die Weigerung des Kunden, auf die neue Software-Version umzusteigen, einen wichtigen Grund zur Kündigung gibt. Eine entsprechende Klausel könnte alternativ so aussehen:

(2) Der Provider wird die zu überlassende Software nach Möglichkeit in der vom Hersteller aktuell angebotenen Version einsetzen. Der Provider wird den Kunden auf eine Änderung der eingesetzten Software spätestens sechs Wochen vor dem Änderungszeitpunkt hinweisen. Aktualisiert der Provider die Software, so hat der Kunde das Recht, der Änderung mit einer Frist von einer Woche zum Änderungszeitpunkt zu widersprechen. Widerspricht der Kunde der Änderung bis zu diesem Zeitpunkt nicht, so gilt dies als Zustimmung zu der Software-Änderung. Widerspricht der Kunde der Änderung, so kann der Provider das Vertragsverhältnis zum Änderungszeitpunkt kündigen. Der Provider wird den Kunden bei der Mitteilung der Änderungsabsicht auf die Bedeutung seines Verhaltens besonders hinweisen. Ein Anspruch des Kunden auf den Einsatz einer neueren Version der in der Anlage „ASP-Systemspezifikation“ genannten Software besteht jedoch nicht.

Bringt der Softwarehersteller ein neues Release heraus, dessen Einsatz mit erheblichen Beschaffungskosten verbunden ist, dürfte der Provider dieses Release regelmäßig nicht zu den ursprünglichen Konditionen anbieten wollen. Da der Kunde dieses Release nicht gemietet hat, ist der Provider dazu auch nicht verpflichtet. Für diese Fälle müssen die Parteien eine gesonderte Regelung treffen, wie dies Abs. 3 vorsieht.

6. Schulung. Der Provider muss den Kunden in die Lage versetzen, die Software benutzen zu können. Hierzu hat er dem Kunden eine ausreichende Anzahl von Handbüchern zur Verfügung zu stellen. Idealerweise sollte für jeden Arbeitsplatz ein Handbuch zur Verfügung stehen. Der Vertrag sieht darüber hinaus vor, dass der Provider für den Kunden eine eintägige Schulung durchführt. Ob eine Schulung erforderlich ist, ist eine Frage des Einzelfalls. Bedingen die Umstände der Leistungserbringung im Wege des Application Service Providings Besonderheiten gegenüber der gewöhnlichen Nutzung von Software, so spricht dies für eine Verpflichtung des Anbieters zur Schulung. Entsprechendes gilt, wenn die Software selbst komplex in der Anwendung ist. Die Schulung ist aber regelmäßig nur gegen Entgelt geschuldet (vgl. Marly SoftwareR-HdB Rn. 1292).

7. Hotline. Unabhängig von der vertragsrechtlichen Typisierung der vom Provider zu erbringenden Leistungen ist eine Hotline zur Unterstützung des Kunden vom Provider nicht geschuldet. Sie ist jedoch sinnvoll, wenn die Anwendung der Software aufgrund der Besonderheiten im ASP-Umfeld schwieriger ist, als dies gewöhnlich der Fall ist.

8. Speicherplatz. Die Nutzung der Software geht regelmäßig mit der Verarbeitung von Daten des Kunden einher. Zur Speicherung dieser Daten stellt der Provider dem Kunden Speicherplatz auf einem von ihm betriebenen Datenserver zur Verfügung. Da die Speicherkapazität des Datenservers die Bedürfnisse des Kunden nach Speicherplatz regelmäßig übersteigt, stellt der Provider den Datenserver nicht nur einem Kunden, sondern mehreren Kunden gleichzeitig zur Verfügung. Technisch wird sichergestellt, dass der Kunde nur auf seine Daten zugreifen kann. Insofern steht ihm ein eigener, jedoch nur virtuell für ihn existierender Datenserver zur Verfügung. Wie beim Hosting wird der Speicherplatz vom Kunden gemietet. Über die Vermieterpflichten hinausgehende Verwahrungs- oder Obhutspflichten sollen den Provider nicht treffen. Klargestellt wird auch, dass für die Einhaltung gesetzlicher Aufbewahrungsfristen der Kunde allein verantwortlich ist.

9. Verarbeitung der Daten. Um die Leistungsverpflichtung des Providers zu konkretisieren, ist der von ihm dem Kunden zur Verfügung zu stellende Speicherplatz zu definieren. Nicht nur, um dem Kunden die Leistung des Providers transparent zu machen, sondern auch aus datenschutzrechtlichen Gründen (s. § 5) ist zu erläutern, wie die Verarbeitung der Daten erfolgt.

10. Möglichkeiten der Datenablage. Die Speicherung der Daten auf dem Datenserver kann nur durch den Kunden initiiert werden. Liegen bereits Datenbestände beim Kunden vor, so sind sie auf den Datenserver des Providers zu übertragen. Es ist aber auch denkbar, dass die Daten erst im Zuge der Benutzung der Software anfallen. Sie werden dann über die Arbeitsplatzrechner des Kunden erfasst und an den Datenserver übermittelt und dort abgelegt.

11. Migration. Verfügt der Kunde bereits über Daten, die er auf den Datenserver des Providers übertragen möchte (Migration), bedarf es für die Übertragung zunächst der Einrichtung eines Datenbanksystems auf dem Datenserver des Providers. Der Provider benötigt hierzu unter Umständen genaue Angaben zu Datenstruktur und -formaten, wenn diese nicht bereits durch die Anwendungssoftware zwingend vorgegeben sind. Da die Einrichtung der Datenbank Voraussetzung für die sinnvolle Nutzung der Software ist, sollte ausreichend Zeit für die Daten-Migration eingeräumt werden. Verfügt der Kunde bereits über einen verwendbaren Datenbank-Server, so besteht auch die Möglichkeit, dass er diesen beistellt, dh dem Provider zum Zugriff überlässt. Dann sollte jedoch vereinbart werden, dass die Zurverfügungstellung von Speicherplatz nicht zu den Pflichten des Providers gehört und er lediglich die Anbindung des Datenbank-Servers an den Application-Server übernimmt und dem Kunden Platz für die Unterbringung des Datenbank-Servers vermietet oder kostenlos im Wege der Leihe zur Verfügung stellt.

12. Unterstützung bei der Datenübernahme. Eine Übernahme der Daten auf den Datenserver des Providers ist ohne dessen Unterstützung nicht möglich. Oft wird der Kunde nicht über das nötige Wissen verfügen, um die Übernahme der Datenbank und deren Pflege selbst durchführen zu können. Dann muss er sich hierzu eines dritten Dienstleisters oder des Providers bedienen, falls dieser bereit und in der Lage ist, diese Dienste zu erbringen. Dem Vertragsmuster liegt der Fall zugrunde, dass der Kunde bereits über eine Datenbank verfügt und dementsprechend Kenntnisse in der Pflege der Datenbank hat. Der Provider übernimmt insofern lediglich Unterstützungsleistungen, die Pflege-Last verbleibt jedoch beim Kunden.

13. Datenschutz. Werden Daten verarbeitet, die einer bestimmten oder bestimmbaren natürlichen Person zugeordnet werden können, so sind die Vorschriften des Datenschutzes zu beachten. Nach dem dem Vertragsmuster zugrunde liegenden Sachverhalt werden die Daten vom Kunden auf dem Daten-Server des Providers abgelegt. Damit verarbeitet der Provider die Daten im Kundenauftrag, weswegen gem. Art. 28 Abs. 3 DS-GVO ein entsprechender Auftragsverarbeitungsvertrag zu schließen ist (Forgó/Helfrich/Schneider Betr. Datenschutz-HdB/Heidrich/Wegener Kap. 4 Rn. 29; differenzierend NK-DatenschutzR/Petri DS-GVO Art. 28 Rn. 18). Ein Muster zur Vereinbarung der nach Art. 28 DS-GVO erforderlichen Regelungen ist in → Form. G.3 behandelt und wird auch durch den Landesbeauftragten für den Datenschutz und die Informationsfreiheit Baden-Württemberg online zur Verfügung gestellt (https://www.baden-wuerttemberg.datenschutz.de/wp-content/uploads/2018/01/muster_adv.pdf [abgerufen August 2024]).

14. Herausgabe der Daten. Die Lauffähigkeit von Software ist oft entscheidend für die Aufrechterhaltung des Betriebes eines Unternehmens. Andererseits ist die Lauffähigkeit einer unternehmensrelevanten Software allein keine zureichende Bedingung für die Aufrechterhaltung des Unternehmensbetriebes. Ohne die erforderlichen Daten ist die Software wertlos. Obwohl die Daten von einem technischen Standpunkt aus betrachtet bei den meisten Providern sicherer sind als beim Kunden selbst, liegt jedoch ein wesentliches Hindernis für die verbreitete Inanspruchnahme von ASP-Leistungen darin begründet, dass sich der Kunde mit der Weitergabe seiner Daten in eine große Abhängigkeit vom Provider begibt. Wesentlich für die Akzeptanz von ASP-Verträgen ist daher die Möglichkeit des Kunden, regelmäßig und unverzüglich an die für ihn wichtigen Daten zu gelangen. Die Klausel sieht deswegen vor, dass der Kunde einen jederzeitigen Anspruch auf unverzügliche Herausgabe seiner Daten hat. Um andererseits ein Regulativ gegen eine zu häufige Inanspruchnahme dieser Herausgabeverpflichtung des Providers einzuführen, steht dem Kunden nach der Klausel die Datenherausgabe nur einmal je Kalenderquartal unentgeltlich zu. Zur Weiterentwicklung von Daten nach Datenverordnung s. Heinzke BB 2024, 1291.

15. Zurückbehaltungsrecht/Pfandrecht. In Ergänzung der jederzeitigen Herausgabeverpflichtung des Providers wird in dieser kundenfreundlichen Regelung ausdrücklich festgehalten, dass dem Provider ein Zurückbehaltungsrecht nicht zusteht. Auch das gesetzliche Vermieterpfandrecht gem. §§ 562, 578 BGB ist, unabhängig von der Frage, ob die Daten überhaupt dem Vermieterpfandrecht, das nur für Räume gilt, unterfallen, ausdrücklich ausgeschlossen. Durch die gesetzliche Erweiterung des Anwendungsbereiches des Mietrechts auf **digitale Produkte** in § 548a BGB ändert sich hieran nichts, weil damit nur digitale Produkte als Mietsachen einbezogen werden. Dadurch werden sie noch nicht zu Räumen nach § 578 BGB. Hier ist allenfalls eine analoge Anwendung denkbar. Aber auch bei einer analogen Anwendung des Vermieterpfandrechts müssten die dem Pfandrecht unterliegenden Daten „eingebrachte Sachen" des Mieters sein. Das wäre nur bei einer analogen Anwendung der Fall, in der Daten wie Sachen, nicht im schuldrechtlichen, sondern im sachenrechtliche Sinne nach § 90 BGB betrachtet werden.

16. Datenlöschung. Oft wird vergessen, die Folgen einer Vertragsbeendigung hinsichtlich der Daten zu regeln. Gerade hinsichtlich der unternehmenswichtigen Daten wäre dann jedoch unklar, ob der Provider auch über das Vertragsende hinaus verpflichtet ist, die Daten aufzubewahren und falls dies bejaht würde, für welchen Zeitraum er dies tun müsste. **Datenschutzrechtlich** wäre er unter Umständen sogar verpflichtet, nach Beendigung des Vertrages die Daten zu löschen, da dann seine Berechtigung zur Speicherung der Daten entfiele. Die Klausel sieht daher vor, dass der Provider dem Kunden die Daten nach Vertragsbeendigung übergibt und der Kunde verpflichtet ist, es dem Provider innerhalb von 14 Tagen mitzuteilen, falls die Daten nicht lesbar oder nicht vollständig sind. Unterbleibt diese Mitteilung, wird fingiert, dass der Kunde einverstanden mit der Löschung seiner Daten ist. Im Hinblick auf die Anforderung der Rechtsprechung an die Fiktion von Erklärungen in Allgemeinen Geschäftsbedingungen wird der Kunde bei Übermittlung der Daten auf die Bedeutung seines Verhaltens besonders hingewiesen (§ 308 Nr. 5 BGB). Ein Praxisproblem stellen **Datensicherungen** dar, weil sich Löschungen im operativen System nicht direkt auf die Sicherungen auswirken.

17. Datensicherung. Ob aus der Verpflichtung zur Verfügungsstellung von Speicherplatz als Nebenpflicht die Sicherung der Daten folgt, ist fraglich. Allein schon zur Minimierung eines auf dem Datenverlust beruhenden, vom Provider verschuldeten Schadens ist es für den Provider ratsam, eine regelmäßige Datensicherung anzubieten. Letztlich ist es auch das primäre Interesse des Kunden, die für ihn geschäftswichtigen Daten regelmäßig zu sichern. In welchem Umfang die Datensicherung erfolgen sollte, hängt von den Umständen des Einzelfalls ab, insbesondere von der Art der Datenverwaltung durch die Software.

18. Mitwirkungsleistungen. Die Regelungen geben im Wesentlichen reine Obliegenheiten des Kunden wieder. Kommt er ihnen nicht nach, kann er die vom Provider angebotenen Leistungen nicht in Anspruch nehmen. Die Pflicht des Kunden, auf einen anderen Übergabepunkt auszuweichen, ist für den Fall wichtig, dass der Provider ein Ausfallrechenzentrum vorhält, um im Falle einer schwerwiegenden Störung in dem Ausgangsrechenzentrum zeitnah für Ersatz zu sorgen. Auch der Einsatz einer stets aktuellen Version der Client-Software kann für die störungsfreie Nutzung der Anwendungssoftware ausschlaggebend sein.

19. IT-System des Kunden. Diese Klausel stellt noch einmal klar, dass die Konfiguration des IT-Systems des Kunden in dessen Aufgabenbereich fällt. Aus dem ASP-Vertrag folgen hierzu keinerlei Pflichten des Providers. Andererseits kann die Konfiguration des Kundensystems ausschlaggebend dafür sein, ob der Kunde die Leistungen des Providers überhaupt in Anspruch nehmen kann. Daher wird dem Kunden auferlegt, bestimmte Mindestanforderungen einzuhalten. Da jedoch nicht jeder Kunde in der Lage ist, diese Konfigurations-Arbeiten selbst auszuführen, bietet der Provider hierzu seine Unterstützung an, die jedoch einer gesonderten Vereinbarung bedarf.

20. Notfall-Planung. Ist der Kunde zur Aufrechterhaltung seines Betriebes auf die Lauffähigkeit der Software angewiesen, so kann ein vollständiger Ausfall der Software-

Nutzung zu erheblichen Vermögenseinbußen führen. Soweit der Kunde die Software auf einem eigenen IT-System ablaufen lässt, ist die Sicherstellung der Lauffähigkeit der Software eine Obliegenheit, deren Verletzung in den Verantwortungsbereich des Kunden fällt. Beim Application Service Providing liegt jedoch die Verantwortung für die Lauffähigkeit beim Provider. Erleidet der Kunde aufgrund des Ausfalls der Software einen Schaden, so hat der Provider gemäß § 280 Abs. 1 S. 2 BGB nachzuweisen, dass ihn ein Verschulden hieran nicht trifft, sofern der Kunde nur die Pflichtverletzung durch den Provider nachzuweisen vermag. Ein Verschulden auszuschließen ist jedoch gerade bei komplexen IT-Lösungen unter Umständen kaum möglich. Es muss daher das Bestreben des Providers sein, zumindest den möglicherweise entstehenden Schaden weitgehend zu minimieren. Hierzu bietet sich gerade bei ASP-Leistungen an, den Kunden anzuhalten, die Providerleistungen im Notfall in einem gewissen Rahmen ersetzen zu können. Selbst wenn den Kunden insofern auch ohne Abrede eine Obliegenheit zur Schadensminderung treffen mag, ist es sinnvoll, ihm die Kenntnisse und Erfahrungen des Providers zugänglich zu machen, wie der vollständige Ausfall der vom Provider zu erbringenden Leistungen zumindest teilweise aufgefangen oder in der Wirkung abgeschwächt werden kann. Die Möglichkeiten hierzu sind natürlich von der Funktion der eingesetzten Software abhängig. Unter Berücksichtigung der Wahrscheinlichkeit eines Totalausfalls der Providerleistungen und des Risikos der Realisierung eines erheblichen Schadens könnte die Klausel auch dahingehend erweitert werden, dass der Provider gemeinsam mit dem Kunden einen Notfallplan erarbeitet, um im Krisenfall ein auf die individuelle Situation abgestimmtes Notfallszenario zur Verfügung stellen zu können.

21. Schutzrechte. Werden im Rahmen der Nutzung der Software Daten auf den Datenserver geschrieben, so sind diese Daten regelmäßig systematisch oder methodisch angeordnet und einzeln mit Hilfe elektronischer Mittel zugänglich. Dementsprechend unterfallen diese Daten dem Datenbankbegriff des § 87a UrhG, wenn die zum Schutz erforderliche Investition vom **Datenbankhersteller** geleistet wurde. Hersteller dieser Datenbank ist der Kunde des Providers, so dass die ausschließlichen Rechte hinsichtlich dieser Datenbank bei ihm liegen. Der Provider bedarf daher der Gestattung des Kunden zur Vornahme der nach den §§ 87a ff. UrhG geschützten Nutzungshandlungen. Relevant in diesem Zusammenhang ist zunächst das Recht, die Datenbank vervielfältigen zu dürfen. Eine Vervielfältigung ist im Rahmen einer Datensicherung erforderlich sowie dann, wenn der Provider ein Ausfallrechenzentrum vorhält, in dem ebenfalls eine aktuelle Kopie der Datenbank vorhanden sein soll. Auch wenn die Integrität der Datenbank durch die §§ 87a ff. UrhG nicht geschützt wird, sollte vertraglich klargestellt werden, dass der Provider auch berechtigt ist, Änderungen an der Struktur der Daten oder dem Datenformat vorzunehmen, sofern dies zur Beseitigung von Störungen erforderlich ist.

22. Reseller-Ausschluss. Diese Klausel dient dazu, dem Provider die Kontrolle über sein Haftungsrisiko zu erhalten. Der Kunde soll die Leistungen nur für sich selbst in Anspruch nehmen können. Eine gewerbliche Weitergabe der Leistungen ist untersagt. Hinsichtlich der Inanspruchnahme der Softwareleistungen kann der Provider dies jedoch nicht mit dinglicher Wirkung durchsetzen → Anm. 2. Die **Untervermietung** digitaler Produkte ist nach §§ 540, 548a BGB grundsätzlich unzulässig. Allerdings erhält der Mieter bei Verweigerung der Zustimmung ein Kündigungsrecht aus § 540 Abs. 1 S. 2 BGB, das in AGB auch nicht abbedungen werden kann (BeckOK BGB/Wiederhold § 540 Rn. 22.) Rechtliche Relevanz für den Vermieter hat die Untervermietung vor allem hinsichtlich § 578b Abs. 4 BGB bei der Überlassung an Verbraucher.

23. Überwachung durch Betriebsrat. Nach § 80 Abs. 1 BetrVG hat der Betriebsrat darüber zu wachen, dass die zugunsten der Arbeitnehmer geltenden Gesetze durchgeführt werden. Dazu gehört auch die Beachtung der DS-GVO, insbesondere der Regelungen in

Art. 28 (Kramer IT-ArbR/Raif Kap. C Rn. 4 ff.). In den meisten Outsourcing-Verträgen fehlt eine Regelung zum Recht des Betriebsrats, die ordnungsgemäße Verarbeitung von Mitarbeiterdaten überprüfen zu können. Das ist selbst dann problematisch, wenn ein solches Recht abgelehnt wird, weil sich die Rechtsprechung zu diesem Thema noch nicht positioniert hat und der Arbeitgeber ohne Vereinbarung auf die kulante Mitwirkung des Providers angewiesen ist. Dass sich die Beschäftigtendaten nicht beim Arbeitgeber befinden, ändert an dem Überwachungsrecht nichts. Der Arbeitgeber hat vertraglich sicherzustellen, dass der Betriebsrat seine Kontrollrechte wahrnehmen kann (von dem Bussche/Voigt Konzerndatenschutz/Wedde Kap. 6 Rn. 107; Wedde Datenschutz-HdB/Höller/Wedde H Rn. 260). Das Recht des Betriebsrats ist nicht lediglich ein Informationsrecht, sondern ein Recht auf Begutachtung (ErfK/Kania BetrVG § 80 Rn. 6).

24. **Entgelte.** Die Regelung der Vergütung für ASP-Leistungen kann auf verschiedenste Art und Weise erfolgen. Denkbar ist eine Abrechnung nach in Anspruch genommener Rechenzeit, nach der Zahl der Transaktionen, dem übertragenen Datenvolumen etc. Dem Vertrag liegt eine Abrechnung auf einer pauschalierten Vergütungsbasis zugrunde. Sofern der Provider verschiedene Leistungen anbietet, wie hier beispielsweise die Überlassung der Anwendungssoftware und die Datenspeicherung, kann es sinnvoll sein, die Entgelte nach den zu erbringenden Leistungen aufzuschlüsseln. Dadurch wird die Berechnung der Minderung des Entgelts im Falle einer Leistungsstörung vereinfacht. Die Minderung kann so exakt an dem Wert der nicht wie geschuldet erbrachten Leistung orientiert werden. Die AGB-rechtlich besonders problematische einseitige **Preisanpassung** ist einer vom BGH als wirksam angesehenen Klausel aus einem Energieversorgungsvertrag entnommen (BGH NJW 2016, 936).

25. **Mindestlaufzeit.** ASP-Verträge laufen typischerweise über einen Mindestzeitraum von 3–4 Jahren, um dem Provider eine gesicherte Kalkulationsbasis für die in die Infrastruktur seines Angebotes zu investierenden Kosten zu geben. Unabhängig von der Frage, ob der Provider Miet-, Dienst- oder Werkleistungen erbringt, greift die Beschränkung des § 309 Nr. 9 BGB im Verkehr zwischen Unternehmern nicht ein (Grüneberg/Grüneberg BGB § 309 Rn. 96). Durch die feste Grundlaufzeit haben die ASP-Verträge eine gewisse Nähe zum Finanzierungsleasing, für das feste Laufzeiten von 3–7 Jahren anerkannt sind (Grüneberg/Weidenkaff BGB Einf. vor § 535 Rn. 39).

26. **Mängelhaftung.** Wie andere Rechenzentrumsverträge auch, kann der ASP-Vertrag dem Miet-, Dienst- und Werkvertragsrecht zugeordnet werden (Redeker ITRB 2019, 93). Ausschlaggebend für diese Zuordnung sind die vom Provider zu erbringenden Leistungen. Nach dem Vertragsmuster überlässt der Provider für einen genau definierten Zeitraum dem Kunden eine bestimmte Software zur Nutzung. Zusätzlich erhält der Kunde die Möglichkeit, Daten auf dem für ihn bestimmten Speicherplatz abzulegen. Der Kunde ist im Übrigen frei, die Nutzung der Software im Rahmen der technischen Möglichkeiten zu bestimmen. Damit stellt sich der Application Service Providing-Vertrag nach dem vorliegenden Muster als Vertrag zur Überlassung von Software zur Nutzung, mithin als **Mietvertrag** dar. Auch Software kann als digitales Produkt nach § 548a BGB Gegenstand eines Mietverhältnisses sein (BeckOK BGB/Wiederhold § 548a Rn. 5).

Entsprechend der Zuordnung des Application Service Providing-Vertrages zum Mietrecht ist es die Hauptpflicht des Providers als Vermieter, dem Kunden den vertragsgemäßen Gebrauch zu ermöglichen. Der Kunde hat bei nicht vertragsgemäßer Gewährung dieses Gebrauchs die mietrechtlichen Gewährleistungsansprüche. Der vertragsgemäße Gebrauch wird zB durch Verfügbarkeitsvereinbarungen wie in § 2 Abs. 5 und → Form. E.5 konkretisiert. Steht die Software dem Nutzer nicht vereinbarungsgemäß zur Verfügung, liegt hierin eine Schlechtleistung des Vermieters, die die gesetzlichen Haftungsfolgen auslöst. Da die Leistung wegen Zeitablaufs nicht nachgeholt werden kann, hat der Vermieter bei Verschulden Schadensersatz zu leisten und die Miete mindert sich kraft Gesetzes. Für die Zukunft besteht selbstverständlich der aus dem Vertrag folgende Erfüllungsanspruch. Die aus § 536a Abs. 1 BGB resultierende **verschuldensabhängige Haftung** für Mängel, die bereits bei Überlassung der Software an den Kunden vorhanden waren, wird ausdrücklich ausgeschlossen. Das ist auch in AGB zulässig (vgl. BGH NJW-RR 1991, 74; aA für Kardinalpflichten OLG Frankfurt a. M. BeckRS 2021, 43481 Rn. 90). Sollte der Kunde die vom Provider bezogenen Leistungen an **Verbraucher** weitergeben, ist § 578b Abs. 4 BGB zu beachten. Für den Regress gelten dann die §§ 327t und 327u BGB.

27. Vertragssprache. → Form. F.3 Anm. 36.

5. Service-Level-Agreement

Service Level Agreement[1]

Zwischen

. . . . .

– nachfolgend „Provider" genannt –
und

. . . . .

– nachfolgend „Kunde" genannt –
wird folgende Vereinbarung getroffen:

§ 1 Regelungsgegenstand

Die nachfolgenden Bestimmungen dieses Service-Level-Agreements (SLA) konkretisieren den vom Provider nach dem Application Service Providing-Vertrag („ASP-Vertrag") geschuldeten Zugriff auf die Software in zeitlicher und qualitativer Hinsicht. Das SLA ist Bestandteil des ASP-Vertrages.[2]

§ 2 Service Levels

(1) Der Provider erbringt die nachfolgend beschriebenen Services nach Wahl des Kunden gemäß der bei Vertragsschluss gültigen Preisliste.

(2) Der Kunde kann wählen zwischen Services hinsichtlich[3]

- **der Verfügbarkeit (§ 3) des Software-Zugriffs und**
- **der Reaktionszeiten gemäß § 7.**

Service Level Agreement[1]

Between

. . . . .

– hereinafter referred to as „Provider" –
and

. . . . .

– hereinafter referred to as „Customer" –
the following agreement is made:

§ 1 Subject Matter of Contract

The following provisions of this Service Level Agreement (SLA) specify the access to the software owed by the Provider under the Application Service Providing Agreement („ASP Agreement") in terms of timing and quality. The SLA is part of the ASP Agreement.[2]

§ 2 Service Levels

(1) The Provider shall provide the services described below as chosen by the Customer in accordance with the price list valid at the time of conclusion of the contract.

(2) The Customer can choose between services regarding[3]

- **the availability (§ 3) of software access and**
- **the response times according to § 7.**

(3) Gewährt der Provider den Zugriff auf die Software nicht im Rahmen der geschuldeten Verfügbarkeit (§ 3), hat der Kunde Anspruch auf Wiederherstellung der Verfügbarkeit gem. § 7 und für den Zeitraum, in dem die Verfügbarkeit nicht gewährt wurde, auf eine Minderung des Entgelts nach § 9.[4]

(4) Erbringt der Provider nicht die innerhalb der maßgeblichen Reaktionszeit nach § 7 geschuldete Leistung, ist er zur Zahlung einer Vertragsstrafe nach Maßgabe der Bestimmungen in § 10 verpflichtet.[5]
(Variante:

Erbringt der Provider nicht die innerhalb der zugeordneten Reaktionszeit nach § 7 geschuldete Leistung, mindert sich sein Vergütungsanspruch nach Maßgabe der Bestimmungen in § 10.)

§ 3 Verfügbarkeit[6]

(1) Die geschuldete Verfügbarkeit ergibt sich aus zwei Komponenten, der Erfüllung qualitativer Anforderungen für den Zugriff auf die Software (qualitative Verfügbarkeit nach § 4) und der Dauer, für die der Zugriff bei Wahrung dieser qualitativen Anforderungen möglich sein soll (zeitliche Verfügbarkeit nach § 5).[7]

(2) Die Software ist verfügbar, soweit auf sie in der nach § 5 maßgeblichen Zeitspanne (Betrachtungszeitraum) zugegriffen werden kann und dabei die in § 4 bestimmten Qualitäts-Werte am Übergabepunkt eingehalten werden (tatsächliche Verfügbarkeit). Maßgeblich für die Feststellung der Verfügbarkeit ist der vom Provider bereitgestellte und vom Kunden nicht beanstandete Bericht nach § 8.[8]

(3) Der Kunde übernimmt es als Obliegenheit, Beeinträchtigungen der Verfügbarkeit dem Provider zu melden. Der Provider wird sich bemühen, die Beeinträchtigungen unverzüglich zu beseitigen. Ein Anspruch auf Wiederherstellung der Verfügbarkeit der Software besteht nicht, soweit die geschuldete Verfügbarkeit gewährleistet ist.

(3) If the Provider does not grant access to the software within the framework of the owed availability (§ 3), the Customer shall be entitled to restoration of availability in accordance with § 7 and to a reduction of the fee in accordance with § 9 for the period during which availability was not granted.[4]

(4) If the Provider does not provide the service owed within the relevant response time according to § 7, it shall be obliged to pay a contractual penalty in accordance with the provisions in § 10.[5]
(Variation:

If the Provider does not provide the service owed within the allocated response time according to § 7, its claim to remuneration shall be reduced in accordance with the provisions of § 10.)

§ 3 Availability[6]

(1) The owed availability results from two components, the fulfilment of qualitative requirements for access to the software (qualitative availability according to § 4) and the duration for which access shall be possible while maintaining these qualitative requirements (temporal availability according to § 5).[7]

(2) The software is available as long as it can be accessed during the relevant period of time (period under consideration) in accordance with § 5 and the quality values determined in § 4 are complied with at the handover point (actual availability).The report provided by the Provider and not objected to by the Customer pursuant to § 8 shall be decisive for determining availability.[8]

(3) The Customer assumes the obligation to notify the Provider of any impairments to the availibility of the software. The Provider shall endeavour to remove the impairments without culpable delay. A claim for restoration of the availibility of the software does not exist if the owed availability is guaranteed.

(3) Die geschuldete Verfügbarkeit wird für den Betrachtungszeitraum von . . . . . Kalendermonat(en) als Prozentsatz berechnet. Bei angebrochenen Monaten erfolgt die Berechnung zeitanteilig. Dazu werden für die Zeitspanne der jeweiligen vereinbarten Service-Kategorien im Betrachtungszeitraum folgende Werte in gleichen zeitlichen Einheiten gebildet[9]

- Der Wert der geschuldeten Verfügbarkeit (gV) nach Abs. 1
- Der Wert der tatsächlichen Verfügbarkeit (tV) nach Abs. 2
- Der Wert der unschädlichen Ausfallzeiten (uA) nach § 5 Abs. 5

Dabei wird jeweils bezogen auf den Betrachtungszeitraum die innerhalb der Zeitspanne der jeweiligen vereinbarten Service-Kategorie tatsächlich erreichte Verfügbarkeit zuzüglich der auf diese Zeitspanne entfallenden unschädlichen Ausfallzeiten ins Verhältnis gesetzt zu den hierzu geschuldeten Verfügbarkeiten. Die Verfügbarkeit nach Service-Kategorie im Betrachtungszeitraum in Prozent ergibt sich dann aus der Division der Summe der im Betrachtungszeitraum während der für die Service-Kategorie maßgeblichen Zeit erreichten tatsächlichen Verfügbarkeit zuzüglich der auf den entsprechenden Zeitraum entfallenden unschädlichen Ausschlusszeiten durch die Dauer der nach dem Service-Level während des Betrachtungszeitraums geschuldeten Verfügbarkeit, multipliziert mit 100 (Prozentuale Verfügbarkeit = (tV+uA)/gV*100). Bei der Vereinbarung mehrerer Service-Kategorien für einen Betrachtungszeitraum, sind die Verfügbarkeiten für jede Kategorie separat zu bestimmen und für den Betrachtungszeitraum zeitanteilig zu gewichten.[10]

(3) The availability owed is calculated for the period under consideration of . . . . . calendrical month(s) as a percentage. In the case of months that have elapsed, the calculation shall be made pro rata temporis. For this process, the following values are formed for the time span of the respective agreed service categories in the period under consideration[9]

- The value of the availability owed (gV) according to par. 1
- The value of the effective availability (tV) according to par. 2
- The value of harmless downtime (uA) according to § 5 par. 5

In each case, the availability actually achieved within the time span of the respective agreed service category plus the harmless downtimes attributable to this time span are set in relation to the availability owed. The availability by service category in the period under review as a percentage is then calculated by dividing the sum of the actual availability achieved in the period under review during the time relevant to the service category plus the harmless exclusion times attributable to the relevant period by the duration of the availability owed according to the service level during the period under review, multiplied by 100 (percentage availability = (tV+uA)/gV*100). If several service categories are agreed for an observation period, the availabilities for each category shall be determined separately and weighted pro rata temporis for the observation period.[10]

§ 4 Qualitative Verfügbarkeit

(1) Die qualitative Verfügbarkeit bezieht sich auf die Einhaltung der in Abs. 2 bestimmten technischen Anforderungen für den Zugriff auf die dem Kunden zur Nutzung angebotenen Software am Übergabepunkt des vom Provider betriebenen Da-

§ 4 Qualitative Availability

Qualitative availability refers to compliance with the technical requirements determined in par. 2 for access to the software offered to the Customer for use at the transfer point of the data network operated by the Provider in accordance tennetzes gemäß der Anlage „ASP-Systemspezifikation" des ASP-Vertrages (qualitative Verfügbarkeit). Beeinträchtigungen im Bereich der Datenübertragung von diesem Übergabepunkt zum Kunden und/oder im Bereich der IT-Anlage des Kunden selbst bleiben außer Betracht.[11]

(2) Die qualitative Verfügbarkeit des Zugriffs auf die Software ergibt sich aus den Parametern:

- Antwortzeitverhalten,
- Datendurchsatz (übertragene Datenmenge/Zeit),
- Paketverzögerung (Zeitbedarf, um eine Nachricht von A nach B zu senden) und Jitter (Varianz der Paketverzögerung) und
- Paketverlustrate,
- wie sie in Anlage 2 festgehalten sind.[12]

§ 5 Zeitliche Verfügbarkeit[13]

(1) Für den Zugriff auf die Software bietet der Provider dem Kunden zeitliche Verfügbarkeiten in den durch die Kategorien A, B, C und D definierten Zeiträumen an, unter denen der Kunde wählen kann:

Service-Kategorie	Wochentag	Zeitraum
Service-Level A	Arbeitstag (Montag bis Freitag ohne bundesweite Feiertage)	7:00 bis 20:00 Uhr
Service-Level B	wie Kategorie A	20:00 bis 24:00 Uhr
Service-Level C	wie Kategorie A	2:00 bis 7:00 Uhr
Service-Level D	Samstag	2:00 bis 24:00 Uhr
Service-Level E	Sonn- und Feiertags	2:00 bis 24:00 Uhr

with the annex „ASP system specification" of the ASP Agreement (qualitative availability). Impairments in the area of data transmission from this point to the Customer, and/or in the area of the Customer's IT system itself, shall not be taken into consideration.[11]

The Qualitative Availability of access to the Software results from the parameters recorded for the following performance characteristics:

- response time behaviour,
- data throughput (amount of data transmitted/time),
- packet delay (time required to send a message from A to B) and jitter (variance of packet delay) and
- packet loss rate,
- as they are recorded in Annex 2.[12]

§ 5 Availability by time[13]

(1) For access to the Software, the Provider offers the Customer availabilities in the time periods defined by categories A, B, C and D, from which the Customer may choose:

Service-Level	Weekday	Period
Service Level A	Working day (Monday to Friday without national holidays)	7:00 to 20:00
Service Level B	as Service Level A	20:00 to 24:00
Service Level C	as Service Level A	2:00 to 7:00
Service Level D	Saturday	2:00 to 24:00
Service Level E	Sundays and Holidays	2:00 to 24:00

(Variante:

(1) Für den Zugriff auf die Software gewährleistet der Provider dem Kunden eine Verfügbarkeit von 99,5 % während des Betrachtungszeitraums (§ 3 Abs. 3).[14])

(2) Außerhalb der vom Kunden gewählten Zeiträume ist der Provider nicht verpflichtet, die Anwendungssoftware zur Nutzung bereit zu stellen. Ist der von dem Kunden gebuchte Leistungs-Zeitraum abgelaufen, wird der Provider die Anwendung schließen.

(3) Die zeitliche Verfügbarkeit ist für die vorgenannten Zeiträume wie folgt definiert:[14]

Service-Level A	99,5 %
Service-Level B	98,5 %
Service-Level C	95 %
Service-Level D	98,5 %
Service-Level E	98,0 %

(4) Bei der Berechnung der tatsächlichen Verfügbarkeiten gelten dem Provider nicht zurechenbare Ausfallzeiten (unschädliche Ausfallzeiten) als verfügbare Zeiten. Diese unschädlichen Ausfallzeiten sind jeweils,[15]

- mit dem Kunden abgestimmte Wartungs- oder sonstige Leistungen, durch die ein Zugriff auf die Anwendungssoftware nicht möglich ist;
- unvorhergesehen erforderlich werdende Wartungsarbeiten, wenn diese Arbeiten nicht durch eine Verletzung der Pflichten des Providers zum Erbringen der Services verursacht wurden (höhere Gewalt, insbesondere nicht vorhersehbare Hardwareausfälle, Streiks, Naturereignisse etc);
- Ausfallzeiten aufgrund von Viren- oder Hackerangriffen, soweit der Provider die vereinbarten, mangels Vereinbarung die üblichen Schutzmaßnahmen getroffen hat;
- Ausfallzeiten aufgrund von Vorgaben des Software-Herstellers;
- Ausfallzeiten für das Einspielen von dringend notwendigen Security Patches;

(Variation:

(1) For access to the software, the Provider owes the Customer an availability of 99.5 % during the period under consideration (§ 3 para. 3).[14])

(2) The Provider is not obliged to make the application software available for use outside the periods chosen by the Customer. If the performance period booked by the Customer has expired, the Provider will close the application.

(3) Availability by time is defined as follows for the above-mentioned periods:[14]

Servicel Level A	99.5 %
Servicel Level B	98.5 %
Servicel Level C	95 %
Servicel Level D	98.5 %
Servicel Level E	98.0 %

(4) When calculating the actual availabilities, downtimes not attributable to the Provider (harmless downtimes) are considered available times. These downtimes are respectively,[15]

- Maintenance or other services agreed with the Customer which do not allow access to the application software;
- Unforeseen maintenance work that becomes necessary if this work was not caused by a breach of the Provider's obligations to provide the services (force majeure, in particular unforeseeable hardware failures, strikes, natural disasters, etc);
- Downtimes due to virus or hacker attacks, insofar as the Provider has taken the agreed protective measures or, in the absence of such an agreement, the usual ones;
- Downtime due to software vendor specifications;
- Downtime for the installation of urgently needed security patches;

- Ausfallzeiten aufgrund von Software-Fehlern in Kundenanwendungen oder aufgrund von durch Kundenanwendungen oder -daten ausgelösten Fehlern in der System- und systemnahen Software;
- Ausfallzeiten, die durch Dritte, nicht dem Provider zurechenbare Personen verursacht werden.

Zu den unschädlichen Ausfallzeiten gehören auch planmäßige Wartungsarbeiten und Datensicherungen, die täglich in der Zeit von 0:00 bis 2:00 Uhr durchgeführt werden können. In dieser Zeit ist ein Betrieb nicht möglich. Soweit darüber hinaus außerhalb dieser Zeitspanne Wartungsarbeiten erforderlich werden, wird der Provider den Kunden rechtzeitig, möglichst eine Woche vor Beginn der Arbeiten, informieren. Auch diese Zeiten zählen zu den unschädlichen Ausfallzeiten.

§ 6 Prioritäten

Entsprechen die Leistungen des Providers nicht den nach diesem Service-Level-Agreement festgelegten Werten, so soll der Provider im Falle der Beeinträchtigung sowohl der zeitlichen als auch der qualitativen Verfügbarkeit, zunächst die zeitliche Verfügbarkeit der Leistungen, dann den geschuldeten Datendurchsatz, das Antwortzeitverhalten, die Paketverzögerung und schließlich die Paketverlustrate wiederherstellen.[16]

§ 7 Störungsmeldung, Reaktionszeiten[17]

(1) Der Kunde kann die Nichteinhaltung der geschuldeten Verfügbarkeit als Störung melden. Er wird Meldungen zu Störungen, die nach diesem SLA behandelt werden sollen, nur über die Störungshotline (Anlage 1) durch die hierzu geschulten und autorisierten Mitarbeiter abgeben. Meldet der Kunde eine Störung, so wird er dem Provider die Beschreibung der Störung gemäß Abs. 2 angeben. Bei der Meldung der Störung hat der Kunde anzugeben, welche Personen dem Provider als Ansprechpartner beim Kunden für diese

- Downtime due to software errors in Customer applications or due to errors in system and system-related software caused by Customer applications or data;
- Downtime caused by third parties (persons not attributable to the Provider).

The harmless downtimes also include scheduled maintenance work and data backups, which may be carried out daily between 0:00 and 2:00. During this time, operation is not possible. If maintenance work is required outside this period, the Provider will inform the Customer in good time, if possible one week before the work begins. These times also count as harmless downtime.

§ 6 Priorities

If the Provider's services do not comply with the criteria specified in this Service Level Agreement, the Provider shall, in the event of impairment of both, the availability by time and the qualitative availability of the service, first restore the availability of the services by time, then the data throughput owed, the response time behaviour, the packet delay and finally the packet loss rate.[16]

§ 7 Incident Report, Response Time[17]

(1) The Customer may report non-compliance with owed availability as an error. It will only report malfunctions that are to be handled in accordance with this SLA via the hotline provided (Annex 1) through trained and authorized employees. If the Customer reports an error, it shall provide to the Provider a description of such error in accordance with paragraph 2. When reporting the error, the Customer must state which persons are, with regard to the error, available to the Provider as contact persons at the Custo-

Störung zur Verfügung stehen und wie sie telefonisch zu erreichen sind. Die Ansprechpartner sind so zu benennen, dass der Provider sich während der Dauer der Störung zumindest innerhalb der Geschäftszeiten des Kunden stets und unmittelbar an einen der benannten Ansprechpartner wenden kann.

(2) Störungen, die den Regelungen dieses SLA unterliegen, werden unterteilt in zeitliche und qualitative Beeinträchtigungen. Zeitliche und qualitative Beeinträchtigungen können einzeln und kumuliert vorliegen. Ihnen sind Reaktionszeiten zugeordnet. Die Beeinträchtigungen werden wie folgt klassifiziert:[17]

Priorität	I.
Klassifikation	dringend
Beschreibung	• Die geschuldete Verfügbarkeit sinkt hinsichtlich der zeitlichen Komponente in einem Zeitraum von zumindest 15 Minuten auf unter 50 % (und die Software steht damit während dieses Zeitraums für 7 Minuten und 30 Sekunden oder länger nicht im Zugriff) oder entfällt für einen ununterbrochenen Zeitraum von zumindest 10 Minuten vollständig. *(Ergänzung:* • Und/oder die Qualität der Leistung im Datennetz des Providers unterschreitet hinsichtlich der qualitativen Komponente für mehr als 90 Minuten im Durchschnitt die nachfolgenden Werte) – Antwortzeitverhalten . . . .

mer, and how they can be reached by telephone. The contact persons shall be named in such a way that during the duration of the disruption the Provider may at any time contact one of the named contact persons directly during at least the Customer's business hours.

(2) Incidents subject to the provisions of this SLA are divided into temporal and qualitative impairments. Temporal and qualitative impairments may exist individually or cumulatively and are classified as follows:[17]

Priority	I.
Classification	urgent
Description	• The owed availability decreases as regards the time component within a period of at least 15 minutes to 50 % (which means the software is not accessible for 7 minutes and 30 seconds or longer during this period) or the service is completely unavailable for an uninterrupted period of at least 10 minutes. *(Supplement:* • And/or with respect to the technical component the quality of the service in the Provider's data network falls below the following average values for more than 90 minutes – Response time behaviour . . . – Data throughput (transferred data

	– Datendurchsatz (übertragene Datenmenge/Zeit): . . . . . . – Paketverzögerung (Zeitbedarf, um eine Nachricht von A nach B zu senden) und Jitter (Varianz der Paketverzögerung) . . . . – Paketverlustrate . . . . .
Reaktionszeit (R)	R1 = ... (zB 30 min) R2 = ... (zB 45 min)
Priorität	II.
Klassifikation	hoch
Beschreibung	• Die zeitliche Verfügbarkeit sinkt in einem Zeitraum von zumindest 60 Minuten auf unter 50 %. *(Ergänzung:* • Und/oder die Qualität der Leistung im Datennetz des Providers unterschreitet hinsichtlich der qualitativen Komponente für mehr als 120 Minuten im Durchschnitt die nachfolgenden Werte – Antwortzeitverhalten . . . . . – Datendurchsatz (übertragene Datenmenge/Zeit): . . . . . . – Paketverzögerung (Zeitbedarf, um eine Nachricht von A nach B zu senden) und Jitter (Varianz der Paketverzögerung)

	amount/time): . . . . . – Packet delay (time required to send a message from A to B) and jitter (variance of packet delay) . . . . . . – Packet loss rate . . . . .)
Response Time (R)	R1 = ... (eg 30 min) R2 = ... (eg 45 min)
Priority	II.
Classification	high
Description	• Availability by time drops in a period of at least 60 minutes to 50 %. *(Supplement:* • And/or with respect to the technical component the quality of the service in the Provider's data network falls below the following average values for more than 120 minutes – Response time behaviour . . . . . – Data throughput (transferred data amount/time): . . . . . – Packet delay (time required to send a message from A to B) and jitter (variance of packet delay) . . . . . .

	. . . . . Paketverlustrate . . . . .)
Reaktionszeit (R)	R1 = ... (zB 120 min) R2 = ... (zB 180 min)
Priorität	III.
Klassifikation	niedrig
Beschreibung	• Die zeitliche Verfügbarkeit sinkt in einem Zeitraum von zumindest 240 Minuten auf unter 50 %. *(Ergänzung:* • Und/oder die Qualität der Leistung im Datennetz des Providers unterschreitet hinsichtlich der qualitativen Komponente für mehr als 240 Minuten im Durchschnitt die nachfolgenden Werte – Antwortzeitverhalten . . . . . – Datendurchsatz (übertragene Datenmenge/Zeit): . . . . . . – Paketverzögerung (Zeitbedarf, um eine Nachricht von A nach B zu senden) und Jitter (Varianz der Paketverzögerung) . . . . . – Paketverlustrate . . . . .)
Reaktionszeit (R)	R1 = ... (zB 360 min) R2 = ... (zB 720 min)

	– Packet loss rate . . . . .)
Response Time (R)	R1 = ... (eg 120 min) R2 = ... (eg 180 min)
Priority	III.
Classification	low
Description	• Availability by time drops in a period of at least 240 minutes to 50 %. *(Supplement:* • And/or with respect to the technical component the quality of the service in the Provider's data network falls below the following average values for more than 240 minutes – Response time behaviour . . . . . – Data throughput (transferred data amount/time): . . . . . – Packet delay (time required to send a message from A to B) and jitter (variance of packet delay) . . . . . . – Packet loss rate . . . . .)
Response Time (R)	R1 = ... (eg 360 min) R2 = ... (eg 720 min)

(3) Erreicht die Störung eine höhere Prioritätsstufe, so hat der Kunde dies dem Provider unverzüglich mitzuteilen. Die Reaktionszeit berechnet sich vom Eingang der Störungsmeldung des Kunden beim Provider an. Maßgebend für die Zuordnung einer Störung zu einer Störungsklasse ist das Vorliegen der in der Störungs-Beschreibung angegebenen Merkmale.

(3) If the disruption reaches a higher priority level, the Customer must inform the Provider without culpable delay. The response time is calculated from the time the Provider receives the Customer's error report. The decisive factor for the assignment of an error to an error category is the existence of the characteristics specified in the error description.

(4) Der Provider verpflichtet sich, bei Eingang einer ordnungsgemäßen Störungsmeldung des Kunden spätestens innerhalb der festgelegten Reaktionszeiten mit der Analyse und möglichst schon mit der Beseitigung der Störung zu beginnen. Die Arbeiten zur Störungsbeseitigung erfolgen im Rahmen der Möglichkeiten des Providers unter Beachtung seiner vertraglichen Pflichten. Ein Anspruch auf die Beseitigung der Störung innerhalb einer bestimmten Zeit folgt aus der Vereinbarung der Reaktionszeiten nicht.

(4) The Provider undertakes, upon receipt of a proper error report from the Customer, to begin with the analysis and, if possible, with the elimination of the error within the specified reaction times at the latest. The work for error rectification shall be carried out within the scope of the Provider's possibilities and in compliance with its contractual obligations. The response times agreed shall not give rise to a claim to the removal of the malfunction within a certain time.

(5) Eine vom Provider zu behebende Störung liegt nicht vor bei Beeinträchtigungen der Datenübertragung außerhalb des vom Provider betriebenen Datennetzes, zB durch Leitungsausfall oder -störung bei anderen Providern oder Telekommunikationsanbietern, oder einer vertragswidrigen Inanspruchnahme der bereitgestellten Systemkapazitäten, zB durch eine überhöhte Zahl der Zugriffe durch den Kunden.

(5) An error to be rectified by the Provider does not exist in the event of impairment of data transmission outside the data network operated by the Provider, e.g. due to power line failure or malfunction at other providers or telecommunications providers, or in the event of a use of the provided system capacities contrary to contract, e.g. due to an excessive number of accesses by the Customer.

(6) Die Reaktionszeit für die Wiederherstellung der geschuldeten Verfügbarkeit läuft bei Störungen der Priorität III ausschließlich während der Zeiträume, die von den vom Kunden gebuchten Service-Kategorien A, B, C, D oder E erfasst werden.[18]

(6) The reaction time for the restoration of the availability owed in the event of priority III disruptions shall run exclusively during the periods covered by the service categories A, B, C, D or E as booked by the Customer.[18]

(7) Die Mängelhaftung nach dem ASP-Vertrag bleibt unberührt.

(7) The liability for defects according to the ASP Agreement remains unaffected.

§ 8 Berichte, Geltendmachung der Ansprüche

§ 8 Reports, Assertion of Claims

(1) Die Messung der Verfügbarkeit erfolgt gemäß den Bestimmungen in

(1) The measurement of availability shall be carried out in accordance with the provisi-

Anlage 3. Der Provider stellt dem Kunden monatlich informell und für den Betrachtungszeitraum bindend eine aufbereitete Übersicht über die Einhaltung der geschuldeten Verfügbarkeit zur Auswertung zur Verfügung. Der Kunde kann die aktuellen Daten jederzeit online abfragen. Die Daten werden vom Provider für eine Dauer von acht Wochen nach Übermittlung des Berichts für den Betrachtungszeitraum an den Kunden gespeichert und danach gelöscht, sofern der Kunde keine Einwände gegen die Richtigkeit der Messungen erhebt.[19]

(2) Will der Kunde Einwände gegen die Richtigkeit der Messungen geltend machen, so muss er dies innerhalb eines Zeitraums von sechs Wochen nach Bereitstellung des Berichts für den Betrachtungszeitraum tun. Mit Ablauf dieser Frist gelten die Messungen als vom Kunden als zutreffend bestätigt.

ons in Appendix 3. The Provider shall provide the Customer with a duly prepared monthly overview of compliance with the owed availability of the service for evaluation. In addition, the Customer may call up the current data online at any time. The data will be stored by the Provider for a period of eight weeks after the monthly report has been sent to the Customer and will be deleted thereafter unless the Customer objects to the accuracy of the measurements.[19]

(2) If the Customer wishes to raise objections to the accuracy of the measurements, it must do so within a period of six weeks after the measurements have been made available. Upon expiry of this period, the measurements shall be deemed to have been confirmed as accurate by the Customer.

§ 9 Minderung[20]

(1) Die nachfolgenden Regelungen ergänzen die Bestimmungen zur Mängelhaftung nach dem ASP-Vertrag, ohne sie zu verdrängen. Der Kunde ist jederzeit berechtigt, die ihm zustehenden Rechte wegen der Nichtgewährung der Softwarenutzung und der Pflichtverletzung bei der Durchführung der Service-Leistungen geltend zu machen. Macht er diese Rechte geltend, kann er die nachfolgenden Rechte nur in einem hierüber hinausgehenden Umfang geltend machen. Eine kumulative Geltendmachung von Minderungsgründen ist ausgeschlossen.

(2) Bleibt die tatsächliche Verfügbarkeit im Betrachtungszeitraum mehr als fünf Prozentpunkte hinter der nach § 5 für die jeweilige Service-Kategorie geschuldeten Verfügbarkeit, ausgedrückt in Prozent, zurück, ermäßigt sich die vom Kunden in dem Betrachtungszeitraum zeitanteilig zu zahlende Vergütung für jeden weiteren Prozentpunkt der Nichtverfügbarkeit um ein Prozent, maximal aber um 20 Prozent.[20]

§ 9 Reduction[20]

(1) The following provisions supplement the warranty provisions set forth in the ASP Agreement without replacing them. The Customer is entitled at any time to assert the rights to which it is entitled due to any non-granting of software use and any breach of duty during the performance of the services. If it asserts these rights, it may assert the following rights only to an extent that goes beyond thereof. A cumulative assertion of reasons for reduction is excluded.

(2) If the actual availability in the period under review falls short of the availability owed in accordance with § 5 for the respective service category, expressed as a percentage, by more than five percentage points, the remuneration to be paid by the Customer in the period under review shall be reduced pro rata temporis by one percent for each additional percentage point of non-availability, but by a maximum of 20 percent.[20]

(3) Für die Zeit, für die eine Störung der Priorität I vorliegt, ist der Kunde von der Entrichtung des für die Überlassung der Software vereinbarten Entgelts befreit.

(4) Für die Zeit, für die eine Störung der Priorität II oder III vorliegt, ist der Kunde von der Entrichtung des Entgeltes für die Überlassung der Software in Höhe von 80 % befreit, es sei denn, er kann nachweisen, dass aufgrund der Mängelhaftungsverpflichtung des Providers eine darüber hinausgehende Befreiung von seiner Vergütungspflicht eingetreten ist.

(5) Über die Minderungen rechnet der Provider für den Betrachtungszeitraum auf der Basis der von ihm gefertigten und vom Kunden nicht beanstandeten Reporte nach § 8 ab.

(6) Dem Kunden stehen die Rechte nach diesem § 9 nur dann zu, wenn er ihre Geltendmachung unverzüglich, spätestens jedoch innerhalb von zwei Wochen nach Zugang des Berichts für den Betrachtungszeitraum dem Provider schriftlich anzeigt.[21]

§ 10 Vertragsstrafe

(1) Der Provider verwirkt eine Vertragsstrafe in Höhe von 5.000,– EUR, wenn er eine Störung der Priorität I nicht innerhalb eines Zeitraumes von 60 min nach Ablauf der Reaktionszeit beseitigt und dies zu vertreten hat.[22]

(Variante:

(1) Der Provider verwirkt eine Vertragsstrafe in Höhe von 15.000,– EUR, wenn während des Betrachtungszeitraums die tatsächliche Verfügbarkeit mehr als . . . . . Prozentpunkte hinter der geschuldeten Verfügbarkeit zurückbleibt und er dies zu vertreten hat.)

(2) Ein selbstständiger Anspruch auf die Wiederherstellung der geschuldeten Verfügbarkeit innerhalb des genannten Zeitraums wird hierdurch ungeachtet des Anspruchs des Kunden auf Mängelhaftung nicht begründet. Dementsprechend wirkt

(3) The Customer shall be released from paying the agreed fee for the provision of the software for the period during which priority I is disrupted.

(4) For the time during which a disruption of priority II or III exists, the Customer is exempt from the payment of the fee for the provision of the software in the amount of 80 %, unless it can prove that due to the Provider's liability for defects it is exempted from its obligation to pay to an even larger extent.

(5) The Provider shall settle the reductions for the period under consideration on the basis of the reports produced by the Provider and not objected to by the Customer in accordance with § 8.

(6) The Customer shall only be entitled to the rights under this § 9 if it notifies the Provider in writing of its assertion without undue delay, but at the latest within two weeks of receipt of the report for the period under review.[21]

§ 10 Contractual Penalty

(1) The Provider shall forfeit a contractual penalty in the amount of 5,000 EUR if it does not remedy a disruption of Priority I within a period of 60 minutes after expiry of the reaction time, provided it is responsible for such delay.[22]

(Variation:

(1) The Provider shall forfeit a contractual penalty in the amount of EUR 15,000 if, during the period under consideration, the actual availability exceeds . . . . . percentage points behind the availability owed and it is responsible for this.)

(2) An independent claim to the restoration of the availability owed within the specified period shall not be substantiated by this, irrespective of the Customer's liability claims on the grounds of a defect. Accordin-

sich der bloße Ablauf der Frist allein auch nicht verzugsbegründend aus.

(3) Die Vertragsstrafe ist auf einen etwaigen Schaden, den der Kunde aus der ihr zugrunde liegenden Pflichtverletzung erleidet, anzurechnen.

gly, the mere expiry of the time limit alone does not give rise to any event of default.

(3) The contractual penalty shall be set off against any damage suffered by the Customer as a result of the breach of duty on which it is based.

§ 11 Kündigung

Treten innerhalb eines Zeitraums von vier Wochen drei Störungen der Priorität I oder acht Störungen der Priorität II auf, so kann der Kunde den ASP-Vertrag mit einer von ihm zu bestimmenden Auslauffrist von bis zu acht Wochen kündigen.[23]

§ 11 Termination

If three Priority I disruptions or eight Priority II disruptions occur within a period of four weeks, the Customer may terminate the ASP Agreement with an expiry period of up to eight weeks to be determined by the Customer.[23]

§ 12 Vergütung

Eine gesonderte Vergütung für die Erbringung der Services nach diesem SLA wird nicht erhoben. Die Vergütung ist Teil der Vergütung des ASP-Vertrages. Hat der Kunde dem Provider jedoch eine Störung gemeldet und stellt sich nach einer Prüfung heraus, dass die Störung nicht innerhalb des Datennetzes des Providers aufgetreten ist, kann der Provider dem Kunden die zur Störungserkennung erbrachten Leistungen zu den für solche Leistungen geltenden Stundensätzen des Providers in Rechnung stellen, es sei denn, der Kunde hätte auch bei Anstrengung der erforderlichen Sorgfalt nicht erkennen können, dass die Störung nicht innerhalb des Datennetzes des Providers, aufgetreten ist.[24]

§ 12 Remuneration

A separate fee for the provision of services under this SLA shall not be charged. The remuneration is part of the remuneration of the ASP Agreement. If, however, the Customer has reported a fault to the Provider and it turns out after an examination that the fault did not occur within the Provider's data network, the Provider may charge the Customer for the services provided to detect the fault at the Provider's hourly rates applicable for such services, unless the Customer could not have recognised, even if the necessary care had been taken, that the fault did not occur within the Provider's data network.[24]

§ 13 Gewährleistung[25]

(1) Nacherfüllungsansprüche verjähren in zwölf Monaten. Die Durchsetzung von Mängelhaftungsansprüchen ist davon abhängig, dass Mängel innerhalb von zwei Wochen nach ihrem erstmaligen Erkennen schriftlich gemeldet werden und reproduzierbar sind.

(2) Eine Minderung der Vergütung aufgrund der Nichterfüllung der Leistungen

§ 13 Cure[25]

(1) Claims for cure shall become statute-barred after twelve months. The enforcement of claims for cure requires that defects are reported in writing within two weeks of their first recognition and are reproducible.

(2) A reduction of the remuneration due to the non-performance of the services accor-

nach § 9 Abs. 2 und 3 dieses Vertrages ist auf eine vom Kunden geltend gemachte Minderung wegen einer nicht pflichtgemäßen Erbringung dieser Leistung anzurechnen.

ding to § 9 paras. 2 and 3 of this contract shall be credited against a reduction asserted by the Customer due to a non-performance of this service in accordance with its duties.

§ 14 Vertragssprache

Die Vertragsparteien haben den Vertrag in einer deutschen und einer englischsprachigen Fassung geschlossen. Für die rechtlichen Wirkungen zwischen den Parteien ist allein die deutsche Fassung maßgeblich.[26]

§ 14 Bilingual Version

The contracting parties have concluded the contract in a German and an English version. Only the German version is decisive for the legal effects between the parties.[26]

Anlagen:

Anlage 1 Hotline
Anlage 2 Qualitative Verfügbarkeit
Anlage 3 Monitoring-System

Datum/Unterschrift

Annex 1 Hotline
Annex 2 Qualitative availability
Annex 3 Monitoring system

Date/Signature

Anmerkungen

1. Sachverhalt. Diese Vereinbarung wird ergänzend zum dem Muster Application Service Providing → Form. E.4 getroffen. Es kann bei entsprechender Anpassung aber auch separat verwendet werden, zB in Verbindung mit einem Hosting-Vertrag → Form. E.2.

2. Regelungsgegenstand. Service-Level-Agreements behandeln in der Regel entgeltliche Leistungen zur Wiederherstellung eines Soll-Zustandes. Vor allem in der Entgeltlichkeit unterscheiden sie sich von Gewährleistungsansprüchen. Zu den Funktionen eines Service-Level-Agreements vgl. Schumacher MMR 2006, 12. Das **Konzept dieses SLA** ist, dass der Provider sich verpflichtet, bestimmte Reaktionen zur Wiederherstellung der Verfügbarkeit der Software vorzunehmen. Die Geschwindigkeit, mit der er solche Maßnahmen ergreift, hängt von der Schwere der Beeinträchtigung der Nutzung der Software ab (**Reaktionszeiten**). Zusätzlich sieht das Formular eine **Minderung** des Entgelts im Falle der Nichtverfügbarkeit vor sowie eine **Vertragsstrafe** für den Fall der Nichteinhaltung der Reaktionszeiten. Großen Wert wird auf die Beschreibung der Verfügbarkeit der Software und eine Differenzierung der Umstände gelegt, die eine Reaktion auslösen. Das führt zu einer gewissen **Komplexität** der Regelungen, die für viele Praxisfälle aber leicht reduziert werden kann, indem zB die Zahl der Service-Kategorien beschränkt wird. Im Formulartext und den Anmerkungen wird darauf hingewiesen.

Aus **AGB**-rechtlichen Gründen ist **zu unterscheiden zwischen** einerseits der gesetzlichen **Gewährleistung und** andererseits den Vereinbarungen, die entgeltliche **Hauptleistungspflichten** begründen, beispielsweise eine Wiederherstellung der Leistung nach § 535 Abs. 1 S. 2 BGB. Soweit es um die Begründung eigenständiger Leistungspflichten geht, sind Regelungen in weiterem Umfang AGB-rechtlich unbedenklich. In der Praxis sind gelegentlich kundenseitige SLA für Nacherfüllungsleistungen zu finden. In AGB ist die Ausweitung der Nacherfüllungsrechte zugunsten des Kunden als Verwender regelmäßig unwirksam. Da dieses Formular vom Dienstleister verwendet wird, sind Verschärfungen seiner Haftung gegenüber der gesetzlichen Regelung allerdings AGB-rechtlich unbedenklich.

Zentral für dieses SLA ist der Begriff der **Verfügbarkeit**. Oft wird hierunter allein ein Prozentsatz eines Bezugszeitraums verstanden, währenddessen die Leistung abgerufen werden kann. Das greift aber zu kurz. Die zeitliche Komponente muss durch eine Beschreibung der Leistung ergänzt werden, um sinnvoll wirken zu können. So genügt es nicht, dass die Software überhaupt genutzt werden kann, sie muss auch mit einem zu definierenden Antwortzeitverhalten, mit zu definierenden maximalen Datenverlusten bei der Übertragung etc nutzbar sein. Diese technische Komponente der Verfügbarkeit ist zu beschreiben.

Das Formular berücksichtigt diese beiden Komponenten. Die Nichteinhaltung der zeitlichen Komponente der Verfügbarkeit als auch der qualitativen Komponente hat Folgen, die in § 9 und in § 10 geregelt sind.

3. Wahlmöglichkeiten. Das Formular sieht verschiedene Ebenen der Anknüpfung für Leistungspflichten vor, die in dieser Komplexität in der Regel nicht benötigt werden und daher angepasst werden müssen. Vorschläge dazu finden sich im Formulartext und in den Anmerkungen.

4. Ansprüche des Kunden. Der Hauptanspruch des Kunden bezieht sich auf Leistungen zur Gewährung der Verfügbarkeit der Softwarenutzung. Erfolgt das unzureichend, mindert sich zugunsten des Kunden das Entgelt nach Maßgabe des § 9. Hinsichtlich des Entgelts ist für die Berechnung der Minderung zu differenzieren, wenn mehrere Leistungen angeboten werden und nicht alle Leistungen von der Nichtverfügbarkeit betroffen sind, etwa, wenn der Provider entgeltliche Leistungen zur Datensicherung erbringt und eine Hotline betreibt. Dann muss erkennbar sein, auf welchen Betrag sich die Minderung bezieht.

5. Vertragsstrafe. Eine große rechtliche Wirkung auf die Leistungsmotivation des Schuldners kann mit der Vereinbarung einer Vertragsstrafe erreicht werden. Lässt sich das in der Praxis nicht durchsetzen, ist alternativ eine Minderung für den Fall der Nichteinhaltung der Reaktionszeiten üblich.

6. Verfügbarkeit. Die Verfügbarkeit einer Leistung ist in vielen Verträgen ein zentrales Element. Der Kunde erwartet gerade bei Anwendungen, die für den Betrieb seines Unternehmens von Bedeutung sind, eine hohe Verfügbarkeit. Allerdings leiden Verfügbarkeitsvereinbarungen oft an einer unzureichenden Definition der Verfügbarkeit. Meistens wird nur eine prozentuale Verfügbarkeit für ein Kalenderjahr angeboten. Das Vertragsmuster regelt dagegen die Verfügbarkeit in Abhängigkeit von der Wahl bestimmter Zeiträume. Für diese Zeiträume kann der Provider unterschiedliche Verfügbarkeiten anbieten. Das eröffnet dem Kunden die Möglichkeit, während der Hauptgeschäftszeiten eine hohe Verfügbarkeit zu verlangen und in anderen Zeiträumen, in denen die Leistung nur gelegentlich zur Verfügung stehen muss, die Verfügbarkeit entsprechend zu reduzieren. Stellt eine hohe Verfügbarkeit über den gesamten Zeitraum der Leistungserbringung kein Problem dar, ist eine Differenzierung entbehrlich.

Ein Klassikerproblem bei Verfügbarkeitsregeln in AGB ist, ob die Regelungen nach § 307 Abs. 3 S. 1 BGB als bloße **Leistungsbeschreibung** kontrollfrei sind oder als Einschränkung des Hauptleistungsanspruchs (97 % Verfügbarkeit statt 100 %) eine Abweichung von der gesetzlichen Regelung darstellen und damit der Kontrolle unterliegen (dazu Bräutigam IT-Outsourcing und Cloud-Computing Kap. D. Rn. 434 ff.). Nach der Rechtsprechung verbleibt für die der Überprüfung entzogene Leistungsbeschreibung nur der enge Bereich der Leistungsbezeichnungen, ohne deren Vorliegen mangels Bestimmtheit oder Bestimmbarkeit des wesentlichen Vertragsinhalts ein wirksamer Vertrag nicht mehr angenommen werden kann (BGH NJW-RR 1993, 1049 (1050); NJW 2001, 2635). Die Freistellung von der Inhaltskontrolle gilt zudem nur für Abreden über den unmittelbaren Leistungsgegenstand, während Regelungen, die die Leistungspflicht des Verwenders einschränken, verändern, ausgestalten oder modifizieren, inhaltlich zu kontrollieren sind (BGH MMR 2018, 160 Rn. 27). Beim Online-Banking hat der BGH grundsätzlich die Möglichkeit gesehen, zeitliche Beschränkungen kontrollfrei festzulegen (BGH NJW 2001, 751 (752)).

Wie bereits im Internet-Access-Vertrag angesprochen → Form. E.1 Anm. 4, definiert die Verfügbarkeitsregelung richtigerweise die vom Provider geschuldete Leistung und schränkt sie nicht ein. Hält sich die Nichtverfügbarkeit je vereinbartem Zeitraum in den jeweiligen Grenzen, so liegt eine Pflichtverletzung des Providers nicht vor. Wichtig ist daher, die Umstände, bei denen die Software als nicht verfügbar gilt, genau zu definieren. Das gilt insbesondere für Softwareausfälle, die dem Provider nicht zuzurechnen oder die absehbar sind. Wesentlich für die Verfügbarkeit ist, dass es nicht auf die Verfügbarkeit der Softwarenutzung auf dem Arbeitsplatzrechner des Kunden ankommt, sondern vielmehr die Verfügbarkeit der Leistung am Übergabepunkt des Providers maßgebend ist. Denn Störungen auf dem Transportweg zum Kunden kann der Provider nicht beherrschen.

Die **Transparenz** der Verfügbarkeitsregelung ist in jedem Fall sicher zu stellen (BGH MMR 2018, 160 Rn. 27). Dabei ist mit Verfügbarkeiten, die sich auf einen Jahreszeitraum beziehen, Zurückhaltung geboten. Bei **98 % Verfügbarkeit pro Jahr** kann die Nicht-Verfügbarkeit 2 % = 7,3 Tage betragen. Fällt der Server am 24.12. aus und war bis dahin eine 100 %ige Verfügbarkeit gegeben, läge keine Pflichtverletzung vor, wenn der Server erst am 8.1. des Folgejahres wieder laufen würde und ab diesem Zeitpunkt keine verfügbarkeitsrelevanten Ausfälle bis zum Jahresende auftreten. Für den Kunden würde dies eine Nichtnutzbarkeit der Software von mehr als zwei Wochen bedeuten. Da kaum ein Kunde einen so langen Zeitraum mit einer 98%igen Verfügbarkeit verbindet, dürfte eine solche Klausel ohne entsprechende Hinweise **unwirksam** sein. Dann gilt aber nicht keine Verfügbarkeit als geschuldet, sondern eine angemessene, die nur schwer zu prognostizieren ist. Der BGH hat beim Online-Banking als Grundsatz eine stete Verfügbarkeit angenommen (BGH NJW 2001, 751 (752): „rund um die Uhr"). Eine hilfreiche Befassung mit dem Begriff der Verfügbarkeit bietet die **VDI-Richtlinie 3423** „Verfügbarkeit von Maschinen und Anlagen".

Für dieses Formular ist die die auf den Betrachtungszeitraum bezogene Verfügbarkeit allein relevant für die Minderung nach § 8. Die für die Nichteinhaltung von Reaktionszeiten vorgesehene **Vertragsstrafe** kann ohne Weiteres auch für eine – erhebliche – Nichteinhaltung der Verfügbarkeitszusage vorgesehen werden. Das Formular kann ver**einfacht** werden, indem eine einzige Verfügbarkeit einheitlich für den gesamten Betrachtungszeitraum vereinbart wird. Eine Differenzierung nach Service-Kategorien entfällt dann.

7. Geschuldete Verfügbarkeit. Die Verfügbarkeit bestimmt sich danach, dass die Software in einem definierten Maß (qualitative Verfügbarkeit) während eines bestimmten Zeitraums (Betrachtungszeitraum) genutzt werden kann. Ohne ein qualitatives Maß ist die Verfügbarkeitsregelung sinnlos, weil die Software zwar verfügbar, aber nicht zum bestimmungsgemäßen Gebrauch geeignet sein kann.

8. Tatsächliche Verfügbarkeit. Für die Feststellung, ob die geschuldete Verfügbarkeit gegeben ist, ist ihr die tatsächliche Verfügbarkeit gegenüber zu stellen. Der Kunde kann ohne Weiteres feststellen, wenn die Software nicht nutzbar ist. Eine – schlechte – Nutzbarkeit der Software kann aber auch dann gegeben sein, wenn die geschuldete Verfügbarkeit nicht eingehalten ist. Zur Objektivierung des Abgleichs ist ein **Monitoring** der Verfügbarkeitsparameter (§ 8) vorgesehen.

9. Berechnung der Verfügbarkeit. Die erreichte Verfügbarkeit wird regelmäßig als Prozentsatz der geschuldeten Verfügbarkeit angegeben. Verbreitet ist aber auch, die Differenz zur geschuldeten Verfügbarkeit anzugeben. In jedem Fall sind die Berechnungsgrundlagen im Vertrag oder einer Anlage anzuführen. Für den Fall einer Vereinfachung auf nur eine Verfügbarkeitsgröße während des Betrachtungszeitraums ist der Verweis auf die Service-Kategorien zu entfernen.

10. Vereinfachung. Soll nur eine einzige Verfügbarkeit für die gesamte Dauer der Betrachtung maßgeblich sein, sind die Bezüge zu den Service-Kategorien und der letzte Satz zu entfernen.

11. Qualitative Verfügbarkeit. Wie in → Anm. 6 erwähnt, hat die Verfügbarkeit von Serverleistungen immer eine zeitliche und eine technische Komponente. Hier wird die technische Komponente in Bezug genommen. Die Technizität der Leistung bedingt eine möglichst genaue Beschreibung der Leistungsinhalte und Verantwortungsbereiche.

12. Qualitätsparameter. Für das Leistungsvermögen des ASP-Providers hinsichtlich der von ihm geschuldeten Leistung ist die zeitliche Verfügbarkeit allein kein ausreichendes Kriterium (Schneider EDV-Recht-HdB/Schneider Kap. U II 3 Rn. 68 ff. und Kap. U IV 4 Rn. 166 ff.). Die Leistung kann zeitlich verfügbar sein, jedoch in ihrer Qualität nicht den berechtigterweise bestehenden Erwartungen des Kunden entsprechen, insbesondere weil die Software zu langsam arbeitet. Die Arbeitsgeschwindigkeit der **Software einschließlich Infrastruktur** lässt sich technisch definieren. Messgrößen hierfür und damit für die Qualität der Leistung sind das Antwortzeitverhalten, also die Zeit zwischen der Eingabe einer Abfrage und der Ausgabe einer entsprechenden Antwort, der Datendurchsatz (die übertragene Datenmenge pro Zeiteinheit), die Paketverzögerung (der Zeitbedarf, um ein IP-Paket von A nach B zu senden) sowie die Paketverlustrate (die Zahl der IP-Pakete, die pro Zeiteinheit verloren gehen, weil sie nicht rechtzeitig an ihren Bestimmungsort gelangen). Welche Messgrößen zur Bestimmung der Leistungsqualität des Providers heranzuziehen sind, hängt von den Anforderungen des Kunden an die Leistungsfähigkeit des Providers und dem qualitativen Leistungsvermögen des Providers als Randbedingung ab (s. Schuster CR 2013, 690). Das Vertragsmuster sieht daher vor, diese Angaben in die Anlage „ASP-Systemspezifikation" auszulagern. Auch die Festlegung der Leistungsqualität dient, ebenso wie die Beschreibung der geschuldeten Verfügbarkeit, der Inhaltsbestimmung der Leistung, die einer AGB-rechtlichen Kontrolle – vorbehaltlich ihrer Transparenz – nicht unterliegt.

13. Zeitliche Leistungsstaffelung. Die durch den Provider zu erbringenden Leistungen werden von dem Kunden typischerweise nicht rund um die Uhr in Anspruch genommen. Je umfangreicher sich jedoch der Provider verpflichtet, Leistungen, insbesondere außerhalb der regulären Geschäftszeiten, zu erbringen, desto höher werden die Kosten für den Kunden ausfallen. Um eine flexible Handhabung der Leistungspflichten des Providers und der korrespondierenden Kosten in einem mehrfach zu verwendenden Vertragsmuster gegenüber einer Vielzahl von Kunden zu gewährleisten, sieht der Vertrag vor, dass die Leistungen des Providers in Abhängigkeit von dem Zeitraum, in dem sie zu erbringen sind, kategorisiert werden. Nach dem Vertragsmuster hat der Kunde die Möglichkeit, sich bei der Inanspruchnahme der Leistungen des Providers auf bestimmte Zeiträume zu beschränken. Dem Provider gestattet dies eine flexiblere Gestaltung seiner Leistungsverpflichtungen sowie der Vergütungsregelung. Es ist ihm auch möglich, Leistungen nachts oder an Feiertagen überhaupt nicht anzubieten. Nimmt der Kunde bei einer pauschalen Vergütung nach Zeitabschnitten das Angebot des Providers nicht rund um die Uhr in Anspruch, bestimmt die Klausel, dass die Anwendung nach Ablauf der Service-Zeiten geschlossen wird. Sofern die Möglichkeit dazu besteht, sollte der Kunde rechtzeitig auf das Ablaufen der Service-Zeiten hingewiesen werden, um einer Diskussion über das Bestehen einer Nebenpflicht hierzu zuvorzukommen. Rechnet der Provider bei einem so genannten **24/7**-Service rund um die Uhr an sieben Tagen der Woche nach der übertragenen Datenmenge oder der Dauer der tatsächlichen Nutzung ab, entfällt die Notwendigkeit einer Regelung zum Schließen der Anwendung. Die Verfügbarkeiten können dennoch differenziert vereinbart werden.

14. Vereinfachung. Eine Vereinfachung der Regelung kann durch das Abstellen auf nur eine Verfügbarkeit erreicht werden. Absatz 3 ist dann zu streichen.

15. Unschädliche Ausfallzeiten. Typischerweise will der Provider für die Verfügbarkeit nicht unabhängig von seinen Einflussmöglichkeiten einstehen. Alle Beeinträchtigungen, die ihm nicht zuzurechnen sind, werden daher der Risikosphäre des Kunden zugewiesen und als verfügbare Zeiten in die Berechnung einbezogen. Zu diesen hinsichtlich der Einhaltung der Verfügbarkeit unschädlichen Ausschlusszeiten gehören auch planbare Wartungen. Bei der Definition der Ausschlusszeiten ist auf eine angemessene und transparente Gestaltung zu achten. Die Überwälzung von beherrschbaren Risiken aus dem Bereich des Providers auf den Kunden würde zu einer Unangemessenheit nach § 307 Abs. 2 Nr. 2 BGB führen.

16. Prioritäten. Ist der Provider bei der Leistungserbringung verpflichtet, mehrere Kriterien zu beachten und zu erfüllen, kann es sinnvoll sein, eine Reihenfolge festzulegen, welche Leistungsmerkmale im Falle einer Störung durch den Provider vorrangig wiederherzustellen sind. Die in dem SLA genannte Reihenfolge ist hier nur beispielhaft zu verstehen, letztlich hat sie sich an den qualitativen Gegebenheiten und Erfordernissen des Kunden zu orientieren.

17. Reaktionszeiten. Soweit es in SLA um die Wiederherstellung der Nutzbarkeit von Software geht, werden die Pflichten des Anbieters hierzu regelmäßig durch die Vereinbarung von Reaktions- oder Störungsbeseitigungszeiten festgelegt. Die Reaktionszeiten geben an, innerhalb welcher Zeitspanne der Anbieter auf eine Störungsmeldung hin tätig werden muss. Die geschuldete Reaktion ist hier unabhängig davon ausgestaltet, welche Verfügbarkeit der Provider im Betrachtungszeitraum schuldet. Es kommt allein darauf an, dass die in der Tabelle genannten Werte nicht erreicht werden.

Die **Störungsmeldung** geht in diesem Formulierungsvorschlag vom Kunden aus. Es ist aber auch möglich, dass der **Provider** verpflichtet wird, von sich aus tätig zu werden, zumal er nach § 8 ein **Monitoring** betreiben muss und so den Überblick über die Verfügbarkeit des Systems hat. Im Einzelfall ist aber für die Vertragsgestaltung zu prüfen, ob der Provider anhand der im Rahmen des Monitoring verarbeiteten Daten alle für den Kunden relevanten Störungen erkennen kann.

Zu der **Verpflichtung zu einer bestimmten Reaktion** tritt nach dem Formular als Folge einer Schlechtleistung die **Minderung** der Vergütung hinzu. Löst eine nicht vertragsgemäße Verfügbarkeit eine Reaktionszeit aus, liegt zugleich auch ein Grund für eine Minderung nach § 9 vor. Erfolgt die Reaktion nicht wie vereinbart, kann der Kunde eine **Vertragsstrafe** nach § 10 geltend machen.

Ein Versprechen, die Störung innerhalb einer bestimmten Zeit zu beseitigen, erfolgt grundsätzlich nicht. Eine solche Zusage zur **Entstörung bzw. Wiederherstellung** wird von den Anbietern regelmäßig nur dann abgegeben, wenn sie die möglichen Störungen und die hierzu erforderlichen Störungsbeseitigungsmaßnahmen vollständig überblicken oder Probleme leicht lösen können. Das ist etwa beim Tausch von Hardware wie Festplatten etc möglich. Da letzteres stark einzelfallabhängig ist, sieht das Vertragsmuster entsprechend der gängigen Praxis lediglich eine Regelung zu den Reaktionszeiten und nicht zur Wiederherstellung vor. Die Reaktionszeiten sind in Abs. 2 definiert und in drei Klassen unterteilt. Die Einteilung der Klassen und deren Definition hängt davon ab, auf welches Ziel sich die Leistungen des Anbieters fokussieren.

Das Formular sieht als **Auslöser** für den Lauf einer Reaktionszeit **zwei Elemente zur Wahl** vor. Zum einen die qualitative Schlechtleistung (§ 4) und zum anderen die zeitliche Nichtverfügbarkeit (§ 5). In der Praxis wird für die Reaktion regelmäßig nur auf die zeitliche Nichtverfügbarkeit abgestellt und nicht weiter hinsichtlich der Qualität der Leistung differenziert. Daher sieht das Formular Defizite der Qualität der Leistung nur optional vor. Zu beachten ist dabei, dass die zeitliche Nichtverfügbarkeit bereits eine qualitative Komponente enthält → Anm. 6.

Die hier gewählte Beschreibung hat den Vorteil, dass sie technisch messbar und dementsprechend nachprüfbar ist. Sie vermeidet dabei wertende Beschreibungen, die häufig in SLA verwendet werden. Solche Beschreibungen, die oft danach unterscheiden, ob es zu unternehmenskritischen Ausfällen, zur Gefährdung von internen Abläufen oder zu lediglich geringen Auswirkungen auf interne Abläufe kommt, bedürfen stets der Auslegung und beinhalten daher eine Unsicherheit hinsichtlich der Klassifizierung der Störung sowohl für den Anbieter wie für den Kunden.

SLA können zu **Abgrenzungsproblemen zwischen Primär- und Sekundäransprüchen** führen, wenn der Provider über die allgemeine Verpflichtung zur Gewährung des Gebrauchs hinaus dem Kunden Leistungen verspricht. Für Application Service Providing-Verträge enthalten SLA regelmäßig folgende Regelung:

- Definition der Verfügbarkeit,
- Definition der Performance,
- Verpflichtung zum Reporting,
- Leistungen zur Störungsbeseitigung sowie
- Sanktionen.

Werden diese Vorgaben zur Leistungserbringung vom Provider nicht eingehalten, so sind unterschiedliche Gestaltungsmöglichkeiten in SLA anzutreffen. Zum Teil wird der Provider verpflichtet, innerhalb eines bestimmten Zeitraumes die Störung zu beseitigen. Zum Teil begnügen sich die Verträge damit, die nicht vertragsgemäße Leistungserbringung zu sanktionieren. Dies kann wiederum einfach dadurch erfolgen, dass der Kunde in einem definierten Umfang von seiner Entgeltverpflichtung befreit wird oder Vertragsstrafen verwirkt werden bzw. pauschalierter Schadensersatz zu zahlen ist. Damit der Kunde überwachen kann, ob sein Vertragspartner die geschuldeten Leistungen auch tatsächlich erbracht hat, wird überdies ein Reporting-Verfahren geregelt, das dem Kunden ermöglichen soll, die Beachtung der geschuldeten Leistungs-Werte zu überprüfen.

Diese SLA bilden für den ASP-Vertrag ein eigenes entgeltliches Leistungsstörungssystem, das nicht an dem Erfüllungs- und Mängelhaftungsrecht der im BGB vertypten Verträge ausgerichtet sein muss. Werden diese Bestimmungen in **allgemeine Geschäftsbedingungen** aufgenommen, kann es allerdings zu erheblichen Spannungen mit dem AGB-Recht kommen, das die Vertragsfreiheit zu Gunsten einer am Vertragstypus ausgerichteten Regelung beschränkt. Dabei ist zu beachten, dass die SLA rechtlich als eigenständige Leistung, unabhängig von der Überlassung der Software durch den Provider, bewertet werden können. Während die Software-Überlassung dann dem Mietrecht unterliegen kann, können für die Services die **werkvertraglichen Vorschriften** eingreifen. Viele in der Praxis verwandte ASP-Verträge sehen vor, dass bei einer Nicht-Gewährung des Gebrauchs zwar die Vergütung gemindert wird, so wie es etwa auch bei der Miete dem gesetzlichen Leitbild entspricht. Jedoch wird bei Fehlschlagen der Störungsbeseitigung die Kündigung erst als letztes Mittel auf einer Eskalationsleiter vorgesehen, die zunächst die Verhängung von Vertragsstrafen oder die Zahlung pauschalierten Schadenersatzes vorsieht. Würden die in den SLA enthaltenen Leistungen, beispielsweise zur

Störungsbeseitigung, innerhalb einer bestimmten Frist dem Werkvertragsrecht zugeordnet werden, so könnte sich ein derartiges Eskalationsszenario als Ausschluss des Rücktritts- bzw. Schadensersatzrechtes darstellen. Damit käme die Eskalationsleiter zwangsläufig in Konflikt mit § 309 Nr. 8b BGB.

Das vorliegende Vertragsmuster geht davon aus, dass die in ihm enthaltenen Regelungen der AGB-Kontrolle unterliegen, und versucht, den Konflikt zwischen den SLA und dem ASP-Vertrag dadurch zu vermeiden, dass die Bestimmungen in dem SLA unbeschadet der gesetzlichen Haftung des Providers für Sach- und Rechtsmängel bestehen. Die Rechte des Kunden ergeben sich im Minimum stets auf der Basis seiner gesetzlichen Mängelhaftungsrechte. Dadurch wird vermieden, dass die Service Level die gesetzliche Position des Kunden verschlechtern und damit der Gefahr der AGB-rechtlichen Unwirksamkeit ausgesetzt werden. Werden die Leistungen getrennt und die Service Level zusätzlich zu der Überlassung der Software angeboten, ist auf eine Abstimmung der Leistungsstörungsregeln zu achten (zur vergleichbaren Problematik bei Pflegeverträgen → Form. C.7 Anm. 3). Hat der Kunde dem Provider die Störungsmeldung ordnungsgemäß gemeldet, also die in Absatz 1 niedergelegten Anforderungen beachtet, so ist der Provider verpflichtet, innerhalb der festgelegten Reaktionszeit mit der Beseitigung der Störung zu beginnen. Im Verhältnis zur Mängelhaftung kann diese Vereinbarung starrer Reaktionszeiten sowohl zu einer Begünstigung des Kunden als auch zu dessen Benachteiligung führen. Nach dem **Mängelhaftungsrecht des Mietrechts** ist der Vermieter nach Anzeige des Mangels verpflichtet, den Mangel zu beseitigen und die Gebrauchstauglichkeit der Mietsache wiederherzustellen. Wann er hiermit zu beginnen hat, ist im Gesetz nicht definiert. Abgesehen von der Mietminderung, die kraft Gesetzes eintritt, hängen die Mängelhaftungsansprüche und das Recht des Kunden zur Beendigung des Mietverhältnisses aus wichtigem Grund stets von den Umständen des Einzelfalls ab. Insoweit handelt der Provider, der die Reaktionszeit bis zum Beginn der Störungsbeseitigung voll ausschöpft, auf eigenes Risiko. Da nach dem Formular dem Kunden in jedem Fall die gesetzlichen Mängelhaftungsansprüche zustehen, kann der Kunde auch vor Ablauf der Reaktionszeit den Provider beispielsweise in Verzug setzen. Die Vereinbarung einer Reaktionszeit kann dies in AGB nicht zu Lasten des Vertragspartners verhindern.

Hält der Provider die Reaktionszeit, die einer Störung zugeordnet ist, nicht ein, so verletzt er damit eine vertragliche Nebenpflicht. Dadurch kann der Provider durch bloßen Ablauf der Reaktionszeit gemäß § 286 Abs. 2 Nr. 2 BGB **ohne Mahnung in Verzug** geraten, wenn er nicht innerhalb der Reaktionszeit mit der Störungsbeseitigung begonnen hat.

18. Einheitliche Verfügbarkeit. Ist nur eine einheitliche Verfügbarkeit für den Betrachtungszeitraum geschuldet, kann dieser Absatz gestrichen werden.

19. Berichte. Ein wesentlicher Bestandteil eines Service-Level-Agreements ist, dass der Kunde die Möglichkeit hat, die Erfüllung der vereinbarten Services durch den Provider zu überprüfen. Gerade dann, wenn Maßstab für die vertragsgerechte Leistungserbringung nicht die Verfügbarkeit und Leistungsqualität am Arbeitsplatzrechner, sondern am Übergabepunkt des Providers ist, muss der Kunde nachvollziehen können, in welchem Bereich eine Leistungsstörung aufgetreten ist. Hierzu benötigt er die Daten des Providers, die Aufschluss über alle relevanten Leistungsparameter geben. Dadurch wird dem Kunden nicht nur ermöglicht, etwaige konkret an die Nichteinhaltung von Leistungszusagen geknüpfte Ansprüche zu verfolgen. Eine Auswertung der Daten macht dem Kunden auch das abstrakte Gefährdungspotenzial in der Leistungssphäre des Providers deutlich. Er kann erkennen, wenn der Provider seine Leistungen nicht vertragsgemäß erbringt, der Kunde die Auswirkungen aber nicht gespürt hat, weil er zu den bestimmten Zeiten die Leistung des Providers nicht in Anspruch nahm. Das Vertragsmuster lässt den Provider selbst die Daten über die vertragsgemäße Leistungserbringung dem Kunden übermitteln und erläutern. Das ermöglicht dem Kunden jedoch keine objektive Kontrolle. Er ist darauf angewiesen, den Angaben seines Vertragspartners zu vertrauen. Für den Kunden sicherer ist es, wenn er selbstständig die Verfügbarkeit und Leistungsqualität des Providers überwacht bzw. durch ein hierauf spezialisiertes Unternehmen überwachen lässt. Dazu müsste vom Provider eine entsprechende Schnittstelle zu den erzeugten relevanten Daten des Systems bereitgestellt werden.

20. Minderung. Für die Zeit, für die der vertragsgemäße Gebrauch der überlassenen Software infolge der nicht vertragsgemäßen Verfügbarkeit der Software aufgehoben ist, ist der Kunde von der Entrichtung des Entgeltes befreit. Die Regelung geht über die gesetzliche Mängelhaftung aus § 536 BGB hinaus, da sie für die gesamte Zeit einer Störung der Priorität I das Entgelt entfallen lässt, obwohl die Beschreibung dieser Störung nicht voraussetzt, dass die Gebrauchstauglichkeit vollständig entfällt. Die Software ist nach dem SLA auch dann nicht verfügbar, wenn sie sehr eingeschränkt nutzbar ist. Für Störungen der Priorität II oder III wird die Minderung des Entgeltes in einer Höhe von 80 % pauschaliert. Schließlich mindert sich das Entgelt, wenn die tatsächliche Verfügbarkeit im Betrachtungszeitraum fünf Prozentpunkte unter der geschuldeten liegt. Diese Minderung stellt die typische Sanktion in SLA für die Nichteinhaltung der geschuldeten Verfügbarkeit dar. Um Konflikte mit den gesetzlichen Gewährleistungsregeln zu vermeiden, steht es dem Kunden stets frei nachzuweisen, dass eine höhere Minderung eingetreten ist. Für den Fall nur einer einheitlichen Verfügbarkeit für den gesamten Betrachtungszeitraum ist der Hinweis auf die Service-Kategorien zu streichen.

21. Geltendmachung der Ansprüche. Der Kunde hat Ansprüche, die ihm nach dem SLA zustehen, innerhalb von zwei Wochen nach Zugang der monatlichen Übersicht geltend zu machen. Tut er dies nicht, so wird dies als Zustimmung zur vertragsgemäßen Erbringung der Leistungen durch den Provider fingiert. Die Klausel soll dem Provider rasche Klarheit darüber verschaffen, ob und in welchem Umfang der Kunde Ansprüche gegen ihn geltend macht. Als allgemeine Geschäftsbedingung ist sie jedoch **unwirksam**, weil sie die Rechte des Kunden, für sein Entgelt eine Gegenleistung zu erhalten, unangemessen verkürzt. Entgeltlich sind Leistungen auch, wenn nach dem Formular kein gesondertes Entgelt verlangt wird, weil SLA und ASP-Vertrag eine Rechtseinheit bilden.

22. Vertragsstrafe. Eine gesetzlich nicht vorgesehene Sanktion enthält § 10. Danach verwirkt der Provider eine Vertragsstrafe, wenn er bei einer Störung der Priorität I die geschuldete Verfügbarkeit nicht innerhalb eines Zeitraumes von 60 min. nach Ablauf der Reaktionszeit wiederhergestellt und dies auch zu vertreten hat. Die Vertragsstrafe ist auf die **Wiederherstellung** der Verfügbarkeit bezogen und AGB-rechtskonform **verschuldensabhängig** ausgestaltet → Vorb. A.III.11. Eine Pflicht zur Beseitigung der Störung innerhalb dieses Zeitraumes soll hieraus jedoch nicht folgen. Dies stellt Abs. 2 klar. Der Provider gerät daher jedenfalls nicht allein deswegen in Verzug, weil er diese Zeit erfolglos verstreichen lässt. Möglich ist es auch, die Vertragsstrafe unabhängig von den Reaktionszeiten an die – erhebliche – Nichteinhaltung der zugesagten **Verfügbarkeit** im Betrachtungszeitraum zu knüpfen.

23. Sonderkündigungsrecht. Ein weiteres Sanktionsinstrument ist die Vereinbarung eines Sonderkündigungsrechts. Eine zusätzliche Sanktion stellt dies jedoch nur dann dar, wenn dem Kunden nicht bereits aufgrund allgemeiner Regeln ein außerordentliches Kündigungsrecht zusteht.

24. Vergütung. Die SLA-Vereinbarung und der ASP-Vertrag bilden ein einheitliches Rechtsgeschäft. Daher kann die Vergütung insgesamt im ASP-Vertrag geregelt werden. Es ist aber genauso gut möglich, eine gesonderte Vergütung auszuweisen. Wegen der

Verschränkungen der Leistungen kann dies jedoch zu Schwierigkeiten bei der Berechnung einer Minderung führen, wenn die Nichterbringung der Leistungen aus dem SLA zugleich eine mangelhafte Leistung aus dem ASP-Vertrag darstellt. Zur Vergütung bei der Verfolgung von Scheinmängeln → Form. C.1 Anm. 25.

25. Gewährleistung. Der ASP-Vertrag wird überwiegend als Mietvertrag eingeordnet → Form. E.4 Anm. 2. Ob das auch für das SLA gilt, hängt davon ab, ob das SLA die mietvertraglichen Pflichten näher ausgestaltet oder Pflichten begründet, die anderen Vertragstypen zuzuordnen sind. Neben dienstvertraglichen kommen insbesondere werkvertragliche Pflichten in Betracht. Dann unterliegen diese Leistungen einem eigenen Mängelhaftungsregime, solange sie nicht reine Nebenleistungen zum Mietvertrag darstellen. Eine klare Abgrenzung ist nicht möglich. Im Ergebnis sind die Unterschiede aber marginal, weil der Provider als Vermieter der strengeren Haftung unterliegt als der Provider, der eine werkvertragliche Leistung erbringt. Allein die Verjährung des Nacherfüllungsanspruchs aus dem Werkvertrag ist ein rechtlich relevanter Unterschied zur ständigen Instandhaltungsverpflichtung des Vermieters. Bei mietvertraglicher Bewertung wäre die hier vorgeschlagene Klausel unwirksam. Im Weiteren wäre dies aber ohne Auswirkungen auf den Vertrag.

26. Vertragssprache. → Form. F.3 Anm. 36.

F. Datenwirtschaft und Künstliche Intelligenz (KI)

1. Datenbereitsteller-Vereinbarung – Data Provider Agreement

Zwischen

. . . . .

– im Folgenden der „Datenempfänger" –

und

. . . . .

– im Folgenden der „Datenbereitsteller" –

Datenempfänger und Datenbereitsteller werden im Folgenden auch einzeln als „Partei" oder gemeinsam als die „Parteien" bezeichnet.

§ 1 Vertragsgegenstand[1]

(1) Die Parteien haben mit separater Vereinbarung einen KI-as-a-Service-Vertrag (im Folgenden der „KIaaS-Vertrag") abgeschlossen, nach welchem der Datenempfänger dem Datenbereitsteller eine KI-Anwendung (im Folgenden die „Anwendung") bereitstellt. Um eine korrekte Datenausgabe im Einklang mit den Bestimmungen des KIaaS-Vertrags zu liefern, muss die Anwendung entsprechend trainiert werden; darüber hinaus ist es das gemeinsame Ziel der Parteien, die Datenausgabe der Anwendung weiter zu verbessern und stetig zu verfeinern (im Folgenden zusammen der „Vertragszweck").[2] Deshalb sind die Parteien darüber einig, dass die Daten, welche der Datenbereitsteller entsprechend der Spezifikation in Anlage A mit der Anwendung verarbeitet (im Folgenden die „Daten"), für den Vertragszweck genutzt werden sollen.[3]

Between

. . . . .

– hereinafter referred to as the „Data Recipient"–

and

. . . . .

– hereinafter referred to as the „Data Provider" –

Data Recipient and Data Provider may hereinafter also be referred to individually as a „Party" or together as the „Parties".

§ 1 Subject Matter of the Agreement[1]

(1) The Parties have, as per separate agreement, entered into an AI-as-a-Service Agreement (hereinafter the „AIaaS Agreement") according to which Data Recipient shall provide to Data Provider an AI solution (hereinafter the „Solution"). The Solution, in order to deliver proper data output that is consistent with the provisions of the AIaaS Agreement, requires specific training; in addition, it is the Parties' mutual goal to further enhance and constantly refine the data output of the Solution (hereinafter together the „Purpose").[2] Hence, the Parties agree that the data Data Provider is processing with the Solution in accordance with Annex A (hereinafter the „Data") shall be used for the Purpose.[3]

(2) Diese Datenbereitsteller-Vereinbarung (im Folgenden die „Vereinbarung") wird zwischen den Parteien geschlossen, um die Bedingungen festzulegen, unter denen der Datenbereitsteller dem Datenempfänger die Daten zur Verfügung stellt, und um dem Datenempfänger die erforderlichen Rechte an diesen Daten zu gewähren, damit er diese Daten für den Vertragszweck weiter verwenden kann.

(2) This Data Provider Agreement (hereinafter the „Agreement") is entered between the Parties to set forth the terms and conditions under which Data Provider shall provide the Data to Data Recipient, and to grant Data Recipient the necessary rights to such Data in order to further use such Data for the Purpose.

(3) Diese Vereinbarung enthält die vollständige Vereinbarung der Parteien im Hinblick auf die Bereitstellung der Daten für den Vertragszweck. Diese Vereinbarung ist so zu lesen und zu verstehen, dass sie nicht im Widerspruch zu einer Bestimmung des KIaaS-Vertrags steht. Sollten sich die Bestimmungen dieser Vereinbarung jedoch als widersprüchlich oder unvereinbar zu den Bestimmungen des KI-aaS-Vertrags erweisen, haben die Bestimmungen dieser Vereinbarung Vorrang.[4]

(3) This Agreement sets forth the entire agreement between the Parties with regards to the provision of Data for the Purpose. This Agreement shall be read and understood not to conflict with any provision of the AIaaS Agreement. If, however, the provisions of this Agreement were to be found inconsistent or conflicting with the provisions of the AIaaS Agreement, the provisions of this Agreement shall prevail.[4]

§ 2 Rechte an den Daten

§ 2 Rights to the Data

(1) Der Datenbereitsteller gewährt dem Datenempfänger hiermit eine nicht ausschließliche, weltweite, vollständig bezahlte (vorbehaltlich § 4 unten) Lizenz,[5] während der in § 8(1) festgelegten Laufzeit: (a) auf die Daten zuzugreifen, sie herunterzuladen und sie auf einem beliebigen System des Datenempfängers und/oder einer Bereitstellungsplattform zu speichern; und (b) die Daten zu reproduzieren, zu kopieren, zu aggregieren und anderweitig zu nutzen, soweit dies nach alleinigem Ermessen des Datenempfängers zur Erfüllung des Vertragszwecks erforderlich oder nützlich ist, einschließlich, aber nicht beschränkt auf die folgenden Verarbeitungsvorgänge im Zusammenhang mit allen oder einem Teil der Daten: (i) das Testen und Entwickeln der Anwendung; und (ii) die Erstellung abgeleiteter Werke,[6] einschließlich, aber nicht beschränkt auf KI-Modelle, als Ergebnis des Modifizierens, Kombinierens, Anpassens, Zusammenführens oder Aggregierens (ganz oder teilweise) der Daten mit anderen Daten oder Informationen, vorausgesetzt, dass solche

(1) Data Provider hereby grants to Data Recipient a non-exclusive, worldwide, fully paid (subject to § 4 below) license,[5] during the term as set out in § 8(1), to: (a) access, download and store the Data on any Data Recipient system and/or delivery platform; and (b) reproduce, copy, aggregate and otherwise use the Data as may be, in Data Recipient's sole discretion, necessary or useful to serve the Purpose, including but not limited to the following processing operations in connection with all or part of the Data: (i) testing and developing the Solution; and (ii) the creation of derivative works,[6] including but not limited to AI models, as a result of modifying, combining, adapting, merging or aggregating (wholly or in part) the Data with other data or information provided that such data is not readily identifiable as deriving directly from the Data (or readily reverse-engineered such that it can be so identified); such data will be referred to as „Derived Data" and shall be treated in accordance with § 2(2) and § 2(3) below.

Daten nicht ohne weiteres als direkt von den Daten abgeleitet identifiziert werden können (oder ohne weiteres so zurückentwickelt werden können, dass sie so identifiziert werden können); solche Daten werden als „abgeleitete Daten" bezeichnet und unterfallen den folgenden § 2(2) und § 2(3).

(2) Alle Rechte an den abgeleiteten Daten (einschließlich aller Rechte an geistigem Eigentum[7]) stehen ausschließlich dem Datenempfänger zu, und es gibt keine Beschränkungen oder Restriktionen für die Verwendung oder Verbreitung der abgeleiteten Daten durch den Datenempfänger. Der Datenbereitsteller erkennt ausdrücklich an, dass der Datenempfänger die abgeleiteten Daten für kommerzielle Zwecke in Verbindung mit der Anwendung und/oder innerhalb anderer Produkte und Dienstleistungen des Datenempfängers reproduzieren, kopieren, verbreiten, verteilen, übertragen, zur Verfügung stellen, veröffentlichen, in einen Computer oder ein Computernetzwerk eingeben (oder dies vermitteln oder erlauben kann), Unterlizenzen vergeben, übertragen, offenlegen oder anderweitig nutzen kann, einschließlich, aber nicht beschränkt auf die folgenden Verarbeitungsvorgänge in Verbindung mit allen oder einem Teil der abgeleiteten Daten: (a) die Bereitstellung/Verbreitung der Anwendung; (b) das Marketing, die Werbung oder die Vorführung der Anwendung oder anderer Produkte oder Dienstleistungen des Datenempfängers; (c) auf einer Ad-hoc-Basis, als Teil redaktioneller Nachrichten, Analysen, des Marketings, der Werbung, zur Kundenbindung oder als Teil eines Angebots; oder (d) als Teil einer Veröffentlichung, eines Berichts, eines Dokuments oder anderer Materialien (in beliebigen Medien), die vom Datenempfänger in Verbindung mit der Bereitstellung von Projekt- oder Beratungsdienstleistungen erstellt wurden.[8]

(2) All rights in the Derived Data (including all intellectual property rights[7]) shall vest exclusively in Data Recipient, and there shall be no limitations or restrictions on Data Recipient's use or distribution of Derived Data. Data Provider specifically acknowledges that Data Recipient may wish to, and shall be entitled to, reproduce, copy, circulate, distribute, transmit, make available, publish, enter into any computer or computer network (or procure or permit the same), sub-license, transfer, disclose or otherwise use any of the Derived Data for commercial purposes in connection with the Solution and/or within other Data Recipient products and services, including but not limited to the following processing operations in connection with all or part of the Derived Data: (a) the provision/distribution of the Solution; (b) the marketing, promotion or demonstration of the Solution or any other Data Recipient's products or services; (c) on an ad hoc basis, as part of any editorial news, analysis, marketing, promotion, customer engagement or tender proposal; or (d) as part of any publication, report, document or other materials (in any media) prepared by Data Recipient in connection with the provision of project or consultancy services.[8]

(3) Der Datenbereitsteller erkennt an, dass alle Produkte und Dienstleistungen des Datenempfängers, die abgeleitete Daten enthalten, einschließlich der Anwendung, sowie deren Zusammenstellung und Zu-

(3) Data Provider acknowledges that all Data Recipient's products and services incorporating Derived Data, including the Solution, and their compilation and composition, and any changes thereto, or

sammensetzung, und alle Änderungen daran oder Änderungen des Formats, der Namen, des Inhalts oder der Häufigkeit der Verbreitung in der alleinigen Kontrolle und im alleinigen Ermessen des Datenempfängers liegen und liegen werden. Der Datenempfänger ist berechtigt, nach eigenem Ermessen (jedoch vorbehaltlich der Bedingungen des KIaaS-Vertrags,[9] falls zutreffend) die Bereitstellung der Anwendung oder anderer Produkte oder Dienste des Datenempfängers einzustellen.

changes to the format, names, content, or frequency of distribution are and will be in the sole control and discretion of Data Recipient. Data Recipient is entitled to discontinue at its sole discretion (though subject to the terms of the AIaaS Agreement,[9] if applicable) the provision of the Solution or any other Data Recipient's products or services.

§ 3 Bereitstellung von Daten; Gewährleistung

(1) Während der Laufzeit gemäß § 8(1) wird der Datenbereitsteller dem Datenempfänger die Daten bereitstellen, also dem Datenempfänger erlauben, auf die Daten zuzugreifen und sie im Einklang mit den Bestimmungen dieser Vereinbarung für den Vertragszweck zu verarbeiten.

(2) Die von dem Datenbereitsteller unter dieser Vereinbarung bereitgestellten Daten entsprechen der Beschreibung in Anlage A. Anlage A enthält insbesondere die Angabe, ob die Daten ganz oder teilweise personenbezogene Daten im Sinne der Datenschutz-Grundverordnung ((EU 2016/679) (im Folgenden „personenbezogene Daten") darstellen, aus solchen bestehen oder solche beinhalten.[10]

(3) Der Datenbereitsteller gewährleistet,[11] dass (a) die Daten weder jetzt noch in Zukunft Urheberrechte, Marken, Geschäftsgeheimnisse, Patente oder andere Rechte an geistigem Eigentum verletzen; und (b) die Daten frei von jeglichen Viren, Trojanern, Trapdoors, Schutzcodes oder anderen internen Komponenten, Vorrichtungen oder Mechanismen sind, die dazu bestimmt sind: (i) zu bewirken, dass die Daten andere wesentliche Funktionen als die in Anlage A beschriebenen erfüllen; (ii) die Anwendung oder andere Systeme, Prozesse oder Vorrichtungen anzuhalten, zu unterbrechen, den Zugang zu beschränken oder einen unzulässigen Zugang zu gewähren oder die Anwendung oder andere Systeme, Prozesse

§ 3 Provision of Data; Warranties

(1) For the term set out in § 8(1), Data Provider shall provide to Data Recipient the Data, i.e. allow Data Recipient to access, process and use the Data in accordance with the provisions and for the Purpose of this Agreement.

(2) The Data provided by Data Provider under this Agreement shall be in accordance with the description set out in Annex A. Annex A shall especially indicate whether all or part of the Data constitute, consist of, or contain personal data as defined in the General Data Protection Regulation ((EU) 2016/679) (hereinafter „Personal Data").[10]

(3) Data Provider warrants[11] that (a) the Data do not and will not violate any copyright, trademark, trade secret, patent or other intellectual property rights; and (b) the Data are free of any and all viruses, Trojan horses, trap doors, protecting codes or any other internal components, devices or mechanisms which are intended to: (i) cause the Data to perform any material functions other than those described in Annex A; (ii) halt, disrupt, limit access or grant improper access to or sabotage the Solution or any other system, process or device; or (iii) reveal any data or other information processed in connection with the Data, or other systems, processes or devices, without Data Recipient's consent.

oder Vorrichtungen zu sabotieren; oder (iii) Daten oder andere Informationen, die in Verbindung mit den Daten oder anderen Systemen, Prozessen oder Vorrichtungen verarbeitet werden, ohne Zustimmung des Datenempfängers offenzulegen.

(4) Der Datenbereitsteller unternimmt angemessene Anstrengungen, um sicherzustellen, dass alle Daten, die dem Datenempfänger im Rahmen dieser Vereinbarung zur Verfügung gestellt werden, korrekt und frei von Diskriminierung sind.[12] Der Datenbereitsteller wendet bei der Bereitstellung der Daten alle angemessene Sorgfalt und Sachkenntnis an und befolgt alle anwendbaren Gesetze in diesem Zusammenhang. Ungeachtet des Vorgenannten und mit Ausnahme der in § 3(3) oben dargelegten Gewährleistungen werden die Daten vom Datenbereitsteller ohne weitere ausdrückliche oder stillschweigende Gewährleistung jeglicher Art bereitgestellt, einschließlich, aber nicht beschränkt auf die Gewährleistung der Eignung für einen bestimmten Zweck (wie zB den Vertragszweck).[13]

(4) Data Provider will use reasonable efforts to ensure that all Data provided to Data Recipient under this Agreement is accurate and non-biased.[12] Data Provider shall use all reasonable care and skill in providing the Data and shall comply with all applicable laws related thereto. Notwithstanding the afore-said, and with the exception of the warranties set out in § 3 (3) above, the Data is provided by Data Provider on an „as is“ basis without any further warranties of any kind, either express or implied, including but not limited to any warranties of fitness for a particular purpose (such as, for instance, the Purpose).[13]

(5) Der Datenbereitsteller informiert den Datenempfänger unverzüglich über alle Mängel an den Daten, von denen er Kenntnis erhält, und führt unverzüglich geeignete Maßnahmen durch, um die Übereinstimmung der dem Datenempfänger zur Verfügung gestellten Daten mit den Bestimmungen dieser Vereinbarung zu gewährleisten. Der Datenbereitsteller hat den Datenempfänger insbesondere zu informieren, sobald der Datenbereitsteller Kenntnis davon erlangt, dass die dem Datenempfänger zur Verfügung gestellten Daten von der Beschreibung in Anlage A abweichen.[14] In einem solchen Fall kann der Datenempfänger (a) die Daten ganz oder teilweise ablehnen und/oder (b) den Zugang des Datenbereitstellers zu der Anwendung und deren Nutzung einschränken, wenn und solange diese Maßnahmen erforderlich sind, um die Rechtmäßigkeit der Datenverarbeitung durch den Datenempfänger zu gewährleisten.[15]

(5) Data Provider shall promptly inform Data Recipient of any deficiencies in the Data of which it becomes aware and shall promptly implement suitable measures to ensure compliance of the Data provided to Data Recipient with the provisions of this Agreement. Data Provider shall especially inform Data Recipient as soon as Data Provider becomes aware that the Data provided to Data Recipient deviate from the description set out in Annex A.[14] In such event, Data Recipient may (a) reject any portion or all of the Data; and/or (b) restrict Data Provider's access to and use of the Solution, if and as long as these measures are required to ensure the lawfulness of Data Recipient's processing of the Data.[15]

(6) Wenn die dem Datenempfänger unter dieser Vereinbarung bereitgestellten Daten (wie in Anlage A beschrieben) ganz

(6) If all or part of the Data provided to Data Recipient under this Agreement (as set out in Annex A) constitute, consist of,

oder teilweise personenbezogene Daten darstellen, aus solchen bestehen oder solche beinhalten, ist es die alleinige Verantwortung des Datenempfängers, und der Datenempfänger wird sich nach besten Kräften darum bemühen, dass sämtliche dieser personenbezogenen Daten zum frühestmöglichen Zeitpunkt während ihrer Verarbeitung aggregiert und auf diese Weise anonymisiert werden. Jedenfalls ist der Datenempfänger verpflichtet, solche personenbezogenen Daten im Rahmen der Erstellung abgeleiteter Daten zu anonymisieren.[16] Zur Klarstellung wird festgehalten, dass keine der vorstehenden Vorgaben die Rechte des Datenempfängers nach § 3(5) für den Fall beschränken, dass Mängel an den Daten bestehen.

or contain Personal Data, it shall be Data Recipient's sole responsibility, and Data Recipient shall endeavor to the best of its capacities, to make sure that any such Personal Data is aggregated and, thus, anonymized at the earliest possible stage of the processing. In any case, Data Recipient is obligated to anonymize such Personal Data in the course of creating Derived Data.[16] For the avoidance of doubt, nothing herein shall limit Data Recipient's rights under § 3(5) in the event of any deficiencies of the Data.

§ 4 Vergütung

Die Parteien sind darüber einig, dass keiner der Parteien für die Erfüllung ihrer Verpflichtungen unter dieser Vereinbarung eine Vergütung zusteht, sondern dass diese vollständig mit der im KIaaS-Vertrag vereinbarten Vergütung abgegolten sind. Unbeschadet des Vorstehenden stehen dem Datenbereitsteller keinerlei Zahlungs- oder Vergütungsansprüche hinsichtlich jeglicher Nutzung der abgeleiteten Daten zu.[17]

§ 4 Remuneration

The Parties agree that neither Party shall be entitled to any remuneration for the fulfillment of its duties under this Agreement, but that these are fully covered by the remuneration agreed under the AIaaS Agreement. Without prejudice to the foregoing, no fees or charges shall be payable to Data Provider in respect of any use of the Derived Data.[17]

§ 5 Vertraulichkeit

(1) „Vertrauliche Informationen" meint alle Informationen, die von einer der Parteien (im Folgenden die „offenlegende Partei") gegenüber der anderen Partei (im Folgenden die „empfangende Partei") offenbart werden, und die, im Zeitpunkt der Offenbarung, in irgendeiner Weise von der offenlegenden Partei als „vertraulich" bezeichnet oder gekennzeichnet sind, oder von denen vernünftigerweise anzunehmen ist, dass es sich um vertrauliche Informationen der offenlegenden Partei handelt.[18]

(2) Vertrauliche Informationen dürfen in keiner Form verwendet oder reproduziert werden, es sei denn, dies ist zur Erfüllung

§ 5 Confidentiality

(1) „Confidential Information" means any information that is disclosed by one Party (hereinafter the „Disclosing Party") to the other (hereinafter the „Receiving Party"), which, at the time it is disclosed, in any form, is identified or designated by the Disclosing Party as „confidential" or reasonably should be known by the Receiving Party to be confidential information of the Disclosing Party.[18]

(2) Confidential Information must not be used or reproduced in any form except as required to accomplish the intent of this

des Zwecks dieser Vereinbarung erforderlich, einschließlich, aber nicht beschränkt auf den Vertragszweck. In Bezug auf die vertraulichen Informationen der offenlegenden Partei hat die empfangende Partei (a) alle angemessenen Schritte (definiert in § 5(3) unten) zu unternehmen, um alle vertraulichen Informationen streng vertraulich zu behandeln; und (b) darf die empfangende Partei keine vertraulichen Informationen der offenlegenden Partei an andere Personen als ihre redlichen Mitarbeiter weitergeben, deren Zugang notwendig ist, um ihr die Ausübung ihrer Rechte und/oder die Erfüllung ihrer Verpflichtungen aus dieser Vereinbarung zu ermöglichen, und die unter Vertraulichkeitsverpflichtungen stehen, die den hier dargelegten im Wesentlichen ähnlich sind. Vertrauliche Informationen jeder Partei, die vor der Durchführung dieser Vereinbarung offenbart werden, unterliegen den hierin vorgesehenen Schutzmaßnahmen.

Agreement, including but not limited to the Purpose. With respect to the Confidential Information of the Disclosing Party, the Receiving Party (a) shall take all Reasonable Steps (defined in § 5(3) below) to keep all Confidential Information strictly confidential; and (b) shall not disclose any Confidential Information of the Disclosing Party to any person other than its bona fide employees whose access is necessary to enable it to exercise its rights and/or perform its obligations hereunder, and who are under obligations of confidentiality substantially similar to those set forth herein. Confidential Information of either Party disclosed prior to execution of this Agreement shall be subject to the protections afforded hereunder.

(3) Wie hierin verwendet, bedeutet „angemessene Schritte“ diejenigen Schritte, die die empfangende Partei unternimmt, um eigene vergleichbare vertrauliche Informationen zu schützen, die aber nicht weniger als einen angemessenen Sorgfaltsmaßstab darstellen und mindestens die folgenden Maßnahmen umfassen: Wenn vertrauliche Informationen über das Internet übermittelt werden (wie zB durch Verwendung der Anwendung), ist die Verwendung von Verschlüsselungstechnologien nach dem Stand der Technik verpflichtend; der Datenempfänger wird solche Verschlüsselungstechnologien als Teil der Anwendung implementieren und während der Laufzeit beibehalten.[19]

(3) As used herein „Reasonable Steps“ means those steps the Receiving Party takes to protect its own similar confidential information, which shall not be less than a reasonable standard of care and include at least the following measures: if Confidential Information is communicated via Internet (such as, for instance, by using the Solution), use of state-of-the-art encryption technology is compulsory; Data Recipient will implement and maintain for the term such encryption technologies as part of the Solution.[19]

(4) Vertrauliche Informationen schließen Informationen aus: (a) von denen die empfangende Partei nachweisen kann, dass sie sich vor der Offenlegung durch die offenlegende Partei rechtmäßig in ihrem Besitz befunden haben; (b) die jetzt oder später der Öffentlichkeit zugänglich werden, ohne dass eine unrechtmäßige Handlung der empfangenden Partei vorliegt; (c) die die empfangende Partei rechtmäßig von einem Dritten erhalten hat, der das Recht hat, sie ohne Einschränkung der Offenlegung an die empfan-

(4) Confidential Information will exclude information that: (a) the Receiving Party can demonstrate to have had rightfully in its possession prior to disclosure to the Receiving Party by the Disclosing Party; (b) is now or subsequently becomes available to the public through no wrongful act of the Receiving Party; (c) has been rightfully received by the Receiving Party from a third party who has the right to transfer or disclose it to the Receiving Party without restriction on disclosure;

gende Partei weiterzugeben oder offenzulegen; (d) die von der empfangenden Partei unabhängig entwickelt wurden, ohne dass vertrauliche Informationen verwendet wurden, was durch entsprechende Unterlagen belegt ist; oder (e) die durch eine schriftliche Genehmigung, die von einem hierzu Bevollmächtigten der offenlegenden Partei erteilt wurde, zur Offenlegung freigegeben wurden. Zur Klarstellung: Abgeleitete Daten stellen keine vertraulichen Informationen des Datenbereitstellers dar, selbst wenn solche abgeleiteten Daten vom Datenempfänger gemäß dieser Vereinbarung auf der Grundlage der Daten erstellt wurden; abgeleitete Daten sind jedoch vertrauliche Informationen des Datenempfängers.[20] Ungeachtet des Vorstehenden hat die empfangende Partei, wenn sie aufgrund eines Gerichtsbeschlusses oder anderer Erfordernisse des anwendbaren Rechts zur Offenlegung vertraulicher Informationen verpflichtet ist, die offenlegende Partei unverzüglich schriftlich über solche Erfordernisse zu informieren, die ausreichen, damit die offenlegende Partei vor einer solchen Offenlegung durch die empfangende Partei entsprechende Schutzanordnungen beantragen und erhalten kann.

(d) has been independently developed by the Receiving Party without the use of any Confidential Information as evidenced by appropriate documentation; or (e) has been approved for release by written authorization executed by an authorized officer of the Disclosing Party. For the avoidance of doubt, Derived Data shall not constitute Confidential Information of Data Provider, even if such Derived Data was created by Data Recipient on the basis of the Data under this Agreement; Derived Data shall, however, be Confidential Information of Data Recipient.[20] Notwithstanding the foregoing, if the Receiving Party is required to disclose Confidential Information pursuant to a court order or other requirement of applicable law, the Receiving Party shall provide the Disclosing Party with prompt written notice of any such requirement, sufficient to permit the Disclosing Party to seek and obtain appropriate protective orders prior to such disclosure by the Receiving Party.

(5) Die empfangende Partei erklärt sich bereit und verpflichtet sich, entweder unmittelbar auf Ersuchen der offenlegenden Partei oder nach Ablauf oder Beendigung dieser Vereinbarung alle vertraulichen Informationen der offenlegenden Partei an die offenlegende Partei zurückzugeben – mit Ausnahme der Informationen, die nach geltendem Recht von der empfangenden Partei aufbewahrt werden müssen –, ohne Kopien davon anzufertigen oder zurückzubehalten, mit Ausnahme einer (1) Kopie, die von der empfangenden Partei in ihren gesicherten Archiven zum alleinigen Zweck der Überwachung der Einhaltung dieser Vereinbarung aufbewahrt werden könnte.

(5) The Receiving Party agrees and binds itself, either immediately upon request of the Disclosing Party or upon expiry or termination of this Agreement, to return all Confidential Information of the Disclosing Party to the Disclosing Party – except for those information which is required to be kept by the Receiving Party according to applicable law –, without making or retaining any copies thereof except for one (1) copy which might be retained by the Receiving Party in its secure archives for the sole purpose of monitoring its compliance with this Agreement.

(6) Keine der Parteien wird den Namen der jeweils anderen Partei im Rahmen der Öffentlichkeitsarbeit, der Werbung oder ähnlicher Aktivitäten ohne die vorherige schriftliche Zustimmung der jeweils anderen Partei verwenden.[21]

(6) Neither Party shall use the name of the other Party in publicity, advertising, or similar activity, without the prior written consent of the other.[21]

§ 6 Datenschutz

(1) Im Rahmen der Erfüllung ihrer jeweiligen Verpflichtungen unter dieser Vereinbarung wird jede Partei sämtliche für sie einschlägigen Vorschriften der anwendbaren Gesetze zum Datenschutz einhalten, wie sie jeweils in Deutschland, der Europäischen Union oder einer sonstigen auf die Partei anwendbaren Rechtsordnung Anwendung finden, einschließlich der Datenschutz-Grundverordnung ((EU) 2016/679) und sämtlicher Gesetze zu deren Umsetzung, Ergänzung und Ersetzung, wie beispielsweise dem Bundesdatenschutzgesetz.[22]

(2) Der Datenbereitsteller wird den Datenempfänger sofort darüber informieren, wenn er feststellt, dass die Daten unter den anwendbaren Gesetzen zum Datenschutz als Kategorien von Daten anzusehen sind oder solche Kategorien von Daten beinhalten, welche den jeweiligen Bestimmungen dieser Gesetze zum Datenschutz unterfallen und den Parteien dieser Vereinbarung somit weiterreichende Verpflichtungen auferlegen.[23] § 3(5) gilt entsprechend.

§ 7 Haftung

(1) Unbeschadet des § 7(2) und mit Ausnahme des Verstoßes einer der Parteien gegen ihre hierunter bestehenden Verpflichtungen zur Vertraulichkeit oder zur Einhaltung des Datenschutzes ist die Haftung jeder Partei aus oder im Zusammenhang mit dieser Vereinbarung auf einen Höchstbetrag von . . . . . Euro beschränkt.[24]

(2) Die Parteien haften einander ohne Beschränkung für vorsätzlich oder grob fahrlässig verursachte Schäden, Schäden an Leib, Leben oder Gesundheit sowie für Schäden nach dem Produkthaftungsgesetz.

§ 8 Laufzeit und Kündigung

(1) Die Laufzeit dieser Vereinbarung beginnt mit dem Vertragsbeginn wie in § 11(5)

§ 6 Data Protection

(1) In performing their respective obligations under this Agreement, each Party will comply with all applicable requirements of all applicable data protection legislation in force from time to time in Germany, the European Union and any other applicable data protection laws which apply to it, including the General Data Protection Regulation ((EU) 2016/679), together with any implementing, supplemental or superseding legislation, including the German Federal Data Protection Act („Bundesdatenschutzgesetz“).[22]

(2) Data Provider shall immediately inform Data Recipient if it becomes aware that, under any applicable data protection legislation, the Data would constitute, consist of or contain a category of data that falls under the respective data protection legislation which, thus, would impose further obligations on the Parties of this Agreement.[23] § 3(5) shall apply accordingly.

§ 7 Liability

(1) Subject to § 7(2), and except for the Parties' breach of confidentiality obligations or breach of data protection obligations hereunder, each Party's aggregate liability arising out of or related to this Agreement shall not exceed the amount of . . . . . Euros.[24]

(2) The Parties shall be liable without limitation for damages caused intentionally (vorsätzlich) or grossly negligent (grob fahrlässig), for damages to life, limb or health, as well as for claims in accordance with the German Product Liability Act (Produkthaftungsgesetz).

§ 8 Term and Termination

(1) The term of this Agreement shall commence on the effective date set out in

festgelegt, und sie endet mit (a) dem Ende der Laufzeit des in Anlage A in Bezug genommenen KIaaS-Vertrags[25] oder (b) einer Kündigung entsprechend diesem § 8, je nachdem welches das frühere Datum ist.

(2) Der Datenbereitsteller darf diese Vereinbarung jederzeit unter Einhaltung einer Frist von dreißig (30) Tagen durch schriftliche Erklärung gegenüber dem Datenempfänger kündigen.[26]

(3) Unbeschadet der sonstigen Rechte, die sich aus dieser Vereinbarung ergeben, und/oder ihrer gesetzlichen Rechte oder Ansprüche, insbesondere der Rechte zur außerordentlichen Kündigung dieser Vereinbarung, kann jede Partei diese Vereinbarung mit sofortiger Wirkung durch schriftliche Erklärung gegenüber der anderen Partei kündigen, wenn die andere Partei eine ihrer wesentlichen Verpflichtungen aus dieser Vereinbarung verletzt und diese Verletzung nicht innerhalb von dreißig (30) Tagen nach schriftlicher Mitteilung durch die andere Partei behoben wird.

(4) Mit Wirksamwerden einer Kündigung dieser Vereinbarung ist der Datenempfänger zur Einstellung der Verarbeitung der Daten verpflichtet. Der Datenempfänger bleibt aber berechtigt, solche Maßnahmen zur Aggregierung abzuschließen, die er bereits vor Wirksamwerden der Kündigung begonnen hatte. Eine Kündigung dieser Vereinbarung hat keinerlei Einfluss auf das Recht des Datenempfängers, die abgeleiteten Daten zu nutzen wie hierin festgelegt.[27]

§ 9 Mitteilungen[28]

(1) Sämtliche hierunter erforderlichen oder erlaubten Mitteilungen, einschließlich aber nicht beschränkt auf (a) Informationen zu Beeinträchtigungen der Daten nach § 3(5); (b) Informationen zu Verpflichtungen im Hinblick auf den Datenschutz nach § 6(2); oder (c) eine Kündigungserklärung nach § 8(1) haben schriftlich oder in einem elektronischen Format zu erfolgen und müssen der betreffenden Partei an die zunächst hierin angegebene oder eine Adresse gesen-

§ 11(5) and shall continue until the earlier of (a) the end of the term of the AIaaS Agreement as referred to in Annex A,[25] or (b) termination in accordance with this § 8.

(2) Data Provider may terminate this Agreement at any time upon thirty (30) days prior written notice to Data Recipient.[26]

(3) Without prejudice to any rights that have accrued under this Agreement and/or any of its rights or remedies under applicable law, including any rights to extraordinary termination of this Agreement, either Party may terminate this Agreement with immediate effect by giving written notice to the other Party, if the other Party breaches any of its material obligations under this Agreement and such breach is not remedied within thirty (30) days after written notice thereof by the other Party.

(4) Upon a termination of this Agreement becoming effective, Data Recipient shall immediately stop processing the Data. However, Data Recipient shall be entitled to complete aggregation measures that have already started prior to such termination becoming effective. A termination of this Agreement shall have no effect whatsoever on Data Recipient's right to use Derived Data as set out herein.[27]

§ 9 Notices[28]

(1) Any notice required or permitted hereunder, including but not limited to (a) information on deficiencies of the Data in accordance with § 3(5); (b) information on data protection obligations in accordance with § 6(2); or (c) a notice of termination in accordance with § 8(1), shall be in writing or in an electronic format and shall be given to the appropriate Party at the address first set forth above, or to such address as may otherwise be notified in wri-

det werden, die eine der Parteien zu diesem Zweck zu einem späteren Zeitpunkt schriftlich mitgeteilt hat.

(2) Eine Mitteilung gilt als zugegangen: bei persönlicher Zustellung an der angegebenen Adresse; oder drei (3) Werktage nach dem Datum der Absendung bei Versand per Einschreiben, oder einen (1) Werktag nach Übergabe an einen kommerziellen Kurierdienst, der gegen Zustellnachweis am nächsten Werktag liefert; oder dem Tag der Absendung bei elektronischer Übermittlung, sofern nicht die empfangende Partei nachweisen kann, dass sie die Mitteilung nicht erhalten hat.

(3) Sofern die Empfangsfiktion nach § 9(2) außerhalb der Geschäftszeiten am Ort der Zustellung eintreten würde, tritt ihre Wirkung erst ein, wenn die Geschäftszeiten wieder begonnen haben. Geschäftszeiten im Sinne dieses § 9(3) meint die Zeit zwischen 9 und 17 Uhr von Montag bis Freitag an allen Tagen außer gesetzlichen Feiertagen am Ort der Zustellung.

§ 10 Rechtsnachfolge, Übertragung

(1) Die Rechte und Pflichten der Parteien unter dieser Vereinbarung binden und berechtigen auch die jeweiligen Rechtsnachfolger der Parteien.

(2) Da die Parteien speziell im Hinblick auf den Vertragszweck einen Vertrag eingegangen sind, kann keine Partei ihre Verpflichtungen aus dieser Vereinbarung ganz oder teilweise ohne die vorherige schriftliche Zustimmung der jeweils anderen Partei übertragen, weitergeben oder unterbeauftragen, wobei diese Partei ihre Zustimmung nicht unbillig verweigern wird;[29] vorausgesetzt, dass jede Partei diese Vereinbarung im Rahmen einer Verschmelzung, eines Erwerbs oder einer Veräußerung aller oder im Wesentlichen aller ihrer Vermögenswerte übertragen kann.

ting for this purpose by a Party from time to time.

(2) Such notice shall be deemed given: upon personal delivery to the appropriate address; or three (3) business days after the date of mailing if sent by registered mail; or one (1) business day after the date of deposit with a commercial courier service offering next business day service with confirmation of delivery; or at the date of deposit if sent by electronic means, unless the notified Party can prove that it has not received the notice.

(3) If deemed receipt under § 9(2) would occur outside business hours in the place of receipt, it shall be deferred until business hours resume. In this § 9(3), business hours mean 9:00am to 5:00pm Monday to Friday on a day that is not a public holiday in the place of receipt.

§ 10 Succession, Assignment

(1) The rights and obligations of the Parties under this Agreement shall be binding upon and inure to the benefit of the Parties' respective successors.

(2) Since the Parties have specifically contracted for the Purpose, neither Party may assign, delegate or subcontract its obligations under this Agreement either in whole or in part without the prior written consent of the respective other Party, which such Party will not unreasonably withhold;[29] provided that either Party may assign this Agreement pursuant to a merger, acquisition or sale of all or substantially all of its assets.

§ 11 Sonstige Bestimmungen

(1) Diese Vereinbarung und sämtliche Streitigkeiten aus und im Zusammenhang mit dieser Vereinbarung, ihrem Gegenstand oder ihrem Abschluss unterliegen dem Recht der Bundesrepublik Deutschland unter Ausschluss der Bestimmungen des internationalen Privatrechts, und sollen im Einklang mit diesen Bestimmungen ausgelegt werden. Die Vorschriften des Übereinkommens der Vereinten Nationen über Verträge über den internationalen Warenkauf (UN-Kaufrecht) finden auf diese Vereinbarung keine Anwendung.

(2) Jede Partei stimmt zu, dass die Gerichte von . . . ., Deutschland, ausschließlich zur Entscheidung über sämtliche Streitigkeiten und Ansprüche aus und im Zusammenhang mit dieser Vereinbarung, ihrem Gegenstand oder ihrem Abschluss berufen sind.

(3) Änderungen oder Ergänzungen dieser Vereinbarung sind nur wirksam, wenn sie schriftlich abgefasst wurden.

(4) Wenn eine Bestimmung dieser Vereinbarung von dem zuständigen Gericht für unwirksam oder nicht durchsetzbar erklärt wird, bleiben die übrigen Bestimmungen uneingeschränkt wirksam.

(5) Diese Vereinbarung tritt mit Unterschrift der Parteien in Kraft. Alle Bedingungen und Bestimmungen dieser Vereinbarung, einschließlich sämtlicher Anlagen, Hinzufügungen und Erweiterungen, die der Natur der Sache nach über eine Kündigung oder ein Auslaufen dieser Vereinbarung hinaus Gültigkeit beanspruchen sollen, behalten ihre Gültigkeit über das Vertragsende hinaus.[30]

(6) Diese Vereinbarung wurde auf Deutsch und Englisch abgefasst. Bei Abweichungen zwischen der deutschen und der englischen Version gilt die deutsche Version.

DARAUF haben die Parteien diese Vereinbarung durch ordnungsgemäß bevollmächtigte Vertreter an dem unten angegebenen Datum abgeschlossen.

§ 11 Miscellaneous Provisions

(1) This Agreement and any dispute or claim arising out of or in connection with it or its subject matter or formation shall be governed by and construed in accordance with the laws of the Federal Republic of Germany without reference to its conflicts of law principles. The provisions of the United Nations Convention on Agreements for the International Sale of Goods (CISG) shall not apply to this Agreement.

(2) Each Party agrees that the courts of . . . . ., Germany, shall have exclusive jurisdiction to settle any dispute or claim arising out of or in connection with this Agreement or its subject matter or formation

(3) No modification or amendment of this Agreement shall be effective unless in writing.

(4) If any provision in this Agreement is held by the competent court to be invalid or unenforceable, all other provisions shall remain in full force and effect.

(5) This Agreement will become effective as of the date the Parties have executed it. All terms and provisions of this Agreement, including any and all annexes, addenda and amendments hereto, which by their nature are intended to survive any termination or expiration of this Agreement, shall so survive the term of this Agreement.[30]

(6) This Agreement has been drafted in both the German and English languages. In the event of any discrepancy between the German and English language versions, the German language version shall prevail.

WHEREFORE, the Parties have executed this Agreement through duly authorized representatives on the date stated below.

. . . .	. . . .
(Ort, Datum)	(Place, Date)
. . . .	. . . .
– Datenempfänger –	– Data Recipient –
– Datenbereitsteller –	– Data Provider –
Anlagen:	**Annexes:**
Anlage A Spezifikation der Daten	**Annex A Data Specifications**

Anmerkungen

1. KI und Vertragsrecht. Künstliche Intelligenz (KI) hat nicht mehr nur das Potential, tiefgreifend in die Lebens- und Arbeitswirklichkeit einzugreifen (vgl. Jakl MMR 2019, 711). Anwendungen, die mithilfe von KI arbeiten, sind längst Teil des Alltags und beeinflussen das tägliche Leben (man denke nur an Sprachassistenten in Mobiltelefonen oder im Auto). Ungeachtet dessen ist der **Begriff der KI** weiterhin schillernd (vgl. Staehelin GRUR 2022, 1569 (1570)) und rechtlich schwer zu fassen. Den einen, für alle denkbaren Anwendungsfälle passenden KI-Vertrag kann und wird es daher nicht geben können – zu unterschiedlich sind die technischen Ausprägungen von KI-Systemen, deren Einsatz- und Anwendungsfelder und damit auch die rechtlichen Implikationen des Einsatzes im Unternehmen (vgl. Ammann CR 2020, 295 (297 f.)).

Ein Mustervertrag kann also stets nur **Grundzüge vertraglicher Gestaltungsmöglichkeiten** aufzeigen. Diesem Ansatz folgend stellt das vorliegende Vertragsmuster eine Möglichkeit vor, wie im Zusammenhang mit der Bereitstellung eines KI-Systems dessen Anbieter Daten zum fortgesetzten Training des KI-Systems verwenden kann, die seine Kunden (oder Dritte, etwa Endnutzer) bei Nutzung des KI-Systems eingeben bzw. die bei Nutzung des KI-Systems von diesem generiert werden. Der Mustervertrag zielt damit insbesondere auf KI-Systeme ab, die dem Bereich des **„Maschinellen Lernens“ (Machine Learning)** zuzuordnen sind (vgl. zum Ganzen auch Ammann DSRITB 2017, 503).

Die **vertragstypologische Einordnung** von Verträgen über die Bereitstellung von Daten ist bislang nicht geklärt. Denkbar sind – neben dem Datenkauf (→ Form. F.3) – für den hier zugrunde gelegten Fall der zeitlich begrenzten Nutzung der bereitgestellten Daten (→ Anm. 25) miet-, dienst- oder werkvertragliche Gestaltungen. Das Vertragsmuster folgt einem mietvertraglichen Modell und ist aus der Perspektive des Datenempfängers als Verwender des Vertrags formuliert. Für die Annahme eines Mietvertrags spricht die Einstandspflicht des Datenbereitstellers für die Eignung der Daten zum vertragsgemäßen Gebrauch nach § 3 Abs. 2 (→ Anm. 10), ferner die Verpflichtung, diesen Zustand während der Vertragslaufzeit aufrechtzuerhalten nach § 3 Abs. 5 (→ Anm. 14).

2. Datenschutz. Datenschutzrechtliche Fragestellungen im Zusammenhang mit KI verdienen stets besondere Aufmerksamkeit. Der Begriff der personenbezogenen Daten iSd Art. 4 Nr. 1 DS-GVO lässt für die Anwendbarkeit des Datenschutzrechts bereits die **Identifizierbarkeit einer natürlichen Person** genügen (vgl. EuGH ZD 2017, 24 – Breyer; ZD 2023, 539 – CRIF), und auch pseudonyme Datensätze sind nach Art. 4 Nr. 5 DS-GVO ausdrücklich als personenbezogene Daten qualifiziert. Weil die DS-GVO zusätzlich für die Frage, welche Mittel der Re-Identifizierung zu berücksichtigen sind, auf den **jeweils aktuellen Stand der Technik** abstellt (Erwgr. 26 S. 4 zur DS-GVO), ist insbesondere bei KI-Systemen im Bereich des Maschinellen Lernens eine in die Zukunft gerichtete Bewertung erforderlich. Denn die Systeme sind oftmals so ausgelegt, dass die das KI-System konstituierenden Algorithmen zu Trainingszwecken immer wieder auf die bereits vormals gesammelten Datenbestände zurückgreifen (vgl. Bilski/Schmid NJOZ 2019, 657). Selbst wenn also ein Datensatz nach heutigem Stand der Technik als anonym gelten darf, können sich zu einem späteren Zeitpunkt datenschutzrechtliche Herausforderungen ergeben, wenn die Entwicklung von Techniken zur Re-Identifizierung voranschreitet (vgl. NK-DatenschutzR/Karg DS-GVO Art. 4 Nr. 1 Rn. 63).

Das Muster schließt es nicht aus, dass im Ausgangspunkt personenbezogene Daten über das KI-System verarbeitet werden. Es enthält aber Vorschriften, welche so gut als möglich Vorkehrungen dafür treffen, dass Daten zum Zwecke des Trainings anonymisiert werden (→ Anm. 16). Sofern über das KI-System tatsächlich personenbezogene Daten verarbeitet werden, ist neben der Frage der Rechtsgrundlage für diese Form der Verarbeitung vor allem auch das **Verhältnis der Parteien** zueinander zu klären (vgl. Ammann CR 2020, 295 (301 f.)). Auch insoweit verbieten sich statische Beurteilungen. Angesichts der hier ausdrücklich formulierten gemeinsamen Zwecksetzung (Verbesserung des KI-Systems auch im Interesse des Datenbereitstellers als dessen Nutzer) liegt eine Einordnung als **gemeinsame Verantwortlichkeit** iSd Art. 26 DS-GVO nahe (→ Form. G.4). Dies gilt insbesondere für den Vorgang der Bereitstellung der Daten zum Zwecke der anschließenden Aggregierung durch den Datenempfänger. Denn der EuGH lässt es für das Vorliegen einer gemeinsamen Verantwortlichkeit bereits genügen, wenn eine Stelle durch technische Vorkehrungen in ihrem Machtbereich Datenerhebungsvorgänge einer anderen Stelle entscheidend beeinflusst und damit die Verarbeitung personenbezogener Daten überhaupt erst ermöglicht (EuGH ZD 2019, 455 – Fashion ID).

Denkbar sind indes auch Gestaltungen, in denen der **Datenempfänger als Auftragsverarbeiter** des Datenbereitstellers agiert (→ Form. G.3). Dies vor allem dann, wenn man entweder der Auslegung folgt, nach der die Anonymisierung von Daten allein keine Verarbeitung darstellt (str., vgl. Hornung/Wagner ZD 2020, 223; Thüsing/Rombey ZD 2021, 548) oder aber im Vertrag zur Auftragsverarbeitung eine Weisung zur Anonymisierung der Daten vorsieht. Denn sind die Daten erst einmal anonymisiert, sind datenschutzrechtliche Vorschriften nicht mehr anwendbar (Erwgr. 26 zur DS-GVO), und die Zulässigkeit der weiteren Verarbeitung durch den Datenempfänger richtet sich allein nach den privatrechtlichen Vereinbarungen der Parteien (vgl. Söbbing Rechtsfragen Künstliche Intelligenz Abschn. C.6.d S. 47).

3. Bereitstellung von Daten. Das Vertragsmuster nimmt bewusst ausschließlich die Frage der Bereitstellung von Daten zum weiteren Training des KI-Systems in den Blick. Die **Bereitstellung des KI-Systems selbst** ist im hier vorgestellten Vertragsmodell Gegenstand einer eigenständigen – wenn auch verschiedentlich mit der Datenbereitsteller-Vereinbarung verknüpften (→ Anm. 6) – Vereinbarung der Parteien. Eine Zusammenfassung mit dem hierin sogenannten KI-as-a-Service-Vertrag ist zweifelsohne vorstellbar. Werden – was häufig der Fall sein wird – KI-Systeme als **Cloud-Anwendung** bereitgestellt, kann sich eine solche Vereinbarung zur Bereitstellung des KI-Systems an „klassischen" SaaS-Verträgen orientieren (→ Form. C.9), wenn auch eine Reihe von Besonderheiten im Hinblick auf die Spezifika von KI-Systemen zu berücksichtigen sind (→ Anm. 1).

Angesichts der potentiell großen Bedeutung der Daten als Geschäftsgeheimnisse und/oder personenbezogene Daten (→ Anm. 2), wird hier eine **freie Kündbarkeit der Datenbereitstellung** befürwortet, die nicht zwingend mit der Beendigung auch des KIaaS-Vertrags einhergehen muss (→ Anm. 26). Daher scheint die separate Vereinbarung vorteilhaft, um komplexe Teilkündigungsklauseln in einem kombinierten Vertrag zur Überlassung des KI-Systems selbst wie auch der Daten zur dauerhaften Nutzung zu vermeiden (vgl. Ammann CR 2020, 295 (299)).

4. Vorrangverhältnis. Hängen, wie hier, mehrere Vereinbarungen miteinander zusammen, empfiehlt es sich stets, ein **Vorrangverhältnis** festzulegen. Damit lassen sich in der Praxis häufige Auslegungsschwierigkeiten vermeiden. Der Vorrang der Datenbereitsteller-Vereinbarung gegenüber dem KIaaS-Vertrag ist aus Sicht des Datenempfängers schon deswegen vorteilhaft, um dessen Nutzungsbefugnis insbesondere hinsichtlich abgeleiteter Daten (→ Anm. 8) auch gegen etwa widersprüchliche Regelungen zur Verwendung vertraulicher Informationen im KIaaS-Vertrag abzusichern.

5. Rechte an Daten. Dem Datenempfänger werden zwar **weitreichende Rechte an den Daten** eingeräumt, jedoch stets beschränkt auf den Vertragszweck. Eine eigentümerähnliche Stellung, die dem Datenempfänger die freie Verfügungsbefugnis über die bereitgestellten Daten verleihen würde, erhält dieser nicht. Die Frage nach dem Umfang, der dem Datenempfänger hinsichtlich der ursprünglichen Daten eingeräumten Befugnisse stellt sich, unbeschadet der umstrittenen Frage des „Dateneigentums" (dazu Hoeren MMR 2023, 32), insbesondere dann, wenn Gegenstand der Daten Geschäftsgeheimnisse und/oder personenbezogene Daten sind. Hinsichtlich solcher Daten wird der Datenbereitsteller dem Datenempfänger eine unbeschränkte Verfügungsmacht weder einräumen können noch wollen (für einen alternativen Ansatz zum Umgang mit dieser rechtlichen Problemstellung → Form. F.3).

Auch **AGB-rechtlich** dürfte die Begründung einer unbeschränkten Verfügungsmacht des Datenempfängers zumindest dann zweifelhaft sein, wenn die Daten angesichts der Umstände und der Einsatzzwecke des KI-Systems notwendig Geschäftsgeheimnisse darstellen oder beinhalten (etwa bei Anwendungen im Bereich der dynamischen Preisfindung im Bereich von Online-Shops). Zu denken ist in diesem Kontext bereits an die Unwirksamkeit als überraschende Klausel nach § 305c Abs. 1 BGB, jedenfalls aber an das Verbot unangemessener Benachteiligung nach § 307 Abs. 1 BGB.

6. Schutz von Geschäftsgeheimnissen. Der **Interessenausgleich** (→ Anm. 5) wird insbesondere dadurch erzielt, dass die Rechte des Datenempfängers zur Herstellung abgeleiteter Daten in allen Fällen voraussetzen, dass die ursprünglich bereitgestellten Daten (ob personenbezogen oder nicht) als solche nicht mehr erkennbar sind und auch durch Maßnahmen des Reverse Engineering nicht mehr zurückerschlossen werden können. Damit verlieren sie ihren Bezug auch zum Unternehmen des Datenbereitstellers und damit als mögliches Geschäftsgeheimnis. Auf diese Weise wird aus der Perspektive des Datenbereitstellers sichergestellt, dass ihm hinsichtlich in den ursprünglichen Daten enthaltener **Geschäftsgeheimnisse** nicht vorgehalten werden könnte, er habe nicht die erforderlichen Maßnahmen zu deren Schutz ergriffen (§ 2 Nr. 1 Buchst. b GeschGehG). Die Gefahr, den Schutz nach dem GeschGehG zu verlieren, wird dadurch gebannt. Durch diese dem Datenempfänger auferlegten Maßnahmen klingt überdies bereits die Verpflichtung des Datenempfängers zur Anonymisierung etwa in den Daten enthaltener personenbezogener Daten an (→ Anm. 16).

7. Schutzfähigkeit. Die Frage nach der **immaterialgüterrechtlichen Schutzfähigkeit (trainierter) Algorithmen oder mittels KI-Systemen verarbeiteter Daten** ist bislang unbeantwortet (vgl. Hetmank/Lauber-Rönsberg GRUR 2018, 574). Nach hergebrachter Auffassung sind Algorithmen als solche nicht schutzfähig, jedenfalls nicht nach dem (Software-)Urheberrecht. Die Rechtsentwicklung lässt einen Schutz als weiteres Recht sui generis aber zumindest möglich erscheinen (vgl. Legner ZUM 2019, 807; skeptisch Jakl MMR 2019, 711 (714); vgl. auch EuGH GRUR 2005, 244; 2005, 254), sodass vorsorglich eine entsprechende Formulierung zur Inhaberschaft an solchen (künftigen) Schutzrechten verankert werden kann.

8. Rechte an Daten. Möglich ist es, unbeschadet der Frage nach der Schutzfähigkeit nach dem Recht des geistigen Eigentums (→ Anm. 7), dem Datenempfänger **umfassende**

Rechte hinsichtlich der abgeleiteten Daten einzuräumen. Diese Rechte schließen den Datenbereitsteller von der Verwendung der abgeleiteten Daten aus, soweit diese über die vermittelte Nutzung im Rahmen des verbesserten KI-Systems unter dem KIaaS-Vertrag hinausgeht. Dies ist interessengerecht, endet doch das Interesse des Datenbereitstellers an diesen abgeleiteten Daten regelmäßig in dem Moment, in dem er die Nutzung des KI-Systems aufgeben würde. Ferner ist zu berücksichtigen, dass der Datenbereitsteller seinerseits auch davon profitiert, dass eine Mehrzahl von Kunden des Datenempfängers ihrerseits auch Daten zur Verbesserung des KI-Systems bereitstellen. Damit wird eine Verbesserung des KI-Systems aus multiplen Quellen zum Nutzen sämtlicher Anwender erreicht (vgl. Hartmann ITRB 2019, 121 (122)).

9. Einstellung der Leistung. Die starke Stellung des Datenempfängers hinsichtlich der abgeleiteten Daten (→ Anm. 7) manifestiert sich weiter in seinem Recht, unabhängig von der Bereitstellung der Daten unter dieser Vereinbarung **die Leistung einzustellen** (freilich im Einklang mit den Kündigungsvorschriften des KIaaS-Vertrags). Hiermit wird deutlich, dass der Datenbereitsteller wegen der Bereitstellung seiner Daten keine besonderen Rechte hinsichtlich der daraus abgeleiteten Daten, insbesondere nicht zu deren fortgesetzter Nutzung im Rahmen des KIaaS-Vertrags erhält.

10. Datenqualität. Welche Daten im Rahmen der Vereinbarung bereitgestellt werden, ist von den Einsatzzwecken und Anwendungsfeldern des KI-Systems abhängig (→ Anm. 1). Insbesondere im Hinblick auf die sich daraus ergebenden datenschutzrechtlichen Pflichten (→ Anm. 2) sollte zwischen den Parteien ein gemeinsames Verständnis darüber bestehen und vertraglich fixiert werden, welche **Qualität die Daten** haben (vgl. Hartmann ITRB 2019, 121 (122)). Es sollte dabei ausdrücklich festgehalten werden, ob es sich bei den Daten um personenbezogene Daten handelt, schon im Hinblick auf die Haftungsverteilung nach Art. 82 Abs. 5 DS-GVO.

11. Schutz vor IP-Verletzungen und Schadcode. Außer im Bereich des Datenschutzes (→ Anm. 2) können sich Risiken für den Datenempfänger im Hinblick auf die weitere Nutzung der bereitgestellten Daten insbesondere aus der **Verletzung von Rechten des geistigen Eigentums** oder, je nach Anwendung, in den Daten enthaltenem **Schadcode** ergeben. Entsprechende Verpflichtungen, die Daten von Verletzungen der Rechte Dritter ebenso freizuhalten wie von Schadcode jeder Art, sind deshalb regelmäßig bereits Bestandteil der Nutzungsbedingungen von Cloud-Diensten. Sofern im KIaaS-Vertrag ausdrückliche Verpflichtungen für den Datenbereitsteller enthalten sind, mag eine nochmalige Regelung im Rahmen der Datenbereitsteller-Vereinbarung entbehrlich sein.

12. Verzerrungen (Bias). Ob dem Datenbereitsteller eine Verpflichtung auferlegt werden kann, nach der **Verzerrungen der bereitgestellten Daten** tunlichst zu vermeiden sind, hängt vom konkreten Einsatzzweck und Anwendungsbereich des KI-Systems ab (→ Anm. 1). Dabei wird es einerseits darauf ankommen, ob die bereitgestellten Daten überhaupt durch den Datenbereitsteller selbst eingegeben werden oder, zB über einen Online-Shop, von dessen Endnutzern (vgl. Hartmann ITRB 2019, 121 (122)). Diskriminierungseffekte durch „biased data" sind auch nicht bei allen KI-Systemen gleichermaßen kritisch (vgl. zum Ganzen Dettling/Krüger MMR 2019, 211).

13. Gewährleistung. Im Übrigen sind **Gewährleistungsansprüche** hinsichtlich der bereitgestellten Daten zulasten des Datenempfängers als Verwender des Vertrags ausgeschlossen. Erweiterte, an die gesetzlichen Gewährleistungsrechte der §§ 536 ff. BGB weiter angenäherte und damit für den Verwender günstigere Gestaltungen sind möglich, müssten – gerade bei Annahme von AGB – aber sicher mit einer entsprechend angepassten Gegenleistungspflicht (etwa in Form einer besonderen Vergütung oder der Gewährung von

Rabatten auf die Vergütung unter dem KIaaS-Vertrag) einhergehen (→ Anm. 17), um dem Verdikt der Unangemessenheit nach § 307 Abs. 1 BGB zu entgehen (→ Vorb. A.I).

14. Informationspflicht. Die **Informationspflicht** für den Fall, dass die Daten von den ursprünglichen Festlegungen der Parteien abweichen, ist essentiell. Insbesondere, wenn es sich bei den Daten – entgegen der ursprünglichen Annahme der Parteien – doch um personenbezogene Daten handeln sollte, ist unverzügliches Handeln geboten (→ Anm. 2).

15. Unterbrechung der Nutzung. Sofern die Daten eine andere rechtliche Bewertung erfordern als ursprünglich angenommen, kann dies **weitreichende Konsequenzen** nach sich ziehen (→ Anm. 2). Sofern sich etwa herausstellt, dass Daten entgegen der Vereinbarung der Parteien einen Personenbezug aufweisen, kann dies das Geschäftsmodell des Datenempfängers empfindlich stören. Denn dieser wird unter Umständen verpflichtet, die bereitgestellten Daten – soweit noch möglich – aus den Datenbeständen herauszufiltern. Jedenfalls aber entsteht ein formal datenschutzrechtswidriger Zustand (→ Anm. 2). Daher kann es geboten sein kann, die **Nutzung der KIaaS-Anwendung zu unterbrechen,** bis diese Mängel behoben sind.

16. Anonymisierungspflicht. Mit der ausdrücklichen Verpflichtung zur **Anonymisierung etwa bereitgestellter personenbezogener Daten** (vgl. Hartmann ITRB 2019, 121 (122)) wird wiederum den besonderen datenschutzrechtlichen Implikationen Rechnung getragen (→ Anm. 2).

17. Vergütung. Eine Vereinbarung im Hinblick auf etwaige **Vergütungsansprüche** für die hierin festgelegten wechselseitigen Pflichten ist rechtlich empfehlenswert, um die nach § 535 BGB geschuldete Gegenleistung des Datenempfängers zu konkretisieren. Insbesondere die Bereitstellung von Daten hat einen wirtschaftlichen Wert, wie inzwischen ausdrücklich (wenn auch für einen anderen Kontext als den hier zugrunde gelegten) in § 312 Abs. 1a BGB in Umsetzung der Richtlinie über die Bereitstellung digitaler Inhalte und digitaler Dienstleistungen (RL (EU) 2019/670) anerkannt ist (vgl. Jakl MMR 2019, 711 (713)). Vor diesem Hintergrund empfiehlt sich zB eine Rabattierung der für die Bereitstellung des KI-Systems unter dem KIaaS-Vertrag geschuldeten Vergütung. Bei der Bemessung einer angemessenen Vergütung sollten insbesondere auch die dem Datenbereitsteller vertraglich auferlegten Pflichten hinsichtlich der Güte der Daten, einschließlich des Umfangs von Gewährleistung und Haftung berücksichtigt werden (→ Anm. 13).

18. Vertraulichkeit. Umfassende vertragliche Regelungen zur **Wahrung der Vertraulichkeit** sind im Hinblick auf die Anforderungen des GeschGehG für den Schutz von Geschäftsgeheimnissen inzwischen unerlässlich (vgl. Ohly GRUR 2019, 441). Die Vereinbarung vertraglicher Geheimhaltungspflichten wird zwar nicht ausreichen, ein angemessenes Schutzniveau nach § 2 Nr. 1 Buchst. b GeschGehG nachzuweisen. Umgekehrt dürfte aber das Fehlen einer solchen Vereinbarung ein starkes Indiz für die Unangemessenheit der insgesamt umgesetzten Maßnahmen liefern.

19. Verschlüsselung. Verschlüsselungstechniken bei der Übermittlung von Daten über das Internet (dazu Auer-Reinsdorff/Conrad IT- und DatenschutzR-HdB/Schmidt/Pruß § 2 Rn. 440 ff.) stellen ebenfalls Standardmaßnahmen sowohl zur Gewährleistung der Integrität und Vertraulichkeit personenbezogener Daten (Art. 32 Abs. 1 DS-GVO) als auch zum angemessenen Schutz von Geschäftsgeheimnissen dar (→ Anm. 18).

20. Rechtezuweisung für abgeleitete Daten. Um Auslegungsschwierigkeiten zu vermeiden, empfiehlt sich die Klarstellung, dass **abgeleitete Daten keine vertraulichen Informationen** des Datenbereitstellers mehr darstellen, auch wenn diese unter Verwendung der bereitgestellten Daten gewonnen wurden, welche spurenweise noch enthalten sein mögen. Umgekehrt ist auch der klarstellende Hinweis sinnvoll, dass es sich bei diesen abgeleiteten Daten sehr wohl um vertrauliche Informationen (auch Geschäftsgeheimnisse) des Datenempfängers handelt.

21. Referenznennung. Klauseln in AGB, die einer der Parteien eine **Referenznennung** ausdrücklich erlauben, begegnen rechtlichen Bedenken. Aus der Perspektive des Datenbereitstellers mag es auch wenig vorteilhaft sein, dem Datenempfänger zu erlauben, die Zusammenarbeit unter der Vereinbarung und also die Bereitstellung von Daten des Datenbereitstellers für das Training des KIaaS-Systems öffentlich zu machen. Je nach Einsatzzweck und Anwendungsbereich des KI-Systems (→ Anm. 1) mag dies bei Kunden und/oder Lieferanten **Misstrauen wecken**. Selbst wenn dieses der Sache nach unberechtigt ist, weil die Vorgaben zum Schutz von personenbezogenen Daten und/oder Geschäftsgeheimnissen streng gewahrt werden, wird ein Datenbereitsteller ein solches Misstrauen in der Regel dennoch nicht wecken wollen.

22. Datenschutz. Die Klausel hat zwar lediglich deklaratorischen Charakter. Gleichwohl ist es im Hinblick auf die **allgemeine Rechenschaftspflicht** nach Art. 5 Abs. 2 DS-GVO empfehlenswert, mittels solcher Klarstellungen das Bewusstsein für die Anwendbarkeit datenschutzrechtlicher Vorschriften zu dokumentieren. Die grundsätzliche Anwendbarkeit der DS-GVO und sonstiger bereichs- oder landesspezifischer Vorschriften zum Datenschutz ergibt sich losgelöst von einem Personenbezug der bereitgestellten Daten schon dadurch, dass wechselseitig Kontaktdaten der handelnden Personen ausgetauscht werden.

23. Informationspflicht für anwendbare Datenschutzgesetze. Gerade im **internationalen Kontext** ist es angesichts einer immer größeren Vielzahl allgemeiner wie bereichsspezifischer Regelungen zum Datenschutz für den Datenempfänger entscheidend, über deren Anwendbarkeit informiert zu werden. Der Datenbereitsteller ist hier in der Regel diejenige Partei, die zuerst Kenntnis von der Anwendbarkeit relevanter Gesetze haben kann. Denn der Datenbereitsteller gibt die Daten entweder selbst ein oder weiß zumindest, welchen Nutzerkreisen in welchen Rechtskreisen er die Dateneingabe ermöglicht. Im Falle der Anwendbarkeit datenschutzrechtlicher Vorschriften – entgegen der Festlegung der Parteien oder mit weiteren, bei Vertragsschluss nicht bedachten Implikationen – muss dem Datenempfänger wiederum rechtliche Handhabe zum Schutz des KI-Systems zur Verfügung stehen (→ Anm. 15).

24. Haftungsbegrenzung. Die hier vorgeschlagene beidseitige **summenmäßige Beschränkung der Haftung** ist AGB-rechtlich nicht über jeden Zweifel erhaben (→ Vorb. A.III.4). Es wird im Hinblick auf die Haftungsbeschränkung des Datenempfängers als AGB-Verwender (→ Anm. 1) darauf ankommen, ob der festgelegte Betrag sämtliche typischerweise vorhersehbaren Schäden des Datenbereitstellers abdeckt. Im Zweifel ist entweder eine nicht summenmäßige Beschränkung auf diesen typischerweise vorhersehbaren Schaden oder aber eine Gestaltung vorzugswürdig, bei der lediglich dem Datenbereitsteller eine summenmäßig beschränkte Haftung zugestanden wird.

25. Laufzeit. Eine **Verknüpfung der Laufzeit** der Datenbereitsteller-Vereinbarung mit dem KIaaS-Vertrag dergestalt, dass eine Beendigung des KIaaS-Vertrags automatisch auch die Datenbereitsteller-Vereinbarung beendet, ist sachgerecht. Denn endet die Nutzungsbefugnis des Datenbereitstellers für das KIaaS-System, ist eine Bereitstellung von Daten zu den Zwecken dieser Datenbereitsteller-Vereinbarung praktisch ausgeschlossen. Der umgekehrte Fall ist indes anders zu beurteilen (→ Anm. 26).

26. Kündigung. Anders als für den Fall der Beendigung des KIaaS-Vertrags (→ Anm. 25) sollte eine **Kündigung der Datenbereitsteller-Vereinbarung** jedenfalls für den Datenbereitsteller jederzeit möglich sein, ohne dass dies Auswirkungen auf den KIaaS-Vertrag hat. Diesem muss es überlassen bleiben, ob er zur Verbesserung des KI-Systems beitragen möchte oder nicht. Der Datenbereitsteller muss unabhängig von seiner Nutzung des KI-Systems und ohne den Datenempfänger zu beteiligen, eine Bewertung der Risiken für die Bereitstellung insbesondere von Geschäftsgeheimnissen und/oder personenbezogenen Daten für die Zwecke der Datenbereitsteller-Vereinbarung vornehmen können dürfen.

27. Beendigung der Datennutzung. Soweit die bereitgestellten Daten bereits zu abgeleiteten Daten weiterverarbeitet wurden, hat der Datenempfänger hieran umfassende Rechte erworben (→ Anm. 8). Aber auch soweit dieser Prozess im Zeitpunkt des Wirksamwerdens einer Kündigung noch nicht vollständig abgeschlossen ist, erscheint es angemessen, die Fortsetzung dieser technischen und in aller Regel schnell ablaufenden Prozesse zu erlauben. Jede andere Regelung ließe bei permanent arbeitenden Systemen unter Umständen kaum auflösbare **Zuordnungsschwierigkeiten** entstehen.

28. Schriftform. Die Regelung ist an § 127 Abs. 2 S. 1 BGB angelehnt, der bei einer – hier einschlägigen – **gewillkürten Schriftform** ohnehin eine Aufweichung der strengen Form des § 126 Abs. 1 BGB anordnet, soweit nicht ein entgegenstehender Wille der Parteien anzunehmen ist. In der Praxis wird die hergebrachte Schriftform ohnehin in vielen Fällen kaum noch gewahrt, sodass strenge Schriftformvorgaben in vielen Fällen der **„gelebten Praxis“** widersprechen. Soweit zu Zwecken der Dokumentation oder wegen der Warnfunktion der Schriftform den Parteien tatsächlich an deren Einhaltung gelegen ist, sollten die Fälle möglichst konkret fixiert werden (zur AGB-rechtlichen Einordnung → Vorb. A.III.11).

AGB-rechtlich ist hinsichtlich der in § 9 Abs. 2 bestimmten Zugangsfiktionen § 308 Nr. 6 BGB zu bedenken, dem auch im unternehmerischen Verkehr Indizwirkung für die Unwirksamkeit einer Klausel nach § 307 Abs. 1, Abs. 2 BGB zukommt (BGH NJW 2014, 3722 (3726)). Allerdings ist festzuhalten, dass bei persönlicher Ablieferung ebenso wie bei der Beauftragung eines Kurierdienstes die Interessen des Empfängers durch die Fiktion praktisch kaum berührt werden. In den verbleibenden Fällen der Aufgabe zur Post und der elektronischen Übermittlung bleibt dem Empfänger die Möglichkeit, den Gegenbeweis zu führen. Angesichts des anerkennenswerten Interesses an einer schnellen Vertragsabwicklung und raschen Herstellung klarer Verhältnisse dürfte das Indiz für die Unwirksamkeit damit überwunden werden können (so auch MüKoBGB/Wurmnest § 308 Nr. 6 Rn. 7; aA BeckOGK/Weiler BGB§ 308 Nr. 6 Rn. 56).

29. Einschaltung Dritter. Die Vertragsbeziehung setzt ein hohes Maß an wechselseitigem Vertrauen voraus, sodass einige **Beschränkungen hinsichtlich der Einschaltung Dritter** in die Vertragsbeziehung sachgerecht erscheinen. Soweit die bereitgestellten Daten einen Personenbezug aufweisen, gilt dies – je nach datenschutzrechtlicher Ausgestaltung der Vertragsbeziehung (→ Anm. 8) – möglicherweise schon unmittelbar aufgrund gesetzlicher Vorgaben (Art. 28 Abs. 2, 4 DS-GVO).

30. Fortbestand des Rechts. Insbesondere die dem Datenempfänger unter der Datenbereitsteller-Vereinbarung eingeräumten Rechte an den Daten (→ Anm. 8), aber auch die Verpflichtungen hinsichtlich vertraulicher Informationen (→ Anm. 18) bleiben auch **nach einer Beendigung dieser Vereinbarung wirksam** und für die Parteien bindend.

2. Nutzung Generativer KI

Vertrag zur Nutzung eines generativen KI-Systems

Zwischen

. . . . .

– nachfolgend „Anbieter" genannt –

und

. . . . .

– nachfolgend „Kunde" genannt –

Präambel[1]

Der Anbieter unterstützt den Kunden bei der Bedienung und Wartung bestimmter Maschinen über ein KI-System. Das KI-System ist ein generatives System, das in der Lage ist, auf Kundenanfragen in verschiedener Weise Antworten zu erzeugen. Die Antworten können als Textantworten, aber auch als Grafiken oder Videos erzeugt werden. Das KI-System ist für den bestimmungsgemäßen Gebrauch der Maschinen nicht erforderlich. Der Anbieter überlässt dem Kunden das System unentgeltlich zur Evaluation der Einsatzmöglichkeiten des Systems durch den Anbieter. Wegen der allgemein beschränkten Erfahrungen im Umgang mit generativer KI obliegt es dem Kunden insbesondere, den KI-Output vor einer Verwendung angemessen zu prüfen.

§ 1 Vertragsgegenstand[2]

Gegenstand dieses Vertrages ist die unentgeltliche[3] Überlassung des in der Anlage „Systemspezifikation" bezeichneten generativen KI-Systems . . . . . (nachfolgend kurz „System" genannt) durch den Anbieter zur Nutzung durch den Kunden über eine Datenfernverbindung. Gegenstand der Nutzung ist die Unterstützung des Kunden bei der Bedienung und Wartung

Contract for the Use of a Generative AI System

Between

. . . . .

– hereinafter referred to as „Provider" –

and

. . . . .

– hereinafter referred to as „Customer" –

Preamble[1]

The Provider supports the Customer in the operation and maintenance of certain machines via an AI System. The AI System is a generative system that is able to generate responses to customer enquiries in a variety of ways. The responses can be generated as text responses, but also as graphics or videos. The AI System is not required for the intended use of the machines. The Provider offers the System free of charge to evaluate the possible uses of the System. Due to the generally limited experience in dealing with generative AI, it is the customer's responsibility in particular to adequately check the AI output before use.

§ 1 Subject[2]

The subject matter of this contract is the provision free of charge[3] of the generative AI System described in the „System Specification" appendix . . . . . (hereinafter referred to as the „System") by the Provider for use by the Customer via a remote data connection. The object of use is to support the Customer in the operation and

bestimmter in der Anlage „Systemspezifikation" genannter Maschinen.

maintenance of certain machines named in the „System Specification" appendix.

§ 2 Begriffe[4]

Den in dem Vertrag verwendeten Begriffen werden diese Bedeutungen beigelegt:

- Prompt ist eine Anweisung, die das System dazu bringt, eine bestimmte Aufgabe zu erfüllen oder eine spezifische Antwort zu generieren. Der Prompt wird über das bereitgestellte Eingabefeld an das System übergeben;

(Ergänzung:

KI-Modell ist eine mathematische Struktur, repräsentiert insbesondere durch Algorithmen und gewichtete Parameter, die durch maschinelles Lernen aus Daten trainiert wurde. Es ist darauf ausgelegt, bestimmte Aufgaben zu erfüllen, wie beispielsweise Bilderkennung, Sprachverarbeitung, Entscheidungsfindung oder Vorhersageanalysen. Zu seiner Nutzung ist eine Infrastruktur aus Hard- und Software nebst einer Benutzeroberfläche und anderen Komponenten erforderlich;)

- KI-System ist ein maschinengestütztes System, dessen Grundlage ein KI-Modell ist und das für einen in unterschiedlichem Grade autonomen Betrieb ausgelegt ist, nach seiner Betriebsaufnahme anpassungsfähig sein kann und das aus den erhaltenen Eingaben für explizite oder implizite Ziele ableitet, wie Ausgaben wie etwa Vorhersagen, Inhalte, Empfehlungen oder Entscheidungen erstellt werden, die physische oder virtuelle Umgebungen beeinflussen können;
- Output ist das Ergebnis der Verarbeitung des Prompts durch das System;
- Nutzer ist jede Person, die vom Kunden zur Nutzung des Systems zugelassen wurde;
- Verzerrung oder Bias ist eine Abweichung vom gewünschten Output eines KI-Modells, die dadurch gekennzeichnet ist, dass bestimmte Ergebnisse im Ver-

§ 2 Terms[4]

The terms used in the contract are given these meanings:

- A prompt is an instruction that causes the System to fulfil a specific task or generate a specific response. The prompt is passed to the System via the input field provided by the System;

(Supplement:

AI Model is a mathematical structure, represented in particular by algorithms and weighted parameters, that has been trained on data using machine learning. It is designed to perform certain tasks, such as image recognition, speech processing, decision-making or predictive analysis. To use it, an infrastructure of hardware and software is required, along with a user interface and other components;)

- AI System is a machine-based system that is powered by an AI model and is designed to operate in a manner that is autonomous to varying degrees, can be adaptable after it is put into operation, and derives from the inputs received for explicit or implicit goals how outputs such as predictions, content, recommendations or decisions that can influence physical or virtual environments are created.
- Output is the result of the processing of the prompt by the System;
- A User is any person authorised by the customer to use the system.
- Bias, in connection with AI, is a deviation from the desired output of an AI model, characterized by the over- or underrepresentation of certain results

gleich zu dem Bezugsmodell der Realität bei einer wertenden Betrachtung über- oder unterrepräsentiert sind;

- KI-Kompetenz umfasst die Fähigkeiten, die Kenntnisse und das Verständnis, unter Berücksichtigung ihrer jeweiligen Rechte und Pflichten, das System im Rahmen der vom Anbieter zugesagten Nutzung sachkundig einzusetzen sowie sich der Chancen und Risiken von KI-Systemen und möglicher Schäden, die sie verursachen können, bewusst zu werden.

compared to the reference model of reality in an evaluative context.

- AI Competence includes the skills, knowledge and understanding, taking into account their respective rights and obligations, to use the System competently within the scope of the use promised by the Provider and to be aware of the opportunities and risks of AI Systems and possible damage they can cause.

§ 2 Systemnutzung[5]

(1) Der Anbieter stellt dem Kunden die Nutzung des Systems in dem in der Anlage „Systemspezifikation" näher beschriebenen Funktionsumfang und unter den dort ebenfalls genannten Funktionsvoraussetzungen zur Verfügung. Für den Zugriff auf das System ist neben einer Internetverbindung ein Browser erforderlich. Endgeräte müssen die in der Anlage „Systemspezifikation" angegebenen technischen Mindestvoraussetzungen erfüllen, um einen Zugriff zu ermöglichen.

(Ergänzung:

Die Verfügbarkeit des Systems und weitere Leistungsparameter zur Nutzung ergeben sich aus der Anlage Service Level.[6])

(2) Alle übrigen nach diesem Vertrag relevanten technischen Details einschließlich der Beschreibung des Systems sind in der Anlage „Systemspezifikation" aufgeführt.

(3) Das System wird von dem Anbieter an dem Übergabepunkt (Schnittstelle des vom Anbieter betriebenen Datennetzes zu anderen Netzen) zur Nutzung bereitgestellt. Das System verbleibt dabei auf dem Server des Anbieters. Vom Anbieter nicht geschuldet ist die Herstellung und Aufrechterhaltung der Datenverbindung zwischen dem IT-System des Kunden, insbesondere den Endgeräten, und dem vom Anbieter betriebenen Übergabepunkt.

§ 2 System Use[5]

(1) The Provider shall make the use of the System available to the Customer in the scope of functions described in more detail in the „System Specification" appendix and subject to the functional requirements also specified therein. In addition to an internet connection, a browser is required to access the System. End devices must fulfil the minimum technical requirements specified in the „System Specification" appendix in order to enable access.

(Supplement:

The availability of the system and other performance parameters for use are set out in the annex Service Level.[6])

(2) All other technical details relevant to this contract, including the description of the System, are listed in the annex „System Specification".

(3) The System shall be made available for use by the Provider at the transfer point (interface of the data network operated by the Provider to other networks). The System shall remain on the Provider's server. The Provider is not responsible for establishing and maintaining the data connection between the Customer's IT System, in particular the end devices, and the transfer point operated by the Provider.

(4) Durch den Zugriff auf das System erhält der Kunde eine Unterstützung nur für die in der Anlage „Systemspezifikation" aufgeführten Maschinen. Der Umfang der Unterstützung ist ebenfalls in der Anlage beschrieben. Eine Verpflichtung, einen bestimmten Erfolg herbeizuführen, übernimmt der Anbieter nicht.

(4) By accessing the System, the Customer receives support only for machines listed in the „System Specification" appendix. The scope of the support is also described in the annex. The Provider does not assume any obligation to bring about a specific success.

(5) Der Anbieter kann das System jederzeit ändern. Über Änderungen wird er den Kunden informieren. Ein Anspruch des Kunden auf den Einsatz eines bestimmten Systems besteht nicht.

(5) The Provider may change the System at any time. It shall inform the Customer of any changes. The customer has no right to demand the use of a particular System.

(Variante:

(5) Der Anbieter kann das System ändern und in der vom Hersteller jeweils aktuell angebotenen Version einsetzen, wenn die Änderung des Systems unter Berücksichtigung der Interessen des Anbieters für den Kunden zumutbar ist. Der Anbieter wird den Kunden auf eine Änderung des eingesetzten Systems spätestens sechs Wochen vor dem Änderungszeitpunkt hinweisen. Ein Anspruch des Kunden auf den Einsatz einer neueren Version des vom Hersteller angebotenen Systems besteht jedoch nicht.)

(Variation:

(5) The Provider may change the System and use it in the version currently offered by the manufacturer if the change to the System is reasonable for the Customer, taking into account the interests of the Provider. The Provider shall inform the Customer of a change to the System used at least six weeks before the time of the change. However, the customer has no right to demand the use of a newer version of the system offered by the manufacturer.)

(6) Der Kunde darf nur im Rahmen der bestimmungsgemäßen betrieblichen Nutzung der in der Anlage „Systemspezifikation" genannten Maschinen auf das System zugreifen.[7] Die zulässige Höchstzahl der vom Kunden gleichzeitig nutzbaren Endgeräte ergibt sich ebenfalls aus der Anlage.

(6) The Customer may only access the System within the scope of the intended operational use of the machines specified in the „System Specification" annex.[7] The maximum number of terminal devices that may be used simultaneously by the Customer is also specified in the annex.

(7) Eine von den Bestimmungen dieses Vertrages abweichende Nutzung des Systems ist unzulässig.[8] Insbesondere ist der Kunde nicht berechtigt, das System so zu manipulieren, dass es andere als die nach diesem Vertrag vorgesehene Aufgaben erfüllt oder der Kunde Informationen erhält, die für den hier maßgeblichen bestimmungsgemäßen Gebrauch des Systems nicht erforderlich sind. Zu den nicht gestatteten Maßnahmen gehören insbesondere:

- Prompt-Injection („Eingabemanipulation"), dabei wird der Prompt so gestaltet, dass das System unerwünschte oder schädliche Ausgaben erzeugt;

(7) Any use of the System that deviates from the provisions of this contract is not permitted.[8] In particular, the customer is not authorised to manipulate the system in such a way that it fulfils tasks other than those provided for in this contract or that the customer receives information that is not required for the intended use of the system as defined here. The following measures in particular are not permitted

- Prompt injection („input manipulation"), whereby the prompt is designed in such a way that the System generates unwanted or malicious Output;

- Evasion-Attacks („Umgehungsangriffe") als Angriffe auf KI-Systeme, bei denen versucht wird, das System zu täuschen oder zu manipulieren, etwa durch das Identifizieren von Mustern in den Trainingsdaten, die das System dazu verleiten, falsche Entscheidungen zu treffen;
- Reverse Engineering des Modells, beispielsweise dadurch, dass der Kunde umfangreiche Abfragen vornimmt, um Informationen sammeln, die es ihm erlauben, ein eigenes Modell zu erstellen, das das Verhalten des Systems imitiert;
- Abliteration, bei der die Struktur und Funktionsweise des Systems analysiert wird, um Schwachstellen zu identifizieren, um über Eingabemuster oder Kombinationen von Wörtern das System dazu zu bringen, vertrauliche Informationen preiszugeben oder falsche Antworten zu generieren;
- Membership Inference Angriffe, um Datenpunkte, die zum Training verwendet wurden, zu rekonstruieren.

- Evasion attacks as a type of attacks on AI Systems in which attempts are made to deceive or manipulate the System, for example by identifying patterns in the training data that lead the System to make incorrect decisions;
- Reverse engineering of the model, for example by the User making extensive queries to collect information that allows him to create his own model that imitates the behaviour of the System;
- Abliteration, in which the structure and functioning of the System is analysed in order to identify vulnerabilities, to use input patterns or combinations of words to trick the System into revealing confidential information or generating false responses;
- Membership inference attacks to reconstruct data points used for training.

(8) Der Anbieter behält sich vor, Prompts und generierten Output durch Methoden zur Missbrauchsprävention oder Inhaltsfilterung zu überprüfen und eine Verarbeitung bei einem begründeten Verdacht der missbräuchlichen Nutzung zu unterbinden.

(8) The Provider reserves the right to check prompts and generated Output using abuse prevention or content filtering methods and to prevent processing in the event of reasonable suspicion of improper use.

(9) Der Kunde haftet dem Anbieter für die von ihm zu vertretenen Schäden aus einer unzulässigen Nutzung des Systems.[9] Er trägt dafür Sorge, dass alle Nutzer die Anforderungen dieses Vertrages an die Nutzung des Systems beachten.

(9) The Customer is liable to the Provider for any damage caused by unauthorised use of the System.[9] He ensures that all Users observe the demands of this contract regarding the use of the System.

(10) Der Anbieter kann aufgrund gesetzlicher Verpflichtung Output mit dem Hinweis versehen müssen, dass er von einem KI-System erstellt wurde.[10] Der Kunde darf diesen Hinweis nicht verändern oder entfernen.

(10) The provider may be legally obliged to indicate that Output was generated by an AI System.[10] The Customer may not change or remove this notice.

§ 3 KI-Kompetenz, Datenspeicherung, Verzerrungen

§ 3 AI Competence, Data Storage, Bias

(1) Der Kunde ergreift die nach Art. 4 KI-VO vorgeschriebenen Maßnahmen, um nach besten Kräften sicherzustellen, dass

(1) The Customer shall take the measures prescribed by Art. 4 of the AI Act to ensure to the best of its ability that the Users

die Nutzer über ein ausreichendes Maß an KI-Kompetenz verfügen.[11] Dabei sind ihre technischen Kenntnisse, ihre Erfahrung, ihre Ausbildung und Schulung und der Kontext, in dem das System eingesetzt werden soll, zu berücksichtigen.

have a sufficient level of AI Competence.[11] In doing so, their technical knowledge, experience, education and training and the context in which the System is to be used shall be taken into account.

(2) Der Kunde muss dafür sorgen, dass alle Nutzer verstehen, wie das KI-System funktioniert: Es lernt aus einer großen Menge an Daten, den Trainings-Daten, und lernt, welche Muster, Beziehungen und statistische Eigenschaften den Daten zugrunde liegen. Es erstellt daraus neue Informationen. Diese neuen Informationen ähneln den gelernten Daten, sind aber regelmäßig nicht mit ihnen identisch. Das System speichert keine Trainings-Daten, sondern erstellt statistische Modelle, die die Wahrscheinlichkeit von Wörtern oder Phrasen in bestimmten Kontexten erfassen. Wenn das System neue Informationen generiert, verwendet es diese Modelle, um plausible Aussagen zu treffen, die auf den gelernten Mustern basieren.[12]

(2) The Customer must ensure that all Users understand how the AI System works: It learns from a large amount of data, the training data, and learns which patterns, relationships and statistical properties underlie the data. It uses this to create new information. This new information is similar to the learnt data, but is regularly not identical to it. The System does not store training data, but creates statistical models that record the probability of words or phrases in certain contexts. When the System generates new information, it uses these models to make plausible statements based on the learnt patterns.[12]

(3) Zu beachten ist in diesem Zusammenhang, dass die vom Kunden im Rahmen der Nutzung des Systems übermittelten Daten nicht separat gespeichert und vorgehalten werden. An das System übermittelte Informationen können jedoch in der KI-Systeme kennzeichnenden Weise gemäß der Beschreibung in Absatz 2 Eingang in das System finden und es modifizieren.[13]

(3) In this context, it should be noted that the data transmitted by the Customer when using the System is not stored and retained separately. Information transmitted to the System may, however, find its way into the System and modify it in the manner characterising AI Systems as described in paragraph 2.[13]

(4) Bei der Nutzung des Systems beachtet der Kunde ferner, dass es die Funktionsweise von KI-Systemen nicht erlaubt, Daten, gleich, ob einzeln oder zusammengefasst, gezielt aus dem System zu entfernen. Es ist daher nach Abschluss einer Anfrage für den Anbieter weder nachzuvollziehen, welchen Inhalt die vom Kunden an das KI-System gerichteten Anfragen haben, noch ist es möglich, das KI-System in einen Zustand zu versetzen, der dem ohne die erfolgte Anfrage entspricht.[14]

(4) When using the System, the Customer shall also note that the functionality of AI Systems does not allow data to be specifically removed from the System, whether individually or collectively. It is therefore not possible for the Provider to trace the content of the requests sent by the Customer to the AI System after a request has been completed, nor is it possible to restore the AI System to a state that corresponds to that without the request.[14]

(5) Zu beachten ist auch, dass das System auf der Grundlage einer großen Menge an Daten trainiert wurde, die für die gewünschten Nutzungszwecke repräsentativ sein sollen. In Abhängigkeit des verwendeten Datenmaterials, der Art und Weise des

(5) It should also be noted that the System was trained on the basis of a large amount of data, which should be representative of the desired utilisation purposes. However, depending on the data material used, the type and manner of training and the con-

Trainings und der Konfiguration des dem System zugrundliegenden KI-Modells kann es jedoch zu einer Verzerrung des Outputs kommen. Für KI-Systeme wie das in diesem Vertrag verwendete lassen sich Verzerrungen aus technischen und wertenden Gründen nicht vollständig vermeiden.[15]

(6) In Ausnahmefällen kann ein KI-System auf eine Anfrage unzureichend antworten („halluzinieren"), etwa weil fehlerhafte Wahrscheinlichkeiten oder Gewichtungen im KI-Modell zugrunde gelegt wurden.[16]

(7) Es liegt daher im eigenen Interesse des Kunden und der Nutzer, die von KI-Systemen generierten Angaben auf ihre Plausibilität zu überprüfen. Das ist insbesondere von Bedeutung, um Schäden aus der Verletzung des Lebens, des Körper oder der Gesundheit zu vermeiden. Der Kunde wird dies beachten und die Nutzer des Systems hierauf hinweisen.

figuration of the AI model on which the System is based, this can lead to a Bias in the Output. For AI Systems such as the one used in this contract, Biases cannot be completely avoided for technical and evaluation reasons.[15]

(6) In exceptional cases, an AI System may respond inadequately to a query („hallucinate"), for example because incorrect probabilities or weightings were used in the AI model.[16]

(7) It is therefore in the Customer's and Users' own interest to check the plausibility of the information generated by AI Systems. This is particularly important in order to avoid damage resulting from injury to life, limb or health. The Customer shall observe this and point this out to the Users of the System.

§ 4 Tutorial/Dokumentation[17]

(1) Der Anbieter stellt dem Kunden ein Video-Tutorial zur Einführung in die Nutzung des Systems zur Verfügung. Einzelheiten zur Nutzung des Tutorials enthält die Anlage „Systemspezifikation".

(2) Neben dem Tutorial steht dem Kunden auch eine Handreichung in Textform zur Verfügung.

§ 4 Tutorial/Documentation[17]

(1) The Provider shall provide the Customer with a video tutorial as an introduction to the use of the System. Details on the use of the tutorial can be found in the appendix „System specification".

(2) In addition to the tutorial, the Customer also has access to a textual guide.

§ 5 Schutzrechte[18]/Geschäftsgeheimnisse

(1) Der Kunde trägt dafür Sorge, dass er berechtigt ist, die an das System übermittelten Inhalte, gleich, ob Prompts, sonstige Texte, Zeichnungen, Fotografien oÄ, zu diesem Zweck entsprechend nutzen zu dürfen. Eine Prüfung durch das System auf die Zulässigkeit der Verwendung der vom Kunden übermittelten Daten findet nicht statt.

(2) Der Anbieter steht nicht dafür ein, dass an dem Output Schutzrechte begründet werden können. Grundsätzlich genießt Output keinen rechtlichen, insbesondere keinen urheberrechtlichen Schutz. Der

§ 5 Property Rights[18]/Trade Secrets

(1) The Customer shall ensure that it is authorised to use the content transmitted to the System, whether prompts, other texts, drawings, photographs, etc, for this purpose. The System shall not check the permissibility of the use of the data transmitted by the Customer.

(2) The Provider is not responsible for ensuring that the Output can be protected by intellectual property rights. In principle, Output enjoys no legal protection, in particular no copyright protection. The Out-

Output ist nicht dazu bestimmt, an zur Nutzung des Systems nicht befugte Dritte weitergegeben zu werden.

(3) Der Anbieter weist den Kunden darauf hin, dass das konkrete Ergebnis einer Anfrage an die KI nicht hinreichend sicher prognostiziert werden kann. Ein unbeabsichtigter Eingriff des Outputs in die Rechte Dritter lässt sich in der Folge nicht hinreichend sicher vermeiden. Der Kunde beachtet, dass eine Verantwortlichkeit zur Beseitigung oder zukünftigen Unterlassung einer Rechtsverletzung auch unverschuldet begründet werden kann.

(4) Des Weiteren beachtet der Kunde, dass die an das System übermittelten Daten dort zwar nicht dauerhaft gespeichert werden, es jedoch auch nicht auszuschließen ist, dass Elemente der Daten so von dem System verarbeitet werden, dass sie bei einer späteren Abfrage, auch durch Dritte, wiedergegeben werden können. Damit besteht die Möglichkeit, dass insbesondere unternehmensrelevante Informationen Dritten unbeabsichtigt zugänglich gemacht werden.[19] Bei der Eingabe solcher Informationen in das System wird der Kunde dies berücksichtigen.

put is not intended to be passed on to third parties who are not authorised to use the System.

(3) The Provider points out to the Customer that the specific result of a request to the AI cannot be predicted with sufficient certainty. An unintentional infringement of the rights of third parties cannot be avoided with sufficient certainty. The customer is aware that a responsibility to eliminate or refrain from future violations of the law can also be established without fault.

(4) Furthermore, the Customer shall note that although the data transmitted to the System is not permanently stored there, it cannot be ruled out that elements of the data are processed by the System in such a way that they can be reproduced in a later query, including by third parties. This means that there is a possibility that company-relevant information in particular could be unintentionally made accessible to third parties.[19] The Customer shall take this into account when entering such information into the System.

§ 6 Freistellung des Kunden[20]

Für den Fall einer begründeten Inanspruchnahme des Kunden durch Dritte aufgrund des generierten Outputs, die der Kunde nicht zu vertreten hat, stellt der Anbieter den Kunden von der Haftung frei. Der Anbieter kann dazu nach seiner Wahl eine Vereinbarung mit dem Dritten suchen oder den Kunden bei der Abwehr der Ansprüche durch die Übernahme der Kosten der Rechtsverteidigung unterstützen. Die Kostenübernahme ist auf den Betrag von . . . . EUR je Fall der Inanspruchnahme und insgesamt . . . . . EUR für alle Inanspruchnahmen aus der Nutzung des Systems nach diesem Vertragsverhältnis beschränkt. Der Kunde wird den Anbieter bei dessen Bemühungen nach Kräften, zB durch Überlassung von Informationen zu dem relevanten Geschehen, Benennung von Zeugen etc, unterstützen. Die Freistellung setzt voraus,

§ 6 Indemnification of Customer[20]

The Provider shall indemnify the Customer from liability in the event of justified claims being asserted against the Customer by third parties on the basis of the generated Output for which the Customer is not responsible. To this end, the Provider may, at its discretion, seek an agreement with the third party or support the Customer in the defence against the claims by assuming the costs of legal defence. The assumption of costs is limited to the amount of . . . . EUR per case of utilisation and a total of . . . . . EUR for all claims arising from the use of the System under this contractual relationship. The Customer shall support the Provider in these endeavours to the best of its ability, e.g. by providing information on the relevant events, naming witnesses etc. The indemnification requires that the Customer has informed dass der Kunde den Anbieter über eine – auch nur absehbar drohende – Inanspruchnahme unverzüglich informiert hat. Die Parteien vereinbaren, dass dem Anbieter alle dem Kunden aus der ungerechtfertigten Inanspruchnahme zustehenden Ansprüche gegen Dritte, insbesondere den Anspruchsteller, übertragen werden.

the Provider without due delay of any – even only expected – imminent claims. The parties agree that all claims against third parties to which the Customer is entitled as a result of the unjustified demand, in particular the claimant, shall be transferred to the Provider.

§ 7 Personenbezogene Daten[21]

(1) Die Nutzung des Systems kann und soll bestimmungsgemäß ohne die Eingabe personenbezogener Daten erfolgen. Für die Einhaltung der datenschutzrechtlichen Vorschriften bei Eingaben in das System ist der Kunde verantwortlich.

(2) Die vom Anbieter nach § 4 zur Verfügung gestellten Informationen erläutern, was personenbezogene Daten sind und zeigen beispielhaft, wann sie bei der vertragsgemäßen Nutzung des Systems vorliegen können.

(3) Infolge der Art und Weise der Datenverarbeitung durch KI-Systeme erfolgt keine Auftragsverarbeitung personenbezogener Daten durch den Anbieter.

§ 7 Personal Data[21]

(1) The System can and should be used as intended without entering personal data. The Customer is responsible for compliance with data protection regulations when entering data into the System.

(2) The information provided by the Provider in accordance with § 4 explains what personal data is and shows examples of when it may be present when the System is used in accordance with the contract.

(3) Due to the way in which data is processed by AI Systems, no processing is carried out on behalf of the Customer as controller.

§ 8 Zugriffsberechtigungen

Der Kunde erhält für jeden Nutzer eine Zugriffsberechtigung, bestehend aus einem Benutzerkennwort und einem Passwort. Benutzerkennwort und Passwort dürfen vom Kunden nur den von ihm berechtigten Nutzern mitgeteilt werden und sind im Übrigen geheim zu halten. Die Zugriffsberechtigungen müssen gemäß den Bestimmungen der Anlage „Systemspezifikation" gelegentlich geändert werden. Die Nutzer sind vom Kunden zu verpflichten, die Zugriffsberechtigungen nur in Übereinstimmung mit diesem Vertrag zu verwenden.

§ 8 Access

The customer receives an access authorisation for each user, consisting of a user ID and a password. The User ID and password may only be disclosed by the Customer to the Users authorised by the Customer and must otherwise be kept secret. The access authorisations must be changed occasionally in accordance with the provisions of the „System Specification" appendix. Users must be obliged by the Customer to use the access authorisations only in accordance with this contract.

§ 9 Mitwirkungsleistungen des Kunden[22]

(1) Der Kunde übernimmt es, eine Datenverbindung zwischen den von ihm zur Nut-

§ 9 Customer Participation[22]

(1) The Customer shall be responsible for establishing a data connection between the

zung vorgesehenen Endgeräten und dem vom Anbieter definierten Datenübergabepunkt herzustellen. Der Anbieter ist berechtigt, den Datenübergabepunkt neu zu definieren, sofern dies erforderlich ist, um eine reibungslose Inanspruchnahme der Leistungen durch den Kunden zu ermöglichen.

end devices intended for use and the data transfer point defined by the Provider. The Provider is authorised to redefine the data transfer point if this is necessary to enable the Customer to make smooth use of the services.

(2) Die vertragsgemäße Inanspruchnahme der Leistungen des Anbieters ist davon abhängig, dass die vom Kunden eingesetzte Hard- und Software, einschließlich Arbeitsplatzrechnern, Routern, Datenkommunikationsmitteln etc, den technischen Mindest-Anforderungen an die Nutzung des aktuell angebotenen Systems entsprechen und die vom Kunden zur Nutzung des Systems berechtigten Nutzer mit der Bedienung des Systems vertraut sind. Die Konfiguration seines IT-Systems, insbesondere der Endgeräte, ist Aufgabe des Kunden.

(2) The contractual use of the Provider's services is dependent on the hardware and software used by the Customer, including workstation computers, routers, data communication devices, etc, meeting the minimum technical requirements for the use of the currently offered System and the Users authorised by the Customer to use the System being familiar with the operation of the System. The Customer is responsible for configuring its IT System, in particular the end devices.

(3) Der Kunde wird alle Nutzer im Hinblick auf eine vertragsgemäße Nutzung des Systems sorgfältig auswählen, anleiten und überwachen. Hat der Kunde Zweifel, dass ein Nutzer imstande ist, das System vertragsgemäß zu benutzen, hat er ihm die Nutzung zu verwehren. Insbesondere wird der Kunde die Nutzer auf die Nutzungsbedingungen gemäß der Anlage „Systemspezifikation" hinweisen und sie zur Einhaltung dieser Bedingungen verpflichten.

(3) The Customer shall carefully select, instruct and monitor all Users with regard to the contractual use of the System. If the Customer has doubts as to whether a User is capable of using the System in accordance with the contract, he shall deny him access. In particular, the Customer shall draw the Users' attention to the terms of use in accordance with the „System Specification" appendix and oblige them to comply with these terms.

(4) Der Kunde wird dem Anbieter alle auffälligen Verhaltensweisen des Systems melden. Auffällig sind vor allem Verzerrungen des Outputs sowie andere falsche, irreführende oder unangemessene Angaben des Systems.[23]

(4) The Customer shall report all conspicuous behaviour of the System to the Provider. Above all, bias of the Output as well as other false, misleading or inappropriate information from the System are conspicuous.[23]

§ 10 Vergütung

Die Nutzung des Systems erfolgt für den Kunden unentgeltlich.

(Variante:

(1) Der Kunde hat die sich aus der bei Vertragsschluss gültigen Preisliste des Providers ergebenden Entgelte zu zahlen.

(2) Der Anbieter ist berechtigt, die auf der Grundlage dieses Vertrages zu zahlenden

§ 10 Remuneration

Use of the System is free of charge for the Customer.

(Variation:

(1) The Customer shall pay the fees resulting from the Provider's price list valid at the time of conclusion of the contract.

(2) The Provider is authorised to adjust the fees to be paid on the basis of this

Entgelte nach billigem Ermessen der Entwicklung der Kosten anzupassen, die für die Preisberechnung maßgeblich sind.[24])

contract at its reasonable discretion to the development of the costs that are decisive for the price calculation.[24]).

§ 11 Vertragslaufzeit, Sperre

(1) Der Vertrag läuft auf unbestimmte Zeit und kann jeweils mit einer Frist von sechs Wochen zum Kalenderquartalsende gekündigt werden.

(2) Das Recht zur Kündigung aus wichtigem Grund bleibt unberührt.

(3) Jede Kündigung bedarf der Textform.

(4) Verstößt der Kunde oder ein Nutzer gegen die in dieser Vereinbarung festgelegten oder anderweitig vereinbarten Nutzungsbedingungen, kann der Anbieter den Zugang zum System im Rahmen des Erforderlichen ganz oder teilweise sperren, bis eine vertragsgemäße Nutzung wieder erwartbar ist.

§ 11 Contract Term, Blocking

(1) The contract runs for an indefinite period and can be cancelled with a notice period of six weeks to the end of each calendar quarter.

(2) The right to terminate the contract for good cause remains unaffected.

(3) Any cancellation must be in text form.

(4) If the Customer or a User violates the terms of use stipulated in this agreement or otherwise agreed, the Provider may block access to the System in whole or in part to the extent necessary until contractual use can be expected again.

§ 12 Mängelhaftung[25]

Aufgrund der Rechtsnatur des Vertrages besteht kein Anspruch des Kunden auf die Beseitigung von Mängeln.

§ 12 Warranty[25]

Due to the legal nature of the contract, the Customer has no claim to the rectification of defects.

§ 13 Haftung

(1) Der Anbieter haftet für Vorsatz und grobe Fahrlässigkeit.

(2) Für leichte Fahrlässigkeit haftet der Anbieter nur bei Schäden aus der Verletzung des Lebens, des Körpers oder der Gesundheit. Der Anbieter haftet dabei nur für vorhersehbare Schäden, mit deren Entstehung typischerweise gerechnet werden muss.[26]

(3) Die Haftung ist im Falle von Fahrlässigkeit summenmäßig beschränkt auf . . . . . EUR.

(4) Unter Ausnahme der Haftung nach dem Produkthaftungsgesetz ist jede verschuldensunabhängige Haftung des Anbieters aufgrund der Nutzung des Systems durch den Kunden oder von ihm vermittelte Dritte ausgeschlossen.[27]

§ 13 Liability

(1) The Provider is liable for intent and gross negligence.

(2) The Provider shall only be liable for slight negligence in the event of damage resulting from injury to life, limb or health. The Provider shall only be liable for foreseeable damages, the occurrence of which must typically be expected.[26]

(3) In the event of negligence, liability shall be limited in amount to . . . . . EUR.

(4) With the exception of liability under the Product Liability Act, any strict liability of the Provider due to the use of the System by the Customer or by third parties mediated by him is excluded.[27]

(5) Für Maßnahmen zur Herstellung der Betriebssicherheit, insbesondere der Arbeitssicherheit, gegenüber Dritten, einschließlich Arbeitnehmern, ist der Kunde verantwortlich.[28] Das System ist nicht in der Lage, die Einsatzbedingungen seiner Nutzung zu erfassen und auf sicherheitstechnische Aspekte einschließlich solchen der Arbeitssicherheit einzugehen.

(6) Wird der Anbieter von Nutzern aufgrund der Folgen eines Outputs des Systems auf Schadensersatz in Anspruch genommen, so stellt der Kunde den Anbieter von der Haftung frei, soweit diese Haftung darauf beruht, dass der Kunde das System nicht bestimmungsgemäß eingesetzt oder die Nutzer bei der Nutzung des Systems unzureichend ausgewählt, angeleitet oder überwacht hat.[29]

§ 14 Änderung der Vertragsbedingungen[30]

Der Anbieter ist berechtigt, diese Vertragsbedingungen wie folgt zu ändern oder zu ergänzen. Der Anbieter wird dem Kunden die Änderungen oder Ergänzungen spätestens sechs Wochen vor ihrem Wirksamwerden in Textform ankündigen. Ist der Kunde mit den Änderungen oder Ergänzungen der Vertragsbedingungen nicht einverstanden, so kann er den Änderungen mit einer Frist von einer Woche zum Zeitpunkt des beabsichtigten Wirksamwerdens der Änderungen oder Ergänzungen widersprechen. Der Widerspruch bedarf der Textform. Widerspricht der Kunde nicht, so gelten die Änderungen oder Ergänzungen der Vertragsbedingungen als von ihm genehmigt. Der Anbieter wird den Kunden mit der Mitteilung der Änderungen oder Ergänzungen der Vertragsbedingungen auf die vorgesehene Bedeutung seines Verhaltens besonders hinweisen.

§ 15 Schlussbestimmungen

(1) Allgemeine Geschäftsbedingungen der Parteien im Übrigen finden auf diesen Ver-

(5) The Customer is responsible for measures to ensure operational safety, in particular occupational safety, with regard to third parties, including employees.[28] The System is not able to record the operating conditions of its use and to address safety-related aspects, including those of occupational safety.

(6) If claims for damages are asserted against the Provider by Users due to the consequences of an Output of the System, the Customer shall indemnify the Provider against liability insofar as this liability is based on the fact that the Customer has not used the System as intended or has inadequately selected, instructed or monitored Users in the use of the System.[29]

§ 14 Change of Contractual Conditions[30]

The Provider is authorised to amend or supplement these contractual terms and conditions as follows. The Provider shall notify the Customer of the amendments or additions in text form at least six weeks before they come into effect. If the Customer does not agree with the amendments or additions to the contractual terms and conditions, he may object to the amendments with a notice period of one week to the date on which the amendments or additions are intended to take effect. The objection must be in text form. If the Customer does not object, the amendments or additions to the contractual terms and conditions shall be deemed to have been approved by the Customer. The Provider shall specifically draw the Customer's attention to the intended significance of his behaviour when notifying him of the amendments or additions to the contractual terms and conditions.

§ 15 Concluding Provisions

(1) Any other general terms and conditions of the parties shall not apply to this con-

trag keine Anwendung. Dies gilt auch dann, wenn solchen Bedingungen nicht ausdrücklich widersprochen wird.

(2) Die Abtretung von Forderungen ist nur mit vorheriger schriftlicher Zustimmung der anderen Vertragspartei zulässig. Die Zustimmung darf nicht unbillig verweigert werden. Die Regelung des § 354a HGB bleibt hiervon unberührt.

(3) Die Vertragsparteien können nur mit Forderungen aufrechnen, die rechtskräftig festgestellt oder unbestritten sind.

(4) Alle Änderungen, Ergänzungen und Kündigungen vertraglicher Vereinbarungen bedürfen der Schriftform, ebenso die Aufhebung des Schriftformerfordernisses, soweit dieser Vertrag nicht die Textform vorsieht.

(5) Die Parteien verpflichten sich, über den Inhalt dieser Vereinbarung und über deren Durchführung Stillschweigen zu bewahren.

(6) Sollten einzelne Bestimmungen der Parteivereinbarungen ganz oder teilweise unwirksam sein oder werden, wird die Wirksamkeit der übrigen Bestimmungen hierdurch nicht berührt. Die Parteien verpflichten sich für diesen Fall, die ungültige Bestimmung durch eine wirksame Bestimmung zu ersetzen, die dem wirtschaftlichen Zweck der ungültigen Bestimmung möglichst nahe kommt. Entsprechendes gilt für etwaige Lücken der Vereinbarungen.

(7) Es gilt das Recht der Bundesrepublik Deutschland.[31]

(8) Die Parteien haben den Vertrag in einer deutschen und einer englischsprachigen Fassung geschlossen. Für die rechtlichen Wirkungen zwischen den Parteien ist allein die deutsche Fassung maßgeblich.[32]

Anlage „Spezifizierung“

(Ergänzung:

Anlage „Service Level“[33])

(Datum/Unterschriften)

tract. This shall also apply even if such terms and conditions are not expressly contradicted.

(2) The assignment of claims is only permitted with the prior written consent of the other contracting party. Consent may not be unreasonably withheld. The provision of § 354a HGB remains unaffected by this.

(3) The contracting parties may only offset claims that have been legally established or are undisputed.

(4) All amendments, supplements and cancellations of contractual agreements must be made in writing, as must the cancellation of the written form requirement, unless this contract provides for text form.

(5) The parties undertake to maintain confidentiality regarding the content of this agreement and its implementation.

(6) Should individual provisions of the party agreements be or become invalid in whole or in part, this shall not affect the validity of the remaining provisions. In this case, the parties undertake to replace the invalid provision with a valid provision that comes as close as possible to the economic purpose of the invalid provision. The same applies to any loopholes in the agreements.

(7) The law of the Federal Republic of Germany shall apply.[31]

(8) The parties have concluded the contract in a German and an English version. Only the German version shall be authoritative for the legal effects between the parties.[32]

Annex „Specification“

(Ergänzung:

Annex „Service Level“[33])

(Date/Signatures)

Anmerkungen

1. Sachverhalt. Der Anbieter ist ein Hersteller von Maschinen, die im industriellen Bereich eingesetzt werden. Zur Unterstützung bei der Nutzung dieser Maschinen bietet der Hersteller seinen Kunden ein KI-System an. Das KI-System basiert auf einem KI-Modell, das als künstliches neuronales Netz ausgestaltet ist. Die Unterstützung erfolgt in Form einer Bedienungshilfe und einer Hilfe bei der Wartung der Maschinen durch den Kunden. Zur Beantwortung der Kundenfragen generiert das System Texte. Damit ist die Leistung des Systems mit der einer Service-Hotline vergleichbar. Denkbar ist auch, dass das System zur besseren Veranschaulichung Grafiken oder Videos erzeugt.

Da das Training und der Betrieb eines KI-Systems aufwendig sind, binden sich Unternehmen oft über Schnittstellen an bestehende Systeme von KI-Anbietern an. Diese Systeme werden bei Bedarf auf die Bedürfnisse des Vertragspartners zugeschnitten und trainiert. In diesem Fall könnte das KI-System mit der Bedienungsanleitung und den – internen – Wartungshinweisen und Konstruktionsplänen der unterstützten Maschinen trainiert worden sein.

Für den nach diesem Formular verpflichteten Anbieter ist es relevant, den **Vertrag mit** seinem **Lieferanten** so zu gestalten, dass er Fehler des Lieferanten, für die er gegenüber seinem Kunden einstehen muss, rechtlich auch gegen den Lieferanten durchsetzen kann. Da die Anbieter großer KI-Systeme häufig im Ausland sitzen und der Vertrag meistens dem Recht am Sitz des Lieferanten unterliegt, ist eine Synchronisation aufwendig. Betreibt der Anbieter das KI-System selbst, wird er wegen der Ansprüche an die Hardware-Performance regelmäßig die Dienste von **GPU-Server**-Anbietern in Anspruch nehmen (s. dazu → Form. E.2).

Die **Herausforderung** bei der Gestaltung eines Vertrages zur Nutzung von KI-Systemen liegt in dem Verständnis der Arbeitsweise dieser Systeme begründet. Ob ein System berechtigterweise als künstlich intelligent bezeichnet wird, ist von untergeordneter Bedeutung. Von Relevanz ist, dass solche Systeme typischerweise durch einen mehr oder minder großen Grad an **Autonomie** gekennzeichnet sind. Damit ist das **Ergebnis** der Verarbeitung einer Anfrage **nicht genau zu prognostizieren** (zu den mathematisch-technischen Hintergründen der Arbeitsweise künstlicher neuronaler Netze s. Sonnet, Neuronale Netze kompakt, 2022).

Das Formular behandelt den Einsatz eines **generativen KI-Systems**. Seine Besonderheit gegenüber herkömmlich arbeitender Software ist, dass es auf eine gleiche Anfrage regelmäßig unterschiedlich antworten wird. Es besteht sogar die Gefahr stark abweichender und dabei fehlerhafter Antworten, wenn das KI-System „halluziniert". Die Autonomie ist vor allem bei der Zurechnung einer fehlerhaften Arbeitsweise zum Anwender von Bedeutung (→ Anm. 25). Hinzu kommt, dass die Bewertung, in welcher rechtlich relevanten Weise KI-Modelle Daten speichern, noch nicht gesichert ist. Das hat Auswirkungen auf **datenschutz- und urheberrechtliche Beurteilung** dieser Systeme (→ Anm. 11).

Wegen der vielen noch in Diskussion befindlichen Fragen ist für die Vertragsgestaltung auf größtmögliche **Transparenz** der Regelungen zu achten. Unklarheiten hinsichtlich der mit der KI-Nutzung verbundenen Risiken gehen zu Lasten des Anbieters. Dementsprechend ist diesem Vertrag eine Präambel vorangestellt, in der der Kunde auf die Herausforderungen im Umgang mit dem KI-System hingewiesen werden soll.

2. Rechtliche Einordnung. Es gibt mangels ausreichender Praxis noch keine anerkannte rechtliche Typisierung der Nutzung von KI-Systemen. Die Fragen nach der rechtlichen Einordnung, insbesondere die Art des **Vertragstyps,** sind damit regelmäßig diskutabel. Maßgeblich für eine Einordnung sind im Schuldrecht vor allem die von dem KI-System zu erfüllenden Aufgaben und im Bereich des Urheber- und Datenschutzrechts dessen technische Ausgestaltung. KI-Systeme gibt es in einer großen Vielfalt, zum Teil auch schon seit vielen Jahren. Im Fokus dieses Formulars steht ein als künstliches neuronales Netz konstruiertes KI-Modell. Der wesentliche Unterschied zwischen der Arbeitsweise solcher Modelle und der herkömmlicher Software ist, dass die **klassische Software** deterministisch und statisch arbeitet und bei gleichen Eingaben stets die gleichen Ergebnisse erzeugt. Im Gegensatz dazu sind **KI-Modelle**, insbesondere solche, die auf künstlichen neuronalen Netzen basieren, darauf ausgelegt, **Muster** in Daten zu **erkennen** und daraus zu lernen. Sie sind regelmäßig **adaptiv**, was bedeutet, dass sie ihre Leistung durch Erfahrungen verbessern können. Zudem arbeiten sie probabilistisch, um Vorhersagen oder Entscheidungen unter Unsicherheit zu treffen. Daher kann das Ergebnis bei gleichen Eingaben variieren, besonders wenn das Modell weiter trainiert wird oder wenn es mit neuen, unbekannten Daten konfrontiert wird. Hinzu kommt, dass die Varianz der Antworten über die für eine bestimmte Verarbeitung notwendigen Wahrscheinlichkeiten gesteuert werden kann. Je größer die erwartbaren Abweichungen sind, desto kreativer und damit zugleich fehleranfälliger arbeitet das System (dazu Pesch/Böhme MMR 2023, 917 (919)).

Für eine **rechtliche Einordnung des** diesem Formular zugrundeliegenden **Sachverhalts** wäre die parallele Behandlung zur Überlassung von Software, beispielsweise als „Software as a Service", naheliegend. Jedoch steht nicht die Überlassung der dem KI-System zugrunde liegenden Software im Fokus, sondern die von dem System erzeugten Ausgaben. Das KI-System übernimmt die Aufgabe einer Service-Hotline. In der Folge ist dieser Vertrag als **Auftragsverhältnis** und bei Entgeltlichkeit als **Dienstvertrag** einzuordnen. In bestimmten Beratungssituationen könnte auch ein Geschäftsbesorgungsvertrag angenommen werden (MüKoHGB/Zahrte Bd. 6 Kap. M. Anlageberatung Rn. 445; für Robo Advisor Schuster/Grützmacher/Strittmatter § 675 BGB Rn. 56). Dass ein Erfolg geschuldet ist und damit ein Werkvertrag zugrunde liegt, dürfte bei der Nutzung eines KI-Systems derzeit eher ungewöhnlich sein.

Des Weiteren sind **gesetzliche Regelwerke** zu beachten. Vor allem die, die sich speziell mit KI-Systemen befassen. Dabei ist zuerst die **KI-VO** zu nennen (dazu Chibanguza/Steege NJW 2024, 1769; Buchalik/Gehrmann CR 2024, 145). Die Verordnung wurde am 21.5.2024 vom Rat der Europäischen Union verabschiedet und entfaltet ihre Wirkungen gestuft nach ihrem Inkrafttreten im Juli 2024. Die Verpflichtung zur Schulung der Nutzer nach Art. 4 und die Bestimmungen über verbotene Praktiken gelten bereits sechs Monate nach Inkrafttreten der Verordnung. Die übrigen für dieses Formular relevanten Bestimmungen sind 24 Monate nach Inkrafttreten zu beachten. Materiell ist für die Praxis zwischen verbotenen **Hochrisiko-Systemen** und Systemen mit geringerem Risiko zu unterscheiden (dazu Chibanguza/Steege NJW 2024, 1769 Rn. 19 ff.). Sollte das genutzte System nach Art. 6 KI-VO zu den Hochrisiko-Systemen gehören, sind vor allem die normierten Anforderungen an die Produktsicherheit zu beachten. Nach dem hier zugrundeliegenden Sachverhalt liegt kein Hochrisiko-KI-System vor.

Alle Anbieter und Betreiber von KI-Systemen müssen nach Art. 4 KI-VO Maßnahmen ergreifen, um nach besten Kräften sicherzustellen, dass die Nutzer der Systeme über ein ausreichendes Maß an **KI-Kompetenz** verfügen. Nach Art. 50 KI-VO müssen die Nutzer eines KI-Systems erkennen können, dass sie mit einem solchen System interagieren, und der Output muss als Ergebnis eines KI-Systems erkennbar sein. Das ist nach dem Vertrag vor allem durch § 2 Abs. 9 und § 3 sichergestellt. Für das hier behandelte System der Unterstützung bei der Bedienung und Wartung einer Maschine sind darüber hinaus keine besonderen Anforderungen zu erfüllen. Zu beachten ist, dass die Vorschriften der KI-VO **Schutzgesetze** nach § 823 Abs. 2 BGB sein dürften (Theis BKR 2024, 414 (415); Grützmacher CR 2021, 433 (437)). Ferner wird das zukünftige **Produkthaftungsrecht** auch KI-Systeme als Produkte einordnen (ErwG 12 ProdHaftRL-E 2024, COM(2022) 495 final). Nach der neuen Richtlinie sollen auch **wesentlich veränderte Produkte** als neue Produkte gelten. Damit kann das auf die individuellen Anforderungen eines Betreibers zugeschnittene **Training** eines KI-Modells diesen Betreiber **zum produkthaftungsrechtlichen Hersteller** machen (ErwG 29 ProdHaftRL-E 2024; COM(2022) 495 final). Ergänzend werden auch Regelungen zur **Beweisführung** im Falle einer behaupteten Verletzung durch ein KI-System nach der Richtlinie über die Haftung für Künstliche Intelligenz (COM (2022) 496 final) in Kraft treten.

3. Unentgeltlichkeit. Das Formular sieht die Unentgeltlichkeit der KI-Nutzung vor, um zum einen die Akzeptanz für die Nutzung des Systems zu erhöhen. Das verschafft dem Anbieter die Möglichkeit zu lernen, wie das System genutzt wird, und es hierüber gleichzeitig zu verbessern. Zum anderen soll die Unentgeltlichkeit zu einer vertraglichen **Haftungsprivilegierung** führen. Dieses Ziel kann jedoch nur erreicht werden, wenn die Leistung tatsächlich unentgeltlich erbracht wird. Zweifel an der Unentgeltlichkeit können bestehen, wenn der Nutzer Daten zuliefert, die einen nicht völlig unbeachtlichen Wert haben. Insbesondere bei personenbezogenen Daten ist eine Entgeltlichkeit denkbar, wie § 327 Abs. 3 BGB für einen Verbrauchervertrag über digitale Produkte zeigt. Hinsichtlich der Beachtung der Vorgaben der KI-VO ist es gemäß Art. 3 Nr. 3 irrelevant, ob der Anbieter das System entgeltlich oder unentgeltlich zur Verfügung stellt. Bei einem unentgeltlichen Auftragsverhältnis lehnt die herrschende Meinung eine analoge Anwendung der Privilegierungen aus einem Leih- oder Schenkungsverhältnis ab (BeckOK BGB/Detlev Fischer § 662 Rn. 14).

4. Begriffe. Im Zusammenhang mit der Nutzung von KI-Systemen haben sich inzwischen viele Begriffe etabliert, deren Bedeutung nicht immer klar fassbar ist. Daher empfiehlt sich eine Definition im Vertrag. Der KI-VO wurden die Begriffe des KI-Systems (Art. 3 Nr. 1 KI-VO) und der KI-Kompetenz (Art. 4 KI-VO) entnommen. In der Verordnung wird zwar auch der Begriff des KI-Modells verwendet, jedoch nicht definiert. Das Formular enthält eine Definition des Begriffs, für dieses Vertragsmuster ist die Unterscheidung zwischen Modell und System nicht erforderlich.

5. Systemnutzung. Die Regelungen zur Systemnutzung enthalten zunächst nur allgemeine Bestimmungen der Zugriffsberechtigung und der technischen Durchführung. Insoweit bestehen Ähnlichkeiten zum ASP-Vertrag (→ Form. E.4 Anm. 4).

6. Service Levels. Muss der Anbieter damit rechnen, dass er seine Leistung nicht so, wie vom Kunden berechtigterweise zu erwarten, erbringen kann, sollte er die Leistungsparameter so definieren, wie er sie voraussichtlich erfüllen kann. Für die nach diesem Formular vorgesehene unentgeltliche Leistungserbringung ist die Mängelhaftung unproblematisch. Bei einer entgeltlichen Leistung empfiehlt sich aber eine Regelung insbesondere zur Verfügbarkeit (→ Form. E.5).

7. Bestimmungsgemäße Nutzung. Moderne KI-Systeme sind in der Lage, ein weites Spektrum von Aufgaben abzudecken. Selbst bei einer systeminternen Begrenzung der Aufgabenerfüllung ist nicht auszuschließen, dass das System bestimmungswidrig verwendet wird. Die Klausel untersagt einen solchen Gebrauch. Ein Verstoß hiergegen lässt sich im Einzelfall jedoch schwer nachweisen.

8. Unzulässige Nutzung. KI-Systeme können manipuliert werden, was besonders haftungsträchtig ist, wenn sie von vielen Nutzern verwendet werden. Obwohl Filter eingesetzt werden, um unerwünschte Ergebnisse zu vermeiden, ist dies nicht immer erfolgreich. KI-Systeme speichern keine Rohdaten, sondern eine Repräsentation, die bei jeder Anfrage neu interpretiert wird. Das erschwert das vollständige Unterdrücken unerwünschter Inhalte, weil sie durch gezielte Prompts abgerufen oder sogar neu gelernt werden können. Filter, die vor und nach der Verarbeitung wirken, können so umgangen werden. Besonders gefährlich sind Manipulationen, die, wie bei der Bedienung und Wartung von Maschinen, Leben und Gesundheit gefährden oder zu falschen Ergebnissen führen. Zwar übersteigen die denkbaren Methoden zur Manipulation die Fähigkeiten der meisten Benutzer. Es ist aber sinnvoll, für den Vertrag das Risiko zu bewerten und bei Bedarf zu behandeln. Im Falle einer Manipulation dürfte eine Zuordnung zu einem bestimmten Nutzer allerdings schwierig sein.

9. Haftung des Kunden. Die missbräuchliche Nutzung eines KI-Systems kann zu erheblichen Nachteilen auch für den Anbieter des Systems führen. Dies gilt insbesondere dann, wenn der Anbieter das System mehreren Kunden zur Nutzung überlässt und ein Nutzer das KI-Modell so verändert, dass es unerwartete Ergebnisse produziert. Ohne entsprechende Detektions-Systeme dürfte es dem Anbieter schwerfallen, eine Manipulation einem Nutzer zuzuordnen. Besteht ein geeignetes Detektions-System, dürften die Angriffe bereits im Ansatz vereitelt werden können.

10. Kennzeichnungspflicht. Nach Art. 50 Abs. 2 KI-VO sind Anbieter von KI-Systemen, die synthetische Audio-, Bild-, Video- oder Textinhalte erzeugen, verpflichtet, die Ausgaben des KI-Systems in einem maschinenlesbaren Format zu kennzeichnen und als künstlich erzeugt oder manipuliert erkennbar zu machen. Anbieter ist im Sinne der Verordnung zunächst der Ersteller des Systems (Art. 3 Nr. 3 KI-VO), Betreiber der Verwender (Art. 3 Nr. 4 KI-VO). Allerdings ist Anbieter auch, wer das System unter eigenem Namen in Betrieb nimmt. In der Folge ist der Dienstleister – im Formular bereits als Anbieter bezeichnet – als Vertragspartner des Kunden auch Anbieter im Sinne der KI-VO und somit selbst zur Kennzeichnung verpflichtet.

11. KI-Kompetenz. Die KI-VO verlangt in Art. 4 von allen Anbietern und Betreibern von KI-Systemen, dass sie Maßnahmen ergreifen, um nach besten Kräften sicherzustellen, dass ihr Personal und andere Personen, die in ihrem Auftrag mit dem Betrieb und der Nutzung solcher Systeme befasst sind, über ein ausreichendes Maß an KI-Kompetenz verfügen. Da diese Verpflichtung **für alle KI-Systeme** gilt, sich die einzelnen Systeme aber in ihrer Arbeitsweise unterscheiden, ist die Vermittlung einer solchen Kompetenz herausfordernd. Überlagert wird diese Verpflichtung durch allgemeine **Verkehrssicherungspflichten** (→ Anm. 26) und die besonderen Anforderungen der Arbeitssicherheit (→ Anm. 28).

12. Datenverarbeitung. Nicht nur für das Training eines KI-Modells als Grundlage eines KI-Systems, sondern auch für dessen rechtliche Bewertung ist von besonderer Bedeutung, dass ein KI-Modell die Trainingsdaten nicht speichert, sondern mathematisch-statistisch bedingte Repräsentationen dieser Daten erzeugt und über Gewichtungen in den einzelnen Neuronen des Netzwerkes vorhält. KI-Modelle speichern nicht die Rohdaten, sondern eine komprimierte und abstrahierte Darstellung der gelernten Informationen in Form von Modellparametern (dazu Pesch/Böhme MMR 2023, 917 (918)). Diese Parameter repräsentieren die Beziehungen und Muster in den Daten. Generative KI-Modelle sind regelmäßig probabilistische Modelle, dh, sie lernen die Wahrscheinlichkeitsverteilung der Daten und generieren neue Inhalte basierend auf diesen Wahrscheinlichkeiten. Das bedeutet, dass der Output eine mögliche Realisierung basierend auf den gelernten Wahrscheinlichkeiten darstellt. Das ist für eine Vielzahl rechtlicher Aspekte relevant. So kann daraus folgen, dass das ein generatives KI-Modell keine Vervielfältigungen **urheberrechtlich** geschützter Trainingsdaten enthält (dazu Käde ZUM 2024, 174). Auch wenn es mit solchen Daten trainiert wurde, sind diese Daten nicht gezielt zu extrahieren. Unter Umständen mag aber eine gewisse Wahrscheinlichkeit der Wiedergabe für die urheberrechtliche Relevanz genügen. Ähnliches gilt für **personenbezogene Daten** (dazu Pesch/Böhme MMR 2023, 917). Es genügt jedoch für die Anwendbarkeit der

DSGVO, dass Daten überhaupt einen Personenbezug aufweisen, auch (oder gerade) wenn das Datum unrichtig ist (dazu Pesch/Böhme MMR 2023, 917 (921)).

13. Datenspeicherung. Das besondere Kennzeichen künstlicher neuronaler Netze ist, dass diese Systeme lernfähig sind. Der Lernprozess wird regelmäßig auch im Betrieb des KI-Systems fortgesetzt. Eingaben in das System, insbesondere Prompts, aber auch hochgeladene Texte, Bilder und andere Inhalte, sowie die Bewertungen des Outputs durch die Nutzer trainieren das System und gehen damit in der zuvor geschilderten Weise als gewichtete Repräsentationen in das KI-Modell ein (von Welser GRUR-Prax 2023, 516 Rn. 8).

14. Datenverwendung. Durch die Verwendung der Interaktionen des Nutzers mit dem KI-System erfährt das System einen Zuwachs an Informationen. Da diese Informationen aber nicht als solche, sondern nur als gewichtete Repräsentationen gespeichert werden, können sie nicht separat aus dem System entfernt werden (Pesch/Böhme MMR 2023, 917 (918)). Theoretisch möglich ist ein Training des Systems, bereits gelernte Inhalte wieder zu vergessen. Es besteht aber immer die Möglichkeit, dass trotz eines gegenläufigen Trainings bereits gelernte Inhalte vorhanden bleiben.

15. Bias. Ein häufiges Problem bei KI-Systemen ist die Verzerrung des Outputs gegenüber den erwarteten Ergebnissen. Diese Verzerrung entsteht oft durch eine unzureichende Repräsentation der Realität im Modell. Die Ursachen hierfür sind vielfältig und reichen von einer fehlerhaften Auswahl der Trainingsdaten über eine unzureichende Modellarchitektur und ungeeignete Algorithmen bis hin zu unzureichenden Bewertungskriterien für den Output. Aus rechtlicher Sicht ist es schwierig, ein Ergebnis als fehlerhafte Repräsentation der Realität zu bewerten. Dies setzt voraus, dass die Realität hinreichend präzise beschrieben werden kann, um Abweichungen festzustellen. Eine vollständige Erfassung der Realität ist jedoch in Abhängigkeit des behandelten Ausschnitts der Realität in der Regel nicht möglich. Es findet regelmäßig bereits eine wertende Vorauswahl der Trainingsdaten statt. Treten hier bereits Verzerrungen auf, müssen sie sich auch im Output wiederfinden. Sofern Verzerrungen von Bedeutung sind, sollten **Service Level** hinsichtlich bestimmter Repräsentationen festgelegt werden, die von dem System eingehalten werden.

16. Halluzinieren. Ein weiteres, KI-Systemen nach heutigem Stand immanentes Defizit ist das Halluzinieren. Es kommt immer wieder vor, dass KI-Systeme Output generieren, der inhaltlich fehlerhaft ist, insbesondere sich auf Umstände stützt, die in der Realität nicht gegeben sind. Das kann bei der Nutzung nicht nur zu einer Entwertung des Outputs führen, sondern auch ein erhebliches Schädigungspotenzial beinhalten. Im Zusammenhang mit dem Sachverhalt, der diesem Formular zugrunde liegt, könnte eine fehlerhafte Ausgabe des KI-Modells, beispielsweise ein falscher Bedienungs- oder Wartungshinweis, zu Schäden an der Maschine oder sogar zu Verletzungen des Nutzers führen. Während im unternehmerischen Verkehr Sachschäden durch die **Produkthaftung** nicht erfasst sind, muss der Hersteller für Personenschäden einstehen. Vertraglich ist dem Schuldner zu raten, einen entsprechenden **Risikotransfer** durch Abschluss einer Versicherung oder die Vereinbarung von Regressmöglichkeiten gegenüber dem Hersteller des Systems zu erreichen.

17. Tutorial/Dokumentation. Da KI-Systeme komplex und noch relativ neu sind, sollten Anbieter Vorkehrungen gegen unbeabsichtigten Fehlgebrauch treffen. Für Hochrisiko-KI-Systeme sieht die KI-VO in Art. 9 vor, ein Risikomanagementsystem einzurichten. Dazu gehört auch eine ausreichende Anleitung der Nutzer. Ziel ist, alle bekannten oder vorhersehbaren Umstände bezüglich der Verwendung des Systems im Einklang mit seiner Zweckbestimmung oder einer vernünftigerweise vorhersehbaren Fehlanwendung, die zu Risiken für die Gesundheit und Sicherheit oder die Grundrechte führen können, in der Betriebsanleitung aufzuführen (Art. 13 KI-VO und ErwG 65). Das Formular greift diese Anforderungen in den §§ 3, 4 und 9 auf.

18. Schutzrechte. Noch ist nicht hinreichend geklärt, ob und unter welchen Voraussetzungen KI-Leistungen schutzfähig sein können. Für das **Urheberrecht** ist aber anerkannt, dass allein an dem Output regelmäßig keinerlei Schutzrechte entstehen, weil keine menschliche schöpferische Leistung zugrunde liegt (Söbbing, ITRB 2024, 184; Mamar ZUM 2023, 481). Dabei ist unstreitig, dass **Prompts urheberrechtlich geschützt** sein können. Ob daraus auch Rechte des Prompt-Schöpfers an dem Output begründet werden können, ist dagegen zweifelhaft (vgl. Schricker/Loewenheim/Loewenheim/Leistner UrhG § 2 Rn. 41 ff.). Andererseits existieren Werke der Zufalls-Kunst, die vom Künstler nicht gesteuert entstanden sind, die urheberrechtlich geschützt sind (Dornis GRUR 2021, 784 (788)). Für den dem Formular zugrunde liegenden Sachverhalt der Nutzung von Maschinen ist die Schutzfähigkeit des Outputs ohne Relevanz. Denkbar ist aber, dass hier und in anderen Fällen, der Output vorbestehenden Werken gleicht oder diese zumindest im Output durchscheinen. Dann besteht die Gefahr einer Urheberrechtsverletzung, sofern nicht eine unbeabsichtigte **Doppelschöpfung** (dazu BeckOK UrhR/Ahlberg/Lauber-Rönsberg UrhG § 23 Rn. 55 ff.) angenommen werden kann. Unklar ist hierbei, wem das Risiko zuzuweisen ist, dass das KI-Modell urheberrechtlich geschützte Werke verwendet. Vertraglich lässt sich das Risiko zwischen dem Betreiber und dem Anbieter als Hersteller des Modells verteilen. Um eine Verbreitung von KI-Systemen nicht durch die Sorge zu beeinträchtigen, wegen einer Urheberrechtsverletzung in Anspruch genommen zu werden, versprechen einige Anbieter den Nutzern eine Haftungsfreistellung. Das Formular sieht dies in § 6 vor (→ Anm. 20).

Für **Designs** sieht die hM grundsätzlich keine Hindernisse eines Schutzes auch KI-generierter Leistungen (Späth/Kossak GRUR 2021, 1258). Für **Patente** gilt dagegen das gleiche wie im Urheberrecht, Erfinder kann nur ein Mensch sein (BeckOK PatR/Fitzner PatG § 6 Rn. 17; Dornis GRUR 2021, 784). Für **Marken** spielt die Qualität der Mitwirkung von Mensch oder KI keine Rolle, jedoch kann die Gefahr einer Markenrechtsverletzung durch KI-Systeme bestehen (Engels GRUR-Prax 2022, 399).

19. Geschäftsgeheimnisse. Wie bereits ausgeführt, speichern KI-Systeme keine Daten, sondern lernen deren Typik und repräsentieren diese im Rahmen der ihnen zugrunde liegenden mathematisch-statistischen Verfahren. Wird ein System unverhältnismäßig oft mit gleichen oder ähnlichen Daten trainiert (sogenanntes *Overfitting*, dazu Sonett, Neuronale Netze kompakt, S. 94 f.), besteht eine höhere Wahrscheinlichkeit, dass das System hierzu korrespondierende Daten ausgibt. Im Ergebnis ist es so möglich, dass Geschäftsgeheimnisse, wenn sie oft genug im Zusammenhang mit dem KI-System verwendet werden, Eingang in das System finden und von Dritten, die das gleiche System nutzen, abgerufen werden können. Dementsprechend sollte der Kunde eine entsprechende organisatorische Maßnahme treffen und die Nutzer hierzu ausreichend informieren.

20. Haftungsfreistellung. Da das Risiko von Urheberrechtsverletzungen durch KI-generierte Inhalte noch unklar ist und Nutzer verunsichert, bieten manche Anbieter ihren Kunden eine Haftungsfreistellung an. Diese Klausel übernimmt dieses Modell, beschränkt die Haftung des Anbieters jedoch summenmäßig.

21. Datenschutz. Ebenso wie bei den Geschäftsgeheimnissen, ist auch bei der Verwendung personenbezogener Daten nicht auszuschließen, dass diese Daten Eingang in das KI-System finden (vgl. Pesch/Böhme MMR 2023, 917). Für den hier zugrunde liegenden Sachverhalt ist eine Verwendung personenbezogener Daten nicht erforderlich, weswegen der Kunde seine Nutzer instruieren sollte, keine solchen Daten einzugeben. Anderenfalls kann die Verarbeitung personenbezogener Daten durch ein KI-System zu kaum lösbaren

Problemen führen (dazu Hoeren/Sieber/Holznagel/Willecke Teil 29.3; Kremer FS Taeger, 2020, 251 ff.; s. aber auch Moos CR 2024, 442). Eines dieser Probleme liegt darin, dass die Daten nicht im freien Zugriff sind, sondern mit Eingang in das System, gemeinsam mit anderen Daten, zu den bereits erwähnten gewichteten Repräsentationen werden und damit in ihrer ursprünglichen Form verloren gehen. Zudem arbeiten KI-Modelle autonom. Es ist nicht hinreichend steuerbar, welche Daten wie verarbeitet werden. In der Folge ist unklar, ob der Anbieter oder Betreiber eines KI-Systems gemäß Art. 4 Nr. 7 DSGVO überhaupt über die **Mittel und Zwecke der Datenverarbeitung** bestimmen kann. Nur dann wäre aber eine **Verantwortlichkeit** nach der DSGVO gegeben (dazu Kremer FS Taeger, 2020, 251, 256). Mangels ausreichender Beherrschbarkeit der Verarbeitung nur durch eine der Parteien dürfte sogar eine **gemeinsame Verantwortlichkeit** anzunehmen sein. In dem vom Formular behandelten Fall ist eine Nutzung des KI-Systems ohne die Eingabe personenbezogener Daten möglich, so dass diese Abgrenzungsfragen leicht vermieden werden können.

22. Mitarbeiterkontrolle. Der Kunde ist im eigenen Interesse gehalten, nur ausreichend qualifizierte Mitarbeiter zur Nutzung des KI-Systems zuzulassen.

23. Hinweispflicht. Mangels ausreichender Erfahrung im Umgang mit generativen KI-Systemen ist es sinnvoll, den Kunden zu verpflichten, Hinweise auf ungewöhnlichen Output zu geben. Für die Vertragsgestaltung im Einzelfall sollte genauer beschrieben werden, was unter Auffälligkeiten zu verstehen ist.

24. Preisanpassungen.→ Form. E.1 Anm. 13.

25. Mängelhaftung. Der dem Formular zugrunde liegende Sachverhalt beinhaltet die Übernahme einer Hotline durch das KI-System. Diese Leistung ist auf Beratung und Auskunft gerichtet und damit dem Dienstvertragsrecht zuzuordnen (Grüneberg/Grüneberg BGB § 675 Rn. 35), sodass der Anbieter keiner Mängelhaftung unterliegt. Bei einem Werkvertrag oder einem Geschäftsbesorgungsvertrag mit Werkvertragscharakter (dazu MüKoBGB/Heermann § 675 Rn. 13) kann der Anbieter dagegen zur Mangelbeseitigung verpflichtet sein. Es ist eine Frage des Einzelfalls, wann nicht lediglich der Output, sondern das KI-Modell als solches mangelhaft ist und ob der Mangel überhaupt beseitigt werden kann (zur Problematik der Löschung von Daten in KI-Systemen Pesch/Böhme MMR 2023, 917 (918)).

26. Haftung. Eine effektive Haftungsbeschränkung ist in AGB nicht möglich (→ Vorb. A.III.5). Neben der vertraglichen Haftung unterliegt der Anbieter auch der deliktischen Haftung. Hierbei sind vor allem der **Schutzgesetzcharakter** der KI-VO (Theis BKR 2024, 414 (415); Grützmacher CR 2021, 433 (437)) sowie die **Produkthaftung** auf der Grundlage der neuen Produkthaftungsrichtlinie zu beachten. Denkbar sind auch Verantwortlichkeiten aus der unzulässigen Verarbeitung **personenbezogener Daten** (→ Anm. 21) sowie der Verletzung von **Urheberrechten** (→ Anm. 18). Für die Haftung aus Verschulden ist zu beachten, dass der Anbieter nicht für jede Aktion des KI-Systems verantwortlich ist. Ein Verschulden kann nur gegeben sein bei einer Vermeidbarkeit der Pflichtverletzung (Borges CR 2022, 553 (554)), wobei den Anbieter allerdings auch **Verkehrssicherungspflichten** treffen. Noch unklar ist, ob das KI-System analog zu § 278 BGB als **Erfüllungsgehilfe** (dazu Lohmann/Preßler RDi 2021, 538) oder zu § 831 BGB als **Verrichtungsgehilfe** (Denga, CR 2018, 69 (75)) behandelt werden kann. Dafür spricht angesichts der Autonomie dieser Systeme viel.

27. Haftung für anfängliche Mängel. Da die Einordnung der Nutzung eines KI-Systems noch nicht hinreichend typisiert ist, besteht die Möglichkeit, sie wegen der Überlassung von (Nutzer-)Daten als Gegenleistung als Miete des Systems zu werten. Mit dieser Klausel soll die verschuldensunabhängige Haftung aus § 536a Abs. 1 BGB ausgeschlossen werden (dazu → Form. E.4 Anm. 26).

28. Arbeitssicherheit. Das Formular behandelt den Sachverhalt, dass das KI-System bei der Bedienung und Wartung von Maschinen unterstützen soll. Dies berührt Aspekte der Arbeitssicherheit, für die nicht der Anbieter des KI-Systems, sondern der **Arbeitgeber verantwortlich** ist. Kommt es zu einem Arbeitsunfall, werden die daraus resultierenden Kosten von der gesetzlichen Unfallversicherung getragen. Die Versicherung hat aber eine **Rückgriffsmöglichkeit** nach § 116 Abs. 1 SGB X gegen den für den Unfall Verantwortlichen. Das kann auch der Anbieter des KI-Systems sein (vgl. zum Regress bei Produkthaftungsansprüchen OLG Hamm BeckRS 2010, 28859; LG Stuttgart NJW-RR 2012, 1169). Hat der Arbeitgeber seine Fürsorgepflicht gegenüber dem Arbeitnehmer verletzt, kann er vom Arbeitnehmer wegen der Freistellung von der Haftung nach § 104 Abs. 1 SGB VII grundsätzlich nicht in Anspruch genommen werden. Zwischen dem Arbeitgeber und dem Anbieter des KI-Systems kann aber eine **gestörte Gesamtschuld** begründet werden (OLG Frankfurt a. M. BeckRS 2017, 105034; Lemcke r + s 2006, 52).

29. Vertraglicher Regressanspruch. Der Kunde übernimmt nach dem Vertragsformular gegenüber dem Anbieter verschiedene Pflichten, die Nutzer des KI-Systems ausreichend auszuwählen, anzuleiten und zu überwachen (§ 9 Abs. 3 und § 3 Abs. 1). Verletzt der Kunde diese Pflicht und entsteht dem Anbieter daraus ein Schaden, ist der Kunde dem Anbieter zum Ersatz dieses Schadens verpflichtet. Insoweit ist diese Regelung deklaratorisch. Bildet ein solcher Anspruch ein Element einer gestörten Gesamtschuld, dürfte er keine weitergehenden Folgen haben, als sich bereits aus der Gesamtschuld ergeben.

30. Änderung der Vertragsbedingungen. → Form. E.1 Anm. 16.

31. Anwendbares Recht. Besteht nach dem Sachverhalt ein Auslandsbezug, ist hinsichtlich der schuldrechtlichen Regelungen eine Rechtswahl möglich. Für die Anwendbarkeit der KI-VO ist Art. 2 Abs. 1 KI-VO zu beachten. Grundsätzlich findet die KI-VO nach Art. 2 Abs. 1 lit. c auch dann Anwendung, wenn das KI-System auf einem Server außerhalb der EU betrieben wird.

32. Vertragssprache. → Form. F.3 Anm. 36.

33. Anlage Service Level. → Anm. 6.

3. Daten-Kaufvertrag – Data Purchase Agreement

Kaufvertrag	Purchase Agreement
zwischen	**Between**
. . . .	. . . .
– im Folgenden „Verkäufer“ –	**hereinafter referred to as „Seller“**
und	**and**
. . . .	. . . .
– im Folgenden „Käufer“ –	**hereinafter referred to as „Buyer“**

Präambel

Der Käufer stellt Industrieroboter her und möchte deren Einsatzmöglichkeiten sowie Instandhaltungsmaßnahmen durch die Auswertung von Daten, die im operativen Betrieb gewonnen werden, optimieren. Der Verkäufer setzt einen solchen Roboter in seinem Betrieb ein und verkauft die während des Betriebs erzeugten Daten an den Käufer.

Diese Daten lassen Rückschlüsse auf die vom Verkäufer verwendeten Produktionsverfahren, die Auslastung des Roboters sowie seine Betriebszustände zu und sollen nicht an Dritte gelangen.

Auf der anderen Seite ist auch dem Käufer daran gelegen, dass die Daten durch den Verkäufer nicht an Dritte weitergegeben und dadurch die Interessen des Käufers beeinträchtigt werden, etwa an Unternehmen, die Instandhaltungsleistungen erbringen oder anderweitig im Wettbewerb zum Käufer stehen.

Damit diese Informationen nicht an Dritte gelangen, vereinbaren die Parteien einen angemessenen Schutz der Daten.

Preamble

The Buyer manufactures industrial robots and wants to optimize their operating conditions as well as the maintenance by evaluating data obtained during operation. The Seller uses such a robot in its business and sells the data generated during operation to the Buyer.

These data allow conclusions about the production processes used by the Seller, the robot's workload and its operating states. The Seller aims to prevent these data from being accessible to third parties.

On the other hand, the Buyer wishes that the data will not be passed on to third parties by the Seller, for example to companies that provide maintenance services or are otherwise in competition with the Buyer.

In order to prevent this information from reaching third parties, the Parties agree upon appropriate measures.

§ 1 Vertragsgegenstand[1]

Gegenstand dieses Vertrages ist der Verkauf von Maschinen-Daten. Die Daten werden beim Betrieb des Industrieroboters XY (nachfolgend kurz Roboter) im Betrieb des Verkäufers erzeugt.

§ 1 Subject of the Contract[1]

Subject of this contract is the sale of machine-generated data. The data will be generated during operation of the industrial robot XY (hereinafter referred to as robot) at the Seller's premises.

§ 2 Begriffe

- „Geschäftsgeheimnis" sind alle von diesem Vertrag betroffenen Daten sowie die aus den Daten ableitbaren Bewertungen (zusammenfassend als „Informationen" bezeichnet). Daten, die nach Vertragsschluss insgesamt oder in der genauen Anordnung und Zusammensetzung ihrer Bestandteile den Personen in den Kreisen, die üblicherweise mit dieser Art von Informationen umgehen, allgemein bekannt oder ohne Weiteres zugänglich

§ 2 Terms

- „Trade secrets" are all data affected by this contract as well as the evaluations that can be derived from the data (collectively referred to as „Information"). Data which, after the conclusion of the contract as a whole or in the exact arrangement and composition of its components, becomes generally known or readily accessible to persons in circles which normally deal with this type of information, or whose protection of se-werden oder auf deren Geheimnisschutz der Geheimnisinhaber verzichtet, sind keine Geschäftsgeheimnisse mehr.

- „Daten" sind alle Zustände des in der Anlage „Roboter" bezeichneten Roboters, die von der Beschreibung in der Anlage „Datenspezifikation" erfasst werden.[2]
- „Ableitbare Bewertungen" umfassen die aus den Daten herzuleitenden Erkenntnisse[3] über den Betriebszustand und die Arbeitsweise, insbesondere Produktivität und Einsatzzeiten, des Roboters.
- „Bestimmungsgemäße Auswertung"[4] meint die Analyse der vom Verkäufer überlassenen Daten zur Optimierung der Einsatzbedingungen von vergleichbaren Robotern durch den Käufer.
- Eine „zwingende Verpflichtung"[5] meint Pflichten einer Partei zum Umgang mit Geschäftsgeheimnissen, bei denen die Partei keinen Einfluss auf die Begründung solcher Pflichten hat, insbesondere solche, die auf zwingendem Recht, rechtskräftigen gerichtlichen oder bestandskräftigen behördlichen Anordnungen beruhen und die nicht durch Rechtsgeschäft begründet wurden.
- Ein Verhalten wird einer Vertragspartei „zugerechnet",[6] wenn sie in irgendeiner Weise willentlich und adäquat-kausal zur Verwirklichung des Geschehens beigetragen hat, sofern es ihr tatsächlich und rechtlich möglich und zumutbar war, die Vertragsverletzung zu verhindern, insbesondere wenn sie das Geschehen selbst oder durch ihre Organe oder Erfüllungsgehilfen verwirklicht hat (zurechenbares Verhalten). Ein Vertretenmüssen ist für die Zurechnung nicht erforderlich.
- „Weitergabe" meint die Übermittlung an einen Dritten einschließlich des Abrufs, der Einsichtnahme oder einer sonstigen Erlangung der Information.
- „Dritte" sind alle natürlichen und juristischen Personen, ausgenommen die Vertragsparteien selbst und deren Erfüllungsgehilfen.

crets the owner of the secret waives, are no longer trade secrets.

- „Data" means all states of the robot designated in the Appendix „Robot" that are covered by the description in the Appendix „Data Specification".
- „Derivable evaluations" comprise the knowledge[3] about the operating status and the mode of operation, in particular productivity and operating times, of the robot to be derived from the data.
- „Proper evaluation"[4] means the analysis by the Buyer of the data provided by the Seller in order to optimize the operating conditions of comparable robots.
- A „mandatory obligation"[5] means obligations of a Party to handle trade secrets where the Party has no influence on the establishment of such obligations, in particular those based on mandatory law, legally binding court orders or final and binding official orders, and which were not established by legal transaction.
- Conduct is „attributable" to a contracting party[6] if the Party has contributed in any way deliberately and adequately causally to the realisation of the event, provided that it was actually and legally possible and reasonable for the Party to prevent the breach of contract, in particular if the Party has realised the event itself or through its organs or vicarious agents (attributable event). It is not required that the Party acted culpable.
- „Forwarding" means the transmission to a third party including the retrieval, inspection or other kind of obtaining of the information.
- „Third parties" are all natural persons and legal entities, with the exception of the contracting parties themselves and their vicarious agents.

§ 3 Kaufgegenstand

Verkauft werden die in der Anlage „Datenspezifikation“ näher bezeichneten Daten.

§ 4 Beschaffenheit

(1) Die Daten weisen die in der Anlage „Datenspezifikation“ beschriebene Beschaffenheit[7] auf. Insbesondere handelt es sich um Daten aus dem operativen Betrieb des Roboters, wie er in der Anlage beschrieben ist.

(2) Die Daten weisen keinen Personenbezug auf.[8]

(3) Der Verkäufer gewährleistet,[9] dass die Daten von dem bezeichneten Roboter produziert wurden, sich jeweils auf einen Kalendermonat beziehen sowie richtig und vollständig sind. Richtig sind die Daten, wenn sie aus dem operativen Betrieb des in der Anlage bezeichneten Roboters stammen. Vollständig sind die Daten, wenn sie alle in der Anlage beschriebenen Daten des Roboters erfassen, diese Daten während des jeweiligen Monats erzeugt wurden, und Betriebsunterbrechungen sowie -beeinträchtigungen, gleich aus welchem Grund, erkennbar sind.

(4) Der Verkäufer gewährleistet ferner, dass die Daten nur an Dritte übertragen werden, wenn diese Vereinbarung dies vorsieht oder eine zwingende Verpflichtung hierzu besteht.[10] Soweit Dritte im Wege der Fernwartung auf die Daten zugreifen können, stellt der Verkäufer sicher, dass der Zugriff nur in dem zur Instandhaltung erforderlichen Umfang erfolgt und der Dritte verpflichtet wird, die Daten nicht weiterzugeben und, falls er sie gespeichert hat, dann zu löschen, wenn ihre Verwendung nicht mehr erforderlich ist. Instandhaltung meint dabei alle Maßnahmen, die dem Erhalt oder der Wiederherstellung des funktionsfähigen Zustands des Roboters dienen, einschließlich Inspektion, Wartung und Instandsetzung.

(5) Der Verkäufer gewährleistet zudem, dass die Daten frei von Rechten Dritter

§ 3 Object of Purchase

Sold are the data described in more detail in the Appendix „Data Specification“.

§ 4 Agreed Quality

(1) The data have the quality described in the Appendix „Data specification“.[7] In particular, it is data from the operation of the robot as described in the Appendix.

(2) The data do not contain any personal reference.[8]

(3) The Seller warrants[9] that the data was produced by the designated robot, refers to one calendar month, is correct and complete. The data is correct if it originates from the operation of the robot. The data is complete when it includes all the data described in the Appendix, when this data has been generated during the month in question, and when any interruption or impairment of operation, for whatever reason, is identifiable.

(4) The Seller further warrants that the Data will only be transferred to third parties in accordance with this Agreement or if there is a mandatory obligation to do so.[10] If third parties can access the data by way of remote maintenance, the Seller shall ensure that access is only made to the extent necessary for maintenance and that the third party is obliged not to pass on the data and, if it has stored the data, to delete it when its use is no longer necessary. Maintenance means all measures that serve to maintain or restore the functional condition of the robot, including inspection and repair.

(5) The Seller also warrants that the data is free from third party rights, in particular

sind, insbesondere nicht mit Auskunftsrechten, gleich ob gegenüber dem Veräußerer oder dem Käufer mit Rechten zur Löschung der Daten belastet sind.[11]

that they are not encumbered with rights to information, regardless whether vis-à-vis the Seller or the Purchaser, with rights to delete the data.[11]

(6) Der Verkäufer gewährleistet nicht, dass der Käufer mit den Daten die von ihm angestrebten Ziele erreichen kann. Er gewährleistet ferner nicht, dass der Käufer an den Daten Ausschließlichkeitsrechte erwirbt mit der Folge, dass der Käufer Rechte gegen Dritte geltend machen kann.[12]

(6) The Seller does not warrant that the Buyer will be able to achieve the goals it is aiming for with the data. Furthermore, it does not guarantee that the Buyer acquires exclusive rights to the data with the consequence that the Buyer can assert rights against third parties.[12]

(7) Der Verkäufer wird während der Laufzeit dieses Vertrages ohne unverzügliche Information des Käufers keine Modifikationen an dem Roboter oder den Einsatzbedingungen des Roboters vornehmen.[13]

(7) The Seller will not make any modifications to the robot or the conditions of use of the robot during the term of this contract without immediately informing the Buyer.[13]

(8) Der Verkäufer informiert den Käufer, wenn und in welchem Umfang die übermittelten Daten nicht aus dem operativen Betrieb stammen, etwa infolge von Einregelungen oder Lasttests, insbesondere im Zusammenhang mit Instandhaltungsmaßnahmen, sowie über Abweichungen der vereinbarten Datenzusammensetzung.

(8) The Seller shall inform the Buyer if and to what extent the data transmitted do not originate from the robot's operation, for example as a result of adjustments or load tests, in particular in connection with maintenance measures. The Seller shall inform the Buyer furthermore about deviations from the agreed data composition.

(9) Die Untersuchungs- und Rügeobliegenheit nach §§ 377 und 381 HGB besteht mit der Maßgabe, dass sich die Untersuchungsobliegenheit des Käufers auf Mängel beschränkt, die offen zu Tage treten (zB auffällige Abweichungen im Datenvolumen gegenüber früheren Erwerben, Minderlieferung, Korruption von Daten, falsche Formate etc).[14] Die Rügeobliegenheit für später entdeckte Mängel bleibt unberührt. Unbeschadet der Untersuchungsobliegenheit gilt die Rüge (Mängelanzeige) jedenfalls dann als unverzüglich und rechtzeitig, wenn sie bei offensichtlichen Mängeln innerhalb von drei Arbeitstagen ab Erhalt bzw. Entdeckung abgesendet wird.

(9) The obligation to inspect and give notice of defects according to §§ 377 and 381 HGB (German Commercial Code) exists with the proviso that the Buyer's obligation to inspect is limited to defects that are openly apparent (e.g. conspicuous deviations in data volume compared to previous purchases, short delivery, corruption of data, incorrect formats, etc).[14] The obligation to give notice of defects discovered later remains unaffected. Irrespective of the obligation to inspect, the complaint (notification of defects) shall in any case be deemed to be prompt and timely if it is sent within three working days as of receipt or discovery in the case of obvious defects.

§ 5 Übermittlung der Daten/ Gefahrtragung

§ 5 Transfer of Data/Passing of the Risk

(1) Die Übermittlung der Daten erfolgt in der Weise, dass der Verkäufer dem Käufer den auf den vergangenen Monat bezogenen Datensatz spätestens zum dritten

(1) The data shall be transferred in such a way that the Seller shall make the data set regarding the previous month available to the Buyer by the third working day of a

Werktag eines Monats im Wege der elektronischen Datenübertragung in dem in der Anlage vereinbarten Format zur Verfügung stellt.[15]

(2) Die Gefahr des zufälligen Untergangs, Verlustes oder der Veränderung der Daten geht mit Übergabe der Daten aus dem Netzwerk des Verkäufers in das öffentliche Kommunikationsnetz auf den Käufer über.[16]

§ 6 Geheimhaltung

(1) Die verkauften Daten geben Aufschluss über die Arbeitsweise und Auslastung des Roboters. Verkäufer und Käufer betrachten die in diesem Vertrag als Geschäftsgeheimnisse definierten Informationen als ihre Geschäftsgeheimnisse iSd § 2 GeschGehG, die nach Maßgabe der nachfolgenden Bestimmungen ergänzend zu den gesetzlichen Regelungen geschützt werden.[17]

(2) Die Parteien tragen dafür Sorge, dass Daten nicht aufgrund eines Dritten, insbesondere Gesellschaftern, zustehenden, abdingbaren Auskunftsrechts an diese weitergegeben werden. Besteht bei Abschluss dieses Vertrages eine zwingende Verpflichtung zur Weiterleitung von Informationen, weist die verpflichtete Partei die andere Partei unverzüglich auf die Grundlage und den Umfang dieser Verpflichtung hin, soweit dies noch nicht geschehen ist.[18]

(3) Die Parteien sind verpflichtet, angemessene Maßnahmen iSd § 2 Nr. 1 lit. b GeschGehG zu ergreifen, um die Geschäftsgeheimnisse gegen eine unbefugte Erlangung durch Dritte zu schützen. Insbesondere haben sie Mitarbeitern und Erfüllungsgehilfen nur im erforderlichen Umfang Zugang zu den Daten zu gewähren und sie vor einer Kenntniserlangung der Geschäftsgeheimnisse auf die Beachtung der Regeln dieser Vereinbarung zu verpflichten.[19]

(4) Auf Wunsch einer Partei erläutert die andere Partei die von ihr nach Absatz 3 ergriffenen Maßnahmen. Sollte die andere Partei diese Maßnahmen für unzureichend

month at the latest. The data shall be transmitted by way of electronic data transfer in the format agreed in the Appendix.[15]

(2) The risk of accidental destruction, loss or alteration of the data shall pass to the Buyer upon transfer of the data from the Seller's network to the public communication network.[16]

§ 6 Secrecy

(1) The data sold provide information on the robot's mode of operation and workload. Seller and Buyer consider the data as their trade secrets in the sense of § 2 GeschGehG, which are protected in accordance with the following provisions in addition to the legal regulations.[17]

(2) The Parties shall ensure that trade secrets are not passed on to third parties, in particular to shareholders, on the basis of a third party's right to information, which may be waived legally. If, at the time of the conclusion of this contract, there is a mandatory obligation to pass on information that also includes trade secrets covered by this contract, the obligated Party shall immediately inform the other Party of the basis and scope of this obligation, insofar as this has not already been done.[18]

(3) The Parties are obliged to take appropriate measures within the meaning of § 2 No. 1 lit. b GeschGehG to protect the trade secrets against unauthorised acquisition by third parties. In particular, employees and vicarious agents shall only get access to the data on a need-to-know-basis. Furthermore the parties must obligate their employees and vicarious agents to observe the rules of this contract before they become aware of the trade secrets.[19]

(4) At the request of either Party, the other Party shall provide an explanation of the measures it has taken pursuant to paragraph 3. Should the other Party consider

halten, stimmen sich die Parteien über weitere Maßnahmen ab.

such measures to be insufficient, the Parties shall consult each other on further action.

(5) Jeder Partei ist es untersagt, Geschäftsgeheimnisse zu vervielfältigen, soweit dies zur bestimmungsgemäßen Auswertung nicht erforderlich ist. Im Zweifel ist die Zustimmung der anderen Partei zu einer Vervielfältigung einzuholen.

(5) Each Party is prohibited from duplicating trade secrets unless this is necessary for the intended use. In case of doubt, the consent of the other Party must be obtained.

(6) Die Verpflichtungen zur Geheimhaltung bestehen so lange fort, wie ein Datum oder eine abgeleitete Bewertung ein Geschäftsgeheimnis ist.

(6) The confidentiality obligations shall continue to apply as long as a datum or a derived evaluation is a trade secret.

(7) Erhält eine Partei Kenntnis von einer unbefugten Weitergabe von Daten oder Bewertungen, unterrichtet sie unverzüglich die andere Partei hiervon. Dabei hat sie alle ihr bekannten Umstände der Weitergabe zu nennen, soweit die andere Partei berechtigterweise hierüber Aufklärung erwarten darf.

(7) If one Party becomes aware of any unauthorised disclosure of data or assessments, it shall immediately inform the other Party. In doing so, it shall state all circumstances of disclosure known to it, insofar as the other Party may legitimately expect to be informed of such circumstances.

§ 7 Nutzungsbefugnis des Käufers

§ 7 Buyer's Right of Use

(1) Der Käufer ist berechtigt, die Daten zur bestimmungsgemäßen Auswertung im eigenen Geschäftsbetrieb zu nutzen. Er ist insbesondere berechtigt, die Daten zu diesem Zweck im erforderlichen Umfang, ganz oder teilweise, zu vervielfältigen und die Daten mit anderen Daten zu vermischen und zu verknüpfen oder anderweitig zu veredeln.[20]

(1) The Buyer is entitled to use the data for the intended evaluation in its own business operations. In particular, it is entitled to duplicate the data for this purpose to the necessary extent, in whole or in part, and to mix and link the data with other data. The Buyer is also entitled to refine the data in any other manner.[20]

(2) Eine vollständige oder teilweise Weiterübertragung der Daten, auch in aggregierter Form, dh zusammen mit anderen Daten, ist nicht gestattet, sofern die weitergegebenen Daten Rückschlüsse auf die Betriebszustände des Roboters und auf den Verkäufer erlauben. Die Daten dürfen insbesondere nicht bereits deswegen weitergegeben werden, weil ihre Erlangung als Geschäftsgeheimnis nach § 3 Abs. 1 GeschGehG zulässig oder nach § 5 GeschGehG nicht verboten ist.

(2) A complete or partial forwarding of the data, also in aggregated form, i.e. together with other data, is not permitted, as long as the forwarded data allows conclusions about the operating states of the robot and conclusions about the Seller. In particular, the data may not be passed on because its acquisition as a trade secret is permitted under Section 3 (1) GeschGehG or is not prohibited under Section 5 GeschGehG.

(3) Zulässig ist jede Verwendung der aus der Analyse der Daten ableitbaren Bewertungen, soweit hieraus nicht auf die Betriebszustände des vom Verkäufer einge-

(3) Any use of the evaluations derived from the analysis of the data is permissible, as long as the operating conditions of the Seller's robot and the identity of the

setzten Roboters und auf den Verkäufer geschlossen werden kann.[21]

Seller itself cannot be identified therefrom.[21]

§ 8 Nutzungsbeschränkung des Verkäufers

§ 8 Seller's Restrictions of Use

Der Verkäufer darf die Daten und die ableitbaren Bewertungen nur zu betrieblichen Zwecken verwenden. Er darf sie Dritten nur zugänglich machen, soweit dies erforderlich ist, beispielsweise im Rahmen der Fernwartung oder aufgrund einer zwingenden Verpflichtung hierzu.[22]

The Seller may use the data and the derivable evaluations for operational purposes only. It may only make them accessible to third parties to the extent that this is necessary, for example in the context of remote services or because of a mandatory obligation to do so.[22]

§ 9 Nacherfüllung

§ 9 Cure

(1) Der Verkäufer hat gemäß den gesetzlichen Regelungen nachzuerfüllen, soweit im Folgenden nichts anderes bestimmt ist.[23]

(1) The Seller shall provide supplementary performance in accordance with the statutory provisions, unless otherwise specified below.[23]

(2) Die Art der Nacherfüllung wird vom Verkäufer bestimmt.

(2) As cure the Seller may, at its choice, remedy the defected data or supply data free of defects.

(3) Besteht der Mangel der Daten darin, dass sie einen Personenbezug aufweisen, ist der Verkäufer zunächst verpflichtet, die Daten in anonymisierter Form in der Weise zur Verfügung zu stellen, dass die Nutzung der Daten in Übereinstimmung mit den Vertragszweck möglich ist. Sollte dies nicht umsetzbar sein, hat der Verkäufer die nach diesem Vertrag vorgesehene bestimmungsgemäße Verwendung der Daten in datenschutzkonformer Weise zu ermöglichen. Ist auch das nicht möglich, muss der Käufer sie unumkehrbar löschen und im Falle einer erfolgten Weitergabe an Dritte für die entsprechende Löschung Sorge tragen.[24]

(3) If the deficiency of the data consists in the fact that data is relating to an identified or identifiable natural person, the Seller is initially obliged to make the data available in anonymised form. If this is not possible, the Seller shall enable the use of the data as provided for in this contract in a manner that complies with data protection laws. If this is also not possible, the Buyer must irreversibly delete the data and, in case of being passed on to third parties, ensure that they are deleted properly.[24]

(4) Beruht der Mangel darauf, dass die gelieferten Daten nicht vollständig oder richtig sind und kann dieser Mangel nicht beseitigt werden, sind die Daten für den Käufer nicht verwertbar. Der Wert der Daten reduziert sich dann auf null.[25]

(4) If the defect is based on the fact that the data supplied is not complete or correct and this defect cannot be remedied, the data is not usable for the Buyer. The value of the data is then reduced to zero.[25]

(5) Hat der Käufer die Daten gemäß ihrer Art und ihrem Verwendungszweck mit anderen Daten vermengt oder anderweitig

(5) If the Buyer has mixed the data with other data in accordance with its nature and purpose, or used it in any other way

verwendet, so dass sie Teil einer Datenmenge geworden sind, schuldet der Verkäufer im Rahmen der Nacherfüllung nicht das Entfernen der Daten aus dieser Datenmenge. Ebenso wenig schuldet er hierfür Aufwendungsersatz. Die Haftung des Verkäufers auf Schadensersatz im Rahmen dieses Vertrages bleibt unberührt.[26]

so that it has become part of a data set, the Seller does not owe the removal of the data from this data set within the scope of care. Nor does it owe any reimbursement of expenses therefor. The Seller's liability for damages under this contract remains unaffected.[26]

(6) Ansprüche auf Erfüllung und Nacherfüllung beziehen sich stets nur auf die für einen Monat zu leistenden Daten und die dafür nach dem Vertrag zu entrichtende Gegenleistung. Die vertraglichen Leistungen im Übrigen bleiben hiervon unberührt.

(6) Claims for performance and cure always relate only to the data to be provided for one month and the remuneration to be paid for it under the contract. The contractual services in other respects shall remain unaffected by this.

(7) Ansprüche auf Nacherfüllung verjähren innerhalb von 12 Monaten.[27]

(7) Claims for cure shall become statute-barred within 12 months.[27]

§ 10 Vergütung

§ 10 Remuneration

(1) Das Entgelt für die Überlassung der Daten bestimmt sich nach den Festlegungen in der Anlage „Vergütung".[28]

(1) The fee for the provision of data shall be determined in accordance with the provisions set out in the Appendix „Remuneration".[28]

(2) Der Verkäufer kann das Entgelt nach billigem Ermessen (§ 315 BGB) ändern und wird den Käufer über diese Änderung jeweils innerhalb angemessener Frist vor deren Wirksamwerden unterrichten. Eine Erhöhung des Entgelts ist jährlich nur in Höhe von bis zu 3 % gegenüber dem im abgelaufenen Kalenderjahr jeweils zuletzt verlangten Entgelt zulässig.[29]

(2) The Seller may change the remuneration at its reasonable discretion (§ 315 BGB) and will inform the Buyer of such changes within a reasonable period of time before they take effect. An annual increase in the remuneration is only permitted up to 3 % compared to the last remuneration requested in the previous calendar year.[29]

(3) Zahlungen sind, soweit nicht anders vereinbart, zum Ende des in § 5 Abs. 1 bezeichneten Kalendermonats zu leisten. Alle vertraglich vereinbarten Vergütungen verstehen sich zzgl. der gesetzlichen Umsatzsteuer.

(3) Unless otherwise agreed, payments shall be made at the end of the calendar month referred to in § 5 (1). All contractually agreed remuneration is subject to the statutory value added tax.

§ 11 Vertragsstrafe[30]

§ 11 Contractual Penalty[30]

(1) Verstößt eine Partei gegen mindestens eine der nachfolgend genannten Verpflichtungen und hat sie dies zu vertreten, verwirkt sie eine Vertragsstrafe, die von der anderen Partei im Einzelfall nach billigem Ermessen (§ 315 BGB) festzulegen und im

(1) If one Party violates at least one of the obligations listed below and is responsible for this violation, it shall incur a contractual penalty, which shall be determined by the other Party in each individual case at its reasonable discretion (§ 315 BGB) and, in

Streitfall von dem örtlich zuständigen Landgericht zu überprüfen ist. Bei der Bemessung der Vertragsstrafe ist die Schwere des Verstoßes unter Berücksichtigung der Gläubigerinteressen an dessen Vermeidung zu berücksichtigen. Mehrere Verstöße erhöhen die für sie zu leistende Vertragsstrafe.

(2) Eine Vertragsstrafe nach Abs. 1 ist verwirkt, wenn eine Partei entgegen den Bestimmungen in § 6 Geschäftsgeheimnisse nicht geheim hält und/oder entgegen den Bestimmungen in § 13 Unterstützungsleistungen nicht erbringt.

(3) Eine Vertragsstrafe nach Abs. 1 ist ferner durch den Käufer verwirkt, wenn er Geschäftsgeheimnisse entgegen den Bestimmungen in § 7 nutzt.

(4) Eine Vertragsstrafe nach Abs. 1 ist schließlich durch den Verkäufer verwirkt, wenn er Geschäftsgeheimnisse entgegen den Bestimmungen in § 8 nutzt.

(5) Eine gezahlte Vertragsstrafe ist auf Schadensersatzansprüche, die aus der gleichen Pflichtverletzung resultieren, anzurechnen. Die Vertragsstrafe stellt dabei den Mindestschaden dar.

§ 12 Haftung

(1) Die Parteien haften nur bei Vorsatz, grober Fahrlässigkeit sowie der fahrlässigen Verletzung wesentlicher Vertragspflichten, deren Erfüllung die ordnungsgemäße Durchführung des Vertrags überhaupt erst ermöglicht und auf deren Einhaltung die andere Partei regelmäßig vertrauen darf, sowie bei Schäden aus der Verletzung des Lebens, des Körpers oder der Gesundheit.[31]

(2) Ausgenommen in den Fällen von Vorsatz und Arglist ist die Haftung einer Partei je Schadensfall begrenzt auf 30.000 Euro im Einzelfall und 50.000 EUR insgesamt.

(3) Die vorstehenden Regelungen gelten auch zugunsten der gesetzlichen Vertreter, Mitarbeiter und Erfüllungsgehilfen einer Partei.

the event of a dispute, shall be reviewed by the locally competent regional court. When assessing the contractual penalty, the severity of the breach shall be taken into account, taking into account the creditor's interest in avoiding it. Several breaches increase the contractual penalty to be paid for them.

(2) A contractual penalty pursuant to paragraph 1 shall be forfeited if one Party, contrary to the provisions in § 6, does not keep trade secrets secret and/or does not provide support services contrary to the provisions in § 13.

(3) A contractual penalty in accordance with paragraph 1 is forfeited by the Buyer if the Buyer
uses trade secrets contrary to the provisions in § 7.

(4) A contractual penalty according to paragraph 1 is finally forfeited by the Seller if the Seller uses trade secrets contrary to the provisions in § 8.

(5) A paid contractual penalty shall be set off against claims for damages resulting from the same breach of duty. The contractual penalty represents the minimum damage.

§ 12 Liability

(1) The Parties shall only be liable in cases of intent, gross negligence and negligent breach of material contractual obligations, the fulfilment of which is essential for the proper performance of the contract and on the observance of which the other Party may regularly rely on, as well as for damages arising from injury to life, body or health.[31]

(2) Except in cases of intent and fraudulent intent, the liability of a Party shall be limited to 30,000 euro per case of damage and 50,000 euro in total.

(3) The above provisions shall also apply in favour of the legal representatives, employees and vicarious agents of a Party.

§ 13 Rücktritt

(1) Der Rücktritt vom gesamten Vertrag ist nach dessen Invollzugsetzung ausgeschlossen. Zulässig ist jedoch der Rücktritt hinsichtlich einer Einzellieferung.

(2) An die Stelle des Rücktritts vom gesamten Vertrag tritt das Recht, den Vertrag zu jedem vor dem nächstmöglichen Zeitpunkt einer ordentlichen Beendigung liegenden Termin zu beenden. Eine Rückgabe der Daten erfolgt nur dann, wenn der Käufer die für diese Daten zu leistende Vergütung nicht erbracht hat.

(3) Im Falle der Rückgabe von Daten hat der Käufer nach der Rückgabe die bei ihm verbliebenen Kopien der Daten zu löschen. Löschen meint, sicherzustellen, dass der Käufer nach der Rückgabe in keiner Weise, auch nicht über Datensicherungen, auf die Daten zugreifen kann. Statt der Rückgabe kann der Verkäufer auch nur die Löschung der betroffenen Daten im vorgenannten Sinne verlangen. Auf Wunsch des Verkäufers hat der Käufer die Löschung der Daten schriftlich (§ 126 BGB) zu versichern.[32]

§ 14 Unterstützung bei Rechtsverletzungen[33]

(1) Erfolgt eine unbefugte Weitergabe von Informationen, unterstützt jede Partei die andere bei der Verfolgung von deren Rechten in zumutbarem Umfang. Dazu gehört insbesondere die unverzügliche Weitergabe aller notwendigen Angaben und die Gewährung aller notwendigen sonstigen Hilfestellungen. Die Kosten der Unterstützung trägt die unterstützte Partei, soweit dies nach den Umständen des Einzelfalls angemessen ist, insbesondere dann, wenn die unbefugte Weitergabe der anderen Partei nicht zurechenbar ist. Entsprechende Unterstützungspflichten gelten für den Verkäufer, sofern Dritte wegen an den Käufer zulässig weitergegebenen Daten Rechte gegen diesen geltend machen.

(2) Die Parteien werden sich bei einer gemeinsamen Beeinträchtigung durch die Weitergabe an einen Dritten über das Vor-

§ 13 Rescission

(1) The rescission from the entire contract is excluded after its execution. Rescission regarding an individual delivery is permissible.

(2) Instead of rescission from the entire contract, the right to terminate the contract at any time before the next possible date of ordinary termination shall apply. The data will only be returned if the Buyer has not paid the remuneration to be paid for these data.

(3) In the event of the return of data, the Buyer must delete the copies of the data remaining with the Buyer after the retuRn. Deletion means ensuring that the Buyer cannot access the data in any way, including through backups. Instead of returning the data, the Seller may also only demand the deletion of the data concerned in the aforementioned sense. At the request of the Seller, the Buyer must confirm the deletion of the data in writing (§ 126 BGB).[32]

§ 14 Support in the Event of Legal Infringements[33]

(1) In the event of an unauthorised disclosure of information, each Party shall assist the other Party in pursuing its rights to a reasonable extent. This includes in particular the immediate disclosure of all necessary information and the provision of all other necessary assistance. The costs of the assistance shall be borne by the assisted Party to the extent appropriate in view of the circumstances of the case, in particular if the unauthorised disclosure cannot be attributed to the other Party. Corresponding support obligations apply to the Seller, if third parties assert rights against the Buyer because of data that has been permissibly passed on to the Buyer.

(2) In the event of a joint impairment caused by disclosure to a third party, the Parties shall coordinate the action to be

gehen gegen den aus der unbefugten Weitergabe Verpflichteten abstimmen. Im Zweifel ist der Verkäufer bei der Durchsetzung von Rechten vorrangig berechtigt.

taken against the obliged party due to the unauthorised disclosure. In case of doubt, the Seller is given priority in the enforcement of rights.

(3) Ist die unbefugte Weitergabe einer Partei zuzurechnen, ist sie verpflichtet, die ihr aus der unbefugten Weitergabe zustehenden Rechte der anderen Partei auf deren Anforderung zur Ausübung zu überlassen, insbesondere, sie ihr zu übertragen, soweit dies zulässig und erforderlich ist. Die Pflicht zur Übertragung gilt nicht, soweit die Partei selbst gegen den aus der unbefugten Weitergabe Verpflichteten zur Wahrung eigener berechtigter Interessen vorgehen will.

(3) If the unauthorised disclosure is attributable to one of the Parties, such Party shall be obliged to transfer on request to the other Party the rights to which it is entitled due to the unauthorised disclosure for such other Party to exercise them, in particular, to the extent that this is permissible and necessary. Such obligation to transfer shall not apply if the Party itself wishes, in order to protect its own legitimate interests, to take action against the party obligated due to the unauthorized transfer.

§ 15 Vertragsdauer/Change of Control

§ 15 Term of Contract/Change of Control

(1) Dieser Vertrag ist auf unbestimmte Zeit geschlossen und kann von beiden Parteien mit einer Frist von einem Monat zum Monatsende schriftlich gekündigt werden.

(1) This contract is concluded for an indefinite period and may be terminated in writing by either contracting party at the end of a month by observing a one-month period of notice.

(2) Ändern sich die gesellschaftsrechtlichen Beteiligungsverhältnisse an der Gesellschaft des Käufers, ist der Verkäufer berechtigt, den Vertrag mit sofortiger Wirkung zu beenden, wenn in der Änderung der Beteiligungsverhältnisse ein wichtiger Grund gegeben ist. Ein wichtiger Grund liegt insbesondere vor, wenn ein Wettbewerber des Verkäufers eine Beteiligung, gleich in welchem Umfang, erwirbt. Der Käufer wird den Verkäufer über einen Beteiligungswechsel unverzüglich unter Angabe des Erwerbers der Beteiligung informieren.[34]

(2) If the shareholding structure in the Buyer's company changes, the Seller shall be entitled to terminate the contract without a notice period if the change constitutes good cause. A good cause exists in particular if a competitor of the Seller acquires a shareholding, regardless of the size of the shareholding. The Buyer shall inform the Seller immediately of any change of control, stating the name of the purchaser of the participation.[34]

(3) Hiervon unberührt bleibt das Recht beider Parteien zur Kündigung des Vertrages aus sonstigem wichtigem Grund.

(3) This shall not affect the right of both Parties to terminate the contract without a notice period for any other good cause.

§ 16 Sonstiges

§ 16 Miscellaneous

(1) Andere als die in diesem Vertrag vorgesehene Regelungen, insbesondere allgemeine Geschäftsbedingungen irgendeiner der Parteien, finden keine Anwendung. Dies gilt auch dann, wenn solchen

(1) Other provisions than those provided for in this contract, in particular general terms and conditions of either Party, shall not apply. This also applies if such provisions are not expressly contradicted.

Regelungen nicht ausdrücklich widersprochen wird.

(2) Jegliche Änderungen und Ergänzungen dieses Vertrages bedürfen der Schriftform. Dies gilt auch für die Aufhebung dieser Schriftformklausel.

(2) Any amendments and additions to this contract must be made in writing. This also applies to the cancellation of this written form clause.

(3) Sollten einzelne Regelungen dieses Vertrages unwirksam sein oder werden, so berührt dies nicht die Wirksamkeit der verbleibenden Bestimmungen. Die Parteien verpflichten sich, anstelle der unwirksamen Regelung eine wirksame Bestimmung zu vereinbaren, die dem wirtschaftlichen Zweck der unwirksamen Regelung am nächsten kommt. Entsprechendes gilt für den Fall einer Regelungslücke.

(3) Should individual provisions of this contract be or become invalid, this shall not affect the validity of the remaining provisions. The Parties undertake to agree on a valid provision in place of the invalid provision, which comes closest to the economic purpose of the invalid provision. The same applies in the event of a gap.

(4) Dieser Vertrag unterliegt deutschem Recht unter Ausschluss des UN-Kaufrechts. Erfüllungsort ist . . . . . Der Gerichtsstand bestimmt sich für alle Klagen aus diesem Vertrag nach § 15 Abs. 1 und 2 GeschGehG.[35]

(4) This contract shall be governed by German law to the exclusion of the UN Convention on Contracts for the International Sale of Goods. Place of performance is . . . . The place of jurisdiction for all claims arising from this contract shall be determined in accordance with § 15 paragraphs 1 and 2 GeschGehG.[35]

(5) Die Vertragsparteien haben den Vertrag in einer deutschen und einer englischsprachigen Fassung geschlossen. Für die rechtlichen Wirkungen zwischen den Parteien ist allein die deutsche Fassung maßgeblich.[36]

(5) The Parties have concluded the contract in a German and an English version. Only the German version is decisive for the legal effects between the Parties.[36]

Anlage „Roboter“
Anlage „Datenspezifikation“
Anlage „Vergütung“
Datum, Unterschrift

Appendix „Robot“
Appendix „Data Specification“
Appendix „Remuneration“
Date/Signature

Anmerkungen

1. Vertragsgegenstand. Der Kauf von Daten hat über den Adresshandel hinaus bisher noch keine größere rechtliche Beachtung gefunden. Das wird sich mit der zunehmenden Digitalisierung ändern, etwa weil viele Anwendungen eine breite Datenbasis benötigen, um Ergebnisse liefern zu können. Insbesondere das Datamining und das Training von KI-Modellen werden den Bedarf an Daten erhöhen. Gegenwärtig werden Daten überwiegend noch unentgeltlich zur Verfügung gestellt. Es ist aber zu erwarten, dass der Wert von Daten zum Gegenstand von Kaufverträgen gemacht werden wird.

Da Daten keine körperlichen Gegenstände iSd § 90 BGB sind, scheidet die Anwendung der Regeln über den Sachkauf aus. Auch wenn gegenwärtig intensiv darüber diskutiert wird, welche Rechtsnatur Daten haben (grundlegend Zech CR 2015, 137; Müller DuD

2019, 159), wird die Zuordnung des Erwerbs von Daten zum Rechtskauf, soweit ersichtlich, nicht vertreten. Damit bleibt am Ende nur die Einordnung als Kaufvertrag über sonstige Gegenstände (Jauernig/Berger BGB § 453 Rn. 11; MüKoBGB/Westermann § 453 Rn. 6). Insofern ist die Rechtslage vergleichbar dem Erwerb von Software. Der bedeutende Unterschied hierzu ist jedoch, dass Software urheberrechtlich geschützt ist und die Nutzungsrechte als Gegenstand verkehrsfähig sind.

Den Kauf von Daten in einem Formular zu standardisieren, ist kaum möglich. Stets ist auf den **Einzelfall** abzustellen. Für dieses Formular wurde eine Konstellation gewählt, die dem Thema Industrie 4.0 zugeordnet werden kann. Betriebsdaten einer Maschine werden an den Hersteller übertragen, der daraus Verbesserungspotenzial für den zukünftigen Betrieb dieser Maschine ableiten möchte. In der Praxis erfolgen solche Datenübertragungen bereits, jedoch meistens unternehmensintern und unentgeltlich. **Andere Gestaltungen** können sich auf Datenkäufe von Konfigurationsdaten, im Bereich der Fertigungsindustrie von Daten für Digitale Zwillinge (s. Leupold/Wiebe/Glossner IT-R/Ovtcharova Teil 14.3 Rn. 29 ff.) oder im Baubereich für das Building Information Modeling (BIM, dazu Eschenbruch/Grüner NZBau 2014, 402) sowie allgemein für das Training von KI-Modellen oder für statistische Auswertungen sonstiger Art beziehen. Der **Data Act** gibt in Art. 5 Nutzern das Recht, vom Dateninhaber die Weitergabe bestimmter Daten an Dritte zu verlangen. Für die Bereitstellung der Daten an Dritte kann der verpflichtete Dateninhaber nach Art. 9 Data Act (nur von dem Dritten) einen Aufwendungsersatz bzw. ein Entgelt verlangen. Es spricht aber nichts dagegen, dass der Nutzer das Entgelt zahlt und sich aufgrund einer Vereinbarung mit dem Dritten von diesem erstatten lässt. **Rechtsgrund** hierfür ist dann nicht der Data Act selbst, sondern ein eigenes Rechtsgeschäft, für das dieses Formular als Grundlage verwendet werden kann. Die Grundsätze über die Anweisungsfälle insbesondere im Zahlungsverkehr sind bei der Vertragsgestaltung zu beachten.

Für die entgeltliche Überlassung von Daten ist zu beachten, dass neben dem Kauf sonstiger Gegenstände, trotz der fehlenden Sachqualität von Daten, auch ein **Werklieferungsvertrag** in Betracht kommt (vgl. etwa OLG Düsseldorf BeckRS 2004, 08836). So werden in dem diesem Formular zugrunde liegenden Beispiel die Daten durch den Roboter erst noch erzeugt, womit der Anwendungsbereich des § 650 BGB eröffnet sein kann, wenn man die Daten unter das Tatbestandsmerkmal „herzustellender oder zu erzeugender beweglicher Sachen" subsumiert. Um einen einheitlichen Umgang mit Daten zu gewährleisten, sind Daten **wie Sachen** zu behandeln. Im Ergebnis findet daher auch bei erst noch zu erzeugenden Daten Kaufrecht Anwendung (dazu Imhof CR 2023, 565 (566).

Als weiteres Merkmal des hier zugrunde liegenden Vertrages kommt hinzu, dass es sich um ein **Dauerschuldverhältnis** handelt. Die Betriebsdaten des Roboters sind monatsweise zu übertragen. Der Charakter als Dauerschuldverhältnis, genauer Dauerlieferungs- oder -bezugsvertrag (vgl. OLG Düsseldorf BeckRS 2006, 12699), steht der Zuordnung zum Kauf- oder Werkvertrag jedoch nicht entgegen (MüKoBGB/Gaier § 314 Rn. 7). Zu beachten ist dabei, dass sich die **(Nach-)Erfüllungsrechte** immer nur auf die einzelne Lieferung beziehen. Eine **Rückabwicklung** des ganzen Vertrags wegen einer mangelhaften Leistung ist ausgeschlossen. Eröffnet bleibt aber statt des Rücktritts vom ganzen Vertrag die Kündigung des Vertrages aus wichtigem Grund.

Für das Muster wurde bewusst das Beispiel der Übertragung von Maschinendaten gewählt, die keinen Personenbezug aufweisen. Würden **personenbezogene Daten** übertragen, könnte das Formular ebenfalls verwendet werden. Die datenschutzrechtlichen Anforderungen wären dann zu gewährleisten. Der Veräußerer müsste berechtigt sein, die Daten überhaupt zu übertragen, und der Erwerber müsste die datenschutzrechtliche Berechtigung haben, die Daten zu dem von ihm beabsichtigten Zweck zu verarbeiten, was rechtssicher nur aufwändig durch Vereinbarungen mit den Betroffenen gewährleistet werden kann, sofern nicht eine Privilegierung besteht, wie beispielsweise für die Forschung nach Art. 5 Abs. 1 lit. b DS-GVO.

Maschinendaten als solche genießen keinen besonderen rechtlichen Schutz. Denkbar ist zwar, dass die Daten Teil einer nach dem Urheberrechtsgesetz geschützten **Datenbank** oder gar eines Datenbankwerkes sind. Daraus folgt jedoch nicht der Schutz des einzelnen Datums. Der Veräußerer einer Datenbank müsste in der Lage sein, dem Erwerber eine Nutzungsbefugnis einzuräumen (vgl. OLG München GRUR-RR 2020, 1). Einen gewissen Schutz vermittelt jedoch der Data Act, der in seinem Anwendungsbereich dem Nutzer zukünftig eine Art von Ausschließlichkeitsrechten vermitteln wird (Wiebe GRUR 2023, 1569 (1572)).

Der Wert von Daten hängt oft davon ab, dass die Daten nicht unkontrolliert verbreitet werden, obwohl dies bei digitalen Informationen leicht möglich ist. Das Geschäftsgeheimnisschutzgesetz bietet den Parteien eines Datenkaufvertrages die Möglichkeit, den Schutz der Daten als Kaufgegenstand zu erweitern und die Gefahr einer den Interessen der Vertragsparteien entgegenstehenden Verbreitung einzudämmen (vgl. Krüger/Wiencke/Koch GRUR 2020, 578). Stellen die Daten ein **Geschäftsgeheimnis** dar, darf der Erwerber diese Daten nur bestimmungsgemäß verwenden, will er die Rechtsfolgen des Geschäftsgeheimnisschutzgesetzes, insbesondere die der Strafbarkeit, vermeiden. In beschränktem Maße erweitert sich der Schutz nach § 4 Abs. 2 Nr. 1 sowie Abs. 3 GeschGehG und § 23 Abs. 1 Nr. 1 GeschGehG sogar gegenüber Dritten. Zu beachten ist dabei aber, dass die Parteien nur mit Wirkung zwischen ihnen frei **vereinbaren** können, **was ein Geheimnis ist.** Da eine unzulässige Verschaffung oder Weitergabe nach dem GeschGehG Dritte belasten kann, gelten ihnen gegenüber nur solche Informationen als Geheimnis, die die Tatbestandsvoraussetzungen des § 2 GeschGehG erfüllen.

Das Formular geht von einem **Handelskauf** aus. Würde ein Unternehmer an einen **Verbraucher** verkaufen, wären über § 453 Abs. 1 S. 2 und § 650 Abs. 2 und 3 BGB die §§ 327 ff. BGB zu beachten, die wertungsmäßig nur in einzelnen Punkten Abweichungen von der ansonsten im unternehmerischen Verkehr geltenden kaufrechtlichen Gewährleistung vorsehen. Hinzuweisen ist auf den besonderen Begriff der Bereitstellung und deren Behandlung in den §§ 327b und 327c BGB, die – abdingbare – Pflicht zu Aktualisierungen nach § 327f BGB, zB wenn Konfigurationsdaten verkauft werden, sowie Sonderregelungen zur Nutzung der Daten nach Vertragsbeendigung in § 327p BGB.

Die im Formular enthaltenen Regelungen versuchen vorrangig den **Verkäuferinteressen** gerecht zu werden und sind für die Verwendung durch die Verkäuferseite gedacht. Da in diesem Fall aber auch die Käuferinteressen hinsichtlich des Geheimnisschutzes berücksichtigt werden, ist das Formular insoweit atypisch. Ergänzend zur allgemeinen Klauselkontrolle nach den §§ 305 ff. BGB wird zukünftig gegebenenfalls die besondere **Kontrolle in Art. 13 Data Act** zu beachten sein (dazu von Westphalen EuZW 2023, 1121).

2. Datum. Was ein Datum ist, sollte näher bestimmt werden, insbesondere hinsichtlich Speicherort und Format.

3. Sensible Informationen. Bei dem Handel mit Daten ist zu beachten, dass aus den verkauften Daten Informationen abgeleitet werden können, die sich auf die Verhältnisse beim Verkäufer beziehen und ebenso wenig bekannt werden sollen wie die übertragenen Daten selbst (dazu Grapentin RDi 2023, 176 (175). Das Formular definiert diese Informationen und bezieht sie in den Geheimnisschutz mit ein.

4. Bestimmungsgemäße Auswertung. Die Definition der bestimmungsgemäßen Auswertung ist erforderlich, um die Geheimhaltungsmaßnahmen bestimmen zu können. Nach § 2 Nr. 1 lit. b GeschGehG werden Geheimnisse nur geschützt, wenn sie Gegenstand von den Umständen nach angemessenen Geheimhaltungsmaßnahmen sind. Wird ein Geheimnis an einen Dritten übertragen, verliert es dadurch noch nicht seinen Schutz, sofern die Geheimhaltungsmaßnahmen fortwirken (Köhler/Bornkamm/Feddersen/Alexander GeschGehG § 2 Rn. 107). Die zu treffenden Maßnahmen sind aber abhängig vom Verwendungszweck des Geheimnisses.

5. Zwingende Verpflichtung. → Form. D.7 Anm. 4.

6. Zurechnung. → Form. D.7 Anm. 5.

7. Beschaffenheitsvereinbarung. Die vertragsgemäße Beschaffenheit der Daten ist zentral für die Mangelfreiheit der Leistung des Veräußerers. Mangels Herausbildung einer Typizität des Datenkaufs ist es geboten, die Kriterien im Vertrag möglichst genau festzulegen (Auer-Reinsdorff/Conrad IT- und DatenschutzR-HdB/Sarre/Pruß § 2 Rn. 51 ff.). Die wesentliche Beschaffenheit neben der Menge und dem Code, mit dem aus Daten Informationen werden, ist die **Datenqualität.** Die Kriterien hängen sehr von den Umständen des Einzelfalls ab. Typische Qualitätskriterien sind die Vollständigkeit, die Eindeutigkeit sowie die Validität (dazu Hildebrand/Gebauer/Mielke Daten- und Informationsqualität Kap. 2.2). Wichtig ist auch, ob es sich um Rohdaten handelt, die noch nicht aufbereitet, oder um Daten, die bereits bewertet und in der Folge in einer bestimmten Weise zusammengestellt wurden. So können Daten für das Training von KI-Systemen bereits aufgearbeitet annotiert sein („Labeling" oder „Tagging" von Daten). Daneben spielen technische Aspekte eine Rolle, wie das Datenformat und für die Datenübermittlung das Kommunikationsprotokoll sowie etwaige Kompressionsverfahren (Schuster/Grützmacher/Diedrich BGB § 434 Rn. 69). Es ist auch an die Vereinbarung des Fehlens von Beschaffenheiten zu denken, etwa, dass es sich nicht um personenbezogene Daten handelt, sie nicht als Datenbank urheberrechtlich geschützt sind oder keinem Geheimnisschutz unterliegen (Imhof CR 2023, 565 (566)).

Ohne die – auch nur konkludente – Vereinbarung solcher Kriterien oder das Vorliegen einer vertraglich vorausgesetzten Verwendung bestimmt sich die Beschaffenheit gemäß § 434 Abs. 3 BGB regelmäßig nach den objektiven Anforderungen. Ein Vergleich mit anderen Daten zur Bestimmung dessen, was üblich ist und vom Käufer erwartet werden kann, setzt allerdings einen Markt mit unterschiedlichen Anbietern voraus, der nicht immer gegeben sein wird. Auf die mit der Verwendung der Daten verfolgten einseitigen Erwartungen des Erwerbers kann bei Fehlen objektivierbarer Anhaltspunkte im Rahmen von § 434 Abs. 3 S. 1 Nr. 1 und S. 2 BGB nicht abgestellt werden (BeckOK BGB/Faust § 434 Rn. 102). Festzulegen sein kann zudem, aus welcher Quelle die Daten stammen, unter welchen Voraussetzungen sie erzeugt oder beschafft wurden, inwieweit die Daten manipuliert werden konnten, welche Störgrößen Einfluss auf Dateninhalt und -bestand haben etc.

8. Datenschutz. Das Formular geht davon aus, dass die verkauften Daten **keinen Personenbezug** aufweisen und damit datenschutzrechtliche Bestimmungen nicht zu beachten sind. Dabei ist zu beachten, dass ein Personenbezug in vielen Fällen besteht, ohne dass dies in der Praxis realisiert wird. Gibt es zu dem Roboter, um dessen Daten es in diesem Formular geht, einen Mitarbeiter des Verkäufers, der ihn ein- und ausschalten oder konfigurieren kann, und werden diese Handlungen protokolliert, ist der Personenbezug bereits gegeben. Das Gleiche gilt bei Zugriffen im Wege der Fernwartung oÄ. Grundsätzlich erscheint ein Handel mit personenbezogenen Daten nur auf der Grundlage einer Einwilligung des Betroffenen zulässig (vgl. Metzger GRUR 2019, 129). Die Überprüfung einer solchen Einwilligung durch den Käufer ist regelmäßig kaum oder nur sehr aufwendig möglich. Zudem ist die Einwilligung jederzeit widerruflich. Insofern muss der Käufer darauf bedacht sein, die ihm aus der Verwendung personenbezogener Daten erwachsenden Risiken auf den Verkäufer abwälzen zu können. Werden Daten ohne datenschutzrechtliche Berechtigung verkauft, dürfte dies entgegen einer verbreiteten

Ansicht (OLG Frankfurt a. M. NJW-RR 2018, 887 Rn. 43) nicht zur **Unwirksamkeit** des Kaufvertrages führen (Hacker ZfPW 2019, 148 (161); OLG Celle WM 2004, 1384).

9. Gewährleistung. Der Verkäufer muss für die vereinbarte Beschaffenheit im Rahmen seiner kaufrechtlichen Nacherfüllungspflicht einstehen. Eine Schadensersatzpflicht trifft ihn dabei nur bei Verschulden. Daher werden in Verträgen seitens der Käufer oft Garantien des Verkäufers vorformuliert. Solche Garantien sind in allgemeinen Geschäftsbedingungen regelmäßig unwirksam (BGH NJW 2006, 47 Rn. 30 und → Vorb. A.III.6).

10. Vervielfältigungsverbot/Exklusivität. Digitale Güter sind leicht zu vervielfältigen, ohne dass dies ihre Qualität beeinträchtigt. Hängt der Wert der verkauften Daten, wie regelmäßig, von der **Exklusivität** der Datennutzung ab, ist Vorsorge dagegen zu treffen, dass die Daten durch Dritte erlangt werden. Dies kann einerseits durch aufwendige technische Verschlüsselungsverfahren geschehen. Andererseits können rechtliche Maßnahmen getroffen werden, die eine Vervielfältigung erschweren. Dazu gehört nach diesem Vertragsmuster zum einen die Verpflichtung des Verkäufers, die Daten nicht an Dritte zu übertragen. Ergänzend wird die nicht gewollte Vervielfältigung durch Weitergabe durch den **Geheimnisschutz** nach dem GeschGehG abgesichert. Die Exklusivität wird durch die Regelung zu Auskunftsrechten Dritter ergänzt (→ Anm. 11). Bei anderen Gestaltungen als der hier Gewählten kann die Exklusivität auch dadurch abgesichert werden, dass sich der Verkäufer verpflichtet, die dem Käufer übermittelten **Daten** bei sich **zu löschen** (s. dazu auch § 13 Abs. 3 mit → Anm. 32). Die Bestimmungen des Data Act, insbesondere die Klauselkontrolle nach Art. 13, stehen dieser Vereinbarung nicht entgegen, da in dem hier gewählten Modell nur Daten weitergegeben werden, die der Nutzer bereits hat.

11. Rechte Dritter. Hier wird den Daten die – negative – Beschaffenheit zugewiesen, nicht mit Rechten Dritter belastet zu sein. Die Leistung ist dementsprechend mangelhaft, wenn Dritte Rechte auf **Auskunft**, **Löschung** oÄ geltend machen können. Ferner spielen Auskunftsrechte im Rahmen der **Exklusivitätsvereinbarung** eine Rolle. Wenn Dritte die Daten – gleich, ob vom Veräußerer oder Erwerber – herausverlangen können, kann die Exklusivität nicht mehr gewahrt werden. Das betrifft beispielsweise Ansprüche nach Art. 15 und 20 DS-GVO, Art. 4 Data Act, § 327p Abs. 3 S. 1 BGB oder auch § 51a GmbHG. Sofern Auskunftsrechte zu berücksichtigen sind, sollten sie im Vertrag benannt werden, um dem Käufer eine Einschätzung des Risikos zu ermöglichen und die Verantwortlichkeit des Verkäufers zu beschränken. Eine Beeinträchtigung der Interessen des Käufers durch einen zugunsten des Verkäufers oder eines Dritten bestehenden Geheimnisschutz ist nur unter engen Voraussetzungen denkbar (Imhof CR 2023, 565 (570)). Zu den von Käuferseite oft verwendeten Garantieerklärungen → Vorb. A.III.6.

12. Abgrenzung. Die Diskussion zur rechtlichen Qualifizierung von Maschinendaten ist noch im Fluss. Um unausgesprochenen Erwartungen des Käufers zu begegnen, wird in diesem Absatz klargestellt, dass der Verkäufer nicht dafür einsteht, dass der Käufer Rechte gegen Dritte geltend machen kann.

13. Änderung der Einsatzbedingungen. Eine Änderung der Einsatzbedingungen könnte zu Daten führen, die nicht den Anforderungen des Vertrages entsprechen. Wäre der Verkäufer nicht befugt, die Einsatzbedingungen des Roboters zu ändern, würde der Vertrag ihn in seiner unternehmerischen Freiheit unangemessen benachteiligen, was auch die Unwirksamkeit der ihn bindenden Klauseln zur Folge hätte. Zur Vermeidung dieses Ergebnisses enthält die Klausel implizit die Befugnis, die Einsatzbedingungen zu ändern, sofern der Käufer hierüber informiert wird. Dem Käufer steht es dann frei, den Vertrag ordentlich zu kündigen.

14. Rügeobliegenheit. Um die Rügeobliegenheit auszulösen, muss ein Handelskauf über Waren vorliegen. Der Warenbegriff ist weiter als der Sachbegriff des § 90 BGB und umfasst auch Daten (OLG München BeckRS 2009, 27252; MüKoHGB/Grunewald Vorb. § 373 Rn. 3). Wertet man den Vertrag als Werklieferungsvertrag, folgt die Anwendbarkeit aus § 381 Abs. 2 HGB. Welche Untersuchungen angezeigt sind, ist eine Frage des Einzelfalls. Beispielhaft wird auf die Datenvolumina abgestellt, bei denen sich Abweichungen leicht feststellen lassen, wenn es ein typisches Datenvolumen gibt. Im Übrigen kann eine Prüfung schwierig sein, insbesondere bei großen Datenmengen.

15. Übertragung. Auch wenn die Übertragung der Daten technisch auf verschiedenen Wegen erfolgen kann, dürfte der **Abruf** von einem Server der typische Weg sein. Mit der als **Realakt** erfolgenden Übertragung der geschuldeten Daten erfüllt der Verkäufer seine Verpflichtung.

16. Gefahrtragung. Beim Sachkauf spielt der Gefahrübergang für die Risikoverteilung zwischen den Vertragsparteien eine bedeutende Rolle. Bei digitalen Gütern steht die Leistungsgefahr hinsichtlich des Untergangs des Kaufgegenstandes weniger im Fokus, da die verkaufte Ware regelmäßig leicht wiederbeschafft werden kann (Imhof CR 2023, 565 (568)). Anders ist dies hinsichtlich der Mängelhaftung, soweit die Daten nach dem Gefahrübergang verändert werden können und in der Folge der mit dem Vertrag verfolgte Zweck nicht erfüllt werden kann. In der Regel dürfte ohne abweichende Vereinbarung eine Bringschuld vorliegen (Imhof CR 2023, 565 (568 f.)). Zur Klarstellung ist eine Definition des Zeitpunkts des Gefahrübergangs sinnvoll.

17. Geschäftsgeheimnis. Der Verkäufer soll hinsichtlich seiner Interessen, dass die Betriebsdaten des Roboters nicht an Dritte gelangen, dadurch geschützt werden, dass diese Daten als sein Geheimnis gelten und damit auch durch das GeschGehG erfasst werden (zum Schutz von Maschinendaten Sassenberg/Faber Industrie 4.0 und Internet-HdB/Sattler § 2 Rn. 1 ff.). Die Parteien können aber Informationen wegen der Rechtswirkungen des Gesetzes gegenüber Dritten nicht allein durch Vereinbarung zu Geschäftsgeheimnissen machen. Wenn durch den Vertrag jedoch erreicht wird, dass Informationen die Voraussetzungen des § 2 GeschGehG erfüllen, partizipiert der Dateninhaber an den Wirkungen des Geschäftsgeheimnisschutzgesetzes, insbesondere durch die abschreckenden strafrechtlichen Sanktionen. Um das wirtschaftliche Interesse des Käufers zu schützen, dass der Verkäufer den Wert der Daten nicht durch die Weitergabe an Dritte reduziert, wertet das Formular die vom Verkäufer an den Käufer übermittelten Daten auch als dessen Geschäftsgeheimnis. Damit gibt es **zwei Geheimnisinhaber**. Das steht in Übereinstimmung mit dem Geschäftsgeheimnisschutzgesetz, da ein Geschäftsgeheimnis zum einen weitergegeben werden darf, ohne die Geheimnisqualität zu verlieren (Köhler/Bornkamm/Feddersen/Alexander GeschGehG § 2 Rn. 107), und zum anderen nach § 2 Abs. 1 lit. a GeschGehG für die Qualifizierung als Geheimnis auf die allgemeine Kenntnis oder leichte Zugänglichkeit des Geheimnisses abgestellt wird, was der Weitergabe an einen beschränkten Empfängerkreis nicht entgegensteht (s. auch Alexander WRP 2017, 1034 Rn. 70; aA McGuire WRP 2019, 679 Rn. 31 ff.). Zu beachten ist noch, dass das einzelne Datum grundsätzlich keine schutzwürdige Information trägt. Welcher Teil der Datenmenge hierzu erforderlich ist, sollte im Zweifel vertraglich bestimmt werden.

18. Pflichtenkollision. → Form. D.7 Anm. 18.

19. Angemessene Schutzmaßnahmen. → Form. D.7 Anm. 11 ff.

20. Nutzungsbefugnis. Eine Nutzungsbefugnis lässt sich zwischen den Vertragsparteien nur mit schuldrechtlicher Wirkung regeln. Da es, anders als etwa im Urheberrecht, keine gesetzliche Regelungen zur Nutzungsberechtigung gibt, ist bei einer Beschränkung der Nutzungsbefugnis besondere Sorgfalt auf die **Beschreibung der** zulässigen und – zur Abgrenzung – unzulässigen **Nutzungshandlungen** zu legen. Eine über die rein schuldrechtliche Beziehung hinausgehende Wirkung kann sich ergeben, wenn die Daten als Geheimnisse nach dem **Geschäftsgeheimnisschutzgesetz** behandelt werden. Dann wird der Schutz auf Dritte in beschränktem Umfang erweitert und durch delikts- und strafrechtliche Elemente ergänzt (→ Form. D.7 Anm. 6), die auch durch die Nutzungsbefugnis bestimmt werden.

21. Reichweite Geheimnisschutz. Die Regelungen in den Absätzen 2 und 3 konkretisieren den verträglichen und gesetzlichen Geheimnisschutz. Als Geheimnis gilt nach § 2 Nr. 1 lit. a GeschGehG eine Information, wenn sie weder insgesamt noch in der genauen Anordnung und Zusammensetzung ihrer Bestandteile allgemein bekannt oder ohne Weiteres zugänglich ist. Was ein **Geheimnis** nach GeschGehG ist, **kann** wegen der Wirkung des Gesetzes gegenüber Dritten **nicht frei vereinbart werden.** Die Parteien können durch eine Vereinbarung aber den Wert einer Information zum Ausdruck bringen und so im Zweifel den Anwendungsbereich des Gesetzes eröffnen. Nicht ausdrücklich geregelt ist, ob auch aus Geheimnissen abgeleitete Informationen selbst als Geheimnisse gelten. Da Voraussetzung für ein Geheimnis dessen wirtschaftlicher Wert ist, müssen auch alle aus dem Geheimnis ableitbaren Informationen geschützt werden, soweit anderenfalls das Geheimnis entwertet würde. Das Formular begrenzt zugunsten des Käufers die Geheimnisqualität auf die abgeleiteten Informationen, die Rückschlüsse auf die Betriebszustände des Roboters und auf den Verkäufer erlauben und damit dessen wirtschaftliche Interessen berühren. Die gekauften Daten selbst dürfen vom Käufer weitergegeben werden, wenn dies die Interessen des Verkäufers nicht beeinträchtigt. Gleiches gilt für die aus den gekauften Daten abgeleiteten Informationen. Der Ausschluss der Schrankenregelung in § 5 GeschGehG dürfte in Teilen AGB-rechtlich unwirksam sein (dazu Apel/Boom GRUR-Prax 2020, 225). Ergänzend zum Schutz nach dem GeschGehG kann auch ein Schutz aus Art. 4 Abs. 6 S. 2 **Data Act** wirken, wobei aber die Voraussetzungen und Rechtsfolgen für die Praxis erst noch herausgearbeitet werden müssen.

22. Beschränkungen Verkäufer. Der Erwerb von digitalen Gütern ist für den Käufer oft nur dann ökonomisch, wenn gewährleistet wird, dass das Gut nicht auch Dritten zur Verfügung gestellt wird. Das Formular trägt dem mit der Regelung in § 8 Rechnung, indem der Verkäufer verpflichtet wird, die Daten nur zweckgebunden zu verwenden und insbesondere nicht an Dritte zu übertragen. Über diese Vereinbarung hinaus wird der Käufer durch die Qualifizierung der Daten (auch) als sein Geschäftsgeheimnis geschützt (→ Anm. 17).

23. Nacherfüllung. Eine Nacherfüllung bei der Veräußerung von Daten kann nur in der Weise praktikabel erfolgen, dass die gesamten Daten neu zur Verfügung gestellt werden. Ein Austausch einzelner Daten ist in der Regel zu aufwändig. Sind die Daten auf einen Zustand zu einer bestimmten Zeit bezogen, kann durch Zeitablauf Unmöglichkeit eintreten. Anders als beim Sachkauf gilt § 363 BGB erst ab dem Zeitpunkt, zu dem der Erwerber in der Lage war, die Ordnungsgemäßheit der Daten zu prüfen (Imhof CR 2023, 565 (569)). Bei dieser Vertragsgestaltung ist zu beachten, dass ein Dauerschuldverhältnis in Form eines Dauerbezugsvertrages vorliegt, der als Kaufvertrag Besonderheiten hinsichtlich der Leistungsstörung beachten muss (→ Anm. 1).

24. Datenschutzverstoß. Eine wesentliche Gefahr beim Handel mit Maschinendaten besteht darin, dass sich unter diesen Daten solche mit Personenbezug befinden und damit das **Datenschutzrecht** Anwendung findet. Eine datenschutzrechtskonforme Behandlung der Daten ist dann nur noch sehr schwer möglich. Dementsprechend regelt das Formular, dass der Personenbezug zunächst durch **Anonymisierung** beseitigt werden muss, wobei dies nur ausreichend ist, wenn durch die Anonymisierung keine benötigten Angaben verloren gehen. In zweiter Linie ist der Verkäufer verpflichtet, die datenschutzkonforme Nutzung zu ermöglichen, was regelmäßig nur durch eine, wirksam und dauerhaft kaum zu erlangende, **Einwilligung** des Betroffenen geschehen kann und typischerweise aufwändiger als die Anonymisierung der Daten ist. Am Ende wird die Herstellung der Datenschutzkonformität nur dadurch zu erreichen sein, dass der Erwerber die personenbezogenen Daten löscht. Wenn es zu aufwändig ist festzustellen, welche Daten einen Personenbezug aufweisen, bleibt nur, dass der Käufer alle Daten löscht. Es handelt sich dabei um eine **Mitwirkungshandlung** des Käufers gegenüber dem zur Nacherfüllung verpflichteten Verkäufer (zur vergleichbaren Situation bei Softwaremängeln Auer-Reinsdorff/Conrad IT- und DatenschutzR-HdB/Kast § 12 Rn. 213).

25. Minderung. Der Wert der verkauften Daten im mangelfreien Zustand entspricht dem Kaufpreis. Der Wert mangelhafter Daten lässt sich kaum bestimmen. Daher sieht das Formular eine Regelung für den Fall der Minderung vor und reduziert den Datenwert auf null, wenn die Daten nicht verwertbar sind. Dieser einfache Fall sollte in anderen Gestaltungen ergänzt werden, um im Falle der Mangelhaftigkeit eine Wertbestimmung vornehmen zu können.

26. Vermischung. Es ist denkbar, dass der Käufer die Daten mit anderen Daten zusammenführt, um etwa eine ausreichend große Datenbasis für eine Mustererkennung zu schaffen. Sind verkaufte, mangelhafte Daten mit anderen vermischt worden, müsste der Verkäufer nach § 439 Abs. 3 BGB iVm § 453 Abs. 1 BGB dem Käufer den Aufwand erstatten, den dieser zu tragen hat, um die fehlerhaften Daten aus der Gesamtdatenmenge herauszulösen. Soweit die Gesamtdatenmenge ohne die fehlerhaften Daten aus den noch vorhandenen Ursprungsdaten leicht hergestellt werden kann, ist der Aufwand oft überschaubar. Die Herstellung eines bestimmten Ergebnisses der Datenverarbeitung schuldet der Verkäufer aus § 439 Abs. 3 BGB nicht (dazu Imhof CR 2023, 565 (570)). Die Klausel bedingt den Nacherfüllungsanspruch aus § 439 Abs. 3 BGB ab, was auch im unternehmerischen Verkehr AGB-rechtlich unwirksam sein dürfte.

27. Verjährung. Zur Verjährungsverkürzung → Vorb. A.III.5.

28. Gegenleistung. Anstelle einer Geldleistung kann der Käufer seinerseits Daten übermitteln. Umstritten ist, ob dann stets ein **Tauschvertrag** gegeben ist, was zur Nacherfüllungspflicht beider Vertragspartner führen würde. Der herrschenden Meinung ist darin zu folgen, dass Kaufpreis nur eine Geldleistung sein kann. Bezahlt der Erwerber mit Daten, liegt ein Tausch vor (Erman/Grunewald BGB § 433 Rn. 42; MüKoBGB/Westermann § 433 Rn. 16; Grüneberg/Weidenkaff BGB § 433 Rn. 38). Allerdings wird die **Ersetzung** der vereinbarten Geldleistung durch eine andere Leistung **an Erfüllungs statt** für zulässig gehalten, die auch schon bei Vertragsschluss vereinbart werden kann. Dann wäre es möglich, den Kaufpreis in Geld festzulegen und diesen sogleich durch ein definiertes Äquivalent in Daten als Leistung an Erfüllungs statt zu ersetzen. In diesem Fall soll es beim Kaufvertrag bleiben (BGH NJW 1967, 553; Grüneberg/Weidenkaff BGB § 433 Rn. 40).

29. Preisanpassung. Zu den AGB-rechtlichen Problemen → Vorb. A.III.10.

30. Vertragsstrafe. → Form. D.7 Anm. 26.

31. Haftung. Eine effektive Beschränkung der Haftung in AGB ist nicht möglich (→ Vorb. A.III.5) Unwirksam ist hier die summenmäßige Beschränkung der Haftung in Absatz 2.

32. Rücktritt/Löschung. Dieser Kaufvertrag ist atypisch als Dauerschuldverhältnis ausgestaltet. Bei in Vollzug gesetzten Dauerschuldverhältnissen tritt an die Stelle des Rücktritts die Möglichkeit der Beendigung des Vertragsverhältnisses durch Kündigung mit sofortiger Wirkung. Bei dem hier vorliegenden Dauerbezugsvertrag ist zu differenzieren. Der Vertrag insgesamt ist nur kündbar, der Rücktritt ist aber bei mangelhafter Einzellieferung hinsichtlich dieser Lieferung möglich.

Bei digitalen Gütern regelmäßig problematisch ist die Durchführung des Rücktritts. Die Verpflichtung des Käufers zur Rückgewähr der erhaltenen Daten läuft letztlich auf die Verpflichtung zur Löschung hinaus (Redeker IT-R Rn. 392). Der Verkäufer benötigt die Daten in der Regel nicht zurück, weil er sie entweder selbst noch hat oder nicht weiterverwenden kann. Anders kann dies sein, wenn es sich um Daten handelt, die an einen Dritten herauszugeben sind. Dann kann beides erforderlich sein, die Übermittlung an den Dritten oder den gegebenenfalls seinerseits rückgabepflichtigen Verkäufer und das Löschen beim Käufer. Die Löschung personenbezogener Daten bedarf als Verarbeitungsvorgang einer datenschutzrechtlichen Rechtfertigung. Wurden neben den Daten auch Berechtigungen wie Einwilligungen oder Nutzungsrechte eingeräumt, sind auch diese – je nach ihrer Art – heraus- oder aufzugeben (dazu Kloth MMR 2023, 333 (334)). Da der Rückgabegläubiger kaum tatsächlich überprüfen kann, ob der Schuldner die Daten gelöscht hat, empfiehlt sich, wie bei dem Vertrieb von gebrauchter Software, eine Bestätigung über das Löschen zu verlangen (vgl. BGH GRUR 2014, 264 – UsedSoft II). Hat der Käufer die zurückzugebenden Daten schon genutzt, schuldet er Wertersatz (dazu Imhof CR 2023, 565 (571)).

33. Unterstützung bei Rechtsverletzungen. → Form. D.7 Anm. 22.

34. Change of Control. Eine Change of Control-Klausel ist dann sinnvoll, wenn durch eine Änderung in den Beteiligungsverhältnissen eine Beeinträchtigung der Interessen der anderen Vertragspartei zu befürchten ist. Bei der in diesem Fall vorgesehenen Übertragung von Betriebsdaten des Roboters könnte eine solche Beeinträchtigung dann gegeben sein, wenn der Anteilserwerber ein Wettbewerber des Verkäufers ist. Zwar ist in dem Vertrag vorgesehen, dass der Käufer verpflichtet ist, Informationen nicht an Gesellschafter weiterzugeben. Diese schuldrechtliche Verpflichtung schließt jedoch die Berechtigung des Gesellschafters, beispielsweise einer GmbH aus § 51a GmbHG, nicht aus. Unter AGB-Gesichtspunkten ist problematisch, dass die Klausel den Gesellschafterwechsel als wichtigen Grund zur Beendigung des Vertrages erfordert. Grundsätzlich können in AGB wichtige Gründe nicht frei definiert werden → Vorb. A.III.12). Läge ein wichtiger Grund vor, bedürfte es dieser Klausel nicht. Alternativ kann ein Recht zur ordentlichen Kündigung aufgenommen werden, das dann aber für jeden Gesellschafterwechsel gilt.

35. UN-Kaufrecht/Gerichtsstand. Ob Daten unter UN-Kaufrecht fallen, ist umstritten (vgl. Scheuch ZVglRWiss 2019, 375; Schlechtriem/Schwenzer/Schroeter CISG Anh. Art. 1 Rn. 10 ff.). Zum Gerichtsstand → Form. D.7 Anm. 27.

36. Vertragssprache. Sprechen die Vertragspartner nicht die gleiche Sprache, ist es sinnvoll, den Vertragstext in der jeweiligen Sprache des Vertragspartners zur Verfügung zu stellen. Eine Übersetzung ist aber immer mit dem Verlust des Bedeutungsinhalts der Vereinbarung verbunden, sodass es zu einer Abweichung der Bedeutung der Sprachvarianten kommt. Es empfiehlt sich daher, bei einer Übersetzung die Sprachversion als maßgeblich zu vereinbaren, die auch die Sprache des anwendbaren Rechts ist (MüKoBGB/Spellenberg Rom I-VO Art. 12 Rn. 33).

4. Datenbank-Online-Lizenzvertrag

Zwischen

. . . . .

– nachstehend „Rechteinhaber“ genannt –

und

. . . . .

– nachstehend „Lizenznehmer“ genannt –

wird folgender Vertrag[1] geschlossen:

– hereinafter referred to as „Rights Holder“ –

and

. . . . .

– hereinafter referred to as „Licensee“ –

enter into the following agreement:[1]

§ 1 Vertragsgegenstand

(1) Der Lizenznehmer beabsichtigt, die Datenbank

. . . . . [Titel/Beschreibung]

von . . . . . [Rechteinhaber]

in seine Website mit der URL/den URLs . . . . . einzubinden. Die hierfür erforderlichen Rechte sollen durch diesen Vertrag erworben werden.

(2) Die Parteien gehen davon aus, dass die Datenbank in Deutschland zugunsten des Rechteinhabers urheberrechtlich oder leistungsschutzrechtlich geschützt ist.[2]

§ 1 Object of the agreement

(1) The Licensee intends to integrate the database

. . . . . [title/description]

by . . . . . [Rights Holder]

into his website with the URL(s) . . . . .

The rights required for this are to be acquired through this contract.

(2) The parties assume that the database is protected by copyright or ancillary copyright in Germany for the benefit of the Rights Holder.[2]

§ 2 Rechtseinräumung[3]

(1) Zur Verwirklichung des in § 1 Abs. 1 genannten Zweckes räumt der Rechteinhaber dem Lizenznehmer hiermit folgende nicht ausschließliche Nutzungsrechte ein:[4]

a) Das Recht zur Einspeicherung der Datenbank/Datenbankinhalte in die o.g. Website des Lizenznehmers;

b) Das Recht, die Datenbank/Datenbankinhalte der Öffentlichkeit[5] ganz oder teilweise zugänglich zu machen[6] („Recht der Öffentlich-Zugänglichmachung“);

c) Das Recht die Datenbankinhalte auf Abruf von Besuchern der o.g. Website hin vervielfältigen zu lassen.[7]

§ 2 Granting of Rights[3]

(1) In order to achieve the purpose stated in § 1 (1), the Rights Holder hereby grants the Licensee the following non-exclusive rights of use:[4]

a) The right to store the database/database contents in the above-mentioned website of the Licensee;

b) The right to make the database/content of the database available to the public[5] in whole or in part[6] („right of making available to the public“);

c) The right to have the title reproduced on demand by visitors to the above-mentioned website.[7]

Die Rechtseinräumung umfasst nur die Nutzung der Datenbank im Zusammenhang mit einer Website im (allgemein frei zugänglichen) Internet.

Die Rechte sind nur dem Lizenznehmer als inhaltlich Verantwortlichem[8] für die Website eingeräumt und ohne Zustimmung des Rechteinhabers weder weiterübertragbar noch unterlizenzierbar.[9] Insbesondere sind sie nicht dem technischen Dienstleister, der die Website betreibt, eingeräumt, sofern dieser von dem Lizenznehmer verschieden ist. Der Lizenznehmer verpflichtet sich, die vertragsgegenständliche Datenbank ausschließlich für die oben genannte Website zu verwenden.[10]

Der Vertrieb körperlicher Werkstücke oder andere als die in diesem § 2 dieses Vertrages genannten Verwertungsformen sind nach diesem Vertrage nicht zulässig. Hierzu bedarf es des Abschlusses eines eigenen, gesonderten Lizenzvertrages.

(2) Die Rechtseinräumung wird gem. § 158 Abs. 1 BGB erst wirksam, wenn der Lizenznehmer die gem. § 7 dieses Vertrages geschuldete Vergütung vollständig geleistet hat.[11] Der Rechteinhaber kann eine Benutzung der vertragsgegenständlichen Datenbank auch schon vor diesem Zeitpunkt vorläufig erlauben. Ein Übergang der Rechte nach diesem Paragraphen findet durch eine solche vorläufige Erlaubnis nicht statt.

(3) Die Rechtseinräumung ist territorial auf die Einbindung der vertragsgegenständlichen Datenbank/Datenbankinhalte in eine Website beschränkt, die erkennbar zum Abruf nur innerhalb der Europäischen Union[12] bestimmt ist.[13]

(4) Die Nutzungsrechtseinräumung umfasst alle derzeit bekannten und unbekannten Nutzungsarten, die zur Erreichung des Vertragszwecks erforderlich sind oder werden, auch wenn sie erst auf Grund neuer Gesetzeslage oder aus anderen Gründen nachträglich entstehen oder erst nachträglich bekannt werden.[14]

(5) Im Hinblick auf etwaig von dieser Nutzungsrechtseinräumung nicht erfasste Nutzungsarten im Zusammenhang mit

The granting of rights only covers the exploitation of the website on the (generally freely accessible) internet.

The rights are only granted to the Licensee as the person responsible for the content[8] of the website and are neither transferable nor sublicensable without the consent of the Rights Holder.[9] In particular, they are not granted to the technical service provider operating the website, insofar as this is different from the Licensee. The Licensee undertakes to use the contractual database exclusively for the above-mentioned website.[10]

The distribution of physical works or forms of exploitation other than those specified in § 2 of this agreement are not permitted under this agreement. This requires the conclusion of a separate license agreement.

(2) Pursuant to Section 158 (1) BGB, the granting of rights shall only become effective once the Licensee has paid the remuneration owed pursuant to Section 7 of this agreement in full.[11] The Rights Holder may provisionally permit the use of the contractual title prior to this point in time. Such provisional permission does not constitute a transfer of rights under this paragraph.

(3) The granting of rights is territorially limited to the integration of the contractual title into a website which is clearly intended[13] for retrieval only within the European Union.[12]

(4) The granting of the right of use shall include all currently known and unknown types of use that are or become necessary to achieve the purpose of the contract, even if they only arise subsequently on the basis of new legislation or for other reasons or only become known subsequently.[14]

(5) With regard to any types of use in connection with websites not covered by this grant of rights of use, the Rights Hol-

Websites räumt der Rechteinhaber dem Lizenznehmer eine Option zu angemessenen Bedingungen ein.[15]

der shall grant the Licensee an option on reasonable terms.[15]

(6) Der Lizenznehmer ist nicht berechtigt, die Inhalte der Datenbank zu bearbeiten oder zu ergänzen.

(6) The Licensee is not entitled to edit or supplement the contents of the database.

(7) Der Lizenznehmer ist berechtigt, im Zusammenhang mit der Durchführung dieses Vertrages – insbesondere zum Zwecke der Eigenwerbung und auf der vertragsgegenständlichen Website selbst – den Titel/Namen der vertragsgegenständlichen Datenbank sowie Namen/Kennzeichen/Logos/Abbildungen des Rechteinhabers unentgeltlich zu benutzen.[16]

(7) The Licensee is entitled to use the title/name of the contractual database as well as names/identifiers/logos/images of the Rights Holder free of charge in connection with the performance of this Agreement – in particular for the purpose of self-promotion and on the contractual website itself.[16]

(8) Sämtliche Namens-, Titel- und Kennzeichenrechte an der Website oder einzelnen ihrer Teile oder durch Benutzung auf der Website entstehende Namens-, Titel- und Kennzeichenrechte sind Sache des Lizenznehmers.

(8) All name, title and trademark rights to the website or individual parts thereof or name, title and trademark rights arising through use on the website are the responsibility of the Licensee.

(9) Der Rechteinhaber hat Anspruch auf Nennung seines Namens als Inhaber der Verwertungsrechte in Form eines – mit einem Zielpunkt seiner Wahl verlinkten – Vermerkes auf derjenigen Webseite, in die die vertragsgegenständliche Datenbank eingebunden wird.[17]

(9) The Rights Holder is entitled to have his name mentioned as the holder of the exploitation rights in the form of a note – linked to a target point of his choice – on the website into which the contractual database is integrated.[17]

§ 3 Mitwirkungspflichten und Kontrollrechte des Rechteinhabers

§ 3 Obligations to cooperate and rights of control of the Rights Holder

(1) Der Rechteinhaber verpflichtet sich, dem Lizenznehmer bis spätestens . . . . [Datum][18] ein Exemplar der Datenbank in elektronischer Form (Werkstück) zu liefern. Das Werkstück ist nach Ablauf von 2 Monaten an den Rechteinhaber zurückzugeben, sofern es in verkörperter Form (zB auf CD, DVD) übergeben wurde. Eine Weitergabe des Werkstückes an Dritte oder die Erstellung von Kopien für Dritte außerhalb des Rahmens dieses Vertrages ist nicht gestattet, soweit nicht der Rechteinhaber einer Übertragung der Lizenz an den Dritten zugestimmt hat.

(1) The Rights Holder undertakes to provide the Licensee no later than . . . . [date][18] with a copy of the database in electronic form (workpiece). The workpiece must be returned to the Rights Holder after 2 months if it was handed over in embodied form (e.g. on CD, DVD). Passing on the workpiece to third parties or making copies for third parties outside the scope of this contract is not permitted unless the Rights Holder has agreed to a transfer of the license to the third party.

(2) Der Rechteinhaber hat dem Lizenznehmer folgende Informationen in folgender Form zur Verfügung zu stellen:

a) Informationen über sämtliche Verwertungsrechtsinhaber:[19] schriftlich oder per E-Mail;

b) Ggf. Beschränkungen seines Rechteumfangs bzw. der Art und Weise, auf die die vertragsgegenständliche Datenbank in die Website eingebunden werden darf: schriftlich oder per E-Mail.

(3) Zur Kontrolle der Erfüllung dieses Vertrages gewährt der Lizenznehmer dem Rechteinhaber während der Lizenzdauer jederzeit kostenlosen Zugang zu seiner Website sowie den kostenlosen Abruf der Datenbankinhalte, sofern Zugang und Abruf nicht ohnehin unentgeltlich angeboten werden.[20]

(4) Der Lizenznehmer verpflichtet sich, dem Rechteinhaber auf Anforderung sämtliche vorhandenen Nutzungsdaten seiner Website zur Verfügung zu stellen, die mit dem Abruf der Datenbank/Datenbankinhalte in Zusammenhang stehen.[21] Dies erstreckt sich auch auf die Weitergabe von unter Bezugnahme auf die vertragsgegenständliche Abbildung hinterlassenen E-Mail-Adressen unter Berücksichtigung der anwendbaren Datenschutzbestimmungen (bei Einwilligung des betroffenen Nutzers).[22]

§ 4 Haftung

(1) Der Rechteinhaber versichert und steht dafür ein, dass er Inhaber der Online-Nutzungsrechte an der vertragsgegenständlichen Datenbank ist und in der vertragsgegenständlichen Form frei über sie verfügen kann.[23] Der Rechteinhaber garantiert ferner, dass die von ihm lizenzierten Inhalte frei von Rechten Dritter sind. Falls dem Rechteinhaber bekannt werden sollte, dass an irgendwelchen Bestandteilen der vertragsgegenständlichen Datenbank/Datenbankinhalte Rechte Dritter bestehen, so hat er den Lizenznehmer hierauf unverzüglich hinzuweisen. Der Rechtein-

(2) The Rights Holder shall provide the Licensee with the following information in the following form:

a) Information on all exploitation right holders:[19] in writing or by e-mail;

b) Any restrictions on the scope of his rights or the manner in which the contractual database may be integrated into the website: in writing or by e-mail.

(3) In order to monitor the performance of this Agreement, the Licensee shall grant the Rights Holder free access to its website and free retrieval of the database content at any time during the term of the license, unless access and retrieval are already offered free of charge.[20]

(4) The Licensee undertakes to make available to the Rights Holder, upon request, all existing usage data of his website that is related to the retrieval of the database/ database content.[21] This also extends to the disclosure of e-mail addresses left with reference to the contractual database, taking into account the applicable data protection regulations (with the consent of the user concerned).[22]

§ 4 Liability

(1) The Rights holder assures and guarantees that he is the owner of the online usage rights to the contractual database and that he can freely dispose of it in the contractual form.[23] The Rights holder also guarantees that the content licensed by him is free from third-party rights. Should the Rights holder become aware that third party rights exist to any components of the contractual database, he must inform the Licensee of this immediately. The Rights holder hereby indemnifies the Licensee against any third-party claims in this con-

haber stellt den Lizenznehmer hiermit von jeglichen Ansprüchen Dritter in diesem Zusammenhang frei und ersetzt ihm die Kosten der Rechtsverteidigung.[24]

(2) Der Lizenznehmer garantiert, sämtliche neben der vertragsgegenständlichen Lizenz für die beabsichtigte Nutzung weiter erforderlichen Rechte selbst einzuholen, bzw. bereits eingeholt zu haben und stellt den Rechteinhaber in diesem Zusammenhang von jeglichen Ansprüchen Dritter frei.[25]

§ 5 Veröffentlichung

Der Rechteinhaber garantiert hiermit, dass die Datenbank bereits veröffentlicht ist.[26]

§ 6 Vertrags- und Lizenzdauer

(1) Dieser Vertrag beginnt mit beiderseitiger Unterzeichnung und läuft für die Dauer von . . . . . (Vertragsdauer).[27] Mit Ablauf der Vertragsdauer enden sämtliche Pflichten aus diesem Vertrag mit Ausnahme solcher Regelungen, die ersichtlich auch nach Vertragsende gelten sollen.

(2) Die Rechtseinräumung nach diesem Vertrag (Lizenzdauer) beginnt gem. § 2 Abs. 2 mit der Zahlung der geschuldeten Lizenzgebühr und endet mit Ablauf der Vertragsdauer gem. § 6 Abs. 1.[28]

(3) Dieser Vertrag kann aus wichtigem Grund vorzeitig gekündigt werden, insbesondere wenn der Rechteinhaber seinen Mitwirkungspflichten gem. § 3 dieses Vertrags (insbesondere zur Lieferung eines Werkstückes gem. § 3 Abs. 1) nachhaltig nicht nachkommt, der Lizenznehmer fällige Zahlungen gem. § 7 dieses Vertrages trotz Mahnung und Nachfristsetzung nicht leistet oder die Kontrollrechte des Rechteinhabers gem. § 3 Abs. 3 dieses Vertrages nicht erfüllt.[29] Eine fristlose Kündigung setzt grundsätzlich voraus, dass der andere Teil schriftlich gemahnt und aufgefordert wird, den vermeintlichen Grund zur frist-

nection and shall reimburse the Licensee for the costs of legal defense.[24]

(2) The Licensee guarantees that he will obtain or has already obtained all further rights required for the intended use in addition to the contractual license and indemnifies the Rights Holder against any claims by third parties in this connection.[25]

§ 5 Publication

The Rights holder guarantees that the contractual image has already been published.[26]

§ 6 Duration of contract and license

(1) This contract shall commence upon mutual signature and shall run for the duration of . . . . . (contract term).[27] Upon expiry of the contract term, all obligations arising from this contract shall end, with the exception of those provisions that are clearly intended to continue to apply after the end of the contract.

(2) The granting of rights under this contract (license term) shall commence in accordance with § 2 para. 2 upon payment of the license fee owed and shall end upon expiry of the contract term in accordance with § 6 para. 1.[28]

(3) This agreement may be terminated prematurely for good cause, in particular if the Rights holder persistently fails to comply with his obligations to cooperate pursuant to § 3 of this agreement (in particular to deliver a workpiece pursuant to § 3 para. 1), if the Licensee fails to make payments due pursuant to § 7 of this agreement despite a reminder and the setting of a grace period, or if the Rights holder's rights of control pursuant to § 3 para. 3 of this agreement are not fulfilled.[29] Termination without notice generally presupposes that the other party has previously been given a written warning

losen Kündigung in angemessener Zeit zu beseitigen, es sei denn es liegen besondere Gründe iSv §§ 314 Abs. 2, 323 Abs. 2 BGB vor, die dem Kündigenden ein Festhalten an dem Vertrag auch ohne vorherige Mahnung oder Abmahnung unzumutbar machen.[30]

and requested to remedy the alleged reason for termination without notice within a reasonable period of time, unless there are special reasons within the meaning of Sections 314 (2), 323 (2) BGB that make it unreasonable to expect the terminating party to adhere to the contract even without a prior warning or warning notice.[30]

§ 7 Vergütung

§ 7 Remuneration

(1) Für die Rechteinräumung nach diesem Vertrag erhält der Rechteinhaber eine Pauschallizenzgebühr in Höhe von . . . . .[31]

(1) For the granting of rights under this agreement, the Rights holder shall receive a flat-rate license fee in the amount of . . . . .[31]

(2) Die Lizenzgebühr ist vor dem Einspeichern der vertragsgegenständlichen Datenbank in die Website des Lizenznehmers/vor der Zugänglichmachung der vertragsgegenständlichen Datenbank durch die Website des Lizenznehmers (zB durch Verlinkung) an den Rechteinhaber zu zahlen.[32] Der Lizenznehmer kann die Ausstellung einer Rechnung über den zu zahlenden Betrag verlangen. Rechnungsbeträge sind spätestens innerhalb von 10 Arbeitstagen nach Rechnungsstellung zur Zahlung fällig. Zahlungen sind auf das Konto IBAN . . . . . bei der . . . . . in . . . . ., BIC . . . . . zu leisten.

(2) The license fee shall be paid to the Rights holder before the contractual database is stored on the website/being made available through the Licensee's website.[32] The Licensee may request the issue of an invoice for the amount to be paid. Invoiced amounts are due for payment within 10 working days of invoicing at the latest. Payments are to be made to the account IBAN . . . . . at the . . . . . in . . . . ., BIC . . . . .

Gerät der Lizenznehmer mit der Zahlung fälliger Forderungen in Verzug, so hat er Verzugszinsen in Höhe von . . . . . % pro Jahr zu zahlen, sofern er nicht nachweist, dass der tatsächliche Schaden geringer ist.[33] Die Möglichkeit des Rechteinhabers zur Geltendmachung weitergehender Ansprüche aus dem Verzug bleibt unberührt.

If the Licensee defaults on the payment of due claims, he shall pay default interest in the amount of . . . . . % per year, unless he can prove that the actual damage is lower.[33] The Rights holder's right to assert further claims arising from the default remains unaffected.

(3) Alle Vergütungen verstehen sich zuzüglich der gesetzlichen Mehrwertsteuer, sofern der Rechteinhaber im Zahlungszeitpunkt der Umsatzsteuerpflicht unterliegt oder auf sie optiert hat und dies dem Lizenznehmer bekannt ist. Entsteht die Umsatzsteuerpflicht oder die Option auf sie nachträglich, so kann die Mehrwertsteuer bis zum Ende des laufenden Kalenderjahres unter Vorlage der Mehrwertsteuerpflicht-Bescheinigung des zu-

(3) All payments are subject to value added tax at the statutory rate, provided that the Rights holder is subject to value added tax at the time of payment or has opted for it and the Licensee is aware of this. If the obligation to pay VAT or the option to pay VAT arises retrospectively, the VAT can be claimed retrospectively until the end of the current calendar year upon presentation of the VAT liability certificate from the responsible tax office against

ständigen Finanzamtes gegen Rechnungsstellung nachgefordert werden. Danach erlischt die Forderung auf Umsatzsteuer-Erstattung.

invoicing. Thereafter, the claim for VAT refund expires.

§ 8 Vertraulichkeit

Beide Parteien verpflichten sich, über die Bestimmungen dieses Vertrages sowie über alle ihnen im Rahmen dieses Vertrages bekannt gewordenen Informationen bis zum Ablauf von . . . . . Jahren nach Ende der Lizenzdauer Stillschweigen zu bewahren. Dies gilt nicht, soweit ein berechtigtes Interesse an einer Offenbarung besteht.

§ 8 Confidentiality

Both parties undertake to maintain confidentiality with regard to the provisions of this contract and all information of which they become aware within the framework of this contract until the expiry of . . . . . years after the end of the license period. This shall not apply if there is a legitimate interest in disclosure.

§ 9 Herausgabe- und Löschungspflichten

Der Lizenznehmer verpflichtet sich, nach Beendigung der Lizenzdauer alle ihm einzeln in elektronischer Form vorliegenden vertragsgegenständlichen Informationen und Inhalte, insbesondere alle Kopien der vertragsgegenständlichen Datenbank/Datenbankinhalte, die nicht Bestandteil einer Gesamt-Archivierung seiner Website oder einzelner Webseiten sind, zu löschen. Informationen und Inhalte (auch Informationsmaterial uÄ), die in verkörperter Form vorliegen, sind an den Rechteinhaber zurückzugeben oder auf dessen Verlangen hin oder bei Nichtannahme zu vernichten.

§ 9 Handover and deletion obligations

Licensee undertakes to delete all contractual information and content available to him individually in electronic form, in particular all copies of the contractual image that are not part of an overall archive of his website or individual web pages, after the end of the license term. Information and content (including information material and the like) that is available in embodied form shall be returned to the Rights holder or, at the latter's request or in the event of non-acceptance, destroyed.

§ 10 Exklusivität[34]

Der Rechteinhaber verpflichtet sich, für einen Zeitraum von . . . . .[35] die vertragsgegenständlichen Datenbank/Datenbankinhalte nicht an einen weiteren Lizenznehmer zur Online-Nutzung zu lizenzieren, wenn dieser mit dem Lizenznehmer in direktem Konkurrenzverhältnis steht oder dem Lizenznehmer durch die Zweitlizenzierung ein Imageschaden droht. Ein solches direktes Konkurrenzverhältnis ist bei Branchengleichheit stets gegeben.

§ 10 Exclusivity[34]

The Rights holder undertakes not to license the contractual database to another Licensee for online use for a period of . . . . .[35] if the latter is in direct competition with the Licensee or if the Licensee is in danger of impairment of its image as a result of the secondary licensing. Such direct competition is always existing in relation to others in the same industry.

§ 11 Schlussbestimmungen	**§ 11 Final Provisions**
(1) Dieser Vertrag unterliegt dem Recht der Bundesrepublik Deutschland.	**(1) This contract is governed exclusively by the laws of the Federal Republic of Germany.**
(2) Mündliche Nebenabreden bestehen nicht. Änderungen oder Ergänzungen dieses Vertrages bedürfen zu ihrer Wirksamkeit der Schriftform, auf die auch nicht mündlich verzichtet werden kann.	**(2) There are no verbal collateral agreements. Amendments or additions to this contract must be made in writing, and this requirement cannot be waived orally.**
(3) Sollten einzelne Bestimmungen dieses Vertrages unwirksam sein oder werden, so wird dadurch die Wirksamkeit der übrigen Bestimmungen nicht berührt. Statt der unwirksamen Bestimmung gilt dasjenige, was die Parteien nach dem ursprünglich angestrebten Zweck unter wirtschaftlicher Betrachtungsweise redlicherweise vereinbart hätten. Das Gleiche gilt im Falle des Vorliegens einer Vertragslücke.	**(3) If individual provisions of this contract should be or become invalid, this shall not affect the validity of the remaining provisions. The invalid provision shall be replaced by what the parties would have reasonably agreed in accordance with the originally intended purpose from an economic point of view. The same shall apply in the event of a loophole in the contract.**
(4) Ansprüche aus diesem Vertrag können weder abgetreten, noch verpfändet, noch mit dem Recht eines Dritten belastet werden, soweit der Schuldner dem nicht ausdrücklich zustimmt.	**(4) Claims arising from this contract may not be assigned, pledged or encumbered with the rights of a third party unless the debtor expressly agrees to this.**
(5) Erfüllungsort ist . . . . . Sofern beide Parteien Kaufleute im Sinne des HGB sind, ist Gerichtsstand für alle Streitigkeiten aus diesem Vertrag	**(5) Place of performance is . . . . . If both parties are merchants within the meaning of the German Commercial Code (HGB), place of jurisdiction for all disputes arising from this contract shall be . . . . .**

. . . . .	. . . . .	. . . . .	. . . . .
(Ort, Datum)	**(Ort, Datum)**	**(Place, Date)**	**(Place, Date)**
. . . . .	. . . . .	. . . . .	. . . . .
– Lizenznehmer –	**– Rechteinhaber –**	**– Licensee –**	**– Rights Holder –**

Anmerkungen

1. Sachverhalt. Gegenstand des vorliegenden Formularvertrages ist die Einbindung einer elektronischen Datenbank in eine Website, wodurch das Urheberrecht des Datenbankautors (§ 4 Abs. 2 UrhG) bzw. das Leistungsschutzrecht des Datenbankherstellers (§ 87a ff. UrhG) berührt wird. Die Einbindung kann auf zweierlei Weise geschehen: zum einen kann die Datenbank direkt vom Server des Lizenznehmers aus abgerufen werden oder von dort aus per Link von der Website des Rechteinhabers abrufbar (öffentlich zugänglich) gemacht werden. Letzteres kommt in der Regel bei sehr umfangreichen Datenbanken vor.

Die Haftung des Website-Betreibers gegenüber dem Rechteinhaber für die ordnungsgemäße Rechteeinholung bei Nutzung urheberechtlich geschützter Inhalte ist in Rechtsprechung und Literatur unbestritten, vgl. zB LG München I MMR 2009, 137 mAnm Kaufmann. Der Betreiber der Website ist regelmäßig Anbieter des entsprechenden Inhalts als „eigene Information" iSv § 7 Abs. 1 TMG und haftet daher dem Rechteinhaber gegenüber für Urheberrechtsverletzungen durch die mit der Einbindung in die Website verbundene Vervielfältigung und Öffentlich-Zugänglichmachung eines urheberrechtlich geschützten Inhalts. Daher besteht ein Bedarf nach Abschluss entsprechender Lizenzverträge wie in den Formularen dieses Abschnitts (→ Form. I.1 ff.).

2. Datenbankwerke und Datenbanken. Es ist zu unterscheiden zwischen Datenbankwerken und einfachen Datenbanken. Datenbankwerke sind Sammelwerke, deren einzelne Elemente unabhängig oder methodisch angeordnet und einzeln mit Hilfe elektronischer Mittel zugänglich sind (§ 4 Abs. 2 UrhG). Die Auswahl oder Zusammenstellung dieser Elemente muss eine persönlich geistige Schöpfung darstellen (§ 4 Abs. 1 UrhG). Hierfür reicht es allerdings aus, dass die Sammlung in ihrer Struktur, die durch Auswahl oder Anordnung des Inhalts der Datenbank geschaffen worden ist, einen individuellen Charakter hat (BGH NJW 2008, 755 – Gedichttitelliste I).

Einfache Datenbanken sind dagegen Sammlungen von Werken, Daten oder anderen unabhängigen Elementen, die systematisch oder methodisch angeordnet und mit Hilfe elektronischer Mittel zugänglich sind. Dabei muss die Beschaffung, Überprüfung oder Darstellung eine nach Art und Umfang wesentliche Investition erfordern (§ 87a Abs. 1 UrhG), vor allem Zeit, Arbeit und Energie (vgl. Schuppert ITRB 2005, 39; Schricker/Loewenheim/Vogel UrhG § 87a Rn. 32). Diese Hürde scheint sehr niedrig zu liegen, denn die Rechtsprechung sieht zB schon eine Sammlung von Links, die auf einer Website bereitgehalten werden, als einfache Datenbank an (zB LG Köln ZUM-RD 2000, 304).

3. Rechtseinräumung. → Form. J.1 Anm. 3.

4. Erforderliche Nutzungsrechte. Für die Benutzung von Datenbanken in Online-Medien sind rechtssystematisch folgende Nutzungsrechte erforderlich: Ein Vervielfältigungsrecht für die Einspeicherung der Datenbank in den Server der Website gem. §§ 16, 87b UrhG, wenn die Datenbank auf dem eigenen Server des Lizenznehmers bereitgestellt wird. Das Recht, den Zugang zu der Datenbank zu eröffnen, welches als sogenanntes „Recht der Öffentlichen Zugänglichmachung" in §§ 19a, 87b UrhG geregelt ist. Sowie das Recht zur weiteren Vervielfältigung der Datenbankinhalte durch Besucher der Website gemäß §§ 16, 87b UrhG, falls diese die Datenbankinhalte bei sich selbst wiederum abspeichern können.

5. Einspeicherung in eine Website. → Form. J.1 Anm. 5 Schack UrhR/UrhebervertragsR § 13 Rn. 461; Möhring/Nicolini/Kroitzsch UrhG § 16 Rn. 4; Bechtold ZUM 1997, 427 (429)).

6. Öffentlich-Zugänglichmachung. → Form. J.1 Anm. 6.

7. Vervielfältigung durch Abruf von Besuchern der Website. → Form. J.1 Anm. 7.

8. Inhaltsverantwortlicher. → Form. J.1 Anm. 12.

9. Abtretungs- und Unterlizenzierungsverbot. → Form. J.1 Anm. 13.

10. Beschränkung auf bestimmte Website. → Form. J.1 Anm. 14.

11. Bedingung vollständiger Zahlung. → Form. J.1 Anm. 15.

12. Europäische Union. → Form. J.1 Anm. 16.

13. Bestimmungslandprinzip. → Form. J.1 Anm. 17.

14. Unbekannte und noch nicht geschützte Nutzungsarten. → Form. J.1 Anm. 18.

15. Option bezüglich nicht erfasster Nutzungsarten. → Form. J.1 Anm. 19.

16. Kennzeichen und Abbildungen. → Form. J.8 Anm. 20.

17. Namensnennung. → Form. J.6 Anm. 22.

18. Übergabe eines Werkstückes. → Form. J.8 Anm. 22.

19. Urheberinformationen. → Form. J.6 Anm. 25.

20. Kontrollabrufe. → Form. J.8 Anm. 24.

21. Nutzungsdaten. → Form. J.7 Anm. 25.

22. E-Mail-Adressen. → Form. J.1 Anm. 27.

23. Rechtegarantie des Rechteinhabers. → Form. J.1 Anm. 28.

24. Haftungsfreistellung. → Form. J.1 Anm. 29.

25. Garantie des Lizenznehmers. → Form. J.6 Anm. 31.

26. Veröffentlichung. → Form. J.1 Anm. 31.

27. Vertragsdauer. → Form. J.1 Anm. 32.

28. Lizenzdauer. → Form. J.1 Anm. 33.

29. Kündigung aus wichtigem Grund. → Form. J.1 Anm. 34.

30. Abmahnung. → Form. J.1 Anm. 35.

31. Lizenzgebühr. → Form. J.8 Anm. 37.

32. Periodische Zahlungen. → Form. J.8 Anm. 38.

33. Pauschalierter Verzugszins. → Form. J.1 Anm. 39.

34. Exklusivität. Eine exklusive Einräumung der Online-Verwertungsrechte von Datenbanken stellt zugunsten des Lizenznehmers für einen gewissen Zeitraum sicher, dass er der Einzige ist, der die vertragsgegenständlichen Datenbankinhalte zu dem vereinbarten Zweck online nutzt. Dies ist für ihn besonders dann wertvoll, wenn er ein investitionsintensives Webangebot betreibt, das einen hohen Aufmerksamkeitswert generieren soll, und hierfür auch der Widererkennungseffekt der verwendeten Datenbankinhalte von erheblicher Bedeutung ist.

35. Exklusivitätsdauer. In der Praxis beträgt die Dauer der Exklusivität selten mehr als ein paar Wochen. Bei besonderer Interessenlage kann der Zeitraum der Exklusivität jedoch auch „während der Lizenzdauer dieses Vertrages“ oder zB „bis zu 30 Tage nach Beendigung dieses Vertrages“ betragen.

5. Adresshandelsvertrag

§ 1 Vertragsgegenstand[1]

(1) Gegenstand dieses Vertrages ist die Übertragung und Einräumung von Rechten an der als Anlage 1 beigefügten Datenbank, welche Adressdaten verschiedener natürlicher Personen enthält (einzeln die „Daten" bzw. mehrere zusammengehörige Daten der „Datensatz" und gemeinsam die „Adressdatenbank") sowie deren Übergabe durch den Veräußerer an den Empfänger. Der Empfänger beabsichtigt, die Adressdatenbank zum Zwecke des Direktmarketings zu verwenden.[2]

(2) Nicht Gegenstand dieses Vertrages sind (i) Zusicherungen des Veräußerers im Hinblick auf den Marketing-Wert der Adressdatenbank, die über die nachfolgenden Abreden zu den Eigenschaften der Adressdatenbank hinausgehen sowie (ii) Beratungsleistungen seitens des Veräußerers im Hinblick auf die Verwendung oder Verwertungsmöglichkeiten der Adressdatenbank.[3]

§ 2 Beschreibung der vertragsgegenständlichen Daten

(1) Die zu übertragende Adressdatenbank enthält Datensätze von jeweils unterschiedlichen natürlichen Personen. Der Veräußerer hat vor Vertragsschluss eine Qualitätsprüfung der Adressdatenbank insoweit durchgeführt, als er erkennbare Dopplungen, dh Datensätze, deren Namen und Postanschrift oder Name und E-Mail-Adresse übereinstimmen, gelöscht hat. Es kann jedoch nicht ausgeschlossen werden, dass die Adressdatenbank Dopplungen enthält, zB weil eine natürliche Person mehrfach, aber mit unterschiedlichen Daten erfasst ist. Ebenso kann nicht ausgeschlossen werden, dass enthaltene Daten nicht mehr aktuell sind, wobei jedoch Daten, deren Verwendung zu Rückläufern geführt hat (zB nicht

§ 1 Subject of the agreement[1]

(1) The subject of this Agreement is the transfer and granting of rights to the database attached as Annex 1, which contains address data of various natural persons (individually the „Data" or several related data the „Data Record" and collectively the „Address Database") and its transfer by the seller to the recipient. The recipient intends to use the Address Database for the purpose of direct marketing.[2]

(2) This agreement does not cover (i) assurances by the seller regarding a marketing value of the Address Database that goes beyond the following provisions on the properties of the address database and (ii) consulting services by the seller regarding the use or utilisation possibilities of the Address Database.[3]

§ 2 Description of the contractual data

(1) The Address Database to be transferred contains Data Records of different natural persons. The seller has carried out a quality check of the Address Database before concluding this Areement to the extent that he has deleted recognisable duplicates, i.e. data records with the same name and postal address or name and email address. However, it cannot be ruled out that the Address Database contains duplicates, e.g. because a natural person is recorded several times but with different data. Moreover, it cannot be ruled out that the Data contained is no longer up to date, whereby Data whose use has led to returns (e.g. undeliverable e-mail addresses or postal addresses) have been deleted.[4]

zustellbare E-Mail-Adressen oder Postanschriften) gelöscht wurden.[4]

(2) Jeder Datensatz enthält mindestens die folgenden Daten:[5]
- Vor- und Nachname
- E-Mail-Adresse
- Postanschrift
- …

Zusätzlich kann jeder Datensatz die folgenden Daten enthalten:
- Geburtsdatum
- Titel
- Telefonnummer (mobil und/oder Festnetz)
- …

(3) Die in den Datensätzen enthaltenen Daten wurden aufgrund folgender Rechtsgrundlagen erhoben bzw. gespeichert:[6]
- Art. 6 Abs. 1 S. 1a) DS-GVO (Einwilligung)
- Art. 6 Abs. 1 S. 1b) DS-GVO
- Art. 6 Abs. 1 S. 1c) DS-GVO
- Art. 6 Abs. 1 S. 1f) DS-GVO

Die allen in den Datensätzen enthaltenen Betroffenen vorgelegten Informationen nach Art. 13, 14 DS-GVO sowie die für die Datenverarbeitung verwendeten Einwilligungstexte sind diesem Vertrag umfassend und abschließend als Anlagen 2 und 3 beigefügt.

(4) Die in der Adressdatenbank enthaltenen Datensätze wurden bisher nur zu Zwecken an Dritte übermittelt, die im eigenen Geschäftsinteresse des Veräußerers und im Rahmen seiner eigenen Geschäftsorganisation lagen, zB Post- und Paketversanddienstleister, Hosting- und SaaS-Anbieter, Steuerberater usw.[7]

§ 3 Verarbeitungszweck beim Empfänger[8]

(1) Der Empfänger wird die Adressdatenbank verwenden, um den darin gelisteten Betroffenen gegenüber Direktmarketing im Rahmen dessen zu betreiben, was nach den Anlagen 2 und 3 zulässig ist.

(2) Der in Abs. 1 genannte Einsatzzweck kann vom Empfänger im Rahmen des daten-

(2) Each Data Record contains at least the following Data:[5]
- first name and surname
- e-mail adress
- postal adress
- …
- In addition, each Data Record can contain the following Data:
- date of birth
- title
- telephone number (mobile and/or landline)
- …

(3) The Data contained in the Data Records were collected and/or stored on the basis of the following legal bases:[6]
- Art. 6 para. 1 sentence 1a) GDPR (Consent)
- Art. 6 para. 1 sentence 1b) GDPR
- Art. 6 para. 1 sentence 1c) GDPR
- Art. 6 para. 1 sentence 1f) GDPR
- The information provided to all data subjects contained in the Data Records in accordance with Art. 13, 14 GDPR and the consent texts used for data processing are attached to this contract comprehensively and conclusively as Annexes 2 and 3.

(4) The Data Records contained in the Address Database were previously only transferred to third parties for the seller's own business purposes and within the scope of its own business organisation, e. g. postal and parcel delivery service providers, hosting and SaaS providers, tax consultants, etc.[7]

§ 3 Purpose of processing by the recipient[8]

(1) The recipient will use the Address Database to conduct direct marketing to the data subjects listed therein within the scope of what is permitted in accordance with Annexes 2 and 3.

(2) The purpose stated in para. 1 may be extended by the recipient within the scope

schutzrechtlich Zulässigen erweitert werden, zB kann der Empfänger – soweit gesetzlich zulässig – die Daten für weitere Marketingzwecke verwenden oder sich weitere Einwilligungen der Betroffenen einholen.

of what is permissible under data protection law, e.g. the recipient may – to the extent permitted by law – use the Data for further marketing purposes or obtain further consent from the data subjects.

§ 4 Rolle der Parteien[9]

(1) Veräußerer und Empfänger sind jeweils allein Verantwortlicher im Sinne der DS-GVO. Durch diesen Vertrag entsteht weder eine Auftragsverarbeitung nach Art. 28 DS-GVO noch eine gemeinsame Verantwortlichkeit iSd Art. 26 DS-GVO (sog. Joint Controllership). Die Festlegung des Verarbeitungszweckes in § 3 erfolgt nur zur Sicherstellung der Rechtmäßigkeit der Übermittlung der Adressdatenbank für beide Parteien. Die Parteien sind sich bewusst, dass sie als jeweils Verantwortliche ihre datenschutzrechtlichen Pflichten gegenüber den Betroffenen zu erfüllen haben.

(2) Es wird klargestellt, dass die Parteien selbstständig und voneinander unabhängig sind und durch diese Vereinbarung keine über den Vertrag hinausgehende Rechtsbeziehung zwischen den Parteien entsteht. Dieser Vertrag begründet insbesondere keine Gesellschaft des bürgerlichen Rechts, keine Partnerschaft, kein Joint Venture und keine sonstige Gesamthands- oder Bruchteilsgemeinschaft. Keine Partei oder deren jeweilige verbundene Unternehmen sind ein Vertreter der anderen Partei zu jeglichem Zweck oder haben die Befugnis, die andere Partei zu verpflichten oder dieser oder deren Mitarbeitern gegenüber Weisungen zu erteilen.

§ 4 Role of the parties[9]

(1) The seller and recipient are each a Controller within the meaning of the GDPR. This Agreement does not give rise to order processing pursuant to Art. 28 GDPR or joint controllership within the meaning of Art. 26 GDPR. The purpose of the processing in § 3 is only defined to ensure the lawfulness of the transfer oft he Address Database for both parties. The parties are aware that, as controllers, each of them must fulfil their data protection obligations towards the data subjects.

(2) It is clarified that the parties are autonomous and independent of each other and that this arrangement does not create any legal relationship between the parties beyond the terms of this Agreement. In particular, this Agreement does not create a civil law partnership, joint venture or any other joint ownership or fractional ownership. Neither party or its respective affiliates is an agent of the other party for any purpose or has the authority to bind the other party or to issue instructions to the other party or its employees.

§ 5 Vergütung, Zahlungsbestimmungen[10]

(1) Der Empfänger zahlt dem Veräußerer als Gegenleistung für die vom Veräußerer gemäß diesem Vertrag ihm gegenüber zu erbringenden Leistungen in Bezug auf die Adressdatenbank einen Betrag von . . . . . EUR (der „Erwerbspreis").

§ 5 Remuneration, payment terms[10]

(1) The recipient shall pay to the seller in exchange for the services to be provided by the seller to the recipient under this Agreement in relation to the Address Database . . . . . EUR (the „Purchase Price").

(2) Ein erster Teilbetrag des Erwerbspreises in Höhe von . . . . . EUR („Teilbetrag 1") ist mit Vertragsschluss fällig.

(3) Der restliche Teilbetrag in Höhe von . . . . . EUR wird mit Eingang der Löschbestätigung gemäß § 8 Abs. 1 zur Zahlung fällig.

(4) Die in den vorstehenden Absätzen genannten Beträge verstehen sich als Nettobeträge jeweils zuzüglich gesetzlicher Umsatzsteuer.

(5) Die Zahlungen nach diesem § 5 sind an das folgende Konto des Veräußerers zu leisten: . . . .

§ 6 Geistiges Eigentum

(1) Aufschiebend bedingt durch die vollständige Zahlung des Teilbetrages 1 überträgt der Veräußerer an den Empfänger alle rechtlich übertragungsfähigen Rechte an der Adressdatenbank und den in ihr enthaltenen Daten und Datensätzen an den dies annehmenden Empfänger.

(2) Wenn und soweit die Adressdatenbank und/oder schutzfähige Daten und Datensätze nicht übertragbarem immaterialgüterrechtlichem Schutz einschließlich dem Datenbankherstellerschutzrecht gemäß §§ 87a ff. UrhG unterliegen, räumt der Veräußerer dem dies annehmenden Empfänger aufschiebend bedingt durch die vollständige Zahlung des Teilbetrages 1 ein ausschließliches, unwiderrufliches und inhaltlich, zeitlich und örtlich unbeschränktes und unterlizenzierbares Nutzungsrecht für alle Nutzungsarten ein. Hierzu gehören insbesondere das Recht des Datenbankherstellers, die Adressdatenbank insgesamt oder in wesentlichen Teilen zu vervielfältigen, zu verbreiten und öffentlich wiederzugeben sowie das Recht, schutzfähige Datenbankinhalte zu vervielfältigen, zu verbreiten, öffentlich zugänglich zu machen sowie zu bearbeiten und umzugestalten.

(3) Die Rechteeinräumung gemäß Abs. 2 bezieht sich auf alle bekannten Nutzungsarten sowie alle Nutzungsarten, die gegen-

(2) A first instalment of the Purchase Price amounting to . . . . . EUR („Instalment 1") is due upon conclusion of the Agreement.

(3) The remaining partial amount of . . . . . EUR shall be due for payment upon receipt of the cancellation confirmation pursuant to § 8 para. 1.

(4) The amounts stated in the above paragraphs are net amounts plus statutory VAT.

(5) Payments pursuant to this § 5 shall be made to the following account of the seller: . . . .

§ 6 Intellectual property

(1) Subject to the condition precedent of full payment of Instalment 1, the seller shall transfer to the recipient all legally transferable rights to the Address Database and the Data and Data Records contained therein to the recipient who accepts this at the same time.

(2) If and insofar as the Address Database and/or protectable Data and Data Records are subject to non-transferable intellectual property rights, including (but not limited to) the database makers' protection right pursuant to Sections 87a et seq. of the German Copyright Act (UrhG), the seller shall grant the recipient who accepts this t the same time an exclusive, irrevocable and sub-licensable right of use for all types of use, unlimited in terms of content, time and place, subject to the condition precedent of full payment of Instalment 1. This includes in particular the right of the maker of the database to reproduce, distribute and publicly reproduce the Address Database in whole or in substantial parts, as well as the right to reproduce, distribute, make publicly accessible, edit and remodel protectable database content.

(3) The granting of rights pursuant to para. 2 refers to all known types of use as well as all types of use that are currently

wärtig noch unbekannt sind. Die Parteien sind sich einig, dass die gesetzlich insoweit unverzichtbaren Rechte hiervon unberührt bleiben.[11]

(4) Der Empfänger ist zur Verwertung der Adressdatenbank oder Teilen von dieser nicht verpflichtet.

(5) Die Rechteübertragung und -einräumung nach vorstehenden Abätzen ist durch Zahlung des Erwerbspreises vollständig abgegolten. § 32c UrhG bleibt unberührt.

(6) Der Empfänger gewährt dem Veräußerer das einfache, nicht übertragbare und nicht unterlizenzierbare Recht, die Adressdatenbank bis zum Eintritt der Löschpflicht gemäß § 8 Abs. 1 zu speichern und zu verändern, wenn und soweit dies (i) für die Erfüllung seiner vertraglichen Pflichten gegenüber dem Empfänger oder (ii) zur Erfüllung den Veräußerer betreffender zwingender gesetzlicher Pflichten erforderlich ist.[12]

§ 7 Bereitstellung und Übertragung der Adressdatenbank[13]

(1) Der Veräußerer wird die Adressdatenbank in dem . . . . .-Dateiformat für einen Zeitraum von 14 (vierzehn) Tagen ab dem Zahlungseingang des Teilbetrages 1 gemäß § 5 für den Empfänger zum Download bereitstellen und den Empfänger mit Beginn der Bereitstellung über den Downloadlink informieren.

(2) Der Veräußerer wird die Adressdatenbank durch eine Zwei-Faktor-Authentifizierung gegen unberechtigten Zugriff schützen, wobei die Faktoren per per E-Mail (erster Faktor) und per SMS (zweiter Faktor) an vom Empfänger anzugebende Adressdaten bzw. Nummern zu senden sind.

(3) Der Empfänger wird den Veräußerer nach erfolgtem Download der Adressdatenbank über den Datentransfer in Textform informieren.

still unknown. The parties agree that the legally indispensable rights in this respect remain unaffected by this.[11]

(4) The recipient is not obliged to utilise the Address Database or any parts thereof.

(5) The transfer and granting of rights in accordance with the above paragraphs is fully compensated by payment of the Purchase Price. Section 32c UrhG remains unaffected.

(6) The recipient grants the seller the non-exclusive, non-transferable and non-sublicensable right to store and modify the Address Database until the deletion obligation pursuant to § 8 para. 1 applies, if and to the extent that this is necessary (i) for the fulfilment of its contractual obligations towards the recipient or (ii) for the fulfilment of mandatory statutory obligations concerning the seller.[12]

§ 7 Provision and transfer of the Adress Database[13]

(1) The seller shall make the Address Database accessible for download by the recipoent in the . . . . .file format for a period of 14 (fourteen) days from receipt of payment of Instalment 1 in accordance with § 5 and inform the recipient about the download link at the start of provision for downlaod.

(2) The seller shall protect the Address Database against unauthorised access using two-factor authentication, whereby the factos are to be sent by e-mail (first factor) and by SMS (second factor) to address data resp. numbers to be specified by the recipient.

(3) The recipient shall inform the seller of the data transfer in text form once the Address Database has been downloaded.

§ 8 Pflichten der Parteien

(1) Der Veräußerer wird die Daten innerhalb von 30 (dreißig) Tagen nachdem der Empfänger ihn textlich über den erfolgreichen Download der Adressdatenbank gemäß vorstehendem § 7 Abs. 3 informiert hat, unwiederbringlich löschen und dies dem Empfänger in Textform formlos bestätigen („Löschbestätigung“).[14] Die vorgenannten Fristen dienen dazu, mögliche Übertragungsfehler unter Rückgriff auf den beim Veräußerer gespeicherten Datensatz zu korrigieren.

(2) Die Löschpflicht nach Abs. 1 gilt nicht für Datensätze bzw. Teile von Datensätzen, die der Veräußerer aufgrund rechtlicher Pflichten (zB handels- und steuerrechtlicher Regeln) aufbewahren muss oder die er zur Geltendmachung oder Abwehr von Ansprüchen gegenüber den Betroffenen weiterhin benötigt.[15] Der Veräußerer wird dem Empfänger mitteilen, aufgrund welcher Rechtsgrundlagen und für welchen Zeitraum er vertragsgegenständliche Daten weiterverarbeiten muss. Ist die Rechtsgrundlage nicht mehr gegeben, wird der Veräußerer auch diese Datensätze ohne dass es einer Aufforderung bedarf unverzüglich und unwiederbringlich löschen.

(3) Der Veräußerer darf die Adressdatenbank und die darin enthaltenen Daten, soweit diese nicht gelöscht sind, nur noch für die ihm obliegenden vertraglichen Pflichten gegenüber dem Empfänger sowie aus den in Abs. 2 genannten Gründen verwenden.

(4) Der Empfänger wird die in der Adressdatenbank gelisteten Betroffenen über die Übermittlung nach diesem Vertrag informieren und auch im Übrigen alle Informationspflichten nach den Art. 13, 14 DS-GVO erfüllen.[16]

§ 9 Garantien[17] und weitere Pflichten

(1) Der Veräußerer garantiert, dass er (i) über alle für die Rechteübertragung und -einräumung sowie die Bereitstellung und

§ 8 Obligations of the parties

(1) The seller shall irretrievably delete the data within 30 (thirty) days after the recipient has informed him in text form of the successful download of the Address Database in accordance with § 7 para. 1 above and confirm this to the recipient informally in text form („Deletion Confirmation“).[14] The aforementioned deadlines serve to correct possible transmission errors by relying on the data stored by the seller.

(2) The deletion obligation pursuant to para. 1 shall not apply to Data Records or parts of Data Records that the seller must retain due to legal obligations (e.g. commercial and tax law regulations) or which he still needs to assert or defend against claims against data subjects.[15] The seller shall inform the recipient of the legal basis and the period of time for which he must continue to process the contractual data. If the legal basis no longer exists, the seller shall delete these Data Records immediately and irretrievably without the need for a request to do so.

(3) The seller may only use the Address Database and the Data contained therein, which have not been deleted for the contractual obligations incumbent upon him vis-à-vis the recipient or for the reasons stated in para. 2.

(4) The recipient will inform the data subjects listed in the Address Database about the transfer in accordance with this Agreement and also fulfil all other information obligations in accordance with Art. 13, 14 GDPR.[16]

§ 9 Warranties[17] and other obligations

(1) The seller guarantees that (i) it holds all rights required for the transfer and granting of rights and the provision and

Übertragung der Adressdatenbank gemäß §§ 6 und 7 erforderlichen Rechte verfügt und (ii) die Verwendung der Adressdatenbank und der Daten durch den Empfänger im Rahmen der ihm übertragenen und eingeräumten Rechte keine Schutzrechte Dritter verletzt.

(2) Der Veräußerer garantiert weiter, dass (i) die Aussagen in § 2 Abs. 3 und 4 zutreffend sind, (ii) die Erhebung und Verarbeitung der Daten durch den Veräußerer frei von Verstößen gegen das geltende Datenschutzrecht erfolgt sind und (iii) die Übermittlung der Daten nach diesem Vertrag nicht gegen geltendes Datenschutzrecht verstößt.

(3) Erkennt der Veräußerer, dass eine Garantieverletzung vorliegt, so ist er verpflichtet, den Empfänger davon unverzüglich schriftlich in Kenntnis zu setzen und ihn über den genauen Garantieverstoß zu informieren.[18]

§ 10 Rechtsfolgen bei Verstößen

(1) Wird der Empfänger wegen eines Verstoßes des Veräußerers gegen eine oder mehrere Garantien oder Pflichten aus § 9 von Dritten einschließlich Behörden in Anspruch genommen, so stellt der Veräußerer den Empfänger auf erstes Anfordern von derlei Ansprüchen umfassend frei. Die Freistellungsverpflichtung umfasst auch Bußgeldforderungen von Datenschutzbehörden und schließt die Übernahme der Kosten der Rechtsverteidigung des Empfängers (inkl. Gerichts- und Anwaltskosten in gesetzlicher Höhe) mit ein. Von Zahlungsverpflichtungen aus Vergleichen mit Dritten muss der Veräußerer den Empfänger dagegen nur freistellen, wenn er den zugrundeliegenden Vergleich zuvor ausdrücklich genehmigt hatte.[19]

(2) Der Veräußerer ist zudem verpflichtet, dem Empfänger für den Fall einer Inanspruchnahme durch Dritte im Sinne des vorstehenden Abs. 1 auf erstes Anfordern unverzüglich, wahrheitsgemäß und voll-

transfer of the Address Database in accordance with §§ 6 and 7 and that (ii) the use of the Address Database and the Data by the recipient within the scope of the rights transferred and granted to the recipient does not infringe any third-party property rights.

(2) The seller further guarantees that (i) the statements in § 2 para. 3 and 4 are correct, (ii) the collection and processing of the Data by the seller is free from violations of applicable data protection law and (iii) the transfer of the Data under this Agreement does not violate applicable data protection law.

(3) If the seller realises that a breach of guarantee has occurred, he is obliged to inform the recipient immediately in writing and to inform him of the exact breach of guarantee.[18]

§ 10 Legal consequences in case of violations

(1) If claims are asserted against the recipient by third parties, including authorities, due to a breach by the seller of one or more guarantees or obligations under § 9, the seller shall indemnify the recipient comprehensively against such claims upon first request. The indemnification obligation shall also include claims for fines by data protection authorities and shall include the the assumption of the costs of the recipient's legal defence (including court and lawyer's fees in the statutory amount). However, the seller has to indemnify the recipient from payment obligations arising from settlements with third parties only in cases where the seller had expressly approved the underlying settlement in advance.[19]

(2) In the event of a claim by third parties within the meaning of para. 1 above, the seller shall also be obliged to provide the recipient upon first request immediately, truthfully and in full with all information

ständig alle Informationen zur Verfügung zu stellen, die für die Prüfung der Ansprüche, auch im Hinblick auf eine Freistellung und eine Verteidigung erforderlich sind.[20]

(3) Etwaige weitere Ansprüche des Empfängers bleiben unberührt.

§ 11 Geheimhaltung[21]

. . . . .

§ 12 Schlussbestimmungen

(1) Soweit der Empfänger nach diesem Vertrag textliche Erklärungen gegenüber dem Veräußerer abzugeben hat, wird er diese an folgende E-Mail-Adresse(n) richten: . . . . . Umgekehrt hat der Veräußerer, soweit er nach diesem Vertrag textliche Erklärungen gegenüber dem Empfänger abzugeben hat, diese an folgende E-Mail-Adresse(n) richten: . . . . .

(2) Sollten Bestimmungen dieses Vertrages ganz oder teilweise unwirksam oder undurchführbar sein oder werden, so berührt dies die Wirksamkeit der übrigen Regelungen nicht. Die Parteien verpflichten sich stattdessen, darauf hinzuwirken, die unwirksame oder undurchführbare Regelung durch eine solche zu ersetzen, die dem wirtschaftlich Gewollten am nächsten kommt. Vorstehendes gilt entsprechend, falls sich dieser Vertrag als lückenhaft erweist.

(3) Dieser Vertrag, einschließlich seiner Anlagen, beinhaltet sämtliche Vereinbarungen der Parteien zum Vertragsgegenstand. Änderungen und Ergänzungen des Vertrages einschließlich dieser Bestimmung bedürfen der Schriftform, dies gilt auch für eine Aufhebung des Schriftformerfordernisses.

(4) Gerichtsstand für alle Streitigkeiten aus oder in Zusammenhang mit diesem Vertrag sind, soweit gesetzlich zulässig, die Gerichte am Sitz des . . . . .

necessary for the examination of the claims, including with regard to indemnification and defence.[20]

(3) Any further claims of the recipient shall remain unaffected.

§ 11 Confidentiality[21]

. . . . .

§ 12 Final Provisions

(1) Insofar recipient has to submit textual declarations to the seller under this Agreement, it shall address these to the following e-mail address(es): . . . . . Conversely, if the seller is required to submit textual declarations to the recipient under this Agreement, the seller shall send them to the following e-mail address(es): . . . . .

(2) Should provisions of this Agreement be or become invalid or unenforceable in whole or in part, this shall not affect the validity of the remaining provisions. Instead, the parties undertake to endeavour to replace the invalid or unenforceable provision with a provision that comes closest to what is economically intented by the invalid or unenforceable provision. The above shall apply accordingly if this Agreement proves to be incomplete.

(3) This Agreement, including its annexes, contains all arrangements between the parties on the subject matter of the Agreement. Amendments or additions to the Agreement, including this provision, must be made in writing; this also applies to a cancallation of this written form requirement.

(4) The place of jurisdiction for all disputes arising from or in connection with this Agreement shall be, to the extent permitted by law, the courts at the registered office of . . . . .

(5) Dieser Vertrag unterliegt deutschem Recht mit Ausnahme von dessen kollisionsrechtlichen Regelungen, die zur Anwendung einer anderen Rechtsordnung führen würden. Die Geltung des CISG („UN-Kaufrecht") wird ausgeschlossen.

(5) This Agreement is governed by German laws with the exception of its conflict-of-law rules, which would lead to the application of another legal system . The application of the CISG (UN Convention on Contracts for the International Sale of Goods) is excluded.

Anmerkungen

1. Sachverhalt. Adresshandel kann auf ganz unterschiedliche Weise stattfinden. Das Muster regelt den Verkauf von Adressdaten zum Zwecke des Marketings, dh der Veräußerer ist im Besitz einer Datenbank mit Daten natürlicher Personen oder Unternehmen (inkl. personenbezogener Kontaktdaten), an die der Adressdaten-Empfänger Marketingmaterial versenden oder auf andere Weise gegenüber diesen Personen oder Unternehmen Werbung betreiben möchte. Das vorliegende Muster kann als „Stand-alone"-Lösung verwendet werden, aber auch als Teil eines größeren Asset Deals, bei dem weitere Vermögensgegenstände übertragen werden sollen. Denkbar ist zudem, dass der Adresshandelsvertrag auch die Übertragung bestehender Rechtsbeziehungen, zB die Übertragung von laufenden Verträgen (Plattformverträgen etc) oder den Umgang mit Kundenbeziehungen regelt, bei denen noch potenzielle vertragliche Ansprüche vorhanden sein können, zB noch nicht verjährte Gewährleistungsansprüche. In diesen Fällen werden auch die Verträge oder zumindest die den Kunden gegenüber bestehenden Rechte und Pflichten mitübertragen, dh abgetreten, wobei dann regelmäßig die Zustimmung der Vertragspartner bzw. Kunden notwendig ist.

Das Muster geht außerdem davon aus, dass der Veräußerer die Verfügungsgewalt über die Daten vollständig aufgibt. Denkbar ist aber auch eine Übertragung von Daten im Wege einer einfachen „Datenlizenz". Der Begriff der einfachen Datenlizenz ist dabei so gemeint, dass der Veräußerer selbst keine Rechte aufgeben und auch nicht auf die Daten verzichten würde, sondern einer weiteren Person, dem Empfänger, zu bestimmten Zwecken und Konditionen den Zugriff auf seine eigene Datenbank und deren Verwendung gewährt. Ebenfalls denkbar ist die Konstellation einer Alleinlizenz, in welcher der der Veräußerer Rechte zur eigenen Nutzung der Daten behält, das Recht zur Einräumung von Datenlizenzen zugunsten Dritter jedoch zugunsten des Erwerbers aufgibt.

2. Vertragsgegenstand. Die wirtschaftliche Bedeutung von Daten sowie auch von aufbereiteten Datenbanken nimmt stetig zu und betrifft inzwischen nahezu alle Wirtschaftsbereiche. So werden zunehmend auch vertragliche Abreden zB in Bezug auf Daten getroffen, die im Rahmen smarter Produktion, KI-basierten Prozessen, Machine Learning sowie dem Marketing anfallen oder/und eingesetzt werden.

Rechtlich stellen sich in diesem Zusammenhang regelmäßig Fragen nach (Eigentums-) Rechten und mithin der Möglichkeit des Handels mit diesen Daten und Datenbanken. Denkbar ist auch, dass es sich bei solchen Daten um Geschäftsgeheimnisse iSd § 2 Nr. 1 GeschGehG handelt. Gleichzeitig führt die weite Definition des Begriffs der personenbezogenen Daten des Art. 4 Nr. 1 DS-GVO in der Praxis oft zu einer Anwendbarkeit der gesetzlichen Bestimmungen zum Datenschutz. Das Vertragsmuster, dessen Gegenstand die Übertragung und Einräumung von Rechten an einer Adressdatenbank sowie die Übertragung der enthaltenen Adressdaten vom Veräußerer an den Empfänger ist, nimmt diese Konstellation auf. Es werden sowohl Fragestellungen zur Zuordnung der immateriellen Rechte an der Adressdatenbank und den Datensätzen als auch datenschutzrechtliche Aspekte aufgrund des Personenbezugs der Adressdaten berührt.

Auch wenn Daten, abhängig von ihrem Informationsgehalt und ihrem Format, im Regelfall immaterialgüterrechtlich nicht geschützt sind (→ Anm. 11), stellen diese dennoch als nicht-rivale Informationsträger (also solche, deren Nutzung durch eine Person die Verfügbarkeit oder Nutzung durch andere nicht beeinträchtigt) teils erhebliche wirtschaftliche Werte dar, die Gegenstand vertraglicher Abreden sind. Hierfür wird sinnvollerweise auf die Terminologie sowie auch konzeptionelle Grundsätze des Urheberrechts zurückgegriffen. Dabei gilt, dass der sorgfältigen vertraglichen Rechtezuordnung, gerade insoweit, als dingliche Eigentumszuordnungen des Immaterialgüterrechts nicht bestehen, besondere Bedeutung zukommt.

Das Vertragsmuster geht von einem Erwerb ausschließlicher und möglichst weitgehender Rechte an der Adressdatenbank und den Daten durch den Empfänger aus, während der Veräußerer die Adressdatenbank zu löschen hat (siehe §§ 6 und 8). Damit erhält der Empfänger, soweit gesetzlich möglich und in dem durch die anzuwendenden Datenschutzbestimmungen zulässigen Rahmen, die volle wirtschaftliche Verwertungsberechtigung sowie auch die physische Verfügungsgewalt über die Adressdatenbank. Vertragstypologisch wird vorliegend daher von einem Rechtskauf bzw. einem Kauf sonstiger Gegenstände gem. § 453 Abs. 1 BGB auszugehen sein. Zwar können etwaig bestehende Urheberrechte nicht als Ganzes übertragen werden (§ 29 Abs. 1 UrhG) und damit auch nicht Gegenstand eines Rechtskaufs sein (BeckOGK/Wilhelmi BGB § 453 Rn. 141). Dies ist jedoch auch nicht Gegenstand des Vertragsmusters, sondern der weitestmögliche und ausschließliche Erwerb von übertragungsfähigen Rechten bzw. die Einräumung nicht übertragungsfähiger Rechte, was mit der herrschenden Meinung typologisch dem § 453 Abs. 1 BGB zuzuordnen sein wird (Jauernig/Berger BGB § 453 Rn. 18, 19; Grüneberg/Weidenkaff BGB § 453 Rn. 3 ff.; zu Fragen der Vertragstypologie beim Verkauf immaterieller Güter: Hoeren MMR 2013, 486 (489); Haberstumpf NJOZ 2015, 793). Von etwaigen Eigentumsrechten der Betroffenen an den Adressdaten geht das Vertragsmuster nicht aus.

Gleichzeitig wird der Wert der Daten sowie natürlich auch die Rechtskonformität des Adresshandelsvertrages insgesamt wegen des unstrittigen Personenbezuges der hier vertragsgegenständlichen Adressdaten wesentlich durch die anwendbaren datenschutzrechtlichen Vorgaben bestimmt. Diesbezüglich ist zunächst zu beachten, dass die Übermittlung personenbezogener Daten eine Verarbeitung iSd Art. 4 Nr. 2 DS-GVO darstellt. Damit bedarf es für die Übermittlung der Daten einer Rechtsgrundlage nach Art. 6 oder 9 DS-GVO. Aus datenschutzrechtlicher Sicht kommt es also für die Frage der Zulässigkeit der Übermittlung bzw. Übertragung auf die Art der zu übertragenden personenbezogenen Daten, aber auch auf den Zweck der Übermittlung an. Werden bspw. Adressdaten natürlicher Personen zum Zwecke der Versendung von Werbung übermittelt, dann kommt als Rechtsgrundlage Art. 6 Abs. 1 S. 1f) DS-GVO in Betracht (Gola/Heckmann/Schulz DS-GVO Art. 6 Rn. 80–85). Dabei hat der Veräußerer die Daten nicht zwingend selbst zu Werbezwecken erhoben und verwendet, sondern ggf. die Daten gerade zum Zwecke der Übermittlung erhoben (zB aus öffentlich zugänglichen Quellen oder von den Betroffenen selbst). In einem solchen Fall muss sowohl ein berechtigtes Interesse des Adresshändlers (hier des Veräußerers) als auch des Werbetreibenden (hier des Empfängers) vorliegen und dieses mit den Interessen oder Grundrechten und Grundfreiheiten der betroffenen Personen abgewogen werden. Direktmarketing ist als mögliches Beispiel eines berechtigten Interesses im Erwägungsgrund 47 der DS-GVO genannt. Das berechtigte Interesse des Adresshändlers kann sich zB aus Art. 12 und 14 GG ergeben (Gola/Heckmann/Schulz DS-GVO Art. 6 Rn. 85). Die Übermittlung muss – sofern sie nicht der Zweck ist, zu dem die Daten erhoben wurden – den Anforderungen des Art. 6 Abs. 4 DS-GVO genügen.

Zu beachten ist aber, dass das BayLDA im Jahre 2015 der Übermittlung von Kundendaten ohne Einwilligung der Kunden jedenfalls dann eine Absage erteilt hat, wenn die

Daten mehr als den Namen und die Postanschriften der Kunden enthalten. Das BayLDA hatte damals im Falle einer Übertragung von E-Mail-Adressen von Kunden eines Online-Shops im Zuge eines Asset Deals (siehe dazu sogleich) Geldbußen in fünfstelliger Höhe sowohl gegen das veräußernde als auch gegen das erwerbende Unternehmen festgesetzt (siehe die Pressemitteilung des BayLDA vom 30.7.2015). Damals konnte das BayLDA die Entscheidung aber mit dem sog. Listenprivileg des § 28 Abs. 3 S. 2 BDSG-alt begründen, nach welchem die Verarbeitung oder Nutzung personenbezogener Daten für Zwecke der Werbung dann ohne dessen Einwilligung möglich war, wenn es sich um listenmäßig oder sonst zusammengefasste Daten über Angehörige einer Personengruppe handelte, die sich auf die Zugehörigkeit des Betroffenen zu dieser Personengruppe, seine Berufs-, Branchen- oder Geschäftsbezeichnung, seinen Namen, Titel, akademischen Grad, seine Anschrift und sein Geburtsjahr (die sog. Listendaten) beschränkten. E-Mail-Adressen und Telefonnummern fielen nicht hierunter, ebenso wenig Konto- und Kreditkartendaten oder Kaufhistorien.

Letztlich findet sich in der DS-GVO bei den Rechtsgrundlagen aus Art. 6 keine derartige Beschränkung auf bestimmte Arten von personenbezogenen Daten mehr, so dass grundsätzlich ein Abstellen auf ein berechtigtes Interesse auch bei anderen als den ehemals sog. Listendaten denkbar ist. Da die Aufsichtsbehörden der Länder jüngst jedoch gerade bei Datenverarbeitung zu Werbezwecken sehr restriktiv mit der Rechtsgrundlage aus Art. 6 Abs. 1 S. 1f) DS-GVO umgingen und eher eine Einwilligung fordern, besteht das Risiko, dass die Behörden auch für den Adresshandel zu Werbezwecken eine Einwilligung der Betroffenen zur Voraussetzung machen. Wollen die Vertragspartner hier in Bezug auf das Bestehen der erforderlichen Rechtsgrundlage sicher gehen, sollte vor Vertragsschluss eine Einwilligung der Betroffenen eingeholt werden.

Bei dem Handel mit Daten von Geschäftskunden spielt der Datenschutz nur dann keine Rolle, wenn die Datenbank wirklich nur juristische Personen und von diesen nur die Firmenbezeichnungen und allgemeine Kontaktdaten enthält. Sind die Geschäftskunden Einzelunternehmer oder enthalten die Listen konkrete Ansprechpartner juristischer Personen liegen personenbezogene Daten vor und findet die DS-GVO Anwendung (von dem Bussche/Voigt Konzerndatenschutz/Plath Teil 6. Datenschutz bei M&A-Transaktionen Rn. 37).

Im Rahmen von Share Deals stellt die Übertragung von Datenbanken mit personenbezogenen Daten natürlicher Personen in der Regel kein Problem dar, da sich nicht der im datenschutzrechtliche Sinne Verantwortliche selbst ändert, sondern nur dessen Gesellschafter. Bei Asset Deals stellt sich dies jedoch anders dar. Hier werden die Daten von einem Verantwortlichen an einen anderen übermittelt, so dass es wieder einer Rechtsgrundlage im datenschutzrechtlichen Sinne bedarf. In Betracht kommt natürlich die Einwilligung nach Art. 6 Abs. 1 S. 1a) DS-GVO, wobei dann alle Personen informiert und um Einwilligung gebeten werden müssten, bevor eine Übermittlung und damit auch die Transaktion stattfinden kann. Allerdings ist die Zustimmung von Personen auch in zivilrechtlicher Hinsicht jedenfalls dann erforderlich, wenn mit dem Asset Deal für den Kunden ein Wechsel des Vertragspartners einhergeht, also auch die Vertragsbeziehung auf den Empfänger übertragen wird. In einem solchen Fall könnte man bei Einholen der Zustimmung zum Vertragsübergang auch sogleich eine datenschutzrechtliche Einwilligung abfragen. Alternativ ist denkbar, die Übermittlung der personenbezogenen Daten auf Art. 6 Abs. 1 S. 1b) DS-GVO zu stützen, weil sie zur Durchführung, nämlich Übertragung, der bestehenden Vertragsbeziehung zwischen dem Betroffenen und dem Veräußerer erforderlich ist (von dem Bussche/Voigt Konzerndatenschutz/Plath Teil 6. Datenschutz bei M&A-Transaktionen Rn. 62).

Mit Inkrafttreten der DS-GVO kommt als Rechtsgrundlage beim Asset Deal grundsätzlich auch Art. 6 Abs. 1 S. 1f) DS-GVO und damit das berechtigte Interesse des Veräußerers in Betracht, wobei auch hier wiederum die o. g. Entscheidung des BayLDA im Hinterkopf behalten werden sollte (kritisch hierzu von dem Bussche/Voigt Konzerndatenschutz/Plath Teil 6. Datenschutz bei M&A-Transaktionen Rn. 63 f.). Zu beachten ist, dass bei der Verwendung der Daten zu Werbezwecken nicht nur die DS-GVO, sondern auch § 7 UWG Anwendung findet, dh Marketingmaßnahmen zB per E-Mail oder Telefon sind ohnehin nur mit ausdrücklicher Einwilligung des Werbeempfängers möglich. Für Werbung per Telefon gibt es im B2B-Bereich zwar auch die mutmaßliche Einwilligung, deren Anwendungsbereich ist allerdings eng auszulegen (zu den Anforderungen an eine mutmaßliche Einwilligung siehe Harte-Bavendamm/Henning-Bodewig/Schöler UWG § 7 Rn. 267 ff.). Ob sich die einmal erteilte Einwilligung der in einer zu übertragenden Kundendatenbank enthaltenen Personen auch auf Werbung durch den Empfänger erstreckt, muss aber im Einzelfall genau geprüft werden (von dem Bussche/Voigt Konzerndatenschutz/Plath Teil 6. Datenschutz bei M&A-Transaktionen Rn. 65).

Bei erstmaliger Nutzung zu Werbezwecken, zB im Falle des Erwerbs der Daten von einem Adresshändler, der diese zum Zwecke der Veräußerung zusammengestellt hat, ist im Fall, dass man diese auf ein berechtigtes Interesse stützen kann (was aber wegen § 7 UWG nur bei der Nutzung von postalischen Anschriften denkbar ist), der Betroffene durch den Empfänger immer auf sein Widerspruchsrecht nach Art. 21 Abs. 2 DS-GVO hinzuweisen. Außerdem trifft den Empfänger die Informationspflicht des Art. 14 DS-GVO, sofern der Adresshändler über die Übermittlung noch nicht informiert hat.

3. Ausschluss von der Leistungspflicht. Der für den Marketing-ROI wesentliche wirtschaftliche Wert von Adressdaten, die wie im vorliegenden Fall zum Zwecke des Direktmarketings genutzt werden, bemisst sich für den Verwender (hier dem Empfänger) zunächst nach den konkreten Eigenschaften der Daten (Umfang, Struktur, Inhalt etc) sowie nach den Rechten, die er daran erwirbt und den Möglichkeiten der datenschutzkonformen Verwendung. Darüber hinaus bestimmt sich der Marketing-Wert – abhängig von den beworbenen Produkten und Leistungen sowie den bei Durchführung des Marketings eingesetzten Technologien – vor allem auch nach dem Antwortverhalten angeschriebener Personen, der Quote von Klicks zB auf eingeframte Nachrichteninhalte oder auf Hyperlinks in versandten E-Mails oder dem Ausführen weiterer Aktionen durch die Adressaten.

Die hier verwendete Regelung ist insoweit klarstellend, als dass über die vertraglichen Abreden zu den Rechten an der Adressdatenbank und deren inhaltlichen und datenschutzrechtlichen Eigenschaften hinaus Zusicherungen seitens des Veräußerers im Hinblick auf den Marketing-Wert nicht Gegenstand dieses Vertrages sind. Denkbar bleibt die Einbeziehung des Marketing-Wertes über eine Vergütungsregelung, die (zumindest in Teilen) an bestimmte bei Direktmarketing-Aktionen erzielte Kennwerte anknüpft (→ Anm. 10). Weiterhin wird, wie ganz üblich in reinen Transaktionsverträgen, klargestellt, dass etwaig von Empfängerseite gewünschte Beratungsleistungen zu Verwendung und Verwertungsmöglichkeiten der Adressdatenbank nicht Gegenstand dieses Vertrages sind und daher ggf. gesondert zu vereinbaren wären.

4. Beschaffenheit der Datenbank. Sofern der Veräußerer nicht eine komplette Datenbank veräußert, sondern aus einer vorhandenen Datenbank, zB einer Kundendatenbank, selbst eine Auswahl trifft, muss der Vertragsgegenstand entsprechend genau bezeichnet werden. Man kann hierfür zB Kategorien oder Filter festlegen wie Geschlecht, Familienstand, Alter usw. Dies kann insbesondere bei der Veräußerung zu Zwecken des Direktmarketings interessant sein. Denkbar ist, dass der Veräußerer die Datenbank aufsplittet und an mehrere Empfänger, die ggf. sogar Wettbewerber sind, überträgt.

Der Veräußerer darf jedenfalls solche Datensätze nicht veräußern, die er zB nur noch aus handels- oder steuerrechtlichen Gründen oder zur Geltendmachung oder Abwehr von

Ansprüchen gegenüber den Betroffenen aufbewahrt. Denn diese Gründe für die Aufbewahrung werden nur in seiner Person vorliegen, so dass der Empfänger für eine weitergehende Verarbeitung keine Rechtsgrundlage vorweisen könnte. Etwas anderes wäre es zB, wenn der Empfänger auch Verträge mit den Betroffenen übernimmt und daher auch in die Rechte und Pflichten des Veräußerers an dessen Stelle in einem vertraglichen Verhältnis mit dem Betroffenen eintreten soll (zum Erfordernis einer Einwilligung in den Vertragsübergang siehe → Anm. 2).

Weiterhin sollte der Veräußerer für ein gewisses Qualitätsmanagement einstehen müssen, denn der Wert der Datenbank ist geschmälert, wenn diese viele Dopplungen oder nicht mehr aktuelle Daten enthält, wobei er freilich nicht garantieren kann, dass die Daten korrekt sind. Er sollte allerdings, wenn er erkennt, dass Daten falsch sind, diese löschen oder berichtigen. Diese Pflicht ergibt sich ohnehin schon aus den Grundsätzen der Datenverarbeitung aus Art. 5 Abs. 1d) DS-GVO, dh der Veräußerer muss seine Datenbank unabhängig von einer Veräußerung entsprechend pflegen. Man könnte dazu auch noch eine Zusicherung oder Garantie des Veräußerers in den Vertrag aufnehmen. Außerdem sollte man verlangen, dass er im Vorfeld der Übertragung eine gewisse Bereinigung der Datenbank dahingehend durchführt, dass er erkennbare Dopplungen entfernt. So ist es hier geregelt.

5. Beschaffenheit der einzelnen Datensätze. Es sollte festgelegt werden, welchen Mindestinhalt jeder Datensatz hat, denn hieraus kann sich ganz wesentlich der Wert bestimmen. Streit könnte entstehen, wenn zB der Empfänger vor allem an E-Mail-Adressen interessiert ist und sich dann herausstellt, dass die Datensätze nur Postanschriften enthalten oder (zB mit Blick auf § 7 UWG) umgekehrt. Daher sollte hier sorgfältig darauf geachtet und transparent gemacht werden, welche Daten die Datensätze enthalten.

Der Inhalt der Datensätze muss sich dabei nicht auf Kategorien personenbezogener Daten beschränken, sondern könnte auch weitere, ggf. sogar notwendige Informationen umfassen, deren Übertragung an den Empfänger ganz wesentlich sind, wie zB „Hat der Zusendung von Werbung widersprochen", „Hat eine Einwilligung in den Newsletter-Versand gegeben" usw. Wenn solche Informationen Teil der zu veräußernden Datenbank und im Datensatz vorhanden sind, sollten sie als vertraglich geschuldeter Mindestinhalt aufgeführt werden.

6. Rechtmäßigkeit der Datenverarbeitung. Da der Empfänger aus datenschutzrechtlicher Sicht eine lückenlose Kette der Rechtmäßigkeit der Datenverarbeitung in Bezug auf die erworbenen personenbezogenen Daten nachweisen muss, ist dem Empfänger zu empfehlen, sich die Rechtsgrundlagen nennen und die Texte vorlegen zu lassen, mit denen der Veräußerer die in der zu veräußernden Datenbank enthaltenen Betroffenen informiert bzw. deren Einwilligung eingeholt hat sowie sich über die konkreten Umstände der Information bzw. Einholung von Einwilligungen informieren zu lassen (z. B. um wirksamkeitsrelevante Umstände wie Verstöße gegen das Kopplungsverbot identifizieren zu können). In diesem Zuge kann auch geklärt werden, ob alle Informationspflichten nach Inkrafttreten der DS-GVO am 25.5.2018 eingehalten wurden, dh auch bei Betroffenen, deren Daten vor diesem Datum erhoben wurden.

7. Vorherige Nutzung. Bei dieser Regelung geht es vor allem um das Interesse des Empfängers daran, inwieweit ihm durch diesen Vertrag im Zusammenspiel mit den Regelungen des § 6 eine exklusive Verwendung der Adressdatenbank ermöglicht wird. Bei einem reinen Verkauf zu Zwecken des Direktmarketings kann die Information auch relevant für den Wert sein, da es natürlich im Hinblick auf die Akzeptanz der Betroffenen für Marketingmaßnahmen einen Unterschied machen kann, wie viel Werbung sie erhalten. Im Muster hat es keine vorherigen Übertragungen, wie mit dieser Vereinbarung bezweckt gegeben, aber Datenübermittlungen im Rahmen der Geschäftsorganisation des

Veräußerers. Man könnte zwar auch alle vorherigen Empfänger aufzählen, allerdings dürfte dies für das vorstehend beschriebene Interesse des Empfängers zumindest im Fall dieser Datenübermittlungen nicht notwendig sein und zudem birgt es das Risiko, dass der Veräußerer den einen oder anderen Dienstleister, der irgendwann einmal Zugriff auf die Daten hatte, in der Aufzählung vergisst. Der Einsatz von Auftragsverarbeitern stellt auch nach DS-GVO keine Übermittlung dar, insofern ist der Auftragsverarbeiter zwar Empfänger iSv Art. 4 Nr. 9 DS-GVO, aber nicht Dritter (Paal/Pauly/Martini DS-GVO Art. 28 Rn. 8a ff.; Gola/Heckmann/Gola DS-GVO Art. 4 Rn. 90).

Man könnte den Zeitpunkt der Datenerhebung in den Vertrag aufnehmen, sofern er für den Empfänger von Relevanz ist (zB mit Blick auf die Aktualität der Daten). Ggf. handelt es sich dabei auch um eine weitere Information, die sich aus den Datensätzen selbst ergibt. Relevant kann der Zeitpunkt zB für Speicherfristen sein. Sollten nicht alle Betroffenen neue Datenschutzinformationen bekommen haben, wäre außerdem interessant, wer vor dem 25.5.2018 in die Datenbank aufgenommen wurde und daher noch informiert werden müsste.

8. Bestimmung eines Verwendungszwecks. Da nach der Konzeption des Musters die Parteien jeweils voneinander unabhängige Verantwortliche im datenschutzrechtlichen Sinne sein sollen (→ Anm. 9), müsste man den Verarbeitungszweck beim Empfänger nicht zwingend im Vertrag regeln. Der Veräußerer sollte sich hierfür aber insoweit interessieren, als er bei der Datenübermittlung sicherstellen muss, dass diese auf einer Rechtsgrundlage basiert. Die Rechtsgrundlage bestimmt sich auch aus dem beabsichtigten Verwendungszweck beim Empfänger. Eine spätere Kontrollpflicht des Veräußerers, dass der Empfänger die Daten auch wirklich nur so verwendet, wird man daraus nicht ableiten können, zumal es dann ggf. wieder zu einer Einordnung der Parteien als sog. Joint Controller iSd Art. 26 DS-GVO kommen könnte. Auch die Regelung zum Geistigen Eigentum sieht eine solch eingeschränkte Übertragung von Rechten gerade nicht vor (→ Anm. 11).

Man könnte den Verarbeitungszweck jedoch auch weiter einschränken, zB wenn der Veräußerer Daten für Werbezwecke veräußert und verhindern will, dass der Empfänger die Daten verwendet, um zB für Dritte Werbung zu machen und nicht nur für sein eigenes Unternehmen bzw. seine eigenen Leistungen und Produkte. Es kann hier also eine Art Wettbewerbsverbot untergebracht werden, das freilich zulässig sein muss.

9. Datenschutzrechtliche Rollenverteilung. Es empfiehlt sich, innerhalb der Vereinbarung eine Klarstellung aufzunehmen, dass weder eine Auftragsverarbeitung (was in diesen Konstellationen auch eher abwegig wäre) noch eine gemeinsame Verantwortlichkeit (sog. Joint Controllership) iSd Art. 26 DS-GVO vorliegt. Bei der Formulierung der Abgrenzung könnte man sich zusätzlich am Wortlaut des Art. 26 DS-GVO orientieren, aber auch Stellungnahmen und Handreichungen der Datenschutzbehörden berücksichtigen.

10. Vergütung. Die Vergütungsregelung soll die angemessene Berücksichtigung der Interessen beider Parteien im Rahmen des Leistungsaustausches sicherstellen: Für den Empfänger ist die vereinbarungsgemäße Datenstruktur, die Datenvollständigkeit und der Inhalt sowie das Format der Daten und die korrekte Bereitstellung zum Download für die Nutzung der Adressdatenbank zwingend. Bereits geringfügige Abweichungen können zu erheblichen Mehraufwendungen (zB wegen des Überführens in andere Formate oder Datenstrukturen) oder gar der Nichtnutzbarkeit der Adressdatenbank führen. Die zweite Teilzahlung erfolgt daher erst nach Abschluss des vollständigen und erfolgreichen Übertragungsvorganges sowie der – für den Wert der Adressdatenbank auf Empfängerseite ebenfalls wichtigen – Umsetzung der Löschpflicht des Veräußerers. Der Gesamtprozess enthält dabei eine Zeitspanne von 30 Tagen zwischen Datentransfer und Löschung, welche dem Empfänger die Prüfung des erhaltenen Datensatzes ermöglicht (§ 8 Abs. 1). Die Berücksichtigung dieser Prüfungsphase erscheint auch mit Blick auf die Obliegenheiten des Empfängers gemäß § 377 Abs. 1 HGB, der hier Anwendung findet (zu dem insoweit vergleichbaren kaufrechtlichen Softwareerwerb: Ebenroth/Boujong/Joost/Strohn/Achilles HGB § 377 Rn. 5; OLG Köln NJW-RR 1997, 1533), sinnvoll und soll Reparaturen der heruntergeladenen Adressdatenbank oder einzelner Daten oder Datensätze mithilfe der Originalversion des Veräußerers ermöglichen.

Gleichzeitig wäre eine Zahlung des vollständigen Vergütungsbetrages erst nach erfolgreicher Übertragung der Adressdatenbank mit Blick auf die üblicherweise durch den Veräußerer im Zusammenhang mit der Bereitstellung der Adressdatenbank verbundenen Aufwendungen, bezüglich derer das Vertragsmuster von einer Berücksichtigung im Rahmen der Bemessung des Erwerbspreises ausgeht, unbillig. Freilich könnte man die mit der Bereitstellung der Adressdatenbank verbundenen Aufwendungen auch gesondert als vom Empfänger zu zahlen vereinbaren.

Zu beachten ist darüber hinaus bei (teilweiser) Nichtzahlung des Erwerbspreises durch den Empfänger, dass sich im Falle eines Rücktritts vom Vertrag durch den Veräußerer gemäß § 323 Abs. 1 Alt. 1 oder 2 BGB (ein solcher Schritt ist typischerweise von besonderer Bedeutung für den Veräußerer, um ihm eine zügige anderweitige Veräußerung der Datenbank zu erlauben, die ja mit Aktualitätsverlust regelmäßig schnell an Wert verliert) die Rückgewähr der Adressdaten im Rahmen des Rückgewährschuldverhältnisses nach § 346 Abs. 1 BGB als problematisch darstellt: Hat der Empfänger die Betroffenen bereits kontaktiert, ist der exklusive Charakter der Adressdatenbank für den Veräußerer und damit ein wesentlicher wertbildender Faktor verloren. Es ist dem Empfänger zudem datenschutzrechtlich ggf. nicht erlaubt, die erhaltenen Daten einfach zu löschen, denn ihn können zwischenzeitlich eigene Pflichten zur Aufbewahrung treffen, sei es aus Gründen der Datenintegrität (Art. 5 Abs. 1f) DS-GVO), um Auskunftspflichten gegenüber den Betroffenen erfüllen zu können oder auch aufgrund handels- oder steuerrechtlicher Vorschriften. Vor diesem Hintergrund kann es sich anbieten, dass die Parteien den einzelnen Daten vertraglich Werte zuordnen, die dann im Falle eines zu leistenden Wertersatzes bei nicht möglicher (vollst.) Rückgewähr zu berücksichtigen sind.

11. Rechteeinräumung in den Absätzen 1–3. Ziel der Regelung ist der möglichst weitgehende und ausschließliche Rechteerwerb an der Adressdatenbank sowie an den in ihr enthaltenen Daten durch den Empfänger.

Dabei wird eine Rechteübertragung soweit gesetzlich möglich bestimmt (Absatz 1), von der alle übertragungsfähigen immateriellen Rechte erfasst werden. Soweit der Vertragsgegenstand immateriellen Schutzrechten – hier insbesondere des Urheberrechts – unterliegt, die nicht übertragen werden können (§ 29 Abs. 1 UrhG), sieht Absatz 2 eine Rechteeinräumung vor.

In Bezug auf die Adressdatenbank geht das Vertragsmuster davon aus, dass diese in der hier gewählten Form mangels individuell-schöpferischer Auswahl oder Anordnung der Elemente zwar kein Datenbankwerk iSd § 4 Abs. 2 UrhG darstellt (Spindler/Schuster/Wiebe UrhG § 4 Rn. 14; Wandtke/Bullinger/Marquardt UrhG § 4 Rn. 5, 6), wohl aber dem Datenbankschutz als Recht sui generis gemäß §§ 87a ff. UrhG unterliegen wird. Vorliegend geht es gerade nicht um eine zB aus öffentlichen Verzeichnissen herauskopierte Datenbank, die im Regelfall die erforderliche wesentliche Investition in die Datenbankerstellung vermissen lässt (Spindler/Schuster/Wiebe UrhG § 87a Rn. 76). Vielmehr zeichnet sich die Adressdatenbank durch ihre Verwendungsfähigkeit für die vertragsgegenständliche Datenübermittlung sowie den angestrebten Zweck des Direktmarketings aus. Um diese Eignung sicherzustellen, hat der Datenbankersteller abhängig von der Erhebungsart und den gewählten Medien verschiedene Maßnahmen durchzuführen, insbes. um den datenschutzrechtlichen Anforderungen gerecht zu werden (Einholung und Dokumentation von Einwilligungen gem. Art. 7 DS-GVO, Belehrungen nach Art. 13 DS-GVO, technische Maßnahmen, wie zB E-Mail-Adressverifikation sowie Einhaltung technischer und organisatorischer Maßnahmen zum Schutz der Adressdaten), aber natürlich auch um die vereinbarten Beschaffenheit der Datensätze sicherzustellen (→ Anm. 5). Die Investitionen in die zugrundeliegenden rechtlichen Prüfungen, Rechtstexteerstellung, qualitativen Prüfungen und technischen Maßnahmen sind regelmäßig erheblich. Sie sind darüber hinaus nicht der Datengenerierung, sondern der Beschaffung und dem Unterhalt der Daten zuzuordnen und damit für die Bejahung der Datenbankeigenschaft berücksichtigungsfähig (Dreier/Schulze/Dreier UrhG § 87a Rn. 13; Wandtke/Bullinger/Hermes UrhG § 87a Rn. 36).

Die hier vertragsgegenständlichen Adressdaten selbst dürften dagegen regelmäßig (sofern diese nicht in besonderer, über das gängige Maß hinausgehenden schutzfähigen Weise wiedergegeben werden) urheberrechtlich nicht schutzfähig (Wandtke/Bullinger/Bullinger UrhG § 2 Rn. 61 mwN) und mithin auch nicht Gegenstand dinglicher Rechte sein. Daher und va auch vor dem Hintergrund, dass der rechtliche Charakter von Daten und etwaige an diesen bestehenden Rechte in Literatur und Rechtsprechung nicht abschließend geklärt sind, kommt der eindeutigen vertraglichen Rechtezuweisung eine gesteigerte Bedeutung zu (Schefzig DSRITB 2015, 551 (554); mit Bezug auch auf personenbezogene Daten: Stender-Vorwachs/Steege NJOZ 2018, 1361 (1362)). Die Regelungen des § 6 weisen daher sämtliche Rechte klar dem Empfänger zu und sind im Zusammenhang mit der Löschungsverpflichtung des § 8 Abs. 1 sowie der Nutzungsbeschränkung des § 8 Abs. 3 zu sehen.

Die Rechteübertragung bzw. Einräumung gemäß § 6 ist bewusst nicht auf die Verwendung der Adressdatenbank sowie deren Daten auf bestimmte datenschutzrechtlich bei Datenübermittlung zulässige Handlungen beschränkt. Dies würde zum einen dem Vertragskonzept widersprechen, nach dem der Empfänger, soweit gesetzlich möglich, sämtliche Rechte des Veräußerers an der Datenbank erwirbt. Zum anderen soll der Vertrag keinen vertraglich begründeten und einklagbaren Anspruch des Veräußerers gegenüber dem Empfänger auf Einhaltung des Datenschutzrechts begründen. Vielmehr begrenzt das Datenschutzrecht die Verwendung der Adressdatenbank und der darin enthaltenen Daten genau wie andere regulatorische Vorgaben (zB das Wettbewerbsrecht) und ist nicht im Rahmen der Rechteübertragung und -einräumung regelungsbedürftig. Im Übrigen kann der Empfänger (in Ausübung der umfassenden erworbenen Rechte) zB durch Vertragsabschlüsse mit den Betroffenen oder die Einholung von Einwilligungen die datenschutzrechtlichen Verwendungsmöglichkeiten der Daten künftig erweitern.

12. Datenrücklizenz. Die Regelung formuliert eine Daten-Rücklizenz, welche erforderlich ist, um dem Veräußerer die Bereitstellung der Adressdatenbank zum Download sowie Speicherung bis zur Löschung sowie die Erfüllung seiner zwingenden gesetzlichen (insbes. datenschutzrechtlichen) Pflichten zu ermöglichen.

13. Regelungen zur sicheren Bereitstellung und Übertragung. Dem Schutz der vertragsgegenständlichen Adressdatenbank und der einzelnen Daten vor dem unberechtigten Zugriff Dritter kommt nicht nur aufgrund des wirtschaftlichen Interesses der Parteien daran, sondern auch aufgrund des Personenbezuges der Datensätze eine gesteigerte Bedeutung zu. So ist gemäß Art. 32 Abs. 1b) DS-GVO auch die Vertraulichkeit der Daten durch geeignete technische und organisatorische Maßnahmen sicherzustellen.

Nachdem ein Versand der Datenbank per Ende-zu-Ende-verschlüsselter E-Mail üblicherweise wegen der Größe der Datei ungeeignet erscheint und die Übergabe von Datenträgern aufgrund des physischen Beschädigungs- und vor allem Verlustrisikos regelmäßig den Anforderungen an den Schutz der Daten nicht gerecht wird, geht das Vertragsmuster von einer Übertragung per Download aus. Dabei wird der Zugang des Empfängers zu den vertragsgegenständlichen Dateien durch eine Zweifaktor-Authentifizierung gesichert. Die Übermittlung der Zugangsdaten per E-Mail und SMS dient zudem dazu, auf Empfängerseite gezielt einer bestimmten Person die Zugriffsschlüssel zur Verfügung zu stellen. So kann erreicht werden, dass ausschließlich die zuständige und berechtigte Person innerhalb des Empfänger-Unternehmens Zugriff auf die Adressdaten erhält und diese entsprechend in die Datenverarbeitungsprozesse des Empfängers einfügen kann. Zusätzlich zu den genannten Sicherheitsmaßnahmen können die Parteien im Vertrag zB auch die Verschlüsselung der Adressdatenbank nach einem zu bestimmenden Standard und die Übermittlung des Schlüssels an einen bestimmten Adressaten auf Empfängerseite verabreden.

Alternativ zu der hier gewählten Regelung kann die Bereitstellung und Übermittlung der Adressdatenbank auch gesondert und detailliert in einer Anlage zum Vertrag geregelt werden. Dies bietet sich insbesondere bei detaillierten/komplexen technischen Abreden an.

14. Löschung der Datenbank. Sofern der Empfänger die vertragsgegenständlichen Datensätze zukünftig allein und exklusiv erhalten möchte, sollte er sich vom Veräußerer versichern lassen, dass dieser keine Kopien davon behält. An die Anzeige der Löschung ist die Zahlung des zweiten Vergütungsteilbetrages gemäß § 5 Abs. 1 geknüpft, weil diese Anzeige den Bereitstellungs- und Übertragungsprozess abschließt. Die Bestimmung des Löschungszeitpunktes ermöglicht dem Empfänger, im Rahmen der Datenprüfung etwaig gefundene Fehler noch mithilfe des Datensatzes beim Veräußerer zu beheben.

15. Recht zur weiteren Speicherung. Der Veräußerer muss wiederum darauf achten, dass er sich nicht gegenüber dem Empfänger vertraglich zu einer Löschung verpflichtet, obwohl er gesetzlich zur weiteren Aufbewahrung verpflichtet wäre oder die Daten für eigene Zwecke – die natürlich nicht der Übertragungsvereinbarung entgegenstehen dürfen – noch benötigt. Daher sollten hier eng umgrenzte Ausnahmen von der Löschpflicht geregelt werden.

Sofern der Empfänger die Daten nicht exklusiv erhalten soll, der Veräußerer also die Daten nicht löschen müsste, sondern weiterhin verwenden dürfte, könnte man hier Regelungen treffen, die ein Weiterveräußerungsverbot an Wettbewerber des Empfängers oder bestimmte Dritte (Blacklist) beinhalten.

16. Information der Betroffenen über Datenübermittlung. Die Betroffenen müssen über die Übermittlung informiert werden, da es einen neuen (bzw. Falle nur einfacher Rechteübertragung (→ Anm. 1): einen weiteren) Verantwortlichen und damit einen neuen (bzw. einen weiteren) Ansprechpartner für die Ausübung der Rechte der Betroffenen gibt. Geht man davon aus, dass der Art. 14 DS-GVO einschlägig ist, weil der Empfänger die Daten nicht direkt beim Betroffenen erhoben hat, sondern diese eben vom Veräußerer erhalten hat, so sind die Fristen des Art. 14 Abs. 3 DS-GVO zu beachten (siehe dazu Gola/Heckmann/Franck DS-GVO Art. 14 Rn. 21, der der Auffassung ist, dass die Maximaldauer eines Monats der Alternative a) anders als der Wortlaut des Absatzes 3, der zwischen den Varianten ein „oder" enthält, absolut gilt).

17. Garantien in Absatz 1 und 2. Die in Absatz 1 gewählte Bestimmung, nach welcher der Veräußerer garantiert, dass er über die eingeräumten und übertragenen Rechte verfügt und dass der Rechtetransfer sowie die Ausübung der eingeräumten und übertragenen Rechte keine Rechte Dritter verletzt, folgt dem für Lizenzverträge über Immaterialgüterrechte üblichen Regelungsmuster.

Wegen der auf die vertragsgegenständlichen Adressdaten anwendbaren datenschutzrechtlichen Bestimmungen fügt Absatz 2 weitere Garantien hinzu, welche die Erhebungs- und Verarbeitungsprozesse der Adressdaten zum Gegenstand haben. Dabei stellen die Garantien zum einen auf die Korrektheit der vertraglichen Aussagen des Veräußerers zur Erhebung und bisherigen Verarbeitung der Daten ab und zum anderen auf die Datenschutzkonformität der Erhebungs- und Verarbeitungsprozesse des Veräußerers. Weiterhin beziehen sich die Garantien auf die Datenschutzkonformität der vertragsgegenständlichen Datenübermittlung. Damit orientieren sich Inhalt und Systematik der datenschutzbezogenen Garantien des Absatzes 2 an den immaterialgüterrechtlichen Garantien des Absatzes 1.

Die sorgfältige Garantiebestimmung im Vertrag ist aus Sicht des Empfängers vor allem auch deshalb wichtig, weil eine Gutgläubigkeit des Empfängers in Bezug auf die Rechte an Daten ebenso nicht in Frage kommt wie eine Vermeidung datenschutzrechtlicher Haftung gegenüber den Betroffenen, aber auch im Rahmen von Bußgeldverfahren, sofern die Übertragung oder Verarbeitung nach der Übertragung einen Datenschutzverstoß darstellt und daher dem Einstehen des Veräußerers für die vertraglichen immateriellen und datenschutzrechtlichen Eigenschaften der Daten eine gesteigerte Bedeutung zukommt.

18. **Informationspflicht zur Garantieverletzung.** Diese Regelung soll Schäden durch mögliche Ansprüche Dritter aufgrund von Garantieverletzungen durch den Veräußerer mindern, indem dem Empfänger die Möglichkeit gegeben wird, auf etwaige Garantieverstöße im Hinblick auf seine Nutzung der Adressdatenbank zu reagieren. Eine besondere Bedeutung kommt der Bestimmung speziell im Hinblick auf das Datenschutzrecht zu: Bei entsprechender Information über Verstöße gegen die Garantien des § 9 Abs. 2 kann der Empfänger etwaige daraus resultierende Datenschutzverstöße bei der Verwendung der Adressdatenbank in ihrer Intensität reduzieren oder vermeiden, indem er die Datenverarbeitung entsprechend anpasst. Es ist denkbar, den schuldhaften Verstoß des Veräußerers gegen die hier geregelte Informationspflicht mit einer Vertragsstrafe zu sanktionieren.

19. **Freistellung.** Es handelt sich um eine dem üblichen Regelungsmuster entsprechende Bestimmung, die den Veräußerer zur Freistellung des Empfängers auf erstes Anfordern verpflichtet. In diese Regelung wurde ausdrücklich die Verpflichtung zur Freistellung von etwaigen gegen den Empfänger verhängten datenschutzrechtlichen Bußgeldern (Art. 83 DS-GVO) aufgenommen, da diese für den Empfänger aufgrund der möglichen Höhe von 20 Mio. EUR oder im Fall eines Unternehmens von bis zu 4 % seines weltweit erzielten Jahresumsatzes des vorangegangenen Geschäftsjahrs, ein besonderes Risiko darstellen. Zusätzlich könnte zB die Pflicht des Veräußerers zum Unterhalt einer Betriebshaftpflichtversicherung, die auch Datenschutzverstöße abdeckt, über einen bestimmten Betrag in den Vertrag aufgenommen werden. Ebenfalls aufgenommen werden könnte eine Sanktionierung von Garantieverletzungen durch Vertragsstrafen, da der dem Empfänger (bereits unabhängig von etwaigen freistellungsrelevanten Inanspruchnahmen) durch den Verlust oder die Einschränkung der Möglichkeit von Verarbeitungsprozessen entstehende Schaden im Regelfall schwer zu beziffern sein wird.

20. **Umfassende Information.** Die Verpflichtung zur umfassenden Information des Empfängers durch den Veräußerer ist für ersteren von besonderer Bedeutung, weil dieser im Falle des Garantieverstoßes ggf. gegenüber Dritten (zB gemäß § 101 Abs. 1 UrhG gegenüber in ihren Rechten verletzten Dritten oder gemäß Art. 33 DS-GVO bei Datenschutzverstößen gegenüber der Datenschutzbehörde oder gemäß Art. 25 DS-GVO gegenüber Betroffenen) auskunftspflichtig ist und/oder für eine effektive Verteidigung auf derlei Informationen angewiesen ist.

21. Geheimhaltung und Datenschutz. Auf die Formulierung einer Geheimhaltungsklausel wurde hier verzichtet, da hier auf die üblichen Klauseln zurückgegriffen werden kann. Es ist allerdings zu berücksichtigen, dass in Bezug auf die Existenz dieser Vereinbarung eine Geheimhaltungspflicht jedenfalls gegenüber den Betroffenen, deren Daten Gegenstand der Übertragung sind, gegen das Datenschutzrecht verstoßen würde, da die Parteien Informationspflichten über die Übermittlung der Daten treffen. Daher sollten entsprechende Ausnahmen in die Geheimhaltungsklausel aufgenommen werden.

G. Datenschutz

1. Datenschutzhinweise

Datenschutzhinweise

I. Allgemeine Hinweise[1]

Die . . . . . (im Folgenden „. . . . .“) als Betreiber der Website www.xyz.com nimmt den Schutz personenbezogener Daten sehr ernst. Wir behandeln personenbezogene Daten vertraulich und entsprechend der gesetzlichen Datenschutzvorschriften sowie auf Grundlage dieser Datenschutzhinweise. Die rechtlichen Grundlagen finden Sie insbesondere in der Datenschutz-Grundverordnung (DS-GVO) sowie im Bundesdatenschutzgesetz (BDSG).[2]

Wenn Sie diese Website benutzen, werden je nach Art und Umfang der Nutzung verschiedene personenbezogene Daten verarbeitet. Personenbezogene Daten sind Informationen, die sich auf eine identifizierte oder identifizierbare natürliche Person (im Folgenden „betroffene Person“) beziehen; als identifizierbar wird eine natürliche Person angesehen, die direkt oder indirekt (zB mittels Zuordnung zu einer Online-Kennung) identifiziert werden kann. Darunter fallen Informationen wie der Name, die Anschrift, die Telefonnummer und das Geburtsdatum.

Die vorliegenden Datenschutzhinweise informieren Sie gemäß Art. 12 ff. DS-GVO über den Umgang mit Ihren personenbezogenen Daten bei der Nutzung unserer Website. Sie erläutert insbesondere, welche Daten wir erheben und wofür wir sie nutzen. Zudem informiert sie Sie darüber, wie und zu welchem Zweck das geschieht.

Diese Datenschutzhinweise beziehen sich ausdrücklich auf die websitespezifischen Datenverarbeitungsprozesse beim Besuch

Privacy Policy

I. General Notes[1]

The . . . . . . (hereinafter referred to as „. . . . . .“) as operator of the website www.xyz.com takes the protection of personal data very seriously. We treat personal data confidentially and in accordance with the statutory data protection regulations and on the basis of this privacy policy. The legal basis can be found in particular in the General Data Protection Regulation (GDPR) and in the Federal Data Protection Act (BDSG).[2]

When you use this website, various personal data are processed depending on the type and extent of use. Personal data is information that relates to an identified or identifiable natural person (hereinafter „data subject“); an identifiable natural person is one who can be identified directly or indirectly (e.g. by means of association with an online identifier). This includes information such as the name, address, telephone number and date of birth.

This privacy policy informs you in accordance with Art. 12 et seq. GDPR about the handling of your personal data when using our website. In particular, it explains which data we collect and what we use it for. In addition, it informs you about how and for what purpose this is done.

This privacy policy explicitly refers to the website-specific data processing procedures when visiting our website at www.xyz.

unserer Website unter www.xyz.com. Auch über die websitespezifischen Datenverarbeitungsprozesse hinaus misst . . . . . dem Schutz personenbezogener Daten hohe Bedeutung zu. Bitte berücksichtigen Sie – soweit für Sie zutreffend – daher auch unsere weiteren „Datenschutzhinweise gemäß der EU-Datenschutz-Grundverordnung" (Informationsblatt für Kunden, Lieferanten und Geschäftspartner/-kontakte von . . . . .), die Sie in Ihrer jeweils gültigen Fassung jederzeit hier abrufen können.

II. Verantwortlicher[3]

Verantwortlicher ist die natürliche oder juristische Person, die allein oder gemeinsam mit anderen über die Zwecke und Mittel der Verarbeitung von personenbezogenen Daten (zB Namen, E-Mail-Adressen oÄ) entscheidet. Verantwortlicher im Sinne der DS-GVO und der geltenden nationalen Datenschutzgesetze (insbes. BDSG) sowie sonstiger datenschutzrechtlicher Bestimmungen ist die:

. . . . .

. . . . .

Tel.: . . . . .
E-Mail: . . . . .

III. Der betriebliche Datenschutzbeauftragte[4]

Wir haben für unser Unternehmen einen betrieblichen Datenschutzbeauftragten bestellt. Diesen erreichen Sie unter:

. . . . .

Datenschutzbeauftragter

. . . . .

. . . . .

Tel.: . . . . .
Fax: . . . . .
E-Mail: . . . . .

com. Even beyond the website-specific data processing processes, ... attaches great importance to the protection of personal data. Therefore, please also take into account – as far as applicable to you – our further „Data protection information in accordance with the EU General Data Protection Regulation" (information sheet for customers, suppliers and business partners/contacts of . . . . .), which you can retrieve in their respective valid version at any time here.

II. Controller[3]

The controller is the natural or legal person who alone or jointly with others determines the purposes and means of the processing of personal data (e.g. names, e-mail addresses, etc). The controller within the meaning of the GDPR and the applicable national data protection laws (in particular BDSG) and other data protection provisions is:

. . . . .

. . . . .

Tel.: . . . . .
E-mail: . . . . .

III. The Company Data Protection Officer[4]

We have appointed a company data protection officer for our company. You can reach him under:

. . . . .

Data Protection Officer

. . . . .

. . . . .

Tel.: . . . . .
Fax: . . . . .
E-mail: . . . . .

IV. Zwecke und Rechtsgrundlagen der Verarbeitung von Daten

1. Aufruf und Besuch unserer Website – Server-Log-Dateien[5]

Zum Zweck der technischen Bereitstellung der Website, ist es erforderlich, dass wir bestimmte, durch Ihren Browser automatisch übermittelte Informationen verarbeiten, damit unsere Website in Ihrem Browser angezeigt werden kann und Sie die Website nutzen können. Diese Informationen werden bei jedem Aufruf unserer Website automatisch erfasst und automatisch in so genannten Server-Log-Dateien gespeichert. Dies sind:

- Browsertyp und Browserversion
- verwendetes Betriebssystem
- Website, von der aus der Zugriff erfolgt (Referrer URL)
- Hostname des zugreifenden Rechners
- Datum und Uhrzeit des Zugriffs
- IP-Adresse des anfragenden Rechners

Die Speicherung der vorgenannten Zugriffsdaten ist zur Bereitstellung einer funktionsfähigen Website und zur Sicherstellung der Systemsicherheit aus technischen Gründen erforderlich. Dies gilt auch für die Speicherung Ihrer IP-Adresse, die notwendigerweise erfolgt und unter weiteren Voraussetzungen zumindest theoretisch eine Zuordnung zu Ihrer Person ermöglichen kann. Über die vorstehend genannten Zwecke hinaus verwenden wir Server-Log-Dateien ausschließlich zur bedarfsgerechten Gestaltung und Optimierung unseres Internetangebotes rein statistisch und ohne Rückschluss auf Ihre Person. Eine Zusammenführung dieser Daten mit anderen Datenquellen wird nicht vorgenommen, auch eine Auswertung der Daten zu Marketingzwecken findet nicht statt.

Die im Rahmen der Nutzung unserer Website erhobenen Zugriffsdaten werden nur für den Zeitraum aufbewahrt, für den diese Daten zur Erreichung der vorstehenden Zwecke benötigt werden. Ihre IP-Adresse wird hierbei zu Zwecken der

IV. Purposes and Legal Bases of the Processing of Data

1. Access and Visit of our Website – Server Log Files[5]

For the purpose of the technical provision of the website, it is necessary that we process certain information automatically transmitted by your browser so that our website can be displayed in your browser and you can use the website. This information is automatically collected each time our website is called up and automatically stored in so-called server log files. These are:

- Browser type and version
- Operating system used
- Website from which the access is made (referrer URL)
- Host name of the accessing computer
- Date and time of access
- IP address of the requesting computer

The storage of the aforementioned access data is necessary for technical reasons to provide a functional website and to ensure system security. This also applies to the storage of your IP address, which necessarily takes place and, under further conditions, can at least theoretically enable an assignment to your person. In addition to the above-mentioned purposes, we use server log files exclusively for the needs-based design and optimization of our Internet offering purely statistically and without any inference to your person. This data is not merged with other data sources, nor is the data evaluated for marketing purposes.

The access data collected in the context of the use of our website will only be stored for the period of time for which this data is required to achieve the aforementioned purposes. Your IP address is stored for IT

IT-Sicherheit auf unserem Webserver für maximal 7 Tage gespeichert.

Soweit Sie unsere Website besuchen, um sich über unser Produkt- und Leistungsangebot zu informieren oder dieses zu nutzen, ist Grundlage für die vorübergehende Speicherung und Verarbeitung der Zugriffsdaten Art. 6 Abs. 1 S. 1 lit. b DS-GVO (Rechtsgrundlage), der die Verarbeitung von Daten zur Erfüllung eines Vertrags oder zur Durchführung vorvertraglicher Maßnahmen gestattet. Darüber hinaus dient vorliegend Art. 6 Abs. 1 S. 1 lit. f DS-GVO als Rechtsgrundlage für die vorübergehende Speicherung der technischen Zugriffsdaten. Unser berechtigtes Interesse besteht hierbei darin, Ihnen eine technisch funktionierende und benutzerfreundlich gestaltete Website zur Verfügung stellen zu können sowie die Sicherheit unserer Systeme zu gewährleisten.

security purposes on our web server for a maximum of 7 days.

If you visit our website in order to obtain information about our range of products and services or to use them, the basis for the temporary storage and processing of the access data is Art. 6 (1) sentence 1 lit. b GDPR (legal basis), which permits the processing of data for the performance of a contract or for the implementation of pre-contractual measures. In addition, Art. 6 para. 1 p. 1 lit. f GDPR serves as the legal basis for the temporary storage of technical access data. Our legitimate interest here is to be able to provide you with a technically functioning and user-friendly website and to ensure the security of our systems.

2. Kontaktformular[6]

Wenn Sie uns per Kontaktformular Anfragen zukommen lassen, werden Ihre Nachricht/Mitteilung (Kommentar) inklusive der von Ihnen dort angegebenen Kontaktdaten zwecks Bearbeitung und Beantwortung der Anfrage sowie für den Fall von Anschlussfragen bei uns gespeichert und entsprechend weiterverarbeitet. Diese Daten geben wir nicht an Dritte weiter, es sei denn, dies ist im Rahmen der Bearbeitung und Beantwortung Ihrer Kontaktanfrage erforderlich oder Sie haben uns Ihre entsprechende Einwilligung erteilt.

Soweit Sie mit uns im Rahmen einer bestehenden Vertragsbeziehung Kontakt aufnehmen oder uns im Vorfeld zur Information über unser Leistungsangebot oder unsere sonstigen Services kontaktieren, werden die von Ihnen mitgeteilten Daten und Informationen zum Zwecke der Bearbeitung und Beantwortung Ihrer Kontaktanfrage gemäß Art. 6 Abs. 1 S. 1 lit. b DS-GVO (Rechtsgrundlage) verarbeitet. Im Übrigen zur Wahrung unserer berechtigten Interessen gemäß Art. 6 Abs. 1 S. 1 lit. f DS-GVO zur sachgerechten Beantwortung von Kunden-/Kontaktanfragen.

2. Contact Form[6]

If you send us inquiries via the contact form, your message/communication (comment) including the contact data you provided there will be stored and processed accordingly for the purpose of processing and answering the inquiry as well as for the case of follow-up questions. We do not pass on this data to third parties unless this is necessary in the context of processing and answering your contact request or you have given us your corresponding consent.

If you contact us within the framework of an existing contractual relationship or contact us in advance for information about our range of services or our other services, the data and information you provide will be processed for the purpose of processing and responding to your contact request in accordance with Art. 6 (1) sentence 1 lit. b GDPR (legal basis). Incidentally, for the protection of our legitimate interests pursuant to Art. 6 para. 1 p. 1 lit. f GDPR for the proper response to customer/contact inquiries.

Die von Ihnen im Kontaktformular eingegebenen Daten verbleiben bei uns, bis der Zweck für die Datenspeicherung/-verarbeitung entfällt (zB nach abgeschlossener Bearbeitung Ihrer Anfrage). Zwingende gesetzliche Bestimmungen – insbesondere Aufbewahrungsfristen – bleiben unberührt.

The data you enter in the contact form will remain with us until the purpose for storing/processing the data no longer applies (e.g. after processing your request has been completed). Mandatory legal provisions – in particular retention periods – remain unaffected.

3. Verwendung von Cookies und zugehöriger Funktionen/Technologien[7]

3. Use of Cookies and related Functions/ Technologies[7]

Wir setzen auf unserer Website teilweise so genannte Cookies ein. Cookies richten auf Ihrem Rechner keinen Schaden an und enthalten keine Viren. Cookies dienen dazu, unser Angebot nutzerfreundlicher, effektiver und sicherer zu machen und die Bereitstellung bestimmter Funktionen zu ermöglichen. Cookies sind kleine Textdateien, die auf Ihrem Rechner abgelegt werden und die Ihr Browser speichert. Ein Cookie enthält eine charakteristische Zeichenfolge, die eine eindeutige Identifizierung Ihres Browsers beim erneuten Aufrufen der Website ermöglicht.

We sometimes use so-called cookies on our website. Cookies do not cause any damage to your computer and do not contain viruses. Cookies serve to make our offer more user-friendly, effective and secure and to enable the provision of certain functions. Cookies are small text files that are stored on your computer and saved by your browser. A cookie contains a characteristic string of characters that enables your browser to be uniquely identified when the website is called up again.

Die meisten der von uns verwendeten Cookies sind so genannte „Session-Cookies". Sie werden nach Ende Ihres Besuchs bzw. Ihrer Browser-Sitzung automatisch gelöscht (sog. transiente Cookies). Andere Cookies bleiben auf Ihrem Endgerät für eine vorgegebene Dauer bzw. bis Sie diese löschen gespeichert (sog. persistente Cookies). Diese Cookies ermöglichen es uns, Ihren Browser beim nächsten Besuch wiederzuerkennen. Auf schriftliche Anfrage sind wir gerne bereit, weitere Auskünfte zu den verwendeten funktionalen Cookies zu geben. Bitte wenden Sie sich dann an die o.g. Kontaktdaten.

Most of the cookies we use are so-called „session cookies". They are automatically deleted after the end of your visit or browser session (so-called transient cookies). Other cookies remain stored on your terminal device for a specified period of time or until you delete them (so-called persistent cookies). These cookies enable us to recognize your browser on your next visit. Upon written request, we are happy to provide further information on the functional cookies used. Please then contact us at the above contact details.

Sie können Ihren Browser so einstellen, dass Sie über das Setzen von Cookies informiert werden und Cookies nur im Einzelfall erlauben, die Annahme von Cookies für bestimmte Fälle oder generell ausschließen sowie das automatische Löschen der Cookies beim Schließen des Browsers aktivieren. Die Vorgehensweise zur Deaktivierung von Cookies können Sie regelmäßig über die „Hilfe"-Funktion Ihres Internet-Browsers

You can set your browser so that you are informed about the setting of cookies and only allow cookies in individual cases, exclude the acceptance of cookies for certain cases or in general and activate the automatic deletion of cookies when closing the browser. You can regularly obtain the procedure for deactivating cookies via the „Help" function of your Internet browser. When disabling cookies, the functionality erhalten. Bei der Deaktivierung von Cookies können die Funktionalität und/oder die vollständige Verfügbarkeit dieser Website eingeschränkt sein. Für weitergehende cookiespezifische Einstellungs- und Deaktivierungsmöglichkeiten sehen Sie bitte nachfolgend zudem die Einzelerläuterungen zu den im Rahmen des Besuchs unserer Website konkret verwendeten Cookies und zugehörigen Funktionen/Technologien.

Einige der Cookies, die wir auf unserer Website verwenden, stammen von Dritten, die uns helfen, die Wirkung unserer Webseiteinhalte und Interessen unserer Besucher zu analysieren, die Leistung und Performance unserer Website zu messen oder bedarfsgerechte Werbung und anderen Content auf unsere oder andere Websites zu setzen. Im Rahmen unserer Website setzen wir sowohl First Party Cookies (nur von der Domäne aus sichtbar, die man gerade besucht) als auch Third Party Cookies (domainübergreifend sichtbar und regelmäßig von Dritten gesetzt) ein.

Die cookiebasierten Datenverarbeitungen erfolgen auf Basis Ihrer erteilten Einwilligung gemäß Art. 6 Abs. 1 S. 1 lit. a DS-GVO (Rechtsgrundlage) bzw. auf Grundlage des Art. 6 Abs. 1 S. 1 lit. f DS-GVO (Rechtsgrundlage) zur Wahrung unserer berechtigten Interessen. Unsere berechtigten Interessen liegen hierbei insbesondere darin, Ihnen eine technisch optimierte sowie benutzerfreundlich und bedarfsgerecht gestaltete Website zur Verfügung stellen zu können sowie die Sicherheit unserer Systeme zu gewährleisten. Einwilligungen, die Sie uns erteilt haben, können Sie jederzeit widerrufen, zB durch entsprechende Deaktivierung der in der nachfolgenden Übersicht im Einzelnen aufgeführten cookiebasierten Tools/Plugins. Durch entsprechende Einstellungen können Sie zudem auch einer auf berechtigten Interessen gestützten Verarbeitung widersprechen.

Im Einzelnen werden im Rahmen dieser Website folgende cookiebasierte Tools/Plugins eingesetzt:

and/or full availability of this website may be limited. For further cookie-specific setting and deactivation options, please also see below the individual explanations of the cookies and associated functions/technologies specifically used when visiting our website.

Some of the cookies we use on our website come from third parties that help us analyze the impact of our website content and visitors' interests, measure the power and performance of our website, or serve customized advertising and other content to our website or other websites. As part of our website, we use both first party cookies (only visible from the domain you are visiting) and third party cookies (visible across domains and regularly set by third parties).

The cookie-based data processing is carried out on the basis of your consent pursuant to Art. 6 (1) sentence 1 lit. a GDPR (legal basis) or on the basis of Art. 6 (1) sentence 1 lit. f GDPR (legal basis) to protect our legitimate interests. Our legitimate interests here lie in particular in being able to provide you with a technically optimized website that is user-friendly and tailored to your needs, as well as to ensure the security of our systems. You can revoke the consent you have given us at any time, e.g. by deactivating the cookie-based tools/plugins listed in detail in the following overview. By making the appropriate settings, you can also object to processing based on legitimate interests.

In detail, the following cookie-based tools/plugins are used within the scope of this website:

Diese Website nutzt auf Grundlage Ihrer uns erteilten Einwilligung (Art. 6 Abs. 1 S. 1 lit. a DS-GVO) die Funktionen von Google Analytics,[8] einen Webanalysedienst der Google Ireland Limited, Gordon House, Barrow Street, Dublin 4, Irland. Ihre Einwilligung können Sie uns bei Aufruf unserer Website durch Betätigung der entsprechenden Schaltfläche in dem „Cookie-Banner" freiwillig erteilen („Akzeptieren") oder den Einsatz von Google Analytics ablehnen („Ablehnen"). Wir speichern Ihre Auswahl in einem separaten Cookie (Art. 6 Abs. 1 S. 1 lit. f DS-GVO) auf der Grundlage des berechtigten Interesses, Ihre Entscheidung zu respektieren und das Cookie-Banner nicht mehr anzuzeigen.

Regelmäßig werden im Rahmen der nachfolgend beschriebenen Verarbeitungen auch Daten an die Google LLC (1600 Amphitheatre Parkway, Mountain View, CA 94043, USA), übermittelt. Google Ireland Limited und Google LLC werden im Folgenden gemeinsam „Google" genannt. Google Analytics verwendet Cookies (First-Party-Cookies), die eine Analyse der Benutzung der Website durch Sie ermöglichen. Dies bedeutet jedoch nicht, dass wir dadurch unmittelbar Kenntnis von Ihrer Identität erhalten. Google verwendet die durch die Cookies erzeugten Informationen in unserem Auftrag dazu, um die Nutzung der Website auszuwerten, um Reports über die Websiteaktivitäten zusammenzustellen und um weitere mit der Websitenutzung und der Internetnutzung verbundene Dienstleistungen uns gegenüber zu erbringen. Dadurch können wir die Qualität unserer Website und ihrer Inhalte verbessern. Wir erfahren auf Basis statistischer Analysen, wie die Website genutzt wird und können so unser Angebot stetig optimieren.

Die durch die Google Analytics Cookies erzeugten Informationen über Ihre Benutzung dieser Website (beispielsweise Zeit, Ort und Häufigkeit Ihres Webseitenbesuchs einschließlich IP-Adresse) werden an einen Server von Google in den USA übertragen und dort gespeichert. Google ist unter dem Privacy-Shield-Abkom-

This website uses the functions of Google Analytics,[8] a web analytics service provided by Google Ireland Limited, Gordon House, Barrow Street, Dublin 4, Ireland, on the basis of your consent given to us (Art. 6 (1) p. 1 lit. a GDPR). You can give us your consent voluntarily when you call up our website by pressing the corresponding button in the „cookie banner" („Accept") or reject the use of Google Analytics („Reject") in the „cookie banner" when you call up the website. We will store your selection in a separate cookie (Art. 6 (1), sentence 1, lit. f GDPR) on the basis of the legitimate interest in respecting your decision and no longer displaying the cookie banner.

On a regular basis, data is also transmitted to Google LLC (1600 Amphitheatre Parkway, Mountain View, CA 94043, USA) as part of the processing described below. Google Ireland Limited and Google LLC are hereinafter jointly referred to as „Google". Google Analytics uses cookies (first-party cookies), which enable an analysis of your use of the website. However, this does not mean that we gain direct knowledge of your identity as a result. Google uses the information generated by the cookies on our behalf for the purpose of evaluating your use of the website, compiling reports on website activity and providing other services relating to website activity and internet usage. This enables us to improve the quality of our website and its content. We learn on the basis of statistical analyses how the website is used and can thus constantly optimize our offer.

The information generated by the Google Analytics cookies about your use of this website (for example, time, location and frequency of your website visit, including IP address) will be transmitted to and stored by Google on servers in the United States. Google is certified under the Privacy Shield agreement (https://www.privacysmen zertifiziert (https://www.privacyshield.gov/eu-us-framework). Die Speicherdauer bei Google für entsprechende Daten haben wir auf Nutzer- und Ereignisebene auf 14 Monate festgelegt (kürzest mögliche Einstellungsoption).

hield.gov/eu-us-framework). We have set the storage period at Google for corresponding data at user and event level to 14 months (shortest possible setting option).

a) IP Anonymisierung

Wir haben auf dieser Website die Funktion IP-Anonymisierung aktiviert. Dadurch wird Ihre IP-Adresse von Google innerhalb von Mitgliedstaaten der Europäischen Union oder in anderen Vertragsstaaten des Abkommens über den Europäischen Wirtschaftsraum vor der Übermittlung in die USA gekürzt und dadurch anonymisiert. Nur in Ausnahmefällen wird die volle IP-Adresse an einen Server von Google in den USA übertragen und dort gekürzt. Nach eigenen Angaben von Google wird die im Rahmen von Google Analytics von Ihrem Browser übermittelte IP-Adresse nicht mit anderen Daten von Google zu Ihrer Person zusammengeführt.

a) IP Anonymization

We have activated the IP anonymization function on this website. This means that your IP address is shortened by Google within member states of the European Union or in other contracting states of the Agreement on the European Economic Area before being transmitted to the USA and thereby anonymized. Only in exceptional cases will the full IP address be transmitted to a Google server in the USA and shortened there. According to Google's own information, the IP address transmitted by your browser within the scope of Google Analytics is not merged with other Google data relating to your person.

b) Browser Plugin

Sie können die Speicherung der Google Analytics Cookies durch eine entsprechende Einstellung Ihrer Browser-Software verhindern (vgl. oben). Sie können darüber hinaus die Erfassung der durch den Cookie erzeugten und auf Ihre Nutzung der Website bezogenen Daten (inkl. Ihrer IP-Adresse) an Google sowie die Verarbeitung dieser Daten durch Google verhindern, indem Sie das unter dem folgenden Link verfügbare Browser-Plugin herunterladen und installieren: https://tools.google.com/dlpage/gaoptout?hl=de.

b) Browser Plugin

You can prevent the storage of Google Analytics cookies by selecting the appropriate settings on your browser software (see above). You can also prevent the collection of data generated by the cookie and related to your use of the website (including your IP address) to Google and the processing of this data by Google by downloading and installing the browser plugin available at the following link: https://tools.google.com/dlpage/gaoptout?hl=de.

c) Widerspruch gegen Datenerfassung

Alternativ können Sie die Erfassung Ihrer Daten durch Google Analytics insbesondere auf mobilen Endgeräten aktivieren/deaktivieren, indem Sie auf folgenden Link klicken:

c) Objection to Data Collection

Alternatively, you can enable/disable the collection of your data by Google Analytics, especially on mobile devices, by clicking on the following link:

Google Analytics deaktivieren

Bei Deaktivierung wird ein Cookie gesetzt, der die Erfassung Ihrer Daten bei zukünftigen Besuchen dieser Website verhindert.
Konkret werden die folgenden Tracking Cookies von Google Analytics verwendet: __utmz, __utma, __utmb, __utmc, __utmt.
Mehr Informationen zum Umgang mit Nutzerdaten bei Google Analytics und den Sicherheits- und Datenschutzgrundsätzen sowie Einstellungs- und Widerspruchsmöglichkeiten finden Sie in den Datenschutzhinweisen von Google, abrufbar über folgenden Link: https://support.google.com/analytics/answer/6004245?hl=de.

d) YouTube[9]

Unsere Website nutzt Plugins der Videoplattform YouTube, um Videos einzubinden und direkt auf unserer Website abspielen zu können. Betreiber der Videoplattform ist die YouTube, LLC, 901 Cherry Ave., San Bruno, CA 94066, USA („YouTube"). YouTube ist ein mit der Google Inc. (1600 Amphitheatre Parkway, Mountain View, CA 94043, USA; „Google") verbundenes Unternehmen.

Die Einbindung der YouTube-Videos erfolgt im sog. „erweiterten Datenschutzmodus", der nach Anbieterangaben eine Speicherung von Nutzerinformationen erst bei Wiedergabe des/der Videos in Gang setzt. Die Weitergabe von Daten an YouTube-Partner wird durch den erweiterten Datenschutzmodus hingegen nicht zwingend ausgeschlossen. So stellt YouTube – unabhängig davon, ob Sie sich ein Video ansehen – eine Verbindung zum Google DoubleClick-Netzwerk her.
Wenn Sie auf unserer Website eingebettete Videos aktivieren, wird eine Verbindung zu den Servern von YouTube hergestellt und eine Datenübertragung gestartet. Wir haben keinen Einfluss auf den Umfang und Inhalt der Daten, die durch das Aktivieren des Plugins an YouTube und ggf. weitere Partner von YouTube übermittelt

Disable Google Analytics

When deactivated, a cookie is set that prevents the collection of your data during future visits to this website.
Specifically, the following tracking cookies are used by Google Analytics: __utmz, __utma, __utmb, __utmc, __utmt.

More information on the handling of user data at Google Analytics and the security and data protection principles as well as setting and objection options can be found in Google's privacy policy, available via the following link: https://support.google.com/analytics/answer/6004245?hl=de.

d) YouTube[9]

Our website uses plugins of the video platform YouTube to embed videos and play them directly on our website. The operator of the video platform is YouTube, LLC, 901 Cherry Ave, San Bruno, CA 94066, USA („YouTube"). YouTube is a company affiliated with Google Inc. (1600 Amphitheatre Parkway, Mountain View, CA 94043, USA; „Google").

The integration of YouTube videos takes place in the so-called „extended data protection mode", which, according to the provider, only triggers the storage of user information when the video(s) is/are played. However, the transfer of data to YouTube partners is not necessarily excluded by the extended data protection mode. This is how YouTube establishes a connection to the Google DoubleClick network – regardless of whether you watch a video.
When you activate embedded videos on our website, a connection to YouTube's servers is established and a data transmission is started. We have no influence on the scope and content of the data that is transmitted to YouTube and possibly other YouTube partners by activating the plugin. Among other things, the YouTube

werden. Unter anderem wird dem YouTube-Server mitgeteilt, welche unserer Seiten Sie besucht haben. Hinweisen von YouTube zufolge dienen diese Informationen unter anderem dazu, Videostatistiken zu erfassen, die Nutzerfreundlichkeit zu verbessern und missbräuchliche Handlungsweisen zu unterbinden. Hierbei setzt YouTube Cookies ein, um Informationen über das Nutzerverhalten zu sammeln. Die Cookies verbleiben auf Ihrem Endgerät, bis Sie sie löschen. Sie können durch entsprechende Einstellung in der Browser-Software verhindern, dass YouTube Cookies speichert (vgl. oben).

Wenn Sie in Ihrem YouTube-Account eingeloggt sind, ermöglichen Sie YouTube, Ihr Surfverhalten direkt Ihrem persönlichen Profil zuzuordnen. Dies können Sie verhindern, indem Sie sich aus Ihrem YouTube-Account vor Aktivierung des Abspielbuttons ausloggen.

Die Nutzung von YouTube erfolgt im Interesse einer ansprechenden Darstellung unserer Online-Angebote. Dies stellt ein berechtigtes Interesse im Sinne von Art. 6 Abs. 1 S. 1 lit. f DS-GVO dar.
Weitere Informationen zum Umgang mit Nutzerdaten finden Sie in den Datenschutzhinweisen von YouTube unter: https://www.google.de/intl/de/policies/privacy.

e) Google Maps

Diese Website nutzt den Kartendienst Google Maps. Anbieter ist die Google Ireland Limited Gordon House, Barrow Street, Dublin 4, Irland. Regelmäßig werden im Rahmen der nachfolgend beschriebenen Verarbeitungen auch Daten an die Google LLC (1600 Amphitheatre Parkway, Mountain View, CA 94043, USA), übermittelt. Google Ireland Limited und Google LLC werden im Folgenden gemeinsam „Google" genannt. Zur Nutzung der Funktionen von Google Maps ist es notwendig, Ihre IP Adresse zu speichern. Diese Informationen werden in der Regel an einen Server von Google in den USA übertragen und dort gespeichert. Der An-

server is informed which of our pages you have visited. According to YouTube, this information is used, among other things, to collect video statistics, improve user-friendliness and prevent abusive behavior. YouTube uses cookies to collect information about user behavior. The cookies remain on your terminal device until you delete them. You can prevent YouTube from storing cookies by making the appropriate settings in your browser software (see above).

If you are logged into your YouTube account, you enable YouTube to assign your surfing behavior directly to your personal profile. You can prevent this by logging out of your YouTube account before activating the play button.

YouTube is used in the interest of an appealing presentation of our online offers. This represents a legitimate interest within the meaning of Art. 6 para. 1 p. 1 lit. f GDPR.
Further information on the handling of user data can be found in YouTube's privacy policy at: https://www.google.de/intl/de/policies/privacy.

e) Google Maps

This website uses the map service Google Maps. The provider is Google Ireland Limited Gordon House, Barrow Street, Dublin 4, Ireland. Data is also regularly transmitted to Google LLC (1600 Amphitheatre Parkway, Mountain View, CA 94043, USA) as part of the processing described below. Google Ireland Limited and Google LLC are hereinafter jointly referred to as „Google". To use the functions of Google Maps, it is necessary to store your IP address. This information is usually transmitted to a Google server in the USA and stored there. The provider of this site has no influence on this data transmission.

bieter dieser Seite hat keinen Einfluss auf diese Datenübertragung.

Die Nutzung von Google Maps erfolgt im Interesse einer ansprechenden Darstellung unserer Online-Angebote und an einer leichten Auffindbarkeit der von uns auf der Website angegebenen Orte. Dies stellt ein berechtigtes Interesse im Sinne von Art. 6 Abs. 1 S. 1 lit. f DS-GVO dar.

Mehr Informationen zum Umgang mit Nutzerdaten finden Sie in den Datenschutzhinweisen von Google: https://www.google.de/intl/de/policies/privacy/.

The use of Google Maps is in the interest of an appealing presentation of our online offers and an easy location of the places indicated by us on the website. This represents a legitimate interest within the meaning of Art. 6 (1) p. 1 lit. f GDPR.

More information on the handling of user data can be found in Google's privacy policy: https://www.google.de/intl/de/policies/privacy/.

4. Weitere Verarbeitungszwecke

Einhaltung gesetzlicher Vorschriften: Wir verarbeiten Ihre personenbezogenen Daten zudem, um sonstige gesetzliche Pflichten, die uns ggf. im Zusammenhang mit unserer Geschäftstätigkeit treffen, zu erfüllen. Hierzu zählen insbesondere handels-, gewerbe- oder steuerrechtliche Aufbewahrungsfristen. Wir verarbeiten Ihre personenbezogenen Daten dabei gemäß Art. 6 Abs. 1 S. 1 lit. c DS-GVO (Rechtsgrundlage) zur Erfüllung einer rechtlichen Verpflichtung, der wir unterliegen.

Rechtsdurchsetzung: Wir verarbeiten Ihre personenbezogenen Daten zudem, um unsere Rechte geltend und unsere rechtlichen Ansprüche durchsetzen zu können. Ebenfalls verarbeiten wir Ihre personenbezogenen Daten, um uns gegen rechtliche Ansprüche verteidigen zu können. Schließlich verarbeiten wir Ihre personenbezogenen Daten, soweit dies zur Abwehr oder Verfolgung von Straftaten erforderlich ist. Wir verarbeiten Ihre personenbezogenen Daten hierbei zur Wahrung unserer berechtigten Interessen gemäß Art. 6 Abs. 1 S. 1 lit. f DS-GVO (Rechtsgrundlage), soweit wir rechtliche Ansprüche geltend machen oder uns bei rechtlichen Streitigkeiten verteidigen oder wir Straftaten verhindern oder aufklären (berechtigtes Interesse).

Einwilligung: Soweit Sie uns eine Einwilligung zur Verarbeitung von personenbezogenen Daten für bestimmte Zwecke (zB

4. Other Processing Purposes

Compliance with legal requirements: We also process your personal data to comply with other legal obligations that may apply to us in connection with our business activities. These include, in particular, retention periods under commercial, trade or tax law. We process your personal data in accordance with Art. 6 (1) sentence 1 lit. c GDPR (legal basis) for the fulfillment of a legal obligation to which we are subject.

Law enforcement: We also process your personal data in order to be able to assert our rights and enforce our legal claims. Likewise, we process your personal data in order to be able to defend ourselves against legal claims. Finally, we process your personal data to the extent necessary to prevent or prosecute criminal offences. In this context, we process your personal data to protect our legitimate interests pursuant to Art. 6 (1) sentence 1 lit. f GDPR (legal basis), insofar as we assert legal claims or defend ourselves in legal disputes or we prevent or investigate criminal offences (legitimate interest).

Consent: If you have given us consent to process personal data for certain purposes (e.g. sending information material and of-

Zusendungen von Informationsmaterialien und Angeboten) erteilt haben, ist die Rechtmäßigkeit dieser Verarbeitung auf Basis Ihrer Einwilligung gegeben. Eine erteilte Einwilligung kann jederzeit widerrufen werden. Dies gilt auch für den Widerruf von Einwilligungserklärungen, die vor der Geltung der DS-GVO, also vor dem 25.5.2018, uns gegenüber erteilt worden sind. Bitte beachten Sie, dass der Widerruf erst für die Zukunft wirkt und Verarbeitungen bis dahin nicht betroffen sind.

fers), the lawfulness of this processing is based on your consent. Consent given can be revoked at any time. This also applies to the revocation of declarations of consent given to us before the applicability of the GDPR, i.e. before 25.5.2018. Please note that the revocation is only effective for the future and processing until then is not affected.

V. Empfänger von Daten

Innerhalb der Firma . . . . . erhalten diejenigen Stellen Zugriff auf Ihre Daten, die diese zur Erfüllung unserer vertraglichen und gesetzlichen Pflichten brauchen. Auch von uns eingesetzte Dienstleister und Erfüllungsgehilfen (zB technische Dienstleister, Versandunternehmen, Entsorgungsunternehmen) können zu diesen Zwecken Daten erhalten. Wir beschränken die Weitergabe Ihrer personenbezogener Daten dabei auf das Notwendige unter Berücksichtigung der datenschutz-rechtlichen Vorgaben. Teilweise erhalten die Empfänger Ihre personenbezogenen Daten als Auftragsverarbeiter und sind dann bei dem Umgang mit Ihren personenbezogenen Daten streng an unsere Weisungen gebunden. Teilweise agieren die Empfänger selbständig in eigener datenschutzrechtlicher Verantwortlichkeit und sind hierbei ebenfalls verpflichtet, die Anforderungen der DS-GVO und sonstiger datenschutzrechtlicher Bestimmungen zu wahren.

Schließlich übermitteln wir im Einzelfall personenbezogene Daten an unsere Berater in rechtlichen oder steuerlichen Angelegenheiten, wobei diese Empfänger aufgrund ihrer berufsrechtlichen Stellung zur besonderen Vertraulichkeit und Geheimhaltung verpflichtet sind.

V. Recipients of Data

Within the company . . . . . those departments will receive access to your data that need it to fulfill our contractual and legal obligations. Service providers and vicarious agents employed by us (e.g. technical service providers, shipping companies, waste disposal companies) may also receive data for these purposes. We limit the transfer of your personal data to what is necessary, taking into account the requirements of data protection law. In some cases, the recipients receive your personal data as order processors and are then strictly bound by our instructions when handling your personal data. In some cases, the recipients act independently in their own data protection responsibility and are also obliged to comply with the requirements of the GDPR and other data protection regulations.

Finally, in individual cases, we transmit personal data to our consultants in legal or tax matters, whereby these recipients are obligated to special confidentiality and secrecy due to their professional status.

VI. Datenübermittlung in Drittländer[10]

Im Rahmen des Einsatzes der o.g. Tools zB Google übertragen wir ggf. Ihre IP-Adresse

VI. Data Transfer to Third Countries[10]

In the context of the use of the abovementioned tools, e.g. Google, we may ggf. in Drittländer (vgl. oben). In Bezug auf die USA beruht der Datentransfer auf dem EU-US Data Privacy Framework. Insoweit bescheinigt die Europäische Kommission durch einen Angemessenheitsbeschluss einen Datenschutz, der mit dem EWR-Standard vergleichbar ist. Im Übrigen übertragen wir Ihre personenbezogenen Daten nicht in Länder außerhalb der EU bzw. des EWR oder an internationale Organisationen, soweit in diesen Datenschutzhinweisen nicht ausdrücklich anders angegeben.

transfer your IP address to third countries (see above). With regard to the USA; data transfer is based on the EU-US Data Privacy Framework. In this respect the European Commission certifies data protection that is comparable to the EEA standard by means of an adequacy decision. Otherwise, we do not transfer your personal data to countries outside the EU or the EEA or to international organizations, unless explicitly stated otherwise in this Privacy Policy.

VII. Dauer der Datenspeicherung[11]

Wir verarbeiten und speichern Ihre personenbezogenen Daten zunächst für die Dauer, für die der jeweilige Nutzungszweck eine entsprechende Speicherung erfordert (vgl. oben zu den einzelnen Verarbeitungszwecken). Das schließt ggf. auch die Zeiträume der Anbahnung eines Vertrages (vorvertragliches Rechtsverhältnis) und der Abwicklung eines Vertrages mit ein. Auf dieser Grundlage werden personenbezogene Daten im Rahmen der Erfüllung unserer vertraglichen und/oder gesetzlichen Pflichten regelmäßig gelöscht, es sei denn, ihre befristete Weiterverarbeitung ist zu folgenden Zwecken erforderlich:

- Erfüllung gesetzlicher Aufbewahrungspflichten, die sich zB aus dem Handelsgesetzbuch (§§ 238, 257 Abs. 4 HGB) und der Abgabenordnung (§ 147 Abs. 3, 4 AO) ergeben. Die dort vorgegebenen Fristen zur Aufbewahrung bzw. Dokumentation betragen bis zu zehn Jahre.
- Erhaltung von Beweismitteln unter Berücksichtigung der Verjährungsvorschriften. Nach den §§ 194 ff. des Bürgerlichen Gesetzbuches (BGB) können diese Verjährungsfristen bis zu 30 Jahre betragen, wobei die regelmäßige Verjährungsfrist drei Jahre beträgt.

VII. Duration of Data Storage[11]

We initially process and store your personal data for the duration for which the respective purpose of use requires corresponding storage (see above for the individual processing purposes). If applicable, this also includes the periods of the initiation of a contract (pre-contractual legal relationship) and the processing of a contract. On this basis, personal data is regularly deleted as part of the fulfillment of our contractual and/or legal obligations, unless its further processing for a limited period is necessary for the following purposes:

- Fulfillment of statutory retention obligations, e.g. those arising from the German Commercial Code (sections 238, 257 (4) HGB) and the German Fiscal Code (section 147 (3) and (4) AO). The periods specified there for storage and documentation are up to ten years.
- Preservation of evidence taking into account the statute of limitations. According to Sections 194 et seq. of the German Civil Code (BGB), these limitation periods can be up to 30 years, with the regular limitation period being three years.

VIII. Datensicherheit[12]

Personenbezogene Daten werden durch uns mittels geeigneter technischer und organisatorischer Maßnahmen geschützt, um ein angemessenes Schutzniveau zu gewährleisten und die Persönlichkeitsrechte der betroffenen Personen zu wahren. Die getroffenen Maßnahmen dienen unter anderem der Vermeidung eines unerlaubten Zugriffs auf die durch uns genutzten technischen Einrichtungen sowie dem Schutz personenbezogener Daten vor unerlaubter Kenntnisnahme durch Dritte. Insbesondere nutzt diese Website aus Sicherheitsgründen und zum Schutz der Übertragung vertraulicher Inhalte, wie zum Beispiel Ihrer Kontaktanfragen, die Sie an uns als Seitenbetreiber senden, eine SSL- bzw. TLS-Verschlüsselung. Eine verschlüsselte Verbindung erkennen Sie daran, dass die Adresszeile des Browsers von „http://" auf „https://" wechselt und an dem Schloss-Symbol in Ihrer Browserzeile. Wenn die SSL- bzw. TLS-Verschlüsselung aktiviert ist, können die Daten, die Sie an uns übermitteln, nicht von Dritten mitgelesen werden. Dennoch weisen wir darauf hin, dass die Datenübertragung im Internet (zB bei der Kommunikation per E-Mail) Sicherheitslücken aufweisen kann. Ein lückenloser Schutz der Daten vor dem Zugriff durch Dritte ist insoweit nicht möglich.

IX. Ihre Rechte als betroffene Person[13]

Ihnen stehen unter den gesetzlichen Voraussetzungen die nachfolgenden Rechte als betroffene Person zu:

Auskunftsrecht: Sie sind jederzeit berechtigt, im Rahmen von Art. 15 DS-GVO von uns eine Bestätigung darüber zu verlangen, ob wir Sie betreffende personenbezogene Daten verarbeiten; ist dies der Fall, sind Sie im Rahmen von Art. 15 DS-GVO ferner berechtigt, Auskunft über diese personenbezogenen Daten sowie bestimmte weitere Informationen (ua Verarbeitungszwecke, Kategorien personenbezogener Daten, Kategorien von Empfängern, ge-

VIII. Data Security[12]

Personal data is protected by us by means of suitable technical and organizational measures in order to ensure an appropriate level of protection and to safeguard the personal rights of the persons concerned. The measures taken serve, among other things, to prevent unauthorized access to the technical equipment used by us and to protect personal data from unauthorized disclosure by third parties. In particular, this website uses SSL or TLS encryption for security reasons and to protect the transmission of confidential content, such as your contact requests that you send to us as the site operator. You can recognize an encrypted connection by the fact that the address line of the browser changes from „http://" to „https://" and by the lock symbol in your browser line. If SSL or TLS encryption is activated, the data you transmit to us cannot be read by third parties. Nevertheless, we would like to point out that data transmission on the Internet (e.g. when communicating by e-mail) can have security gaps. A complete protection of data against access by third parties is therefore not possible.

IX. Your Rights as a Data Subject[13]

You are entitled to the following rights as a data subject under the statutory conditions:

Right to information: You are entitled to request confirmation from us at any time within the scope of Art. 15 GDPR as to whether we are processing personal data relating to you; if this is the case, you are also entitled within the scope of Art. 15 GDPR to receive information about this personal data as well as certain other information (including processing purposes, categories of personal data, categories of recipients, planned storage period, the oriplante Speicherdauer, die Herkunft der Daten, den Einsatz einer automatisierten Entscheidungsfindung und im Fall des Drittlandtransfers die geeigneten Garantien) und eine Kopie Ihrer Daten zu erhalten. Es gelten die Einschränkungen des § 34 BDSG.

gin of the data, the use of automated decision-making and, in the case of third country transfers, the appropriate safeguards) and a copy of your data. The restrictions of § 34 BDSG apply.

Recht auf Berichtigung: Sie sind berechtigt, nach Art. 16 DS-GVO von uns zu verlangen, dass wir die über Sie gespeicherten personenbezogenen Daten berichtigen, wenn diese unzutreffend oder fehlerhaft sind.

Right to rectification: You are entitled to demand that we rectify the personal data stored about you if it is inaccurate or incorrect, in accordance with Art. 16 GDPR.

Recht auf Löschung: Sie sind berechtigt, unter den Voraussetzungen von Art. 17 DS-GVO von uns zu verlangen, dass wir Sie betreffende personenbezogene Daten unverzüglich löschen. Das Recht auf Löschung besteht ua nicht, wenn die Verarbeitung der personenbezogenen Daten erforderlich ist zB zur Erfüllung einer rechtlichen Verpflichtung (bspw. gesetzliche Aufbewahrungspflichten) oder zur Geltendmachung, Ausübung oder Verteidigung von Rechtsansprüchen. Darüber hinaus gelten die Einschränkungen des § 35 BDSG.

Right to erasure: You are entitled, under the conditions of Art. 17 GDPR, to demand that we delete personal data relating to you without delay. The right to erasure does not apply if the processing of the personal data is necessary, for example, to comply with a legal obligation (e.g. legal retention obligations) or to assert, exercise or defend legal claims. In addition, the restrictions of § 35 BDSG apply.

Recht auf Einschränkung der Verarbeitung: Sie sind berechtigt, unter den Voraussetzungen von Art. 18 DS-GVO von uns zu verlangen, dass wir die Verarbeitung Ihrer personenbezogenen Daten einschränken.

Right to restrict processing: You are entitled to request that we restrict the processing of your personal data under the conditions of Art. 18 GDPR.

Recht auf Datenübertragbarkeit: Sie sind berechtigt, unter den Voraussetzungen von Art. 20 DS-GVO von uns zu verlangen, dass wir Ihnen die Sie betreffenden personenbezogenen Daten, die Sie uns bereitgestellt haben, in einem strukturierten, gängigen und maschinenlesbaren Format übergeben.

Right to data portability: You are entitled, under the conditions of Art. 20 GDPR, to demand that we hand over to you the personal data concerning you that you have provided to us in a structured, common and machine-readable format.

Widerrufsrecht: Eine erteilte Einwilligung in die Verarbeitung personenbezogener Daten können Sie jederzeit uns gegenüber widerrufen. Dies gilt auch für den Widerruf von Einwilligungserklärungen, die vor der Geltung der DS-GVO, also vor dem 25.5.2018, uns gegenüber erteilt wurden. Bitte beachten Sie, dass der Widerruf erst für die Zukunft wirkt. Verarbeitungen, die vor dem Widerruf erfolgt sind, sind davon

Right of withdrawal: You may withdraw your consent to the processing of personal data at any time. This also applies to the revocation of declarations of consent given to us before the applicability of the GDPR, i.e. before 25.5.2018. Please note that the revocation only takes effect for the future. Processing that took place before the revocation is not affected. To nicht betroffen. Zur Erklärung des Widerrufs reicht eine formlose Mitteilung zB per E-Mail an uns.

declare the revocation, an informal communication e.g. by email to us is sufficient.

Widerspruchsrecht: Sie sind berechtigt, unter den Voraussetzungen von Art. 21 DS-GVO Widerspruch gegen die Verarbeitung Ihrer personenbezogenen Daten einzulegen, so dass wir die Verarbeitung Ihrer personenbezogenen Daten beenden müssen. Das Widerspruchsrecht besteht nur in den in Art. 21 DS-GVO vorgesehenen Grenzen. Zudem können unsere Interessen einer Beendigung der Verarbeitung entgegenstehen, so dass wir trotz Ihres Widerspruchs berechtigt sind, Ihre personenbezogenen Daten zu verarbeiten. Einen Widerspruch gegen etwaige Direktmarketingmaßnahmen werden wir unmittelbar und ohne nochmalige Abwägung der bestehenden Interessen berücksichtigen.

Right of objection: You have the right to object to the processing of your personal data under the conditions of Art. 21 GDPR, so that we must stop processing your personal data. The right to object exists only within the limits provided for in Art. 21 GDPR. In addition, our interests may conflict with the termination of processing, so that we are entitled to process your personal data despite your objection. We will consider an objection to any direct marketing measures immediately and without weighing the existing interests again.

Information über Ihr Widerspruchsrecht nach Art. 21 DS-GVO: Sie haben das Recht, jederzeit gegen die Verarbeitung Ihrer Daten, die aufgrund von Art. 6 Abs. 1 S. 1 lit. f DS-GVO (Datenverarbeitung auf der Grundlage einer Interessenabwägung) oder Art. 6 Abs. 1 S. 1 lit. e DS-GVO (Datenverarbeitung im öffentlichen Interesse) erfolgt, Widerspruch einzulegen, wenn dafür Gründe vorliegen, die sich aus Ihrer besonderen Situation ergeben.

Information about your right to object according to Art. 21 GDPR: You have the right to object at any time to the processing of your data that is carried out on the basis of Art. 6 (1) sentence 1 lit. f GDPR (data processing on the basis of a balance of interests) or Art. 6 (1) sentence 1 lit. e GDPR (data processing in the public interest), if there are grounds for doing so that arise from your particular situation.

Legen Sie Widerspruch ein, werden wir Ihre personenbezogenen Daten nicht mehr verarbeiten, es sei denn, wir können zwingende schutzwürdige Gründe für die Verarbeitung nachweisen, die Ihre Interessen, Rechte und Freiheiten überwiegen, oder die Verarbeitung dient der Geltendmachung, Ausübung oder Verteidigung von Rechtsansprüchen.

If you object, we will no longer process your personal data unless we can demonstrate compelling legitimate grounds for the processing which override your interests, rights and freedoms, or the processing serves the purpose of asserting, exercising or defending legal claims.

Der Widerspruch kann formfrei erfolgen und sollte möglichst gerichtet werden an:
. . . . .
. . . . .
. . . . .
E-Mail: . . . . .

The objection can be made without formalities and should preferably be addressed to:
. . . . .
. . . . .
. . . . .
E-mail: . . . . .

Beschwerderecht bei einer Aufsichtsbehörde: Unter den Voraussetzungen von Art. 77 DS-GVO steht Ihnen ein Beschwerderecht bei einer zuständigen Aufsichtsbehörde zu. Insbesondere können Sie sich mit einer Beschwerde an die für uns zuständige Aufsichtsbehörde, ..., Tel. . . . . . E-Mail . . . . . oder eine sonstige zuständige Aufsichtsbehörde wenden. Eine Liste der Datenschutzaufsichtsbehörden sowie deren Kontaktdaten können folgendem Link entnommen werden: https://www.bfdi.bund.de/DE/Infothek/Anschriften_Links/anschriften_links-node.html.

Right to complain to a supervisory authority: Under the conditions of Art. 77 GDPR, you have the right to lodge a complaint with a competent supervisory authority. In particular, you can address a complaint to the supervisory authority responsible for us, ..., tel. . . . . . e-mail . . . . . or any other competent supervisory authority. A list of data protection supervisory authorities and their contact details can be found at the following link: https://www.bfdi.bund.de/DE/Infothek/Anschriften_Links/anschriften_links-node.html.

Sonstige Anliegen: Für weitergehende Datenschutzfragen und -anliegen steht Ihnen unser Datenschutzbeauftragter zur Verfügung. Entsprechende Anfragen sowie die Ausübung Ihrer vorstehenden Rechte sollten nach Möglichkeit schriftlich an unsere oben angegebene Anschrift oder per E-Mail an datenschutz@. . . . . .de geschickt werden.

Other concerns: For further data protection questions and concerns, please contact our data protection officer. Corresponding inquiries as well as the exercise of your aforementioned rights should, if possible, be sent in writing to our address given above or by e-mail to datenschutz@. . . . . .de.

X. Pflicht zur Bereitstellung von Daten

Grundsätzlich sind Sie nicht verpflichtet, uns Ihre personenbezogenen Daten mitzuteilen. Wenn Sie dies jedoch nicht tun, werden wir Ihnen unsere Website nicht uneingeschränkt zur Verfügung stellen können oder Ihre Anfragen an uns nicht beantworten können. Personenbezogene Daten, die wir nicht zwingend für die oben genannten Verarbeitungszwecke benötigen, sind entsprechend als freiwillige Angaben gekennzeichnet.

X. Obligation to Provide Data

In principle, you are not obliged to provide us with your personal data. However, if you do not do so, we will not be able to provide you with unrestricted access to our website or answer your inquiries to us. Personal data that we do not necessarily need for the above-mentioned processing purposes are marked accordingly as voluntary information.

XI. Automatisierte Entscheidungsfindung/ Profiling[14]

Wir setzen keine automatisierte Entscheidungsfindung oder ein Profiling (eine automatisierte Analyse Ihrer persönlichen Umstände) ein.

XI. Automated Decision Making/ Profiling[14]

We do not use automated decision making or profiling (an automated analysis of your personal circumstances).

XII. Aktualität und Änderung dieser Datenschutzhinweise[15]

1. Diese Datenschutzhinweise ist aktuell gültig und hat den Stand . . . . .

2. Durch die Weiterentwicklung unserer Website und Angebote darüber oder aufgrund geänderter gesetzlicher beziehungsweise behördlicher Vorgaben kann es notwendig werden, diese Datenschutzhinweise zu ändern.

XII. Actuality and Change of this Privacy Policy[15]

1. This privacy policy is currently valid and has the status . . . . .

2. Due to the further development of our website and offers on it or due to changed legal or official requirements, it may become necessary to change this privacy policy.

Anmerkungen

1. Allgemeine Hinweise zur Datenschutzerklärung. Von der datenschutzrechtlich zulässigen Einwilligung der Nutzer zur Verarbeitung seiner personenbezogenen Daten (→ Form. G.2) sind die für Internetseiten erforderliche **Datenschutzhinweise** zu unterscheiden. Die Informationspflicht des Seitenanbieters ergibt sich aus Art. 13 DS-GVO. Es empfiehlt sich, die Formulierung „Datenschutzhinweise" oder „Datenschutzinformationen" anstelle von „Datenschutzerklärung" oder gar „Datenschutzrichtlinie" zu verwenden. Insbesondere wenn eine Lesebestätigung im Zusammenhang mit einer Einverständniserklärung zu AGB abgegeben wird, könnte eine solche selbst als AGB gewertet werden (vgl. Leibold/Kamm ZD-Aktuell 2021, 05299). Der Inhalt von Datenschutzhinweisen in der Praxis variiert zwangsläufig, weil er von Art, Umfang und Zweck der Erhebung und Verwendung personenbezogener Daten abhängt. Deshalb werden sich beispielsweise Datenschutzhinweise einer Website, die den Betrieb eines Webshops (zB www.amazon.de oder www.otto.de) bzw. einer Crowdinvesting Plattform betrifft, deutlich von einer solchen unterscheiden, bei welcher der Seitenbetreiber lediglich sein Unternehmen sowie seine Waren und Dienstleistungen präsentiert. Gegenstand des vorliegenden Musters sind Datenschutzhinweise eines Webauftritts, in dessen Rahmen sich das Unternehmen mitsamt seiner Produkte auf seiner Homepage darstellt unter Einbeziehung der Internet-Plattform YouTube (→ Anm. 9) und des Online-Kartendienstes Google Maps.

Inhaltlich haben die Datenschutzhinweise über Art, Umfang und Zwecke der Erhebung und Verwendung von **personenbezogenen Daten** (vgl. Art. 4 Ziff. 1 DS-GVO) zu unterrichten. Konkrete Vorgaben bzgl. Form, Gestaltung und Einbindung der Datenschutzhinweise bestehen nicht und liegen im Ermessen des Seitenbetreibers. Es gelten die allgemeinen Informationspflichten gemäß Art. 12 ff. DS-GVO, die auch für Datenschutzhinweise im Internet gelten, solange jedenfalls die ePrivacy-VO nicht in Kraft ist. Seit dem 14.5.2024 (vormals seit dem 1.12.2021 das TTDSG) ist auf nationaler Ebene auch das TDDDG zu beachten, das die datenschutzrechtlichen Regelungen des TKG aF und des TMG aF zusammenführt und die ePrivacy-Richtlinie umsetzt. Sobald die ePrivacy-Verordnung in Kraft tritt und die Regelungen der ePrivacy-Richtlinie ablöst, besteht insoweit ein Anpassungsbedarf (Ehmann/Selmayr/Klabunde/Selmayr DS-GVO Art. Rn. 16 ff.). Art. 12 Abs. 1 S. 1 DS-GVO regelt ausführlich die zu beachtenden Transparenzanforderungen. Danach haben Datenschutz-Informationen und Mitteilungen „in präziser, transparenter, verständlicher und leicht zugänglicher Form in einer klaren und einfachen Sprache" zu erfolgen, „insbesondere für Informationen, die sich speziell an Kinder richten". Diese DS-GVO-Anforderungen an **Transparenz** und **Verständlichkeit** sind hoch. Eine übermäßige Verwendung von technischen oder fachjuristischen Begrifflichkeiten ist daher zu vermeiden (Forgó/Helfrich/Schneider Betr. Datenschutz-HdB/Conrad/

Dovas Teil IX Kap. 2 Rn. 56). Auch fremdsprachige Datenschutzhinweise können unverständlich sein, wenn sie eindeutig an den deutschen Markt gerichtet ist (KG BeckRS 2016, 8850 Rn. 18, anhängig beim BGH unter dem Az. I ZR 111/16). Ebenso dürften die zT in Datenschutzhinweisen anzutreffenden Legaldefinitionen von Begriffen wie „personenbezogene Daten", „Bestandsdaten" oder „Nutzungsdaten" für den allgemeinen Internetnutzer zu technisch und somit nicht ohne weiteres verständlich sein. Insoweit ist es ratsamer, die Begriffe unter Verwendung von Beispielen in verständlicher Sprache zu umschreiben. Art. 13 Abs. 1 lit. c DS-GVO verlangt, den Betroffenen über die Verarbeitungszwecke zu informieren. Des Weiteren ist nach Art. 13 Abs. 1 lit. c DS-GVO die jeweilige **Rechtsgrundlage der Verarbeitung** anzugeben. Die Informationen müssen gem. Art. 13 Abs. 1 DS-GVO „bei Erhebung" der personenbezogenen Daten erteilt werden, also vor oder spätestens gleichzeitig mit der Datenerhebung (zutreffend Ehmann/Selmayr/Knyrim DS-GVO Art. 13 Rn. 10 f.; aA Kühling/Buchner/Bäcker DS-GVO Art. 13 Rn. 56: vor Datenerhebung). Vor diesem Hintergrund sollte die Datenschutzerklärung mit nur einem Klick erreichbar sein (Artikel-29-Datenschutzgruppe, Working Paper 260, S. 8), während beim Impressum zwei Klicks ausreichend sind (vgl. BGH NJW 2006, 3633). Durch die Aufnahme des Links im Header oder Footer neben dem Impressum kann dieser Anforderung Rechnung getragen werden.

Ein **Verstoß gegen die Informationspflichten** kann schwerwiegende Konsequenzen haben. Ein Fehlen der Informationen hat zum einen regelmäßig zur Folge, dass die Datenverarbeitung rechtswidrig wird. Zum anderen droht nach Art. 83 Abs. 5 DS-GVO die Verhängung von Bußgeldern von bis zu 20 Mio. EUR bzw. bis zu 4 % des gesamten weltweit erzielten Vorjahresumsatzes. Die Einhaltung von Datenschutzvorgaben rechnet sich, denn in der Rechtspraxis müssen die Verantwortlichen mit hohen Sanktionen rechnen. Um die einheitliche Handhabung der Bußgeldpraxis in Europa sicherzustellen, hat der Europäische Datenschutzausschuss (EDSA) am 12.4.2022 zudem einen Entwurf einer Leitlinie zur Berechnung von Bußgeldern unter der DS-GVO vorgelegt (Guidelines 04/2022 on the calculation of administrative fines under the GDPR, abrufbar über http://edpb.europa.eu), das dazu führen dürfte, dass Unternehmen mit großen Umsätzen künftig mit entsprechend höheren Geldbußen rechnen müssen. Darüber hinaus kommt eine deliktische Haftung auf Schadensersatz gem. Art. 82 DS-GVO bzw. § 823 Abs. 2 BGB iVm der jeweiligen Sachnorm gegenüber dem Betroffenen, sowie die Geltendmachung eines Unterlassungsanspruchs in Betracht (Paal/Pauly/Frenzel DS-GVO Art. 82 Rn. 20). Ferner können Verbraucherschutzverbände (Art. 80 Abs. 1 DS-GVO iVm UKlaG) und Datenschutzvereine (Art. 80 Abs. 2 DS-GVO) gegen einen den Betreiber einer Website ohne (ordnungsgemäße) Datenschutzerklärung vorgehen. Schließlich ist mit Abmahnungen von Mitbewerbern zu rechnen, wobei die Frage, ob reine Datenschutzverstöße mit den Mitteln des Wettbewerbsrechts verfolgt werden können, nicht einheitlich beantwortet wird (bejahend Spindler/Schuster/Micklitz/Schirmbacher UWG § 3a Rn. 34 mwN zum Streitstand, ablehnend Köhler/Bornkamm/Feddersen/Köhler UWG § 3a Rn. 1.74b). Sofern die konkrete Datenschutzbestimmung auch als Marktverhaltensregelung zu qualifizieren ist, lässt sich im Fall einer unzureichenden Datenschutzerklärung eine Berufung auf § 3a UWG (Rechtsbruch) befürworten (OLG Hamburg BeckRS 2018, 27136; OLG Naumburg BeckRS 2019, 28384; OLG Stuttgart GRUR-RS 2020, 2392).

Auf die im Muster verwendete Formulierung wie „Wir nehmen den Schutz Ihrer Daten sehr ernst" kann verzichtet werden, sofern eine solche Aussage als Floskel ohne Inhalt verstanden wird.

2. Rechtsquellen. Seitdem die DS-GVO am 25.5.2018 unmittelbare Geltung in allen EU-Mitgliedsstaaten erhalten hat, rücken nationale Datenschutzgesetze, wie etwa hierzulande das BDSG, insbesondere für den nicht-öffentlichen Bereich, in den Hintergrund, da insoweit ein **Geltungsvorrang der DS-GVO** zu beachten ist (Auer-Reinsdorff/Conrad IT- und DatenschutzR-HdB/Conrad/Hausen § 36 Rn. 6 ff., 19 ff.). Nunmehr ist seit 14.5.2024 (vormals seit 1.12.2021 das TTDSG) auf nationaler Ebene auch das TDDDG zu beachten, das die datenschutzrechtlichen Regelungen des TKG aF und des TMG aF zusammenführt und die ePrivacy-Richtlinie umsetzt.

3. Verantwortlicher. Nach Art. 13 Abs. 1 lit. a DS-GVO sind dem Nutzer der Name und die Kontaktdaten des Verantwortlichen sowie ggf. seines Vertreters (Art. 4 Ziff. 17 DS-GVO) mitzuteilen. Bei Kaufleuten, Personengesellschaften oder juristischen Personen sind Firmenname (§ 17 Abs. 1 HGB) bzw. Vereinsname (§ 57 BGB) nebst jeweiligem Rechtsformzusatz anzugeben (Taeger/Gabel/Mester DS-GVO Art. 13 Rn. 8). Als Kontakt ist zumindest eine zustellungsfähige Anschrift anzugeben. Bei Websites sollte die Kontaktaufnahme telefonisch und ferner ohne Medienbruch durch Angabe einer http-Adresse oder Bereitstellung eines Kontaktformulars (→ Anm. 6) ermöglicht werden (vgl. Taeger/Gabel/Mester DS-GVO Art. 13 Rn. 8).

4. Datenschutzbeauftragter. Sofern ein Datenschutzbeauftragter ernannt wurde, sei es freiwillig oder sei es gesetzlich (vgl. Art. 37 DS-GVO), sind gem. Art. 13 Abs. 1 lit. b DS-GVO dessen Kontaktdaten mitzuteilen. Gleiches gilt für den Fall, dass ein Vertreter in der Europäischen Union nach Art. 27 DS-GVO bestellt ist. Der Name muss nicht zwingend angegeben werden, da die Funktion und nicht die Person maßgebend ist. Die Mitteilung der Anschrift genügt (Ehmann/Selmayr/Knyrim DS-GVO Art. 13 Rn. 36). Es empfiehlt sich, eine eigens bezeichnete E-Mail-Adresse einzurichten, um sämtliche Datenschutzanfragen getrennt von den übrigen Anfragen zu erfassen und hierdurch auch die Einhaltung der Fristen gem. Art. 12 DS-GVO ohne erheblichen Aufwand sicherzustellen.

5. Aufruf und Besuch der Website. Beim Aufrufen einer Website wird eine Kommunikation zwischen Webbrowser und Webserver in Gang gesetzt, in dessen Rahmen die Webserver Software (zB Apache HTTP Server) standardmäßig ein Ereignisprotokoll im Textformat (Englisch **„Logfile"**) führt (ausführlich hierzu Auer-Reinsdorff/Conrad IT- und DatenschutzR-HdB/Conrad/Hausen § 36 Rn. 125 ff.). Inhalt und Umfang der mitprotokollierten Informationen hängen von der Konfiguration der Webserver-Software ab, die der Nutzer über die Einstellung seines Internet-Browsers steuern kann. Da jede Anfrage des Webbrowsers an den Webserver ein eigenständiger in sich abgeschlossener Vorgang darstellt, erfährt der Webserver grds. nicht, dass die verschiedenen Anfragen, also die Klicks, die der Nutzer beim Verweilen auf einer Website setzt, von demselben User kommen. Deshalb ist dem Website-Anbieter daran gelegen, diese Anfragen zu verknüpfen, um hierdurch die Logfiles analysieren und damit nachvollziehen zu können, wie der Anwender die Website nutzt. Die Ergebnisse einer solchen Analyse ermöglichen es dem Seitenbetreiber, den Aufbau und die Struktur der Website zu verbessern oder den Erfolg von Marketingmaßnahmen zu bewerten.

Art. 13 Abs. 1 lit. c DS-GVO verlangt, den Betroffenen über die Verarbeitungszwecke zu informieren. Der Nutzer muss in die Lage versetzt werden, den **Umfang der Datenverarbeitung** zu verstehen und einschätzen zu können (Taeger/Gabel/Mester DS-GVO Art. 13 Rn. 10). Ferner ist nach Art. 13 Abs. 1 lit. c DS-GVO die **Rechtsgrundlage** der Verarbeitung anzugeben, wozu jedenfalls die konkrete Nennung der Vorschrift gehört, aus der sich die Erlaubnis der Datenverarbeitung ergibt (Taeger/Gabel/Mester DS-GVO Art. 13 Rn. 11).

6. Kontaktformular. Gem. Art. 13 Abs. 1 lit. a DS-GVO sind Name und Kontaktdaten des Verantwortlichen mitzuteilen (→ Anm. 3). In diesem Zusammenhang erscheint es angezeigt, auch ein Online-Kontaktformular einzustellen (vgl. auch Ehmann/Selmayr/Knyrim DS-GVO Art. 13 Rn. 34; Kühling/Buchner/Bäcker DS-GVO Art. 13 Rn. 22;

Taeger/Gabel/Mester DS-GVO Art. 13 Rn. 8). Im Hinblick auf die Verarbeitung personenbezogener Daten sind gem. Art. 13 Abs. 1 lit. c DS-GVO die entsprechenden Rechtsgrundlagen zu nennen.

7. Information über die Nutzung von Cookies. Zur Information der Nutzer empfiehlt es sich, zunächst eine Definition der Cookies voranzustellen. Im Anschluss folgt eine Auflistung über die auf der Website eingesetzten Cookies. Hintergrund dieser Information ergibt sich seit 14.5.2024 aus § 25 TDDDG (vormals seit 1.12.2021 aus § 25 TTDSG), der nunmehr Art. 5 Abs. 3 ePrivacy-RL (RL 2009/136/EG, sog. „Cookie-Richtlinie") in nationales Recht umsetzt. Aus Art. 95 DS-GVO ergibt sich, dass die Regelungen der ePrivacy-RL und der DS-GVO getrennt zu betrachten sind. Folgerichtig verweist § 25 Abs. 1 S. 2 TDDDG ausschließlich auf das datenschutzrechtliche Einwilligungsregime der ePrivacy-RL. Die Konkurrenzfrage ist für digitale Dienste allerdings materiell-rechtlich regelmäßig nicht relevant, weil Speicherung und Auslesen von personenbezogenen Daten einer anschließenden Datenverarbeitung dient und der Zweck des Speicherns und Auslesens wiederum durch den datenschutzrechtlichen Verarbeitungszweck definiert wird. In seinem Planet49-Urteil hat der EuGH am 1.10.2019 (EuGH CB 2020, 39) festgestellt, dass jede Sammlung von Daten mittels Cookies eine Datenverarbeitung im Sinne von Art. 4 Nr. 2 DS-GVO darstellt. Diese ist grundsätzlich verboten, wenn sie nicht ausnahmsweise durch einen Rechtfertigungsgrund erlaubt ist (sog. präventives Verbot mit Erlaubnisvorbehalt), wobei nur eine aktive Einwilligung des Betroffenen gem. Art. 6 Abs. 1 S. 1 lit. a DS-GVO als Rechtfertigung für den Einsatz von Cookies in Betracht kommt. § 25 Abs. 1 TDDDG erfordert grundsätzlich eine Einwilligung nach den Maßstäben des Art. 6 Abs. 1 S. 1 lit. a DS-GVO, sofern die Cookies nicht unbedingt erforderlich sind, um dem Nutzer den ausdrücklich gewünschten Dienst zur Verfügung stellen zu können (§ 25 Abs. 2 Nr. 2 TDDDG). Letzteres ist bei technisch erforderlichen Cookies der Fall. Es gilt zu beachten, dass § 25 TDDDG dabei jede Speicherung von Informationen in der Endeinrichtung des Endnutzers und jeden Zugriff auf Informationen erfasst, die bereits in der Endeinrichtung gespeichert sind, also nicht nur Cookies, sondern jedwedes Speichern oder Abrufen von Informationen auf Nutzerendgeräten, unabhängig von der dahinterliegenden Technik, etwa auch das Auslesen von Browser-Einstellungen der Rechner der Nutzer oder das Setzen von HTML 5-Objekten (vgl. Taeger/Gabel/Ettig TTDSG § 25 Rn. 23). Bei Cookies, die zu unterschiedlichen Zwecken eingesetzt werden (zB Marketing, Personalisierung oder Analytics), muss es für den Nutzer möglich sein, seine Einwilligung differenziert auf eine oder mehrere Arten von Cookies zu beziehen (EuGH CB 2020, 39 Rn. 72–81; Kehr CB 2020, 44). Ferner ist der Nutzer nach Auffassung des EuGH detailliert über die Funktionsweise der Cookies, ihrer Funktionsdauer sowie über den Umstand, ob Dritte Zugriff auf diese Cookies erhalten, zwingend zu informieren (EuGH CB 2020, 39 Rn. 72–81; Kehr CB 2020, 44). Der Nutzer ist daher über den Einsatz und die Nutzung von Cookies ausführlich zu informieren (zu Details der Funktionsweise von Cookies siehe Auer-Reinsdorff/Conrad IT- und DatenschutzR-HdB/Conrad/Hausen § 36 Rn. 131 ff.). Dazu gehört, dass er zudem über die Möglichkeit belehrt wird, durch entsprechende Browsereinstellungen Cookies zu verhindern oder zu löschen. Die Differenzierung nach Cookies-Gruppen ist üblich, wie zwischen temporären **„Session"-Cookies** und **persistenten Cookies.** Persistente Cookies sind mit einer zeitlichen Begrenzung zu versehen, so dass sie etwa drei Monate nach deren Setzung automatisch gelöscht werden, weil sie andernfalls dauerhaft Daten erheben würden, selbst wenn dies zur Erbringung ihres jeweiligen Zwecks nicht mehr erforderlich wäre. Sofern und soweit die Datenübermittlung im Zusammenhang mit der Erstellung von Nutzungsprofilen steht, wie zB bei der Web-Analyse oder Social Media Plugins, ergeben sich darüber hinaus **erweiterte Informationspflichten** gem. Art. 13 Abs. 2 lit. f iVm Art. 21 Abs. 1 DS-GVO, wonach über das Bestehen einer automatisierten Entscheidungsfindung einschließlich Profiling, und auch über die Widerspruchsmöglichkeit gegen die Profilbildung zu informieren ist (→ Anm. 14). Mit einer Datenschutzerklärung kann eine Einwilligung der User, beispielsweise zur Erstellung von Nutzungsprofilen, nicht ersetzt bzw. eingeholt werden. Hinweise in der Datenschutzerklärung dienen lediglich dazu, den Einsatz von Cookies datenschutzkonform auszugestalten, ersetzen aber nicht die erforderliche datenschutzrechtliche Einwilligung (→ Form. G.2). Ebenso wenig darf mittels einer Auswertung der durch Cookies erlangten Daten ein Nutzungsprofil erstellt werden. In der Praxis ist zu beachten, dass die lediglich einseitige Verlautbarung bestimmter Datenverarbeitungspraktiken durch einen Klauselverwender keine Einwilligung des Betroffenen iSd Art. 6 Abs. 1 S. 1 lit. a DS-GVO darstellen kann. Die Unterrichtung über Datenverarbeitungspraktiken, die sich ein Website-Betreiber selbst erlaubt und die seine Nutzer ungefragt hinzunehmen haben, ersetzt nicht deren aktive Einwilligung. Ein sog. „Opt-out" oder eine vorformulierte Einwilligungserklärung ist nicht ausreichend. Freilich ist nicht von der Hand zu weisen, dass der Nutzer auf Grund der derzeitigen Rechtslage einer Flut von Einwilligungsanfragen in Form von sog. Cookie-Bannern ausgesetzt wird. Es bleibt abzuwarten, ob die ePrivacy-VO insoweit praxistaugliche Regelungen enthalten wird, um einer drohenden „Banner-Fatigue" entgegenzuwirken. Der Gesetzgeber versucht, dem durch die Regelung von § 26 TDDDG entgegenzutreten. Danach soll es zukünftig über Einwilligungsverwaltungssysteme (englisch: **Personal Information Management Systems – PIMS**) möglich sein, die Datenschutzeinstellungen für die Cookies automatisch zu übermitteln, wodurch voreingestellte Einwilligungserklärungen von Endnutzern an die Diensteanbieter übermitteln werden sollen und dadurch die manuelle Bestätigung über die Cookie-Banner entfallen würde. Verbindliche Detailregelungen sind erst durch die nach § 26 Abs. 2 TDDDG zu erlassende Rechtsverordnung zu bestimmen. Darüber hinaus darf der Website-Betreiber das Besuchen der Internetseite nicht von der Zustimmung des Nutzers abhängig machen, weil es andernfalls am Erfordernis der Freiwilligkeit der Einwilligung fehlen würde (sog. Kopplungsverbot nach Art. 7 Abs. 4 DS-GVO; vgl. auch Art. 4 Ziff. 11 DS-GVO). Dies spricht gegen die Errichtung von sog. „Cookie-Walls" oder Einwilligungsschranken („consent walls"). Stattdessen wäre eine nutzerfreundlich aufbereitete Gestaltung vorzugswürdig, bei der der Nutzer im Zusammenhang mit der Erteilung seiner Einwilligung zwischen solchen Cookies unterscheiden könnte, die für die Anzeige der Website erforderlich sind und dem Nutzerkomfort dienen bzw. statistische Auswertungen oder werbliches Tracking ermöglichen. Art. 7 Abs. 2 S. 1 DS-GVO erlaubt es, dass eine Einwilligungserklärung gemeinsam mit anderen Willensbekundungen, die einen anderen Sachverhalt betreffen (etwa das Einverständnis mit AGB), zusammengefasst wird, vorausgesetzt sie ist von den anderen Sachverhalten klar zu unterscheiden, indem sie sich zB visuell und sprachlich klar und deutlich hiervon abhebt (Spindler/Schuster/Spindler/Dalby DS-GVO Art. 7 Rn. 9). Deshalb bedarf es beim Einsatz von Cookies auch nicht zwingend einer gesonderten Einwilligung pro Cookie. Allerdings sollte dem Nutzer die Möglichkeit eingeräumt werden, die jeweiligen Verarbeitungszwecke einzeln abzuwählen, um dem Erfordernis der Freiwilligkeit Genüge zu tun. Freilich wird einem exzessiven Einsatz von Cookies der **Grundsatz der Datenminimierung** nach Art. 5 Abs. 1 lit. c DS-GVO entgegengehalten werden können. Um der Wirksamkeit der Einwilligung Rechnung zu tragen, ist der Nutzer über den Verantwortlichen und die Verarbeitungszwecke sowie über die **Widerrufbarkeit der Einwilligung** zu informieren (Art. 7 Abs. 3 S. 3 DS-GVO).

8. Google Analytics. Aussagen über die Nutzung und den Erfolg von Websites lassen sich durch statistische Erfassung und Auswertung der Nutzungsprofile ableiten. Webanalyse-Tools wie etwa Google Analytics, Matomo (ehemals Piwik), Adobe Analytics, GoatCounter, etc helfen dem Website-Betreiber, seine Website bedarfsgerecht zu gestalten und fortlaufend zu optimieren. Beim Begriff „Webanalyse" ist zu differenzieren, ob lediglich statistische **Reichweitenmessung** über eine Gruppe von Nutzern einer Website ausgeführt wird oder ob ein individuelles **Tracking** der Website-Besucher stattfindet und der Dienstleister die auf diese Weise erhobenen Daten auch zu eigenen Zwecken mit anderen Daten zusammenführt, um Profile etwa für personalisierte Werbung zu erstellen. Da Google Analytics sich nicht auf die Reichweitenmessung beschränkt, sondern als Tracking-Tool die Daten auch für eigene Zwecke nutzt und damit ein umfangreiches Nutzungsprofil erstellt, ist eine vorherige Einwilligung des Nutzers einzuholen. Ein Website-Betreiber, der die Nutzer ohne Vorliegen einer Einwilligung „trackt" bzw. „tracken" lässt, begeht einen Datenschutzverstoß und setzt sich dem Risiko einer empfindlichen Geldbuße aus (so ausdrücklich im Hinblick auf Google Analytics das BayLDA ZD-Aktuell 2019, 06868; Auer-Reinsdorff/Conrad IT- und DatenschutzR-HdB/Conrad/Hausen § 36 Rn. 152). Eine Auftragsverarbeitung nach Art. 28 DS-GVO (→ Form. G.3) kommt nicht in Betracht, weil Google die erhobenen Daten auch zu eigenen Zwecken nutzt. Aufgrund dessen sieht das Formular vor, dass beim Aufruf der Website ein Cookie-Banner angezeigt wird, das den Nutzer zur Einwilligung in Cookies auffordert.

9. YouTube. Sofern der Anbieter der Website den Standard-HTML Code der YouTube-Seite verwendet, ist zu beachten, dass bereits beim Aufruf der Website durch den Nutzer, also nicht erst beim Abspielen eines YouTube-Videos, verschiedene Cookies gesetzt werden, die zur Datenübermittlung an YouTube führen. Daneben wird eine Verbindung zum Werbenetzwerk von Google „DoubleClick" hergestellt, so dass YouTube Daten des Nutzers für Zwecke der Werbung, Marktforschung und/oder bedarfsgerechten Gestaltung seiner Website speichert. Problematisch ist, dass YouTube Details über seine Datenverarbeitungsprozesse nicht ausreichend offenlegt. Der Website-Betreiber kann somit seiner Pflicht, für Transparenz zu sorgen und den Nutzer über die Datenverarbeitung zu informieren, nur unzureichend nachkommen. Tatsächlich hat die französische Datenschutzbehörde CNIL mit zwei Entscheidungen am 31.12.2021 jeweils Bußgelder iHv 150 Mio. EUR gegen Google (90 Mio. EUR gegenüber der Google LLC und 60 Mio. EUR gegenüber der Google Ireland Ltd.) und 60 Mio. EUR gegen die Facebook Ireland Ltd. wegen Verstößen gegen das Datenschutzrecht verhängt. Die Sanktionen ergingen aufgrund rechtswidrigen Einsatzes von Cookies dergestalt, dass eine wirksame Einwilligung der Nutzer für die Verarbeitung ihrer personenbezogenen Daten fehlte. Weder auf Googles gleichnamigem Suchmaschinendienst und Video-Sharing-Dienst YouTube noch auf Facebooks gleichnamigem sozialen Netzwerk wurde es den Betroffenen nämlich ermöglicht, das Setzen von Cookies genauso einfach abzulehnen wie deren Einsatz und die damit verbundenen Verarbeitungsvorgänge zu akzeptieren (Etteldorf ZD-Aktuell 2022, 01048). Ferner wurde Microsoft mit Sitz in Irland (Microsoft Ireland Operations Limited) seitens der CNIL am 19.12.2022 zu einer Geldbuße iHv 60 Mio. EUR verurteilt, insbesondere weil das Unternehmen es als Betreiber der Suchmaschine bing.com mit 11 Mio. Nutzern in Frankreich (entspricht 1/6 der französischen Bevölkerung) unterlassen hat, auf der Webseite einen Mechanismus einzurichten, der es ermöglicht, Cookies genauso einfach abzulehnen wie zu akzeptieren (Faymonville/Roth ZD-Aktuell 2023, 01011). Angesichts der vorgenannten Umstände erscheint es für den Website-Betreiber angezeigt, etwaige technische Lösungen, die zur Einschränkung des Einsatzes von Cookies beim Nutzer führen, sowie die Anknüpfung an eine Einwilligungserklärung des Nutzers zu prüfen (so auch Auer-Reinsdorff/Conrad IT- und DatenschutzR-HdB/Conrad/Hausen § 36 Rn. 298).

10. Datenübermittlung in Drittländer. In der Praxis ist insbesondere die Datenübermittlung in die USA von Bedeutung, wo allerdings grundsätzlich kein angemessenes Datenschutzniveau anzunehmen ist. Nachdem der EuGH mit Urteil vom 6.10.2015 das „Safe Harbor"-Abkommen zwischen der EU und den USA (EuGH RIW 2015, 736 –

Schrems) und später mit Urteil vom 16.7.2020 auch das EU-US Privacy Shield-Abkommen (EuGH NJW 2020, 2613 – Schrems II) für unwirksam erklärt hat, besteht für Übermittlungen personenbezogener Daten aus Europa an Unternehmen in den USA eine erhebliche Rechtsunsicherheit. Am 10.7.2023 hat die EU-Kommission gem. Art. 45 Abs. 3 DS-GVO einen neuen **Angemessenheitsbeschluss** für Datenübermittlungen in die USA gefasst, mit dem sie feststellt, dass die USA ein angemessenes Schutzniveau für die Datenverarbeitung bieten (Kommission Beschl. v. 10.7.2023 – C (2023) 4745 final) und damit das **EU/US Data Privacy Framework (DPF)** anerkannt (abrufbar unter https://commission.europa.eu/system/files/2023-07/Adequacy%20decision%20EU-US%20Data%20Privacy%20Framework_en.pdf). Gem. Art. 13 Abs. 1 lit. f bzw. Art. 14 Abs. 1 lit. f DS-GVO muss der Verantwortliche unter anderem darüber informieren, ob er die Absicht hat, Daten in ein Drittland zu übermitteln. Dabei ist auch auf die Existenz eines Angemessenheitsbeschlusses für das entsprechende Land hinzuweisen.

11. Dauer der Datenspeicherung. Nach Art. 13 Abs. 2 lit. a DS-GVO ist der Betroffene über die Speicherdauer zu informieren. Diese Pflicht konkretisiert den **Grundsatz der Speicherbegrenzung** (Art. 5 Abs. 1 lit. e DS-GVO). Sofern möglich, ist die Dauer als konkreter Zeitraum anzugeben, anderenfalls sind die für die Festlegung der Dauer maßgebenden Kriterien mitzuteilen (Taeger/Gabel/Mester DS-GVO Art. 13 Rn. 18). Nach Ablauf der Speicherdauer sind die Daten gem. Art. 17 Abs. 1 lit. a DS-GVO zu löschen. Das gilt nicht, soweit die Weiterverarbeitung aufgrund eines anderen Zwecks erforderlich ist, wie etwa aufgrund gesetzlicher Aufbewahrungsfristen nach dem Handels- oder Steuerrecht.

12. Datensicherheit. Im Hinblick auf die Verarbeitung personenbezogener Daten verlangt Art. 32 DS-GVO vom Website-Betreiber, ein angemessenes Schutzniveau für die Sicherheit personenbezogener Daten zu gewährleisten. Damit wird der in Art. 5 Abs. 1 lit. f DS-GVO postulierte **Grundsatz der Integrität und Vertraulichkeit** konkretisiert. Hierzu gehört ua eine durch Verschlüsselung gesicherte Verbindung wie etwa SSL (Secure Sockets Layer) oder die Nachfolgetechnologie TLS (Transport Layer Security). Die entsprechenden Hinweise zur Datensicherheit sind in der Datenschutzerklärung nicht erforderlich, sondern als Bestandteil der Vertrauensbildung optional möglich.

13. Betroffenenrechte. Aus Art. 13 Abs. 2 lit. b DS-GVO ergibt sich die Pflicht, die Rechte der betroffenen Personen mitzuteilen, namentlich das Bestehen eines Rechts auf Auskunft über die betreffenden personenbezogenen Daten sowie auf Berichtigung oder Löschung oder auf Einschränkung der Verarbeitung, eines Widerspruchsrechts gegen die Verarbeitung sowie des Rechts auf Datenübertragbarkeit. Die Vorschrift spricht ausdrücklich davon, dass nur über „das Bestehen" der Rechte zu informieren ist. Erläuterungen zu den Inhalten der Rechte werden nicht verlangt, sind jedoch unter dem Blickwinkel der Nutzerfreundlichkeit sinnvoll, sofern sie nicht zu umfangreich ausfallen.

14. Automatisierte Entscheidungsfindung/Profiling. Diese Angabe ist vor dem Hintergrund von Art. 13 Abs. 2 lit. f DS-GVO zu sehen, wonach der Betroffene über das Bestehen (und deren Folgen) einer automatisierten Entscheidungsfindung einschließlich Profiling zu informieren ist. Liegen solche Verarbeitungen nicht vor oder sind sie nicht geplant, kommt der Angabe im Muster lediglich klarstellende Funktion zu.

15. Stand. Angesichts des Umstands, dass sich Recht und Gesetz kontinuierlich ändern, sollten Datenschutzerklärungen **regelmäßig überprüft** und gegebenenfalls überarbeitet werden. Ein Anpassungsbedarf ergibt sich zudem aus dem Umstand, dass zum einen neue Technologien und zum anderen neue Plattformen oder neue Social Media Netzwerke entstehen oder bestehende Einrichtungen eine veränderte Verbreitung finden. Schließlich ergibt sich ein Bedürfnis nach Modifizierung der Datenschutzerklärung, wenn sich Art, Umfang und Zweck der Erhebung und Verwendung personenbezogener Daten ändern sollen. Es ist daher auch sinnvoll, das jeweilige Datum der letzten Überarbeitung und somit den jeweiligen Stand der Datenschutzerklärung festzuhalten.

2. Datenschutzrechtliche Einwilligungserklärung in die Verarbeitung personenbezogener Daten bei digitalen Diensten

Einwilligung in die Verarbeitung meiner personenbezogenen Daten[1]

1. Ich bin damit einverstanden,[2] dass die personenbezogenen Daten,[3] die von mir im Rahmen des Nutzungsverhältnisses von . . . . . (Firma, Anschrift) erhoben werden, an . . . . . (Firma, Anschrift) weitergeleitet und auf den Servern der . . . . . (Firma, Anschrift) gespeichert werden. Ich bin ferner damit einverstanden, dass . . . . . (Firma, Anschrift) diese Daten zur Begründung, Durchführung und Abwicklung meines Nutzungsverhältnisses mit . . . . . (Firma) verwendet. Zu diesem Zwecke willige ich auch in die Übermittlung meiner Daten zwischen folgenden Unternehmen ein: . . . . . (Firmen, Anschriften).

2. Ich bin weiterhin damit einverstanden, dass mein Name, mein Geburtsdatum, meine vollständige Anschrift (Basisdaten) und die freiwilligen Angaben (. . . . .) zu Zwecken der Marktforschung verwendet werden sowie zur individuellen Erstellung und Versendung ausgewählter Informationen über Produkte von . . . . . (Firma) aus ihrem Sortiment [. . . . .] per (Zutreffendes bitte auswählen, eine Mehrfachauswahl ist möglich)

❐ E-Mail und/oder

❐ Telefon und/oder

❐ SMS und/oder

❐ Telefax.

Ferner willige ich ein, dass . . . . . (Firma, Anschrift) meine Basisdaten und freiwilligen Angaben zu eigenen Zwecken der Marktforschung verwendet.[4]

Consent to the Processing of My Personal Data[1]

1. I agree[2] that the personal data[3] provided by me in the context of the user relationship of . . . . . (company, address) to . . . . . (company, address) may be transferred and stored on the servers of . . . . . (company, address). I further agree that . . . . . (company, address) may use this data to establish, implement and process my user relationship with . . . . . (company). For this purpose, I also consent to the transfer of my data between the following companies: . . . . . (companies, addresses).

2. Furthermore I agree that my name, my date of birth, my complete address (basic data) and the voluntary data (. . . . .) are used for the purpose of market research as well as for the individual creation and sending of selected information about products of . . . . . (company) from its product range [. . . . .] by (please select as appropriate, multiple selection is possible)

❐ e-mail and/or

❐ telephone and/or

❐ SMS and/or

❐ fax.

Furthermore, I agree that . . . . . (company, address) uses my basic data and voluntary information for its own market research purposes.[4]

3. Diese Einwilligungserklärung kann ich jederzeit mit der Wirkung für die Zukunft gegenüber . . . . . (Firma, Anschrift) widerrufen. Diesen Widerruf kann ich ohne Angabe von Gründen telefonisch, schriftlich oder per Email erklären.[5]

3. I can revoke this declaration of consent at any time with effect for the future vis-à-vis . . . . . (company, address). I can declare this revocation without giving reasons by telephone, in writing or by email.[5]

4. Ich weiß, dass die Leistungen von . . . . . (Firma) unabhängig davon erbracht werden, ob ich meine Einwilligung erkläre oder widerrufe.[6]

4. I know that the services of . . . . . (company) will be provided regardless of whether I give or withdraw my consent.[6]

. . . . .
(Ort, Datum)

. . . . .
(Unterschrift)

. . . . .
(place, date)

. . . . .
(signature)

Anmerkungen

1. Sachverhalt. Ein Unternehmen, welches digitale Dienste erbringt, erbittet von seinem Kunden die Einwilligung zur Verarbeitung und Nutzung personenbezogener Daten, um diese zu Marktforschungs- und Werbungszwecken zu verwenden. Die meisten digitalen Angebote finanzieren sich entweder über digitale Vertriebserlöse oder durch Online-Werbung mit unterschiedlichen Personalisierungsgraden. Eine zielgruppenspezifische Platzierung von Werbung stellt eine erhöhte Werbeeffektivität und Wettbewerbsfähigkeit sicher. Der Begriff der **„digitalen Dienste"** (vgl. § 1 Abs. 4 Nr. 5 DDG) ersetzt den bisher im TMG definierten Begriff der „Telemedien", das mit Inkrafttreten des DDG am 14.5.2024 entfallen ist.

Beispiele für digitale Dienste sind Online-Angebote von Waren- und Dienstleistungen (mit und ohne unmittelbarer Bestellmöglichkeit) und sonstigen Interaktionsmöglichkeiten (wie etwa Wetter-, Verkehrs- oder Börsendaten, Chatrooms, elektronische Presse), kommerzielle Verbreitung von Informationen über Waren-/Dienstleistungsangebote mit elektronischer Post (zB Werbe-Mails/Newsletter), Online-Dienste, die Instrumente zur Datensuche bereitstellen (zB Internet-Suchmaschinen), nicht aber einzelne E-Mails, wenn sie der Individualkommunikation dienen (vgl. Spindler/Schuster/Ricke TMG § 1 Rn. 12; Spindler/Schuster/Micklitz/Schirmbacher TMG § 5 Rn. 7). Dem DDG unterfallen ferner individuell abrufbare Video-, Musik- oder sonstige Mediendienste, insbesondere YouTube sowie Social Media (Auer-Reinsdorff/Conrad IT- und DatenschutzR-HdB/Kremer § 28 Rn. 74). Bei Überschneidungen zwischen digitalen Diensten und Rundfunk ist auf die jeweilige Kommunikationsart und den Kommunikationsinhalt abzustellen, weshalb es im Rahmen eines Angebotes sowohl digitale Dienste als auch rundfunkähnliche Dienste geben kann (Spindler/Schuster/Holznagel/Ricke TMG § 1 Rn. 20). Hingegen sind sämtliche Dienstleistungen, die **„offline"** angeboten bzw. übermittelt werden, keine digitalen Dienste.

Ob sog. Over-the-Top-Dienste (**OTT-Kommunikationsdienste**) als Telekommunikationsdienste zu qualifizieren sind, war lange umstritten. Es handelt sich hierbei um Inhalte, Dienste oder Anwendungen, die dem Endnutzer über das Internet und damit nicht über die klassischen TK-Dienste wie Telefonie oder SMS bereitgestellt werden. Dazu gehören etwa E-Mail-Dienste, Streaming-Dienste, Suchmaschinen, Messenger-Dienste oder Videokonferenzanbieter (beschränkt auf Videokonferenzen im engeren Sinne, dh nicht für Dienstleistungen wie etwa Dokumentenaustausch). Diese wurden bisher nicht als TK-

Dienste iSd TKG betrachtet. Durch die erweiterte Begriffsbestimmung von § 3 Nr. 61 TKG umfassen TK-Dienste neben klassischen TK-Diensten (wie zB Sprachtelefonie, Fax oder VoIP) nunmehr auch sog. **„interpersonelle Telekommunikationsdienste"** (§ 3 Nr. 24 TKG) bzw. „nummernunabhängige interpersonelle Telekommunikationsdienste" (§ 3 Nr. 40 TKG). Die gebräuchlichsten OTT-Dienste werden damit als Telekommunikationsdienste iSd § 3 Nr. 61 TKG qualifiziert und fallen gesetzlich in den Anwendungsbereich des Fernmeldegeheimnisses in § 3 TDDDG.
Die wegweisenden Feststellungen des EuGH zu „Gmail" (EuGH NJW 2019, 2597 ff. – Gmail) und „SkypeOut" (EuGH MMR 2019, 517 ff. – SkypeOut) sind daher nach Einführung der neu aufgenommenen Kategorie von interpersonellen Telekommunikationsdiensten iSd § 3 Nr. 24 TKG bzw. nummernunabhängigen interpersonellen Telekommunikationsdiensten iSd § 3 Nr. 40 TKG nicht bzw. nur bedingt gültig. Der EuGH hatte nämlich ausschließlich internetbasierte OTT-Dienste nicht als Telekommunikationsdienste betrachtet und im Ergebnis bzgl. „Gmail" die Eigenschaft als Telekommunikationsdienst verneint und hinsichtlich „SkypeOut" bejaht.

Seit dem 1.12.2021 ergeben sich die Datenschutzanforderungen für Telekommunikationsdienste und digitalen Diensten aus dem TTDSG, das seit dem 14.5.2024 durch das TDDDG ersetzt wurde. Grundlage des Schutzes ist das Fernmeldegeheimnis, namentlich der Inhalt der Telekommunikation und ihre näheren Umstände, insbesondere die Tatsache, ob jemand an einem Telekommunikationsvorgang beteiligt ist oder war (§ 3 Abs. 1 S. 1 TDDDG). Das Gesetz bündelt in seinen §§ 3 – 18 TDDDG die Regeln zum Datenschutz und Schutz der Privatsphäre in der Telekommunikation, während die §§ 19 – 24 TDDDG den Datenschutz der digitalen Dienste normieren, insbesondere auch die Auskunft über Bestands- und Nutzungsdaten nach §§ 21– 24TDDDG. Soweit ein ausschließlicher Telekommunikationsdienst vorliegt, weil er ausschließlich in der Signalübertragung besteht, finden die Vorschriften des TDDDG keine Anwendung (vgl. § 2 Abs. 1 TDDDG iVm § 1 Abs. 1 S. 1 DDG).

2. Einwilligung. Nach Art. 4 Ziff. 11 DS-GVO ist die Einwilligung jede freiwillig für den bestimmten Fall, in informierter Weise und unmissverständlich abgegebene Willensbekundung. Eine wörtliche Formulierung wie „ich willige ein" ist nicht erforderlich. Entscheidend ist, dass der Erklärende eindeutig erkennbar zu verstehen gibt, mit der Verarbeitung seiner Daten einverstanden zu sein. Besonderheiten gelten hinsichtlich der Einwilligung durch ein Kind (Art. 8 DS-GVO). Ein allgemeines Schriftformerfordernis für Einwilligungen normiert die DS-GVO nicht (vgl. Art. 7 Abs. 2 DS-GVO). Wird die Einwilligung auf elektronischem Weg erteilt, hat die Aufforderung hierzu in klarer und knapper Form und ohne unnötige Unterbrechung des Dienstes, für den die Einwilligung gegeben wird, zu erfolgen (ErwG 32 S. 6 DS-GVO). Dem Verantwortlichen obliegt die Pflicht, nachweisen zu können, dass eine Einwilligung in die Verarbeitung erfolgt ist (Art. 7 Abs. 1 DS-GVO), um die Rechtmäßigkeit der Datenverarbeitung nach Art. 6 Abs. 1 S. 1 lit. a DS-GVO zu belegen. Überdies trifft ihn nach Art. 5 Abs. 2 DS-GVO eine Rechenschaftspflicht. Aus diesen Gründen sollte eine Einwilligung zumindest in Textform, zB Fax oder E-Mail, eingeholt werden.

3. Personenbezogene Daten. Art. 4 Ziff. 1 DS-GVO definiert den Begriff der personenbezogenen Daten als alle Informationen, die sich auf eine identifizierte oder identifizierbare natürliche Person beziehen. Eine Identifizierbarkeit liegt vor, wenn der Betroffene direkt oder indirekt identifiziert werden kann. Die Identifizierung kann insbesondere mittels Zuordnung zu einer Kennung wie einem Namen, zu einer Kennnummer, zu Standortdaten, zu einer Online-Kennung oder zu einem oder mehreren besonderen Merkmalen erfolgen, die Ausdruck der physischen, physiologischen, genetischen, psychischen, wirtschaftlichen, kulturellen oder sozialen Identität dieser natürlichen Person sind.

Aufgrund der technischen Funktionsweise des World Wide Web ergeben sich mannigfaltige Möglichkeiten zum Sammeln von User-Daten. Der für das Internet charakteristische Verbindungsaufbau von Rechner zu Rechner mit einer jedem Gerät oder jeder Website zugewiesenen **IP-Adresse** (Internet Protocol-Adresse) macht den Empfänger einer Anfrage über diese Adresse identifizierbar. In der Praxis lassen sich zwei Arten von IP-Adressen unterscheiden: Zum einen die statische IP-Adresse, welche für längere Dauer an einem bestimmten Anschluss gebunden und in der Regel juristischen Personen zugewiesen ist. Zum anderen die dynamische IP-Adresse, die dem Teilnehmer erst bei Nutzung des Internet zugewiesen wird und für jede Sitzung oder auch während der Sitzung mehrmals wechseln kann und von den Internet-Service-Providern (Access-Provider) zugewiesen wird. Da jede IP-Adresse im Internet nur einmal vergeben wird, ist sie grundsätzlich geeignet, den Nutzer zu bestimmen. Dies ist allerdings dann nicht der Fall, wenn ein Unternehmensmitarbeiter nicht mit seiner persönlichen IP-Adresse, sondern mit der IP-Adresse des zwischengeschalteten Proxy-Servers des Unternehmens surft oder die IP-Adresse nur einen Rückschluss auf den Access Provider erlaubt, aus dessen Pool die IP-Adresse stammt, aber nicht auf den jeweiligen User. Technische Hilfsmittel der Softwareindustrie, wie etwa Cookies, ActiveX, CGI-Script, Java und Javascript, E. T. Programme, Webhancer, Session-IDs in URLs, Web Bugs, Lesezeichen bei Microsoft Internet Explorer, Webtracking, Session-Ticket, Smart-Browsing und Permission Marketing können diese fehlende Verbindung wieder herstellen (vgl. Auer-Reinsdorff/Conrad IT-R-HdB/Conrad § 36 Rn. 112; Köhntopp/Köhntopp CR 2000, 248 (250 ff.); Püttmann K&R 2000, 492 (493)).

Ob IP-Adressen personenbezogene Daten darstellen, wird nicht einheitlich beantwortet. Die hM bejaht diese Frage für Access-Provider, weil diese ohne weiteres die Zuordnung zwischen IP-Adresse und einer natürlichen Person (Anschlussinhaber) herstellen können. Ob dies auch für digitale Diensteanbieter zutrifft, war bislang umstritten. Mit Urteil vom 19.10.2016 hat der EuGH entschieden, dass dynamische IP-Adressen personenbezogene Daten darstellen können (EuGH NJW 2016, 3579 – Breyer). Das sei jedenfalls dann zu bejahen, wenn der Webseitenbetreiber über rechtliche Mittel verfügt, die es ihm erlauben, den Nutzer anhand von Zusatzinformationen bestimmen zu lassen. Dabei sei unerheblich, ob diese Informationen bei einer datenverarbeitenden Stelle (zB Access-Provider) konzentriert oder auf verschiedene Stellen verteilt seien. Ein Personenbezug sei allerdings dann zu verneinen, wenn der Webseitenbetreiber über keine Mittel verfügt, die von ihm allein oder mit Hilfe Dritter eingesetzt werden können, um die erforderlichen Zusatzinformationen zu erlangen. Nach hM wird ein „relativer“ Begriff des Personenbezugs vertreten, wonach Daten aus der Sicht der verarbeitenden Stelle nur dann als personenbezogene Daten einzuordnen sind, wenn die Stelle entweder die erforderlichen Informationen für eine Deanonymisierung bereits besitzt oder sich diese zumindest rechtmäßig, gegebenenfalls unter Rückgriff auf entsprechende Rechtsbehelfe, verschaffen und dies auch mit hinreichender Wahrscheinlichkeit erwartet werden kann (vgl. Gola/Heckmann/Gola DS-GVO Art. 4 Rn. 19–25, insb. 21). In Fortführung seiner Rechtsprechung zählt der EuGH in seinem Urteil vom 9.11.2023 die Fahrzeugidentifikationsnummer (FIN) zu einem personenbezogenen Datum, wenn derjenige, der Zugang zur FIN hat, über Mittel verfügt, die ihm die Identifizierung des Fahrzeughalters mittels der FIN ermöglichen könnten, selbst wenn die FIN für sich genommen für die Fahrzeughersteller kein persönliches Datum darstellt, insbesondere dann nicht, wenn das Fahrzeug, dem sie zugewiesen wurde, nicht einer natürlichen Person gehört (EuGH ZD 2024, 173 mAnm Hanloser)). In seinem Urteil rechnet der EuGH ohne nähere Erläuterung die Identifizierungsmöglichkeiten der unabhängigen Wirtschaftsakteure als Datenempfänger den Fahrzeugherstellern als „mittelbaren Personenbezug“ zu. Die Entscheidung ist nicht nur aus datenschutzrechtlichen, sondern auch aus datenwirtschaftsrechtlichen Gründen von Bedeutung und dürfte einen Ausblick darauf geben, wie künftig die Gegensätze zwischen Nutzung und Schutz von personenbezogenen Daten aufzulösen sind. Zu berücksichtigen ist nämlich, dass die FIN im Zusammenhang von connected car-Anwendungen das Fahrzeug typischerweise in der Kommunikation mit den Servern der jeweiligen Hersteller identifiziert und die im Fahrzeug erhobenen Daten mit der FIN verknüpft, sodass ein „Nutzeraccount" entsteht. Der Personenbezug ist daher zutreffenderweise auch dann zu bejahen, wenn es sich bei diesem Nutzer um keine natürliche Person handelt.

4. Wirksamkeitsvoraussetzungen der Einwilligung. Eine Einwilligung ist nur wirksam, wenn sie zum einen freiwillig (→ Anm. 6) und zum anderen für den **konkreten Fall und in Kenntnis der Sachlage** abgegeben wird. Dem Betroffenen muss daher klar sein, auf welche personenbezogene Daten (→ Anm. 3) sich die Einwilligung bezieht und was mit den Daten geschehen soll. Falls die Daten in ein Drittland übermittelt werden, ist der Betroffene darüber zu informieren und der Verantwortliche hat die Vorschriften der Art. 44 ff. DS-GVO zu beachten (→ Form. G.1 Anm. 10). Im Zusammenhang mit elektronischer (und telefonischer) Werbung ist die Vorschrift des § 7 Abs. 2 UWG zu berücksichtigen. § 7 Abs. 2 UWG findet neben der DS-GVO Anwendung, weshalb die Voraussetzungen an die Einwilligungserklärung nach DS-GVO und UWG kumulativ erfüllt sein müssen (Auer-Reinsdorff/Conrad IT- und DatenschutzR-HdB/Conrad/Hausen § 36 Rn. 180; Kartheuser/Klar ZD 2013, 500 (504)). Bei einer Einwilligung in Werbung sind die jeweiligen Unternehmen sowie ihre entsprechenden Dienstleistungen und/oder Produkte konkret zu bezeichnen. Eine informierte Einwilligung setzt somit voraus, dass der Betroffene weiß, dass seine Erklärung ein Einverständnis darstellt, und klar ist, welche Produkte oder Dienstleistungen welcher Unternehmen sie konkret erfasst (BGH NJW 2017, 2119 mAnm Möller; BGH NJW 2013, 2683 Rn. 24 f.; OLG Frankfurt a. M. ZD 2019, 507). Art. 4 Ziff. 11 DS-GVO verlangt eine eindeutige bestätigende Handlung der einwilligenden Person. Die Auswahl über die Form des Kommunikationskanals, über den die Werbeinformationen übermittelt werden sollen, hat der Betroffene daher selbst zu treffen. Bereits angekreuzte Kästchen oder eine sonstige Vorauswahl mit der Möglichkeit eines „Opt-out" sind nicht geeignet, eine wirksame Einwilligung sicherzustellen (ErwG 32 S. 3 DS-GVO; vgl. auch EuGH NJW 2019, 3433 Rn. 44 ff. – Planet49). Diese Rechtsprechung ist nunmehr in § 25 TDDDG (bzw. vormals § 25 TTDSG) gesetzlich festgeschrieben worden, dh gem. § 25 Abs. 1 TDDDG ist grundsätzlich eine Einwilligung nach den Maßstäben des Art. 6 Abs. 1 lit. a DS-GVO erforderlich. Im Online-Marketing wird die Einwilligung mittels des sog. **Double-opt-in-Verfahrens** eingeholt (hierzu ausführlich Spindler/Schuster/Micklitz/Schirmbacher UWG § 7 Rn. 130 ff.). Vorformulierte Einwilligungserklärungen unterliegen als AGB der Überprüfung durch eine Inhaltskontrolle, insbesondere hinsichtlich des Verbots der überraschenden Klauseln und des Transparenzgebots nach §§ 305c, 307 Abs. 1 S. 2 BGB (vgl. BGH NJW 2017, 2119). Art. 7 Abs. 2 S. 1 DS-GVO verlangt, dass das Ersuchen um eine Einwilligung in einer klaren und einfachen Sprache und derart zu erfolgen hat, dass es von anderen Sachverhalten klar zu unterscheiden ist. Es darf also etwa nicht in AGB untergehen oder darin versteckt sein. Eine Einwilligung kann auch nicht durch eine Datenschutzerklärung erfolgen (→ Form. G.1 Anm. 1). Ferner sind unspezifische Pauschal- oder Blankoeinwilligungen unzulässig (vgl. LG München I BeckRS 2018, 31023; Gola/Heckmann/Schulz DS-GVO Art. 7 Rn. 35). Im vorliegenden Formular werden daher die betroffenen Datenkategorien, Art und Zweck ihrer Verarbeitung, die Empfänger der Daten sowie die Produktkategorien des Unternehmens konkret bezeichnet.

5. Widerrufsrecht. Der Betroffene ist nach Art. 7 Abs. 3 S. 3 DS-GVO vor Abgabe der Einwilligung auf sein Recht auf jederzeitigen Widerruf mit Wirkung für die Zukunft hinzuweisen. Das **Recht auf Widerruf** der Einwilligung ergibt sich aus Art. 7 Abs. 3 S. 1

DS-GVO. Die Rechtmäßigkeit der auf Basis der Einwilligung erfolgten Datenverarbeitungen bleibt unberührt, weil der Widerruf ex nunc wirkt (Art. 7 Abs. 3 S. 2 DS-GVO). Der Betroffene ist nach erfolgtem Widerruf gem. Art. 17 Abs. 1 lit. b DS-GVO berechtigt, vom Verantwortlichen jederzeit die unverzügliche Löschung der ihn betreffenden personenbezogenen Daten zu verlangen, sofern sich ihre Verarbeitung nicht noch auf einen anderen Rechtfertigungsgrund stützen kann. Allerdings dürfte in diesem Zusammenhang – aber auch bei Verweigerung oder Unwirksamkeit der Einwilligung – ein Rückgriff auf einen anderen gesetzlichen Erlaubnistatbestand unter Umständen durch den Grundsatz von Treu und Glauben eingeschränkt sein (vgl. Gola/Heckmann/Schulz DS-GVO Art. 6 Rn. 12; Kühling/Buchner/Buchner/Petri DS-GVO Art. 6 Rn. 23; Kühling/Buchner/Buchner/Kühling DS-GVO Art. 7 Rn. 18; Uecker ZD 2019, 248 (249); aA NK-DatenschutzR/Klement DS-GVO Art. 7 Rn. 34; BeckOK DatenschutzR/Albers/Veit DS-GVO Art. 6 Rn. 27). Die betroffene Person sollte daher bei Einholung der Einwilligung auf den entsprechenden weiteren gesetzlichen Zulässigkeitstatbestand (vgl. Art. 13 Abs. 1 lit. c DS-GVO) sowie transparent darauf hingewiesen werden, dass eine Datenverarbeitung im Falle eines Widerrufs nicht ausgeschlossen ist (Gola/Heckmann/Schulz DS-GVO Art. 6 Rn. 12; Kühling/Buchner/Kühling DS-GVO Art. 7 Rn. 18 aE). Aus Sicht des Verantwortlichen empfiehlt es sich in der Praxis freilich ohnehin, die Einwilligung nur in den Fällen einzuholen, in denen kein anderer Erlaubnistatbestand herangezogen werden kann. Angesichts ihrer anspruchsvollen Voraussetzungen bzw. Bedingungen (Freiwilligkeit, Informiertheit, Zweckgebundenheit, Eindeutigkeit, Nachweispflicht) und ihrer jederzeitigen Widerruflichkeit stellt die Einwilligung als Legitimationstatbestand der Datenverarbeitung keinen „Königsweg" dar. Wurden, wie hier der Fall, die Daten an Dritte übermittelt, sind diese vom Verantwortlichen über den Widerruf und die Löschungspflicht gem. Art. 19 DS-GVO zu informieren. Nach Art. 7 Abs. 3 S. 4 DS-GVO muss der Widerruf der Einwilligung so einfach wie die Erteilung der Einwilligung sein. Es dürfen daher gegenüber der Einwilligungserklärung keine höheren Anforderungen an den Widerruf gestellt werden (Taeger/Gabel/Taeger DS-GVO Art. 7 Rn. 78). Um zu vermeiden, dass ein Widerruf unzulässig erschwert wird, muss er auch gegenüber den begünstigten Drittunternehmen erklärt werden können. Das übermittelnde Unternehmen muss sich im Falle eines Widerrufs an die Stellen wenden, an die die Daten aufgrund der Einwilligung übermittelt wurden und diesen mitteilen, dass die Daten nicht länger verarbeitet werden dürfen (vgl. Paal/Pauly/Frenzel DS-GVO Art. 7 Rn. 16).

6. Koppelungsverbot. Das wichtigste Element der Einwilligung ist ihre **Freiwilligkeit.** Eine unfreie oder erzwungene Willensbekundung führt zur Unwirksamkeit der Einwilligung. Einwilligungen sind unwirksam, wenn sie auf Täuschung, Irreführung (**„Dark Patterns"**) oder Druck beruhen. An der Freiwilligkeit fehlt es auch, wenn die Ablehnung der Einwilligung unzumutbar und unnötig erschwert wird, sodass der Betroffene einseitig und ohne Gegenwert faktisch genötigt wird, eine Einwilligung gegen seinen eigentlichen Willen zu erteilen. So ist eine Einwilligungserklärung als unwirksam zu qualifizieren, wenn ihre Gestaltung darauf angelegt ist, den Verbraucher mit einem aufwändigen Verfahren zur Auswahl von aufgelisteten Partnerunternehmen zu konfrontieren, um ihn zu veranlassen, von dieser Auswahl abzusehen (BGH NJW 2020, 2540 Rn. 57). Zudem fehlt es an der Freiwilligkeit, wenn der Abschluss eines Vertrags von der Einwilligung zu einer Verarbeitung von solchen personenbezogenen Daten abhängig gemacht wird, die für die Erfüllung des Vertrags nicht erforderlich sind. Insoweit läge nämlich ein Verstoß gegen das **Koppelungsverbot** nach Art. 7 Abs. 4 DS-GVO vor. Trotz des deutschen zivilrechtlichen Abstraktionsprinzips ist der Begriff der „Vertragserfüllung" dahingehend zu verstehen, dass er bereits das Verpflichtungsgeschäft umfasst (zutreffend Sydow/Marsch DS-GVO/BDSG/Ingold DS-GVO Art. 7 Rn. 31). Eine Verknüpfung von Einwilligung und vertraglicher Verpflichtung ist somit in solchen Fällen denkbar, in denen die Vertragserfüllung nicht von der Einwilligung abhängt, etwa wenn der Verantwortliche den Betroffenen auf freiwilliger Basis um seine Einwilligung bittet oder die Datenverarbeitung für die Vertragserfüllung iSv Art. 6 Abs. 1 S. 1 lit. b DS-GVO erforderlich ist. Freilich ist zu beachten, dass es an einer effektiven Freiwilligkeit dann fehlt, wenn der betroffenen Person diesbezüglich suggeriert wird, die Datenverarbeitung hänge allein von ihrer Einwilligung ab, obschon daneben ein Erlaubnistatbestand nach Art. 6 Abs. 1 lit. b–f DS-GVO vorliegt. Insoweit sollte daher der Betroffene bei Einholung der Einwilligung auf weitere einschlägige gesetzliche Zulässigkeitstatbestände (vgl. Art. 13 Abs. 1 lit. c DS-GVO) sowie auf den Umstand der Freiwilligkeit der Einwilligung hingewiesen werden. Dies gilt insbesondere vor dem Hintergrund, dass bei Widerruf oder Unwirksamkeit der Einwilligung nach dem Grundsatz von Treu und Glauben ein Rückgriff auf einen anderen gesetzlichen Erlaubnistatbestand nicht ohne weiteres möglich sein dürfte (vgl. Gola/Heckmann/Schulz DS-GVO Art. 6 Rn. 12; Kühling/Buchner/Buchner/Petri DS-GVO Art. 6 Rn. 23; Kühling/Buchner/Buchner/Kühling DS-GVO Art. 7 Rn. 18; Uecker ZD 2019, 248 (249); aA NK-DatenschutzR/Klement DS-GVO Art. 7 Rn. 34; BeckOK DatenschutzR/Albers/Veit DS-GVO Art. 6 Rn. 27).

Eine Gewinnspielteilnahme von einer Einwilligung in die Nutzung der Daten zu Werbezwecken abhängig zu machen, ist für unbedenklich erachtet worden (OLG Frankfurt a. M. ZD 2019, 507). Das Kriterium der Erforderlichkeit ist in der Praxis insbesondere im Rahmen des Geschäftsmodells „Leistung gegen Daten" vor dem Hintergrund der Schaltung personalisierter Werbung sowie Big Data-Analysen von Bedeutung, also im Rahmen der Datenverarbeitung zur Schaltung verhaltensbasierter Onlinewerbung durch Tracking und Profilbildung. Das Koppelungsverbot soll dann nicht einschlägig sein, wenn die Verarbeitung personenbezogener Daten selbst Gegenstand der Hauptleistungspflicht und damit zur Vertragserfüllung erforderlich ist und auf den entgeltlichen Charakter des Austauschs „Leistung gegen Daten" hinreichend transparent hingewiesen wird (Kühling/Buchner/Buchner/Kühling DS-GVO Art. 7 Rn. 51; Gola/Heckmann/Schulz DS-GVO Art. 7 Rn. 30; Paal/Pauly/Frenzel DS-GVO Art. 7 Rn. 21; Spindler/Schuster/Spindler/Dalby DS-GVO Art. 7 Rn. 15; aA Golland MMR 2018, 130 (131)). Ferner liegt dann kein Verstoß gegen das Koppelungsverbot vor, wenn dem Nutzer eine zumutbare alternative Zugangsmöglichkeit ohne Einwilligungserfordernis zur Verfügung gestellt wird, dem Nutzer also eine echte Wahl eingeräumt wird, sich jeweils für ein Angebot mit oder – jedoch gegen angemessenes Entgelt – ohne kommerzielle Verwertung seiner personenbezogenen Daten zu entscheiden (Kühling/Buchner/Buchner/Kühling DS-GVO Art. 7 Rn. 51; Spindler/Schuster/Spindler/Dalby DS-GVO Art. 7 Rn. 15; Golland MMR 2018, 130 (134 f.)). Im vorliegenden Formulartext wird klargestellt, dass die Leistungserbringung nicht von der Erteilung der Einwilligung abhängt.

3. Auftragsverarbeitung gem. Art. 28 DS-GVO – Data Processing

Vertrag zur Auftragsverarbeitung[1]	Agreement regarding Data Processing[1]
Zwischen	Between
.....	.....
– nachstehend „Auftraggeber" genannt –	– hereinafter referred to as „Client" –
und	and

. . . . .
– nachstehend „Auftragnehmer“ genannt –
wird folgender Vertrag geschlossen:

. . . . .
– hereinafter referred to as „Supplier“ –
the following agreement is concluded:

§ 1 Vertragsgegenstand

Mit separater Vereinbarung v. . . . . (nachf. als „LEISTUNGSVEREINBARUNG“ bezeichnet) hat der Auftraggeber[2] den Auftragnehmer mit der Durchführung von Dienstleistungen eines Callcenters beauftragt. Dabei erhält der Auftragnehmer Zugriff auf personenbezogene Daten und verarbeitet diese ausschließlich im Auftrag und nach Weisung des Auftraggebers im Sinne von Art. 4 Ziff. 8 und Art. 28 DS-GVO. Gegenstand des vorliegenden Vertrags[3] ist die Einhaltung der nachfolgend genannten Aufgaben durch den Auftragnehmer betreffend des Datenumgangs im Zusammenhang mit der LEISTUNGSVEREINBARUNG.

§ 1 Subject Matter of this Agreement

By way of a separate agreement dated . . . . . (hereinafter referred to as „SERVICE AGREEMENT“) the Client[2] commissioned the Supplier to perform call center services.
Thereby the Supplier obtains access to personal data and processes them exclusively on behalf of and on instruction of the Client according to art. 4 cif. 8 and art. 28 GDPR.
Subject matter of the present agreement[3] is the Supplier's compliance with the tasks mentioned below regarding the handling of data in connection with the SERVICE AGREEMENT.

§ 2 Leistungen des Auftragnehmers[4]

(1) Umfang, Art und Zweck der Verarbeitung personenbezogener Daten durch den Auftragnehmer für den Auftraggeber sind im Detail in der Anl. 1 zu diesem Vertrag festgelegt.

(2) Dem Auftragnehmer ist eine abweichende oder über die Festlegungen in der Anl. 1 dieses Vertrags hinausgehende Verarbeitung von personenbezogenen Daten untersagt.

(3) Unter Berücksichtigung der in Anl. 1 dieses Vertrags festgelegten Details sind folgende Datenarten/-kategorien Gegenstand der Verarbeitung personenbezogener Daten:

- Personenstammdaten
- Kommunikationsdaten (zB Telefon, E-Mail)
- Vertragsstammdaten
- Vertragsabrechnungs- und Zahlungsdaten
- Kundenhistorie
- Planungs- und Steuerungsdaten

§ 2 Services of the Supplier[4]

(1) Scope, nature and purpose of the processing of personal data by the Supplier for the Client are set out in detail in Exhibit 1 to this agreement.

(2) The Supplier is not allowed to process personal data differently or beyond the specifications set out in Exhibit 1 to this agreement.

(3) Considering the details set out in Exhibit 1 to this agreement the following types and categories of data are subject to the processing of personal data:

- personal master data
- communications data (e.g. telephone, email)
- contract master data
- contract billing and payment data
- customer history
- planning and control data

. . . .

(4) Der Kreis der durch den Umgang mit den personenbezogenen Daten im Rahmen dieses Vertrags Betroffenen umfasst folgende Personenkategorien:

- **Kunden**
- **Abonnenten**
- **Interessenten**

(5) Gebiet[5]

Die Verarbeitung der Daten findet ausschließlich im Gebiet der Bundesrepublik Deutschland, in einem Mitgliedsstaat der Europäischen Union oder in einem anderen Vertragsstaat des Abkommens über den Europäischen Wirtschaftsraum statt. Jede Verlagerung in ein Drittland bedarf der vorherigen schriftlichen Zustimmung des Auftraggebers und darf nur erfolgen, wenn die besonderen Voraussetzungen der Art. 44–49 DS-GVO erfüllt sind.

(6) Die Vorschriften dieses Vertrags finden Anwendung auf alle Tätigkeiten, die mit der LEISTUNGSVEREINBARUNG in Zusammenhang stehen und bei denen der Auftragnehmer und seine Beschäftigten oder durch den Auftragnehmer Beauftragte mit personenbezogenen Daten in Berührung kommen, die vom Auftraggeber stammen oder für den Auftraggeber erhoben wurden.

(7) Technisch-organisatorische Maßnahmen[6]

(a) Der Auftragnehmer hat die Umsetzung der im Vorfeld der Auftragsvergabe dargelegten technischen und organisatorischen Maßnahmen vor Beginn der Verarbeitung, insbesondere hinsichtlich der konkreten Auftragsdurchführung, zu dokumentieren und dem Auftraggeber zur Prüfung vorzulegen. Im Falle der Akzeptanz durch den Auftraggeber werden die dokumentierten Maßnahmen Grundlage dieses Vertrags. Soweit ein Audit des Auftraggebers einen Anpassungsbedarf hinsichtlich der technischen und/oder organisatorischen Maßnahmen ergibt, ist dieser einvernehmlich umzusetzen.

. . . .

(4) The group of persons affected by the handling with personal data in relation to this agreement includes the following categories of persons:

- **Customers**
- **Subscribers**
- **prospective customers**

(5) Territory[5]

The processing of the data shall only take place within the territory of the Federal Republic of Germany, a member state of the European Union or another signatory state of the Treaty on the European Economic Area. Any relocation in a third country shall require the prior written consent of the Client and shall only be carried out if the special conditions of art. 44 through 49 GDPR are met.

(6) The provisions of this agreement shall apply with respect to all activities connected to the SERVICE AGREEMENT and whereby the Supplier and his employees or agents get in contact with personal data provided by the Client or collected for the Client.

(7) Technical and Organizational Measures[6]

(a) Prior to processing the Supplier shall provide to the Client, for the Client's examination, a documentation of the implementation of technical and organizational measures, of which the Client had been advised before the Client submitted the respective order. In case of approval by the Client the documented measures shall become the basis of this agreement. If an audit by the Client should reveal any required adjustment concerning the technical and/or organizational measures, the parties shall mutually implement such adjustment.

(b) Der Auftragnehmer ist verpflichtet, die gesetzlichen Bestimmungen über den Datenschutz zu beachten und die aus dem Bereich des Auftraggebers erlangten Informationen nicht an Dritte weiterzugeben oder deren Zugriff auszusetzen. Unterlagen und Daten sind gegen die Kenntnisnahme durch Unbefugte unter Berücksichtigung des Stands der Technik zu sichern

(b) The Supplier shall observe the statutory provisions on data protection and shall not forward information obtained from the Client's sphere to third parties, or grant access to such information. Documents and data shall be protected from unauthorized access taking into account the state of technology.

(c) Es ist den bei der Datenverarbeitung durch den Auftragnehmer beschäftigten Personen untersagt, personenbezogene Daten unbefugt zu erheben, zu verarbeiten oder zu nutzen. Der Auftragnehmer wird alle Personen, die von ihm mit der Bearbeitung und der Erfüllung dieses Vertrags betraut werden (im Folgenden „MITARBEITER" genannt), in Schriftform zur Vertraulichkeit verpflichten (Verpflichtung zur Vertraulichkeit, Art. 28 Abs. 3 S. 2 lit. b DS-GVO) und die Einhaltung dieser Verpflichtung mit der gebotenen Sorgfalt sicherstellen. Dem Auftraggeber sind die Verpflichtungen der Mitarbeiter auf Verlangen in geeigneter Weise nachzuweisen.

(c) The Supplier's employees processing data shall not be allowed to collect, process or use personal data without authorization. The Supplier shall in writing oblige to confidentiality all persons (in the following referred to as „EMPLOYEES") who are involved in the handling and performance of the agreement (obligation to confidentiality, art. 28 para. 3 sentence 2 lit. b GDPR), and shall secure compliance with such obligation by exercising due diligence. The obligations of the employees shall be demonstrated to the Client in an appropriate manner upon request.

(d) Der Auftragnehmer wird seine innerbetriebliche Organisation so gestalten, dass sie den besonderen Anforderungen des Datenschutzes gerecht wird. Er trifft alle geeigneten technischen und organisatorischen Maßnahmen zum angemessenen Schutz der Daten des Auftraggebers gem. Art. 32 DS-GVO, insbesondere die in Anl. 2 zu diesem Vertrag aufgeführten Maßnahmen, und wird diese für die Dauer der Verarbeitung der Daten aufrechterhalten.

(d) The Supplier shall arrange his internal organization in such a way that it meets the special requirements regarding data protection. He shall take all appropriate technical and organizational measures to adequately protect the data of the Client according to art. 32 GDPR, including the measures set out in Exhibit 2 to this agreement, and shall maintain those measures during the period of the processing of the data.

(e) Eine Änderung der getroffenen technischen und organisatorischen Maßnahmen bleibt dem Auftragnehmer vorbehalten, wobei er sicherstellt, dass das vertraglich vereinbarte Schutzniveau nicht unterschritten wird. Der Auftragnehmer ist verpflichtet, den Auftraggeber unverzüglich schriftlich zu informieren, wenn er Grund zu der Annahme hat, dass die Maßnahmen gemäß Anl. 2 nicht mehr ausreichend sind und wird sich mit ihm hinsichtlich weiterer technischer und organisatorischer Maßnahmen abstimmen.

(e) The technical and organizational measures undertaken may be subject to change by the Supplier who ensures that the contractually agreed level of protection shall not be reduced. The Supplier is obligated to inform the Client in writing without undue delay if he has reason to believe that the measures according to Exhibit 2 are not sufficient anymore, and shall consult with the Client with respect to additional technical and organizational measures.

(f) Dem Auftraggeber ist auf Verlangen die Einhaltung der in Anl. 2 bestimmten technischen und organisatorischen Maßnahmen in geeigneter Weise nachzuweisen.

(8) Anfragen und Rechte Betroffener[7]

(a) Der Auftragnehmer unterstützt den Auftraggeber nach Möglichkeit mit geeigneten technischen und organisatorischen Maßnahmen bei der Erfüllung von dessen Pflichten nach Art. 12–22 sowie Art. 32–36 DS-GVO.

(b) Soweit ein Betroffener sich unmittelbar an den Auftragnehmer zwecks Auskunftserteilung, Berichtigung oder Löschung hinsichtlich seiner Daten wenden sollte, wird der Auftragnehmer dieses Ersuchen unverzüglich an den Auftraggeber weiterleiten und dessen Weisungen abwarten. Der Auftragnehmer wird ohne entsprechende Einzelweisung des Auftraggebers mit der betroffenen Person nicht in Kontakt treten.

(9) Sonstige Pflichten

Zusätzlich zu der Einhaltung der Regelungen dieses Vertrags übernimmt der Auftragnehmer folgende Pflichten:

a) Führung eines Verzeichnisses zu allen Kategorien von im Auftrag des Auftraggebers durchgeführten Tätigkeiten der Verarbeitung gem. Art. 30 Abs. 2 DS-GVO. Dem Auftraggeber ist das Verzeichnis auf Verlangen zur Verfügung zu stellen.

b) Unterstützung des Auftraggebers bei der Erstellung einer Datenschutz-Folgenabschätzung nach Art. 35 DS-GVO und einer etwaigen vorherigen Konsultation der Aufsichtsbehörde nach Art. 36 DS-GVO.

c) Schriftliche Bestellung – soweit gesetzlich vorgeschrieben – eines Datenschutzbeauftragten,[8] der seine Tätigkeit gem. Art. 38 u. 39 DS-GVO ausüben kann. Der Auftragnehmer wird dem Auftraggeber dessen Kontaktdaten zum Zweck der direkten Kontaktaufnahme mitteilen. Bei einem Wechsel des betrieblichen Datenschutzbeauftragten/Ansprechpartners für den Datenschutz

(f) The compliance of the technical and organizational measures set out in Exhibit 2 shall be demonstrated to the Client in an appropriate manner upon request.

(8) Requests and Rights of Data Subjects[7]

(a) The Supplier shall assist the Client, to the extent possible by taking technical and organizational measures, in fulfilling the Client's obligations pursuant to art. 12 through 22 and art. 32 through 36 GDPR.

(b) If a data subject directly contacts the Supplier for the purpose of obtaining information on, or rectification or erasure of, his or her data, the Supplier shall promptly forward such request to the Client and shall await the Client's instructions.
The Supplier shall not get in contact with the data subject without respective individual instruction by the Client.

(9) Other Obligations

In addition to the compliance with the provisions of this agreement the Supplier assumes the following obligations:

a) Maintaining a record concerning all categories of processing activities carried out on behalf of the Client pursuant to art. 30 para. 2 GDPR. The record shall be provided to the Client upon request.

b) Assisting the Client with the preparation of a data protection impact assessment pursuant to art. 35 GDPR and an eventual prior consultation with the supervisory authority according to art. 36 GDPR.

c) Appointment in writing – as far as required by statutory law – of a data protection officer[8] who is able to carry out his or her duties in accordance with art. 38 and 39 GDPR. The Supplier shall provide the officer's contact details to the Client in order to get in contact with him or her directly. In case of a change of the company data protection officer/contact person for sind dem Auftraggeber unverzüglich die Details des Nachfolgers in Textform mitzuteilen.

d) Unverzügliche Information des Auftraggebers durch den Auftragnehmer, sofern ihm dies nicht durch gerichtliche oder behördliche Anordnung untersagt ist, wenn beim Auftragnehmer durch Pfändung oder Beschlagnahme, durch ein Insolvenz- oder Vergleichsverfahren oder durch sonstige Ereignisse oder Maßnahmen Dritter die Daten gefährdet werden. Der Auftragnehmer wird in diesem Zusammenhang alle zuständigen Stellen unverzüglich darüber informieren, dass die Entscheidungshoheit über die Daten ausschließlich beim Auftraggeber als „Verantwortlichem" im Sinne der DS-GVO liegt.

(10) Keine Unterauftragsverhältnisse[9]

Dem Auftragnehmer ist es nicht gestattet, im Rahmen seiner vertraglichen Verpflichtungen Unterauftragnehmer einzubeziehen.

§ 3 Kontrollrechte des Auftraggebers[10]

(1) Der Auftraggeber hat das Recht, sich regelmäßig von der Einhaltung der Regelungen dieses Vertrages, insbesondere der Umsetzung und Einhaltung der technischen und organisatorischen Maßnahmen gem. § 2 Abs. 7 lit. d dieses Vertrags, zu überzeugen. Hierfür kann er zB Auskünfte des Auftragnehmers einholen, sich vorhandene Testate von Sachverständigen, Zertifizierungen oder internen Prüfungen vorlegen lassen oder die technischen und organisatorischen Maßnahmen des Auftragnehmers zu den üblichen Geschäftszeiten selbst persönlich bzw. durch einen sachkundigen Dritten prüfen lassen, sofern dieser nicht in einem Wettbewerbsverhältnis zum Auftragnehmer steht.

(2) Der Auftraggeber wird Kontrollen nur im erforderlichen Umfang durchführen und angemessene Rücksicht auf die Betriebsabläufe des Auftragnehmers nehmen. Die Vertragsparteien werden sich rechtzeitig über den Zeitpunkt sowie die Art der Prüfung verständigen.

data protection the successor's details shall be provided to the Client in text form without undue delay.

d) Notification of the Client by the Supplier without undue delay, unless the Client is prohibited from such notification by court or administrative order, if the data at the Supplier should be jeopardised by attachment or seizure, by insolvency or composition proceedings or by other events or measures of third parties. The Supplier shall in this context inform without undue delay all relevant bodies that the decision-making authority lies solely with the Client as „controller" within the meaning of the GDPR.

(10) No Subcontracting[9]

The Supplier is not allowed to involve subcontractors in relation to his contractual obligations.

§ 3 The Client's Rights of Control[10]

(1) The Client is entitled to control the performance of the provisions of this agreement, especially the implementation and fulfilment of the technical and organizational measures according to para. 2 (7) (d) of this agreement. To this end he is allowed, by way of example, to obtain information from the Supplier, to require the submission of existing audit reports provided through experts, certificates or internal assessments, or to inspect the Supplier's technical and organizational measures during the usual business hours either personally or by a qualified third party, provided that such party is not a competitor of the Supplier.

(2) The Client shall carry out inspection only to the extent required and shall reasonably take into account the Supplier's business operations. The parties shall duly in advance agree on the time and on the nature of the inspection.

(3) Das Kontrollergebnis wird vom Auftraggeber dokumentiert, der es dem Auftragnehmer mitteilt. Der Auftraggeber teilt dem Auftragnehmer unverzüglich die notwendigen Verfahrensänderungen mit, wenn bei der Kontrolle Sachverhalte festgestellt werden, deren zukünftige Vermeidung Änderungen des angeordneten Verfahrensablaufs erfordern.

(4) Der Auftragnehmer wird dem Auftraggeber auf dessen mündliche oder schriftliche Anforderung innerhalb einer angemessenen Frist alle Auskünfte und Nachweise zur Verfügung stellen, die zur Durchführung einer Kontrolle gem. § 3 Abs. 1 dieses Vertrags erforderlich sind. Darüber hinaus verpflichtet sich der Auftragnehmer, dem Auftraggeber auf Verlangen ein umfassendes und aktuelles Datenschutz- und Sicherheitskonzept für die Auftragsverarbeitung sowie hinsichtlich zugriffsberechtigte Personen zur Verfügung zu stellen.

§ 4 Informations- und Unterstützungspflichten des Auftragnehmers[11]

(1) Bei Störungen, Verdacht auf Datenschutzverletzungen oder Verletzungen vertraglicher Verpflichtungen des Auftragnehmers, Verdacht auf sicherheitsrelevante Vorfälle oder andere Unregelmäßigkeiten bei der Verarbeitung der personenbezogenen Daten durch den Auftragnehmer, bei ihm im Rahmen des Vertrags beschäftigte Personen oder durch Dritte wird der Auftragnehmer den Auftraggeber unverzüglich, spätestens aber innerhalb von 60 Stunden in Schriftform oder elektronischer Form informieren. Dasselbe gilt für Prüfungen des Auftragnehmers durch die Datenschutz-Aufsichtsbehörde. Die Meldungen gem. § 4 Abs. 1 S. 1 enthalten jeweils zumindest die in Art. 33 Abs. 3 DS-GVO genannten Angaben.

(2) Der Auftragnehmer ist verpflichtet, den Auftraggeber im Falle des § 4 Abs. 1 bei der Erfüllung seiner diesbezüglichen Aufklärungs-, Abhilfe – und Informationsmaßnahmen im Rahmen des Zumutbaren

(3) The result of the inspection shall be documented by the Client who will inform the Supplier accordingly. The Client shall inform the Supplier without undue delay about the required modifications of the procedures, if the inspection should identify circumstances which require modifications to the instructed procedure in order to avoid issues in the future.

(4) The Supplier shall provide the Client upon his oral or written request within a reasonable period of time with all information and evidence which are required to carry out an inspection pursuant to sec. 3 (1) to this agreement. In addition, the Supplier undertakes to provide the Client upon request with a comprehensive and up-to-date data protection and security concept for the data processing as well as regarding access-authorized persons.

§ 4 Information and Assistance Obligations by the Supplier[11]

(1) In case of failures, suspicion of data protection violations or violations of the Supplier's contractual obligations, suspicion of security-related occurrences or other irregularities in relation to the processing of personal data by the Supplier, by his personnel involved under the agreement or by third parties, the Supplier shall notify the Client in writing or in electronic form without undue delay, at the latest however within 60 hours. The same shall apply with regards to inspections of the Supplier by the data protection supervisory authority. Each notification pursuant to sec. 4 (1) sentence 1 shall at least contain the information set out in art. 33 para. 3 GDPR.

(2) The Supplier is obligated using reasonable efforts to assist the Client in relation to sec. 4 (1) with respect to the fulfilment of his respective measures to disclose, remedy and inform. The Supplier shall

zu unterstützen. Der Auftragnehmer trifft unverzüglich die erforderlichen Maßnahmen, insbesondere zur Sicherung der Daten und zur Minderung möglicher nachteiliger Folgen für die Betroffenen, informiert den Auftraggeber hierüber und ersucht diesen um weitere Weisungen.

promptly take the necessary measures especially in order to secure the data and to mitigate possible adverse effects of the data subjects, shall inform the Client accordingly and shall request further instructions.

§ 5 Weisungsbefugnis des Auftraggebers[12]

§ 5 Client's Authority to Issue Instructions[12]

(1) Der Auftragnehmer verarbeitet die Daten nur im Rahmen der LEISTUNGSVEREINBARUNG und ausschließlich im Auftrag und nach Weisung des Auftraggebers iSv Art. 28 DS-GVO (Auftragsverarbeitung).

(1) The Supplier shall process the data solely in relation to the SERVICE AGREEMENT and exclusively on behalf and under instruction of the Client according to art. 28 GDPR (commissioned data processing),

(2) Sämtliche erteilte Weisungen sind sowohl vom Auftraggeber als auch vom Auftragnehmer zu dokumentieren. Die weisungs- und empfangsberechtigten Personen ergeben sich aus Anl. 3 zu diesem Vertrag. Bei einem Wechsel oder einer längerfristigen Verhinderung der in Anl. 3 benannten Personen ist der anderen Vertragspartei unverzüglich der Nachfolger bzw. Vertreter in Textform zu benennen. Bis zum Zugang einer solchen Mitteilung gelten die benannten Personen weiter als weisungs- und empfangsberechtigt.

(2) All instructions shall be documented by both, the Client and the Supplier. The persons authorized to give and receive instructions are listed in Exhibit 3. In case of a change or a longer-term non-availability of the persons listed in Exhibit 3 the successor or substitute the other party shall be notified promptly thereof in text form. Until receipt of such notification the persons designated shall further on be considered as authorized recipients and authorized to give instructions.

(3) Der Auftragnehmer ist verpflichtet, den Auftraggeber unverzüglich zu informieren, wenn er der Ansicht ist, eine Weisung des Auftraggebers verstoße gegen datenschutzrechtliche Bestimmungen. Der Auftragnehmer ist berechtigt, die Durchführung der entsprechenden Weisung solange auszusetzen, bis sie durch den Verantwortlichen beim Auftraggeber bestätigt oder geändert wird.

(3) The Supplier shall notify the Client without undue delay if he is of the opinion that a Client's instruction violates data protection provisions. The Supplier is entitled to suspend the execution of the respective instruction until it is confirmed or modified by the person responsible at the Client.

§ 6 Rückgabe von Datenträgern und Löschung von Daten[13]

§ 6 Return of Data Carriers and Deletion of Data[13]

(1) Es besteht Einigkeit, dass nach Abschluss der vertraglichen Arbeiten oder früher nach Aufforderung durch den Auftraggeber – spätestens mit Beendigung der LEISTUNGSVEREINBARUNG – der Auftragnehmer sämtliche in seinen Besitz ge-

(1) It is agreed that once the contractual work is completed, or earlier at the client's request, but no later than upon termination of the SERVICE AGREEMENT, the Supplier must return to the Client all documents, compiled processing results and

langte Unterlagen, erstellte Verarbeitungs- und Nutzungsergebnisse sowie Datenbestände, die im Zusammenhang mit dem Vertrag stehen, dem Auftraggeber auszuhändigen oder nach vorheriger schriftlicher Zustimmung datenschutzgerecht zu vernichten hat, soweit in diesem Vertrag nicht anders bestimmt. Gleiches gilt für Test- und Ausschussmaterial. Das Protokoll der Löschung ist auf Anforderung dem Auftraggeber vorzulegen.

output, as well as all data, which have come into his possession in relation to the agreement, or delete them in compliance with data protection law with the prior written approval of the Client, unless set out otherwise in this agreement. The same applies to any test data and scrap material. The deletion log must be provided to the Client upon request.

(2) Der Auftragnehmer hat dem Auftraggeber die Löschung schriftlich zu bestätigen. Der Auftraggeber hat das Recht, die vollständige und vertragsgerechte Rückgabe bzw. Löschung der Daten beim Auftragnehmer in geeigneter Weise zu kontrollieren; § 3 Abs. 2 dieses Vertrags gilt hierfür entsprechend.

(2) The Supplier shall confirm the deletion to the Client in writing. The Client shall be entitled to check in an appropriate manner on the Supplier whether the return or the deletion was complete and in conformity to the contract; to this end, sec. 3 (2) of this agreement shall apply accordingly.

(3) Der Auftragnehmer ist verpflichtet, Dokumentationen, die dem Nachweis der auftrags- und ordnungsgemäßen Datenverarbeitung dienen, entsprechend der jeweiligen Aufbewahrungsfristen über das Vertragsende hinaus aufzubewahren. Diese Dokumentationen wird er auf Verlangen des Auftraggebers herausgeben. Er kann sie zu seiner Entlastung bereits bei Vertragsende dem Auftraggeber übergeben.

(3) The Supplier shall keep, in accordance with the relevant retention periods, any documentation which is required to prove a proper data processing after expiration or termination of this agreement. He shall release these documentations upon request of the Client. The Supplier may hand such documentations over to the Client already upon expiry of the agreement in order to discharge himself.

(4) Der Auftragnehmer ist verpflichtet, auch über das Ende der LEISTUNGSVEREINBARUNG hinaus die ihm im Zusammenhang mit der LEISTUNGSVEREINBARUNG bekannt gewordenen Daten vertraulich zu behandeln.

(4) The Supplier is obligated to treat data obtained in relation to the SERVICE AGREEMENT as confidential, also after the expiry of the SERVICE AGRREMENT.

§ 7 Auftragsdauer, Kündigung[14]

§ 7 Term, Termination[14]

(1) Die Dauer dieses Vertrags entspricht der Dauer der LEISTUNGSVEREINBARUNG, sofern sich aus den Besonderheiten des vorliegenden Vertrags nichts anderes ergibt. Im Zweifel gilt eine Kündigung der LEISTUNGSVEREINBARUNG auch als Kündigung dieses Vertrags und eine Kündigung dieses Vertrags als Kündigung der LEISTUNGSVEREINBARUNG.

(1) The term of this agreement corresponds with the term of the SERVICE AGREEMENT unless circumstances of this present agreement should require otherwise. In case of doubt a termination of the SERVICE AGREEMENT shall also be considered as a termination of this agreement and a termination of this agreement as a termination of the SERVICE AGREEMENT.

(2) Unberührt bleibt das Recht jeder Vertragspartei, diesen Vertrag aus wichtigem Grund fristlos zu kündigen.

(2) The right of each party to terminate this agreement for good cause without notice remains unaffected.

§ 8 Haftung[15]

§ 8 Liability[15]

(1) Die Haftung der Vertragsparteien bestimmt sich nach Art. 82 DS-GVO. Eine Haftung des Auftragnehmers gegenüber dem Auftraggeber wegen Verletzung von Pflichten aus diesem Vertrag oder der LEISTUNGSVEREINBARUNG bleibt hiervon unberührt.

(1) The liability of the parties is governed by art. 82 GDPR. A liability of the Supplier towards the Client due to a breach of obligations resulting from this agreement or the SERVICE AGREEMENT shall remain unaffected hereby.

(2) Die Vertragsparteien stellen sich jeweils von der Haftung frei, wenn eine Vertragspartei nachweist, dass sie in keinerlei Hinsicht für den Umstand, durch den der Schaden bei einem Betroffenen eingetreten ist, verantwortlich ist. Gleiches gilt entsprechend bei Verhängung einer Geldbuße gegen eine Vertragspartei, wobei die Freistellung in dem Umfang zu erfolgen hat, in dem die jeweils andere Vertragspartei Anteil an der Verantwortung für den durch die Geldbuße sanktionierten Verstoß trägt.

(2) The parties indemnify each other from any liability, if a party proves that it is in no way responsible for the circumstance due to which the data subject suffered damage. The same applies accordingly if an administrative fine has been imposed on a party whereby the extent of indemnification shall depend on the share of responsibility which the respective other party bears in relation to the infringement sanctioned by the administrative fine.

§ 9 Anwendbares Recht, Erfüllungsort, Gerichtsstand[16]

§ 9 Applicable Law, Place of Performance, Place of Jurisdiction[16]

(1) Auf vorliegenden Vertrag findet deutsches Recht Anwendung.

(1) This agreement shall be governed by German law.

(2) Erfüllungsort ist der Sitz des Auftragnehmers, dh . . . . .

(2) Place of performance shall be the premises of the Supplier, i.e. . . . . .

(3) Für Streitigkeiten aus diesem Vertrag ist ausschließlicher Gerichtsstand . . . . .

(3) For disputes in connection with this agreement . . . . . shall be the exclusive place of jurisdiction.

§ 10 Sonstiges[17]

§ 10 Miscellaneous[17]

(1) Es besteht Einigkeit, dass die Einrede des Zurückbehaltungsrechts durch den Auftragnehmer iSd § 273 BGB hinsichtlich der zu verarbeitenden Daten und der zugehörigen Datenträger ausgeschlossen ist.

(1) It is agreed that the Supplier's plea of the right of retention pursuant to sec. 273 BGB shall be excluded with regard to the data to be processed and the media related thereto.

(2) Änderungen, Ergänzungen und Zusätze dieses Vertrags haben nur Gültigkeit, wenn sie zwischen den Vertragsparteien schriftlich vereinbart werden. Dies gilt

(2) Any changes, amendments or additions to this agreement must be made in writing to be effective. This applies also to the amendment of this contractual provision.

auch für die Abänderung dieser Vertragsbestimmung.

(3) Sollte eine Bestimmung dieses Vertrags unwirksam sein oder werden, so berührt dies die Wirksamkeit des Vertrags im Übrigen nicht. Die unwirksame Bestimmung gilt als durch eine wirksame Regelung ersetzt, die dem wirtschaftlichen Zweck der unwirksamen Bestimmung am nächsten kommt. Entsprechendes gilt im Fall einer Vertragslücke.

(3) Should any provision of this agreement be or become invalid, this shall not affect the validity of the remaining terms. The invalid provision shall be deemed replaced by a valid provision which comes closest to the commercial purpose of the invalid provision. The above shall apply accordingly in case of a contractual gap.

(4) Die Vertragsparteien haben den Vertrag in einer deutschen und englischsprachigen Fassung geschlossen. Für die rechtlichen Wirkungen zwischen den Vertragsparteien ist allein der deutsche Text maßgeblich.

(4) The parties have concluded the agreement in a German and English version. Only the German text shall be decisive for the legal effects between the parties.

. . . **. . .**

(Ort, Datum) **(Ort, Datum)**

. . . **. . .**

– Auftraggeber – **– Auftragnehmer –**

Anlagen:
Anlage 1 Leistungsvereinbarung
Anlage 2 Technische und organisatorische Maßnahmen des Auftragsnehmers
Anlage 3 Weisungs- und empfangsberechtigte Personen

Exhibits:
Exhibit 1 Service Agreement
Exhibit 2 Supplier's technical and organizational measures
Exhibit 3 Persons authorized to give and receive instructions

Anmerkungen

1. Sachverhalt. Gegenstand des vorliegenden Formularvertrages ist die Verarbeitung personenbezogener Daten im Auftrag, hier im Beispielsfall durch ein Callcenter (Vermittlung von Kundenkommunikation), dessen Dienstleistungen im Rahmen einer separaten Vereinbarung (sog. Leistungsvereinbarung) von einem Unternehmen im Wege des Outsourcings in Anspruch genommen wird. Da das Callcenter hierbei Zugang zu personenbezogenen Daten des Auftraggebers erhält, sind datenschutzrechtliche Bestimmungen zu beachten, insbesondere die Regelung des Art. 28 DS-GVO. Eine zwingend notwendige rechtliche Grundlage für die Weitergabe der Daten an einen Auftragsverarbeiter ist ein Vertrag zwischen Verantwortlichem und Auftragsverarbeiter, der die gesetzlichen Anforderungen an Auftragsverarbeitungsverträge, insbesondere den Katalog von Mindestinhalten gem. Art. 28 Abs. 3 DS-GVO erfüllt.

Verträge nach dem bisherigen § 11 BDSG dürften zwar auch seit dem Inkrafttreten der DS-GVO am 25.5.2018 wirksam bleiben. Allerdings besteht ein vertraglicher Anpassungsbedarf, den sowohl Auftraggeber als auch Auftragnehmer unter Hinweis auf ein Recht auf Anpassung an die neue Rechtslage geltend machen können (Franck ZD 2017, 509). Die Änderung der Gesetzeslage gehört nämlich zu den typischen Fallgruppen des § 313 Abs. 1 BGB (Störung der Geschäftsgrundlage). Eine Nachbesserung der bisherigen

Verträge empfiehlt sich zudem vor dem Hintergrund, dass bei Verstoß gegen die DS-GVO Bußgelder drohen (vgl. Art. 83 Abs. 4 lit. a iVm Art. 28 Abs. 3 DS-GVO).

In der Praxis stellt die sog. **Auftragsverarbeitung** eine der wichtigsten Regelungen dar. Eine datenschutz- und datensicherheitsgerechte Ausgestaltung der Auftragsverarbeitung ist angesichts andauernder, zT massiver Hackerangriffe auf IT-Dienstleister von erheblicher Bedeutung. Weitere Anwendungsfälle des Art. 28 DS-GVO sind die Auslagerung von Tätigkeiten betreffend (Fern-)Wartung von IT-Verfahren, Rechenzentren, Aktenarchivierung oder Inkassodienste, die die Forderungen namens und im Auftrag des Auftraggebers geltend machen. All diesen Sachverhalten ist gemein, dass der Auftraggeber eine Datenverarbeitung auf eine andere Stelle auslagert. Die Übertragung dieser Tätigkeiten ist nach Art. 28 DS-GVO gegenüber den allgemein gültigen datenschutzrechtlichen Regelungen privilegiert, wenn die entsprechenden Anforderungen an eine Auftragsverarbeitung vorliegen, insbesondere weil der eingeschaltete Dienstleister gem. Art. 4 Ziff. 10 DS-GVO kein „Dritter" ist. Dies setzt insbesondere voraus, dass der Auftragsverarbeiter bzw. das Service-Unternehmen (hier im Beispielsfall das Callcenter) die Daten lediglich **im Rahmen der dokumentierten Weisungen** des Auftraggebers verarbeiten darf (Art. 28 Abs. 3 S. 2 lit. a, 29 DS-GVO). Der Auftraggeber behält also die volle Verfügungsgewalt über die personenbezogenen Daten; er allein hat das Bestimmungsrecht über die Erhebung, Verarbeitung oder Nutzung der Daten (Gola/Heckmann/Klug DS-GVO Art. 29 Rn. 1). Die Auftragsverarbeitung nach Art. 28, 29 DS-GVO ermöglicht somit die Auslagerung (**Outsourcing**) von Dienstleistungen im Zusammenhang mit der Weitergabe von personenbezogenen Daten in rechtlich zulässiger Weise. Typisches Beispiel für die Auftragsverarbeitung ist ferner die Einschaltung eines externen Rechenzentrums. Wird dieses aber lediglich teilweise oder ganz angemietet, unabhängig davon ob die Hardware vom Kunden selbst eingestellt wird (sog. **Housing**) oder nicht (sog. **Hosting**), liegt keine Auftragsverarbeitung vor, weil der anmietende Kunde weiterhin alleiniger und ausschließlicher Herr über die Datenverarbeitung bleibt (Taeger/Gabel/Gabel/Lutz DS-GVO Art. 28 Rn. 18, 22; Vogt BB 2014, 245 (247)). Das sog. **Cloud Computing** (→ Form. G.5), also die flexible und dynamische Bereitstellung von Hard- und Software im Rahmen von Serviceleistungen, stellt in der Regel eine Auftragsverarbeitung dar (Taeger/Gabel/Gabel/Lutz DS-GVO Art. 28 Rn. 23; Gola/Heckmann/Klug DS-GVO Art. 28 Rn. 8; Spindler/Schuster/Nink DS-GVO Art. 28 Rn. 9). Fehlt es an dem Merkmal der Weisungsgebundenheit, weil der Auftragnehmer über einen eigenständigen Entscheidungsspielraum hinsichtlich der Datenverarbeitung verfügt, so liegt keine Auftragsverarbeitung nach Art. 28 DS-GVO, sondern eine sog. **Funktionsübertragung** vor, bei welcher der Empfänger von Daten somit Dritter iSd Art. 4 Ziff. 10 DS-GVO und somit selbst Verantwortlicher ist (vgl. auch Kühling/Buchner/Hartung DS-GVO Art. 28 Rn. 44, der sich aber dafür ausspricht, die Figur der Funktionsübertragung aufzugeben; ähnlich Gola/Heckmann/Klug DS-GVO Art. 28 Rn. 5). Dies gilt auch für den Auftragsverarbeiter, der seine Kompetenzen überschreitet und iSv Art. 28 Abs. 10 DS-GVO weisungswidrig selbst Zwecke und Mittel bestimmt (Spindler/Schuster/Nink DS-GVO Art. 28 Rn. 3). Art. 28 Abs. 10 DS-GVO bestimmt, dass derjenige Auftragsverarbeiter, der unter Verstoß gegen Vorschriften der DS-GVO selbst über Zwecke und Mittel der Verarbeitung bestimmt, in Bezug auf diese Verarbeitungsvorgänge dann seinerseits selbst als Verantwortlicher iSd Art. 4 Ziff. 7 DS-GVO gilt (sog. **fehlerhafte Auftragsverarbeitung**). Dies führt zu einer parallelen Verantwortlichkeit, dh sowohl des Auftraggebers als auch des Auftragsverarbeiters und ist im Lichte von Art. 26 DS-GVO zu betrachten (Sydow/Marsch DS-GVO/BDSG/Ingold DS-GVO Art. 28 Rn. 24 ff.). Beispielsfälle für eine Funktionsübertragung sind die Übertragung einer eigenständigen Marktumfrage an ein Meinungsforschungsinstitut und die Zentralisierung aller Vorgänge der Personalverwaltung eines Konzerns bei einer einzigen Konzerngesellschaft (Spindler/Schuster/Nink DS-GVO Art. 28 Rn. 4). Bei der Auslagerung von IT-Abteilungen auf rechtlich selbständige Gesellschaften kommt es darauf an, ob die Gesellschaft eigene Entscheidungs- und Ermessensspielräume im Rahmen der Datenverarbeitung hat. Bejahendenfalls liegt eine Funktionsübertragung vor, anderenfalls ist eine Auftragsverarbeitung anzunehmen (vgl. Spindler/Schuster/Nink DS-GVO Art. 28 Rn. 4). Im vorliegenden Fall soll das Call Center lediglich die Kundenkommunikation vermitteln und Serviceleistungen ohne eigenen Entscheidungsspielraum erbringen, weshalb diese Leistungen im Rahmen der Auftragsverarbeitung realisierbar sind (vgl. Sydow/Marsch DS-GVO/BDSG//Ingold Art. 28 Rn. 21). Würden dem Call Center aber zusätzliche Leistungen wie Kundenbefragungen, Telefonakquise und die Beauftragung von Meinungsforschungsinstituten aufgrund eigenverantwortlicher Gestaltungsspielräume bei der Datenverarbeitung aufgetragen werden, so dürfte dies eine Funktionsübertragung darstellen (vgl. Sydow/Marsch DS-GVO/BDSG/Ingold DS-GVO Art. 28 Rn. 21).

Zur Verarbeitung gehört auch die Systemwartung, also die Prüfung oder Wartung von Software oder Hardware, da der Auftragnehmer insoweit regelmäßig auf personenbezogene Daten des Auftraggebers zugreifen kann. Daran ändert nicht der Umstand, dass die Vorschrift des § 11 Abs. 5 BDSG aF weggefallen ist (zutreffend Schmidt/Freund ZD 2016, 14; aA Lachenmann, Datenübermittlung im Konzern, S. 292).

2. Pflichten des Auftraggebers. Der Auftraggeber hat den Auftragnehmer sorgfältig auszuwählen. Er darf nach Art. 28 Abs. 1 DS-GVO nur solche Auftragsverarbeiter einsetzen, die hinreichende Garantien dafür bieten, dass sie personenbezogene Daten im Einklang mit den Anforderungen der DS-GVO verarbeiten und den Schutz der Rechte der Betroffenen sowie die geeigneten technischen und organisatorischen Maßnahmen (vgl. Art. 32 DS-GVO) gewährleisten. Der Auftragsverarbeiter hat insbes. über ein ausreichendes Fachwissen, Zuverlässigkeit und Ressourcen zu verfügen (vgl. ErwG 81 S. 1 DS-GVO). Die Einhaltung genehmigter **Verhaltensregeln** gem. Art. 40 DS-GVO oder anerkannter **Zertifizierungen** gem. Art. 42 DS-GVO durch einen Auftragsverarbeiter kann als Faktor herangezogen werden, um hinreichende Garantien iSv Art. 28 Abs. 1 DS-GVO nachzuweisen (Art. 28 Abs. 5 DS-GVO). Freilich entbindet eine Zertifizierung den Auftraggeber nicht davon, die Aktualität und den Inhalt von Zertifikaten oder das Vorliegen der hinreichenden Garantien fortlaufend zu prüfen. Die Vorschrift des Art. 28 DS-GVO enthält keine konkrete Angabe darüber, wie oft der Auftraggeber nach erteiltem Auftrag sich von der weiteren Einhaltung der Vorschriften beim Auftragnehmer überzeugen muss. Der anzuwendende Prüfzyklus hängt vom konkreten Einzelfall ab unter Berücksichtigung der Art und Menge der personenbezogenen Daten sowie deren Risiken bei der Verarbeitung (Spindler/Schuster/Nink DS-GVO Art. 28 Rn. 23; Eckhardt CCZ 2017, 111 (114)). Der Aufraggeber hat die Überprüfung der hinreichenden Garantien des Auftragsverarbeiters sowohl bei der Erstkontrolle als auch während der Auftragsverarbeitung zu dokumentieren (vgl. Art. 28 Abs. 5, Art. 5 Abs. 2 DS-GVO). Sollte der Auftraggeber feststellen, dass hinreichende Garantien iSv Art. 28 Abs. 1 DS-GVO nicht mehr vorliegen, hat er den Vertrag zu kündigen, sonst begeht er eine Pflichtverletzung, die mit Bußgeld von bis zu 10 Mio. EUR bzw. 2 % seines weltweit erzielten Jahresumsatzes gem. Art. 83 Abs. 4 lit. a DS-GVO sanktioniert ist. Der gleiche Bußgeldrahmen droht, wenn eine fehlerhafte Auftragsverarbeitung vorliegt, ungeachtet der Verantwortlichkeitsregel nach Art. 26 DS-GVO (Art. 28 Abs. 10 DS-GVO iVm Art. 83 Abs. 4 lit. a DS-GVO).

3. Form. Gem. Art. 28 Abs. 9 DS-GVO ist der Vertrag „**schriftlich** abzufassen, was auch in einem **elektronischen Format** erfolgen kann". Anders als die bisherige Regelung nach § 11 Abs. 2 S. 2 BDSG aF ist die Schriftform somit nicht mehr Wirksamkeitsvoraussetzung. Auftragserteilungen – wie vielfach von großen Auftragnehmern gehandhabt – in Form eines bereits per Unterschriftenscan oder einfache elektronische Signatur vorsignierten Auftragsverarbeitungsvertrags genügen, um die Formvorgaben der DS-GVO für eine

Auftragsverarbeitung zu erfüllen. Dies erleichtert insbesondere die im Massengeschäft erfolgenden Vertragsabschlüsse, wie bei SaaS-, Cloud- und Infrastruktur-Lösungen (Spindler/Schuster/Nink DS-GVO Art. 28 Rn. 19). Die Textform nach § 126b BGB ist ausreichend, eine qualifizierte elektronische Signatur iSd § 126a BGB ist nicht erforderlich.

4. Auftragsinhalt. Bei der Vertragsgestaltung haben der Verantwortliche und der Auftragsverarbeiter eine gewisse Flexibilität. Gem. Art. 28 Abs. 6 DS-GVO können sie ganz oder teilweise einen individuellen Vertrag oder Standardvertragsklauseln nach Art. 28 Abs. 7 und 8 DS-GVO verwenden. Entscheidend dabei ist, dass bei der Auftragsvergabe als Mindestinhalt der nicht abschließende Katalog gem. Art. 28 Abs. 3 DS-GVO abgebildet und vereinbart wird. Bei Unvollständigkeit ist die Auftragsverarbeitung unwirksam, es liegt dann eine fehlerhafte Auftragsverarbeitung vor. Der Katalog des Art. 28 Abs. 3 DS-GVO kann als Checkliste für die Vertragsgestaltung einer Auftragsverarbeitung dienen. Besonderes Augenmerk ist auf eine präzise Beschreibung von Art und Zweck der Verarbeitung zu legen. Art. 4 Ziff. 2 DS-GVO nennt einige Arten der Verarbeitung, auf die erforderlichenfalls zurückgegriffen werden kann. Eine konkrete Angabe des Verarbeitungszwecks ist im Hinblick auf die Zweckbindung nach Art. 5 Abs. 1 lit. b, Art. 6 Abs. 4 DS-GVO sehr bedeutsam (Taeger/Gabel/Gabel/Lutz DS-GVO Art. 28 Rn. 39).

Das Vorliegen einer Auftragsverarbeitung iSv Art. 28 DS-GVO setzt nicht voraus, dass die Parteien einen „Auftrag" iS eines Dienstvertrags gem. §§ 662 ff. BGB vereinbaren. Das Auftragsverhältnis ist an keine bestimmte Rechtsform gebunden, sondern kann anstatt eines Dienstvertrags iSv §§ 662 ff. BGB auch ein Geschäftsbesorgungs- oder Werkvertrag, aber auch ein öffentlich-rechtlicher Vertrag sein (NK-DatenschutzR/Petri DS-GVO Art. 28 Rn. 49). Soll im Rahmen eines **Konzerns** das Rechenzentrum eines Unternehmens die Datenverarbeitung für alle anderen konzernangehörigen Unternehmen übernehmen, so ist jeweils der Abschluss eines Auftragsverarbeitungsvertrags trotz Konzernzugehörigkeit notwendig, weil jede Konzerngesellschaft datenschutzrechtlich als eigenständige verantwortliche Stelle zu beurteilen ist. Ein **Konzernprivileg** kennt das Datenschutzrecht nicht (NK-DatenschutzR/Seifert DS-GVO Art. 88 Rn. 175; Spindler/Schuster/Nink DS-GVO Art. 28 Rn. 7).

5. Vertragsgebiet. Der räumliche Anwendungsbereich des Art. 28 DS-GVO ist ua eröffnet, wenn die Tätigkeit des Auftragsverarbeiters entweder im Rahmen einer Niederlassung in der Union erfolgt (sog. **Niederlassungsprinzip** gem. Art. 3 Abs. 1 DS-GVO) oder sich auf Daten von Personen bezieht, die sich in der Union befinden (sog. **Marktortprinzip** gem. Art. 3 Abs. 2 DS-GVO). Das Vertragsmuster begrenzt den Ort der Datenverarbeitung auf das Gebiet der EU bzw. der EWR. Sofern eine Datenverarbeitung außerhalb der EU oder des EWR stattfindet, sind die allgemeinen Zulässigkeitsanforderungen der Übermittlung von Daten und weiterhin die Regelungen über die Datenweitergabe ins Ausland (Art. 44 ff. DS-GVO) zu beachten (NK-DatenschutzR/Petri DS-GVO Art. 28 Rn. 26). Die EU-Kommission hat **Standardvertragsklauseln** für die Übermittlung personenbezogener Daten an Auftragsverarbeiter in Drittländern erstellt, die als Rechtfertigung für das Auftragsverarbeitungsverhältnis verwendet werden können und ein angemessenes Datenschutzniveau gewährleisten. Sofern im Rahmen von sog. **Cloud Computing** personenbezogene Daten weltweit erhoben, verarbeitet und abgelegt werden, sind die Anforderungen der DS-GVO an den Drittlandtransfer zu beachten (→ Form. G.5 Anm. 13).

6. Techn.-organisatorische Maßnahmen. Aus Art. 32 Abs. 1 DS-GVO ergibt sich die unmittelbare gesetzliche Verpflichtung des Auftragnehmers, geeignete technische und organisatorische Maßnahmen zu treffen, um ein dem Risiko der konkreten Verarbeitungssituation entsprechendes angemessenes Schutzniveau zu gewährleisten. Unabhängig davon verlangt Art. 28 Abs. 3 S. 2 lit. c DS-GVO eine vertragliche Regelung, wonach der

Auftraggeber verpflichtet ist, alle nach Art. 32 DS-GVO erforderlichen technischen und organisatorischen Maßnahmen zu ergreifen. Die DS-GVO enthält keine Angaben darüber, wie konkret und ausführlich diese Maßnahmen vertraglich geregelt werden sollen. Es wird vertreten, dass es ausreicht, nur die allgemeine Verpflichtung des Auftragsverarbeiters, solche Maßnahmen zu ergreifen, in den Vertragstext aufzunehmen (Kühling/Buchner/Hartung DS-GVO Art. 28 Rn. 71; Paal/Pauly/Martini DS-GVO Art. 28 Rn. 44; Sydow/Marsch DS-GVO/BDSG/Ingold DS-GVO Art. 28 Rn. 54). Im Einzelfall mag es allerdings angezeigt sein, die jeweiligen Maßnahmen im Vertrag im Detail aufzuführen, insbesondere wenn etwa besonders sensible Daten Gegenstand der Datenverarbeitung sein sollten.

7. Anfragen und Rechte Betroffener. Die vertragliche Bestimmung folgt aus Art. 28 Abs. 3 S. 2 lit. e DS-GVO, wonach der Auftragsverarbeitungsvertrag eine Regelung zu den Unterstützungspflichten des Auftragsverarbeiters in Bezug auf die Erfüllung der Betroffenenrechte gem. Kapitel III der DS-GVO zu enthalten hat. Im Ausgangspunkt obliegt die Pflicht zur Beantwortung von Betroffenenanfragen grds. allein dem Verantwortlichen (vgl. Art. 12 DS-GVO). Eine vollständige Abwälzung dieser Pflichten auf den Auftragsverarbeiter ist nicht zulässig.

8. Bestellung eines Datenschutzbeauftragten. Unter den Voraussetzungen des Art. 37 DS-GVO benennt auch der Auftragsverarbeiter einen Datenschutzbeauftragten oder, wenn ein solcher nicht bestellt werden muss, einen Ansprechpartner für den Datenschutz. Die Kontaktdaten des Datenschutzbeauftragten müssen vom Verantwortlichen oder Auftragsverarbeiter veröffentlicht und der Aufsichtsbehörde mitgeteilt werden (Art. 37 Abs. 7 DS-GVO).

9. Unterauftrag. Nach Art. 28 Abs. 2 S. 1 DS-GVO ist der Auftragnehmer nur dann berechtigt, Unterauftragnehmer einzusetzen, wenn insoweit eine Zustimmung des Auftraggebers vorliegt. In der Praxis finden sich insoweit zwei Formulierungsvarianten: Nach der einen Variante wird dem Auftragnehmer ohne weitere Beschränkungen erlaubt, Subunternehmer einzusetzen unter Maßgabe von Art. 28 Abs. 2 S. 2 DS-GVO. Nach der zweiten Möglichkeit bedarf der Einsatz von Unterauftragnehmern der vorherigen Zustimmung des Auftraggebers. In der zweiten Variante können sich die Parteien auf bestimmte Subunternehmer einigen und diese im Vertragstext namentlich benennen. Das Bestehen eines Unterauftrags ändert nichts an der Verantwortlichkeit des Auftraggebers. Er bleibt im Verhältnis zu dem Unterauftragnehmer Verantwortlicher, weshalb sämtliche Kontroll- und Weisungsrechte bei der Vergabe des Unterauftrags festzuhalten sind (Kühling/Buchner/Hartung DS-GVO Art. 28 Rn. 85). Der (erste) Auftragsverarbeiter wiederum hat ggü. dem Verantwortlichen für ein etwaiges datenschutzrechtliches Fehlverhalten des unterbeauftragten Auftragsverarbeiters einzustehen (vgl. Art. 28 Abs. 4 S. 2 DS-GVO). Ggü. dem Betroffenen, also nach außen, haften der Verantwortliche und die Auftragsverarbeiter jedoch grds. gesamtschuldnerisch nach Art. 82 Abs. 4 DS-GVO in voller Höhe mit der Möglichkeit, sich jeweils bei den anderen schadlos halten zu können (Art. 82 Abs. 5 DS-GVO). Im vorliegenden Vertragsmuster ist vorgesehen, dass dem Auftragnehmer nicht gestattet ist, Unterauftragnehmer einzusetzen.

10. Kontrollrechte des Auftraggebers. Nach Art. 28 Abs. 3 S. 2 lit. h DS-GVO müssen dem Verantwortlichen alle erforderlichen Informationen zum Nachweis der Einhaltung der datenschutzrechtlichen Anforderungen zur Verfügung gestellt werden, damit er in die Lage versetzt wird, seiner Rechenschaftspflicht aus Art. 5 Abs. 2, Art. 24 Abs. 1 DS-GVO nachzukommen. Dazu gehört die Regelung, dass der Auftragsverarbeiter Überprüfungen – einschließlich Inspektionen – zu ermöglichen hat. Die DS-GVO enthält zwar keine genauen Angaben über Art und Umfang solcher Überprüfungen, aber dem Auftraggeber sind geeignete Kontrollrechte einzuräumen, damit er sich fortlaufend davon überzeugen kann, dass die Auftragsverarbeitung ordnungsgemäß verläuft. Hierzu sind eigene Prüfungen beim Auftragnehmer vor Ort nicht zwingend erforderlich, aber im Vertrag ist dem Auftraggeber eine solche Möglichkeit einzuräumen (Taeger/Gabel/Gabel/Lutz DS-GVO Art. 28 Rn. 57; Gola/Heckmann/Klug DS-GVO Art. 28 Rn. 11). Für den Auftraggeber empfiehlt es sich, die Häufigkeit der laufenden Kontrollen nicht von vornherein festzulegen, sondern ein jederzeitiges Kontrollrecht zu vereinbaren, damit er flexibel auf alle Entwicklungen reagieren kann.

11. Informations- und Unterrichtungspflichten des Auftragnehmers. Art. 28 Abs. 3 S. 2 lit. f DS-GVO verlangt, dass im Vertrag die Pflicht des Auftragsverarbeiters aufzunehmen ist, den Verantwortlichen bei der Einhaltung der in Art. 32–36 DS-GVO genannten Pflichten zu unterstützen. Ferner ist nach Art. 33 Abs. 2 DS-GVO die Verpflichtung des Auftragsverarbeiters zu regeln, eine Verletzung des Schutzes personenbezogener Daten iSv Art. 4 Ziff. 12 DS-GVO unverzüglich dem Auftraggeber zu melden. Aus Sicht des Auftraggebers ist es ratsam, die Meldepflicht nicht allein auf tatsächliche Datenschutzverletzungen zu beschränken, sondern auch etwaige Störungen oder Verdachtsfälle miteinzubeziehen, wie im Vertragsmuster vorgesehen. Dabei sollte die Reaktionszeit des Auftragnehmers darauf abgestimmt sein, dass die für den Auftraggeber gem. Art. 33 Abs. 1 S. 1 DS-GVO geltende Maximalfrist von 72 Stunden von ihm eingehalten werden kann.

12. Weisungsbefugnis des Auftraggebers. Die Weisungsgebundenheit des Auftragsverarbeiters ist der Auftragsverarbeitung immanent und zudem in Art. 28 Abs. 3 S. 2 lit. a DS-GVO sowie Art. 28 Abs. 10 DS-GVO festgehalten. Die Vorschrift des Art. 29 DS-GVO stellt die Grundlage des Weisungsrechts dar und bestimmt, dass der Auftragsverarbeiter und jede dem Verantwortlichen oder dem Auftragsverarbeiter unterstellte Person, die Zugang zu personenbezogenen Daten hat, bei der Datenverarbeitung an die Weisungen des Auftraggebers gebunden ist. Über mögliche Verstöße gegen das Datenschutzrecht hat der Auftragsverarbeiter den Auftraggeber unverzüglich zu informieren (Art. 28 Abs. 3 S. 3 DS-GVO). Verstöße gegen Art. 29 DS-GVO sind nach Art. 83 Abs. 4 lit. a DS-GVO mit einem Bußgeld von bis zu 10 Mio. EUR bzw. bis zu 2 % des gesamten weltweit erzielten Jahresumsatzes bewehrt. Der Auftragsverarbeiter hat überdies zu beachten, dass er bei Nichteinhaltung der rechtmäßig erteilten Weisungen des Verantwortlichen nach Art. 82 Abs. 2 S. 2 DS-GVO den betroffenen Personen selbst schadensersatzpflichtig ist. Ferner gilt er nach Art. 28 Abs. 10 DS-GVO als Verantwortlicher iSv Art. 4 Ziff. 7 DS-GVO, wenn er eigenmächtig über die Zwecke und Mittel der Verarbeitung bestimmt. Der Verantwortliche (Auftraggeber) ist verpflichtet, auf eine weisungskonforme Verarbeitung der Daten hinzuwirken und hat bei wiederholten oder schwerwiegenden Verstößen des Auftragsverarbeiters gegen Art. 29 DS-GVO die Zusammenarbeit mit diesem notfalls zu beenden. Entsprechendes gilt für den Auftragsverarbeiter im Verhältnis zu den ihm unterstellten Personen (Taeger/Gabel/Lutz/Gabel DS-GVO Art. 29 Rn. 19).

13. Rückgabe von Datenträgern und Löschung von Daten. Die Regelung trägt der Vorschrift des Art. 28 Abs. 3 S. 2 lit. g DS-GVO Rechnung, wonach die Rückgabe überlassener Datenträger und die Löschung der beim Auftragnehmer gespeicherten Daten nach Abschluss der Erbringung der Verarbeitungsleistungen festzulegen ist. Es gilt der Grundsatz, dass – vorbehaltlich etwaiger Speicherpflichten nach dem Unionsrecht oder dem Recht der Mitgliedstaaten – nach Beendigung des Auftragsverhältnisses keine personenbezogenen Daten beim Auftragsverarbeiter zurückbleiben dürfen, die ihm vom Verantwortlichen zur Auftragserfüllung überlassen worden sind. Es empfiehlt sich, im Vertrag zu regeln, wie die Rückgabe bzw. Löschung der Daten (ggf. in welchem Format unter Angabe der entsprechenden DIN-Norm wie bspw. DIN 66399) zu erfolgen hat und in welcher Form dies gegenüber dem Auftraggeber nachzuweisen ist (zB Vorlage des Löschungsprotokolls, Audit, Bestätigung des Auftragnehmers). Dies stellt auch sicher, dass der Auftraggeber die ihm obliegenden Dokumentations- und Nachweispflichten gem. Art. 5 Abs. 2 DS-GVO (Rechenschaftspflicht) erfüllen kann. Im Vertragsmuster wird präzisiert, dass im Hinblick auf etwaige Anfragen von Betroffenen oder Untersuchungen der Aufsichtsbehörden, in deren Rahmen der Auftraggeber auch nach Vertragsbeendigung sein datenschutzkonformes Handeln nachweisen muss, die Löschungspflicht des Auftragnehmers nicht Dokumentationen betreffen, die sich auf den Nachweis der auftrags- und vertragsgemäßen Datenverarbeitung beziehen. Insoweit wird eine Aufbewahrungspflicht statuiert bzw. alternativ die Möglichkeit vorgesehen, diese Dokumentationen dem Auftraggeber bereits bei Vertragsende zu übergeben.

14. Auftragsdauer, Kündigung. Die Dauer des Auftrags ist im vorliegenden Fall an die Dauer der dem Auftrag zugrunde liegenden Leistungsvereinbarung geknüpft. Diese zeitliche Synchronisierung wirkt der Gefahr einer datenschutzwidrigen Datenverarbeitung entgegen, die bei einer isolierten Kündigung des Auftrags droht. Deshalb ist zudem die Regelung ratsam, dass die Kündigung einer der beiden Verträge im Zweifel auch als Kündigung des anderen zu betrachten ist. Das Recht zur fristlosen Kündigung aus wichtigem Grund kann nach deutschem Recht vertraglich nicht ausgeschlossen werden.

15. Haftung. Die Haftung des Auftragsverarbeiters ergibt sich aus dem Hauptvertrag („Leistungsvereinbarung") und sollte auch dort geregelt werden. Im Datenschutzrecht statuiert Art. 82 DS-GVO eine direkte deliktische Anspruchsgrundlage für Schadensersatz wegen Datenschutzverstößen. Der Auftragsverarbeiter haftet gem. Art. 82 Abs. 2 S. 2 DS-GVO für den durch die Verarbeitung verursachten Schaden allerdings nur dann, wenn er den ihm auferlegten Pflichten nicht nachgekommen ist oder entgegen einer Anweisung des für die Datenverarbeitung Verantwortlichen gehandelt hat. Ein Betroffener kann die Verletzung seiner Rechte daher im Grundsatz sowohl gegenüber dem Verantwortlichen als auch gegenüber dem Auftragsverarbeiter geltend machen. Verantwortlicher und Auftragsverarbeiter haften als Gesamtschuldner (Art. 82 Abs. 4 DS-GVO). Anders als nach der hier nicht anwendbaren Grundregel des § 426 Abs. 1 S. 1 BGB haften die Gesamtschuldner untereinander nicht nach gleichen Teilen, sondern gem. Art. 82 Abs. 5 DS-GVO nach ihren jeweiligen Verantwortungsbeiträgen (Taeger/Gabel/Moos/Schefzig DS-GVO Art. 82 Rn. 93; Paal/Pauly/Frenzel DS-GVO Art. 82 Rn. 17). Die im Vertragsmuster vorgesehene Exkulpationsmöglichkeit entspricht der Regelung in Art. 82 Abs. 3 DS-GVO, wonach der Verantwortliche oder der Auftragsverarbeiter dem Anspruch den Nachweis entgegensetzen kann, dass er in keinerlei Hinsicht für den Umstand verantwortlich ist, durch den der Schaden eingetreten ist. Es empfiehlt sich, diese Regressregelung auch auf etwaige Bußgeldzahlungen zu erstrecken, da die DS-GVO keine gesamtschuldnerische Haftung des Auftragnehmers und des Auftraggebers für etwaige Bußgelder normiert, im Unterschied zur Schadenersatzhaftung (vgl. Art. 82 Abs. 4 DS-GVO). Vereinbarungen über eine Ausgleichspflicht im Innenverhältnis in Bezug auf Geldbußen sind zulässig (vgl. EuGH BeckRS 2014, 80702 Rn. 152; BGH BeckRS 2015, 33 Rn. 37). Zwar hat die Aufsichtsbehörde bei Verhängung eines Bußgeldes gem. Art. 83 Abs. 2 S. 2 lit. d DS-GVO den „Grad der Verantwortung" des Verantwortlichen oder des Auftragsverarbeiters zu berücksichtigen, aber eine vertragliche Ausgleichsregelung bietet den Vorteil, eine etwaige unzutreffende Entscheidung der Behörde aufzufangen.

16. Anwendbares Recht. Die Parteien haben nach Art. 3 Rom I-VO die Möglichkeit, das anwendbare Recht grundsätzlich frei zu wählen. Allerdings ist eine solche Rechtswahl auf das für einen schuldrechtlichen Vertrag anwendbare Recht beschränkt. Die Parteien können keine von den Voraussetzungen gem. Art. 3 DS-GVO abweichende Regelungen zum anwendbaren Datenschutzrecht treffen (EuGH NJW 2016, 2727 Rn. 45 ff. – Amazon). Art. 3 DS-GVO ist nämlich eine Eingriffsnorm iSv Art. 9 Abs. 1 Rom-I-VO, die gem. Art. 9 Abs. 2 Rom-I-VO nicht zur Disposition der Vertragsparteien steht (vgl. Kühling/Buchner/Klar DS-GVO Art. 3 Rn. 105). Sofern also die räumliche Anwendbarkeit des DS-GVO nach Art. 3 DS-GVO gegeben ist, kann diese nicht abbedungen werden.

17. **Sonstiges.** a) Zurückbehaltungsrecht. Es empfiehlt sich, hinsichtlich der Daten des Auftraggebers und die dazugehörigen Datenträger, ein Zurückbehaltungsrecht des Auftragnehmers auszuschließen. Das gilt besonders dann, wenn sensible personenbezogene Daten Gegenstand der Auftragsverarbeitung sein sollten.

b) Schriftformklausel. Zu beachten ist, dass trotz Schriftformerfordernisses jederzeit durch eine ausdrückliche mündliche Vereinbarung vom Vertrag abgewichen werden kann (vgl. Grüneberg/Ellenberger BGB § 125 Rn. 19). Für Allgemeine Geschäftsbedingungen folgt dies bereits aus § 305b BGB. Etwas anderes soll sich auch dann nicht ergeben, wenn – wie im vorliegenden Formularvertrag vorgesehen – die Abänderung der Schriftformklausel selbst der Schriftform bedarf (vgl. BGH NJW 1986, 3131 (3132)).

c) Maßgebliche Sprachversion. Da es bei einer Übersetzung des Vertragstextes zum Verlust des Bedeutungsinhalts kommen kann, empfiehlt es sich, eine Sprachversion als maßgeblich zu vereinbaren. Dies wird in der Regel diejenige sein, die auch die Sprache des anwendbaren Rechts ist.

4. Vereinbarung zwischen gemeinsam Verantwortlichen – Joint Controller Agreement

Zwischen	**Between**
. . . . .	**. . . . .**
– im Folgenden „Verantwortlicher A“ – und	**– hereinafter referred to as „Controller A“ – and**
. . . . .	**. . . . .**
– im Folgenden „Verantwortlicher B“ –	**– hereinafter referred to as „Controller B“ –**
Der Verantwortliche A und der Verantwortliche B werden im Folgenden auch einzeln als „Partei“ oder gemeinsam als die „Parteien“ bezeichnet.	**Controller A and Controller B may hereinafter also be referred to individually as a „Party“ or together as the „Parties“.**
§ 1 Vertragsgegenstand[1]	**§ 1 Subject of the Agreement**[1]
(1) Die Parteien schließen diese Vereinbarung zwischen gemeinsam Verantwortlichen (im Folgenden „GVV“) im Hinblick auf die Verarbeitung personenbezogener Daten unter dem . . . . . vom . . . . . (im	**(1) This Joint Controller Agreement (hereinafter „JCA“) is entered between the Parties concerning the processing of personal data under the . . . . . dated . . . . . (hereinafter „Master Agreement“).**

Folgenden „Hauptvertrag"). Nachdem die Parteien gemeinsam die Zwecke und Mittel betreffend die nachstehend beschriebenen Verarbeitungsvorgänge (im Folgenden „Verarbeitungsvorgänge") festgelegt haben, betrachten sie sich als gemeinsam für die Verarbeitung Verantwortliche im Sinne von Art. 26 der Datenschutzgrundverordnung (im Folgenden „DS-GVO").[2]

(2) Zur Klarstellung wird festgehalten, dass hinsichtlich jeglicher Verarbeitungen, die außerhalb des Anwendungsbereichs dieser GVV fallen, jede der Parteien als Verantwortlicher iSd Art. 4 Nr. 7 DS-GVO allein verantwortlich und voll haftbar bleibt, und dass insoweit keinerlei Verantwortlichkeiten oder Verpflichtungen einer Partei gegenüber der jeweils anderen Partei bestehen.[3]

(3) Die vorliegende GVV enthält die wechselseitigen Verantwortlichkeiten und Verpflichtungen der Parteien hinsichtlich der Verarbeitungsvorgänge.[4] Sollten die Bestimmungen dieser GVV zu denen des Hauptvertrags in Widerspruch stehen, gehen die erstgenannten vor, wenn und soweit die Verantwortlichkeiten und Verpflichtungen der Parteien hinsichtlich der Verarbeitungsvorgänge betroffen sind. Unbeschadet dessen sind die Parteien darüber einig, dass keine der Parteien für die Erfüllung ihrer Verantwortlichkeiten im Rahmen dieser GVV eine Vergütung verlangen kann, sondern dass derlei Ansprüche vollständig von den Vergütungsvereinbarungen unter dem Hauptvertrag abgedeckt werden.[5]

(4) Soweit in dieser GVV nichts Abweichendes bestimmt ist, haben die hierin verwendeten Begriffe die Bedeutung, die ihnen in Art. 4 DS-GVO zugeschrieben wird.

§ 2 Grundsätze für die Verarbeitung und Einzelheiten der Verarbeitungsvorgänge

(1) Die Parteien sichern einander zu und gewährleisten, dass im Hinblick auf die Verarbeitungsvorgänge sämtliche personenbezogenen Daten in Übereinstimmung mit den Bestimmungen dieser GVV und der

As the Parties have jointly determined the purposes and means of the processing operations described below (hereinafter „Processing Operations"), they consider themselves joint controllers within the meaning of Art. 26 of the General Data Protection Regulation (hereinafter „GDPR").[2]

(2) For the avoidance of doubt, each Party shall remain solely responsible and fully liable as a single controller within the meaning of Art. 4 no. 7 of the GDPR, and neither Party shall have any duties or obligations towards the respective other Party concerning any and all processing operations that fall outside the scope of the present JCA.[3]

(3) The present JCA comprises the Parties' duties and obligations towards one another as the regards the Processing Operations.[4] In case of a conflict between the provisions of the present JCA and the Master Agreement, the former shall prevail, if and inasmuch as such conflict affects the Parties' duties and obligations as regards the Processing Operations. Notwithstanding the aforesaid, the Parties agree that neither Party shall be entitled to any remuneration for the fulfillment of its duties under the present JCA, but that these are fully covered by the remuneration agreed under the Master Agreement.[5]

(4) Unless stipulated otherwise in the present JCA, the terms used herein shall have the meaning ascribed to them in Art. 4 of the GDPR.

§ 2 Principles for the Processing and Details of the Processing Operations

(1) The Parties represent and warrant that, with respect to the Processing Operations, any and all personal data are collected and further processed in compliance with the provisions of the present JCA and the

anwendbaren Datenschutzgesetze erhoben und weiterverarbeitet werden, insbesondere aber nicht ausschließlich im Einklang mit den in Art. 5 DS-GVO niedergelegten Grundsätzen für die Verarbeitung personenbezogener Daten. Sollte eine der Parteien der Ansicht sein, dass die jeweils andere Partei im Rahmen der Ausführung der vorliegenden GVV deren Bestimmungen oder die anwendbaren Datenschutzgesetze verletzt, wird sie diese andere Partei unverzüglich darüber in Kenntnis setzen.[6]

(2) Im Rahmen der Verarbeitungsvorgänge werden die Parteien sämtliche personenbezogenen Daten in einem strukturierten, gängigen und maschinenlesbaren Format verarbeiten.[7]

(3) Keine der Parteien wird Kopien oder Duplikate der unter dieser GVV verarbeiteten personenbezogenen Daten anfertigen, wenn dies nicht für die Verarbeitungsvorgänge (einschließlich Daten-Backups) oder zwecks Einhaltung gesetzlicher Aufbewahrungspflichten erforderlich ist.

(4) Die Einzelheiten der Verarbeitungsvorgänge sind in Anlage A dargestellt. Diese Einzelheiten enthalten eine umfassende Darstellung von Art, Zweck und Gegenstand der Verarbeitungsvorgänge, die Kategorien der von den Verarbeitungsvorgängen betroffenen Personen und der Art der verarbeiteten personenbezogenen Daten. Zusätzlich werden die Parteien in Anlage A jeden Schritt der Verarbeitungsvorgänge beschreiben und dabei festhalten, (a) welche der Parteien für welchen dieser Schritte verantwortlich zeichnet,[8] und (b) auf welcher Rechtsgrundlage die einzelnen Verarbeitungsvorgänge beruhen.[9]

(5) Wenn dies wegen einer Veränderung der Verarbeitungsvorgänge selbst und/oder aufgrund einer Änderung oder Ergänzung des Hauptvertrags erforderlich wird, werden die Parteien die Festlegungen in Anlage A entsprechend anpassen. Angesichts der Verpflichtungen der Parteien als gemeinsam für die Verarbeitung Verantwortliche, ist jede der Parteien dafür verantwortlich, die jeweils andere Partei darüber zu unterrichten, wenn sie eine Anpassung der Fest-

applicable data protection laws, in particular but not limited to the principles relating to the processing of personal data set out in Art. 5 para. 1 of the GDPR. If either Party is of the opinion that the respective other Party, within the course of the execution of the present JCA, infringes the provisions of this JCA or applicable data protection laws, it will inform this other Party thereof immediately.[6]

(2) Within the course of the Processing Operations, the Parties will process all personal data in a structured, commonly used and machine-readable format.[7]

(3) Neither Party will make any copies or duplicates of personal data processed under the present JCA, unless this is required for the Processing Operations (including data backups), or to comply with statutory retention obligations.

(4) The details of the Processing Operations are laid out in Appendix A. These details include an exhaustive description of the nature, purpose and subject matter of the Processing Operations, the categories of data subjects affected by the Processing Operations, and the types of personal data that are being processed. In addition, the Parties will specify in Appendix A each step of the Processing Operations, indicating (a) which Party is responsible for which of these steps,[8] and (b) the legal basis for such Processing Operation(s).[9]

(5) If so required due to a change in the Processing Operations themselves, and/or as a result of an alteration of or an amendment to the Master Agreement, the Parties will respectively update the provisions of Appendix A. In consideration of the Parties' obligations as joint controllers, it is either Party's responsibility to inform the respective other Party if it is of the opinion that the provisions of Appendix A need to be updated. Notwithstanding the afore-

legungen in Anlage A für notwendig erachtet. Unbeschadet dessen wird jede der Parteien regelmäßig, zumindest aber einmal jährlich, prüfen, ob die Festlegungen in Anlage A die dann aktuellen Verarbeitungsvorgänge widerspiegeln.[10]

(6) Die jeweils zuständige Aufsichtsbehörde hinsichtlich der Verarbeitungsvorgänge für den Verantwortlichen A ist die Aufsichtsbehörde von . . . . ., für den Verantwortlichen B die Aufsichtsbehörde von . . . . .[11]

§ 3 Ort der Datenverarbeitung; Übermittlung in Drittländer

(1) Die Parteien werden personenbezogene Daten ausschließlich an ihrem eigenen oder dem Sitz ihrer befugten Auftragsverarbeiter verarbeiten. Danach werden sämtliche Verarbeitungsvorgänge grundsätzlich in den Mitgliedsstaaten der Europäischen Union oder in einem anderen Staat ausgeführt, der Partei des Vertrags über den Europäischen Wirtschaftsraum ist.

(2) Jede Verarbeitung personenbezogener Daten außerhalb von EU/EWR ist nur bei vorheriger Vereinbarung zwischen den Parteien und nur dann zulässig, wenn die Voraussetzungen der Art. 44 ff. DS-GVO eingehalten werden.[12]

(3) Die Parteien sind darüber einig, dass, in Ermangelung eines Angemessenheitsbeschlusses der EU-Kommission gemäß Art. 45 DS-GVO, jede Übermittlung von personenbezogenen Daten in ein Land außerhalb von EU/EWR nur zulässig ist, wenn die Parteien keinen Grund zu der Annahme haben, dass die Rechtsvorschriften und Praktiken im Bestimmungsdrittland, die für die Verarbeitung der personenbezogenen Daten durch den Datenimporteur gelten, einschließlich Anforderungen zur Offenlegung personenbezogener Daten oder Maßnahmen, die öffentlichen Behörden den Zugang zu diesen Daten gestatten, den Datenimporteur daran hindern sicherzustellen, dass das durch die DS-GVO garantierte Schutz-

said, either Party will regularly, but not less than once a year, check whether the provisions of Appendix A still reflect the then current Processing Operations.[10]

(6) The respectively competent supervisory authority for the Processing Operations is, with respect to Controller A, the supervisory authority of . . . . ., and with respect to Controller B the supervisory authority of . . . . .[11]

§ 3 Place of the Processing; Transfer to Third Countries

(1) The Parties will process personal data only at their own or their authorized subcontractor's premises. In general, any Processing Operations will, therefore, be carried out in the member states of the European Union or in another state that is party to the Agreement on the European Economic Area.

(2) Any processing of personal data outside the EU/EEA shall be permitted only upon prior agreement of the Parties, and only if the conditions of Art. 44 et seq. of the GDPR are met.[12]

(3) The Parties agree that, in the absence of an adequacy decision of the EU Commission pursuant to Art. 45 of the GDPR, any transfer of personal data to a country outside the EU/EEA shall only be permitted if the Parties have no reason to believe that the laws and practices in the third country of destination applicable to the processing of the personal data by the data importer, including any requirements to disclose personal data or measures authorizing access by public authorities, prevent the data importer from ensuring that the level of protection of natural persons guaranteed by the GDPR is not undermined. The Party that intends to transfer personal data to a country outside the EU/EEA shall therefore prove to the re-

niveau natürlicher Personen nicht unterlaufen wird. Die Partei, die beabsichtigt, personenbezogene Daten in ein Land außerhalb von EU/EWR zu übermitteln, hat daher vor der Übermittlung der jeweils anderen Partei schriftlich nachzuweisen, dass sie (a) die konkreten Umstände der Übermittlung, (b) die Gesetze und Praktiken des Drittlands, die im Hinblick auf die konkreten Umstände der Übermittlung relevant sind, einschließlich etwaiger einschränkender Bestimmungen und Schutzmaßnahmen, und (c) alle relevanten vertraglichen, technischen oder organisatorischen Schutzmaßnahmen, die zur Ergänzung der im Rahmen dieser GVV vereinbarten Schutzmaßnahmen vorgesehen sind, angemessen berücksichtigt hat.[13]

spective other Party in writing prior to the transfer that it has taken due account of (a) the specific circumstances of the transfer, (b) the laws and practices of the third country of destination relevant in light of the specific circumstances of the transfer, and the applicable limitations and safeguards, and (c) any relevant contractual, technical or organizational safeguards in place to supplement the protections agreed upon in this JCA.[13]

§ 4 Rechte der betroffenen Personen

(1) Die Parteien werden den betroffenen Personen die Informationen gemäß Art. 13, 14 DS-GVO in präziser, transparenter, verständlicher und leicht zugänglicher Form in einer klaren und einfachen Sprache mitteilen. In diesem Zusammenhang stimmen die Parteien darin überein, dass (a) die in Anlage B aufgenommenen Datenschutz-Hinweise den vorgenannten Anforderungen des Art. 12 Abs. 1 DS-GVO entsprechen, (b) im Hinblick auf Art. 13 Abs. 4, 14 Abs. 5 Nr. 1 DS-GVO keine weiteren Informationspflichten hinsichtlich der Verarbeitungsvorgänge bestehen, und (c) die Datenschutz-Hinweise das Wesentliche der Vereinbarung iSd Art. 26 Abs. 2 DS-GVO enthalten, das auf diese Weise den betroffenen Personen zur Verfügung gestellt wird. § 2 Abs. 5 gilt entsprechend.[14]

(2) Die Parteien geben den Verantwortlichen A als Anlaufstelle für die betroffenen Personen an. Die Parteien sind sich dabei gleichwohl bewusst, dass die betroffenen Personen des ungeachtet ihre Rechte bei und gegenüber jeder der Parteien geltend machen können.[15] Aus diesem Grunde hat der Verantwortliche B den Verantwortlichen A unverzüglich über jede Beschwerde, Mitteilung oder Anfrage zu unterrichten, die er

§ 4 Rights of the Data Subjects

(1) The Parties will provide to the data subjects the information in accordance with Art. 13, 14 of the GDPR in a concise, transparent, intelligible and easily accessible form, using clear and plain language. In this respect, the Parties agree that (a) the Privacy Notice attached hereto as Appendix B meets the abovementioned requirements of Art. 12 para. 1 of the GDPR, (b) considering Art. 13 para. 4, 14 para. 5 no. 1 of the GDPR, there is no further information obligation concerning the Processing Operations, and (c) the Privacy Notice contains the essence of the arrangement within the meaning of Art. 26 para. 2 of the GDPR which is, thus, made available to the data subjects. § 2 section 5 shall apply accordingly.[14]

(2) The Parties designate Controller A as a contact point for data subjects. However, the Parties are aware of the fact that, irrespective hereof, the data subject may exercise his or her rights in respect of and against each of the Parties.[15] Therefore, Controller B must notify Controller A without undue delay about any complaint, communication or request it received directly from a data subject and pertaining

direkt von einer betroffenen Person hinsichtlich dessen oder deren personenbezogener Daten erhält, ohne auf jene Anfrage zu antworten. Der Verantwortliche B wird dem Verantwortlichen A die notwendige Unterstützung im Hinblick auf jede Beschwerde, Mitteilung oder Anfrage einer betroffenen Person zuteilwerden lassen.

to his or her personal data, without responding to that request. Controller B shall provide Controller A with the required assistance in relation to any complaint, communication or request received from a data subject.

(3) Der Verantwortliche A wird der betroffenen Person bestätigen, ob sie betreffende personenbezogene Daten im Rahmen der Verarbeitungsvorgänge verarbeitet werden. Soweit dies der Fall ist, wird der Verantwortliche A der betroffenen Person die Informationen gemäß Art. 15 Abs. 1 DS-GVO sowie eine Kopie der personenbezogenen Daten, die Gegenstand der Verarbeitung sind, gemäß Art. 15 Abs. 3 DS-GVO zur Verfügung stellen.

(3) Controller A shall provide to the data subject confirmation as to whether or not personal data concerning him or her are being processed as part of the Processing Operations. Where that is the case, Controller A shall provide to the data subject the information set out in Art. 15 para. 1 of the GDPR, and a copy of the data undergoing processing as part of the Processing Operations in accordance with Art. 15 para. 3 of the GDPR.

(4) Der Verantwortliche A wird mit der gebotenen Sorgfalt jede Anfrage einer betroffenen Person hinsichtlich (a) der Berichtigung ihrer vermeintlich unrichtigen personenbezogenen Daten, (b) der Löschung ihrer personenbezogenen Daten, (c) der Einschränkung der Verarbeitung ihrer personenbezogenen Daten oder (d) des Rechts dieser betroffenen Person auf Datenportabilität untersuchen. Nach Abschluss der Untersuchung wird der Verantwortliche A entscheiden, ob die Anfrage begründet ist oder nicht, und welche der Parteien oder ob beide Parteien verpflichtet ist bzw. sind, die personenbezogenen Daten zu berichtigen oder zu löschen, oder ihre Verarbeitung einzuschränken, oder der betroffenen Person das Recht auf Datenportabilität zu gewähren. Der Verantwortliche A wird den Verantwortlichen B entsprechend informieren.[16]

(4) Controller A shall examine with due care any request of a data subject concerning (a) the rectification of his or her allegedly inaccurate personal data, (b) the erasure of his or her personal data, (c) the restriction of processing his or her personal data, or (d) the right to such data subject's data portability. Upon examination, Controller A shall determine whether the request is well-founded or not, and which Party is, or whether both Parties are, obliged to rectify or erase the personal data, or to restrict its processing, or to execute the data subject's right to data portability. Controller A shall inform Controller B respectively.[16]

(5) Wenn eine Anfrage betreffend die Löschung personenbezogener Daten begründet ist, oder nach Kündigung oder Auslaufen des Hauptvertrags werden die Parteien die betreffenden oder sämtliche personenbezogenen Daten löschen. Wenn die Datenschutzgesetze, denen eine Partei unterliegt, es dieser Partei verbieten, sämtliche oder Teile der personenbezogenen Daten zu löschen, muss diese Partei garantieren,

(5) If a request for the erasure of personal data is well-founded, or upon termination or expiration of the Master Agreement the Parties shall erase the respective or all personal data. If data protection laws to which a Party is subject prevent this Party from erasing all or part of the personal data, this Party has to guarantee that (a) the confidentiality of such personal data is maintained, (b) it will not actively process

dass (a) die Vertraulichkeit dieser personenbezogenen Daten gewahrt bleibt, (b) sie die personenbezogenen Daten nicht mehr aktiv verarbeitet und (c) sie diese personenbezogenen Daten löschen wird, sobald die gesetzliche Verpflichtung, die Daten nicht zu löschen, nicht mehr besteht. Jede Partei wird ein Protokoll über die Löschung personenbezogener Daten aufsetzen, welches der jeweils anderen Partei auf Anfrage bereitzustellen ist.

such personal data anymore, and (c) it will erase such personal data as soon as the legal obligation to not erase the personal data is no longer in effect. Either Party will draw up a report on any erasure of personal data, which shall be submitted to the respective other Party upon request.

§ 5 Gemeinsame Zusicherungen der Parteien

(1) Die Parteien haben bevollmächtigte Vertreter und deren Stellvertreter als alleinige Ansprechpartner für sämtliche Kommunikation betreffend die Verarbeitungsvorgänge bestimmt. Zurzeit sind die folgenden Personen als bevollmächtigter Vertreter und dessen Stellvertreter aufseiten des Verantwortlichen A bestimmt:
Bevollmächtigter Vertreter:
. . . .
Stellvertreter:
. . . .
Aufseiten des Verantwortlichen B sind der bevollmächtigte Vertreter und dessen Stellvertreter:
Bevollmächtigter Vertreter:
. . . .
Stellvertreter:
. . . .
Die Parteien werden einander sofort schriftlich über jeden Wechsel in der Person des bevollmächtigten Vertreters oder dessen Stellvertreter unterrichten und einen Ersatz benennen. Bis eine solche Mitteilung die jeweils andere Partei erreicht hat, bleiben die benannten Personen berechtigt, Nachrichten der jeweils anderen Partei entgegenzunehmen und an diese gerichtete Nachrichten gelten als ordnungsgemäß übermittelt.

(2) Jegliche Kommunikation zwischen den Parteien erfolgt grundsätzlich schriftlich oder zumindest in Textform durch die hierzu nach der vorliegenden GVV berechtigten Personen. Mündliche Mitteilungen

§ 5 Mutual Representations of the Parties

(1) The Parties have appointed authorized representatives and deputies as single points of contact for all communications as regards the Processing Operations. At present, the following persons are acting as authorized representative and his deputy on the part of Controller A:
Authorized representative:
. . . .
Deputy:
. . . .
On the part of Controller B, the following persons are acting as authorized representative and his deputy:
Authorized recipient:
. . . .
Deputy:
. . . .
The Parties will immediately notify each other in writing of any change in the person of the authorized representative or his deputy or their permanent hindrance, appointing a substitute. Until such notification is received by the respective other Party, the designated persons shall continue to be entitled to receive communications from the respective other Party and communications addressed to them shall be deemed to have been properly made.

(2) Any communications between the Parties shall in principle be made in writing or at least in text form by the persons authorized to do so in accordance with the present JCA. Oral communications shall

werden unverzüglich schriftlich oder in Textform bestätigt.[17]

(3) Mitarbeiter beider Parteien: (a) die Zugang zu personenbezogenen Daten haben, haben sich einer Verpflichtung zur Vertraulichkeit unterworfen oder unterliegen einer gesetzlichen Geheimhaltungspflicht; (b) dürfen personenbezogene Daten nur nach Weisung der anstellenden Partei verarbeiten, wenn nicht eine anderweitige gesetzliche Verpflichtung zur Verarbeitung besteht; und (c) werden regelmäßig, zumindest aber einmal im Jahr, im Hinblick auf die Verpflichtungen der Parteien unter der vorliegenden GVV, den Datenschutzgesetzen und insbesondere der DS-GVO geschult.[18]

(4) Auf Anfrage werden die Parteien einander im Falle von Ermittlungen oder Anfragen einer Aufsichtsbehörde unterstützen, wenn und soweit sich diese Ermittlung oder Anfrage auf die Verarbeitungsvorgänge bezieht. Die Parteien unternehmen die erforderlichen Schritte, um jegliche Verpflichtungen im Zusammenhang mit einer solchen Ermittlung oder Anfrage einzuhalten. Unabhängig von einer Unterstützungsanfrage werden die Parteien einander in jedem Falle über jegliche derartige Ermittlung oder Anfrage einer Aufsichtsbehörde unterrichten.[19]

(5) Die Parteien werden einander unverzüglich, in keinem Fall später als 24 Stunden, nachdem sie eine Verletzung des Schutzes personenbezogener Daten festgestellt haben, hierüber unterrichten. Diese Mitteilung muss die Informationen gemäß Art. 33 Abs. 3 DS-GVO oder, wenn die mitteilende Partei nicht in der Lage ist, diese Informationen innerhalb der 24-Stunden-Frist zur Verfügung zu stellen, zumindest eine Erklärung enthalten zu (a) den Gründen für dieses Unvermögen, (b) dem zu erwartenden zusätzlichen Zeitraum bis zur Vervollständigung der Informationen und (c) soweit vorhanden, dem Einfluss dieses Unvermögens auf die ergriffenen Maßnahmen zur Abmilderung der nachteiligen Auswirkungen dieser Verletzung des Schutzes personenbezogener Daten. Sollte eine Partei wegen eines Risi-

be confirmed immediately in writing or in text form without undue delay.[17]

(3) The employees of either Party: (a) who have access to personal data have committed themselves to confidentiality or are under an appropriate statutory obligation of confidentiality; (b) shall process personal data only as instructed to by the employing Party, unless otherwise required to do so by data protection laws; and (c) shall be provided training as necessary from time to time, but no less than once a year, with respect to the Parties' obligations under this JCA, under data protection laws and, in particular, under the GDPR.[18]

(4) Upon request, the Parties will assist each other in the event of an investigation by or request from a supervisory authority, if and to the extent that such investigation or request relates to the Processing Operations. The Parties will take the necessary steps to comply with any obligations in connection with such an investigation or request. Regardless of any request for assistance, the Parties will in any case notify each other of any such investigation by or request from a supervisory authority.[19]

(5) The Parties will inform each other without delay, but in no event later than within 24 hours if they discover a personal data breach in connection with the Processing Operations. This notification must contain the information set out in Art. 33 para. 3 of the GDPR, or at least, if the reporting Party is not able to provide such information within the time frame of 24 hours, an explanation as to (a) the grounds for such inability, (b) the envisaged additional period of time it will take the reporting Party to complete the information, and (c) the impact of such inability on the measures taken to mitigate the adverse effects of such personal data breach, if any. If a Party is obliged by law to provide information due to a risk to the rights and freedoms of natural persons as a result of such a personal data breach (in

kos für die Rechte und Freiheiten natürlicher Personen gesetzlich dazu verpflichtet sein, Informationen bereitzustellen (insbesondere, aber nicht ausschließlich nach Art. 33, 34 DS-GVO), hat die jeweils andere Partei die verpflichtete Partei nach besten Kräften bei der Erfüllung ihrer Informationspflichten zu unterstützen. Soweit möglich, soll jede Kommunikation mit der zuständigen Aufsichtsbehörde und/oder den betroffenen Personen im Zusammenhang mit einer Verletzung des Schutzes personenbezogener Daten vor ihrer Absendung zwischen den Parteien abgestimmt werden.[20]

particular but not limited to the information duties according to Art. 33, 34 of the GDPR), the respective other Party must assist the obligated Party to the best of its abilities in fulfilling its information duties. If possible, any communication concerning a personal data breach to the competent supervisory authority and/or the data subjects shall be agreed between the Parties before submission.[20]

(6) In Anbetracht der Art der Verarbeitungsvorgänge und unter Berücksichtigung der Bestimmungen des Art. 35 DS-GVO stimmen die Parteien darin überein, dass eine Datenschutz-Folgenabschätzung nicht erforderlich ist. Unbeschadet dessen werden die Parteien miteinander kooperieren und sich im Rahmen einer dann notwendigen Datenschutz-Folgenabschätzung und/oder einer vorherigen Konsultation der Aufsichtsbehörde, zu der die Parteien nach Art. 36 DS-GVO im Hinblick auf eine solche Datenschutz-Folgenabschätzung gesetzlich verpflichtet sind, unterstützen, wenn künftige Änderungen der Verarbeitungsvorgänge aufzeigen, dass die Verarbeitungsvorgänge voraussichtlich ein hohes Risiko für die Rechte und Freiheiten natürlicher Personen zur Folge haben.[21]

(6) Taking into account the nature of the Processing Operations and considering the provisions of Art. 35 of the GDPR, the Parties agree that a data protection impact assessment is not required. However, if future changes to the Processing Operations reveal that the Processing Operations become likely to result in a high risk to the rights and freedoms of natural persons, the Parties will cooperate and assist each other with a then necessary data protection impact assessment, and/or with any regulatory consultations that the Parties are legally required to make in respect of such data protection impact assessment in accordance with Art. 36 of the GDPR.[21]

§ 6 Technische und organisatorische Maßnahmen[22]

(1) Vor Beginn der Verarbeitung haben die Parteien die in Anlage C genannten technischen und organisatorischen Maßnahmen umzusetzen und diese während der Laufzeit der vorliegenden GVV aufrechtzuerhalten. Hierbei handelt es sich (a) um Maßnahmen zur Sicherstellung der Einhaltung der Rechte der betroffenen Personen und (b) um technische und organisatorische Maßnahmen, um ein dem Risiko angemessenes Schutzniveau im Hinblick auf die Vertraulichkeit, Integrität, Verfügbar-

§ 6 Technical and Organizational Measures[22]

(1) Prior to the commencement of the processing, the Parties must implement the technical and organizational measures listed in Appendix C and maintain them during the term of the present JCA. These are (a) measures to ensure compliance with the rights of the data subjects and (b) data security measures to ensure a level of protection appropriate to the risk regarding the confidentiality, integrity, availability and resilience of the systems. The state of the art, the implementation costs and

keit und Belastbarkeit der Systeme zu gewährleisten. Dabei müssen der Stand der Technik, die Implementierungskosten und die Art, der Umfang, die Umstände und die Zwecke der Verarbeitung sowie die unterschiedliche Eintrittswahrscheinlichkeit und Schwere des Risikos für die Rechte und Freiheiten natürlicher Personen berücksichtigt werden.[23]

(2) Weil die technischen und organisatorischen Maßnahmen dem technischen Fortschritt und technologischen Fortentwicklungen unterliegen, ist es den Parteien erlaubt, alternative und angemessene Maßnahmen umzusetzen, wenn hierdurch der Sicherheitsstandard, der in Anlage C spezifizierten Maßnahmen, nicht unterschritten wird.

(3) Unbeschadet dessen ist eine Partei zur Umsetzung weiterer Maßnahmen verpflichtet, wenn sich herausstellt, dass (a) die in Anlage C spezifizierten Maßnahmen angesichts des technischen Fortschritts und technologischer Fortentwicklungen nicht länger angemessen im Sinne des obigen Absatzes 1 sind und/oder (b) ein Audit oder eine Untersuchung durch eine Aufsichtsbehörde ergeben hat, dass die Maßnahmen in Anlage C unzureichend sind.

(4) Jede der Parteien wird jegliche Änderungen im vorstehenden Sinne dokumentieren und der jeweils anderen Partei eine Kopie, der solcherart ergänzten oder aktualisierten technischen und organisatorischen Maßnahmen, zur Verfügung stellen.

§ 7 Weitere Verantwortliche; Einschaltung von Auftragsverarbeitern

(1) Die Parteien erkennen an, dass keinen weiteren Verantwortlichen durch Beitritt zu dieser GVV, Zugriff auf die bis zu diesem Zeitpunkt als Teil der Verarbeitungsvorgänge verarbeiteten personenbezogenen Daten gewährt werden darf. Die Parteien sind weiter darüber einig, dass, sofern sie einen weiteren Verantwortlichen in künftige Verarbeitungsvorgänge einbeziehen wollten, dies (a) eine Ergänzungsvereinbarung sowohl zum Hauptvertrag

the type, scope and purposes of processing as well as the varying likelihood and severity for the rights and freedoms of natural persons within the meaning of Art. 32 para. 1 of the GDPR have been taken into account.[23]

(2) Since the technical and organizational measures are subject to technical progress and technological development, the Parties are permitted to implement alternative and adequate measures, provided that the safety level of the measures specified in Appendix C is not compromised.

(3) However, a Party is obliged to implement further measures once it turns out that (a) the measures set out in Appendix C are no longer adequate within the meaning of section 1 above due to technical progress and technological development, and/or (b) an audit or an investigation by a supervisory authority has revealed the measures in Appendix C to be insufficient.

(4) Either Party will document any changes as referred to hereinabove and provide the respective other Party with a copy of the amended or updated technical and organizational measures.

§ 7 Further Controllers; Appointment of Processors

(1) The Parties acknowledge that no further controllers may, by joining the present JCA, be granted access to the personal data processed so far as part of the Processing Operations. The Parties furthermore agree that, should they wish to include another controller in future Processing Operations, this would require (a) an amendment to both the Master Agreement and the present JCA, (b) a thorough execution of the procedure set out in § 2 para. 5, and (c) the provision

als auch zu dieser GVV, (b) eine sorgfältige Durchführung des in § 2 Abs. 5 niedergelegten Prozesses und (c) eine aktualisierte Information an die betroffenen Personen iSd § 4 Abs. 1 erforderlich machen würde.[24]

(2) Eine Partei darf nicht ohne vorherige Zustimmung der jeweils anderen Partei einen Auftragsverarbeiter hinsichtlich der Verarbeitungsvorgänge einsetzen.[25] Die Parteien erteilen einander hiermit die Erlaubnis, die nachstehend benannten Auftragsverarbeiter für die dort jeweils bezeichneten Verarbeitungsvorgänge einzusetzen:

. . . . . .

(3) Setzt eine Partei einen Auftragsverarbeiter ein, muss sie diesem Verpflichtungen zu Datenschutz, Vertraulichkeit und Datensicherheit auferlegen, die (a) den Anforderungen der Art. 28, 29 DS-GVO genügen und (b) zumindest so streng ausfallen wie die in dieser GVV niedergelegten. § 3 Abs. 2 und 3 gelten entsprechend.

(4) Eine Partei muss der jeweils anderen Partei schriftlich mitteilen, wenn sie beabsichtigt, einen neuen Auftragsverarbeiter einzusetzen. Wenn die informierte Partei der einsetzenden Partei innerhalb von 30 Tagen ab Erhalt dieser Mitteilung schriftlich in nachvollziehbarer Weise ihre Ablehnung des vorgeschlagenen Einsatzes mitteilt, werden die Parteien nach Treu und Glauben eine beidseits akzeptable Alternativlösung aushandeln.

(5) Erfüllt ein Auftragsverarbeiter seine Verpflichtungen im Hinblick auf die Verarbeitungsvorgänge nicht, so hat die einsetzende Partei gegenüber der jeweils anderen Partei vollumfänglich für die Einhaltung der Verpflichtungen des Auftragsverarbeiters einzustehen.

(6) Die Parteien sind darüber einig, dass die Erbringer von Hilfsdienstleistungen keine Auftragsverarbeiter im Sinne der Datenschutzgesetze sind; dies betrifft insbesondere Transportdienstleistungen von Post- oder Kurierdiensten, Geldtransportleistungen, Telekommunikationsleistungen, Sicherheitsdienste und Reinigungs-

of updated information to the data subjects in accordance with § 4 para. 1.[24]

(2) A Party may not appoint a processor concerning the Processing Operations without the respective other Party's prior written consent.[25] The Parties hereby grant authorization to each other to appoint the following processors for the Processing Operations indicated below:

. . . . . .

(3) When appointing a processor, the appointing Party must impose privacy, confidentiality and data security obligations on any such processor that (a) meet the requirements of Art. 28, 29 of the GDPR, and (b) are at least as stringent as those set forth in the present JCA. § 3 sections 2 and 3 shall apply accordingly.

(4) A Party must give the respective other Party written notice of its intention to appoint any new processor. If, within thirty (30) days of receipt of that notice, the notified Party notifies the appointing Party in writing of any reasonable objection to the proposed appointment, the Parties shall negotiate in good faith a mutually acceptable alternative solution.

(5) Where a processor fails to fulfil its obligations with respect to the Processing Operations, the appointing Party shall remain fully liable to the respective other Party for the performance of that processor's obligations.

(6) The Parties agree that ancillary service providers are no processors within the meaning of data protection laws; this includes in particular transport services of postal or courier companies, cash transport services, telecommunication services, security services and cleaning services. However, the Parties shall enter into custo-

leistungen. Unbeschadet dessen werden die Parteien mit solchen Dienstleistern übliche Vertraulichkeitsvereinbarungen abschließen.

mary confidentiality agreements with such service providers.

§ 8 Auditrechte

(1) Jede Partei hat das Recht, die Einhaltung dieser GVV aufseiten der jeweils anderen Partei zu überprüfen, wenn dies erforderlich ist, um (a) einer Verpflichtung gegenüber einer Aufsichtsbehörde ordnungsgemäß nachzukommen oder (b) sich selbst davon zu überzeugen, dass die jeweils andere Partei nach einem Datenschutzvorfall ihre Abläufe an die Bestimmungen dieser GVV angepasst hat.[26]

(2) Wenn und soweit eine solche Überprüfung Vor-Ort-Inspektionen erfordert, sollen diese gewöhnlich während der üblichen Geschäftszeiten (Montag bis Freitag von . . . bis . . . . Uhr) und ohne unnötige Störungen des Betriebsablaufs stattfinden. Die Partei, die eine Überprüfung durchführt, wird die jeweils andere Partei mit einer angemessenen Frist im Vorwege über sämtliche mit der Überprüfung verbundenen Umstände unterrichten.

(3) Eine Partei darf einen Dritten mit der Durchführung der Überprüfung beauftragen. In einem solchen Fall ist der Dritte schriftlich auf die strikte Wahrung von Geheimhaltung und Vertraulichkeit zu verpflichten, wenn nicht der Dritte einer beruflichen Verschwiegenheitsflicht unterliegt.

§ 8 Audit Rights

(1) Either Party may audit the respective other Party's compliance with the present JCA if so required in order to (a) properly fulfill an obligation towards a supervisory authority, or (b) convince itself that the respective other Party has aligned its processes to the provisions of the present JCA after a personal data breach.[26]

(2) If and inasmuch as such audit requires on-premise inspections, it shall usually be conducted during normal business hours (Monday to Friday from . . . . to . . . .) and without unreasonably disrupting business operations. The Party conducting the audit shall inform the respective other Party good time in advance of all circumstances relating to the execution of the audit.

(3) A Party may commission a third party to carry out the audit. In such event, however, the third party shall be bound in writing to strict secrecy and confidentiality, unless the third party is subject to a professional obligation of secrecy.

§ 9 Haftung

(1) Die Parteien erkennen an, dass sie beide hinsichtlich der Verarbeitungsvorgänge gegenüber betroffenen Personen nach Art. 82 Abs. 2–4 haftbar sind.

(2) Hat eine Partei gemäß Art. 82 Abs. 4 DS-GVO einer betroffenen Person vollständigen Schadenersatz für den erlittenen Schaden gezahlt, so ist diese Partei berechtigt, von der jeweils anderen Partei den Teil des Schadenersatzes zurückzufordern, der dem

§ 9 Liability

(1) The Parties acknowledge that they are both liable towards data subjects as regards the Processing Operations in accordance with Art. 82 para. 1–4 of the GDPR.

(2) Where a Party has, in accordance with Art. 82 para. 4 of the GDPR, paid full compensation to a data subject for a damage suffered, that Party shall be entitled to claim back from the respective other Party that part of the compensation cor-

Anteil dieser anderen Partei an der Verantwortung für den Schaden entspricht.[27]

(3) Abs. 2 findet entsprechende Anwendung für den Fall, dass eine Aufsichtsbehörde ein Bußgeld gegen eine Partei verhängt hat, wenn und soweit der Verstoß, der Anlass für das Bußgeld gegeben hat, ganz oder teilweise auf einen Verstoß der jeweils anderen Partei gegen die vorliegende GVV oder die anwendbaren Datenschutzgesetze beruht. Unbeschadet dessen kann eine Partei nur dann Entschädigung für ein Bußgeld verlangen, wenn sie alle angemessenen Anstrengungen unternommen hat, dieses Bußgeld im Rahmen der verwaltungsrechtlichen Verfahren abzuwehren oder zu reduzieren.[28]

responding to that other Party's part of responsibility for the damage.[27]

(3) Section 2 shall apply accordingly in the event that a supervisory authority has imposed an administrative fine on a Party, if and inasmuch as the breach that gave rise to the administrative fine was, in whole or in part, attributable to the respective other Party's failure to comply with the present JCA or the applicable data protection laws. However, a Party may only claim compensation for an administrative fine if it used all reasonable efforts to avert or reduce such fine in the administrative procedures.[28]

§ 10 Sonstige Bestimmungen

(1) Die vorliegende GVV unterliegt demselben Recht wie der Hauptvertrag, und für sämtliche Streitigkeiten aus und im Zusammenhang mit dieser GVV sind ausschließlich diejenigen Gerichte zuständig, auf welche sich die Parteien im Hauptvertrag verständigt haben.

(2) Änderungen oder Ergänzungen der vorliegenden GVV sind nur wirksam, wenn sie schriftlich abgefasst wurden.[29]

(3) Wenn eine Bestimmung dieser GVV von dem zuständigen Gericht für unwirksam oder nicht durchsetzbar erklärt wird, bleiben die übrigen Bestimmungen uneingeschränkt wirksam.

(4) Diese GVV tritt mit Unterschrift der Parteien in Kraft. Sie gilt, ungeachtet des Endes der Vertragslaufzeit des Hauptvertrags so lange, bis sämtliche personenbezogenen Daten von den Parteien und/oder sämtlichen eingesetzten Auftragsverarbeitern gelöscht worden sind, und tritt sodann automatisch außer Kraft.[30]

(5) Diese GVV wurde auf Deutsch und Englisch abgefasst. Bei Abweichungen zwischen der deutschen und der englischen Version gilt die deutsche Version.

§ 10 Miscellaneous Provisions

(1) The present JCA will be governed by the same law as the Master Agreement, and the competent courts agreed between the Parties under the Master Agreement shall have the sole jurisdiction concerning all conflicts arising out of or in connection with the present JCA as well.

(2) No modification or amendment of the present JCA shall be effective unless in writing.[29]

(3) If any provision in this JCA is held by the competent court to be invalid or unenforceable, all other provisions shall remain in full force and effect.

(4) This JCA will become effective as of the date the Parties have executed it. Notwithstanding expiry of the term of the Master Agreement, it will remain in effect until, and will automatically expire upon, deletion of all personal data by the Parties and/or any applicable processors.[30]

(5) This JCA has been drafted in both the German and English languages. In the event of any discrepancy between the German and English language versions, the German language version shall prevail.

DARAUF haben die Parteien diese GVV durch ordnungsgemäß bevollmächtigte Vertreter an dem unten angegebenen Datum abgeschlossen.

WHEREFORE, the Parties have executed this JCA through duly authorized representatives on the date stated below.

. . . . .

(Ort, Datum)

. . . . .

(Place, Date)

. . . . .

– Verantwortlicher A –

– Verantwortlicher B –

. . . . .

– Controller A –

– Controller B –

Anlagen:

Anlage A Verarbeitungsvorgänge

Anlage B Datenschutz-Hinweise

Anlage C Technische und organisatorische Maßnahmen

Annexes:

Appendix A Processing Operations

Appendix B Privacy Notice

Appendix C Technical and Organizational Measures

Anmerkungen

1. Grundlagen. Art. 26 DS-GVO reagiert auf die zunehmend **vernetzte Verarbeitung** personenbezogener Daten, wie sie für die Digitalisierung und das Internet gleichermaßen charakteristisch ist (NK-DatenschutzR/Petri DS-GVO Art. 26 Rn. 2). Die gemeinsame Verantwortlichkeit war bereits in der Datenschutz-RL (RL 95/46/EG) angelegt. Das Rechtsinstitut spielte in Deutschland aber lange Zeit praktisch keine Rolle, da es im BDSG aF nicht erwähnt war (DSK-Kurzpapier Nr. 16, S. 1).

Eine gemeinsame Verantwortlichkeit ist gegeben, wenn verschiedene Parteien im Zusammenhang mit spezifischen Verarbeitungen entweder über den **Zweck oder über wesentliche Elemente der Mittel** entscheiden, die einen für die Verarbeitung Verantwortlichen kennzeichnen.

Anerkannt war schon unter Geltung der Datenschutz-RL, dass die Beteiligung der Parteien an den gemeinsamen Entscheidungen verschiedene Formen aufweisen kann und nicht gleichmäßig verteilt sein muss (Art. 29 Gruppe, WP 169 Abschnitt III.1.d) S. 23). Mit drei in kurzer Folge ergangenen Urteilen hat der EuGH den **Anwendungsbereich der gemeinsamen Verantwortlichkeit** bereits kurz nach Inkrafttreten der DS-GVO ausgeweitet. Denn nach Auffassung des Gerichtshofs ist Voraussetzung einer gemeinsamen Verantwortlichkeit nicht, dass jeder der beteiligten Verantwortlichen Zugang zu den betreffenden personenbezogenen Daten hat. So begründen die von dem Betreiber einer Facebook-Fanpage vorgenommenen Einstellungen dessen gemeinsame Verantwortlichkeit mit Meta als Betreiber der Plattform im Hinblick auf von Meta zu der Fanpage erstellte anonyme Statistiken (EuGH ZD 2018, 357 Rn. 36 – Wirtschaftsakademie Schleswig-Holstein). Es ist auch nicht notwendig, dass die Entscheidung über die Zwecke und Mittel der Verarbeitung mittels schriftlicher Anleitungen oder Anweisungen erfolgt. Deswegen ist etwa die Gemeinschaft der Zeugen Jehovas dadurch, dass sie die Verkündigungstätigkeit ihrer Mitglieder organisiert und koordiniert und zu ihr ermuntert, gemeinsam mit ihren verkündigenden Mitgliedern Verantwortliche der Verarbeitung personenbezogener Daten (EuGH ZD 2018, 469 Rn. 67 ff. – Zeugen Jehovas). Entscheidend für die Stellung als Verantwortlicher ist, ob eine Person aus Eigeninteresse auf die Verarbeitung personenbezogener Daten Einfluss nimmt und damit an der Entscheidung über die Zwecke und Mittel dieser Verarbeitung mitwirkt. Dies kann auch durch die Einbindung eines Social Plugins wie des Facebook Like-Buttons geschehen (EuGH ZD 2019, 455 Rn. 68 ff. – Fashion ID).

Die weite Auslegung des Art. 26 DS-GVO hat der EuGH in weiteren Urteilen bestätigt und festgehalten, dass die jeweiligen Verpflichtungen der gemeinsam für eine Verarbeitung personenbezogener Daten Verantwortlichen nicht notwendigerweise vom Bestehen einer Vereinbarung zwischen den verschiedenen Verantwortlichen abhängen. Die nach Art. 26 DS-GVO notwendige gemeinsame Entscheidung über die Zwecke und Mittel der Datenverarbeitung kann sich auch aus bloß übereinstimmenden Entscheidungen mehrerer Einrichtungen ergeben, die sich in einer Weise ergänzen, dass sich jede von ihnen konkret auf die Entscheidung über die Verarbeitungszwecke und -mittel auswirkt (EuGH ZD 2024, 209 Rn. 43 – Nacionalinis visuomenės sveikatos centras). Die gemeinsame Festlegung kann sich auch aus dem nationalen Recht ergeben, wenn dieses eine gemeinsame Verantwortlichkeit mehrerer Akteure einer Kette von Verarbeitungen, die dieselben personenbezogenen Daten betreffen, begründet und die jeweiligen Pflichten jedes gemeinsam Verantwortlichen festlegt (EuGH ZD 2024, 274 Rn. 49 – État belge/Autorité de protection des données). Auch eine Branchenorganisation kann mit ihren Mitgliedern gemeinsam verantwortlich für Verarbeitungsvorgänge sein, soweit sie diesen einen von ihr aufgestellten Regelungsrahmen in Bezug auf die Einwilligung im Bereich der Verarbeitung personenbezogener Daten anbietet, der nicht nur verbindliche technische Vorschriften enthält, sondern auch Vorschriften, die detailliert festlegen, wie personenbezogene Daten, die diese Einwilligung betreffen, gespeichert und verbreitet werden müssen, und dabei aus Eigeninteresse auf die betreffende Verarbeitung personenbezogener Daten Einfluss nimmt (EuGH ZD 2024, 328 Rn. 59 – IAB Europe).

2. Anwendungsfälle. Die **Anwendungsfälle der gemeinsamen Verantwortlichkeit** sind angesichts der weiten Auslegung des EuGH (→ Anm. 1) mannigfach und nicht abschließend zu beschreiben. Beispiele können sein: klinische Arzneimittelstudien, wenn mehrere Mitwirkende (zB Sponsor, Studienzentren/Ärzte) jeweils in Teilbereichen Entscheidungen über die Verarbeitung treffen, oder die gemeinsame Verwaltung bestimmter Datenkategorien (zB Adressdaten) für bestimmte gleichlaufende Geschäftsprozesse mehrerer Konzernunternehmen, oder die gemeinsame Errichtung einer Infrastruktur, zB einer internetgestützten Plattform für Reisereservierungen durch ein Reisebüro, eine Hotelkette und eine Fluggesellschaft (DSK-Kurzpapier Nr. 16, S. 4; weitere Beispiele bei EDSA, Leitlinien 07/2020, Rn. 68; vgl. auch Schreiber ZD 2019, 55 (56)). Entscheidend ist, dass es für die gemeinsame Verantwortlichkeit unerheblich ist, wie eine vertragliche Regelung die Tätigkeiten der Beteiligten beschreibt (EDSA, Leitlinien 07/2020, Rn. 52) oder bezeichnet (→ Vorb. A.III.1). Maßgebend ist vielmehr, wie sich die gewollten und praktizierten Rechtsverhältnisse in der Realität darstellen. Es kommt also auf den **„tatsächlichen Einfluss“** der Beteiligten auf den Datenverarbeitungsvorgang an (BeckOK DatenschutzR/Spoerr DS-GVO Art. 26 Rn. 21).

3. Keine Dispositionsbefugnis. Das Vorliegen einer gemeinsamen Verantwortlichkeit steht **nicht zur Disposition der Beteiligten** (Taeger/Gabel/Lang DS-GVO Art. 26 Rn. 13). Wichtig ist daher die Ab- und Eingrenzung derjenigen Verarbeitungen, welche in gemeinsamer Verantwortlichkeit der Parteien vorgenommen werden. Denn der EuGH beschränkt die gemeinsame Verantwortlichkeit auf diejenigen Vorgänge, für die die Beteiligten eine gemeinsame Entscheidung über die Zwecke und Mittel treffen (EuGH ZD 2019, 455 Rn. 85 – Fashion ID). Daher sind die einzelnen Verarbeitungsschritte, wie zB das Erheben, das Erfassen, die Organisation der Daten etc, einzeln im Hinblick auf die Verantwortlichkeitszuteilung zu bewerten. Die gemeinsame Kontrolle muss nicht für die gesamte Dauer der Datenverarbeitung ununterbrochen gelten, sondern sie ist auf die

Vorgänge beschränkt, für die die Akteure tatsächlich gemeinsam eine Entscheidung fällen und auf die sie auch Einfluss nehmen (BeckOK DatenschutzR/Spoerr DS-GVO Art. 26 Rn. 31).

4. Verpflichtung zum Abschluss einer Vereinbarung. Soweit die gemeinsame Verantwortlichkeit reicht, sind die Beteiligten zum **Abschluss einer Vereinbarung** mit den Mindestinhalten des Art. 26 DS-GVO verpflichtet. Hierin ist festzulegen, wer von ihnen welche Verpflichtungen aus der DS-GVO zu erfüllen hat. Auf diese Weise soll dem Risiko einer für die betroffene Person intransparenten Verarbeitung begegnet werden. Es gilt sicherzustellen, dass die Komplexität der Verarbeitung in gemeinsamer Verantwortlichkeit nicht zu einer unpraktikablen Verteilung der Verantwortung führt, durch die die Wirksamkeit des Datenschutzrechts beeinträchtigt würde (EDSA, Leitlinien 07/2020, Rn. 163).

Wird eine nach Art. 26 DS-GVO vorgeschriebene Vereinbarung nicht oder nicht auf gesetzeskonforme Art und Weise geschlossen, kann dies nach Art. 83 Abs. 4 Buchst. a DS-GVO mit einem **Bußgeld** von bis zu 10.000.000 EUR oder im Fall eines Unternehmens von bis zu 2 % seines gesamten weltweit erzielten Jahresumsatzes des vorangegangenen Geschäftsjahrs geahndet werden, je nachdem, welcher der Beträge höher ist. Zu beachten ist, dass intransparente Vereinbarungen zugleich einen Verstoß gegen die Prinzipien des Art. 5 Abs. 1 DS-GVO (→ Anm. 6) begründen können, ferner die Rechte der betroffenen Person nach den Art. 12–22 (→ Anm. 14) verletzen können. Beides kann ebenfalls mit Bußgeldern geahndet werden, die nach Art. 83 Abs. 5 Buchst. a, b DS-GVO bis zu 20.000.000 EUR oder im Fall eines Unternehmens bis zu 4 % seines gesamten weltweit erzielten Jahresumsatzes des vorangegangenen Geschäftsjahrs betragen können (zur Bußgeldbemessung vgl. das Konzept der unabhängigen Datenschutzaufsichtsbehörden des Bundes und der Länder zur Bußgeldzumessung in Verfahren gegen Unternehmen vom 14.10.2019). Dessen ungeachtet führt ein Verstoß gegen die Pflicht zum Abschluss der nach Art. 26 DS-GVO notwendigen Vereinbarung nicht zur Unrechtmäßigkeit der Datenverarbeitung als solcher, die der betroffenen Person ein Recht auf Löschung oder Einschränkung der Verarbeitung verleihen würde (EuGH ZD 2023, 606 Rn. 66 – UZ./. Bundesrepublik Deutschland).

Art. 26 DS-GVO hebt zwei **Vereinbarungsgegenstände** hervor, nämlich Festlegungen hinsichtlich der Wahrnehmung der Rechte der betroffenen Person sowie zu den Informationspflichten aus Art. 13, 14 DS-GVO. Es empfiehlt sich, darüber hinaus weitergehende Regelungen zu treffen, welche eine umfassende Beschreibung der Zusammenarbeit im Hinblick auf die Verarbeitung personenbezogener Daten einschließlich eines Haftungsregimes enthalten. Eine Orientierung für diese weiteren Regelungsgegenstände bietet Art. 28 Abs. 3 DS-GVO (→ Form. G.3), wobei bei der Formulierung der jeweils unterschiedlich gelagerten Beziehung der Vertragspartner Rechnung zu tragen ist.

5. Vergütungsansprüche. Eine Vereinbarung im Hinblick auf etwaige **Vergütungsansprüche** für Unterstützungs- und sonstige wechselseitige Pflichten ist nicht zwingend. Sie ist aber vor dem Hintergrund von §§ 612 Abs. 2, 632 Abs. 2 BGB empfehlenswert. Im Hauptvertrag sollte hierzu möglichst eine ausdrückliche Regelung getroffen werden.

6. Grundsätze der Datenverarbeitung. Art. 5 Abs. 1 DS-GVO beschreibt die **Grundsätze**, die bei jeder Verarbeitung personenbezogener Daten beachtet werden müssen. Sämtliche Regelungen des materiellen Datenschutzrechts sind auf die Umsetzung dieser Grundsätze ausgerichtet (NK-DatenschutzR/Roßnagel DS-GVO Art. 5 Rn. 15). Die ausdrückliche Verpflichtung der Parteien auf die Einhaltung dieser Grundsätze hat daher mehr als nur deklaratorischen Charakter. Sie verpflichtet die Parteien vielmehr dazu, im Rahmen der Auslegung der übrigen Vorschriften der Vereinbarung den Grundsätzen für die Verarbeitung personenbezogener Daten so gut als möglich Rechnung zu tragen.

7. Verhältnis der Parteien. Die Verpflichtung, eine das **Beziehungs- und Verantwortungsgefüge** klärende Vereinbarung abzuschließen, soll ihre Schutzwirkung nicht nur nach außen, sondern auch nach innen, also im Verhältnis zwischen den gemeinsam Verantwortlichen, entfalten. Sie vermeidet Rechtsunklarheiten und darauf gründende Haftungsrechtsstreitigkeiten (Paal/Pauly/Martini DS-GVO Art. 26 Rn. 10). Schon im Hinblick auf mögliche Herausgabepflichten aus Art. 20 DS-GVO sollten sich die Parteien darauf verständigen, Daten ausschließlich in einem strukturierten, gängigen und maschinenlesbaren Format zu verarbeiten. Dies gilt insbesondere, wenn – wie hier zugrunde gelegt – Daten aktiv durch mehrere Verantwortliche verarbeitet werden. Denn es darf nicht zu einer Situation kommen, in der bestimmte Verpflichtungen oder Rechte der betroffenen Personen von keiner der Parteien erfüllt bzw. gewährleistet werden können. In Ausprägung des Grundsatzes der Datenminimierung (→ Anm. 6), insbesondere zur Sicherstellung effektiver Löschverfahren (→ Anm. 16) sollte klar geregelt werden, dass Kopien der Daten grundsätzlich nicht erstellt werden dürfen.

8. Verantwortungsbereiche. Kern der Vereinbarung ist die Festlegung der jeweiligen Verantwortungsbereiche der Parteien. Angesichts der Rechtsprechung des EuGH (→ Anm. 1) sollte hier für jeden einzelnen Verarbeitungsschritt iSd Art. 4 Nr. 2 DS-GVO (Erheben, Erfassen, Organisation etc) festgehalten werden, welche der Parteien hierfür verantwortlich zeichnet. Ferner sollten die Details der Verarbeitung, ähnlich der Regelung des Art. 28 Abs. 3 DS-GVO (→ Anm. 4) beschrieben werden; dies auch mit Blick auf die Verpflichtung der Parteien zur Führung eines Verarbeitungsverzeichnisses nach Art. 30 Abs. 1 DS-GVO (→ Anm. 22) sowie die Auskunftsrechte der betroffenen Personen (→ Anm. 16).

9. Rechtsgrundlage. Die Verarbeitung personenbezogener Daten ist nur rechtmäßig, wenn die betroffene Person eingewilligt hat oder aber eine gesetzliche Bestimmung sie erlaubt. Aus diesem **Verbotsprinzip** der Art. 6 Abs. 1, 9 Abs. 1 DS-GVO, ergibt sich, dass – wie bereits in Art. 7 Datenschutz-RL – die dort genannten Rechtsgründe abschließend sind (BeckOK DatenschutzR/Albers/Veit DS-GVO Art. 6 Rn. 2). Insbesondere stellt Art. 26 DS-GVO nicht seinerseits eine Rechtsgrundlage für eine Verarbeitung durch mehrere Verantwortliche dar. Dementsprechend muss für die Verarbeitung eines jeden Verantwortlichen eine eigene Rechtsgrundlage nach Art. 6 Abs. 1, 9 Abs. 2 vorliegen (NK-DatenschutzR/Petri DS-GVO Art. 26 Rn. 1). Dies gilt insbesondere für die **Übermittlung personenbezogener Daten** unter gemeinsam Verantwortlichen; denn auch diese ist ein eigener Verarbeitungsvorgang im Sinne von Art. 4 Nr. 2 DS-GVO und bedarf als solcher einer Rechtsgrundlage (DSK-Kurzpapier Nr. 16, S. 1, Kühling/Buchner/Hartung DS-GVO Art. 26 Rn. 62; Gola/Heckmann/Piltz DS-GVO Art. 26 Rn. 17).

10. Überprüfung. Die **regelmäßige Überprüfung** sämtlicher Datenverarbeitungsprozesse und die ggf. aus Änderungen erwachsende Pflicht zur Anpassung der Vereinbarung und der Informationen für die betroffenen Personen sind nötig, um zu jedem Zeitpunkt die Einhaltung der Grundsätze der Verarbeitung personenbezogener Daten (→ Anm. 6) einhalten zu können. Eine regelmäßige Neubewertung ist insbesondere auch deswegen geboten, weil Änderungen der Verarbeitung eine Pflicht zur Durchführung einer Datenschutz-Folgenabschätzung auslösen können (→ Anm. 21).

11. Aufsichtsbehörden. Die DS-GVO befasst sich nicht spezifisch mit der Frage der **Benennung einer federführenden Aufsichtsbehörde** für die Fälle der gemeinsamen Verantwortlichkeit. Die Art. 29 Gruppe hatte gemeinsam Verantwortliche vor diesem Hintergrund dazu ermutigt, eine entscheidungsbefugte Niederlassung eines gemeinsam Verantwortlichen zu bestimmen, welche die Befugnis haben soll, für alle gemeinsam Verantwortlichen Entscheidungen über die Datenverarbeitung umzusetzen. Diese Niederlassung sollte dann als die für die Datenverarbeitung im Namen der gemeinsam Verantwortlichen zuständige Hauptniederlassung gelten (Art. 29 Gruppe, WP 244 rev.01, S. 8 Abschnitt 2.1.3). Der Europäische Datenschutzausschuss hatte diese Leitlinien zunächst ausdrücklich gebilligt (EDSA, Endorsement 1/2018), vertritt inzwischen aber die gegenteilige Auffassung. Die Entscheidungsbefugnis der gemeinsam Verantwortlichen umfasst danach gerade nicht die Bestimmung der zuständigen Aufsichtsbehörde gemäß Art. 55, 56 DS-GVO oder die Fähigkeit dieser Aufsichtsbehörden, ihre Aufgaben und Befugnisse gemäß Art. 57, 58 DS-GVO auszuüben. Der Begriff der Hauptniederlassung sei nach der DS-GVO an einen einzigen Verantwortlichen gebunden und könne nicht auf eine Situation der gemeinsamen Verantwortung ausgedehnt werden (aA Ehmann/Selmayr/Klabunde DS-GVO Art. 4 Rn. 68; für eine Gestaltungshoheit der Verantwortlichen auch Taeger/Gabel/Arning/Rothkegel DS-GVO Art. 4 Rn. 432 f.). Das Vertragsmuster folgt der Linie des EDSA. Bis zu einer Entscheidung durch den EuGH scheinen aber auch weiterhin abweichende Gestaltungen vertretbar. Keinen Einfluss hat die Festlegung einer federführenden Aufsichtsbehörde unbeschadet dessen auf die Frage der Haftung (→ Anm. 26).

12. Datentransfer. Im Hinblick auf **Verarbeitungen in Drittländern** sind ggf. spezialgesetzliche Besonderheiten zu berücksichtigen. So enthalten etwa §§ 77 Abs. 2, Abs. 3, 80 Abs. 2 SGB X angesichts der besonderen Schutzbedürftigkeit von Sozialdaten erhebliche Verschärfungen für die Zulässigkeit von deren Übermittlung in Drittländer (BeckOK SozR/Westphal SGB X § 80 Rn. 8).

13. Auswirkungen der EuGH – Rechtsprechung. In seiner Entscheidung im Fall „Schrems II" hat der Europäische Gerichtshof die Pflichten im Zusammenhang mit der **Übermittlung personenbezogener Daten in Länder außerhalb der Europäischen Union** bzw. des Europäischen Wirtschaftsraums klargestellt (EuGH ZD 2020, 511 – Schrems II). Sofern kein Angemessenheitsbeschluss nach Art. 45 DS-GVO die Übermittlung legitimiert, muss der Verantwortliche zusätzliche Maßnahmen ergreifen, um sicherzustellen, dass der Schutz personenbezogener Daten auf einem im Wesentlichen gleichwertigen Niveau wie in der EU gewährleistet ist. Der EuGH unterstrich die Bedeutung einer umfassenden Folgenabschätzung für die geplante Datenübermittlung (Data Transfer Impact Assessment). Verantwortliche müssen die speziellen Umstände der Übertragung bewerten und dabei die Gesetze und Praktiken des Drittlandes sowie alle relevanten vertraglichen, technischen oder organisatorischen Schutzmaßnahmen berücksichtigen. Besondere Aufmerksamkeit ist dabei auf solche Anforderungen im Drittland zu legen, die die Offenlegung personenbezogener Daten an Behörden oder Maßnahmen zur Autorisierung des Zugriffs durch öffentliche Stellen betreffen. Wenn diese Gesetze und Praktiken im Bestimmungsland, das durch die DS-GVO garantierte Schutzniveau gefährden, muss die Übertragung untersagt oder strengen Bedingungen unterworfen werden. Entsprechende Dokumentationen müssen also beim zuständigen Verantwortlichen ohnehin vorhanden sein und sind dem weiteren gemeinsam Verantwortlichen zwecks Prüfung der Zulässigkeit der geplanten Übermittlung sowie ggfs. zur eigenen Dokumentation der Einhaltung der DS-GVO zu überlassen.

14. Betroffenenrechte. Gemäß Art. 26 Abs. 1 S. 2 DS-GVO müssen die Verantwortlichen **„in transparenter Form"** festlegen, wer von ihnen welche Verpflichtung gemäß der Verordnung erfüllt, insbesondere was die Wahrnehmung der Rechte der betroffenen Person angeht, und wer welchen Pflichten gemäß den Art. 13 und 14 DS-GVO nachkommt (BeckOK DatenschutzR/Spoerr DS-GVO Art. 26 Rn. 52). Hierzu empfiehlt es sich, den Text der Datenschutz-Informationen unter den beteiligten Verantwortlichen abzustimmen.

Art. 26 Abs. 2 S. 2 DS-GVO schreibt den Verantwortlichen vor, **das Wesentliche der Vereinbarung** der betroffenen Person zur Verfügung zu stellen. Was „das Wesentliche" der Vereinbarung ist, ist Art. 26 DS-GVO nicht zu entnehmen. Unzweifelhaft dürften hierzu die Regelungen zu den Rechten der betroffenen Personen sowie den Informationspflichten gehören, die als notwendiger Inhalt der Vereinbarung in Art. 26 Abs. 1 S. 2 DS-GVO hervorgehoben werden. Die entsprechenden Regelungen in der Vereinbarung müssen den Verantwortlichen bestimmen, der Adressat bei der Geltendmachung von Rechten der betroffenen Personen sein soll, der für die bei der Wahrnehmung dieser Rechte gem. Art. 15–22 DS-GVO zu ergreifenden Maßnahmen zuständig ist, und der die Informationen gem. Art. 13, 14 DS-GVO erteilen muss. Zum anderen gebietet es der Grundsatz einer fairen und transparenten Verarbeitung gem. Art. 5 Abs. 1 Buchst. a DS-GVO, die Informationen zur Verfügung zu stellen, aus denen die betroffenen Personen erkennen können, wer von den gemeinsam Verantwortlichen welchen Verarbeitungsvorgang durchführt und wie die Verarbeitungsvorgänge zusammenhängen (Taeger/Gabel/Lang DS-GVO Art. 26 Rn. 97; BeckOK DatenschutzR/Spoerr DS-GVO Art. 26 Rn. 57). Nicht zu den wesentlichen Inhalten gehören die kommerziell eventuell kritischen Angaben, etwa Haftungsregelungen (Kühling/Buchner/Hartung DS-GVO Art. 26 Rn. 61).

Art. 26 DS-GVO enthält auch keine Festlegung dazu, wie das Wesentliche der Vereinbarung den betroffenen Personen zur Verfügung zu stellen ist. Die englische Fassung („shall be made available") deutet eher auf eine **elektronische Bereitstellung der Informationen** hin (NK-DatenschutzR/Petri DS-GVO Art. 26 Rn. 27). Schon unter praktischen Gesichtspunkten wird sich regelmäßig eine Integration in die nach Art. 13, 14 DS-GVO vorgeschriebene Information der betroffenen Personen anbieten. Auf diese Weise kann auch das Risiko einer unter zeitlichen Gesichtspunkten nicht rechtmäßig zur Verfügung gestellten Information ausgeschlossen werden (Taeger/Gabel/Lang DS-GVO Art. 26 Rn. 100). Ferner dürfte eine Information der betroffenen Personen iSd Art. 13, 14 DS-GVO unter Auslassung der Spezifika der Verarbeitung in gemeinsamer Verantwortlichkeit unvollständig und intransparent sein, jedenfalls hinsichtlich der Angaben zu den Empfängern iSd Art. 13 Abs. 1 Buchst. e DS-GVO im Rahmen wechselseitiger Übermittlungen.

15. Anlaufstelle. Art. 26 Abs. 1 S. 3 DS-GVO sieht die Möglichkeit vor, eine einzelne **Anlaufstelle für die betroffenen Personen** zu schaffen. Auch dies darf als wesentlicher Inhalt der Vereinbarung nach Art. 26 Abs. 2 S. 2 DS-GVO angesehen werden und ist deshalb in den Datenschutzhinweisen iSd Art. 13, 14 DS-GVO aufzunehmen (→ Anm. 14). Unbeschadet dessen bleibt es den betroffenen Personen unbenommen, sich zwecks Ausübung ihrer Rechte an jeden der beteiligten gemeinsam Verantwortlichen zu wenden, Art. 26 Abs. 3 DS-GVO. Ist wie hier die Bearbeitung der Anfragen betroffener Personen einem der gemeinsam Verantwortlichen als alleinige Aufgabe zugewiesen, ist mittels entsprechender vertraglicher Festlegungen eine unverzügliche Weitergabe sämtlicher Betroffenenanfragen an diesen sicherzustellen. Auch über diesen Prozess müssen die betroffenen Personen informiert werden (→ Anm. 14).

16. Zuweisung von Verpflichtungen und Verantwortlichkeiten. Gemeinsam Verantwortliche verfügen über eine gewisse **Flexibilität bei der Verteilung und Zuweisung von Verpflichtungen und Verantwortlichkeiten** untereinander, solange eine vollständige Einhaltung der Rechtsvorschriften gewährleistet ist (EDSA, Leitlinien 07/2020, Rn. 168). Die Vereinbarung hat dabei nach Art. 26 Abs. 2 S. 1 DS-GVO die jeweiligen tatsächlichen Funktionen und Beziehungen der gemeinsam Verantwortlichen gegenüber den betroffenen Personen gebührend widerzuspiegeln. Geboten ist eine inhaltlich richtige und nachvollziehbare Darstellung der datenschutzrechtlichen Rolle der jeweils beteiligten Verantwortlichen für die betroffenen Personen (NK-DatenschutzR/Petri DS-GVO Art. 26 Rn. 20). Wesentlich ist ferner, dass die entsprechenden Vereinbarungen nicht zu einer noch größeren Komplexität und einem Übermaß an Regelungen führen. Denn dies birgt die Gefahr, dass die Verarbeitung dem Grundsatz von Treu und Glauben aus Art. 5 Abs. 1 Buchst. a DS-GVO zuwiderläuft.

17. Dokumentation. Schon wegen der **Rechenschaftspflicht** der Verantwortlichen aus Art. 5 Abs. 2 DS-GVO sollten sämtliche Vorgänge, welche die Verarbeitung personenbezogener Daten betreffen, zumindest in elektronischer Form dokumentiert werden. Die Nachweisbarkeit einer ordnungsgemäßen Verarbeitung erlangt sowohl im Rahmen behördlicher Verfahren als auch im Falle einer Auseinandersetzung mit betroffenen Personen (→ Anm. 26) große Bedeutung.

18. Organisatorische Maßnahmen. Unbeschadet etwaiger gesetzlicher Verpflichtungen zur Verarbeitung personenbezogener Daten, dürfen **Beschäftigte** eines Verantwortlichen diese ausschließlich auf Weisung des Verantwortlichen verarbeiten, Art. 29 DS-GVO. Art. 32 Abs. 4 DS-GVO enthält eine korrespondierende Verpflichtung für den Verantwortlichen dies sicherzustellen. Zur Verpflichtung gehört auch eine Belehrung über die sich ergebenden Pflichten, die regelmäßig aufzufrischen ist. Eine schriftliche Belehrung und Verpflichtung ist schon aus Gründen der Nachweisbarkeit (→ Anm. 17) geboten (DSK-Kurzpapier Nr. 19, S. 2). Bei der Formulierung ist darauf zu achten, dass einerseits besondere spezialgesetzliche Geheimhaltungspflichten (etwa aus § 3 TDDDG) ergänzt werden, andererseits nicht unbesehen auf § 53 BDSG rekurriert wird, der nur im Anwendungsbereich des § 45 BDSG Geltung hat.

19. Zusammenarbeit. Datenschutzrechtliche Pflichten lassen sich nicht ohne Weiteres gegen, sondern nur zusammen mit dem Normadressaten erfolgreich durchsetzen. Dieser Erkenntnis trägt das **Kooperationsprinzip** des Art. 31 DS-GVO Rechnung (Paal/Pauly/Martini DS-GVO Art. 31 Rn. 4). Dieses Prinzip sollte im Verhältnis der gemeinsam Verantwortlichen zueinander fortwirken und die Parteien wechselseitig zur Unterstützung bei und Information über aufsichtsbehördliche Anfragen und Verfahren verpflichten.

20. Datenpannen. Besondere Bedeutung erlangt die reibungslose Kooperation zwischen den Parteien im Falle einer Datenpanne. Eine dem im Verhältnis zwischen Verantwortlichem und Auftragsverarbeiter geltenden Art. 33 Abs. 2 DS-GVO entsprechende Vorschrift für das Verhältnis mehrerer gemeinsam Verantwortlicher enthält die DS-GVO nicht. Angesichts der extrem kurz bemessenen Meldefrist von nur 72 Stunden ab Kenntnis von der **Verletzung des Schutzes personenbezogener Daten** (Art. 33 Abs. 1 DS-GVO), ist es deshalb unerlässlich, dass die gemeinsam Verantwortlichen einander unverzüglich ggf. zur Bewertung oder zur ordnungsgemäßen Meldung eines Vorfalls benötigte Informationen zur Verfügung stellen. Angesichts der möglichen Auswirkungen der Meldung einer Datenpanne auf sämtliche Beteiligte, sollte – soweit angesichts der kurzen Fristen möglich – eine Abstimmung zwischen den gemeinsam für die Verarbeitung Verantwortlichen über Art und Inhalt der Meldung erfolgen.

21. Datenschutz-Folgenabschätzung. Selbst wenn zu Beginn der Verarbeitung eine Verpflichtung zur Durchführung einer **Datenschutz-Folgenabschätzung** nicht besteht, empfehlen sich weitergehende Regelungen zu diesem Komplex. Denn eine Datenschutz-Folgenabschätzung kann aus unterschiedlichen Gründen auch nach Beginn der Verarbeitung erforderlich werden. Dies ist etwa der Fall, wenn sich die Risiken aus den Verarbeitungsvorgängen geändert haben, zB weil eine neue Technologie zum Einsatz kommt oder weil die Verwendung personenbezogener Daten zu einem anderen Zweck erfolgt oder weil sich die Art der verarbeiteten Daten oder die Kategorien betroffener Personen ändern (Art. 29 Gruppe, WP 248 rev.01, S. 16 Abschnitt III.C.).

22. Verarbeitungsverzeichnis. Es muss Transparenz über die im Hinblick auf die Verarbeitungen in gemeinsamer Verantwortlichkeit getroffenen technischen und organisatorischen Maßnahmen bestehen. Dies gilt schon deswegen, weil zumindest eine allgemeine Beschreibung dieser Maßnahmen auch Teil des **Verarbeitungsverzeichnisses der Verantwortlichen** nach Art. 30 Abs. 1 DS-GVO ist.

23. Sicherheit der Verarbeitung. Zu den **technischen und organisatorischen Maßnahmen** rechnen dabei nicht lediglich die Maßnahmen zur Sicherheit der Verarbeitung nach Art. 32 Abs. 1, Abs. 2 DS-GVO. Von entscheidender Bedeutung – gerade im Kontext der Verarbeitung in gemeinsamer Verantwortlichkeit – ist es, dass die Parteien geeignete technische und organisatorische Maßnahmen treffen, um sicherzustellen und den Nachweis dafür erbringen zu können, dass die Verarbeitung als solche datenschutzkonform erfolgt (Art. 24 Abs. 1 DS-GVO). Zentral sind dabei geeignete Verfahren zur Sicherstellung der Rechte der betroffenen Personen (→ Anm. 14).

24. Erweiterung. Gemeinsame Verantwortlichkeit ist nicht in der Weise möglich, dass einer der Beteiligten einer bereits bestehenden gemeinsamen **Verarbeitung für die Vergangenheit „beitritt"**. Für die zukünftige Verarbeitung können indessen weitere Verantwortliche hinzutreten, sofern alle Beteiligten mit Blick auf die Zukunft gemeinsam die Zwecke und Mittel der Verarbeitung festlegen. In diesem Fall müssen alle betroffenen Personen nach Art. 26 Abs. 2 bzw. Art. 13 Abs. 3 DS-GVO neu informiert werden (DSK-Kurzpapier Nr. 16, S. 3).

25. Auftragsverarbeiter. Die **Hinzuziehung weiterer Verarbeiter** ist geeignet, die Risiken einer auf mehrere Akteure verteilten Datenverarbeitung (→ Anm. 4) weiter zu erhöhen. Schon deswegen sind strikte Vorgaben für die Einschaltung von Auftragsverarbeitern anzuraten. Dies gilt insbesondere, falls Auftragsverarbeiter in Drittländern beauftragt werden sollen (→ Anm. 12, 13). Zu berücksichtigen sind auch die erhöhten Haftungsrisiken bei einer weiteren Aufgabenspaltung (Art. 82 DS-GVO). Denn die hier vorgesehene Einstandspflicht für Handlungen eines von einer der Parteien eingeschalteten Auftragsverarbeiters gilt nur im Innenverhältnis der Parteien, verhindert aber nicht die Inanspruchnahme des anderen Verantwortlichen durch betroffene Personen.

26. Auditrechte. Wechselseitige **Auditrechte** einschließlich der Befugnis zur Durchführung von Vor-Ort-Kontrollen am Ort der Datenverarbeitung sind eine wichtige organisatorische Maßnahme zur Sicherstellung der ordnungsgemäßen Datenverarbeitung (vgl. für die Auftragsverarbeitung Art. 28 Abs. 3 S. 2 Buchst. h DS-GVO). Insbesondere in Fällen, in denen eine Verletzung des Schutzes personenbezogener Daten (→ Anm. 20) Missstände offenbart hat, sollten auch gemeinsam Verantwortliche einander derartige Auditrechte zugestehen. So kann die Behebung aufgetretener Mängel nachgewiesen und die gemeinsame Verarbeitung mit neuem Vertrauen fortgesetzt werden.

27. Schadensersatz. Die Regelung zum **Innenausgleich für Schadensersatzansprüche betroffener Personen** orientiert sich an der gesetzlichen Regelung des Art. 82 Abs. 5 DS-GVO. Abweichende Gestaltungen, etwa eine **Freistellungspflicht** auf erstes Anfordern begegnen AGB-rechtlichen Bedenken. Denn eine umfassende Pflicht zur Befriedigung berechtigter Ansprüche und zur Abwehr unbegründeter Ansprüche weicht in nicht unerheblicher Weise von der gesetzlichen Regelung ab. Sie ist insbesondere auch geeignet, der betroffenen Person entgegen der Entscheidung des Gesetzgebers die Durchsetzung ihrer Rechte zu erschweren.

28. Bußgelder. Anders als Art. 82 Abs. 4 DS-GVO für die Schadensersatzhaftung sieht die Bußgeldvorschrift des Art. 83 DS-GVO **keine gesamtschuldnerische Haftung** mehrerer Beteiligter vor. Zwar ist die Aufsichtsbehörde nach Art. 83 Abs. 2 S. 2 Buchst. d DS-GVO aufgefordert, bei der Bußgeldbemessung den Grad der Verantwortung des Verantwortlichen gebührend zu berücksichtigen. Sie kann jedoch gleichwohl gegen beide gemeinsam Verantwortlichen einen Bußgeldbescheid erlassen (§ 41 Abs. 1 S. 1 BDSG iVm § 14 Abs. 1 S. 1 OWiG). Hier setzt die Klausel an, die einen Binnenregress zwischen den Parteien auch im Falle der Verhängung von Bußgeldern vorsieht. Dieser steht allerdings unter dem Vorbehalt, dass die mit einem aus ihrer Sicht ungerechtfertigt hohen Bußgeld belastete Partei zunächst den Bußgeldbescheid anfechten muss und erst dann Regress bei der anderen Partei nehmen kann (Moos Datenschutz/Rothkegel § 5 Rn. 94).

29. **Schriftform.** Das **Schriftformgebot** für jedwede Änderung der Vereinbarung ist angesichts der Transparenzverpflichtungen der Parteien (→ Anm. 14) und ihrer Rechenschaftspflicht (→ Anm. 17) sach- und interessengerecht (zur AGB-rechtlichen Einordnung → Vorb. A.III.11).

30. **Laufzeit.** Die **Laufzeiten von Hauptvertrag und datenschutzrechtlicher Vereinbarung** sollten nicht statisch aneinandergekoppelt werden. Denn die Verpflichtungen aus Art. 26 DS-GVO bestehen fort, solange die Datenverarbeitung in gemeinsamer Verantwortlichkeit andauert (→ Anm. 3).

H. Domainverträge (DENIC)

DENIC-Anträge

1. Domainauftrag

Domainauftrag (Online Registrierung)[1, 2, 3]

* Pflichtfeld

Domaininhaber

❐ Als künftige/r Domaininhaber(in)

❐ Vertreter(in) des/der künftigen Domaininhabers/Domaininhaberin

beauftrage ich hiermit DENICdirect, die Domain

Domain*[3] . . . . .

mit den folgenden Daten zu registrieren:

Domaininhaber(in)[3]

Name:* . . . . .

Bei Person: Vor- und Familienname Bei Organisation: vollständiger Firmierung mit Rechtsform; Beispiel: Muster GmbH

Anschrift:* . . . . .

Beispiel: Musterstraße 19. Die Angabe einer Postfachadresse reicht nicht aus.

PLZ:* . . . . .

Stadt:* . . . . .

Land:* . . . . .

E-Mail:* . . . . .

Rechnungsanschrift/Rechnungsempfänger[3]

Rechnungsanschrift A

❐ Die Rechnungen sollen an den/die Domaininhaber(in) unter dessen/deren oben angegebener Anschrift adressiert und versandt werden.

Ust-IdNr (nur wenn Domaininhaber(in) in einem anderen EU-Mitgliedsland ansässig ist):

. . . . .

Rechnungsanschrift B

❒ **Die Rechnungen sollen an den/die Domaininhaber(in) adressiert und versandt werden, jedoch nicht unter der oben genannten, sondern unter der nachfolgenden Anschrift:**

Rechnungsanschrift:

PLZ: . . . . .

Stadt: . . . . .

Land: . . . . .

Ust-IdNr (nur wenn Domaininhaber(in) in einem anderen EU-Mitgliedsland ansässig ist):

. . . . .

Rechnungsanschrift C

❒ **Die Rechnungen sollen nicht an den/die Domaininhaber(in), sondern an den/die folgende(n) Rechnungsempfänger(in) adressiert und versandt werden:**

Name:

Bei natürlicher Person: Vor- und Familienname
Bei Organisation: vollständige Firmierung mit Rechtsformzusatz; Beispiel: Muster GmbH

Anschrift: . . . . .

PLZ: . . . . .

Stadt: . . . . .

Land: . . . . .

Telefon: . . . . .

Telefax: . . . . .

E-Mail: . . . . .

Ust-IdNr (nur wenn Domaininhaber(in) in einem anderen EU-Mitgliedsland ansässig ist):

. . . . .

Technische Einträge[4]

Auftragstyp

❒ **Nameserver**

❒ **NSentry**

❒ **Technik wird nachgeliefert**

Nameserver/NSentry . . . . .

Nameserver/NSentry . . . . .

Nameserver/NSentry . . . .
Nameserver/NSentry . . . . .

Nameserver/NSentry . . . . .

Anmerkungen

1. Muster Domainauftrag. Das vorliegende Muster beruht auf dem von dem Deutschen Network Information Center eG (DENIC) für einen Domainauftrag zur Verfügung gestellten Online-Registrierungsformular

https://www.denic-services.de/services/denicdirect/domainregistrierung/online-registrierung bzw. Papier-Registrierungsformular

https://direct.secure.denic.de/fileadmin/public/Domains/Formulare/Domainauftrag_DENICdirect_DE.pdf.

Mit diesem Domainauftrag wird die DENIC direkt beauftragt, eine Registrierung einer „.de-Domain" bei sich als Domainverwalter unmittelbar vorzunehmen, weshalb dieser Service als DENICdirect bezeichnet wird.

Als Alternative bietet sich auch ein Domainauftrag über einen Dienstleister – sog. Internet Service Provider (ISP) – an. Diese Dienstleister bieten zusätzlich Internetdienste wie Web-Space, E-Mail-Adressen oder Name-Services sowie die erforderliche technische Infrastruktur zur Nutzung einer Domain an. ISPs sind oftmals selbst Mitglied der DENIC – siehe: https://www.denic.de/mitgliederliste –. Diese Dienstleister stellen eigene Muster für Domainaufträge zur Verfügung.

Erfolgt die Registrierung einer „.de-Domain" über einen ISP, kommt gleichwohl die Registrierungsvereinbarung zwischen der DENIC und dem Domaininhaber zustande (Ziff. II DENIC-Domainrichtlinie).

2. Domainauftrag. Ein Domainauftrag stellt das verbindliche Vertragsangebot des künftigen Domaininhaber dar. Dieses Angebot wird von der DENIC durch die erfolgreiche Registrierung der beauftragten Domain angenommen (§ 1 Abs. 1 S. 2 DENIC-Domainbedingungen). Die erfolgreiche Registrierung erfolgt durch Aufnahme der Domain und ihre technischen Daten in den Nameserver (sog. Konnektierung). Erfolgt der Domainauftrag über einen ISP, so steht dieser Domainauftrag unter der auflösenden Bedingung der Weitergabe der erforderlichen technischen Daten an DENIC (§ 1 Abs. 1 S. 3 DENIC-Domainbedingungen).

Wird der Domainauftrag unmittelbar an die DENIC erteilt, so wird die Domain von der DENIC im Verhältnis zu dem Domaininhaber unmittelbar verwaltet. Erfolgt der Domainauftrag über einen ISP, wird die Domain von dem ISP verwaltet; in diesem Fall erfolgt die Kommunikation zwischen DENIC und dem Domaininhaber über den ISP (§ 1 Abs. 2 DENIC- Domainbedingungen).

Für den Domainvertrag gelten die DENIC- Domainbedingungen http://www.denic.de/domainbedingungen.html (Ziff. IV (3) DENIC-Domainrichtlinie).

Gegenstand des Domainauftrages ist eine „.de-Domain" – bestehend aus der Top Level Domain (TLD) „de" und einem Domain-Namen. Die TLD „de" steht für Deutschland und ist damit eine länderspezifische Domain. Es wird zwischen verschiedenen TLDs unterschieden: „ccTLD" steht für „country code" TLD – Bsp.: .eu, .it, .de –; „gTLD" steht für „generische" TLDs – Bsp.: .com, .org – oder „nTLD" steht für „neue" TLDs – Bsp.: .berlin, .cloud –. Gegenstand eines Domainauftrages an DENIC kann nur die „.de" TLD sein. Jedoch kann der Domainname als SLD über einen ISP auch mit anderen TLDs kombiniert werden. Der Domain-Name, auch als Second Level Domain (SLD) bezeichnet, kann aus Buchstaben, Zeichen und/oder Zahlen bestehen – Bsp.: beck-online.de –.

Der zunehmend weniger, da nicht mehr erforderliche Zusatz „www" – Abkürzung für World Wide Web – wird als Third Level Domain bezeichnet und ist damit sog. „Subdomain" zur SLD – Bsp. www.domainname.de –.

Gegenstand dieses Domainauftrages können nicht ENUM-Domains sein. Hierbei handelt es sich um Telefonnummern als Domain, über die Internet- und Telekommunikationsdienste verfügbar gemacht werden. Ein Domainauftrag erfolgt über einen ISP. Hierfür gelten die gesonderten DENIC-ENUM-Domainbedingung https://www.denic.de/domains/enum-domains/enum-domainbedingungen und DENIC-ENUM-Domainrichtlinien.

3. Registrierungsvoraussetzungen. a) Domain. Als Domain wird die Kombination aus Domain-Name bzw. Second Level Domain (SLD) und Top-Level Domain (TLD) „.de" bezeichnet. Die menschenlesbaren Domain-Namen, eine Zeichenfolge aus Buchstaben, Zeichen und Zahlen, werden mithilfe eines Domain Name Systems (DNS) in maschinenlesbare Server-IP-Adressen umgewandelt. Damit alle Domains mit der Länderkennung „de" verfügbar sind, werden diese von der DENIC über sog. Namensserver konnektiert.

In den DENIC- Domainrichtlinien ist festgelegt, aus welchen Zeichen ein Domain-Name bestehen kann (Ziff. V (1) DENIC- Domainrichtlinien). Ein Domain-Name kann aus Ziffern (0–9), Bindestrichen, den lateinischen Buchstaben A bis Z und weiteren Buchstaben – die im Anhang zu den DENIC-Domainrichtlinien aufgelistet sind – bestehen https://www.denic.de/domains/de-domains/domainrichtlinien/. Die Mindestlänge eines Domain-Namen beträgt ein Zeichen und die Höchstlänge 63 Zeichen (Ziff. V (2) DENIC-Domainrichtlinien). Bindestriche dürfen nicht an der ersten Stelle, an der letzten Stelle sowie an dritter und vierter Stelle einer Domain stehen.

Die Abfrage der Verfügbarkeit einer Domain kann über die „WHOIS" Domainabfrage erfolgen – https://webwhois.denic.de/.

b) Domaininhaber. Eine Domain wird auf den Dateninhaber registriert. Der Domaininhaber ist der Vertragspartner der DENIC. Der Domaininhaber – gleichgültig ob natürliche oder juristische Person – ist der materiell Berechtigte an der Domain (Ziff. VI DENIC-Domainrichtlinie).

Wesentlich ist, dass ein Domaininhaber einer „de.-Domain" seinen Sitz nicht in Deutschland haben muss. Jedoch hat der Domaininhaber auf Aufforderung der DENIC einen in Deutschland ansässigen Zustellungsbevollmächtigten zu benennen (§ 3 Abs. 4 DENIC-Domainbedingungen).

Die Abfrage des Domaininhabers ist seit Einführung der DSGVO für Dritte mittels der „WHOIS" Domainabfrage nicht mehr möglich. Die DENIC erteilt nur noch entsprechend seiner gesetzlichen Pflichten Auskünfte zum Domaininhaber. Zum einen an Behörden im Rahmen ihrer hoheitlichen Tätigkeit (etwa im Bereich der Strafverfolgung, Gefahrenabwehr oder Pfändungsverfügung). Zum anderen auf Basis von Einzelfallprüfungen, gegen Nachweis eines berechtigten Interesses, an Inhaber eines Namens- oder Kennzeichenrechts, das durch die Domain möglicherweise verletzt wird, an Anspruchsteller, die im Besitz eines vollstreckbaren Titels sind und die zivilrechtliche Pfändung der domainvertraglichen Ansprüche des Domaininhabers beabsichtigen, oder an Insolvenzverwalter über das Vermögen eines (mutmaßlichen) Domaininhabers. Für alle diese Fälle stellt die DENIC jeweils ein Abfrage-Formular zur Verfügung – https://www.denic.de/service/whois-service/anfragen-dritter-zu-inhaberdaten.

c.) Rechnungsempfänger/Rechnungsanschrift. Der Domainauftrag erfragt dezidierte Angaben zum Rechnungsempfänger und zur Rechnungsanschrift. Dies hat u.a. zwei wesentliche Gründe: Zum einen ruht die Vergütungspflicht des Domaininhabers gegenüber der DENIC, wenn die Domain durch ein DENIC-Mitglied (ISP) verwaltet wird, bis das DENIC-Mitglied die Verwaltung der Domain wieder aufgibt (§ 4 DENIC-Domainbedingungen); deshalb sieht das Muster die Alternativen B) und C) zu Rechnungsempfänger und Rechnungsanschrift vor, aufgrund dessen der Domaininhaber die Rechnung von DENIC nicht erhält. Zum anderen kann die DENIC den Domainvertrag kündigen, wenn der Domaininhaber die Domainentgelte unmittelbar an die DENIC zu zahlen hat und er dieser Verpflichtung nicht nachkommt; das gilt für die Alternative A) des Musters der Direktverwaltung durch den Domaininhaber (§ 7 Abs. 2 lit. j) DENIC-Domainbedingung) oder für den Fall, dass die Vergütungsverpflichtung wieder auflebt (§§ 4, 7 Abs. 2 lit. k) DENIC-Domainbedingungen).

4. **Technische Einträge.** Die technischen Einträge sind erforderlich, damit eine Domain erreichbar ist. Es gibt zwei Möglichkeiten eine „.de-Domain" zu konnektieren, über Nameserver-Eintrag oder durch NSentry-Eintrag.

Der Nameserver-Eintrag dient zur Registrierung bei den Nameservern, an die die Domain delegiert werden soll. Es sind mindestens zwei Nameserver erforderlich, die ständig und über redundante Wege erreichbar sein müssen.

Alternative können NSentry-Einträge vorgenommen werden. Ein NSentry-Eintrag erfolgt auf den .de-Namensservern, dh die Konnektierung erfolgt direkt bei der DENIC. Es können bis zu fünf NSentry-Einträge vorgenommen werden. Bei dieser Option ist die Bereitstellung eigener Nameserver nicht notwendig.

Die DENIC stellt hierzu die erforderlichen Informationen zur Verfügung – https://www.denic.de/domains/de-domains/registrierung/nameserver-und-nsentry-eintraege.

2. .de-Domain-Löschungs-Antrag

.de-Domain – Löschung (für DENICdirect-Kunden)[1, 2]

Ihr Vertragspartner:

DENIC eG, Frankfurt am Main

Ihr Auftrag wird bearbeitet von:

DENIC Services GmbH & Co KG

CAYA Postbox 683841

96035 Bamberg

Telefax: +49 6151 62 90 943

E-Mail: direct@denic-services.de

Bitte in Blockschrift ausfüllen!

Als

❒ Inhaber(in)

❒ Vertreter(in) desInhabers/der Inhaberin

der Domain

. . . . .de

für die folgende Inhaberdaten gespeichert sind:

Name: . . . . .
Anschrift: . . . . .

PLZ: . . . . . Stadt: . . . . .
Land: . . . . .
E-Mail: . . . . .

bitte ich darum, diese Domain

❒ sofort zu löschen. ❒ zum Ende der bezahlten Pflegezeit zu löschen.

Mir ist bewusst, dass der/die Domaininhaber(in) mit Löschung der Domain seine/ihre Inhaberposition verliert und die Domain (ggf. nach Ablauf der Redemption Grace Period nach Ziffer II Absatz 2 der DENIC-Domainrichtlinien) für jedermann zur Registrierung zur Verfügung steht.

Sofern ich nicht selbst der/die Domaininhaber(in), sondern sein(e)/ihr(e) gesetzliche(r) Vertreter(in) oder Bevollmächtigte(r) bin, füge ich diesem Auftrag einen Nachweis meiner gesetzlichen Vertretungsmacht beziehungsweise eine Vollmacht bei. Ich bin mir darüber im Klaren, dass DENICdirect diesen Auftrag andernfalls nicht bearbeiten kann.

. . . . .

Vor- und Nachname des Unterzeichnenden in Blockschrift

. . . . .

Telefonnummer des Unterzeichnenden für etwaige Nachfragen; Angabe freiwillig

. . . .

Ort und Datum Unterschrift und ggf. Stempel

Anmerkungen

1. Muster .de-Domain-Löschungs-Antrag. Das vorliegende Muster beruht auf dem von dem Deutschen Network Information Center (DENIC) für einen .de-Domain-Löschungs-Antrag zur Verfügung gestellten Formular https://www.denic.de/fileadmin/public/Domains/Formulare/DENIC_Loeschung_Direct.pdf.

Dieser Domain-Löschungs-Antrag wird von der DENIC für Domaininhaber einer .de-Domain zur Verfügung gestellt, die unmittelbar Kunden des DENICdirect Services sind.

Domaininhaber, die über einen Internet Service Provider (ISP) ihre de.Domain verwalten lassen, müssen den Domain-Löschungs-Antrag bei ihrem ISP stellen, der den Antrag an die DENIC weiterleitet. Die ISP stellen hierfür ihr eigenes Muster für einen Löschungsantrag zur Verfügung. Zu beachten ist, dass die DENIC diese Löschungsanträge von einem ISP entgegennimmt, der nachweislich die zu löschende Domain aktuell verwaltet. Da nur der die Domain aktuell verwaltende ISP die Berechtigung des Antragstellers prüfen kann, soll damit eine missbräuchliche Löschung einer Domain Dritte vermieden werden.

2. Löschungsverfahren. Der Löschungsantrag des Domaininhabers stellt eine Kündigung des Domainauftrages im Verhältnis zu der DENIC dar. Der Domaininhaber verliert damit seine Rechtsstellung und sämtliche Rechte an der Domain.

Entsprechend dem Muster der DENIC kann die Kündigung alternativ auf zwei Beendigungszeitpunkte gerichtet sein: a) mit sofortiger Wirkung oder b) zum Ablauf der bezahlten Pflegezeit. Hintergrund dieser Alternativität der Umstand, dass eine Domainauftrag auf unbestimmte Zeit abgeschlossen wird (§ 7 Abs. 1 S. 1 DENIC-Domainbedingungen) und es deshalb grundsätzlich einer Kündigungserklärung bedarf. Der Zeitpunkt der Kündigung zum Ablauf der bezahlten Pflegezeit leitet sich aus dem Grundsatz her, dass ein Domainauftrag von der DENIC nur so lange ausgeführt wird, als die Zahlungen der Domainentgelte an die DENIC erfolgen.

Zu beachten ist, dass sich an den Zeitpunkt der Löschung der Domain eine Karenzzeit von 30 Tagen anschließt, die sog. *Redemption Grace Period* (RGP). Der Hinweis auf eine bestehende RGP erfolgt bei einer Domainabfrage. Während der Karenzzeit kann die Domain nur für den letzten Domaininhaber oder einen von ihm bestimmten Dritten erneut registriert werden. Erst nach Ablauf der RGB kann ein Dritter bezogen auf die gelöschte Domain einen Domainauftrag erteilen.

3. .de-Domain-Providerwechsel-Antrag

.de-Domain-Providerwechsel-Antrag[1, 2, 3]

Ihr Vertragspartner:

DENIC eG, Frankfurt am Main

Ihr Auftrag wird bearbeitet von:

DENIC Services GmbH & Co KG

CAYA Postbox 683841
96035 Bamberg

Telefax: +49 6151 62 90 943
E-Mail: direct@denic-services.de

Bitte in Blockschrift ausfüllen!

Als

❐ Inhaber(in)

❐ Vertreter(in) des/der Inhabers/Inhaberin

der Domain

. . . . . .de

für die gegenwärtig folgende Inhaberdaten gespeichert sind:

Name: . . . . .

Anschrift: . . . . .

PLZ: . . . . . **Stadt:** . . . .

Land: . . . . .

E-Mail: . . . . .

beauftrage ich hiermit DENICdirect, die Verwaltung der Domain zu übernehmen.

Inhaber und technische Daten

❒ **Die bei DENIC gespeicherten Daten sollen unverändert bleiben. (Weiter bei Rechnungsempfänger)**

❒ **DENIC soll die folgenden Datenänderungen vornehmen:**

Domaininhaber(in)

Neuer Name:	. . . . .
	Bei natürlicher Person: Vor- und Familienname
	Bei Organisation: vollständige Firmierung mit Rechtsformzusatz; Beispiel: Muster GmbH
Neue Anschrift:	. . . . .
	Beispiel: Musterstraße 19. Die Angabe einer Postfachadresse reicht nicht aus.

Neue PLZ: . . . . . **Neue Stadt:** . . . . .

Neues Land: . . . . .

Neue E-Mail: . . . . .

Technische Einträge

Auftragstyp: ❒ **Nameserver** ❒ **NSentry** ❒ **Technik wird nachgeliefert**

Nameserver/NSentry . . . . .

Nameserver/NSentry . . . . .

Nameserver/NSentry . . . . .

Nameserver/NSentry . . . . .

Nameserver/NSentry . . . . .

Rechnungsanschrift/Rechnungsempfänger

❒ **Die Rechnungen sollen an den/die Domaininhaber(in) unter dessen/deren bei DENIC gespeicherter Anschrift (ggf. mit den oben angeführten Änderungen) adressiert und versandt werden.**

Datenschutzrechtlicher Hinweis:

Sollen die Rechnungen an den/die Domaininhaber(in) adressiert und versandt werden, speichert DENIC die Daten des Domaininhabers – ggf. abweichend von Ziffer VII Absatz 2 der DENIC-Domainrichtlinien – aufgrund gesetzlicher Aufbewahrungspflichten mindestens bis zum Ablauf des zehnten vollen Kalenderjahres nach Begleichung oder Stornierung der letzten an den/die Domaininhaber(in) adressierten Rechnung.

Ust-IdNr (nur wenn Domaininhaber(in) in einem anderen EU-Mitgliedsland ansässig ist):

. . . . .

❐ Die Rechnungen sollen an den/die Domaininhaber(in) unter der nachfolgenden Anschrift adressiert und versandt werden:

Anschrift: . . . . .

PLZ: . . . . . **Stadt:** . . . . .

Land: . . . . .

Ust-IdNr (nur wenn Domaininhaber(in) in einem anderen EU-Mitgliedsland ansässig ist):

. . . . .

❐ Die Rechnungen sollen nicht an den/die Domaininhaber(in), sondern an den/die folgende(n) Rechnungsempfänger(in) adressiert und versandt werden.

Name: . . . . .

Bei natürlicher Person: Vor- und Familienname

Bei Organisation: vollständige Firmierung mit Rechtsformzusatz; Beispiel: Muster GmbH

Anschrift: . . . . .

PLZ: . . . . . **Stadt:** . . . . .

Land: . . . . .

Telefon*: . . . . .

Telefax*: . . . . .

E-Mail*: . . . . .

***Angabe optional**

Ust-IdNr (nur wenn Domaininhaber(in) in einem anderen EU-Mitgliedsland ansässig ist):

. . . . .

[Danteschutzbelehrung ausgelassen]

Die DENIC-Domainbedingungen (. . . . . .), die DENIC-Domainrichtlinien (. . . . .) sowie die DENIC-Preisliste (. . . . .) habe(n) ich/wir gelesen. Ich/wir erkenne(n) sie als Bestandteil des Domainvertrags an. Insbesondere habe(n) ich/wir die Datenschutzhinweise in Ziffer VII der DENIC-Domainrichtlinien und § 8 der DENIC-Domainbedingungen zur Kenntnis genommen. Als Vertreter/in des/der künftigen Domaininhabers/-in habe ich diese Dokumente auch dem/der künftigen Domaininhaber/in zur Kenntnis gebracht.

Sofern ich nicht selbst der/die Domaininhaber(in), sondern sein(e)/ihr(e) gesetzliche(r) Vertreter(in) oder Bevollmächtigte(r) bin, füge ich diesem Auftrag einen Nachweis meiner gesetzlichen Vertretungsmacht beziehungsweise eine Vollmacht bei. Ich bin mir darüber im Klaren, dass DENICdirect diesen Auftrag andernfalls nicht bearbeiten kann.

. . . . .

Vor- und Nachname des Unterzeichnenden in Blockschrift

. . . . .

Telefonnummer des Unterzeichnenden für etwaige Nachfragen; Angabe freiwillig

. . . . .

Ort und Datum Unterschrift und ggf. Stempel

Bitte beachten Sie:

Bevor wir den Providerwechsel starten können, muss der/die Domaininhaber(in) zunächst bei seinem/ihrem gegenwärtig die Domain verwaltenden Provider ein Providerwechsel-Passwort (AuthInfo) für die Domain setzen lassen. Diese AuthInfo ist maximal 30 Tage gültig.

. . . . .

Nennen Sie uns hier die AuthInfo, die der/die Domaininhaber(in) bei dessen/deren jetzigem Provider für die Domain hinterlegt hat.

Anmerkungen

1. Muster .de-Domain-Providerwechsel-Antrag. Das vorliegende Muster beruht auf dem von dem Deutschen Network Information Center e.G. (DENIC) für einen .de-Domain-Providerwechsel-Antrag zur Verfügung gestellten Formular https://direct.secure.denic.de/fileadmin/public/Domains/Formulare/DENIC-Providerwechsel_Direct_DE.pdf.

Dieser Domain-Providerwechsel-Antrag wird von der DENIC für Domaininhaber einer .de-Domain zur Verfügung gestellt, die unmittelbar Kunden des DENICdirect Services werden wollen.

Domaininhaber, die über einen Internet Service Provider (ISP) ihre de.Domain verwalten lassen und zu einem anderen ISP wechseln wollen, müssen den Domain-Providerwechsel-Antrag bei ihrem ISP stellen, der den Antrag an die DENIC weiterleitet.

2. Providerwechselverfahren. Ein Providerwechsel erfolgt über eine von der DENIC verwaltetes sog. „passwort-geschütztes AuthInfo-Verfahren". Das Verfahren basiert auf einem „Providerwechsel-Passwort" (AuthInfo).

Für einen Providerwechsel muss ein AuthInfo von der DENIC für die betreffende .de-Domain gesetzt werden. Dieses AuthInfo ist nur 30 Tage gültig.

Die DENIC will mit diesem von ihr administrierten Verfahren sicherstellen, dass die Domain fortlaufend erreichbar bleibt. Deshalb wird schon in dem Muster aE die Angabe der „Authinfo" abgefragt, damit die DENIC mit der Authinfo sofort den Providerwechsel vollziehen kann.

Das AuthInfo-Verfahren verläuft in drei Stufen:

1. Der Domaininhaber lässt über seinen ISP oder – sofern sein ISP nicht reagiert, nicht mehr existiert oder nicht erreichbar ist – von der DENIC ein AuthInfo setzen.
2. Der Domaininhaber teilt die AuthInfo der DENIC mit, um einen Providerwechsel zur DENIC vorzunehmen. (Alternativ wird dieses Verfahren auch für den Providerwechsel von einem ISP zu einem andern ISP genutzt. Dann teilt der Domaininhaber die AuthInfo seinem neuen ISP mit, der gegenüber der DENIC einen Providerwechselauftrag mit der AuthInfo stellt).
3. DENIC prüft die AuthInfo und führt die neue Konnektierung durch – siehe https://www.denic.de/domains/de-domains/providerwechsel/erzeugung-und-hinterlegung-einer-authinfo.

3. Providerwechsel zur DENIC. Wie bei einem Domainauftrag sind Rechnungsempfänger und Rechnungsanschrift festzulegen sowie die technischen Einträge gegenüber der DENIC mitzuteilen.

Bei einem Providerwechsel zur DENIC können zugleich Datenänderungen zum Domaininhaber vorgenommen werden. Damit ist auch die Benennung eines neuen Domaininhabers möglich. Obwohl das Formular es nicht vorsieht, wird wohl in diesem Fall eine Erklärung des neuen Domaininhabers zu erfolgen haben, da es sich wohl rechtlich um eine Vertragsübernahme iSd BGB handelt, bei der die Mitwirkung aller Beteiligten erforderlich ist (BeckOGK/B. Koch BGB § 12 Rn. 379 ff.).

4. Dispute-Antrag

DISPUTE-Antrag[1, 2]

DENIC eG

Rechtsabteilung Theodor-Stern-Kai 1

60596 Frankfurt

Dieser Antrag wird nur bearbeitet, wenn er DENIC im Original vorliegt! Eine zusätzliche Übermittlung auf anderem Wege (Telefax, E-Mail etc.) verzögert die Bearbeitung!

Hiermit beantrage ich die Einrichtung eines DISPUTE-Eintrags für die Domain

. . . . .

zugunsten von

Name/Firma: . . . . .

Straße/Hausnr.: . . . . .

PLZ/Ort: . . . . .

E-Mail: . . . . .

(DISPUTE-Antragsteller(in)). Sofern ich nicht selbst der/die DISPUTE-Antragsteller(in) bin, versichere ich, sein(e)/ihr(e) gesetzliche(r) Vertreter(in) oder von ihm/ihr zu diesem DISPUTE-Antrag bevollmächtigt zu sein, und bin mir darüber im Klaren, dass DENIC

die weitere Bearbeitung von der Vorlage eines Nachweises der gesetzlichen Vertretungsmacht oder einer Vollmacht abhängig machen kann.

Der/die DISPUTE-Antragsteller(in) hat von DENIC innerhalb des letzten Monats Auskunft über den/die Inhaber(in) der Domain erhalten. Eine Kopie der entsprechenden E-Mail von DENIC ist in der Anlage beigefügt.

Dem/der DISPUTE-Antragsteller(in) kommt ein absolutes Recht zu (beispielsweise ein Namens- oder Kennzeichenrecht), das nach seiner/ihrer Auffassung durch die Domain verletzt wird. Unterlagen zur Glaubhaftmachung dieses Rechts sind in der Anlage beigefügt.

Der/die DISPUTE-Antragsteller(in) versichert, dass er/sie deshalb mit dem/der Domaininhaber(in) eine rechtliche Auseinandersetzung führt bzw. unverzüglich beginnen wird, um die Löschung oder Übertragung der Domain zu erreichen.

Sobald diese Auseinandersetzung abgeschlossen ist, werde ich oder der/die DISPUTE-Antragsteller(in) DENIC davon unverzüglich in Kenntnis setzen, damit der DISPUTE-Eintrag aufgehoben werden kann. Es ist mir klar, dass der DISPUTE- Eintrag auf ein Jahr befristet ist und danach ohne besondere Ankündigung endet, sofern nicht rechtzeitig (i. e. mindestens vier Wochen vor Ablauf) seine Verlängerung beantragt wird. Ebenso ist mir bewusst, dass DENIC den DISPUTE-Eintrag vorzeitig aufheben kann, wenn Tatsachen bekannt werden, die seine Aufrechterhaltung als unbegründet erscheinen lassen.

Haftungsfreistellung: Unbeschadet aller darüber hinausgehenden Ansprüche und Rechte stellt der/die DISPUTE- Antragsteller(in) DENIC und das die Domain verwaltende DENIC-Mitglied von allen im Zusammenhang mit dem DISPUTE- Eintrag erhobenen Ansprüchen Dritter einschließlich der Kosten einer etwaigen angemessenen Rechtsverteidigung vollständig und unbedingt frei.

Sofern der/die DISPUTE-Antragsteller(in) infolge einer Löschung der Domain deren Inhaber(in) wird, kommt der Domainvertrag (unbeschadet der Möglichkeit, die Domain durch einen Provider verwalten zu lassen) zwischen DENIC und dem/der DISPUTE-Antragsteller(in) unter Geltung der DENIC-Domainrichtlinien und -bedingungen zustande (abrufbar unter www.denic.de/domainrichtlinien und www.denic.de/domainbedingungen).

. . . . . **. . . .**

Ort und Datum **Rechtsverbindliche Unterschrift und ggf. Stempel**

. . . . .

Vor- und Nachname des/der Unterzeichnenden in Blockschrift

. . . . .

E-Mail, Telefonnummer, Faxnummer des/der Unterzeichnenden für etwaige Nachfragen

Anmerkungen

1. Muster .de-Domain-Dispute-Antrag. Das vorliegende Muster beruht auf dem von dem Deutschen Network Information Center e.G. (DENIC) für einen .de-Domain-Dispute-Antrag zur Verfügung gestellten Formular https://www.denic.de/fileadmin/public/documents/legal/DISPUTE_Antragsformular.pdf.

Zu beachten ist der Bearbeitungshinweis – wird nur bearbeitet (!) – auf dem Muster-Formular, dass die DENIC für die Bearbeitung des Antrags die Übersendung im Original fordert.

2. Disputeverfahren. a) Sinn und Zweck des Dispute-Antrages. Ziel eines Dispute-Antrages ist der sog. Dispute-Eintrag im Domainregister der DENIC. Ein Dispute-Eintrag verhindert nicht die weitere Nutzung der streitbefangenen Domain durch den Domaininhaber (§ 3 Abs. 3 S. 3 DENIC-Domainbedingungen). Jedoch blockiert ein Dispute-Eintrag die Übertragung einer Domain durch den Domaininhaber auf einen Dritten (§ 6 Abs. 1 DENIC-Domainbedingungen). Damit kommt dem Dispute-Eintrag für eine streitbefangene Domain eine wichtige praktische Bedeutung im doppelten Sinne zu: Zum einen kann sich der Domaininhaber nicht einer kennzeichenrechtlichen Auseinandersetzung entziehen, indem er die streitbefangene Domain auf einen Dritten überträgt. Zum anderen kann die Übertragung der streitbefangenen Domain nur auf den Inhaber des Dispute-Eintrags erfolgen.

Im Falle der Löschung der Domain durch den Domaininhaber erhält der Inhaber des Dispute-Eintrags den Konnektierungsanspruch gegenüber der DENIC. Der Dispute-Eintrag verleiht eine Rangstellung zugunsten des Inhabers des Dispute-Eintrags. Damit wird verhindert, dass der Domaininhaber die Domain durch einen Löschungsantrag freigibt und ein Dritter nach dem Prinzip „first come – first serve" einen Domainauftrag erteilen kann, um dem Inhaber des Dispute-Eintrags zuvorzukommen.

b) Formelle Voraussetzungen des Dispute-Antrages. Die DENIC verlangt vom Antragsteller des Dispute-Antrages den Nachweis, innerhalb des letzten Monats vor Antragstellung eine Auskunft der DENIC über den Domaininhaber der streitbefangenen Domain auf sein Auskunftsersuchen gestellt zu haben. Hierzu hat der Antragsteller bei der DENIC einen Antrag auf Auskunft zu den Domaininhaber Daten der streitbefangenen Domain zu stellen, wozu die DENIC ein Formular bereitstellt – https://www.denic.de/fileadmin/public/downloads/Domaindatenanfrage/Antrag_Domaindaten_Rechteinhaber.pdf –. Als formelle Voraussetzung des Verfahrens ist dem Dispute-Antrag sodann eine Kopie der von der DENIC erteilten Auskunft als Anlage beizufügen.

Als weitere formelle Voraussetzung verlangt die DENIC, dass dem Dispute-Antrag Unterlagen als Anlage beigefügt werden, die eine Verletzung eines absoluten Rechts – u. a. Namens- und Kennzeichnungsrecht – des Antragstellers durch die streitbefangene Domain glaubhaft machen. Da bereits dem Auskunftsersuchen an die DENIC zum Domaininhaber Unterlagen zur Glaubhaftmachung eines Verletzungstatbestandes beigefügt sein müssen, können diese Unterlagen nochmals als Anlage dem Dispute-Antrag beigefügt werden. Eine weitergehende Substantiierung des Verletzungstatbestandes im Hinblick auf die materielle Prüfungspflicht der DENIC ist sicherlich hilfreich und anzuraten.

Als letzte formelle Voraussetzung muss der Antragsteller mit seinem Dispute-Antrag gegenüber der DENIC versichern, dass er mit dem derzeitigen Domaininhaber bereits eine rechtliche Auseinandersetzung führt bzw. unverzüglich damit beginnen wird, um die Freigabe der streitbefangenen Domain zu erreichen. Hierzu genügt die Zusicherung des Antragstellers. Die Vorlage von Anlagen ist keine formelle Voraussetzung. Bei der rechtlichen Auseinandersetzung muss es sich um kein formelles Verfahren handeln; ein außergerichtliches Aufforderungsschreiben ist zunächst ausreichend.

Alle weiteren von der DENIC im Dispute-Antrag vom Antragsteller abgeforderten Erklärungen sind keine formellen Voraussetzungen für die Erteilung des begehrten Dispute-Eintrags. Soweit die DENIC vom Antragsteller verlangt, die DENIC über den Abschluss einer rechtlichen Auseinandersetzung mit dem derzeitigen Domaininhaber unverzüglich zu informieren und eine Haftungsfreistellung zugunsten der DENIC und des die Domain verwaltenden DENIC-Mitgliedes zu erklären, versucht die DENIC damit lediglich ihr Haftungsrisiko im Zusammenhang mit ihrer Entscheidung über den Dispute-

Eintrag gegenüber dem Antragsteller des Dispute-Antrags zu minimieren. Tatsächlich besteht zugunsten der DENIC ein Freistellungsanspruch gegenüber dem Domaininhaber (§ 5 Abs. 4 DENIC-Domainbedingungen), der wohl der DENIC auch in Bezug auf einen Dispute-Antrag eine Möglichkeit eines Haftungsrückgriffs auf den Domaininhaber eröffnet.

c) **Materielle Voraussetzungen des Dispute-Antrages.** Die Glaubhaftmachung einer Verletzung eines absoluten Rechts – u.a. Namens- und Kennzeichnungsrecht – des Antragstellers durch die streitbefangene Domain ist zudem auch materielle Voraussetzungen des Dispute-Antrages. Denn die Veranlassung eines Dispute-Eintrags durch die DENIC stellt eine Verfügungsbeschränkung zu Lasten des Domaininhabers dar, während die Zurückweisung eines Dispute-Antrages durch die DENIC eine Beeinträchtigung eines Rechts des Antragstellers bewirken kann. Mithin setzt die Entscheidung über einen Dispute-Antrage eine materiellrechtliche Prüfung im Einzelfall voraus, ob einer Domain neben der technischen Adressfunktion eine kennzeichenrechtliche Funktion zukommt. Eine kennzeichenrechtliche Funktion kann auf Grund der Art und des Aussagegehalts des gewählten Domainnamens bestehen – etwa wenn der Domainname aus einem Personennamen, einem Firmennamen oder einem Städtenamen gebildet wird – oder sich aus dem Sachzusammenhang zwischen dem Domainnamen einerseits und dem Inhalt der Homepage sowie der Webseiten andererseits ergeben (Übersicht zur Rechtsprechung und Entscheidungspraxis zu Verletzungen von Marken, geschäftlichen Bezeichnungen, Unternehmenskennzeichen, Werktiteln, geographischen Herkunftsangaben durch Domainnamen und zu Verwechselungsschutz, Freihaltebedürfnis und Unterscheidungskraft bei Domainnamen – siehe Fezer MarkenR/Fezer/Hauck Einleitung in das deutsche, europäische und internationale Marken- und Kennzeichenrecht Rn. 361 ff.)

aa) Materielle Prüfungspflicht DENIC

Die Entscheidung der DENIC über einen Dispute-Antrag greift in die Rechte der sich gegenüberstehenden Parteien ein. Dies wirft die Frage nach Art und Umfang einer materiellen Prüfungspflicht der DENIC infolge einer möglichen Haftung der DENIC auf.

Die DENIC hat eine sehr privilegierte Haftungsstellung, die der BGH vor allen Dingen damit begründet, dass die DENIC mit der Vergabe der Domains im Allgemeininteresse und darüber hinaus auch ohne Gewinnerzielungsabsicht handelt (BGH MMR 2012, 529 Rn. 25 – regierung-oberfranken.de). In Betracht kommt jedoch eine eingeschränkte Prüfungspflicht infolge einer Störerhaftung der DENIC (MüKo BGB/Heine § 12 Rn. 294 mwN; BeckOGK/B. Koch BGB § 12 Rn. 280 ff. mwN). Nach jüngster Rechtsprechung gelten für die Haftung von Domain-Registraren die für Accessprovider geltenden Grundsätze. So tritt die Störerhaftung des Registrars ein, wenn der Registrar ungeachtet eines Hinweises auf eine klare und ohne weiteres feststellbare Rechtsverletzung die Dekonnektierung unterlässt (BGH GRUR-RS 2020, 32442 Rn. 28 – Störerhaftung des Registrars). Eine Rechtsverletzung ist offenkundig und ohne Weiteres feststellbar, nicht nur wenn ein rechtskräftiger gerichtlicher Titel vorliegt, sondern auch wenn sie derart eindeutig ist, dass sie sich den Sachbearbeitern der DENIC aufdrängen muss (BGH MMR 2012, 529 (531) – regierung-oberfranken.de). Demnach wird in jedem Einzelfall die Frage einer offenkundigen Verletzung der Rechte des Antragstellers von der DENIC zu prüfen sein. Zur Führung von sog. Negativlisten, durch die bestimmte Kennzeichen für eine Registrierung gesperrt werden, kann die DENIC nicht verpflichtet werden (Hoeren/Sieber/Holznagel MMR-HdB/Hoeren Teil 18.2 Rn. 92).

Für den Antragsteller des Dispute-Antrages bedeutet dies, dass die Glaubhaftmachung einer Verletzung eines absoluten Rechts durch die streitbefangene Domain hinreichend substantiiert sein muss, um der DENIC eine materielle Prüfung eines Verletzungstatbestandes zu ermöglichen. Im Falle einer nachgewiesenen offenkundigen Verletzung der Rechte des Antragstellers hat dies zudem eine weitere Implikation für die DENIC. Denn die DENIC hat das Recht bei einer offenkundigen Verletzung von Rechten Dritter durch die streitbefangene Domain des Domaininhabers den Domainvertrag mit diesem aus wichtigem Grund zu kündigen kann (§ 7 Abs. 2 lit. d) DENIC-Domainbedingungen).

bb) Materielle Prüfungspflicht Antragsteller

Daneben besteht auch für den Antragsteller eines Dispute-Antrages eine substantielle, materielle Prüfungspflicht, um Haftungsansprüchen des Domaininhabers oder ggf. Rückgriffsansprüchen der DENIC vorzubeugen. Denn im Falle eines unberechtigten Dispute-Eintrages kann dem dadurch beeinträchtigten Domaininhaber neben einem Beseitigungsanspruch (s. unten Anspruch des Domaininhabers auf Löschung des Dispute-Eintrags) auch ein Schadensersatzanspruch gegen den Inhaber des Dispute-Eintrags zustehen (BeckOGK/B. Koch BGB § 12 Rn. 358 f. mwN).

d) Zeitliche Befristung des Dispute-Eintrags. Ein Dispute-Eintrag ist auf ein Jahr befristet (§ 2 Abs. 3 S. 2 DENIC-Domainbedingungen). Damit der Dispute-Antrag über diesen Zeitraum hinaus bestehen bleibt, ist mindestens vier Wochen vor Ablauf dieser Frist eine Verlängerung des Dispute-Eintrags durch den Antragsteller zu beantragen. Hierzu ist erneut das Dispute-Antragsformular einzureichen und zugleich der Nachzuweisen zu erbringen, dass die rechtliche Auseinandersetzung mit dem Domaininhaber nicht abgeschlossen ist (§ 2 Abs. 3 S. 2 DENIC-Domainbedingungen).

aa) Vorzeitige Aufhebung des Dispute-Eintrags

Die DENIC weist in dem Formular des Dispute-Antrages ausdrücklich darauf hin, dass sie den Dispute-Eintrag vorzeitig aufheben kann, wenn ihr Tatsachen bekannt werden, die seine Aufrechterhaltung als unbegründet erscheinen lassen. Eine hinreichend substantiierte Glaubhaftmachung eines Verletzungstatbestandes durch den Antragsteller des Dispute-Antrages kann mithin eine vorzeitige Aufhebung eines Dispute-Eintrages verhindern.

Mit dem Dispute-Antrag verpflichtet sich der Antragsteller, die DENIC unverzüglich zu informieren, wenn die Auseinandersetzung mit dem Domaininhaber abgeschlossen ist. Dazu stellt die DENIC dem Antragsteller des Dispute-Antrages ein Formular mit dem Antrag auf Aufhebung des Dispute-Antrages zur Verfügung https://www.denic.de/fileadmin/public/documents/legal/Aufhebung_DISPUTE.pdf.

e) Anspruch des Domaininhabers auf Löschung des Dispute-Eintrags. Der Domaininhaber kann von dem unberechtigten Inhaber des Dispute-Eintrags die Löschung des Eintrags verlangen (OLG Braunschweig MMR 2021, 641; LG Köln MMR 2013, 469; LG Köln GRUR-RR 2009, 260). Nach geltender Rechtsprechung kann der Domaininhaber in den Fällen eines unberechtigten Dispute-Eintrags einen Anspruch gegen den Inhaber des Dispute-Eintrags erheben, in die Löschung des von ihm veranlassten Dispute-Eintrags einzuwilligen bzw. diese zu veranlassen. Begründet wird dies mit der Wirkung des Dispute-Eintrags, bei der es sich um eine vorteilhafte und vermögensrechtlich verwertbare Rechtsposition ähnlich einer Anwartschaft auf die Domainregistrierung handele und damit ein „Etwas" iSd § 812 Abs. 1 S. 1, 2. Alt. BGB darstellt (OLG Braunschweig MMR 2021, 641 (642); ebenso OLG Düsseldorf MMR 2016, 399 (400); Hoeren/Sieber/Holznagel MMR-HdB/Viehues Teil 6 Rn. 375).

Dagegen ist es nicht möglich, einen Anspruch auf Verzicht auf einen Dispute-Eintrag aus §§ 823 Abs. 1, 1004 Abs. 1 S. 1 BGB herzuleiten, da die Registrierung einer Domain kein absolutes Recht im Sinne des § 823 Abs. 1 BGB darstellt (OLG Braunschweig MMR 2021, 641 (642); ebenso OLG Düsseldorf MMR 2016, 399 (400)).

Überlassung von Domain-Namen

5. Vertrag über den Kauf einer Domain

Domain

Kauf- und Übertragungsvertrag[1, 3]

zwischen

(. . . . .)

– nachfolgend „VERKÄUFERIN“ genannt –

und

(. . . . .)

– nachfolgend „KÄUFERIN“ genannt –

beide gemeinsam die „PARTEIEN“

Präambel[4]

Die VERKÄUFERIN beabsichtigt, ihre Rechte an der Domain „. . . . . .de“ an die KÄUFERIN zu übertragen.

Die VEKRÄUFERIN hat die Rechte an der Domain durch Domainauftrag an die DENIC (*alternativ*: Internet Service Provider (im Folgenden „ISP“)) vom (DATUM) erworben.

(*alternativ*: Die VERKÄUFERIN hat die Rechte an der Domain durch Domainauftrag an DENIC Kauf- und Übertragungsvertrag vom (DATUM) mit (Bezeichnung vorheriger DOMAIN-INHABER) erworben.))

Dies vorausgeschickt vereinbaren die PARTEIEN folgendes:

1. Vertragsgegenstand[5]

1.1. Die VERKÄUFERIN ist Inhaberin der folgenden Domain:[2]

„. . . . .de“,

im Folgenden „VERTRAGSDOMAIN“ genannt.

1.2. Der Kauf und die Übertragung der VERTAGSDOMAIN auf die KÄUFERIN ist Gegenstand des vorliegenden Vertrages.

2. Übertragung und Registrierung[6]

2.1. Die VERKÄUFERIN überträgt hiermit vollumfänglich ihre Rechte an der VERTRAGSDOMAIN an die KÄUFERIN und die KÄUFERIN nimmt hiermit die Übertragung der Rechte an den VERTRAGSDOMAIN an.

2.2. Die VERKÄUFERIN erklärt hiermit ausdrücklich alle erforderlichen Erklärungen zur Übertragung der VERTRAGSDOMAIN auf die KÄUFERIN abzugeben, damit die KÄUFERIN den Domainauftrag bezogen auf die VERTRAGSDOMAIN bei der DENIC (alternativ: einem ISP) stellen kann. Insbesondere verpflichtet sich die VEKRÄUFERIN den zu ihren Gunsten noch bestehenden Domainregistrierungsvertrag unverzüglich, spätestens bis (Datum) zu kündigen.

2.3. Die VEKRÄUFERIN übergibt der KÄUFERIN mit Vertragsabschluss den auf sie lautenden WHOIS Eintrag aus der DENIC Datenbank bezüglich der VERTRAGSDOMAIN und alle zur Übertragung der VERTRAGSDOMAIN erforderlichen Informationen – ANLAGEN -, letztere damit die Übertragung der VERTRAGSDOMAIN bei (der DENIC/dem ISP) vollzogen werden kann.

3. Zusicherung und Gewährleistung[7]

3.1. Die VERKÄUFERIN sichert zu und steht dafür ein, alleinige Inhaberin der Rechte an der VERTRAGSDOMAIN zu sein.

3.2. Die VERKÄUFERIN erklärt keine Namens-, Kennzeichen-, Domain- oder sonstige Rechte zu haben, die teilweise oder insgesamt mit der VERTRAGSDOMAIN gleichlautend sind, die der Nutzung der VERTRAGSDOMAIN entgegengehalten werden können

(*alternativ*: Die VERKÄUFERIN erklärt folgende Namens-, Kennzeichen-, Domain- oder sonstige Rechte zu haben, die teilweise oder insgesamt mit der VERTRAGSDOMAIN gleichlautend sind – ANLAGE – und verpflichtet sich, diese weder selbst oder durch Dritte der Nutzung der VERTRAGSDOMAIN entgegenzuhalten. Zugleich verpflichtet sich die VERKÄUFERIN, im Falle einer Übertragung der vorbezeichneten Rechte diese Unterlassungsverpflichtung auf den die Übertragung annehmenden Dritten rechtswirksam zu übertragen.)

3.3. Die VERKÄUFERIN sichert zu und steht dafür ein, dass sie an der VERTRAGSDOMAIN keine Lizenzrechte gewährt hat und/oder an dieser bestehen.

3.4. Die ÜBERTRAGENDE sichert zu und steht dafür ein, dass sie an der VERTRAGSDOMAIN keine Sicherungsrechte (z.B. Pfandrechte oder Sicherungsübertragung) gewährt hat und/oder an dieser bestehen und auch im Übrigen keinerlei Rechte Dritter an dieser bestehen.

3.5. Die VERKÄUFERIN sichert zu und steht dafür ein, dass keinerlei durch Dritte gegen die Nutzung der VERTRAGSDOMAIN erhobene Ansprüche, gleich aus welchem Rechtsgrund, insbesondere – aber nicht abschließend – außergerichtliche Abmahnungen, drohende oder rechtshängige Verfahren oder ein Dispute-Antrag, bestehen oder bekannt sind.

3.6. Die VERKÄUFERIN verpflichtet sich, die KÄUFERIN von allen Schäden, Kosten, Aufwendungen und sonstigen Nachteilen aus oder im Zusammenhang mit einer Verletzung der Zusicherungen, Gewährleistungen und Verpflichtungen aus Ziff. 3.1 bis 3.5 vollumfänglich freizustellen.

4. Kaufpreis und Kosten[8]

4.1. Die Übertragung aller Rechte aus Ziff. 2.1 erfolgt gegen Zahlung eines Betrages in Höhe von (. . . . . EUR) zzgl. der gesetzl. MwSt.

4.2. Der Kaufpreis ist mit Konnektierung der VERTRAGSDOMAIN durch die DENIC zugunsten der KÄUFERIN zahlbar und fällig. Als Nachweis der Konnektierung gilt der Eintrag der KÄUFERIN in die WHOIS Datenbank der DENIC.

4.3. Sollte eine Konnektierung der VERTRAGSDOMAIN durch die DENIC nicht innerhalb von acht Wochen nach Unterzeichnung der vorliegenden Vereinbarung durch die PARTEIEN erfolgt sein, hat die KÄUFERIN der VERKÄUFERIN nachzuweisen, dass dieser Umstand ihr nicht zurechenbar ist. Andernfalls wird der Kaufpreis vier Wochen nach Unterzeichnung der vorliegenden Vereinbarung durch die PARTEIEN zahlbar und fällig.

4.4. Die KÄUFERIN trägt die bei der DENIC oder einem ISP anfallenden Kosten der Übertragung der VERTRAGSDOMAIN auf sich. Die VERKÄUFERIN trägt alle anfallenden Kosten, die bei der Erfüllung ihrer Verpflichtungen zur Übertragung der VERTRAGSDOMAIN, insbesondere aus Ziff. 1.2.2 und 1.2.3, entstehen. Im Übrigen tragen die PARTEIEN alle im Zusammenhang mit der Erstellung und Ausführung des vorliegenden Vertrages anfallenden Kosten selbst.

5. Anwendbares Recht

Dieser Vertrag unterliegt ausschließlich deutschem Recht.

6. Gerichtsstand

Für alle Streitigkeiten aus oder im Zusammenhang mit diesem Vertrag ist Gerichtsstand (. . . . .) (Gerichtsstandsvereinbarung, sofern beide Parteien Kaufleute im Sinne des HGB sind).

7. Schriftformklausel

Mündliche Nebenabreden bestehen nicht. Änderungen oder Ergänzungen dieses Vertrages bedürfen zu ihrer Wirksamkeit der Schriftform, auf die auch nicht mündlich verzichtet werden kann.

8. Salvatorische Klausel

Sollten eine oder mehrere Bestimmungen dieses Vertrages, einschließlich dieser Regelung, ganz oder teilweise unwirksam sein oder werden, oder sollte der Vertrag eine Regelungslücke enthalten, so soll der Vertrag abweichend von § 139 BGB dennoch wirksam bleiben. Anstelle der unwirksamen oder fehlenden Regelung verpflichten sich die PARTEIEN, diese durch eine solche Regelung zu ersetzen, die dem angestrebten wirtschaftlichen Ergebnis am nächsten kommt.

. . . . .	. . . . .
Ort, Datum	**Ort, Datum**
. . . . .	. . . . .
VERKÄUFERIN	**KÄUFERIN**

Anmerkungen

1. Mustervorlage. Das vorliegende Vertragsmuster bezieht sich ausschließlich auf den Kauf und die Übertragung von Domains mit der Top-Level Domain „.de", die von der DENIC als Registrar administriert werden. Insoweit wird der rechtliche Rahmen durch die DENIC-Domainbedingungen und die DENIC-Domainrichtlinien vorgegeben.

2. Domain. Als Domain wird grundsätzlich eine Zeichenfolge aus Buchstaben, Zeichen und Zahlen bezeichnet, die zum einen aus dem sog. Domain-Namen bzw. der Second Level Domain (SLD) und zum anderen aus der sog. Top-Level Domain (TLD) „.de" besteht.

Technisch wird der menschenlesbare Domain-Name mithilfe eines Domain-Name-System (DNS) in eine maschinenlesbare Server-IP-Adresse umgewandelt. Zu diesem Zweck betreibt die DENIC ein weltweites Netz von sog. Namensservern, damit alle Domains mit der Länderkennung „de" verfügbar sind.

3. Kauf- und Übertragungsvertrag. Bei der Gestaltung eines Kauf- und Übertragungsvertrages für eine Domain stellt sich zwangsläufig die Frage nach der Rechtsnatur einer „Domain".

Nach hM und ständiger Rspr. ist eine Domain keine eigentumsfähige Sache und begründet kein sonstiges absolutes Recht iSd § 823 Abs. 1 BGB oder ein immaterielles Güterrecht (BVerfG NJW 2005, 589 – ad-acta.de; BGH GRUR 2012, 417 Rn. 23 – gewinn.de; GRUR 2005, 969 (970) – Pfändung in Internetdomains; NJW 2008, 3716 Rn. 32 – afilias.de; BFH MMR 2007, 310; KG GRUR-RR 2013, 487 (488) – berlin.com).

Die Übertragbarkeit einer Domain ist in § 6 DENIC-Domainbedingungen ausdrücklich geregelt. Die Regelung enthält jedoch keine eindeutige rechtliche Einordnung der Übertragungsakte, weshalb diese in Lit. und Rsp. umstritten sind (zum Streitstand BeckOGK/B. Koch BGB § 12 Rn. 392 mwN). So wird auch die Auffassung vertreten, § 6 Abs. 1 DENIC-Domainbedingungen sei so zu verstehen, dass der bisherige Domaininhaber von der DENIC eine Neuregistrierung der Domain im Wege der Vertragsübernahme für einen von ihm benannten Domainerwerber verlangen kann (MüKoBGB/Heine § 12 Rn. 298). Grundlegend erscheint die Auffassung des BGH, wonach eine Domain rechtlich als die Gesamtheit der schuldrechtlichen Ansprüche des Domaininhabers gegenüber der DENIC als Registrierungsstelle einzuordnen ist (BGH GRUR 2005, 969 – Domain-Pfändung). Hierbei handelt es sich um alle Ansprüche des Domaininhabers gegenüber der DENIC aus dem Domainauftrag, insbesondere auf Konnektierung und Aufrechterhaltung der Domain (BGH MMR 2013, 30 Rn. 19 – Domainproviderwechsel). Diese Ansprüche genießen zugleich verfassungsrechtlichen Eigentumsschutz gemäß Art. 14 Abs. 1 GG (BVerfG NJW 2005, 589 – ad-acta.de). Die rechtsgeschäftliche Übertragbarkeit einer Domain hat der BGH implizit durch die Zulässigkeit der Pfändung einer Domain nach § 857 Abs. 1 ZPO bestätigt und ist hM in Lit. und Rsp. (BeckOGK/B. Koch BGB § 12 Rn. 392; MüKoBGB/Heine § 12 Rn. 298).

4. Präambel. In der Präambel sollten die Grundlagen des Kauf- und Übertragungsvertrages kurz skizziert werden.

Hierbei handelt es sich zum einen um die Nennung der vertragsgegenständlichen Domain. Zum anderen erscheint wesentlich, ob der Verkäufer Inhaber der Rechte an der vertragsgegenständlichen Domain unmittelbar aufgrund eines Domainauftrages mit der DENIC (DENICdirekt) oder mittelbar über einen ISP ist und ob der Verkäufer selbest die Rechte an der vertragsgegenständlichen Domain zunächst im Wege eines Kauf- und Übertragungsvertrages erhalten hat. Damit ist nicht nur die Rechtekette dokumentiert, sondern in Kenntnis dieser Umstände ist es zugleich klargestellt, welche Dokumente für die rechtssichere Übertragung der vertragsgegenständlichen Domain und welche Mitwirkungshandlungen erforderlich sind.

5. Vertragsgegenstand. Maßgeblich ist, dass die vertragsgegenständliche Domain konkret bezeichnet wird, verbunden mit der Erklärung der Verkäuferin zu Inhaberschaft der Rechte an der Vertragsdomain, dokumentiert durch die Eintragung in der WHOIS-Datenbank der DENIC im Rahmen der Übertragung der vertragsgegenständlichen Domain.

6. Übertragung und Registrierung. Die Übertragung einer Domain kann nicht im Wege der Abtretung eines dinglichen oder sonstigen Rechts erfolgen, da eine Domain rechtlich die Gesamtheit der schuldrechtlichen Ansprüche des Domaininhabers gegenüber der DENIC als Registrierungsstelle darstellt (BGH NJW 2012, 2034 (2037) – gewinn.de). Abtretbar ist der Konnektierungsanspruch des Domaininhabers gegenüber der DENIC gem. § 398 BGB, mit dem die weiteren Ansprüche der Administrierung gegenüber der DENIC als Nebenansprüche der Abtretung auf den Käufer übergehen (BeckOGK/B. Koch BGB § 12 Rn. 397). Darauf beruht die Formulierung im Vertragstext „überträgt hiermit vollumfänglich die Rechte", um die Übertragung der Gesamtheit der schuldrechtlichen Ansprüche zu erfassen, auch soweit diese nicht unmittelbar abtretbar sind.

Nach hM ist ein Kaufvertrag über eine Domain als Kausalgeschäft ein Rechtskauf iSd §§ 453, 433 ff. BGB. Die Ansprüche gegenüber der DENIC stellen einen „sonstigen Gegenstand" iSd § 453 Abs. 1 BGB dar (BeckOGK/B. Koch BGB § 12 Rn. 410). Die Rechtsstellung als neuer Domaininhaber erhält der Käufer nicht unmittelbar mit dem rechtswirksamen Abschluss des Kauf- und Übertragungsvertrages; hierbei handelt es sich um die „ihn als künftigen Domaininhaber ausweisenden Unterlagen" (§ 6 Abs. 2 aE DENIC-Domainbedingungen).

Die Domainübertragung ist erst mit der erfolgreichen Registrierung als neuer Domaininhaber wirksam abgeschlossen (§ 6 Abs. 3 DENIC-Domainbedingungen), dh die Eintragung als Domaininhaber im Primary-Nameserver. Zuvor sind die Mitwirkungshandlungen des Verkäufers als bisherigem Domaininhabers – Kündigung des bestehenden Domainauftrages gegenüber der DENIC –, des Käufers als neuem Domaininhaber – Abschluss eines neuen Domainauftrages mit der DENIC (ggf. über einen ISP) und Anforderung bzw. Hinterlegung eines Passwortes (AuthInfo) – und der DENIC im Rahmen der technischen Übertragung und Konnektierung erforderlich (§ 6 Abs. 2 DENIC-Domainbedingungen).

Dementsprechend ist der Verkäufer der Domain im Domainkaufvertrag neben der Abtretung auch zu verpflichten, alle zur (technischen) Übertragung der Domain erforderlichen Erklärungen gegenüber der DENIC oder seinem Provider (ISP) abzugeben, insbesondere den Registrierungsvertrag zu kündigen. Zur Sicherheit empfiehlt es sich, diese Verpflichtung des Verkäufers vertraglich zu regeln.

Daneben treffen den Verkäufer weitere Mitwirkungspflichten im Rahmen der technischen Übertragung der Domain auf den Käufer. Dies kann Mitwirkungshandlungen in Bezug auf den bisherigen ISP des Domaininhabers betreffen, der ggf. für den Käufer die vertragsgegenständliche Domain weiter administrier oder soweit mit der Übertragung der vertragsgegenständlichen Domain auch ein Providerwechsel verbunden ist.

Darüber hinaus ist zu klären, ob der Verkäufer die Option „de.RegistryLock" aktiviert hat. In diesem Falle ist eine Änderung der Domaininhaberdaten und DNS-Einträge nur dann möglich, wenn gegenüber der DENIC der vom Domaininhaber bevollmächtigte Dritte (Lock Contact) die Legitimation der Änderung erteilt hat (§ 1 Abs. 5 DENIC-Domainbedingungen). Der Verkäufer wäre insoweit verpflichtet, einen bestehenden „.de RegistryLock" für die vertragsgegenständliche Domain aufzuheben. Die Angaben und

Vereinbarungen mit einem ISP oder einem Lock Contact sollten im Interesse des Käufers dem Vertrag als Anlage beigefügt werden.

Eine ausdrückliche vertragliche Regelung der Mitwirkungspflichten des Käufers im Rahmen der Übertragung der vertragsgegenständlichen Domain erscheint im Regelfall entbehrlich, da diese vertragsrechtlicher Bestandteil der Annahme der übertragenen Rechte an der vertragsgegenständlichen Domain sind. Andernfalls, sofern der Käufer seinen Mitwirkungspflichten zur Konnektierung der vertragsgegenständlichen Domain nicht nachkommt, kommen die Regelung zum Annahmeverzug gem. § 293 BGB zur Anwendung.

7. Gewährleistung und Zusicherung. Der Kaufvertrag über eine Domain ist ein Rechtskauf. Damit gelten gem. § 453 Abs. 1 BGB für die Gewährleistungsansprüche beim Domainkauf die Regelungen nach §§ 434 ff. BGB. Da die Frage des Bestehens eines Rechtsmangels oder der Umfang der Haftung für einen Rechtsmangel im Einzelfall streitig sein kann, sollte in die vertragliche Vereinbarung eine ausdrückliche Aufnahme der relevanten Gewährleistungsansprüche erfolgen

Immaterielle Güterrechte Dritter, dh insbesondere Namens- und Kennzeichenrechte, werden nach hM bei einem Domainkauf als Rechtsmangel angesehen (BeckOGK/B. Koch BGB § 12 Rn. 425). Soweit der Nutzung der vertragsgegenständlichen Domain immaterielle Güter Rechte Dritter entgegengehalten werden können, ist darin eine Rechtsmangel zu sehen. Im Rahmen der vertraglichen Vereinbarung sind die Fälle zu berücksichtigen, in denen der Verkäufer eigene immaterielle Güterrechte hat oder ihm immaterielle Güter Rechte Dritter bekannt sind, die einer Nutzung der vertragsgegenständlichen Domain entgegengehalten werden können.

Ein Rechtsmangel ist auch anzunehmen, wenn der Verkäufer der vertragsgegenständlichen Domain an dieser Dritten Rechte eingeräumt oder gewährt hat, so durch Lizenzierung oder Bestellung von Sicherungsrechten.

Im Fall eines Rechtsmangels kann gegenüber dem Verkäufer ein Anspruch auf Nacherfüllung, Minderung und Rücktritt vom Kaufvertrag nach § 437 BGB erhoben werden. Im Interesse des Käufers steht jedoch vielmehr die Nutzung der Domain und damit ein Ersatz des Schadens, der durch die temporäre oder dauerhafte Untersagung der Nutzung der Domain entsteht. Insofern ist die vertragliche Vereinbarung so abzufassen, dass die Voraussetzungen der erfolgreichen Durchsetzung eines Schadensersatzanspruches gem. § 437 Nr. 3 iVm §§ 440, 280, 281, 283 und § 311a BGB bestehen, was ein Verschulden des Verkäufers voraussetzt. Mit der vertraglichen Zusicherung des Verkäufers über das Bestehen oder Nichtbestehen und die Kenntnis oder Unkenntnis des vertraglich geregelten Rechtsmangels wird diese Voraussetzung geschaffen. Ob sich die Haftung auch auf eine fahrlässige Unkenntnis eines Rechtsmangels erstreckt, ist wohl in Abhängigkeit von dem Rechtsmangel zu beurteilen und kann ggf. bei entgegenstehenden Kennzeichenrechten angenommen werden (BeckOGK/B. Koch BGB § 12 Rn. 434).

Zum Zwecke der Absicherung eines Schadensersatzanspruches im Falle der Verletzung der Zusicherungen sollte zudem eine vertragliche Regelung zu einer umfassenden Freistellung des Käufers für dessen Aufwendung und Schäden vertraglich vereinbart werden.

8. Kaufpreis und Kosten. Der Kaufpreis für eine nicht frei verfügbare Domain kann beträchtlich variieren. Als Kriterien der Bewertung werden u. a. die Verfügbarkeit einer alternativen TLD, die Kennzeichnungskraft des Domainnamens, das kommerzielle Potenzial einer Domain sowie SEO-Aspekte herangezogen. Zum Zwecke einer Objektivierung des Kaufpreises kann ein Anbieter von Onlinetools und -services mit der Ermittlung eines Wertes einer Domain unter Berücksichtigung der vorgenannten Kriterien beauftragt werden.

Aufgrund der Besonderheit, dass eine Domain allein durch den Kaufvertrag nicht rechtswirksam übertragen werden kann und es weiterer Schritte unter Mitwirkung des Verkäufers bis zum Abschluss der rechtswirksamen Übertragung einer Domain infolge Konnektierung durch den Registrar bedarf, erscheint es angezeigt, die Zahlbarkeit und Fälligkeit des Kaufpreises von der Konnektierung abhängig zu machen. Denkbar wäre daneben auch eine Zahlbarkeit und Fälligkeit in zwei Schritten: ein Teilbetrag bei Vertragsunterzeichnung und der Restbetrag nach erfolgreicher Konnektierung der Domain für den Käufer.

Die mit Übertragung der Domain anfallenden Kosten sollten im Rahmen einer vertraglichen Vereinbarung den Parteien konkret zugeordnet werden. Hierbei bietet es sich an, dass der Verkäufer die für seine notwendigen Mitwirkungshandlungen anfallenden Kosten trägt, insbesondere soweit diese aus dem Rechtsverhältnis zu seinem bisherigen ISP resultieren, und der Käufer lediglich die für seine Konnektierung der Domain anfallenden Kosten, insbesondere der DENIC oder seines ISP, trägt. Daneben erscheint es interessengerecht, wenn die weiteren im Zusammenhang mit der Erstellung und dem Abschluss des Kaufvertrages entstandenen Kosten von jeder Partei selbst getragen werden.

I. Websiteverträge

Herstellung einer Website

1. Webdesign-Vertrag

Zwischen

. . . . .

– nachstehend „Auftraggeberin" genannt –

und

. . . . .

– nachstehend „Webdesignerin" genannt – wird folgender Vertrag[1] geschlossen:

§ 1 Vertragsgegenstand

Gegenstand dieses Vertrages ist die Entwicklung und Erstellung einer Website für Auftraggeberin, mit welcher diese im Internet auftreten kann.[2] Die Website setzt sich aus einer Mehrzahl einzelner Webseiten (html-, shtml-, xml-, asp-, php- oder sonstige Datei) zusammen/besteht aus einer einzigen Frontend-Datei in . . . . .-Code, die mit einer . . . . .-Applikation verbunden wird, so dass sie dem Nutzer dynamische Inhalte anzeigt, die auf den Inhalten einer . . . . .-Datenbank basieren.[3] In den Programmcode der Webseite/n werden weitere Elemente (wie Bild-, Ton- oder Videodateien oder interaktive Programmcodes in anderen Programmiersprachen) eingebunden.

§ 2 Entwicklung der Website durch die Webdesignerin

(1) Webdesignerin entwickelt zunächst ein Konzept für die Website, welches die geplante Anzahl und die wesentlichen Elemente jeder einzelnen Webseite sowie ihre Verknüpfung untereinander aufzeigt.[4] Für das Konzept der Website verpflichtet sich Webdesignerin zur Vorlage von . . unterschiedlichen Vorschlägen

. . . . .

– hereinafter referred to as „Client" –

and

. . . . .

– hereinafter referred to as „Web Designer" –

enter into the following agreement:[1]

§ 1 Object of the agreement

Object of this agreement is the development and creation of a website for Client, which will enable Client to present herself on the Internet.[2] The website shall be composed of a number of individual web pages (html, shtml, xml, asp, php or other file)/consists of a single frontend file in . . . . . .code, which is linked to an . . . . .application so that it can display dynamic content based on the contents of a . . . . .database.[3] Other elements (such as image, sound or video files or interactive program codes in other programming languages) shall be integrated into the program code of the web page(s).

§ 2 Development of the website by Web Designer

(1) Web Designer shall initially develop a concept for the website showing the planned number and essential elements of each individual webpage and their link-up.[4] For the concept of the website, Web Designer undertakes to submit . differing proposals (concept proposals), unless

(Konzeptvorschläge), sofern nicht Auftraggeberin vor der Vorlage der vollen Anzahl geschuldeter Konzeptvorschläge bereits einem bestimmten Vorschlag schriftlich zugestimmt hat.[5]

(2) Bei der Entwicklung des Konzepts hat Webdesignerin die Einbindung der folgenden Bestandteile zu berücksichtigen:[6]

a) mind. . . . . . Webseiten

b) mind. . . . . . . Bilddateien (Fotos, Grafiken)/folgende Bilddateien: . . . . .

c) mind. . . . . . . Tondateien/folgende Tondateien: . . . . .

d) mind. . . . . . Videodateien/folgende Videodateien: . . . . .

e) mind. folgende interaktive Elemente: . . . . . (Shoppingfunktion, Spiele oÄ)

f) folgende Gestaltungselemente (zB Buttons, Maillinks etc): . . . . .

(3) Nach Vorlage der geschuldeten Anzahl von Konzeptvorschlägen hat Auftraggeberin den von ihr gewünschten Vorschlag innerhalb von zwei Wochen gegenüber Webdesignerin schriftlich freizugeben.[7] Erfolgt keine Freigabe und fehlt es an einer Ablehnung bestimmter Merkmale der Konzeptvorschläge,[8] so kann Webdesignerin nach Ablauf der Zweiwochenfrist auf der Basis eines nicht gerügten Konzepts mit der Erstellung der Website fortfahren. Lehnt Auftraggeberin alle Konzeptvorschläge von Webdesignerin in jeweils wesentlich geänderter, den Wünschen von Auftraggeberin Rechnung tragender Version mehr als drei Mal[9] ab, so hat Webdesignerin das Recht, den Vertrag zu beenden und die für die Konzeptentwicklungsphase anteilig vereinbarte bzw. eine angemessene anteilige Vergütung zu verlangen.

(4) Nach Freigabe eines Konzeptvorschlags durch Auftraggeberin erstellt Webdesignerin auf dessen Grundlage zunächst einen Prototyp der Website.[10] Dieser Prototyp hat den geplanten Seitenaufbau (Optik und inhaltliche Elemente), die Struktur und die Navigation der einzelnen Websei-

Client has already agreed in writing to a specific proposal prior to submission of the full number of owed proposals.[5]

(2) When developing the concept, Web Designer shall foresee the integration of the following components:[6]

a) at least . . . . . webpages

b) at least . . . . . image files (photos, graphics)/the following image files: . . . . . .

c) at least . . . . . sound files/the following sound files: . . . . .

d) at least . . . . . video files/the following video files: . . . . .

e) at least the following interactive elements: . . . . . . (shopping function, games or the like)

f) the following design elements (e.g. buttons, mail links etc): . . . . .

(3) After submission of the owed number of concept proposals, Client shall approve her preferred version in writing to Web Designer within two weeks.[7] If no approval is given and there is no rejection of specifics features of the concept proposals,[8] after expiry of the two week period Web Designer may continue with the creation of the website on the basis of a concept that has not been rejected. If Client rejects all of Web Designer's concept proposals more than three times,[9] each in significantly modified version that takes into account Client's wishes, Web Designer shall have the right to terminate the agreement and demand the remuneration that was agreed for the concept development phase, or an appropriate pro rata remuneration.

(4) After approval of a concept proposal by Client, Web Designer shall first create a prototype of the website on the basis of such proposal.[10] The prototype must foreshadow the planned page layout (appearance and content elements), the structure and navigation of the individual web pa-

ten sowie ihre Verknüpfung untereinander anzudeuten. Konkrete Inhalte können mit Blindtext und Platzhaltern angedeutet werden.
Für die Freigabe des Prototyps gilt Abs. 3 entsprechend.

ges, and how they are linked to one another. Actual content can be represented by dummy text and placeholders.
Paragraph 3 above applies mutatis mutandis to the approval of the prototype.

§ 3 Erstellung der Website durch die Webdesignerin

§ 3 Creation of the website by Web Designer

(1) Nach Freigabe des Konzepts[11] durch Auftraggeberin oder dem rügelosen Verstreichen der Zwei-Wochen-Frist gem. § 1 Abs. 3 S. 2 dieses Vertrages erstellt Webdesignerin die Website entsprechend dem Konzept durch Programmierung des html-, shtml, xml-, asp-, php- oder sonstigen Codes einer jeden einzelnen Webseite, sowie durch Einbindung der vereinbarten Elemente in die Codes der Webseiten und durch Verknüpfung der einzelnen Webseiten untereinander gemäß der vorgesehenen Struktur. Dabei hat sie die in § 2 Abs. 2 dieses Vertrages festgelegten Elemente in der im Konzept vorgesehenen Art und Weise in die Website aufzunehmen.[12]

(1) After the concept[11] has been approved by the client or the two-week period pursuant to § 1 para. 3 p. 2 of this agreement has expired without complaint, Web Designer shall create the website in accordance with the concept by programming the html, shtml, xml, asp, php or other code of each individual web page, as well as by incorporating the agreed elements into the codes of the web pages and by linking the individual web pages to each other in accordance with the intended structure. In doing so, he shall incorporate the elements specified in Section 2 (2) of this Agreement into the Website in the manner provided for in the Concept.[12]

(2) Webdesignerin hat die programmierten Webseiten wie folgt zu optimieren:
- [13]Browser: Microsoft Internet Explorer (Version . . . . .), Safari (Version . . . . .), Firefox (Version . . . . .), Chrome (Version . . . . .), Opera (Version . . . . .)/alle zum Zeitpunkt des Vertragsschlusses gängigen Browserarten. Bildschirmauflösung: . . . . ., ..., ...
- Mobile Endgeräte:[14] . . . . ., ..., ... Auflösung: . . . . ., ..., ...

Die erstellten Seiten haben bei Verwendung der Browserversion, für die sie optimiert wurden, fehlerfrei und ohne Beeinträchtigung der Seitenoptik abrufbar zu sein. Hyperlinks, die auf Unterseiten innerhalb der erstellten Website verweisen, müssen einwandfrei funktionieren. Für sonstige Hyperlinks ist eine Funktionskontrolle im Zeitpunkt ihrer Anlage vorzunehmen. Benötigte Browser-Plugins müssen entweder in der Browserversion, für die

(2) Web Designer shall optimize the programmed web pages as follows:
- [13]Browser: Microsoft Internet Explorer (version . . . . .), Safari (version . . . . .), Firefox (version . . . . .), Chrome (version . . . . .), Opera (version . . . . .)/all browser types in use at the time of conclusion of the agreement. Screen resolution: . . . . ., ..., ...
- Mobile devices:[14] . . . . ., ..., ... Resolution: . . . . ., ..., ...

The created pages must be accessible without errors or impairments to their appearance when using the browser version(s) for which they were optimized. Hyperlinks that refer to subpages within the created website must function properly. For other hyperlinks, a function check must be carried out at the time of their creation. Required browser plug-ins must either be included by default in the browser version for which the page has been optimized or die Seite optimiert wurde, standardmäßig enthalten sein oder durch Anklicken von nicht mehr als zwei weiteren Links herunterladbar gemacht werden.

made downloadable by clicking on no more than two additional links.

(3)[15] Soweit die Beschaffung von Inhaltselementen der Website (wie Bild-, Ton-, Videodateien, Texte, Logos, interaktive Elemente, Software u.a.) nicht gem. § 8 Abs. 2 dieses Vertrages Sache von Auftraggeberin ist, verpflichtet sich Webdesignerin, diese Elemente vorrangig aus allgemein zugänglichen Datenbanken und nur ersatzweise direkt vom Rechteinhaber,[16] zu beschaffen sowie die betreffenden Nutzungsrechte im Namen und für Rechnung von Auftraggeberin zu erwerben.

(3)[15] As far as responsibility for the procurement of content elements of the website (such as images, sound files, video files, texts, logos, interactive elements, software, etc.) rests not with Client pursuant to § 8 para. 2 of this agreement, Web Designer undertakes to procure these elements, primarily from generally accessible databases and only as a fallback option directly from any rights holder,[16] and to acquire the relevant rights of use in the name and on behalf of Client.

(4) Webdesignerin hat die erstellte Website nach Fertigstellung in den Verfügungsbereich von Auftraggeberin zu übertragen.[17] Sie kann dies durch Heraufladen der Daten auf einen von Auftraggeberin angegebenen und durch Übermittlung der Zugangsdaten zugänglich gemachten Server, durch Übergabe eines körperlichen Datenträgers oder auf sonstige, der Auftraggeberin zumutbare Weise bewerkstelligen. Auf Wunsch von Auftraggeberin ist Webdesignerin verpflichtet, beim Heraufladen der erstellten Website auf einen Webserver telefonisch Hilfestellung zu leisten und an einer Überprüfung der Funktionstüchtigkeit der Website teilzunehmen.

After completion, Web Designer shall transfer the created website to the client's domain.[17] Web Designer may effect this by uploading the data to a server specified by Client and made accessible by transmission of the access data, or by handing over a physical data storage medium, or in any other way that is reasonable for Client. At Client's request, Web Designer shall provide telephone assistance in uploading the created website to a web server and participate in a check of its functionality.

§ 4 Urheberrechtliche Nutzungsrechtseinräumung, Namens- und Kennzeichenrechte

§ 4 Granting of rights of use under copyright and trademark law, rights to names and titles

(1) Die an der Gesamt-Website, den einzelnen Unterseiten sowie ggf. eingebundenen Elementen entstehenden Urheberrechte liegen bei Webdesignerin.[18] Sämtliche Nutzungsrechte[19] hieran für alle bekannten und unbekannten[20] Nutzungsarten räumt Webdesignerin ausschließlich[21] und ohne inhaltliche, räumliche oder zeitliche Beschränkung vollumfänglich der Auftraggeberin ein. Die Rechtseinräumung ist insbesondere nicht auf Nutzungen im Internet beschränkt, sondern umfasst auch die Verwertung auf andere Arten und Weisen, zB in

(1) Copyrights to the entire website, the individual sub-pages and any integrated elements reside with Web Designer.[18] However Web Designer hereby grants Client all rights of use[19] for all known and unknown[20] types of use exclusively[21] and without any restrictions in terms of content, space or time. In particular, the granting of rights is not limited to use on the Internet, but includes use in other ways, e. g. on radio and television, on CD-ROM, in print versions and in all other possible ways.

Rundfunk und Fernsehen, auf CD-ROM, in Printversionen sowie auf alle anderen möglichen Arten.

Die Nutzungsrechte bleiben auch nach vollständiger Vertragserfüllung und Beendigung der Geschäftsbeziehung zwischen der Auftraggeberin und Webdesignerin bis zum Ende der gesetzlichen Schutzfrist bei der Auftraggeberin. Die Nutzungsrechtseinräumung gilt auch für Rechte, die auf Grund neuer Gesetzeslage oder aus anderen Gründen nachträglich entstehen.[22] Alle Rechte sind durch Auftraggeberin ganz oder teilweise weiter übertragbar und unterlizenzierbar.[23] Die Rechtseinräumung wird gem. § 158 Abs. 1 BGB jedoch erst wirksam, wenn Auftraggeberin die gem. § 7 dieses Vertrages geschuldete Vergütung samt bisheriger Auslagen vollständig bezahlt hat.[24] Webdesignerin kann eine Verwertung der Website oder einzelner Elemente vor diesem Zeitpunkt vorläufig erlauben. Ein Übergang der Rechte nach diesem Paragraphen findet dadurch nicht statt.

(2) Im Hinblick auf etwaig von dieser Nutzungsrechtseinräumung nicht erfasste Nutzungsarten räumt Webdesignerin der Auftraggeberin eine Option zu angemessenen Bedingungen sowie ein Eintrittsrecht in jeden Vertrag zwischen Webdesignerin und einem Dritten in Bezug auf die vertragsgegenständliche Website und alle hierfür geschaffenen Werke zu denselben Bedingungen ein.[25]

(3) Auftraggeberin ist berechtigt, die vertragsgegenständliche Website auch in Verbindung mit anderen Werken auszuwerten, sie zu bearbeiten, nachträglich zu ändern, zu ergänzen, zu erweitern, ganz oder teilweise auszutauschen oder zu löschen, sie selbst oder durch andere Webdesignerinnen umzugestalten, zu zerlegen, neu zusammenzusetzen oder in andere Sprachen zu übersetzen.[26] Webdesignerin wird in Bezug auf die Website oder einzelne Webseiten keinen Entstellungsschutz in Anspruch nehmen, außer wenn ein gröblicher Verstoß gegen ihre Urheberpersönlichkeitsinteressen vorliegt.[27] Im Zwei-

All rights of use shall remain with Client even after complete fulfillment of the agreement and termination of the business relationship between Client and Web Designer until the end of the statutory protection period. The granting of rights of use shall also apply to rights which arise subsequently due to new legislation or for other reasons.[22] All rights may be further transferred and sublicensed by the client in whole or in part.[23] However, the granting of rights shall only become effective in accordance with § 158 para. 1 of the German Civil Code (BGB) when Client has paid the remuneration owed in accordance with § 7 of this agreement in full, including any expenses incurred to date.[24] Web designer may provisionally allow the website or individual elements to be used before this point in time. Such provisional use permission does not constitute a transfer of rights in accordance with this section.

With regard to any types of use not covered by this grant of rights, Web Designer grants Client an option on reasonable terms as well as an entry right on the same terms and conditions into any agreement between Web Designer and a third party with regard to the website that is the object of this agreement and any works created for it.[25]

(3) Client shall be entitled to exploit the website that is the object of this agreement also in connection with other works, to edit it, to subsequently change it, to supplement it, to expand it, to exchange it in whole or in part or to delete it, to redesign it or have it redesigned by other web designers, to disassemble it, to reassemble it or to translate it into other languages.[26] Web designer will not claim protection against distortion with respect to the website or individual web pages unless there is a gross violation of her moral interests.[27] In case of doubt, Web Designer may demand to not or no longer be named in con-

fel kann Webdesignerin verlangen, dass sie im Zusammenhang mit der veränderten Website nicht bzw. nicht mehr genannt wird. In Bezug auf von Webdesignerin geschaffene Elemente der Website, wie zB Texte, Bilder oder interaktive Elemente, nimmt Webdesignerin Entstellungsschutz nur in Fällen gröblichen Verstoßes gegen ihre Urheberpersönlichkeitsinteressen in Anspruch, es sei denn, Auftraggeberin hat an ihrer uneingeschränkten Verwertbarkeit kein berechtigtes Interesse.[28]

nection with the modified website. With regard to elements of the website created by Web Designer, such as texts, images or interactive elements, Web Designer shall only claim protection against distortion in cases of gross violation of her moral interests, unless Client has no legitimate interest in their unrestricted usability.[28]

(4) Webdesignerin ist nichtausschließlich berechtigt, die vertragsgegenständliche Website jederzeit zu Demonstrationszwecken oder als Referenz für ihre Arbeit zu benutzen.[29] Zu diesem Zwecke kann sie ua Vervielfältigungen einzelner Teile der Website (zB Thumbnails), insbesondere der Startseite, herstellen, die Website öffentlich zeigen, ausstellen, vorführen, senden oder auf sonstige Weise verwerten. Sie muss hierbei jedoch stets auf die Rechte von Auftraggeberin Rücksicht nehmen, auf diese an der üblichen Stelle hinweisen und diesen nennen. Das Recht erstreckt sich auf die vertragsgegenständliche Website in der von Webdesignerin abgelieferten Version sowie auf spätere Versionen, sofern der ursprüngliche Gestaltungsgehalt gegenüber den Veränderungen nicht völlig in den Hintergrund getreten ist. Bei der Nutzung nicht mehr von Auftraggeberin genutzter (inaktueller) Versionen der Website ist auf die berechtigten Interessen von Auftraggeberin (zB an einer Entfernung rechtswidriger, anstößiger oder veralteter Inhalte oder an einem völlig veränderten Designkonzept) angemessene Rücksicht zu nehmen; insbesondere kann Webdesignerin verpflichtet sein, nur noch die aktuelle, auch seitens von Auftraggeberin öffentlich zugängliche Version der Website zu nutzen, soweit diese noch in erheblichem Umfang Arbeitsergebnisse von ihr enthält.

(4) Web Designer shall non-exclusively be entitled to use the contractual website at any time for demonstration purposes or as a reference for her work.[29] For this purpose, he may, among other things, make copies of individual parts of the website (e.g. thumbnails), in particular the start page, show the website in public, exhibit it, demonstrate it, broadcast it or exploit it in any other way. However, he must always take into account the rights of Client, refer to them in the usual place and name them. The right extends to the contractual website in the version delivered by the web designer as well as to later versions, provided that the original design content has not been completely eclipsed by the changes. In the case of the use of (inactive) versions of the website no longer used by the client, the legitimate interests of the client (e.g. in the removal of illegal, offensive or outdated content or in a completely changed design concept) shall be given due consideration; in particular, the web designer may be obliged to use only the current version of the website, which is also publicly accessible on the part of Client, insofar as this still contains work results from him to a considerable extent.

(5) Webdesignerin ermächtigt Auftraggeberin als Inhaber der ausschließlichen Nutzungsrechte hiermit unwiderruflich, die ihr übertragenen Rechte gegen Rechtsverletzer jederzeit im eigenen Namen geltend zu machen, insbesondere gegen jede unzulässige

(5) Web Designer hereby irrevocably authorizes Client, as the owner of the exclusive rights of use, to assert the transferred rights against infringers in Client's own name at any time, in particular to take action against any unauthorized use of

Verwendung der Website, einzelner Webseiten oder einzelner Elemente vorzugehen. Das Recht von Webdesignerin, selbst gegen diese unzulässigen Verwendungen vorzugehen, ist ausgeschlossen.

the website, individual web pages or individual elements thereof. Web Designer's right to take action against such unauthorized use is excluded.

(6) Webdesignerin hat Anspruch auf Nennung ihres Namens als Urheber in Form eines Vermerks auf jeder von ihr erstellten Webseite.[30] Sie darf diesen Copyright-Vermerk selbst anbringen und Auftraggeberin ist nicht dazu berechtigt, ihn ohne Zustimmung von Webdesignerin zu entfernen. Bei nachträglichen Veränderungen der Website, die über deren bloße Aktualisierung hinausgehen, hat Auftraggeberin den Copyright-Vermerk entsprechend zu aktualisieren und auf die nachträgliche Veränderung hinzuweisen.

(6) Web Designer shall be entitled to have her name mentioned as the author in the form of a notice on every website created by him.[30] He may affix this copyright notice himself and Client shall not be entitled to remove it without Web Designer's consent. In the event of subsequent changes to the website that go beyond merely updating it, Client must update the copyright notice accordingly and indicate the subsequent change.

(7) Sämtliche an der Website oder einzelnen ihrer Teile oder durch Benutzung auf der Website entstehende Namens-, Titel- und Kennzeichenrechte liegen bei Auftraggeberin.[31]

(7) All rights of name, titles and trademarks that arise from the website or individual parts thereof or arising from its use shall reside with Client.[31]

(8) Webdesignerin ist verpflichtet, der Auftraggeberin – gegen Zahlung von . . . . . EUR – den Source-Code bzw. die Projekt-Original-Dateien der von ihr verwendeten Tools auch solcher von ihr programmierter Elemente der Website herauszugeben, bei denen diese aus der fertig gestellten Website nicht ohne weiteres direkt ablesbar oder rekonstruierbar sind.[32]

(8) Web Designer is obliged – in consideration of a . . . . . EUR payment – to provide the source code or the original project files of the tools used by him also with regards to such elements of the website programmed by him for which these cannot be directly read or reconstructed from the completed website without further ado.[32]

§ 5 Beschaffung einer Internet-Domain[33]

(1) Webdesignerin übernimmt die Beschaffung der Internet-Domain(s), unter der die vertragsgegenständliche Website abrufbar gemacht werden soll. Die Domain(s) soll (en) lauten: . . . . . Webdesignerin übernimmt keine Gewähr für die Verfügbarkeit der gewünschten Domain oder die Nichtverletzung fremder Rechte (zB Namens-, Marken- oder Titelrechte) durch die Registrierung der gewünschten Domain auf Auftraggeberin.[34] Falls die gewünschte(n) Domain(s) nicht mehr verfügbar sein sollte(n), sind alternativ die Domains . . . . . zu beschaffen. Gelingt auch dies nicht, so hat

§ 5 Procurement of an Internet domain[33]

(1) Web Designer shall procure the Internet domain(s) under which the contractual website is to be made accessible. The domain(s) shall be: . . . . . Web Designer assumes no guarantee for the availability of the desired domain or for non-violation of third-party rights (e.g. name, trademark or title rights) by registering the desired domain for Client.[34] If the desired domain (s) should no longer be available, the domains . . . . . shall alternatively be procured. If this should neither be successful, Web Designer shall, in consultation with Client, procure another available domain

Webdesignerin in Absprache mit der Auftraggeberin eine andere, verfügbare Domain zu beschaffen, die der ursprünglich gewünschten Domain möglichst ähnlich ist. Vorschläge für solche Alternativdomains hat Webdesignerin zu machen. Die Einholung von Rechten an von der zuständigen Vergabestelle bereits für Dritte registrierten Domains obliegt Webdesignerin nicht.

that is as similar as possible to the originally requested domain. Web Designer shall make suggestions for such alternative domains. Web Designer is not responsible for obtaining rights to domains already registered for third parties by the responsible registry.

(2) Hat Webdesignerin die Beschaffung der Domain übernommen, so hat sie diese auf den Namen und für Rechnung von Auftraggeberin zu registrieren[35] und auf Verlangen von Auftraggeberin jederzeit die Übertragung auf einen anderen Provider zu veranlassen. Insbesondere bei der Auswahl des Domainnamens und der Registrierungsstelle sowie bei den Verhandlungen über die Konditionen hat Webdesignerin die Vermögensinteressen von Auftraggeberin selbstständig wahrzunehmen und ihre Sachkunde im Dienste von Auftraggeberin einzusetzen. Über den Stand und Verlauf ihrer Unternehmungen in dieser Angelegenheit hat sie der Auftraggeberin auf Verlangen jederzeit Auskunft zu geben und Rechenschaft abzulegen.[36]

(2) If Web Designer has taken over the procurement of the domain, he shall register it in the name and for the account of Client[35] and, at the request of Client, arrange for the transfer to another provider at any time. In particular when selecting the domain name and the registry, and when negotiating the conditions, the web designer must independently safeguard the financial interests of Client and use her expertise in the service of the client. The web designer must provide the client with information and account for the status and progress of her undertakings in this matter at any time upon request.[36]

(3) Sämtliche an der Domain erworbenen Rechte und Namensrechte liegen bei Auftraggeberin.[37]

(3) All rights and name rights acquired in the domain shall remain with Client.[37]

§ 6 Beschaffung von Webserver-Speicherplatz[38]

§ 6 Procurement of web server storage space[38]

(1) Webdesignerin übernimmt die Beschaffung von Webserver-Speicherplatz, auf dem die vertragsgegenständliche Website abgelegt werden soll. Webdesignerin hat der Auftraggeberin Vorschläge für geeignete Anbieter zu machen und nach Absprache mit der Auftraggeberin den Vertrag abzuschließen.[39]

(1) Web Designer shall procure the web server storage space on which the contractual website is to be stored. Web Designer shall make suggestions to Client for suitable providers and conclude the contract after consultation with Client.[39]

(2) Hat Webdesignerin die Beschaffung des Webserver-Speicherplatzes übernommen, so hat sie dies im Namen und für Rechnung von Auftraggeberin zu tun und auf Verlangen von Auftraggeberin jederzeit die Berechtigung von Auftraggeberin zu bescheinigen. Insbesondere bei der Aus-

(2) If Web Designer has taken over the procurement of the web server storage space, Web Designer shall do so in the name and for the account of Client and shall certify the client's authorization at any time at the client's request. In particular when selecting the provider and during

wahl des Providers und bei den Vertragsverhandlungen hat Webdesignerin die Vermögensinteressen von Auftraggeberin selbstständig wahrzunehmen und ihre Sachkunde im Dienste von Auftraggeberin einzusetzen. Über den Stand und Verlauf ihrer Unternehmungen in dieser Angelegenheit hat sie der Auftraggeberin auf Verlangen jederzeit Auskunft zu geben und Rechenschaft abzulegen.[40]

§ 7 Vergütung und Auslagenersatz

(1) Webdesignerin erhält für ihre Leistungen nach diesem Vertrag eine Vergütung in Höhe von insgesamt pauschal . . . .[41]

(2) Erbringt Webdesignerin im Einvernehmen mit der Auftraggeberin Leistungen, die über den Umfang ihrer vertraglichen Verpflichtung hinausgehen, oder erbringt sie Leistungen, die erst auf Grund von Pflicht- oder Obliegenheitsverletzungen von Auftraggeberin erforderlich geworden sind, so erhält sie hierfür eine zusätzliche Vergütung iHv . . . . . EUR pro Stunde.[42]

(3) Alle Vergütungen verstehen sich zuzüglich der gesetzlichen Mehrwertsteuer, sofern Webdesignerin im Zahlungszeitpunkt der Umsatzsteuerpflicht unterliegt oder auf sie optiert hat und dies der Auftraggeberin jeweils bekannt ist. Entsteht die Umsatzsteuerpflicht oder die Option auf sie nachträglich, so kann die Mehrwertsteuer bis zum Ende des laufenden Kalenderjahres unter Vorlage der Mehrwertsteuerpflicht-Bescheinigung des zuständigen Finanzamtes gegen Rechnungsstellung nachgefordert werden. Danach erlischt die Forderung auf Umsatzsteuer-Erstattung.

(4) Die Parteien vereinbaren Abschlagszahlungen auf die Vergütung iHv monatlich . . . . . EUR[43] – maximal jedoch in Höhe des anteiligen Wertes der bereits erbrachten Leistungen. Die Abschlagszahlung ist jeweils am ersten eines Monats im Voraus zur Zahlung fällig.

(5) Webdesignerin hat Anspruch auf Ersatz ihrer folgenden Auslagen:[44]

contract negotiations, Web Designer must independently safeguard the financial interests of Client and use her expertise in the service of Client. Upon request, Web Designer shall provide Client with information and account for the status and progress of her undertakings in this matter at any time.[40]

§ 7 Remuneration and reimbursement of expenses

(1) Web Designer shall receive remuneration for her services under this agreement in the total amount of . . . .[41]

(2) If, in agreement with Client, Web Designer provides services that go beyond the scope of her contractual obligation, or if Web Designer provides services that have only become necessary due to breaches of duty or obligations on the part of Client, Web Designer shall receive additional remuneration for this in the amount of . . . . . EUR per hour.[42]

(3) All fees are subject to VAT, provided that Web Designer is subject to VAT at the time of payment or has opted for VAT and Client is aware of this. If the obligation to pay VAT or the option to pay VAT arises subsequently, the VAT can be claimed subsequently until the end of the current calendar year upon presentation of the VAT certificate from the responsible tax office against invoicing. Thereafter, the claim for VAT refund shall lapse.

(4) The parties agree on advance payments on the remuneration in the monthly amount of . . . . . EUR[43] – up to a maximum of the pro rata value of the services already rendered. The installment payment is due for payment in advance on the first of each month.

(5) Web Designer is entitled to reimbursement of the following expenses:[44]

a) Ausgaben, die Webdesignerin zur Beschaffung von Inhaltselementen durch die Webdesignerin gem. §§ 3 Abs. 3, 8 Abs. 3 dieses Vertrages für erforderlich halten durfte (zB Lizenzgebühren);

b) Ausgaben, die Webdesignerin zur Beschaffung der Internet-Domain(s) gem. § 5 dieses Vertrages für erforderlich halten durfte;

c) Ausgaben, die Webdesignerin zur Beschaffung von Webserver-Speicherplatz gem. § 6 dieses Vertrages für erforderlich halten durfte;

d) Ausgaben, die dadurch entstehen, dass Auftraggeberin die nochmalige Änderung von bereits freigegebenen Teilen der Website verlangt, deren Änderung gem. § 11 Abs. 2 dieses Vertrages nicht mehr verlangt werden konnte.

e) Sonstige Auslagen: . . . .

§ 8 Mitwirkungspflichten von Auftraggeberin

(1) Auftraggeberin hat Webdesignerin alle zur Entwicklung des Konzepts (bzw. Prototypen) notwendigen Informationen rechtzeitig mitzuteilen und Wünsche rechtzeitig zu äußern.

(2) Spätestens nach Freigabe des Konzepts (bzw. des Prototyps) hat Auftraggeberin Webdesignerin alle zur Entwicklung und Erstellung der Website erforderlichen Inhalte in folgender Form zur Verfügung zu stellen:

a) Texte: . . . . . (zB scanbare Druckseiten, Word-Dokumente, .rtf)

b) Bilder, Grafiken (inkl. Logos, ggf. Buttons): . . . . . (zB .jpg, .gif, .psd, .tif, scanbare Photoabzüge)

c) Videos: . . . . . (zB YouTube-Link, Flash, HTML5, windows media, MPG, DVD)

d) Informationen für interaktive Funktionen: . . . . .

a) Expenses that Web Designer may consider necessary for the procurement of content elements by Web Designer in accordance with §§ 3 para. 3, 8 para. 3 of this agreement (e.g. license fees);

b) Expenses that Web Designer may consider necessary for the procurement of the Internet domain(s) in accordance with § 5 of this agreement;

c) Expenses that Web Designer may consider necessary for the procurement of web server storage space in accordance with § 6 of this agreement;

d) Expenses incurred as a result of Client requesting further changes to parts of the website that have already been released and whose changes could no longer be requested in accordance with Section 11 (2) of this agreement.

e) Sonstige Auslagen: . . . .

§ 8 Mitwirkungspflichten von Auftraggeberin

(1) Client must provide Web Designer with all information necessary for the development of the concept (or prototype) in good time and express any wishes in good time.

(2) After approval of the concept (or prototype) at the latest, Client must provide Web Designer with all content required for the development and creation of the website in the following form:

a) Texts: . . . . . (e.g. scannable print pages, Word documents, .rtf)

b) Images, graphics (incl. logos, buttons if applicable): . . . . . (e.g. .jpg, .gif, .psd, .tif, scannable photo prints)

c) Videos: . . . . . (e.g. YouTube-Link, Flash, HTML5, Windows Media, MPG, DVD)

d) Information for interactive functions: . . . . .

e) Für die Beschaffung und den Rechteerwerb an diesen Inhalten ist allein Auftraggeberin verantwortlich.

(3) Auftraggeberin beauftragt den Webdesignerin gem. § 3 Abs. 4 dieses Vertrages mit der Beschaffung der folgenden Inhaltselemente:[45] . . . . .
Auftraggeberin kann Webdesignerin während der Erstellung mit der Beschaffung weiterer Inhaltselemente beauftragen, was diese jedoch innerhalb von fünf Arbeitstagen ablehnen kann.

(4) Auftraggeberin hat Webdesignerin folgende Informationen spätestens unverzüglich nach Freigabe des Konzepts (bzw. des Prototyps) in folgender Form zur Verfügung zu stellen:

a) Metatext-Informationen: schriftlich oder per E-Mail;

b) Vorgaben und Weisungen für die Gestaltung der Website: schriftlich oder per -Mail;

c) technische Vorgaben (URL, Host, Mailweiterleitung uÄ): schriftlich oder per -Mail;

d) Sofern Webdesignerin zum Heraufladen der fertigen Website auf einen Webserver berechtigt oder verpflichtet ist, so hat Auftraggeberin so bald als möglich, spätestens jedoch zum Zeitpunkt der Fertigstellung der Website die Zugangsdaten (URL, Benutzername und Passwort) des betreffenden Servers zur Verfügung zu stellen.

§ 9 Aufklärungspflichten/Eintrag in Suchmaschinen

(1) Aufgrund der besonderen Sachkunde von Webdesignerin ist diese der Auftraggeberin zur Aufklärung und Beratung über die Besonderheiten, Möglichkeiten und Verkehrssitten im Internet verpflichtet.[46] Sie erstreckt sich insbesondere auch auf die Frage, ob bestimmte, vom Auftraggeberin gewünschte Gestaltungen oder Inhalte überhaupt umgesetzt werden können und der Erfahrung nach dem von Auftrag-

e) The client is solely responsible for the procurement and acquisition of rights to this content.

(3) Client commissions Web Designer with the procurement of the following content elements in accordance with § 3 (4) of this agreement:[45] . . . . .
Client may instruct Web Designer to procure further content elements during the creation process, but Web Designer may reject this within five working days.

(4) Client must provide Web Designer with the following information in the following form immediately after approval of the concept (or prototype) at the latest:

a) Metatext information: in writing or by e-mail;

b) Specifications and instructions for the design of the website: in writing or by e-mail;

c) Technical specifications (URL, host, mail forwarding, etc.): in writing or by e-mail;

d) If Web Designer is authorized or obliged to upload the finished website to a web server, Client shall provide the access data (URL, user name and password) of the relevant server as soon as possible, but no later than at the time of completion of the website.

§ 9 Duty to inform/entry in search engines

(1) Due to Web Designer's special expertise, Web Designer is obliged to inform and advise Client about the special features, possibilities and customs of the Internet.[46] This obligation extends in particular to the question of whether certain designs or content desired by Client can be implemented at all and, based on experience, whether they can serve the purpose intended by Client. The duty to provide infor-

geberin angestrebten Zweck dienlich sind. Die Aufklärungspflicht erstreckt sich auch auf rechtliche Gegebenheiten, sofern diese innerhalb der beteiligten Verkehrskreise als bekannt vorausgesetzt werden können und Webdesignerin sie kannte.[47]

mation also extends to legal circumstances, insofar as these can be assumed to be known within the relevant public and Web Designer was aware of them.[47]

(2) Webdesignerin ist verpflichtet, die fertig gestellte Website in die folgenden Suchmaschinen einzutragen bzw. sie im Rahmen des rechtlich Zulässigen auf Auffindbarkeit in den folgenden Suchmaschinen hin zu optimieren:[48] . . . . .

(2) Web Designer is obliged to enter the completed website in the following search engines or to optimize it for findability in the following search engines to the extent permitted by law:[48] . . . . .

§ 10 Leistungszeit und Kündigung

(1) Die gem. § 2 Abs. 1 S. 2 geschuldete Anzahl von Konzeptvorschlägen[49] ist der Auftraggeberin bis . . . . . vorzulegen. Die Nichteinhaltung dieses Termins ist für die Webdesignerin unschädlich, wenn und soweit die Verzögerung auf der Verletzung von Pflichten oder Obliegenheiten durch Auftraggeberin beruht.

(2) Die Website soll bis spätestens . . . . . fertiggestellt und bereit sein, der Öffentlichkeit zugänglich gemacht zu werden. Die Nichteinhaltung dieses Termins ist für die Webdesignerin unschädlich, wenn und soweit die Verzögerung auf der Verletzung von Pflichten oder Obliegenheiten durch Auftraggeberin beruht.

(3) Dieser Vertrag kann von beiden Seiten bei erheblichen Pflichtverletzungen des anderen Teils vorzeitig beendet werden, insbesondere wenn Webdesignerin die weitere Erfüllung ablehnt, Auftraggeberin ihren Mitwirkungspflichten gem. § 8 dieses Vertrags nachhaltig nicht nachkommt oder Auftraggeberin fällige Abschlagszahlungen gem. § 7 Abs. 4 dieses Vertrages nicht leistet.[50] Die Beendigung dieses Vertrages setzt eine vorherige Mahnung bzw. Abmahnung und Nachfristsetzung[51] voraus, es sei denn die weitere Vertragserfüllung ist unmöglich oder von der anderen Vertragspartei ernsthaft und endgültig abgelehnt worden.

(4) Auftraggeberin kann den Vertrag darüber hinaus auch ohne wichtigen Grund

§ 10 Leistungszeit und Kündigung

(1) The number of concept proposals owed pursuant to § 2 para. 1 sentence 2[49] shall be submitted to Client by . . . . . Failure to meet this deadline shall not be detrimental to Web Designer if and inasfar as the delay is due to a breach of duties or obligations by Client.

(2) The website shall be launched no later than . . . . . at the latest and be ready to be made accessible to the public. Failure to meet this deadline shall not be detrimental to the web designer if and to the extent that the delay is due to a breach of duties or obligations by the client.

(3) This agreement may be terminated prematurely by either party in the event of significant breaches of duty by the other party, in particular if Web Designer refuses further performance, Client persistently fails to meet its obligations to cooperate in accordance with Section 8 of this agreement or Client fails to make due advance payments in accordance with Section 7 (4) of this agreement.[50] Termination of this agreement requires a prior reminder or warning and the setting of a grace period,[51] unless further performance of the contract is impossible or has been seriously and definitively rejected by the other party.

(4) Client may also terminate the agreement at any time at will. However, this

jederzeit beenden. Hiervon bleibt der Vergütungsanspruch von Webdesignerin jedoch unberührt, abzüglich ersparter Aufwendungen und Einnahmen aus anderweitiger Verwendung des bisherigen Arbeitsergebnisses oder der für Auftraggeberin vorgesehenen Kapazitäten.[52]

(5) Bei wirksamer Beendigung dieses Vertrages durch Auftraggeberin gehen alle Nutzungsrechte an bereits erstellten Webseiten sowie das Eigentum an allen Verkörperungen hiervon gegen Zahlung in Höhe des Wertes der bereits erbrachten Leistungen auf Auftraggeberin über.[53]

shall not affect Web Designer's claim to remuneration, less any expenses saved and income from other use of the previous work result or the capacities intended for Client.[52]

(5) Upon effective termination of this agreement by Client, all rights of use to webpages already created and ownership of all embodiments thereof shall be transferred to Client upon payment of the value of the services already provided.[53]

§ 11 Abnahme und Zahlung

(1) Nach Fertigstellung der Website und ihrer Übertragung in den Verfügungsbereich von Auftraggeberin gem. § 3 Abs. 4 dieses Vertrages ist Auftraggeberin innerhalb von 5 Werktagen zu ihrer schriftlichen Abnahme verpflichtet, sofern sie den vertraglichen Spezifikationen sowie dem freigegebenen Konzept (bzw. Prototyp) entspricht.

(2) Webdesignerin ist jederzeit berechtigt, dem Auftraggeberin Teile der Website zur vorgezogenen Teilabnahme vorzulegen, die Auftraggeberin zu erteilen hat, wenn der Teil in dieser Form einer Beurteilung zugänglich ist und den Spezifikationen sowie dem Konzept (bzw. dem Prototyp) entspricht. Einmal abgenommene Teile der Website können von Auftraggeberin später nicht mehr abgelehnt oder ihre Änderung verlangt werden, soweit nicht Umstände vorliegen, die Auftraggeberin zum Zeitpunkt der Teilabnahme noch nicht erkennen konnte. Umfang und Zeitpunkt der Vergütungspflicht bleibt von einer Teilabnahme unberührt und richtet sich ausschließlich nach den Abs. 1 und 3 dieses Paragraphen sowie nach § 7 dieses Vertrages.

(3) Nach der Gesamt-Abnahme der fertig gestellten Website ist die Gesamtvergütung, abzüglich bereits geleisteter Abschlagszahlungen, der Auftraggeberin in Form einer Schlussrechnung in Rechnung

§ 11 Acceptance and payment

(1) After completion of the website and its transfer to Client's sphere of control in accordance with § 3 (4) of this agreement, Client shall be obliged to accept it in writing within 5 working days, provided that it complies with the contractual specifications and the preapproved concept (or prototype).

(2) Web Designer shall be entitled at any time to submit parts of the website to Client for early partial acceptance, which Client must grant if the part is accessible for assessment in this form and corresponds to the specifications and the concept (or prototype). Once parts of the website have been accepted, Client can no longer reject them later or demand that they be changed, unless there are circumstances that Client was unable to recognize at the time of partial acceptance. The scope and timing of the obligation to pay remuneration shall remain unaffected by a partial acceptance and shall be governed exclusively by paragraphs 1 and 3 of this section and § 7 of this agreement.

(3) After overall acceptance of the completed website, the total remuneration, less any advance payments already made, shall be invoiced to the client in the form of a final invoice. The outstanding amount

zu stellen. Der offene Betrag ist innerhalb von 10 Arbeitstagen nach Zugang der Rechnung zur Zahlung fällig. Die Vergütung ist auf das Konto Nr., ... bei der . . . . . (Bank) in . . . . . (Ort), BLZ . . . . . einzuzahlen.

(4) Gerät Auftraggeberin mit der Zahlung fälliger Forderungen in Verzug, so hat sie Verzugszinsen in Höhe von . . . . . % pro Jahr zu zahlen, sofern sie nicht nachweist, dass der tatsächliche Schaden geringer ist.[54] Die Möglichkeit von Webdesignerin zur Geltendmachung weitergehender Ansprüche aus dem Verzug bleibt unberührt.

shall be due for payment within 10 working days of receipt of the invoice. The remuneration is to be paid to account no.' . . . . . with the . . . . . (bank) in . . . . . (city), sort code . . . . . to be paid in.

(4) If Client falls into arrears with the payment of due claims, Client shall pay default interest in the amount of . . . . . % per year, unless Client can prove that the actual loss is lower.[54] Web Designer's right to assert further claims arising from the default shall remain unaffected.

§ 12 Gewährleistung und Haftung

(1) Für Mängel an der Funktionsfähigkeit der Website (auch im Hinblick auf die in § 3 Abs. 2 spezifizierten Browserversionen) nach dem Stand der Technik haftet Webdesignerin grundsätzlich entsprechend den gesetzlichen Vorschriften der §§ 633 ff. BGB. Webdesignerin haftet auch dafür, dass die erstellte Website den vertraglichen Spezifikationen und dem Konzept (bzw. dem Prototyp) in der freigegebenen – oder der Freigabe gem. § 2 Abs. 3 S. 2 und § 2 Abs. 4 S. 3 dieses Vertrages gleichgestellten – Form entspricht. Für Rügen bezüglich der künstlerischen Ausgestaltung haftet sie nicht.[55]

Nach Meldung eines Mangels in der Funktionstüchtigkeit der Website während der Gewährleistungsfrist wird Webdesignerin bis zu dessen Behebung eine Zwischenlösung bereitstellen, soweit dies möglich und im Hinblick auf die Auswirkungen des Mangels angemessen ist.

(2) Im Falle einfacher Fahrlässigkeit haftet Webdesignerin nur bei Verletzung vertragswesentlicher Pflichten oder von Leben, Körper oder Gesundheit einer Person. Diese Haftungsreduktion gilt auch für das Verschulden eines Erfüllungsgehilfen im Sinne von § 278 BGB. Die Haftung für einfache Fahrlässigkeit, außer bei Lebens-, Körper- oder Gesundheitsverletzungen, ist zudem

§ 12 Gewährleistung und Haftung

(1) Web Designer shall be liable for defects in the functionality of the website (also with regard to the browser versions specified in § 3 para. 2) according to the state of the art in accordance with the statutory warranty provisions of Sections 633 ff. BGB. Web Designer shall also be liable to ensure that the created website complies with the contractual specifications and the concept (or prototype) in the approved form – or in a form equivalent to approval in accordance with § 2 Para. 3 Sentence 2 and § 2 Para. 4 Sentence 3 of this agreement. Web Designer shall not be liable for complaints regarding the artistic design.[55]

Following notification of a defect in the functionality of the website during the warranty period, Web Designer shall provide an interim solution until the defect has been rectified if and as far as this is possible and reasonable in view of the effects of the defect.

(2) In cases of simple negligence, Web Designer shall only be liable for breach of material contractual obligations or injury to life, limb or health of a person. This reduction in liability shall also apply to the fault of a vicarious agent within the meaning of Section 278 BGB. Moreover, liability for simple negligence, except for injury to life, limb or health, is limited to com-

auf den Ersatz der vertragstypischen, vorhersehbaren Schäden begrenzt.[56]

(3) Webdesignerin garantiert, dass die von ihr selbst erstellten oder beschafften Inhalte sowie die Gestaltung und die von ihr eingebrachten Ideen zur Konzeption der Gesamt-Website nicht in rechtswidriger Weise in Urheberrechte Dritter eingreifen.[57] Sie stellt Auftraggeberin hiermit von jeglichen Ansprüchen in diesem Zusammenhang frei und ersetzt Auftraggeberin die angemessenen Kosten der Rechtsverteidigung.[58]

(4) Auftraggeberin garantiert, dass die von ihr zur Verfügung gestellten Inhalte und Informationen nicht in rechtswidriger Weise in Rechte Dritter eingreifen. Sie stellt den Webdesignerin hiermit von jeglichen Ansprüchen in diesem Zusammenhang frei und ersetzt ihr die angemessenen Kosten der Rechtsverteidigung.[59]

(5) Für Verletzungen von Wettbewerbsrecht und ähnliche Verstöße, die auf der Konzeption der Gesamt-Website beruhen, haftet Webdesignerin nur, wenn sie durch ihre spezielle Ausgestaltung der Website entstanden sind und auf von ihr eingebrachten Ideen beruhen.[60] Für Verstöße, die einem von Auftraggeberin verfolgten Businessmodell inhärent sind, haftet Webdesignerin nicht. Im Übrigen haftet Webdesignerin für Rechtsverstöße nur, wenn sie den Rechtsverstoß kannte und daher ihre Aufklärungspflichten gem. § 9 dieses Vertrages verletzt hat.[61]

§ 13 Vertraulichkeit, Herausgabe- und Löschungspflichten, Konkurrenzverbot

(1) Die Parteien verpflichten sich wechselseitig, über alle ihnen auf der Grundlage dieses Vertrages bekannt gewordenen Informationen bis zum Ablauf von 10 Jahren nach vollständiger Vertragserfüllung Stillschweigen zu bewahren. Dies gilt nicht, soweit ein berechtigtes Interesse an einer Offenbarung besteht.[62]

(2) Webdesignerin verpflichtet sich, nach Fertigstellung der Website und deren Übertragung in den Verfügungsbereich von Auf-

pensation for foreseeable damages typical of the contract.[56]

(3) Web Designer guarantees that the content created or procured by him/her and the design and ideas contributed by him/her for the conception of the overall website will not unlawfully infringe the copyrights of third parties.[57] Web Designer hereby indemnifies Client against each and any claims in such context and shall reimburse Client for any reasonable costs of legal defense.[58]

(4) Client guarantees that the content and information provided by him/her will not unlawfully infringe the rights of third parties. Client hereby indemnifies Web Designer against any claims in such context and shall reimburse Web Designer for any reasonable costs of legal defense.[59]

(5) For infringements of competition law and similar infringements based on the design of the overall website, Web Designer shall only be liable if they have arisen as a result of her special design and are based on ideas contributed by him.[60] For infringements inherent to a business model pursued by Client, Web Designer shall not be liable. Furthermore, Web Designer shall only be liable for infringements of the law if Web Designer was aware of it and therefore breached the duty to inform and advise pursuant to Section 9 of this agreement.[61]

§ 13 Confidentiality, handover and deletion obligations, non-competition clause

(1) The parties mutually undertake to keep confidential all information, which they learn on the basis of this agreement, for a period of 10 years after complete fulfillment. This shall not apply in cases of legitimate interest in disclosure.[62]

(2) Web Designer undertakes to delete all information and content provided to him by Client in electronic form after comple-

traggeberin alle ihr von Auftraggeberin zur Verfügung gestellten Informationen und Inhalte, die in elektronischer Form vorliegen, zu löschen, es sei denn, Auftraggeberin beauftragt sie ausdrücklich mit deren Archivierung; auf vorheriges Verlangen von Auftraggeberin hat sie dieser zuvor eine Kopie der im Verlangen bezeichneten, bestimmten Informationen oder Inhalte zukommen zu lassen.[63] Informationen und Inhalte, die in verkörperter Form vorliegen, sind an Auftraggeberin zurückzugeben oder auf deren Verlangen hin oder bei Nichtannahme zu vernichten.[64]

tion of the website and its transfer to Client's sphere of control, unless Client expressly instructs Web Designer to archive it; at Client's prior request, Web Designer must first provide to Client a copy of specific information or content specified in the request.[63] Information and content that is available in embodied form must be returned to Client or, at Client's request or in the event of non-acceptance, destroyed.[64]

(3) Webdesignerin verpflichtet sich ferner, während der Dauer dieses Vertrages und bis zu 6 Monate nach dessen vollständiger Erfüllung nicht für eine andere Auftraggeberin tätig zu werden, die mit der Auftraggeberin dieses Vertrages in direktem Konkurrenzverhältnis steht.[65] Ein solches direktes Konkurrenzverhältnis ist nur bei Branchengleichheit gegeben. Hierfür zahlt Auftraggeberin Webdesignerin eine gesonderte Vergütung in Höhe von . . . . EUR.[66]

(3) Furthermore, Web Designer undertakes not to work for another client who is in direct competition with Client for the duration of this agreement and up to 6 months after its complete fulfillment.[65] Such a direct competitive relationship is only given in the case of industry parity. For this, Client shall pay Web Designer a separate fee in the amount of . . . . EUR.[66]

§ 14 Schlussbestimmungen

(1) Dieser Vertrag unterliegt ausschließlich dem Recht der Bundesrepublik Deutschland.

(2) Mündliche Nebenabreden bestehen nicht. Änderungen oder Ergänzungen dieses Vertrages bedürfen zu ihrer Wirksamkeit der Schriftform, auf die auch nicht mündlich verzichtet werden kann.

(3) Sollten einzelne Bestimmungen dieses Vertrages unwirksam sein oder werden, so wird dadurch die Wirksamkeit der übrigen Bestimmungen nicht berührt. Statt der unwirksamen Bestimmung gilt dasjenige, was die Parteien nach dem ursprünglich angestrebten Zweck unter wirtschaftlicher Betrachtungsweise redlicherweise vereinbart hätten. Das Gleiche gilt im Falle des Vorliegens einer Vertragslücke.

(4) Erfüllungsort ist . . . . Sofern beide Parteien Kaufleute im Sinne des HGB sind,

§ 14 Final Provisions

(1) This contract is governed exclusively by the laws of the Federal Republic of Germany.

(2) There are no verbal collateral agreements. Amendments or additions to this contract must be made in writing, and this requirement cannot be waived orally.

(3) If individual provisions of this contract should be or become invalid, this shall not affect the validity of the remaining provisions. The invalid provision shall be replaced by what the parties would have reasonably agreed in accordance with the originally intended purpose from an economic point of view. The same shall apply in the event of a loophole in the contract.

(4) Place of performance is . . . . If both parties are merchants within the meaning

ist Gerichtsstand für alle Streitigkeiten aus diesem Vertrage . . . .

of the German Commercial Code (HGB), place of jurisdiction for all disputes arising from this contract shall be . . . .

h)	i)	. . . .	. . . .
j) (Ort, Datum)	k) (Ort, Datum)	(Place, Date)	(Place, Date)
l) . . .	m) . . .	. . .	. . .
n) – Auftraggeberin –	o) – Webdesignerin –	– Client –	– Web Designer –

Anmerkungen

1. Sachverhalt. Der Begriff Webdesign wird im allgemeinen Sprachgebrauch nicht nur für das künstlerische „Design“ von Webseiten verwendet, sondern umfasst auch deren technische Realisierung, zB die html-Programmierung, sowie die konzeptionelle Gestaltung der „UX“ (User Experience = Nutzungserlebnis) und des „UI“ (User Interface = Bedienelemente). Ein „Webdesign-Vertrag“ kann sich daher sowohl nur auf die optische und konzeptionelle Gestaltungsarbeit des eigentlichen Designs als auch mit auf die tatsächliche Erstellung der Website beziehen. Dabei ist der umfassende Website-Erstellungsvertrag weitaus häufiger, auch wenn die Kalkulation von Webdesign-Aufträgen häufig noch zwischen der Gestaltung und Realisierung der Website unterscheidet. Abgeschlossen wird in der Regel dennoch **ein** „Webdesign-Vertrag“, der alle diese Leistungsteile umfasst.

Für die Übertragung von Webdesign-Aufgaben gibt es mehrere praktische Gestaltungsformen: Man kann sich eigener Arbeitnehmer bedienen oder freiberufliche Webdesignerinnen beauftragen, die wiederum als Agenturen oder Einzelpersonen ihre Dienste am Markt anbieten. Es kann allein die Website**erstellung** in Auftrag gegeben werden, wobei die laufende Aktualisierung und Pflege im Nachhinein von Auftraggeberin selbst oder anderen Vertragspartnern übernommen werden kann oder bei Websites im Zusammenhang mit Einzelereignissen, zB der Veröffentlichung eines Films, ganz entfallen kann. Es können aber auch Webdesign-„Servicepakete“ beauftragt werden, die neben der Erstellung der Webseiten auch ihre laufende Aktualisierung und Pflege beinhalten.

Dieses Formular stellt einen Vertrag mit einem selbstständigen Webdesignerin oder einer Agentur über die erstmalige Erstellung einer Website dar, bei der die laufende Aktualisierung und Pflege entweder entfällt oder von Auftraggeberin selbst oder anderen Vertragspartnern übernommen wird. Auf den Abdruck eines Vertragsformulars für angestellte Webdesignerin wird verzichtet, da hinsichtlich der webdesignspezifischen Leistungen keine Unterschiede bestehen und lediglich arbeitsrechtliche Spezifika zu beachten sind.

2. Rechtsnatur. Webdesign-Verträge über die Erstellung einer Website sind als Werkverträge einzuordnen, da sie auf die Herstellung eines bestimmten Erfolges, nämlich einer fertigen und verwendungsfähigen Website, bezogen sind (vgl. BGHZ 184, 345 Rn. 21 = NJW 2010, 1449; Spindler/M. Schmidt VIII Rn. 4 f.). Keine grundsätzliche Vergleichbarkeit besteht mit dem Anzeigenvertrag oder dem Vertrag über die Herstellung von Individualsoftware, da das Webdesign sowohl den technischen Bezug der Machbarkeit einer bestimmten Gestaltung im Internet, als auch den konzeptionell-künstlerischen Bezug notwendigerweise mit umfasst, die in den genannten verkehrstypischen Vertragsausprägungen jeweils fehlen (vgl. Cichon Internet Verträge § 4 Rn. 402 ff.; aA ohne Begr. BGH BGHZ 184, 345 = NJW 2010, 1449).

3. Begriffliche Abgrenzung. Der Begriff „Website" umfasst einen ganzen Webauftritt, wohingegen der Begriff „Webseite" (o. „Webpage") eine einzelne Unterseite bezeichnet, dh eine Datei, deren Inhalt gleichzeitig auf den Bildschirm geladen wird.

4. Konzept. Aufgrund des werkvertraglichen Charakters des Webdesign-Vertrages muss das herzustellende Werk, also das vom Webdesignerin herzustellende „Endprodukt", zunächst genau definiert („spezifiziert") werden. Ähnlich wie bei Softwareprogrammierungsverträgen erfolgt die detaillierte Festlegung des geschuldeten Endprodukts („Spezifikation") auch beim Webdesign meist erst nach Abschluss des Vertrages, da die Konzeption der Website (insbes. in Form der Erarbeitung der „UX" und des „UI") bereits eine wesentliche Leistung ist, die Webdesignerin in aller Regel nicht unbezahlt vornehmen wird.

5. Konzeptvorschläge. Da sich die Konzeption der Website als kreative Leistung zu einem gewissen Grad einer objektiven Bewertung entzieht, ist es zum Schutz der Interessen von Auftraggeberin häufig angemessen, vorab eine gewisse Anzahl unterschiedlicher Vorschläge von Webdesignerin zu verlangen, so dass Auftraggeberin zumindest eine Auswahl hat. Findet bereits vorher ein Konzeptvorschlag von Webdesignerin die Zustimmung von Auftraggeberin, so ist die Herstellung der Alternativvorschläge nicht mehr erforderlich, da die Interessen von Auftraggeberin dann bereits gewahrt sind. Die Zustimmung sollte jedoch schriftlich erlangt werden, um nachträgliche Beweisschwierigkeiten hinsichtlich der Zustimmung und dem darin enthaltenen Verzicht auf weitere Vorschläge gemäß der vertraglich vereinbarten Vorschlagszahl zu vermeiden.

Bei Niedrigbudget-Produktionen, bei denen der Arbeitsumfang von Webdesignerin aus Kostengründen gering gehalten werden soll, oder in Fällen, in denen Auftraggeberin den Stil von Webdesignerin bereits kennt (zB von Referenzarbeiten) und ihr vertraut, kann die Verpflichtung zur Vorlage von Alternativkonzepten auch entfallen.

6. Einzubindende Elemente. Der Umfang des herzustellenden Endprodukts kann im Webdesign-Vertrag allerdings bereits vorab anhand bestimmter notwendigerweise einzubindender Elemente grob umrissen werden. Dies ermöglicht beiden Seiten eine zumindest ungefähre Einschätzung des geschuldeten Arbeitsumfanges bzw. zu erwartenden Endprodukts und hilft auf diese Weise, das Potenzial für spätere Meinungsverschiedenheiten zu verringern.

7. Konzeptfreigabe. Ist nur ein einziger Konzeptvorschlag geschuldet, so kann die Freigaberegelung folgendermaßen formuliert werden:

Nach Vorlage des Konzepts hat Auftraggeberin dieses innerhalb von zwei Wochen gegenüber Webdesignerin schriftlich freizugeben. Erfolgt keine Freigabe und fehlt es an einer Ablehnung bestimmter Merkmale des Konzeptvorschlages, so kann Webdesignerin auf der Basis des nicht gerügten Konzepts mit der Erstellung der Website fortfahren (→ Anm. 8). Lehnt Auftraggeberin den Konzeptvorschlag von Webdesignerin in jeweils wesentlich geänderter, den Wünschen von Auftraggeberin Rechnung tragender Version mehr als drei Mal (→ Anm. 9) ab, so hat Webdesignerin das Recht, den Vertrag zu beenden und die für die Konzeptentwicklungsphase anteilig vereinbarte bzw. eine angemessene anteilige Vergütung zu verlangen.

8. Umfang der Substantiierungsobliegenheit. Auftraggeberin trifft die Obliegenheit, ihre Ablehnung der Konzeptvorschläge von Webdesignerin insoweit zu substantiieren, als sie bestimmte einzelne Merkmale des Konzepts beanstanden muss. Andernfalls ist es Webdesignerin anhand der Ablehnung nicht möglich, ihr Konzept so zu überarbeiten, dass es beim nächsten Mal die Zustimmung von Auftraggeberin findet.

Das Fehlen substantiierter Kritik hinsichtlich nur eines einzigen Konzeptvorschlages hat das Recht von Webdesignerin zur Folge, auf der Basis dieses Vorschlags fortzufahren.

Es ist der Auftraggeberin zuzumuten, genau zu bezeichnen, warum ein Vorschlag für ihn inakzeptabel ist. Lehnt sie alle Vorschläge bis auf einen substantiiert ab, einen Vorschlag aber ohne nähere Erklärung, so hat sie zumindest gegen diesen einen Vorschlag nichts vorgebracht, was ihr dessen Annahme unzumutbar macht. Es besteht daher kein Grund, diesen Vorschlag nicht anzuerkennen.

9. Anzahl der Ablehnungen. Das Recht von Auftraggeberin zu dreimaliger folgenloser Ablehnung bedeutet, dass Webdesignerin bei substantiierter Kritik (→ Anm. 8) bis zu vier Konzeptionsrunden durchlaufen muss, bis sie den Vertrag wegen offenbarer Unvereinbarkeit der beiderseitigen Vorstellungen beenden kann. Die Anzahl der geschuldeten Überarbeitungen kann natürlich je nach Interessenlage der Parteien auch anders angesetzt werden, zB wenn auf Grund eines niedrigen Preises der Arbeitsumfang von Webdesignerin gering gehalten werden soll.

10. Prototypenerstellung. Die Erstellung eines Prototyps ist nur bei komplexen Websites sinnvoll, da sie eine erhebliche zusätzliche Arbeitsschleife für den Webdesignerin verursacht und daher auch kostenmäßig zu einer Verteuerung des Gesamtpaktes führt.

11. Erstellungsmaßstab. Ist zwischen Konzeption und Realisierung der Website eine Prototypenphase gem. § 2 Abs. 4 des Formulars eingeschoben, so dient als Realisierungsmaßstab für die Website der Prototyp. Die Erstellungsverpflichtung ist dann wie folgt zu formulieren:

Nach Freigabe des Prototyps gem. § 2 Abs. 4 dieses Vertrages erstellt Webdesignerin die Website entsprechend dem Prototyp durch Programmierung des html-, shtml, xml-, asp-, php- oder sonstigen Codes jeder einzelnen Webseite, durch Einbindung der vereinbarten Elemente in die Webseiten und durch Verknüpfung der einzelnen Webseiten untereinander gemäß der vorgesehenen Struktur. Dabei hat sie die in § 2 Abs. 2 dieses Vertrages festgelegten Elemente in der im Prototyp vorgesehenen Art und Weise in die Website mit aufzunehmen. (→ Anm. 12)

12. Einbindung von Elementen. Dieser Satz ist nur in den Vertrag mit aufzunehmen, wenn in § 2 Abs. 2 des Vertrages bestimmte einzubindende Elemente spezifiziert wurden.

13. Browser- und Auflösungsoptimierung. Die Optimierung kann für bestimmte oder für alle zum Zeitpunkt des Vertragsschlusses gängigen Browserarten vorgeschrieben werden. Die Optimierung auf eine bestimmte Bildschirmauflösung ist besonders bei grafisch geprägten Webseiten sinnvoll (die beispielsweise mit fixen Bildgrößen arbeiten). Typischerweise ist dies bei der Erstellung durch Agenturen der Fall, die eine separate Grafikabteilung unterhalten.

14. Mobile Endgeräte. In letzter Zeit gewinnt der Abruf von Webseiten auf mobilen Endgeräten (Smartphones) zunehmend an Bedeutung. Daher ist bei Vertragsschluss zu entscheiden, ob die zu erstellende Website auch für solche Endgeräte angelegt und optimiert werden soll.

15. Inhaltsbeschaffungspflicht. Diese Klausel ist in den Vertrag aufzunehmen, wenn in § 8 Abs. 3 des Vertrages die Beschaffung bestimmter Inhalte auf Webdesignerin übertragen wird.

16. Beschaffung vom Rechteinhaber. Die Beschaffung von Inhalten direkt von einem Rechteinhaber ist regelmäßig umständlich und wesentlich teurer als die Beschaffung von Inhalten, die in allgemein zugänglichen Datenbanken zu von vorneherein festgelegten Bedingungen für die Webnutzung zur Verfügung gestellt werden. Daher ist letztere Beschaffungsmöglichkeit im Formular gegenüber der direkten Rechtebeschaffung vorrangig avisiert. Je nach Interessenlage von Auftraggeberin kann die direkte Rechtebeschaffung aus Gründen der Kostenkontrolle auch von vorneherein ganz ausgeschlossen werden. Zur ordnungsgemäßen Rechtebeschaffung an den eingebundenen Inhalten → Anm. 57 und → Anm. 58 zu § 12 „Gewährleistung und Haftung".

17. Ablieferung des Werkes. Die Ablieferung des Werkes ist grundsätzlich auf mehrere Arten und Weisen möglich. Ist Auftraggeberin selbst mit dem Upload von Webseiten nicht vertraut oder möchte sie sich die diesbezügliche Arbeit ersparen, so kann Webdesignerin auch direkt zum Heraufladen der Seiten verpflichtet werden (wozu ihr Auftraggeberin allerdings Zugang zu dem entsprechenden Webserver gewähren muss). Dies kann beispielsweise in folgender Form geschehen:

Webdesignerin ist verpflichtet, die Website nach Fertigstellung auf den von Auftraggeberin angegebenen und durch Übermittlung der Zugangsdaten zugänglich gemachten Webserver heraufzuladen und dort ihre volle Funktionstüchtigkeit sicherzustellen.

Zur Vermeidung von Rechtsunsicherheit und Abgrenzungsschwierigkeiten hinsichtlich der Anwendbarkeit von Kaufrecht gem. § 651 BGB („Werklieferungsvertrag") auf Webdesignverträge wurde teilweise empfohlen, die bei Webdesignerin erstellte Website der Auftraggeberin stets auf Datenträger zu übergeben (vgl. Koch ITRB 2003, 281 (283)). Dies erscheint jedoch – zumal im Rahmen stetig zunehmender Digitalisierung – wenig praktikabel und erhöht gerade das Risiko, die – meist ungewollte – Anwendung von Kaufrecht herbeizuführen.

18. Urheberrechte an Webseiten. Die Gestaltung einzelner Webseiten sowie die Gesamtkonzeption der Website können nach fast einhelliger Auffassung urheberrechtlich geschützte „Werke" sein (vgl. OLG Frankfurt a. M. JurPC Web-Dok. 92/2005 Abs. 23; OLG Düsseldorf CR 2000, 184; Cichon Internet Verträge Rn. 452 Fn. 418 mwN; Cichon ZUM 1998, 897 (902) mwN; Köhler ZUM 1999, 548, Leistner CR 2000, 187; Schricker/Loewenheim/Koch UrhG § 78 Rn. 3 ff.). Auch an einzelnen für die Website erstellten Elementen, wie zB Grafiken oder Texten, können Urheberrechte entstehen. Hierbei ist auch keine besondere „Gestaltungshöhe" zu verlangen, auch wenn Webseiten grundsätzlich einem „Gebrauchszweck" dienen (vgl. BGH GRUR 2014, 175 – Geburtstagszug).

19. Nutzungsrechte. Das Urheberrecht selbst kann nach deutschem Recht unter Lebenden nicht übertragen werden. Möglich ist aber eine Einräumung von Nutzungsrechten, die sogar den Urheber selbst von der Nutzung des Werkes ausschließen können („ausschließliche" Nutzungsrechte). Zugunsten von Auftraggeberin ist also die Einräumung solcher Nutzungsrechte an den für die Website geschaffenen Webseiten und darin integrierten Elementen erforderlich (denn Urheber wird stets der persönliche Schöpfer eines Werkes, nicht die wirtschaftliche Auftraggeberin). Zwar kann eine Nutzungsrechtseinräumung – entsprechend dem Vertragszweck der Nutzbarkeit der Website durch Auftraggeberin – auch konkludent erfolgen. Der Umfang der eingeräumten Nutzungsrechte ist nach der urheberrechtlichen Zweckübertragungstheorie allerdings im Zweifel eng auszulegen (hierzu Schricker/Loewenheim/Schricker UrhG § 31 Rn. 74 ff.). Daher ist eine ausdrückliche und möglichst umfassende Nutzungsrechtseinräumung empfehlenswert, um spätere Meinungsverschiedenheiten über den Umfang der Nutzungsrechte von Auftraggeberin zu vermeiden.

Der Umfang der Übertragung urheberrechtlicher Nutzungsrechte gehört nach der Rechtsprechung des BGH allerdings sodann zur kontrollfreien Leistungsbestimmung (BGH GRUR 2012, 1031; 2014, 556 Rn. 12).

20. Unbekannte Nutzungsarten. Seit 1.1.2008 ist das früher in § 31 Abs. 4 UrhG enthaltene Verbot der Übertragung von Nutzungsrechten an unbekannten Nutzungsarten aufgehoben und eine solche in den §§ 31a und 31b UrhG geregelt. Danach ist die Übertragung von Nutzungsrechten an unbekannten Nutzungsarten nunmehr in Schriftform möglich, dem Urheber verbleibt jedoch solange ein Recht zum Widerruf dieser Übertragung, bis er sich mit dem Verwerter auf eine Vergütung geeinigt oder während dreier Monate nicht auf eine Mitteilung der geplanten neuen Werknutzung reagiert hat. Diese Regelung dient der Ermöglichung einer umfassenden Verwertung vor allem aufwändig hergestellter (zB Filme, Computerspiele, Gemeinschaftswerke) oder vor langer Zeit geschaffener Werke, auch wenn bestimmte Nutzungsarten erst nachträglich entstehen.

21. Ausschließlichkeit der Rechtseinräumung. Ein ausschließliches Nutzungsrecht schließt auch den Urheber selbst von der weiteren Nutzung seines Werkes aus. Will sich Webdesignerin das Recht zur Weiterverwendung einzelner Elemente oder Gestaltungen der Website vorbehalten, so muss sie – gegenüber der hier vorgesehenen „ausschließlichen" Rechtseinräumung – ein „nichtausschließliches" (auch genannt „einfaches") Nutzungsrecht vereinbaren.

22. Noch nicht geschützte Nutzungsarten. Diese Regelung beinhaltet eine antizipierte Einräumung von Nutzungsrechten für bekannte, bislang aber noch nicht gesetzlich geschützte Nutzungsarten. Eine solche Rechtseinräumung war schon immer möglich und üblich, wird allerdings in der Praxis selten relevant.

23. Abtretbarkeit. Die freie Abtretbarkeit der Nutzungsrechte birgt für die Webdesignerin den potenziellen Nachteil, dass sie den Überblick darüber verlieren kann, wer zur Nutzung der von ihr erstellten Webseiten berechtigt ist. Da Webdesignerin beim Website-Erstellungsvertrag jedoch typischerweise bei Ablieferung des Werkes vollständig bezahlt wird und an der konkreten Website daher kein fortdauerndes Verwertungsinteresse mehr besteht, ist ihr dies zumutbar und interessengerecht.

24. Bedingung vollständiger Zahlung. Die Bedingung vollständiger Zahlung wirkt wie ein „Eigentumsvorbehalt" von Webdesignerin, indem sie die dingliche Wirkung der Nutzungsrechtseinräumung bis zur vollständigen Bezahlung der geschuldeten Vergütung aufschiebt. Im Insolvenzverfahren über das Vermögen von Auftraggeberin schützt dieser Rechtevorbehalt den Webdesignerin wie ein Eigentumsvorbehalt den Warenkreditgeber: Sie zwingt den Insolvenzverwalter, entweder die Vergütungspflicht als Masseschuld neu einzugehen oder auf die Fertigstellung und Nutzung der Website zu verzichten.

25. Option und Eintrittsrecht bezüglich nicht erfasster Nutzungsarten. Diese Regelung beinhaltet eine Verpflichtung beider Parteien zur Nachverhandlung über von der Rechtseinräumung etwaig nicht erfasste Nutzungsrechte, um dem Verwerter die nötige Sicherheit zu geben, im Hinblick auf die spätere Nutzung seiner Website ausreichende Freiheit zu besitzen. Seit eine antizipierte Rechtseinräumung an noch nicht bekannten Nutzungsarten zulässig ist (→ Anm. 20), ist die Bedeutung dieser Klausel deutlich reduziert. Allerdings verbleibt ihr ein gewisser Restwert als nützlicher „Fallschirm" gegen eine allfällig unbeabsichtigte Nichterfassung einzelner Nutzungsarten.

26. Urheberpersönlichkeitsrecht. Dem Urheber steht gem. §§ 12 ff. UrhG ein umfassendes Persönlichkeitsrecht zu, das ihn insbesondere auch vor entstellenden Veränderungen schützt, § 14 UrhG. Gem. § 23 UrhG ist dem Urheber außerdem das Recht zur Einwilligung in die Veröffentlichung und Verwertung von Bearbeitungen oder sonstigen Umgestaltungen des Werkes vorbehalten. Änderungen, Ergänzungen, Übersetzungen uÄ sind in der Regel entweder Bearbeitungen oder sonstige Umgestaltungen und ihre Verwertung bedarf daher grundsätzlich des Einverständnisses des Urhebers.

27. Verzicht auf Entstellungsschutz. Der Verzicht von Webdesignerin auf den Entstellungsschutz hinsichtlich der Website ist durch das gesteigerte Verwertungsinteresse von Auftraggeberin gerechtfertigt, auf dessen Initiative, Kosten und Risiko hin Webdesignerin die Website erst erstellt. Allerdings muss ein unverzichtbarer Kern des Urheberpersönlichkeitsrechts stets gewahrt bleiben (vgl. Dreier/Schulze UrhG § 14 Rn. 41).

28. Eingeschränkter Entstellungsschutz. Auch im Hinblick auf Urheberrechte an speziell für die Website geschaffenen Einzelelementen kann ein gesteigertes Verwertungsinteresse von Auftraggeberin bestehen, auf dessen Initiative, Kosten und Risiko das Element immerhin erst erstellt wurde. Allerdings sind solche Elemente typischerweise nicht derart speziell auf die Bedürfnisse von Auftraggeberin zugeschnitten, dass ein weitergehendes Verwertungsinteresse von Webdesignerin an ihnen grundsätzlich vollständig zurücktreten müsste. Insoweit kann daher ein lediglich eingeschränkter Entstellungsschutz angemessen sein.

29. Demonstrations- und Referenzrecht. Webdesignerin kann sich das Recht vorbehalten, die von ihr geschaffene Website zur Demonstration ihrer Kunst (auch öffentlich) als Referenz zu nutzen, zB auf Messen vorzuführen, in verkleinerter Abbildung auf ihrer eigenen Homepage abzubilden, im Rahmen einer Berichterstattung über ihn selbst oder zu ähnlichen Anlässen vorzuführen und abzubilden oÄ. Allerdings sind hierbei die Rechte von Auftraggeberin – insbesondere im Hinblick auf § 10 Abs. 3 UrhG – zu wahren, indem sie auf der Website an der üblichen Stelle als Rechteinhaber genannt wird (vgl. hierzu zB BGH MMR 2015, 262 – CT-Paradies).

30. Namensnennung. Der Urheber hat gem. § 13 S. 2 UrhG kraft Gesetzes Anspruch auf Nennung seines Namens. Der Urhebervermerk kann – wie hier – auf jede einzelne von ihm erstellte Webseite erstreckt werden. Er kann aber auch auf die Startseite beschränkt oder einen eigenen Copyright-Vermerk verlagert werden, der erst durch Anklicken des Copyright-Vermerks erreichbar ist.

31. Namens-, Titel- und Kennzeichenrechte. Durch die Benutzung einer Bezeichnung für eine Website oder auf einer Website können Namens-, Titel- und Kennzeichenrechte entstehen, die im Gegensatz zu Urheberrechten frei übertragbar sind und auf Grund der Initiative und des wirtschaftlichen Beitrags von Auftraggeberin zu ihrer Entstehung diesem zustehen.

32. Source-Code. Der Source-Code von html-Seiten ist häufig durch jedermann einfach im Browser lesbar („view, page source" oÄ). Manche nicht in html umgesetzte Teil-Elemente (zB interaktive Funktionen, die als ausführbare Datei in die Website eingebunden werden, oder serverseitig ausgeführte Funktionen) sind jedoch nicht ohne Weiteres allgemein zugänglich. Die Offenlegung der Programmbefehle (Source-Code) bzw. der Projekt-Original-Dateien der von ihr verwendeten Tools solcher Elemente kann der selbständigen oder freiberuflichen Webdesignerin ohne gesonderte Vereinbarung nicht ohne weiteres abverlangt werden. Es empfiehlt sich daher, zugunsten von Auftraggeberin eine solche Offenlegung – ggf. gegen ein gesondertes Entgelt – zu vereinbaren, damit sie auch diese Elemente nach Beendigung der Zusammenarbeit unproblematisch weiter nutzen kann.

Ist dies nicht gewünscht, so sollte dies ausdrücklich festgehalten werden, etwa wie folgt:

Webdesignerin ist nicht verpflichtet, der Auftraggeberin auf Grund dieses Vertrages den Source-Code bzw. die Projekt-Original-Dateien der von ihr verwendeten Tools solcher von ihr programmierter Elemente der Website herauszugeben, bei denen diese aus der fertig gestellten Website nicht ohne weiteres direkt ablesbar oder rekonstruierbar sind.

33. Domain-Beschaffung. Die Beschaffung einer Domain, unter der die zu erstellende Website abrufbar gemacht wird, ist nicht notwendigerweise Bestandteil des Webdesign-

Vertrages. Jedoch wird eine solche Geschäftsbesorgung häufig von Webdesignerin übernommen, da sie über die entsprechende Sachkunde sowie die erforderlichen Kontakte verfügt.

Soll die Domain-Beschaffung nicht vom Webdesignerin vorgenommen werden, so entfällt dieser Paragraph und kann optional ein klarstellender Satz ergänzt werden:

Die Beschaffung der Internet-Domain, unter der die vertragsgegenständliche Website abrufbar gemacht werden soll, ist nicht Sache von Webdesignerin.

34. Haftung für Verletzung fremder Namens-, Marken- oder Titelrechte durch Domainregistrierung. Grundsätzlich stellt schon die Registrierung eines fremden Namens als Domainname einen unbefugten Namensgebrauch dar, gegen den der Namensträger unter dem Aspekt der Namensanmaßung vorgehen kann (vgl. BGHZ 171, 104 – Grundke). Entsprechendes gilt für die Registrierung fremder Marken oder Titel, wenn die Website ua zum Abruf in dem Territorium bestimmt ist, für die das Schutzrecht gilt. Wird allerdings die Domain auf Auftraggeberin registriert (→ Anm. 35), dh leitet Webdesignerin den Registrierungswunsch nur wie ein Bote an die zuständige Vergabestelle weiter und kümmert sich lediglich um die technische Abwicklung der Registrierung, so bestehen jedenfalls im Innenverhältnis zur Auftraggeberin keine Prüfungspflichten von Webdesignerin in Bezug auf die rechtliche Zulässigkeit der Domainregistrierung.

35. Registrierung des Domainnamens auf Auftraggeberin. Da schon die Registrierung einer Domain einen Namens- bzw. Markengebrauch darstellt und der Registrierende hierfür seinerseits ein Namens- bzw. Markenrecht benötigt, falls dadurch das Namens- bzw. Markenrecht eines Dritten berührt wird, ist zu empfehlen, die Domain stets sogleich auf Auftraggeberin als „Inhaber/Owner" zu registrieren. Laut BGH (BGHZ 171, 104 = NJW 2007, 2633 – Grundke) kann sich zwar auch ein mittelbarer Vertreter auf ein Namensrecht von Auftraggeberin berufen, das setzt aber voraus, dass das Vertretungsverhältnis zuverlässig und einfach überprüfbar ist (zB durch unverzügliche Abrufbarkeit der Homepage von Auftraggeberin unter der reservierten Domain oder durch notarielle Beurkundung des Auftrags). Da diese Überprüfbarkeit nicht leicht herstellbar und später nachweisbar ist und Auftraggeberin gegenüber Webdesignerin ohnehin einen Anspruch auf Herausgabe der Domain hat (→ Anm. 36), ist die unmittelbare Registrierung auf Auftraggeberin vorzuziehen, um eine Inanspruchnahme von Webdesignerin wegen Namensanmaßung von vorneherein zu verhindern.

36. Wahrung fremder Vermögensinteressen, Auskunft und Rechenschaft. Die Registrierung einer Domain ist eine Geschäftsbesorgungs-Nebenpflicht des Vertrages (hierzu Cichon Internet Verträge § 4 Rn. 462 ff.), hinsichtlich derer den Webdesignerin die Pflicht zur Wahrung der Vermögensinteressen von Auftraggeberin, sowie Auskunfts- und Rechenschaftspflichten (§§ 675 Abs. 1, 666 BGB) treffen (MüKoBGB/Seiler § 675 Rn. 3 ff.).

37. → Anm. 31.

38. Beschaffung von Webserver-Speicherplatz. Die Beschaffung von Webserver-Speicherplatz, auf dem die vertragsgegenständliche Website abgelegt werden soll, ist ebenfalls nicht notwendigerweise Bestandteil eines Webdesign-Vertrages. Jedoch wird auch eine solche Geschäftsbesorgung häufig vom Webdesignerin übernommen, da sie die entsprechende Sachkunde sowie die erforderlichen Kontakte besitzt. Soll die Beschaffung von Webserver-Speicherplatz (Webspace) nicht vom Webdesignerin vorgenommen werden, entfällt dieser Paragraph. Optional kann ein klarstellender Satz ergänzt werden:

Die Beschaffung von Webserver-Speicherplatz, auf dem die vertragsgegenständliche Website abgelegt werden soll, ist nicht Sache von Webdesignerin.

39. Providerauswahl. Hat Auftraggeberin bereits einen bestimmten Provider ins Auge gefasst, so kann sie die Auswahl- und Vorschlagspflicht von Webdesignerin auch entsprechend beschränken:

Als Host-Provider soll die Firma . . . . beauftragt werden.

40. Wahrung fremder Vermögensinteressen, Auskunft und Rechenschaft. Die Beschaffung von Webserver-Speicherplatz ist eine Geschäftsbesorgungs-Nebenpflicht des Vertrages (hierzu Cichon Internet Verträge § 4 Rn. 462 ff.), hinsichtlich derer den Webdesignerin die Pflicht zur Wahrung der Vermögensinteressen von Auftraggeberin, sowie Auskunfts- und Rechenschaftspflichten (§§ 675 Abs. 1, 666 BGB) treffen (MüKoBGB/Seiler § 675 Rn. 3 ff.).

41. Vergütung. Im Rahmen von Website-Erstellungsverträgen werden meist Pauschalvergütung oder Stundenvergütungen vereinbart. In seltenen Fällen versucht sich die Vergütung auch am Umfang der erbrachten Leistung zu orientieren. Letzteres ist allerdings schwierig, da Umfang und Komplexität der zu erstellenden Dateien sehr schwer vorherzusagen sind.

Zur Vereinbarung einer Stundenvergütung kann § 7 Abs. 1 etwa wie folgt formuliert werden:

Webdesignerin erhält für ihre Leistungen nach diesem Vertrag eine Vergütung in Höhe von . . . . . EUR pro Stunde (abrechenbar pro angefangener halber Stunde).
Übersteigt die angefallene Vergütung einen Betrag von . . . . . EUR, so hat Webdesignerin Auftraggeberin hierüber zu informieren und weitere Anweisungen abzuwarten. Auftraggeberin ist berechtigt, den Vertrag zu diesem Zeitpunkt zu beenden und das bis dahin entstandene Arbeitsergebnis samt der damit verbundenen urheberrechtlichen Nutzungsrechte gegen Zahlung der bis dahin aufgelaufenen Vergütung zu übernehmen.

Eine leistungsabhängige Vergütung kann etwa in folgender Form vereinbart werden:

Webdesignerin erhält für ihre Leistungen nach diesem Vertrag eine Vergütung in folgender Höhe:
a) Für die Entwicklung des Konzepts: . . . . EUR
b) (Ggf.) Für die Erstellung des Prototypen: . . . . . EUR
c) Pro programmierter und eingebundener Webseite: . . . . . EUR
d) Pro eingebundener Bild-, Ton-, Videodatei/sonstiger Datei: . . . . . EUR
e) Pro programmierter interaktiver Funktion: . . . . . EUR
f) Pro . . . . EUR
Übersteigt die angefallene Vergütung einen Betrag von . . . . . EUR, so hat Webdesignerin Auftraggeberin hierüber zu informieren und weitere Anweisungen abzuwarten. Auftraggeberin ist berechtigt, den Vertrag zu diesem Zeitpunkt zu beenden und das bis dahin entstandene Arbeitsergebnis samt der damit verbundenen urheberrechtlichen Nutzungsrechte gegen Zahlung der bis dahin aufgelaufenen Vergütung zu übernehmen.

42. Zusatzvergütung. Bei Vereinbarung einer Stundenvergütung in Abs. 1 ist dieser Abs. nur relevant, wenn für Zusatzleistungen ein höherer Stundensatz als gem. Abs. 1 vereinbart wird. Dann ist allerdings klarzustellen, dass der Stundensatz für Zusatzleistungen anstelle einer Stundenvergütung gem. Abs. 1 zu zahlen ist, nicht „zusätzlich". Das Formular verwendet die Klarstellung „zusätzlich", weil der Stundensatz für Zusatzleistungen gem. Abs. 2 im Verhältnis zu der dort in Abs. 1 vorgesehenen Monatspauschale kumulativ zu leisten ist.

43. Abschlagszahlung. Bei Pauschal- oder Stundenvergütungen wird der Gesamtbetrag der Entlohnung grundsätzlich erst ganz zum Schluss nach Abnahme der Website und Rechnungsstellung fällig. Da sich die Arbeit an der Website aber über einen beträchtlichen Zeitraum hinziehen kann, hat Webdesignerin uU ein berechtigtes Interesse an einer Vorauszahlung von Teilbeträgen durch Auftraggeberin.

Alternativ sind auch folgende Abschlagsregelungen möglich:

a) Nach Freigabe des Konzepts oder gleichgestelltem Zeitpunkt gem. § 2 Abs. 3 dieses Vertrages: . . . . .

b) (Ggf.) Nach Freigabe des Prototypen gem. § 2 Abs. 4 dieses Vertrages: . . . . .

c) Nach Erstellung von . . . . (Teilbereiche der Website)

oder

Nach Rechnungsstellung durch den Webdesignerin in angemessenen zeitlichen Abständen – mindestens jedoch monatlich . . . . . – in Höhe von maximal des anteiligen Wertes der bereits erbrachten Leistungen.

44. Auslagenersatz. Besorgt Webdesignerin Geschäfte von Auftraggeberin, so steht ihr gemäß §§ 675 Abs. 1, 670 BGB ein Ersatzanspruch hinsichtlich der Aufwendungen zu, die sie im Rahmen der Geschäftsbesorgung für erforderlich halten durfte. Dies betrifft insbesondere Aufwendungen von Webdesignerin zur Beschaffung von Domains und Webserver-Speicherplatz, aber zB auch Aufwendungen im Rahmen der Beschaffung von Inhalten für Auftraggeberin gem. § 8 Abs. 3. Aufwendungen, die dadurch entstehen, dass Webdesignerin die Website auf Wunsch von Auftraggeberin nach Freigabe nochmals geändert hat, sind ebenfalls von Auftraggeberin zu tragen. Darüber hinaus kann Auslagenersatz natürlich auch für sonstige Aufwendungen vereinbart werden.

45. Beschaffung von Inhalten durch den Webdesignerin. Dieser Absatz ist nur in den Vertrag aufzunehmen, wenn Webdesignerin über die vom Auftraggeberin zur Verfügung gestellten Inhalte hinaus weitere Inhaltselemente beschaffen soll (zB Hintergrundmusik, bestimmte Grafiken oÄ).

46. Aufklärungspflichten. Aufklärungspflichten von Webdesignerin ergeben sich aus dem Vertrauensverhältnis zwischen den Parteien, das auf der im Vergleich zu Auftraggeberin regelmäßig überragenden Sachkunde von Webdesignerin beruht (hierzu BGH NJW 1956, 787; BGHZ 20, 164 (169); MüKoBGB/Soergel § 631 Rn. 75 ff.).

47. Aufklärungspflicht über rechtliche Gegebenheiten. Die Aufklärungspflicht von Webdesignerin für rechtliche Gegebenheiten kann allerdings nicht streng sein, da sie regelmäßig Rechtslaie ist. Daher wird in diesem Formular eine Aufklärungspflicht lediglich für allgemein bekannte und dem betreffenden Webdesignerin geläufige Rechtnormen vorgeschlagen.

48. Suchmaschineneintrag. Falls Webdesignerin zum Eintrag der fertig gestellten Website in Suchmaschinen oder zur Optimierung der Website (im Rahmen des rechtlich Zulässigen) auf priorisierte Listung in bestimmten Suchmaschinen hin verpflichtet sein soll, ist dieser Absatz in den Vertrag aufzunehmen. Ist dies nicht der Fall, so kann – optional – klarstellend ergänzt werden:

Webdesignerin ist nicht verpflichtet, die fertig gestellte Website in Suchmaschinen einzutragen oder auf Auffindbarkeit in bestimmten Suchmaschinen hin zu optimieren.

49. Vorlagefrist für Konzeptvorschläge. Schuldet Webdesignerin lediglich die Vorlage eines einzigen Konzeptvorschlags, so kann die Frist folgendermaßen formuliert werden:

Das Konzept ist dem Auftraggeberin bis . . . . . vorzulegen.

50. Erhebliche **Pflichtverletzungen.** Dieser Satz benennt (nicht abschließend) einige Pflichtverletzungen, die von den Parteien als so erheblich angesehen werden, dass sie ein

Recht zur vorzeitigen Vertragsbeendigung geben sollen. Das Kündigungsrecht bei unterlassener Mitwirkung ist in § 643 BGB ausdrücklich kodifiziert. Die Liste der Pflichtverletzungen, welche die Auflösbarkeit des Vertrages zur Folge haben sollen, kann von den Parteien weiter ergänzt oder gekürzt werden.

51. Nachfristsetzung. Gem. § 323 Abs. 1 und Abs. 3 BGB (sowie gem. § 643 BGB hinsichtlich unterlassener Mitwirkungshandlungen) ist vor der Beendigung eines Vertrages wegen Pflichtverletzungen eine Nachfristsetzung, oder – falls die Pflicht in einem Unterlassen besteht – eine Abmahnung, erforderlich.

52. Kündigungsrecht von Auftraggeberin. Dieser Absatz gibt die gesetzliche Regelung des § 649 BGB wider. Der Unternehmer muss zu dem Anteil an der vereinbarten Vergütung, der auf den noch nicht erbrachten Teil der Werkleistung entfällt, vortragen und darüber hinaus vertragsbezogen darlegen, welche Kosten sie insoweit erspart hat (BGH BeckRS 2011, 08032; BauR 1997, 304).

53. Aufschiebend bedingter dinglicher Rechtsübergang bei Vertragsbeendigung. Diese Regelung erscheint auf den ersten Blick im Verhältnis zu § 4, der ja ebenfalls eine Rechtseinräumung vorsieht, überflüssig. Die dortige Rechtseinräumung greift jedoch nur, wenn der Vertrag bereits erfüllt und die hierfür vereinbarte Vergütung vollständig bezahlt wurde. Demgegenüber benötigt Auftraggeberin eine Absicherung auch für den Fall, dass der Vertrag (zB wegen einer Insolvenz von Webdesignerin, aber auch aus sonstigen Gründen) nicht vollständig durchgeführt wird. Nach der Rechtsprechung des BGH (NJW 2006, 915) ist jedenfalls ein aufschiebend bedingter Rechtsübergang für den Fall der Vertragsbeendigung aus wichtigem Grund (auch bei Verweigerung der weiteren Vertragserfüllung durch den Insolvenzverwalter – zB mittels Kündigung wegen Nichterfüllung) insolvenzfest und kann sich ein „Lizenznehmer" auf diese Weise auch im Falle einer Insolvenz des „Lizenzgebers" die notwendigen Verwertungsrechte sichern. Die neuere Rechtsprechung des BGH in Sachen „M2Trade" (BGH GRUR 2012, 916) und „Take Five" (BGH GRUR 2012, 914) zur „Insolvenzfestigkeit" von Unterlizenzen ändert an der Sinnhaftigkeit einer solchen Klausel nichts, denn eine Klarstellung des Schicksals von Hauptlizenzen im Insolvenzfall des Lizenzgebers steht nach wie vor aus.

54. Pauschalierter Verzugszins. Diese Regelung dient der Vereinbarung spezifischer Verzugszinsen als pauschaliertem Schadensersatz, falls ein möglicher Zinsschaden erwartbar höher liegt als der gesetzliche Zinssatz. Sie darf daher in Allgemeinen Geschäftsbedingungen gem. § 309 Nr. 5 BGB den zu erwartenden Schaden nicht übersteigen und den Nachweis eines tatsächlich geringeren Schadens nicht abschneiden. Dies gilt auch, wenn Auftraggeberin ein Unternehmer ist. Daher sollte der gesetzliche Verzugszinssatz nur überschritten werden, wenn Auftraggeberin tatsächlich zu höheren Zinsen Kredit in Anspruch nimmt. Der zu erwartende Schaden kann sich aber auch unterhalb des gesetzlich fixierten Verzugszinssatzes bewegen. Dann sollte die Regelung zugunsten der Anwendbarkeit des gesetzlichen Verzugszinssatzes iHv 5 % (mit Verbrauchern) bzw. 9 % (unter Unternehmern) über dem Basiszinssatz (§§ 288 Abs. 1 und 2, 247 BGB) entfallen.

55. Fehlerdefinition. Dieser Absatz regelt, was beim Webdesign als Fehler der hergestellten Website anzusehen ist und was nicht. Ein Fehler liegt nur bei technischen Mängeln in der Funktionsfähigkeit der Website sowie bei Nichterfüllung der vertraglichen Spezifikationen vor. Die ästhetische Ausgestaltung entzieht sich einer juristischen Würdigung. Zur Wahrung der Interessen von Auftraggeberin an der künstlerisch-kreativen Leistung von Webdesignerin dienen das – je nach Ausgestaltung des Vertrages – mehrmalige Ablehnungsrecht von Auftraggeberin hinsichtlich des Konzepts, die Mehrzahl von Konzeptvorschlägen sowie die Erstellung eines Prototyps.

56. Haftungsreduktion. Die Haftungsreduktion muss sich im für Allgemeine Geschäftsbedingungen gesetzlich zulässigen Rahmen der §§ 309 Nr. 7 und 307 BGB bewegen. Sie darf daher für grobes Verschulden und Lebens-, Körper- oder Gesundheitsverletzungen die Haftung weder ausschließen noch begrenzen. Zudem ist auch im Falle einfacher Fahrlässigkeit eine höhenmäßige Beschränkung unzulässig, die nicht die vertragstypischen, vorhersehbaren Schäden abdeckt (BGH NJW 1993, 335 (336) = WM 1993, 24; NJW 2001, 292 (302) = WM 2001, 31; NJW-RR 2006, 267; vgl. Langer WM 2006, 1233).

57. Rechtegarantie von Webdesignerin. Da bei Rechten kein gutgläubiger Erwerb möglich ist, ist eine Rechtegarantie nötig, um Auftraggeberin vor wirtschaftlichen Schäden zu schützen, die ihr entstehen, wenn Webdesignerin hinsichtlich Teile der von ihr erstellten Website gar nicht verfügungsberechtigt ist. Allerdings ist das Verletzungsrisiko für die Webdesignerin nur im Bereich des Urheberrechts überblick- und beherrschbar, da dort zufällige Doppelschöpfungen (ohne Bezug zum „Erstwerk") keine Verletzung darstellen. In Bezug auf Patente, Gebrauchs- und Geschmacksmuster müsste eien Webdesignerin für die Abgabe einer entsprechenden Rechtegarantie auch für die Verletzung ihr völlig unbekannter fremder Schutzrechte haften, was sie völlig überfordern würde. Eine solche „freedom-to-operate"-Garantie in Bezug auf alle – auch nicht bekannte – gewerbliche Schutzrechte Dritter geben nicht einmal große Forschungsinstitutionen, die einen relativ umfassenden Überblick über den aktuellen Stand der Technik und somit über bestehende Schutzrechte Dritter haben. Als regelmäßig eher dem künstlerischen Bereich (Grafik, Werbung, PR) zuzuordnender Kreativschaffender steht Webdesignerin dem Urheberrecht auch wesentlich näher als gewerblichen Schutzrechten, so dass ihr in diesem Bereich eher zuzumuten ist, darauf zu achten, nicht versehentlich oder absichtlich ihr bekannte vorbestehende Werke Dritter nachzuahmen.

58. Haftungsfreistellung. Da aus einer fehlenden Berechtigung von Webdesignerin auch folgen kann, dass Auftraggeberin ein in die Website integriertes Element zwar gutgläubig, aber unberechtigt nutzt und damit selbst zum Rechtsverletzer wird, ist diesbezüglich eine Freistellung nötig. Auftraggeberin ist als Betreiber der Website regelmäßig Anbieter des entsprechenden Inhalts als „eigene Information" iSv § 7 Abs. 1 TMG und haftet daher dem Rechteinhaber gegenüber für Urheberrechtsverletzungen durch die mit der Einbindung in eine Website verbundene Vervielfältigung und Öffentlich-Zugänglichmachung eines urheberrechtlich geschützten Inhalts. Die Haftung des Inhabers einer Website gegenüber dem Rechteinhaber für die Nutzung urheberechtlich geschützter Inhalte ist in der Rechtsprechung unbestritten. Die ausdrückliche Erstreckung der Freistellung auch auf die Kosten der eigenen Rechtsverteidigung ist deshalb erforderlich, weil diese Kosten nicht auf Ansprüchen Dritter beruhen, sondern freiwillige Aufwendungen von Auftraggeberin darstellen und daher von einer reinen Haftungsfreistellung nicht erfasst wären.

59. Garantie von Auftraggeberin. Auftraggeberin hat umgekehrt ebenso zu garantieren, dass die von ihr gelieferten Inhalte den Webdesignerin nicht in eine Haftung verwickeln, weil ihre Einbindung in die Website die Rechte Dritter verletzt.

60. Haftung für das Konzept. Die relativ weitgehende Haftung von Webdesignerin nach diesem Formular, die sich auch auf das Konzept erstreckt, rechtfertigt sich aus der typischerweise weit überlegenen Sachkunde von Webdesignerin gegenüber der Auftraggeberin hinsichtlich der Frage, was im Web üblich ist und was eventuell problematisch sein könnte. Verstöße, die auf allgemein gängigen Praktiken beruhen, sind durch den Zusatz „wenn sie durch ihre spezielle Ausgestaltung der Website entstanden sind" von der Haftung ausgenommen. Ebenso sind Verstöße, die den von Auftraggeberin eingebrachten Ideen entspringen – insbesondere solche, die ihrem Businessmodell inhärent sind – ausdrücklich von der Haftung ausgenommen.

61. **Haftung für bekannten Rechtsverstoß.** Die Haftung von Webdesignerin für ihr bekannte Rechtsverstöße ist Ausprägung ihrer Aufklärungspflichten gegenüber der Auftraggeberin (→ Anm. 46).

62. **Vertraulichkeit.** Es kann auch eine Vertraulichkeit nur einseitig zugunsten von Auftraggeberin vereinbart werden.

63. **Löschung von Inhalten in elektronischer Form.** Informationen und Inhalte, die in elektronischer Form vorliegen, sind nach Ablauf des Vertragsverhältnisses vorrangig zu löschen. Nur ausnahmsweise, wenn Auftraggeberin dies vor der Löschung ausdrücklich verlangt und auf bestimmte einzelne Inhalte oder Informationen beschränkt, hat sie vor der Löschung eine Kopie herauszugeben.

64. **Herausgabe von Inhalten in verkörperter Form.** Informationen und Inhalte, die in verkörperter Form vorliegen, können ohne weiteren Aufwand körperlich übergeben werden und sind daher vorrangig an Auftraggeberin herauszugeben. Nur ausnahmsweise, wenn Auftraggeberin dies wünscht oder durch Nichtannahme veranlasst, sind sie stattdessen zu vernichten.

65. **Exklusivität.** Eine Exklusivität, die Webdesignerin für einen bestimmten Zeitraum verbietet, für einen Konkurrenten von Auftraggeberin tätig zu werden, wird in der Praxis nur sehr selten vereinbart.

66. **Karenzentschädigung.** Eine Karenzentschädigung für die Exklusivität muss bei freiberuflichen Webdesignerin nicht vereinbart werden. Eine gesonderte Vergütung erleichtert jedoch die Durchsetzbarkeit der Exklusivität im Rahmen der Vertragsverhandlungen erfahrungsgemäß erheblich.

Pflege einer Website

2. Metatag-Lizenzvertrag

Zwischen	
. . . . .	
– nachstehend „Lizenzgeberin“ genannt –	**– hereinafter referred to as „Licensor“ –**
und	**and**
. . . . .	**. . . . .**
– nachstehend „Lizenznehmerin“ genannt –	**– hereinafter referred to as „Licensee“ –**
wird folgender Vertrag[1] geschlossen:	**enter into the following agreement:[1]**
Vorbemerkung	**Preamble**
Lizenzgeberin ist ein Unternehmen aus der . . . . -Branche, das unter der deutschen/europäischen Wortmarke „. . . . .“, eingetragen im Register des DPMA/OAMI unter der Registernummer . . . . .,[2] Waren an Einzelhändler zum Weiterverkauf	**Licensor is a company from the . . . . . industry operating under the German/European word mark „. . . . .“, registered in the register of the DPMA/OAMI under the registration number . . . . .,[2] distributing goods to retailers for resale to consu-**

vertreibt. Lizenznehmerin betreibt ein Einzelhandelsunternehmen, das u. a. auch Waren der Lizenzgeberin für den Verkauf an Endverbraucher anbietet. Lizenznehmerin möchte für ihr Warenangebot auch im Internet werben und dazu die Wortmarke der Lizenzgeberin in die Metatags ihrer Website aufnehmen. Damit ist Lizenzgeberin einverstanden, und zwar nach der Maßgabe folgender Regelungen:

mers. Licensee operates a retail business which also offers Licensor's goods for sale to end consumers. Licensee would also like to advertise its range of goods on the Internet and include Licensor's word mark in the metatags of its website. Licensor agrees to this, subject to the following provisions:

§ 1 Lizenzerteilung

(1) Lizenzgeberin gestattet Lizenznehmerin, die Wortmarke „. . . . " (im folgenden „Marke") als Metatag der Website www. . . . . de zu verwenden.[3]

(2) Lizenzgeberin erteilt Lizenznehmerin insoweit eine nicht-exklusive, einfache Markenlizenz zur Präsentation der folgenden Waren bzw. Dienstleistungen auf dieser Website im Internet: . . . .[4] In diesem Zusammenhang darf Lizenznehmerin insbesondere auch anderen Einzelhändlern gestatten, die Wortmarke als Metatag zu verwenden. Lizenznehmerin ist jedoch nicht berechtigt, Unterlizenzen zu erteilen oder die Wortmarke in Metatags anderer von ihr betriebener Websites zu verwenden.[5]

§ 1 Grant of License

(1) Licensor permits Licensee to use the word mark „. . . . " (hereinafter „trademark") as a metatag of the website www. . . . . de.[3]

(2) In this respect, the Licensor grants the Licensee a non-exclusive, simple trademark license to present the following goods or services on this website on the Internet: . . . .[4] In this context, Licensee may in particular also allow other retailers to use the word mark as a metatag. However, Licensee is not entitled to grant sublicenses or to use the word mark in metatags of other websites operated by Licensee.[5]

§ 2 Rechtsmängel

(1) Lizenzgeberin versichert, dass ihr Rechtsmängel an der Marke nicht bekannt sind.

(2) Lizenzgeberin ist alleine berechtigt, aber nicht verpflichtet, die Marke während der Vertragsdauer zu verlängern, zu überwachen und gegen Beeinträchtigungen durch Dritte zu verteidigen. Sie trägt die hierfür etwaig anfallenden Kosten alleine.[6]

(3) Die Vertragsparteien unterrichten sich gegenseitig unverzüglich über mögliche Beeinträchtigungen der Marke durch Dritte.

§ 2 Defects of title/Legal defects

(1) Licensor assures that she is not aware of any legal defects in the trademark.

(2) Licensor alone shall be entitled, but not obliged, to renew the trademark during the term of the agreement, to monitor it and to defend it against infringements by third parties. She alone shall bear any costs incurred for this.[6]

(3) The contracting parties shall inform each other immediately of any possible infringement of the trademark by third parties.

§ 3 Inanspruchnahme durch Dritte

Lizenzgeberin unterstützt die Lizenznehmerin bei der Inanspruchnahme[7] durch Dritte auf Benutzungsunterlassung[7] sowie bei Schadensersatzforderungen nach besten Kräften. Eine Haftung der Lizenzgeberin besteht jedoch nur im Falle ihres Verschuldens.

§ 4 Lizenzgebühr[8]

Lizenznehmerin zahlt der Lizenzgeberin als Vergütung für die eingeräumte Lizenz eine Gebühr in Höhe von . . . . . EUR pro Monat/Jahr. Die Gebühr ist im Voraus zu entrichten, jeweils bis spätestens zum 2. Arbeitstag des betreffenden Monats/Jahres.

Mit dem Erlöschen der Marke endet auch die Vergütungspflicht der Lizenznehmerin automatisch mit Wirkung für die Zukunft. Etwa bereits vorausbezahlte Lizenzgebühren werden zeitanteilig von Lizenzgeberin an die Lizenznehmerin rückerstattet.

§ 5 Laufzeit

(1) Der Vertrag tritt am . . . . . in Kraft und gilt zunächst für ein Jahr. Er verlängert sich um jeweils 6 Monate, sofern er nicht mit einer Frist von 4 Wochen vor Vertragsende schriftlich gekündigt wird.

(2) Das Recht zur fristlosen Kündigung aus wichtigem Grund bleibt unberührt.

§ 6 Schlussbestimmungen

(1) Dieser Vertrag unterliegt ausschließlich dem Recht der Bundesrepublik Deutschland.

(2) Mündliche Nebenabreden bestehen nicht. Änderungen oder Ergänzungen dieses Vertrages bedürfen zu ihrer Wirksamkeit der Schriftform, auf die auch nicht mündlich verzichtet werden kann.

§ 3 Third Party Claims

The Licensor shall support the Licensee to the best of its ability in the event of claims by third parties for injunctive relief[7] and claims for damages. However, the Licensor shall only be liable if she is at fault.

§ 4 License fee[8]

Licensee shall pay Licensor a fee for the license granted in the amount of . . . . EUR per month/year. The fee shall be paid in advance, at the latest by the 2nd working day of the month/year in question.

With the expiry of the trademark, Licensee's obligation to pay the fee also ends automatically with effect for the future. Any license fees already paid in advance shall be refunded to Licensee by Licensor on a pro rata temporis basis.

§ 5 Term

(1) The contract shall enter into force on . . . . . and is initially valid for one year. It is extended by 6 months each time when it is not terminated in writing with a notice period of 4 weeks before the contract end date.

(2) The right to terminate without notice for good cause remains unaffected.

§ 6 Final Provisions

(1) This contract is governed exclusively by the laws of the Federal Republic of Germany.

(2) There are no verbal collateral agreements. Amendments or additions to this contract must be made in writing, and this requirement cannot be waived orally.

(3) Sollten einzelne Bestimmungen dieses Vertrages unwirksam sein oder werden, so wird dadurch die Wirksamkeit der übrigen Bestimmungen nicht berührt. Statt der unwirksamen Bestimmung gilt dasjenige, was die Parteien nach dem ursprünglich angestrebten Zweck unter wirtschaftlicher Betrachtungsweise redlicherweise vereinbart hätten. Das Gleiche gilt im Falle des Vorliegens einer Vertragslücke.

(4) Erfüllungsort ist der Sitz der Lizenzgeberin. Gerichtsstand ist, soweit gesetzlich zulässig, das . . . . .

(3) If individual provisions of this contract should be or become invalid, this shall not affect the validity of the remaining provisions. The invalid provision shall be replaced by what the parties would have reasonably agreed in accordance with the originally intended purpose from an economic point of view. The same shall apply in the event of a loophole in the contract.

(4) Place of performance is . . . . . If both parties are merchants within the meaning of the German Commercial Code (HGB), place of jurisdiction for all disputes arising from this contract shall be . . .

. . . . .	. . . . .	. . . . .	. . . . .
(Ort, Datum)	**(Ort, Datum)**	**(Place, Date)**	**(Place, Date)**
. . . . .	. . . . .	. . . . .	. . . . .
– Lizenznehmerin –	**– Lizenzgeberin –**	**– Licensee –**	**– Licensor –**

Anmerkungen

1. Sachverhalt. Metatags sind im Quellcode einer Webpage enthaltene Informationen, die vom Content-Provider verwendet werden, um sich die Arbeitsweise von Suchmaschinen, wie zB Google oder Bing, zunutze zu machen. Diese Suchmaschinen scannen in regelmäßigen Abständen den Inhalt des gesamten World Wide Web (www) nach Schlagworten und erstellen dabei elektronische Referenzen über sämtliche Erwähnungen des gesuchten Themas. Diese Referenzen sind für den Internet-Nutzer abrufbar, indem er in das Suchfeld der von ihm verwendeten Suchmaschine einen entsprechenden Suchbegriff eingibt. Die Suchmaschine übermittelt sodann eine Liste aller in den Referenzdateien gespeicherten Websites, die das betreffende Suchwort beinhalten. Die Treffer werden grundsätzlich in Form einer Liste, geordnet nach abnehmender Relevanz, mit besonders hervorgehobenen bezahlten Werbeeinträgen, übermittelt, die direkt anklickbare Links zu den einzelnen Websites beinhaltet. Zum Verständnis der Metatag-Problematik ist es wichtig, zu verstehen, dass die Software der Suchmaschinen zur Erstellung der Referenzdateien in erster Linie den für den Internet-Nutzer nicht sichtbaren Quellcode der einzelnen Website nach Informationen über deren Inhalt überprüft. Grundlage für diese Verfahrensweise ist es, dass der Content-Provider den Inhalt ihrer Website im Quellcode mit zutreffenden Begriffen beschreibt, damit die Erstellung korrekter Referenzdateien möglich ist. Allerdings werden die im Quellcode verankerten Informationen mittlerweile auch mit dem sichtbaren Inhalt der Website abgeglichen und führen etwaige Diskrepanzen zu einer schlechteren Bewertung der betroffenen Seite in der Suchergebnisliste.

2. Registereintragungen. Soweit es sich (wie im Regelfall) um eine eingetragene Marke (und nicht um eine bloße Benutzungsmarke iSv § 4 Nr. 2 MarkenG) handelt, ist es zur eindeutigen Identifizierung des Lizenzgegenstandes sinnvoll, das einschlägige Register und die Registernummer im Vertrag anzugeben.

3. Lizenzbedürftigkeit der Benutzung von Marken in Metatags. Die früher umstrittene Frage, ob der Einsatz von Marken in Metatags zur Beeinflussung der Trefferlisten von Suchmaschinen eine kennzeichenmäßige Benutzung darstelle, wurde vom BGH dahingehend entschieden, dass die Verwendung eines fremden Kennzeichens als verstecktes Suchwort (Metatag) im geschäftlichen Verkehr (dh durch den Betreiber einer geschäftlichen Website) regelmäßig eine kennzeichenmäßige Benutzung darstellt – auch wenn es für die suchenden Internetnutzer nicht per se wahrnehmbar ist (BGH MMR 2011, 608 Rn. 25; GRUR 2009, 500 = MMR 2009, 329 – Beta Layout; GRUR 2007, 784 = MMR 2007, 649 Rn. 18 – AIDOL).

Diese Beurteilung des BGH harmoniert mit § 14 Abs. 3 Nr. 5 MarkenG, welcher die Werbung mit solchen Kennzeichen verbietet, die mit einem fremden Zeichen identisch oder diesem verwechslungsfähig ähnlich sind. Der Begriff der Werbung ist markenrechtlich weit auszulegen; er umfasst alle Formen der Werbung und somit auch die Wiedergabe in elektronischen Medien zum Zwecke der werblichen Kommunikation. Weiter ist zu berücksichtigen, dass es sich bei den in § 14 Abs. 3 MarkenG genannten Benutzungshandlungen um einen nicht abschließenden Katalog von Beispielen handelt. Demzufolge ist jede Benutzungshandlung, die im geschäftlichen Verkehr vorgenommen wird, grundsätzlich von der Verbotsnorm des § 14 Abs. 2 MarkenG umfasst, ohne dass es darauf ankäme, ob sie für den Internetnutzer direkt sichtbar ist oder nicht. Die Verwendung von Marken in Metatags berührt insoweit auch die ökonomische Funktion der Marke, indem sie die berechtigte Verbrauchererwartung erweckt, über eine Suchmaschine mit Links beliefert zu werden, die der Suchanfrage entsprechen.

Auch die „Google-AdWords"-Entscheidung des EuGH (EuGH EuZW 2010, 419) hat eindeutig klargestellt, dass die Verwendung fremder Marken als „Schlagwörter" für Suchmaschinen – dort in Form der entgeltlich „buchbaren" AdWords – eine zustimmungspflichtige markenmäßige Benutzungshandlung darstellen kann (differenzierte Ansicht hierzu noch BGH MMR 2011, 608 Rn. 26), die allerdings durch die auf Google werbenden Unternehmen ausgeführt wird, nicht durch Google als Plattform.

Nach § 14 Abs. 2 bzw. § 15 Abs. 2 MarkenG ist es untersagt, im geschäftlichen Verkehr Marken bzw. geschäftliche Bezeichnungen (Kennzeichen) zu benutzen, wenn diese mit einem prioritätsälteren Kennzeichen eines Dritten identisch oder ähnlich sind. Die Bestimmung des geschäftlichen Verkehrs iSd §§ 14 Abs. 2, 15 Abs. 2 MarkenG ist relativ unproblematisch, denn dieser Begriff ist weit auszulegen und erfasst grundsätzlich jede wirtschaftliche Betätigung, mit der in Wahrnehmung oder Förderung eigener oder fremder Geschäftsinteressen am Erwerbsleben teilgenommen wird. Demnach ist grundsätzlich vom geschäftlichen Verkehr auszugehen, wenn Wettbewerber der Lizenzgeberin Metatags mit dem Zeichen der Lizenzgeberin verwenden. Bei rein informativen Websites privater Personen dürfte hingegen in der Regel von fehlendem geschäftlichem Verkehr auszugehen sein.

In den engen Voraussetzungen des § 23 MarkenG ist es einem Dritten allerdings gestattet, die Marke oder eine geschäftliche Bezeichnung im geschäftlichen Verkehr zu verwenden: Er darf den Namen und die Anschrift benutzen (Nr. 1.), ein mit der Marke identisches Zeichen als Angabe über Merkmale und Eigenschaften von Waren und Dienstleistungen benutzen (Nr. 2.) und er darf die Marke als Hinweis auf die Bestimmung einer Ware/Dienstleistungen benutzen (Nr. 3.), sofern die Benutzung nicht gegen die guten Sitten verstößt. All diese Voraussetzungen, d.h. die Verwendung der Marke als beschreibende Angabe, liegen bei der Verwendung eines Metatags in der Regel nicht vor. Anders kann dies zu bewerten sein, wenn der Websitebetreiber die Marke in ihren Metatags gerade zur Bewerbung der Originalprodukte des Markeninhabers verwendet, die er vertreibt (so die Präambel des hiesigen Formulars), vgl. BGH GRUR 2007, 784 = MMR 2007, 649 Rn. 18 = IBRRS 1961, 740 – AIDOL. Aus Rechtssicherheitsgründen ist jedoch auch in solchen Fällen der Abschluss eines Metatag-Lizenzvertrages empfehlenswert (ggf. ohne Vergütungspflicht).

4. Einfache Markenlizenz. Die Lizenz wird hier als einfache Markenlizenz gewährt. Danach erhält Lizenznehmerin nur ein schuldrechtliches Benutzungsrecht. Dieses stellt ein relatives Recht dar, das nur der Lizenzgeberin gegenüber wirksam ist und keine markenrechtlichen Ansprüche gegenüber Dritten entfaltet.

Grundsätzlich hat die Marke selbst nach § 30 MarkenG in der Gestalt „dingliche Wirkung", dass die in § 30 Abs. 2 Nr. 1–5 MarkenG erfassten Verletzungen des Lizenzvertrages zugunsten der Lizenzgeberin nicht nur schuldrechtliche, sondern auch markenrechtliche Ansprüche auslösen. Wegen der Verletzung eines Markenrechts kann eine Lizenznehmerin (auch einer ausschließlichen Lizenz) allerdings stets nur mit Zustimmung des Markeninhabers aus eigenem Recht Markenverletzungsklage erheben (§ 30 Abs. 3 MarkenG).

Zur Gestattung der Benutzung im Rahmen von Metatags ist die Erteilung einer nur einfachen Markenlizenz sachgerecht, weil nur dies der Lizenzgeberin die Möglichkeit belässt, über ihre Marke in vollem Umfang frei zu disponieren.

5. Inhaltliche Beschränkungen der Lizenz. Ebenfalls im Interesse des Erhalts der vollen Dispositionsfreiheit der Lizenzgeberin sollte die jeweilige Markenlizenz inhaltlich möglichst eng auf den beabsichtigten Nutzungszweck zugeschnitten werden, denn dann muss Lizenzgeberin vor jeder Erweiterung oder Änderung der Nutzung erneut gefragt – und damit automatisch informiert – werden.

6. Aufrechterhaltung und Verteidigung der Marke. Die im Formular wiedergegebene Regelung entspricht der gesetzlichen Regelung im Falle einfacher Lizenzen und dient daher lediglich der Klarstellung bzw. Information der Lizenznehmerin. Auch hier bleibt die Dispositionsfreiheit der Lizenzgeberin unbeschnitten, ihr Markenrecht zu verteidigen oder gegebenenfalls auch verfallen zu lassen (zB wegen Bekanntwerdens prioritätsälterer Rechte Dritter).

Die Rechte der Lizenznehmerin sind hierdurch nicht beeinträchtigt, da ihre Lizenzgebührenpflicht mit dem Erlöschen der Marke automatisch ebenfalls endet (s. hierzu § 4 „Lizenzgebühr").

7. Schutztatbestände. § 14 Abs. 2 MarkenG bestimmt, unter welchen Voraussetzungen die Unterlassung einer Zeichenbenutzung in Metatags als Markenrechtsverletzung verlangt werden kann. Im Einzelnen handelt es sich um den Identitäts-, Verwechslungs- und Verwässerungsschutz.

In der Regel sind die in den Metatags verwendeten Begriffe mit der Marke identisch. Liegt gleichzeitig Produktidentität vor, besteht somit hiergegen grundsätzlich ein Unterlassungsanspruch nach § 14 Abs. 2 Nr. 1 MarkenG. Früher war allerdings streitig, ob für die Feststellung der Produktidentität auf die Waren abzustellen ist, welche auf der betreffenden Website beworben werden oder auf die Website selbst als eigenständiges Produkt. Richtigerweise ist grundsätzlich auf die beworbenen Waren/Dienstleistungen abzustellen, was auch mittlerweile anerkannt ist (so schon BGH MMR 2006, 812 = GRUR 2007, 65 = NJW 2007, 153 – Impuls III), denn bei der Website handelt es sich nur um ein Kommunikationsmittel und nicht um das Produkt selbst.

Der Verwechslungsschutz nach § 14 Abs. 2 Nr. 2 MarkenG setzt eine Verwechslungsgefahr voraus, die anhand der Merkmale Zeichenähnlichkeit, Produktähnlichkeit und Kennzeichnungskraft zu bewerten ist, wobei diese Merkmale zueinander in Wechselwirkung stehen. Unterstellt, dass bei der Verwendung von Metatags regelmäßig kennzeichnungskräftige Marken verwendet werden, können demnach geringere Anforderungen an die Produktähnlichkeit gestellt werden. Das Vorliegen einer abstrakten Gefahr (auch noch vor einem etwaigen Anklicken der Website) reicht für die Begründung der Verwechslungsgefahr aus.

Der Verwässerungsschutz nach § 14 Abs. 2 Nr. 3 MarkenG erstreckt sich auf die Verwendung einer Marke, wenn keine Produktähnlichkeit vorliegt, aber der gute Ruf einer Marke ausgebeutet werden soll. Allerdings hat das Metatagging nicht unbedingt zum Ziel, am Image des betreffenden Dritten Markeninhabers teilzunehmen, sondern ist eher darauf ausgerichtet, die technologisch bedingte Gelegenheit zur Präsentation der eigenen Waren/Dienstleistungen auszunutzen.

8. Lizenzgebühr. Umfang und Höhe der Lizenzgebühr richtet sich nach dem Status der Marke und der Art der Benutzung. Je zugkräftiger die Marke ist, die als Metatag verwendet werden soll, und je entfernter die lizenzierte Metatag-Benutzung den eigenen Vermarktungsinteressen der Lizenzgeberin liegt, desto höher fällt üblicherweise die Lizenzgebühr aus. Üblicherweise ist sie hingegen umso niedriger oder kann sogar gänzlich entfallen, je höher das eigene Interesse der Lizenzgeberin daran ist, durch die Metatags auf die Websites der Lizenznehmerin aufmerksam zu machen, da dieser dort zB ausschließlich oder prominent ihre Produkte vertreibt.

Durch den ipso iure Wegfall der Vergütungspflicht mit dem Erlöschen der Marke wird dem Interesse der Lizenznehmerin Rechnung getragen, nicht für einen Verzicht des Markeninhabers auf die Durchsetzung eines gar nicht bestehenden Untersagungsanspruchs bezahlen zu müssen. Im Gegenzug dazu kann Lizenzgeberin ihre Wahlfreiheit, die Marke jederzeit gegebenenfalls auch verfallen zu lassen, unbeeinträchtigt behalten (s. oben unter § 2 „Rechtsmängel").

Impressum

3. Angaben nach § 5 DDG

Diensteanbieter haben für geschäftsmäßige, in der Regel gegen Entgelt angebotene digitale Dienste folgende Informationen, die leicht erkennbar und unmittelbar erreichbar sein müssen, ständig verfügbar zu halten:[1, 2, 3]

1. den Namen und die Anschrift, unter der sie niedergelassen sind, bei juristischen Personen zusätzlich die Rechtsform, den Vertretungsberechtigten und, sofern Angaben über das Kapital der Gesellschaft gemacht werden, das Stamm- oder Grundkapital sowie, wenn nicht alle in Geld zu leistenden Einlagen eingezahlt sind, der Gesamtbetrag der ausstehenden Einlagen,

2. Angaben, die eine schnelle elektronische Kontaktaufnahme und eine unmittelbare Kommunikation mit ihnen ermöglichen, einschließlich der Adresse für die elektronische Post,

Service providers shall render the following information, which must be easily recognizable and directly accessible, permanently available for business-related digital services that are generally offered for a remuneration:[1, 2, 3]

1. the name and the address at which they are established, in the case of legal entities, additionally the legal form, the authorized representative and, if information is provided on the capital of the company, the share or nominal capital and, if not all contributions to be made in cash have been paid in, the total amount of outstanding contributions,

2. the details including their electronic mail address, which allow them to be contacted rapidly in electronic way and communicated with in a direct manner,

3. soweit der Dienst im Rahmen einer Tätigkeit angeboten oder erbracht wird, die der behördlichen Zulassung bedarf, die Angaben zur zuständigen Aufsichtsbehörde,
4. die Angabe des Handelsregisters oder ähnlicher Register, in das sie eingetragen sind, und die entsprechende Registernummer,
5. Angaben über die Kammer, der die Diensteanbieter angehören, gesetzliche Berufsbezeichnung und Staat, in dem letztere verliehen worden ist, sowie Bezeichnung berufsrechtlicher Regelungen und deren Zugänglichkeit, soweit der Dienst in Ausübung eines Berufes im Sinne von Art. 1d der Richtlinie 89/48/EWG oder Art. 1f der Richtlinie 92/51/EWG, zuletzt (in 2006) geändert durch die Richtlinie 2006/100/EG, angeboten oder erbracht wird;
6. Umsatzsteueridentifikationsnummer nach § 27a Absatz 1 Satz 1, 2 oder 3 UStG oder Wirtschafts-Identifikationsnummer nach § 139c Absatz 1 AO, sofern sie eine solche besitzen;
7. bei Aktiengesellschaft, KGaA und GmbH, die sich in Abwicklung oder Liquidation befinden, Angaben hierüber.
8. bei Anbietern von audiovisuellen Mediendiensten die Angabe des Mitgliedstaats, der für sie Sitzland ist oder als Sitzland gilt sowie der zuständigen Regulierungs- und Aufsichtsbehörden.
9. Bei Onlinehändlern: Ein Hinweis darauf, dass für die außergerichtliche Streitbeilegung das System nach der Verordnung (EU) Nr. 524/2013 zur Verfügung unter http://ec.europa.eu/consumers/odr steht.
10. Ggf. eine Information darüber, inwieweit sie bereit oder verpflichtet sind, an Streitbeilegungsverfahren vor einer Verbraucherschlichtungsstelle teilzunehmen; wenn sich der Unternehmer zur Teilnahme an einem Streitbeilegungsverfahren vor einer Verbraucherschlichtungsstelle verpflichtet hat oder

3. insofar as the service is offered or provided within the scope of an activity that requires official authorization, the particulars of the relevant supervisory authority,
4. an indication of the commercial register or similar register in which they are registered and the corresponding registration number,
5. insofar as the service is offered or provided in the exercise of a profession within the meaning of Art. 1d of Directive 89/48/EEC or Art. 1f of Directive 92/51/EEC, last amended (in 2006) by Directive 2006/100/EG, details of the professional body with which the service provider is registered, the legal professional title and the state where it has been granted, as well as designation of professional rules and the means to access them;
6. sales tax identification number according to § 27a para. 1 sent. 1, 2 or 3 UStG or business identification number according to § 139c para. 1 AO, if they have one;
7. in the case of a stock corporation, a KGaA or a limited liability company in liquidation, details thereof.
8. for audiovisual media service providers, the Member State in which they are established or deemed to be established and the competent regulatory and supervisory authorities.
9. In the case of online traders: a reference to the fact that for the extra-judicial settlement of disputes the system under regulation (EU) No 524/2013 is available at http://ec.europa.eu/consumers/odr.
10. If applicable, information on the extent to which they are willing or obliged to participate in dispute resolution procedures before a consumer arbitration entity; if the trader has undertaken to participate in a dispute resolution procedure before a consumer arbitration entity or if he is ob-

wenn er auf Grund von Rechtsvorschriften zur Teilnahme verpflichtet ist, Hinweis auf die zuständige Verbraucherschlichtungsstelle; der Hinweis muss Angaben zu Anschrift und Webseite der Verbraucherschlichtungsstelle sowie eine Erklärung des Unternehmers, an einem Streitbeilegungsverfahren vor dieser Verbraucherschlichtungsstelle teilzunehmen, enthalten.

liged to participate on the basis of legal provisions, reference to the competent consumer arbitration entity; the reference must contain information on the address and website of the consumer arbitration entity as well as a declaration by the trader to participate in a dispute resolution procedure before this consumer arbitration entity.

Anmerkungen

1. Sachverhalt. Um dem Nutzer (Verbraucher) Klarheit zu verschaffen, wer hinter der Internetseite steht, haben Anbieter elektronischer Informations- und Kommunikationsdienstleistungen (zB Online-Angebote) bestimmte Informationen auf ihrer Website zu offenbaren. Der Formulartext gibt im Wesentlichen den Wortlaut des § 5 DDG wieder. „Elektronische Postadresse" ist zu verstehen als E-Mail-Adresse.

2. Allgemeine Informationspflichten. Nach § 5 Digitale-Dienste-Gesetz (DDG), welches seit dem 14.5.2024 das Telemediengesetz (TMG) abgelöst hat, haben Diensteanbieter bei geschäftsmäßigen, in der Regel gegen Entgelt angebotenen digitalen Diensten (früher: Telemedien) die dort bestimmten Informationen leicht erkennbar, unmittelbar erreichbar und ständig verfügbar zu halten. „Diensteanbieter" sind Anbieter digitaler Dienste (§ 1 Abs. 4 Nr. 5 DDG). Die Informationen haben ständig, unmittelbar erreichbar und eindeutig auf der Website zu erscheinen. Durchgesetzt hat sich das Aufführen der notwendigen Angaben unter einem Link, der mit „Impressum" beschriftet ist, wobei auch vertreten wird, dass sich die Anbieterkennzeichnung unter dem Link „Kontakt" befinden darf. In jedem Fall dürfen nicht mehr als zwei Klicks notwendig sein, um auf einem Internetangebot zur Anbieterkennzeichnung zu gelangen (siehe noch zum alten Recht, namentlich zum TDG und MDStV, BGH NJW 2006, 3633). Dies gilt sowohl für die Internetpräsenz unter einer eigenen Domain als auch für alle Webauftritte bei Plattformen Dritter, wie zB Marketplaces oder sozialen Netzwerken, sowie für E-Mail-Newsletter und Apps, die ebenfalls unter die Definition „digitale Dienste" fallen. Die allgemeinen Informationspflichten gelten für jeden digitalen Dienst, welchen der Diensteanbieter anbietet. Möglich ist, auf das eigene Website-Impressum zu verlinken, wobei auch hier für den Nutzer insgesamt nicht mehr als zwei Klicks notwendig sein dürfen, um auf die Pflichtinformationen zu gelangen. Außerdem muss das Impressum leicht auffindbar sein, was zB nicht der Fall ist, wenn beim Webangebot auf einer Drittanbieter-Plattform nur ein Link auf die Homepage des Anbieters gesetzt ist und sich nicht ergibt, dass und wo dort die Anbieterkennzeichnung zu finden sein wird (LG München I BeckRS 2014, 10529). Weiterhin muss sich aus dem Website-Impressum ergeben, auf welche Telemedien es sich bezieht (LG Aschaffenburg CR 2012, 57). Weicht der inhaltlich Verantwortliche im Sinne des MStV (→ Anm. 3) für die digitalen Dienste von dem Verantwortlichen für die Website ab, muss insofern eine Klarstellung im Impressum erfolgen und dieser ebenfalls genannt werden.

Das Impressum sollte nicht als Bilddatei eingebunden werden, um die Barrierefreiheit zu gewährleisten.

Verstöße gegen die Informationspflicht können, gestützt auf Wettbewerbsrecht, Anlass für kostenpflichtige Abmahnungen geben und zur Verhängung von Bußgeldern bis zu 50.000,00 EUR führen (§ § 33 Abs. 2 iVm 5 DDG).

Die Angaben nach § 5 DDG ersetzen **nicht** weitergehende Informationspflichten, die etwa nach dem BGB, dem Art. 246 EGBGB, der DL-InfoV, dem Medienstaatsvertrag (MStV) (zu DL-InfoV und MStV → Anm. 3) oder der Preisangabenverordnung, dem Versicherungsaufsichtsgesetz, dem Handelsgesetzbuch oder weiteren ggf. anwendbaren Spezialregelungen bestehen.

Empfohlen wird außerdem, die Informationspflichten nach der Verordnung (EU) Nr. 524/2013 über die Online-Streitbeilegung in Verbraucherangelegenheiten (ODR-Verordnung) im Impressum zu erfüllen und entsprechend mit http://ec.europa.eu/consumers/odr anklickbar zu verlinken (zur Notwendigkeit einer Verlinkungs-Funktionalität zB OLG Hamburg GRUR-RR 2019, 16; OLG Hamm GRUR-RS 2017, 121013). Eine Hinweispflicht auf die OD-Plattform trifft alle Unternehmer mit Sitz in der EU, die Verbrauchern Waren und/oder Dienstleistungen online verkaufen bzw. online Dienstleistungen erbringen, wobei der Vertragsschluss auf einer Webseite oder sonst auf elektronischem Weg (zB per E-Mail) erfolgen kann. Unbeachtlich ist, ob das Angebot über die eigene Webseite oder auf einer Verkaufsplattform erfolgt.

Weiterhin sollte man auch über seine Pflicht oder Bereitschaft, an einem Streitbeilegungsverfahren vor einer Verbraucherschlichtungsstelle teilzunehmen, im Impressum informieren, wenn man hierfür keinen eigenen Bereich auf der Website vorsehen möchte. Die Pflicht zur Information hierüber auf der Website des Unternehmers ist in § 36 Abs. 2 VSBG geregelt. Nach § 36 Abs. 3 VSBG ausgenommen von der Informationspflicht sind aber Unternehmer, die sich nicht zur Teilnahme an einem Streitbeilegungsverfahren vor einer Verbraucherschlichtungsstelle verpflichtet haben und nicht auf Grund von Rechtsvorschriften zur Teilnahme verpflichtet sind **und** am 31.12. des vorangegangenen Jahres zehn oder weniger Personen beschäftigt haben. Zur Online-Streitbelegung und Verbraucherstreitschlichtung → Form. L.1. Anm. 20.

Umstritten ist, ob man eine Telefonnummer angeben muss. Ausdrücklich genannt wird diese in § 5 DDG zwar nicht, deren Notwendigkeit jedoch teilweise aus § 5 Abs. 1 Nr. 2 DDG hergeleitet, nach dem eine „unmittelbare Kommunikation" möglich sein muss. Unzulässig ist jedenfalls die Angabe einer Mehrwertdienste-Rufnummer, wenn die Gebühren so hoch sind, dass die Kostenbelastung den Verbraucher abschreckt, diesen Kommunikationsweg zu wählen (BGH BeckRS 2016, 12093). Der EuGH hat für den Bereich des Verbraucherschutzrechts jedenfalls festgestellt, dass eine schnelle und effiziente Kontaktaufnahme nicht zwingend die Angabe einer Telefonnummer bedeutet, wenn der Unternehmer eine direkte und effiziente Kommunikation auf andere Weise ermöglicht (EuGH EuZW 2019, 796; zum Impressum hatte sich der EuGH schon mit Urteil vom 16.10.2008 , EuGH EuZW 2008, 692, entsprechend geäußert).

3. Besondere Informationspflichten. a) Eine Reihe weiterer Informationspflichten ergeben sich aus der **Verordnung über Informationspflichten für Dienstleistungserbringer (DL-InfoV)**. Sie gilt für Dienstleister, die im Inland ihren Sitz oder eine Niederlassung haben und im Inland, in der Europäischen Union oder im Europäischen Wirtschaftsraum ihre Dienstleistungen erbringen, auch wenn die Dienste via Internet angeboten werden.

Sie gilt für Gewerbetreibende und Freiberufler. Ausgenommen sind Dienstleistungsangebote, die in Art. 2 Abs. 2 der Richtlinie 2006/123/EG, ABl. 2006 L 375, 36 fallen, zB Verkehrsdienstleistungen, Leiharbeitsagenturen, Gesundheitsdienstleistungen oder Finanzdienstleistungen ua.

Die meisten in dieser Richtlinie vorgeschriebenen Informationspflichten sind bereits in § 5 DDG erfasst. Zusätzlich verpflichtend ua ist die Information über
- Allgemeine Geschäftsbedingungen, wenn vorhanden;

– Vertragsklauseln über das auf den Vertrag anwendbare Recht oder den Gerichtsstand, wenn vorhanden;
– Bestehende Garantien, die über die gesetzlichen Gewährleistungsrechte hinaus gehen, wenn vorhanden;
– Wesentliche Merkmale der Dienstleistung, soweit sich diese nicht bereits aus dem Zusammenhang ergeben und
– Angaben zur Berufshaftpflichtversicherung, insbesondere den Namen und die Anschrift des Versicherers und den räumlichen Geltungsbereich, soweit eine solche Versicherung besteht.

Weiterhin müssen unterschiedliche Informationen auf Anfrage bekannt gegeben werden. Hier sind zu nennen:
– Wenn die Dienstleistungen in Ausübung eines reglementierten Berufes erbracht werden, ein Fundstellennachweis auf diese berufsrechtlichen Regelungen und Hinweis, wie diese zugänglich sind;
– Im Falle sog. multidisziplinärer Tätigkeit des Dienstleisters Angaben über die bestehenden beruflichen Gemeinschaften, mit denen er in direkter Verbindung steht und ggf. über die Maßnahmen, die ergriffen wurden, um Interessenkonflikte zu vermeiden;
– Etwaige Verhaltenskodizes einschließlich der Adresse, unter der diese elektronisch abgerufen werden können sowie in welchen Sprachen diese vorliegen, und
– im Fall, dass der Dienstleister sich einem System angeschlossen hat, das ein Streitschlichtungsverfahren vorsieht, Angaben zum Verfahren, zu dessen Zugang und Informationen über seine Voraussetzung.

Hinsichtlich der Form der Informationsgewährung ist der Dienstleister frei, zu wählen zwischen direkter, unaufgeforderter Mitteilung an den Dienstleistungsempfänger, durch Mitteilung am Ort der Leistungserbringung oder des Vertragsschlusses, wobei die Informationen leicht zugänglich sein müssen, durch elektronische Zugänglichmachung an eine vom Kunden angegebene Adresse oder durch Mitteilung in allen der dem Dienstleistungsempfänger zur Verfügung gestellten ausführlichen Informationsunterlagen über die jeweils angebotene Dienstleistung.

Verstöße gegen diese Informationspflichten können ebenfalls, gestützt auf Wettbewerbsrecht, Anlass zu Abmahnungen geben. Sie sind über die Ordnungswidrigkeiten nach § 6 DL-InfoV und damit nach den Vorschriften des OWiG zu ahnden.

Weitere umfangreiche Informationspflichten ergeben sich unmittelbar aus EU-Verordnung für Online-Vermittlungsdienste, zB aus der Verordnung (EU) 2019/1150 des Europäischen Parlaments und des Rates vom 20. Juni 2019 zur Förderung von Fairness und Transparenz für gewerbliche Nutzer von Online-Vermittlungsdiensten (ABl. 2019 L 186, 57) oder Verordnung (EU) 2022/2065 des Europäischen Parlaments und des Rates vom 19. Oktober 2022 über einen Binnenmarkt für digitale Dienste und zur Änderung der Richtlinie 2000/31/EG (Gesetz über digitale Dienste) (ABl. 2022 L 277, 1; 2022 L 310, 17). Verstöße gegen dortige Informationspflichten werden ebenfalls in § 33 DDG mit Bußgeldern belegt.

b) Diensteanbieter mit journalistisch-redaktionell gestalteten Angeboten müssen zudem die Vorgaben des **§ 18 Abs. 2 des Medienstaatsvertrags** erfüllen und müssen einen für den Inhalt Verantwortlichen mit Name und ladungsfähiger Anschrift benennen, der voll geschäftsfähig ist, unbeschränkt strafrechtlich verfolgt werden kann, seinen Aufenthalt im Inland hat und nicht in Folge eines Richterspruchs die Fähigkeit zur Bekleidung öffentlicher Ämter verloren hat.

J. Erwerb von Nutzungsrechten/Content-Einkauf

Bild

1. Bild-Online-Lizenzvertrag

Zwischen

. . . . .

– nachstehend „Rechteinhaber" genannt –

und

. . . . .

– nachstehend „Lizenznehmer" genannt –

wird folgender Vertrag[1] geschlossen:

§ 1 Vertragsgegenstand

(1) Der Lizenznehmer beabsichtigt, die Abbildung . . . . [Titel/Beschreibung] von . . . . [Photograph/Künstler/Grafiker], die in Anlage A dargestellt ist, in einer Auflösung von mindestens . . . . . x . . . . . Pixeln bis zu maximal . . . . . x . . . . . Pixeln als statisches Bild an bis zu . . . . . Stellen in seine Website mit der URL/den URLs . . . . . einzubinden. Die hierfür erforderlichen Rechte sollen durch diesen Vertrag erworben werden.

(2) Die Parteien gehen davon aus, dass die vertragsgegenständliche Abbildung selbst oder der auf ihr dargestellte Gegenstand in Deutschland zugunsten des Rechteinhabers urheberrechtlich geschützt ist.[2]

§ 2 Rechtseinräumung[3]

(1) Zur Verwirklichung des in § 1 Abs. 1 genannten Zweckes räumt der Rechteinhaber dem Lizenznehmer hiermit folgende nicht ausschließliche Nutzungsrechte ein:[4]

– hereinafter referred to as „Rights Holder" –

and

– hereinafter referred to as „Licensee" – enter into the following agreement:[1]

§ 1 Object of the agreement

(1) The Licensee intends to use the image . . . . . [title/description] from . . . . [photographer/artist/graphic designer], which is shown in Appendix A, in a resolution of at least . . . . . x . . . . . Pixels up to maximum . . . . x . . . . . Pixels as static image on up to . . . . . Places in its website with the URL (s) . . . . . The rights required for this are to be acquired through this contract.

(2) The parties assume that the contractual image itself or the object depicted on it is protected by copyright in Germany in favor of the Rights Holder.[2]

§ 2 Granting of Rights[3]

(1) In order to achieve the purpose stated in § 1 (1), the Rights Holder hereby grants the Licensee the following non-exclusive rights of use:[4]

a) Das Recht zur Einspeicherung der Abbildung in der in § 1 Abs. 1 genannten Weise in die o.g. Website des Lizenznehmers;[5]

b) Das Recht, die vertragsgegenständliche Abbildung in der in § 1 Abs. 1 genannten Weise der Öffentlichkeit ganz oder teilweise zugänglich zu machen („Recht der Öffentlich-Zugänglichmachung“);[6]

c) Das Recht, die Abbildung in der in § 1 Abs. 1 genannten Weise auf Abruf von Besuchern der o.g. Website hin vervielfältigen zu lassen.[7]

d) Das Recht, die Abbildung in der in § 1 Abs. 1 genannten Weise in unerheblichem Umfang im Zusammenhang mit der o.g. Gesamt-Website auch in anderen Medien weiter zu verwerten,[8] etwa im Fernsehen,[9] auf CD-ROM, in Printversionen sowie auf alle anderen möglichen Verwertungsarten für Websites.[10]

Die Rechteinräumung umfasst sämtliche Angebotsarten für Websites, insbes. das freie Internet, kostenpflichtige Websites, sonstige Online- und Offline-Dienste und interne Netze;[11] sie ist insbesondere nicht auf Nutzungen im freien Internet beschränkt.

Die Rechte sind nur dem Lizenznehmer als inhaltlich Verantwortlichem[12] für die Website eingeräumt und ohne Zustimmung des Rechteinhabers weder weiter übertragbar noch unterlizenzierbar.[13] Insbesondere sind sie nicht dem technischen Dienstleister, der die Website betreibt, eingeräumt, sofern dieser von dem Lizenznehmer verschieden ist.

Der Lizenznehmer verpflichtet sich, die vertragsgegenständliche Abbildung ausschließlich für die oben genannte Website zu verwenden.[14]

Der Vertrieb körperlicher Werkstücke oder andere als die in diesem § 2 dieses Vertrages genannten Verwertungsformen sind nach diesem Vertrag nicht zulässig.

a) The right to store the image in the manner specified in § 1 (1) on the above-mentioned website of the Licensee;[5]

b) The right to make the contractual image available to the public in whole or in part in the manner specified in § 1 para. 1 („right of making available to the public“);[6]

c) The right to have the image reproduced in the manner specified in § 1 para. 1 upon request by visitors to the above-mentioned website.[7]

d) The right to further exploit the image in the manner specified in § 1 para. 1 to an insignificant extent in connection with the aforementioned overall website in other media,[8] for example on television,[9] on CD-ROM, in print versions and in all other possible types of exploitation for websites.[10]

The granting of rights covers all types of offerings for websites, in particular the free Internet, fee-based websites, other online and offline services and internal networks;[11] in particular, it is not limited to uses on the free Internet.

The rights are only granted to the Licensee as the person responsible[12] for the content of the website and are neither transferable nor sublicensable without the consent of the Rights Holder.[13] In particular, they are not granted to the technical service provider operating the website if this is different from the Licensee.

The Licensee undertakes to use the contractual image exclusively for the above-mentioned website.[14]

The distribution of physical workpieces or forms of exploitation other than those specified in this § 2 of this agreement are not permitted under this agreement. This

Hierzu bedarf es des Abschlusses eines eigenen, gesonderten Lizenzvertrages.

(2) Die Rechtseinräumung wird gem. § 158 Abs. 1 BGB erst wirksam, wenn der Lizenznehmer die gem. § 7 dieses Vertrages geschuldete Vergütung vollständig geleistet hat.[15] Der Rechteinhaber kann eine Benutzung der vertragsgegenständlichen Abbildung auch schon vor diesem Zeitpunkt vorläufig erlauben. Ein Übergang der Rechte nach diesem Paragraphen findet durch eine solche vorläufige Erlaubnis nicht statt.

(3) Die Rechtseinräumung ist territorial auf die Einbindung der vertragsgegenständlichen Abbildung in eine Website beschränkt, die erkennbar zum Abruf nur innerhalb der Europäischen Union[16] bestimmt ist.[17]

(4) Die Nutzungsrechtseinräumung umfasst alle derzeit bekannten und unbekannten Nutzungsarten, die zur Erreichung des Vertragszwecks erforderlich sind oder werden, auch wenn sie erst auf Grund neuer Gesetzeslage oder aus anderen Gründen nachträglich an der vertragsgegenständlichen Abbildung entstehen oder erst nachträglich bekannt werden.[18]

(5) Im Hinblick auf etwaig von dieser Nutzungsrechtseinräumung nicht erfasste Nutzungsarten im Zusammenhang mit Websites räumt der Rechteinhaber dem Lizenznehmer eine Option zu angemessenen Bedingungen ein.[19]

(6) Der Lizenznehmer ist berechtigt, die vertragsgegenständliche Abbildung auf seiner Website auch in Verbindung mit Werken anderer Rechteinhaber oder ausschnittsweise zu benutzen oder – in begrenztem Umfang – zu bearbeiten. Hinzufügungen und wesentliche Veränderungen der vertragsgegenständlichen Abbildung sind nicht zulässig.[20]

(7) Der Lizenznehmer ist berechtigt, im Zusammenhang mit der Durchführung dieses Vertrages – insbesondere zum Zwecke der Eigenwerbung und auf der vertragsgegenständlichen Website selbst – den Titel der vertragsgegenständlichen

requires the conclusion of a separate license agreement.

(2) Pursuant to Section 158 (1) BGB, the granting of rights shall only become effective once the Licensee has paid the remuneration owed pursuant to Section 7 of this agreement in full.[15] The Rights Holder may also provisionally permit the use of the contractual image before this point in time. Such provisional permission shall not constitute a transfer of rights under this paragraph.

(3) The granting of rights is territorially limited to the integration of the contractual image into a website that is recognizably intended for retrieval only within the European Union[16,17]

(4) The granting of rights of use includes all currently known and unknown types of use that are or become necessary to achieve the purpose of the contract, even if they only arise subsequently due to new legislation or for other reasons or only become known subsequently.[18]

(5) With regard to any types of use not covered by this grant of rights of use in connection with websites, the Rights Holder shall grant the Licensee an option on reasonable terms.[19]

(6) The Licensee is entitled to use the contractual image on its website also in connection with works of other Rights Holders or in extracts or – to a limited extent – to edit it. Additions and significant changes to the contractual image are not permitted.[20]

(7) The Licensee is entitled to use the title of the contractual image as well as the names/identifiers/logos/images of the photographer/artist/graphic artist, insofar as the Rights Holder can dispose of such rights, and of the Rights Holder free of

Abbildung sowie Namen/Kennzeichen/ Logos/Abbildungen des Fotografen/ Künstlers/Grafikers, soweit der Rechteinhaber über solche Rechte verfügen kann, und des Rechteinhabers unentgeltlich zu benutzen.[21]

charge in connection with the execution of this contract – in particular for the purpose of self-promotion and on the contractual website itself.[21]

(8) Sämtliche Namens-, Titel- und Kennzeichenrechte an der Website oder einzelnen ihrer Teile oder durch Benutzung auf der Website entstehende Namens-, Titel- und Kennzeichenrechte sind Sache des Lizenznehmers.

(8) All name, title and trademark rights to the website or individual parts thereof or name, title and trademark rights arising through use on the website are the responsibility of the Licensee.

(9) Der Rechteinhaber hat Anspruch auf Nennung seines Namens als Urheber/Inhaber der Verwertungsrechte in Form eines – mit einem Zielpunkt seiner Wahl verlinkten – Vermerks auf derjenigen Webseite, in die die vertragsgegenständliche Abbildung eingebunden wird.[22]

(9) The Rights Holder is entitled to have his name mentioned as the author/owner of the exploitation rights in the form of a note – linked to a target point of his choice – on the website into which the contractual image is integrated.[22]

§ 3 Mitwirkungspflichten und Kontrollrechte des Rechteinhabers

§ 3 Obligations to cooperate and rights of control of the Rights Holder

(1) Der Rechteinhaber verpflichtet sich, dem Lizenznehmer bis spätestens . . . . . [Datum][23] ein Exemplar der vertragsgegenständlichen Abbildung in einer Auflösung von mindestens . . . . x . . . . Pixeln in elektronischer Form (Werkstück) zu liefern. Das Werkstück ist nach Ablauf von 2 Monaten an den Rechteinhaber zurückzugeben, sofern es in verkörperter Form (zB auf CD, DVD) übergeben wurde. Eine Weitergabe des Werkstückes an Dritte oder die Erstellung von Kopien für Dritte außerhalb des Rahmens dieses Vertrages ist nicht gestattet, soweit nicht der Rechteinhaber einer Übertragung der vertragsgegenständlichen Lizenz an den Dritten zugestimmt hat.

(1) The Rights Holder undertakes to provide the Licensee no later than . . . . [date][23] with a copy of the contractual image in a resolution of at least . . . . x . . . . pixels in electronic form (workpiece). The workpiece must be returned to the Rights Holder after 2 months if it was handed over in embodied form (e.g. on CD, DVD). Passing on the workpiece to third parties or making copies for third parties outside the scope of this contract is not permitted unless the Rights Holder has agreed to a transfer of the contractual license to the third party.

(2) Der Rechteinhaber hat dem Lizenznehmer folgende Informationen in folgender Form zur Verfügung zu stellen:

a) Informationen über sämtliche Miturheber an der vertragsgegenständlichen Abbildung:[24] schriftlich oder per E-Mail;

(2) The Rights Holder shall provide the Licensee with the following information in the following form:

a) Information on all co-authors of the contractual image:[24] in writing or by e-mail;

b) Ggf. Beschränkungen seines Rechteumfangs bzw. der Art und Weise, auf die die vertragsgegenständliche Abbildung in die Website eingebunden werden darf: schriftlich oder per E-Mail.

(3) Zur Kontrolle der Erfüllung dieses Vertrages gewährt der Lizenznehmer dem Rechteinhaber während der Lizenzdauer jederzeit kostenlosen Zugang zu seiner Website sowie den kostenlosen Abruf der vertragsgegenständlichen Abbildung, sofern Zugang und Abruf nicht ohnehin unentgeltlich angeboten werden.[25]

(4) Der Lizenznehmer verpflichtet sich, dem Rechteinhaber auf Anforderung sämtliche vorhandenen Nutzungsdaten seiner Website zur Verfügung zu stellen, die mit dem Abruf der vertragsgegenständlichen Abbildung in Zusammenhang stehen.[26] Dies erstreckt sich auch auf die Weitergabe von unter Bezugnahme auf die vertragsgegenständliche Abbildung hinterlassenen E-Mail-Adressen unter Berücksichtigung der anwendbaren Datenschutzbestimmungen (bei Einwilligung des betroffenen Nutzers).[27]

§ 4 Haftung

(1) Der Rechteinhaber versichert und steht dafür ein, dass er Inhaber der Online-Nutzungsrechte an der vertragsgegenständlichen Abbildung ist und in der vertragsgegenständlichen Form frei über sie verfügen kann.[28] Der Rechteinhaber garantiert ferner, dass die von ihm lizenzierten Inhalte frei von Rechten Dritter sind. Falls dem Rechteinhaber bekannt werden sollte, dass an irgendwelchen Bestandteilen der vertragsgegenständlichen Abbildung Rechte Dritter bestehen, so hat er den Lizenznehmer hierauf unverzüglich hinzuweisen. Der Rechteinhaber stellt den Lizenznehmer hiermit von jeglichen Ansprüchen Dritter in diesem Zusammenhang frei und ersetzt ihm die Kosten der Rechtsverteidigung.[29]

(2) Der Lizenznehmer garantiert, sämtliche neben der vertragsgegenständlichen

b) Any restrictions on the scope of his rights or the manner in which the contractual image may be incorporated into the website: in writing or by e-mail

(3) In order to monitor the performance of this agreement, the Licensee shall grant the Rights Holder free access to its website and free retrieval of the contractual image at any time during the license term, unless access and retrieval are already offered free of charge.[25]

(4) The Licensee undertakes to make available to the Rights Holder, upon request, all existing usage data of his website that are related to the retrieval of the contractual image.[26] This also extends to the disclosure of e-mail addresses left with reference to the contractual image, taking into account the applicable data protection regulations (with the consent of the user concerned).[27]

§ 4 Liability

(1) The Rights Holder assures and guarantees that he is the owner of the online usage rights to the contractual image and that he can freely dispose of it in the contractual form.[28] The Rights Holder also guarantees that the content licensed by him is free from third-party rights. Should the Rights Holder become aware that third party rights exist to any components of the contractual image, he must inform the Licensee of this immediately. The Rights Holder hereby indemnifies the Licensee against any third-party claims in this connection and shall reimburse the Licensee for the costs of legal defense.[29]

(2) The Licensee guarantees that he will obtain or has already obtained all further

Lizenz für die beabsichtigte Nutzung weiter erforderlichen Rechte selbst einzuholen, bzw. bereits eingeholt zu haben und stellt den Rechteinhaber in diesem Zusammenhang von jeglichen Ansprüchen Dritter frei.[30]

rights required for the intended use in addition to the contractual license and indemnifies the Rights Holder against any claims by third parties in this connection.[30]

§ 5 Veröffentlichung

Der Rechteinhaber garantiert, dass die vertragsgegenständliche Abbildung bereits veröffentlicht ist.[31]

§ 5 Publication

The Rights Holder guarantees that the contractual image has already been published.[31]

§ 6 Vertrags- und Lizenzdauer

(1) Dieser Vertrag beginnt mit beiderseitiger Unterzeichnung und läuft für die Dauer von . . . [Vertragsdauer].[32] Mit Ablauf der Vertragsdauer enden sämtliche Pflichten aus diesem Vertrag mit Ausnahme solcher Regelungen, die ersichtlich auch nach Vertragsende gelten sollen.

(2) Die Rechtseinräumung nach diesem Vertrag (Lizenzdauer) beginnt gem. § 2 Abs. 2 mit der Zahlung der geschuldeten Lizenzgebühr und endet mit Ablauf der Vertragsdauer gem. § 6 Abs. 1.[33]

(3) Dieser Vertrag kann aus wichtigem Grund vorzeitig gekündigt werden, insbesondere wenn der Rechteinhaber seinen Mitwirkungspflichten gem. § 3 dieses Vertrags (insbesondere zur Lieferung eines Werkstücks gem. § 3 Abs. 1) nachhaltig nicht nachkommt, der Lizenznehmer fällige Zahlungen gem. § 7 dieses Vertrages trotz Mahnung und Nachfristsetzung nicht leistet oder die Kontrollrechte des Rechteinhabers gem. § 3 Abs. 3 dieses Vertrages nicht erfüllt.[34] Eine fristlose Kündigung setzt grundsätzlich voraus, dass der andere Teil zuvor schriftlich gemahnt und aufgefordert wird, den vermeintlichen Grund zur fristlosen Kündigung in angemessener Zeit zu beseitigen, es sei denn es liegen besondere Gründe iSv §§ 314 Abs. 2, 323 Abs. 2 BGB vor, die dem Kündigenden ein Festhalten an dem

§ 6 Duration of contract and license

(1) This contract shall commence upon mutual signature and shall run for the duration of . . . [contract term].[32] Upon expiry of the contract term, all obligations arising from this contract shall end, with the exception of those provisions that are clearly intended to continue to apply after the end of the contract.

(2) The granting of rights under this contract (license term) shall commence in accordance with § 2 para. 2 upon payment of the license fee owed and shall end upon expiry of the contract term in accordance with § 6 para. 1.[33]

(3) This agreement may be terminated prematurely for good cause, in particular if the Rights Holder persistently fails to comply with his obligations to cooperate pursuant to § 3 of this agreement (in particular to deliver a workpiece pursuant to § 3 para. 1), if the Licensee fails to make payments due pursuant to § 7 of this agreement despite a reminder and the setting of a grace period, or if the Rights Holder's rights of control pursuant to § 3 para. 3 of this agreement are not fulfilled.[34] Termination without notice generally presupposes that the other party has previously been given a written warning and requested to remedy the alleged reason for termination without notice within a reasonable period of time, unless there are special reasons within the meaning of Sections 314 (2), 323 (2) BGB that make

Vertrag auch ohne vorherige Mahnung oder Abmahnung unzumutbar machen.[35]

(4) Der Rechteinhaber behält sich das Recht vor, diese Lizenz jederzeit ohne Angabe von Gründen ganz oder teilweise gegen ex-nunc-Wegfall der Vergütungspflicht (pro rata temporis) zu widerrufen.[36] Übt der Rechteinhaber diesen Widerrufsvorbehalt der Lizenz aus, so hat er dem Lizenznehmer eine angemessene Frist zur Herausnahme der vertragsgegenständlichen Abbildung aus der Website – von in der Regel 3 Werktagen – einzuräumen.

§ 7 Vergütung

(1) Für die Rechtseinräumung nach diesem Vertrag erhält der Rechteinhaber eine Pauschallizenzgebühr in Höhe von . . . . . [Betrag].[37]

(2) Die Lizenzgebühr ist vor dem Einspeichern der vertragsgegenständlichen Abbildung in die Website an den Rechteinhaber zu zahlen.[38] Der Lizenznehmer kann die Ausstellung einer Rechnung über den zu zahlenden Betrag verlangen. Rechnungsbeträge sind spätestens innerhalb von 10 Arbeitstagen nach Rechnungsstellung zur Zahlung fällig. Zahlungen sind auf das Konto IBAN . . . . . bei der . . . . . [Bank] in . . . . . [Ort], BIC . . . . . zu leisten.

Gerät der Lizenznehmer mit der Zahlung fälliger Forderungen in Verzug, so hat er Verzugszinsen in Höhe von . . . . . % pro Jahr zu zahlen, sofern er nicht nachweist, dass der tatsächliche Schaden geringer ist.[39] Die Möglichkeit des Rechteinhabers zur Geltendmachung weitergehender Ansprüche aus dem Verzug bleibt unberührt.

(3) Alle Vergütungen verstehen sich zuzüglich der gesetzlichen Mehrwertsteuer, sofern der Rechteinhaber im Zahlungszeitpunkt der Umsatzsteuerpflicht unterliegt oder auf sie optiert hat und dies dem Lizenznehmer bekannt ist. Entsteht die Umsatzsteuerpflicht oder die Option auf sie nachträglich, so kann die Mehrwertsteuer

it unreasonable to expect the terminating party to adhere to the contract even without a prior warning or warning notice.[35]

(4) The Rights Holder reserves the right to revoke this license in whole or in part at any time without giving reasons against ex nunc waiver of the obligation to pay remuneration (pro rata temporis).[36] If the Rights Holder exercises this reservation of revocation of the license, he must grant the Licensee a reasonable period of time – usually 3 working days – to remove the contractual image from the website.

§ 7 Remuneration

(1) For the granting of rights under this agreement, the Rights Holder shall receive a flat-rate license fee in the amount of . . . . . [number].[37]

(2) The license fee shall be paid to the Rights Holder before the contractual image is stored on the website.[38] The Licensee may request the issue of an invoice for the amount to be paid. Invoiced amounts are due for payment within 10 working days of invoicing at the latest. Payments are to be made to the account IBAN . . . . . at the . . . . . [Bank] in . . . . . [Place], BIC . . . . .

If the Licensee defaults on the payment of due claims, he shall pay default interest in the amount of . . . . . % per year, unless he can prove that the actual damage is lower.[39] The Rights Holder's right to assert further claims arising from the default remains unaffected.

(3) All payments are subject to value added tax at the statutory rate, provided that the Rights Holder is subject to value added tax at the time of payment or has opted for it and the Licensee is aware of this. If the obligation to pay VAT or the option to pay VAT arises retrospectively, the VAT can be claimed retrospectively

bis zum Ende des laufenden Kalenderjahres unter Vorlage der Mehrwertsteuerpflicht-Bescheinigung des zuständigen Finanzamtes gegen Rechnungsstellung nachgefordert werden. Danach erlischt die Forderung auf Umsatzsteuer-Erstattung.

until the end of the current calendar year upon presentation of the VAT liability certificate from the responsible tax office against invoicing. Thereafter, the claim for VAT refund expires.

§ 8 Vertraulichkeit

Beide Parteien verpflichten sich, über die Bestimmungen dieses Vertrages sowie über alle ihnen im Rahmen dieses Vertrages bekannt gewordenen Informationen bis zum Ablauf von . . . . . Jahren nach Ende der Lizenzdauer Stillschweigen zu bewahren. Dies gilt nicht, soweit ein berechtigtes Interesse an einer Offenbarung besteht.

§ 8 Confidentiality

Both parties undertake to maintain confidentiality with regard to the provisions of this contract and all information of which they become aware within the framework of this contract until the expiry of . . . . . years after the end of the license period. This shall not apply if there is a legitimate interest in disclosure.

§ 9 Herausgabe- und Löschungspflichten

Der Lizenznehmer verpflichtet sich, nach Beendigung der Lizenzdauer alle ihm einzeln in elektronischer Form vorliegenden vertragsgegenständlichen Informationen und Inhalte, insbesondere alle Kopien der vertragsgegenständlichen Abbildung, die nicht Bestandteil einer Gesamt-Archivierung seiner Website oder einzelner Webseiten sind, zu löschen. Informationen und Inhalte (auch Informationsmaterial u.ä.), die in verkörperter Form vorliegen, sind an den Rechteinhaber zurückzugeben oder auf dessen Verlangen hin oder bei Nichtannahme zu vernichten.

§ 9 Handover and deletion obligations

Licensee undertakes to delete all contractual information and content available to him individually in electronic form, in particular all copies of the contractual image that are not part of an overall archive of his website or individual web pages, after the end of the license term. Information and content (including information material and the like) that is available in embodied form shall be returned to the Rights Holder or, at the latter's request or in the event of non-acceptance, destroyed.

§ 10 Exklusivität[40]

Der Rechteinhaber verpflichtet sich, für einen Zeitraum von . . . . .[41] die vertragsgegenständliche Abbildung nicht an einen weiteren Lizenznehmer zur Online-Nutzung zu lizenzieren, wenn dieser mit dem Lizenznehmer in direktem Konkurrenzverhältnis steht oder dem Lizenznehmer durch die Zweitlizenzierung ein Imageschaden droht. Ein solches direktes Konkurrenzverhältnis ist bei Branchengleichheit stets gegeben.

§ 10 Exclusivity[40]

The Rights Holder undertakes not to license the contractual image to another Licensee for online use for a period of . . . . .[41] if the latter is in direct competition with the Licensee or if the Licensee is in danger of impairment of its image as a result of the secondary licensing. Such direct competition is always existing in relation to others in the same industry.

§ 11 Schlussbestimmungen

(1) Dieser Vertrag unterliegt dem Recht der Bundesrepublik Deutschland.

(2) Mündliche Nebenabreden bestehen nicht. Änderungen oder Ergänzungen dieses Vertrages bedürfen zu ihrer Wirksamkeit der Schriftform, auf die auch nicht mündlich verzichtet werden kann.

(3) Sollten einzelne Bestimmungen dieses Vertrages unwirksam sein oder werden, so wird dadurch die Wirksamkeit der übrigen Bestimmungen nicht berührt. Statt der unwirksamen Bestimmung gilt dasjenige, was die Parteien nach dem ursprünglich angestrebten Zweck unter wirtschaftlicher Betrachtungsweise redlicherweise vereinbart hätten. Das Gleiche gilt im Falle des Vorliegens einer Vertragslücke.

(4) Ansprüche aus diesem Vertrag können weder abgetreten, noch verpfändet, noch mit dem Recht eines Dritten belastet werden, soweit der Schuldner dem nicht ausdrücklich zustimmt.

(5) Erfüllungsort ist . . . . . Sofern beide Parteien Kaufleute im Sinne des HGB sind, ist Gerichtsstand für alle Streitigkeiten aus diesem Vertrag . . . . .

. . . .

(Ort, Datum) (Place, Date)

. . . .

– Lizenznehmer – – Rechteinhaber –

§ 11 Final Provisions

(1) This contract is governed exclusively by the laws of the Federal Republic of Germany.

(2) There are no verbal collateral agreements. Amendments or additions to this contract must be made in writing, and this requirement cannot be waived orally.

(3) If individual provisions of this contract should be or become invalid, this shall not affect the validity of the remaining provisions. The invalid provision shall be replaced by what the parties would have reasonably agreed in accordance with the originally intended purpose from an economic point of view. The same shall apply in the event of a loophole in the contract.

(4) Claims arising from this contract may not be assigned, pledged or encumbered with the rights of a third party unless the debtor expressly agrees to this.

(5) Place of performance is . . . . . If both parties are merchants within the meaning of the German Commercial Code (HGB), place of jurisdiction for all disputes arising from this contract shall be . . . . .

. . . .

(Place, Date) (Place, Date)

. . . .

– Licensee – – Rights Holder –

Anmerkungen

1. Sachverhalt. Gegenstand des vorliegenden Formularvertrages ist die Einbindung einer Abbildung (Foto, Grafik) in eine Website, wodurch Urheber- oder Leistungsschutzrechte eines Fotografen, Grafikers oder bildenden Künstlers (zB Maler, Bildhauer oder Architekt) berührt sein können. Die Haftung des Website-Betreibers gegenüber dem Rechteinhaber für die ordnungsgemäße Rechteeinholung bei Nutzung urheberechtlich geschützter Inhalte ist in Rechtsprechung und Literatur unbestritten, vgl. zB LG München I MMR 2009, 137 mAnm Kaufmann. Der Betreiber der Website ist regelmäßig Anbieter des entsprechenden Inhalts als „eigene Information" iSv § 7 Abs. 1 TMG und haftet daher dem Rechteinhaber gegenüber für Urheberrechtsverletzungen durch die mit der Einbindung in die Website verbundene Vervielfältigung und Öffentlich-Zugänglichmachung eines urheberrechtlich geschützten Inhalts. Daher besteht ein Bedarf nach Abschluss entsprechender Lizenzverträge wie in den Formularen dieses Abschnitts (→ Form. I ff.).

2. Betroffene Schutzrechte. Fotos können urheberrechtlich als Lichtbildwerke gem. § 2 Abs. 1 Nr. 5 UrhG geschützt sein, soweit sie die Individualität einer persönlichen geistigen Schöpfung erreichen. Andernfalls genießen sie jedenfalls gem. § 72 UrhG Leistungsschutz als Lichtbilder. Liegt ein bloßer Leistungsschutz nach § 72 UrhG vor, so entfällt insbesondere der urheberpersönlichkeitsrechtliche Entstellungsschutz (Schricker/Loewenheim/Vogel UrhG § 72 Rn. 31), nicht jedoch das (Verwertungs-) Recht zur Bearbeitung gem. § 23 UrhG. Im Übrigen gestalten sich die Verwertungsrechte des Leistungsschutzberechtigten fast genauso wie die des Urhebers eines Lichtbildwerkes, § 72 Abs. 1 UrhG. Das Formular kann daher auch zur Einholung der leistungsschutzrechtlichen Lizenz an einem lediglich leistungsschutzrechtlich geschützten Lichtbild verwendet werden, wenn an Stelle des Begriffes „Urheberrecht" jeweils die Bezeichnung „Leistungsschutzrecht" gesetzt wird.

Auch Fotografien von Gemälden oder anderen zweidimensionalen Werken, die sich inhaltlich eher als bloße „Vervielfältigung" des (ggf. bereits gemeinfreien) Ursprungswerks darstellen, unterfallen nach der Rechtsprechung dem Lichtbildschutz gem. § 72 UrhG (BGH GRUR 2019, 284 – „gemeinfreie Gemälde in Museen"). Und selbst ein bloß vertragliches Verbot der Anfertigung eigener Fotografien von gemeinfreien Werken ist nach Auffassung des BGH mit Unterlassungsansprüchen bewehrt (BGH GRUR 2019, 284 – „gemeinfreie Gemälde in Museen"). Gleiches gilt nach der Rechtsprechung des OLG Frankfurt a.M. für eigene Fotografien, die absprachewidrig und somit unter Verstoß gegen das Hausrecht des Eigentümers von Innenräumen eines Gebäudes angefertigt wurden (OLG Frankfurt a.M. GRUR-RR 2019, 422).

Grafiken können urheberrechtlich als Werke der angewandten Kunst gem. § 2 Abs. 1 Nr. 4 UrhG geschützt sein, wenn und soweit sie die Individualität einer persönlichen geistigen Schöpfung erreichen. Dies gilt auch, wenn sie für einen bestimmten Zweck (beispielsweise zur Verwendung als Plakat oder Verpackung) geschaffen wurden (Schricker/Loewenheim/Loewenheim UrhG § 2 Rn. 144, 156; vgl. auch BGH MMR 2014, 333 – Geburtstagszug).

Zu beachten ist, dass, zusätzlich zu den Urheber- und/oder Leistungsschutzrechten an der vertragsgegenständlichen Abbildung selbst, Abbildungen von Zeichnungen, Skizzen, Gemälden, Skulpturen oder Bauwerken als Vervielfältigungen eines Werkes des bildenden Kunst iSv § 2 Abs. 1 Nr. 4 UrhG grundsätzlich (dh vorbehaltlich des Eingreifens einer Urheberrechtsschranke) auch der Einwilligung des Urhebers oder des Inhabers des ausschließlichen Verwertungsrechtes an dem abgebildeten Werk bedürfen (Schricker/Loewenheim/Loewenheim UrhG § 16 Rn. 9).

Gleichermaßen ist bei der Abbildung von Personen auch deren „Recht am eigenen Bild" gem. §§ 22 ff. KUG zu beachten (vgl. OLG Braunschweig BeckRS 2019, 20858), das in der Regel ebenfalls mit einem Unterlassungsanspruch sowie einem Schadensersatzanspruch auf Zahlung einer angemessenen Lizenzgebühr bewehrt ist (außer in satirischer Auseinandersetzung mit dem Tagesgeschehen, vgl. BGHZ 169, 340 = NJW 2007, 689 = GRUR 2007, 139 = ZUM 2007, 55 – Rücktritt des Finanzministers).

Bild-Online-Lizenzverträge werden in der Regel mit den Urhebern bzw. Leistungsschutzberechtigten der betreffenden Abbildung abgeschlossen, da diese die Rechte zur Online-Nutzung in der Regel nicht exklusiv an einen Verwerter einräumen. Eine Ausnahme gilt bei Arbeitnehmer-Urhebern (zB angestellten Grafikern), hinsichtlich deren Werke im Regelfall der Arbeitgeber Inhaber der ausschließlichen Nutzungsrechte für all diejenigen Nutzungsarten wird, die er für seine betrieblichen Zwecke benötigt (Schricker/Loewenheim/Rojahn UrhG § 43 Rn. 37 ff.). Eine weitere Ausnahme gilt für solche Bildkünstler, die der Verwertungsgesellschaft Bild-Kunst (VG Bild-Kunst) die Reproduktionsrechte an ihren Werken oder Lichtbildern eingeräumt haben. In diesem Falle nimmt die VG Bild-Kunst auch die Rechte zur digitalen und Online-Verwertung gem. § 1 lit. r ihres Wahrnehmungsvertrages für den Künstler wahr, der sie sich allerdings im Einzelfall zur eigenen Wahrnehmung zurückübertragen lassen kann. Dies bedeutet, dass die entsprechende Lizenz sowohl bei der VG Bild-Kunst als auch beim Künstler selbst eingeholt werden kann. Ein Verzeichnis derjenigen Künstler, die der VG Bild-Kunst die Reproduktionsrechte eingeräumt haben, ist bei der Verwertungsgesellschaft (VG Bild-Kunst, Weberstr. 61, 53113 Bonn, https://m.bildkunst.de/service/kuenstler-suche.html) erhältlich.

3. Rechtseinräumung. Nach der urheberrechtlichen Zweckübertragungstheorie § 31 Abs. 5 UrhG, die analog auch für Leistungsschutzrechte gilt (Schricker/Loewenheim/Schricker UrhG § 31 Rn. 79), ist der Umfang der eingeräumten Nutzungsrechte im Zweifel eng auszulegen (hierzu Schricker/Loewenheim/Schricker UrhG § 31 Rn. 74 ff.). Daher ist eine ausdrückliche und möglichst umfassende Nutzungsrechtseinräumung empfehlenswert, um spätere Meinungsverschiedenheiten über den Umfang der Nutzungsrechte des Lizenznehmers zu vermeiden.

4. Erforderliche Nutzungsrechte. Für die Benutzung von Abbildungen in Online-Medien sind rechtssystematisch folgende Nutzungsrechte erforderlich: Ein Vervielfältigungsrecht für die Einspeicherung in den Server der Website gem. § 16 UrhG. Das Recht, den Zugang zu dem Werk zu eröffnen, welches als sogenanntes „Recht der öffentlichen Zugänglichmachung" in § 19a UrhG geregelt ist. Sowie das Recht zur weiteren Vervielfältigung der Abbildung durch Besucher der Website gem. § 16 UrhG, falls diese die Abbildung bei sich selbst wiederum abspeichern können.

5. Einspeicherung in eine Website. Die Einspeicherung einer Abbildung in den Server einer Webseite ist eine (digitale) Vervielfältigung, da hierbei eine neue, selbstständig wahrnehmbare Kopie entsteht (vgl. zB BGH GRUR 2019, 813 – Cordoba II; Schack UrhR/UrhebervertragsR § 13 Rn. 461; Möhring/Nicolini/Kroitzsch UrhG § 16 Rn. 4; Bechtold ZUM 1997, 427 (429)).

6. Öffentlich-Zugänglichmachung. Das Verwertungsrecht, der Öffentlichkeit den Zugang zu der vertragsgegenständlichen Abbildung zu eröffnen, (Recht der Öffentlich-Zugänglichmachung) ist in § 19a UrhG geregelt und nach unionsrechtlichen Maßstäben auszulegen.

Werden urheberrechtlich geschützte Werke bzw. leistungsschutzrechtliche Schutzgegenstände auf einer Internetseite so eingebunden, dass sie von „recht vielen Personen" als „neues Publikum" aufgerufen werden können, so sind sie iSd § 19a UrhG öffentlich zugänglich gemacht (vgl. zB BGH GRUR 2019, 950 – Testversion; BGH GRUR 2019, 725 – Framing unter Umgehung von Schutzmaßnahmen). Dies gilt auch, wenn das Werk (oder der Leistungsschutzgegenstand) bereits zuvor mit Erlaubnis des Urheberrechtsinhabers frei und kostenlos im Netz zugänglich war (BGH GRUR 2019, 813 – Cordoba II).

7. Vervielfältigung durch Abruf von Besuchern der Website. Jeder Abruf durch einen Besucher der Website ist eine Vervielfältigung im urheberrechtlichen Sinne, weil dadurch zumindest eine Kopie im Arbeitsspeicher des abrufenden Computers entsteht (vgl. Bechtold GRUR 1998, 18 mwN; Schack UrhR/UrhebervertragsR § 13 Rn. 418 ff.). Vorübergehende Vervielfältigungshandlungen, die flüchtig oder begleitend sind, einen integralen und wesentlichen Teil eines technischen Verfahrens darstellen, keine eigenständige wirtschaftliche Bedeutung haben und entweder nur der Übertragung in einem Netz durch einen Vermittler oder die rechtmäßige Nutzung eines Werkes ermöglichen sollen, sind allerdings schon gem. § 44a UrhG vom urheberrechtlichen Zustimmungsvorbehalt ausgenommen. Dazu zählen in erster Linie die Vervielfältigungshandlungen, wie sie bei der digitalen Informationsübermittlung im WWW vorkommen, dh vor allem das Browsing und das Routing. Wenn allerdings der Nutzer die Möglichkeit hat, die Abbildung nach dem bloßen Browsing-Abruf seinerseits dauerhaft abzuspeichern, greift § 44a UrhG nicht mehr und ist hierfür ein weiteres Vervielfältigungsrecht gem. § 16 UrhG erforderlich.

Ein Problem ergibt sich hierbei aus der Frage, wem solche Vervielfältigungen durch Abspeichern von Website-Besuchern zuzurechnen sind. Rein mechanisch betrachtet, müsste dies der Besucher sein, was als private Vervielfältigung gem. § 53 UrhG zustimmungsfrei sein kann (vgl. OLG München ZUM 2019, 595 – „Musikmitschnittdienst im Netz"; BGH ZUM 2009, 765 – „Online-Videorecorder"; Flechsig ZUM 2001, 656; Cichon K&R 1999, 547 (549 f.)). Da der Website-Betreiber den Abrufvorgang jedoch veranlasst und wirtschaftlich beherrscht, ist ein nicht lizenzierter Vervielfältigungsvorgang durch einen Nutzer zumindest im Wege mittelbarer Störerhaftung auch dem Betreiber zuzurechnen (so auch OLG München ZUM 2019, 595 – „Musikmitschnittdienst im Netz").

8. Zweitverwertung. Die Ausweitung der (nicht exklusiven) Lizenz auf weitere Verwertungsarten im Zusammenhang mit der Website kann entfallen, wenn der Rechteinhaber zu einer so weitgehenden Lizenzierung nicht bereit ist. Wird die Zweitverwertungs-Lizenz erteilt, so ermöglicht sie dem Lizenznehmer die umfassende wirtschaftliche Ausbeutung der von ihm erstellten Website, ohne ihn zur Aussparung der Inhalte zu zwingen, die er selbst nur lizenziert hat.

9. Zweitverwertung im Fernsehen. ZB im Rahmen von Sendungen, die sich mit dem Internet beschäftigen, Websites vorstellen und dabei deren Inhalt wiedergeben (beispielsweise durch Vorführen der Website).

10. Zweitverwertung auf sonstige Art und Weise. Weitere Zweitverwertungsarten sind etwa die Umsetzung des „Look & Feel" der Website, ihres Konzepts oder bestimmter Gestaltungselemente in Film, Video oder Computerspiele.

11. Verwertungsumfang. Die Rechtseinräumung kann auch auf bestimmte Angebotsarten für Websites (zB das Internet oder geschlossene Netze) beschränkt werden. Dies hängt ganz von dem individuell mit der Lizenzierung verfolgten Zweck ab und von der Rolle, die die vertragsgegenständliche Abbildung im Gesamtangebot der Website spielen soll.

12. Inhaltsverantwortlicher. Der Betreiber der vertragsgegenständlichen Website ist gem. § 7 Abs. 1 TMG für selbst eingestellte Inhalte nach den allgemeinen Gesetzen vollumfänglich verantwortlich. Er ist daher für die Einholung der Lizenz zuständig.

13. Abtretungs- und Unterlizenzierungsverbot. Diese Regelung dient dem Schutz des Rechteinhabers davor, den Überblick darüber zu verlieren, wer zur Nutzung seiner Abbildung berechtigt ist und wer nicht. Der Lizenznehmer ist typischerweise einfacher Verwerter und nicht Teil der umfassenden Rechtauswertungsindustrie, so dass er der Möglichkeit, selbst Lizenzen zu erteilen oder seine Rechte zu übertragen, in der Regel nicht bedarf. Deshalb ist die Nichtübertragbarkeit bzw. Nicht-Unterlizenzierbarkeit auch der gesetzliche Regelfall, vgl. §§ 34, 35 UrhG. Auch schützt das Unterlizenzierungsverbot den Rechteinhaber vor einem Weiterbestehen von Unterlizenzen nach

Wegfall der Hauptlizenz, siehe BGH in Sachen „M2Trade" (GRUR 2012, 916) und „Take Five" (GRUR 2012, 914).

Alternativ kann dem Lizenznehmer je nach Interessenlage auch die Weiterübertragung des lizenzierten Inhaltes erlaubt werden, etwa in folgender Form:

Alle Rechte sind durch den Lizenznehmer ganz oder teilweise weiter übertragbar/unterlizenzierbar.

14. Beschränkung auf bestimmte Website. Diese Beschränkung kann je nach Interessenlage der Parteien entfallen.

15. Bedingung vollständiger Zahlung. Die Bedingung vollständiger Zahlung wirkt wie ein „Eigentumsvorbehalt" des Rechteinhabers, indem sie die dingliche Wirkung der Nutzungsrechtseinräumung bis zur vollständigen Bezahlung der Vergütung aufschiebt. Im Falle eines Insolvenzverfahrens über das Vermögen des Lizenznehmers vor Zahlung der Vergütung schützt dieser Rechtevorbehalt den Rechteinhaber wie ein Eigentumsvorbehalt den Warenkreditgeber: Sie zwingt den Insolvenzverwalter, entweder die Zahlung der Lizenzgebühr als Masseschuld neu einzugehen oder auf die Nutzung des lizenzierten Inhalts zu verzichten.

Bei einer Lizenz, die gegen Zahlung wiederkehrender Beträge (zB jährliche Lizenzgebühr) eingeräumt wird, kann auch ein Rechterückfall bei künftiger Nichtzahlung vereinbart werden:

Ferner fallen die eingeräumten Rechte automatisch an den Rechteinhaber zurück, wenn der Lizenznehmer mit der Bezahlung einer gem. § 7 dieses Vertrages fälligen Vergütung trotz Mahnung und Nachfristsetzung länger als zwei Monate in Verzug bleibt.

Diese Klausel (→ Form. I.2. dort § 2 Abs. 2 S. 4 als Widerrufsrecht) sanktioniert den Zahlungsverzug des Lizenznehmers, indem sie die Nutzungsmöglichkeiten aus dem Vertrag de facto beendet, während der Vergütungsanspruch des Rechteinhabers (auch für die Zukunft) unberührt bleibt und somit zB im Insolvenzfall zur Verteilung nach der Quote angemeldet werden kann. Dies ist eine wirksame Sicherungsklausel des Vergütungsanspruches des Rechteinhabers gegenüber einem zahlungsunwilligen oder –unfähigen Lizenznehmer, auch beispielsweise in der Insolvenz des Lizenznehmers. Auch sie zwingt den Insolvenzverwalter, die Vergütung (bis auf im Beispiel maximal zwei Monatsvergütungen) entweder weiterzuzahlen oder auf die weitere Nutzung des lizenzierten Inhalts zu verzichten. Nach der Rechtsprechung des BGH (NJW 2006, 915 = CR 2006, 151 = MMR 2006, 386) ist jedenfalls ein aufschiebend bedingter Rechtsübergang für den Fall der (Kündigung wegen) Nichterfüllung durch den Vertragspartner (bzw. dessen Insolvenzverwalter) insolvenzfest, so dass sich ein Rechteinhaber im Falle der Insolvenz des Lizenznehmers die eingeräumten Verwertungsrechte zurückholen kann. Die neue Rechtsprechung des BGH in Sachen „M2Trade" (GRUR 2012, 916) und „Take Five" (GRUR 2012, 914) zur „Insolvenzfestigkeit" von Unterlizenzen ändert an der Sinnhaftigkeit einer solchen Klausel nichts, denn eine Klarstellung des Schicksals von Hauptlizenzen im Insolvenzfall des Lizenzgebers steht nach wie vor aus.

16. Europäische Union. Innerhalb der Europäischen Union gebietet der Grundsatz der Waren- und Dienstleistungsfreiheit nach Auffassung der EU-Kommission grundsätzlich, keine Beschränkungen auf das Territorium eines bestimmten Mitgliedsstaates (zB nur Deutschland) vorzunehmen (vgl. Beanstandung der territorialen Beschränkungen in iTunes Music Stores durch die EU-Kommission = „iTunes-Case" sowie die „Empfehlung für die länderübergreifende kollektive Wahrnehmung von Urheberrechten und verwandten Schutzrechten, die für legale Online-Musikdienste benötigt werden" der EU-Kommission = „CISAC-Case". Siehe v. Einem MMR 2006, 647).

17. Bestimmungslandprinzip. In Bezug auf das Internet ist letztlich nicht gesichert, inwieweit es überhaupt möglich ist, ein Angebot auf ein bestimmtes Territorium zu „beschränken". Eine Internet-Site kann theoretisch von überall auf der Welt aus abgerufen werden. Auch sogenannte Geotargeting-/Geoblocking-/Geolocation-Maßnahmen können IP-Adressen oder IPTC/XMP ihrer geografischen Herkunft nur mit begrenzter Sicherheit zuordnen. Die Reichweite eines Internet-Angebotes kann allerdings nach herrschender Meinung unter Bezugnahme auf die „erkennbare Bestimmtheit" der Website abgegrenzt werden. Zu vermuten sei dabei zwar grundsätzlich, dass eine Website für alle Territorien der Welt bestimmt sei. Jedoch könne diese Vermutung durch die erkennbare Begrenzung der Zielrichtung der Website oder effektive Ausgrenzung bestimmter Territorien widerlegt werden (vgl. LG Köln CR 2002, 58; LG Hamburg (nicht rechtskräftig) CR 1999, 785 (786); OLG Bremen CR 2000, 770 (771)). Hierfür reicht allerdings ein rein verbaler „Disclaimer" allein nicht aus, sondern müssen objektive Kriterien wie angebotene Sprachen, Beschränkung der Akzeptanz von Zahlungsmitteln auf solche, die in einem bestimmten Land ausgegeben werden, Geotargeting der IP-Adresse uÄ für die Beschränkung auf bestimmte Länder sprechen.

18. Unbekannte und noch nicht geschützte Nutzungsarten. Diese Regelung enthält die antizipierte Einräumung von Rechten an Nutzungsarten, die bislang noch nicht bekannt oder noch nicht geschützt sind.

Seit 1.1.2008 ist das früher in § 31 Abs. 4 UrhG enthaltene Verbot der Übertragung von Nutzungsrechten an unbekannten Nutzungsarten aufgehoben und die Übertragung von Nutzungsrechten an unbekannten Nutzungsarten in den §§ 31a und 32c UrhG geregelt. Danach ist eine Übertragung von Nutzungsrechten an unbekannten Nutzungsarten nunmehr in Schriftform möglich, dem Urheber verbleibt jedoch solange ein Recht zum Widerruf dieser Übertragung, bis er sich mit dem Verwerter auf eine Vergütung geeinigt oder während dreier Monate nicht auf eine Mitteilung der geplanten neuen Werknutzung reagiert hat. Diese Regelung dient der Ermöglichung einer umfassenden Verwertung vor allem aufwändig hergestellter (zB Filme, Computerspiele, Gemeinschaftswerke) oder vor langer Zeit geschaffener Werke, auch wenn bestimmte Nutzungsarten erst nachträglich entstehen.

Eine Rechtseinräumung an Nutzungsarten, die zum Zeitpunkt des Vertragsschlusses zwar schon bekannt, aber rechtlich noch nicht geschützt waren, war schon immer möglich und üblich (siehe Schricker/Loewenheim/Schricker UrhG § 31a Rn. 55 ff.) – allerdings in der Praxis bislang selten relevant.

Eine solche Regelung ist in der Praxis auch nur bei Verträgen mit einer langen Laufzeit relevant, da nur bei solchen eine realistische Möglichkeit besteht, dass während der Vertragslaufzeit neue Nutzungsarten bekannt oder geschützt werden könnten.

19. Option bezüglich nicht erfasster Nutzungsarten. Diese Regelung beinhaltet eine Verpflichtung beider Parteien zur Nachverhandlung über von der Rechtseinräumung etwaig nicht erfasste Nutzungsrechte, um dem Lizenznehmer die nötige Sicherheit zu geben, im Hinblick auf die spätere Nutzung seiner Website ausreichende Freiheit zu besitzen. Seit eine antizipierte Rechtseinräumung an noch nicht bekannten Nutzungsarten zulässig ist (→ Anm. 18), ist die Bedeutung dieser Klausel deutlich reduziert. Allerdings verbleibt ihr ein gewisser Restwert als nützlicher „Fallschirm" gegen eine allfällig unbeabsichtigte Nichterfassung einzelner Nutzungsarten.

20. Veränderungen. Dem Urheber steht gem. §§ 12 ff. UrhG ein umfassendes Persönlichkeitsrecht zu, das ihn insbesondere vor entstellenden Veränderungen des Werkes (zB durch zu starke Kompression/zu niedrige Auflösung) schützt. Ein Verbot von Bearbeitungen und sonstigen Umgestaltungen kann zudem auch auf das Verwertungsrecht gem. § 23 UrhG gestützt werden. Der Lizenzvertrag kann daher auch jede Bearbeitung und/oder ausschnittsweise Benutzung der Abbildung verbieten. Dabei ist jedoch auf die berechtigten Interessen des Lizenznehmers Rücksicht zu nehmen. Dies kann etwa in folgender Form bewerkstelligt werden:

Ausgeschlossen ist das Recht, die vertragsgegenständliche Abbildung ausschnittsweise, in Teilen oder in bearbeiteter Form zu benutzen; für die Benutzung notwendige Änderungen (zB unerlässliche Größenveränderungen) sind jedoch gestattet.

21. Kennzeichen und Abbildungen. Dieser Abschnitt ist – je nach dem Umfang der Nutzung durch den Lizenznehmer und dem beiderseitigen Interesse an seiner Bezugnahme auf Urheber und Rechteinhaber – individuell zu gestalten. Insbesondere kann das Recht des Lizenznehmers auf die Benutzung des Werktitels sowie des Urhebernamens beschränkt werden.

22. Namensnennung. Die Nennung des Urhebers ist schon gem. § 13 S. 2 UrhG kraft Gesetzes erforderlich. Für den Inhaber eines ausschließlichen Verwertungsrechts gibt es keinen solchen gesetzlichen Anspruch auf Namensnennung. Allerdings ist es – schon im Hinblick auf § 10 UrhG – häufig üblich, vertraglich zu vereinbaren, ihn in folgender oder ähnlicher Form zu nennen:

Mit freundlicher Genehmigung von . . . . . (Rechteinhaber).

23. Übergabe eines Werkstückes. Die rechtzeitige Lieferung eines Werkstückes ist insbesondere dann wesentlich, wenn die vertragsgegenständliche Abbildung noch nicht (oder noch nicht in digitaler Form) existiert, sondern erst auf Grund dieses Vertrages hergestellt werden soll. Versäumt der Rechteinhaber die Lieferfrist sowie eine weitere Nachfrist, so ist der Lizenznehmer gem. § 6 Abs. 2 dieses Vertrages zur Kündigung berechtigt und kann mit der frei gewordenen Kapazität einen anderen Inhalt lizenzieren.

24. Urheberinformationen. Diese Regelung dient dem Schutz des Lizenznehmers. Ihm soll dadurch ermöglicht werden, einerseits zu überprüfen, ob er alle zur Benutzung der vertragsgegenständlichen Abbildung erforderlichen Lizenzen eingeholt hat, und andererseits seinen Pflichten gegenüber allen Berechtigten in der erforderlichen Weise nachzukommen (zB der Namensnennungspflicht).

25. Kontrollabrufe. Vereinbaren die Parteien eine abrufmengenabhängige Vergütung, so sind Kontrollabrufe ausdrücklich von der Vergütungspflicht auszunehmen:

Kontrollabrufe sind von der Vergütungszahlung befreit.

26. Nutzungsdaten. Diese Formulierung verpflichtet den Lizenznehmer nur zur Herausgabe von Daten, die bei ihm ohnehin erhoben werden. Die Klausel kann auch weitergehend formuliert werden, so dass sie den Lizenznehmer zur Erhebung von Nutzungsdaten, soweit technisch möglich und rechtlich zulässig, verpflichtet, zB mit folgender Formulierung:

Der Lizenznehmer verpflichtet sich, dem Rechteinhaber Nutzungsdaten, die mit dem Abruf der vertragsgegenständlichen Abbildung in Zusammenhang stehen, zur Verfügung zu stellen, soweit dies technisch möglich und rechtlich zulässig ist.

27. E-Mail-Adressen. Die Weitergabeverpflichtung bezüglich Nutzungsdaten sollte auch hinterlassene E-Mail-Adressen von Interessenten umfassen, sofern diese mit der Weitergabe an den Rechteinhaber einverstanden sind. Bezüglich der datenschutzrechtlichen Implikationen vgl. das BDSG und das TMG.

28. Rechtegarantie des Rechteinhabers. Da bei Rechten kein gutgläubiger Erwerb möglich ist, ist diese Klausel nötig, um den Lizenznehmer vor wirtschaftlichen Schäden zu schützen, wenn der vermeintliche Rechteinhaber gar nicht verfügungsberechtigt ist.

29. Haftungsfreistellung. Da aus einer fehlenden Berechtigung des Rechteinhabers auch folgen kann, dass der Lizenznehmer eine vertragsgegenständliche Abbildung zwar gutgläubig, aber unberechtigt nutzt und er damit unabsichtlich selbst zum Rechtsverletzer wird, ist diese Freistellung nötig. Die ausdrückliche Erstreckung auf die eigenen Kosten der Rechtsverteidigung ist deshalb erforderlich, weil diese Kosten nicht auf Ansprüchen Dritter beruhen, sondern freiwillige Aufwendungen des Lizenznehmers darstellen, die daher von einer reinen Haftungsfreistellung nicht erfasst sind.

30. Garantie des Lizenznehmers. Ebenso hat der Lizenznehmer zu garantieren, dass seine Nutzung der vertragsgegenständlichen Abbildung den Rechteinhaber nicht in eine Beteiligten-Haftung verwickelt, indem hierdurch die Rechte anderer Schutzrechtsinhaber verletzt werden.

31. Veröffentlichung. Neben dem ausschließlichen Recht zur Vervielfältigung und Verbreitung hat ein Urheber auch das Recht, über die Veröffentlichung seines Werkes zu entscheiden, § 12 Abs. 1 UrhG. Daher ist grundsätzlich für jede Verwertung sicherzustellen, dass sie nicht am Veröffentlichungsrecht des Urhebers scheitert. Ist ein Werk bereits veröffentlicht, so ist das Veröffentlichungsrecht verbraucht und kann der Verwertung nicht mehr entgegenstehen. Wenn der Rechteinhaber eine Garantie dafür übernimmt, dass das Werk bereits veröffentlich ist, ist der Lizenznehmer somit ausreichend abgesichert.

32. Vertragsdauer. Die Vertragsdauer kann auch „auf unbestimmte Zeit" lauten. Dann kann die Lizenz allerdings, wie bei jedem unbefristeten Dauerschuldverhältnis, grundsätzlich jederzeit von beiden Seiten ordentlich gekündigt werden. Insofern ist ein befristeter Vertrag für beide Parteien besser planbar, da sie sich hierbei zumindest auf die ursprüngliche Vertragslaufzeit als Mindestlizenzdauer verlassen können.

Grundsätzlich kann die Vertragslaufzeit auf die gesamte Schutzdauer erstreckt werden, ohne dass dies wegen übermäßiger Bindung per se als sittenwidrig anzusehen wäre oder einer AGB-Kontrolle nach § 307 Abs. 2 Nr. 1 BGB zuwiderliefe (OLG München ZUM-RD 2019, 472 – „Musikverlagsvertrag von 1965" unter Hinweis auf § 137 Abs. 2 UrhG).

33. Lizenzdauer. Die Lizenzdauer kann auch – unabhängig vom Vertragsende – für eine gewisse Dauer ab dem Zeitpunkt des Rechteübergangs gem. § 2 Abs. 2 S. 1 des Formulars berechnet werden. Allerdings könnte dann ein Lizenznehmer, dem nach Vertragsunterzeichnung noch einmal Bedenken kommen, die Lizenzdauer durch Zurückhaltung der Zahlung nach hinten verschieben. Durch das hier vorgesehene Ende der Lizenzdauer mit Vertragsablauf (unabhängig vom Zeitpunkt des Beginns/Rechtsübergangs) wird der Lizenznehmer hingegen dazu motiviert, die geschuldete Vergütung so schnell wie möglich zu bezahlen, um in den Genuss einer möglichst langen Lizenzdauer zu kommen: Vor Bezahlung des geschuldeten Vergütungsbetrags darf er die vertragsgegenständliche Abbildung nämlich gem. § 2 Abs. 2 S. 1 des Vertragsformulars nicht nutzen; das Ende seiner Nutzungsberechtigung richtet sich hingegen bei der hier vorgesehenen Regelung nach der Vertragslaufzeit, die bereits mit Vertragsunterzeichnung zu laufen beginnt.

34. Kündigung aus wichtigem Grund. Wie bei jedem Dauerschuldverhältnis ist auch beim Lizenzvertrag eine Kündigung aus wichtigem Grund stets möglich. Diese Klausel listet klarstellend einige Pflichtverletzungen auf, die nach Einschätzung der Parteien so erheblich sind, dass sie einen wichtigen Grund zur Kündigung darstellen. Die Aufzählung kann gekürzt oder um weitere erhebliche Pflichtverletzungen ergänzt werden.

35. Abmahnung. Gem. § 314 Abs. 2 S. 1 BGB ist grundsätzlich vor jeder fristlosen Kündigung eines Dauerschuldverhältnisses wegen der Verletzung von Vertragspflichten eine vorherige Abmahnung oder, falls die Pflichtverletzung in einem Unterlassen besteht, eine Abhilfefristsetzung erforderlich, es sei denn es liegen besondere Gründe iSv § 323 Abs. 2 BGB vor, die dem Kündigenden ein Festhalten an dem Vertrag auch ohne vorherige Mahnung oder Abmahnung unzumutbar machen.

36. Widerrufsvorbehalt. Diese Klausel entfaltet zugunsten besonders bindungsunwilliger Rechteinhaber die Wirkung eines jederzeitigen, begründungslosen Rücktrittsrechtes. Sie kann bei abweichender Interessenlage der Parteien entfallen.

37. Lizenzgebühr. Die Vergütungsform der Pauschallizenzgebühr ist für nicht oder nicht direkt Einkünfte produzierende Nutzungen die einfachste und angemessenste. Eine Beteiligung des Rechteinhabers am wirtschaftlichen Erfolg der Nutzung ist hier gar nicht oder nur schwer möglich.

38. Periodische Zahlungen. Eine Pauschallizenzgebühr kann allerdings auch in Form periodischer Zahlungen vereinbart werden. Dann ist allerdings sicherzustellen, dass der Übergang der Rechte gem. § 2 Abs. 2 S. 1 des Formulars bereits nach Zahlung der ersten Rate erfolgt, da der Lizenznehmer den Vertragsgegenstand sonst nicht nutzen darf. Die Fälligkeit der ersten Rate sollte wie folgt angepasst werden:

Die erste Lizenzgebühr ist vor dem Einspeichern der vertragsgegenständlichen Abbildung in die Website an den Rechteinhaber zu zahlen. Die weiteren Raten iHv jeweils . . . . . sind jeweils zum . . . . . zu bezahlen. Der Lizenznehmer kann die Ausstellung einer Rechnung über jeden zu zahlenden Betrag verlangen.

Bei periodisch wiederkehrender Zahlungspflicht ist zudem eine Beschränkung auf die gesetzliche Schutzfrist in den Vertrag aufzunehmen:

Wiederkehrende Lizenzgebühren müssen an den Rechteinhaber nur für die Dauer der gesetzlichen Schutzfrist bezahlt werden.

Sie stellt sicher, dass der Rechteinhaber, der auf Grund dieses Vertrages regelmäßige Zahlungen an den Rechteinhaber leistet, nach Wegfall des gesetzlichen Schutzes nicht – auf Grund des Vertrages – schlechter steht als jeder andere, der keine Vergütung für die nun freie Nutzung entrichten muss.

Wird ein solcher wiederkehrender Anspruch vereinbart, so kann man zum Schutz von dessen Erfüllung einen Rechterückfall für den Fall der Erfüllungsverweigerung durch den Lizenznehmer vereinbaren:

Lehnt der Lizenznehmer oder sein rechtmäßiger Vertreter die weitere Erfüllung des Vertrages ab, so hat der Rechteinhaber ein außerordentliches fristloses Kündigungsrecht innerhalb von zwei Wochen ab Kenntnis von der Erfüllungsverweigerung. Mit dem Wirksamwerden der Kündigung wird der Rechteinhaber von sämtlichen Pflichten aus diesem Vertrag frei und fallen sämtliche dem Lizenznehmer eingeräumten Rechte an ihn zurück.

Diese Regelung zwingt zB einen Insolvenzverwalter, entweder die weitere Erfüllung des Vertrages zu erklären und damit die Vergütungspflicht als Masseschuld neu einzugehen oder die weitere Benutzung der vertragsgegenständlichen Abbildung einzustellen. Der Rechterückfall schützt den Rechteinhaber auf diese Weise in einem Insolvenzverfahren ähnlich wie ein Eigentumsvorbehalt den Warenkreditgeber, nachdem ein a priori Rechtevorbehalt nicht möglich ist, weil den Rechtsübergang benötigt, um die Benutzung aufnehmen zu können.

Erfolgt die Nutzung der vertragsgegenständlichen Abbildung im Rahmen direkt Einnahmen erzeugender kommerzieller Programme oder Angebote (zB pay-per-download), so ist hingegen eine Umsatzbeteiligung des Rechteinhabers üblich und angemessen. Sie kann etwa in folgender Form erfolgen (→ Form. J.4):

(1) Vergütung

(a) Garantiesumme

Für die Rechtseinräumung nach diesem Vertrag erhält der Rechteinhaber eine nicht rückzahlbare, jedoch voll und quer verrechenbare Garantiesumme als Vorauszahlung auf seine Umsatzbeteiligung gem. Unterabsatz (b) dieses Absatzes in Höhe von . . . .

(b) Umsatzbeteiligung

Von den Netto-Einnahmen (Gesamt-Einnahmen abzüglich gesetzlicher Mehrwertsteuer, jedoch ohne Abzug sonstiger Kosten), die der Lizenznehmer aus der Verwertung der mit diesem Vertrag lizenzierten Abbildung erzielt (zB Download-Preis, Subscription Fees, pay per download uÄ [Hierzu zählen auch Einnahmen, die nicht unmittelbar, sondern lediglich mittelbar aus der lizenzierten Abbildung erzielt werden, wie zB Werbeeinnahmen]), erhält der Rechteinhaber eine Beteiligung in Höhe von . . . . . % [10–50 %, je nach Höhe der sonstigen Kosten für den Lizenznehmer]. Diese Vergütung bezieht sich auf Abbildungen, an denen der Rechteinhaber alleiniger Rechtegeber ist. Müssen zur vertragsgemäßen Benutzung der vertragsgegenständlichen Abbildung die Rechte weiterer Rechtegeber eingeholt werden, so verringert sich die Umsatzbeteiligung des Rechteinhabers auf den entsprechenden Bruchteil [Dies dient der Absicherung gegen doppelte Zahlungsverpflichtungen auf Grund von Rechten Dritter]. Von der Beteiligungspflicht ausgenommen sind Beträge, die vom Lizenznehmer zweckgebunden zu verwenden sind (durchlaufende Posten) oder die vom Lizenznehmer an Dritte zurückgezahlt werden müssen. Die Umsatzbeteiligung steht dem Rechteinhaber nur während der Dauer der gesetzlichen Schutzfrist zu.

(c) Abrechnung, Zahlung, Nachverhandlungspflicht

Die Umsatzbeteiligung wird jeweils halbjährlich, und zwar jeweils zum 30.6. und zum 31.12., abgerechnet und gezahlt.

Falls sich ein Bedürfnis zu weiteren oder präziseren Regelungen ergibt, verpflichten sich beide Teile, diese nach Treu und Glauben und im Rahmen des Üblichen nachzuverhandeln. Im Übrigen bleibt der Vertrag in Wirkung.

(d) Buchprüfung

Der Rechteinhaber ist berechtigt, Abrechnungen des Lizenznehmers in Bezug auf seine Vergütung auf eigene Kosten zu überprüfen oder von einem öffentlich vereidigten Buch- oder Wirtschaftsprüfer oder einem sonst zur Berufsverschwiegenheit verpflichteten Sachverständigen überprüfen zu lassen (Buchprüfung). Bis zur Feststellung von Unkorrektheiten in der Abrechnung ist diese für beide Seiten verbindlich. Ergibt eine Buchprüfung eine Differenz (von mehr als . . . . %) zu Ungunsten des Rechteinhabers, so trägt der Lizenznehmer die angemessenen Kosten der Buchprüfung. (Nach Ablauf einer Einwendungsfrist von sechs Monaten nach Zugang der Abrechnung wird diese für beide Teile dieses Vertrages endgültig unanfechtbar). [Bestandteile in Klammern können entfallen].

Möglich ist auch eine Vergütung abhängig von der Zahl der Abrufe der Seite oder Datei, in die die vertragsgegenständliche Abbildung eingebunden wird. Dabei ist jedoch die Feststellung fehlerhafter Übermittlungen schwierig und muss idR mit einem fixen, geschätzten Prozentsatz eingepreist werden.

(1) Vergütung:

Für die Rechtseinräumung nach diesem Vertrag erhält der Rechteinhaber eine Lizenzgebühr in Höhe von . . . . pro Abruf der Datei mit der vertragsgegenständlichen Abbildung durch einen Kunden. Dabei ist als Abruf jede vollständige, fehlerfreie Übermittlung anzusehen, die vom Kunden des Lizenznehmers nicht erfolgreich gerügt wird. Der Lizenznehmer trägt die Beweislast dafür, dass eine Übermittlung vom Kunden gerügt wurde.

Die Vergütung wird monatlich jeweils zum Monatsende abgerechnet und gezahlt.

Der Rechteinhaber ist berechtigt, Abrechnungen des Lizenznehmers in Bezug auf seine Vergütung auf eigene Kosten zu überprüfen oder von einem öffentlich vereidigten Buch- oder Wirtschaftsprüfer oder einem sonst zur Berufsverschwiegenheit verpflichteten Sachverständigen überprüfen zu

lassen (Buchprüfung). Bis zur Feststellung von Unkorrektheiten in der Abrechnung ist diese für beide Seiten verbindlich. Ergibt eine Buchprüfung eine Differenz (von mehr als . . . . . %) zu Ungunsten des Rechteinhabers, so trägt der Lizenznehmer die angemessenen Kosten der Buchprüfung. (Nach Ablauf einer Einwendungsfrist von sechs Monaten nach Zugang der Abrechnung wird die Abrechnung für beide Teile dieses Vertrages endgültig unanfechtbar). [Bestandteile in Klammern können entfallen].

Auf diese abrufmengenabhängige Lizenzgebühr kann auch eine vorab zu zahlende feste Garantiesumme als Vorauszahlung vereinbart werden:

Auf diese Lizenzgebühr ist vom Lizenznehmer vor dem Einspeichern der vertragsgegenständlichen Abbildung vorab eine voll verrechenbare einmalige Garantiesumme in Höhe von . . . . . an den Rechteinhaber zu bezahlen.

Oder es kann eine Grundgebühr vereinbart werden, die zusätzlich zu der abrufmengenabhängigen Vergütung vorab zu zahlen ist:

Zusätzlich zu dieser abrufmengenabhängigen Lizenzgebühr ist vom Lizenznehmer vor dem Einspeichern der vertragsgegenständlichen Abbildung eine einmalige Gebühr in Höhe von . . . . . an den Rechteinhaber zu bezahlen.

Falls das abrufmengenabhängige Vergütungsmodell gewählt wird, aber unentgeltliche oder vergünstigte Demonstrationsabrufe (zB Probeabrufe) ermöglicht werden sollen, empfiehlt sich folgende Formulierung:

Abrufe, die vom Lizenznehmer in Deutschland nachweislich zu Vorführungs- oder Werbezwecken unentgeltlich gestattet wurden, sind vergütungsfrei/unterliegen folgendem – verminderten – Vergütungssatz:

Je nach Interessenlage der Parteien kann dabei die Beschränkung auf Abrufe „in Deutschland“ auch entfallen.

39. Pauschalierter Verzugszins. Diese Regelung dient der Vereinbarung spezifischer Verzugszinsen als pauschaliertem Schadensersatz, falls ein möglicher Zinsschaden erwartbar höher liegt als der gesetzliche Zinssatz. Sie darf daher in Allgemeinen Geschäftsbedingungen gem. § 309 Nr. 5 BGB den zu erwartenden Schaden nicht übersteigen und den Nachweis eines tatsächlich geringeren Schadens nicht abschneiden. Dies gilt auch, wenn der Lizenznehmer ein Unternehmer ist. Daher sollte der gesetzliche Verzugszinssatz nur überschritten werden, wenn der Lizenznehmer tatsächlich zu höheren Zinsen Kredit in Anspruch nimmt. Der zu erwartende Schaden kann sich aber auch unterhalb des gesetzlich fixierten Verzugszinssatzes bewegen. Dann sollte diese Regelung – zugunsten der Anwendbarkeit des gesetzlichen Verzugszinssatzes iHv 5 % (bei Verbrauchern) bzw. 8 % (bei Unternehmern) über dem Basiszinssatz (§§ 288 Abs. 1 und 2, 247 BGB) – entfallen.

40. Exklusivität. Eine exklusive Einräumung der Online-Verwertungsrechte von Abbildungen stellt für den Lizenznehmer für einen gewissen Zeitraum sicher, dass er der Einzige ist, der die vertragsgegenständliche Abbildung zu dem vereinbarten Zweck online nutzt. Dies ist für ihn besonders dann wertvoll, wenn er ein investitionsintensives Webangebot betreibt, das einen hohen Aufmerksamkeitswert generieren soll, und hierfür der Widererkennungseffekt auch des verwendeten Bildmaterials von erheblicher Bedeutung ist.

41. Exklusivitätsdauer. In der Praxis beträgt die Dauer der Exklusivität selten mehr als ein paar Wochen. Bei besonderer Interessenlage kann der Zeitraum der Exklusivität jedoch auch „während der Lizenzdauer dieses Vertrages“ oder zB „bis zu 30 Tage nach Beendigung dieses Vertrages“ betragen.

2. Handy-Logo-Online-Lizenzvertrag

Zwischen
. . . . .
– nachstehend „Rechteinhaber" genannt –
und
. . . . .
– nachstehend „Lizenznehmer" genannt –
wird folgender Vertrag[1] geschlossen:

§ 1 Vertragsgegenstand

(1) Der Lizenznehmer beabsichtigt, das Logo
. . . . . [Titel/Beschreibung]
von . . . . . [Künstler/Grafiker],
das in Anlage A dargestellt ist,
in einer Auflösung von mindestens . . . . x . . . . . Pixeln/höchstens . . . . . x . . . . . Pixeln als Handy-Logo auf seiner Website mit der URL/den URLs . . . . . an Endkunden zu vertreiben. Die hierfür erforderlichen Rechte sollen durch diesen Vertrag erworben werden.

(2) Die Parteien gehen davon aus, dass das vertragsgegenständliche Logo in Deutschland zugunsten des Rechteinhabers urheberrechtlich geschützt ist.[2]

§ 2 Rechtseinräumung[3]

(1) Zur Verwirklichung des in § 1 Abs. 1 genannten Zweckes räumt der Rechteinhaber dem Lizenznehmer hiermit folgende nicht ausschließliche Nutzungsrechte ein:[4]

a) Das Recht zur Einspeicherung des Logos in der in § 1 Abs. 1 genannten Weise in die o.g. Website des Lizenznehmers;[5]

b) Das Recht, das vertragsgegenständliche Logo in der in § 1 Abs. 1 genannten Weise der Öffentlichkeit zugänglich zu

– hereinafter referred to as „Rights Holder" –
and
. . . . .
– hereinafter referred to as „Licensee" – enter into the following agreement:[1]

§ 1 Object of the agreement

(1) The Licensee intends to use the logo
. . . . . [title/description]
by . . . . . [artist/graphic designer],
which is shown in Appendix A,
in a resolution of at least . . . . x . . . . pixels/maximum . . . . x . . . pixeln as mobile phone logo on his website with the URL(s) . . . . . to end customers. The rights required for this are to be acquired through this agreement.

(2) The parties assume that the logo covered by this agreement is protected by copyright in Germany in favor of the Rights Holder..[2]

§ 2 Granting of Rights[3]

(1) In order to achieve the purpose stated in § 1 (1), the Rights Holder hereby grants the Licensee the following non-exclusive rights of use:[4]

a) The right to store the logo in the manner specified in § 1 (1) on the above-mentioned website of the Licensee;[5]

b) The right to make the contractual logo available to the public in whole or in part in the manner specified in § 1 machen („Recht der Öffentlich-Zugänglichmachung“);[6]

c) Das Recht, das Logo in der in § 1 Abs. 1 genannten Weise auf Abruf von Besuchern der o.g. Website hin vervielfältigen zu lassen.[7]

Die Rechtseinräumung umfasst nur das Angebot des vertragsgegenständlichen Logos über die o.g. Website des Lizenznehmers im (allgemein frei zugänglichen) Internet.[8]

Die Rechte sind nur dem Lizenznehmer als inhaltlich Verantwortlichem[9] für die Website eingeräumt und ohne Zustimmung des Rechteinhabers weder weiter übertragbar noch unterlizenzierbar.[10] Insbesondere sind sie nicht dem technischen Dienstleister, der die Website betreibt, eingeräumt, sofern dieser von dem Lizenznehmer verschieden ist.

Der Lizenznehmer verpflichtet sich, das vertragsgegenständliche Logo ausschließlich für das Angebot auf oben genannter Website zu verwenden.[11]

Der Vertrieb körperlicher Werkstücke oder andere als die in diesem § 2 dieses Vertrages genannten Verwertungsformen sind nach diesem Vertrag nicht zulässig. Hierzu bedarf es des Abschlusses eines eigenen, gesonderten Lizenzvertrages.

(2) Die Rechtseinräumung wird gem. § 158 Abs. 1 BGB erst wirksam, wenn der Lizenznehmer die gem. § 7 dieses Vertrages geschuldete Vergütung vollständig geleistet hat.[12] Der Rechteinhaber kann eine Benutzung des vertragsgegenständlichen Logos auch schon vor diesem Zeitpunkt vorläufig erlauben. Ein Übergang der Rechte nach diesem Paragraphen findet durch eine solche vorläufige Erlaubnis nicht statt. Ferner kann der Rechteinhaber die Rechtseinräumung widerrufen, wenn der Lizenznehmer mit der Bezahlung einer gem. § 7 dieses Vertrages fälligen Vergütung trotz Mahnung und Nachfristsetzung länger als zwei Monate in Verzug bleibt.[13]

para. 1 („right of making available to the public“);[6]

c) The right to have the logo reproduced in the manner specified in § 1 para. 1 upon request by visitors to the above-mentioned website.[7]

The granting of rights only covers the offering of the contractual logo via the above-mentioned website of the Licensee on the (generally freely accessible) Internet.[8]

The rights are only granted to the Licensee as the person responsible[9] for the content of the website and are neither transferable nor sublicensable without the consent of the Rights Holder.[10] In particular, they are not granted to the technical service provider operating the website if this is different from the Licensee.

The Licensee undertakes to use the contractual logo exclusively for the above-mentioned website.[11]

The distribution of physical works or forms of exploitation other than those specified in this § 2 of this agreement are not permitted under this agreement. This requires the conclusion of a separate license agreement.

(2) Pursuant to Section 158 (1) BGB, the granting of rights shall only become effective once the Licensee has paid the remuneration owed pursuant to Section 7 of this agreement in full.[12] The Rights Holder may also provisionally permit the use of the contractual image before this point in time. Such provisional permission shall not constitute a transfer of rights under this paragraph. Furthermore, the Rights Holder may revoke the granting of rights if the Licensee is more than two months in arrears with the payment of remuneration due under § 7 of this agreement despite a reminder and the setting of a grace period.[13]

(3) Die Rechtseinräumung ist territorial auf die Einbindung des vertragsgegenständlichen Logos in eine Website beschränkt, die erkennbar zum Abruf nur innerhalb der Europäischen Union[14] bestimmt ist.[15]

(3) The granting of rights is territorially limited to the integration of the contractual image into a website that is recognizably intended for retrieval only within the European Union.[14,15]

(4) Die Nutzungsrechtseinräumung umfasst alle derzeit bekannten und unbekannten Nutzungsarten, die zur Erreichung des Vertragszwecks erforderlich sind oder werden, auch wenn sie erst auf Grund neuer Gesetzeslage oder aus anderen Gründen nachträglich an dem vertragsgegenständlichen Logo entstehen oder erst nachträglich bekannt werden.[16]

(4) The granting of rights of use includes all currently known and unknown types of use that are or become necessary to achieve the purpose of the contract, even if they only arise subsequently due to new legislation or for other reasons or only become known subsequently.[16]

(5) Im Hinblick auf etwaig von dieser Nutzungsrechtseinräumung nicht erfasste Nutzungsarten im Zusammenhang mit Websites räumt der Rechteinhaber dem Lizenznehmer eine Option zu angemessenen Bedingungen ein.[17]

(5) With regard to any types of use not covered by this grant of rights of use in connection with websites, the Rights Holder shall grant the Licensee an option on reasonable terms.[17]

(6) Der Lizenznehmer ist nicht berechtigt, das vertragsgegenständliche Logo zu bearbeiten oder umzugestalten, wobei für die Benutzung notwendige Änderungen gestattet sind (zB Größenveränderung).[18]

(6) The Licensee is not entitled to edit or redesign the contractual logo, although changes necessary for use are permitted (e.g. resizing).[18]

(7) Der Lizenznehmer ist berechtigt, im Zusammenhang mit der Durchführung dieses Vertrages – insbesondere zum Zwecke der Eigenwerbung und auf der vertragsgegenständlichen Website – den Titel des vertragsgegenständlichen Logos sowie Namen/Kennzeichen/Abbildungen der dargestellten Charaktere/des Künstlers/Grafikers, soweit der Rechteinhaber über solche Rechte verfügen kann, und des Rechteinhabers unentgeltlich zu benutzen.[19]

(7) he Licensee is entitled to use the title of the contractual logo as well as names/identifiers/images of the characters/artist/graphic artist depicted, insofar as the Rights Holder can dispose of such rights, and of the Rights Holder free of charge in connection with the execution of this agreement – in particular for the purpose of self-promotion and on the contractual website.[19]

(8) Sämtliche Namens-, Titel- und Kennzeichenrechte an der Website oder einzelnen ihrer Teile oder durch Benutzung auf der Website entstehende Namens-, Titel- und Kennzeichenrechte sind Sache des Lizenznehmers.

(8) All name, title and trademark rights to the website or individual parts thereof or name, title and trademark rights arising through use on the website are the responsibility of the Licensee.

(9) Der Rechteinhaber hat Anspruch auf Nennung seines Namens als Urheber/Rechteinhaber in Form eines – mit einem Zielpunkt seiner Wahl verlinkten – Vermerks auf derjenigen Webseite, in das vertragsgegenständliche Logo eingebunden wird.[20]

(9) The Rights Holder is entitled to have his name mentioned as the author/owner of the exploitation rights in the form of a note – linked to a target point of his choice – on the website into which the contractual logo is integrated.[20]

§ 3 Mitwirkungspflichten und Kontrollrechte des Rechteinhabers

(1) Der Rechteinhaber verpflichtet sich, dem Lizenznehmer bis spätestens . . . . . [Datum][21] ein Exemplar des vertragsgegenständlichen Logos in einer Auflösung von mindestens . . . . . x . . . . . Pixeln in elektronischer Form (Werkstück) zu liefern. Das Werkstück ist nach Ablauf von 2 Monaten an den Rechteinhaber zurückzugeben, sofern es in verkörperter Form (zB auf CD, DVD) übergeben wurde. Eine Weitergabe des Werkstückes an Dritte oder die Erstellung von Kopien für Dritte außerhalb des Rahmens dieses Vertrages ist nicht gestattet, soweit nicht der Rechteinhaber einer Übertragung der vertragsgegenständlichen Lizenz an den Dritten zugestimmt hat.

(2) Der Rechteinhaber hat dem Lizenznehmer folgende Informationen in folgender Form zur Verfügung zu stellen:

a) Ggf. Informationen über sämtliche Miturheber an dem vertragsgegenständlichen Logo:[22] schriftlich oder per E-Mail;

b) Ggf. Beschränkungen seines Rechteumfangs bzw. der Art und Weise, auf die das vertragsgegenständliche Logo in eine Website eingebunden oder online vertrieben werden darf: schriftlich oder per E-Mail.

(3) Zur Kontrolle der Erfüllung dieses Vertrages gewährt der Lizenznehmer dem Rechteinhaber während der Lizenzdauer jederzeit kostenlosen Zugang zu seiner Website sowie den kostenlosen Abruf des vertragsgegenständlichen Logos, sofern Zugang und Abruf nicht ohnehin unentgeltlich angeboten werden.

(4) Der Lizenznehmer verpflichtet sich, dem Rechteinhaber Nutzungsdaten, die mit dem Abruf des vertragsgegenständlichen Logos in Zusammenhang stehen, zur Verfügung zu stellen, soweit dies technisch möglich und rechtlich zulässig ist.[23] Dies erstreckt sich auch auf die Weitergabe von unter Bezugnahme auf die vertragsgegenständli-

§ 3 Obligations to cooperate and rights of control of the Rights Holder

(1) The Rights Holder undertakes to provide the Licensee no later than . . . . . [date][21] with a copy of the contractual logo in a resolution of at least . . . . . x . . . . . pixels in electronic form (workpiece). The workpiece must be returned to the Rights Holder after 2 months if it was handed over in embodied form (e.g. on CD, DVD). Passing on the workpiece to third parties or making copies for third parties outside the scope of this contract is not permitted unless the Rights Holder has agreed to a transfer of the contractual license to the third party.

(2) The Rights Holder shall provide the Licensee with the following information in the following form:

a) Information on any co-authors of the contractual logo:[22] in writing or by e-mail;

b) Any restrictions on the scope of his rights or the manner in which the contractual logo may be incorporated into the website: in writing or by e-mail.

(3) In order to monitor the performance of this agreement, the Licensee shall grant the Rights Holder free access to its website and free retrieval of the contractual logo at any time during the license term, unless access and retrieval are already offered free of charge.

(4) The Licensee undertakes to provide the Rights Holder with usage data in connection with the retrieval of the contractual logo (in particular on the number of retrievals), insofar as this is technically possible and legally permissible.[23] This also extends to the forwarding of e-mail addresses left with reference to the con-

che Abbildung hinterlassenen E-Mail-Adressen unter Berücksichtigung der anwendbaren Datenschutzbestimmungen (bei Einwilligung des betroffenen Nutzers).[24]

§ 4 Haftung

(1) Der Rechteinhaber versichert und steht dafür ein, dass er Inhaber der Online-Nutzungsrechte an dem vertragsgegenständlichen Logo ist und in der vertragsgegenständlichen Form frei verfügen kann.[25] Der Rechteinhaber garantiert ferner, dass die von ihm lizenzierten Inhalte frei von Rechten Dritter sind. Falls dem Rechteinhaber bekannt werden sollte, dass an irgendwelchen Bestandteilen des vertragsgegenständlichen Logos Rechte Dritter bestehen, so hat er den Lizenznehmer hierauf unverzüglich hinzuweisen. Der Rechteinhaber stellt den Lizenznehmer hiermit von jeglichen Ansprüchen Dritter in diesem Zusammenhang frei und ersetzt ihm die Kosten der Rechtsverteidigung.[26]

(2) Der Lizenznehmer garantiert, sämtliche neben der vertragsgegenständlichen Lizenz für die beabsichtigte Nutzung weiter erforderlichen Rechte selbst einzuholen, bzw. bereits eingeholt zu haben und stellt den Rechteinhaber in diesem Zusammenhang von jeglichen Ansprüchen Dritter frei.[27]

§ 5 Veröffentlichung

Der Rechteinhaber garantiert, dass das vertragsgegenständliche Logo bereits veröffentlicht ist.[28]

§ 6 Vertrags- und Lizenzdauer

(1) Dieser Vertrag beginnt mit beiderseitiger Unterzeichnung und läuft zunächst für die Dauer von . . . . (Vertragsdauer).[29] Sofern er nicht von einer Partei bis spätestens . . . . (Zeitraum) vor Ablauf der Vertragsdauer gekündigt wird, verlängert er sich automatisch um jeweils weitere

tractual image, taking into account applicable data protection regulations (with the consent of the user concerned).[24]

§ 4 Liability

(1) The Rights Holder assures and guarantees that he is the owner of the online usage rights to the contractual logo and that he can freely dispose of them in the contractual form.[25] The Rights Holder also guarantees that the content licensed by him is free from third-party rights. Should the Rights Holder become aware that third party rights exist to any components of the contractual title (e.g. when using samples), he must inform the Licensee of this immediately. The Rights Holder hereby indemnifies the Licensee against any claims by third parties in connection with the guarantee under paragraph 1 and shall reimburse the Licensee for the costs of legal defense.[26]

(2) The Licensee guarantees that it will obtain or has already obtained all further rights required for the intended use in addition to the contractual license and indemnifies the Rights Holder against any claims by third parties in this connection.[27]

§ 5 Publication

The Rights Holder guarantees that the contractual logo has already been published.[28]

§ 6 Duration of contract and license

(1) This agreement shall commence upon mutual signature and shall initially run for a period of . . . . (contract term).[29] Unless it is terminated by one of the parties by no later than . . . . (period) before expiry of the contract term, it shall be automatically extended by a further

. . . . . (Zeitraum). Mit Ablauf der Vertragsdauer enden sämtliche Pflichten aus diesem Vertrag mit Ausnahme solcher Regelungen, die ersichtlich auch nach Vertragsende gelten sollen.

. . . . . (period). Upon expiry of the contract term, all obligations under this contract shall end, with the exception of those provisions that are clearly intended to continue to apply after the end of the contract.

(2) Die Rechtseinräumung nach diesem Vertrag (Lizenzdauer) beginnt gem. § 2 Abs. 2 mit der Zahlung der ersten geschuldeten Lizenzgebühr und endet mit Ablauf der Vertragsdauer gem. § 6 Abs. 1.[30]

(2) The granting of rights under this agreement (license term) shall commence in accordance with § 2 para. 2 upon payment of the first license fee owed and shall end upon expiry of the contract term in accordance with § 6 para. 1.[30]

(3) Dieser Vertrag kann aus wichtigem Grund vorzeitig gekündigt werden, insbesondere wenn der Rechteinhaber seinen Mitwirkungspflichten gem. § 3 dieses Vertrags (insbesondere zur Lieferung eines Werkstücks gem. § 3 Abs. 1) nachhaltig nicht nachkommt, der Lizenznehmer fällige Zahlungen gem. § 7 dieses Vertrages trotz Mahnung und Nachfristsetzung nicht leistet oder die Kontrollrechte des Rechteinhabers gem. § 3 Abs. 3 dieses Vertrages nicht erfüllt.[31] Eine fristlose Kündigung setzt grundsätzlich voraus, dass der andere Teil schriftlich gemahnt und aufgefordert wird, den vermeintlichen Grund zur fristlosen Kündigung in angemessener Zeit zu beseitigen, es sei denn es liegen besondere Gründe iSv §§ 314 Abs. 2, 323 Abs. 2 BGB vor, die dem Kündigenden ein Festhalten an dem Vertrag auch ohne vorherige Mahnung oder Abmahnung unzumutbar machen.[32]

(3) This agreement may be terminated prematurely for good cause, in particular if the Rights Holder persistently fails to comply with his obligations to cooperate pursuant to § 3 of this agreement (in particular to deliver a workpiece pursuant to § 3 para. 1), if the Licensee fails to make payments due pursuant to § 7 of this agreement despite a reminder and the setting of a grace period, or if the Rights Holder's rights of control pursuant to § 3 para. 3 of this agreement are not fulfilled.[31] Termination without notice generally requires that the other party be given a written warning and requested to remedy the alleged reason for termination without notice within a reasonable period of time, unless there are special reasons within the meaning of Sections 314 (2), 323 (2) BGB that make it unreasonable to expect the terminating party to adhere to the contract even without a prior warning or warning letter.[32]

§ 7 Vergütung, Abrechnung und Zahlung

§ 7 Remuneration, Billing and Payment

(1) Vergütung[33]

a) Garantiesumme
Für die Rechtseinräumung nach diesem Vertrag erhält der Rechteinhaber eine nicht rückzahlbare, jedoch voll und quer verrechenbare Garantiesumme als Vorauszahlung auf seine Umsatzbeteiligung gem. Unterabsatz (b) dieses Absatzes in Höhe von . . . . [Betrag].

(1) Remuneration[33]

a) Guaranteed amount
For the granting of rights under this agreement, the Rights Holder shall receive a non-refundable, but fully and cross-compensable guarantee amount as an advance payment on his revenue share pursuant to subparagraph (b) of this paragraph in the amount of . . . . [amount].

b) Umsatzbeteiligung
Von den Netto-Einnahmen (Gesamt-Einnahmen abzüglich gesetzlicher Mehrwertsteuer, jedoch ohne Abzug sonstiger Kosten), die der Lizenznehmer aus der Verwertung des mit diesem Vertrag lizenzierten Logos erzielt (zB Download-Preis, Werbeeinnahmen, Subscription Fees, pay per view uÄ[34]), erhält der Rechteinhaber eine Beteiligung in Höhe von . . . . . %.[35] Diese Vergütung bezieht sich auf Logos, an denen der Rechteinhaber alleiniger Rechtegeber ist. Müssen zur vertragsgemäßen Benutzung eines vertragsgegenständlichen Logos die Rechte weiterer Rechtegeber eingeholt werden, so verringert sich die Umsatzbeteiligung des Rechteinhabers auf den entsprechenden Bruchteil.[36] Von der Beteiligungspflicht ausgenommen sind Beträge, die vom Lizenznehmer zweckgebunden zu verwenden sind (durchlaufende Posten) oder die vom Lizenznehmer an Dritte zurückgezahlt werden müssen.

c) Abrechnung, Zahlung, Nachverhandlungspflicht
Die Umsatzbeteiligung wird jeweils halbjährlich, und zwar jeweils zum 30.6. und zum 31.12., abgerechnet und gezahlt.
Falls sich ein Bedürfnis zu weiteren oder präziseren Regelungen ergibt, verpflichten sich beide Teile, diese nach Treu und Glauben und im Rahmen des Üblichen nach zu verhandeln. In seinen übrigen Teilen bleibt der Vertrag in Wirkung.

(2) Der Rechteinhaber ist berechtigt, Abrechnungen des Lizenznehmers in Bezug auf seine Vergütung auf eigene Kosten zu überprüfen oder von einem öffentlich vereidigten Buch- oder Wirtschaftsprüfer oder einem sonst zur Berufsverschwiegenheit verpflichteten Sachverständigen überprüfen zu lassen (Buchprüfung). Bis zur Feststellung von Unkorrektheiten in der Abrechnung ist diese für beide Seiten verbindlich. Ergibt eine Buchprüfung eine Differenz zuungunsten des Rechtein-

b) Revenue share
The Rights Holder shall receive a share of the net revenue (total revenue less statutory VAT, but without deduction of other costs) generated by the Licensee from the exploitation of the logo licensed under this agreement (e.g. download price, advertising revenue, subscription fees, pay per view, etc.[34]), in the amount of . . . . %.[35] This remuneration relates to logos for which the Rights Holder is the sole grantor of rights. If the rights of other rights providers must be obtained for the contractual use of a contractual logo, the Rights Holder's revenue share is reduced to the corresponding fraction.[36] Amounts that are to be used by the Licensee for a specific purpose (transitory items) or that must be repaid to third parties by the Licensee are excluded from the participation obligation.

c) Settlement, payment, duty to renegotiate
The revenue share shall be settled and paid every six months, namely on June 30 and December 31.
If there is a need for further or more precise regulations, both parties undertake to renegotiate these in good faith and within the scope of customary practice. The remaining parts of the contract remain in effect.

(2) The Rights Holder shall be entitled to check the Licensee's accounts with regard to his remuneration at his own expense or to have them checked by a publicly sworn accountant or auditor or an expert otherwise bound to professional secrecy (audit). Until any inaccuracies in the invoice are identified, it shall be binding for both parties. If an audit reveals a difference to the disadvantage of the Rights Holder, the Licensee shall bear the reasonable costs of the audit.[37] After the expiry of an ob-

habers, so trägt der Lizenznehmer die angemessenen Kosten der Buchprüfung.[37] Nach Ablauf einer Einwendungsfrist von sechs Monaten nach Zugang der Abrechnung wird die Abrechnung für beide Teile dieses Vertrages endgültig unanfechtbar.[38]

(3) Die Umsatzbeteiligung steht dem Rechteinhaber nur während der Dauer der gesetzlichen Schutzfrist zu.[39]

(4) Alle Vergütungen verstehen sich zuzüglich der gesetzlichen Mehrwertsteuer, sofern der Rechteinhaber im Zahlungszeitpunkt der Umsatzsteuerpflicht unterliegt oder auf sie optiert hat und dies dem Lizenznehmer bekannt ist. Entsteht die Umsatzsteuerpflicht oder die Option auf sie nachträglich, so kann die Mehrwertsteuer bis zum Ende des laufenden Kalenderjahres unter Vorlage der Mehrwertsteuerpflicht-Bescheinigung des zuständigen Finanzamtes gegen Rechnungsstellung nachgefordert werden. Danach erlischt die Forderung auf Umsatzsteuer-Erstattung.

(5) Rechnungsbeträge sind innerhalb von 10 Arbeitstagen zur Zahlung fällig. Zahlungen sind auf das Konto IBAN . . . . . bei der . . . . . [Bank] in . . . . . [Ort], BIC . . . . . zu leisten. Gerät der Lizenznehmer mit der Zahlung fälliger Forderungen in Verzug, so hat er Verzugszinsen in Höhe von . . . . . % pro Jahr zu zahlen, sofern er nicht nachweist, dass der tatsächliche Schaden geringer ist.[40] Die Möglichkeit des Rechteinhabers zur Geltendmachung weitergehender Ansprüche aus dem Verzug bleibt unberührt.

§ 8 Vertraulichkeit

Beide Parteien verpflichten sich, über die Bestimmungen dieses Vertrages sowie über alle ihnen im Rahmen dieses Vertrages bekannt gewordenen Informationen bis zum Ablauf von . . . . . Jahren nach Ende der Lizenzdauer Stillschweigen zu bewahren. Dies gilt nicht, soweit ein berechtigtes Interesse an einer Offenbarung besteht.

jection period of six months after receipt of the statement of account, the statement of account shall become finally incontestable for both parties to this agreement.[38]

(3) The Rights Holder shall only be entitled to the revenue share for the duration of the statutory term of protection.[39]

(4) All payments are subject to the addition of statutory value added tax, provided that the Rights Holder is subject to value added tax at the time of payment or has opted for it and the Licensee is aware of this. If the obligation to pay VAT or the option to pay VAT arises subsequently, the VAT can be claimed subsequently until the end of the current calendar year upon presentation of the VAT certificate from the responsible tax office against invoicing. Thereafter, the claim for a VAT refund shall lapse.

(5) Invoice amounts are due for payment within 10 working days. Payments are to be made to the account IBAN . . . . . at the . . . . . [bank] in . . . . . [place], BIC . . . . . If the Licensee is in default with the payment of due claims, it shall pay default interest in the amount of . . . . . % per year, unless he can prove that the actual damage is lower.[40] The right holder's right to assert further claims arising from the default remains unaffected.

§ 8 Confidentiality

Both parties undertake to maintain confidentiality with regard to the provisions of this contract and all information of which they become aware within the framework of this contract until the expiry of . . . . . years after the end of the license period. This shall not apply if there is a legitimate interest in disclosure.

§ 9 Herausgabe- und Löschungspflichten

Der Lizenznehmer verpflichtet sich, nach Beendigung der Lizenzdauer alle ihm einzeln in elektronischer Form vorliegenden vertragsgegenständlichen Informationen und Inhalte, insbesondere alle Kopien des vertragsgegenständlichen Logos, die nicht Bestandteil einer Gesamt-Archivierung seiner Website oder einzelner Webseiten sind, zu löschen. Informationen und Inhalte (auch Informationsmaterial uÄ), die in verkörperter Form vorliegen, sind an den Rechteinhaber zurückzugeben oder auf dessen Verlangen hin oder bei Nichtannahme zu vernichten.

§ 10 Exklusivität[41]

Der Rechteinhaber verpflichtet sich, für einen Zeitraum von . . . . .[42] das vertragsgegenständliche Logo nicht an einen weiteren Lizenznehmer zur Online-Nutzung zu lizenzieren, wenn dieser mit dem Lizenznehmer in direktem Konkurrenzverhältnis steht oder dem Lizenznehmer durch die Zweitlizenzierung ein Imageschaden droht. Ein solches direktes Konkurrenzverhältnis ist bei Branchengleichheit stets gegeben.

§ 11 Schlussbestimmungen

(1) Dieser Vertrag unterliegt dem Recht der Bundesrepublik Deutschland.

(2) Mündliche Nebenabreden bestehen nicht. Änderungen oder Ergänzungen dieses Vertrages bedürfen zu ihrer Wirksamkeit der Schriftform, auf die auch nicht mündlich verzichtet werden kann.

(3) Sollten einzelne Bestimmungen dieses Vertrages unwirksam sein oder werden, so wird dadurch die Wirksamkeit der übrigen Bestimmungen nicht berührt. Statt der unwirksamen Bestimmung gilt dasjenige, was die Parteien nach dem ursprünglich angestrebten Zweck unter wirtschaftlicher Betrachtungsweise redlicherweise verein-

§ 9 Handover and deletion obligations

Licensee undertakes to delete all contractual information and content available to him individually in electronic form, in particular all copies of the contractual logo that are not part of an overall archive of his website or individual web pages, after the end of the license term. Information and content (including information material and the like) that is available in embodied form shall be returned to the Rights Holder or, at the latter's request or in the event of non-acceptance, destroyed.

§ 10 Exclusivity[41]

The Rights Holder undertakes not to license the contractual logo to another Licensee for online use for a period of . . . . .[42] if the latter is in direct competition with the Licensee or if the Licensee is in danger of impairment of its image as a result of the secondary licensing. Such direct competition is always existing in relation to others in the same industry.

§ 11 Final Provisions

(1) This contract is governed exclusively by the laws of the Federal Republic of Germany.

(2) There are no verbal collateral agreements. Amendments or additions to this contract must be made in writing, and this requirement cannot be waived orally.

(3) If individual provisions of this contract should be or become invalid, this shall not affect the validity of the remaining provisions. The invalid provision shall be replaced by what the parties would have reasonably agreed in accordance with the originally intended purpose from an eco-

bart hätten. Das Gleiche gilt im Falle des Vorliegens einer Vertragslücke.

(4) Ansprüche aus diesem Vertrag können weder abgetreten, noch verpfändet, noch mit dem Recht eines Dritten belastet werden, soweit der Schuldner dem nicht ausdrücklich zustimmt.

(5) Erfüllungsort ist . . . . . Sofern beide Parteien Kaufleute im Sinne des HGB sind, ist Gerichtsstand für alle Streitigkeiten aus diesem Vertrag . . . . .

nomic point of view. The same shall apply in the event of a loophole in the contract.

(4) Claims arising from this contract may not be assigned, pledged or encumbered with the rights of a third party unless the debtor expressly agrees to this.

(5) Place of performance is . . . . . If both parties are merchants within the meaning of the German Commercial Code (HGB), place of jurisdiction for all disputes arising from this contract shall be . . . . .

. . . . .	. . . . .	. . . . .	. . . . .
(Ort, Datum)	**(Ort, Datum)**	**(Place, Date)**	**(Place, Date)**
. . . . .	. . . . .	. . . . .	. . . . .
– Lizenznehmer –	**– Rechteinhaber –**	**– Licensee –**	**– Rights Holder –**

Anmerkungen

1. Sachverhalt. Gegenstand des vorliegenden Formularvertrages ist der digitale Vertrieb eines Handy-Logos an Endkunden über eine Website (URL) im Internet. Hierdurch können die Urheberrechte eines Grafikers berührt sein. Handy-Logo-Online-Lizenzverträge werden in der Regel direkt mit den Urhebern des betreffenden Logos bzw. mit deren Arbeitgebern als ausschließlichen Nutzungsrechtsinhabern gem. § 43 UrhG (vgl. Schricker/Loewenheim/Rojahn UrhG § 43 Rn. 37 ff.) abgeschlossen. Die Haftung des Website-Betreibers gegenüber dem Rechteinhaber für die ordnungsgemäße Rechteeinholung bei Nutzung urheberechtlich geschützter Inhalte ist in Rechtsprechung und Literatur unbestritten, vgl. zB LG München I MMR 2009, 137 mAnm Kaufmann. Der Betreiber der Website ist regelmäßig Anbieter des entsprechenden Inhalts als „eigene Information" iSv § 7 Abs. 1 TMG und haftet daher dem Rechteinhaber gegenüber für Urheberrechtsverletzungen durch die mit der Einbindung in die Website verbundene Vervielfältigung und Öffentlich-Zugänglichmachung eines urheberrechtlich geschützten Inhalts. Daher besteht ein Bedarf nach Abschluss entsprechender Lizenzverträge wie in den Formularen dieses Abschnitts (→ Form. I ff.).

2. Betroffene Schutzrechte. Logos können urheberrechtlich als Werke der angewandten Kunst gem. § 2 Abs. 1 Nr. 4 UrhG geschützt sein, soweit sie die Individualität einer persönlichen geistigen Schöpfung erreichen. Dies gilt auch, wenn sie für einen bestimmten Zweck (beispielsweise zur Verwendung als Handy-Logo) geschaffen wurden (Schricker/Loewenheim/Loewenheim UrhG § 2 Rn. 144, 156; vgl. auch BGH MMR 2014, 333 – Geburtstagszug).

3. Rechtseinräumung. → Form. J.1. Anm. 3.

4. Erforderliche Nutzungsrechte. Für die Vertrieb von Logos über Online-Medien sind rechtssystematisch folgende Nutzungsrechte erforderlich: Ein Vervielfältigungsrecht für die Einspeicherung in den Server der Website gem. § 16 UrhG. Das Recht, der Öffentlichkeit den Zugang zu dem Werk zu eröffnen, welches als sogenanntes „Recht der öffentlichen Zugänglichmachung" in § 19a UrhG geregelt ist. Sowie das Recht zur weiteren Vervielfältigung des Logos im Wege des Abrufs durch Besucher der Website gem. § 16 UrhG, falls diese es bei sich selbst wiederum abspeichern können.

5. Einspeicherung in eine Website. → Form. J.1. Anm. 5.

6. Öffentlich-Zugänglichmachung. → Form. J.1. Anm. 6.

7. Vervielfältigung durch Abruf von Besuchern der Website. → Form. J.1. Anm. 7.

8. Verwertungsumfang. Die Rechtseinräumung kann auch auf das Angebot der vertragsgegenständlichen Website in proprietären Online-Diensten oder Portalen von Mobilfunkbetreibern erstreckt werden. Dies hängt ganz von dem individuell mit der Lizenzierung verfolgten Zweck ab und von der Ausgestaltung, wie das vertragsgegenständliche Logo insgesamt online vertrieben werden soll.

9. Inhaltsverantwortlicher. → Form. J.1. Anm. 12.

10. Abtretungs- und Unterlizenzierungsverbot. → Form. J.1. Anm. 13.

11. Beschränkung auf bestimmte Website. → Form. J.1. Anm. 14.

12. Bedingung vollständiger Zahlung. → Form. J.1. Anm. 15.

13. Rechterückfall bei Nichtzahlung. → Form. J.1. Anm. 15.

14. Europäische Union. → Form. J.1. Anm. 16.

15. Bestimmungslandprinzip. → Form. J.1. Anm. 17.

16. Unbekannte und noch nicht geschützte Nutzungsarten. → Form. J.1. Anm. 18.

17. Option bezüglich nicht erfasster Nutzungsarten. → Form. J.1. Anm. 19.

18. Veränderungen. Dem Urheber steht gem. §§ 12 ff. UrhG ein umfassendes Persönlichkeitsrecht zu, das ihn insbesondere vor entstellenden Veränderungen des Werkes schützt. Das Verbot von Bearbeitungen und sonstigen Umgestaltungen kann aber auch auf das Verwertungsrecht gem. § 23 UrhG gestützt werden. Allerdings ist auf die berechtigten Interessen des Lizenznehmers an für den Vertragszweck notwendigen Anpassungen angemessene Rücksicht zu nehmen.

19. Kennzeichen und Abbildungen. → Form. J.1. Anm. 21.

20. Namensnennung. → Form. J.1. Anm. 22.

Mit freundlicher Genehmigung von . . . . (Rechteinhaber).

21. Übergabe eines Werkstückes. → Form. J.1. Anm. 23.

22. Urheberinformationen. → Form. J.1. Anm. 24.

23. Nutzungsdaten. → Form. J.1. Anm. 25.

24. E-Mail-Adressen. → Form. J.1. Anm. 27.

25. Rechtegarantie des Rechteinhabers. → Form. J.1. Anm. 28.

26. Haftungsfreistellung. → Form. J.1. Anm. 29.

27. **Garantie des Lizenznehmers.** → Form. J.1. Anm. 30.

28. **Veröffentlichung.** → Form. J.1. Anm. 31.

29. **Vertragsdauer.** → Form. J.1. Anm. 32.

30. **Lizenzdauer.** → Form. J.1. Anm. 33.

31. **Kündigung aus wichtigem Grund.** → Form. J.1. Anm. 34.

32. **Abmahnung.** → Form. J.1. Anm. 35.

33. **Lizenzgebühr.** Die Vergütungsform der Umsatzbeteiligung ist bei kommerziellen Nutzungen regelmäßig am genauesten und verteilt das wirtschaftliche Risiko am gerechtesten. Allerdings ist sie mit nicht unerheblichem Abrechnungsaufwand verbunden.

34. **Einnahmen aus der Verwertung.** Hierzu zählen auch Einnahmen, die nicht unmittelbar, sondern lediglich mittelbar aus dem lizenzierten Repertoire erzielt werden, wie zB Werbeeinnahmen.

35. **Höhe der Umsatzbeteiligung.** Üblich sind zwischen 10 % und 50 %, je nach Höhe der sonstigen Kosten für den Lizenznehmer.

36. **Teilung bei mehreren Rechtegebern.** Diese Klausel dient der Absicherung gegen doppelte Zahlungsverpflichtungen auf Grund von Rechten Dritter.

37. **Kosten der Buchprüfung.** Die Kostentragungspflicht wird in der Regel auf Fälle von einer gewissen Mindesthöhe an festgestellten Differenzen (zB mehr als 5 %) beschränkt.

38. **Einwendungsfrist für Abrechnungsfehler.** Wird keine Einwendungsfrist vereinbart, so bleiben Abrechnungen stets vollumfänglich überprüfbar und zeitlich unbegrenzt anfechtbar. Hinsichtlich Nachzahlungspflichten aus Differenzen gelten die allgemeinen Regeln der Verjährung, §§ 194 ff. BGB. Die Verjährung der Nachzahlungspflicht beginnt somit erst mit dem Schluss des Jahres in dem der Lizenzgeber von der Abrechnungsdifferenz Kenntnis erlangt, § 199 Abs. 1 BGB.

39. **Beschränkung auf gesetzliche Schutzfrist.** Diese Regelung stellt sicher, dass der Rechteinhaber nach Wegfall des gesetzlichen Schutzes nicht – auf Grund des Vertrages – schlechter steht als Dritte, die nach Ablauf der Schutzfrist für die nun freie Nutzung ebenfalls keine Vergütung entrichten müssen.

40. **Pauschalierter Verzugszins.** → Form. J.1. Anm. 39.

41. **Exklusivität.** → Form. J.1. Anm. 40.

42. **Exklusivitätsdauer.** → Form. J.1. Anm. 41.

Musik/Hörbuch

3. Musik-Homepage-Lizenzvertrag

Zwischen
. . . . .
– nachstehend „Rechteinhaber" genannt –
und
. . . . .
– nachstehend „Lizenznehmer" genannt –
wird folgender Vertrag[1] geschlossen:

. . . . .
– hereinafter referred to as „Rights Holder" –
and
. . . . .
– hereinafter referred to as „Licensee" –
enter into the following agreement:[1]

§ 1 Vertragsgegenstand

(1) Der Lizenznehmer beabsichtigt, auf seiner Website mit der URL/den URLs . . . . . das Musikstück:
. . . . . [Titel]
von . . . . . [Künstler]
im Wege des Streaming-Verfahrens abrufbar zu machen. Die hierfür erforderlichen Rechte sollen durch diesen Vertrag erworben werden.

(2) Die Parteien gehen davon aus, dass die abrufbar zu machende Aufnahme des vertragsgegenständlichen Musikstücks (Titels) in Deutschland zugunsten des Rechteinhabers leistungsschutzrechtlich geschützt ist.[2]

§ 1 Object of the agreement

(1) The Licensee intends to make available on its website with the URL(s) . . . . . the piece of music/title:
. . . . . [title]
by . . . . . [artist]
by way of streaming. The rights required for this are to be acquired through this agreement.

(2) The parties assume that the recording of the contractual piece of music (title) to be made available is protected by ancillary copyright in Germany in favor of the Rights Holder.[2]

§ 2 Rechtseinräumung[3]

(1) Zur Verwirklichung des in § 1 Abs. 1 genannten Zweckes räumt der Rechteinhaber dem Lizenznehmer hiermit folgende nicht ausschließliche Nutzungsrechte ein:[4]

a) Das Recht zur Einspeicherung des Titels in die o.g. Website des Lizenznehmers;[5]

b) Das Recht, den vertragsgegenständlichen Titel der Öffentlichkeit im Streaming-Format ganz oder teilweise zugänglich zu machen („Recht der Öffentlich-Zugänglichmachung").[6]

§ 2 Granting of Rights[3]

(1) In order to achieve the purpose stated in § 1 (1), the Rights Holder hereby grants the Licensee the following non-exclusive rights of use:[4]

a) The right to store the title in the abovementioned website of the Licensee;[5]

b) The right to make the contractual title available to the public in streaming format in whole or in part („right of making available to the public").[6]

Die Rechtseinräumung umfasst nur die Verwertung der Website im (allgemein frei zugänglichen) Internet.

Die Rechte sind nur dem Lizenznehmer als inhaltlich Verantwortlichem[7] für die Website eingeräumt und ohne Zustimmung des Rechteinhabers weder weiter übertragbar noch unterlizenzierbar.[8] Insbesondere sind sie nicht dem technischen Dienstleister, der die Website betreibt, eingeräumt, sofern dieser von dem Lizenznehmer verschieden ist.

Der Lizenznehmer verpflichtet sich, den vertragsgegenständlichen Titel ausschließlich für die oben genannte Website zu verwenden.

Der Vertrieb körperlicher Werkstücke oder andere als die in diesem § 2 dieses Vertrages genannten Verwertungsformen sind nach diesem Vertrag nicht zulässig. Hierzu bedarf es des Abschlusses eines eigenen, gesonderten Lizenzvertrages. Auch die Reproduktion von Text oder Notenbild des vertragsgegenständlichen Titels bedarf einer separaten Lizenz des zuständigen Musikverlages.[9]

(2) Die Rechtseinräumung wird gem. § 158 Abs. 1 BGB erst wirksam, wenn der Lizenznehmer die gem. § 7 dieses Vertrages geschuldete Vergütung vollständig geleistet hat.[10] Die Rechtseinräumung wird außerdem unwirksam (auflösende Bedingung), wenn der Lizenznehmer den vertragsgegenständlichen Titel auf seiner Website kommerziell verwertet (iE versucht, damit unmittelbar oder mittelbar Einkünfte zu erzielen).

(3) Die Rechtseinräumung ist territorial auf die Einbindung des vertragsgegenständlichen Titels in eine Website beschränkt, die erkennbar zum Abruf nur innerhalb der Europäischen Union[11] bestimmt ist.[12] Die Rechtseinräumung ist außerdem ausdrücklich auf solche Websites beschränkt, die für den Abruf durch Endverbraucher bestimmt sind.

(4) Die Nutzungsrechtseinräumung umfasst alle derzeit bekannten und unbekannten Nutzungsarten, die zur Errei-

The granting of rights only covers the exploitation of the website on the (generally freely accessible) internet.

The rights are only granted to the Licensee as the person responsible for the content[7] of the website and are neither transferable nor sublicensable without the consent of the Rights Holder.[8] In particular, they are not granted to the technical service provider operating the website, insofar as this is different from the Licensee.

The Licensee undertakes to use the contractual title exclusively for the above-mentioned website.

The distribution of physical works or forms of exploitation other than those specified in § 2 of this agreement are not permitted under this agreement. This requires the conclusion of a separate license agreement. The reproduction of lyrics or sheet music of the contractual title also requires a separate license from the responsible music publisher.[9]

(2) Pursuant to Section 158 (1) BGB, the granting of rights shall only become effective once the Licensee has paid the remuneration owed pursuant to Section 8 of this agreement in full.[10] Moreover, the granting of rights also becomes ineffective (condition subsequent) if the Licensee commercially exploits the contractual title on its website (iE attempts to generate income directly or indirectly).

(3) The granting of rights is territorially limited to the integration of the contractual title into a website which is clearly intended[12] for retrieval only within the European Union.[11] The granting of rights is also expressly limited to such websites which are intended for retrieval by end consumers.

(4) The granting of the right of use shall include all currently known and unknown types of use that are or become necessary

chung des Vertragszwecks erforderlich sind oder werden, auch wenn sie erst auf Grund neuer Gesetzeslage oder aus anderen Gründen nachträglich an dem vertragsgegenständlichen Titel entstehen oder erst nachträglich bekannt werden.[13]

to achieve the purpose of the contract, even if they only arise subsequently on the basis of new legislation or for other reasons or only become known subsequently.[13]

(5) Der Lizenznehmer ist berechtigt, den vertragsgegenständlichen Titel auf seiner Website auch in Verbindung mit Werken anderer Rechteinhaber oder ausschnittsweise zu benutzen oder sie zu bearbeiten (zB Soundsamples zu erstellen).[14] Dabei sind Veränderungen und Kürzungen nur zulässig, soweit sie nicht entstellend wirken. Ergänzungen oder eine Nachsynchronisation in anderer Sprache sind nicht zulässig.

(5) The Licensee is entitled to use the contractual title on his website also in connection with works of other Rights Holders or in extracts or to edit them (e. g. to create sound samples).[14] Changes and abridgements are only permitted if they do not have a distorting effect. Additions or post-synchronization in another language are not permitted.

(6) Die von den Verwertungsgesellschaften GEMA und GVL wahrgenommenen Rechte bleiben von diesem Vertrag unberührt.[15]

(6) The rights administered by the collecting societies GEMA and GVL shall remain unaffected by this agreement.[15]

(7) Der Lizenznehmer ist berechtigt, die Bezeichnung des vertragsgegenständlichen Titels sowie den Namen des Rechteinhabers, des Komponisten, des Textdichters, des ausübenden Künstlers und evtl. gefeaturter Künstler im Rahmen des angemessenen Hinweises auf das Angebot (auch in Metatags) unentgeltlich zu benutzen.[16]

(7) The Licensee is entitled to use the name of the contractual title as well as the name of the Rights Holder, the composer, the lyricist, the performing artist and any featured artists free of charge within the scope of the appropriate promotion of the service (also in metatags).[16]

(8) Sämtliche Namens-, Titel- und Kennzeichenrechte an der Website oder einzelnen ihrer Teile oder durch Benutzung auf der Website entstehende Namens-, Titel- und Kennzeichenrechte sind Sache des Lizenznehmers.

(8) All name, title and trademark rights to the website or individual parts thereof or name, title and trademark rights arising through use on the website are the responsibility of the Licensee.

(9) Der Rechteinhaber hat Anspruch auf Nennung seines Namens als Leistungsschutzrechtsinhaber in Form eines – mit einem Zielpunkt seiner Wahl verlinkten – Vermerks auf derjenigen Webseite, auf welcher der jeweilige vertragsgegenständliche Titel eingebunden wird.[17]

(9) The Rights Holder is entitled to have his name mentioned as the holder of ancillary copyrights in the form of a note – linked to a target point of his choice – on the website on which the respective contractual title is integrated.[17]

(10) Der Rechteinhaber hat Anspruch darauf, dass der Lizenznehmer den von seiner Website aus abrufbaren vertragsgegenständlichen Titel auf Verlangen des Rechteinhabers nachträglich mit einem urheberrechtlichen Schutzmechanismus ver-

(10) The Rights Holder is entitled to demand that the Licensee, at the request of the Rights Holder, subsequently adds a copyright protection mechanism to the contractual title that can be accessed from his website, insofar as this does not hinder

sieht, soweit dadurch die vertragsgemäße Benutzung nicht behindert wird und die Kosten der Maßnahme vom Rechteinhaber getragen werden.[18]

§ 3 Mitwirkungspflichten und Kontrollrechte des Rechteinhabers

(1) Der Rechteinhaber verpflichtet sich, dem Lizenznehmer auf Verlangen eine Verkörperung des vertragsgegenständlichen Titels (Werkstück) zur Herstellung der von ihm benötigten Kopien zu liefern. Das Werkstück ist nach Ablauf von 2 Monaten an den Rechteinhaber zurückzugeben, sofern es in verkörperter Form (zB auf CD, Tape) übergeben wurde. Eine Weitergabe dieses Werkstückes an Dritte oder die Erstellung von Kopien für Dritte außerhalb des Rahmens dieses Vertrages ist nicht gestattet.

(2) Der Rechteinhaber hat dem Lizenznehmer folgende Informationen in folgender Form zur Verfügung zu stellen:

a) Informationen über sämtliche Urheber und sämtliche Leistungsschutzberechtigten an dem vertragsgegenständlichen Titel:[19] schriftlich oder per E-Mail;

b) Ggf. Beschränkungen seines Rechteumfangs bzw. der Art und Weise, auf die der vertragsgegenständliche Titel in die Website eingebunden werden darf: schriftlich oder per E-Mail.

(3) Zur Kontrolle der Erfüllung dieses Vertrages gewährt der Lizenznehmer dem Rechteinhaber während der Lizenzdauer jederzeit kostenlosen Zugang zu seiner Website.

(4) Der Lizenznehmer verpflichtet sich, dem Rechteinhaber auf Anforderung sämtliche vorhandenen Nutzungsdaten seiner Website zur Verfügung zu stellen, die mit dem Abruf des vertragsgegenständlichen Titels in Zusammenhang stehen.[20]

the contractual use and the costs of the measure are borne by the Rights Holder.[18]

§ 3 Obligations to cooperate and rights of control of the Rights Holder

(1) The Rights Holder undertakes to supply the Licensee, upon request, with an embodiment of the contractual title (workpiece) for the production of the copies required by the Licensee. The workpiece must be returned to the Rights Holder after two months if it has been handed over in embodied form (e.g. on CD, tape). The transfer of this workpiece to third parties or the production of copies for third parties outside the scope of this agreement is not permitted unless the Rights Holder has consented to the transfer of the contractual license to the third party.

(2) The Rights Holder shall provide the Licensee with the following information in the following form:

a) Information about all authors and all persons entitled to ancillary copyrights to the contractual title:[19] in writing or by e-mail;

b) Any restrictions on the scope of his rights or the manner in which the contractual title may be incorporated into the website: in writing or by e-mail.

(3) In order to monitor the performance of this Agreement, the Licensee shall grant the Rights Holder free access to its website at any time during the term of the license.

(4) The Licensee undertakes to make available to the Rights Holder, upon request, all existing usage data of his website that are related to the retrieval of the contractual title.[20]

§ 4 Haftung

(1) Der Rechteinhaber versichert und steht dafür ein, dass er Inhaber der vertragsgegenständlichen Online-Nutzungsrechte an dem vertragsgegenständlichen Titel ist und dass er in der vertragsgegenständlichen Form frei über sie verfügen kann.[21] Der Rechteinhaber garantiert ferner, dass die von ihm lizenzierten Inhalte frei von Rechten Dritter sind. Falls dem Rechteinhaber bekannt werden sollte, dass an irgendwelchen Bestandteilen des vertragsgegenständlichen Titels Rechte Dritter bestehen (zB bei Verwendung von Samples), so hat er den Lizenznehmer hierauf unverzüglich hinzuweisen. Der Rechteinhaber stellt den Lizenznehmer hiermit von jeglichen Ansprüchen Dritter in diesem Zusammenhang frei und ersetzt ihm die Kosten der Rechtsverteidigung.[22]

(2) Der Lizenznehmer garantiert, sämtliche für die beabsichtigte Nutzung neben der vertragsgegenständlichen Lizenz weiter erforderlichen Rechte selbst einzuholen, bzw. bereits eingeholt zu haben und stellt den Rechteinhaber in diesem Zusammenhang von jeglichen Ansprüchen Dritter frei.[23]

§ 5 Veröffentlichung[24]

Der Rechteinhaber sichert zu, dass der vertragsgegenständliche Titel bereits veröffentlicht ist.

§ 6 Vertrags- und Lizenzdauer

(1) Dieser Vertrag beginnt mit beiderseitiger Unterzeichnung und läuft für die Dauer von . . . . . (Vertragsdauer).[25] Mit Ablauf der Vertragsdauer enden sämtliche Pflichten aus diesem Vertrag mit Ausnahme solcher Regelungen, die ersichtlich auch nach Vertragsende gelten sollen

(2) Die Rechtseinräumung nach diesem Vertrag (Lizenzdauer) beginnt gem. § 2 Abs. 2 mit der Zahlung der Lizenzgebühr

§ 4 Liability

(1) The Rights Holder assures and guarantees that he is the owner of the online usage rights to the contractual title and that he can freely dispose of them in the contractual form.[21] The Rights Holder also guarantees that the content licensed by him is free from third-party rights. Should the Rights Holder become aware that third party rights exist to any components of the contractual title (e.g. when using samples), he must inform the Licensee of this immediately. The Rights Holder hereby indemnifies the Licensee against any claims by third parties in connection with the guarantee under paragraph 1 and shall reimburse the Licensee for the costs of legal defense.[22]

(2) The Licensee guarantees that it will obtain or has already obtained all further rights required for the intended use in addition to the contractual license and indemnifies the Rights Holder against any claims by third parties in this connection.[23]

§ 5 Publication[24]

The Rights Holder warrants that the contractual title has already been published.

§ 6 Duration of contract and license

(1) This agreement shall commence upon mutual signature and shall initially run for a period of . . . . . (contract term).[25] Upon expiry of the contract term, all obligations under this contract shall end, with the exception of those provisions that are clearly intended to continue to apply after the end of the contract.

(2) The granting of rights under this agreement (license term) shall commence in accordance with § 2 para. 2 upon payment of the first license fee owed and shall

und endet mit Ablauf der Vertragsdauer gem. § 6 Abs. 1.[26]

(3) Dieser Vertrag kann aus wichtigem Grund vorzeitig gekündigt werden, insbesondere wenn der Rechteinhaber seinen Mitwirkungspflichten gem. § 3 dieses Vertrags nachhaltig nicht nachkommt oder wenn der Lizenznehmer fällige Zahlungen gem. § 7 dieses Vertrages trotz Mahnung und Nachfristsetzung nicht leistet.[27] Eine fristlose Kündigung setzt grundsätzlich voraus, dass der andere Teil schriftlich gemahnt und aufgefordert wird, den vermeintlichen Grund zur fristlosen Kündigung in angemessener Zeit zu beseitigen, es sei denn es liegen besondere Gründe iSv §§ 314 Abs. 2, 323 Abs. 2 BGB vor, die dem Kündigenden ein Festhalten an dem Vertrag auch ohne vorherige Mahnung oder Abmahnung unzumutbar machen.[28]

(4) Der Rechteinhaber behält sich das Recht vor, diese Lizenz jederzeit ohne Angabe von Gründen ganz oder teilweise gegen ex-nunc-Wegfall der Vergütungspflicht (pro rata temporis) zu widerrufen.[29] Übt der Rechteinhaber diesen Widerrufsvorbehalt der Lizenz aus, so hat er dem Lizenznehmer eine angemessene Frist zur Herausnahme des vertragsgegenständlichen Titels aus der Website – von in der Regel 3 Werktagen – einzuräumen.

§ 7 Vergütung

(1) Für die Rechtseinräumung nach diesem Vertrag erhält der Rechteinhaber eine Pauschallizenzgebühr in Höhe von . . . . [Betrag].[30]

(2) Die Lizenzgebühr ist vor dem Einspeichern des vertragsgegenständlichen Titels in die Website an den Rechteinhaber zu zahlen.[31] Der Lizenznehmer kann die Ausstellung einer Rechnung über den zu zahlenden Betrag verlangen. Zahlungen sind auf das Konto IBAN . . bei der . . . . [Bank] in . . . . [Ort], BIC . . . . . zu leisten.

end upon expiry of the contract term in accordance with § 6 para. 1.[26]

(3) This agreement may be terminated prematurely for good cause, in particular if the Rights Holder persistently fails to comply with his obligations to cooperate pursuant to § 3 of this agreement (in particular to deliver a workpiece pursuant to § 3 para. 1), if the Licensee fails to make payments due pursuant to § 7 of this agreement despite a reminder and the setting of a grace period.[27] Termination without notice generally requires that the other party be given a written warning and requested to remedy the alleged reason for termination without notice within a reasonable period of time, unless there are special reasons within the meaning of Sections 314 (2), 323 (2) BGB that make it unreasonable to expect the terminating party to adhere to the contract even without a prior warning or warning letter.[28]

(4) The Rights Holder reserves the right to revoke this license in whole or in part at any time without giving reasons against ex nunc waiver of the obligation to pay remuneration (pro rata temporis).[29] If the Rights Holder exercises this reservation of revocation of the license, he must grant the Licensee a reasonable period of time – usually 3 working days – to remove the contractual image from the website.

§ 7 Remuneration

(1) For the granting of rights under this agreement, the Rights Holder shall receive a flat-rate license fee in the amount of . . . . . [number].[30]

(2) The license fee shall be paid to the Rights Holder before the contractual title is stored on the website.[31] The Licensee may request the issue of an invoice for the amount to be paid. Payments are to be made to the account IBAN . . . . . at the . . . . [bank] in . . . . [place], BIC . . . .

(3) Alle Vergütungen verstehen sich inklusive der gesetzlichen Mehrwertsteuer, sofern der Rechteinhaber im Zahlungszeitpunkt der Umsatzsteuerpflicht unterliegt oder auf sie optiert hat.

§ 8 Vertraulichkeit

Beide Parteien verpflichten sich, über die Bestimmungen dieses Vertrages sowie über alle ihnen im Rahmen dieses Vertrages bekannt gewordenen Informationen bis zum Ablauf von . . . . . Jahren nach Ende der Lizenzdauer Stillschweigen zu bewahren. Dies gilt nicht, soweit ein berechtigtes Interesse an einer Offenbarung besteht.

§ 9 Herausgabe- und Löschungspflichten

Der Lizenznehmer verpflichtet sich, nach Beendigung der Lizenzdauer alle ihm einzeln in elektronischer Form vorliegenden Kopien des vertragsgegenständlichen Titels, die nicht Bestandteil einer Gesamt-Archivierung seiner Website oder einzelner Webseiten sind, zu löschen. Informationen und Inhalte, die in verkörperter Form vorliegen, sind an den Rechteinhaber zurückzugeben oder auf dessen Verlangen hin oder bei Nichtannahme zu vernichten.

§ 10 Schlussbestimmungen

(1) Dieser Vertrag unterliegt dem Recht der Bundesrepublik Deutschland.

(2) Mündliche Nebenabreden bestehen nicht. Änderungen oder Ergänzungen dieses Vertrages bedürfen zu ihrer Wirksamkeit der Schriftform, auf die auch nicht mündlich verzichtet werden kann.

(3) Sollten einzelne Bestimmungen dieses Vertrages unwirksam sein oder werden, so wird dadurch die Wirksamkeit der übrigen Bestimmungen nicht berührt. Statt der unwirksamen Bestimmung gilt dasjenige,

(3) All remuneration is inclusive of statutory VAT, provided that the Rights Holder is subject to VAT at the time of payment or has opted for it.

§ 8 Confidentiality

Both parties undertake to maintain confidentiality with regard to the provisions of this contract and all information of which they become aware within the framework of this contract until the expiry of . . . . . years after the end of the license period. This shall not apply if there is a legitimate interest in disclosure.

§ 10 Handover and deletion obligations

Licensee undertakes to delete all contractual information and content available to him individually in electronic form, in particular all copies of the contractual title that are not part of an overall archive of his website or individual web pages, after the end of the license term. Information and content (including information material and the like) that is available in embodied form shall be returned to the Rights Holder or, at the latter's request or in the event of non-acceptance, destroyed.

§ 10 Final provisions

(1) This contract is governed exclusively by the laws of the Federal Republic of Germany.

(2) There are no verbal collateral agreements. Amendments or additions to this contract must be made in writing, and this requirement cannot be waived orally.

(3) If individual provisions of this contract should be or become invalid, this shall not affect the validity of the remaining provisions. The invalid provision shall be replaced by what the parties would have

was die Parteien nach dem ursprünglich angestrebten Zweck unter wirtschaftlicher Betrachtungsweise redlicherweise vereinbart hätten. Das Gleiche gilt im Falle des Vorliegens einer Vertragslücke.

(4) Ansprüche aus diesem Vertrag können weder abgetreten, noch verpfändet, noch mit dem Recht eines Dritten belastet werden, soweit der Schuldner dem nicht ausdrücklich zustimmt.

(5) Erfüllungsort ist . . . . .

. . . .

(Ort, Datum) (Place, Date)

. . . .

– Lizenznehmer – – Rechteinhaber –

reasonably agreed in accordance with the originally intended purpose from an economic point of view. The same shall apply in the event of a loophole in the contract.

(4) Claims arising from this contract may not be assigned, pledged or encumbered with the rights of a third party unless the debtor expressly agrees to this.

(5) Place of performance is . . . . .

. . . .

(Place, Date) (Place, Date)

. . . .

– Licensee – – Rights Holder –

Anmerkungen

1. Sachverhalt. Das Formular behandelt die Lizenzierung von Musik zur Nutzung auf privaten Homepages. Dies kann sowohl in Form einer Einbindung als automatische Hintergrundmusik als auch durch Bereitstellen eines Soundfiles zum Abruf durch Anklicken geschehen. Die Haftung des Website-Betreibers gegenüber dem Rechteinhaber für die ordnungsgemäße Rechteeinholung bei Nutzung urheberechtlich geschützter Inhalte ist in Rechtsprechung und Literatur unbestritten, vgl. zB LG München I MMR 2009, 137 mAnm Kaufmann. Der Betreiber der Website ist regelmäßig Anbieter des entsprechenden Inhalts als „eigene Information" iSv §7 Abs. 1 TMG und haftet daher dem Rechteinhaber gegenüber für Urheberrechtsverletzungen durch die mit der Einbindung in die Website verbundene Vervielfältigung und Öffentlich-Zugänglichmachung eines urheberrechtlich geschützten Inhalts. Daher besteht ein Bedarf nach Abschluss entsprechender Lizenzverträge wie in den Formularen dieses Abschnitts (I.).

Dieses Formular sieht nur die Lizenzierung von Übertragungen im sogenannten „Streaming-Format" vor, vgl. §2 Abs. 1 lit. c da bei diesem Format unter normalen Umständen eine Abspeicherung beim Besucher der Website nicht möglich ist und daher die Gefahr geminderter Tonträgerverkäufe durch massenhafte Weitervervielfältigung erheblich geringer ist. Der Betreiber einer privaten Homepage möchte in aller Regel auch nicht den Kontroll- und Abrechnungsaufwand betreiben, der mit dem viel nutzungsintensiveren Download von Musik meist einhergeht. Zur Wahrung seines Interesses an der Möglichkeit zur Einbindung von Musik in seine Homepage reicht eine Streaming-Lizenz normalerweise aus. Daher beschränkt sich das Vertragsmuster auf diese insoweit interessengerechte Lösung.

Durch die Einbindung einer von einem Tonträger übernommenen Musikdatei in eine Website werden sowohl das Urheberrecht von Komponist und Textdichter (§§ 1 ff. UrhG) als auch die Leistungsschutzrechte des ausübenden Künstlers (§§ 73 ff. UrhG) und des Tonträgerherstellers (§§ 85 f. UrhG) berührt.

Die erforderlichen **leistungsschutzrechtlichen** Lizenzen sind in der Regel von den „Plattenfirmen" einzuholen, die nicht nur originär Inhaber des Leistungsschutzrechts des Tonträgerherstellers sind, sondern sich üblicherweise auch sämtliche ausschließlichen Nutzungsrechte an der Darbietung der bei ihnen unter Vertrag stehenden Künstler haben einräumen lassen. Teilweise haben die Plattenfirmen die Vergabe von Online-Lizenzen der Gesellschaft zur Verwertung von Leistungsschutzrechten (GVL) übertragen, zB für (kommerzielle und nichtkommerzielle) Webradio-Nutzungen und Hintergrundmusik.

Vertragsfreie Künstler („unsigned") hingegen verwalten ihre Leistungsschutzrechte in der Regel selbst bzw. lassen dies von ihren Agenturen erledigen. Auch Aufnahmen von Künstlern, deren Vertrag die Nutzungsart „Online-Nutzung" ausdrücklich ausnimmt oder Aufnahmen, die Gegenstand von „Altverträgen" waren, die vor dem Zeitpunkt abgeschlossen wurden, ab dem Online-Nutzungen als neue Nutzungsart bekannt wurden, können von den originär Leistungsschutzberechtigten bzw. deren Agenten selbst verwaltet werden. Nach der urheberrechtlichen Zweckübertragungstheorie, die analog auch für Leistungsschutzrechte gilt (Schricker/Loewenheim/Schricker UrhG § 31 Rn. 79), waren in Altverträgen noch unbekannte Nutzungsarten von der Rechtsübertragung im Zweifel nicht erfasst. Bei solchen Verträgen erlaubt nunmehr aber § 137l UrhG einem Verwerter, dem der Urheber ursprünglich „alle wesentlichen Nutzungsrechte ausschließlich sowie räumlich und zeitlich unbegrenzt eingeräumt" hat, die Verwertung auf zum Zeitpunkt des Vertragsschlusses unbekannte Nutzungsarten, sofern der Urheber gegenüber dem Verwerter der Nutzung nicht bis spätestens 1.1.2009 (für bis 1.1.2008 bekannt gewordene Nutzungsarten) oder bis spätestens 3 Monate nach Mitteilung über die beabsichtigte Aufnahme der neuen Nutzungsart widerspricht. Aber auch bei Neuverträgen kann sich der ausübende Künstler das Recht zur Online-Nutzung ganz oder teilweise vorbehalten haben, was jedoch in der Praxis wohl nur bei Künstlern mit erheblicher Marktmacht vorkommt.

Neben den leistungsschutzrechtlichen Lizenzen ist für die Einbindung von Musik in private Homepages stets zwingend auch das **urheberrechtliche** Nutzungsrecht zur Online-Nutzung des dargebotenen Musikwerkes einzuholen. Diese Rechte verwaltet in Deutschland in aller Regel die Gesellschaft für musikalische Aufführungs- und mechanische Vervielfältigungsrechte (GEMA) auf Grund von § 1 lit. g, h, i (1) ihres Wahrnehmungsvertrages. Da die vor 1996 abgeschlossenen Verträge zwischen der GEMA und ihren Mitgliedern keine ausdrückliche Nennung der Online-Nutzungsrechte enthielten, wurde den bestehenden Mitgliedern eine Klarstellungserklärung vorgelegt, welche beinhaltete, dass auch die Online-Nutzung von den der GEMA zur Wahrnehmung eingeräumten Nutzungsrechten der öffentlichen Wiedergabe mit umfasst ist. Die große Mehrheit der GEMA-Mitglieder hat diese Klarstellungserklärung unterzeichnet. Seit Juli 1996 enthalten außerdem alle neuen Wahrnehmungsverträge zwingend die ausdrückliche Nennung der Rechte zur Online-Nutzung. Hat sich ein Urheber, der damals schon GEMA-Mitglied war, die Rechte zur Online-Nutzung vorbehalten, so liegt das urheberrechtliche Nutzungsrecht zur Online-Nutzung bei ihm bzw. bei einem Dritten, an den er es weiterlizenziert hat (zB einem Musikverlag) und muss dort eingeholt werden. Der jeweils aktuelle Standard-Normalvertrag kann bei der GEMA (Rosenheimerstr. 11, 81667 München, https://www.gema.de/musiknutzer/musik-lizenzieren/musik-auf-internetseiten/) zur Einsichtnahme angefordert werden.

Das vorliegende Formular ist daher auf die Einholung der erforderlichen leistungsschutzrechtlichen Lizenzen beschränkt, also an der Darbietung des ausübenden Künstlers und – bei Verwendung von bereits bestehenden Tonaufnahmen – ggf. am Leistungsschutzrecht des Tonträgerherstellers. Es kann für die separate oder gemeinsame Rechtseinholung an beiden Leistungsschutzrechten verwendet werden.

Sollten die urheberrechtlichen Rechte an Komposition/Text wie oben erwähnt ausnahmsweise einmal nicht von der GEMA, sondern vom Künstler selbst oder seinem Musikverlag vergeben werden, so kann dieses Formular auch für die Einholung dieser

Rechte verwendet werden, wenn an Stelle des Begriffes „Leistungsschutzrecht“ jeweils die Bezeichnung „Urheberrecht“ gesetzt wird. Unterschiede in der Ausgestaltung des Online-Nutzungsrechts sind jeweils im Text durch eine Fußnote und entsprechende Anmerkungen gekennzeichnet.

Entscheidet sich der Betreiber der Homepage dafür, die Musik nicht von einer bereits existierenden Aufnahme zu übernehmen, sondern selbst neu einzuspielen (zB im MIDI-Format), so bedarf er keiner leistungsschutzrechtlichen Lizenz, sondern muss nur die urheberrechtliche Lizenz einholen, idR also von der GEMA (s. oben). Lediglich wenn die GEMA die Online-Nutzungsrechte des betroffenen Urhebers im Einzelfall nicht verwaltet (s. oben), muss er sich diese Erlaubnis direkt beim Urheber oder dessen Lizenznehmer einholen. Hierfür kann wiederum dieses Formular verwendet werden, wenn an Stelle des Begriffes „Leistungsschutzrecht“ die Bezeichnung „Urheberrecht“ gesetzt wird.

2. Betroffene Schutzrechte. Für die Benutzung eines Musikstückes im Internet ist bei Übernahme der Musik von einer bereits bestehenden Aufnahme auf Tonträger die Einholung der Rechte der Leistungsschutzrechtsinhaber (ausübender Künstler und Tonträgerhersteller) erforderlich. Außerdem ist stets die Einholung einer urheberrechtlichen Lizenz, im Regelfall von der GEMA (→ Anm. 1), erforderlich.

3. Rechtseinräumung. → Form. J.1. Anm. 3.

4. Erforderliche Nutzungsrechte. Für die Einbindung von Musik in eine Website sind rechtssystematisch folgende Nutzungsrechte erforderlich: Ein Vervielfältigungsrecht für die Einspeicherung in den Server der Website gem. §§ 16, 77, 85 Abs. 1 UrhG. Sowie das Recht, den Zugang zu dem Musikstück zu eröffnen, welches als so genanntes „Recht der öffentlichen Zugänglichmachung“ in §§ 19a, 78 Abs. 1 Nr. 1, 85 Abs. 1 UrhG geregelt ist.

Ein Recht zur weiteren Vervielfältigung des Titels durch Besucher der Website gem. §§ 16, 77, 85 Abs. 1 UrhG ist nicht erforderlich, falls diese das Musikstück bei sich selbst unter normalen Umständen nicht wiederum abspeichern können. Zwar stellt jeder Abruf durch einen Besucher der Website eine Vervielfältigung im urheberrechtlichen Sinne dar, weil dadurch zumindest eine Kopie im Arbeitsspeicher des abrufenden Computers entsteht (vgl. Bechtold GRUR 1998, 18 mwN; Schack UrhR/UrhebervertragsR § 13 Rn. 418 ff.). Vorübergehende Vervielfältigungshandlungen, die flüchtig oder begleitend sind, einen integralen und wesentlichen Teil eines technischen Verfahrens darstellen, keine eigenständige wirtschaftliche Bedeutung haben und entweder nur der Übertragung in einem Netz durch einen Vermittler oder die rechtmäßige Nutzung eines Werkes ermöglichen sollen, sind allerdings schon gem. § 44a UrhG vom urheberrechtlichen Zustimmungsvorbehalt ausgenommen. Dazu zählen in erster Linie die Vervielfältigungshandlungen, wie sie bei der digitalen Informationsübermittlung im WWW vorkommen, dh vor allem die Vervielfältigungen im Arbeitsspeicher beim Browsing und beim Routing. Wenn der Nutzer das Musikstück sodann aufgrund von Manipulationen nach dem Browsing-Abruf des Streams seinerseits dauerhaft abspeichern kann, greift § 44a UrhG nicht mehr und ist hierfür an sich ein weiteres Vervielfältigungsrecht gem. § 16 UrhG erforderlich. Dieses Vervielfältigungsrecht muss allerdings nicht der Streaming-Anbieter (sondern der entsprechende Nutzer) einholen, wenn der Anbieter solche Manipulationen weder veranlasst, noch – zB durch entsprechenden Werbung – besonders ermutigt hat. Manipulationen des Nutzers, die der Anbieter weder veranlasst noch besonders gefördert hat, stellen nämlich keine Pflichtverletzung des Anbieters dar, so dass er für diese nicht als mittelbarer Störer haftet und daher für solche Handlungen auch keine Lizenz benötigt.

5. Einspeicherung in eine Website. → Form. J.1. Anm. 5.

6. Öffentlich-Zugänglichmachung. → Form. J.1. Anm. 6. Für Leistungsschutzrechtsinhaber, also der ausübenden Künstler und Tonträgerhersteller lauten die entsprechenden Vorschriften:

§ 78 Öffentliche Wiedergabe
(1) Der ausübende Künstler hat das ausschließliche Recht, seine Darbietung
1. öffentlich zugänglich zu machen (§ 19a), ...
§ 85 Verwertungsrechte
(1) Der Hersteller eines Tonträgers hat das ausschließliche Recht, den Tonträger zu vervielfältigen, zu verbreiten und öffentlich zugänglich zu machen.

7. Inhaltsverantwortlicher. → Form. J.1. Anm. 12.

8. Abtretungs- und Unterlizenzierungsverbot. → Form. J.1. Anm. 13.

9. Text- und Notenbild. Die Rechte an Text- und Notenbild werden gem. § 1 lit. h S. 5 des Wahrnehmungsvertrages der GEMA ausdrücklich nicht von dieser wahrgenommen und sind daher idR einem Musikverlag eingeräumt. Besteht kein Verlagsverhältnis, so sind die Rechte beim Urheber selbst einzuholen.

10. Bedingung vollständiger Zahlung. Die Bedingung vollständiger Zahlung wirkt wie ein „Eigentumsvorbehalt" des Rechteinhabers, indem sie die dingliche Wirkung der Nutzungsrechtseinräumung bis zur vollständigen Bezahlung der Vergütung aufschiebt. Im Falle eines Insolvenzverfahrens über das Vermögen des Lizenznehmers vor Zahlung der Vergütung schützt dieser Rechtevorbehalt den Rechteinhaber wie ein Eigentumsvorbehalt den Warenkreditgeber: Sie zwingt den Insolvenzverwalter, entweder die Zahlung der Lizenzgebühr als Masseschuld neu einzugehen oder auf die Nutzung des lizenzierten Inhalts zu verzichten.

Bei besonderen Umständen kann der Rechteinhaber ohne Aushebeln des „Eigentumsvorbehaltes" die Nutzung auch schon vor der Zahlung erlauben:

Der Rechteinhaber kann eine Benutzung des vertragsgegenständlichen Titels auch schon vor diesem Zeitpunkt vorläufig erlauben. Ein Übergang der Rechte nach diesem Paragraphen findet durch eine solche vorläufige Erlaubnis nicht statt.

Bei einer Lizenz, die gegen Zahlung wiederkehrender Beträge (zB jährliche Lizenzgebühr) eingeräumt wird, kann auch ein Rechterückfall bei künftiger Nichtzahlung vereinbart werden:

Ferner fallen die eingeräumten Rechte automatisch an den Rechteinhaber zurück, wenn der Lizenznehmer mit der Bezahlung einer gem. § 7 dieses Vertrages fälligen Vergütung trotz Mahnung und Nachfristsetzung länger als zwei Monate in Verzug bleibt.

Diese Klausel sanktioniert den Zahlungsverzug des Lizenznehmers, indem sie die Nutzungsmöglichkeiten aus dem Vertrag de facto beendet, während andererseits der Vergütungsanspruch des Rechteinhabers (auch für die Zukunft) unberührt bleibt und somit zB im Insolvenzfall zur Verteilung nach der Quote angemeldet werden kann. Dies ist eine wirksame Sicherungsklausel des Vergütungsanspruches des Rechteinhabers gegenüber einem zahlungsunwilligen oder -unfähigen Lizenznehmer, auch beispielsweise in der Insolvenz des Lizenznehmers. Auch sie zwingt den Insolvenzverwalter, die Vergütung (bis auf im Beispiel maximal zwei Monatsvergütungen) entweder weiterzuzahlen oder auf die weitere Nutzung des lizenzierten Inhalts zu verzichten. Nach der Rechtsprechung des BGH (NJW 2006, 915 = CR 2006, 151 = MMR 2006, 386) ist jedenfalls ein aufschiebend bedingter Rechtsübergang für den Fall der (Kündigung wegen) Nichterfüllung durch den Vertragspartner (bzw. dessen Insolvenzverwalter) insolvenzfest, so dass sich ein Rechteinhaber im Falle der Insolvenz des Lizenznehmers die eingeräumten Verwertungsrechte zurückholen kann. Die neue Rechtsprechung des BGH in Sachen „M2Trade“ (GRUR 2012, 916) und „Take Five“ (GRUR 2012, 914) zur „Insolvenzfestigkeit“ von Unterlizenzen ändert an der Sinnhaftigkeit einer solchen Klausel nichts, denn eine Klarstellung des Schicksals von Hauptlizenzen im Insolvenzfall des Lizenzgebers steht nach wie vor aus.

11. Europäische Union. → Form. J.1. Anm. 16.

12. Bestimmungslandprinzip. → Form. J.1. Anm. 17.

13. Unbekannte und noch nicht geschützte Nutzungsarten. → Form. J.1. Anm. 18.

14. Künstler- & Urheberpersönlichkeitsrechte. Ein umfassendes Persönlichkeitsrecht einschließlich des Rechts, über die Veröffentlichung des Musikstücks zu entscheiden, sowie des Rechts auf Namensnennung steht gem. §§ 12 ff. UrhG nur dem Urheber zu, nicht hingegen einem bloß Leistungsschutzberechtigten. Zugunsten ausübender Künstler gewährt § 83 UrhG allerdings ein abgeschwächtes „Künstlerpersönlichkeitsrecht“ gegen Entstellung der Darbietung, das ebenso wie der urheberrechtliche Entstellungsschutz vor Veränderungen, Kürzungen, Nachbearbeitungen und sonstigen Integritätseingriffen schützt, es sei denn, dass sie Ruf oder Ansehen des Künstlers nicht schaden (Schricker/Loewenheim/Vogel UrhG § 75 Rn. 5, 8, 14 und 31).

Der Vertrag kann die ausschnittsweise Benutzung und Bearbeitung je nach Interessenlage der Parteien auch verbieten. Dabei ist jedoch auf die berechtigten Interessen des Lizenznehmers Rücksicht zu nehmen. Dies kann etwa in folgender Form bewerkstelligt werden:

Ausgeschlossen ist das Recht, den vertragsgegenständlichen Titel ausschnittsweise, in Teilen oder in bearbeiteter Form zu benutzen; für die Benutzung unerlässliche Änderungen sind jedoch gestattet.

15. Verwertungsgesellschaften. Diese Regelung schützt zum einen den Rechteinhaber vor der Haftung für solche Rechte, die er bereits den Verwertungsgesellschaften zur ausschließlichen Wahrnehmung eingeräumt hat. Zum anderen stellt sie klar, dass der Lizenznehmer durch diesen Vertrag nicht von seiner Verpflichtung, sich die von den Verwertungsgesellschaften wahrgenommenen Rechte bei diesen selbst einzuholen, befreit wird.

16. Metatag-Schlagworte. Diese Regelung kann auch im Interesse des Rechteinhabers liegen, da sie es ermöglicht, die von ihm lizenzierte Nutzung des Musikstücks besser bekannt zu machen.

17. Namensnennung. Die Nennung des Urhebers ist schon gem. § 13 S. 2 UrhG kraft Gesetzes erforderlich. Beim bloßen Leistungsschutzrecht gibt es keinen solchen gesetzlichen Anspruch auf Namensnennung, der dem Urheberpersönlichkeitsrecht entstammt. Allerdings ist es im Zusammenhang mit Musikstücken üblich, zumindest den ausübenden Künstler und meist auch den Tonträgerhersteller bei der Verwertung zu nennen. Solche Nennungsrechte werden oft (wie hier) schuldrechtlich vereinbart. Gelegentlich erfolgt die Nennung auch ohne vertragliche Verpflichtung auf freiwilliger Basis. Beim Lizenzerwerb von Plattenfirmen ist folgende Formulierung üblich:

Mit freundlicher Genehmigung von . . . . . (Rechteinhaber).

18. Urheberrechtliche Schutzmechanismen. Diese Klausel behält dem Rechteinhaber die Möglichkeit vor, auch nach Vertragsabschluss noch Sicherungsmechanismen gegen unerlaubte Vervielfältigungen (zB Digital Rights Management Systeme) einzuführen.

Diese Regelung ist umso relevanter, je länger die Vertragslaufzeit ist, da die Wahrscheinlichkeit der Einführung neuer Sicherungsmechanismen während der Vertragslaufzeit dann umso höher ist. Da der Lizenznehmer bei privaten Homepages das vertragsgegenständliche Musikstück nicht zur Erzielung von Einkünften nutzt, ist es angemessen, die Kosten für die „Nachrüstung" der Tondatei dem Rechteinhaber aufzuerlegen.

19. Urheber-/Leistungsschutzrechtsinformationen. Diese Regelung dient dem Schutz des Lizenznehmers. Ihm soll dadurch ermöglicht werden, einerseits zu überprüfen, ob er alle zur Benutzung des vertragsgegenständlichen Musikstücks erforderlichen Lizenzen eingeholt hat, und andererseits seinen Pflichten gegenüber allen Berechtigten in der erforderlichen Weise nachzukommen (zB der Namensnennungspflicht).

20. Nutzungsdaten. Diese Formulierung verpflichtet den Lizenznehmer nur zur Herausgabe von Daten, die bei ihm ohnehin erhoben werden. In der Regel dürfte der Aufwand für den Betreiber einer privaten Homepage bei einer Erhebungsverpflichtung zu groß werden.

21. Rechtegarantie des Rechteinhabers. → Form. J.1. Anm. 28.

22. Haftungsfreistellung. → Form. J.1. Anm. 29.

23. Garantie des Lizenznehmers. → Form. J.1. Anm. 30.

24. Veröffentlichung. → Form. J.1. Anm. 31.

25. Vertragsdauer. Für die Nutzung von Musik auf privaten Homepages ist im Regelfall eine Lizenzdauer ab ca. 1 Jahr sinnvoll, da private Homepages nicht so häufig aktualisiert werden, und innerhalb kürzerer Zeit weit weniger Besucher auf eine solche Website kommen. → Form. J.1. Anm. 32.

26. Lizenzdauer. → Form. J.1. Anm. 33.

27. Kündigung aus wichtigem Grund. → Form. J.1. Anm. 34.

28. Abmahnung. → Form. J.1. Anm. 35.

29. Widerrufsvorbehalt. Diese Klausel entfaltet zugunsten besonders bindungsunwilliger Rechteinhaber die Wirkung eines jederzeitigen, begründungslosen Rücktrittsrechtes. Sie kann bei abweichender Interessenlage der Parteien entfallen.

30. Lizenzgebühr. Die Vergütungsform der Pauschallizenzgebühr ist für nicht direkt Einkünfte produzierende Nutzungen die einfachste und angemessenste. Eine von der Anzahl der Abrufe abhängige Vergütung ist für den nicht wirtschaftlich orientierten Betreiber einer privaten Homepage mit hohem administrativem Aufwand verbunden und auch kaum kalkulierbar.

31. Periodische Zahlungen. → Form. J.1. Anm. 38.

4. Musik-/Hörbuch-Download-Lizenzvertrag

Zwischen

. . . . .

– nachstehend „Rechteinhaber" genannt –

und

. . . . .

– nachstehend „Lizenznehmer" genannt – wird folgender Vertrag[1] geschlossen:

§ 1 Vertragsgegenstand

(1) Der Lizenznehmer beabsichtigt, auf seiner Website mit der URL/den URLs . . . . . das Musikstück/Hörbuch:

. . . . . [Titel]

von . . . . . [Künstler]

zum Herunterladen (Download) abrufbar zu machen. Die hierfür erforderlichen Rechte sollen durch diesen Vertrag erworben werden.

(2) Die Parteien gehen davon aus, dass die abrufbar zu machende Aufnahme des vertragsgegenständlichen Musikstücks/Hörbuches (Titels) in Deutschland zugunsten des Rechteinhabers leistungsschutzrechtlich geschützt ist.[2]

§ 2 Rechtseinräumung[3]

(1) Zur Verwirklichung des in § 1 Abs. 1 genannten Zweckes räumt der Rechteinhaber dem Lizenznehmer hiermit folgende nicht ausschließliche Nutzungsrechte ein:[4]

a) Das Recht zur Einspeicherung des Titels in die o.g. Website des Lizenznehmers[5] (jedoch nicht im MP3-Format);

b) Das Recht, den vertragsgegenständlichen Titel der Öffentlichkeit ganz oder teilweise zugänglich zu machen („Recht der Öffentlich-Zugänglichmachung");[6]

. . . . .

– hereinafter referred to as „Rights Holder" –

and

. . . . .

– hereinafter referred to as „Licensee" – enter into the following agreement:[1]

§ 1 Object of the agreement

(1) The Licensee intends to make available on its website with the URL(s) . . . . . the piece of music/audiobook:

. . . . . [title]

by . . . . . [artist]

for downloading (Download). The rights required for this are to be acquired through this agreement.

(2) The parties assume that the recording of the piece of music/audiobook (title) to be made available for download is protected by ancillary copyright in Germany in favor of the rights holder.[2]

§ 2 Granting of Rights[3]

(1) In order to achieve the purpose stated in § 1 (1), the Rights Holder hereby grants the Licensee the following non-exclusive rights of use:[4]

a) The right to store the title on the above-mentioned website of the Licensee[5] (but not in MP3 format);

b) The right to make the contractual title available to the public in whole or in part („right of making available to the public");[6]

c) Das Recht, den Titel auf Abruf von Besuchern der o.g. Website hin vervielfältigen zu lassen.[7]

d) Das Recht, den Titel in unerheblichem Umfang im Zusammenhang mit der o.g. Gesamt-Website auch in anderen Medien weiter zu verwerten,[8] etwa in Rundfunk und Fernsehen,[9] auf CD-ROM, in Printversionen sowie auf alle anderen möglichen Verwertungsarten für Websites.[10]

Die Rechtseinräumung umfasst sämtliche Angebotsarten für Websites, insbes. das freie Internet, kostenpflichtige Websites, sonstige Online- und Offline-Dienste und interne Netze;[11] sie ist insbesondere nicht auf Nutzungen im freien Internet beschränkt.

Die Rechte sind nur dem Lizenznehmer als inhaltlich Verantwortlichem[12] für die Website eingeräumt und ohne Zustimmung des Rechteinhabers weder weiter übertragbar noch unterlizenzierbar.[13] Insbesondere sind sie nicht dem technischen Dienstleister, der die Website betreibt, eingeräumt, sofern dieser von dem Lizenznehmer verschieden ist.

Der Lizenznehmer verpflichtet sich, den vertragsgegenständlichen Titel ausschließlich für die oben genannte Website zu verwenden.[14]

Der Vertrieb körperlicher Werkstücke oder andere als die in diesem § 2 dieses Vertrages genannten Verwertungsformen sind nach diesem Vertrag nicht zulässig. Hierzu bedarf es des Abschlusses eines eigenen, gesonderten Lizenzvertrages. Auch die Reproduktion von Text oder Notenbild des vertragsgegenständlichen Titels bedarf einer separaten Lizenz des zuständigen Musikverlages.[15]

(2) Die Rechtseinräumung wird gem. § 158 Abs. 1 BGB erst wirksam, wenn der Lizenznehmer die gem. § 8 dieses Vertrages geschuldete Garantiesumme vollständig geleistet hat.[16] Der Rechteinhaber kann eine Benutzung des vertragsgegenständlichen Titels auch schon vor diesem Zeitpunkt vorläufig erlauben. Ein Überg-

c) The right to have the title reproduced on demand by visitors to the above-mentioned website.[7]

d) The right to further exploit the title to an insignificant extent in connection with the aforementioned overall website in other media,[8] for example in radio and television,[9] in CD-ROM, in print versions and in all other possible types of exploitation for websites.[10]

The granting of rights covers all types of offerings for websites, in particular the free Internet, fee-based websites, other online and offline services and internal networks;[11] and is in particular not limited to use on the free Internet.

The rights are only granted to the Licensee as the person responsible for the content[12] of the website and are neither transferable nor sublicensable without the consent of the Rights Holder.[13] In particular, they are not granted to the technical service provider operating the website, insofar as this is different from the Licensee.

The Licensee undertakes to use the contractual title exclusively for the above-mentioned website.[14]

The distribution of physical works or forms of exploitation other than those specified in § 2 of this agreement are not permitted under this agreement. This requires the conclusion of a separate license agreement. The reproduction of lyrics or sheet music of the contractual title also requires a separate license from the responsible music publisher.[15]

(2) Pursuant to Section 158 (1) BGB, the granting of rights shall only become effective once the Licensee has paid the remuneration owed pursuant to Section 8 of this agreement in full.[16] The Rights Holder may provisionally permit the use of the contractual title prior to this point in time. Such provisional permission does

ang der Rechte nach diesem Paragraphen findet durch eine solche vorläufige Erlaubnis nicht statt. Ferner kann der Rechteinhaber die Rechtseinräumung widerrufen, wenn der Lizenznehmer mit der Bezahlung einer gem. § 8 dieses Vertrages fälligen Vergütung trotz Mahnung und Nachfristsetzung länger als zwei Monate in Verzug bleibt.[17]

(3) Die Rechtseinräumung ist territorial auf die Einbindung des vertragsgegenständlichen Titels in eine Website beschränkt, die erkennbar zum Abruf nur innerhalb der Europäischen Union[18] bestimmt ist.[19] Die Rechtseinräumung ist außerdem ausdrücklich auf solche Websites beschränkt, die für den Abruf durch Endverbraucher bestimmt sind.[20]

(4) Die Nutzungsrechtseinräumung umfasst alle derzeit bekannten und unbekannten Nutzungsarten, die zur Erreichung des Vertragszwecks erforderlich sind oder werden, auch wenn sie erst auf Grund neuer Gesetzeslage oder aus anderen Gründen nachträglich an dem vertragsgegenständlichen Titel entstehen oder erst nachträglich bekannt werden.[21]

(5) Im Hinblick auf etwaig von dieser Nutzungsrechtseinräumung nicht erfasste Nutzungsarten im Zusammenhang mit Websites räumt der Rechteinhaber dem Lizenznehmer eine Option zu angemessenen Bedingungen ein.[22]

(6) Der Lizenznehmer ist berechtigt, den vertragsgegenständlichen Titel auf seiner Website auch in Verbindung mit Werken anderer Rechteinhaber oder ausschnittsweise zu benutzen oder zu bearbeiten.[23] Veränderungen und Kürzungen des vertragsgegenständlichen Titels sind jedoch nur zulässig, soweit sie nicht entstellend wirken. Eine Nachsynchronisation in anderer Sprache ist nicht zulässig.

(Optional, nur bei Musikdownloads:

(7) Die von den Verwertungsgesellschaften GEMA und GVL wahrgenommenen Rechte bleiben von diesem Vertrag unberührt.[24]*)*

not constitute a transfer of rights under this paragraph. Moreover, the Rights Holder may revoke the granting of rights if the Licensee is more than two months in default with the payment of a remuneration due in accordance with § 8 of this agreement despite a reminder and the setting of a grace period.[17]

(3) The granting of rights is territorially limited to the integration of the contractual title into a website which is clearly intended[19] for retrieval only within the European Union.[18] The granting of rights is also expressly limited to such websites which are intended for retrieval by end consumers.[20]

(4) The granting of the right of use shall include all currently known and unknown types of use that are or become necessary to achieve the purpose of the contract, even if they only arise subsequently on the basis of new legislation or for other reasons or only become known subsequently.[21]

(5) With regard to any types of use in connection with websites not covered by this grant of rights of use, the Rights Holder shall grant the Licensee an option on reasonable terms.[22]

(6) The Licensee is entitled to use or edit the contractual title on its website, also in connection with works of other Rights Holders or in excerpts.[23] However, changes and abridgements of the contractual title are only permitted insofar as they do not have a distorting effect. Post-synchronization in another language is not permitted.

(Optional, only in case of music downloads:

(7) The rights administered by the collecting societies GEMA and GVL shall remain unaffected by this agreement.[24]*)*

(8) Der Lizenznehmer ist berechtigt, im Zusammenhang mit der Durchführung dieses Vertrages – insbesondere zum Zwecke der Eigenwerbung und auf der vertragsgegenständlichen Website selbst – den Namen des vertragsgegenständlichen Titels sowie Namen/Kennzeichen/Logos/Abbildungen des Komponisten/Textdichters/ausübenden Künstlers und evtl. gefeaturter Künstler, soweit der Rechteinhaber über solche Rechte verfügen kann, sowie des Rechteinhabers unentgeltlich zu benutzen.

(8) The Licensee is entitled to use the name of the contractual title as well as the names/identifiers/logos/images of the composer/lyricist/performing artist and any featured artists, insofar as the Rights Holder can dispose of such rights, as well as the Rights Holder free of charge in connection with the execution of this agreement – in particular for the purpose of self-promotion and on the contractual website itself.

(9) Sämtliche Namens-, Titel- und Kennzeichenrechte an der Website oder einzelnen ihrer Teile oder durch Benutzung auf der Website entstehende Namens-, Titel- und Kennzeichenrechte sind Sache des Lizenznehmers.

(9) All name, title and trademark rights to the website or individual parts thereof or name, title and trademark rights arising through use on the website are the responsibility of the Licensee.

(10) Der Rechteinhaber hat Anspruch auf Nennung seines Namens als Leistungsschutzrechtsinhaber in Form eines – mit einem Zielpunkt seiner Wahl verlinkten – Vermerks auf derjenigen Webseite, auf welcher der jeweilige vertragsgegenständliche Titel eingebunden wird.[25]

(10) The Rights Holder is entitled to have his name mentioned as the holder of ancillary copyrights in the form of a note – linked to a target point of his choice – on the website on which the respective contractual title is integrated.[25]

(11) Der Rechteinhaber hat Anspruch darauf, dass der Lizenznehmer den von seiner Website aus abrufbaren vertragsgegenständlichen Titel auf Verlangen des Rechteinhabers nachträglich mit einem urheberrechtlichen Schutzmechanismus versieht, soweit dadurch die vertragsgemäße Benutzung nicht behindert wird und die Maßnahme dem Lizenznehmer wirtschaftlich zumutbar ist.[26]

(11) The Rights Holder shall be entitled to demand that the LLicensee, at the request of the Rights Holder, subsequently adds a copyright protection mechanism to the contractual title that can be accessed from his website, provided that this does not hinder the contractual use and the measure is economically reasonable for the Licensee.[26]

§ 3 Mitwirkungspflichten und Kontrollrechte des Rechteinhabers

§ 3 Obligations to cooperate and rights of control of the Rights Holder

(1) Der Rechteinhaber verpflichtet sich, dem Lizenznehmer auf Verlangen eine Verkörperung des vertragsgegenständlichen Titels (Werkstück) zur Herstellung der von ihm benötigten Kopien zu liefern.[27] Das Werkstück ist nach Ablauf von 2 Monaten an den Rechteinhaber zurückzugeben, sofern es in verkörperter Form (zB auf CD, Tape) übergeben wur-

(1) The Rights Holder undertakes to supply the Licensee, upon request, with an embodiment of the contractual title (workpiece) for the production of the copies required by the Licensee.[27] The workpiece must be returned to the Rights Holder after two months if it has been handed over in embodied form (e.g. on CD, tape). The transfer of this workpiece to third

de. Eine Weitergabe dieses Werkstückes an Dritte oder die Erstellung von Kopien für Dritte außerhalb des Rahmens dieses Vertrages ist nicht gestattet, soweit nicht der Rechteinhaber einer Übertragung der vertragsgegenständlichen Lizenz an den Dritten zugestimmt hat.

(2) Der Rechteinhaber hat dem Lizenznehmer folgende Informationen in folgender Form zur Verfügung zu stellen:

a) Informationen über sämtliche Urheber und sämtliche Leistungsschutzberechtigten an dem vertragsgegenständlichen Titel:[28] schriftlich oder per E-Mail;
b) ggf. Beschränkungen seines Rechteumfangs bzw. der Art und Weise, auf die der vertragsgegenständliche Titel in die Website eingebunden werden darf: schriftlich oder per E-Mail.

(3) Zur Kontrolle der Erfüllung dieses Vertrages gewährt der Lizenznehmer dem Rechteinhaber während der Lizenzdauer jederzeit kostenlosen Zugang zu seiner Website sowie den kostenlosen Abruf jedes vertragsgegenständlichen Titels. Die Kontrollabrufe sind von der Vergütungszahlung befreit.

(4) Der Lizenznehmer verpflichtet sich, dem Rechteinhaber Nutzungsdaten im Zusammenhang mit dem Abruf des vertragsgegenständlichen Titels (insbesondere über die Anzahl der Abrufe) zur Verfügung zu stellen, soweit dies technisch möglich und rechtlich zulässig ist.[29] Dies erstreckt sich auch auf die Weitergabe von unter Bezugnahme auf die vertragsgegenständliche Abbildung hinterlassenen E-Mail-Adressen unter Berücksichtigung der anwendbaren Datenschutzbestimmungen (bei Einwilligung des betroffenen Nutzers).[30]

§ 4 Haftung

(1) Der Rechteinhaber versichert und steht dafür ein, dass er Inhaber der vertragsgegenständlichen Online-Nutzungsrechte an dem vertragsgegenständlichen Titel ist

parties or the production of copies for third parties outside the scope of this agreement is not permitted unless the Rights Holder has consented to the transfer of the contractual license to the third party.

(2) The Rights Holder shall provide the Licensee with the following information in the following form:

a) Information about all authors and all persons entitled to ancillary copyrights to the contractual title:[28] in writing or by e-mail;
b) any restrictions on the scope of his rights or the manner in which the contractual title may be incorporated into the website: in writing or by e-mail.

(3) In order to monitor the performance of this Agreement, the Licensee shall grant the Rights Holder free access to its website at any time during the term of the license as well as free retrieval of each contractual title. The control retrievals are exempt from the payment of remuneration.

(4) The Licensee undertakes to provide the Rights Holder with usage data in connection with the retrieval of the contractual title (in particular on the number of retrievals), insofar as this is technically possible and legally permissible.[29] This also extends to the forwarding of e-mail addresses left with reference to the contractual image, taking into account applicable data protection regulations (with the consent of the user concerned).[30]

§ 4 Liability

(1) The Rights Holder assures and guarantees that he is the owner of the online usage rights to the contractual title and that he can freely dispose of them in the

und dass er in der vertragsgegenständlichen Form frei über sie verfügen kann.[31] Der Rechteinhaber garantiert ferner, dass die von ihm lizenzierten Inhalte frei von Rechten Dritter sind. Falls dem Rechteinhaber bekannt werden sollte, dass an irgendwelchen Bestandteilen des vertragsgegenständlichen Titels Rechte Dritter bestehen (zB bei Verwendung von Samples), so hat er den Lizenznehmer hierauf unverzüglich hinzuweisen.

contractual form.[31] The Rights Holder also guarantees that the content licensed by him is free from third-party rights. Should the Rights Holder become aware that third party rights exist to any components of the contractual title (e.g. when using samples), he must inform the Licensee of this immediately.

(2) Der Rechteinhaber stellt den Lizenznehmer hiermit von jeglichen Ansprüchen Dritter im Zusammenhang mit der Garantie nach Abs. 1 frei und ersetzt ihm die Kosten der Rechtsverteidigung.[32]

(2) The Rights Holder hereby indemnifies the Licensee against any claims by third parties in connection with the guarantee under paragraph 1 and shall reimburse the Licensee for the costs of legal defense.[32]

(3) Der Lizenznehmer garantiert, sämtliche für die beabsichtigte Nutzung neben der vertragsgegenständlichen Lizenz weiter erforderlichen Rechte selbst einzuholen, bzw. bereits eingeholt zu haben und stellt den Rechteinhaber in diesem Zusammenhang von jeglichen Ansprüchen Dritter frei.[33]

(3) The Licensee guarantees that it will obtain or has already obtained all further rights required for the intended use in addition to the contractual license and indemnifies the Rights Holder against any claims by third parties in this connection.[33]

§ 5 Veröffentlichung[34]

Der Rechteinhaber garantiert hiermit, dass der vertragsgegenständliche Titel bereits veröffentlicht ist.

§ 5 Publication[34]

The Rights Holder hereby guarantees that the contractual title has already been published.

§ 6 Promotionmaßnahmen[35]

Der Rechteinhaber erkennt die besondere Bedeutung seiner Mitwirkung an Werbe- und Promotionmaßnahmen im gemeinsamen Interesse an. Er verpflichtet sich, solche Maßnahmen ohne gesonderte Vergütung aktiv zu unterstützen.

§ 6 Promotionmaßnahmen[35]

The Rights Holder acknowledges the particular importance of his participation in advertising and promotional measures in the mutual interest. He undertakes to actively support such measures without separate remuneration.

§ 7 Vertrags- und Lizenzdauer

(1) Dieser Vertrag beginnt mit beiderseitiger Unterzeichnung und läuft zunächst für die Dauer von . . . . . (Vertragsdauer).[36] Sofern er nicht von einer Partei bis spätestens . . . . . (Zeitraum) vor Ablauf der Vertragsdauer gekündigt wird, verlängert

§ 7 Duration of contract and license

(1) This agreement shall commence upon mutual signature and shall initially run for a period of . . . . . (contract term).[36] Unless it is terminated by one of the parties by no later than . . . . . (period) before expiry of the contract term, it shall

er sich automatisch um jeweils weitere . . . . . (Zeitraum). Mit Ablauf der Vertragsdauer enden sämtliche Pflichten aus diesem Vertrag mit Ausnahme solcher Regelungen, die ersichtlich auch nach Vertragsende gelten sollen.

be automatically extended by a further . . . . . (period). Upon expiry of the contract term, all obligations under this contract shall end, with the exception of those provisions that are clearly intended to continue to apply after the end of the contract.

(2) Die Rechtseinräumung nach diesem Vertrag (Lizenzdauer) beginnt gem. § 2 Abs. 2 mit der Zahlung der (ersten) geschuldeten Lizenzgebühr und endet mit Ablauf der Vertragsdauer gem. § 6 Abs. 1.[37] Mit dem Ende der Lizenzdauer enden sämtliche Pflichten aus diesem Vertrag mit Ausnahme solcher Regelungen, die ausdrücklich auch nach Vertragsende gelten sollen.

(2) The granting of rights under this agreement (license term) shall commence in accordance with § 2 para. 2 upon payment of the first license fee owed and shall end upon expiry of the contract term in accordance with § 6 para. 1.[37] At the end of the license period, all obligations arising from this contract shall end, with the exception of those provisions that are expressly intended to remain in force after the end of the contract.

(3) Dieser Vertrag kann aus wichtigem Grund vorzeitig gekündigt werden, insbesondere wenn der Rechteinhaber seinen Mitwirkungspflichten gem. § 3 dieses Vertrags nachhaltig nicht nachkommt, wenn der Lizenznehmer fällige Zahlungen gem. § 8 dieses Vertrages trotz Mahnung und Nachfristsetzung nicht leistet, die Kontrollrechte des Rechteinhabers gem. § 3 Abs. 3 dieses Vertrages nicht erfüllt oder keine übersichtliche und genaue Buchhaltung führt.[38] Eine fristlose Kündigung setzt grundsätzlich voraus, dass der andere Teil schriftlich gemahnt und aufgefordert wird, den vermeintlichen Grund zur fristlosen Kündigung in angemessener Zeit zu beseitigen, es sei denn es liegen besondere Gründe iSv §§ 314 Abs. 2, 323 Abs. 2 BGB vor, die dem Kündigenden ein Festhalten an dem Vertrag auch ohne vorherige Mahnung oder Abmahnung unzumutbar machen.[39]

(3) This agreement may be terminated prematurely for good cause, in particular if the Rights Holder persistently fails to comply with his obligations to cooperate pursuant to § 3 of this agreement (in particular to deliver a workpiece pursuant to § 3 para. 1), if the Licensee fails to make payments due pursuant to § 7 of this agreement despite a reminder and the setting of a grace period, or if the Rights Holder's rights of control pursuant to § 3 para. 3 of this agreement are not fulfilled.[38] Termination without notice generally requires that the other party be given a written warning and requested to remedy the alleged reason for termination without notice within a reasonable period of time, unless there are special reasons within the meaning of Sections 314 (2), 323 (2) BGB that make it unreasonable to expect the terminating party to adhere to the contract even without a prior warning or warning letter.[39]

(4) Lehnt der Lizenznehmer oder sein rechtmäßiger Vertreter die weitere Erfüllung des Vertrages ab, so hat der Rechteinhaber ein außerordentliches fristloses Kündigungsrecht innerhalb von zwei Wochen ab Kenntnis von der Erfüllungsverweigerung. Mit dem Wirksamwerden der Kündigung wird der Lizenznehmer von sämtlichen Pflichten aus diesem Vertrag

(4) If the Licensee or its legal representative refuses to continue to perform the contract, the Rights Holder shall have an extraordinary right of termination without notice within two weeks of becoming aware of the refusal to perform. When the termination takes effect, the Licensee shall be released from all obligations under this

frei und fallen sämtliche dem Lizenznehmer eingeräumten Rechte an ihn zurück.[40]

(5) Der Rechteinhaber behält sich das Recht vor, diese Lizenz jederzeit ohne Angabe von Gründen ganz oder teilweise gegen ex-nunc-Wegfall der Vergütungspflicht (pro rata temporis) zu widerrufen.[41] Übt der Rechteinhaber diesen Widerrufsvorbehalt der Lizenz aus, so hat er dem Lizenznehmer eine angemessene Frist zur Herausnahme des vertragsgegenständlichen Titels aus dem Angebot der Website – von in der Regel 3 Werktagen – einzuräumen.

§ 8 Vergütung, Abrechnung und Zahlung

(1) Vergütung[42]

a) Garantiesumme
Für die Rechteinräumung nach diesem Vertrag erhält der Rechteinhaber eine nicht rückzahlbare, jedoch voll und quer verrechenbare Garantiesumme als Vorauszahlung auf seine Umsatzbeteiligung gem. Unterabsatz (b) dieses Absatzes in Höhe von . . . . [Betrag].

b) Umsatzbeteiligung
Von den Netto-Einnahmen (Gesamt-Einnahmen abzüglich gesetzlicher Mehrwertsteuer, jedoch ohne Abzug sonstiger Kosten), die der Lizenznehmer aus der Verwertung des/der mit diesem Vertrag lizenzierten Titel erzielt (zB Download-Preis, Werbeeinnahmen, Subscription Fees, pay per view uÄ[43]), erhält der Rechteinhaber eine Beteiligung in Höhe von . . . . %.[44] Diese Vergütung bezieht sich auf Titel, an denen der Rechteinhaber [– abgesehen von der GEMA –][45] alleiniger Rechtegeber ist. Müssen zur vertragsgemäßen Benutzung eines vertragsgegenständlichen Titels die Rechte weiterer Rechtegeber eingeholt werden, so verringert sich die Umsatzbeteiligung des Rechteinhabers auf den entsprechenden Bruchteil.[46] Von der Beteiligungspflicht ausgenommen sind Be-

agreement and all rights granted to the Licensee shall revert to the Licensee.[40]

5) The Rights Holder reserves the right to revoke this license in whole or in part at any time without giving reasons against ex nunc waiver of the obligation to pay remuneration (pro rata temporis).[41] If the Rights Holder exercises this reservation of revocation of the license, he must grant the Licensee a reasonable period of time – usually 3 working days – to remove the contractual image from the website.

§ 8 Remuneration, Billing and Payment

(1) Remuneration[42]

a) Guaranteed amount
For the granting of rights under this agreement, the Rights Holder shall receive a non-refundable, but fully and cross-compensable guarantee amount as an advance payment on his revenue share pursuant to subparagraph (b) of this paragraph in the amount of . . . . [amount].

b) Revenue share
The Rights Holder shall receive a share of the net revenue (total revenue less statutory VAT, but without deduction of other costs) generated by the Licensee from the exploitation of the title(s) licensed under this agreement (e.g. download price, advertising revenue, subscription fees, pay per view, etc[43]), in the amount of . . . . %.[44] This remuneration relates to titles for which the Rights Holder [- apart from GEMA -][45] is the sole Rights Holder. If the rights of other rights providers must be obtained for the contractual use of a contractual title, the Rights Holder's revenue share is reduced to the corresponding fraction.[46] Excluded from the participation obligation are amounts which are to be used by the Licensee for a specific purpose (transitory items)

träge, die vom Lizenznehmer zweckgebunden zu verwenden sind (durchlaufende Posten) oder die vom Lizenznehmer an Dritte zurückgezahlt werden müssen.

c) Abrechnung, Zahlung, Nachverhandlungspflicht
Die Umsatzbeteiligung wird jeweils halbjährlich, und zwar jeweils zum 30.6. und zum 31.12., abgerechnet und gezahlt.
Falls sich ein Bedürfnis zu weiteren oder präziseren Regelungen ergibt, verpflichten sich beide Teile, diese nach Treu und Glauben und im Rahmen des Üblichen nach zu verhandeln. In seinen übrigen Teilen bleibt der Vertrag in Wirkung.

(2) Der Rechteinhaber ist berechtigt, Abrechnungen des Lizenznehmers in Bezug auf seine Vergütung auf eigene Kosten zu überprüfen oder von einem öffentlich vereidigten Buch- oder Wirtschaftsprüfer oder einem sonst zur Berufsverschwiegenheit verpflichteten Sachverständigen überprüfen zu lassen (Buchprüfung). Bis zur Feststellung von Unkorrektheiten in der Abrechnung ist diese für beide Seiten verbindlich. Ergibt eine Buchprüfung eine Differenz zuungunsten des Rechteinhabers, so trägt der Lizenznehmer die angemessenen Kosten der Buchprüfung.[47] Nach Ablauf einer Einwendungsfrist von sechs Monaten nach Zugang der Abrechnung wird die Abrechnung für beide Teile dieses Vertrages endgültig unanfechtbar.[48]

(3) Die Umsatzbeteiligung steht dem Rechteinhaber nur während der Dauer der gesetzlichen Schutzfrist zu.[49]

(4) Alle Vergütungen verstehen sich zuzüglich der gesetzlichen Mehrwertsteuer, sofern der Rechteinhaber im Zahlungszeitpunkt der Umsatzsteuerpflicht unterliegt oder auf sie optiert hat und dies dem Lizenznehmer bekannt ist. Entsteht die Umsatzsteuerpflicht oder die Option auf sie nachträglich, so kann die Mehrwertsteuer bis zum Ende des laufenden Kalenderjahres unter Vorlage der Mehrwertsteuerpflicht-Bescheinigung des zuständigen Finanzamtes gegen Rechnungs-

or which must be repaid by the Licensee to third parties.

c) Settlement, payment, duty to renegotiate
The revenue share shall be settled and paid every six months, namely on June 30 and December 31.
If there is a need for further or more precise regulations, both parties undertake to renegotiate these in good faith and within the scope of customary practice. The remaining parts of the contract remain in effect.

(2) The Rights Holder shall be entitled to check the Licensee's accounts with regard to his remuneration at his own expense or to have them checked by a publicly sworn accountant or auditor or an expert otherwise bound to professional secrecy (audit). Until any inaccuracies in the invoice are identified, it shall be binding for both parties. If an audit reveals a difference to the disadvantage of the Rights Holder, the Licensee shall bear the reasonable costs of the audit.[47] After the expiry of an objection period of six months after receipt of the statement of account, the statement of account shall become finally incontestable for both parties to this agreement.[48]

(3) The Rights Holder shall only be entitled to the revenue share for the duration of the statutory term of protection.[49]

(4) All payments are subject to the addition of statutory value added tax, provided that the Rights Holder is subject to value added tax at the time of payment or has opted for it and the Licensee is aware of this. If the obligation to pay VAT or the option to pay VAT arises subsequently, the VAT can be claimed subsequently until the end of the current calendar year upon presentation of the VAT certificate from the responsible tax office against

stellung nachgefordert werden. Danach erlischt die Forderung auf Umsatzsteuer-Erstattung.

(5) Rechnungsbeträge sind innerhalb von 10 Arbeitstagen zur Zahlung fällig. Zahlungen sind auf das Konto IBAN . . . . . bei der . . . . . [Bank] in . . . . . [Ort], BIC . . . . . zu leisten. Gerät der Lizenznehmer mit der Zahlung fälliger Forderungen in Verzug, so hat er Verzugszinsen in Höhe von . . . . . % pro Jahr zu zahlen, sofern er nicht nachweist, dass der tatsächliche Schaden geringer ist.[50] Die Möglichkeit des Rechteinhabers zur Geltendmachung weitergehender Ansprüche aus dem Verzug bleibt unberührt.

invoicing. Thereafter, the claim for a VAT refund shall lapse.

(5) Invoice amounts are due for payment within 10 working days. Payments are to be made to the account IBAN . . . . . at the . . . . . [bank] in . . . . . [place], BIC . . . . . If the Licensee is in default with the payment of due claims, it shall pay default interest in the amount of . . . . . % per year, unless he can prove that the actual damage is lower.[50] The right holder's right to assert further claims arising from the default remains unaffected.

§ 9 Vertraulichkeit

Beide Parteien verpflichten sich, über die Bestimmungen dieses Vertrages sowie über alle ihnen im Rahmen dieses Vertrages bekannt gewordenen Informationen bis zum Ablauf von . . . . . Jahren nach Ende der Lizenzdauer Stillschweigen zu bewahren. Dies gilt nicht, soweit ein berechtigtes Interesse an einer Offenbarung besteht.

§ 9 Confidentiality

Both parties undertake to maintain confidentiality with regard to the provisions of this contract and all information of which they become aware within the framework of this contract until the expiry of . . . . . years after the end of the license period. This shall not apply if there is a legitimate interest in disclosure.

§ 10 Herausgabe- und Löschungspflichten

Der Lizenznehmer verpflichtet sich, nach Beendigung der Lizenzdauer alle ihm einzeln in elektronischer Form vorliegenden vertragsgegenständlichen Informationen und Inhalte, insbesondere alle Kopien des vertragsgegenständlichen Titels, die nicht Bestandteil einer Gesamt-Archivierung seiner Website oder einzelner Webseiten sind, zu löschen. Informationen und Inhalte (auch Informationsmaterial uÄ), die in verkörperter Form vorliegen, sind an den Rechteinhaber zurückzugeben oder auf dessen Verlangen hin oder bei Nichtannahme zu vernichten.

§ 10 Handover and deletion obligations

Licensee undertakes to delete all contractual information and content available to him individually in electronic form, in particular all copies of the contractual title that are not part of an overall archive of his website or individual web pages, after the end of the license term. Information and content (including information material and the like) that is available in embodied form shall be returned to the Rights Holder or, at the latter's request or in the event of non-acceptance, destroyed.

§ 11 Exklusivität[51]

Der Rechteinhaber verpflichtet sich, für einen Zeitraum von . . . . .[52] den vertrags-

§ 11 Exclusivity[51]

The Rights Holder undertakes not to license the contractual title to another Ligegenständlichen Titel nicht an einen weiteren Lizenznehmer zur Online-Nutzung zu lizenzieren, wenn dieser mit dem Lizenznehmer in direktem Konkurrenzverhältnis steht oder dem Lizenznehmer durch die Zweitlizenzierung ein Imageschaden droht. Ein solches direktes Konkurrenzverhältnis ist bei Branchengleichheit stets gegeben.

§ 12 Schlussbestimmungen

(1) Dieser Vertrag unterliegt dem Recht der Bundesrepublik Deutschland.

(2) Mündliche Nebenabreden bestehen nicht. Änderungen oder Ergänzungen dieses Vertrages bedürfen zu ihrer Wirksamkeit der Schriftform, auf die auch nicht mündlich verzichtet werden kann.

(3) Sollten einzelne Bestimmungen dieses Vertrages unwirksam sein oder werden, so wird dadurch die Wirksamkeit der übrigen Bestimmungen nicht berührt. Statt der unwirksamen Bestimmung gilt dasjenige, was die Parteien nach dem ursprünglich angestrebten Zweck unter wirtschaftlicher Betrachtungsweise redlicherweise vereinbart hätten. Das Gleiche gilt im Falle des Vorliegens einer Vertragslücke.

(4) Ansprüche aus diesem Vertrag können weder abgetreten, noch verpfändet, noch mit dem Recht eines Dritten belastet werden, soweit der Schuldner dem nicht ausdrücklich zustimmt.

(5) Erfüllungsort ist . . . . . Sofern beide Parteien Kaufleute im Sinne des HGB sind, ist Gerichtsstand für alle Streitigkeiten aus diesem Vertrag . . . . .

. . . .

(Ort, Datum)   (Ort, Datum)

. . . .

– Lizenznehmer –   – Rechteinhaber Licensee –

censee for online use for a period of . . . . .[52] if the latter is in direct competition with the Licensee or if the Licensee is in danger of impairment of its image as a result of the secondary licensing. Such direct competition is always existing in relation to others in the same industry.

§ 12 Final Provisions

(1) This contract is governed exclusively by the laws of the Federal Republic of Germany.

(2) There are no verbal collateral agreements. Amendments or additions to this contract must be made in writing, and this requirement cannot be waived orally.

(3) If individual provisions of this contract should be or become invalid, this shall not affect the validity of the remaining provisions. The invalid provision shall be replaced by what the parties would have reasonably agreed in accordance with the originally intended purpose from an economic point of view. The same shall apply in the event of a loophole in the contract.

(4) Claims arising from this contract may not be assigned, pledged or encumbered with the rights of a third party unless the debtor expressly agrees to this.

(5) Place of performance is . . . . . If both parties are merchants within the meaning of the German Commercial Code (HGB), place of jurisdiction for all disputes arising from this contract shall be . . . . .

. . . .

(Place, Date)   (Place, Date)

. . . .

– Licensee –   – Rights Holder –

Anmerkungen

1. Sachverhalt. Gegenstand des vorliegenden Formularvertrages ist das Bereitstellen von Musik oder Hörbüchern zum Download von Websites im Internet. Hierdurch wird in jedem Falle das Urheberrecht des Komponisten und des Textdichters des Musikstücks (§ 2 Abs. 1 Nr. 2 UrhG) bzw. des Autors des Hörbuches (§ 2 Abs. 1 Nr. 1 UrhG) berührt. Wenn die zum Herunterladen bereitgestellte Tondatei, wie in der Regel, von einer bereits existierenden Aufnahme einer Darbietung des Musikstückes bzw. Hörbuches auf Tonträger (etwa einer CD) übernommen wird, müssen überdies das Leistungsschutzrecht des ausübenden Künstlers (§§ 73 ff. UrhG) sowie das Leistungsschutzrecht des Tonträgerherstellers (§§ 85 f. UrhG) berücksichtigt werden.

Die Haftung des Website-Betreibers gegenüber dem Rechteinhaber für die ordnungsgemäße Rechteeinholung bei Nutzung urheberechtlich geschützter Inhalte ist in Rechtsprechung und Literatur unbestritten, vgl. zB LG München IMMR 2009, 137 mAnm Kaufmann. Der Betreiber der Website ist regelmäßig Anbieter des entsprechenden Inhalts als „eigene Information" iSv § 7 Abs. 1 TMG und haftet daher dem Rechteinhaber gegenüber für Urheberrechtsverletzungen durch die mit der Einbindung in die Website verbundene Vervielfältigung und Öffentlich-Zugänglichmachung eines urheberrechtlich geschützten Inhalts. Daher besteht ein Bedarf nach Abschluss entsprechender Lizenzverträge wie in den Formularen dieses Abschnitts (→ Form. J.1 ff.).

Die erforderlichen **leistungsschutzrechtlichen** Lizenzen für Musik-/Hörbuchdownloads werden in aller Regel bei den „Plattenfirmen" oder Verlagen der Künstler/Sprecher eingeholt, die nicht nur originär Inhaber des Leistungsschutzrechts des Tonträgerherstellers sind, sondern sich üblicherweise auch sämtliche ausschließlichen Nutzungsrechte an der Darbietung der von ihnen unter Vertrag genommenen Künstler/Sprecher haben einräumen lassen. Vertragsfreie Künstler („unsigned") oder Sprecher hingegen verwalten ihre Leistungsschutzrechte in der Regel bzw. lassen dies von ihren Agenturen erledigen. Auch Aufnahmen von Künstlern/Sprechern, deren Vertrag die Nutzungsart „Online-Nutzung" ausdrücklich ausnimmt oder Aufnahmen, die Gegenstand von „Altverträgen" waren, die vor dem Zeitpunkt abgeschlossen wurden, ab dem Online-Nutzungen als neue Nutzungsart bekannt wurden, können von den originär Leistungsschutzberechtigten bzw. deren Agenten selbst verwaltet werden. Nach der urheberrechtlichen Zweckübertragungstheorie, die analog auch für Leistungsschutzrechte gilt (Schricker/Loewenheim/Schricker UrhG § 31 Rn. 79), waren in Altverträgen noch unbekannte Nutzungsarten von der Rechtsübertragung im Zweifel nicht erfasst. Bei solchen Verträgen erlaubt nunmehr allerdings § 137l UrhG einem Verwerter, dem der Urheber/Leistungsschutzberechtigte ursprünglich „alle wesentlichen Nutzungsrechte ausschließlich sowie räumlich und zeitlich unbegrenzt eingeräumt" hat, die Verwertung auf zum Zeitpunkt des Vertragsschlusses unbekannte Nutzungsarten, sofern der Urheber gegenüber dem Verwerter der Nutzung nicht bis spätestens 1.1.2009 (für bis 1.1.2008 bekannt gewordene Nutzungsarten) oder bis spätestens 3 Monate nach Mitteilung über die beabsichtigte Aufnahme der neuen Nutzungsart widerspricht. Aber auch bei Neuverträgen kann sich der ausübende Künstler das Recht zur Online-Nutzung ganz oder teilweise vorbehalten haben, was jedoch in der Praxis wohl nur bei Künstlern/Sprechern mit erheblicher Marktmacht vorkommt.

Daneben ist für die Bereitstellung eines Musikstücks bzw. Hörbuches zum Herunterladen stets zwingend auch das **urheberrechtliche** Nutzungsrecht zur Online-Vervielfältigung und Öffentlich-Zugänglichmachung (Online-Nutzung) des betreffenden Werkes einzuholen. Im Falle von Musik verwaltet diese Rechte in Deutschland in aller Regel die Gesellschaft für musikalische Aufführungs- und mechanische Vervielfältigungsrechte (GEMA) auf Grund von § 1 lit. g, h, i (1) ihres Wahrnehmungsvertrages. Von der

GEMA wird die urheberrechtliche Lizenz auf der Grundlage ihres entsprechenden Standard-Normalvertrags vergeben. Der betreffende Standard-Normalvertrag kann bei der GEMA, Rosenheimerstr. 11, 81667 München, zur Einsichtnahme angefordert werden. Da die vor 1996 abgeschlossenen Verträge zwischen der GEMA und ihren Mitgliedern keine ausdrückliche Nennung der Online-Nutzungsrechte enthielten, wurde den bestehenden Mitgliedern eine Klarstellungserklärung vorgelegt, welche beinhaltete, dass auch die Online-Nutzung von den der GEMA zur Wahrnehmung eingeräumten Nutzungsrechten der öffentlichen Wiedergabe mit umfasst ist. Die große Mehrheit der GEMA-Mitglieder hat diese Klarstellungserklärung unterzeichnet. Seit Juli 1996 enthalten außerdem alle neuen Wahrnehmungsverträge zwingend die ausdrückliche Nennung der Rechte zur Online-Nutzung. Hat sich ein Urheber, der damals schon GEMA-Mitglied war, die Rechte zur Online-Nutzung vorbehalten, so liegt das urheberrechtliche Nutzungsrecht zur Online-Nutzung bei ihm bzw. bei einem Dritten, an den er es weiterlizenziert hat (zB einem Musikverlag) und muss dort eingeholt werden. Ebenso müssen die urheberrechtlichen Nutzungsrechte im Falle von Hörbüchern typischerweise stets direkt beim Autor oder Verleger eingeholt werden, da sie von keiner Verwertungsgesellschaft kollektiv wahrgenommen werden (insbesondere nicht von der VG Wort).

Wegen der Rolle der GEMA in der urheberrechtlichen Lizenzierung von Musik zum Download ist das vorliegende Formular auf die Einholung der erforderlichen leistungsschutzrechtlichen Lizenzen ausgerichtet, also an der Darbietung des ausübenden Künstlers und am Leistungsschutzrecht des Tonträgerherstellers. Sollten die urheberrechtlichen Rechte an dem vertragsgegenständlichen Titel (Musikstück oder Hörbuch) gemäß obiger Darstellung allerdings nicht von der GEMA wahrgenommen werden (zB bei GEMA-freier Musik oder Hörbüchern), so kann dieses Formular auch für die Einholung dieser Rechte verwendet werden, wenn an Stelle des Begriffes „Leistungsschutzrecht" die Bezeichnung „Urheberrecht" gesetzt wird. Unterschiede in der Ausgestaltung des Online-Nutzungsrechts bei Urheberrecht und Leistungsschutzrecht sind jeweils im Text durch eine Fußnote und entsprechende Anmerkungen gekennzeichnet.

2. Betroffene Schutzrechte. Für die Benutzung einer Musik-/Hörbuchaufnahme im Internet ist neben der Einholung der Rechte der Leistungsschutzrechtsinhaber (ausübender Künstler und Tonträgerhersteller) auch die Einholung einer urheberrechtlichen Lizenz erforderlich (→ Anm. 1). Die Berechtigung zur Vergabe dieser Lizenz liegt im Falle von Musikstücken idR bei der GEMA, im Falle von Hörbüchern idR beim Verlag (→ Anm. 1).

3. Rechtseinräumung. → Form. J.1. Anm. 3.

4. Erforderliche Nutzungsrechte. Für die Bereitstellung von Musik- bzw. Hörbuchfiles zum Download sind rechtssystematisch folgende Nutzungsrechte erforderlich: Ein Vervielfältigungsrecht für die Einspeicherung des Musikstücks bzw. Hörbuchs in den Server der Website gem. §§ 16, 77, 85 Abs. 1 UrhG. Das Recht, den Zugang zu dem Musikstück bzw. Hörbuch zu eröffnen, welches als sogenanntes „Recht der öffentlichen Zugänglichmachung" in §§ 19a, 78 Abs. 1 Nr. 1, 85 Abs. 1 UrhG geregelt ist. Sowie das Recht zur weiteren Vervielfältigung des Musikstücks bzw. Hörbuchs durch Besucher der Website gem. §§ 16, 77, 85 Abs. 1 UrhG, falls diese das Musikstück bzw. Hörbuch bei sich selbst wiederum abspeichern können.

5. Einspeicherung in eine Website. → Form. J.1. Anm. 5.

6. Öffentlich-Zugänglichmachung. → Form. J.1. Anm. 6.

7. Vervielfältigung durch Abruf von Besuchern der Website. → Form. J.1. Anm. 7.

8. Zweitverwertung. Die Ausweitung der (nicht exklusiven) Lizenz auf weitere Verwertungsarten im Zusammenhang mit der Website kann entfallen, wenn der Rechteinhaber zu einer so weitgehenden Lizenzierung nicht bereit ist. Wird die Zweitverwertungs-Lizenz erteilt, so ermöglicht sie dem Lizenznehmer die umfassende wirtschaftliche Ausbeutung der von ihm erstellten Website, ohne ihn zur Aussparung der Inhalte zu zwingen, die er selbst nur lizenziert hat.

9. Zweitverwertung in Rundfunk und Fernsehen. ZB im Rahmen von Sendungen, die sich mit dem Internet beschäftigen, Websites vorstellen und dabei deren Inhalt wiedergeben (im Radio etwa durch Anklicken der auf der Website enthaltenen Soundfiles, im Fernsehen durch Vorführen der Website).

10. Zweitverwertung auf sonstige Art und Weise. Weitere Zweitverwertungsarten sind etwa die Umsetzung des „Look & Feel" der Website, ihres Konzepts oder bestimmter Gestaltungselemente in Film, Video oder Computerspielen.

11. Verwertungsumfang. Die Rechteinräumung kann auch auf bestimmte Angebotsarten für Websites (zB das Internet oder geschlossene Netze) beschränkt werden.

12. Inhaltsverantwortlicher. → Form. J.1. Anm. 12.

13. Abtretungs- und Unterlizenzierungsverbot. → Form. J.1. Anm. 13.

14. Beschränkung auf bestimmte Website. Diese Beschränkung kann je nach Interessenlage der Parteien entfallen.

15. Text- und Notenbild. Die Rechte an Text- und Notenbild werden gem. § 1 lit. h S. 5 des Wahrnehmungsvertrages der GEMA ausdrücklich nicht von dieser wahrgenommen und sind daher, auch im Falle von Musik, idR einem Musikverlag bzw. Verlag eingeräumt. Besteht kein Verlagsverhältnis, so sind die Rechte beim Urheber selbst einzuholen.

16. Bedingung vollständiger Zahlung. → Form. J.1. Anm. 10.

17. Rechterückfall bei Nichtzahlung. → Form. J.1. Anm. 15.

18. Europäische Union. → Form. J.1. Anm. 16.

19. Bestimmungslandprinzip. → Form. J.1. Anm. 17.

20. Beschränkung auf B2C-Websites. Die Beschränkung auf an den Endverbraucher adressierte Websites kann je nach Interessenlage der Parteien auch entfallen.

21. Unbekannte und noch nicht geschützte Nutzungsarten. → Form. J.1. Anm. 18.

22. Option bezüglich nicht erfasster Nutzungsarten. Diese Regelung beinhaltet eine Verpflichtung beider Parteien zur Nachverhandlung über von der Rechtseinräumung etwaig nicht erfasste Nutzungsrechte, um dem Lizenznehmer die nötige Sicherheit zu geben, im Hinblick auf die spätere Nutzung seiner Website ausreichende Freiheit zu besitzen. Seit eine antizipierte Rechtseinräumung an noch nicht bekannten Nutzungsarten zulässig ist (→ Anm. 21), ist die Bedeutung dieser Klausel deutlich reduziert. Allerdings verbleibt ihr ein gewisser Restwert als nützlicher „Fallschirm" gegen eine allfällig unbeabsichtigte Nichterfassung einzelner Nutzungsarten.

23. Künstler- & Urheberpersönlichkeitsrechte. Ein umfassendes Persönlichkeitsrecht einschließlich des Rechts, über die Veröffentlichung des Musikstücks bzw. Hörbuchs zu entscheiden, sowie des Rechts auf Namensnennung steht gem. §§ 12 ff. UrhG nur dem

Urheber zu, nicht hingegen einem bloß Leistungsschutzberechtigten. Zugunsten ausübender Künstler gewährt § 83 UrhG allerdings ein abgeschwächtes „Künstlerpersönlichkeitsrecht“ gegen Entstellung der Darbietung, das ebenso wie der urheberrechtliche Entstellungsschutz vor Veränderungen, Kürzungen, Nachbearbeitungen und sonstigen Integritätseingriffen schützt, es sei denn, dass sie Ruf oder Ansehen des Künstlers nicht schaden (Schricker/Loewenheim/Vogel UrhG § 75 Rn. 5, 8, 14 und 31).

Der Vertrag kann die ausschnittsweise Benutzung und Bearbeitung je nach Interessenlage der Parteien auch verbieten. Dabei ist jedoch auf die berechtigten Interessen des Lizenznehmers an einer angemessenen Bewerbung seiner Website Rücksicht zu nehmen. Dies kann etwa in folgender Form bewerkstelligt werden:

Ausgeschlossen ist das Recht, den vertragsgegenständlichen Titel ausschnittsweise, in Teilen oder in bearbeiteter Form zu benutzen; für die Benutzung unerlässliche Änderungen und die Verwendung von Ausschnitten für Werbezwecke sind jedoch gestattet.

24. Verwertungsgesellschaften. → Form. J.3. Anm. 15.

25. Namensnennung. → Form. J.3. Anm. 17.

26. Urheberrechtliche Schutzmechanismen. Diese Klausel behält dem Rechteinhaber die Möglichkeit vor, auch nach Vertragsabschluss noch Sicherungsmechanismen gegen unerlaubte Vervielfältigungen (zB Digital Rights Management Systeme) einzuführen. Diese Regelung ist umso relevanter, je kürzer die Vertragslaufzeit ist, da die Wahrscheinlichkeit der Einführung neuer Sicherungsmechanismen während der Vertragslaufzeit dann umso höher ist.

27. Übergabe eines Werkstückes. Die Zurverfügungstellung eines Werkstückes ist nur dann erforderlich, wenn der Lizenznehmer noch keine Aufnahme (zB CD, digitale Tondatei) des betreffenden Musikstücks bzw. Hörbuchs besitzt.

28. Urheber-/Leistungsschutzrechtsinformationen. Diese Regelung dient dem Schutz des Lizenznehmers. Ihm soll dadurch ermöglicht werden, einerseits zu überprüfen, ob er alle zur Benutzung des vertragsgegenständlichen Musikstücks bzw. Hörbuchs erforderlichen Lizenzen eingeholt hat, und andererseits seinen Pflichten gegenüber allen Berechtigten in der erforderlichen Weise nachzukommen (zB der Namensnennungspflicht).

29. Nutzungsdaten. Diese Formulierung verpflichtet den Lizenznehmer zur Erhebung von Nutzungsdaten, soweit dies technisch möglich und rechtlich zulässig ist. Die Klausel kann auch weniger weitgehend formuliert werden, so dass sie den Lizenznehmer nur zur Herausgabe von Daten verpflichtet, die bei ihm ohnehin erhoben werden, zB mit folgender Formulierung:

Der Lizenznehmer verpflichtet sich, dem Rechteinhaber auf Anforderung sämtliche vorhandenen Nutzungsdaten seiner Website zur Verfügung zu stellen, die mit dem Abruf des vertragsgegenständlichen Titels in Zusammenhang stehen.

30. E-Mail-Adressen. Die Weitergabeverpflichtung bezüglich Nutzungsdaten sollte auch hinterlassene E-Mail-Adressen von Interessenten umfassen, sofern diese mit der Weitergabe an den Rechteinhaber einverstanden sind. Bezüglich der datenschutzrechtlichen Implikationen vgl. das BDSG und das TMG.

31. Rechtegarantie des Rechteinhabers. → Form. J.1. Anm. 28.

32. Haftungsfreistellung. → Form. J.1. Anm. 29.

33. Garantie des Lizenznehmers. → Form. J.1. Anm. 30.

34. Veröffentlichung. → Form. J.1. Anm. 34.

35. Promotionmaßnahmen. Diese Klausel ergibt nur Sinn, wenn der Rechteinhaber entweder selbst der ausübende Künstler ist oder auf diesen wesentlichen Einfluss hat und wenn er auf sonstige Weise vom Verkehr besonders mit dem/den vertragsgegenständlichen Titel/n identifiziert wird.

36. Vertragsdauer. → Form. J.1. Anm. 32. Dieses Formular sieht eine automatische Vertragsverlängerung vor.

37. Lizenzdauer. → Form. J.1. Anm. 31.

38. Kündigung aus wichtigem Grund. → Form. J.1. Anm. 34.

39. Abmahnung. → Form. J.1. Anm. 35.

40. Rechterückfall bei Erfüllungsverweigerung. Diese Regelung ist einzufügen, wenn der Rechteinhaber gegenüber dem Lizenznehmer zum Zeitpunkt der Nutzung noch offene Ansprüche hat (zB auf Umsatzbeteiligung). Sie zwingt zB einen Insolvenzverwalter, entweder die weitere Erfüllung des Vertrages zu erklären und damit die Vergütungspflicht als Masseschuld neu einzugehen oder die weitere Benutzung des vertragsgegenständlichen Musikstücks einzustellen. Der Rechterückfall schützt den Rechteinhaber auf diese Weise in einem Insolvenzverfahren ähnlich wie ein Eigentumsvorbehalt den Warenkreditgeber, nachdem ein a priori Rechtevorbehalt nicht möglich ist, weil der Lizenznehmer den Rechtsübergang benötigt, um die Benutzung überhaupt aufnehmen zu können.

Wenn der Rechteinhaber für die Einräumung der vertragsgegenständlichen Lizenz hingegen eine bereits vorab voll gezahlte Pauschale erhalten hat, besteht für die Klausel kein Bedürfnis mehr und ist sie demgemäß wegzulassen.

41. Widerrufsvorbehalt. → Form. J.1. Anm. 29.

42. Lizenzgebühr. Die Vergütungsform der Umsatzbeteiligung ist bei kommerziellen Nutzungen regelmäßig am genauesten und verteilt das wirtschaftliche Risiko am gerechtesten. Allerdings ist sie mit nicht unerheblichem Abrechnungsaufwand verbunden. Daher kann bei geringer Anzahl erwarteter Abrufe zB auch eine Pauschallizenz vorzugswürdig sein (zB → Form. J.3):

Für die Rechtseinräumung nach diesem Vertrag erhält der Rechteinhaber eine einmalige/monatliche/jährliche Pauschallizenzgebühr in Höhe von . . . . [Betrag] pro Titel.

Möglich ist auch eine Vergütung abhängig von der Zahl der Abrufe. Dabei sind allerdings die Feststellung fehlerhafter Übermittlungen und die Unterscheidung bloßen Probehörens, das meist kostenlos ermöglicht werden soll, schwierig.

(1) Vergütung:
Für die Rechtseinräumung nach diesem Vertrag erhält der Rechteinhaber eine Lizenzgebühr in Höhe von . . . . . pro Abruf der Tondatei mit dem der vertragsgegenständlichen Titel durch einen Kunden. Dabei ist als Abruf jede vollständige, fehlerfreie Übermittlung anzusehen, die vom Kunden des Lizenznehmers nicht erfolgreich gerügt wird. Der Lizenznehmer trägt die Beweislast dafür, dass eine Übermittlung vom Kunden gerügt wurde.
Die Vergütung wird monatlich jeweils zum Monatsende abgerechnet und gezahlt.

Auf diese abrufmengenabhängige Lizenzgebühr kann ebenfalls eine vorab zu zahlende feste Garantiesumme als Vorauszahlung vereinbart werden:

Auf diese Lizenzgebühr ist vom Lizenznehmer vor dem Einspeichern des vertragsgegenständlichen Titels vorab eine voll verrechenbare einmalige Garantiesumme in Höhe von . . . . . an den Rechteinhaber zu bezahlen.

Oder es kann eine Grundgebühr vereinbart werden, die zusätzlich zu der abrufmengenabhängigen Vergütung vorab zu zahlen ist:

Zusätzlich zu dieser abrufmengenabhängigen Lizenzgebühr ist vom Lizenznehmer vor dem Einspeichern des vertragsgegenständlichen Titels eine einmalige Gebühr in Höhe von . . . . . an den Rechteinhaber zu bezahlen.

Falls das abrufmengenabhängige Vergütungsmodell gewählt wird, aber unentgeltliche oder vergünstigte Demonstrationsabrufe (zB Probehören) ermöglicht werden sollen, empfiehlt sich folgende Formulierung:

Abrufe, die vom Lizenznehmer (in Deutschland) nachweislich zu Vorführungs- oder Werbezwecken unentgeltlich gestattet wurden, sind vergütungsfrei/unterliegen folgendem – verminderten – Vergütungssatz: . . . . .
Die Tondateien dürfen eine Länge von jeweils 33 Sekunden nicht überschreiten und nur im Streaming-Verfahren angeboten werden.

Je nach Interessenlage der Parteien kann dabei die Beschränkung auf Abrufe „in Deutschland" oder aber auch die längenmäßige Beschränkung der Tondateien entfallen.

43. Einnahmen aus der Verwertung. Hierzu zählen auch Einnahmen, die nicht unmittelbar, sondern lediglich mittelbar aus dem lizenzierten Repertoire erzielt werden, wie zB Werbeeinnahmen.

44. Höhe der Umsatzbeteiligung. Üblich sind zwischen 10 % und 50 %, je nach Höhe der sonstigen Kosten für den Lizenznehmer.

45. GEMA-Musik vs. GEMA-freie Musik. Ist ein vertragsgegenständliches Musikstück GEMA-frei, so berücksichtigt die Vergütung in der Regel, dass keine weiteren Gebühren an die GEMA abgeführt werden müssen, und kann daher entsprechend höher ausfallen als bei GEMA-Musik.

46. Teilung bei mehreren Rechtegebern. → Form. J.2 Anm. 36.

47. Kosten der Buchprüfung. → Form. J.2 Anm. 37.

48. Einwendungsfrist für Abrechnungsfehler. → Form. J.2 Anm. 38.

49. Beschränkung auf gesetzliche Schutzfrist. → Form. J.2 Anm. 39.

50. Pauschalierter Verzugszins. → Form. J.1 Anm. 39.

51. Exklusivität. → Form. J.1 Anm. 40.

52. Exklusivitätsdauer. → Form. J.1 Anm. 41.

5. Musik-Webcast-Vertrag

Zwischen
. . . . . .
– nachstehend „Rechteinhaber" genannt –
und
. . . . . .
– nachstehend „Lizenznehmer" genannt –
wird folgender Vertrag[1] geschlossen:

. . . . .
– hereinafter referred to as „Rights Holder"–
and
. . . . .
– hereinafter referred to as „Licensee"–
enter into the following agreement:[1]

§ 1 Vertragsgegenstand

(1) Der Lizenznehmer beabsichtigt, auf seiner Website mit der URL/den URLs . . . . . . eine Darbietung des Musikstücks:[2]
. . . . . . [Titel]
von . . . . . [Künstler]
im Wege des Streaming-Verfahrens[3] zu vom Lizenznehmer festgelegten Zeitpunkten zu übertragen. Die hierfür erforderlichen Rechte sollen durch diesen Vertrag erworben werden.

(2) Die Parteien gehen davon aus, dass die zu übertragende Darbietung des vertragsgegenständlichen Musikstücks (Titels) in Deutschland zugunsten des Rechteinhabers leistungsschutzrechtlich geschützt ist.[4]

§ 1 Object of the agreement

(1) The licensee intends to transmit on its website with the URL(s) . . . . . a performance of the piece of music/title:[2]
. . . . . . [title]
by . . . . . . [artist]
by way of streaming[3] at times specified by the licensee. The rights required for this are to be acquired through this agreement.

(2) The parties assume that the performance of the piece of music (title) to be transmitted under this agreement is protected by ancillary copyright in Germany in favor of the Rights Holder.[4]

§ 2 Rechtseinräumung[5]

(1) Zur Verwirklichung des in § 1 Abs. 1 genannten Zweckes räumt der Rechteinhaber dem Lizenznehmer hiermit folgende nicht ausschließliche Nutzungsrechte ein:[6]

a) Das Recht den vertragsgegenständlichen Titel zum Zwecke der Einspeicherung in die o. g. Website ganz oder teilweise – auf Film, Video, Datenträger, Bildtonträger, Tonträger oder in sonstiger Form[7] – aufzuzeichnen.[8] Das Recht umfasst sämtliche zur Aufzeichnung erforderlichen Rechte: Vervielfältigungsrecht,[9] Aufführungsrecht, ggf.

§ 2 Granting of Rights[5]

(1) In order to achieve the purpose stated in § 1 (1), the Rights Holder hereby grants the licensee the following non-exclusive rights of use:[6]

a) The right to record[8] the contractual title in whole or in part – on film, video, data carrier, audiovisual carrier, sound carrier or in any other form[7] – for the purpose of storing it on the above-mentioned website. The right includes all rights required for recording: reproduction right,[9] performance right, filming right or other work connection

Verfilmungsrecht oder anderes Werkverbindungsrecht und alle sonst hierfür erforderlichen Rechte;

b) Das Recht zur Einspeicherung des Titels in die o.g. Website des Lizenznehmers[10] (nicht jedoch im MP3-Format);

c) Das Recht, den vertragsgegenständlichen Titel ganz oder teilweise im Streaming-Verfahren zeitgleich zur Darbietung[11] (live) und ungekürzt[12] über das Internet zu übertragen (senden).[13]

Die Rechteinräumung umfasst sämtliche Angebotsarten für Websites, insbes. das freie Internet, kostenpflichtige Websites, sonstige Online- und Offline-Dienste und interne Netze[14] sie ist insbesondere nicht auf Nutzungen im freien Internet beschränkt.

Die Rechte sind nur dem Lizenznehmer als inhaltlich Verantwortlichem[15] für die Website eingeräumt und ohne Zustimmung des Rechteinhabers weder weiter übertragbar noch unterlizenzierbar.[16] Insbesondere sind sie nicht dem technischen Dienstleister, der die Website betreibt, eingeräumt, sofern dieser von dem Lizenznehmer verschieden ist. Der Lizenznehmer verpflichtet sich, den vertragsgegenständlichen Titel ausschließlich für die oben genannte Website zu verwenden.[17]

Der Vertrieb körperlicher Werkstücke (insbesondere aus einer Aufnahme des vertragsgegenständlichen Titels zum Zwecke der Einspeicherung in die Website des Lizenznehmers) oder andere als die in diesem § 2 dieses Vertrages genannten Verwertungsformen sind nach diesem Vertrage nicht zulässig. Hierzu bedarf es des Abschlusses eines eigenen, gesonderten Lizenzvertrages. Auch die Reproduktion von Text oder Notenbild des vertragsgegenständlichen Titels bedarf einer separaten Lizenz des zuständigen Musikverlages.[18]

(2) Die Rechteinräumung wird gem. § 158 Abs. 1 BGB erst wirksam, wenn der Lizenznehmer die gem. § 8 dieses Vertrages geschuldete Vergütung vollständig geleistet hat.[19] Der Rechteinhaber kann

right, if applicable, and all other rights required for this purpose;

b) The right to store the title in the above-mentioned website of the licensee[10] (but not in MP3 format);

c) The right to transmit (broadcast)[13] the contractual title in whole or in part simultaneously with the performance[11] (live) and unabridged[12] via the Internet using the streaming method.

The granting of rights covers all types of offerings for websites, in particular the free Internet, fee-based websites, other online and offline services and internal networks[14] and is in particular not limited to use on the free Internet.

The rights are only granted to the licensee as the person responsible for the content[15] of the website and are neither transferable nor sublicensable without the consent of the Rights Holder.[16] In particular, they are not granted to the technical service provider operating the website, insofar as this is different from the licensee. The licensee undertakes to use the contractual title exclusively for the above-mentioned website.[17]

The distribution of physical works (in particular from a recording of the contractual title for the purpose of storage on the licensee's website) or forms of exploitation other than those specified in § 2 of this agreement are not permitted under this agreement. This requires the conclusion of a separate license agreement. The reproduction of lyrics or sheet music of the contractual title also requires a separate license from the responsible music publisher.[18]

(2) Pursuant to Section 158 (1) BGB, the granting of rights shall only become effective once the licensee has paid the remuneration owed pursuant to Section 8 of this agreement in full.[19] The Rights Hol-

eine Benutzung des vertragsgegenständlichen Titels auch schon vor diesem Zeitpunkt vorläufig erlauben. Ein Übergang der Rechte nach diesem Paragraphen findet durch eine solche vorläufige Erlaubnis nicht statt.

(3) Die Rechtseinräumung ist territorial auf die Einbindung des vertragsgegenständlichen Titels in eine Website beschränkt, die erkennbar zum Abruf nur innerhalb der Europäischen Union[20] bestimmt ist.[21] Die Rechtseinräumung ist außerdem ausdrücklich auf solche Websites beschränkt, die für den Abruf durch Endverbraucher bestimmt sind.[22]

(4) Die Nutzungsrechtseinräumung umfasst alle derzeit bekannten und unbekannten Nutzungsarten, die zur Erreichung des Vertragszwecks erforderlich sind oder werden, auch wenn sie erst auf Grund neuer Gesetzeslage oder aus anderen Gründen nachträglich an dem vertragsgegenständlichen Titel entstehen oder erst nachträglich bekannt werden.[23]

(5) Im Hinblick auf etwaig von dieser Nutzungsrechtseinräumung nicht erfasste Nutzungsarten im Zusammenhang mit Websites räumt der Rechteinhaber dem Lizenznehmer eine Option zu angemessenen Bedingungen ein.[24]

(6) Der Lizenznehmer ist berechtigt, die vertragsgegenständliche Darbietung des vertragsgegenständlichen Titels auf seiner Website auch in Verbindung mit Werken anderer Rechteinhaber oder ausschnittsweise zu benutzen oder zu bearbeiten.[25] Veränderungen und Kürzungen des vertragsgegenständlichen Titels sind jedoch nur zulässig, soweit sie nicht entstellend wirken. Eine Nachsynchronisation in anderer Sprache ist nicht zulässig.

(7) Die von den Verwertungsgesellschaften GEMA und GVL wahrgenommenen Rechte bleiben von diesem Vertrag unberührt.[26]

(8) Der Lizenznehmer ist berechtigt, im Zusammenhang mit der Durchführung dieses Vertrages – insbesondere zum Zwecke der Eigenwerbung und auf der ver-

der may provisionally permit the use of the contractual title prior to this point in time. Such provisional permission does not constitute a transfer of rights under this paragraph.

(3) The granting of rights is territorially limited to the integration of the contractual title into a website which is clearly intended[21] for retrieval only within the European Union.[20] The granting of rights is also expressly limited to such websites which are intended for retrieval by end consumers.[22]

(4) The granting of the right of use shall include all currently known and unknown types of use that are or become necessary to achieve the purpose of the contract, even if they only arise subsequently on the basis of new legislation or for other reasons or only become known subsequently.[23]

(5) With regard to any types of use in connection with websites not covered by this grant of rights of use, the Rights Holder shall grant the licensee an option on reasonable terms.[24]

(6) The licensee is entitled to use or edit the contractual performance of the contractual title on its website, also in connection with works of other Rights Holders or in excerpts.[25] However, changes and abridgements of the contractual title are only permitted insofar as they do not have a distorting effect. Post-synchronization in another language is not permitted.

(7) The rights administered by the collecting societies GEMA and GVL shall remain unaffected by this agreement.[26]

(8) The Licensee is entitled to use the name of the contractual title as well as the names/identifiers/logos/images of the composer/lyricist/performing artist and

tragsgegenständlichen Website selbst – den Namen des vertragsgegenständlichen Titels sowie Namen/Kennzeichen/Logos/Abbildungen des Komponisten/Textdichters/ausübenden Künstlers und evtl. gefeaturter Künstler, soweit der Rechteinhaber über solche Rechte verfügen kann, sowie des Rechteinhabers unentgeltlich zu benutzen.

any featured artists, insofar as the Rights Holder can dispose of such rights, as well as the Rights Holder free of charge in connection with the execution of this contract – in particular for the purpose of self-promotion and on the contractual website itself.

(9) Sämtliche Namens-, Titel- und Kennzeichenrechte an der Website oder einzelnen ihrer Teile oder durch Benutzung auf der Website entstehende Namens-, Titel- und Kennzeichenrechte sind Sache des Lizenznehmers.[27]

(9) All name, title and trademark rights to the website or individual parts thereof or name, title and trademark rights arising through use on the website are the responsibility of the licensee.[27]

(10) Der Rechteinhaber hat Anspruch auf Nennung seines Namens als Leistungsschutzrechtsinhaber in Form eines – mit einem Zielpunkt seiner Wahl verlinkten – Vermerks auf derjenigen Einzel-Website, auf welcher die vertragsgegenständliche Darbietung des vertragsgegenständlichen Titels eingebunden wird.[28]

(10) The Rights Holder is entitled to have his name mentioned as the holder of ancillary copyrights in the form of a note – linked to a target point of his choice – on the individual website on which the contractual performance of the contractual title is integrated.[28]

(11) Der Rechteinhaber hat Anspruch darauf, dass der Lizenznehmer den von seiner Website aus abrufbaren vertragsgegenständlichen Titel auf Verlangen des Rechteinhabers nachträglich mit einem urheberrechtlichen Schutzmechanismus versieht, soweit dadurch die vertragsgemäße Benutzung nicht behindert wird und die Maßnahme dem Lizenznehmer wirtschaftlich zumutbar ist.[29]

(11) The Rights Holder shall be entitled to demand that the licensee, at the request of the Rights Holder, subsequently adds a copyright protection mechanism to the contractual title that can be accessed from his website, provided that this does not hinder the contractual use and the measure is economically reasonable for the Licensee.[29]

(12) Sämtliche an der Aufzeichnung der vertragsgegenständlichen Darbietung gem. Abs. 1 lit. a entstehenden Rechte werden hiermit bereits im Voraus im Wege der Rechtsabtretung auf den Rechteinhaber übertragen.[30] Der Rechteinhaber hat Anspruch auf kostenlose Übergabe oder Übermittlung einer digitalen Kopie der Aufzeichnung auf Datenträger oder online, sofern gem. Abs. 1 Lit. a eine dauerhafte Aufzeichnung beim Lizenznehmer erfolgt. Der Rechteinhaber hat außerdem das Recht, die Streams des vertragsgegenständlichen Titels, die von der Website des Lizenznehmers aus abrufbar sind, auch direkt von jeder von ihm selbst angebotenen Website aus ebenfalls abrufbar zu

(12) All rights to the recording of the contractual performance pursuant to para. 1 lit. a are hereby transferred to the Rights Holder in advance by way of assignment of rights.[30] The Rights Holder is entitled to free delivery or transmission of a digital copy of the recording on a data carrier or online, provided that a permanent recording is made at the licensee's premises pursuant to para. 1 lit. a. The Rights Holder also has the right to make the streams of the contractual title, which can be accessed from the licensee's website, also directly accessible from any website offered by the Rights Holder without having to refer to the licensee.[31] Such accesses are exempt from the obligation

machen, ohne auf den Lizenznehmer hinweisen zu müssen.[31] Solche Abrufe sind von der Vergütungspflicht nach § 8 dieses Vertrages befreit.

to pay remuneration pursuant to § 8 of this agreement.

§ 3 Mitwirkungspflichten und Kontrollrechte des Rechteinhabers

§ 3 Obligations to cooperate and rights of control of the Rights Holder

(1) Der Rechteinhaber verpflichtet sich, dem Lizenznehmer auf Verlangen kostenlosen Zugang zu der vertragsgegenständlichen Darbietung zu verschaffen und die Benutzung aller für die Aufzeichnung gem. Abs. 1 lit. a erforderlichen technischen Geräte zu ermöglichen.[32] Eine Weitergabe der gem. Abs. 1 lit. a hergestellten Aufnahme an Dritte oder die Erstellung von Kopien für Dritte außerhalb des Rahmens dieses Vertrages ist nicht gestattet, soweit nicht der Rechteinhaber einer Übertragung der vertragsgegenständlichen Lizenz an den Dritten zugestimmt hat.

(1) The Rights Holder undertakes to provide the licensee with free access to the contractual performance upon request and to enable the use of all technical equipment required for the recording pursuant to para. 1 lit. a.[32] Passing on the recording made pursuant to para. 1 lit. a to third parties or making copies for third parties outside the scope of this contract is not permitted unless the Rights Holder has agreed to a transfer of the contractual license to the third party.

(2) Der Rechteinhaber hat dem Lizenznehmer folgende Informationen in folgender Form zur Verfügung zu stellen:

a) Informationen über sämtliche Urheber und sämtliche Leistungsschutzberechtigten an dem vertragsgegenständlichen Titel:[33] schriftlich oder per E-Mail;
b) Ggf. Beschränkungen seines Rechteumfangs bzw. der Art und Weise, auf die der vertragsgegenständliche Titel aufgenommen und/oder online verwertet werden darf: schriftlich oder per E-Mail.

(2) The Rights Holder shall provide the licensee with the following information in the following form:

a) Information about all authors and all persons entitled to ancillary copyrights to the title that is the subject of the contract:[33] in writing or by e-mail;
b) Any restrictions on the scope of his rights or the manner in which the contractual title may be recorded and/or exploited online: in writing or by e-mail

(3) Zur Kontrolle der Erfüllung dieses Vertrages gewährt der Lizenznehmer dem Rechteinhaber während der Lizenzdauer jederzeit kostenlosen Zugang zu seiner Website sowie den kostenlosen Abruf des vertragsgegenständlichen Streams, sofern Zugang und Abruf nicht ohnehin unentgeltlich angeboten werden.[34]

(3) In order to monitor the performance of this agreement, the licensee shall grant the Rights Holder free access to its website and free retrieval of the contractual stream at any time during the license term, unless access and retrieval are already offered free of charge.

(4) Der Lizenznehmer verpflichtet sich, dem Rechteinhaber auf Anforderung sämtliche vorhandenen Nutzungsdaten seiner Website zur Verfügung zu stellen,

(4) The licensee undertakes to make available to the Rights Holder, upon request, all existing usage data of its website that is related to the retrieval of the contractual

die mit dem Abruf des vertragsgegenständlichen Streams in Zusammenhang stehen.[35] Dies erstreckt sich auch auf die Weitergabe von unter Bezugnahme auf den vertragsgegenständlichen Stream hinterlassenen E-Mail-Adressen unter Berücksichtigung der anwendbaren Datenschutzbestimmungen (bei Einwilligung des betroffenen Nutzers).[36]

stream.[35] This also extends to the disclosure of e-mail addresses left with reference to the contractual stream, taking into account the applicable data protection regulations (with the consent of the user concerned).[36]

§ 4 Haftung

(1) Der Rechteinhaber versichert und steht dafür ein, dass er Inhaber der vertragsgegenständlichen Online-Nutzungsrechte an dem vertragsgegenständlichen Titel ist und dass er in der vertragsgegenständlichen Form frei über sie verfügen kann.[37] Der Rechteinhaber garantiert ferner, dass die von ihm lizenzierten Inhalte frei von Rechten Dritter sind. Falls dem Rechteinhaber bekannt werden sollte, dass an irgendwelchen Bestandteilen des vertragsgegenständlichen Titels Rechte Dritter bestehen (zB bei Verwendung von Samples), so hat er den Lizenznehmer hierauf unverzüglich hinzuweisen.

(2) Der Rechteinhaber stellt den Lizenznehmer hiermit von jeglichen Ansprüchen Dritter im Zusammenhang mit der Garantie nach Abs. 1 frei und ersetzt ihm die Kosten der Rechtsverteidigung.[38]

(3) Der Lizenznehmer garantiert, sämtliche für die beabsichtigte Nutzung neben der vertragsgegenständlichen Lizenz weiter erforderlichen Rechte selbst einzuholen, bzw. bereits eingeholt zu haben und stellt den Rechteinhaber in diesem Zusammenhang von jeglichen Ansprüchen Dritter frei.[39]

§ 4 Liability

(1) The Rights Holder assures and guarantees that he is the owner of the online usage rights to the contractual title and that he can freely dispose of them in the contractual form.[37] The Rights Holder also guarantees that the content licensed by him is free from third-party rights. Should the Rights Holder become aware that third party rights exist to any components of the contractual title (e.g. when using samples), he must inform the Licensee of this immediately.

(2) The Rights Holder hereby indemnifies the licensee against any claims by third parties in connection with the guarantee under paragraph 1 and shall reimburse the Licensee for the costs of legal defense.[38]

(3) The Licensee guarantees that it will obtain or has already obtained all further rights required for the intended use in addition to the contractual license and indemnifies the Rights Holder against any claims by third parties in this connection.[39]

§ 5 Veröffentlichung[40]

Der Rechteinhaber garantiert hiermit, dass der vertragsgegenständliche Titel bereits veröffentlicht ist. Für den Fall, dass der vertragsgegenständliche Titel entgegen der Garantie in S. 1 noch nicht veröffentlicht sein sollte, erteilt der Rechteinhaber

§ 5 Publication[40]

The Rights Holder hereby guarantees that the contractual title has already been published. In the event that, contrary to the guarantee as given in sentence 1, the contractual title has not yet been published, the Rights Holder hereby gives his irrevoim Namen des Urhebers hiermit seine – in den Grenzen des Gesetzes unwiderrufliche – Zustimmung zur Veröffentlichung.[41]

cable consent – within the limits of the law – to publication on behalf of the author.[41]

§ 6 Promotionmaßnahmen[42]

Der Rechteinhaber erkennt die besondere Bedeutung seiner Mitwirkung an Werbe- und Promotionmaßnahmen für die vertragsgegenständliche Darbietung im gemeinsamen Interesse an. Er verpflichtet sich, solche Maßnahmen ohne gesonderte Vergütung aktiv zu unterstützen.

§ 6 Promotion measures[42]

The Rights Holder recognizes the special significance of his participation in advertising and promotional measures for the contractual performance in the common interest. He undertakes to actively support such measures without separate remuneration.

§ 7 Vertrags- und Lizenzdauer

(1) Dieser Vertrag beginnt mit beiderseitiger Unterzeichnung und läuft für die Dauer von . . . . . (Vertragsdauer).[43] Mit Ablauf der Vertragsdauer enden sämtliche Pflichten aus diesem Vertrag mit Ausnahme solcher Regelungen, die ersichtlich auch nach Vertragsende gelten sollen.

(2) Die Rechtseinräumung nach diesem Vertrag (Lizenzdauer) beginnt gem. § 2 Abs. 2 mit der Zahlung der geschuldeten Lizenzgebühr und endet mit Ablauf der Vertragsdauer gem. § 6 Abs. 1.[44]

(3) Dieser Vertrag kann aus wichtigem Grund vorzeitig gekündigt werden, insbesondere wenn der Rechteinhaber seinen Mitwirkungspflichten gem. § 3 dieses Vertrags nicht rechtzeitig nachkommt, wenn der Lizenznehmer fällige Zahlungen gem. § 8 dieses Vertrages trotz Mahnung und Nachfristsetzung nicht leistet oder die Kontrollrechte des Rechteinhabers gem. § 3 Abs. 3 dieses Vertrages nicht erfüllt.[45] Eine fristlose Kündigung setzt grundsätzlich voraus, dass der andere Teil schriftlich gemahnt und aufgefordert wird, den vermeintlichen Grund zur fristlosen Kündigung in angemessener Zeit zu beseitigen, es sei denn es liegen besondere Gründe iSv §§ 314 Abs. 2, 323 Abs. 2 BGB vor, die dem Kündigenden ein Festhalten an dem

§ 7 Duration of contract and license

(1) This contract shall commence upon mutual signature and shall run for the duration of . . . . . . (contract term).[43] Upon expiry of the contract term, all obligations arising from this contract shall end, with the exception of those provisions that are clearly intended to continue to apply after the end of the contract.

(2) The granting of rights under this contract (license term) shall commence in accordance with § 2 para. 2 upon payment of the license fee owed and shall end upon expiry of the contract term in accordance with § 6 para. 1.[44]

(3) This agreement may be terminated prematurely for good cause, in particular if the Rights Holder persistently fails to comply with his obligations to cooperate pursuant to § 3 of this agreement (in particular to deliver a workpiece pursuant to § 3 para. 1), if the Licensee fails to make payments due pursuant to § 8 of this agreement despite a reminder and the setting of a grace period, or if the Rights Holder's rights of control pursuant to § 3 para. 3 of this agreement are not fulfilled.[45] Termination without notice generally presupposes that the other party has previously been given a written warning and requested to remedy the alleged reason for termination without notice within a reasonable period of time, unless there are special reasons within the meaning of

Vertrag auch ohne vorherige Mahnung oder Abmahnung unzumutbar machen.[46]

Sections 314 (2), 323 (2) BGB that make it unreasonable to expect the terminating party to adhere to the contract even without a prior warning or warning notice.[46]

(4) Lehnt der Lizenznehmer oder sein rechtmäßiger Vertreter die weitere Erfüllung dieses Vertrages ab, so hat der Rechteinhaber ein außerordentliches fristloses Kündigungsrecht innerhalb von zwei Wochen ab Kenntnis von der Erfüllungsverweigerung. Mit dem Wirksamwerden der Kündigung wird der Lizenznehmer von sämtlichen Pflichten aus diesem Vertrag frei und fallen sämtliche dem Lizenznehmer eingeräumten Rechte an ihn zurück.[47]

(4) If the Licensee or its legal representative refuses further performance of this Agreement, the Rights Holder shall have an extraordinary right of termination without notice within two weeks of becoming aware of the refusal to perform. When the termination takes effect, the Licensee shall be released from all obligations under this Agreement and all rights granted to the Licensee shall revert to the Licensee.[47]

§ 8 Vergütung

(1) Für die Rechtseinräumung nach diesem Vertrag erhält der Rechteinhaber eine Pauschallizenzgebühr in Höhe von . . . . .[48]

(2) Die Lizenzgebühr ist vor der ersten Übertragung eines vertragsgegenständlichen Streams an den Rechteinhaber zu zahlen.[49] Der Lizenznehmer kann die Ausstellung einer Rechnung über den zu zahlenden Betrag verlangen. Rechnungsbeträge sind spätestens innerhalb von 10 Arbeitstagen nach Rechnungsstellung zur Zahlung fällig. Zahlungen sind auf das Konto IBAN . . . . bei der . . . . . in . . . . . . , BIC . . . . . . zu leisten. Gerät der Lizenznehmer mit der Zahlung fälliger Forderungen in Verzug, so hat er Verzugszinsen in Höhe von . . . . . . % pro Jahr zu zahlen, sofern er nicht nachweist, dass der tatsächliche Schaden geringer ist.[50] Die Möglichkeit des Rechteinhabers zur Geltendmachung weitergehender Ansprüche aus dem Verzug bleibt unberührt.

(3) Alle Vergütungen verstehen sich zuzüglich der gesetzlichen Mehrwertsteuer, sofern der Rechteinhaber im Zahlungszeitpunkt der Umsatzsteuerpflicht unterliegt oder auf sie optiert hat und dies dem Lizenznehmer bekannt ist. Entsteht die Umsatzsteuerpflicht oder die Option auf

§ 8 Remuneration

(1) For the granting of rights under this agreement, the Rights Holder shall receive a flat-rate license fee in the amount of . . . . .[48]

(2) The license fee shall be paid to the Rights Holder before first transmission of a contractual stream.[49] The Licensee may request the issue of an invoice for the amount to be paid. Invoice amounts are due for payment within 10 working days of the invoice being issued at the latest. Payments are to be made to the account IBAN . . . . with the . . . . . . in . . . . . , BIC . . . . . . If the Licensee defaults on the payment of due claims, he shall pay default interest in the amount of . . . . . . % per year, unless he can prove that the actual damage is lower.[50] The Rights Holder's right to assert further claims arising from the default remains unaffected.

(3) All payments are subject to value added tax at the statutory rate, provided that the Rights Holder is subject to value added tax at the time of payment or has opted for it and the Licensee is aware of this. If the obligation to pay VAT or the option to pay VAT arises retrospectively,

sie nachträglich, so kann die Mehrwertsteuer bis zum Ende des laufenden Kalenderjahres unter Vorlage der Mehrwertsteuerpflicht-Bescheinigung des zuständigen Finanzamtes gegen Rechnungsstellung nachgefordert werden. Danach erlischt die Forderung auf Umsatzsteuer-Erstattung.

the VAT can be claimed retrospectively until the end of the current calendar year upon presentation of the VAT liability certificate from the responsible tax office against invoicing. Thereafter, the claim for VAT refund expires.

§ 9 Vertraulichkeit

Beide Parteien verpflichten sich, über die Bestimmungen dieses Vertrages sowie über alle ihnen im Rahmen dieses Vertrages bekannt gewordenen Informationen bis zum Ablauf von . . . . . Jahren nach Ende der Lizenzdauer Stillschweigen zu bewahren. Dies gilt nicht, soweit ein berechtigtes Interesse an einer Offenbarung besteht.[51]

§ 9 Confidentiality

Both parties undertake to maintain confidentiality with regard to the provisions of this contract and all information of which they become aware within the framework of this contract until the expiry of . . . . . years after the end of the license period. This shall not apply if there is a legitimate interest in disclosure.[51]

§ 10 Herausgabe- und Löschungspflichten

Der Lizenznehmer verpflichtet sich, nach Beendigung der Lizenzdauer alle ihm einzeln in elektronischer Form vorliegenden vertragsgegenständlichen Informationen und Inhalte, insbesondere alle Kopien des vertragsgegenständlichen Titels, die nicht Bestandteil einer Gesamt-Archivierung seiner Website oder einzelner Webseiten sind, zu löschen. Informationen und Inhalte (auch Informationsmaterial uÄ), die in verkörperter Form vorliegen, sind an den Rechteinhaber zurückzugeben oder auf dessen Verlangen hin oder bei Nichtannahme zu vernichten.

§ 10 Handover and deletion obligations

Licensee undertakes to delete all contractual information and content available to him individually in electronic form, in particular all copies of the contractual title that are not part of an overall archive of his website or individual web pages, after the end of the license term. Information and content (including information material and the like) that is available in embodied form shall be returned to the Rights Holder or, at the latter's request or in the event of non-acceptance, destroyed.

§ 11 Exklusivität[52]

Der Rechteinhaber verpflichtet sich, für einen Zeitraum von . . . . . .[53] den vertragsgegenständlichen Titel nicht an einen weiteren Lizenznehmer zur Online-Nutzung zu lizenzieren, wenn dieser mit dem Lizenznehmer in direktem Konkurrenzverhältnis steht oder dem Lizenznehmer durch die Zweitlizenzierung ein Imageschaden droht. Ein solches direktes

§ 11 Exclusivity[52]

The Rights Holder undertakes not to license the contractual title to another Licensee for online use for a period of . . . . .[53] if the latter is in direct competition with the Licensee or if the Licensee is in danger of impairment of its image as a result of the secondary licensing. Such direct competition is always

Konkurrenzverhältnis ist bei Branchengleichheit stets gegeben.

existing in relation to others in the same industry.

§ 12 Schlussbestimmungen

(1) Dieser Vertrag unterliegt dem Recht der Bundesrepublik Deutschland.

(2) Mündliche Nebenabreden bestehen nicht. Änderungen oder Ergänzungen dieses Vertrages bedürfen zu ihrer Wirksamkeit der Schriftform, auf die auch nicht mündlich verzichtet werden kann.

(3) Sollten einzelne Bestimmungen dieses Vertrages unwirksam sein oder werden, so wird dadurch die Wirksamkeit der übrigen Bestimmungen nicht berührt. Statt der unwirksamen Bestimmung gilt dasjenige, was die Parteien nach dem ursprünglich angestrebten Zweck unter wirtschaftlicher Betrachtungsweise redlicherweise vereinbart hätten. Das Gleiche gilt im Falle des Vorliegens einer Vertragslücke.

(4) Ansprüche aus diesem Vertrag können weder abgetreten, noch verpfändet, noch mit dem Recht eines Dritten belastet werden, soweit der Schuldner dem nicht ausdrücklich zustimmt.

(5) Erfüllungsort ist . . . . . Sofern beide Parteien Kaufleute im Sinne des HGB sind, ist Gerichtsstand für alle Streitigkeiten aus diesem Vertrag . . . . .

§ 12 Final Provisions

(1) This contract is governed exclusively by the laws of the Federal Republic of Germany.

(2) There are no verbal collateral agreements. Amendments or additions to this contract must be made in writing, and this requirement cannot be waived orally.

(3) If individual provisions of this contract should be or become invalid, this shall not affect the validity of the remaining provisions. The invalid provision shall be replaced by what the parties would have reasonably agreed in accordance with the originally intended purpose from an economic point of view. The same shall apply in the event of a loophole in the contract.

(4) Claims arising from this contract may not be assigned, pledged or encumbered with the rights of a third party unless the debtor expressly agrees to this.

(5) Place of performance is . . . . . If both parties are merchants within the meaning of the German Commercial Code (HGB), place of jurisdiction for all disputes arising from this contract shall be . . . . .

. . . .

(Ort, Datum) (Ort, Datum)

. . . .

– Lizenznehmer – – Rechteinhaber –

. . . .

(Place, Date) (Place, Date)

. . . .

– Licensee – – Rights Holder –

Anmerkungen

1. **Sachverhalt.** Unter einem „Webcast" versteht man die einer Sendung vergleichbare, dh zeitlich vorprogrammierte Übertragung eines bestimmten Inhalts im Internet. Dabei wird der betreffende Inhalt (ähnlich wie die Inhalte eines TV- oder Radioprogramms) zu einem vom Anbieter festgelegten Zeitpunkt im Internet übertragen. In der Regel wird der betreffende Inhalt zunächst aufgezeichnet und später diese Aufzeichnung übertragen/gesendet. Ein Webcast kann aber auch zeitgleich mit der Darbietung des betreffende Inhaltes (= „live") erfolgen, wobei dann allenfalls vorübergehend flüchtige Vervielfältigungen technischer Art, ohne eigenständige wirtschaftliche Bedeutung (§ 44a UrhG), entstehen. Eine Webcast-Übertragung setzt voraus, dass der übertragene Inhalt von einer unbestimmten Vielzahl miteinander nicht persönlich verbundener Empfänger zur gleichen, vom Anbieter vorbestimmten Zeit empfangbar ist (Schack UrhR/UrhebervertragsR § 13 Rn. 464; Schricker/Loewenheim/v. Ungern-Sternberg UrhG § 20 Rn. 8 ff.; Möhring/Nicolini/Kroitzsch UrhG § 20 Rn. 34). Dies ist nicht nur bei Live-Übertragungen (zB von Konzerten), sondern beispielsweise auch bei Internet-TV oder -Radio-Programmen mit Musikeinlage gegeben.

Ein Webcast kann auch mit der nachträglichen Abrufbarkeit einer Aufzeichnung des per Webcast übertragenen Inhalts zu jedem beliebigen vom Nutzer gewählten Zeitpunkt („on demand") kombiniert werden. Dabei kann der „on demand"-Abruf sowohl im Streaming-Format als auch im Download-Verfahren erfolgen. In beiden Fällen ist dann als zusätzliches Nutzungsrecht das Recht zur Öffentlich-Zugänglichmachung gem. § 19a UrhG erforderlich, im Falle der Download-Möglichkeit zudem das Vervielfältigungsrecht durch die Nutzer (→ Form. I.4). Gegenstand des vorliegenden Formularvertrages ist allein der Webcast (einer Musikdarbietung), um das Formular nicht unnötig kompliziert auszugestalten. Soll in der Praxis ein kombinierter Webcast- und Abrufvertrag geschlossen werden, so sind die entsprechenden Formulare (→ Form. I.4 und → Form. I.5) zu kombinieren.

Durch einen Webcast wird sowohl das Urheberrecht des Komponisten und Textdichters (§ 2 Abs. 1 Nr. 2 UrhG) als auch das Leistungsschutzrecht des ausübenden Künstlers (§§ 73 ff. UrhG) berührt. Ist Gegenstand des Webcast nicht eine (zumindest unter anderem) eigens für die Zwecke des Webcasts vorgenommenen Darbietung, sondern wird Musik „aus der Konserve" (zB CD) verwendet, so muss überdies das Leistungsschutzrecht des Tonträgerherstellers (§§ 85 f. UrhG) berücksichtigt werden.

Die Haftung des Website-Betreibers gegenüber dem Rechteinhaber für die ordnungsgemäße Rechteeinholung bei Nutzung urheberechtlich geschützter Inhalte ist in Rechtsprechung und Literatur unbestritten, vgl. zB LG München I MMR 2009, 137 mAnm Kaufmann. Der Betreiber der Website ist regelmäßig Anbieter des entsprechenden Inhalts als „eigene Information" iSv § 7 Abs. 1 TMG und haftet daher dem Rechteinhaber gegenüber für Urheberrechtsverletzungen durch die mit der Einbindung in die Website verbundene Vervielfältigung und Öffentlich-Zugänglichmachung eines urheberrechtlich geschützten Inhalts. Daher besteht ein Bedarf nach Abschluss entsprechender Lizenzverträge wie in den Formularen dieses Abschnitts (H.).

Die erforderlichen **leistungsschutzrechtlichen** Lizenzen für einen Webcast sind in der Regel bei den „Plattenfirmen" einzuholen, die sich üblicherweise auch sämtliche ausschließlichen Nutzungsrechte an der Darbietung der bei ihnen unter Vertrag stehenden Künstler haben einräumen lassen. Teilweise haben die Plattenfirmen die Vergabe von Online-Lizenzen der Gesellschaft zur Verwertung von Leistungsschutzrechten (GVL, Podbielskiallee 64, 14195 Berlin) übertragen, insbesondere für (kommerzielle und nichtkommerzielle) Webradio-Nutzungen und Hintergrundmusik (vgl. https://www.gvl.de/rechtenutzer/webradio).

Vertragsfreie Künstler („unsigned") hingegen verwalten ihre Leistungsschutzrechte in der Regel selbst bzw. lassen dies von ihren Agenturen erledigen. Auch Aufnahmen von Künstlern, deren Vertrag die Nutzungsart „Online-Nutzung" ausdrücklich ausnimmt oder Aufnahmen, die Gegenstand von „Altverträgen" waren, die vor dem Zeitpunkt abgeschlossen wurden, ab dem Online-Nutzungen als neue Nutzungsart bekannt wurden, können von den originär Leistungsschutzberechtigten bzw. deren Agenten selbst verwaltet werden. Nach der urheberrechtlichen Zweckübertragungstheorie, die analog auch für Leistungsschutzrechte gilt (Schricker/Loewenheim/Schricker UrhG § 31 Rn. 79), waren in Altverträgen noch unbekannte Nutzungsarten von der Rechtsübertragung im Zweifel nicht erfasst. Bei solchen Verträgen erlaubt nunmehr allerdings § 137l UrhG einem Verwerter, dem der Urheber ursprünglich „alle wesentlichen Nutzungsrechte ausschließlich sowie räumlich und zeitlich unbegrenzt eingeräumt" hat, die Verwertung auf zum Zeitpunkt des Vertragsschlusses unbekannte Nutzungsarten, sofern der Urheber gegenüber dem Verwerter der Nutzung nicht bis spätestens 1.1.2009 (für bis 1.1.2008 bekannt gewordene Nutzungsarten) oder bis spätestens 3 Monate nach Mitteilung über die beabsichtigte Aufnahme der neuen Nutzungsart widerspricht. Aber auch bei Neuverträgen kann sich der ausübende Künstler das Recht zur Online-Nutzung ganz oder teilweise vorbehalten haben, was jedoch in der Praxis wohl nur bei Künstlern mit erheblicher Marktmacht vorkommt.

Webcasts, die nicht live dargebotene Musik übertragen, sondern Musik von einem erschienenen Tonträger verwenden, benötigen auch die Webcast-Rechte an den entsprechenden Tonträgern, die in Deutschland gem. §§ 78 Abs. 1 Nr. 2, Abs. 2 Nr. 1 und 86 UrhG von der Verwertungsgesellschaft GVL wahrgenommen werden (vgl. https://www.gvl.de/rechtenutzer/webradio). Aufgrund des Wahrnehmungsvertrages mit ihren Mitgliedern nimmt die GVL alle leistungsschutzrechtlichen Nutzungsrechte wahr, die für die Veranstaltung eines Webcasts erforderlich sind, dh der Webcast-Veranstalter kann alle leistungsschutzrechtlichen Lizenzen (des ausübenden Künstlers wie des Tonträgerherstellers; inkl. der hierfür ggf. erforderlichen Vervielfältigungsrechte, die sonst nicht von der GVL wahrgenommen werden) bei einer einzigen Stelle (der GVL) einholen.

In Fällen, bei denen die Webcast-Rechte weder bei einer Plattenfirma, noch bei der GVL liegen, muss der Webcastvertrag direkt mit dem Künstler bzw. seiner Agentur abgeschlossen werden (oder mit demjenigen Verwerter, an den er die entsprechenden Rechte ggf. sonst übertragen hat).

Daneben sind für einen Webcast stets zwingend auch die entsprechenden **urheberrechtlichen** Nutzungsrechte an dem dargebotenen Musikwerk einzuholen. Diese Rechte verwaltet in Deutschland in aller Regel die Gesellschaft für musikalische Aufführungs- und mechanische Vervielfältigungsrechte (GEMA) auf Grund von § 1 lit. g, h, i (1) ihres Wahrnehmungsvertrages. Da die vor 1996 abgeschlossenen Verträge zwischen der GEMA und ihren Mitgliedern keine ausdrückliche Nennung der Online-Nutzungsrechte enthielten, wurde den bestehenden Mitgliedern eine Klarstellungserklärung vorgelegt, welche beinhaltete, dass auch die Online-Nutzung von den der GEMA zur Wahrnehmung eingeräumten Nutzungsrechten der öffentlichen Wiedergabe mit umfasst ist. Die große Mehrheit der GEMA-Mitglieder hat diese Klarstellungserklärung unterzeichnet. Seit Juli 1996 enthalten außerdem alle neuen Wahrnehmungsverträge zwingend die ausdrückliche Nennung der Rechte zur Online-Nutzung. Hat sich allerdings ein Urheber, der damals schon GEMA-Mitglied war, die Rechte zur Online-Nutzung vorbehalten, so liegt das urheberrechtliche Nutzungsrecht zur Online-Nutzung bei ihm bzw. bei dem Dritten, an den er es weiterlizenziert hat (zB einem Musikverlag) und muss dort eingeholt werden. Der betreffende Standard-Normalvertrag kann bei der GEMA (Rosenheimerstr. 11, 81667 München, https://www.gema.de/musiknutzer/musik-lizenzieren/musik-auf-internetseiten/) zur Einsichtnahme angefordert werden. Das vorliegende Formular ist daher auf die Einholung der entsprechenden leistungsschutzrechtlichen Lizenzen beschränkt.

Sollten die urheberrechtlichen Nutzungsrechte an der Komposition und dem Text ausnahmsweise nicht von der GEMA, sondern vom Künstler selbst oder seinem Musikverlag vergeben werden (zB bei „GEMA-freier Musik"), so kann dieses Formular in angepasster Version auch für die Einholung einer urheberrechtlichen Lizenz verwendet werden. Dabei ist an Stelle des Begriffs „Leistungsschutzrecht" jeweils die Bezeichnung „Urheberrecht" zu setzten. Unterschiede in der Ausgestaltung des Online-Nutzungsrechts sind jeweils im Text durch eine Fußnote und entsprechende Anmerkungen gekennzeichnet.

2. Titelauswahl. Alternativ ist die Lizenzierung des Webcasts eines bestimmten Ereignisses (zB eines ganzen Konzertes) möglich, bei dem die Auswahl der zu übertragenden Musikstücke erst vor Ort durch den Lizenzgeber, den Künstler oder in gegenseitigem Einvernehmen getroffen wird.

3. Streaming-Verfahren. Webcasts werden in der Praxis so gut wie stets im so genannten Streaming-Verfahren durchgeführt. Dabei versendet der Server einen kontinuierlichen Daten-Strom („Stream"), der auf dem Rechner des Nutzers zeitgleich mit der Übertragung abgespielt wird und unter normalen Umständen (dh ohne systemwidrige Manipulationen) vom Besucher der Website nicht abgespeichert werden kann.

Eine „gestreamte" Übertragung kann sowohl „on-demand", dh auf (jeden) individuellen Abruf des Nutzers hin, erfolgen als auch zu vom Anbieter festgelegten Zeiten („programmed streaming"). Im letzteren Falle (vorprogrammierte Ausstrahlungszeit) spricht man (in Anlehnung an den traditionellen Sendebegriff = „broadcast") von einem „webcast".

4. Betroffene Schutzrechte. Für die Online-Nutzung von Musik ist neben der Einholung der Rechte der Leistungsschutzrechtsinhaber (ausübender Künstler und – bei nicht live erfolgenden Webcasts – ggf. Tonträgerhersteller) stets zusätzlich die Einholung einer urheberrechtlichen Lizenz zur Nutzung des dargebotenen Musikwerks im Wege des Webcast erforderlich (→ Anm. 1). Die Berechtigung zur Vergabe dieser Lizenz liegt in Deutschland idR bei der GEMA, gelegentlich auch beim Musikverlag (→ Anm. 1). Sollte die urheberrechtliche Lizenz nicht von der GEMA vergeben werden, so kann dieses Formular – in modifizierter Form – auch für deren Einholung verwendet werden (→ Anm. 1).

5. Rechtseinräumung. → Form. J.1 Anm. 3.

6. Erforderliche Nutzungsrechte. Für die Durchführung eines Webcasts sind rechtssystematisch folgende Nutzungsrechte erforderlich: Ein Vervielfältigungsrecht zur digitalen Aufnahme des zu streamenden Musikstücks gem. §§ 16, 77 UrhG. Ein Vervielfältigungsrecht für die Einspeicherung des Musikstücks in den streamingfähigen Webserver gem. §§ 16, 77 UrhG. geregelt ist. Sowie das Recht zur Sendung im Wege des Webcast gem. §§ 20, 78 Abs. 1 Nr. 2 UrhG.

Ein Recht zur weiteren Vervielfältigung des Musikstücks durch Besucher der Website gem. §§ 16 bzw. 77 UrhG ist nicht erforderlich, falls diese das Musikstück bei sich selbst unter normalen Umständen nicht wiederum abspeichern können. Zwar stellt jeder Abruf durch einen Besucher der Website eine Vervielfältigung im urheberrechtlichen Sinne dar, weil dadurch zumindest eine Kopie im Arbeitsspeicher des abrufenden Computers entsteht (vgl. Bechtold GRUR 1998, 18 mwN; Schack UrhR/UrhebervertragsR § 13 Rn. 418 ff.). Vorübergehende Vervielfältigungshandlungen, die flüchtig oder begleitend sind, einen integralen und wesentlichen Teil eines technischen Verfahrens darstellen, keine eigenständige wirtschaftliche Bedeutung haben und entweder nur der Übertragung in einem Netz durch einen Vermittler oder die rechtmäßige Nutzung eines Werkes ermöglichen sollen, sind allerdings schon gem. § 44a UrhG vom urheberrechtlichen Zustimmungsvorbehalt ausgenommen. Dazu zählen in erster Linie die Vervielfältigungshandlungen, wie sie bei der digitalen Informationsübermittlung im WWW vorkommen, dh vor allem die Vervielfältigungen im Arbeitsspeicher beim Browsing und beim Routing. Wenn der Nutzer das Musikstück sodann aufgrund von Manipulationen nach dem Browsing-Abruf des Streams seinerseits dauerhaft abspeichern kann, greift § 44a UrhG nicht mehr und ist hierfür an sich ein weiteres Vervielfältigungsrecht gem. § 16 UrhG erforderlich. Dieses Vervielfältigungsrecht muss allerdings nicht der Streaming-Anbieter (sondern der entsprechende Nutzer) einholen, wenn der Anbieter solche Manipulationen weder veranlasst, noch – zB durch entsprechenden Werbung – besonders ermutigt hat. Manipulationen des Nutzers, die der Anbieter weder veranlasst noch besonders gefördert hat, stellen nämlich keine Pflichtverletzung des Anbieters dar, so dass er für diese nicht als mittelbarer Störer haftet und daher für solche Handlungen auch keine Lizenz benötigt.

7. Aufzeichnungsformat. Das erlaubte Aufzeichnungsformat kann durch Streichung einzelner hier aufgelisteter Optionen eingegrenzt werden.

8. Aufzeichnungsrecht. Die Einräumung eines Aufzeichnungsrechtes ist entbehrlich, falls bereits eine Aufzeichnung des zu streamenden Musikstücks vorhanden ist (zB bei Verwendung von Musik von erschienen Tonträgern).

9. Vervielfältigung durch Aufzeichnung. Auch die erstmalige Aufzeichnung eines Werkes ist Vervielfältigung im urheberrechtlichen Sinne (BGH GRUR 1982, 102 (104) – Masterbänder; BGH GRUR 1985, 529 – Happening).

10. Einspeicherung in eine Website. → Form. J.1 Anm. 5.

11. Live-Übertragung. Die Beschränkung auf zeitgleich zur Darbietung des vertragsgegenständlichen Titels erfolgende Webcasts („Live-Webcasts“) ist zu streichen, wenn zunächst eine Aufzeichnung der zu übertragenden Darbietung und erst später eine Übertragung im Webcast-Programm geplant ist.

12. Kürzungen. Die Beschränkung „und ungekürzt“ ist zu streichen, wenn den Parteien Kürzungen zweckmäßig erscheinen.

13. Sendung. Bei vorprogrammierten Streams liegt in der Übertragung eine „Sendung“ iSd Urheberrechts vor, da eine unbestimmte Vielzahl von Besuchern der Website den Stream gleichzeitig und ohne eigene Beeinflussungsmöglichkeit empfangen können (vgl. Sasse/Waldhausen ZUM 2000, 837 (842); zum Sendebegriff bei Online-Nutzungen auch Schack UrhR/UrhebervertragsR § 13 Rn. 464). Dabei wird das Senderecht in Abgrenzung zum Recht auf Öffentlich-Zugänglichmachung gem. § 19a UrhG im Umkehrschluss zu dessen Voraussetzung „von Orten und zu Zeiten ihrer Wahl“ definiert.

Das Verwertungsrecht des Urhebers, sein Werk zu senden, (Senderecht) ist in § 20 UrhG geregelt.

Für den ausübenden Künstler als Leistungsschutzrechtsinhaber lautet die entsprechende Vorschrift:

§ 78 Öffentliche Wiedergabe

(1) Der ausübenden Künstler hat das ausschließliche Recht, seine Darbietung

2. zu senden, (es sei denn, dass die Darbietung erlaubterweise auf Bild- oder Tonträger aufgenommen worden ist, die erschienen oder erlaubterweise öffentlich zugänglich gemacht worden sind).

Die Einräumung des Senderechtes des ausübenden Künstlers ist entbehrlich, falls ein bereits veröffentlichter Tonträger gestreamt werden soll, denn dann besteht gem. § 78 Abs. 2 Nr. 1 UrhG nur ein gesetzlicher Vergütungsanspruch, der an die GVL zu melden und zu zahlen ist, aber kein Zustimmungsvorbehalt.

14. Verwertungsumfang. Die Rechtseinräumung kann auch auf bestimmte Angebotsarten für Websites (zB das Internet oder geschlossene Netze) beschränkt werden. Dies hängt ganz von dem individuell mit der Lizenzierung verfolgten Zweck ab und von der Rolle, die das vertragsgegenständliche Musikstück im Gesamtangebot der Website spielen soll.

15. Inhaltsverantwortlicher. → Form. J.1 Anm. 12.

16. Abtretungs- und Unterlizenzierungsverbot. → Form. J.1 Anm. 13.

17. Beschränkung auf bestimmte Website. → Form. J.1 Anm. 14.

18. Text- und Notenbild. Die Rechte an Text- und Notenbild werden gem. § 1 lit. h S. 5 des Wahrnehmungsvertrages der GEMA ausdrücklich nicht von dieser wahrgenommen und sind daher idR einem Musikverlag eingeräumt. Besteht kein Verlagsverhältnis, so sind die Rechte beim Urheber selbst einzuholen.

19. Bedingung vollständiger Zahlung. → Form. J.1 Anm. 15.

20. Europäische Union. → Form. J.1 Anm. 16.

21. Bestimmungslandprinzip. → Form. J.1 Anm. 17.

22. Beschränkung auf B2C-Websites. Die Beschränkung auf an den Endverbraucher adressierte Websites kann je nach Interessenlage der Parteien entfallen.

23. Unbekannte und noch nicht geschützte Nutzungsarten. → Form. J.1 Anm. 18.

24. Option bezüglich nicht erfasster Nutzungsarten. → Form. J.1 Anm. 19.

25. Künstler- & Urheberpersönlichkeitsrechte. Ein umfassendes Persönlichkeitsrecht einschließlich des Rechts, über die Veröffentlichung des Musikstücks zu entscheiden, sowie des Rechts auf Namensnennung steht gem. §§ 12 ff. UrhG nur dem Urheber zu, nicht hingegen einem bloß Leistungsschutzberechtigten. Zugunsten ausübender Künstler gewährt § 83 UrhG allerdings ein abgeschwächtes „Künstlerpersönlichkeitsrecht" gegen Entstellung der Darbietung, das ebenso wie der urheberrechtliche Entstellungsschutz vor Veränderungen, Kürzungen, Nachbearbeitungen und sonstigen Integritätseingriffen schützt, es sei denn dass sie Ruf oder Ansehen des Künstlers nicht schaden (Schricker/Loewenheim/Vogel UrhG § 75 Rn. 5, 8, 14 und 31).

Aufgrund des geringen zeitlichen Spielraumes sind Bearbeitungen (im Gegensatz zu Kürzungen oder Werkverbindungen) beim Live-Webcast idR nicht möglich.

Der Vertrag kann die ausschnittsweise Benutzung und Bearbeitung je nach Interessenlage der Parteien auch verbieten. Dabei ist jedoch auf die berechtigten Interessen des Lizenznehmers an einer angemessenen Bewerbung seiner Website Rücksicht zu nehmen. Dies kann etwa in folgender Form bewerkstelligt werden:

Ausgeschlossen ist das Recht, den vertragsgegenständlichen Titel ausschnittsweise, in Teilen oder in bearbeiteter Form zu benutzen; für die Benutzung unerlässliche Änderungen und die Verwendung von Ausschnitten für Werbezwecke sind jedoch gestattet.

26. Verwertungsgesellschaften. Diese Regelung schützt zum einen den Rechteinhaber vor der Haftung für solche Rechte, die er bereits den Verwertungsgesellschaften zur ausschließlichen Wahrnehmung eingeräumt hat. Zum anderen stellt sie klar, dass der Lizenznehmer durch diesen Vertrag nicht von seiner Verpflichtung, sich die von den Verwertungsgesellschaften wahrgenommenen Rechte bei diesen selbst einzuholen, befreit wird.

27. Rechte an der Website. Diese Rechte dürfen nicht mit den Rechten an der gestreamten Darbietung verwechselt werden, die (wie in Abs. 12 vorgesehen) üblicherweise auf den Rechteinhaber übertragen werden.

28. Namensnennung. Die Nennung des Urhebers ist schon gem. § 13 S. 2 UrhG kraft Gesetzes erforderlich. Beim bloßen Leistungsschutzrecht gibt es keinen solchen gesetzlichen Anspruch auf Namensnennung, der dem Urheberpersönlichkeitsrecht entstammt. Allerdings ist es im Zusammenhang mit Musikstücken üblich, zumindest den ausübenden

Künstler und meist auch den Tonträgerhersteller bei der Verwertung zu nennen. Solche Nennungsrechte werden oft (wie hier) schuldrechtlich vereinbart. Gelegentlich erfolgt die Nennung auch ohne vertragliche Verpflichtung auf freiwilliger Basis. Beim Lizenzerwerb von Plattenfirmen ist folgende Formulierung üblich:

Mit freundlicher Genehmigung von . . . . . . (Rechteinhaber).

29. Urheberrechtliche Schutzmechanismen. Diese Klausel behält dem Rechteinhaber die Möglichkeit vor, auch nach Vertragsabschluss noch Sicherungsmechanismen gegen unerlaubte Vervielfältigungen (zB Digital Rights Management Systeme) einzuführen. Diese Regelung ist umso relevanter, je länger die Vertragslaufzeit ist, da die Wahrscheinlichkeit der Einführung neuer Sicherungsmechanismen während der Vertragslaufzeit dann umso höher ist.

30. Leistungsschutzrechte an der Webcast-Aufzeichnung. Hinsichtlich der ggf. erfolgenden Vorab-Aufzeichnung des zu übertragenden Inhalts ist eine weitgehende Rechtsübertragung auf den Rechteinhaber üblich: dh der Rechteinhaber kann die vom Lizenznehmer hergestellte Aufnahme selbst auswerten und erwirbt hieran das Leistungsschutzrecht des Tonträgerherstellers, so dass er nach Vertragsablauf zu ihrer weiteren Verwertung allein berechtigt ist. Je nach Interessenlage der Parteien kann dieser Absatz entfallen, so dass die Rechte an der von ihm hergestellten Aufzeichnung dem Lizenznehmer zustehen.

31. Übernahme von Streams. Das (einfache) Übernahmerecht des Rechteinhabers an den vom Lizenznehmer generierten Streams kann (je nach Werbeintensität und Zielgruppen) unter Umständen eine „Umlenkung" von Nutzern von der Website des Lizenznehmers zur Website des Rechteinhabers hin bewirken. Je nach Interessenlage der Parteien und Ausmaß an Exklusivität, das dem Lizenznehmer – zumindest für die vertragsgegenständliche Darbietung des Events – eingeräumt werden soll, kann diese Klausel entfallen.

32. Zugangsrecht und Recht zur Benutzung von Aufzeichnungsgeräten/Übergabe eines Werkstückes. Wenn der zu übertragende Inhalt erst (zumindest unter anderem) für die Zwecke des Webcasts live dargeboten oder aufgezeichnet wird (zB bei einem Konzert), muss der Rechteinhaber dem Lizenznehmer den Zugang zu der Darbietung und ggf. die Aufzeichnung ermöglichen. Da Live-Übertragungen und/oder Aufzeichnungen bei öffentlichen wie privaten Darbietungen (zB Konzerten) im Regelfall nicht allgemein erlaubt sind, sollte der Rechteinhaber ausdrücklich vertraglich verpflichtet werden, die Durchführbarkeit dieser für die Erfüllung des Vertrages wesentlichen Tätigkeiten auch gegenüber Dritten sicherzustellen.

Wenn das Musikstück für den vertragsgegenständlichen Webcast hingegen nicht eigens aufgezeichnet wird, sondern auf bereits bestehende Aufnahmen zurückgegriffen wird (zB beim Internet-TV), kann alternativ die Übergabe eines Werkstückes vereinbart werden:

Der Rechteinhaber verpflichtet sich, dem Lizenznehmer auf Verlangen eine Verkörperung des vertragsgegenständlichen Titels (Werkstück) zur Herstellung der von ihm benötigten Kopien zu liefern. Das Werkstück ist nach Ablauf von 2 Monaten an den Rechteinhaber zurückzugeben, sofern es in verkörperter Form (zB auf CD, DVD) übergeben wurde. Eine Weitergabe dieses Werkstückes an Dritte oder die Erstellung von Kopien für Dritte außerhalb des Rahmens dieses Vertrages ist nicht gestattet, soweit nicht der Rechteinhaber einer Übertragung der vertragsgegenständlichen Lizenz an den Dritten zugestimmt hat.

33. Urheber-/Leistungsschutzrechtsinformationen. Diese Regelung dient dem Schutz des Lizenznehmers. Ihm soll dadurch ermöglicht werden, einerseits zu überprüfen, ob er alle zur Benutzung des vertragsgegenständlichen Musikstücks erforderlichen Lizenzen eingeholt hat, und andererseits seinen Pflichten gegenüber allen Berechtigten in der erforderlichen Weise nachzukommen (zB der Namensnennungspflicht).

34. Kontrollabrufe. Vereinbaren die Parteien eine abrufmengenabhängige Vergütung, so sind Kontrollabrufe ausdrücklich von der Vergütungspflicht auszunehmen:

Kontrollabrufe sind von der Vergütungszahlung befreit.

35. Nutzungsdaten. Diese Formulierung verpflichtet den Lizenznehmer nur zur Herausgabe von Daten, die bei ihm ohnehin erhoben werden. Die Klausel kann auch weitergehend formuliert werden, so dass sie den Lizenznehmer zur Erhebung von Nutzungsdaten, soweit technisch möglich und rechtlich zulässig, verpflichtet, zB mit folgender Formulierung:

Der Lizenznehmer verpflichtet sich, dem Rechteinhaber Nutzungsdaten, die mit dem Abruf des vertragsgegenständlichen Titels in Zusammenhang stehen, zur Verfügung zu stellen, soweit dies technisch möglich und rechtlich zulässig ist.

36. E-Mail-Adressen. → Form. J.1 Anm. 27.

37. Rechtegarantie des Rechteinhabers. → Form. J.1 Anm. 28.

38. Haftungsfreistellung. → Form. J.1 Anm. 29.

39. Garantie des Lizenznehmers. → Form. J.1 Anm. 30.

40. Veröffentlichung. → Form. J.1 Anm. 31.

41. Zustimmung zur Veröffentlichung. Wird mit diesem Vertrag (zumindest auch) eine urheberrechtliche Lizenz zur Nutzung des Musikstückes eingeholt, so kann hierin zur Sicherheit ersatzweise auch die Zustimmung des Urhebers zur Veröffentlichung seines Werkes erteilt werden.

42. Promotionmaßnahmen. Diese Klausel ist nur sinnvoll, wenn der Rechteinhaber entweder selbst der ausübende Künstler ist oder auf diesen wesentlichen Einfluss hat und wenn er auf sonstige Weise vom Verkehr besonders mit dem/den vertragsgegenständlichen Titel/n identifiziert wird.

43. Vertragsdauer. Für Webcasts von Musik dürfte derzeit nach wie vor eine eher kürzere Lizenzdauer von einigen Monaten bis Jahren üblich sein.
IÜ → Form. J.1 Anm. 32.

44. Lizenzdauer. → Form. J.1 Anm. 33.

45. Kündigung aus wichtigem Grund. → Form. J.1 Anm. 34.

46. Abmahnung. → Form. J.1 Anm. 35.

47. Rechterückfall bei Erfüllungsverweigerung. Diese Regelung ist einzufügen, wenn der Rechteinhaber gegenüber dem Lizenznehmer zum Zeitpunkt der Nutzung noch offene Ansprüche hat (zB auf Umsatzbeteiligung). Sie zwingt zB einen Insolvenzverwalter, entweder die weitere Erfüllung des Vertrages zu erklären und damit die Vergütungspflicht als Masseschuld neu einzugehen oder die weitere Benutzung des vertragsgegenständlichen Musikstücks einzustellen. Der Rechterückfall schützt den Rechteinhaber auf diese Weise in einem Insolvenzverfahren ähnlich wie ein Eigentumsvorbehalt den Warenkreditgeber, nachdem ein a priori Rechtevorbehalt nicht möglich ist, weil der Lizenznehmer den Rechtsübergang benötigt, um die Benutzung überhaupt aufnehmen zu können.

Wenn der Rechteinhaber für die Einräumung der vertragsgegenständlichen Lizenz hingegen eine bereits vorab voll gezahlte Pauschale erhalten hat, besteht für die Klausel kein Bedürfnis mehr und ist sie demgemäß wegzulassen.

48. Lizenzgebühr. Die Vergütungsform der Pauschallizenzgebühr ist insbesondere bei nicht direkt Einkünfte produzierenden Nutzungen angebracht, bei denen eine Beteiligung des Rechteinhabers am wirtschaftlichen Erfolg der Benutzung schwer möglich ist.

49. Periodische Zahlungen. → Form. J.1 Anm. 38.

50. Pauschalierter Verzugszins. → Form. J.1 Anm. 39.

51. Geheimhaltung von Titeln. Falls die zu webcastenden Musikstücke bis zum Zeitpunkt des Webcasts im Wettbewerb geheim gehalten werden sollen, kann an dieser Stelle ergänzend noch eingefügt werden:

Der Lizenznehmer verpflichtet sich insbesondere, sicherzustellen, dass die vertragsgegenständlichen Titel geheim gehalten und konkurrierenden Unternehmen nicht eher als dem Publikum bekannt gegeben werden.

52. Exklusivität. Eine exklusive Einräumung der Webcastrechte an Musikstücken findet sich in der Praxis meist in Bezug auf speziell für den Webcast stattfindende Aufführungen.

53. Exklusivitätsdauer. In der Praxis beträgt die Dauer der Exklusivität selten mehr als 30 Tage. Der Zeitraum der Exklusivität kann jedoch auch „während der Lizenzdauer dieses Vertrages" oder zB „bis zu 30 Tage nach Beendigung dieses Vertrages" betragen.

Rich-Media

6. Video-/Film-Online-Lizenzvertrag

Zwischen

. . . . .

– nachstehend „Rechteinhaber" genannt –

und

. . . . .

– nachstehend „Lizenznehmer" genannt –

wird folgender Vertrag[1] geschlossen:

§ 1 Vertragsgegenstand

(1) Der Lizenznehmer beabsichtigt, auf seiner Website mit der URL/den URLs . . . . . die Video-Sequenz/den Film

. . . . . [Name oder Beschreibung]

des . . . . . [Produzent/Regisseur]

wie in Anlage A dargestellt/beschrieben

. . . . .

– hereinafter referred to as „Rights Holder" –

and

. . . . .

– hereinafter referred to as „Licensee" –

enter into the following agreement:[1]

§ 1 Object of the agreement

(1) The Licensee intends to publish on its website with the URL/URLs . . . . . the video sequence/film

. . . . . [name or description]

of the . . . . . [Producer/Director]

as described in annex A

im Wege des Streaming-Verfahrens/zum Herunterladen (Download) [Nichtzutreffendes streichen] abrufbar zu machen. Die hierfür erforderlichen Rechte sollen durch diesen Vertrag erworben werden.

by way of streaming/download (download) [delete as appropriate]. The rights required for this are to be acquired through this agreement.

(2) Die Parteien gehen davon aus, dass die abrufbar zu machende Video-Sequenz/der abrufbar zu machende Film (Sequenz) in Deutschland urheber- und leistungsschutzrechtlich geschützt ist und dem Rechteinhaber hieran die ausschließlichen Nutzungsrechte zustehen.[2]

(2) The parties assume that the video sequence/film (sequence) to be made available is protected by copyright and ancillary rights in Germany and that the Rights Holder has the exclusive rights of use.[2]

§ 2 Rechtseinräumung[3]

§ 2 Granting of Rights[3]

(1) Zur Verwirklichung des in § 1 Abs. 1 genannten Zweckes räumt der Rechteinhaber dem Lizenznehmer hiermit folgende nicht ausschließliche Nutzungsrechte ein:[4]

a) Das Recht zur Einspeicherung der Sequenz im . . . . . -Format in die o.g. Website des Lizenznehmers;[5]

b) Das Recht, die vertragsgegenständliche Sequenz der Öffentlichkeit im Streaming-Format/zum Download ganz oder teilweise zugänglich zu machen („Recht der Öffentlich-Zugänglichmachung"):[6]

(1) In order to achieve the purpose stated in § 1 (1), the Rights Holder hereby grants the Licensee the following non-exclusive rights of use:[4]

a) The right to store the sequence in . . . . . - format in the above-mentioned website of the Licensee;[5]

b) The right to make the contractual sequence available to the public in streaming format/for download in whole or in part („right of making available to the public");[6]

(Variante nur bei Download:

Das Recht die Sequenz auf Abruf von Besuchern der o.g. Website vervielfältigen zu lassen;[7])

a) Das Recht, die Sequenz in unerheblichem Umfang im Zusammenhang mit der o.g. Gesamt-Website auch in Rundfunk und Fernsehen[8] mittelbar weiter zu verwerten.

(Variant for download only:

The right to have the sequence reproduced on demand by visitors to the above-mentioned website;[7])

a) The right to indirectly further exploit the sequence, to an insignificant extent, in connection with the above-mentioned overall website, also in radio and television.[8]

Die Rechtseinräumung umfasst nur die Verwertung der Website im (allgemein frei zugänglichen) Internet, sowie ihre mittelbare Zweitverwertung über die in (d) genannten Wege.[9]

The granting of rights only covers the exploitation of the website on the (generally freely accessible) Internet, as well as its indirect secondary exploitation via the channels mentioned in (d).[9]

Die Rechte sind nur dem Lizenznehmer als inhaltlich Verantwortlichem[10] für die Website eingeräumt und ohne Zustimmung des Rechteinhabers weder weiter übertragbar noch unterlizenzierbar.[11] Ins-

The rights are only granted to the Licensee as the person responsible[10] for the content of the website and are neither transferable nor sublicensable without the consent of the Rights Holder.[11] In particular, they besondere sind sie nicht dem technischen Dienstleister, der die Website betreibt, eingeräumt, sofern dieser von dem Lizenznehmer verschieden ist.

Der Lizenznehmer verpflichtet sich, die vertragsgegenständliche Sequenz ausschließlich für die oben genannte Website zu verwenden.[12]

Der Vertrieb körperlicher Werkstücke oder andere als die in diesem § 2 dieses Vertrages genannten Verwertungsformen sind nach diesem Vertrage nicht zulässig. Hierzu bedarf es des Abschlusses eines eigenen, gesonderten Lizenzvertrages.

(2) Die Rechtseinräumung wird gem. § 158 Abs. 1 BGB erst wirksam, wenn der Lizenznehmer die erste gem. § 7 dieses Vertrages geschuldete Vergütungszahlung vollständig geleistet hat.[13] Der Rechteinhaber kann eine Benutzung der vertragsgegenständlichen Sequenz auch schon vor diesem Zeitpunkt vorläufig erlauben. Ein Übergang der Rechte nach diesem Paragraphen findet durch eine solche vorläufige Erlaubnis nicht statt. Ferner kann der Rechteinhaber die Rechtseinräumung widerrufen, wenn der Lizenznehmer mit der Bezahlung einer gem. § 8 dieses Vertrages fälligen Vergütung trotz Mahnung und Nachfristsetzung länger als zwei Monate in Verzug bleibt.[14]

(3) Die Rechtseinräumung ist territorial auf die Einbindung der vertragsgegenständlichen Sequenz in eine Website beschränkt, die erkennbar zum Abruf nur innerhalb der Europäischen Union[15] bestimmt ist.[16] Die Rechtseinräumung ist außerdem ausdrücklich auf solche Websites beschränkt, die für den Abruf durch Endverbraucher bestimmt sind.[17]

(4) Die Nutzungsrechtseinräumung umfasst alle derzeit bekannten und unbekannten Nutzungsarten, die zur Erreichung des Vertragszwecks erforderlich sind oder werden, auch wenn sie erst auf Grund neuer Gesetzeslage oder aus anderen Gründen nachträglich an der vertragsgegenständlichen Sequenz entstehen oder erst nachträglich bekannt werden.[18]

are not granted to the technical service provider operating the website if this is different from the Licensee.

The Licensee undertakes to use the contractual sequence exclusively for the above-mentioned website.[12]

The distribution of physical works or forms of exploitation other than those specified in this § 2 of this agreement are not permitted under this agreement. This requires the conclusion of a separate license agreement.

(2) Pursuant to Section 158 (1) BGB [German Civil Code], the granting of rights shall only become effective once the Licensee has paid the first remuneration payment owed pursuant to Section 7 of this agreement in full.[13] The Rights Holder may also provisionally permit the use of the contractual sequence before this point in time. Such provisional permission shall not constitute a transfer of rights under this paragraph. Furthermore, the Rights Holder may revoke the granting of rights if the Licensee is more than two months in arrears with the payment of a remuneration default with a remuneration payment according to Sec. 8 of this agreement despite a dunning notice and the setting of a grace period.[14]

(3) The granting of rights is territorially limited to the integration of the contractual sequence into a website which is recognizably intended for retrieval only within the European Union[15,16] The granting of rights is also expressly limited to such websites which are intended for retrieval by end consumers.[17]

(4) The granting of rights of use includes all currently known and unknown types of use that are or become necessary to achieve the purpose of the contract, even if they only arise subsequently due to new legislation or for other reasons or only become known subsequently.[18]

(5) Im Hinblick auf etwaig von dieser Nutzungsrechtseinräumung nicht erfasste Nutzungsarten im Zusammenhang mit Websites räumt der Rechteinhaber dem Lizenznehmer eine Option zu angemessenen Bedingungen ein.[19]

(5) With regard to any types of use not covered by this grant of rights of use in connection with websites, the Rights Holder shall grant the Licensee an option on reasonable terms.[19]

(6) Der Lizenznehmer ist berechtigt, die vertragsgegenständliche Sequenz auf seiner Website auch in Verbindung mit Werken anderer Rechteinhaber oder ausschnittsweise zu benutzen oder sie zu bearbeiten (zB so genannte Teaser oder Trailer zu erstellen). Dabei sind Veränderungen und Kürzungen nur zulässig, soweit sie nicht entstellend wirken.[20] Ergänzungen oder eine Nachsynchronisation in anderer Sprache sind nicht zulässig.

(6) The Licensee is entitled to use the contractual sequence on its website, also in connection with works of other rights holders or in extracts, or to edit it (e.g. to create so-called teasers or trailers). Changes and cuts are only permitted insofar as they do not have a distorting effect.[20] Additions or re-synchronization in another language are not permitted.

(7) Der Lizenznehmer ist berechtigt, im Zusammenhang mit der Durchführung dieses Vertrages – insbesondere zum Zwecke der Eigenwerbung und auf der vertragsgegenständlichen Website selbst – den Titel der vertragsgegenständlichen Sequenz und Abbildungen hieraus, sowie Namen/Kennzeichen/Logos und Abbildungen des Regisseurs/Drehbuchautors, der Schauspieler und sonstigen Darsteller, soweit der Rechteinhaber über solche Rechte verfügen kann, sowie des Rechteinhabers unentgeltlich zu benutzen, soweit der Rechteinhaber über solche Rechte verfügen kann.

(7) The Licensee is entitled to use the title of the contractual sequence and images thereof, as well as the names/identifiers/logos and images of the director/screenwriter, the actors and other performers, insofar as the Rights Holder can dispose of such rights, as well as of the Rights Holder himself free of charge in connection with the execution of this contract – in particular for the purpose of self-promotion and on the contractual website itself – insofar as the rights holder can dispose of such rights.

(8) Sämtliche Namens-, Titel- und Kennzeichenrechte an der Website oder einzelnen ihrer Teile oder durch Benutzung auf der Website entstehende Namens-, Titel- und Kennzeichenrechte sind Sache des Lizenznehmers.[21]

(8) All name, title and trademark rights to the website or individual parts thereof or name, title and trademark rights arising through use on the website are the responsibility of the Licensee.[21]

(9) Der Rechteinhaber hat Anspruch auf Nennung des Namens des Filmurhebers sowie Nennung seines Namens als Leistungsschutzrechtsinhaber in Form eines – mit einem Zielpunkt seiner Wahl verlinkten – Vermerkes auf derjenigen Webseite, auf welcher die vertragsgegenständliche Sequenz eingebunden wird.[22]

(9) The Rights Holder is entitled to have the name of the film author as well as his name as the holder of the ancillary rights mentioned in the form of a note – linked to a target point of his choice – on the website on which the contractual sequence is integrated.[22]

(10) Der Rechteinhaber hat Anspruch darauf, dass der Lizenznehmer die von seiner Website aus abrufbare vertragsgegen-

(10) The Rights Holder is entitled to demand that the Licensee, at the request of the Rights Holder, subsequently adds a

ständliche Sequenz auf Verlangen des Rechteinhabers nachträglich mit einem urheberrechtlichen Schutzmechanismus versieht, soweit dadurch die vertragsgemäße Benutzung nicht behindert wird und die Maßnahme dem Lizenznehmer wirtschaftlich zumutbar ist.[23]

(11) Der Rechteinhaber hat das Recht, die Streams der vertragsgegenständlichen Sequenz, die von der Website des Lizenznehmers aus abrufbar sind, auch direkt von jeder von ihm selbst angebotenen Website aus ebenfalls abrufbar zu machen, ohne auf den Lizenznehmer hinweisen zu müssen.[24] Solche Abrufe sind von der Vergütungspflicht nach § 7 dieses Vertrages befreit.

§ 3 Mitwirkungspflichten und Kontrollrechte des Rechteinhabers

(1) Der Rechteinhaber verpflichtet sich, dem Lizenznehmer auf Verlangen eine Verkörperung der vertragsgegenständlichen Sequenz (Werkstück) zur Herstellung der von ihm benötigten Kopien zu liefern. Das Werkstück ist nach Ablauf von 2 Monaten an den Rechteinhaber zurückzugeben, sofern es in verkörperter Form (zB auf CD, DVD) übergeben wurde. Eine Weitergabe dieses Werkstückes an Dritte oder die Erstellung von Kopien für Dritte außerhalb des Rahmens dieses Vertrages ist nicht gestattet, soweit nicht der Rechteinhaber einer Übertragung der vertragsgegenständlichen Lizenz an den Dritten zugestimmt hat.

(2) Der Rechteinhaber hat dem Lizenznehmer folgende Informationen in folgender Form zur Verfügung zu stellen:

a) Informationen über sämtliche Urheber und sämtliche Leistungsschutzberechtigten an der vertragsgegenständlichen Sequenz:[25] schriftlich oder per E-Mail;

b) Ggf. Beschränkungen seines Rechteumfangs bzw. der Art und Weise, auf die die vertragsgegenständliche Sequenz in die Website eingebunden werden darf: schriftlich oder per E-Mail.

copyright protection mechanism to the contractual sequence that can be accessed from his website, insofar as this does not hinder the contractual use and the measure is economically reasonable for the Licensee.[23]

(11) The Rights Holder has the right to make the streams of the contractual sequence, which are accessible from the Licensee's website, also directly accessible from any website offered by himself without having to refer to the Licensee.[24] Such accesses are exempt from the obligation to pay remuneration pursuant to § 7 of this agreement.

§ 3 Obligations to cooperate and rights of control of the Rights Holder

(1) The Rights Holder undertakes to, upon request, provide the Licensee with an embodiment of the contractual sequence (workpiece) to enable the production of the necessary copies by the Licensee. The workpiece must be returned to the Rights Holder after 2 months if it was handed over in embodied form (e.g. on CD, DVD). This workpiece may not be passed on to third parties or copies made for third parties outside the scope of this agreement unless the rights holder has agreed to the transfer of the contractual license to the third party.

(2) The Rights Holder shall provide the Licensee with the following information in the following form:

a) Information on all authors and persons entitled to ancillary rights to the contractual sequence:[25] in writing or by e-mail;

b) Any restrictions on the scope of his rights or the manner in which the contractual sequence may be incorporated into the website: in writing or by e-mail.

(3) Zur Kontrolle der Erfüllung dieses Vertrages gewährt der Lizenznehmer dem Rechteinhaber während der Lizenzdauer jederzeit kostenlosen Zugang zu seiner Website sowie den kostenlosen Abruf der vertragsgegenständlichen Sequenz, sofern Zugang und Abruf nicht ohnehin unentgeltlich angeboten werden.[26]

(4) Der Lizenznehmer verpflichtet sich, dem Rechteinhaber auf Anforderung sämtliche vorhandenen Nutzungsdaten seiner Website zur Verfügung zu stellen, die mit dem Abruf der vertragsgegenständlichen Sequenz in Zusammenhang stehen.[27] Dies erstreckt sich auch auf die Weitergabe von unter Bezugnahme auf die vertragsgegenständliche Sequenz hinterlassenen E-Mail-Adressen unter Berücksichtigung der anwendbaren Datenschutzbestimmungen (bei Einwilligung des betroffenen Nutzers).[28]

§ 4 Haftung

(1) Der Rechteinhaber versichert und steht dafür ein, dass er Inhaber der Online-Nutzungsrechte an der vertragsgegenständlichen Sequenz ist und dass er in der vertragsgegenständlichen Form frei über sie verfügen kann.[29] Der Rechteinhaber garantiert ferner, dass die von ihm lizenzierte Sequenz frei von Rechten Dritter ist. Falls dem Rechteinhaber bekannt werden sollte, dass an irgendwelchen Bestandteilen der vertragsgegenständlichen Sequenz Rechte Dritter bestehen, so hat er den Lizenznehmer hierauf unverzüglich hinzuweisen. Der Rechteinhaber stellt den Lizenznehmer hiermit von jeglichen Ansprüchen Dritter in diesem Zusammenhang frei und ersetzt ihm die Kosten der Rechtsverteidigung.[30]

(2) Der Lizenznehmer garantiert, sämtliche neben den vertragsgegenständlichen Lizenzen für die beabsichtigte Nutzung weiter erforderlichen Rechte selbst einzuholen, bzw. bereits eingeholt zu haben und stellt den Rechteinhaber in diesem Zusammenhang von jeglichen Ansprüchen Dritter frei.[31]

(3) In order to monitor the performance of this agreement, the Licensee shall grant the Rights Holder free access to its website and free retrieval of the contractual sequence at any time during the license term, unless access and retrieval are already offered free of charge.[26]

(4) The Licensee undertakes to make available to the Rights Holder, upon request, all existing usage data of his website that are related to the retrieval of the contractual sequence.[27] This also extends to the disclosure of e-mail addresses left with reference to the contractual sequence, taking into account the applicable data protection regulations (with the consent of the user concerned).[28]

§ 4 Liability

(1) The Rights Holder assures and guarantees that he is the owner of the online usage rights to the contractual sequence and that he can freely dispose of it in the contractual form.[29] The Rights Holder also guarantees that the content licensed by him is free from third-party rights. Should the Rights Holder become aware that third party rights exist to any components of the contractual sequence, he must inform the Licensee of this immediately. The Rights Holder hereby indemnifies the Licensee against any third-party claims in this connection and shall reimburse the Licensee for the costs of legal defense.[30]

(2) The Licensee guarantees that he will obtain or has already obtained all further rights required for the intended use in addition to the contractual license and indemnifies the Rights Holder against any claims by third parties in this connection.[31]

§ 5 Veröffentlichung[32]

Der Rechteinhaber garantiert hiermit, dass die vertragsgegenständliche Sequenz bereits veröffentlicht ist.

§ 6 Vertrags- und Lizenzdauer

(1) Dieser Vertrag beginnt mit beiderseitiger Unterzeichnung und läuft zunächst für die Dauer von . . . . . (Vertragsdauer).[33] Sofern er nicht von einer Partei bis spätestens . . . . . (Zeitraum) vor Ablauf der Vertragsdauer gekündigt wird, verlängert er sich automatisch um jeweils weitere . . . . . (Zeitraum). Mit Ablauf der Vertragsdauer enden sämtliche Pflichten aus diesem Vertrag mit Ausnahme solcher Regelungen, die ersichtlich auch nach Vertragsende gelten sollen.

(2) Die Rechtseinräumung nach diesem Vertrag (Lizenzdauer) beginnt gem. § 2 Abs. 2 mit der Zahlung der ersten geschuldeten Lizenzgebühr und endet mit Ablauf der Vertragsdauer gem. § 6 Abs. 1.[34]

(3) Dieser Vertrag kann aus wichtigem Grund vorzeitig gekündigt werden, insbesondere wenn der Rechteinhaber seinen Mitwirkungspflichten gem. § 3 dieses Vertrags nachhaltig nicht nachkommt, wenn der Lizenznehmer fällige Zahlungen gem. § 7 dieses Vertrages trotz Mahnung und Nachfristsetzung nicht leistet oder die Kontrollrechte des Rechteinhabers gem. § 3 Abs. 3 dieses Vertrages nicht erfüllt.[35] Eine fristlose Kündigung setzt grundsätzlich voraus, dass der andere Teil schriftlich gemahnt und aufgefordert wird, den vermeintlichen Grund zur fristlosen Kündigung in angemessener Zeit zu beseitigen, es sei denn es liegen besondere Gründe iSv §§ 314 Abs. 2, 323 Abs. 2 BGB vor, die dem Kündigenden ein Festhalten an dem Vertrag auch ohne vorherige Mahnung oder Abmahnung unzumutbar machen.[36]

§ 5 Publication[32]

The Rights Holder guarantees that the contractual sequence has already been published.

§ 6 Duration of contract and license

(1) This contract shall commence upon mutual signature and shall run initially for a period of . . . . . (contract term).[33] Unless it is terminated by one of the parties by no later than . . . . . (period) before expiry of the contract term, it shall be automatically extended for a further . . . . . (period). Upon expiry of the contract term, all obligations under this contract shall end, with the exception of those provisions that are clearly intended to continue to apply after the end of the contract.

(2) The granting of rights under this contract (license term) shall commence in accordance with § 2 (2) upon payment of the first license fee owed and shall end upon expiry of the contract term in accordance with § 6 (1).[34]

(3) This agreement may be terminated prematurely for good cause, in particular if the Rights Holder persistently fails to comply with his obligations to cooperate pursuant to § 3 of this agreement, if the Licensee fails to make payments due pursuant to § 7 of this agreement despite a reminder and the setting of a grace period, or if the Rights Holder's rights of control pursuant to § 3 (3) of this agreement are not fulfilled.[35] Termination without notice generally requires that the other party has previously been warned in writing and requested to remedy the alleged reason for termination without notice within a reasonable period of time, unless there are special reasons within the meaning of Sections 314 (2), 323 (2) BGB that make it unreasonable to expect the terminating party to adhere to the contract even without a prior warning or warning notice.[36]

(4) Lehnt der Lizenznehmer oder sein rechtmäßiger Vertreter die weitere Erfüllung des Vertrages ab, so hat der Rechteinhaber ein außerordentliches fristloses Kündigungsrecht innerhalb von zwei Wochen ab Kenntnis von der Erfüllungsverweigerung. Mit dem Wirksamwerden der Kündigung wird der Lizenznehmer von sämtlichen Pflichten aus diesem Vertrag frei und fallen sämtliche dem Lizenznehmer eingeräumten Rechte an ihn zurück.[37]

(4) If the Licensee or its legal representative refuses further performance of the contract, the Rights Holder shall have an extraordinary right of termination without notice within two weeks of becoming aware of the refusal to perform. When the termination takes effect, the Licensee shall be released from all obligations under this Agreement and all rights granted to the Licensee shall revert to the Licensee.[37]

(5) Der Rechteinhaber behält sich das Recht vor, diese Lizenz jederzeit ohne Angabe von Gründen ganz oder teilweise gegen ex-nunc-Wegfall der Vergütungspflicht (pro rata temporis) zu widerrufen.[38] Übt der Rechteinhaber diesen Widerrufsvorbehalt der Lizenz aus, so hat er dem Lizenznehmer eine angemessene Frist zur Herausnahme der vertragsgegenständlichen Sequenz aus der Website – von in der Regel 3 Werktagen – einzuräumen.

(5) The Rights Holder reserves the right to revoke this license in whole or in part at any time without giving reasons against ex nunc waiver of the obligation to pay remuneration (pro rata temporis).[38] If the Rights Holder exercises this reserved right of revocation of the license, he must grant the Licensee a reasonable period of time – usually 3 working days – to remove the contractual sequence from the website.

§ 7 Vergütung

(1) Für die Rechtseinräumung nach diesem Vertrag erhält der Rechteinhaber eine monatliche Pauschallizenzgebühr in Höhe von . . . . . [Betrag],[39] solange der Lizenznehmer die vertragsgegenständliche Sequenz auf seiner Web-Site nutzt.

(2) Die monatliche Lizenzgebühr muss an den Rechteinhaber nur für die Dauer der gesetzlichen Schutzfrist bezahlt werden.[40]

(3) Die erste Lizenzgebühr ist vor dem Einspeichern der vertragsgegenständlichen Sequenz in die Website an den Rechteinhaber zu zahlen. Die weiteren Raten iHv jeweils . . . . . sind jeweils zum . . . . . zu bezahlen. Der Lizenznehmer kann die Ausstellung einer Rechnung über jeden zu zahlenden Betrag verlangen. Rechnungsbeträge sind spätestens innerhalb von 10 Arbeitstagen nach Rechnungsstellung zur Zahlung fällig. Zahlungen sind auf das Konto IBAN . . . . . bei der . . . . . [Bank] in . . . . . [Ort], BIC . . . . . zu leisten.

§ 7 Remuneration

(1) For the granting of rights under this agreement, the Rights Holder shall receive a monthly flat-rate license fee in the amount of . . . . . [number],[39] as long as the licensee uses the contractual sequence on his website.

(2) The monthly license fee must only be paid to the Rights Holder for the duration of the statutory term of protection.[40]

(3) The first license fee shall be paid to the Rights Holder before the contractual sequence is uploaded to the website. The further installments in the amount of . . . . . are to be paid on . . . . . in each case. The Licensee may request the issue of an invoice for each amount to be paid. Invoice amounts are due for payment within 10 working days of the invoice being issued at the latest. Payments are to be made to the account IBAN . . . . . at the . . . . . [bank] in . . . . . [place], BIC . . . . .
If the Licensee defaults on the payment of due claims, he shall be liable to pay

Gerät der Lizenznehmer mit der Zahlung fälliger Forderungen in Verzug, so hat er Verzugszinsen in Höhe von . . . . . % pro Jahr zu zahlen, sofern er nicht nachweist, dass der tatsächliche Schaden geringer ist.[41] Die Möglichkeit des Rechteinhabers zur Geltendmachung weitergehender Ansprüche aus dem Verzug bleibt unberührt.

default interest in the amount of . . . . % per year, unless he can prove that the actual damage is lower.[41] The right holder's right to assert further claims arising from the default remains unaffected.

(4) Alle Vergütungen verstehen sich zuzüglich der gesetzlichen Mehrwertsteuer, sofern der Rechteinhaber im Zahlungszeitpunkt der Umsatzsteuerpflicht unterliegt oder auf sie optiert hat und dies dem Lizenznehmer bekannt ist. Entsteht die Umsatzsteuerpflicht oder die Option auf sie nachträglich, so kann die Mehrwertsteuer bis zum Ende des laufenden Kalenderjahres unter Vorlage der Mehrwertsteuerpflicht-Bescheinigung des zuständigen Finanzamtes gegen Rechnungsstellung nachgefordert werden. Danach erlischt die Forderung auf Umsatzsteuer-Erstattung.

(4) All payments are subject to value added tax at the statutory rate, provided that the Rights Holder is subject to value added tax at the time of payment or has opted for it and the Licensee is aware of this. If the obligation to pay VAT or the option to pay VAT arises retrospectively, the VAT can be claimed retrospectively until the end of the current calendar year upon presentation of the VAT liability certificate from the responsible tax office against invoicing. Thereafter, the claim for VAT refund expires.

§ 8 Vertraulichkeit

Beide Parteien verpflichten sich, über die Bestimmungen dieses Vertrages sowie über alle ihnen im Rahmen dieses Vertrages bekannt gewordenen Informationen bis zum Ablauf von . . . . Jahren nach Ende der Lizenzdauer Stillschweigen zu bewahren. Dies gilt nicht, soweit ein berechtigtes Interesse an einer Offenbarung besteht.

§ 8 Confidentiality

Both parties undertake to maintain confidentiality with regard to the provisions of this contract and all information of which they become aware within the framework of this contract until the expiry of . . . . years after the end of the license period. This shall not apply if there is a legitimate interest in disclosure.

§ 9 Herausgabe- und Löschungspflichten

Der Lizenznehmer verpflichtet sich, nach Beendigung der Lizenzdauer alle ihm einzeln in elektronischer Form vorliegenden vertragsgegenständlichen Informationen und Inhalte, insbesondere alle Kopien der vertragsgegenständlichen Sequenz, die nicht Bestandteil einer Gesamt-Archivierung seiner Website oder einzelner Webseiten sind, zu löschen. Informationen und Inhalte (auch Informationsmaterial uÄ), die in verkörperter Form vorliegen, sind an den Rechteinhaber zurückzugeben oder auf dessen Verlangen hin oder bei Nichtannahme zu vernichten.

§ 9 Handover and deletion obligations

Licensee undertakes to delete all contractual information and content available to him individually in electronic form, in particular all copies of the contractual sequence that are not part of an overall archive of his website or individual web pages, after the end of the license term. Information and content (including information material and the like) that is available in embodied form shall be returned to the Rights Holder or, at the latter's request or in the event of non-acceptance, destroyed.

§ 10 Exklusivität[42]

Der Rechteinhaber verpflichtet sich, während der Lizenzdauer dieses Vertrages[43] die vertragsgegenständliche Sequenz nicht an einen weiteren Lizenznehmer zur Online-Nutzung zu lizenzieren.

§ 11 Schlussbestimmungen

(1) Dieser Vertrag unterliegt dem Recht der Bundesrepublik Deutschland.

(2) Mündliche Nebenabreden bestehen nicht. Änderungen oder Ergänzungen dieses Vertrages bedürfen zu ihrer Wirksamkeit der Schriftform, auf die auch nicht mündlich verzichtet werden kann.

(3) Sollten einzelne Bestimmungen dieses Vertrages unwirksam sein oder werden, so wird dadurch die Wirksamkeit der übrigen Bestimmungen nicht berührt. Statt der unwirksamen Bestimmung gilt dasjenige, was die Parteien nach dem ursprünglich angestrebten Zweck unter wirtschaftlicher Betrachtungsweise redlicherweise vereinbart hätten. Das Gleiche gilt im Falle des Vorliegens einer Vertragslücke.

(4) Ansprüche aus diesem Vertrag können weder abgetreten, noch verpfändet, noch mit dem Recht eines Dritten belastet werden, soweit der Schuldner dem nicht ausdrücklich zustimmt.

(5) Erfüllungsort ist . . . . . Sofern beide Parteien Kaufleute im Sinne des HGB sind, ist Gerichtsstand für alle Streitigkeiten aus diesem Vertrag . . . . .

. . . .
(Ort, Datum) (Ort, Datum)

. . . .
– Lizenznehmer – – Rechteinhaber –

§ 10 Exclusivity[42]

The Rights Holder undertakes not to license the contractual sequence to another Licensee for online use during the license term of this agreement.[43]

§ 11 Final Provisions

(1) This contract is governed exclusively by the laws of the Federal Republic of Germany.

(2) There are no verbal collateral agreements. Amendments or additions to this contract must be made in writing, and this requirement cannot be waived orally.

(3) If individual provisions of this contract should be or become invalid, this shall not affect the validity of the remaining provisions. The invalid provision shall be replaced by what the parties would have reasonably agreed in accordance with the originally intended purpose from an economic point of view. The same shall apply in the event of a loophole in the contract.

(4) Claims arising from this contract may not be assigned, pledged or encumbered with the rights of a third party unless the debtor expressly agrees to this.

(5) Place of performance is . . . . . If both parties are merchants within the meaning of the German Commercial Code (HGB), place of jurisdiction for all disputes arising from this contract shall be . . . . .

. . . .
(Place, Date) (Place, Date)

. . . .
– Licensee – – Rights Holder –

Anmerkungen

1. Sachverhalt. Das Formular behandelt die Lizenzierung von Videos oder Filmen zur Nutzung auf Websites. Videos und Filme sind idR urheberrechtlich als Filmwerke iSv §§ 2 Abs. 1 Nr. 6, 88 ff. UrhG einzuordnen, da auch bei Filmwerken bereits die so genannte „kleine Münze" urheberrechtlichen Werkschutz genießt (Schricker/Loewenheim/Loewenheim UrhG § 2 Rn. 188). Durch die Einbindung eines Videos/Films in eine Website werden daher sowohl das **Urheberrecht** des/der Filmschaffenden gem. §§ 1 ff., 88 ff. UrhG als auch das **Leistungsschutzrecht** des Filmherstellers (Filmproduzenten) gem. § 94 UrhG berührt. Erreicht eine Bildfolge ausnahmsweise nicht den für einen Urheberschutz erforderlichen Grad an Individualität im Sinne einer persönlich-geistige Schöpfung, so genießt sie jedenfalls gem. § 95 UrhG Leistungsschutz als Laufbild (→ Anm. 2). In aller Regel sammeln sich sämtliche Verwertungsrechte an Videos/Filmen – gleich ob sie urheber- oder leistungsschutzrechtlicher Natur sind – beim Produzenten, der auch im Falle von Videos „Filmhersteller" heißt (vgl. §§ 89, 94 UrhG).

Die Nutzungsrechte an so genannten „vorbestehenden Werken", also Werken, die zur Herstellung des Filmwerkes benutzt wurden, zu Zwecken der Filmnutzung liegen gem. § 88 UrhG in der Regel überwiegend ebenfalls beim Filmhersteller. Dies gilt jedoch meist nicht für vorbestehende Musik, die in Videos oder Filmen verwendet wird. Die Nutzungsrechte hieran, die für jede Vorführung, Ausstrahlung oder Übertragung des Videos/Films erforderlich sind, werden in Deutschland dann normalerweise von der GEMA wahrgenommen. Anders ist dies nur bei Musik von sog. „GEMA-freien" deutschen Autoren sowie bei spezifisch für den Film hergestellter Musik („Score Music") mancher ausländischer Komponisten (insbesondere aus den USA).

Die Haftung des Website-Betreibers gegenüber dem Rechteinhaber für die ordnungsgemäße Rechteeinholung bei Nutzung urheberechtlich geschützter Inhalte ist in Rechtsprechung und Literatur unbestritten, vgl. zB LG München MMR 2009, 137 mAnm Kaufmann. Der Betreiber der Website ist regelmäßig Anbieter des entsprechenden Inhalts als „eigene Information" iSv § 7 Abs. 1 TMG und haftet daher dem Rechteinhaber gegenüber für Urheberrechtsverletzungen durch die mit der Einbindung in die Website verbundene Vervielfältigung und Öffentlich-Zugänglichmachung eines urheberrechtlich geschützten Inhalts. Daher besteht ein Bedarf nach Abschluss entsprechender Lizenzverträge wie in den Formularen dieses Abschnitts (I.).

In die Online-Lizenzierung der Videos/Filme selbst sind Verwertungsgesellschaften normalerweise nicht eingeschaltet (Ausnahme: GÜFA für erotische/pornographische Filme). Nur für die ggf. im Video/Film verwendete Musik ist, wie erläutert, meist die GEMA zuständig. Eine Lizenzierung durch Verwertungsgesellschaften würde für die Videos/Filme selbst auch wenig Sinn machen, da die verschiedenen Nutzungsarten solcher Werke traditionell einem strengen Zeitplan folgen, der von seinem individuellen Veröffentlichungsdatum geprägt ist, dessen individuelle Verwaltung und Überwachung eine Verwertungsgesellschaft administrativ überfordern würde.

Da Videos/Filme – meist in Form von „Videodateien" verschiedener Formate (Quicktime, MP3, Real Video, Windows Media) – zur Online-Nutzung entweder im Streaming-Format oder zu Download-Zwecken lizenziert werden, enthält dieses Vertragsmuster beide Alternativen, wobei die jeweils nicht Zutreffende zu streichen ist. Sollen Videos/Filme zusätzlich oder allein zum Webcast (dh programmgebundenen Streaming) genutzt werden, so ist insoweit auf das entsprechende Formular für den Musik-Webcast (→ Form. I.5) zurückzugreifen.

Video- bzw. Film-Online-Lizenzverträge werden in der Regel mit einem Rechteinhaber abgeschlossen, der die Rechte für die betreffende Region und Nutzungsart vom Produzenten erworben hat. Oft ist dieser also insoweit selbst Lizenznehmer. Wie erläutert liegen normalerweise sämtliche Rechte (außer bezüglich im Video/Film verwendeter Musik) für eine bestimmte Nutzungsart und Region bei einem einzigen Rechteinhaber, der sowohl die urheber- als auch die leistungsschutzrechtliche Komponente verwaltet. Der vorliegende Vertrag ist daher auf die gleichzeitige Einholung aller erforderlichen urheber- und leistungsschutzrechtlichen Nutzungsrechte ausgelegt.

2. Urheber- und Leistungsschutzrechte. Videos/Filme sind idR als Filmwerke iSv §§ 2 Abs. 1 Nr. 6, 88 ff. UrhG urheberrechtlich geschützt, da auch in Bezug auf Bildfolgen und Bild- und Tonfolgen bereits die sog. „kleine Münze“ urheberrechtlichen Werkschutz genießt (Schricker/Loewenheim/Loewenheim UrhG § 2 Rn. 188; → Anm. 1). Erreicht eine Bildfolge jedoch nicht einmal den für die „kleine Münze“ erforderlichen Grad an Individualität für eine persönlich-geistige Schöpfung iSd Urheberschutzes, so genießt sie jedenfalls gem. § 95 UrhG Leistungsschutz als Laufbild. Auch wenn ein bloßer Leistungsschutz nach § 95 UrhG vorliegt, gelten insbesondere die Verwertungsrechte und der Entstellungsschutz gem. § 94 Abs. 1 UrhG analog. Das Formular kann daher in entsprechend angepasster Form auch zur Einholung der leistungsschutzrechtlichen Lizenz an einem nur leistungsschutzrechtlich geschützten Laufbild verwendet werden, wenn an Stelle des Begriffes „Urheberrecht“ jeweils die Bezeichnung „Leistungsschutzrecht“ gesetzt wird.

Neben dem Urheberrecht an einem Filmwerk, das stets den wesentlichen Filmschaffenden (u. a. Hauptregisseur, Kameramann) zusteht, bzw. dem Leistungsschutzrecht am Laufbild entsteht gem. § 94 UrhG stets zusätzlich auch ein Leistungsschutzrecht des „Filmherstellers“, das dem wirtschaftlich und organisatorisch Verantwortlichen für die Aufnahme der Bildfolge (= Film-/Video-Produzenten) zuwächst (→ Anm. 1).

3. Rechtseinräumung. → Form. J.1 Anm. 3.

4. Erforderliche Nutzungsrechte. Für der Einbindung von Videos/Filmen in eine Website sind rechtssystematisch folgende Nutzungsrechte erforderlich: Ein Vervielfältigungsrecht für die Einspeicherung der Sequenz in den Server der Website gem. § 16 UrhG. Das Recht, den Zugang zu der Sequenz zu eröffnen, welches als so genanntes „Recht der öffentlichen Zugänglichmachung“, in § 19a UrhG geregelt ist. Sowie das Recht zur weiteren Vervielfältigung der Sequenz durch Besucher der Website gem. § 16 UrhG, falls diese die Sequenz bei sich selbst wiederum abspeichern können.

5. Einspeicherung in eine Website. → Form. J.1 Anm. 5.

6. Öffentlich-Zugänglichmachung. → Form. J.1 Anm. 6 hier bezogen auf die Sequenz.

7. Vervielfältigung durch Abruf von Besuchern der Website. Jeder Abruf durch einen Besucher der Website ist eine Vervielfältigung im urheberrechtlichen Sinne, weil dadurch zumindest eine Kopie im Arbeitsspeicher des abrufenden Computers entsteht (vgl. Bechtold GRUR 1998, 18 mwN; Schack UrhR/UrhVertragsR § 13 Rn. 418 ff.). Vorübergehende Vervielfältigungshandlungen, die flüchtig oder begleitend sind, einen integralen und wesentlichen Teil eines technischen Verfahrens darstellen, keine eigenständige wirtschaftliche Bedeutung haben und entweder nur der Übertragung in einem Netz durch einen Vermittler oder die rechtmäßige Nutzung eines Werkes ermöglichen sollen, sind allerdings schon gem. § 44a UrhG vom urheberrechtlichen Zustimmungsvorbehalt ausgenommen. Dazu zählen in erster Linie die Vervielfältigungshandlungen, wie sie bei der digitalen Informationsübermittlung im WWW vorkommen, dh vor allem das Browsing und das Routing. Wenn allerdings der Nutzer die Möglichkeit hat, die Sequenz nach dem bloßen Browsing-Abruf seinerseits dauerhaft abzuspeichern, greift § 44a UrhG nicht mehr und ist hierfür ein weiteres Vervielfältigungsrecht gem. § 16 UrhG erforderlich.

Daher ist eine solche Rechtseinräumung zur weiteren Vervielfältigung der Sequenz durch Besucher der Website gem. §§ 16, 77, 85 Abs. 1 UrhG nur beim Download erforderlich, denn beim Streaming kann das Video/der Film unter normalen Umständen nicht wiederum abgespeichert werden. Speichert der Nutzer das Video/den Film aufgrund von Manipulationen nach dem Browsing-Abruf des Streams dauerhaft ab, so muss ein Anbieter, der solche Manipulationen weder veranlasst, noch (zB durch entsprechenden Werbung) besonders ermutigt, hierfür kein Vervielfältigungsrecht einholen: Solche Manipulationen des Nutzers stellen dann nämlich keine Pflichtverletzung des Anbieters (sondern nur des entsprechende Nutzers) dar, so dass der Anbieter für sie nicht als mittelbarer Störer haftet und daher für sie auch keine Lizenz benötigt.

Die beabsichtigten Vervielfältigungen beim Download hingegen sind dem Website-Betreiber – zumindest im Wege mittelbarer Störerhaftung – zuzurechnen, da er den Abrufvorgang veranlasst und wirtschaftlich beherrscht (vgl. OLG München ZUM 2019, 595 – Musikmitschnittdienst im Netz; BGH ZUM 2009, 765 – Online-Videorecorder; Cichon K&R 1999, 547 (549 f.).

8. Zweitverwertung in Rundfunk und Fernsehen. ZB im Rahmen von Sendungen, die sich mit dem Internet beschäftigen, Websites vorstellen und dabei deren Inhalt wiedergeben (im Radio etwa durch Beschreibung und Abspielen der auf der Website enthaltenen Videofiles, im Fernsehen durch Vorführung der Website).

Diese Ausweitung der (nicht exklusiven) Lizenz auf weitere Verwertungsarten im Zusammenhang mit der Website kann entfallen, wenn der Rechteinhaber zu einer so weitgehenden Lizenzierung nicht bereit ist. Wird die Zweitverwertungs-Lizenz jedoch erteilt, so ermöglicht sie dem Lizenznehmer die Verwertung der von ihm zusammengestellten und konzipierten Website auch in Rundfunk und Fernsehen, ohne ihn zur Aussparung der Inhalte zu zwingen, die er selbst nur lizenziert hat.

9. Verwertungsumfang. Die Rechtseinräumung kann auch auf weitere Angebots- und Zweitverwertungsarten der Website erstreckt werden, zB auf die Verwertung in geschlossenen Netzen, Offline auf CD-Rom oder als Teil einer Umsetzung des „Look & Feel" der Website in Film, Video oder Computerspiel. Die optimale Reichweite der Lizenz hängt ganz von dem unmittelbaren Zweck der Lizenzierung der Video-Sequenz/des Filmes ab und von der Rolle, die sie im Gesamtangebot der Website spielen soll.

10. Inhaltsverantwortlicher. → Form. J.1 Anm. 12.

11. Abtretungs- und Unterlizenzierungsverbot. Diese Regelung dient dem Schutz des Rechteinhabers davor, den Überblick darüber zu verlieren, wer zur Nutzung seines Videos/Films berechtigt ist und wer nicht. Deshalb ist die Nichtübertragbarkeit bzw. Nicht-Unterlizenzierbarkeit auch der gesetzliche Regelfall, vgl. §§ 34, 35 UrhG. Auch schützt das Unterlizenzierungsverbot den Rechteinhaber vor einem Weiterbestehen von Unterlizenzen nach Wegfall der Hauptlizenz, siehe BGH in Sachen „M2Trade" (BGH GRUR 2012, 916) und „Take Five" (BGH GRUR 2012, 914).

12. Beschränkung auf bestimmte Website. → Form. J.1 Anm. 14.

13. Bedingung vollständiger Zahlung. → Form. J.1 Anm. 15.

14. Rechterückfall bei Nichtzahlung. Diese Klausel sanktioniert den Zahlungsverzug des Lizenznehmers, indem sie die Nutzungsmöglichkeiten aus dem Vertrag de facto beendet, während andererseits der Vergütungsanspruch des Rechteinhabers (auch für die Zukunft) unberührt bleibt und somit zB im Insolvenzfall zur Verteilung nach der Quote angemeldet werden kann. Dies ist eine wirksame Sicherungsklausel des Vergütungsanspruches des Rechteinhabers gegenüber einem zahlungsunwilligen oder -unfähigen Lizenznehmer, auch beispielsweise in der Insolvenz des Lizenznehmers. Auch sie zwingt den Insolvenzverwalter, die Vergütung (bis auf im Beispiel maximal zwei Monatsvergütungen) entweder weiterzuzahlen oder auf die weitere Nutzung des lizenzierten Inhalts zu verzichten. Nach der Rechtsprechung des BGH (BGH NJW 2006, 915 = CR 2006, 151 = MMR 2006, 386) ist jedenfalls ein aufschiebend bedingter Rechtsübergang für den Fall der (Kündigung wegen) Nichterfüllung durch den Vertragspartner (bzw. dessen Insolvenzverwalter) insolvenzfest, so dass sich ein Rechteinhaber im Falle der Insolvenz des Lizenznehmers die eingeräumten Verwertungsrechte zurückholen kann. Die neue Rechtsprechung des BGH in Sachen „M2Trade" (BGH GRUR 2012, 916) und „Take Five" (BGH GRUR 2012, 914) zur „Insolvenzfestigkeit" von Unterlizenzen ändert an der Sinnhaftigkeit einer solchen Klausel nichts, denn eine Klarstellung des Schicksals von Hauptlizenzen im Insolvenzfall des Lizenzgebers steht nach wie vor aus.

15. Europäische Union. → Form. J.1 Anm. 16.

16. Bestimmungslandprinzip. → Form. J.1 Anm. 17.

17. Beschränkung auf B2C-Websites. → Form. J.5 Anm. 22.

18. Unbekannte und noch nicht geschützte Nutzungsarten. → Form. J.1 Anm. 18.

19. Option bezüglich nicht erfasster Nutzungsarten. → Form. J.1 Anm. 19. Die Nachverhandlungspflicht beschränkt sich wegen des begrenzten Zwecks des Video-/Film-Online-Lizenzvertrages allerdings auf Verwertungsarten im Zusammenhang mit Websites.

20. Veränderungen. Ein umfassendes Persönlichkeitsrecht, das ihn insbesondere vor Entstellungen seines Werkes schützt, steht gem. §§ 12 ff. UrhG nur dem Urheber zu, nicht hingegen einem bloß Leistungsschutzberechtigten. Allerdings genießt der Filmhersteller spezifischen Entstellungsschutz gem. § 94 Abs. 1 S. 2 UrhG. Ein Verbot von Bearbeitungen und sonstigen Umgestaltungen kann außerdem auch auf das Verwertungsrecht des § 23 UrhG gestützt werden, das dem Filmhersteller gem. § 88 Abs. 1 Nr. 5 im Zweifel eingeräumt ist. Der Vertrag kann die ausschnittsweise Benutzung und Bearbeitung daher je nach Interessenlage der Parteien auch verbieten. Dabei ist jedoch auf die berechtigten Interessen des Lizenznehmers Rücksicht zu nehmen. Dies kann etwa in folgender Form bewerkstelligt werden:

Ausgeschlossen ist das Recht, die vertragsgegenständliche Sequenz ausschnittsweise, in Teilen oder in bearbeiteter Form zu benutzen; für die Benutzung unerlässliche Änderungen sind jedoch gestattet.

21. Rechte an der Website. Diese Rechte dürfen nicht mit den Rechten an einem Stream der Sequenz verwechselt werden, die (wie in § 2 Abs. 11 vorgesehen) Gegenstand abweichender Vereinbarung sein kann.

22. Namensnennung. Die Nennung des Urhebers ist schon gem. § 13 S. 2 UrhG kraft Gesetzes erforderlich. Zugunsten des Inhabers der urheberrechtlichen Verwertungsrechte sowie der Leistungsschutzrechte an der Sequenz gibt es keinen solchen gesetzlichen Anspruch auf Namensnennung. Allerdings ist es – schon im Hinblick auf § 10 UrhG – im Zusammenhang mit Videos/Filmen üblich, sämtliche Rechteinhaber zu nennen. Solche Nennungsrechte werden oft wie hier schuldrechtlich vereinbart.

23. Urheberrechtliche Schutzmechanismen. Diese Klausel behält dem Rechteinhaber die Möglichkeit vor, auch nach Vertragsabschluss noch Sicherungsmechanismen gegen unerlaubte Vervielfältigungen (zB Digital Rights Management Systeme) einzuführen. Diese Regelung ist umso relevanter, je länger die Vertragslaufzeit ist, da die Wahrscheinlichkeit der Einführung neuer Sicherungsmechanismen während der Vertragslaufzeit dann umso höher ist.

Wenn der Lizenznehmer die vertragsgegenständliche Sequenz nicht zur Erzielung von Einkünften nutzt, ist es angemessen, die Kosten für die „Nachrüstung" der Videodatei dem Rechteinhaber aufzuerlegen:

Der Rechteinhaber hat ferner Anspruch darauf, dass der Lizenznehmer die von seiner Website aus abrufbare vertragsgegenständliche Sequenz auf Verlangen des Rechteinhabers nachträglich mit einem urheberrechtlichen Schutzmechanismus versieht, soweit dadurch die vertragsgemäße Benutzung nicht behindert wird und die Kosten der Maßnahme vom Rechteinhaber getragen werden.

24. Übernahme von Streams. Diese Regelung stellt einen besonderen Vorteil für den Rechteinhaber dar, der die vom Lizenznehmer erzeugten Streams auch selbst nutzen darf und sich so den Aufwand zur Erzeugung eines eigenen Streams erspart. Da bei nicht live erzeugten Streams keine besondere Investition nötig ist, ist diese Vereinbarung nicht unbillig. Der Lizenznehmer stellt bei Streams, die aus vorbestehenden Aufnahmen erzeugt werden, auch keine eigene Aufzeichnung her und erwirbt daher auch kein Leistungsschutzrecht als Tonträger- oder Filmhersteller. Das (einfache) Übernahmerecht des Rechteinhabers an den vom Lizenznehmer generierten Streams kann jedoch (je nach Werbeintensität und jeweiligen Werbezielgruppen) unter Umständen eine „Umlenkung" von Nutzern von der Website des Lizenznehmers zur Website des Rechteinhabers hin bewirken. Je nach Interessenlage der Parteien und dem Ausmaß an Exklusivität, das dem Lizenznehmer für die vertragsgegenständliche Nutzungsart eingeräumt werden soll, kann diese Klausel daher auch entfallen.

25. Urheber-/Leistungsschutzrechtsinformationen. Diese Regelung dient dem Schutz des Lizenznehmers. Ihm soll dadurch ermöglicht werden, einerseits zu überprüfen, ob er alle zur Benutzung der vertragsgegenständlichen Sequenz erforderlichen Lizenzen eingeholt hat, und andererseits seinen Pflichten gegenüber allen Berechtigten in der erforderlichen Weise nachzukommen (zB der Namensnennungspflicht).

26. Kontrollabrufe. Vereinbaren die Parteien eine abrufmengenabhängige Vergütung, so sind Kontrollabrufe ausdrücklich von der Vergütungspflicht auszunehmen.

Kontrollabrufe sind von der Vergütungszahlung befreit.

27. Nutzungsdaten. Diese Formulierung verpflichtet den Lizenznehmer nur zur Herausgabe von Daten, die bei ihm ohnehin erhoben werden. Die Klausel kann auch weitergehend formuliert werden, so dass sie den Lizenznehmer zur Erhebung von Nutzungsdaten, soweit technisch möglich und rechtlich zulässig, verpflichtet, zB mit folgender Formulierung:

Der Lizenznehmer verpflichtet sich, dem Rechteinhaber Nutzungsdaten, die mit dem Abruf der vertragsgegenständlichen Sequenz in Zusammenhang stehen, zur Verfügung zu stellen, soweit dies technisch möglich und rechtlich zulässig ist.

28. E-Mail-Adressen. → Form. J.1 Anm. 27.

29. Rechtegarantie des Rechteinhabers. → Form. J.1 Anm. 28.

30. Haftungsfreistellung. → Form. J.1 Anm. 29.

31. Garantie des Lizenznehmers. → Form. J.1 Anm. 30.

32. Veröffentlichung. → Form. J.1 Anm. 31.

33. Vertragsdauer. → Form. J.1 Anm. 32.

34. Lizenzdauer. → Form. J.1 Anm. 33.

35. Kündigung aus wichtigem Grund. → Form. J.1 Anm. 34.

36. Abmahnung. → Form. J.1 Anm. 35.

37. Rechterückfall bei Erfüllungsverweigerung. → Form. J.5 Anm. 47. Wenn der Rechteinhaber für die Einräumung der vertragsgegenständlichen Lizenz hingegen eine bereits vorab voll gezahlte Pauschale erhalten hat, besteht für die Klausel kein Bedürfnis mehr und ist sie demgemäß wegzulassen.

38. Widerrufsvorbehalt. Diese Klausel entfaltet zugunsten besonders bindungsunwilliger Rechteinhaber die Wirkung eines jederzeitigen, begründungslosen Rücktrittsrechtes. Sie kann bei abweichender Interessenlage der Parteien entfallen.

39. Lizenzgebühr. Die Vergütungsform der Pauschallizenzgebühr ist für nicht oder nicht direkt Einkünfte produzierende Nutzungen die einfachste und angemessenste. Eine Beteiligung des Rechteinhabers am wirtschaftlichen Erfolg der Nutzung ist hier gar nicht oder nur schwer möglich. Eine Pauschallizenzgebühr in Form periodischer Zahlungen (wie hier vorgeschlagen) bietet sich besonders dann an, wenn die Nutzung über einen gewissen Zeitraum hinweg erfolgt und sich der wirtschaftliche Wert der Nutzung für den Lizenznehmer vorwiegend an der Dauer der Nutzungsmöglichkeit orientiert. Je nach Bedeutung der Lizenz kann aber auch eine einmalige Pauschallizenzgebühr angemessen sein.

Erfolgt die Nutzung der vertragsgegenständlichen Sequenz im Rahmen direkt Einnahmen erzeugender kommerzieller Programme oder Angebote (zB pay-per-download), so ist hingegen eine Umsatzbeteiligung des Rechteinhabers üblich und angemessen (vgl. Frohne ZUM 2000, 810 (815)). Sie kann etwa in der Form von → Form. J.4, dort § 8 Abs. 1 und 2 erfolgen.

Möglich ist auch eine Vergütung abhängig von der Zahl der Abrufe. Dabei ist allerdings die Feststellung fehlerhafter Übermittlungen schwierig.

(1) Vergütung:

Für die Rechtseinräumung nach diesem Vertrag erhält der Rechteinhaber eine Lizenzgebühr in Höhe von . . . . . pro Abruf der Video-Datei mit der vertragsgegenständlichen Sequenz durch einen Kunden. Dabei ist als Abruf jede vollständige, fehlerfreie Übermittlung anzusehen, die vom Kunden des Lizenznehmers nicht erfolgreich gerügt wird. Der Lizenznehmer trägt die Beweislast dafür, dass eine Übermittlung vom Kunden gerügt wurde.
Die Vergütung wird monatlich jeweils zum Monatsende abgerechnet und gezahlt.

Auf diese abrufmengenabhängige Lizenzgebühr kann auch eine vorab zu zahlende feste Garantiesumme als Vorauszahlung vereinbart werden:

Auf diese Lizenzgebühr ist vom Lizenznehmer vor dem Einspeichern der vertragsgegenständlichen Sequenz vorab eine voll verrechenbare einmalige Garantiesumme in Höhe von . . . . . an den Rechteinhaber zu bezahlen.

Oder es kann eine Grundgebühr vereinbart werden, die zusätzlich zu einer abrufmengenabhängigen Vergütung oder Umsatzbeteiligung vorab zu zahlen ist:

Zusätzlich zu der abrufmengenabhängigen Lizenzgebühr/Umsatzbeteiligung ist vom Lizenznehmer vor dem Einspeichern der vertragsgegenständlichen Sequenz eine einmalige Gebühr in Höhe von . . . . . an den Rechteinhaber zu bezahlen.

Falls das abrufmengenabhängige Vergütungsmodell gewählt wird, aber unentgeltliche oder vergünstigte Demonstrationsabrufe (zB Probeabrufe) ermöglicht werden sollen, empfiehlt sich folgende Formulierung:

Abrufe, die vom Lizenznehmer in Deutschland nachweislich zu Vorführungs- oder Werbezwecken unentgeltlich gestattet wurden, sind vergütungsfrei/unterliegen folgendem – vermindertem – Vergütungssatz: . . . . .
Die für Demonstrationsabrufe vorgesehene Videodatei darf eine Länge von jeweils 33 Sekunden nicht überschreiten.
Der Rechteinhaber ist berechtigt, Abrechnungen des Lizenznehmers in Bezug auf seine Vergütung auf eigene Kosten zu überprüfen oder von einem öffentlich vereidigten Buch- oder Wirtschaftsprüfer oder einem sonst zur Berufsverschwiegenheit verpflichteten Sachverständigen überprüfen zu lassen (Buchprüfung). Bis zur Feststellung von Unkorrektheiten in der Abrechnung ist diese für beide Seiten verbindlich. Ergibt eine Buchprüfung eine Differenz (von mehr als . . . . %) zu Ungunsten des Rechteinhabers, so trägt der Lizenznehmer die angemessenen Kosten der Buchprüfung. Nach Ablauf einer Einwendungsfrist von sechs Monaten nach Zugang der Abrechnung wird die Abrechnung für beide Teile dieses Vertrages endgültig unanfechtbar. [Bestandteile in Klammern können auch entfallen.]

Je nach Interessenlage der Parteien kann dabei die Beschränkung auf Abrufe „in Deutschland" oder aber auch die längenmäßige Beschränkung der Videodatei entfallen.

40. Beschränkung auf gesetzliche Schutzfrist. Diese Regelung ist nur bei periodisch wiederkehrender Zahlungspflicht in den Vertrag aufzunehmen. Sie stellt sicher, dass der Rechteinhaber, der auf Grund dieses Vertrages regelmäßige Zahlungen an den Rechteinhaber leistet, nach Wegfall des gesetzlichen Schutzes nicht – auf Grund des Vertrages – schlechter steht als jeder andere, der keine Vergütung für die nun freie Nutzung entrichten muss.

41. Pauschalierter Verzugszins. → Form. J.1 Anm. 39.

42. Exklusivität. Im Falle von Videos/Filmen ist (außer bei Musikvideos) die Einräumung einer gewissen Exklusivitätsfrist durchaus nicht unüblich. Dies liegt zum einen daran, dass hier auch der Rechteinhaber in der Regel an einer kontrollierten und jeweils an bestimmte Exklusivpartner gebundenen Verwertung Interesse hat. Zum anderen ist die Investitionsleistung des Lizenznehmers sowohl in die technischen Voraussetzungen der Online-Nutzung, als auch häufig in Vorschüsse an den Rechteinhaber in der Regel weit größer, so dass eine Exklusivitätsforderung größere Rechtfertigung findet.

43. Exklusivitätsdauer. Die Exklusivitätsdauer kann auch auf einen bestimmten Zeitraum während der Vertragslaufzeit beschränkt oder auf einen gewissen Zeitraum nach Vertragsablauf erstreckt werden, etwa:

Der Rechteinhaber verpflichtet sich, bis zu 30 Tage nach Beendigung dieses Vertrages die vertragsgegenständliche Sequenz nicht an einen weiteren Lizenznehmer zur Online-Nutzung zu lizenzieren.

7. Animations-Online-Lizenzvertrag

Zwischen

. . . . .

– nachstehend „Rechteinhaber" genannt –

und

. . . . .

– nachstehend „Lizenznehmer" genannt –

wird folgender Vertrag[1] geschlossen:

§ 1 Vertragsgegenstand

(1) Der Lizenznehmer beabsichtigt, auf seiner Website mit der URL/den URLs . . . . . die Animation . . . . . [Name oder Beschreibung] des . . . . . [Produzent] einzubinden. Die hierfür erforderlichen Rechte sollen durch diesen Vertrag erworben werden.

(2) Die Parteien gehen davon aus, dass die abrufbar zu machende Animation in Deutschland urheber- und/oder leistungsschutzrechtlich geschützt ist und dem Rechteinhaber hieran die ausschließlichen Nutzungsrechte zustehen.[2]

§ 2 Rechtseinräumung[3]

(1) Zur Verwirklichung des in § 1 Abs. 1 genannten Zweckes räumt der Rechteinhaber dem Lizenznehmer hiermit folgende nicht ausschließliche Nutzungsrechte ein:[4]

a) Das Recht zur Einspeicherung der Animation im . . . . . -Format in die o.g. Website des Lizenznehmers;[5]

b) Das Recht, die Animation der Öffentlichkeit ganz oder teilweise zugänglich zu machen („Recht der Öffentlich-Zugänglichmachung");[6]

c) Das Recht die Animation auf Abruf von Besuchern der o.g. Website vervielfältigen zu lassen;[7]

. . . . .

– hereinafter referred to as „Rights Holder" –

and

. . . . .

– hereinafter referred to as „Licensee" –

enter into the following agreement

§ 1 Object of the agreement

(1) The Licensee intends to publish on its website with the URL/URLs . . . . . the animation . . . . . [name or description] of the . . . . . [Producer]. The rights required for this are to be acquired through this contract.

(2) The parties assume that the animation to be made available is protected by copyright and/or ancillary copyright in Germany and that the rights holder is entitled to the exclusive rights of use.[2]

§ 2 Granting of Rights[3]

(1) In order to achieve the purpose stated in § 1 (1), the Rights Holder hereby grants the Licensee the following non-exclusive rights of use:[4]

a) The right to store the animation in . . . . . - format in the above-mentioned website of the Licensee;[5]

b) The right to make the contractual animation available to the public in streaming format/for download in whole or in part („right of making available to the public");[6]

c) The right to have the animation reproduced on demand by visitors to the above-mentioned website;[7]

d) Das Recht, die Animation in unerheblichem Umfang im Zusammenhang mit der o.g. Gesamt-Website auch in anderen Medien weiter zu verwerten,[8] etwa in Rundfunk und Fernsehen, auf CD-ROM, in Printversionen sowie auf alle anderen möglichen Verwertungsarten für Websites.

Die Rechteinräumung umfasst sämtliche Angebotsarten für Websites, insbesondere das freie Internet, kostenpflichtige Websites, sonstige Online- und Offline-Dienste und interne Netze;[9] sie ist insbesondere nicht auf Nutzungen im freien Internet beschränkt.

Die Rechte sind nur dem Lizenznehmer als inhaltlich Verantwortlichem[10] für die Website eingeräumt und ohne Zustimmung des Rechteinhabers weder weiter übertragbar noch unterlizenzierbar.[11] Insbesondere sind sie nicht dem technischen Dienstleister, der die Website betreibt, eingeräumt, sofern dieser von dem Lizenznehmer verschieden ist.

Der Lizenznehmer verpflichtet sich, die vertragsgegenständliche Animation ausschließlich für die oben genannte Website zu verwenden.[12]

Der Vertrieb körperlicher Werkstücke oder andere als die in diesem § 2 dieses Vertrages genannten Verwertungsformen sind nach diesem Vertrage nicht zulässig. Hierzu bedarf es des Abschlusses eines eigenen, gesonderten Lizenzvertrages.

(2) Die Rechteinräumung wird gem. § 158 Abs. 1 BGB erst wirksam, wenn der Lizenznehmer die erste gem. § 7 dieses Vertrages geschuldete Vergütungszahlung vollständig geleistet hat.[13] Der Rechteinhaber kann eine Benutzung der vertragsgegenständlichen Animation auch schon vor diesem Zeitpunkt vorläufig erlauben. Ein Übergang der Rechte nach diesem Paragraphen findet durch eine solche vorläufige Erlaubnis nicht statt. Ferner kann der Rechteinhaber die Rechteinräumung widerrufen, wenn der Lizenznehmer mit der Bezahlung einer gem. § 8 dieses Vertrages fälligen Vergütung trotz Mahnung

d) The right to indirectly further exploit the animation, to an insignificant extent, in connection with the above-mentioned overall website in other media,[8] for example in radio and television, on CD-ROM, in print versions and in all other possible types of exploitation for websites.

The granting of rights covers all types of offerings for websites, in particular the free Internet, fee-based websites, other online and offline services and internal networks;[9] In particular, it is not limited to uses on the free Internet.

The rights are only granted to the Licensee as the person responsible[10] for the content of the website and are neither transferable nor sublicensable without the consent of the Rights Holder.[11] In particular, they are not granted to the technical service provider operating the website if this is different from the Licensee.

The Licensee undertakes to use the contractual animation exclusively for the above-mentioned website.[12]

The distribution of physical works or forms of exploitation other than those specified in this § 2 of this agreement are not permitted under this agreement. This requires the conclusion of a separate license agreement.

(2) Pursuant to Section 158 (1) BGB [German Civil Code], the granting of rights shall only become effective once the Licensee has paid the first remuneration payment owed pursuant to § 7 of this agreement in full.[13] The Rights Holder may also provisionally permit the use of the contractual animation before this point in time. Such provisional permission shall not constitute a transfer of rights under this paragraph. Furthermore, the Rights Holder may revoke the granting of rights if the Licensee is more than two months in arrears with the payment of a remuneration default with a remuneration payment

und Nachfristsetzung länger als zwei Monate in Verzug bleibt.[14]

according to § 8 of this agreement despite a dunning notice and the setting of a grace period.[14]

(3) Die Rechtseinräumung ist territorial auf die Einbindung der vertragsgegenständlichen Animation in eine Website beschränkt, die erkennbar zum Abruf nur innerhalb der Europäischen Union[15] bestimmt ist.[16] Die Rechtseinräumung ist außerdem ausdrücklich auf solche Websites beschränkt, die für den Abruf durch Endverbraucher bestimmt sind.[17]

(3) The granting of rights is territorially limited to the integration of the contractual animation into a website which is recognizably intended for retrieval only within the European Union[15,16] The granting of rights is also expressly limited to such websites which are intended for retrieval by end consumers.[17]

(4) Die Nutzungsrechtseinräumung umfasst alle derzeit bekannten und unbekannten Nutzungsarten, die zur Erreichung des Vertragszwecks erforderlich sind oder werden, auch wenn sie erst auf Grund neuer Gesetzeslage oder aus anderen Gründen nachträglich an der vertragsgegenständlichen Animation entstehen oder erst nachträglich bekannt werden.[18]

(4) The granting of rights of use includes all currently known and unknown types of use that are or become necessary to achieve the purpose of the contract, even if they only arise subsequently due to new legislation or for other reasons or only become known subsequently.[18]

(5) Im Hinblick auf etwaig von dieser Nutzungsrechtseinräumung nicht erfasste Nutzungsarten im Zusammenhang mit Websites räumt der Rechteinhaber dem Lizenznehmer eine Option zu angemessenen Bedingungen ein.[19]

(5) With regard to any types of use not covered by this grant of rights of use in connection with websites, the Rights Holder shall grant the Licensee an option on reasonable terms.[19]

(6) Der Lizenznehmer ist berechtigt, die vertragsgegenständliche Animation auf seiner Website auch in Verbindung mit Werken anderer Rechteinhaber oder ausschnittsweise zu benutzen oder sie zu bearbeiten. Dabei sind Veränderungen und Kürzungen nur zulässig, soweit sie nicht entstellend wirken.[20] Ergänzungen sind nicht zulässig.

(6) The licensee is entitled to use the contractual animation on its website, also in connection with works of other rights holders or in extracts, or to edit it. Changes and abridgements are only permitted insofar as they do not have a distorting effect.[20] Additions are not permitted.

(7) Der Lizenznehmer ist berechtigt, im Zusammenhang mit der Durchführung dieses Vertrages – insbesondere zum Zwecke der Eigenwerbung und auf der vertragsgegenständlichen Website selbst – den Titel der vertragsgegenständlichen Animation und Abbildungen (Stills) hieraus, sowie Namen/Kennzeichen/Logos und Abbildungen des Rechteinhabers unentgeltlich zu benutzen.

(7) The Licensee is entitled to use the title of the contractual animation and images (stills) thereof, as well as the names/identifiers/logos and images of the Rights Holder free of charge in connection with the execution of this contract – in particular for the purpose of self-promotion and on the contractual website itself.

(8) Sämtliche Namens-, Titel- und Kennzeichenrechte an der Website oder einzelnen ihrer Teile oder durch Benutzung auf

(8) All name, title and trademark rights to the website or individual parts thereof or name, title and trademark rights arising

der Website entstehende Namens-, Titel- und Kennzeichenrechte sind Sache des Lizenznehmers.[21]

through use on the website are the responsibility of the Licensee.[21]

(9) Der Rechteinhaber hat Anspruch auf Nennung des Namens des Urhebers/Herstellers der Animation sowie auf Nennung seines Namens als Rechteinhaber in Form eines – mit einem Zielpunkt seiner Wahl verlinkten – Vermerkes auf derjenigen Webseite, auf welcher die vertragsgegenständliche Animation eingebunden wird.[22]

(9) The Rights Holder is entitled to have the name of the author/producer of the animation mentioned as well as to have his name mentioned as the rights holder in the form of a note – linked to a target point of his choice – on the website on which the contractual animation is integrated.[22]

(10) Der Rechteinhaber hat Anspruch darauf, dass der Lizenznehmer die von seiner Website aus abrufbare vertragsgegenständliche Animation auf Verlangen des Rechteinhabers nachträglich mit einem urheberrechtlichen Schutzmechanismus versieht, soweit dadurch die vertragsgemäße Benutzung nicht behindert wird und die Maßnahme dem Lizenznehmer wirtschaftlich zumutbar ist.[23]

(10) The Rights Holder is entitled to demand that the Licensee, at the request of the Rights Holder, subsequently adds a copyright protection mechanism to the contractual animation that can be accessed from his website, insofar as this does not hinder the contractual use and the measure is economically reasonable for the Licensee.[23]

§ 3 Mitwirkungspflichten und Kontrollrechte des Rechteinhabers

§ 3 Obligations to cooperate and rights of control of the Rights Holder

(1) Der Rechteinhaber verpflichtet sich, dem Lizenznehmer auf Verlangen eine Verkörperung der vertragsgegenständlichen Animation (Werkstück) zur Herstellung der von ihm benötigten Kopien zu liefern. Das Werkstück ist nach Ablauf von 2 Monaten an den Rechteinhaber zurückzugeben, sofern es in verkörperter Form (zB auf CD, DVD) übergeben wurde. Eine Weitergabe dieses Werkstückes an Dritte oder die Erstellung von Kopien für Dritte außerhalb des Rahmens dieses Vertrages ist nicht gestattet, soweit nicht der Rechteinhaber einer Übertragung der vertragsgegenständlichen Lizenz an den Dritten zugestimmt hat.

(1) The Rights Holder undertakes to, upon request, provide the Licensee with an embodiment of the contractual animation (workpiece) to enable the production of the necessary copies by the Licensee. The workpiece must be returned to the Rights Holder after 2 months if it was handed over in embodied form (e.g. on CD, DVD). This workpiece may not be passed on to third parties or copies made for third parties outside the scope of this agreement unless the rights holder has agreed to the transfer of the contractual license to the third party.

(2) Der Rechteinhaber hat dem Lizenznehmer folgende Informationen in folgender Form zur Verfügung zu stellen:

a) Informationen über sämtliche Urheber und sämtliche Leistungsschutzberechtigten an der vertragsgegenständlichen Animation:[24] schriftlich oder per E-Mail;

(2) The Rights Holder shall provide the Licensee with the following information in the following form

a) Information on all authors and persons entitled to ancillary rights to the contractual animation:[24] in writing or by e-mail;

b) Ggf. Beschränkungen seines Rechteumfangs bzw. der Art und Weise, auf die die vertragsgegenständliche Animation in die Website eingebunden werden darf: schriftlich oder per E-Mail.

(3) Zur Kontrolle der Erfüllung dieses Vertrages gewährt der Lizenznehmer dem Rechteinhaber während der Lizenzdauer jederzeit kostenlosen Zugang zu seiner Website sowie den kostenlosen Abruf der vertragsgegenständlichen Animation, sofern Zugang und Abruf nicht ohnehin unentgeltlich angeboten werden.

(4) Der Lizenznehmer verpflichtet sich, dem Rechteinhaber auf Anforderung sämtliche vorhandenen Nutzungsdaten seiner Website zur Verfügung zu stellen, die mit dem Abruf der vertragsgegenständlichen Animation in Zusammenhang stehen.[25] Dies erstreckt sich auch auf die Weitergabe von unter Bezugnahme auf die vertragsgegenständliche Abbildung hinterlassenen E-Mail-Adressen unter Berücksichtigung der anwendbaren Datenschutzbestimmungen (bei Einwilligung des betroffenen Nutzers).[26]

§ 4 Haftung

(1) Der Rechteinhaber versichert und steht dafür ein, dass er Inhaber der Online-Nutzungsrechte an der vertragsgegenständlichen Animation ist und dass er in der vertragsgegenständlichen Form frei über sie verfügen kann.[27] Der Rechteinhaber garantiert ferner, dass die von ihm lizenzierte Animation frei von Rechten Dritter ist. Falls dem Rechteinhaber bekannt werden sollte, dass an irgendwelchen Bestandteilen der vertragsgegenständlichen Animation Rechte Dritter bestehen, so hat er den Lizenznehmer hierauf unverzüglich hinzuweisen. Der Rechteinhaber stellt den Lizenznehmer hiermit von jeglichen Ansprüchen Dritter in diesem Zusammenhang frei und ersetzt ihm die Kosten der Rechtsverteidigung.[28]

(2) Der Lizenznehmer garantiert, sämtliche neben den vertragsgegenständlichen

b) Any restrictions on the scope of his rights or the manner in which the contractual animation may be incorporated into the website: in writing or by e-mail.

(3) In order to monitor the performance of this agreement, the Licensee shall grant the Rights Holder free access to its website and free retrieval of the contractual animation at any time during the license term, unless access and retrieval are already offered free of charge.

(4) The Licensee undertakes to make available to the Rights Holder, upon request, all existing usage data of his website that are related to the retrieval of the contractual animation.[25] This also extends to the disclosure of e-mail addresses left with reference to the contractual animation, taking into account the applicable data protection regulations (with the consent of the user concerned).[26]

§ 4 Liability

(1) The Rights Holder assures and guarantees that he is the owner of the online usage rights to the contractual animation and that he can freely dispose of it in the contractual form.[27] The Rights Holder also guarantees that the content licensed by him is free from third-party rights. Should the Rights Holder become aware that third party rights exist to any components of the contractual sequence, he must inform the Licensee of this immediately. The Rights Holder hereby indemnifies the Licensee against any third-party claims in this connection and shall reimburse the Licensee for the costs of legal defense.[28]

(2) The Licensee guarantees that he will obtain or has already obtained all further

Lizenzen für die beabsichtigte Nutzung weiter erforderlichen Rechte selbst einzuholen, bzw. bereits eingeholt zu haben und stellt den Rechteinhaber in diesem Zusammenhang von jeglichen Ansprüchen Dritter frei.[29]

§ 5 Veröffentlichung[30]

Der Rechteinhaber garantiert hiermit, dass die vertragsgegenständliche Animation bereits veröffentlicht ist.

§ 6 Vertrags- und Lizenzdauer

(1) Dieser Vertrag beginnt mit beiderseitiger Unterzeichnung und läuft zunächst für die Dauer von . . . . . . (Vertragsdauer).[31] Sofern er nicht von einer Partei bis spätestens . . . . . . (Zeitraum) vor Ablauf der Vertragsdauer gekündigt wird, verlängert er sich automatisch um jeweils weitere . . . . . . (Zeitraum). Mit Ablauf der Vertragsdauer enden sämtliche Pflichten aus diesem Vertrag mit Ausnahme solcher Regelungen, die ersichtlich auch nach Vertragsende gelten sollen.

(2) Die Rechtseinräumung nach diesem Vertrag (Lizenzdauer) beginnt gem. § 2 Abs. 2 mit der Zahlung der ersten geschuldeten Lizenzgebühr und endet mit Ablauf der Vertragsdauer gem. § 6 Abs. 1.[32]

(3) Dieser Vertrag kann aus wichtigem Grund vorzeitig gekündigt werden, insbesondere wenn der Rechteinhaber seinen Mitwirkungspflichten gem. § 3 dieses Vertrags nachhaltig nicht nachkommt, wenn der Lizenznehmer fällige Zahlungen gem. § 7 dieses Vertrages trotz Mahnung und Nachfristsetzung nicht leistet oder die Kontrollrechte des Rechteinhabers gem. § 3 Abs. 3 dieses Vertrages nicht erfüllt.[33] Eine fristlose Kündigung setzt grundsätzlich voraus, dass der andere Teil schriftlich gemahnt und aufgefordert wird, den vermeintlichen Grund zur fristlosen Kündigung in angemessener Zeit zu beseitigen,

rights required for the intended use in addition to the contractual license and indemnifies the Rights Holder against any claims by third parties in this connection.[29]

§ 5 Publication[30]

The Rights Holder guarantees that the contractual animation has already been published.

§ 6 Duration of contract and license

(1) This contract shall commence upon mutual signature and shall run initially for a period of . . . . . . (contract term).[31] Unless it is terminated by one of the parties by no later than . . . . . . (period) before expiry of the contract term, it shall be automatically extended for a further . . . . . . (period). Upon expiry of the contract term, all obligations under this contract shall end, with the exception of those provisions that are clearly intended to continue to apply after the end of the contract.

(2) The granting of rights under this contract (license term) shall commence in accordance with § 2 (2) upon payment of the first license fee owed and shall end upon expiry of the contract term in accordance with § 6 (1).[34]

(3) This agreement may be terminated prematurely for good cause, in particular if the Rights Holder persistently fails to comply with his obligations to cooperate pursuant to § 3 of this agreement, if the Licensee fails to make payments due pursuant to § 7 of this agreement despite a reminder and the setting of a grace period, or if the Rights Holder's rights of control pursuant to § 3 (3) of this agreement are not fulfilled.[33] Termination without notice generally requires that the other party has previously been warned in writing and requested to remedy the alleged reason for termination without notice within a reaso-

es sei denn es liegen besondere Gründe iSv §§ 314 Abs. 2, 323 Abs. 2 BGB vor, die dem Kündigenden ein Festhalten an dem Vertrag auch ohne vorherige Mahnung oder Abmahnung unzumutbar machen.[34]

nable period of time, unless there are special reasons within the meaning of Sections 314 (2), 323 (2) BGB that make it unreasonable to expect the terminating party to adhere to the contract even without a prior warning or warning notice.[34]

(4) Lehnt der Lizenznehmer oder sein rechtmäßiger Vertreter die weitere Erfüllung des Vertrages ab, so hat der Rechteinhaber ein außerordentliches fristloses Kündigungsrecht innerhalb von zwei Wochen ab Kenntnis von der Erfüllungsverweigerung. Mit dem Wirksamwerden der Kündigung wird der Lizenznehmer von sämtlichen Pflichten aus diesem Vertrag frei und fallen sämtliche dem Lizenznehmer eingeräumten Rechte an ihn zurück.[35]

(4) If the Licensee or its legal representative refuses further performance of the contract, the Rights Holder shall have an extraordinary right of termination without notice within two weeks of becoming aware of the refusal to perform. When the termination takes effect, the Licensee shall be released from all obligations under this Agreement and all rights granted to the Licensee shall revert to the Licensee.[35]

(5) Der Rechteinhaber behält sich das Recht vor, diese Lizenz jederzeit ohne Angabe von Gründen ganz oder teilweise gegen ex-nunc-Wegfall der Vergütungspflicht (pro rata temporis) zu widerrufen.[36] Übt der Rechteinhaber diesen Widerrufsvorbehalt der Lizenz aus, so hat er dem Lizenznehmer eine angemessene Frist zur Herausnahme der vertragsgegenständlichen Animation aus der Website – von in der Regel 3 Werktagen – einzuräumen.

(5) The Rights Holder reserves the right to revoke this license in whole or in part at any time without giving reasons against ex-nunc waiver of the obligation to pay remuneration (pro rata temporis).[36] If the Rights Holder exercises this reserved right of revocation of the license, he must grant the Licensee a reasonable period of time – usually 3 working days – to remove the contractual animation from the website..

§ 7 Vergütung

§ 7 Remuneration

(1) Für die Rechtseinräumung nach diesem Vertrag erhält der Rechteinhaber eine monatliche Pauschallizenzgebühr in Höhe von . . . . [Betrag][37] solange der Lizenznehmer die vertragsgegenständliche Animation auf seiner Web-Site nutzt.

(1) For the granting of rights under this agreement, the Rights Holder shall receive a monthly flat-rate license fee in the amount of . . . . [number][37] as long as the licensee uses the contractual animation on his website.

(2) Die monatliche Lizenzgebühr muss an den Rechteinhaber nur für die Dauer der gesetzlichen Schutzfrist bezahlt werden.[38]

(2) The monthly license fee must only be paid to the Rights Holder for the duration of the statutory term of protection.[38]

(3) Die erste Lizenzgebühr ist vor dem Einspeichern der vertragsgegenständlichen Animation in die Website an den Rechteinhaber zu zahlen. Die weiteren Raten iHv jeweils . . . . sind jeweils zum . . . . zu bezahlen. Der Lizenznehmer kann die Ausstellung einer Rech-

(3) The first license fee shall be paid to the Rights Holder before the contractual animation is uploaded to the website. The further installments in the amount of . . . . are to be paid on . . . . in each case. The Licensee may request the issue of an invoice for each amount to be paid.

nung über jeden zu zahlenden Betrag verlangen. Rechnungsbeträge sind spätestens innerhalb von 10 Arbeitstagen nach Rechnungsstellung zur Zahlung fällig. Zahlungen sind auf das Konto IBAN . . . . bei der . . . . [Bank] in . . . . [Ort], BIC . . . . zu leisten.

Gerät der Lizenznehmer mit der Zahlung fälliger Forderungen in Verzug, so hat er Verzugszinsen in Höhe von . . . . % pro Jahr zu zahlen, sofern er nicht nachweist, dass der tatsächliche Schaden geringer ist.[39] Die Möglichkeit des Rechteinhabers zur Geltendmachung weitergehender Ansprüche aus dem Verzug bleibt unberührt.

(4) Alle Vergütungen verstehen sich zuzüglich der gesetzlichen Mehrwertsteuer, sofern der Rechteinhaber im Zahlungszeitpunkt der Umsatzsteuerpflicht unterliegt oder auf sie optiert hat und dies dem Lizenznehmer bekannt ist. Entsteht die Umsatzsteuerpflicht oder die Option auf sie nachträglich, so kann die Mehrwertsteuer bis zum Ende des laufenden Kalenderjahres unter Vorlage der Mehrwertsteuerpflicht-Bescheinigung des zuständigen Finanzamtes gegen Rechnungsstellung nachgefordert werden. Danach erlischt die Forderung auf Umsatzsteuer-Erstattung.

§ 8 Vertraulichkeit

Beide Parteien verpflichten sich, über die Bestimmungen dieses Vertrages sowie über alle ihnen im Rahmen dieses Vertrages bekannt gewordenen Informationen bis zum Ablauf von . . . . Jahren nach Ende der Lizenzdauer Stillschweigen zu bewahren. Dies gilt nicht, soweit ein berechtigtes Interesse an einer Offenbarung besteht.

§ 9 Herausgabe- und Löschungspflichten

Der Lizenznehmer verpflichtet sich, nach Beendigung der Lizenzdauer alle ihm einzeln in elektronischer Form vorliegenden

Invoice amounts are due for payment within 10 working days of the invoice being issued at the latest. Payments are to be made to the account IBAN . . . . at the . . . . [bank] in . . . . [place], BIC . . . .

If the Licensee defaults on the payment of due claims, he shall pay default interest in the amount of . . . . % per year, unless he can prove that the actual damage is lower.[39] The Rights Holder's right to assert further claims arising from the default remains unaffected.

(4) All payments are subject to value added tax at the statutory rate, provided that the Rights Holder is subject to value added tax at the time of payment or has opted for it and the Licensee is aware of this. If the obligation to pay VAT or the option to pay VAT arises retrospectively, the VAT can be claimed retrospectively until the end of the current calendar year upon presentation of the VAT liability certificate from the responsible tax office against invoicing. Thereafter, the claim for VAT refund expires.

§ 8 Confidentiality

Both parties undertake to maintain confidentiality with regard to the provisions of this contract and all information of which they become aware within the framework of this contract until the expiry of . . . . years after the end of the license period. This shall not apply if there is a legitimate interest in disclosure.

§ 9 Handover and deletion obligations

Licensee undertakes to delete all contractual information and content available to him individually in electronic form, in vertragsgegenständlichen Informationen und Inhalte, insbesondere alle Kopien der vertragsgegenständlichen Animation, die nicht Bestandteil einer Gesamt-Archivierung seiner Website oder einzelner Webseiten sind, zu löschen. Informationen und Inhalte (auch Informationsmaterial uÄ), die in verkörperter Form vorliegen, sind an den Rechteinhaber zurückzugeben oder auf dessen Verlangen hin oder bei Nichtannahme zu vernichten.

particular all copies of the contractual animation that are not part of an overall archive of his website or individual web pages, after the end of the license term. Information and content (including information material and the like) that is available in embodied form shall be returned to the Rights Holder or, at the latter's request or in the event of non-acceptance, destroyed.

§ 10 Exklusivität[40]

Der Rechteinhaber verpflichtet sich, während der Lizenzdauer dieses Vertrages[41] die vertragsgegenständliche Animation nicht an einen weiteren Lizenznehmer zur Online-Nutzung zu lizenzieren.

§ 10 Exclusivity[40]

The rights holder undertakes not to license the contractual animation[41] to any other licensee for online use during the license term of this agreement.

§ 11 Schlussbestimmungen

(1) Dieser Vertrag unterliegt dem Recht der Bundesrepublik Deutschland.

(2) Mündliche Nebenabreden bestehen nicht. Änderungen oder Ergänzungen dieses Vertrages bedürfen zu ihrer Wirksamkeit der Schriftform, auf die auch nicht mündlich verzichtet werden kann.

(3) Sollten einzelne Bestimmungen dieses Vertrages unwirksam sein oder werden, so wird dadurch die Wirksamkeit der übrigen Bestimmungen nicht berührt. Statt der unwirksamen Bestimmung gilt dasjenige, was die Parteien nach dem ursprünglich angestrebten Zweck unter wirtschaftlicher Betrachtungsweise redlicherweise vereinbart hätten. Das Gleiche gilt im Falle des Vorliegens einer Vertragslücke.

(4) Ansprüche aus diesem Vertrag können weder abgetreten, noch verpfändet, noch mit dem Recht eines Dritten belastet werden, soweit der Schuldner dem nicht ausdrücklich zustimmt.

(5) Erfüllungsort ist …. Sofern beide Parteien Kaufleute im Sinne des HGB

§ 11 Final Provisions

(1) This contract is governed exclusively by the laws of the Federal Republic of Germany.

(2) There are no verbal collateral agreements. Amendments or additions to this contract must be made in writing, and this requirement cannot be waived orally.

(3) If individual provisions of this contract should be or become invalid, this shall not affect the validity of the remaining provisions. The invalid provision shall be replaced by what the parties would have reasonably agreed in accordance with the originally intended purpose from an economic point of view. The same shall apply in the event of a loophole in the contract.

(4) Claims arising from this contract may not be assigned, pledged or encumbered with the rights of a third party unless the debtor expressly agrees to this.

(5) Place of performance is …. If both parties are merchants within the meaning of the German Commercial

sind, ist Gerichtsstand für alle Streitigkeiten aus diesem Vertrag . . . . .

Code (HGB), place of jurisdiction for all disputes arising from this contract shall be . . . . .

. . . . .	. . . . .	. . . . .	. . . . .
(Ort, Datum)	(Ort, Datum)	(Place, Date)	(Place, Date)
. . . . .	. . . . .	. . . . .	. . . . .
– Lizenznehmer –	– Rechteinhaber –	– Licensee –	– Rights Holder –

Anmerkungen

1. Sachverhalt. Das Formular behandelt die Lizenzierung von Animationen zur Nutzung auf Websites. Animationen sind idR urheberrechtlich geschützte Filmwerke iSv §§ 2 Abs. 1 Nr. 6, 88 ff. UrhG, da auch bei Filmwerken bereits die sog. kleine Münze urheberrechtlichen Werkschutz genießt (Schricker/Loewenheim/Loewenheim UrhG § 2 Rn. 188). Durch die Einbindung einer Animation in einer Website werden somit sowohl das Urheberrecht des/der Schöpfers der Animation gem. §§ 1 ff., 88 ff. UrhG als auch das Leistungsschutzrecht des Herstellers (Produzenten) der Animation gem. § 94 UrhG berührt. Erreicht eine Bildfolge nicht den für einen Urheberschutz erforderlichen Grad an Individualität im Sinne einer persönlich-geistige Schöpfung, so genießt sie jedenfalls gem. § 95 UrhG Leistungsschutz als Laufbild.

In aller Regel sammeln sich sämtliche Verwertungsrechte an Animationen – gleich ob sie urheber- oder leistungsschutzrechtlicher Natur sind – beim Produzenten (vgl. §§ 89, 94 UrhG). Etwas anderes gilt nur, falls die Animation vertont ist und darin Musik verwendet wird, welche von Komponisten/Textdichtern stammt, die von Verwertungsgesellschaften (in Deutschland der GEMA) vertreten werden.

Die Haftung des Website-Betreibers gegenüber dem Rechteinhaber für die ordnungsgemäße Rechteeinholung bei Nutzung urheberechtlich geschützter Inhalte ist in Rechtsprechung und Literatur unbestritten, vgl. zB LG München I MMR 2009, 137 mAnm Kaufmann. Der Betreiber der Website ist regelmäßig Anbieter des entsprechenden Inhalts als „eigene Information" iSv § 7 Abs. 1 TMG und haftet daher dem Rechteinhaber gegenüber für Urheberrechtsverletzungen durch die mit der Einbindung in die Website verbundene Vervielfältigung und Öffentlich-Zugänglichmachung eines urheberrechtlich geschützten Inhalts. Daher besteht ein Bedarf nach Abschluss entsprechender Lizenzverträge wie in den Formularen dieses Abschnitts (→ Form. J.1 ff.).

2. Urheber- und Leistungsschutzrechte. Animationen sind idR als Filmwerke iSv §§ 2 Abs. 1 Nr. 6, 88 ff. UrhG urheberrechtlich geschützt, da auch in Bezug auf ggf. reine Bildfolgen bereits die sog. kleine Münze urheberrechtlichen Werkschutz genießt (Schricker/Loewenheim/Loewenheim UrhG § 2 Rn. 188; → Anm. 1). Erreicht eine Bildfolge nicht einmal den für die „kleine Münze" erforderlichen Grad an Individualität für eine persönlich-geistige Schöpfung, so genießt sie jedenfalls gem. § 95 UrhG Leistungsschutz als Laufbild.

Neben dem Urheber- bzw. Leistungsschutzrecht, das stets den wesentlichen Schöpfern der Animation zusteht, entsteht gem. § 94 UrhG stets zusätzlich auch ein Leistungsschutzrecht des „Filmherstellers", das dem wirtschaftlich und organisatorisch Verantwortlichen für die Aufnahme der Bildfolge (= Produzenten der Animation) zuwächst.

3. Rechtseinräumung. → Form. J.1 Anm. 3.

4. **Erforderliche Nutzungsrechte.** Für der Einbindung von Animationen in eine Website sind rechtssystematisch folgende Nutzungsrechte erforderlich: Ein Vervielfältigungsrecht für die Einspeicherung der Animation in den Server der Website gem. § 16 UrhG. Das Recht, den Zugang zu der Animation zu eröffnen, welches als so genanntes „Recht der öffentlichen Zugänglichmachung", in § 19a UrhG geregelt ist. Sowie das Recht zur weiteren Vervielfältigung der Animation durch Besucher der Website gem. § 16 UrhG, falls diese die Animation bei sich selbst wiederum abspeichern können.

5. **Einspeicherung in eine Website.** → Form. J.1 Anm. 5.

6. **Öffentlich-Zugänglichmachung.** → Form. J.6 Anm. 6.

7. **Vervielfältigung durch Abruf von Besuchern der Website.** → Form. J.6 Anm. 7.

8. **Zweitverwertung.** Diese Ausweitung der (nicht exklusiven) Lizenz auf weitere Verwertungsarten im Zusammenhang mit der Website kann entfallen, wenn der Rechteinhaber zu einer so weitgehenden Lizenzierung nicht bereit ist. Wird die Zweitverwertungs-Lizenz jedoch erteilt, so ermöglicht sie dem Lizenznehmer die umfassende wirtschaftliche Ausbeutung der von ihm zusammengestellten und konzipierten Website, ohne ihn zur Aussparung der Inhalte zu zwingen, die er selbst nur lizenziert hat.

9. **Verwertungsumfang.** Die Rechtseinräumung kann auch auf bestimmte Angebotsarten für Websites (zB das Internet oder geschlossene Netze) beschränkt werden. Dies hängt ganz von dem individuell mit der Lizenzierung verfolgten Zweck ab und von der Rolle, die die vertragsgegenständliche Animation im Gesamtangebot der Website spielen soll.

10. **Inhaltsverantwortlicher.** → Form. J.1 Anm. 12.

11. **Abtretungs- und Unterlizenzierungsverbot.** → Form. J.6 Anm. 11.

12. **Beschränkung auf bestimmte Website.** → Form. J.1 Anm. 14.

13. **Bedingung vollständiger Zahlung.** → Form. J.1 Anm. 15.

14. **Rechterückfall bei Nichtzahlung.** → Form. J.6 Anm. 14.

15. **Europäische Union.** → Form. J.1 Anm. 16.

16. **Bestimmungslandprinzip.** → Form. J.1 Anm. 17.

17. **Beschränkung auf B2C-Websites.** → Form. J.6 Anm. 17.

18. **Unbekannte und noch nicht geschützte Nutzungsarten.** → Form. J.1 Anm. 18.

19. **Option bezüglich nicht erfasster Nutzungsarten.** → Form. J.1 Anm. 19. Die Nachverhandlungspflicht beschränkt sich wegen des begrenzten Zwecks des Animations-Online-Lizenzvertrages allerdings auf Verwertungsarten im Zusammenhang mit Websites.

20. **Veränderungen.** → Form. J.6 Anm. 20.

Ausgeschlossen ist das Recht, die vertragsgegenständliche Animation ausschnittsweise, in Teilen oder in bearbeiteter Form zu benutzen; für die Benutzung unerlässliche Änderungen sind jedoch gestattet.

21. **Rechte an der Website.** Diese Rechte dürfen nicht mit den Rechten an einem ggf. erzeugten Stream der Animation verwechselt werden.

22. **Namensnennung.** → Form. J.6 Anm. 22.

23. **Urheberrechtliche Schutzmechanismen.** → Form. J.6 Anm. 23.

24. **Urheber-/Leistungsschutzrechtsinformationen.** → Form. J.6 Anm. 25.

25. **Nutzungsdaten.** Diese Formulierung verpflichtet den Lizenznehmer nur zur Herausgabe von Daten, die bei ihm ohnehin erhoben werden. Die Klausel kann auch weitergehend formuliert werden, so dass sie den Lizenznehmer zur Erhebung von Nutzungsdaten, soweit technisch möglich und rechtlich zulässig, verpflichtet, zB mit folgender Formulierung:

Der Lizenznehmer verpflichtet sich, dem Rechteinhaber Nutzungsdaten, die mit dem Abruf der vertragsgegenständlichen Animation in Zusammenhang stehen, zur Verfügung zu stellen, soweit dies technisch möglich und rechtlich zulässig ist.

26. **E-Mail-Adressen.** → Form. J.1 Anm. 27.

27. **Rechtegarantie des Rechteinhabers.** → Form. J.1 Anm. 28.

28. **Haftungsfreistellung.** → Form. J.1 Anm. 29.

29. **Garantie des Lizenznehmers.** → Form. J.1 Anm. 30.

30. **Veröffentlichung.** → Form. J.1 Anm. 31.

31. **Vertragsdauer.** → Form. J.1 Anm. 32.

32. **Lizenzdauer.** → Form. J.1 Anm. 33.

33. **Kündigung aus wichtigem Grund.** → Form. J.1 Anm. 34.

34. **Abmahnung.** → Form. J.1 Anm. 35.

35. **Rechterückfall bei Erfüllungsverweigerung.** → Form. J.5 Anm. 47.

36. **Widerrufsvorbehalt.** → Form. J.6 Anm. 38.

37. **Lizenzgebühr.** → Form. J.6 Anm. 39.

38. **Beschränkung auf gesetzliche Schutzfrist.** → Form. J.6 Anm. 40.

39. **Pauschalierter Verzugszins.** → Form. J.1 Anm. 39.

40. **Exklusivität.** Im Falle von Animationen ist die Einräumung einer gewissen Exklusivitätsfrist nicht ganz unüblich, insbesondere wenn die Animation extra für die Website des Lizenznehmers geschaffen wurde.

41. **Exklusivitätsdauer.** Die Exklusivitätsdauer kann auch auf einen bestimmten Zeitraum während der Vertragslaufzeit beschränkt oder auf einen gewissen Zeitraum nach Vertragsablauf erstreckt werden, etwa:

Der Rechteinhaber verpflichtet sich, bis zu . . . . . Tage nach Beendigung dieses Vertrages die vertragsgegenständliche Animation nicht an einen weiteren Lizenznehmer zur Online-Nutzung zu lizenzieren.

Text

8. Text-Online-Lizenzvertrag

Zwischen

. . . . .

– nachstehend „Rechteinhaber" genannt –

und

. . . . .

– nachstehend „Lizenznehmer" genannt –

wird folgender Vertrag[1] geschlossen:

. . . . .

– hereinafter referred to as „Rights Holder" –

and

. . . . .

– hereinafter referred to as „Licensee" –

enter into the following agreement ((Anmnr. 1)):

§ 1 Vertragsgegenstand

(1) Der Lizenznehmer beabsichtigt, den Text

. . . . . [Titel/Beschreibung]
von . . . . . [Autor]

in seine Website mit der URL/den URLs . . . . . einzubinden. Die hierfür erforderlichen Rechte sollen durch diesen Vertrag erworben werden.

(2) Die Parteien gehen davon aus, dass der vertragsgegenständliche Text in Deutschland zugunsten des Rechteinhabers urheberrechtlich geschützt ist.

§ 1 Object of the agreement

(1) The Licensee intends to integrate the text

. . . . . [title/description]
from . . . . . [author],

into its website with the URL(s) . . . . . The rights required for this are to be acquired through this contract.

(2) The parties assume that the contractual text is protected by copyright in Germany in favor of the Rights Holder.

§ 2 Rechtseinräumung[2]

(1) Zur Verwirklichung des in § 1 Abs. 1 genannten Zweckes räumt der Rechteinhaber dem Lizenznehmer hiermit folgende nicht ausschließliche Nutzungsrechte ein:[3]

a) Das Recht zur Einspeicherung des Textes in die o.g. Website des Lizenznehmers;[4]

b) Das Recht, den vertragsgegenständlichen Text der Öffentlichkeit ganz oder teilweise zugänglich zu machen („Recht der Öffentlich-Zugänglichmachung");[5]

c) Das Recht, den Text auf Abruf von Besuchern der o.g. Website hin vervielfältigen zu lassen.[6]

§ 2 Granting of Rights[2]

(1) In order to achieve the purpose stated in § 1 (1), the Rights Holder hereby grants the Licensee the following non-exclusive rights of use:[3]

a) The right to store the text on the above-mentioned website of the Licensee;[4]

b) The right to make the contractual text available to the public in whole or in part („right of making available to the public");[5]

c) The right to have the text reproduced upon request by visitors to the above-mentioned website.[6]

d) Das Recht, den Text in unerheblichem Umfang im Zusammenhang mit der o.g. Gesamt-Website auch in anderen Medien weiter zu verwerten,[7] etwa in Rundfunk und Fernsehen,[8] auf CD-ROM, in Printversionen sowie auf alle anderen möglichen Verwertungsarten für Websites.[9]

Die Rechtseinräumung umfasst sämtliche Angebotsarten für Websites, insbes. das freie Internet, kostenpflichtige Websites, sonstige Online und Offline-Dienste und interne Netze;[10] sie ist insbesondere nicht auf Nutzungen im freien Internet beschränkt.

Die Rechte sind nur dem Lizenznehmer als inhaltlich Verantwortlichem[11] für die Website eingeräumt und ohne Zustimmung des Rechteinhabers weder weiter übertragbar noch unterlizenzierbar.[12] Insbesondere sind sie nicht dem technischen Dienstleister, der die Website betreibt, eingeräumt, sofern dieser von dem Lizenznehmer verschieden ist.

Der Lizenznehmer verpflichtet sich, den vertragsgegenständlichen Text ausschließlich für die oben genannte Website zu verwenden.[13]

Der Vertrieb körperlicher Werkstücke oder andere als die in diesem § 2 dieses Vertrages genannten Verwertungsformen sind nach diesem Vertrage nicht zulässig. Hierzu bedarf es des Abschlusses eines eigenen, gesonderten Lizenzvertrages.

(2) Die Rechtseinräumung wird gem. § 158 Abs. 1 BGB erst wirksam, wenn der Lizenznehmer die gem. § 7 dieses Vertrages geschuldete Vergütung vollständig geleistet hat.[14] Der Rechteinhaber kann eine Benutzung des vertragsgegenständlichen Textes auch schon vor diesem Zeitpunkt vorläufig erlauben. Ein Übergang der Rechte nach diesem Paragraphen findet durch eine solche vorläufige Erlaubnis nicht statt.

(3) Die Rechtseinräumung ist territorial auf die Einbindung des vertragsgegenständlichen Textes in eine Website beschränkt, die erkennbar zum Abruf nur

d) The right to further exploit the text to an insignificant extent in connection with the aforementioned overall website in other media,[7] for example in radio and on television,[8] on CD-ROM, in print versions and in all other possible types of exploitation for websites.[9]

The granting of rights covers all types of offerings for websites, in particular the free Internet, fee-based websites, other online and offline services and internal networks;[10] in particular, it is not limited to uses on the free Internet.

The rights are only granted to the Licensee as the person responsible[11] for the content of the website and are neither transferable nor sublicensable without the consent of the Rights Holder.[12] In particular, they are not granted to the technical service provider operating the website if this is different from the Licensee.

The Licensee undertakes to use the contractual text exclusively for the abovementioned website.[13]

The distribution of physical workpieces or forms of exploitation other than those specified in this § 2 of this agreement are not permitted under this agreement. This requires the conclusion of a separate license agreement.

(2) Pursuant to Section 158 (1) BGB [German Civil Code], the granting of rights shall only become effective once the Licensee has paid the remuneration owed pursuant to § 7 of this agreement in full.[14] The Rights Holder may also provisionally permit the use of the contractual text before this point in time. Such provisional permission shall not constitute a transfer of rights under this paragraph.

(3) The granting of rights is territorially limited to the integration of the contractual text into a website that is recog-

innerhalb der Europäischen Union[15] bestimmt ist.[16]

(4) Die Nutzungsrechtseinräumung umfasst alle derzeit bekannten und unbekannten Nutzungsarten, die zur Erreichung des Vertragszwecks erforderlich sind oder werden, auch wenn sie erst auf Grund neuer Gesetzeslage oder aus anderen Gründen nachträglich an dem vertragsgegenständlichen Text entstehen oder erst nachträglich bekannt werden.[17]

(5) Im Hinblick auf etwaig von dieser Nutzungsrechtseinräumung nicht erfasste Nutzungsarten im Zusammenhang mit Websites räumt der Rechteinhaber dem Lizenznehmer eine Option zu angemessenen Bedingungen ein.[18]

(6) Der Lizenznehmer ist berechtigt, den vertragsgegenständlichen Text auf seiner Website auch in Verbindung mit Werken anderer Rechteinhaber oder ausschnittsweise zu benutzen oder zu bearbeiten. Wesentliche Bearbeitungen oder Ergänzungen sowie Übersetzungen in andere Sprachen sind jedoch nicht zulässig. Im Übrigen sind Veränderungen und Kürzungen des vertragsgegenständlichen Textes nur zulässig, soweit sie nicht entstellend wirken.[19]

(7) Der Lizenznehmer ist berechtigt, im Zusammenhang mit der Durchführung dieses Vertrages – insbesondere zum Zwecke der Eigenwerbung und auf der vertragsgegenständlichen Website selbst – den Titel des vertragsgegenständlichen Textes sowie Namen/Kennzeichen/Logos/Abbildungen des Autors, soweit der Rechteinhaber über solche Rechte verfügen kann, und des Rechteinhabers unentgeltlich zu benutzen.[20]

(8) Sämtliche Namens-, Titel- und Kennzeichenrechte an der Website oder einzelnen ihrer Teile oder durch Benutzung auf der Website entstehende Namens-, Titel- und Kennzeichenrechte sind Sache des Lizenznehmers.

(9) Der Rechteinhaber hat Anspruch auf Nennung seines Namens als Urheber oder Inhaber der Verwertungsrechte in Form eines – mit einem Zielpunkt seiner Wahl

nizably intended for retrieval only within the European Union[15,16]

(4) The granting of rights of use includes all currently known and unknown types of use that are or become necessary to achieve the purpose of the contract, even if they only arise subsequently due to new legislation or for other reasons or only become known subsequently.[17]

(5) With regard to any types of use not covered by this grant of rights of use in connection with websites, the Rights Holder shall grant the Licensee an option on reasonable terms.[18]

(6) The Licensee is entitled to use the contractual text on its website also in connection with works of other rights holders or in extracts or to edit it. However, significant changes or additions as well as translations into other languages are not permitted. Otherwise, changes and abridgements of the contractual text are only permitted insofar as they do not have a distorting effect.[19]

(7) The Licensee is entitled to use the title of the contractual text as well as the names/identifiers/logos/images of the author, insofar as the Rights Holder can dispose of such rights, and of the Rights Holder free of charge in connection with the execution of this contract – in particular for the purpose of self-promotion and on the contractual website itself.[20]

(8) All name, title and trademark rights to the website or individual parts thereof or name, title and trademark rights arising through use on the website are the responsibility of the Licensee.

(9) The Rights Holder is entitled to have his name mentioned as the author or holder of the exploitation rights in the form of a note – linked to a target point of his

verlinkten – Vermerks auf derjenigen Webseite, in die der vertragsgegenständliche Text integriert wird.[21]

§ 3 Mitwirkungspflichten und Kontrollrechte des Rechteinhabers

(1) Der Rechteinhaber verpflichtet sich, dem Lizenznehmer bis spätestens . . . . . [Datum][22] ein Exemplar des vertragsgegenständlichen Textes in elektronischer Form (Werkstück) zu liefern. Das Werkstück ist nach Ablauf von 2 Monaten an den Rechteinhaber zurückzugeben, sofern es in verkörperter Form (zB auf CD, DVD) übergeben wurde. Eine Weitergabe des Werkstückes an Dritte oder die Erstellung von Kopien für Dritte außerhalb des Rahmens dieses Vertrages ist nicht gestattet, soweit nicht der Rechteinhaber einer Übertragung der vertragsgegenständlichen Lizenz an den Dritten zugestimmt hat.

(2) Der Rechteinhaber hat dem Lizenznehmer folgende Informationen in folgender Form zur Verfügung zu stellen:

a) Informationen über sämtliche Miturheber an dem vertragsgegenständlichen Text:[23] schriftlich oder per E-Mail;
b) Ggf. Beschränkungen seines Rechteumfangs bzw. der Art und Weise, auf die der vertragsgegenständliche Text in die Website eingebunden werden darf: schriftlich oder per E-Mail.

(3) Zur Kontrolle der Erfüllung dieses Vertrages gewährt der Lizenznehmer dem Rechteinhaber während der Lizenzdauer jederzeit kostenlosen Zugang zu seiner Website sowie den kostenlosen Abruf des vertragsgegenständlichen Textes, sofern Zugang und Abruf nicht ohnehin unentgeltlich angeboten werden.[24]

(4) Der Lizenznehmer verpflichtet sich, dem Rechteinhaber auf Anforderung sämtliche vorhandenen Nutzungsdaten seiner Website zur Verfügung zu stellen, die mit dem Abruf des vertragsgegenständlichen Textes in Zusammenhang stehen.[25]

choice – on the website into which the contractual text is integrated.[21]

§ 3 Obligations to cooperate and rights of control of the Rights Holder

(1) The Rights Holder undertakes to provide the Licensee no later than . . . . . [date][22] with a copy of the contractual text in electronic form (workpiece). The workpiece must be returned to the Rights Holder after 2 months if it was handed over in embodied form (e.g. on CD, DVD). Passing on the workpiece to third parties or making copies for third parties outside the scope of this contract is not permitted unless the Rights Holder has agreed to a transfer of the contractual license to the third party.

(2) The Rights Holder shall provide the Licensee with the following information in the following form:

a) Information on all co-authors of the contractual text:[23] in writing or by e-mail;
b) Any restrictions on the scope of his rights or the manner in which the contractual text may be incorporated into the website: in writing or by e-mail.

(3) In order to monitor the performance of this agreement, the Licensee shall grant the Rights Holder free access to its website and free retrieval of the contractual text at any time during the license term, unless access and retrieval are already offered free of charge.[24]

(4) The Licensee undertakes to make available to the Rights Holder, upon request, all existing usage data of his website that are related to the retrieval of the contractual text.[25]

Dies erstreckt sich auch auf die Weitergabe von unter Bezugnahme auf die vertragsgegenständliche Abbildung hinterlassenen E-Mail-Adressen unter Berücksichtigung der anwendbaren Datenschutzbestimmungen (bei Einwilligung des betroffenen Nutzers).[26]

This also extends to the disclosure of e-mail addresses left with reference to the contractual text, taking into account the applicable data protection regulations (with the consent of the user concerned).[26]

§ 4 Haftung

(1) Der Rechteinhaber versichert und steht dafür ein, dass er Inhaber der Online-Nutzungsrechte an dem vertragsgegenständlichen Text ist und in der vertragsgegenständlichen Form frei über sie verfügen kann.[27] Der Rechteinhaber garantiert ferner, dass die von ihm lizenzierten Inhalte frei von Rechten Dritter sind. Falls dem Rechteinhaber bekannt werden sollte, dass an irgendwelchen Bestandteilen des vertragsgegenständlichen Textes Rechte Dritter bestehen, so hat er den Lizenznehmer hierauf unverzüglich hinzuweisen. Der Rechteinhaber stellt den Lizenznehmer hiermit von jeglichen Ansprüchen Dritter in diesem Zusammenhang frei und ersetzt ihm die Kosten der Rechtsverteidigung.[28]

(2) Der Lizenznehmer garantiert, sämtliche neben der vertragsgegenständlichen Lizenz für die beabsichtigte Nutzung weiter erforderlichen Rechte selbst einzuholen, bzw. bereits eingeholt zu haben und stellt den Rechteinhaber in diesem Zusammenhang von jeglichen Ansprüchen Dritter frei.[29]

§ 4 Liability

(1) The Rights Holder assures and guarantees that he is the owner of the online usage rights to the contractual text and that he can freely dispose of it in the contractual form.[27] The Rights Holder also guarantees that the content licensed by him is free from third-party rights. Should the Rights Holder become aware that third party rights exist to any components of the contractual text, he must inform the Licensee of this immediately. The Rights Holder hereby indemnifies the Licensee against any third-party claims in this connection and shall reimburse the Licensee for the costs of legal defense.[28]

(2) The Licensee guarantees that he will obtain or has already obtained all further rights required for the intended use in addition to the contractual license and indemnifies the Rights Holder against any claims by third parties in this connection.[29]

§ 5 Veröffentlichung[30]

Der Rechteinhaber garantiert hiermit, dass der vertragsgegenständliche Text bereits veröffentlicht ist. Für den Fall, dass der vertragsgegenständliche Titel entgegen der Garantie in S. 1 noch nicht veröffentlicht sein sollte, erteilt der Rechteinhaber hiermit seine – in den Grenzen des Gesetzes unwiderrufliche – Zustimmung zur Veröffentlichung.[31]

§ 5 Publication[30]

The Rights Holder guarantees that the contractual text has already been published. In the event that, contrary to the guarantee in p. 1, the contractual title has not yet been published, the rights holder hereby grants his irrevocable consent to publication, within the limits of the law.[31]

§ 6 Vertrags- und Lizenzdauer

(1) Dieser Vertrag beginnt mit beiderseitiger Unterzeichnung und läuft für die Dauer von . . . . . (Vertragsdauer).[32] Mit Ablauf der Vertragsdauer enden sämtliche Pflichten aus diesem Vertrag mit Ausnahme solcher Regelungen, die ersichtlich auch nach Vertragsende gelten sollen.

(2) Die Rechteinräumung nach diesem Vertrag (Lizenzdauer) beginnt gem. § 2 Abs. 2 mit der Zahlung der geschuldeten Lizenzgebühr und endet mit Ablauf der Vertragsdauer gem. § 6 Abs. 1.[33]

(3) Dieser Vertrag kann aus wichtigem Grund vorzeitig gekündigt werden, insbesondere wenn der Rechteinhaber seinen Mitwirkungspflichten gem. § 3 dieses Vertrags (insbesondere zur Lieferung eines Werkstücks gem. § 3 Abs. 1) nachhaltig nicht nachkommt, der Lizenznehmer fällige Zahlungen gem. § 7 dieses Vertrages trotz Mahnung und Nachfristsetzung nicht leistet oder die Kontrollrechte des Rechteinhabers gem. § 3 Abs. 3 dieses Vertrages nicht erfüllt.[34] Eine fristlose Kündigung setzt grundsätzlich voraus, dass der andere Teil schriftlich gemahnt und aufgefordert wird, den vermeintlichen Grund zur fristlosen Kündigung in angemessener Zeit zu beseitigen, es sei denn es liegen besondere Gründe iSv §§ 314 Abs. 2, 323 Abs. 2 BGB vor, die dem Kündigenden ein Festhalten an dem Vertrag auch ohne vorherige Mahnung oder Abmahnung unzumutbar machen.[35]

(4) Der Rechteinhaber behält sich das Recht vor, diese Lizenz jederzeit ohne Angabe von Gründen ganz oder teilweise gegen ex-nunc-Wegfall der Vergütungspflicht (pro rata temporis) zu widerrufen.[36] Übt der Rechteinhaber diesen Widerrufsvorbehalt der Lizenz aus, so hat er dem Lizenznehmer eine angemessene Frist zur Entfernung des vertragsgegenständlichen Textes aus der Website – von in der Regel 3 Werktagen – einzuräumen.

§ 6 Duration of contract and license

(1) This contract shall commence upon mutual signature and shall run for the duration of . . . . . (contract term).[32] Upon expiry of the contract term, all obligations arising from this contract shall end, with the exception of those provisions that are clearly intended to continue to apply after the end of the contract.

(2) The granting of rights under this contract (license term) shall commence in accordance with § 2 (2) upon payment of the license fee owed and shall end upon expiry of the contract term in accordance with § 6 (1).[33]

(3) This agreement may be terminated prematurely for good cause, in particular if the Rights Holder persistently fails to comply with his obligations to cooperate pursuant to § 3 of this agreement (in particular to deliver a workpiece pursuant to § 3 (1)), if the Licensee fails to make payments due pursuant to § 7 of this agreement despite a reminder and the setting of a grace period, or if the Rights Holder's rights of control pursuant to § 3 (3) of this agreement are not fulfilled.[34] Termination without notice generally presupposes that the other party has previously been given a written warning and requested to remedy the alleged reason for termination without notice within a reasonable period of time, unless there are special reasons within the meaning of Sections 314 (2), 323 (2) BGB that make it unreasonable to expect the terminating party to adhere to the contract even without a prior warning or warning notice.[35]

(4) The Rights Holder reserves the right to revoke this license in whole or in part at any time without giving reasons against ex-nunc waiver of the obligation to pay remuneration (pro rata temporis).[36] If the Rights Holder exercises this reservation of revocation of the license, he must grant the Licensee a reasonable period of time – usually 3 working days – to remove the contractual text from the website.

§ 7 Vergütung

(1) Für die Rechtseinräumung nach diesem Vertrag erhält der Rechteinhaber eine Pauschallizenzgebühr in Höhe von . . . . .[37]

(2) Die Lizenzgebühr ist vor dem Einspeichern des vertragsgegenständlichen Textes in die Website an den Rechteinhaber zu zahlen.[38] Der Lizenznehmer kann die Ausstellung einer Rechnung über den zu zahlenden Betrag verlangen. Rechnungsbeträge sind spätestens innerhalb von 10 Arbeitstagen nach Rechnungsstellung zur Zahlung fällig. Zahlungen sind auf das Konto IBAN . . . . . bei der . . . . . in . . . . . , BIC . . . . . zu leisten.

Gerät der Lizenznehmer mit der Zahlung fälliger Forderungen in Verzug, so hat er Verzugszinsen in Höhe von . . . . . % pro Jahr zu zahlen, sofern er nicht nachweist, dass der tatsächliche Schaden geringer ist.[39] Die Möglichkeit des Rechteinhabers zur Geltendmachung weitergehender Ansprüche aus dem Verzug bleibt unberührt.

(3) Alle Vergütungen verstehen sich zuzüglich der gesetzlichen Mehrwertsteuer, sofern der Rechteinhaber im Zahlungszeitpunkt der Umsatzsteuerpflicht unterliegt oder auf sie optiert hat und dies dem Lizenznehmer bekannt ist. Entsteht die Umsatzsteuerpflicht oder die Option auf sie nachträglich, so kann die Mehrwertsteuer bis zum Ende des laufenden Kalenderjahres unter Vorlage der Mehrwertsteuerpflicht-Bescheinigung des zuständigen Finanzamtes gegen Rechnungsstellung nachgefordert werden. Danach erlischt die Forderung auf Umsatzsteuer-Erstattung.

§ 8 Vertraulichkeit

Beide Parteien verpflichten sich, über die Bestimmungen dieses Vertrages sowie über alle ihnen im Rahmen dieses Vertrages bekannt gewordenen Informationen bis zum Ablauf von . . . . . Jahren nach

§ 7 Remuneration

(1) For the granting of rights under this agreement, the Rights Holder shall receive a flat-rate license fee in the amount of . . . . .[37]

(2) The license fee shall be paid to the Rights Holder before the contractual text is stored on the website.[38] The Licensee may request the issue of an invoice for the amount to be paid. Invoiced amounts are due for payment within 10 working days of invoicing at the latest. Payments are to be made to the account IBAN . . . . . at the . . . . . in . . . . . , BIC . . . . .

If the Licensee defaults on the payment of due claims, he shall pay default interest in the amount of . . . . . % per year, unless he can prove that the actual damage is lower.[39] The Rights Holder's right to assert further claims arising from the default remains unaffected.

(3) All payments are subject to value added tax at the statutory rate, provided that the Rights Holder is subject to value added tax at the time of payment or has opted for it and the Licensee is aware of this. If the obligation to pay VAT or the option to pay VAT arises retrospectively, the VAT can be claimed retrospectively until the end of the current calendar year upon presentation of the VAT liability certificate from the responsible tax office against invoicing. Thereafter, the claim for VAT refund expires.

§ 8 Confidentiality

Both parties undertake to maintain confidentiality with regard to the provisions of this contract and all information of which they become aware within the framework of this contract until the expiry of . . . . .

Ende der Lizenzdauer Stillschweigen zu bewahren. Dies gilt nicht, soweit ein berechtigtes Interesse an einer Offenbarung besteht.

years after the end of the license period. This shall not apply if there is a legitimate interest in disclosure.

§ 9 Herausgabe- und Löschungspflichten

§ 9 Handover and deletion obligations

Der Lizenznehmer verpflichtet sich, nach Beendigung der Lizenzdauer alle ihm einzeln in elektronischer Form vorliegenden vertragsgegenständlichen Informationen und Inhalte, insbesondere alle Kopien des vertragsgegenständlichen Textes, die nicht Bestandteil einer Gesamt-Archivierung seiner Website oder einzelner Webseiten sind, zu löschen. Informationen und Inhalte (auch Informationsmaterial uÄ), die in verkörperter Form vorliegen, sind an den Rechteinhaber herauszugeben oder auf dessen Verlangen hin oder bei Nichtannahme zu vernichten.

Licensee undertakes to delete all contractual information and content available to him individually in electronic form, in particular all copies of the contractual text that are not part of an overall archive of his website or individual web pages, after the end of the license term. Information and content (including information material and the like) that is available in embodied form shall be returned to the Rights Holder or, at the latter's request or in the event of non-acceptance, destroyed.

§ 10 Exklusivität[40]

§ 10 Exclusivity[40]

Der Rechteinhaber verpflichtet sich, für einen Zeitraum von . . . . .[41] den vertragsgegenständlichen Text nicht an einen weiteren Lizenznehmer zur Online-Nutzung zu lizenzieren, wenn dieser mit dem Lizenznehmer in direktem Konkurrenzverhältnis steht oder dem Lizenznehmer durch die Zweitlizenzierung ein Imageschaden droht. Ein solches direktes Konkurrenzverhältnis ist bei Branchengleichheit stets gegeben.

The Rights Holder undertakes not to license the contractual text to another Licensee for online use for a period of . . . . .[41] if the latter is in direct competition with the Licensee or if the Licensee is in danger of impairment of its image as a result of the secondary licensing. Such direct competition is always existing in relation to others in the same industry.

§ 11 Schlussbestimmungen

§ 11 Final Provisions

(1) Dieser Vertrag unterliegt dem Recht der Bundesrepublik Deutschland.

(1) This contract is governed exclusively by the laws of the Federal Republic of Germany.

(2) Mündliche Nebenabreden bestehen nicht. Änderungen oder Ergänzungen dieses Vertrages bedürfen zu ihrer Wirksamkeit der Schriftform, auf die auch nicht mündlich verzichtet werden kann.

(2) There are no verbal collateral agreements. Amendments or additions to this contract must be made in writing, and this requirement cannot be waived orally.

(3) Sollten einzelne Bestimmungen dieses Vertrages unwirksam sein oder werden, so

(3) If individual provisions of this contract should be or become invalid, this shall not

wird dadurch die Wirksamkeit der übrigen Bestimmungen nicht berührt. Statt der unwirksamen Bestimmung gilt dasjenige, was die Parteien nach dem ursprünglich angestrebten Zweck unter wirtschaftlicher Betrachtungsweise redlicherweise vereinbart hätten. Das Gleiche gilt im Falle des Vorliegens einer Vertragslücke.

(4) Ansprüche aus diesem Vertrag können weder abgetreten, noch verpfändet, noch mit dem Recht eines Dritten belastet werden, soweit der Schuldner dem nicht ausdrücklich zustimmt.

(5) Erfüllungsort ist . . . . . Sofern beide Parteien Kaufleute im Sinne des HGB sind, ist Gerichtsstand für alle Streitigkeiten aus diesem Vertrag . . . . .

affect the validity of the remaining provisions. The invalid provision shall be replaced by what the parties would have reasonably agreed in accordance with the originally intended purpose from an economic point of view. The same shall apply in the event of a loophole in the contract.

(4) Claims arising from this contract may not be assigned, pledged or encumbered with the rights of a third party unless the debtor expressly agrees to this.

(5) Place of performance is . . . . . If both parties are merchants within the meaning of the German Commercial Code (HGB), place of jurisdiction for all disputes arising from this contract shall be . . . . .

. . . . .	. . . . .	. . . . .	. . . . .
(Ort, Datum)	**(Ort, Datum)**	**(Place, Date)**	**(Place, Date)**
. . . . .	. . . . .	. . . . .	. . . . .
– Lizenznehmer –	**– Rechteinhaber –**	**– Licensee –**	**– Rights Holder –**

Anmerkungen

1. Sachverhalt. Gegenstand des vorliegenden Formularvertrages ist die Einbindung eines Textes in eine Website, wodurch das Urheberrecht des Autors bzw. die einem Verlag oder anderen Lizenznehmer ggf. eingeräumten ausschließlichen urheberrechtlichen Nutzungsrechte berührt werden. Die Einbindung von Texten in eine Website kann auf zweierlei Weise geschehen: entweder kann der Text direkt in die Webseite eingefügt werden oder als eigenständige Textdatei (beispielsweise im pdf-, rtf- oder Word-Format) per Link abrufbar gemacht werden. Letzteres kommt in der Regel bei längeren Texten vor, die in sich selbst eine Einheit bilden und mit dem sonstigen Inhalt der Website in keinem engen Zusammenhang stehen.

Die Haftung des Website-Betreibers gegenüber dem Rechteinhaber für die ordnungsgemäße Rechteeinholung bei Nutzung urheberechtlich geschützter Inhalte ist in Rechtsprechung und Literatur unbestritten, vgl. zB LG München I MMR 2009, 137 mAnm Kaufmann. Der Betreiber der Website ist regelmäßig Anbieter des entsprechenden Inhalts als „eigene Information" iSv § 7 Abs. 1 TMG und haftet daher dem Rechteinhaber gegenüber für Urheberrechtsverletzungen durch die mit der Einbindung in die Website verbundene Vervielfältigung und Öffentlich-Zugänglichmachung eines urheberrechtlich geschützten Inhalts. Daher besteht ein Bedarf nach Abschluss entsprechender Lizenzverträge wie in den Formularen dieses Abschnitts (→ Form. J.1 ff.).

Text-Online-Lizenzverträge werden in der Regel mit dem Autor selbst oder dem Inhaber des ausschließlichen Nutzungsrechts für Online-Nutzungen abgeschlossen. Letzteres ist insbesondere dann der Fall, wenn der Autor zB einem Verlag sämtliche Nutzungsrechte an seinem Sprachwerk, einschließlich der Online-Nutzungsrechte, eingeräumt hat.

Die Verwertungsgesellschaft Wort (VG Wort) nimmt nur in eng begrenztem Umfang Multimedia-Nutzungsrechte für Autoren wahr:

- Das Recht der EDV-Verwertung von Zeitungsartikeln und Rundfunkbeiträgen in elektronisch gestützten Datenbanken, Datenverarbeitungs- und Kommunikationssystemen (§ 1 Nr. 8 des Wahrnehmungsvertrages), das jederzeit rückrufbar ist und somit vom Autor oder Verleger auch individuell ausgeübt werden kann.
- Das Recht, erschienene Beiträge aus gedruckten Sammlungen, für die keine individuelle Rechtseinräumung durch den Rechteinhaber erfolgt ist, mit Zustimmung des Verlegers in digitalen Offline-Produkten (zB CD-ROM) zu verwerten (§ 1 Nr. 17 des Wahrnehmungsvertrages). Diese Einräumung betrifft vor allem das Rechtsverhältnis zwischen Autor und Verleger im Hinblick auf so genannte „Altrechte": dies sind die Nutzungsrechte für die erwähnte Nutzungsart an Werken, die vor Bekanntwerden der Nutzungsart in Verlag gegeben wurden, so dass die Rechte dem Verleger nicht zustehen.
- Das Recht, erschienene Beiträge aus gedruckten Sammlungen mit Zustimmung des Verlegers in Online-Angebote einzuspeichern und der Öffentlichkeit zugänglich zu machen (§ 1 Nr. 19 des Wahrnehmungsvertrages), sofern diese Nutzungsart bei Erscheinen unbekannt war (Altrechte) oder keine individuelle Rechtseinräumung durch den Rechteinhaber erfolgt ist (Vorbehalt individueller Ausübung).
- Das Recht, auf Ton- oder Bildtonträger aufgezeichnete Sprachwerke im Bezahl-Rundfunk zu senden sowie in On-Demand- und ähnlichen individuellen Abrufdiensten der Öffentlichkeit zugänglich zu machen. Von der Wahrnehmung sind die Rechte ausgenommen, die von Verlagen individuell wahrgenommen oder auf Grund von Tarifverträgen an Sendeunternehmen eingeräumt werden (§ 1 Nr. 18 des Wahrnehmungsvertrages).

Alle diese Rechte beziehen sich lediglich auf Zeitungsartikel bzw. Rundfunkbeiträge, Beiträge aus gedruckten Sammlungen (zB Zeitschriften- und Buchbeiträge) und auf Ton- oder Bildtonträger aufgenommene Sprachwerke. Ist ein solches Werk Gegenstand des Vertrages, so ist im Einzelfall zu prüfen, ob eine individuelle Rechtseinräumung Vorrang vor der Wahrnehmung durch die VG Wort hat. Für alle noch nicht erschienenen Texte und Texte, die auf andere Weise als in Zeitungen oder gedruckten Sammelwerken veröffentlicht wurden, verbleiben die Rechte in jedem Fall beim Autor oder dessen ausschließlichem Lizenznehmer. Sie sind dort direkt und individuell einzuholen, was mithilfe dieses Formulars geschehen kann.

Das am 1.8.2013 in Kraft getretene Leistungsschutzrecht der Presseverleger für die öffentliche Zugänglichmachung von Ausschnitten aus Online-Presseerzeugnissen zu gewerblichen Zwecken gem. § 87f Abs. 1 S. 1 UrhG nimmt die Gesellschaft zur Verwertung der Urheber- und Leistungsschutzrechte von Sendeunternehmen und Presseverlegern (VG Media, Lennéstraße 5, 10785 Berlin) wahr (vgl. https://www.vg-media.de/de/tarife-lizenzen.html; https://www.vg-media.de/de/digitale-verlegerische-angebote/tarif.html).

2. Rechtseinräumung. → Form. J.1 Anm. 3.

Für die Frage nach der Schutzfähigkeit eines Sprachwerks kommt es auf dessen Art und Umfang an. Ist der Stoff eines Sprachwerkes frei erfunden, so erlangt es eher Urheberschutz als solche Texte, bei denen der Stoff durch organisatorische Zwecke oder wissenschaftliche und andere Themen vorgegeben ist, denn dort fehlt der Ausdrucksweise vielfach die für den Urheberschutz erforderliche eigenschöpferische Prägung (BGH GRUR 1984, 659 (661) – Ausschreibungsunterlagen). Allerdings ist stets auch die „kleine Münze", also Werke mit einem lediglich geringen Grad an eigenschöpferischer Prägung, geschützt. Bei bloßer Mitteilung vorgegebener Tatsachen bzw. Gebrauchsschriften gilt: je mehr sich die Texte auf die exakte und vollständige Wiedergabe von vorgegebenen Tatsachen beschränken, desto enger wird der Gestaltungsspielraum für einen individuell formulierten Text. Jedoch kann die erforderliche Individualität auch durch Auswahl und Anordnung sowie durch wechselseitige Aufgabenzuweisung von Text- und Bildinformationen oder auch durch Fallbeispiele oder einen leicht verständlichen Text erzielt werden (vgl. zB LG Köln MMR 2008, 64 = CR 2008, 61 = ZUM-RD 2008, 489).

Texte oder Textschnipsel, die nicht einmal die geringe Schutzhürde der „kleinen Münze" übersteigen, kommen seit 1.8.2013 unter Umständen (gewerbliche Online-Nutzung von Ausschnitten aus Online-Presseerzeugnissen) zumindest in den Genuss des neuen Leistungsschutzrechts der Presseverleger gem. § 87f Abs. 1 S. 1 UrhG.

3. Erforderliche Nutzungsrechte. Für die Benutzung von Texten in Online-Medien sind rechtssystematisch folgende Nutzungsrechte erforderlich: Ein Vervielfältigungsrecht für die Einspeicherung in den Server der Website gem. § 16 UrhG. Das Recht, den Zugang zu dem Text zu eröffnen, welches als sogenanntes „Recht der öffentlichen Zugänglichmachung" in § 19a UrhG geregelt ist. Sowie das Recht zur weiteren Vervielfältigung des Textes durch Besucher der Website gem. § 16 UrhG, falls diese den Text bei sich selbst wiederum abspeichern können.

4. Einspeicherung in eine Website. → Form. J.1 Anm. 5.

5. Öffentlich-Zugänglichmachung. → Form. J.6 Anm. 6.

6. Vervielfältigung durch Abruf von Besuchern der Website. → Form. J.1 Anm. 7.

7. Zweitverwertung. → Form. J.7 Anm. 8.

8. Zweitverwertung in Rundfunk und Fernsehen. ZB im Rahmen von Sendungen, die sich mit dem Internet beschäftigen, Websites vorstellen und dabei deren Inhalt wiedergeben (im Radio etwa durch Vorlesen einzelner Passagen, im Fernsehen durch Vorführen der Website).

9. Zweitverwertung auf sonstige Art und Weise. Weitere Zweitverwertungsarten sind etwa die Umsetzung des „Look & Feel" der Website, ihres Konzepts oder bestimmter Gestaltungselemente in Film, Video oder Computerspiele.

10. Verwertungsumfang. Die Rechtseinräumung kann auch auf bestimmte Angebotsarten für Websites (zB das Internet oder geschlossene Netze) beschränkt werden. Dies hängt ganz von dem individuell mit der Lizenzierung verfolgten Zweck ab und von der Rolle, die der vertragsgegenständliche Text im Gesamtangebot der Website spielen soll.

11. Inhaltsverantwortlicher. → Form. J.1 Anm. 12.

12. Abtretungs- und Unterlizenzierungsverbot. → Form. J.1 Anm. 13.

13. Beschränkung auf bestimmte Website. → Form. J.1 Anm. 14.

14. Bedingung vollständiger Zahlung. → Form. J.1 Anm. 15.

15. Europäische Union. → Form. J.1 Anm. 16.

16. Bestimmungslandprinzip. → Form. J.1 Anm. 17.

17. Unbekannte und noch nicht geschützte Nutzungsarten. → Form. J.1 Anm. 18.

18. Option bezüglich nicht erfasster Nutzungsarten. → Form. J.1 Anm. 19.

19. **Veränderungen.** Dem Autor steht als Urheber gem. §§ 12 ff. UrhG ein umfassendes Persönlichkeitsrecht zu, das ihn insbesondere vor entstellenden Veränderungen des Werkes schützt. Ein Verbot von Bearbeitungen und sonstigen Umgestaltungen kann aber auch auf das Verwertungsrecht gem. § 23 UrhG gestützt werden. Der Vertrag kann die ausschnittsweise Benutzung und Bearbeitung des Textes je nach Interessenlage der Parteien daher auch verbieten. Dabei ist jedoch auf die berechtigten Interessen des Lizenznehmers Rücksicht zu nehmen. Dies kann etwa in folgender Form bewerkstelligt werden:

Ausgeschlossen ist das Recht, den vertragsgegenständlichen Text ausschnittsweise, in Teilen oder in bearbeiteter Form zu benutzen; für die Benutzung unerlässliche Änderungen und die Verwendung von Ausschnitten für Werbezwecke sind jedoch gestattet.

20. **Kennzeichen und Abbildungen.** Dieser Abschnitt ist – je nach dem Umfang der Nutzung durch den Lizenznehmer und dem beiderseitigen Interesse an seiner Bezugnahme auf Urheber und Rechteinhaber – individuell zu gestalten. Insbesondere kann das Recht des Lizenznehmers auf die Benutzung des Werktitels sowie des Urhebernamens (sowie ggf. des Namens des Rechteinhabers, falls dieser ein anderer ist) beschränkt werden.

21. **Namensnennung.** → Form. J.6 Anm. 22.

22. **Übergabe eines Werkstückes.** Die rechtzeitige Lieferung eines Werkstückes ist insbesondere dann wesentlich, wenn der vertragsgegenständliche Text noch nicht existiert, sondern erst auf Grund dieses Vertrages geschrieben werden soll. Versäumt der Rechteinhaber die Lieferfrist sowie eine weitere Nachfrist, so ist der Lizenznehmer gem. § 6 Abs. 2 dieses Vertrages zur Kündigung berechtigt und kann mit der freigewordenen Kapazität einen anderen Inhalt lizenzieren.

23. **Urheberinformationen.** → Form. J.6 Anm. 25.

24. **Kontrollabrufe.** Vereinbaren die Parteien eine abrufmengenabhängige Vergütung, so sind Kontrollabrufe ausdrücklich von der Vergütungspflicht auszunehmen:

Kontrollabrufe sind von der Vergütungszahlung befreit.

25. **Nutzungsdaten.** → Form. J.7 Anm. 25.

26. **E-Mail-Adressen.** → Form. J.1 Anm. 27.

27. **Rechtegarantie des Rechteinhabers.** → Form. J.1 Anm. 28.

28. **Haftungsfreistellung.** → Form. J.1 Anm. 29.

29. **Garantie des Lizenznehmers.** → Form. J.6 Anm. 30.

30. **Veröffentlichung.** → Form. J.1 Anm. 31.

31. **Zustimmung zur Veröffentlichung.** → Form. J.1 Anm. 32.

32. **Vertragsdauer.** → Form. J.1 Anm. 32.

33. **Lizenzdauer.** → Form. J.1 Anm. 33.

34. **Kündigung aus wichtigem Grund.** → Form. J.1 Anm. 34.

35. **Abmahnung.** → Form. J.1 Anm. 35.

36. **Widerrufsvorbehalt.** → Form. J.6 Anm. 38.

37. Lizenzgebühr. Die Vergütungsform der Pauschallizenzgebühr ist für nicht oder nicht direkt Einkünfte produzierende Nutzungen die einfachste und angemessenste. Eine Beteiligung des Rechteinhabers am wirtschaftlichen Erfolg der Nutzung ist hier gar nicht oder nur schwer möglich.

38. Periodische Zahlungen. Eine Pauschallizenzgebühr kann allerdings auch in Form periodischer Zahlungen vereinbart werden. Dann ist allerdings sicherzustellen, dass der Übergang der Rechte gem. § 2 Abs. 2 S. 1 des Formulars bereits nach Zahlung der ersten Rate erfolgt, da der Lizenznehmer den Vertragsgegenstand sonst nicht nutzen darf. Die Fälligkeit der ersten Rate sollte wie folgt angepasst werden:

Die erste Lizenzgebühr ist vor dem Einspeichern des vertragsgegenständlichen Textes in die Website an den Rechteinhaber zu zahlen. Die weiteren Raten iHv jeweils . . . . . sind jeweils zum . . . . . zu bezahlen. Der Lizenznehmer kann die Ausstellung einer Rechnung über jeden zu zahlenden Betrag verlangen.

Bei periodisch wiederkehrender Zahlungspflicht ist zudem eine Beschränkung auf die gesetzliche Schutzfrist in den Vertrag aufzunehmen:

Wiederkehrende Lizenzgebühren müssen an den Rechteinhaber nur für die Dauer der gesetzlichen Schutzfrist bezahlt werden

Sie stellt sicher, dass der Rechteinhaber, der auf Grund dieses Vertrages regelmäßige Zahlungen an den Rechteinhaber leistet, nach Wegfall des gesetzlichen Schutzes nicht – auf Grund des Vertrages – schlechter steht als jeder andere, der keine Vergütung für die nun freie Nutzung entrichten muss.

Wird ein solcher wiederkehrender Anspruch vereinbart, so kann man zum Schutz von dessen Erfüllung einen Rechterückfall für den Fall der Erfüllungsverweigerung durch den Lizenznehmer vereinbaren:

Lehnt der Lizenznehmer oder sein rechtmäßiger Vertreter die weitere Erfüllung des Vertrages ab, so hat der Rechteinhaber ein außerordentliches fristloses Kündigungsrecht innerhalb von zwei Wochen ab Kenntnis von der Erfüllungsverweigerung. Mit dem Wirksamwerden der Kündigung wird der Lizenznehmer von sämtlichen Pflichten aus diesem Vertrag frei und fallen sämtliche dem Lizenznehmer eingeräumten Rechte an ihn zurück.

Diese Regelung zwingt zB einen Insolvenzverwalter, entweder die weitere Erfüllung des Vertrages zu erklären und damit die Vergütungspflicht als Masseschuld neu einzugehen oder die weitere Benutzung des vertragsgegenständlichen Textes einzustellen. Der Rechterückfall schützt den Rechteinhaber auf diese Weise in einem Insolvenzverfahren ähnlich wie ein Eigentumsvorbehalt den Warenkreditgeber, nachdem ein a priori Rechtevorbehalt nicht möglich ist, weil der Lizenznehmer den Rechtsübergang benötigt, um die Benutzung überhaupt aufnehmen zu können.

Erfolgt die Nutzung des vertragsgegenständlichen Textes im Rahmen direkt Einnahmen erzeugender kommerzieller Programme oder Angebote (zB pay-per-download), so ist hingegen eine Umsatzbeteiligung des Rechteinhabers üblich und angemessen. Sie kann etwa in der Form von → Form. J.4, dort § 8 Abs. 1 und 2.

Möglich ist auch eine Vergütung abhängig von der Zahl der Abrufe der Seite oder Datei, in die der vertragsgegenständliche Text eingebunden wird. Dabei ist jedoch die Feststellung fehlerhafter Übermittlungen schwierig und muss idR mit einem fixen, geschätzten Prozentsatz eingepreist werden. → Form. J.6 Anm. 39 mit dem dortigen Formulierungsvorschlag.

39. Pauschalierter Verzugszins. → Form. J.1 Anm. 39.

40. **Exklusivität.** Eine exklusive Einräumung der Online-Verwertungsrechte (zB an den Printverlag) findet sich in Bezug auf Texte relativ häufig.

41. **Exklusivitätsdauer.** In der Praxis beträgt die Dauer der Exklusivität selten mehr als ein paar Wochen bis Monate. Bei besonderer Interessenlage kann der Zeitraum der Exklusivität jedoch auch „während der Lizenzdauer dieses Vertrages" oder zB „bis zu 30 Tage nach Beendigung dieses Vertrages" betragen.

Software

9. Software-Download-Lizenzvertrag

Zwischen

. . . . .

– nachstehend „Rechteinhaber" genannt –

und

. . . . .

– nachstehend „Lizenznehmer" genannt –

wird folgender Vertrag[1] geschlossen:

. . . . .

– hereinafter referred to as „Rights Holder" –

and

. . . . .

– hereinafter referred to as „Licensee" –

enter into the following agreement:[1]

§ 1 Vertragsgegenstand

(1) Der Lizenznehmer beabsichtigt, die Software

. . . . . [Titel/Beschreibung]

von . . . . . [Rechteinhaber]

auf seiner Website mit der URL/den URLs . . . . . zum Herunterladen (Download) abrufbar zu machen. Die hierfür erforderlichen Rechte sollen durch diesen Vertrag erworben werden.

(2) Die Parteien gehen davon aus, dass die Software in Deutschland zugunsten des Rechteinhabers urheberrechtlich geschützt ist.[2]

§ 1 Object of the agreement

(1) The Licensee intends to make available the software

. . . . . [title/description]

von . . . . . [Rights Holder]

on his website with the URL(s) . . . . . for downloading (Download). The rights required for this are to be acquired through this contract.

(2) The parties assume that the software is protected by copyright or ancillary copyright in Germany for the benefit of the Rights Holder.[2]

§ 2 Rechtseinräumung[3]

(1) Zur Verwirklichung des in § 1 Abs. 1 genannten Zweckes räumt der Rechteinhaber dem Lizenznehmer hiermit die nicht ausschließlichen Nutzungsrechte ein,[4] die Software auf der Website des Lizenznehmers zu vervielfältigen,[5] der Öffentlichkeit zugänglich[6] sowie zum Download verfüg-

§ 2 Granting of Rights[3]

(1) In order to achieve the purpose stated in § 1 (1), the Rights Holder hereby grants the Licensee the non-exclusive rights of use[4] to reproduce,[5] make available to the public[6] and make available for downloading[7] the software on the Licensee's website. The granting of rights covers all types

bar zu machen.[7] Die Rechteseinräumung umfasst sämtliche Angebotsarten für Websites, insbes. das freie Internet, kostenpflichtige Websites, sonstige Online- und Offline-Dienste und interne Netze; sie ist insbesondere nicht auf Nutzungen im freien Internet beschränkt.

Die Rechte sind nur dem Lizenznehmer als inhaltlich Verantwortlichem[8] für die Website eingeräumt und ohne Zustimmung des Rechteinhabers weder weiter übertragbar noch unterlizenzierbar.[9] Insbesondere sind sie nicht dem technischen Dienstleister, der die Website betreibt, eingeräumt, sofern dieser von dem Lizenznehmer verschieden ist. Der Lizenznehmer verpflichtet sich, die Software ausschließlich für die oben genannte Website zu verwenden.[10]

Der Vertrieb körperlicher Werkstücke oder andere als die in diesem § 2 dieses Vertrages genannten Verwertungsformen sind nach diesem Vertrage nicht zulässig. Hierzu bedarf es des Abschlusses eines eigenen, gesonderten Lizenzvertrages.

(2) Die Rechtseinräumung wird gem. § 158 Abs. 1 BGB erst wirksam, wenn der Lizenznehmer die gem. § 7 dieses Vertrages geschuldete Vergütung vollständig geleistet hat.[11] Der Rechteinhaber kann eine Benutzung der Software auch schon vor diesem Zeitpunkt vorläufig erlauben. Ein Übergang der Rechte nach diesem Paragraphen findet durch eine solche vorläufige Erlaubnis nicht statt.

(3) Die Rechtseinräumung ist territorial auf die Einbindung der vertragsgegenständlichen Software in eine Website beschränkt, die erkennbar zum Abruf nur innerhalb der Europäischen Union[12] bestimmt ist.[13]

(4) Die Nutzungsrechtseinräumung umfasst alle derzeit bekannten und unbekannten Nutzungsarten, die zur Erreichung des Vertragszwecks erforderlich sind oder werden, auch wenn sie erst auf Grund neuer Gesetzeslage oder aus anderen Gründen nachträglich an der vertragsgegenständlichen Software entstehen oder erst nachträglich bekannt werden.[14]

of offerings for websites, in particular the free Internet, fee-based websites, other online and offline services and internal networks; in particular, it is not limited to uses on the free Internet.

The rights are only granted to the Licensee as the person responsible[8] for the content of the website and are neither transferable nor sublicensable without the consent of the Rights Holder.[9] In particular, they are not granted to the technical service provider operating the website if this is different from the Licensee.[10] The Licensee undertakes to use the contractual software exclusively for the above-mentioned website.

The distribution of physical works or forms of exploitation other than those specified in this § 2 of this agreement are not permitted under this agreement. This requires the conclusion of a separate license agreement.

(2) Pursuant to Section 158 (1) BGB [German Civil Code], the granting of rights shall only become effective once the Licensee has paid the remuneration owed pursuant to § 7 of this agreement in full.[11] The Rights Holder may also provisionally permit the use of the contractual software before this point in time. Such provisional permission shall not constitute a transfer of rights under this paragraph.

(3) The granting of rights is territorially limited to the integration of the contractual image into a website that is recognizably intended for retrieval only within the European Union[12,13]

(4) The granting of rights of use includes all currently known and unknown types of use that are or become necessary to achieve the purpose of the contract, even if they only arise subsequently due to new legislation or for other reasons or only become known subsequently.[14]

(5) Im Hinblick auf etwaig von dieser Nutzungsrechtseinräumung nicht erfasste Nutzungsarten im Zusammenhang mit Websites räumt der Rechteinhaber dem Lizenznehmer eine Option zu angemessenen Bedingungen ein.[15]

(6) Der Lizenznehmer ist nicht berechtigt, den Sourcecode der Software zu bearbeiten oder zu ergänzen.

(7) Der Lizenznehmer ist berechtigt, im Zusammenhang mit der Durchführung dieses Vertrages – insbesondere zum Zwecke der Eigenwerbung und auf der vertragsgegenständlichen Website selbst – den Titel der Software sowie Namen/Kennzeichen/Logos/Abbildungen des Rechteinhabers unentgeltlich zu benutzen.[16]

(8) Sämtliche Namens-, Titel- und Kennzeichenrechte an der Website oder einzelnen ihrer Teile oder durch Benutzung auf der Website entstehende Namens-, Titel- und Kennzeichenrechte sind Sache des Lizenznehmers.

(9) Der Rechteinhaber hat Anspruch auf Nennung seines Namens als Inhaber der Verwertungsrechte in Form eines – mit einem Zielpunkt seiner Wahl verlinkten – Vermerkes auf derjenigen Webseite, in die die Software eingebunden wird.[17]

(5) With regard to any types of use not covered by this grant of rights of use in connection with websites, the Rights Holder shall grant the Licensee an option on reasonable terms.[15]

(6) The Licensee is not entitled to edit or supplement the sourcecode of the software.

(7) The Licensee is entitled to use the title of the software as well as the names/identifiers/logos/images of the Rights Holder free of charge in connection with the execution of this contract – in particular for the purpose of self-promotion and on the contractual website itself.[16]

(8) All name, title and trademark rights to the website or individual parts thereof or name, title and trademark rights arising through use on the website are the responsibility of the Licensee.

(9) The Rights Holder is entitled to have his name mentioned as the author/owner of the exploitation rights in the form of a note – linked to a target point of his choice – on the website into which the contractual image is integrated.[17]

§ 3 Mitwirkungspflichten und Kontrollrechte des Rechteinhabers

(1) Der Rechteinhaber verpflichtet sich, dem Lizenznehmer bis spätestens . . . . . [Datum][18] ein Exemplar der vertragsgegenständlichen Software (Werkstück) in elektronischer Form (auf Datenträger oder per elektronischer Datenübermittlung) zu liefern. Das Werkstück ist nach Ablauf von 2 Monaten an den Rechteinhaber zurückzugeben, sofern es in verkörperter Form (zB auf CD, DVD) übergeben wurde. Eine Weitergabe des Werkstückes an Dritte oder die Erstellung von Kopien für Dritte außerhalb des Rahmens dieses Vertrages ist nicht gestattet, soweit nicht der Rechteinhaber einer Übertragung der vertragsgegenständlichen Lizenz an den Dritten zugestimmt hat.

§ 3 Obligations to cooperate and rights of control of the Rights Holder

(1) The Rights Holder undertakes to provide the Licensee no later than . . . . . [date][18] with a copy of the contractual software in electronic form (on data carriers or by electronic data transmission) (work piece The workpiece must be returned to the Rights Holder after 2 months if it was handed over in embodied form (e.g. on CD, DVD). Passing on the workpiece to third parties or making copies for third parties outside the scope of this contract is not permitted unless the Rights Holder has agreed to a transfer of the contractual license to the third party.

(2) Der Rechteinhaber hat dem Lizenznehmer folgende Informationen zur Verfügung zu stellen:

a) Informationen über sämtliche Verwertungsrechtsinhaber:[19] schriftlich oder per E-Mail;

b) Ggf. Beschränkungen seines Rechteumfangs bzw. der Art und Weise, wie die vertragsgegenständliche Software in eine Website eingebunden werden darf: schriftlich oder per E-Mail.

(3) Zur Kontrolle der Erfüllung dieses Vertrages gewährt der Lizenznehmer dem Rechteinhaber während der Lizenzdauer jederzeit kostenlosen Zugang zu seiner Website sowie den kostenlosen Abruf der vertragsgegenständlichen Software, sofern Zugang und Abruf nicht ohnehin unentgeltlich angeboten werden.[20]

(4) Der Lizenznehmer verpflichtet sich, dem Rechteinhaber auf Anforderung sämtliche vorhandenen Nutzungsdaten seiner Website zur Verfügung zu stellen, die mit dem Abruf der vertragsgegenständlichen Software in Zusammenhang stehen.[21] Dies erstreckt sich auch auf die Weitergabe von unter Bezugnahme auf die vertragsgegenständliche Abbildung hinterlassenen E-Mail-Adressen unter Berücksichtigung der anwendbaren Datenschutzbestimmungen (bei Einwilligung des betroffenen Nutzers).[22]

§ 4 Haftung

(1) Der Rechteinhaber versichert und steht dafür ein, dass er Inhaber der Online-Nutzungsrechte an der Software ist und in der vertragsgegenständlichen Form frei über sie verfügen kann.[23] Der Rechteinhaber garantiert ferner, dass die von ihm lizenzierte Software frei von Rechten Dritter ist. Falls dem Rechteinhaber bekannt werden sollte, dass an irgendwelchen Bestandteilen der Software Rechte Dritter bestehen, so hat er den Lizenznehmer hierauf unverzüglich hinzuweisen. Der Rechteinhaber stellt den Lizenznehmer hiermit von jeglichen Ansprüchen Dritter in diesem

(2) The Rights Holder shall provide the Licensee with the following information in the following form:

a) Information on all exploitation rights holders:[19] in writing or by e-mail;

b) Any restrictions on the scope of his rights or the manner in which the contractual software may be incorporated into the website: in writing or by e-mail.

(3) In order to monitor the performance of this Agreement, the Licensee shall grant the Rights Holder free access to its website and free retrieval of the contractual software at any time during the license term, unless access and retrieval are offered free of charge anyway.[20]

(4) The Licensee undertakes to make available to the Rights Holder, upon request, all existing usage data of his website that are related to the retrieval of the contractual software.[21] This also extends to the disclosure of e-mail addresses left with reference to the contractual image, taking into account the applicable data protection regulations (with the consent of the user concerned).[22]

§ 4 Liability

(1) The Rights Holder assures and guarantees that he is the owner of the online usage rights to the contractual software and that he can freely dispose of it in the contractual form.[23] The Rights Holder also guarantees that the software licensed by him is free from third-party rights. Should the Rights Holder become aware that third party rights exist to any components of the contractual software, he must inform the Licensee of this immediately. The Rights Holder hereby indemnifies the Licensee against any third-party claims in

Zusammenhang frei und ersetzt ihm die Kosten der Rechtsverteidigung.[24]

(2) Der Lizenznehmer garantiert, sämtliche neben der vertragsgegenständlichen Lizenz für die beabsichtigte Nutzung weiter erforderlichen Rechte selbst einzuholen, bzw. bereits eingeholt zu haben und stellt den Rechteinhaber in diesem Zusammenhang von jeglichen Ansprüchen Dritter frei.[25]

§ 5 Veröffentlichung

Der Rechteinhaber garantiert hiermit, dass die Software bereits veröffentlicht ist.[26]

§ 6 Vertrags- und Lizenzdauer

(1) Dieser Vertrag beginnt mit beiderseitiger Unterzeichnung und läuft für die Dauer von . . . . . (Vertragsdauer).[27] Mit Ablauf der Vertragsdauer enden sämtliche Pflichten aus diesem Vertrag mit Ausnahme solcher Regelungen, die ersichtlich auch nach Vertragsende gelten sollen.

(2) Die Rechtseinräumung nach diesem Vertrag (Lizenzdauer) beginnt gem. § 2 Abs. 2 mit der Zahlung der geschuldeten Lizenzgebühr und endet mit Ablauf der Vertragsdauer gem. § 6 Abs. 1.[28]

(3) Dieser Vertrag kann aus wichtigem Grund vorzeitig gekündigt werden, insbesondere wenn der Rechteinhaber seinen Mitwirkungspflichten gem. § 3 dieses Vertrags (insbesondere zur Lieferung eines Werkstücks gem. § 3 Abs. 1) nachhaltig nicht nachkommt, der Lizenznehmer fällige Zahlungen gem. § 7 dieses Vertrages trotz Mahnung und Nachfristsetzung nicht leistet oder die Kontrollrechte des Rechteinhabers gem. § 3 Abs. 3 dieses Vertrages nicht erfüllt.[29] Eine fristlose Kündigung setzt grundsätzlich voraus, dass der andere Teil schriftlich gemahnt und aufgefordert wird, den vermeintlichen

this connection and shall reimburse the Licensee for the costs of legal defense.[24]

(2) The Licensee guarantees that he will obtain or has already obtained all further rights required for the intended use in addition to the contractual license and indemnifies the Rights Holder against any claims by third parties in this connection.[25]

§ 5 Publication

The Rights Holder guarantees that the contractual software has already been published.[26]

§ 6 Duration of contract and license

(1) This contract shall commence upon mutual signature and shall run for the duration of . . . . . (contract term).[27] Upon expiry of the contract term, all obligations arising from this contract shall end, with the exception of those provisions that are clearly intended to continue to apply after the end of the contract.

(2) The granting of rights under this contract (license term) shall commence in accordance with § 2 (2) upon payment of the license fee owed and shall end upon expiry of the contract term in accordance with § 6 (1).[28]

(3) This agreement may be terminated prematurely for good cause, in particular if the Rights Holder persistently fails to comply with his obligations to cooperate pursuant to § 3 of this agreement (in particular to deliver a workpiece pursuant to § 3 (1)), if the Licensee fails to make payments due pursuant to § 7 of this agreement despite a reminder and the setting of a grace period, or if the Rights Holder's rights of control pursuant to § 3 (3) of this agreement are not fulfilled.[29] Termination without notice generally presupposes that the other party has previously been given a written warning and requested to re-

Grund zur fristlosen Kündigung in angemessener Zeit zu beseitigen, es sei denn es liegen besondere Gründe iSv §§ 314 Abs. 2, 323 Abs. 2 BGB vor, die dem Kündigenden ein Festhalten an dem Vertrag auch ohne vorherige Mahnung oder Abmahnung unzumutbar machen.[30]

medy the alleged reason for termination without notice within a reasonable period of time, unless there are special reasons within the meaning of Sections 314 (2), 323 (2) BGB that make it unreasonable to expect the terminating party to adhere to the contract even without a prior warning or warning notice.[30]

(4) Der Rechteinhaber behält sich das Recht vor, diese Lizenz jederzeit ohne Angabe von Gründen ganz oder teilweise gegen ex-nunc-Wegfall der Vergütungspflicht (pro rata temporis) zu widerrufen.[31] Übt der Rechteinhaber diesen Widerrufsvorbehalt der Lizenz aus, so hat er dem Lizenznehmer eine angemessene Frist zur Herausnahme der vertragsgegenständlichen Software aus dem Angebot der Website – von in der Regel 3 Werktagen – einzuräumen.

(4) The Rights Holder reserves the right to revoke this license in whole or in part at any time without giving reasons against ex-nunc waiver of the obligation to pay remuneration (pro rata temporis).[31] If the Rights Holder exercises this reservation of revocation of the license, he must grant the Licensee a reasonable period of time – usually 3 working days – to remove the contractual software from the website.

§ 7 Vergütung

(1) Für die Rechtseinräumung nach diesem Vertrag erhält der Rechteinhaber eine Pauschallizenzgebühr in Höhe von . . . . .[32]

(2) Die Lizenzgebühr ist vor dem Einspeichern der vertragsgegenständlichen Software in die Website an den Rechteinhaber zu zahlen.[33] Der Lizenznehmer kann die Ausstellung einer Rechnung über den zu zahlenden Betrag verlangen. Rechnungsbeträge sind spätestens innerhalb von 10 Arbeitstagen nach Rechnungsstellung zur Zahlung fällig. Zahlungen sind auf das Konto IBAN . . . . bei der . . . in . . . ., BIC . . . . zu leisten. Gerät der Lizenznehmer mit der Zahlung fälliger Forderungen in Verzug, so hat er Verzugszinsen in Höhe von . . . . % pro Jahr zu zahlen, sofern er nicht nachweist, dass der tatsächliche Schaden geringer ist.[34] Die Möglichkeit des Rechteinhabers zur Geltendmachung weitergehender Ansprüche aus dem Verzug bleibt unberührt.

(3) Alle Vergütungen verstehen sich zuzüglich der gesetzlichen Mehrwertsteuer, sofern der Rechteinhaber im Zahlungszeit-

§ 7 Remuneration

(1) For the granting of rights under this agreement, the Rights Holder shall receive a flat-rate license fee in the amount of . . . . .[32]

(2) The license fee shall be paid to the Rights Holder before the contractual software is stored on the website.[33] The Licensee may request the issue of an invoice for the amount to be paid. Invoiced amounts are due for payment within 10 working days of invoicing at the latest. Payments are to be made to the account IBAN . . . . at the . . . in . . . ., BIC . . . . If the Licensee defaults on the payment of due claims, he shall pay default interest in the amount of . . . . % per year, unless he can prove that the actual damage is lower.[34] The Rights Holder's right to assert further claims arising from the default remains unaffected.

(3) All payments are subject to value added tax at the statutory rate, provided that the Rights Holder is subject to value ad-

punkt der Umsatzsteuerpflicht unterliegt oder auf sie optiert hat und dies dem Lizenznehmer bekannt ist. Entsteht die Umsatzsteuerpflicht oder die Option auf sie nachträglich, so kann die Mehrwertsteuer bis zum Ende des laufenden Kalenderjahres unter Vorlage der Mehrwertsteuerpflicht-Bescheinigung des zuständigen Finanzamtes gegen Rechnungsstellung nachgefordert werden. Danach erlischt die Forderung auf Umsatzsteuer-Erstattung.

ded tax at the time of payment or has opted for it and the Licensee is aware of this. If the obligation to pay VAT or the option to pay VAT arises retrospectively, the VAT can be claimed retrospectively until the end of the current calendar year upon presentation of the VAT liability certificate from the responsible tax office against invoicing. Thereafter, the claim for VAT refund expires.

§ 8 Vertraulichkeit

Beide Parteien verpflichten sich, über die Bestimmungen dieses Vertrages sowie über alle ihnen im Rahmen dieses Vertrages bekannt gewordenen Informationen bis zum Ablauf von 20 Jahren nach Ende der Lizenzdauer Stillschweigen zu bewahren. Dies gilt nicht, soweit ein berechtigtes Interesse an einer Offenbarung besteht.

§ 8 Confidentiality

Both parties undertake to maintain confidentiality with regard to the provisions of this contract and all information of which they become aware within the framework of this contract until the expiry of 20 years after the end of the license period. This shall not apply if there is a legitimate interest in disclosure.

§ 9 Herausgabe- und Löschungspflichten

Der Lizenznehmer verpflichtet sich, nach Beendigung der Lizenzdauer alle ihm einzeln in elektronischer Form vorliegenden vertragsgegenständlichen Informationen und Inhalte, insbesondere alle Kopien der vertragsgegenständlichen Software, die nicht Bestandteil einer Gesamt-Archivierung seiner Website oder einzelner Webseiten sind, zu löschen. Informationen und Inhalte (auch Informationsmaterial uÄ), die in verkörperter Form vorliegen, sind an den Rechteinhaber zurückzugeben oder auf dessen Verlangen hin oder bei Nichtannahme zu vernichten.

§ 9 Handover and deletion obligations

Licensee undertakes to delete all contractual information and content available to him individually in electronic form, in particular all copies of the contractual image that are not part of an overall archive of his website or individual web pages, after the end of the license term. Information and content (including information material and the like) that is available in embodied form shall be returned to the Rights Holder or, at the latter's request or in the event of non-acceptance, destroyed.

§ 10 Exklusivität[35]

Der Rechteinhaber verpflichtet sich, für einen Zeitraum von . . . . . Tagen[36] die Software nicht an einen weiteren Lizenznehmer zur Online-Nutzung zu lizenzieren, wenn dieser mit dem Lizenznehmer in direktem Konkurrenzverhältnis steht

§ 10 Exclusivity[35]

The Rights Holder undertakes not to license the contractual software to another Licensee for online use for a period of . . . . . days[36] if the latter is in direct competition with the Licensee or if the Licensee is in danger of impairment of its oder dem Lizenznehmer durch die Zweitlizenzierung ein Imageschaden droht. Ein solches direktes Konkurrenzverhältnis ist bei Branchengleichheit stets gegeben.

image as a result of the secondary licensing. Such direct competition is always existing in relation to others in the same industry.

§ 11 Schlussbestimmungen

(1) Dieser Vertrag unterliegt dem Recht der Bundesrepublik Deutschland.

(2) Mündliche Nebenabreden bestehen nicht. Änderungen oder Ergänzungen dieses Vertrages bedürfen zu ihrer Wirksamkeit der Schriftform, auf die auch nicht mündlich verzichtet werden kann.

(3) Sollten einzelne Bestimmungen dieses Vertrages unwirksam sein oder werden, so wird dadurch die Wirksamkeit der übrigen Bestimmungen nicht berührt. Statt der unwirksamen Bestimmung gilt dasjenige, was die Parteien nach dem ursprünglich angestrebten Zweck unter wirtschaftlicher Betrachtungsweise redlicherweise vereinbart hätten. Das Gleiche gilt im Falle des Vorliegens einer Vertragslücke.

(4) Ansprüche aus diesem Vertrag können weder abgetreten, noch verpfändet, noch mit dem Recht eines Dritten belastet werden, soweit der Schuldner dem nicht ausdrücklich zustimmt.

(5) Erfüllungsort ist . . . . . Sofern beide Parteien Kaufleute im Sinne des HGB sind, ist Gerichtsstand für alle Streitigkeiten aus diesem Vertrag . . . .

. . . .

(Ort, Datum) (Ort, Datum)

. . . .

– Lizenznehmer – – Rechteinhaber –

§ 11 Final Provisions

(1) This contract is governed exclusively by the laws of the Federal Republic of Germany.

(2) There are no verbal collateral agreements. Amendments or additions to this contract must be made in writing, and this requirement cannot be waived orally.

(3) If individual provisions of this contract should be or become invalid, this shall not affect the validity of the remaining provisions. The invalid provision shall be replaced by what the parties would have reasonably agreed in accordance with the originally intended purpose from an economic point of view. The same shall apply in the event of a loophole in the contract.

(4) Claims arising from this contract may not be assigned, pledged or encumbered with the rights of a third party unless the debtor expressly agrees to this.

(5) Place of performance is . . . . . If both parties are merchants within the meaning of the German Commercial Code (HGB), place of jurisdiction for all disputes arising from this contract shall be . . . . .

. . . .

(Place, Date) (Place, Date)

. . . .

– Licensee – – Rights Holder –

Anmerkungen

1. Sachverhalt. Gegenstand des vorliegenden Formularvertrages ist die Einbindung von Software in eine Website, wodurch das Urheberrecht des Softwareherstellers (§§ 2 Nr. 1, 69a Abs. 1 UrhG) berührt wird. Die Einbindung kann auf zweierlei Weise geschehen: zum einen kann die Software direkt vom Server des Lizenznehmers aus abgerufen werden oder von dort aus per Link von der Website des Rechteinhabers abrufbar (öffentlich zugänglich) gemacht werden. Letzteres kommt in der Regel bei sehr umfangreicher Software vor.

Die Haftung des Website-Betreibers gegenüber dem Rechteinhaber für die ordnungsgemäße Rechteeinholung bei Nutzung urheberechtlich geschützter Inhalte ist in Rechtsprechung und Literatur unbestritten, vgl. zB LG München I MMR 2009, 137 mAnm Kaufmann. Der Betreiber der Website ist regelmäßig Anbieter des entsprechenden Inhalts als „eigene Information" iSv § 7 Abs. 1 TMG und haftet daher dem Rechteinhaber gegenüber für Urheberrechtsverletzungen durch die mit der Einbindung in die Website verbundene Vervielfältigung und Öffentlich-Zugänglichmachung eines urheberrechtlich geschützten Inhalts. Daher besteht ein Bedarf nach Abschluss entsprechender Lizenzverträge wie in den Formularen dieses Abschnitts (→ Form. J.1 ff.).

2. Software. Software ist der gängige Begriff für Computerprogramme aller Art. Computerprogramme sind als „Sprachwerke" gem. §§ 2 Nr. 1, 69a Abs. 1 UrhG urheberrechtlich geschützt, und zwar in jeder Gestalt, einschließlich des Entwurfsmaterials (§ 69a Abs. 1 UrhG). Um urheberrechtlichen Schutz zu genießen, muss Software ein individuelles Werk darstellen, das das Ergebnis einer eigenen geistigen Schöpfung ihres Urhebers ist. Bei Beurteilung dieser Schutzfähigkeitsanforderung sind keine anderen Kriterien, vor allem keine qualitativen oder ästhetischen, anzuwenden (§ 69a Abs. 3 UrhG). Ausreichend ist dabei ein Minimum an Individualität; auch die so genannte „kleine Münze" ist geschützt. Nur dem „völlig Banalen", also das, was jeder so machen würde, ist der Schutz zu versagen. ZB die mechanische und routinemäßige Zusammenstellung vorgegebener Daten (Schricker/Loewenheim/Loewenheim UrhG § 69a Rn. 19).

3. Rechtseinräumung. → Form. J.1 Anm. 3.

4. Erforderliche Nutzungsrechte. Für die Benutzung von Software zum Download über eine Webseite sind rechtssystematisch folgende Nutzungsrechte erforderlich: Ein Vervielfältigungsrecht für die Einspeicherung in den Server der Website gem. § 69c Nr. 1 UrhG, wenn die Software auf dem eigenen Server des Lizenznehmers bereitgestellt wird. Das Recht, den Zugang zu dem Werk zu eröffnen, welches als sogenanntes „Recht der öffentlichen Zugänglichmachung" in § 19a UrhG geregelt ist. Sowie das Recht zur weiteren Vervielfältigung der Software durch Besucher der Website gem. § 69c Nr. 1 UrhG, die diese wiederum bei sich selbst abspeichern.

Lange umstritten war in Rechtsprechung und Literatur die Frage, ob auch für den Online-„Weiterverkauf" gebrauchter Software die vorgenannten Rechte erforderlich sind oder ob sich der Zustimmungsvorbehalt des Urhebers auch bei einem Ersterwerb der Kopie im Wege eines mit Zustimmung des Rechteinhabers erfolgten Herunterladens iSv § 69c Nr. 3 S. 2 UrhG erschöpft und die gebrauchte Software dadurch gem. § 69d Abs. 1 UrhG auch ohne gesonderte (nochmalige) Zustimmung des Rechteinhabers weitergegeben – und zu diesem Zwecke auch nochmals vervielfältigt – werden darf (vgl. ua Dreier/Schulze UrhG § 69c Rn. 24; Schricker/Loewenheim/v. Ungern-Sternberg UrhG § 19a Rn. 6; Wandtke/Bullinger/Grützmacher UrhG § 69c Rn. 36). EuGH und BGH haben hierzu in Ihren „UsedSoft"-Entscheidungen für Klarheit gesorgt (BGH CR 7/2015 – Used Soft III; BGH CR 2014, 168 ff. – Used Soft II; EuGH CR 2012, 498 ff.):

Stimmt der Rechteinhaber dem Herunterladen einer Kopie der Software aus dem Internet zu, so erschöpft sich sein Verbreitungsrecht nicht nur hinsichtlich der bei ihm heruntergeladenen Kopie(n), sondern auch hinsichtlich für eine Weitergabe/Weiternutzung notwendigerweise anzufertigender weiterer Kopien (BGH CR 7/2015 Rn. 31 – Used Soft III). Die Erschöpfungswirkung erstreckt sich damit auch auf die Vervielfältigung zur Herstellung etwaig abzuspaltender Kopien, die an den Zweiterwerber gehen (siehe Schneider CR-online.de Blog vom 23.6.2015, http://www.cr-online.de/blog/2015/06/23/bgh-in-usedsoft-iii-gebrauchtsoftwarehandel-oeffne-dich-oder-warum-volumenlizenzen-nun-aufgespalten-werden-duerfen/).

5. Einspeicherung in eine Website. → Form. J.1 Anm. 5.

6. Öffentlich-Zugänglichmachung. → Form. J.6 Anm. 6.

7. Vervielfältigung durch Abruf von Besuchern der Website. → Form. J.1 Anm. 7.

8. Inhaltsverantwortlicher. → Form. J.1 Anm. 12.

9. Abtretungs- und Unterlizenzierungsverbot. → Form. J.1 Anm. 13.

10. Beschränkung auf bestimmte Website. → Form. J.1 Anm. 14.

11. Bedingung vollständiger Zahlung. → Form. J.1 Anm. 15.

12. Europäische Union. → Form. J.1 Anm. 16.

13. Bestimmungslandprinzip. → Form. J.1 Anm. 17.

14. Unbekannte und noch nicht geschützte Nutzungsarten. → Form. J.1 Anm. 18.

15. Option bezüglich nicht erfasster Nutzungsarten. → Form. J.1 Anm. 19.

16. Kennzeichen und Abbildungen. → Form. J.8 Anm. 20.

17. Namensnennung. → Form. J.6 Anm. 22.

18. Übergabe eines Werkstückes. → Form. J.8 Anm. 22.

19. Urheberinformationen. → Form. J.6 Anm. 25.

20. Kontrollabrufe. → Form. J.8 Anm. 24.

21. Nutzungsdaten. → Form. J.7 Anm. 25.

22. E-Mail-Adressen. → Form. J.1 Anm. 27.

23. Rechtegarantie des Rechteinhabers. → Form. J.1 Anm. 28.

24. Haftungsfreistellung. → Form. J.1 Anm. 29.

25. Garantie des Lizenznehmers. → Form. J.6 Anm. 30.

26. Veröffentlichung. → Form. J.1 Anm. 31.

27. Vertragsdauer. → Form. J.1 Anm. 32.

28. Lizenzdauer. → Form. J.1 Anm. 33.

29. Kündigung aus wichtigem Grund. → Form. J.1 Anm. 34.

30. Abmahnung. → Form. J.1 Anm. 35.

31. Widerrufsvorbehalt. → Form. J.6 Anm. 38.

32. Lizenzgebühr. → Form. J.8 Anm. 37.

33. **Periodische Zahlungen.** → Form. J.8 Anm. 38.

34. **Pauschalierter Verzugszins.** → Form. J.1 Anm. 39.

35. **Exklusivität.** Eine exklusive Einräumung der Online-Verwertungsrechte von Software stellt zugunsten des Lizenznehmers für einen gewissen Zeitraum sicher, dass er der Einzige ist, der die vertragsgegenständliche Software zu dem vereinbarten Zweck online nutzt. Dies ist für ihn besonders dann wertvoll, wenn er ein investitionsintensives Webangebot betreibt, das einen hohen Aufmerksamkeitswert generieren soll, und für das auch der Widererkennungseffekt der verwendeten (oder angebotenen) Software von erheblicher Bedeutung ist.

36. **Exklusivitätsdauer.** In der Praxis umfasst die Dauer der Exklusivität bei Software in der Regel längere Zeiträume (bis hin zu gelegentlich der gesamten Dauer der Schutzfrist). Der Zeitraum der Exklusivität kann jedoch auch „während der Lizenzdauer dieses Vertrages" oder zB „bis zu 30 Tage nach Beendigung dieses Vertrages" betragen.

K. Werbe- und Vermarktungsverträge

1. Affiliate-Vertrag – Affiliate Agreement

Vertrag zwischen Netzwerkbetreiber und Advertiser

Zwischen

. . . . .

– nachstehend „Netzwerkbetreiber“ genannt –

und

. . . . .

– nachstehend „Advertiser“ genannt – wird folgender Vertrag über die Teilnahme an dem Affiliate-Netzwerk . . . . . geschlossen:[1]

§ 1 Vertragsgegenstand

(1) Gegenstand dieses Vertrages ist die Bereitstellung einer Online-Plattform durch den Netzwerkbetreiber unter der Internet-Domain . . . . . , welche es dem Advertiser erlaubt, Online-Werbedienstleistungen (insbesondere die Schaltung von Hyperlinks) durch die dem Affiliate-Netzwerk angeschlossenen Personen („Publisher“)[2] in Anspruch zu nehmen, einschließlich der Vermittlung entsprechender Werbedienstleistungsverträge[3] zwischen Advertiser und Publisher,[4] sowie die Unterstützung von Advertiser und Publisher bei der Abwicklung dieser Werbedienstleistungsverträge (insbesondere der Abrechnung).

(2) Die Bedingungen dieses Vertrages finden Anwendung auf alle, auch zukünftige von dem Advertiser angebotenen Affiliate-Programme im Sinne von § 4.[5]

Contract between Network Operator and Advertiser

Between

. . . . .

– hereinafter referred to as the „Network Operator“ –

and

. . . . .

– hereinafter referred to as „Advertiser“ – the following agreement for participation in the affiliate network . . . . . closed:[1]

§ 1 Subject matter of the contract

(1) The object of this agreement is the provision of an online platform by the Network Operator under the Internet domain . . . . . which allows the Advertiser to utilize online advertising services (in particular the placement of hyperlinks) provided by the persons affiliated with the affiliate network („Publisher(s)“),[2] including the referral of corresponding advertising service contracts[3] between Advertiser and Publisher,[4] as well as the support of Advertisers and Publishers in the processing of these advertising service contracts (in particular billing).

(2) The terms and conditions of this agreement shall apply to all affiliate programs within the meaning of § 4, including future programs offered by the Advertiser.[5]

§ 2 Registrierung/Anmeldung

(1) Die Inanspruchnahme von Leistungen des Affiliate-Netzwerks über die Plattform unter www. . . . . ist für den Advertiser ausschließlich nach vorheriger Registrierung möglich.

(2) Die bei der Registrierung eingegebenen Daten müssen wahrheitsgemäß sein. Für den Fall, dass sich diese Angaben ändern, ist der Advertiser verpflichtet, die Einträge unverzüglich zu berichtigen. Werden durch den Advertiser bei der Registrierung unrichtige Angaben gemacht oder wird eine spätere Berichtigung unterlassen, so kann er durch den Netzwerkbetreiber von der weiteren Nutzung der Online-Plattform ausgeschlossen werden.[6]

(3) Mit Absendung der Registrierung gibt der Advertiser ein Angebot an den Netzwerkbetreiber auf Abschluss dieses Vertrages bezüglich der unter § 1 definierten Leistungen ab. Mit der Bestätigung der Registrierung durch den Netzwerkbetreiber wird dieses Angebot angenommen.

§ 2 Registration/application

(1) The use of services of the Affiliate Network via the platform at www. . . . . is subject to the Advertiser's prior registration.

(2) The data entered during registration must be truthful. In the event that this information changes, the Advertiser shall correct the entries immediately. If the Advertiser provides incorrect information during registration or fails to correct it at a later date, the Network Operator may exclude the Advertiser from further use of the online platform.[6]

(3) By sending the registration, the Advertiser submits an offer to the Network Operator to conclude this agreement with regard to the services defined under § 1. This offer is accepted upon confirmation of the registration by the Network Operator.

§ 3 Betrieb der Plattform

Der Netzwerkbetreiber betreibt die Plattform im Rahmen seiner technischen Möglichkeiten. Einen Anspruch auf eine jederzeitige fehler- und unterbrechungsfreie Nutzung der Plattform des Affiliate-Netzwerkes oder eine bestimmte Verfügbarkeit besitzt der Advertiser nicht.[7] Der Netzwerkbetreiber wird sich nach Kräften bemühen, im Falle eines Ausfalls des Systems die Nutzbarkeit möglichst schnell wieder herzustellen.

§ 3 Operation of the platform

The Network Operator operates the platform within the scope of its technical capabilities. The Advertiser has no claim to error-free and uninterrupted use of the affiliate network platform at all times or to specific availability.[7] The Network Operator shall make every effort to restore usability as quickly as possible in the event of a system failure.

§ 4 Einrichtung und Vermittlung von Affiliate-Programmen

(1) Der Netzwerkbetreiber bietet dem Advertiser auf der Internet-Plattform die Möglichkeit, Affiliate-Programme hinsichtlich der von ihm nachgefragten Werbedienstleitungen einzurichten und den an das Affiliate-Netzwerk angeschlossenen Publishern

§ 4 Establishment and mediation of affiliate programs

(1) The Network Operator offers the Advertiser the opportunity to set up affiliate programs on the Internet platform with regard to the advertising services requested by the Advertiser and to offer them to the Publishers connected to the affiliate

zur Teilnahme anzubieten. Die Affiliate-Programme enthalten eine Konkretisierung der nachgefragten Leistung sowie eine Bestimmung der angebotenen Vergütung. Der Advertiser kann für jedes Affiliate-Programm ferner Werbemittel (Grafiken, Werbebanner, Hyperlinks, etc) sowie individuelle Teilnahmebedingungen hinterlegen, die den Publishern über die Online-Plattform zugänglich gemacht werden.[8] Die Werbemittel müssen den Vorgaben bzw. Beschränkungen des Netzwerkbetreibers hinsichtlich Format und Größe entsprechen.

(2) Den Publishern wird es ermöglicht, sich über die Plattform für die Teilnahme an diesen Affiliate-Programmen zu bewerben. Die Annahme der Bewerbung eines Publishers obliegt dem Advertiser. Es liegt in seiner Verantwortung zu prüfen, ob die Medien des Publishers rechtswidrige oder für den Advertiser nicht akzeptable Inhalte enthalten. Es steht dem Advertiser frei, die Bewerbung eines Publishers ohne Angabe von Gründen abzulehnen. Ebenso kann er später der weiteren Teilnahme eines Publishers an seinem Affiliate-Programm mit Wirkung für die Zukunft widersprechen. Durch die Annahme einer Bewerbung durch den Advertiser kommt ein Vertrag zwischen Advertiser und Publisher bezüglich der jeweiligen Werbedienstleistung zustande. Der Netzwerkbetreiber wird insoweit ausschließlich vermittelnd tätig.

(3) Der Netzwerkbetreiber behält sich das Recht vor, einzelne Publisher ohne Rücksprache mit dem Advertiser von der Nutzung der Plattform und damit der Teilnahme an Affiliate-Programmen auszuschließen. Dies gilt insbesondere bei Vertragsverstößen des Publishers oder dann, wenn Medien des Publishers gewalttätige, rassistische, diskriminierende oder sexuell eindeutige Inhalte oder solche, die gegen geltende Rechtsvorschriften verstoßen, aufweisen oder auf solche Inhalte verweisen.[9]

network for participation. The affiliate programs contain a specification of the service requested and a definition of the remuneration offered. For each affiliate program, the Advertiser may also provide advertising material (e.g. graphics, banners, hyperlinks) as well as individual terms and conditions of participation, which are made available to Publishers via the online platform.[8] The advertising material must comply with the specifications and restrictions of the Network Operator in terms of format and size.

(2) Publishers are given the opportunity to apply for participation in these affiliate programs via the platform. The Advertiser is responsible for accepting a Publisher's application. It is the Advertiser's responsibility to check whether the Publisher's media contains illegal content or content that is unacceptable to the Advertiser. The Advertiser is free to reject a Publisher's application without giving reasons. The Advertiser may also subsequently object to the further participation of a Publisher in its affiliate program with effect for the future. Acceptance of an application by the Advertiser results in a contract between the Advertiser and Publisher regarding the respective advertising service. In this respect, the Network Operator acts as an intermediary only.

(3) The Network Operator reserves the right to exclude individual Publishers from using the platform and thus from participating in affiliate programs without consulting the Advertiser. This applies in particular in the event of breaches of contract by the Publisher or if the Publisher's media contain or refer to violent, racist, discriminatory or sexually explicit content or any other content that violates applicable law.[9]

§ 5 Sonstige Leistungen des Netzwerkbetreibers

(1) Der Netzwerkbetreiber ermöglicht dem Advertiser und dem Publisher außerdem die Abwicklung des unter § 4 (1) genannten Vertrages über Werbedienstleistungen durch die Bereitstellung eines automatisierten Systems sowie zu verwendender Hyperlinks und URLs, welche die vergütungspflichtigen Werbedienstleistungen erfassen.

(2) Das System übernimmt die Protokollierung der durch den Publisher zugunsten des Advertisers generierten vergütungspflichtigen Erfolge im Sinne von § 6 (1) und übermittelt anhand dieser Daten eine Abrechnung auf Basis der im Affiliate-Programm festgelegten Vergütung an den Advertiser.

(3) Der Netzwerkbetreiber stellt dem Advertiser und dem Publisher zur Durchführung der Abrechnung Konten zur Verfügung. Der Advertiser hat sein Konto jeweils im Voraus mit einem Guthaben aufzuladen. Bei Neustart eines Affiliate-Programms beträgt die Mindestaufladung EUR . . . . , alle nachfolgenden Aufladungen sollen mindestens in der Höhe von EUR . . . . erfolgen. Ein Affiliate-Programm wird erst dann durch den Netzwerkbetreiber freigeschaltet, wenn die Mindestaufladung durch den Advertiser erfolgt ist. Ein Guthaben auf diesen Konten wird nicht verzinst.

(4) Dem Netzwerkbetreiber steht das Recht zu, seine Serviceumgebung fortlaufend technisch weiterzuentwickeln.

§ 6 Vergütung und Abrechnung der Werbedienstleistungen

(1) Die Vergütung der von dem Publisher übernommenen Werbedienstleistungen durch den Advertiser erfolgt erfolgsabhängig. Der Netzwerkbetreiber ermöglicht es dem Advertiser, die Art und Höhe der erfolgsbasierten Vergütung zugunsten des Publishers für jedes Affiliate-Programm

§ 5 Other services of the Network Operator

(1) The Network Operator shall also enable the Advertiser and the Publisher to process the contract for advertising services referred to in § 4 (1) by providing an automated system as well as hyperlinks and URLs to be used, which record the advertising services subject to remuneration.

(2) The system shall record the successes generated by the Publisher for the benefit of the Advertiser that are subject to remuneration within the meaning of § 6 (1) and shall use this data to transmit a statement to the Advertiser based on the remuneration specified in the affiliate program.

(3) The Network Operator shall provide the Advertiser and the Publisher with accounts for the purpose of billing. The Advertiser must top up its account with a credit balance in advance. When restarting an affiliate program, the minimum top-up is EUR . . . . , all subsequent top-ups should be at least in the amount of EUR . . . . . An affiliate program is only activated by the Network Operator once the minimum top-up has been made by the Advertiser. No interest is paid on the credit balance in these accounts.

(4) The Network Operator has the right to continuously develop its service environment technically.

§ 6 Remuneration and invoicing of advertising services

(1) The Advertiser's remuneration for the advertising services provided by the Publisher shall be performance-based. The Network Operator allows the Advertiser to determine the type and amount of the performance-based remuneration for the benefit of the Publisher separately for

gesondert festzulegen. Derzeit werden folgende Vergütungsmodelle angeboten:

a) Pay-per-click (Festbetrag pro Klick eines Nutzers auf den von dem Publisher vorgehaltenen Hyperlink zu der Webseite des Advertisers);

b) Pay-per-sale (Prozentuale Beteiligung am Verkaufserlös mit einem Kunden, der durch einen Klick auf den von dem Publisher vorgehaltenen Hyperlink zu der Webseite des Advertisers gelangt ist);

c) Pay-per-lead (Festbetrag pro Eintritt des in dem jeweiligen Affiliate-Programm definierten Erfolgs in Bezug auf einen Nutzer, der durch einen Klick auf den von dem Publisher vorgehaltenen Hyperlink zu der Webseite des Advertisers gelangt ist („Lead") oder

d) eine Kombination der vorgenannten Vergütungsmodelle.[10]

(2) Nur freiwillig und bewusst durch den Internetnutzer getätigte Klicks auf den von dem Publisher vorgehaltenen Hyperlink auf die Webseite des Advertisers sind vergütungspflichtig. Klicks, welche unter Zuhilfenahme von Automatismen oder Software erzeugt oder durch Zwang, Täuschung oder Drohung veranlasst wurden, lösen keinen Anspruch auf Vergütung aus. Auch wiederholte oder in kurzer Zeit aufeinander folgende Klicks werden nicht als gültig gezählt.[11]

(3) Gemäß des gewählten Vergütungsmodells wird dem Publisher mit jedem protokollierten, vergütungspflichtigen Erfolgseintritt (click, sale oder lead) und nach Freigabe der Abrechnung durch den Advertiser der vereinbarte Vergütungsbetrag gutgeschrieben und entsprechend das Konto des Advertisers belastet.

(4) Der Netzwerkbetreiber erstellt eine aktuelle Abrechnung auf täglicher und monatlicher Basis und ermöglicht dem Advertiser eine elektronische Einsichtnahme und Überprüfung durch Bereitstellung aller Abrechnungsdaten über die Plattform. Sofern der Advertiser keine Einwände gegen die

each affiliate program. The following remuneration models are currently offered:

a) Pay-per-click (fixed amount per click by a user on the hyperlink provided by the Publisher to the Advertiser's website);

b) Pay-per-sale (percentage share of sales revenue with a customer who has reached the Advertiser's website by clicking on the hyperlink provided by the Publisher);

c) Pay-per-lead (fixed amount per occurrence of the success defined in the respective affiliate program in relation to a user who has reached the Advertiser's website by clicking on the hyperlink provided by the Publisher („lead") or

d) a combination of the aforementioned remuneration models.[10]

(2) Only voluntary and deliberate clicks by the Internet user on the hyperlink provided by the Publisher to the Advertiser's website are subject to remuneration. Clicks generated with the aid of automated mechanisms or software or induced by coercion, deception or threat shall not give rise to any entitlement to remuneration. Repeated clicks or clicks in quick succession are also not counted as valid.[11]

(3) In accordance with the selected remuneration model, the agreed remuneration amount shall be credited to the Publisher and debited to the Advertiser's account with each recorded, remunerable occurrence of success (click, sale or lead) and after approval of the invoice by the Advertiser.

(4) The Network Operator shall prepare an up-to-date statement on a daily and monthly basis and shall enable the Advertiser to view and check it electronically by providing all billing data via the platform. If the Advertiser has no objections to the statement, it shall approve it. If the Adver-

Abrechnung hat, gibt er diese frei. Erhebt der Advertiser innerhalb eines Zeitraums von 60 Tagen keine Einwände gegen die Abrechnung, gilt eine Freigabe ebenfalls als erteilt. Die jeweilige Abrechnung enthält weder ein Anerkenntnis dahingehend, dass es sich ausschließlich um gültige Klicks handelt, noch dass alle gültigen Klicks vollständig erfasst worden sind.

tiser does not raise any objections to the statement within a period of 60 days, approval is also deemed to have been granted. The respective statement contains neither an acknowledgement that the clicks are exclusively valid nor that all valid clicks have been recorded in full.

§ 7 Vergütung des Netzwerkbetreibers

(1) Der Netzwerkbetreiber erhält als Vergütung für seine Dienstleistungen gemäß § 1 (1) dieses Vertrages eine Provision in Höhe von 30 % der an den Publisher nach § 6 (1) zu zahlenden Vergütung. Diese Provision wird ebenfalls mit der Freigabe der Abrechnung vom Guthabenkonto des Advertisers abgebucht.

(2) Für die Zugangsgewährung zu dem Affiliate-Netzwerk zahlt der Advertiser eine einmalige Zugangsgebühr in Höhe von EUR . . . . . Für die Einrichtung eines Affiliate-Programms erhält der Netzwerkbetreiber daneben eine Einmalvergütung in Höhe von EUR . . . . Netzwerkbetreiber und Advertiser können im Einzelfall abweichende Vergütungsvereinbarungen treffen.[12]

§ 7 Remuneration of the Network Operator

(1) As remuneration for its services pursuant to § 1 (1) of this agreement, the Network Operator shall receive a commission amounting to 30 % of the remuneration payable to the Publisher pursuant to § 6 (1). This commission shall also be debited from the Advertiser's credit account when the statement is released.

(2) For access to the Affiliate Network, the Advertiser shall pay a one-off access fee in the amount of EUR . . . . . For the establishment of an affiliate program, the Network Operator also receives a one-time fee in the amount of EUR . . . . . Network operators and Advertisers may reach different remuneration agreements in individual cases.[12]

§ 8 Unzulässige Nutzungen

(1) Die angebotenen Affiliate-Programme und alle in diesem Rahmen eingestellten Inhalte und Informationen, insbesondere Programmbeschreibungen, Grafiken, Banner, Hyperlinks etc., müssen mit den jeweils geltenden Rechtsvorschriften der Bundesrepublik Deutschland vereinbar sein. Unzulässig ist auch jede Einstellung von Inhalten oder Informationen, die geeignet sind, den Interessen des Netzwerkbetreibers oder dessen Ansehen in der Öffentlichkeit zu schaden. Danach ist insbesondere unzulässig:

a) das Einstellen von Inhalten unter Verstoß gegen Vorschriften des Daten-

§ 8 Impermissible uses

(1) The affiliate programs offered and all content and information posted in this context, in particular program descriptions, graphics, banners, hyperlinks, etc., must comply with the applicable legal provisions of the Federal Republic of Germany. It is also prohibited to post any content or information that is likely to harm the interests of the Network Operator or its public reputation. In particular, the following is prohibited

a) the posting of content in violation of the provisions of data protection law, schutzrechts, Lauterkeitsrechts, Strafrechts, Urheberrechts, sowie gegen Vorschriften zum Schutz des Persönlichkeitsrechts und gewerblicher Schutzrechte;

b) das Einstellen von beleidigenden, verleumderischen, verfassungsfeindlichen, rassistischen, sexistischen oder pornografischen Inhalten.

(2) Unzulässig ist außerdem jede Nutzung, die darauf gerichtet oder ersichtlich geeignet ist, die Sicherheit oder Verfügbarkeit des Online-Portals zu beeinträchtigen, sie funktionsuntauglich zu machen oder ihre Nutzung zu verhindern, zu erschweren oder zu verzögern.

(3) Sollte der Netzwerkbetreiber einen Verstoß gegen die vorstehenden Absätze (1) bis (2) feststellen, so darf er den Zugang des Advertisers zu dem Online-Portal unverzüglich sperren und den Advertiser von der weiteren Inanspruchnahme des Affiliate-Netzwerks ausschließen.[13]

§ 9 Auswahl und Überwachung der Publisher

(1) Der Netzwerkbetreiber steht nicht dafür ein, dass über die Plattform Umsätze auf Seiten des Advertisers generiert werden.

(2) Der Netzwerkbetreiber ist bemüht, nur zuverlässige und seriöse Publisher mit Webseiten zu seinem Affiliate-Netzwerk zuzulassen, die den geltenden Rechtsvorschriften entsprechen. Zu diesem Zweck verlangt der Netzwerkbetreiber von den Publishern bei deren Registrierung verschiedene Informationen und erlegt ihnen in den Vertragsbedingungen verschiedene Verpflichtungen auf. Der Netzwerkbetreiber nimmt jedoch keine Kontrolle oder Überwachung der Inhalte oder Medien der Publisher vor. Dem Advertiser ist bekannt, dass der Netzwerkbetreiber keinerlei Einfluss auf die aktuelle oder künftige Gestaltung oder Inhalte der Medien der Publisher besitzt. Der Netzwerkbetreiber übernimmt auch keine Gewähr für die Vollständigkeit und Richtigkeit der ihm gegenüber gemachten Angaben der Publisher. Der Ad-

unfair competition law, criminal law, copyright law, as well as regulations for the protection of personal rights and industrial property rights;

b) the posting of offensive, defamatory, anti-constitutional, racist, sexist or pornographic content.

(2) In addition, any use that is intended or obviously suitable for impairing the security or availability of the online portal, rendering it inoperable or preventing, impeding or delaying its use is prohibited.

(3) Should the Network Operator discover a breach of the above paragraphs (1) to (2), it may immediately block the Advertiser's access to the online portal and exclude the Advertiser from further use of the affiliate network.[13]

§ 9 Selection and monitoring of Publishers

(1) The Network Operator is not responsible for generating revenue for the Advertiser via the platform.

(2) The Network Operator endeavors to admit only reliable and reputable Publishers with websites to its affiliate network that comply with the applicable legal provisions. To this end, the Network Operator requests various information from Publishers when they register and imposes various obligations on them in the contractual conditions. However, the Network Operator does not control or monitor the Publishers' content or media. The Advertiser is aware that the Network Operator has no influence whatsoever on the current or future design or content of the Publishers' media. The Network Operator also assumes no liability for the completeness and accuracy of the information provided to it by the Publisher. However, the Advertiser has the option of defining special regulations regarding

vertiser hat aber die Möglichkeit, im Rahmen der Teilnahmebedingungen für seine Affiliate-Programme besondere Regelungen hinsichtlich der zugelassenen Werbeformen und sonstige Verpflichtungen der Publisher (zB etwaige Sanktionen bei Verstößen) selbst festzulegen.[14]

the permitted forms of advertising and other obligations of the Publishers (e.g. possible sanctions in the event of violations) within the framework of the terms and conditions of participation for its affiliate programs.[14]

§ 10 Haftung[15]

(1) Der Netzwerkbetreiber haftet bei Vorsatz, Arglist und grober Fahrlässigkeit sowie im Fall von Personenschäden unbeschränkt.

(2) Der Netzwerkbetreiber haftet auf Schadensersatz im Falle einer leicht fahrlässigen Verletzung einer wesentlichen Vertragspflicht (Kardinalpflicht) begrenzt auf die Höhe des vertragstypischen, vorhersehbaren Schadens. Kardinalpflichten im Sinne dieser Regelung umfassen neben den vertraglichen Hauptleistungspflichten auch Verpflichtungen, deren Erfüllung die ordnungsgemäße Durchführung des Vertrages überhaupt erst ermöglichen und auf deren Einhaltung der Auftraggeber regelmäßig vertrauen darf.

(3) Eine Haftung für durch den Netzwerkbetreiber gespeicherte fremde Informationen greift nur insoweit, als der Netzwerkbetreiber verpflichtet ist, diese ab Kenntniserlangung einer etwaigen Rechtsverletzung zu entfernen oder zu sperren. Eine Haftung vor Kenntniserlangung besteht ebenso wenig, wie eine Pflicht zur Überwachung der gespeicherten Informationen oder der gezielten Suche nach rechtswidrigen Tätigkeiten.

(4) Im Übrigen ist jede Haftung des Netzwerkbetreibers ausgeschlossen.

(5) Der Advertiser stellt den Netzwerkbetreiber von sämtlichen Ansprüchen Dritter, einschließlich Schadensersatzansprüchen und Haftungsansprüchen sowie den angemessenen Kosten, frei, die auf sein schuldhaftes Verhalten zurückgehen. Dies schließt insbesondere Ansprüche gegen den Netzwerkbetreiber aufgrund un-

§ 10 Liability[15]

(1) The Network Operator shall be liable without limitation in the event of intent, malice and gross negligence as well as in the event of personal injury.

(2) The Network Operator shall be liable for damages in the event of a slightly negligent breach of a material contractual obligation (cardinal obligation) limited to the amount of the foreseeable damage typical for the contract. Cardinal obligations within the meaning of this provision include, in addition to the main contractual obligations, obligations whose fulfillment is essential for the proper execution of the contract and on whose compliance the Advertiser may regularly rely.

(3) Liability for third-party information stored by the Network Operator shall only apply insofar as the Network Operator is obliged to remove or block such information upon becoming aware of a possible infringement. There is no liability before knowledge is obtained, nor is there an obligation to monitor the stored information or to specifically search for illegal activities.

(4) Otherwise, any liability of the Network Operator is excluded.

(5) The Advertiser shall indemnify the Network Operator against all third-party claims, including claims for damages and liability claims as well as reasonable costs, which are attributable to the Advertiser's culpable conduct. This includes, in particular, claims against the Network Operator due to unauthorized content and

zulässiger Inhalte und Informationen des Advertisers im Sinne von § 8 ein.

§ 11 Datenschutz

(1) Der Netzwerkbetreiber verpflichtet sich, die geltenden Datenschutzvorschriften, insbesondere diejenigen der Datenschutz-Grundverordnung (DSGVO), des Bundesdatenschutzgesetzes (BDSG) und des Telekommunikation-Digitale-Dienste-Datenschutz-Gesetz (TDDDG) zu beachten.

(2) Der Netzwerkbetreiber wird personenbezogene Daten des Advertisers ausschließlich im Rahmen der Vertragszwecke erheben und verwenden und diese an die Publisher weitergeben, soweit dies zur Erfüllung von mit dem Advertiser geschlossenen Werbedienstleistungsverträgen notwendig ist.

§ 12 Laufzeit/Kündigung

(1) Dieser Vertrag tritt mit Bestätigung der Registrierung gemäß § 2 (3) in Kraft und wird auf unbestimmte Zeit geschlossen.

(2) Die Vertragsparteien können diesen Vertrag einschließlich aller Affiliate-Programme oder nur einzelne Affiliate-Programme jederzeit kündigen. Sofern nur eine Kündigung einzelner Affiliate-Programme erfolgt, bleibt dieser Vertrag davon unberührt. Die Kündigung wird um 0:00 Uhr des auf den Tag des Eingangs der Kündigung beim Netzwerkbetreiber folgenden Werktages wirksam. In diesem Fall wird das Affiliate-Netzwerk die Publisher der betroffenen Affiliate-Programme über die Kündigung informieren. Bis zum Zeitpunkt der Kündigung erfolgte Klicks werden noch protokolliert und entsprechende Vergütungen sind noch zu entrichten.

(3) Die Kündigung kann in Textform oder mittels der online bereitstehenden Kündigungsfunktionen erfolgen.

information of the Advertiser within the meaning of § 8.

§ 11 Data protection

(1) The Network Operator undertakes to comply with the applicable data protection regulations, in particular those of the General Data Protection Regulation (GDPR), the Federal Data Protection Act (Bundesdatenschutzgesetz, BDSG) and the Telecommunications Digital Services Data Protection Act (Telekommunikation-Digitale-Dienste-Datenschutz-Gesetz, TDDDG).

(2) The Network Operator shall collect and use the Advertiser's personal data exclusively within the scope of the contractual purposes and pass them on to the Publishers only if and to the extent this is necessary for the fulfillment of advertising service contracts concluded with the Advertiser.

§ 12 Term/termination

(1) This agreement shall enter into force upon confirmation of registration in accordance with § 2 (3) and is concluded for an indefinite period.

(2) The contracting parties may terminate this contract including all affiliate programs or only individual affiliate programs at any time. If only individual affiliate programs are terminated, this contract shall remain unaffected. The termination shall take effect at midnight on the working day following the day on which the Network Operator receives the notice of termination. In this case, the affiliate network will inform the Publishers of the affiliate programs concerned of the termination. Clicks made up to the time of termination will still be logged and the corresponding remuneration must still be paid.

(3) Notice of termination can be given in text form or using the online termination functions.

(4) Etwa noch im Zeitpunkt der Vertragsbeendigung bestehende Kontoguthaben im Sinne von § 5 (3) werden dem Advertiser erstattet.[16]

(4) Any account balances still existing at the time of termination of the contract within the meaning of § 5 (3) shall be refunded to the Advertiser.[16]

§ 13 Schlussbestimmungen

§ 13 Final provisions

(1) Dieser Vertrag und die Verträge über die Durchführung einzelner Affiliate-Programme unterliegen dem Recht der Bundesrepublik Deutschland, mit Ausnahme von dessen Regelungen über das anzuwendende Recht, die zur Anwendung einer anderen Rechtsordnung führen würden. Die Geltung des CISG („UN-Kaufrecht") wird ausgeschlossen.

(2) Ausschließlicher Gerichtsstand für alle Streitigkeiten aus oder im Zusammenhang mit diesem Vertragsverhältnis ist der Sitz des Netzwerkbetreibers.

(1) This contract and the contracts on the implementation of individual affiliate programs are subject to the law of the Federal Republic of Germany, with the exception of its regulations on the applicable law, which would lead to the application of another legal system. The application of the CISG („UN Sales Convention") is excluded.

(2) The exclusive place of jurisdiction for all disputes arising from or in connection with this contractual relationship is the registered office of the Network Operator.

.....	.....
(Ort, Datum)	**(Ort, Datum)**
.....	.....
– Netzwerkbetreiber –	**– Advertiser –**

.....	.....
(Place, date)	**(Place, date)**
.....	.....
– Network operator –	**– Advertiser –**

Anmerkungen

1. Affiliate-Marketing. Das so genannte Affiliate-Marketing ist eine mittlerweile hochgradig populäre Form der elektronischen Werbung, insbesondere im Internet, aber auch per E-Mail. Hierbei binden die Werbeträger („Publisher") Hyperlinks zu dem Angebot des Werbetreibenden („Advertiser") in ihre Webseite bzw. ihre E-Mail ein (vgl. zu den verschiedenen Arten der Affiliate-Leistung: Spieker GRUR 2006, 903). Die Vermittlung zwischen Advertiser und Publisher erfolgt in der Regel über den Betreiber eines Online-Portals, in welchem die Advertiser die beabsichtigten Werbekampagnen („Affiliate-Programme") beschreiben, Angaben zu den Bedingungen machen und Web-Codes zu Werbekampagnen (sog. Kampagnen-Codes) zur Verfügung stellen und über das sich die Publisher für die Teilnahme an einem solchen Programm bewerben können. Am deutschen Markt existieren zahlreiche eigenständige Betreiber solcher „Affiliate-Netzwerke"; teilweise betreiben die Advertiser entsprechende Affiliate-Programme aber auch selbst (vgl. etwa den der Entscheidung des LG Hamburg MMR 2006, 120 zugrunde liegenden Sachverhalt). Diese von den Advertisern selbst betriebenen Partnerprogramme spielen im deutschen Markt jedoch nach wie vor eine untergeordnete Rolle.

Die besonderen Vorteile des Affiliate-Marketing sind dreierlei: zum einen wird durch die Nutzung der Affiliate-Netzwerke eine sehr hohe Verbreitung der Werbekampagnen erreicht. Einigen Affiliate-Netzwerken sind derzeit über 100.000 aktive Publisher angeschlossen. Zum anderen ist die Vergütung der Publisher rein erfolgsorientiert. Die Verbreitung der Kampagne „mit der Gießkanne“ durch unzählige Publisher führt deshalb nicht zu unkalkulierbaren Kosten, denn die Schaltung der Werbung auf Websites mit geringem Traffic erzeugt per se keine Kosten. Die Affiliate-Technologie bietet dabei die für eine Online-Werbung notwendige digitale Infrastruktur zur Verwaltung der Kampagnen-Codes, zum Tracking der Webseitenbesucher und für die Provisionsermittlung. Dies führt drittens dazu, dass die Marketingerfolge der einzelnen Publisher direkt messbar und steuerbar sind. Das Affiliate-Netzwerk ermöglicht es dem Advertiser, zuverlässig zu erkennen, welche Publisher welchen Traffic oder Umsatz für sein Geschäft generieren. Er wird dadurch in die Lage versetzt, besonders erfolgreiche Publisher mit gesonderten Maßnahmen zu fördern und stärker an sein Unternehmen zu binden.

2. Begrifflichkeiten. Die Bezeichnungen für die verschiedenen am Affiliate-Marketing beteiligten Akteure variieren: Der Werbende als der kommerzielle Anbieter von Waren oder Dienstleistungen, der für seine Produkte über das Internet werben will, wird als „Advertiser“, „Merchant“ oder auch „Sponsor“ bezeichnet. Die Werbeträger werden überwiegend „Affiliates“, „Partner“ oder „Publisher“ genannt und bezeichnen die sich am Affiliate-Netzwerk beteiligenden Personen, die an den Partnerprogrammen teilnehmen und auf diesem Wege eine Werbedienstleistung, zB Bereitstellung von Platz für Werbebanner auf Websites oder in E-Mails, erbringen. Hiervon zu unterscheiden ist das sog. Influencer-Marketing, bei dem als Werbeträger eine bekannte Persönlichkeit aus den sozialen Medien gewählt wird, welche die Produkte des Advertisers auf ihren Social Media Profilen anpreist (vgl. hierzu Troge GRUR-Prax 2018, 87). Da auch hier regelmäßig Links zu speziellen Angeboten der Werbetreibenden vorgehalten werden, ergeben sich naturgemäß gewisse Parallelen. Die intensiv diskutierten Pflichten zur Kennzeichnung kommerzieller Inhalte beim Influencer-Marketing sind durch drei Leitentscheidungen und zwei weitere Entscheidungen des BGH sowie durch gesetzgeberische Anpassungen in § 5a Abs. 4 UWG weitgehend geklärt (vgl. BGH WRP 2021, 1415 – Influencer I; WRP 2021, 1429 – Influencer II; MMR 2021, 892 – Influencer III; ZUM-RD 2021, 693; ZUM 2022, 292; Köhler/Bornkamm/Feddersen/Feddersen § 5a UWG Rn 4.90 ff.).

3. Vertragsmodelle. In der Praxis haben sich bezüglich der vertraglichen Konstruktion der Affiliate-Partnerschaften verschiedene Modelle etabliert. Überwiegend nimmt der Betreiber des Affiliate-Netzwerkes im Hinblick auf die konkreten Verträge über die Erbringung von Werbedienstleistungen lediglich eine vermittelnde Rolle ein, so dass insoweit nur Publisher und Advertiser Vertragsparteien sind (sog. zweistufiges Affiliate-System). Der Netzwerkbetreiber seinerseits hat jeweils gesonderte Vertragsbeziehungen bezüglich der Zurverfügungstellung der Online-Plattform und der Unterstützung bei der Abwicklung der Werbedienstleistungsverträge zu den Advertisern einerseits und den Publishern andererseits. Diesem Modell folgt auch das Vertragsmuster. In diesem Modell tritt der Betreiber weder als Absender oder Anbieter der konkreten Werbung auf, noch wirkt er auf deren Ausgestaltung ein oder verantwortet diese in irgendeiner Weise (vgl. Auer-Reinsdorff ITRB 2008, 164 (165)). Daneben existieren auch Affiliate-Modelle, in denen der Netzwerkbetreiber selbst Vertragspartner des Advertisers bezüglich der Werbedienstleistungen wird (auch „einstufiges Affiliate-System“ genannt) und in denen die dem Netzwerk angeschlossenen Publisher im Unterauftrag für ihn tätig werden. Dies hat für den Netzwerkbetreiber jedoch insbesondere haftungsrechtliche Nachteile, da er direkt in die Vertriebsstruktur eingebunden ist und deshalb etwaigen Ansprüchen wegen unzulässiger Werbemaßnahmen sowohl des Advertisers als auch eines etwaigen Dritten ausgesetzt sein kann, dessen Rechte durch die Werbung beeinträchtigt worden sind (→ Anm. 13).

4. Vertragstyp. Nach einem Urteil des Kammergerichts (KG GRUR-RR 2016, 126) ist das Vertragsverhältnis zwischen dem Anbieter eines Affiliate-Programms und dem Publisher in dem Fall, dass ein Internetnutzer, der über einen auf der Seite des Publishers vorgehaltenen Link auf die Seite des Anbieters des Affiliate-Programms gelangt und dort etwas kauft, ein Entgelt erhält („Pay-per-Sale"), als Nachweismaklervertrag zu qualifizieren (vgl. auch Ernst CR 2006, 66 (67); Schirmbacher/Ihmor CR 2009, 245 (247)). Wird dagegen eine Vergütung unabhängig von der Anzahl der Clicks (bzw. Sales) vereinbart, dürfte es sich regelmäßig eher um einen Dienstvertrag handeln (BeckOGK/Meier BGB § 652 Rn. 105).

5. Rahmenvertrag. Der Vertragsentwurf hat entsprechend den üblichen Gepflogenheiten bei der Abwicklung von Affiliate-Programmen den Charakter eines Rahmenvertrages. Er regelt die Grundsätze der Zusammenarbeit zwischen Netzwerkbetreiber und Advertiser. Konkrete Vermittlungs- und Administrationsleistungen übernimmt der Netzwerkbetreiber immer (nur) in Bezug auf einzelne Programme des Advertisers („Affiliate-Programme"), in denen der Advertiser spezifisch festlegt, für welche Webseite/welches Angebot mit welchen Werbemitteln geworben werden soll (→ Anm. 7).

6. Virtuelles Hausrecht. Nach Rechtsprechung und Literatur (vgl. LG München CR 2007, 265; OLG Köln CR 2000, 843; LG Bonn CR 2000, 245; Maume MMR 2007, 620; Conraths/Krüger MMR 2016, 310) steht dem Betreiber eines Online-Forums ein virtuelles Hausrecht zu, kraft dessen er Nutzer seines Internet-Angebotes grundsätzlich von der Nutzung seines Dienstes ausschließen kann. Ob dem Betreiber eines Internet-Forums – etwa im Falle einer Zuwiderhandlung gegen die Nutzungsbedingungen – aber tatsächlich ein außerordentliches Kündigungsrecht zusteht, ist nur anhand einer Abwägung der Interessen im jeweiligen Einzelfall auszumachen. Dieselben Erwägungen dürften auch für die Teilnahme an dem Online-Portal des Netzwerkbetreibers gelten. Soweit die Teilnahme deshalb – wie hier – von einem Vertragsschluss abhängig gemacht wird, sollte der Vertrag aus Gründen der Rechtssicherheit die Gründe für eine Kündigung bzw. einen Ausschluss von der weiteren Nutzung des Portals festlegen (vgl. dazu auch Redeker CR 2007, 267). Sind solche vertraglichen Regelungen nicht getroffen, könnte der Betreiber nur bei konkreten Rechtsverletzungen eingreifen. Mit dem Hinweis auf die Möglichkeit eines Ausschlusses von dem Affiliate-Netzwerk kommt der Netzwerkbetreiber seiner Informationspflicht aus Art. 14 Abs. 1 DSA nach.

7. Verfügbarkeit. Der Netzwerkbetreiber wird eine ununterbrochene Verfügbarkeit der Online-Plattform weder versprechen wollen noch können – eine solche wäre aber zumindest bei Anwendung mietvertraglicher Grundsätze auf diese Vertragskomponente (wie etwa im Rahmen von Cloud-Lösungen) grundsätzlich geschuldet (Wicker MMR 2012, 783 (787)). Aus diesem Grund ist es sinnvoll und geboten, entsprechend einschränkende Formulierungen zu wählen; etwa in der Form bestimmter Verfügbarkeitsquoten oder – wie hier – in letztlich unverbindlicher Form in Gestalt einer Bemühensklausel. In jedem Fall gilt es für den Betreiber, die Vorgaben des BGH in seinem Urt. v. 12.12.2000 (BGH NJW 2001, 751) zur AGB-Kontrolle solcher Klauseln zu beachten. In dieser Entscheidung hatte der BGH Klauseln in AGB von Kreditinstituten, nach denen das Institut bei aus technischen und betrieblichen Gründen erfolgten, zeitweiligen Beschränkungen und Unterbrechungen des Zugangs zum Online-Service auch bei grobem Verschulden nicht haftete, wegen Verstoßes gegen § 11 Nr. 7 AGBG (heute § 309 Nr. 7 BGB) für unwirksam erklärt. Das Verbot des § 309 Nr. 7 BGB ist grundsätzlich auch im Verkehr zwischen Unternehmen anzuwenden (→ Vorb. A.III.5). Bei der Formulierung derartiger Klauseln ist deshalb darauf zu achten, die zu erbringende Leistung so genau wie möglich zu beschreiben und etwaige nachträgliche Beschränkungen dieser Verpflichtungen zu vermeiden, um eine Qualifikation als „verdeckte Haftungsbeschränkung" auszuschließen (→ Vorb. A.III.2). Anstelle des Hinweises auf eine zeitweise Leistungsbeschränkung „aus technischen und betrieblichen Gründen" (wie in der vom BGH beanstandeten Klausel) ist deshalb einer positiv formulierten und transparenten Leistungsbeschreibung der Vorzug zu geben (Stögmüller CR 2001, 183 (185)). Zu vermeiden ist es auch, diese Regelung systematisch bei den Haftungsvorschriften einzugliedern.

8. Inhalte der konkreten Affiliate-Programme. Die Festlegungen in dem Affiliate-Programm bilden letztlich den Inhalt des Werbedienstleistungsvertrages zwischen dem Advertiser und dem Publisher. Neben der Festlegung der Hauptleistungspflichten (Beschreibung der angeforderten Werbedienstleistungen; Festlegung der Vergütung) sind die Programmbeschreibungen im zweistufigen Affiliate-System deshalb der Ort, an dem auch alle weiteren, von dem Advertiser gewünschten Verpflichtungen des Publishers aufgenommen werden müssen. Teilweise sieht die Rechtsprechung den Advertiser sogar als verpflichtet an, den Publishern konkrete Vorgaben über zulässige und unzulässige Werbeformen zu machen (und diese ggf. sogar durch ein Vertragsstrafeversprechen in den Programmbedingungen abzusichern), um einer wettbewerbsrechtlichen Haftung wegen Verletzung einer Verkehrspflicht zu entgehen (OLG München CR 2009, 111, das stattdessen das Beispiel eines Vertragstrafeversprechens der Publisher zugunsten des Advertisers in deren Verträgen mit dem Netzwerkbetreiber anführt). Ist eine solche Einflussnahme nicht möglich, kann eine Kündigung des Vertrages mit dem Netzwerkbetreiber zumutbar sein, um die durch den Werbeauftrag an diesen Vermittler hervorgerufene Gefahr der wettbewerbswidrigen Werbung zu beseitigen (OLG München CR 2009, 111).

Derartige Verpflichtungen in den Programmbedingungen sind insbesondere dann erforderlich, wenn die für den Publisher geltenden Teilnahmebedingungen des Netzwerkbetreibers derartige Regelungen nicht oder nicht in ausreichendem Maße enthalten. In der Praxis enthalten diese Teilnahmebedingungen für Publisher jedenfalls bei den etablierten Anbietern zumeist allgemeine Vorgaben bzgl. zulässiger und unzulässiger Werbeformen, sowie teilweise auch Vertragsstrafeklauseln für den Fall der Zuwiderhandlung. Der Advertiser sollte sich gleichwohl vor der Freischaltung eines Affiliate-Programms Gewissheit darüber verschaffen, wie weitreichend diese Vorgaben bei dem jeweiligen Betreiber sind und ob bzw. ggf. welche ergänzenden Verpflichtungen in die Programmbedingungen aufzunehmen sind (vgl. Auer-Reinsdorff ITRB 2008, 164 (165)); im Einzelnen → Anm. 13.

9. Unzulässige Inhalte. → Anm. 8.

10. Vergütungsmodelle. Bei den hier in das Vertragsmuster aufgenommenen Vergütungsmodellen (Pay per Klick, Pay per Sale und Pay per Lead) handelt es sich um die gebräuchlichsten Abrechnungsmodelle beim Affiliate-Marketing (vgl. auch Schirmbacher/Ihmor CR 2009 245 (245 f.) und Spieker GRUR 2006, 903 (904)). Die „Performance-Modelle" (Pay per Sale, Pay per Lead) setzen sich indes vermehrt gegenüber dem Pay per Click-Modell durch. Als „Lead" kann dabei jeder zählbare Erfolg definiert werden, zB die Registrierung eines Nutzers für einen Newsletter. Denkbar ist es auch, etwa für die Vermittlung eines Erstkäufers eine gesonderte Provision an den Publisher auszuzahlen.

Nach einem Urteil des Kammergerichts (KG GRUR-RR 2016, 126) handelt es sich bei der Vergütung, die der Anbieter eines Affiliate-Programms dem Publisher für den Nachweis der Gelegenheit zum Abschluss eines Vertrages zahlt, um Maklerlohn im Sinne von § 652 BGB Abs. 1 S. 1 BGB.

11. Missbrauchsfälle. Insbesondere das Pay per Click-Verfahren ist betrugsanfällig (vgl. Ernst/Seichter WRP 2006, 810 (815) sowie den Artikel „Betrüger entdecken Online-Werbung als neue Spielwiese", Wirtschaftswoche vom 11.10.2006). Die simpelste Variante des Klickbetrugs zielt auf die finanzielle Schädigung der Konkurrenz ab. Dazu klickt ein Mitbewerber meist manuell mehrfach auf den Sponsored Link seines Konkurrenten, da dieser letztlich auch für Klicks zahlen muss, die nicht von seiner Zielgruppe stammen; teilweise werden dafür sogar sogenannte Robots oder Click-Bots eingesetzt. Das LG Berlin entschied in einem einstweiligen Verfügungsverfahren, dass ein Betrug (§ 263 Abs. 1 StGB) gegeben sei, wenn der Publisher selbst seine vertretungsberechtigten Organe oder seine Mitarbeiter dazu veranlasst, im Rahmen eines Pay per Sale-Verfahrens provisionsauslösende Momente (hier Reisebuchungen) zu generieren, um so Provisionsansprüche geltend machen zu können (LG Berlin CR 2009, 262). Das AG Leipzig verurteilte die Betreiber einer Website, von der gezielt gefälschte Daten in Werbenetzwerke übermittelt wurden, um Advertiser zur Auszahlung von Werbeentgelten zu veranlassen, wegen banden- und gewerbsmäßigen Computerbetrugs (§§ § 263a Abs. 1, Abs. 2, 263 Abs. 5 StGB; AG Leipzig BeckRS 2018, 30134). Vor diesem Hintergrund dient diese Regelung dazu, entsprechend missbräuchliche Klicks zu definieren und von der Vergütungspflicht auszunehmen.

12. Vermittlungsprovision. Standardmäßig verlangen die Netzwerkbetreiber für ihre Tätigkeit eine Vermittlungsprovision, die traditionell– wie hier auch in dem Mustervertrag vorgesehen – etwa 30 % der jeweils an den Publisher auszuzahlenden Vergütung beträgt. Vor allem in Abhängigkeit von der Verhandlungsposition des Advertisers erheben Netzwerkbetreiber darüber hinaus teilweise weitere Gebühren, wie etwa die hier vorgesehene einmalige Set-Up-Gebühr für die Zulassung des Publishers zu dem Online-Portal oder auch für die Aufnahme der jeweils einzelnen Affiliate-Programme. Daneben ist es für den Netzwerkbetreiber denkbar, etwa auch eine feste monatliche Bereitstellungsgebühr zu verlangen.

13. Haftung des Netzwerkbetreibers. Den Netzwerkbetreiber trifft als Vermittlungsdienst iSd Art. 3 g) DSA keine allgemeine Überwachungspflicht für Kampagnen-Codes oder sonstige von dem Advertiser, ggf. auch von dem Publisher eingestellte Inhalte (Art. 8 DSA). Für ihn gelten, differenziert nach Art des Dienstes, die Haftungsprivilegien gemäß Art. 4 DSA ff. Für die reine Durchleitung der Inhalte gilt das Haftungsprivileg für Schadensersatzansprüche, Beseitigungsansprüche und Unterlassungsansprüche gleichermaßen (§ 7 Abs. 3 DDG, Ausschluss der Störerhaftung). Auch wenn die Haftungsprivilegien des Diensteanbieters greifen, bleibt die Möglichkeit von Abstellungsverfügungen nach Art. 9 DSA unberührt (Art. 4 Abs. 3, 5 Abs. 2 und 6 Abs. 4 DSA) und kann der Netzwerkbetreiber im Falle der Verletzung von geistigem Eigentum Sperransprüchen nach § 8 DDG ausgesetzt sein (zur Haftung für rechtswidrige lnhalte nach dem DSA s. Nägele NJW 2024, 1137; zu § 8 DDG s. Nordemann GRUR-Prax 2024, 317). Vor diesem Hintergrund hat der Netzwerkbetreiber ein berechtigtes Interesse, rechtsverletzende Inhalte nicht zur Vermittlung über das Affiliate-Netzwerk zuzulassen und eine entsprechende Freistellung von diesbezüglichen Ansprüchen Dritter zu verlangen, wie in § 10 (5) des Mustervertrages vorgesehen. Mit dem Hinweis auf die Möglichkeit der Sperrung des Affiliate kommt der Netzwerkbetreiber seiner Informationspflicht aus Art. 14 Abs. 1 DSA nach.

14. Haftung des Advertisers. Der in der Praxis wohl heikelste Punkt bei der Inanspruchnahme von Publishern für die Schaltung von Werbelinks ist die Frage der Verantwortlichkeit des Advertisers für Rechtsverstöße der Publisher. Die von dem Publisher ergriffenen Werbemaßnahmen können Rechte Dritter verletzen. In Betracht kommen zB Unterlassungs- und Schadensersatzansprüche nach wettbewerbs-, marken- und urheberrechtlichen

Vorschriften (Auer-Reinsdorff ITRB 2008, 164). In Judikatur und Schrifttum ist eine Verantwortlichkeit des Advertisers für solche Rechtsverletzungen im Wettbewerbsrecht vielfach auf § 8 Abs. 2 UWG gestützt worden. Danach handelt es sich bei Publishern um Beauftragte des werbenden Unternehmens im Sinne von § 8 Abs. 2 UWG (LG Potsdam K&R 2008, 117; LG Berlin MMR 2006, 118; KG Berlin BeckRS 2017, 141704; OLG Köln MMR 2006, 622; Spieker GRUR 2006, 903 (907)) mit der Folge, dass das werbende Unternehmen ohne Entlastungsmöglichkeit für Rechtsverstöße des Publishers haftet. Der BGH lehnte nunmehr im Urteil „Haftung für Affiliates" eine Haftung von Gesellschaften der Amazon-Gruppe nach § 8 Abs. 2 UWG für eine wettbewerbswidrige Handlung eines Publishers aus dem Amazon-Partnerprogramm ab (BGH GRUR 2023, 343 – „Haftung für Affiliates" mAnm Fritzsche). Der BGH befand, dass ein an dem Affiliate-Programm teilnehmender Publisher nicht in die betriebliche Organisation von Amazon eingegliedert ist, was auch dazu führe, dass Amazon keinen bestimmenden, durchsetzbaren Einfluss auf die Werbung des Affiliate hat. Die Entscheidung des BGH sorgt für Klarheit, schließt die Möglichkeit der Haftung eines Advertisers für eine wettbewerbswidrige Handlung des Publishers allerdings nicht aus. Je strenger der Advertiser den Affiliate auswählt und je mehr Einfluss der Advertiser auf die Werbung nimmt, desto eher kommt eine Haftung nach § 8 Abs. 2 UWG für Affiliate-Links in Betracht. Entsprechendes gilt für die Parallelvorschrift § 14 Abs. 7 MarkenG im Markenrecht, die allerdings die Beauftragtenhaftung auf Schadensersatzansprüche ausdehnt, während § 8 Abs. 2 UWG nur auf Unterlassungs- und Beseitigungsansprüche Anwendung findet (BGH GRUR 2009, 1167 (1170)). Da beide Vorschriften aber identisch auszulegen sind (BGH GRUR 2009, 1167 (1170)), wird auch im Markenrecht der Publisher nur als Beauftragter anzusehen sein, wenn die vom BGH in der Entscheidung „Haftung für Affiliates" formulierten Anforderungen an eine Beauftragtenhaftung für Affiliate-Links erfüllt sind. Sähe man den Publisher nicht als Beauftragten an, kann sich im Wettbewerbsrecht eine Haftung insbesondere auch aus einer Verletzung wettbewerbsrechtlicher Verkehrspflichten ergeben, sei es im Wege der Täterschaft oder Beihilfe (vgl. BGH GRUR 2011, 152 (156)).

15. Haftung. Die Haftungsregelung orientiert sich an den nach den §§ 305 ff. BGB und der Judikatur im Rahmen von Allgemeinen Geschäftsbedingungen zugelassenen Haftungsbeschränkungen (vgl. dazu im Einzelnen: Intveen ITRB 2007, 144 sowie ausführlich → Vorb. A.III.4), da die entsprechenden Verträge zwischen Netzwerkbetreiber und Advertiser in der Regel keine Individualvereinbarungen darstellen. Danach besteht grundsätzlich keine Möglichkeit der Haftungsfreizeichnung für Personenschäden (§ 309 Nr. 7a BGB), für Vorsatz (§ 276 Abs. 3 BGB) und für grobe Fahrlässigkeit (BGH MDR 1988, 579; 1996, 675; 1995, 260). Eine Haftungsbeschränkung für Kardinalpflichten ist nur möglich, soweit die vertragstypischen, vorhersehbaren Schäden abgedeckt sind (BGH NJW 1993, 335; 2001, 292). Aus Transparenzgründen ist außerdem eine abstrakte Erläuterung des Begriffs der „Kardinalpflichten" erforderlich (BGH NJW-RR 2005, 1496), wie hier in § 10 (2) S. 3 vorgesehen. Zur Haftungsbeschränkung in AGB → Vorb. A.III.5.

16. Verfallsklausel. Insbesondere Mobilfunkanbieter hatten in ihre AGB für Prepaid-Mobilfunkdienstleistungen regelmäßig Verfallsklauseln aufgenommen, nach denen ein Guthaben auf den eingerichteten Guthabenkonten nach einem bestimmten Zeitraum verfallen sollte. Verschiedene Gerichte haben jedoch solche Verfallsklauseln in AGB als unwirksam angesehen (OLG München NJW 2006, 2416; LG Düsseldorf MMR 2007, 62). Vor diesem Hintergrund ist hier eine Rückzahlung des etwa bei Vertragsbeendigung noch nicht verbrauchten Guthabens des Advertisers vorgesehen.

2. Suchmaschinenmarketing – Search Engine Marketing (SEM)

Vertrag über Suchmaschinenmarketing[1]

zwischen

. . . . .

– nachstehend „Auftragnehmer" –

und

. . . . .

– nachstehend „Auftraggeber" –

Präambel

(1) Der Auftraggeber betreibt unter der URL . . . . .de seine Webseite, auf der unternehmens- und produktspezifische Informationen für Internetnutzer zugänglich sind.

(2) Der Auftragnehmer bietet Dienstleistungen im Bereich des Suchmaschinenmarketing an. Insbesondere unterstützt der Auftragnehmer die Kunden dabei, dass ihre Webseiten in den gängigen Suchmaschinen bei kundenspezifischen Suchbegriffen unter den vorderen Suchergebnissen gelistet werden.

(3) Der Auftraggeber möchte die Aufmerksamkeit für seine Webseite steigern und hierfür auf das Know-how des Auftragnehmers zurückgreifen. Die Parteien vereinbaren daher Folgendes:

§ 1 Vertragsgegenstand[2]

(1) Gegenstand dieses Vertrags ist die Suchmaschinenoptimierung von . . . . .de mit dem Ziel, die Webseite bei der Suche mittels Einsatzes der wichtigsten Suchmaschinen unter den vorderen Treffern erscheinen zu lassen, sowie die Durchführung weiterer Maßnahmen zur Vermittlung von Besuchern und der Steigerung der Zugriffe auf die Webseite des Auftraggebers (zusammen „Traffic").

Agreement on Search Engine Marketing[1]

between

. . . . .

– hereinafter referred to as „Contractor" –

and

. . . . .

– hereinafter referred to as „Customer" –

Preamble

(1) The Customer operates under the URL . . . . .de his website, where company- and product-specific information is accessible for Internet users.

(2) The Contractor offers services in the field of search engine marketing. In particular, the Contractor supports customers in ensuring that their websites are listed in the front search results of the common search engines for customer-specific search terms.

(3) The Customer wants to increase the attention for his website and therefore wants to use the know-how of the Contractor. The parties therefore agree the following:

§ 1 Subject matter[2]

(1) Subject matter of this Agreement is the search engine optimization of . . . . .de with the aim of having the website appear among the top hits in the search results when searching with the most important search engines, as well as the implementation of further measures for the mediation of website-visitors and the increase of access to the Customer's website (together „Traffic").

(2) Zu den wichtigsten Suchmaschinen gehören insbesondere . . . . . [Aufzählung der relevanten Anbieter].

(2) The most important search engines include in particular . . . . . [list of the relevant providers].

§ 2 Leistungen des Auftragnehmers

§ 2 Services of the Contractor

(1) Der Auftragnehmer wird während der Vertragslaufzeit kontinuierlich die Platzierung der Webseite des Auftraggebers in Suchmaschinen optimieren. Hierzu wird der Auftragnehmer das Marktumfeld sowie die Webauftritte von Mitbewerbern des Auftraggebers analysieren und die Webseite des Auftraggebers prüfen. Der Auftragnehmer wird dem Auftraggeber auf dieser Basis Vorschläge für konkrete Maßnahmen unterbreiten, wie mittels technischer und/oder inhaltlicher Gestaltung der Webseite, zB durch Eingabe bestimmter Suchbegriffe (Keywords), auch unter Berücksichtigung einer optimierten Abrufbarkeit durch mobile Endgeräte, nachhaltig eine Verbesserung der Positionierung der Webseite in den Suchergebnissen bei Suchanfragen zu den Themenbereichen . . . . . [Aufzählung der Themenbereiche] erreicht werden kann. Die vorgeschlagenen Maßnahmen müssen den gesetzlichen Bestimmungen und den jeweiligen Qualitätsrichtlinien der Suchmaschinen entsprechen. Der Auftragnehmer wird insbesondere die in der Anlage 1 (Leistungsverzeichnis) aufgeführten Leistungen erbringen. Der Auftragnehmer wird dem Auftraggeber die Vorschläge zur Optimierung der Webseite innerhalb von . . . . [Tagen/Wochen] nach Beginn der Laufzeit dieses Vertrags schriftlich zur Verfügung stellen und ihn hierzu beraten. Nach gesonderter Beauftragung durch den Auftraggeber in schriftlicher Form oder Textform unterstützt der Auftragnehmer den Auftraggeber bei der Umsetzung solcher Vorschläge.

(1) During the term of this Agreement, the Contractor shall continuously optimise the placement of the Customer's website in search engines. For this purpose, the Contractor shall analyse the market environment as well as the websites of the Customer's competitors and examine the Customer's website. On this basis, the Contractor shall submit proposals to the Customer for concrete measures that will sustainably improve the positioning of the website in the search results for search queries on the subject ⊠. . . . . [topic list] by technical and/or content design of the website, e.g. by entering certain search terms (keywords), taking also into account optimized retrievability through mobile devices. The proposed measures must comply with the legal requirements and the respective quality guidelines of the search engines. In particular, the contractor shall provide the services listed in Annex 1 (service specifications). The Contractor shall submit the Customer the proposals for optimizing the website . . . . . [days/weeks] after the beginning of the term of this Agreement and advise the Customer on these proposals. Upon separate order by the Customer in written form or text form the Contractor shall support the Customer in the implementation of such proposals.

(2) Der Auftragnehmer wird die Website des Auftraggebers bei geeigneten Suchmaschinen registrieren und Anzeigen zu den nach entsprechender Beratung des Auftragnehmers vom Auftraggeber festgelegten bzw. gemeinsam bestimmten

(2) The Contractor shall register the Customer's website and place advertisements in suitable search engines . . . . . [list of relevant providers] for the search terms defined by the Customer or defined jointly

Suchbegriffen bei den Suchmaschinen . . . . . [Aufzählung der relevanten Anbieter] buchen.

after appropriate consultation by the Contractor.

(3) Daneben ist der Auftragnehmer verpflichtet, die Verlinkung geeigneter Webseiten Dritter auf die Webseite des Auftraggebers zu fördern. Er wird sich hierzu mit dem Auftraggeber über die Auswahl der Webseiten Dritter abstimmen. Die für eine Verlinkung in Betracht kommenden Webseiten Dritter müssen wie die Webseite des Auftraggebers die Themenbereiche . . . . . [Aufzählung der Themenbereiche] betreffen und dürfen den Marketinginteressen des Auftraggebers, insbesondere seinem Image und dem seiner Produkte, nicht entgegenstehen. Das Linkmarketing umfasst Maßnahmen zur kontinuierlichen Steigerung der externen Verlinkung, insbesondere durch Erstellen redaktioneller Inhalte zur Generierung von permanenten Links sowie der Entwicklung von Strategien, die Anreize für Dritte zu steigern, auf ihren Webseiten freiwillig auf die Webseite des Auftraggebers zu verlinken (Steigerung der Domainpopularität). Zu den Möglichkeiten des Erstellens redaktioneller Inhalte zur Generierung von Links sowie der Entwicklung von Strategien zur Steigerung der Domainpopularität unterbreitet der Auftragnehmer dem Auftraggeber regelmäßig, mindestens aber alle . . . . . [Anzahl] Wochen, Vorschläge in Schrift- oder Textform. Bei der Entwicklung von Strategien berät der Auftragnehmer den Auftraggeber, und unterstützt ihn bei der Konzepterstellung sowie – nach gesonderter Beauftragung in Schrift- oder Textform – auf Anfrage auch bei der Umsetzung. Auch insoweit erfolgen sämtliche Leistungen des Auftragnehmers im Rahmen der gesetzlichen Bestimmungen sowie der Qualitätsrichtlinien der Suchmaschinen.

(3) In addition, the Contractor shall be obliged to promote the linking of suitable third-party websites to the Customer's website. For this purpose, he shall consult with the Customer on the selection of third-party websites. The websites of third parties that are eligible for linking must, like the website of the Customer, contain the subject areas . . . . . [list of subject areas] and must not conflict with the marketing interests of the Customer, in particular its reputation and that of its products. Link marketing includes measures to continuously increase external linking, in particular by creating editorial content to generate permanent links and by developing strategies to increase incentives for third parties to voluntarily link their website to the Customer's website (increase in domain popularity). The Contractor shall regularly, but at least every . . . . . [number] weeks, submit in written form or text form proposals to the Customer regarding the possibilities of creating editorial content to generate links and develop strategies for increasing the domain popularity. The Contractor shall advise the Customer in the development of strategies and shall support him in the creation of concepts and upon request – upon separate order in written form or text form – also in the implementation. In this respect, all services of the Contractor shall comply with the statutory provisions and the quality guidelines of the search engines, as well.

(4) Nach vorheriger Abstimmung und Freigabe durch den Auftraggeber wird der Auftragnehmer zwecks Steigerung der Domainpopularität im Namen und auf Kosten des Auftraggebers kostenpflichtige Links von anderen Webseiten auf die Webseite des Auftraggebers erwerben. Der Auftragnehmer wird dabei die Einhaltung der

(4) After prior consultation and approval by the Customer, the Contractor will acquire paid links from other websites to the Customer's website in the name and at the expense of the Customer in order to increase the domain popularity. In doing so, the Contractor shall ensure compliance with the statutory provisions,

gesetzlichen Bestimmungen, einschließlich des Grundsatzes des Trennungsgebotes, und der Qualitätsrichtlinien der Suchmaschinen sicherstellen.

including but not limited to the principle of the separation rule („Trennungsgebot"), and the quality guidelines of the search engines.

(5) Alle kostenpflichtigen Links prüft der Auftragnehmer in regelmäßigen Abständen, mindestens aber alle . . . . . Tage, auf Existenz, No-Follow-Relationen, wesentliche Inhaltsänderungen der über den jeweiligen Link konkret erreichbaren Webseiten, Einhaltung der gesetzlichen Bestimmungen, insbesondere des Grundsatzes des Trennungsgebotes, und der Qualitätsrichtlinien der Suchmaschinen bzw. eine etwaige Indizierung bei Zuwiderhandlung. Stellt der Auftragnehmer einen Verstoß oder sonstige Unregelmäßigkeiten hinsichtlich der vorgenannten Punkte fest, wird der Auftragnehmer den Auftraggeber unverzüglich schriftlich unterrichten.

(5) The Contractor shall examine all paid links at regular intervals, but at least all . . . . . days, for existence, no-follow-relations, significant changes in content of the specific website accessible via the links, compliance with the legal regulations, especially the principle of the separation rule, and the quality guidelines of the search engines as well as for a possible indexing in case of violation. If the Contractor detects a violation or other irregularities regarding the above-mentioned points, the Contractor shall immediately inform the Customer in writing.

(6) Der Auftragnehmer übermittelt dem Auftraggeber monatlich eine schriftliche Zusammenfassung über die im Rahmen dieses Vertrages durch den Auftragnehmer durchgeführten Maßnahmen. Neben der Auflistung der einzelnen Maßnahmen sind die für diese getätigten Aufwendungen auszuweisen. Sofern die Erbringung nicht von der monatlichen Pauschalvergütung abgedeckt ist, wird der Auftragnehmer der Auflistung entsprechende Belege beifügen.

(6) The Contractor shall send the Customer a monthly written summary of the measures carried out by him under this Agreement. In addition to the list of the individual measures, the incurred expenditure shall also be indicated. If the performance is not covered by the monthly flat-rate remuneration, the Contractor shall enclose appropriate supporting documents with the list.

(7) Der Auftragnehmer erbringt die Leistungen nach dem zum Zeitpunkt der Leistungserbringung anerkannten Stand der Technik und in einer Weise, wie sie von einem professionellen Anbieter von IT-Leistungen zur Optimierung von Webseiten erwartet werden kann.

(7) The Contractor shall provide the services in accordance with the state of the art recognised at the time the services are provided and in a manner that can be expected from a professional provider of IT services for the optimisation of websites.

§ 3 Vergütung und Fälligkeit[3]

§ 3 Remuneration and Terms of Payment[3]

(1) Die Parteien vereinbaren für die vertragsgegenständlichen Leistungen eine monatliche Pauschalvergütung in Höhe von . . . . . EUR zzgl. der gesetzlichen Mehrwertsteuer. Die Pauschalvergütung ist jeweils monatlich im Voraus zum . . . . . eines Monats zu zahlen.

(1) The parties agree on a monthly lump-sum payment of . . . . . EUR plus the statutory value added tax. The lump sum is payable monthly in advance on the . . . . . of each month.

(2) Die in Absatz 1 vereinbarte Vergütung erhöht sich jeweils um eine variable erfolgsabhängige Vergütung. Dieser variable Vergütungsanteil bestimmt sich an der im jeweiligen Bemessungszeitraum erreichten Steigerung des Traffics. Je Zugriff auf die Webseite des Auftraggebers über Links von Webseiten Dritter, die der Auftragnehmer im Rahmen des Linkmarketings für den Auftraggeber geworben hat, erhält der Auftragnehmer eine Zahlung von . . . . . EUR zzgl. Mehrwertsteuer. Die Vergütung nach diesem Absatz 2 für Steigerungen des Traffic wird dem Auftraggeber nach Ablauf des jeweiligen Monats in Rechnung gestellt und ist von ihm binnen [. . . . .] Tagen nach Zugang der Rechnung zu begleichen.

(2) The remuneration agreed in paragraph (1) shall increase by a variable performance-related remuneration. This variable remuneration component is determined by the increase in Traffic achieved in the respective measured period. For each access to the Customer's website via links from third-party websites that the Contractor has advertised for the Customer within in the scope of link marketing, the Contractor shall receive a payment of . . . . . EUR plus value added tax. The remuneration according to this paragraph (2) for increases in Traffic will be invoiced to the Customer upon the end of the respective month and is to be paid within [. . . . .] days after receipt of the invoice.

(3) Als Messverfahren für die Traffic-Steigerung und die Ermittlung der erfolgsabhängigen Vergütung nach Absatz 2 vereinbaren die Parteien, dass hierfür die von [. . . . .] nach [. . . . .] ermittelten Werte maßgeblich sind.[4] Sofern für die Messung des Traffics Kosten anfallen, trägt diese der Auftraggeber. Derartige Kosten werden dem Auftraggeber nach Ablauf des jeweiligen Monats in Rechnung gestellt und sind von ihm binnen [. . . . .] Tagen nach Zugang der Rechnung zu erstatten.

(3) The parties agree that the values determined by [. . . . .] according to [. . . . .] shall be the measurement method for the Traffic increase and the determination of the performance-related remuneration according to paragraph (2).[4] If costs are incurred for the measurement of Traffic, these shall be borne by the Customer. Such costs shall be invoiced to the Customer after the end of the respective month and shall be reimbursed by the Customer within [. . . . .] days after receipt of the invoice.

(4) Über den Erwerb von kostenpflichtigen Links im Rahmen des Linkmarketings stellt der Auftragnehmer dem Auftraggeber während der Laufzeit dieses Vertrags eine detaillierte, monatliche Abrechnung zur Verfügung. Diese Kosten werden dem Auftraggeber nach Ablauf des jeweiligen Monats in Rechnung gestellt und sind von ihm binnen [. . . . .] Tagen nach Zugang der Rechnung zu erstatten.

(4) For the acquisition of paid links within the scope of link marketing, the Contractor shall provide the Customer with a detailed monthly invoice during the term of this contract. These costs will be invoiced to the Customer after the end of the respective month and shall be reimbursed by the Customer within [. . . . .] days after receipt of the invoice.

(5) Sofern der Auftraggeber den Auftragnehmer gem. § 2 Abs. 1 S. 7 oder Abs. 3 S. 6 mit der Unterstützung bei der Umsetzung von Vorschlägen und Konzepten beauftragt, stellt der Auftragnehmer dem Auftraggeber den hierfür angefallenen Aufwand auf Grundlage eines [Stundensatzes/Tagessatzes] von . . . . . EUR zzgl. Mehrwertsteuer in Rechnung. Eine Ver-

(5) If the Customer commissions the Contractor to support the implementation of proposals and concepts in accordance with section 2 paragraph 1 sentence 7 or paragraph 3 sentence 6, the Contractor shall provide the Customer with the expenditure incurred for this purpose on the basis of an [hourly rate/daily rate] of . . . . . EUR plus value added tax.

gütungspflicht besteht jedoch nur, wenn und soweit der Auftraggeber den Auftragnehmer mit der Erbringung der optionalen Leistungen schriftlich beauftragt hat. Über den angefallenen Aufwand erhält der Auftraggeber monatlich eine detaillierte Übersicht.

However, there is only an obligation to pay remuneration if and to the extent the Customer has commissioned the Contractor in writing to provide the optional services. The Customer will receive a detailed monthly overview of the expenses incurred.

§ 4 Leistungsstörungen[4]

Erbringt der Auftragnehmer die nach § 2 geschuldeten Leistungen nicht fristgerecht, unvollständig, fehlerhaft oder in sonstiger Weise nicht vertragsgemäß, ist der Auftragnehmer nach einer entsprechenden Aufforderung und angemessener Fristsetzung des Auftraggebers verpflichtet, die Leistungen auf seine Kosten vertragsgemäß zu erbringen. Für den Fall, dass der Auftragnehmer der Aufforderung nicht binnen der vom Auftraggeber gesetzten Nachfrist nachkommt, ist der Auftraggeber berechtigt, die Vergütung in dem Verhältnis zu reduzieren, in dem die geschuldete Leistung zu den tatsächlich geschuldeten Leistungen steht oder die Leistungen auf Kosten des Auftragnehmers selbst durchführen oder von einem Dritten erbringen zu lassen. Weitergehende Rechte des Auftraggebers nach den gesetzlichen Vorschriften bleiben unberührt.

§ 4 Defaults[4]

If the Contractor does not provide the services owed according to article 2 in due time, incompletely, incorrectly or in any other way not in accordance with the Agreement, the Contractor shall be obliged, after a corresponding request and expiration of a reasonable deadline set by the Customer, to provide the services in accordance with the Agreement at his expense. In the event that the Contractor does not comply with the request within such deadline set by the Customer, the Customer shall be entitled to reduce the remuneration in proportion to the ratio of the services owed to the services actually performed or to perform the services itself or have them performed by a third party at the expense of the Contractor. Further statutory rights of the Customer remain unaffected.

§ 5 Mitwirkungsleistungen des Auftraggebers[5]

(1) Eine wesentliche Voraussetzung für die Erbringung der Leistungen durch den Auftragnehmer ist die Mitwirkung des Auftraggebers. Der Auftraggeber stellt dem Auftragnehmer die zur Suchmaschinenoptimierung notwendigen Daten und Unterlagen kostenfrei zur Verfügung.

(2) Bestehen die Leistungen des Auftragnehmers in der Erstellung von Konzepten oder Analysen bzw. der Unterstützung des Auftraggebers bei deren Ausarbeitung, wird der Auftraggeber die notwendige Mitwirkung leisten.

§ 5 Responsibilites of the Customer[5]

(1) An essential prerequisite for the provision of services by the Contractor is the cooperation of the Customer. The Customer provides the Contractor with the data and documents necessary for search engine optimization free of charge.

(2) If the services of the Contractor consist of the preparation of concepts or analyses or the support of the Customer in their preparation, the Customer will provide the necessary cooperation.

(3) Der Auftraggeber wird nach entsprechender Information durch den Auftragnehmer, die für die Berechnung des Traffic notwendigen Vorkehrungen treffen, insbesondere die für die Messung erforderlichen technischen Maßnahmen ergreifen.

(3) The customer will, after being informed accordingly by the Contractor, take the necessary precautions for the calculation of the Traffic, in particular the technical measures required for the measurement.

(4) Kommt der Auftraggeber seinen Mitwirkungspflichten trotz schriftlicher Aufforderung durch den Auftragnehmer nicht binnen angemessener Frist nach, ist der Auftragnehmer für diesen Zeitraum von seinen Leistungsverpflichtungen entbunden, soweit die jeweiligen Leistungen wegen der nicht oder nur unzureichenden Erfüllung der Mitwirkungspflichten nicht oder nur mit unverhältnismäßigem Aufwand erbracht werden können.

(4) If the Customer does not fulfil his obligations to cooperate within a reasonable period of time despite written request by the Contractor, the Contractor shall be released from his performance obligations for this period of time, insofar as the respective services cannot be provided or can only be provided at disproportionate expense due to the non-performance or inadequate performance of the obligations to cooperate.

§ 6 Rechtliche Vorgaben, Qualitätsrichtlinien der Suchmaschinen[6]

§ 6 Legal requirements, quality guidelines of search engines[6]

(1) Vorbehaltlich der Bestimmungen des nachfolgenden Abs. (2) gilt Folgendes: Die rechtliche Verantwortung, insbesondere die Verantwortung nach dem Digitale-Dienste-Gesetz (nachfolgend auch: „digitaldienstrechtliche Verantwortung") sowie die presserechtliche, wettbewerbsrechtliche, markenrechtliche und urheberrechtliche Verantwortung für den Inhalt der Webseite des Auftraggebers, trägt ausschließlich der Auftraggeber. Die inhaltliche Gestaltung des redaktionellen Teils der Webseite obliegt gleichfalls weiterhin ausschließlich dem Auftraggeber. Der Auftraggeber ist verpflichtet, zu überprüfen und sicherzustellen, dass die Inhalte nicht gegen gesetzliche Bestimmungen verstoßen. Die Regelung in den vorstehenden Sätzen 2 bis 4 gelten nicht, soweit der Auftragnehmer die redaktionellen Inhalte erstellt.

(1) Subject to the provisions of paragraph (2) below, the following shall apply: The legal responsibility, in particular the responsibility under the German Digital Services Act (hereinafter also referred to as „digital services law responsibility") as well as the responsibility under press law, competition law, trademark law and copyright law for the content of the Customer's website, is borne exclusively by the Customer. The content of the editorial part of the website is also still the sole responsibility of the Customer. The Customer is obliged to check and ensure that the content does not violate legal regulations. Sentences 2 to 4 shall not apply if the Contractor drafts the editorial content.

(2) Die rechtliche Verantwortung, insbesondere die digitaldienst-, presserechtliche und wettbewerbsrechtliche sowie die marken- und urheberrechtliche Verantwortung für die vom Auftragnehmer vorgeschlagenen Maßnahmen und für die Inhalte seiner Beratung, einschließlich der Beratung zu Suchbegriffen, die innerhalb

(2) The legal responsibility, in particular the responsibility under the German Digial Services Act, under press and competition law as well as trademark and copyright law, for the measures proposed by the Contractor and for the contents of his advice, including advice on search terms used within the Customer's website, as

der Webseite des Auftraggebers verwendet werden, sowie für die entsprechenden Unterstützungsleistungen bei der Umsetzung trägt ausschließlich der Auftragnehmer. Der Auftragnehmer stellt insbesondere sicher, dass durch das Setzen der von ihm im Rahmen des Linkmarketings geworbenen Links von Webseiten Dritter, die auf die Webseite des Auftraggebers verweisen, sowie durch das Setzen von Links auf Internetseiten Dritter kein Verstoß gegen gesetzliche Bestimmungen, insbesondere die digitaldienst- und presserechtlichen, marken- wettbewerbs- sowie urheberrechtlichen Vorschriften erfolgt. Der Auftragnehmer stellt zudem sicher, dass seine Beratungs- und sonstigen Leistungen im Einklang mit den Nutzungsbedingungen sowie den Richtlinien der Suchmaschinenbetreiber (zB die Google Search Essentials) stehen. Die Pflichten des Auftragnehmers unter diesem Absatz 2 stellen eine wesentliche Vertragspflicht dar.

(3) Der Auftraggeber stellt sicher, dass er Inhaber sämtlicher für die vertragliche Nutzung der Webseite erforderlichen Rechte ist, insbesondere, dass er über erforderliche Urheber- und Leistungsschutz, Marken-, und sonstige Rechte verfügt und sie dem Auftragnehmer zum Zwecke der Vertragserfüllung in dem für die Durchführung des Vertrags in zeitlicher, territorialer und inhaltlicher Hinsicht erforderlichen Umfang einräumen kann.

(4) Soweit der Auftragnehmer im Rahmen der Erfüllung seiner vertraglichen Leistungen personenbezogene Daten verarbeitet, stellt er sicher, dass dies im Einklang mit den einschlägigen Bestimmungen des anwendbaren EU bzw. EWR- Datenschutzrechts geschieht. Soweit der Auftragnehmer für den Auftraggeber personenbezogene Daten als Auftragsverarbeiter verarbeitet, gelten die Regelungen der als Anlage 2 beigefügten Vereinbarung über Auftragsverarbeitung. Insoweit als der Auftragnehmer [nach vorheriger schriftlicher Zustimmung durch den Auftraggeber] zur Erfüllung seiner vertraglichen Aufgaben Unterauftragnehmer heranzieht, stellt er sicher, dass seinen Unterauftragnehmern die Pflichten

well as for the corresponding support services during implementation, shall be borne exclusively by the Contractor. In particular, the Contractor shall ensure that the placement of links from third party websites, which refer to the website of the Customer and which are advertised by the Contractor in the context of link marketing and the placement of links to third-party websites, does not violate any legal provisions, in particular the provisions of the German Digital Services Act and press law, trademark, competition and copyright law. The Contractor shall also ensure that its consulting and other services are in accordance with the terms of use and the guidelines of the search engine operators (e.g. the Google Search Essentials). The Contractor's obligations under this paragraph 2 constitute a material contractual obligation.

(3) The Customer shall ensure that he is the owner of all rights necessary for the contractual use of the website, in particular that he has necessary copyright and ancillary copyright, trademark and other rights and that he is allowed to transfer them to the Contractor for the purpose of fulfilling the Agreement, in terms of time, place and content, to the extent necessary for the execution of the Agreement.

(4) Insofar as the Contractor processes personal data in the context of the performance of its contractual services, he shall ensure that this is done in accordance with the relevant provisions of the applicable German or EU or EEA data protection law. Insofar as the Contractor processes personal data for the Customer as a processor, the provisions of the Agreement on commissioned processing attached as Annex 2 shall apply. To the extent that the Contractor uses subcontractors [with the prior written consent of the Customer] to perform its contractual tasks, the Contractor shall ensure that its subcontractors are given and comply with the obligations under this Agree-

gemäß dieser Vereinbarung sowie der Vereinbarung über die Auftragsverarbeitung entsprechend aufgegeben und von ihnen eingehalten werden.[7]

ment and the Agreement on commissioned processing.[7]

§ 7 Nutzungsrechte; Verletzung von Rechten Dritter[8]

(1) Sämtliche Urheber-, Leistungsschutz- und sonstige Rechte an der Website des Auftraggebers sowie an deren Inhalten und den im Zusammenhang mit ihrem Betrieb beim Auftraggeber anfallenden Daten verbleiben beim Auftraggeber. Der Auftraggeber räumt dem Auftragnehmer jedoch für die Dauer des Vertrags sowie territorial und inhaltlich in dem für die Durchführung des Vertrages erforderlichen Umfang die für die vertragsgegenständliche Nutzung der Webseite erforderlichen, einfachen Nutzungsrechte ein, insbesondere an Urheber- und Leistungsschutzrechten sowie an gewerblichen Schutzrechten einschließlich Marken- und Designrechten. Das Nutzungsrecht beinhaltet insbesondere das Recht zur Vervielfältigung, Verbreitung, öffentlichen Zugänglichmachung sowie Bearbeitung. Das Recht ist nicht übertragbar, enthält aber das Recht, die vorgenannten Nutzungsrechte im Rahmen der Bedingungen dieses Vertrags an zur Vertragserfüllung beauftragte Dritte unterzulizensieren sowie den Suchmaschinenbetreibern die zum Suchmaschinenmarketing im Rahmen der Vertragserfüllung erforderlichen Nutzungsrechte einzuräumen. Sollten die vorgeschlagenen Maßnahmen eine weitergehende Einräumung von Nutzungsrechten an Dritte erfordern, als in diesem Absatz vorgesehen, wird der Auftragnehmer den Auftraggeber hierüber vorab informieren und die Parteien werden sich hierzu gesondert abstimmen.

(2) Sämtliche Urheber-, Leistungsschutz- und sonstige Rechte an den vom Auftragnehmer und/oder von Dritten im Auftrag des Auftragnehmers erstellten und ggf. realisierten Analysen und Konzepten verbleiben bei dem Auftragnehmer. Der Auf-

§ 7 Rights of use; infringement of third-party rights[8]

(1) All copyrights, ancillary copyrights and other rights to the Customer's website and its contents and the data collected by the Customer in connection with its operation remain with the Customer. However, for the term of this Agreement and within the scope territorially and in terms of content necessary, the Customer grants the Contractor, to the extent necessary for the execution of the Agreement, the simple rights of use required for the use of the website as per the Agreement, in particular with regard to copyrights and ancillary copyrights as well as industrial property rights including trademark- and design rights. The right of use includes in particular the right to reproduce, distribute, make publicly available and edit. The right is not transferable, but includes the right to sublicense the aforementioned rights of use within the scope of the conditions of this Agreement to third parties commissioned to fulfil the Agreement and to grant the search engine operators the rights of use required for search engine marketing within the scope of fulfilling the Agreement. Should the proposed measures require a more extensive granting of rights of use to third parties than provided for in this paragraph, the Contractor shall inform the Customer of this in advance and the parties shall consult separately on this.

(2) All copyrights, ancillary copyrights and other rights to the analyses and concepts prepared and, if applicable, implemented by the Contractor and/or third parties on behalf of the Contractor shall remain with the Contractor. However, the

tragnehmer räumt dem Auftraggeber an den Analysen und Konzepten sowie bei deren Umsetzung an den Arbeitsergebnissen jedoch das einfache, zeitlich und örtlich unbeschränkte Recht ein, diese in dem für die Suchmaschinenoptimierung seiner Webseite erforderlichen Umfang zu nutzen.

Contractor grants the Customer the simple, temporally and locally unrestricted right to the analyses and concepts as well as, in the case of their implementation, to the work results, to use these to the extent necessary for the search engine optimization of his website.

(3) Machen Dritte gegen den Auftragnehmer Ansprüche mit der Behauptung geltend, die Webseite des Auftraggebers bzw. deren Nutzung durch Suchmaschinenbetreiber oder sonstige Nutzer verstoße gegen gesetzliche Bestimmungen und/oder die Webseite verletze ihre Rechte, wird der Auftraggeber den Auftragnehmer von sämtlichen Ansprüchen Dritter auf erstes Anfordern freistellen und etwaige darüber hinausgehende Kosten und Schäden ersetzen, insbesondere den Auftragnehmer von den Kosten einer erforderlichen Rechtsverteidigung freistellen. Dies gilt jedoch nicht, wenn die Verletzung auf einem Verstoß des Auftragnehmers gegen seine vertraglichen Pflichten, insbesondere aus § 6 Abs. 2 dieses Vertrags beruht, und/oder wenn der Auftraggeber die Verletzung der Rechte Dritter bzw. gesetzlichen Bestimmungen nicht zu vertreten hat. Der Auftraggeber ist verpflichtet, den Auftragnehmer im Rahmen des Zumutbaren durch Bereitstellung von Informationen und Unterlagen bei der Rechtsverteidigung gegenüber den Dritten zu unterstützen. Die Regelungen dieses Absatzes gelten entsprechend, wenn Dritte wegen der Nichteinhaltung der Verpflichtungen des Auftraggebers nach § 6 Abs. 1 Ansprüche gegen den Auftragnehmer geltend machen.

(3) If third parties assert claims against the Contractor with the allegation that the Customer's website or its use by search engine operators or other users violates statutory provisions and/or that the website violates their rights, the Customer shall indemnify the Contractor against all such claims of third parties upon first request and compensate any costs and damages exceeding this amount, in particular indemnify the Contractor against the costs of any necessary legal defence. However, this shall not apply if the infringement is due to a breach by the Contractor of its contractual obligations, under section 6 paragraph 2 of this Agreement, and/or if the Customer is not responsible for the infringement of the rights of third parties or statutory provisions. The Customer is obliged to support the Contractor within a reasonable scope by providing information and documents in the legal defense against the third parties. The provisions of this paragraph shall apply accordingly if third parties assert claims against the Contractor due to non-compliance with the obligations of the Customer pursuant to section 6 paragraph 1 of this Agreement.

(4) Machen Dritte gegen den Auftraggeber Ansprüche mit der Behauptung geltend, die vom Auftragnehmer im Rahmen des Linkmarketings geworbenen Webseiten Dritter, die auf die Webseite des Auftraggebers verweisen, verstießen gegen gesetzliche Bestimmungen und/oder die Webseiten verletzten ihre Rechte, wird der Auftragnehmer den Auftraggeber von sämtlichen Ansprüchen Dritter auf erstes Anfordern freistellen und etwaige darüber

(4) If third parties assert claims against the Customer with the allegation that the websites of third parties advertised by the Contractor within the framework of link marketing which refer to the Customer's website violate statutory provisions and/or the websites violate their rights, the Contractor shall indemnify the Customer from all claims of third parties upon first request and compensate any costs and damages beyond this, in particular indem-

hinausgehende Kosten und Schäden ersetzen, insbesondere den Auftraggeber von den Kosten einer erforderlichen Rechtsverteidigung freistellen. Dasselbe gilt, wenn Dritte gegen den Auftraggeber Ansprüche mit der Behauptung geltend machen, die Webseite des Auftraggebers verstoße gegen gesetzliche Bestimmungen und/oder gegen Rechte Dritter, und wenn die behauptete Verletzung auf einem Verstoß des Auftragnehmers gegen seine vertraglichen Pflichten, insbesondere aus § 6 Abs. 2 dieses Vertrags beruht. Vorstehendes gilt jedoch dann nicht, wenn der Auftragnehmer die Verletzung der Rechte Dritter bzw. der gesetzlichen Bestimmungen nicht zu vertreten hat. Der Auftragnehmer ist verpflichtet, den Auftraggeber im Rahmen des Zumutbaren durch Bereitstellung von Informationen und Unterlagen bei der Rechtsverteidigung gegenüber den Dritten zu unterstützen.

nify the Customer from the costs of any necessary legal defense. The same shall apply if third parties assert claims against the Customer with the allegation that the Customer's website violates statutory provisions and/or the rights of third parties, and if the alleged violation is based on a breach by the Contractor of its contractual obligations, in particular under section 6 paragraph 2 of this Agreement. However, the foregoing shall not apply if the Contractor is not responsible for the infringement of the rights of third parties and/or the statutory provisions. The Contractor is obliged to support the Customer within a reasonable scope by providing information and documents in the legal defence against the third parties.

§ 8 Exklusivität[9]

(1) Während der Vertragslaufzeit bietet der Auftragnehmer keine Marketingleistungen zur Optimierung des Suchmaschinenmarketings

a) für die folgenden Webseiten: . . . . . [Aufzählung der Webseiten von Mitbewerbern des Auftraggebers]
b) für Webseiten Dritter in folgenden Themenbereichen: . . . . . [Aufzählung der Themenbereiche]

an.

§ 8 Exclusivity[9]

(1) During the term of this Agreement, the Contractor shall not offer any marketing services for the optimization of search engine marketing

a) for the following websites: . . . . . [List of websites of competitors of the Customer]
b) for third party websites in the following subject areas: . . . . . [enumeration of subject areas].

§ 9 Haftung

(1) Schadens- und Aufwendungsersatzansprüche der Parteien (im Folgenden „Schadensersatzansprüche"), gleich aus welchem Rechtsgrund, sind wechselseitig ausgeschlossen.

(2) Die vorstehende Haftungsbeschränkung des Absatzes 1 gilt nicht:

a) bei einer Haftung nach dem Produkthaftungsgesetz;

§ 9 Liability

(1) Claims for damages and reimbursement of expenses of the parties (hereinafter „Claims for Damages"), regardless of the legal ground, shall be excluded.

(2) The above limitation of liability in paragraph 1 shall not apply:

a) in the event of a liability under the German Product Liability Act [Produkthaftungsgesetz – „ProdHaftG"];

b) in Fällen des Vorsatzes oder der groben Fahrlässigkeit;
c) bei schuldhafter Verletzung des Lebens, des Körpers oder der Gesundheit;
d) bei schuldhafter Verletzung wesentlicher Vertragspflichten, das heißt solcher Pflichten, deren Erfüllung die ordnungsgemäße Durchführung des Vertrages überhaupt erst ermöglicht und auf deren Einhaltung die andere Partei regelmäßig vertraut und vertrauen darf. Die Haftung der Parteien wegen Verletzung wesentlicher Vertragspflichten ist jedoch beschränkt auf den Ersatz des vorhersehbaren, vertragstypischen Schadens, soweit nicht Vorsatz oder grobe Fahrlässigkeit vorliegt oder wegen der Verletzung des Lebens, des Körpers oder der Gesundheit oder nach dem Produkthaftungsgesetz gehaftet wird.

(3) Soweit die Haftung der Parteien ausgeschlossen oder beschränkt ist, gilt dies auch für die persönliche Haftung der Angestellten, Arbeitnehmer, Mitarbeiter, Vertreter und Erfüllungsgehilfen der Parteien.

(4) Eine Änderung der Beweislast ist mit den vorstehenden Regelungen nicht verbunden.

b) in the event of intent or gross negligence;
c) in the event of culpable injury to life, limb or health;
d) in case of an infringement of material contractual duties by culpable conduct, i.e. such duties whose fulfilment is essential for enabling the due performance of the Agreement and on whose observation the other party habitually relies and may rely. However, in case of slight negligence, the party's liability on the grounds of the infringement of essential contractual duties shall be limited to a reimbursement of the foreseeable, typical damages, unless the respective party acted with intent or gross negligence or is liable for injury to life, body or health, or under the German Product Liability Act.

(3) In case the Supplier‘s liability is limited or excluded, the limitation shall equally apply to the personal liability of employees, auxiliary persons, and legal representatives of the parties.

(4) The foregoing provisions do not imply any shift in the burden of proof.

§ 10 Geheimhaltung, Geschäftsgeheimnisse

(1) Der Auftragnehmer wird über sämtliche Geschäftsgeheimnisse sowie alle sonstigen als vertraulich bezeichneten oder anderweitig erkennbar vertraulichen Informationen im Zusammenhang mit dem Unternehmen und/oder den Produkten des Auftraggebers während der Vertragslaufzeit und für die Dauer von mindestens drei (3) Jahren nach Beendigung dieses Vertrages Stillschweigen bewahren. Eine Weitergabe dieser Informationen an Dritte oder eine Nutzung zu einem anderen Zweck als im Zusammenhang mit dem Vertrag ist dem Auftragnehmer nur nach vorheriger schriftlicher Zustimmung des Auftraggebers sowie nach vorheriger schriftlicher Verpflichtung des Dritten zur Vertraulichkeit entsprechend

§ 10 Secrecy, Trade Secrets

(1) The Contractor shall maintain secrecy about all business and trade secrets and all other information designated as confidential or otherwise recognisably confidential in connection with the company and/or products of the Customer during the term of the Agreement and for a period of at least three (3) years after termination of this Agreement. The Contractor shall not disclose such information to third parties or use it for any purpose other than in connection with the Agreement without the prior written consent of the Customer and the prior written confidentiality obligation of the third party in accordance with the provisions of this Agreement. If there is any doubt about the confidentia-

den Bestimmungen dieses Vertrages gestattet. Bei Zweifeln über die Vertraulichkeit einer Information wird der Auftragnehmer vor jeder Weitergabe an Dritte den Auftraggeber nach dessen verbindlicher Einschätzung fragen.

(2) Die vorgenannten Pflichten gelten nicht für vertrauliche Informationen, (i) die allgemein bekannt sind oder werden, ohne dass der Auftragnehmer dabei gegen Pflichten verstoßen hat; (ii) die dem Auftragnehmer von Dritten, die zur Offenlegung befugt sind, bekannt gegeben wurden; (iii) die dem Auftragnehmer schon vor Offenbarung durch den Auftraggeber bekannt waren oder (iv) die der Auftragnehmer aufgrund einer Verpflichtung durch Gesetz oder Verordnung offenlegen muss, vorausgesetzt der Auftragnehmer informiert den Auftraggeber über eine solche Verpflichtung unverzüglich und so rechtzeitig vor der Offenlegung, dass der Auftraggeber das Bestehen einer solchen Verpflichtung überprüfen und die ggf. notwendigen Maßnahmen zur Wahrung seiner Vertraulichkeitsinteressen ergreifen kann.

§ 11 Vertragslaufzeit und Vertragsbeendigung

(1) Die Laufzeit des Vertrages beginnt am . . . . .

(2) Der Vertrag wird zunächst für eine Grundlaufzeit von . . . . . Monaten geschlossen. Danach verlängert sich der Vertrag automatisch um weitere . . . . . Monate (Verlängerungszeitraum), sofern er nicht von einer Partei mit einer Frist von drei Monaten zum Ablauf der Grundlaufzeit oder eines Verlängerungszeitraums schriftlich gekündigt wird.

(3) Das Recht der Parteien zur Kündigung des Vertrages aus wichtigem Grund bleibt unberührt. Ein wichtiger Grund zur Kündigung besteht für eine Partei insbesondere dann, wenn die andere Partei gegen wesentliche Bestimmungen dieses Vertrages verstößt und der Vertragsverstoß nicht innerhalb von zwei Wochen nach schrift-

lity of information, the Contractor shall ask the Customer for his binding assessment before any disclosure to third parties.

(2) The aforementioned obligations shall not apply to confidential information (i) which is or becomes generally known without the Contractor having breached any obligations; (ii) which has been disclosed to the Contractor by third parties authorized to disclose it; (iii) which was already known to the Contractor prior to disclosure by the Customer or (iv) which the Contractor is required to disclose by law or regulation due to an obligation, provided that the Contractor informs the Customer of such an obligation without undue delay and in good time prior to such disclosure so that the Customer can verify the existence of such an obligation and, if necessary, take appropriate action in necessary measures to protect its confidentiality interests.

§ 11 Term, Termination

(1) The Agreement shall enter into force on . . . . .

(2) The Agreement is initially concluded for a basic term of . . . . . months. After that, the Agreement is automatically extended by a further . . . . . months (extension period), unless it is terminated in writing by one of the parties with a notice period of three months before the end of the basic term or an extension period.

(3) The right of the parties to terminate the Agreement for good cause remains unaffected. Good cause for termination shall exist for one party in particular if the other party breaches material provisions of this Agreement and the breach is not remedied within two weeks after written request, unless such a period or re-

licher Aufforderung abgestellt wird, sofern eine solche Frist bzw. Aufforderung unter Berücksichtigung der Schwere der Pflichtverletzung oder der sonstigen Umstände nicht ausnahmsweise entbehrlich ist.

quest is dispensable by way of exception taking into account the severity of the breach of duty or other circumstances.

(4) Eine Kündigung muss schriftlich erfolgen.

(4) The notice of termination must be in writing.

§ 12 Schlussbestimmungen

§ 12 Final Provisions

(1) Änderungen und Ergänzungen des Vertrages bedürfen zu ihrer Wirksamkeit der Schriftform. Dies gilt auch für die Änderung oder Aufhebung der Schriftformklausel selbst. Die Übermittlung von Erklärungen per E-Mail genügt dem Schriftformerfordernis [nicht].[10] Mündliche Nebenabreden wurden nicht getroffen.

(1) Changes and amendments to the Agreement must be made in writing to be effective. This also applies to the amendment or cancellation of the written form clause itself. The transmission of declarations by e-mail does [not] satisfy the written form requirement.[10] Oral collateral Agreements have not been made.

(2) Sämtliche Rechte und Pflichten aus diesem Vertrag dürfen ohne das Einverständnis der jeweils anderen Partei nicht an Dritte abgetreten oder in sonstiger Weise übertragen werden.

(2) All rights and obligations under this Agreement may not be assigned or otherwise transferred to third parties without the consent of the other party.

(3) Der Auftragnehmer ist [nur nach vorheriger schriftlicher Zustimmung des Auftraggebers] berechtigt, Leistungen nach diesem Vertrag ganz oder teilweise durch Unterauftragnehmer erbringen zu lassen.

(3) The Contractor shall be [only with the prior written consent of the Customer] entitled to have services under this Agreement performed in whole or in part by subcontractors.

(4) Sollte eine Bestimmung dieses Vertrages oder ein Teil einer Bestimmung unwirksam sein oder werden oder sollte eine ausfüllungsbedürftige Regelungslücke auftreten, berührt dies nicht die Wirksamkeit der übrigen Bestimmungen dieses Vertrages. Die Vertragspartner verpflichten sich, eine etwaige unwirksame Bestimmung durch eine neue Bestimmung zu ersetzen, die dem rechtlichen und wirtschaftlichen Gehalt der unwirksamen Bestimmung am nächsten kommt. In gleicher Weise werden die Vertragspartner eine etwaig ausfüllungsbedürftige Regelungslücke schließen.

(4) Should individual provisions of this Agreement be or become invalid or unenforceable in whole or in part, this shall not affect the validity of the remaining provisions. In such a case, the parties undertake to replace the invalid or unenforceable provision by a valid or enforceable provision which comes as close as possible to the meaning and purpose of the economic intent. The same applies to any legal gap in this Agreement.

(5) Dieser Vertrag unterliegt ausschließlich deutschem materiellem Recht unter Ausschluss des UN-Kaufrechts.

(5) The Agreement shall be governed by German material law, excluding the United Nations Convention on Contracts for the International Sale of Goods (UN Sales Law/CISG).

(6) Für alle Streitigkeiten aus und im Zusammenhang mit diesem Vertrag zwischen den Parteien, gleich aus welchem Rechtsgrund, wird als ausschließlicher Gerichtsstand . . . . . vereinbart. Der Auftraggeber bleibt zur gerichtlichen Rechtsverfolgung am allgemeinen Gerichtsstand des Auftragnehmers berechtigt.

(6) The Customer's place of business shall be the exclusive place of jurisdiction. The Customer remains entitled to take legal action at the Contractor's general place of jurisdiction.

(7) Erfüllungsort ist der Sitz des Auftraggebers.

(7) Place of performance is the registered office of the Customer.

. . . . .	. . . . .	. . . . .	. . . . .
(Ort, Datum)	**(Ort, Datum)**	**(place, date)**	**(place, date)**
. . . . .	. . . . .	. . . . .	. . . . .
– Auftragnehmer –	**– Auftraggeber –**	**Contractor**	**Customer**

Anmerkungen

1. Sachverhalt. Gegenstand des Vertrages ist die Erbringung verschiedener Leistungen, mit denen die Bewertung/Platzierung der Webseite des Kunden in der Trefferliste der Suchmaschinen bei der organischen Suche gesteigert („Suchmaschinenoptimierung" bzw. „SEO") bzw. durch Marketingmaßnahmen wie die Schaltung kontextbezogener Anzeigen bei Suchmaschinen die Aufmerksamkeit für die Webseite erhöht werden soll („Suchmaschinenmarketing" bzw. „SEM"). Soweit Vertragsgegenstand außerdem die Vermarktung von Profilen auf sozialen Medien (Social Media Optimization bzw. „SMO") sein soll, bedarf das Vertragsmuster einer entsprechenden Anpassung unter Einbeziehung der Besonderheiten des jeweiligen Dienstes einschließlich seiner Nutzungsbedingungen.

Aufgrund der Informationsflut im Internet sind Suchmaschinen, die dem Internetnutzer eine Selektion von Webseiten durch von ihm eingegebene Suchbegriffe ermöglichen, trotz der aktuellen Entwicklungen hin zu KI-unterstützten Websuchen (vgl. hierzu Chibanguza/Kuß/Steege KI-HdB/Lewandowski § 11 A. IV. Rn. 17 ff.; Poosch BC 2023, 143) weiterhin das gebräuchlichste Mittel für Internetnutzer, effektiv im Internet zu recherchieren. Auf der anderen Seite sind Suchmaschinen für Webseitenbetreiber eine gute (zumeist kostenlose) Möglichkeit, durch Listung ihrer Webseiten bei bestimmten Suchbegriffen Aufmerksamkeit für ihre Seiten zu erhalten. Auch innerhalb der Online-Werbung besteht nach wie vor eine hohe Bedeutung der Suchmaschinen-Optimierung (Härting InternetR Rn. 779; Krämer/Luers MMR 2022, 354). Die Branche ist seit langem etabliert und verzeichnet erhebliche Umsätze (Chibanguza/Kuß/Steege KI-HdB/Lewandowski § 11 A. IV. Rn. 21), allerdings sind Streitigkeiten über die Vergütung wegen enttäuschter Erwartungen des Auftraggebers nicht selten (vgl. hierzu Krämer/Luers MMR 2022, 354 (355)), so dass eine sorgfältige Vertragsgestaltung anzuraten ist.

Die Auflistung der Webseite in den Trefferlisten kann auf unterschiedliche Art und Weise erreicht und verbessert werden. Die Webcrawler der Suchmaschinen durchsuchen kontinuierlich das Internet, verfolgen Links, lesen Informationen im Quellcode der Internetseiten, erfassen diese und analysieren Links zu anderen Webseiten. Mittels streng geheim gehaltener Algorithmen bewerten und bestimmen sie dann das Ranking, mit dem die Webseiten bei Aufruf bestimmter Suchbegriffe platziert werden. Ein hohes

Ranking setzt voraus, dass die Inhalte einer Webseite von Suchmaschinen gelesen und indiziert werden können, dass sie ausreichenden Content zu den relevanten Suchbegriffen auffinden und dass möglichst viele qualitativ hochwertige Links auf die Webseite verweisen (vgl. Auer-Reinsdorff/Conrad IT- und DatenschutzR-HdB/Schmidt/Pruß § 3 Rn. 403 ff.). Unterschieden wird bei der Suchmaschinenoptimierung zwischen der **On-Page-Optimierung**, bei der die Webseite durch technische Maßnahmen entsprechend der jeweiligen Auswertungstechnik der Suchmaschinen sowie durch inhaltliche Optimierung sichtbarer und attraktiver gestaltet wird und zwischen Leistungen der **Off-Page-Optimierung**, bei der dies über Maßnahmen außerhalb der Webseite, wie insbesondere das Setzen von Back-Links auf die Webseite, geschieht (Auer-Reinsdorff/Conrad IT- und DatenschutzR-HdB/Schmidt/Pruß § 3 Rn. 426; Krämer/Luers MMR 2022, 354 (355)). Ziel ist es jeweils, eine optimierte Auswertung der Seite durch die Suchmaschinen und damit ggf. eine bessere Positionierung in der Trefferliste zu erzielen. Grundsätzlich arbeiten Suchmaschinen mit Webcrawlern. Mittels dieser Softwareprogramme wird das Web in regelmäßigen Abständen durchsucht und besuchte Webseiten analysiert. Je nach Suchmaschine werden die aufgesuchten Webseiten zB mittels Indexierung ausgewertet und die Ergebnisse dann von den Suchmaschinenbetreibern gespeichert. Durch den Einsatz technischer Suchmaschineneinweiser, insbesondere der robots.txt Datei (Robots-Exklusion-Standard-Protokoll oder „REP"), wird den Webcrawlern der Suchmaschinen vorgegeben, welche Bereiche einer Website sie durchsuchen und indizieren, oder aber auslassen sollen. Daneben kann zB über die Eingabe von Suchbegriffen als Meta-Tag in den HTLM-Header der Webseite versucht werden, dass die Webseite durch die Webcrawler in die gewünschten Indexe der Suchmaschinen aufgenommen wird. Denkbar sind auch weitere Maßnahmen wie zB die Implementierung einer Sitemap, die Verwendung sprechender URL's, eine optimierte Verlinkung der Unterseiten, eine Verringerung der Ladezeiten und Verbesserung der Ansichten für mobile Endgeräte, das Erstellen relevanter Inhalte unter Verwendung der relevanten Suchbegriffe sowie eine regelmäßige Änderung bzw. Aktualisierung dieser Inhalte (vgl. im Detail Auer/Reinsdorff/Conrad IT- und DatenschutzR-HdB/Schmidt/Pruß § 3 Rn. 427). Die Qualität der Inhalte wird aufgrund der zunehmenden Verwendung von KI durch die Suchmaschinen künftig (noch) höhere Bedeutung haben, was eine Anpassung der SEO-Strategien erfordern und eine vermehrte Aufnahme nutzerrelevanter Inhalte („helpful content") erfordern kann (vgl. hierzu Poosch BC 2023, 143 (144)). Schließlich ist die technische und inhaltliche Gestaltung allein nicht ausreichend, sondern auch die Verlinkung auf die Webseite von anderen Webseiten sind für ein gutes Ranking ausschlaggebend und daher bei der Optimierung zu beachten. Aufgrund der regelmäßigen Verbesserung der Auswertungstechnik und dem Einsatz neuer Such- und Auswertungstechniken durch die Suchmaschinenbetreiber sollten Webseitenbetreiber ihre Maßnahmen zur Optimierung des Suchmaschinenmarketing in regelmäßigen Abständen überprüfen und erforderliche Anpassungen vornehmen. Unabhängig davon ist jedoch zunächst einmal die Lesbarkeit der Webseite durch die Suchmaschinen sicherzustellen.

Neben diesen technisch und inhaltlich bei der Webseitengestaltung umzusetzenden Gestaltungsmitteln bieten die meisten Suchmaschinenbetreiber aber auch eigene Dienste zur Webseitenvermarktung an, die von Webseitenbetreibern zusätzlich zur technischen Optimierung genutzt werden können. Beispielhaft genannt seien hier die Möglichkeiten zur Schaltung von suchbegriffabhängigen Anzeigen bei Google im Rahmen der Marketingprodukte Google Ads und AdSense aber auch die bloße Anmeldung der Webseite bei den Suchmaschinen.

2. Vertragsgegenstand. Je nach geschäftlicher Ausrichtung des Kunden kann sein Internetauftritt Teil eines Marketing-Mixes sein, bei dem die Vermittlung von Aufmerksamkeit durch Optimierung seiner Webseite lediglich der Verbesserung der Außendarstellung dienen soll. Demgegenüber hat die Suchmaschinenoptimierung für die Unternehmen, die unmittelbar über ihren Webauftritt Geschäfte generieren, eine weitergehende Bedeutung. Beim Suchmaschinenmarketing für Webauftritte, die auf E-Commerce Geschäfte ausgerichtet sind, kann eine Doppelstrategie bei den Vermarktungsmitteln in Form der technischen und contentbezogenen Optimierung der Webseite sinnvoll sein. Dementsprechend ist dann auch der Leistungskatalog des Auftragnehmers umfangreicher.

Abhängig von den Kundenwünschen kann das Aufgabenfeld des Auftragnehmers neben der permanenten Beratung zur technischen Optimierung der Webseite des Auftraggebers bzw. der Unterstützung, die entsprechenden Maßnahmen umzusetzen, auch in der Durchführung von Maßnahmen bestehen, mit denen über externe Links auf die Webseite des Auftraggebers sowie die Schaltung von Anzeigen bei den Suchmaschinen eine Steigerung der Attraktivität der Webseite bewirkt werden kann. Es empfiehlt sich die konkret geschuldeten Leistungen in einem Leistungsverzeichnis aufzuführen, das als Anlage 1 zum Vertrag genommen wird.

Die verschiedenen denkbaren Leistungen des Auftragnehmers im Rahmen der Suchmaschinenoptimierung, die auch wesentlich von der Entwicklung der sich immer wieder ändernden Such- und Auswertungsalgorithmen der Suchmaschinenbetreiber beeinflusst werden, können je nach der konkreten vertraglichen Ausgestaltung sowohl dienst- als auch werkvertraglichen Charakter haben (vgl. OLG Köln MMR 2014, 660 – Dienstvertragsrecht; LG Amberg MMR-Aktuell 2013, 349349 – Werkvertragsrecht, nachdem das Setzen einer konkreten Anzahl von Backlinks geschuldet war, vgl. hierzu auch Krämer/Luers MMR 2022, 354, (355 f.), die von einem Geschäftsbesorgungsvertrag gemäß § 675 BGB ausgehen). Dabei ist aus Kundensicht das Werkvertragsrecht günstiger, so dass aus seiner Sicht die Aufnahme konkret geschuldeter Erfolge in den Vertrag bzw. ein entsprechend beigefügtes Leistungsverzeichnis, auf das der Vertrag Bezug nimmt, anzuraten sind. In diesem Fall sind, insbesondere bei der Erstellung und Umsetzung technischer Konzepte bei der Suchmaschinenoptimierung, sowohl aus Kundensicht als auch Sicht des Auftragnehmers differenzierte vertragliche Regelungen zur Abnahme und Gewährleistung sinnvoll und der Vertrag entsprechend zu ergänzen.

3. Vergütung. Bei der Vergütung sind verschiedene Vergütungsmodelle denkbar. Die hier vorgesehene Kombination aus fixen und variablen Vergütungsbestandteilen kann für beide Parteien reizvoll sein. So ist die erfolgsabhängige Komponente für den Auftragnehmer Ansporn, alle zulässigen Maßnahmen zu ergreifen bzw. vorzuschlagen, um die Webseite des Kunden optimal bei den Suchmaschinen positionieren zu können. Abhängig von der Bedeutung des eigenen Webauftritts hat es der Kunde dann selbst in der Hand, unter Berücksichtigung von Kosten-/Nutzen-Aspekten nur solche weiteren Leistungen des Auftragnehmers in Auftrag zu geben und zu vergüten, die für ihn objektiv betrachtet (Steigerung von Traffic) von Wert sind.

Zur Messung des generierten Traffic sollten die Parteien sich auf eine objektive Messmethode einigen. Anhängig von den gewählten Marketingmaßnahmen können zB die Messdaten der Informationsgemeinschaft zur Feststellung der Verbreitung von Werbeträgern eV (IVW) oder der Arbeitsgemeinschaft Online-Forschung eV (AGOF) genutzt werden. Die jeweilige Messmethode der gewählten Institution sollte auch festgelegt werden.

Das Formular sieht vor, dass der Auftragnehmer u. a. über die Kosten der im Rahmen des Linkmarketing erworbenen Links eine detaillierte Kostenaufstellung erstellt und der Auftraggeber diese Kosten erstattet. Alternativ – und aus Sicht des Auftragnehmers attraktiver – kann dem Auftragnehmer auch ein festes monatliches Budget zur Verfügung gestellt werden.

Unterstützungsleistungen sollen nach dem Konzept des Vertragsmusters gesondert beauftragt und auf Basis von Stunden- bzw. Tageshonoraren vergütet werden. Aus Sicht des Auftraggebers ist bei der Beauftragung auf eine möglichst konkrete Festlegung des Tages- bzw. Stundenvolumens zur Erfüllung des Auftrages zu achten.

4. Leistungsstörungen. Die vom Auftragnehmer zu erbringenden Leistungen im Rahmen einer Suchmaschinenoptimierung lassen nicht immer eine genaue Abgrenzung bzw. Zuordnung zum Werkvertragsrecht oder Dienstvertragsrecht zu. Auf den ersten Blick erscheinen Tätigkeiten über die technische Optimierung der Webseite eines Kunden eher erfolgsbezogen. Der Kunde erwartet vom Auftragnehmer einen Erfolg in Form der Erstellung einer für Suchmaschinen optimierten Webseite. In diesen Fällen ließen sich auch konkrete Abnahmekriterien definieren; der Vertrag wäre dann entsprechend zu ergänzen. Dennoch zeigt sich in der Rechtsprechung eine gewisse Tendenz IT-Verträge, die Leistungen zur Suchmaschinenoptimierung beinhalten, als dienstvertraglich zu qualifizieren (OLG Köln MMR 2014, 660; AG Ludwigslust NJW-RR 2014, 1206; vgl. hierzu auch Krämer/Luers MMR 2022, 354 (355 f.)). Mangels gesetzlicher Gewährleistungsregelungen im Dienstvertragsrecht sollten die Parteien Regelungen mit Rechten und Pflichten der Parteien für den Fall treffen, dass die vereinbarten Leistungen vom Auftragnehmer nicht vertragsgemäß erbracht werden.

5. Mitwirkungspflichten. Für den Erfolg der Maßnahmen ist es von Bedeutung, dass der Auftraggeber an der Umsetzung von Vorschlägen zur Optimierung seiner Webseite mitwirkt, damit eine entsprechende Verbesserung der Positionierung der Webseite erzielt werden kann. Aus Sicht des Auftraggebers ist auf eine möglichst konkrete Beschreibung der Mitwirkungspflichten zu achten, damit sich der Auftragnehmer bei ausbleibendem Erfolg oder Verzug im Projekt nicht mit einer fehlenden Mitwirkung des Auftraggebers „herausreden" kann. Es ist auch zu beachten, dass der Auftragnehmer den erfolgsabhängigen Bestandteil der Vergütung möglicherweise nicht erzielen kann, wenn der Auftraggeber untätig bleibt, weil eine unzureichende Mitwirkung des Auftraggebers durch den Auftragnehmer nicht oder nur mit zusätzlichem Aufwand kompensiert werden kann. Unabhängig von der rechtlichen Zuordnung der jeweiligen Leistung des Auftragnehmers zu einem der Vertragstypen des BGB, erweisen sich die gesetzlichen Regelungen wie §§ 642, 643 BGB oftmals als unzureichend. Neben der konkreten Vereinbarung von Leistungspflichten des Auftragnehmers einerseits sowie Mitwirkungs- und Beistellpflichten des Auftraggebers andererseits, wäre auch die vertragliche Regelung von Folgen ihrer Nicht- bzw. Schlechterfüllung in Erwägung zu ziehen.

6. Übereinstimmung mit rechtlichen Vorgaben. Neben den im DDG geregelten Anforderungen müssen Webseitenbetreiber noch weitere vielfältige Verpflichtungen erfüllen, insbesondere gesetzliche Verbote beachten. Verstöße hiergegen **betreffen zunächst einmal den Webseitenbetreiber**, also den Auftraggeber. Zu beachten ist insofern zum einen **das Markenrecht**, insbesondere dass nicht zwecks Suchmaschinenoptimierung markenrechtlich geschützte Begriffe Dritter ohne deren Erlaubnis genutzt werden. So kann beispielsweise die Verwendung von Marken Dritter – auch im HTML-Code und damit in dem für die Internetnutzer beim gewöhnlichen Abruf der Webseite nicht lesbaren Teil – eine markenmäßige Benutzung sein und, wenn auch die weiteren markenrechtlichen Tatbestandsmerkmale erfüllt sind, entsprechende Ansprüche Dritter aus Markenrecht begründen (vgl. BGH GRUR 2018, 417 Rn. 45 – Resistograph; BGH GRUR 2015, 1223 Rn. 23 – Posterlounge; BGH MMR 2010, 700 – POWER BALL; BGH GRUR 2009, 1167 – Aidol; BGH GRUR 2007, 65 (66 f.) – Impuls; Auer-Reinsdorff/Conrad IT- und DatenschutzR-HdB/Eckhardt § 25 Rn. 44 ff.).

Ebenso gilt es bei dem Versuch, die Darstellung der eigenen Webseite in den Trefferlisten der Suchmaschinen durch Nutzung von Keywords zu steigern, die markenrechtlichen Grenzen zu beachten. Grundsätzlich keine Markenverletzung beinhaltet allerdings das Schalten von Werbeanzeigen unter Verwendung kennzeichenrechtlich geschützter Keywords, wenn die Werbeeinblendung optisch abgesetzt und als „Anzeige" gekennzeichnet ist, das geschützte fremde Kennzeichen nicht in der Werbeanzeige selbst erscheint und auch der Domainname keine Ähnlichkeiten mit den geschützten Kennzeichen aufweist (vgl. BGH NJW 2009, 2384 – pcb; BGH MMR 2009, 329 – Beta Layout; BGH MMR 2009, 326 – Bananabay; BGH GRUR 2011, 828 Rn. 28– Bananabay II; OLG Braunschweig MMR 2023, 427 Rn. 34; Auer-Reinsdorff/Conrad IT- und DatenschutzR-HdB/Eckhardt § 25 Rn. 50 ff.). Daneben muss der Webseitenbetreiber beim Einsatz von Optimierungsmaßnahmen wie der Nutzung von Keywords auch das aus § 6 DDG folgende Trennungsgebot sowie die **Vorgaben des Wettbewerbsrechts** einschließlich der aus §§ 5 ff. UWG folgenden Verbote der irreführenden bzw. vergleichenden Werbung beachten. So kann beim Keyword-Advertising, auch wenn die technische und redaktionelle Gestaltung von Webseiten mit dem Ziel, diese in den Trefferlisten der Suchmaschinen höher zu platzieren, grundsätzlich wettbewerbsrechtlich zulässig ist (vgl. Ohly/Sosnitzka UWG § 5a Rn. 115), irreführende Werbung gemäß § 5 Abs. 1 Nr. 1 UWG dann anzunehmen sein, wenn durch das Schalten des Keywords – zB zu konkreten Produkteigenschaften – gezielt ein tatsächlich nicht bestehender Zusammenhang zwischen der Werbeeinblendung und dem Suchwort suggeriert wird (vgl. hierzu Pierson K&R 2006, 547 (548); Ernst WRP 2004, 278 f.). Hier ist im Rahmen der Beratungsleistungen durch den Auftragnehmer eine Abstimmung der Vertragsparteien auch zu den konkreten Produkteigenschaften erforderlich. Ebenfalls als irreführende geschäftliche Handlung unzulässig ist das Anbieten von Klicks zur Verbesserung des Rankings der Trefferanzeigen durch sog. Clickworker als vermeintlich „echte Nutzer" (LG Magdeburg GRUR-RS 2022, 31963 Rn. 18) oder andere Formen der Suchmaschinenmanipulation, wie die Installation einer Vielzahl nicht sichtbarer Seiten (OLG Hamm MMR 2010, 36 (37)). Der „Einkauf" bezahlter Links bedarf einer genauen Prüfung, denn die Suchmaschinen-Richtlinien setzen dem Grenzen (vgl. Kollewe/Keukert E-Commerce-HdB S. 457).

Beim Suchmaschinenmarketing wird die Webseite allerdings auch durch Dritte genutzt, wie den Suchmaschinenbetreiber und Webseitenbetreiber, die der Auftragnehmer durch geeignete inhaltliche Vorschläge und andere geeignete Maßnahmen dazu veranlasst, Links auf die Webseite des Kunden zu setzen. Aufgrund der Rechtsprechung besteht **auch für Dritte uU die Gefahr**, dass sie Unterlassungs- und Folgeansprüchen einschließlich Schadensersatzansprüchen ausgesetzt sind, obwohl die Rechtsverletzungen von der Webseite eines Dritten ausgehen, auf deren Inhalt selbst sie keinen Einfluss haben.

Eine **Urheberrechtsverletzung** durch das Setzen von Links (vgl. hierzu im Detail auch Dreier/Schulze UrhG § 19a Rn. 6b ff.) ist zwar nicht grundsätzlich anzunehmen, kann aber umgekehrt auch nicht generell ausgeschlossen werden. Allein durch das Setzen eines Hyperlinks auf eine vom Berechtigten öffentlich zugänglich gemachte Webseite mit einem urheberrechtlich geschützten Werk, wird nicht in das Recht zur Vervielfältigung (BGH GRUR 2003, 958 (961) – Paperboy) bzw. der öffentlichen Zugänglichmachung eingegriffen (EuGH GRUR 2014, 360 – Nils Svensson u. a./Retriever Sverige AB). Etwas anderes gilt jedoch dann, wenn mit dem Link eine technische Schutzmaßnahme umgangen wird, mittels welcher der öffentliche Zugang zu einem geschützten Werk nur auf dem Weg über die Startseite der verlinkten Website eröffnet werden soll (BGH ZUM 2011, 49 – Session ID), oder wenn die Veröffentlichung auf der verlinkten Webseite selbst eine Urheberrechtsverletzung beinhaltet (Spindler/Schuster/Volkmann BGB § 1004 Rn. 48 mwN).

Schließlich hat der Auftragnehmer, soweit er selbst zB in einem Blog auf die Webseite des Auftragnehmers verweist, das **Persönlichkeitsrecht** des Auftraggebers zu wahren (LG Amberg BeckRS 2012, 20615).

Die vorgenannten Pflichten betreffen nicht nur den Webseitenbetreiber als Auftraggeber, sondern können **auch den Auftragnehmer betreffen.** Denn sofern der Auftraggeber wegen einer Rechtsverletzung in Anspruch genommen wird, kann der Auftragnehmer bei schuldhafter Verletzung seiner vertraglichen Pflichten gegenüber dem Auftraggeber zum Regress verpflichtet sein. Entsprechendes gilt, wenn der Auftragnehmer von Dritten in Regress genommen wird, die er zu Maßnahmen der Suchmaschinenoptimierung, zB dem Setzen von Links, veranlasst hat.

Allerdings ist das Setzen von Links auf Inhalte, die der Presse- und Meinungsfreiheit unterliegen, gleichermaßen von dem für die verlinkten Inhalte geltenden Grundrechtsschutz umfasst (BGH ZUM-RD 2011, 290 – AnyDVD). Sofern ein Presseunternehmen einen Link im Rahmen eines redaktionellen Berichts setzt, fehlt es zudem schon am objektiven Zusammenhang mit der Förderung des fremden Absatzes und mithin an einer geschäftlichen Handlung (BGH GRUR 2004, 693 (694) – Schöner Wetten). Anders ist dies zu bewerten, wenn Dritte für gezielte Backlinks in ihren redaktionellen Texten ein Entgelt erhalten, oder die Verlinkung über ein Link-Tauschprogramm erfolgt. Dann sind die Links eindeutig als Werbung zu kennzeichnen (vgl. Solmecke/Kocatepe Online-Marketing-R Ziff. 15.6.7, S. 736 f.). Die Teilnahme an Linktauschprogrammen verstößt auch gegen die Search Essentials von Google und kann zum Downranking der Website durch den Suchmaschinenbetreiber und damit zum Zunichtemachen der bisherigen Bemühungen führen.

Selbst dann, wenn das Setzen des Links als geschäftliche Handlung im Sinne des UWG zu qualifizieren ist, wird allein hierdurch noch nicht zwangsläufig eine Haftung für (unzulässige) verlinkte Inhalte begründet (BGH GRUR 2016, 209 Rn. 15 – Haftung für Hyperlink; MüKoUWG/Busche § 5 Rn. 708; Ott WRP 2006, 691 (696)). Ewas anderes gilt jedoch dann, wenn sich derjenige, der den Link setzt, die **verlinkten Inhalte zu eigen macht,** so dass der Verkehr sie ihm zurechnet (vgl. BGH GRUR 2016, 209 Rn. 15 – Haftung für Hyperlinks; BGH GRUR 2010, 616 Rn. 23 – marions-kochbuch.de; Hoeren/Sieber/Holznagel MMR-HdB/Solmecke Teil 21.1 Rn. 87). Zur näheren Beurteilung dessen wird dabei berücksichtigt, ob der elektronische Verweis wesentlicher Bestandteil des Geschäftsmodells des den Link setzenden Unternehmens ist (vgl. BGH GRUR 2016, 209 Rn. 15 – Haftung für Hyperlink; BGH GRUR 2008, 534 Rn. 21 – ueber18.de); ob über die verlinkte Webseite Inhalte zugänglich werden, in denen offen oder versteckt für die Produkte des den Link setzenden Unternehmens geworben wird oder ob sie der Vervollständigung des Angebots dieses Unternehmens dient (vgl. Bornkamm/Seichter CR 2005, 747 (751); Ott WRP 2006, 691 (696)), oder ob der Link auf der verlinkenden Webseite so **in einen redaktionellen Beitrag eingebettet** ist, dass er für das weitergehende Verständnis dort geäußerter Meinungen oder Ansichten erkennbar von Bedeutung und dadurch Bestandteil der auf der verlinkenden Seite bereitgestellten Inhalte geworden ist (vgl. BGH GRUR 2012, 74 Rn. 23 f. – Coaching-Newsletter), oder auch, ob es sich um einen Deep-Link handelt, der direkt zu den konkreten Aussagen auf der Unterseite der verlinkten Website führt (BGH GRUR 2016, 209 Rn. 23 – Haftung für Hyperlinks). Umgekehrt spricht es gegen ein „zu-eigen-machen“, wenn der Link lediglich als eine Art Hinweis auf „weiterführende Literatur“ am Ende eines Aufsatzes oder Beitrags verstanden wird, über den sich der Internetnutzer zusätzliche Informationsquellen zu einem bestimmten Thema selbstständig erschließen kann, weil es dann eher fernliegend sein kann, dass über das Setzen des Links die inhaltliche Verantwortung für die Inhalte übernommen werden soll, die über die verlinkte Internetseite erreichbar sind. In diesem Fall kommt aber (bei Verletzung absoluter Rechte) ggf. eine Störerhaftung oder, etwa im Wettbewerbsrecht, eine Haftung aus dem Gesichtspunkt des gefahrerhöhenden Verhaltens in Betracht, wenn eine Rechtspflicht zur Prüfung und zur Abwendung einer Rechtsverletzung verletzt wurde (BGH GRUR 2016, 209 Rn. 23 – Haftung für Hyperlink).

Um die entsprechenden Risiken zwischen den Vertragsparteien zu verteilen, sieht das Vertragsmuster jeweils Freistellungsverpflichtungen für den Fall einer Inanspruchnahme durch Dritte vor, wobei jeweils – für die Zwecke des Vertragsmusters typisierte – Verantwortungsbereiche der Vertragsparteien abgegrenzt werden.

7. Datenschutz. Sofern der Auftragnehmer Zugriff auf die IT-Systeme des Auftraggebers und die dort verfügbaren personenbezogenen Daten hat, insbesondere, wenn der Auftragnehmer im Zuge seiner Unterstützungsleistungen eine Programmierung der Webseite des Auftraggebers vornimmt, und er im Rahmen seiner vertraglichen Tätigkeiten personenbezogene Daten verarbeitet, sind insbesondere die Regelungen der Datenschutz-Grundverordnung einzuhalten. In diesem Fall ist eine Vereinbarung über Auftragsverarbeitung mit ihm zu schließen, was das Vertragsmuster bereits vorsieht.

8. Nutzungsrechte. Bereits die Wiedergabe von Ausschnitten einer Webseite kann eine urheberrechtlich relevante Nutzung der Webseite bzw. der auf ihr befindlichen Inhalte beinhalten, wofür die Suchmaschinenbetreiber entsprechende Nutzungsrechte benötigen (Leistner/Stang CR 2008, 499 ff.; Ott WRP 2008, 393 ff.; Schuster CR 2007, 443 ff.). Sofern der Auftragnehmer im Rahmen seiner Verpflichtungen auch die aktive Vermarktung der Webseite des Auftraggebers über eine Anzeigenschaltung bei Suchmaschinen übernommen hat, muss der Auftragnehmer auch in der Lage sein, dem Suchmaschinenbetreiber entsprechende Nutzungsrechte einzuräumen. Erbringt der Auftragnehmer auch technische Optimierungsmaßnahmen, mit denen eine urheberrechtlich relevante Nutzung einhergeht, wie beispielsweise Bearbeitungen des Quellcodes der Webseitenanwendung, müssen ihm auch hierfür von dem Auftraggeber die entsprechenden Nutzungsrechte eingeräumt werden.

Im Verhältnis zum Suchmaschinenbetreiber oder anderen Webseitenbetreibern, bei denen der Auftragnehmer das Setzen von Links auf die Webseite des Kunden veranlasst, wird der Auftragnehmer ggf. dafür einstehen müssen, dass die Inhalte der Webseite des Kunden keine Gesetze oder Rechte Dritter verletzen. Umgekehrt wird sich der Webseitenbetreiber als Auftraggeber auf die Expertise des Auftragnehmers verlassen, wenn es um die Einhaltung der rechtlich sowie nach den Qualitätsrichtlinien der Suchmaschinen zulässigen Optimierungsmaßnahmen geht. Das Vertragsformular enthält daher entsprechende Freistellungsverpflichtungen für den Fall, dass eine Partei die ihrem Verantwortungsbereich zuzurechnenden vertraglichen Pflichten nicht erfüllt und es hierdurch zu einer Inanspruchnahme der anderen Vertragspartei durch Dritte kommt.

9. Exklusivität. Mit einer Exklusivitätsregelung kann der Auftraggeber versuchen sicherzustellen, dass er die durch die Vermarktung erlangten Vorteile bei der Vermarktung nicht gleich mit seinen unmittelbaren Wettbewerbern teilen muss, indem der Auftragnehmer die im Rahmen der Vertragsdurchführung erworbenen Branchenkenntnisse auch bei der Optimierung der Webauftritte der Konkurrenz des Auftraggebers einsetzt. Inwiefern eine solche Regelung kartellrechtlich zulässig ist, hängt jedoch von den Umständen des Einzelfalles ab. So wird man eine solche Vereinbarung mangels Spürbarkeit als nicht wettbewerbsbeschränkend und daher unbedenklich einstufen können, wenn man entsprechend der Ansicht der EU-Kommission davon ausgeht, dass die Marktanteile der Parteien auf den jeweils betroffenen Märkten 15 % nicht überschreiten (mwN Immenga/Mestmäcker/Zimmer GWB § 1 Rn. 204). In allen anderen Fällen wäre die Zulässigkeit einer solchen Regelung genauer zu untersuchen.

10. **Schriftform.** Nach § 127 Abs. 2 S. 1 BGB kann im Zweifel auch die Übermittlung einer Erklärung per E-Mail der gewillkürten Schriftform genügen. Die Parteien sollten insoweit im Vertrag klarstellen, inwiefern diese Norm auch auf ihr Vertragsverhältnis Anwendung finden soll, um Zweifel über die Anforderungen an die Form von vertraglich relevanten Erklärungen auszuschließen (BGH BeckRS 2016, 9506). Für die Kündigung ist zu beachten, dass ein Schriftformerfordernis gem. § 126 BGB in Allgemeinen Geschäftsbedingungen gem. § 307 Abs. 1 S. 1 BGB unangemessen wäre, wenn die Kommunikation im Übrigen, insbesondere der Vertragsschluss, ausschließlich in elektronischer Form erfolgt (BGH NJW 2016, 2800).

3. Onsite-Live-Chat

Vertrag über Onsite-Live-Chat

zwischen

X-GmbH, [Adresse]
– nachstehend „Auftraggeber" –

und

Y-GmbH, [Adresse]
– nachstehend „Auftragnehmer" –

§ 1 Vertragsgegenstand[1, 2]

1. **Der Auftragnehmer bietet Applikationen zum Live-Chat an, mit dessen Hilfe die Kunden des Auftraggebers in Echtzeit Unterstützung auf der Website des Auftraggebers erhalten. Der Live-Chat erfolgt zwischen den Kunden des Auftraggebers und in seinem Auftrag handelnden Chatpartnern (nachstehend: „Operatoren").**
2. **Gegenstand dieses Vertrages sind die Rechte und Pflichten der Parteien im Zusammenhang mit der Bereitstellung und Nutzung der Applikation „Live-Chat" auf der Website des Auftraggebers nach Maßgabe dieses Vertrages.**
3. **Die Leistung erfolgt zu Marketingzwecken des Auftraggebers.**

Agreement on Onsite-Live-Chat

between

X-GmbH, [address]
– hereinafter referred to as „Customer" –

and

Y-GmbH, [address]
– hereinafter referred to as „Contractor" –

§ 1 Subject matter[1, 2]

1. **The Contractor offers live-chat applications, by which the Customer's clients receive real-time support on the Customer's website. The live-chat takes place between the Customer's clients and chat partners acting on the Customer's behalf (hereinafter: „Operators").**
2. **Subject matter of this Agreement are the rights and obligations of the parties in connection with the provision and use of the live-chat application on the Customer's website in accordance with this Agreement.**
3. **The service is provided for marketing purposes of the Customer.**

§ 2 Leistungen des Auftragnehmers[2, 3]

1. Der Auftragnehmer wird für den Auftraggeber eine Live-Chat-Software gemäß den Spezifikationen des Leistungsverzeichnisses in Anlage 1 konfigurieren (nachstehend „Live-Chat-System") und dem Auftraggeber innerhalb von . . . . . Tagen ab Vertragsschluss durch Übergabe der Zugangsdaten (Benutzername(n), Passwort(wörter) Zugang zu dem Live-Chat-System verschaffen sowie alle erforderlichen Maßnahmen ergreifen, damit der Auftraggeber das Live-Chat-System in seine Website einbinden kann.

2. Der Auftragnehmer wird das Live-Chat-System während der Vertragslaufzeit nach Maßgabe dieses Vertrages für den Auftraggeber betreiben. Im Rahmen des Betriebs des Live-Chat-System muss der Auftragnehmer eine systemseitige Reaktionszeit von mindestens . . . . . Minuten sicherstellen.

3. Der Auftragnehmer stellt dem Auftraggeber das Live-Chat-System 24 Stunden am Tag und 365 Tage pro Jahr zur Nutzung zur Verfügung (nachfolgend „Systemlaufzeit"). Der Auftragnehmer garantiert eine Verfügbarkeit von [99]% im Jahresdurchschnitt (nachfolgend „Systemverfügbarkeit"). Über erforderliche Wartungsarbeiten und dadurch bedingte Ausfälle der vertragsgegenständlichen Leistungen wird der Auftragnehmer den Auftraggeber mindestens . . . . . Stunden im Voraus informieren. Ausfallzeiten aufgrund von Wartungsarbeiten werden auf die Systemverfügbarkeit angerechnet. Ausfallzeiten aufgrund von netzbedingten oder sonstigen technischen Problemen, die nicht im Einflussbereich des Auftragnehmers liegen, werden auf die Systemverfügbarkeit nicht angerechnet. Im Falle der Nichteinhaltung der vereinbarten Systemverfügbarkeit ist der Auftraggeber be-

§ 2 Services of the Contractor[2, 3]

1. The Contractor shall configure a live-chat software for the Customer in accordance with the specification of services in Appendix 1 (hereinafter referred to as „live-chat system") and provide it to the Customer within . . . . . days upon conclusion of this Agreement by handing over the access data (username(s), password(s)) to the live-chat system and take all necessary measures to enable the Customer to integrate the live-chat system into his.

2. The Contractor shall operate the live-chat system for the Customer during the term of the Agreement in accordance with this Agreement. With regard to the operation of the live-chat system, the Contractor shall ensure at least a system response time of . . . . . minutes.

3. The Contractor makes the live-chat system available to the Customer for use 24 hours a day and 365 days a year (hereinafter „system runtime"). The Contractor guarantees an availability of [99]% on an annual average (hereinafter „System Availability"). The Contractor shall inform the Customer about necessary maintenance work and resulting failures of the contractual services at least . . . . . hours in advance. Downtimes due to maintenance work shall be credited against the system availability. Downtimes due to network-related or other technical problems which are not within the Contractor's sphere of influence shall not be credited against the system availability. In the event of non-compliance with the agreed system availability, the Customer shall be entitled to reduce the remuneration proportionately in the ratio between agreed and actual availability.

rechtigt, die Vergütung anteilig im Verhältnis zwischen vereinbarter und tatsächlicher Verfügbarkeit zu kürzen.

4. Der Auftraggeber ist, insbesondere zur Verhinderung rechtswidriger Inhalte und zum Schutz der Operatoren berechtigt, Regeln für die Nutzung des Live-Chat aufzustellen und den Live-Chat mit Kunden, die gegen diese Regeln verstoßen unverzüglich zu beenden. Der Auftragnehmer ist verpflichtet, sämtliche technischen Maßnahmen zu ergreifen, um sicherzustellen, dass die Regeln für die Nutzung des Live-Chats im Live-Chat-System angezeigt werden, dass der Auftraggeber die Möglichkeit hat, Inhalte zu löschen und der Auftraggeber wie auch seine Kunden die Möglichkeit haben, einen Live-Chat jederzeit zu beenden.[4]

5. Der Auftragnehmer informiert den Auftraggeber unaufgefordert vorab sowie während der Vertragslaufzeit auf Anforderung über die technischen Voraussetzungen und alle weiteren Maßnahmen, die zur Implementierung und Nutzung der Technologie und des Live-Chat-Systems erforderlich sind.

6. Der Auftragnehmer löscht sämtliche Live-Chat-Protokolle und etwaige in diesem Zusammenhang gespeicherten Daten zum Ende der Browsersitzung (Session) endgültig.

§ 3 Nutzungsrechte[5]

1. Dem Auftraggeber steht im Verhältnis zum Auftragnehmer das ausschließliche Recht an allen im Zusammenhang mit Implementierung und Betrieb des Live-Chats sowie den weiteren Angeboten des Auftragnehmers verarbeiteten Daten einschließlich der personenbezogenen Daten der Teilnehmer des Live-Chats (Kunden und Operatoren) zu.

2. Der Auftragnehmer räumt dem Auftraggeber für die Vertragslaufzeit unentgeltlich und weltweit das nicht ex-

4. The Customer is entitled to set up rules for the use of the live-chat and to immediately terminate the live-chat with clients who violate these rules, in particular but not conclusively, in order to prevent illegal content and to protect the Operators. The Contractor is obliged to take all technical measures to ensure that the rules for the use of the live-chat are displayed in the live-chat system, that the Customer has the possibility to delete content and that both the Customer and his clients have the possibility to terminate a live-chat at any time.[4]

5. The Contractor shall inform the Customer unsolicited in advance as well as upon request during the term of the Agreement about the technical requirements and all other measures required for the implementation and use of the technology and the live-chat system.

6. The Contractor shall delete permanently all live chat protocols and any data stored in this connection at the end of the browser session.

§ 3 Rights of use[5]

1. In relation to the Contractor, the Customer shall have the exclusive right to all data processed in connection with the implementation and operation of the live-chat and the further offers of the Contractor, including the personal data of the participants of the live-chat (customers and operators).

2. For the term of this Agreement, the Contractor grants the Customer, free of charge and worldwide, the non-ex-

klusive, nicht übertragbare Recht ein, das Live-Chat-System des Auftragnehmers sowie etwaige vom Auftragnehmer zur Verfügung gestellte grafische bzw. textliche Gestaltungen sowie dessen Firmenlogo für die Zwecke des Vertrags sowie für Werbezwecke zu verwenden.

3. Das Nutzungsrecht umfasst das Recht zur kommerziellen und nichtkommerziellen Nutzung einschließlich aller gegenwärtig unbekannten, aber zukünftig bekannten Formen der Nutzung. Der Auftraggeber soll in die Lage versetzt werden, das Live-Chat-System des Auftragnehmers sowie etwaige von ihm zur Durchführung des Live-Chats zur Verfügung gestellte grafische oder textliche Gestaltungen für die Zwecke dieses Vertrags zu nutzen. Soweit für die Zwecke des Vertrags erforderlich, insbesondere für die technische Integration ebenso wie den Betrieb des Live-Chats auf der Website des Auftraggebers, ist der Auftraggeber berechtigt, Dritten Unterlizenzen zu erteilen. Insbesondere umfasst von dem in § 3 (1) dieses Vertrages eingeräumten Recht ist das Recht zur Vervielfältigung, Verbreitung und Ausstellung, das Recht zur öffentlichen Wiedergabe, einschließlich des Vortrags-, Aufführungs- und Vorführungsrechts, des Rechts zur öffentlichen Zugänglichmachung, des Senderechts, des Rechts zur Wiedergabe durch Bild- oder Tonträger sowie das Recht zur öffentlichen Zugänglichmachung (insbesondere über das Internet) und Wiedergabe sowie alle Rechte des Datenbankherstellers gemäß § 87b UrhG, einschließlich des Rechts zur Vervielfältigung, Verbreitung oder öffentlichen Wiedergabe und insbesondere des Rechts zur Aufnahme in Datenbankwerke. Soweit für die Zwecke des Vertrags, insbesondere zur technischen Einbindung und Darstellung auf der Website des Auftraggebers sowie für eine Darstellung in Suchmaschinen und Social Media erforderlich, ist von der Rechteinräumung außerdem

clusive, non-transferable right to use the Contractor's live-chat system and any graphic or textual designs provided by the Contractor as well as the Contractor's company logo for the purposes of this Agreement as well as for advertising purposes.

3. The right of use includes the right to any commercial and non-commercial use including all currently unknown but future known forms of use. The Customer shall be enabled to use the Contractor's live-chat system as well as any graphic or textual designs provided by the Customer for conducting the live-chat for the purposes of this Agreement. As far as necessary for the purposes of the Agreement, in particular for the technical integration as well as the operation of the live-chat on the Customer's website, the Customer is entitled to grant sublicenses to third parties. In particular, the right granted in clause 3 (1) of this Agreement includes the right of reproduction, distribution and exhibition, the right of communication to the public, including the right of lecture, performance and presentation, the right to provide access to the public, the right of broadcasting, the right of reproduction by image and sound carriers as well as the right to make publicly accessible (in particular via the Internet) and reproduce publicly as well as all rights of the database producer according to Section 87b UrhG (German Copyright Act), including the right of reproduction, distribution or public communication and in particular the right of inclusion in database works. Insofar as necessary for the purposes of this Agreement and in particular for technical integration and presentation on the Customer's website and for presentation in search engines and social media, the right to edit and rework as well as the right to public reproduction by wire or wireless means is also covered by the granting of rights. The granting of rights in par-

das Recht zur Bearbeitung und Umarbeitung sowie zur drahtgebundenen oder drahtlosen öffentlichen Wiedergabe erfasst. Von der Rechteeinräumung umfasst ist dabei insbesondere das unbegrenzte Recht, die zum Betrieb des Live-Chat vom Auftragnehmer entworfenen Grafiken und Texte,

a) zu vervielfältigen und zu verbreiten und zu senden;
b) auf der Website des Auftraggebers oder in Suchmaschinen sowie Social Media öffentlich zugänglich zu machen;
c) für Werbemaßnahmen jeglicher Art zu nutzen;
d) auf allen bekannten oder gegenwärtig unbekannten aber zukünftig bekannten Speichermedien (beispielsweise DVDs, Blue-Rays, andere HD-Speichermedien, Flash-Memory-Cards, Sticks oder andere Chips) zu kopieren und zu verbreiten.

ticular includes the unlimited right to use the graphics and texts designed by the Contractor for the operation of the live-chat,

a) to reproduce and distribute and broadcast;
b) to make it publicly available on the website of the Customer or in search engines and social media;
c) to use for advertising measures of any kind;
d) to copy and distribute on all known or currently unknown but future known storage media (for example DVDs, Blue-Rays, other HD storage media, flash memory cards, sticks or other chips).

§ 4 Vergütung; Zahlungsbedingungen[6]

1. Der Auftragnehmer erhält für die erfolgreiche Konfiguration und Integration der zum Betrieb des Live-Chat-Systems erforderlichen Technologie einmalig eine pauschale Vergütung von . . . . . EUR (in Worten: . . . . . Euro) zzgl. gesetzlich geschuldeter Umsatzsteuer.
2. Für den Betrieb des Live-Chat-Systems erhält der Auftragnehmer abhängig von der Anzahl der im Live-Chat in dem jeweiligen Monat tätigen Operatoren monatlich eine pauschale Vergütung wie folgt:

– Monat mit bis zu 10 Operatoren: . . . . . EUR (in Worten: . . . . . Euro) zzgl. gesetzlich geschuldeter Umsatzsteuer
– Monat mit bis zu 15 Operatoren: . . . . . EUR (in Worten: . . . . . Euro) zzgl. gesetzlich geschuldeter Umsatzsteuer

§ 4 Remuneration, Terms of Payment[6]

1. The Contractor shall receive a one-off lump-sum payment of . . . . . EUR (in words: . . . . . Euro) plus statutory VAT for the successful configuation and integration of the technology necessary for the live chat system.
2. For the operation of the live-chat system, the Contractor shall receive a monthly flat-rate remuneration as follows, depending on the number of operators active in the live-chat in the respective month:

– month with up to 10 operators: . . . . . EUR (in words: . . . . . Euro) plus legally owed value added tax
– month with up to 15 operators: . . . . . EUR (in words: . . . . . Euro) plus legally owed sales tax

– Monat mit bis zu 20 Operatoren: . . . . . EUR (in Worten: . . . . . Euro) zzgl. gesetzlich geschuldeter Umsatzsteuer

3. Die Vergütung ist binnen . . . . . Tagen ab Rechnungszugang zur Zahlung fällig.

4. Mit der Vergütung werden sämtliche Leistungen des Auftragnehmers nach diesem Vertrag abgegolten, insbesondere sind die Parteien sich darüber einig, dass in der vorstehend vereinbarten Vergütung zugleich eine angemessene Vergütung für die Einräumung der Nutzungsrechte gemäß § 3 dieser Vereinbarung enthalten ist. Ein gesonderter Anspruch auf Vergütung ist daher, soweit dem keine zwingenden gesetzlichen Vorschriften entgegenstehen, ausgeschlossen.

§ 5 Pflichten des Auftraggebers

1. Der Auftraggeber wird den Auftragnehmer unverzüglich informieren, wenn es bei der Nutzung des Live-Chat-Systems zu Störungen kommt.

2. Der Auftraggeber wird die ihm zur Verfügung gestellten Zugangsdaten gegenüber unbefugten Dritten geheim halten und den Auftragnehmer unverzüglich informieren, wenn ihm bekannt wird, dass unbefugte Dritte Kenntnis von den Zugangsdaten erlangt haben.

§ 6 Verantwortlichkeiten des Auftragnehmers, Gewährleistung[7, 8, 9]

1. Der Auftragnehmer informiert den Auftraggeber vorab über die technischen Voraussetzungen und alle weiteren Maßnahmen, die zur Implementierung und Nutzung seiner Technologie und des Live-Chat-Systems erforderlich sind. Er stellt sicher, dass der Live-Chat zwischen Auftraggeber und seinen Kunden unbeeinflusst und frei von technischen Störungen verläuft.

– month with up to 20 operators: . . . . . EUR (in words: . . . . . Euro) plus legally owed sales tax

3. The remuneration is due within . . . . . days after receipt of the invoice.

4. The remuneration shall cover any and all of the Contractor's services under this Agreement; in particular, the parties agree that the remuneration agreed above also includes appropriate remuneration for the granting of the rights of use in accordance with clause 3 of this Agreement. A separate claim for remuneration is therefore excluded, unless otherwise provided by mandatory law.

§ 5 Responsibilites of the Customer

1. The Customer will inform the Contractor immediately if there are any disturbances in the use of the live-chat system.

2. The Customer shall keep the access data made available to him secret from unauthorized third parties and shall inform the Contractor immediately if he becomes aware that unauthorized third parties have gained knowledge of the access data.

§ 6 Responsibilities of the Contractor, Warranty[7, 8, 9]

1. The Contractor shall inform the Customer in advance about the technical requirements and all other measures required for the implementation and use of his technology and the live-chat system. He ensures that the live-chat between the Customer and his clients is uninfluenced and free of technical disturbances.

2. Der Auftragnehmer verarbeitet personenbezogene Daten ausschließlich nach den Bestimmungen des anwendbaren deutschen bzw. europäischen Datenschutzrechts. Der Auftragnehmer stellt sicher, dass personenbezogene Daten von ihm bzw. von etwaigen von ihm beauftragten Subunternehmern ausschließlich über Server in Deutschland oder einem Mitgliedstaat der EU bzw. einem anderen Staat des EWR erhoben, verarbeitet und genutzt werden. Die Einzelheiten richten sich nach der als *Anlage* beigefügten Vereinbarung über eine Auftragsverarbeitung. Der Auftragnehmer sichert zu, nicht aufgrund gesetzlicher Bestimmungen oder sonstiger Regelungen, zu einer Herausgabe von Daten an Behörden oder sonstige Dritte verpflichtet zu sein bzw. werden zu können, die geringeren Voraussetzungen oder für die Nutzer weitergehenden Rechtsfolgen unterliegt, als dies das anwendbare deutsche oder EU- bzw. EWR-Datenschutzrecht vorsieht. Der Auftragnehmer ist nach vorheriger schriftlicher Zustimmung durch den Auftraggeber zur Erfüllung seiner vertraglichen Aufgaben berechtigt, einzelne Subunternehmer heranzuziehen. In diesem Fall stellt der Auftragnehmer sicher, dass seinen Subunternehmern die Pflichten gemäß dieser Vereinbarung sowie der Vereinbarung über die Auftragsverarbeitung entsprechend aufgegeben und von ihnen eingehalten werden.

3. Der Auftragnehmer stellt sicher, dass durch das Live-Chat-System keine Rechte Dritter verletzt werden und nicht gegen gesetzliche Bestimmungen verstoßen wird. Insbesondere stellt er sicher, dass er berechtigt ist, die Nutzungsrechte gemäß dieser Vereinbarung einzuräumen und dass die vertragsgemäße Verwendung des Live-Chat-Systems rechtmäßig ist und hierdurch keine Rechte Dritter (zB Urheberrechte) verletzt werden.

4. Der Auftragnehmer ergreift alle erforderlichen und zumutbaren Maßnah-

2. The Contractor processes personal data exclusively in accordance with the provisions of the applicable German or European data protection law. The Contractor shall ensure that personal data are collected, processed and used by it or any subcontractors commissioned by it exclusively via servers in Germany, or a member state of the EU or another state of the EEA. The details are governed by the *annexed* order processing agreement. The Contractor assures that it is not or cannot be obliged by legal provisions or other regulations to release data to authorities or other third parties, which are subject to less stringent requirements or more far-reaching legal consequences for the users than provided for by the applicable German or EU or EEA data protection law. The Contractor is entitled to use individual subcontractors for the fulfilment of its contractual tasks after prior written consent by the Customer. In this case, the Contractor shall ensure that its subcontractors shall be subject to and shall comply with the obligations under this Agreement.

3. The Contractor ensures that by the live-chat system no rights of third parties and no legal regulations are violated. In particular, he ensures that he is entitled to grant the rights of use in accordance with this Agreement and that the contractual use of the live-chat system is lawful and does not violate the rights of third parties (e.g. copyrights).

4. The Contractor shall take all necessary and reasonable measures so that third

men, damit Dritte weder das Browserfenster der Kunden des Auftraggebers einsehen noch Zugriff auf die Chat-Inhalte oder den Datenfluss zwischen Auftraggeber und seinen Kunden haben können. Zudem ergreift der Auftragnehmer alle erforderlichen und zumutbaren Maßnahmen, dass ein etwaiges Co-Browsing ausschließlich eine auf die Chat-Dauer begrenzte Einsichtnahme des Operators in das Browserfenster des Kunden ermöglicht und darüber hinaus keinen Zugriff auf dessen Geräte oder Software erlaubt.

5. Sollten Dritte wegen der Verwendung der Live-Chat-Technologie Ansprüche gegen den Auftraggeber wegen einer Verletzung ihrer Rechte geltend machen, die der Auftragnehmer zu vertreten hat, wird er den Auftraggeber hiervon freistellen. Die Freistellung umfasst auch die Kosten der Rechtsverteidigung. Im Übrigen bleiben die gesetzlichen Rechte des Auftraggebers unberührt.

§ 7 Geheimhaltung, Geschäftsgeheimnisse

1. Der Auftragnehmer wird über sämtliche Geschäftsgeheimnisse sowie alle sonstigen als vertraulich bezeichneten oder anderweitig erkennbar vertraulichen Informationen im Zusammenhang mit dem Betrieb und/oder den Produkten des Auftraggebers während der Vertragslaufzeit und für die Dauer von mindestens drei (3) Jahren nach Beendigung dieses Vertrages Stillschweigen bewahren. Eine Weitergabe dieser Informationen an Dritte oder eine Nutzung zu einem anderen Zweck als für die Zwecke dieses Vertrags ist dem Auftragnehmer nur nach vorheriger schriftlicher Zustimmung des Auftraggebers sowie nach vorheriger schriftlicher Verpflichtung des Dritten zur Vertraulichkeit entsprechend den Bestimmungen dieser Vereinbarung gestattet. Bei Zweifeln über die Vertraulichkeit einer Information wird der

parties can neither see the browser window of the Customer's clients nor have access to the chat contents or the data flow between the Customer and his clients. In addition, the Contractor shall take all necessary and reasonable measures to ensure that any co-browsing only allows the Operator to view the browser window of the Customer's clients for the duration of the chat and does not allow access to their devices or software.

5. Should third parties assert claims against the Customer due to the use of the live-chat technology based on an infringement of their rights, for which the Contractor is responsible, the Contractor shall indemnify the Customer against such claims. The indemnification includes the costs of legal defense. Otherwise, the statutory rights of the Customer remain unaffected.

§ 7 Secrecy, Trade Secrets

1. The Contractor undertakes to keep secret all trade secrets and all other information designated as confidential by the Customer or otherwise recognisably confidential and relating to the Customer's business and/or products during the term of this Agreement and for a period of at least three (3) years after termination of this Agreement. The Contractor shall not disclose such information to third parties or use it for any purpose other than the purposes for this Agreement without the prior written consent of the Customer and without a prior written commitment to confidentiality of the third party in accordance with the terms of this agreement. In case of doubt about the confidentiality of an information, the Contractor will ask the Customer for his binding assessment before any disclosure to third parties.

Auftragnehmer vor jeder Weitergabe an Dritte den Auftraggeber nach dessen verbindlicher Einschätzung fragen.

2. Die vorgenannten Pflichten gelten nicht für vertrauliche Informationen, (i) die allgemein bekannt sind oder werden, ohne dass der Auftragnehmer dabei gegen Pflichten verstoßen hat; (ii) die dem Auftragnehmer von Dritten, die zur Offenlegung befugt sind, bekannt gegeben wurden; (iii) die dem Auftragnehmer schon vor Offenbarung durch den Auftraggeber bekannt waren oder (iv) die der Auftragnehmer aufgrund einer Verpflichtung durch Gesetz oder Verordnung offenlegen muss, vorausgesetzt der Auftragnehmer informiert den Auftraggeber über eine solche Verpflichtung unverzüglich und so rechtzeitig vor der Offenlegung, dass der Auftraggeber das Bestehen einer solchen Verpflichtung überprüfen und die ggf. notwendigen Maßnahmen zur Wahrung seiner Vertraulichkeitsinteressen ergreifen kann.

§ 8 Laufzeit, Beendigung[10]

1. Der Vertrag tritt mit Unterzeichnung durch beide Parteien in Kraft und hat eine Laufzeit von . . . . Monaten. Er verlängert sich jeweils automatisch um weitere . . . . . Monate, wenn er nicht mit einer Frist von drei (3) Monaten zum jeweiligen Vertragsende schriftlich gekündigt wird.
2. Die Parteien können den Vertrag jederzeit aus wichtigem Grund kündigen. Als wichtiger Grund gilt insbesondere die Unterschreitung der Systemverfügbarkeit um . . . . % in . . . aufeinander folgenden Monaten.
3. Die Kündigung bedarf der Schriftform.
4. Bei Beendigung dieses Vertrages sowie jederzeit auf Aufforderung des Auftraggebers wird der Auftragnehmer dem Auftraggeber alle im Zusammenhang mit den Live-Chats gespeicherten Daten, insbesondere etwa gespeicherte Chat-

2. The aforementioned obligations shall not apply to confidential information (i) which is or becomes generally known without the Contractor having breached any of his obligations; (ii) which was disclosed to Contractor by third parties authorized to disclose; (iii) which was already known to Contractor prior to disclosure by the Customer or (iv) which the Contractor is required to disclose by law or regulation by virtue of an, provided that Contractor notifies Customer of any such obligation without undue delay and in sufficient time prior to disclosure to allow the Customer to verify the existence of such an obligation and to take any measures necessary to protect its confidentiality interests.

§ 8 Term, Termination[10]

1. The Agreement shall enter into force upon signature by both parties and shall have a duration of . . . . months. It shall be automatically extended by further . . . . . months if it is not terminated in writing with a notice period of three (3) months to the respective end of the agreement.
2. The parties may terminate the Agreement at any time for good cause. Good cause shall be deemed to include, in particular, a shortfall in system availability of . . . . % in . . . . consecutive months.
3. The termination must be in writing.
4. Upon termination of this Agreement and at any time at the request of the Customer, the Contractor shall completely and immediately make available to the Customer all data stored in connection with the live-chats, in particu-

Protokolle, vollständig und unverzüglich über eine Datenschnittstelle zur Verfügung stellen und diese nach ausdrücklicher Freigabe der Löschung durch den Auftragnehmer vollständig löschen.

§ 9 Schlussbestimmungen[11]

1. Der Vertrag unterliegt deutschem Recht unter Ausschluss des Übereinkommens der Vereinten Nationen über den internationalen Warenverkauf (UN-Kaufrecht/CISG).
2. Der Geschäftssitz des Auftraggebers ist ausschließlicher Gerichtsstand. Der Auftraggeber bleibt zur gerichtlichen Rechtsverfolgung am allgemeinen Gerichtsstand des Auftragnehmers berechtigt.
3. Sollten einzelne Bestimmungen dieser Vereinbarung ganz oder teilweise unwirksam oder undurchführbar sein oder werden, so wird die Wirksamkeit der übrigen Bestimmungen dadurch nicht berührt. Die Parteien verpflichten sich für diesen Fall, die unwirksame oder undurchführbare Bestimmung durch eine wirksame oder durchführbare Regelung zu ersetzen, die dem Sinn und Zweck des wirtschaftlich Gewollten gleich oder möglichst nah kommt. Gleiches gilt für etwaige Regelungslücken dieser Vereinbarung.
4. Nebenabreden zu diesem Vertrag sind nicht getroffen. Änderungen oder Ergänzungen dieses Vertrages, einschließlich dieser Schriftformklausel, bedürfen zu ihrer Wirksamkeit der Schriftform.
5. Erfüllungsort ist der Sitz des Auftraggebers.

Ort, Datum Auftraggeber

Ort, Datum Auftragnehmer

lar any stored chat protocols, via a data interface and delete them completely after the Contractor has expressly released the deletion.

§ 9 Final Provisions[11]

1. The Agreement shall be governed by German law, excluding the United Nations Convention on Contracts for the International Sale of Goods (UN Sales Law/CISG).
2. The Customer's place of business is the exclusive place of jurisdiction. The Customer remains entitled to take legal action at the Contractor's general place of jurisdiction.
3. Should individual provisions of this Agreement be or become invalid or unenforceable in whole or in part, this shall not affect the validity of the remaining provisions. In such a case, the parties undertake to replace the invalid or unenforceable provision by a valid or enforceable provision which comes as close as possible to the meaning and purpose of the economic intent. The same applies to any legal loopholes in this agreement.
4. No supplementary agreements to this Agreement have been made. Amendments or supplements to this agreement, including this written form clause, must be made in writing to be effective.
5. Place of performance is the registered office of the Customer.

place, date Customer

place, date Contractor

Anmerkungen

1. Marktumfeld. Ein gut funktionierender Kundendialog ist gerade im E-Commerce unverzichtbar. Er führt zu Kaufabschlüssen, festigt die Kundenbeziehungen und hilft die Anzahl der Retouren zu verringern, weil die Kunden schon während des Bestellvorgangs zusätzliche Produktinformationen erhalten können. Außerdem lässt er Rückschlüsse auf fehlende Informationen oder Mängel im Aufbau der Website zu (Kollewe/Keukert E-Commerce-HdB, 1. Aufl. 2014, S. 183). Dementsprechend werden für die Echtzeit-Internet-Kommunikation im Kundendialog große Zuwachsraten erwartet (Keimer/Egle/Hafner BC 2015, 358 (359)). Die Kommunikation beim Onsite-Chat ist, anders als in offenen Chat-Foren nicht öffentlich oder für jedermann einsehbar, sondern findet im Zwei-Personen-Verhältnis zwischen Shop-Betreiber und Kunden statt (Kollewe/Keukert E-Commerce-HdB, 1. Aufl. 2014, S. 418). Der Live-Chat wird durch Operatoren des Shop-Betreibers bedient. Diese müssten daher während der wichtigsten Einkaufszeiten und jedenfalls während der auf der Website angekündigten Verfügbarkeitszeiten erreichbar sein. Der Chat kann je nach Systemeinstellung sowohl von den Kunden, die eine Frage stellen möchten, als auch pro-aktiv von dem Shop-Betreiber eröffnet werden. Wenn der Kunde das Chat-Symbol anklickt und eine Frage eingibt, wird sie auf dem Monitor des Shop-Betreibers angezeigt und er kann sie beantworten. Bei unternehmensseitig initiiertem Chat öffnet sich das Fenster auf dem Monitor des Kunden und der Operator fragt den Kunden, ob er helfen kann. Das Vertragsmuster berücksichtigt besonders die Interessen der Shop-Betreiber und dient daher als Gegenpol zu den überwiegend einseitig verfassten AGB der Anbieter.

In technischer Hinsicht wird der Kundendialog per Chat über die Einbindung des Chat-Moduls in die Produktdetail- bzw. Warenkorbseite ermöglicht. Der Onsite-Chat-Anbieter stellt für Shop-Systeme einen JavaScript-Code oder ggf. für zusätzliche Funktionalitäten, wie Co-Browsing-Optionen bzw. die Anbindung an das CRM-System des Auftraggebers, Plug-ins zur Verfügung, was dem Auftraggeber eine einfache Integration in den Online-Shop erlaubt. Die Informationen aus dem Chat-Dialog werden im Regelfall gespeichert und ggf. auch zu Auswertungszwecken innerhalb eines CRM-Systems des Auftraggebers zugeordnet, so dass bei Verträgen über den Onsite-Chat datenschutzrechtliche Fragen relevant sind. Anbieterseitige Angaben, wonach es schon über die Datenschutz-Einstellungen verhindert werden könne, dass personenbezogenen Daten erhoben werden, sollten daher stets hinterfragt werden. Das Vertragsmuster geht von einem Chat auf der Website des Shop-Betreibers aus. Einige Anbieter bieten über eine Integration der Messenger-Systeme der Sozialen Medien (WhatsApp, Facebook Messenger etc) auch Chat-Möglichkeiten auf mobilen Seiten an, wenngleich die Funktion nach den AGB vom geschuldeten Leistungsumfang wieder ausgenommen sein kann. Für eine Inanspruchnahme der Chat-Funktion auf mobilen Seiten wäre das Vertragsmuster entsprechend anzupassen (zum Datenschutzrecht → Anm. 8).

2. Vertragsgegenstand. Gegenstand des Vertrags ist die Nutzung des Onsite-Chat-Systems des Auftragnehmers durch den Auftraggeber. Dieser nutzt die Technologie des Auftragnehmers, die in seine Website eingebunden wird, um über ein grafisches Fensterelement („Widget") Kontakt mit den Kunden aufzunehmen. Dies kann auf Anfrage des Kunden geschehen, der einen Button anklickt, mit dem er den Live-Chat startet. Je nach Systemeinstellungen kann der Chat auch durch den Operator initiiert werden, indem er sich aktiv an den Kunden wendet. Die Bereitstellung des Chat-Systems gegen Entgelt zählt zu den Hauptpflichten des Auftragnehmers. Dabei ist die Systemverfügbarkeit sowie die systemseitigen Reaktionszeiten für den Auftraggeber entscheidend. Dies gilt erst recht, wenn, wie in diesem Vertragsmuster, eine Zeitvergütung vorgesehen ist. Allerdings ist die

Bedeutung der Verfügbarkeit beim Angebot eines Live-Chat nicht von derart zentraler Bedeutung, wie zB bei der Bereitstellung des Web-Shops selbst, weil der Kunde die Website auch ohne Live-Chat nutzen kann. End-to-End-Verfügbarkeiten liegen üblicherweise in einem Bereich zwischen 97,5 % und 99 % pro Kalendermonat, Hochverfügbarkeitslösungen bieten teilweise auch Verfügbarkeitszusagen von bis zu 99,90 %, wobei Wartungsfenster bei Berechnung der Verfügbarkeit, wie hier auch, häufig abgezogen werden. Sofern zum Leistungsinhalt auch Co-Browsing zählt, kann der Operator das aktuelle Browserfenster des Kunden einsehen, jedoch sollte ein Zugriff auf den PC oder den Datenfluss zwischen Unternehmen und Kunden ausgeschlossen sein. Das Vertragsmuster sieht vor, dass der Auftragnehmer dafür Sorge tragen muss, dass die Einsichtnahme mit Beendigung des Chats endet, über das Co-Browsing hinaus kein Zugriff auf Hard- oder Software des Kunden erfolgt und Dritten der Zugriff auf den Datenfluss verwehrt ist.

3. Vertragstyp. Leistungsinhalt ist das Zur-Verfügung-Stellen der Software für Einbindung und Betrieb der Chatfunktion auf der Website des Auftraggebers sowie die Zugriffsmöglichkeit auf die im Chat generierten und vom Auftragnehmer gespeicherten Daten zum Zwecke der Auswertung durch den Auftraggeber. Weitere Leistungen, zB die Pflege von Kundenbeziehungen über soziale Netzwerke wie Facebook, sind nicht umfasst. Der Vertrag über den Onsite-Live-Chat zählt zu den IT-Verträgen. Der Anbieter erbringt die IT-Leistungen als Application Service Providing (ASP) bzw. Software as a Service (SaaS). Hierbei handelt es sich um atypische, nicht im Gesetz geregelte Verträge (→ Form. E.4 Anm. 2 und → Form. C.9 Anm. 2), so dass die vertraglichen Leistungen möglichst detailliert geregelt werden sollten. Das Vertragsmuster verweist daher auf ein Leistungsverzeichnis als Vertragsanlage.

Der Vertrag enthält aufgrund der Einräumung von Nutzungsrechten an der Software lizenzvertragliche Elemente. Gleiches wäre denkbar, wenn im Einzelfall mit Blick auf ein vom Auftraggeber entwickeltes grafisches Design des Chat-Fensters oder für etwaige Textvorschläge zur Verwendung durch die Operatoren Urheberrechtsschutz in Frage käme. Dann müsste hierfür aber mindestens die Gestaltungshöhe der „kleinen Münze" (vgl. hierzu Dreier/Schulze/Schulze UrhG § 2 Rn. 4) erreicht sein. Nach der hM sind IT-Verträge in der Ausgestaltung als ASP- bzw. SaaS-Verträge ihrem Schwerpunkt nach **grundsätzlich** dem **Mietvertragsrecht** unterworfen (→ Form. E.4 Anm. 2 und → Form. C.9 Anm. 2).

Soweit Nachrichten in Chats zum Abschluss von Fernabsatzverträgen ohne gleichzeitige körperliche Anwesenheit der Vertragsparteien eingesetzt werden, kommen die Vorschriften über **Fernabsatzverträge** zur Anwendung (Spindler/Schuster/Schirmbacher BGB § 312c Rn. 6). Bezogen auf das Vertragsmuster ist Ziel des Chats der Abschluss eines Fernabsatzvertrags. Dieser wird allerdings nicht unmittelbar zwischen Operator und Kunde geschlossen, in deren Verhältnis ein Zugang von Erklärungen „unter Anwesenden" angenommen werden kann (Spindler/Schuster/Spindler BGB § 130 Rn. 3, § 147 Rn. 2), sondern typischerweise über die Bestellfunktion der Website. Folglich handelt es sich trotz Einbindung des Chats in die Website regelmäßig um einen Vertragsschluss unter Abwesenden (Spindler/Schuster/Schirmbacher BGB § 312c Rn. 5 f.). Gleichzeitig finden die allgemeinen Pflichten im elektronischen Geschäftsverkehr gemäß § 312i BGB ohne die Einschränkungen des § 312i Abs. 2 BGB Anwendung, weil diese Einschränkungen nur für „ausschließlich durch individuelle Kommunikation geschlossene Verträge im elektronischen Geschäftsverkehr" gelten (vgl. Spindler/Schuster/Schirmbacher BGB § 312i Rn. 20 ff.). Aussagen von Operatoren im Live-Chat können allerdings zu Auslegungszwecken herangezogen werden (AG Bremen BeckRS 2017, 102949). Zu beachten ist schließlich, dass der Live-Chat nicht die einzige angebotene Kontaktmöglichkeit sein darf (§ 5 Abs. 1 Nr. 2 TMG, § 312i Abs. 3 BGB iVm § 312d BGB, Art. 246a § 1 Abs. 1

S. 1 Nr. 2 u. § 4 Abs. 1 EGBGB, vgl. zu § 312a Abs. 5 BGB auch LG Hamburg GRUR-RS 2021, 19230).

4. Chat-Regeln, Virtuelles Hausrecht. Aufgrund der vermittelten Anonymität kann es gerade im E-Commerce vorkommen, dass Angebote zum Kundendialog dazu missbraucht werden, rechtsverletzende oder anstößige Inhalte zu kommunizieren. Dem Shop-Betreiber stehen in einem solchen Fall gegenüber den Operatoren die üblichen arbeitsrechtlichen Mittel zur Verfügung. Ähnlich wie bei der telefonischen Kundenhotline, ist es empfehlenswert, die Operatoren zu schulen und sie auf die für den Kundendialog geltenden Richtlinien zu verpflichten.

Gegenüber den Kunden kann sich der Shop-Betreiber bei rechtswidriger Nutzung des Chat-Angebots im Grundsatz auf sein virtuelles Hausrecht berufen (OLG München NJW 2018, 3115; OLG Köln MMR 2001, 52; LG München I ZUM-RD 2007, 261 (266 f.); Hoeren/Sieber/Holznagel MMR-HdB/Roos Teil 12 Rn. 149; Auer-Reinsdorff/Conrad IT- und DatenschutzR-HdB/Kremer § 28 Rn. 104; Härting InternetR Rn. 1450; Schwenke K&R 2012, 305 ff.; Maume MMR 2007, 620 ff.; vgl. auch BSG MMR 2013, 675 f.) und den Chat beenden. Allerdings kann der Shop-Betreiber, wenn das Angebot prinzipiell allen Besuchern der Website offensteht, Benutzer nicht nach Belieben von dem Chat ausschließen. Zur Ausübung des virtuellen Hausrechts ist der Hausrechtsinhaber vielmehr gehalten darzulegen, dass eine rechtswidrige Nutzung des Chat-Systems erfolgt ist (LG Bonn MMR 2000, 109). Der Shop-Betreiber sollte daher gegenüber den Kunden, auch zum Schutz seiner Operatoren, verbindliche und konkrete Regeln für die Chat-Nutzung aufstellen, zB, dass der Chat allein produkt- und unternehmensbezogenen Fragen dient, und dass Belästigungen, Beleidigungen, Herabsetzungen, widerrechtliche Drohungen, Schmähkritik, unwahre Tatsachenbehauptungen oder eine sonstige Verletzung der Rechte Dritter, ebenso wie der Austausch strafbarer, oder sonst rechtswidriger, diskriminierender, rassistischer, gewaltverherrlichender oder jugendgefährdender Inhalte verboten ist. Diese Regeln kann der Shop-Betreiber in die AGB aufnehmen und den Chat bei entsprechend AGB-widriger Nutzung beenden. In die Beurteilung der Wirksamkeit der AGB ist insoweit einzubeziehen, dass ein Onsite-Live-Chat lediglich einen „virtuellen Verkaufsassistenten" bereitstellen soll und der Austausch hier in erster Linie dem Austausch sachbezogener Informationen dient. Auch Meinungsäußerungen unterhalb der Schwelle zur Schmähkritik können in den Nutzungsbedingungen wirksam untersagt werden (vgl. OLG Dresden MMR 2018, 756), soweit dies nicht zu einer Verletzung des Grundrechts der Meinungsfreiheit führt (OLG München MMR 2018, 753, strenger bei Social-Media-Plattformen, die allerdings gerade dem allgemeinen Informations- und Meinungsaustausch dienen: OLG München GRUR-RR 2020, 174).

Um auch solche Website-Besucher zu erfassen, die den Regelungen zur Chat-Nutzung in den AGB nicht schon früher (zB anlässlich einer Kundenregistrierung) zugestimmt haben, müsste vor Beginn der Chat-Session ein Hinweis auf die Geltung der in den AGB enthaltenen verbindlichen Richtlinien für die Chat-Nutzung sichtbar werden, in dem ein Link zu den Chat-Richtlinien enthalten ist. Ein solcher Hinweis auf die AGB, sofern dieser vor Chat-Beginn unmittelbar erkennbar und nicht etwa versteckt an anderer Stelle platziert ist, dürfte an dieser Stelle ausreichend sein; eines Opt-in über eine Click-Box bedarf es dann nicht zwingend. Gem. § 305 Abs. 2 Nr. 1 BGB ist ein allgemeiner Hinweis auf die einzubeziehenden AGB erforderlich; dabei reicht es aus, dass der Hinweis an einer auffälligen Stelle für einen Kunden mit durchschnittlicher Aufmerksamkeit jederzeit erkennbar und nicht zu übersehen ist. Gem. § 305 Abs. 2 Nr. 2 BGB muss außerdem gewährleistet werden, dass der Kunde von den AGB in zumutbarer Weise Kenntnis nehmen kann (vgl. hierzu näher MüKoBGB/Fornasier § 305 Rn. 78). Gemäß § 312i Abs. 1 Nr. 4 BGB ist der Unternehmer zudem verpflichtet, dem Kunden die Möglichkeit zu verschaffen, die AGB bei Vertragsabschluss, zB durch Verlinkung, abzurufen und in wiedergabefähiger Form zu speichern (MüKoBGB/Fornasier § 305 Rn. 78). Schließlich ist gem. § 305 Abs. 2 Hs. 2 BGB auch das Einverständnis des Kunden erforderlich. Dies ist jedoch weder schriftlich noch ausdrücklich zu erklären, sondern kann auch konkludent erfolgen. Das Verhalten des Kunden muss dann den Umständen nach als Einverständnis angesehen werden können (MüKoBGB/Fornasier § 305 Rn. 97). Dies kann im Beginn des Chats gesehen werden, sodass auch hierfür ein Opt-in über eine Click-Box nicht zwingend erforderlich ist.

Neben den vertraglichen Ansprüchen sind bei einem kundenseitigen Missbrauch des Onsite-Chats außerdem gesetzliche Unterlassungsansprüche des Shop-Betreibers ua aus dem Recht am eingerichteten und ausgeübten Gewerbebetrieb sowie dem allgemeinen (Unternehmens-) Persönlichkeitsrecht denkbar.

5. Nutzungsrechte. Dem Auftraggeber werden die zum Betrieb erforderlichen einfachen Nutzungsrechte an der Software und vorsorglich an etwaigen grafischen oder textlichen Entwürfen zur Verwendung im Live-Chat eingeräumt. Außerdem stellt das Vertragsmuster klar, dass die Rechte an den erhobenen Daten im Verhältnis der Vertragsparteien ausschließlich dem Auftraggeber zustehen. Zu weiteren Einzelheiten der erforderlichen Nutzungsrechteeinräumung → Form. K.5 Anm. 7.

6. Vergütung, Steuerfragen. In dem Vertragsmuster ist als Vergütung eine monatliche – von der Anzahl der Operatoren abhängige – Pauschale vorgesehen. Soweit Anbieter ihr Vergütungssystem hiervon abweichend an die Anzahl der angeklickten oder tatsächlich durchgeführten Live-Chats koppeln, ist es für den Auftraggeber wesentlich, einen Cap für die Vergütung zu verhandeln, weil er die Kosten anderenfalls nicht im Voraus kalkulieren kann.

Die vereinbarte Vergütung sollte – unter Berücksichtigung der eingeräumten urheberrechtlichen Nutzungsrechte – angemessen sein. Denn anderenfalls kann der Urheber von seinem Vertragspartner die Einwilligung in die Änderung des Vertrages verlangen, durch die dem Urheber die angemessene Vergütung gewährt wird, §§ 69a Abs. 4, 32 Abs. 1 S. 2 UrhG. Zu denken ist schließlich im Falle der Beauftragung eines Anbieters mit Sitz im Ausland wegen der Lizenzeinräumung zugunsten eines inländischen Auftraggebers auch an eine etwaige Quellensteuerpflicht. Bei Beauftragung eines ausländischen Anbieters sollte daher vorab wegen der Lizenzeinräumung auch eine mögliche Pflicht zur Abführung der Quellensteuer durch den inländischen Auftraggeber geklärt werden.

7. Wettbewerbsrecht. Bei der Ausgestaltung des Live-Chat muss der Shop-Betreiber die Vorgaben des UWG beachten, insbesondere darf es sich bei einer Kontaktaufnahme über den Live-Chat nicht um eine unzumutbare Belästigung handeln, § 7 UWG. Problemlos ausschließen lässt sich eine Belästigung bei der Kontaktaufnahme immer dann, wenn der Kunde den als Chat-Angebot erkennbaren Button selbst anklickt und den Chat so startet. Ob demgegenüber die Kunden von dem Shop-Betreiber während des Besuchs der Internetseite proaktiv per Chat kontaktiert werden dürfen, ist bislang nicht verbindlich geklärt. Dies würde gemäß § 7 Abs. 2 Nr. 3 UWG voraussetzen, dass es sich bei dem Start des Chats nicht um Werbung unter Verwendung elektronischer Post ohne vorherige ausdrückliche Einwilligung des Adressaten handelte. Ob Internet-Chats unter den Begriff der elektronischen Post fallen, ist umstritten. Nach Art. 2 S. 2 lit. h der Datenschutz-Richtlinie für elektronische Kommunikation (Richtlinie 2002/58/EG – „E-Privacy-Richtlinie“) ist „elektronische Post“ jede über ein öffentliches Kommunikationsnetz verschickte Text-, Sprach-, Ton- oder Bildnachricht, die im Netz oder im Endgerät des Empfängers gespeichert werden kann, bis sie von diesem abgerufen wird (vgl. zur – identischen – Begrifflichkeit auch Erwägungsgrund 11 des Entwurfs der E-Privacy Verordnung vom 10.1.2017 (COM(2017) 10 final), welche die E-Privacy-Richtlinie ablösen soll). Ebenso gehören hierzu über Social-Media-Dienste, wie zB Xing, Facebook, LinkedIn, bzw. über (sonstige) Messenger-Dienste übermittelte Nachrichten (OLG Nürnberg GRUR-RR 2019, 170 Rn. 59; Köhler/Bornkamm/Feddersen/Köhler UWG § 7 Rn. 264) Allerdings werden die Nachrichten beim Onsite-Live-Chat nicht in einem Endgerät des Empfängers oder einem ihm zugeordneten Postfach gespeichert und dann dort abgerufen. Dies spricht dagegen, im Onsite-Chat übermittelte Nachrichten als elektronische Post anzusehen (Spindler/Schuster/Micklitz/Schirmbacher § 7 UWG Rn. 105). Auch erscheint das Ausmaß der „Störung" geringer als im Falle einer Werbung über Postfächer oder eine andere Speicherung im Endgerät, weil der Kunde die Website des Shop-Betreibers selbst aufgesucht hat und in dem Moment der Kontaktaufnahme mit den Angeboten des Shop-Betreibers bereits konkret befasst ist (vgl. zu der insoweit relevanten funktionalen Auslegung auch EuGH GRUR 2022, 87 Rn. 40 – Inbox-Werbung, sowie BGH GRUR 2022, 995 Rn. 20 ff. – Inbox-Werbung II). Die Kontaktaufnahme ähnelt daher eher derjenigen des Verkäufers im Ladengeschäft. Anders als zB bei der E-Mail-Werbung kann der Kunde der Kontaktaufnahme zudem durch Schließen des Kontaktfensters leicht entgehen. Schließlich ist auch eine Überlastung der Endgeräte (vgl. RL 2002/58/EG, Erwägungsgrund 40) nicht zu befürchten. Im Ergebnis sprechen daher die besseren Argumente gegen eine Subsumtion unter den Begriff der „elektronischen Post", die nur nach vorheriger ausdrücklicher Einwilligung (→ Form. K.4 Anm. 6) zu Werbezwecken an Kunden versandt werden dürfte. In jedem Fall sollten Shop-Betreiber, die sich für eine aktive Kundenansprache mittels Chats entscheiden, sicherstellen, dass eine Kontaktaufnahme gegenüber Verbrauchern pro Browsersitzung („Session") und Kunde jeweils nur einmal erfolgt und, wenn der Kunde das geöffnete Chat-Fenster geschlossen hat, in der laufenden Session nicht wiederaufgenommen wird. Denn anderenfalls besteht – von der Gefahr vermehrter Warenkorbabbrüche abgesehen – das rechtliche Risiko einer unzumutbaren Belästigung wegen Werbung unter Verwendung eines „sonstigen für den Fernabsatz geeigneten Mittels der kommerziellen Kommunikation, durch die ein Verbraucher hartnäckig angesprochen wird, obwohl er dies erkennbar nicht wünscht", § 7 Abs. 2 Nr. 1 UWG. Im Falle eines Verstoßes können Wettbewerber Ansprüche auf Unterlassung, Beseitigung, Auskunft und Schadenersatz geltend machen. Ansprüche auf Unterlassung und Beseitigung können außerdem von Verbraucherverbänden und den sonstigen in § 8 Abs. 3 Nr. 2–4 UWG genannten Personen geltend gemacht werden.

8. Datenschutzrecht. Nach der Rechtsprechung des Europäischen Gerichtshofs können dynamische IP-Adressen, die Anbieter von Online-Mediendiensten im Zusammenhang mit dem Zugriff auf ihre allgemein zugänglich gemachten Internetseiten speichern, personenbezogene Daten sein, wenn die Online-Mediendienste über rechtliche Mittel verfügen, die es ihnen erlauben, die Besucher ihrer Website anhand von Zusatzinformationen, über die der Internetzugangsanbieter dieser Personen verfügt, bestimmen zu lassen (EuGH NJW 2016, 3579 – Breyer/Bundesrepublik Deutschland; fortgeführt von BGH NJW 2017, 2416; Gola/Heckmann/Gola DS-GVO Art. 4 Rn. 21 ff.). Außerdem sind IP-Adressen immer dann personenbezogene Daten, wenn der Speichernde selbst über ein bei ihm selbst vorhandenes Zusatzwissen den Personenbezug herstellen kann (EuGH GRUR 2012, 265 Rn. 51 – Scarlett Extended). Hiervon unabhängig können Operator und Website-Besucher im Live-Chat aktiv personenbezogene Daten eingeben, die mit den Chatprotokollen gespeichert werden. Dies können sowohl vom Operator abgefragte Daten als auch unaufgefordert durch den Kunden eingegebene Daten, wie Vor- und Nachname, oder personifizierte E-Mail-Adressen sein. Über diese Daten können die Inhalte des Chats bestimmten Personen zugeordnet werden. Auch in diesem Fall sind die Chat-Inhalte und im Falle von Voice- oder Videochat auch Ton- und Bildaufnahmen nach den o.g. Grundsätzen als personenbezogene Daten anzusehen.

Jedenfalls, soweit die Daten – wie zB IP-Adressen – systemseitig erfasst werden oder der Operator sie beim Kunden erfragt, werden sie zielgerichtet beschafft. Außerdem werden diese Daten mit den Chat-Protokollen gespeichert, und zwar zunächst von dem Anbieter des Chat-Systems und zusätzlich von dem Shop-Betreiber, wenn er zu Auswertungszwecken (Conversion-Tracking) Zugriff auf die Daten nehmen möchte. Im letzteren Fall werden die Daten zudem genutzt oder verknüpft, also verändert. Bezogen auf die Datenübertragung an den Anbieter des Chat-Systems handelt es sich außerdem grundsätzlich um eine Datenübermittlung. All diese Vorgänge erfüllen den Begriff der **Verarbeitung** personenbezogener Daten gemäß Art. 4 Nr. 2 DS-GVO (zur Definition vgl. Gola/Heckmann/Gola DS-GVO Art. 4 Rn. 35 ff.; Auernhammer/Eßer DSGVO Art. 4 Rn. 33 ff.). Über den Abschluss einer **Vereinbarung zur Auftragsverarbeitung**, die den formellen und materiellen Anforderungen des Art. 28 DS-GVO genügt (→ Form. G.3), lässt sich – wenngleich allein bezogen auf die Datenübertragung an den Auftragnehmer als Auftragsverarbeiter – sicherstellen, dass hierin keine Datenübermittlung an einen **Dritten** zu sehen ist. Insoweit ist die Auftragsverarbeitung privilegiert (Gola/Heckmann/Klug DS-GVO Art. 28 Rn. 4 mwN zum Meinungsstand; Auernhammer/Eßer DS-GVO Art. 4 Rn. 88). Die datenschutzrechtlichen Verpflichtungen müssen allerdings auch etwaigen Subunternehmern des Auftragnehmers (zB Cloud-Anbietern) auferlegt werden. Soweit die Daten auf Servern außerhalb der EU bzw. des EWR gespeichert werden, sind die Voraussetzungen für einen Drittstaatentransfer gemäß Art. 44 ff. DS-GVO (zB durch EU-Standarddatenschutzklauseln) einzuhalten und ggf. weitere ergänzende Maßnahmen sowie eine Transferfolgenabschätzung durchzuführen (vgl. hierzu EuGH NJW 2020, 2613 – Schrems II). Falls ein in der EU ansässiger Auftragnehmer seinerseits einen Unterauftragnehmer in einem Drittland beauftragen möchte, muss dieser selbst Standarddatenschutzklauseln für den Drittstaatentransfer mit seinem Subunternehmer abschließen. Das Vertragsmuster sieht allerdings eine Verpflichtung des Auftragnehmers zu einer Datenspeicherung ausschließlich auf Servern mit Standort in der EU bzw. dem EWR vor und enthält einen Verweis auf eine entsprechende Vereinbarung zur Auftragsverarbeitung als Anlage zum Vertrag.

Komplizierter wird die Beurteilung, wenn für den Chat zB auf mobilen Seiten die Messenger-Systeme von WhatsApp oder sozialer Medien, wie der Facebook Messenger, integriert oder andere Formen des Instant-Messaging verwendet werden. Festhalten lässt sich, dass mit dem Onsite-Livechat typischerweise **datenschutzrechtlich relevante Vorgänge** verbunden sind. Deren Beurteilung kann sich grundsätzlich nach der DS-GVO und/oder den datenschutzrechtlichen Regeln des TDDDG richten. Für die Verarbeitung personenbezogener Daten durch digitale Dienste, die nicht zugleich Telekommunikationsdienste sind, gelten im Anwendungsbereich der DSGVO allein die Bestimmungen der DSGVO (vgl. näher Assion/Hermann TTDSG § 1 Rn. 16). Zur Bestimmung der anwendbaren Vorschriften bedarf es mithin der Beurteilung, ob der Onsite-Live-Chats nur als digitaler Dienst oder (auch) als Telekommunikationsdienst anzusehen ist. In § 3 Nr. 24 TKG wurde zwar mit der TKG-Novelle 2021 die Legaldefinition der **interpersonellen Telekommunikationsdienste**aufgenommen, zu denen **grundsätzlich auch Chat-Dienste** gehören können. Allerdings findet sich in § 3 Nr. 24, 2. Hs. TKG eine Ausnahme für solche Dienste, die eine interpersonelle und interaktive Kommunikation lediglich als eine untrennbar mit einem anderen Dienst verbundene **untergeordnete Nebenfunktion** ermöglichen (Säcker/Körber TKG/Waßmer § 3 Rn. 34). Aufgrund der rein unterstützenden Service-Funktion des Onsite-Live-Chats und des Umstands, dass die Chat-Funktion im Zweifel von einem beachtlichen Teil der Nutzer gar nicht oder nur selten in Anspruch genommen wird, spricht vieles dafür, den Onsite-Live-Chat als untergeordnete Nebenfunktion anzusehen, so dass der Begriff der interpersonellen Kommunikationsdienste bei Onsite-Live-Chat nicht erfüllt sein wird. Nachdem der Onsite-Live-Chat mithin kein interpersonellen Telekommunikationsdienst (§ 3 Nr. 61 b) TKG) und auch kein Internetzugangsdienst (§ 3 Nr. 61 a) TKG) ist, stellt sich auch unter Geltung des TDDDG die Frage, ob er überhaupt als „Telekommunikationsdienst" gemäß § 2 Nr. 61 TKG anzusehen ist. Voraussetzung hierfür wäre, dass der Auffangtatbestand des § 3 Nr. 61 c) TKG für Dienste, die „ganz überwiegend" in der Übertragung von Signalen bestehen, einschlägig ist. Nachdem dieser Tatbestand als Beispiele insbesondere den Rundfunk und die M2M (Maschine-Maschine-Kommunikation) nennt (vgl. näher Säcker/Körber TKG/Körber § 3 Rn. 93), ist dies jedoch zweifelhaft. Die Einordnung (nur) als digitaler Dienst erscheint demgegenüber näherliegend, weil es sich beim Onsite-Live-Chat nur um ein **zusätzliches Angebot im Rahmen des Angebots eines digitalen Dienstes** handelt. Hierfür spricht auch, dass jedenfalls die Interaktionsebene, auf der Nutzer und Diensteanbieter agieren, auch nach früherer Rechtslage nicht dem Bereich der dem TKG unterliegenden „Signalübertragung" zugewiesen, sondern als Teil des digitalen Dienstes angesehen wurde (so zB Plath/Jenny, 3. Aufl. 2018, TKG § 91 Rn. 11; Plath/Hullen/Roggenkamp, 3. Aufl. 2018, TMG § 11 Rn. 12; Schneider ZD 2014, 231 (235); Schwarz, Big Data im Marketing, Kap. 21.3.3). Auch hat der EuGH bereits für den internetbasierten E-Mail-Dienst Gmail, der (auch) eine Übertragung von Signalen vornimmt, festgestellt, dass (selbst) dieser Dienst **nicht ganz oder überwiegend in der Übertragung von Signalen** über elektronische Kommunikationsnetze besteht (EuGH GRUR-Int 2019, 936 (940).

Unabhängig hiervon ist zu beachten, dass Anbieter digitaler Dienste jedenfalls dann **nicht dem Fernmeldegeheimnis unterworfen** sind, wenn sie selbst Teilnehmer der Telekommunikation nach § 3 TDDDG sind (Plath/Jenny TDDDG § 3 Rn. 23). Dies ist beim Shop-Betreiber, der über einen in seiner Website integrierten Live-Chat mit seinen Kunden kommuniziert, selbst wenn es sich, anders als hier vertreten, um Telekommunikation handeln sollte, der Fall.

Das TDDDG selbst enthält keine spezifischen Erlaubnistatbestände für die Verarbeitung personenbezogener Daten im Rahmen von digitalen Diensten mehr. In den §§ 19 bis 24 ff. TDDDG finden sich nur wenige, die DSGVO ergänzende Datenschutzvorschriften für digitale Dienste. Auch wenn die bereits durch das TTDSG aF erhoffte Klärung der Rechtslage nun auch unter Geltung des TDDDG ausgeblieben ist, spricht im Ergebnis Vieles dafür, dass für die Verarbeitung personenbezogener Daten im Onsite-Live-Chat als Ermächtigungsgrundlage (allein) die Bestimmungen der DSGVO in Frage kommen. Im Ergebnis ist daher Art. 6 DS-GVO für die Rechtmäßigkeit der Verarbeitung maßgeblich. Daneben kann die **Cookie-Regelung** des § 25 TDDDG (auch, soweit der Dienst nicht auch ein Telekommunikationsdienst ist) anwendbar sein, weil hiermit die ePrivacy-Richtlinie umgesetzt wird (vgl. im Detail, auch zu den verbleibenden Unklarheiten schon unter Geltung des TTDSG Assion/Hermann TTDSG § 1 Rn. 21). Nach Art. 6 Abs. 1 DS-GVO, der den datenschutzrechtlichen Grundsatz des Verbots mit Erlaubnisvorbehalts statuiert, bedarf es für die Verarbeitung personenbezogener Daten einer einschlägigen **gesetzlichen Ermächtigungsgrundlage** bzw. der **Einwilligung der Nutzer.**

Auf Art. 6 Abs. 1b) DS-GVO als datenschutzrechtliche Ermächtigungsgrundlage kann nur dann zurückgegriffen werden, wenn das Speichern der Chat-Protokolle **zur Erfüllung eines Vertrags** mit oder zur Durchführung vorvertraglicher Maßnahmen auf Anfrage der betroffenen Personen erforderlich ist. Dies kann man ggf. noch für die Datenverarbeitungsvorgänge, die zur reinen Durchführung des Onsite-Chats erforderlich sind, annehmen. Soweit die Speicherung der im Zusammenhang mit dem Chat anfallenden personenbezogenen Daten allerdings über die Dauer des Chats hinaus erfolgt, dient dies ersichtlich nicht der Erfüllung eines Vertrags mit oder zur Durchführung vorvertraglicher Maßnahmen auf Anfrage der betroffenen Personen. Dies gilt erst recht, wenn die Live-Chat Technologie unmittelbar in das CRM-System des Auftraggebers eingebunden wird und die Chat-Protokolle den vorhandenen Kundendaten zugeordnet werden. Die **Interessenabwägung** gemäß Art. 6 Abs. 1f) DS-GVO kommt als Ermächtigungsgrundlage nur dann in Betracht, wenn die Datenverarbeitung zur Wahrung des **berechtigten Interesses** des Verantwortlichen oder eines Dritten erforderlich ist und sofern nicht die Interessen oder Grundrechte und Grundfreiheiten der betroffenen Person, die den Schutz personenbezogener Daten erfordern, überwiegen. Auch dies kommt jedoch allenfalls für die Datenverarbeitungsvorgänge in Betracht, die zur reinen Durchführung des Onsite-Chats erforderlich sind. Denn obwohl die Direktwerbung in Erwägungsgrund (47) der DS-GVO als möglicher Aspekt, der ein berechtigtes Interesse begründen kann, nunmehr ausdrücklich erwähnt wird, ist es doch fraglich, ob das Speichern der im Onsite-Chat generierten Daten **über die Session hinaus** einem berechtigten Interesse des Shop-Betreibers entspricht, dem nicht überwiegende Interessen oder Grundrechte des Betroffenen, insbesondere dessen Recht auf informationelle Selbstbestimmung, entgegenstehen. Eine verlässliche Rechtsgrundlage für eine über die Dauer des Chats hinaus erfolgende Speicherung der im Chat generierten Daten ist Art. 6 Abs. 1f) DS-GVO jedenfalls nicht.

Datenschutzrechtlich zulässig ist das Speichern der Chat-Protokolle über die Session hinaus und zu Zwecken des Conversion-Tracking, oder eine Zuordnung der Daten innerhalb eines CRM-Systems des Shop-Betreibers daher nur dann, wenn zuvor eine **freiwillige, informierte Einwilligung** der Kunden gemäß Art. 6 Abs. 1a) DS-GVO in die Verarbeitung ihrer personenbezogenen Daten eingeholt wird. Diese Einwilligung muss den Anforderungen der Art. 7 f. DS-GVO genügen, weshalb die Formulierung, nicht zuletzt mit Blick auf die von Art. 7 Abs. 2 DS-GVO vorgesehene Transparenz und Verständlichkeit, besonderer Sorgfalt bedarf (vgl. Gola/Heckmann/Schulz DS-GVO Art. 7 Rn. 35 ff.). Um sich auf eine **wirksame Einwilligung** gemäß Art. 6 Abs. 1a) DS-GVO berufen zu können, muss der Anbieter sicherstellen, dass die Einwilligung **freiwillig**, dh ohne jeden Druck oder Zwang (Art. 7 Abs. 3 DS-GVO) **für einen bestimmten Fall**, in **informierter Weise** und unmissverständlich in Form einer Erklärung oder einer sonstigen, eindeutig bestätigenden Handlung abgegeben wird (Art. 4 Nr. 11 DS-GVO). Aufgrund der Beweislast des Verantwortlichen (Art. 7 Abs. 1 DS-GVO) sollte die Einwilligung zu Nachweiszwecken **protokolliert** werden. Der Nutzer kann die Einwilligung jederzeit **für die Zukunft widerrufen**, worüber er vor Abgabe der Einwilligung hinzuweisen ist (Art. 7 Abs. 3 DS-GVO).

Zu dem ersten Erfordernis („freiwillig, ohne Druck") hatte der BGH vor Inkrafttreten der DS-GVO entschieden, dass dieses auch durch eine Opt-out-Erklärung erfüllt werden konnte (BGH MMR 2008, 731 (733) – Payback; NJW 2010, 864 (865) – Happy Digits). Spätestens seit Inkrafttreten der DS-GVO ist allerdings die **Verwendung einer vorangekreuzten Click-Box** angesichts des Erfordernisses eines aktiven Handelns und nachdem der Erwägungsgrund (32) der DS-GVO dies ausdrücklich als unzureichend erklärt, **nicht länger ausreichend** (EuGH MMR 2019, 732 (735) – Planet49; Gola/Heckmann/Schulz DS-GVO Art. 7 Rn. 42; Plath/Schreiber DSGVO Art. 4 Rn. 51).

Sofern keine gesonderte Einwilligung vor Beginn des Onsite-Live-Chats eingeholt werden kann, ist es unbedingt anzuraten, die Speicherzeiten der im Chat anfallenden personenbezogenen Daten auf ein Minimum zu beschränken und diese keinesfalls über die Session hinaus zu speichern. Auf ein Conversion-Tracking oder eine Zuordnung im CRM-System des Shop-Betreibers sollte ohne ausdrückliche Einwilligung im vorstehend genannten Sinne verzichtet werden. Um auch den Anbieter der Live-Chat-Technologie entsprechend zur Löschung zu verpflichten, enthält der Vertrag in § 2 (5) eine entsprechende Klausel. Diese müsste – einschließlich einer Löschverpflichtung nach einem Widerruf der Einwilligung – entsprechend angepasst werden, falls aufgrund wirksamer Einwilligung der Kunden eine weitergehende Speicherung, zB zu Zwecken des Conversion-Tracking, erfolgen soll.

Außerdem muss der Shop-Betreiber darauf achten, dass eine wirksame Rechtsgrundlage für die Nutzung der personenbezogenen Daten der Operatoren – einschließlich etwaiger Bilddaten –besteht. Für eine **Einwilligung der Operatoren** in die Nutzung ihrer personenbezogenen Daten im Rahmen eines Beschäftigungsverhältnisses ist § 26 Abs. 2

BDSG zu beachten (zur datenschutzrechtlichen Einwilligung durch Beschäftigte vgl. Koreng/Lachenmann DatenschutzR-FormHdB/Bergt Form. H. I.).

Der Shop-Betreiber muss außerdem die **datenschutzrechtlichen Hinweispflichten** erfüllen, die sich aus Art. 12 ff. DS-GVO ergeben. Hierzu muss er in präziser, transparenter, verständlicher und leicht zugänglicher Form in einer klaren und einfachen Sprache ua über Zweck und Dauer der Verarbeitung personenbezogener Daten schriftlich oder elektronisch unterrichten. Ua muss er über die **konkreten Zwecke** der im Zusammenhang mit dem Live-Chat erfolgenden Datenverarbeitungsvorgänge informieren. Außerdem ist die **Rechtsgrundlage** für die Datenverarbeitung zu **benennen** (Art. 13 Abs. 1c) DS-GVO) sowie über die **Dauer der Datenspeicherung** zu informieren (Art. 13 Abs. 2a) DS-GVO). Sofern zusätzlich eine Auswertung der Daten bzw. ihre Zuordnung der Daten zu einem CRM-System des Shop-Betreibers beabsichtigt ist, muss sich die Information konkret auch hierauf erstrecken. Insgesamt müssen **sämtliche Informationspflichten gemäß Art. 13 f. DS-GVO** erfüllt werden. Es sollte daher darauf geachtet werden, dass vor Beginn des Live-Chats zusammen mit dem Hinweis auf die Nutzungsbedingungen und dem Text, dass für den Live-Chat die Datenschutzerklärung des Anbieters gilt, ein Fenster mit den konkret verlinkten Bestimmungen zum Live-Chat in der Datenschutzerklärung eingeblendet wird.

9. Haftung. Der Auftragnehmer muss nach dem Vertragsmuster dafür einstehen, dass das Live-Chat-System frei von qualitativen und rechtlichen Mängeln ist, insbesondere der Chat funktionsfähig zur Verfügung steht und keine Rechte Dritter die Nutzungsmöglichkeiten einschränken. Für den Fall, dass durch das Live-Chat-System Rechte Dritter verletzt werden und der Auftragnehmer dies zu vertreten hat, hat der Auftragnehmer den Auftraggeber freizustellen.

Das Vertragsmuster sieht im Innenverhältnis keine Regelung zur Beschränkung der Haftung des Auftragnehmers vor. Es greift damit das gesetzliche (und auftraggeberfreundliche) Konzept einer der Höhe nach unbeschränkten Haftung auf. Das Bestreben des Auftragnehmers wird es demgegenüber sein, die Haftung, zum Beispiel betragsmäßig, zu beschränken. Sofern zu Gunsten des Verwenders des Vertragsmusters Haftungsbeschränkungen im Innenverhältnis aufgenommen werden, ist zu berücksichtigen, dass solche Regelungen oft als Allgemeine Geschäftsbedingungen einzuordnen sein dürften (vgl. zur Abgrenzung zwischen Allgemeinen Geschäftsbedingungen und Individualvereinbarung ua MüKoBGB/Fornasier § 305 Rn. 36 ff.). In diesem Fall sind die Grenzen des § 307 BGB zu beachten.

Im Außenverhältnis zu den Kunden tritt allein der Auftraggeber in Erscheinung. Eine Verantwortung für die Inhalte der Chats trifft den Auftragnehmer insoweit nicht. Dies ist auch sachgerecht, da der Auftragnehmer auf den Gegenstand und Verlauf der Chats keinen Einfluss nehmen kann. Für das Verhalten der Operatoren gegenüber den Kunden muss der Auftraggeber, ggf. nach Maßgabe der Regelungen in seinen AGB, sofern diese einbezogen wurden, einstehen.

10. Laufzeit. Das Vertragsmuster sieht vor, dass die Kündigung des Vertrages der Schriftform unterliegt. Bei der Verwendung des Formulars ist zu beachten, dass ein solches Schriftformerfordernis gem. § 126 BGB in Allgemeinen Geschäftsbedingungen gem. § 307 Abs. 1 S. 1 BGB unangemessen ist, wenn die Kommunikation im Übrigen, insbesondere der Vertragsschluss, ausschließlich in elektronischer Form erfolgt (BGH NJW 2016, 2800). Der am 1.10.2016 in Kraft getretene § 309 Nr. 13b) BGB, wonach ua für Anzeigen und Erklärungen, keine strengere Form als Textform verlangt werden darf, findet gem. § 310 Abs. 1 S. 1 BGB auf AGB im B2B-Bereich keine Anwendung.

11. Internationales Privatrecht. Für den Fall eines Auslandsbezugs der Vertragsbeziehung empfiehlt sich eine ausdrückliche Regelung zum anwendbaren Recht. In dem

Formular ist für die vertraglichen Ansprüche einschließlich der Vertragsauslegung sowie einer etwaigen Leistungsstörung und deren Folgen daher vorsorglich die Anwendbarkeit deutschen materiellen Rechts vorgesehen. Außervertragliche Schuldverhältnisse, einschließlich solcher aus einer etwaigen deliktischen Haftung gegenüber Dritten, werden von der Rechtswahlklausel hingegen nicht erfasst. Insoweit bleibt es bei den gesetzlichen Regelungen des Internationalen Privatrechts (zu weiteren Einzelheiten → Form. K.5 Anm. 13). Sofern das Internationale Privatrecht zur Anwendbarkeit inländischen Sachrechts führt, ist zu beachten, dass sich Unternehmen mit Sitz in einem anderen EU-Staat und ohne Niederlassung in Deutschland im Rahmen einer außervertraglichen Haftung gegenüber Dritten uU gleichwohl auf günstigere gesetzliche Regelungen ihres Sitzstaates berufen können, § 3 DDG (zu den Einzelheiten des Herkunftslandprinzips → Form. K.5 Anm. 13). Dies gilt aber nicht für ausländische Unternehmen, die mittels ihrer auf den inländischen Markt ausgerichteten Website werben. Außerdem gilt dies nicht für die im Digitale-Dienste-Gesetz geregelten Bereichsausnahmen. Relevant für den Live-Chat kann insofern § 3 Abs. 4 Nr. 6 DDG (Urheberrecht und gewerbliche Schutzrechte) sein. Innerhalb der Bereichsausnahmen des § 3 Abs. 4 DDG bleiben grundsätzlich die über das Internationale Privatrecht ermittelten (inländischen) sachrechtlichen Bestimmungen unverändert anwendbar. Allerdings ist der Verweis auf das (inländische) Datenschutzrecht gemäß § 3 Abs. 3 Nr. 4 DDG zwischenzeitlich für solche Anbieter obsolet geworden, auf welche die DS-GVO anwendbar ist, sei dies aufgrund ihrer Niederlassung in der EU (Sitzlandprinzip, Art. 3 Abs. 1 DS-GVO), sei dies aufgrund einer Verarbeitung personenbezogener Daten von Personen, die sich in der EU befinden, wenn die Datenverarbeitung im Zusammenhangs mit einem Angebot von Waren oder Dienstleistungen an die betroffenen Personen in der EU steht (Marktortprinzip, Art. 3 Abs. 2 DS-GVO). Zu weiteren Einzelheiten des Internationalen Privatrechts → Form. K.5 Anm. 13.

4. Kundenbewertungsportal – Customer Rating

Vertrag mit einem Kundenbewertungsportal	**Agreement on Customer Rating**
zwischen	**between**
X-GmbH, [Adresse]	**X-GmbH, [address]**
– nachstehend „Auftraggeber“ –	**– hereinafter referred to as „Principal“ –**
und	**and**
Y-GmbH, [Adresse]	**Y-GmbH, [address]**
– nachstehend „Auftragnehmer“ –	**– hereinafter referred to as „Contractor“ –**
§ 1 Vertragsgegenstand[1, 2]	**§ 1 Subject matter[1, 2]**
(1) Der Auftragnehmer betreibt ein unabhängiges, transaktionsbasiertes Bewertungssystem, über das Kunden des Auftraggebers (nachstehend: „Kunden“) online Bewertungen über Produkte und	**(1) The Contractor operates an independent, transaction-based rating system, by which the customers of the Principal (hereinafter: „Customers“) can submit online ratings of products and services of the**

Service des Auftraggebers (nachstehend „Kundenbewertung“) abgeben und hierfür eine festgelegte Anzahl von Sternen verteilen können (nachstehend „Sternebewertung“). Basierend auf den Kunden- und Sternebewertungen vergibt der Auftragnehmer gemäß seinen in der Anlage 1 zu diesem Vertrag aufgeführten Vergabekriterien Qualitätskennzeichen, die entsprechend den Kunden- und Sternebewertungen fortlaufend aktualisiert werden (nachstehend „Gütesiegel“). Das jeweils aktuelle Gütesiegel wird über ein grafisches Fenstersystem (nachstehend „Widget“) in Kombination mit einer Kunden- und Sternebewertung auf der Website des Auftraggebers angezeigt.

(2) Gegenstand dieses Vertrages sind die Rechte und Pflichten der Parteien im Zusammenhang mit der Bereitstellung und Nutzung eines Kundenbewertungssystems des Auftragnehmers für das Unternehmen und die Angebote des Auftraggebers.

(3) Die Leistung erfolgt zu Marketingzwecken des Auftraggebers.

§ 2 Leistungen des Auftragnehmers[2, 3]

(1) Der Auftragnehmer wird für den Auftraggeber innerhalb von . . . . . Kalendertagen ab Vertragsschluss seine Social-Commerce Technologie zur Implementierung seines Kundenbewertungssystems bestehend aus einer Anbieter- und Produktbewertung gemäß den Spezifikationen in Anlage 1 (nachstehend „Kundenbewertungssystem“) zur Verfügung stellen und alle erforderlichen Maßnahmen ergreifen, damit Gütesiegel, Widget sowie die Kunden- und Sternebewertungen in die Website des Auftraggebers eingebunden werden können. Ferner wird der Auftragnehmer das Kundenbewertungssystem während der Laufzeit dieses Vertrages betreiben.

(2) Der Auftragnehmer stellt mittels des Kundenbewertungssystems sicher, dass die Kunden spätestens binnen eines Zeitraumes von . . . . . nach Zustellung der

Principal (hereinafter: „Customer Rating“) and distribute a fixed number of stars for this purpose (hereinafter: „Star Rating“). Based on the Customer and Star Ratings, Contractor shall award quality labels in accordance with its award criteria listed in Annex 1 to this Agreement, which shall be continuously updated in line with the Customer and Star Ratings (hereinafter „Quality Label“). The current Quality Label will be displayed on the website of the Principal via a graphic window system (hereinafter „Widget“) in combination with a Customer and Star rating.

(2) Subject matter of this Agreement are the rights and obligations of the parties in connection with the provision and use of a customer rating system of the Contractor for the business and the offers of the Principal.

(3) The service is provided for marketing purposes of the Principal.

§ 2 Services of the Contractor[2, 3]

(1) The Contractor shall within . . . . . calendar days after conclusion of the Agreement make available to the Principal its social commerce technology for the implementation of its customer rating system consisting of a provider and product rating in accordance with the specifications in Appendix 1 (hereinafter referred to as „Customer Rating System“) and shall take all necessary measures to integrate the Quality Label, the Widget and the Customer and Star Ratings into the website of the Principal. Furthermore, the Contractor shall operate the Customer Rating System during the term of this Agreement.

(2) By means of the Customer Rating System, the Contractor shall ensure that the Customers receive a request for Customer and Star Rating by e-mail (herein-

Waren bzw. Erbringung der Dienstleistung per E-Mail eine Aufforderung zur Kunden- und Sternebewertung (nachfolgend „Aufforderungsmail") erhalten.

after referred to as „Request E-mail") within a period of . . . . after delivery of the goods or provision of the service at the latest.

(3) Der Auftragnehmer stellt das Kundenbewertungssystem 24 Stunden am Tag und 365 Tage pro Jahr zur Nutzung zur Verfügung (nachfolgend „Systemlaufzeit"). Der Auftragnehmer garantiert eine Verfügbarkeit von [99 %] im Jahresdurchschnitt (nachfolgend „Systemverfügbarkeit"). Über erforderliche Wartungsarbeiten und dadurch bedingte Ausfälle der vertragsgegenständlichen Leistungen wird der Auftragnehmer den Auftraggeber mindestens . . . . . Stunden im Voraus informieren. Ausfallzeiten aufgrund von Wartungsarbeiten werden auf die Systemverfügbarkeit angerechnet. Ausfallzeiten aufgrund von netzbedingten oder sonstigen technischen Problemen, die nicht im Einflussbereich des Auftragnehmers liegen, werden auf die Systemverfügbarkeit nicht angerechnet. Im Falle der Nichteinhaltung der vereinbarten Systemverfügbarkeit ist der Auftraggeber berechtigt, die Vergütung anteilig im Verhältnis zwischen vereinbarter und tatsächlicher Verfügbarkeit zu kürzen.

(3) The Contractor shall provide the Customer Rating System for use 24 hours a day and 365 days a year (hereinafter „System Runtime"). The Contractor guarantees an availability of [99 %] on an annual average (hereinafter „System Availability"). The Contractor shall inform the Principal on necessary maintenance work and the down time of the contractual services resulting therefrom at least . . . . . hours in advance. Downtimes due to maintenance work shall be counted against the System Availability. Downtimes due to network-related or other technical problems which are beyond the control of the Contractor shall not be counted against the System Availability. In the event of non-compliance with the agreed System Availability, the Principal shall be entitled to reduce the remuneration proportionately in the ratio between agreed and actual System Availability.

(4) Der Auftragnehmer stellt sicher, dass der Auftraggeber die Kundenbewertungen ganz oder in Teilen sowie die Sternebewertungen auf seiner Website veröffentlichen kann.

(4) The Contractor shall ensure that the Principal is able to publish the Customer Ratings in whole or in part as well as the Star Ratings on his website.

(5) Auf Anforderung des Auftraggebers in Textform werden das Gütesiegel, die Sternebewertungen und/oder Kundenbewertungen mittels der Technologie des Auftragnehmers für Zwecke der Suchmaschinenoptimierung und des Suchmaschinenmarketings in Internetsuchmaschinen und/oder sozialen Medien zur Verfügung gestellt.

(5) Upon request of the Principal in text form, the Quality Label, the Star Ratings and/or Customer Ratings shall be made available by means of the Contractor's technology for the purposes of search engine optimization and search engine marketing in internet search engines and/or social media.

(6) Der Auftragnehmer wird sämtliche technischen und sonstigen Maßnahmen ergreifen, um einen Missbrauch des Kundenbewertungssystems zu unterbinden.

(6) The Contractor will take all technical and other measures to prevent abuse of the Customer Rating System.

§ 3 Nutzungsrechte[4]

(1) Der Auftragnehmer räumt dem Auftraggeber für die Vertragslaufzeit unentgeltlich und weltweit das nicht exklusive, nicht übertragbare Recht ein, die Social-Commerce-Technologie des Auftragnehmers, das Gütesiegel und Widget sowie die abgegebenen Kunden- und Sternebewertungen zu verwenden. Soweit für die Zwecke des Vertrags erforderlich, insbesondere für die technische Integration beim Auftraggeber sowie das Zurverfügungstellen von Gütesiegel sowie Kunden- und Sternebewertungen an Suchmaschinenanbieter und Social Media zu Zwecken der Suchmaschinenoptimierung (SEO) und Suchmaschinenmarketing (SEM), ist der Auftraggeber berechtigt, Dritten Unterlizenzen zu erteilen.

(2) Das Nutzungsrecht für Gütesiegel sowie Kunden- und Sternebewertungen umfasst das Recht zu jedweder kommerziellen und nichtkommerziellen Nutzung einschließlich aller gegenwärtig unbekannten, aber zukünftig bekannten Formen der Nutzung. Der Auftraggeber soll in die Lage versetzt werden, die Kundenbewertungen ganz oder in Teilen und das Gütesiegel in jeglicher Weise, insbesondere zu Werbe- und Marketingzwecken in jeglicher Form zu nutzen. Insbesondere ist von dem in § 3 (1) dieses Vertrages eingeräumten Recht das Recht zur Vervielfältigung, Verbreitung und Ausstellung, das Recht zur öffentlichen Wiedergabe, einschließlich des Vortrags-, Aufführungs- und Vorführungsrechts, des Rechts zur öffentlichen Zugänglichmachung, des Senderechts, des Rechts zur Wiedergabe durch Bild- oder Tonträger sowie das Recht zur öffentlichen Zugänglichmachung (insbesondere über das Internet) und Wiedergabe sowie alle Rechte des Datenbankherstellers gemäß § 87b UrhG, einschließlich des Rechts zur Vervielfältigung, Verbreitung oder öffentlichen Wiedergabe sowie des Rechts zur Aufnahme in Datenbankwerke umfasst. Soweit für die Zwecke des Vertrags, insbesondere zur technischen Einbindung und Darstel-

§ 3 Rights of use[4]

(1) For the term of this Agreement, the Contractor grants the Principal, free of charge and worldwide, the non-exclusive, non-transferable right to use the Contractor's Social Commerce technology, the Quality Label and the Widget as well as the Customer and Star Ratings submitted. Insofar as necessary for the purposes of the Agreement, in particular for technical integration at the Principal's premises and the making available of the Quality Label and Customer and Star Ratings to search engine providers and social media for the purposes of search engine optimization (SEO) and search engine marketing (SEM), the Principal shall be entitled to grant sub-licenses to third parties.

(2) The right of use for the Quality Label and the Customer- and Star Ratings includes the right to any commercial and non-commercial use, including all currently unknown but future known forms of use. The Principal shall be enabled to use the Customer and Star Ratings in whole or in part and the Quality Label in any way, especially for advertising and marketing purposes in any form. In particular, the right granted in § 3 (1) of this Agreement includes the right of reproduction, distribution and exhibition, the right of public communication, including the right of lecture, performance and presentation, the right of making available to the public, the right of broadcasting, the right of communication by means of picture or sound carriers as well as the right of making available to the public (in particular via the Internet) and communication as well as all rights of the database manufacturer according to Section 87b UrhG (German Copyright Act), including the right of reproduction, distribution or public communication as well as the right of inclusion in databases. Insofar as necessary for the purposes of this Agreement, in particular for technical integration and presentation on the Principal's website and for presentation in search engines

lung auf der Website des Auftraggebers sowie für die Darstellung in Suchmaschinen und Social Media erforderlich, ist von der Rechteinräumung außerdem das Recht zur Bearbeitung und Umarbeitung sowie zur drahtgebundenen oder drahtlosen öffentlichen Wiedergabe erfasst. Von der Rechteeinräumung ist dabei insbesondere das unbegrenzte Recht umfasst, das Gütesiegel sowie die Kunden- und Sternebewertungen, insbesondere die darin enthaltenen Grafiken und Texte,

a) zu vervielfältigen und zu verbreiten und zu senden;
b) auf der Website des Auftraggebers öffentlich zugänglich zu machen;
c) für Werbemaßnahmen jeglicher Art zu nutzen;
d) auf allen bekannten oder gegenwärtig unbekannten aber zukünftig bekannten Speichermedien (beispielsweise DVDs, Blue-Rays, andere HD-Speichermedien, Flash-Memory-Cards, Sticks oder andere Chips) zu kopieren und zu verbreiten.

(3) Darüber hinaus soll der Auftraggeber in die Lage versetzt werden, die Social-Commerce-Technologie des Auftragnehmers einschließlich Widget für die Zwecke dieses Vertrags zu nutzen und hierüber insbesondere Gütesiegel sowie Kunden- und Sternebewertungen auf seiner eigenen Website wiederzugeben.

(4) Der Auftragnehmer garantiert, dem Auftraggeber die vorstehend aufgeführten Nutzungsrechte einräumen zu können.

§ 4 Vergütung; Zahlungsbedingungen[5]

(1) Der Auftragnehmer erhält für die Konfiguration und Integration seiner zum Betrieb des Kundenbewertungssystems erforderlichen Technologie einmalig eine pauschale Vergütung von . . . . EUR (in Worten: . . . . EUR) zzgl. gesetzlich geschuldeter Umsatzsteuer.

(2) Hiernach erhält der Auftragnehmer für die Bereitstellung seiner Technologie sowie den Betrieb des Kundenbewertungssystems monatlich eine pauschale Ver-

and social media, the granting of rights also includes the right to edit and redesign and the right to wired or wireless communication to the public. The granting of rights includes in particular the unlimited right, to

a) reproduce and distribute and broadcast;
b) make publicly available on the website of the Principal;
c) use for advertising and marketing measures of any kind;
d) copy and distribute on all known or currently unknown but future known storage media (for example DVDs, Blu-Rays, other HD storage media, flash memory cards, sticks or other chips) the Quality Label, and the Customer and Star Rating, in particular the graphics and text included.

(3) In addition, the Principal shall be enabled to use the Contractor's Social Commerce Technology including the Widget for the purposes of this Agreement and in particular to reproduce the Quality Label and Customer and Star Ratings on his own website.

(4) The Contractor guarantees to be able to grant the Principal the rights of use listed above.

§ 4 Remuneration, Terms of Payment[5]

(1) The Contractor shall receive a one-off lump-sum payment of . . . . EUR (in words: . . . . Euro) plus statutory VAT for the configuration and integration of his technology necessary for the Customer Rating System.

(2) Hereafter, the Contractor shall receive a monthly flat-rate . . . . . EUR (in words: . . . . Euro) plus statutory VAT

gütung von . . . . EUR (in Worten: . . . . . EUR) zzgl. gesetzlich geschuldeter Umsatzsteuer.

for the provision and operation of the Customer Rating System.

(3) Die Vergütung ist binnen . . . . . Tagen ab Rechnungszugang zur Zahlung fällig.

(3) The remuneration is due within . . . . . days after receipt of the invoice.

(4) Mit der Vergütung werden sämtliche Leistungen des Auftragnehmers nach diesem Vertrag abgegolten, insbesondere sind die Parteien sich darüber einig, dass in der vorstehend vereinbarten Vergütung zugleich eine angemessene Vergütung für die Einräumung der Nutzungsrechte gemäß § 3 dieses Vertrages enthalten ist. Ein gesonderter Anspruch auf Vergütung ist daher, soweit dem keine zwingenden gesetzlichen Vorschriften entgegenstehen, ausgeschlossen.

(4) The remuneration shall cover any and all of the Contractor's services under this Agreement; in particular, the parties agree that the remuneration agreed above also includes appropriate remuneration for the granting of the rights of use in accordance with clause 3 of this Agreement. A separate claim for remuneration is therefore excluded, unless otherwise provided by mandatory law.

§ 5 Pflichten des Auftraggebers[6]

(1) Das von dem Auftraggeber auf seiner Website verwendete Gütesiegel muss der von dem Auftragnehmer über die Kundenbewertungen ermittelten durchschnittlichen Gesamtwertung (nachstehend „Bewertungsschnitt") entsprechen und darf vom Auftraggeber nicht verändert werden. Der Auftraggeber darf das Gütesiegel nur mit jeweils aktuellem Stand sowie unter Angabe des aktuellen Gültigkeitsdatums (zB „Stand: 1.2.2024") verwenden. Der Auftraggeber darf Produktbewertungen nur in unmittelbarem Zusammenhang mit diesem Produkt bzw. Anbieterbewertungen (zB bzgl. des Shops) nur in unmittelbarem Zusammenhang mit diesem Angebot verwenden. Insbesondere darf eine Anbieterbewertung nicht als Produktbewertung dargestellt werden und eine Produktbewertung nicht als Anbieterbewertung.

(2) Der Auftraggeber wird das Kundenbewertungssystem nicht für die Abgabe eigener Bewertungen nutzen. Insbesondere wird er keine Eigenbewertungen abgeben auch keine Bewertungen über Wettbewerber oder deren Produkte abgeben bzw. seinen Mitarbeitern oder Dritten in Auftrag geben. Auch wird der Auftraggeber abgegebene Kundenbewertungen in keiner

§ 5 Responsibilites of the Principal[6]

(1) The Quality Label used by the Principal on his website must correspond to the average overall rating determined by the Contractor on the basis of the Customer Ratings (hereinafter referred to as „Rating Average") and may not be changed by the Principal. The Principal may only use the Quality Label with the current status and indicating the date of validity (e.g. „status: 1.2.2024"). The Principal may only use product evaluations in direct connection with the product or provider evaluations (e.g. regarding the shop) only in direct connection with the offer. In particular, a provider rating may not be presented as a product rating and a product rating may not be presented as a provider rating.

(2) The Principal shall not use the Customer Rating System to submit his own ratings. In particular, he will not give any self-evaluations, nor will he give any evaluations of competitors or their products or commission his employees or third parties to do so. Nor will the Principal change customer ratings in any way. Furthermore, he will not take any measures aimed at

Weise verändern. Zudem wird er keine Maßnahmen ergreifen, die auf die Beeinflussung von Kundenbewertungen abzielen. Auf Maßnahmen zur Verbesserung der Service- und Produktqualität findet der vorstehende Satz keine Anwendung.

influencing customer ratings. The above sentence shall not apply to measures aimed at improving service and product quality.

(3) Sofern der Auftraggeber die Leistungen gemäß § 2 Abs. 5 in Anspruch nimmt, stellt er dem Auftragnehmer die hierfür erforderlichen Feedback- (Product-Feed) und sonstigen Daten zur Verfügung und nimmt die erforderlichen Mitwirkungshandlungen gegenüber den Suchmaschinen- und Social-Media-Anbietern vor. Außerdem wird der Auftraggeber die Richtlinien der Suchmaschinen- und Social Media-Anbieter akzeptieren und beachten.

(3) If the Principal makes use of the services according to clause 2 para. 5, he shall provide the Contractor with the feedback (product feed) and other data required for this purpose and shall take the necessary cooperative actions towards the search engine and social media providers. In addition, the Principal will accept and observe the guidelines of the search engine and social media providers.

(4) Der Auftraggeber stellt sicher, dass er die Einwilligung der Kunden in den Erhalt von Aufforderungsmails einholt.[7]

(4) The Principal shall ensure that he obtains the consent of the Customers to receive Request E-mails.[7]

§ 6 Verantwortlichkeiten des Auftragnehmers, Gewährleistung[6, 8]

§ 6 Responsibilities of the Contractor, Warranty[6, 8]

(1) Der Auftragnehmer informiert den Auftraggeber vorab über die technischen Voraussetzungen und alle weiteren Maßnahmen, die zur Implementierung und Nutzung seiner Technologie und des Kundenbewertungssystems erforderlich sind.

(1) The Contractor shall inform the Principal in advance of the technical requirements and all other measures required for the implementation and use of his technology and the Customer Rating System.

(2) Der Auftragnehmer stellt sicher, dass durch die Aufforderungsmails keine Rechte der Kunden oder sonstiger Dritter verletzt werden und nicht gegen gesetzliche Bestimmungen verstoßen wird.[7]

(2) The Contractor shall ensure that no rights of the Customers or other third parties are infringed by the Request E-mails and that no statutory provisions are violated.[7]

(3) Der Auftragnehmer stellt sicher, dass die Kundenbewertungen keine Rechte Dritter verletzen und nicht gegen gesetzliche Bestimmungen verstoßen. U. a. stellt er sicher, dass der Zeitraum und die Gesamtzahl der abgegebenen Bewertungen erfasst und dem Auftraggeber zur Verfügung gestellt werden. Gegenstand der Kundenbewertungen dürfen keine Werbevergleiche mit Produkten oder Dienstleistungen anderer Anbieter sein.

(3) The Contractor shall ensure that the Customer Ratings do not violate the rights of third parties and do not violate statutory provisions. Among other things, the Contractor ensures that the time period and the total number of submitted Customer Ratings are recorded and made available to the Customer. The subject of the Customer Ratings must not be advertising comparisons with products or services of other suppliers.

(4) Der Auftragnehmer prüft die Kundenbewertungen sorgfältig und unverzüglich

(4) The Contractor shall review the Customer Ratings carefully and immediately

nach Erhalt und stellt sicher, dass keine Kundenbewertungen veröffentlicht werden, die die nachfolgend aufgeführten Inhalte („unzulässige Inhalte") haben:

a) unwahre Tatsachenbehauptungen,
b) strafbare, oder sonst rechtswidrige, diskriminierende, rassistische, gewaltverherrlichende oder jugendgefährdende Inhalte,
c) Beleidigungen, Herabsetzungen, widerrechtliche Drohungen oder Schmähkritik,
d) Aussagen über eine therapeutische Wirkung oder Wirksamkeit von pharmazeutischen Präparaten, medizinischen Anwendungen oder Therapien,
e) Preisangaben und Angaben sonstiger Kosten (zB Versandkosten) in Zahlen (zB „10 EUR"),
f) personenbezogene Daten (zB Namen, Adressen, IP-Adressen, Kundennummern, Bestellnummern, Bank- bzw. Kreditkartendaten, Versicherungssummen, Alter, Geburtsdaten) oder Telekommunikationsangaben (Telefon-/Faxnummer, E-Mail-Adressen) einschließlich Firmendaten, die Rückschlüsse auf personenbezogene Daten zulassen,
g) Inhalte ohne Aussagegehalt, wie Zahlenfolgen, sinnlose Buchstabenfolgen oder Symbole,
h) Bewertungen, die nur in einem Verweis auf Bewertungen anderer bestehen,
i) Aussagen zu Produkten innerhalb der Unternehmensbewertung oder Aussagen zu Shops/Anbietern innerhalb der Produktbewertung.

(5) Der Auftragnehmer ersetzt unzulässige Inhalte durch drei Sterne (***). Die Sternebewertung selbst bleibt jedoch erhalten und alle von den Kunden abgegebenen Sternebewertungen bleiben für den Bewertungsschnitt des Auftraggebers relevant. Dies gilt nicht für nachweislich unwahre Tatsachenbehauptungen oder für Kundenbewertungen, die offensichtlich fremde Angebote betreffen und daher falsch abgegeben wurden.

(6) Reine Produktbewertungen, die Kunden im Rahmen einer Anbieterbewertung

after receipt and shall ensures that no Customer Ratings are published which have any of the contents listed below „Prohibited contents"):

a) untrue factual allegations,
b) punishable, or otherwise illegal, discriminatory, racist, violence glorifying or youth endangering contents
c) insults, disparagement, unlawful threats or abusive criticism
d) statements concerning a therapeutic effect or efficacy of pharmaceutical preparations, medical applications or therapies,
e) price indication and information on other costs (e.g. shipping costs) in figures (e.g. „10 EUR"),
f) personal data (e.g. names, addresses, IP addresses, customer numbers, order numbers, bank or credit card data, insurance amounts, age, dates of birth) or telecommunication data (telephone/fax number, e-mail addresses) including company data that allow conclusions about personal data,
g) content that is meaningless, such as sequences of numbers, meaningless letters or symbols,
h) ratings which consist only of a reference to rating made by others,
i) statements on products within the business evaluation or statements on shops/suppliers within the product evaluation.

(5) The Contractor shall replace Prohibited Contents with three stars (***). The Star Rating itself, however, remains unchanged and all-Star Ratings submitted by Customers remain relevant for the Rating Average of the Principal. This does not apply to demonstrably untrue factual claims or to Customer Ratings that obviously concern third-party offers and were therefore submitted incorrectly.

(6) Pure product evaluations which Customers have submitted in the context of a

abgegeben haben, überträgt der Auftragnehmer in die Produktbewertung und umgekehrt.

provider evaluation are transferred by the Contractor to the product evaluation and vice versa.

(7) Auf Verlangen des Auftraggebers ergreift der Auftragnehmer unverzüglich alle notwendigen Maßnahmen, damit unzulässige Inhalte auch aus etwaigen weiteren Internetseiten, auf denen sie sichtbar sind, entfernt werden.

(7) Upon request of the Principal, the Contractor shall immediately take all necessary measures to ensure that Prohibited Contents are also removed from any other internet pages on which they are visible.

(8) Der Auftragnehmer stellt sicher, dass die vertragsgemäße Verwendung von Widget, Gütesiegel sowie der Kunden- und Sternebewertungen rechtmäßig ist und hierdurch keine Rechte Dritter (zB Urheberrechte, Datenschutzrecht) verletzt werden. Ua wird der Auftragnehmer dafür sorgen, dass Kunden- und Sternebewertungen von Werbebeiträgen (einschließlich Werbelinks) abgegrenzt dargestellt werden.

(8) The Contractor shall ensure that the contractual use of the Widget, Quality Label and the Customer and Star Ratings is in compliance with the applicable law and that no third-party rights (e.g. copyrights, data protection law) are infringed as a result. The Contractor shall also ensure that Customer and Star Reviews are displayed separately from advertising contributions (including advertising links).

(9) Sollten Dritte Ansprüche wegen einer Pflichtverletzung des Auftragnehmers gegen den Auftraggeber geltend machen, die der Auftragnehmer zu vertreten hat, wird er den Auftraggeber hiervon freistellen. Die Freistellung umfasst auch die Kosten der Rechtsverteidigung. Im Übrigen bleiben die gesetzlichen Rechte des Auftraggebers unberührt.

(9) Should third parties assert claims against the Principal due to a breach of this Agreement by the Contractor for which the Contractor is responsible, the Contractor shall indemnify the Principal against such claims. The indemnification also includes the costs of legal defense. Otherwise, the statutory rights of the Principal shall remain unaffected.

§ 7 Geheimhaltung, Geschäftsgeheimnisse

§ 7 Secrecy, Trade Secrets

(1) Der Auftragnehmer wird über sämtliche Geschäftsgeheimnisse sowie alle sonstigen als vertraulich bezeichneten oder anderweitig erkennbar vertraulichen Informationen im Zusammenhang mit dem Betrieb und/oder den Produkten des Auftraggebers während der Vertragslaufzeit und für die Dauer von mindestens drei (3) Jahren nach Beendigung dieses Vertrages Stillschweigen bewahren. Eine Weitergabe dieser Informationen an Dritte oder eine Nutzung zu einem anderen Zweck als im Zusammenhang mit dem Vertrag ist dem Auftragnehmer nur nach vorheriger schriftlicher Zustimmung des Auftraggebers sowie nach vorheriger schriftlicher

(1) The Contractor undertakes to keep secret all business and trade secrets and all other information designated as confidential by the Principal or otherwise recognizably confidential and relating to the Principal's business and/or products during the term of this Agreement and for a period of at least three (3) years after termination of this Agreement. The Contractor shall not disclose such information to third parties or use it for any purpose other than the purposes for this Agreement without the prior written consent of the Principal and without a prior written commitment to confidentiality of the third party in accordance with the terms of this

Verpflichtung des Dritten zur Vertraulichkeit entsprechend den Bestimmungen dieses Vertrages gestattet. Bei Zweifeln über die Vertraulichkeit einer Information wird der Auftragnehmer vor jeder Weitergabe an Dritte den Auftraggeber nach dessen verbindlicher Einschätzung fragen.

(2) Die vorgenannten Pflichten gelten nicht für vertrauliche Informationen, (i) die allgemein bekannt sind oder werden, ohne dass der Auftragnehmer dabei gegen Pflichten verstoßen hat; (ii) die dem Auftragnehmer von Dritten, die zur Offenlegung befugt sind, bekannt gegeben wurden; (iii) die dem Auftragnehmer schon vor Offenbarung durch den Auftraggeber bekannt waren oder (iv) die der Auftragnehmer aufgrund einer Verpflichtung durch Gesetz oder Verordnung offenlegen muss, vorausgesetzt der Auftragnehmer informiert den Auftraggeber über eine solche Verpflichtung unverzüglich und so rechtzeitig vor der Offenlegung, dass der Auftraggeber das Bestehen einer solchen Verpflichtung überprüfen und die ggf. notwendigen Maßnahmen zur Wahrung seiner Vertraulichkeitsinteressen ergreifen kann.

§ 8 Laufzeit, Kündigung[9]

(1) Der Vertrag tritt mit Unterzeichnung durch beide Parteien in Kraft und hat eine Laufzeit von . . . . . Monaten. Er verlängert sich jeweils automatisch um weitere . . . . . Monate, wenn er nicht mit einer Frist von drei (3) Monaten zum jeweiligen Vertragsende schriftlich gekündigt wird. Das Recht zur außerordentlichen Kündigung bleibt unberührt.

(2) Die Kündigung bedarf der Schriftform.

(3) Der Auftraggeber ist verpflichtet, die Kunden- und Sternebewertungen sowie das Widget und das Gütesiegel nach Beendigung des Vertrages unverzüglich von seiner Website zu entfernen.

Agreement. In case of doubt about the confidentiality of an information, the Contractor will ask the Principal for his binding assessment before any disclosure to third parties.

(2) The aforementioned obligations shall not apply to confidential information (i) which is or becomes generally known without the Contractor having breached any of his obligations; (ii) which was disclosed to Contractor by third parties authorized to disclose; (iii) which was already known to Contractor prior to disclosure by the Principal or (iv) which the Contractor is required to disclose by law or regulation by virtue of an, provided that Contractor notifies Principal of any such obligation without undue delay and in sufficient time prior to disclosure to allow the Principal to verify the existence of such an obligation and to take any measures necessary to protect its confidentiality interests.

§ 8 Term, Termination[9]

(1) The Agreement shall enter into force upon signature by both parties and shall have a duration of . . . . . months. It shall be automatically extended by further . . . . . months if it is not terminated in writing with a notice period of three (3) months to the respective end of the agreement. The parties may terminate the Agreement at any time for good cause.

(2) The termination must be in writing.

(3) Upon termination of this Agreement, the Contractor shall to remove the Customer and Star Ratings as well as the Widget and Quality Label from his website without undue delay.

§ 9 Schlussbestimmungen

(1) Der Vertrag unterliegt deutschem materiellem Recht unter Ausschluss des Übereinkommens der Vereinten Nationen über den internationalen Warenverkauf (UN-Kaufrecht/CISG).[10]

(2) Der Geschäftssitz des Auftraggebers ist ausschließlicher Gerichtsstand. Der Auftraggeber bleibt zur gerichtlichen Rechtsverfolgung am allgemeinen Gerichtsstand des Auftragnehmers berechtigt.

(3) Sollten einzelne Bestimmungen dieses Vertrages ganz oder teilweise unwirksam oder undurchführbar sein oder werden, so wird die Wirksamkeit der übrigen Bestimmungen dadurch nicht berührt. Die Parteien verpflichten sich für diesen Fall, die unwirksame oder undurchführbare Bestimmung durch eine wirksame oder durchführbare Regelung zu ersetzen, die dem Sinn und Zweck des wirtschaftlich Gewollten gleich oder möglichst nah kommt. Gleiches gilt für etwaige Regelungslücken dieses Vertrages.

(4) Nebenabreden zu diesem Vertrag sind nicht getroffen. Änderungen oder Ergänzungen dieses Vertrages, einschließlich dieser Schriftformklausel, bedürfen zu ihrer Wirksamkeit der Schriftform.

(5) Erfüllungsort ist der Sitz des Auftraggebers.

. . . .

(Ort, Datum) (Ort, Datum)

. . . .

Auftraggeber Auftragnehmer

§ 9 Final Provisions

(1) The Agreement shall be governed by German material law, excluding the United Nations Convention on Contracts for the International Sale of Goods (UN Sales Law/CISG).[10]

(2) The Principal's place of business shall be the exclusive place of jurisdiction. The Principal remains entitled to take legal action at the Contractor's general place of jurisdiction.

(3) Should individual provisions of this Agreement be or become invalid or unenforceable in whole or in part, this shall not affect the validity of the remaining provisions. In such a case, the parties undertake to replace the invalid or unenforceable provision by a valid or enforceable provision which comes as close as possible to the meaning and purpose of the economic intent. The same applies to any legal loopholes in this agreement.

(4) No supplementary agreements to this Agreement have been made. Amendments or supplements to this agreement, including this written form clause, must be made in writing to be effective.

(5) Place of performance is the registered office of the Principal.

. . . .

(place, date) (place. Date)

. . . .

Principal Contractor

Anmerkungen

1. Marktumfeld. Laut einer Studie des Branchenverbandes BITKOM liest jeder zweite Online-Käufer die Bewertungen anderer Kunden. Zugleich fließen die Bewertungen in hohem Maße in die eigene Kaufentscheidung ein (Kollewe/KeukertE-Commerce-HdB S. 567). Außerdem bietet die gängige Sterne-Verteilung den Kunden eine schnelle Orientierungshilfe und die infolge guter Shop- oder Produktbewertungen vergebenen „Gütesiegel" lassen sich werbewirksam auf der Homepage der Anbieter integrieren. Schließlich können Produktbewertungen über die Einbindung von Mikrodatenformaten in die Ermittlung der organischen Suchmaschinen-Treffer einfließen (Kollewe/Keukert E-Commerce-HdB S. 570). Shop-Bewertungen sind daher bei den Online-Unternehmen eine zunehmend wichtige Maßnahme des Empfehlungsmarketings. Eigene Produktbewertungssysteme der Anbieter sind allerdings eher selten. Diese Lücke schließen die Anbieter externer Bewertungsportale. Manche sehen eine vorherige Prüfung des Shops als Voraussetzung für die Teilnahme vor, andere nehmen Anbieter ohne vorherige Prüfung auf (Kollewe/Keukert E-Commerce-HdB S. 573 u. 578). Teilweise wird auch die Abgabe der Produktbewertungen selbst als kommerzielle Dienstleistung angeboten (Kollewe/Keukert E-Commerce-HdB S. 572). Hiervon ist allerdings ebenso abzuraten, wie von der Abgabe positiver Eigenbewertungen oder gesteuerten Negativbewertungen über Produkte von Wettbewerbern. Abgesehen davon, dass die rechtlichen Grenzen, insbesondere die des Wettbewerbsrechts, einzuhalten sind, weil sonst Rechtsstreitigkeiten mit Wettbewerbern oder Verbraucherverbänden drohen, können publik gewordene selbst inszenierte Bewertungen erhebliche Imageschäden für den Anbieter nach sich ziehen.

2. Vertragsgegenstand. Gegenstand des Vertrags ist die Nutzung des Bewertungssystems des Auftragnehmers durch den Auftraggeber. Dieser nutzt das mittels der Social-Commerce Technologie des Auftragnehmers sichtbar gemachte, tagaktuelle Gütesiegel, den Bewertungsschnitt und die Kundenbewertungen zu Marketingzwecken, indem er sie zB über ein Widget, ein grafisches Fensterelement auf der eigenen Website einbindet. Wenn der Besucher das Widget anklickt, wird er auf die Detailseite der Anbieter-Prüfung geleitet, wo er die Einzelbewertungen einsehen kann. Auch die Bewertungen einzelner Produkte können, je nach Anbieter, unmittelbar auf der Website des Auftraggebers angezeigt werden (Kollewe/Keukert E-Commerce-HdB S. 568 u. 578). Im Allgemeinen hat der Auftraggeber die Wahl, ob er nur die Bewertung seines Unternehmens insgesamt, oder auch die Bewertung einzelner Produkte auf seiner Website wiedergeben möchte. Sofern das Bewertungsportal eine entsprechende Kooperation mit Suchmaschinen eingegangen ist, können die abgegebenen Kundenbewertungen zudem bei „Google-Shopping" bzw. über Product Listing Ads (PLA) berücksichtigt werden. Das System zur Abgabe der Kundenbewertungen ist einfach: Kunden werden nach erfolgtem Kauf zB per E-Mail, die einen Bewertungslink zur Website der Bewertungsplattform enthält, aufgefordert, eine Bewertung über das Unternehmen/ein Produkt abzugeben, indem sie bis zu fünf Sterne vergeben und einen kurzen Text schreiben können. Zum Teil ist auch eine Eingabe unmittelbar über die Website des Bewertungsportals möglich. Um Missbrauch zu vermeiden, ist in diesem Fall darauf zu achten, dass unmittelbar eingegebene Bewertungen nur unter Angabe von Bestellnummer, Bestelldatum und E-Mail-Adresse des Bewertenden abgegeben werden können. Dies sollte der Auftragnehmer bereits systemseitig sicherstellen. Die Bereitstellung des Portals gegen Entgelt zählt zu den Hauptpflichten des Auftragnehmers. Die Systemverfügbarkeit ist einer der entscheidenden Aspekte für den Auftraggeber. Dies gilt erst recht, wenn, wie in diesem Formular, eine Zeitvergütung vorgesehen ist. End-to-End-Verfügbarkeiten liegen üblicherweise in einem Bereich zwischen 97,5 % und 99 % pro Kalendermonat, Hochverfügbarkeitslösungen bieten teilweise auch Verfügbarkeitszusagen von bis zu 99,90 %, wobei Wartungsfenster bei Berechnung der Verfügbarkeit, wie auch hier, häufig abgezogen werden.

3. Vertragstyp. Die geschuldeten Leistungen liegen einerseits in der Bereitstellung, Konfiguration und Integration der Software, die außerdem automatisierte Aufforderungsmails versendet, die Kundenbewertungen auswertet und veröffentlicht. Ferner kann das Unternehmen das Gütesiegel und das Widget nutzen. Verträge mit Bewertungsportalen haben mithin IT-Leistungen zum Gegenstand, die typischerweise in der Form des Application Service Providing (ASP) bzw. als Software as a Service (Saas) erbracht werden. Hierbei handelt es sich um atypische, nicht im Gesetz geregelte Verträge, so dass es für die Vertragsgestaltung von wesentlicher Bedeutung ist, die nach dem Vertrag zu erbringenden Leistungen möglichst detailliert zu regeln, zB in einem Leistungsverzeichnis, das als Anlage zum Vertrag genommen wird. Mit Blick auf die Einräumung von Nutzungsrechten an der Technologie, den Bewertungen und dem Gütesiegel enthält der Vertrag lizenzvertragliche Elemente. IT-Verträge in der Ausgestaltung als ASP- bzw. SaaS-Verträge werden nach hM ihrem Schwerpunkt nach grundsätzlich dem Mietvertragsrecht unterworfen (→ Form. C.9 Anm. 2). Wenn es dem Auftraggeber allerdings vorrangig um die Funktionsfähigkeit der Technologie geht, können diese Verträge im Ergebnis auch als Werkverträge anzusehen sein (→ Form. F.3 Anm. 2). Auch hier hat der Auftraggeber vorrangig ein Interesse an der Funktionsfähigkeit der Technologie. Außerdem ist es aus Sicht des Auftraggebers von erheblicher Bedeutung, dass der Auftragnehmer die von den Kunden abgegebenen Bewertungen einer Kontrolle gemäß den nach Inhalt und Umfang detailliert vereinbarten Maßstäben unterzieht. Dabei ist es typischerweise im Interesse des Auftraggebers, dass der Auftragnehmer nicht nur ein Bemühen schuldet, sondern einen konkreten Arbeitserfolg. Der Vertrag mit dem Bewertungsportal wird hier daher im Ergebnis im Wesentlichen dem Werkvertragsrecht gemäß §§ 631 ff. BGB unterliegen.

4. Nutzungsrechte. Dem Auftraggeber werden die zum Betrieb erforderlichen einfachen Nutzungsrechte an der Software des Auftragnehmers eingeräumt. Außerdem werden dem Auftraggeber einfache Nutzungsrechte zur Verwendung des Gütesiegels und der Kundenbewertungen zu Werbe- und Marketingzwecken eingeräumt. Zu weiteren Einzelheiten der erforderlichen Nutzungsrechteeinräumung (→ Form. K.5 Anm. 7).

5. Vergütung, Steuerfragen. Es gibt Bewertungsportale, die feste monatliche Pauschalen berechnen, aber auch solche, die ihr Vergütungssystem an die Anzahl der Bewertungen pro Monat gekoppelt haben (Kollewe/Keukert E-Commerce-HdB 578 u. 583). Je nach konkretem Vergütungsmodell ist es für den Auftraggeber von Interesse, einen Cap für die Vergütung zu verhandeln, weil sich die Kosten für den Auftraggeber sonst nicht immer verlässlich im Voraus kalkulieren lassen. Dies gilt insbesondere, wenn bei Überschreiten einer bestimmten Anzahl von „Maximalbewertungen" automatisch eine höhere Anzahl von Bewertungen gebucht ist, weil hiermit nicht unerheblich höhere Kosten für den Auftragnehmer einhergehen können. Bei der Preisgestaltung zu beachten ist zudem, ob für die Übermittlung der Bewertungen an Google gesonderte Beträge anfallen (Kollewe/Keukert E-Commerce-HdB S. 577).

Die vereinbarte Vergütung sollte – unter Berücksichtigung der eingeräumten urheberrechtlichen Nutzungsrechte – angemessen sein. Denn anderenfalls kann der Urheber von seinem Vertragspartner die Einwilligung in die Änderung des Vertrages verlangen, durch die dem Urheber die angemessene Vergütung gewährt wird, §§ 69a Abs. 4, 32 Abs. 1 S. 2 UrhG. Zu denken ist schließlich im Falle der Beauftragung eines Anbieters mit Sitz im Ausland wegen der Lizenzeinräumung zugunsten eines inländischen Auftraggebers auch an eine etwaige Quellensteuerpflicht. Bei Beauftragung eines ausländischen Anbieters sollte daher vorab wegen der Lizenzeinräumung auch eine mögliche Pflicht zur Abführung der Quellensteuer durch den inländischen Auftraggeber geklärt werden.

6. Wettbewerbsrecht. In Bewertungsportalen veröffentlichte Produkt- und Anbieterbewertungen fördern den freien Informationsaustausch und dienen dem transparenten Leistungsvergleich. Allerdings ist es wegen des erheblichen Interesses an einer positiven Darstellung eigener Angebote bei Unternehmen beliebt, Bewertungen selbst bzw. durch Mitarbeiter oder PR-Agenturen abgeben zu lassen („Astroturfing", vgl. Ohly/Sosnitzka/Sosnitzka UWG § 5a Rn. 111; Lichtnecker GRUR 2014, 523 (527); Krieg/Roggenkamp K&R 2010, 589), oder Kunden bei der Abgabe von Bewertungen durch Rabatte oder Zugaben zu beeinflussen (Lichtnecker GRUR 2014, 523 (527); OLG Hamm GRUR-RR 2011, 473). Außerdem kann es zu Bewertungen mit rechtsverletzenden, insbesondere beleidigenden Inhalten kommen. Die Grenze des Zulässigen zieht das Wettbewerbsrecht, insbesondere mit dem Verbot der Irreführung sowie dem Verbot der Anschwärzung bzw. Herabsetzung. Soweit ein Anbieter selbst irreführende oder gefälschte Kundenbewertungen abgibt, dafür bezahlt oder ihm aus anderen Gründen die Kundenbewertungen als Werbung zugerechnet werden können, haftet er als Täter bzw. ggf. als Mittäter eines Wettbewerbsverstoßes (vgl. BGH GRUR 2020, 543 Rn. 41 – Kundenbewertungen auf Amazon; OLG HammGRUR-RR 2011, 473 – Erkauftes Lob; OLG Frankfurt a. M. GRUR-RR 2020, 87 (89 f.) –gekaufte Kundenbewertungen; OLG Frankfurt a. M. GRUR-RR 2021, 124 (135) – Whirlpoolverlosung; Köhler/Bornkamm/Feddersen/Köhler UWG § 5 Rn. 1.166 u. § 5a Rn. 74.89; LichtneckerGRUR 2013, 135 (139); Gräbig-GRUR-Prax 2019, 197; PukasWRP 2019, 1421 (1423)). Ergänzend kommen grds. auch Ansprüche aus unerlaubter Handlung gemäß §§ 823 ff. BGB in Frage, zB im Falle einer Verletzung des Rechts am eingerichteten und ausgeübten Gewerbebetrieb oder des allgemeinen (Unternehmens-) Persönlichkeitsrechts (BGH GRUR 2020, 435 Rn. 33 ff. – Zulässigkeit einer Bewertungsdarstellung eines Unternehmens in Internet-Bewertungsportal – www.yelp.de; Härting InternetR Rn. 350; zum Sonderfall des „Review Bombing" vgl auch Nasr/Peters GRUR-Prax 2023, 547 Rn. 11).

Die Kunden des Auftraggebers werden zeitnah nach dem Kauf, zB über eine Autoresponder-Funktion per E-Mail, zur Abgabe einer Bewertung aufgefordert. Grundsätzlich ist es zulässig, den Kunden Feedback-Anfragen zu senden, sofern die Bestimmungen des § 7 UWG beachtet werden. Anderenfalls ist die Kontaktaufnahme als unzumutbare Belästigung („Spam") unzulässig. Der Auftraggeber muss im Regelfall unter Hinweis auf die jederzeitige Widerspruchsmöglichkeit vorsorglich die **gesonderte Einwilligung der Kunden** in den Erhalt von Aufforderungsmails einholen (§ 7 Abs. 2 UWG), weil auch die Aufforderungsmails letztlich dem Ziel der Absatzförderung dienen (vgl. zB BGH NJW 2018, 3506 (3507 f.); KG NJW-RR 2017, 811; OLG Dresden GRUR-RR 2016, 462 Rn. 24 f.; OLG Köln GRUR-RR 2014, 80 (82); Köhler/Bornkamm/Feddersen/Köhler UWG § 7 Rn. 154 u. 275; Lichtnecker GRUR 2014, 523 (527)). Seit dem 24.2.2016 können Datenschutzverstöße zudem zweifelsfrei zur Grundlage wettbewerbsrechtlicher Ansprüche zB von Verbraucherverbänden gemacht werden (§ 2 Abs. 2 Nr. 11 UKlaG) und aus datenschutzrechtlichen Gründen bedarf es gleichermaßen einer Einwilligung der Kunden (→ Anm. 7). Die Einwilligung der Kunden muss ohne Zwang, für den konkreten Fall und in Kenntnis der Sachlage erfolgen.

Auch wenn Feedback-Anfragen unter den von § 7 Abs. 3 UWG statuierten Voraussetzungen grundsätzlich zulässig sein können (BGH NJW 2018, 3506 (3508); Wilde MMR 2017, 283 (286)), ist anzuraten hier sorgfältig vorzugehen. So dürfen die Aufforderungsmails **keine Werbung für andere Produkte** des Unternehmens, oder Produkte anderer – auch verbundener – Unternehmen enthalten, wenn die Kunden nicht auch hierin vorher ausdrücklich eingewilligt haben. Denn die Verbotsausnahme für E-Mail-Werbung innerhalb bestehender Kundenbeziehungen (§ 7 Abs. 3 UWG) erstreckt sich nur auf eigene ähnliche Waren des Unternehmens. Dabei ist der Kreis ähnlicher Waren auf substituierbare Waren sowie (str.) Ersatzteile und Zubehör beschränkt (Köhler/Bornkamm/Feddersen/Köhler UWG § 7 Rn. 275; Ohly/Sosnitzka/Ohly UWG § 7 Rn. 95). Aus diesem Grunde sollte, wenn keine vorherige Einwilligung des Kunden eingeholt wird, auch darauf geachtet werden, dass sich die Feedback-Anfrage nicht (zugleich) auf das gesamte Unternehmen bezieht, weil anderenfalls die Grenzen des § 7 Abs. 3 UWG schon überschritten sein könnten. Außerdem muss bereits bei der Erhebung der E-Mail-Adresse des Kunden (und bei jeder weiteren Verwendung) ein klarer und deutlicher Hinweis darauf erfolgen, dass der Kunde der Verwendung jederzeit widersprechen kann, ohne dass hierfür andere als die Übermittlungskosten nach den Basistarifen entstehen (BGH NJW 2018, 3506 (3508); Köhler/Bornkamm/Feddersen/Köhler UWG § 7 Rn. 277). Da das werbende Unternehmen zudem dokumentieren können muss, dass es dem konkreten Kunden den Hinweis auf die Widerrufsmöglichkeit gegeben hat, ist auch hier eine möglichst sichere Nachweismöglichkeit anzuraten, wie sie auch für das Einholen der Kundeneinwilligung empfohlen wird (zB durch Double-opt-in-Verfahren, vgl. hierzu BGH GRUR 2011, 936 Rn. 30 ff.; Köhler/Bornkamm/Feddersen/Köhler UWG § 7 Rn. 257).

Zu beachten ist, dass Unternehmer selbst oder durch Mitarbeiter (ohne entsprechend deutliche Kenntlichmachung) **keine Bewertungen über eigene Angebote** abgeben und auch Dritten nicht in Auftrag geben dürfen. Kundenbewertungen dürfen auch nicht verändert werden. Denn derart getarnte Werbemaßnahmen sind unzulässig gemäß § 5a Abs. 4 UWG (Köhler/Bornkamm/Feddersen/Köhler UWG § 5a Rn. 4.89; Ohly/Sosnitzka/Sosnitzka UWG § 5a Rn. 111; Gräbig GRUR-Prax 2019, 197; Lichtnecker GRUR 2014, 523 (527); Lichtnecker GRUR 2013, 135 (139); Ahrens/Richter WRP 2011, 814 (815 f.); Heermann WRP 2014, 509 (513 f.); Krieg/Roggenkamp K&R 2010, 689 (691); BGH GRUR 2020, 543 (548) – Kundenbewertungen auf Amazon; OLG Frankfurt a. M. GRUR-RR 2020, 87 (89 f.) –gekaufte Kundenbewertungen; LG Hamburg GRUR-RR 2012, 400). Voraussetzung dafür ist allerdings, dass nicht vorrangige bereichsspezifische Spezialvorschriften, welche bereits die Anforderungen an die Erkennbarkeit der kommerziellen Kommunikation in einem bestimmten Bereich festlegen einschlägig sind (zu § 6 Abs. 1 Nr. 1 TMG vgl. BGH GRUR 2021, 1414 Rn. 60 – Influencer II). Ebenfalls vorrangig vor § 5a Abs. 4 UWG können die stets unzulässigen irreführenden geschäftlichen Handlungen gegenüber Verbrauchern gemäß dem Anhang zu § 3 Abs. 3 UWG einschlägig sein, soweit deren Anwendungsbereich reicht. Relevant sein kann insofern gemäß Anhang Nr. 23b. die Behauptung, dass Produktbewertungen von Verbrauchern stammen, die das Produkt, also eine Ware oder Dienstleistung, tatsächlich erworben oder benutzt haben, ohne dass angemessene und verhältnismäßige Maßnahmen zur Überprüfung ergriffen wurden, ob die Bewertungen tatsächlich von solchen Verbrauchern stammen (vgl. hierzu Ohly/Sosnitzka/Sosnitzka UWG Anhang § 3 Abs. 3 Rn. 76 f. u. § 5a Rn. 38) und gemäß § 3 Abs. 3 UWG Anhang Nr. 23c. die Übermittlung oder Beauftragung gefälschter Bewertungen oder Empfehlungen von Verbrauchern sowie die falsche Darstellung von Bewertungen oder Empfehlungen von Verbrauchern in sozialen Medien zu Zwecken der Verkaufsförderung (vgl. hierzu Ohly/Sosnitzka/Sosnitzka UWG Anhang § 3 Abs. 3 Rn. 78 ff. u. § 5a Rn. 38). Darüber hinaus können getarnte Werbeangaben über Bewertungen ggf. auch unzulässig gemäß § 5a Abs. 1 bzw. § 5 Abs. 1 UWG sein (OLG Frankfurt a. M.GRUR-RR 2020, 87 (89 f.) – gekaufte Kundenbewertungen; OLG Hamm GRUR-RR 2011, 473 – Erkauftes Lob; LG Berlin MMR 2012, 683; Köhler/Bornkamm/Feddersen/Köhler UWG § 5a Rn. 4.89; Ohly/Sosnitzka/Sosnitzka UWG § 5 Rn. 610; Büscher GRUR 2017, 443 (440); Ahrens/Richter WRP 2011, 814 (817); kritisch hierzu Heermann WRP 2014, 509 (514)). Das Vertragsformular enthält zudem die Vorgabe aus § 5a Abs. 1 UWG, dass in jedem Fall die Gesamtzahl und der Zeitraum der berücksichtigten Bewertungen anzugeben sind (vgl. BGH GRUR-RS 2024, 18252). Der Auftragnehmer muss dem Auftraggeber diese Informationen zur Verfügung stellen. Der Auftraggeber muss seinerseits darauf achten, dass sie korrekt auf seiner Homepage wiedergegeben sind. Zu beachten ist auch, dass es gemäß § 5b Abs. 3 UWG zu den wesentlichen Informationen gemäß § 5a Abs. 1 UWG zählt, ob und wie ein Unternehmer, der Bewertungen von Verbrauchern über Produkte zugänglich macht, sicherstellt, dass die veröffentlichten Bewertungen von Verbrauchern stammen, die die Produkte tatsächlich genutzt oder erworben haben.

Unzulässig ist es auch, wenn ein Unternehmen, ohne dies kenntlich zu machen, seinen Kunden für die Abgabe positiver, vorformulierter Bewertungen Rabatte einräumt (OLG Hamm GRUR-RR 2011, 473 – Erkauftes Lob; Gräbig GRUR-Prax 2019, 197; Lichtnecker GRUR 2014, 523 (527)). Denn dann werden die Verkehrsteilnehmer darüber getäuscht, dass die Bewertungen auf der Grundlage freier und unbeeinflusster Kundenmeinungen abgegeben worden sind. Schließlich darf durch das Bewertungssystem die **Gesamtbewertung nicht verfälscht** werden. Negative Bewertungen müssen gleichwertig Berücksichtigung finden. Auch dürfen schlechte oder neutrale Kundenbewertungen nicht prinzipiell verzögert online gestellt werden, sofern hierauf nicht deutlich hingewiesen wird (BGH GRUR 2016, 828 (830) – Kundenbewertung im Internet). Selbst im Falle beleidigender Inhalte genügt es zur Beseitigung einer Rechtsverletzung, wenn der beleidigende Inhalt entfernt wird. Die Sternebewertung muss auch in diesem Fall in die Gesamtbewertung einfließen (OLG Düsseldorf MMR 2013, 595 (596) – Garantiert echte Kundenmeinungen; Gräbig GRUR-Prax 2019, 197). Es darf auch keine hohe Platzierung in einem Beliebtheitsranking eines Bewertungsportals erkauft werden (LG Berlin MMR 2012, 683). Schließlich müssen die maßgeblichen Kriterien zur Bildung einer Gesamtnote erkennbar werden (Büscher GRUR 2017, 437 (441)). Soweit Unternehmen überlegen, das mit der Beeinflussung von Kundenbewertungen verbundene rechtliche Risiko wegen der **Beweisschwierigkeiten Dritter** in Kauf zu nehmen (vgl. hierzu Solmecke/Kocatepe Online-Marketing-R S. 243), sollten sie neben der Möglichkeit der Gerichte, sich auf objektive Indizien zu stützen (vgl. LG Hamburg GRUR-RR 2012, 400; Heermann WRP 2014, 509 (514)), auch etwaige Hinweise aus dem Kreis der eigenen (ehemaligen) Mitarbeiter in Betracht ziehen. Vorab bedacht werden sollte auch, dass es typischerweise zu erheblichen **Vertrauensverlusten bei den Kunden** kommt, wenn publik wird, dass ein Unternehmen Kundenbewertungen gekauft oder anderweitig beeinflusst hat.

Ohne vorherige Aufforderung abgebebene Bewertungen im Rahmen öffentlicher Portale (zB Ärztebewertungen) sind häufig Gegenstand von Ansprüchen wegen unwahrer Tatsachenbehauptungen oder Schmähkritik (zu den Begrifflichkeiten und zur Abgrenzung zwischen Tatsachenbehauptungen und Werturteilen vgl. Ohly/Sosnitzka/Sosnitzka UWG § 5 Rn. 94 ff. mwN). Diese Ansprüche werden bei Beauftragung eines Bewertungsportals durch ein Unternehmen seltener relevant. Sofern jedoch über ein Bewertungsportal über einen Wettbewerber gezielt unwahre Tatsachen verbreitet oder negative Werturteile abgegeben oder in Auftrag gegeben werden, kommen auch insofern die Tatbestände der Herabsetzung (§ 4 Nr. 1 UWG) bzw. der Anschwärzung (§ 4 Nr. 2 UWG) und ggf. ergänzend Ansprüche aus §§ 823 ff. BGB in Betracht.

Im Falle einer Rechtsverletzung besteht grundsätzlich ein Anspruch des Betroffenen auf Löschung der Aussagen (OLG Hamburg GRUR-RS 2012, 02275 Rn. 73). Daneben hat der Betreiber der Plattform ein „virtuelles Hausrecht" und kann die nach seinen Nutzungsbedingungen unerwünschten Benutzer vom Besuch der Website ausschließen bzw. jedenfalls unzulässige Bewertungen löschen lassen (OLG Köln MMR 2001, 52; LG München I ZUM-RD 2007, 261 (266); Härting InternetR Rn. 793 u. 1450; zum virtuellen Hausrecht → K.3 Anm. 4). Das Formular sieht daher vor, dass der Auftragnehmer gegenüber dem Auftraggeber nach entsprechender Aufforderung zur Löschung unzulässiger Bewertungen verpflichtet ist.

7. Datenschutzrecht. Nachdem die für das Versenden der Aufforderungsmails verarbeiteten Daten (zB E-Mail-Adressen oder ggf. Kundennamen) personenbezogene Daten sind, müssen die einschlägigen datenschutzrechtlichen Bestimmungen beachtet werden. Das allerdings das Versenden der Aufforderungsmails der Vertragsabwicklung zeitlich nachgelagert ist und der diesbezügliche Datenumgang auch zu anderen Zwecken als zur Vertragsabwicklung, erfolgt, kann insoweit nicht auf Art. 6 Abs. 1b) DS-GVO als Ermächtigungsgrundlage zurückgegriffen werden. Auch eine sonstige datenschutzrechtliche Rechtfertigung für die Zwecke des Versands der Aufforderungsmails ist nicht ersichtlich. Folglich bedarf es – zusätzlich zu den wettbewerbsrechtlichen Anforderungen (→ Anm. 6) – auch aus datenschutzrechtlichen Gründen einer vorherigen **freiwilligen, informierten Einwilligung der Kunden** in die Verarbeitung ihrer personenbezogenen Daten. Für die Einwilligung müssen die Regelung des Art. 6 Abs. 1a) DS-GVO sowie des

Art. 7 DS-GVO beachtet werden. Für den Umgang mit den auf der Website des Bewertungsportals erscheinenden **personenbezogenen Daten der Bewerteten** kann hingegen, je nach Ergebnis der erforderlichen Interessenabwägung im Einzelfall, eine Rechtfertigung gemäß Art. 6 Abs. 1f) DS-GVO in Betracht kommen (zu § 29 BDSG vgl. BGH NJW 2009, 2888 (2891) – Spickmich.de; BGH GRUR 2014, 1228 (1229) – jameda.de).

8. Haftung. Die vertragliche Haftungsregelung betrifft das **Innenverhältnis** zwischen Unternehmen und Bewertungsportal. Der Auftragnehmer hat dafür Sorge zu tragen, dass das Bewertungssystem den gesetzlichen Bestimmungen, insbesondere den Anforderungen des Daten- und Wettbewerbsrechts genügt. Der Auftraggeber hat seinerseits dafür Sorge zu tragen, dass die datenschutzrechtliche Einwilligung der Kunden in den Erhalt der E-Mail mit dem Bewertungslink eingeholt wird. Das Formular sieht keine Haftungsbegrenzung im Innenverhältnis vor, dh der Auftragnehmer haftet bei schuldhafter Verletzung seiner Pflichten unbegrenzt für hieraus entstehende Schäden. In der Praxis werden die Anbieter daher in aller Regel die Haftung zumindest der Höhe nach beschränken wollen. Sofern zu Gunsten des Verwenders des Formulars Haftungsbeschränkungen im Innenverhältnis aufgenommen werden, ist zu berücksichtigen, dass die Vereinbarung mit dem Bewertungsportal ggf. als vom Auftraggeber gestellte Allgemeine Geschäftsbedingungen einzuordnen sein können (vgl. zur Abgrenzung zwischen Allgemeinen Geschäftsbedingungen und Individualvereinbarung ua MüKoBGB/Fornasier § 305 Rn. 36 ff.). Die Grenzen von § 307 BGB sind in diesem Fall zu beachten.

Im Außenverhältnis kommt für den Fall einer Inanspruchnahme auf Schadensersatz wegen Rechtsverletzungen Dritter die für Anbieter digitaler Dienste geltende Privilegierung gemäß Art. 4 ff. DSA (vgl. hierzu zB Hofmann/Raue/Hofmann DSA Art. 6 Rn. 1, Redeker IT-R Rn. 1462; Kraul Der neue DSA Rn. 115; vgl. aber auch Sesing/Wagenpfeil ZRP 2023, 115) in Betracht. Der Auftragnehmer hält mit den Kundenbewertungen fremde Inhalte bereit. Diese macht er sich auch nicht zu Eigen, weil er nicht nach außen erkennbar die inhaltliche Verantwortung für die veröffentlichten Inhalte übernimmt (BGH GRUR-RS 2020, 1917 Rn. 39 – Internet-Bewertungsportal; GRUR 2020, 543 (545) – Kundenbewertungen auf Amazon; GRUR 2016, 855 (856 f.) – www.jameda.de). Denn weder präsentiert der Betreiber die Bewertungen als eigene, noch erfolgt eine inhaltlich-redaktionelle Überprüfung der auf dem Portal eingestellten Nutzerbewertungen auf Vollständigkeit und Richtigkeit. Dies gilt selbst dann, wenn eine vor der Veröffentlichung erfolgende (teilweise automatische) Überprüfung der abgegebenen Bewertungen auf Unregelmäßigkeiten und die Ermittlung eines Durchschnittswertes aus den abgegebenen Einzelnoten erfolgt (BGH GRUR-RS 2020, 1917 Rn. 39 – Internet-Bewertungsportal; GRUR 2016, 855 (857) – www.jameda.de; GRUR 2015, 1129 Rn. 28 – Hotelbewertungsportal). Dies ändert sich auch nicht durch die gegenüber dem Auftraggeber übernommene Prüfpflicht, weil diese im Innenverhältnis übernommene Prüfpflicht sich nicht als Übernahme inhaltlicher Verantwortung gegenüber Dritten darstellt. Der Betreiber eines Bewertungsportals ist daher grundsätzlich nicht verpflichtet, die von den Nutzern ins Netz gestellten Beiträge vor der Veröffentlichung auf eventuelle Rechtsverletzungen zu überprüfen. Er ist aber verantwortlich, sobald er **Kenntnis** von den Rechtsverletzungen erlangt und seine hieraus resultierenden Prüfpflichten verletzt (BGH GRUR 2016, 855 – www.jameda.de; Krieg/Roggenkamp K&R 2010, 589 (692)). Mit Kenntnis einer Rechtsverletzung greift das „notice-and-take-down"-Verfahren, zu dessen Einrichtung der Auftragnehmer gemäß Art. 16 DSA verpflichtet ist. Weiterhin ist der Auftragnehmer zur Erfüllung der Transparenzpflichten aus Art. 15 DSA verpflichtet. Unter Berücksichtigung der gebotenen Zurückhaltung bei der Annahme einer Identifikation mit fremden Inhalten (BGH GRUR-RS 2020, 1917 Rn. 39 – Internet-Bewertungsportal; GRUR 2012, 751 Rn. 11 – RSS-Feeds; GRUR 2009, 1093 Rn. 19 – Domainverpächter; GRUR 2015, 1129 Rn. 25 – Hotelbewertungsportal) gilt auch für den Auftraggeber, dass er sich die Kundenbewertungen nicht zu eigen macht, indem er sie unverändert auf seiner Website wiedergibt. Vorsicht ist allerdings geboten, soweit der Auftraggeber bereits einmal eine strafbewehrte Unterlassungserklärung abgegeben hat, weil die **vertragliche Haftung** aus einem Unterlassungsvertrag, soweit dort nicht ausdrücklich ausgenommen, ggf. auch Kundenbewertungen mit ähnlichen Aussagen erfassen kann (so zB OLG Köln MMR 2017, 842 (843 f.); Gräbig GRUR-Prax 2019, 197 (198)).

Im Übrigen gilt die vorgenannte Privilegierung des Anbieters digitaler Dienste nach der Rechtsprechung des Bundesgerichtshofs nicht für **Unterlassungs- und Beseitigungsansprüche.** Diese richten sich vielmehr nach den allgemeinen Regeln (BGH GRUR 2016, 855 (857) – www.jameda.de).

Unterlassungs- und Beseitigungsansprüche Dritter wegen etwaiger, vom Auftragnehmer verursachter Rechtsverletzungen können gemäß § 8 Abs. 2 UWG auch gegen den Auftraggeber geltend gemacht werden. Dafür spricht, dass dem Auftraggeber aufgrund der vertraglichen Regelung ein bestimmender und durchsetzbarer Einfluss auf die Veröffentlichung unzulässiger Inhalte eingeräumt wird. Außerdem ist § 8 Abs. 2 UWG weit auszulegen (Köhler/Bornkamm/Feddersen/Köhler UWG § 8 Rn. 2.34). Vorsorglich sieht der Vertrag daher eine Freistellung zugunsten des Auftraggebers für eine Inanspruchnahme wegen vom Auftragnehmer zu vertretender Rechtsverletzungen vor. Aufgrund der verschuldensabhängigen Haftung des § 8 Abs. 2 UWG, die auch für das Handeln von Mitarbeitern gilt, ist es zur Reduzierung von Haftungsrisiken, die aus unbedachtem Mitarbeiterhandeln entstehen können, zudem empfehlenswert, den Mitarbeitern Vorgaben für eine etwaige Bewertung ihres Arbeitgebers zu machen. Insbesondere sollten sie keine Produkt-/Anbieterbewertung für ihren Arbeitgeber abgeben, ohne kenntlich zu machen, dass sie dem Unternehmen angehören. Dies betrifft neben den Geschäftsführern, für deren Handeln das Unternehmen gemäß §§ 31, 89 BGB haftet, in jedem Fall Mitarbeiter in leitender Funktion (Lichtnecker GRUR 2014, 523 (527); Krieg/Roggenkamp K&R 2010, 689 (692)), kann aber auch für andere Mitarbeiter, insbesondere aus dem Marketingbereich, anzunehmen sein.

9. Laufzeit. Das Formular sieht vor, dass die Kündigung des Vertrages der Schriftform unterliegt. Bei der Verwendung des Formulars ist zu beachten, dass ein solches Schriftformerfordernis gem. § 126 BGB in Allgemeinen Geschäftsbedingungen gem. § 307 Abs. 1 S. 1 BGB unangemessen wäre, wenn die Kommunikation im Übrigen, insbesondere der Vertragsschluss, ausschließlich in elektronischer Form erfolgt (BGH NJW 2016, 2800).

Nach Beendigung des Vertrages entfällt das Recht des Auftraggebers zur Nutzung der Kundenbewertungen, des Gütesiegels und des Widgets. Der Auftraggeber muss mithin dafür Sorge tragen, die entsprechenden Inhalte von seiner Website zu entfernen. Es ist den Parteien indes unbenommen, abweichende vertragliche Vereinbarungen zu treffen und etwa für eine angemessene Übergangszeit weiter Kundenbewertungen, das Gütesiegel und das Widget anzeigen zu dürfen. Zur Vermeidung einer Irreführung ist es dann allerdings notwendig, den Stand der Bewertungen bzw. des Gütesiegels mit anzugeben.

10. Internationales Privatrecht. Die großen Anbieter von Bewertungsplattformen sind international tätig und bieten Bewertungen in zahlreichen Sprachen an. Wegen des denkbaren Auslandsbezugs empfiehlt sich eine ausdrückliche Regelung zum anwendbaren Recht. In dem Formular ist für die vertraglichen Ansprüche einschließlich der Vertragsauslegung sowie einer etwaigen Leistungsstörung und deren Folgen die Anwendbarkeit deutschen materiellen Rechts vorgesehen. Außervertragliche Schuldverhältnisse, insbesondere eine etwaige deliktische Haftung gegenüber Dritten wird von der Rechtswahlklausel hingegen nicht erfasst. Insoweit bleibt es bei den gesetzlichen Regelungen des Internationalen Privatrechts (zu Einzelheiten → Form. K.5 Anm. 13). Sofern das Internationale Privatrecht zur Anwendbarkeit inländischen Sachrechts führt, ist zu beachten, dass sich Unternehmen mit Sitz in einem anderen EU-Staat und ohne Niederlassung in Deutschland im Rahmen der außervertraglichen Haftung gegenüber Dritten uU gleichwohl auf günstigere gesetzliche Regelungen ihres Sitzstaates berufen können, § 3 DDG (zu den Einzelheiten des Herkunftslandprinzips → Form. K.5 Anm. 13). Dies gilt aber nicht für ausländische Unternehmen, die mittels ihrer auf den inländischen Markt ausgerichteten Website werben. Außerdem gilt dies nicht für die im Digitale-Dienste-Gesetz geregelten Bereichsausnahmen. Relevant für Bewertungsportale sind insofern § 3 Abs. 4 Nr. 3 DDG (Zulässigkeit von Werbemails), und § 3 Abs. 4 Nr. 6 DDG (Urheberrecht und gewerbliche Schutzrechte). Für diese Bereiche bleibt es bei der Anwendbarkeit der über das Internationale Privatrecht ermittelten (inländischen) sachrechtlichen Bestimmungen. Das Herkunftslandprinzip bleibt auch vom Inkrafttreten des Digital Services Act unberührt (vgl. Steinrötter EU-Plattformregulierung-HdB/Schauer/Steinrötter Rn. 67; Spindler GRUR 2021, 545 (546); Dregelies VuR 2023, 175 (176)). Zu weiteren Einzelheiten des Internationalen Privatrechts und eine etwaige Privilegierung als Anbieter digitaler Dienste bei Online-Werbemaßnahmen → Form. K.5 Anm. 13.

5. Influencer-Vertrag

Influencer-Vertrag

zwischen

X-GmbH, ... [Adresse]
– nachstehend „Auftraggeber" genannt –

und

. . . . . [Name], ... [Adresse]
– nachstehend „Influencer" genannt –

Influencer-Agreement

between

X-GmbH, ... [address]
– hereinafter referred to as „Customer" –

and

. . . . . [name], ... [address]
– hereinafter referred to as „Influencer" –

§ 1 Vertragsgegenstand[1, 2, 3]

(1) Gegenstand dieses Vertrages ist das Erstellen der nachfolgend bezeichneten Beiträge durch den Influencer und das Liveschalten dieses Beitrages in seinem Kanal bzw. Account (nachstehend „Kanal" genannt), erreichbar unter der URL [http://www. . . . .] (nachstehend „Post" genannt) und in den nachfolgend bezeichneten Medien zu den vereinbarten Leistungsterminen.

(2) Die Leistung erfolgt zu Marketingzwecken des Unternehmens.

§ 1 Subject matter[1, 2, 3]

(1) Subject of this agreement is the creation of the Influencer's contributions described below and the going live of this contribution in the Influencer's channel or account (hereinafter referred to as „Channel") accessible at the URL [http://www. . . . .] (hereinafter referred to as „Post") and in the media described below on the agreed service dates.

(2) The service is provided for marketing purposes of the Customer.

§ 2 Leistungen des Influencers, Auftragsabwicklung, Termine[4, 5, 6]

(1) Der Influencer wird einen Beitrag mit den aus den in der Anlage 1 zu diesem

§ 2 Influencer services, order processing, schedule[4, 5, 6]

(1) The Influencer shall create a post consisting of the performance components

Vertrag aufgeführten Leistungsbestandteilen zu dem/den in der Anlage 1 zu diesem Vertrag aufgeführten Produkt/Produkten des Auftraggebers (nachstehend „Produkte“ genannt) erstellen und diesen in einem Kanal online stellen (nachstehend „Post“ genannt).

(2) Der Influencer wird den Post jeweils einmal in folgenden Social Media einstellen:
. . . . .

(3) Die Parteien vereinbaren als Fixtermin für die Liveschaltung der Beiträge: . . . . . Überschreitet der Influencer den Fixtermin ist der Auftraggeber ohne Fristsetzung zum sofortigen Rücktritt vom Vertrag berechtigt.

(4) Der Influencer wird die Beiträge ausschließlich in Person leisten und ist nicht berechtigt, zur Erstellung und Liveschaltung der Beiträge Dritte einzuschalten.

(5) Der Auftraggeber übersendet dem Influencer auf eigene Kosten und eigenes Risiko die zur Erstellung des Posts erforderlichen Produkte.

(6) Der Influencer bringt dem Auftraggeber den Post rechtzeitig vor Liveschaltung zur Kenntnis. Sofern der Auftraggeber der Liveschaltung nicht binnen . . . . . Werktagen nach Zugang widerspricht, stellt der Influencer den Post zu dem vereinbarten Leistungstermin in seinem Kanal live und stellt ihn in den vereinbarten Social Media ein.

(7) Der Auftraggeber ist berechtigt, der Liveschaltung wegen inhaltlicher Fehler oder anderer berechtigter Interessen (zB drohendem Imageschaden) zu widersprechen. In diesem Fall wird der Influencer die Fehler unverzüglich beseitigen und dem Auftraggeber den geänderten Post vor Liveschaltung erneut zur Kenntnis bringen.

(8) Nach Erscheinen des Posts sendet der Influencer die Produkte auf eigene Kosten und Gefahr unverzüglich vollständig und

listed in Annex 1 to this Agreement for the Customer's product(s) listed in Annex 1 to this Agreement (hereinafter referred to as „Products“) and shall place it online in his Channel (hereinafter referred to as „Post“).

(2) The Influencer shall post the Post once each in the following social media:
. . . . .
The parties agree on a fixed date for the live publication of the contributions:
. . . . .

(3) If the Influencer exceeds the fixed date, the Customer is entitled to withdraw from the contract immediately without prior notice.

(4) The Influencer will make the contributions exclusively in person and is not entitled to engage third parties to create and publish the contributions.

(5) The Customer sends the products necessary to create the Post to the Influencer at his own expense and risk.

(6) The Influencer shall inform the Customer of the Post in good time before it goes live. If the Customer does not object to the going live of the Post within . . . . . working days after receipt, the Influencer will put the Post live on his Channel on the agreed service date and publish it in the agreed social media.

(7) The Customer is entitled to object to the going live due to errors in content or other legitimate interests (e.g. impending image loss). In this case, the Influencer will correct the errors without undue delay and inform the Customer about the changed Post again before going live.

(8) After publication of the Post, the Influencer will immediately return the Products at his own expense and risk, com-

in einwandfreiem Zustand zurück. Der Influencer wird die überlassenen Produkte zu keinem anderen Zweck nutzen als zur Erstellung der Posts. Dies gilt nicht, wenn vereinbart ist, dass die Produkte nach Erstellen des Posts bei dem Influencer verbleiben.

§ 3 Nutzungsrechte, Bildrechte Dritter[7]

(1) Der Influencer räumt dem Auftraggeber hiermit jeweils mit dem Zeitpunkt der Erstellung zeitlich und räumlich unbegrenzt das alleinige Nutzungsrecht an den im Rahmen oder anlässlich dieses Vertrages erstellten Posts einschließlich der darin enthaltenen urheberrechtsschutzfähigen Werke und Leistungen, wie zB Fotos, Grafiken, Filmen und Texten ein. Neben dem Auftraggeber bleibt der Influencer zur Nutzung berechtigt. Der Influencer wird die Nutzung des Posts, sei es ganz oder in Teilen, auf das nach dem Vertragszweck Erforderliche beschränken und keine Nutzungshandlungen vornehmen, die der erkennbaren Interessenlage des Auftraggebers widersprechen. In Zweifelsfällen wird er sich zuvor mit dem Auftraggeber über eine Nutzung außerhalb des Kanals abstimmen.

(2) Das Nutzungsrecht ist räumlich, zeitlich und inhaltlich unbegrenzt, insbesondere unwiderruflich und unkündbar sowie unterlizenzierbar und umfasst das Recht zu jedweder kommerzieller und nichtkommerzieller Nutzung. Es erfasst außerdem alle gegenwärtig unbekannten, aber zukünftig bekannten Formen der Nutzung im Rahmen der Bestimmung des § 31a Abs. 1 UrhG. Der Auftraggeber soll in die Lage versetzt werden, den Post und Teile hieraus in jeglicher Weise, insbesondere zu Werbe- und Marketingzwecken in jeglicher Digital- oder Printform zu nutzen. Der Influencer wird die hierfür etwaig erforderlichen Mitwirkungshandlungen nach Aufforderung durch den Auftraggeber unverzüglich vornehmen.

(3) Insbesondere umfasst von dem in § 3 (1) dieses Vertrages eingeräumten Recht ist das Recht zur Vervielfältigung, Verbreitung und Ausstellung, das Recht zur öffentlichen Wie-

plete and in perfect condition. The Influencer will not use the provided products for any other purpose than to create the Posts. This does not apply if it is agreed that the Products remain with the Influencer after the Post is created.

§ 3 Rights of use, third party image rights[7]

(1) The Influencer hereby grants the Customer in each case at the time of the creation of the Posts, created within the scope of or on the occasion of this agreement, including the copyrightable works and services contained therein, such as photos, graphics, films and texts, the sole right to use the Post without any limitation in time and space. In addition to the Customer, the Influencer also remains entitled to use the Post. The Influencer shall restrict the use of the Post, whether in whole or in part, to what is necessary according to the purpose of this agreement and shall not undertake any acts of use that contradict the recognizable interests of the Customer. In cases of doubt, the Influencer will consult with the Customer in advance about any use outside the Channel.

(2) The right of use is unlimited in terms of space, content and scope, in particular irrevocable and non-terminable, as well as sublicensable, and includes the right to any commercial and non-commercial use. It also covers all currently unknown but future known forms of use within the scope of the provisions of Section 31a (1) UrhG. The Customer shall be enabled to use the Post and parts thereof in any way, especially for advertising and marketing purposes in any digital or print form. The Influencer will immediately carry out any contributory action upon the Customer's request.

(3) In particular, the right granted in § 3 (1) of this agreement includes the right of reproduction, distribution and exhibition, the right of communication to the public,

dergabe, einschließlich des Vortrags-, Aufführungs- und Vorführungsrechts, des Rechts zur öffentlichen Zugänglichmachung, des Senderechts, des Rechts zur Wiedergabe durch Bild- und Tonträger sowie des Rechts der Wiedergabe von Funksendungen, außerdem das Recht zur öffentlichen Zugänglichmachung (insbesondere über das Internet), das Recht zur Bearbeitung und Umgestaltung sowie alle Rechte des Datenbankherstellers, einschließlich des Rechts zur Vervielfältigung, Verbreitung oder öffentlichen Wiedergabe und insbesondere des Rechts zur Aufnahme in Datenbankwerke. Vorstehendes bezieht sich auch auf dem Auftraggeber zur Verfügung gestellte Dateien bzw. Datensammlungen, in denen die Posts enthalten sind. Von der Rechteeinräumung umfasst ist dabei insbesondere das unbegrenzte Recht, die Posts oder Teile hiervon, insbesondere die darin enthaltenen Fotos, Videos, Grafiken oder Texte,

a) über die Website des Auftraggebers öffentlich zugänglich und verfügbar zu machen, zu vervielfältigen und zu verbreiten;
b) im Rahmen von Public Relation Maßnahmen bzw. des Prozesses der Veröffentlichung von Medien an Dritte weiterzugeben oder ihnen anderweitig zugänglich zu machen,
c) bei Ausstellungen und Events jeder Art vorzuführen, gleich ob digital oder analog;
d) auf allen bekannten oder gegenwärtig unbekannten aber zukünftig bekannten Speichermedien zu kopieren und zu verbreiten (beispielsweise Blu-Rays, andere HD-Speichermedien, Flash-Memory-Cards, Sticks oder andere Chips, DVDs etc) oder in der Cloud zu speichern sowie Dritten über die Cloud zugänglich zu machen;
e) für Bücher oder andere Dokumente, Werbemaßnahmen, Anzeigenwerbung (einschließlich Plakat-), Broschüren oder Kataloge zu nutzen.

(4) Der Influencer versichert, keine Fotos und Filme zu machen bzw. zu verwenden, bei denen die aufgenommenen Personen, nicht zuvor darin eingewilligt haben, dass

including the right of lecture, performance and presentation, the right to provide access to the public, the right of broadcasting, the right of reproduction by image and sound carriers as well as the right to reproduce radio broadcasts, also the right to make publicly accessible (in particular via the Internet), the right to edit and redesign and all rights of the database producer, including the right to reproduce, distribute or publicly communicate and in particular the right to include in databases. The above also applies to files or data collections in which the Posts are contained, provided to the Customer. The granting of rights includes in particular the unlimited right to use the Posts or parts thereof, especially the photos, videos, graphics or texts contained therein,

a) to make them publicly accessible and available via the Customer's website, to reproduce and disseminate;
b) to pass them on to third parties or make them accessible to third parties in other ways within the framework of public relations measures or the process of publishing media,
c) to present them at exhibitions and events of any kind, whether digital or analogue;
d) to copy and distribute them on any known or currently unknown but in future known storage media (for example Blu-Rays, other HD storage media, flash memory cards, sticks or other chips, DVDs etc) or to store them in the cloud and to make them accessible to third parties via the cloud;
e) to use them in books or other documents, promotional activities, advertising, (including poster ads), brochures or catalogues.

(4) The Influencer assures not to take or use photos and films where the persons photographed have not given their prior consent that pictures/films of them can be

Bilder/Filme von ihnen gemacht und in unveränderter oder bearbeiteter Form von dem Influencer oder dem Auftraggeber in dem in diesem Vertrag vorgesehenen Umfang genutzt werden können.

(5) Der Auftraggeber ist berechtigt, zu Werbezwecken den Namen des Influencers zu verwenden.

§ 4 Vergütung[8]

(1) Der Influencer erhält nach vertragsgemäßer Liveschaltung der Posts einmalig eine pauschale Vergütung von . . . . . EUR (in Worten: . . . . . EUR zzgl. gesetzlich geschuldeter Umsatzsteuer.

(2) Die Vergütung ist binnen . . . . . Tagen ab Rechnungszugang zur Zahlung fällig.

(3) Die Parteien sind sich einig, dass die Vergütung angemessen ist und mit der Vergütung sämtliche Leistungen des Influencers nach diesem Vertrag abgegolten sind, insbesondere sind die Parteien sich darüber einig, dass in der vorstehend vereinbarten Vergütung zugleich eine angemessene Vergütung für die Einräumung der Nutzungsrechte und die Verwendung des Namens zu Werbezwecken gemäß § 3 dieser Vereinbarung enthalten ist. Ein gesonderter Anspruch auf Vergütung ist daher, soweit dem keine zwingenden gesetzlichen Vorschriften entgegenstehen, ausgeschlossen.

§ 5 Pflichten des Influencers, Verantwortlichkeiten[9, 10, 11]

(1) Der Influencer wird in dem Post keine vergleichbaren Waren anderer Hersteller oder Händler zeigen oder erwähnen, insbesondere nicht solche, die zu den Produkten austauschbar sind. Die übrigen in dem Post gezeigten oder erwähnten Waren dürfen nicht durch Markenzeichen oÄ den Hersteller oder Händler erkennen lassen. Gegenstand des Posts dürfen in keinem Fall Werbevergleiche mit Produkten anderer Hersteller oder Händler sein.

(2) Soweit der Auftraggeber dem Influencer zur Erstellung des Posts Produkte überlässt, stellt der Auftraggeber sicher,

taken and used in unchanged or edited form by the Influencer or the Customer to the extent provided for in this agreement.

(5) The Customer is entitled to use the name of the Influencer for advertising purposes.

§ 4 Remuneration[8]

(1) Upon the contractually agreed go-live of the Posts the Influencer receives a one-off flat-rate payment of . . . . . EUR (in words: . . . . . Euro) plus statutory value added tax.

(2) The remuneration is due within . . . . . days after receipt of the invoice.

(3) The parties agree that the remuneration is reasonable and that the remuneration covers all services of the Influencer according to this agreement. In particular, the parties agree that the remuneration agreed above also includes a reasonable remuneration for the granting of the rights of use and for the use of the Influencer's name for advertising purposes according to § 3 of this agreement. A separate claim to remuneration is therefore excluded, unless this is opposed by mandatory statutory provisions.

§ 5 Duties of the Influencer, responsibilities[9, 10, 11]

(1) The Influencer will not show or mention in the Post any comparable goods of other manufacturers or traders, especially not those that are interchangeable with the Products. The other goods shown or mentioned in the Post may not be identified by trademarks or the manufacturer or dealer. Under no circumstances may the Post be the subject of advertising comparisons with products of other manufacturers or traders.

(2) As far as the Customer provides the Influencer with Products for the creation of the Post, the Customer shall ensure that

dass diese den gesetzlichen Anforderungen genügen. Im Übrigen erstellt der Influencer die Beiträge eigenverantwortlich. Der Auftraggeber sichtet die Beiträge nur auf grobe inhaltliche Fehler bzw. drohende grobe Imageschäden. Dies beinhaltet keine rechtliche Prüfung der Beiträge durch den Auftraggeber und entlässt den Influencer nicht aus seiner Verantwortung für den Post.

these Products meet the legal requirements. In all other respects, the Influencer creates the Contributions on his own responsibility. The Customer shall only view the Contributions for gross errors in content or impending gross image loss. This does not include a legal examination of the Contributions by the Customer and does not release the Influencer from his responsibility for the Post.

(3) Der Influencer wird durch die Beiträge keine Rechte Dritter (zB Urheber-, Bild-, Persönlichkeitsrechte) verletzen sowie die gesetzlichen Bestimmungen, insbesondere das Gesetz gegen den unlauteren Wettbewerb (UWG) einhalten. U.a. wird der Influencer dafür sorgen, dass die Beiträge von redaktionellen Beiträgen abgegrenzt und die damit verfolgten kommerziellen Zwecke ausdrücklich und auf den ersten Blick erkennbar als „Werbung" gekennzeichnet sind und keine nicht als solche erkennbaren Werbelinks setzen. Sollten Dritte wegen der geposteten Beiträge oder deren Darstellung Ansprüche gegen den Auftraggeber wegen einer Verletzung ihrer Rechte geltend machen, die der Influencer zu vertreten hat, wird der Influencer den Auftraggeber hiervon freistellen. Die Freistellung umfasst auch die Kosten der Rechtsverteidigung. Im Übrigen bleiben die gesetzlichen Rechte des Auftraggebers unberührt.

(3) The Influencer will not violate the rights of third parties (e.g. copyrights, image rights) and will comply with the legal regulations, especially the law against unfair competition (UWG). Among other things, the Influencer will ensure that the Contributions are clearly separated from editorial contributions and the commercial purposes pursued are explicitly and recognizably labelled as „advertising" at first sight and that no advertising links are set which are not recognizable as such. Should third parties assert claims against the Customer because of the posted Contributions due to an infringement of their rights, for which the Influencer is responsible, the Influencer will release the Customer from such claims. The release also includes the costs of legal defense. Otherwise, the statutory legal rights of the Customer remain unaffected.

(4) Auf Verlangen des Auftraggebers wird der Influencer die Beiträge unverzüglich aus dem Kanal und den Social Media entfernen. Außerdem wird er alle erforderlichen Maßnahmen ergreifen, damit die Beiträge unverzüglich aus weiteren Internetseiten, auf denen sie ggf. sichtbar sind, entfernt werden. Hierzu ist auch der Auftraggeber berechtigt.

(4) Upon request of the Customer, the Influencer will immediately remove the Post from the Channel. In addition, he will take all necessary measures to ensure that the Contributions are immediately removed from any social media or other websites where they may be visible. The Customer is also entitled to do so.

(5) Sofern der Influencer Anhaltspunkte dafür hat, dass der Post rechtswidrige Inhalte hat oder die Rechte Dritter verletzt, wird er dem Auftraggeber unverzüglich Mitteilung machen und den Post in Abstimmung mit dem Auftraggeber unverzüglich aus dem Kanal entfernen. Außerdem wird er alle erforderlichen Maßnahmen

(5) If the Influencer has any evidence that the Post has illegal content or violates the rights of third parties, he will immediately notify the Customer and remove the Post from the Channel in consultation with the Customer. In addition, he will take all necessary measures to ensure that the Post is removed from all social media and

vornehmen, damit die Beiträge aus allen Social Media und sonstigen Internetseiten, auf denen sie ggf. sichtbar sind, entfernt werden. Hierzu ist auch der Auftraggeber berechtigt. Sollte sich der Verdacht eines rechtswidrigen Inhalts des Posts oder der Verletzung Rechte Dritter nicht bestätigen, wird der Influencer den Post wieder live schalten.

other websites where it may be visible. If the suspicion of illegal content of the Post or the violation of third-party rights is not confirmed, the Influencer will go back live with the Post.

(6) Der Influencer wird sich während der Laufzeit dieses Vertrages sowie eines Zeitraumes von . . . . . Kalendermonaten nach Veröffentlichung des Posts öffentlich nicht negativ über den Auftraggeber oder dessen Produkte oder Dienstleistungen äußern. Er wird keine Handlungen oder Unterlassungen vornehmen, die einen negativen Einfluss auf den Ruf oder die Geschäftsinteressen des Auftraggebers haben können. Ferner wird der Influencer keine Handlungen oder Unterlassungen vornehmen, die negativen Einfluss auf ihn selbst, auf seinen Ruf oder den seines Kanals haben können. Dies gilt insbesondere auch für Beiträge in Social Media-Diensten und -Apps wie Facebook, X (Twitter), Instagram, TikTok, YouTube oÄ sowie dem Kanal und etwaigen weiteren Posts des Influencers. Der Auftraggeber ist ohne Fristsetzung berechtigt, vom Vertrag zurückzutreten, wenn der Influencer gegen die vorgenannten Pflichten verstößt.

(6) For a period of . . . . . calendar months after publication of the Post the Influencer will not publicly express any negative opinion about the Customer or its products or services. He will not take any actions or omissions that could have a negative impact on the reputation or business interests of the Customer. Furthermore, the Influencer will not take any actions or omissions that may have a negative impact on himself/herself, his/her reputation or that of his/her Channel. This applies in particular to Contributions in social media services such as Facebook, X (Twitter), Instagram, TikTok, YouTube or the like, as well as in the Channel or any other posts of the Influencer. The Customer is entitled to withdraw from the contract without prior notice if the Influencer violates the aforementioned obligations.

§ 6 Exklusivität[12]

Der Influencer wird zeitgleich mit den vertragsgegenständlichen Posts und in einem Zeitraum von . . . . Kalenderwochen vor und nach dessen Liveschaltung keine Beiträge für Produkte von Wettbewerbern des Auftraggebers erstellen oder live schalten.

§ 6 Exclusivity[12]

The Influencer will neither simultaneously with the contractual Posts nor in a period of . . . . calendar weeks before and after going live create contributions or go live with posts on products of competitors of the Customer.

§ 7 Geheimhaltung, Geschäftsgeheimnisse

(1) Der Influencer wird über sämtliche Geschäftsgeheimnisse sowie alle sonstigen als vertraulich bezeichneten oder anderweitig erkennbar vertraulichen Informationen im Zusammenhang mit dem Unternehmen und/oder den Produkten des Auftraggebers während der Vertragslaufzeit und für die Dauer von mindestens drei

§ 7 Confidentiality, trade secrets

(1) The Influencer undertakes to keep secret all trade secrets and all other information designated as confidential by the Customer or otherwise recognizably confidential and relating to the Customer's company and/or products during the term of the Agreement and for a period of at least three (3) years after the Post has

(3) Jahren nach Liveschaltung des Posts Stillschweigen bewahren. Eine Weitergabe dieser Informationen an Dritte oder eine Nutzung zu einem anderen Zweck als für die Zwecke des Vertrags ist dem Influencer nur nach vorheriger schriftlicher Zustimmung des Auftraggebers sowie nach vorheriger schriftlicher Verpflichtung des Dritten zur Vertraulichkeit entsprechend den Bestimmungen dieser Vereinbarung gestattet. Bei Zweifeln über die Vertraulichkeit einer Information wird der Influencer vor jeder Weitergabe an Dritte den Auftraggeber nach dessen verbindlicher Einschätzung fragen.

gone live. The Influencer may disclose confidential information to third parties or use it for a purpose other than the purpose of this agreement only with the prior written consent of the Customer and with a prior written commitment to confidentiality of the third party in accordance with the terms of this agreement. In case of doubt about the confidentiality of an information, the Influencer will ask the Customer for his binding assessment before any disclosure to third parties.

(2) Die vorgenannten Pflichten gelten nicht für vertrauliche Informationen, (i) die allgemein bekannt sind oder werden, ohne dass der Influencer dabei gegen Pflichten verstoßen hat; (ii) die dem Influencer von Dritten, die zur Offenlegung befugt sind, bekannt gegeben wurden; (iii) die dem Influencer schon vor Offenbarung durch den Auftraggeber bekannt waren oder (iv) die der Influencer aufgrund einer Verpflichtung durch Gesetz oder Verordnung offenlegen muss, vorausgesetzt der Influencer informiert den Auftraggeber über eine solche Verpflichtung unverzüglich und so rechtzeitig vor der Offenlegung, dass der Auftraggeber das Bestehen einer solchen Verpflichtung überprüfen und die ggf. notwendigen Maßnahmen zur Wahrung seiner Vertraulichkeitsinteressen ergreifen kann.

(2) The aforementioned obligations do not apply to confidential information (i) which is or becomes generally known without the Influencer having breached any of his obligations; (ii) which was disclosed to the Influencer by third parties authorized to disclose; (iii) which was already known to the Influencer before the disclosure by the Customer or (iv) which the Influencer is required to disclose by law or regulation due to an obligation, provided that the Influencer informs the Customer of such obligation without undue delay and in sufficient time prior to disclosure to allow the Customer to verify the existence of such an obligation and to take any measures necessary to protect its confidentiality interests.

§ 8 Schlussbestimmungen

(1) Der Vertrag tritt mit Unterzeichnung durch beide Parteien in Kraft.

(2) Der Vertrag unterliegt deutschem materiellen Recht unter Ausschluss des Übereinkommens der Vereinten Nationen über den internationalen Warenverkauf (UN-Kaufrecht/CISG).[13]

(3) Sofern der Influencer Kaufmann, juristische Person des öffentlichen Rechts oder öffentlich-rechtliches Sondervermögen ist, ist der Geschäftssitz des Auftraggebers ausschließlicher Gerichtsstand. Der Auftraggeber bleibt zur gerichtlichen Rechts-

§ 8 Final provisions

(1) The agreement comes into force upon signature by both parties.

(2) The contract is subject to material German law, excluding the United Nations Convention on Contracts for the International Sale of Goods (UN Sales Law/ CISG).[13]

(3) If the Influencer is a merchant, legal entity under public law or special fund under public law, the Customer's place of business is the exclusive place of jurisdiction. The Customer remains entitled to take legal action at the Influencer's general

verfolgung am allgemeinen Gerichtsstand des Influencers berechtigt. Im Verhältnis zu Nichtkaufleuten ist der Geschäftssitz des Auftraggebers Gerichtsstand, soweit der Influencer nach Vertragsschluss seinen Wohnsitz oder gewöhnlichen Aufenthalt ins Ausland verlegt oder seinen Wohnsitz oder gewöhnlichen Aufenthaltsort im Zeitpunkt der gerichtlichen Geltendmachung der Ansprüche nicht bekannt ist.[14]

(4) Sollten einzelne Bestimmungen dieser Vereinbarung ganz oder teilweise unwirksam oder undurchführbar sein oder werden, so wird die Wirksamkeit der übrigen Bestimmungen dadurch nicht berührt. Die Parteien verpflichten sich für diesen Fall, die unwirksame oder undurchführbare Bestimmung durch eine wirksame oder durchführbare Regelung zu ersetzen, die dem Sinn und Zweck des wirtschaftlich Gewollten gleich oder möglichst nah kommt. Gleiches gilt für etwaige Regelungslücken dieser Vereinbarung.

(5) Nebenabreden zu diesem Vertrag sind nicht getroffen. Änderungen oder Ergänzungen dieses Vertrages, einschließlich dieser Schriftformklausel, bedürfen zu ihrer Wirksamkeit der Schriftform.

(6) Erfüllungsort ist der Sitz des Auftraggebers.

(Ort, Datum) Auftraggeber
. . . .

(Ort, Datum) Influencer
. . . .

place of jurisdiction. In relation to non-merchants, the business location of the Customer is the place of jurisdiction, if the Influencer moves his residence or habitual residence abroad after conclusion of the agreement or his residence or habitual residence is not known at the time of the legal assertion of the claims.[14]

(4) Should individual provisions of this agreement be or become invalid or unenforceable in whole or in part, this shall not affect the validity of the remaining provisions. In such a case, the parties undertake to replace the invalid or unenforceable provision by a valid or enforceable provision which comes as close as possible to the meaning and purpose of the economic intent. The same applies to any legal loopholes in this agreement.

(5) No supplementary agreements to this agreement have been made. Amendments or supplements to this agreement, including this written form clause, must be made in writing to be effective.

(6) Place of performance is the registered office of the Customer.

(place, date) Customer
. . . .

(place, date) Influencer
. . . .

Anmerkungen

1. Marktumfeld. Die Online-Werbung gehört zu den umsatzstärksten Werbebranchen. Das Online-Marketing setzt dabei zunehmen auf Influencer, die Beiträge zB auf eigenen Webseiten oder in sozialen Netzwerken posten und aufgrund der großen Anzahl an Followern eine höchst werbewirksame Reichweite haben (Gerecke Social-Media-Recht-HdB Kap. 4 Rn. 205; Troge GRUR-Prax 2018, 87; Lehmann WRP 2017, 772; Suwelack MMR 2017, 661). Die Grenzen der Zulässigkeit und die Haftung für diese Form der Online-Werbung stecken u. a. das Gesetz gegen den Unlauteren Wettbewerb (UWG) und das Digitale Dienste Gesetz (DDG) sowie in bestimmten Bereichen der Digital Services Act (DSA), ab. Um unliebsamen Überraschungen vorzubeugen, ist es empfehlenswert, sich vor der Anwendung derartiger Online-Werbeformen mit den Grenzen der rechtlichen

Zulässigkeit zu befassen und mit den Vertragspartnern detaillierte vertragliche Regelungen zu treffen.

2. Vertragsgegenstand. Gegenstand des Vertrags ist das Verfassen von Werbung für den Werbekunden durch Influencer, die zum Teil in redaktioneller Aufmachung erfolgen kann. Beliebtheit und Erfolg dieser Werbeform resultieren daraus, dass der Adressat, wenn er Inhalte innerhalb eines „redaktionellen" Umfelds bzw. eingekleidet als gute Ratschläge prominenter Personen erfährt, für diese deutlich aufnahmebereiter ist als für eindeutige Werbebotschaften (BGH MMR 2021, 892 Rn. 34 – Influencer III; ebenso zu Advertorials Kollewe/Keukert E-Commerce-HdB S. 440 f.). Eine „redaktionelle" Einkleidung wertet Werbung aufgrund der Wertschätzung des Betrachters bzw. Lesers für Beiträge, die als persönliche Aussagen verstanden werden, erheblich auf (BGH GRUR 1994, 441 (442) – Kosmetikstudio; BGH GRUR 1998, 481 (482) – Auto 94; BGH GRUR 2013, 644 Rn. 16 – Preisrätselgewinnauslobung V; KG MMR 2019, 175 (177); OLG Hamburg GRUR-RR 2004, 46 – Rexona; OLG Hamm GRUR 1979, 168 (169) – Modeberichte; Taeger/Kremer Recht im E-Commerce und Internet Kap. 5 Rn. 276). **Influencer-Beiträge erscheinen zumeist online zB in Blogs und/oder sozialen Medien, kommen aber auch gelegentlich in Printmedien vor.** Insofern gilt, dass alle Werbeformen kritisch sind, die Züge von Schleichwerbung annehmen. Schleichwerbung verstößt gegen das Wettbewerbsrecht und kann Ansprüche auf Unterlassung, Beseitigung, Auskunft und Schadensersatz sowie Kostenerstattung begründen. Wettbewerbsrechtliche Angriffe können sowohl von Wettbewerbern als auch den in § 8 UWG genannten Verbänden und Vereinigungen drohen. Gegenstand des kommentierten Vertragsmusters ist ein an einen freien Influencer vergebener Auftrag.

3. Vertragstyp. Verträge über das Erstellen von Influencer-Beiträgen gehören zu den Werbeverträgen und sind typengemischte Verträge. Die geschuldete Leistung ist die Erstellung und Veröffentlichung eines Werbebeitrags, typischerweise also nicht nur ein Bemühen, sondern ein konkreter Arbeitserfolg. Dies gilt auch dann, wenn dem Influencer, wie in der Praxis üblich, möglichst freie Hand gelassen wird, um die erstrebte Authentizität des Beitrags zu gewährleisten. Denn auch dann verpflichtet sich der Influencer nicht nur zu einem Bemühen, sondern zu einem Arbeitserfolg. Aus diesem Grund liegt der Schwerpunkt des Vertrags in der Regel im Werkvertragsrecht, §§ 631 ff. BGB. Anders kann dies zu sehen sein, wenn der Influencer fortlaufend damit betraut ist, für das Unternehmen zu schreiben. Denn dann treten die Einzelmaßnahmen in ihrer rechtlichen Bedeutung zurück und der Schwerpunkt des Vertrags liegt im Dienstvertragsrecht (MüKoBGB/Busche § 631 Rn. 176). Daneben enthält der Vertrag mit Blick auf die leihweise zur Verfügung gestellten und damit vom Auftraggeber bereitgestellten Produkte Züge der Leihe (§§ 598 ff. BGB) und, bezogen auf die Einräumung von Nutzungsrechten an urheberrechtsschutzfähigen Werken, lizenzvertragliche Elemente.

4. Leistungsinhalt. Art und Umfang der Leistungen des Influencers (zB Video bzw. Fotostrecke nebst kommentierendem Text, gewünschte Sprache, Zeitdauer bzw. textlicher Umfang) sollten von den Parteien in § 2 Abs. 1 des Vertrags konkret festgelegt werden. Typischerweise kommt es dem Auftraggeber bei der Beauftragung von Influencer-Beiträgen gerade auf die Person des Werbenden an. Aus Sicht des Auftraggebers ist es daher wesentlich, die Verpflichtung zur Leistung in Person aufzunehmen. Darüber hinaus lässt der Auftraggeber dem Influencer indes in der Regel freie Hand und macht keine inhaltlichen Vorgaben, um den Charakter eines journalistischen bzw. jedenfalls individuellen und „unabhängigen" Beitrages zu bewahren. Gleichwohl sollte konkret festgelegt werden, über welche Artikel ein Beitrag zu erstellen ist, welchen Umfang der Beitrag haben soll, in welcher Form (zB Text, Fotos, Video) dieser erstellt und in welchen Medien der Beitrag geschaltet werden soll. Das Vertragsmuster enthält keine Vorgaben zur

Beibehaltung eines bestimmten äußeren Erscheinungsbildes des Influencers, wie dies in Werbeverträgen mit Werbebotschaftern zT vorgesehen ist. Soweit dies für die konkret beabsichtigte Werbemaßnahme wichtig ist, müsste eine entsprechende Ergänzung unter Berücksichtigung der Persönlichkeitsrechte des Influencers und, im Falle eines Formularvertrags, unter Vermeidung einer unangemessenen Benachteiligung des Influencers (§ 307 BGB) aufgenommen werden.

5. Leistungstermin. Der Leistungstermin ist als Fixtermin im Sinne von § 323 Abs. 2 Nr. 2 BGB ausgestaltet mit der Folge eines nachfristlosen Rücktrittsrechts. Die Rechtzeitigkeit der Leistung kann für den Auftraggeber in vielen Branchen von entscheidender Bedeutung sein, zB wenn der Beitrag zum Zeitpunkt der Markteinführung eines neuen Produkts erscheinen soll oder zu Beginn einer neuen Saison. Bei der Ausgestaltung ist darauf zu achten, dass der Fixtermin nicht überraschend ist, da die Fixklausel in Allgemeinen Geschäftsbedingungen ansonsten als überraschende Klausel gemäß § 305c Abs. 1 BGB unwirksam sein kann. Ferner sind bei Allgemeinen Geschäftsbedingungen die Interessen des Influencers zu berücksichtigen, um eine Unwirksamkeit wegen unangemessener Benachteiligung nach § 307 BGB zu vermeiden (BGH NJW 1990, 2065; MüKoBGB/Ernst § 323 Rn. 123). Im Falle einer unwirksamen Fixklausel wäre vor Erklärung des Rücktritts gemäß § 323 Abs. 1 BGB eine Nachfrist zu setzen.

6. Überlassene Produkte. Der Auftraggeber übernimmt mit der Überlassung der Produkte an den Influencer eine Mitwirkungspflicht. Sofern der Influencer die für die Erstellung des Beitrages genutzten Produkte nicht als Vergütung oder Teil der Vergütung behalten darf, werden die Produkte, wie im Werkrecht für sog. Beistellungen üblich, leihweise vom Auftraggeber überlassen. Sie verbleiben im Eigentum des Auftraggebers und sind nach Erstellung des Beitrages zurückzugeben. Ggf. besteht auch kein Interesse an der Rückgabe; dies ist regelmäßig der Fall, wenn eine weitere Verwertung des Produkts nicht in Betracht kommt (zB Kosmetik, Nahrungsmittel). Je nach Wert der Produkte kann es empfehlenswert sein, den Influencer zu verpflichten, die Gegenstände für Dritte sichtbar als Eigentum des Auftraggebers zu kennzeichnen, diese zu versichern und gegen Eingriffe Dritter zu schützen.

Das Vertragsmuster sieht vor, dass der Auftraggeber dem Influencer die für den Beitrag zu nutzenden Produkte vorgibt. Es gibt indes auch Gestaltungsformen des Online-Advertorials in denen der Influencer die Produkte aus dem Sortiment des Auftraggebers auswählen darf.

7. Nutzungsrechte. Der Auftraggeber kann ein Interesse daran haben, den Beitrag für weitere Werbe- und Marketingzwecke zu verwenden. Um dies zu ermöglichen, werden dem Auftraggeber vertraglich die alleinigen Nutzungsrechte eingeräumt, so dass neben dem Auftraggeber nur der Influencer zur Nutzung berechtigt ist. Die Einräumung von Rechten für im Zeitpunkt des Vertragsschlusses unbekannte Nutzungsarten bedarf der Schriftform, § 31a Abs. 1 UrhG. Sofern die Nutzungsrechte eingeräumt werden sollen, um auch die weitere Verwendung des Posts durch den Auftraggeber zu ermöglichen, müsste die Vergütung einen angemessenen Anteil für die Nutzungsrechteeinräumung enthalten (→ Anm. 8). Mit Blick auf die in § 31 Abs. 5 UrhG geregelte Zweckübertragungslehre ist der Umfang der Rechteinräumung detailliert zu regeln. Denn ohne Benennung der einzelnen Nutzungsarten werden im Interesse einer möglichst weitgehenden Beteiligung des Urhebers an den Erträgen aus der wirtschaftlichen Verwertung seines Werks keine weitergehenden Nutzungsrechte eingeräumt, als es der Zweck des Vertrages erfordert. Da die Nutzung digitalisierter Werke zahlreiche Speichervorgänge mit sich zieht, die urheberrechtlich relevante Vervielfältigungen beinhalten (Wandtke/Bullinger/Heerma UrhG § 16 Rn. 16), werden in der Klausel u.a. das Recht zur Vervielfältigung, aber auch zur Veröffentlichung und Verwertung der Bearbeitung sowie zur Erteilung von

Unterlizenzen ausdrücklich benannt. Hierdurch soll sichergestellt werden, dass der Auftraggeber den Post in die eigene Website einstellen, grafische Anpassungen oder sonstige Bearbeitungen vornehmen sowie auch Dritte mit diesen Maßnahmen beauftragen kann. Das Recht zur Namensverwendung des Influencers wird dem Auftraggeber durch den Vertrag spiegelbildlich zu dem Recht des Influencers auf Urheberbezeichnung (§ 13 Abs. 2 UrhG) eingeräumt. Sofern ein Influencer mit Sitz im Ausland beauftragt wird, sollte aufgrund der vertraglichen Lizenzeinräumung eine etwaige Pflicht zur Abführung von Quellensteuer geklärt werden.

8. Vergütung. Die vereinbarte Vergütung sollte einen angemessenen Anteil für die Einräumung der Nutzungsrechte enthalten. Ist die Vergütung für die Nutzungsrechteinräumung nicht angemessen, kann der Urheber die Einwilligung in die Änderung des Vertrages verlangen, durch die dem Urheber die angemessene Vergütung gewährt wird, § 32 Abs. 1 S. 3 UrhG. Für den Vergütungsanspruch kommt es auf eine tatsächliche Werknutzung nicht an. Diese Regelung ist zwingend und kann nicht durch vertragliche Gestaltungen abbedungen oder umgangen werden, § 32 Abs. 3 UrhG. Die Vergütung für die Einräumung von Nutzungsrechten ist gemäß § 32 Abs. 2 S. 2 UrhG angemessen, wenn sie im Zeitpunkt des Vertragsschlusses dem im Geschäftsverkehr nach Art und Umfang der eingeräumten Nutzungsmöglichkeit Üblichen entspricht. Maßgeblich sind etwaige Umsätze des Nutzungsberechtigten, die Vertragsdauer und eine redliche Branchenübung (Spindler/Schuster/Wiebe UrhG § 32 Rn. 11). Falls die Vergütung zwar im Zeitpunkt des Vertragsschlusses angemessen ist, sich aber nachträglich die Unangemessenheit ergibt, kommt zusätzlich § 32a UrhG zur Anwendung, wonach dem Urheber in einem solchen Fall ein gesonderter Anspruch auf Vertragsanpassung zusteht. § 32a UrhG greift ein, wenn der Erfolg des Werkes die Erwartungen wesentlich übertrifft. Dies kann sich insbesondere ergeben, wenn ein Urheber dem Verwerter aus wirtschaftlicher Not oder Unerfahrenheit Nutzungsrechte an dem Werk gegen ein geringes Entgelt überlassen hat, dieser die Werke aber wirtschaftlich äußerst erfolgreich verwertet (Spindler/Schuster/Wiebe UrhG § 32a Rn. 1).

Alternativ zur Zahlung einer Vergütung für die Erbringung des Beitrages kommt in Betracht, die dem Influencer im Rahmen des Vertrags zur Verfügung gestellten Produkte zu überlassen. Für den Fall der unbezahlten Kooperation kann folgender Alternativtext verwendet werden:

Formulierungsvorschlag:

Als Gegenleistung für die Beiträge des Influencers ist dieser berechtigt, die zur Erstellung des Posts überlassenen Produkte zu behalten. Der Auftraggeber überträgt dem Influencer das Eigentum an den Produkten aufschiebend bedingt durch die fristgerechte und mangelfreie Leistungserbringung gemäß Ziffer 1 dieser Vereinbarung. Eine Vergütung in Geld ist wechselseitig nicht geschuldet. Die Parteien gehen davon aus, dass die gegenseitigen Leistungen ausgeglichen sind und jeweils einen Wert von [. . . . .] EUR haben. Sie werden sich gegenseitig diesen Wert zuzüglich gesetzlich geschuldeter Umsatzsteuer in Rechnung stellen und miteinander verrechnen. Ein Zahlungsfluss findet nicht statt.

Auch insoweit müsste die Überlassung der Produkte – gemessen an ihrem Wert – eine übliche Vergütung für die Einräumung der Nutzungsrechte enthalten. Aus umsatzsteuerlichen Gründen ist es für den Auftraggeber außerdem von Bedeutung, dass eine Überlassung der Produkte nicht als unentgeltliche Wertabgabe erfolgt, sondern die Leistungen wertmäßig in Rechnung gestellt und miteinander verrechnet werden.

9. Kenntlichmachung kommerzieller Zwecke. Das Influencer-Marketing unterlag längere Zeit einer Reihe von rechtlichen Unsicherheiten, die zu divergierenden Entscheidungen in der Rechtsprechung der Instanzgerichte geführt haben, bevor der BGH mit seinen drei grundlegenden „Influencer"-Entscheidungen für mehr Klarheit sorgte. Zunächst stellte der BGH klar, dass stets dann von einer **geschäftlichen Handlung** des Influencers zugunsten fremder Unternehmen auszugehen ist, wenn er für einen werblichen Beitrag ein **Entgelt** erhält (BGH GRUR 2021, 1400 Rn. 50 – Influencer I, BGH MMR 2021, 892, Rn. 43 – Influencer III; vgl. auch Köberlein ZVertriebsR 2022 102 (103) mwN zur Rechtsprechung der Instanzgerichte). Dasselbe gilt, wenn der Influencer für seinen Beitrag eine **ähnliche Gegenleistung** erhält, zB die ihm anlässlich der Erstellung des Posts zur Verfügung gestellten Produkte oder anderweitige Vorteile (KG MMR 2019, 114 (116); OLG Frankfurt a. M. GRUR 2020, 208 (209); Suwelack MMR 2017, 661 (663)). Der kommerzielle Zweck im Falle eines Entgelts oder einer ähnlichen Gegenleistung ist mittlerweile in § 5a Abs. 4 S. 2 UWG ausdrücklich geregelt. Für das Fehlen einer Gegenleistung kann dem Influencer die sekundäre Darlegungslast zukommen (so schon zur früheren Rechtslage zB KG MMR 2019, 175 (178)). Heute gilt im Rahmen des § 5a Abs. 4 UWG – über eine sekundäre Darlegungslast hinausgehend – die Vermutungsregelung des § 5a Abs. 4 S. 3 UWG, wonach der Influencer gehalten ist, das Fehlen einer Gegenleistung glaubhaft zu machen. Allerdings ist § 5a Abs. 4 UWG **nachrangig** im Vergleich zu den **bereichsspezifischen Regelungen** in § 6 Abs. 1 DDG bzw. § 22 Abs. 1 MStV (BGH MMR 2021, 886 Rn. 60 – Influencer II), so dass die Regelung des § 5a Abs. 4 S. 3 UWG im Bereich der Online-Werbung und damit für das Influencer-Marketing im Ergebnis ganz überwiegend leerlaufen dürfte (Gerecke Social-Media-Recht-HdB Kap. 4 Rn. 261).

Mit der in dem Vertragsmuster geregelten Vergütung ist der **kommerzielle Zweck** der in dem Vertragsmuster vorgesehenen Posts allerdings ohnehin **gegeben und damit** eine ausdrückliche **Kennzeichnung als Werbung** für die vertraglich vereinbarten Leistungen **zweifelsfrei erforderlich.**

Im Rahmen der **Umsetzung der Kennzeichnungspflichten** ist ein **auf den ersten Blick** erkennbarer und **unmissverständlicher Hinweis** auf den werblichen Charakter geboten. Zwar erfordert die Kennzeichnung von Werbung – auch im Internet – grundsätzlich dann nicht ausdrücklich das Wort „Anzeige" oder „Werbung", wenn auf andere Weise für eine ausreichende Erkennbarkeit gesorgt wäre und der Werbecharakter der Veröffentlichung hinreichend deutlich würde (OLG München WRP 2014, 1074 (1077 f.)). Das Vertragsmuster sieht gleichwohl eine ausdrückliche Kennzeichnung als „Werbung" vor, weil es hierzu (bzw. zu dem Begriff „Anzeige") soweit ersichtlich bislang keine wirklich rechtssicheren Alternativen gibt. So wurden eine Reihe von Versuchen einer weniger eindeutigen Werbekennzeichnung von der Rechtsprechung für unzureichend befunden, so zB der Hinweis „Premium-Partner" (LG München I MMR 2016, 257). Auch eine Kennzeichnung mit „Sponsored by" wurde bereits für unzureichend erachtet (vgl. für den Printbereich BGH GRUR 2014, 879 Rn. 30 – Good News II, sowie KG MMR 2018, 98 Rn. 18). Auch ein Hashtag (#) ist keine ausreichende Kennzeichnung als Werbebeitrag (KG MMR 2019, 114). Ob ein Hashtag #ad ausreichend ist, wurde in der Rechtsprechung trotz entsprechender Kennzeichnungsempfehlung durch die Arbeitsgemeinschaft der Landesmedienanstalten offengelassen (OLG Celle MMR 2017, 769 (770)). Nicht ausreichend sind zudem Begriffe wie „collaboration" (OLG Braunschweig ZUM-RD 2021, 628, 632). Auch Erläuterungen mittels „Mouseover"-Technik sind ungeeignet, und dies im Zweifel nicht nur dann, wenn eine Website keinen konkreten Anlass dazu gibt, mit dem Cursor über den zu erläuternden Begriff zu fahren (so die ältere Entscheidung des OLG Frankfurt a. M.K & R 2011, 414; vgl. hierzu auch LG München I MMR 2016, 257).

Die Position der Kennzeichnung innerhalb des Posts sollte vertraglich ebenfalls geregelt sein, weil der BGH in seinen „Influencer"-Entscheidungen erkennen lassen hat, dass zB eine im Begleittext eines Instagram-Beitrags als Hashtag versteckte Kennzeichnung unzureichend ist (vgl. auch OLG Celle GRUR 2017, 1158 Rn. 11). Die Kennzeichnung muss also **deutlich** und für den Betrachter leicht, also **auf den ersten Blick, erkennbar** sein. Hieran hat im Ergebnis auch der Influencer ein Eigeninteresse, weil für den Fall des Unterlassens einer ausreichenden Werbekennzeichnung gerichtliche **Bußgelder gegen den Influencer** gemäß §§ 2 Abs. 2 Nr. 7, 22 Abs. 1 S. 2 Nr. 3 MSTV verhängt werden können (vgl. AG Stuttgart ZUM-RD 2023, 245).

Für alle **Online-Plattformen** iSd DSA gilt seit dem 17.2.2024, dass sie Nutzern (einschließlich Influencern, vgl. NK-DSA Art. 26 Rn. 50) die Funktion bieten müssen, mit der diese erklären können – und folglich wahrheitsgemäß erklären müssen –, ob der von ihnen bereit gestellte Inhalt Kommunikation darstellt bzw. eine solche kommerzielle Kommunikation enthält.

Ein Verstoß gegen **§ 6 Abs. 1 Nr. 1 DDG** bewirkt einen „Vorsprung durch Rechtsbruch" und beinhaltet einen Verstoß gegen **3a UWG** (BGH MMR 2021, 886 Rn. 60 – Influencer II; LG Berlin MMR 2005, 778; Spindler/Schuster TMG § 6 Rn. 121; Suwelack MMR 2017, 661 (664)).

Bei nicht klar gekennzeichneter redaktioneller Werbung gegenüber Verbrauchern ist zudem das „Per-se-Verbot" der als Information getarnten Werbung gemäß **Anhang Nr. 11 zu § 3 Abs. 3 UWG** erfüllt. Im Schrifttum wird zT vertreten, dass auch diese Vorschrift gegenüber § 5a Abs. 4 UWG speziell sei, was den Anwendungsbereich des § 5a Abs. 4 UWG weiter einschränken würde (vgl. BeckOK UWG/Ritlewski § 5a Rn. 204; Gerecke Social-Media-Recht-HdB Kap. 4 Rn. 263). Stets unzulässig ist nach dem per-se-Verbot des Anhang Nr. 11 der von dem Unternehmer finanzierte Einsatz redaktioneller Inhalte zu Zwecken der Verkaufsförderung, wenn sich dieser Zusammenhang nicht aus dem Inhalt oder aus der Art der optischen oder akustischen Darstellung eindeutig ergibt. Erfasst sind auch Beiträge in digitalen Diensten und Internet, soweit sie einen „redaktionellen" Teil aufweisen, also eine Berichterstattung und Auseinandersetzung über Themen von allgemeinem Interesse durch eine unabhängige und neutrale Redaktion als Beitrag zur Unterrichtung und Meinungsbildung (Köhler/Bornkamm UWG Anh. zu § 3 Abs. 3 Rn. 11.2). Ein Beitrag hat einen redaktionellen Inhalt, wenn er seiner Gestaltung nach aus Sicht des durchschnittlich informierten, situationsadäquat aufmerksamen und verständigen Verbrauchers als objektive neutrale Berichterstattung durch das Medienunternehmen selbst erscheint (BGH GRUR 2014, 879 Rn. 24 – Good News II; OLG Hamburg WRP 2012, 1287 Rn. 5). Die Werbung in dem redaktionellen Beitrag kann sich auch in Gestalt einer lobenden Berichterstattung zeigen (Köhler/Bornkamm UWG Anh. zu § 3 Abs. 3 Rn. 11.2). Diese Kriterien sind bei vergüteten Influencer-Beiträgen, deren Zweck es gerade ist, die Werbewirkung redaktioneller Beiträge zu nutzen, regelmäßig erfüllt, wenn die angesprochene Zielgruppe Verbraucher sind.

Schließlich ist zu beachten, dass ein **Vertrag sittenwidrig** und damit nichtig sein kann, wenn die Veröffentlichung ohne Kennzeichnung als Werbung vorgesehen ist (vgl. OLG Düsseldorf ZUM-RD 2007, 119 zu § 10 LPGNW; Solmecke/Kocatepe Online-Marketing-R S. 429).

Das Vertragsmuster sieht eine klar und auf den ersten Blick erkennbare sowie **ausdrückliche Kennzeichnung als Werbung** vor, so dass weder ein Verstoß gegen die vorrangigen, sich aus dem DDG ergebenden Kennzeichnungspflichten von Werbung (§ 3a UWG iVm § 6 Abs. 1 Nr. 1 DDG bzw. § 22 Abs. 1 S. 1 MStV), noch – im Falle der Werbung gegenüber Verbrauchern – gegen § 3 Abs. 3 iVm Nr. 11 der Anlage zu § 3 Abs. 3 UWG (vgl. hierzu Gerecke Social-Media-Recht-HdB Kap. 4 Rn. 262 ff.) bzw. die (in diesem Fall auch nicht ergänzend eingreifenden) Bestimmung des § 5a Abs. 4 UWG begründet wird.

10. Haftung. Die vertragliche Haftungsregelung betrifft das **Innenverhältnis** zwischen Auftraggeber und Influencer. Der Influencer darf grundsätzlich davon ausgehen, dass ihm von Auftraggeber etwa überlassene Werbemittel als solche den gesetzlichen Anforderungen genügen. Insofern trifft ihn im Verhältnis zu dem Unternehmen keine gesetzliche Pflicht zur Prüfung auf Rechtsverletzungen. Etwas anders gilt allerdings für den eigentlichen Beitrag des Influencers, den dieser zu verantworten hat, wie eigene Bilder und Texte, sowie die Einbindung seines Beitrags in den Kontext seines Accounts bzw. der Website. Hier trifft den Influencer gegenüber dem werbenden Unternehmen die Verantwortung für die rechtlich zulässige Darstellung einschließlich der Wahrung des Gebots einer Trennung redaktioneller Beiträge von Werbung sowie der Kennzeichnung als Werbung. Diese Aufteilung der Verantwortlichkeiten nimmt das Vertragsmuster auf. Das Vertragsmuster sieht keine Haftungsbegrenzung im Innenverhältnis vor.

Sofern zu Gunsten des Verwenders des Vertragsmusters Haftungsbeschränkungen im Innenverhältnis aufgenommen werden, ist zu berücksichtigen, dass die Online-Advertorial Vereinbarung vielfach als vom Auftraggeber gestellte Allgemeine Geschäftsbedingungen einzuordnen sein dürfte (vgl. zur Abgrenzung zwischen Allgemeinen Geschäftsbedingungen und Individualvereinbarung MüKoBGB/Fornasier § 305 Rn. 13 ff. u. 36 ff.). Die Grenzen des § 307 BGB sind in diesem Fall zu beachten.

Unabhängig von der Haftung im Innenverhältnis gegenüber dem Auftraggeber haftet der Influencer für durch den Inhalt des Posts verursachte **Rechtsverletzungen gegenüber Dritten** als unmittelbar Handelnder. Eine Privilegierung als Anbieter digitaler Dienste gemäß Art. 4 ff. DSA kommt für ihn nicht in Betracht, weil der Influencer **eigene Informationen** zur Nutzung bereithält und daher nach den allgemeinen Grundsätzen verantwortlich ist. Ob daneben auch der Auftraggeber für die von dem Influencer verursachten Rechtsverletzungen gegenüber Dritten gemäß § 8 Abs. 2 UWG auf Unterlassung haftet, weil der Influencer als „Beauftragter" im Sinne dieser Vorschrift zu gelten hat, wurde bislang nicht entschieden. Dagegen könnte es sprechen, dass der Influencer in der Erstellung seines Beitrags grundsätzlich frei und damit dem Auftraggeber kein „bestimmender und durchsetzbarer Einfluss auf die beanstandete Tätigkeit eingeräumt ist" (vgl. zu diesem Kriterium Köhler/Bornkamm UWG § 8 Rn. 2.41). Nachdem allerdings Werbeagenturen als Beauftragte im Sinne von § 8 Abs. 2 UWG angesehen werden können (BGH GRUR 1994, 219 (220) – Warnhinweis; Köhler/Bornkamm UWG § 8 Rn. 2.45 mwN) und sich der Auftraggeber zumindest eine Kontrolle auf „Imageschäden und Fehler" vorbehält, kann eine Haftung des Auftraggebers gemäß § 8 Abs. 2 UWG gegenüber Dritten bei der gebotenen weiten Auslegung (Köhler/Bornkamm UWG § 8 Rn. 2.34) nicht ausgeschlossen werden. Die Anwendbarkeit des § 8 Abs. 2 UWG auf Influencer wird auch im rechtswissenschaftlichen Schrifttum vertreten (Köhler/Bornkamm UWG § 8 Rn. 2.45; Gerecke GRUR 2018, 153; Leeb/Maisch ZUM 2019, 29 (31); Lichtnecker MMR 2018, 512 (516)). Sofern der Auftraggeber den Post in die eigene Website integriert und aus diesem Grunde wegen etwaiger durch den Inhalt des Posts verursachte Rechtsverletzungen in Anspruch genommen wird, kommt eine Privilegierung als Anbieter digitaler Dienste für den Auftraggeber gleichfalls nicht in Frage, weil er sich die Inhalte des Influencers „zu eigen macht". Denn auch die „zu eigen gemachten" Informationen Dritter zählen zu den „eigenen" Informationen, für die sich die Haftung – auch unter der Geltung des DSA – nach den allgemeinen Grundsätzen richtet (Köhler/Bornkamm UWG § 8 Rn. 2.26; NK-DSA vor Art. 4 ff. Rn. 2 u. 13). Ein Zu-Eigen-Machen wird angenommen, wenn der Anbieter fremde Informationen übernimmt, sich mit den Inhalten identifiziert oder sie zumindest billigt und wie eigene behandelt (BGH GRUR 2015, 1129 (1131) – Hotelbewertungsportal; Köhler/Bornkamm UWG § 8 Rn. 2.27; Ohly/Sosnitza UWG § 8 Rn. 115a). Daran, dass sich der Auftraggeber, die Inhalte eines Posts, die er in die eigene Website einstellt oder anderweitig für sich zu Werbezwecken nutzt, nach den vorstehenden Grundsätzen zu eigen macht und daher auch in dieser Konstellation im Falle einer Rechtsverletzung gegenüber Dritten haftet, besteht kein Zweifel. Aus diesem Grunde sieht der Vertrag eine Freistellung zugunsten des Auftraggebers vor.

11. Imagewahrung. Das Gebot der Imagewahrung des Auftraggebers auch über die Erfüllung des Vertrages hinaus ergibt sich als vertragliche Nebenpflicht aus § 241 Abs. 2

BGB. Aus dem Schuldverhältnis ergeben sich Schutzpflichten gegenüber dem Vertragspartner, die auch über den Zeitpunkt der Erfüllung der Hauptleistung fortdauern können. Unter anderem die Verbreitung falscher ehrenrühriger Tatsachen verletzt die nachvertraglichen Schutzpflichten (MüKoBGB/Bachmann § 241 Rn. 179).

12. **Exklusivität.** Die Pflicht des Influencers, die vertragsgegenständlichen Leistungen nur an den Auftraggeber zu erbringen, stellt zwar eine wettbewerbsbeschränkende Vereinbarung dar. Es ist allerdings schon fraglich, ob diese überhaupt die für einen Kartellverstoß geforderte Spürbarkeit (BeckOK InfoMedienR/Kumkar AEUV Art. 101 Rn. 29) aufweist. Im Übrigen sind solche Exklusivitätsvereinbarungen gemäß § 2 Abs. 2 GWB iVm Art. 2 Abs. 1, Art. 3 Abs. 1 der Verordnung (EU) 2022/720 (Vertikal-Gruppenfreistellungsverordnung) freigestellt, sofern der Anteil an dem relevanten Markt, auf dem der Influencer die vertragsgegenständlichen Leistungen anbietet, und der Anteil des Auftraggebers auf dem relevanten Markt, auf dem er die vertragsgegenständlichen Leistungen einkauft, jeweils nicht mehr als 30 % beträgt.

13. **Internationales Privatrecht** Durch die Rechtswahlklausel vereinbaren die Parteien die Anwendbarkeit deutschen materiellen Rechts. Eine Rechtswahlvereinbarung ist zu empfehlen, wenn der Vertrag internationale Bezüge aufweist, zB bei Beauftragung eines Influencers mit (Wohn-) Sitz im Ausland. Die Rechtswahlvereinbarung betrifft alle vertraglichen Ansprüche zwischen den Parteien einschließlich der Vertragsauslegung sowie einer etwaigen Leistungsstörung und deren Folgen (Schulze/Staudinger Rom I-VO Art. 12 Rn. 3 ff.). Außervertragliche Schuldverhältnisse, insbesondere eine etwaige deliktische Haftung gegenüber Dritten wird von der Rechtswahlklausel hingegen nicht erfasst. Insoweit bleibt es bei den gesetzlichen Regelungen des Internationalen Privatrechts. Gemäß Art. 6 Abs. 1 Rom-II-VO bestimmt sich das auf außervertragliche Schuldverhältnisse anwendbare Lauterkeitsrecht nach dem Ort der wettbewerblichen Interessenkollision, an dem die Werbemaßnahme einwirkt und die Abnehmer umworben werden. Dies wird von der Rechtsprechung angenommen, wenn sich die Online-Werbung bestimmungsgemäß (auch) an ausländische Verkehrskreise richtet (BGH GRUR 2006, 513 Rn. 25 – Arzneimittelwerbung im Internet; BGH GRUR 2007, 245 Rn. 13). Um festzustellen, auf welche Verkehrskreise eine Werbekampagne im Internet abzielt, sind alle Umstände des Einzelfalls einzubeziehen, u. a. die Top-Level-Domain, die Sprache, die Angabe einer Währung und ein etwaiger Disclaimer, aber auch eine (gleichwohl) bestehende Möglichkeit von Bestellungen aus dem Ausland etc (BGH GRUR 2006, 513 – Arzneimittelwerbung im Internet; BGH GRUR 2005, 431 – Hotel Maritime). Eine eindeutige Bestimmung des Marktortes von Online-Marketing-Maßnahmen wird allerdings nicht immer möglich sein. Mithin müssen sich Influencer und Auftraggeber bei Auslandsbezug der Werbemaßnahme grundsätzlich auch auf die Anwendbarkeit ausländischer (delikts-) rechtlicher Bestimmungen einstellen.

Sofern das Kollisionsrecht zur Anwendbarkeit inländischen Rechts führt, kann sich ein Influencer mit (Wohn-)Sitz in einem anderen EU-Staat, der keine Niederlassung in Deutschland hat, aufgrund des in § 3 DDG (bzw. der nach dem DDG-Entwurf geplanten Nachfolgeregelung in § 3 DDG) umgesetzten **Herkunftslandprinzips der E-Commerce-Richtlinie** uU gleichwohl auf ihm günstigere, sachrechtliche Regelungen in seinem Sitzstaat berufen. Das Herkunftslandprinzip dient dem Zweck, dass sich Anbieter digitaler Dienste mit Sitz innerhalb der EU auch bei grenzüberschreitender Tätigkeit nicht auf unterschiedliche Bestimmungen im jeweiligen Abrufstaat, sondern nur auf die innerstaatlichen Vorschriften ihres Sitzstaates einstellen müssen. Hierdurch sollen die Grundfreiheiten des EU-Vertrags, insbesondere die grenzüberschreitenden Dienste der Informationsgesellschaft gewährleistet werden (vgl. zu § 3 DDG Spindler/Schuster TMG § 3 Rn. 1; Paal ZEuP 2016, 591 (605)). Streitig ist, ob das Herkunftslandprinzip auch für den umgekehrten Fall gilt, also ob ein Anbieter digitaler Dienste mit Sitz in Deutschland sich auf ein für ihn günstigeres Recht eines anderen Abrufstaats innerhalb der EU berufen kann (so zu § 3 DDG Spindler/Schuster TMG § 3 Rn. 11; Sack WRP 2002, 271 (275); WRP 2013, 1545 Rn. 51; aA LG Hamburg MMR 2013, 725; OLG Hamburg GRUR-RR 2015, 110 (111); Mankowski IPRax 2002, 257 ff.).

Jedenfalls wird das im Bereich der digitalen Dienste normierte Herkunftslandprinzip durch die zahlreichen Ausnahmen in § 3 DDG (bzw. der vorgesehenen Nachfolgeregelung des § 3 DDG-Entwurfs) wieder eingeschränkt. Für Influencer-Beiträge interessant sind insofern in erster Linie die Bereichsausnahmen für das Urheberrecht und die gewerblichen Schutzrechte gemäß § 3 Abs. 4 Nr. 6 DDG (bzw. § 3 Abs. 4 Nr. 6 DDG-Entwurf). Für diese Bereiche bleibt es bei der Anwendbarkeit der über die Rom II-VO ermittelten Bestimmungen. Im Wettbewerbsrecht hat das Herkunftslandprinzip hingegen echte Auswirkungen, weil die Werbung im Grundsatz schon dann rechtmäßig ist, wenn sie den Anforderungen des (ausländischen) Niederlassungsrechts des Anbieters digitaler Dienste genügt (vgl. zu § 3 DDG insoweit MüKoBGB/Martiny TMG § 1–3 Rn. 56; Rott EuZW 2016, 733 (735); Spindler/Schuster TMG § 3 Rn. 17 Fn. 92 mwN). Allerdings kann im konkreten Einzelfall ggf. die Geltung wettbewerbsrechtlicher Beschränkungen mit verbraucherschützender Zielsetzung als angemessene Beschränkung des Herkunftslandprinzips im Sinne von § 3 Abs. 5 DDG angesehen werden (vgl. KG MMR 2016, 608). Für möglich gehalten wird dies u.a. für das wettbewerbsrechtliche Verbot irreführender Werbung (Spindler/Schuster TMG § 3 Rn. 17; Sack WRP 2002, 271 (281)), so dass die Einzelfallkontrolle des § 3 Abs. 5 DDG (bzw. § 3 Abs. 5 DDG-E) zB bei Verletzung des Trennungsgebots durchaus relevant werden kann. Im Ergebnis ist es daher trotz der grundsätzlichen Geltung des Herkunftslandprinzips im Wettbewerbsrecht nicht sicher, dass sich Anbieter von Online-Werbemaßnahmen im konkreten Fall auf etwaige günstigere wettbewerbsrechtliche Bestimmungen ihres EU-Herkunftslands berufen können.

14. **Gerichtsstand.** Gemäß § 38 Abs. 1 ZPO kann ein an sich unzuständiges Gericht des ersten Rechtszuges durch ausdrücklich oder stillschweigend geschlossene Vereinbarung der Parteien zuständig werden, wenn die Vertragsparteien Kaufleute, juristische Personen des öffentlichen Rechts oder öffentlich-rechtliche Sondervermögen sind. Gemäß § 38 Abs. 2 ZPO kann die Zuständigkeit eines Gerichts des ersten Rechtszuges ferner vereinbart werden, wenn mindestens eine der Vertragsparteien keinen allgemeinen Gerichtsstand im Inland hat. Hat eine der Parteien einen inländischen allgemeinen Gerichtsstand, so kann für das Inland nur ein Gericht gewählt werden, bei dem diese Partei ihren allgemeinen Gerichtsstand hat oder ein besonderer Gerichtsstand begründet ist. Da die Influencer häufig keine Kaufleute sind, scheidet die Vereinbarung eines Gerichtsstands häufig aus, sofern der Influencer nicht im Ausland sitzt.

L. Fernabsatz von Waren und Dienstleistungen

1. Allgemeine Geschäftsbedingungen gegenüber Verbrauchern (B2C) – Online-Shop/Terms and Conditions vis-à-vis Consumer (B2C) – Online Shop

§ 1 Geltungsbereich,[1, 2] Vertragssprache

(1) Die vorliegenden Geschäftsbedingungen (AGB)[3, 4, 5] finden Anwendung auf die zwischen Ihnen und uns, der Firma . . . . . (Anschrift, HRB-Nummer, Umsatzsteuer-ID-Nummer) vertreten durch . . . . . (Klick: Impressum)[6] über diesen Online-Shop geschlossenen Verträge.

(2) Die für den Vertragsschluss zur Verfügung stehende Sprache ist ausschließlich Deutsch.[7] Übersetzungen dieser Geschäftsbedingungen in andere Sprachen dienen lediglich zu Ihrer Information. Bei etwaigen Unterschieden zwischen den Sprachfassungen hat der deutsche Text Vorrang.

§ 1 Applicability,[1, 2] Contract Language

(1) The following general Terms and Conditions (GTC)[3, 4, 5] apply to all contracts concluded between you and us, the company . . . . . (Address, Commercial Register Number, VAT-number) represented by . . . . . (click: Imprint)[6] via this online shop.

(2) The exclusive language available for the conclusion of the contract shall be German.[7] Translations of these GTC to other languages are for information only. In the event of contradictions between the German text and the translations, the German text shall prevail.

§ 2 Anwendbares Recht, zwingende Verbraucherschutzvorschriften[8]

Es gilt das Recht der Bundesrepublik Deutschland unter Ausschluss des UN-Kaufrechts, wenn

(a) Sie Ihren gewöhnlichen Aufenthalt in Deutschland haben, oder
(b) Ihr gewöhnlicher Aufenthalt in einem Staat ist, der nicht Mitglied der Europäischen Union ist.

Für den Fall, dass Sie Ihren gewöhnlichen Aufenthalt in einem Mitgliedsland der Europäischen Union haben, gilt ebenfalls die Anwendbarkeit des deutschen Rechts, wobei zwingende Bestimmungen des Staates, in dem Sie Ihren gewöhnlichen Aufenthalt haben, unberührt bleiben.

§ 2 Applicable Law, Mandatory Consumer Protection Regulations[8]

The law of the Federal Republic of Germany shall apply excluding the United Nations Convention on Contracts for the International Sale of Goods (CISG), if

(a) your abode is in Germany, or
(b) your abode is situated in a state not being member of the European Union.

In the event that your abode is in a member state of the European Union, German law applies provided this stipulation is not in conflict with mandatory rules of the state in which your abode is situated. Such rules shall remain unaffected.

§ 3 Zustandekommen des Vertrags[9]

(1) Die Darstellung der Waren und Dienstleistungen in unserem Online-Shop stellt kein rechtlich bindendes Angebot, sondern eine Aufforderung zur Bestellung (invitatio ad offerendum) dar.

(2) Durch Anklicken des „Zahlungspflichtig bestellen"-Buttons im letzten Schritt des Bestellprozesses geben Sie ein verbindliches Angebot zum Kauf bzw. der Buchung der in der Bestellübersicht angezeigten Waren und/oder Dienstleistungen ab. Unmittelbar nach Absenden der Bestellung erhalten Sie eine Bestellbestätigung, die jedoch noch keine Annahme Ihres Vertragsangebots darstellt. Ein Vertrag zwischen Ihnen und uns kommt zustande, sobald wir Ihre Bestellung und/oder Buchung durch eine gesonderte E-Mail annehmen bzw. die Ware in den Versand geben. Bitte prüfen Sie regelmäßig den SPAM-Ordner Ihres E-Mail-Postfachs.

§ 3 Conclusion of contract[9]

(1) The presentation of the products and services in our online shop does not constitute a legally binding offer, but merely an invitation to place orders (invitatio ad offerendum).

(2) By clicking „Order with obligation to pay" in the last step of the order process, you submit a binding offer for purchase of the goods displayed in the order overview and/or for booking of the services listed in the order overview. Immediately after submitting the order, you will receive an order confirmation, which however does not yet constitute the acceptance of your contract offer. A contract comes into existence between you and us as soon as we accept your order and/or booking by means of a separate email or dispatch the goods. Please regularly check the spam folder of your mailbox.

§ 4 Technische Schritte bis zum Vertragsschluss und Berichtigung von Eingabefehlern[10]

Im Rahmen des Bestellprozesses legen Sie zunächst die gewünschten Waren oder Dienstleistungen in den Warenkorb. Dort können Sie jederzeit die gewünschte Stückzahl ändern oder ausgewählte Waren oder Dienstleistungen ganz entfernen. Sofern Sie Waren oder Dienstleistungen dort hinterlegt haben, gelangen Sie jeweils durch Klicks auf die „Weiter"-Buttons zunächst auf eine Seite, auf der Sie Ihre Daten eingeben und anschließend die Versand- und Bezahlart auswählen können. Schließlich öffnet sich eine Übersichtsseite, auf der Sie Ihre Angaben überprüfen können. Ihre Eingabefehler (zB bzgl. Bezahlart, Daten oder der gewünschten Stückzahl) können Sie korrigieren, indem Sie bei dem jeweiligen Feld auf „Bearbeiten" klicken. Falls Sie den Bestellprozess komplett abbrechen möchten, können Sie auch einfach Ihr Browser-Fenster schließen. Ansonsten wird nach Anklicken des

§ 4 Technical steps up to the conclusion of the contract and correction of input errors[10]

To place an order, start by placing the desired goods and/or services in the shopping cart. There you may modify at any time the desired quantity or delete goods and services completely. If you have placed goods and services in the shopping cart, by clicking on the buttons „Next" you will get first to a web page where you may enter your data and then you may choose the shipping and payment method. You can review your input on the overview page that will open up. To correct input errors (e.g. with respect to the payment method, data or quantity), click „Edit" next to the respective field. To cancel the order process, you can simply close your browser window. By clicking the confirmation button „Order with obligation to pay", your declaration becomes binding in the meaning of section 3 (2) of these GTC.

Bestätigungs-Buttons „Zahlungspflichtig bestellen" Ihre Erklärung verbindlich iSd § 3 Abs. 2 dieser AGB.

§ 5 Speicherung des Vertragstextes[11]

Die Vertragsbestimmungen mit Angaben zu den bestellten Waren und/oder gebuchten Dienstleistungen einschließlich dieser Allgemeinen Geschäftsbedingungen und der Widerrufsbelehrung werden Ihnen per E-Mail mit Annahme des Vertragsangebotes bzw. mit der Benachrichtigung hierüber zugesandt. Eine Speicherung der Vertragsbestimmungen durch uns erfolgt nicht.

§ 5 Storage of the contract text[11]

You will receive the contractual provisions together with information on the goods ordered and/or services booked including these GTC and the information on the right of withdrawal by email upon acceptance of the contract offer or together with the notification thereof. We do not store the contractual provisions for you.

§ 6 Registrierung in unserem Online-Shop; Verarbeitung Ihrer personenbezogenen Daten[12]

(1) Sie können in unserem Online-Shop Waren oder Dienstleistungen als Gast oder als registrierter Benutzer bestellen. Als registrierter Benutzer müssen Sie nicht jedes Mal Ihre persönlichen Daten angeben, sondern Sie können sich vor oder im Rahmen einer Bestellung einfach mit Ihrer E-Mail-Adresse und dem von Ihnen bei Registrierung frei gewählten Passwort in Ihrem Kundenkonto anmelden. Allein mit der Registrierung besteht keinerlei Kaufverpflichtung hinsichtlich der von uns angebotenen Waren. Für Informationen zur Verarbeitung Ihrer Daten lesen Sie bitte unsere Datenschutzinformation, die Sie unter folgendem Link [. . . . .] abrufen können. Mit der Anmeldung wählen Sie einen persönlichen Nutzernamen und ein Passwort.

§ 6 Opening a customer account; Processing of your personal data[12]

(1) In our online shop you may order goods or services as a guest or after opening a customer account. With a customer account you must not enter your personal data every time you use our online shop, but you may log on to your customer account with your e-mail address and your password before or during the order process. You will not be obliged to buy any of the goods offered by us only due to your registration. For information on the processing of your data, please read our data protection information, which you can find under the following link [. . . . .]. During your application for registration, you choose a personal user name and a password.

§ 7 Zahlungsbedingungen[13]

Der Kaufpreis wird sofort mit Bestellung fällig. Die Bezahlung der Ware erfolgt über einen der im Bestellprozess angebotenen Zahlungswege.

§ 7 Payment Terms[13]

The purchase price is due immediately after placing the order. The payment for the goods is made via one of the payment methods offered in the ordering process.

§ 8 Eigentumsvorbehalt[14]

Die Ware bleibt bis zur vollständigen Bezahlung unser Eigentum.

§ 8 Retention of Title[14]

The goods shall remain our property until full payment.

§ 9 Lieferbedingungen[15]

Wir liefern die Ware gemäß den mit Ihnen getroffenen Vereinbarungen. Anfallende Versandkosten sind jeweils bei der Produktbeschreibung aufgeführt und werden von uns gesondert auf der Rechnung ausgewiesen.

§ 9 Delivery Conditions[15]

We deliver the goods pursuant to the agreements made. Arising shipping costs are listed in the product description and are billed separately.

§ 10 Widerrufsrecht[16]

Als Verbraucher steht Ihnen nach Maßgabe der der im Anhang aufgeführten Belehrung ein Widerrufsrecht zu. Verbraucher ist jede natürliche Person, die ein Rechtsgeschäft zu Zwecken abschließt, die überwiegend weder ihrer gewerblichen noch ihrer selbständigen beruflichen Tätigkeit zugerechnet werden können.

§ 10 Right of Withdrawal[16]

As a consumer you have in accordance with the rules described in the attachment below a right of withdrawal. A consumer means every natural person who enters into a legal transaction for purposes that predominantly are outside his trade, business or profession.

§ 11 Gewährleistung bei Warenkäufen[17]

(1) Soweit die in unserem Online-Shop gekaufte und gelieferte Ware mangelhaft ist, sind Sie im Rahmen der gesetzlichen Bestimmungen berechtigt, Nacherfüllung zu verlangen, von dem Vertrag zurückzutreten oder den Kaufpreis zu mindern.

(2) Die Verjährungsfrist von Gewährleistungsansprüchen für die gelieferte Ware beträgt zwei Jahre ab Erhalt der Ware. Ansprüche wegen Mängeln, die wir arglistig verschwiegen haben, verjähren innerhalb der regelmäßigen Verjährungsfrist.

(3) Rechte wegen Mängeln stehen Ihnen darüber hinaus auch im Rahmen einer Beschaffenheits- und/oder Haltbarkeitsgarantie zu, sofern wir eine solche bezüglich des verkauften Gegenstands im Einzelfall ausdrücklich abgegeben haben.

§ 11 Warranty in case of purchasing goods[17]

(1) If the delivered goods purchased in our online shop are defective, you are entitled, within the scope of legal provisions, to request rectification, to withdraw from the contract or to reduce the purchase price.

(2) The limitation period of warranty claims for the delivered goods is two years of receipt of the goods. Any claims due to defects maliciously concealed by us will expire after the normal limitation period.

(3) Moreover, you shall also have rights for defects within the scope of guaranteed properties and/or durability, provided that we expressly guaranteed such in the individual case with respect to the item sold.

§ 12 Haftungsbeschränkung[18]

Wir haften für Vorsatz und grobe Fahrlässigkeit. Ferner haften wir für die fahrlässige Verletzung von Pflichten, deren Erfüllung die ordnungsgemäße Durchführung des Vertrags überhaupt erst ermöglicht, deren Verletzung die Erreichung des Vertragszweckes gefährdet und auf deren Einhaltung Sie als Kunde regelmäßig vertrauen dürfen. Im letztgenannten Fall haften wir jedoch nur für den vorhersehbaren, vertragstypischen Schaden. Gleiches gilt für Pflichtverletzungen unserer Erfüllungsgehilfen.

Die vorstehenden Haftungsausschlüsse gelten nicht bei Verletzung von Leben, Körper und Gesundheit. Die Haftung nach dem Produkthaftungsgesetz bleibt unberührt.

§ 12 Limitation of Liability[18]

We are liable for intent and gross negligence. Further, we are liable for the negligent breach of obligations, whose fulfillment is essential to enable the ordinary implementation of the contract, whose breach jeopardizes the achievement of the purpose of the contract and on whose compliance you as a customer may rely on regularly. In the last-mentioned case, we are only liable for the foreseeable, typical contractual damage. The same applies to breaches of duty by our vicarious agents.

The abovementioned exclusions of liability do not apply in case of damage of life, body and health. The liability pursuant to the product liability law remains unaffected.

§ 13 Gerichtsstand;[19] Online-Streitbeilegung und Alternative Streitschlichtung;[20] salvatorische Klausel[21]

(1) Soweit Sie bei Abschluss des Vertrags Ihren Wohnsitz oder gewöhnlichen Aufenthalt in Deutschland hatten und entweder zum Zeitpunkt der Klageerhebung durch uns aus Deutschland verlegt haben oder Ihr Wohnsitz oder Ihr gewöhnlicher Aufenthaltsort zu diesem Zeitpunkt unbekannt ist, ist Gerichtsstand für alle Streitigkeiten der Sitz unseres Unternehmens in . . .[19]

(2) Die Europäische Kommission stellt unter http://ec.europa.eu/consumers/odr/[20] eine Plattform zur Online-Streitbeilegung (OS) bereit. Unsere E-Mail-Adresse lautet: . . . . .

(3) Zur Teilnahme an einem Streitbeilegungsverfahren nach dem Verbraucherstreitbeilegungsgesetz (VSBG) sind wir nicht verpflichtet und nicht bereit.[20]

(4) Sollten einzelne Bestimmungen dieses Vertrags unwirksam sein, so wird hierdurch der Vertrag im Übrigen nicht berührt.[21]

§ 13 Jurisdiction;[19] Online and Alternative Dispute Resolution;[20] SeverabilityClause[21]

(1) If, on conclusion of this contract, you had your place of residence or habitual place of abode in Germany and you relocated it to a location outside Germany at the time of commencement of proceedings by us or if your place of residence or habitual place of abode is unknown at this time, the jurisdiction for all disputes shall be the seat of our company in . . .[19]

(2) The European Commission provides a platform for online dispute resolution under http://ec.europa.eu/consumers/odr/. Our e-mail address is: . . . . .

(3) We are not obligated and not willing to participate in dispute resolution proceedings pursuant to the German Consumer Dispute Resolution Act (VSBG).[20]

(4) Should individual provisions of this contract be invalid, this shall not affect the validity of this contract as a whole.[21]

Eine Vorlage für die Widerrufsbelehrung findet sich im Anhang zum EGBGB. Für die englische Übersetzung kann auf den Wortlaut zur Richtlinie zurückigegriffen werden (RL 2011/83/EU des Europäischen Parlaments und des Rates vom 25. Oktober 2011).

Anmerkungen

1. Vorbemerkung. Seit der letzten größeren Änderung von Verbraucherschutzvorschriften im Jahr 2014 hat es zwischenzeitlich weitere umfangreiche Neuerungen im Bereich des Verbraucherschutzrechts gegeben, mit denen z.B. erhebliche Änderungen im Mängelrecht sowie Spezialregelungen für Waren mit digitalen Elementen bzw. digitalen Inhalten eingeführt wurden. Die Rede ist vom Gesetz zur Änderung des Bürgerlichen Gesetzbuchs und des Einführungsgesetzes zum Bürgerlichen Gesetzbuche in Umsetzung der EU-Richtlinie zur besseren Durchsetzung und Modernisierung der Verbraucherschutzvorschriften der Union und zur Aufhebung der Verordnung zur Übertragung der Zuständigkeit für die Durchführung der Verordnung (EG) Nr. 2006/2004 auf das Bundesministerium der Justiz und für Verbraucherschutz. Die verbraucherschützenden Vorschriften im Fernabsatz (§§ 312ff BGB) bleiben von der Neuregelung jedoch unberührt. Soweit der Erwerb digitaler Produkte und von Waren mit digitalen Elementen Gegenstand des Online-Shops sind, sind jedoch zusätzlich die – hier nicht berücksichtigten – Neuregelungen der §§ 327 ff. BGB bzw. §§ 327a Abs. 3, 475b, 475c BGB zu beachten. Zum Erwerb digitaler Produkte findet sich ein Muster in → Form. C.11. Bedingt durch die Vielzahl der unterschiedlichen Vertragsgegenstände sind die Hinweise des Gesetzgebers, wie vorstehend dargestellt, komplex und daher ist genaue Arbeit bei der Umsetzung in die Vertragsmuster des Unternehmens zwingend erforderlich. Diese Regelungen sind als AGB anzusehen und daher gehen nach § 305c Abs. 2 BGB etwaige Unklarheiten zu Lasten des Unternehmers. Gleichzeitig sollen die Regelungen einen Teil der Informationspflichten der Unternehmer aus § 312d Abs. 1 BGB iVm Art. 246a § 1 EGBGB, § 312i Abs. 1 S. 1 Nr. 2 BGB iVm Art. 246c EGBGB abdecken. Von großer Bedeutung ist: Für den Fall nicht ordnungsgemäß erfolgter Belehrung über das Widerrufsrecht, kann der Verbraucher für eine Frist von 12 Monaten plus 14 Tagen, gerechnet ab Zugang der Ware, das Widerrufsrecht ausüben (§ 356 Abs. 3 S. 2 BGB). Nicht ordnungsgemäße Belehrung mit Folge der verlängerten Frist kann schon dann vorliegen, wenn die Textvorgaben der Belehrung nicht eins zu eins dem vom Gesetzgeber vorgegebenen Muster folgen oder Ergänzungen oder eine andere Wortwahl zum Einsatz kommen (vgl. OLG Hamm NJW 2015, 3109). Grundsätzlich trägt der Unternehmer die Transportkosten bei Rücksendung der Ware im Rahmen des Widerrufsrechts, er kann diese aber auch auf den Verbraucher überwälzen, soweit er dies vorher deutlich und klar dem Verbraucher erkennbar macht (vgl. § 312d Abs. 1 BGB iVm Art. 246a § 1 Abs. 2 Nr. 2 EGBGB). Eine wesentliche Änderung zu den vorher geltenden Bestimmungen ist auch, dass der Widerruf nicht mehr durch „kommentarlose“ Rücksendung der Ware erfolgen kann, sondern eine Erklärung des Verbrauchers notwendig ist, aus der sein Entschluss zum Widerruf des Vertrags eindeutig hervorgeht, § 355 Abs. 1 BGB (BeckOK BGB/Müller-Christmann § 355 Rn. 24).

Nicht berücksichtigt im Formular, da Gegenstand der Gestaltung jedes Online-Shops selbst, sind die Vorgaben der Geoblocking-Verordnung der Europäischen Union (VO (EU) 2018/302). Hiernach sollen Unionsbürger unabhängig von ihrem Wohnort in der EU Zugriff auf sämtliche Internetangebote und Web-Anwendungen erhalten („Shop like a local“). Diskriminierungen aufgrund der Staatsangehörigkeit, des Wohnsitzes oder des Orts der Niederlassung der Kunden im grenzüberschreitenden Handel oder bei der Erbringung von Dienstleistungen sollen verhindert werden (ErwGr. 6 zur Geoblocking-Verordnung). Konkret werden in der Geoblocking-Verordnung die folgenden Bereiche geregelt: Der Zugang zu Online-Benutzeroberflächen, der Zugang zu Waren und Dienstleistungen und die Nichtdiskriminierung aus Gründen, die im Zusammenhang mit der Zahlung stehen (im Einzelnen Gerecke/Crasemann GRUR-Prax 2018, 418).

Die hier im ständigen Fluss befindliche Entwicklung des kodifizierten Rechts und der Rechtsprechung dazu zwingt zu dem Hinweis, neben der Nutzung der hier vorgestellten Formulare auch Nachschau nach den sich bspw. aus der Europäischen Verbraucherrichtlinie ergebenden Rechtsänderungen zu halten, um den Unternehmer richtig zu beraten und ihn vor Schäden, aber auch vor Abmahnungen seiner Wettbewerber, zu bewahren.

2. Sachverhalt. **a) Gegenstand des Vertragsmusters.** Das Vertragsmuster regelt eine sog. B2C-E-Commerce-Transaktion. Als E-Commerce bezeichnet man über das Internet abgewickelte Transaktionen, von der Angebotserstellung bis hin zur Bezahlung und bei digitalen Gütern auch die Warenübergabe. Differenziert wird dabei zwischen den Varianten **business to business (B2B), business to consumer (B2C)** und **consumer to consumer (C2C).** Als B2B-E-Commerce bezeichnet man Transaktionen, bei denen beide Parteien Unternehmer iSd § 14 BGB sind. Nach dieser Vorschrift ist Unternehmer, wer bei Abschluss eines Rechtsgeschäfts in Ausübung seiner gewerblichen oder selbstständigen beruflichen Tätigkeit handelt. Eine sog. B2B-Transaktion liegt daher vor, wenn das Rechtsgeschäft für beide Seiten eine geschäftsbezogene Handlung darstellt. Als B2C-E-Commerce bezeichnet man Transaktionen zwischen einem Unternehmer iSd § 14 BGB und einem Verbraucher iSd § 13 BGB. Hiernach ist Verbraucher, wer das Rechtsgeschäft zu einem Zweck abschließt, der weder einer gewerblichen noch einer selbstständigen beruflichen Tätigkeit zugeordnet werden kann. Als C2C-E-Commerce bezeichnet man Transaktionen zwischen zwei nicht-gewerblichen Parteien, also zwischen zwei Verbrauchern. Das vorliegende Muster geht von einem B2C-Verkauf aus. Deshalb kommen vorliegend sämtliche Verbraucherschutzvorschriften zur Anwendung. Im Bereich B2C sind mehrere Verkaufsvarianten denkbar, in unserem Beispiel verkauft ein Händler seine Waren (seien es eigene Produkte oder die eines anderen Herstellers) über seinen eigenen Webshop, wobei auch die Alternative des Angebots einer Dienstleistung im Muster berücksichtigt ist. Hingegen muss das Formular angepasst werden, wenn zB der Händler seine Waren über einen Marktplatz (wie beispielsweise eBay, Amazon) oder in fremdem Namen anbietet. Es sei daher darauf hingewiesen, dass vorliegendes Formular lediglich einen Anhaltspunkt für die Formulierung von Allgemeinen Geschäftsbedingungen darstellen kann. Für den konkreten Einzelfall der Verwendung des Formulars sind zusätzliche und/oder abweichende Regelungen empfehlenswert und erforderlich. Außerdem sind auch bei der Gestaltung von Online-Shops eine Vielzahl von gesetzlichen Vorgaben einzuhalten, über die beraten werden muss. Dazu gehören weitere Informationspflichten wie auch die technische Gestaltung des Bestellprozesses.

b) Technische Umsetzung. Für den Nutzer des Angebots muss auf der Webseite klar erkennbar sein, ob sich das Angebot nur an Geschäftskunden oder an Endverbraucher richtet. Die Einordnung als B2B- oder B2C-E-Commerce hat unterschiedliche rechtliche Konsequenzen, beispielsweise hinsichtlich der Einbeziehung von Allgemeinen Geschäftsbedingungen, der Geltung der Regelungen über Allgemeine Geschäftsbedingungen gemäß §§ 305 ff. BGB oder der Anwendbarkeit der Regelungen über Fernabsatzverträge gemäß §§ 312c ff. BGB. Werden B2B- und B2C-Angebote in einem Shop angeboten, so kann es zwar eine gemeinsame Homepage geben, auf dieser muss aber der Nutzer in den für ihn richtigen Bereich weitergeleitet werden. Auf dem Einstiegsscreen sollte daher deutlich zwischen Privat- und Geschäftskunden unterschieden werden. Der Nutzer sollte sich aktiv für einen Bereich entscheiden müssen, um an das für ihn passende Online-Angebot zu kommen. Andernfalls muss man sich immer an die strengen Regelungen gegenüber Verbrauchern halten und in den Rechtstexten deutlich darauf hinweisen, für wen welche Regelungen gelten (siehe zB auch AG Cloppenburg CR 2013, 127: Die Verwendung einer

Widerrufsbelehrung ohne Beschränkung dem Wortlaut nach auf Verbraucher kann zu einem vertraglich eingeräumten Rücktrittsrecht zugunsten Unternehmern führen).

Die meisten der hier erläuterten Anforderungen gelten auch, wenn der Online-Shop als mobiles Angebot ausgestaltet ist, zB als mobil optimierte Webseite oder als mobile App. Hier sind die Informationspflichten aber teilweise erleichtert, siehe zB Art. 246a § 3 EGBGB.

3. **Begriff der Allgemeinen Geschäftsbedingungen („AGB").** Nach § 305 BGB sind AGB alle für eine Vielzahl von Verträgen vorformulierten Vertragsbedingungen, die eine Vertragspartei der anderen Vertragspartei bei Abschluss des Vertrags stellt. Der Begriff „Stellen" setzt nach § 305 Abs. 1 S. 3 BGB voraus, dass die Vertragsbedingungen zwischen den Vertragsparteien im Einzelnen nicht ausgehandelt wurden. Bei Verbraucherverträgen wie dem vorliegenden findet sich in § 310 Abs. 3 Nr. 1 BGB insoweit eine Sonderregelung, wonach allgemeine Geschäftsbedingungen als vom Unternehmer gestellt gelten, es sei denn, dass sie durch den Verbraucher in den Vertrag eingeführt wurden. Dazu im Detail: BGH NJW-RR 2014, 937. Siehe auch die Ausführungen zu AGB in → Form. A. Nach § 310 Abs. 3 Nr. 2 BGB genügt bei Verbraucherverträgen zudem bereits eine einmalige Verwendung der Bedingungen, soweit der Verbraucher auf Grund der Vorformulierung auf deren Inhalt keinen Einfluss nehmen kann. Zur Vereinfachung des Geschäftsverkehrs ist die Verwendung vorformulierter Klauseln im E-Commerce ebenso üblich wie im herkömmlichen Geschäftsverkehr. Die vom Unternehmer verwendeten Vertragsbedingungen im E-Commerce fallen damit regelmäßig, wie auch die vorliegenden Geschäftsbedingungen, unter den Anwendungsbereich der §§ 305 ff. BGB und sind insoweit gerichtlich überprüfbar. Ausgenommen davon sind rein faktische oder als Gefälligkeit zu wertende Erklärungen des Unternehmers, denen keine Verbindlichkeit beizumessen ist (vgl. BGH NJW 2014, 2269).

4. **Inhaltskontrolle von AGB.** In AGB enthaltene Vertragsbedingungen unterliegen einer gerichtlichen Inhaltskontrolle nach den §§ 307–309 BGB. § 307 BGB enthält eine Generalklausel, wonach Bestimmungen in AGB unwirksam sind, wenn sie den Vertragspartner des Verwenders entgegen den Geboten von Treu und Glauben unangemessen benachteiligen. Darüber hinaus sind AGB unwirksam, wenn sie gegen die §§ 308 und 309 BGB aufgeführten Klauselverbote verstoßen. In den Fällen des § 308 BGB kommt dem jeweiligen Gericht eine Wertungsmöglichkeit zu. Rechtsfolge der Unwirksamkeit einer Klausel ist nach § 306 Abs. 2 BGB, dass sich der Inhalt des Vertrags insoweit nach den gesetzlichen Vorschriften richtet. § 306 Abs. 1 BGB regelt, dass im Falle der Unwirksamkeit von AGB der Vertrag im Übrigen wirksam bleibt. Der Vertrag ist nur dann insgesamt unwirksam, wenn das Festhalten an ihm eine unzumutbare Härte für eine Vertragspartei darstellen würde (§ 306 Abs. 3 BGB). Bei der Gestaltung von AGB sind neben den in den §§ 308 und 309 BGB enthaltenen Klauselverboten die Verbote sogenannter überraschender Klauseln (§ 305c Abs. 1 BGB), das Prinzip der kundenfreundlichsten Auslegung (§ 305c Abs. 2 BGB) und ebenso das Transparenzgebot (§ 307 Abs. 1 S. 2 BGB) zu beachten.

5. **Einbeziehung der AGB.** AGB werden nach § 305 Abs. 2 BGB nur dann Bestandteil eines Vertrags, wenn der Verwender bei Vertragsschluss die andere Vertragspartei ausdrücklich oder durch deutlich sichtbaren Aushang am Ort des Vertragsschlusses auf sie hinweist und der anderen Vertragspartei die Möglichkeit verschafft, in zumutbarer Weise von ihrem Inhalt Kenntnis zu nehmen und die andere Vertragspartei mit ihrer Geltung einverstanden ist. Diese Voraussetzungen müssen bei jedem einzelnen Vertragsabschluss erfüllt sein. Regelmäßig entfalten AGB keine Geltung für Folgeverträge (vgl. BGH NJW 1992, 1232). Eine Ausnahme ist dann gegeben, wenn zwischen den Parteien gesondert vereinbart, zB durch Rahmenvertrag (vgl. Graf von Westphalen NJW 2015, 2223 (2224 re. Sp.) – Kontraktionswirkung).

a) **Ausdrücklicher Hinweis.** Der Verwender von AGB hat ausdrücklich darauf hinzuweisen, dass der Vertrag unter Einbeziehung seiner AGB gelten soll. Nachdem im Internet ein „deutlich sichtbarer Aushang am Ort des Vertragsschlusses" nicht umsetzbar ist, ist der Verbraucher im Online-Shop schon vor Vertragsschluss ausdrücklich auf die Geltung der AGB hinzuweisen.

b) **Möglichkeit der Kenntnisnahme.** Der Verwender von AGB muss dem Verbraucher die Möglichkeit verschaffen, in zumutbarer Weise von ihrem Inhalt Kenntnis zu nehmen. Zu diesem Zweck müssen die AGB im Online-Verkehr übersichtlich sein und über einen vertretbaren **Umfang** verfügen. Soweit der Unternehmer die gesetzlichen Anforderungen beachtet, ist zu seinen Gunsten zu berücksichtigen, dass eine zumutbare Möglichkeit der Kenntnisnahme nicht an umfangreichen AGBs scheitern kann, soweit diese Online-Vertragsbedingungen heruntergeladen, offline gelesen und ausgedruckt werden können. Die Grenze wird man hierbei zu ziehen haben, wenn die ausdruckbaren AGB einen solchen Umfang erreicht haben, dass auch im herkömmlichen Rechtsverkehr eine zumutbare Kenntnisnahme bzw. ein Verstoß gegen das Transparenzgebot festzustellen wäre.

Bei der Möglichkeit der Kenntnisnahme ist ferner entscheidend, an welcher Stelle und in welcher Weise innerhalb des Produktangebots auf der Webseite die AGB zu **positionieren** sind, um den Anforderungen des § 305 Abs. 2 BGB zu genügen. Anerkannt ist, dass es nicht unbedingt erforderlich ist, an der jeweils für die Einbeziehung der AGB gebotenen Stelle tatsächlich deren vollständigen Text anzuzeigen. Nach dem Gesetzeswortlaut genügt die Möglichkeit der Kenntnisnahme. Die Kenntnisnahme selbst wird zur Einbeziehung nicht vorausgesetzt. Aus diesem Grund reicht ein deutlich gestalteter Hinweis mit einem **Hyperlink** auf eine vollständige Textversion der AGB aus. Hingegen genügt ein bloßer Hinweis auf die AGB, welcher ohne Link gestaltet ist, den Anforderungen des § 305 Abs. 2 BGB nicht. Bei der Gestaltung von Webseiten ist es üblich geworden, als eigenen Menüpunkt oder im Header oder Footer jeder Website einen Link zu den AGB aufzunehmen. Eine zumutbare Möglichkeit zur Kenntnisnahme bei Vertragsschluss stellt dies jedoch nicht dar. Ein Kunde wird nicht als erste Handlung den Link zu den AGB des Unternehmens öffnen. Vielmehr wird er zunächst das Produktangebot prüfen. Soweit er dann auf dem Weg zur Online-Ladenkasse keine erneute Möglichkeit der Kenntnisnahme erhält, kann er zu keinem Zeitpunkt während der Vertragsanbahnung die AGB lesen und eine wirksame Einbeziehung der AGB wäre abzulehnen. Zu empfehlen ist, dass der Verbraucher unmittelbar vor Abgabe seiner Bestellung, also auf der Bestellübersichtsseite, nochmals ausdrücklich auf die (mit einem Hyperlink zum Volltext versehenen) AGB verwiesen wird. Dies ist sogar zwingend erforderlich nach § 312j Abs. 2 BGB, wenn die AGB nach Art. 246a § 1 Abs. 1 S. 1 EGBGB notwendige Informationen enthalten, da diese dem Verbraucher unmittelbar bevor er seine Bestellung abgibt, klar und verständlich in hervorgehobener Weise zur Verfügung gestellt werden müssen.

Schließlich müssen die AGB für den Nutzer **lesbar** sein. Dies wird regelmäßig dann nicht der Fall sein, wenn der Nutzer zusätzliche Software benötigt, um die AGB öffnen und lesen zu können. Daher ist die einfache Textdarstellung der AGB in gutem Kontrast und angemessener Schriftgröße auf der Internetseite zu empfehlen. Zur zumutbaren Möglichkeit der Kenntnisnahme von Online-AGB gehört nach der Regelung des § 312i Abs. 1 Nr. 4 BGB zudem, dass der Nutzer die AGB (sowie auch die übrigen Vertragsbestimmungen) abrufen und in wiedergabefähiger Form speichern kann. Für die Einbeziehung der AGB ist damit nicht ausreichend, wenn der Nutzer die AGB über einen Hyperlink zwar öffnen, aber lediglich am Bildschirm lesen kann. Üblich und ausreichend ist die Zusendung der AGB (samt Widerrufsbelehrung) per E-Mail an die bei der Bestellung angegebene E-Mail-Adresse. Zulässig ist in diesem Zusammenhang wohl, die AGB als pdf-Datei zuzusenden. Zu empfehlen ist dann aber die verbreitete Praxis, gleichzeitig den Download einer kostenlosen Reader-Software anzubieten bzw. darauf hinzuweisen, wo diese verfügbar ist. Nicht ausreichend ist hingegen der Hinweis, der Kunde könne die AGB jederzeit von der Webseite des Online-Shops ausdrucken, da für den Kunden die bei Vertragsschluss aktuellen Texte maßgeblich sind und nicht ggf. geänderte Texte, die der Kunde in der Zukunft auf der Webseite findet. Ein **Ausdruck** der AGB muss möglich sein (BGH MMR 2006, 737).

Zur Möglichkeit der zumutbaren Kenntnisnahme gehört schließlich, dass die AGB von dem Nutzer **sprachlich** problemlos verstanden werden können. Dies ist problematisch bei der Verwendung von Fachtermini und von Fremdsprachen. Zur Vermeidung von Unklarheiten, die nach § 305c Abs. 2 BGB und § 307 Abs. 1 S. 2 BGB zu Lasten des Verwenders der AGB gehen, hat der Verwender zunächst wie im herkömmlichen Geschäftsverkehr Verweisungen auf Gesetzesbestimmungen und vermeidbare Fachtermini zu unterlassen. Problematischer ist auf Grund der Internationalität des Internets die Verwendung von Fremdsprachen. Nach der Rechtsprechung des BGH (BGH NJW 1983, 1489) ist beim Rechtsverkehr mit Ausländern die gewählte Verhandlungssprache ausschlaggebend. Soweit die deutsche Sprache als Verhandlungssprache gewählt wird, muss der ausländische Geschäftspartner grundsätzlich den gesamten deutschsprachigen Vertragsinhalt einschließlich der zugrunde gelegten AGB gegen sich gelten lassen. Übertragen auf Online-Rechtsgeschäfte bedeutet dies, dass die Sprache des jeweiligen Angebots im Internet die Verhandlungssprache vorgibt. Soweit auf einer Webseite, welche unter einer „.de"-Domain abrufbar ist, das Online-Angebot auf Deutsch gestaltet ist, wird Verhandlungssprache Deutsch sein und die Kenntnisnahme von deutschsprachigen AGB zumutbar sein. Dagegen wird auf einer Webseite, welche unter einer „.com"-Domain abrufbar ist und lediglich über ein Angebot in englischer Sprache verfügt, auch die Kenntnisnahme von englischen AGB zumutbar sein, die damit in den im Übrigen wirksamen Vertrag einbezogen werden können. Diese Fragen sind jedoch noch weitgehend ungeklärt. Eine Plattform, die ihre Kunden auf der Webseite auf Deutsch anspricht, muss ihre AGB (und Datenschutzerklärung) auch auf Deutsch vorhalten (KG MMR 2016, 601). Andernfalls führt dies zur Ungültigkeit der fremdsprachigen AGB. Es empfiehlt sich also, bei Angebotsseiten, die in einer Sprache geführt werden, dass auch alle Rechtstexte dem Kunden in derselben Sprache zur Verfügung gestellt werden. Dem Kunden muss außerdem nach § 312i Abs. 1 S. 1 Nr. 2 BGB iVm Art. 246c Nr. 4 EGBGB rechtzeitig vor Abgabe seiner Bestellung klar und verständlich mitgeteilt werden, welche Sprachen für den Vertragsschluss zur Verfügung stehen. So ist es in § 1 Abs. 2 des Musters formuliert.

c) **Einverständnis.** Schließlich muss der Nutzer mit den AGB des Verwenders einverstanden sein. Dieses Einverständnis kann er auch schlüssig erklären, wobei dies regelmäßig anzunehmen ist, wenn der Kunde auf die AGB hingewiesen wurde und die Möglichkeit der Kenntnisnahme hatte. Nicht zwingend ist es, eine Checkbox zu verwenden, die der Kunde anklicken muss, es reicht, wenn der Kunde vor Abgabe von dessen Vertragserklärung klar und deutlich darauf hingewiesen wird, dass die AGB in den Vertrag mit einbezogen werden. So ließ der BGH für die Kenntnisverschaffung der AGB einen gut sichtbaren Link ausreichen, der von der Bestellseite auf die AGB führte, welche ausgedruckt werden konnten (BGH NJW 2006, 2976; ob damit auch eine Gerichtsstandvereinbarung wirksam einbezogen werden kann, ist allerdings nur für den B2B-Bereich höchstrichterlich entschieden durch EuGH NJW 2015, 2171). Wenn eine Checkbox verwendet wird, darf ein Häkchen nicht voreingestellt sein. Außerdem darf folgender, leider oft anzutreffender Satz nicht verwendet werden: „Ich habe die AGB gelesen". Dies stellt eine unzulässige Beweislastumkehr zu Lasten des Kunden und damit einen Verstoß gegen § 309 Nr. 12 lit. b BGB dar (das LG Hamburg MMR 2013, 377, hat beispielsweise einen Verstoß gegen diese Norm in der Formulierung „Ich erteile den Auftrag gemäß der gültigen Preisliste und den Allgemeinen Geschäftsbedingungen A Privatkundenprodukte, die diesem Auftrag beigefügt sind (. . . . . .)" gesehen). Zulässig und ausreichend sollte etwa folgende Formulierung (samt Verlinkung, zB unter dem Wort „hier") sein:

Es gelten die AGB des Verkäufers (zu deren Abruf und Kenntnisnahme klicken Sie bitte hier).

Die vorstehend beschriebene zulässige Verlinkung von AGB gilt jedoch nicht für die in § 312i Abs. 1 S. 1 Nr. 2 BGB statuierte Pflicht, die dort aufgeführten Informationen unmittelbar bevor der Verbraucher seine Bestellung abgibt, zur Verfügung zu stellen: Diese müssen auf derselben Internetseite angezeigt werden, auf welcher der Kunde auch die Bestellung abschließt (so das OLG München MMR 2019, 24 zu den wesentlichen Eigenschaften einer Ware).

d) Wirksamer Vertrag. Schließlich sei darauf hingewiesen, dass AGB nur einbezogen sein können, wenn tatsächlich ein wirksamer Vertrag zustande kommt. Die Einbeziehung von AGB setzt einen Vertragsschluss voraus und kann ihn nicht fingieren. Ein Zustandekommen des Vertrags wird regelmäßig verhindert, wenn über die Einbeziehung der AGB ein Dissens zwischen den Parteien vorliegt.

e) Nachträgliche Einbeziehung von AGB. Nach § 305 Abs. 1 BGB müssen AGB **„bei"** Abschluss eines Vertrags gestellt werden. Soweit der Verwender die AGB erst zu einem späteren Zeitpunkt einbringt, werden diese grundsätzlich nicht mehr Vertragsbestandteil. Dies gilt insbesondere für AGB, welche **nach** Vertragsschluss, zB erst mit dem Lieferschein dem Kunden übergeben werden oder – wie es häufig bei Software vorkommt – die dem Kunden erst beim Download oder bei Installation der Software, aber nach Klick auf den „Zahlungspflichtig bestellen"-Button angezeigt werden (sog. *clickwrap agreements*).

In diesen Fällen erscheint häufig erst zu diesem Zeitpunkt eine anzuklickende Einverständniserklärung hinsichtlich der AGB (oftmals „Nutzungsbedingungen", „Lizenz" oder „EULA", dh „End User License Agreement" genannt) der lizenzierenden Softwarefirma. Zur Fortsetzung von Download oder Installation ist es erforderlich, diese Einverständniserklärung zu bestätigen. Für die Wirksamkeit der Einbeziehung der AGB ist hierbei auf die vorgenannten Grundsätze zurückzugreifen: Sofern der Vertrag über die dauerhafte Überlassung von Software oÄ vor Überlassung bzw. Download des Produkts geschlossen wurde und erst zu diesem Zeitpunkt, also **nach** Vertragsschluss auf die AGB verwiesen wird, ist eine Einbeziehung **ausgeschlossen.** Der Hinweis **vor** Vertragsschluss ist nach § 305 Abs. 1 BGB zwingend. Möglich wäre einzig die nachträgliche ausdrückliche Zustimmung zu **einer Vertragsänderung,** namentlich der nachträglichen Einbeziehung der AGB. Der „Bestätigungsklick" wird aber regelmäßig nicht eine solche Erklärung zur nachträglichen Einbeziehung darstellen können. So hat die Rechtsprechung (LG Gießen NJW-RR 1996, 630; KG MDR 1981, 933) festgestellt, dass auch die Unterzeichnung der nachträglich übersandten AGB durch den Kunden nicht in jedem Fall eine stillschweigende Einbeziehungsvereinbarung darstellt. In Anbetracht dessen stellte das Gericht fest, dass der Vertrag unter den ursprünglichen Bedingungen bereits vollzogen und es aus Sicht des Kunden zu spät sei, sich gegen die neuen AGB zu wehren. Übertragen auf die clickwrap agreements würde dies bedeuten, dass der Kunde bei Download (nach Erwerb) bzw. Einleiten der Installation der Software den Eindruck hat, dass es zu spät ist, sich gegen die Einbeziehung zu wehren, und somit den Download oder die Installation nicht mehr abbrechen wird. Einer solchen Handlung des Kunden kann damit kein rechtsverbindlicher Charakter zukommen. Gleiches gilt übrigens bei Software, die auf einem Datenträger überlassen wird. Auch hier kann weder einem Klick auf einen Bestätigungsbutton bei Installation noch dem Aufreißen der Schutzhülle (sog. *shrink wrap agreement*) rechtsverbindlicher Charakter zukommen, wenn der Kunde bei Vertragsschluss den Inhalt der AGB nicht kannte.

6. Anbieterkennzeichnung. Häufig ist im Internet unklar, wer als Verkäufer bzw. Anbieter der Waren auftritt. Wesentliche Voraussetzung für den Vertragsschluss („essentialia negotii") ist unter anderem die Bestimmtheit der Parteien. Ist der Anbieter der im Online-Shop offerierten Ware unklar, fehlt es grundsätzlich an einer wesentlichen Voraussetzung für den Vertragsschluss. Nicht zuletzt deswegen besteht ein gesetzlicher Mindeststandard der Anbietertransparenz bei Online-Shops. Notwendige Informationen finden sich vor allem in Art. 246a § 1 Abs. 1 Nr. 1–4 EGBGB. Daneben bestimmt § 5 DDG, dass Diensteanbieter für ihre geschäftsmäßigen Angebote unter anderem Namen und ladungsfähige Anschrift sowie bei juristischen Personen zusätzlich den Vertretungsberechtigten und weitere Daten anzugeben haben. Dieses gesetzliche Erfordernis wird bezeichnet als **Anbieterkennzeichnung.** Letztere gibt Aufschluss unter anderem über die Frage, wer Vertragspartei ist, wer für die Inhalte in dem Online-Shop (auch wenn dieser auf einer Drittanbieter-Plattform, zB einem Online-Marktplatz angeboten wird) verantwortlich ist und an wen Ansprüche zu richten sind. Im Einzelnen zu den Angaben nach § 5 DDG → Form. G.3.

7. Vertragssprache. Wie bereits bei → Anm. 5 lit. b erläutert, ist nach § 312i Abs. 1 S. 1 Nr. 2 BGB iVm Art. 246c Nr. 4 EGBGB anzugeben, welche Sprachen für den Vertragsschluss zur Verfügung stehen.

8. Rechtswahl und UN-Kaufrecht. Die Webseite des Betreibers ist auf Grund der technischen Gegebenheiten des Internets weltweit abrufbar. Selbst bei einsprachigen Internetauftritten ist daher ein grenzüberschreitender Bezug möglich. Aus diesem Grund sollte auch eine Wahl des anzuwendenden Rechts erfolgen.

UN-Kaufrecht: Gemäß Art. 3 Abs. 2 S. 1 EGBGB gehen Regelungen in völkerrechtlichen Vereinbarungen, soweit sie unmittelbar anwendbares innerstaatliches Recht geworden sind, den Vorschriften der deutschen Kollisionsvorschriften vor. Zu diesen völkerrechtlichen Regelungen gehört auch das UN-Kaufrecht (Wiener Übereinkommen über Verträge über den Internationalen Warenverkehr, BGBl. 1989 II 588), welches seit dem 1.1.1991 nationales Recht darstellt. Bei dem hier vorliegenden Sachverhalt eines Kaufvertrags mit Endverbrauchern wird das UN-Kaufrecht – anders als bei einem Kaufvertrag mit einem Unternehmer – regelmäßig keine Anwendung finden. Nach Art. 2 lit. a CISG findet das UN-Kaufrecht keine Anwendung auf den Kauf von Waren für den persönlichen Gebrauch oder für den Gebrauch in der Familie oder im Haushalt, es sei denn, dass der Verkäufer vor oder bei Vertragsschluss weder wusste noch wissen musste, dass die Ware für einen solchen Zweck gekauft wurde. Da vorliegend die AGB explizit auf den Endverbraucher abgestellt sind, hat der Verkäufer Kenntnis von dem persönlichen Gebrauch der angebotenen Ware. Eine Anwendbarkeit des UN-Kaufrechts wäre deshalb nicht gegeben. Dennoch wurde zur Klarstellung das UN-Kaufrecht ausdrücklich abbedungen. Allein die Wahl des deutschen Rechts hätte hierfür nicht ausgereicht, da sie das UN-Kaufrecht einschließt, das, wie ausgeführt, seit dem 1.1.1991 deutsches Recht darstellt. Hier wurde die Anwendung des UN-Kaufrechts ausdrücklich ausgeschlossen. Da die CISG-Regelungen für verschiedene transnationale Vertragsabschlüsse, insbesondere zwischen Unternehmern, Vorteile, nämlich größere Gestaltungsfreiheit, bieten, wird empfohlen, dass der Verwender zwischen den Vorteilen und Nachteilen im Einzelnen abwägt (vgl. Brödermann/Hauffe u. a. BRAK-Mitt. 2016, 165 (169)).

Rechtswahl: Seit 17.12.2009 gilt die Rom I-VO (EG 593/2008) und zwar für alle Verträge, die nach diesem Datum abgeschlossen wurden (Art. 28 Rom I-VO). Für ältere Verträge gelten weiter Art. 27–37 EGBGB. Die Rom I-VO gilt nicht generell. Eine Reihe von Anwendungsbereichen sind ausgenommen (Art. 1 Rom I-VO). Es herrscht bezüglich des anzuwendenden Rechts grundsätzlich Wahlfreiheit (Art. 3 Rom I-VO) und die Rechtswahl kann auch in AGB erfolgen. Gegenüber Verbrauchern ist die Einschränkung zu beachten, die sich aus Art. 6 Abs. 2 Rom I-VO ergibt, wonach bei erfolgter Rechtswahl diese nicht dazu führen darf, dass dem Verbraucher Schutz entzogen wird, der ihm durch diejenigen Bestimmungen gewährt wird, von denen nach dem Recht am Ort seines gewöhnlichen Aufenthalts nicht durch Vereinbarung abgewichen werden darf. Der

EuGH (EuGH DB 2016, 1869) hat entschieden, dass eine in den AGB des Unternehmers enthaltene Klausel, nach der auf einen auf elektronischem Weg mit einem Verbraucher geschlossenen Vertrag das Recht des Mitgliedsstaats anzuwenden ist, in dem der Unternehmer seinen Sitz hat, missbräuchlich ist, wenn dem Verbraucher gegenüber nicht klargestellt wird, dass er nach Art. 6 Abs. 2 der Rom I-VO auch den Schutz der zwingenden Bestimmungen des Rechts genießt, das ohne diese Rechtswahlklausel anzuwenden wäre. Der vorgeschlagene Formulierungsvorschlag versucht, dieser Entscheidung gerecht zu werden. Die beschriebene Regel-Ausnahme-Beziehung gilt jedoch zB nicht, wenn Vertragsgegenstand ist: Dienstleistungen in Drittstaaten; Beförderungsverträge, außer im Fall von Pauschalreisen; Immobilien (Kauf, Miete, Pacht – ausgenommen Time-Sharing); bestimmte Finanzinstrumente, auch wenn dies in einem multilateralen System folgt. Der Ausnahmekatalog ist für die einzelnen Vertragstypen in Art. 6 ff. Rom I-VO näher bestimmt.

Fehlende Rechtswahl: Ist keine Rechtswahl erfolgt, so richtet sich die Bestimmung des anzuwendenden Rechts primär nach dem Ort des gewöhnlichen Aufenthalts des Verbrauchers, insbesondere dann, wenn der Verkäufer seine gewerbliche Tätigkeit ebenfalls in diesem Land ausübt bzw. seine Tätigkeit auf diesen oder andere Staaten einschließlich des fraglichen Staats ausgerichtet hat. Eine in deutscher Sprache gehaltene Webseite dürfte ausreichen, damit deutsches Recht zur Anwendung kommen kann, wenn der Verbraucher (und Vertragspartner) in Deutschland wohnt. Hinsichtlich der Vertragstypen gilt das vorstehend zu den Ausnahmen Geschriebene ebenfalls.

9. Vertragsabschluss. a) Allgemeines. Ein Vertragsabschluss im Internet erfolgt grundsätzlich unter denselben Voraussetzungen wie im herkömmlichen Rechtsverkehr. Es müssen daher hierfür zwei übereinstimmende Willenserklärungen über die wesentlichen Bestandteile eines Vertrags vorliegen. Dies wird in § 312c Abs. 1 BGB im Rahmen der Definition von Fernabsatzverträgen vorausgesetzt, wonach Verträge auch unter Verwendung von Fernkommunikationsmitteln abgeschlossen werden können. Solche Fernkommunikationsmittel sind nach der Legaldefinition des § 312c Abs. 2 BGB Kommunikationsmittel, die zur Anbahnung oder zum Abschluss eines Vertrags zwischen einem Verbraucher und einem Unternehmer ohne gleichzeitige körperliche Anwesenheit der Vertragsparteien eingesetzt werden können, insbesondere Briefe, Kataloge, Telefonanrufe, Telekopien, E-Mails, über den Mobilfunk versendete Nachrichten (SMS) sowie Rundfunk und Telemedien. Zum Erklärungsgehalt im elektronischen Rechtsverkehr siehe weiterführend Hoeren/Sieber/Holznagel MMR-HdB/Kitz Teil 13.1 Rn. 8 ff.). Zu beachten ist, dass die vom Unternehmen aufgrund von § 312i Abs. 1 S. 1 Nr. 3 BGB zwingend unverzüglich zu versendende elektronische Empfangsbestätigung nach Erhalt des Vertragsangebots des Kunden, wenn nicht deutlich formuliert, schon als Angebotsannahme mit entsprechender Vertragserklärung gesehen werden kann (BeckOK BGB/Maume EGBGB Art. 246c Rn. 4). Siehe hierzu sogleich lit. c.

b) Warenkorb. Der Warenkorb ist kein rechtlicher Begriff und im Rahmen des BGB nicht einzuordnen. Es ist jedoch ein Mittel, um dem Käufer eine Übersicht über die geplanten Einkäufe zu geben. Rechtlichen Niederschlag hat dies (erstmals über Art. 11 Abs. 2 der E-Commerce Richtlinie 2000/31/EG) in § 312i Abs. 1 S. 1 Nr. 1 BGB gefunden, wonach dem Kunden angemessene, wirksame und zugängliche technische Mittel zur Verfügung zu stellen sind, mit deren Hilfe der Kunde Eingabefehler vor Abgabe seiner Bestellung erkennen und berichtigen kann. Dem Warenkorb kommt damit als vorgezogener Teil der E-Commerce-Bestellung eine zentrale Bedeutung zu. Er hat Übersichts- und Auswahlfunktion und verfolgt den Zweck, wesentliche Vertragsdaten wie Preis und Anzahl der gekauften Produkte aufzuschlüsseln. Zudem gibt er dem Kunden, da noch kein rechtlich bindender Vertrag zustande gekommen ist, die Möglichkeit, Entscheidungen zu berichtigen. Der Warenkorb ist eigentlich nur Vorbereitungshandlung und kein selbstständiges Rechtsinstitut, dennoch muss in diesem vorvertraglichen Stadium alles getan werden, um Missverständnisse oder Irrtümer zu vermeiden. Die rechtliche Besonderheit beim Warenkorb liegt darin, dass der Kunde mit einem einzigen Bestellvorgang mehrere Waren, welche sich im Warenkorb befinden, gleichzeitig kaufen kann. Unmittelbar vor Abschluss des Bestellvorgangs sind dem Verbraucher gemäß § 312j Abs. 2 BGB die Informationen gemäß Artikel 246a § 1 Abs. 1 S. 1 Nr. 1, 5 bis 7, 8, 14 und 15 EGBGB noch mal anzuzeigen (und zwar direkt und nicht als Verlinkung, siehe hierzu auch den Hinweis unter → Anm. 5 lit. c aE) und ihm die Möglichkeit der Korrektur zu geben, bevor er auf den Bestell-Button (siehe unter lit. d zu dessen Beschriftung) klickt.

c) **Angebot auf Webseiten.** Die Präsentation einer Ware auf einer Webseite, zB über einen elektronischen Produktkatalog, stellt grundsätzlich kein rechtlich bindendes Angebot des Verkäufers, sondern im Zweifel eine sogenannte Aufforderung zum Vertragsangebot („invitatio ad offerendum") an den Nutzer, dh den Onlinekunden dar (BeckOK BGB/Maume EGBGB Art. 246c Rn. 4). Insoweit ist das Web-Angebot mit der Auslage eines Schaufensters oder der elektronischen Form eines Versandhauskatalogs vergleichbar. Grund hierfür ist, dass der Verkäufer bei einer Ausschreibung an einen unbestimmten und unbekannten Personenkreis die Möglichkeit haben soll, seine Liefermöglichkeiten sowie die Bonität der Kunden zu prüfen. Dabei ist aber zu beachten, dass sich der Verkäufer keine unangemessen lange oder nicht hinreichend bestimmte Frist für die Annahme oder Ablehnung des Angebots vorbehalten darf, § 308 Nr. 1 BGB. Da seitens des Verkäufers mit dem Ausschreiben der Ware noch kein verbindliches Angebot vorliegt, erwirbt der Käufer mit seiner Bestellung noch keinen Lieferanspruch. Etwas anderes gilt nur, wenn die Auslegung der Ausschreibung auf der jeweiligen Webseite ergibt, dass sich der Verkäufer iSd § 145 BGB binden wollte (zB weil der Online-Marktplatz, auf dem der Verkäufer tätig ist, entsprechende Vorgaben in seinen Nutzungsbedingungen macht, wie dies zB bei eBay teilweise der Fall ist). Dann ist diese Ausschreibung unter Auslegung nach dem objektiven Empfängerhorizont als bindendes Angebot zu verstehen. Ein solches Verständnis wurde im Rahmen des vorliegenden Formulars ausdrücklich ausgeschlossen. Wie der Vertrag über den Onlineshop zustande kommt, muss dem Kunden wegen § 312i Abs. 1 S. 1 Nr. 2 EGBGB iVm Art. 246c Nr. 1 EGBGB erläutert werden, siehe auch → Anm. 10.

d) **Wirksamkeit der Willenserklärungen.** Voraussetzung der Wirksamkeit einer Willenserklärung ist deren Abgabe und Zugang. Abgegeben ist eine Willenserklärung, wenn der Erklärende seinen rechtsgeschäftlichen Willen erkennbar so geäußert hat, dass an der Endgültigkeit der Äußerung kein Zweifel möglich ist (BeckOK BGB/Wendtland § 130 Rn. 5). Eine Willenserklärung via E-Mail ist bei Versenden der E-Mail abgegeben. Problematischer ist, wann und unter welchen Voraussetzungen eine elektronische Willenserklärung zugeht. Bei der Abgabe von Willenserklärungen im Internet sind die Geschäftspartner oftmals nicht gleichzeitig online. Eine von „Person zu Person" abgegebene Willenserklärung iSd § 147 Abs. 1 S. 2 BGB liegt daher meist nicht vor. Aus diesem Grund ist eine elektronische Willenserklärung via E-Mail grundsätzlich als Willenserklärung unter Abwesenden zu qualifizieren. Dies hat zur Folge, dass die Zugangsvoraussetzungen des § 130 BGB erfüllt sein müssen. Eine Willenserklärung ist hiernach erst zugegangen, wenn sie so in den Bereich des Empfängers gelangt ist, dass dieser unter normalen Verhältnissen die Möglichkeit hat, vom Inhalt der Erklärung Kenntnis zu nehmen. In den Bereich des Empfängers gehören auch die von ihm zur Entgegennahme von Erklärungen bereit gehaltenen Einrichtungen, wie beispielsweise ein Briefkasten (BeckOK BGB/Wendtland § 130 Rn. 12). Im elektronischen Rechtsverkehr ist als Gegenstück zum herkömmlichen Briefkasten die Mailbox anzusehen. Damit geht eine elektronische Willenserklärung mit Eingang in der Mailbox zu. Der Zugang ist vollendet, wenn die Kenntnisnahme durch den Empfänger möglich und nach der Verkehrsanschauung zu erwarten ist. Dies wird in § 312i Abs. 1 S. 2 BGB ausdrücklich für den elektronischen Geschäftsverkehr bestätigt. Hiernach gelten Bestellung und Empfangsbestätigung als zugegangen, wenn die Parteien, für die sie bestimmt sind, sie unter gewöhnlichen Umständen abrufen können.

Eine Ausnahme macht das Gesetz – bei Verträgen mit Verbrauchern – für Willenserklärungen, die mit Klick auf einen Button abgegeben werden, der keine die Anforderungen des § 312j Abs. 3 BGB erfüllende Beschriftung enthält. Ist die Beschriftung unzureichend, kommt der Vertrag nach § 312j Abs. 4 BGB nicht zustande. Unklar ist noch, welche Alternativen der Beschriftung zulässig sind. Nach Ansicht des AG Köln (AG Köln MMR 2014, 736) ist die Beschriftung mit „Bestellen und Kaufen" jedenfalls für einen Abonnement-Vertrag unzureichend. Das OLG Köln hat auch der Beschriftung „Jetzt gratis testen – danach kostenpflichtig" eine Absage erteilt (OLG Köln MMR 2016, 602). Der EuGH hat mit Urteil vom 7.4.2022 (EuGH NJW 2022, 1439 – Fuhrmann-2-GmbH/B) entschieden, dass es für die Feststellung, ob die Formulierung auf der Schaltfläche den Anforderungen der Verbraucherrechte-Richtlinie genügt, allein auf die Worte auf dieser Schaltfläche ankomme und nicht auf die Gesamtumstände des Bestellvorgangs. Ob – wie in dem Verfahren in Rede stehend – der Begriff „Buchung" in der deutschen Sprache zwangsläufig und systematisch mit der Begründung einer Zahlungsverpflichtung in Verbindung gebracht werde, darüber muss laut EuGH wiederum das AG Bottrop, welches die zugehörige Vorlagefrage mit Beschluss vom 24.3.2021 (AG Bottrop BeckRS 2021, 51045) an den EuGH gestellt hatte, entscheiden. Zur Unzulässigkeit sog. Dash Buttons (kleine Geräte, die mit dem Internet verbunden sind, und bei denen man durch bloße Betätigung eines Knopfs online das Produkt erwirbt, welchem der Dash Button zugeordnet ist) siehe OLG München (OLG München GRUR-RR 2019, 372).

e) **Fehlerhafte Willenserklärung, Anfechtung.** Nachdem die elektronische Datenübertragung der Abgabe einer Willenserklärung gleichzusetzen ist, finden die §§ 119 ff. BGB Anwendung. Am ehesten relevant sind schlichte Eingabefehler durch den Kunden bzw. versehentlich abgegebene Willenserklärungen. Hier kommt ein Erklärungsirrtum nach § 119 Abs. 1 Alt. 2 BGB in Betracht, da in diesem Fall die äußere Erklärungshandlung von dem inneren Willen abweicht. Regelmäßig wird der Kunde jedoch Schwierigkeiten haben, das Vorliegen eines Eingabefehlers zu beweisen. Zum Schutz des Kunden muss der Diensteanbieter daher gemäß § 312i Abs. 1 Nr. 1 BGB (in Umsetzung von Art. 10 der E-Commerce-Richtlinie 2000/31/EG vom 8.6.2000) angemessene, wirksame und zugängliche technische Mittel zur Verfügung stellen, mit deren Hilfe der Kunde Eingabefehler vor Abgabe seiner Bestellung erkennen und berichtigen kann.

f) **Beweiswert.** Wie dargestellt, kommen im Internet bereits durch einen Mausklick, welcher den Versand einer E-Mail auslöst, rechtlich erhebliche Willenserklärungen zustande. Problematisch ist in diesem Zusammenhang die Frage der Beweisbarkeit dieser Erklärungen. Auszugehen ist von dem Grundsatz, dass jede Partei die Beweislast für die Erfüllung der ihr günstigen Tatbestandsmerkmale trägt. Behauptet der Diensteanbieter das Zustandekommen eines Vertrags, hat er somit die Abgabe der Willenserklärung durch den Verbraucher zu beweisen. Nach § 416 ZPO begründen Privaturkunden nur Beweiskraft hinsichtlich der in ihnen enthaltenen Erklärungen, sofern sie von den Ausstellern unterschrieben sind. Einem E-Mail-Ausdruck kommt daher mangels Körperlichkeit und fehlender Unterzeichnung kein Beweiswert wie einer Urkunde zu. Ein Gericht kann aber unter Berücksichtigung des § 286 ZPO – nach seinem freien Ermessen – einer E-Mail Beweiswert zuerkennen.

Die Beweislage kann mit Verwendung einer **digitalen Signatur** zu Gunsten des Diensteanbieters verbessert werden. Nach § 126a BGB kann die gesetzlich vorgeschriebene schriftliche Form durch elektronische Form ersetzt werden, soweit der Aussteller der Erklärung dieser seinen Namen hinzufügt und das elektronische Dokument mit einer qualifizierten elektronischen Signatur nach dem Signaturgesetz versieht. Auf Dokumente, die mit einer qualifizierten elektronischen Signatur versehen sind, finden gemäß § 371a ZPO die Regelungen über die Beweiskraft privater Urkunden entsprechende Anwendung.

Beschränkt Geschäftsfähige. Der Anbieter kann auf Grund der Anonymität des elektronischen Geschäftsverkehrs regelmäßig nicht erkennen, ob der Nutzer geschäftsfähig ist bzw. ob seine diesbezüglichen Angaben zutreffend sind. Rechtsgeschäfte mit Minderjährigen sind schwebend unwirksam und von der Genehmigung der gesetzlichen Vertreter abhängig bzw. müssen „bewirkt" werden (§ 110 BGB „Taschengeldparagraph"). Ansonsten sind die Verträge nichtig und müssen rückabgewickelt werden. Es ist möglich, aber in der Praxis bei Online-Shops, deren Waren und Dienstleistungen sich nicht ausschließlich an Erwachsene richten, eher unüblich, schon bei Anlegen eines Kundenkontos zu verlangen, dass sich nur lediglich unbeschränkt geschäftsfähige Personen als Nutzer registrieren lassen. Auf Grund der Anonymität des elektronischen Rechtsverkehrs ist dies für den Anbieter nicht ohne weiteres überprüfbar. Er wird einen beschränkt Geschäftsfähigen, soweit dieser sein Alter unrichtig angibt, nicht erkennen. Der Anbieter kann nicht wirksam vereinbaren, dass jeder Nutzer mit der Anmeldung als unbeschränkt Geschäftsfähiger behandelt wird. Die Vorschriften über die Geschäftsfähigkeit sind nicht dispositiv. Aus diesem Grund gibt es keinen guten Glauben hinsichtlich der Geschäftsfähigkeit. Die damit verbundene Gefahr für den Rechtsverkehr, gerade für den elektronischen, wird zum Schutz der beschränkt Geschäftsfähigen hingenommen. Gleiches gilt im Übrigen für Geschäftsunfähige. Ferner könnte eine solche Vereinbarung der Geschäftsfähigkeit im Rahmen von AGB nicht wirksam einbezogen werden, da hierfür ebenfalls die Geschäftsfähigkeit des Nutzers erforderlich ist. Die Bestätigung der Geschäftsfähigkeit würde überdies auf Grund der Regelung des § 309 Nr. 12 lit. b BGB unwirksam sein. Hiernach ist eine Bestimmung, durch die der Verwender die Beweislast zum Nachteil des anderen Vertragsteils ändert, insbesondere indem er den anderen Vertragsteil bestimmte Tatsachen bestätigen lässt, unwirksam. Der Anbieter kann sich lediglich schützen, indem er die Registrierung erst nach Zusendung und Prüfung einer Kopie des Ausweises freischaltet bzw. eine technische Methode zur Altersverifikation einsetzt. In jedem Fall muss er aber den Jugendschutz wahren (zB bei alkoholischen Getränken oder FSK 18-Produkten). FSK steht für freiwillige Selbstkontrolle und dient dem Jugendschutz im Film- und Medienbereich. Dies kann auch sichergestellt werden, indem bei Lieferung der Ware diese nur vom Besteller persönlich unter Vorlage eines von einer Behörde ausgestellten Ausweises mit Foto entgegengenommen werden kann und eine Aushändigung an einen Bevollmächtigten oder eine Lieferung an eine sog. Packstation nicht möglich ist.

10. Technische Schritte bis zum Vertragsschluss und Berichtigung von Eingabefehlern. Die Regelung in § 4 wirkt auf den ersten Blick wie eine Wiederholung der Beschreibung des Vertragsschlusses in § 3 des Formulars, erfüllt aber im Detail die Anforderungen der in § 312i Abs. 1 S. 1 Nr. 2 BGB iVm Art. 246c Nr. 1 und 3 EGBGB festgelegten Informationspflichten.

11. Speicherung des Vertragstexts. Diese Regelung erfolgt in Erfüllung der Informationspflichten nach § 312i Abs. 1 S. 1 Nr. 2 BGB iVm Art. 246c Nr. 2 EGBGB.

12. Datenschutz. In die Erstellung einer Datenschutzinformation für einen Online-Shop sollte – egal, ob er sich an Verbraucher oder Unternehmer richtet – besondere Sorgfalt gesteckt werden. Mit Beginn der Geltung der EU-Datenschutzgrundverordnung (DS-GVO) am 25.5.2018 wurden drastische Strafen für Datenschutzverstöße eingeführt (die Bußgelder stiegen von früher maximal 300.000,00 EUR nach BDSG-alt je nach Verstoß auf bis zu 10 Mio. EUR oder 2 % des weltweiten Jahresumsatzes, bzw. auf bis zu 20 Mio. EUR oder 4 % des weltweiten Jahresumsatzes, je nachdem, welche Bußgeldsumme jeweils höher ist). Die Informationen über die Verarbeitung personenbezogener Daten, zu deren Erteilung der datenschutzrechtlich Verantwortliche nach Art. 13, 14 DS-GVO ohne Aufforderung verpflichtet ist, sollten nicht in die AGB aufgenommen werden. Werden nämlich die Datenschutzinformationen auch als AGB angesehen, so unterliegen sie der vollen Inhaltskontrolle nach den §§ 307 ff. BGB. Das hätte auch zur Folge, dass deren (Un-)Wirksamkeit zum Gegenstand einer Unterlassungsklage nach § 2 UKlaG gemacht werden könnte (siehe hierzu KG BeckRS 2019, 8570 Rn. 38 ff.).

Insofern ist sogar zu überlegen, den Hinweis auf den Datenschutz in den AGB ganz rauszulassen. Auf die Datenschutzinformation muss aber sowohl direkt beim „Registrieren"-Button, sofern man ein Kundenkonto anlegen kann, als auch beim „Kostenpflichtig bestellen"-Button ebenso wie auf die AGB und die Widerrufsbelehrung verlinkt werden (siehe dazu aber ebenfalls KG BeckRS 2019, 8570 Rn. 40 f.). Sie sollte außerdem mit der E-Mail, mit der der Vertrag zustande kommt, mitgesendet werden, sei es direkt in der E-Mail oder als angehängtes PDF-Dokument.

13. Zahlung. a) Zahlungsarten. Übliche Zahlungsmöglichkeiten im Internet sind die Zahlung per Kreditkarte, per Nachnahme sowie die Zahlung nach Rechnungsstellung. Neben diesen klassischen Zahlungsmethoden gibt es auch internetspezifische Zahlungsarten wie zB die Zahlung über einen Intermediär (PayPal, Amazon Pay ua), Internet-Guthabenkarten (zB Paysafecard) oder über die Verbindung mit dem Mobiltelefon (M-Payment), wodurch die Zahlung letztlich mit der Begleichung der Mobilfunkrechnung erfolgt.

b) Risiken im Internet. Das besondere Problem bei allen Distanzgeschäften liegt darin, dass die Übergabe der Ware und die Zahlung der Kaufpreissumme zeitlich auseinanderfallen. Daher muss entweder der Käufer oder der Verkäufer das Risiko tragen, ob sich der Vertragspartner nach der eigenen Vorleistung noch an die vertragliche Vereinbarung hält. Den größten Risikoausgleich schafft wohl die Zahlung per Nachnahme, doch ist diese Zahlungsvariante in Deutschland nicht weit verbreitet. Hinzu kommt eine (scheinbare) Anonymität der Vertragspartner.

Der Verkäufer kennt im Fernabsatz die Identität des Käufers nicht mit Sicherheit; dies gilt besonders angesichts der leichten Fälschbarkeit von E-Mail-Adressen. Bestreitet der vermeintliche Vertragspartner des Verkäufers, am Vertragsabschluss beteiligt zu sein, hat der Verkäufer die Ware auf seine Kosten zurückzunehmen. Das Risiko des Käufers bei Zahlung etwa per Kreditkarte besteht darin, Ware zu bezahlen, die er nicht erhält. Besonders problematisch ist dies, wenn der Käufer den Sitz des Anbieters nicht kennt. Nach den Verpflichtungen der §§ 312a ff. BGB, Art. 246 EGBGB und § 5 DDG hinsichtlich der Anbieterkennzeichnung (→ Anm. 6) sollten diese Risiken soweit möglich behoben sein. Es verbleibt jedoch das Prozess- und Vollstreckungsrisiko. Hinzu kommt für den Käufer bei Eingabe seiner Zahlungsdaten auf einer Webseite das Risiko, dass diese Daten durch einen Dritten abgefangen werden. Anbieter sind daher nach § 19 Abs. 4 TDDDG (Telekommunikation-Digitale-Dienste-Datenschutz-Gesetz) verpflichtet, soweit dies technisch möglich und wirtschaftlich zumutbar ist, im Rahmen ihrer jeweiligen Verantwortlichkeit für geschäftsmäßig angebotene digitale Dienste durch technische und organisatorische Vorkehrungen sicherzustellen, dass kein unerlaubter Zugriff auf die technischen Einrichtungen, die sie für das Angebot ihrer digitalen Dienste nutzen, möglich ist und die technischen Einrichtungen gesichert sind gegen Störungen, auch gegen solche, die durch äußere Angriffe bedingt sind. Als ein solcher Schutz werden nach dem Gesetz als sicher anerkannte Verschlüsselungsverfahren gesehen. Die Verschlüsselung der Datenübertragung ist daher zwingend notwendig, wenn man Daten über eine Webseite abfragt.

14. Eigentumsvorbehalt. Der Eigentumsvorbehalt ist ein Sicherungsmittel des Verkäufers, mit dem er sich das Eigentum an den Kaufsachen bis zur vollständigen Bezahlung des Kaufpreises vorbehält. § 449 Abs. 1 BGB enthält eine Auslegungsregel, wonach ein Eigentumsvorbehalt im Zweifel als aufschiebend bedingte Übereignung zu verstehen ist. Der Verkäufer kann die Sache auf Grund des Eigentumsvorbehalts herausverlangen, wenn er vom Kaufvertrag zurückgetreten ist (§ 449 Abs. 2 BGB). Der Rücktritt erfolgt nach den allgemeinen Voraussetzungen des § 323 BGB.

15. Lieferbedingungen. Information. Nach § 312j Abs. 2 BGB iVm Art. 246a § 1 Abs. 1 S. 1 Nr. 10 EGBGB hat der Unternehmer den Verbraucher über die Zahlungs-, Liefer- und Leistungsbedingungen sowie den Termin, bis zu dem der Unternehmer die Waren liefern oder die Dienstleistung erbringen muss, zu informieren. Nicht mehr zulässig sind damit in den AGB des Unternehmers Klauseln, die Liefertermine für unverbindlich erklären. Zweck der Information über den Termin ist, dass der Verbraucher weiß, ab wann der Unternehmer in Verzug gerät. Unzulässig sind daher auch Angaben beim Liefertermin wie „in der Regel", da der Verbraucher nicht wissen kann, was beim Unternehmer die Regel ist. Für zulässig befunden wurde von der Rechtsprechung hingegen die Angabe „ca. 2 bis 4 Werktage", da sich hieraus der Termin ergebe, bis zu dem der Unternehmer liefern muss, nämlich spätestens nach vier Werktagen (so OLG München CR 2015, 199). Die Hinweise zur Lieferzeit sollten sich daher bei der jeweiligen Angebotsbeschreibung finden. Auch der Hinweis auf ggf. hinzukommende Versandkosten muss sich deutlich schon aus der Angebotsgestaltung im Online-Shop ergeben. In Bezug auf Lieferbeschränkungen siehe die Hinweise unter → Anm. 1 zur Geoblocking-Verordnung.

16. Widerrufsrecht. a) Allgemeines. Durch das Gesetz zur Umsetzung der Verbraucherrechterichtlinie und zur Änderung des Gesetzes zur Regelung der Wohnungsvermittlung (VerbrRRL-UG) vom 20.9.2013, in Kraft seit 13.6.2014, wurde die Europäische Verbraucherrechterichtlinie RL 2011/83/EU vom 25.10.2011 umgesetzt. Dadurch wurde das BGB in seinen Bestimmungen in §§ 312–510 neu strukturiert, so dass sämtliche Muster für Widerspruchsrechte und Widerspruchsfolgen, die vor Juni 2014 gestaltet wurden, grundsätzlich nicht mehr dem jetzt geltenden Recht entsprechen. Dies betrifft u. a. Fernabsatzverträge, insbesondere solche, die online über das Internet abgeschlossen werden. Wesentliche Regelungen sind die §§ 312d, 355, 356 und 357 BGB iVm Art. 246a EGBGB. Der Schutz des Verbrauchers bei Fernabsatzverträgen soll mit zwei Grundinstrumenten gewährleistet werden: Zum einen Informationspflichten des Anbieters/Verkäufers und zum anderen Widerrufsrechte des Verbrauchers/Käufers. Der Verbraucher soll damit so viele Informationen wie möglich und notwendig über den Vertragspartner und die angebotene Ware einschließlich Preis und Kosten für Nebenleistungen erhalten und daneben auch die Möglichkeit haben, eventuell übereilte Geschäftsabschlüsse rückgängig zu machen.

Zukünftig werden Unternehmen einen „Widerrufsbutton" anbieten müssen. Die bis zum 19. Dezember 2025 in nationales Recht umzusetzende Richtlinie (EU) 2023/2673 des Europäischen Parlaments und des Rates vom 22. November 2023, welche die Richtlinie 2011/83/EU in Bezug auf im Fernabsatz geschlossene Finanzdienstleistungsverträge ändert und die Richtlinie 2002/65/EG aufhebt, sieht vor, dass Verbraucher bei Fernabsatzverträgen, die über eine Online-Benutzeroberfläche geschlossen werden, eine Widerrufsfunktion benutzen können müssen (Art. 11a), um ihren Vertrag zu widerrufen. Diese Widerrufsfunktion muss gut lesbar mit den Worten „Vertrag widerrufen" oder einer entsprechenden eindeutigen Formulierung gekennzeichnet, während der gesamten Widerrufsfrist durchgehend verfügbar und auf der Online-Benutzeroberfläche hervorgehoben platziert und für den Verbraucher leicht zugänglich sein. Ähnlich wie schon beim Kündigungsbutton, der mit § 312k BGB bereits im deutschen Recht geregelt ist, gibt es weitere gesetzliche Vorgaben zu den zu ermöglichenden Angaben durch den Verbraucher sowie des Versendens einer Eingangsbestätigung.

b) **Anwendbarkeit.** Nach der Legaldefinition des § 312c Abs. 1 BGB sind Fernabsatzverträge Verträge über die Lieferung von Waren oder über die Erbringung von Dienstleistungen (einschließlich Finanzdienstleistungen), die zwischen einem Unternehmer und einem Verbraucher unter ausschließlicher Verwendung von Fernkommunikationsmitteln verhandelt und abgeschlossen werden, es sei denn, dass der Vertragsschluss nicht im Rahmen eines für den Fernabsatz organisierten Vertriebs- oder Dienstleistungssystems erfolgt. Fernkommunikationsmittel sind nach § 312c Abs. 2 BGB Kommunikationsmittel, die zur Anbahnung oder zum Abschluss eines Vertrags zwischen einem Verbraucher und einem Unternehmer ohne gleichzeitige körperliche Anwesenheit der Vertragsparteien eingesetzt werden können, insbesondere Briefe, Kataloge, Telefonanrufe, Telekopien, E-Mails, über den Mobilfunkdienst versendete Nachrichten (SMS) sowie Rundfunk und Telemedien. Ein Widerrufsrecht ist nur gegeben, wenn der Verkäufer Unternehmer und sein Vertragspartner Verbraucher ist. Es ist zu empfehlen, bei dem Hinweis auf das Widerrufsrecht, ggf. sogar direkt vor der Widerrufsbelehrung, jedoch ohne diese zu verändern, darauf hinzuweisen, dass das Widerrufsrecht nur für Verbraucher gilt, da ansonsten die AGB so ausgelegt werden können, als wollte man auch Kunden, die Unternehmer sind, ein Widerrufsrecht vertraglich einräumen (so AG Cloppenburg CR 2013, 127).

c) **Informationspflichten.** Der Unternehmer hat nach **§ 312d Abs. 1 BGB** den Verbraucher rechtzeitig **vor Abschluss** eines Fernabsatzvertrags klar und verständlich gemäß den Bestimmungen des § 312d BGB iVm Art. 246a EGBGB zu informieren und diese genannten Informationen **spätestens bis zur vollständigen Erfüllung** des Vertrags auf einem dauerhaften Datenträger mitzuteilen, § 312f Abs. 2 BGB. Werden in Bezug auf die Belehrung die Anforderungen des Art. 246a § 1 Abs. 2 S. 1 Nr. 1 (oder des Art. 246b § 2 Abs. 1) EGBGB nicht eingehalten, so gilt eine Widerrufsfrist von 12 Monaten und 14 Tagen (§ 356 Abs. 3 BGB). Bei der Lieferung von Waren bietet sich an, nach Vertragsschluss zu erteilende Informationen der Lieferung beizulegen. Gleichzeitig ist darauf hinzuweisen, dass der Unternehmer nach § 312i Abs. 1 S. 1 Nr. 3 und § 312f Abs. 2 BGB verpflichtet ist, dem Verbraucher den Erhalt der Bestellung zu bestätigen.

d) **Widerrufsrecht.** Dem Verbraucher steht gemäß § 355 BGB ein Widerrufsrecht zu, wobei in § 312g Abs. 2 BGB eine Reihe von Vertragstypen beschrieben ist, für die kein Widerrufsrecht gesetzlich vorgesehen ist, so beispielsweise Verträge über individualisierte Waren. Der Widerruf bedarf keiner Begründung. Er muss den Vertrag so bezeichnen, dass dieser identifiziert werden kann. Das Wort „widerrufen" braucht nicht verwendet zu werden. Es genügt eine Äußerung, aus der sich ergibt, dass der Verbraucher den Vertrag nicht mehr gegen sich gelten lassen will. Ein Widerruf ist nach neuer Rechtslage auch telefonisch möglich, die bloße Rücksendung der Sache reicht hingegen nicht mehr, sondern es ist eine eindeutige Erklärung nötig, § 355 Abs. 1 S. 2 und 3 BGB. Die Widerrufsfrist beträgt in der Regel 14 Tage. Wird der Verbraucher jedoch erst nach Vertragsschluss über sein Widerrufsrecht belehrt, so beträgt die Widerrufsfrist 12 Monate und 14 Tage (§ 356 Abs. 3 S. 2 BGB). Der vom Gesetzgeber vorgegebene Wortlaut der Widerrufsbelehrung nebst den amtlichen Gestaltungshinweisen ist oben im Anhang zum Formular komplett wiedergegeben. Da hier durch den Gesetzgeber jederzeit Änderungen vorgenommen werden können, empfiehlt sich bei neu zu erstellenden, aber auch bei bestehenden Vertragstexten regelmäßige Nachschau nach etwaigen Änderungen der Belehrungsvorgaben. Der Fristlauf ist gemäß § 355 Abs. 2 BGB gekoppelt an den Vertragsschluss, soweit nichts anderes bestimmt ist, aber auch an die Erfüllung der Pflicht zur Belehrung über das Widerrufsrecht, § 356 Abs. 3 S. 1. BGB. Die Widerrufsfrist beginnt erst zu laufen, wenn diese Pflicht erfüllt wurde. Bei Warenlieferungen beginnt die Frist zudem nicht vor dem Tag der Lieferung an den Empfänger. Die Widerrufsfrist beträgt regelmäßig 14 Tage nach Erhalt der Ware, bei Bestellung mehrerer Waren beginnt die Frist, sobald der Verbraucher die letzte Ware erhalten hat. Ebenso bei Teilsendungen beginnt die Widerrufsfrist erst, wenn der Verbraucher die letzte Teilsendung erhalten hat.

Wann das Widerrufsrecht bei Fernabsatzverträgen spätestens **endet,** bestimmt § 356 Abs. 3 S. 2, Abs. 4 und 5 BGB. Der Unternehmer trägt nach § 361 Abs. 3 BGB die Beweislast hinsichtlich des Fristbeginns, somit für alle Tatsachen, aus denen er die Nichteinhaltung der Widerrufsfrist herleiten will, insbesondere für die Belehrung, ihre Ordnungsmäßigkeit, ihren Zeitpunkt und ihre Zurverfügungstellung. Der Verbraucher hat dagegen Inhalt, Absendung und Zugang des Widerrufs zu beweisen, wobei der Unternehmer nach § 356 Abs. 1 S. 2 BGB den Erhalt des Widerrufs unverzüglich auf einem dauerhaften Datenträger bestätigen muss, wenn der Verbraucher die Möglichkeit hat, den Widerruf dadurch zu erklären, dass er ein hierfür auf der Webseite des Unternehmers vorgesehenes Formular ausfüllt und (online) übermittelt.

e) **Kein Widerrufsrecht.** Bei bestimmten Verträgen besteht, soweit die Parteien nichts anderes vereinbart haben, kein Widerrufsrecht, so bei Lieferung von Waren, die individuell für den Verbraucher hergestellt wurden und auf seine persönlichen Bedürfnisse zugeschnitten sind, bei schnell verderblichen Waren, bei versiegelten Waren, die aus Gründen des Gesundheitsschutzes oder der Hygiene nicht zur Rückgabe geeignet sind, wenn die Versiegelung geöffnet ist, bei Lieferung von Waren, wenn diese aufgrund ihrer Beschaffenheit untrennbar mit anderen Gütern vermischt wurden, und anderen (vgl. § 312g Abs. 2 BGB). Diese Ausschlusstatbestände hat der Gesetzgeber wörtlich aus der VerbrRRL der EU übernommen. Allerdings ist zu beachten, dass dann, wenn Streit besteht, ob die jeweiligen Voraussetzungen eines Ausschlusstatbestands vorliegen, der Unternehmer die Beweislast trägt. Bei Beantwortung der Frage, ob ein Widerrufsrecht gewährt werden muss oder nicht, ist eine detaillierte, einzelfallorientierte Prüfung nötig.

f) **Rechtsfolgen des Widerrufs.** § 312 BGB ist eine abschließende Regelung und direkte Umsetzung der VerbrRRL für außerhalb von Geschäftsräumen geschlossene Verträge und Fernabsatzverträge, ausgenommen über Finanzdienstleistungen, und beschreibt die Ansprüche und Pflichten der Parteien abschließend (s. § 361 BGB). Bei dem Rückabwicklungsverhältnis, das auf den Widerruf hin eintritt, ist zu beachten, dass die empfangenen Leistungen spätestens 14 Tage nach Widerruf zurückzugewähren sind, wobei der Verbraucher grundsätzlich vorleistungspflichtig ist (§ 357 Abs. 4 BGB). Die Rückgewährpflicht erfasst auch die Kosten der Lieferung, außer der Verbraucher hätte nicht die vom Unternehmer angebotene günstigste Standardlieferung gewählt. Für die Rückzahlung muss der Unternehmer dasselbe Zahlungsmittel verwenden, das der Verbraucher bei der Zahlung verwendet hat, es sei denn, die Parteien hätten etwas anderes vereinbart und dem Verbraucher würden dadurch keine Zusatzkosten entstehen. Bei einem Verbrauchsgüterkauf kann der Unternehmer die Rückzahlung verweigern, bis er die Waren zurückerhalten hat oder der Verbraucher nachweist, dass die Absendung erfolgt ist. Davon ausgenommen ist der Fall, dass der Unternehmer die Abholung der Waren angeboten hat.

Die Kosten der Rücksendung trägt der Verbraucher, wenn er durch den Unternehmer nach Art. 246a § 1 Abs. 2 S. 1 Nr. 2 EGBGB von der Kostentragungspflicht unterrichtet wurde, § 357 Abs. 5 S. 1 BGB. Nach § 357 Abs. 7 BGB sind allerdings Sonderfälle zu beachten, so, wenn der Unternehmer die Tragung der Kosten zugesagt hat oder auch, im Falle eines außerhalb von Geschäftsräumen geschlossenen Vertrags, bei dem die Waren zum Zeitpunkt des Vertragsschlusses zur Wohnung des Verbrauchers geliefert worden sind, wenn die gelieferten Waren so beschaffen sind, dass sie nicht per Post zurückgesandt werden können. Hier muss der Unternehmer die Waren auf seine Kosten abholen.

Der Verbraucher hat Wertersatz für einen Wertverlust der Ware zu leisten, wenn der Wertverlust auf einen Umgang mit den Waren zurückzuführen ist, der nicht notwendig war zur Prüfung der Beschaffenheit, der Eigenschaften und der Funktionsweise der Waren. Dies jedoch auch nur dann, wenn der Unternehmer den Verbraucher nach

Art. 246a § 1 Abs. 2 S. 1 Nr. 1 EGBGB über sein Widerrufsrecht unterrichtet hat, s. § 357a Abs. 1 Nr. 2 BGB.

In bestimmten Fällen, beispielsweise der Erbringung von Dienstleistungen oder der Lieferung von Wasser, Gas oder Strom, gelten Sonderregeln (s. § 357a Abs. 2 BGB).

Hinzuweisen ist auf die Regelung des § 357a Abs. 3 BGB, wonach gilt, dass der Verbraucher, der einen Vertrag über die Lieferung von nicht auf einem körperlichen Datenträger befindlichen digitalen Inhalten widerruft, keinen Wertersatz zu leisten hat. Allerdings kann nach § 312f Abs. 3 BGB im Rahmen des Vertrags festgehalten werden, dass der Verbraucher vor Ausführung des Vertrags ausdrücklich zustimmt, dass der Unternehmer mit der Ausführung des Vertrags vor Ablauf der Widerrufsfrist beginnt und ebenso seine Kenntnis davon bestätigt, dass durch seine Zustimmung mit Beginn der Ausführung des Vertrags sein Widerrufsrecht verloren geht bzw. erlischt gemäß § 356 Abs. 5 BGB.

Zu beachten ist auch, dass trotz der Rückgewährpflicht des Verbrauchers der Gesetzgeber in § 355 Abs. 3 S. 4 BGB angeordnet hat, dass der Unternehmer bei Widerruf die Gefahr der Rücksendung der Waren trägt, dh der Verbraucher wird auch bei Untergang oder Verschlechterung der Sache von seiner Rückgewährpflicht frei.

17. **Mängelgewährleistung. a) Gewährleistung.** Zum 1. Januar 2022 sind weitreichende Änderungen im Kaufrecht in Kraft getreten. Mit dem „Gesetz zur Regelung des Verkaufs von Sachen mit digitalen Elementen und anderer Aspekte des Kaufvertrags" vom 25.6.2021 (BGBl. 2021 I 2133) hat der deutsche Gesetzgeber die Anforderungen der europäischen Warenkaufrichtlinie (Richtlinie (EU) 2019/771) umgesetzt. Ein besonderes Novum, welches durch die Gesetzesänderung eingeführt wurde, ist der neue Sachmangelbegriff. Standen früher die vereinbarte Beschaffenheit und damit rein subjektive Anforderungen im Vordergrund – auf sonstige Anforderungen kam es nur bei fehlender Vereinbarung der Beschaffenheit an – stehen jetzt subjektive und objektive Anforderungen in § 434 Abs. 1 BGB gleichwertig nebeneinander. Soweit eine Montage der Sache durchzuführen ist, muss die Sache weiterhin noch Montageanforderungen entsprechen, § 434 Abs. 4 BGB. Noch komplexer ist das Mängelrecht bei Waren mit digitalen Elementen sowie bei digitalen Produkten: Hier gibt es in den neuen Vorschriften der §§ 475b f. und §§ 327 ff. BGB zahlreiche Anforderungen an die Mangelfreiheit solcher Waren bzw. Produkte. Zu den digitalen Produkten siehe die weiterführenden Ausführungen hier: → Form. C.11.

Wie bereits unter → Anm. 1 aufgeführt, enthält das vorliegende Formular keine spezifischen Regelungen zu digitalen Produkten und Waren mit digitalen Elementen. Bei Waren mit digitalen Elementen empfiehlt es sich wegen § 475b Abs. 5 BGB auf die Verfügbarkeit von Aktualisierungen, die Teil der objektiven Anforderungen sein können, hinzuweisen, vgl. für digitale Produkte die Vertragsklausel § 4 im → Form. C.11. Nach § 312d Abs. 1 iVm Art. 246a § 1 Abs. 1 S. 1 Nr. 11 iVm § 4 Abs. 1 EGBGB muss der Unternehmer aber auch vorvertraglich über das Bestehen eines gesetzlichen Mängelhaftungsrechts für die Waren informieren, weswegen diese Klausel in das Formular aufgenommen wurde.

Eine weitere wesentliche Neuerung im Verbrauchsgüterkauf ist die Verlängerung der Zeit für die Beweislastumkehr für das Vorliegen eines Mangels in § 477 BGB. Die Frist beträgt nunmehr ein Jahr statt wie vorher sechs Monate. Für den Kauf eines lebenden Tieres und für Waren mit digitalen Elementen gelten Sonderregelungen (§ 477 Abs. 1 S. 2, § 477 Abs. 2 BGB).

Die Rechtsfolgen bei Vorliegen eines Sachmangels werden in § 437 BGB aufgeführt. Hiernach kann der Käufer bei Mangelhaftigkeit der Sache Nacherfüllung verlangen, vom Vertrag zurücktreten oder den Kaufpreis mindern und Schadensersatz oder Ersatz vergeblicher Aufwendungen verlangen. Der Anspruch auf Nacherfüllung nach § 439 BGB kann auf Nachbesserung oder Neulieferung einer mangelfreien Sache gerichtet sein. Die

Wahl zwischen diesen Formen der Nacherfüllung steht dem Käufer zu. Bei rechtsmissbräuchlichem oder unverhältnismäßigem Verlangen des Käufers kann sich der Verkäufer auf den Schutz in § 439 Abs. 4 BGB berufen. Hiernach kann der Verkäufer die vom Käufer gewählte Art der Nacherfüllung verweigern, wenn sie nur mit unverhältnismäßigen Kosten möglich ist. Mit dem Verweis auf § 275 Abs. 2 und 3 BGB wird klargestellt, dass das Recht des Käufers auf Nachbesserung auch ausscheidet, wenn diese unmöglich ist. Das in § 437 BGB angeführte Recht des Käufers, vom Kaufvertrag zurückzutreten oder Schadensersatz zu verlangen, richtet sich grundsätzlich nach den allgemeinen Vorschriften der §§ 323 Abs. 1 BGB (Rücktritt) und 281 Abs. 1 BGB (Schadensersatz), die durch § 440 BGB für das Kaufrecht ergänzt werden. Die §§ 323 Abs. 1 BGB sowie 281 Abs. 1 BGB sehen vor, dass der Käufer dem Verkäufer eine Frist zur Nacherfüllung setzen muss. Dieses Erfordernis der Fristsetzung entfällt lediglich in Ausnahmefällen, welche in §§ 323 und 281 BGB katalogartig aufgeführt sind. Dies ist der Fall, wenn der Schuldner die Leistung endgültig verweigert oder wenn besondere Umstände vorliegen, die unter Abwägung der beiderseitigen Interessen die sofortige Geltendmachung des Schadensersatzanspruchs bzw. Erklärung des Rücktritts rechtfertigen. In § 440 BGB wird dieser Katalog noch für den Fall ergänzt, dass die dem Käufer zustehende Nacherfüllung fehlgeschlagen oder für ihn unzumutbar ist. Als fehlgeschlagen gilt die Nachbesserung nach dem erfolglosen zweiten Versuch (§ 440 S. 2 BGB). § 441 BGB regelt den Anspruch des Käufers auf Minderung. Der Käufer ist hierzu berechtigt „statt zurückzutreten". Dies bedeutet, dass das Minderungsrecht des Käufers unter den Voraussetzungen des Rücktrittsrechts steht. Folge hiervon ist, dass der Käufer auch vor dem Minderungsverlangen gegenüber dem Verkäufer die Nacherfüllung unter Fristsetzung fordern muss. Für die Ausnahmen von der Notwendigkeit einer Fristsetzung gelten die §§ 323 und 440 BGB entsprechend. In § 441 Abs. 3 BGB wird die Berechnung der Minderung geregelt. Hiernach ist bei der Minderung der Kaufpreis in dem Verhältnis herabzusetzen, in welchem zurzeit des Vertragsschlusses der Wert der Sache in mangelfreiem Zustand zu dem wirklichen Wert gestanden haben würde. Die Minderung ist, soweit erforderlich, durch Schätzung zu ermitteln (§ 441 Abs. 3 S. 2 BGB).

b) Beschränkung und Ausschluss der Gewährleistungsrechte. Die Regelungen des §§ 474 ff. BGB ergänzen die kaufrechtlichen Vorschriften der §§ 433 ff. BGB speziell für den Verbrauchsgüterkauf. Ein Verbrauchsgüterkauf liegt nach der Legaldefinition des § 474 Abs. 1 BGB vor, wenn ein Verbraucher (§ 13 BGB) von einem Unternehmer (§ 14 BGB) eine bewegliche Sache kauft. Nach § 476 BGB sind grundsätzlich alle dem Verbraucher zustehenden Gewährleistungsrechte nicht zu seinem Nachteil abdingbar. Zu abweichenden Vereinbarungen in Bezug auf objektive Anforderungen siehe oben unter a). Eine Ausnahme von diesem zwingenden Charakter der Gewährleistungsrechte sieht § 476 Abs. 3 BGB für den Schadensersatzanspruch vor. Dieser kann unbeschadet der §§ 307–309 BGB beschränkt bzw. ausgeschlossen werden.

c) Verjährung. Die Verjährung der in § 437 Nr. 1 und 3 BGB genannten Ansprüche auf Nacherfüllung, Schadensersatz und Ersatz vergeblicher Aufwendungen wird in § 438 BGB geregelt. Die Verjährung der in § 437 Nr. 2 BGB genannten Rücktritts- und Minderungsrechte im Fall der Verjährung des vorher notwendigerweise geltend zu machenden Nacherfüllungsanspruches richtet sich nach §§ 438 Abs. 4 und 5 iVm 218 BGB. Da mit dem vorgestellten Geschäftsmodell weder dingliche Rechte noch Bauwerke veräußert werden, findet die in § 438 Abs. 1 Nr. 3 BGB aufgeführte Verjährungsfrist von zwei Jahren Anwendung. Eine Verkürzung dieser Verjährungsfrist ist beim Verbrauchsgüterkauf nur eingeschränkt möglich. Nach § 476 BGB sind grundsätzlich die Gewährleistungsrechte des Käufers nicht zu seinen Lasten abdingbar. Lediglich beim Verbrauchsgüterkauf von gebrauchten Sachen ist eine Verkürzung der Verjährungsfrist auf ein Jahr zulässig (§ 476 Abs. 2 BGB), wobei seit dem 1.1.2022 strengere Anforderungen an die

Wirksamkeit einer solchen Vereinbarung gestellt werden, § 476 Abs. 2 S. 2 BGB. Die Verjährung beginnt nach § 438 Abs. 2 BGB mit der Ablieferung der Sache.

Garantien. Für Garantieerklärungen sind beim Verbrauchsgüterkauf die Anforderungen des § 479 BGB einzuhalten. Der Verbraucher muss die genauen Bedingungen für die Anwendung und die Inanspruchnahme einer Garantie kennen. Es reicht nicht, dem Verbraucher diese Informationen nachvertraglich zukommen zu lassen, sondern sie gehören zu den vorvertraglichen Informationspflichten, § 312d Abs. 1 iVm Art. 246a § 1 Abs. 1 S. 1 Nr. 12 iVm § 4 Abs. 1 EGBGB. Nicht zulässig ist zB der bloße Hinweis „5 Jahre Garantie", wenn dies bei einem Angebot erfolgt, welches bereits als rechtsverbindliche Willenserklärung anzusehen ist, wie dies zB bei der Plattform eBay teilweise der Fall ist. Dann ist in der Aussage bereits eine Garantieerklärung (und keine Werbung) zu sehen, die den Anforderungen des § 479 BGB genügen muss (OLG Hamm GRUR-RR 2013, 293). Der Gesetzgeber hat die Anforderungen an die Garantieerklärung im Zuge der Gesetzesänderung durch das Gesetz zur Regelung des Verkaufs von Sachen mit digitalen Elementen und anderer Aspekte des Kaufvertrags vom 25.6.2021 (BGBl. 2021 I 2133), dort Artikel 1, noch mal präzisiert. Außerdem muss die Garantieerklärung dem Verbraucher spätestens zum Zeitpunkt der Lieferung der Ware auf einem dauerhaften Datenträger zur Verfügung gestellt werden, § 479 Abs. 2 BGB. Wichtig ist, dass die Wirksamkeit der Garantieverpflichtung nicht berührt wird, wenn der Unternehmer die Anforderungen des § 479 BGB nicht einhält, § 479 Abs. 4 BGB.

18. Haftung. Haftungsausschluss. Es gelten insbesondere die Beschränkungen nach den Regelungen über die Inhaltskontrolle von AGB (§§ 307–309 BGB). Unzulässig sind nach § 309 Nr. 7 BGB undifferenzierte Haftungsausschlüsse und Haftungsbeschränkungen, insbesondere Beschränkungen der Höhe des Anspruchs oder der Ausschluss bestimmter Schäden, etwa mittelbarer, indirekter oder nicht vorhersehbarer Schäden. Im Einzelnen folgt aus § 309 Nr. 7 BGB, dass der Ausschluss oder die Begrenzung der Haftung für einen Schaden, der auf einer vorsätzlichen oder grob fahrlässigen Vertragsverletzung des Verkäufers beruht, nichtig ist. Nicht beanstandet werden nach dieser Vorschrift Haftungsbeschränkungsklauseln, die sich auf Schadensersatzrisiken beziehen, die nicht von vornherein vorhersehbar und untypisch sind (BGH ZIP 1993, 46). Aus der Regelung in § 307 Abs. 2 Nr. 2 BGB folgt, dass Haftungsfreizeichnungen im Bereich der leichten Fahrlässigkeit unwirksam sind, wenn sie sich auf die Verletzung einer vertragswesentlichen Pflicht beziehen (stRspr seit BGH BB 1978, 827). Die Haftung kann insoweit nur auf den vertragstypischen vorhersehbaren Schaden begrenzt werden (BGH NJW-RR 2003, 1056 (1060)). Des Weiteren ist nach neuerer Rechtsprechung des BGH der für Nichtjuristen unverständliche pauschale Begriff „Kardinalpflichten" zu vermeiden und vielmehr eine ausführliche Definition der wesentlichen Vertragspflichten zu verwenden (BGH NJW 2005, 46). Bei einer Verletzung des Lebens, Körpers oder der Gesundheit kann die Haftung gemäß § 309 Nr. 7 BGB auch für Fälle fahrlässiger Pflichtverletzungen nicht ausgeschlossen oder beschränkt werden. Die Haftung nach dem Produkthaftungsgesetz kann gemäß § 14 ProdHaftG weder ausgeschlossen noch beschränkt werden.

19. Gerichtsstandsvereinbarung. Eine Gerichtsstandsvereinbarung setzt grundsätzlich voraus, dass die Parteien Kaufleute sind, siehe § 38 Abs. 1 ZPO. Für Streitigkeiten mit Verbrauchern gibt es eine Regelung zur möglichen Gerichtsstandsvereinbarung in § 38 Abs. 3 Nr. 2 ZPO, auf dem die Vereinbarung im Formular beruht.

20. Online-Streitbeilegung und Alternative Streitschlichtung. Am 9.1.2016 ist die VO (EU) 524/2013 – ODR-Verordnung in Kraft getreten, mit der für den Online-Handel eine Plattform zur außergerichtlichen Streitbeilegung etabliert wurde. Nach Art. 14 der Verordnung sind die in der EU niedergelassenen Unternehmer verpflichtet, die Verbraucher auf diese Einrichtung und den offiziellen Link hinzuweisen. Es wird empfohlen, diesen

Hinweis in das Impressum des Webshops (→ Form. I.3. Anm. 2) und in die AGB aufzunehmen. Wird dieser Hinweis vergessen, kann dies Ansprüche nach §§ 3, 3a UWG auf Unterlassung auslösen (vgl. LG Bochum VuR 2016, 275). Der Link muss für den Verbraucher leicht zugänglich sein (Art. 14 der VO (EU) 524/2013). Der Link muss außerdem zwingend klickbar sein (zB OLG Hamburg GRUR-RR 2019, 16; OLG Hamm GRUR-RS 2017, 121013). Weiterhin muss die E-Mail-Adresse des Unternehmers angegeben werden.

Seit dem 1.2.2017 sind weitere Informationspflichten nach dem Verbraucherstreitbeilegungsgesetz (VSBG) zu erfüllen (siehe zB §§ 36, 37 VSBG). Der Unternehmer muss über seine Pflicht oder Bereitschaft, an einem Streitbeilegungsverfahren vor einer Verbraucherschlichtungsstelle teilzunehmen, informieren, was man ebenfalls sowohl in das Impressum als auch in die AGB aufnehmen sollte (→ Form. I.3. Anm. 2). Die Pflicht zur Information hierüber auf der Webseite des Unternehmers ist in § 36 Abs. 2 Nr. 1 VSBG geregelt. Nach § 36 Abs. 3 VSBG, ausgenommen von der Informationspflicht, sind aber Unternehmer, die sich nicht zur Teilnahme an einem Streitbeilegungsverfahren vor einer Verbraucherschlichtungsstelle verpflichtet haben und nicht auf Grund von Rechtsvorschriften zur Teilnahme verpflichtet sind **und** am 31.12. des vorangegangenen Jahres zehn oder weniger Personen beschäftigt haben.

Sofern der Unternehmer aber zur Teilnahme an einem Streitbeilegungsverfahren verpflichtet ist bzw. sich hierzu verpflichtet hat, muss er auf die zuständige Verbraucherschlichtungsstelle hinweisen; der Hinweis muss Angaben zu Anschrift und Webseite der Verbraucherschlichtungsstelle sowie eine Erklärung des Unternehmers, an einem Streitbeilegungsverfahren vor dieser Verbraucherschlichtungsstelle teilzunehmen, enthalten.

21. **Salvatorische Klausel.** Oftmals wird auch in AGB gegenüber Verbrauchern eine Klausel verwendet, nach der im Falle der Unwirksamkeit einer AGB-Bestimmung nicht das Gesetz, sondern eine Regelung gelten soll, deren wirtschaftlicher Erfolg dem der unwirksamen Klausel soweit wie möglich entspricht. Diese Regelung ist wegen Verstoßes gegen das Transparenzgebot (§ 307 Abs. 1 S. 2 BGB) zumindest im B2C-Bereich nach ständiger Rechtsprechung nichtig. Denn soweit AGB-Klauseln unwirksam sind, tritt an deren Stelle die einschlägige gesetzliche Bestimmung nach § 306 Abs. 2 BGB.

2. Allgemeine Geschäftsbedingungen gegenüber Unternehmern (B2B) – Online-Shop/Terms and Conditions vis-à-vis Entrepreneurs (B2B) – Online Shop

§ 1 Geltungsbereich[1]

Die vorliegenden Geschäftsbedingungen[2] finden Anwendung auf die zwischen Ihnen und uns, der Firma . . . . . (Anschrift, HRB Nummer, UST-ID Nr.) vertreten durch . . . . (Klick: Impressum)[3] über diesen Online-Shop geschlossenen Verträge, soweit nicht durch schriftliche Vereinbarungen zwischen Ihnen und uns ausdrücklich etwas anderes vereinbart

§ 1 Applicability[1]

The present general terms and conditions (GTC)[2] apply to all contracts concluded between you and us, the company . . . . (Address, Commercial Register Number, VAT-number) represented by . . . . (Click: Imprint)[3] via this online shop, unless nothing else has been expressly agreed in writing. We do not accept deviating or

wurde. Abweichende oder entgegenstehende Bedingungen werden von uns nicht anerkannt, sofern wir diesen nicht ausdrücklich zugestimmt haben.[4]

conflicting conditions insofar as we have not expressly agreed to them in writing.[4]

§ 2 Nachweis Ihrer Unternehmereigenschaft[5, 6]

§ 2 Proof of your entrepreneurial status[5, 6]

Unser Online-Shop richtet sich ausschließlich an Unternehmer iSd § 14 BGB. Wir können daher vor Vertragsschluss verlangen, dass Sie uns Ihre Unternehmereigenschaft ausreichend nachweisen, zB durch Angabe Ihrer UST-ID-Nr. oder durch sonstige geeignete Nachweise. Die für den Nachweis erforderlichen Daten sind von Ihnen vollständig und wahrheitsgemäß anzugeben.

Our online shop is directed exclusively at entrepreneurs within the meaning of section 14 BGB. We may therefore demand that you provide us with sufficient proof of your entrepreneurial status prior to conclusion of the contract, e.g. by stating your VAT ID number or other suitable proof. The information required for proof shall be given by you complete and truthful.

§ 3 Registrierung in unserem Online-Shop; Verarbeitung Ihrer personenbezogenen Daten[7]

§ 3 Opening a customer account; Processing of your personal data[7]

(1) Sie können in unserem Online-Shop Waren oder Dienstleistungen als Gast oder als registrierter Benutzer bestellen. Als registrierter Benutzer müssen Sie nicht jedes Mal Ihre persönlichen Daten angeben, sondern Sie können sich vor oder im Rahmen einer Bestellung einfach mit Ihrer E-Mail-Adresse und dem von Ihnen bei Registrierung frei gewählten Passwort in Ihrem Kundenkonto anmelden. Allein mit der Registrierung besteht keinerlei Kaufverpflichtung hinsichtlich der von uns angebotenen Waren. Für Informationen zur Verarbeitung Ihrer Daten lesen Sie bitte unsere Datenschutzinformation, die Sie unter folgendem Link [. . . . .] abrufen können. Mit der Anmeldung wählen Sie einen persönlichen Nutzernamen und ein Passwort. Sie sind verpflichtet, das Passwort geheim zu halten und dieses Dritten, dh Personen außerhalb Ihres Unternehmens oder Personen in Ihrem Unternehmen, die keine Vertretungsberechtigung haben, keinesfalls mitzuteilen.

(1) In our online shop you may order goods or services as a guest or after opening a customer account. With a customer account you must not enter your personal data every time you use our online shop, but you may log on to your customer account with your e-mail address and your password before or during the order process. You will not be obliged to buy any of the goods offered by us only due to your registration. For information on the processing of your data, please read our data protection information, which you can find under the following link [. . . . .]. During your application for registration, you choose a personal user name and a password. You are obliged to keep the password secret and not to disclose it to third parties, i.e. persons outside of your company or persons in your company who do not have power of representation.

(2) Sie können Ihre Registrierung jederzeit wieder unter „Mein Konto" löschen. So-

(2) You may delete your registration under „My account" at all times. If your per-

weit sich Ihre persönlichen Angaben ändern, sind Sie selbst für deren Aktualisierung verantwortlich. Alle Änderungen können online nach Anmeldung unter „Mein Konto“ vorgenommen werden.

sonal information changes, you yourself are responsible for its update. All amendments can be made online under „My account“ after the log in.

§ 4 Zustandekommen des Vertrags, Vertragssprache[8]

§ 4 Conclusion of Contract, Contract Language[8]

(1) Die Darstellung der Waren und Dienstleistungen in unserem Online-Shop stellt kein rechtlich bindendes Angebot, sondern eine Aufforderung zur Bestellung (invitatio ad offerendum) dar.

(1) The presentation of the products and services in our online shop does not constitute a legally binding offer, but merely an invitation to place orders (invitatio ad offerendum).

(2) Durch Anklicken des „Zahlungspflichtig bestellen“-Buttons im letzten Schritt des Bestellprozesses geben Sie ein verbindliches Angebot zum Kauf bzw. der Buchung der in der Bestellübersicht angezeigten Waren und/oder Dienstleistungen ab. Unmittelbar nach Absenden der Bestellung erhalten Sie eine Bestellbestätigung, die jedoch noch keine Annahme Ihres Vertragsangebots darstellt. Ein Vertrag zwischen Ihnen und uns kommt zustande, sobald wir Ihre Bestellung und/oder Buchung durch eine gesonderte E-Mail annehmen bzw. die Ware in den Versand geben. Bitte prüfen Sie regelmäßig den SPAM-Ordner Ihres E-Mail-Postfachs.

(2) By clicking „Order with obligation to pay“ in the last step of the order process, you submit a binding offer for purchase of the goods displayed in the order overview and/or for booking of the services listed in the order overview. Immediately after submitting the order, you will receive an order confirmation, which however does not yet constitute the acceptance of your contract offer. A contract comes into existence between you and us as soon as we accept your order and/or booking by means of a separate email or dispatch the goods. Please regularly check the spam folder of your mailbox.

(3) Die für den Vertragsabschluss zur Verfügung gestellte Sprache ist ausschließlich Deutsch. Übersetzungen in andere Sprachen dienen lediglich Ihrer Information. Bei Widersprüchen zwischen dem deutschen Text und der Übersetzung hat der deutsche Text Vorrang.

(3) The exclusive language available for the conclusion of the contract shall be German. Translations of these GTC into other languages are for information only. In the event of contradictions between the German text and the translations, the German text shall prevail.

§ 5 Technische Schritte bis zum Vertragsschluss und Berichtigung von Eingabefehlern[9]

§ 5 Technical steps up to the conclusion of the contract and correction of input errors[9]

Im Rahmen des Bestellprozesses legen Sie zunächst die gewünschten Waren oder Dienstleistungen in den Warenkorb. Dort können Sie jederzeit die gewünschte Stückzahl ändern oder ausgewählte Waren oder Dienstleistungen ganz entfernen. Sofern Sie Waren oder Dienstleistungen

To place an order, start by placing the desired goods and/or services in the shopping cart. There you may modify at all time the desired quantity or delete goods and services completely. If you have placed goods and services in the shopping cart, by clicking on the buttons „Next“ you will dort hinterlegt haben, gelangen Sie jeweils durch Klicks auf die „Weiter"-Buttons zunächst auf eine Seite, auf der Sie Ihre Daten eingeben und anschließend die Versand- und Bezahlart auswählen können. Schließlich öffnet sich eine Übersichtsseite, auf der Sie Ihre Angaben überprüfen können. Ihre Eingabefehler (zB bzgl. Bezahlart, Daten oder der gewünschten Stückzahl) können Sie korrigieren, indem Sie bei dem jeweiligen Feld auf „Bearbeiten" klicken. Falls Sie den Bestellprozess komplett abbrechen möchten, können Sie auch einfach Ihr Browser-Fenster schließen. Ansonsten wird nach Anklicken des Bestätigungs-Buttons „Zahlungspflichtig bestellen" Ihre Erklärung verbindlich iSd § 4 Abs. 2 dieser AGB.

get first to a web page where you may enter your data and then you may choose the shipping and payment method. You can review your input on the overview page that will open up. To correct input errors (e.g. with respect to the payment method, data or quantity), click „Edit" next to the respective field. To cancel the order process, you can simply close your browser window. By clicking the confirmation button „Order with obligation to pay", your declaration becomes binding in the meaning of section 4 (2) of these GTC.

§ 6 Speicherung des Vertragstexts[10]

Die Vertragsbestimmungen mit Angaben zu den bestellten Waren und/oder gebuchten Dienstleistungen einschließlich dieser Allgemeinen Geschäftsbedingungen werden Ihnen per E-Mail mit Annahme des Vertragsangebots bzw. mit der Benachrichtigung hierüber zugesandt. Eine Speicherung der Vertragsbestimmungen durch uns erfolgt nicht.

§ 6 Storage of the contract text[10]

You will receive the contractual provisions together with information on the goods ordered and/or services booked including these GTC by e-mail upon acceptance of the contract offer together or together with the notification thereof this. We do not store the contractual provisions for you.

§ 7 Zahlungsbedingungen[11]

Der Kaufpreis wird sofort mit Bestellung fällig. Die Bezahlung der Ware erfolgt über einen der im Bestellprozess angegebenen Zahlungswege.

§ 7 Payment Terms[11]

The purchase price is due immediately after placing the order. The payment for the goods is made via one of the payment methods offered in the ordering process.

§ 8 Eigentumsvorbehalt[12]

(1) Die Ware bleibt bis zur vollständigen Bezahlung unser Eigentum.

(2) Sie sind zur Weiterveräußerung der unter Eigentumsvorbehalt stehenden Ware im gewöhnlichen Geschäftsverkehr berechtigt. Sie dürfen die Vorbehaltsware jedoch nicht verpfänden oder sicherungshalber übereignen. In diesem Falle treten Sie jedoch in

§ 8 Retention of Title[12]

(1) The goods shall remain our property until full payment.

(2) You are entitled to resell the goods under retention of title. However, you may not pledge the reserved goods or assign them by way of security. In this case, you already transfer all claims resulting from this resale to us in the amount of the

Höhe des Rechnungswerts unserer Forderung bereits jetzt alle Forderungen aus einer solchen Weiterveräußerung, gleich ob diese vor oder nach einer evtl. Verarbeitung der unter Eigentumsvorbehalt gelieferten Ware erfolgt, an uns ab. Wir nehmen diese Abtretung an. Unbesehen unserer Befugnis, die Forderung selbst einzuziehen, bleiben Sie auch nach der Abtretung zum Einzug der Forderung ermächtigt. In diesem Zusammenhang verpflichten wir uns, die Forderung nicht selbst einzuziehen, solange und soweit Sie Ihren Zahlungsverpflichtungen nachkommen, kein Antrag auf Eröffnung eines Insolvenz- oder ähnlichen Verfahrens über Ihr Vermögen gestellt ist und keine Zahlungseinstellung vorliegt. Insoweit die oben genannten Sicherheiten die zu sichernden Forderungen um mehr als 10 % übersteigen, sind wir verpflichtet, die Sicherheiten nach unserer Auswahl auf Ihr Verlangen freizugeben.

invoice value, regardless if this resale takes place before or after a possible processing of the goods delivered under retention of title. We accept this assignment. Notwithstanding our authority to collect the claim ourselves, you remain entitled to collect the claim even after the transfer. In this context, we undertake not to collect the claim ourselves as long and if you are not in default in payments, no filing for insolvency proceedings or other proceedings against your assets exists and if no cessation of payments is given. If the abovementioned securities exceed the claims to be secured by more than 10 %, we are obliged to release the securities on your request at our discretion.

§ 9 Lieferbedingungen[13]

Wir liefern die Ware gemäß den mit Ihnen getroffenen Vereinbarungen. Anfallende Versandkosten sind jeweils bei der Produktbeschreibung aufgeführt und werden von uns gesondert auf der Rechnung ausgewiesen.

§ 9 Delivery Conditions[13]

We deliver the goods pursuant to the agreements made. Arising shipping costs are listed in the product description and are billed separately.

§ 10 Gewährleistung bei Warenkäufen[14]

(1) Soweit die gelieferte Ware mangelhaft ist, sind Sie im Rahmen der gesetzlichen Bestimmungen berechtigt, Nacherfüllung in Form der Mangelbeseitigung oder Lieferung einer mangelfreien Sache zu verlangen. Das Wahlrecht über die Art der Nacherfüllung steht uns zu. Bei Fehlschlagen der Nacherfüllung sind Sie berechtigt, den Kaufpreis zu mindern oder bei Vorliegen der gesetzlichen Voraussetzungen vom Vertrag zurückzutreten. Voraussetzung für jegliche Gewährleistungsrechte ist, dass Sie alle nach § 377 HGB geschuldeten Untersuchungs- und Rügeobliegenheiten ordnungsgemäß erfüllen.

§ 10 Warranty in case of purchasing goods[14]

(1) If the goods delivered are defective, you are entitled, within the scope of statutory provisions, to demand supplementary performance in the form of removal of defects or delivery of a defect-free item. We are entitled to choose the form of supplementary performance. If the supplementary performance fails, you have the right to reduce the purchase price or to withdraw from the contract. Precondition for any warranty claim is that you fulfill all obligations to inspect and to reprimand owed pursuant to Sec. 377 HGB.

(2) Die Verjährungsfrist von Gewährleistungsansprüchen für die gelieferte Ware beträgt – außer im Fall von Schadensersatzansprüchen – zwölf Monate ab Erhalt der Ware.

(2) The limitation period of warranty claims for the goods delivered is twelve months from receipt of the goods, except in cases of claims for damages.

§ 11 Haftungsbeschränkung[15]

(1) Wir haften für Vorsatz und grobe Fahrlässigkeit. Ferner haften wir für die fahrlässige Verletzung von Pflichten, deren Erfüllung die ordnungsgemäße Durchführung des Vertrages überhaupt erst ermöglicht, deren Verletzung die Erreichung des Vertragszwecks gefährdet und auf deren Einhaltung Sie als Kunde regelmäßig vertrauen dürfen. Im letztgenannten Fall haften wir jedoch nur für den vorhersehbaren, vertragstypischen Schaden. Gleiches gilt für Pflichtverletzungen unserer Erfüllungsgehilfen.

(2) Die vorstehenden Haftungsausschlüsse gelten nicht bei Verletzung von Leben, Körper und Gesundheit. Die Haftung nach dem Produkthaftungsgesetz bleibt unberührt.

§ 11 Limitation of Liability[15]

(1) We are liable for intent and gross negligence. Further, we are liable for the negligent breach of obligations, whose fulfillment is essential to enable the ordinary implementation of the contract, whose breach jeopardizes the achievement of the purpose of the contract and on whose compliance you as a customer may rely on regularly. In the last-mentioned case, we are only liable for the foreseeable, typical contractual damage. The same applies to breaches of duty by our vicarious agents.

(2) The abovementioned exclusions of liability do not apply in case of damage of life, body and health. The liability pursuant to the product liability law remains unaffected.

§ 12 Schlussbestimmungen

(1) Änderungen oder Ergänzungen dieser Geschäftsbedingungen bedürfen der Schriftform.

(2) Es gilt das Recht der Bundesrepublik Deutschland unter Ausschluss des UN-Kaufrechts.[16]

(3) Erfüllungsort sowie ausschließlicher Gerichtsstand für alle Streitigkeiten aus oder im Zusammenhang mit diesem Vertrag ist . . . .[17]

(4) Sollten einzelne Bestimmungen dieses dieser Geschäftsbedingungen unwirksam sein, so wird hierdurch die Geltung der anderen Bestimmungen im Übrigen nicht berührt. Die unwirksame Bestimmung wird von den Vertragsparteien einvernehmlich durch eine rechtswirksame Bestimmung ersetzt, welche dem wirtschaftli-

§ 12 Concluding Provisions

(1) Amendments or supplements of these terms and conditions require the written form to be binding.

(2) The law of the Federal Republic of Germany shall apply, excluding the United Nations Convention on Contracts for the International Sale of Goods (CISG).[16]

(3) Venue of performance is . . . . The courts of . . . . . shall have exclusive jurisdiction for dispute, in connection with this contract.[17]

(4) If individual provisions of these terms and conditions are ineffective, statutory laws, the terms and conditions as a whole remain unaffected. The contractual parties shall amicably decide to replace the ineffective provision by a legally effective provision, which comes closest to the commercial purpose of the ineffective one.

chen Sinn und Zweck der unwirksamen Bestimmung am nächsten kommt. Die vorstehende Regelung gilt entsprechend bei Regelungslücken.

The aforementioned provision shall accordingly apply in case of gaps.

Anmerkungen

1. Verwendung gegenüber Unternehmern. Bei der Verwendung von AGB gegenüber Unternehmern (zum Begriff → Form. K.1 Anm. 2) ergeben sich Unterschiede im Vergleich zur Verwendung gegenüber Verbrauchern, insbesondere hinsichtlich der Regelungen zum verlängerten Eigentumsvorbehalt, Gewährleistungsrechten und -fristen, der Wahl des anwendbaren Rechts und des Gerichtsstands. Insbesondere besteht für den Unternehmer als Käufer kein Widerrufsrecht. Unternehmer, die ihren Online-Shop nur auf Gewerbetreibende ausrichten und von daher auch die Regelungen zum Verbraucherschutz umgehen wollen, trifft die Pflicht dies transparent und so deutlich zu machen, dass es nicht übersehen oder missverstanden werden kann (OLG Hamm ZVertriebsR 2017, 107) und durch geeignete Kontrollmaßnahmen sicherzustellen, dass wirklich ausschließlich gewerbliche Abnehmer die Waren oder Dienstleistungen in Anspruch nehmen können. Versäumt der Unternehmer die Durchführung solcher Kontrollmaßnahmen, ist es unbeachtlich, an wen sich sein Angebot eigentlich richten soll oder dass er den Willen hat, keine Verträge mit Letztverbrauchern zu schließen. Ebenso wenig genügt der bloße Hinweis, wonach keine Verkäufe an Verbraucher erfolgen (OLG Hamm MMR 2012, 596; BGH GRUR 2011, 82). § 2 Abs. 1 des Vertragsmusters sieht daher entsprechende Nachweispflichten des Kunden vor. Wichtig ist dies auch für die im Online-Shop vorzunehmenden Preisangaben (siehe zB § 1 PAngV).

Es wird darauf hingewiesen, dass vorliegendes Formular lediglich einen Anhaltspunkt für die Formulierung von Allgemeinen Geschäftsbedingungen darstellen kann. Für den konkreten Einzelfall der Verwendung des Formulars sind zusätzliche und/oder abweichende Regelungen empfehlenswert und erforderlich. Das gilt vor allem vor dem Hintergrund, dass der BGH unter Berufung auf die Indizwirkung der §§ 308, 309 BGB diese auch auf B2B-Verträge anwendet (Maier-Reiner NJW 2017, 2). Es sind auch die Leerfelder einzelfallbezogen passend auszufüllen.

2. Zum Sachverhalt, Inhalt, Begriff und Einbeziehung von AGB. → Form. L.1 Anm. 2 bis Anm. 5 entsprechend.

3. Impressum → Form. I.3 entsprechend.

4. Abwehrklausel. Die sogenannte Abwehrklausel sorgt für den Fall vor, dass sich der Käufer seinerseits auf seine Allgemeinen Geschäftsbedingungen bezieht, wobei dies im Kontext von Online-Vertragsabschlüssen eher theoretischer Natur ist. Sie hat zur Folge, dass übereinstimmende Bedingungen im vollen Umfang Inhalt des Vertrags werden und an die Stelle von widersprechenden Bedingungen die gesetzlichen Bestimmungen treten (BGH NJW 1985, 1838 (1839 f.); BeckOGK/Lehmann-Richter BGB § 305 Rn. 284). Für eine Durchsetzung der eigenen AGB ist daher eine entsprechende (Verzichts-)Erklärung der anderen Partei nötig.

5. Nachweis der Unternehmereigenschaft. Wie in → Anm. 1 erläutert, reicht es zur Vermeidung der Anwendbarkeit der Verbraucherschutzvorschriften nicht, den Online-Shop an Unternehmer zu adressieren, sondern es muss durch geeignete Kontrollmaßnahmen sichergestellt werden, dass wirklich ausschließlich gewerbliche Abnehmer die Waren oder Dienstleistungen in Anspruch nehmen können. Man sollte sich dabei auch nicht auf Stichproben beschränken, sondern stets einen Nachweis verlangen. Die Regelung stellt sicher, dass dieser vertraglich eingefordert werden kann.

6. Registrierung als Nutzer. Anders als im Vertragsmuster → Form. L.1 wird hier davon ausgegangen, dass die Registrierung die Regel ist, zumal der Unternehmer so auch seinen unter → Anm. 1 erwähnten Kontrollpflichten dahingehend nachkommen kann, dass über seinen Online-Shop nur Unternehmer bestellen können. Möglich wäre aber auch die Formulierung in § 6 des Vertragsmusters → Form. L.1 zu verwenden und um die notwendigen Nachweise zu ergänzen.

7. Datenschutz. → Form. L.1 Anm. 12. Die dortigen Ausführungen zum Datenschutz gelten uneingeschränkt im B2B-Bereich. Für die Anwendbarkeit der DS-GVO kommt es nicht darauf an, ob die Person, deren Daten verarbeitet werden, als Verbraucher oder Unternehmer handelt bzw. als Mitarbeiter eines Unternehmens. Sobald die Daten einer natürlichen Person verarbeitet werden, findet die DS-GVO also Anwendung, soweit deren sachlicher und räumlicher Anwendungsbereich nach Art. 3 und 4 DS-GVO eröffnet ist. Sie greift also zB nicht bei der Verarbeitung von Daten juristischer Personen, wohl aber, wenn – die Erfüllung der sonstigen Merkmale nach Art. 3 und 4 DS-GVO vorausgesetzt – die Daten einer Ansprechperson dieser juristischen Person verarbeitet werden müssen (im Einzelnen dazu zB Gola/Heckmann/Gola DS-GVO Art. 4 Rn. 26 ff.).

8. Vertragsabschluss. Die Informationspflichten nach § 312i BGB und Art. 246c EGBGB gelten uneingeschränkt auch gegenüber Unternehmern, da § 312i BGB nicht auf die Anwendung gegenüber Verbrauchern beschränkt ist. Im Einzelnen → Form. L.1 Anm. 9 . Allerdings könnten die Vorgaben des § 312i Abs. 1 Nr. 1–3 BGB bei Verträgen mit Unternehmern vertraglich abbedungen werden, § 312i Abs. 2 S. 2 BGB. Nach § 312i Abs. 1 S. 1 Nr. 2 BGB iVm Art. 246c Nr. 4 EGBGB ist anzugeben, welche Sprachen für den Vertragsschluss zur Verfügung stehen.

9. Technische Schritte bis zum Vertragsschluss und Berichtigung von Eingabefehlern. → Form. L.1 Anm. 10. Nicht notwendig bei Verträgen mit Unternehmern wäre die Beschriftung des Bestellbuttons mit „zahlungspflichtig bestellen“ oder mit einer entsprechenden eindeutigen Formulierung, denn dieses Erfordernis aus § 312j Abs. 3 BGB gilt nur bei Angeboten gegenüber Verbrauchern.

10. Speicherung des Vertragstexts. → Form. L.1 Anm. 11.

11. Zahlungsarten → Form. L.1 Anm. 13.

12. Eigentumsvorbehalt. Zum einfachen Eigentumsvorbehalt → Form. L.1 Anm. 14 entsprechend. Zur Problematik des Eigentumsvorbehalts bei kollidierenden AGB siehe zB MüKoBGB/Westermann § 449 Rn. 13.

Anders als gegenüber Verbrauchern kann im kaufmännischen Verkehr grundsätzlich auch ein verlängerter Eigentumsvorbehalt vorgesehen werden (BGH NJW 1985, 1839). Letzterer kommt jedoch im Fall kollidierender AGB nicht wirksam zustande (BGH NJW 1985, 1839). Beim verlängerten Eigentumsvorbehalt sind weitaus detaillierte Regelungen möglich als die vorgeschlagene (siehe zB BeckOF Vertrag/Reiling Form. 3.8).

13. Lieferbedingungen. Diese sind gegenüber Unternehmern frei vereinbar, sollten aber klar beschrieben werden.

14. Mängelgewährleistung. Gewährleistung: → Form. L.1 Anm. 17. Gegenüber einem Unternehmer kann vereinbart werden, dass das Wahlrecht über die Art der Nacherfüllung dem Verkäufer zusteht (MüKoBGB/Wurmnest § 307 Rn. 96).

Untersuchungs- und Rügepflicht: Gemäß § 377 HGB besteht für den Käufer beim Handelskauf eine Untersuchungs- und Rügepflicht. Danach muss der Käufer die Ware unverzüglich nach der Ablieferung, soweit dies nach ordnungsgemäßem Geschäftsgang tunlich ist, untersuchen und wenn sich ein Mangel zeigt, dem Verkäufer unverzüglich Anzeige machen.

Verjährung: Die vorgesehene Regelung entspricht den Vorgaben des § 309 Ziff. 8 lit. b, ff. BGB, die über § 310 Abs. 1 BGB grundsätzlich auch bei Verträgen zwischen Unternehmern zu beachten sind (BGH BGHZ 122, 241 (245)). In Bezug auf Schadensersatzansprüche ist eine Verkürzung der Verjährung aber nicht zulässig, da letztere nach der Rspr. (BGH NJW 2007, 674) eine Beschränkung von Schadensersatzansprüchen darstellen würde.

15. Haftung. Haftungsausschluss: Vgl. grundsätzlich → Form. L.1 Anm. 18. Ein Ausschluss, der sich auf die schuldhafte Verletzung einer wesentlichen Vertragspflicht oder einer Kardinalpflicht bezieht, ist auch im kaufmännischen Verkehr gemäß § 307 Abs. 2 Nr. 1 BGB unwirksam (BGH NJW 2002, 749).

16. Rechtswahl → Form. L.1 Anm. 8.

17. Gerichtsstandsvereinbarung. Gemäß § 38 Abs. 1 ZPO kann durch ausdrückliche Vereinbarung der Gerichtsstand bestimmt werden, wenn die Vertragsparteien Kaufleute sind.

3. Allgemeine Geschäftsbedingungen für die Nutzung eines B2P2B-Marktplatzes

Allgemeine Geschäftsbedingungen[1, 2, 3, 4,5]	**General Terms and Conditions**[1, 2, 3, 4,5]
§ 1 Allgemeine Regelungen[6]	**§ 1 General Provisions**[6]
(1) Das Unternehmen . . . . . [Anschrift, HRB Nummer] (nachfolgend „A" oder „Plattformbetreiber"), vertreten durch . . . . ., bietet Kaufleuten im Sinne des Handelsgesetzbuchs und juristischen Personen des öffentlichen Rechts (nachfolgend „Nutzer") im Rahmen eines Dienstvertrages die Möglichkeit, unser Business-to-Business Handelssystem auf dem von uns betriebenen online-Marktplatz (nachfolgend: „Marktplatz") gemäß den Vorgaben dieser Nutzungsbedingungen[7, 8] dauerhaft zu nutzen.	(1) . . . . . [address, HRB number] (hereinafter „A" or „Platform Operator"), represented by . . . . ., offers merchants (as defined by the German Commercial Code) and governmental entities (hereinafter „Users") the opportunity to use our business-to-business trading system on a permanent basis pursuant to a service agreement, on the online marketplace operated by us (hereinafter „Marketplace") pursuant to the rules set out in these terms and conditions of use.[7, 8]
(2) Diese Nutzungsbedingungen enthalten abschließend die zwischen A und dem Nutzer geltenden Bedingungen für die von A im Rahmen dieses Dienstvertrages angebotenen Leistungen. Von diesen Nutzungsbedingungen abweichende Regelungen gelten nur dann, wenn diese von A schriftlich	(2) These terms and conditions contain the entirety of the terms applicable between A and the User in respect of the services being offered by A under this service agreement. Terms departing from these Terms and Conditions shall only apply if confirmed in writing by A. With effect as

bestätigt werden. Mit der Zulassung gem. § 3 erkennt der Nutzer diese Nutzungsbedingungen als maßgeblich an.

from the date of the User's admission pursuant to sec. 3 hereof, the User is deemed to acknowledge these Terms and Conditions as governing.

(3) Änderungen dieser Nutzungsbedingungen werden dem Nutzer von A schriftlich, per Telefax oder per E-Mail mitgeteilt. Widerspricht der Nutzer solchen Änderungen nicht innerhalb von sechs Wochen nach Zugang der Mitteilung, gelten die Änderungen als vereinbart. Auf das Widerspruchsrecht und die Rechtsfolgen des Schweigens wird der Nutzer im Falle der Änderung der Nutzungsbedingungen gesondert hingewiesen.[9]

(3) A shall notify the User of any changes to the Terms and Conditions in writing, by facsimile or email. Where the User does not object to such changes within six weeks from the date of receipt of the notice, the changes are deemed to have been consented to. In the event of any amendment to these Terms and Conditions, the User's attention is specially drawn to his right of objection and to the legal consequences of silence.[9]

§ 2 Leistungen des Plattformbetreibers[10]

§ 2 Services of Platform Operator[10]

(1) Der Marktplatz ist eine Plattform für Einkäufer und Anbieter für den Handel mit Gütern und Dienstleistungen. Der Marktplatz verfügt über ein integriertes, automatisiertes Nachrichtensystem zwecks Vereinfachung der Kommunikation zwischen Einkäufer und Lieferant wie auch über umfangreiche Funktionalitäten zur Verwaltung und Überwachung aller laufenden Geschäftstransaktionen.

(1) The Marketplace is a platform for buyers and sellers for trading in goods and services. The Marketplace has an integrated automated information system to simplify communications between buyer and supplier as well as extensive functionalities permitting management and monitoring of all ongoing business transactions.

(2) Die Leistungen des Plattformbetreibers bestehen u. a. in:

(a) Bereithaltung der Nutzungsmöglichkeiten des Marktplatzes nach Zulassung des Nutzers gem. § 3;

(b) Ermöglichung von Verhandlungen und Vertragsabschlüssen auf dem Marktplatz durch vom Einkäufer initiierte Ausschreibungen und Auktionen gem. § 4;

(c) Schaffung von Informations- und Kommunikationsmöglichkeiten unter den Nutzern bzw. Vertragsparteien;

(d) Beratungs- und Unterstützungsleistungen für die Nutzer nach gesonderter Vereinbarung mit A.

(2) The Platform Operator's services consist inter alia of:

(a) Permission to use the Marketplace following admission of the User pursuant to sec. 3;

(b) Facilitation of negotiations and conclusion of an agreement on the Marketplace by invitations and auctions to tender pursuant to sec. 4;

(c) Procurement of options for information and communication amongst Users/contracting parties;

(d) Consulting and support services for Users by separate agreement with A.

(3) Der Plattformbetreiber schuldet im Jahresmittel eine Verfügbarkeit des Marktplatzes für die vereinbarten Leistungen von 98,5 %. Dies schließt erforderliche Wartungsarbeiten ein. Eine Unterbre-

(3) The Platform Operator owes an annual average marketplace availability of 98.5 % for the agreed services. This includes necessary maintenance work. An inter-

chung darf nicht länger als für 48 Stunden fortbestehen.

§ 3 Zulassung und Zugang zum Marktplatz[11]

(1) Voraussetzung für die Nutzung des Marktplatzes ist die Zulassung durch A. Der Marktplatz steht nur Kaufleuten im Sinne des HGB und juristischen Personen des öffentlichen Rechts zur Verfügung. Ein Anspruch auf Zulassung oder Nutzung des Marktplatzes besteht nicht.

(2) Der Nutzer hat im Zulassungsantrag seine Unternehmensdaten, Rechnungsdaten und einen Ansprechpartner zu benennen sowie anzugeben, ob er den Marktplatz für den Verkauf und/oder Einkauf nutzen möchte. Die Annahme des Zulassungsantrags erfolgt durch Zulassungsbestätigung per E-Mail oder per Telefax. Durch die Zulassung kommt ein kostenpflichtiger Dienstvertrag auf unbestimmte Zeit zwischen A und dem jeweiligen Nutzer nach diesen Nutzungsbedingungen zustande. Die vom Nutzer zu zahlende Vergütung richtet sich nach den aktuellen Preiskonditionen, welche auf dem Marktplatz einsehbar sind.[12]

(3) Die jeweils anfallenden Vergütungen werden – sofern nicht anders vereinbart – jährlich im Voraus abgerechnet und unmittelbar nach Rechnungsstellung ohne Abzug, jedoch zzgl. Mehrwertstellung, zum jeweils geltenden Steuersatz fällig. Mit der Speicherung der Abrechnungsdaten zu Beweiszwecken und/oder im Rahmen der gesetzlichen Aufbewahrungspflichten ist der Nutzer einverstanden.

(4) Über das in der Zulassungsbestätigung übermittelte Master-Login hat der Nutzer die Möglichkeit, den Mitarbeitern in seinem Unternehmen eine eigene Zugangsberechtigung einzuräumen und nach seinen Wünschen zu konfigurieren, um diesen eine optimale Arbeit auf dem Marktplatz zu ermöglichen.

(5) Der Nutzer steht dafür ein, dass die von ihm, insbesondere im Rahmen seines An-

ruption must not continue for longer than 48 hours.

§ 3 Admission and Access to the Marketplace[11]

(1) The prerequisite to the User's use of the Marketplace is admission by A. The Marketplace is only available to merchants (as defined by the German Commercial Code) and to legal entities under public law. No party has any claim of right to admission or use of the Marketplace.

(2) In its application for admission, the User shall specify its corporate information, invoice data and organizational contact and shall indicate whether it wishes to use the Marketplace for selling and/or buying. The acceptance of the application for admission is made by an email or facsimile confirming admission. By notice of admission, a service agreement under these Terms and Conditions is deemed formed for an unlimited time between A and the User in question, which shall give rise to charges. The remuneration payable by the User is governed by A's current pricing terms, which may be reviewed on the Marketplace.[12]

(3) The remuneration payable in each case shall be invoiced (unless otherwise agreed) on an annual basis in advance and is immediately due as of the date of the invoice, strictly net, but with the addition of VAT at the applicable legal rate. The User is deemed to consent to storage of invoice data for evidentiary purposes and/or in connection with A's statutory record keeping duties.

(4) Via the master login forwarded to the User together with the confirmation of admission, the User has the ability to grant its employees their own access authority and to configure such access in line with its own needs in order to facilitate optimum work on the Marketplace.

(5) The User warrants that the details furnished by it to A and to other Users, in

trages auf Zulassung gem. Abs. 2 gegenüber A und anderen Nutzern gemachten Angaben wahr und vollständig sind. Er verpflichtet sich, A alle künftigen Änderungen der gemachten Angaben unverzüglich mitzuteilen. Gleiches gilt auch für alle Angaben, die vom Nutzer bei der Einrichtung von Mitarbeiter-Logins gemacht werden.

(6) A ist berechtigt, einem Nutzer die Zulassung zu entziehen oder den Zugang zum Marktplatz zu sperren, falls ein hinreichender Verdacht besteht, dass er gegen diese Nutzungsbedingungen oder geltendes Recht eines Mitgliedstaates der EU verstoßen hat. Bei der Entscheidung über die Sperrung des Nutzers sind die Umstände des jeweiligen Einzelfalls unter Heranziehung der nachfolgenden Kriterien zu berücksichtigen:[13]

(a) die absolute Anzahl der offensichtlich rechtswidrigen Inhalte oder der offensichtlich unbegründeten Meldungen oder Beschwerden, die innerhalb eines bestimmten Zeitraums bereitgestellt bzw. eingereicht wurden;

(b) deren relativer Anteil an der Gesamtzahl der in einem bestimmten Zeitraum bereitgestellten Einzelinformationen oder innerhalb eines bestimmten Zeitraums gemachten Meldungen;

(c) die Schwere der Fälle der missbräuchlichen Verwendung, einschließlich der Art der rechtswidrigen Inhalte, und deren Folgen; und

(d) die von dem Nutzer, der Person, der Einrichtung oder dem Beschwerdeführer verfolgten Absichten, sofern diese Absichten ermittelt werden können.

(7) Alle Logins sind individualisiert und dürfen nur vom jeweils berechtigten Nutzer verwendet werden. Der Nutzer ist verpflichtet, Login und Passwort geheim zu halten und vor dem unberechtigten Zugriff Dritter zu schützen. Der Nutzer ist auch für die Geheimhaltung der Mitarbeiter-Logins verantwortlich und wird seine Mitarbeiter entsprechend anweisen. Bei Verdacht des Missbrauchs durch einen Dritten wird der Nutzer A hierüber unverzüglich

particular in connection with its application for admission under sub-para. 2 hereof, are true and complete. The User undertakes that it shall notify A promptly of all future changes to the details given. The same shall apply with respect to all details the User furnishes when setting up employee logins.

(6) A is authorized to cancel a User's admission or to block the User's access to the marketplace if there is probable cause to suspect that the User has violated these Terms of Use or the applicable law of a member state of the EU. When deciding whether to block the User, the circumstances of the individual case must be taken into account using the following criteria:[13]

(a) the absolute number of manifestly unlawful content or manifestly unfounded reports or complaints provided or submitted within a given time period;

(b) their relative share of the total number of individual pieces of information provided in a given period or reports made within a given period;

(c) the severity of the cases of misuse, including the type of illegal content, and their consequences; and

(d) the intentions pursued by the User, person, entity or complainant, where those intentions can be determined

(7) All logins are individualized and may only be used by the authorized User in question. The User must keep its login and password secret and protect them against unauthorized access by third parties. The User is also responsible for keeping staff logins confidential and shall instruct its staff accordingly. In the event of any suspicion of misuse by a third party, the User shall promptly notify A thereof. As soon as A learns of such unauthorized

informieren. Sobald A von der unberechtigten Nutzung Kenntnis erlangt, wird A den Zugang des unberechtigten Nutzers sperren. A behält sich das Recht vor, Login und Passwort eines Nutzers zu ändern; in einem solchen Fall wird A den Nutzer hierüber unverzüglich informieren.

use, A shall block access by the unauthorized User. A reserves the right to change the login and password of any User; in such case, A shall promptly inform the User thereof.

§ 4 Abschluss von Verträgen auf dem Marktplatz[14, 15]

(1) Einkäufer haben die Möglichkeit, Ausschreibungen und Auktionen zu eröffnen und dazu nach individuellen Kriterien ausgewählte Lieferanten einzuladen, verbindliche Angebote abzugeben. Ausschreibungen und Auktionen können nur von Einkäufern eröffnet werden und beinhalten kein rechtlich verbindliches Angebot iSd § 145 BGB, sondern stellen nur eine Aufforderung zu Abgabe von Angeboten („invitatio ad offerendum") dar. Einkäufern ist es auf keinen Fall erlaubt, an einer von ihnen eröffneten Auktion oder Ausschreibung als Lieferant teilzunehmen. Ebenso wenig dürfen Einkäufer durch in ihrem Auftrag handelnde Dritte an einer von ihnen eröffneten Auktion oder Ausschreibung als Lieferant teilnehmen.

(2) Lieferanten haben die Möglichkeit, nach individuellen Kriterien Einkäufer auszuwählen und für deren Auktionen und Ausschreibungen verbindliche Angebote abzugeben. Die Angebote eines Lieferanten sind bindende und unwiderrufliche Erklärungen zum Abschluss des vom Einkäufer ausgeschriebenen Vertrages. Soweit zwischen einem Einkäufer und Lieferanten nichts anderes vereinbart ist, ist ein Lieferant ab dem Ende der vom Einkäufer bestimmten und gegebenenfalls verlängerten Dauer der Ausschreibung oder Auktion weitere 30 Tage an sein Angebot gebunden. § 156 BGB wird ausdrücklich ausgeschlossen. Lieferanten haben keinen Anspruch darauf, zur Teilnahme an Ausschreibungen oder Auktionen eingeladen zu werden.

(3) Ein Einkäufer ist frei in der Wahl, ob und welches der eingegangenen Angebote er annehmen möchte. Sofern Einkäufer

§ 4 Conclusion of Contracts on the Marketplace[14, 15]

(1) Buyers shall have the option of opening invitations to tender and auctions and to invite selected suppliers to tender binding proposals or bids in line with individual criteria. Invitations to tender and auctions may only be opened by buyers and shall not constitute any legally binding offers within the meaning of § 145 of the German Civil Code [German acronym: BGB], but rather merely constitute an invitation to tender bids („invitatio ad offerendum"). In no case shall buyers be permitted to participate as suppliers in any auction or invitation to tender opened by them. Similarly, buyers may not participate as suppliers in any auction or invitation to tender opened by them through third parties acting on their behalf.

(2) Suppliers shall have the option of selecting buyers in line with individual criteria and submitting binding bids for their auctions and invitations to tender. The bids of a supplier shall be deemed binding and irrevocable declarations of intent to conclude the contract being advertised by the buyer. Unless otherwise agreed between a buyer and a supplier, a supplier shall be bound by its bid for a further 30 days beyond the end of the term of the invitation to tender or auction specified by the buyer or, in certain circumstances, extended by the buyer. The parties hereby expressly derogate from § 156 BGB. Supplier shall have no entitlement to being invited to participate in invitations to tender or auctions.

(3) A buyer shall be free to select whether to accept bids, and which of the bids received it wishes to accept. Where the buyer and the

und Lieferant keine abweichende Vereinbarung treffen, kommt ein Vertrag zustande, wenn ein Einkäufer das Angebot eines Lieferanten in Textform annimmt.

supplier have not made any agreement to the contrary, a contract shall be deemed formed at such time as a buyer accepts the bid of a supplier by written text form.

(4) Handlungen unter Verwendung des jeweiligen Logins eines Nutzers sind dem Nutzer grundsätzlich zuzurechnen. Nutzer sind für alle selbst auf der Plattform abgegebenen Willenserklärungen verantwortlich. Für von Dritten unter dem Mitgliedskonto des Nutzers abgegebene Erklärungen haften sie in vorhersehbarem Umfang nach den Grundsätzen eines Vertrages mit Schutzwirkung für Dritte.[16]

(4) Users shall bear responsibility for all declarations of intent made by them on the platform. For other activities under their members' account, they shall bear liability to the extent foreseeable in line with the principles of contracts with protective effect to the benefit of third parties.[16]

(5) Für alle Transaktionen auf dem Marktplatz gilt ausschließlich die auf der Plattform des jeweiligen Marktplatzes maßgebliche Systemuhrzeit. Nur innerhalb der vom Einkäufer vorgegebenen Laufzeit von Ausschreibungen und Auktionen können Gebote abgegeben werden.

(5) With respect to all transactions on the Marketplace, the system time applicable on the platform of the Marketplace in question shall govern exclusively. Goods may only be placed within the periods indicated by the buyer for invitations to tender and auctions.

(6) A behält sich das Recht vor, Inhalt und Struktur der Plattform sowie die dazugehörigen Benutzeroberflächen zu ändern oder zu erweitern, wenn hierdurch die Zweckerfüllung des mit dem Nutzer geschlossenen Vertrages nicht oder nicht erheblich beeinträchtigt wird. A wird die Nutzer des Marktplatzes über die Änderungen entsprechend informieren.

(6) A reserves the right to modify or extend the content and structure of the platform and the related User interfaces provided that this does not impact or does not substantially adversely impact the successful performance of the contract made with the User. A shall inform the User of the Marketplace accordingly of any changes.

§ 5 Pflichten der Nutzer[17]

§ 5 Duties of Users[17]

(1) Die Eröffnung von Ausschreibungen und Auktionen oder ein Angebot darf nicht erfolgen, wenn

(1) Users may not open any invitations to tender or auctions or offers if

(a) die Angaben so unvollständig sind, dass sich Gegenstand und Preis nicht bestimmen lassen;

(a) the details given are so incomplete that the subject-matter and price cannot be determined;

(b) die Eröffnung oder Durchführung der Ausschreibung, Auktion oder des Verkaufs nach der jeweils für den intendierten Vertrag maßgeblichen Rechtsordnung gegen gesetzliche Vorschriften, behördliche Anordnungen oder gegen die guten Sitten verstoßen würde. Es dürfen insbesondere keine Gegenstände angeboten werden, deren Angebot oder Verkauf gegen Rechte

(b) the opening or performance of the invitation to tender, auction or the sales under the legal system governing the intended contract in each case would violate provisions of law, regulatory directives or public policy. In particular, no items may be offered where their offer or sale would infringe on third party rights; the same shall apply with respect to pornographic

Dritter verstoßen; gleiches gilt für pornographische oder jugendgefährdende Artikel, Waffen, Drogen, Propagandamaterial verfassungsfeindlicher Organisationen und Parteien, lebende Tiere, etc A ist berechtigt, eine solche Ausschreibung, Auktion oder ein solches Angebot unverzüglich vom Marktplatz zu entfernen.

articles or articles posing a risk to young people, weapons, drugs, propaganda materials of anti-constitutional organizations and parties, live animals etc A is entitled to promptly remove any such invitation to tender auction or any such bid from the Marketplace.

(2) Güter oder Dienstleistungen, die nur gegen einen gesetzlich vorgeschriebenen Nachweis angeboten werden dürfen, dürfen auf dem Marktplatz nur angeboten und nachgefragt werden, wenn der Nachweis in die Beschreibung der Güter oder Dienstleistungen aufgenommen wurde und die Ware oder Dienstleistung nur gegen den gesetzlich vorgeschriebenen Nachweis abgegeben wird.

(2) Goods or services which may only be offered following submission of legally required proof may only be offered and solicited on the Marketplace if that proof has been incorporated into the description of the goods and services and if the goods and/or services are only exchanged on the basis of the legally prescribed proof.

(3) Mit der Zulassung gem. § 3 übernimmt der Nutzer gegenüber A und allen anderen Nutzern die Gewähr, dass bezüglich der von ihm übertragenen Daten die datenschutzrechtlichen Erfordernisse durch den Nutzer eingehalten werden und stellt A von jeglichen Ansprüchen, auch öffentlich-rechtlicher Natur, frei. Insbesondere muss der Nutzer die für ihn auf der Plattform handelnden Personen (insbesondere Mitarbeiter) über die dabei erforderlichen Datenverarbeitungsprozesse durch A gemäß Datenschutzerklärung von A unter [Link] informieren und die gegebenenfalls notwendige Einwilligung dieser handelnden Personen einholen, bevor deren personenbezogene Daten im Rahmen der Einrichtung von Mitarbeiter-Logins oder auf sonstige Weise in die Plattform eingestellt werden.

(3) At the time of admission under sec. 3, the User is deemed to warrant to A and all other Users that, with respect to the data transmitted by it, it has complied with the requirements of data protection law, and it shall indemnify A and hold it harmless against all claims, including claims of a public administrative law nature. In particular, the User shall inform the persons acting on the platform on his behalf (especially employees) about the data processing processes required to be performed by A according to the data protection declaration of A [link], and ensure that any consent of these persons which may be necessary has been obtained before their personal data is uploaded to the platform in connection with setting up employee logins or in any other way.

§ 6 Abwicklung der auf dem Marktplatz geschlossenen Verträge[18]

§ 6 Performance of Contracts Concluded on the Marketplace[18]

(1) Die Abwicklung von auf dem Marktplatz geschlossenen Verträgen ist alleinige Angelegenheit der jeweiligen Nutzer. A übernimmt für die auf den Marktplätzen geschlossenen Verträge weder eine Garantie für die Erfüllung der auf den Marktplätzen zwischen den Nutzern geschlossenen Verträge noch eine Haftung für Sach-

(1) The performance of contracts made on the Marketplace is a matter lying within the sole responsibility of the respective User. With respect to contracts made on the Marketplace, A neither assumes any warranty for performance of contracts made between Users on the Marketplace nor any liability for substantive defects or

oder Rechtsmängel der gehandelten Güter und Dienstleistungen. A trifft keinerlei Pflicht, für die Erfüllung der zwischen den Nutzern zustande gekommenen Verträge zu sorgen.

(2) A kann keine Gewähr für die wahre Identität und die Verfügungsbefugnis der Nutzer übernehmen. Bei Zweifeln sind beide Vertragspartner gehalten, sich in geeigneter Weise über die wahre Identität sowie die Verfügungsbefugnis des anderen Vertragspartners zu informieren.

§ 7 Haftung des Plattformbetreibers[19]

(1) A haftet für Vorsatz und grobe Fahrlässigkeit uneingeschränkt, für leichte Fahrlässigkeit jedoch nur bei der Verletzung vertragswesentlicher Pflichten. Als vertragswesentliche Pflichten gelten . . . . . Die Haftung bei Verletzung einer solchen vertragswesentlichen Pflicht ist auf den vertragstypischen Schaden begrenzt, mit dessen Entstehen A bei Vertragsabschluss aufgrund der zu diesem Zeitpunkt bekannten Umstände rechnen musste.

(2) Für von A nicht verschuldete Störungen innerhalb des Leitungsnetzes übernimmt A keine Haftung.

(3) Für den Verlust von Daten haftet A nach Maßgabe der vorstehenden Absätze nur dann, wenn ein solcher Verlust durch angemessene Datensicherungsmaßnahmen seitens des Nutzers nicht vermeidbar gewesen wäre.

(4) Die Haftung erstreckt sich nicht auf Beeinträchtigungen des vertragsgemäßen Gebrauchs der von A auf dem Marktplatz erbrachten Leistungen, die durch eine unsachgemäße oder fehlerhafte Inanspruchnahme durch den Nutzer verursacht worden sind.

(5) Die vorstehenden Haftungsbeschränkungen gelten sinngemäß auch zugunsten der Erfüllungsgehilfen von A.

defects of title of the goods and services traded thereon. A shall bear no duty whatsoever to ensure performance of the contracts which have been formed between Users.

(2) A is unable to assume any warranty with respect to the true identity and authority of Users to dispose over items. In the event of any doubts, both contracting parties are advised to take appropriate steps to inform themselves of the other contracting party's true identity and authority to dispose over the item in question.

§ 7 Liability of Platform Operator[19]

(1) A shall bear unlimited liability for intentional acts and gross negligence but shall only bear liability in cases of slight negligence where it has breached duties which are material to the contract. As material duties are considered . . . . Liability in the case of breach of any such material duties shall be limited to losses which are typical for the contract and which A must have anticipated at the time of contracting based on the circumstances known to it at that time.

(2) A assumes no liability for any faults or disruptions within its network for which it is not responsible for.

(3) A shall only bear liability for losses of data in line with the subsections above where such a loss would have been unavoidable even if appropriate backup measures had been taken by the User.

(4) A's liability does not extend to any impairments of the use of the services rendered by A on the Marketplace in line with the contract which result from the User's improper or incorrect utilization.

(5) The above limitations on liability shall apply mutatis mutandis in favor of A's vicarious agents, as well.

(6) Soweit über den Marktplatz eine Möglichkeit der Weiterleitung auf Datenbanken, Websites, Dienste etc Dritter, zB durch die Einstellung von Links oder Hyperlinks gegeben ist, haftet A weder für Zugänglichkeit, Bestand oder Sicherheit dieser Datenbanken oder Dienste, noch für den Inhalt derselben. Insbesondere haftet A nicht für deren Rechtmäßigkeit, inhaltliche Richtigkeit, Vollständigkeit, Aktualität, etc

(6) To the extent that there is any possibility that Users may be redirected to databases, websites, services etc of third parties via the Marketplace, e.g. as a result of the inclusion of links or hyperlinks, A shall not be liable either for the accessibility, existence or security of such databases or services or for the contents thereof. In particular, A shall bear no liability for the legal propriety, substantive correctness, completeness, timeliness, etc thereof.

(7) A ist von der Haftung für durch den Nutzer auf der Online-Plattform eingestellte rechtswidrige Inhalte ausgenommen, sofern A nicht tatsächlich Kenntnis von diesen Inhalten oder von Umständen hat, die die Rechtswidrigkeit der Inhalte offensichtlich erkennen lassen.

(7) A is exempt from liability for illegal content posted by the User on the online platform, provided that A has no actual knowledge of such content or of circumstances that make the illegality of the content obvious.

(8) Als rechtswidrige Inhalte im Sinne des § 7 (6) dieser Nutzungsbedingungen gelten sämtliche Informationen, die nicht mit dem Recht der Europäischen Union oder dem nationalen Recht eines Mitgliedstaates der Europäischen Union vereinbar sind.

(8) For the purposes of sec. 7 (6) of these General Terms and Conditions, illegal content refers to any information that is not in compliance with the law of the European Union or the national law of a Member State of the European Union.

§ 8 Fremde Inhalte[20]

§ 8 Third Party Content[20]

(1) Den Nutzern ist es untersagt, Inhalte (zB durch Links oder Frames) auf dem Marktplatz einzustellen, die gegen gesetzliche Vorschriften, behördliche Anordnungen oder gegen die guten Sitten verstoßen. Ferner ist es ihnen untersagt, Inhalte einzustellen, die Rechte, insbesondere Urheber- oder Markenrechte Dritter verletzen.

(1) Users are prohibited from placing content (e.g. links or frames) onto the Marketplace that violates provisions of law, regulatory requirements or public policy. Furthermore, Users are prohibited from uploading any content that infringes on third party rights, in particular any copyrights or trademark rights of third parties.

(2) A macht sich fremde Inhalte unter keinen Umständen zu Eigen. Der Nutzer garantiert dem Plattformbetreiber und den übrigen Nutzern der Plattform, dass die von ihm in Ausschreibungen und Auktionen angebotenen Waren und Dienstleistungen keine Urheberrechte, Marken, Patente andere Schutzrechte oder Betriebsgeheimnisse verletzen.

(2) A shall not be deemed to adopt any third party content as its own under any circumstances. The User hereby guarantees to the Platform Operator and to other Users of the platform that the goods and services offered by it in the context of invitations to tenders and auctions do not infringe on any copyrights, trademarks, patents or other intellectual property rights or trade secrets.

(3) A behält sich vor, fremde Inhalte zu sperren, wenn diese rechtswidrig im Sinne von § 7 (8) dieser Nutzungsbedingungen sind oder erkennbar zur Vorbereitung straf-

(3) A reserves the right to restrict access to third-party content that is unlawful as defined in sec. 7 (8) of these Terms of Use or that evidently facilitates the preparation of

barer Handlungen dienen. Im Falle des Verdachts von Straftaten, die eine Gefahr für das Leben und die Sicherheit von Personen darstellen, behält sich A das Recht vor, den Verdacht den Strafverfolgungsbehörden mitzuteilen. Der Nutzer erhält eine Begründung im Sinne von § 3 (6) dieser Nutzungsbedingungen, in der die Gründe für die Sperrung dargelegt werden.

criminal acts. Should there be suspicion of criminal activities posing a threat to human life or safety, A reserves the right to notify law enforcement authorities. The User shall be receive a statement of reasons in accordance with sec. 3(6) of these Terms of Use, in which the reasons for the restriction shall be explained.

(4) Der Nutzer wird A von sämtlichen Ansprüchen freistellen, die Dritte gegen A wegen der Verletzung ihrer Rechte oder wegen Rechtsverstößen aufgrund der vom Nutzer eingestellten Angebote und/oder Inhalte geltend machen, sofern der Nutzer diese zu vertreten hat. Der Nutzer übernimmt diesbezüglich auch die Kosten der Rechtsverteidigung von A einschließlich sämtlicher Gerichts- und Anwaltskosten.

(4) The User shall indemnify and hold A harmless against all claims made by third parties against A based on infringements of their rights or based on violations of law arising due to offers and/or content uploaded by Users insofar the User is responsible for. The User shall also assume the costs of A's legal defense in this respect, including all court fees and lawyers' fees.

§ 9 Sonstige Pflichten des Nutzers

(1) Der Nutzer ist verpflichtet,

(a) die erforderlichen Datensicherungsvorkehrungen während der gesamten Vertragslaufzeit einzurichten und aufrechtzuerhalten. Dies bezieht sich im Wesentlichen auf den sorgfältigen und gewissenhaften Umgang mit Logins und Passwörtern;

(b) in seinem Bereich eintretende technische Änderungen A umgehend mitzuteilen, wenn sie geeignet sind, die Leistungserbringung oder die Sicherheit des Marktplatzes von A zu beeinträchtigen;

(c) bei der Aufklärung von Angriffen Dritter auf den Marktplatz mitzuwirken, soweit diese Mitwirkung durch den Nutzer erforderlich ist;

(d) Geschäfte auf dem Marktplatz ausschließlich im Rahmen des kaufmännischen Geschäftsbetriebs zu gewerblichen Zwecken zu tätigen

(2) Der Nutzer verpflichtet sich, alle Maßnahmen zu unterlassen, welche die Funktionsweise des Marktplatzes gefährden oder stören, sowie nicht auf Daten zuzugreifen, zu deren Zugang er nicht berechtigt ist. Weiterhin muss er dafür Sorge tragen, dass

§ 9 Other Duties of User

(1) The User has a duty

(a) to set up and maintain the necessary data security measures throughout the entire term of the contract. The foregoing refers primarily to careful and conscientious handling of logins and passwords;

(b) to immediately notify A of any technical changes occurring within its sphere where such changes are apt to adversely impact A's provision of its services or the security of its Marketplace;

(c) to assist in investigating attacks by third parties on the Marketplace, to the extent such assistance by the User is required;

(d) only to carry out transactions on the Marketplace in connection with their business operations for commercial purposes.

(2) The User hereby undertakes that it shall refrain from any acts which would put the functionality of the Marketplace at risk or disrupt its functionality, and that it shall not access any data it is not authorized to access. In addition, the User must

seine über den Marktplatz übertragenen Informationen und eingestellten Daten nicht mit Viren, Würmern oder Trojanischen Pferden behaftet sind. Der Nutzer verpflichtet sich, A alle Schäden zu ersetzen, die aus der von ihm zu vertretenden Nichtbeachtung dieser Pflichten entstehen und darüber hinaus A von allen Ansprüchen Dritter, einschließlich der Anwalts- und Gerichtskosten, freizustellen, die diese aufgrund der Nichtbeachtung dieser Pflichten durch den Nutzer gegen A geltend machen.

ensure that the information it communicates via the Marketplace and the data it uploads to the Marketplace do not contain any viruses, worms or Trojan horses. The User hereby undertakes to compensate A for all losses arising out of any non-compliance with these duties, insofar he is responsible for and, in addition, to hold A harmless against all claims of third parties, including the costs of legal counsel and court costs, incurred by A due to the User's failure to comply with these duties.

§ 10 Datenverarbeitung und Einhaltung Vertraulichkeit durch A; Geheimnisschutz[21,22]

(1) Die Server von A sind dem Stand der Technik entsprechend, insbesondere durch Firewalls, gesichert; dem Nutzer ist jedoch bekannt, dass für alle Teilnehmer die Gefahr besteht, dass übermittelte Daten im Übertragungsweg ausgelesen werden können. Dies gilt nicht nur für den Austausch von Informationen über E-Mail, die das System verlassen, sondern auch für das integrierte Nachrichtensystem sowie für alle sonstigen Übertragungen von Daten. Die Vertraulichkeit der im Rahmen der Nutzung des Marktplatzes übermittelten Daten kann daher nicht gewährleistet werden.

(2) Der Nutzer willigt darin ein, dass A Informationen und nicht personenbezogene Daten über den Verlauf von Ausschreibungen und Auktionen sowie das Verhalten von Einkäufern bzw. Lieferanten bei der Durchführung dieser Transaktionen in anonymisierter Form speichert und ausschließlich in dieser anonymisierten Form für Marketingzwecke, zB für die Erstellung von Statistiken und Präsentationen, nutzen darf.

(3) A ist berechtigt, während der Laufzeit dieses Vertrages die im Zusammenhang mit der Geschäftsbeziehung vom Nutzer erhaltenen nicht personenbezogenen Daten zu bearbeiten und zu speichern. Im Einzelnen willigt der Nutzer darin ein, dass A:

§ 10 Data Processing and Maintenance of Confidentiality by A; Protection of secrets[21,22]

(1) A's servers are secured in line with the current technological state of the art, in particular, they are secured by firewalls; however, the User is aware that there is a risk to all Users that data transmitted through public networks may be intercepted. The foregoing applies not only to the exchange of information by email leaving the system, but also for integrated information systems and all other transmission of data. A is thus unable to warrant the confidentiality of the data transmitted in connection with the User's use of the Marketplace.

(2) The User hereby consents to A's storage of non-personal data and information on the course of invitations to tender and auctions as well as the actions of buyers/ suppliers in performing such transactions in anonymized format, and that A is permitted to use such data exclusively in such anonymized format for its marketing purposes, e.g. to prepare statistics and presentations.

(3) A is authorized throughout the term of this Agreement to process and store the non-personal data received from the User in connection with this business relationship. Specifically, the User hereby grants consent as follows:

(a) die vom Nutzer im Rahmen des Zulassungsantrags gemachten Angaben zu Unternehmensdaten und Rechnungsdaten sowie entsprechende vom Nutzer mitgeteilte Aktualisierungen speichert und bearbeitet;

(b) die vom Nutzer im Zusammenhang mit der von ihm gewünschten Firmenpräsentation im Handelsbereich unter Verwaltung selbstständig in den Marktplatz eingepflegten Daten speichert und im öffentlichen und geschlossenen Bereich des Marktplatzes für andere registrierte und nicht registrierte Nutzer zum Abruf bereit hält;

(c) nicht personenbezogene Daten über den Inhalt der Transaktionen speichert und an andere Nutzer weiterleitet und – soweit der betroffene Nutzer dies durch die Auswahl einer öffentlichen Transaktion wünscht – im öffentlichen Bereich des Marktplatzes für andere registrierte und nicht registrierte Nutzer zum Abruf bereit hält.

(4) A wird im Übrigen alle den Nutzer betreffenden Daten, die von diesem als vertraulich gekennzeichnet werden, vertraulich behandeln und nur nach Maßgabe dieser Nutzungsbedingungen verwenden. A behält sich vor, hiervon abzuweichen, wenn A aufgrund gesetzlicher oder behördlicher Anordnungen Daten des Nutzers offen legen muss.

(5) Hinsichtlich personenbezogener Daten wird auf die Datenschutzerklärung von A unter [Link] verwiesen.

(6) Geschäftsgeheimnisse des Nutzers iSv § 2 Nr. 1 GeschGehG darf A im Anwendungsbereich des § 1 GeschGehG nur gem. den Bestimmungen der §§ 3, 4, 5 GeschGehG erlangen, nutzen bzw. offenlegen.

§ 11 Zahlungsdienste

Werden von A Zahlungsdienstfunktionen in der Weise integriert, dass es sich um einen Zahlungsauslösungsdienst iSv § 1 Abs. 1 S. 2 Nr. 7, Abs. 33 ZAG oder um einen Kontoinformationsdienst iSv § 1 Abs. 1 S. 2 Nr. 8, Abs. 34 ZAG handelt, bleiben die Bestimmungen des ZAG unberührt.

(a) A may store and process the Company data and invoice data provided in the course of the application for admission and relevant updates communicated by the User in respect thereof;

(b) A may store the data uploaded itself by the User in connection with the Company presentation desired by the User in the administered trading area, and to maintain the foregoing for downloading in the public and secured zones of the Marketplace for other registered and non-registered Users;

(c) A may store non-personal data regarding the substance of the transactions and forward it to other Users and – where the User in question requests this by selecting a public transaction – keep the information available for downloading by other registered and non-registered Users with the public areas of the marketplace.

(4) In all further and other respects, A shall treat all data relating to the User which the User has designated as confidential in confidentiality and shall only use such data in line with these Terms and Conditions. A reserves the right to depart from this rule if, on the basis of legal or regulatory requirements, A is required to disclose User data.

(5) Personal data is dealt with in the data protection declaration of A [link].

(6) Within the scope of application of § 1 GeschGehG, A may only obtain, use and disclose the User's trade secrets within the meaning of § 2 Nr. 1 GeschGehG according to the terms of §§ 3, 4, 5 GeschGehG.

§ 11 Payment Services

In case of A incorporating payment service functions and on doing so payment initiation services within the meaning of § 1 Abs. 1 S. 2 Nr. 7, Abs. 33 ZAG or account information services within the meaning of § 1 Abs. 1 S. 2 Nr. 8, Abs. 34 ZAG, the terms of the ZAG remain unaffected.

§ 12 Abtretung und Aufrechnung

(1) Eine teilweise oder vollständige Übertragung der Rechte des Nutzers aus dem Vertrag mit A auf Dritte ist ausgeschlossen.

(2) Zur Aufrechnung gegenüber A ist der Nutzer nur mit unbestrittenen oder rechtskräftigen Gegenforderungen berechtigt.

§ 12 Assignment and Setoff

(1) No assignment of the rights of the User under the contract with A to third parties is permitted, whether in whole or in part.

(2) The User shall only be entitled to exercise a right of setoff against A on the basis of counterclaims which are undisputed or have been adjudicated with res judicata effect.

§ 13 Vertragsdauer

(1) Der diesen Nutzungsbedingungen zugrundeliegende Vertrag wird auf unbestimmte Zeit abgeschlossen. Er beginnt mit der Zulassung durch A gem. § 3.

(2) Der Vertrag kann von beiden Parteien mit einer Frist von drei Monaten zum Monatsende gekündigt werden.

(3) Jede Partei hat das Recht, den Vertrag aus wichtigem Grund ohne Einhaltung einer Kündigungsfrist zu kündigen. Ein wichtiger Grund ist für A insbesondere:

(a) der Verstoß eines Nutzers gegen die Bestimmungen dieser Nutzungsbedingungen, der auch nach Fristsetzung nicht beseitigt wird;

(b) die deliktische Handlung eines Nutzers oder der Versuch einer solchen, zB Betrug;

(c) der Verzug des Nutzers mit der Zahlungspflicht gemäß der vom Nutzer gem. § 3 Abs. 2 und 3 zu leistenden Zahlung um mehr als sechs Wochen.

(d) andauernde Betriebsstörungen infolge von höherer Gewalt, die außerhalb der Kontrolle von A liegen, wie zB Naturkatastrophen, Brand, unverschuldeter Zusammenbruch von Leitungsnetzen.

(4) Jede Kündigung muss schriftlich erfolgen. Kündigungen per Fax oder E-Mail wahren die Schriftform.

§ 13 Term of Contract

(1) The contract based on these Terms and Conditions is made for an unlimited term. It shall begin to run from the date of A's admission pursuant to sec. 3.

(2) This contract may be terminated by either party upon three months' notice to the end of any month.

(3) Each party shall have the right to terminate this contract for good cause without the need to adhere to a notice period. Good cause for A shall, in particular, include the following:

(a) breach by a User of the terms of these Terms and Conditions, which the User fails to cure even after a deadline has been set;

(b) the tortious act by a User or the attempt of any such act, e.g. fraud;

(c) default by any User in its payment obligations in respect of the payments to be made by the User under sec. 3 (2) and (3), where such default exceeds more than six weeks.

(d) ongoing operational disruptions due to force majeure lying outside the control of A, such as natural catastrophes, fire, breakdown of networks through no fault of A.

(4) All notices of termination must be given in writing. Termination notice by facsimile or email is deemed to comport with the written form requirement.

§ 14 Schlussbestimmungen

(1) Es gilt das Recht der Bundesrepublik Deutschland unter Ausschluss des UN-Kaufrechts. Gerichtsstand für alle Rechtsstreitigkeiten ist . . . . . A ist daneben berechtigt, auch am allgemeinen Gerichtsstand des Nutzers zu klagen.[23]

(2) Der Nutzer hat die Möglichkeit, rechtswidrige Inhalte, Verstöße gegen die EU-Verordnung zur Förderung von Fairness und Transparenz für gewerbliche Nutzer von Online-Vermittlungsdiensten (VO (EU) 2019/1150, kurz „P2B-Verordnung"), technische Probleme und sonstiges Verhalten des Plattformbetreibers im Rahmen eines Abhilfe- und Meldeverfahrens bei einer zentralen Kontaktstelle zu melden. Nach einem erfolglosen Abhilfeverfahren können die Betroffenen eine außergerichtliche Schlichtung vor einem Mediator anstreben.[24] Informationen zur Abgabe einer Meldung und zum Ablauf des Verfahrens finden Sie hier [Link einfügen].

Mediator: . . . . .
Name: . . . . .
Adresse: . . . . .
E-Mail: . . . . .

(3) Sollten einzelne Bestimmungen dieser Nutzungsbedingungen unwirksam sein oder werden und/oder den gesetzlichen Regelungen widersprechen, so wird hierdurch die Wirksamkeit der Nutzungsbedingungen im Übrigen nicht berührt. Die unwirksame Bestimmung wird von den Vertragsparteien einvernehmlich durch eine solche Bestimmung ersetzt, welche dem wirtschaftlichen Zweck der unwirksamen Bestimmung in rechtswirksamer Weise am nächsten kommt. Die vorstehende Regelung gilt entsprechend bei Regelungslücken.

§ 14 Concluding Provisions

(1) The parties' relations shall be governed by the law of the Federal Republic of Germany, but excluding application of the UN Convention on Contracts for the International Sale of Goods. Jurisdiction and venue for all legal disputes shall lie with the courts of . . . . . In addition, A shall be entitled to file suit at the User's place of general jurisdiction.[23],

(2) The User has the option of reporting illegal content, technical problems and other conduct of the platform operator to a central contact point as part of a redress and reporting procedure. After an unsuccessful redress procedure, those affected can reach an out-of-court settlement with a mediator.[24] Information on submitting a report and on the procedure can be found here [insert link].

Mediator: . . . . .
Name: . . . . .
Address: . . . . .
E-mail: . . . . .

(3) In the event that individual terms of these Terms and Conditions should be or become invalid or should be in conflict with requirements of law, the validity of these terms and conditions shall not otherwise be affected thereby. The parties shall by mutual agreement replace the invalid term by such valid term as comes the closest in a legally valid manner to the economic intend of the invalid term. The foregoing provision shall apply mutatis mutandis in the case of contractual gaps.

Anmerkungen

1. Regelungsgegenstand. In der Plattformökonomie haben sich inzwischen drei unterschiedliche Lebens- und Wirtschaftsbereiche entwickelt: (1) Verbraucher bieten über eine Plattform Produkte oder Dienstleistungen an Verbraucher an, z. B. Facebook Marketplace, teilweise eBay, Youtube (Customer to Plattform to Customer, kurz „C2P2C"), (2) Unternehmer bieten über eine Plattform Produkte oder Dienstleistungen an Verbraucher an, z. B. Amazon, Zalando, Etsy, Uber (Customer to Plattform to Business, kurz „C2P2B" vgl. hierzu → Form. L.4) und (3) Unternehmer bieten über eine Plattform Produkte oder Dienstleistungen an Unternehmer an z. B. Alibaba (Business to Platform to Business, kurz „B2P2B"), (Spindler/Seidel, Die Regulierung von Online-Plattformen, NJW 2022, 2730). Das Formular enthält die Nutzungsbedingungen des Betreibers einer B2B (Business to Business) -Internetplattform, der keinen sehr großen Online-Vermittlungsdienst (Very Large Online Platform = VLOP) im Sinne von Art. 33 der Verordnung EU 2022/2065 (Digital Services Act, nachfolgend als „DSA" bezeichnet") oder Torwächter bzw. Gatekeeper im Sinne von Art. 2 Nr. 1 der Verordnung EU 2022/1925 (Digital Markets Act, nachfolgend als „DSM" bezeichnet), darstellt und dessen Endnutzer Unternehmer mit Niederlassung oder Wohnort in der EU im Fernabsatz sind, B2P2B. Der Zusatz B2B bezeichnet die Nutzung des Internets für den elektronischen Handel von Unternehmen und schließt den Handel mit Endverbrauchern (B2C) aus. Der Betreiber der Plattform stellt den jeweiligen Nutzern dabei einen virtuellen Marktplatz im World Wide Web zur Verfügung, auf dem diese als Einkäufer und Lieferanten, oftmals im Wege von Ausschreibungen und Auktionen, miteinander handeln können. Das Muster macht Vorschläge für die Gestaltung eines Vertrages, der Nutzern den Zugang zum Marktplatz eröffnet, die wechselseitigen Rechte und Pflichten von Plattformbetreiber und Nutzern sowie die Ordnung des Marktplatzes regelt. Die Vorteile des ausschließlich mittels der Ressourcen des Internets zustande gekommenen Vertrages sind seit jeher vielfältig: Sie liegen in der Verfügbarkeit des Mediums rund um die Uhr, der schonungslosen Vergleichbarkeit der Angebote, der Realisierung von Transaktionskosteneinsparungen, der Verbesserung der Markposition, der Gewinnung von Marktinformationen sowie in Prozesskosteneinsparungen. Daher werden inzwischen Milliardenbeträge über Websites und Marktplätze umgesetzt. Die Prognosen stellen weiterhin einen Anstieg der Umsätze in Aussicht (ECC Köln, Kurzstudie B2B Marktmonitor 2023, abrufbar unter ifhkoeln.de/b2b-marktmonitor-2023/ (Stand: 1.11.2023)). Eine Erscheinungsform von B2B-Plattformen stellen kleine geschlossene Netzwerke zwischen einem Abnehmer und seinem Lieferantenkreis, sog. „electronic procurement" dar. Hier bindet der Abnehmer einen oder mehrere Lieferanten in seine unternehmensinterne Kommunikation ein (Extranet). Der strukturelle Schwerpunkt dieser Vernetzung liegt nicht in der Anbahnung von Rechtsgeschäften, sondern in der Durchführung und Organisation existierender Geschäftsbeziehungen, die häufig weit über die Lieferung von Waren hinaus gehen und sich auf zusätzliche Elemente, wie Entwicklung und Qualitätssicherung erstrecken. Da diese Erscheinungsform von B2B-Plattformen ihren Schwerpunkt im Bereich der Unternehmensorganisation und -kommunikation hat, ist sie nicht Gegenstand der weiteren Darstellung. Wettbewerb und Innovationsdruck bewegen die Marktplatzbetreiber häufig zur Einführung weiterer Leistungen wie „e-sourcing", also der Analyse der Ausgaben eines Unternehmens mit der anschließenden Neugestaltung der Lieferantenbeziehungen, sowie der Einrichtung und Betreuung solcher privaten Marktplätze. Die Anmerkungen zu den Kategorien von Marktplätzen enthalten diesbezüglich weitere Hinweise.

Die Tätigkeit von Plattformen ist in den Fokus der Europäischen Kommission gerückt. Sie initiierte eine Konsultation zur Rolle der Plattformen in der Online-Wirtschaft. Anlass zu einer solchen Befragung gaben die grundlegenden Veränderungen der digitalen Märkte, Infrastruktur und Nutzergewohnheiten in den letzten Jahren. Neben der Tatsache, dass einige große Unternehmen dominante Marktpositionen in ihrem Bereich aufbauen und festigen konnten, verändern innovative Geschäftsmodelle über Jahrzehnte gewachsene Strukturen und üben Druck auf diese aus. Auch wenn die Konsultation daher vornehmlich Plattformen wie Suchmaschinen, soziale Medien und App-Stores in den Blick nimmt, könnte eine umfassende Überarbeitung der europäischen Vorschriften zur Haftung von Intermediären, also insbesondere der E-Commerce-Richtlinie 2000/31/EG, in Angriff genommen werden. Aus rechtspolitischen Gründen wird sich dies als schwieriges Unterfangen erweisen. Es bleibt daher abzuwarten, (1) wie die überarbeiteten Vorgaben den Spagat zwischen nationaler Prägung und europäischer Vereinheitlichung meistern, (2) ob ein übergreifender Reformansatz gewählt wird oder ob bereichsspezifische Vorschriften erlassen werden und (3) in welchem Verhältnis kodifiziertes Recht und Richterrecht stehen werden (vgl. Ohly ZUM 2015, 308 (313 ff.)).

Keine Änderungen ergeben sich hingegen aufgrund des Ausschlusses des Handels mit Endverbrauchern aus der Verordnung (EU) 2019/1150. Gem. Erwägungsgrund 9 soll diese Verordnung nicht gelten, wenn gewerbliche Nutzer oder Nutzer mit Unternehmenswebsite Online-Vermittlungsdienste oder Online-Suchmaschinen nutzen, um Waren oder Dienstleistungen ausschließlich Personen, die keine Verbraucher sind, anzubieten; vgl. auch Art. 1 Abs. 2 der Verordnung.

2. Kategorien von Marktplätzen. Bei Online-Handelsbeziehungen lassen sich zunächst zwei Wege unterscheiden: Zum einen offene Marktplätze, in der Regel für eine bestimmte Branche, und zum anderen sogenannte geschlossene (oder private) Marktplätze, über die Hersteller vorwiegend die eigenen Lieferanten anbinden.

Als ein weiteres Unterscheidungskriterium von B2B-Marktplätzen kann die organisatorische Ausrichtung der Handelsfunktionen herangezogen werden. Eine klare Zuordnung kann zuweilen schwierig sein, da Überschneidungen häufig sind, doch sind insbesondere folgende Typen zu differenzieren: Fachhändlerportale, Auktionsportale und Ausschreibungsportale.

Fachhändlerportale (One to Many) dienen meist einem Anbieter der Anbindung einer Vielzahl von nach gelagerten Vertriebseinheiten (zB Händler). Die meist branchenspezifischen Auktionsportale (auch Trading Hubs) sind vorrangig darauf ausgerichtet, einer Vielzahl von Käufern und Verkäufern den gemeinsamen Handel zu ermöglichen (Many to Many). Die Art und Weise der Transaktionsabläufe kann sich zuweilen unterscheiden. Wichtige Formen sind: Auktionen (zur Preisfindung werden von potentiellen Käufern Gebote abgegeben), umgekehrte Auktionen (zumeist gibt der potentielle Käufer einen Maximalpreis vor, auf den interessierte Verkäufer Gebote abgeben, die allerdings nur unterhalb des vom Käufer gesetzten Maximalpreises liegen dürfen), Echtzeithandel (Handel zu zeitpunktbezogenen Festpreisen) und Angebots- und Nachfrage Aggregation (Akkumulation von Angebot oder Nachfrage zur Sicherung besserer Konditionen bei der Marktgegenseite).

Neben der Zusammenführung von Angebot und Nachfrage steht fast immer eine Vielzahl weiterer Funktionen. Zu den gebräuchlichsten Nebenfunktionen zählen die Integration der Zulieferer in Entwicklungsprozesse und gemeinsame Maßnahmen der Qualitätskontrolle und -sicherung sowie Kooperation in den Bereichen Logistik und Transaktionsabwicklung. Denkbar sind weiter Zahlungsdienstfunktionen. Werden auf Veranlassung des Plattformnutzers Zahlungsaufträge auf ein bei einem anderen Zahlungsdienstleister geführtes Zahlungskonto ausgelöst, handelt es sich um einen Zahlungsauslösungsdienst iSv § 1 Abs. 1 S. 2 Nr. 7, Abs. 33 ZAG. Teilt der Plattformbetreiber konsolidierte Informationen über ein oder mehrere Zahlungskonten des Plattformnutzers einem oder mehreren anderen Zahlungsdienstleistern mit, handelt es sich um einen

Kontoinformationsdienst iSv § 1 Abs. 1 S. 2 Nr. 8, Abs. 34 ZAG. Diese zwei Arten von Zahlungsdiensten wurden mit der am 13.1.2018 in Kraft getretenen zweiten Zahlungsdiensterichtlinie (EU) 2015/2366 erschaffen. In diesen Fällen sind die Plattformbetreiber, soweit sie die Zahlungsdienste gewerbsmäßig oder in einem Umfang erbringen, der einen in kaufmännischer Weise eingerichteten Geschäftsbetrieb erfordert, Zahlungsdienstleister iSv § 1 Abs. 1 S. 1 Nr. 1 ZAG und müssen dann vorbehaltlich der Ausnahmen in § 2 ZAG die Bestimmungen des ZAG beachten. Marktplätze lassen sich ferner anhand einer Vielzahl weiterer Merkmale kennzeichnen: Nach Produktkategorien (direkt – indirekt), nach Betreibermodellen (anbieter- bzw. nachfragebetriebener Marktplatz oder Kooperation neutraler Betreiber) sowie – und vielleicht am wichtigsten – nach Handelsdimensionen in vertikale und horizontale Marktplätze. Vertikale Marktplätze bieten umfassende Leistungen für eine vor- oder nachgelagerte Marktstufe eines bestimmten Marktes und richten sich somit nicht an marktfremde Unternehmen. Horizontale Marktplätze führen im Gegensatz dazu marktübergreifend Einkäufer und Zulieferer hinsichtlich bestimmter Produkt- und Leistungsarten zusammen.

3. Kartellrechtliche Problemfelder von B2B-Marktplätzen. Die Gründung und der Betrieb eines elektronischen Marktplatzes können kartellrechtliche Fragen aufwerfen. Das gilt in besonderem Maße dann, wenn die Internethandelsplattform von mehreren Unternehmen gegründet und betrieben wird, welche auf derselben Wirtschaftsstufe stehen. Wegen der erforderlichen Investitionen werden Internetmarktplätze häufig als rechtlich selbstständige Gemeinschaftsunternehmen von Wettbewerbern (→ Anm. 2) errichtet und mit den notwendigen Mitteln ausgestattet. Motiviert werden Unternehmen zur Gründung von elektronischen Marktplätzen durch eine Vielzahl von einzelwirtschaftlichen Potentialen, insbesondere hinsichtlich drastischer Kostensenkungen. Solche Kostensenkungen können sich zum einen aus der Verringerung von Transaktionskosten aufgrund einer höheren Markttransparenz und einer Bündelung von Marktmacht, zum anderen aus der Einsparung von Prozesskosten infolge optimierter Beschaffungsprozesse ergeben. Zudem lassen sich durch die Auswertung der über den Marktplatz abgewickelten Transaktionen wichtige Marktinformationen für die Nutzer generieren.

Aus der Nutzung von Internethandelsplätzen ergeben sich in wettbewerblicher Hinsicht nicht unerhebliche Verbesserungen. So wird die Transparenz der Märkte der auf den Plattformen gehandelten Güter und Dienstleistungen durch die Möglichkeit eines einfachen Preisvergleichs und Vertragspartnerwechsels unbestreitbar erhöht. Ebenso ermöglicht das Internet kleinen Unternehmen einen erleichterten Marktzutritt infolge der breiten Vertriebsmöglichkeiten und der Erreichbarkeit eines potentiell großen Kundenkreises.

Elektronische Marktplätze können aber auch negative Auswirkungen auf den Wettbewerb unter den beteiligten Unternehmen haben. Spezifische Wettbewerbsbeschränkungen können sich bei B2B-Plattformen insbesondere aus der Weitergabe von Marktinformationen zwischen den beteiligten Unternehmen, aus der Bildung von Verkaufs- oder Einkaufsgemeinschaften, aus Restriktionen des freien Zugangs zu der Plattform sowie aus Ausschließlichkeitsbindungen ergeben (vgl. auch Auer-Reinsdorff/Conrad IT- und DatenschutzR-HdB/Conrad § 39 Rn. 448 ff.).

Im Zusammenhang mit B2B-Plattformen sind dabei zunächst zwei unterschiedliche Produktmärkte zu unterscheiden: der Markt für die auf der Plattform gehandelten Güter und Dienstleistungen sowie der Markt für B2B-Plattformen.

a) Markt für Güter und Dienstleistungen. Für die kartellrechtliche Bewertung ist es zunächst erforderlich, jeweils im Einzelnen den sachlich und räumlich relevanten Markt zu bestimmen. In sachlicher Hinsicht richtet sich die Marktabgrenzung nach der Sicht der Marktgegenseite und fragt, welche Güter und Leistungen aus deren Sicht austauschbar sind (sog. Bedarfsmarktkonzept). Hinsichtlich des Marktes für die auf der Plattform gehandelten Produkte gilt, dass sich die sachliche Marktabgrenzung durch die Einschaltung des Transaktionsmediums B2B-Plattform grundsätzlich nicht ändert, da die Eigenschaften der gehandelten Produkte und Dienstleistungen gleichbleiben. Eine Veränderung des Produktmarktes kann allerdings dann erfolgen, wenn B2B-Plattformen Zusatzleistungen als Ergänzung zu den Produkten ermöglichen, so dass insoweit ein eigener Markt entsteht. In räumlicher Hinsicht erstreckt sich der relevante Markt auf das Gebiet, in dem die betroffenen Unternehmen als Wettbewerber auftreten, in dem die Wettbewerbsbedingungen hinreichend homogen sind und sich von denjenigen benachbarter Gebiete deutlich unterscheiden (vgl. Art. 9 Abs. 7 FKVO). Für den Produktmarkt ergibt sich durch die erhöhte Transparenz und die verbesserten Kommunikationsbeziehungen eine geografische Erweiterung des Marktes im Vergleich zum Handel über traditionelle Vertriebswege.

Abgesehen von Preisabsprachen der handelnden Unternehmen kommen auf dem Produktmarkt spezifische, kartellrechtlich problematische Verhaltensweisen der Marktteilnehmer vor. Zunächst kann die Verfügbarkeit von Informationen, die sich aus der Nutzung von elektronischen Marktplätzen ergibt und die einen der wesentlichen Vorzüge des Internets darstellt, auch missbraucht werden. Denn die handelnden Unternehmen können versucht sein, das Marktverhalten ihrer Wettbewerber bis ins Detail zu beobachten und ihre eigenen Geschäftsbedingungen und -praktiken dementsprechend anzupassen. Kartellrechtlich unzulässig ist ein Austausch von Marktinformationen, bei dem die Entfaltung von Wettbewerbsreserven verhindert wird. Dazu gehören jedenfalls in oligopolistischen Märkten Marktinformationssysteme, bei denen die beteiligten Unternehmen in wettbewerbsbeschränkender Weise Informationen austauschen (Immenga/Mestmäcker/Zimmer AEUV Art. 101 Rn. 248 ff.). Dem kann aber durch technische Vorkehrungen für eine abgeschottete Datenhaltung wie Firewalls oder Verschlüsselungs- und Identifizierungsmechanismen oder durch vertragliche Geheimhaltungspflichten vorgebeugt werden.

Auch die Bündelung von Verkaufs- oder Einkaufsmacht auf Internet-Marktplätzen kann unter kartellrechtlichen Gesichtspunkten problematisch sein. Unzulässig sind danach Kooperationsvereinbarungen über den gemeinsamen Vertrieb von Waren oder Dienstleistungen auf der Internetplattform immer dann, wenn sie die Abstimmung des Preisverhaltens von konkurrierenden Herstellern bezwecken. Allein die Möglichkeit zur Verwendung zu wettbewerbswidrigen Zwecken reicht hierfür nicht aus. In diesen Fällen muss nach der Rechtsprechung von EuGH und EuG eine Bestimmung der konkreten wettbewerbswidrigen Auswirkungen des Systems erfolgen (Immenga/Mestmäcker/Zimmer AEUV Art. 101 Rn. 239). Unzulässig sind auch Einkaufskooperationen, die ein Mittel zur Verschleierung eines Kartells darstellen, um Preisfestsetzungen, Produktionsbeschränkungen oder Zuteilungen von Märkten durchzusetzen, oder die eine spürbare Einschränkung des Nachfragewettbewerbs zur Folge haben. Letzteres kann normalerweise nicht angenommen werden, wenn der Marktanteil der beteiligten Unternehmen nicht mehr als 15 % beträgt (Immenga/Mestmäcker/Fuchs GWB § 2 Rn. 173).

Hinsichtlich der Zugangsverweigerung für Mitbewerber gilt zwar im Grundsatz, dass die Gründerunternehmen nicht verpflichtet sind, die Wettbewerbsvorteile, die aus den Investitionen in den Aufbau des elektronischen Marktplatzes resultieren, mit ihren außenstehenden Konkurrenten zu teilen. Etwas anderes gilt aber dann, wenn die Verweigerung des Zugangs zugleich den Missbrauch einer marktbeherrschenden Stellung im Sinne von Art. 102 AEUV bzw. § 19 GWB darstellt. Das deutsche nationale Recht verstärkt den Schutz von kleinen und mittleren Konkurrenzunternehmen noch durch § 20 Abs. 2 und 3 GWB.

b) Markt für B2B-Plattformen. Die Abgrenzung des Marktes für B2B-Plattformen hängt vom Integrationsgrad der vom Marktplatz angebotenen Funktionalitäten ab (→ Anm. 2). Je umfangreicher und integraler die vom Marktplatzbetreiber angebotenen Dienstleistungen für die Nutzer sind, desto eher wird man von einem eigenständigen

Markt für B2B-Plattformen im Unterschied zu traditionellen Transaktionsmedien ausgehen können. Denn die Substitutionsneigung der Nutzer wird in diesem Fall abnehmen, so dass diese nur noch B2B-Plattformen miteinander vergleichen. Eine Substituierbarkeit ist beispielsweise nicht mehr gegeben, wenn ein Plattformwechsel unlösbare technische Umstellungsprobleme für den Nutzer mit sich bringt (Auer-Reinsdorff/Conrad IT- und DatenschutzR-HdB/Conrad § 39 Rn. 452). Die räumliche Abgrenzung des Marktes für B2B-Plattformen hängt ebenfalls stark von der jeweiligen Ausgestaltung des elektronischen Marktplatzes ab, insbesondere von der Herkunft und der Stellung der angesprochenen Nutzer sowie von der Art der handelbaren Produkte.

Aus Ausschließlichkeitsbindungen für die Nutzer der Plattformen kann sich schließlich eine Beschränkung des Wettbewerbs auf dem Markt für Transaktionsdienstleistungen ergeben, so dass darin ebenfalls ein Verstoß gegen das Kartellverbot nach Art. 101 AEUV, § 1 GWB liegt.

c) Digital Markets Act. Um in wettbewerbsrechtlicher Sicht eine einheitliche Lösung zu schaffen und einen fairen digitalen Markt zu gestalten, auf dem Machtpositionen wirksam angefochten werden können, hat der EU-Gesetzgeber die Verordnung über bestreitbare und faire Märkte im digitalen Sektor (engl. Digital Markets Act, kurz „DMA") (Dokument 32022R1925) erlassen. Viele Unternehmen haben auf den Online-Plattformen eine besondere Marktposition eingenommen, die den Markt dominieren. Ein Paradebeispiel ist Google Search, wo mehr als 82 % der Suchanfragen weltweit getätigt werden (Marktanteile der Suchmaschinen nach Page Views im November 2023 (ausschließlich Desktop-Nutzung), go.wwu.de/q75sn). Gerade für Webseitenbetreiber, die nicht direkt mittels URL angesteuert werden, sondern typischerweise ihre Nutzer durch die Weiterleitung aus Suchanfragen gewinnen, gilt: Wer es auf Google Search nicht unter die ersten Einträge in den Suchergebnissen schafft, wird kaum noch wahrgenommen (Paal formulierte diesbezüglich „To exist is to be indexed by Google", Paal GRUR Int 2015, 997,998). Neben dem Zugang zu Informationen wird die Kontrolle bzw. Einschränkung zum Zugang (sog. Gatekeeping) mittlerweile auch im Zusammenhang mit Produkten, wie zB bei Amazon, verwendet. Die Plattform verfügt über eine derart mächtige Stellung, dass sie nicht nur über den Zugang zu Produkten, sondern vielmehr über den Zugang zu Anbietern entscheiden kann (Schweitzer et al., Modernisierung der Missbrauchsaufsicht für marktmächtige Unternehmen, 2018, S. 66.). Dem möchte der DMA entgegenwirken und das Machtungleichgewicht ausgleichen. Durch den DMA werden unmittelbar 21 Verhaltenspflichten für solche digitale Gatekeeper (Torwächter) wie Amazon und Google statuiert. Dabei zieht der DMA Grenzen für die Geschäftspraktiken digitaler Plattformen gegenüber ihren Nutzern (weiterführend vertiefend: Podszun/Bongartz/Kirk: Digital Markets Act – Neue Regeln für Fairness in der Plattformökonomie, NJW 2022, 3249).

4. Gewerberechtliche Zulässigkeit. Die Frage nach der Anwendbarkeit von § 34b GewO sowie der Versteigererverordnung (VerstV) auf Online-Auktionen wurde lange Zeit intensiv diskutiert und wird von Gerichten unterschiedlich beantwortet (dagegen: OLG Frankfurt a. M. NJW 2001, 1434; dafür: LG Hamburg MMR 1999, 678; zum Ganzen: Köhler/Fetzer InternetR Rn. 315 ff.; BeckOK GewO/Martini § 34b Rn. 21 ff.). Nach § 34b GewO bedarf die gewerbsmäßige Veranstaltung von Versteigerungen fremder Sachen einer behördlichen Erlaubnis. Die Durchführung von Versteigerungen unterliegt zudem nach der VerstV einer Reihe von Bestimmungen, die für Online-Auktionen zum Teil nicht passen und daher in der Praxis erhebliche Schwierigkeiten bereiten würden. Die gesamte Problematik ist jedoch weitgehend auf Internetauktionen im B2C-Bereich beschränkt. Denn auch wenn B2B-Plattformen ihren Nutzern in der Regel die Möglichkeit bieten, Waren und Dienstleistungen im Wege der Online-Auktion zu handeln, müssen § 34b GewO und die VerstV dabei nicht beachtet werden.

Das hängt damit zusammen, dass die Rolle des Plattformbetreibers auf die Bereitstellung der technischen und organisatorischen Voraussetzungen des Marktplatzes beschränkt ist. Er kann daher im Unterschied zu Auktionshäusern im B2C-Bereich nicht als Versteigerer angesehen werden. Aber selbst wenn der Plattformbetreiber als Versteigerer zu qualifizieren wäre, fänden die Vorschriften der GewO und der VerstV gem. § 34b Abs. 10 Nr. 3 GewO keine Anwendung. Die Nutzer selbst unterliegen den gewerberechtlichen Vorschriften nicht, weil sie keine fremden Sachen versteigern.

5. Regelungsgegenstand und Anwendungsbereich des Digital Services Act. Mit der Einführung der EU-Verordnung über einen Binnenmarkt für digitale Dienste und zur Änderung der Richtlinie 2000/31/EG (Gesetz über digitale Dienste) (VO (EU) 2022/2065, kurz DSA (engl. Digital Services Act)) hat der EU-Gesetzgeber auf die zunehmende Rechtszersplitterung im digitalen Binnenmarkt reagiert, Diensteanbietern von Online-Vermittlungsdiensten innerhalb der EU eine Haftungsprivilegierung für von ihnen vermittelte Nutzerinhalte eingeräumt und gleichzeitig eine Reihe von teilweise weitgehenden Sorgfalts- und Transparenzpflichten auferlegt (vgl. Raue/Hessen NJW 2022, 3537 Rn. 1). Der Anwendungsbereich des DSA erfasst in Art. 2 Abs. 1 DSA Vermittlungsdienste für Nutzer mit Niederlassung oder Wohnort in der EU im Fernabsatz durch elektronische Erbringung der Dienstleistung auf individuellen Abruf. Unter einem Vermittlungsdienst sind gemäß Art. 3 lit. g DSA die Dienstleistungen der Durchleitung, des Caching und Hosting zu verstehen, die in Art. 3 lit. g. i bis iii. näher definiert sind. Eine Online-Plattform bzw. ein Marktplatz speichert aufgrund ihres Geschäftsmodells stets die von einem Nutzer bereitgestellten Informationen in seinem Auftrag, sodass dieser immer einen Hostinganbieter im Sinne der Verordnung darstellt. Somit stellt die Online-Plattform stets einen Vermittlungsdienst im Sinne des Art. 3 lit. g DSA dar, sodass die Regelungen der Verordnung Anwendung finden und in den AGB unmittelbar zu berücksichtigen sind. Der DSA differenziert die Anforderungen an die Haftungsfreistellung und die Sorgfaltspflichten nach der Art des Dienstes, woraus sich ein vierstufiges Modell ergibt: (1) Alle Vermittlungsdienste im Sinne von Art. 3 lit. g DSA unterliegen Mindestanforderungen. (2) Hostingdienste unterliegen einer strengeren Haftung und gesteigerten Sorgfaltspflichten. (3) für öffentlich-zugängliche Online-Plattformen gelten darüber hinaus zusätzliche Sorgfaltspflichten. (4) Noch weitergehenden Pflichten unterliegen „sehr große Online-Plattformen" im Sinne von Art. 33 Abs. 1 DSA mit durchschnittlich mindestens 45 Millionen aktiven Nutzern im Monat. Weiterführend vertiefend: Dregelies MMR 2022, 1033; Raue/Hessen NJW 2022, 3537; Steinrötter EU-Plattformregulierung-HdB/Steinrötter/Schauer § 2–10).

6. Allgemeine Pflichten im elektronischen Rechtsverkehr. § 312i BGB regelt allgemeine Verhaltens- und Informationspflichten im elektronischen Geschäftsverkehr. Die Grundaussagen enthält das BGB, Details zu den Informationspflichten ergeben sich aus Art. 246c EGBGB. Der Anwendungsbereich des § 312i BGB ist eröffnet, wenn sich ein Unternehmer zum Abschluss eines Vertrages gewerbsmäßig der digitalen Dienste bedient.

Die Definition des Begriffs der digitalen Dienste ergibt sich aus § 1 Abs. 4 Nr. 1 DDG und umfasst grundsätzlich alle elektronischen Informations- und Kommunikationsdienste. Der DSA ist durch den nationalen Gesetzgeber im DDG umgesetzt worden, der das TMG mit seinen Regelungen vollständig ersetzt und erweitert. Im Zeitpunkt der Drucklegung befindet sich das DDG-E im Gesetzgebungsverfahren. Darunter fällt auch der Betrieb einer Internethandelsplattform als Dienstleistung gegenüber einzelnen Nutzern, welche diesen die Möglichkeit eröffnet, Verträge über Waren und Dienstleistungen anzubahnen und abzuschließen.

§ 312i BGB ist gem. Abs. 2 hingegen dann nicht anwendbar, wenn der Vertrag durch ausschließlich individuelle Kommunikation geschlossen wird bzw. bei abweichender

(Individual- oder Rahmen-)Vereinbarung mit dem Kunden. Folgende Verhaltenspflichten bestehen: Ermöglicht der Plattformbetreiber Nutzern die Abgabe eines elektronischen Angebots auf Abschluss des Nutzungsvertrages (→ Anm. 11), muss er im Voraus geeignete technische Mittel zum Erkennen und zur Berichtigung von Eingabefehlern zur Verfügung stellen (Nr. 1), Informationspflichten erfüllen (Nr. 2 iVm Art. 246c EGBGB) sowie eine unverzügliche elektronische Bestätigung des Zugangs des Angebots versenden (Nr. 3). Der Plattformbetreiber kann diese besonderen Verhaltenspflichten allerdings gem. § 312i Abs. 2 S. 2 BGB durch Vereinbarung mit dem Nutzer abbedingen. Nicht abdingbar ist jedoch, dass der Nutzer die Möglichkeit haben muss, die Vertragsbestimmungen abzurufen und zu speichern (Nr. 4).

Des Weiteren ist der Plattformbetreiber als Diensteanbieter gem. § 1 Abs. 4 Nr. 5 DDG zu qualifizieren und unterliegt damit den allgemeinen Informationspflichten nach § 5 DDG. So muss er u. a. folgende Angaben leicht erkennbar, unmittelbar erreichbar und ständig verfügbar halten: Namen, Anschrift, den Vertretungsberechtigten, Handelsregister(nummer) sowie Angaben, die eine schnelle elektronische Kontaktaufnahme und unmittelbare Kommunikation mit ihm ermöglichen.

Im Verhältnis zwischen Diensteanbieter und Nutzer bestehen für den Plattformbetreiber nach der DS-GVO eine Anzahl von Verhaltens- und Informationspflichten. Verstöße können mit hohen Geldbußen geahndet werden.

7. Nutzungsbedingungen. Die vorstehenden Nutzungsbedingungen sind als Allgemeine Geschäftsbedingungen im Sinne von § 305 Abs. 1 BGB zu qualifizieren. Sie werden vom Betreiber des elektronischen Marktplatzes als Verwender den einzelnen Nutzern gegenübergestellt. Da die Nutzer eines B2B-Marktplatzes per definitionem Unternehmen sind, dh im Sinne von § 14 BGB in Ausübung ihrer gewerblichen oder selbstständigen beruflichen Tätigkeit handeln, finden die speziellen Vorschriften über die Einbeziehung von Allgemeinen Geschäftsbedingungen (§ 305 Abs. 2 BGB) sowie über die Inhaltskontrolle (§§ 308 Nr. 1, 2–8 und 309 BGB) gem. § 310 Abs. 1 BGB keine Anwendung. Dagegen findet eine Inhaltskontrolle nach der Generalklausel des § 307 BGB auch bei gegenüber Unternehmen gestellten AGB statt. Danach sind formularmäßige Klauseln der Nutzungsbedingungen unwirksam, wenn sie den Vertragspartner des Verwenders unangemessen benachteiligen. Dies ist der Fall, wenn der Verwender missbräuchlich eigene Interessen auf Kosten des Vertragspartners durchzusetzen versucht, ohne von vornherein dessen Belange zu berücksichtigen. Es ist dabei nicht auf die Schutzbedürftigkeit des Vertragspartners im Einzelfall, sondern auf eine überindividuelle, generalisierende Betrachtung abzustellen. Der Maßstab für eine unangemessene Benachteiligung im Verkehr zwischen Unternehmen kann dabei höher liegen als gegenüber Verbrauchern. Die Klauselverbote nach §§ 308 und 309 BGB sind – wie bereits erwähnt – bei der Verwendung gegenüber Unternehmen zwar als solche weitestgehend unanwendbar, aber sie können Indizien für eine unangemessene Benachteiligung im Sinne von § 307 BGB bilden.

Die Nutzungsbedingungen entfalten im Unternehmensverkehr trotz der Nichtanwendbarkeit von § 305 Abs. 2 BGB ihre Wirkung aber überhaupt nur dann, wenn sie Bestandteil des Vertrages zwischen Plattformbetreiber und dem jeweiligen Nutzer (Nutzungsvertrag) geworden sind. Ob dies der Fall ist, muss durch Auslegung gem. §§ 133, 157 BGB und § 346 HGB ermittelt werden (Grüneberg/Grüneberg BGB § 305 Rn. 49 ff.). In aller Regel macht der Plattformbetreiber die Zulassung eines Nutzers zum Marktplatz davon abhängig, dass dieser sich registrieren lässt und die Nutzungsbedingungen mittels einer per Mausklick abgeschickten vorformulierten Erklärung akzeptiert. Kann sich der Nutzer dabei in zumutbarer Weise Kenntnis vom Inhalt der Nutzungsbedingungen verschaffen, bestehen an einer Einbeziehung in den Nutzungsvertrag grundsätzlich keine Zweifel (Transparenzgebot).

Die Einbeziehung vorformulierter Vertragsklauseln ist allgemein jedoch problematisch, wenn beide Parteien auf die Geltung ihrer, sich widersprechenden AGB verweisen. Nach der geltenden Rechtsprechung werden dann nur solche Klauseln beider Seiten Vertragsbestandteil, die übereinstimmen (BGHZ 61, 282; BGH NJW 1985, 1839; 1991, 1606). Hinsichtlich der sich widersprechenden AGB liegt grundsätzlich ein Dissens gem. §§ 154, 155 BGB vor, der gem. § 306 Abs. 2 BGB die Wirksamkeit des Vertrages insgesamt nicht beeinträchtigt, wenn dieser durchgeführt wird (Grüneberg/Grüneberg BGB § 305 Rn. 54). In der Praxis werden Nutzer allerdings selten über Allgemeine Geschäftsbedingungen verfügen, die für die Nutzung eines Marktplatzes konzipiert sind. Die Einbeziehung solcher AGB macht für sie jedenfalls mehr Schwierigkeiten, weil sie sich für die Marktplatznutzung in der Regel mittels vom Plattformbetreiber vorformulierter Formulare anmelden und diesem noch die Möglichkeit zur Kenntnisnahme der eigenen AGB verschaffen müssten. Letztendlich könnte der Plattformtreiber dem Nutzer die Zulassung zum Marktplatz auch versagen, wenn er mit der Einbeziehung dessen AGB nicht einverstanden ist. Die Problematik sich widersprechender AGB stellt sich hingegen häufiger bei den zwischen Nutzern auf dem elektronischen Marktplatz geschlossenen Verträgen.

8. Marktordnung. Kennzeichnend für die Nutzungsbedingungen eines Plattformbetreibers ist, dass sie nicht nur Regelungen für das Nutzungsverhältnis zwischen dem Plattformbetreiber und dem jeweiligen Nutzer enthalten, sondern auch solche, die das Zustandekommen und den Inhalt von zwischen zwei Nutzern über den Marktplatz geschlossener Verträge (Marktverhältnis) betreffen. Dazu gehören umfangreiche Regelungen zu Fragen des Vertragsschlusses, der Erfüllung, Gewährleistung und Haftung im Verhältnis der Nutzer untereinander. Insofern werden sie auch als Marktordnung bezeichnet (Spindler/Schuster/Spindler BGB Vor §§ 145 ff. Rn. 5; Wiebe MMR 2000, 323 (325); Rüfner MMR 2000, 597 ff.).

Im Hinblick auf ihre Bedeutung für das Marktverhältnis muss beachtet werden, dass die Nutzungsbedingungen unmittelbar nur in den Nutzungsvertrag mit dem Plattformbetreiber einbezogen werden. Dagegen werden sie nicht als Allgemeine Geschäftsbedingungen in die auf den Marktplätzen geschlossenen Verträge einbezogen, weil grundsätzlich keine der dort agierenden Parteien als Verwender der Nutzungsbedingungen angesehen werden kann (BGH NJW 2002, 363 (365); Rüfner MMR 2000, 597 (600)). Eine für B2B-Plattformen möglicherweise relevante Ausnahme gilt nach Rüfner dann, wenn ein Nutzerunternehmen enge vertragliche oder faktische Beziehungen zum Plattformbetreiber hat und dieser die Nutzungsbedingungen in dessen Interesse in die Nutzungsverträge einführt (Beispiel: Der Plattformbetreiber ist ein Tochterunternehmen eines Nutzers). Ansonsten werden die Nutzungsbedingungen mangels Verwendereigenschaft einer Partei nicht unmittelbarer Bestandteil der auf den Marktplätzen geschlossenen Verträge. Da aber jeder Nutzer, der auf dem elektronischen Marktplatz Vertragsverhandlungen führt sowie Verträge abschließt und abwickelt, die Nutzungsbedingungen des Plattformbetreibers anerkennt, erstreckt sich ihre Wirkung auch auf das Marktverhältnis. Insoweit sind Willenserklärungen im Rahmen eines auf der Plattform geschlossenen oder angebahnten Geschäfts unter Einbeziehung der AGB des Plattformbetreibers auszulegen (BGH NJW 2015, 1009 Rn. 19; 2014, 1292; 2011, 2634; vgl. bereits OLG Hamm MMR 2001, 105 ff.; Rüfner MMR 2000, 597 (598)). Hinweise, die der Plattformbetreiber beispielsweise auf seine Website bereithält, können für die Auslegung von nicht eindeutigen Klauseln Bedeutung erlangen. Jeder Teilnehmer muss und darf nach dieser Auslegungslösung aus der maßgeblichen Sicht des objektiven Empfängerhorizontes davon ausgehen, dass den abgegebenen Erklärungen der in den Nutzungsbedingungen beigemessene Erklärungswert zukommt. Im Nutzungsvertrag wird zwar auch eine Inhaltskontrolle hinsichtlich solcher Klauseln durchgeführt, die das Marktverhältnis betreffen (→ Anm. 7). Weil die Nutzungsbedingungen nach diesem Ansatz aber nur das faktische

Verständnis der Nutzer beeinflussen, hat eine Inhaltskontrolle prinzipiell keine Reflexwirkungen auf das Marktverhältnis (Rüfner MMR 2000, 597 (598)). Daher finden auch einen Nutzer benachteiligende Vertragsklauseln Eingang in das Marktverhältnis. Allerdings kommt für den infolge solcher benachteiligender Klauseln geschädigten Nutzer ein Rückgriff gegen den Plattformbetreiber aus schuldhafter Vertragsverletzung in Betracht. Diese Frage wurde bisher von der Rechtsprechung allerdings nicht abschließend beantwortet, sodass diesbezüglich noch immer eine gewisse Rechtsunsicherheit besteht (Spindler/Schuster/Schuster BGB § 305 Rn. 39). Problematisch erscheint unter anderem, dass die Grenzen zwischen Einbeziehung und Auslegung verwischt werden. Eine Auslegung von Willenserklärungen anhand von AGB ist aus dogmatischen Gesichtspunkten nicht ohne weiteres möglich ist (Kreße NJW 2015, 448 (452)). Da außerdem durch die Auslegungslösung eine Abweichung von ausdrücklichen Angaben des Anbieters nicht schlüssig begründet werden kann, kann kein anbieterübergreifender, einheitlicher Standard der vertraglichen Bedingungen gewährleistet werden (Hoeren/Sieber/Holznagel Multimedi-aR-HdB/Neubauer/Steinmetz Teil 14 Rn. 25 f.).

Die Nutzer, die sich zum Abschluss eines Vertrages über den elektronischen Marktplatz zusammenfinden, können versucht sein, eigene Allgemeine Geschäftsbedingungen in den Marktvertrag einzubeziehen. Wenn damit der von der Marktordnung vorgegebene Rahmen lediglich ausgefüllt wird, genügt für die Einbeziehung ein Hinweis auf der Präsentations- oder Kommunikationsseite des Marktplatzes. Anders verhält es sich dann, wenn der Nutzer von der Marktordnung des Nutzungsvertrages abweichende Klauseln einführen will. Dies ist gerade hinsichtlich der Gewährleistung naheliegend. Solche Klauseln werden nur insoweit einbezogen, als sie vom Vertragspartner ausdrücklich gebilligt werden. Hinsichtlich anderer Klauseln greift § 305c BGB, weil das Vorverständnis der Parteien maßgeblich durch die im Nutzungsvertrag enthaltene Marktordnung bestimmt ist.

9. Änderungen der Nutzungsbedingungen. Änderungen der Nutzungsbedingungen werden dann wirksam, wenn sich der Nutzer damit einverstanden erklärt. Das Einverständnis ist anzunehmen, wenn der Plattformbetreiber dem Nutzer die neue Fassung unter drucktechnischer Hervorhebung der Änderungen übermittelt hat und dieser das Vertragsverhältnis daraufhin ohne Widerspruch fortsetzt. Das Urteil des BGH vom 27.4.2021(BGH NJW 2021, 2273) zur unzulässigen Zustimmungsfiktion in Banken-AGB dürfte die vom Betreiber einer B2B-Plattform verwendeten AGB zunächst nicht betreffen, so dass die Auswirkungen des Urteils auf den B2B-Verkehr abzuwarten bleiben. Im unternehmerischen Geschäftsverkehr sind bei Anwendung der Generalklausel des § 307 BGB nach § 310 Abs. 1 S. 2 BGB „auf die im Handelsverkehr geltenden Gewohnheiten und Gebräuche [. . . . . .] angemessen Rücksicht zu nehmen", was zu mehr gerichtlicher Nachsicht gegenüber einer fingierten Zustimmung führen könnte (so Mäsch JuS 2021, 1184 (1186)). Dezidiert anderer Ansicht v. Westphalen NJW 2021, 3145, der, abgesehen von niedrigschwelligen Preiserhöhungsvorbehalten, grundsätzlich einen „beidseits akkordierten Änderungsvertrag" auch im unternehmerischen Verkehr fordert (v. Westphalen NJW 2021, 3145 (3150)).

10. Leistungen des Plattformbetreibers nach dem Nutzungsvertrag. Das Nutzungsverhältnis betrifft die vertraglichen Beziehungen zwischen dem Plattformbetreiber und dem jeweiligen Nutzer. Der Plattformbetreiber verpflichtet sich gegenüber beiden Nutzergruppen dazu, eine funktionsfähige Internethandelsplattform samt der versprochenen Dienste und Funktionalitäten zur Verfügung zu stellen, diese zu warten, zu pflegen und zu aktualisieren sowie potentiellen Vertragspartnern den Zugang zu ermöglichen. Die Nutzer schulden dem Plattformbetreiber als Gegenleistung die vereinbarte Vergütung – unabhängig davon, ob sie den elektronischen Marktplatz als Anbieter oder als Nachfrager von Waren und Dienstleistungen nutzen. Möglich ist auch, dass ein Nutzer sowohl als Anbieter wie auch als Einkäufer von der Plattform Gebrauch macht.

Der Nutzungsvertrag, der maßgeblich durch die Nutzungsbedingungen bestimmt wird, ist insgesamt als Dienstvertrag im Sinne von §§ 611 ff. BGB zu qualifizieren. Im Vergleich zu reinen Versteigerungsverträgen treten dabei maklervertragliche Elemente in den Hintergrund. Der Schwerpunkt der Tätigkeit des Plattformbetreibers liegt nicht darin, für einen Nachweis der Gelegenheit zum Abschluss eines Vertrags oder für die Vermittlung eines Vertrages zu sorgen, sondern – auf einer vorgelagerten Stufe – die technischen und organisatorischen Voraussetzungen für die Vertrags- und Vertragspartnersuche durch die Nutzer selbst zu schaffen. Der Plattformbetreiber bemüht sich nicht konkret um den einzelnen Geschäftsabschluss. Die Einordnung des Nutzungsvertrages als Dienstvertrag zeigt sich auch daran, dass die Vergütung des Plattformbetreibers in der Regel nicht von erfolgreichen Vertragsabschlüssen der Nutzer abhängig ist. Eine erfolgsunabhängige Vergütungsregelung kann aufgrund der Qualifizierung als Dienstvertrag auch in Allgemeinen Geschäftsbedingungen vorgesehen werden. Bei Makler- oder Maklerdienstverträgen könnte hingegen wegen § 307 iVm § 652 Abs. 2 BGB eine erfolgsunabhängige Provision und pauschaler Aufwendungsersatz jedenfalls kaum über einen mäßigen Höchstbetrag hinaus verlangt werden (Spindler/Wiebe Internet-Auktionen/Wiebe Kap. 4 Rn. 10).

Zum Teil enthält der Nutzungsvertrag auch werk- und mietvertragliche Elemente. Teilweise werden auch Geschäftsbesorgungselemente des Kaufvertrags anerkannt (KG NJW-RR 2005, 1630; Hoeren/Sieber/Holznagel MultimediaR-HdB/Neubauer/Steinmetz Teil 14 Rn. 5). Das werkvertragliche Element kann darin gesehen werden, dass der Betreiber die Weiterleitung von Willenserklärungen sowie von ein- und ausgehenden Nachrichten mindestens bis zur nächsten Schnittstelle schuldet. Bei Versand von Nachrichten im World Wide Web kann der Plattformbetreiber nicht den Zugang der elektronischen Erklärung garantieren. Die miet- bzw. pachtvertraglichen Elemente können in der Bereitstellung von Benutzeroberfläche, Eingabemasken und Nachrichten-Account sowie von Speicherplatz auf dem Marktplatz-System gesehen werden, wobei diese starke Zersplitterung künstlich anmutet.

Deshalb geht das vorliegende Muster insgesamt von einem Dienstvertrag aus. Die Dienstleistungen des Plattformbetreibers prägen auch in Anbetracht der vielfältigen Leistungen den Vertrag. Im Vordergrund steht die Verpflichtung, dauerhaft eine funktionsfähige Internethandelsplattform samt der versprochenen Dienste und Funktionalitäten zur Verfügung zu stellen.

Nutzer von B2B-Plattformen können oftmals zwischen Vertragspaketen mit unterschiedlichen Nutzungsmodalitäten wählen. Diese Wahlmöglichkeiten beziehen sich insbesondere auf die Laufzeit des Vertrages (zB „Testpaket") und den Umfang der angebotenen Leistungen. So erstreckt sich das Angebot neben den technischen Leistungen auch auf Beratungsleistungen hinsichtlich der über den Marktplatz vermittelten Waren oder Dienstleistungen. In Betracht kommt insbesondere die Durchführung von sog. Consulted Transactions, bei denen Mitarbeiter des Betreibers den Einkäufer bei Ausschreibungen und Auktionen betreuen und unterstützen. Weiter können Leistungen wie zB die Auswahl der Lieferanten, Optimierung der Einkaufsprozesse, Datenaustausch (EDI), die das Leistungsspektrum des Anbieters in Richtung des e-sourcing (→ Anm. 1) entwickeln, vereinbart werden. Zur Verfügbarkeit → Form. E.5 Anm. 5 und → Vorb. A.III.2.

11. Zulassung und Zugang zum Marktplatz. Der Nutzungsvertrag kommt durch die Zulassung des jeweiligen Nutzers durch den Plattformbetreiber zustande. Bei einem Betreiber mehrerer unterschiedlicher Plattformen erfolgt die Zulassung in der Regel nicht generell, sondern bezogen auf einen einzelnen Marktplatz. Das Angebot für den Abschluss des Nutzungsvertrages geht damit vom Nutzer aus, der ein Antragsformular ausfüllt und an den Plattformbetreiber sendet. Der Plattformbetreiber verlangt dabei vom Nutzer eine Reihe von Angaben wie Unternehmens-, Produkt- und Rechnungsdaten, die Benennung eines Ansprechpartners sowie fakultativ aktuelle oder potentielle Vertragspartner, die ebenfalls registriert werden sollen. Die Zulassung des Nutzers zu dem gewünschten Marktplatz stellt sodann die Annahme des Angebots dar. Die Annahmeerklärung muss dem betreffenden Nutzer grundsätzlich zugehen, was in der Praxis in Form einer Zulassungsbestätigung per E-Mail geschieht. Die Wirksamkeit der Annahmeerklärung kann dabei zusätzlich daran geknüpft werden, dass der betreffende Nutzer bei seinem ersten Login-Vorgang die Nutzungsbedingungen des Plattformbetreibers akzeptiert.

Ein Anspruch auf Zulassung zu den elektronischen Marktplätzen besteht für interessierte Nutzer grundsätzlich nicht. Sofern das Plattformunternehmen eine marktbeherrschende Stellung innehat und die Ablehnung des Vertragsschlusses gegen das Diskriminierungsverbot der §§ 19, 20 GWB verstoßen würde, ist der Plattformbetreiber zur Zulassung des betreffenden Nutzers verpflichtet (→ Anm. 3). Eine anders lautende Klausel in den Nutzungsbedingungen (§ 3 Abs. 1 S. 3) entfaltet in diesem Fall keine Wirkung.

12. Vergütung. Für die Vergütung der Leistungen des Plattformbetreibers kommen unterschiedliche Preismodelle in Betracht: Pauschales oder nach (geschätztem) Transaktionsvolumen bemessenes Nutzungsentgelt oder erfolgsabhängige Provision. Letzteres sollte nur vereinbart werden, wenn für den Plattformbetreiber das Zustandekommen des einzelnen Geschäfts nachvollziehbar ist, beispielsweise durch eine sanktionsbewehrte Auskunfts- oder Meldepflicht des Nutzers. Das Formular sieht solche Verpflichtungen nicht vor, da es auf ein pauschales Nutzungsentgelt ausgelegt ist.

13. Einschränkung, Aussetzung oder Beendigung der Nutzungsmöglichkeiten. Art. 17 DSA sieht vor, dass in den allgemeinen Geschäftsbedingungen die Gründe benannt werden müssen, die den Plattformbetreiber zu einer Beschränkung der Inhalte berechtigen. Die Begründung muss inhaltliche Angaben über die getroffenen Maßnahmen, die Tatsachengrundlage der Entscheidung, ob automatisierte Mittel verwendet wurden, die Rechtsgrundlage der Beschränkung sowie die Rechtsbehelfe des Nutzers gegen die beschränkenden Maßnahmen enthalten. Gemäß Art. 23 Abs. 1 DSA ist der Plattformbetreiber sogar verpflichtet, Nutzer nach vorheriger Warnung für einen angemessenen Zeitraum zu sperren, wenn diese häufig und offensichtlich rechtswidrige Inhalte bereitstellen. Bei der Entscheidung über die Sperrung des Nutzers müssen jedoch nach dem Einzelfall die Gesamtumstände nach den in Art. 23 Abs. 3 DSA dargelegten Kriterien berücksichtigt werden: (1) die absolute Anzahl der offensichtlich rechtswidriger Inhalte oder der offensichtlich unbegründeten Meldungen oder Beschwerden, die innerhalb eines bestimmten Zeitraums bereitgestellt bzw. eingereicht wurden; (2) deren relativer Anteil an der Gesamtzahl der in einem bestimmten Zeitraum bereitgestellten Einzelinformationen oder innerhalb eines bestimmten Zeitraums gemachten Meldungen; (3) die Schwere der Fälle der missbräuchlichen Verwendung, einschließlich der Art der rechtswidrigen Inhalte, und deren Folgen; und (4) die von dem Nutzer, der Person, der Einrichtung oder dem Beschwerdeführer verfolgten Absichten, sofern diese Absichten ermittelt werden können.

14. Nutzung und Funktionsweise des Marktplatzes. Mit der Zulassungsbestätigung werden dem Nutzer in der Regel Login-Informationen, dh eine Nutzerkennung und ein Zugangscode, übermittelt. Auf diese Weise soll sichergestellt werden, dass nur zugelassene Nutzer Zugang zu den Diensten und Funktionalitäten des elektronischen Marktplatzes erhalten. Bestimmte Teile der Handelsplattformen können aber auch öffentlich zugänglich sein, so dass für den Aufruf solcher Websites die Eingabe einer Nutzerkennung und eines Passwortes nicht erforderlich ist.

Häufig bietet der Plattformbetreiber zugelassenen Nutzern die Möglichkeit, mit Hilfe eines Systems zum Rechtemanagement über das zentrale Login einzelnen Mitarbeitern eigene Unter-Logins (Mitarbeiter-Logins) einzurichten. Damit lassen sich für die Unternehmen interne Einkaufs- oder Vertriebsprozesse optimieren. Die Mitarbeiter-Logins können dabei nach dem Aufgaben- und Verantwortungsbereich des jeweiligen Mitarbeiters gestaltet werden. Die Befugnisse des Mitarbeiters im Zusammenhang mit Transaktionsvorgängen auf dem elektronischen Marktplatz sind dann auf seinen Verantwortungsbereich beschränkt.

Zugelassenen Nutzern stehen auf elektronischen Marktplätzen abhängig vom Integrationsgrad der Plattform verschiedene Funktionalitäten zur Verfügung. Gemeinsam ist allen Arten von B2B-Handelsplattformen die Möglichkeit, Verträge über Produkte und Dienstleistungen, die in ihrem Inhalt von der Zielsetzung des Marktplatzes abhängen, abzuschließen. Unterschiede zwischen Plattformen können allerdings schon darin bestehen, ob sie dieselben Funktionalitäten für Einkäufer und Verkäufer anbieten oder ob sie ihre Dienste im Wesentlichen auf eine Vertragsseite, im Regelfall auf die Einkäufer (sog. Einkaufsplattformen) ausrichten. In diesem Fall kann die Initiative für konkrete Verhandlungen nur von Einkäufern ausgehen, was allerdings nicht ausschließt, dass Lieferanten sich über das System des Marktplatzes potentiellen Käufern vorstellen und anbieten können.

Üblicherweise bieten die Plattformen Nutzern zunächst die Möglichkeit, andere zugelassene Nutzer des Marktplatzes nach ihrer Güte und Eignung als potentielle Vertragspartner in bestimmte Güteklassen einzuordnen. Vor der Aufnahme konkreter Vertragsverhandlungen muss sich der Nutzer sodann in der Regel für bestimmte Verhandlungs- und Vertragskategorien entscheiden. Hinsichtlich der Vertragskategorie muss der Nutzer häufig wählen, ob die Vertragsverhandlungen auf den Abschluss eines Einzel- oder Dauervertrags, bei dem eine bestimmte Leistungsmenge über einen vereinbarten Zeitraum hinweg wiederholt erbracht werden soll, zielen soll. Als Verhandlungsmodi stehen Nutzern mitunter Ausschreibungen oder Auktionen zur Verfügung. Anders als bei Ausschreibungen stehen bei Auktionen die einzelnen Vertragsmodalitäten fest, so dass die interessierten anderen Nutzer nur Preisgebote abgeben. Bei den Ausschreibungen kann auch noch danach differenziert werden, ob ein einzelner Vertragspartner die gesamte Leistungsmenge liefern soll (sog. multi positions to single supplier- (kurz: m2s-) RFQ) oder ob diese von mehreren Lieferanten erbracht werden kann (sog. multi positions to multi supplier- (kurz: m2m-)RFQ). RFQ steht für „Request for Quote" und stellt die Ausschreibung dar.

Unabhängig vom gewählten Verhandlungsmodus definiert der Nutzer, der eine Ausschreibung oder Auktion eröffnet, die Bedingungen des Verhandlungsgegenstandes und -ablaufs (zB Beginn und Ende der Verhandlungen, allgemeine Bedingungen, einzelne Positionen, Währung, Liefertermin und -ort). Sodann kann der Kreis der angesprochenen potentiellen Vertragspartner mit Hilfe einer Firmenfilterfunktion eingegrenzt werden. Sofern der Initiator der Vertragsverhandlungen diese nicht allen anderen Nutzern der Plattform zugänglich machen will, werden nur die ausgewählten Unternehmen zur Teilnahme zugelassen und können nur sie den Ablauf einsehen. Nicht berücksichtigte Unternehmen haben grundsätzlich keinen Anspruch darauf, zur Teilnahme an bestimmten Vertragsverhandlungen zugelassen zu werden.

Etwas anderes kann jedoch dann gelten, wenn eine entsprechende vertragliche Vereinbarung mit dem Initiatorunternehmen besteht oder wenn sich der Ausschluss eines Unternehmens als Missbrauch einer marktbeherrschenden Stellung nach Art. 102 AEUV oder §§ 19, 20 GWB darstellt. Nach der Eröffnung der Ausschreibung oder Auktion kann sich das Initiatorunternehmen jederzeit einen Überblick über die eingegangenen Gebote verschaffen.

15. Abschluss von Verträgen auf dem Marktplatz. Mit dem Ende der Vertragsverhandlungen kann es zum Abschluss eines Vertrages kommen. Die Art und der Inhalt solcher Verträge kann erheblich variieren und wird in seinem Rahmen häufig von der Zielsetzung des Marktplatzes bestimmt (zB Hilfs- und Betriebsprodukte bei einer sog. Maintenance, Repair and Operations- (kurz: MRO-Plattform).

Die Nutzer treten dabei selbst als Akteure auf den Marktplätzen auf und sind die Parteien der auf den Marktplätzen geschlossenen Verträge. Dagegen ist der Plattformbetreiber im B2B-Bereich üblicherweise weder als Partei (Kommissionär) noch als Stellvertreter einer Nutzerseite in dieses Vertragsverhältnis involviert.

Die Eröffnung der Vertragsverhandlungen durch das Initiatorunternehmen stellt noch keine auf den Vertragsabschluss gerichtete rechtsverbindliche Willenserklärung, sondern bloß eine sog. invitatio ad offerendum dar. Das bedeutet, dass die potentiellen Vertragspartner eingeladen werden, ihrerseits Angebote zum Vertragsabschluss auf der Grundlage der vom Initiator festgelegten Bedingungen abzugeben. Der Initiator der Verhandlungen kann sich daraufhin entscheiden, ob und welches der eingegangenen Vertragsangebote er annimmt. In diesem Punkt unterscheiden sich Vertragsverhandlungen – seien sie in der Form von Ausschreibungen oder von Auktionen – von Internetauktionen im B2C-Bereich. Hier sehen die Plattform-AGB häufig vor, dass der Einlieferer mit der Eröffnung der Auktion bereits ein Vertragsangebot bzw. eine antizipierte Annahmeerklärung hinsichtlich des innerhalb eines bestimmten Zeitraums eingegangenen höchsten Gebots abgibt. Aufgrund dieser Konstellation geht das verbindliche Vertragsangebot bei solchen Internetauktionen vom Einlieferer, also vom Initiator der Versteigerung, aus und wird durch das Gebot des Höchstbietenden mit Ende des festgelegten Auktionszeitraums angenommen (BGH NJW 2002, 363; KG NJW-RR 2012, 290; OLG Stuttgart NJW-RR 2015, 1363; MüKoBGB/Busche § 145 Rn. 19, 22). Im B2B-Bereich ist es für das den Vertragsrahmen definierende und die Verhandlungen eröffnende Unternehmen aber von besonderer Bedeutung, die eingegangenen Gebote sowie die Bieter, va im Hinblick auf ihre Zuverlässigkeit und Zahlungsmoral, vor einer Vertragsbindung zu prüfen. Bei Ausschreibungen kommt hinzu, dass die Bieter nicht nur einen Preis angeben, sondern einzelne Vertragsbedingungen festlegen oder modifizieren können, auf die sich der Initiator noch einlassen muss. Insofern erfolgt also der Vertragsschluss durch ein Vertragsangebot eines Bieterunternehmens und durch die darauffolgende Annahmeerklärung des Initiators.

Die Nutzungsbedingungen des Plattformbetreibers sehen – im Gegensatz zu herkömmlichen Auktionsunternehmen im B2C-Bereich – im Grundsatz keine andere Regelung vor. Dabei wird zunächst klargestellt, dass die dispositive Sonderregelung für den Vertragsschluss bei Versteigerungen nicht anwendbar ist. Unter den unterschiedlichen Verhandlungstypen könnten sowieso nur Auktionen Versteigerungen iSd § 156 BGB darstellen, nicht jedoch Ausschreibungen, bei denen jeder einzelne Bieter neben dem Preis auch andere Vertragsparameter unterschiedlich bestimmen kann. Die Regelung findet aber bei Online-Auktionen nach Ansicht der Rechtsprechung und der herrschenden Literatur keine Anwendung, weil auch bei Auktionen kein Zuschlag durch einen Versteigerer erteilt wird, sondern ein im Voraus festgelegter Verhandlungszeitraum abläuft, innerhalb dessen Gebote abgegeben werden können (BGH NJW 2005, 53; 2017, 468; MüKoBGB/Busche § 156 Rn. 3; aA bspw. Kreße NJW 2015, 448). Vor allem soll der Initiator von Verhandlungen auf B2B-Plattformen unter den eingegangenen Geboten das für ihn unter allen Gesichtspunkten günstigste auswählen können, ohne das einzelne wegen erfolgter Übergebote bereits im Rechtssinne erloschen sind.

Neben dieser Klarstellung erfolgen auch Abweichungen vom dispositiven Gesetzesrecht. Unterschiede zu den Vorschriften der §§ 145 ff. BGB liegen in der Unwiderruflichkeit des Vertragsangebot des Bieters sowie in der Bestimmung einer Annahmefrist von 30 Tagen, gerechnet vom Ablauf des Verhandlungszeitraums an. Der ein Vertragsangebot abgebende Bieter soll danach also die Bindungswirkung seines Angebots nicht durch eine Freiklausel einseitig ausschließen können. Die Annahmefrist von 30 Tagen soll dem Initiator der Verhandlungen die Möglichkeit geben, alle eingegangenen Gebote zu sondieren und gegeneinander abzuwägen, ohne dass einzelne Bieter ihre Gebote zurückziehen können.

Eine Inhaltskontrolle der Nutzungsbedingungen (→ Anm. 6) stößt in diesen Punkten nicht auf Bedenken, da sie keine unangemessene Benachteiligung für die Bieter bedeuten. Der Vertragsschlussmechanismus entspricht im Prinzip dem Gesetzesrecht der §§ 145 ff. BGB. Die Festlegung der Bindungswirkung der Bieter auf Dauer von 30 Tagen benachteiligt die Bieter im Vergleich zur gesetzlichen Regelung zwar. Diese Benachteiligung ist aber aufgrund der Konstellation einer B2B-Plattform, bei der es um komplexe Geschäfte gehen kann, die nach Eingang des Angebots einer sorgfältigen Prüfung durch den Initiator bedürfen, nicht unangemessen.

16. Unbefugter Gebrauch des Logins. Trotz der Identifikation der Nutzer mit Hilfe des aus Benutzerkennung und Passwort bestehenden Logins, ist nicht gänzlich auszuschließen, dass Unbefugte sich unter der Kennung eines Nutzers Zugang verschaffen und Verträge über den elektronischen Marktplatz abschließen. Dabei kann es sich um innerhalb des Unternehmens unzuständige Personen oder aber um Externe handeln. Daraus resultieren Gefahren für die Funktionsfähigkeit der Plattform und das Vertrauen der Nutzer.

Die Abgabe von Willenserklärungen unter Nutzung eines fremden Mitgliedskontos, stellt nach den gesetzlichen Vorgaben ein Handeln unter fremden Namen dar. Damit können die Regeln der Stellvertretung einschließlich der Anscheins- und Duldungsvollmacht auf solche Sachverhalte angewendet werden (BGH NJW 2011, 2421; Köhler/Fetzer InternetR Rn. 327 f.). Aus Sicht der betroffenen anderen Nutzer ist insbesondere von einer Vertretungsmacht wegen Anscheinsvollmacht auszugehen. Denn in vielen Fällen wird für den vertretenen Nutzer das Handeln des Scheinvertreters bei pflichtgemäßer Sorgfalt zu erkennen und zu verhindern sein. Darüber hinaus muss der Vertragspartner allerdings eine gewisse Häufigkeit und Dauer der unbefugten Verwendung nachweisen. Ein einmaliger Verstoß reicht nicht aus, um einen Vertrauenstatbestand zu begründen (BGH NJW 2011, 2421 Rn. 18). Das wird für einen Außenstehenden jedoch in vielen Fällen nicht problemlos möglich sein. Damit besteht in der Praxis häufig kein Anspruch gegen den Inhaber des Mitgliedskontos selbst.

Eine Haftungsverpflichtung des Kontoinhabers könnte für Plattformbetreiber und -teilnehmer eine Lösung sein, die zu Rechtssicherheit führt. Diese Verpflichtung geht – zumindest wenn sie unbegrenzt ist und gegenüber beliebig vielen Auktionsteilnehmern gilt – weit über die Grundsätze der Rechtsscheinhaftung hinaus und verstößt damit gegen die AGB-Inhaltskontrolle (BGH NJW 2011, 2421 Rn. 21). Daher legen die Nutzungsbedingungen dem Nutzer das Risiko des Fremdhandelns auch ohne Sorgfaltspflichtverletzung auf, begrenzen es aber auf die vorhersehbaren Verstöße. Auch dies könnte einer Inhaltskontrolle allerdings möglicherweise nicht standhalten.

Abseits des rechtsgeschäftlichen Bereichs muss sich ein Nutzer, unter dessen Konto Schutzrechtsverletzungen und Wettbewerbsverstöße begangen werden so behandeln lassen als habe er selbst gehandelt, wenn dies auf eine unzulängliche Sicherung des Logins zurückzuführen ist (BGH GRUR 2009, 597). Er haftet also nicht nur als Störer, sondern als Täter der Schutzgutverletzung. Die Rechtsprechung hat in der Literatur Kritik erfahren. Die Entscheidung stehe im Widerspruch zu den Vorgaben für den rechtsgeschäftlichen Bereich (Köhler/Fetzer InternetR Rn. 330) und ihre Begründung sei von dem Willen getrieben, keine Schutzlücke entstehen zu lassen. Eine so weitgehende Haftung sei dem Inhaber des Nutzungskontos aber nicht ohne weiteres zuzumuten (Spindler/Schuster/Spindler/Volkmann BGB § 1004 Rn. 15 f.).

Um den Missbrauch des Zugangs zum elektronischen Marktplatz auch im eigenen Interesse zu vermeiden, obliegt den Nutzern die Pflicht, die Logindaten geheim zu halten und vor unbefugtem Zugriff zu schützen. Gleiches gilt auch für die Mitarbeiter-Logins, die potentiell eine Erhöhung des Missbrauchsrisikos darstellen. Bei Verdacht eines Missbrauchs des eigenen Logins hat der betreffende Nutzer den Plattformbetreiber unverzüglich zu informieren, damit dieser Abwehrmaßnahmen nach § 3 Abs. 6 der Nutzungsbedingungen vornehmen kann. Dazu gehört die Änderung von Login und Passwort eines Nutzers sowie die vorübergehende Sperrung seines Zugangs zu den Marktplätzen und nach Abmahnung sogar der generelle Entzug der Nutzungsbefugnis.

17. Pflichten der Nutzer bei den Vertragsverhandlungen. Die Nutzer müssen nach § 5 der Nutzungsbedingungen Vertragsverhandlungen auf dem elektronischen Marktplatz so vorbereiten und präsentieren, dass sich Vertragsgegenstand und Preis für potentielle Vertragspartner bestimmen lassen. Anderenfalls dürfen Ausschreibungen oder Auktionen nicht erfolgen. Gleiches gilt dann, wenn das Angebot von oder die Nachfrage nach bestimmten Gegenständen gegen gesetzliche oder behördliche Verbote, gegen die guten Sitten oder gegen Rechte Dritter verstoßen würde. Geschieht dies doch, ist der Plattformbetreiber berechtigt, die Verhandlungen zu annullieren und vom Marktplatz zu nehmen. Ein dennoch geschlossener Vertrag kann nach §§ 134, 138 BGB nichtig sein und erzeugt keine Erfüllungsansprüche.

18. Abwicklung der auf dem Marktplatz geschlossenen Verträge. a) Erfüllung der Verträge und Mängelgewährleistung. Die auf dem elektronischen Marktplatz zwischen zwei Nutzern geschlossenen Verträge werden unter diesen abgewickelt. Das bedeutet am Beispiel eines Warenkaufs, dass der Lieferant die verkauften Waren nach den vereinbarten Bedingungen an den Einkäufer liefern muss. Dieser schuldet dem Verkäufer seinerseits die Abnahme der Ware sowie die Zahlung des Kaufpreises, auf den sich die Parteien geeinigt haben. Wenn die Vertragsparteien die ihnen obliegenden Leistungen ordnungsgemäß erbringen, erlischt das zwischen ihnen bestehende Schuldverhältnis durch Erfüllung (§ 362 Abs. 1 BGB).

Im Fall von Leistungsstörungen in diesem Vertragsverhältnis entstehen Gegenrechte und Sekundärleistungsansprüche unter den Vertragsparteien. Der Schuldner haftet nach § 280 Abs. 1 BGB wegen jeder Verletzung einer im Programm des konkreten Vertrages enthaltenen Pflicht. Betroffen sein kann gleichermaßen die Hauptleistungspflicht (der Vertragsgegenstand wird nicht geliefert) wie eine Nebenleistungs- oder Schutzpflicht (zB eine erforderliche Bedienungsanleitung fehlt oder die Kaufsache enthält einen Mangel, wodurch andere Gegenstände des Käufers beschädigt werden). Der Gläubiger kann nach § 280 Abs. 1 BGB Schadensersatz neben der Leistung verlangen, wenn die Pflichtverletzung vom Schuldner zu vertreten ist. Nach § 276 BGB hat der Schuldner Vorsatz und Fahrlässigkeit zu vertreten, es sei denn, dass sich ein strengerer oder milderer Verschuldensmaßstab aus einer Vereinbarung oder aus dem sonstigen Inhalt des Schuldverhältnisses ergibt. Nach der Formulierung des § 280 Abs. 1 S. 2 BGB muss der Schuldner beweisen, dass er die Pflichtverletzung nicht zu vertreten hat. Schadensersatz statt der Leistung kann der Gläubiger nur unter den zusätzlichen Voraussetzungen des § 281 BGB verlangen. Diese bestehen im Wesentlichen im erfolglosen Ablauf einer angemessenen Frist, die der Gläubiger dem Schuldner zur Leistung oder Nacherfüllung gesetzt hat. Gleiches gilt prinzipiell dann, wenn der Gläubiger nicht Schadensersatz verlangen, sondern sich durch Rücktritt gem. § 323 BGB vom Vertrag lösen will. Bei einer bloßen Leistungsverzögerung ist Schadensersatz nur zu leisten, wenn sich der Schuldner gem. § 286 BGB im Verzug befindet. Handelt es sich bei dem auf dem Marktplatz geschlossenen Vertrag um einen Kaufvertrag, so gelten wenn die Kaufsache mangelhaft übergeben wurde, die Spezialvorschriften des Sachmangelgewährleistungsrechts. Da die Vertragsparteien bei einem Kauf über eine B2B-Handelsplattform notwendigerweise Kaufleute sind, finden zudem die Vorschriften des HGB Anwendung. Daher stehen dem Käufer Gewährleistungsrechte grundsätzlich nur zu, wenn er die Ware im Einklang mit § 377 HGB unverzüglich nach der Ablieferung untersucht und den Mangel gegenüber dem Verkäufer rügt. Primärer Rechtsbehelf ist dann die Nacherfüllung gem. § 439 BGB, wobei der Käufer zwischen Beseitigung des Mangels (Nachbesserung) und Lieferung einer mangelfreien Sache wählen kann. Schadensersatz statt der Leistung und Rücktritt oder Minderung des Kaufpreises ist grundsätzlich nur nach erfolgloser Fristsetzung möglich. Nach § 440 BGB ist eine solche Fristsetzung allerdings entbehrlich, wenn die Nacherfüllung verweigert wird, fehlschlägt oder dem Käufer unzumutbar ist. Weitere Ausnahmen enthalten die §§ 280 Abs. 2, 323 Abs. 2 BGB.

b) Haftung des Plattformbetreibers. Der Betreiber einer B2B-Plattform ist in der Regel weder selbst Partei noch Abschlussvertreter einer Partei von auf dem Marktplatz geschlossenen Verträgen. Denn seine Leistungen gegenüber den Nutzern beschränken sich auf die Bereitstellung der technischen und organisatorischen Voraussetzungen der Plattform. Er nimmt keine aktive Rolle in den Vertragsverhandlungen der Nutzer auf dem Marktplatz wahr. Insofern treffen den Plattformbetreiber keine Gewährleistungspflichten hinsichtlich der zwischen den Nutzern geschlossenen Verträge. Vielmehr ist er an der Vertragsabwicklung schlicht unbeteiligt. Um etwaiges Vertrauen der Nutzer in einen zusätzlichen, möglicherweise liquiden Schuldner gar nicht erst aufkommen zu lassen, empfiehlt sich ein entsprechender Hinweis in den Nutzungsbedingungen wie in § 6 Abs. 1. Im Einzelnen ist der Plattformbetreiber nicht dazu verpflichtet, die bei ihm registrierten Nutzer zur ordnungsgemäßen Erfüllung der auf den Marktplätzen geschlossenen Verträge anzuhalten.

Erhebliche Risiken für die Vertragsabwicklung entstehen, wenn sich die Identität eines Nutzers nach einem Vertragsschluss als unzutreffend herausstellt. Zwar verringert das Erfordernis der Registrierung jedes einzelnen Nutzers mit Unternehmensangaben die Missbrauchsgefahr; auszuschließen ist diese dennoch nicht. Insofern würde eine Prüfung der Identität der zugelassenen Nutzer durch den Plattformbetreiber für mehr Sicherheit sorgen. Eine dahingehende Pflicht aus dem Nutzungsvertrag besteht jedoch trotz der Bedeutung für die Nutzer nicht, sofern sich der Pflichtenkatalog des Plattformbetreibers auf die Bereitstellung der technischen Funktionen des Marktplatzes beschränkt (Spindler/Wiebe Internet-Auktion/Spindler Kap. 5 Rn. 91). Zudem ist gewerblichen Geschäftspartnern anders als Verbrauchern im B2C-Bereich eine eigenverantwortliche Informationsbeschaffung über die Identität der Vertragspartner ohne weiteres zuzumuten. Ein klarstellender Hinweis in den Nutzungsbedingungen in diesem Sinne ist zweckdienlich.

Ebenso wenig ist der Plattformbetreiber einer B2B-Plattform verpflichtet, andere Informationen über die vertragsschließenden Nutzer (zB ihre Bonität) einzuholen und den potentiellen Vertragspartner darüber aufzuklären. Ein gesonderter Hinweis des Plattformbetreibers ist nicht erforderlich.

19. Haftung des Plattformbetreibers für die Verletzung des Benutzungsvertrages. Einer anderen Beurteilung unterliegt die Haftung des Plattformbetreibers für Verletzungen von Pflichten aus dem Nutzungsvertrag, der bei der Zulassung mit jedem einzelnen Nutzer geschlossen wird (→ Anm. 9, 10). Wie bereits dargelegt, ist der Nutzungsvertrag zwischen Plattformbetreiber und dem einzelnen Nutzer insgesamt als Dienstvertrag einzuordnen. Dem Plattformbetreiber obliegt die Erfüllung verschiedener Pflichten. Im Vordergrund steht dabei die Bereitstellung des Plattformsystems und der einzelnen Funktionen, die für den B2B-Handel erforderlich sind bzw. die der Plattformbetreiber zur Verfügung zu stellen verspricht. Im Einzelnen gehört dazu die Übermittlung des Logins an die zugelassenen Nutzer, die Erreichbarkeit der Plattform, die Gewährleistung des ordnungsgemäßen Funktionierens der angebotenen Faszilitäten des Marktplatzes sowie die

Wartung und bis zu einem gewissen Grad die Aktualisierung des Systems. Die zentrale Funktion eines elektronischen Marktplatzes ist die Verarbeitung und Publizierung der von den einzelnen Nutzern eingegebenen Daten zum Zwecke von Vertragsverhandlungen. Darüber hinaus muss der Plattformbetreiber sicherstellen, dass der Ablauf von Vertragsverhandlungen nicht verfälscht wird. Und schließlich hat er das Risiko einer missbräuchlichen Benutzung des Plattformsystems durch Dritte oder von Angriffen durch Hacker auszuschließen bzw. zu minimieren. Grundsätzlich haftet der Betreiber für alle schuldhaften Verletzungen dieser Pflichten. Individualvertraglich kann er seine Haftung – außer für vorsätzliche Pflichtverletzungen – im Voraus ausschließen. Die Beschränkung der Haftung durch Allgemeine Geschäftsbedingungen ist gem. § 307 BGB hingegen nur in wesentlich engeren Grenzen möglich. Danach kann die Haftung für Vorsatz und grobe Fahrlässigkeit formularmäßig gar nicht, für leichte Fahrlässigkeit lediglich hinsichtlich der Verletzung nicht wesentlicher Vertragspflichten ausgeschlossen werden. Nach der Rechtsprechung des BGH muss der Begriff der vertragswesentlichen Pflicht konkretisiert werden (vgl. BGH NJW-RR 2005, 1496 (1505 f.)). Das Formular überlässt dies dem Verwender, sodass die konkreten Umstände des Einzelfalls berücksichtigt werden können. Die Begrenzung von Ersatzansprüchen der Nutzer auf den vertragstypischen Schaden ist zulässig (vgl. MüKoBGB/Wurmnest § 309 Nr. 7 Rn. 30 f.). Damit entscheidet sich das Muster für eine allgemeine Haftungsklausel, um auch unvorhersehbare Haftungsrisiken unter Berücksichtigung konkret auftretender Leistungsstörungen angemessen verteilen zu können.

a) Ausfall des Systems. Bei einer Betrachtung des Leistungsstörungsrechts sowie der Möglichkeiten eines formularmäßigen Haftungsausschlusses muss wegen ihrer Vielgestaltigkeit also nach den einzelnen Pflichten unterschieden werden. Zunächst stellt sich die Frage, ob der Plattformbetreiber für die ständige Funktionsfähigkeit seines Systems einstehen muss. Dies ist im Prinzip eindeutig zu bejahen, sofern der Plattformbetreiber den Ausfall des Systems zu vertreten hat. Die Funktionsfähigkeit des Systems ist von essentieller Bedeutung für die Nutzer und stellt daher eine Hauptleistungs- oder Kardinalpflicht dar. Dies gilt ungeachtet des dienstvertraglichen Charakters des Nutzungsvertrages. Denn der Ausfall des Systems würde den Ausfall der aus dem Vertrag insgesamt geschuldeten Dienste bedeuten. Dem Plattformbetreiber ist es auch möglich, den Gefahren eines Systemausfalls durch sog. redundante Sicherungsvorkehrungen vorzubeugen. Geschieht dies nicht, verlieren die Nutzer uU die Möglichkeit, an zeitlich begrenzten Vertragsverhandlungen in ihrer Endphase teilzunehmen, was Auswirkungen auf den erzielten Preis und die Person des Vertragspartners haben kann. Zum Beispiel könnte einem Bieter die Chance entgehen, ein Gebot abzugeben und damit einen gewinnbringenden Vertragsabschluss zu erzielen. Gerade im unternehmerischen Verkehr ist die ständige Erreichbarkeit und kurze Reaktionszeit maßgeblich für eine effiziente Durchführung der Geschäfte, was durch einen B2B-Marktplatz gerade ermöglicht werden soll.

Als Rechtsbehelf kommt dann ein Schadensersatzanspruch für den geschädigten Nutzer nach § 280 Abs. 1 BGB in Betracht. Dabei muss er den Nachweis des Verschuldens des Plattformbetreibers gem. § 280 Abs. 1 S. 2 BGB nicht führen. Dieser muss vielmehr selbst darlegen, dass er den Ausfall seines Systems nicht zu vertreten hat. Dabei ist es nicht entscheidend, ob er die Plattform auf eigenen Rechnern selbst betreibt oder ob er sich des Systems eines fremden Anbieters bedient. Denn ein solcher würde dann als Erfüllungsgehilfe im Sinne von § 278 BGB fungieren und sein Verschulden würde dem Plattformbetreiber zugerechnet. Nach § 276 Abs. 1 BGB ist neben dem Pflichtenprogramm des Vertrages auch der Verschuldensmaßstab nicht pauschal festgelegt, sondern vielmehr aus der individuellen Vertragsgestaltung zu entnehmen. So ist jeweils festzustellen, ob sich ein schärferer oder milderer Verschuldensmaßstab aus dem Inhalt des Schuldverhältnisses ergibt. Wegen der Bedeutung des ungestörten Systembetriebs für die Nutzer ist zu fragen, ob der Plattformbetreiber diesbezüglich einer noch über Fahrlässigkeit hinausgehenden Haftung, unterliegt, namentlich weil er eine Garantie dafür übernimmt. Das ist der Fall, wenn ein Schuldner durch seine zum Vertragsinhalt gewordene Erklärung gegenüber dem Gläubiger unabhängig vom Vertretenmüssen für den Bestand der garantierten Eigenschaft und die Folgen ihres Fehlens einstehen will (BGH NJW 2007, 1346 Rn. 20). Eine entsprechende Übernahme kann konkludent erfolgen. Ihre Reichweite ist durch Auslegung zu ermitteln. Daneben kann der Schuldner auch ein Beschaffungsrisiko übernehmen. Die Übernahme einer Beschaffungsverpflichtung beinhaltet dies regelmäßig (Grüneberg/Grüneberg BGB § 276 Rn. 30 ff.). Damit ergibt sich eine Garantieübernahme nicht allein aus der objektiven Natur des Vertrages. Somit ist das Leitbild für den Verschuldensmaßstab das von Vorsatz und Fahrlässigkeit. Insofern haftet der Plattformbetreiber trotz der erheblichen Bedeutung für die Nutzer nicht verschuldensunabhängig, sondern nur bei vorsätzlichem oder fahrlässigem Verhalten für Ausfälle seines Systems. Hingegen ist der Rechtsbehelf des Rücktritts nach § 323 BGB unabhängig vom Verschulden des Plattformbetreibers. Ein Rücktritt vom Vertrag scheidet bei einem bloß vorübergehenden Systemausfall jedoch aus, was sich aus dem Erfordernis des fruchtlosen Ablaufs einer in angemessener Weise bestimmten Frist gem. § 323 Abs. 1 BGB sowie aus § 616 BGB ergibt.

Relevant ist deswegen bei Systemausfällen vor allem der Schadensersatzanspruch, § 280 BGB. Problematisch ist in der Praxis dabei der Nachweis eines Schadens, den der Nutzer zu führen hat. Er muss darlegen, dass ohne den Systemausfall ein günstigeres Angebot abgegeben worden wäre bzw. – wenn es sich um einen Bieter handelt – er mit an Sicherheit grenzender Wahrscheinlichkeit den Zuschlag im Rahmen der Vertragsverhandlungen erhalten hätte.

Weil es sich dabei um eine Kardinalpflicht handelt, kann der Plattformbetreiber seine Haftung infolge eines Ausfalls des Plattformsystems nicht durch eine Klausel in den Nutzungsbedingungen wirksam ausschließen. Eine solche Bestimmung hält einer richterlichen Inhaltskontrolle nicht stand, da sie eine unangemessene Benachteiligung nach § 307 Abs. 2 Nr. 2 BGB darstellt. Das gilt auch für eine formularmäßige Klausel, die den Verschuldensmaßstab des Plattformbetreibers reduziert, da die von ihm angebotene Leistung mit der Verfügbarkeit des Systems steht und fällt. Hingegen ist nicht zu beanstanden, wenn der Plattformbetreiber mit Hilfe der Nutzungsbedingungen darauf hinweist, dass er eine schärfere Haftung als für Fahrlässigkeit nicht übernimmt. Anders wäre dies dann, wenn er einem Nutzer gegenüber individualvertraglich eine weitergehende Haftung zugesichert hat, weil er zB eine Garantie im Falle von Systemausfällen übernommen hat.

Vom Ausfall des Plattformsystems ist die Nichterreichbarkeit für die Nutzer infolge von Netzstörungen zu unterscheiden. Die fehlende Erreichbarkeit des Systems – trotz an sich gegebener Funktionsfähigkeit des Systems – kann auf Ursachen beruhen, die nicht in den Verantwortungsbereich des Plattformbetreibers fallen, zB Störungen oder Überlastungen des Netzes. Nach dem Inhalt des Nutzungsvertrages gehört die Aufrechterhaltung des allgemeinen Leitungsnetzes nicht zu den Leistungen des Plattformbetreibers. Wie bei anderen Vertragsformen, bei denen sich die Abwicklung über das Internet vollzieht, wird die ungestörte Funktionsfähigkeit der allgemeinen Leitungsnetze vorausgesetzt, ohne dass eine Partei dafür einstehen soll. Eine Klarstellung seitens des Plattformbetreibers in den Nutzungsbedingungen ist daher ohne weiteres als zulässig anzusehen.

b) Ausfall einzelner Funktionen. Für den Ausfall einzelner Funktionen und Dienste des Internetmarktplatzes gilt das unter a) für den Ausfall des gesamten Systems Gesagte, sofern es sich bei der Bereithaltung der jeweiligen Funktion um eine vertragswesentliche Pflicht des Plattformbetreibers handelt. Zu den vertragswesentlichen Funktionen einer B2B-Handelsplattform zählt die ordnungsgemäße Eröffnung von Vertragsverhandlungen auf Wunsch eines zugelassenen Nutzers durch Entgegennahme der dafür angegebenen Daten und durch ihre Publizierung gegenüber den für die konkreten Vertragsverhandlungen angesprochenen Unternehmen. In deren Interesse muss der Plattformbetreiber das Einstellen von Geboten im Rahmen der Vertragsverhandlungen ermöglichen. Des Weiteren muss das System die vom Initiatorunternehmen bestimmte Dauer der Vertragsverhandlungen berücksichtigen und die Teilnahme nach Ablauf der Frist unmöglich machen.

Eine Haftung für die Verletzung dieser Kardinalpflichten kann der Plattformbetreiber nicht mittels der Nutzungsbedingungen wirksam einschränken oder gar gänzlich ausschließen. Eine entsprechende Klausel würde an § 307 BGB scheitern.

c) **Verfälschung von Vertragsverhandlungen.** Die Funktionsweise eines Internetmarktplatzes wird beeinträchtigt, wenn Unbefugte an Vertragsverhandlungen teilnehmen, um eine künstliche Vertragsgestaltung oder Preisbildung herbeizuführen. Dabei ist insbesondere an das Unternehmen zu denken, das Vertragsverhandlungen eröffnet.

Im Interesse der unwissenden Nutzer obliegt dem Plattformbetreiber die Pflicht, solchen Manipulationen der Vertragsverhandlungen vorzubeugen bzw. sie zu unterbinden. Diese Pflicht gehört nicht zu den Hauptleistungs-, sondern zu den Nebenpflichten des Plattformbetreibers. Dabei hat der Schutz vor Verfälschungen für die an Vertragsverhandlungen teilnehmenden Nutzer erhebliche Bedeutung. Es ist aber zu berücksichtigen, dass der Plattformbetreiber nicht mit absoluter Sicherheit Missbräuche dieser Art verhindern kann. Seiner Pflicht genügt der Plattformbetreiber insofern, als er die Teilnahme an Verhandlungen nur mit Hilfe des individuellen Logins samt Passworts zulässt. Ansonsten hat er konkreten Anhaltspunkten für Verfälschungen nachzugehen und sie zu unterbinden.

Dass ein Hinweis in den Nutzungsbedingungen auf die Unzulässigkeit von Manipulationen durch die Nutzer keinen Bedenken begegnet, versteht sich nach dem Gesagten von selbst. Für dennoch vorkommende Missbräuche kann sich der Plattformbetreiber weitestgehend bis zur Grenze der groben Fahrlässigkeit freizeichnen, wenn er auf seine eingeschränkte Kontrollmöglichkeit deutlich und unmissverständlich aufmerksam macht. Ein derartiger Haftungsausschluss für leichte Fahrlässigkeit ist deswegen mit § 307 BGB vereinbar, weil der Plattformbetreiber nur das technische System des Marktplatzes bereitstellt und an den Vertragsverhandlungen gänzlich unbeteiligt ist.

d) **Systemsicherheit vor Eingriffen Dritter.** Schließlich muss der Plattformbetreiber auch für den Schutz des Systems insgesamt gegenüber Eingriffen von außen, zB durch Hacker, sorgen. Auch hierbei handelt es sich um eine Nebenpflicht aus dem Nutzungsvertrag, die für die Nutzer von erheblicher Bedeutung ist, weil andernfalls Vertragsverhandlungen verfälscht werden können. Hinzu kommt, dass es den Nutzern nicht möglich ist, sich selbst gegenüber Eingriffen von außen auf die Plattform zu schützen. Demnach handelt es sich um eine wesentliche Vertragspflicht des Plattformbetreibers. Einen Haftungsausschluss selbst für leichte Fahrlässigkeit in den Nutzungsbedingungen würde eine unangemessene Benachteiligung des jeweiligen Nutzers bedeuten und wäre daher gem. § 307 BGB unwirksam.

e) **Produkthaftung.** Eine Haftung des Plattformbetreibers nach den Grundsätzen der Produzentenhaftung bzw. nach dem Produkthaftungsgesetz wird selten in Betracht kommen. Die angebotenen Dienstleistungen des Plattformbetreibers stellen kein Produkt im Sinne dieser Haftungstatbestände dar. Und hinsichtlich der über den elektronischen Marktplatz gehandelten Waren, die den genannten Produkthaftungsnormen unterfallen können, ist der Plattformbetreiber weder Hersteller noch Lieferant, da er zu keinem Zeitpunkt die Verfügungsgewalt darüber hat und typischerweise auch nicht haben sollte. Deswegen muss der Plattformbetreiber keine diesbezügliche Vertragsklausel vorsehen.

20. Fremde Inhalte, **Haftung des Plattformbetreibers gegenüber Dritten.** Werden auf dem Marktplatz von Nutzern rechtswidrige Inhalte eingestellt und verbreitet, kann auch der Plattformbetreiber uU einer Haftung gegenüber den geschädigten Dritten ausgesetzt sein. Denkbar sind in diesem Zusammenhang im Prinzip alle internetspezifischen Delikte wie die Verbreitung rechtswidriger Äußerungen, Produkthaftungsfälle oder Immaterialgüter- und Persönlichkeitsverletzungen.

Eine Haftung des Plattformbetreibers nach den jeweils einschlägigen Tatbeständen scheidet jedoch von vornherein aus, sofern ihm die weitgehenden Haftungsprivilegierungen, die für Diensteanbieter gelten, zugutekommen. Die Regelungen über die Verantwortlichkeit von Diensteanbietern nach §§ 7 DGG iVm. Art. 4–8 DGG – sind auf Plattformbetreiber anwendbar, da sie einen digitalen Dienst anbieten (Taeger/Pohle Computer R-HdB/Paschke/Wernicke Digital Services Act 120.4 Rn. 97). Relevanz kommt dabei der Frage zu, ob es sich bei den rechtswidrigen Inhalten um eigene Informationen, die vom Diensteanbieter nur zur Nutzung bereitgehalten werden, oder um Informationen fremden Ursprungs handelt. Denn die Haftung für fremde Inhalte ist durch die §§ 7 ff. DDG und Art. 4 bis 6 DSA privilegiert (vormals zu TMG Spindler/Schuster/Hoffmann/Volkmann TMG § 8 Rn. 7). Für eigene Inhalte, die der Plattformbetreiber selber verfasst hat oder die in seinem Auftrag von Dritten verfasst wurden, haftet der Plattformbetreiber nach den allgemeinen Gesetzen (insbes. Ansprüche aus dem allgemeinen Zivilrecht, Polizei- und Ordnungsrecht, Immaterialgüterrecht, allgemeines Strafrecht sowie strafrechtliche Nebengebiete). Eigenen Inhalten gleichgestellt sind solche Inhalte fremden Ursprungs, die sich der Diensteanbieter aber zu Eigen gemacht hat. Das ist der Fall, wenn der Diensteanbieter aus objektiver Nutzersicht die Verantwortung für die Information tragen will (OLG Hamburg ZUM 2009, 642; vormals zu TMG Spindler/Schuster/Hoffmann/Volkmann TMG § 7 Rn. 16; vgl. Art. 7–8 DSA). Zumindest für Äußerungen bedarf es nach Ansicht des BGH hierfür einer Identifikation mit dem Inhalt, der diesen als eigenen erscheinen lässt (BGH NJW-RR 2009, 1413 Rn. 19).

Aus Sicht des Plattformbetreibers stellen sich die von den Nutzern im Rahmen von Aktionen im Marktplatzsystem eingestellten Informationen als fremd dar, solange er sich diese nicht bewusst zu eigen macht bzw. in das eigene Angebot integriert. Denn für jeden zugelassenen Nutzer ist klar ersichtlich, dass Vertragsangebote, andere eingestellte Informationen wie auch Links und Frames von einem anderen Nutzer stammen und sich nicht vom Plattformbetreiber „zu eigen" gemacht werden. Erbringt der Plattformbetreiber seine Dienstleistung in neutraler Weise im Wege der rein technischen automatischen Verarbeitung der von seinen Kunden angegebenen Daten, macht er sich die Angebote nicht zu eigen (BGH GRUR 2011, 1038 Rn. 22; vormals zu TMG Spindler/Schuster/Hoffmann/Volkmann TMG § 7 Rn. 19). Handelt es sich also um fremde Informationen, trifft den Plattformbetreiber gem. § 7 Abs. 1 DDG, Art. 8 DSA grundsätzlich keine Pflicht, die von ihnen gespeicherten oder übermittelten Informationen zu überwachen oder nach Umständen zu forschen, die auf eine rechtswidrige Tätigkeit hinweisen. Von den einzelnen Privilegierungstatbeständen gilt für Plattformbetreiber § 7 Abs. 1 DDG und Art. 6 DSA, da die von den Nutzern eingegebenen Daten auf seinen Rechnern gespeichert werden. Danach ist die Haftung ausgeschlossen, wenn der Plattformbetreiber keine Kenntnis von der rechtswidrigen Handlung oder der Information hat und ihm auch keine Umstände bekannt sind, die die Begehung von rechtswidrigen Handlungen bzw. das Vorhandensein rechtswidriger Inhalte nahelegen. Allgemeine Anhaltspunkte für rechtswidrige Inhalte auf dem Marktplatzsystem eines Plattformbetreibers begründen noch keine Kenntnis solcher Umstände, wohl aber, wenn sie auf bestimmte Produkte und Nutzer bezogen sind (Spindler MMR 2001, 737 (741)). Hinweise müssen so konkret gefasst sein, dass der Adressat den Rechtsverstoß unschwer feststellen kann (BGH GRUR 2011, 1038). Weitere Voraussetzung der Haftungsbeschränkung ist gem. § 7 Abs. 1 DDG, Art. 6 Abs. 1 lit. b DSA die unverzügliche Zugangsverhinderung nach Kenntniserlangung oder die Entfernung der Inhalte. Allerdings muss der Plattformbetreiber vor einer Haftung die Möglichkeit haben, die Informationen unverzüglich, dh ohne schuldhaftes Zögern (§ 121 Abs. 1 S. 1 BGB) zu entfernen (zB durch Löschung eingestellter Informationen, Errichtung von

Zugangssperren, Deaktivierung von Nutzerprofilen etc). Wird dem Plattformbetreiber eine Verletzungshandlung bekannt, ist er nicht nur dazu verpflichtet, das konkrete Angebot unverzüglich zu sperren, sondern muss darüber hinaus auch technisch mögliche und zumutbare Maßnahmen ergreifen, um Vorsorge dafür zu treffen, dass es nicht zu weiteren entsprechenden Verletzungen kommt (BGH NJW 2004, 3102; GRUR 2011, 1038 Rn. 21). Vor diesem Hintergrund ist die Klausel in den Nutzungsbedingungen zu verstehen, dass der Plattformbetreiber sich das Recht vorbehält, fremde rechtswidrige Inhalte zu sperren. Falls der Plattformbetreiber aber doch von einem Dritten wegen rechtswidriger Inhalte im Marktplatzsystem in Anspruch genommen wird, so steht ihm nach § 8 Abs. 4 der Nutzungsbedingungen ein Rückgriff gegen den verantwortlichen Nutzer zu. Dieser hat ihn von sämtlichen Ansprüchen des geschädigten Dritten freizustellen.

Die Privilegierungstatbestände des § 7 Abs. 1 DDG iVm. Art. 4–8 DSA finden keine Anwendung auf Beseitigungs- und Unterlassungsansprüche (BGH NJW 2007, 2636; Lerach GRUR-Prax 2013, 531 (533)). Damit genießt auch eine Störerhaftung des Plattformbetreibers keine bevorzugte Behandlung, sodass dieser verschuldensunabhängig haftet, soweit er willentlich irgendeinen adäquat-kausalen Beitrag zur Verletzungshandlung liefert und dabei eine zumutbare Verhaltenspflicht verletzt hat (BGH GRUR 2011, 1038 Rn. 20). Der Umfang der Prüfungspflicht richtet sich nach den jeweiligen Umständen des Einzelfalls unter Berücksichtigung der Funktion und Aufgabenstellung des Anspruchsgegners und berücksichtigt dabei auch die Eigenverantwortung des Täters (BGH NJW 2001, 3265). Eine Störerhaftung kommt beispielsweise in Betracht, wenn der Plattformbetreiber im Internet Anzeigen schaltet, in denen er auf Angebotslisten verweist, die rechtswidrige Angebote enthalten (BGH GRUR 2015, 485).

21. Datenverarbeitung; Vertraulichkeit. Das nationale Datenschutzrecht ist in seiner geltenden Fassung stark europarechtlich geprägt. Dabei arbeitete der europäische Gesetzgeber in der Vergangenheit vor allem mit Richtlinien. In jüngster Vergangenheit standen große Veränderungen ins Haus. Seit Mai 2018 ist die lange diskutierte Datenschutzgrundverordnung 2016/679 (DS-GVO) geltendes Recht. Diese machte umfassende Überarbeitungen des Bundesdatenschutzgesetzes (BDSG) erforderlich. Der nationale Gesetzgeber musste insbesondere darüber entscheiden, inwieweit er von den europarechtlichen Öffnungsklauseln Gebrauch macht. Gleichwohl mussten Richtlinienvorgaben (zB Datenschutzrichtlinie für Polizei und Strafjustiz 2016/680) umgesetzt werden (Auer-Reinsdorff/Conrad IT- und DatenschutzR-HdB/Conrad § 34 Rn. 77 f.). Veränderungen werden sich ferner auch mit der E-Privacy-Verordnung (Verordnung über Privatsphäre und elektronische Kommunikation) ergeben können. Da die konkreten Ergebnisse noch im Unklaren sind, behandelt der folgende Abschnitt die geltende Rechtslage.

Unternehmen, die sich dem E-Commerce verschrieben haben, verarbeiten im Rahmen ihrer Tätigkeit in der Regel personenbezogene Daten und müssen aus diesem Grund eine Vielzahl datenschutzrechtlicher Bestimmungen beachten. Neben den Bestimmungen der DS-GVO und des Bundesdatenschutzgesetzes (BDSG) enthält insbesondere das Digitale Dienste Gesetz (DDG) datenschutzrechtliche Regelungen, die sich speziell an Digitale Dienste richten. Gem. § 1 Abs. 5 BDSG finden die Vorschriften des BDSG keine Anwendung, soweit das Recht der Europäischen Union, im Besonderen die DS-GVO in der jeweils geltenden Fassung, unmittelbar gilt. Insoweit ist die DS-GVO vorrangig.

Aufgrund der zahlreichen datenschutzrechtlichen Regelungen und teils strengen Pflichten für datenschutzrechtlich Verantwortliche sollte davon abgesehen werden, datenschutzrechtliche Themen im Rahmen der AGB zu regeln. Die Trennung von vertragsrechtlichen und datenschutzrechtlichen Themen ist nicht zuletzt deshalb zu empfehlen, weil der Grundsatz der Transparenz einen der Grundpfeiler einer rechtmäßigen Verarbeitung von personenbezogenen Daten darstellt (Art. 5 Abs. 1 lit. a DS-GVO). Die

Kombination beider Themen trägt die erhebliche Gefahr in sich, dass die geregelten Inhalte für von der Bearbeitung betroffene Personen unübersichtlich und nicht mehr nachvollziehbar, mithin „intransparent" sind. Demzufolge sieht das vorliegende Formular von der Regelung datenschutzrechtlicher Inhalte ab. Vor diesem Hintergrund sollen die folgenden Erläuterungen nur dazu dienen, einen groben Überblick zu dem Umfang und Anwendungsbereich des Datenschutzrechtes zu vermitteln.

a) **Sachliche Anwendbarkeit.** Vom Anwendungsbereich der verschiedenen Datenschutzgesetze werden grundsätzlich nur die personenbezogenen Daten natürlicher Personen erfasst. Nach Erwägungsgrund 14 S. 2 gilt die DS-GVO nicht für die Verarbeitung von Daten juristischer Personen, insbesondere unternehmensbezogene Daten, einschließlich Name, Rechtsform oder Kontaktdaten der juristischen Person. Das bedeutet, dass die Verarbeitung von Daten juristischer Personen und sonstiger Personenvereinigungen nicht an den differenzierten Anforderungen der DS-GVO zu messen ist. Eine Ausnahme von diesem Grundsatz gilt dann, wenn bei den Daten juristischer Personen ein Bezug zu einer natürlichen Person erkennbar ist. Die Betreiber von Internethandelsplattformen müssen aber auch im B2B-Bereich davon ausgehen, dass nicht nur juristische Personen oder Personenvereinigungen am Zugang zu den Marktplätzen interessiert sind. So mag es auch für das mittelständische Einzelunternehmen lohnend oder gar erforderlich sein, den Einkauf oder Vertrieb von Produkten oder Dienstleistungen über elektronische Medien durchzuführen. In diesem Fall werden dann bei der Anmeldung und bei der Nutzung der Internetmarktplätze auch personenbezogene Daten verarbeitet. Auf einer Internethandelsplattform (mit einem integrierten, automatisierten Nachrichtensystem) werden iSv Art. 2 Abs. 1 DS-GVO Daten automatisiert verarbeitet, so dass der Anwendungsbereich, soweit es sich um personenbezogene Daten handelt, eröffnet ist. Ausnahmen von dem sachlichen Anwendungsbereich bestehen nur in den Fallgruppen des Art. 2 Abs. 2 DS-GVO, zB solange sich Tätigkeiten außerhalb des Anwendungsbereiches des Unionsrechts bewegen oder Datenverarbeitung durch natürliche Personen allein zu privaten Zwecken erfolgt.

Beispiele für personenbezogene Daten, die von Plattformbetreibern erhoben werden, sind nach überwiegend vertretener Ansicht IP-Adressen, sofern dem Webseitenbetreiber rechtliche Mittel zustehen, Daten, die eine Identifikation ermöglichen, vom Internetzugangsanbieter herauszuverlangen (BGH NJW 2017, 2416 Rn. 26; EuGH NJW 2016, 3579 Rn. 31 ff.; Kühling/Buchner/Klar/Kühling DS-GVO Art. 4 Nr. 1 Rn. 35), ferner E-Mail-Adressen, Telekommunikationsanschlüsse, Kundennummern, Daten zum Geschäftsbereich und zur Produktpalette, Nutzungsprofile etc. Deswegen hat jeder Betreiber von Internethandelsplattformen auch im B2B-Bereich die datenschutzrechtlichen Vorgaben einzuhalten und die erforderlichen Maßnahmen zu treffen.

b) **Räumliche Anwendbarkeit.** Bei Beteiligung von Unternehmen aus unterschiedlichen Staaten stellt sich die Frage nach dem anwendbaren Datenschutzrecht. Der weite räumliche Anwendungsbereich der DS-GVO richtet sich nach Art. 3 DS-GVO und geht in Abs. 1 vom Niederlassungsprinzip, in Abs. 2 vom Marktortprinzip und in Abs. 3 von der diplomatischen oder konsularischen Vertretung aus (Kühling/Buchner/Klar DS-GVO Art. 3 Rn. 1 ff.). Der räumliche Anwendungsbereich des BDSG ist nunmehr in § 1 Abs. 4 BDSG geregelt. § 1 Abs. 4 S. 2 BDSG sieht einen Katalog für nichtöffentliche Stellen vor und knüpft in Nr. 1 an das Territorialprinzip, in Nr. 2 an das Niederlassungsprinzip und in Nr. 3 an das Marktortprinzip (Kühling/Buchner/Klar BDSG § 1 Rn. 19 ff.). Das jeweils geltende Datenschutzrecht kann nicht durch vertragliche Rechtswahlklauseln derogiert werden, da es sich um zwingende Regelungen handelt.

c) **Grundsätzliches Verbot der Datenverarbeitung.** Ausgangspunkt des europäischen Datenschutzrechts ist das Verbot mit Erlaubnisvorbehalt. Danach ist grundsätzlich das Verarbeiten (dh zB Erheben, Speichern, Übermitteln) und sonstige Nutzen von personenbezogenen Daten untersagt, vgl. Art. 4 Nr. 2 DS-GVO. Zulässig sind diese Vorgänge (nur) dann, wenn die Grundsätze für die Verarbeitung personenbezogener Daten gem.

Art. 5 DS-GVO gewahrt werden und sich die Datenverarbeitung auf (mindestens) eine der in Art. 6 Abs. 1 DS-GVO genannten Rechtsgrundlagen stützen kann.

d) Gesetzliche Erlaubnistatbestände des Art. 6 Abs. 1 DS-GVO. Bei der Nutzung eines B2B-Marktplatzes kommen insbesondere die Rechtsgrundlagen des Art. 6 Abs. 1 S. 1 lit. b, c. f, a DS-GVO in Betracht.

aa) Erfüllung eines Vertrags oder Durchführung vorvertraglicher Maßnahmen, Art. 6 Abs. 1 S. 1 lit. b DS-GVO. Art. 6 Abs. 1 S. 1 lit. b DS-GVO löst die §§ 14, 15 TMG ab, beruht gleichwohl ebenso auf dem Grundsatz der Erforderlichkeit und macht eine Unterscheidung zwischen Bestands-, Nutzungs- und Inhaltsdaten entbehrlich (Kühling/Buchner/Buchner/Petri DS-GVO Art. 6 Rn. 61). Danach ist die Verarbeitung für die Erfüllung eines Vertrags der betroffenen Vertragspartei oder zur Durchführung auf Anfrage der betroffenen Person erfolgender vorvertraglicher Maßnahmen rechtmäßig. Die objektive Erforderlichkeit der Datenverarbeitung bei Online-Diensten ergibt sich aus ihrer Art und ist auch von ihrer Kostenpflichtigkeit abhängig (Kühling/Buchner/Buchner/Petri DS-GVO Art. 6 Rn. 62 f.). Der (kostenpflichtige) Marktplatz verfügt über ein integriertes, automatisiertes Nachrichtensystem wie auch über umfangreiche Funktionalitäten zur Verwaltung und Überwachung aller laufenden Geschäftstransaktionen. Die Erforderlichkeit der Benennung von Unternehmensdaten, Rechnungsdaten und eines Ansprechpartners sowie der Angabe der Nutzung des Marktplatzes im Zulassungsantrag ergibt sich aus der Bereithaltung der Nutzungsmöglichkeiten des Marktplatzes, der Ermöglichung von Verhandlungen und Vertragsabschlüssen auf dem Marktplatz durch vom Einkäufer initiierte Ausschreibungen und Auktionen, der Schaffung von Informations- und Kommunikationsmöglichkeiten unter den Nutzern bzw. Vertragsparteien sowie den Beratungs- und Unterstützungsleistungen für die Nutzer nach gesonderter Vereinbarung mit dem Plattformbetreiber. Sofern die zum Zweck des Art. 6 Abs. 1 S. 1 lit. b DS-GVO erhobenen Daten zusätzlich zu anderen Zwecken verwendet werden sollen, muss hierfür wiederum ein Erlaubnistatbestand vorliegen und müssen ggf. zusätzlich die Anforderungen des Art. 6 Abs. 4 DS-GVO erfüllt sein.

bb) Erfüllung einer rechtlichen Verpflichtung des Verantwortlichen, Art. 6 Abs. 1 S. 1 lit. c DS-GVO. Beruht die Verarbeitung nicht auf Grundlage des rechtsgeschäftlichen Schuldverhältnisses zwischen Plattformbetreiber und -nutzer, sondern stützt sich auf eine gesetzliche Pflicht des Betreibers, kommt Abs. 1 S. 1 lit. c DS-GVO in Betracht. Art. 6 Abs. 1 S. 1 lit. c DS-GVO erfordert eine Unions- oder mitgliedstaatliche Rechtsvorschrift, die dem Verantwortlichen als Adressaten, die sich unmittelbar auf die Datenverarbeitung beziehende Verpflichtung auferlegt sowie (vgl. Art. 6 Abs. 3 S. 4 DS-GVO) ein im öffentlichen Interesse liegendes Ziel verfolgt und in einem angemessenen Verhältnis zu dem verfolgten legitimen Zweck steht (Kühling/Buchner/Buchner/Petri DS-GVO Art. 6 Rn. 73, 76, 80, 83, 87).

cc) Wahrung der Interessen des Verantwortlichen oder Dritten ohne überwiegende Interessen oder Grundrechte und Grundfreiheiten des Betroffenen, Art. 6 Abs. 1 S. 1 lit. f DS-GVO. Gem. Art. 6 Abs. 1 S. 1 lit. f DS-GVO kann die Verarbeitung auch zur Wahrung der berechtigten Interessen des Verantwortlichen oder eines Dritten erfolgen, wenn diese Interessen die der von der Verarbeitung betroffenen Personen überwiegen. Die Einzelheiten zu der vorzunehmenden Interessenabwägung sind rechtlich noch nicht abschließend geklärt. Einen Leitfaden für die Handhabung der Interessenabwägung gibt zB die Konferenz der unabhängigen Datenschutzaufsichtsbehörden des Bundes und der Länder in ihrer Orientierungshilfe der Aufsichtsbehörden für Anbieter von Telemedien vom März 2019, S. 11. Kann anhand der Interessenabwägung kein überwiegendes berechtigtes Interesse im Sinne von Art. 6 Abs. 1 S. 1 lit. f DS-GVO bejaht werden und ist auch keine sonstige Rechtsgrundlage einschlägig, muss der Verantwortliche die Einwilligung der betroffenen Personen in die jeweiligen Verarbeitungsprozesse einholen.

dd) Einwilligung des Nutzers. Jede anderweitige Erhebung, Verarbeitung oder Nutzung personenbezogener Daten durch den Plattformbetreiber ist indessen, sofern nicht ein anderer Erlaubnistatbestand eingreift, nur dann zulässig, wenn sie mit Einwilligung des Betroffenen, dh mit seiner vorherigen Zustimmung, erfolgt. Die Voraussetzungen an die Einwilligung ergeben sich aus Art. 4 Nr. 11, Art. 6 Abs. 1 S. 1 lit. a und Art. 7 DS-GVO iVm den Erwägungsgründen (Kühling/Buchner/Buchner/Petri DS-GVO Art. 6 Rn. 18). Um Schwierigkeiten bei der Auslegung der Datenschutzgesetze vorzubeugen und um der eigenen Datenschutz-Policy Ausdruck zu verleihen, holen E-Commerce-Unternehmen häufig für jede vorzunehmende Erhebung, Verarbeitung und Nutzung von Daten unabhängig von der gesetzlichen Befugnis eine Einwilligung des Nutzers ein. Hierbei muss jedoch beachtet werden, dass an eine wirksame datenschutzrechtliche Einwilligung strenge Vorgaben gestellt werden (siehe hierzu zB die Ausführungen der Konferenz der unabhängigen Datenschutzaufsichtsbehörden des Bundes und der Länder (DSK) in ihrer Orientierungshilfe der Aufsichtsbehörden für Anbieter von Telemedien vom März Dezember 2022, S. 32 ff.) und nach aktuellem Streitstand fraglich ist, ob dem Verantwortlichen im Falle der Unwirksamkeit oder des Widerrufs einer Einwilligung nach Art. 7 (43) DS-GVO der Rückgriff auf eine gesetzliche Erlaubnis noch möglich ist (s. Uecker ZD 2019, 248; DSK, Kurzpapier Nr. 20 – Einwilligung nach der DS-GVO, S. 3).

e) Weitere Pflichten des Plattformbetreibers; Datenschutzerklärung gegenüber den auf der Plattform agierenden natürlichen Personen, insbesondere handelnden Mitarbeitern; datenschutzrechtliche Vereinbarung. Aus der DS-GVO ergeben sich zahlreiche Pflichten des Verantwortlichen. Insbesondere treffen den Verantwortlichen detaillierte Informationspflichten.

So ist jeder Betreiber einer Webseite gemäß Art. 13 DS-GVO verpflichtet, Besucher seiner Webseite und Nutzer seiner Webservices über die dabei erfolgende Verarbeitung von personenbezogenen Daten zu informieren.

Weiter ist eine datenschutzrechtliche Vereinbarung verpflichtend, wenn die Verarbeitung der Daten durch den Plattformbetreiber dies erforderlich macht. Letzteres ist davon abhängig, ob gemeinsame Verantwortung nach Art. 26 DS-GVO oder Auftragsverarbeitung nach Art. 28 DS-GVO vereinbart ist.

Für die Erstellung der Datenschutzerklärung und zur Abgrenzung der datenschutzrechtlichen Verantwortlichkeit wird auf die einschlägige Spezialliteratur verwiesen.

22. Geheimnisschutz. In Umsetzung der Richtlinie (EU) 2016/943 trat am 26.4.2019 zum Schutz von Geschäftsgeheimnissen vor unerlaubter Erlangung, Nutzung und Offenlegung das GeschGehG in Kraft. Geschäftsgeheimnisse iSv § 2 Nr. 1 GeschGehG, dh solche, die insbesondere vom Plattformnutzer durch angemessene Geheimhaltungsmaßnahmen in Eigenverantwortung objektiv und hierbei auch unternehmerisch sinnvoll aktiv geschützt sind (vgl. Köhler/Bornkamm/Feddersen/Alexander GeschGehG § 2 Rn. 49 ff.), darf der Plattformbetreiber im Anwendungsbereich des § 1 GeschGehG in den Fällen des § 3 GeschGehG stets, in den Fällen des § 4 GeschGehG grundsätzlich nicht und ausnahmsweise gem. § 5 GeschGehG erlangen, nutzen bzw. offenlegen. Geheimhaltungsmaßnahmen erfordern unternehmensspezifische Schutzkonzepte und Schutzstrategien, insgesamt ein strukturiertes Geschäftsgeheimnis-Management von der Geschäftsführung, ohne dass es etwa an flankierenden organisatorischen und technischen Schutzmaßnahmen fehlen darf (Köhler/Bornkamm/Feddersen/Alexander GeschGehG § 2 Rn. 53 f.). Den Umständen nach angemessen sind sie, wenn sie objektiv im konkreten Einzelfall verhältnismäßig sind (Köhler/Bornkamm/Feddersen/Alexander GeschGehG § 2 Rn. 65 f.).

Bei der Anmeldung bzw. Zulassung bei einer Internethandelsplattform kommt als erlaubte Handlung (zur Erlangung, Nutzung oder Offenlegung eines Geschäftsgeheimnisses) die Gestattung durch Rechtsgeschäft gem. § 3 Abs. 2 GeschGehG in Betracht. Erfasst werden sowohl zweiseitige Verträge, wie der abzuschließende Dienstvertrag, als auch einseitige Rechtsgeschäfte, wie die gegebenenfalls ergehende Einwilligung (vgl. Köhler/Bornkamm/Feddersen/Alexander GeschGehG § 3 Rn. 66). Der Umfang des Handlungsfreiraumes im Umgang mit dem Geschäftsgeheimnis richtet sich nach dem Inhalt des konkreten Dienstvertrages zwischen Plattformbetreiber und -nutzer (vgl. Köhler/Bornkamm/Feddersen/Alexander GeschGehG § 3 Rn. 67).

23. Rechtswahl und Gerichtsstand. Die Rechtswahlklausel zugunsten des deutschen Rechts ist unproblematisch zulässig. Die Wahl eines ausländischen Sachrechts ließe die Geltung zwingender Vorschriften des deutschen Rechts gem. Art. 9 Rom I-VO unberührt. Der Ausschluss des UN-Kaufrechts dient der Klarstellung. Der Marktplatzvertrag weist keine kaufvertraglichen Elemente auf, sodass der Anwendungsbereich des UN-Kaufrechts nicht eröffnet ist. Die Regelung wird also nicht etwa durch die verbreiteten Unsicherheiten über Regelungsgehalt und Auslegung des CISG begründet. Bei Fehlen einer Rechtswahl bestimmt sich das anwendbare Recht nach der „charakteristischen Leistung" gem. Art. 4 Abs. 2 Rom I-VO, im Falle eines in Deutschland ansässigen Markplatzbetreibers nach deutschem Sachrecht.

Die Gerichtsstandsklausel ist im kaufmännischen Verkehr üblich und wirksam. Auch die Vereinbarung eines zusätzlichen, alternativen Gerichtsstandes zugunsten des Marktplatzbetreibers am Sitz des Nutzers begegnet keinen Bedenken.

24. Zentrale Meldestelle und Beschwerdemanagementsystem. Der Plattformbetreiber hat nach Art. 16, 20 DSA die Pflicht, ein kostenfreies und leicht zugängliches Melde- und Abhilfeverfahren bzw. Beschwerdemanagementsystem einzurichten und über den Zugang und die Funktionsweise desselben zu informieren. Über das Meldeverfahren können Nutzer und Dritte Inhalte mitteilen, die sie für rechtswidrig halten. Der Plattformbetreiber muss daneben öffentlich und leicht zugänglich über die Funktionsweise und Wirksamkeit des internen Beschwerdemanagementsystems informieren. Zumindest muss die Angabe folgender Elemente möglich sein: eine Begründung, warum die Inhalte rechtswidrig sind; eine eindeutige Angabe des genauen elektronischen Speicherorts; die Kontaktinformationen der meldenden Person; eine Erklärung über die Richtigkeit und Vollständigkeit der Angaben. Die Meldungen müssen unverzüglich im Sinne von § 271 BGB behandelt werden. Allerdings müssen Meldungen von „vertrauenswürdigen Hinweisgebern" gemäß Art. 22 DSA vorrangig behandelt werden. (Raue/Heesen, NJW 2022, 3537 Rn. 31 ff.). Nachdem das interne Beschwerdeverfahren erfolglos durchlaufen worden ist, können die Betroffenen eine außergerichtliche Schlichtung gemäß Art. 21 DSA in Anspruch nehmen. Die Beschwerdestelle muss grundsätzlich innerhalb von 90 Tagen einen Entscheidungsvorschlag vorlegen. Dabei ist die Kostenregelung asymmetrisch: Die Plattform trägt die Kosten des Nutzers im Fall des Unterliegens, der Nutzer trägt die Kosten der Plattform nicht, außer er hat böswillig gehandelt (Raue/Heesen NJW 2022, 3537 Rn. 33).

Darüber hinaus ist der Plattformbetreiber verpflichtet, die Anzahl der eingereichten Beschwerden und aggregierten Informationen über das Ergebnis der Beschwerden anzugeben, jährlich zu überprüfen und ggf. zu aktualisieren. Daneben besteht eine Verpflichtung, alle Vermittlungsdienste in einem jährlichen Transparenzbericht festzuhalten. Hierbei muss der Plattformbetreiber gemäß Art. 15 DSA sein Lösch- und Sperrverhalten veröffentlichen und hierzu Angaben machen, in welchem Ausmaß behördliche Lösch- und Auskunftsanordnungen befolgt worden sind und wie die Diensteanbieter auf Meldungen nach dem Melde- und Abhilfeverfahren und auf Beschwerden über das interne Beschwerdemanagementsystem reagiert haben. Ausgenommen von den Berichtspflichten sind Klein- und Kleinstunternehmer (Raue/Heesen NJW 2022, 3537 Rn. 23).

4. Allgemeine Geschäftsbedingungen für die Nutzung eines C2P2B-Marktplatzes

Allgemeine Geschäftsbedingungen[1, 2, 3, 4,5,6]

§ 1 Allgemeine Regelungen[7]

(1) Das Unternehmen . . . . . [Anschrift, HRB Nummer] (nachfolgend „A" oder „Plattformbetreiber"), vertreten durch . . . . ., bietet Kaufleuten im Sinne des Handelsgesetzbuchs und juristischen Personen des öffentlichen Rechts (nachfolgend „Nutzer") im Rahmen eines Dienstvertrages die Möglichkeit, unser Business-to-Business Handelssystem auf dem von uns betriebenen online-Marktplatz (nachfolgend: „Marktplatz") gemäß den Vorgaben dieser Nutzungsbedingungen[8, 9] dauerhaft zu nutzen.

(2) Diese Nutzungsbedingungen enthalten abschließend die zwischen A und dem Nutzer geltenden Bedingungen für die von A im Rahmen dieses Dienstvertrages angebotenen Leistungen. Von diesen Nutzungsbedingungen abweichende Regelungen gelten nur dann, wenn diese von A schriftlich bestätigt werden. Mit der Zulassung gem. § 3 erkennt der Nutzer diese Nutzungsbedingungen als maßgeblich an.

(3) Änderungen dieser Nutzungsbedingungen werden dem Nutzer von A schriftlich, per Telefax oder per E-Mail mitgeteilt. Widerspricht der Nutzer solchen Änderungen nicht innerhalb von sechs Wochen nach Zugang der Mitteilung, gelten die Änderungen als vereinbart. Auf das Widerspruchsrecht und die Rechtsfolgen des Schweigens wird der Nutzer im Falle der Änderung der Nutzungsbedingungen gesondert hingewiesen. Das Einstellen neuer Waren oder Dienstleistungen in den Online-Vermittlungsdiensten vor Ablauf der Widerspruchsfrist ist als eindeutige bestätigende Handlung zu betrachten.[10]

General Terms and Conditions[1, 2, 3, 4, 5,6]

§ 1 General Provisions[7]

(1) . . . . . [address, HRB number] (hereinafter „A" or „Platform Operator"), represented by . . . . ., offers merchants (as defined by the German Commercial Code) and governmental entities (hereinafter „Users") the opportunity to use our business-to-business trading system on a permanent basis pursuant to a service agreement, on the online marketplace operated by us (hereinafter „Marketplace") pursuant to the rules set out in these terms and conditions of use.[8, 9]

(2) These terms and conditions contain the entirety of the terms applicable between A and the User in respect of the services being offered by A under this service agreement. Terms departing from these Terms and Conditions shall only apply if confirmed in writing by A. With effect as from the date of the User's admission pursuant to sec. 3 hereof, the User is deemed to acknowledge these Terms and Conditions as governing.

(3) The User shall be notified of any amendments to these Terms of Use by A in writing, by fax or by e-mail. If the User does not object to such changes within six weeks after receipt of the notification, the changes shall be deemed agreed. The User shall be informed separately of the right to object and the legal consequences of silence in the event of an amendment to the Terms of Use. The placement of new goods or services in the online intermediation services before the expiry of the objection period is to be regarded as a clear confirming act.[10]

§ 2 Leistungen des Plattformbetreibers[13]

(1) Der Marktplatz ist eine Plattform für Einkäufer und Anbieter für den Handel mit Gütern und Dienstleistungen. Der Marktplatz verfügt über ein integriertes, automatisiertes Nachrichtensystem zwecks Vereinfachung der Kommunikation zwischen Einkäufer und Lieferant wie auch über umfangreiche Funktionalitäten zur Verwaltung und Überwachung aller laufenden Geschäftstransaktionen.

(2) Die Leistungen des Plattformbetreibers bestehen u. a. in:

(a) Bereithaltung der Nutzungsmöglichkeiten des Marktplatzes nach Zulassung des Nutzers gem. § 3;

(b) Ermöglichung von Verhandlungen und Vertragsabschlüssen auf dem Marktplatz durch vom Einkäufer initiierte Ausschreibungen und Auktionen gem. § 4;

(c) Schaffung von Informations- und Kommunikationsmöglichkeiten unter den Nutzern bzw. Vertragsparteien;

(d) Beratungs- und Unterstützungsleistungen für die Nutzer nach gesonderter Vereinbarung mit A.

(3) Der Plattformbetreiber bietet über die Plattform eigene Nebenwaren- und -dienstleistungen an. Diese umfassen [Art der angebotenen Nebenwaren und -dienstleistungen zB Upgrades, individuelle Anpassung eines Produktes, Reparaturdienste für eine bestimmte Ware, Versicherung].[11]

(4) Der Nutzer ist ebenfalls berechtigt, eigene Nebenwaren und -dienstleistungen über die Plattform anzubieten, wenn er folgende Bedingungen erfüllt:[12]

(a) [Kriterien einfügen]

(b) [Kriterien einfügen]

(5) Der Plattformbetreiber schuldet im Jahresmittel eine Verfügbarkeit des Marktplatzes für die vereinbarten Leistungen von 98,5 %. Dies schließt erforderliche Wartungsarbeiten ein. Eine Unterbrechung darf nicht länger als für 48 Stunden fortbestehen.

§ 2 Services of Platform Operator[13]

(1) The Marketplace is a platform for buyers and sellers for trading in goods and services. The Marketplace has an integrated automated information system to simplify communications between buyer and supplier as well as extensive functionalities permitting management and monitoring of all ongoing business transactions.

(2) The Platform Operator's services consist inter alia of:

(a) Permission to use the Marketplace following admission of the User pursuant to sec. 3;

(b) Facilitation of negotiations and conclusion of an agreement on the Marketplace by invitations and auctions to tender pursuant to sec. 4;

(c) Procurement of options for information and communication amongst Users/contracting parties;

(d) Consulting and support services for Users by separate agreement with A.

(3) The platform provider offers its own secondary goods and services via the platform. These include [type of secondary goods and services offered e.g. upgrades, customization of a product, repair services for a specific good, insurance].[11]

(4) The User is also entitled to offer its own secondary goods and services via the Platform if it fulfills the following conditions:[12]

(a) [insert criteria]

(b) [insert criteria]

(5) The Platform Operator owes an annual average marketplace availability of 98.5 % for the agreed services. This includes necessary maintenance work. An interruption must not continue for longer than 48 hours.

§ 3 Zulassung und Zugang zum Marktplatz[14]

(1) Voraussetzung für die Nutzung des Marktplatzes ist die Zulassung durch A. Der Marktplatz steht nur Kaufleuten im Sinne des HGB und juristischen Personen des öffentlichen Rechts zur Verfügung. Ein Anspruch auf Zulassung oder Nutzung des Marktplatzes besteht nicht.

(2) Der Nutzer hat im Zulassungsantrag seine Unternehmensdaten, Rechnungsdaten und einen Ansprechpartner zu benennen sowie anzugeben, ob er den Marktplatz für den Verkauf und/oder Einkauf nutzen möchte. Die Annahme des Zulassungsantrags erfolgt durch Zulassungsbestätigung per E-Mail oder per Telefax. Durch die Zulassung kommt ein kostenpflichtiger Dienstvertrag auf unbestimmte Zeit zwischen A und dem jeweiligen Nutzer nach diesen Nutzungsbedingungen zustande. Die vom Nutzer zu zahlende Vergütung richtet sich nach den aktuellen Preiskonditionen, welche auf dem Marktplatz einsehbar sind.[15]

(3) Die jeweils anfallenden Vergütungen werden – sofern nicht anders vereinbart – jährlich im Voraus abgerechnet und unmittelbar nach Rechnungsstellung ohne Abzug, jedoch zzgl. Mehrwertstellung, zum jeweils geltenden Steuersatz fällig. Mit der Speicherung der Abrechnungsdaten zu Beweiszwecken und/oder im Rahmen der gesetzlichen Aufbewahrungspflichten ist der Nutzer einverstanden.

(4) Über das in der Zulassungsbestätigung übermittelte Master-Login hat der Nutzer die Möglichkeit, den Mitarbeitern in seinem Unternehmen eine eigene Zugangsberechtigung einzuräumen und nach seinen Wünschen zu konfigurieren, um diesen eine optimale Arbeit auf dem Marktplatz zu ermöglichen.

(5) Der Nutzer steht dafür ein, dass die von ihm, insbesondere im Rahmen seines Antrages auf Zulassung gem. Abs. 2 gegenüber A und anderen Nutzern gemachten Angaben wahr und vollständig sind. Er

§ 3 Admission and Access to the Marketplace[14]

(1) The prerequisite to the User's use of the Marketplace is admission by A. The Marketplace is only available to merchants (as defined by the German Commercial Code) and to legal entities under public law. No party has any claim of right to admission or use of the Marketplace.

(2) In its application for admission, the User shall specify its corporate information, invoice data and organizational contact and shall indicate whether it wishes to use the Marketplace for selling and/or buying. The acceptance of the application for admission is made by an email or facsimile confirming admission. By notice of admission, a service agreement under these Terms and Conditions is deemed formed for an unlimited time between A and the User in question, which shall give rise to charges. The remuneration payable by the User is governed by A's current pricing terms, which may be reviewed on the Marketplace.[15]

(3) The remuneration payable in each case shall be invoiced (unless otherwise agreed) on an annual basis in advance and is immediately due as of the date of the invoice, strictly net, but with the addition of VAT at the applicable legal rate. The User is deemed to consent to storage of invoice data for evidentiary purposes and/or in connection with A's statutory record keeping duties.

(4) Via the master login forwarded to the User together with the confirmation of admission, the User has the ability to grant its employees their own access authority and to configure such access in line with its own needs in order to facilitate optimum work on the Marketplace.

(5) The User warrants that the details furnished by it to A and to other Users, in particular in connection with its application for admission under sub-para. 2 hereof, are true and complete. The User under-

verpflichtet sich, A alle künftigen Änderungen der gemachten Angaben unverzüglich mitzuteilen. Gleiches gilt auch für alle Angaben, die vom Nutzer bei der Einrichtung von Mitarbeiter-Logins gemacht werden.

takes that it shall notify A promptly of all future changes to the details given. The same shall apply with respect to all details the User furnishes when setting up employee logins.

(6) A ist berechtigt, einem Nutzer die Zulassung zu entziehen oder den Zugang zum Marktplatz zu sperren, falls ein hinreichender Verdacht besteht, dass er gegen diese Nutzungsbedingungen oder dem geltenden Recht eines Mitgliedstaates der EU verstoßen hat. Dem Nutzer ist spätestens 30 Tage vor dem Wirksamwerden des Entzuges oder der Sperrung eine Begründung der Tatsachen und Umstände darzulegen, die einen hinreichenden Verdacht begründet haben. Der Nutzer kann diese Maßnahmen abwenden, wenn er den Verdacht durch Vorlage geeigneter Nachweise auf eigene Kosten oder im Rahmen eines internen Beschwerdemanagementverfahrens innerhalb von spätestens 30 Tagen bis zum Wirksamwerden der Entscheidung oder nach dem die Entscheidung getroffen wurde, ausräumt.
Bei der Entscheidung über die Sperrung des Nutzers sind die Umstände des jeweiligen Einzelfalls unter Heranziehung der nachfolgenden Kriterien zu berücksichtigen:[16]

(6) A is authorized to cancel a User's admission or to block the User's access to the marketplace if there is probable cause to suspect that the User has violated these Terms of Use or the applicable law of a member state of the EU. The User shall be provided with a justification of the facts and circumstances that have given rise to the probable cause for suspicion no later than 30 days prior to the revocation or blocking taking effect. The User can prevent these measures if he/she dispels the suspicion by submitting suitable evidence at his/her own expense or within the framework of an internal complaints management procedure within 30 days at the latest until the decision takes effect or after the decision has been made. When deciding whether to block the User, the circumstances of the individual case must be taken into account using the following criteria:[16]

(a) die absolute Anzahl der offensichtlich rechtswidrigen Inhalte oder der offensichtlich unbegründeten Meldungen oder Beschwerden, die innerhalb eines bestimmten Zeitraums bereitgestellt bzw. eingereicht wurden;

(a) the absolute number of manifestly unlawful content or manifestly unfounded reports or complaints provided or submitted within a given time period;

(b) deren relativer Anteil an der Gesamtzahl der in einem bestimmten Zeitraum bereitgestellten Einzelinformationen oder innerhalb eines bestimmten Zeitraums gemachten Meldungen;

(b) their relative share of the total number of individual pieces of information provided in a given period or reports made within a given period;

(c) die Schwere der Fälle der missbräuchlichen Verwendung, einschließlich der Art der rechtswidrigen Inhalte, und deren Folgen; und

(c) the severity of the cases of misuse, including the type of illegal content, and their consequences; and

(d) die von dem Nutzer, der Person, der Einrichtung oder dem Beschwerdeführer verfolgten Absichten, sofern diese Absichten ermittelt werden können.

(d) the intentions pursued by the User, person, entity or complainant, where those intentions can be determined.

(7) Alle Logins sind individualisiert und dürfen nur vom jeweils berechtigten Nutzer verwendet werden. Der Nutzer ist verpflichtet, Login und Passwort geheim zu halten und vor dem unberechtigten Zugriff Dritter zu schützen. Der Nutzer ist auch für die Geheimhaltung der Mitarbeiter-Logins verantwortlich und wird seine Mitarbeiter entsprechend anweisen. Bei Verdacht des Missbrauchs durch einen Dritten wird der Nutzer A hierüber unverzüglich informieren. Sobald A von der unberechtigten Nutzung Kenntnis erlangt, wird A den Zugang des unberechtigten Nutzers sperren. A behält sich das Recht vor, Login und Passwort eines Nutzers zu ändern; in einem solchen Fall wird A den Nutzer hierüber unverzüglich informieren.

(7) All logins are individualized and may only be used by the authorized User in question. The User must keep its login and password secret and protect them against unauthorized access by third parties. The User is also responsible for keeping staff logins confidential and shall instruct its staff accordingly. In the event of any suspicion of misuse by a third party, the User shall promptly notify A thereof. As soon as A learns of such unauthorized use, A shall block access by the unauthorized User. A reserves the right to change the login and password of any User; in such case, A shall promptly inform the User thereof.

§ 4 Ranking[17]

(1) Die Visibilität der vom Nutzer angebotenen Waren oder Dienstleistung hängt maßgeblich von seinem Ranking ab. Durch Verwendung algorithmischer Sequenzierung, Beurteilungs- oder Bewertungsmechanismen wird die visuelle Hervorhebung der angebotenen Waren oder Dienstleistungen bestimmt.
Die für das Ranking beeinflussende Parameter bestehen u.a. aus:

(a) [Allgemeine Kriterien]

(b) [Prozesse und spezifische Signale]

(c) [Anpassungs- oder Rückstufungsmechanismen]

(2) Der Nutzer hat die Möglichkeit die Hauptparameter durch direkte oder indirekte Entgelte zu beeinflussen. [Dadurch wird dem Nutzer Zugang zu weiteren Daten wie zB [. . . .] gewährt.]

(3) Durch die Entrichtung eines Entgeltes werden die angebotenen Waren oder Dienstleistungen auf Werbeflächen und/oder bei Suchergebnissen [an oberster Stelle platziert]. Die Angebote enthalten den Vermerk „sponsored". Die Art, der Umfang und die Dauer der Platzierung kann aus der Preisliste *Anlage A1* entnommen werden.

§ 4 Ranking[17]

(1) The visibility of the goods or service offered by the User depends significantly on its ranking. By using algorithmic sequencing, judgment or evaluation methods, the visual prominence of the offered goods or services is determined.
The parameters influencing the ranking consist of, among others:

(a) [General criteria]

(b) [Processes and specific signals]

(c) [Adjustment or demotion mechanisms]

(2) The User has the possibility to influence the main parameters by direct or indirect charges. [This gives the User access to further data such as [. . . .]].

(3) By paying a fee, the offered goods or services are placed on advertising space and/or in search results [at the top]. The offers contain the note „sponsored". The type, scope and duration of the placement can be taken from the price list *Annex A1*.

§ 5 Abschluss von Verträgen auf dem Marktplatz[18, 19]

(1) Nutzer haben die Möglichkeit, Ausschreibungen und Auktionen zu eröffnen und dazu Verbraucher einzuladen, verbindliche Angebote abzugeben. Ausschreibungen und Auktionen können nur von Nutzern eröffnet werden und beinhalten kein rechtlich verbindliches Angebot iSd § 145 BGB, sondern stellen nur eine Aufforderung zu Abgabe von Angeboten („invitatio ad offerendum") dar. Nutzern ist es auf keinen Fall erlaubt, an einer von ihnen eröffneten Auktion oder Ausschreibung als Verbraucher teilzunehmen. Ebenso wenig dürfen Nutzer durch in ihrem Auftrag handelnde Dritte an einer von ihnen eröffneten Auktion oder Ausschreibung als Verbraucher teilnehmen.

(2) Verbraucher haben die Möglichkeit, nach individuellen Kriterien Nutzer auszuwählen und für deren Auktionen und Ausschreibungen verbindliche Angebote abzugeben. Die Angebote eines Verbrauchers sind bindende und unwiderrufliche Erklärungen zum Abschluss des vom Nutzer ausgeschriebenen Vertrages. Soweit zwischen einem Nutzer und Verbraucher nichts anderes vereinbart ist, ist ein Verbraucher ab dem Ende der vom Nutzer bestimmten und gegebenenfalls verlängerten Dauer der Ausschreibung oder Auktion weitere 30 Tage an sein Angebot gebunden. § 156 BGB wird ausdrücklich ausgeschlossen. Verbraucher haben keinen Anspruch darauf, zur Teilnahme an Ausschreibungen oder Auktionen eingeladen zu werden.

(3) Ein Nutzer ist frei in der Wahl, ob und welches der eingegangenen Angebote er annehmen möchte. Sofern Nutzer und Verbraucher keine abweichende Vereinbarung treffen, kommt ein Vertrag zustande, wenn ein Nutzer das Angebot eines Verbrauchers in Textform annimmt.

(4) Handlungen unter Verwendung des jeweiligen Logins eines Nutzers sind dem Nutzer grundsätzlich zuzurechnen. Nutzer

§ 5 Conclusion of Contracts on the Marketplace[18, 19]

(1) Users have the option of opening tenders and auctions and inviting consumers to submit binding offers. Tenders and auctions can only be opened by Users and do not contain a legally binding offer within the meaning of § 145 of the German Civil Code (BGB), but only represent an invitation to submit offers („invitatio ad offerendum"). In no case shall a User be permitted to participate as a consumer in an auction or tender opened by him. Similarly, Users may not participate as consumers in any auction or invitation to bid opened by them through third parties acting on their behalf.

(2) Consumers shall have the option of selecting Users in line with individual criteria and submitting binding bids for their auctions and invitations to tender. The bids of a consumer shall be deemed binding and irrevocable declarations of intent to conclude the contract being advertised by the User. Unless otherwise agreed between a User and a consumer, a consumer shall be bound by its bid for a further 30 days beyond the end of the term of the invitation to tender or auction specified by the User or, in certain circumstances, extended. The parties hereby expressly derogate from § 156 BGB. Consumer shall have no entitlement to being invited to participate in invitations to tender or auctions.

(3) A User shall be free to select whether to accept bids, and which of the bids received it wishes to accept. Where the User and the consumer have not made any agreement to the contrary, a contract shall be deemed formed at such time as a User accepts the bid of a consumer by written text form.

(4) Users shall bear responsibility for all declarations of intent made by them on the platform. For other activities under their

sind für alle selbst auf der Plattform abgegebenen Willenserklärungen verantwortlich. Für von Dritten unter dem Mitgliedskonto des Nutzers abgegebene Erklärungen haften sie in vorhersehbarem Umfang nach den Grundsätzen eines Vertrages mit Schutzwirkung für Dritte.[20]

(5) Für alle Transaktionen auf dem Marktplatz gilt ausschließlich die auf der Plattform des jeweiligen Marktplatzes maßgebliche Systemuhrzeit. Nur innerhalb der vom Nutzer vorgegebenen Laufzeit von Ausschreibungen und Auktionen können Gebote abgegeben werden.

(6) A behält sich das Recht vor, Inhalt und Struktur der Plattform sowie die dazugehörigen Benutzeroberflächen zu ändern oder zu erweitern, wenn hierdurch die Zweckerfüllung des mit dem Nutzer geschlossenen Vertrages nicht oder nicht erheblich beeinträchtigt wird. A wird die Nutzer des Marktplatzes über die Änderungen entsprechend informieren.

(7) A behält sich ferner das Recht vor, Inhalte von angebotenen Waren und Dienstleistungen des Nutzers über zusätzliche Vertriebskanäle oder Partnerprogramme [Namen angeben zB andere Websites, Softwareanwendungen oder sonstige Vermittlungsdienste] zu vermarkten.[21]

§ 6 Pflichten der Nutzer[22]

(1) Die Eröffnung von Ausschreibungen und Auktionen oder ein Angebot darf nicht erfolgen, wenn

(a) die Angaben so unvollständig sind, dass sich Gegenstand und Preis nicht bestimmen lassen;

(b) die Eröffnung oder Durchführung der Ausschreibung, Auktion oder des Verkaufs nach der jeweils für den intendierten Vertrag maßgeblichen Rechtsordnung gegen gesetzliche Vorschriften, behördliche Anordnungen oder gegen die guten Sitten verstoßen würde. Es dürfen insbesondere keine Gegenstände angeboten werden, deren Angebot oder Verkauf gegen Rechte

members' account, they shall bear liability to the extent foreseeable in line with the principles of contracts with protective effect to the benefit of third parties.[20]

(5) With respect to all transactions on the Marketplace, the system time applicable on the platform of the Marketplace in question shall govern exclusively. Goods may only be placed within the periods indicated by the User for invitations to tender and auctions.

(6) A reserves the right to modify or extend the content and structure of the platform and the related User interfaces provided that this does not impact or does not substantially adversely impact the successful performance of the contract made with the User. A shall inform the User of the Marketplace accordingly of any changes.

(7) A further reserves the right to market content of offered goods and services of the User via additional distribution channels or partner programs [specify names e. g. other websites, software applications or other intermediary services].[21]

§ 6 Duties of Users[22]

(1) Users may not open any invitations to tender or auctions or offers if

(a) the details given are so incomplete that the subject-matter and price cannot be determined;

(b) the opening or performance of the invitation to tender, auction or the sales under the legal system governing the intended contract in each case would violate provisions of law, regulatory directives or public policy. In particular, no items may be offered where their offer or sale would infringe on third party rights; the same shall apply with respect to pornographic

Dritter verstoßen; gleiches gilt für pornographische oder jugendgefährdende Artikel, Waffen, Drogen, Propagandamaterial verfassungsfeindlicher Organisationen und Parteien, lebende Tiere, etc. A ist berechtigt, eine solche Ausschreibung, Auktion oder ein solches Angebot unverzüglich vom Marktplatz zu entfernen.

articles or articles posing a risk to young people, weapons, drugs, propaganda materials of anti-constitutional organizations and parties, live animals etc. A is entitled to promptly remove any such invitation to tender auction or any such bid from the Marketplace.

(2) Güter oder Dienstleistungen, die nur gegen einen gesetzlich vorgeschriebenen Nachweis angeboten werden dürfen, dürfen auf dem Marktplatz nur angeboten und nachgefragt werden, wenn der Nachweis in die Beschreibung der Güter oder Dienstleistungen aufgenommen wurde und die Ware oder Dienstleistung nur gegen den gesetzlich vorgeschriebenen Nachweis abgegeben wird.

(2) Goods or services which may only be offered following submission of legally required proof may only be offered and solicited on the Marketplace if that proof has been incorporated into the description of the goods and services and if the goods and/or services are only exchanged on the basis of the legally prescribed proof.

(3) Mit der Zulassung gem. § 3 übernimmt der Nutzer gegenüber A und allen anderen Nutzern die Gewähr, dass bezüglich der von ihm übertragenen Daten die datenschutzrechtlichen Erfordernisse durch den Nutzer eingehalten werden und stellt A von jeglichen Ansprüchen, auch öffentlich-rechtlicher Natur, frei. Insbesondere muss der Nutzer die für ihn auf der Plattform handelnden Personen (insbesondere Mitarbeiter) über die dabei erforderlichen Datenverarbeitungsprozesse durch A gemäß Datenschutzerklärung von A unter [Link] informieren und die gegebenenfalls notwendige Einwilligung dieser handelnden Personen einholen, bevor deren personenbezogene Daten im Rahmen der Einrichtung von Mitarbeiter-Logins oder auf sonstige Weise in die Plattform eingestellt werden.

(3) At the time of admission under sec. 3, the User is deemed to warrant to A and all other Users that, with respect to the data transmitted by it, it has complied with the requirements of data protection law, and it shall indemnify A and hold it harmless against all claims, including claims of a public administrative law nature. In particular, the User shall inform the persons acting on the platform on his behalf (especially employees) about the data processing processes required to be performed by A according to the data protection declaration of A [link], and ensure that any consent of these persons which may be necessary has been obtained before their personal data is uploaded to the platform in connection with setting up employee logins or in any other way.

(4) Der Nutzer ist nicht berechtigt, die auf der Plattform angebotenen Waren oder Dienstleistungen zu günstigeren Bedingungen auf anderem Wege als über die Plattform anzubieten. [Wirtschaftliche, geschäftliche oder rechtliche Gründe angeben].[23]

(4) The User is not entitled to offer the goods or services offered on the platform at more favorable conditions by other means than through the platform. [Insert specify economic, business or legal reasons].[23]

§ 7 Abwicklung der auf dem Marktplatz geschlossenen Verträge[24]

(1) Die Abwicklung von auf dem Marktplatz geschlossenen Verträgen ist alleinige Angelegenheit der jeweiligen Nutzer. A übernimmt für die auf den Marktplätzen geschlossenen Verträge weder eine Garantie für die Erfüllung der auf den Marktplätzen zwischen den Nutzer und Verbraucher geschlossenen Verträge noch eine Haftung für Sach- oder Rechtsmängel der gehandelten Güter und Dienstleistungen. A trifft keinerlei Pflicht, für die Erfüllung der zwischen den Nutzern und Verbraucher zustande gekommenen Verträge zu sorgen.

(2) Der Nutzer hat die Möglichkeit, seine Identität über ein eigenes Impressum auf der Plattform anzugeben. A kann keine Gewähr für die wahre Identität und die Verfügungsbefugnis der Nutzer übernehmen. Bei Zweifeln sind beide Vertragspartner gehalten, sich in geeigneter Weise über die wahre Identität sowie die Verfügungsbefugnis des anderen Vertragspartners zu informieren.[25]

§ 8 Haftung des Plattformbetreibers[26]

(1) A haftet für Vorsatz und grobe Fahrlässigkeit uneingeschränkt, für leichte Fahrlässigkeit jedoch nur bei der Verletzung vertragswesentlicher Pflichten. Als vertragswesentliche Pflichten gelten . . . . Die Haftung bei Verletzung einer solchen vertragswesentlichen Pflicht ist auf den vertragstypischen Schaden begrenzt, mit dessen Entstehen A bei Vertragsabschluss aufgrund der zu diesem Zeitpunkt bekannten Umstände rechnen musste.

(2) Für von A nicht verschuldete Störungen innerhalb des Leitungsnetzes übernimmt A keine Haftung.

(3) Für den Verlust von Daten haftet A nach Maßgabe der vorstehenden Absätze nur dann, wenn ein solcher Verlust durch angemessene Datensicherungsmaßnahmen

§ 7 Performance of Contracts Concluded on the Marketplace[24]

(1) The performance of contracts made on the Marketplace is a matter lying within the sole responsibility of the respective User. With respect to contracts made on the Marketplace, A neither assumes any warranty for performance of contracts made between Users on the Marketplace nor any liability for substantive defects or defects of title of the goods and services traded thereon. A shall bear no duty whatsoever to ensure performance of the contracts which have been formed between the Users and consumers.

(2) The User has the possibility to state his identity via his own imprint on the platform. A is unable to assume any warranty with respect to the true identity and authority of Users to dispose over items. In the event of any doubts, both contracting parties are advised to take appropriate steps to inform themselves of the other contracting party's true identity and authority to dispose over the item in question.[25]

§ 8 Liability of Platform Operator[26]

(1) A shall bear unlimited liability for intentional acts and gross negligence but shall only bear liability in cases of slight negligence where it has breached duties which are material to the contract. As material duties are considered . . . . Liability in the case of breach of any such material duties shall be limited to losses which are typical for the contract and which A must have anticipated at the time of contracting based on the circumstances known to it at that time.

(2) A assumes no liability for any faults or disruptions within its network for which it is not responsible for.

(3) A shall only bear liability for losses of data in line with the subsections above where such a loss would have been una-

seitens des Nutzers nicht vermeidbar gewesen wäre.

(4) Die Haftung erstreckt sich nicht auf Beeinträchtigungen des vertragsgemäßen Gebrauchs der von A auf dem Marktplatz erbrachten Leistungen, die durch eine unsachgemäße oder fehlerhafte Inanspruchnahme durch den Nutzer verursacht worden sind.

(5) Die vorstehenden Haftungsbeschränkungen gelten sinngemäß auch zugunsten der Erfüllungsgehilfen von A.

(6) Soweit über den Marktplatz eine Möglichkeit der Weiterleitung auf Datenbanken, Websites, Dienste etc Dritter, zB durch die Einstellung von Links oder Hyperlinks gegeben ist, haftet A weder für Zugänglichkeit, Bestand oder Sicherheit dieser Datenbanken oder Dienste, noch für den Inhalt derselben. Insbesondere haftet A nicht für deren Rechtmäßigkeit, inhaltliche Richtigkeit, Vollständigkeit, Aktualität, etc.

(7) A ist von der Haftung für durch den Nutzer auf der Online-Plattform eingestellte rechtswidrige Inhalte ausgenommen, sofern A nicht tatsächlich Kenntnis von diesen Inhalten oder von Umständen hat, die die Rechtswidrigkeit der Inhalte offensichtlich erkennen lassen.

(8) Als rechtswidrige Inhalte im Sinne des § 8 (7) dieser Nutzungsbedingungen gelten sämtliche Informationen, die nicht mit dem Recht der Europäischen Union oder dem nationalen Recht eines Mitgliedstaates der Europäischen Union vereinbar sind.

§ 9 Fremde Inhalte[27]

(1) Den Nutzern ist es untersagt, Inhalte (zB durch Links oder Frames) auf dem Marktplatz einzustellen, die gegen gesetzliche Vorschriften, behördliche Anordnungen oder gegen die guten Sitten verstoßen. Ferner ist es ihnen untersagt, Inhalte einzustellen, die Rechte, insbesondere Urheber- oder Markenrechte Dritter verletzen.

voidable even if appropriate backup measures had been taken by the User.

(4) A's liability does not extend to any impairments of the use of the services rendered by A on the Marketplace in line with the contract which result from the User's improper or incorrect utilization.

(5) The above limitations on liability shall apply mutatis mutandis in favor of A's vicarious agents, as well.

(6) To the extent that there is any possibility that Users may be redirected to databases, websites, services etc of third parties via the Marketplace, e.g. as a result of the inclusion of links or hyperlinks, A shall not be liable either for the accessibility, existence or security of such databases or services or for the contents thereof. In particular, A shall bear no liability for the legal propriety, substantive correctness, completeness, timeliness, etc thereof.

(7) A is exempt from liability for illegal content posted by the User on the online platform, provided that A has no actual knowledge of such content or of circumstances that make the illegality of the content obvious.

(8) For the purposes of sec. 8 (7) of these General Terms and Conditions, illegal content refers to any information that is not in compliance with the law of the European Union or the national law of a Member State of the European Union.

§ 9 Third Party Content[27]

(1) Users are prohibited from placing content (e.g. links or frames) onto the Marketplace that violates provisions of law, regulatory requirements or public policy. Furthermore, Users are prohibited from uploading any content that infringes on third party rights, in particular any copyrights or trademark rights of third parties.

(2) A macht sich fremde Inhalte unter keinen Umständen zu Eigen. Der Nutzer bleibt Eigentümer und übt die Kontrolle von Rechten des geistigen Eigentums aus. Durch den Abschluss des Vertrags zwischen A und dem Nutzer verbleiben die Rechte an Logos, Marken und geschäftlichen Beziehung vollständig bei dem Nutzer und gehen nicht auf A über. Der Nutzer garantiert dem Plattformbetreiber und den übrigen Nutzern der Plattform, dass die von ihm in Ausschreibungen und Auktionen angebotenen Waren und Dienstleistungen keine Urheberrechte, Marken, Patente andere Schutzrechte oder Betriebsgeheimnisse verletzen.

(3) A behält sich vor, fremde Inhalte zu sperren, wenn diese rechtswidrig im Sinne von § 8 (8) dieser Nutzungsbedingungen sind oder erkennbar zur Vorbereitung strafbarer Handlungen dienen. Im Falle des Verdachts von Straftaten, die eine Gefahr für das Leben und die Sicherheit von Personen darstellen, behält sich A das Recht vor, den Verdacht den Strafverfolgungsbehörden mitzuteilen. Der Nutzer erhält eine Begründung im Sinne von § 3 (6) dieser Nutzungsbedingungen, in der die Gründe für die Sperrung dargelegt werden.

(4) Der Nutzer wird A von sämtlichen Ansprüchen freistellen, die Dritte gegen A wegen der Verletzung ihrer Rechte oder wegen Rechtsverstößen aufgrund der vom Nutzer eingestellten Angebote und/oder Inhalte geltend machen, sofern der Nutzer diese zu vertreten hat. Der Nutzer übernimmt diesbezüglich auch die Kosten der Rechtsverteidigung von A einschließlich sämtlicher Gerichts- und Anwaltskosten.

§ 10 Sonstige Pflichten des Nutzers

(1) Der Nutzer ist verpflichtet,

(a) die erforderlichen Datensicherungsvorkehrungen während der gesamten Vertragslaufzeit einzurichten und aufrechtzuerhalten. Dies bezieht sich im Wesentlichen auf den sorgfältigen und gewissenhaften Umgang mit Logins und Passwörtern;

(2) A shall not be deemed to adopt any third party content as its own under any circumstances. The User remains the owner and exercises control of intellectual property rights. By entering into the Agreement between A and the User, the rights to logos, trademarks and business relationship remain entirely with the User and are not transferred to A. The User hereby guarantees to the Platform Operator and to other Users of the platform that the goods and services offered by it in the context of invitations to tenders and auctions do not infringe on any copyrights, trademarks, patents or other intellectual property rights or trade secrets.

(3) A reserves the right to restrict access to third-party content that is unlawful as defined in sec. 8(8) of these Terms of Use or that evidently facilitates the preparation of criminal acts. Should there be suspicion of criminal activities posing a threat to human life or safety, A reserves the right to notify law enforcement authorities. The User shall receive a statement of reasons in accordance with sec. 3(6) of these Terms of Use, in which the reasons for the restriction shall be explained.

(4) The User shall indemnify and hold A harmless against all claims made by third parties against A based on infringements of their rights or based on violations of law arising due to offers and/or content uploaded by Users insofar the User is responsible for. The User shall also assume the costs of A's legal defense in this respect, including all court fees and lawyers' fees.

§ 10 Other duties of User

(1) The User has a duty

(a) to set up and maintain the necessary data security measures throughout the entire term of the contract. The foregoing refers primarily to careful and conscientious handling of logins and passwords;

(b) in seinem Bereich eintretende technische Änderungen A umgehend mitzuteilen, wenn sie geeignet sind, die Leistungserbringung oder die Sicherheit des Marktplatzes von A zu beeinträchtigen;

(c) bei der Aufklärung von Angriffen Dritter auf den Marktplatz mitzuwirken, soweit diese Mitwirkung durch den Nutzer erforderlich ist;

(d) Geschäfte auf dem Marktplatz ausschließlich im Rahmen des kaufmännischen Geschäftsbetriebs zu gewerblichen Zwecken zu tätigen.

(2) Der Nutzer verpflichtet sich, alle Maßnahmen zu unterlassen, welche die Funktionsweise des Marktplatzes gefährden oder stören, sowie nicht auf Daten zuzugreifen, zu deren Zugang er nicht berechtigt ist. Weiterhin muss er dafür Sorge tragen, dass seine über den Marktplatz übertragenen Informationen und eingestellten Daten nicht mit Viren, Würmern oder Trojanischen Pferden behaftet sind. Der Nutzer verpflichtet sich, A alle Schäden zu ersetzen, die aus der von ihm zu vertretenden Nichtbeachtung dieser Pflichten entstehen und darüber hinaus A von allen Ansprüchen Dritter, einschließlich der Anwalts- und Gerichtskosten, freizustellen, die diese aufgrund der Nichtbeachtung dieser Pflichten durch den Nutzer gegen A geltend machen.

§ 11 Datenverarbeitung und Einhaltung Vertraulichkeit durch A;[28] Geheimnisschutz[29]

(1) Die Server von A sind dem Stand der Technik entsprechend, insbesondere durch Firewalls, gesichert; dem Nutzer ist jedoch bekannt, dass für alle Teilnehmer die Gefahr besteht, dass übermittelte Daten im Übertragungsweg ausgelesen werden können. Dies gilt nicht nur für den Austausch von Informationen über E-Mail, die das System verlassen, sondern auch für das integrierte Nachrichtensystem sowie für alle sonstigen Übertragungen von Daten. Die Vertraulichkeit der im

(b) to immediately notify A of any technical changes occurring within its sphere where such changes are apt to adversely impact A's provision of its services or the security of its Marketplace;

(c) to assist in investigating attacks by third parties on the Marketplace, to the extent such assistance by the User is required;

(d) only to carry out transactions on the Marketplace in connection with their business operations for commercial purposes.

(2) The User hereby undertakes that it shall refrain from any acts which would put the functionality of the Marketplace at risk or disrupt its functionality, and that it shall not access any data it is not authorized to access. In addition, the User must ensure that the information it communicates via the Marketplace and the data it uploads to the Marketplace do not contain any viruses, worms or Trojan horses. The User hereby undertakes to compensate A for all losses arising out of any non-compliance with these duties, insofar he is responsible for and, in addition, to hold A harmless against all claims of third parties, including the costs of legal counsel and court costs, incurred by A due to the User's failure to comply with these duties.

§ 11 Data Processing and Maintenance of Confidentiality by A;[28] Protection of secrets[29]

(1) A's servers are secured in line with the current technological state of the art, in particular, they are secured by firewalls; however, the User is aware that there is a risk to all Users that data transmitted through public networks may be intercepted. The foregoing applies not only to the exchange of information by email leaving the system, but also for integrated information systems and all other transmission of data. A is thus unable to warrant the confidentiality of the data transmitted in

Rahmen der Nutzung des Marktplatzes übermittelten Daten kann daher nicht gewährleistet werden.

(2) Der Nutzer willigt darin ein, dass A Informationen und nicht personenbezogene Daten über den Verlauf von Ausschreibungen und Auktionen sowie das Verhalten von Einkäufern bzw. Lieferanten bei der Durchführung dieser Transaktionen in anonymisierter Form speichert und ausschließlich in dieser anonymisierten Form für Marketingzwecke, zB für die Erstellung von Statistiken und Präsentationen, nutzen darf.

(3) A ist berechtigt, während der Laufzeit dieses Vertrages die im Zusammenhang mit der Geschäftsbeziehung vom Nutzer erhaltenen nicht personenbezogenen Daten zu bearbeiten und zu speichern. Im Einzelnen willigt der Nutzer darin ein, dass A:

(a) die vom Nutzer im Rahmen des Zulassungsantrags gemachten Angaben zu Unternehmensdaten und Rechnungsdaten sowie entsprechende vom Nutzer mitgeteilte Aktualisierungen speichert und bearbeitet;

(b) die vom Nutzer im Zusammenhang mit der von ihm gewünschten Firmenpräsentation im Handelsbereich unter Verwaltung selbstständig in den Marktplatz eingepflegten Daten speichert und im öffentlichen und geschlossenen Bereich des Marktplatzes für andere registrierte und nicht registrierte Nutzer zum Abruf bereit hält;

(c) nicht personenbezogene Daten über den Inhalt der Transaktionen speichert und an andere Nutzer weiterleitet und – soweit der betroffene Nutzer dies durch die Auswahl einer öffentlichen Transaktion wünscht – im öffentlichen Bereich des Marktplatzes für andere registrierte und nicht registrierte Nutzer zum Abruf bereit hält.

(4) A wird im Übrigen alle den Nutzer betreffenden Daten, die von diesem als vertraulich gekennzeichnet werden, vertraulich behandeln und nur nach Maßgabe dieser Nutzungsbedingungen verwenden. A behält sich vor, hiervon abzuweichen, wenn A aufgrund gesetzlicher oder be-

connection with the User's use of the Marketplace.

(2) The User hereby consents to A's storage of non-personal data and information on the course of invitations to tender and auctions as well as the actions of buyers/suppliers in performing such transactions in anonymized format, and that A is permitted to use such data exclusively in such anonymized format for its marketing purposes, e.g. to prepare statistics and presentations.

(3) A is authorized throughout the term of this Agreement to process and store the non-personal data received from the User in connection with this business relationship. Specifically, the User hereby grants consent as follows:

(a) A may store and process the Company data and invoice data provided in the course of the application for admission and relevant updates communicated by the User in respect thereof;

(b) A may store the data uploaded itself by the User in connection with the Company presentation desired by the User in the administered trading area, and to maintain the foregoing for downloading in the public and secured zones of the Marketplace for other registered and non-registered Users;

(c) A may store non-personal data regarding the substance of the transactions and forward it to other Users and – where the User in question requests this by selecting a public transaction – keep the information available for downloading by other registered and non-registered Users with the public areas of the marketplace.

(4) In all further and other respects, A shall treat all data relating to the User which the User has designated as confidential in confidentiality and shall only use such data in line with these Terms and Conditions. A reserves the right to depart from this rule if, on the basis of legal or

hördlicher Anordnungen Daten des Nutzers offenlegen muss.

(5) Hinsichtlich personenbezogener Daten wird auf die Datenschutzerklärung von A unter [Link] verwiesen.

(6) A behält sich vor, den Nutzern, Verbrauchern und sonstigen Dritten personenbezogene und sonstige Daten für [Zweck angeben, zB kommerzielle Nutzung] zur Verfügung zu stellen. Die Nutzung der Daten ist auf [Art und Bedingungen des Zugriffs angeben] beschränkt.[30]

(7) Geschäftsgeheimnisse des Nutzers iSv § 2 Nr. 1 GeschGehG darf A im Anwendungsbereich des § 1 GeschGehG nur gem. den Bestimmungen der §§ 3, 4, 5 GeschGehG erlangen, nutzen bzw. offenlegen.

§ 12 Zahlungsdienste

Werden von A Zahlungsdienstfunktionen in der Weise integriert, dass es sich um einen Zahlungsauslösungsdienst iSv § 1 Abs. 1 S. 2 Nr. 7, Abs. 33 ZAG oder um einen Kontoinformationsdienst iSv § 1 Abs. 1 S. 2 Nr. 8, Abs. 34 ZAG handelt, bleiben die Bestimmungen des ZAG unberührt.

§ 13 Abtretung und Aufrechnung

(1) Eine teilweise oder vollständige Übertragung der Rechte des Nutzers aus dem Vertrag mit A auf Dritte ist ausgeschlossen.

(2) Zur Aufrechnung gegenüber A ist der Nutzer nur mit unbestrittenen oder rechtskräftigen Gegenforderungen berechtigt.

§ 14 Vertragsdauer

(1) Der diesen Nutzungsbedingungen zugrundeliegende Vertrag wird auf unbestimmte Zeit abgeschlossen. Er beginnt mit der Zulassung durch A gem. § 3.

regulatory requirements, A is required to disclose User data.

(5) Personal data is dealt with in the data protection declaration of A [link].

(6) A reserves the right to make personal and other data available to Users, consumers and other third parties for [state specific purpose, e.g. commercial use]. The use of the data is limited to [state specific type and conditions of access].[30]

(7) Within the scope of application of § 1 GeschGehG, A may only obtain, use and disclose the User's trade secrets within the meaning of § 2 Nr. 1 GeschGehG according to the terms of §§ 3, 4, 5 GeschGehG.

§ 12 Payment Services

In case of A incorporating payment service functions and on doing so payment initiation services within the meaning of § 1 Abs. 1 S. 2 Nr. 7, Abs. 33 ZAG or account information services within the meaning of § 1 Abs. 1 S. 2 Nr. 8, Abs. 34 ZAG, the terms of the ZAG remain unaffected.

§ 13 Assignment and Setoff

(1) No assignment of the rights of the User under the contract with A to third parties is permitted, whether in whole or in part.

(2) The User shall only be entitled to exercise a right of setoff against A on the basis of counterclaims which are undisputed or have been adjudicated with res judicata effect.

§ 14 Term of Contract

(1) The contract based on these Terms and Conditions is made for an unlimited term. It shall begin to run from the date of A's admission pursuant to sec. 3.

(2) Der Vertrag kann von beiden Parteien mit einer Frist von drei Monaten zum Monatsende gekündigt werden.

(2) This contract may be terminated by either party upon three months' notice to the end of any month.

(3) Jede Partei hat das Recht, den Vertrag aus wichtigem Grund ohne Einhaltung einer Kündigungsfrist zu kündigen. Ein wichtiger Grund ist für A insbesondere:

(3) Each party shall have the right to terminate this contract for good cause without the need to adhere to a notice period. Good cause for A shall, in particular, include the following:

(a) der Verstoß eines Nutzers gegen die Bestimmungen dieser Nutzungsbedingungen, der auch nach Fristsetzung nicht beseitigt wird;

(a) breach by a User of the terms of these Terms and Conditions, which the User fails to cure even after a deadline has been set;

(b) die deliktische Handlung eines Nutzers oder der Versuch einer solchen, zB Betrug;

(b) the tortious act by a User or the attempt of any such act, e.g. fraud;

(c) der Verzug des Nutzers mit der Zahlungspflicht gemäß der vom Nutzer gem. § 3 Abs. 2 und 3 zu leistenden Zahlung um mehr als sechs Wochen;

(c) default by any User in its payment obligations in respect of the payments to be made by the User under sec. 3 (2) and (3), where such default exceeds more than six weeks;

(d) andauernde Betriebsstörungen infolge von höherer Gewalt, die außerhalb der Kontrolle von A liegen, wie zB Naturkatastrophen, Brand, unverschuldeter Zusammenbruch von Leitungsnetzen.

(d) ongoing operational disruptions due to force majeure lying outside the control of A, such as natural catastrophes, fire, breakdown of networks through no fault of A.

(4) Jede Kündigung muss schriftlich erfolgen. Kündigungen per Fax oder E-Mail wahren die Schriftform.

(4) All notices of termination must be given in writing. Termination notice by facsimile or email is deemed to comport with the written form requirement.

§ 15 Schlussbestimmungen

§ 15 Concluding Provisions

(1) Es gilt das Recht der Bundesrepublik Deutschland unter Ausschluss des UN-Kaufrechts. Gerichtsstand für alle Rechtsstreitigkeiten ist . . . . . A ist daneben berechtigt, auch am allgemeinen Gerichtsstand des Nutzers zu klagen.[31]

(1) The parties' relations shall be governed by the law of the Federal Republic of Germany, but excluding application of the UN Convention on Contracts for the International Sale of Goods. Jurisdiction and venue for all legal disputes shall lie with the courts of . . . . . In addition, A shall be entitled to file suit at the User's place of general jurisdiction.[31]

(2) Der Nutzer hat die Möglichkeit, Verstöße gegen die EU-Verordnung zur Förderung von Fairness und Transparenz für gewerbliche Nutzer von Online-Vermittlungsdiensten (VO (EU) 2019/1150, kurz „P2B-Verordnung"), technische Probleme und sonstiges Verhalten des Plattformbetreibers im Rahmen eines internen Be-

(2) The User has the option of clarifying violations of the EU Regulation on the Promotion of Fairness and Transparency for Commercial Users of Online Mediation Services (Regulation (EU) 2019/1150 = „P2B Regulation"), technical problems and other conduct of the platform operator before a mediator as part of an internal

schwerdemanagementsystems vor einem Mediator zu klären.[32] Informationen zur Abgabe einer Meldung und zum Ablauf des Verfahrens finden Sie hier [Link einfügen].

Mediator: . . . . .
Name: . . . .
Adresse: . . . . .
E-Mail: . . . . .

(2) Sollten einzelne Bestimmungen dieser Nutzungsbedingungen unwirksam sein oder werden und/oder den gesetzlichen Regelungen widersprechen, so wird hierdurch die Wirksamkeit der Nutzungsbedingungen im Übrigen nicht berührt. Die unwirksame Bestimmung wird von den Vertragsparteien einvernehmlich durch eine solche Bestimmung ersetzt, welche dem wirtschaftlichen Zweck der unwirksamen Bestimmung in rechtswirksamer Weise am nächsten kommt. Die vorstehende Regelung gilt entsprechend bei Regelungslücken.

complaint management system.[32] Information on submitting a report and on the procedure can be found here [insert link].

Mediator: . . . .
Name: . . . .
Address: . . . . .
E-mail: . . . . .

(2) In the event that individual terms of these Terms and Conditions should be or become invalid or should be in conflict with requirements of law, the validity of these terms and conditions shall not otherwise be affected thereby. The parties shall by mutual agreement replace the invalid term by such valid term as comes the closest in a legally valid manner to the economic intend of the invalid term. The foregoing provision shall apply mutatis mutandis in the case of contractual gaps.

Anmerkungen

1. Regelungsgegenstand. Das Formular enthält abweichend von → Form. L.3 die Nutzungsbedingungen des Betreibers einer B2B (Business to Business)-Internetplattform, deren Endnutzer Verbraucher sind, C2P2B. Der Zusatz B2B bezeichnet die Nutzung des Internets für den elektronischen Handel von Unternehmen und schließt den Handel mit Endverbrauchern (B2C) aus. Ferner vgl. → Form. L.3 Anm. 1.

2. Kategorien von Marktplätzen. Vgl. → Form. L.3 Anm. 2.

3. Kartellrechtliche Problemfelder von B2B-Marktplätzen. Vgl. → Form. L.3 Anm. 3.

4. Gewerberechtliche Zulässigkeit. Vgl. → Form. L.3 Anm. 4.

5. Anwendungsbereich der P2B-VO. Seit der Einführung der EU-Verordnung zur Förderung von Fairness und Transparenz für gewerbliche Nutzer von Online-Vermittlungsdiensten (VO (EU) 2019/1150, kurz „P2B-VO") müssen Plattformbetreiber von Online-Plattformen und Suchmaschinen eine Reihe von Vorgaben zur Gestaltung ihrer allgemeinen Geschäftsbedingungen vorsehen. Der Anwendungsbereich der P2B-VO erfasst in Art. 1 P2B-VO nur Verträge zwischen Plattformbetreibern und gewerblichen Nutzern, die ihre Dienstleistungen und Produkte Verbrauchern anbieten. Nicht erfasst sind Verträge zwischen Plattformbetreibern und gewerblichen Nutzern, die ihre Dienstleistungen und Produkte an gewerbliche Händler anbieten. Vgl. einleitend zu den drei unterschiedlichen Lebens- und Wirtschaftsbereichen in der Plattformökonomie → Form. L.3 Anm. 1.

6. Regelungsgegenstand und Anwendungsbereich des Digital Services Act. → Form. L.3 Anm. 5.

7. Allgemeine Pflichten im elektronischen Rechtsverkehr. Vgl. → Form. L.3 Anm. 6.

8. Nutzungsbedingungen. Vgl. → Form. L.3 Anm. 7.

9. Marktordnung. Vgl. → Form. L.3 Anm. 8.

10. Änderungen der Nutzungsbedingungen. Vgl. → Form. L.3 Anm. 9. Das Muster versucht, dem Urteil des BGH vom 27.4.2021, NJW 2021, S. 2273, dadurch Rechnung zu tragen, dass das Einstellen neuer Waren oder Dienstleistungen in den Online-Vermittlungsdiensten vor Ablauf der Widerspruchsfrist als eindeutige, das Einverständnis mit den Änderungen bestätigende Handlung zu betrachten ist. Alternativ dürfte in Betracht kommen, wie v. Westphalen, NJW 2021, 3145 (3150), gefordert, bei Änderungen der Nutzungsbedingungen grundsätzlich einen Änderungsvertrag zu verlangen und hiervon nur Preissetzungsvorbehalte bei niedrigem Schwellenwert auszunehmen.

11. Informationspflichten über Nebenwaren und -dienstleistungen. Die allgemeinen Geschäftsbedingungen müssen gemäß Art. 6 P2B-VO Informationen bereithalten, ob Verbrauchern über die Plattform entweder durch den Plattformbetreiber oder durch Dritte Nebenwaren und -dienstleistungen, einschließlich Finanzprodukten, zusätzlich zu den Produkten des Nutzers angeboten werden. Die Vorschrift verfolgt zwei Regelungsziele. Aus Sicht der gewerblichen Nutzer, soll vor allem Klarheit darüber verschafft werden, ob und unter welchen Bedingungen sie selbst dazu berechtigt sind, eigene Nebenwaren oder Nebendienstleistungen über die Plattform anzubieten. (Köhler/Bornkamm/Feddersen/Alexander P2B-VOArt. 6 Rn. 2; Erwgr. 29 P2B-VO). Ferner soll der Verbraucher nicht durch das Anbieten von Nebenleistungen durch den Plattformbetreiber überrascht werden (Busch/Busch P2B-VO Art. 6 Rn. 3). Aufzunehmen sind eine Beschreibung der Art der angebotenen Nebenwaren und -dienstleistungen und eine Angabe dazu, ob und unter welchen Bedingungen der gewerbliche Nutzer ebenfalls berechtigt ist, seine eigenen Nebenwaren und -dienstleistungen über die Plattform anzubieten (Art. 6 P2B-VO; Steinrötter EU-Plattformregulierung-HdB/Louven § 17 Rn. 62). Zu den Zusatzleistungen zählen nach Erwägungsgrund 29 S. 1, 2 P2B-VO etwa Waren, die das von gewerblichen Nutzern angebotene Produkt in Form eines Upgrades oder eines Werkzeugs zur individuellen Anpassung des Produkts ergänzen und Nebendienstleistungen wie zB Reparaturdienste für eine bestimmte Ware oder Finanzprodukte, wie eine Versicherung für einen Leihwagen.

12. Berechtigung zum Anbieten von Nebenwaren und -dienstleistungen. Art. 6 P2B-VO sieht vor, dass die allgemeinen Geschäftsbedingungen Angaben dazu enthalten müssen, ob und unter welchen Bedingungen der gewerbliche Nutzer ebenfalls berechtigt ist, seine eigenen Nebenwaren und -dienstleistungen über die Plattform anzubieten.

13. Leistungen des Plattformbetreibers nach dem Nutzungsvertrag. Vgl. → Form. L.3 Anm. 10.

14. Zulassung und Zugang zum Marktplatz. Vgl. → Form. L.3 Anm. 11.

15. Vergütung. Vgl. → Form. L.3 Anm. 12.

16. Einschränkung, Aussetzung oder Beendigung der Nutzungsmöglichkeit. Art. 3 Abs. 1 lit. c P2B-VO, Art. 17 DSA sieht vor, dass in den allgemeinen Geschäftsbedingungen die Gründe benannt werden müssen, die den Plattformbetreiber zu einer Einschränkung, Aussetzung oder Beendigung der Nutzungsmöglichkeit berechtigen (Steinrötter EU-Plattformregulierung-HdB/Louven § 17 Rn. 32 ff.). Bei dem Fehlen einer solchen Bedingung, sind diejenigen Klauseln der allgemeinen Geschäftsbedingungen, die diesen Vorgaben nicht genügen, gemäß Art. 3 Abs. 3 P2B-VO nichtig. Sofern die übrigen Bestimmungen getrennt von diesen nichtigen Bestimmungen betrachtet werden können, sind diese weiterhin wirksam und durchsetzbar (Steinrötter EU-Plattformregulierung-HdB/Louven § 17 Rn. 53 ff.; BeckOK UWG/Wais P2B-VO Art. 3 Rn. 43; Erwgr. 20 P2B-VO). Wenn ein Plattformbetreiber bestimmte Angebote eines gewerblichen Nutzers einschränken oder aussetzen will, so muss er dies gemäß Art. 4 Abs. 1 P2B-VO spätestens zeitgleich mit dem Wirksamwerden der Entscheidung auf einem dauerhaften Datenträger gegenüber dem betroffenen gewerblichen Nutzer begründen (Steinrötter EU-Plattformregulierung-HdB/Louven § 17 Rn. 38). Sofern die Nutzungsmöglichkeit vollständig beendet werden soll, muss eine Begründung gemäß Art. 4 Abs. 2 P2B-VO spätestens 30 Tage vor Wirksamkeit der Beendigung übermittelt werden (Steinrötter EU-Plattformregulierung-HdB/Louven § 17 Rn. 39). Wenn der Plattformbetreiber jedoch aufgrund einer gesetzlichen oder behördlichen Anordnung handelt, Vorschriften des nationalen Rechts eine Beendigung erfordern (zB bei einem bestehenden Recht zur fristlosen Kündigung, § 314 BGB) oder ein wiederholter Verstoß gegen die allgemeinen Geschäftsbedingungen vorliegt, bedarf es einer Begründung und der 30 Tage-Frist nicht (Steinrötter EU-Plattformregulierung-HdB/Louven § 17 Rn. 40). Solche Ausnahmen können insbesondere in Verbindung mit illegalen oder unangemessenen Inhalten, der Sicherheit einer Ware oder einer Dienstleistung, Fälschung, Betrug, Schadsoftware, Spam, Datenschutzverletzungen, Cybersicherheitsrisiken oder der Eignung der Ware oder der Dienstleistung für Minderjährige (zB Verstöße gegen Regelungen zum Jugendschutz) gegeben sein. Die Begründung für die Einschränkung, Aussetzung oder Beendigung muss grundsätzlich die konkreten Tatsachen und Umstände enthalten, insbes. auch den Inhalt etwaiger Mitteilungen Dritter, die den Plattformbetreiber zu seiner Entscheidung veranlasst haben, die Entscheidung, ob automatisierte Mittel verwendet wurden, die Rechtsgrundlage der Beschränkung sowie die Rechtsbehelfe des Nutzers gegen die beschränkenden Maßnahmen. Dabei soll die vollständige Beendigung der Nutzung der Plattform gemäß Erwägungsgrund 23 P2B-VO nur ultima-ratio sein. Mit dieser Begründung soll der gewerbliche Nutzer in die Lage versetzt werden, sich gegen die Vorwürfe zu wehren (Erwägungsgrund 22), ggf. im Rahmen eines internen Beschwerdemanagementverfahrens iSd Art. 11 P2B-VO. Gemäß Art. 23 Abs. 1 DSA ist der Plattformbetreiber sogar verpflichtet, Nutzer nach vorheriger Warnung für einen angemessenen Zeitraum zu sperren, wenn diese häufig und offensichtlich rechtswidrige Inhalte bereitstellen. Bei der Entscheidung über die Sperrung des Nutzers müssen jedoch nach dem Einzelfall die Gesamtumstände nach den in Art 23 Abs. 3 DSA dargelegten Kriterien berücksichtigt werden. Zu den Kriterien vgl. → Form. L.3 Anm. 13.

17. Ranking. Die Einführung von Transparenzpflichten zum Ranking von Produkten und Dienstleistungen auf den Plattformen stellt einen Kernbestandteil der P2B-VO dar. Das Ranking von Waren hat einen erheblichen Einfluss auf die Wahlmöglichkeit der Verbraucher und damit auch auf den geschäftlichen Erfolg der Nutzer (Steinrötter EU-Plattformregulierung-HdB/Louven § 17 Rn. 88; Erwägungsgrund 24). Mit dieser Regelung sollen Nutzer die Funktionsweise des Ranking-Mechanismus besser verstehen können, um Waren besser präsentieren und somit die Visibilität ihrer Produkte erhöhen zu können. Aus diesem Grund verpflichtet Art. 5 Abs. 1 P2B-VO daher die Plattformbetreiber in ihren allgemeinen Geschäftsbedingungen dazu die Hauptparameter und die Gründe des Rankings darzustellen. Es ist der direkte und indirekte Einfluss der Parameter auf die Visibilität zu erläutern. (vgl. Steinrötter EU-Plattformregulierung-HdB/Louven § 17 Rn. 94 ff.). Sofern die Möglichkeit angeboten wird, die Visibilität durch ein Entgelt zu beeinflussen, zB dass Produkte bei einem Suchergebnis an oberster Stelle angezeigt werden, sind der Einfluss und die Auswirkung des Entgelts ebenfalls zu erläutern (Steinrötter EU-Plattformregulierung-HdB/Louven § 17 Rn. 102 f.). Hingegen reicht die Pflicht nicht so weit, dass der Plattformbetreiber seine Algorithmen und Geschäftsgeheimnisse offenlegen muss. In welchem konkreten Umfang der Ranking-Mechanismus darzulegen ist, hat die EU-Kommission gemäß Art. 5 Abs. 7 P2B-VO in weiteren Leitlinien festlegt (vgl. weiterführend ABl. EU 2019 C 424, 1). Daneben muss der Plattformbetreiber Informationen bereithalten, ob und auf Grundlage welcher wirtschaftlichen, geschäftlichen oder rechtlichen Erwägungen eigene Produkte (Produkte, die unmittelbar vom Plattformbetreiber oder von durch ihn kontrollierte Nutzer angeboten werden) differenziert behandelt werden gegenüber Waren und Dienstleistungen von „nicht-verbundenen" Nutzern, zB durch ein besseres Ranking der Angebote.

18. Nutzung und Funktionsweise des Marktplatzes. Vgl. → Form. L.3 Anm. 14.

19. Abschluss von Verträgen auf dem Marktplatz. Vgl. → Form. L.3 Anm. 15.

20. Unbefugter Gebrauch des Logins. Vgl. → Form. L.3 Anm. 16.

21. Informationspflichten über Vertriebskanäle und Partnerprogramme. Gemäß Art. 3 Abs. 1 lit. d P2B-VO muss der Plattformbetreiber Informationen über zusätzliche Vertriebskanäle oder etwaige Partnerprogramme bereithalten, über die der Plattformbetreiber, die vom gewerblichen Nutzer angebotenen Waren und Dienstleistungen vermarkten könnte. Dadurch soll den Nutzern ausreichend klar gemacht werden, wo und an wen ihre Waren oder Dienstleistungen vermarktet werden (Steinrötter EU-Plattformregulierung-HdB/Louven § 17 Rn. 41 f.).

22. Pflichten der Nutzer bei den Vertragsverhandlungen. Vgl. → Form. L.3 Anm. 17.

23. Bestpreis-Klauseln. In bestimmten Fällen können die Plattformbetreiber in ihren allgemeinen Geschäftsbedingungen die Möglichkeit gewerblicher Nutzer einschränken, Waren oder Dienstleistungen zu günstigeren Bedingungen auf anderem Wege als über die Plattform anzubieten (Erwägungsgrund 36; Steinrötter EU-Plattformregulierung-HdB/Louven § 17 Rn. 66). Besonders relevant sind in diesem Zusammenhang sog. Bestpreis-Klauseln. Solche Klauseln sehen vor, dass Nutzer ihre Produkte und Dienstleistungen auf der eigenen Webseite nicht zu niedrigeren Preisen oder besseren Konditionen anbieten dürfen als auf der Plattform. Gemäß Art. 10 Abs. 1 P2B-VO müssen solche Klauseln die wichtigsten wirtschaftlichen, geschäftlichen oder rechtlichen Gründe erläutern, um deren Existenz zu rechtfertigen (Steinrötter EU-Plattformregulierung-HdB/Louven § 17 Rn. 70 f.). Von dieser Pflicht unberührt bleiben etwaige Verbote oder Beschränkungen aus der Anwendung anderer Unionsrechtsakte oder aus dem nationalen Recht. Eine Kontrolle der von Art. 10 Abs. 1 P2B-VO erfassten Verhaltensweisen richtet sich vor allem nach dem Kartellrecht. Im Vordergrund dürfte dabei die Missbrauchskontrolle gemäß Art. 102 AEUV und gemäß § 19 Abs. 1, 2 GWB; § 19a GWB; § 20 Abs. 1 GWB und der neu eingeführte Art. 5 Abs. 3 VO (EU) 2022/1925 (Digital Markets Act) für Torwächter, stehen (Köhler/Bornkamm/Feddersen/Alexander P2B-VO Art. 10 Rn. 14).

24. Abwicklung der auf dem Marktplatz geschlossenen Verträge. Vgl. → Form. L.3 Anm. 18.

25. Identitätsfeststellung des gewerblichen Nutzers. Der Plattformbetreiber muss gemäß Art. 3 Abs. 5 P2B-VO sicherstellen, dass die Identität des gewerblichen Nutzers klar erkennbar ist. Konkrete Vorgaben, wie diese Transparenz vom Plattformbetreiber umgesetzt werden muss, enthält die P2B-VO nicht. Aus Erwägungsgrund 21 P2B-VO geht jedoch hervor, dass aus der Verpflichtung kein Recht des Nutzers folgt, einseitig über die Darstellung des Angebots oder der Identität auf der Plattform zu entscheiden. In früherer Rechtsprechung wurde bestätigt, dass ein Plattformbetreiber den Nutzern die Möglichkeit einräumen muss, ihrer Impressumspflicht nachzukommen (OLG Düsseldorf NJW-RR 2014, S. 1305).

26. Haftung des Plattformbetreibers für die Verletzung des Benutzungsvertrages. Vgl. → Form. L.3 Anm. 19.

27. Fremde Inhalte, Haftung des Plattformbetreibers gegenüber Dritten. Vgl. → Form. L.3 Anm. 20.

28. Datenverarbeitung; Vertraulichkeit. Vgl. → Form. L.3 Anm. 21.

29. Geheimnisschutz. Vgl. → Form. L.3 Anm. 22.

30. Informationen über technischen und vertraglichen Zugang. Der Plattformbetreiber muss in seinen allgemeinen Geschäftsbedingungen Informationen über den technischen und vertraglichen Zugang oder das Fehlen eines solchen Zugangs für Nutzer zu personenbezogenen oder sonstigen Daten oder beidem, die Nutzer oder Verbraucher für die Nutzung der betreffenden Online-Vermittlungsdienste zur Verfügung stellen oder die im Zuge der Bereitstellung dieser Dienste generiert werden, bereithalten, vgl. Art. 9 Abs. 1 P2B-VO (Steinrötter EU-Plattformregulierung-HdB/Louven § 17 Rn. 72 ff.).

31. Rechtswahl und Gerichtsstand. Vgl. → Form. L.3 Anm. 23.

32. Zentrale Meldestelle und Internes Beschwerdemanagementsystem. Der Plattformbetreiber hat nach Art. 11 Abs. 1, 3 P2B-VO die Pflicht, ein kostenfreies und leicht zugängliches internes Beschwerdemanagementsystem einzurichten und über den Zugang und die Funktionsweise desselben zu informieren (Steinrötter EU-Plattformregulierung-HdB/Tribess § 18 Rn. 11). Diese Pflicht gilt gemäß Art. 11 Abs. 5 P2B-VO in Verbindung mit Art. 2 Abs. 2 des Anhangs zur Empfehlung 2003/361/EG der EU-Kommission nicht für Unternehmer, die weniger als 50 Personen beschäftigen und deren Jahresumsatz bzw. Jahresbilanz 10 Mio. EUR nicht übersteigt (Steinrötter EU-Plattformregulierung-HdB/Tribess § 18 Rn. 17). Der Plattformbetreiber muss daneben öffentlich und leicht zugänglich über die Funktionsweise und Wirksamkeit des internen Beschwerdemanagementsystems informieren. Hierbei ist die Anzahl der eingereichten Beschwerden und aggregierten Informationen über das Ergebnis der Beschwerden anzugeben, jährlich zu überprüfen und ggf. zu aktualisieren (Steinrötter EU-Plattformregulierung-HdB/Tribess § 18 Rn. 20 ff.). Dies mag zwar auf den ersten Blick nachteilhaft für den Plattformbetreiber sein. Ergibt sich jedoch aus den Daten, dass über das interne Beschwerdemanagementsysteme Streitigkeiten erfolgreich und im Zweifel in einem kürzeren Zeitraum als im Rahmen einer gerichtlichen Auseinandersetzung geklärt werden können, kann das einen Anreiz für Nutzer sein, eine außergerichtliche Streitbeilegung anzustreben. Daneben müssen Plattformbetreiber mindestens zwei Mediatoren benennen, mit denen sie bereit sind zusammenzuarbeiten, um mit gewerblichen Nutzern eine außergerichtliche Beilegung etwaiger Streitigkeiten zu erzielen. Insbesondere beziehen sich die Mediatoren auf Beschwerden, die nicht mit den Mitteln des internen Beschwerdemanagementsystems gelöst werden können. Auf Anfrage eines Nutzers sind Informationen über das Funktionieren und die Wirksamkeit der Mediation zu benennen. (Steinrötter EU-Plattformregulierung-HdB/Tribess § 18 Rn. 45 ff.). Unabhängig von dieser Regelung bleibt der gerichtliche Rechtsschutz unberührt. Ferner, vgl. → Form. L.3 Anm. 24.

M. Electronic Banking und Online Banking

1. Allgemeine Geschäftsbedingungen Online Bezahlsysteme – Virtuelles Konto

AGB für Online-Bezahlsysteme

zwischen

. . . . .

– nachstehend „Systemanbieter" genannt –

und

. . . . .

– nachstehend „Nutzer" genannt –

Die Nutzung des Online Bezahlsystems[1, 2] des Systemanbieters unterliegt diesen Allgemeinen Geschäftsbedingungen. Sie regeln das Vertragsverhältnis zwischen dem Systemanbieter und dem Nutzer als Inhaber des virtuellen Kontos. Nutzer können dabei sowohl Käufer als auch Verkäufer sein. Ferner betreffen diese Allgemeinen Geschäftsbedingungen (nachfolgend „AGB") die Nutzung der Internetseite . . . . . sowie aller zu dieser Domain gehörenden Subdomains. Diese AGB finden auch dann Anwendung, wenn der Nutzer das Bezahlsystem oder Bereiche davon von anderen Internetseiten aus nutzt und diese durch entsprechende Links mit der Seite des Systemanbieters verbunden sind.
Der Systemanbieter führt seine Dienstleistungen unter einer in . . . . . erteilten Genehmigung zur Ausgabe von E-Geld aus, die von der . . . . . (Aufsichtsbehörde) erteilt wurde und deren Aufsicht der Systemanbieter unterliegt. Der Systemanbieter ist berechtigt seine Dienstleistungen aufgrund der Regelungen zum EU-Pass grenzüberschreitend in Deutschland anzubieten.[3]

T&C for online payment systems

between

. . . . .

– hereinafter referred to as „System Provider" –

and

. . . . .

– hereinafter referred to as „User" –

The use of the online payment system[1, 2] of the System Provider is subject to these general terms and conditions. They regulate the contractual relationship between the System Provider and the User as owner of the virtual account. Users can be both buyers and sellers. Furthermore, these Terms & Conditions (hereinafter referred to as „T&C") concern the use of the internet site . . . . . as well as all subdomains belonging to this domain. These T&C also apply if the User uses the payment system or areas thereof from other internet pages and these are connected to the System Provider's page by corresponding links.
The System Provider conducts its services under a permit established in . . . . . for the issuance of electronic money issued by the . . . . . (supervisory authority) and to whose supervision the System Provider is subject. The System Provider is authorized to offer its services on a cross-border basis in Germany on the basis of the EU passport regulations.[3]

§ 1 Allgemeines

(1) Der Systemanbieter ermöglicht das Nutzen eines elektronischen Zahlungssystems und damit das Senden und Empfangen von Zahlungen. Der Systemanbieter protokolliert die Kontobewegungen und ermöglicht es dem Nutzer, seinen Kontostand abzufragen. Der Systemanbieter ist ein unabhängiger Dienstleister. Er hat keine Kontrolle über Waren und Dienstleistungen, die mit Hilfe des Zahlungssystems bezahlt werden. Bei dem Erwerb der Ware oder Dienstleistung handelt es sich um einen eigenständigen Vertrag mit dem Anbieter der Ware oder Dienstleistung. Der Systemanbieter ist nicht für den erfolgreichen Abschluss des Geschäftsvorgangs verantwortlich. Für alle Informationen in Bezug auf die Produkte, für die Produkte selbst und für deren Lieferung an den erwerbenden Nutzer sind ausschließlich die Anbieter oder anbietenden Nutzer verantwortlich.

(2) Die Möglichkeit des Zugangs zum Nutzerkonto über das Internet besteht nur im Rahmen des Standes der Technik. Eine jederzeitige Verfügbarkeit des Nutzerkontos ist nicht geschuldet. Der Systemanbieter behält sich vor, den Zugang für Wartungsarbeiten vorübergehend abzuschalten, soweit der ordnungsgemäße Betrieb des Systems dies erfordert. Störungen der Technik können, unabhängig davon, ob sie vom Systemanbieter zu vertreten sind, nicht ausgeschlossen werden. Der Nutzer muss insbesondere außerhalb des Einflussbereiches des Systemanbieters mit Einschränkungen der Verfügbarkeit beispielsweise wegen Störungen der Datenübermittlung in den beteiligten Teilnetzen des Internets rechnen.

§ 2 Anmeldung/Registrierung

(1) Die Nutzung des Zahlungsdienstes setzt eine vorherige Anmeldung des Nutzers voraus. Über die Zulassung der Anmeldung entscheidet der Systemanbieter nach eigenem Ermessen. Ein Zugangsanspruch besteht nicht. Die Zulassung ist keine Erklärung über die Identität oder Bonität.

§ 1 General

(1) The System Provider enables the use of an electronic payment system and thus the sending and receiving of payments. The System Provider logs the account movements and enables the User to query his account balance. The System Provider is an independent Service Provider. It has no control over goods and services paid for using the payment system. The purchase of the goods or services is an independent contract with the provider of the goods or services. The System Provider is not responsible for the successful completion of the transaction. All information related to the products, for the products themselves and for their delivery to the acquiring user are the sole responsibility of the providers or offering users.

(2) The possibility of accessing the User account via the internet exists only within the scope of the state of the art. Availability of the user account at all times is not owed. The System Provider reserves the right to temporarily shut down access for maintenance work, insofar as the proper operation of the system requires this. Technical malfunctions, regardless of whether the System Provider is responsible for them, cannot be ruled out. In particular, the User must expect restrictions in availability outside the sphere of influence of the System Provider, for example, due to disruptions in data transmission in the participating subnetworks of the Internet.

§ 2 Application/Registration

(1) The use of the payment service requires prior registration of the User. The System Provider decides on the admission of the registration at its own discretion. There is no entitlement to access. Admission is not a declaration of identity or creditworthiness.

(2) Anmeldeberechtigt sind unbeschränkt geschäftsfähige natürliche Personen und juristische Personen, deren Anmeldung durch ihre Organe in vertretungsberechtigter Anzahl unter Angabe der Handelsregisterdaten der Gesellschaft erfolgen muss. Teilrechtsfähige Personenvereinigungen (GbR, OHG und KG) können sich in gleicher Weise durch ihre Gesellschafter in vertretungsberechtigter Anzahl anmelden.

(3) Die Anmeldung erfolgt durch Einrichtung des virtuellen Zahlungskontos. Dabei hat der Nutzer auf die Richtigkeit der Angaben zu achten. Er darf keine falschen, ungenauen oder irreführenden Angaben machen oder Informationen oder Daten verwenden, zu deren Nutzung er nicht befugt ist. Sofern sich die Angaben, die bei der Registrierung gemacht wurden, ändern, ist der Nutzer verpflichtet, den Systemanbieter darüber unverzüglich zu informieren.

Der Systemanbieter behält sich vor, jederzeit weitere Informationen zu der Person des Nutzers zu verlangen, sofern dies zur Durchführung des Zahlungsdienstes erforderlich scheint. Die Verweigerung oder fälschliche Angabe von Informationen kann zu Nutzungsbeschränkungen oder einer Sperrung des Kontos führen.

(4) Sobald die vom Nutzer zu zahlende einmalige Grundgebühr[4] auf dem Konto des Nutzers gutgeschrieben ist, erhält der Nutzer eine Nutzerkennung[5] und ein Passwort für sein Mitgliedskonto, über das er Zugang zu dem Zahlungsdienst erhält. Diese Daten dürfen nicht an Dritte, auch nicht an Ehepartner, Lebenspartner, Verwandte, Freunde etc weitergegeben werden. Die Daten sind vor dem Zugriff Dritter geschützt zu verwahren. Soweit Anlass besteht, unverzüglich eine Kenntnisnahme durch Dritte zu vermuten, müssen die Zugangsdaten unverzüglich geändert und der mögliche Missbrauch unverzüglich dem Systemanbieter gemeldet werden.[6]

(5) Der Nutzer haftet grundsätzlich für sämtliche Aktivitäten, die unter Verwendung seines Mitgliedskontos vorgenommen werden, wenn er vorsätzlich oder grob fahrlässig gehandelt hat.[7]

(2) Natural persons and legal entities with unlimited legal capacity are entitled to register. Registration must be made by their executive bodies in a number authorized to represent the company, stating the company's commercial register data. Associations of persons with partial legal capacity (GbR, OHG and KG) can register in the same way through their shareholders in numbers authorized to represent them.

(3) The registration takes place by setting up the virtual payment account. In doing so, the User must ensure the accuracy of the information provided. He/she may not provide false, inaccurate or misleading data or use information or data that he/she is not authorized to use. If the information provided during registration changes, the User is obliged to inform the System Provider immediately.

The System Provider reserves the right to request further information on the User's person at any time, if it seems necessary for the implementation of the payment service. Refusal or incorrect provision of information may result in restrictions on use or blocking of the account.

(4) As soon as the one-time basic fee[4] to be paid by the User has been credited to the User's account, the User will receive a user ID[5] and a password for his membership account, which will give him access to the payment service. This data may not be disclosed to third parties, including spouses, life partners, relatives, friends, etc. The data must be kept protected from access by third parties. If there is reason to suspect that third parties have gained knowledge of the data without delay, the access data must be changed immediately and the possible misuse must be reported to the System Provider without delay.[6]

(5) In principle, the User is liable for all activities carried out using his/her member account if he/she has acted intentionally or with gross negligence.[7]

(6) Der Systemanbieter kann zusätzliche Informationen zur Verifizierung des Nutzers fordern, um Geldwäschevorschriften zu erfüllen. Zum Beispiel kann der Systemanbieter den Nutzer bitten, per Fax, E-Mail oder durch Hochladen dem Systemanbieter eine Kopie eines amtlichen Ausweises zur Verfügung zu stellen.[8]

(6) The System Provider may request additional information to verify the User in order to comply with money laundering regulations. For example, the System Provider may ask the User to provide a copy of an official identification document to the system provider by fax, e-mail or upload.[8]

§ 3 Nutzung des Zahlungsdienstes

§ 3 Use of the payment service

(1) Der Systemanbieter ermöglicht es dem Nutzer, über das Konto elektronische Zahlungen zu senden und zu empfangen, um Produkte, Dienstleistungen oder weitere Inhalte von dritten Anbietern zu erwerben.

(1) The System Provider enables the User to send and receive electronic payments through the account in order to purchase products, services or further content from third party providers.

(2) Der Zahlungsvorgang kann von dem Nutzerkonto aus eingeleitet werden. Der Nutzer loggt sich dazu mit seinen Zugangsdaten in sein Konto ein, authentifiziert sich gegenüber dem Systemanbieter und betätigt den Button: „Bezahlen". Er wird daraufhin zur Eingabe des Geldbetrags und der Empfängerdaten aufgefordert. Nach Bestätigung der Angaben transferiert der Systemanbieter den Geldbetrag unter den Voraussetzungen des § 4 Abs. 5 auf das Empfängerkonto. Die Nutzung ist auch unmittelbar über die Webseite des Empfängers möglich. Aktiviert der Nutzer auf der Webseite des Empfängers den Link „Bezahlen" des Systemanbieters, wird der Nutzer auf eine Seite des Systemanbieters umgeleitet, auf der er sich einloggen kann und authentifizieren muss. Der Nutzer muss dann die eingegebenen Empfängerdaten bestätigen.

(2) The payment process can be initiated from the user account. For this purpose, the User logs into his account with his access data, authenticates himself to the System Provider and presses the button: „Pay". The User is then prompted to enter the amount of money and the recipient's details. After confirming the data, the System Provider shall transfer the amount of money to the recipient's account in accordance with the requirements of Section 4, paragraph 5. The use is also possible directly via the recipient's website. If the User activates the System Provider's „Pay" link on the recipient's website, the User shall be redirected to a page of the System Provider where the User can log in and must authenticate. The User must then confirm the recipient data entered.

(3) Der Nutzer ist allein für die Richtigkeit der bei der Zahlung gemachten Angaben verantwortlich. Der Systemanbieter verpflichtet sich zur Durchführung der Zahlungsanweisungen nach den vom Nutzer gemachten Angaben. Die Zahlungsanweisung wird nicht auf Fehler des Nutzers überprüft.

(3) The User is solely responsible for the accuracy of the information provided during the payment. The System Provider undertakes to execute the payment instructions according to the information provided by the User. The payment instruction shall not be checked for errors made by the User.

(4) Der Nutzer darf nicht mit Form, Inhalt oder verfolgtem Zweck gegen gesetzliche Vorschriften oder gute Sitten verstoßen. Dies gilt insbesondere für die Einbindung des Systemanbieters in die geschäftliche

(4) The User may not violate legal regulations or morality with form, content or pursued purpose. This applies in particular to the integration of the System Provider into the business internet presence.

Internetpräsenz. Im Falle eines Verstoßes ist der Systemanbieter berechtigt, den Zugang unter den Voraussetzungen des § 7 zu sperren.

§ 4 Zahlungsverfahren[9]

(1) Wenn der Nutzer eine Zahlung sendet, erteilt er damit dem Systemanbieter einen Zahlungsauftrag. Für die Ausführung von Zahlungsaufträgen nach Maßgabe dieser Vereinbarung gilt eine Frist von einem Geschäftstag als vereinbart. Innerhalb dieser Frist wird der Systemanbieter einen Zahlungsauftrag über das Konto des Nutzers ausführen, indem er den angewiesenen Betrag von dem Konto des Nutzers abbucht und dem Nutzerkonto des Empfängers oder bei Fehlen eines solchen Kontos dem Zahlungsdienstleister des Empfängers gutschreibt. Die Frist beginnt an dem Tag zu laufen, der auf den Tag folgt, an dem der Nutzer dem Systemanbieter einen gültigen Zahlungsauftrag erteilt und der Nutzungsempfänger diesen erhalten hat.

Für die Ausführung eines Zahlungsauftrags gelten folgende Voraussetzungen:

a) Der Nutzer erteilt einen Zahlungsauftrag vor 16 Uhr an einem Geschäftstag. Wenn der Zahlungsauftrag nach 16 Uhr oder an einem bundesweiten Feiertag erteilt wird, gilt der Zahlungsauftrag als am nächsten Geschäftstag erteilt.

b) Der Nutzer hat bei der Erteilung des Zahlungsauftrags eine korrekte Nutzerkennung angegeben oder eine andere gültige Information zum Zahlungsempfänger gegeben.

c) Der Nutzer hat alle durch * gekennzeichneten Pflichtfelder beim Bestellvorgang ausgefüllt.

d) Der Nutzer hat alle notwendigen Angaben zur Zahlungsquelle gemacht, die jeweils eine ausreichende Deckung ausweisen.

e) Der Nutzer hat sich wirksam gegenüber dem Systemanbieter authentifiziert.

In case of a violation, the System Provider is entitled to block the access under the conditions of Section 7.

§ 4 Payment procedure[9]

(1) When the User sends a payment, he thereby issues a payment order to the System Provider. A period of one business day shall be deemed agreed for the execution of payment orders in accordance with this agreement. Within this period, the System Provider will execute a payment order through the User's account by debiting the instructed amount from the User's account and crediting it to the User's account of the recipient or, in the absence of such an account, to the recipient's payment service provider. The term starts to run on the day following the day on which the User issues a valid payment order to the System Provider and the Userrecipient has received it.

The following conditions apply to the execution of a payment order:

a) The User places a payment order before 4 p.m. on a business day. If the payment order is placed after 4 p.m. or on a federal holiday, the payment order shall be deemed to have been placed on the next business day.

b) The User has provided a correct User ID or other valid payee information when placing the payment order.

c) The User has filled in all mandatory fields marked with * during the order process.

d) The User has provided all necessary information on the source of payment, showing sufficient funds in each case.

e) The User has effectively authenticated himself to the System Provider.

f) Der Nutzer hat den Systemanbieter wirksam zur Ausführung des Zahlungsauftrags ermächtigt, indem er entweder nach korrekter Eingabe der Anmeldedaten sich in das Nutzerkonto eingeloggt und den Zahlungsbutton aktiviert hat, oder der Nutzer den Systemanbieter auf einem anderen Weg beauftragt hat, nachdem der Systemanbieter den Nutzer über diese Möglichkeit informiert hat.

(2) Der Systemanbieter verlangt von dem Nutzer bevor jener auf sein Zahlungskonto zugreifen kann, einen Zahlungsauftrag ausführt oder sonst eine Handlung vornimmt, die das Risiko eines Betrugs im Zahlungsverkehr oder anderen Missbrauchs beinhaltet, sich als Kunde zu authentifizieren. Dies geschieht, indem der Systemanbieter mindestens zwei Elemente abfragt, die sich – nach Wahl des Systemanbieters – auf das Wissen des Nutzers, den Besitz des Nutzers und/oder die Eigenschaften des Nutzers beziehen. Der Systemanbieter behält sich das Recht vor, die im Zusammenhang mit dem Authentifizierungsvorgang erhobenen Daten zu speichern und aufzubewahren, um die Autorisierung und ordnungsgemäße Durchführung eines Zahlungsvorganges nachzuweisen oder sonstigen gesetzlichen Nachweispflichten nachzukommen.

(3) Alle Abbuchungen von dem Nutzerkonto werden in Euro vorgenommen. Wenn der Nutzer Waren oder Dienstleistungen in einer anderen Währung bezahlt, wird der geschuldete Betrag zu dem im Zeitpunkt der Transaktion geltenden Wechselkurs (einsehbar auf der Webseite des Systemanbieters) umgerechnet, welcher dem Nutzer auch bei der Durchführung der Transaktion angezeigt wird.

(4) Einen Zahlungsauftrag kann der Nutzer nicht widerrufen, nachdem er bei dem Systemanbieter eingegangen ist.[10] Dies gilt nicht, wenn der Nutzer eine Einzugsermächtigung für wiederkehrende Zahlungen erteilt hat. Eine solche kann der Nutzer jeweils bis zum Ende des Geschäftstages, bevor die nächste Zahlung ausgeführt werden soll, widerrufen.

f) The User has effectively authorized theSystem Provider to execute the paymentorder either by logging into the User's account and activating the payment button after correctly entering the login data,
or the User has authorized the System Providerby another way after the System Provider has informed the User about thispossibility.

(2) The System Provider shall require the User to authenticate himself/herself as a Customer before the User can access his/her payment account, execute a payment order or otherwise take any action that involves a risk of payment fraud or other misuse. This is done by the System Provider requesting at least two elements, which, at the System Provider's option, relate to the User's knowledge, the User's possession and/or the User's characteristics. The System Provider reserves the right to store and retain the data collected in connection with the authentication process in order to prove the authorization and proper execution of a payment transaction or to comply with other legal obligations to provide evidence.

(3) All debits from the User's account are made in euros. If the User pays for goods or services in another currency, the amount owed will be converted at the exchange rate valid at the time of the transaction (available on the System Provider's website), which will also be displayed to the User when performing the transaction.

(4) The User cannot revoke a payment order after it has been received by the System Provider.[10] This shall not apply if the User has issued a direct debit authorization for recurring payments. The User may revoke such an authorization until the end of the business day before the next payment is to be made.

(5) Im Falle der ausgehenden Zahlungen von einem Konto ist der Systemanbieter nicht verpflichtet, Zahlungsaufträge auszuführen, wenn von dem abzubuchenden Nutzerkonto weder ausreichendes Guthaben noch eine ausreichend gedeckte Zahlungsquelle vorgewiesen werden kann. Der Systemanbieter ist berechtigt, einen Zahlungsauftrag so lange nicht auszuführen, bis er Geld von dem Nutzer erhalten hat.

(6) Durch Zahlung mit dem Nutzerkonto oder Aufladung des Kontos ermächtigt der Nutzer den Systemanbieter Geld von einer bei der Registrierung angegebenen Zahlungsquelle zu verwenden. Der Systemanbieter gibt daraufhin das E-Geld zum gleichen Betrag aus und schreibt es entsprechend der Anweisung des Nutzers auf dem Nutzerkonto des Zahlungsempfängers oder dessen Zahlungsdienstleister gut. Der Nutzer kann folgende Zahlungsquellen zur Aufladung seines Kontos nutzen:

1. Lastschrift,[11]
2. Kreditkarte,[12]
3. giropay[13] oder
4. Banküberweisung.[14]

Der Systemanbieter bucht stets zuerst von dem Nutzerkonto ab, bevor ein Zahlungsauftrag ausgeführt wird. Sollte das Nutzerkonto kein oder nicht ausreichend Guthaben ausweisen, so bucht der Systemanbieter von den Zahlungssystemen ab. Der Systemanbieter zeigt dem Nutzer bei jeder Nutzung an, welche Zahlungsquelle genutzt wird. Im Falle der Kreditkartenzahlung wird die angewiesene Summe unmittelbar auf das Nutzerkonto überwiesen. Mindestbetrag für die Aufladung ist . . . . . EUR.

(7) Der Systemanbieter kann im Rahmen seines Risikomanagements bestimmte Zahlungsquellen für ausgewählte Transaktionen ausschließen. Im Falle des Ausschlusses einer Zahlungsquelle wird der Systemanbieter den Nutzer darauf, sowie auf die ersatzweise genutzte Zahlungsquelle, sofern eine solche verfügbar war, hinweisen.

(5) In case of outgoing payments from an account, the System Provider is not obliged to execute payment orders if neither sufficient funds nor a sufficiently covered payment source can be presented from the User's account to be debited. The System Provider is entitled not to execute a payment order until it has received funds from the User.

(6) By making payment with the User Account or charging the account, the User authorizes the System Provider to use money from a payment source specified during registration. The system provider then issues the e-money for the same amount and credits it to the payee's user account or its payment service provider in accordance with the User's instruction. The User may use the following payment sources to top up his/her account:

1. Direct debit,[11]
2. Credit card,[12]
3. giropay[13] or
4. bank transfer.[14]

The System Provider always charges the User account first before executing a payment order. If the user account has no or insufficient funds, the System Provider will charge the payment systems. The System Provider shall indicate to the User which payment source is used for each use. In case of credit card payment, the instructed amount is immediately transferred to the User's account. Minimum amount for the recharge is . . . . . EUR.

(7) The System Provider may exclude certain payment sources for selected transactions as part of its risk management. In case of exclusion of a payment source, the System Provider will inform the User about it, as well as about the alternatively used payment source, if such was available.

§ 5 Zahlungseingänge

Der Systemanbieter bietet die Möglichkeit, Zahlungseingänge auf dem Nutzerkonto zu empfangen. Das eingegangene Guthaben wird zum Nennwert des Guthabens ausgezahlt, wenn der Nutzer sich in das Konto einloggt und den Button „Auszahlen" betätigt. Der Mindestauszahlungsbetrag beträgt . . . . . EUR.

Es besteht auch die Möglichkeit, das Guthaben monatlich auf die angegebene Bankverbindung überweisen zu lassen.

§ 6 Unzulässige Nutzung

Der Nutzer ist nicht dazu berechtigt, das Konto oder den Service in einer der folgenden Weisen zu nutzen:

a) Nutzung in betrügerischer Weise oder in einer Weise, die eine Straftat darstellt (zB Geldwäsche);

b) Nutzung in einer Weise, die im Widerspruch zu geltendem Recht steht, gegen Lizenzen verstößt oder die Rechte Dritter verletzt;

c) Weiterverkauf oder Versuch des Weiterverkaufs des Dienstes oder eines Teils des Dienstes an Dritte;

d) Nutzung in einer Weise, die diesen AGB oder einer an den Nutzer gerichteten begründeten Anweisung des Systemanbieters widerspricht;

e) Nutzung für unzulässige Manipulationen („Hackerangriffe"), Modifikationen oder Beeinträchtigungen der Sicherheit oder Funktionalität des Dienstes oder dieser oder anderer Webseiten;

f) Nutzung für Lotterien, Wett- oder Glücksspieldienste, die nicht über alle notwendigen Lizenzen und Genehmigungen verfügen, um in den für den Nutzer und den Systemanbieter geltenden Rechtsordnungen angeboten zu werden.

§ 5 Incoming payments

The System Provider offers the possibility to receive incoming payments on the user account. The received balance will be paid out at the nominal value of the balance when the user logs into the account and presses the „Pay out" button. The minimum payout amount is . . . . EUR.

It is also possible to have the balance transferred to the specified bank account on a monthly basis.

§ 6 Unauthorized use

The User is not entitled to use the Account or the Service in any of the following ways:

a) Use in a fraudulent manner or in a manner that constitutes a criminal offense (e.g. money laundering);

b) Use in a manner that conflicts with any applicable law, violates any license, or infringes the rights of any third party;

c) Resale or attempted resale of the service or any part of the service to any third party;

d) Use in a way that contradicts these T&C or a justified instruction of the System Provider addressed to the User;

e) Use for unauthorized tampering („hacking"), modification or interference with the security or functionality of the service or this or any other website;

f) Use for lotteries, betting or gambling services that do not have all necessary licenses and permits to be offered in the jurisdictions applicable to the User and the System Provider.

§ 7 Sperrung eines Zugangs

(1) Der Systemanbieter und der Nutzer vereinbaren, dass der Systemanbieter in den folgenden Fällen das Recht hat, das Nutzerkonto vorläufig oder endgültig zu sperren:

a) Sachliche Gründe im Zusammenhang mit der Sicherheit des Systems erfordern eine Sperrung (zB unvollständige oder nicht wahrheitsgemäße Eingabe von Daten, wie Angabe falscher Kontaktdaten oder einer falschen oder ungültigen E-Mail-Adresse; Störung der Funktionsfähigkeit der Plattform);

b) Es besteht der Verdacht einer nicht autorisierten oder betrügerischen Verwendung des Nutzerkontos (zB bei Verletzung gesetzlicher Vorschriften; Verstoß gegen sonstige berechtigte Interessen, insbesondere zum Schutz anderer Nutzer oder Empfänger vor betrügerischen Aktivitäten).[15]

(2) Der Systemanbieter wird den Nutzer über jegliche ihn betreffende Nutzungsbeschränkung oder Kontosperrung informieren, es sei denn, es ist ihm gesetzlich untersagt.

§ 8 Kündigung

(1) Der Nutzer kann den Vertrag jederzeit mit einer Frist von 14 Tagen zum Monatsende schriftlich kündigen. Der Systemanbieter kann den (auf unbestimmte Zeit geschlossenen) Vertrag jederzeit mit einer Frist von zwei Monaten zum Monatsende schriftlich kündigen. Unberührt bleibt das Recht beider Parteien zur fristlosen Kündigung aus wichtigem Grund. Ein wichtiger Grund liegt für den Systemanbieter insbesondere dann vor, wenn

a) ein Verstoß eines kommerziellen Nutzers gegen gesetzliche Verbote, insbesondere die Verletzung strafrechtlicher, urheberrechtlicher, wettbewerbsrechtlicher, markenrechtlicher, namensrechtlicher oder datenschutzrechtlicher Bestimmungen, oder gegen die guten Sitten vorliegt,

§ 7 Blocking of an access

(1) The System Provider and the User agree that the System Provider has the right to block the user account temporarily or permanently in the following cases:

a) Factual reasons in connection with the security of the system require blocking (e.g. incomplete or untrue entry of data, such as providing false contact data or a false or invalid e-mail address; disruption of the functionality of the platform);

b) There is a suspicion of unauthorized or fraudulent use of the user account (e.g., violation of legal regulations; violation of other legitimate interests, in particular to protect other users or recipients from fraudulent activities).[15]

(2) The System Provider will inform the User about any restriction of use or account blocking affecting him, unless prohibited by law.

§ 8 Termination

(1) The User may terminate the agreement in writing at any time with a notice period of 14 days to the end of the month. The System Provider may terminate the agreement (concluded for an indefinite period of time) in writing at any time with a notice period of two months to the end of the month. The right of both parties to terminate without notice for good cause remains unaffected. An important reason exists for the System Provider in particular if

a) there is a violation by a commercial user of legal prohibitions, in particular the violation of criminal law, copyright law, competition law, trademark law, name law or data protection law, or of morality,

b) der Nutzer sich im Zahlungsverzug befindet, der länger als zwei Wochen andauert, oder

c) eine grundlegende Änderung der rechtlichen und technischen Standards im Internet dazu führt, dass es für den Systemanbieter unzumutbar wird, seine Leistungen ganz oder teilweise weiter zu erbringen.

(2) Die Abwicklung von Zahlungsanweisungen, die vor Zugang der Kündigung der Kündigungsfrist zulässigerweise eingeleitet wurden, bleiben unberührt. Für diese Zahlungen gelten die bei ihrer Einleitung gültigen Bestimmungen fort.

(3) Die Auszahlung jeglichen gespeicherten Guthabens nach der Kündigung erfolgt an das vom Nutzer mitgeteilte Bankkonto, das im Nutzerkonto hinterlegt ist. Falls diese Angaben falsch sind und der Systemanbieter den Zahlungsvorgang nicht abschließen kann, verjährt der Auszahlungsanspruch 3 Jahre nach Kündigung des Kontos. Die Frist beginnt mit Ende des Jahres der Kontoauflösung.[16]

§ 9 Entgelte und Zinsen[17]

(1) Für ausgehende Zahlungen entsteht keine Gebührenpflicht. Bei eingehenden Zahlungen erhebt der Systemanbieter ein Entgelt entsprechend der Gebührentabelle.

(2) Eine Verzinsung des Kontos erfolgt nicht.

§ 10 Inkasso

Verfügt das Nutzerkonto nicht über ausreichendes Guthaben, um fällige Forderungen zu begleichen, kann der Systemanbieter nach erfolgloser Mahnung die Einziehung dieser Forderung an ein externes Inkassobüro übergeben. In diesem Fall ist das externe Inkassobüro gebührenpflichtig und es fallen Verzugszinsen nach den gesetzlichen Bestimmungen an. Der Systemanbieter ist berechtigt, das Konto gemäß § 7 zu sperren

b) the User is in default of payment lasting longer than two weeks, or

c) a fundamental change in the legal and technical standards on the Internet results in it becoming unreasonable for the System Provider to continue to provide its services in whole or in part.

(2) The processing of payment instructions that were permissibly initiated prior to receipt of the notice of termination shall remain unaffected. The provisions valid at the time of their initiation shall continue to apply to these payments.

(3) Payment of any stored credit balance after termination shall be made to the bank account provided by the User and stored in the User's account. If this information is incorrect and the System Provider is unable to complete the payment process, the payout claim will expire 3 years after the account termination. The period begins at the end of the year in which the account was terminated.[16]

§ 9 Remuneration and Interests[17]

(1) No fee obligation arises for outgoing payments. For incoming payments, the System Provider shall charge a fee in accordance with the fee table.

(2) No interest shall be charged on the account.

§ 10 Debt collection

If the user account does not have sufficient credit to settle due receivables, the System Provider can hand over the collection of this receivable to an external collection agency after unsuccessful reminders. In this case, the external collection agency is liable for fees and interest on arrears will be charged in accordance with the statutory provisions. The System Provider is entitled to block the account according to Section 7 or to terminate the contractual oder unter den Voraussetzungen des § 8 das Vertragsverhältnis zu kündigen.

§ 11 Lizenzen

Der Systemanbieter gewährt dem Nutzer eine beschränkte Lizenz für den Zugriff auf die Webseite des Systemanbieters sowie den Download und die Installation der nötigen Software zur Integration des Zahlungssystems auf der Webseite eines Nutzers, der auch Inhalte anbietet. Für den Fall des Downloads der Software muss der Nutzer die in der Dokumentation des Systemanbieters enthaltenen Nutzungs- und Integrationsanforderungen einhalten, ebenso wie Anweisungen, die der Nutzer hinsichtlich Dienstleistungen von dem Systemanbieter erhält. Dies gilt zum Beispiel auch für Nutzungs- oder Integrationsanforderungen, die aufgrund rechtlicher Bestimmungen oder der Regeln der Kreditkartengesellschaften bestehen. Sämtliche Rechte an der Software, dem Dienst und der Webseite sowie das geistige Eigentum an den Marken stehen dem Systemanbieter zu. Softwareanwendungen Dritter, die der Nutzer auf der Seite des Systemanbieters benutzt, unterliegen der jeweiligen Lizenzvereinbarung, die er mit dem Dritten geschlossen hat, der dem Nutzer die Software zur Verfügung gestellt hat.

§ 12 Datenschutz[18]

(1) Der Nutzer darf keine personenbezogenen Daten von anderen Nutzern, des Systemanbieters oder sonstige Daten für andere Zwecke als die nach diesen Bedingungen geregelten vertraglichen und vertragskommunikativen Zwecke nutzen. Insbesondere ist es dem Nutzer untersagt, solche Daten an Dritte weiterzugeben oder für sonstige Zwecke (zB Werbung) zu nutzen. Die Mitarbeiter des Systemanbieters sind zur Verschwiegenheit verpflichtet.[19]

(2) Sämtliche gegenüber dem Systemanbieter bekanntgegebenen Daten werden vertraulich behandelt. Eine Herausgabe der Daten an Gerichte, Strafverfolgungsbeh-

relationship under the conditions of Section 8.

§ 11 Licenses

The System Provider grants the User a limited license to access the System Provider's website and to download and install the necessary software to integrate the payment system on the website of a User who also provides content. In the case of downloading the software, the User must comply with the usage and integration requirements contained in the System Provider's documentation, as well as instructions that the User receives regarding services from the System Provider. This also applies, for example, to usage or integration requirements that exist due to legal regulations or the rules of credit card companies. All rights to the software, the service and the website as well as the intellectual property rights to the trademarks belong to the System Provider. Third party software applications used by the User on the System Provider's site are subject to the respective license agreement concluded with the third party that provided the software to the User.

§ 12 Data Protection[18]

(1) The User may not use personal data of other users, of the System Provider or other data for purposes other than the contractual and contractual-communicative purposes regulated in these terms and conditions. In particular, the User is prohibited from disclosing such data to third parties or using it for other purposes (e.g. advertising). The employees of the System Provider are bound to secrecy.[19]

(2) All data disclosed to the System Provider will be treated confidentially. The data will only be disclosed to courts, law enforcement agencies, supervisory authori-

örden, Aufsichtsbehörden oder sonstige öffentliche Stellen erfolgt nur nach sorgfältiger Abwägung der berechtigten Interessen oder im Falle einer entsprechenden gesetzlichen Verpflichtung des Systemanbieters. Der Nutzer erklärt sich damit einverstanden, dass seine Daten für Verwaltungszwecke sowie für die in § 1 Abs. 2 festgelegten Protokollzwecke elektronisch gespeichert werden. Ferner findet eine Datenweitergabe statt, soweit dies zur Durchführung des mit dem Nutzer geschlossenen Vertrages erforderlich ist. Eine Übermittlung von Kontodaten an den Zahlungsempfänger erfolgt nicht.

(3) Der Nutzer kann seine Daten nur über die Seite . . . . . eingeben. Der Systemanbieter wird den Nutzer niemals per Telefon oder E-Mail nach seinen Daten fragen.

(4) Im Übrigen behält sich der Systemanbieter das Recht vor, personenbezogene Daten des Nutzers zu verarbeiten, sofern dies erforderlich ist, um Betrugsfälle im Zahlungsverkehr zu verhüten, ermitteln und festzustellen.

(5) Verlässt der Nutzer die Seite des Systemanbieters, zB durch Anklicken eines Banners, so ist es möglich, dass die Zielseiten sogenannte Cookies setzen. Für diese ist der Systemanbieter nicht verantwortlich. Zur Benutzung solcher Cookies wird der Nutzer auf die AGB und Datenschutzbestimmungen der Werbepartner verwiesen.

§ 13 Systemintegrität[20]

Der Nutzer ist nicht berechtigt, Programme, Algorithmen oder sonstige Software in Verbindung mit der Nutzung des Dienstes des Systemanbieters zu verwenden, die das Funktionieren des Services und der Webseite stören können. Er darf insbesondere keine Maßnahmen ergreifen, die eine unzumutbare oder übermäßige Belastung der Infrastruktur der Webseite oder des Dienstes zur Folge haben können oder störend in die Webseite oder den Service eingreifen können.

ties or other public bodies after careful consideration of the legitimate interests or in the event of a corresponding legal obligation on the part of the System Provider. The User agrees that his or her data may be stored electronically for administrative purposes and for the logging purposes specified in Section 1 para. 2. Furthermore, data will be forwarded if this is necessary for the execution of the contract concluded with the User. A transfer of account data to the payee does not take place.

(3) The User can only enter his data via the page . . . . . The System Provider will never ask the User for his/her data by phone or e-mail.

(4) In addition, the System Provider reserves the right to process personal data of the User, if this is necessary to prevent, investigate and determine cases of fraud in payment transactions.

(5) If the User leaves the System Provider's site, e.g. by clicking on a banner, it is possible that the target pages set so-called cookies. The System Provider is not responsible for these. For the use of such cookies, the User is referred to the terms and conditions and privacy policy of the advertising partners.

§ 13 System integrity[20]

The User is not entitled to use programs, algorithms or other software in connection with the use of the Service of the System Provider that may interfere with the functioning of the service and the website. In particular, he/she may not take any actions that may result in unreasonable or excessive load on the infrastructure of the website or the service or may interfere with the website or the service in a disruptive manner.

§ 14 Haftungsbeschränkung

(1) Bei Vorsatz, Arglist oder grober Fahrlässigkeit sowie bei Fehlen einer garantierten Eigenschaft oder im Fall einer gesetzlichen, verschuldensunabhängigen Haftung, sowie im Fall der Verletzung des Lebens, des Körpers oder der Gesundheit steht der Systemanbieter unbeschränkt für aus der Pflichtverletzung entstandene Schäden ein.

(2) Für leichte Fahrlässigkeit haftet der Systemanbieter nur bei Verletzung einer wesentlichen Vertragspflicht. Vertragswesentliche Pflichten sind solche Pflichten, die der Systemanbieter nach Inhalt und Zweck dieses Vertrages und seiner Ergänzungen zu erbringen hat, deren Erfüllung die ordnungsgemäße Durchführung dieses Vertrages erst ermöglicht und auf deren Einhaltung der Nutzer regelmäßig vertraut und vertrauen darf. Zu den vertragswesentlichen Pflichten dieses Vertrages gehört danach insbesondere die Ermöglichung, onlinebasierte Bezahlungen abzuwickeln. Nicht zu den vertragswesentlichen Pflichten dieses Vertrages gehört insbesondere die Haftung für die ununterbrochene technische Verfügbarkeit des Dienstes. Diese Haftungsbeschränkung gilt auch zugunsten der gesetzlichen Vertreter und Erfüllungsgehilfen des Systemanbieters.

(3) Gegenüber Unternehmern ist die Haftung, außer im Fall der Verletzung von Leben, Körper oder Gesundheit oder der Verletzung wesentlicher Vertragspflichten, auf den typischerweise vorhersehbaren Schaden begrenzt.

§ 15 Freistellung

Der Nutzer stellt den Systemanbieter und seine Mitarbeiter sowie die mit ihm verbundenen Unternehmen und deren Mitarbeiter von sämtlichen Ansprüchen frei, die Dritte aufgrund einer Verletzung dieser AGB, aufgrund einer Rechtsverletzung oder aufgrund der Nutzung der Dienstleistungen des Systemanbieters durch den Nutzer, dessen Mitarbeiter oder Vertreter

§ 14 Limitation of liability

(1) In the case of intent, fraudulent intent or gross negligence as well as in the case of the absence of a guaranteed characteristic or in the case of a statutory, strict liability, as well as in the case of injury to life, body or health, the System Provider shall be liable without limitation for damages arising from the breach of duty.

(2) The System Provider shall only be liable for slight negligence in the event of a breach of a material contractual obligation. Material contractual obligations are those obligations which the System Provider has to provide according to the content and purpose of this contract and its supplements, the fulfilment of which only enables the proper execution of this agreement and on the compliance with which the User regularly relies and may rely. Accordingly, the essential contractual obligations of this agreement include, in particular, enabling online-based payments to be processed. The essential contractual obligations of this agreement do not include, in particular, liability for the uninterrupted technical availability of the service. This limitation of liability also applies in favor of the legal representatives and vicarious agents of the System Provider.

(3) With respect to entrepreneurs, liability shall be limited to the typically foreseeable damage, except in the case of injury to life, body or health or the violation of essential contractual obligations.

§ 15 Indemnification

The User indemnifies the System Provider and its employees as well as the companies affiliated with it and their employees against all claims asserted by third parties due to a violation of these T&C, due to an infringement of rights or due to the use of the System Provider's services by the User, its employees or representatives. The User shall also bear the costs of the necessary geltend machen. Der Nutzer übernimmt hierbei auch die Kosten der notwendigen Rechtsverteidigung des Systemanbieters, einschließlich sämtlicher Gerichts- und Anwaltskosten. S. 1 und 2 gelten nicht, soweit die Rechtsverletzung von dem Nutzer nicht zu vertreten ist.

§ 16 Änderungen dieser AGB

Der Systemanbieter behält sich das Recht vor, diese AGB, damit verbundene Leistungsbeschreibungen und Preise jederzeit und ohne Angabe von Gründen zu ändern. Diese neuen AGB werden rechtzeitig, mindestens jedoch zwei Monate vor dem Zeitpunkt, zu dem sie in Kraft treten sollen, schriftlich bekanntgegeben. Hat der Systemanbieter mit dem Nutzer einen elektronischen Kommunikationsweg vereinbart, können die Änderungen auch auf diesem Weg übermittelt werden, wenn die Art der Übermittlung es dem Nutzer erlaubt, die Änderungen in lesbarer Form zu speichern oder auszudrucken. Die vom Systemanbieter angekündigten Änderungen werden nur wirksam, wenn der Nutzer diese annimmt, gegebenenfalls im Wege der nachfolgend geregelten Zustimmungsfiktion. Das Schweigen des Nutzers gilt nur dann als Annahme des Änderungsangebots (Zustimmungsfiktion), wenn

- das Änderungsangebot erfolgt, um die Übereinstimmung der vertraglichen Bestimmungen mit einer veränderten Rechtslage wiederherzustellen, weil eine Bestimmung dieser AGB aufgrund einer Änderung von Gesetzen, einschließlich unmittelbar geltender Rechtsvorschriften der Europäischen Union, nicht mehr der Rechtslage entspricht, durch eine rechtskräftige gerichtliche Entscheidung, auch durch ein Gericht erster Instanz, unwirksam wird, nicht mehr verwendet werden darf oder aufgrund einer verbindlichen Verfügung einer für den Systemanbieter zuständigen nationalen oder internationalen Behörde (zB der Bundesanstalt für Finanzdienstleistungsaufsicht oder der Europäischen Zentralbank) nicht mehr mit den aufsichtsrecht-

legal defense of the System Provider, including all court and attorney fees. Sentence 1 and 2 do not apply if the User is not responsible for the infringement.

§ 16 Amendments to these T&C

The System Provider reserves the right to amend these T&C, related service descriptions and prices at any time and without giving reasons. These new T&C will be announced in writing in due time, but at least two months before the date on which they are to come into force. If the System Provider has agreed on an electronic communication channel with the User, the amendments may also be transmitted by this channel if the method of transmission allows the User to save or print the amendments in a readable form. The amendments announced by the System Provider shall only become effective if the User accepts them, if necessary by way of the fictitious consent regulated below. Silence on the part of the User shall only be deemed to be acceptance of the change offer (fictitious acceptance) if

- the amendment offer is made in order to restore the conformity of the contractual provisions with a changed legal situation, because a provision of these T&C no longer conforms to the legal situation due to a change in the law, including directly applicable legal provisions of the European Union, becomes invalid due to a legally binding court decision, including a court of first instance, may no longer be used, or may no longer be used due to a binding order of a national or international authority responsible for the system provider (e.g. the German Federal Financial Supervisory Authority or the European Central Bank), it can no longer be brought into line with the system provider's regulatory obligations

lichen Verpflichtungen des Systemanbieters in Einklang zu bringen ist
und
- **der Nutzer das Änderungsangebot nicht vor dem vorgeschlagenen Zeitpunkt des Wirksamwerdens der Änderungen abgelehnt hat. Der Systemanbieter wird im Änderungsangebot auf die Folgen des Schweigens hinweisen.[21]**

Die Zustimmungsfiktion findet keine Anwendung
- **bei Änderungen, die die Hauptleistungspflichten des Vertrages und die Entgelte für Hauptleistungen betreffen, oder**
- **bei Änderungen von Entgelten, die auf eine über das vereinbarte Entgelt für die Hauptleistung hinausgehende Zahlung des Verbrauchers gerichtet sind, oder**
- **bei Änderungen, die dem Abschluss eines neuen Vertrages gleichkommen, oder**
- **bei Änderungen, die das bisher vereinbarte Verhältnis von Leistung und Gegenleistung erheblich zugunsten des Systemanbieters verschieben würden.**

In diesen Fällen wird der Systemanbieter die Zustimmung des Nutzers zu den Änderungen auf andere Weise einholen.

Macht der Systemanbieter von der Zustimmungsfiktion Gebrauch, kann der Nutzer den von der Änderung betroffenen Vertrag vor dem vorgeschlagenen Zeitpunkt des Wirksamwerdens der Änderungen auch fristlos und kostenfrei kündigen. Auf dieses Kündigungsrecht wird im Änderungsangebot besonders hinweisen.

§ 17 Sonstiges

(1) Sofern eine Bestimmung dieser AGB ganz oder teilweise unwirksam ist oder wird, bleiben die übrigen Bestimmungen davon unberührt. Die unwirksame Bestimmung gilt als durch eine solche ersetzt, die dem Sinn und Zweck der unwirksamen Bestimmung in rechtswirksamer Weise wirtschaftlich am nächsten kommt. Gleiches gilt für eventuelle Regelungslücken. Im Üb-

and
- **the User has not rejected the change offer prior to the proposed effective date of the amendments. The System Provider shall point out the consequences of silence in the amendment offer.[21]**

The fiction of consent shall not apply
- **in the case of amendments affecting the main performance obligations of the contract and the charges for main services, or**
- **in the case of amendments to charges which are aimed at a payment by the consumer in excess of the agreed charge for the main service, or**
- **in the case of amendments which are tantamount to the conclusion of a new contract, or**
- **in the case of amendments that would significantly shift the previously agreed relationship between performance and consideration in favor of the System Provider.**

In such cases, the System Provider shall obtain the User's consent to the amendments by other means.

If the System Provider makes use of the fictitious consent, the User may also terminate the agreement affected by the amendment without notice and free of charge before the proposed date of entry into force of the amendments. Special reference shall be made to this right of termination in the amendment offer.

§ 17 Miscellaneous

(1) If any provision of these T&C is or becomes invalid in whole or in part, the remaining provisions shall remain unaffected. The invalid provision shall be deemed to be replaced by a provision that comes as close as possible in economic terms to the meaning and purpose of the invalid provision in a legally effective manner. The same shall apply to any loopholes.

rigen gelten, soweit nicht anders vereinbart ist, die gesetzlichen Bestimmungen.

(2) Der Vertrag und diese AGB unterliegen dem Recht der Bundesrepublik Deutschland unter Ausschluss des UN-Kaufrechts und derjenigen Regelungen des internationalen Privatrechts, die zur Anwendung des Rechts eines anderen Staates führen würden.[22] . . . . . ist Erfüllungsort. Handelt es sich bei dem Nutzer um einen Kaufmann im Sinne des Handelsgesetzbuchs, ist . . . . . als Gerichtsstand für alle aus diesem Vertragsverhältnis entstehenden Streitigkeiten vereinbart.[23]

In all other respects, unless otherwise agreed, the statutory provisions shall apply.

(2) The agreement and these T&C shall be governed by the laws of the Federal Republic of Germany to the exclusion of the UN Convention on Contracts for the International Sale of Goods and those provisions of international private law which would lead to the application of the laws of another country.[22] . . . . . is the place of performance. If the User is a merchant within the meaning of the German Commercial Code, ... is agreed as the place of jurisdiction for all disputes arising from this contractual relationship.[23]

Anmerkungen

1. Gegenstand dieses Formularvertrages ist die Eröffnung eines Kontos bei einem onlinebasierten Bezahlsystem. Technisch und rechtlich ist zwischen dem System eines virtuellen Kontos und dem Abrechnungs- oder auch Billingsystem zu unterscheiden. Bei dem virtuellen Kontosystem handelt es sich nicht um eine virtuelle Währung, vielmehr vollzieht der Systemanbieter Zahlungsflüsse durch Gutschriften und Belastungen virtueller Konten (vgl. Ellenberger/Bunte BankR-HdB/Schefold § 98 Rn. 79). Der Nutzer muss im Rahmen des Aufladevorgangs Bar- oder Buchgeld aufwenden, um einen bestimmten Betrag auf seinem Konto gutzuschreiben. Voraussetzung ist eine vorherige einmalige Anmeldung bei dem Systemanbieter (Hoenike/Szodruch MMR 2006, 519 (520)). Dieser Aufladevorgang ist sowohl zeitlich vor der Inanspruchnahme des Kontos (prepaid) als auch zeitgleich (pay-now) möglich. Demgegenüber hat der Nutzer gemäß § 33 Abs. 1 S. 2, 3 ZAG auch einen Rücktauschanspruch gegen den Systemanbieter. Dieser berechtigt den Nutzer vor oder bei Beendigung des Vertrages zu verlangen, den auf seinem Konto gutgeschriebenen Betrag ganz oder teilweise in Bar- oder Buchgeld zurückzutauschen. Prominentestes Beispiel eines solchen Systems ist PayPal. Im Jahr 2019 nutzten 286 Millionen aktive Accounts Paypal (www.statista.com/statistics/218493/paypals-total-active-registered-accounts-from-2010, Stand August 2019). PayPal berichtet allein für den Bereich der mobilen Bezahlungen nach eigenen Angaben für das Jahr 2018 einen Umsatz von 227 Milliarden US Dollar und damit ein massives weiteres Wachstum (https://www.statista.com/statistics/277819/paypals-annual-mobile-payment-volume/, Stand Mai 2024). Der Erfolg von PayPal liegt neben der Integration bei eBay auch in der einfachen und verständlichen Nutzung des Kontos. Das virtuelle Konto ist dabei wie ein Girokonto aufgebaut (Jonetzki, Rechtsrahmen innovativer Zahlungssysteme, 2010, S. 53). Mit Apple Wallet und Samsung Pay sind mittlerweile signifikante weitere Marktteilnehmer in dieses Segment eingestiegen.

Eine weitere Möglichkeit der Ausgestaltung eines Onlinebezahlsystems sind Abbuchungs- oder Billingsysteme. Dort werden die angefallenen Beträge protokolliert und dem Nutzer monatlich in Rechnung gestellt. Sie bieten sich vor allem für Bezahlungen iRd sogenannten Micropayments an (siehe hierzu: Europäische Zentralbank – A big future for small payments? Micropayments and their impact on the payment ecosystem, August 2023). Der Systemanbieter fungiert in diesen Systemen lediglich als Bote, welcher der Bank oder dem Kreditkarteninstitut des Nutzers den entsprechenden Auftrag übermittelt (Hoenike/Szodruch MMR 2006, 519 (520)). Nachdem der frühere Marktführer dieses Systems, Click&Buy, ebenfalls auch dazu übergegangen ist, das Verfahren über virtuelle Konten abzuwickeln, wird lediglich das erstgenannte Model dargestellt.

2. Diese AGB müssen, um gemäß § 305 Abs. 2 Nr. 2 BGB wirksam Vertragsbestandteil zu werden, auf der Webseite des Systemanbieters über höchstens zwei Klicks auf gut sichtbare Hyperlinks abrufbar sein (Söbbing BKR 2016, 360 (362)). Ihr Gegenstand ist nicht die Rechtsbeziehung Nutzer – Inhaltsanbieter. Innerhalb dieses Rechtsverhältnisses finden die kaufrechtlichen Vorschriften Anwendung (Hoenike/Szodruch MMR 2006, 519 (520)). In dem Rechtsverhältnis Systemanbieter–Nutzer ist ersterer zur Führung des (virtuellen) Kontos verpflichtet, sodass diese Vertragsbeziehung richtigerweise als Zahlungsdiensterahmenvertrag iSd § 675f Abs. 2 BGB zu qualifizieren ist (Langenbucher/Bliesener/Spindler/Herresthal BGB § 1 Rn. 7). Gemäß § 675c BGB sind die Regelungen über den Zahlungsdiensterahmenvertrag ausdrücklich auch auf E-Geld anzuwenden. Kennzeichnend für den Zahlungsdiensterahmenvertrag ist die Pflicht zur Einrichtung und Führung eines Kontos. Zur Kontoführung gehören die Gutschrift eingehender Zahlungen, sowie die Ausführung von Überweisungsaufträgen und die damit verbundene Belastung des Kontos (Söbbing BKR 2016, 360 (362)).Gleichwohl lehnen andere die Einordnung als Zahlungsdiensterahmenvertrag mangels der Möglichkeit, von dem Konto unmittelbar Zahlungen an Girokonten zu leisten oder Zahlungen von diesen zu empfangen ab und qualifizieren den Vertrag als Geschäftsbesorgungsvertrag gemäß § 675 BGB (vgl. Jonetzki Rechtsrahmen innovativer Zahlungssysteme S. 94 f. zur alten Rechtslage hinsichtlich des Girovertrages; Die Aussagen finden auf geltendes Recht entsprechende Anwendung). Die rechtliche Einordnung des Verhältnisses zwischen Zahlungsempfänger und Systemanbieter hängt ebenso von der Ausgestaltung der Pflichten des Systemanbieters ab. Regelmäßig handelt es sich somit auch in diesem Rechtsverhältnis um einen Zahlungsdiensterahmenvertrag iSd § 675f Abs. 2 iVm § 675c BGB, da jenes den Systemanbieter in gleicher Weise zur Einrichtung und Führung des Kontos des Drittanbieters verpflichtet (Harman BKR 2018, 457 (458, 461)).

3. Gemäß § 32 KWG ist die Erbringung von Bank- oder Finanzdienstleistungen erlaubnispflichtig. Der Systemanbieter unterfällt der Erlaubnispflicht, wenn er eines der in § 1 KWG aufgezählten Bank- oder Finanzgeschäfte betreibt. Dabei fielen die Systemanbieter, die ein virtuelles Konto zur Verfügung stellten, unter das Girogeschäft gemäß § 1 Abs. 1 S. 2 Nr. 9 KWG aF (Hoenike/Szodruch MMR 2006, 519 (523)). Diese Norm wurde nunmehr allerdings dahingehend geändert, dass sie die Erlaubnispflichtigkeit von Scheckeinzugsgeschäften, Wechseleinzugsgeschäften und Reisecheckgeschäften festschreibt. Folglich wurde das Girogeschäft durch das Gesetz zur Umsetzung der zweiten E-Geld-Richtlinie abgeschafft, sodass E-Geld-Institute fortan von §§ 1 Abs. 1 Nr. 2, 1a, 8a ZAG erfasst werden, dementsprechend das E-Geld-Geschäft kein Bankgeschäft iSd § 1 Abs. 1 S. 2 Nr. 11 KWG mehr darstellt und die Definitionen des E-Geld-Instituts in § 1 Abs. 3d S. 4 KWG sowie des elektronischen Geldes in § 1 Abs. 14 KWG zu streichen waren (Fischer/Schulte-Mattler/Schäfer KWG § 1 Rn. 122).

So regelt das Zahlungsdienste-Aufsichtsgesetz (ZAG) die Erlaubnispflicht für gewerbsmäßig erbrachte Zahlungsdienste. Nach Definition des § 1 Abs. 2 Nr. 4 ZAG handelt es sich bei E-Geld um jeden elektronisch, darunter auch magnetisch, gespeicherten monetären Wert in Form einer Forderung an den Emittenten, der gegen Zahlung eines Geldbetrags ausgestellt wird, um damit Zahlungsvorgänge iSd § 675f Abs. 4 S. 1 BGB durchzuführen, und der auch von anderen natürlichen oder juristischen Personen als dem Emittenten angenommen wird. Angesichts der Angleichungen im ZAG und KWG von virtuellem und „echtem“ Geld gilt auch der Anbieter eines Online-Bezahlsystems als Zahlungsdienstleister mit den entsprechenden Pflichten. Dies gilt für alle Zahlungsdienstleister, die nicht selbst Waren anbieten (LG Köln MMR 2011, 815 (816)). Online-

Bezahlsysteme sind damit regulierungspflichtig. Allerdings ist es dank des europäischen Passes (§ 53b Abs. 1 S. 2 KWG) auch E-Geld-Instituten möglich, ohne eine Erlaubnis der BaFin in Deutschland tätig zu werden. Voraussetzung ist, dass der Systemanbieter bereits in einem anderen EU-Mitgliedstaat als E-Geld-Institut zugelassen ist. PayPal Europe beispielsweise ist in Luxemburg zugelassen und unterliegt damit der Aufsicht luxemburgischer Behörden (Harman BKR 2018, 457 (462)).

4. Einige Anbieter, wie zB PayPal, verzichten auf eine Grundgebühr. Stattdessen erhebt PayPal Gebühren auf den Empfang von Zahlungen, so dass die Nutzung für Privatkunden im Verhältnis zu PayPal in der Regel gebührenfrei erfolgt.

5. Als Nutzerkennung kann auch, wie zB bei PayPal, das E-Mail-Konto dienen.

6. Um eine missbräuchliche Verwendung des Zahlungssystems zu verhindern, ist es erforderlich, dass auch der Nutzer gewisse Sorgfaltspflichten übernimmt. Der Nutzer haftet nach Rechtsscheingesichtspunkten in den Fällen, in denen er seine Legitimationsdaten wissentlich an einen Dritten weitergegeben hat oder aber trotz Kenntnis oder fahrlässiger Unkenntnis des Missbrauchs nicht eingeschritten ist. Eine verschuldensunabhängige Haftung des Nutzers für das Abhandenkommen seiner Zugangsdaten oder aufgrund der technischen Überwindung der Schutzvorkehrungen besteht dagegen nicht (KG MMR 2011, 338 (339)). Diese lässt sich weder nach Risikosphärentheorien, noch nach Rechtsscheingesichtspunkten begründen (Brückner Online-Banking S. 100). Gemäß § 675u BGB hat der Zahlungsdienstleister keinen Anspruch gegen den Nutzer bei unautorisierter Nutzung. Er muss dem Zahler sogar unverzüglich den Zahlungsbetrag erstatten, der durch den nicht autorisierten Zahlungsvorgang abgebucht wurde. Gleichwohl kann der Zahlungsdienstleister in Fällen nicht autorisierter Zahlungsvorgänge bei verloren gegangenen, gestohlenen, sonst abhandengekommenen oder missbräuchlich verwendeten Zahlungsinstrumenten gemäß § 675v Abs. 1, 2 BGB vom Zahler Schadenersatz bis zu einem Betrag von 50 EUR bzw. gemäß § 675v Abs. 3 BGB unter erhöhten Anforderungen vom Zahler Schadenersatz in voller Höhe verlangen. Dies gilt jedoch nach Maßgabe des § 675 Abs. 4 BGB nicht, wenn der Zahlungsdienstleister des Zahlers eine starke Kundenauthentifizierung iSd § 1 Abs. 24 ZAG nicht verlangt oder der Zahlungsempfänger bzw. sein Zahlungsdienstleister eine solche nicht akzeptiert. Ferner besteht keine Nutzerhaftung für Zahlungen, die erst nach erfolgter Anzeige des Missbrauchs entstehen (Scheibengruber NJOZ 2010, 1366 (1366)). Die vertragliche Verpflichtung zur Benachrichtigung bei Verdacht auf missbräuchlichen Kontozugriff ist zulässig (Langenbucher AktKapMarktR S. 261; Recknagel Internet-Banking S. 193). Der Kunde hat nach § 254 BGB die Pflicht, rechtzeitig schadensbegrenzende Maßnahmen zu ergreifen (vgl. Ellenberger/Bunte BankR-HdB/Bunte/Artz § 3 Rn. 33). Zu beachten ist letztlich, dass gemäß § 675i Abs. 3 BGB die §§ 675u und 675p BGB grundsätzlich nicht für E-Geld gelten, es sei denn, der Zahlungsdienstleister hat die Möglichkeit, das Zahlungskonto, auf dem das E-Geld gespeichert ist, oder das Kleinbetragsinstrument (mit einem Wert von höchstens 200 EUR) des Zahlers zu sperren. Diese Möglichkeit der Sperrung besteht indes lediglich bei entsprechender Abrede iSd § 675k Abs. 2 BGB (→ Anm. 15).

7. Da es sich bei den vorliegend dargestellten Zahlungssystemen um mit Girokonten vergleichbare handelt, können die Grundsätze des Online-Bankings herangezogen werden. Eine vollständige Abwälzung des Missbrauchsrisikos auf den Nutzer ist unangemessen und nach § 307 BGB unwirksam. Erforderlich ist demnach eine Zurechnung nach den in Ziffer 6 genannten Gesichtspunkten (→ Anm. 6).

8. Der Zahlungsdienstleister ist nach den § 8 Abs. 1, 2 GwG verpflichtet, die Identität des Nutzers festzuhalten und zu überprüfen. Zur Dokumentation ist eine verkörperte oder digitale Kopie des Ausweises aufzubewahren, § 8 Abs. 3 GwG. Dem stand geraume

Zeit ausdrücklich der Wille des Gesetzgebers entgegen, dass (neue) Personalausweise nicht mehr durch automatisierten Abruf kopiert werden durften, wozu auch das Scannen und das Kopieren gehören sollten (vgl. Gesetzesbegründung zu § 20 Abs. 2 und 3 PAuswG, BT-Drs. 16/10489, 42). Das betreffende in § 20 Abs. 2 PAuswG aF enthaltene Verbot automatisierten Abrufs und automatisierter Speicherung personenbezogener Daten ist allerdings nunmehr ersatzlos weggefallen. Vielmehr gelten angesichts des Verweises auf allgemeines Datenschutzrecht in § 20 Abs. 2 S. 4 PAuswG die rechtlichen Anforderungen der Datenschutzgrundverordnung (Beimowski/Gawron/Beimowski/Gawron PAuswG § 20 Rn. 7–9; Beimowski/Gawron/Beimowski/Gawron PaßG § 18 Rn. 14). Ein automatisierter Abruf des Personalausweises ist damit rechtmäßig, sofern die entsprechende Verarbeitung personenbezogener Daten auf eine Rechtsgrundlage iSd Art. 6 DS-GVO gestützt werden kann. Insoweit dürfte vor dem Hintergrund der Verpflichtung aus § 8 Abs. 1, 2 GwG das (automatisierte) Kopieren des Personalausweises regelmäßig gemäß Art. 6 Abs. 1 S. 1 Buchst. c DS-GVO rechtmäßig sein.

Nichtsdestoweniger verbleibt grundsätzlich ein Verbot derartiger Verwendung von Seriennummern, Sperrkennwörtern und Sperrmerkmalen, die einen automatisierten Abruf personenbezogener Daten oder eine Verknüpfung von Dateien ermöglich könnte, § 20 Abs. 3 PAuswG.

9. Insbesondere im Hinblick auf die Nutzersicherheit bieten fast alle Anbieter das Prepaid-Verfahren an. Zudem sind das Verfahren pay-now sowie das nachträgliche Abbuchungsverfahren möglich. Bei dem pay-now-Verfahren wird zeitgleich zu der Online-Bezahlung der entsprechende Betrag von dem angegebenen (Kreditkarten-) Konto des Nutzers abgezogen. Bei Abrechnungssystemen stellt der Systemanbieter dem Nutzer nach Ablauf eines bestimmten Zeitraums den abgebuchten Betrag in Rechnung und bucht diesen von dem angegebenen Konto ab.

Darüber hinaus ist zu beachten, dass im Zuge der zweiten Payment Services Directive (PSD II) Zahlungsdienstleister nunmehr dazu verpflichtet sind, unter in § 55 Abs. 1 ZAG bestimmten Umständen eine sogenannte „starke Kundenauthentifizierung“ iSd § 1 Abs. 24 ZAG zu verlangen. Zu fordern ist dabei eine Kombination aus zwei voneinander unabhängigen Elementen der Kategorien „Wissen“, „Besitz“ oder „Inhärenz“; zur ersten Kategorie zählen etwa ein Passwort oder eine PIN/TAN, zur zweiten der Zugriff auf eine Karte oder ein Mobiltelefon und letztere umfasst beispielsweise biometrische Merkmale des Nutzers, wie seine Iris oder sein Fingerabdruck (Harman BKR 2018, 457 (464)). Handelt es sich um einen elektronischen Fernzahlungsvorgang, unterliegt der Zahlungsdienstleister sogar den qualifizierten Anforderungen des § 55 Abs. 2 ZAG, der erfordert, dass die Authentifizierung den Zahlungsvorgang dynamisch mit einem bestimmten Betrag und Zahlungsempfänger verknüpft. Sichergestellt werden kann eine solche dynamische Verknüpfung etwa durch Verwendung von mTAN-, smsTAN-, ChipTAN- und QRTAN-Verfahren, sofern sie den „regulatory technical standards“ der EBA (European Banking Authority) genügen (Omlor BKR 2019, 105 (113)). Kommen Zahlungsdienstleister dieser Verpflichtung aus § 55 Abs. 1 und/oder Abs. 2 ZAG nicht nach, zieht dies einerseits haftungsrechtliche Folgen nach sich (→ Anm. 6) und stellt andererseits auch ein aufsichtsrechtliches Säumnis dar (Zahrte NJW 2018, 337 (340)).

10. Klassifiziert man das Vertragsverhältnis als Zahlungsdiensterahmenvertrag, gilt § 675p BGB, der einen Widerruf nur beim Lastschriftverfahren zulässt. Aber auch unter Annahme eines Geschäftsbesorgungsvertrages verstößt diese Norm nicht gegen § 307 BGB, da der Systemanbieter als neutraler Zahlungsvermittler eingeordnet wird und es deshalb nicht angemessen wäre, dem Systemanbieter das Widerrufsrisiko aufzuerlegen (Jonetzki Rechtsrahmen innovativer Zahlungssysteme S. 164).

11. Nach Abschnitt 1 Nr. 1 lit. a des Lastschriftabkommens wird der Betrag nur nach schriftlicher Ermächtigung eingezogen. Allerdings handelt es sich bei der Formvorschrift um keine gesetzliche Form. Da gemäß § 127 Abs. 2 BGB die elektronische Form der (gewillkürten) Schriftform gleichzusetzen ist, ist die Anwendung der telekommunikativen Form zulässig (Hoeren/Sieber/Holznagel MultimediaR-HdB/Werner Teil 13.5 Rn. 32; Jonetzki Rechtsrahmen innovativer Zahlungssysteme S. 141). Der Systemanbieter muss sicherstellen, dass die Zahlungsdienstleister des Nutzers auch am beleglosen Lastschriftverkehr teilnehmen.

12. Das Kreditkarteninstitut ist Zahlstelle des Nutzers.

13. Nicht alle Banken bieten dieses Verfahren an. Teilnehmer an diesem System sind u. a. die Postbanken, Volksbanken und Sparkassen (Übersicht der teilnehmenden Banken unter: https://www.giropay.de/kaeufer/, Stand August 2019). Das Verfahren gilt nur für deren Nutzer. Bei einer giropay-Bezahlung werden die Bankkonten des Nutzers sofort belastet und dem Konto des Zahlungsempfängers unmittelbar gutgeschrieben (Jonetzki Rechtsrahmen innovativer Zahlungssysteme S. 57). Bei der Zahlung mit giropay wird der Nutzer auf die Seite des zahlenden Bankinstituts geleitet. Dort betätigt er die Zahlungsanweisung unter Eingabe der PIN und TAN, woraufhin der Systemanbieter eine Zahlungsgarantie erhält. Der Systemanbieter schreibt das Guthaben sofort dem Empfängerkonto gut und nimmt die ausgebende Bank in Regress (Jonetzki Rechtsrahmen innovativer Zahlungssysteme S. 58).

14. Während bei den übrigen Zahlungsmethoden die Zahlung grundsätzlich sofort abgeschlossen ist, kommt es bei der Banküberweisung zu einer zeitlichen Verzögerung von einigen Tagen (Jonetzki Rechtsrahmen innovativer Zahlungssysteme S. 58).

15. Die Sperrung eines Onlinekontos ist ohne weiteres nicht möglich, da dies einer außerordentlichen Kündigung gleichkommt. Erlaubt ist eine Sperrung zur Verhinderung von Missbrauch und aus Gründen des Kundenschutzes (BGH NJW 2001, 751) sowie im Rahmen des § 675k Abs. 2 BGB.

16. Der Anspruch des Nutzers verjährt gemäß § 195 BGB iVm § 199 Abs. 1 Nr. 1 BGB nach der regelmäßigen Verjährungsfrist von drei Jahren, beginnend am Ende des Jahres, in dem das Konto gekündigt worden ist (für Sparbücher: OLG Frankfurt a. M. OLGR 2005, 312; Grüneberg/Ellenberger BGB § 199 Rn. 4).

17. Im Rahmen der Entgelte gibt es sehr unterschiedliche Ansätze. Teilweise wird ein Entgelt nur für Geschäftskunden mit monatlicher Grundgebühr sowie einmaliger Einrichtungsgebühr erhoben (zB 1&1 IONOS ipayment); andere erheben für jede eingegangene Zahlung eine Provision, während der Service für den Zahlenden unentgeltlich ist (zB PayPal, s. auch Ziffer 4).

18. Die Anbieter von Onlinebezahldiensten werben gerade mit der Datensicherheit ihrer Systeme. Insbesondere sollen die Nutzer damit überzeugt werden, dass für Bestellungen nicht mehr die Eingabe der Kreditkarteninformationen notwendig sei, sondern eine einmalige Hinterlegung bei dem Systemanbieter eine sichere Onlinebestellung möglich machte. Offen bleibt die Frage der datenschutzrechtlichen Grundlage. Zerlegt man die Zahlungssysteme in ihre technischen Einzelteile, so wäre das TKG zumindest teilweise anwendbar. Demnach ist die Weiterleitung der Verkehrsdaten von § 97 Abs. 1 S. 2 TKG gedeckt. Die Weitergabe der Daten im Falle der Nichteinbringbarkeit der Forderung dürfte in aller Regel erforderlich sein.

Allerdings liegt der Schwerpunkt hier nicht in der bloßen Übermittlung von Daten, sondern vielmehr in der Protokollierung und Abrechnung der anfallenden Beträge (Hoenike/Szodruch MMR 2006, 519 (526)). Danach handelt es sich um Telemedien-dienste. Für diese gelten die §§ 11 ff. TMG mit der Einschränkung, dass die §§ 12, 13 und 15 TMG nicht länger bei der Beurteilung der Rechtmäßigkeit von Reichweitenmessungen und Tracking-Mechanismen Anwendung finden (Positionspapier der DSK vom 26.4.2018 „Zur Anwendbarkeit des TMG für nicht-öffentliche Stellen ab dem 25.5.2018"). Telemedien sind gemäß § 1 Abs. 1 S. 1 TMG alle elektronischen Informations- und Kommunikationsdienste, die nicht ausschließlich der Telekommunikation dienen. Da die Systemanbieter in der Regel keine Bestandsdaten an die Anbieter weiterleiten, genügen sie dem Grundsatz der Datensparsamkeit gemäß § 12 Abs. 3 TMG iVm Art. 5 Abs. 1 lit. c DS-GVO. Im Falle ausländischer Anbieter legt § 3 TMG das Herkunftslandprinzip fest. Allerdings bestimmt § 1 Abs. 5 TMG, dass Kollisionsrecht nicht durch das TMG geregelt wird.

Darüber hinaus sind selbstverständlich auch die Vorgaben der Datenschutzgrundverordnung zu beachten. Jene gilt mit Blick auf Art. 2 Abs. 1 DS-GVO in sachlicher Hinsicht nur für die Verarbeitung personenbezogener Daten. Ob diese Daten sich etwa als „sensible Daten", „Bankdaten" oder „Kundendaten" im Sinne anderer Gesetze erweisen, mag Unterschiede bewirken hinsichtlich des Umfangs der Verpflichtung aus Art. 32–36 DS-GVO, betrifft jedoch nicht den Anwendungsbereich der Datenschutzgrundverordnung (Sander BKR 2019, 66 (67–68)). Für die vom Zahlungsdienstleister durchgeführten Verarbeitungsvorgänge werden regelmäßig die Erlaubnistatbestände des Art. 6 Abs. 1 S. 1 lit. b, c und f DS-GVO einschlägig sein. Fraglich erscheint allerdings, auf welchen Tatbestand die Verarbeitung biometrischer Daten im Rahmen einer starken Kundenauthentifizierung im Bereich „Inhärenz" gemäß § 55 Abs. 1 ZAG (→ Anm. 9) zu stützen ist (Sander BKR 2019, 66 (73)). Für biometrische Daten ist der Anwendungsbereich des Art. 9 Abs. 1 DS-GVO eröffnet, sodass berechtigtes Interesse oder Vertragserfüllung iSd Art. 6 Abs. 1 S. 1 lit. b bzw. f DS-GVO von vornherein ausscheidet. Auch eine gesetzliche Pflicht, die biometrischen Daten zu verarbeiten, besteht nicht, da der Zahlungsdienstleister die Authentifizierung genauso gut auf Elemente der Kategorien „Wissen" und „Besitz" stützen könnte. In der Praxis wird eine Kundenauthentifizierung gestützt auf Elemente aus der Kategorie „Inhärenz" damit wohl nur rechtmäßig sein, sofern zuvor eine entsprechende Einwilligung gemäß Art. 9 Abs. 2 lit. a DS-GVO eingeholt wurde. Dieser Umstand stellt sich als besonders prekär dar, da die betreffende Öffnungsklausel es den Mitgliedsstaaten erlaubt, eine Aufhebung des Verbotes aus Art. 9 Abs. 1 DS-GVO durch die Einwilligung der betroffenen Person zu verbieten.

Letztlich haben im Zuge der PSD II auch innerhalb des ZAG datenschutzrechtlich relevante Vorschriften Einzug gehalten. Gemäß § 59 Abs. 1 ZAG dürfen Betreiber von Zahlungssystemen und Zahlungsdienstleister personenbezogene Daten verarbeiten, soweit das zur Verhütung, Ermittlung und Feststellung von Betrugsfällen im Zahlungsverkehr notwendig ist. Ferner wurden Verpflichtungen aufgenommen, die ihrerseits eine Datenverarbeitung gestützt auf Art. 6 Abs. 1 S. 1 lit. c DS-GVO erfordern (zB §§ 27 Abs. 2, 51 Abs. 3 und 55 ZAG). Gemäß 59 Abs. 2 ZAG dürfen Zahlungsdienstleister jedoch die für das Erbringen ihrer Zahlungsdienste notwendigen personenbezogenen Daten nur mit der ausdrücklichen Einwilligung des Zahlungsdienstnutzers abrufen, verarbeiten und speichern. Ob diese Regelung allerdings tatsächlich rechtswirksam ist, ist vor dem Hintergrund ihres Konflikts mit deutschem Verfassungsrecht und europäischen Primärrecht zu bezweifeln (Sander BKR 2019, 66 (70–71)).

19. Die Bank ist zur Verschwiegenheit über alle kundenbezogenen Tatsachen und Wertungen verpflichtet, von denen sie aufgrund, aus Anlass oder im Rahmen der Geschäftsbeziehung zum Kunden Kenntnis erlangt (Bankgeheimnis; vgl. BGH BB 2006, 682, Leitsatz b). Informationen über den Nutzer darf die Bank nur weitergeben, wenn gesetzliche Bestimmungen dies gebieten oder der Nutzer eingewilligt hat oder die Bank zur Erteilung einer Bankauskunft befugt ist (mit lediglich deklaratorischer Wirkung: § 2

AGB Banken). Die Bank schuldet die Geheimhaltung von Kontobewegungen aufgrund des Bankgeheimnisses aus Gewohnheitsrecht (Hopt 2. Teil VI. Bankgeschäfte (7) Rn. A9). Die hiervon zu unterscheidenden Verpflichtungen der DS-GVO stehen neben dieser ausschließlich vertragsrechtlich wirkenden Pflicht. Die Mitarbeiter sind als Erfüllungsgehilfen auch zum Bankgeheimnis sowohl nach außen als auch nach innen verpflichtet. Das heißt, dass ein gesamtheitlicher Informationspool, von allen Mitarbeitern einsehbar, nicht geschaffen werden darf (Ellenberger/Bunte BankR-HdB/Krepold/Zahrte § 8 Rn. 59–61). Die Bankmitarbeiter sind auf das Daten- bzw. Bankgeheimnis entsprechend zu verpflichten. Die Verschwiegenheitspflicht gilt grundsätzlich auch gegenüber Behörden (Hopt 2. Teil VI. Bankgeschäfte (7) Rn. A9; Ellenberger/Bunte BankR-HdB/Krepold/Zahrte § 8 Rn. 57). Hinsichtlich aufsichtsbehördlicher Zugangsrechte erweist sich diese Geltung jedoch als eher schwach, wie ein Erst-Recht-Schluss aus Art. 90 DS-GVO, welcher eine mitgliedsstaatliche Einschränkung entsprechenden Rechte nur zu Gunsten von Berufsgeheimnissen oder gleichwertigen Geheimhaltungspflichten und nicht für das lediglich auf vertraglichen Beziehungen beruhende Bankgeheimnis erlaubt, beweist (Kühling/Buchner/Herbst DS-GVO Art. 90 Rn. 18). Bei Auskunftsersuchen ist immer eine sorgfältige Interessenabwägung durchzuführen (Hopt 2. Teil VI. Bankgeschäfte (7) Rn. A10). So ist der Datentransfer zur Aufdeckung von Straftaten wie zB Korruption zulässig.

20. Ausweislich § 10 Abs. 2 Nr. 7 und 10 ZAG müssen Zahlungsdienstleister ihrem Antrag auf Erlaubnis zur Erbringung von Zahlungsdiensten eine Beschreibung vorhandener Verfahren für die Überprüfung und Beschränkung des Zugangs zu sensiblen Zahlungsdaten, sowie der Sicherheitsstrategie, die auch eine Risikobewertung der erbrachten Zahlungsdienste und eine Beschreibung von Sicherheitskontroll- und Risikominderungsmaßnahmen zur Gewährleistung eines angemessenen Schutzes der Zahlungsdienstnutzer enthält, anfügen. Damit gehen die Verpflichtungen der §§ 53 Abs. 1 und 27 Abs. 1 ZAG einher, Risikominderungsmaßnahmen und Kontrollmechanismen sowie eine ordnungsgemäße Geschäftsorganisation zu unterhalten. Insoweit überschneiden sich die Anforderungen der DS-GVO mit den im Rahmen der PSD II in das ZAG eingefügten Verpflichtungen (Sander BKR 2019, 66 (69)).

21. Gemäß § 675g BGB sind beabsichtigte Änderungen zwei Monate vor Wirksamwerden dem Zahlungsdienstnutzer verständlich und in Textform mitzuteilen. § 675g Abs. 2 BGB regelt die Zustimmungsfiktion bei Schweigen des Kunden. Vorausgesetzt ist eine entsprechende Belehrung des Nutzers. Jedoch darf mit Blick auf § 675e BGB von den Regelungen der §§ 675c ff. BGB nicht bzw. nur eingeschränkt zu Lasten des Zahlungsdienstnutzers abgewichen werden.

22. Die Rechtswahl in AGB ist ohne weiteres möglich (BGHZ 123, 380 (383)) und bei Online-Bezahlsystemen üblich. Ihre inhaltliche Zulässigkeit ist abschließend in den Art. 3 Abs. 1 und 5, 6 Abs. 2, 8 Abs. 1 sowie 10 Abs. 1 ROM I-VO als auch in den Art. 7 ff. EuGVVO geregelt. Eine Inhaltskontrolle anhand nationalen Rechts erfolgt damit gerade nicht; Allein eine Einbeziehungskontrolle kann – sofern deutsches Recht gewählt wird – den §§ 305 ff. BGB unterliegen (MüKoBGB/Spellenberg ROM I-VO Art. 10 Rn. 186 f.). Eine Rechtswahlklausel ist nach § 305c BGB beispielsweise überraschend, wenn für ein in Deutschland abgeschlossenes und abgewickeltes Börsentermingeschäft englisches Recht gelten soll (Ulmer/Brandner/Hensen/Schmidt BGB § 305c Rn. 52). Handelt es sich aber um ein ausländisches Unternehmen, wird die erforderliche Auslandsbeziehung anzunehmen sein. Allerdings darf die Rechtswahlklausel gemäß Art. 6 Abs. 2 S. 2 ROM I-VO dem Verbraucher nicht den Schutz entziehen, den ihm zwingende Bestimmungen der Rechtsordnung seines Heimatortes gewähren.

23. Eine Gerichtsstandsvereinbarung ist (auch gegenüber einem Verbraucher) wirksam, soweit sie den Vorgaben der Art. 25 f. EuGVO genügt. Innerhalb Deutschlands setzt eine Gerichtsstandvereinbarung gemäß § 38 Abs. 1 ZPO die Kaufmannseigenschaft der Parteien voraus. Eine vorherige Gerichtsstandsvereinbarung gegenüber Verbrauchern ist nicht möglich.

2. SEPA-Basislastschriftverfahren – SEPA Core Debit Scheme

SEPA-Basis-Lastschriftmandat[1, 2]	SEPA Core Direct Debit Mandate[1, 2]
Ich ermächtige Sie, Zahlungen/eine Zahlung von meinem Konto mittels Lastschrift einzuziehen. Zugleich weise ich meinen Zahlungsdienstleister an, die von Ihnen auf mein Konto gezogenen Lastschriften einzulösen.[3]	**I hereby authorize you to collect payments from my account by direct debit. At the same time, I instruct my payment service provider to redeem the direct debits you have drawn on my account.[3]**
Hinweis: Ich kann innerhalb von acht Wochen, beginnend mit dem Belastungsdatum, die Erstattung des belasteten Betrages verlangen.[4] Es gelten dabei die mit meinem Zahlungsdienstleister vereinbarten Bedingungen.	**Note: I can request reimbursement of the debited amount within eight weeks of the debit date.[4] The conditions agreed with my payment service provider apply.**
Vorname und Name (Kontoinhaber)	**First name and surname (account holder) . . . . .**
Adresse	**Adress . . . . .**
Kreditinstitut (Name und BIC)	**Bank (name and BIC) . . . . .**
IBAN	**IBAN . . . . .**
Ort, Datum	**Place, date . . . . .**
(ggf. Unterschrift)[5]	**(signature if applicable)**

Anmerkungen

1. Allgemeines. Trotz zahlreicher im Internet gebräuchlicher Zahlungsmethoden ist die Lastschrift weiterhin im E-Commerce von erheblicher Bedeutung, ist sie doch seit Jahrzehnten in Deutschland etabliert und erfreut sich auch aufgrund des gesetzlichen Anspruchs auf Erstattung erheblichen Verbrauchervertrauens. Es handelt sich aufgrund der für den Zahlungspflichtigen resultierenden Bequemlichkeit und dem für Zahlungsempfänger und dessen Kreditinstitut bestehenden Nutzen um die „vollkommenste Form der Zahlung" (Ellenberger/Bunte BankR-HdB/Ellenberger § 36 Rn. 55).

Seit dem 1.2.2016 (Art. 6 der VO (EU) Nr. 260/2012 des Europäischen Parlaments und des Rates vom 14.3.2012 zur Festlegung der technischen Vorschriften und der Geschäftsanforderungen für Überweisungen und Lastschriften in Euro und zur Änderung der VO

(EG) Nr. 924/2009 und § 7c Abs. 1 ZAG alter Fassung) sind ausschließlich die einheitlichen europäischen SEPA (Single Euro Payments Area)-Formate zu verwenden.

Hierzu gehört das SEPA-Lastschriftverfahren, das auf der Basis des SEPA Direct Debit Scheme Rulebook des European Payment Council (EPC) entwickelt wurde. Unterschieden wird zwischen dem Basis-Lastschriftverfahren (SEPA Core Direct Debit) und dem Firmenlastschriftverfahren (SEPA Business to Business Direct Debit), wobei sich Letzteres durch seine ausschließliche Bestimmung für Nicht-Verbraucher und die fehlende Rückgabemöglichkeit auszeichnet und daher für den E-Commerce mit einem Verbraucher nicht in Betracht kommt.

Der Zahlungsempfänger benötigt vor Einzug das vom Zahlungspflichtigen erteilte Lastschrift-Mandat, dessen Erteilung in den „Bedingungen für Zahlungen mittels Lastschrift im SEPA-Basislastschriftverfahren" der Kreditwirtschaft für die SEPA-Basislastschrift verlangt wird.

Des Weiteren bedarf es für den Zahlungsempfänger der Angabe seiner Gläubiger-Identifikationsnummer. Die Ausgabe der Nummern übernimmt in Deutschland die Bundesbank in Abstimmung mit der Deutschen Kreditwirtschaft (DK). Anträge zur Vergabe einer Gläubiger-Identifikationsnummer können nur elektronisch gestellt werden (zum Antrag und Verfahren siehe www.glaeubiger-id.bundesbank.de).

2. SEPA-Basis-Lastschriftverfahren. Beim SEPA Basis-Lastschriftverfahren enthält die Lastschriftabrede zwischen Zahlungspflichtigem und Zahlungsempfänger das sogenannte „Lastschriftmandat".

Ungeachtet der Tatsache, dass der Zahlungspflichtige mit dem Mandat seine Zustimmung zur Kontobelastung erteilt hat, hat dieser nach § 675x Abs. 2 iVm Abs. 4 BGB binnen acht Wochen ab dem Zeitpunkt der Belastungsbuchung einen Anspruch auf Erstattung gegen seinen Zahlungsdienstleister ohne weitere Begründungserfordernisse. Weiteres Merkmal der SEPA Lastschrift, ist die Einführung eines Fälligkeitsdatums. Dieses Datum ist der Tag, an dem das Konto des Zahlungspflichtigen belastet werden soll und dass für die Berechnung der weiteren Fristen, insbesondere der Berechnung der Erstattungsfrist.

Vor dem Lastschrifteinzug ist der Zahlungspflichtige daher vom Zahlungsempfänger im Wege der Vorabinformation über den beabsichtigten Einzug zu informieren. Dies kann auch durch Vertrag oder Rechnung erfolgen. Die Vorabinformation hat zwei Wochen vor Belastung des Kontos des Zahlungspflichtigen zu erfolgen, sofern nichts Abweichendes vereinbart wurde. Sofern es sich um eine einmalige oder die erste Lastschrift handelt, muss diese 5 Tage vor Belastung des Zahlungspflichtigen bei dem Kreditinstitut des Zahlungsempfängers eingereicht werden. Bei wiederkehrenden Lastschriften genügt eine Einreichung zwei Tage vor Belastung, wobei wiederkehrende Lastschriften als solche zu kennzeichnen sind.

3. Lastschriftmandat. Das vom Zahlungspflichtigen gegenüber dem Zahlungsempfänger erteilte Lastschriftmandat enthält neben der Ermächtigung des Zahlungsempfängers zum Lastschrifteinzug auch eine an die Bank des Zahlungspflichtigen gerichtete Weisung, das Schuldnerkonto zu belasten. Diese „Doppelweisung" (Ellenberger/Bunte BankR-HdB/Ellenberger § 36 Rn 125) beinhaltet damit auch die Zustimmung der Kontobelastung durch die Bank des Zahlungspflichtigen gemäß § 675j Abs. 1 S. 2 Alt. 1 BGB.

Das Lastschriftmandat kann vom Zahlungspflichtigen durch (idealerweise schriftlich oder in Textform erfolgende) Erklärung gegenüber dem Zahlungsempfänger widerrufen werden. Nachfolgende Zahlungsvorgänge sind dann nicht mehr autorisiert (§ 675u BGB).

4. Anspruch auf Erstattung. Der Zahlungspflichtige kann binnen acht Wochen nach der Belastungsbuchung ohne Angabe von Gründen nach § 675x Abs. 2 iVm Abs. 4 BGB die Erstattung des zu Lasten seines Kontos gebuchten Betrages verlangen. Im Rahmen dieser Frist spielt es keine Rolle, ob der Lastschrifteinzug durch den Zahlungsempfänger berechtigt erfolgte oder nicht. Der Zahlungsempfänger erlangt also erst acht Wochen nach der Belastungsbuchung eine gesicherte Rechtsposition (BGHZ 186, 269). Dabei bleiben die Forderungen aus dem Valutaverhältnis zwischen Zahlungsempfänger und Zahlungspflichtigem unberührt. Sofern die Kontobelastung zu Unrecht erfolgt, weil dem Zahlungsempfänger kein Lastschriftmandat erteilt wurde oder das Mandat vor Einreichung der Lastschrift widerrufen wurde, kann der Belastung binnen eines Zeitraums von 13 Monaten widersprochen werden, § 676b Abs. 2 BGB.

Unabhängig von dem Anspruch auf Erstattung tritt die Erfüllungswirkung beim SEPA-Lastschriftverfahren mit der vorbehaltlosen Gutschrift des Zahlungsbetrages auf dem Konto des Zahlungsempfängers ein (BGHZ 186, 269). Die Rückbelastungsmöglichkeit, die der Schuldner mit seinem Erstattungsverlangen auslösen kann, rechtfertigt nicht die Annahme, der Parteiwille im Valutaverhältnis gehe dahin, dass auch der geschuldete Leistungserfolg erst nach Ablauf der Acht-Wochen-Frist erbracht ist (BGHZ 186, 269). Dies würde dem Umstand nicht gerecht, dass Zahlungen im Lastschriftverfahren in der Regel Bestand haben und nur ausnahmsweise eine Rückbelastung erfolgt. Die Erfüllung ist jedoch aufgrund einer konkludent getroffenen Erfüllungsvereinbarung iSd § 364 Abs. 1 BGB auflösend bedingt und entfällt daher im Falle der Rückbelastung rückwirkend (Ellenberger/Bunte BankR-HdB/Ellenberger § 36 Rn. 183).

5. Wirksame Erteilung des Lastschriftmandats. Die Frage, ob ein Basis-Lastschriftmandat auch per Internet, dh ohne Unterschrift, erteilt werden kann, wird – entsprechend der ohnehin vorherrschenden Praxis – allg. bejaht (so der Deutsche SEPA-Rat; die Bundesregierung in BT-Drs. 17/14757, 4 f.; s. auch Werner WM 2014, 243 (249)). Ebenso ist die Weiterverwendung von Einzugsermächtigungen für wiederkehrende Zahlungen des zuvor weit verbreiteten Einzugsermächtigungsverfahrens nach den „Bedingungen für den Lastschrifteinzug" und subsidiär in Art. 7 Abs. 1 der VO (EU) Nr. 260/2012 vorgesehen.

3. Allgemeine Geschäftsbedingungen einer Handelsplattform für Anteile an geschlossenen Fonds

Allgemeine Geschäftsbedingungen

zwischen

. . . .

– nachstehend „Handelsplattform" genannt –

und

. . . .

– nachstehend „Auftraggeber" genannt –

Die Nutzung der Handelsplattform der . . . . (nachfolgend kurz „Auftragnehmer") unterliegt diesen Allgemeinen Geschäftsbedingungen (nachfolgend „AGB").[1] Sie regeln das Vertragsverhältnis zwischen . . . . als Makler am Zweitmarkt für Beteiligungen[2] und dem Auftraggeber. Fer-

General terms and conditions

between

. . . .

– hereinafter referred to as the „Trading Platform"–

and

. . . .

– hereinafter referred to as the „Client" –

The use of the Trading Platform of the . . . . (hereinafter referred to as „Contractor") is subject to these General Terms and Conditions (hereinafter referred to as T&C).[1] They regulate the contractual relationship between the . . . . as Broker on the Secondary Market for Participati-

ner betreffen sie die Nutzung der Internetseite . . . . . sowie aller zu dieser Domain gehörenden Subdomains (nachfolgend insgesamt „Handelsplattform“).

Diese AGB finden auch dann Anwendung, wenn Sie die Handelsplattform oder Bereiche davon von anderen Internetseiten aus nutzen, die den Zugang zur Handelsplattform vollständig oder ausschnittsweise ermöglichen.

ons[2] and the Client. Furthermore, they concern the use of the website . . . . . as well as all subdomains belonging to this domain (hereinafter collectively referred to as „Trading Platform“).

These T&C shall also apply if you use the Trading Platform or areas thereof from other internet sites which provide access to the Trading Platform in whole or in part.

§ 1 Nutzung der Handelsplattform, Kauf- und Übertragungsvertrag

(1) Die Nutzung der Funktionen der Handelsplattform zum Verkauf oder Kauf von Beteiligungen setzt den Abschluss eines separaten Maklervertrages mit dem Auftragnehmer voraus, dessen Inhalt Sie auf der Handelsplattform im Downloadbereich einsehen können. Mit Abschluss des Vertrages werden die AGB Bestandteil des mit dem Auftraggeber geschlossenen Vertrages.

(2) Der Auftraggeber beauftragt den Auftragnehmer, für eine von ihm benannte Beteiligung an einer Fondsgesellschaft (nachfolgend auch „Beteiligung“ oder „Fondsanteil“) einen Käufer oder Verkäufer nachzuweisen oder zu vermitteln.

(3) Durch den Maklervertrag erhält der Auftraggeber die Möglichkeit, Beteiligungen an geschlossenen Fonds über die Handelsplattform zu verkaufen und/oder zu kaufen. Dem Maklervertrag und dem beigefügten bzw. ebenfalls im Downloadbereich verfügbaren Muster des Kauf- und Übertragungsvertrages sind die Einzelheiten des konkreten Bietverfahrens sowie insbesondere die Regelungen zum Vertragsschluss über diese Handelsplattform zu entnehmen.

(4) Der Abschluss sämtlicher Verträge mit dem Auftragnehmer erfolgt ausschließlich auf Grundlage dieser Bedingungen. Gegenbestätigungen unter Hinweis auf eigene Geschäftsbedingungen wird hiermit widersprochen.

§ 1 Use of the Trading Platform, purchase and transfer agreement

(1) The use of the functions of the Trading Platform for the sale or purchase of participations requires the conclusion of a separate brokerage agreement with the Contractor, the contents of which can be viewed on the Trading Platform in the download area. Upon conclusion of the agreement, the T&C become part of the agreement concluded with the Client.

(2) The Client shall commission the Contractor to prove or procure a buyer or seller for a participation in a fund company (hereinafter also referred to as „Participation“ or „Fund Share“) named by the Client.

(3) The brokerage agreement gives the Client the opportunity to sell and/or buy Participations in closed-end funds via the Trading Platform. The details of the specific bidding procedure and, in particular, the regulations on the conclusion of the agreement via this Trading Platform can be found in the brokerage agreement and the enclosed sample of the purchase and transfer agreement, which is also available in the download area.

(4) All agreements with the Contractor shall be concluded exclusively on the basis of these terms and conditions. Counter-confirmations with reference to own terms and conditions are hereby contradicted.

(5) Ihnen steht im Zusammenhang mit dem Abschluss des Maklervertrages ein Widerrufsrecht zu, sofern Sie den Vertrag als Verbraucher gem. § 13 BGB geschlossen haben. Die Einzelheiten sind dem Auftraggeber bei Abschluss des Vertrages bekannt gemacht worden.[3]

(5) In connection with the conclusion of the brokerage agreement, you are entitled to a right of withdrawal, provided that you have concluded the agreement as a consumer pursuant to Section 13 BGB. The details have been made known to the Client upon conclusion of the agreement.[3]

§ 2 Leistung des Auftragnehmers/Nutzung der Plattform

§ 2 Performance of the Contractor/Use of the Platform

(1) Durch die Nutzung der Handelsplattform des Auftragnehmers erhält der Auftraggeber die Möglichkeit, Interessenten zu finden, an die er Beteiligungen an geschlossenen Fonds verkaufen oder von denen er Beteiligungen kaufen kann. Als Käufer hat der Auftraggeber umgekehrt die Möglichkeit, einen Verkäufer für ihn interessierende Beteiligungen zu suchen und in der Folge gegebenenfalls einen Kaufvertrag abzuschließen.

(1) By using the Contractor's Trading Platform, the Client is given the opportunity to find interested parties to whom he can sell Participations in closed-end funds or from whom he can buy Participations. As a buyer, the Client conversely has the possibility to search for a seller for Participations he is interested in and subsequently to conclude a purchase agreement, if applicable.

(2) Die Leistung des Auftragnehmers nach diesem Vertrag ist es daher, ohne Übernahme einer Erfolgspflicht, Kauf- und Verkaufsinteressenten zusammenzuführen. Insoweit ist der Auftragnehmer als Nachweismakler für die Vermittlung einer Beteiligung auf Grundlage dieser AGB im Rahmen einer Doppelfunktion für den Verkäufer als auch für den Käufer der jeweiligen Beteiligung, also den Auftraggeber, tätig.[4] Der Auftraggeber erteilt hierzu ausdrücklich seine Zustimmung.

(2) The service of the Contractor under this agreement is therefore to bring together prospective buyers and sellers without assuming any obligation to perform. In this respect, the Contractor shall act as a broker for the brokerage of an investment on the basis of these T&C within the scope of a dual function for the seller as well as for the buyer of the respective investment, i.e. the Client.[4] The Client expressly gives its consent to this.

(3) Der Auftragnehmer stellt selbst keine Beteiligungen zum Verkauf in die Plattform ein, wird nicht an Bietverfahren teilnehmen und wird nicht Vertragspartner der später ausschließlich zwischen den Kunden des Auftragnehmers geschlossenen Kauf- und Übertragungsverträge. Auch die Erfüllung der zwischen den Vertragspartnern geschlossenen Verträge über den An-/Verkauf einer Beteiligung erfolgt ausschließlich zwischen den jeweiligen Kunden des Auftragnehmers als Vertragspartner des Bietverfahrens.[5] Der Auftragnehmer weist ferner darauf hin, dass es sich bei geschlossenen Fonds um eine Geldanlage mit Risiken handelt, da die

(3) The Contractor shall not itself place any Participations for sale on the Platform, shall not participate in bidding procedures and shall not become a contracting party to the purchase and transfer agreements subsequently concluded exclusively between the Contractor's customers. The fulfilment of the agreements concluded between the contracting parties on the purchase/sale of a Participation shall also take place exclusively between the respective clients of the Contractor as contracting parties to the bidding procedure.[5] The Contractor further points out that closed-end funds are a financial investment with risks, as the development of a

Entwicklung eines Fonds von nicht absehbaren künftigen Ereignissen abhängig ist. Bei einer Kauf- bzw. Verkaufsentscheidung sind unter anderem wirtschaftliche und steuerrechtliche Rahmenbedingungen zu berücksichtigen. Der Auftragnehmer führt keine Anlage-, Rechts-[6] oder Steuerberatung durch und übernimmt daher keine Gewähr für die Erreichung der von dem Auftraggeber verfolgten wirtschaftlichen und steuerlichen Ziele. Im Zweifelsfall kann daher die Einholung von rechtlichem und steuerlichem Rat erforderlich sein.

fund is dependent on unforeseeable future events. When making a decision to buy or sell, general economic and tax conditions, among other things, must be taken into account. The Contractor does not provide investment, legal[6] or tax advice and therefore does not guarantee the achievement of the economic and tax objectives pursued by the Client. In case of doubt, it may therefore be necessary to obtain legal and tax advice.

(4) Die Möglichkeit des Zugangs zur Plattform über das Internet besteht nur im Rahmen des Stands der Technik. Eine jederzeitige Verfügbarkeit der Plattform ist nicht geschuldet. Störungen der Technik können, unabhängig davon, ob sie vom Auftragnehmer zu vertreten sind, nicht ausgeschlossen werden. Sie müssen insbesondere außerhalb des Einflussbereichs des Auftragnehmers mit Einschränkungen der Verfügbarkeit wegen Störungen der Datenübermittlung in den beteiligten Teilnetzen des Internets rechnen.[7]

(4) The possibility of accessing the Platform via the internet exists only within the scope of the state of the art. Availability of the Platform at all times is not owed. Disruptions to the technology cannot be ruled out, regardless of whether the Contractor is responsible for them. In particular, you must expect restrictions in availability outside the Contractor's sphere of influence due to disruptions in data transmission in the participating subnetworks of the internet.[7]

§ 3 Anmeldung/Registrierung

(1) Die Nutzung der Plattform setzt eine vorherige Anmeldung des Auftraggebers voraus. Über die Zulassung der Anmeldung entscheidet der Auftragnehmer nach eigenem Ermessen. Ein Anspruch auf Zulassung besteht nicht. Die Zulassung beinhaltet dem Kunden gegenüber keine Erklärung über die Identität oder Bonität anderer Auftragnehmer.

(2) Anmeldeberechtigt sind unbeschränkt geschäftsfähige natürliche Personen und juristische Personen, deren Anmeldung durch ihre Organe in vertretungsberechtigter Anzahl unter Angabe der Handelsregisterdaten der Gesellschaft erfolgen muss. Teilrechtsfähige Personenvereinigungen (GbR, OHG und KG) können sich in gleicher Weise durch ihre Gesellschafter in vertretungsberechtigter Zahl anmelden.

§ 3 Application/Registration

(1) The use of the Platform requires prior registration by the Client. The Contractor shall decide on the admission of the registration at its own discretion. There is no entitlement to admission. The admission does not imply any declaration to the Client about the identity or creditworthiness of other contractors.

(2) Natural persons and legal entities with unlimited legal capacity are entitled to register and must be registered by their executive bodies in a number authorised to represent them, stating the company's commercial register data. Associations of persons with partial legal capacity (GbR, OHG and KG) may register in the same manner through their partners in a number authorised to represent them.

(3) Sobald die vom Kunden zu zahlende einmalige Grundgebühr auf dem Konto des Auftragnehmers gutgeschrieben ist, erhält der Kunde eine Auftragnehmerkennung und ein Passwort für sein Kundenkonto, über das er Zugang zu der Plattform erhält. Diese Daten dürfen nicht an Dritte, auch nicht an Lebenspartner, Verwandte, Freunde etc, weitergegeben werden. Die Daten sind vor dem Zugriff Dritter geschützt zu verwahren. Soweit Anlass besteht, eine Kenntnisnahme durch Dritte zu vermuten, müssen die Zugangsdaten unverzüglich geändert werden. Der Auftragnehmer haftet nicht für Schäden, die durch eine missbräuchliche Benutzung dieser Daten entstehen.

(4) Der Auftragnehmer wird Kunden nicht, insbesondere nicht per E-Mail oder Telefon, nach ihren Passwörtern fragen. Änderungen der Registrierungsdaten sind dem Auftragnehmer umgehend mitzuteilen.

(5) Jeder Kunde darf nur ein Kundenkonto eröffnen. Die aus einem Kundenkonto folgende Berechtigung zur Nutzung der Plattform ist nicht auf Dritte übertragbar. Das Kundenkonto darf auch keiner anderen Person zur Verfügung gestellt oder für eine andere Person in deren Namen oder unter deren Namen genutzt werden. Kunden haften grundsätzlich für sämtliche Aktivitäten, die unter Verwendung ihres Kundenkontos vorgenommen werden. Hat der Kunde den Missbrauch seines Kundenkontos nicht zu vertreten, weil eine Verletzung der bestehenden Sorgfaltspflichten nicht vorliegt, so haftet der Kunde nicht.

§ 4 Bietverfahren[8]

(1) Nach erfolgreichem Abschluss der Registrierung und Übermittlung der Zugangsdaten wird das Auftraggeberkonto freigeschaltet und der Kunde kann am Bietverfahren teilnehmen.

(2) Das Bietverfahren dient allein dazu, die Interessenten an einer Kauftransaktion zusammenzuführen.[9] Ein bindender Vertrag kommt durch das Bietverfahren nicht zu-

(3) As soon as the one-time basic fee to be paid by the customer has been credited to the Contractor's account, the customer shall receive a contractor ID and a password for his customer account through which he can access the Platform. This data may not be disclosed to third parties, including life partners, relatives, friends, etc. The data shall be kept protected from access by third parties. If there is reason to suspect that third parties have gained knowledge of the data, the access data must be changed immediately. The Contractor shall not be liable for any damage caused by misuse of this data.

(4) The Contractor shall not ask customers for their passwords, in particular not by e-mail or telephone. The Contractor shall be notified immediately of any changes to the registration data.

(5) Each customer may only open one customer account. The authorisation to use the Platform resulting from a customer account is not transferable to third parties. The customer account may also not be made available to another person or used for another person in their name or under their name. Customers are generally liable for all activities carried out using their customer account. If the customer is not responsible for the misuse of his customer account because there has been no breach of the existing duties of care, the customer shall not be liable.

§ 4 Bidding procedure[8]

(1) After successful completion of the registration and transmission of the access data, the Client account is activated and the Customer can participate in the bidding process.

(2) The sole purpose of the bidding procedure is to bring together the parties interested in a purchase transaction.[9] The bidding procedure does not result in a binding

stande. Insofern umschreiben die in diesen Bedingungen verwandten Bezeichnungen „Bietverfahren", „Verkäufer", „Käufer", „Bieter", „Angebot" und „Gebot" lediglich die Art und Weise der Zusammenführung der Interessenten an einem nachfolgenden Vertragsschluss. Eine rechtliche Bindung der Interessenten wird nicht begründet, insbesondere wird kein Vorvertrag geschlossen oder eine irgendwie auf eine rechtliche Bindung gerichtete Erklärung abgegeben.[10]

(3) Die Einstellung einer Beteiligung in ein Bietverfahren zum Verkauf wird technisch ausschließlich durch den Auftragnehmer vorgenommen. Soll eine Beteiligung in ein Bietverfahren eingestellt werden, informiert der Verkäufer den Auftragnehmer über den gewünschten Beginn des Bietverfahrens, die Laufzeit des Bietverfahrens, den festzusetzenden Mindestpreis sowie über die sonstigen für das Bietverfahren notwendigen Angaben. Liegen keine Umstände vor, die den Auftragnehmer berechtigen, das Bietverfahren nicht durchzuführen, wird die Beteiligung des Auftragnehmers in das Bietverfahren gestellt und freigeschaltet. Ab diesem Zeitpunkt ist das Angebot des Verkäufers zur Veräußerung für Erwerber erkennbar und richtet sich an die teilnehmenden Bieter.

(4) Mit der Freischaltung des Verkäufer-Angebots durch den Auftragnehmer nach § 4.1 gibt der Kunde lediglich eine unverbindliche Erklärung über seine Bereitschaft zum Abschluss eines Kaufvertrages über die eingestellte Beteiligung zu den dort genannten Bedingungen ab. Der Kunde bestimmt dabei insbesondere einen Startpreis und nach Wunsch ein Mindestgebot sowie eine Frist, binnen derer das Angebot durch Gebot aufgegriffen werden kann.

(5) Als registrierter Auftraggeber kann der Kunde als Käufer (Bieter) in jedem Bietverfahren mitbieten. Das Bieten ist nur auf elektronischem Wege über die Benutzung des Bietagenten in Schritten von jeweils mindestens . . . . . EUR möglich. Zudem kann über einen automatischen Bietagenten geboten werden. Die Bietverfahren finden

agreement. In this respect, the terms „bidding procedure", „seller", „buyer", „bidder", „offer" and „bid" used in these terms and conditions merely describe the way in which the interested parties are brought together in a subsequent conclusion of an agreement. A legal binding of the interested parties is not established, in particular no preliminary agreement is concluded or a declaration is made that is in any way aimed at a legal binding.[10]

(3) The placement of a Participation in a bidding procedure for sale shall technically be carried out exclusively by the Contractor. If a Participation is to be placed in a bidding procedure, the seller shall inform the Contractor of the desired start of the bidding procedure, the term of the bidding procedure, the minimum price to be set and any other information required for the bidding procedure. If there are no circumstances entitling the Contractor not to carry out the bidding procedure, the Contractor's participation shall be placed in the bidding procedure and released. From this point in time, the seller's offer for sale is recognisable to buyers and is addressed to the participating bidders.

(4) With the activation of the seller's offer by the Contractor according to Section 4.1, the customer merely submits a non-binding declaration of his willingness to conclude a purchase agreement for the posted Participation under the conditions stated therein. In particular, the customer determines a starting price and, if desired, a minimum bid as well as a period within which the offer can be taken up by bid.

(5) As a registered Client, the customer may bid as a buyer (bidder) in any bidding procedure. Bidding is only possible electronically via the use of the bidding agent in steps of at least . . . . EUR each. In addition, bids may be submitted via an automatic bidding agent. The bidding procedures shall generally take place in Euro.

grundsätzlich in Euro statt. Sofern ein Fonds in einer anderen Währung aufgelegt wurde, kann ein Bietverfahren auch in der jeweiligen Fondswährung durchgeführt werden.

If a fund was launched in another currency, a bidding procedure may also be conducted in the respective fund currency.

(6) Als Bieter erklärt der Kunde unverbindlich seine Bereitschaft, die Beteiligung zu dem abgegebenen Gebot, maximal bis zur Höhe des zuvor festgelegten Höchstbetrages (Preislimit), erwerben zu wollen. Sofern ein Auftrag aufgrund der Marktlage nicht vollständig ausgeführt werden kann, findet in Ermangelung einer anderslautenden Weisung des Auftraggebers eine Teilausführung statt. Das Gebot erlischt, wenn ein anderer Bieter während der Laufzeit des Bietverfahrens ein höheres Gebot abgibt. Bei Geboten gleicher Höhe hat das frühere den Vorrang. Maßgeblich für die Messung der Laufzeit des Bietverfahrens und den Eingang von Geboten ist die Zeitrechnung des Auftragnehmers auf der Internetseite.

(6) As a bidder, the customer declares, without obligation, his willingness to purchase the Participation at the bid submitted, up to a maximum of the previously determined maximum amount (price limit). If an order cannot be fully executed due to the market situation, a partial execution shall take place in the absence of instructions to the contrary from the Client. The bid shall lapse if another bidder submits a higher bid during the bidding procedure. In the case of bids of the same amount, the earlier bid shall have priority. The Contractor's time calculation on the internet site shall be decisive for measuring the term of the bidding procedure and the receipt of bids.

(7) Der Auftraggeber als Verkäufer bestätigt, erforderliche Einlagen vollständig geleistet zu haben, Inhaber der zu verkaufenden Beteiligung und unbeschränkt von Rechten Dritter verfügungsberechtigt zu sein. Sollte der Auftraggeber als Verkäufer nicht Inhaber und nicht unbeschränkt von Rechten Dritter verfügungsberechtigt sein (beispielsweise durch Aufnahme in ein Depot, Belastung oder Sicherheitsübertragung), so legt er dies bei Abschluss des Maklervertrages gegenüber dem Auftragnehmer offen und übersendet mit dem unterzeichneten Maklervertrag das schriftliche unbedingte und unbefristete Einverständnis des insoweit Verfügungsberechtigten mit dem Verkauf und der Übertragung der Beteiligung.

(7) The Client as seller confirms to have paid required deposits in full, to be the owner of the Participation to be sold and to be entitled to dispose of it without restriction of third party rights. Should the Client as seller not be the owner and not be entitled to dispose of the shareholding without restriction of third party rights (e.g. by inclusion in a custody account, encumbrance or transfer of security), he shall disclose this to the agent upon conclusion of the brokerage agreement and shall send the written unconditional and unlimited consent of the person entitled to dispose of the shareholding to the sale and transfer of the shareholding together with the signed brokerage agreement.

(8) Dem Verkäufer ist es untersagt, durch die Abgabe von Geboten oder durch die gezielte Einschaltung eines Dritten das Bietverfahren zu manipulieren.

(8) The seller is prohibited from manipulating the bidding process by submitting bids or by deliberately involving a third party.

(9) Die Bietverfahren werden anonymisiert durchgeführt. Vor Abschluss des Bieterverfahrens haben die Kunden aufgrund dieser Bedingungen keinen Anspruch auf Aufhebung der Anonymität der übrigen Beteiligten. Nach Abschluss des Bietver-

(9) The bidding procedures shall be conducted anonymously. Prior to the conclusion of the bidding procedure, the customers shall not be entitled to have the anonymity of the other participants lifted on the basis of these conditions. After the

fahrens wird der Auftragnehmer Verkäufer und Käufer die jeweiligen Identitäten mitteilen. Der Auftraggeber ermächtigt den Auftragnehmer, nach erfolgreichem Ablauf des Bietverfahrens seine persönlichen und weiteren für den Kauf/Verkauf notwendigen Daten der anderen Partei des Bietverfahrens mitzuteilen.

(10) Die Preisfindung[11] erfolgt durch Angebot und Nachfrage. Soweit Käufer oder Verkäufer keine anders lautende Weisung erteilen, sammelt der Auftragnehmer Kauf- und Verkaufsaufträge und stellt geschäftstäglich ab 14:00 Uhr für jede Beteiligung, zu der ausführbare Aufträge vorliegen, einen Preis fest. Der Preis ist so festzusetzen, dass der größtmögliche Umsatz zustande kommt. Zur Ausführung gelangen Kaufaufträge mit dem höchsten beziehungsweise Verkaufsaufträge mit dem geringsten Preislimit (Preispriorität). Mehrere Aufträge mit dem selben Limit sind nach der Reihenfolge des Eingangs auszuführen (Zeitpriorität).

Liegt nur ein ausführbarer Auftrag auf der Käuferseite vor, bestimmt sich der Preis nach dem Mittel aus dem Kauf- und dem Verkaufsauftrag mit dem ausführbaren Preislimit. Genügen die vorstehenden Grundsätze nicht dem Meistausführungsprinzip, ist der Preis unter Berücksichtigung der Interessen der Parteien festzusetzen. Weichen die Limits der zu vermittelnden Aufträge erheblich voneinander ab, so hat der Auftragnehmer vor der Preisfestsetzung den Auftraggebern eine Taxe bekanntzugeben und die Möglichkeit einzuräumen, das Limit in der aufgegebenen Order zu ändern. Das Mittel wird jeweils auf die nächsthöhere Preisstufe gerundet.

(11) Der Auftragnehmer behält sich das Recht vor, die Art und Weise der Durchführung der Bietverfahren zu ändern.[12]

§ 5 Information

(1) Der Auftraggeber als Verkäufer weist seinen jeweiligen Treuhänder an, sämtliche im Rahmen der Emission der Beteiligung bereits veröffentlichten und ihm zu-

conclusion of the bidding procedure, the Contractor shall inform the seller and the buyer of the respective identities. The Client authorises the Contractor to communicate its private and other data necessary for the purchase/sale to the other party to the bidding procedure after the successful conclusion of the bidding procedure.

(10) The pricing[11] shall be based on supply and demand. Unless otherwise instructed by the buyer or seller, the seller shall collect purchase and sell orders and fix a price for each share for which executable orders exist every business day from 14:00 o'clock. The price shall be set in such a way that the highest possible turnover is achieved. Purchase orders with the highest price limit or sell orders with the lowest price limit (price priority) shall be executed. Several orders with the same limit shall be executed in the order in which they are received (time priority).

If there is only one executable order on the buyer's side, the price shall be determined according to the mean of the purchase order and the sell order with the executable price limit. If the above principles do not satisfy the principle of most-executed, the price shall be determined taking into account the interests of the parties. If the limits of the orders to be placed differ considerably, the Contractor shall, before fixing the price, notify the Clients of a price and grant the possibility of changing the limit in the order placed. The mean shall be rounded to the next higher price level in each case.

(11) The Contractor reserves the right to change the way in which the bidding procedures are carried out.[12]

§ 5 Information

(1) The Client as seller shall instruct its respective trustee to make available to the agent all information on the Participations already published and accessible to it in the

gänglichen Informationen zu den Beteiligungen (Verkaufsprospekt, Protokolle der Gesellschafterversammlung, etc) und Unterlagen wie auch weitere für die Anzeige des Verkaufsinteresses nützliche Informationen und Unterlagen dem Auftragnehmer zur Verfügung zu stellen. Der Auftragnehmer stellt, ohne Verpflichtung hierzu, diese Informationen und Unterlagen in die Plattform ein. Der Auftraggeber als Käufer verpflichtet sich, diese Informationen vor Abschluss eines Kaufvertrages über eine Beteiligung vollständig einzusehen und bei verbleibenden Fragen und Unklarheiten fachlichen Rat einzuholen. Die Bereitstellung dieser Informationen entbindet den Käufer nicht von seiner Obliegenheit, gegebenenfalls weitere Informationen einzuholen.

(2) Der Verkäufer wird durch diese Leistung des Auftragnehmers nicht davon entbunden, seinen aus der Vertragsanbahnung eventuell bestehenden Unterrichtungs- und Informationspflichten gegenüber den Bietern und dem Erwerber, insbesondere gesetzlichen Unterrichtungs- und Informationspflichten, nachzukommen.[13]

(3) Der Auftragnehmer überprüft nicht die Vollständigkeit der dem Auftragnehmer zur Verfügung gestellten Unterlagen. Die Bereitstellung der vorgenannten Inhalte erfolgt als unentgeltliche Nebenleistung.

§ 6 Abschluss der Kauf- und Übertragungsverträge

(1) Der Auftragnehmer informiert die Vertragsparteien über das Zustandekommen eines Handels, übersendet an die Parteien die für die Übertragung erforderlichen Unterlagen und fordert den Käufer zur Zahlung des Kaufpreises sowie zu tragender Entgelte gem. § 8 auf.

(2) Auf Wunsch beider Parteien erstellt der Auftragnehmer für die Parteien einen Vertragsentwurf über den Kauf der jeweiligen Beteiligung, den er den Parteien zur Unterzeichnung zusendet.[14]

context of the issue of the Participation (sales prospectus, minutes of the shareholders' meeting, etc) and documents as well as further information and documents useful for the notification of the interest in sale. The Contractor shall place this information and documentation on the Platform without any obligation to do so. The Client as buyer undertakes to view this information in full before concluding a purchase agreement for an investment and to seek professional advice in the event of any remaining questions or ambiguities. The provision of this information does not release the buyer from his obligation to obtain further information if necessary.

(2) The seller shall not be released by this service of the Contractor from fulfilling any information and notification duties towards the bidders and the buyer that may exist as a result of the agreement initiation, in particular statutory information and notification duties.[13]

(3) The Contractor shall not check the completeness of the documents provided to the Contractor. The provision of the aforementioned content shall be provided as a gratuitous ancillary service.

§ 6 Conclusion of the purchase and transfer agreements

(1) The Contractor shall inform the contracting parties of the conclusion of a trade, send the parties the documents required for the transfer and request the buyer to pay the purchase price and any fees to be borne in accordance with Section 8.

(2) At the request of both parties, the Contractor shall prepare a draft agreement for the purchase of the respective shareholding for the parties, which he shall make available to the parties for signature.[14]

(3) Die Abrechnung und Zahlung des Kaufpreises erfolgt in der jeweiligen Fondswährung, auch wenn diese nicht auf EUR lautet. Die Zahlung des Kaufpreises sowie der vom Auftraggeber zu entrichten Entgelte erfolgt auf ein im Kauf- und Übertragungsvertrag genanntes Treuhandkonto des Auftragnehmers. Guthaben auf dem Treuhandkonto werden nicht verzinst. Der Auftraggeber hält den Auftragnehmer von Kosten, die die jeweiligen Fonds- oder Treuhandgesellschaften für die Abwicklung des Kauf- und Übertragungsvertrages gelten machen, frei. Unverzüglich nach Eingang des Kaufpreises auf dem Treuhandkonto sendet der Auftragnehmer den Kauf- und Übertragungsvertrag an die Fondsgesellschaft bzw. den Treuhänder zur Umschreibung der Beteiligung. Sobald dem Auftragnehmer die Umschreibung der Beteiligung angezeigt wird, zahlt er den Kaufpreis abzüglich der zu zahlenden Entgelte nach § 8 sowie sonstiger vereinbarter Kosten und Einbehalte an den Verkäufer aus. Beide Vertragsparteien erhalten eine Kopie des Kauf- und Übertragungsvertrages. Damit ist der Auftrag ausgeführt.

(3) The settlement and payment of the purchase price shall be made in the respective fund currency, even if it is not denominated in EUR. The payment of the purchase price as well as the fees to be paid by the Client shall be made to an escrow account of the Contractor named in the purchase and transfer agreement. Credit balances on the escrow account shall not bear interest. The Client shall indemnify the Contractor against costs incurred by the respective fund or trust companies for the execution of the purchase and transfer agreement. Immediately after receipt of the purchase price on the escrow account, the Contractor shall send the purchase and transfer agreement to the fund company or the trustee for the transfer of the participation. As soon as the Contractor is notified of the transfer of the shareholding, he shall pay the purchase price less the fees to be paid in accordance with Section 8 and any other agreed costs and retentions to the seller. Both contracting parties shall receive a copy of the purchase and transfer agreement. The order is thereby executed.

(4) Der Käufer einer Beteiligung wird die eventuell erforderlichen Handelsregisteranmeldungen gemeinsam mit der Fondsgesellschaft beziehungsweise dem Treuhänder herbeiführen.

(4) The buyer of a Participation shall arrange for any necessary applications for entry in the commercial register together with the fund management company or the trustee.

§ 7 Sperrung eines Zugangs/Kündigung

§ 7 Blocking of access/termination

(1) Der Auftragnehmer behält sich das Recht vor, bei dem begründeten Verdacht eines Missbrauchs oder sonstiger erheblicher Unregelmäßigkeiten hinsichtlich der Nutzung der Plattform durch den Kunden (zB unvollständige, nicht wahrheitsgemäße Eingabe von Daten, wie Angabe falscher Kontaktdaten oder einer falschen oder ungültigen E-Mail-Adresse; Störung der Funktionsfähigkeit der Plattform; Verletzung gesetzlicher Vorschriften, sonstiges berechtigtes Interesse, insbesondere zu Schutz anderer Auftraggeber vor betrügerischen Aktivitäten), die die berechtigten

(1) The Contractor reserves the right, in the event of reasonable suspicion of misuse or other significant irregularities with regard to the use of the Platform by the customer (e.g. incomplete, untrue entry of data, such as providing false contact details or a false or invalid e-mail address; disruption of the functionality of the platform; violation of statutory provisions, other legitimate interest, in particular to protect other clients from fraudulent activities), which may affect the legitimate interests of the Contractor or third parties,

Interessen des Auftragnehmers oder Dritter berühren können,
a) das Kundenkonto vorläufig oder endgültig zu sperren, sowie
b) eingestellte Beteiligungen oder Gebote oder sonstige Inhalte zu löschen.

a) temporarily or permanently block the customer account, and
(b) delete any participation or bid posted or any other content.

(2) Der Auftragnehmer kann den Maklervertrag jederzeit mit einer Frist von 14 Tagen zum Monatsende schriftlich kündigen. Die Rechte des Auftragnehmers wegen einer missbräuchlichen Nutzung der Plattform bleiben unberührt. Nach Zugang der Kündigung darf sich der Kunde nicht mehr an neuen Bietverfahren beteiligen. Die Abwicklungen von Bietverfahren, die vor Zugang der Kündigung zulässigerweise eingeleitet wurden, bleiben unberührt. Für diese Bietverfahren gelten die bei ihrer Einleitung gültigen Bestimmungen fort.

(2) The Contractor may terminate the brokerage agreement in writing at any time with 14 days' notice to the end of the month. The Contractor's rights due to misuse of the Platform shall remain unaffected. After receipt of the termination, the customer may no longer participate in new bidding procedures. The handling of bidding procedures that were permissibly initiated before receipt of the termination shall remain unaffected. For these bidding procedures, the provisions valid at the time of their initiation shall continue to apply.

(3) Der Maklervertrag kann vom Auftraggeber jederzeit, ohne Einhaltung einer Kündigungsfrist, per E-Mail, Telefax oder Post gekündigt werden.

(3) The brokerage agreement may be terminated by the Client at any time, without observing a period of notice, by e-mail, fax or post.

§ 8 Entgelte

(1) Für die Nutzung der Internetseite und die Inanspruchnahme der Maklertätigkeit erhebt der Auftragnehmer eine Maklerprovision.

(2) Für das Bietverfahren entstehen dem Kunden keine weiteren Kosten.

(3) Bei dem Abschluss eines Kaufvertrages einer über diese Plattform gehandelten Beteiligung wird zusätzlich eine von dem Verkäufer und dem Käufer zu zahlende Maklerprovision iHv je . . . . . % des Brutto-Kaufpreises inkl. USt. zur Zahlung an den Auftragnehmer fällig. Diese Provision ist seitens des Auftragnehmers mit dem Nachweis eines Kaufvertrages verdient. Der Auftraggeber ist verpflichtet, dem Auftragnehmer den Abschluss eines Kaufvertrages unverzüglich anzuzeigen und diesem sämtliche für die Berechnung der Maklerprovision relevanten Informationen unter Beifügung von Kopien der maßgeblichen Verträge zu übermitteln.

§ 8 Fees

(1) The Contractor shall charge a brokerage commission for the use of the website and the use of the brokerage services.

(2) The customer shall not incur any further costs for the bidding procedure.

(3) Upon the conclusion of a purchase agreement for a Participation traded on this Platform, the seller and the buyer shall additionally pay a brokerage commission in the amount of . . . . % of the gross purchase price incl. VAT shall be due for payment to the Contractor. This commission is earned on the part of the Contractor with the proof of a purchase agreement. The Client is obliged to notify the Contractor immediately of the conclusion of a purchase agreement and to provide the Contractor with all information relevant for the calculation of the brokerage commission, enclosing copies of the relevant agreements. The Contractor is also

Der Auftragnehmer ist auch berechtigt, die Information über die Übertragung der Beteiligung von der Beteiligungsgesellschaft oder einer ihrer GesellschafterInnen abzurufen, je nachdem, wem die Übertragung der Beteiligung im konkreten Fall nach den Vereinbarungen mit dem Verkäufer anzuzeigen ist.

entitled to retrieve the information on the transfer of the Participation from the holding company or one of its shareholders, depending on to whom the transfer of the Participation is to be notified in the specific case according to the agreements with the seller.

(4) Bei Beteiligungen, die nicht auf EUR lauten, wird zusätzlich zu der unter Ziffer 3 genannten Provision ein Bearbeitungsentgelt, dessen Höhe sich aus dem Makler- und Geschäftsbesorgungsauftrag ergibt, erhoben. Sofern der Auftraggeber nach Vermittlung und vor Abschluss eines Kauf- und Übertragungsvertrages eine Änderung seines Auftrags beabsichtigt, kann der Auftragnehmer, den ihm hierdurch entstandenen Mehraufwand dem Auftraggeber in Rechnung stellen.

(4) In the case of Participations not denominated in EUR, a handling fee, the amount of which is set out in the brokerage and agency agreement, shall be charged in addition to the commission referred to in Section 3. If the Client intends to change its order after brokerage and prior to the conclusion of a purchase and transfer agreement, the Contractor may charge the Client for the additional expenses incurred by it as a result.

(5) Der Anspruch des Auftraggebers auf die Maklerprovision sowie das Bearbeitungsentgelt bei Beteiligungen, die nicht auf Euro lauten, entsteht mit Abschluss des Kauf- und Übertragungsvertrages über eine Beteiligung durch Käufer und Verkäufer. Die Maklerprovision und das Bearbeitungsentgelt nach Ziffer 3 werden mit Rechnungsstellung durch den Auftragnehmer zur Zahlung fällig. Eine nachträgliche Minderung des Kaufpreises berührt den vollen Provisionsanspruch bzw. das Bearbeitungsentgelt nach Ziffer 3 nicht.

(5) The claim of the Client to the brokerage commission as well as the handling fee in the case of Participations not denominated in Euro shall arise upon conclusion of the purchase and transfer agreement on a Participation by the buyer and the seller. The brokerage commission and the handling fee according to clause 3 shall become due for payment upon invoicing by the Contractor. A subsequent reduction of the purchase price shall not affect the full commission claim or the handling fee according to clause 3.

(6) Endet der Makler- und Geschäftsbesorgungsvertrag nach Zusammenführung von Angebot und Nachfrage (Handel) ohne Verschulden des Auftragnehmers ohne Abschluss eines Kauf- und Übertragungsvertrags, so kann der Auftragnehmer vom zurücktretenden Auftraggeber die Zahlung eines Pauschalbetrages in Höhe von . . . . EUR verlangen. Die Geltendmachung eines darüber hinausgehenden Aufwendungsersatzes bleibt dem Auftragnehmer gegen Nachweis vorbehalten.

(6) If the brokerage and agency agreement ends after the matching of supply and demand (trading) through no fault of the Contractor without the conclusion of a purchase and transfer agreement, the Contractor may demand payment from the withdrawing Client of a lump sum amounting to . . . . EUR. The Contractor reserves the right to assert a claim for reimbursement of expenses exceeding this amount against evidence.

(7) Der Auftragnehmer wird, soweit die Zahlungsabwicklung über ein Treuhandkonto des Auftragnehmers erfolgt, die zu zahlenden Provisionen mit den ein- und ausgehenden Zahlungen verrechnen. Der

(7) The Contractor shall, insofar as payment processing is carried out via a trust account of the Contractor, offset the commissions to be paid against the incoming and outgoing payments. The Contractor

Auftragnehmer wird eine Auszahlung des Kaufpreises an den Verkäufer nicht vornehmen, bevor nicht der Käufer die von ihm zu leistende Maklerprovision an den Auftragnehmer gezahlt hat.

shall not make a payment of the purchase price to the seller before the buyer has paid the brokerage commission to be paid by him to the Contractor.

(8) Der Kunde ist damit einverstanden, dass die Fondsgesellschaft, deren Beteiligung von dem Bietverfahren betroffen war, auf Anfrage des Auftragnehmers diesem mitteilt, ob die Beteiligung, die Gegenstand des Bietverfahrens war, vom Verkäufer an den Käufer übertragen wurde. Der Auftragnehmer darf hierzu der Fondsgesellschaft Name und Anschrift des Kunden sowie die Beteiligung mitteilen, die Gegenstand des Bietverfahrens war. Eine Übermittlung des gefundenen Kaufpreises erfolgt nicht.

(8) The customer agrees that the investment company whose Participation was affected by the bidding procedure shall, upon request of the Contractor, inform the Contractor whether the Participation which was the subject of the bidding procedure has been transferred from the seller to the buyer. For this purpose, the Contractor may inform the fund management company of the name and address of the customer as well as the Participation that was the subject of the bidding procedure. No transmission of the purchase price found shall take place.

§ 9 Systemintegrität

Der Auftraggeber ist nicht berechtigt, Mechanismen, Software oder sonstige Scripts in Verbindung mit der Nutzung der Handelsplattform zu verwenden, die das Funktionieren der Handelsplattform stören könnten. Er darf insbesondere keine Maßnahmen ergreifen, die eine unzumutbare oder übermäßige Belastung der Infrastruktur der Handelsplattform zur Folge haben könnten oder störend in die Handelsplattform eingreifen.

§ 9 System integrity

The Client shall not be entitled to use mechanisms, software or other scripts in connection with the use of the Trading Platform which could disrupt the functioning of the Trading Platform. In particular, he shall not take any measures which could result in an unreasonable or excessive load on the infrastructure of the Trading Platform or interfere with the Trading Platform in a disruptive manner.

§ 10 Haftungsbeschränkung

(1) Bei Vorsatz oder grober Fahrlässigkeit sowie bei Fehlen einer garantierten Eigenschaft oder im Falle einer gesetzlichen verschuldensunabhängigen Haftung sowie im Fall der Verletzung des Lebens, des Körpers oder der Gesundheit steht der Auftragnehmer unbeschränkt für aus der Pflichtverletzung entstandene Schäden ein. Die Haftung nach § 536a Abs. 1 Fall 1 BGB wegen eines Mangels, der bereits bei Überlassung der Plattform, von Software oÄ zur Nutzung vorhanden war, ist jedoch

§ 10 Limitation of liability

(1) In the event of intent or gross negligence as well as in the absence of a guaranteed characteristic or in the event of statutory strict liability as well as in the event of injury to life, body or health, the Contractor shall be liable without limitation for damages arising from the breach of duty. However, liability pursuant to Section 536a (1) Case 1 of the German Civil Code (BGB) due to a defect that was already present at the time the platform, software or similar was made avai-

ausgeschlossen, soweit der Mangel nicht von dem Auftragnehmer zu vertreten ist.

(2) Für leichte Fahrlässigkeit haftet der Auftragnehmer nur bei Verletzung einer wesentlichen Vertragspflicht. Vertragswesentliche Pflichten sind solche Pflichten, die der Auftragnehmer nach Inhalt und Zweck dieses Vertrages und seiner Ergänzungen gerade zu erbringen hat, deren Erfüllung die ordnungsgemäße Durchführung dieses Vertrages erst ermöglicht und auf deren Einhaltung der Kunde regelmäßig vertraut und vertrauen darf. Zu den vertragswesentlichen Pflichten dieses Vertrages gehört danach insbesondere, jedoch nicht allein: Die Ermöglichung, Beteiligungen über die online basierte Plattform zu vermitteln und insoweit verkaufsbereiten Anlegern einen potentiellen Käufer nachzuweisen. Nicht zu den vertragswesentlichen Pflichten dieses Vertrages gehört die technische ununterbrochene Verfügbarkeit der Plattform. Der Auftragnehmer haftet nicht für Inhalte eingestellter Wertgutachten. Diese Haftungsbeschränkungen gelten auch zugunsten der gesetzlichen Vertreter und Erfüllungsgehilfen des Auftragnehmers.

(3) Gegenüber Unternehmern ist die Haftung, außer im Fall der Verletzung von Leben, Körper oder Gesundheit oder der Verletzung wesentlicher Vertragspflichten, auf den typischerweise vorhersehbaren Schaden begrenzt.

(4) Der Auftragnehmer übernimmt keine Haftung für die richtige, vollständige und rechtzeitige Erfüllung evtl. bestehender Informations- und Belehrungspflichten eines Auftraggebers. Sofern sich der Auftragnehmer dennoch im Einzelfall bereit erklärt, auf Weisung eines Auftraggebers inhaltlich und/oder graphisch vom Auftraggeber gestaltete Informationen und/oder Belehrungen an andere Auftraggeber oder sonstige Personen zu übermitteln, übernimmt der Auftragnehmer keinerlei Haftung für die Richtigkeit, Vollständigkeit und Rechtzeitigkeit der übermittelten Informationen und/oder Belehrungen sowie für den Eintritt der damit verfolgten Zwecke und Ziele.

lable for use shall be excluded unless the Contractor is responsible for the defect.

(2) The Contractor shall only be liable for slight negligence in the event of a breach of a material contractual obligation. Material contractual obligations are those obligations which the Contractor is obliged to perform in accordance with the content and purpose of this agreement and its supplements, the performance of which is a prerequisite for the proper execution of this agreement and compliance with which the customer regularly relies on and may rely on. Accordingly, the material contractual obligations of this agreement include in particular, but are not limited to: enabling the Participations via the online-based Platform and, to this extent, providing investors who are willing to sell with a potential buyer. The technical uninterrupted availability of the Platform does not belong to the essential contractual obligations of this agreement. The Contractor shall not be liable for the contents of posted appraisals. These limitations of liability shall also apply in favor of the legal representatives and vicarious agents of the Contractor.

(3) With respect to businesses, liability shall be limited to the typically foreseeable damage, except in the case of injury to life, body or health or the violation of essential contractual obligations.

(4) The Contractor shall not assume any liability for the correct, complete and timely fulfilment of any existing information and instruction obligations of a client. Insofar as the Contractor nevertheless agrees in individual cases to transmit information and/or instructions designed by a client in terms of content and/or graphics to other clients or other persons, the Contractor shall not assume any liability for the correctness, completeness and timeliness of the information and/or instructions transmitted or for the achievement of the purposes and objectives pursued thereby.

(5) Die vorgenannten Haftungsausschlüsse und Beschränkungen gelten nicht im Falle der Übernahme ausdrücklicher Garantien durch den Auftragnehmer und im Fall zwingender gesetzlicher Regelungen.

(5) The aforementioned exclusions and limitations of liability shall not apply in the event of the Contractor assuming express warranties and in the event of mandatory statutory regulations.

§ 11 Freistellung

Der Auftraggeber stellt den Auftragnehmer von sämtlichen Ansprüchen frei, die andere Auftraggeber oder sonstige Personen gegenüber dem Auftragnehmer geltend machen, sei es wegen Verletzung ihrer Rechte durch auf Veranlassung des Auftraggebers in die Handelsplattform eingestellter Gebote, Beteiligungen oder sonstiger Inhalte im Zusammenhang mit der Nutzung der Handelsplattform. Der Auftraggeber übernimmt hierbei auch die Kosten der notwendigen Rechtsverteidigung des Auftragnehmers einschließlich sämtlicher Gerichts- und Anwaltskosten. Dies gilt nicht, soweit die Rechtsverletzung von dem Auftraggeber nicht zu vertreten ist.

§ 11 Indemnification

The Client shall indemnify the Contractor against all claims asserted against the Contractor by other clients or other persons, whether due to infringement of their rights by bids, Participations or other content posted on the Trading Platform at the instigation of the Client in connection with the use of the Trading Platform. In this case, the Client shall also bear the costs of the Contractor's necessary legal defense, including all court and attorney's fees. This shall not apply if the infringement of rights is not the responsibility of the Client.

§ 12 Vorkaufsrecht der persönlich haftenden Gesellschafterin

(1) Oftmals werden der jeweiligen persönlich haftenden Gesellschafterin in Gesellschaftsverträgen im Falle der Veräußerung einer Beteiligung ein Vorkaufsrecht zuerkannt. Die Auftragnehmer werden auf das mögliche Bestehen eines solchen etwaigen Vorkaufsrechts hingewiesen. Näheres hierzu ist in den jeweiligen Gesellschaftsverträgen geregelt.[15]

(2) Ferner ist zur Wirksamkeit der Übertragung einer Beteiligung regelmäßig die Erteilung einer Handelsregistervollmacht durch den Erwerber erforderlich. Die Gesellschafts- und Treuhandverträge können weitere Voraussetzungen vorsehen.

§ 12 Right of first refusal of the general partner

(1) The respective general partner is often granted a right of first refusal in partnership agreements in the event of the sale of a Participation. Contractors are informed of the possible existence of any such right of first refusal. Further details are set out in the respective partnership agreements.[15]

(2) Furthermore, in order for the transfer of a shareholding to be effective, the buyer is generally required to grant a commercial register power of attorney. The partnership and trust agreements may provide for further requirements.

§ 13 Änderungen dieser AGB

Der Auftragnehmer behält sich das Recht vor, diese AGB, damit verbundene Leis-

§ 13 Amendments to these T&C

The Contractor reserves the right to amend these T&C, associated service destungsbeschreibungen und Preise jederzeit und ohne Angabe von Gründen zu ändern. Diese neuen AGB werden rechtzeitig, mindestens jedoch 6 Wochen vor dem Zeitpunkt, zu dem sie in Kraft treten sollen, schriftlich bekanntgegeben. Hat der Auftraggeber mit dem Auftragnehmer einen elektronischen Kommunikationsweg vereinbart, können die Änderungen auch auf diesem Wege übermittelt werden, wenn die Art der Übermittlung es dem Auftraggeber erlaubt, die Änderungen in lesbarer Form zu speichern oder auszudrucken. Die vom Auftragnehmer angekündigten Änderungen werden nur wirksam, wenn der Auftraggeber diese annimmt, gegebenenfalls im Wege der nachfolgend geregelten Zustimmungsfiktion. Das Schweigen des Auftraggebers gilt nur dann als Annahme des Änderungsangebots (Zustimmungsfiktion), wenn

- das Änderungsangebot erfolgt, um die Übereinstimmung der vertraglichen Bestimmungen mit einer veränderten Rechtslage wiederherzustellen, weil eine Bestimmung dieser AGB aufgrund einer Änderung von Gesetzen, einschließlich unmittelbar geltender Rechtsvorschriften der Europäischen Union, nicht mehr der Rechtslage entspricht, durch eine rechtskräftige gerichtliche Entscheidung, auch durch ein Gericht erster Instanz, unwirksam wird, nicht mehr verwendet werden darf oder aufgrund einer verbindlichen Verfügung einer für den Auftragnehmer zuständigen nationalen oder internationalen Behörde (z.B. der Bundesanstalt für Finanzdienstleistungsaufsicht oder der Europäischen Zentralbank) nicht mehr mit den aufsichtsrechtlichen Verpflichtungen des Auftragnehmers in Einklang zu bringen ist

und

- der Auftraggeber das Änderungsangebot nicht vor dem vorgeschlagenen Zeitpunkt des Wirksamwerdens der Änderungen abgelehnt hat. Der Auftragnehmer wird im Änderungsangebot auf die Folgen des Schweigens hinweisen.

criptions and prices at any time and without stating reasons. These new T&C shall be announced in writing in due time, but at least 6 weeks before the date on which they are to enter into force. If the Client has agreed with the Contractor on an electronic communication channel, the amendments may also be transmitted by this means if the method of transmission allows the Client to save or print the amendments in a legible form. The changes announced by the Contractor shall only become effective if the Client accepts them, if necessary by way of the fictitious consent regulated below. Silence on the part of the Client shall only be deemed to be acceptance of the offer of changes (fictitious acceptance) if

- the offer of amendment is made in order to restore the conformity of the contractual provisions with a changed legal situation because a provision of these T&C no longer conforms to the legal situation due to a change in laws, including directly applicable legal provisions of the European Union, becomes invalid due to a legally binding court decision, including a court of first instance, may no longer be used or may no longer be used due to a binding order of a national or international authority responsible for the Contractor (e.g. the German Federal Financial Supervisory Authority or the European Central Bank), can no longer be brought into line with the regulatory obligations of the Contractor

and

- the Client has not rejected the amendment offer before the proposed date of the amendments becoming effective. The Contractor shall point out the consequences of silence in the amendment offer.

Die Zustimmungsfiktion findet keine Anwendung
- bei Änderungen, die die Hauptleistungspflichten des Vertrages und die Entgelte für Hauptleistungen betreffen, oder
- bei Änderungen von Entgelten, die auf eine über das vereinbarte Entgelt für die Hauptleistung hinausgehende Zahlung des Verbrauchers gerichtet sind, oder
- bei Änderungen, die dem Abschluss eines neuen Vertrages gleichkommen, oder
- bei Änderungen, die das bisher vereinbarte Verhältnis von Leistung und Gegenleistung erheblich zugunsten des Auftragnehmers verschieben würden.

In diesen Fällen wird der Auftragnehmer die Zustimmung des Auftraggebers zu den Änderungen auf andere Weise einholen.

Macht der Auftragnehmer von der Zustimmungsfiktion Gebrauch, kann der Auftraggeber den von der Änderung betroffenen Vertrag vor dem vorgeschlagenen Zeitpunkt des Wirksamwerdens der Änderungen auch fristlos und kostenfrei kündigen. Auf dieses Kündigungsrecht wird im Änderungsangebot besonders hinweisen.

The fiction of consent shall not apply
- in the case of amendments affecting the main performance obligations of the agreement and the charges for main performance, or
- in the case of amendments in charges which are aimed at a payment by the consumer in excess of the agreed charge for the main service, or
- in the case of amendments which are tantamount to the conclusion of a new agreement, or
- in the case of amendments which would significantly shift the previously agreed relationship between performance and consideration in favor of the Contractor.

In such cases, the Contractor shall obtain the Client's consent to the amendments by other means.

If the Contractor makes use of the fictitious consent, the Client may also terminate the agreement affected by the amendment without notice and free of charge before the proposed date of entry into force of the amendments. Special reference shall be made to this right of termination in the amendment offer.

§ 14 Sonstiges

(1) Änderungen des Maklervertrages, -ergänzungen und Nebenabreden bedürfen der Schriftform. Gleiches gilt für die Aufhebung des Schriftformerfordernisses.

(2) Sofern eine Bestimmung dieser AGB ganz oder teilweise unwirksam ist oder wird, bleiben die übrigen Bestimmungen davon unberührt. Die unwirksame Bestimmung gilt als durch eine solche ersetzt, die dem Sinn und Zweck der unwirksamen Bestimmung in rechtswirksamer Weise wirtschaftlich am nächsten kommt. Gleiches gilt für eventuelle Regelungslücken. Im Übrigen gelten, soweit nichts anderes vereinbart ist, die gesetzlichen Bestimmungen.

(3) Der Maklervertrag und diese AGB unterliegen dem Recht der Bundesrepublik Deutschland unter Ausschluss des UN-

§ 14 Miscellaneous

(1) Amendments to the brokerage agreement, supplements and ancillary agreements must be made in writing. The same applies to the cancellation of the written form requirement.

(2) If any provision of these T&C is or becomes invalid in whole or in part, the remaining provisions shall remain unaffected. The invalid provision shall be deemed to be replaced by a provision that comes as close as possible in economic terms to the meaning and purpose of the invalid provision in a legally effective manner. The same shall apply to any loopholes. In all other respects, unless otherwise agreed, the statutory provisions shall apply.

(3) The brokerage agreement and these T&C shall be governed by the laws of the Federal Republic of Germany to the exclu-

Kaufrechts und derjenigen Regelungen des internationalen Privatrechts, die zur Anwendung des Rechts eines anderen Staates führen würden . . . . . ist Erfüllungsort. Handelt es sich bei dem Auftraggeber um einen Kaufmann im Sinne des Handelsgesetzbuchs, ist . . . . . als Gerichtsstand für alle aus dem Maklerverhältnis und diesen AGB entstehenden Streitigkeiten vereinbart.

sion of the UN Convention on Contracts for the International Sale of Goods and those provisions of private international law which would lead to the application of the laws of another country . . . . . is the place of performance. If the Client is a merchant within the meaning of the German Commercial Code, ... is agreed as the place of jurisdiction for all disputes arising from the brokerage relationship and these T&C.

Anmerkungen

1. Handelsplattformen für den Zweitmarkt. Das Internet ermöglicht es ohne größeren technischen Aufwand, Beteiligungen an geschlossenen Fonds zu vermitteln. Mittlerweile bieten eine ganze Reihe von Anbietern Handelsplattformen an. Diese ermöglichen es Anlegern, über Festpreis- oder Bieterverfahren Fondsanteile zu verkaufen oder zu kaufen, die aufgrund ihrer fehlenden Fungibilität nicht an der Börse gehandelt werden können. Dadurch konnte ein effektiver und transparenter Markt für gebrauchte Anteile etabliert werden, der für Anleger zunehmend an Attraktivität gewinnt.

Geschlossene Fonds werden in Deutschland zumeist als Publikumskommanditgesellschaft nach deutschem Recht strukturiert, an der sich der Anleger als Kommanditist beteiligt (vgl. dazu umfassend Lüdicke/Arndt Geschlossene Fonds S. 6 ff.). Die wesentlichen Merkmale einer Publikumsgesellschaft sind nach der Rechtsprechung des BGH darin zu sehen, dass sie auf die Beteiligung einer unbestimmten Vielzahl erst noch zu werbender Gesellschafter angelegt ist, die sich nur kapitalistisch an ihr beteiligen und mehr oder weniger zufällig zusammengeführt werden (vgl. BGH NJW 1988, 1903). Vor Einführung der Handelsplattformen war es nur schwer möglich, Anteile an geschlossenen Fonds vor Laufzeitende zu verkaufen. Anleger hatten nur zwei Optionen: Sie konnten sich entweder selbst um einen Käufer bemühen, oder handelten ihren Anteil mithilfe des Initiators, der den Kaufpreis bestimmte, aus. In beiden Fällen stand dem Verkäufer regelmäßig nur ein Käufer gegenüber. Eine effektive und marktbezogene Preisfindung fand nicht statt. Dieses Szenario gibt es seit der Etablierung zweitmarktbezogener Handelsplattformen nicht mehr.

Handelsplattformen unterfallen nicht dem Anwendungsbereich des Börsengesetzes (BörsG) und sind entsprechend auch nicht börsenrechtlich reguliert. § 2 Abs. 1–3 BörsG erfasst nicht solche Handelsplätze, an denen der Handel rein privatrechtlich organisiert ist und an denen, wie bei Kommanditgesellschaften, lediglich Gesellschaftsanteile gehandelt werden. Damit entfallen das Erfordernis einer Genehmigung und die staatliche Kontrolle über den Zweitmarkt nach dem BörsG. In der Vergangenheit unterfielen Instrumente des „Grauen Kapitalmarkts“ überhaupt keiner staatlichen Regulierung und Aufsicht (Heisterhagen/Kleinert DStR 2004, 507 (509); Spindler WM 2002, 1325 (1331 ff.)). Am 12.12.2011 wurde das Gesetz zur Novellierung des Finanzanlagenvermittler- und Vermögensanlagerechts verkündet, das in wesentlichen Bereichen zum 1.6.2012 sowie zum Teil am 1.1.2013 (Neuregelungen in der Gewerbeordnung und in der Finanzanlagenvermittlerverordnung) in Kraft trat. Die Produkte des „Grauen Kapitalmarkts“ wurden durch eine Übertragung in die Normen für bislang regulierte Produkte einer höheren Regulierung unterworfen. Der Gesetzgeber hat diese erhöhte Regulierung dadurch erreicht, dass er Vermögensanlagen, zu denen auch geschlossene Fonds zählen, in den Geltungsbereich des Wertpapierhandelsgesetzes und des Kreditwesengesetzes einbezog (vgl. Jäger/Maas/Renz CCZ 2014, 63). Geschlossene Fonds werden seitdem als Finanzinstrumente behandelt. Auch bei Kommanditanteilen handelt es sich um Finanzinstrumente nach § 1 Abs. 11 Nr. 2, 5 KWG iVm § 1 Abs. 2 VermAnlG, § 2 Abs. 4 WpHG iVm § 1 Abs. 1 KAGB, bei denen ein Betrieb eines multilateralen Handelssystems iSd § 1 Abs. 1a S. 2 Nr. 1b KWG grundsätzlich zulassungspflichtig sein kann (vgl. BaFin, Merkblatt – Hinweise zu Finanzinstrumenten nach § 1 Abs. 11 S. 1–5 KWG, Dezember 2011, Stand Dezember 2022). Wer Anteile an geschlossenen Fonds in Form einer Kommanditgesellschaft oder den Abschluss von Verträgen über den Erwerb solcher Finanzanlagen vermitteln will (Finanzanlagenvermittler), bedarf (§ 34f Abs. 1 GewO, BGBl. 2011 I 2481 ff.) einer gewerbeamtlichen Erlaubnis. Außerdem gelten in diesen Fällen die anlegerschützenden Vorschriften des WpHG (§ 63 Abs. 10 WpHG), wie besondere Informations-, Beratungs- und Dokumentationspflichten. Der Vermittler ist verpflichtet, vor der Durchführung des Auftrags vom Auftraggeber qualifizierte Informationen über die Kenntnisse und Erfahrungen in Bezug auf die Vermittlung von geschlossenen Fonds einzuholen. Bisher nicht völlig geklärt ist, ob Handelsplattformen innerhalb der Finanzdienstleistungen iSd § 1 Abs. 1a S. 2 KWG den Tatbestand der Anlagevermittlung (Nr. 1) oder jenen des Betreibens eines multilateralen Handelssystems (Nr. 1b) erfüllen. Da Anteile an geschlossenen Fonds als Finanzinstrumente gem. § 1 Abs. 11 S. 1 Nr. 5 KWG gelten, ist davon auszugehen, dass der Betrieb von Handelsplattformen als Finanzdienstleistung zu sehen ist und – im Falle eines gewerbsmäßigen oder in kaufmännischer Weise eingerichteten Geschäftsbetriebs im Inland – der schriftlichen Erlaubnis der BaFin gem. § 32 Abs. 1 KWG bedarf, sofern kein Ausnahmetatbestand greift. Handelsplattformen können nämlich auch unter die Bereichsausnahme nach § 2 Abs. 6 S. 1 Nr. 16 KWG fallen und deshalb erlaubnisfrei sein. So gelten Betreiber organisierter Märkte, die neben dem Betrieb eines multilateralen Handelssystems keine anderen Finanzdienstleistungen iSd § 1 Abs. 1a S. 2 KWG erbringen, nicht als Finanzdienstleistungsinstitute (vgl. zudem zur Abgrenzung der Vermittlung von – möglicherweise. erlaubnisfreier – bloßer Nachweistätigkeit oder „Tippgebung", die allerdings Dienstleistungen wie jene in § 6 Abs. 2 KWG ausschließt und daher das Geschäftsmodell der Plattform erheblich einengt: Landmann/Rohmer GewO/Schönleiter, 92. EL Dez. 2023, § 34f Rn. 39 f.). Auf die zivilrechtliche Wirksamkeit der über infolge von Bieterverfahren auf Handelsplattformen abgeschlossenen Kaufverträge hat diese Frage keinen Einfluss, wenn und soweit diese selbst nicht gegen ein gesetzliches Verbot verstoßen (§ 134 BGB). Die Frage der Wirksamkeit von Rechtsgeschäften, die ohne Erlaubnis getätigt wurden, ist im KWG nicht geregelt. Zum Schutz der Vertragspartner der zulassungsbedürftigen Unternehmung wird von der Rspr. (vgl. BGH NJW 1990, 1356) die Anwendung des § 134 BGB mit der Folge der Nichtigkeit zu Lasten des Vertragspartners verneint. Ein Verstoß gegen § 32 Abs. 1 KWG kann allerdings möglicherweise einen Schadensersatzanspruch nach § 823 Abs. 2 BGB begründen, da die Vorschrift im Verhältnis zu Kunden ein Schutzgesetz darstellen kann (vgl. BGH NJW 2005, 2703; DStR 2006, 1847; vgl. zu diesem Fragenkomplex Erbs/Kohlhaas/Häberle KWG § 32 Rn. 10).

Zu beachten ist, dass die Handelsplattform als Teil der Geschäftsbedingungen DS-GVO-konforme Datenschutzhinweise zu veröffentlichen hat.

2. Beteiligung. Geschlossene Fonds finden sich regelmäßig in Gestalt von Kommanditgesellschaften unterschiedlicher Gestaltung. Ist die Rechtsform der Kommanditgesellschaft gewählt, besteht regelmäßig eine Gesellschaft in Form der GmbH & Co. KG, zu deren Gesellschaftern, neben der persönlich haftenden Gesellschafterin, eine GmbH als Kommanditistin zählt. Diese Kommanditistin vereinnahmt als Treuhänderin das Geld, mit dem sich die Anleger an dem Fonds beteiligen wollen, stellt dieses Vermögen als Einlage der KG zur Verfügung und nimmt über ihre Gesellschafterstellung in der Kommanditgesellschaft die Interessen der Anleger wahr. Daneben besteht die Variante, dass sich die Anleger unmittelbar als Kommanditisten beteiligen.

Während die unmittelbare Beteiligung als Kommanditist gesellschaftsrechtlich nach Maßgabe der §§ 161 ff. HGB geprägt ist, stellt die Beteiligung über einen Treuhänder eine lediglich mittelbare, schuldrechtlich ausgestaltete Teilhabe an der Gesellschaft dar.

3. Widerrufsbelehrung. Dieser Hinweis ist nur deklaratorischer Natur. Wurden die Einzelheiten nicht bekannt gemacht, wäre dieser Passus als Fiktion nach § 309 Nr. 12 BGB unwirksam. Bei Fernabsatzverträgen kann der Auftraggeber seine Vertragserklärung innerhalb von 14 Tagen ohne Angabe von Gründen in Textform (zB Brief, Fax, E-Mail) widerrufen. Die Frist beginnt nach Erhalt einer den Anforderungen des §§ 356 Abs. 1, 3, 360 BGB entsprechenden Belehrung über das Widerrufsrecht in Textform (Art. 246b § 1 Abs. 1 Nr. 12 EGBGB), jedoch nicht vor Vertragsschluss und auch nicht vor Erfüllung der Informationspflichten gem. Art. 246b § 2 EGBGB. Im Falle eines wirksamen Widerrufs sind die beiderseits empfangenen Leistungen zurückzugewähren und ggf. gezogene Nutzungen (zB Zinsen) herauszugeben.

4. Maklervertrag. Richtigerweise wird im Verhältnis zu den Teilnehmern regelmäßig von der Einordnung als Maklervertrag auszugehen sein (vgl. Spindler/Wiebe Internet-Auktionen Kap. 5 Rn. 12 ff.). Der Maklervertrag kommt durch Anmeldung des Interessenten zur Teilnahme an der Handelsplattform zustande. Bei der Gestaltung der Teilnahmebedingungen ist darauf zu achten, dass bei einem Tätigwerden als Doppelmakler die strikte Neutralität gegenüber beiden Vertragspartnern gewahrt wird.

5. Fernabsatz. Für den Verkäufer ist zu beachten, dass er dann, wenn er als Unternehmer nach § 14 BGB anzusehen ist, verpflichtet ist, die Vorschriften über den Fernabsatz zu beachten. Diese Verpflichtung besteht jedoch nur, wenn der Vertrag nach § 312c BGB unter ausschließlicher Verwendung von Fernkommunikationsmitteln zustande kommt. Das ist hier nicht der Fall, weil der Vertrag nachfolgend separat zwischen den Beteiligten geschlossen wird.

6. Rechtsberatung. Der Bundesgerichtshof hat in einer Entscheidung aus dem Jahr 1974 festgestellt, dass ein Makler, der mit der Vermittlung eines Vertrages beauftragt ist, nicht gegen das Rechtsberatungsgesetz verstößt, wenn er im Rahmen dieser Vermittlungstätigkeit den an dem Vertragsschluss interessierten Personen von ihm selbst ausgearbeitete Vertragsentwürfe zur Verfügung stellt (BGH NJW 1974, 1328). Der Vermittlungsmakler verdient sein Honorar nur dann, wenn der Vertragsabschluss auf seiner Vermittlungstätigkeit beruht. Dementsprechend darf er auf die Interessenten einwirken, einen Vertrag zu schließen. Dann ist aber nach Auffassung des Bundesgerichtshofs die Erstellung eines Vertragsentwurfs durch den Makler kein Verstoß gegen das Rechtsberatungsgesetz. Sie steht in unmittelbarem Zusammenhang mit der Vermittlungstätigkeit (BGH NJW 1974, 1328 (1329)). Das RDG hat hieran nichts geändert.

7. Verfügbarkeit. Die Regelung der Verfügbarkeit einer Internet-Plattform ist in AGB problematisch, weil sie entweder mit dem Makel der Intransparenz behaftet ist oder als Beschränkung der Haftung verstanden werden kann. Die hier verwendete Klausel sieht von einer prozentualen Bestimmung der Verfügbarkeit ab und beschränkt sich auf die Beschreibung der allgemeinen Rahmenbedingungen.

8. Art des Verfahrens. Handelsplattformen bieten neben Bietverfahren auch Festpreisverfahren an. Das hier vorliegende Muster betrifft Bietverfahren.

9. Keine Versteigerung. § 156 BGB greift hier nicht. Es handelt sich gerade nicht um eine Versteigerung, sondern um den Austausch von Angebot und Annahme gemäß §§ 145 ff. BGB, der letztendlich zum Vertragsschluss führt.

10. Keine Bindung der Teilnehmer. Lediglich klarstellend wird hervorgehoben, dass eine rechtliche Bindung von Bieter und Auftragnehmer nicht gewollt ist. Wegen der nur zwischen den Parteien der AGB wirkenden Bindung ist es jedoch eine Frage des Einzelfalls, wie das Verhalten der Teilnehmer an dem Bietverfahren aus Sicht der Empfänger zu werten ist. Die hier behandelten Bedingungen sollten jedoch bei der Auslegung berücksichtigt werden, wobei auch hier wiederum das Ergebnis von den Umständen des Einzelfalls abhängig ist (s. Spindler/Wiebe Internet-Auktionen Kap. 4 Rn. 126 f.; für eine Relevanz der AGB bei der Auslegung OLG Hamm NJW 2001, 1142 (1143); OLG Karlsruhe MMR 2007, 794 (795)).

11. Preissetzungsverfahren. Es sind, je nach Geschäftsmodell des Plattformbetreibers, unterschiedliche Preissetzungsverfahren denkbar.

12. Leistungsänderung. Leistungsänderungsrechte können wegen § 308 Nr. 4 BGB problematisch sein. Im Einzelfall sollten die absehbaren Änderungen in den AGB bezeichnet und die Änderung unter den Vorbehalt der vom Gesetz geforderten Zumutbarkeit gestellt werden.

13. Prospektpflicht. Es besteht grundsätzlich die Problematik, ob und inwieweit Verkäufer von Beteiligungen zum Zweiterwerb einer Prospektpflicht unterliegen. § 268 KAGB sieht für die Emission die Erstellung eines Verkaufsprospektes und von wesentlichen Anlegerinformationen vor. Nach § 6 VermAnlG müssen Anbieter, die im Inland Vermögensanlagen anbieten, nur dann einen Prospekt veröffentlichen, wenn ein Prospekt nicht bereits veröffentlicht ist (vgl. dazu Graf zu Solms-Laubach/Mihova DStR 2015, 1872 (1875 f.)). Der Verkaufsprospekt ist auch nicht zu aktualisieren, da sich der Begriff des Angebots im Rahmen des § 11 VermAnlG nur auf das Angebot im Erstmarkt bezieht (Lüdicke/Arndt Geschlossene Fonds S. 140, auch zu Angeboten, die im Erstmarkt vor dem 1.7.2005 platziert wurden). Letztlich wäre es Aufgabe des Auftragnehmers, die vorgeschriebenen Informationen bereitzustellen, wobei jedoch eine Nebenpflicht des Plattformbetreibers, hierauf hinzuweisen, nicht fernliegend ist. Das Formular geht davon aus, dass für den Zweitmarkt keine Prospektpflicht besteht, soweit jedenfalls bei der Erst-Emission die Pflicht erfüllt wurde. Zur Reduzierung der dennoch bestehenden Rechtsunsicherheit bietet der Plattformbetreiber alle ihm zugänglichen Informationen vorsorglich für die Beteiligten zur Kenntnisnahme an.

14. Übertragung der Gesellschaftsanteile Die Kommanditistenstellung kann auf einem Zweitmarkt nur nach den gesellschaftsrechtlichen Vorgaben übertragen werden, wozu regelmäßig die Zustimmung der Mitgesellschafter und die – haftungsbefreiende – Eintragung in das Handelsregister gehört (dazu im Einzelnen Lüdicke/Arndt Geschlossene Fonds S. 44). Die schuldrechtliche Beteiligung im Rahmen eines Treuhandmodells ist als vertragliche Position regelmäßig nur durch Vereinbarung mit den Vertragspartnern, dh des Treuhänders, des Veräußerers, des Erwerbers und gegebenenfalls – je nach vertraglicher Gestaltung – auch der Trägergesellschaft möglich. Das hat Bedeutung für die Wirksamkeit der Übertragung über eine Plattform für den Fall, dass die Zustimmung des Treuhänders und der Trägergesellschaft nicht von vornherein gegeben ist. Bedürfen, wie üblich, Änderungen und Ergänzungen des Treuhand- oder Gesellschaftsvertrages und damit auch die Änderung der Vertragspartner (Grüneberg/Grüneberg BGB § 398 Rn. 43) der rechtsgeschäftlich begründeten Schriftform, stellt sich ein weiteres Problem für elektronische Plattformen, jedenfalls dann, wenn auch die Übertragung der Beteiligung elektronisch erfolgen soll. Zwar wäre das Formerfordernis durch eine qualifizierte elektronische Signatur zu wahren, mangels Verbreitung dieser Signatur würde sich jedoch ein erhebliches Handelshindernis ergeben. Eine Auslegung des Schriftformerfordernisses kann jedoch ergeben, dass die Schriftformklausel auf Übertragungsvorgänge keine Anwendung findet. Der BGH hat zu der Frage, ob der Beitritt zu einer Publikums-KG der im Vertrag vorgesehenen Schriftform bedarf, entschieden, dass nach Sinn und Zweck der in dem konkreten Fall vorhandenen Schriftformklausel Individualvereinbarungen mit einem einzelnen Kapitalanleger, um die es bei dem in der Entscheidung infrage stehenden Beitrittsvertrag und seine Änderungen geht, nicht erfasst werden (BGH NJW 1983, 1117 (1118)). Diese Wertung lässt sich sowohl auf den Beitritt von Treugebern, wie auf die Übertragung der Rechtsposition eines Treugebers oder Kommanditisten übertragen. Zu berücksichtigen ist allerdings, dass sich die Auslegung nicht verallgemeinern lässt, es damit wie stets auf den Einzelfall ankommt.

15. Vorkaufsrechte. Mit vertraglichen Vorkaufsrechten versuchen einzelne Initiatoren, Übertragungshürden zu errichten. Das Bestehen eines Vorkaufsrechts steht zwar nicht dem Abschluss eines Kaufvertrages, wohl aber dessen Erfüllung entgegen. Es muss dann, wenn der Vertragsschluss anders als hier unmittelbar über die Plattform erfolgen soll, sichergestellt sein, dass die Teilnehmer über die Risiken der Erfüllung des geschlossenen Vertrages informiert werden. Den Betreiber der Plattform trifft insoweit möglicherweise eine Nebenpflicht bei Kenntnis des Vorkaufsrechts. Zu beachten ist, dass Anleger grundsätzlich frei über ihre Anteile an geschlossenen Fonds verfügen dürfen (OLG Bremen 7BeckRS 9998, 40603).

N. Arbeitsrecht

1. Betriebsvereinbarung über die Nutzung von E-Mail, Intranet und Internet

Zwischen

der . . . . . AG, vertreten durch den Vorstand . . . . . ,

– im folgenden „Unternehmen“ –

und

dem Betriebsrat der . . . . . AG, vertreten durch den Betriebsratsvorsitzenden . . . . . ,

– im folgenden „Betriebsrat“ –

wird folgende Betriebsvereinbarung[1, 2] geschlossen:

§ 1 Zweck und Gegenstand[3]

(1) Die elektronischen Kommunikations- und Informationssysteme Inter- und Intranet, insbesondere E-Mail (im folgenden „Kommunikationssysteme“), sollen der schnelleren, umfassenden und zeitgemäßen Kommunikation und Information der Mitarbeiter des Unternehmens (im folgenden „Mitarbeiter“) untereinander sowie zu den Geschäftspartnern des Unternehmens dienen.

(2) Gegenstand dieser Betriebsvereinbarung ist die Nutzung der Kommunikationssysteme durch die Mitarbeiter.

§ 2 Geltungsbereich[4]

Diese Betriebsvereinbarung gilt in

- **räumlicher Hinsicht für die Betriebe in . . . . . und . . . . . Sie gilt bei Reisetätigkeit und Außendiensteinsätzen auch außerhalb des Betriebsgeländes.**
- **sachlicher Hinsicht für die Nutzung von Internet, Intranet und E-Mail.**
- **persönlicher Hinsicht für alle Mitarbeiter unabhängig von Art und Umfang ihrer Beschäftigung, insbesondere auch für Mitarbeiter auf Zeit, mit Ausnahme der leitenden Angestellten iSv § 5 Abs. 3 BetrVG.**

§ 3 Nutzungsbedingungen[5]

(1) Die Nutzung der Kommunikationssysteme (E-Mail/Internet/Intranet) durch die Mitarbeiter hat grundsätzlich zu dienstlichen Zwecken, dh zur Kommunikation mit Geschäftspartnern und zum Abruf nützlicher Geschäftsinformationen, zu erfolgen. Die Nutzung zu privaten Zwecken ist lediglich im Rahmen der Regelung in Abs. 2 gestattet. Die Gestattung der privaten Nutzung der betrieblichen Kommunikationssysteme nach den Vorgaben dieser Betriebsvereinbarung erfolgt ausschließlich gegenüber denjenigen Mitarbeitern, die zuvor gegenüber dem Unternehmen eine Einwilligung gemäß Anl. 1 abgegeben haben. Die Beschäftigten sind frei in ihrer Entscheidung, ob sie eine solche

Einwilligung abgeben wollen. Die Einwilligung ist jederzeit mit Wirkung für die Zukunft widerruflich. Soweit die Einwilligung nicht erteilt wird oder widerrufen wurde, ist nur eine betriebliche Nutzung zulässig.

(2) Die Kommunikationssysteme können privat in geringem Umfang genutzt werden, soweit

a) die Dringlichkeit einer Angelegenheit keinen Aufschub in die Freizeit gestattet,

b) der zeitliche Aufwand gegenüber der betrieblichen Nutzung deutlich von untergeordneter Bedeutung ist; der Zeitaufwand darf eine Stunde pro Woche nicht überschreiten und

c) die Erfüllung von dienstlichen Pflichten, andere Personen und betriebliche Belange nicht beeinträchtigt werden.

Hierunter fallen namentlich das Abrufen von Aktienkursen, des Wetterberichts oder sonstigen Kurzinformationen sowie kurze E-Mails. Die Speicher- und Leistungskapazität der Betriebsmittel darf durch die private Nutzung nicht beeinträchtigt werden. Die durch die private Nutzung entstehenden Kosten kann das Unternehmen von dem Mitarbeiter erstattet verlangen.[6]

Die Gewährung der privaten Nutzung der Kommunikationssysteme (E-Mail/Internet/Intranet) erfolgt freiwillig. Die Gewährung steht im freien Ermessen des Arbeitgebers. Auch bei wiederholter vorbehaltloser Gewährung der Privatnutzung entsteht kein Rechtsanspruch auf Gewährung für die Zukunft.[7]

(3) Unzulässig ist jede Nutzung der Kommunikationssysteme, die

a) gegen datenschutzrechtliche, persönlichkeitsrechtliche, lizenz- und urheberrechtliche oder strafrechtliche Bestimmungen verstößt und damit die Sicherheit des Unternehmensnetzes beeinträchtigt
oder

b) für die Interessen und das Ansehen des Unternehmens und dessen Belegschaft geschäftsschädigende oder in sonstiger Weise beleidigende, verleumderische, verfassungsfeindliche, gewaltverherrlichende, rassistische, fremdenfeindliche, sexistische oder pornographische Inhalte aufweist oder

c) weltanschauliche, parteipolitische, sittenwidrige oder kommerzielle Themen, zB Werbung, zum Inhalt hat oder

d) die den Abruf von für das Unternehmen kostenpflichtigen Internetseiten beinhaltet.

(3) Zum Schutz der Kommunikationssysteme vor Viren, Trojanern und ähnlichen Bedrohungen ist es den Mitarbeitern untersagt, aus privaten Gründen eigenmächtig Software zu installieren oder Programme, Filme, Musik oder ähnliches aus dem Internet herunterzuladen.

(4) Alle Mitarbeiter, welche die Kommunikationssysteme des Unternehmens nutzen, haben sich wahrheitsgemäß, präzise und vollständig zu identifizieren.

(5) Benutzerkennungen und Passwörter stellen eine nutzerbezogene Zuordnung des Ressourcenverbrauchs sicher. Jeder Mitarbeiter, der eine Zugangskennung für den Zugriff auf das Internet erhalten hat, muss diese Information geheim halten und vertraulich behandeln. Die Nutzung einer Kennung durch mehrere Personen ist untersagt. Eine Weitergabe der Zugangsdaten an Mitarbeiter des Unternehmens ist in Ausnahmefällen zulässig, wenn dies für die Erledigung der übertragenen Tätigkeit unerlässlich ist.

(6) Die Arbeitnehmer haben sowohl bei der dienstlichen als auch bei der privaten Nutzung die allgemeinen Sicherheitsstandards zu beachten. Sie dürfen insbesondere nur auf sicheren

Seiten surfen sowie E-Mails und Daten unbekannter Herkunft nicht öffnen und sind verpflichtet, im Zweifel Rücksprache mit dem IT-Verantwortlichen des Unternehmens zu nehmen. Die Mitarbeiter sind verpflichtet, Sicherheitsprobleme, Fehler- oder Warnmeldungen unverzüglich an den IT-Verantwortlichen des Unternehmens weiter zu melden.

§ 4 Nutzung durch den Betriebsrat[8]

(1) Der Unternehmer stellt dem Betriebsrat zur ausschließlichen Erfüllung seiner gesetzlichen Aufgaben eine eigene nicht personalisierte E-Mail-Adresse zur Verfügung. Der Unternehmer ist nicht befugt, dieses E-Mail-Postfach zu kontrollieren und auszuwerten.

(2) Der Unternehmer gewährt dem Betriebsrat ausschließlich zur Erfüllung seiner gesetzlichen Aufgaben die Möglichkeit, das Intranet zu nutzen, insbesondere eine eigene Homepage hierfür zu installieren. Der Betriebsrat hat die Einrichtung einer solchen Homepage beim Unternehmer anzumelden.

(3) Der Unternehmer gewährt dem Betriebsrat ausschließlich zur Erfüllung seiner gesetzlichen Aufgaben die Möglichkeit, das Internet zu nutzen, insbesondere um Informationen abzurufen. Der Betriebsrat ist jedoch nicht berechtigt, eine Homepage im Internet zu installieren.

(4) Eine weitere Nutzung der Kommunikationssysteme ist vorbehaltlich der ausdrücklichen schriftlichen Zustimmung des Unternehmers ausgeschlossen.

§ 5 Datenerfassung und -protokollierung[9]

(1) Das Unternehmen protokolliert alle Zugriffe auf die Kommunikationssysteme. Insbesondere führt das Unternehmen ein elektronisches Posteingangsbuch. Dabei werden alle von außen eingehenden E-Mails an funktionsbezogene Adressen mit Absender, Empfänger, E-Mail-ID, Datum und Uhrzeit in einer Log-Datei gespeichert. Die Verarbeitung von Beschäftigtendaten erfolgt nur für die in dieser Vereinbarung genannten Zwecke. Soweit technisch möglich, sind die personenbezogenen Daten in verschlüsselter Form unter Einsatz anerkannter sicherer Verfahren zu verarbeiten. Zudem sind die Beschäftigungsdaten nach Möglichkeit zu pseudonymisieren oder zu anonymisieren. Darüber hinaus sind diese Daten zu löschen, sobald der mit der Verarbeitung beabsichtigte Zweck erfüllt ist.

(2) Die bei der Nutzung der Kommunikationssysteme anfallenden personenbezogenen Daten werden nur für eine Verhaltenskontrolle im Rahmen dieser Betriebsvereinbarung verwendet. Personenbezogene Daten, die zur Sicherstellung eines ordnungsgemäßen Betriebs der E-Mail/Internet/Intranet-Dienste erhoben und gespeichert werden, unterliegen der besonderen Zweckbestimmung nach § 26 BDSG [Bundesdatenschutzgesetz]. Die erfassten Protokoll- und Verbindungsdaten werden ausschließlich zum Zweck der Abrechnung der Internet-Nutzung, der Gewährleistung der Systemsicherheit, der Steuerung der Lastverteilung im Netz und Optimierung des Netzes, der Analyse und Korrektur von technischen Fehlern und Störungen, der Missbrauchskontrolle und bei Verdacht auf Straftaten verwendet. Die mit diesem System verarbeiteten Beschäftigungsdaten werden spätestens drei Monate nach Abwicklung des jeweiligen Vorgangs gelöscht. Leiten sich längere Speicherfristen aus zwingenden gesetzlichen Vorschriften ab, sind diese zu beachten.

(3) Personal, das Zugang zu Protokollinformationen hat, wird besonders auf die Sensibilität dieser Daten hingewiesen und auf die Einhaltung des Datenschutzes verpflichtet. Bei

der Auswahl des Personals ist dies als Eignungsvoraussetzung zu berücksichtigen. Dafür wird (zB durch vertragliche Vereinbarung) Sorge getragen, wenn und soweit es sich nicht um eigenes Personal handelt.

(4) E-Mail-Postfächer und sonstige Nutzung der Kommunikationssysteme von Personen, die einer besonderen Vertraulichkeit unterliegen, sind von Kontrollen und Datenerfassungen nach dieser Vereinbarung ausgeschlossen. Zu diesen Personen gehören insbesondere der Betriebsrat, der Betriebsarzt und der Datenschutzbeauftragte.

§ 6 Missbrauchskontrolle[10]

(1) Alle Mitarbeiter haben das Recht, den vermuteten oder tatsächlichen Missbrauch und Missbrauchsversuche des Kommunikationssystems durch Mitarbeiter dem Unternehmen und/oder dem Betriebsrat mitzuteilen. Das Beschwerderecht der Mitarbeiter gem. der §§ 84 und 85 BetrVG bleibt hiervon unberührt.

(2) Eine personenbezogene Kontrolle der Nutzung der Kommunikationssysteme findet nur bei einem konkreten Verdacht eines Verstoßes gegen diese Bestimmungen, insbesondere gegen § 3 Ziff. 3 dieser Betriebsvereinbarung statt. Das Unternehmen ist insofern berechtigt, zur Klärung des Verdachts eine personenbezogene Kontrolle und Auswertung vorzunehmen, dh insbesondere Einsicht in abgespeicherte Daten zu nehmen sowie den Inhalt offen zu legen und zu sichern.

Die anfallenden Protokolldaten werden nur zur Klärung des konkreten Verdachts ausgewertet.

Der Betriebsrat ist zu beteiligen. Das Ergebnis der Auswertung wird dem Betriebsrat mitgeteilt.

(3) Bei Feststellungen eines Missbrauchs der Kommunikationssysteme durch einen Mitarbeiter ist das Unternehmen berechtigt,

a) Zugriffe auf offensichtlich nicht dienstliche und/oder sicherheitsgefährdende Inhalte zu sperren,
b) dem betreffenden Mitarbeiter die Nutzungsberechtigung zu entziehen bzw. diese einzuschränken und
c) arbeitsrechtliche Konsequenzen unter Einbeziehung der Stellungnahme des Betriebsrats nach dem Betriebsverfassungsgesetz zu prüfen und durchzusetzen.[11]

Darüber hinaus kann ein Verstoß (zB bei Nutzung kostenpflichtiger Dienste) zivilrechtliche Schadensersatzansprüche auslösen. Das Unternehmen behält sich vor, bei Missbrauch der Kommunikationssysteme auch strafrechtliche Konsequenzen zu prüfen.

§ 7 Spamfilter und Virenschutz

(1) Durch eine zentrale Spamfilterung können Spam-E-Mails erkannt werden, indem auf eingehende E-Mails zugegriffen wird. Derartige E-Mails werden sodann mit dem Wort „Spam" im Betreff markiert und an den Empfänger weitergeleitet. Diesem obliegt es, den Inhalt sorgfältig zu prüfen und bei tatsächlichem Vorliegen die Nachricht unverzüglich zu löschen.

(2) Bei Vorliegen von konkreten Anhaltspunkten, dass eine E-Mail einen schädlichen Anhang enthält, wird diese Nachricht automatisch herausgefiltert und entsprechend

untersucht. Bestätigt sich der Verdacht, wird die E-Mail erst nach Entfernung jeglicher Gefährdungspotentiale an den Empfänger weitergeleitet.

§ 8 Schulungen der Mitarbeiter

Die Mitarbeiter werden in regelmäßig stattfindenden Schulungen mit den technischen Möglichkeiten und einer datenschutzgerechten Anwendung der eingesetzten Verfahren vertraut gemacht. Gleichzeitig werden sie über Art und Umfang der Erhebung und Verwendung ihrer personenbezogenen Daten informiert.

§ 9 Änderungen und Erweiterungen

Geplante Änderungen und Erweiterungen an den Kommunikationssystemen werden dem Betriebsrat und dem betrieblichen Datenschutzbeauftragten rechtzeitig mitgeteilt. Es wird dann geprüft, ob und inwieweit sie sich auf die Regelungen dieser Vereinbarung auswirken. Notwendige Änderungen oder Erweiterungen dieser Vereinbarung können im Einvernehmen in einer ergänzenden Regelung vorgenommen werden.

§ 10 Widerrufsvorbehalt[12]

Die Erlaubnis zur privaten Nutzung der Kommunikationssysteme kann vom Unternehmen jederzeit widerrufen oder weiter eingeschränkt werden, ohne dass es hierzu einer Änderung dieser Betriebsvereinbarung oder der Zustimmung des Betriebsrats oder der betroffenen Mitarbeiter bedarf.

§ 11 Inkrafttreten, Dauer, Nachwirkung[13]

(1) Diese Betriebsvereinbarung tritt mit ihrer Unterzeichnung in Kraft. Sie kann mit einer Frist von drei Monaten gekündigt werden. Bis zum Abschluss einer neuen Betriebsvereinbarung gilt die vorliegende Vereinbarung weiter.

(2) Die Unwirksamkeit einzelner Bestimmungen dieser Vereinbarung führt nicht zur Unwirksamkeit der übrigen Regelungen. Im Falle der Unwirksamkeit einzelner Regelungen werden Betriebsrat und Unternehmen unverzüglich Verhandlungen über eine Neuregelung des jeweiligen Sachverhalts aufnehmen.

Anl.:

Einwilligungserklärung des Arbeitnehmers zur privaten Nutzung der betrieblichen Kommunikationssysteme

1. Das Unternehmen hat in der „Betriebsvereinbarung über die Nutzung von E-Mail, Internet und Intranet" die dienstliche Nutzung der Kommunikationssysteme geregelt. Das Unternehmen hat sich dabei bereit erklärt, auch eine private Nutzung der Kommunikationssysteme widerruflich zu gestatten, aber nur gegenüber solchen Mitarbeitern, die vorher eine entsprechende Nutzungsvereinbarung abgeschlossen und eine Einwilligungserklärung abgegeben haben.

2. Durch Unterzeichnung und Rückgabe des vorliegenden Dokuments

- **schließen Sie mit dem Unternehmen eine Nutzungsvereinbarung ab, die für beide Seiten vertraglich verbindliche Regeln für die private Nutzung der Kommunikationssysteme begründet und**

willigen Sie in die Erhebung, Verarbeitung und Nutzung von personenbezogenen Daten im Zusammenhang mit der privaten Nutzung der Kommunikationssysteme im Rahmen der Betriebsvereinbarung ein.

3. Die Nutzungsvereinbarung wird von dem Unternehmen stillschweigend angenommen, sobald Sie dieses Dokument unterschrieben zurückgegeben haben, dh eine Gegenzeichnung durch das Unternehmen erfolgt nicht.

4. Die Gestattung der privaten Nutzung der Kommunikationssysteme endet automatisch und Sie dürfen dementsprechend die Kommunikationssysteme nicht mehr privat nutzen, wenn:

- **Ihre Beschäftigung für das Unternehmen endet,**
- **das Unternehmen die Möglichkeit der privaten Nutzung beendet,**
- **dieses Dokument und die in der Betriebsvereinbarung enthaltenen Vereinbarungen und Erklärungen aus rechtlichen oder tatsächlichen Gründen wegfallen, zB weil sie widerrufen, gekündigt oder angefochten wird.**

5. Jede Seite darf diese Nutzungsvereinbarung jederzeit mit sofortiger Wirkung für die Zukunft ohne Angaben von Gründen durch eine entsprechende Erklärung in schriftlicher Form gegenüber der anderen Seite kündigen bzw. widerrufen.

(weiterführende Hinweise: Orientierungshilfe der Datenschutzaufsichtsbehörden zur datenschutzgerechten Nutzung von E-Mail und anderen Internetdiensten am Arbeitsplatz, Stand 1/2016, https://www.lda.bayern.de/media/oh_email_internet.pdf)

Anmerkungen

1. Sachverhalt. Die Nutzung von E-Mail, Internet und Intranet hat inzwischen in allen Unternehmensbereichen, insbesondere auch in der sogenannten „old economy" Einzug gehalten. Diese Kommunikationssysteme sind wesentliche Bestandteile eines modernen Arbeitsplatzes und stellen das Arbeitsrecht immer wieder vor Probleme. Häufiges Thema ist die private Nutzung dieser Kommunikationssysteme. Nach einer älteren Studie von FAST Corporate Services aus dem Jahr 2001, eines Verbands, der sich hauptsächlich dem Kampf gegen illegale Verbreitung von Software widmet, verursacht die private Nutzung des Internets am Arbeitsplatz in der britischen Industrie Ausfälle von 500 Millionen Dollar pro Jahr. Laut dieser Studie nutzten nur zehn Prozent der Befragten das Internet ausschließlich für dienstliche Zwecke. Die meisten gaben dagegen an, etwa ein Drittel ihrer Online-Zeit allein für private Zwecke aufzuwenden. Bei einer früheren Umfrage des Softwarehauses SurfControl bei mehr als 1.200 Unternehmen im Herbst 2001 ergab sich ebenfalls, dass mehr als 90 % der Mitarbeiter an ihrem Arbeitsplatz auch privat surfen und mailen. Diese Zahlen schwanken von Jahr zu Jahr. In einem Interview mit dem Magazin Forbes aus dem Jahr 2012 erläuterte der damalige CEO Russ Warner des Software-Unternehmens ContentWatch.inc, das Programme zur Überprüfung und Kontrolle von Internetinhalten herstellt, dass mindestens 64 % der Arbeitnehmer jeden Tag Internetinhalte aufrufen würden, die nicht für die Arbeit relevant wären. Bei Arbeitnehmern der Altersgruppe zwischen 18 und 35 Jahren lag der Anteil sogar bei 73 % (http://www.forbes.com/sites/cherylsnappconner/2012/07/17/employees-really-do-waste-time-at-work/#24829d082412).

Laut einem Bericht des Unternehmens salary.com aus dem Jahr 2014 stieg die Zahl auf 89 % an. Ein Drittel der Befragten nutzten das Internet am Arbeitsplatz für private Zwecke täglich für mindestens 30 Minuten (http://www.salary.com/2014-wasting-time-at-work/). Bei einer Umfrage zur beruflichen und privaten Nutzung des Internets in Deutschland aus dem Jahr 2017 gaben 52 % der Befragten an, das Internet sowohl beruflich als auch privat zu nutzen (Internet – Private und berufliche Nutzung in Deutschland 2017 | Statista). Gleichzeitig steigt der Anteil der digitalen Tätigkeiten am Arbeitsplatz enorm. Eine Statistik aus dem Jahr 2018 zeigt, dass Deutschland mit einem Anteil von 83 % auf Platz 6 liegt, wenn es um die Frage der beruflichen Nutzung von Computer, Laptop, Smartphone oder Tablet geht (statistik-bw.de).

Lediglich 5 % der Menschen im Alter zwischen 16 und 74 Jahren in Deutschland waren im Jahr 2023 sogenannte Offliner, also haben das Internet noch nie genutzt (Statistisches Bundesamt (destatis.de)).

Aus diesem Grund ist auch weiterhin dringend zu empfehlen, die Nutzung zu regeln. In diesem Formular wurde vom Bestehen eines Betriebsrats ausgegangen und die Form einer Betriebsvereinbarung gewählt. Besteht kein Betriebsrat, können die grundlegenden Regelungen auch im Rahmen einer Zusatzvereinbarung zum Arbeitsvertrag (→ Form. M.2) oder in einer allgemeinen Arbeitsordnung geregelt werden.

2. Betriebsvereinbarung. Bei Vereinbarungen zwischen Arbeitgeber und Betriebsrat unterscheidet man hinsichtlich der Betriebsvereinbarungen zwischen freiwilligen und erzwingbaren Betriebsvereinbarungen. Daneben sind Regelungsabreden denkbar, denen nur schuldrechtliche Wirkung zukommt. Zum Abschluss freiwilliger Betriebsvereinbarungen kann der Arbeitgeber vom Betriebsrat nicht gezwungen werden. Erzwingbare Betriebsvereinbarungen betreffen im BetrVG erwähnte mitbestimmungspflichtige Regelungssachverhalte; ihren Abschluss kann der Betriebsrat über den Spruch einer Einigungsstelle erzwingen:

- Gem. § 87 Abs. 1 Nr. 6 BetrVG hat der Betriebsrat bei der Einführung und Anwendung von technischen Einrichtungen, die dazu bestimmt sind, das Verhalten oder die Leistung der Arbeitnehmer zu überwachen, mitzubestimmen. Hierunter fällt nach der Rechtsprechung des BAG (BAG DB 1984, 775) auch die Benutzung von Datenverarbeitungssystemen und die Einrichtung von Bildschirmarbeitsplätzen. Dementsprechend ist auch die Einführung eines Systems, das dem Arbeitgeber erlaubt, die Nutzung der Kommunikationsmittel Internet, Intranet und E-Mail zu kontrollieren, mitbestimmungspflichtig.
- Ferner sind nach § 87 Abs. 1 Nr. 1 BetrVG Fragen der Ordnung des Betriebs und des Verhaltens der Arbeitnehmer im Betrieb mitbestimmungspflichtig. Ein Beratungsrecht und hierauf aufbauend eine Mitbestimmungspflicht kann sich daneben aus den §§ 96 ff. BetrVG, insbesondere § 97 Abs. 2 BetrVG ergeben, da die Nutzung der Kommunikationsmittel ein Bedürfnis der Schulung der Mitarbeiter begründen kann. Hinsichtlich der Durchführung von Maßnahmen der betrieblichen Bildung sieht das BetrVG in § 98 ein Mitbestimmungsrecht vor. Nach § 97 Abs. 2 BetrVG hat der Betriebsrat zudem bei der Einführung von Maßnahmen der betrieblichen Berufsbildung mitzubestimmen.
- Die Regelung der Modalitäten der dienstlichen und privaten Nutzung von E-Mail, Internet und Intranet unterfällt zumindest teilweise diesen betriebsverfassungsrechtlichen Regelungen und ist somit mitbestimmungspflichtig, so dass als zweckmäßige Regelung eine Betriebsvereinbarung zu treffen ist (Hartmann/Pröpper BB 2009, 1300) Mitbestimmungsfrei ist dagegen die Frage, ob der Arbeitgeber überhaupt diese Kommunikationsmittel zur Verfügung stellt und ob eine private Nutzung durch die Arbeitnehmer erlaubt ist (vgl. LAG Hamm NZA 2007, 168; ArbG Hamburg BeckRS 2013, 68964). Denn der Arbeitnehmer hat grundsätzlich mangels besonderer Rechtsgrund-

lage keinen Anspruch auf private Nutzung der Betriebsmittel. Ein Mitbestimmungsrecht des Betriebsrats besteht jedenfalls dann nicht, wenn die Privatnutzung gänzlich untersagt ist. Wird jedoch die Nutzung von E-Mail, Internet und Intranet für private Zwecke gestattet, steht dem Betriebsrat zwingend ein Mitbestimmungsrecht nach § 87 Abs. 1 Nr. 1 BetrVG zu. Die vorliegende Betriebsvereinbarung stellt somit eine sog. teilmitbestimmungspflichtige Betriebsvereinbarung dar.

3. Zweck. Der Zweck der Betriebsvereinbarung liegt in der Regelung der Art und des Umfangs der Nutzung von E-Mail, Internet- und Intranet durch die Arbeitnehmer, aber auch durch den Betriebsrat.

4. Geltungsbereich. Räumlich erstreckt sich der Geltungsbereich einer Betriebsvereinbarung auf den Betrieb, für den diese abgeschlossen wurde. In persönlicher Hinsicht erstreckt sich die Betriebsvereinbarung grundsätzlich auf alle Arbeitnehmer des Betriebes iSd § 5 Abs. 1 BetrVG. Auf eine Gewerkschaftszugehörigkeit kommt es nicht an. Generell nicht in den persönlichen Geltungsbereich einer Betriebsvereinbarung einbezogen sind Pensionäre und leitende Angestellte (s. hierzu Küttner Personalbuch 2019/Kreitner Betriebsvereinbarung Rn. 4 ff.).

5. Umfang der Nutzung. Allgemein gültige Regelungen der Nutzung von Internet, Intranet oder E-Mail am Arbeitsplatz gibt es nicht. Soweit der Arbeitgeber daher nicht die private Nutzung diese Kommunikationssysteme gestattet, stellt diese Nutzung grundsätzlich eine arbeitsvertragliche (Hauptleistungs-)Pflichtverletzung dar (vgl. BAG DB 2006, 1849). Zur Vermeidung von Rechtsunsicherheiten ist anzuraten, eine ausdrückliche Regelung zu finden.

Der Arbeitgeber, der auf seinen Arbeitsgeräten einen Zugang zum Internet, Intranet oder E-Mail zur Verfügung stellt, kann im Rahmen seiner Dispositionsbefugnis über die Arbeitsmittel frei darüber entscheiden, ob und in welchem Umfang seinen Arbeitnehmern Zugang zu diesen Kommunikationsmitteln gewährt wird. Bei der Entscheidung, in welchem Umfang die Kommunikationssyteme vom Arbeitnehmer genutzt werden dürfen, bietet sich zum einen eine rein dienstliche und zum anderen eine dienstliche und (beschränkte) private Nutzung an.

Die ausschließlich dienstliche Nutzung hat den Vorzug, dass sie aus rechtlicher Sicht die einfachste und sicherste Möglichkeit ist, Komplikationen aus dem Weg zu gehen. Einigkeit besteht darüber, dass der Arbeitgeber den privaten Gebrauch von E-Mails gänzlich untersagen und somit die erlaubte Nutzung ausschließlich auf dienstliche Zwecke beschränken darf. Ein Mitbestimmungsrecht des Betriebsrats gibt es hier nicht (vgl. LAG Hamm NZA 2007, 168). Eine solche Regelung könnte wie folgt lauten:

Die Nutzung der Kommunikationssysteme hat ausschließlich zu dienstlichen Zwecken, dh zur Kommunikation mit Geschäftspartnern und zum Abruf nützlicher Geschäftsinformation zu erfolgen.

Eine dienstliche Nutzung liegt vor, soweit ein Bezug zu den dienstlichen Aufgaben besteht, diese also durch das Tun des Arbeitnehmers gefördert werden. Auf die Zweckmäßigkeit der Handlung kommt es zur Qualifizierung des dienstlichen Bezugs nicht an. Es reicht die Absicht, die Arbeit voranzubringen. Ferner werden zur dienstlichen Nutzung auch Sachverhalte aus „dienstlichem Anlass“ und solche, die der Mitarbeiter im Interesse des Unternehmens erledigt, gehören. Hierzu zählen insbesondere Kontakte mit Ärzten und Krankenhäusern bei plötzlichen Erkrankungen oder für die Vereinbarung von Behandlungsterminen sowie die Information der Familie oder der nächsten Angehörigen in Notfällen, bei plötzlicher Erkrankung oder bei unvorhergesehen notwendig gewordener Mehrarbeit bzw. kurzfristigem Antritt einer Dienstreise (vgl. hierzu Blösinger BB 2007, 2177; Besgen/Prinz Internet ArbR-HdB § 1 Rn. 4).

Im Rahmen des vorliegenden Formulars wird von der grundsätzlich dienstlichen und darüber hinaus beschränkten Zulässigkeit der privaten Nutzung ausgegangen. Diese Regelung entspricht dem Bild eines verantwortungsbewussten Arbeitnehmers. Zudem ist ein striktes Verbot der privaten Nutzung in der Praxis oftmals aus motivationstechnischen Gründen nicht erwünscht. Gewährt der Arbeitgeber eine – auch nur gelegentliche – Privatnutzung, ist die Festlegung diesbezüglicher Verhaltensregelungen gem. § 87 Abs. 1 Ziff. 1 BetrVG mitbestimmungspflichtig. Zu regeln ist, in welchem Umfang der Mitarbeiter die Kommunikationssysteme privat nutzen darf, um einen Missbrauch der Gestattung zu verhindern (zeitlicher Umfang, Verhaltensregeln etc). Damit im Falle einer Verletzung der Nutzungsrechte auch die entsprechenden arbeitsrechtlichen Maßnahmen ergriffen werden können, wird in dem Formular der Umfang der privaten Nutzung soweit wie möglich konkretisiert. Mit Festlegung von zeitlichen Grenzen oder inhaltlichen Einschränkungen ist eine Verletzung der Arbeitspflicht feststellbar(er). Gesondert geregelt werden kann eine Erstattungspflicht, wenn die private Nutzung der Kommunikationsmittel Kosten verursacht. Um die Kontrollbefugnisse des Arbeitgebers auch zu vereinbaren, empfiehlt sich neben der Betriebsvereinbarung eine schriftliche Einwilligungserklärung des Mitarbeiters. Sofern die Mitarbeiter diese Bedingungen nicht akzeptieren wollen, können sie ihre Einwilligung ohne arbeitsrechtliche Nachteile verweigern bzw. auch später widerrufen, allerdings mit der Folge, dass für sie fortan nur die betriebliche Nutzung der Kommunikationssysteme gestattet ist.

6. Steuerliche Auswirkungen. § 3 Nr. 45 EStG stellt einen Ausnahmetatbestand dar, in dem gesetzlich klargestellt wird, dass die Vorteile des Arbeitnehmers aus der privaten Nutzung von betrieblichen Personalcomputern und Telekommunikationsgeräten, somit auch E-Mail, Internet und Intranet, nicht steuerpflichtig sind.

7. Betriebliche Übung. In seiner Entscheidung v. 7.7.2005 (BAG NZA 2006, 98 ff.; s. auch LAG Berlin-Brandenburg BB 2016, 891) stellt das BAG klar, dass bei einer fehlenden ausdrücklichen Gestattung oder Duldung des Arbeitgebers eine private Nutzung des Internet grundsätzlich nicht gestattet sei. Soweit der Arbeitgeber von einem von der Nutzungsordnung abweichenden Nutzungsverhalten der Mitarbeiter Kenntnis erlangt und dies ausdrücklich duldet, kann auf Grund betrieblicher Übung dieses tatsächliche Nutzungsverhalten zum Inhalt des Arbeitsvertrages werden, wenn der Arbeitnehmer darauf vertrauen konnte, dass es auch in Zukunft bei diesem Zustand bleibt. Zur Begründung einer solchen betrieblichen Übung soll ein Zeitraum zwischen sechs Monaten und einem Jahr genügen (vgl. hierzu Barton NZA 2006, 460 ff. mwN). Im Falle eines Kündigungsschutzprozesses auf Grund einer verhaltensbedingten Kündigung durch den Arbeitgeber, die auf einem Verstoß gegen die festgelegte Nutzungsordnung beruht, wird sich der Arbeitnehmer regelmäßig auf eine hiervon abweichende betriebliche Übung berufen. In diesem Zusammenhang stellt sich die Frage, ob und inwiefern die Einhaltung der aufgestellten Grundsätze der Nutzung vom Arbeitgeber überwacht wurde. Es reicht damit nicht aus, eine Nutzungsordnung aufzustellen. Deren Einhaltung ist vom Arbeitgeber auch zu überwachen und zu verfolgen. Die Vermeidung einer der Nutzungsordnung widersprechenden betrieblichen Übung kann wie folgt vermieden werden: Bei Einschalten des Computers der Mitarbeiter mit Internetzugang erscheint automatisch auf dem Bildschirm eine Standardanzeige, die nochmals die grundsätzlichen Nutzungsregeln aufzeigt. Der Vorteil dieser Anzeige besteht darin, dass der Mitarbeiter jedes Mal vor dem Gebrauch auf den erlaubten Umfang der Nutzung von E-Mail, Intranet und Internet hingewiesen wird und sich demnach nicht auf „Nichtkenntnis" der Nutzungsregelungen berufen kann. Der Arbeitgeber macht hiermit auch ausdrücklich deutlich, dass er eine private Nutzung nur in festgelegten Grenzen (insbesondere durch Verweis auf die Betriebsvereinbarung) duldet. Die Berufung der Mitarbeiter auf eine von der Nutzungsordnung abweichende betriebliche Übung sollte damit abgeschnitten sein (vgl. hierzu auch LAG Hamm NZA 2007, 168; Fülbier/Splittgerber NJW 2012, 1995).

8. Arbeitsmittel des Betriebsrats. Nach § 40 Abs. 2 BetrVG hat der Arbeitgeber dem Betriebsrat in erforderlichem Umfang Räume, sachliche Mittel und Büropersonal, aber auch Informations- und Kommunikationstechnik zur Verfügung zu stellen. Aus dieser Regelung folgt nicht zwingend, dass der Betriebsrat Anspruch auf Zugang zum Intranet, Einrichtung einer Homepage im Intranet oder Nutzung des E-Mail-Systems hat. Ein Anspruch auf Nutzung dieser modernen Kommunikationsmittel hängt davon ab, ob und inwieweit dem Betriebsrat andere ausreichende Kommunikationsmittel, etwa Schwarzes Brett oder Rundschreiben, zur Verfügung stehen. Es ist grundsätzlich Sache des Arbeitgebers, zu entscheiden, welche von mehreren sachgerechten Mitteln oder Möglichkeiten zur Information er in erforderlichem Umfang zur Verfügung stellt. So besteht nach einer Entscheidung des BAG (BAG NZA 2007, 337) grundsätzlich keine Pflicht des Arbeitgebers dem Betriebsrat durch einen Internetanschluss Zugang zu tagesaktuellen Datenbanken mit Gesetzestexten zu verschaffen (s. auch Kramer ArbRAktuell 2010, 362). Die Möglichkeit der zeitnahen Beschaffung der Gesetzestexte sei genügend. Der Arbeitgeber müsse dem Betriebsrat nicht die Sachmittel zur Verfügung stellen, die er selbst benutzt (vgl. BAG NZA 2007, 337). Der Betriebsrat muss daher darlegen, welche konkreten betriebsverfassungsrechtlichen Aufgaben bzw. welcher Abruf von Informationen eine Nutzung des Internets für ihn erforderlich machen. Ein noch darüberhinausgehender Anspruch des Betriebsrats gem. § 40 Abs. 2 BetrVG auf Einrichtung einer eigenen Homepage im Internet ist ohnehin nicht gegeben (Besgen NZA 2006, 959; Kramer ArbRAktuell 2010, 362). Es gehört nicht zu den dem Betriebsrat nach dem Betriebsverfassungsgesetz obliegenden Aufgaben, von sich aus die außerbetriebliche Öffentlichkeit über allgemein interessierende Vorgänge des Betriebs zu informieren (ArbG Paderborn DB 1998, 678; LAG Köln NZA-RR 2002, 251). Aufgrund der technischen Möglichkeiten hat das Intranet mittlerweile das Schwarze Brett abgelöst. Sofern der Arbeitgeber das unternehmenseigene Intranet auch für die Information der Mitarbeiter nutzt, hat der Betriebsrat jedoch ebenfalls Anspruch auf Veröffentlichung seiner Informationen im Intranet (vgl. BAG NZA 2005, 1016; LAG Hessen BeckRS 2011, 70870; BAG MMR 2011, 116). Zudem hat das BAG einen Anspruch des Betriebsrats auf Bereitstellung eines Internetanschlusses jedenfalls dann bejaht, wenn der Betriebsrat bereits über einen PC verfügt, die Freischaltung des Internets keine zusätzlichen Kosten verursacht und dem Internetnutzung keine sonstigen berechtigten Belange des Arbeitgebers entgegenstehen (BAG NZA 2010, 709; NZA-RR 2010, 413; LAG Baden-Württemberg MMR 2013, 336). Diesem Anspruch stehe auch grundsätzlich nicht die abstrakte Gefahr des Missbrauchs durch den Betriebsrat oder die Gefahr von Störungen durch Viren oder Hackerangriffen entgegen (BAG NZA-RR 2010, 413). Im Übrigen gilt der Einrichtungsanspruch nicht nur für den Betriebsrat insgesamt, sondern auch für die einzelnen Mitglieder des Gremiums (BAG BeckRS 2010, 74408). Hinsichtlich der Bereitstellung einer betrieblichen E-Mail hat nun das LAG Schleswig-Holstein in einer neueren Entscheidung festgelegt, dass der Betriebsrat, sofern berechtigte Interessen des Arbeitgebers nicht entgegenstehen, von diesem die Einrichtung eines eigenen elektronischen Funktionspostfachs verlangen kann, wenn dies zur ordnungsgemäßen Wahrnehmung der ihm nach dem Gesetz obliegenden Aufgaben erforderlich ist (LAG Schleswig-Holstein NZA 2016, 568). Da es sich bei Betriebsräten um „Geheimnisträger" handelt, sollte jegliche Möglichkeit der Kenntnisnahme des Arbeitgebers von Verkehrsdaten ausgeschlossen sein. Daher empfiehlt es sich, ein nicht personalisiertes Funktionspostfach (zB Betriebsrat@Unternehmensname.de) einzurichten. Eine Kontrolle dieses Postfaches ist auf jeden Fall zu unterlassen. Da auch die Belange der Arbeitnehmer schutzwürdig sind, die mit dem Betriebsrat in Kontakt treten, sollte auch in diesen Fällen die Kommunikation dem Arbeitgeber nicht zur Kenntnis gelangen. Für Arbeitnehmer wäre daher ua zu empfehlen, nicht die betriebliche E-Mail zu nutzen.

9. Datenschutz. Das Datenschutzrecht gilt nicht nur für Internet-Diensteanbieter, sondern für alle Unternehmen, die einen Internetzugang vorhalten. Diese sind verantwortlich für die Einhaltung der gesetzlichen Bestimmungen. Hierbei sind eine Vielzahl von gesetzlichen Vorschriften zu beachten, insbesondere das Bundesdatenschutzgesetz (BDSG), sowie die Verordnung (EU) 679/2016 (DS-GVO) und die Richtlinie (EU) 2016/680. Im Nachfolgenden soll im Wesentlichen nur auf das BDSG und das TKG eingegangen werden:

a) **BDSG.** Der Unionsgesetzgeber hat darauf verzichtet, den Beschäftigtendatenschutz in der DS-GVO umfassend zu regeln. Vielmehr enthält Art. 88 DS-GVO eine Öffnungsklausel für nationale Regelungen zur Datenvereinbarung im Beschäftigungskontext. Von diesem Gestaltungsspielraum hat der deutsche Gesetzgeber Gebrauch gemacht und mit dem „Gesetz zur Anpassung des Datenschutzrechts an die VO (EU) 679/2016 und zur Umsetzung der RL (EU) 680/2016 (Datenschutz – Anpassungs- und – Umsetzungsgesetz EU – DSAnpUG-EU)" mit Wirkung vom 30.6.2017 den früheren § 32 BDSG aF durch § 26 BDSG mit Wirkung ab dem 25.5.2018 ersetzt und leicht ergänzt. Für die Verarbeitung einfacher personenbezogener Daten hat der Gesetzgeber den bisherigen § 32 Abs. 1 S. 1 übernommen und durch den Rechtfertigungsgrund der Erfüllung einer gesetzlichen oder kollektivrechtlichen Pflicht ergänzt (Düwell/Brink NZA 2017, 1081 (1083)). Hiernach gilt gemäß § 26 Abs. 1 S. 1 BDSG, dass personenbezogene Daten eines Beschäftigten für Zwecke des Beschäftigungsverhältnisses erhoben, verarbeitet oder genutzt werden dürfen, wenn dies für die Entscheidung über die Begründung eines Beschäftigungsverhältnisses oder nach Begründung des Beschäftigungsverhältnisses für dessen Durchführung oder Beendigung oder zur Ausübung oder Erfüllung der sich aus einem Gesetz oder einem Tarifvertrag, einer Betriebs- oder Dienstvereinbarung (Kollektivvereinbarung) ergebenden Rechte und Pflichten der Interessenvertretung der Beschäftigten erforderlich ist. Zudem finden sich im (neuen) § 26 BDSG einige ergänzende Regelungen, die zwar bisher schon galten, sich nun aber nicht mehr an verschiedenen Stellen im BDSG, sondern direkt in § 26 BDSG befinden. So wird zB die Unübersichtlichkeit beseitigt, welche die bisherige Regelung des § 32 Abs. 1 S. 1 BDSG aF dadurch mit sich brachte, dass für die Verarbeitung sensibler Daten die bisherige Regelung des § 32 Abs. 1 S. 1 BDSG aF für den Umgang mit einfachen personenbezogenen Daten galt und für die besonders nach § 3 Abs. 9 BDSG zu schützenden Daten die für alle Schuldverhältnisse geltende Spezialnorm des § 28 Abs. 6 Nr. 3 BSDG anzuwenden war. Dies wird mit der Regelung in § 26 Abs. 3 S. 1 BDSG korrigiert (Düwell/Brink NZA 2017, 1081 (1083)). Auch stellt § 26 Abs. 8 BDSG nun in der Definition des Beschäftigtenbegriffs im Unterschied zur bisherigen Definition in § 3 Abs. 11 BDSG aF ausdrücklich klar, dass auch Leiharbeitnehmer und Freiwillige nach dem Bundesfreiwilligendienstgesetz umfasst sind. Zudem ist in § 26 Abs. 4 BDSG nunmehr ausdrücklich geregelt, dass die Verarbeitung von Beschäftigtendaten auf der Grundlage von Kollektivvereinbarungen wie Betriebsvereinbarungen zulässig ist. Im Rahmen solcher Vereinbarungen haben die Verhandlungspartner die inhaltlichen Vorgaben des Art. 88 Abs. 2 DS-GVO zu beachten, auf den in § 26 Abs. 4 S. 2 BDSG deklaratorisch verwiesen wird. Demzufolge sind angemessene und besondere Maßnahmen zur Wahrung der menschlichen Würde, der berechtigten Interessen und der Grundrechte der betroffenen Person zu ergreifen, wodurch sichergestellt werden soll, dass Kollektivvereinbarungen das Schutzniveau der DS-GVO nicht absenken. Der Anwendungsbereich bezüglich der Verarbeitung personenbezogener Daten durch öffentliche Stellen wird nach der aktuellen Rechtslage in § 3 BDSG definiert. Personenbezogene Daten sind gem. § 46 Nr. 1 BDSG Einzelangaben über persönliche und sachliche Verhältnisse einer bestimmten oder bestimmbaren natürlichen Person. Hierunter fallen sowohl

Nutzungs- (äußere Daten) als auch Inhaltsdaten. Die in der Literatur (vgl. hierzu Kranig/Wybitul/Zimmer-Helfrich ZD 2019, 1 (2); Gola/Heckmann/Gola DS-GVO Art. 4 Rn. 73; NK-DatenschutzR/Seifert DS-GVO Art. 88 Rn. 209; aA Kleinebrink DB 2018, 2566 (2567); Wybitul NZA 2017, 413 f.) diskutierte Frage, ob der Betriebsrat auch weiterhin nicht als verantwortliche Stelle bzw. als Verantwortlicher iSd Art. 4 Nr. 7 DS-GVO eingestuft werden muss, hat das Bundesarbeitsgericht in einer Entscheidung vom 7.5.2019 (vgl. BAG NZA 2019, 1218) offen gelassen, jedoch betont, dass der Betriebsrat seinerseits bei einer Datenverarbeitung – zB bei der Kenntnisnahme personenbezogener Daten im Zusammenhang mit dem Einblicksrecht in Bruttoentgeltlisten – die Datenschutzbestimmungen einzuhalten hat (BAG NZA 2019, 1218 Rn. 45).

b) TKG. Daneben kann der Arbeitgeber auf Grund der anfallenden Telekommunikationsdaten dem Fernmeldegeheimnis nach § 88 TKG unterliegen. Das TMG und das TKG schließen sich vom Anwendungsbereich nicht aus. Das TKG regelt die Telekommunikationswege, das TMG die Nutzung der Kommunikationsinhalte (Kieper DuD 1998, 584). Nach § 88 Abs. 2 TKG ist zur Wahrung des Fernmeldegeheimnisses verpflichtet, wer Telekommunikationsdienste „geschäftsmäßig“ für Dritte erbringt oder hieran mitwirkt. Nach der Legaldefinition in § 3 Nr. 6 und Nr. 10 TKG ist „geschäftsmäßiges Erbringen von Telekommunikationsdiensten“ das nachhaltige Angebot von Telekommunikation für Dritte mit oder ohne Gewinnerzielungsabsicht. Dritte sind nach dem Schutzzweck des TKG die Personen, für die der Dienst technisch erbracht wird, somit auch Arbeitnehmer. Nach den Gesetzesmaterialien soll dies aber nur gelten, soweit der Arbeitgeber als Anbieter dem Arbeitnehmer die private Nutzung der Telekommunikationsmittel genehmigt hat (vgl. BT-Drs. 13/3609, 53 und BT-Drs. 17/4230; für diese Auslegung auch Post-Ortmann RDV 1999, 103, mit guten Argumenten gegen diese Auslegung u.a. Schimmelpfennig/Wenning DB 2006, 2290 ff.). Der Arbeitnehmer ist nur in diesem Fall als Dritter anzusehen, da er die Telekommunikationsdienste außerhalb seiner arbeitsvertraglichen Pflichten benutzt, nämlich zu eigenen Zwecken. Bei Bereitstellung und Erlaubnis zur Nutzung von Kommunikationsmitteln wie Internet und E-Mail hat der Arbeitgeber somit dafür zu sorgen, dass das Fernmeldegeheimnis des § 88 Abs. 3 TKG gewahrt wird. Auch die Reichweite des Fernmeldegeheimnisses ist anhand der Entscheidungen des Bundesverfassungsgerichts zu berücksichtigen. Das Bundesverfassungsgericht weist in seiner Entscheidung zu E-Mail-Providern ausdrücklich darauf hin, dass Kommunikationsteilnehmer keine technische Möglichkeit haben, die Weitergabe der E-Mails durch den Provider zu verhindern, weshalb dieser technisch bedingte Mangel an Beherrschbarkeit die besondere Schutzbedürftigkeit durch das Fernmeldegeheimnis begründe. Dies gelte unabhängig davon, ob eine E-Mail auf dem Mailserver des Providers zwischen- oder endgespeichert wird (BVerfG DÖV 2009, 770). Übertragen auf den Arbeitgeber als Telekommunikationsanbieter bedeutet dies, dass das Fernmeldegeheimnis auch im Rahmen der Speicherung von privaten E-Mails anwendbar bleibt, sofern der Arbeitgeber in die weitere Verwaltung der E-Mails auf einem Mailserver involviert ist. Technisch muss bei gestatteter E-Mail-Privatnutzung also zwischen „Internet Message Access Protocol“ (IMAP) und „Post Office Protocol“ (POP) unterschieden werden. Denn während bei Nutzung von IMAP der Arbeitgeber aufgrund der Speicherung auf separaten Systemen weiterhin beherrschenden Einfluss hat und damit das Fernmeldegeheimnis zur Anwendung kommt, werden E-Mails bei der Anwendung von POP ausschließlich auf dem Client-PC des Arbeitnehmers gespeichert und unterliegen seiner Sphäre, weshalb er dann nicht mehr schutzwürdig ist. Das ist auch gerechtfertigt, da der Arbeitgeber letztlich nichts anderes als Providerleistungen erbringt und ihn nicht an der Vereinbarung entsprechender Nutzungsvereinbarungen hindert.

c) TMG/DDG. In Konsequenz des Gesetzes vom 6.5.2024 ist das TMG mit Wirkung zum 14.5.2024 außer Kraft getreten. Die vormals im TMG enthaltenen Regelungen wurden durch entsprechende Bestimmungen im neuen Digitalen-Dienste-Gesetz (DDG) ersetzt. In Kraft getreten am 14.5.2024, dient es der Umsetzung verschiedener EU-Richtlinien. Das DDG stellt eine Ergänzung zum bereits seit Februar 2024 als EU-Verordnung in Kraft befindlichen Digital Service Act dar. Das Gesetz umfasst Pflichten für Onlinedienste. Als Beispiel für eine derartige Regelung kann die Impressumspflicht angeführt werden, welche in § 5 TMG normiert wurde. Infolge der Novellierung des DDG ist es nicht länger erforderlich, im Impressum einer Webseite auf das TMG zu verweisen, da die Impressumspflicht nunmehr in § 5 DDG normiert ist.

Im Hinblick auf die Systematik der Gesetze ist es für den Arbeitgeber empfehlenswert, eine Trennung der dienstlichen und privaten Nutzung durch die Mitarbeiter zu veranlassen. Dies kann beispielsweise durch die Einrichtung getrennter privater und geschäftlicher E-Mail-Adressen oder durch die Verpflichtung zur Kenntlichmachung privater E-Mails als solche gewährleistet werden.

10. Zulässigkeit von Kontrollen. a) Grundsätzlich unterliegen die Einführung von Kontrollsystemen sowie die Durchführung von Kontrollen bezüglich des Internetzugangs oder der E-Mail-Nutzung dem Mitbestimmungsrecht des Betriebsrats (§ 87 Abs. 1 Ziff. 6 BetrVG). Dieses Mitbestimmungsrecht wird regelmäßig durch den Abschluss einer Betriebsvereinbarung ausgeübt. Die inhaltliche Gestaltungsfreiheit von Arbeitgebern und Betriebsräten beim Abschluss einer Betriebsvereinbarung über die Zulässigkeit und den Umfang von Kontrollen wird durch § 75 Abs. 2 BetrVG eingeschränkt. Nach dieser Vorschrift haben Arbeitgeber und Betriebsräte „die freie Entfaltung der Persönlichkeit der im Betrieb beschäftigten Arbeitnehmer zu schützen und zu fördern".

b) Das allgemeine Persönlichkeitsrecht. Die Regelungsbefugnis zur Kontrolle der Nutzung der Kommunikationsmittel wird ferner durch das in Art. 1 und 2 GG geschützte allgemeine Persönlichkeitsrecht des Arbeitnehmers begrenzt. Die Einschränkung der Regelungsbefugnis ergibt sich aus dem vom BVerfG festgestellten „Grundrecht auf Datenschutz" (BVerfG NJW 1991, 2129). Das allgemeine Persönlichkeitsrecht umfasst nach der ständigen Rechtsprechung des BVerfG neben dem Schutz des gesprochenen Wortes auch das Recht auf informelle Selbstbestimmung, dh in diesem Fall das Recht des Arbeitnehmers auf Schutz aller persönlicher Daten (BVerfG NJW 1984, 419). Im Beschluss v. 19.12.1991 (BVerfG BB 1992, 708) stellt das BVerfG hinsichtlich eines Telefonüberwachungssystems, durch welches der Arbeitgeber alle dienstlichen und privaten Telefongespräche abhören konnte, fest, dass dieses unabhängig von der Kenntnis der Arbeitnehmer unzulässig sei. Eine Rechtfertigung des einem Telefonüberwachungssystem immanenten Eingriffs in das allgemeine Persönlichkeitsrecht sei denkbar, wenn private Verbindungen, welche der Arbeitnehmer als solche gekennzeichnet hat, teilweise registriert würden (BVerfG BB 1992, 708; BAG DB 1986, 2080). Überträgt man diese Rechtsprechung auf die Einrichtung von Internet- und E-Mail-Nutzungskontrollen, folgt hieraus, dass Kontrollmaßnahmen dann zulässig sind, wenn sie verhältnismäßig, dh geeignet, notwendig und erforderlich sind (so auch Müller RDV 1998, 207). Als berechtigte Interessen des Arbeitgebers kommen in Betracht unter anderem der Schutz von Geschäftsgeheimnissen, der Schutz vor Computerviren, die Vermeidung einer Überlastung der Systeme, Maßnahmen zur Störungsbehebung sowie die Vermeidung von erheblichen zusätzlichen Kosten. Somit muss zu diesen legitimen Interessen auch gehören, dass der Arbeitgeber bei Verdacht der missbräuchlichen Nutzung seiner Arbeitsmittel einschreiten und kontrollieren darf.

c) Datenschutz: Die Frage der Zulässigkeit von Kontrollen der Nutzung von Internet und E-Mail ist ferner abhängig von den in → Anm. 10) bereits dargestellten Datenschutzbestimmungen. Dementsprechend richtet sich der Umfang des Datenschutzes danach, welche Nutzungsregelung vereinbart wurde. Nach den oben dargestellten Grundsätzen ist bei ausschließlicher dienstlicher E-Mail-Nutzung nur das BDSG anwendbar, bei auch privater Nutzung dagegen ferner das TKG. Im Einzelnen bedeutet dies folgendes:

Die Zulässigkeit der Datenverarbeitung im Beschäftigtendatenschutz ergibt sich aus den fünf Erlaubnistatbeständen des § 26 BDSG. In § 26 Abs. 1 S. 1 Alt. 1 BDSG wird die Verarbeitung derjenigen Daten erlaubt, die für die Durchführung, Begründung und Beendigung des Beschäftigungsverhältnisses erforderlich werden. Nach der Gesetzesbegründung sind im Rahmen der Erforderlichkeitsprüfung die widerstreitenden Grundrechtspositionen zur Herstellung praktischer Konkordanz abzuwägen. § 26 Abs. 4 BDSG stellt klar, dass Kollektivvereinbarungen weiterhin die Verarbeitung von Beschäftigungsdaten erlauben können. Diese müssen allerdings den Grundsätzen von § 88 Abs. 2 DS-GVO sowie den in Art. 5 DS-GVO festgelegten Datenschutzprinzipien genügen. Nach § 88 Abs. 2 DS-GVO müssen somit angemessene Maßnahmen zur Wahrung der menschlichen Würde sowie der berechtigten Interessen und Grundrechte Betroffener, insbesondere hinsichtlich Transparenz, gewahrt werden. Art. 5 DS-GVO betrifft die Grundsätze der Rechtmäßigkeit, der Verarbeitung nach Treu und Glauben, der Transparenz, der Zweckbindung, der Datenminimierung, der Richtigkeit, der Speicherbegrenzung, der Integrität und der Vertraulichkeit personenbezogener Daten sowie die in Art. 5 Abs. 2 DS-GVO normierte Rechenschaftspflicht.

§ 88 Abs. 3 TKG untersagt dem Erbringer von Telekommunikationsdiensten, sich über das für die geschäftsmäßige Erbringung der Telekommunikationsdienste erforderliche Maß hinaus Kenntnis vom Inhalt oder den näheren Umständen der Telekommunikation zu beschaffen. Im Falle der Erlangung von Kenntnissen über Umstände, die dem Fernmeldegeheimnis unterliegen, dürfen diese nach § 88 Abs. 3 S. 2 TKG nur innerhalb der in S. 1 beschriebenen Zweckbindung verwendet werden. Zum Zweck der geschäftsmäßigen Erbringung von Telekommunikationsdiensten muss für den Arbeitgeber die Datenerfassung zur Gebührenermittlung und -zuordnung sowie die Datenüberprüfung zum Zweck der Feststellung der missbräuchlichen Benutzung gehören (so auch Beck TKG/Bock § 88 Rn. 27). Eine Ausnahme von der Zweckbindung sieht § 88 Abs. 3 S. 3 TKG nur vor, soweit das TKG oder eine andere gesetzliche Vorschrift dies vorsieht. Eine Betriebsvereinbarung unterfällt dieser Ausnahmevorschrift nicht.

d) **Interessenabwägung.** Nach allem ist die Frage nach der Zulässigkeit von Kontrollen letztlich nur im Einzelfall unter Berücksichtigung der Zielrichtung und der geschützten Interessenlage zu beurteilen. Zu unterscheiden ist danach, welche Nutzung der Arbeitgeber erlaubt hat. Bei nur dienstlicher Nutzung bestehen unbeschadet der Rechte des Betriebsrats grundsätzlich keine Bedenken gegen die Erfassung von Nutzungsdaten, zB die Aufzeichnung über den Tag und die Uhrzeit der Internet-Nutzung, den Beginn und die Dauer der Nutzung, die angefallenen Gebühreneinheiten, den Absender und die Zieladresse, wenn diese nicht zur Überwachung und Kontrolle von Verhalten und Leistung der Benutzer, also der Arbeitnehmer, herangezogen werden, sondern zu den oben unter lit. b genannten Zwecken verwendet werden. Gestattet der Arbeitgeber auch eine private Nutzung, ist die Zieladressenspeicherung nur in verkürzter Form möglich. Eine generelle inhaltliche Kontrolle ist nicht zulässig. Im Einzelfall ist die inhaltliche Kontrolle dem Arbeitgeber nur gestattet, wenn der begründete Verdacht einer Straftat oder einer schweren Vertragsverletzung vorliegt, zB der Verrat von Geschäftsgeheimnissen, Mobbing, unautorisierte Nutzung, unerlaubte private Nutzung des Internets oder sexuelle Belästigung von Mitarbeiterinnen und Mitarbeitern durch den Versand von E-Mails uÄ.

Auf Grund des Vorbehalts in § 26 BDSG empfiehlt es sich dringend, bei Bestehen eines Betriebsrats eine Betriebsvereinbarung abzuschließen.

11. Verhaltensbedingte Kündigung, Beweisverwertungsverbot.

a) **Ausschließlich betriebliche Nutzung.** Sofern der Arbeitgeber ausschließlich die betriebliche Nutzung von Internet und E-Mail gestattet, stellt die private Nutzung eine Verletzung der arbeitsvertraglichen (Hauptleistungs-)-pflicht dar (vgl. BAG DB 2006,

1849; NZA 2013, 27). Das BAG hat in dieser Entscheidung festgestellt, dass die private Nutzung des Internets die Erbringung der arbeitsvertraglich geschuldeten Leistung nicht erheblich beeinträchtigen darf. Die Pflichtverletzung würde umso schwerer wiegen, je mehr der Arbeitnehmer bei der privaten Nutzung des Internets seine Arbeitspflicht in zeitlicher und inhaltlicher Hinsicht verletzt (vgl. BAG DB 2006, 1849; NJW 2007, 2653; LAG Berlin-Brandenburg BB 2016, 891). Der Arbeitgeber hat in dem der Entscheidung zugrunde liegenden Fall ein ausdrückliches Verbot der privaten Internetnutzung ausgesprochen und im Rahmen einer Überprüfung der Internetnutzung festgestellt, dass der Arbeitnehmer während der Arbeitszeit das Internet monatelang zum Betrachten von Pornoseiten genutzt hat.

b) Beschränkte Zulässigkeit der privaten Nutzung. Im Fall der eingeschränkten Erlaubnis bzw. Duldung der privaten Nutzung wird die Überschreitung dieser Nutzungserlaubnis nach den oben genannten Grundsätzen ebenfalls eine Verletzung der arbeitsvertraglichen Hauptleistungspflicht darstellen. Eine solche Verletzung der arbeitsvertraglichen Pflichten ist grundsätzlich geeignet, eine verhaltensbedingte Kündigung zu rechtfertigen. Jedoch ist auch bei Störungen im Vertrauensbereich nach der Grundsatzentscheidung des BAG (BAG NZA 1997, 1281) das Abmahnungserfordernis stets zu prüfen und eine Abmahnung jedenfalls dann erforderlich, wenn es um ein steuerbares Verhalten des Arbeitnehmers geht und eine Wiederherstellung des Vertrauens erwartet werden kann. Aus diesem Grund wird gerade bei einer beschränkten Zulässigkeit der privaten Nutzung eine Abmahnung immer erforderlich sein, wenn der Arbeitnehmer mit nachvollziehbaren Gründen annehmen konnte, sein Verhalten sei nicht vertragswidrig oder vom Arbeitgeber zumindest nicht als erhebliche Pflichtverletzung anerkannt. Im Gegensatz dazu ist eine Abmahnung unter besonderen Umständen entbehrlich, wenn es sich um eine so schwere Pflichtverletzung handelt, dass die Hinnahme durch den Arbeitgeber offensichtlich – für den Arbeitnehmer erkennbar – ausgeschlossen ist (BAG NZA 2013, 319). Nach einer Entscheidung des BAG (BAG NZA 2006, 98) ist lediglich die „ausschweifende" oder „exzessive" Nutzung des Internets während der Arbeitszeit, selbst bei grundsätzlicher Gestattung der privaten Internetnutzung, nicht mehr vertretbar und damit nicht mehr abmahnungsbedürftig. In diesem Fall hat das BAG eine „ausschweifende" Nutzung bei ununterbrochenem Surfen von 87 bzw. 134 Minuten in einer 12-Stunden-Schicht bejaht (vgl. hierzu zur „exzessiven" Nutzung auch BAG NJW 2007, 2653; LAG Niedersachsen NZA-RR 2010, 406). In Anlehnung an die bundesarbeitsgerichtliche Rechtsprechung hat das LAG Niedersachsen eine exzessive Privatnutzung bejaht, weil dem Arbeitnehmer innerhalb eines Zeitraums von sieben Wochen jedenfalls an drei Tagen keinerlei Zeit mehr für die Bearbeitung seiner Dienstaufgaben verblieben ist. Der Arbeitnehmer hatte an diesen Tagen jeweils zwischen 140 und 180 private E-Mails erhalten. Für das Lesen und Beantworten einer E-Mail legte das Landesarbeitsgericht dabei nur drei Minuten zugrunde. Ebenfalls nicht abmahnungsbedürftig sind Privatnutzungen, welche die Sicherheit und Verfügbarkeit des betrieblichen Datennetzes gefährden oder gegen Strafvorschriften verstoßen. Schwierigkeiten für die rechtliche Einordnung einer festgestellten Pflichtverletzung als (fristlosen) Kündigungsgrund schafft die von den Gerichten eingeforderte Interessenabwägung im Einzelfall. Hier sollen als abwägungsrelevante Umstände zu Gunsten des Arbeitnehmers zu beachten sein das Alter, die Betriebszugehörigkeit, bestehende Unterhaltspflichten, das Risiko dauerhafter Arbeitslosigkeit, die Möglichkeit des Arbeitgebers Firewalls, URL-Filter etc zu installieren oder auch, wenn der Arbeitnehmer „zwanghaft" auf Dateien pornographischen Inhalts zugreifen muss, der Krankheitswert seines Verhaltens (vgl. zu Letzterem Entscheidung des LAG München BeckRS 2009, 68264).

c) Beweisverwertung. Ein weiteres Problem stellt die Verwertbarkeit der aus der Internet-Nutzung gewonnenen Erkenntnisse dar. So ist anerkannt, dass aus der Nutzung von Telekommunikationseinrichtungen gewonnene Erkenntnisse einem Beweisverwertungsverbot unterfallen können. Den betreffenden Entscheidungen lag aber der Fall zugrunde, dass der Arbeitgeber den Übertragungsvorgang in unzulässiger Weise abgehört hatte (vgl. LAG Bremen DB 1994, 2630; LAG Hamm BeckRS 1995, 30900405). In der Entscheidung des ArbG Hannover (ArbG Hannover NZA 2001, 1022) hatte der Arbeitnehmer während der Arbeitszeit pornographisches Bildmaterial in erheblichem Umfang aus dem Internet heruntergeladen und auf Datenträgern des Arbeitgebers gespeichert. Ein Beweisverwertungsverbot hinsichtlich der festgestellten Daten war nach dem Arbeitsgericht Hannover nicht gegeben, da diese zum einen auf einem Datenträger des Arbeitgebers gespeichert waren, es damit nicht einmal einer Beschlagnahme nach § 94 StPO bedurft hätte, und der Arbeitnehmer zudem seine Datenbestände nicht als privat gekennzeichnet hatte. In der Entscheidung des LAG Hamm v. 4.2.2004 (LAG Hamm BeckRS 2009, 68115) wurde entschieden, dass die vorgeschriebene Verwendung eines vom Arbeitnehmer selbst bestimmten Passwortes nicht ohne weiteres zur Folge hat, dass die auf der Festplatte des Arbeitnehmers abgespeicherten Dateien „privaten" Charakter annehmen würden. Sofern nur eine betriebliche Nutzung erlaubt sei, bestünde keinesfalls ein Beweisverwertungsverbot, so das LAG Hamm. Qualifiziert man die Daten auf einem passwortgeschützten PC für den Arbeitgeber nicht als „fremde" Daten iSd § 202a StGB, sollte insofern auch eine Strafbarkeit des Arbeitgebers bei zugelassener Privatnutzung ausscheiden, sofern ein konkreter Verdacht für einen Missbrauch vorliegt. Es ist immer noch abzuwarten, wie sich das Bundesarbeits- bzw. Bundesverfassungsgericht zu diesen Fragen stellen werden. Im Ergebnis muss es für den Arbeitgeber möglich sein, das Verhalten des Arbeitnehmers anhand von Serverprotokollen und vom Arbeitnehmer auf Datenträgern des Arbeitgebers gespeicherten Daten zu belegen. Eine neuere Entscheidung des LAG Berlin-Brandenburg (LAG Berlin-Brandenburg ArbRAktuell 2016, 172) zeigt nun, dass es bei grundsätzlich möglicher privater Internetnutzung Grenzen gibt, die Anlass zur Beendigung des Arbeitsverhältnisses geben können, wenn eine erhebliche Privatnutzung des Dienstcomputers vorliegt. Hinsichtlich des Browserverlaufs liege kein Beweisverwertungsverbot zu Lasten des Arbeitgebers vor. Zwar handele es sich um personenbezogene Daten, in deren Kontrolle der Arbeitnehmer nicht eingewilligt habe. Eine Verwertung der Daten sei jedoch statthaft, weil das Bundesdatenschutzgesetz eine Speicherung und Auswertung des Browserverlaufs zur Missbrauchskontrolle auch ohne eine derartige Einwilligung erlaube. Ein Beweisverwertungsverbot sei jedenfalls dann nicht anzunehmen, wenn dem Arbeitgeber kein milderes Mittel zur Verfügung stehe, um einem Verdacht nachzugehen, und wenn zusätzlich konkrete Hinweise auf eine erhebliche private Missbrauchsnutzung bestünden.

12. Widerrufsvorbehalt. Ferner empfiehlt es sich, den (beschränkten) privaten Zugang zum Internet unter einen Widerrufs- bzw. Freiwilligkeitsvorbehalt zu stellen. Wird der Zugang zu Internet und E-Mail für die private Nutzung dem Arbeitnehmer ausdrücklich als freiwillige Leistung gewährt, können der Entzug bzw. die Einschränkung der privaten Nutzung nach arbeitsvertraglichen Grundsätzen auch in „Ausübung billigen Ermessens" gem. § 315 BGB erfolgen. Dies ist anhand der konkreten Umstände des Einzelfalls (wirtschaftliche Lage des Unternehmens; Kostenbelastung durch Zurverfügungstellung der Kommunikationsmittel) unter Abwägung der beidseitigen Interessenlage zu beurteilen. Hinsichtlich eines Freiwilligkeitsvorbehalts in einer individualrechtlichen Zusage ist auf die Entsch. des BAG vom 25.4.2007 (BAG NZA 2007, 853; s. auch LAG Hamm BeckRS 2016, 68305) zu verweisen, wonach Freiwilligkeitsvorbehalte in vorformulierten Arbeitsverträgen bei Entgelt im engeren Sinne für unvereinbar mit dem Rechtsgrundsatz „pacta sunt servanda" und damit für unwirksam angesehen wurden (s. auch BAG NZA 2012, 81).

13. Inkrafttreten, Dauer, Nachwirkung.

a) **Kündigung.** Nach § 77 Abs. 5 BetrVG sind Betriebsvereinbarungen mit einer Frist von drei Monaten kündbar. Einer Begründung bedarf die Kündigung einer Betriebsvereinbarung nicht (BAG DB 1990, 1871). Eine außerordentliche Kündigung ist möglich bei Vorliegen besonders schwerwiegender Gründe.

b) **Nachwirkung.** Die Wirkung von Betriebsvereinbarungen über den Zeitraum der vereinbarten Geltungsdauer hinaus beantwortet sich unterschiedlich bei freiwilligen und bei erzwingbaren Betriebsvereinbarungen. Gem. § 77 Abs. 6 BetrVG entfalten erzwingbare Betriebsvereinbarungen Nachwirkung. Freiwillige Betriebsvereinbarungen verlieren mit Beendigung ihre Wirkung. Vorliegend handelt es sich um eine teilmitbestimmungspflichtige Betriebsvereinbarung. Hierbei entfällt ebenfalls die Nachwirkung (BAG DB 1991, 232; NZA 2011, 598). In einer freiwilligen bzw. teilmitbestimmungspflichtigen Betriebsvereinbarung kann allerdings die Nachwirkung ausdrücklich vereinbart werden (BAG NZA 1998, 1348; LAG Köln BeckRS 2015, 72913). Hiervon wurde im vorliegenden Formular Gebrauch gemacht, um Rechtsunsicherheiten zu vermeiden.

2. Arbeitsvertragliche Regelung der ausschließlich dienstlichen Nutzung von E-Mail, Internet und Intranet am Arbeitsplatz

An
Frau/Herrn . . . . .
im Haus
Nutzung von E-Mail und Internet am Arbeitsplatz[1]
Sehr geehrte(r) Frau/Herr,
in Ergänzung zum Arbeitsvertrag vom . . . . . wird hinsichtlich der Nutzung der von uns zur Verfügung gestellten Kommunikationssysteme (E-Mail, Internet und Intranet) folgendes festgelegt:

(1) Die Nutzung der Kommunikationssysteme hat ausschließlich zu dienstlichen Zwecken, dh zur Kommunikation mit Geschäftspartnern und zum Abruf nützlicher Geschäftsinformation zu erfolgen.[2]

(2) Das Abrufen, Anbieten oder Verbreiten von rechtswidrigen Inhalten, insbesondere solchen, die gegen strafrechtliche, datenschutzrechtliche, persönlichkeitsrechtliche, lizenz- oder urheberrechtliche Bestimmungen verstoßen, sowie von politischen, diskriminierenden, diffamierenden oder verfassungsfeindlichen Inhalten ist unzulässig.

(3) Wir weisen darauf hin, dass die Einhaltung dieser Grundsätze durch Einsatz elektronischer Abfragen überprüft wird. Verstöße gegen die vorstehenden Regeln werden rechtlich verfolgt.[3, 4]

. . . . .
– Arbeitgeber – **Einverstanden:**
. . . . .
– Arbeitnehmer –

Anmerkungen

1. Sachverhalt. Soweit in dem Unternehmen kein Betriebsrat besteht, kann die Nutzungsordnung der Kommunikationsmittel E-Mail und Internet durch eine Ergänzung des Arbeitsvertrages erfolgen. Diese Ergänzung wurde vorliegend als Anschreiben konzipiert.

2. Umfang der Nutzung. In diesem Formular wird der Umfang der Nutzung auf ausschließlich betriebliche Nutzung begrenzt. Die ausschließlich dienstliche Nutzung hat den Vorzug, dass sie aus rechtlicher Sicht die einfachste und sicherste Möglichkeit ist, Komplikationen aus dem Weg zu gehen. Erlaubt der Arbeitgeber ausschließlich eine dienstliche Nutzung, stellt die private Nutzung eine Verletzung der arbeitsvertraglichen Pflichten dar.

3. Kontrolle. Nach den Ausführungen unter → Form. N.1 Anm. 10 sind bei der Zulässigkeit der rein dienstlichen Nutzung das TKG nicht anwendbar, da der Arbeitgeber nicht als „Dienstanbieter" im Sinne dieser Vorschriften auftritt (Beckschulze DB 2007, 1526). Es sind daher bei der Kontrolle des Arbeitnehmers lediglich die Grundsätze des BDSG, die arbeitsrechtlichen Bestimmungen und das allgemeine Persönlichkeitsrecht des Arbeitnehmers zu beachten (Mengel BB 2004, 2014). Eine stichprobenhafte Überprüfung des Nutzungsverhaltens ist damit zulässig, soweit berechtigte Interessen des Arbeitgebers vorliegen. Als solche kommen unter anderem in Betracht wie unter → Form. N.1 Anm. 11 dargestellt, der Schutz von Geschäftsgeheimnissen, Schutz vor Computerviren, aber auch die Einhaltung der Nutzungsordnung.

4. Missbrauch und verhaltensbedingte Kündigung: → Form. N.1 Anm. 12.

3. Social Media Guidelines

Social Media Guidelines der . . . . .[1]

Social Media sind moderne Kommunikationsformen im Internet. Hierzu gehören Blogs, Microblogs, Wikis, Soziale Plattformen und Netzwerke, wie etwa Facebook, X, Instagram, Pinterest, Flickr, Snapchat, Tumblr, LinkedIn und XING, sowie Foren und sonstige Plattformen wie YouTube, Vimeo und TikTok. Social Media sind für . . . . . von großer Bedeutung, weil sie der Kontaktpflege und Kundenbindung dienen. Für . . . . . besteht hierbei die Möglichkeit, mit unseren Kunden und mit der Öffentlichkeit unmittelbar zu kommunizieren und insoweit in einen direkten Dialog und Austausch zu treten. Wo Chancen bestehen, gibt es aber auch Risiken. Die Social Media Guidelines geben Ihnen einige hilfreiche Verhaltensrichtlinien für die Kommunikation im Web 2.0 an die Hand. Soweit Sie sich über Ihre Arbeit oder über . . . . . im Web 2.0 äußern, sind die nachfolgenden Social Media Guidelines bindend.[2]

1. Verantwortung[3]

Beachten Sie, dass Sie für die Inhalte, die Sie im Web 2.0 verbreiten, selbst verantwortlich

Social Media Guidelines of . . . . .[1]

Social media are modern forms of communication on the Internet. They include blogs, microblogs, wikis, social platforms and networks such as Facebook, X, Instagram, Pinterest, Flickr, Snapchat, Tumblr, LinkedIn and XING, as well as forums and other platforms such as YouTube, Vimeo and TikTok. Social media are for . . . . . . of great importance because they serve to maintain contacts and customer loyalty. . . . . . has the opportunity to communicate directly with our customers and with the public and to enter into a direct dialog and exchange. However, where there are opportunities, there are also risks. The Social Media Guidelines provide you with some helpful behavioral guidelines for communication in the Web 2.0. Insofar as you communicate about your work or about . . . . . on the Web 2.0, the following social media guidelines are binding.[2]

1. Responsibilty[3]

Please note that you are responsible for the content you disseminate on the Web

sind. In Ihrem eigenen Interesse und das von . . . . . sollen Inhalte fachlich richtig, sachlich und objektiv sein. Im Internet veröffentlichte Inhalte sind unter Umständen dauerhaft abrufbar. Vor der Veröffentlichung sind daher Inhalte und Äußerungen sorgfältig zu prüfen und abzuwägen.

2. Transparenz[4]

Der Nutzen von Social Media beruht auf Offenheit und Authentizität. Wenn Sie als Mitarbeiter von . . . . . im Web 2.0 handeln, dann melden Sie sich bitte mit vollständigem Namen und geben Sie sich als Mitarbeiter von . . . . . zu erkennen.

3. Persönliche Meinung[5]

Wenn Sie sich ohne einen dienstlichen Auftrag in Social Media zu einem Thema äußern, machen Sie bitte deutlich, dass Sie hier Ihre persönliche Meinung vertreten und nicht für . . . . . sprechen. Verwenden Sie daher in solchen Fällen stets die Formulierung „ich" statt „wir".

4. Vertraulichkeit[6]

Achten Sie darauf, dass Sie keine Vertraulichkeiten oder Interna von . . . . . nach außen geben, also insbesondere Betriebsgeheimnisse, Wissen über andere Mitarbeiter oder Angelegenheiten, die . . . . . schaden oder sein Ansehen verletzen könnten. Wahren Sie die in Ihrem Arbeitsvertrag geregelten Pflichten zur Verschwiegenheit und zum Datenschutz. Im Zweifelsfall wenden Sie sich an Ihren Vorgesetzten.

5. Einhaltung von Recht und Gesetz[7]

Das Internet ist kein rechtsfreier Raum. Verbreiten Sie keine verleumderischen, beleidigenden oder sonst rechtswidrigen Inhalte. Beachten Sie, dass das Urheberrecht nicht erlaubt, Inhalte von Dritten zu kopieren und zu verbreiten. Fremde Inhalte müssen als solche gekennzeichnet werden. Respektieren Sie auch das Recht am eigenen Bild. Bilder oder Videos dürfen nur hochgeladen werden, wenn Sie über die entsprechende Zustimmung der Fotografen oder der Filmemacher und der abgebildeten Personen verfügen.

2.0. In your own interest and that of . . . . . content should be professionally accurate, factual and objective. Content published on the Internet may be permanently accessible. Content and statements should therefore be carefully checked and weighed up before publication.

2. Transparency[4]

The benefits of social media are based on openness and authenticity. If you are active on the Web 2.0 as an employee of . . . . ., please use your full name and identify yourself as an employee of . . . . .

3. Personal Opinion[5]

If you comment on a topic in social media without a work-related assignment, please make it clear that you are expressing your personal opinion here and are that you are not acting for . . . . . . Therefore, always use the phrase „I" instead of „we" in such cases.

4. Confidentiality[6]

Please make sure that you do not disclose any confidential or internal information about . . . . . to the outside world, especially trade secrets, knowledge about other employees or matters that could damage . . . . . or someone's reputation. Comply with the duties of confidentiality and data protection set forth in your employment contract. If in doubt, consult your supervisor.

5. Compliance with Law and Order[7]

The Internet is not a lawless space. Do not distribute defamatory, offensive or otherwise illegal content. Note that copyright law does not allow copying and distributing third-party content. Third-party content must be marked as such. Also respect the right to your own image. Images or videos may only be uploaded, if you have the appropriate consent of the photographers or filmmakers and the persons depicted.

6. Betriebliche und private Nutzung[8]

Die betriebliche Nutzung von Social Media ist Ihnen während der Arbeitszeit gestattet. Bitte achten Sie jedoch darauf, dass Sie die Nutzung von Social Media nicht von Ihrer Arbeit ablenkt. Eine private Nutzung von Social Media bleibt auf den Zeitraum außerhalb Ihrer Arbeitszeit beschränkt.

7. Besonnenheit[9]

Lassen Sie sich nicht zu Äußerungen hinreißen, die Sie später bereuen. Bleiben Sie auch bei hitzigen Debatten besonnen und antworten Sie nicht im Affekt.

8. Fehler und Irrtümer[10]

Nobody is perfect. Wenn Ihnen ein Fehler oder ein Irrtum unterlaufen sollte, dann geben Sie das zu. Korrigieren Sie den Fehler oder Irrtum zeitnah. Auf diese Weise vermeiden Sie Missverständnisse oder Irritationen und bewahren gleichzeitig Ihre eigene Glaubwürdigkeit.

9. Relevanz[11]

Qualität geht vor Quantität. Bevor Sie einen Beitrag im Web einstellen, fragen Sie sich, ob er relevant ist und dem Leser einen Mehrwert bietet. Unterstreichen Sie Ihre eigene Kompetenz, indem Sie auf die Qualität Ihres Beitrags achten.

10. Konsequenzen bei Verstössen[12]

Verstöße gegen diese Social Media Guidelines können zu arbeitsrechtlichen Konsequenzen führen und im Einzelfall eine Abmahnung oder sogar eine Kündigung zur Folge haben. Dies gilt insbesondere bei einer privaten Nutzung von Social Media während der Arbeitszeit sowie für den Umgang mit vertraulichen unternehmens- und personenbezogenen Daten.

Bitte beachten Sie, dass Ihre Beiträge im Rahmen von etwaigen Rechtsstreitigkeiten als Beweismaterial herangezogen werden können. In einem solchen Fall dürfen Sie Daten auf Ihrem Account nicht mehr selbstständig löschen oder verändern.

6. Business and Private Use[8]

You are permitted to use social media at work during working hours. However, please ensure that social media use does not distract you from your work. Private use of social media is limited to the period outside your working hours.

7. Prudence[9]

Do not get carried away with statements that you may later regret. Remain level-headed even in heated debates, and do not respond in the heat of the moment.

8. Mistakes and Errors[10]

Nobody is perfect. If you make a mistake or an error, admit it. Correct the mistake or error promptly. In this way, you will avoid misunderstandings or irritations and at the same time maintain your own credibility.

9. Relevance[11]

Quality over quantity. Before posting on the web, ask yourself if it is relevant and adds value to the reader. Underscore your own expertise by paying attention to the quality of your post.

10. Consequences of Violations[12]

Violations of these Social Media Guidelines may have consequences under employment law and, in individual cases, may result in a warning or even termination of the employment. This applies in particular to private use of social media during working hours and to the handling of confidential company and personal data.

Please note that your posts may be used as evidence in any legal disputes. In such a case, you may no longer independently delete or modify data on your account.

11. Offizielle Unternehmenskommunikation[13]

Beachten Sie, dass für die offizielle Unternehmenskommunikation der Vorstand und die Pressestelle der . . . . . zuständig sind. Etwaige Anfragen von Journalisten und anderen Berufsgruppen, die die Öffentlichkeit vertreten, sind an die Pressestelle der . . . . . weiterzuleiten.

12. Ihr Ansprechpartner bei Fragen oder Anregungen[14]

Bei Fragen aller Art im Zusammenhang mit der Nutzung von Social Media stehen Ihnen jederzeit die Social Media-Verantwortlichen von . . . . . als Ansprechpartner zur Verfügung. An diese können Sie sich auch mit Ihren Anregungen oder Wünschen wenden.

Stand: . . . . .

. . . . .

(Datum)[15]

11. Official Corporate Communication[13]

Please note that the Board of Management and the Press Office of . . . . . are responsible for official corporate communications. Any inquiries from journalists and other professional groups representing the public should be addressed to the press office of . . . . .

12. Your Contact for Questions or Suggestions[14]

If you have any questions of any kind in connection with the use of social media, you can always contact the social media officers of . . . . . who are available as contact persons at any time. You can also contact them with your suggestions or requests.

Status: . . . . .

. . . . . .

(date)[15]

Anmerkungen

1. Sachverhalt. Der gestiegenen Bedeutung der Kommunikation im Web tragen die Unternehmen zunehmend Rechnung, indem sie ihren Mitarbeitern in Bezug auf die Kommunikation in den verschiedenen sozialen Netzwerken sogenannte „Social Media Guidelines" Regeln und Empfehlungen an die Hand geben. Charakteristisch für die sozialen Netzwerke wie etwa Facebook, X (vormals Twitter), Instagram, Pinterest, Tumblr, LinkedIn und XING und sonstige Plattformen wie YouTube und TikTok ist der Umstand, dass zum einen die **Grenzen zwischen privat und geschäftlich verschwimmen**, zum anderen dass Unternehmen (und auch Behörden) soziale Netzwerke gezielt für ihre Belange einsetzen. Das Phänomen, dass Arbeit und Freizeit vermischt werden, ist inzwischen nicht mehr neu, lässt aber auch ein gewandeltes Rollenverständnis des einzelnen Arbeitnehmers zu, das Einfluss auf den Umgang mit den neuen Kommunikationstechnologien nimmt. Während es in jüngster Vergangenheit dem Arbeitgeber in der Regel nicht darauf ankam, ob und wie sich sein Arbeitnehmer im Rahmen seiner Freizeit im Netz artikulierte, ist zu beobachten, dass inzwischen ein gesteigertes Bedürfnis für den Arbeitgeber besteht, insoweit seinem Personal im Rahmen des Möglichen Hinweise zu erteilen und die Medienkompetenz zu stärken. Dies ist insbesondere dann der Fall, wenn das jeweilige Unternehmen die einschlägigen sozialen Netzwerke oder Blogs für eigene Zwecke nutzt, etwa um mit Hilfe dieser modernen Kommunikationsformen die Präsenz des Unternehmens bzw. der eigenen Marke(n) und damit zugleich das eigene Image im Internet zu steigern, Kundenbindung und Kundenkontakte zu pflegen, Aufmerksamkeit im Web zu generieren, aber auch um Trends zu erkennen und diese gegebenenfalls mitzugestalten oder gar um Kundenservice durchzuführen. Tatsächlich nutzten im Jahr 2019 dem Statistischen Bundesamt zufolge 48 % aller deutschen Unternehmen soziale Medien (https://www.destatis.de/DE/Themen/Branchen-Unternehmen/Unternehmen/

_Grafik/_Interaktiv/ikt-nutzung-socialmedia.html). Bei einer Beschäftigtengröße von mehr als 250 Personen waren es sogar 79 %. Es ist anzunehmen, dass die Bedeutung sozialer Medien in der Geschäftswelt weiter zunehmen wird. Der Einsatz von Social Media bietet den Unternehmen die Möglichkeit, Texte, Bilder und Videos durch einen Klick der gesamten Welt zugänglich zu machen. Für das Unternehmen empfiehlt es sich, eine **klare Positionierung** zur Frage einzunehmen, ob es die Nutzung von Social Media durch seine Mitarbeiter im Prinzip befürwortet oder nicht, also entweder im Sinne einer vorgeschriebenen Nutzung, einer einfachen Erlaubnis oder eines strikten Verbots. Anderenfalls besteht die Gefahr, dass der Gebrauch von Social Media seitens der Mitarbeiter als vom Arbeitgeber geduldet gilt, was regelmäßig eine ungeregelte private Nutzung der Social Media darstellt, die nach einem längeren Zeitraum zu einer Erlaubnis der privaten Nutzung von Social Media durch betriebliche Übung führt. Insoweit finden die Grundsätze zur Privatnutzung des Internets am Arbeitsplatz entsprechende Anwendung (→ Form. N.1). Im vorliegenden Beispiel hat das Unternehmen . . . . . „Social Media Guidelines" für seine Beschäftigten erstellt, weil es dem gesteigerten privaten Gebrauch der sozialen Netzwerke und Plattformen Rechnung tragen möchte, und weil es als Unternehmen . . . . . diese Kommunikationsplattformen im Rahmen ihrer eigenen Marketingstrategie gezielt einsetzt. Soweit im Unternehmen . . . . . ein Betriebsrat besteht, ist gegebenenfalls dessen Mitbestimmungsrecht bei der Erstellung der „Social Media Guidelines" zu beachten (zB gem. §§ 87 Abs. 1 Nr. 1 und 6 bzw. §§ 96 ff. BetrVG; ausführlich zu den Mitbestimmungsrechten des Betriebsrats Kramer IT-ArbR/Oberthür § 2 Rn. 788 ff.).

Inhaltlich empfiehlt es sich, „Social Media Guidelines" **kurz und prägnant** zu verfassen und **übersichtlich zu strukturieren**. Ziel ist es, dem Arbeitnehmer klare Hinweise und Verhaltensregeln an die Hand zu geben, die einprägsam und verständlich sind, um seine **Verantwortlichkeit** klar zu machen (zu einem Überblick über den Einsatz von „Social Media Guidelines" instruktiv Determann BB 2013, 181 ff. sowie die Untersuchung von AUSSCHNITT Medienbeobachtung, Social Media Guidelines, Leitplanken für die digitale Kommunikation, 2. Aufl. 2012 (abrufbar unter www.ausschnitt.de/sites/default/files/emct.). Die Richtlinien sollten die jeweiligen sozialen Netzwerke und Plattformen ausdrücklich bezeichnen, um den Anwendungsbereich der „Guidelines" zu erfassen. Im vorliegenden Beispielsfall sind die derzeit wichtigsten einschlägigen Netzwerke und Plattformen genannt. Freilich ist es aber auch denkbar, dass sich je nach Fallgestaltung die Richtlinien nur auf bestimmte Netzwerke oder Plattformen beschränken und somit anwendbar sein sollen. Ferner kann es unter unternehmensspezifischen Anforderungen angezeigt sein, die „Guidelines" nur auf ganz bestimmte Unternehmensbereiche zu beschränken, wie etwa PR/Öffentlichkeitsarbeit, Personal- oder IT-Abteilung. Zunehmend werden auch sog. „Corporate Influencer" im Bereich Social Media Marketing eingesetzt, dh Mitarbeiter des eigenen Unternehmens, die entweder strategisch im Auftrag des Unternehmens oder eigeninitiativ bzw. auf Grundlage von bloßer Anregung des Unternehmens über eigene Social-Media-Kanäle werben (hierzu Hoffmann/Lex RDi 2021, 242 ff.).

2. Rechtsnatur. Der Begriff „Social Media Guidelines" ist nicht klar definiert. Soweit ersichtlich hat er seinen Ursprung aus dem Bereich von international tätigen Unternehmen und Konzernen, die als Erste anfingen, allgemeine Richtlinien für ihr weltweit tätiges Personal betreffend der Kommunikation im Web zu entwerfen. Anstatt „Social Media Guidelines" finden sich auch Begriffe wie „Leitfaden Social Media", „Social Media Richtlinien" oder „Richtlinien für Soziale Netzwerke". Welcher Begriff letztlich gewählt wird, ist zweitrangig, weil es in der Regel auf den Inhalt der „Guidelines" ankommt. Dem Unternehmen bleibt es unbenommen, unverbindliche Richtlinien aufzustellen, die für die Mitarbeiter im Falle eines Verstoßes ohne Konsequenzen bleiben, oder aber, wie hier im

Beispielsfall, die „Social Media Guidelines" für verbindlich zu erklären, soweit sich der Mitarbeiter über seine Arbeit oder über das Unternehmen im Web äußert, mit anderen Worten, wenn also Äußerungen einen betrieblichen Bezug haben. Ein Verstoß gegen verbindliche Regeln durch den Arbeitnehmer kann zu Abmahnung bzw. Kündigung führen. In der Praxis kann der in den „Guidelines" festgelegte allgemeine Verhaltensmaßstab auch das jeweilige Gesamtbild der Corporate Identity des betreffenden Unternehmens widerspiegeln.

3. Verantwortung. Soziale Netzwerke und Plattformen im Web lassen Arbeitnehmer zu **Botschaftern des eigenen Unternehmens** werden. Dies gilt insbesondere dann, wenn das Unternehmen die Kommunikationsformen der „Social Media" gezielt für eigene Zwecke einsetzt, wie etwa um Aufmerksamkeit zu generieren und die eigene Präsenz oder die der eigenen Dienstleistungen und Produkte im Internet zu steigern. Für das Unternehmen ist es daher wichtig, den Mitarbeiter an seine zivilrechtliche und strafrechtliche Verantwortlichkeit zu erinnern, die ihn davon abhalten soll, rechtswidrige Inhalte oder Äußerungen ins Internet zu stellen. Diese Haftungsfrage ergibt sich sowohl bei privatem wie dienstlichem Handeln. Die vorliegenden Social Media Guidelines erwähnen den Grundsatz der **Verantwortlichkeit,** der ja eine Selbstverständlichkeit betrifft, als Merkposten. Die zivilrechtliche Haftung ergibt sich insbesondere aus den Vorschriften der unerlaubten Handlung gem. §§ 823 ff. BGB. Als Rechtsfolgen kommen Schadenersatz, aber auch Unterlassungs- und Beseitigungsansprüche nach § 1004 BGB in Betracht. Zu beachten ist, dass Ansprüche aus § 1004 BGB **verschuldensunabhängig** sind und **kein Bewusstsein der Rechtswidrigkeit** erfordern (Grüneberg/Grüneberg BGB § 1004 Rn. 12).

Sofern es zu einer Inanspruchnahme des Mitarbeiters aufgrund eines Verhaltens kommt, die vom Arbeitgeber veranlasst war, weil bspw. Der Arbeitnehmer im Auftrag des Unternehmens einen Blog führt, um die Internetpräsenz des Unternehmens zu steigern und die Kundenbindung zu pflegen, stellt sich die Frage, ob zugunsten des Beschäftigten eine **Haftungsmilderung** nach den **Grundsätzen des innerbetrieblichen Schadensausgleichs** (für einen Überblick siehe Küttner Personalbuch 2024/Griese Stichwort Arbeitnehmerhaftung Rn. 10 ff.) in Betracht kommt. Unter Berücksichtigung von Sinn und Zweck dieser Grundsätze, die den Arbeitnehmer angesichts der Gesamtumstände, insbesondere vor dem Hintergrund der fehlenden Äquivalenz zwischen Verdienst und Haftungsrisiko, vor einer unbilligen Härte bewahren möchte, wird eine Haftungserleichterung nach diesen Grundsätzen befürwortet. Danach würde den Beschäftigten bei leichtester Fahrlässigkeit keine Haftung und bei mittlerer Fahrlässigkeit eine anteilige Haftung treffen, während im Fall von grober Fahrlässigkeit und Vorsatz in der Regel die volle Haftung bestehen würde. Da sich der Arbeitnehmer im Außenverhältnis gegenüber Dritten nicht auf diese Haftungsprivilegierung berufen kann, wird diese im Ergebnis dadurch erreicht, dass dem Mitarbeiter gegen seinen Arbeitgeber ein Freistellungsanspruch zusteht, soweit er im Innerverhältnis zum Arbeitgeber nach den Grundsätzen des innerbetrieblichen Schadenausgleichs nicht haften würde (Küttner Personalbuch 2024/Griese Stichwort Arbeitnehmerhaftung Rn. 24).

In Bezug auf die strafrechtliche Haftung sind die jeweiligen Vorschriften des StGB zu beachten, wie etwa insbesondere die Straftatbestände der Beleidigung (§ 185 StGB), Üble Nachrede (§ 186 StGB) und Verleumdung (§ 187 StGB), aber ebenso die verschiedenen in anderen Gesetzen enthaltenen Strafbestimmungen. Beispielhaft seien hier die Vorschriften des Urheber- (§§ 106 ff. UrhG) und Markenrechts (§§ 143 ff. MarkenG) erwähnt (→ Anm. 7).

4. Transparenz. Im Hinblick darauf, dass das Unternehmen . . . . die sozialen Netzwerke und Plattformen zur eigenen Außendarstellung und zu Marketingzwecken nutzt, hat es ein Interesse, dass sich seine Beschäftigten, sofern sie als solche im Netz auftreten, mit vollständigem Namen melden und sich als Mitarbeiter des Unternehmens . . . . . . zu erkennen geben. Offenheit und Ehrlichkeit stellen nämlich in diesem Zusammenhang positive Attribute dar, die auch für eine entsprechend positive Wahrnehmung des Unternehmens sorgen sollen.

5. Persönliche Meinung. Jeder hat das Recht, seine Meinung frei zu äußern. Das Recht auf freie Meinungsäußerung ist im Grundgesetz verankert (Art. 5 Abs. 1 S. 1 GG) und stellt ein grundlegendes Element unserer freiheitlichen Grundordnung dar. Vor dem Hintergrund, dass das Unternehmen . . . . . Social Media Plattformen zu eigenen betrieblichen Zwecken nutzt, ist es sinnvoll, zwischen persönlicher Meinungsäußerung des Mitarbeiters privater Natur und ohne dienstlichen Auftrag einerseits und einer Meinungsäußerung im Rahmen eines betrieblich bedingten Auftretens im Web andererseits zu unterscheiden. Folglich enthalten die Social Media Guidelines eine Bestimmung, wonach der Arbeitnehmer seine private Meinung als solche deutlich machen soll, um zu vermeiden, dass eine privat geäußerte Meinung des Beschäftigten dem Unternehmen zugerechnet wird.

6. Vertraulichkeit. Der Schutz und die Wahrung von Geschäfts- und Betriebsgeheimnissen sind für jedes Unternehmen von erheblicher Bedeutung. Nicht selten nehmen Nutzer die sozialen Netzwerke und Plattformen als eine vertraute Umgebung wahr. Insoweit läuft der Mitarbeiter Gefahr, aus Unachtsamkeit oder aus Leichtfertigkeit betriebliche, nicht für die Öffentlichkeit bestimmte Angelegenheiten oder Informationen mitzuteilen. Dies gilt auch deshalb, weil der Nutzer von Social Media in der Regel in Form des Chattens mit Dritten kommuniziert, was dazu verleiten kann, eine offene und formlose Atmosphäre zu erleben. Hinzu kommt, dass unter Umständen Wettbewerber versuchen könnten, mit Beschäftigten eines Konkurrenzunternehmens gezielt über soziale Netzwerke in Kontakt zu treten, um von diesen, offensichtlich ohne ihre eigene Identität preiszugeben, wertvolle Informationen auszuspähen. Dem Arbeitnehmer sollte daher der **Grundsatz „Internes bleibt intern“** nochmals klar vor Auge geführt werden. Ebenso ist er auf seine Pflichten zur Verschwiegenheit und zum Datenschutz, die regelmäßig im Arbeitsvertrag festgehalten sind, hinzuweisen.

7. Einhaltung von Recht und Gesetz. Es versteht sich von selbst, dass der Nutzer von Social Media sich an Recht und Gesetz halten muss. Dies ergibt sich bereits aus dem Grundsatz, dass jeder für sein eigenes Tun verantwortlich ist (→ Anm. 3). Zum Zwecke der Verdeutlichung sind hier beispielhaft die Straftatbestände der Verleumdung (§ 187 StGB) und Beleidigung (§ 185 StGB) genannt. Der Gesetzgeber plant überdies, künftig Straftaten, die im Rahmen des Internets begangen werden, wie etwa Beleidigungen oder Bedrohungen im Netz, härter zu bestrafen. Des Weiteren wird auch auf die **Beachtung des Urheberrechts** hingewiesen. Das Recht zur Vervielfältigung steht ausschließlich dem Urheber zu (§ 16 UrhG). Es ist anerkannt, dass die Speicherung auf einem digitalen Datenträger wie der Festplatte eines Computers, Diskette, DVD oder Memory-Stick eine Vervielfältigung darstellt (BGH GRUR 1999, 325 (327) – Elektronische Pressearchive; Dreier/Schulze/Schulze UrhG § 16 Rn. 13; Schricker/Loewenheim UrhG § 16 Rn. 20). Ferner ist dem Urheber sowohl das Recht zur Verbreitung (§ 17 UrhG) als auch das Recht zur Untersagung zugewiesen. Im digitalen Zeitalter ist überdies das in § 19a UrhG normierte **Recht der öffentlichen Zugänglichmachung** (eingeführt durch das Gesetz zur Regelung des Urheberrechts in der Informationsgesellschaft v. 10.9.2003, BGBl. 2003 I 1774) von praktischer Bedeutung. Auf Fotografien angewendet besagt es, dass es allein dem Fotografen zusteht, seine Bilder öffentlich zugänglich zu machen und dies anderen zu untersagen. Maßgebliche Verwertungshandlung ist bereits das Zugänglichmachung des Werks zum interaktiven Abruf (Schack UrhR/UrhVertragsR Rn. 416), also das Einstellen von Bildern im Internet. Sofern das ohne die Zustimmung des Fotografen geschieht, kann er dagegen vorgehen. Darauf, ob das jeweilige Bild von anderen Nutzern tatsächlich abgerufen wird, kommt es nicht an. Schließlich ist auch das **Recht am eigenen Bild** zu erwähnen, das in §§ 22 ff. KunstUrhG geregelt ist und eine Ausprägung des allgemeinen Persönlichkeitsrechts darstellt (BGH NJW-RR 1987, 231 – NENA). Danach darf grundsätzlich jeder selbst entscheiden, ob und in welchem Zusammenhang Bilder von ihm veröffentlicht werden. Die Grundregel nach § 22 Abs. 1 KunstUrhG lautet, dass Bildnisse **nur mit Einwilligung** des Abgebildeten verbreitet und öffentlich zur Schau gestellt werden dürfen. Als öffentliches Zurschaustellen im Sinne von § 22 Abs. 1 KunstUrhG ist jegliche Schaffung der Möglichkeit, ein Bild wahrzunehmen, zu verstehen (Schricker/Loewenheim/Götting KUG § 60/§ 22 Rn. 37). Hierzu gehört somit auch das Hochladen von Bildern im Internet. Einschränkungen der Grundregel, wonach Bildnisse nicht ohne Einwilligung des Abgebildeten verbreitet und zur Schau gestellt werden dürfen, ergeben sich aus §§ 23 und 24 KunstUrhG. Hierzu gehören insbesondere Bildnisse aus dem Bereich der Zeitgeschichte (§ 23 Abs. 1 Nr. 1 KunstUrhG), Bilder einer Landschaft oder Örtlichkeit mit Personen als Beiwerk (§ 23 Abs. 1 Nr. 2 KunstUrhG) oder Bilder von Versammlungen, Aufzügen und ähnlichen Vorgängen (§ 23 Abs. 1 Nr. 3 KunstUrhG).

8. Betriebliche und private Nutzung. In der Arbeitswelt von heute ist der Einsatz von Internet und E-Mail die Regel. Für den Arbeitgeber stellt sich die Frage, ob er seinen Beschäftigten die Nutzung des Internets neben der dienstlichen Verwendung auch zu privaten Zwecken gestattet oder nicht. Eine dienstliche Nutzung wird angenommen, wenn die Nutzung des Internets im Schwerpunkt oder zum überwiegenden Teil im Zusammenhang mit der vertraglichen Tätigkeit des Mitarbeiters bzw. seinen Aufgaben steht, durch diese veranlasst ist oder ihrer Unterstützung dient (Bloesinger BB 2007, 2177). In diesem Zusammenhang ist festzuhalten, dass **allein der Arbeitgeber entscheidet**, ob und inwieweit er seinen Beschäftigten die Nutzung des Internets und damit den Zugang zu den Social Media während der Arbeitszeit eröffnet oder nicht. Der Mitarbeiter hat grundsätzlich **keinen Anspruch auf die private Nutzung des Internets** (Küttner Personalbuch 2024/Kreitner Stichwort Internet-/Telefonnutzung Rn. 4 ff.). Wenn es im Unternehmen einen Betriebsrat gibt, ist bei der Einführung und Nutzung von Internet und E-Mail an das Mitbestimmungsrecht gem. § 87 Abs. 1 Nr. 6 BetrVG (Einführung und Anwendung von technischen Überwachungseinrichtungen) zu denken (BAGE 120, 146). Allerdings steht dem Betriebsrat im Zusammenhang mit der Anordnung des Arbeitgebers, die private Nutzung des Internets zu verbieten, kein Mitbestimmungsrecht zu, weil es sich hierbei um die Zulässigkeit der Verwendung von Betriebsmitteln handelt, nicht aber um die Ordnung des Betriebs iSv § 87 Abs. 1 Nr. 1 BetrVG (vgl. LAG Hamm MMR 2006, 700).

Bei einem **vollständigen Verbot der Privatnutzung** kann der Arbeitgeber, wie bei jeder anderen Geschäftskorrespondenz auch, die Internetnutzung des einzelnen Mitarbeiters uneingeschränkt einsehen und die Einhaltung der Nutzungsregeln stichprobenartig überprüfen. Der Arbeitgeber ist daher befugt, die im Zusammenhang mit der Internetnutzung anfallenden äußeren Verbindungsdaten umfassend zu kontrollieren. Hierzu gehören die Erfassung der IP-Adresse des benutzten Computers, sämtliche Daten hinsichtlich der Art des benutzten Dienstes, der Umfang des Datenverkehrs und die zeitlichen Eckdaten der Verbindungsaufnahme (vgl. Küttner Personalbuch 2024/Kreitner Stichwort Internet-/Telefonnutzung Rn. 8 ff.). Die Zulässigkeit der Kontrollmaßnahmen richtet sich nach Art. 6 Abs. 1 lit. f DS-GVO, der ein überwiegendes berechtigtes Interesse des Arbeitgebers verlangt (vgl. BAG NZA 2017, 1327). Für den Arbeitgeber, der die Privatnutzung der betrieblichen Kommunikationsmittel ausdrücklich untersagt, greift § 3 TTDSG nicht ein. Es fehlt bereits am Vorliegen eines Telekommunikationsdienstes gem. § 3 Nr. 61 TKG. Ebenso scheidet eine Verpflichtung zur Wahrung des Fernmeldegeheimnisses nach § 3 Abs. 2 TTDSG aus (Gierschmann/Baumgartner/Baumgartner TTDSG § 3 Rn. 46 f.). Insoweit bestimmt § 26 Abs. 1 BDSG ferner, dass personenbezogene Daten eines Beschäftigten für Zwecke des Beschäftigungsverhältnisses erhoben, verarbeitet oder genutzt werden dürfen, wenn dies für die Entscheidung über die Begründung eines Beschäftigungsverhältnisses oder nach Begründung des Beschäftigungsverhältnisses für dessen Durchführung oder Beendigung erforderlich ist. Zur Aufdeckung von Straftaten dürfen personenbezogene Daten eines Beschäftigten nur dann erhoben, verarbeitet oder genutzt werden, wenn zu dokumentierende tatsächliche Anhaltspunkte den Verdacht begründen, dass der Betroffene im Beschäftigungsverhältnis eine Straftat begangen hat, die Erhebung, Verarbeitung oder Nutzung zur Aufdeckung erforderlich ist und das schutzwürdige Interesse des Beschäftigten an dem Ausschluss der Erhebung, Verarbeitung oder Nutzung nicht überwiegt, insbesondere Art und Ausmaß im Hinblick auf den Anlass nicht unverhältnismäßig sind. Der RegE der Bundesregierung v. 25.8.2010 („Entwurf eines Gesetzes zur Regelung des **Beschäftigtendatenschutzes**", BT-Drs. 17/4230; hierzu auch Beckschulze/Natzel BB 2010, 2368 ff.) sollte eine umfassende und allgemeingültige Regelung für den Datenschutz am Arbeitsplatz schaffen. Der Entwurf wurde kontrovers diskutiert und ist deshalb auch nicht verabschiedet worden. Während die Arbeitgeberseite den Entwurf als unpraktikabel und arbeitnehmerfreundlich bemängelte, sah die Arbeitnehmerseite im Entwurf nicht hinnehmbare Einschränkungen der Persönlichkeitsrechte der Arbeitnehmer. Nunmehr hat die Bundesregierung einen neuen Anlauf genommen und im Mai 2023 Eckpunkte für ein neues Beschäftigtendatenschutzgesetz vorgestellt, das insbesondere Aspekte der Digitalisierung der Arbeitsverhältnisse behandelt (www.datenschutz-notizen.de/vorschlaege-fuer-neues-beschaeftigtendatenschutzgesetz-ein-silberstreif-am-horizont-2941960/).

Sofern der Arbeitgeber die **Privatnutzung erlaubt**, ist der Betriebsrat, sofern ein solcher im Unternehmen besteht, zwingend gem. § 87 Abs. 1 Nr. 1 BetrVG zu beteiligen (LAG Hamm NZA-RR 2007, 20). Üblicherweise wird in diesen Fällen die Gestattung der Privatnutzung im Rahmen von Betriebsvereinbarungen erteilt, weil diese unmittelbar und zwingend für alle Arbeitnehmer des Betriebs gelten (§ 77 Abs. 4 BetrVG). Es kommen aber auch Vereinbarungen im Arbeitsvertrag, Hinweise im Intranet, Aushänge oder eine E-Mail an alle Arbeitnehmer in Betracht (Beckschulze DB 2003, 2777).

In der Praxis stellt sich die Frage, ob die **Kontrollbefugnisse** des Arbeitgebers der Einwilligung des Beschäftigten bedürfen oder ob sie auf die Betriebsvereinbarung gestützt werden können. Die Betriebsvereinbarung kann zwar iSd DS-GVO Rechtfertigungswirkung haben (Art. 88 Abs. 2 DS-GVO, § 26 Abs. 4 BDSG), sie ist aber im Bereich des TTDSG keine gesetzliche Vorschrift iSd § 88 Abs. 3 S. 3 TKG aF bzw. § 3 Abs. 3 S. 3 TTDSG (Mengel NZA 2017, 1494 (1496); Hoppe/Braun MMR 2010, 80 (84); Maschmann NZA-Beil. 2018, 115 (123); aA Thüsing Beschäftigtendatenschutz/Thüsing/Granetzny § 4 Rn. 18).Ob der Arbeitgeber das Fernmeldegeheimnis zu beachten hatte, war unter der Geltung von § 88 TKG aF umstritten. Die Frage war von hoher Praxisrelevanz, insbesondere wenn Unternehmen aus betrieblichen Gründen auf E-Mails von Mitarbeitern zugreifen wollten. Teile der Literatur und insbes. auch der Datenschutz-Aufsichtsbehörden gingen davon aus, dass § 88 TKG aF insoweit Geltung entfaltet, während die Rechtsprechung der Instanzgerichte überwiegend ein Eingreifen des Fernmeldegeheimnisses ablehnte (ausf. mwN Thüsing Beschäftigtendatenschutz/Thüsing § 3 Rn. 58, LG Erfurt GRUR-RS 2021, 16480). Diese Rechtsunsicherheit wurde durch das Inkrafttreten des TKModG sowie des TTDSG nicht beseitigt (Gola RDV 2021, 305 (306)). Bei einer gestatteten Privatnutzung des Internets ist der Arbeitgeber nach überwiegender Auffassung der Arbeitsgerichte nicht als Anbieter einer Telekommunikationsdienstleistung dem Fernmeldegeheimnis des § 3 TTDSG unterworfen. Zum einen soll es bereits an einem Telekommunikationsdienst iSv § 3 Nr. 61 TKG fehlen und zum anderen sind auch die Tatbestandsmerkmale des § 3 Abs. 2 TTDSG nicht gegeben (Gierschmann/Baumgartner/

Baumgartner TTDSG § 3 Rn. 48 ff.; aA Sander DSRI Tagungsband Herbstakademie 2022, 277 (289)).

Im vorliegenden Beispielsfall hat das Unternehmen . . . . ein vollständiges Verbot der Privatnutzung ausgesprochen und somit die private Nutzung von Social Media während der Arbeitszeit untersagt. Konsequenterweise bleibt die dienstliche Nutzung von Social Media während der Arbeitszeit zulässig.

9. Besonnenheit. Die durch die Dialogform gekennzeichnete Kommunikation im Rahmen von sozialen Netzwerken und Plattformen bringt es mit sich, dass sich die Beteiligten über unterschiedliche Ansichten äußern. Dabei kann es zu hitzigen Debatten kommen, die den einen oder anderen unsachlichen oder unangemessenen Beitrag hervorbringen, insbesondere wenn der Nutzer aus dem **Impuls** oder aus dem **Affekt** heraus reagiert. Es ist daher zu empfehlen, die Mitarbeiter zur Besonnenheit anzuhalten, auch und gerade bei kontrovers geführten Debatten, um sie **vor unbedachten Äußerungen zu bewahren**, die sie bei späterer Betrachtung nicht gemacht hätten und die sie daher reuen, geschweige denn ihnen später Schwierigkeiten bereiten, weil sie zB ehrverletzend sind. Der Appell, sich besonnen zu verhalten, soll auch sicherstellen, dass der Arbeitnehmer stets respektvoll mit Personen, die eine andere Auffassung vertreten, umgeht. Angesichts des Umstandes, dass sich im Web getätigte Äußerungen nur schwer rückgängig machen lassen („das Netz vergisst nichts"), kommt dem Aspekt, Besonnenheit zu wahren, erhebliche praktische Bedeutung zu.

10. Fehler und Irrtümer. Irren ist menschlich. Fehler und Irrtümer können nicht ausgeschlossen werden. Wichtig ist daher, welche Verhaltensmaßgabe dem Beschäftigten in diesem Zusammenhang an die Hand gegeben wird. Erfahrungsgemäß kommt es im Rahmen von sozialen Netzwerken und Plattformen besser an, zu Fehler und Irrtümern zu stehen und diese zeitnah zu verbessern. Die Nutzer neigen dazu, diese Form der Offenheit und Authentizität positiv zu bewerten, weil sie für **Glaubwürdigkeit** steht. Dies ist für das Unternehmen, das Social Media auch für eigene Zwecke einsetzt, Anlass genug, entsprechende Hinweise in seine Social Media Guidelines aufzunehmen. Soweit dem Mitarbeiter im Web Fehler oder Irrtümer unterlaufen, die nicht mit seiner Arbeit oder seinem Arbeitgeber zu tun haben, sind diese Hinweise in den Richtlinien als unverbindliche Empfehlungen zu verstehen.

11. Relevanz. Vor dem Hintergrund, dass das Web eine Fülle von Informationen und Inhalten enthält, ist es für das Unternehmen von Bedeutung, dass die Beiträge des Unternehmens und die der eigenen Mitarbeiter in den Social Media gegenüber anderen Inhalten hervorstechen oder zumindest nicht unbeachtet bleiben. In der Regel erreicht man dies eher, wenn die Beiträge so gestaltet sind, dass sie von einer gewissen **Qualität und Bedeutung** sind, wodurch sich langfristig eine positive Aufmerksamkeit und Anerkennung sicherstellen lässt, die sich im Zweifel förderlich auf das Image des Unternehmens auswirken. Die Beschäftigten werden daher dazu aufgerufen, mit ihrem jeweiligen Beitrag ihre Kompetenz zu unterstreichen und dem Leser einen Mehrwert zu bieten.

12. Konsequenzen bei Verstößen. Verbindliche Richtlinien führen zu arbeitsrechtlichen Konsequenzen, wenn gegen sie verstoßen wird. Das kann eine Abmahnung oder eine Kündigung sein, je nach Schwere des Fehlverhaltens und der Umstände des Einzelfalles. In diesem Zusammenhang enthalten die Richtlinien zusätzlich Hinweise zur Verwertung von Profildaten zu Beweiszwecken im Rahmen von Rechtsstreitigkeiten (vgl. Determann BB 2013, 181 (187)). Unabhängig von arbeitsrechtlichen Konsequenzen hat der betreffende Mitarbeiter je nach Rechtsverstoß neben Unterlassungs- und Schadenersatzansprüchen uU auch mit strafrechtlichen Konsequenzen zu rechnen, etwa im Fall einer Verleumdung, Beleidigung oder bei Verstoß gegen das Urheberrecht.

13. Offizielle Unternehmenskommunikation. Der Mitarbeiter wird daran erinnert, dass für die offizielle Unternehmenskommunikation der Vorstand und die Pressestelle des Unternehmens zuständig sind. Dies ist insbesondere wichtig, um eine einheitliche Unternehmenskommunikation zu gewährleisten und um zu verhindern, dass der Beschäftigte ungewollt zum Unternehmenssprecher wird. Journalisten nutzen bei ihren Recherchen verstärkt Social Media. Der Arbeitnehmer wird daher angehalten, etwaige Anfragen von Journalisten und anderen Berufsgruppen, die die Öffentlichkeit vertreten, an die Pressestelle des Unternehmens weiterzuleiten.

14. Ansprechpartner bei Fragen oder Anregungen. Für den Mitarbeiter ist es hilfreich, wenn er weiß, an wen er sich im Unternehmen bei Ungewissheiten oder Fragen in Bezug auf Social Media wenden kann. Zugleich wird sichergestellt, dass Aspekte im Zusammenhang mit Social Media im Unternehmen einheitlich behandelt werden, weil die Zuständigkeit im Unternehmen insoweit klar geregelt ist. Die Social Media-Verantwortlichen sind auch sinnvollerweise der zutreffende Ansprechpartner, wenn Mitarbeiter ihre Wünsche, Anregungen oder sonstiges Feedback äußern. Vor dem Hintergrund, dass sich Social Media Netzwerke und Plattformen fortlaufend ändern, empfiehlt es sich, den Beschäftigten Gelegenheit zu geben, intern Anregungen und Beobachtungen im Zusammenhang mit Social Media Netzwerken und Plattformen anzubringen. Dies fördert zudem regelmäßig die Akzeptanz und die Einhaltung der Social Media Guidelines.

15. Stand. Angesichts des Umstands, dass sich gesetzliche Vorgaben, Inhalt, Verwendung und Bedeutung von Social Media Netzwerken und Plattformen fortlaufend ändern, sollten Social Media Guidelines **regelmäßig überprüft** und gegebenenfalls überarbeitet werden. Ein Anpassungsbedarf ergibt sich insbesondere aus dem Umstand, dass zum einen **neue Technologien** im Rahmen der Sozialen Netzwerke Eingang finden, die das Nutzerverhalten beeinflussen können, und zum anderen neue Plattformen oder neue Netzwerke entstehen oder bestehende Einrichtungen eine veränderte Verbreitung finden. In diesem Zusammenhang ist es sinnvoll, das jeweilige Datum der letzten Überarbeitung und somit den jeweiligen Stand der Social Media Richtlinien festzuhalten.

4. Rahmenbetriebsvereinbarung Arbeitnehmerdatenschutz/ Framework Works Council Agreement Employee Data Protection

Zwischen	**Between**
. . . .	. . . .
– nachstehend „Arbeitgeberin" genannt –	**– hereinafter referred to as „Employer" –**
und	**and**
. . . .	. . .
– nachstehend „Betriebsrat" genannt –	**– hereinafter referred to as „Works Council" –**
Präambel	**Preamble**
Die Betriebspartner sind sich einig, dass elektronische Datenverarbeitungs- und Kommunikationssysteme für die Erfüllung dienstlicher und betrieblicher Aufgaben un-	**The operating partners agree that electronic data processing and communication systems are essential for the fulfillment of official and operational tasks.**

erlässlich sind. Beim Einsatz solcher Systeme können aber Persönlichkeitsrechte der Mitarbeiter betroffen sein. Ziel dieser Betriebsvereinbarung ist es daher, die Persönlichkeitsrechte der Mitarbeiter unter Beachtung aller maßgeblichen gesetzlichen Bestimmungen zu sichern und dennoch den Einsatz technischer Einrichtungen zu ermöglichen. Sie regelt besondere und angemessene Maßnahmen zur Wahrung der berechtigten Interessen, der menschlichen Würde und der Grundrechte sowie des Schutzes der Persönlichkeit der Arbeitnehmer gemäß Art. 88 Abs. 2 DS-GVO.[1]

§ 1 Erlaubnistatbestand und Anwendungsbereich

(1) Diese Rahmenbetriebsvereinbarung ist im Zusammenhang mit den jeweiligen Einzelbetriebsvereinbarungen ein Erlaubnistatbestand für die Verarbeitung personenbezogener Daten der Arbeitnehmer gemäß Art. 88 DS-GVO iVm § 26 Abs. 4 BDSG.[2]

(2) Die Rahmenbetriebsvereinbarung gilt sachlich für die Verarbeitung von personenbezogenen und/oder personenbeziehbare Daten unabhängig davon, in welchen Systemen diese Daten gespeichert sind und ob die Verarbeitung in standardisierter oder individueller Form erfolgt.

(3) Sie findet in persönlicher Hinsicht auf Mitarbeiter und Mitarbeiterinnen der Firma, mit Ausnahme der leitenden Angestellten iSd § 5 Abs. 3 BetrVG. Soweit im Folgenden nur auf „Mitarbeiter" oder „Arbeitnehmer" abgestellt wird, erfolgt dies aus Vereinfachungsgründen und bezieht sich sowohl auf Mitarbeiter als auch Mitarbeiterinnen.

(4) Der Umgang mit personenbezogenen Daten der Arbeitnehmer wird durch diese Rahmenbetriebsvereinbarung nicht abschließend geregelt. Die bereits bekannten und in der Anlage 1 aufgeführten Einzelbetriebsvereinbarungen zur Verarbeitung personenbezogener Arbeitnehmerdaten und zur Nut-

However, the use of such systems can affect employees' personal rights. The aim of this Works Council Agreement is therefore to safeguard the personal rights of employees in compliance with all relevant legal provisions while still allowing the use of technical equipment. It regulates special and appropriate measures to safeguard the legitimate interests, human dignity and fundamental rights as well as the protection of the personality of employees in accordance with Art. 88 para. (2) of the European General Data Protection Regulation (GDPR).[1]

§ 1 Authorization and Scope of Application

(1) In connection with the respective individual works council agreements, this Framework Works Council Agreement constitutes an authorization for the processing of employees' personal data pursuant to Art. 88 of the GDPR in conjunction with § 26 para. (4) of the German Federal Data Protection Act (BDSG).[2]

(2) The Framework Works Council Agreement shall apply factually to the processing of personal and/or personal-related data irrespective of the systems in which these data are stored and whether the processing is carried out in standardized or individual form.

(3) It shall apply in personal terms to employees of the Company, with the exception of executive employees within the meaning of § 5 para. (3) of the German Works Constitution Act („Betriebsverfassungsesetz"– BetrVG). Insofar as the following only refers to „employees", this is done for reasons of simplification and refers to both male and female employees.

(4) The handling of employees' personal data is not conclusively regulated by this Framework Works Council Agreement. The individual works council agreements on the processing of personal employee data and the use of IT systems already known and listed in Annex 1 as well as

zung von IT-Systemen sowie zukünftig zu vereinbarende IT-Einzelbetriebsvereinbarungen gelten ergänzend. Auslegungsbedürftige Regelungen in früheren IT-Einzelbetriebsvereinbarungen werden durch Regelungen dieser Rahmenbetriebsvereinbarung ergänzt. Bei auslegungsbedürftigen Regelungen in den IT-Einzelbetriebsvereinbarungen gelten die Auslegungsgrundsätze der DS-GVO, des BDSG sowie dieser Rahmenbetriebsvereinbarung. Den Inhalten dieser Rahmenbetriebsvereinbarung widersprechende Regelungen in den IT-Einzelbetriebsvereinbarungen treten hinter den Regelungen dieser Rahmenbetriebsvereinbarung zurück.

§ 2 Definitionen

(1) Personenbezogene und/oder personenbeziehbare Daten sind Einzelangaben über persönliche oder sachliche Verhältnisse einer bestimmten oder bestimmbaren Person.

(2) Das Verarbeiten von Daten ist das Speichern, Verändern, Übermitteln, Sperren und Löschen personenbezogener und/oder personenbeziehbarer Daten.

(3) Informations- und Techniksysteme (IT-Systeme) bezeichnen Hard- und Software einschließlich sämtlicher Peripheriegeräte, digitale Nebenstellenanlagen, Netze oder webbasierter Systeme.

(4) Im Übrigen gelten die Begriffsbestimmungen des Art. 4 DS-GVO und des § 2 BDSG.

§ 3 Grundsätze

(1) Die Betriebsparteien sind sich einig, dass beim Einsatz datenverarbeitender Techniken, insbesondere beim Einsatz von DV-/IT-Systeme, die Persönlichkeits- und Datenschutzrechte der Mitarbeiter zu beachten sind. Datenverarbeitungen dürfen daher nur unter Berücksichtigung der jeweils geltenden IT-Compliance und der gesetzlichen Bestim-

individual IT works council agreements to be agreed in the future shall apply in addition. Provisions in previous individual IT works council agreements that require interpretation shall be supplemented by provisions in this Framework Works Council Agreement. In the event of regulations in the IT individual works council agreements requiring interpretation, the principles of interpretation of the GDPR, the BDSG and this Framework Works Council Agreement shall apply. Any provisions in the individual IT works council agreements that contradict the contents of this Framework Works Council Agreement shall take second place to the provisions of this Framework Works Council Agreement.

§ 2 Definitions

(1) Personal and/or person-related data is individual information about personal or factual circumstances of a specific or identifiable person.

(2) Data processing is the storage, modification, transmission, blocking and deletion of personal and/or person-related data.

(3) Information and technical systems (IT systems) shall mean hardware and software including all peripheral devices, digital private branch exchanges, networks or web-based systems.

(4) In all other respects, the definitions in Art. 4 of the GDPR and § 2 of the BDSG shall apply.

§ 3 Principles

(1) The parties agree that the personal rights and data protection rights of the employees must be observed when using data processing technologies, in particular when using data processing/IT systems. Data processing may therefore only be carried out in compliance with the applicable IT compliance and legal

mungen, insbesondere der DS-GVO und des BDSG in der jeweils gültigen Fassung, erfolgen. Die datenschutzrechtlichen Grundsätze des Art. 5 Abs. 1 Buchst. a–f DS-GVO sind Inhalt dieser Rahmenbetriebsvereinbarung und bei der Verarbeitung personenbezogener Daten der Arbeitnehmer und Beschäftigten (§ 26 Abs. 8 BDSG) zwingend. Die Grundsätze der Rechtmäßigkeit, Verarbeitung nach Treu und Glauben, Transparenz, Zweckbindung, Datenminimierung, Richtigkeit, Speicherbegrenzung und der Integrität und Vertraulichkeit sowie der Rechenschaftspflicht nach Art. 5 Abs. 2 DS-GVO sind bei dieser Rahmenbetriebsvereinbarung und bei der Gestaltung von Einzelbetriebsvereinbarungen zwingend zu berücksichtigen.

(2) Das Erheben, Verarbeiten und Auswerten (Nutzen) personenbezogener Daten durch DV-/IT-Systeme erfolgen nur, soweit dies zur Begründung, Durchführung, Abwicklung und Dokumentation von Arbeitsverhältnissen sowie zur Erfüllung von durch Rechtsvorschriften begründeten Verpflichtungen oder zum Erstellen von anonymisierten Auswertungen erforderlich ist. Unzulässig gespeicherte Daten dürfen ohne Zustimmung des Betriebsrates weder weiterverarbeitet noch ausgewertet werden und sind sofort zu löschen.[3]

(3) Die automatisierte Verarbeitung personenbezogener Daten ist nur im Rahmen der jeweiligen Zweckbestimmung zulässig. Die Verarbeitung personenbezogener Daten durch den Arbeitgeber erfolgt demnach ausschließlich für konkret festgelegte, eindeutige und legitime Zwecke unter Beachtung der Grundsätze des Art. 5 Abs. 1b DS-GVO und insbesondere der in Art. 88 Abs. 1 DS-GVO und § 26 Abs. 1 S. 1, 2 BDSG bezeichneten Zwecke. Die Verarbeitung persönlicher Arbeitnehmerdaten ist auf ein sparsames Ausmaß zu begrenzen und darf nur hinsichtlich solcher Daten erfolgen, die zum Erreichen der jeweiligen Verarbeitungszwecke zwingend erforderlich sind. Systeme, die Personaldaten verarbeiten, dürfen nicht zu dem Zweck eingesetzt werden, personenbezogene Daten auf Vorrat, demnach für einen

provisions, in particular the GDPR and the BDSG as amended from time to time. The data protection principles of Art. 5 para. (1) a-f GDPR are the content of this Framework Works Council Agreement and are mandatory when processing personal data of employees and workers (§ 26 para. (8) BDSG). The principles of lawfulness, processing in good faith, transparency, purpose limitation, data minimization, accuracy, storage limitation and integrity and confidentiality as well as accountability pursuant to Art. 5 para. (2) of the GDPR must be taken into account in this Framework Works Council Agreement and when drafting individual works council agreements.

(2) The collection, processing and evaluation (use) of personal data by data processing/IT systems shall only take place insofar as this is necessary for the establishment, implementation, settlement and documentation of employment relationships and for the fulfillment of obligations justified by legal provisions or for the creation of anonymized evaluations. Illegally stored data may not be further processed or evaluated without the consent of the Works Council and must be deleted immediately.[3]

(3) The automated processing of personal data is only permitted within the scope of the respective purpose. Accordingly, the processing of personal data by the Employer shall be carried out exclusively for specifically defined, unambiguous and legitimate purposes in compliance with the principles of Art. 5 para. (1b) of the GDPR and, in particular, the purposes specified in Art. 88 para. (1) of the GDPR and § 26 para. (1) sentences 1, 2 of the BDSG. The processing of personal employee data must be limited to a sparing extent and may only be carried out with regard to data that is absolutely necessary to achieve the respective processing purposes. Systems that process personal data may not be used for the purpose of collecting or processing personal data in advance, i. e.

noch nicht bestimmten oder bestimmbaren Zweck zu erheben oder zu verarbeiten.

(4) Eine automatisierte Verarbeitung von Daten zur Leistungs- und/oder Verhaltenskontrolle von Mitarbeiterinnen und Mitarbeitern ist generell unzulässig. Sie kann nur im Ausnahmefall mit Zustimmung des Betriebsrates zulässig sein. DV-/IT-Systeme dürfen daher nicht als ausschließliches Mittel für die Kontrolle von Mitarbeitern und als Grundlage für disziplinarische Maßnahmen (wie zB Abmahnungen, Kündigungen, Versetzungen, Abgruppierungen) genutzt werden. Verstößt eine Datenverarbeitung gegen dieses Verbot, dürfen die mit ihr gewonnenen Erkenntnisse nicht zum Nachteil der Mitarbeiter verwendet werden. Dies schließt auch eine mittelbare Verwendung, zB über Zeugen, aus.

(5) Heimliche Überwachungen des Verhaltens und/oder der Leistung von Arbeitnehmern sind grundsätzlich unzulässig und nur im absoluten Ausnahmefall auf der Grundlage einer ausdrücklichen Gestattung durch eine zwischen den Betriebsparteien getroffene Einigung (Betriebsvereinbarung oder Regelungsabrede) unter Beachtung des § 26 Abs. 1 BDSG zulässig. Dagegen verstoßene Datenverarbeitungen und die hiermit erzielten Erkenntnisse dürfen nicht zum Nachteil der Mitarbeiter verwendet werden und unterliegen einem Beweisverwertungsverbot.

(6) Grenzüberschreitende Datenverarbeitungen sind gemäß Art. 4 Nr. 23 DS-GVO innerhalb der Europäischen Union (EU) zulässig, wobei diese Rahmenbetriebsvereinbarung zu beachten ist. Erfolgt eine solche Datenverarbeitung grenzüberschreitend (Art. 5 Nr. 23 DS-GVO) in Länder außerhalb der EU bzw. des EWR, wird der Arbeitgeber die Vorgaben der Art. 44–46 DS-GVO einhalten und den Betriebsrat diese besondere Form der Datenverarbeitung transparent und bei Bedarf unter Hinzuziehung von Sachverständigen gem. § 80 Abs. 3 BetrVG darstellen. Bei Datenverarbeitungen in die USA (einschließlich der Nutzung von Cloud-Diensten) sind darüber hinaus die Regelungen des EU-US-Data Pri-

for a purpose that has not yet been determined or can be determined.

(4) Automated processing of data for the purpose of monitoring the performance and/or behavior of employees is generally not permitted. It may only be permissible in exceptional cases with the consent of the Works Council. Data processing/IT systems may therefore not be used as the exclusive means of controlling employees and as the basis for disciplinary measures (such as warnings, dismissals, transfers, demotions). If data processing violates this prohibition, the knowledge gained with it may not be used to the detriment of employees. This also excludes indirect use, e.g. via witnesses.

(5) Secret monitoring of the behavior and/or performance of employees shall be inadmissible as a matter of principle and shall only be permissible in absolutely exceptional cases on the basis of express authorization by an agreement reached between the parties (works council agreement or regulatory agreement) in compliance with § 26 para. (1) BDSG. Data processing in violation of this and the findings obtained in this way may not be used to the detriment of employees and are subject to a ban on the use of evidence.

(6) Cross-border data processing is permissible within the European Union (EU) pursuant to Art. 4 No. 23 GDPR, whereby this Framework Works Council Agreement must be observed. If such data processing takes place across borders (Art. 5 No. 23 GDPR) in countries outside the EU or the EEA, the employer shall comply with the requirements of Art. 44–46 GDPR and present this particular form of data processing to the Works Council in a transparent manner and, if necessary, with the involvement of experts pursuant to § 80 para. (3) BetrVG. In the case of data processing in the USA (including the use of cloud services), the regulations of the EU-US-

vacy Framework der EU-Kommission einzuhalten.

Data Privacy Framework of the EU Commission must also be complied with.

§ 4 Betriebliche Datenschutzregeln

(1) Beim Einsatz von DV-/IT-System ist der Zweck der jeweiligen Datenverarbeitung zu dokumentieren. Den mit der Datenverarbeitung betrauten Mitarbeitern ist es untersagt, personenbezogene Daten zu einem anderen als dem zur jeweiligen Aufgabenerfüllung erforderlichen und dokumentierten Zweck zu verarbeiten, bekannt zu geben oder in sonstiger Weise zu nutzen.

(2) Jede Verarbeitung von schutzwürdigen personenbezogenen oder personenbeziehbaren Daten, auch der unberechtigte Zugriff, wird revisionssicher protokolliert. Der Arbeitgeber wird hinsichtlich der Verarbeitung personenbezogener Arbeitnehmerdaten ein Löschkonzept erstellen und dabei die gesetzlichen Verpflichtungen gemäß Art. 17 DS-GVO und § 35 Abs. 1 S. 3 BDSG berücksichtigen. Personenbezogene Daten, für die ein Speicherzweck nicht mehr besteht, werden – vorbehaltlich etwaiger gesetzlicher Aufbewahrungsfristen – sofort physikalisch gelöscht. Personaldaten, die nur für statistische Zwecke benötigt werden, sind unverzüglich zu anonymisieren. Protokolldaten sind spätestens nach 6 Monaten zu löschen.

(3) Die Arbeitgeberin stellt durch organisatorische und technische Vorkehrungen sicher, dass nur befugte Personen im Rahmen ihrer betrieblichen Aufgabenstellung und unter Beachtung dieser Rahmenbetriebsvereinbarung auf personenbezogene Daten der Beschäftigten zugreifen können. Derartige Zugriffe sind durch gesonderten Passwortschutz zu sichern und zu dokumentieren. Die mit personenbezogenen Daten betrauten Personen erhalten daher zur Gewährleistung des ordnungsgemäßen Betriebes und der Systemsicherheit eine Zugriffsberechtigung zum für ihre Tätigkeit jeweils erforderlichen DV-/IT-System (Passwort). Die Passwörter bestehen aus mindestens acht Zeichen (inkl. mindestens zwei Sonderzeichen). Die Weitergabe von Passwörtern ist untersagt.

§ 4 Operational Data Protection Rules

(1) When using data processing/IT systems, the purpose of the respective data processing shall be documented. The employees entrusted with data processing are prohibited from processing, disclosing or otherwise using personal data for any purpose other than that required and documented for the respective task fulfillment.

(2) Any processing of personal or personal-related data requiring protection, including unauthorized access, shall be logged in an audit-proof manner. The Employer shall prepare a deletion concept regarding the processing of personal employee data, taking into account the legal obligations pursuant to Art. 17 GDPR and § 35 para. (1) sentence 3 BDSG. Personal data for which a storage purpose no longer exists will – subject to any statutory retention periods – be physically deleted immediately. Personal data that is only required for statistical purposes shall be anonymized immediately. Log data shall be deleted after 6 months at the latest.

(3) The Employer shall take organizational and technical precautions to ensure that only authorized persons can access employees' personal data within the scope of their operational duties and in compliance with this Framework Works Council Agreement. Such access shall be secured by separate password protection and documented. To ensure proper operation and system security, the persons entrusted with personal data shall therefore be given access authorization to the data processing/IT system (password) required for their respective activities. Passwords consist of at least eight characters (including at least two special characters). Passwords may not be passed on to third parties.

(4) Alle mit Datenverarbeitungen betrauten Mitarbeiter erhalten vor Aufnahme ihrer Tätigkeit eine besondere Einweisung in die Grundsätze des Datenschutzes. Sie sind auf das Datengeheimnis zu verpflichten und werden hierzu eine gesonderte Vertraulichkeitserklärung unterzeichnen, welche zur Personalakte zu nehmen ist. Systemadministratoren haben eine gesonderte, erweiterte Vertraulichkeitsverpflichtung zum Datenschutz zu unterzeichnen, welche ebenfalls in der Personalakte abgelegt wird.

(4) All employees entrusted with data processing shall receive special instruction in the principles of data protection before taking up their duties. They shall be obligated to maintain data secrecy and shall sign a separate declaration of confidentiality for this purpose, which shall be kept in the personnel file. System administrators shall sign a separate, extended confidentiality agreement on data privacy, which shall also be placed in the personnel file.

(5) Der betriebliche Datenschutzbeauftragte erstellt eine Datenschutzkonzeption, in der die technischen und organisatorischen Maßnahmen zum Schutz der personenbezogenen oder personenbeziehbaren Daten berücksichtigt und aufgeführt sind. Der Betriebsrat ist über diese Datenschutzkonzeption ausführlich zu unterrichten.

(5) The company data protection officer shall draw up a data protection concept in which the technical and organizational measures for the protection of personal or personal-related data are taken into account and listed. The Works Council shall be informed in detail about this data protection concept.

(6) Dateien mit personenbezogenen Beschäftigtendaten dürfen nicht auf externe Datenträger (USB-Sticks, tragbare Rechner, externe Festplatten etc) übertragen werden, es sei denn, die Arbeitgeberin und der Betriebsrat erteilen hierfür im Einzelfall ihre Zustimmung. Es werden von der Arbeitgeberin nur die Systeme und Systemfunktionen eingesetzt, die dem Betriebsrat zuvor benannt wurden und bei deren Einführung die Mitbestimmungsrechte des Betriebsrates eingehalten worden sind.

(6) Files containing personal employee data may not be transferred to external data carriers (USB sticks, portable computers, external hard drives, etc.) unless the employer and the Works Council give their consent to this in individual cases. The Employer shall only use those systems and system functions which have been designated to the works council in advance and which have been introduced in compliance with the Works Council's co-determination rights.

§ 5 Rechte des Betriebsrats

§ 5 Rights of Works Council

(1) Die Betriebsparteien sind sich darüber einig, dass der Einsatz aller Systeme, welche zur Verarbeitung und Auswertung personenbezogener und/oder personenbeziehbarer Daten geeignet sind, insbesondere die Einführung neuer DV-/IT-Systemen oder die Erstellung von Schnittstellen zu im Unternehmen bestehenden DV-/IT-Systemen, dem Mitbestimmungsrecht des Betriebsrates unterliegen.[4] Dies gilt ebenfalls für die Änderung bestehender IT-/DV-Systeme, wenn personenbezogene und/oder personenbeziehbare Daten hinzukommen oder neue Auswertungen auf vorhandene personenbezogene und/oder personenbeziehbare Daten-

(1) The operating parties are in agreement that the use of all systems which are suitable for processing and evaluating personal and/or person-related data, in particular the introduction of new data processing/IT systems or the creation of interfaces to existing data processing/IT systems in the company, are subject to the right of co-determination of the Works Council.[4] This also applies to the modification of existing data processing/IT systems if person-related and/or person-related data are added, or new evaluations are carried out on existing person-related and/or person-related

felder vorgenommen werden. Die Arbeitgeberin wird deshalb den Betriebsrat rechtzeitig unterrichten und mit ihm beraten, wenn er derartige Maßnahmen plant. Die Unterrichtung bezieht sich insbesondere auf die Anwendungszwecke des Systems, die geplanten Einführungsmodalitäten, die organisatorischen und personellen Auswirkungen der Systeme, die vorgesehenen Schritte zum Datenschutz und zur Datensicherheit, die vorgesehenen Systemkomponenten und die Programmunterlagen.

(2) Zum Zwecke der Unterrichtung wird die Arbeitgeberin dem Betriebsrat bei geplanten Maßnahmen im Sinne des Abs. (1) insbesondere folgende Unterlagen zur Verfügung stellen: Verzeichnis der eingesetzten Softwareprodukte mit Funktionsbeschreibung, Verzeichnis der Schnittstellen mit vorhandenen Anwendungsprogrammen und der darüber ausgetauschten Daten, Liste der mit dem System verarbeiteten und gespeicherten personenbezogenen Daten, Verzeichnis der Zugriffsberechtigten und Systemverwalter.

(3) Der Arbeitgeber wird den Betriebsrat rechtzeitig, umfassend und unaufgefordert über eine nach §35 Abs. 1 S. 1 DS-GVO durchgeführte Datenschutzfolgenabschätzung vor der Einführung neuer Verarbeitungen personenbezogener Daten der Arbeitnehmer unterrichten.

(4) Unabhängig von Mitbestimmungsrechten im Einzelfall, hat der Betriebsrat jederzeit das Recht, die Einhaltung dieser Rahmenbetriebsvereinbarung und der Datenschutzrechte der Mitarbeiter zu kontrollieren und zu überprüfen. Hierzu erhält er Zugriff auf alle bestehenden Systemfunktionen. Er hat in Begleitung eines Beschäftigten der zuständigen Abteilung Zugang zu den jeweiligen technischen Einrichtungen. Die Systemadministration ist dem Betriebsrat gegenüber zu Auskünften über Systeminhalte und deren Anwendungen verpflichtet. Vorhandene Datenprotokolle können vom Betriebsrat eingesehen werden und sind ihm bei Bedarf zu erläutern.

data fields. The Employer shall therefore inform the Works Council in timely manner and consult with it when planning such measures. The information shall relate in particular to the purposes for which the system is to be used, the planned implementation modalities, the organizational and personnel implications of the systems, the planned steps for data protection and data security, the planned system components and the program documents.

(2) For the purpose of information, the Employer shall provide the Works Council with the following documents in particular in the case of planned measures within the meaning of para. (1): List of software products used with functional description, list of interfaces with existing application programs and the data exchanged via them, list of personal data processed and stored with the system, list of persons authorized to access and system administrators.

(3) The Employer shall inform the Works C Council in a timely manner, comprehensively and without being requested to do so, about a data protection impact assessment carried out in accordance with § 35 para. (1) sentence 1 GDPR prior to the introduction of new processing of employees' personal data.

(4) Irrespective of co-determination rights in individual cases, the Works Council shall have the right at any time to monitor and review compliance with this Framework Works Council Agreement and the employees' data protection rights. For this purpose, it shall have access to all existing system functions. Accompanied by an employee of the responsible department, it shall have access to the respective technical facilities. The system administration is obligated to provide the Works Council with information about system contents and their applications. Existing data logs may be inspected by the Works Council and must be explained to it if necessary.

(5) Der Betriebsrat hat im Rahmen seines Mitbestimmungs- und Kontrollrechts auch das Recht, wenn erforderlich sich durch externe Sachverständige (insbesondere Rechtsanwälte, EDV-Fachleute) beraten zu lassen. Der Betriebsrat informiert darüber vorher die Geschäftsleitung. Die erforderlichen Kosten werden durch das Unternehmen getragen. Lehnt das Unternehmen innerhalb von zwei Wochen nach Antragstellung die Kostenübernahme nicht in Textform gegenüber dem Betriebsrat ab, so gilt der Antrag als genehmigt.

(5) Within the scope of its co-determination and control rights, the Works Council shall also have the right, if necessary, to seek advice from external experts (in particular lawyers, IT specialists). The Works Council shall inform the management of this in advance. The necessary costs shall be borne by the Company. If the Company does not refuse to bear the costs in text form to the Works Council within two weeks of the application being made, the application shall be deemed to have been approved.

§ 6 Informations- und Betroffenenrechte der Mitarbeiter[5]

§ 6 Information and Data Subject Rights of Employees[5]

(1) Die Mitarbeiter werden über den Inhalt dieser Rahmenbetriebsvereinbarung informiert. Sie wird im Intranet veröffentlicht. Der Arbeitgeber wird die Belegschaft zudem im Intranet über die Kontaktdaten des Datenschutzbeauftragten unterrichten. Über die allgemeinen Betroffenenrechte gem. Art. 12 ff. DS-GVO wird der Arbeitgeber die Arbeitnehmer in einem gesondertem Informationsschreiben unterrichten. Im Fall von Zweckänderungen zwischen der Datenerhebung und der Datenverarbeitung sind die Arbeitnehmer jeweils über die geänderten Zwecke vor der weiteren Verarbeitung zu unterrichten.

(1) Employees shall be informed of the contents of this Framework Works Council Agreement. It shall be published on the intranet. The Employer shall also inform the workforce on the intranet of the contact details of the data protection officer. The Employer will inform the employees about the general data subject rights pursuant to Art. 12 et seq. GDPR by a separate information letter. In the event of changes in purpose between data collection and data processing, the employees shall be informed of the changed purposes in each case before further processing.

(2) Die Arbeitnehmer haben nach § 34 BDSG, Art. 14 DS-GVO das Recht auf Auskunft über die zu ihrer Person gespeicherten Daten und deren Herkunft, die Empfänger oder Kategorien von Empfängern, an die die Daten weitergegeben werden, und den Zweck der Speicherung.

(2) Pursuant to § 34 BDSG, Art. 14 GDPR, employees have the right to information about the data stored about them and its origin, the recipients or categories of recipients to whom the data is disclosed, and the purpose of the storage.

(3) Darüber hinaus haben die Arbeitnehmer nach Maßgabe von § 35 BDSG, Art. 15–18 DS-GVO einen Anspruch auf Berichtigung, Sperrung oder Löschung ihrer personenbezogenen Daten. Der Arbeitgeber wird gemäß Art. 19 DS-GVO die Arbeitnehmer darüber unterrichten, falls Informationen an Dritte weitergegeben werden.

(3) In addition, the employees have a right to have their personal data corrected, blocked or deleted in accordance with § 35 BDSG, Art. 15–18 GDPR. The Employer will inform the employees in accordance with Art. 19 GDPR if information is passed on to third parties.

(4) Arbeitnehmer können gemäß Art. 20 DS-GVO die Übertragung ihrer Daten auf eine andere verantwortliche Stelle, insbesondere

(4) Pursuant to Art. 20 of the GDPR, employees may request the transfer of their data to responsible entity, in par-

auf einen neuen Arbeitgeber nach dem Ausscheiden aus dem Arbeitsverhältnis, verlangen. Im Rahmen der in Art. 21 Abs. 1 S. 2 DS-GVO normierten Interessenabwägung sind die Arbeitnehmer berechtigt, der Verarbeitung der sie betreffenden personenbezogenen Daten zu widersprechen, es sei denn, schutzwürdige Gründe des Arbeitgebers im Zusammenhang mit der Abwicklung des Arbeitsverhältnisses überwiegen oder die Verarbeitung dient der Geltendmachung, Ausübung oder Verteidigung von Rechtsansprüchen.

ticular to a new employer after leaving the employment relationship. Within the framework of the balancing of interests standardized in Art. 21 para. (1) sentence 2 GDPR, employees are entitled to object to the processing of personal data relating to them, unless reasons worthy of protection by the Employer in connection with the handling of the employment relationship prevail or the processing serves to assert, exercise or defend legal claims.

(5) Arbeitnehmer können eine erteilte Einwilligung in Datenverarbeitungen durch den Arbeitgeber gemäß § 26 Abs. 2 S. 4 BDSG, Art. 7 Abs. 3 S. 3 DS-GVO jederzeit widerrufen. Der Arbeitgeber wird die Arbeitnehmer jeweils bei Erteilung einer Einwilligung über ihr Widerrufsrecht in Textform aufklären.

(5) Employees may revoke a granted consent to data processing by the employer in accordance with § 26 para. (2) sentence 4 BDSG, Art. 7 para. (3) sentence 3 GDPR at any time. The Employer shall inform the employees of their right of revocation in text form when granting consent.

§ 7 Schlussbestimmungen

§ 7 Miscellaneous

(1) Diese Rahmenbetriebsvereinbarung tritt am . . . . .in Kraft und kann von beiden Parteien mit einer Frist von drei Monaten zum Ende eines Kalendermonates gekündigt werden.

(1) This Framework Works Council Agreement shall enter into force on . . . . . and may be terminated by either party with three months' notice to the end of a calendar month.

(2) Im Falle einer Kündigung entfaltet die Vereinbarung Nachwirkung und gilt solange weiter, bis sie durch eine neue Betriebsvereinbarung ersetzt worden ist.

(2) In the event of termination, the Agreement shall have an after-effect and shall continue to apply until it has been replaced by a new works council agreement.

(3) Diese Rahmenbetriebsvereinbarung wurde in deutscher und englischer Sprache verfasst. In Zweifelsfällen hat die deutsche Fassung Vorrang.

(3) This Framework Works Council Agreement is drawn up in the German and English language. In any event of doubt, the German version shall prevail.

(4) Diese Vereinbarung unterliegt dem Recht der Bundesrepublik Deutschland.

(4) The Agreement is governed by the law of the Federal Republic of Germany.

. . . . .	. . . . .	. . . . .	. . . . .
(Ort, Datum)	(Ort, Datum)	(Place, Date)	(Place, Date)
. . . . .	. . . . .	. . . . .	. . . . .
– Für die Arbeitgeberin –	– Für den Betriebsrat –	– For the Employer –	– For the Works Council –

Anmerkungen

1. Sachverhalt. Das Muster regelt allgemeine Vorgaben für die Einführung datenverarbeitender Systeme in Unternehmen und soll damit Datenschutzrechte der Beschäftigten schützen. Nach § 26 Abs. 1 S. 1 BDSG dürfen personenbezogene Daten von Beschäftigten für Zwecke des Beschäftigungsverhältnisses verarbeitet werden, wenn dies für die Entscheidung über die Begründung eines Beschäftigungsverhältnisses oder nach Begründung des Beschäftigungsverhältnisses für dessen Durchführung oder Beendigung oder zur Ausübung oder Erfüllung der sich aus einem Gesetz oder einem Tarifvertrag, einer Betriebs- oder Dienstvereinbarung (Kollektivvereinbarung) ergebenden Rechte und Pflichten der Interessenvertretung der Beschäftigten erforderlich ist. Im Rahmen der Prüfung der Erforderlichkeit ist dabei auf die Verhältnismäßigkeit der Datenerhebung abzustellen. Danach beschränkt eine Maßnahme des Arbeitgebers das allgemeine Persönlichkeitsrecht des Arbeitnehmers in verhältnismäßiger Weise, wenn sie zur Erreichung des mit ihr angestrebten Zwecks geeignet, erforderlich und angemessen ist (vgl. bereits BAG NZA 2014, 143).

Die Vorschrift des § 26 BDSG stellt eine spezifischere Norm iSv Art. 88 Abs. 1 DS-GVO dar. Die Mitgliedstaaten können danach zwar den Beschäftigtendatenschutz weitgehend autonom regeln (ErfK/Franzen BDSG § 26 Rn. 2). Im Rahmen des Arbeitnehmerdatenschutzes sind aber immer auch die Regelungen der DS-GVO zu berücksichtigen (vgl. allgemein zu den Auswirkungen der DS-GVO auf den Beschäftigtendatenschutz zB Wybitul ZD 2016, 203; Sörup/Markquardt ArbRAktuell 2016, 103). Die DS-GVO sieht insbesondere besondere Informationsrechte nach Art. 12–14 DS-GVO sowie Betroffenenrechte gemäß Art. 15–21 DS-GVO vor, welche bei jeder Verarbeitung von Beschäftigtendaten zu berücksichtigen sind (vgl. hierzu zB Sörup/Markquardt ArbRAktuell 2016, 103; Sörup ArbRAktuell 2016, 207).

2. Betriebsvereinbarung. Mit dem Muster wird eine allgemeine Rahmenbetriebsvereinbarung getroffen, welche Datenschutzrechte von Arbeitnehmern bei der Einführung und Durchführung datenverarbeitender Anlagen sicherstellen soll. Bei der Verarbeitung von Arbeitnehmerdaten werden Betriebsvereinbarungen in der Unternehmenspraxis auch zukünftig wichtig bleiben. Art. 88 Abs. 1 DS-GVO sieht ausdrücklich vor, dass Betriebsvereinbarungen Regelungen zur Gewährleistung des Arbeitnehmerdatenschutzes vorsehen können (vgl. auch Wybitul ZD 2016, 203 (206)). Zwar erfolgen nach geltender Praxis Datenverarbeitungen im Arbeitsverhältnis häufig auf Basis vorformulierter schriftlicher Einwilligungserklärung der Arbeitnehmer. Der Einsatz von Einwilligungserklärungen ist auch im Arbeitsverhältnis grundsätzlich zulässig und möglich (vgl. BAG NZA 2015, 604). Eine Betriebsvereinbarung kann dem Arbeitgeber indes eine kollektive Rechtfertigung der Datenverarbeitung ermöglichen und minimiert zudem das Risiko, dass einzelne Mitarbeiter eine datenschutzrechtlich erforderliche Einwilligung nicht erteilen. Zudem ist eine Einwilligung jederzeit widerruflich (vgl. Art. 7 Abs. 1 DS-GVO). Auch dieses Widerrufsrecht kann eine erhebliche Rechtsunsicherheit für den Arbeitgeber mit sich bringen, weshalb sich regelmäßig eine datenschutzrechtliche Betriebsvereinbarung empfehlen wird.

Eine Betriebsvereinbarung ist unabhängig davon bei der Einführung von DV-/IT-Systemen regelmäßig auch deshalb erforderlich, weil in aller Regel ein Mitbestimmungsrecht nach § 87 Abs. 1 Nr. 6 BetrVG vorliegen wird. Ein solches dürfte zwar nicht hinsichtlich der allgemeinen Regelungen der vorliegenden Rahmenvereinbarung gegeben sein. Es ist aber spätestens zu bejahen, wenn einzelne DV-/IT-Systeme, für welche die Rahmenvereinbarung grundsätzliche Vorgaben trifft, tatsächlich eingeführt werden. DV-/IT-Systeme sind Gegenstand der Mitbestimmung, wenn sie Daten verarbeiten, die einen Rückschluss auf ein bestimmtes, vom Willen des Arbeitnehmers gesteuertes Tun oder Unterlassen ermöglichen (Richardi BetrVG/Richardi § 87 Rn. 507). Ein Mitbestimmungsrecht ist daher zu bejahen, wenn ein solches System Leistungs- oder Verhaltensdaten, demnach Informationen, die einen Rückschluss auf ein bestimmtes Verhalten oder die Leistung des Arbeitnehmers zulassen, verarbeitet. Dabei ist es unerheblich, ob der Arbeitgeber die Daten tatsächlich zum Zwecke einer Kontrolle auszuwerten beabsichtigt. Die bloße Kontrollmöglichkeit genügt bereits (zB BAG NJW 1984, 1476). Liegen die Voraussetzungen eines Mitbestimmungsrechts nach § 87 Abs. 1 Nr. 6 BetrVG vor, ist die Beteiligung des Betriebsrates zwingend. Fehlt die Zustimmung des Betriebsrates zu einer Datenspeicherung, ist diese unzulässig (vgl. BAG NJW 1987, 2459).

Fraglich ist, ob die Betriebsparteien in einer Betriebsvereinbarung auch von den Vorgaben der DS-GVO und des BDSG abweichen können. Es ist seit jeher umstritten, ob die Arbeitnehmerdatenschutzregelungen einen Mindeststandard für den Inhalt von Betriebsvereinbarungen darstellen. Von der Rechtsprechung ist dies bislang abgelehnt worden (Vgl. zB BAG NZA 1986, 643; aA zB Kort RdA 1992, 378 (385)). Dafür sprach die Regelung des § 4 Abs. 1 BDSG aF, nach der die Verarbeitung personenbezogener Daten auch zulässig war, wenn eine andere Rechtsvorschrift sie erlaubt. Es erscheint indes fraglich, ob diese Rechtsprechung angesichts der immer weitergehenden technischen Entwicklungen noch haltbar ist. Auch hat der EuGH entschieden, dass ein EU-Mitgliedsstaat von Art. 7 f. der Datenschutzrichtlinie 95/46/EG des Europäischen Parlaments und des Rates vom 24.10.1995 nicht durch nationales Gesetz abweichen darf (vgl. EuGH BeckRS 2011, 81684). Dies muss sodann aber erst recht für die Betriebsparteien gelten (so zutreffend WHWS Arbeitnehmerdatenschutz-HdB/Kramer Teil A VIII 3b) Rn. 22). Allerdings ist zu berücksichtigen, dass es sich bei diesem Meinungsstreit eher um eine theoretische Frage handeln dürfte. Eine Betriebsvereinbarung darf jedenfalls nicht gegen höherrangiges Recht verstoßen, insbesondere ist § 75 Abs. 2 BetrVG einzuhalten. In der Praxis sind daher kaum Fälle denkbar, die vom Mindeststandard der DS-GVO und des BDSG abweichen. Richtigerweise ist das Ziel einer Betriebsvereinbarung nicht die Absenkung von Mindeststandards, sondern klare und praxisgerechte Regelungen, an denen sich die Betriebsangehörigen beim Datenschutz orientieren können (Wybitul NZA 2014, 225 (227)).

3. Löschung von Arbeitnehmerdaten. Die Löschung von gespeicherten Personaldaten richtet sich nach den allgemeinen datenschutzrechtlichen Vorschriften (Art. 17 DS-GVO). Danach besteht eine Löschungspflicht, wenn die Datenspeicherung nicht mehr rechtmäßig ist, damit insbesondere falls die Daten für die Erreichung des Speicherungszwecks nicht mehr erforderlich sind oder schutzwürdige Interessen des Beschäftigten einer weiteren Speicherung entgegenstehen. Dies kann der Fall sein, wenn die Daten bereits unzulässig erhoben worden sind, zB wenn der Arbeitgeber im Bewerbungsverfahren sein Fragerecht überschritten hat oder die Sammlung von Informationen ohne eine nach § 94 BetrVG erforderliche Beteiligung des Betriebsrates erfolgte. Die sich aus der Verpflichtung zur Löschung ergebenden Löschfristen sind vom Unternehmen zu dokumentieren. Dies ergibt sich bereits aus der Verpflichtung der Umsetzung von technischen und organisatorischen Maßnahmen zur Einhaltung der Vorgaben der DS-GVO gemäß Art. 24 Abs. 1 DS-GVO. Ab einem gewissen Komplexitätsgrad empfiehlt sich zudem ein detailliertes Löschkonzept (vgl. zB Keppeler/Berning ZD 2017, 314). Das Muster sieht eine entsprechende Verpflichtung des Arbeitgebers vor.

4. Kontrollrechte des Betriebsrats. In dem Muster ist der generelle Ablauf der Mitbestimmung des Betriebsrates bei der Einführung neuer DV-/IT-Systeme geregelt. Es kann sich schon aus Klarstellungsgründen empfehlen, insoweit bereits in einer Rahmenvereinbarung klarzustellen, welche Informationen der Betriebsrat hierbei erhalten soll. Nach § 80 Abs. 1 BetrVG hat der Betriebsrat allgemein ein Informationsrecht, um die Einhaltung von Rechtsnormen im Betrieb zu überwachen und auch prüfen zu können, ob ein Mitbestimmungsrecht in Betracht kommt. Deshalb ist er auch darüber zu unterrichten, welche personenbezogenen Daten über Arbeitnehmer im Betrieb gespeichert werden (vgl. BAG NZA 1987, 747). Dabei ist es auch generell unerheblich, ob die personaldatenverarbeitenden Maßnahmen des Arbeitgebers für sich genommen mitbestimmungspflichtig sind. Der Betriebsrat muss generell in die Lage versetzt werden, selbst prüfen zu können, ob sich für ihn Aufgaben ergeben und er zu deren Wahrnehmung tätig werden soll (vgl. BAG NZA 1992, 707). Demnach muss der Arbeitgeber den Betriebsrat bei geplanten Personaldatenverarbeitungsmaßnahmen bereits in der Planungsphase rechtzeitig informieren, so dass der Betriebsrat überprüfen kann, ob sich Mitbestimmungsrechte oder Überwachungspflichten ergeben. Die Information ist so vollständig und verständlich zu erteilen, wie es zur Aufgabenerfüllung des Betriebsrates notwendig ist. Der Betriebsrat ist insbesondere über die Art und den Gegenstand der verarbeiteten Daten, die Datenverarbeitungsprogramme mit Verknüpfungsmöglichkeiten, den Verarbeitungszweck sowie über zugriffsberechtigte Personen und Sicherungsvorkehrungen zu informieren. Die vorgeschlagene Klausel benennt einzelne Dokumente, die regelmäßig für eine ordnungsgemäße Unterrichtung des Betriebsrates notwendig sind.

Der Betriebsrat kann bei technisch schwer nachvollziehbaren Maßnahmen oder generell beim Abschluss einer Betriebsvereinbarung Sachverständige gemäß § 80 Abs. 3 S. 1 BetrVG heranziehen. Die Heranziehung muss aber erforderlich sein. Dem Betriebsrat muss für die Angelegenheit die notwendige Sachkunde fehlen, welche er sich auch nicht auf sonstige zumutbare Weise (zB durch Schulungen, andere sachkundige Arbeitnehmer) einholen kann (BAG NZA 1993, 86). Dabei ist die Hinzuziehung eines Sachverständigen durch den Betriebsrat bei der Einführung und Anwendung von KI-Produkten bereits nach § 80 Abs. 3, S. 2 BetrVG per se erforderlich und demnach sind auch die entsprechenden Kosten vom Arbeitgeber gemäß § 40 BetrVG zu tragen.

5. Rechte der Arbeitnehmer. Die DS-GVO schreibt umfassende Betroffenenrechte vor, namentlich ein Auskunftsrecht (Art. 15 DS-GVO), ein Recht auf Berichtigung (Art. 16 DS-GVO), ein Recht auf Löschung („Vergessenwerden", Art. 17 DS-GVO), ein Recht auf Einschränkung der Verarbeitung (Art. 18 DS-GVO), Mitteilungspflichten (Art. 19 DS-GVO), ein Recht auf Datenübertragbarkeit (Art- 20 DS-GVO) sowie ein Widerspruchsrecht (Art. 21 DS-GVO). Über diese Rechte sind Beschäftigte durch den Arbeitgeber nach den Art. 12–14 DS-GVO vollumfänglich zu informieren. Eine solche Information könnte generell auch in einer Betriebsvereinbarung erfolgen. Da es sich hierbei aber um eine sehr umfangreiche Unterrichtung handelt, dürfte es sich empfehlen, die Information in einem separaten Anschreiben an die Arbeitnehmer zu tätigen und dieses den Mitarbeitern zB bei Vertragsbeginn auszuhändigen (vgl. zu einem Formulierungsvorschlag für die nach Art. 12–14 DS-GVO notwendige Unterrichtung Sörup ArbRAktuell 2016, 207).

5. Vereinbarung „Bring Your Own Device" (BYOD)/ Agreement BYOD

Zwischen	Between
…	…
– nachstehend „Arbeitgeber" genannt –	– hereinafter referred to as „Employer" –
und	and
…	…
– nachstehend „Arbeitnehmer" genannt –	– hereinafter referred to as „Employee" –

§ 1 Nutzung privater Endgeräte[1]

(1) Dem Arbeitnehmer wird ab Abschluss dieser Vereinbarung gestattet, zur betriebsinternen, aber auch zur externen Kommunikation eigene private Endgeräte wie Laptop, Smartphone, Tablet-Computer etc (im Folgenden „Private Endgeräte") einzusetzen und zu nutzen.[2]

(2) Den Parteien ist es dabei bewusst, dass der Arbeitgeber die verantwortliche Stelle im Sinne des Datenschutzrechts bleibt, wenn bei der Nutzung der Privaten Endgeräte personenbezogene Daten, die im Zusammenhang mit der Arbeitsaufgabe oder allgemein dem Arbeitsverhältnis stehen, auf den Privaten Endgeräten verarbeitet werden. Der Arbeitgeber hat deshalb die Möglichkeit, gewisse Mindestanforderungen an Hardware, Betriebssystem und Schutzeinrichtungen zu stellen, um das Funktionieren von Systemen und Anwendungen auch auf Unternehmensseite zu gewährleisten. Aus diesem Grund sind zugelassene Endgeräte nach dieser Vereinbarung ausschließlich diese: . . . .

§ 1 Use of Private Devices[1]

(1) As of the conclusion of this Agreement, the Employee shall be permitted to use his/her own private terminal devices such as laptops, smartphones, tablet computers, etc. (hereinafter referred to as „Private Devices") for internal and external communication purposes.[2]

(2) In this context, the parties are aware that the Employer remains the responsible entity within the meaning of data protection law if personal data related to the work task or the employment relationship in general is processed on the Private Devices when using the Private Devices. The Employer therefore has the option of setting certain minimum requirements for hardware, operating system and protective devices in order to ensure the functioning of systems and applications on the company side as well. For this reason, approved end devices according to this Agreement are exclusively these: . . .

§ 2 Vertragsdurchführung, Sicherungsmaßnahmen

(1) Zwischen privaten und geschäftlichen Daten ist grundsätzlich auf dem zu dienstlichen Tätigkeiten genutzten Privaten Endgerät zu trennen.[3] Dazu sind auf den Privaten Endgeräten betriebsbezogene Daten in einem separaten Speicher abzulegen, der über einen Datencontainer geschützt wird. Die Ablage von beruflichen Daten im privaten Account ist dem Arbeitnehmer untersagt.

(2) Der Arbeitgeber wird dem Arbeitnehmer auf Unternehmenskosten ein besonderes Containersystem („Container-App") zur Verfügung stellen, das vom Arbeitnehmer zu installieren und zu nutzen ist. Die Nutzung des Privaten Endgerätes zu dienstlichen Zwecken ist ohne die Installation, der vom Arbeitgeber zur Verfügung gestellten Container-App nicht gestattet.

§ 2 Execution of Contract, Security Measures

(1) Private and business data must always be separated on the Private Device used for business activities.[3] To this end, business-related data must be stored on the Private Devices in a separate memory that is protected by a data container. Employees are not permitted to store business data in their private accounts.

(2) The Employer shall provide the Employee with a special container system („Container App") at company expense, which is to be installed and used by the Employee. The use of the Private Device for business purposes is not permitted without the installation of the container app provided by the Employer. The Employee shall indemnify the Employer

Der Arbeitnehmer hat den Arbeitgeber von allen Schäden freizustellen, die dadurch entstehen, dass der Arbeitnehmer nicht vom Arbeitgeber bereitgestellte Apps zu dienstlichen Zwecken einsetzt. Der Datencontainer muss mit einem Passwort, welches mindestens acht Buchstaben oder Zahlen sowie mindestens zwei Sonderzeichen beinhalten muss und alle . . . . . Monate zu aktualisieren ist, geschützt werden. Das Passwort ist in der Personalabteilung bei Frau/Herrn . . . . . zu hinterlegen. Eine Weitergabe des Passwortes an Dritte ist strikt untersagt.

against any damage caused by the Employee using apps not provided by the Employer for business purposes. The data container must be protected by a password, which must contain at least eight letters or numbers and at least two special characters and must be updated all . . . . . months. The password is available in the Human Resources Department from Ms./Mr . . . . . in the personnel department. Passing on the password to third parties is strictly prohibited.

(3) Der Arbeitnehmer wird den Arbeitgeber unverzüglich informieren, wenn sein nach dieser Vereinbarung genutztes Privates Endgerät

- zerstört oder auf sonstige Weise erheblich in seiner Gebrauchstauglichkeit beeinträchtigt wird,
- gestohlen oder verloren wird oder auf sonstige Weise abhandenkommt oder
- gepfändet worden ist.

(3) The Employee shall inform the Employer without delay if his/her Private Device used in accordance with this Agreement

is destroyed or otherwise significantly impaired in its usability,

is stolen or lost or otherwise goes missing.

has been seized.

(4) Für die Fälle des Verlustes oder des Diebstahls des Privaten Endgeräts wird die Möglichkeit einer Fernlöschung geschaffen. Hierzu hat der Arbeitnehmer eine Einwilligung in die Verarbeitung seiner personenbezogenen Daten erteilt, die als Anlage 1 dieser Vereinbarung beigefügt ist. Das Recht des Arbeitnehmers, diese Einwilligung jederzeit mit Wirkung für die Zukunft frei zu widerrufen, wird durch Abschluss dieser Vereinbarung nicht eingeschränkt. Kommt es bei einer Fernlöschung zum Verlust privater Daten steht dem Arbeitnehmer gegenüber dem Arbeitgeber kein Ersatzanspruch zu.

(4) In the event of loss or theft of the Private Device, the option of remote deletion shall be created. For this purpose, the Employee has given consent to the processing of his/her personal data, which is attached to this Agreement as Annex 1. The Employee's right to freely revoke this consent at any time with effect for the future is not restricted by the conclusion of this Agreement. If private data is lost in the course of remote deletion, the Employee shall have no claim for compensation against the Employer.

(5) Im Falle der Zerstörung, des Verlusts oder des Diebstahls des Privaten Endgerätes besteht für den Arbeitnehmer keine Pflicht zur Beschaffung eines Ersatzgerätes. Er wird den Arbeitgeber aber unverzüglich, spätestens innerhalb von . . . . . Wochen, informieren, ob er beabsichtigt, ein neues Privates Endgerät auf eigene Kosten zu beschaffen.

(5) In the event of destruction, loss or theft of the Private Device, the Employee shall not be obliged to procure a replacement device. However, he/she shall inform the Employer immediately, at the latest within . . . . . weeks, whether he/she intends to procure a new Private Device at his/her own expense.

(6) Eine Festplatte auf dem Privaten Endgerät ist gemäß den Vorgaben der IT-Abtei-

(6) A hard drive on the Private Device must be fully encrypted in accordance

lung vollständig zu verschlüsseln.[4] Vor der Verschlüsselung darf die Festplatte nicht für dienstliche Zwecke verwendet werden. Der Arbeitnehmer darf die Verschlüsselung nicht aufheben oder das Verschlüsselungspasswort Unberechtigten zugänglich machen. Die seitens der IT-Abteilung vorgegebenen Schutzmaßnahmen, insbesondere Firewall und Virenschutz, dürfen nicht deaktiviert oder auf sonstige Weise außer Betrieb gesetzt oder umgangen werden. Zur Verfügung gestellte Aktualisierungen (vor allem Sicherheitsupdates und Virensignaturen) müssen von dem nutzenden Arbeitnehmer unverzüglich installiert werden.

(7) Der Arbeitnehmer verpflichtet sich, sein Privates Endgerät Dritten (insbesondere auch Mitbewohnern, Familienangehörigen, Kindern) nicht zur Verfügung zu stellen und das Private Endgerät auch so aufzubewahren, dass Dritte nicht ohne seine Kenntnis physischen Zugriff auf das Gerät nehmen können. Außerdem verpflichtet sich der Arbeitnehmer, betriebsbezogene Daten auf seinem Privaten Endgerät umgehend zu löschen, wenn sie nicht mehr benötigt werden.

(8) Das von dem Arbeitnehmer genutzte Private Endgerät muss dem Anforderungskatalog der IT-Abteilung in der zum Beschaffungszeitpunkt gültigen Fassung entsprechen. Die Erfüllung der Mindestanforderungen an Hardware, Betriebssystem und Schutzeinrichtungen ist unumgänglich, um das Funktionieren von Systemen und Anwendungen auch auf Unternehmensseite zu gewährleisten. Bestehen Zweifel an der Eignung eines Privaten Endgerätes, hat der Arbeitnehmer vor dem Einsatz des Gerätes dessen Eignung mit der IT-Abteilung zu klären.

(9) Aus Sicherheitsgründen ist es dem Arbeitnehmer insbesondere untersagt, die in Anlage 2 zu dieser Vereinbarung aufgeführten Anwendungen auf seinem Privaten Endgerät zu installieren.

(10) Beschafft sich der Arbeitnehmer ein neues Privates Endgerät, hat er der IT-Abteilung unverzüglich Hersteller, Gerätetyp, Ausstattungsmerkmale und Seriennummer

with the specifications of the IT department.[4] Before encryption, the hard drive may not be used for official purposes. The Employee may not cancel the encryption or make the encryption password accessible to unauthorized persons. The protective measures specified by the IT department, in particular firewall and virus protection, may not be deactivated or otherwise disabled or bypassed. Updates made available (in particular security updates and virus signatures) must be installed by the using Employee without undue delay.

(7) The Employee undertakes not to make his/her Private Device available to third parties (in particular also to roommates, family members, children) and also to store the Private Device in such a way that third parties cannot physically access the Device without his/her knowledge. In addition, the Employee undertakes to delete company-related data on his/her Private Device immediately if it is no longer required.

(8) The Private Device used by the Employee must comply with the requirements catalog of the IT department in the version valid at the time of procurement. Fulfillment of the minimum requirements for hardware, operating system and protective devices is essential to ensure the functioning of systems and applications on the company side as well. If there are doubts about the suitability of the Private Device, the Employee must clarify its suitability with the IT department before using the Device.

(9) For security reasons, the Employee is in particular prohibited from installing the applications listed in Annex 2 to this Agreement on his/her Private Device.

(10) If the Employee procures a new Private Device, he/she shall immediately notify the IT department of the manufacturer, device type, equipment features

zu melden. Der Arbeitnehmer hat dabei hinsichtlich des alten genutzten Privaten Endgerätes sicherzustellen, dass darauf enthaltene Daten datenschutzkonform gelöscht sind. Hierzu ist die Festplatte vor der Rückgabe, Veräußerung oder Entsorgung des Privaten Endgerätes mehrfach vollständig zu überschreiben. Die erfolgte Löschung hat der Arbeitnehmer zu dokumentieren. Das von der Löschsoftware erzeugte Löschprotokoll hat der Arbeitnehmer auszudrucken, zu unterzeichnen und der IT-Abteilung zu Dokumentationszwecken zur Verfügung zu stellen.

(11) Im Fall der Wartung oder Reparatur des Privaten Endgerätes hat der Arbeitnehmer sicherzustellen, dass Daten des Unternehmens nicht von Unberechtigten zur Kenntnis genommen oder kopiert werden können. Im Zweifel hat er sich zum erforderlichen Vorgehen mit der IT-Abteilung abzustimmen.

(12) Wird das Arbeitsverhältnis beendet, verpflichtet sich der Arbeitnehmer, dem Arbeitgeber alle betriebsbezogenen Daten zur Verfügung zu stellen und diese sodann auf dem Privaten Endgerät zu löschen.

§ 3 Arbeitszeit[5]

(1) Der Arbeitnehmer wird während der Arbeitszeit die private Nutzung seines Privaten Endgerätes unterlassen, es sei denn die Nutzung zu privaten Zwecken nimmt lediglich eine verhältnismäßig nicht erhebliche Zeit in Anspruch.

(2) Der Arbeitnehmer ist außerhalb seiner vertraglich vereinbarten Arbeitszeit nicht verpflichtet, sein Privates Endgerät zu dienstlichen Zwecken zu nutzen, insbesondere besteht für ihn keine Pflicht, dienstliche Gespräche auf seinem Privaten Endgerät anzunehmen oder dienstliche E-Mails abzurufen und zu lesen. Grundsätzlich sollen am Wochenende keine dienstlichen Arbeiten über das Private Endgerät erledigt werden. Gleiches gilt für Feiertage und die Dauer des Urlaubs. Beim Einsatz des Privaten Endgerätes für dienstliche Zwecke sind die

and serial number. With regard to the former Private Device used, the Employee must ensure that the data contained on it has been deleted in accordance with data protection requirements. To this end, the hard drive must be completely overwritten several times before the Private Device is returned, sold or disposed of. The Employee must document the deletion. The Employee shall print out and sign the deletion log generated by the deletion software and make it available to the IT department for documentation purposes.

(11) In the event of maintenance or repair of the Private Device, the Employee shall ensure that company data cannot be accessed or copied by unauthorized persons. In case of doubt, he/she shall consult the IT department on the necessary procedure.

(12) If the employment relationship is terminated, the Employee undertakes to make all company-related data available to the Employer and then to delete it on the Private Device.

§ 3 Working Time[5]

(1) The Employee shall refrain from the private use of his/her Private Device during working hours, unless the use for private purposes only takes up a relatively insignificant amount of time.

(2) Outside his/her contractually agreed working hours, the Employee shall not be obliged to use his/her Private Device for official purposes; in particular, he/she shall not be obliged to accept official calls on his/her Private Device or to retrieve and read official e-mails. As a matter of principle, no business-related work should be carried out via the Private Device on weekends. The same applies to public holidays and the duration of vacation. When using the Private Device for business purposes, the statutory

gesetzlichen Arbeitszeitvorgaben zu beachten, nach geltender Rechtslage daher die Bestimmungen des Arbeitszeitgesetzes (ArbZG), insbesondere die tägliche Höchstarbeitszeit gemäß § 3 ArbZG sowie die Ruhezeit gemäß § 5 ArbZG. In Zweifelsfällen, ob dienstliche Tätigkeiten außerhalb der regulären Arbeitszeiten durchzuführen sind, hat der Arbeitnehmer eine Abstimmung mit seinem unmittelbaren Vorgesetzten herbeizuführen.

§ 4 Kosten

Die Anschaffungskosten und die laufenden Kosten für das Private Endgerät trägt der Arbeitnehmer. Der Arbeitgeber beteiligt sich daran mit einer Pauschale in Höhe von . . . . ., mit der auch die Kosten für einen eventuellen Verlust oder eine Beschädigung in Ausübung der betrieblichen Tätigkeit abgegolten sind. Um die Kosten möglichst gering zu halten, sollte ein Mobilfunkvertrag mit einer Flatrate ins Internet und in alle deutschen Netze vereinbart werden. Ebenso werden im Fall von Auslandsdienstreisen des Arbeitnehmers Auslandsflats vereinbart.

§ 5 Zugriffsregelung, Kontrollrechte[6]

(1) IT-Abteilung und Datenschutzbeauftragter sind berechtigt, die Einhaltung dieser Vereinbarung zu kontrollieren. Hierzu können sie installierte Programme, Dateiverzeichnisse und Protokolldaten einsehen. Der Arbeitnehmer ist deshalb verpflichtet, die von ihm nach dieser Vereinbarung genutzten Privaten Endgeräte dem Arbeitgeber während der Arbeitszeit im Betrieb jederzeit auf Verlangen auszuhändigen.

(2) Der Arbeitgeber ist zu jeder Zeit berechtigt, dienstliche Inhalte auf dem Privaten Endgerät des Arbeitnehmers per Fernzugriff zu ändern und zu löschen. Verletzt der Arbeitnehmer seine Pflicht zur Trennung privater und dienstlicher Inhalte auf dem Ge-

working time requirements must be observed. according to the current legal situation, therefore, the provisions of the Working Time Act („Arbeitszeitgesetz" – ArbZG), in particular the maximum daily working time pursuant to § 3 ArbZG and the rest period pursuant to § 5 ArbZG. In cases of doubt as to whether business activities are to be carried out outside regular working hours, the Employee must consult his/her immediate supervisor.

§ 4 Costs

The acquisition costs and the running costs for the Private Device shall be borne by the Employee. The Employer shall contribute a lump sum of . . . . ., which also covers the costs of any loss or damage incurred in the course of business. To keep costs as low as possible, a mobile communications contract with a flat rate to the Internet and all German networks should be agreed. Likewise, in the case of business trips abroad by the Employee, international flat rates should be agreed.

§ 5 Access Regulation, Control Rights[6]

(1) The IT department and the data protection officer shall be entitled to monitor compliance with this Agreement. For this purpose, they may inspect installed programs, file directories and log data. The Employee is therefore obligated to hand over the Private Devices used by him/her in accordance with this Agreement to the Employer at any time during working hours in the company upon request.

(2) The Employer shall be entitled at any time to remotely change and delete official content on the Employee's Private Device. If the Employee violates his/her obligation to separate private and business content on the Device, the

rät, ist der Arbeitgeber zur Löschung sämtlicher auf dem Privaten Endgerät gespeicherten Inhalte berechtigt.

(3) Dem Arbeitgeber ist es gestattet, zum Schutz von Unternehmensinhalten Software auf dem genutzten Privaten Endgerät des Arbeitnehmers zu installieren und diese so einzustellen, dass sie im Hintergrund aktiv ist. Der Arbeitgeber wird hierzu den Arbeitnehmer informieren, welche Software er zu welchem Zweck installiert hat.

§ 6 Laufzeit, Kündigung

Diese Vereinbarung beginnt am . . . . und läuft auf unbestimmte Zeit. Sie kann von jeder Vertragspartei mit einer Frist von . . . . Monaten zum Ende eines Kalendermonats gekündigt werden.

§ 7 Schlussbestimmungen

(1) Alle Änderungen oder Ergänzungen dieser Vereinbarung einschließlich dieses Absatzes bedürfen der Schriftform. Dies gilt nicht für mündliche Abreden im Sinne des § 305b BGB, welche zwischen den Parteien nach Vertragsabschluss getroffen werden.

(2) Sollten eine oder mehrere Bestimmungen dieses Vertrages ganz oder teilweise nichtig oder unwirksam sein oder werden, so wird dadurch die Wirksamkeit der übrigen Bestimmungen nicht berührt. In diesem Fall gilt eine Bestimmung, die dem beabsichtigten Zweck der nichtigen oder unwirksamen Bestimmung in rechtlicher und wirtschaftlicher Hinsicht so nahe wie möglich kommt.

(3) Diese Vereinbarung wurde in deutscher und englischer Sprache verfasst. In Zweifelsfällen hat die deutsche Fassung Vorrang.

(4) Diese Vereinbarung unterliegt dem Recht der Bundesrepublik Deutschland.

Employer shall be entitled to delete all content stored on the Private Device.

(3) The Employer is permitted to install software on the Employee's Private Device used to protect company content and to set it so that it is active in the background. For this reason, the Employer shall inform the Employee which software it has installed and for what purpose.

§ 6 Term, Termination

This Agreement shall commence on . . . . . and shall run for an indefinite period. It may be terminated by either contracting party with a notice period of . . . . months to the end of a calendar month.

§ 7 Miscellaneous

(1) Any changes or amendments to this Agreement including this Paragraph shall be made in writing. This does not apply to oral agreements pursuant to § 305b BGB (German Civil Code), which are entered into between the parties after the conclusion of the contract.

(2) If any provision of this Agreement is or becomes invalid or unenforceable, the remaining provisions of the Agreement shall not be affected. The Parties shall replace the invalid or unenforceable provision by such valid and enforceable provision as closest corresponds to the legal and economic purpose of the original provision.

(3) This Agreement is drawn up in the German and English language. In any event of doubt, the German version shall prevail.

(4) The Agreement is governed by the law of the Federal Republic of Germany.

. . . . .	. . . . .	. . . . .	. . . . .
(Ort, Datum)	**(Ort, Datum)**	**(Place, Date)**	**(Place, Date)**
. . .	. . .	. . .	. . .
– Arbeitgeber –	**– Arbeitnehmer –**	**– Employer –**	**– Employee –**

Anmerkungen

1. BYOD-Programm. Viele Arbeitnehmer wünschen sich bei ihrer beruflichen Tätigkeit größtmögliche Flexibilität und beabsichtigen dafür, ihre privaten elektronischen Geräte, wie Smartphones, Tablets etc, auch für ihre (mobile) Arbeit nutzen zu können. Dieses Phänomen wird unter „Bring Your Own Device“ gefasst (vgl. hierzu allgemein zB Arning/Moos DB 2013, 2607; Pollert NZA-Beil. 2014, 152; Wisskirchen/Schiller DB 2015, 1163; Reufels/Pütz ArbRB 2018, 26). Die Ausgangskonstellation ist dabei, dass das Arbeitsgerät von vornerein im Eigentum des Arbeitnehmers steht und von ihm auch privat (mit-) genutzt wird. Der Arbeitgeber gewährt über das Gerät wiederum Zugriff auf dienstliche Daten und die IT-Infrastruktur des Unternehmens. Die Einführung eines BYOD-Programms kann Vorteile für Arbeitgeber und Arbeitnehmer, aber auch Risiken mit sich bringen. Ein Vorteil kann sein, dass die Mitarbeiter beispielsweise nur noch ein Smartphone oder einen Laptop mit sich führen müssen und das Medium privat wie auch beruflich parallel nutzen können. Aus Arbeitgebersicht kann ein „BYOD-Programm“ einen positiven Kosteneffekt haben, der etwa in der Einsparung von Anschaffungskosten von Hardware zu sehen ist. Es kann daher vor allem für neu gegründete Unternehmen aus Kostengründen attraktiv sein. BYOD kann zudem ein mobileres und damit flexibleres sowie effizienteres Arbeiten ermöglichen und zB zu reduzierten Fahrzeiten oder der Einsparung von Büroarbeitsplätzen führen (vgl. auch Pollert NZA-Beil. 2014, 152). Dadurch kann nicht zuletzt eine höhere Mitarbeiterzufriedenheit erreicht werden.

Auf der anderen Seite können Mitarbeiter eine ständige Erreichbarkeit für den Arbeitgeber über ihre privaten Endgeräte befürchten. Arbeitgeber wiederum können von dem betrieblichen Einsatz privater IT ihrer Mitarbeiter zurückschrecken, weil sie die Sorge haben, die Kontrolle über dienstliche Daten sowie die dazu eingesetzte IT zu verlieren. Unternehmer müssen deshalb genau analysieren, ob sie sensible Daten, wie zB Kundendaten, tatsächlich auf privaten Endgeräten der Mitarbeitenden laufen lassen wollen. Sie müssen vor allem sicherstellen, dass personenbezogene Daten mit dienstlichem Bezug weiterhin rechtmäßig verarbeitet und verwendet werden, obwohl sie nicht mehr über im Eigentum des Unternehmens stehenden IT-Kommunikationsmittel gespeichert werden. Hierzu bedarf es einer Vereinbarung, welche dem Arbeitnehmer eine weitreichende Flexibilität sichert, dem Arbeitgeber indes eine hinreichende Datensicherung garantiert. Das Muster soll diesen widerstreitenden Interessen Rechnung tragen.

2. Einzelvertragliche Regelung. Das Muster sieht eine einzelvertragliche Vereinbarung zwischen Arbeitgeber und Arbeitnehmer vor. Eine solche Vereinbarung wird regelmäßig erforderlich sein, um BYOD in den Betrieben einführen zu können. Hingegen ist es nicht zulässig, Arbeitnehmer einseitig zu einer BYOD-Lösung zu verpflichten (zB Wisskirchen/Schiller DB 2015, 1163 (1165 f.)). Generell muss der Arbeitgeber, die für die zu erbringende Dienstleistung erforderlichen Mittel dem Arbeitnehmer zur Verfügung stellen. Zu diesen Arbeitsmitteln gehören auch technische Geräte, die dienstlich genutzt werden, wie Laptops oder Smartphones. Demnach wäre eine Weisung, dass der Arbeitnehmer selbst für die Beschaffung privater Mittel für seine Arbeitstätigkeit zu sorgen hat, nicht mit dem Direktionsrecht des Arbeitgebers vereinbar (Wisskirchen/Schiller DB 2015, 1163 (1166)).

Zu beachten ist, dass in Betrieben mit Betriebsräten dieser gem. § 87 Abs. 1 Nr. 6 BetrVG bei der Einführung und Anwendung von BYOD-Programmen mitzubestimmen hat. Beruflich verwendete Endgeräte sind technische Einrichtung, die objektiv zur Überwachung von Verhalten und Leistung der Arbeitnehmer geeignet sind und deshalb dem Mitbestimmungsrecht des Betriebsrates unterliegen (vgl. zB Pollert NZA-Beil. 2014, 152 (154)). Demnach hat der Arbeitgeber mit dem Betriebsrat eine Betriebsvereinbarung zur Einführung von BYOD-Programmen abzuschließen. Dabei ist davon auszugehen, dass der Arbeitgeber seine Mitarbeiter auch nicht durch eine Betriebsvereinbarung zur selbständigen Beschaffung von Arbeitsmitteln verpflichten kann (so auch Pollert NZA-Beil. 2014, 152 (153); aA wohl Wisskirchen/Schiller DB 2015, 1163 (1166)). Da dem Arbeitnehmer bei der Nutzung seiner privaten Endgeräte zu dienstlichen Zwecken regelmäßig zusätzliche Pflichten durch das jeweilige BYOD-Programm entstehen, kann ein solcher Einsatz der Privatgeräte nur auf freiwilliger Basis erfolgen (vgl. auch Göpfert/Wilke NZA 2012, 765 (770)). In einer Betriebsvereinbarung zu BYOD sollte neben den allgemeinen Regelungen, die auch dieses Muster beinhaltet, ebenso eine Regelung zum Kreis der berechtigten Mitarbeiter vereinbart werden (vgl. Raif/Nann GWR 2016, 221 (222)).

3. Trennung von privaten und dienstlichen Daten. Der Arbeitgeber hat im Rahmen der Einführung von BYOD-Programmen insbesondere datenschutzrechtliche Aspekte zu beachten. Er ist verpflichtet, technische und organisatorische Maßnahmen zu ergreifen, um die gesetzlichen Anforderungen an den Umgang mit personenbezogenen Daten zu gewährleisten (Art. 32 DS-GVO). Daher hat der Arbeitgeber im Einzelnen Maßnahmen zur Zugangs-, Zugriffs-, Weitergabe-, Eingabe-, Auftrags- und Verfügbarkeitskontrolle, Verschlüsselung und zur Wahrung des Trennungsgebotes zu treffen (vgl. Kramer IT-ArbR/Hoppe § 2 Rn. 735 f.).

In technischer Hinsicht empfiehlt sich vor allem die Nutzung sog. Container-Apps. Diese Programme trennen private und dienstliche Inhalte auf dem Endgerät, indem sie zwei voneinander getrennte Arbeits- und Datenbereiche schaffen. Damit kann der Arbeitgeber sicherstellen, dass er dienstliche Daten ausreichend schützt und seinen datenschutzrechtlichen Kontroll- und Schutzpflichten nachkommt. Werden dienstliche und private Daten auf dem Endgerät durch eine Container-App oder einen in sonstiger Weise klar abgrenzbaren Ordner getrennt, wird es dem Arbeitgeber auch gem. § 26 Abs. 1 S. 1 BDSG gestattet sein, im Rahmen eines „lesenden Zugriffs" die dienstliche Kommunikation auf dem Endgerät einzusehen. Bei fehlender Trennung ist hingegen zwingend eine freiwillige Einwilligung (Art. 6 DS-GVO iVm Art. 7 DS-GVO, § 26 Abs. 2 BDSG) einzuholen, wenn der Arbeitgeber in die über das private Endgerät geführte dienstliche Kommunikation Einsicht nehmen möchte (Kramer IT-ArbR/Hoppe § 2 Rn. 745). Auch sollte eine Einwilligung eingeholt werden, wenn eine Fernzugriff erfolgen soll, falls der Arbeitnehmer keinen Zugriff mehr auf das Endgerät hat, da sodann auch private Daten des Mitarbeiters betroffen sind (vgl. Kramer IT-ArbR/Hoppe § 2 Rn. 758). § 2 Abs. (4) des Musters sieht deshalb die Einholung einer Einwilligung für den Fall einer solchen Fernlöschung vor.

Es ist dem Unternehmen zu empfehlen, die für die dienstliche Nutzung erforderlichen Apps selbst bereit zu stellen, um so eine sachgerechte App-Auswahl und vor allem eine ordnungsgemäße Lizenzierung sicherzustellen. Haftungsrechtlich sollte in der Vereinbarung mit dem Mitarbeiter geregelt werden, dass dieser verpflichtet ist, ausschließlich vom Arbeitgeber zur Verfügung gestellte (lizenzierte) Apps einzusetzen und im Falle der Verletzung dieser Verpflichtung das Unternehmen von einer Haftung freizustellen (Arning/Moos DB 2015, 2607 (2613)).

4. Sicherungsmaßnahmen. Als Datenschutzmaßnahmen bieten sich insbesondere Verschlüsselungssysteme an. Wichtig ist dabei, dass die Mitarbeiter für die IT-Sicherheit sensibilisiert werden, etwa durch entsprechende Schulungen oder Sicherheitsunterweisungen. Da besonders nachlässiges Verhalten von Mitarbeitern im Datenumgang für Schäden der Unternehmen, zB durch Viren oder Wirtschaftsspionage, verantwortlich sein kann, sollten die am BYOD-Programm teilnehmenden Arbeitnehmer mit den Handlungsmöglichkeiten zum Datenschutz, wie Verschlüsslung, Umgang mit Passwörtern und deren fortlaufenden Aktualisierung, vertraut gemacht werden (Pollert NZA-Beilage 2014, 152 (153)).

5. Arbeitszeit. Das Arbeiten mit privaten Arbeitsgeräten kann dazu führen, dass Arbeitnehmer dienstliche Aufgaben auf ihrem Privatgerät außerhalb der üblichen Arbeitszeiten erledigen, zB durch das Lesen oder Beantworten dienstlicher Emails auf dem eigenen Smartphone zuhause. Problematisch ist, ob durch diese Tätigkeiten außerhalb der regulären Arbeitszeit gegen das ArbZG verstoßen wird. § 3 ArbZG schreibt als Grundsatz den Acht-Stunden-Tag vor, wobei die werktägliche Arbeit um zwei bis maximal zehn Stunden verlängert werden kann, wenn ein Ausgleich innerhalb von sechs Kalendermonaten bzw. 24 Wochen gewährleistet ist. Zudem muss die Ruhezeit zwischen zwei Arbeitseinsätzen mindestens elf Stunden betragen (§ 5 Abs. 1 ArbZG). An Sonn- und Feiertagen dürfen Arbeitnehmer gemäß § 9 Abs. 1 ArbZG ohne eine behördliche Genehmigung generell überhaupt nicht beschäftigt werden, es sei denn, es handelt sich um eine in § 10 Abs. 1 ArbZG bezeichnete Beschäftigungsform oder Tätigkeit (zB Not- und Rettungsdienste, Pflegeleistungen in Krankenhäusern, Gaststättengewerbe). Vertreten wird, dass „nicht nennenswerte Arbeitsleistungen“ außerhalb der üblichen Arbeitszeit mit dem ArbZG konform sind, insbesondere nicht zu einer neuen Ruhezeit führen müssen (vgl. zB Wisskirchen/Schiller DB 2015, 1163 (1167); Bissels/Meyer-Michaelis DB 2015, 2331 (2333)). Dagegen dürfte aber sprechen, dass eine Grenzziehung zwischen erheblicher und unerheblicher Arbeitsleistung kaum handhabbar und willkürlich erscheint, weshalb jede dienstliche Tätigkeit mit dem privaten Endgerät generell Arbeitszeit im Sinne des ArbZG darstellt und damit nach aktueller Rechtslage jede noch so geringfügige Tätigkeit außerhalb der regulären Arbeitszeit auf dem Privatgerät zu einer neuen Ruhezeit von 11 Stunden führen muss (vgl. bereits Raif/Nann GWR 2016, 221 (223)). Deshalb ist es ebenfalls ratsam, in die BYOD-Vereinbarung eine Regelung aufzunehmen, dass der sein privates Endgerät für berufliche Tätigkeiten nutzende Mitarbeiter angehalten wird, die gesetzlichen und betrieblichen Arbeitszeitregelungen auch bei Nutzung seines Privatgerätes einzuhalten. Für Zweifelsfälle sollte er verpflichtet werden, eine Abstimmung mit seinem unmittelbaren Vorgesetzten herbeizuführen, zu welchen Arbeitszeiten das private Endgerät für dienstliche Aufgaben benutzt werden soll.

6. Kontrollrechte. Da bei Verwendung von Container-Apps der im dienstlichen Bereich stattfindende Datenverkehr ausschließlich dienstlicher Natur sein darf, hat der Arbeitgeber Kontrollrechte, die es ihm ermöglichen, den Dienstbereich des Endgerätes einzusehen und bearbeiten zu können. So kann er auch im Falle des Geräteverlustes den dienstlichen Bereich des Gerätes per Fernzugriff sperren oder löschen lassen (Wisskirchen/Schiller DB 2015, 1163 (1164)).

6. Zusatzvereinbarungen „Mobile Office"/Supplementary Agreement „Mobile Office"

Zwischen[1,2]

. . . . .

– nachstehend „Arbeitgeber" genannt –

und

. . . . .

– nachstehend „Arbeitnehmer" genannt –

Between[1,2]

. . . . .

– hereinafter referred to as „Employer" –

and

. . . . .

– hereinafter referred to as „Employee" –

§ 1 Arbeiten im Mobile Office

(1) Der Arbeitnehmer kann von einem frei auszuwählenden Arbeitsort („Mobile Office") tätig werden, sofern eine Tätigkeit in den Geschäftsräumen des Arbeitgebers betrieblich nicht notwendig und das Mobile Office zuvor mit dem Vorgesetzten abgestimmt worden ist. Das Mobile Office ist grundsätzlich auf das Bundesgebiet beschränkt. Der Arbeitnehmer darf daher nicht ohne vorherige Zustimmung des Arbeitgebers an einem Arbeitsplatz außerhalb Deutschlands im Mobile Office tätig werden.

(2) Kein Anspruch auf Mobile Office besteht bei erforderlichen Dienstreisen, Kundenbesuchen, Außenterminen oder Vortragsveranstaltungen (*ggf. ergänzen/anpassen*).

(3) Das Direktionsrecht des Arbeitgebers bezüglich der Festlegung des Arbeitsorts bleibt von der Regelung in § 1 Abs. (2) dieser Vereinbarung unberührt. Der Arbeitgeber bleibt berechtigt, dem Arbeitnehmer nach Maßgabe von § 106 GewO vorübergehend oder auf Dauer einen anderen bzw. „einen festen" Arbeitsort zuzuweisen.

(4) Der Arbeitnehmer bleibt verpflichtet, bei Bestehen betrieblicher Erfordernisse seine Arbeitsleistung in den Betriebsräumlichkeiten des Arbeitgebers zu erbringen. Dies betrifft insbesondere interne Besprechungen, Kundenmeetings, Firmenveranstaltungen und ähnliche Fälle.

§ 1 Working in Mobile Office

(1) The Employee can become active from a freely selectable place of work („Mobile Office"), provided that an activity in the business premises of the Employer is not operationally required and the Mobile Office has been previously agreed with the superior. The Mobile Office is generally restricted to the territory of Germany. The Employee may therefore not work in the Mobile Office at a workplace outside Germany without the prior consent of the Employer.

(2) There is no entitlement to Mobile Office for required business trips, customer visits, external appointments or lecture events (*amend/adapt if necessary*).

(3) The Employer's right of direction regarding the determination of the place of work remains unaffected by the provision in § 1 para. (1) of this Agreement. The Employer remains entitled to assign the Employee temporarily or permanently to another or „a fixed" place of work in accordance with § 106 of the German Trade Regulations Act („Gewerbeordnung" – GewO).

(4) The Employee shall remain obliged to perform his/her work on the Employer's premises when operational requirements exist. This concerns in particular internal meetings, customer meetings, company events and similar cases.

§ 2 Arbeitszeit, Erreichbarkeit, Erfassung der Arbeitszeit

(1) Der Arbeitnehmer hat während der Arbeitszeit seine jederzeitige Erreichbarkeit per Telefon, E-Mail, Video-Konferenz und sonstigen, vom Arbeitgeber zur Verfügung gestellten Kommunikationsmitteln zu gewährleisten.

(2) Der Arbeitnehmer ist in der Verteilung seiner Arbeitszeit im Mobile Office frei. Er hat jedoch auf betriebliche Notwendigkeiten Rücksicht zu nehmen und sicherzustellen, dass er in der Zeit von . . . . bis . . . . erreichbar ist.

(3) Der Arbeitnehmer wird die Bestimmungen des Arbeitszeitgesetzes (ArbZG), insbesondere die tägliche Höchstarbeitszeit gemäß § 3 ArbZG sowie die Ruhezeit gemäß § 5 ArbZG, bei seiner Tätigkeit im Mobile Office einhalten. Die werktägliche Arbeitszeit darf demnach acht Stunden nicht überschreiten. Wird sie auf zehn Stunden verlängert, darf sie innerhalb von sechs Kalendermonaten im Durchschnitt acht Stunden werktäglich nicht überschreiten. Bei einer Arbeitszeit von mehr als sechs Stunden muss eine Ruhepause von mindestens 30 Minuten eingelegt werden, bei einer Arbeitszeit von mehr als neun Stunden muss die Ruhepause mindestens 45 Minuten betragen. Nach Beendigung der täglichen Arbeitszeit ist eine ununterbrochene Ruhezeit von mindestens elf Stunden einzuhalten.

(4) Die näheren Einzelheiten der Arbeitszeitgestaltung und Arbeitszeiterfassung richten sich auch bei Mobile Office nach den jeweiligen Anweisungen des Arbeitgebers und einer anwendbaren Arbeitszeitrichtlinie in ihrer jeweils gültigen Fassung.

§ 2 Working Time, Availability, Recording of Working Time[3]

(1) During working hours, the Employee must ensure that he/she can be reached at all times by telephone, e-mail, video conference and other means of communication provided by the Employer.

(2) The Employee is free in the distribution of his/her working time in the Mobile Office. However, he/she has to consider operational necessities and ensure that he/she can be reached in the time from . . . . . to . . . . ..

(3) The Employee will comply with the provisions of the Working Hours Act („ArbZG"), in particular the daily maximum working hours in accordance with § 3 ArbZG and the rest period in accordance with § 5 ArbZG, when working in the Mobile Office. Accordingly, the working hours on weekdays may not exceed eight hours. If it is extended to ten hours, it may not exceed an average of eight hours per working day within six calendar months. If the working time exceeds six hours, a rest break of at least 30 minutes must be taken; if the working time exceeds nine hours, the rest break must be at least 45 minutes. After the end of the daily working time, an uninterrupted rest period of at least eleven hours must be taken.

(4) The further details of the organization of working time and the recording of working time shall also be governed in the case of Mobile Office by the respective instructions of the Employer and a working time directive applicable in its respective valid version.

§ 3 Technische Ausstattung, Arbeitsschutz[4]

(1) Der Arbeitgeber stellt dem Arbeitnehmer für seine Tätigkeit im Mobile Office folgendes Equipment: . . . . .. Eine Privat-

§ 3 Technical Equipment, Occupational Safety and Health[4]

(1) The Employer provides the Employee with the following equipment for his/her work in Mobile Office: . . . . .. Private use

nutzung dieser Gerätschaften, der darauf installierten Programme und Zugänge einschließlich dienstlicher E-Mail-Accounts sowie die Überlassung an Dritte ist nicht gestattet. Der Arbeitnehmer wird sicherstellen, dass Dritte keinen Zugriff auf die überlassenen Arbeitsmittel erhalten.

of this equipment, the programs and accesses installed on it, including business e-mail accounts, as well as transfer to third parties is not permitted. The Employee shall ensure that third parties do not gain access to the work equipment provided.

(2) Die Gerätschaften verbleiben im alleinigen Eigentum des Arbeitgebers und sind auf Aufforderung des Arbeitgebers jederzeit in unverändertem Zustand – insbesondere ohne unautorisierte Löschung von Daten – an den Arbeitgeber herauszugeben. Der Arbeitnehmer wird den Arbeitgeber unverzüglich über technische und sonstige Störungen sowie Mängel und Schäden an den überlassenen Arbeitsmitteln unterrichten.

(2) The equipment remains the sole property of the Employer and must be returned to the Employer in unchanged condition at any time upon request of the Employer, in particular without unauthorized deletion of data. The Employee shall inform the Employer immediately about technical and other malfunctions as well as defects and damage to the provided work equipment.

(3) Der Arbeitnehmer wird ausschließlich die von dem Arbeitgeber bereitgestellte oder genehmigte Hard- und Software nutzen. Dem Arbeitnehmer ist es untersagt, für seine dienstliche Tätigkeit private Arbeitsgeräte zu nutzen.

(3) The Employee will only use hardware and software provided or approved by the Employer. The Employee is forbidden to use private tools for his/her official work.

(4) Der Arbeitgeber wird dem Arbeitnehmer die zur Arbeitsleistung überlassenen Arbeitsmittel entsprechend den gesetzlichen Arbeitsschutzvorgaben zur mobilen Arbeit bereitstellen. Der Arbeitgeber wird den Arbeitnehmer in geeigneter Weise über die möglichen Gefährdungspotentiale und die einzuhaltenden Schutzmaßnahmen unterrichten.

(4) The Employer shall provide the Employee with the work equipment provided for work performance in accordance with the statutory occupational health and safety requirements for mobile work. The Employer shall inform the Employee in a suitable manner about the possible potential hazards and the protective measures to be taken.

(5) Der Arbeitnehmer ist verpflichtet, im Rahmen des Mobiloffice arbeitsschutzrechtliche Vorgaben, insbesondere nach Maßgabe der arbeitgeberseitigen Unterrichtung und einzelner arbeitgeberseitiger Schutzanweisungen, einzuhalten. Der Arbeitnehmer ist verpflichtet, mögliche Gefährdungen durch das Mobile Office unverzüglich anzuzeigen und die Arbeitsleistung an Orten, die eine erkennbare Gefährdung begründen, zu unterlassen. Der Arbeitgeber ist berechtigt, die arbeitsschutzrechtliche Zulässigkeit von Arbeitsplätzen jederzeit zu überprüfen und entsprechende Belege von dem Arbeitnehmer zu verlangen. Die Besichtigung privater Räume des Arbeitnehmers ist jedoch

(5) The Employee shall be obliged to comply with occupational health and safety regulations within the scope of the Mobile Office, in particular in accordance with the information provided by the Employer and individual protective instructions provided by the Employer. The Employee is obligated to report possible hazards from the Mobile Office without delay and to refrain from performing work at locations that pose a recognizable hazard. The Employer is entitled to check the permissibility of workplaces under occupational health and safety law at any time and to demand corresponding evidence from the Employee. However, the inspection of private rooms of the

nur mit dessen Zustimmung zulässig. Bestehen Zweifel an der Wahrung des Arbeitsschutzes im Mobile Office, ist der Arbeitnehmer zur Arbeitsleistung am betrieblichen Arbeitsplatz verpflichtet.

Employee is only permissible with the Employee's consent. If there are doubts as to whether occupational health and safety is being maintained in the Mobile Office, the Employee is obliged to perform work at the company workplace.

§ 4 Ersatz von Aufwendungen[5]

(1) Der Arbeitgeber zahlt an den Arbeitnehmer monatlich einen Pauschalbetrag in Höhe von . . . . . EUR als Aufwendungsersatz für die Kosten des Arbeitnehmers im Mobile Office.

(2) Mit dieser Kostenpauschale sind sämtliche beim Arbeitnehmer durch das Mobile Office anfallenden Kosten abgegolten.

§ 4 Reimbursement of Expenses[5]

(1) The Employer pays the Employee a monthly flat rate of . . . . . EUR as reimbursement of expenses for the Employee's costs in the Mobile Office.

(2) This flat rate covers all costs incurred by the Employee as a result of the Mobile Office.

§ 5 Fahrtkosten, Reisezeiten

(1) Kosten für die Fahrt zwischen dem Wohnort des Arbeitnehmers und dem Betrieb werden vom Arbeitgeber nicht erstattet.

(2) Die Parteien sind sich einig, dass an den Tagen, an denen der Arbeitnehmer seine Arbeitsleistung vollständig im Betrieb des Arbeitgebers erbringt, der Betrieb als vertraglicher Arbeitsort gilt. Die Arbeitszeit des Arbeitnehmers beginnt in diesem Fall mit Aufnahme der Arbeit im Betrieb und endet spätestens mit dem Verlassen des Betriebs.

§ 5 Travel Costs, Travel Times

(1) Costs for travel between the Employee‘s place of residence and business premises are not reimbursed by the Employer.

(2) The parties agree that on the days when the Employee performs his/her work entirely at the Employer's premises, the premises are considered the contractual place of work. In this case, the Employee's working time shall commence upon commencement of work in the business and shall end at the latest upon leaving the premises.

§ 6 Datenschutz, Geheimnisschutz[6]

(1) Für die Tätigkeit des Arbeitnehmers im Mobile Office gelten die bestehenden vertraglichen sowie die gesetzlichen Regelungen gleichermaßen. Insbesondere ist der Arbeitnehmer zur Verschwiegenheit über alle betrieblichen und geschäftlichen Daten des Arbeitgebers und der Kunden/Geschäftspartner des Arbeitgebers, zu denen er Zugang erhält oder die auf den Arbeitsmitteln gespeichert sind einschließlich aller personenbezogenen Daten (gemeinsam

§ 6 Data Protection, Protection of Secrets[6]

(1) The existing contractual and legal regulations apply equally to the Employee's work in the Mobile Office. In particular, the Employee is obliged to maintain secrecy about all operational and business data of the Employer and the customers/business partners of the Employer to which he/she has access, or which are stored on the work equipment, including all personal data (collectively „sensitive data"). Furthermore, the Em-

„sensible Daten") verpflichtet. Darüber hinaus ist der Arbeitnehmer verpflichtet, alle notwendigen Vorkehrungen zu treffen, um unbefugten Dritten den Zugang zu den Systemen des Arbeitgebers und schutzwürdigen Daten und Informationen zu verhindern.

ployee is obliged to take all necessary precautions to prevent unauthorized third parties from accessing the Employer's systems and data and information worthy of protection.

(2) Der Arbeitnehmer hat seine Arbeitsleistung so einzurichten, dass arbeitsbezogene Daten unbefugten Dritten nicht offenbart werden. Insbesondere ist sicherzustellen, dass unbefugte Dritte Telefonate mit arbeitsbezogenen Inhalten nicht mithören können und dass Korrespondenz – analog oder digital – nicht von Unbefugten mitgelesen werden kann. Insbesondere der Umgang mit sensiblen Daten an belebten Orten ist untersagt. Soweit der Arbeitnehmer seine Arbeitsleistung von seiner Wohnung aus erbringt und/oder Arbeitsgerätschaften, Unterlagen oder Daten(träger) in seiner Wohnung aufbewahrt, hat er durch geeignete Sicherungsmaßnahmen sicherzustellen, dass unbefugte Dritte auf diese nicht zugreifen können.

(2) The Employee must arrange his/her work performance in such a way that work-related data is not disclosed to unauthorized third parties. In particular, it must be ensured that unauthorized third parties cannot listen in on telephone calls with work-related content and that correspondence – analogue or digital – cannot be read by unauthorized persons. In particular, the handling of sensitive data in busy places is prohibited. If the Employee performs his/her work from home and/or stores work equipment, documents or data carriers in home, he/she must take suitable security measures to ensure that unauthorized third parties cannot access these.

(3) Passwörter und sonstige Zugangsdaten sowie Zugangskarten/Token/etc. dürfen unter keinen Umständen an Dritte weitergegeben werden bzw. sind vor dem Zugriff Dritter sicher aufzubewahren.

(3) Passwords and other access data as well as access cards/token/etc. may under no circumstances be passed on to third parties or must be kept safe from access by third parties.

(4) Der Arbeitnehmer ist verpflichtet den Zugang zum Arbeitsrechner durch ein gesondertes Passwort, das mindestens 8 Zeichen (davon 2 Sonderzeichen) lang sein muss, zu schützen. Das Passwort ist regelmäßig, mindestens jedoch quartalsweise zu ändern. Der Arbeitnehmer ist außerdem verpflichtet bei Verlassen des Arbeitsrechners, auch bei kurzen Pausen, den Zugriff immer zu sperren (z.B. durch Abmelden oder Herunterfahren). Die Verbindung zum Netzwerk des Arbeitgebers erfolgt ausschließlich über den vom Arbeitgeber gestellten, gesicherten Zugang. Jegliche Umgehung der vom Arbeitgeber vorgegebenen Sicherungsmechanismen ist verboten.

(4) The Employee is obliged to protect the access to the work computer with a separate password, which must be at least 8 characters long (including 2 special characters). The password must be changed regularly, but at least quarterly. The Employee is also obliged to always block access to the work computer when leaving it, even during short breaks (e.g. by logging off or shutting it down). The connection to the Employer's network is made exclusively via the secure access provided by the Employer. Any circumvention of the security mechanisms provided by the Employer is prohibited.

(5) Daten sind grundsätzlich nicht auf lokalen Festplatten oder Datenspeichern von Endgeräten zu speichern, die nicht im Ei-

(5) As a matter of principle, data shall not be stored on local hard disks or data storage devices of end devices that are

gentum oder Besitz der Gesellschaft stehen. Die Speicherung von Daten hat grundsätzlich in den Verzeichnissen/Ordnern von Servern bzw. zentralen IT-Systemen des Arbeitgebers zu erfolgen, die für den Arbeitnehmer freigegeben sind. Ausnahmen hiervon dürfen nur gemacht werden, wenn eine Internet-Anbindung an die zentralen IT-Systeme und damit eine Speicherung auf den IT-Systemen nicht möglich ist. In diesen Fällen dürfen personenbezogene Daten auf den von dem Arbeitnehmer im Mobile Office verwendeten Geräten gespeichert werden, wenn sichergestellt ist, dass die Daten auf den verwendeten Datenträgern verschlüsselt gespeichert werden. Ist sich der Arbeitnehmer nicht sicher, ob seine verwendeten Datenträger verschlüsselt speichern, kann er dies beim IT-Support nachfragen

(6) Dokumente sollten grundsätzlich nicht im Mobile Office ausgedruckt werden. Sollte dies für die Erledigung von betriebsbedingten Aufgaben zwingend erforderlich sein, hat der Arbeitnehmer Sorge dafür zu tragen, dass die ausgedruckten Informationen auch direkt vor Ort geeignet vernichtet werden können. Besonders schutzbedürftige Informationen sollten nach Möglichkeit nur an Orten im Mobile Office verarbeitet werden, die von Dritten nicht einzusehen sind. Sollte dies nicht möglich sein, muss der Arbeitnehmer einen Ort bzw. Platz zur Verarbeitung von Daten wählen, der gewährleistet, dass der Bildschirm nicht von Dritten eingesehen werden kann.

(7) Der Transport von Unterlagen oder Datenträgern hat so stattzufinden, dass Dritte keinen Einblick erlangen können. Unterlagen sind in einem verschlossenen Behältnis zu transportieren und gegen Abhandenkommen beim Transport zu sichern. Sensible Daten sowie Zugangsdaten/Passwörter wird der Arbeitnehmer nicht außerhalb der ihm zur Verfügung gestellten Arbeitsmittel speichern oder in sonstiger Weise schriftlich festhalten. Der Verlust von Daten oder Unterlagen sowie ein auch nur vermuteter Zugriff unbefugter Dritter auf die Systeme des Arbeit-

not owned or controlled by the Company. The storage of data must always take place in the directories/folders of servers or central IT systems of the Employer which are released for the Employee. Exceptions to this rule may only be made if an Internet connection to the central IT systems and thus storage on the IT systems is not possible. In these cases, personal data may be stored on the devices used by the Employee in the Mobile Office if it is ensured that the data is stored in encrypted form on the data carriers used. If the Employee is not sure whether his/her data carriers used are stored in encrypted form, he/she can ask the IT support department whether this is the case

(6) Documents should never be printed out in the Mobile Office. If this is absolutely necessary for the completion of operational tasks, the Employee must ensure that the printed information can be destroyed appropriately on site. Information requiring special protection should, if possible, only be processed at locations in the Mobile Office that cannot be viewed by third parties. If this is not possible, the Employee must select a place or location for processing data that ensures that third parties cannot view the screen.

(7) The transport of documents or data carriers must take place in such a way that third parties cannot gain insight. Documents must be transported in a closed container and secured against loss during transport. The Employee will not store sensitive data and access data/passwords outside the work equipment made available to him/her or record them in writing in any other way. The loss of data or documents as well as even suspected access to the Employer's systems by unauthorized third parties must be reported to the Employer immediately. Official data

gebers sind dem Arbeitgeber unverzüglich anzuzeigen. Dienstliche Daten dürfen nicht auf privaten Endgeräten oder Speichermedien gespeichert oder verarbeitet werden. Der Arbeitnehmer wird alle sensiblen Daten jederzeit auf Verlangen des Arbeitgebers löschen. Er erlangt an diesen Daten keinerlei Eigentumsrechte. Ein Zurückbehaltungsrecht in Bezug auf sensible Daten und die Arbeitsmittel besteht nicht.

may not be stored or processed on private end devices or storage media. The Employee will delete all sensitive data at any time at the Employer's request. He/she shall not acquire any ownership rights to this data. There is no right of retention regarding sensitive data and work equipment.

(8) Der Arbeitnehmer hat Sorge dafür zu tragen, dass Daten, die ausschließlich auf dem im Mobile Office genutzten Gerät gespeichert werden, bei nächster Gelegenheit auf Datenspeicher übertragen werden, die der Arbeitgeber üblicherweise für die Speicherung von Unternehmensdaten verwendet. Bei Fragen zu der Vorgehensweise der Übertragung der Daten hat sich der Arbeitnehmer an die IT-Abteilung zu wenden.

(8) The Employee must ensure that data that is stored exclusively on the device used in the Mobile Office is transferred at the next opportunity to data storage devices that the Employer usually uses for data storage. If the Employee has any questions regarding the procedure for transferring the data, he/she should contact the IT department.

(9) Der Arbeitnehmer hat mögliche Datenschutzvorfälle unverzüglich an den Arbeitgeber zu melden. Ein Datenschutzvorfall liegt insbesondere vor, wenn die Annahme besteht, dass die Datensicherheit, insbesondere die Vertraulichkeit von Daten, gefährdet sein kann. Ein Datenschutzvorfall liegt auch bei jedem Sachverhalt vor, bei dem die Annahme besteht, dass Dritte unbefugt Zugriff oder Zugang zu personen-bezogenen Daten haben oder hatten.

(9) The Employee shall immediately report any data protection incidents to the Employer. A data protection incident exists in particular if it is assumed that data security, in particular the confidentiality of data, may be at risk. A data protection incident is also present in any case in which there is the assumption that third parties have or have had unauthorized access or access to personal data.

§ 7 Beendigung[7]

(1) Diese Vereinbarung gilt unbefristet. Sie endet spätestens mit dem Ende des zwischen den Parteien bestehenden Arbeitsverhältnisses aufgrund des Arbeitsvertrags.

(2) Der Arbeitgeber kann diese Zusatzvereinbarung zum Mobile Office nach billigem Ermessen mit einer Ankündigungsfrist von einem Monat zum Monatsende in Textform gegenüber dem Arbeitnehmer widerrufen, insbesondere wenn

- berechtigte Anhaltspunkte dafür bestehen, dass arbeitsschutzrechtliche oder datenschutzrechtliche Vorschriften bei

§ 7 Termination[7]

This agreement is valid for an indefinite period. It ends at the latest with the end of the employment relationship existing between the parties on the basis of the employment contract.

(2) The Employer is able to revoke this Supplementary Agreement to the Mobile Office at its own discretion with a notice period of one month to the end of the month in text form to the Employee, in particular if

- there are legitimate indications that occupational safety or data protection regulations are not guaranteed when using the Mobile Office, der Ausübung des Mobile Office nicht gewährleistet sind,

- verhaltens- oder personenbedingte Gründe dies erfordern,
- betriebliche Gründe für eine Beendigung des Mobile Office bestehen, die den Interessen des Arbeitnehmers an einer Aufrechterhaltung des Mobile Office überwiegen (z.B. bei wesentlicher Beeinträchtigung der Zusammenarbeit mit Vorgesetzen, Kollegen oder Geschäftspartnern infolge des Mobile Office),
- das Mobile Office nur mit einem unverhältnismäßig hohen Aufwand aufrechterhalten werden kann.

- behavioral or personal reasons require this,
- there are operational reasons for terminating the Mobile Office that outweigh the Employee's interests in maintaining the Mobile Office (e.g. if cooperation with superiors, colleagues or business partners is significantly impaired as a result of the Mobile Office),
- the Mobile Office can only be maintained with a disproportionately high effort.

(3) Die Gestattung der Tätigkeit im Mobile Office endet darüber hinaus automatisch, wenn der Arbeitnehmer eine andere Position im Unternehmen übernimmt, bei der eine dauerhafte Präsenz im Betrieb des Arbeitgebers unabdingbar ist.

(3) Permission to work in a Mobile Office also ends automatically if the Employee takes on another position in the company, where a permanent presence in the business premises of the Employer is essential.

(4) Für den Fall der Beendigung der Tätigkeit im Mobile Office hat der Arbeitnehmer seine Arbeitsleistung an einem vom Arbeitgeber gem. § 106 GewO zugewiesenen Arbeitsort zu erbringen. Dieser kann in einem Betrieb des Arbeitgebers oder außerhalb des Betriebs liegen. Der Arbeitnehmer hat keinen Anspruch darauf, auf den ihm vor Inkrafttreten dieser Vereinbarung zugewiesenen Arbeitsplatz zurückzukehren.

(4) In the event of termination of the activity in the Mobile Office, the Employee must perform his/her work at a place of work assigned by the Employer in accordance with § 106 GewO. This can be in or outside of the business premises of the Employer. The Employee has no right to return to the place of work assigned to him/her before this Agreement comes into force.

§ 8 Schlussbestimmungen

§ 8 Miscellaneous

(1) In Ergänzung dieser Zusatzvereinbarung findet der zwischen den Parteien bestehende Arbeitsvertrag weiterhin Anwendung.

(1) In addition to this Supplementary Agreement, the existing employment contract between the parties continues to apply.

(2) Abreden über ein Mobile Office außerhalb dieser Vereinbarung bestehen nicht. Änderungen oder Ergänzungen dieser Vereinbarung durch individuelle konkrete Vertragsabreden sind formlos wirksam. Im Übrigen bedürfen Änderungen oder Ergänzungen dieser Vereinbarung der Schriftform.

(2) There are no agreements about a mobile office outside of this Agreement. Amendments or supplements to this Agreement through individual concrete contractual agreements are effective informally. Otherwise, changes or additions to this Agreement must be made in writing

(3) Sollte eine Bestimmung dieser Zusatzvereinbarung ganz oder teilweise unwirksam sein oder werden, so wird hiervon die Wirksamkeit der übrigen Bestimmungen nicht berührt. An die Stelle der unwirksamen Bestimmung tritt die gesetzlich zulässige Bestimmung, die dem mit der unwirksamen Bestimmung gewollten wirtschaftlichen Bestimmung am nächsten kommt. Dasselbe gilt für den Fall einer vertraglichen Lücke.

(4) Diese Zusatzvereinbarung unterliegt dem Recht der Bundesrepublik Deutschland. Sie ist zweisprachig in Deutsch und Englisch verfasst. In Zweifelsfällen hat die deutsche Fassung Vorrang.

. . . . .

(Ort, Datum)

. . . . .

(Ort, Datum)

. . . . .

– Arbeitgeber –

. . . . .

– Arbeitnehmer –

(3) Should any provision of this amendment agreement be or become invalid in whole or in part, the validity of the remaining provisions shall not be affected. The invalid provision shall be replaced by the legally permissible provision which comes closest to the economic purpose intended by the invalid provision. The same applies in the event of a contractual gap

(4) This Supplementary Agreement is governed by the laws of the Federal Republic of Germany. It is written bilingually in German and English. In case of doubt, the German version shall prevail.

. . . . .

(Place, Date)

. . . . .

(Place, Date)

. . . . .

– Employer –

. . . . .

– Employee –

Anmerkungen

1. Sachverhalt. Mobile Arbeit nimmt weiterhin zu. Die Anzahl mobiler Arbeitsplätze steigt spätestens seit der Corona-Pandemie und angesichts der Anforderungen einer Arbeit 4.0 immer mehr. Vielen Mitarbeitern reicht der klassische Büroarbeitsplatz nicht mehr aus. Sie wollen vielmehr durch mobile Arbeit ihre eigene zeitliche und vor allem familiäre Flexibilität steigern. Zwar besteht generell kein Anspruch des Arbeitnehmers auf Einrichtung eines mobilen und/oder häuslichen Arbeitsplatzes (vgl. zB LAG Rheinland-Pfalz ArbRAktuell 2015, 158 mAnm Meyer-Michaelis/Falter). Die Unterstützung der Mitarbeiterflexibilität schafft aber ebenso für die Unternehmen selbst Vorteile, speziell durch eine wachsende Zufriedenheit der Arbeitnehmer (vgl. bereits auch Raif/Nann ArbRAktuell 2016, 221). Das Angebot von mobiler Arbeit und entsprechenden Vereinbarungen an die Arbeitnehmer kann sich für den Arbeitgeber lohnen, schon weil er damit auch wertvolle Mitarbeitende rekrutieren kann, die in anderen Städten als dem Firmensitz wohnen und möglichweise nicht an einem berufsbedingten Umzug interessiert sind. Der Unternehmer kann zudem zeigen, dass er an der Harmonisierung der privaten und beruflichen Belange seiner Mitarbeiter („Work-Life-Balance") aktiv mitwirken möchte. Folge kann eine stärkere Mitarbeitermotivation und -bindung sein.

Mobile Arbeit betrifft dabei alle Arbeitsverhältnisse, die vom Arbeitnehmer (teilweise) unter Verwendung von Informationstechnologien räumlich entfernt von der eigentlichen Betriebsstätte ausgeführt werden. Kennzeichnend für mobile Arbeit ist, dass Tätigkeiten mit Hilfe programmgesteuerter Arbeitsmittel zwar außerhalb der Betriebsstätte des Arbeitgebers erbracht werden, aber gleichwohl eine telekommunikative Anbindung an den Betrieb besteht. Mobile Arbeit zeichnet sich somit allgemein dadurch aus, dass auf die Anwesenheit des Beschäftigten im Betrieb ganz oder teilweise verzichtet wird (Arnold/Günther ArbR 4.0-HdB/Winzer Kap. 3 Rn. 78). Dem Arbeitnehmer wird die Möglichkeit eingeräumt, seine Arbeitsleistung an wechselnden Ort und damit weitgehend ortsungebunden zu erbringen. Nach dem Muster soll dem Beschäftigten weitreichende Flexibilität eingeräumt werden, indem er den Ort seiner Arbeitsleistung regelmäßig selbst bestimmen kann, wobei aber auf betriebliche Erfordernisse Rücksicht zu nehmen ist. Diese Form genereller mobiler Arbeit ist vom reinen Homeoffice zu unterscheiden, bei dem der Arbeitnehmer seine Arbeitsleistung zwar (auch) außerhalb der Betriebsstätte erbringen darf, dabei aber auf eine auswärtige Tätigkeit in seinen Wohnräumen beschränkt ist.

2. Vertragstypus. Das Muster ist als Zusatzvereinbarung zum Arbeitsvertrag gestaltet. Der Arbeitgeber ist generell nicht aufgrund seines Weisungsrechts gemäß § 106 GewO berechtigt, seine Arbeitnehmer anzuweisen, ihre Arbeiten mobil oder vom Homeoffice aus zu erbringen (vgl. LAG Berlin-Brandenburg BeckRS 2018, 34001; ErfK/Preis GewO § 106 Rn. 28a). Die mobile Arbeit bedarf daher einer vertraglichen Grundlage. Möchte der Arbeitgeber mobiles Arbeiten einführen, empfiehlt es sich, eine zusätzliche Vereinbarung zum Arbeitsvertrag zu entwerfen, die lediglich die erforderlichen Änderungen hinsichtlich der neuen Modalitäten des Arbeitsverhältnisses regelt (insbesondere gängige Klauseln zur Arbeitszeit, Ausstattung, Aufwandsentschädigungen und zum Daten- und Geheimnisschutz). Allerdings ist zu berücksichtigen, dass bei Bestehen eines Betriebsrates dieser ein zwingendes Mitbestimmungsrecht bei der Ausgestaltung der mobilen Arbeit nach § 87 Abs. 1 Nr. 14 BetrVG hat. Der Betriebsrat kann daher zwar nicht die Einführung mobiler Arbeitsformen vom Arbeitgeber verlangen. Er ist aber in die konkrete Gestaltung der mobilen Arbeit einzubeziehen, wenn der Arbeitgeber diese von sich aus seiner Belegschaft anbieten möchte. Zudem kommen für den Betriebsrat bei Einführung mobiler Arbeitsplätze Mitbestimmungsrechte nach § 87 Abs. 1 Nr. 1 und 6 BetrVG in Betracht (vgl. hierzu bereits Schulze/Ratzesberger ArbRAktuell 2016, 109). Demnach müssen die grundsätzlichen Regelungen zur mobilen Arbeit in Betrieben mit einem Betriebsrat durch eine Betriebsvereinbarung geregelt werden. In einer solchen Betriebsvereinbarung sollte insbesondere auch klargestellt werden, ob ein genereller Anspruch auf mobile Arbeit – unter bestimmten Voraussetzungen – bestehen oder ob diese nur für einen bestimmten Teilnehmerkreis in Betracht kommen soll.

3. Arbeitszeit. Da der Arbeitnehmer bei mobiler Arbeit regelmäßig abwechselnd im Betrieb und an Orten außerhalb des Betriebes tätig wird, ist es ratsam, klar zu regeln, zu welchen Zeiten der Arbeitnehmer seine Erreichbarkeit auch mobil sicherstellen muss. Zudem ist zu berücksichtigen, dass auch bei mobiler Arbeit die Vorgaben des ArbZG einzuhalten sind (vgl. allgemein zur Telearbeit zB Boemke BB 2000, 147 (150)). Deshalb sollte der mobil tätige Arbeitnehmer auf die gesetzlichen Rahmenbestimmungen des ArbZG hingewiesen werden, insbesondere empfiehlt es sich, in der Zusatzvereinbarung zur mobilen Arbeit die Höchstarbeitszeiten, Ruhepausen und Mindestruhezeiten explizit zu nennen und den Arbeitnehmer zu ihrer Beachtung zu verpflichten.

Besondere Herausforderungen können sich auch für die Arbeitszeiterfassung im Rahmen der mobilen Arbeit ergeben. Das Muster der Zusatzvereinbarung verweist insoweit auf die konkreten Anweisungen des Arbeitgebers, insbesondere im Rahmen einer betrieblichen Arbeitszeitrichtlinie in der jeweils gültigen Fassung. In einer solchen kann sodann festgelegt werden, in welcher Form die Erfassung der Arbeitszeit bei mobiler Arbeit zu erfolgen hat. Generell sind durch die Rechtsprechung des EuGH vom 14.5.2019 (NZA 2019, 683) und des BAG vom 13.9.2022 (BeckRS 2022, 25477) die Anforderungen an die Erfassung von Arbeitszeiten (auch) für mobile Arbeit gestiegen. Das BAG geht insoweit mittlerweile davon aus, dass sämtliche Arbeitszeiten grundsätzlich zu erfassen sind. Diese generelle Pflicht betrifft auch die Zeiten der mobilen Arbeit. Fraglich ist jedoch, in welcher Form und durch wen die Arbeitszeiten zu erfassen sind. Bereits nach der bezeichneten EuGH-Entscheidung ist vertreten worden, dass die Arbeitszeiterfassung bei mobiler Arbeit bzw. im „Homeoffice" nur noch über einen Login-Zeitpunkt im arbeitgebereigenen Netzwerk vorgenommen werden sollte (vgl. Ulber NZA 2019, 677 (678)). Einer solchen Sichtweise steht aber entgegen, dass auch bei mobiler Arbeit sog. „Offline-Tätigkeiten", wie zB die Auswertung von Ausdrücken, Telefonate, zu erledigen sind, die erfasst werden müssen, obwohl dafür eine Einwahl in das Arbeitgebernetzwerk nicht erforderlich ist (so zutreffend Kramer IT-ArbR/Hoppe § 2 Rn. 680). Die Rechtsprechung verpflichtet die Unternehmen bislang gerade nicht dazu, die Arbeitszeit auf eine bestimmte Art (zB nur noch digital) zu erfassen. Deshalb bleibt es bis zu einer gegenteiligen gesetzlichen Regelung weiterhin zulässig, mobile Arbeitszeiten auch händisch etwa durch Ausfertigung von Stundenzetteln oder das Führen eines Arbeitszeittagebuches oder von Excel-Dateien zu erfassen. Soweit dies technisch möglich ist, kann zudem eine digitale Zeiterfassung durch die Nutzung von Erfassungs-Apps oder online über ein Zeiterfassungstool bzw. eine entsprechende Personalzeiterfassungssoftware erfolgen (vgl. Heuschmid NJW 2019, 1853; Kamann ArbRAktuell 2016, 75 (77)).

4. Arbeitsschutz. Auch im Rahmen mobiler Arbeit ist der Arbeitgeber verpflichtet, erforderliche Maßnahmen des Arbeitsschutzes unter Berücksichtigung der Umstände, die Sicherheit und Gesundheit der Beschäftigten bei der Arbeit beeinflussen (§ 3 ArbSchG), zu ergreifen. Welche Maßnahmen erforderlich sind, hat der Arbeitgeber gemäß § 5 ArbSchG durch eine Gefährdungsbeurteilung zu ermitteln. Bei mobiler Arbeit mit wechselnden Tätigkeitsorten scheidet eine konkrete Beurteilung der Gefährdung „vor Ort" indes regelmäßig aus, da die Arbeitsleistung des Arbeitnehmers gerade nicht auf eine einzelne Örtlichkeit beschränkt ist. Der Arbeitgeber kann daher bei seiner Gefährdungsbeurteilung für mobile Arbeitsplätze lediglich abstrakt die typischerweise zu erwartenden Bedingungen zugrunde legen (Wiebauer NZA 2016, 1430 (1431)). Darüber hinaus kommt der Arbeitgeber seinen Arbeitsschutzpflichten regelmäßig durch entsprechende Unterweisung der Arbeitnehmer im Hinblick auf die Gefahren der mobilen Arbeiten nach. Hat der Arbeitgeber den Beschäftigten die nötigen Anweisungen erteilt, sollte er grundsätzlich davon ausgehen können, dass der Arbeitsschutz am mobilen Arbeitsplatz auch gewährleistet ist. Deshalb empfiehlt es sich, dass der Arbeitgeber dem mobil tätigen Arbeitnehmer auch entsprechende Informationen über die Gesundheitsgefahren im Mobile Office in Text- bzw. Schriftform zur Verfügung stellt. Auch die Mitarbeiter selbst treffen im Rahmen der mobilen Arbeit arbeitsschutzrechtliche Pflichten. Außerhalb des Betriebes tätige Mitarbeiter müssen nach § 15 Abs. 1 S. 1 ArbSchG entsprechende Weisungen des Arbeitgebers für ihre eigene Sicherheit und Gesundheit befolgen und die ihnen zur Verfügung gestellten Arbeitsmittel bestimmungsgemäß verwenden. Gemäß § 16 Abs. 2 S. 1 ArbSchG ist der Arbeitnehmer zudem verpflichtet, den Arbeitgeber bei der Erfüllung seiner Arbeitsschutzpflicht zu unterstützen. Das Muster sieht daher auch entsprechende Hinweise an die Mitarbeiter hinsichtlich ihrer eigenen Arbeitsschutzpflichten vor.

5. Aufwendungsersatz. Bislang nicht abschließend geklärt ist, ob dem Arbeitnehmer im Rahmen mobiler Arbeit generell ein Aufwendungsersatzanspruch hinsichtlich zB Strom-, Heizungs- und ähnlichen Verbrauchskosten zusteht. Da § 670 BGB abdingbar ist, dürfte auch ein genereller Ausschluss eines Erstattungsanspruchs zulässig sein, zumindest wenn der Arbeitnehmer ein privates Interesse an solchen Aufwendungen hat und dieses Eigeninteresse des Arbeitnehmers nicht nur zu vernachlässigen ist (vgl. BAG NZA 2012, 97). Um Auseinandersetzungen von vorneherein zu vermeiden, kann es sich aber auch empfehlen, dass Arbeitgeber und Arbeitnehmer einen pauschalisierten Aufwendungsersatz zu diesen Kosten vereinbaren. Ein pauschaler Ausschluss von Aufwendungsersatzansprüchen dürfte jedenfalls dann nach § 307 Abs. 1 S. 2 Nr. 1 BGB unwirksam sein, wenn der Arbeitnehmer die mobile Arbeit vorrangig in seiner eigenen Wohnung erbringt und dem Arbeitgeber somit (auch) eigenen Wohnraum und Verbrauchskosten in nicht unerheblichem Umfang zur Verfügung stellt (vgl. Kramer IT-ArbR/Hoppe § 2 Rn. 674). Hingegen dürfte auch ein genereller Ausschluss eines Aufwendungsersatzanspruches zulässig sein, wenn der Arbeitnehmer seine Wohnung lediglich gelegentlich in überschaubaren Umfang zur mobilen Arbeit nutzt und seine Arbeitsleistung vielmehr primär an wechselnden Arbeitsorten erbringt (vgl. Kramer IT-ArbR/Hoppe § 2 Rn. 674).

6. Daten- und Geheimnisschutz. Bei der Gestaltung mobiler Arbeit hat der Arbeitgeber besonderes Augenmerk auf die Einhaltung von Datenschutz, Datensicherheit und Geheimnisschutz zu richten. Dies sind zentrale Problemfälle der Mobilarbeit. Ein erhöhtes Sicherheitsrisiko besteht schon deshalb, weil ein vermehrter Austausch von Daten über Kommunikationsnetze stattfindet, wenn Arbeiten dezentral erbracht werden. Zudem besteht die Gefahr, dass Dritte (Familienangehörige, Besucher oder sonstige Unbefugte) sensible Daten wie Kundeninformationen wahrnehmen und missbräuchlich verwenden könnten. Der Arbeitgeber hat daher Vorsichtsmaßnahmen zu treffen, um Geschäfts- und Kundendaten hinreichend zu schützen.

Eine Verpflichtung zum Datenschutz ergibt sich für den Arbeitgeber schon aus Art. 32 DS-GVO. Nach dieser Vorschrift haben die datenschutzrechtlich Verantwortlichen unter Berücksichtigung des Stands der Technik, der Implementierungskosten und der Art, des Umfangs, der Umstände und der Zwecke der Verarbeitung sowie der unterschiedlichen Eintrittswahrscheinlichkeit und Schwere des Risikos für die Rechte und Freiheiten natürlicher Personen geeignete technische und organisatorische Maßnahmen zu schaffen, um ein dem Risiko angemessenes Datenschutzniveau zu gewährleisten. Auch Art. 25 Abs. 2 DS-GVO verpflichtet den Arbeitgeber zu technischen und organisatorischen Vorkehrungsmaßnahmen. Diese Arbeitgeberpflichten erfordern konkrete Maßnahmen zum Daten- und Geheimnisschutz. Allgemein empfiehlt sich die Erstellung eines IT-Sicherheitskonzepts, welches neben einem Verschlüsselungssystem auch eine gesicherte Netzwerkverbindung zum Arbeitgeber (etwa über VPN) oder eine serverbasierte Datenverarbeitung ohne Speicherung von Daten auf den am häuslichen Arbeitsplatz genutzten Endgeräten beinhaltet (Kramer IT-ArbR/Hoppe § 2 Rn. 688; Bonanni/Kamps ArbRB 2014, 83 (84)).

In der Vereinbarung zur mobilen Arbeit sind insbesondere Regelungen zur sicheren Aufbewahrung von Datenträgern, zum Drucken von Unterlagen, zum Transport von Unterlagen und Datenträgern sowie zur Meldung von (möglichen) Datenschutzvorfällen vorzusehen. Darüber hinaus muss sichergestellt werden, dass betriebsinterne Informationen nicht an Dritte weitergegeben und beim Verlassen des jeweiligen Arbeitsplatzes vom Arbeitnehmer vor unberechtigter Kenntnisnahme, Nutzung und Verarbeitung durch Dritte gesichert werden, indem zB vorgegeben wird, dass Datenträger auch in verschließbaren Vorrichtungen aufzubewahren sind. Unterlagen, Dokumente und Schriftstücke, die Zugang zum Datensystem und den entsprechenden Daten ermöglichen, sind sicher zu verwahren. Deshalb sollte bspw. in der Vereinbarung zur mobilen Arbeit auch geregelt werden, dass ein PIN oder Passwörter nicht schriftlich fixiert oder Dritten gegenüber zugänglich gemacht werden dürfen. Wichtig ist zudem, dass die Arbeitnehmer durch den Vertrag noch einmal ausdrücklich zur Einhaltung datenschutzrechtlicher Bestimmungen sowie zur Verschwiegenheit verpflichtet werden.

7. Beendigung der mobilen Arbeit. Aus Sicht des Arbeitgebers kann es sich regelmäßig empfehlen, sich vorzubehalten, die generelle Möglichkeit der Mobilarbeit mit einer Ankündigungsfrist wieder beenden zu können. Ein solches Widerrufsrecht muss aber billigem Ermessen genügen. Ein ohne konkrete Voraussetzungen vorbehaltenes Widerrufsrecht hinsichtlich der (teilweisen) mobilen Arbeit kann eine unangemessene Benachteiligung des Arbeitgebers darstellen und deshalb nach § 307 Abs. 1 S. 2 Nr. 1 BGB unwirksam sein. Die Regelung des Widerrufsrechts muss erkennen lassen, dass bei Ausübung des Widerrufs durch den Arbeitgeber auch die Interessen des Arbeitnehmers zu berücksichtigen sind (vgl. LAG Düsseldorf BeckRS 2014, 73155).

7. Übertragung von Rechten eines angestellten Softwareentwicklers an seinen Arbeitgeber – Transfer of Rights of Use of an Employed Software Developer to its Employer

Rechteeinräumung[1]

zwischen

. . .

– im Folgenden „Arbeitgeber" –

und

. . .

– im Folgenden „Arbeitnehmer" –

Präambel

Der Arbeitnehmer ist im Rahmen seiner arbeitsvertraglichen Pflichten an der Erstellung von Software für den Arbeitgeber beteiligt, die dieser auf verschiedenste Weise verwertet.[2]

Zusätzlich zur Softwareerstellung erbringt der Arbeitnehmer fallweise auch mit der Softwareerstellung zusammenhängende weitere Leistungen, wie beispielsweise die Gestaltung der Benutzeroberfläche der Software, die Erstellung einer Benutzerdokumentation, die Animation von Erklärvideos etc.

Diese Leistungen hängen eng miteinander zusammen und werden vom Arbeitgeber einheitlich mit der erstellten Software verwertet. Urheberrechtlich können die Leistungen jedoch zu unterschiedlichen Werkarten sowie verwandten Schutzrechten und damit zu einer unterschiedlichen Rechteeinräumung an den Arbeitgeber führen.

Mit dieser Vereinbarung soll erreicht werden, dass der Arbeitgeber hinsichtlich jeder urheberrechtlich geschützten Leistung des Arbeitnehmers die Rechtsposition erhält, die er kraft Gesetzes aus der Erstellung von Software aus § 69b Abs. 1 UrhG erhält.

Granting of Rights[1]

Between

. . .

– hereinafter referred to as „Employer" –

and

. . .

– hereinafter referred to as „Employee" –

Preamble

Within the scope of its duties under the employment contract, the Employee is involved in the creation of software for the Employer, which the Employer exploits in a wide variety of ways.[2]

In addition to the creation of software, the Employee sometimes also provides other services related to the creation of software, such as the design of the user interface of the software, the creation of user documentation, the animation of explanatory videos, etc.

These contributions are closely related to each other and are uniformly exploited by the Employer with the software created. Under copyright law, however, the performances can lead to different types of works as well as related property rights and thus to a different granting of rights to the Employer.

The purpose of this agreement is to ensure that the Employer receives the legal position with regard to each copyright-protected performance of the Employee that it receives by operation of law from the creation of software under Section 69b (1) UrhG.

Das soll auch dann gelten, wenn der Arbeitnehmer selbst an der Erstellung von Software in dem in § 69a UrhG beschriebenen Umfang nicht beteiligt war.
Um dies zu gewährleisten, vereinbaren die Vertragsparteien das Folgende.

This shall also apply if the Employee himself was not involved in the creation of software to the extent described in Section 69a UrhG.
In order to ensure this, the contracting parties agree on the following.

§ 1 Vertragsgegenstand

(1) Gegenstand des Vertrages ist die umfassende Übertragung der dem Arbeitnehmer aus seiner Tätigkeit für den Arbeitgeber erwachsenen urheberrechtlichen Positionen an den von ihm allein oder gemeinsam mit anderen geschaffenen Werken.

(2) Die Vereinbarung gilt für alle künftig vom Arbeitnehmer zu erbringenden wie auch für bereits erbrachte Leistungen.

§ 1 Subject of the Contract

(1) Subject of this contract is the complete transfer of the copyright positions accruing to the Employee from its work for the Employer in the works created by it alone or jointly with others.

(2) The agreement shall apply to all services to be rendered by the Employee in the future as well as to services already rendered.

§ 2 Rechte an Software

Wird von dem Arbeitnehmer Software im Sinne des § 69a UrhG in Wahrnehmung seiner Aufgaben oder nach den Anweisungen seines Arbeitgebers geschaffen, so bestimmen sich die Rechte des Arbeitgebers zur Ausübung aller vermögensrechtlichen Befugnisse an dieser Software nach § 69b Abs. 1 UrhG. Diese Vereinbarung schränkt die gesetzlichen Wirkungen des § 69b UrhG in keiner Weise ein.[3]

§ 2 Rights to Software

If software within the meaning of Section 69a UrhG is created by the Employee in the performance of its duties or in accordance with the instructions of its Employer, the rights of the Employer to exercise all proprietary rights in this software shall be determined in accordance with Section 69b subs. 1 UrhG. This agreement does not restrict the statutory effects of Section 69b UrhG in any way.[3]

§ 3 Rechte an sonstigen Leistungen

(1) An anderen urheberrechtlich geschützten Leistungen, die nicht von § 69b Abs. 1 UrhG erfasst und die vom Arbeitnehmer im Rahmen seines Arbeitsverhältnisses erbracht werden, verpflichtet sich der Arbeitnehmer, dem Arbeitgeber Nutzungsrechte in dem Umfang einzuräumen, der erforderlich ist, um einen Gleichlauf der aus § 69b Abs. 1 UrhG folgenden Rechte mit den Rechten aus anderen Werkarten zu erreichen.[4]

(2) Die Regelung in § 43 UrhG und alle weiteren auslegungsbedürftigen gesetzlichen

§ 3 Rights to other Performances

(1) With respect to other copyright-protected performances not covered by Section 69b (1) UrhG and performed by the Employee within the scope of its employment, the Employee undertakes to grant the Employer rights of use to the extent necessary to achieve synchronisation of the rights arising from Section 69b (1) UrhG with the rights arising from other types of works.[4]

(2) According to the intention of the contracting parties, the provision in

Bestimmungen sind nach dem Willen der Vertragsparteien so auszulegen, dass der Arbeitgeber die Rechte in weitestem Umfang zur ausschließlichen, räumlich, zeitlich und inhaltlich unbeschränkten Nutzung für alle betrieblichen Zwecke erhält und befugt ist, sie an Dritte zu übertragen und Unterlizenzen einzuräumen. Für die Auslegung der Rechteeinräumung ist insbesondere zu berücksichtigen, dass an schutzfähigen Leistungen, die nicht in der Entwicklung von Software bestehen, aber mit der Software, an deren Entwicklung der Arbeitnehmer beteiligt war oder ist, verwertet werden sollen, dem Arbeitgeber urheberrechtliche Befugnisse möglichst in dem Umfang eingeräumt werden, wie das hinsichtlich der Leistungen zur Erstellung von Software der Fall ist.[5]

(3) Die Rechteübertragung erfolgt für die noch zu erstellenden Werke bereits jetzt und vorsorglich auch für die vom Arbeitnehmer im Rahmen seines Arbeitsverhältnisses vor Abschluss dieser Vereinbarung bereits erbrachten Leistungen.[6]

(4) Der Arbeitnehmer gestattet dem Arbeitgeber, ausschließlich und ohne vorherige Rücksprache mit dem Arbeitnehmer, nach seiner freien Entscheidung, einen Nutzungsvorbehalt gegenüber der Verwertung seiner Leistungen im Rahmen eines Text und Data Mining auszusprechen.[7]

(5) Es wird klargestellt, dass die Rechteeinräumung sich auch auf Rechte für unbekannte Nutzungsarten erstreckt und zeitlich unbefristet, über den Zeitpunkt des Ausscheidens des Mitarbeiters aus dem Unternehmen hinaus gilt. Ein Recht zum Widerruf dieser Rechtseinräumung steht dem Arbeitnehmer nicht zu.[8]

(6) Eine Verpflichtung des Arbeitgebers zur Verwertung der vom Arbeitnehmer erbrachten Leistungen besteht nicht.

Section 43 UrhG and all other statutory provisions subject to interpretation shall be interpreted in such a way that the Employer receives the rights to the widest extent for exclusive use for all business purposes, unrestricted in terms of territory, time and content, and is authorized to transfer them to third parties and to grant sub-licences. For the interpretation of the granting of rights, it must be taken into account in particular that protectable performances which do not consist in the development of software, but are to be exploited with the software in the development of which the Employee was or is involved, entitle the Employer as far as possible under copyright law to the same extent as is the case with regard to the performances for the creation of software.[5]

(3) The transfer of rights shall take place already now for the works still to be created and, by way of precaution, also for the services already rendered by the Employee within the framework of its employment relationship prior to the conclusion of this agreement.[6]

(4) The Employee authorizes the Employer, exclusively and without prior consultation with the Employee, to express a reservation of use vis-à-vis the exploitation of the works created by the Employee with respect to text and data mining and also to pass on this authorization.[7]

(5) It is clarified that the granting of rights also extends to rights for unknown types of use and is valid for an unlimited period of time, even beyond the time when the Employee leaves the company. The Employee does not have the right to revoke the granting of these rights.[8]

(6) The Employer shall not be obliged to exploit the services rendered by the Employee.

§ 4 Miturheberschaft

(1) Für den Fall einer miturheberschaftlichen Beteiligung im Rahmen der für den Arbeitgeber erbrachten Leistungen gestattet der Arbeitnehmer dem Arbeitgeber, die dem Arbeitnehmer als Miturheber aus dieser Beteiligung erwachsenden Rechte zur Änderung und Verwertung geltend zu machen. Ebenso gestattet der Arbeitnehmer dem Arbeitgeber, die dem Arbeitnehmer als Miturheber zustehenden Auskunftsrechte gegenüber den anderen an der Erstellung des Werkes beteiligten Miturheber auszuüben. Von diesen Befugnissen erfasst sind insbesondere die Verfolgung der dem Arbeitnehmer zustehenden Leistungsansprüche aus dem Miturheberverhältnis gegen andere Miturheber oder Dritte sowie die Ausübung von Gestaltungsrechten hieraus. Der Umfang dieser Rechte ist beschränkt auf das zum Erwerb oder zur Durchsetzung der vom Arbeitnehmer im Rahmen des Arbeitsverhältnisses geschuldeten Rechteeinräumung oder zur Abwehr von Ansprüchen der übrigen Miturheber oder Dritter Erforderliche.

(2) Der Arbeitnehmer bevollmächtigt den Arbeitgeber unwiderruflich, die zur Erlangung der vom Arbeitnehmer nach den §§ 2 und 3 geschuldeten Rechteverschaffung erforderlichen Erklärungen abzugeben und entgegenzunehmen.

(3) Der Arbeitgeber ist insbesondere bevollmächtigt und ermächtigt, für den Arbeitnehmer auf dessen Anteil zugunsten anderer Miturheber verzichten. Zudem ist der Arbeitgeber berechtigt, im Namen des Arbeitnehmers als Miturheber etwaige zur Verwertung der von der Miturhebergemeinschaft erbrachten Leistungen erforderliche und im Einzelfall nicht eingeräumte Rechte sich (dem Arbeitgeber) als Vertreter des Arbeitnehmers und in Übereinstimmung mit den übrigen Miturhebern nachträglich einzuräumen. Ebenso ist der Arbeitgeber berechtigt, zur Verwertung des der Miturhebergemeinschaft zustehenden Werkes erforderliche sonstige Erklärungen im Namen des Arbeitnehmers als Miturheber abzugeben.

§ 4 Joint Authorship

(1) In the event of joint authorship within the scope of the services rendered for the Employer, the Employee shall permit the Employer to assert the rights to modification and exploitation accruing to it as co-author from this participation. Furthermore, the Employee authorizes the Employer to exercise the rights to information to which the Employee is entitled as co-author against the other co-authors involved in the creation of the work. These powers include in particular the pursuit of the claims for performance to which the Employee is entitled from the co-authorship against other co-authors or third parties as well as the exercise of rights to modify a legal relationship arising therefrom. The scope of these rights is limited to what is necessary to acquire or enforce the granting of rights owed by the Employee within the scope of the employment relationship or to defend against claims of the other co-authors or third parties.

(2) The Employee authorizes the Employer to make and receive the declarations required to obtain the rights owed by the Employee under sections 2 and 3.

(3) The Employer is in particular irrevocably authorized and empowered to waive the Employee's share in favour of other co-authors on the Employee's behalf. In addition, the Employer shall be entitled, on behalf of the Employee as co-author, to subsequently grant to himself (the Employer) as representative of the Employee and in agreement with the other co-authors, any rights required for the exploitation of the work performed by the joint authorship and not granted in the individual case. Furthermore, the Employer is entitled to make other declarations on behalf of the Employee as co-author necessary for the exploitation of the work to which the joint authorship is entitled.

(4) Der Arbeitnehmer befreit den Arbeitgeber vom Verbot des Insichgeschäfts (§ 181 BGB), um die zur Verfolgung der vorstehend beschriebenen Ziele erforderlichen Erklärungen abzugeben und entgegenzunehmen.[9]

(4) The Employee shall release the Employer from the prohibition of self-contracting (section 181 of the Civil Code) in order to make and receive the declarations necessary to pursue the objectives described above.[9]

§ 5 Unterstützungspflicht

§ 5 Duty to support

(1) Der Arbeitnehmer verpflichtet sich, den Arbeitgeber bei der Durchsetzung der dem Arbeitgeber zustehenden Rechte gegen andere Miturheber oder Dritte zu unterstützen.

(1) The Employee undertakes to support the Employer in enforcing the rights to which the Employer is entitled against other co-authors or third parties.

(2) Die Verpflichtung zur Unterstützung besteht auch nach Beendigung des Arbeitsverhältnisses fort, soweit das Arbeitsverhältnis vom Arbeitnehmer nicht aus wichtigem Grund gekündigt wurde oder ihm die Unterstützung aus anderen Gründen unzumutbar ist.

(2) The obligation to provide support shall continue after termination of the employment relationship, unless the employment relationship has been terminated by the Employee for good cause or the Employee cannot reasonably be expected to provide support for other reasons.

(3) Nach seinem Ausscheiden braucht der Arbeitnehmer Unterstützungsleistungen nur zu erbringen, wenn sich die Parteien auf eine angemessene Vereinbarung hierfür verständigt haben, die auch eine Vergütung vorsehen soll.

(3) After leaving, the Employee need only provide support services if the parties have agreed on an appropriate arrangement for this, which shall also provide for remuneration.

§ 6 Vergütung

§ 6 Remuneration

Die vertraglich vorgesehene Nutzungsrechteeinräumung ist bereits bei der Bemessung des Arbeitsentgelts berücksichtigt. Es besteht kein gesonderter Vergütungsanspruch für urheberrechtlich geschützte Leistungen gegen den Arbeitgeber.[10]

The contractually provided granting of rights of use is already taken into account in the assessment of the remuneration. There is no separate claim to remuneration for copyright-protected services against the Employer.[10]

§ 7 Sonstiges

§ 7 Miscellaneous

(1) Ein Namensnennungsrecht des Arbeitnehmers besteht nicht.[11]

(1) The Employee shall not have the right to be named.[11]

(2) Die vorstehenden Regelungen binden die Parteien hinsichtlich der urheberrechtlichen Wirkungen auch schuldrechtlich, insbesondere für den Fall, dass keine urheberrechtliche Position geschaffen oder in der beabsichtigten Weise übertragen werden kann.

(2) The above provisions shall also bind the parties under the law of obligations with regard to the copyright effects, in particular in the event that no copyright position can be created or transferred in the intended manner.

(3) Der Arbeitgeber ist denjenigen, denen er die Leistungen des Arbeitgebers auch zur Verwertung für noch unbekannte Nutzungsarten überlässt verpflichtet, die jeweils aktuelle Anschrift des Arbeitnehmers als Urheber auch zur Wahrung von dessen Rechten aus § 31a UrhG zu übermitteln. Der Arbeitgeber ist ferner berechtigt für den Fall eines Widerrufs der Rechteeinräumung für unbekannte Nutzungsarten durch den Urheber den Verwerter der Software unverzüglich unter Angabe der Person des Arbeitnehmers zu informieren.

(4) Die Vertragsparteien haben den Vertrag in einer deutschen und einer englischsprachigen Fassung geschlossen. Für die rechtlichen Wirkungen zwischen den Parteien ist allein die deutsche Fassung maßgeblich

Datum, Unterschrift

(3) The Employer is obliged to provide the current address of the Employee as the author to those to whom it grants the Employer's services also for exploitation for types of use that are still unknown, also in order to protect the Employee's rights under Section 31a UrhG. Furthermore, the Employer shall be entitled to inform the user of the software without delay, stating the name of the Employee, in the event that the author revokes the granting of rights for unknown types of use.

(4) The Parties have concluded the contract in a German and an English version. Only the German version is decisive for the legal effects between the Parties.

Date, Signature

Anmerkungen

1. Problemstellung. Dieses Formular greift einige mit der Softwareerstellung durch Arbeitnehmer verbundene Probleme bei der Rechtevereinbarung auf. Umfasst die Tätigkeit eines Arbeitnehmers bei der Softwareerstellung allein die Codierung, bedarf es wegen § 69b UrhG keiner gesonderten Vereinbarung zur Übertragung der Nutzungsrechte. Oft gehören zu Erstellung von Software aber auch Leistungen, die herkömmlich **verschiedenen Werkarten** zugeordnet werden, wie die Gestaltung der Benutzeroberfläche, dass Einbinden von Erklär-Videos, das Erstellen einer Benutzerdokumentation, von Grafiken sowie Verschiedenem mehr (Mit guten Gründen für eine eigene Werkart in diesen Fällen, Schack UrhR/UrhVertragsR Rn. 257). Diese Leistungen können Urheberrechtsschutz genießen, werden aber **von § 69b UrhG nicht erfasst** (Wandtke/Bullinger/Grützmacher UrhG § 69a Rn. 13 ff.). Stattdessen findet § 43 UrhG Anwendung. Dessen Wirkung beruht auf einer an den **Besonderheiten des Arbeitsverhältnisses** orientierten Auslegung der allgemein geltenden Regelungen der §§ 31 ff. UrhG. Diese Regelungen werden modifiziert oder kommen erst gar nicht zur Anwendung (Dreier/Schulze/Dreier UrhG § 43 Rn. 15 ff.). Auch im Arbeitsverhältnis ist ohne wirksame abweichende Vereinbarung die **Auslegung des Vertragszwecks** maßgebend (Dreier/Schulze/Dreier UrhG § 43 Rn. 20), die wie stets mit der Unsicherheit belastet ist, welche Rechte hinsichtlich der nicht von § 69b UrhG erfassten Leistungen auf den Arbeitgeber übertragen werden. Um die Auslegungsprobleme des § 31 Abs. 5 UrhG zu vermeiden, müssen die Verwendungsformen, aus denen die Nutzungsrechte abgeleitet werden, einzeln im Vertrag aufgezählt werden, was eine entsprechende Kenntnis der relevanten Verwendungsformen voraussetzt (Beispiele in § 12 → Form. C.3 und BeckOF-Vertrag/Fierdag/Kreile Form. 21.2.1 Musikverlagsvertrag).

Dementsprechend muss der Arbeitgeber zum einen darauf achten, an den dem § 43 UrhG unterfallenden Leistungen Rechte in einem Umfang zu erlangen, der möglichst dem nach § 69b Abs. 1 UrhG entspricht. Zum anderen darf eine Vereinbarung die Wirkungen des § 69b Abs. 1 UrhG nicht beeinträchtigen. In der Praxis nehmen **Arbeitgeber** in Unkenntnis der Folgen des § 69b UrhG in Arbeitsverträge mit Entwicklern oft Klauseln zur Rechteeinräumung auf. Damit machen sie sich regelmäßig die ihnen **günstige Wirkung** der Norm **zunichte**. Denn hierdurch kann gem. § 69b Abs. 1 UrhG „etwas anderes vereinbart" sein mit der Folge, dass die Wirkungen der Vorschrift entfallen.

Das Formular sollte auch genutzt werden, wenn ein Mitarbeiter **nicht an der Codierung** von Software **beteiligt** ist, aber Beiträge leistet, die mit der Software verwertet werden sollen. Es lässt zum einen die Regelung des § 69b Abs. 1 UrhG unberührt und knüpft zum anderen an § 43 UrhG und insbesondere die damit verbundene Auslegung nach § 31 Abs. 5 UrhG an. Das Formular stellt klar, dass der Arbeitgeber als Verwerter auch hinsichtlich der Leistungen, die nicht unter § 69b Abs. 1 UrhG fallen, umfassende Rechte erhalten soll. Insoweit hat die Vereinbarung keine regelnde Wirkung, sondern dokumentiert allein den Willen der Parteien. Die Regelungen des Formulars können ergänzend zu einem Arbeitsvertrag vereinbart oder als Regelung der urheberrechtlichen Beziehungen direkt in diesen integriert werden.

2. Präambel. Die Vereinbarung soll vor allem im Rahmen der §§ 31 und 43 UrhG bei der Auslegung des Vertragszwecks helfen. Die Präambel kann dies unterstützen, indem dort die Zwecke möglichst genau beschrieben werden.

3. Urheber in Arbeitsverhältnissen. Der Arbeitgeber erhält an den von Arbeitnehmern erbrachten Leistungen umfassende, insbesondere ausschließliche Rechte, wenn das Werk in der Erstellung eines Computerprogramms nach § 69a UrhG besteht (Spindler/Schuster/Wiebe UrhG § 69b Rn. 4). Das gilt aber nur, „**sofern** nichts **anderes vereinbart** ist". Oft finden sich in Arbeitsverträgen Regelungen zur Rechteübertragung, die den Anforderungen des § 31 Abs. 5 UrhG nicht entsprechen und mangels Nennung der Nutzungsarten dem Arbeitgeber nur die Rechte gewähren, die er nach dem Vertragszweck benötigt (Beispiel für eine verbreitete nachteilige Regelung bei Bisges UrheberR-HdB/Imhof Kap. 5 Rn. 308). Da solche Rechteklauseln im Zweifel zugunsten des Urhebers ausgelegt werden, **erhält der Arbeitgeber** in der Regel **weniger**, als er ohne eine Vereinbarung erhalten würde. Um zu vermeiden, dass der Arbeitnehmer aus der Vereinbarung etwas Abweichendes zu § 69 Abs. 1 UrhG gegenüber dem Arbeitgeber zu begründen versucht, schließt der Satz 2 der Klausel eine solche Interpretation ausdrücklich aus.

4. Gleichlauf der Rechte. Bei Software, die auch Text und audiovisuelle Elemente enthält, kommt nicht nur dem Computerprogramm iSv § 69a Abs. 1 UrhG, sondern auch den anderen Bestandteilen urheberrechtlicher Schutz zu, soweit sie einen eigenen schöpferischen Wert haben, der nicht auf die Codierung in einer Computersprache beschränkt ist (BGH GRUR 2017, 266 Rn. 34 – World of Warcraft). Diese Bestandteile können für sich genommen **Werkschutz** als Sprachwerke, Musikwerke, Werke der bildenden Kunst, Lichtbildwerke oder Filmwerke sowie **Leistungsschutz** als Lichtbilder nach § 72 UrhG oder Laufbilder nach § 95 UrhG genießen oder an der Originalität des Gesamtwerkes teilhaben und zusammen mit diesem Urheberrechtsschutz genießen (BGH GRUR 2017, 266 Rn. 34 – World of Warcraft). Bis auf den Leistungsschutz für Laufbilder, bei dem alle Rechte dem Arbeitgeber als Hersteller zustehen (zum Umfang Dreier/Schulze/Schulze UrhG § 95 Rn. 13 ff.), gehen die übrigen genannten Rechte nur aufgrund einer, auch konkludent zu treffenden, Vereinbarung vom Urheber auf den Verwerter über. Hier wird die Übertragung von Rechten in Absatz 3 ausdrücklich vereinbart.

Typischerweise sind die im Laufe des Arbeitsverhältnisses zu schaffenden Werke bei Vertragsschluss nicht absehbar, obwohl der Arbeitnehmer sich bereits **mit Vertrags-**

schluss zur Übertragung der Rechte **verpflichtet**. Nach § 40 Abs. 1 S. 2 UrhG wäre eine solche Verpflichtung nach fünf Jahren kündbar. Die hM hält diese Regelung jedoch in Arbeitsverhältnissen für unpassend und daher für nicht anwendbar (Schricker/Loewenheim/Peukert UrhG § 40 Rn. 20 mwN).

5. Auslegungshilfe. Das Formular setzt aus Vereinfachungsgründen auf die Auslegungslösung im Rahmen des § 31 Abs. 5 UrhG. Daher fehlt die Nennung der einzelnen Nutzungsarten, die eine Auslegung der Rechteübertragung nach dem Vertragszweck gem. § 31 Abs. 5 UrhG verhindern würden (Bisges UrheberR-HdB/Imhof Kap. 4 Rn. 58). Die Auslegungslösung führt ohne großen Aufwand zu oft praktikablen Ergebnissen, kann im Einzelfall aber streitträchtig sein. Der Nachteil des Abstellens auf die Auslegung ist, dass die urheberrechtlichen Befugnisse die Tendenz haben, so weit wie möglich beim Urheber zu verbleiben (BGH GRUR 2013, 1213 Rn. 32 – SUMO). Den Arbeitgeber trifft insoweit die **Spezifizierungslast**, in welchem Umfang ihm Rechte eingeräumt wurden (Schricker/Loewenheim/Ohly § 31 UrhG Rn. 56). Mit einer detaillierten Aufzählung der einzelnen Nutzungsarten würde er ein größeres Maß an Rechtssicherheit erreichen. Das bedarf aber einer sorgfältigen Umsetzung, sollen alle möglichen Nutzungsrechte erfasst werden. Jede Nutzungsart entspricht einem Nutzungsrecht. Eine **Nutzungsart** ist eine übliche, technisch und wirtschaftlich eigenständige und damit klar abgrenzbare **Verwendungsform** des Werks (BGH GRUR 2017, 266 Rn. 46 – World of Warcraft). Die Nennung einzelner Nutzungsarten empfiehlt sich jedenfalls, wenn schon bei Abschluss der Vereinbarung diskutabel sein kann, ob sie vom Vertragszweck erfasst werden.

6. Rechteeinräumung. Überwiegend wird angenommen, dass der Arbeitgeber die Rechte spätestens mit Ablieferung des Werks erhält. Er kann aber auch Wert auf eine **Vorausverfügung** legen, die aufgrund einer Auslegung der Umstände stillschweigend angenommen oder, wie hier, schon im Arbeitsvertrag vereinbart werden kann (Schricker/Loewenheim/Rojahn/Frank UrhG § 43 Rn. 46). Für den Fall, dass die Vereinbarung einen bereits bestehenden Arbeitsvertrag ändert, kann die Übertragung der Rechte zur Sicherheit auch **rückwirkend** vorgenommen werden. Hatte der Arbeitnehmer dem Arbeitgeber bereits Rechte eingeräumt, ist dies insoweit unschädlich, die nachfolgende erneute Verfügung entfaltet dann keine Wirkungen. Die Befugnis des Urhebers, ein ausschließliches Nutzungsrecht gem. § 40a nach zehn Jahren selbst verwerten zu können, ist für Software nach § 69a Abs. 5 UrhG ausgeschlossen. Im Übrigen wird jedenfalls für Arbeitnehmer angenommen, dass ihnen das Recht wegen der Besonderheiten der Rechtsbeziehungen aus dem Arbeitsverhältnis nicht zusteht (Wandtke/Bullinger/Wandtke/Hegemann/Zurth UrhG § 40a Rn. 13).

7. Nutzungsvorbehalt. Urheberrechtlich geschützte Werke können nach § 44a UrhG von Dritten zum Text und Data Mining genutzt werden, sofern der Rechtsinhaber nicht widerspricht. Die Vorschrift gilt für Software über § 69a Abs. 4 UrhG. Da das Gesetz nicht den Begriff „Urheber" verwendet, dürfte der Inhaber der jeweiligen ausschließlichen Rechte gemeint sein und damit der Arbeitgeber, sofern die ausschließlichen Rechte auf ihn übergehen. Rein vorsorglich wird vereinbart, dass das Recht zum Vorbehalt dem Arbeitgeber zusteht und von ihm wahrgenommen werden kann.

8. Unbekannte Nutzungsarten. Die Einräumung von Nutzungsrechten an unbekannten Nutzungsarten ist naturgemäß nur pauschal möglich und wird in § 31a UrhG geregelt. Die Norm gewährt dem Urheber ein Widerrufsrecht, das nach hM in Arbeitsverträgen nicht ausgeschlossen werden kann (Dreier/Schulze/Schulze UrhG § 31a Rn. 142 mwN; aA Loewenheim/A. Nordemann/Obergfell UrhR-HdB § 69 Rn. 33). Folgt man der hM, ist die Klausel daher unwirksam, was wegen § 306 Abs. 1 BGB jedoch keine Auswirkungen auf den Vertrag im Übrigen hat.

9. Miturheberschaft. Obwohl die Erstellung von komplexer Software ohne das Zusammenwirken mehrerer Urheber kaum vorstellbar ist und damit der Anwendungsbereich der Miturheberschaft eröffnet wird, sind die hierfür relevanten rechtlichen Aspekte im Softwarebereich noch unzureichend aufgearbeitet. In der Praxis der Vertragsgestaltung wird regelmäßig verkannt, dass Miturheber nach § 8 Abs. 2 S. 1 UrhG eine **Gesamthandsgemeinschaft** bilden und in der Folge über die ihnen zustehenden Rechte nur gemeinschaftlich verfügen können. Unproblematisch ist dies, wenn die Miturhebergemeinschaft lediglich aus Arbeitnehmern besteht, weil dann der Arbeitgeber über § 69b Abs. 1 UrhG kraft Gesetzes alle bzw. über § 43 UrhG die nach dem Vertragszweck benötigten Rechte erlangt. Sind an der Erstellung aber auch **freie Mitarbeiter, Subunternehmer oder Organe einer Gesellschaft** beteiligt, bedarf es zu einer Rechteübertragung einer den urheberrechtlichen Anforderungen genügenden Vereinbarung. Es bestehen die bereits genannten Herausforderungen, einen Gleichlauf der Rechteübertragung zu erlangen (dazu Bisges UrheberR-HdB/Imhof Kap. 5 Rn. 314 ff.). Hinzu kommt in dem hier zu behandelnden Fall, dass verschiedene Werkarten vorliegen, die die Bestimmung der Miturhebergemeinschaften oder ob überhaupt eine Miturheberschaft vorliegt, erschweren. So mag das Benutzerhandbuch, das durch Texter und Softwareentwickler gemeinsam geschaffen wird, noch separat von der Software vertrieben werden können, so dass eine Miturheberschaft hinsichtlich der Softwareerstellung selbst ausscheidet. Schwieriger ist dies aber bei Benutzerhilfen, die in die Software integriert sind, zu beurteilen. Läge dann eine Miturhebergemeinschaft zwischen Texter und Softwarehersteller vor und würden die Rechte, die der Texter dem Arbeitgeber als Verwerter einräumt, hinter denen aus § 69b UrhG zurückbleiben, würde der Arbeitgeber, anders als in § 69b UrhG vorgesehen, keine umfassenden Rechte erlangen. Wegen der Komplexität ist es schwierig, dieses Problem durch Vereinbarungen im Voraus zu lösen. Das Formular sieht daher vor, dass der **Arbeitgeber** berechtigt ist, als **Vertreter des Miturhebers** die mit den übrigen Miturhebern erforderlichen Vereinbarungen zu treffen und sonstigen Maßnahmen zu ergreifen, um die benötigten Rechte zu erlangen. Das beinhaltet auch das Recht, für den Miturheber auf seine Beteiligung zu verzichten mit der Folge, dass nach § 8 Abs. 4 S. 3 UrhG sein Anteil den anderen Miturhebern zuwächst. Die sehr weit gehenden Rechte des Arbeitgebers begegnen AGB-rechtlichen Bedenken hinsichtlich der Transparenz, weil der Arbeitnehmer nicht erkennen kann, in welchem Umfang der Arbeitgeber von seinen Befugnissen Gebrauch macht. Das lässt sich für die dem Formular zugrunde liegende Fallgestaltung jedoch damit rechtfertigen, dass Zweck der Vereinbarung ist, dem Arbeitgeber umfassende Rechte zu vermitteln. Die Regelungen sollten daher mangels besserer Alternative in die Vereinbarung aufgenommen werden (Zur Gestaltung von AGB → Vorb. A.II.1).

10. Anspruch auf angemessene Vergütung. Die §§ 32 ff. UrhG enthalten zum Schutz der Urheber Bestimmungen über eine angemessene Vergütung. Auf diesen Schutz kann im Voraus nicht verzichtet werden. Für die Erstellung von Software nimmt § 69a Abs. 5 UrhG den Urheber jedoch von diesem Schutz aus. Inwieweit dies auch aus § 43 UrhG für andere Werkleistungen eines Arbeitnehmers gilt, ist umstritten. Die hM schließt den Arbeitnehmer von einem Anspruch auf Erhöhung des vertraglich vereinbarten Entgelts aus (zum Streitstand Dreier/Schulze/Dreier UrhG § 43 Rn. 30 ff.) Der BGH hält jedenfalls § 32a UrhG auf Arbeitsverhältnisse für anwendbar, soweit sich aus dem Arbeitsvertrag nichts anderes ergibt (BGH GRUR 2022, 899 Rn. 20 – Porsche 911). Die Klausel soll den Arbeitgeber dementsprechend vor Nachvergütungsansprüchen des Arbeitnehmers schützen.

11. Namensnennungsrecht. Nach hM kann das Namensnennungsrecht aus § 13 UrhG jedenfalls bei der reinen Softwareerstellung ausgeschlossen werden (Bisges UrheberR-

HdB/Imhof Kap. 5 Rn. 307). Für andere Werkarten kommt es sehr auf den Einzelfall an (dazu Dreier/Schulze/Schulze UrhG § 13 Rn. 24 ff.). Zu berücksichtigen ist, dass einerseits die Nennung von Urhebern in Software technisch unproblematisch umsetzbar ist, andererseits aber die Zuordnung des (Mit-)Urhebers zu seinem Werk oft nicht leicht vorgenommen werden kann.

Sachverzeichnis

Die fettgesetzten Großbuchstaben, römischen und arabischen Ziffern beziehen sich auf die Systematik des Formularbuchs, die nachfolgenden mageren Ziffern bezeichnen die betreffende Anmerkung.